GRAND DICTIONNAIRE

Synonymes & Contraires

LAROUSSE

21 rue du Montparnasse, 75283 Paris cedex 06

Direction de l'édition
Chantal Lambrechts

Réalisation lexicographique et éditoriale
Christine Ouvrard
*assistée d'*Anne-Françoise Vermande

Collaboration rédactionnelle
Caroline Moulart

Révision
Anne-Françoise Vermande

Informatique éditoriale
Fabrice Jansen
Philippe Cazabet
Ivo Kulev
Marion Pépin

Direction artistique
Ulrike Meindl

Conception typographique, mise en pages et couverture
Jean François Porchez

Fabrication
Marlène Delbeken

Composition
APS

Distributeur exclusif au Canada : Messageries ADP. 1751 Richardson. Montréal (Québec)
ISBN 2-03-532083-6

Avant-propos

UN UNIVERS DE MOTS, liés les uns aux autres par leur sens, et qui dessinent une incroyable galaxie de nuances : tel est le dictionnaire des synonymes qui donne à lui seul toute la mesure de la richesse d'une langue aux indicibles subtilités. De ce point de vue, la langue française se donne à voir comme un inépuisable gisement, un « trésor », pour reprendre le titre d'un des dictionnaires les plus prestigieux. Écrivains, professeurs, élèves, simples rédacteurs occasionnels, nous sommes tous amenés dans notre quotidien à chercher le mot « juste », celui qui se débusque trop tardivement sur le bout de la langue... mais qui se trouve heureusement, sur-le-champ, entre les pages d'un dictionnaire salvateur ! Le dictionnaire des synonymes n'est-il pas en effet celui que l'on appelle en renfort à la minute où la répétition d'un terme semble devoir à tout prix être évitée ? Au-delà de cet usage pratique, un tel dictionnaire est le garant de l'enrichissement permanent de notre capacité d'expression.

Fort de son savoir-faire éditorial et lexicographique, Larousse propose aujourd'hui un *Grand Dictionnaire des synonymes & des contraires* qui, non seulement respecte ces promesses indispensables, mais va bien au-delà, car il est fruit d'une véritable innovation méthodologique et d'une prise en compte minutieuse des besoins et attentes de tous ses lecteurs.

À qui s'adresse cet ouvrage ?

À tous ceux qui écrivent régulièrement des lettres, rédigent des articles, des documents scolaires, professionnels ou personnels. À toute personne attentive au style, qui aime enrichir son vocabulaire ou cherche à tirer parti des finesses de la langue française. À tous les amoureux de la langue, mais aussi à tous ceux qui cherchent, par une meilleure maîtrise de cet outil, à perfectionner leur discours dans des situations concrètes de communication, orale ou écrite

Quels ont été nos choix ?

Tout d'abord le choix d'une nomenclature axée sur la langue française. Notre *Grand Dictionnaire des synonymes & des contraires* n'a donc pas voulu mélanger synonymie et analogie. Il a ainsi exclu les vocabulaires spécialisés, tels ceux de la médecine, des sciences naturelles, des techniques en général, que l'on retrouve plus naturellement dans les dictionnaires de langue à caractère encyclopédique. Cela au profit des mots de la langue les plus couramment utilisés.

Ensuite, il nous est apparu essentiel de proposer un **dictionnaire pratique,** dans sa **consultation** et dans la **circulation** entre les mots.

Comment amener le lecteur à trouver de la façon la plus rapide le terme qu'il recherche ? Pour répondre à cette question, notre démarche a été celle de tout utilisateur qui, au fil de l'écriture, a un mot au bout de sa plume et cherche celui qui sera le plus juste ou celui qui remplacera le mieux possible le terme qu'il a déjà employé dans sa phrase.

L'ordre alphabétique bien sûr est le plus commode, mais pas sous la forme hasardeuse d'une énumération de mots, livrée en pâture au lecteur sans repères !

Notre parti est d'amener le lecteur au mot qu'il recherche par des définitions concises, systématiques, et précises. Ces définitions sont des approches qui permettent immédiatement de distinguer les différents sens d'un mot et donc de repérer le synonyme le plus juste avec la nuance de sens idoine.

Toujours dans un souci de précision et pour ne pas lister, les uns derrière les autres, ces synonymes et ces contraires chacun accompagné de son niveau de langue, nous avons choisi de les regrouper, permettant ainsi au lecteur de visualiser d'un seul coup d'œil tous les synonynes, par exemple, familiers ou littéraires d'un même mot.

Une surprise en outre, en fin d'ouvrage, puisque nous proposons une jolie promenade buissonnière à travers un index des expressions et locutions. Pour la première fois en effet dans ce type de dictionnaire, des expressions et locutions sont recensées et regroupées sur 3 080 entrées; elles renvoient aux mots dont elles sont synonymes et à leurs contraires. L'expression *avoir un appétit d'oiseau* renverra ainsi aux synonymes *chipoter, grignoter, picorer et aux contraires dévorer, s'empiffrer, enfourner, engloutir, se gaver, se goinfrer, ingurgiter.* Un petit rayon ludique qui permet au lecteur de jouer avec les expressions et les locutions en cherchant à quel synonyme ou à quel contraire elles se rattachent.

Enfin, pour un confort et un plaisir de lecture renouvelés, une maquette claire, aérée et structurée favorise le repérage immédiat et une excellente lisibilité. La circulation dans l'ouvrage s'effectue avec fluidité : nous avons en effet éliminé tout renvoi à l'intérieur du dictionnaire d'un mot à l'autre, d'un synonyme à l'autre. Le lecteur a toujours rapidement et directement la possibilité de choisir son mot, sans feuilleter indéfiniment les pages.

Innovant dans la présentation des informations, cet ouvrage vient à point pour inaugurer **une nouvelle génération de dictionnaires de langue Larousse.** Il est, en effet, le reflet d'avancées technologiques qui lui ont donné son souffle : pour la première fois, Larousse publie un dictionnaire élaboré à partir de ses ressources numériques propres. Loin de tuer le livre, comme le prédisaient certains, les nouvelles technologies et la structuration numérique des données ont ici été optimisées pour orienter, soutenir et enrichir la conception, la réalisation d'un ouvrage de référence : une plus grande exhaustivité, une plus grande homogénéité, une cohérence et une réciprocité accrues entre les données, des classements plus nombreux et plus fiables. C'est aussi cette méthode de rédaction en phase avec notre modernité que Larousse est fier de proposer aujourd'hui à ses lecteurs.

Différent dans son contenu et sa méthodologie, ce *Grand Dictionnaire des synonymes & des contraires,* ouvrage de référence, pour votre usage pratique et quotidien, est un outil rigoureux et complet, témoin de la richesse de la langue française.

Présentation du dictionnaire

STRUCTURE DES ARTICLES

> la catégorie grammaticale est précisée

> l'entrée est en caractères gras

> choix d'une définition concise qui permet d'aller directement au sens voulu

annexe *adjectif*

/ Qui se rattache à quelque chose. SYN. accessoire, additionnel, auxiliaire, complémentaire, connexe, marginal, second, subalterne, subsidiaire. CONTR. *premier, primordial, principal, vital.*

annexe *nom féminin*

/ Bâtiment complémentaire. SYN. dépendance, filiale, succursale.

> chaque niveau de langue est spécifié

> tous les synonymes et les contraires du mot d'entrée sont regroupés par niveaux de langue et classés par ordre alphabétique à l'intérieur de ces niveaux de langue

> niveau de langue des synonymes et des contraires

argenté *adjectif*

/ FAMILIER. Qui a de l'argent. SYN. aisé, cossu, cousu d'or, fortuné, huppé, nanti, privilégié, riche –FAMILIER: plein aux as –POPULAIRE: friqué, rupin. CONTR. *gêné, indigent, malheureux, miséreux, nécessiteux, pauvre* –FAMILIER: *désargenté* –LITTÉRAIRE: *impécunieux* –VIEUX: *besogneux, disetteux.*

> les synonymes et contraires peuvent être des mots simples ou des expressions

hâtivement *adverbe*

/ D'une manière hâtive. SYN. à bride abattue, à fond de cale, à fond de train (...) rapidement (...) –FAMILIER: à la va-comme-je-te-pousse, à toute pompe, à toute vapeur (...) –LITTÉRAIRE: diligemment –POPULAIRE: à tout berzingue, à toute berzingue.

> quand une entrée a plusieurs sens, chacun d'eux a sa propre liste de synonymes et/ou de contraires

> toutes les expressions synonymes et contraires figurent à leur ordre alphabétique dans l'index en fin d'ouvrage

> l'expression ou la locution formée sur le mot d'entrée est à la fin de l'article, en caractères italiques N.B.: la majorité d'entre elles sont répertoriées dans l'index

loisir *nom masculin*

/ Temps libre. SYN. congé, détente, inaction, liberté, oisiveté, pause, repos, vacances –FAMILIER: farniente. CONTR. *obligation, travail.*

/ Occupation pendant le temps libre. SYN. amusement, délassement, divertissement, hobby, passe-temps, récréation.

/ Faculté d'agir à son gré. SYN. latitude, liberté, licence, possibilité.

/ *À loisir.* SYN. à sa guise, à son aise, à tête reposée, sans hâte.

les entrées verbales sont distinguées quand la construction varie

manifester *verbe*

/ Exprimer un sentiment. SYN. afficher, exprimer, extérioriser, faire montre de, laisser paraître, montrer, objectiver, prodiguer, prouver –LITTÉRAIRE: proclamer. CONTR. *comprimer, contenir, rentrer, retenir.*

/ Être le signe d'un état. SYN. dénoter, indiquer, prouver, révéler, signifier, traduire, trahir –LITTÉRAIRE: dénoncer, respirer, témoigner. CONTR. *cacher, dissimuler.*

manifester (se) *verbe pronominal*

/ Se faire reconnaître à tel signe. SYN. apparaître, arriver, éclater, percer, s'avérer, se former, se peindre, se révéler, s'exprimer, surgir, transparaître –LITTÉRAIRE: éclore, poindre, pointer.

/ Donner signe de son existence. SYN. se dégager, se faire connaître, se montrer, se présenter, s'exprimer. CONTR. *se cacher.*

STRUCTURE DE L'INDEX

l'expression figure à son ordre alphabétique

synonyme commun à ces expressions que l'on retrouve à l'entrée « hâtivement »

à bride abattue SYN. diligemment, expéditivement, hâtivement, rapidement, vite

à la va-comme-je-te-pousse SYN. hâtivement CONTR. *soigneusement*

à toute pompe SYN. diligemment, expéditivement, hâtivement, promptement, rapidement, vite

à tout berzingue SYN. diligemment, expéditivement, hâtivement, promptement, rapidement, vite

avoir un appétit d'oiseau SYN. chipoter, grignoter, picorer CONTR. *dévorer, empiffrer (s'), enfourner, engloutir, gaver (se), goinfrer (se), ingurgiter*

liste de synonymes et de contraires auxquels l'expression renvoie dans le corps du dictionnaire

N.B. : L'index est constitué d'expressions et de locutions classées par ordre alphabétique. Ces expressions ou locutions sont synonymes et/ou contraires de mots de la langue auxquels elles renvoient dans le corps du dictionnaire.

abaissant *adjectif*

/ Qui abaisse. SYN. avilissant, dégradant, dépréciatif, déshonorant, honteux, humiliant, infamant, rabaissant – LITTÉRAIRE : ignominieux, vil. CONTR. *ennoblissant, flatteur, glorieux, honorable, laudatif, noble.*

abaissement *nom masculin*

/ État de ce qui est abaissé. SYN. affaiblissement, amoindrissement, baisse, chute, déclin, diminution, rapetissement, réduction, régression. CONTR. *amélioration, augmentation, élévation, exhaussement, hausse, montée, relèvement, surélévation, surhaussement.*

/ Fait de s'abaisser à. SYN. aplatissement, asservissement, avilissement, décadence, déchéance, dégradation, humiliation. CONTR. *dignité, élévation, ennoblissement.*

abaisser *verbe*

/ Incliner vers le bas. SYN. baisser, descendre, incliner, pencher, rabattre. CONTR. *élever, lever, monter, relever.*

/ Diminuer l'importance de. SYN. baisser, diminuer, rabaisser, rabattre, rapetisser, réduire, surbaisser. CONTR. *exhausser, hausser, monter, rehausser, relever, surélever, surhausser.*

/ Mettre à un niveau inférieur. SYN. avilir, dégrader, humilier, mortifier, ravaler, réduire, traîner dans la boue – LITTÉRAIRE : rabaisser. CONTR. *ennoblir, exalter, faire valoir, flatter, glorifier, louer* – LITTÉRAIRE : *louanger, magnifier.*

abaisser (s') *verbe pronominal*

/ Perdre de sa dignité. SYN. courber le dos, courber le front, courber l'échine, plier le genou, plier l'échine, s'avilir, se rabaisser, s'humilier, s'incliner – FAMILIER : s'aplatir – LITTÉRAIRE : déchoir, se prosterner, se prostituer. CONTR. *se hausser, s'élever, s'ennoblir.*

abandon *nom masculin*

/ Action de céder quelque chose. SYN. cession, dessaisissement, don, donation, sacrifice. CONTR. *acquisition, adoption, appropriation, conquête, possession.*

/ Fait de s'abandonner. SYN. épanchement, incurie, indolence, inertie, laisser-aller, mollesse, nonchalance, relâchement – LITTÉRAIRE : expansion, fléchissement. CONTR. *dynamisme, froideur, raideur, réserve, retenue, rigidité.*

/ Fait de ne pas persévérer dans. SYN. abdication, abjuration, capitulation, défection, démission, désertion, désistement, forfait, rejet, reniement, renoncement, retrait – LITTÉRAIRE : renonciation, répudiation. CONTR. *acharnement, assiduité, engagement, obstination, persévérance, persistance, résistance, ténacité.*

/ Action d'abandonner quelqu'un. SYN. trahison – FAMILIER : lâchage – LITTÉRAIRE : délaissement. CONTR. *aide, appui, assistance, dévouement, garde, protection, secours.*

abandonné *adjectif*

/ Qui n'est plus habité. SYN. désert, déserté, inhabité, solitaire. CONTR. *peuplé, plein, surpeuplé.*

’ forme de l'apostrophe

/ Laissé sans protection. SYN. délaissé, esseulé, négligé, seul. CONTR. *adopté, choyé, entouré.*
/ Qui n'est plus en usage. SYN. caduc, désuet, obsolète, périmé, vétuste. CONTR. *actuel, en vogue, moderne, usité, usuel.*

abandonner *verbe*
/ Quitter un lieu. SYN. déserter, évacuer, quitter. CONTR. *gagner, occuper, rester.*
/ Céder quelque chose. SYN. céder, confier, laisser, livrer. CONTR. *conserver, garder, prendre, ramasser* – LITTÉRAIRE: *s'arroger.*
/ S'éloigner de quelqu'un. SYN. brûler la politesse à, délaisser, fausser compagnie, laisser tomber, oublier, prendre congé, se détacher, s'éloigner, trahir – FAMILIER: lâcher, larguer, planter, plaquer. CONTR. *accompagner, aider, appuyer, assister, rallier, seconder, secourir, s'occuper de, suivre* – FAMILIER: *s'accrocher aux basques, se pendre aux basques.*
/ Renoncer à quelque chose. SYN. abjurer, sacrifier, se démettre, se départir, se dessaisir, suspendre – LITTÉRAIRE: immoler, résigner. CONTR. *adopter, conserver, obséder, poursuivre, s'adonner, s'atteler.*
/ Arrêter volontairement. SYN. abdiquer, baisser les bras, capituler, céder, déclarer forfait, démissionner, jeter l'éponge, laisser tomber, passer la main, se désister, se rendre, s'incliner – FAMILIER: dételer, laisser courir. CONTR. *achever, continuer, lutter, persévérer, s'accrocher, s'acharner, se lancer, s'embarquer.*

abandonner (s') *verbe pronominal*
/ Se laisser aller à. SYN. laisser libre cours à, s'adonner à, se livrer à, se porter, s'enfoncer, succomber à, suivre. CONTR. *refuser, résister.*
/ LITTÉRAIRE. Se confier sans retenue. SYN. se confier, se livrer, s'ouvrir – LITTÉRAIRE: s'épancher. CONTR. *être sur ses gardes, se fermer, se méfier, se renfermer, se tenir sur ses gardes.*

abasourdi *adjectif*
/ Totalement déconcerté. SYN. ahuri, atterré, coi, consterné, ébahi, éberlué, effaré, étonné, hébété, interdit, médusé, pantois, renversé, stupéfait, suffoqué, tombé de la lune, tombé des nues – FAMILIER: baba, comme deux ronds de flan, estomaqué, groggy, scié, sidéré, soufflé – LITTÉRAIRE: ébaubi.

abasourdir *verbe*
/ LITTÉRAIRE. Étourdir par un grand bruit. SYN. abrutir, assourdir, étourdir – FAMILIER: casser les oreilles.
/ Provoquer de la stupeur. SYN. ahurir, anéantir, assommer, confondre, consterner, couper le souffle, déconcerter, ébahir, éberluer, effarer, épouvanter, étonner, frapper, hébéter, interloquer, renverser, saisir, stupéfier, suffoquer, surprendre – FAMILIER: asseoir, catastropher, couper le sifflet, ébouriffer, épater, époustoufler, estomaquer, scier, sidérer, souffler – LITTÉRAIRE: ébaubir – POPULAIRE: couper la chique.

abasourdissement *nom masculin*
/ État de stupéfaction. SYN. ahurissement, ébahissement, effarement, étonnement, saisissement, stupéfaction, stupeur, surprise – FAMILIER: épatement.

abâtardir *verbe*
/ LITTÉRAIRE. Faire dégénérer. SYN. appauvrir, avilir, dégrader, diminuer, ravaler – LITTÉRAIRE: émasculer, rabaisser. CONTR. *légitimer* – LITTÉRAIRE: *régénérer.*

abâtardir (s') *verbe pronominal*
/ LITTÉRAIRE. Perdre de ses qualités. SYN. décliner, dégénérer, s'avilir, se dégrader. CONTR. *s'affermir.*

abâtardissement *nom masculin*
/ LITTÉRAIRE. Fait de s'abâtardir. SYN. altération, décadence, dégradation – LITTÉRAIRE: corruption, dégénérescence, émasculation, rabougrissement. CONTR. *amélioration.*

abattement *nom masculin*
/ État de quelqu'un qui est abattu. SYN. abrutissement, accablement, affaissement, affliction, anéantissement, asthénie, atonie, découragement, dépression, désespoir, ennui, épuisement, faiblesse, fatigue, morosité, torpeur, tristesse – FAMILIER: écœurement, éreintement – LITTÉRAIRE: atterrement, prostration. CONTR. *ardeur, dynamisme, énergie, enthousiasme, euphorie, excitation, tonus, vigueur.*
/ Somme déduite. SYN. décharge, déduction, défalcation, dégrèvement, diminution, exonération, réduction, remise, ristourne. CONTR. *surtaxe.*

abattre *verbe*

/ Faire tomber quelque chose. SYN. culbuter, démanteler, démolir, détruire, jeter bas, précipiter, renverser. CONTR. *bâtir, édifier, élever, relever, soutenir.*

/ Ôter à quelqu'un ses forces. SYN. accabler, affaiblir, atteindre, atterrer, briser, décourager, démoraliser, déprimer, désespérer, désoler, épuiser, étourdir, lasser, terrasser –FAMILIER: catastropher, claquer, écœurer –LITTÉRAIRE: annihiler. CONTR. *affermir, animer, chauffer, encourager, enhardir, fortifier, ranimer, réconforter, remonter* –FAMILIER: *ravigoter, requinquer* –LITTÉRAIRE: *vivifier.*

/ Ruiner l'importance de. SYN. anéantir, briser, broyer, écraser, renverser –LITTÉRAIRE: rabaisser, rabattre. CONTR. *raffermir, relever, renforcer.*

/ Tuer quelqu'un, un animal. SYN. achever, assassiner, assommer, exécuter, faucher, fusiller, massacrer, supprimer, tuer –FAMILIER: liquider, trucider –LITTÉRAIRE: occire –POPULAIRE: buter, descendre, flinguer, ratatiner, rectifier, refroidir, zigouiller.

abattre (s') *verbe pronominal*

/ Tomber d'un coup. SYN. crouler, s'affaisser, s'affaler, s'écrouler, s'effondrer, tomber –FAMILIER: chuter, s'allonger, s'étaler.

/ Se précipiter sur. SYN. fondre, se jeter sur, se ruer.

/ Atteindre quelqu'un. SYN. affecter, frapper, toucher.

abattu *adjectif*

/ Qui a perdu ses forces morales. SYN. accablé, affligé, anéanti, découragé, démoralisé, déprimé, effondré, épuisé, morne, prostré, sans ressort, sombre, triste, usé –FAMILIER: groggy, vidé. CONTR. *allègre, confiant, dynamique, euphorique, gai, joyeux, optimiste.*

abbaye *nom féminin*

/ Communauté de religieux. SYN. cloître, couvent, monastère, prieuré.

abbé *nom masculin*

/ Ecclésiastique. SYN. curé, prêtre, vicaire.

abc *nom masculin*

/ Livre où l'on apprenait à lire. SYN. abécédaire, alphabet.

/ Base d'un art, d'une science. SYN. b.a-ba, premiers éléments, rudiments.

abcès *nom masculin*

/ Amas de pus. SYN. bubon, furoncle, phlegmon, pustule –FAMILIER: clou.

abdication *nom féminin*

/ Action d'abdiquer. SYN. abandon, capitulation, démission, renoncement –LITTÉRAIRE: renonciation. CONTR. *continuité, maintien, résistance.*

abdiquer *verbe intransitif*

/ Ne plus vouloir agir. SYN. abandonner, capituler, céder, démissionner, renoncer, se désister, se résigner. CONTR. *lutter, ne pas démordre de, persévérer, résister, s'accrocher, s'acharner.*

abdiquer *verbe transitif*

/ Renoncer à une fonction. SYN. abandonner, quitter, sacrifier, se démettre de, se départir. CONTR. *conserver, garder, maintenir.*

aberrant *adjectif*

/ Qui va contre la logique. SYN. abracadabrant, absurde, bancal, biscornu, boiteux, déraisonnable, extravagant, illogique, incohérent, inconséquent, inepte, insensé, irrationnel, paradoxal, sans queue ni tête, saugrenu, stupide. CONTR. *cohérent, judicieux, logique, raisonnable, raisonné, rationnel, sensé.*

aberration *nom féminin*

/ Grave erreur de jugement. SYN. absurdité, contresens, égarement, énormité, erreur, folie, illusion, incohérence, incongruité, inconséquence, ineptie, stupidité –LITTÉRAIRE: errement, fourvoiement. CONTR. *bon sens.*

abêtir *verbe*

/ Rendre stupide. SYN. abrutir, animaliser, encroûter, hébéter. CONTR. *cultiver, élever, éveiller* –LITTÉRAIRE: *façonner.*

abêtissant *adjectif*

/ Qui rend stupide. SYN. abrutissant. CONTR. *exaltant, excitant, passionnant.*

abêtissement *nom masculin*

/ Action d'abêtir, de s'abêtir. SYN. abrutissement, gâtisme, hébétement, hébètement –LITTÉRAIRE: hébétude.

abhorré *adjectif*

/ LITTÉRAIRE. Que l'on a en horreur. SYN. détesté, exécré. CONTR. *adoré, aimé, bien-aimé, chéri, de prédilection.*

abhorrer *verbe*

/ LITTÉRAIRE. Éprouver de l'aversion pour. SYN. abominer, avoir en horreur, détester, exécrer, haïr, maudire, ne pas pouvoir souffrir, répugner à – FAMILIER : vomir – LITTÉRAIRE : honnir. CONTR. *adorer, aimer, bénir, chérir, raffoler, se complaire, se plaire à* – LITTÉRAIRE : *affectionner.*

abîme *nom masculin*

/ Désaccord profond. SYN. barrière, fossé, séparation.

/ Gouffre très profond. SYN. abysse, aven, précipice, puits.

abîmé *adjectif*

/ En mauvais état. SYN. accidenté, détérioré, endommagé, gâté – FAMILIER : bousillé, esquinté. CONTR. *intact.*

abîmer *verbe*

/ Mettre en mauvais état. SYN. altérer, casser, dégrader, délabrer, démolir, détériorer, détraquer, endommager, gâter – FAMILIER : amocher, bousiller, déglinguer, esquinter, massacrer – LITTÉRAIRE : corrompre, ruiner – POPULAIRE : ratatiner. CONTR. *arranger, conserver, préserver, rajuster, réparer* – FAMILIER : *rabibocher, rafistoler, retaper.*

/ FAMILIER. Dire du mal de quelqu'un. SYN. critiquer, descendre en flammes, médire – FAMILIER : assaisonner, casser du sucre sur, cracher sur, débiner, déblatérer, démolir, éreinter, esquinter, étriller, rhabiller pour l'hiver – LITTÉRAIRE : clabauder, dauber, fustiger, satiriser – POPULAIRE : tailler un costard, tailler une veste. CONTR. *flatter, louer* – LITTÉRAIRE : *louanger.*

abîmer (s') *verbe pronominal*

/ Être endommagé. SYN. s'altérer, se dégrader, se détériorer, se détraquer, se gâter, se putréfier, souffrir, s'user.

/ LITTÉRAIRE. S'absorber dans une pensée. SYN. se perdre, se plonger, s'immerger, sombrer – LITTÉRAIRE : s'anéantir.

abject *adjectif*

/ Qui inspire le dégoût. SYN. abominable, atroce, avilissant, bas, dégoûtant, dégradant, déshonorant, détestable, écœurant, hideux, honteux, horrible, ignoble, immonde, inavouable, indigne, infâme, infect, innommable, lâche, laid, méprisable, odieux, ordurier, puant, répugnant, répulsif, révoltant, scandaleux, sordide, vilain – LITTÉRAIRE : exécrable, ignominieux, nauséeux, turpide, vil – POPULAIRE : dégueulasse. CONTR. *beau, bien, digne, élevé, estimable, grandiose, honorable, noble, pur, respectable* – LITTÉRAIRE : *relevé.*

abjectement *adverbe*

/ De façon abjecte. SYN. abominablement, affreusement, atrocement, bassement, hideusement, honteusement, horriblement, ignoblement, odieusement, sordidement – LITTÉRAIRE : ignominieusement, vilainement, vilement. CONTR. *bien, dignement, noblement* – LITTÉRAIRE : *sublimement.*

abjection *nom féminin*

/ Dégradation morale. SYN. avilissement, bassesse, dégradation, ignominie, indignité, infamie, laideur – LITTÉRAIRE : hideur, horreur, opprobre, turpitude, vilenie. CONTR. *beauté, dignité, honneur, noblesse, probité, pureté* – LITTÉRAIRE : *élévation.*

abjuration *nom féminin*

/ Action d'abjurer. SYN. abandon, apostasie, reniement, rétractation – LITTÉRAIRE : renonciation. CONTR. *conversion, fidélité, persévérance.*

abjurer *verbe*

/ Renoncer solennellement à. SYN. abandonner, apostasier, laisser, renier, se dédire, se rétracter. CONTR. *confirmer, conserver, garder.*

ablation *nom féminin*

/ Action d'enlever un organe. SYN. amputation, arrachage, avulsion, énucléation, éradication, évulsion, excision, exérèse, extirpation, extraction. CONTR. *greffe.*

abnégation *nom féminin*

/ Sacrifice de soi. SYN. acceptation, altruisme, désintéressement, détachement, dévouement, oblativité, oubli de soi, renoncement, sacrifice – LITTÉRAIRE : renonciation. CONTR. *arrivisme, égocentrisme, égoïsme.*

aboiement *nom masculin*

/ Bruit produit en aboyant. SYN. clabaudage, hurlement, jappement.

abolir *verbe*

/ Annuler une loi, une coutume. SYN. abroger, anéantir, annihiler, annuler, balayer, broyer, casser, déclarer nul et non avenu, dénoncer, détruire, dissoudre, effacer, éteindre, frapper de nullité, gommer, infirmer, invalider, phagocyter, rayer, résilier, révoquer, supprimer –FAMILIER: liquider. CONTR. *créer, ériger, établir, fonder, instaurer, instituer, promulguer, renforcer.*

abolition *nom féminin*

/ Action d'abolir. SYN. abrogation, anéantissement, annulation, cessation, destruction, dissolution, élimination, extinction, invalidation, liquidation, résiliation, révocation, suppression, suspension. CONTR. *conservation, établissement, instauration, maintien, promulgation.*

abominable *adjectif*

/ Qui suscite l'horreur. SYN. abject, affreux, atroce, effrayant, effroyable, épouvantable, haïssable, horrible, ignoble, innommable, inqualifiable, insupportable, monstrueux, odieux, répugnant, révoltant –LITTÉRAIRE: exécrable, nauséeux. CONTR. *adorable, aimable, attachant, attirant, attrayant, charmant, séduisant, sympathique.*

/ Qui provoque le dégoût. SYN. écœurant, exécrable, fétide, horrible, infect, insoutenable, intolérable, nauséabond, puant. CONTR. *délicieux, exquis, joli, magnifique, succulent.*

/ Extrêmement désagréable. SYN. affreux, damné, détestable, exécrable, infect, maudit, mauvais –FAMILIER: atroce, imbuvable, satané. CONTR. *agréable, beau, bien, cher, chéri, excellent, exquis, idéal, parfait* –FAMILIER: *possible.*

abominablement *adverbe*

/ De façon horrible. SYN. abjectement, affreusement, atrocement, épouvantablement, hideusement, horriblement, ignoblement, monstrueusement, odieusement. CONTR. *admirablement, adorablement, divinement, magnifiquement, merveilleusement* –LITTÉRAIRE: *sublimement.*

/ Marque l'intensité. SYN. affreusement, beaucoup, bien, effroyablement, énormément, exceptionnellement, excessivement, extraordinairement, follement, fort, fortement, horriblement, immensément, immodérément, incroyablement, infiniment, mortellement, particulièrement, prodigieusement, profondément, puissamment, terriblement, très, trop –FAMILIER: atrocement, bigrement, bougrement, diablement, drôlement, fameusement, fichtrement, fichûment, formidablement, joliment, méchamment, rudement, tout plein –LITTÉRAIRE: diantrement, furieusement –POPULAIRE: foutrement, salement, vachement –VIEUX: fièrement.

abomination *nom féminin*

/ Chose abominable. SYN. atrocité, horreur, infamie, monstruosité.

/ Dégoût intense pour. SYN. aversion, haine, horreur, phobie, répulsion –LITTÉRAIRE: détestation, exécration. CONTR. *amour, attirance, attraction, attrait* –LITTÉRAIRE: *appétit.*

abominer *verbe*

/ Avoir en horreur. SYN. détester, exécrer, haïr, maudire, répugner à –FAMILIER: vomir –LITTÉRAIRE: abhorrer, honnir. CONTR. *admirer, aimer, bénir, chérir, raffoler, rechercher, se complaire, se plaire à.*

abondamment *adverbe*

/ En abondance. SYN. à discrétion, à flots, à foison, à la pelle, à profusion, à satiété, à souhait, à volonté, amplement, beaucoup, colossalement, considérablement, copieusement, en quantité, en veux-tu en voilà, énormément, généreusement, largement, pleinement, richement –FAMILIER: à gogo, à revendre, à tire-larigot, en pagaille, jusqu'à plus soif –LITTÉRAIRE: à l'envi. CONTR. *chichement, guère, modérément, parcimonieusement, peu.*

abondance *nom féminin*

/ Grande quantité de quelque chose. SYN. affluence, débauche, foison, foisonnement, multiplicité, pléthore, profusion, surabondance –LITTÉRAIRE: luxuriance. CONTR. *absence, carence, déficience, insuffisance, maigreur, manque, pénurie, raréfaction, rareté* –LITTÉRAIRE: *disette.*

/ Ressources importantes. SYN. aisance, opulence, richesse. CONTR. *austérité, dénuement, disette, famine, frugalité, gêne, indigence, misère, pauvreté.*

abondant *adjectif*

/ Qui est en grande quantité. SYN. ample, copieux, dense, diffus, dru, étoffé, exubérant, fécond, fertile, foisonnant, fort, fourmillant, fourni, généreux, large, luxuriant, nombreux, plantureux, riche, substantiel, touffu, volumineux –LITTÉRAIRE: opulent. CONTR. *aride, clairsemé, dénué de, dépourvu de, étroit, insuffisant, maigre, mince, misérable, parcimonieux, pauvre, rare, réduit, sec, stérile* –FAMILIER: *chiche.*

abonder *verbe*

/ Se trouver en abondance. SYN. affluer, couler à flots, déborder, foisonner, fourmiller, grouiller, pulluler, regorger, surabonder –FAMILIER: fleurir. CONTR. *manquer, se raréfier.*

abord *nom masculin*

/ Attitude de quelqu'un. SYN. accès, accueil, approche, contact, extérieur, réception.

/ Action d'aborder un lieu. SYN. accès, approche, entrée.

/ *Au premier abord.* SYN. à première vue, sur le coup, sur le moment –LITTÉRAIRE: de prime abord.

abordable *adjectif*

/ Qui est d'un prix accessible. SYN. avantageux, bon marché, compétitif, économique, raisonnable. CONTR. *cher, coûteux, inabordable, inaccessible.*

/ Où l'on peut aborder. SYN. accessible, accostable. CONTR. *inabordable, inapprochable.*

/ Qui est d'un abord facile. SYN. accessible, accueillant, affable, aimable, approchable, avenant, facile, gracieux, ouvert –LITTÉRAIRE: hospitalier. CONTR. *distant, inabordable, inaccessible, inapprochable.*

/ Qui est facile à comprendre. SYN. accessible, assimilable, clair, compréhensible, intelligible. CONTR. *ardu, inabordable, inaccessible.*

aborder *verbe*

/ Arriver à un lieu par la mer. SYN. accéder à, accoster, atteindre, gagner, parvenir, toucher. CONTR. *appareiller, déborder, lever l'ancre, partir, quitter.*

/ S'approcher de quelqu'un. SYN. accoster, arrêter, faire des avances, parler, venir –FAMILIER: accrocher. CONTR. *éviter, s'écarter, s'éloigner.*

/ Commencer l'étude d'un sujet. SYN. agiter, attaquer, ébaucher, en venir à, entreprendre, esquisser, évoquer, traiter. CONTR. *finir.*

abords *nom masculin pluriel*

/ Alentours d'un lieu. SYN. alentours, environs, parages, voisinage.

aborigène *adjectif et nom*

/ Originaire du pays où il vit. SYN. autochtone, indigène, natif, originaire. CONTR. *étranger, naturalisé.*

aboucher *verbe*

/ Joindre bout à bout. SYN. abouter, ajuster, emboîter, joindre, réunir.

aboucher (s') *verbe pronominal*

/ Se mettre en rapport avec. SYN. s'acoquiner –LITTÉRAIRE: s'accointer.

abouter *verbe*

/ Joindre par les bouts. SYN. aboucher, adapter, ajointer, joindre, réunir.

aboutir *verbe*

/ Se terminer quelque part. SYN. aller, conduire à, déboucher, finir à, mener à, s'arrêter, tomber dans. CONTR. *commencer à, partir de, provenir de, venir de.*

/ Avoir pour résultat. SYN. conduire à, déboucher, mener à, s'achever par.

/ Avoir une issue favorable. SYN. porter ses fruits, prendre forme, réussir, se concrétiser, se matérialiser. CONTR. *avorter, capoter, échouer, manquer* –FAMILIER: *louper, rater* –POPULAIRE: *foirer.*

aboutissement *nom masculin*

/ Conséquence d'une action. SYN. accomplissement, achèvement, bout, conclusion, conséquence, couronnement, dénouement, épilogue, fin, fruit, issue, résultat, suite, terme –LITTÉRAIRE: consommation, extrémité, parachèvement, terminaison. CONTR. *commencement, début, départ, ébauche, entrée, esquisse, naissance, origine, prémices.*

aboyer *verbe*

/ Crier, en parlant du chien. SYN. clabauder, japper.

/ FAMILIER. Crier après quelqu'un. SYN. crier contre, fulminer contre, hurler, injurier, invectiver, tonitruer, vitupérer contre.

abracadabrant *adjectif*

/ Dont le caractère bizarre stupéfie. SYN. aberrant, absurde, ahurissant, baroque, biscornu, bizarre, étonnant, étrange, extravagant, farfelu, incohérent, incroyable, insensé, insolite, saugrenu, singulier, stupéfiant, ubuesque –FAMILIER: délirant, dingue, tordu – LITTÉRAIRE : fantasque, funambulesque. CONTR. *banal, normal, quelconque, raisonnable, rationnel, sensé.*

abrégé *nom masculin*
/ Forme réduite d'un texte. SYN. aperçu, esquisse, raccourci, résumé – FAMILIER : topo. CONTR. *délayage, développement, intégralité, totalité.*
/ Ouvrage qui résume un point. SYN. condensé, digest, épitomé, mémento, précis, résumé, sommaire – LITTÉRAIRE : compendium – VIEUX : notice. CONTR. *somme.*

abrègement *nom masculin*
/ Action d'abréger. SYN. raccourcissement, réduction. CONTR. *allongement.*

abréger *verbe*
/ Raccourcir quelque chose. SYN. alléger, condenser, contracter, diminuer, écourter, raccourcir, ramasser, réduire, resserrer, résumer, schématiser, synthétiser, tronquer. CONTR. *allonger, amplifier, augmenter, développer, éterniser, étirer, étoffer, prolonger, rallonger.*

abreuver *verbe*
/ Faire boire des animaux. SYN. désaltérer. CONTR. *altérer, assoiffer.*
/ Donner à satiété. SYN. accabler, combler, imprégner, inonder, pénétrer, saturer – LITTÉRAIRE : gorger.

abri *nom masculin*
/ Lieu qui protège du danger. SYN. asile, cache, hangar, nid, oasis, protection, refuge, remise, retraite, toit – LITTÉRAIRE : antre, gîte, havre, port – POPULAIRE : planque.

abrité *adjectif*
/ À l'abri des intempéries. SYN. couvert, protégé. CONTR. *exposé, venté, venteux.*

abriter *verbe*
/ Mettre à l'abri de quelque chose. SYN. couvrir, défendre, garantir, garer, préserver, protéger, recouvrir. CONTR. *exposer à.*
/ Avoir des occupants. SYN. accueillir, coucher, donner asile, héberger, loger. CONTR. *déloger.*

abriter (s') *verbe pronominal*
/ Se mettre à l'abri. SYN. se couvrir, se garantir, se garer, se prémunir, se préserver, se protéger, se réfugier. CONTR. *s'exposer.*

abrogation *nom féminin*
/ Action d'abroger. SYN. abolition, annulation, cassation, dissolution, infirmation, rescision, révocation, rupture, suppression. CONTR. *confirmation, établissement, promulgation.*

abroger *verbe*
/ Abolir une loi, un décret. SYN. abolir, annuler, casser, déclarer nul et non avenu, dénoncer, dissoudre, frapper de nullité, infirmer, invalider, rendre caduc, résilier, révoquer, supprimer. CONTR. *confirmer, instituer, promulguer, ratifier.*

abrupt *adjectif*
/ Dont la pente est très raide. SYN. à pic, escarpé, montant, pentu, raide, rapide – LITTÉRAIRE : ardu, raboteux. CONTR. *plat.*
/ Qui est brutal. SYN. bourru, brusque, dur, revêche, rude. CONTR. *affable, aimable, câlin, civil, doux, gentil, poli.*

abruptement *adverbe*
/ De façon abrupte. SYN. agressivement, brusquement, brutalement, cavalièrement, crûment, ex abrupto, rudement, sèchement, vertement – LITTÉRAIRE : vivement. CONTR. *délicatement, doucement.*

abruti *adjectif*
/ Qui a des difficultés à réagir. SYN. ahuri, hébété, stupide – LITTÉRAIRE : torpide. CONTR. *éveillé, intelligent, vif.*

abruti *nom*
/ FAMILIER. Personne sans intelligence. SYN. âne, âne bâté, benêt, idiot, imbécile, maladroit, nigaud, sot – FAMILIER : andouille, animal, ballot, bêta, bûche, buse, cloche, crétin, cruche, empaillé, empoté, jacques, noix, oie, serin – POPULAIRE : cornichon, couillon, gland, manche, nouille, patate, truffe.

abrutir *verbe*
/ Rendre stupide. SYN. abêtir, ahurir, anesthésier, assourdir, étourdir, hébéter. CONTR. *élever, éveiller, exalter, réveiller.*
/ Mettre dans un état d'accablement. SYN. accabler, écraser, encroûter, étourdir, surcharger.

abrutissant *adjectif*

/ Qui abrutit. SYN. abêtissant, étourdissant –FAMILIER: assommant. CONTR. *exaltant, excitant, passionnant.*

abrutissement *nom masculin*

/ Action d'abrutir, fait d'être abruti. SYN. abattement, abêtissement, apathie, gâtisme, hébétement, hébètement –LITTÉRAIRE: hébétude. CONTR. *effervescence, éveil, excitation, fébrilité, nervosité.*

abscons *adjectif*

/ Très difficile à comprendre. SYN. abstrait, ardu, cabalistique, compliqué, énigmatique, ésotérique, hermétique, impénétrable, inaccessible, incompréhensible, inintelligible, insaisissable, obscur –LITTÉRAIRE: abstrus, amphigourique, nébuleux, opaque, sibyllin, ténébreux. CONTR. *accessible, clair, compréhensible, évident, intelligible, limpide, lumineux.*

absence *nom féminin*

/ Fait de ne pas être au bon endroit. SYN. disparition, éclipse, exil. CONTR. *présence.*

/ Fait de manquer. SYN. carence, défaut, défection, déficience, manque, omission, pénurie, vacance –LITTÉRAIRE: disette. CONTR. *abondance, affluence, débordement, excès, foisonnement, luxe, pléthore, profusion, surabondance.*

/ Brève perte de mémoire. SYN. amnésie, défaillance, distraction, inattention, lacune, oubli, trou, trou de mémoire. CONTR. *attention.*

absent *adjectif*

/ Qui semble ailleurs. SYN. absorbé, dans la lune, dans les nuages, détaché, distrait, inattentif, indifférent, négligent, préoccupé, tête en l'air. CONTR. *attentif, présent.*

/ Qui fait défaut. SYN. défaillant, manquant. CONTR. *présent.*

absenter (s') *verbe pronominal*

/ S'éloigner momentanément d'un lieu. SYN. déserter, partir, prendre congé, quitter, se retirer –FAMILIER: lever le pied, se sauver, s'éclipser. CONTR. *être présent, rester* –LITTÉRAIRE: *demeurer.*

absolu *adjectif*

/ Qui n'admet aucune exception. SYN. aveugle, complet, entier, formel, intégral, radical, total. CONTR. *fragmentaire, incomplet, partiel.*

/ Arrivé à un degré extrême. SYN. complet, idéal, intégral, suprême –LITTÉRAIRE: souverain. CONTR. *approximatif, limité, relatif.*

/ Se dit d'un pouvoir illimité. SYN. arbitraire, autocratique, autoritaire, despotique, dictatorial, exclusif, omnipotent, souverain, total, totalitaire, tyrannique. CONTR. *large, laxiste, libéral.*

/ Qui n'admet pas la contradiction. SYN. autoritaire, catégorique, entier, exprès, impérieux, intransigeant, péremptoire. CONTR. *conciliant, tolérant.*

absolument *adverbe*

/ D'une manière absolue. SYN. à tout prix, à toute force, assurément, certainement, complètement, coûte que coûte, diamétralement, entièrement, exactement, foncièrement, formellement, indéniablement, indiscutablement, nécessairement, parfaitement, pleinement, quoi qu'il en coûte, radicalement, rigoureusement, strictement, totalement, tout à fait, véritablement, vraiment –FAMILIER: carrément. CONTR. *à aucun prix, en aucun cas, en aucune façon, en rien, éventuellement, pas du tout, pas le moins du monde, pour rien au monde, pour tout l'or du monde, relativement.*

absolution *nom féminin*

/ Pardon des péchés. SYN. grâce, pardon, rémission. CONTR. *punition.*

absolutisme *nom masculin*

/ Pouvoir sans limite. SYN. autocratie, autoritarisme, caporalisme, césarisme, despotisme, dictature, omnipotence, tyrannie.

absorbant *adjectif*

/ Qui occupe entièrement l'esprit. SYN. accaparant, captivant, exigeant, passionnant, prenant –LITTÉRAIRE: dévorant. CONTR. *inintéressant, insignifiant, rebutant.*

absorbé *adjectif*

/ Qui est tout à ses préoccupations. SYN. absent, distrait, lointain, méditatif, pensif, préoccupé, pris, songeur –LITTÉRAIRE: contemplateur. CONTR. *disponible.*

absorber *verbe*

/ Laisser pénétrer. SYN. boire, pomper, se pénétrer de, s'imbiber de, s'imprégner de. CONTR. *dégorger, rejeter.*

/ Ingérer quelque chose. SYN. avaler, boire, consommer, déglutir, dévorer, engloutir, ingérer, ingurgiter, manger, prendre. CONTR. *cracher, évacuer, régurgiter, rejeter, restituer, vomir* –FAMILIER: *rendre.*
/ Faire disparaître. SYN. dévorer, engloutir, éponger, résorber –LITTÉRAIRE: dissiper. CONTR. *amplifier.*
/ Occuper l'esprit de quelqu'un. SYN. accaparer, monopoliser, prendre, tenir –LITTÉRAIRE: posséder.

absorber (s') *verbe pronominal*
/ Être entièrement occupé à. SYN. se livrer, se plonger, s'enfoncer, s'immerger, sombrer. CONTR. *se dissiper.*

absorption *nom féminin*
/ Action d'absorber. SYN. assimilation, prise.

absoudre *verbe*
/ Remettre une faute à quelqu'un. SYN. acquitter, excuser, pardonner. CONTR. *condamner, punir.*

abstenir (s') *verbe pronominal*
/ Renoncer à quelque chose. SYN. éviter, renoncer à, se passer de, se priver de, se refuser, s'interdire. CONTR. *ne pas pouvoir s'empêcher de, prendre, user de.*
/ Éviter de faire quelque chose. SYN. éviter, se défendre de, se dispenser de, se garder de, se garer, se retenir de, s'empêcher. CONTR. *agir, intervenir, participer à, prendre part à, s'aviser de, se décider, se mêler.*

abstention *nom féminin*
/ Action de s'abstenir d'agir. SYN. inaction, non-engagement, non-participation. CONTR. *action, immixtion, ingérence, intervention, participation.*

abstinence *nom féminin*
/ Action de se priver d'aliments. SYN. ascèse, diète, jeûne, maigre. CONTR. *débauche, excès, goinfrerie, voracité* –FAMILIER: *bombance, ripaille.*

abstinent *adjectif*
/ Qui pratique l'abstinence. SYN. ascétique, austère, sobre, spartiate –LITTÉRAIRE: frugal, tempérant. CONTR. *débauché, glouton, goulu, gourmand, intempérant, vorace* –FAMILIER: *goinfre.*

abstraction *nom féminin*
/ Vue de l'esprit. SYN. concept, idée, notion. CONTR. *réalité.*
/ Être, chose purement imaginaire. SYN. entité, théorie –LITTÉRAIRE: spéculation.

abstraire *verbe*
/ Considérer à part. SYN. isoler, séparer.

abstraire (s') *verbe pronominal*
/ S'isoler par la pensée. SYN. se détacher, s'éloigner, s'exclure, s'isoler –FAMILIER: s'extraire.

abstrait *adjectif*
/ Qui est le résultat de l'abstraction. SYN. conceptuel, idéal, spirituel. CONTR. *concret, réel.*
/ Privé de réalité concrète. SYN. abscons, hermétique, spéculatif, subtil, théorique –LITTÉRAIRE: abstrus. CONTR. *concret, matériel, positif, réel.*

abstrus *adjectif*
/ LITTÉRAIRE. Difficile à comprendre. SYN. abscons, abstrait, cabalistique, ésotérique, impénétrable, inaccessible, incompréhensible, inintelligible, obscur –LITTÉRAIRE: amphigourique, opaque, sibyllin. CONTR. *clair, limpide, lumineux.*

absurde *adjectif*
/ Qui est contraire à la raison. SYN. aberrant, abracadabrant, contradictoire, faux, fou, illogique, inadmissible, incohérent, inconséquent, incroyable, inepte, injustifié, irrationnel, irréaliste, paradoxal, sans queue ni tête, ubuesque –FAMILIER: dément, loufoque. CONTR. *conséquent, juste, logique, normal, raisonnable, raisonné, rationnel, sensé, suivi, sûr.*
/ Qui se montre déraisonnable. SYN. déraisonnable, extravagant, fou, insensé, ridicule, saugrenu, sot, stupide. CONTR. *judicieux, sage, sensé.*

absurdement *adverbe*
/ De façon absurde. SYN. déraisonnablement, illogiquement, irrationnellement. CONTR. *logiquement, raisonnablement, rationnellement.*

absurdité *nom féminin*
/ Caractère de ce qui est absurde. SYN. extravagance, folie, illogisme, inadmissibilité, in-

cohérence, incongruité, inconséquence, irrationalité –FAMILIER: loufoquerie. CONTR. *bon sens, cohérence, logique, raison, sagesse.*
/ Action ou parole absurde. SYN. aberration, ânerie, bêtise, énormité, extravagance, folie, ineptie, niaiserie, sornette, sottise, stupidité. CONTR. *vérité.*

abus *nom masculin*
/ Usage excessif de quelque chose. SYN. exagération, excès, outrance. CONTR. *mesure, modération, pondération.*
/ Fait d'outrepasser certains droits. SYN. excès, illégalité, injustice. CONTR. *justice.*

abuser *verbe transitif*
/ Tromper quelqu'un. SYN. attraper, berner, donner le change, duper, égarer, exploiter, illusionner, induire en erreur, leurrer, mystifier, piéger, surprendre, tromper –FAMILIER: blouser, entortiller, pigeonner, posséder –LITTÉRAIRE: amuser, en faire accroire, gruger. CONTR. *détromper, guider, instruire, renseigner.*

abuser *verbe transitif indirect*
/ User mal de quelque chose. SYN. profiter de –LITTÉRAIRE: mésuser de.
/ Dépasser la mesure. SYN. dépasser les bornes, dépasser les limites, exagérer –FAMILIER: pousser, pousser trop loin le bouchon –POPULAIRE: attiger, charrier.

abuser (s') *verbe pronominal*
/ Faire erreur. SYN. se bercer de, se leurrer, se méprendre, se tromper, s'illusionner –FAMILIER: être à côté de la plaque –LITTÉRAIRE: se fourvoyer –POPULAIRE: se gourer, se mettre le doigt dans l'œil.

abusif *adjectif*
/ Qui est exagéré. SYN. démesuré, excessif, exorbitant, extravagant, outrancier, outré –FAMILIER: astronomique, raide. CONTR. *honnête, modéré, normal.*
/ Qui est répréhensible. SYN. arbitraire, excessif, immodéré, injuste, léonin, usurpatoire, usurpé. CONTR. *équitable, juste.*
/ Se dit d'un mot mal employé. SYN. impropre, incorrect. CONTR. *convenable, correct, normal, propre.*
/ Qui maintient dans une dépendance. SYN. accapareur, possessif.

abusivement *adverbe*
/ De façon abusive. SYN. exagérément, excessivement, illégitimement, immodérément, impunément, indûment, irrégulièrement, outrageusement. CONTR. *à bon droit, à juste titre, légitimement, modérément.*

abyssal *adjectif*
/ FAMILIER. Très profond. SYN. illimité, incommensurable, infini, insondable, profond.

abysse *nom masculin*
/ Fond océanique. SYN. abîme, gouffre, profondeur.

académique *adjectif*
/ Qui ne s'écarte pas des règles. SYN. conformiste, conventionnel, convenu, doctoral, emphatique, étudié, guindé, pompeux. CONTR. *aisé, naturel, simple.*

acariâtre *adjectif*
/ D'une humeur querelleuse. SYN. aigri, bilieux, bougon, bourru, coléreux, désagréable, difficile, grincheux, hargneux, irascible, ombrageux, renfrogné, revêche –FAMILIER: impossible, ronchon, ronchonneur, rouspéteur –LITTÉRAIRE: acrimonieux, atrabilaire, colérique, rêche. CONTR. *accommodant, affable, agréable, aimable, commode, doux, exquis, facile, jovial, liant, sociable* –LITTÉRAIRE: *amène, débonnaire.*

accablant *adjectif*
/ Qui accable physiquement. SYN. caniculaire, écrasant, épuisant, étouffant, fatigant, irrespirable, lourd, oppressant, pénible, rude, suffocant, surchauffé, torride –FAMILIER: claquant. CONTR. *doux, frais, léger, revigorant, tempéré, tonifiant, vivifiant.*
/ Qui accable moralement. SYN. affligeant, atterrant, attristant, décourageant, éprouvant, pénible, pesant.

accablé *adjectif*
/ Qui est moralement atteint. SYN. abattu, affligé, anéanti, atterré, attristé, consterné, découragé, démoralisé, déprimé, effondré, épuisé, morne, prostré, sans ressort, sombre, triste, usé –FAMILIER: groggy, vidé. CONTR. *allègre, confiant, content, dynamique, euphorique, gai, joyeux, optimiste.*

accablement *nom masculin*

/ État d'une personne abattue. SYN. abattement, affliction, anéantissement, apathie, consternation, découragement, dépression, désespoir, désolation, épuisement, fatigue, inertie, lassitude, morosité, torpeur –FAMILIER: éreintement –LITTÉRAIRE: brisement, prostration. CONTR. *allant, enthousiasme, entrain, euphorie, exaltation.*

accabler *verbe*

/ Peser moralement sur quelqu'un. SYN. affliger, atterrer, briser, décourager, démoraliser, déprimer, désespérer, désoler, étouffer, fatiguer, oppresser –FAMILIER: catastropher –LITTÉRAIRE: annihiler, contrister. CONTR. *animer, consoler, réconforter, regonfler, remonter.*

/ Faire peser une charge sur quelqu'un. SYN. bourrer, charger, écraser, étreindre, grever, opprimer, presser, surcharger –LITTÉRAIRE: gorger. CONTR. *alléger, débarrasser, décharger, délivrer, libérer, soulager.*

/ Assaillir quelqu'un de paroles. SYN. abreuver, assaillir, couvrir, presser, submerger –FAMILIER: bombarder.

/ Humilier quelqu'un. SYN. accuser, charger, condamner, confondre, humilier –FAMILIER: aplatir. CONTR. *innocenter.*

/ Peser physiquement sur quelqu'un. SYN. abattre, abrutir, anéantir, assommer, étourdir, foudroyer, terrasser. CONTR. –FAMILIER: *ragaillardir, ravigoter, requinquer.*

accalmie *nom féminin*

/ Calme momentané du vent. SYN. bonace, éclaircie, embellie, rémission, trouée. CONTR. *aggravation, exacerbation, recrudescence, regain.*

/ Diminution d'une activité. SYN. calme, interruption, paix, pause, rémission, rémittence, répit, repos, sursis, suspension, tranquillité, trêve –LITTÉRAIRE: relâche. CONTR. *activité, agitation, bataille, crise, excitation, pointe.*

accaparant *adjectif*

/ Qui accapare. SYN. absorbant –LITTÉRAIRE: dévorant.

accaparé *adjectif*

/ Très occupé. SYN. bousculé, pris. CONTR. *disponible.*

accaparement *nom masculin*

/ Action d'accumuler des denrées. SYN. emmagasinage, emmagasinement, entreposage, monopolisation, stockage.

/ Action d'accaparer. SYN. exclusivité, mainmise, monopolisation.

accaparer *verbe*

/ Amasser un bien. SYN. accumuler, monopoliser, truster. CONTR. *distribuer, répandre.*

/ Prendre entièrement pour soi. SYN. centraliser, concentrer, s'approprier, s'emparer –FAMILIER: rafler –LITTÉRAIRE: s'arroger. CONTR. *distribuer, partager, répartir.*

/ Prendre tout le temps de quelqu'un. SYN. absorber, monopoliser, occuper, prendre, retenir –LITTÉRAIRE: posséder.

accéder *verbe*

/ Atteindre un lieu. SYN. aborder, approcher, arriver, atteindre, déboucher dans, entrer, gagner, parvenir, pénétrer. CONTR. *sortir.*

/ Arriver à une situation supérieure. SYN. atteindre, gagner, parvenir.

/ Satisfaire une demande. SYN. acquiescer à, condescendre à, consentir à, répondre à, se prêter à, souscrire à. CONTR. *refuser, rejeter, repousser, s'opposer à.*

accélération *nom féminin*

/ Fait de devenir plus rapide. SYN. augmentation, intensification, recrudescence, redoublement. CONTR. *décélération, ralentissement.*

accéléré *adjectif*

/ Qui est de plus en plus rapide. SYN. augmenté, pressé, redoublé. CONTR. *freiné, lent, ralenti.*

accélérer *verbe intransitif*

/ Augmenter la vitesse d'un véhicule. SYN. –FAMILIER: appuyer sur le champignon, mettre le pied au plancher, mettre les gaz –POPULAIRE: mettre la gomme. CONTR. *décélérer, freiner, ralentir.*

/ Aller plus vite. SYN. presser le pas, se dépêcher, se hâter, se presser –FAMILIER: foncer, gazer, mettre les gaz, s'activer –POPULAIRE: bomber, bourrer, se grouiller, se magner, se manier. CONTR. *atermoyer, freiner, ralentir, s'attarder.*

accélérer *verbe transitif*
- Rendre plus rapide. SYN. activer, aggraver, brusquer, hâter, précipiter, presser. CONTR. *arrêter, atermoyer, freiner, modérer, ralentir, retarder.*

accent *nom masculin*
- Ton indiquant un sentiment. SYN. empreinte, manière, note, ton.
- Façon d'articuler les mots. SYN. accentuation, inflexion, intonation, modulation, parler, parole, prononciation, timbre, tonalité.

accentuation *nom féminin*
- Action d'accentuer. SYN. accent, accroissement, aggravation, amplification, exacerbation, exaspération, insistance, intensification, renforcement. CONTR. *adoucissement, atténuation, diminution, émoussement, modération.*

accentué *adjectif*
- Devenu plus intense. SYN. accusé, appuyé, insistant, marqué, prononcé, redoublé, souligné, soutenu. CONTR. *inaccentué.*

accentuer *verbe*
- Prononcer un mot en le soulignant. SYN. marteler, ponctuer, rythmer, scander.
- Faire ressortir quelque chose. SYN. accuser, appuyer, dessiner, intensifier, mettre en avant, mettre en évidence, mettre en relief, mettre en valeur, mettre l'accent sur, renforcer, souligner, valoriser. CONTR. *adoucir, affaiblir, atténuer, couvrir, dissimuler, effacer, masquer.*
- Intensifier une sensation. SYN. accroître, aggraver, ajouter à, augmenter, aviver, élever, exagérer, exaspérer, forcer, intensifier, radicaliser, renforcer, souligner. CONTR. *apaiser, atténuer, banaliser, calmer, diminuer, émousser, étouffer, minimiser, modérer, relâcher, restreindre, soulager, supprimer.*

accentuer (s') *verbe pronominal*
- Devenir plus intense. SYN. augmenter, monter, s'accroître, s'accuser, s'aggraver, se confirmer, se renforcer, s'intensifier. CONTR. *s'atténuer, s'effacer, s'estomper.*

acceptable *adjectif*
- Qui peut être accepté. SYN. admissible, plausible, recevable, supportable, tenable, tolérable, valable, vraisemblable –FAMILIER: possible. CONTR. *inacceptable, inadmissible, intolérable, irrecevable.*
- Dont on peut se contenter. SYN. convenable, correct, décent, gentil, honnête, honorable, mangeable, moyen, passable, présentable, satisfaisant, suffisant –FAMILIER: potable. CONTR. *insuffisant.*

acceptation *nom féminin*
- Action d'accepter quelque chose. SYN. accord, acquiescement, adhésion, agrément, approbation, assentiment, autorisation, consentement, permission. CONTR. *refus, veto* –LITTÉRAIRE: *répudiation.*
- Action d'accepter l'adversité. SYN. abnégation, résignation, soumission. CONTR. *contestation, protestation, rébellion, rejet, révolte.*

accepter *verbe*
- Donner son accord pour. SYN. acquiescer à, agréer, assumer, se plier à, se prêter à. CONTR. *décliner, dédaigner, récuser, refuser, rejeter, se défendre de, se dérober* –LITTÉRAIRE: *répudier.*
- Consentir à subir quelque chose. SYN. admettre, endurer, se dévouer, se résigner à, se soumettre, supporter, tolérer. CONTR. *lutter contre, se rebeller, s'opposer à.*
- Considérer comme juste. SYN. adhérer à, admettre, approuver, souscrire à. CONTR. *condamner, contester, décliner, protester, refuser, réprouver, se révolter.*
- Admettre quelqu'un. SYN. accueillir, adopter, agréer, recevoir. CONTR. *bannir, dédaigner, écarter, éliminer, exclure, excommunier, interdire, refuser, rejeter, repousser* –FAMILIER: *blackbouler.*
- Consentir à agir. SYN. condescendre à, daigner, se résoudre à, vouloir bien. CONTR. *dédaigner, faire des difficultés, faire des embarras, refuser, renâcler, se défendre de* –FAMILIER: *rechigner.*

accès *nom masculin*
- Manifestation d'un sentiment. SYN. attaque, bouffée, crise, élan, flambée, poussée.
- Possibilité d'accéder à. SYN. abord, accession, approche, contact.
- Ce qui permet d'entrer quelque part. SYN. chemin, entrée, ouverture, passage. CONTR. *issue, sortie.*

accessible *adjectif*
/ Que l'on peut comprendre. SYN. abordable, assimilable, clair, compréhensible, facile, intelligible, perceptible, simple -LITTÉRAIRE: pénétrable. CONTR. *abscons, ardu, difficile, hermétique, impénétrable, inabordable, inaccessible, incompréhensible, inintelligible, obscur* -LITTÉRAIRE: *nébuleux, opaque, sibyllin, ténébreux.*
/ Que l'on peut facilement aborder. SYN. affable, approchable, engageant, ouvert, perméable, réceptif, sensible, traitable -LITTÉRAIRE: amène. CONTR. *distant, fermé, hautain, inabordable, indifférent, insensible, réfractaire, sourd.*

accession *nom féminin*
/ Action d'accéder à quelque chose. SYN. accès, admission, arrivée, avènement, élévation, nomination, promotion, titularisation. CONTR. *démission, départ.*

accessoire *adjectif*
/ Qui s'ajoute. SYN. accidentel, additionnel, anecdotique, annexe, auxiliaire, complémentaire, contingent, épisodique, incident, insignifiant, marginal, mineur, négligeable, second, secondaire, subalterne, subsidiaire, superflu, supplémentaire -LITTÉRAIRE: superfétatoire. CONTR. *capital, cardinal, central, décisif, dominant, élémentaire, essentiel, fondamental, important, maître, majeur, premier, primordial, principal, vital.*

accessoire *nom masculin*
/ Objet qui s'ajoute à un élément principal. SYN. composant, détail, garniture, ornement, rouage.

accessoirement *adverbe*
/ De façon accessoire. SYN. accidentellement, éventuellement, incidemment. CONTR. *fondamentalement.*

accident *nom masculin*
/ Événement malheureux. SYN. accrochage, avatar, catastrophe, drame, incident, malheur, mésaventure, revers, tragédie -FAMILIER: tuile.
/ Événement inattendu. SYN. accroc, à-coup, aléa, contretemps, épisode, imprévu, incident, péripétie -FAMILIER: anicroche.

accidenté *adjectif*
/ Se dit d'un sol inégal. SYN. inégal, montagneux, mouvementé, vallonné, varié. CONTR. *égal, plan, plat, uni, uniforme.*
/ Qui a subi un accident. SYN. abîmé, détérioré, endommagé. CONTR. *intact.*

accidentel *adjectif*
/ Qui n'est pas prévu. SYN. accessoire, casuel, contingent, fortuit, imprévu, inattendu, inopiné, momentané, occasionnel, passager. CONTR. *fatal, fréquent, habituel, inéluctable, inévitable, nécessaire, normal, préparé.*

accidentellement *adverbe*
/ Par hasard. SYN. accessoirement, fortuitement, incidemment, inopinément, occasionnellement. CONTR. *fréquemment, habituellement, volontairement.*

accidenter *verbe*
/ LITTÉRAIRE. Rendre mouvementé. SYN. agiter, troubler. CONTR. *aplanir, égaliser.*
/ Causer un dommage. SYN. détériorer, endommager.

acclamation *nom féminin*
/ Cri d'approbation. SYN. applaudissement, ban, bravo, hourra, hurrah, ovation, vivat. CONTR. *huée, quolibet, sifflet, tollé.*

acclamer *verbe*
/ Saluer par une acclamation. SYN. applaudir, bisser, faire ovation, ovationner. CONTR. *conspuer, huer, siffler.*

acclimatation *nom féminin*
/ Action d'acclimater. SYN. accoutumance, adaptation, habitude. CONTR. *inaccoutumance.*

acclimatement *nom masculin*
/ Adaptation d'un organisme à un climat. SYN. accommodat, accoutumance, adaptation, habitude, morphose, somation. CONTR. *inaccoutumance.*

acclimater *verbe*
/ Adapter quelque chose à un milieu. SYN. accoutumer, adapter, enraciner, familiariser, habituer, implanter. CONTR. *arracher, dépayser, déraciner, dérouter, désacclimater.*

acclimater (s') *verbe pronominal*
/ S'habituer à un milieu nouveau. SYN. s'adapter, se faire à, se familiariser avec, s'habituer – LITTÉRAIRE : s'accommoder.

accointance *nom féminin*
/ Lien entretenu avec quelqu'un. SYN. affinité, attaches, commerce, fréquentation, lien, rapport, relation – LITTÉRAIRE : liaison. CONTR. *détachement, éloignement, séparation.*

accointer (s') *verbe pronominal*
/ LITTÉRAIRE. Se lier avec quelqu'un. SYN. s'aboucher, s'acoquiner, s'attacher à. CONTR. *se détacher, se séparer, s'éloigner.*

accolade *nom féminin*
/ Geste amical. SYN. embrassade, enlacement – LITTÉRAIRE : embrassement.

accolé *adjectif*
/ Placé à côté de. SYN. attaché, contigu, joint, juxtaposé, lié. CONTR. *dissocié, séparé.*

accoler *verbe*
/ Placer côte à côte. SYN. accoupler, adjoindre, ajouter, joindre, juxtaposer, lier, relier, souder, unir. CONTR. *disjoindre, dissocier, séparer.*

accommodant *adjectif*
/ Avec qui on peut s'entendre. SYN. arrangeant, commode, complaisant, conciliant, coulant, de bonne composition, facile, flexible, indulgent, maniable, souple, souple comme un gant, tolérant, vivable – LITTÉRAIRE : débonnaire, traitable. CONTR. *acariâtre, agressif, autoritaire, belliqueux, buté, despotique, difficile, exigeant, ferme, intraitable, intransigeant, irréconciliable, pointilleux, querelleur, rigide, strict, têtu, tranchant, vétilleux* – FAMILIER : *bagarreur* – LITTÉRAIRE : *raide* – VIEUX : *chicaneur, chicanier.*

accommodement *nom masculin*
/ Ce qui termine un différend. SYN. accord, arrangement, compromis, concession, conciliation, consensus, entente, médiation, modus vivendi, rapprochement, transaction.

accommoder *verbe*
/ LITTÉRAIRE. Adapter quelque chose à. SYN. accorder, agencer, ajuster, aménager, approprier, arranger, conformer, installer.
/ Préparer un aliment. SYN. apprêter, assaisonner, cuisiner, mitonner.

accommoder (s') *verbe pronominal*
/ LITTÉRAIRE. S'adapter à quelque chose. SYN. composer, s'acclimater à, s'accoutumer, s'adapter à, se conformer à, se mettre en accord, se plier à, se ranger à, s'habituer – LITTÉRAIRE : s'accorder. CONTR. *se déshabituer* – LITTÉRAIRE : *se désaccoutumer.*
/ Accepter ce qui se présente. SYN. en prendre son parti, faire contre mauvaise fortune bon cœur, s'arranger de, se contenter de, se faire à, se faire une raison, se résigner, se satisfaire de, supporter. CONTR. *protester contre, refuser, se soustraire.*

accompagner *verbe*
/ Aller avec quelqu'un dans un lieu. SYN. chaperonner, conduire, convoyer, escorter, flanquer, guider, mener, suivre – FAMILIER : s'accrocher aux basques, se pendre aux basques. CONTR. *abandonner, délaisser, laisser, quitter.*
/ Joindre quelque chose à. SYN. associer, assortir, compléter. CONTR. *enlever, ôter, retirer, retrancher, soustraire.*
/ Être associé à quelque chose. SYN. aller de pair avec, compléter, s'adjoindre, s'ajouter à, se joindre à.

accompli *adjectif*
/ Qui est terminé. SYN. fini, passé, réalisé, révolu – FAMILIER : sonné. CONTR. *inaccompli, inachevé* – LITTÉRAIRE : *irréalisé.*
/ Qui est parfait. SYN. achevé, complet, consommé, excellent, exemplaire, expert, fieffé, fini, modèle, rêvé. CONTR. *inexpérimenté, novice.*

accomplir *verbe*
/ Mener à sa fin. SYN. achever, atteindre, boucler, conclure, consommer, effectuer, finir, mener à bien, mener à bonne fin, mener à son terme, parachever, parfaire, s'acquitter de, terminer – LITTÉRAIRE : clore. CONTR. *commencer, ébaucher, esquisser, interrompre.*
/ Réaliser un projet. SYN. commettre, concrétiser, exécuter, faire, perpétrer, procéder à, réaliser, remplir, satisfaire à, se conformer à, se plier à.

accomplir (s') *verbe pronominal*
/ Être réalisé. SYN. arriver, se faire, se produire, se réaliser, s'opérer.

accomplissement *nom masculin*

▮ Action d'accomplir. SYN. aboutissement, achèvement, exécution, réalisation –LITTÉRAIRE: consommation, parachèvement. CONTR. *commencement, ébauche, esquisse.*

accord *nom masculin*

▮ Harmonie entre des personnes. SYN. affinité, concorde, ensemble, entente, harmonie, identité, intelligence, paix. CONTR. *antagonisme, bataille, brouille, collision, conflit, désaccord, désunion, différend, discussion, dispute, dissension, divergence, divorce, mésentente, querelle, rupture* –FAMILIER: *accrochage, bagarre, bisbille* –LITTÉRAIRE: *chicane, discorde, disparate, dissentiment, dissonance, mésintelligence* –VIEUX: *brouillerie.*

▮ Approbation donnée à une action. SYN. acceptation, acquiescement, adhésion, agrément, assentiment, autorisation, aval, consentement, feu vert, permission, soutien –LITTÉRAIRE: aveu, suffrage. CONTR. *contestation, opposition, protestation, refus, rejet, veto.*

▮ Arrangement entre deux parties. SYN. accommodement, alliance, compromis, contrat, convention, entente, marché, pacte, traité. CONTR. *antinomie, conflit, désaccord, discordance, divergence, litige* –LITTÉRAIRE: *discorde.*

▮ Correspondance entre plusieurs choses. SYN. adéquation, alliance, compatibilité, concordance, conformité, correspondance, harmonie. CONTR. *antinomie, contradiction, contraste, décalage, discordance, disparité, disproportion, dissonance, incompatibilité, opposition.*

accordé *adjectif*

▮ Qui est en accord avec. SYN. adéquat, approprié.

▮ Qui sonne juste. SYN. juste. CONTR. *désaccordé, discordant.*

accorder *verbe*

▮ Mettre des choses en harmonie. SYN. adapter, ajuster, apparier, approprier, assortir, conformer, harmoniser, proportionner, rapprocher –LITTÉRAIRE: accommoder. CONTR. *dépareiller, désassortir, opposer.*

▮ Donner quelque chose. SYN. adjuger, allouer, attribuer, concéder, décerner, gratifier, octroyer. CONTR. *refuser, retirer.*

▮ Reconnaître pour vrai. SYN. admettre, avouer, concéder, convenir que, reconnaître. CONTR. *dénier, refuser, rejeter, repousser.*

accorder (s') *verbe pronominal*

▮ Être en harmonie avec. SYN. aller avec, cadrer, coïncider, concorder, convenir, correspondre, répondre, s'adapter, s'appareiller, s'assortir, se concilier, s'harmoniser –FAMILIER: coller –LITTÉRAIRE: s'accommoder. CONTR. *contraster, détonner, jurer, s'éloigner, s'opposer, trancher.*

▮ LITTÉRAIRE. Se mettre d'accord avec. SYN. faire bon ménage, fraterniser, pactiser, renouer, s'arranger, se coaliser, se lier, se rapprocher, se réconcilier, se solidariser, s'entendre, s'unir. CONTR. *s'affronter, se brouiller, se quereller.*

▮ Se donner quelque chose. SYN. s'adjuger, s'allouer, s'attribuer, se donner, se gratifier de, s'offrir. CONTR. *se refuser, s'interdire.*

accostable *adjectif*

▮ Où l'on peut accoster. SYN. abordable, accessible. CONTR. *inabordable, inaccessible.*

accoster *verbe*

▮ Se mettre à quai. SYN. aborder, arriver, parvenir, toucher. CONTR. *appareiller, lever l'ancre, partir, quitter, s'éloigner.*

▮ Aborder quelqu'un. SYN. aborder, arrêter –FAMILIER: accrocher, agrafer. CONTR. *éviter, fuir, s'écarter de, s'éloigner de.*

accoter *verbe*

▮ Appuyer quelque chose d'un côté. SYN. adosser, appuyer.

accouchement *nom masculin*

▮ Action d'accoucher. SYN. couches, délivrance, parturition –LITTÉRAIRE: enfantement –VIEUX: gésine.

accoucher *verbe*

▮ Mettre un enfant au monde. SYN. délivrer, donner le jour, engendrer, mettre au monde –LITTÉRAIRE: enfanter.

▮ FAMILIER. Produire quelque chose. SYN. créer, engendrer –FAMILIER: pondre –LITTÉRAIRE: enfanter.

accouplement *nom masculin*

▮ Union du mâle et de la femelle. SYN. appariement, coït, copulation, saillie.

accoupler *verbe*

▮ Solidariser deux éléments. SYN. accoler, appareiller, apparier, coupler. CONTR. *dépareiller, désaccoupler, désolidariser, séparer.*

accourir *verbe*

/ Arriver en hâte. SYN. affluer, arriver, bondir, courir, débouler, surgir – FAMILIER : filer – LITTÉRAIRE : survenir. CONTR. *flâner, tarder, traîner* – FAMILIER : *lambiner.*

accoutrement *nom masculin*

/ Habillement ridicule. SYN. défroque, déguisement – FAMILIER : attifement, fagotage, harnachement – LITTÉRAIRE : affublement.

accoutrer *verbe*

/ Habiller quelqu'un bizarrement. SYN. affubler, costumer, déguiser, équiper – FAMILIER : attifer, fagoter, ficeler – LITTÉRAIRE : vêtir.

accoutrer (s') *verbe pronominal*

/ S'habiller bizarrement. SYN. s'affubler, se vêtir – FAMILIER : s'attifer.

accoutumance *nom féminin*

/ Fait de s'accoutumer à. SYN. acclimatation, acclimatement, accommodation, adaptation, coutume, habitude, manie, pli, routine – FAMILIER : train-train. CONTR. *apprentissage, dépaysement, désaccoutumance, désadaptation.*

/ Atténuation de l'effet d'un médicament. SYN. assuétude, dépendance. CONTR. *désaccoutumance.*

accoutumé *adjectif*

/ Qui est habituel. SYN. commun, familier, habituel, ordinaire, rituel – LITTÉRAIRE : coutumier. CONTR. *anormal, étrange, inaccoutumé, inhabituel, insolite.*

accoutumer *verbe*

/ Faire prendre une habitude. SYN. acclimater, adapter, faire, familiariser, habituer, plier – LITTÉRAIRE : façonner, rompre à. CONTR. *déshabituer, libérer* – LITTÉRAIRE : *désaccoutumer.*

accoutumer (s') *verbe pronominal*

/ Prendre une habitude. SYN. en prendre son parti, s'adapter, se faire à, se familiariser, s'habituer – LITTÉRAIRE : s'accommoder. CONTR. *se déshabituer* – LITTÉRAIRE : *se désaccoutumer.*

accrédité *adjectif*

/ Qui est reconnu. SYN. autorisé, officiel, permis, répandu.

accréditer *verbe*

/ Rendre croyable. SYN. autoriser, confirmer, diffuser, établir, introduire, propager, répandre, valider. CONTR. *contredire, démentir, désavouer, discréditer.*

accro *adjectif et nom*

/ POPULAIRE. Passionné pour. SYN. enragé, entiché, fanatique, féru – FAMILIER : fan, fana.

accroc *nom masculin*

/ Déchirure dans un tissu. SYN. déchirure, trou.

/ FAMILIER. Atteinte à quelque chose. SYN. entorse, transgression, violation.

/ Incident fâcheux. SYN. accident, à-coup, complication, contretemps, difficulté, embarras, incident, obstacle – FAMILIER : anicroche, histoire, os.

accrochage *nom masculin*

/ Action d'accrocher quelque chose. SYN. fixation, pendaison, suspension. CONTR. *décrochage, décrochement.*

/ Accident de voiture. SYN. accident, carambolage, choc, collision, heurt, tamponnage, tamponnement, télescopage.

/ FAMILIER. Divergence de vues. SYN. altercation, dispute, explication, friction, frottement, querelle – FAMILIER : grabuge – POPULAIRE : engueulade. CONTR. *accord, entente, paix.*

/ Combat inopiné. SYN. coup de main, échauffourée, embuscade, engagement, escarmouche, mêlée, rencontre, rixe.

accroche-cœur *nom masculin*

/ Petite mèche sur le front. SYN. boucle, guiche.

accrocher *verbe*

/ FAMILIER. Arrêter quelqu'un au passage. SYN. aborder, accoster, arrêter, retenir – FAMILIER : agrafer, agripper, harponner. CONTR. *éviter, fuir, s'éloigner.*

/ Attacher avec un crochet. SYN. attacher, clouer, fixer, pendre, rattacher, suspendre. CONTR. *décrocher, dépendre.*

/ Heurter légèrement. SYN. cogner, rencontrer, tamponner, télescoper.

/ Renvoyer l'éclat de la lumière. SYN. attraper, capter, réfléchir, refléter.

/ Attraper quelque chose. SYN. agripper, amarrer, empoigner, harponner, retenir, saisir.

accrocher (s') *verbe pronominal*

/ Se retenir à quelque chose. SYN. s'agripper à, se cramponner, se fixer, se rattraper, se suspendre, se tenir à.

/ Être tenace. SYN. batailler, persévérer, s'acharner, se battre, se démener, s'échiner, s'escrimer. CONTR. *abandonner, abdiquer, baisser les bras, capituler, déclarer forfait, jeter l'éponge, renoncer* –FAMILIER: *laisser tomber.*

/ Avoir une altercation. SYN. se disputer, se quereller, s'expliquer –FAMILIER: se chamailler –POPULAIRE: s'engueuler.

accrocheur *adjectif*

/ FAMILIER. Qui attire l'attention. SYN. aguicheur, raccrocheur, racoleur.

/ FAMILIER. Qui est tenace. SYN. acharné, combatif, entêté, opiniâtre. CONTR. *indifférent, indolent, mou, nonchalant.*

accroissement *nom masculin*

/ Augmentation en quantité, en valeur. SYN. accentuation, aggravation, agrandissement, amplification, croissance, développement, élargissement, essor, expansion, extension, gonflement, grossissement, intensification, multiplication, progression, recrudescence, redoublement. CONTR. *allégement, amoindrissement, atrophie, compression, décroissance, diminution, limitation, perte, ralentissement, réduction, suppression.*

accroître *verbe*

/ Rendre quelque chose plus grand. SYN. agrandir, ajouter à, arrondir, augmenter, développer, élever, enrichir, étendre, grossir, multiplier. CONTR. *amoindrir, atrophier, circonscrire, diminuer, écourter, limiter, réduire, restreindre, supprimer.*

/ Amplifier un état. SYN. accentuer, aggraver, amplifier, aviver, exaspérer, intensifier, renforcer. CONTR. *alléger, amenuiser, apaiser, atténuer, calmer, comprimer, émousser, modérer, soulager.*

accroître (s') *verbe pronominal*

/ Devenir plus important. SYN. croître, fructifier, grandir, grossir, s'accentuer, s'accuser, s'amplifier, se multiplier, s'élever, s'étendre. CONTR. *baisser, décliner, décroître, dépérir, diminuer, mollir, s'atténuer.*

accueil *nom masculin*

/ Action, manière d'accueillir. SYN. abord, accès, bienvenue, hébergement, hospitalité, réception, traitement. CONTR. *bannissement.*

accueillant *adjectif*

/ Qui fait bon accueil. SYN. abordable, affable, aimable, ami, avenant, bienveillant, civil, convivial, cordial, engageant, hospitalier, liant, obligeant, ouvert, paternel, sociable, sympathique –LITTÉRAIRE: amène. CONTR. *amer, arrogant, distant, fermé, froid, glacial, hautain, inabordable, inaccessible, inhospitalier, rébarbatif, revêche, rude* –LITTÉRAIRE: *farouche, hostile.*

accueillir *verbe*

/ Avoir telle réaction face à. SYN. accepter, admettre, apprendre, prendre, recevoir.

/ Admettre dans un groupe. SYN. accepter, admettre, agréger, prendre, recevoir. CONTR. *bannir, chasser, congédier, écarter, éconduire, exclure, excommunier, refuser, rejeter, repousser, se défaire* –FAMILIER: *blackbouler, débarquer, déboulonner.*

/ Donner l'hospitalité. SYN. abriter, héberger, loger, réceptionner, recevoir, recueillir, traiter –FAMILIER: cueillir.

acculer *verbe*

/ Placer dans une fâcheuse situation. SYN. condamner à, conduire, contraindre, forcer, obliger, pousser, réduire –LITTÉRAIRE: astreindre.

/ Pousser dans un coin. SYN. coincer, presser, serrer –FAMILIER: rencogner.

accumulation *nom féminin*

/ Action d'accumuler ; son résultat. SYN. addition, agglomération, agglutination, amas, amoncellement, concentration, cumul, empilement, entassement, groupement, monceau, quantité, rassemblement, réunion, superposition, tas. CONTR. *dispersion, dissémination, émiettement, éparpillement.*

accumuler *verbe*

/ Mettre ensemble en grand nombre. SYN. amasser, amonceler, emmagasiner, empiler, engranger, entasser, ramasser, rassembler, réunir, superposer –FAMILIER: collectionner. CONTR. *disperser, disséminer, éparpiller, répandre.*

/ Amasser des richesses. SYN. accaparer, capitaliser, économiser, épargner, thésauriser, truster. CONTR. *dépenser, dilapider, gaspiller, prodiguer.*

accumuler (s') *verbe pronominal*

/ S'ajouter les uns aux autres. SYN. s'amasser, s'amonceler, se rassembler, se superposer, s'empiler, s'entasser.

accusateur *adjectif*

/ Qui constitue une accusation. SYN. dénonciateur, désapprobateur, diffamateur, réprobateur –LITTÉRAIRE: improbateur.

accusateur *nom*

/ Personne qui accuse quelqu'un. SYN. calomniateur, délateur, dénonciateur, détracteur, diffamateur –LITTÉRAIRE: révélateur. CONTR. *défenseur, protecteur, soutien.*

accusation *nom féminin*

/ Action d'accuser quelqu'un. SYN. attaque, blâme, charge, critique, délation, diffamation, grief, imputation, reproche, réquisitoire. CONTR. *apologie, défense, excuse, justification, louange, plaidoyer.*

/ Fait de déférer en justice. SYN. inculpation, plainte, poursuite. CONTR. *acquittement, décharge, défense, non-lieu.*

accusé *adjectif*

/ Qui est accentué. SYN. appuyé, caractérisé, fort, marqué, prononcé, souligné, typé. CONTR. *fin, subtil.*

accusé *nom*

/ Personne accusée d'un crime. SYN. inculpé, prévenu.

accuser *verbe*

/ Déférer quelqu'un en justice. SYN. attaquer, citer, inculper, poursuivre. CONTR. *acquitter, blanchir, innocenter, réhabiliter.*

/ Reprocher à quelqu'un une faute. SYN. accabler, attaquer, blâmer, charger, confondre, critiquer, dénoncer, faire grief, imputer, incriminer, reprocher à, taxer. CONTR. *décharger, défendre, disculper, excuser, innocenter, justifier, laver.*

/ Faire ressortir quelque chose. SYN. accentuer, dessiner, exagérer, indiquer, marquer, montrer, révéler, signaler, souligner, trahir –LITTÉRAIRE: témoigner. CONTR. *atténuer, cacher, dissimuler, estomper, masquer.*

accuser (s') *verbe pronominal*

/ S'avouer coupable. SYN. avouer, confesser.

/ Être mis en relief. SYN. s'accentuer, s'accroître, se renforcer, s'intensifier. CONTR. *disparaître, s'effacer, s'estomper.*

acerbe *adjectif*

/ Qui est agressif. SYN. à l'emporte-pièce, acéré, acide, aigre, aigri, amer, âpre, blessant, caustique, cuisant, dur, incisif, mordant, sanglant, sarcastique, vert, vif –FAMILIER: saignant –LITTÉRAIRE: âcre, acrimonieux, atrabilaire, épigrammatique, fielleux, piquant, vénéneux, venimeux. CONTR. *agréable, aimable, bienveillant, doux* –LITTÉRAIRE: *amène.*

acerbité *nom féminin*

/ LITTÉRAIRE. Caractère acerbe. SYN. agressivité, aigreur, amertume –LITTÉRAIRE: âcreté. CONTR. *amabilité, bienveillance, douceur* –LITTÉRAIRE: *aménité.*

acéré *adjectif*

/ Dont la pointe est aiguisée. SYN. affilé, affûté, aigu, coupant, fin, piquant, pointu, tranchant. CONTR. *émoussé.*

/ D'une vivacité blessante. SYN. à l'emporte-pièce, acerbe, agressif, blessant, caustique, cuisant, incisif, mordant, sanglant, vif –FAMILIER: saignant –LITTÉRAIRE: épigrammatique, piquant, vénéneux, venimeux. CONTR. *bienveillant, doux, indulgent, suave.*

acérer *verbe*

/ Rendre tranchant. SYN. affûter, aiguiser. CONTR. *émousser.*

achalandé *adjectif*

/ Se dit d'un magasin fourni. SYN. approvisionné, fourni, pourvu.

acharné *adjectif*

/ D'une ardeur opiniâtre. SYN. ardent, chaud, coriace, désespéré, enragé, entêté, forcené, frénétique, furieux, implacable, inlassable, obstiné, opiniâtre, patient, persévérant, tenace, terrible, têtu –FAMILIER: accrocheur –LITTÉRAIRE: farouche. CONTR. *inconstant, inégal, léger, négligent, tiède.*

acharnement *nom masculin*

/ Action de s'acharner. SYN. animosité, ardeur, aveuglement, combativité, détermination, entêtement, frénésie, insistance, obstination, persévérance, rage, ténacité, volonté –LITTÉRAIRE: opiniâtreté, pugnacité. CONTR. *abandon, indolence, mollesse, velléité.*

acharner (s') *verbe pronominal*

/ Lutter avec ténacité. SYN. insister, persévérer, poursuivre, s'accrocher, se battre, s'efforcer, s'entêter, s'escrimer, s'évertuer, s'ingénier, s'obstiner –FAMILIER: se tuer à –LITTÉRAIRE: s'opiniâtrer. CONTR. *abandonner, délaisser, laisser, négliger, quitter, renoncer à.*

achat *nom masculin*

/ Action d'acheter. SYN. acquisition. CONTR. *cession, vente.*

/ Chose achetée. SYN. acquisition, courses, emplette, provisions.

acheminement *nom masculin*

/ Action d'acheminer. SYN. convoiement, convoyage, envoi, expédition, routage, transfèrement, transfert, transport –LITTÉRAIRE: translation. CONTR. *renvoi.*

/ Action de s'acheminer. SYN. expédition, marche, progression.

acheminer *verbe*

/ Diriger vers. SYN. amener, canaliser, conduire, envoyer, expédier, transférer, transporter.

acheminer (s') *verbe pronominal*

/ Être en route vers. SYN. aller, avancer, cheminer, se diriger, se porter vers, se rapprocher, se rendre, s'orienter, tendre.

acheter *verbe*

/ Obtenir contre paiement. SYN. acquérir, payer, se payer, s'offrir. CONTR. *aliéner, céder, vendre.*

/ S'assurer la complicité de. SYN. payer, soudoyer, suborner –FAMILIER: arroser, graisser la patte –LITTÉRAIRE: corrompre, stipendier.

acheteur *nom*

/ Personne, groupe qui achète. SYN. acquéreur, cessionnaire, client, consommateur, demandeur, preneur. CONTR. *cédant, vendeur.*

achevé *adjectif*

/ Qui est parfait. SYN. accompli, beau, complet, consommé, excellent, fieffé, fini, impeccable, suprême –FAMILIER: fameux, soigné. CONTR. *brut, imparfait, inaccompli, inachevé, incomplet, informe, rudimentaire.*

/ FAMILIER. Totalement épuisé. SYN. à plat, anéanti, brisé, épuisé, exténué, fatigué, fourbu, harassé, K.-O., mort de fatigue, recru, rendu, rompu, surmené –FAMILIER: cassé, claqué, éreinté, esquinté, fini, flapi, H.S., lessivé, mort, moulu, pompé, raplapla, sur les genoux, tué, vanné, vidé –POPULAIRE: crevé, sur les rotules. CONTR. *délassé, dispos, frais, frais et dispos, reposé* –FAMILIER: *en forme, en pleine forme, frais comme un gardon, frais comme une rose, increvable* –VIEUX: *gaillard.*

achèvement *nom masculin*

/ Fait de s'achever. SYN. aboutissement, accomplissement, clôture, conclusion, dénouement, exécution, expiration, extinction, fin, finition, perfection, terme –LITTÉRAIRE: consommation, parachèvement, terminaison. CONTR. *amorce, commencement, début, départ, ébauche, esquisse, genèse, naissance.*

achever *verbe*

/ Finir une action commencée. SYN. accomplir, boucler, clôturer, compléter, conclure, conduire à son terme, finir, mener à bien, mener à bonne fin, mettre la dernière main à, mettre un point final à, mettre un terme à, parachever, parfaire, terminer –LITTÉRAIRE: clore. CONTR. *amorcer, attaquer, commencer, ébaucher, entamer, entreprendre, mettre en train, se mettre à.*

/ FAMILIER. Épuiser totalement. SYN. affaiblir, anéantir, briser, exténuer, fatiguer, harasser, surmener, vider –FAMILIER: assommer, claquer, crever, éreinter, esquinter, tuer, vanner. CONTR. *remonter, revigorer, stimuler* –FAMILIER: *requinquer.*

/ Porter les derniers coups. SYN. abattre, donner le coup de grâce, éliminer, supprimer, tuer –POPULAIRE: descendre, flinguer. CONTR. *épargner.*

achever (s') *verbe pronominal*

/ Arriver à son terme. SYN. cesser, expirer, finir, passer, prendre fin, s'arrêter, se terminer, toucher à sa fin. CONTR. *commencer, débuter, s'amorcer.*

/ Avoir pour fin. SYN. aboutir, déboucher sur.

achopper *verbe*
/ Être arrêté par un obstacle. SYN. buter contre, échouer, porter, rencontrer, se heurter à, trébucher –LITTÉRAIRE: chopper. CONTR. *franchir.*

acide *adjectif*
/ Dont la saveur est aigre. SYN. acidulé, âcre, aigre, aigrelet, sur, suret. CONTR. *doux, sucré.*
/ Qui blesse. SYN. acerbe, blessant, caustique, incisif, mordant, vert –LITTÉRAIRE: âcre, acrimonieux, épigrammatique, piquant. CONTR. *agréable, aimable, doucereux, mielleux, paterne.*

acidulé *adjectif*
/ Qui est légèrement acide. SYN. aigre, aigrelet, sur, suret.

acmé *nom masculin*
/ LITTÉRAIRE. Point le plus élevé. SYN. apogée, comble, couronnement, paroxysme, pinacle, point culminant, sommet, summum, zénith –LITTÉRAIRE: faîte.

acolyte *nom masculin*
/ Complice d'une mauvaise action. SYN. aide, allié, auxiliaire, camarade, compagnon, comparse, complice –LITTÉRAIRE: affidé –VIEUX: compère.

acompte *nom masculin*
/ Somme versée par avance. SYN. arrhes, à-valoir, avance, provision.

acoquinement *nom masculin*
/ Liaison à caractère douteux. SYN. concubinage, fréquentation –POPULAIRE: collage.

acoquiner (s') *verbe pronominal*
/ Se lier avec une personne. SYN. fréquenter, s'aboucher, se lier –FAMILIER: flirter –LITTÉRAIRE: s'accointer –POPULAIRE: se coller. CONTR. *se détacher, se séparer, s'éloigner.*

à-côté *nom masculin*
/ Élément accessoire. SYN. détail, digression, épisode, parenthèse. CONTR. *essentiel, principal.*
/ Gain, dépense supplémentaire. SYN. appoint, avantage, complément, supplément –FAMILIER: extra.

à-coup *nom masculin*
/ Sursaut dans un mouvement. SYN. raté, saccade, secousse, soubresaut.
/ Incident fâcheux. SYN. accident, accroc, complication, contretemps, ennui –FAMILIER: anicroche, enquiquinement, pépin.

acquéreur *nom masculin*
/ Personne qui acquiert un bien. SYN. acheteur, cessionnaire, client, preneur. CONTR. *cédant, donateur, vendeur.*

acquérir *verbe*
/ Devenir propriétaire d'un bien. SYN. acheter, obtenir, recueillir, se procurer. CONTR. *aliéner, céder, se défaire, transmettre, vendre.*
/ Arriver à obtenir. SYN. assimiler, conquérir, emporter, gagner, remporter. CONTR. *aliéner, perdre.*
/ Procurer quelque chose à quelqu'un. SYN. attirer, concilier, gagner.

acquiescement *nom masculin*
/ Action d'acquiescer. SYN. acceptation, accord, adhésion, agrément, approbation, assentiment, autorisation, consentement –LITTÉRAIRE: suffrage. CONTR. *objection, opposition, protestation, refus, résistance.*

acquiescer *verbe*
/ Consentir sans réserve. SYN. accéder à, accepter, adhérer à, agréer, approuver, céder, déférer à, entériner, se prêter à, souscrire à. CONTR. *protester contre, refuser, réfuter, résister à, s'opposer à.*

acquis *adjectif*
/ Indiscutablement prouvé. SYN. connu, démontré, incontesté, reconnu. CONTR. *contesté.*
/ Que l'on a obtenu. CONTR. *congénital, héréditaire, infus, inné* –LITTÉRAIRE: *natif, originaire.*
/ Entièrement gagné à. SYN. dévoué, partisan.

acquis *nom masculin*
/ Ensemble de connaissances. SYN. bagage, capital, connaissances, savoir.

acquisition *nom féminin*
/ Action d'acquérir un bien. SYN. annexion, appropriation, obtention, saisie. CONTR. *abandon, aliénation, cession, vente.*
/ Action d'acquérir un savoir. SYN. apprentissage, assimilation.
/ Ce qui a été acquis. SYN. achat, emplette.

acquit *nom masculin*
- Reconnaissance d'un paiement. SYN. décharge, quittance, quitus, récépissé, reçu.

acquittement *nom masculin*
- Action de payer ce que l'on doit. SYN. paiement, règlement, remboursement, versement.
- Déclaration de non-culpabilité. SYN. non-lieu. CONTR. *accusation, condamnation.*

acquitter *verbe*
- Payer ce que l'on doit. SYN. acheter, honorer, liquider, payer, régler, rembourser, se libérer de, solder. CONTR. *devoir, emprunter.*
- Déclarer non coupable. SYN. absoudre, amnistier, blanchir, disculper, innocenter, pardonner. CONTR. *accuser, condamner.*

acquitter (s') *verbe pronominal*
- Se débarrasser d'une dette. SYN. payer, régler, rembourser, s'affranchir, se débarrasser, se dégager, se libérer. CONTR. *faillir à, manquer à.*
- Remplir une tâche. SYN. accomplir, boucler, exécuter, mener à bien, mener à bonne fin, remplir, satisfaire à. CONTR. – LITTÉRAIRE : *faillir à.*

âcre *adjectif*
- Qui a une saveur, une odeur forte. SYN. acide, aigre, amer, âpre, irritant, piquant, sur. CONTR. *doux, exquis, suave.*
- LITTÉRAIRE. Qui est blessant. SYN. acerbe, acide, aigre, amer, âpre, cassant, grinçant, incisif, mordant, offensant – LITTÉRAIRE : piquant. CONTR. *aimable, délicieux, doux, mielleux.*

âcreté *nom féminin*
- Caractère âcre. SYN. aigreur, amertume, âpreté. CONTR. *douceur, fadeur* – LITTÉRAIRE : *suavité.*
- LITTÉRAIRE. Caractère blessant. SYN. aigreur, amertume, âpreté – LITTÉRAIRE : acerbité, fiel, maussaderie. CONTR. *amabilité, bienveillance, douceur* – LITTÉRAIRE : *aménité.*

acrimonie *nom féminin*
- Caractère agressif. SYN. aigreur, amertume, âpreté, causticité, hargne – FAMILIER : grogne, rogne – LITTÉRAIRE : fiel, maussaderie. CONTR. *affabilité, bienveillance, courtoisie, douceur, gentillesse* – LITTÉRAIRE : *aménité.*

acrimonieux *adjectif*
- LITTÉRAIRE. Qui montre de l'acrimonie. SYN. acariâtre, acerbe, acide, agressif, aigre, aigri, amer, âpre, blessant, caustique, hargneux, mordant, virulent – FAMILIER : teigneux – LITTÉRAIRE : atrabilaire, épigrammatique, fielleux, piquant, vénéneux, venimeux. CONTR. *affable, aimable, bienveillant, doux, gentil* – LITTÉRAIRE : *amène.*

acrobate *nom masculin*
- Artiste de cirque. SYN. danseur de corde, équilibriste, fildefériste, funambule, trapéziste, voltigeur.

acrobatie *nom féminin*
- Procédé ingénieux. SYN. artifice, astuce, manœuvre, pirouette, stratagème, tour, tour de passe-passe.
- Exercice réalisé par un acrobate. SYN. saut périlleux, voltige.

acte *nom masculin*
- Fait d'agir. SYN. action, agissement, fait, geste, mouvement.
- Décision d'un groupe. SYN. démarche, initiative, mesure, œuvre, opération.

acteur *nom*
- Artiste de cinéma ou de théâtre. SYN. comédien, interprète. CONTR. *spectateur.*
- Personne qui participe à. SYN. artisan, intervenant, participant, protagoniste. CONTR. *spectateur, témoin.*

actif *adjectif*
- Qui est plein d'énergie. SYN. affairé, ardent, énergique, remuant, vif, vivant – LITTÉRAIRE : allant, diligent, prompt, vaillant. CONTR. *amorphe, apathique, atone, calme, désœuvré, inactif, indolent, inerte, lent, lymphatique, mou, oisif, végétatif* – LITTÉRAIRE : *endormi.*
- Qui donne des résultats. SYN. agissant, efficace, efficient, expéditif, florissant, radical. CONTR. *inactif, inefficace, inopérant.*
- Qui joue un rôle effectif. SYN. combatif, dynamique, entreprenant, militant, occupé, zélé. CONTR. *fainéant, inoccupé, nonchalant, oisif, passif* – FAMILIER : *cossard, faignant, feignant, flemmard* – LITTÉRAIRE : *contemplateur.*

action *nom féminin*
- Faculté d'agir. SYN. activité. CONTR. *abstention, apathie, carence, inaction, inertie.*

/ Manifestation d'activité. SYN. acte, agissement, entreprise, fait, geste, lutte, manœuvre, œuvre, opération.
/ Effet produit sur. SYN. effet, efficacité. CONTR. *inefficacité* – LITTÉRAIRE: *stérilité.*
/ Engagement militaire. SYN. attaque, bataille, choc, combat, coup de main, engagement, escarmouche, opération.
/ Exercice d'un droit en justice. SYN. instance, poursuite, procédure, procès.

actionner *verbe*
/ Mettre en mouvement. SYN. agiter, ébranler, faire fonctionner, manier, manipuler, manœuvrer, mettre en marche, mouvoir. CONTR. *arrêter, immobiliser, neutraliser, paralyser.*

activement *adverbe*
/ De façon active. SYN. efficacement, énergiquement, intensivement, promptement, rapidement, sans relâche, sérieusement, vivement – LITTÉRAIRE: diligemment. CONTR. *mollement, nonchalamment, paresseusement, passivement* – LITTÉRAIRE: *tièdement.*

activer *verbe*
/ Rendre plus rapide. SYN. attiser, aviver, intensifier, stimuler. CONTR. *ralentir.*
/ Hâter l'exécution de. SYN. accélérer, bousculer, brusquer, hâter, précipiter, stimuler – LITTÉRAIRE: presser. CONTR. *arrêter, atermoyer, calmer, freiner, ralentir, retarder.*

activer (s') *verbe pronominal*
/ Montrer une grande activité. SYN. ne pas plaindre sa peine, s'affairer, se démener, se dépenser, se donner du mal, se donner un mal de chien, se fatiguer, se multiplier, se remuer, s'échiner, s'escrimer – FAMILIER: en mettre un bon coup, en mettre un coup, en mettre un vieux coup, mettre de l'huile de coude, s'agiter, se couper en quatre, se mettre en quatre, s'esquinter. CONTR. *dormir, fainéanter, musarder, paresser, prendre son temps, s'amuser, se prélasser, traîner* – FAMILIER: *buller, flemmarder, lambiner, lanterner, lézarder, tirer sa flemme, traînailler, traînasser* – LITTÉRAIRE: *muser* – POPULAIRE: *glander, ne pas en fiche une rame, tirer au cul, tirer au flanc.*
/ FAMILIER. Se hâter d'agir. SYN. accélérer, courir, se dépêcher, se hâter, se précipiter, se presser – POPULAIRE: se grouiller, se magner, se manier. CONTR. *ralentir, tarder, temporiser.*

activité *nom féminin*
/ Faculté d'agir. SYN. action. CONTR. *apathie, délassement, désœuvrement, fainéantise, inertie, mollesse, nonchalance, oisiveté, paresse, passivité* – FAMILIER: *flemme.*
/ Action dans un domaine défini. SYN. affaire, besogne, occupation, tâche, travail. CONTR. *congé, inaction, inactivité, inoccupation, non-activité, récréation, repos.*
/ Dynamisme dans un secteur. SYN. affairement, agitation, allant, animation, dynamisme, mouvement, vie. CONTR. *accalmie, asphyxie, calme, carence, léthargie, paix, tranquillité* – LITTÉRAIRE: *assoupissement.*

actualisation *nom féminin*
/ Action d'actualiser. SYN. mise à jour, modernisation, rénovation.

actualiser *verbe*
/ Rendre actuel. SYN. mettre à jour, moderniser, rénover.

actualité *nom féminin*
/ Ce qui est actuel. SYN. nouveauté. CONTR. *ancienneté, antériorité, vétusté.*

actualités *nom féminin pluriel*
/ Nouvelles du jour. SYN. informations, journal, nouvelles – FAMILIER: infos.

actuel *adjectif*
/ Qui a lieu dans le moment présent. SYN. courant, effectif, en cours, en vigueur, existant. CONTR. *ancien, antécédent, antérieur, éloigné, lointain, passé, premier, primitif, virtuel.*
/ Qui convient au moment présent. SYN. contemporain, frais, moderne, présent. CONTR. *abandonné, anachronique, ancestral, antique, archaïque, caduc, désuet, inactuel, passé, vétuste, vieilli, vieillissant, vieillot, vieux* – LITTÉRAIRE: *suranné.*

actuellement *adverbe*
/ Dans les circonstances présentes. SYN. à l'heure actuelle, à l'heure qu'il est, à présent, aujourd'hui, dans l'immédiat, de nos jours, en ce moment, maintenant, pour le moment, pour l'heure, pour l'instant, présentement – FAMILIER: au jour d'aujourd'hui. CONTR. *à l'avenir, anciennement, autrefois, bientôt, hier, jadis, prochainement* – FAMILIER: *naguère.*

acuité *nom féminin*

/ Qualité de ce qui est aigu. SYN. clairvoyance, discernement, finesse, justesse, lucidité, pénétration, perspicacité, pertinence, profondeur, sûreté – LITTÉRAIRE : vivacité. CONTR. *aveuglement, faiblesse* – LITTÉRAIRE : *cécité.*

/ Carcatère intense. SYN. force, intensité, puissance.

ad hoc *locution adjectivale*

/ D'une manière qui convient. SYN. adapté, adéquat, approprié, conforme, convenable, pertinent, positif – VIEUX : idoine. CONTR. *impropre, inadéquat.*

adage *nom masculin*

/ Énonciation d'une règle. SYN. aphorisme, apophtegme, dicton, formule, maxime, pensée, précepte, proverbe – LITTÉRAIRE : sentence.

adaptabilité *nom féminin*

/ Capacité de s'adapter à. SYN. flexibilité, souplesse.

adaptation *nom féminin*

/ Action d'adapter à. SYN. ajustement, appropriation, harmonisation, modification. CONTR. *inadaptation.*

/ Action de s'adapter. SYN. acclimatation, acclimatement, accoutumance, habitude. CONTR. *désadaptation.*

adapté *adjectif*

/ Qui convient à. SYN. ad hoc, adéquat, approprié, assorti, commode, conforme, de circonstance, de saison, vrai – VIEUX : idoine. CONTR. *hors de propos, impropre, inadapté.*

adapter *verbe*

/ Ajuster une chose à une autre. SYN. abouter, acclimater, accorder, ajuster, aménager, apparier, approprier, arranger, assembler, conformer, harmoniser, joindre, mettre en accord, moderniser, unir. CONTR. *détacher, disjoindre, diviser, séparer.*

adapter (s') *verbe pronominal*

/ Être approprié. SYN. aller avec, cadrer, convenir, s'accorder, s'appliquer à, se prêter.

/ Se mettre en harmonie avec. SYN. s'acclimater à, s'accoutumer à, s'assimiler, se conformer à, se faire à, se familiariser, se mettre au diapason, se plier à, s'habituer à – LITTÉRAIRE : s'accommoder.

addenda *nom masculin*

/ Notes à la fin d'un ouvrage. SYN. addition, appendice, complément, supplément.

additif *nom masculin*

/ Article additionnel. SYN. addition, amendement, apostille, note.

addition *nom féminin*

/ Action d'ajouter. SYN. accumulation, adjonction, ajout. CONTR. *déduction, défalcation, diminution, retranchement, soustraction, suppression.*

/ Ce qui est ajouté à quelque chose. SYN. addenda, additif, ajout, annexe, appendice, complément, supplément.

/ Note de dépenses. SYN. compte, facture, note – FAMILIER : douloureuse.

additionnel *adjectif*

/ Qui est ajouté. SYN. accessoire, annexé, complémentaire, supplémentaire.

additionner *verbe*

/ Ajouter quelque chose pour modifier. SYN. allonger, couper, étendre – FAMILIER : baptiser.

/ Calculer un total. SYN. sommer, totaliser. CONTR. *retrancher, soustraire.*

adepte *nom*

/ Membre d'une secte. SYN. adorateur, disciple, fidèle, membre, recrue, sectateur. CONTR. *détracteur, ennemi, opposant.*

/ Partisan d'une doctrine. SYN. adhérent, affilié, inconditionnel, militant, partisan, prosélyte, sympathisant, tenant – LITTÉRAIRE : sectateur, séide, zélateur. CONTR. *adversaire, détracteur, ennemi, opposant.*

adéquat *adjectif*

/ Qui convient parfaitement. SYN. accordé, ad hoc, adapté, approprié, assorti, beau, bon, compatible, concordant, conforme, convenable, correspondant, de circonstance, de saison, équivalent, pertinent, propre, topique – LITTÉRAIRE : congruent – VIEUX : idoine. CONTR. *déplacé, impropre, inadapté, inadéquat, incongru, mauvais, opposé* – LITTÉRAIRE : *dissonant.*

adéquation *nom féminin*

/ Conformité à quelque chose. SYN. accord, cohérence, compatibilité, concordance, conformité, convergence –LITTÉRAIRE: congruence, convenance. CONTR. *discordance, inadéquation, opposition.*

adhérent *adjectif*

/ Qui se colle. SYN. collant, gluant, soudé, tenace, visqueux.

adhérent *nom*

/ Membre d'une organisation. SYN. adepte, affilié, cotisant, inscrit, membre, militant, partisan, recrue –LITTÉRAIRE: affidé, sectateur. CONTR. *adversaire, détracteur, ennemi, opposant.*

adhérer *verbe*

/ Coller à une surface. SYN. attacher, coller à, se fixer, tenir à. CONTR. *se décoller de, se détacher de.*

/ Partager une opinion. SYN. accepter, acquiescer, applaudir à, approuver, croire à, épouser, être gagné à, se rallier à, se ranger à, souscrire à, suivre. CONTR. *combattre, décliner, refuser, réfuter, rejeter, repousser.*

/ S'inscrire à un parti. SYN. entrer à, participer à, s'affilier, se rallier à, s'enrôler, souscrire à, suivre –LITTÉRAIRE: embrasser. CONTR. *démissionner, quitter, se séparer de.*

adhésif *adjectif*

/ Qui permet de coller. SYN. collant.

adhésion *nom féminin*

/ Action d'adhérer à un projet. SYN. acceptation, accord, acquiescement, agrément, approbation, assentiment, consentement, croyance –LITTÉRAIRE: suffrage. CONTR. *barrage, désapprobation, objection, opposition, refus, rejet, résistance* –LITTÉRAIRE: *répudiation.*

/ Action d'adhérer à un parti. SYN. admission, affiliation, appartenance, conversion, inscription, ralliement. CONTR. *démission, retrait, séparation.*

adieu ! *interjection*

/ Formule de salutation. SYN. au revoir ! –FAMILIER: bye bye !, salut !, tchao ! CONTR. *bonjour !*

adipeux *adjectif*

/ Bouffi de graisse. SYN. corpulent, empâté, gras, gros, obèse, replet, rond –FAMILIER: grassouillet, rondouillard. CONTR. *cachectique, décharné, maigre, sec, squelettique* –LITTÉRAIRE: *émacié, étique.*

adiposité *nom féminin*

/ État de ce qui est adipeux. SYN. corpulence, embonpoint, obésité, rondeur –FAMILIER: rotondité. CONTR. *cachexie, maigreur, minceur.*

adjacent *adjectif*

/ Voisin de quelque chose. SYN. attenant, avoisinant, collé, contigu, frontalier, limitrophe, mitoyen, proche, tangent, voisin –LITTÉRAIRE: jouxtant. CONTR. *distant, écarté, éloigné, lointain, opposé, reculé.*

adjoindre *verbe*

/ Ajouter une chose à une autre. SYN. accoler, agréger, ajouter, annexer, associer, combiner, greffer, incorporer, joindre, rajouter, unir, verser. CONTR. *biffer, déduire, défalquer, désunir, détacher, disjoindre, enlever, isoler, ôter, retirer, retrancher, séparer.*

adjoindre (s') *verbe pronominal*

/ Prendre quelqu'un avec soi. SYN. prendre, s'associer, s'attacher. CONTR. *se séparer.*

/ Venir en plus de. SYN. accompagner, s'ajouter, se greffer.

adjoint *nom masculin*

/ Personne associée à une autre. SYN. aide, assistant, associé, auxiliaire, bras droit, collaborateur, second.

adjonction *nom féminin*

/ Action d'adjoindre un élément. SYN. addition, ajout, annexion, association, réunion, supplément, surcroît. CONTR. *défalcation, retranchement, soustraction, suppression.*

adjuger *verbe*

/ Attribuer quelque chose à quelqu'un. SYN. accorder, allouer, assigner, attribuer, conférer, donner, gratifier de –LITTÉRAIRE: impartir. CONTR. *dénier, refuser.*

adjuger (s') *verbe pronominal*

/ S'approprier quelque chose. SYN. monopoliser, s'accorder, s'allouer, s'assigner, s'attribuer, se conférer, se décerner, se gratifier de, s'octroyer, usurper. CONTR. *déléguer.*

adjuration *nom féminin*

/ Action d'adjurer. SYN. demande, invocation, obsécration, prière, sollicitation – LITTÉRAIRE: conjuration, imploration, objurgation, supplication.

adjurer *verbe*

/ Supplier quelqu'un d'agir. SYN. demander, invoquer, prier, sommer, supplier – LITTÉRAIRE: conjurer, enjoindre, implorer.

adjuvant *nom masculin*

/ LITTÉRAIRE. Ce qui stimule. SYN. auxiliaire, stimulant.

admettre *verbe*

/ Accueillir, laisser entrer. SYN. accepter, adopter, agréer, autoriser, introduire, prendre, recevoir. CONTR. *bannir, chasser, éconduire, exclure, excommunier, interdire, refuser, rejeter, renvoyer, repousser* – FAMILIER: *blackbouler, débarquer.*

/ Agréer un candidat. SYN. agréer, agréger. CONTR. *ajourner, éliminer, exclure, refuser* – FAMILIER: *recaler.*

/ Reconnaître comme vrai. SYN. accepter, accorder, approuver, avouer, concéder, concevoir, confesser, consentir, convenir, croire à, se soumettre, souscrire à. CONTR. *contester, contrer, discuter, nier, refuser, réfuter, rejeter, repousser, se révolter, s'insurger, s'opposer* – LITTÉRAIRE: *répudier.*

/ Tolérer quelque chose. SYN. accepter, autoriser, endurer, excuser, passer, permettre, souffrir, supporter, tolérer. CONTR. *interdire, réprouver.*

administrateur *nom*

/ Personne qui gère. SYN. gérant, ordonnateur, régisseur.

administration *nom féminin*

/ Action d'administrer des affaires. SYN. conduite, direction, gérance, gestion, gouvernement, maniement, pilotage, tenue.

/ Ensemble des services publics. SYN. fonction publique.

administrer *verbe*

/ Gérer des affaires. SYN. conduire, diriger, gérer, gouverner, mener, piloter, régir.

/ FAMILIER. Infliger une correction. SYN. appliquer, assener, décocher, donner – FAMILIER: ficher, flanquer – POPULAIRE: balancer, foutre.

admirable *adjectif*

/ Digne d'admiration. SYN. adorable, beau, épatant, excellent, grandiose, incomparable, inouï, magnifique, merveilleux, parfait, ravissant, splendide, sublime, superbe – FAMILIER: formidable, terrible – POPULAIRE: bœuf. CONTR. *affreux, catastrophique, détestable, effroyable, épouvantable, horrible, ignoble, indigne, infect, mauvais, méprisable, nul, odieux, piteux* – FAMILIER: *atroce.*

admirablement *adverbe*

/ De façon admirable. SYN. bien, divinement, magnifiquement, merveilleusement, splendidement, superbement – LITTÉRAIRE: sublimement. CONTR. *abominablement, affreusement, atrocement, épouvantablement, hideusement, horriblement, ignoblement, monstrueusement.*

/ De manière intense. SYN. exceptionnellement, extraordinairement, follement, immensément, incroyablement, infiniment, mortellement, parfaitement, prodigieusement, profondément, puissamment, remarquablement, supérieurement, suprêmement, terriblement, tout à fait, très, vraiment – FAMILIER: bigrement, bougrement, diablement, drôlement, épatamment, fameusement, fichtrement, formidablement, joliment, méchamment – LITTÉRAIRE: diantrement, excellemment, furieusement – POPULAIRE: vachement.

admirateur *nom*

/ Personne qui montre son admiration. SYN. adorateur, amateur, connaisseur, inconditionnel – FAMILIER: fan, fana, groupie. CONTR. *critique, détracteur, profane, railleur* – LITTÉRAIRE: *contempteur.*

admiratif *adjectif*

/ Qui manifeste l'admiration. SYN. extasié. CONTR. *dédaigneux, méprisant, moqueur, railleur.*

admiration *nom féminin*

/ Sentiment de ravissement. SYN. adoration, éblouissement, emballement, émerveillement, engouement, enthousiasme, exaltation, extase, transport. CONTR. *critique, dédain, dégoût, dénigrement, horreur, mépris, moquerie, raillerie* – LITTÉRAIRE: *exécration.*

admirer *verbe*

/ Éprouver de l'admiration. SYN. adorer, aimer, applaudir, célébrer, contempler, goûter, se passionner pour, s'émerveiller, s'engouer, s'enthousiasmer pour, s'extasier sur, vénérer –FAMILIER: s'emballer –LITTÉRAIRE: priser –POPULAIRE: zyeuter. CONTR. *abominer, critiquer, décrier, dédaigner, dénigrer, déprécier, détester, exécrer, mépriser, mésestimer, railler, se moquer* –FAMILIER: *éreinter, esquinter* –LITTÉRAIRE: *abhorrer, déchirer, moquer.*

admis *adjectif*

/ Reconnu comme vrai. SYN. adopté, avoué, reçu. CONTR. *controversé.*

/ Qui est permis. SYN. loisible. CONTR. *excepté, exclu, refusé.*

admissibilité *nom féminin*

/ Qualité de ce qui est admissible. SYN. crédibilité, recevabilité. CONTR. *inadmissibilité.*

admissible *adjectif*

/ Qui est valable. SYN. acceptable, convenable, correct, croyable, passable, plausible, possible, probable, recevable, satisfaisant, supportable, tolérable, vraisemblable. CONTR. *impossible, inacceptable, inadmissible, inconcevable, incroyable, insupportable, intolérable, irrecevable.*

admissible *nom*

/ Personne qui a réussi un examen. CONTR. *ajourné, refusé* –FAMILIER: *collé, recalé.*

admission *nom féminin*

/ Action d'admettre quelqu'un. SYN. accession, adhésion, affiliation, agrément, entrée, initiation, introduction, réception. CONTR. *ajournement, élimination, exclusion, expulsion, refus, rejet, renvoi* –FAMILIER: *éjection, recalage.*

admonestation *nom féminin*

/ LITTÉRAIRE. Réprimande sévère. SYN. avertissement, coup de semonce, gronderie, leçon, rappel à l'ordre, remontrance, réprimande, semonce, sermon –LITTÉRAIRE: admonition, mercuriale, objurgation. CONTR. *compliment, congratulation, éloge, félicitation, louange.*

admonester *verbe*

/ LITTÉRAIRE. Faire une réprimande sévère. SYN. avertir, blâmer, chapitrer, corriger, gronder, houspiller, morigéner, réprimander, sermonner –FAMILIER: attraper, disputer, enguirlander –LITTÉRAIRE: fustiger, gourmander, moraliser, quereller, semoncer, tancer, vitupérer –POPULAIRE: engueuler. CONTR. *complimenter, féliciter* –LITTÉRAIRE: *congratuler, louanger.*

admonition *nom féminin*

/ LITTÉRAIRE. Avertissement fait à quelqu'un. SYN. avertissement, coup de semonce, leçon, monition, observation, rappel à l'ordre –LITTÉRAIRE: admonestation. CONTR. *compliment, congratulation, félicitation.*

adolescent *adjectif*

/ Relatif à l'adolescence. SYN. nubile, pubère.

adolescent *nom*

/ Garçon, fille dans l'adolescence. SYN. éphèbe, jeune, jeune fille, jeune homme, jouvenceau, mineur –FAMILIER: boutonneux, teenager.

adonner (s') *verbe pronominal*

/ Se livrer à une activité. SYN. être amateur de, pratiquer, s'abandonner à, s'appliquer à, s'attacher à, se consacrer à, se donner à, se livrer à, se passionner pour, se vautrer dans, se vouer à, s'employer à, s'engouer de, s'occuper, vaquer à –FAMILIER: s'emballer pour –LITTÉRAIRE: cultiver. CONTR. *abandonner, dédaigner, délaisser, éviter, laisser, négliger, quitter, repousser, se détourner de, s'écarter de.*

adopté *adjectif*

/ Qui est approuvé. SYN. accepté, admis. CONTR. *abandonné, controversé.*

adopter *verbe*

/ Faire siennes les idées de quelqu'un. SYN. accepter, admettre, approuver, épouser, imiter, se rallier, suivre –LITTÉRAIRE: embrasser. CONTR. *abandonner, rejeter* –LITTÉRAIRE: *répudier.*

/ Choisir quelque chose pour soi. SYN. choisir, élire, opter pour, plébisciter, préférer, prendre, sélectionner, utiliser. CONTR. *bannir, chasser, écarter, refouler, refuser, rejeter, renvoyer, repousser.*

/ Approuver un projet, une loi. SYN. accepter, entériner, ratifier, voter. CONTR. *combattre, refuser, rejeter, repousser* –FAMILIER: *retoquer.*

adoption *nom féminin*

/ Action d'adopter par un vote. SYN. ratification, sanction, vote. CONTR. *abandon, éviction, exclusion, rejet, renvoi* –LITTÉRAIRE: *bannissement, répudiation.*

adorable *adjectif*

/ Au charme extrême. SYN. admirable, attrayant, avenant, beau, charmant, délicieux, exquis, incomparable, joli, merveilleux, mignon, parfait, plaisant, ravissant –FAMILIER: chou, épatant. CONTR. *abominable, affreux, détestable, effroyable, épouvantable, haïssable, ignoble, infect, odieux, répugnant* –LITTÉRAIRE: *exécrable.*

adorablement *adverbe*

/ De façon adorable. SYN. agréablement, délicieusement, joliment –LITTÉRAIRE: exquisément. CONTR. *abominablement, affreusement, épouvantablement, ignoblement, monstrueusement, odieusement.*

adorateur *nom*

/ Personne qui adore une divinité. SYN. adepte, disciple, fidèle. CONTR. *blasphémateur.*

/ Personne qui admire quelqu'un. SYN. admirateur, bénisseur, courtisan, fervent, fidèle –LITTÉRAIRE: adulateur, complimenteur, thuriféraire. CONTR. *détracteur* –LITTÉRAIRE: *contempteur.*

adoration *nom féminin*

/ Action d'adorer une divinité. SYN. amour, culte, dévotion, piété, vénération. CONTR. *blasphème* –LITTÉRAIRE: *malédiction.*

/ Amour passionné. SYN. admiration, déification, fétichisme, passion, vénération –LITTÉRAIRE: dévotion, idolâtrie, piété, religion. CONTR. *animosité, antipathie, aversion, dédain, haine, hostilité, inimitié, mépris, répulsion* –LITTÉRAIRE: *exécration.*

adoré *adjectif*

/ Aimé passionnément. SYN. bien-aimé, chéri. CONTR. *détesté, exécré* –LITTÉRAIRE: *abhorré.*

adorer *verbe*

/ Rendre des honneurs à une divinité. SYN. honorer, idolâtrer, vénérer –LITTÉRAIRE: révérer. CONTR. *blasphémer, maudire.*

/ Aimer passionnément. SYN. admirer, aduler, aimer, chérir, être fou de, idolâtrer, raffoler, vénérer –LITTÉRAIRE: affectionner, encenser. CONTR. *dédaigner, détester, exécrer, haïr, mépriser, répugner* –FAMILIER: *vomir* –LITTÉRAIRE: *abhorrer.*

adosser *verbe*

/ Placer contre quelque chose. SYN. accoter, appuyer.

adoucir *verbe*

/ Rendre quelque chose plus doux. SYN. amollir, assouplir, édulcorer, ramollir. CONTR. *durcir.*

/ Donner de la douceur à une attitude. SYN. atténuer, corriger, diluer, édulcorer, fléchir, humaniser, modérer, radoucir –LITTÉRAIRE: mitiger, tempérer. CONTR. *accentuer, agacer, aggraver, exagérer, radicaliser.*

/ Diminuer l'intensité de quelque chose. SYN. affaiblir, alléger, amortir, apaiser, assoupir, baisser, bercer, calmer, cicatriser, émousser, endormir, estomper, réduire, soulager –LITTÉRAIRE: lénifier, panser. CONTR. *aggraver, aigrir, aviver, exacerber, exalter, exaspérer, exciter, irriter.*

adoucir (s') *verbe pronominal*

/ Perdre de sa dureté. SYN. s'amollir, s'assagir, s'assouplir, se calmer, se radoucir –LITTÉRAIRE: s'assoupir. CONTR. *s'emporter.*

adoucissant *adjectif*

/ Qui adoucit la peau. SYN. apaisant, calmant, émollient, lénifiant –LITTÉRAIRE: lénitif. CONTR. *irritant.*

adoucissement *nom masculin*

/ Action d'adoucir quelque chose. SYN. affaiblissement, allégement, amortissement, apaisement, atténuation, décharge, diminution, soulagement. CONTR. *accentuation, aggravation, augmentation, durcissement, exacerbation, excitation, irritation.*

adresse *nom féminin*

/ Qualité d'une personne adroite. SYN. agilité, aisance, art, dextérité, habileté, maestria, maîtrise, précision, souplesse, talent, tour de main, virtuosité –LITTÉRAIRE: prestesse. CONTR. *balourdise, gaucherie, inaptitude, inhabileté, lourdeur, maladresse.*

/ Caractère diplomate. SYN. diplomatie, doigté, entregent, finesse, industrie, ingéniosité, intelligence, ruse, savoir-faire, subtilité, tact.

adresse *nom féminin*

/ Fait de s'adresser à. SYN. allocution, communication, déclaration, discours, manifeste, message, proclamation.

adresser *verbe*

/ Envoyer un signe, un sourire à. SYN. dédier, destiner, réserver.
/ Envoyer quelque chose, quelqu'un. SYN. expédier, poster, transmettre –LITTÉRAIRE: dépêcher. CONTR. *recevoir.*
/ Dire quelque chose à quelqu'un. SYN. articuler, énoncer, proférer, prononcer. CONTR. *recevoir.*

adresser (s') *verbe pronominal*

/ Aller trouver quelqu'un. SYN. avoir recours à, faire appel à, recourir à, se tourner vers.
/ Être destiné à quelqu'un. SYN. concerner, intéresser, regarder, s'appliquer à.
/ Parler à quelqu'un. SYN. apostropher, interpeller, parler à.

adroit *adjectif*

/ Qui manifeste de l'adresse. SYN. agile, entraîné, expert, habile, précis, preste, souple –FAMILIER: chevronné, dégourdi. CONTR. *balourd, gauche, inhabile, lourd, lourdaud, maladroit, malhabile.*
/ Qui fait preuve de finesse. SYN. astucieux, avisé, diplomate, diplomatique, fin, futé, ingénieux, malin, politique, rusé, subtil, tactique –LITTÉRAIRE: industrieux, insinuant. CONTR. *gauche, impolitique, inhabile.*

adroitement *adverbe*

/ De façon adroite. SYN. bien, diplomatiquement, élégamment, finement, habilement, ingénieusement, savamment –LITTÉRAIRE: expertement. CONTR. *gauchement, lourdement, maladroitement, malhabilement.*

adulateur *nom*

/ LITTÉRAIRE. Personne qui flatte. SYN. adorateur, applaudisseur, bénisseur, courtisan, flatteur –LITTÉRAIRE: complimenteur, encenseur, flagorneur, laudateur, louangeur, thuriféraire. CONTR. *critique, dénigreur, dépréciateur, détracteur, médisant* –LITTÉRAIRE: *censeur.*

adulation *nom féminin*

/ LITTÉRAIRE. Flatterie excessive. SYN. cajolerie, obséquiosité –LITTÉRAIRE: courtisanerie, encens, flagornerie. CONTR. *blâme, censure, critique, désapprobation, médisance, reproche.*

aduler *verbe*

/ Admirer passionnément. SYN. adorer, chérir, choyer, complimenter, courtiser, flatter, idolâtrer –LITTÉRAIRE: encenser, louanger. CONTR. *blâmer, critiquer, décrier, médire, reprendre* –FAMILIER: *éreinter, esquinter* –LITTÉRAIRE: *censurer, déchirer, honnir.*

adulte *adjectif*

/ Qui fait preuve de maturité. SYN. grand, mature, responsable –LITTÉRAIRE: viril. CONTR. *enfant, infantile, petit, puéril.*

adulte *nom*

/ Personne âgée de plus de vingt ans. SYN. grande personne, majeur. CONTR. *enfant, jeune, mineur.*

adultération *nom féminin*

/ Action d'adultérer quelque chose. SYN. altération, falsification, mutilation –LITTÉRAIRE: corruption.

adultère *nom masculin*

/ Liaison extraconjugale. SYN. infidélité, trahison, tromperie. CONTR. *fidélité.*

adultérer *verbe*

/ Falsifier quelque chose. SYN. altérer, avilir, dénaturer, falsifier, fausser, frelater, gâter –LITTÉRAIRE: corrompre. CONTR. *améliorer, épurer, purger, purifier.*

adultérin *adjectif*

/ Né d'un adultère. SYN. bâtard, illégitime. CONTR. *légitime.*

advenir *verbe*

/ Arriver par hasard. SYN. arriver, avoir lieu, intervenir, résulter, se passer, se présenter, se produire, se voir, survenir.

adventice *adjectif*

/ Qui s'ajoute. SYN. contingent, occasionnel, second, secondaire, supplémentaire. CONTR. *essentiel, fondamental, primordial, principal, vital.*

adversaire *nom*

/ Personne opposée à. SYN. antagoniste, combattant, compétiteur, concurrent, contradicteur, ennemi, objecteur, opposant, rival. CONTR. *allié, ami, camarade, collaborateur, complice, défenseur, partenaire, partisan, soutien.*

adverse *adjectif*

/ LITTÉRAIRE. Qui s'oppose à. SYN. contraire, ennemi, opposé. CONTR. *allié, ami, associé, favorable.*

adversité *nom féminin*

/ LITTÉRAIRE. État de malheur. SYN. détresse, épreuve, fatalité, malchance, malédiction, malheur –LITTÉRAIRE: disgrâce, infortune, misère –POPULAIRE: poisse. CONTR. *bonheur, chance, fortune, prospérité* –LITTÉRAIRE: *félicité.*

aération *nom féminin*

/ Action d'aérer. SYN. ventilation.

aérer *verbe*

/ Renouveler l'air. SYN. éventer, ventiler.

aérer (s') *verbe pronominal*

/ Prendre l'air. SYN. changer d'air, respirer, se changer les idées, s'oxygéner.

aérien *adjectif*

/ Qui se trouve dans l'air. CONTR. *aquatique, maritime, souterrain, terrestre.*

/ LITTÉRAIRE. Léger comme l'air. SYN. impalpable, irréel, léger, subtil, vaporeux –LITTÉRAIRE: arachnéen, éthéré, immatériel. CONTR. *épais, gros, grossier, lourd.*

affabilité *nom féminin*

/ Qualité d'une personne affable. SYN. amabilité, complaisance, courtoisie, empressement, facilité, gentillesse, obligeance, politesse, prévenance –LITTÉRAIRE: aménité, civilité, gracieuseté, liant, urbanité. CONTR. *acrimonie, aigreur, amertume, brusquerie, brutalité, dédain, dureté, fierté, froideur, grossièreté, hauteur, impolitesse, morgue, sécheresse* –FAMILIER: *muflerie* –LITTÉRAIRE: *sauvagerie.*

affable *adjectif*

/ Qui est aimable. SYN. abordable, accessible, accueillant, agréable, avenant, charmant, courtois, délicat, empressé, engageant, gentil, gracieux, liant, obligeant, poli, serviable, sociable, sympathique –LITTÉRAIRE: amène, civil, urbain. CONTR. *abrupt, acariâtre, aigre, aigri, amer, arrogant, bilieux, blessant, bougon, bourru, brusque, brutal, cassant, caustique, cinglant, désagréable, désobligeant, difficile, discourtois, distant, dur, fier, hautain, impoli, intraitable, offensant, querelleur, rébarbatif, revêche, rogue, sec* –FAMILIER: *frais* –LITTÉRAIRE: *acrimonieux, altier, atrabilaire, disgracieux.*

affabulateur *nom*

/ Personne qui affabule. SYN. fabulateur, menteur, mythomane.

affabuler *verbe*

/ Présenter des faits de façon imaginaire. SYN. délirer, divaguer, fabuler, inventer, mentir –FAMILIER: fantasmer.

affadir *verbe*

/ Rendre fade. SYN. affaiblir, édulcorer, ternir. CONTR. *assaisonner, colorer, épicer, relever.*

affadissant *adjectif*

/ Qui affadit. SYN. amollissant, débilitant, écœurant.

affaibli *adjectif*

/ Devenu faible. SYN. amoindri, anémié, anémique, chancelant, débile, défaillant, diminué, étiolé, exsangue, fatigué –FAMILIER: raplapla. CONTR. *revigoré* –FAMILIER: *ragaillardi.*

affaiblir *verbe*

/ Diminuer la résistance de quelque chose. SYN. affadir, affaisser, altérer, amoindrir, amollir, appauvrir, atténuer, briser, diluer, diminuer, ébranler, édulcorer, émousser, entamer, fragiliser, modérer, nuire, relâcher, saper, tempérer. CONTR. *accentuer, affermir, amplifier, asseoir, augmenter, consolider, exaspérer, fortifier, intensifier, raffermir, rallumer, raviver, rehausser, renforcer* –LITTÉRAIRE: *exalter.*

/ Rendre quelqu'un plus faible. SYN. abattre, amoindrir, amollir, avachir, débiliter, épuiser, étioler, fatiguer, miner, ramollir –FAMILIER: achever, lessiver –LITTÉRAIRE: aveulir, émasculer. CONTR. *armer, fortifier, regonfler, relever, remonter, rétablir, revigorer, tonifier* –FAMILIER: *ravigoter, requinquer* –VIEUX: *réconforter.*

affaiblir (s') *verbe pronominal*

/ Devenir plus faible. SYN. baisser, décliner, décroître, dépérir, diminuer, faiblir, s'étioler, tomber –LITTÉRAIRE: déchoir, se mourir. CONTR. *augmenter, grossir, reprendre, s'amplifier, se fortifier, se relever, se remettre, se remonter, se renforcer, se rétablir, s'endurcir, s'intensifier* –FAMILIER: *se requinquer, se retaper.*

affaiblissant *adjectif*

/ Qui affaiblit. SYN. amollissant, débilitant, déprimant, fatigant –FAMILIER: tuant. CONTR. *fortifiant, réparateur, tonifiant.*

affaiblissement *nom masculin*

/ Action d'affaiblir, de s'affaiblir. SYN. abaissement, adoucissement, affaissement, amenuisement, amoindrissement, amollissement, amortissement, appauvrissement, asthénie, atténuation, attiédissement, baisse, décadence, déclin, défaillance, dégradation, dépérissement, ébranlement, effacement, émoussement, faiblesse, fatigue, ramollissement. CONTR. *affermissement, consolidation, durcissement, exagération, guérison, raffermissement, renforcement, rétablissement* –LITTÉRAIRE: *élévation.*

affaire *nom féminin*

/ Ce dont quelqu'un doit s'occuper. SYN. activité, cas, devoir, obligation, travail.
/ Ce qui relève de quelque chose. SYN. point, problème, question.
/ Source de difficultés. SYN. aventure, complication, difficulté, embarras, ennui, épisode, souci –FAMILIER: comédie, enquiquinement, histoire.
/ Fait scandaleux. SYN. démêlé, événement, scandale.
/ Situation délictueuse. SYN. cause, litige, procès.
/ Engagement militaire. SYN. attaque, bataille, combat.
/ Entreprise commerciale. SYN. boîte, commerce, entreprise, maison.
/ Transaction commerciale. SYN. coup, marché, opération.

affairé *adjectif*

/ Qui a beaucoup d'occupations. SYN. actif, agité, bousculé, empressé, occupé, pris, surchargé –LITTÉRAIRE: industrieux. CONTR. *désœuvré, inactif, inoccupé, oisif.*

affairement *nom masculin*

/ Fait d'être affairé. SYN. activité, agitation, fièvre, occupation, presse. CONTR. *désœuvrement, fainéantise, inaction, inoccupation, oisiveté* –FAMILIER: *flemme.*

affairer (s') *verbe pronominal*

/ S'occuper activement. SYN. ne pas plaindre sa peine, s'activer, se démener, se dépenser, se donner du mal, se donner un mal de chien, se fatiguer, se multiplier, se remuer, s'échiner, s'empresser, s'escrimer –FAMILIER: s'agiter, se couper en quatre, se décarcasser, se défoncer, se mettre en quatre, s'éreinter, s'esquinter. CONTR. *dormir, fainéanter, musarder, paresser, prendre son temps, s'amuser, se prélasser, traîner* –FAMILIER: *buller, flemmarder, lambiner, lanterner, lézarder, tirer sa flemme* –LITTÉRAIRE: *muser* –POPULAIRE: *glander, ne pas en fiche une rame, tirer au cul, tirer au flanc.*

affaires *nom féminin pluriel*

/ Objets usuels. SYN. effets, habits, vêtements.

affaissement *nom masculin*

/ Accablement moral. SYN. abattement, affaiblissement, asthénie, dépression, épuisement, langueur, subsidence –FAMILIER: éreintement –LITTÉRAIRE: prostration. CONTR. *dynamisme, énergie, entrain, force, fougue, robustesse, soulèvement, vigueur.*
/ État de ce qui s'affaisse. SYN. éboulement, écroulement, effondrement, glissement, tassement.

affaisser *verbe*

/ Diminuer l'énergie de quelqu'un. SYN. abattre, affaiblir, amoindrir, débiliter, déprimer. CONTR. *affermir, consolider, fortifier, raffermir.*

affaisser (s') *verbe pronominal*

/ Tomber sous le poids de quelque chose. SYN. baisser, crouler, fléchir, s'abattre, s'affaler, s'avachir, s'ébouler, s'écrouler, s'effondrer –FAMILIER: chuter, s'allonger, s'étaler. CONTR. *se redresser, se relever.*
/ Diminuer de stature. SYN. se courber, se tasser, se voûter. CONTR. *se redresser.*

affaler (s') *verbe pronominal*

/ Se laisser tomber sur quelque chose. SYN. crouler, s'abattre, s'affaisser, s'avachir, s'écrouler, s'effondrer, tomber –FAMILIER: chuter. CONTR. *se redresser, se relever.*

affamé *adjectif*

/ Qui a très faim. SYN. famélique, gourmand, insatiable. CONTR. *gavé, rassasié, satisfait* –FAMILIER: *calé* –LITTÉRAIRE: *repu.*

/ Qui a très envie de. SYN. anxieux de, assoiffé, demandeur, désireux, épris de. CONTR. *blasé, désintéressé, détaché, indifférent, insouciant, saturé* –LITTÉRAIRE: *repu.*

affamer *verbe*

/ Faire souffrir de la faim. CONTR. *alimenter, assouvir, nourrir, rassasier, repaître, restaurer* –VIEUX: *sustenter.*

affectation *nom féminin*

/ Destination à un usage déterminé. SYN. assignation, attribution, destination, imputation, usage. CONTR. *désaffectation.*

/ Action d'assigner un poste. SYN. mutation, nomination.

affectation *nom féminin*

/ Manque de naturel. SYN. apprêt, étalage, façons, faux-semblant, manières, mièvrerie, mines, ostentation, pose, recherche, simagrées, sophistication –FAMILIER: chichi, chiqué –LITTÉRAIRE: afféterie, compassement, mignardise. CONTR. *aisance, bonhomie, naturel, simplicité, sincérité, spontanéité.*

affecté *adjectif*

/ Qui manque de naturel. SYN. affété, alambiqué, ampoulé, apprêté, arrangé, artificiel, calculé, cérémonieux, collet monté, compassé, composé, contourné, empesé, emphatique, étudié, factice, faux, feint, forcé, guindé, hypocrite, maniéré, mièvre, minaudier, pompeux, précieux, recherché, sophistiqué, théâtral, travaillé –LITTÉRAIRE: grimacier, mignard. CONTR. *aisé, authentique, bonhomme, coulant, cru, franc, naturel, simple, sincère, spontané, véridique, véritable, vrai* –LITTÉRAIRE: *rustique.*

affecter *verbe transitif*

/ Destiner à un usage précis. SYN. appliquer, assigner, attacher, attribuer, consacrer, imputer, réserver. CONTR. *désaffecter.*

/ Mettre quelqu'un à un poste. SYN. choisir, désigner, nommer –FAMILIER: parachuter. CONTR. *déplacer, muter, renvoyer, révoquer.*

affecter *verbe transitif*

/ Feindre des sentiments. SYN. afficher, faire mine de, faire montre de, faire parade de, faire semblant, feindre, jouer, montrer, se donner, se piquer de, simuler.

/ Prendre telle ou telle forme. SYN. offrir, présenter, revêtir.

affecter *verbe transitif*

/ Concerner quelqu'un, quelque chose. SYN. atteindre, frapper, regarder, toucher.

/ Peiner quelqu'un. SYN. affliger, attrister, blesser, bouleverser, chagriner, frapper, impressionner, marquer, navrer, troubler –LITTÉRAIRE: rembrunir.

affectif *adjectif*

/ Qui relève du sentiment. SYN. émotif, émotionnel, sentimental, viscéral. CONTR. *cérébral, conceptuel, intellectuel, mental.*

affection *nom féminin*

/ Attachement pour quelqu'un. SYN. amitié, amour, attachement, penchant, sympathie, tendresse –LITTÉRAIRE: dévotion, inclination, sentiment. CONTR. *antipathie, aversion, dégoût, désaffection, détachement, éloignement, froideur, haine, hostilité, indifférence, inimitié* –LITTÉRAIRE: *exécration.*

affection *nom féminin*

/ Trouble de l'organisme. SYN. mal, maladie, trouble.

affectionner *verbe*

/ LITTÉRAIRE. Avoir de l'affection pour. SYN. aimer, chérir, tenir à. CONTR. *détester, exécrer, haïr, maudire* –LITTÉRAIRE: *abhorrer.*

/ LITTÉRAIRE. Apprécier quelque chose. SYN. adorer, aimer, apprécier, goûter, raffoler de, se complaire, s'intéresser à. CONTR. *abominer, détester, exécrer, haïr* –LITTÉRAIRE: *abhorrer.*

affectivité *nom féminin*

/ Ensemble des sentiments. SYN. fibre, sensibilité –FAMILIER: feeling.

affectueusement *adverbe*

/ De façon affectueuse. SYN. amicalement, gentiment, tendrement. CONTR. *durement, froidement, sèchement, sévèrement.*

affectueux *adjectif*

/ Qui montre de l'affection. SYN. ami, amical, cajoleur, câlin, caressant, doux, fraternel, tendre – LITTÉRAIRE: aimant. CONTR. *dur, froid, haineux, impitoyable, indifférent, malveillant, mauvais, sévère* – FAMILIER: *sans-cœur.*

afférer *verbe*

/ Revenir à quelqu'un. SYN. incomber, revenir.

affermir *verbe*

/ Rendre plus stable. SYN. ancrer, asseoir, consolider, corroborer, renforcer. CONTR. *affaisser, délabrer, ébranler, ébrécher, saper.*

/ Rendre plus résolu. SYN. assurer, confirmer, conforter, consolider, fortifier, raffermir. CONTR. *abattre, affaiblir, amollir, ébranler, miner, ruiner.*

affermir (s') *verbe pronominal*

/ Devenir plus stable. SYN. s'ancrer, s'enraciner, s'installer – LITTÉRAIRE: s'invétérer. CONTR. *chanceler, dégénérer* – LITTÉRAIRE: *défaillir, s'abâtardir.*

affermissement *nom masculin*

/ Action d'affermir. SYN. consolidation, raffermissement, renforcement, stabilisation. CONTR. *affaiblissement, amollissement, délabrement, ébranlement, ramollissement, ruine.*

affété *adjectif*

/ Qui est maniéré. SYN. affecté, apprêté, étudié, maniéré, précieux, recherché – LITTÉRAIRE: mignard, minaudier. CONTR. *naturel, sans façons, simple, spontané.*

afféterie *nom féminin*

/ LITTÉRAIRE. Manières affectées. SYN. affectation, apprêt, grimaces, maniérisme, mièvrerie, minauderie, mines, pose, préciosité, recherche, simagrée, singerie, sophistication – FAMILIER: chichi – LITTÉRAIRE: mignardise. CONTR. *aisance, naturel, simplicité.*

afficher *verbe*

/ Annoncer par des affiches. SYN. exposer, placarder, publier.

/ Montrer un sentiment. SYN. affecter, arborer, déployer, étaler, exhiber, exprimer, faire montre de, laisser paraître, manifester, prodiguer, prouver, révéler, témoigner – LITTÉRAIRE: respirer. CONTR. *cacher, camoufler, dissimuler, rentrer* – LITTÉRAIRE: *taire, voiler.*

afficher (s') *verbe pronominal*

/ Se montrer en public. SYN. parader, paraître, se pavaner, s'exhiber – FAMILIER: crâner, faire de l'esbroufe, plastronner, se faire voir – LITTÉRAIRE: se commettre – POPULAIRE: faire de l'épate. CONTR. *se cacher.*

affidé *nom*

/ LITTÉRAIRE. Personne dévouée à quelqu'un. SYN. acolyte, comparse, complice – VIEUX: compère.

affilé *adjectif*

/ Se dit d'une intelligence vive. SYN. aigu, incisif, pénétrant, perçant, vif. CONTR. *émoussé.*

/ Qui est bien aiguisé. SYN. acéré, affûté, coupant, tranchant. CONTR. *émoussé.*

affiler *verbe*

/ Aiguiser un outil. SYN. affûter, aiguiser, repasser. CONTR. *émousser, épointer.*

affiliation *nom féminin*

/ Action de s'affilier. SYN. adhésion, admission, appartenance, entrée, incorporation, intégration.

affilié *nom*

/ Membre d'une association. SYN. adepte, adhérent, cotisant, inscrit, membre, militant, partisan, recrue – LITTÉRAIRE: sectateur.

affilier (s') *verbe pronominal*

/ S'inscrire à une association. SYN. adhérer, entrer, fusionner, se joindre, se rallier, s'enrôler.

affiné *adjectif*

/ Rendu plus pur. SYN. épuré. CONTR. *brut, grossier.*

affiner *verbe*

/ Rendre plus fin. SYN. amincir. CONTR. *alourdir, endurcir, épaissir.*

/ Rendre plus pur. SYN. châtier, épurer, purifier – LITTÉRAIRE: raffiner.

affinité *nom féminin*

/ Harmonie naturelle. SYN. accointance, accord, attirance, attraction, attrait, cohésion, communauté, communion, sympathie – LITTÉRAIRE: inclination. CONTR. *antipathie, différence, opposition.*

/ Ressemblance entre deux espèces. SYN. analogie, concordance, corrélation, correspondance, filiation, rapport, ressemblance. CONTR. *antagonisme, différence, opposition.*

affirmatif *adjectif*

/ Qui marque l'affirmation. SYN. assertif, positif. CONTR. *dubitatif, interrogatif, négatif.*

/ Qui soutient quelque chose. SYN. catégorique, net, sûr.

affirmation *nom féminin*

/ Action d'affirmer. SYN. allégation, annonce, assertion, assurance, attestation, confirmation, déclaration, dire. CONTR. *contestation, démenti, dénégation, doute, interrogation, négation, réfutation, rétractation.*

affirmativement *adverbe*

/ De façon affirmative. SYN. nettement, positivement. CONTR. *négativement.*

affirmé *adjectif*

/ Qui se manifeste nettement. SYN. décidé, déterminé, ferme, résolu, sûr de soi. CONTR. *faible, malléable.*

affirmer *verbe*

/ Assurer la véracité de. SYN. alléguer, assurer, attester, avancer, certifier, déclarer, donner sa main à couper, donner sa tête à couper, garantir, jurer, mettre sa main au feu, prétendre, proclamer, soutenir, tenir pour certain. CONTR. *contester, contredire, démentir, douter, nier.*

/ Énoncer avec force. SYN. confirmer, consolider, décréter, jurer ses grands dieux, promettre ses grands dieux, reconnaître, vouloir.

/ Manifester un trait de caractère. SYN. démontrer, exprimer, extérioriser, montrer, prouver. CONTR. *cacher, dissimuler, taire.*

affleurer *verbe*

/ Arriver au niveau d'une surface. SYN. émerger, sortir –LITTÉRAIRE: poindre, pointer.

affliction *nom féminin*

/ Peine profonde. SYN. abattement, accablement, chagrin, consternation, désespoir, désolation, détresse, deuil, douleur, peine, tourment, tristesse –LITTÉRAIRE: désespérance, plaie. CONTR. *allégresse, consolation, contentement, gaieté, joie, ravissement, réjouissance, satisfaction* –LITTÉRAIRE: *exultation.*

affligé *adjectif*

/ Qui éprouve de la peine. SYN. abattu, attristé, chagriné, consterné, contrarié, désespéré, désolé, éploré, éprouvé, malheureux, navré, tourmenté –LITTÉRAIRE: chagrin. CONTR. *allègre, gai, heureux, joyeux, réjoui.*

affligeant *adjectif*

/ Qui afflige. SYN. accablant, atterrant, attristant, chagrinant, consternant, déplorable, désolant, douloureux, éprouvant, lamentable, malheureux, navrant, pénible, regrettable, triste. CONTR. *consolant, divertissant, égayant, gai, heureux, réconfortant, réjouissant.*

affliger *verbe*

/ Causer une peine profonde. SYN. accabler, affecter, atteindre, attrister, bouleverser, chagriner, consterner, désespérer, désoler, frapper, navrer, peiner, torturer, tourmenter –LITTÉRAIRE: contrister. CONTR. *consoler, contenter, ravir, réjouir, soulager.*

affliger (s') *verbe pronominal*

/ Éprouver de la peine. SYN. se désespérer, se désoler. CONTR. *exulter, jubiler, s'applaudir, se réjouir.*

affluence *nom féminin*

/ Flot de personnes en un lieu. SYN. abondance, afflux, flot, flux, foule, monde, multitude, profusion, surabondance –VIEUX: presse. CONTR. *absence, carence, insuffisance, manque, pénurie, raréfaction.*

affluer *verbe*

/ Aller en grand nombre quelque part. SYN. abonder, accourir, arriver, confluer, converger, courir, déferler, se jeter, se presser. CONTR. *partir, se retirer, s'éloigner.*

/ Couler vers un point. SYN. inonder. CONTR. *refluer.*

afflux *nom masculin*

/ Arrivée en nombre. SYN. affluence, arrivée, convergence, débordement, déferlement, flot, flux, ruée, vague. CONTR. *reflux.*

affolant *adjectif*

/ Qui affole. SYN. alarmant, bouleversant, effarant, effrayant, épouvantable, inquiétant, terrible, terrifiant, troublant. CONTR. *rassurant, sécurisant, tranquillisant.*

affolé *adjectif*

/ Qui a perdu son sang-froid. SYN. apeuré, bouleversé, effaré, égaré, hagard, terrifié, terrorisé, tremblant, troublé –LITTÉRAIRE: épeuré, pantelant. CONTR. *calme, rassuré, serein, tranquille* –LITTÉRAIRE: *rasséréné.*

affolement *nom masculin*

/ Fait de s'affoler. SYN. agitation, bouleversement, désarroi, désordre, effarement, effarouchement, effroi, égarement, épouvante, fièvre, frayeur, panique, peur, terreur, trouble –LITTÉRAIRE: alarme. CONTR. *apaisement, calme, flegme, paix, sérénité, tranquillité* –LITTÉRAIRE: *quiétude.*

affoler *verbe*

/ Rendre comme fou de peur. SYN. apeurer, atterrer, aveugler, effarer, effaroucher, effrayer, égarer, épouvanter, faire peur, horrifier, inquiéter, paniquer, terrifier, terroriser. CONTR. *apaiser, calmer, rassurer, sécuriser, tranquilliser* –LITTÉRAIRE: *rasséréner.*

/ Provoquer un désarroi sentimental. SYN. affrioler, bouleverser, troubler.

affoler (s') *verbe pronominal*

/ Devenir comme fou. SYN. paniquer, perdre la raison, perdre la tête, perdre son sang-froid, perdre son self-control, s'alarmer, se démonter, trembler –FAMILIER: être aux cent coups, perdre la boule, perdre la boussole, perdre le nord, perdre les pédales. CONTR. *garder son sang-froid, garder son self-control, se contrôler, se maîtriser, se reprendre.*

affouiller *verbe*

/ Creuser la berge, la côte. SYN. dégrader, éroder, fouiller, miner, raviner, ronger, saper –LITTÉRAIRE: fouir.

affranchi *adjectif*

/ Libéré d'une servitude. SYN. émancipé, exempté, indépendant, libéré, libre. CONTR. *asservi, esclave, prisonnier* –LITTÉRAIRE: *captif.*

affranchi *nom*

/ Personne de condition libre. SYN. indépendant. CONTR. *hilote, ilote, prisonnier, serf.*

affranchir *verbe*

/ Rendre libre, indépendant. SYN. dégager, délier, délivrer, émanciper, exempter, libérer. CONTR. *asservir, contraindre, courber, dominer, plier, soumettre, tyranniser* –LITTÉRAIRE: *assujettir, astreindre, domestiquer, enchaîner.*

affranchir (s') *verbe pronominal*

/ Se libérer d'une contrainte. SYN. rompre, s'acquitter, se dégager, se libérer, se soustraire, s'émanciper. CONTR. *s'astreindre, se plier, s'inféoder.*

affranchissement *nom masculin*

/ Action d'affranchir. SYN. délivrance, émancipation, libération, liberté. CONTR. *asservissement, assujettissement, charge, contrainte, domestication, esclavage, soumission* –LITTÉRAIRE: *joug, servitude, tyrannie.*

affres *nom féminin pluriel*

/ LITTÉRAIRE. Très grande angoisse. SYN. agitation, anxiété, crainte, effroi, horreur, peur, tourment –LITTÉRAIRE: transes.

affreusement *adverbe*

/ Indique un très haut degré. SYN. abominablement, beaucoup, bien, effroyablement, énormément, exceptionnellement, excessivement, extraordinairement, follement, fort, fortement, horriblement, immensément, immodérément, incroyablement, infiniment, mortellement, parfaitement, particulièrement, prodigieusement, profondément, puissamment, supérieurement, terriblement, très, trop –FAMILIER: atrocement, bigrement, bougrement, diablement, drôlement, fameusement, fichtrement, fichûment, formidablement, joliment, méchamment, rudement, tout plein –LITTÉRAIRE: diantrement, furieusement –POPULAIRE: foutrement, salement, vachement –VIEUX: fièrement. CONTR. *faiblement, guère, légèrement, modérément, peu.*

/ De façon affreuse. SYN. abjectement, abominablement, atrocement, épouvantablement, hideusement, horriblement, laidement, monstrueusement, odieusement. CONTR. *admirablement, adorablement, délicieusement, divinement, magnifiquement, merveilleusement* –LITTÉRAIRE: *sublimement.*

affreux *adjectif*

/ Qui suscite l'horreur. SYN. abject, abominable, atroce, bas, cruel, damné, dantesque, dégoûtant, effrayant, effroyable, épouvantable, honteux, horrible, horrifiant, ignoble, infâme, infect, laid, monstrueux, répugnant, révoltant, terrible –LITTÉRAIRE: horrifique, vil. CONTR. *admirable, beau, magnifique, splendide, sublime.*

/ Qui est très laid. SYN. difforme, hideux, horrible, inélégant, laid, monstrueux, repoussant, vilain –FAMILIER: moche. CONTR. *adorable, agréable, attirant, attrayant, avenant, beau, charmant, élégant, exquis, gracieux, joli, plaisant, ravissant* –FAMILIER: *croquignolet.*

/ Qui cause du désagrément. SYN. abominable, atroce, catastrophique, détestable, exécrable, horrible, lamentable, mauvais, sinistre –FAMILIER: déplorable, sale, satané. CONTR. *aimable, beau, bon, délicieux, exquis, extraordinaire, formidable, gentil, magnifique, merveilleux, riant, splendide, superbe* –FAMILIER: *chic, chouette.*

affriolant *adjectif*

/ Qui excite le désir. SYN. aguichant, aguicheur, alléchant, appétissant, attirant, désirable, émoustillant, engageant, excitant, séduisant, tentant –FAMILIER: sexy –LITTÉRAIRE: affriandant. CONTR. *dégoûtant, écœurant, repoussant, répugnant.*

affrioler *verbe*

/ Attirer quelqu'un. SYN. affoler, aguicher, allécher, exciter –FAMILIER: allumer. CONTR. *rebuter.*

affront *nom masculin*

/ Acte ou parole de mépris. SYN. blessure, gifle, honte, humiliation, ignominie, insulte, mortification, offense, outrage, rebuffade –LITTÉRAIRE: avanie, camouflet, flétrissure, injure, opprobre, soufflet. CONTR. *bienfait, compliment, congratulations, éloge, hommage, honneur, louange* –LITTÉRAIRE: *encens.*

affrontement *nom masculin*

/ Action d'affronter. SYN. antagonisme, choc, combat, guerre, heurt, lutte, opposition.

affronter *verbe*

/ Aborder courageusement. SYN. agresser, attaquer, braver, défier, faire face, faire front, résister, risquer, s'exposer à. CONTR. *biaiser, éluder, escamoter, esquiver, éviter, fuir, reculer, se dérober, se soustraire à.*

affronter (s') *verbe pronominal*

/ Être en compétition. SYN. en découdre, lutter, se heurter, s'opposer –FAMILIER: se bagarrer. CONTR. *coïncider, concorder* –LITTÉRAIRE: *s'accorder.*

/ Aborder une difficulté. SYN. s'attaquer, se mesurer –FAMILIER: se frotter. CONTR. *se retirer.*

affublement *nom masculin*

/ LITTÉRAIRE. Habillement étrange. SYN. accoutrement, vêtement –FAMILIER: attifement, fagotage.

affubler *verbe*

/ Vêtir d'une façon bizarre. SYN. accoutrer, déguiser, travestir –FAMILIER: attifer, fagoter, ficeler –LITTÉRAIRE: vêtir.

affubler (s') *verbe pronominal*

/ S'habiller d'une façon ridicule. SYN. s'accoutrer, se déguiser, se vêtir –FAMILIER: s'attifer –POPULAIRE: se fringuer.

affûtage *nom masculin*

/ Action d'affûter. SYN. affilage, aiguisage, émoulage, repassage.

affûté *adjectif*

/ Bien aiguisé. SYN. acéré, affilé, aiguisé, coupant, tranchant.

affûter *verbe*

/ Rendre tranchant un outil. SYN. acérer, affiler, aiguiser, appointer, émoudre, repasser, tailler. CONTR. *émousser, épointer.*

affûteur *nom*

/ Spécialiste de l'affûtage. SYN. affileur, aiguiseur, émouleur, rémouleur, repasseur.

affûtiaux *nom masculin pluriel*

/ VIEUX. Objets sans valeur. SYN. affiquets, babioles, colifichets, fanfreluches.

agaçant *adjectif*

/ Qui agace. SYN. crispant, déplaisant, énervant, exaspérant, excédant, insupportable, irritant, lancinant, stressant –FAMILIER: embêtant, empoisonnant, enquiquinant, horripilant, rageant, vexant –POPULAIRE: emmerdant. CONTR. *agréable, apaisant, calmant, doux, reposant.*

agacé *adjectif*

/ Qui ressent de l'agacement. SYN. contrarié, énervé, exaspéré, fâché, irrité, mécontent. CONTR. *apaisé, calme, détendu, serein* –FAMILIER: *cool.*

agacement *nom masculin*

/ Sentiment d'énervement. SYN. contrariété, crispation, exaspération, impatience, irritation, mécontentement –FAMILIER: horripilation –LITTÉRAIRE: hérissement. CONTR. *apaisement, calme, paix, patience, tranquillité* –LITTÉRAIRE: *repos.*

agacer *verbe*

/ Provoquer l'énervement. SYN. crisper, énerver, exaspérer, hérisser, impatienter, irriter –FAMILIER: asticoter, casser les pieds, courir sur le haricot, courir sur le système, échauffer les oreilles, embêter, enquiquiner, horripiler, insupporter, porter sur les nerfs, taper sur le système, taper sur les nerfs –LITTÉRAIRE: importuner –POPULAIRE: emmerder, gonfler. CONTR. *adoucir, apaiser, calmer.*

/ Chercher à séduire quelqu'un. SYN. aguicher, exciter, provoquer –FAMILIER: allumer.

agacerie *nom féminin*

/ LITTÉRAIRE. Provocation pour séduire. SYN. avances, coquetterie, minauderie.

agape *nom féminin*

/ Repas festif. SYN. banquet, festin –POPULAIRE: gueuleton.

âge *nom masculin*

/ Intervalle de temps. SYN. époque, ère, période, siècle, temps –LITTÉRAIRE: saison.

âgé *adjectif*

/ Qui a un certain âge. SYN. vieux –VIEUX: vieillot. CONTR. *jeune, petit.*

agencement *nom masculin*

/ Action d'agencer. SYN. ajustement, aménagement, arrangement, association, enchaînement, installation, mise en place, ordonnancement, placement, rangement. CONTR. *bouleversement, dérangement, désordre, désorganisation, perturbation.*

/ État de ce qui est agencé. SYN. architecture, canevas, combinaison, composition, contexture, dispositif, disposition, distribution, économie, ordonnance, organisation.

agencer *verbe*

/ Arranger un ensemble. SYN. ajuster, aménager, arranger, articuler, assembler, bâtir, combiner, composer, construire, coordonner, disposer, distribuer, dresser, enchaîner, fabriquer, installer, mettre en place, ordonnancer, ordonner, organiser, placer, répartir, structurer –LITTÉRAIRE: accommoder, ourdir. CONTR. *bouleverser, démonter, déranger, désagencer, désorganiser, perturber.*

agencer (s') *verbe pronominal*

/ Être organisé. SYN. s'ajuster, s'arranger, s'articuler, se combiner, s'organiser –FAMILIER: se goupiller.

agenda *nom masculin*

/ Carnet prédaté. SYN. bloc, bloc-notes, calendrier, calepin, carnet, éphéméride, mémento.

agent *nom masculin*

/ Ce qui est à l'origine de. SYN. cause, facteur, origine –LITTÉRAIRE: ferment, principe. CONTR. *conséquence, effet, résultat.*

/ Personne à l'origine d'une action. SYN. âme, auteur, cause, cheville ouvrière, initiateur, instigateur, instrument, moteur, organisateur, promoteur.

agent *nom masculin*

/ Agent de police. SYN. gardien de la paix, gendarme, îlotier, policier –ARGOTIQUE: bourre –FAMILIER: hirondelle, keuf, shérif –POPULAIRE: cogne, flic, perdreau, poulet, vache –VIEUX: sergent de ville.

/ Personne qui remplit des missions. SYN. commissionnaire, émissaire, gérant, mandataire, messager, négociateur, représentant –LITTÉRAIRE: suppôt.

agglomérat *nom masculin*

/ Action d'assembler. SYN. agglomération, agglutination, agrégat, assemblage, conglomérat, masse.

agglomération *nom féminin*

/ Action de réunir en un tout. SYN. accumulation, agglomérat, agglutination, amas, assemblage, attroupement, concentration, entassement, masse, tas. CONTR. *désagrégation, dispersion, dissémination, dissociation, dissolution, éparpillement, séparation.*

/ Groupe d'habitations. SYN. bourg, bourgade, centre, cité, ensemble, hameau, localité, village, ville.

agglomérer *verbe*

/ Réunir en une masse. SYN. agglutiner, agréger, amalgamer, conglomérer. CONTR. *disperser, disséminer, éparpiller.*

agglomérer (s') *verbe pronominal*

/ Se réunir en une masse. SYN. s'agglutiner, se grouper, se masser, s'entasser. CONTR. *se disperser, se disséminer, s'égailler.*

agglutination *nom féminin*

/ Action d'agglutiner, de s'agglutiner. SYN. accumulation, agglomérat, agglomération, concentration, rassemblement. CONTR. *désagrégation, dispersion, dissémination, dissociation, dissolution, éparpillement, séparation.*

agglutiner *verbe*

/ Réunir en un tout. SYN. agglomérer, agréger, amalgamer, coller, conglomérer, entasser, lier, mêler, réunir, souder, unir. CONTR. *disperser, disséminer, dissocier, séparer.*

agglutiner (s') *verbe pronominal*

/ Se réunir en une masse. SYN. s'agglomérer, se grouper, se masser, s'entasser. CONTR. *se disperser, se disséminer, s'égailler.*

aggravation *nom féminin*

/ Action d'aggraver, de s'aggraver. SYN. accélération, accentuation, accroissement, amplification, augmentation, exacerbation, exaspération, intensification, progrès, progression, rechute, recrudescence, redoublement, renforcement. CONTR. *accalmie, adoucissement, allégement, amélioration, amoindrissement, atténuation, décroissance, diminution, guérison, rémission, répit, soulagement* –LITTÉRAIRE: *assoupissement.*

aggraver *verbe*

/ Rendre plus grave. SYN. accélérer, accentuer, accroître, ajouter à, alourdir, amplifier, augmenter, aviver, envenimer, étendre, exacerber, exaspérer, exciter, intensifier, redoubler, renforcer. CONTR. *adoucir, alléger, améliorer, apaiser, atténuer, calmer, consoler, corriger, diminuer, guérir, réduire, soulager.*

aggraver (s') *verbe pronominal*

/ Devenir plus grave. SYN. aller de mal en pis, augmenter, dégénérer, empirer, pourrir, s'accentuer, se compliquer, se détériorer, se gâter, s'envenimer. CONTR. *s'améliorer, s'arranger, s'atténuer, se calmer* –FAMILIER: *se tasser* –LITTÉRAIRE: *s'assoupir.*

agile *adjectif*

/ Qui a de la souplesse. SYN. adroit, alerte, léger, leste, preste, rapide, souple –LITTÉRAIRE: véloce. CONTR. *empêtré, engourdi, gauche, lent, lourd, maladroit, pesant* –FAMILIER: *empoté, pataud.*

/ Prompt à comprendre. SYN. alerte, éveillé, leste, rapide, vif –LITTÉRAIRE: prompt. CONTR. *lent, lourd.*

agilement *adverbe*

/ Avec agilité. SYN. lestement, prestement, souplement. CONTR. *lourdement, pesamment.*

agilité *nom féminin*

/ Souplesse dans les mouvements. SYN. adresse, aisance, flexibilité, légèreté, mobilité, rapidité, souplesse –LITTÉRAIRE: prestesse, vélocité, vivacité. CONTR. *gaucherie, indolence, lenteur, lourdeur, maladresse, mollesse.*

/ Vivacité intellectuelle. SYN. légèreté, rapidité –LITTÉRAIRE: promptitude. CONTR. *lenteur, lourdeur, pesanteur.*

agir *verbe*

/ Entrer ou être en action. SYN. entreprendre, exécuter, intervenir, mettre à exécution, mettre en pratique, opérer, passer à l'acte, réagir, s'agiter, se remuer, s'occuper, travailler. CONTR. *attendre, dormir, hésiter, projeter, s'abstenir, temporiser* –FAMILIER: *se tâter.*

/ Adopter une attitude. SYN. faire, procéder, se comporter, se conduire, s'y prendre.

/ Exercer une action sur. SYN. déteindre sur, faire de l'effet, impressionner, infléchir, influencer, influer, inspirer, retentir, se répercuter.

agissant *adjectif*

/ Qui agit. SYN. actif, ardent, énergique, entreprenant, fort, zélé –LITTÉRAIRE: allant. CONTR. *apathique, faible, hésitant, inactif, indolent, inerte, lymphatique, mou, passif.*

/ Qui a une efficacité sur. SYN. efficace, efficient, influent, puissant. CONTR. *inefficace, infructueux, inopérant, inutile, vain.*

agissements *nom masculin pluriel*

/ Façons d'agir blâmables. SYN. intrigues, machinations, manèges, manigances, manœuvres, menées, pratiques, tractations –FAMILIER: combines, cuisine, fricotage, grenouillage, micmacs, tripotages –LITTÉRAIRE: errements –POPULAIRE: magouillage, magouille.

agitateur *nom*

/ Personne qui suscite des troubles. SYN. émeutier, factieux, insurgé, meneur, mutin, perturbateur, putschiste, rebelle, séditieux, terroriste, trublion –LITTÉRAIRE: excitateur, fomentateur –VIEUX: remueur. CONTR. *conciliateur, pacificateur.*

agitation *nom féminin*

/ Action d'agiter, de s'agiter. SYN. activité, affairement, animation, bouillonnement, bousculade, mouvement, ondulation, remue-ménage, tourbillonnement –LITTÉRAIRE: branle, tourbillon, turbulence. CONTR. *accalmie, calme, immobilité, paralysie, repos.*

/ Trouble profond. SYN. affolement, anxiété, bouleversement, confusion, désarroi, échauffement, effervescence, égarement, émotion, énervement, excitation, exubérance, fébrilité, inquiétude, malaise, nervosité, pétulance, surexcitation, tourment, turbulence –LITTÉRAIRE: affres, émoi. CONTR. *apaisement, ataraxie, calme, délassement, imperturbabilité, indolence, langueur, mollesse, paix, placidité, recueillement, repos, sérénité, torpeur* –LITTÉRAIRE: *quiétude.*

/ Mouvement de contestation. SYN. anarchie, bouillonnement, convulsion, désordre, ébullition, effervescence, émeute, fièvre, frénésie, grouillement, insurrection, mouvement, perturbation, remous, remue-ménage, révolution, secousse, sédition, soulèvement, trouble, tumulte. CONTR. *calme, ordre, pacification, paix, silence, tranquillité.*

agité *adjectif*

/ Qui manifeste de l'agitation. SYN. affairé, dissipé, énervé, excité, fiévreux, houleux, mouvant, mouvementé, orageux, remuant, surexcité, tourmenté, trépidant, turbulent –LITTÉRAIRE: effervescent, tempétueux, tourbillonnant, tumultueux. CONTR. *calme, dormant, doux, immobile, inactif, indolent, languissant, nonchalant, pacifique, paisible, placide, plat, posé, reposant, sage, serein, tranquille.*

agité *nom*

/ Personne qui s'agite sans cesse. SYN. excité, instable, nerveux, stressé. CONTR. *calme, paresseux.*

agiter *verbe*

/ Remuer en tous sens. SYN. actionner, balancer, brandir, mouvoir, remuer, secouer. CONTR. *arrêter, bloquer, immobiliser, paralyser, retenir, stopper.*

/ Discuter de. SYN. aborder, débattre de, délibérer, examiner, traiter.

/ Inquiéter quelqu'un. SYN. affoler, alarmer, angoisser, atteindre, bouleverser, ébranler, émouvoir, enfiévrer, exciter, frapper, perturber, préoccuper, remuer, retourner, secouer, tourmenter, tracasser, transporter, travailler, troubler –FAMILIER: émotionner, révolutionner, turlupiner –VIEUX: soucier. CONTR. *apaiser, calmer, rassurer, tranquilliser* –LITTÉRAIRE: *rasséréner.*

/ Inciter à la révolte. SYN. ameuter, déchaîner, échauffer, exciter, remuer, soulever –LITTÉRAIRE: enflammer. CONTR. *apaiser, calmer, pacifier.*

agiter (s') *verbe pronominal*

/ Faire des mouvements divers. SYN. bouger, bouillonner, frétiller, gesticuler, ne pas tenir en place, remuer, se dandiner, se débattre, se déchaîner, se démener, se dépenser, se dissiper, se secouer, se trémousser, s'énerver –FAMILIER: gigoter –LITTÉRAIRE: s'animer. CONTR. *dormir, se calmer, se prélasser, se reposer, s'immobiliser.*

/ FAMILIER. Se mettre à agir. SYN. agir, ne pas plaindre sa peine, s'activer, s'affairer, se donner du mal, se donner un mal de chien, se fatiguer, se multiplier, se remuer, s'échiner –FAMILIER: en mettre un coup, mettre de l'huile de coude, mettre le paquet, se couper en quatre, se défoncer, se mettre en quatre, se secouer, s'éreinter, s'esquinter. CONTR. *fainéanter, musarder, paresser, prendre son temps, traîner* –FAMILIER: *buller, flemmarder, lambiner, lanterner, lézarder* –LITTÉRAIRE: *muser* –POPULAIRE: *glander, ne pas en fiche une rame, tirer au cul, tirer au flanc.*

agonisant *adjectif*

/ Qui est à l'agonie. SYN. moribond, mourant –LITTÉRAIRE: expirant.

agoniser *verbe*

/ Être à l'agonie. SYN. décliner, être à la dernière extrémité, être à l'article de la mort, expirer, mourir, passer, rendre l'âme, s'éteindre –LITTÉRAIRE: être aux portes de la mort.

agrafe *nom féminin*

/ Attache pour vêtement. SYN. attache, broche, fermail, fermoir, fibule.

agrafer *verbe*

/ Attacher un vêtement. SYN. accrocher, épingler, fixer, rattacher. CONTR. *dégrafer.*

/ Assembler à l'aide d'agrafes. SYN. fixer. CONTR. *défaire.*

/ FAMILIER. Retenir quelqu'un. SYN. accoster –FAMILIER: accrocher, agripper, coincer, épingler. CONTR. *éviter, fuir.*

/ POPULAIRE. Arrêter quelqu'un. SYN. appréhender, attraper, capturer, prendre –FAMILIER: boucler, choper, coffrer, cueillir, embarquer, épingler, harponner, pincer, piquer, ramasser –POPULAIRE: alpaguer, emballer.

agrandir *verbe*

/ Rendre plus grand, plus important. SYN. accroître, amplifier, arrondir, augmenter, développer, grossir. CONTR. *diminuer, rapetisser, réduire, resserrer, restreindre.*

/ Faire paraître plus grand. SYN. accroître, allonger, augmenter, dilater, élargir, étendre, évaser. CONTR. *couper, diminuer, rapetisser, réduire, resserrer.*

agrandir (s') *verbe pronominal*

/ Devenir plus grand. SYN. croître, se développer, se dilater, s'élargir, s'étendre. CONTR. *diminuer.*

agrandissement *nom masculin*

/ Action d'agrandir, de s'agrandir. SYN. accroissement, augmentation, croissance, développement, élargissement, extension. CONTR. *diminution, limitation, raccourcissement, rapetissement, réduction.*

agréable *adjectif*

/ Avec qui on a plaisir à être. SYN. affable, aimable, attachant, attentionné, attirant, avenant, charmant, courtois, engageant, gentil, gracieux, liant, obligeant, plaisant, séduisant, sociable, sympathique –LITTÉRAIRE: amène. CONTR. *abominable, acariâtre, agaçant, antipathique, bourru, déplaisant, désagréable, désobligeant, détestable, difficile, ennuyeux, infect, insupportable, odieux, pénible, rebutant, repoussant, revêche* –FAMILIER: *assommant, casse-pieds, embêtant, empoisonnant, enquiquinant, impossible, raseur, rasoir* –LITTÉRAIRE: *atrabilaire* –POPULAIRE: *emmerdant.*

/ Qui procure un certain plaisir. SYN. attrayant, beau, bon, charmant, commode, confortable, cosy, délicieux, doux, exquis, plaisant, ragoûtant, savoureux, suave, succulent, vivable, voluptueux –LITTÉRAIRE: délectable. CONTR. *acerbe, acide, affreux, aigre, amer, aride, astreignant, atroce, austère, blessant, contraignant, criard, déplaisant, désagréable, disgracieux, dur, écœurant, effrayant, ennuyeux, fâcheux, horrible, incommode, inconfortable, infect, laid, maudit, mauvais, rebutant, rude, sec, triste* –FAMILIER: *assommant, barbant, embêtant, enquiquinant, sale* –POPULAIRE: *canulant, emmerdant.*

agréablement *adverbe*

/ De façon agréable. SYN. adorablement, bien, délicieusement, gentiment, gracieusement, joliment. CONTR. *atrocement, désagréablement, sèchement.*

agréer *verbe transitif*

/ Donner son agrément à. SYN. accepter, accueillir, acquiescer, admettre, applaudir à, apprécier, approuver, goûter, recevoir, souscrire à. CONTR. *décliner, récuser, refuser, rejeter, repousser* –FAMILIER: *blackbouler, retoquer.*

agréer *verbe transitif indirect*

/ Convenir à quelqu'un. SYN. arranger, intéresser, plaire, satisfaire, sourire –FAMILIER: aller, chanter, revenir. CONTR. *déplaire.*

agrégat *nom masculin*

/ Réunion d'éléments. SYN. agglomérat, conglomérat.

agréger *verbe*

/ Admettre dans un groupe. SYN. accueillir, adjoindre, affilier, associer, attacher, incorporer, intégrer, recevoir, réunir, unir. CONTR. *chasser, désunir, détacher, disjoindre, dissocier, écarter, rejeter, séparer.*

/ Réunir en un tout. SYN. agglomérer, agglutiner, assembler, conglomérer. CONTR. *désagréger, dissocier, éparpiller, séparer.*

agrément *nom masculin*

/ Action d'autoriser. SYN. acceptation, accord, acquiescement, adhésion, admission, approbation, assentiment, autorisation, consentement, permission –LITTÉRAIRE: suffrage. CONTR. *barrage, blâme, condamnation, désapprobation, désaveu, opposition, refus, réprobation, veto.*

/ Qualité qui rend plaisant. SYN. attrait, bonheur, charme, douceur, gentillesse, grâce, séduction. CONTR. *aridité, atrocité, contrariété, désavantage.*

/ Ce qui agrémente. SYN. amusement, embellissement, enjolivement, enjolivure, fanfreluche, ornement –LITTÉRAIRE: fioriture.

agrémenter *verbe*

/ Pourvoir d'ornements. SYN. adorner, décorer, égayer, émailler, embellir, enjoliver, garnir, ornementer, orner, rehausser –LITTÉRAIRE: parer. CONTR. *déparer, dépouiller.*

/ Donner plus d'attrait. SYN. enrichir, étayer, étoffer –LITTÉRAIRE: relever. CONTR. *déparer, enlaidir, gâter, ternir.*

agresser *verbe*

/ Attaquer quelqu'un. SYN. affronter, assaillir, attenter à, braver, défier, prendre à partie, se dresser contre –FAMILIER: sauter sur. CONTR. *défendre, protéger, soutenir.*

agresseur *adjectif*

/ Qui agresse. SYN. assaillant, attaquant. CONTR. *protecteur.*

agresseur *nom*

/ Personne qui agresse. SYN. assaillant, attaquant, insulteur, offenseur. CONTR. *offensé, outragé, victime.*

agressif *adjectif*

/ Qui choque. SYN. provocant, provocateur, violent. CONTR. *discret, effacé, sobre.*

/ Qui manifeste de l'agressivité. SYN. acerbe, acéré, aigre, batailleur, belliqueux, caustique, coléreux, combatif, menaçant, mordant, offensif, querelleur, violent –FAMILIER: teigneux –LITTÉRAIRE: acrimonieux, épigrammatique. CONTR. *accommodant, bienveillant, calme, doux, inoffensif, modéré, pacifique, paisible, pondéré.*

agressivement *adverbe*

/ De façon agressive. SYN. abruptement, brutalement, rudement, violemment. CONTR. *calmement, doucement.*

agressivité *nom féminin*

/ Caractère violent. SYN. combativité, hargne, hostilité, inimitié, malveillance –LITTÉRAIRE: acerbité. CONTR. *bienveillance, cordialité, courtoisie, mesure, modération, pondération.*

agreste *adjectif*

/ De la campagne. SYN. bucolique, campagnard, idyllique, paysan, rural, rustique –LITTÉRAIRE: champêtre, pastoral. CONTR. *citadin, urbain.*

agricole *adjectif*

/ Qui concerne l'agriculture. SYN. agraire, paysan, rural –LITTÉRAIRE: rustique.

agriculteur *nom*

/ Personne qui cultive le sol. SYN. cultivateur, exploitant agricole, fermier, paysan.

agriffer (s') *verbe pronominal*

/ LITTÉRAIRE. Se retenir à. SYN. s'accrocher, s'agripper, se cramponner, se raccrocher, se retenir, se tenir.

agripper *verbe*

/ Saisir fermement. SYN. accrocher, attraper, empoigner, happer, prendre, rattraper, saisir. CONTR. *lâcher.*

/ FAMILIER. Accoster quelqu'un. SYN. –FAMILIER: accrocher, agrafer, épingler, harponner. CONTR. *éviter, fuir.*

agripper (s') *verbe pronominal*

/ S'accrocher fermement. SYN. s'accrocher, se cramponner, se raccrocher, se rattraper, se retenir, se tenir –LITTÉRAIRE: s'agriffer.

aguerri *adjectif*

/ Plus résistant. SYN. blindé, endurci.

aguerrir *verbe*

/ Habituer des militaires aux dangers. SYN. dresser, entraîner, exercer –LITTÉRAIRE: rompre à. CONTR. –LITTÉRAIRE: *aveulir.*

/ Accoutumer à des choses pénibles. SYN. cuirasser, endurcir, fortifier, insensibiliser, prémunir, vacciner –FAMILIER: blinder –LITTÉRAIRE: retremper, tremper. CONTR. *amollir.*

aguerrir (s') *verbe pronominal*

/ S'habituer à des choses pénibles. SYN. se cuirasser, s'endurcir – FAMILIER: se blinder.

aguichant *adjectif*

/ Qui cherche à séduire. SYN. affriolant, agaçant, alléchant, attirant, canaille, émoustillant, engageant, excitant, provocant, provocateur, séduisant, sensuel, suggestif, troublant – FAMILIER: sexy – LITTÉRAIRE: affriandant. CONTR. *froid, rebutant, repoussant.*

aguicher *verbe*

/ Chercher à séduire. SYN. affrioler, agacer, allécher, exciter, provoquer, racoler, troubler – FAMILIER: allumer, émoustiller – LITTÉRAIRE: affriander. CONTR. *rabrouer, rebuter, repousser.*

aguicheur *adjectif*

/ Qui aguiche. SYN. affriolant, raccrocheur, racoleur – FAMILIER: accrocheur, sexy.

ahuri *adjectif*

/ Rendu stupide. SYN. abasourdi, abruti, ébahi, éberlué, effaré, étonné, hébété, interdit, interloqué, médusé, pantois, stupéfait, tombé de la lune, tombé des nues – FAMILIER: baba, comme deux ronds de flan, époustouflé, estomaqué, scié, sidéré, soufflé. CONTR. *impassible, imperturbable, serein.*

ahurir *verbe*

/ Faire perdre la tête à quelqu'un. SYN. abrutir – LITTÉRAIRE: abasourdir. CONTR. *rassurer, remettre* – LITTÉRAIRE: *rasséréner.*

/ Frapper d'étonnement. SYN. abasourdir, confondre, consterner, couper le souffle, décontenancer, ébahir, éberluer, effarer, étonner, interloquer, méduser, renverser, stupéfier, suffoquer, surprendre – FAMILIER: asseoir, couper le sifflet, ébouriffer, en boucher un coin, époustoufler, estomaquer, scier, sidérer, souffler – POPULAIRE: couper la chique.

ahurissant *adjectif*

/ Qui ahurit. SYN. abracadabrant, atterrant, confondant, déconcertant, déroutant, effarant, étonnant, étourdissant, extraordinaire, stupéfiant, suffocant, surprenant – FAMILIER: ébouriffant, énorme, époustouflant, renversant, sciant, sidérant, soufflant. CONTR. *banal, quelconque.*

ahurissement *nom masculin*

/ État de quelqu'un qui est ahuri. SYN. abasourdissement, ébahissement, effarement, étonnement, saisissement, stupéfaction, stupeur, surprise – FAMILIER: épatement.

aide *nom*

/ Personne qui seconde quelqu'un. SYN. acolyte, adjoint, apprenti, assistant, associé, auxiliaire, bras droit, collaborateur, commis, complice, manœuvre, second, suppléant – FAMILIER: sous-verge.

aide *nom féminin*

/ Action d'aider quelqu'un. SYN. appui, assistance, bons offices, collaboration, concours, contribution, coopération, coup de main, coup de pouce, intervention, main-forte, participation, renfort, secours, service, soutien – LITTÉRAIRE: faveur. CONTR. *abandon* – FAMILIER: *lâchage* – LITTÉRAIRE: *délaissement.*

/ Secours financier. SYN. appoint, aumône, charité, participation, secours, subside. CONTR. *dommage, entrave, gêne, préjudice, tort.*

aide-mémoire *nom masculin*

/ Abrégé d'une matière. SYN. mémento, résumé – LITTÉRAIRE: vade-mecum.

aider *verbe transitif*

/ Apporter son concours à quelqu'un. SYN. assister, collaborer, coopérer, donner un coup de main, encourager, épauler, favoriser, obliger, porter secours, prêter main-forte, seconder, soutenir – FAMILIER: dépanner. CONTR. *abandonner, briser, délaisser, desservir, gêner, oublier, s'opposer à* – FAMILIER: *aplatir.*

/ Apporter un soutien financier. SYN. secourir, soulager, soutenir, subventionner. CONTR. *couler, léser, perdre, ruiner.*

aider *verbe transitif indirect*

/ Contribuer à quelque chose. SYN. concourir à, contribuer, favoriser, participer. CONTR. *compliquer, contrarier, contrecarrer, desservir, entraver, gêner.*

aïeul *nom*

/ LITTÉRAIRE. Grand-parent. SYN. ancêtre, ancien, ascendant, devancier, grand-mère, grand-père. CONTR. *descendant.*

aïeux *nom masculin pluriel*

/ LITTÉRAIRE. Ancêtres. SYN. ascendants, devanciers, prédécesseurs – LITTÉRAIRE : parents, pères. CONTR. *descendants.*

aigle *nom masculin*

/ FAMILIER. Esprit supérieur. SYN. cerveau, génie, gloire, intelligence, prodige, virtuose – FAMILIER : as, champion, crack, tête – LITTÉRAIRE : lumière, phénix. CONTR. *nul, nullité* – FAMILIER : *nullard, zéro.*

aigre *adjectif*

/ Qui est acide. SYN. acidulé, âcre, amer, rance, râpeux, sur, suret. CONTR. *doux, suave, sucré.*

/ Au son criard. SYN. aigu, grinçant, perçant. CONTR. *agréable, délicieux, doux, suave.*

/ Se dit d'un froid saisissant. SYN. cuisant, froid, glacial, mordant, piquant, violent.

/ Se dit de paroles vives. SYN. acerbe, agressif, amer, âpre, blessant, cinglant, grinçant, mordant – LITTÉRAIRE : âcre, acrimonieux. CONTR. *affable, agréable, aimable, bienveillant, mielleux* – LITTÉRAIRE : *amène.*

aigre-doux *adjectif*

/ D'une saveur aigre et douce. SYN. acidulé, aigrelet, sur, suret.

aigrefin *nom masculin*

/ Individu malhonnête. SYN. bandit, canaille, crapule, escroc, filou, forban, requin, voleur – FAMILIER : empileur, faisan, fricoteur, fripouille, margoulin – LITTÉRAIRE : chevalier d'industrie, pirate – VIEUX : fripon, gredin.

aigrelet *adjectif*

/ Légèrement aigre. SYN. acide, acidulé, aigre-doux, sur, suret.

aigreur *nom féminin*

/ État de ce qui est aigre. SYN. acidité, âcreté. CONTR. *douceur* – LITTÉRAIRE : *suavité.*

/ Sentiment d'amertume. SYN. acrimonie, animosité, dépit, humeur, rancœur, ressentiment – LITTÉRAIRE : acerbité, âcreté. CONTR. *affabilité, amabilité, bienveillance, douceur* – LITTÉRAIRE : *aménité.*

aigri *adjectif*

/ Devenu amer. SYN. acariâtre, acerbe, amer, désenchanté, irascible, irritable, irrité, revêche – LITTÉRAIRE : acrimonieux, chagrin. CONTR. *affable* – LITTÉRAIRE : *amène.*

aigrir *verbe*

/ Rendre quelqu'un amer. SYN. assombrir, indisposer, irriter, ulcérer. CONTR. *adoucir, calmer* – LITTÉRAIRE : *rasséréner.*

aigu *adjectif*

/ Qui se termine en pointe. SYN. acéré, affilé, effilé, pointu, tranchant. CONTR. *ébréché, émoussé, épointé.*

/ Au son perçant. SYN. aigre, clair, criard, strident, suraigu. CONTR. *bas, caverneux, grave, sourd* – LITTÉRAIRE : *sépulcral.*

/ Qui est pénétrant. SYN. fin, incisif, lucide, ouvert, perçant, subtil, vif. CONTR. *éteint, lourd, lourdaud, obtus, terne.*

/ Qui est au paroxysme. SYN. cuisant, vif. CONTR. *chronique, latent, sourd.*

aiguille *nom féminin*

/ Montagne effilée. SYN. corne, crête, dent, flèche, pic.

aiguiller *verbe*

/ Orienter dans une direction. SYN. canaliser, centrer, concentrer, diriger, guider, orienter.

aiguillonner *verbe*

/ Piquer les bœufs. SYN. éperonner, fouetter.

/ Stimuler quelqu'un. SYN. aiguiser, animer, attiser, encourager, enhardir, éperonner, exciter, piquer, pousser, provoquer, ranimer, soutenir, surexciter – FAMILIER : allumer – LITTÉRAIRE : enflammer. CONTR. *apaiser, assouvir, briser, calmer, étouffer, freiner, lasser, modérer, ralentir, refroidir* – LITTÉRAIRE : *tempérer.*

aiguisage *nom masculin*

/ Action d'aiguiser. SYN. affilage, affûtage, repassage.

aiguisé *adjectif*

/ Rendu tranchant. SYN. affilé, affûté, coupant, fin, tranchant. CONTR. *émoussé.*

aiguiser *verbe*

/ Rendre tranchant. SYN. acérer, affiler, affûter, émorfiler, émoudre, polir, repasser. CONTR. *émousser, épointer.*

/ Rendre plus vif. SYN. aiguillonner, attiser, aviver, exaspérer, exciter, fouetter, piquer, ranimer, stimuler, surexciter – LITTÉRAIRE : enflammer. CONTR. *assouvir, atténuer, calmer, éteindre, freiner, modérer.*

aimable *adjectif*

/ Qui manifeste de la gentillesse. SYN. abordable, accueillant, affable, agréable, avenant, bienveillant, complaisant, courtois, gentil, obligeant, prévenant, sociable –LITTÉRAIRE: amène. CONTR. *abrupt, acariâtre, acerbe, aigre, amer, antipathique, arrogant, bilieux, blessant, brutal, cassant, déplaisant, désagréable, désobligeant, distant, dur, froid, hautain, impoli, offensant, rébarbatif, revêche, rogue, rude, sec* –LITTÉRAIRE: *âcre, acrimonieux, atrabilaire.*

/ Qui s'attire la sympathie. SYN. attirant, attrayant, charmant, engageant, exquis, liant, plaisant, séduisant, sociable, sympathique –LITTÉRAIRE: civil. CONTR. *abominable, affreux, antipathique, bourru, désagréable, détestable, difficile, grognon, haïssable, horrible, méchant, querelleur, rebutant, renfrogné, repoussant* –FAMILIER: *impossible, pénible.*

aimablement *adverbe*

/ De façon aimable. SYN. complaisamment, gentiment, gracieusement, obligeamment –LITTÉRAIRE: civilement. CONTR. *brusquement, brutalement, froidement, rudement, sèchement.*

aimant *adjectif*

/ LITTÉRAIRE. Porté à aimer. SYN. affectueux, câlin, caressant, sensible, tendre. CONTR. *froid, indifférent, ingrat, insensible, sec.*

aimer *verbe*

/ Avoir de l'affection pour. SYN. adorer, chérir, s'engouer, tenir à, vénérer –LITTÉRAIRE: affectionner, idolâtrer, révérer. CONTR. *abominer, détester, exécrer, haïr* –FAMILIER: *vomir* –LITTÉRAIRE: *abhorrer.*

/ Éprouver de l'amour. SYN. être amoureux de, être épris de, s'amouracher, s'éprendre –FAMILIER: avoir le béguin, en pincer pour, se toquer de –VIEUX: brûler pour.

/ Avoir du goût pour quelque chose. SYN. admirer, adorer, apprécier, être féru de, goûter, prendre plaisir à, raffoler, se complaire, se plaire à, s'engouer –FAMILIER: mordre à –LITTÉRAIRE: affectionner, priser. CONTR. *dédaigner, maudire, mépriser, répugner.*

aîné *nom*

/ Enfant né le premier. SYN. premier-né. CONTR. *benjamin, cadet, dernier-né, puîné.*

/ Personne plus âgée qu'une autre. SYN. ancêtre, devancier, doyen –LITTÉRAIRE: vétéran.

ainsi *adverbe*

/ Introduit un développement. SYN. comme cela, de cette façon, de cette manière, de la sorte.

ainsi que *conjonction*

/ Indique la comparaison. SYN. comme, de la même façon que, de la même manière que, de même que.

air *nom masculin*

/ Mélange gazeux constituant l'atmosphère. SYN. atmosphère, éther, oxygène.

/ Ce mélange en tant qu'il se déplace. SYN. bise, brise, souffle, vent.

air *nom masculin*

/ Aspect extérieur. SYN. allure, apparence, aspect, attitude, contenance, dehors, expression, extérieur, façade, façon, genre, manière, mine, port –FAMILIER: dégaine, touche –LITTÉRAIRE: enveloppe, masque, tournure.

air *nom masculin*

/ Mélodie instrumentale. SYN. aria, ariette, mélodie, refrain.

aisance *nom féminin*

/ Manière naturelle d'agir. SYN. assurance, brio, décontraction, facilité, liberté, naturel, spontanéité. CONTR. *affectation, apprêt, contrainte* –LITTÉRAIRE: *afféterie, compassement.*

/ Situation de fortune. SYN. abondance, bien-être, confort, opulence, prospérité, richesse –LITTÉRAIRE: aise. CONTR. *besoin, dénuement, détresse, difficulté, embarras, gêne, indigence, misère, pauvreté* –POPULAIRE: *débine.*

/ Agilité dans les mouvements. SYN. adresse, agilité, légèreté, souplesse. CONTR. *gaucherie, gêne, lourdeur, maladresse, peine, pesanteur.*

aise *nom féminin*

/ LITTÉRAIRE. Sentiment de bien-être. SYN. bien-être, bonheur, contentement, détente, joie, satisfaction. CONTR. *contrainte, embarras, gêne, malaise.*

aisé *adjectif*

/ Que l'on fait sans mal. SYN. commode, facile, pratique, simple –FAMILIER: pas sorcier. CONTR.

ardu, compliqué, délicat, difficile, dur, embarrassant, laborieux, malaisé, pénible, rude –FAMILIER: *calé* –LITTÉRAIRE: *difficultueux.*

/ Qui est détendu. SYN. coulant, dégagé, désinvolte, fluide, inné, naturel, spontané. CONTR. *académique, affecté, apprêté, contraint, empesé, emprunté, étudié, guindé* –LITTÉRAIRE: *raboteux.*

/ Qui vit dans l'aisance. SYN. cossu, fortuné, nanti, opulent, possédant, prospère, riche –FAMILIER: argenté –POPULAIRE: friqué. CONTR. *démuni, indigent, miséreux, modeste, nécessiteux, pauvre* –LITTÉRAIRE: *impécunieux* –POPULAIRE: *fauché* –VIEUX: *besogneux.*

aisément *adverbe*

/ Sans effort. SYN. commodément, en un tour de main, facilement, sans difficulté, sans encombre, sans peine –FAMILIER: les doigts dans le nez. CONTR. *difficilement, laborieusement, malaisément, péniblement.*

/ Sans difficulté financière. SYN. à l'aise, confortablement, largement. CONTR. *chichement, misérablement, pauvrement.*

aises *nom féminin pluriel*

/ Bien-être matériel. SYN. commodités, confort.

ajointer *verbe*

/ Joindre bout à bout. SYN. abouter, rabouter.

ajournement *nom masculin*

/ Action de remettre à plus tard. SYN. atermoiements, prorogation, remise, renvoi, report, sursis. CONTR. *hâte, précipitation.*

/ Action de refuser un candidat. SYN. refus. CONTR. *admission, réussite.*

ajourner *verbe*

/ Différer une action. SYN. atermoyer, décaler, proroger, reculer, remettre, renvoyer, reporter, repousser, retarder, surseoir, suspendre. CONTR. *anticiper, avancer, hâter, précipiter, rapprocher.*

/ Refuser quelqu'un à un examen. SYN. refuser –FAMILIER: coller, étendre, recaler, retoquer. CONTR. *admettre, recevoir.*

ajout *nom masculin*

/ Ce qui est ajouté. SYN. addendum, addition, adjonction, complément, correction, supplément. CONTR. *retranchement, soustraction, suppression.*

ajouter *verbe transitif*

/ Mettre quelque chose en plus. SYN. accoler, additionner, adjoindre, inclure, insérer, interpoler, joindre, rajouter, unir, verser –LITTÉRAIRE: suppléer. CONTR. *biffer, décompter, déduire, défalquer, diminuer, ôter, rabattre, retirer, retrancher, soustraire.*

ajouter *verbe transitif indirect*

/ Rendre plus intense. SYN. accentuer, accroître, aggraver, augmenter, grossir, intensifier, redoubler. CONTR. *alléger, amoindrir, apaiser, calmer, diminuer.*

ajouter (s') *verbe pronominal*

/ Venir en plus de quelque chose. SYN. accompagner, compléter, grossir, s'adjoindre à, se greffer à, se joindre à, s'unir à. CONTR. *se déduire, se défalquer, se soustraire.*

ajusté *adjectif*

/ Serré à la taille. SYN. collant, juste, moulant, serré. CONTR. *ample, bouffant, lâche, large, vague.*

ajustement *nom masculin*

/ Action d'ajuster. SYN. adaptation, agencement, alignement, aménagement.

ajuster *verbe*

/ Adapter une chose à une autre. SYN. aboucher, accorder, adapter, agencer, aligner, aménager, assembler, bâtir, concilier, conformer, emboîter, encastrer, enchâsser, joindre, régler, rétrécir –LITTÉRAIRE: accommoder. CONTR. *démonter, désajuster, désassembler.*

alacrité *nom féminin*

/ LITTÉRAIRE. Gaieté vive. SYN. allant, allégresse, enjouement, entrain, gaieté. CONTR. *indolence, langueur, mollesse, nonchalance* –LITTÉRAIRE: *alanguissement.*

alambiqué *adjectif*

/ Raffiné jusqu'à être obscur. SYN. affecté, compliqué, maniéré, précieux, quintessencié, recherché, sophistiqué, subtil, tourmenté –FAMILIER: tarabiscoté. CONTR. *naturel, simple, spontané.*

alangui *adjectif*

/ LITTÉRAIRE. Dans un état de langueur. SYN. amorphe, apathique, atone, avachi, endormi, indolent, langoureux, languissant, lymphatique, mou, nonchalant, prostré –LITTÉRAIRE: languide, mourant, torpide. CONTR. *dynamique, éveillé, vif.*

alanguir *verbe*

/ Enlever de l'énergie à quelqu'un. SYN. amollir. CONTR. *ranimer, revigorer.*

alanguissement *nom masculin*

/ LITTÉRAIRE. État de langueur. SYN. amollissement, engourdissement, indolence, mollesse, nonchalance, torpeur. CONTR. *allant, entrain, pétulance* –LITTÉRAIRE: *alacrité, vivacité.*

alarmant *adjectif*

/ Qui cause de l'inquiétude. SYN. affolant, angoissant, effarouchant, effrayant, grave, inquiétant, menaçant, préoccupant, sérieux, sinistre –FAMILIER: tragique. CONTR. *rassurant, sécurisant, tranquillisant.*

alarme *nom féminin*

/ Signal qui prévient d'un danger. SYN. alerte, sirène, tocsin.

/ LITTÉRAIRE. Vive inquiétude. SYN. affolement, angoisse, anxiété, appréhension, effroi, frayeur, peur, souci, trouble. CONTR. *paix, sang-froid, sérénité* –LITTÉRAIRE: *quiétude.*

alarmer *verbe*

/ Plonger dans l'inquiétude. SYN. agiter, angoisser, effrayer, émouvoir, faire peur, inquiéter, mettre en émoi, paniquer, préoccuper, tourmenter, tracasser –FAMILIER: turlupiner –VIEUX: soucier. CONTR. *rassurer, sécuriser, tranquilliser* –LITTÉRAIRE: *rasséréner.*

alarmer (s') *verbe pronominal*

/ Prendre peur. SYN. avoir des sueurs froides, avoir froid dans le dos, avoir la chair de poule, avoir peur, craindre, paniquer, s'affoler, se tourmenter, se tracasser, s'effrayer, s'émouvoir, s'inquiéter, trembler –FAMILIER: avoir la colique, avoir la frousse, ne plus avoir un poil de sec –POPULAIRE: avoir la chiasse, avoir la pétoche, avoir la trouille, avoir le trouillomètre à zéro, avoir les chocottes, avoir les foies, avoir les grelots, avoir les jetons, baliser, faire dans sa culotte, faire dans son froc, fouetter, les avoir à zéro. CONTR. *se tranquilliser.*

alarmiste *adjectif*

/ Qui alarme. SYN. démoralisant, inquiétant, pessimiste. CONTR. *optimiste, rassurant.*

alcool *nom masculin*

/ Boisson alcoolisée. SYN. eau-de-vie, spiritueux –FAMILIER: bibine, bistouille, goutte, tord-boyaux –POPULAIRE: gnole.

alcoolique *nom*

/ Personne qui boit avec excès. SYN. buveur, ivrogne –FAMILIER: pilier de bar, pilier de cabaret, pochard, sac à vin, soiffard, soûlographe –POPULAIRE: alcoolo, picoleur, pochetron, poivrot, soûlard, soûlaud, soûlot. CONTR. *abstinent* –LITTÉRAIRE: *tempérant.*

aléa *nom masculin*

/ Risque encouru. SYN. accident, aventure, chance, hasard, imprévu, tribulations, vicissitudes.

aléatoire *adjectif*

/ Soumis au hasard. SYN. conjectural, contingent, douteux, éventuel, hypothétique, improbable, incertain –LITTÉRAIRE: chanceux. CONTR. *assuré, automatique, certain, mathématique, sûr, vraisemblable.*

/ Qui comporte des risques. SYN. aventuré, aventureux, hasardé, hasardeux, périlleux, problématique, risqué.

alentours *nom masculin pluriel*

/ Lieux qui entourent. SYN. abords, environs, parages, voisinage –LITTÉRAIRE: approches.

/ *Aux alentours de.* SYN. à proximité de, auprès de, autour de, aux environs de, dans le voisinage, du côté de, près de, vers.

alerte *adjectif*

/ Qui a des mouvements rapides. SYN. agile, fougueux, fringant, ingambe, léger, leste, preste –LITTÉRAIRE: allant, rapide –VIEUX: gaillard. CONTR. *ankylosé, engourdi, indolent, inerte, lent, lourd, mou, pesant.*

/ D'une vive intelligence. SYN. éveillé, pénétrant, sémillant, vif –LITTÉRAIRE: délié. CONTR. *balourd, endormi, laborieux, lent, lourd.*

alerte *nom féminin*

/ Signal qui prévient d'un danger. SYN. alarme, sirène, tocsin.

/ Menace d'un danger. SYN. avertissement, mise en garde, signal, signe, symptôme.

alertement *adverbe*
- De façon alerte. SYN. agilement, lestement, prestement. CONTR. *lourdement, pesamment.*

alerter *verbe*
- Avertir d'un danger. SYN. ameuter, avertir, aviser, informer, prévenir, tirer la sonnette, tirer le signal d'alarme.

algarade *nom féminin*
- Altercation vive. SYN. dispute, incartade, prise de bec, querelle, scène, sortie –FAMILIER: attrapade –LITTÉRAIRE: avanie –POPULAIRE: engueulade.

aliénation *nom féminin*
- Action d'aliéner un bien. SYN. cession, perte. CONTR. *acquisition, annexion, appropriation, conservation.*
- Fait d'être soumis à. SYN. asservissement, assujettissement, soumission, subordination, sujétion.

aliéné *nom*
- Malade mental. SYN. dément, désaxé, déséquilibré, forcené, fou.

aliéner *verbe*
- Transmettre un bien. SYN. céder, donner, transmettre, vendre. CONTR. *acheter, acquérir, annexer, conserver, garder, s'approprier.*

aliéner (s') *verbe pronominal*
- Détourner de soi. SYN. se mettre à dos. CONTR. *amadouer, gagner.*

aligner *verbe*
- Mettre en conformité. SYN. ajuster, mettre au même niveau, mettre sur le même plan, ranger.

aligner (s') *verbe pronominal*
- Se ranger sur la même ligne. SYN. se mettre en rang, se ranger. CONTR. *se débander.*
- Se conformer à quelque chose. SYN. observer, respecter, se conformer, se modeler sur, se plier, se régler sur, se soumettre, suivre. CONTR. *agir à sa guise, contrevenir à, déroger à, enfreindre, n'en faire qu'à sa tête, passer outre* –POPULAIRE: *s'asseoir sur.*

aliment *nom masculin*
- Ce qui nourrit. SYN. comestible, denrée, mets, nourriture, pâture, pitance, subsistance.

alimentation *nom féminin*
- Action d'alimenter, de s'alimenter. SYN. approvisionnement, fourniture, ravitaillement.
- Ce qui alimente. SYN. aliment, mets, nourriture, vivres.

alimenter *verbe*
- Procurer des aliments. SYN. entretenir, nourrir, restaurer –LITTÉRAIRE: repaître –VIEUX: sustenter. CONTR. *affamer.*
- Approvisionner. SYN. fournir, pourvoir, ravitailler. CONTR. *débiter.*

alimenter (s') *verbe pronominal*
- Absorber des aliments. SYN. manger, se nourrir, se restaurer –ARGOTIQUE: briffer –FAMILIER: casser la croûte, casser la graine, se sustenter –LITTÉRAIRE: se repaître –POPULAIRE: becqueter, becter, boulotter, croûter, grailler. CONTR. *jeûner.*

allant *adjectif*
- LITTÉRAIRE. Qui a de l'entrain. SYN. actif, agissant, alerte, fougueux, fringant, leste, sémillant, vif –VIEUX: gaillard. CONTR. *inactif, indolent, inerte, lent, mou, nonchalant.*

allant *nom masculin*
- Caractère dynamique. SYN. activité, ardeur, dynamisme, entrain, fougue, mordant, vie, vitalité –LITTÉRAIRE: alacrité, vivacité. CONTR. *accablement, apathie, indolence, inertie, langueur, lassitude, mollesse, nonchalance* –LITTÉRAIRE: *alanguissement.*

alléchant *adjectif*
- Qui fait envie. SYN. affriolant, aguichant, appétissant, attirant, attrayant, engageant, ragoûtant, séduisant, tentant. CONTR. *dégoûtant, écœurant, rebutant, repoussant, répugnant.*

allèchement *nom masculin*
- LITTÉRAIRE. Ce qui attire. SYN. amorce, appât, attraction, attrait, séduction, tentation. CONTR. *antipathie, aversion, dégoût, répulsion.*

allécher *verbe*
- Attirer par l'odeur, le goût. SYN. amorcer, appâter, attirer. CONTR. *dégoûter, écœurer, répugner.*
- Attirer par des promesses. SYN. affrioler, aguicher, appâter, engager, gagner, séduire,

tenter, titiller –FAMILIER: émoustiller. CONTR. *éloigner, rebuter, repousser* –FAMILIER: *révulser.*

allée *nom féminin*

/ Chemin dans un parc, un bois. SYN. chemin, laie, layon, promenade.

allégation *nom féminin*

/ Énoncé d'un fait. SYN. affirmation, assertion, déclaration, dire, imputation, prétexte, propos, thèse.

allégeance *nom féminin*

/ Obligation de fidélité. SYN. dépendance, obédience, obéissance, soumission, subordination –LITTÉRAIRE: sujétion, vassalité. CONTR. *indépendance, suzeraineté.*

allégement *nom masculin*

/ Diminution de charge. SYN. décharge, dégrèvement, diminution, exonération, réduction. CONTR. *accroissement, aggravation, alourdissement, appesantissement, augmentation, intensification, surcharge.*

/ Action de soulager. SYN. adoucissement, atténuation, délivrance, soulagement.

alléger *verbe*

/ Rendre moins lourd. SYN. décharger, délester, diminuer, réduire. CONTR. *accabler, accroître, aggraver, alourdir, appesantir, augmenter, charger, écraser, grever, lester.*

/ Atténuer la douleur de quelqu'un. SYN. abréger, adoucir, amenuiser, amoindrir, apaiser, assoupir, atténuer, calmer, diminuer, endormir, modérer, réduire, soulager. CONTR. *accroître, aggraver, ajouter à, alourdir, approfondir, augmenter.*

allégorie *nom féminin*

/ Représentation d'une idée. SYN. apologue, fable, image, métaphore, mythe, parabole, personnification, symbole.

allégorique *adjectif*

/ Qui relève de l'allégorie. SYN. emblématique, métaphorique, symbolique.

allégoriquement *adverbe*

/ De façon allégorique. SYN. figurativement, métaphoriquement, symboliquement.

allègre *adjectif*

/ Plein d'entrain. SYN. alerte, dispos, enjoué, euphorique, gai, guilleret, joyeux, léger, réjoui, vif –LITTÉRAIRE: folâtre. CONTR. *abattu, accablé, affligé, anéanti, engourdi, indolent, languissant, morose, mou, triste* –LITTÉRAIRE: *chagrin.*

allègrement *adverbe*

/ Avec entrain. SYN. gaiement, jovialement, joyeusement –VIEUX: gaillardement. CONTR. *tristement.*

allégresse *nom féminin*

/ Joie vive. SYN. béatitude, enjouement, enthousiasme, euphorie, gaieté, hilarité, jubilation, réjouissance –LITTÉRAIRE: alacrité, exultation, félicité, liesse. CONTR. *affliction, bouderie, chagrin, détresse, ennui, mélancolie, morosité, tristesse* –FAMILIER: *cafard* –LITTÉRAIRE: *maussaderie.*

alléguer *verbe*

/ Citer une autorité. SYN. citer, faire valoir, invoquer, mentionner, produire, rapporter, se référer à.

/ Mettre en avant. SYN. affirmer, apporter, arguer, avancer, faire état de, invoquer, objecter, opposer, prétendre, prétexter, s'autoriser de, se prévaloir de.

aller *verbe*

/ Se rendre en un lieu. SYN. approcher, cheminer, faire route, s'acheminer, s'approcher, se diriger, se promener, se rendre, se transporter. CONTR. *quitter, rester, se retirer, venir de.*

/ Se déplacer pour faire quelque chose. SYN. partir pour, s'acheminer, sortir.

/ Avoir telle destination. SYN. aboutir, arriver, conduire, mener.

/ Être en harmonie avec quelque chose. SYN. cadrer, correspondre, s'accorder, s'adapter, s'associer, s'harmoniser –LITTÉRAIRE: seoir. CONTR. *trancher.*

/ Convenir à quelqu'un. SYN. agréer, arranger, convenir, plaire, sourire –FAMILIER: être dans les cordes de, revenir –LITTÉRAIRE: être du ressort de.

aller (s'en) *verbe pronominal*

/ Quitter un lieu. SYN. bouger, partir, quitter, se retirer, s'éloigner, sortir –FAMILIER: s'ôter. CONTR. *arriver, attendre, entrer, regagner, rester, revenir, venir.*

/ Ne pas laisser de trace. SYN. disparaître, partir, passer, s'effacer. CONTR. *rester.*
/ Approcher de la mort. SYN. décéder, mourir, périr, s'éteindre –LITTÉRAIRE: trépasser. CONTR. *vivre.*

allergie *nom féminin*
/ Réaction de l'organisme à. SYN. anaphylaxie, intolérance.

alliage *nom masculin*
/ Mélange de métaux. SYN. amalgame, association, combinaison, composé, mélange.

alliance *nom féminin*
/ Accord entre des personnes. SYN. association, coalition, concorde, confédération, entente, pacte, union –LITTÉRAIRE: ligue. CONTR. *désaccord, désunion, divorce, mésentente, rupture, séparation* –LITTÉRAIRE: *mésintelligence.*
/ Combinaison de choses différentes. SYN. amalgame, assortiment, combinaison, communion, composé, connexion, harmonisation, mariage, mélange, rapprochement, union –LITTÉRAIRE: conjugaison. CONTR. *antagonisme, concurrence, opposition.*

allié *nom*
/ Personne qui apporte un soutien. SYN. acolyte, ami, appui, associé, auxiliaire, compagnon, compère, complice, partenaire. CONTR. *adversaire, antagoniste, compétiteur, concurrent, ennemi, opposant, rival.*

allier *verbe*
/ Réunir des choses différentes. SYN. amalgamer, apparenter, assembler, associer, combiner, conjuguer, joindre, liguer, marier, mélanger, mêler, unir –LITTÉRAIRE: réunir. CONTR. *disjoindre, dissocier, distinguer, séparer.*

allier (s') *verbe pronominal*
/ Faire alliance avec. SYN. s'associer, se coaliser, se joindre, se lier, se liguer, se marier, s'entendre, s'unir. CONTR. *rompre, se brouiller, se séparer de.*

allocation *nom féminin*
/ Ce qui est alloué à quelqu'un. SYN. attribution, indemnité, pension, prestation, provision, soutien, subside, subvention.

allocution *nom féminin*
/ Discours officiel. SYN. adresse, communication, conférence, déclaration, discours, exposé –FAMILIER: laïus, speech, topo –LITTÉRAIRE: harangue.

allongé *adjectif*
/ Devenu plus long. SYN. effilé, fuselé, mince, oblong. CONTR. *court, ramassé, recroquevillé, replié, rond, trapu.*

allongement *nom masculin*
/ Déformation par étirement. SYN. élongation, étirage. CONTR. *contraction, raccourcissement.*
/ Augmentation de longueur. SYN. étirement, extension, grandissement, prolongation, prolongement. CONTR. *abrègement, diminution, limitation, réduction.*

allonger *verbe intransitif*
/ Devenir plus long en durée. SYN. augmenter, croître, rallonger. CONTR. *décroître, diminuer, raccourcir, rapetisser, réduire.*

allonger *verbe transitif*
/ Augmenter la longueur. SYN. agrandir, distendre, étirer, prolonger, rallonger. CONTR. *abréger, couper, diminuer, écourter, limiter, raccourcir, rapetisser, réduire.*
/ Étirer un membre. SYN. avancer, coucher, étendre, tendre. CONTR. *contracter, plier, recroqueviller.*
/ FAMILIER. Porter un coup. SYN. assener –FAMILIER: ficher, flanquer.
/ Diluer une préparation. SYN. additionner, couper, délayer, diluer, éclaircir, étendre –FAMILIER: baptiser.

allonger (s') *verbe pronominal*
/ S'étendre de tout son long. SYN. se coucher, s'étendre. CONTR. *se lever, se relever.*
/ Devenir plus long. SYN. grandir, se prolonger. CONTR. *diminuer, se ramasser, se rapetisser, se recroqueviller, se replier.*
/ FAMILIER. Tomber par terre. SYN. s'abattre, s'affaisser, s'écrouler –FAMILIER: chuter –LITTÉRAIRE: choir.

allouer *verbe*
/ Attribuer une somme d'argent. SYN. accorder, adjuger, assigner, attribuer, céder, concéder, consentir, distribuer, donner, doter, gratifier, octroyer –LITTÉRAIRE: impartir. CONTR. *refuser, retirer.*

allumé *adjectif*
- POPULAIRE. Qui est fou. SYN. dérangé, désaxé, déséquilibré –FAMILIER: braque, cinglé, détraqué, dingue, fada, fêlé, frappé, loufoque, maboul, marteau, piqué, ravagé, tapé, timbré, toc-toc, toqué, zinzin –POPULAIRE: azimuté, barge, barjo, branque, brindezingue, cinoque, cintré, déjanté, dingo, folingue, fondu, frapadingue, givré, jeté, louf, louftingue, sinoc, sinoque, siphonné, tordu.

allumer *verbe*
- Mettre le feu à. SYN. attiser, brûler, enflammer, incendier –LITTÉRAIRE: embraser. CONTR. *éteindre, étouffer.*
- Éclairer un lieu. SYN. illuminer, ouvrir la lumière –LITTÉRAIRE: embraser. CONTR. *éteindre, fermer.*
- FAMILIER. Exciter quelqu'un. SYN. affoler, aguicher, aiguillonner, attiser, déchaîner, éperonner, exaspérer, inspirer, provoquer, soulever –FAMILIER: émoustiller –LITTÉRAIRE: enflammer. CONTR. *apaiser, assoupir, calmer, refroidir.*

allure *nom féminin*
- Manière de se déplacer. SYN. démarche, mouvement, pas.
- Vitesse de déplacement. SYN. régime, train, vitesse.
- Rythme d'activité. SYN. cadence, train, vitesse.
- Manière de se tenir. SYN. air, attitude, comportement, contenance, façon, genre, maintien, manière, port, prestance, style, tenue –FAMILIER: dégaine, touche –LITTÉRAIRE: tournure.
- Aspect de quelque chose. SYN. apparence, configuration, couleur, dehors, extérieur –LITTÉRAIRE: enveloppe.
- Évolution des choses. SYN. tour, tournure.

allusif *adjectif*
- Qui contient une allusion. SYN. implicite, indirect, insinué, sous-entendu, voilé. CONTR. *explicite.*

allusion *nom féminin*
- Référence implicite. SYN. évocation, insinuation, sous-entendu, suggestion.

allusivement *adverbe*
- De façon allusive. SYN. implicitement, indirectement. CONTR. *catégoriquement, explicitement.*

alors *adverbe*
- Indique le temps. SYN. à ce moment-là, à cette époque, en ce temps-là.
- Introduit la conséquence. SYN. dans ces conditions, donc, en ce cas.

alors que *conjonction*
- Marque une opposition. SYN. bien que, pendant que, quoique, tandis que –LITTÉRAIRE: cependant que.
- LITTÉRAIRE. Marque un rapport de temps. SYN. comme, lorsque, quand.

alourdir *verbe*
- Rendre lourd. SYN. aggraver, appesantir, charger, engourdir, épaissir, grossir, lester, surcharger. CONTR. *alléger, décharger, délester, soulager.*

alourdir (s') *verbe pronominal*
- Devenir plus lourd. SYN. épaissir, forcir, grossir, prendre du poids, s'empâter, s'étoffer –FAMILIER: s'arrondir. CONTR. *maigrir, mincir.*

alourdissement *nom masculin*
- Fait de rendre plus lourd. SYN. appesantissement, épaississement. CONTR. *allégement.*

alpage *nom masculin*
- Pâturage d'été. SYN. alpe, herbage, pacage, pâturage, pâture, prairie.

alpaguer *verbe*
- POPULAIRE. Arrêter quelqu'un. SYN. appréhender, arrêter, attraper, harponner –FAMILIER: choper, cueillir, embarquer, ramasser –POPULAIRE: agrafer, emballer.

alter ego *nom masculin*
- Personne de confiance. SYN. bras droit, collaborateur, double, lieutenant, semblable.

altérable *adjectif*
- Qui peut être altéré. SYN. changeable, corruptible, fragile, périssable. CONTR. *inaltérable, incorruptible.*

altération *nom féminin*
- Modification des traits, de la voix. SYN. bouleversement, décomposition, dégradation, délabrement, détérioration, trouble. CONTR. *impassibilité, indifférence.*
- Changement complet. SYN. adultération, corruption, déformation, dénaturation, falsification, mutilation, travestissement –LITTÉ-

RAIRE : abâtardissement, viciation. CONTR. *amélioration, conservation, intégrité, restauration.*

altercation *nom féminin*

/ Querelle violente. SYN. discussion, dispute, explication, prise de bec, rixe, scène – FAMILIER : accrochage, attrapade, bagarre, empoignade, grabuge – POPULAIRE : engueulade.

altéré *adjectif*

/ Dont la nature est modifiée. SYN. changé, modifié, transformé. CONTR. *inaltéré, intact, naturel.*

altérer *verbe transitif*

/ Détériorer quelque chose. SYN. abîmer, affecter, attaquer, avarier, décomposer, dégrader, endommager, entamer, gâter, putréfier, ronger, ruiner, ternir – LITTÉRAIRE : corrompre, flétrir. CONTR. *améliorer, assainir, bonifier, conserver, préserver.*

/ Changer la nature de quelque chose. SYN. adultérer, brouiller, changer, contrefaire, défigurer, déformer, déguiser, dénaturer, falsifier, fausser, forcer, maquiller, pervertir, trahir, truquer – LITTÉRAIRE : vicier. CONTR. *restaurer, restituer, rétablir.*

altérer *verbe transitif*

/ Donner soif. SYN. assoiffer. CONTR. *abreuver, désaltérer.*

altérer (s') *verbe pronominal*

/ Subir une modification. SYN. pourrir, s'abîmer, se dégrader, se détériorer, se détraquer, se gâter, se putréfier, souffrir – LITTÉRAIRE : se corrompre.

altérité *nom féminin*

/ Qualité de ce qui est autre. SYN. différence, disparité, dissemblance, dissimilitude, dualité. CONTR. *identité.*

alternance *nom féminin*

/ Succession régulière. SYN. alternative, périodicité, roulement, série, succession, suite, variation. CONTR. *continuité.*

alternatif *adjectif*

/ Qui se répète. SYN. périodique, rythmique, successif. CONTR. *concomitant, continu, simultané, synchrone, synchronique.*

alternative *nom féminin*

/ Succession d'états opposés. SYN. alternance, passage, variation.

/ Choix entre deux possibilités. SYN. choix, dilemme.

alternativement *adverbe*

/ En alternant. SYN. de temps à autre, de temps en temps, épisodiquement, irrégulièrement, l'un après l'autre, par accès, par à-coups, par instants, par intermittence, par intervalles, par moments, sporadiquement, successivement, tour à tour, variablement. CONTR. *à longueur de temps, à l'unisson, assidûment, constamment, continuellement, en permanence, en suivant, ensemble, immuablement, indéfiniment, invariablement, régulièrement, sans arrêt, sans cesse, sans discontinuer, sans interruption, sans relâche, simultanément* – LITTÉRAIRE : *continûment.*

alterner *verbe*

/ Se succéder ; faire se succéder. SYN. se succéder, succéder à.

/ Faire tour à tour quelque chose. SYN. se relayer, se remplacer.

altier *adjectif*

/ LITTÉRAIRE. Qui est dédaigneux. SYN. arrogant, condescendant, distant, fier, hautain, impérieux – LITTÉRAIRE : orgueilleux. CONTR. *affable, humble, modeste, simple.*

altruisme *nom masculin*

/ Souci désintéressé d'autrui. SYN. abnégation, bonté, charité, désintéressement, générosité, humanité, philanthropie, solidarité. CONTR. *égocentrisme, égoïsme, individualisme.*

altruiste *adjectif*

/ Empreint d'altruisme. SYN. bon, charitable, généreux, humanitaire, philanthrope, philanthropique. CONTR. *égocentrique, égoïste, individualiste, intéressé* – LITTÉRAIRE : *égotiste.*

alvéole *nom féminin*

/ LITTÉRAIRE. Cavité. SYN. compartiment, excavation.

amabilité *nom féminin*

/ Politesse affable. SYN. affabilité, attention, bonté, complaisance, courtoisie, gentillesse, obligeance, prévenance – LITTÉRAIRE :

aménité, civilité, gracieuseté. CONTR. *aigreur, amertume, brusquerie, brutalité, grossièreté, hauteur, impolitesse, méchanceté, rudesse* –FAMILIER: *muflerie* –LITTÉRAIRE: *acerbité, âcreté, maussaderie, sauvagerie.*

amabilités *nom féminin pluriel*

/ Attentions délicates. SYN. gentillesses, politesses, prévenances –LITTÉRAIRE: gracieusetés.

amadouer *verbe*

/ Gagner quelqu'un par des flatteries. SYN. apaiser, apprivoiser, charmer, circonvenir, enjôler, flatter, gagner, se concilier, séduire –FAMILIER: embobiner. CONTR. *brusquer, cabrer, choquer, heurter, perdre, s'aliéner.*

amaigrir *verbe*

/ Rendre maigre. SYN. dessécher, maigrir. CONTR. *engraisser, faire grossir.*

/ Diminuer l'épaisseur de. SYN. allégir, amenuiser, dégraisser, dégrossir, désépaissir, élégir.

amaigrir (s') *verbe pronominal*

/ Devenir moins gros. SYN. maigrir –FAMILIER: fondre –LITTÉRAIRE: s'émacier. CONTR. *engraisser, forcir, grossir, s'empâter.*

amaigrissant *adjectif*

/ Qui fait maigrir. SYN. amincissant. CONTR. *grossissant.*

amaigrissement *nom masculin*

/ Fait de maigrir. SYN. amincissement, atrophie, dépérissement –LITTÉRAIRE: émaciation. CONTR. *bouffissure, engraissement, grossissement, prise de poids.*

amalgame *nom masculin*

/ Mélange d'éléments. SYN. alliage, alliance, assemblage, brassage, combinaison, composé, fusionnement, imbrication, incorporation, mélange, rapprochement, réunion, union –VIEUX: pêle-mêle.

amalgamer *verbe*

/ Mélanger des choses différentes. SYN. agglomérer, agglutiner, allier, associer, brasser, combiner, confondre, fondre, fusionner, incorporer, mélanger, mêler. CONTR. *disjoindre, dissocier, séparer.*

amalgamer (s') *verbe pronominal*

/ Se fondre en un tout. SYN. se combiner, se fondre, s'enchevêtrer, s'entremêler.

amant *nom*

/ Homme aimé en dehors du mariage. SYN. ami, amoureux, compagnon, concubin, petit ami –POPULAIRE: jules –VIEUX: galant.

amarrer *verbe*

/ Attacher avec des cordes. SYN. accrocher, ancrer, arrimer, attacher, fixer. CONTR. *détacher.*

amas *nom masculin*

/ Accumulation de choses. SYN. agglomération, amoncellement, empilement, entassement, fatras, masse, monceau, montagne, pile, quantité, ramassis, superposition, tas. CONTR. *disséminement, éparpillement.*

amasser *verbe*

/ Réunir en grande quantité. SYN. accumuler, amonceler, assembler, empiler, entasser, ramasser, rassembler, recueillir –FAMILIER: collectionner –LITTÉRAIRE: moissonner. CONTR. *disperser, disséminer, éparpiller, étaler.*

/ Économiser pour s'enrichir. SYN. capitaliser, économiser, épargner, thésauriser. CONTR. *dépenser, dilapider, gaspiller, manger, prodiguer* –LITTÉRAIRE: *dissiper* –POPULAIRE: *boulotter.*

amasser (s') *verbe pronominal*

/ Se trouver en grand nombre. SYN. s'accumuler, s'amonceler, s'assembler, se rassembler, se superposer, s'empiler, s'entasser. CONTR. *se disperser, se disséminer, s'éparpiller, s'étaler.*

amateur *adjectif*

/ Qui a du goût pour quelque chose. SYN. amoureux, connaisseur, curieux, féru, friand, passionné, porté.

amateur *nom masculin*

/ Personne non professionnelle. CONTR. *professionnel, spécialiste, technicien.*

/ Personne qui a du goût pour. SYN. admirateur, amoureux, collectionneur, connaisseur, gourmet, passionné –VIEUX: curieux.

/ Personne qui manque de sérieux. SYN. dilettante, fantaisiste –FAMILIER: touche-à-tout.

amateurisme *nom masculin*

/ Fait de manquer d'application. SYN. dilettantisme –FAMILIER: fumisterie. CONTR. *professionnalisme, sérieux.*

ambassade *nom féminin*

/ Mission d'un ambassadeur. SYN. délégation, députation, légation, mission.

ambassadeur *nom*

/ Représentant d'un État. SYN. diplomate, émissaire, envoyé, légat, plénipotentiaire.
/ Personne chargée d'une mission. SYN. messager, représentant.

ambiance *nom féminin*

/ État d'esprit d'un groupe. SYN. atmosphère, climat.

ambigu *adjectif*

/ Dont l'interprétation est incertaine. SYN. ambivalent, amphibologique, confus, énigmatique, incompréhensible, indécis, obscur –FAMILIER: fumeux –LITTÉRAIRE: opaque, sibyllin. CONTR. *clair, distinct, ferme, formel, net.*
/ Qui laisse planer un doute. SYN. confus, douteux, embarrassé, équivoque, évasif, vague. CONTR. *catégorique, explicite, franc, univoque.*

ambiguïté *nom féminin*

/ Caractère de ce qui est ambigu. SYN. amphibologie, double sens, énigme, équivoque, obscurité. CONTR. *clarté, franchise, netteté, précision.*

ambigument *adverbe*

/ De façon ambiguë. SYN. par énigmes. CONTR. *catégoriquement, clairement, franchement, nettement.*

ambitieux *adjectif*

/ Qui a de l'ambition. SYN. arriviste, audacieux, intrigant, opportuniste, présomptueux, téméraire. CONTR. *désintéressé, humble, indifférent, modeste, simple, timoré.*

ambitieux *nom*

/ Personne qui a de l'ambition. SYN. arriviste, audacieux, carriériste, intrigant, jeune loup, opportuniste.

ambition *nom féminin*

/ Désir de parvenir à quelque chose. SYN. aspiration, but, dessein, prétention, souhait, visée, vœu, vues.
/ Désir de gloire. SYN. arrivisme, carriérisme, convoitise. CONTR. *humilité, indifférence, modestie.*

ambitionner *verbe*

/ Chercher à obtenir. SYN. aspirer à, briguer, convoiter, désirer, escompter, lorgner, prétendre à, rechercher, souhaiter, viser, vouloir –FAMILIER: guigner, reluquer. CONTR. *dédaigner, faire fi de, mépriser, se désintéresser de.*

ambivalent *adjectif*

/ Qui a un double sens. SYN. ambigu, double. CONTR. *univoque.*

ambulant *adjectif*

/ Qui se déplace. SYN. errant, itinérant, mobile, nomade, vagabond –LITTÉRAIRE: voyageur. CONTR. *casanier, fixe, immobile, sédentaire, stable.*

âme *nom féminin*

/ LITTÉRAIRE. Siège de l'activité psychique. SYN. cœur, conscience, esprit, for intérieur, moi, pensée. CONTR. *corps.*
/ Être humain. SYN. créature, être, habitant, homme, individu, personne –LITTÉRAIRE: humain.
/ Qualités morales d'une personne. SYN. cœur, esprit.
/ Personne qui anime une action. SYN. agent, animateur, artisan, cerveau, cheville ouvrière, instigateur, moteur, pivot, promoteur –FAMILIER: locomotive –LITTÉRAIRE: ouvrier.

améliorable *adjectif*

/ Qui peut être amélioré. SYN. corrigible, perfectible.

amélioration *nom féminin*

/ Action d'améliorer, de s'améliorer. SYN. aménagement, amendement, bonification, correction, embellie, embellissement, perfectionnement, progrès, progression. CONTR. *aggravation, altération, dégradation, détérioration, régression* –LITTÉRAIRE: *abâtardissement, dégénérescence.*

améliorer *verbe*

/ Rendre meilleur. SYN. abonnir, bonifier, corriger, embellir, épurer, optimaliser, optimiser, perfectionner, rénover –LITTÉRAIRE: amender, régénérer. CONTR. *adultérer, aggraver, altérer, dégrader, détériorer, endommager, gâter.*

améliorer (s') *verbe pronominal*

/ Devenir meilleur. SYN. progresser, s'amender, se bonifier, se corriger, se perfectionner. CONTR. *dégénérer, empirer, rétrograder, s'aggraver, se dégrader, se détériorer.*

aménagement *nom masculin*

/ Action d'aménager un lieu. SYN. agencement, ajustement, arrangement, distribution, équipement, installation, mise en place, ordonnancement, organisation. CONTR. *bouleversement, dérangement, désorganisation.*

aménager *verbe*

/ Arranger un lieu. SYN. adapter, agencer, ajuster, arranger, disposer, distribuer, équiper, installer, ordonner, organiser, ranger, régler – LITTÉRAIRE : accommoder. CONTR. *bouleverser, déranger, désorganiser, dévaster, saccager.*

amende *nom féminin*

/ Sanction pécuniaire. SYN. contravention – FAMILIER : contredanse, P.-V., papillon – POPULAIRE : prune.

amendement *nom masculin*

/ Modification apportée à un projet. SYN. additif, amélioration, correction, modification, perfectionnement, retouche, révision.

amender *verbe transitif*

/ LITTÉRAIRE. Rendre quelqu'un meilleur. SYN. améliorer, corriger, perfectionner – LITTÉRAIRE : redresser. CONTR. *avilir, dégrader, gâter, pervertir* – LITTÉRAIRE : *corrompre, vicier.*

/ Incorporer une substance au sol. SYN. améliorer, bonifier, fertiliser – LITTÉRAIRE : féconder. CONTR. *appauvrir, épuiser, stériliser.*

amender *verbe transitif*

/ Modifier un texte. SYN. assainir, assouplir, rectifier – LITTÉRAIRE : redresser, réformer, régénérer.

amender (s') *verbe pronominal*

/ Devenir meilleur. SYN. s'améliorer, s'assagir, se corriger, se ranger.

amène *adjectif*

/ LITTÉRAIRE. Qui est agréable. SYN. accessible, accueillant, affable, aimable, avenant, courtois, délicat, doux, engageant, exquis, gentil, gracieux, hospitalier, liant, obligeant, sociable, sympathique. CONTR. *acariâtre, acerbe, aigre, amer, bougon, bourru, brusque, brutal, cassant, cinglant, déplaisant, désobligeant, dur, farouche, hargneux, maussade, querelleur, rébarbatif, revêche, sec* – FAMILIER : *frais* – LITTÉRAIRE : *acrimonieux, atrabilaire, disgracieux, fielleux, malgracieux.*

amener *verbe*

/ Provoquer la venue de quelqu'un. SYN. faire venir, pousser. CONTR. *écarter, éloigner.*

/ Conduire vers un lieu. SYN. acheminer, apporter, conduire, déposer, descendre, importer, mener, mettre, porter, transporter – FAMILIER : emmener. CONTR. *raccompagner, ramener, reconduire, remmener.*

/ Être à l'origine de. SYN. appeler, causer, créer, déclencher, déterminer, engendrer, entraîner, faire naître, occasionner, opérer, procurer, produire, provoquer, soulever, susciter.

/ Pousser quelqu'un à une action. SYN. conduire, déterminer, encourager, inciter, persuader, porter, pousser, prédisposer, résoudre.

aménité *nom féminin*

/ LITTÉRAIRE. Politesse. SYN. affabilité, amabilité, courtoisie, douceur, gentillesse, hospitalité, obligeance, sociabilité – LITTÉRAIRE : civilité, liant. CONTR. *acrimonie, aigreur, amertume, arrogance, brusquerie, brutalité, dureté, hauteur, rudesse, sécheresse* – LITTÉRAIRE : *acerbité, âcreté, maussaderie, sauvagerie.*

amenuisement *nom masculin*

/ Fait de diminuer. SYN. affaiblissement, baisse, diminution, ralentissement, raréfaction. CONTR. *augmentation, élargissement.*

/ Fait de devenir plus petit. SYN. amincissement. CONTR. *épaississement, grossissement.*

amenuiser *verbe*

/ Rendre plus mince. SYN. alléger, allégir, amincir, dégrossir, effiler, élégir, émincer, rétrécir. CONTR. *augmenter, épaissir, grossir, renforcer.*

/ Rendre moins important. SYN. diminuer, réduire – LITTÉRAIRE : rétrécir. CONTR. *accroître, gonfler, grossir.*

amenuiser (s') *verbe pronominal*

/ Devenir moins important. SYN. baisser, décroître, diminuer, rapetisser, s'amoindrir, se réduire, s'effriter. CONTR. *augmenter, croître, grandir.*

amer *adjectif*
- Qui a une saveur aigre. SYN. âcre, aigre. CONTR. *agréable, doux, suave, sucré.*
- Qui éprouve du ressentiment. SYN. acerbe, aigre, aigri, haineux –LITTÉRAIRE: acrimonieux, chagrin, fielleux, marri. CONTR. *accueillant, affable, aimable, enjoué* –LITTÉRAIRE: *amène.*
- Qui cause de la tristesse. SYN. cruel, cuisant, douloureux, grinçant, pénible. CONTR. *agréable, charmant, délicieux, doux, heureux.*
- Se dit d'un propos blessant. SYN. acerbe, aigre, âpre, blessant, haineux, offensant, sarcastique –FAMILIER: saumâtre –LITTÉRAIRE: âcre, acrimonieux, fielleux. CONTR. *agréable.*

amèrement *adverbe*
- Avec amertume. SYN. cruellement, fortement, profondément –LITTÉRAIRE: vivement.

amertume *nom féminin*
- Saveur amère. SYN. âcreté, aigreur. CONTR. *douceur* –LITTÉRAIRE: *suavité.*
- Ressentiment. SYN. acrimonie, aigreur, âpreté, dépit, morosité, rancœur –LITTÉRAIRE: acerbité, âcreté, fiel, navrement. CONTR. *affabilité, amabilité, contentement, joie, satisfaction* –LITTÉRAIRE: *aménité.*

ameublement *nom masculin*
- Ensemble des meubles d'une pièce. SYN. décoration, mobilier.

ameuter *verbe*
- Exciter des personnes contre. SYN. agiter, déchaîner, exciter, liguer, soulever. CONTR. *apaiser, calmer, pacifier.*
- Faire accourir. SYN. alerter, attrouper, rassembler. CONTR. *démobiliser, disperser.*

ami *adjectif*
- Qui est bienveillant. SYN. accueillant, affectueux, allié, amical. CONTR. *ennemi, hostile, malveillant* –LITTÉRAIRE: *adverse.*
- Qui est lié d'amitié avec. SYN. –FAMILIER: copain, copine. CONTR. *antagoniste, brouillé, ennemi.*

ami *nom*
- Personne aimée. SYN. amant, amoureuse, amoureux, bon ami, bonne amie, chéri, chérie, concubin, concubine, maîtresse, petit ami, petite amie –FAMILIER: flirt –POPULAIRE: jules, mec.
- Personne pour qui on a de l'amitié. SYN. camarade, compagne, compagnon, connaissance –FAMILIER: copain, copine –POPULAIRE: pote, poteau. CONTR. *adversaire, antagoniste, ennemi, opposant, rival.*

amical *adjectif*
- Qui manifeste de l'amitié. SYN. affectueux, ami, chaleureux, cordial, familier, fraternel, intime, sympathique. CONTR. *antipathique, froid, haineux, hostile, inamical, malveillant.*

amicalement *adverbe*
- De façon amicale. SYN. affectueusement, chaleureusement, cordialement.

amincir *verbe*
- Rendre plus mince. SYN. affiner, allégir, amenuiser, désépaissir, effiler, élégir, rapetisser. CONTR. *épaissir, étoffer.*
- Faire paraître plus mince. SYN. maigrir, mincir. CONTR. *grossir.*

amincir (s') *verbe pronominal*
- Devenir plus mince. SYN. maigrir –FAMILIER: fondre. CONTR. *forcir, grossir, s'empâter, s'étoffer* –FAMILIER: *se remplumer.*

amincissant *adjectif*
- Qui amincit. SYN. amaigrissant. CONTR. *grossissant.*

amincissement *nom masculin*
- Fait de s'amincir. SYN. affinement, amaigrissement, amenuisement, désépaississement, diminution, ténuité. CONTR. *élargissement, épaississement, grossissement.*

amitié *nom féminin*
- Sentiment d'affection. SYN. affection, attachement, camaraderie, cordialité, entente, familiarité, fraternisation, intimité, sympathie. CONTR. *animosité, antipathie, aversion, désaffection, haine, hostilité, inimitié.*

amnésie *nom féminin*
- Perte de la mémoire. SYN. absence, défaillance, oubli, trou, trou de mémoire.

amnistier *verbe*
- Accorder une grâce à quelqu'un. SYN. acquitter, blanchir, gracier, libérer, pardonner. CONTR. *condamner.*

amocher *verbe*
/ FAMILIER. Abîmer quelque chose. SYN. dégrader, détériorer, endommager –FAMILIER: bousiller, déglinguer, esquinter, massacrer –POPULAIRE: bigorner, péter, ratatiner.

amoindri *adjectif*
/ Qui a perdu ses forces. SYN. abattu, affaibli, diminué, fatigué, recru, rendu, rompu –FAMILIER: claqué, lessivé, raplapla, vidé. CONTR. *revigoré* –FAMILIER: *ragaillardi.*

amoindrir *verbe*
/ Diminuer l'importance de quelque chose. SYN. affaiblir, alléger, atrophier, atténuer, entamer, rapetisser, réduire, restreindre. CONTR. *accroître, ajouter à, amplifier, augmenter, broder, embellir, exagérer, grandir, grossir, intensifier.*
/ Enlever des forces à quelqu'un. SYN. affaiblir, affaisser, diminuer. CONTR. *fortifier, remettre, rétablir, revigorer* –FAMILIER: *ragaillardir, refaire.*

amoindrir (s') *verbe pronominal*
/ Devenir moins important. SYN. baisser, décroître, diminuer, rapetisser, s'amenuiser, se réduire, s'effriter. CONTR. *augmenter, croître, grandir.*

amoindrissement *nom masculin*
/ Fait d'être amoindri. SYN. abaissement, affaiblissement, atrophie, diminution, réduction, restriction. CONTR. *accroissement, amplification, augmentation, extension, rétablissement.*

amollir *verbe*
/ Rendre mou. SYN. affaiblir, alanguir, attendrir, avachir, ramollir –LITTÉRAIRE: aveulir, émasculer. CONTR. *affermir, aguerrir, durcir, raffermir, raidir* –LITTÉRAIRE: *tremper.*

amollir (s') *verbe pronominal*
/ Devenir mou. SYN. fondre, mollir, s'adoucir, s'attendrir. CONTR. *durcir, s'endurcir.*

amollissant *adjectif*
/ Qui amollit. SYN. affadissant, affaiblissant, débilitant, déprimant, lénifiant, ramollissant –LITTÉRAIRE: dissolvant, lénitif. CONTR. *excitant, fortifiant, réparateur, stimulant, tonifiant, tonique, vivifiant.*

amollissement *nom masculin*
/ Fait de s'amollir. SYN. affaiblissement, avachissement, avilissement, ramollissement, relâchement –LITTÉRAIRE: alanguissement, émasculation. CONTR. *affermissement, durcissement, endurcissement, raffermissement, raidissement, renforcement.*

amonceler *verbe*
/ Mettre des objets en tas. SYN. échafauder, empiler, entasser, ramasser, superposer. CONTR. *déblayer, disperser, disséminer, éparpiller.*
/ Réunir en grand nombre. SYN. accumuler, amasser, empiler, entasser –FAMILIER: collectionner.

amonceler (s') *verbe pronominal*
/ Se réunir en grand nombre. SYN. s'accumuler, s'amasser, s'assembler, se rassembler, se superposer, s'empiler, s'entasser. CONTR. *se disperser, se disséminer, s'éparpiller, s'étaler.*

amoncellement *nom masculin*
/ Action d'amonceler. SYN. accumulation, amas, échafaudage, empilement, entassement, fatras, masse, monceau, montagne, pile, superposition, tas. CONTR. *dispersion, dissémination, éparpillement.*

amorce *nom féminin*
/ Ce qui sert à attirer les poissons. SYN. aiche, appât, boëte, boette, boitte, bouette, èche, esche, fleurette, graissin, gueulin, hameçon, leurre, vermée.
/ Phase initiale d'une action. SYN. attaque, commencement, début, déclenchement, départ, ébauche, embryon, esquisse, origine, ouverture, préliminaires, prélude, prémices. CONTR. *achèvement, conclusion, couronnement, fin, réalisation.*

amorcer *verbe*
/ Commencer quelque chose. SYN. attaquer, déclencher, ébaucher, engager, entamer, entreprendre, esquisser, mettre en train, ouvrir –FAMILIER: débuter, démarrer, emmancher. CONTR. *achever, arrêter, cesser, clôturer, conclure, finir, terminer* –LITTÉRAIRE: *clore.*
/ Attirer les poissons. SYN. aicher, appâter, écher, escher, ferrer.

amorcer (s') *verbe pronominal*
/ Commencer à se manifester. SYN. commencer, débuter, démarrer, prendre, s'esquisser. CONTR. *cesser, finir, prendre fin, s'achever, se terminer.*

amorphe *adjectif*
/ Qui manque d'énergie. SYN. apathique, atone, avachi, endormi, inconsistant, indolent, languissant, lymphatique, mollasson, mou, passif, veule –FAMILIER: mollasse –LITTÉRAIRE: alangui, torpide. CONTR. *actif, bouillant, combatif, dynamique, énergique, entreprenant, passionné, remuant, résolu, tonique, vif, vivant* –LITTÉRAIRE: *pugnace.*

amorti *adjectif*
/ Moins intense. SYN. mat, sourd. CONTR. *fort, haut.*

amortir *verbe*
/ Atténuer un bruit, un choc. SYN. adoucir, affaiblir, assourdir, atténuer, baisser, diminuer, étouffer –LITTÉRAIRE: feutrer, ouater, voiler. CONTR. *amplifier, augmenter, intensifier.*
/ Diminuer la violence d'un sentiment. SYN. adoucir, apaiser, assoupir, calmer, diminuer, émousser, estomper, éteindre, freiner, modérer, tempérer. CONTR. *attiser, aviver, déchaîner, exciter, provoquer, réveiller, stimuler* –LITTÉRAIRE: *enflammer.*

amortissement *nom masculin*
/ Action d'amortir. SYN. adoucissement, affaiblissement, assourdissement, atténuation. CONTR. *amplification, augmentation, intensification.*

amour *nom masculin*
/ Adhésion à un idéal. SYN. adoration, culte –LITTÉRAIRE: dévotion, piété.
/ Goût très vif pour quelque chose. SYN. attachement, culte, fascination, fièvre, goût, intérêt, passion, penchant, propension. CONTR. *animosité, antipathie, aversion, dédain, désaffection, haine, horreur, hostilité, indifférence, prévention* –LITTÉRAIRE: *abomination, exécration.*
/ Inclination pour une personne. SYN. affection, amitié, attachement, tendresse –LITTÉRAIRE: entichement, flamme, piété, sentiment. CONTR. *animosité, antipathie, aversion, haine.*
/ Liaison amoureuse. SYN. amourette, aventure, idylle, intrigue, passade –FAMILIER: béguin, flirt, tocade, toquade.

amouracher (s') *verbe pronominal*
/ Éprouver un amour soudain. SYN. aimer, s'engouer, s'enticher, s'éprendre –FAMILIER: se coiffer, se toquer, s'emballer –LITTÉRAIRE: s'énamourer.

amourette *nom féminin*
/ Amour passager. SYN. aventure, badinage, caprice, idylle, intrigue, liaison, passade –FAMILIER: béguin, flirt, tocade, toquade. CONTR. *passion.*

amoureusement *adverbe*
/ Avec amour. SYN. passionnément, sensuellement, tendrement. CONTR. *brutalement, froidement, sèchement.*

amoureux *adjectif*
/ Qui éprouve de l'amour. SYN. entiché, épris, fou, toqué –VIEUX: coiffé. CONTR. *détaché, haineux, indifférent.*
/ Qui est propre à l'amour. SYN. ardent, câlin, érotique, lascif, passionné, sensuel, sentimental, voluptueux –FAMILIER: chaud. CONTR. *frigide, froid.*
/ Qui est passionné par. SYN. amateur, féru, fervent, fou, friand, gourmand, passionné –FAMILIER: mordu.

amoureux *nom*
/ Personne qui courtise quelqu'un. SYN. amant, chevalier servant, petit(e) ami(e), prétendant, soupirant –FAMILIER: flirt –LITTÉRAIRE: sigisbée –VIEUX: galant.

amour-propre *nom masculin*
/ Sentiment de sa propre valeur. SYN. dignité, fierté, orgueil.
/ Opinion trop flatteuse de soi. SYN. fatuité, présomption, prétention –LITTÉRAIRE: fierté, infatuation. CONTR. *humilité, modestie.*

amphibologie *nom féminin*
/ Énoncé ambigu. SYN. ambiguïté, double sens, équivoque, obscurité.

amphibologique *adjectif*
/ À double sens. SYN. ambigu, équivoque. CONTR. *univoque.*

amphigouri *nom masculin*

/ LITTÉRAIRE. Langage embrouillé. SYN. galimatias, sabir –FAMILIER: baragouin, charabia –LITTÉRAIRE: pathos.

amphigourique *adjectif*

/ LITTÉRAIRE. Embrouillé. SYN. abscons, confus, ésotérique, fumeux, hermétique, inaccessible, incompréhensible, inintelligible, insondable, obscur –LITTÉRAIRE: abstrus, nébuleux, opaque, sibyllin. CONTR. *clair, limpide, lumineux, précis.*

amphithéâtre *nom masculin*

/ Édifice à gradins. SYN. cirque, hémicycle.

ample *adjectif*

/ Se dit d'un vêtement large. SYN. bouffant, flottant –LITTÉRAIRE: vaste. CONTR. *ajusté, étriqué, étroit, exigu, juste, moulant, rétréci, serré.*

/ Qui a de la puissance. SYN. abondant, copieux, étendu, grand, plein, riche, volumineux. CONTR. *bref, maigre, mince, modeste, pauvre, petit, rare, restreint* –FAMILIER: *rikiki, riquiqui.*

amplement *adverbe*

/ De façon plus que suffisante. SYN. à discrétion, à flots, à foison, à la pelle, à profusion, à satiété, à souhait, abondamment, beaucoup, bien, considérablement, en abondance, en quantité, énormément, généreusement, grandement, largement, pleinement –FAMILIER: à gogo, à revendre, à tire-larigot, en pagaille. CONTR. *guère, modestement, petitement, peu.*

ampleur *nom féminin*

/ Qualité d'un vêtement large. SYN. largeur, volume. CONTR. *étroitesse, petitesse.*

/ Portée de quelque chose. SYN. amplitude, développement, dimension, envergure, étendue, grandeur, immensité, retentissement, richesse. CONTR. *insignifiance.*

ampliation *nom féminin*

/ Copie à valeur d'original. SYN. copie, duplicata, expédition, fac-similé, grosse.

amplification *nom féminin*

/ Action d'amplifier. SYN. accentuation, accroissement, aggravation, développement, élargissement, exagération, extension, grossissement, intensification, progrès. CONTR. *amoindrissement, amortissement, diminution, émoussement, rapetissement, réduction, résumé.*

amplifier *verbe*

/ Accroître l'importance de quelque chose. SYN. aggraver, agrandir, augmenter, développer, élargir, étendre, grossir, hausser, intensifier. CONTR. *abréger, absorber, affaiblir, amoindrir, amortir, assourdir, baisser, borner, circonscrire, diminuer, étouffer, modérer, réduire, restreindre* –LITTÉRAIRE: *rétrécir.*

/ Développer outre mesure. SYN. broder, exagérer, grossir, monter en épingle, outrer –FAMILIER: délayer, en rajouter, faire tout un cinéma, faire tout un plat, forcer la dose, forcer la note –LITTÉRAIRE: enfler. CONTR. *amoindrir, minimiser, réduire, résumer, simplifier, sous-estimer* –LITTÉRAIRE: *rabaisser.*

amplifier (s') *verbe pronominal*

/ Devenir plus important. SYN. augmenter, grandir, monter, prendre de l'ampleur, s'accroître, s'élargir, s'intensifier. CONTR. *baisser, s'affaiblir.*

amplitude *nom féminin*

/ Étendue considérable. SYN. ampleur, grandeur, portée. CONTR. *insignifiance.*

ampoule *nom féminin*

/ Lésion de la peau. SYN. bulle, cloque, phlyctène.

ampoulé *adjectif*

/ Plein d'emphase. SYN. affecté, boursouflé, déclamatoire, emphatique, grandiloquent, guindé, hyperbolique, pompeux, prétentieux, redondant, ronflant –LITTÉRAIRE: enflé. CONTR. *clair, familier, naturel, négligé, simple, sobre, spontané.*

amputer *verbe*

/ Enlever un membre. SYN. châtrer, couper, enlever, estropier, mutiler, retrancher.

/ Retrancher un élément. SYN. diminuer, écourter, mutiler –VIEUX: tronquer.

amulette *nom féminin*

/ Objet porte-bonheur. SYN. fétiche, gri-gri, mascotte, porte-bonheur, talisman.

amusant *adjectif*

▮ Qui divertit. SYN. attrayant, badin, distrayant, divertissant, égayant, gai, original, plaisant, récréatif, réjouissant, spirituel –FAMILIER: folichon. CONTR. *banal, désagréable, ennuyeux, fastidieux, plat, soporifique* –FAMILIER: *assommant, casse-pieds, embêtant, empoisonnant, enquiquinant, rasant, rasoir, soûlant, tuant* –POPULAIRE: *canulant, suant.*

▮ Qui fait rire. SYN. burlesque, comique, drôle, risible –FAMILIER: cocasse, impayable, marrant, rigolo, roulant –POPULAIRE: bidonnant. CONTR. *funèbre, lugubre, rébarbatif, rebutant, sérieux, sinistre, triste* –FAMILIER: *cafardeux.*

amusement *nom masculin*

▮ Action d'amuser, de s'amuser. SYN. batifolage, délassement, distraction, divertissement, jeu, loisir, récréation, réjouissances –LITTÉRAIRE: égaiement.

▮ Sentiment de gaieté. SYN. agrément, délices, joie, plaisir, réjouissance. CONTR. *ennui.*

amuser *verbe*

▮ Rendre quelqu'un gai. SYN. délasser, dérider, désennuyer, distraire, divertir, égayer, récréer, réjouir. CONTR. *attrister, chagriner, fatiguer* –LITTÉRAIRE: *rembrunir.*

▮ Faire plaisir à quelqu'un. SYN. enchanter, ravir. CONTR. *assommer, ennuyer, fatiguer, lasser* –FAMILIER: *barber, bassiner, embêter, enquiquiner, raser* –LITTÉRAIRE: *importuner* –POPULAIRE: *emmerder.*

▮ LITTÉRAIRE. Détourner l'attention de quelqu'un. SYN. abuser, duper, feinter, leurrer, mystifier, occuper, tromper.

amuser (s') *verbe pronominal*

▮ Prendre du bon temps. SYN. faire la fête, jouer, se distraire, se divertir, s'en donner à cœur joie –ARGOTIQUE: faire la teuf –FAMILIER: faire la bombe, faire la bringue, faire la fiesta, faire la java, faire la noce, faire la nouba, s'en payer une tranche –LITTÉRAIRE: folâtrer, se récréer, s'égayer –POPULAIRE: faire la bamboula, faire la foire, s'éclater –VIEUX: bambocher. CONTR. *s'ennuyer* –FAMILIER: *se barber, se raser, s'embêter, s'enquiquiner* –POPULAIRE: *s'emmerder.*

▮ Rire de quelqu'un. SYN. persifler, plaisanter, railler, rire de, se moquer –FAMILIER: rigoler, se ficher –LITTÉRAIRE: brocarder, se gausser, se jouer –POPULAIRE: se foutre. CONTR. *respecter.*

▮ Perdre son temps. SYN. badiner, batifoler, flâner, musarder, muser, traîner –FAMILIER: baguenauder, lambiner, lanterner, traînasser –LITTÉRAIRE: badauder. CONTR. *s'activer, s'affairer, se démener, se presser, se remuer.*

amusette *nom féminin*

▮ FAMILIER. Distraction anodine. SYN. bagatelle, billevesée, distraction, fantaisie, frivolité, futilité –LITTÉRAIRE: hochet.

amuseur *nom*

▮ Personne qui amuse. SYN. animateur, bouffon, boute-en-train, farceur, plaisantin –FAMILIER: blagueur. CONTR. *rabat-joie* –FAMILIER: *bonnet de nuit, éteignoir.*

an *nom masculin*

▮ Mesure de l'âge. SYN. année –LITTÉRAIRE: printemps –POPULAIRE: balai, berge, pige.

anachronique *adjectif*

▮ En retard sur son époque. SYN. ancien, antédiluvien, antique, archaïque, arriéré, attardé, démodé, dépassé, désuet, périmé, poussiéreux –FAMILIER: out, ringard –LITTÉRAIRE: suranné. CONTR. *actuel, contemporain, ultramoderne.*

analogie *nom féminin*

▮ Ressemblance. SYN. affinité, assimilation, communauté, concordance, conformité, correspondance, parenté, rapport, similarité, similitude. CONTR. *contradiction, contraste, différence, disproportion, dissemblance, divergence, opposition.*

analogue *adjectif*

▮ Qui est semblable à quelque chose. SYN. apparenté, approchant, assimilable, comparable, conforme, connexe, équivalent, identique, parallèle, pareil, proche, ressemblant, similaire, uniforme, voisin. CONTR. *autre, contraire, différent, disparate, disproportionné, dissemblable, distinct, divergent, divers, hétérogène, opposé.*

analphabète *adjectif et nom*

▮ Qui ne sait ni lire ni écrire. SYN. illettré.

analyse *nom féminin*

▮ Opération de l'esprit. SYN. approfondissement, décomposition, exploration. CONTR. *combinaison, synthèse.*

/ Étude qui explique quelque chose. SYN. compte-rendu, critique, enquête, étude, examen, exposé, résumé –VIEUX: notice.

analyser *verbe*

/ Faire une étude approfondie. SYN. considérer, décomposer, disséquer, éplucher, étudier, examiner, inventorier, raisonner, regarder. CONTR. *effleurer, survoler.*

/ Dégager l'essentiel d'un texte. SYN. condenser, résumer, synthétiser.

anaphylaxie *nom féminin*

/ Forme d'allergie aiguë. SYN. allergie, intolérance, sensibilisation –VIEUX: idiosyncrasie. CONTR. *immunisation, immunité.*

anarchie *nom féminin*

/ État de désordre. SYN. agitation, chaos, confusion, désordre, gâchis –FAMILIER: bazar, foutoir, pagaille –POPULAIRE: chienlit. CONTR. *discipline, ordre, organisation.*

anarchique *adjectif*

/ Qui n'obéit à aucune règle. SYN. désordonné, désorganisé –POPULAIRE: bordélique. CONTR. *ordonné, rationnel, réglé.*

anathématiser *verbe*

/ Frapper d'anathème. SYN. blâmer, réprouver, stigmatiser, vitupérer –LITTÉRAIRE: flétrir, fustiger, maudire. CONTR. *applaudir à, approuver, célébrer, exalter, glorifier, louer, vanter.*

anathème *nom*

/ Personne frappée d'anathème. SYN. excommunié, maudit, réprouvé.

anathème *nom masculin*

/ Condamnation sévère. SYN. excommunication, réprobation –LITTÉRAIRE: imprécation, malédiction, opprobre.

anatomie *nom féminin*

/ Forme extérieure du corps. SYN. corps, physique, plastique.

ancestral *adjectif*

/ Qui remonte à un passé lointain. SYN. ancien, antédiluvien, antique, archaïque, atavique, millénaire, séculaire, vieux –LITTÉRAIRE: immémorial. CONTR. *actuel, moderne, nouveau, récent.*

ancêtre *nom*

/ Ascendant d'une personne. SYN. aîné, parent, souche –LITTÉRAIRE: aïeul. CONTR. *descendant.*

/ Initiateur lointain d'une idée. SYN. ancien, devancier, père, prédécesseur. CONTR. *disciple, héritier, successeur.*

ancêtres *nom pluriel*

/ Ceux qui ont vécu avant. SYN. ascendance, ascendants –LITTÉRAIRE: aïeux, parents. CONTR. *descendants, postérité.*

ancien *adjectif*

/ Qui existe depuis longtemps. SYN. anachronique, ancestral, antédiluvien, archaïque, arriéré, caduc, démodé, désuet, long, poussiéreux, séculaire, vétuste, vieillot, vieux –LITTÉRAIRE: suranné. CONTR. *frais, jeune, neuf, nouveau, présent, récent* –FAMILIER: *ultramoderne.*

/ Qui a existé autrefois. SYN. antique, d'autrefois, dépassé, éloigné, inactuel, passé, premier, reculé. CONTR. *actuel, contemporain, inédit, moderne, présent.*

/ Qui n'est plus en fonction. SYN. antérieur, ex (suivi du titre désignant l'activité). CONTR. *nouveau.*

ancien *nom*

/ Prédécesseur. SYN. devancier, père, précurseur –LITTÉRAIRE: vétéran. CONTR. *commençant, débutant, jeune, néophyte, nouveau* –FAMILIER: *bizut, bizuth, bleu.*

anciennement *adverbe*

/ À une époque lointaine. SYN. au temps jadis, autrefois, dans le passé, dans le temps, jadis, par le passé –FAMILIER: naguère. CONTR. *à présent, actuellement, aujourd'hui, dernièrement, maintenant, nouvellement, présentement, récemment.*

ancienneté *nom féminin*

/ État de ce qui est ancien. SYN. antiquité, archaïsme, vétusté –LITTÉRAIRE: vieillesse. CONTR. *actualité, nouveauté.*

ancrer *verbe*

/ Fixer solidement quelque chose. SYN. affermir, asseoir, enraciner, implanter –LITTÉRAIRE: river.

/ Immobiliser un bateau. SYN. amarrer, jeter l'ancre, mouiller. CONTR. *appareiller, lever l'ancre.*

ancrer (s') *verbe pronominal*

/ Se fixer solidement. SYN. s'affermir, se fixer, s'enraciner, s'établir, s'implanter, s'installer –LITTÉRAIRE: s'invétérer.

andouille *nom féminin*

/ FAMILIER. Personne idiote. SYN. âne, âne bâté, benêt, demeuré, idiot, imbécile, niais, nigaud, nul, sot –FAMILIER: abruti, bêta, bûche, buse, cloche, crétin, cruche, empaillé, empoté, jacques, noix, oie –POPULAIRE: banane, con, conard, connard, cornichon, couillon, gland, manche, nouille, patate, truffe.

âne *nom masculin*

/ Personne ignorante. SYN. âne bâté, cancre, idiot, ignare, ignorant, imbécile, niais, nigaud, nul, sot –FAMILIER: abruti, andouille, bêta, bûche, buse, cloche, crétin, cruche, jacques, noix, oie –POPULAIRE: banane, bourrique, con, conard, connard, cornichon, couillon, gland, manche, nouille, patate, truffe. CONTR. *intelligent, savant.*

/ Mammifère équidé. SYN. baudet, bourricot, bourriquet –FAMILIER: bourrique.

anéanti *adjectif*

/ Qui a perdu ses forces morales. SYN. abattu, accablé, affligé, atterré, attristé, brisé, consterné, découragé, démoralisé, déprimé, effondré, épuisé, exténué, morne, prostré, sans ressort, sombre, triste, usé –FAMILIER: groggy, vidé. CONTR. *allègre, confiant, content, dynamique, euphorique, gai, joyeux, optimiste.*

/ Qui est écrasé de fatigue. SYN. à bout de forces, brisé, épuisé, exténué, fatigué, fourbu, harassé, K.-O., mort de fatigue, recru, rendu, rompu, surmené –FAMILIER: achevé, au bout du rouleau, claqué, éreinté, esquinté, fini, flapi, H.S., lessivé, mort, moulu, pompé, raplapla, sur les genoux, tué, vanné –POPULAIRE: crevé, sur les rotules. CONTR. *délassé, dispos, frais, frais et dispos, reposé* –FAMILIER: *en forme, en pleine forme, frais comme un gardon, frais comme une rose, increvable* –VIEUX: *gaillard.*

anéantir *verbe*

/ Réduire à rien. SYN. abolir, annihiler, annuler, balayer, décimer, démanteler, désintégrer, détruire, écraser, exterminer, extirper, faucher, neutraliser, phagocyter, ravager, renverser, rompre, ruiner, saper, supprimer, triompher, vaincre –FAMILIER: liquider. CONTR. *conserver, créer, édifier, entretenir, fonder, garder, maintenir, rehausser, remettre, renforcer* –LITTÉRAIRE: *réédifier.*

/ Écraser quelqu'un. SYN. abasourdir, abattre, accabler, assommer, atterrer, briser, confondre, démoraliser, épuiser, exténuer, fatiguer, harasser, paralyser, surmener, vider –FAMILIER: achever, aplatir, claquer, crever, démolir, écœurer, éreinter, esquinter, pomper, tuer –LITTÉRAIRE: annihiler. CONTR. *encourager, enflammer, exalter, fortifier, réconforter, regonfler, restaurer, rétablir, revigorer, stimuler* –FAMILIER: *requinquer* –LITTÉRAIRE: *vivifier.*

anéantir (s') *verbe pronominal*

/ Disparaître entièrement. SYN. s'écrouler, s'effondrer, sombrer.

/ LITTÉRAIRE. Se donner tout entier à. SYN. se livrer, se perdre –LITTÉRAIRE: s'abîmer.

anéantissement *nom masculin*

/ Fait d'être accablé. SYN. abattement, accablement, découragement, dépression, écrasement, épuisement, fatigue –FAMILIER: éreintement –LITTÉRAIRE: brisement.

/ Action d'anéantir. SYN. abolition, annihilation, destruction, disparition, écroulement, effondrement, engloutissement, extermination, extinction, extirpation, renversement, ruine. CONTR. *conservation, continuité, maintien, préservation, sauvegarde.*

anecdote *nom féminin*

/ Bref récit. SYN. histoire, historiette.

anecdotique *adjectif*

/ Qui tient de l'anecdote. SYN. accessoire, circonstanciel, conjoncturel. CONTR. *capital, essentiel, fondamental, majeur.*

anémiant *adjectif*

/ Qui provoque une anémie. SYN. débilitant, déprimant, fatigant –LITTÉRAIRE: dissolvant. CONTR. *fortifiant, réparateur, tonifiant, tonique, vivifiant.*

anémier *verbe*

/ Rendre anémique. SYN. affaiblir, appauvrir, débiliter, épuiser, étioler. CONTR. *fortifier, revigorer, tonifier.*

anémique *adjectif*
- Qui souffre d'anémie. SYN. affaibli, asthénique, chlorotique, lymphatique.
- Qui est affaibli. SYN. débile, déficient, étiolé, exsangue, faible, pauvre. CONTR. *dru, fort, pétulant, plein, vigoureux.*

ânerie *nom féminin*
- Parole, acte stupide. SYN. absurdité, balourdise, bêtise, idiotie, imbécillité, ineptie, niaiserie, sottise, stupidité –FAMILIER: blague, boulette, crétinerie –POPULAIRE: connerie. CONTR. *culture, érudition, intelligence, savoir.*

anesthésier *verbe*
- Endormir quelqu'un. SYN. abrutir, insensibiliser –VIEUX: chloroformer. CONTR. *exciter, réveiller.*

anfractuosité *nom féminin*
- Cavité profonde et irrégulière. SYN. cavité, concavité, creux, crevasse, crique, échancrure, excavation, renfoncement, trou.

angélique *adjectif*
- Relatif aux anges. SYN. archangélique –LITTÉRAIRE: céleste, séraphique. CONTR. *diabolique, satanique* –LITTÉRAIRE: *méphistophélique.*
- Qui a les qualités d'un ange. SYN. idéal, idyllique, parfait, pur. CONTR. *démoniaque.*

angle *nom masculin*
- Façon de voir. SYN. aspect, côté, éclairage, facette, jour, optique, perspective, point de vue, rapport.
- Encoignure. SYN. coin, coude.

angoissant *adjectif*
- Qui cause de l'angoisse. SYN. alarmant, dramatique, grave, inquiétant, menaçant, oppressant, préoccupant, sinistre, sombre, stressant, triste. CONTR. *apaisant, rassurant, sécurisant, tranquillisant.*

angoisse *nom féminin*
- Anxiété profonde. SYN. anxiété, appréhension, crainte, désarroi, désespoir, effroi, épouvante, frayeur, hantise, inquiétude, peur, préoccupation –LITTÉRAIRE: affres, alarme, transes. CONTR. *béatitude, bien-être, paix, sécurité, sérénité, tranquillité* –LITTÉRAIRE: *quiétude, repos.*

angoissé *adjectif*
- Qui éprouve de l'angoisse. SYN. anxieux, inquiet, préoccupé, soucieux, stressé, tendu, tourmenté, tracassé. CONTR. *confiant, tranquille* –LITTÉRAIRE: *quiet.*

angoisser *verbe*
- Causer de l'angoisse. SYN. agiter, alarmer, effrayer, épouvanter, faire peur, inquiéter, oppresser, paniquer –VIEUX: soucier. CONTR. *apaiser, calmer, rassurer, sécuriser, tranquilliser* –LITTÉRAIRE: *rasséréner.*

anicroche *nom féminin*
- FAMILIER. Petit obstacle. SYN. accident, accroc, à-coup, contretemps, ennui, incident, obstacle, tiraillement –FAMILIER: enquiquinement, histoire, pépin, tirage.

animadversion *nom féminin*
- LITTÉRAIRE. Antipathie déclarée. SYN. aversion, hostilité, inimitié. CONTR. *goût, prédilection, préférence, sympathie* –LITTÉRAIRE: *inclination.*

animal *adjectif*
- Propre à l'animal. SYN. bestial, inné, instinctif. CONTR. *conscient, réfléchi.*

animal *nom masculin*
- FAMILIER. Personne grossière. SYN. balourd, brute, imbécile, lourdaud –FAMILIER: abruti, ballot.
- Être animé, dépourvu du langage. SYN. bête. CONTR. *minéral, végétal.*

animateur *nom*
- Personne qui organise une activité. SYN. âme, chef, dirigeant, moteur, promoteur, protagoniste.

animation *nom féminin*
- Ardeur mise dans une action. SYN. chaleur, enthousiasme, entrain, exaltation, excitation, fougue, passion –LITTÉRAIRE: flamme, vivacité. CONTR. *flegme, froideur, impassibilité, langueur.*
- Grande activité. SYN. agitation, mouvement, trépidation, vie. CONTR. *calme, engourdissement, léthargie, marasme, paralysie, torpeur.*

animé *adjectif*

/ Où règne de l'animation. SYN. mouvementé, orageux, trépidant, vivant. CONTR. *calme, froid, silencieux, triste, uniforme.*
/ Où il y a du monde. SYN. passant, populeux. CONTR. *désert, vide.*
/ Qui bouge. SYN. mobile, mouvant. CONTR. *inanimé, inerte.*

animer *verbe*

/ Pousser quelqu'un à agir. SYN. aiguillonner, armer, encourager, éperonner, éveiller, exciter, galvaniser, guider, inspirer, soulever, stimuler, vivifier – LITTÉRAIRE: enflammer, exalter. CONTR. *abattre, accabler, décourager, déprimer, engourdir, paralyser, refroidir, retenir.*

animer (s') *verbe pronominal*

/ LITTÉRAIRE. Prendre vie. SYN. s'agiter. CONTR. *se figer, s'éteindre.*
/ Devenir vif. SYN. s'enflammer. CONTR. *s'apaiser, se calmer* – LITTÉRAIRE: *s'assoupir.*

animosité *nom féminin*

/ Sentiment d'hostilité. SYN. antipathie, haine, inimitié, malveillance, prévention, rancune, ressentiment – LITTÉRAIRE: détestation, fiel. CONTR. *adoration, amitié, amour, sympathie* – LITTÉRAIRE: *inclination.*
/ Violence dans l'attitude. SYN. acharnement, aigreur, âpreté, véhémence, virulence. CONTR. *bienveillance, complaisance, cordialité, sympathie.*

ankylosé *adjectif*

/ Qui est engourdi. SYN. gourd. CONTR. *alerte, souple.*

ankyloser (s') *verbe pronominal*

/ Perdre son dynamisme. SYN. se rouiller, se scléroser. CONTR. – LITTÉRAIRE: *s'éveiller.*

annales *nom féminin pluriel*

/ Ouvrage chronologique. SYN. chroniques, mémoires.

annaliste *nom*

/ Personne qui écrit des annales. SYN. chroniqueur, mémorialiste.

annexe *adjectif*

/ Qui se rattache à quelque chose. SYN. accessoire, additionnel, auxiliaire, complémentaire, connexe, marginal, second, subalterne, subsidiaire. CONTR. *premier, primordial, principal, vital.*

annexe *nom féminin*

/ Bâtiment complémentaire. SYN. dépendance, filiale, succursale.

annexer *verbe*

/ Faire passer sous une dépendance. SYN. incorporer, rattacher. CONTR. *aliéner, céder.*
/ Faire entrer dans. SYN. adjoindre, englober, incorporer, joindre, rattacher, réunir. CONTR. *détacher, séparer.*

annexion *nom féminin*

/ Action d'annexer. SYN. adjonction, incorporation, rattachement, réunion. CONTR. *cession, sécession, séparation.*

annihilation *nom féminin*

/ Action d'annihiler. SYN. anéantissement, extinction, ruine.

annihiler *verbe*

/ Réduire à rien. SYN. abolir, anéantir, annuler, balayer, broyer, détruire, dissoudre, éradiquer, foudroyer, neutraliser, phagocyter, réduire à néant, ruiner, supprimer. CONTR. *confirmer, consolider, valider.*
/ LITTÉRAIRE. Anéantir la volonté de quelqu'un. SYN. abattre, accabler, anéantir, briser, broyer, détruire, paralyser.

annonce *nom féminin*

/ Ce qui laisse prévoir un événement. SYN. avant-goût, indice, préfiguration, prélude, présage, prologue, promesse, signal, signe précurseur, symptôme – LITTÉRAIRE: prodrome.
/ Action d'annoncer quelque chose. SYN. affirmation, avis, bulletin, communication, communiqué, déclaration, dépêche, faire-part, notification, proclamation.

annoncer *verbe*

/ Faire savoir quelque chose. SYN. apprendre, avertir de, aviser de, claironner, clamer, communiquer, déclarer, dire, faire part, informer, instruire, notifier, proclamer, publier, révéler, signaler – FAMILIER: carillonner – VIEUX: trompeter. CONTR. *cacher, dissimuler, taire.*

/ Indiquer quelque chose par avance. SYN. augurer, indiquer, marquer, précéder, prédire, préfigurer, préluder à, pronostiquer, signaler – LITTÉRAIRE: présager.
/ Être le signe certain de quelque chose. SYN. attester, déceler, dénoter, laisser deviner, prédire, promettre, révéler – LITTÉRAIRE: présager.

annonciateur *adjectif*
/ Qui annonce. SYN. avant-coureur, précurseur. CONTR. *consécutif à, rétrospectif.*

annotation *nom féminin*
/ Appréciation écrite. SYN. apostille, commentaire, exégèse, glose, notation, note, remarque, scolie.

annoter *verbe*
/ Écrire des notes sur un texte. SYN. apostiller, commenter, gloser, marginer.

annulable *adjectif*
/ Qui peut être annulé. SYN. rescindable, résiliable, résoluble. CONTR. *définitif, inattaquable, indestructible.*

annulation *nom féminin*
/ Action d'annuler. SYN. abolition, abrogation, cassation, dissolution, extinction, infirmation, invalidation, rédhibition, rescision, résiliation, retrait, révocation, suppression. CONTR. *confirmation, consécration, conservation, consolidation, maintien, ratification, validation.*

annuler *verbe*
/ Déclarer quelque chose nul. SYN. abolir, abroger, anéantir, annihiler, casser, décommander, dénoncer, détruire, dissoudre, infirmer, invalider, rapporter, rescinder, résilier, résoudre, retirer, révoquer, rompre, supprimer – LITTÉRAIRE: rétracter, vicier. CONTR. *confirmer, consacrer, consolider, maintenir, ratifier, valider.*

anodin *adjectif*
/ Sans danger. SYN. bénin, inactif, inefficace, inoffensif, inopérant, léger – LITTÉRAIRE: véniel. CONTR. *dangereux, fort, mauvais, méchant, nocif, puissant, redoutable, violent.*
/ Sans intérêt. SYN. banal, effacé, falot, insignifiant, léger, petit, quelconque, terne. CONTR. *brillant, caractérisé, considérable, écrasant, grave, important, notable, sérieux.*

anomalie *nom féminin*
/ Ce qui s'écarte de la norme. SYN. bizarrerie, contresens, défaut, déviation, difformité, étrangeté, exception, irrégularité, monstruosité, particularité, singularité. CONTR. *conformité, normalité, régularité.*

anonymat *nom masculin*
/ Fait de ne pas être connu. SYN. clandestinité – LITTÉRAIRE: obscurité. CONTR. *célébrité, réputation.*

anonyme *adjectif*
/ Sans personnalité. SYN. banal, classique, insignifiant, ordinaire, quelconque, traditionnel. CONTR. *original, pittoresque, rare, spécial.*

anonymement *adverbe*
/ En gardant l'anonymat. SYN. incognito, obscurément, secrètement.

anormal *adjectif*
/ Contraire à la norme. SYN. atypique, bizarre, étrange, exceptionnel, extraordinaire, inaccoutumé, inhabituel, insolite, inusité, irrégulier, monstrueux, paradoxal. CONTR. *accoutumé, familier, habituel, normal, ordinaire.*
/ Contraire à l'ordre juste des choses. SYN. illogique, injuste, irrationnel, singulier, surprenant. CONTR. *équitable, juste, légitime, logique, naturel, normal.*

antagonisme *nom masculin*
/ État d'opposition. SYN. affrontement, choc, collision, combat, concurrence, conflit, divergence, duel, incompatibilité, lutte, opposition, rivalité, rupture – LITTÉRAIRE: dissonance. CONTR. *accord, affinité, alliance, concordance, concorde, correspondance, entente, harmonie, union, unité.*

antagoniste *adjectif*
/ Qui s'oppose à quelque chose. SYN. contradictoire, contraire, discordant, divergent, opposé. CONTR. *concordant, correspondant.*

antagoniste *nom*
/ Personne en lutte avec une autre. SYN. adversaire, combattant, ennemi, opposant, rival. CONTR. *allié, ami, associé, défenseur.*

antarctique *adjectif*
/ Relatif au pôle Sud. SYN. austral, polaire. CONTR. *arctique, boréal, nord.*

antécédent *adjectif*
/ Qui est antérieur. SYN. passé, précédent, préexistant. CONTR. *actuel, consécutif, futur, postérieur, ultérieur* – LITTÉRAIRE : *subséquent.*

antédiluvien *adjectif*
/ Très ancien. SYN. anachronique, ancestral, antique, archaïque, démodé – LITTÉRAIRE : suranné. CONTR. *à la mode, à la page, d'avant-garde, dernier cri, moderne, ultramoderne.*

antérieur *adjectif*
/ Qui précède. SYN. ancien, antécédent, précédent, préexistant, premier. CONTR. *actuel, futur, postérieur, suivant, ultérieur* – LITTÉRAIRE : *subséquent.*

antérieurement *adverbe*
/ À une époque antérieure. SYN. auparavant, avant, précédemment. CONTR. *après, ensuite, postérieurement, ultérieurement.*

antériorité *nom féminin*
/ Caractère antérieur. SYN. ancienneté, préexistence, priorité. CONTR. *actualité, postériorité.*

anthologie *nom féminin*
/ Recueil de morceaux choisis. SYN. analectes, choix, chrestomathie, extraits, florilège, morceaux choisis, spicilège. CONTR. *intégrale.*

antichambre *nom féminin*
/ Pièce qui en précède une autre. SYN. hall, salle d'attente, vestibule.

anticipation *nom féminin*
/ Action d'imaginer l'avenir. SYN. conjecture, extrapolation, préfiguration, prévision, prophétie.

anticipé *adjectif*
/ Qui arrive plus tôt que prévu. SYN. avancé, devancé, hâtif, précoce, prématuré. CONTR. *tardif.*

anticiper *verbe*
/ Faire avant la date prévue. SYN. avancer, décaler, devancer, hâter, prévenir – LITTÉRAIRE : préjuger. CONTR. *ajourner, différer, repousser, retarder, suspendre.*

anticonformisme *nom masculin*
/ Opposition aux usages établis. CONTR. *conformisme, conservatisme, traditionalisme.*

antidote *nom masculin*
/ Remède à un poison. SYN. contrepoison.
/ Ce qui permet d'enrayer un mal. SYN. dérivatif, exutoire, panacée, préservatif, remède, soulagement.

antienne *nom féminin*
/ LITTÉRAIRE. Répétition continuelle. SYN. chanson, leitmotiv, rengaine, romance, scie – FAMILIER : couplet, disque, refrain, ritournelle.

antinomie *nom féminin*
/ Contradiction entre deux idées. SYN. dichotomie, opposition, paradoxe. CONTR. *accord, harmonie.*

antinomique *adjectif*
/ Qui relève de l'antinomie. SYN. antithétique, contradictoire, contraire, incompatible, opposé. CONTR. *cohérent, concordant.*

antipathie *nom féminin*
/ Aversion instinctive. SYN. animosité, dégoût, haine, hostilité, inimitié, malveillance, prévention, répugnance, répulsion – LITTÉRAIRE : fiel. CONTR. *adoration, affection, affinité, amitié, amour, attirance, attraction, bienveillance, goût, penchant, prédilection, préférence, sympathie* – LITTÉRAIRE : *allèchement, idolâtrie, inclination.*

antipathique *adjectif*
/ Qui inspire de l'antipathie. SYN. déplaisant, désagréable, détestable, haïssable, inamical, odieux, rebutant. CONTR. *agréable, aimable, amical, bienveillant, cordial, engageant, plaisant, séduisant, sympathique.*

antipode *nom masculin*
/ Opposé. SYN. antithèse, contraire, contrepartie, contre-pied, inverse.

antique *adjectif*
/ Qui remonte à l'Antiquité. SYN. ancestral, ancien, antédiluvien, archaïque, éloigné, millénaire, reculé, séculaire, vénérable – LITTÉRAIRE : immémorial. CONTR. *actuel, contemporain, jeune, moderne, nouveau, récent.*
/ Très vieux. SYN. anachronique, arriéré, attardé, caduc, démodé, désuet, vénérable, vieillot, vieux comme Hérode, vieux comme le monde, vieux comme Mathusa-

lem –LITTÉRAIRE: suranné –VIEUX: rococo. CONTR. *à la mode, à la page, dernier cri, moderne* –FAMILIER: *in.*

antiquité *nom féminin*

/ Caractère très ancien. SYN. ancienneté, archaïsme, vétusté –LITTÉRAIRE: vieillesse. CONTR. *nouveauté.*

antirationnel *adjectif*

/ Opposé à la raison. SYN. absurde, antilogique, illogique. CONTR. *logique, raisonnable, rationnel.*

antisepsie *nom féminin*

/ Élimination des microbes. SYN. asepsie, désinfection.

antiseptique *adjectif*

/ Utilisé pour l'antisepsie. SYN. antiputride, désinfectant, stérilisant.

antithèse *nom féminin*

/ Ce qui est le contraire de. SYN. antipode, contrepartie, contre-pied, inverse, négation, opposé.

antithétique *adjectif*

/ Qui forme une antithèse. SYN. antinomique, contraire, incompatible, inverse, opposé.

antonyme *nom masculin*

/ Mot de sens contraire. SYN. contraire. CONTR. *synonyme.*

antre *nom masculin*

/ LITTÉRAIRE. Excavation naturelle. SYN. caverne, tanière, terrier.

/ LITTÉRAIRE. Lieu où l'on s'isole. SYN. abri, asile, refuge, repaire –LITTÉRAIRE: tanière.

anus *nom masculin*

/ Orifice extérieur du rectum. SYN. derrière –FAMILIER: fondement, trou de balle –POPULAIRE: trou du cul.

anxiété *nom féminin*

/ Inquiétude pénible. SYN. agitation, angoisse, appréhension, crainte, effroi, incertitude, inquiétude, préoccupation, souci –LITTÉRAIRE: affres, alarme, transes. CONTR. *ataraxie, béatitude, bien-être, confiance, paix, placidité, sérénité, tranquillité* –LITTÉRAIRE: *quiétude, repos.*

anxieux *adjectif*

/ Qui attend avec impatience. SYN. avide de, désireux de, empressé, impatient de, préoccupé.

/ Qui manifeste de l'anxiété. SYN. angoissé, inquiet, préoccupé, soucieux, tourmenté, tracassé –FAMILIER: bileux. CONTR. *calme, confiant, indifférent, placide, serein, tranquille* –LITTÉRAIRE: *quiet.*

apaisant *adjectif*

/ Qui apaise. SYN. adoucissant, calmant, conciliateur, consolant, délassant, lénifiant, rassurant, réconfortant, reposant, sécurisant, tranquillisant –LITTÉRAIRE: lénitif. CONTR. *agaçant, angoissant, énervant, exaspérant, excédant, excitant, irritant, provocant, stressant* –FAMILIER: *horripilant.*

apaisé *adjectif*

/ Qui a retrouvé le calme. SYN. détendu –LITTÉRAIRE: rasséréné. CONTR. *agacé, énervé, exaspéré* –LITTÉRAIRE: *tumultueux.*

/ Dont le besoin est assouvi. CONTR. –LITTÉRAIRE: *inapaisé, inassouvi.*

apaisement *nom masculin*

/ Action d'apaiser. SYN. adoucissement, pacification, réconfort, soulagement.

/ Fait de s'apaiser. SYN. calme, détente, embellie, paix, rémission, sérénité, tranquillité –LITTÉRAIRE: quiétude, repos. CONTR. *affolement, agacement, agitation, bouillonnement, bouleversement, déchaînement, énervement, exacerbation, exaspération, fermentation, irritation, provocation, surexcitation* –LITTÉRAIRE: *fomentation, inassouvissement.*

apaiser *verbe*

/ Ramener au calme. SYN. adoucir, amadouer, assoupir, bercer, calmer, consoler, désarmer, désénerver, endormir, modérer, pacifier, radoucir, tranquilliser –LITTÉRAIRE: lénifier, rasséréner. CONTR. *affoler, agacer, agiter, angoisser, apeurer, bouleverser, échauffer, effrayer, énerver, enfiévrer, envenimer, exaspérer, exciter, fâcher, inquiéter, irriter, paniquer, provoquer, soulever, surexciter, terrifier, terroriser* –LITTÉRAIRE: *allumer, enflammer, exalter.*

/ Assouvir un besoin. SYN. assouvir, contenter, étancher, éteindre, rassasier, satisfaire, soulager, tromper. CONTR. *accentuer, accroître, aggraver, aiguillonner, attiser, augmenter, aviver, déchaîner, entretenir, éveiller, exacerber, intensifier, raviver, réveiller.*

apaiser (s') *verbe pronominal*

/ Revenir au calme. SYN. se calmer, se modérer, tomber –LITTÉRAIRE: s'assoupir. CONTR. *bouillonner, faire rage, s'animer, se déchaîner, s'enflammer* –LITTÉRAIRE: *fermenter, s'embraser.*

apanage *nom masculin*

/ *Avoir l'apanage de quelque chose.* SYN. exclusivité, monopole, privilège.

/ *Être l'apanage de quelqu'un.* SYN. attribut, prérogative, privilège, propre –LITTÉRAIRE: lot.

aparté *nom masculin*

/ Conversation discrète. SYN. conciliabule, messe basse, tête-à-tête –VIEUX: chuchoterie.

apathie *nom féminin*

/ Manque de réaction. SYN. abrutissement, accablement, ataraxie, calme, fatalisme, indolence, inertie, insensibilité, langueur, lenteur, léthargie, lymphatisme, mollesse, nonchalance, paresse, passivité, tiédeur, torpeur, veulerie –FAMILIER: flemme –LITTÉRAIRE: assoupissement, somnolence. CONTR. *action, activité, allant, dynamisme, effervescence, émotivité, énergie, entrain, exaltation, excitation, frénésie, hyperémotivité, hypersensibilité, impétuosité, pétulance, sensibilité, turbulence* –LITTÉRAIRE: *vivacité.*

apathique *adjectif*

/ Qui fait preuve d'apathie. SYN. amorphe, atone, endormi, fataliste, indifférent, indolent, inerte, lent, lymphatique, mollasson, mou, nonchalant, passif, veule –FAMILIER: mollasse. CONTR. *actif, agissant, ardent, belliqueux, bouillant, bouillonnant, combatif, déchaîné, dynamique, émotif, énergique, enthousiaste, excité, fougueux, hyperémotif, hypersensible, impatient, impétueux, irritable, passionné, pétulant, tonique, vif, violent, vivant* –FAMILIER: *émotionnable* –LITTÉRAIRE: *pugnace, volcanique.*

apercevoir *verbe*

/ Voir soudainement. SYN. aviser, découvrir, rencontrer, visualiser.

/ Voir plus ou moins nettement. SYN. discerner, distinguer, entrapercevoir, entrevoir, percevoir.

/ Comprendre quelque chose. SYN. constater, déceler, découvrir, pénétrer, remarquer, se rendre compte.

apercevoir (s') *verbe pronominal*

/ Prendre conscience de. SYN. comprendre, constater, découvrir, noter, observer, remarquer, saisir, s'aviser, se rendre compte, surprendre, voir.

aperçu *nom masculin*

/ Vue synthétique. SYN. abrégé, avant-goût, coup d'œil, échantillon, esquisse, exemple, idée, notion, résumé.

à-peu-près *nom masculin*

/ Approche imprécise. SYN. approximation. CONTR. *exactitude, justesse, précision.*

apeuré *adjectif*

/ Qui a peur. SYN. affolé, atterré, effrayé, épouvanté, terrifié, terrorisé, tremblant –LITTÉRAIRE: épeuré. CONTR. *rassuré, serein, tranquille* –LITTÉRAIRE: *rasséréné.*

apeurer *verbe*

/ Faire peur à quelqu'un. SYN. affoler, effrayer, épouvanter, intimider, paniquer, terrifier, terroriser. CONTR. *apaiser, calmer, rassurer* –LITTÉRAIRE: *rasséréner.*

aphorisme *nom masculin*

/ Énoncé succinct d'une vérité. SYN. adage, apophtegme, axiome, dicton, formule, maxime, précepte, proverbe –LITTÉRAIRE: sentence.

apitoiement *nom masculin*

/ Fait de s'apitoyer. SYN. attendrissement, commisération, pitié –LITTÉRAIRE: compassion. CONTR. *dureté, froideur, impassibilité, indifférence, insensibilité, sécheresse* –LITTÉRAIRE: *endurcissement.*

apitoyer *verbe*

/ Susciter la pitié. SYN. attendrir, bouleverser, émouvoir, fléchir, humaniser, remuer, toucher –FAMILIER: émotionner. CONTR. *cuirasser, endurcir* –FAMILIER: *blinder.*

apitoyer (s') *verbe pronominal*

/ Avoir pitié. SYN. compatir, plaindre, pleurer, s'attendrir, s'émouvoir. CONTR. *se durcir, se raidir.*

aplanir *verbe*

/ Rendre une surface plane. SYN. débosseler, écrêter, égaliser, lisser, niveler, planer. CONTR. *bosseler, bossuer, courber* –LITTÉRAIRE: *accidenter.*

/ Supprimer les difficultés. SYN. arranger, faciliter, lever, ménager, supprimer. CONTR. *augmenter, compliquer, renforcer, soulever.*

aplati *adjectif*

/ Se dit d'un nez court et plat. SYN. camus, écrasé, épaté, plat –VIEUX: camard. CONTR. *aquilin, arqué, bombé, bourbonien, busqué, droit.*

aplatir *verbe*

/ Rendre plat. CONTR. *boucler, gonfler, redresser, soulever.*

/ FAMILIER. Vaincre quelqu'un. SYN. accabler, anéantir, briser, confondre, écraser, humilier –LITTÉRAIRE: rabaisser. CONTR. *aider, épargner, ménager, soulager.*

aplatir (s') *verbe pronominal*

/ FAMILIER. S'humilier devant quelqu'un. SYN. capituler, courber le dos, courber le front, courber l'échine, être à plat ventre, mettre les pouces, plier le genou, plier l'échine, ramper, s'abaisser, s'avilir, s'incliner –FAMILIER: caler –LITTÉRAIRE: baisser pavillon, mettre pavillon bas, se courber, se prosterner –POPULAIRE: baisser sa culotte, baisser son froc, baisser son pantalon, s'écraser. CONTR. *se faire valoir, se glorifier, se vanter, s'enorgueillir* –FAMILIER: *se faire mousser.*

aplatissement *nom masculin*

/ Action de s'aplatir. SYN. bassesse, humiliation, platitude. CONTR. *arrogance, gonflement, hauteur, morgue* –LITTÉRAIRE: *jactance.*

/ État de ce qui est aplati. SYN. abaissement, compression, écrasement, platitude. CONTR. *redressement, soulèvement.*

aplomb *nom masculin*

/ Équilibre entre forces opposées. SYN. équilibre, stabilité. CONTR. *déséquilibre, instabilité.*

/ Confiance en soi. SYN. assurance, autorité, sang-froid. CONTR. *embarras, gêne, réserve, retenue, timidité.*

/ Hardiesse effrontée. SYN. audace, désinvolture, effronterie, front, impertinence, impudence, impudeur, sans-gêne –FAMILIER: culot, toupet –LITTÉRAIRE: crânerie, sans-façon. CONTR. *déférence, modestie.*

apocalyptique *adjectif*

/ Grandiose et terrifiant. SYN. dantesque, effroyable, épouvantable, terrifiant.

apocryphe *adjectif*

/ Qui n'est pas authentique. SYN. faux, inauthentique, prétendu, supposé –LITTÉRAIRE: controuvé. CONTR. *authentique, canonique, officiel, reconnu, vrai.*

apogée *nom masculin*

/ Plus haut degré atteint par. SYN. apothéose, comble, maximum, paroxysme, point culminant, sommet, summum, zénith –LITTÉRAIRE: acmé, faîte, période.

apologie *nom féminin*

/ Défense de quelqu'un, de quelque chose. SYN. éloge, glorification, justification, louanges, panégyrique, plaidoyer –LITTÉRAIRE: dithyrambe. CONTR. *accusation, attaque, blâme, calomnie, censure, charge, condamnation, critique, dénigrement, diatribe, diffamation, pamphlet, réquisitoire, satire* –FAMILIER: *débinage* –LITTÉRAIRE: *catilinaire, philippique.*

apologiste *nom*

/ Personne qui fait une apologie. SYN. avocat, défenseur –LITTÉRAIRE: laudateur, louangeur, panégyriste, prôneur. CONTR. *critique* –LITTÉRAIRE: *censeur, contempteur.*

apologue *nom masculin*

/ Court récit moralisant. SYN. allégorie, fable, parabole.

apophtegme *nom masculin*

/ Parole mémorable. SYN. adage, aphorisme, axiome, devise, maxime, pensée, précepte –LITTÉRAIRE: sentence.

apostasie *nom féminin*

/ Abandon d'une doctrine. SYN. abjuration, reniement. CONTR. *conversion.*

apostasier *verbe*

/ Faire acte d'apostasie. SYN. abjurer, renier. CONTR. *se convertir.*

apostat *nom masculin*

/ Personne qui a apostasié. SYN. déserteur, hérésiarque, hérétique, renégat. CONTR. *fidèle.*

apostille *nom féminin*

/ Addition en marge. SYN. additif, annotation, nota bene, note.

apostropher *verbe*

/ S'adresser brutalement à. SYN. appeler, héler, interpeller, invectiver.

apothéose *nom féminin*

/ Divinisation d'un mortel. SYN. consécration, déification, glorification, triomphe.

/ Triomphe d'une action. SYN. apogée, bouquet, exaltation, summum –LITTÉRAIRE : faîte.

apôtre *nom masculin*

/ Personne au service d'une cause. SYN. avocat, champion, défenseur, tenant –LITTÉRAIRE : intercesseur, prôneur, souteneur.

apparaître *verbe*

/ Devenir visible. SYN. naître, paraître, percer, poindre, se manifester, se peindre, se voir, surgir, survenir, transparaître –LITTÉRAIRE : pointer, sourdre. CONTR. *disparaître, se cacher, se dérober, se dissimuler, se dissiper, s'éclipser, s'effacer, s'estomper, s'évanouir.*

/ Se manifester à l'esprit. SYN. se déclarer, se faire jour, se former, se présenter, se révéler, s'offrir, survenir, venir.

/ Se présenter sous tel aspect. SYN. avoir l'air, paraître, s'avérer, se montrer, sembler.

apparat *nom masculin*

/ Éclat particulier. SYN. cérémonie, décorum, faste, luxe, magnificence –LITTÉRAIRE : pompe, splendeur. CONTR. *austérité, simplicité.*

appareil *nom masculin*

/ Machine. SYN. dispositif, engin, instrument, opus, outil, ustensile.

appareiller *verbe*

/ Quitter le port. SYN. déborder, gagner le large, lever l'ancre, prendre la mer, prendre le large. CONTR. *aborder, accoster, amarrer, ancrer, jeter l'ancre, mouiller.*

appareiller (s') *verbe pronominal*

/ Être en harmonie. SYN. s'accorder, s'harmoniser. CONTR. *contraster, détonner, jurer, trancher.*

apparemment *adverbe*

/ D'après les apparences. SYN. en apparence, extérieurement, superficiellement. CONTR. *intimement.*

/ Certainement. SYN. censément, probablement, sans doute, visiblement, vraisemblablement. CONTR. *effectivement, en réalité, foncièrement, réellement.*

apparence *nom féminin*

/ Aspect extérieur. SYN. air, allure, couleur, dehors, écorce, extérieur, façade, faux-semblant, mine, ostentation, semblant, simulacre –FAMILIER : tape-à-l'œil, touche –LITTÉRAIRE : enveloppe, masque, tournure. CONTR. *essence, fond, matière, réalité, substance, vérité.*

apparent *adjectif*

/ Qui est clairement perceptible. SYN. évident, manifeste, ostensible, sensible, visible. CONTR. *caché, impénétrable, inapparent, intime, invisible, latent, secret.*

/ Qui ne correspond pas à la réalité. SYN. artificieux, extérieur, fallacieux, faux, feint, illusoire, spécieux, superficiel. CONTR. *effectif, profond, réel, véritable, vrai.*

apparenté *adjectif*

/ Qui a des traits communs avec. SYN. analogue, approchant, comparable, proche, voisin. CONTR. *éloigné, lointain.*

apparenter (s') *verbe pronominal*

/ Avoir des traits communs avec. SYN. approcher de, participer de, rappeler, ressembler, se rattacher à, tenir de, tirer sur –LITTÉRAIRE : ressortir. CONTR. *contraster, détonner, jurer, trancher.*

apparier *verbe*

/ Mettre par paire. SYN. accorder, accoupler, adapter, appareiller, assortir, coupler, marier. CONTR. *dépareiller, déparier, désapparier.*

apparition *nom féminin*

/ Action d'apparaître. SYN. arrivée, éclosion, manifestation, naissance, venue. CONTR. *disparition, éclipse, fin, sortie.*

/ Manifestation visible. SYN. esprit, fantôme, revenant, spectre, vision.
/ Arrivée inattendue. SYN. entrée, irruption. CONTR. *disparition.*

appartenance *nom féminin*
/ Fait d'appartenir à un groupe. SYN. adhésion, affiliation, inscription.

appartenir *verbe impersonnel*
/ Revenir à quelqu'un. SYN. concerner, convenir à, dépendre de, incomber, relever de – LITTÉRAIRE : ressortir.
/ Se rattacher à. SYN. faire partie de, se rapporter à.

appât *nom masculin*
/ Ce qui attire un animal. SYN. aiche, amorce, boëte, boette, boitte, bouette, èche, esche, fleurette, graissin, gueulin, hameçon, leurre, vermée.
/ Ce qui excite la cupidité. SYN. attrait, convoitise, séduction, tentation – LITTÉRAIRE : allèchement. CONTR. *aversion, dégoût, répulsion* – LITTÉRAIRE : *horreur.*

appâter *verbe*
/ Attirer avec un appât. SYN. aicher, amorcer, écher, escher, ferrer.
/ Attirer quelqu'un. SYN. allécher, amorcer, séduire, tenter. CONTR. *dégoûter, écarter, éloigner, repousser.*

appauvrir *verbe*
/ Rendre pauvre. SYN. affaiblir, épuiser, stériliser – LITTÉRAIRE : abâtardir. CONTR. *amender, enrichir, fortifier, vivifier* – LITTÉRAIRE : *féconder.*

appel *nom masculin*
/ Invitation à venir. SYN. invite, proclamation, signal, signe.
/ Action d'inciter à agir. SYN. excitation, exhortation, incitation, invitation, invite, provocation.
/ Attirance pour quelque chose. SYN. attrait, fascination, sollicitation.

appeler *verbe transitif*
/ Héler quelqu'un. SYN. apostropher, contacter, haranguer, interpeller, invectiver. CONTR. *chasser, éconduire, expulser, repousser.*
/ Faire venir. SYN. convoquer, demander, inviter, mobiliser – LITTÉRAIRE : mander. CONTR. *bannir, chasser, éconduire, expulser, repousser.*
/ Nommer quelqu'un à un état. SYN. destiner, promouvoir, vouer. CONTR. *congédier, éloigner, licencier, remercier, renvoyer.*
/ Entraîner quelque chose. SYN. amener, apporter, attirer, commander, déterminer, faire naître, impliquer, nécessiter, prédisposer, prêter à, provoquer, réclamer, requérir.
/ Donner un nom à quelqu'un. SYN. baptiser, dénommer, intituler, nommer, qualifier. CONTR. *débaptiser.*
/ Passer un coup de téléphone. SYN. donner un coup de fil, passer un coup de fil, téléphoner – FAMILIER : bigophoner.
/ Pousser quelqu'un à agir. SYN. engager, exhorter, inciter, inviter.

appeler *verbe transitif indirect*
/ Faire appel à. SYN. invoquer, s'adresser à, s'en remettre à, solliciter.

appeler (s') *verbe pronominal*
/ Avoir comme nom. SYN. se dénommer, se nommer, s'intituler.

appellation *nom féminin*
/ Façon d'appeler. SYN. dénomination, désignation, mot, nom, qualification, vocable.

appendice *nom masculin*
/ Ensemble de remarques. SYN. addenda, addition, complément, supplément.

appesantir *verbe*
/ Rendre plus pesant. SYN. accabler, alourdir, engourdir. CONTR. *alléger.*

appesantissement *nom masculin*
/ Fait de s'appesantir. SYN. alourdissement, engourdissement, lourdeur. CONTR. *allégement, légèreté.*

appétence *nom féminin*
/ Désir instinctif. SYN. appétit, besoin, convoitise, envie. CONTR. *dégoût* – LITTÉRAIRE : *inappétence.*

appétissant *adjectif*
/ Qui excite l'appétit. SYN. alléchant, ragoûtant. CONTR. *dégoûtant, écœurant, nauséabond, rebutant, répulsif.*
/ Qui provoque le désir. SYN. affriolant, attirant, engageant, provocant, séduisant – FAMILIER : sexy. CONTR. *rebutant, repoussant.*

appétit *nom masculin*

/ LITTÉRAIRE. Désir de quelque chose. SYN. aspiration, avidité, besoin, convoitise, passion, soif – LITTÉRAIRE : faim. CONTR. *dégoût, horreur, répugnance, répulsion* – LITTÉRAIRE : *inappétence.*

/ Désir de manger. SYN. appétence, appétition, faim – FAMILIER : fringale – POPULAIRE : dalle. CONTR. *anorexie, inappétence, satiété.*

applaudir *verbe*

/ Approuver entièrement. SYN. adhérer, admirer, agréer, bénir, exalter, porter aux nues, se féliciter de, se réjouir de. CONTR. *anathématiser, blâmer, condamner, réprouver* – LITTÉRAIRE : *flétrir, vitupérer.*

/ Battre des mains. SYN. acclamer, ovationner. CONTR. *conspuer, huer, siffler.*

applaudir (s') *verbe pronominal*

/ Se féliciter de quelque chose. SYN. se flatter, se louer, se réjouir. CONTR. *s'affliger, s'attrister, se désoler, se repentir, se reprocher, s'en vouloir.*

applaudissement *nom masculin*

/ Action d'applaudir. SYN. acclamation, bravo, encouragement, ovation. CONTR. *blâme, huée, sifflet, tollé.*

application *nom féminin*

/ Mise en pratique. SYN. exécution, pratique, réalisation, utilisation. CONTR. *théorie.*

/ Attention portée à une action. SYN. assiduité, concentration, conscience, effort, sérieux, vigilance, zèle – LITTÉRAIRE : contention. CONTR. *dissipation, distraction, étourderie, inattention, incurie, irréflexion, laisser-aller, négligence, nonchalance, paresse, relâchement* – LITTÉRAIRE : *inapplication.*

appliqué *adjectif*

/ Qui s'applique. SYN. assidu, attentif, concentré, consciencieux, sérieux, soigneux, studieux, zélé – LITTÉRAIRE : laborieux. CONTR. *dissipé, distrait, étourdi, inappliqué, inattentif, indolent, insouciant, irrégulier, négligent, nonchalant, paresseux, rétif.*

appliquer *verbe*

/ Donner avec force. SYN. assener, asséner, donner – FAMILIER : administrer, ficher, flanquer – POPULAIRE : coller, foutre.

/ Mettre une chose sur une autre. SYN. apposer, appuyer, étaler, étendre, imprimer, mettre, passer, placer. CONTR. *écarter, effacer, enlever, ôter.*

/ Mettre en œuvre. SYN. exécuter, mettre à exécution, réaliser. CONTR. *négliger.*

/ Faire usage d'une faculté. SYN. affecter, attacher, consacrer, employer, pratiquer, utiliser.

appliquer (s') *verbe pronominal*

/ Porter son attention sur. SYN. s'adonner, s'attacher, se concentrer sur, se livrer, s'efforcer, s'employer, s'escrimer, s'évertuer, s'exercer, s'ingénier, s'occuper, tâcher, travailler à – LITTÉRAIRE : cultiver. CONTR. *négliger, paresser, se désintéresser, se dissiper, se relâcher.*

/ Convenir bien à. SYN. concerner, intéresser, s'adresser, se rapporter, viser.

appoint *nom masculin*

/ Aide complémentaire. SYN. à-côté, apport, appui, complément, contribution, secours, supplément.

appointements *nom masculin pluriel*

/ Rémunération fixe. SYN. émoluments, gain, mois, paie, paye, rémunération, rétribution, salaire, traitement – VIEUX : gages.

appointer *verbe*

/ Verser des appointements. SYN. payer, rémunérer, rétribuer.

apport *nom masculin*

/ Ce qu'on apporte. SYN. appoint, concours, contribution, cotisation, participation.

apporter *verbe*

/ Porter quelque chose jusqu'à un lieu. SYN. importer, introduire, porter, transporter – FAMILIER : amener, emmener. CONTR. *emporter, remporter.*

/ Donner quelque chose. SYN. alléguer, fournir, procurer. CONTR. *enlever, ôter, reprendre, retirer.*

/ Être la cause de quelque chose. SYN. amener, appeler, causer, créer, déclencher, déterminer, engendrer, entraîner, faire naître, occasionner, produire, provoquer, susciter.

apposer *verbe*

/ Appliquer quelque chose sur. SYN. appliquer, mettre, poser. CONTR. *enlever, lever, ôter.*

appréciable *adjectif*

/ Qui peut être évalué. SYN. dosable, évaluable. CONTR. *imperceptible, inappréciable, innombrable.*

/ Digne d'être estimé. SYN. considérable, estimable, important, large, notable, substantiel –FAMILIER: rondelet. CONTR. *dédaignable, dérisoire, infime, insensible, mesquin, mineur, modique, négligeable, petit.*

appréciateur *nom*

/ LITTÉRAIRE. Personne qui apprécie. SYN. arbitre, connaisseur, expert, juge.

appréciation *nom féminin*

/ Action d'apprécier quelque chose. SYN. estimation, évaluation, supputation.

/ Jugement critique. SYN. avis, notation, note, observation, opinion, position, sens, vue.

apprécier *verbe*

/ Déterminer la valeur de. SYN. calculer, considérer, estimer, évaluer, expertiser, jauger, mesurer, noter, peser.

/ Estimer quelqu'un, quelque chose. SYN. agréer, aimer, faire grand cas de, goûter, honorer, savourer –LITTÉRAIRE: affectionner, priser. CONTR. *condamner, critiquer, décrier, dédaigner, dénigrer, déprécier, maudire, méconnaître, mépriser, mésestimer, rabaisser, ravaler* –FAMILIER: *éreinter, esquinter* –LITTÉRAIRE: *déchirer.*

appréhender *verbe transitif*

/ Arrêter quelqu'un. SYN. attraper, capturer, prendre, se saisir de, s'emparer de –FAMILIER: choper, coffrer, cueillir, embarquer, épingler, harponner, pincer, piquer, ramasser –POPULAIRE: agrafer, alpaguer. CONTR. *lâcher, relâcher.*

appréhender *verbe transitif*

/ Saisir par la pensée. SYN. comprendre, concevoir, entendre, pénétrer, percevoir, saisir.

/ Craindre quelque chose. SYN. avoir peur, craindre, redouter. CONTR. *attendre, braver, espérer, risquer.*

appréhension *nom féminin*

/ Action de saisir par la pensée. SYN. compréhension, connaissance, pénétration, perception, vision.

/ Fait d'être inquiet. SYN. angoisse, anxiété, crainte, inquiétude, malaise, peur –LITTÉRAIRE: alarme. CONTR. *attente, confiance, espoir, sérénité, tranquillité* –LITTÉRAIRE: *quiétude.*

apprendre *verbe*

/ Acquérir la connaissance de. SYN. assimiler, découvrir, étudier, mémoriser, retenir, s'initier à, s'instruire, travailler –FAMILIER: bûcher, potasser. CONTR. *désapprendre, ignorer, oublier.*

/ Faire acquérir une connaissance. SYN. enseigner, exercer à, expliquer, former, inculquer, initier, instruire, montrer.

/ Communiquer une information. SYN. annoncer, avertir, aviser, communiquer, dire, faire savoir, indiquer, instruire de, révéler. CONTR. *cacher, dissimuler, passer sous silence, taire.*

apprenti *nom*

/ Celui qui apprend. SYN. aide, commençant, débutant, élève, manœuvre, nouveau, novice –FAMILIER: bizut, bizuth, bleu, écolier. CONTR. *expert, instructeur, maître, moniteur, patron.*

apprentissage *nom masculin*

/ Fait d'apprendre. SYN. épreuve, essai, expérience, formation, initiation, préparation. CONTR. *accoutumance, habitude, pli, pratique, routine.*

apprêt *nom masculin*

/ Manières apprêtées. SYN. affectation, maniérisme, pose, préciosité, préparation, recherche, sophistication –LITTÉRAIRE: afféterie, compassement. CONTR. *aisance, naturel, négligé, simplicité, spontanéité.*

apprêté *adjectif*

/ Dépourvu de naturel. SYN. académique, affecté, artificiel, cérémoniel, cérémonieux, compassé, contraint, empesé, étudié, factice, gourmé, guindé, maniéré, mièvre, pompeux, précieux, recherché, travaillé –VIEUX: afféré. CONTR. *aisé, coulant, naturel, négligé, simple, spontané.*

apprêter *verbe*

/ Préparer un mets. SYN. accommoder, assaisonner, composer, confectionner, cuisiner, disposer, dresser, ordonner, organiser.

apprêter (s') *verbe pronominal*
- Être sur le point de. SYN. se disposer, se préparer. CONTR. *attendre.*
- Faire des préparatifs de toilette. SYN. se pomponner, se préparer – FAMILIER: s'arranger, se mettre sur son trente-et-un – LITTÉRAIRE: se parer. CONTR. *se déshabiller, se dévêtir, se laisser aller, se négliger.*

apprivoisé *adjectif*
- Qui a été domestiqué. SYN. domestiqué. CONTR. *farouche, féroce, indompté, sauvage.*

apprivoiser *verbe*
- Rendre un animal moins farouche. SYN. acclimater, affaiter, domestiquer, dresser. CONTR. *assauvagir.*
- Rendre quelqu'un plus doux. SYN. adoucir, amadouer, civiliser, conquérir, humaniser. CONTR. *cabrer, effarer, effaroucher, effrayer.*

approbation *nom féminin*
- Action d'approuver. SYN. acceptation, acquiescement, adhésion, agrément, assentiment, autorisation, confirmation, consentement, permission – LITTÉRAIRE: aveu, suffrage. CONTR. *barrage, blâme, censure, condamnation, contradiction, dénigrement, désapprobation, désaveu, objection, opposition, protestation, refus, rejet, réprobation, veto* – LITTÉRAIRE: *répudiation.*

approchable *adjectif*
- Qu'on peut approcher. SYN. abordable, accessible. CONTR. *inabordable, inaccessible, inapprochable.*

approchant *adjectif*
- Proche de. SYN. analogue, apparenté, comparable, équivalent, ressemblant, similaire, voisin. CONTR. *contraire, différent, dissemblable, distinct, éloigné, inverse, opposé.*

approche *nom féminin*
- Proximité d'un moment. SYN. arrivée, imminence, proximité, venue – LITTÉRAIRE: voisinage. CONTR. *éloignement, recul.*
- Manière d'accueillir. SYN. abord, accès, accueil.

approcher *verbe transitif*
- Mettre plus près de. SYN. avancer, rapprocher. CONTR. *écarter, éloigner, retirer.*
- Pouvoir rencontrer quelqu'un. SYN. contacter, côtoyer, fréquenter – LITTÉRAIRE: coudoyer. CONTR. *éviter, fuir, quitter.*

approcher *verbe transitif indirect*
- Venir auprès de. SYN. accéder à, aller vers, arriver à, atteindre, gagner, se diriger vers, venir à. CONTR. *contourner, éviter, faire le tour de, fuir, reculer, s'éloigner.*
- Être près de parvenir à. SYN. atteindre, friser, frôler, se rapprocher de. CONTR. *s'éloigner.*
- Être comparable à. SYN. avoisiner, confiner à, égaler, ressembler à, rivaliser avec, s'apparenter, se rapprocher. CONTR. *différer de, se différencier de, se distinguer de, s'écarter de, s'éloigner de.*

approcher (s') *verbe pronominal*
- Venir près de. SYN. aller vers, arriver, atteindre, gagner, se diriger vers, se rapprocher, venir à – POPULAIRE: se radiner. CONTR. *éviter, fuir, s'éloigner.*

approches *nom féminin pluriel*
- LITTÉRAIRE. Abords d'un lieu. SYN. accès, alentours, environs, parages, voisinage.

approfondi *adjectif*
- Poussé très loin. SYN. détaillé, fouillé, minutieux, savant, sérieux – LITTÉRAIRE: soigneux. CONTR. *élémentaire, grossier, rudimentaire, simpliste, sommaire, succinct, superficiel.*

approfondir *verbe*
- Rendre plus intense. SYN. accroître, assombrir, augmenter, épaissir, intensifier, obscurcir. CONTR. *alléger.*
- Examiner plus avant. SYN. creuser, étudier, explorer, fouiller, méditer, mûrir, pénétrer, pousser, réfléchir, scruter, sonder. CONTR. *effleurer, glisser sur, survoler.*

approfondissement *nom masculin*
- Action d'approfondir. SYN. analyse, étude, examen, exploration, méditation, recherche.

appropriation *nom féminin*
- Action d'approprier une chose à une autre. SYN. adaptation, concordance – LITTÉRAIRE: convenance. CONTR. *inadaptation.*
- Action de s'approprier quelque chose. SYN. acquisition, conquête. CONTR. *abandon, aliénation, désappropriation, dessaisissement, renonciation.*

approprié *adjectif*

/ Qui convient. SYN. accordé, ad hoc, adapté, adéquat, ajusté, assorti, cohérent, compatible, conforme, convenable, de circonstance, de saison, en accord, judicieux, juste, pertinent, propre –VIEUX: idoine. CONTR. *boiteux, déplacé, hors de propos, impropre, inadapté, inadéquat, inapproprié* –LITTÉRAIRE: *dissonant.*

approprier *verbe*

/ Adapter quelque chose à un emploi. SYN. accorder, adapter, conformer, proportionner –LITTÉRAIRE: accommoder.

approprier (s') *verbe pronominal*

/ Faire sien. SYN. accaparer, assimiler, capter, confisquer, monopoliser, occuper, piller, plagier, s'adjuger, s'attribuer, se saisir de, s'emparer, s'octroyer, usurper, voler –LITTÉRAIRE: s'arroger. CONTR. *aliéner, céder, déléguer, se dépouiller, se dessaisir.*

approuver *verbe*

/ Donner son accord à. SYN. acquiescer à, adhérer à, agréer, applaudir, appuyer, donner raison, être d'accord, louer, souscrire à, soutenir. CONTR. *anathématiser, attaquer, blâmer, condamner, contredire, critiquer, décrier, démentir, désapprouver, désavouer, interdire, rejeter, réprouver, se dresser contre, s'élever contre, s'insurger, vitupérer contre* –LITTÉRAIRE: *censurer.*

/ Autoriser par décision administrative. SYN. accepter, acquiescer à, admettre, adopter, agréer, autoriser, cautionner, confirmer, entériner, ratifier, valider. CONTR. *protester contre, refuser, réfuter, repousser, se dresser contre, s'élever contre, s'insurger, s'opposer à.*

approvisionné *adjectif*

/ Muni du nécessaire. SYN. achalandé, assorti, fourni, garni.

approvisionnement *nom masculin*

/ Action d'approvisionner. SYN. alimentation, fourniture, provision, ravitaillement. CONTR. *disette, pénurie.*

approvisionner *verbe*

/ Fournir des provisions. SYN. alimenter, fournir, garnir, pourvoir en, ravitailler. CONTR. *débiter, dégarnir.*

approvisionner (s') *verbe pronominal*

/ Se fournir en provisions. SYN. prendre, se fournir, se procurer, se ravitailler.

approximatif *adjectif*

/ Peu précis. SYN. approchant, boiteux, brut, grossier, imparfait, imprécis, relatif, vague. CONTR. *absolu, exact, juste, littéral, parfait, précis, rigoureux, scrupuleux, strict.*

approximation *nom féminin*

/ Approche imprécise. SYN. à-peu-près, imprécision. CONTR. *exactitude, justesse, précision.*

approximativement *adverbe*

/ De façon approximative. SYN. à peu près, à vue de nez, en gros, environ, grossièrement, grosso modo, imparfaitement, sensiblement –FAMILIER: au pifomètre –LITTÉRAIRE: quelque. CONTR. *exactement, précisément, scrupuleusement, strictement.*

appui *nom masculin*

/ Ce qui assure la stabilité. SYN. étai, soutien, support –LITTÉRAIRE: tuteur.

/ Aide apportée par quelqu'un. SYN. aide, appoint, assistance, concours, coopération, encouragement, intervention, main-forte, parrainage, patronage, protection, réconfort, secours, soutien –FAMILIER: piston –LITTÉRAIRE: faveur. CONTR. *abandon, hostilité* –FAMILIER: *lâchage* –LITTÉRAIRE: *délaissement.*

appuyé *adjectif*

/ Qui insiste. SYN. accentué, accusé, fort, insistant, prononcé. CONTR. *délicat, faible, fragile, léger.*

appuyer *verbe transitif*

/ Faire peser une chose sur une autre. SYN. accoter, adosser, appliquer, coller, fixer, maintenir, plaquer, poser, presser, reposer. CONTR. *enlever, ôter, relever, retirer, soulever.*

/ Fonder une chose sur une autre. SYN. asseoir, baser, corroborer, étayer, fonder, renforcer, vérifier. CONTR. *réfuter.*

/ Soutenir quelqu'un, quelque chose. SYN. assister, défendre, encourager, favoriser, patronner, pousser, prêter main-forte, protéger, recommander, seconder, soutenir –FAMILIER: épauler, pistonner. CONTR. *abandonner, briser, contrecarrer, contredire, délaisser, démentir, desservir, infirmer, négliger* –FAMILIER: *lâcher, laisser tomber* –LITTÉRAIRE: *censurer.*

appuyer *verbe transitif indirect*

/ Insister sur quelque chose. SYN. accentuer, faire ressortir, souligner. CONTR. *effleurer, glisser sur, passer.*

appuyer (s') *verbe pronominal*

/ Compter sur quelqu'un. SYN. se fier à, se reposer sur, tabler sur.

/ FAMILIER. Faire seul une tâche. SYN. – FAMILIER : se coltiner, s'enfiler – POPULAIRE : se farcir, se taper, s'envoyer.

/ Se fonder sur quelque chose. SYN. s'autoriser de, se fonder sur, se servir de, tabler sur.

âpre *adjectif*

/ Qui a un caractère de violence. SYN. acerbe, bourru, brutal, chaud, cruel, dur, farouche, implacable, rude, sauvage, sévère, terrible, virulent – LITTÉRAIRE : acrimonieux, rêche. CONTR. *mielleux, modéré.*

/ Désagréable à l'oreille, au goût. SYN. âcre, aigre, amer, perçant, raboteux, rude, rugueux. CONTR. *doucereux, doux, moelleux, onctueux, suave, sucré.*

/ Difficile à supporter. SYN. aigre, cuisant, mordant, pénétrant, perçant, rigoureux, rude – LITTÉRAIRE : âcre, piquant. CONTR. *clément, doux, tiède.*

âprement *adverbe*

/ De façon violente. SYN. farouchement, rudement.

après *adverbe*

/ Indique une relation temporelle. SYN. ensuite, plus tard, postérieurement, puis, ultérieurement. CONTR. *antérieurement, au préalable, auparavant, avant, d'abord, préalablement, précédemment.*

/ Indique une relation spatiale. SYN. au-delà, plus loin – FAMILIER : derrière. CONTR. *devant, en avant.*

âpreté *nom féminin*

/ Qualité de ce qui est âpre. SYN. âcreté, amertume, aspérité, verdeur – LITTÉRAIRE : rudesse. CONTR. *douceur, moelleux* – LITTÉRAIRE : *suavité.*

/ Caractère agressif. SYN. acrimonie, aigreur, animosité, ardeur, dureté, fureur, rage, rigueur, rudesse, sévérité, violence, virulence – LITTÉRAIRE : acerbité, âcreté, fiel, vivacité. CONTR. *douceur, modération, tiédeur* – LITTÉRAIRE : *civilité, clémence, urbanité.*

à-propos *nom masculin invariable*

/ Ce qui vient au bon moment. SYN. opportunité, pertinence, présence d'esprit. CONTR. *balourdise.*

apte *adjectif*

/ Qui a des dispositions pour. SYN. bon à, capable de, compétent, doué, habile, mûr, propre à, qualifié, susceptible de. CONTR. *impropre, inapte, incapable* – POPULAIRE : *infichu, infoutu.*

aptitude *nom féminin*

/ Disposition à faire quelque chose. SYN. capacité, compétence, faculté, génie, habilité, penchant, prédisposition, propension, qualité, talent. CONTR. *inaptitude, incapacité, insuffisance.*

aquilin *adjectif*

/ Se dit d'un nez fin et recourbé. SYN. arqué, bourbonien, busqué, recourbé. CONTR. *aplati, camus, écrasé, épaté* – VIEUX : *camard.*

arachnéen *adjectif*

/ LITTÉRAIRE. Très léger. SYN. délicat, fin, léger, ténu – LITTÉRAIRE : aérien, délié, éthéré. CONTR. *épais, gros, grossier.*

arbitrage *nom masculin*

/ Action d'arbitrer. SYN. bons offices, conciliation, médiation, règlement – LITTÉRAIRE : entremise.

arbitraire *adjectif*

/ Sans limite. SYN. absolu, autocratique, despotique, dictatorial, discrétionnaire, omnipotent, totalitaire. CONTR. *libéral.*

/ Qui dépend du bon plaisir de. SYN. artificiel, fantaisiste, gratuit, hasardeux, immotivé, injustifié, partial. CONTR. *exact, fondé, justifié, motivé, objectif, réel, vrai.*

/ Qui enfreint la loi. SYN. abusif, despotique, illégal, injuste, irrégulier, tyrannique. CONTR. *droit, équitable, fondé, juste, légal, légitime, objectif.*

arbitraire *nom masculin*

/ Autorité abusive. SYN. autoritarisme, despotisme, illégalité, injustice – LITTÉRAIRE : tyrannie. CONTR. *équité, justice, légalité.*

arbitrairement *adverbe*
/ De façon arbitraire. SYN. gratuitement, injustement, subjectivement, tendancieusement. CONTR. *légalement, objectivement.*

arbitre *nom masculin*
/ Personne qui tranche un différend. SYN. conciliateur, intermédiaire, juge, médiateur – LITTÉRAIRE: appréciateur.
/ Personne qui impose sa volonté. SYN. autorité, expert, maître, référence.

arbitrer *verbe*
/ Trancher un différend. SYN. accorder, arranger, concilier, départager, juger, prendre parti, régler – LITTÉRAIRE: accommoder.

arborer *verbe*
/ Montrer ouvertement. SYN. afficher, déployer, étaler, exhiber, montrer, porter. CONTR. *cacher, dissimuler.*

arcanes *nom masculin pluriel*
/ LITTÉRAIRE. Choses secrètes. SYN. mystères, secrets.

archaïque *adjectif*
/ Qui est périmé. SYN. anachronique, ancestral, ancien, antédiluvien, antique, arriéré, démodé, dépassé, désuet, hors d'âge, obsolète, primitif, retardataire, séculaire, vétuste, vieilli, vieillot, vieux – FAMILIER: fossile, out, ringard – LITTÉRAIRE: suranné. CONTR. *à la mode, à la page, actuel, contemporain, moderne, nouveau, récent, rénové, ultramoderne, usuel.*

archaïsme *nom masculin*
/ Caractère très ancien. SYN. ancienneté, antiquité – LITTÉRAIRE: obsolescence, vieillesse. CONTR. *modernisme, modernité, nouveauté.*

archangélique *adjectif*
/ Propre à l'archange. SYN. angélique, divin, pur – LITTÉRAIRE: céleste. CONTR. *diabolique, satanique.*

archétype *nom masculin*
/ Modèle idéal. SYN. canon, idéal, modèle, moule, original, principe, prototype, spécimen, type – VIEUX: exemplaire. CONTR. *copie, imitation.*

architecture *nom féminin*
/ Ossature d'une œuvre. SYN. agencement, charpente, composition, configuration, ordonnance, squelette, structure – LITTÉRAIRE: texture, trame.

arctique *adjectif*
/ Relatif au pôle Nord. SYN. boréal, nord, nordique, polaire, septentrional. CONTR. *antarctique, austral, sud.*

ardemment *adverbe*
/ Avec ardeur. SYN. chaudement, courageusement, fortement, fougueusement, passionnément, profondément, vivement. CONTR. *faiblement, froidement, mollement* – LITTÉRAIRE: *tièdement.*

ardent *adjectif*
/ LITTÉRAIRE. Qui brûle. SYN. brûlant, chaud, de plomb, torride. CONTR. *frais, froid, glacé, glacial, tiède* – FAMILIER: *réfrigéré.*
/ Qui manifeste de l'ardeur. SYN. acharné, actif, agissant, avide, bouillant, chaleureux, dynamique, empressé, endiablé, enflammé, éperdu, exalté, fervent, fougueux, impétueux, passionné, pétulant, tout feu tout flammes, véhément, vibrant, zélé – FAMILIER: chaud – LITTÉRAIRE: dévorant, effervescent, inflammable, prompt, volcanique. CONTR. *apathique, calme, endormi, engourdi, éteint, flegmatique, froid, indifférent, indolent, inerte, insensible, languissant, lymphatique, mou, nonchalant, tiède.*
/ Qui a l'éclat du feu. SYN. éclatant, flambant – LITTÉRAIRE: flamboyant. CONTR. *blafard, blanchâtre, blême, éteint, fané, pâle, passé, terne.*

ardeur *nom féminin*
/ Caractère fougueux. SYN. allant, dynamisme, élan, empressement, énergie, enthousiasme, entrain, ferveur, fièvre, fougue, frénésie, impétuosité, jeunesse, pétulance, vie – LITTÉRAIRE: sève, vitalité. CONTR. *abattement, ataraxie, engourdissement, fainéantise, indolence, inertie, langueur, mollesse, nonchalance, paresse, relâchement* – FAMILIER: *flemme.*
/ Caractère acharné de quelque chose. SYN. acharnement, âpreté, fanatisme, fureur, impétuosité, mordant, sérieux, véhémence, vigueur, violence – LITTÉRAIRE: vivacité. CONTR. *douceur, modération, retenue, tiédeur.*

/ LITTÉRAIRE. Chaleur extrême. SYN. –LITTÉRAIRE: touffeur. CONTR. *fraîcheur, froid, froideur, tiédeur.*

ardu *adjectif*

/ Difficile à résoudre. SYN. abscons, compliqué, délicat, difficile, dur, épineux, malaisé, pénible, rude –FAMILIER: calé –LITTÉRAIRE: raboteux. CONTR. *abordable, accessible, aisé, clair, facile, simple.*

/ LITTÉRAIRE. Qui est escarpé. SYN. abrupt, malaisé, raboteux, raide, rude. CONTR. *plan, plat.*

argent *nom masculin*

/ Monnaie en pièces ou billets. SYN. espèces, espèces sonnantes et trébuchantes, liquidités, numéraire –ARGOTIQUE: braise, grisbi, pèze, thune, tune –FAMILIER: blé, ferraille, mitraille, ronds, sous –POPULAIRE: flouse, flouze, fraîche, fric, oseille, pépettes, picaillons, pognon.

/ Richesse d'une personne. SYN. bien, capital, fonds, fortune, ressources –POPULAIRE: galette.

argenté *adjectif*

/ FAMILIER. Qui a de l'argent. SYN. aisé, cossu, cousu d'or, fortuné, huppé, nanti, privilégié, riche –FAMILIER: plein aux as –POPULAIRE: friqué, rupin. CONTR. *gêné, indigent, malheureux, miséreux, nécessiteux, pauvre* –FAMILIER: *désargenté* –LITTÉRAIRE: *impécunieux* –VIEUX: *besogneux, disetteux.*

argentin *adjectif*

/ LITTÉRAIRE. Au son clair. SYN. clair –LITTÉRAIRE: cristallin.

argot *nom masculin*

/ Vocabulaire particulier. SYN. jargon, langue verte, parler.

arguer *verbe*

/ Tirer comme conséquence. SYN. argumenter, conclure, déduire, inférer.

/ Prendre comme prétexte. SYN. alléguer, avancer, faire état de, invoquer, objecter, prétexter, s'autoriser de, se prévaloir.

argument *nom masculin*

/ Ce qui appuie une affirmation. SYN. argumentation, démonstration, preuve, raison, raisonnement.

argumentateur *nom*

/ LITTÉRAIRE. Personne qui argumente. SYN. discuteur, ergoteur, polémiste, raisonneur, ratiocineur –FAMILIER: discutailleur, disputailleur.

argumenter *verbe*

/ Présenter des arguments. SYN. arguer, batailler, conclure, déduire, inférer, raisonner –FAMILIER: parlementer –LITTÉRAIRE: controverser.

argutie *nom féminin*

/ Subtilité de langage. SYN. distinguo, finesse, subtilité –FAMILIER: finasserie –LITTÉRAIRE: chicane.

aria *nom féminin*

/ Ligne mélodique. SYN. air, mélodie.

aria *nom masculin*

/ LITTÉRAIRE. Souci imprévu. SYN. contrariété, embarras, ennui, tracas, tracasserie –FAMILIER: emmerdement, enquiquinement.

aride *adjectif*

/ Dépourvu d'humidité. SYN. dénudé, désertique, déshérité, desséché, improductif, infécond, infertile, maigre, nu, pauvre, sec, stérile. CONTR. *abondant, fertile, humide, productif, riche* –LITTÉRAIRE: *fécond, généreux, gras, plantureux.*

/ Qui est difficile. SYN. austère, ingrat, rébarbatif, rebutant, sévère. CONTR. *agréable, attrayant, passionnant, riant.*

aridité *nom féminin*

/ État de ce qui est aride. SYN. improductivité, infécondité, maigreur, pauvreté, sécheresse, siccité, stérilité –LITTÉRAIRE: infertilité. CONTR. *exubérance, fertilité, humidité, productivité, richesse* –LITTÉRAIRE: *fécondité.*

aristocrate *nom*

/ Membre de l'aristocratie. SYN. gentilhomme, noble, patricien, seigneur. CONTR. *bourgeois, prolétaire, roturier* –LITTÉRAIRE: *plébéien.*

aristocratie *nom féminin*

/ Classe des nobles. SYN. noblesse –LITTÉRAIRE: gentilhommerie. CONTR. *bourgeoisie, peuple, prolétariat, roture.*

/ LITTÉRAIRE. Élite. SYN. dessus du panier, fine fleur, fleur –FAMILIER: crème, gratin.

aristocratique *adjectif*

/ Propre à l'aristocratie. SYN. distingué, élégant, noble, raffiné. CONTR. *bourgeois, canaille, fruste, grossier, simple, vulgaire.*

arlequin *nom masculin*

/ VIEUX. Homme versatile. SYN. fantoche, marionnette, pantin – FAMILIER : girouette, guignol, polichinelle – LITTÉRAIRE : protée – VIEUX : sauteur.

armada *nom féminin*

/ FAMILIER. Grand nombre d'êtres, de choses. SYN. armée, avalanche, bataillon, cascade, flot, foule, horde, kyrielle, légion, masse, multitude, myriade, nuée, pléiade, ramassis, tas, troupe, troupeau – FAMILIER : cargaison, flopée, foultitude, paquet, pelletée, peuple, régiment, ribambelle – LITTÉRAIRE : averse, essaim. CONTR. *escouade, poignée.*

armature *nom féminin*

/ Assemblage qui soutient. SYN. carcasse, charpente, contexture, ossature, squelette, structure – LITTÉRAIRE : texture, trame.

armé *adjectif*

/ Prêt à affronter. SYN. cuirassé, paré, pourvu.

armée *nom féminin*

/ Grand nombre d'êtres, de choses. SYN. avalanche, bande, bataillon, cascade, chapelet, débordement, déferlement, déluge, fatras, flot, foule, grêle, horde, infinité, kyrielle, légion, masse, meute, monceau, multitude, myriade, nuée, pléiade, pluie, quantité, ramassis, tas, torrent, troupe, troupeau – FAMILIER : armada, cargaison, cohorte, flopée, foultitude, pelletée, peuple, régiment, ribambelle, tapée – LITTÉRAIRE : averse, essaim. CONTR. *escouade, poignée.*

armer *verbe*

/ Pourvoir d'armes. SYN. militariser. CONTR. *démilitariser, désarmer, pacifier.*

/ Mettre en état de résister à. SYN. blinder, endurcir, fortifier, munir, prémunir. CONTR. *affaiblir, débiliter, épuiser, saper* – FAMILIER : *démolir.*

armer (s') *verbe pronominal*

/ Se prémunir contre un danger. SYN. se fortifier, se garantir, se munir, s'endurcir, s'immuniser.

armistice *nom masculin*

/ Arrêt des hostilités. SYN. cessez-le-feu, suspension d'armes, trêve. CONTR. *guerre, hostilités.*

armure *nom féminin*

/ LITTÉRAIRE. Moyen de protection. SYN. bouclier, carapace – LITTÉRAIRE : cuirasse.

arnaque *nom féminin*

/ POPULAIRE. Fait d'escroquer. SYN. escroquerie, vol – LITTÉRAIRE : duperie.

arnaquer *verbe*

/ POPULAIRE. Abuser de la crédulité de. SYN. duper, escroquer, tromper, voler – FAMILIER : flouer, posséder, refaire, rouler – LITTÉRAIRE : gruger – POPULAIRE : baiser.

arnaqueur *nom*

/ POPULAIRE. Personne qui escroque. SYN. escroc, forban, fraudeur, voleur – FAMILIER : faisan, fripouille – VIEUX : fripon, gredin.

aromatique *adjectif*

/ Qui donne une odeur, un goût. SYN. embaumant, odorant, odoriférant. CONTR. *infect, malodorant, pestilentiel, puant.*

aromatiser *verbe*

/ Donner du goût, une odeur. SYN. assaisonner, parfumer.

arôme *nom masculin*

/ Principe odorant. SYN. bouquet, effluve, émanation, exhalaison, fumet, odeur, parfum – LITTÉRAIRE : fragrance, senteur. CONTR. *infection, pestilence, puanteur, relent.*

arpenter *verbe*

/ Parcourir à grands pas. SYN. faire les cent pas, marcher, parcourir, sillonner.

arqué *adjectif*

/ En forme d'arc. SYN. bombé, busqué, cambré, cintré, convexe, courbe, courbé, tors, voûté – LITTÉRAIRE : tortu. CONTR. *aplati, droit, plan.*

arrachage *nom masculin*

/ Action d'arracher. SYN. ablation, arrachement, déracinement, éradication, extirpation, extraction. CONTR. *enracinement, plantation.*

arrachement *nom masculin*

/ LITTÉRAIRE. Peine causée par une séparation. SYN. déchirement – LITTÉRAIRE : déchirure.

arracher *verbe*

/ Détacher avec effort. SYN. déchirer, déraciner, déterrer, extirper, extraire, rompre. CONTR. *attacher, coller, enfoncer, enraciner.*

/ Prendre brutalement. SYN. détourner, écarter, emporter, ôter, prendre, retirer, soustraire, tirer – LITTÉRAIRE : ravir. CONTR. *confier, donner.*

/ Obtenir avec peine. SYN. extorquer, forcer, soutirer, surprendre.

arrangé *adjectif*

/ Organisé à l'avance. SYN. concerté, ménagé, organisé. CONTR. *impromptu, improvisé.*

arrangeant *adjectif*

/ Avec qui on s'arrange. SYN. accommodant, commode, complaisant, conciliant, coulant, facile, flexible, vivable – LITTÉRAIRE : traitable. CONTR. *buté, difficile, dur, exigeant, ferme, intraitable, intransigeant, irréconciliable, têtu* – VIEUX : *chicaneur, chicanier.*

arrangement *nom masculin*

/ Action d'arranger. SYN. agencement, aménagement, assortiment, composition, disposition, distribution, installation, ordonnance, ordre. CONTR. *bouleversement, chaos, dérangement, désordre.*

/ Accord amiable. SYN. accommodement, compromis, compromission, concession, conciliation, consensus, convention, modus vivendi, règlement. CONTR. *brouille, contestation, désaccord, dispute, procès, querelle.*

arranger *verbe*

/ Mettre en ordre. SYN. coordonner, disposer, mettre en place, ordonner, ranger – FAMILIER : attifer. CONTR. *bouleverser, défaire, déplacer, déranger, désorganiser, mélanger* – FAMILIER : *chambarder, chambouler.*

/ Modifier pour adapter à sa destination. SYN. agencer, aménager, combiner, embellir, recomposer, refaire, transformer – LITTÉRAIRE : accommoder. CONTR. *abîmer, défigurer, enlaidir.*

/ Remettre en état de marche. SYN. régler, réparer, restaurer – FAMILIER : retaper. CONTR. *abîmer, briser, casser, dérégler, détériorer* – FAMILIER : *bousiller, esquinter.*

/ Organiser quelque chose. SYN. adapter, calculer, combiner, concerter, construire, coordonner, élaborer, fabriquer, faciliter, machiner, ménager, mettre au point, mettre sur pied, orchestrer, préparer, régler – FAMILIER : goupiller. CONTR. *bouleverser, dérégler, désorganiser.*

/ Régler un problème. SYN. accommoder, aplanir, arbitrer, concilier, faciliter, régler. CONTR. *brouiller, compliquer, désorganiser, mêler, troubler.*

/ Satisfaire quelqu'un. SYN. agréer, aller, contenter, convenir, plaire, satisfaire, suffire. CONTR. *déplaire, mécontenter.*

arranger (s') *verbe pronominal*

/ Prendre ses dispositions. SYN. s'organiser – FAMILIER : se débrouiller.

/ Se mettre d'accord. SYN. amener à composition, pactiser, parlementer, s'entendre, transiger – LITTÉRAIRE : s'accorder. CONTR. *se battre, se brouiller, se disputer, se quereller.*

/ Se contenter de. SYN. s'accommoder, se contenter, se résigner, se satisfaire.

/ Évoluer favorablement. SYN. se calmer – FAMILIER : se tasser. CONTR. *aller de mal en pis, dégénérer, empirer, s'aggraver, se compliquer.*

arrestation *nom féminin*

/ Action d'arrêter quelqu'un. SYN. capture, détention, emprisonnement, incarcération. CONTR. *élargissement, libération.*

arrêt *nom masculin*

/ Action d'arrêter, de s'arrêter. SYN. blocage, cessation, coupure, fin, immobilisation, interruption, pause, repos, suspension – LITTÉRAIRE : halte. CONTR. *avancement, continuation, continuité, cours, déclenchement, évolution, marche, mouvement, poursuite, reprise.*

/ Endroit où s'arrête un véhicule. SYN. escale, station, terminus – LITTÉRAIRE : halte.

/ Décision d'une juridiction. SYN. arrêté, décret, jugement, règlement, sentence, verdict.

arrêté *adjectif*

/ Qui est fixé. SYN. déterminé, entendu, ferme, fixe, immuable, inébranlable, irrévocable, réglé. CONTR. *flottant, flou, incertain, indéterminé, vague.*

arrêté *nom masculin*

/ Décision prise par une autorité. SYN. arrêt, décision, règlement, verdict.

arrêter *verbe*

/ Empêcher d'aller plus loin. SYN. aborder, accoster, assujettir, bloquer, immobiliser, mater, paralyser, retenir, stopper –FAMILIER: accrocher. CONTR. *débloquer, dégager.*

/ Faire cesser le fonctionnement. SYN. couper, fermer. CONTR. *actionner, agiter, mettre en marche, ouvrir.*

/ Interrompre un processus. SYN. borner, cesser, circonscrire, clôturer, conclure, endiguer, enrayer, intercepter, interrompre, juguler, mettre fin à, mettre un frein à, mettre un point final à, mettre un terme à, stopper, suspendre –LITTÉRAIRE: clore. CONTR. *accélérer, activer, amorcer, continuer, débloquer, déclencher, développer, entretenir, hâter, perpétuer, poursuivre, pousser, propager, reprendre.*

/ Appréhender par autorité de justice. SYN. appréhender, attraper, capturer, emprisonner, incarcérer, prendre, s'emparer –FAMILIER: choper, coffrer, coincer, cueillir, épingler, pincer, piquer, ramasser –POPULAIRE: agrafer, alpaguer, emballer. CONTR. *élargir, libérer, relâcher, relaxer.*

/ Décider de façon définitive. SYN. convenir, décider, déterminer, fixer, régler –LITTÉRAIRE: trancher. CONTR. *dissuader, empêcher, interdire.*

arrêter (s') *verbe pronominal*

/ Séjourner quelque part. SYN. descendre, faire escale, faire étape, faire halte, faire une pause, rester, séjourner, stationner, stopper –LITTÉRAIRE: demeurer. CONTR. *continuer, faire route, partir, passer, s'ébranler.*

/ Ne pas aller plus loin. SYN. aboutir, finir, prendre fin, s'achever, se dénouer, se terminer, toucher à sa fin. CONTR. *avancer, bondir, continuer, démarrer, progresser, reprendre, se poursuivre, suivre son cours.*

/ Cesser de faire quelque chose. SYN. cesser, se retenir. CONTR. *continuer, évoluer, reprendre, s'accélérer, se poursuivre.*

/ Porter son attention sur. SYN. s'attarder à. CONTR. *effleurer, glisser sur, survoler.*

arrhes *nom féminin pluriel*

/ Somme d'argent. SYN. acompte, à-valoir, provision.

arrière *nom masculin*

/ Partie postérieure de quelque chose. SYN. queue. CONTR. *avant, devant, façade, front, tête.*

arriéré *adjectif*

/ En retard sur son époque. SYN. anachronique, ancien, antique, archaïque, attardé, barbare, d'arrière-garde, démodé, désuet, périmé, retardataire, rétrograde, vieillot, vieux –FAMILIER: fossile, out, retardé, ringard –LITTÉRAIRE: suranné. CONTR. *à la mode, à la page, avancé, dans le coup, dans le vent, jeune, moderne, précoce* –FAMILIER: *in.*

arrière-pensée *nom féminin*

/ Pensée non exprimée. SYN. calcul, combinaison, dessein, idée derrière la tête, intention, plan, projet, réticence, sous-entendu, visée. CONTR. *franchise.*

arrière-train *nom masculin*

/ POPULAIRE. Partie comprenant les fesses. SYN. siège –FAMILIER: croupe, croupion, fessier, fondement, postérieur –LITTÉRAIRE: séant –POPULAIRE: cul, derche, lune, pétard, popotin.

arrimer *verbe*

/ Fixer un chargement. SYN. accorer, amarrer, assujettir, assurer, caler, fixer.

arrivée *nom féminin*

/ Action d'arriver. SYN. accession, afflux, apparition, débarquement, entrée, incursion, intrusion, survenance, venue. CONTR. *départ.*

/ Fait de se produire. SYN. approche, avènement, commencement, début, imminence –LITTÉRAIRE: voisinage. CONTR. *fin.*

arriver *verbe*

/ Parvenir à destination. SYN. aborder, accéder, accoster, atteindre, gagner, parvenir, rallier –LITTÉRAIRE: toucher. CONTR. *appareiller, lever l'ancre, partir, repartir, s'en aller.*

/ Venir vers un lieu. SYN. accourir, affluer, aller, approcher, atteindre, faire irruption, s'approcher de, se rendre, venir –LITTÉRAIRE: survenir –POPULAIRE: se pointer, se radiner. CONTR. *déguerpir, fuir, quitter, se détourner, se retirer, s'écarter, s'éloigner, s'en aller, s'enfuir, s'envoler, s'évanouir.*

/ Atteindre un certain niveau. SYN. atteindre, gagner, monter, parvenir, s'élever.

/ Réussir socialement. SYN. émerger, faire carrière, faire son chemin, percer, prendre du galon, se faire une place au soleil, se pousser, s'imposer –FAMILIER: faire son trou –LITTÉRAIRE: parvenir. CONTR. *échouer, rater, sombrer.*

/ Réussir à faire quelque chose. SYN. parvenir.
/ Avoir lieu. SYN. advenir, s'accomplir, se manifester, se passer, se présenter, se produire, se réaliser, se voir, survenir.

arriviste *adjectif*
/ Qui veut réussir à tout prix. SYN. ambitieux, intrigant, opportuniste. CONTR. *désintéressé, modeste.*

arriviste *nom*
/ Personne qui veut réussir. SYN. ambitieux, audacieux, carriériste, intrigant, jeune loup, opportuniste, présomptueux.

arrogance *nom féminin*
/ Attitude hautaine. SYN. condescendance, dédain, fatuité, hauteur, impudence, insolence, morgue, orgueil, présomption, prétention, suffisance, supériorité – LITTÉRAIRE: fierté, outrecuidance, superbe. CONTR. *affabilité, aplatissement, bienveillance, bonhomie, déférence, humilité, modestie, platitude, simplicité, soumission* – LITTÉRAIRE: *aménité.*

arrogant *adjectif*
/ Qui fait preuve d'arrogance. SYN. condescendant, dédaigneux, fier, hautain, impudent, méprisant, provocant, rogue, suffisant, supérieur – LITTÉRAIRE: altier, fat, insolent. CONTR. *accueillant, affable, aimable, bonhomme, courtois, déférent, familier, humble, modeste, plat, respectueux, simple* – LITTÉRAIRE: *révérencieux.*

arrogant *nom*
/ Personne hautaine. SYN. cuistre, fier, impudent, insolent, pédant – LITTÉRAIRE: fat.

arroger (s') *verbe pronominal*
/ LITTÉRAIRE. S'attribuer indûment quelque chose. SYN. accaparer, monopoliser, revendiquer, s'approprier, s'attribuer, s'octroyer, usurper. CONTR. *abandonner, décliner, dédaigner, refuser, repousser.*

arrondi *adjectif*
/ Qui a une forme ronde. SYN. circulaire, convexe, courbe, sphérique. CONTR. *plat, pointu.*

arrondir *verbe*
/ Augmenter quelque chose. SYN. accroître, agrandir, compléter, épaissir, étendre, gonfler, grossir, parfaire. CONTR. *amoindrir, diminuer, disperser, dissiper, réduire, retrancher.*

arrondir (s') *verbe pronominal*
/ FAMILIER. Prendre de l'embonpoint. SYN. épaissir, forcir, grossir, s'alourdir, s'empâter, s'étoffer.

arrosage *nom masculin*
/ Action d'arroser. SYN. aspersion, irrigation. CONTR. *assèchement, dessèchement, drainage.*

arroser *verbe*
/ Mouiller. SYN. asperger, doucher, éclabousser, humecter, inonder, mouiller, noyer, tremper – FAMILIER: rincer, saucer. CONTR. *assécher, dessécher, drainer, éponger, essuyer, étancher, sécher.*
/ Irriguer un lieu. SYN. irriguer – LITTÉRAIRE: baigner.
/ FAMILIER. Corrompre quelqu'un. SYN. acheter, payer, soudoyer, suborner – FAMILIER: graisser la patte – LITTÉRAIRE: stipendier.

arsenal *nom masculin*
/ Grande quantité de choses variées. SYN. attirail, catalogue, collection, inventaire, liste, panoplie, recueil, réserve.

arsouille *nom*
/ POPULAIRE. Mauvais garçon. SYN. canaille, chenapan, crapule, filou, gredin, vaurien, vermine, voyou – FAMILIER: fripouille – POPULAIRE: frappe, gouape, malfrat.

art *nom masculin*
/ Talent pour faire quelque chose. SYN. adresse, dextérité, don, génie, habileté, maestria, métier, pouvoir, savoir-faire, style, technique – FAMILIER: chic – LITTÉRAIRE: faire. CONTR. *gaucherie, maladresse.*

article *nom masculin*
/ Subdivision d'un texte. SYN. alinéa, chapitre, paragraphe, point, titre.
/ Écrit faisant partie d'une publication. SYN. chronique, papier, rubrique – VIEUX: notice.
/ Sujet. SYN. chapitre, point, question.
/ Objet destiné à la vente. SYN. denrée, marchandise, objet, produit, ustensile.

articulation *nom féminin*
/ Manière de prononcer les sons. SYN. élocution, parler, parole, prononciation.

articuler *verbe*
/ Émettre des sons. SYN. énoncer, marteler, proférer, prononcer. CONTR. *balbutier, bredouiller, marmonner, marmotter* –FAMILIER: *bafouiller, baragouiner.*
/ Assembler des pièces. SYN. agencer, aménager. CONTR. *désarticuler, disloquer.*

artifice *nom masculin*
/ Procédé ingénieux. SYN. acrobatie, ficelle, ingéniosité, procédé, ruse, stratagème, subterfuge –FAMILIER: astuce, roublardise, truc –LITTÉRAIRE: habileté.

artificiel *adjectif*
/ Qui se substitue à un élément naturel. SYN. de fantaisie, d'emprunt, en trompe-l'œil, fabriqué, factice, faux, postiche, préfabriqué –LITTÉRAIRE: emprunté. CONTR. *authentique, naturel, réel, véritable, vrai.*
/ Qui est arbitraire. SYN. livresque, spécieux, subjectif. CONTR. *objectif, positif, réel.*
/ Qui manque d'authenticité. SYN. affecté, apprêté, composé, contraint, contrefait, de commande, emprunté, étudié, feint, forcé, frelaté, outré, simulé, sophistiqué, stéréotypé, surfait. CONTR. *authentique, franc, instinctif, naturel, originel, primitif, profond, pur, sincère, spontané, véritable, vrai.*

artificiellement *adverbe*
/ De façon factice. SYN. faussement. CONTR. *naturellement.*

artificieusement *adverbe*
/ LITTÉRAIRE. Avec ruse. SYN. –LITTÉRAIRE: fallacieusement, spécieusement. CONTR. *franchement, naïvement, sincèrement, spontanément, vrai.*

artificieux *adjectif*
/ LITTÉRAIRE. Qui vise à tromper. SYN. astucieux, captieux, fourbe, hypocrite, perfide, retors, rusé, spécieux, trompeur –LITTÉRAIRE: cauteleux, fallacieux. CONTR. *direct, droit, franc, naïf, sincère, spontané.*

artisan *nom*
/ Personne à l'origine de. SYN. acteur, âme, auteur, cause, promoteur, responsable –LITTÉRAIRE: ouvrier.

artiste *adjectif*
/ Qui a le sentiment du beau. SYN. artistique, bohème.

artiste *nom*
/ Personne qui interprète des œuvres. SYN. acteur, comédien, interprète.
/ Personne qui aime les arts. SYN. esthète, virtuose.

artistement *adverbe*
/ Avec goût. SYN. artistiquement, délicatement, esthétiquement –LITTÉRAIRE: précieusement.

artistiquement *adverbe*
/ De façon artistique. SYN. artistement, esthétiquement.

as *nom masculin*
/ FAMILIER. Personne qui excelle dans une activité. SYN. cerveau, chef, génie, gloire, prodige, virtuose –FAMILIER: aigle, cacique, champion, crack –LITTÉRAIRE: lumière, phénix. CONTR. *incapable, nul, nullité, raté* –FAMILIER: *zéro.*

ascendance *nom féminin*
/ Ensemble des ascendants. SYN. ancêtres, filiation, ligne, lignée. CONTR. *descendance.*
/ Origine sociale. SYN. racines, souche –LITTÉRAIRE: extraction.

ascendant *nom*
/ Parent dont on descend. SYN. ancêtre, ancien, souche –LITTÉRAIRE: aïeul, parent. CONTR. *descendant.*

ascendant *nom masculin*
/ Influence exercée sur quelqu'un. SYN. autorité, domination, empire, emprise, fascination, importance, mainmise, pouvoir, prise, puissance –LITTÉRAIRE: crédit.

ascension *nom féminin*
/ Fait de s'élever. SYN. élévation, escalade, montée, progrès, progression. CONTR. *chute, décadence, déchéance, déclin, descente.*

ascèse *nom féminin*
/ Régime de privations. SYN. abstinence, austérité, mortification.

ascète *nom*

/ Personne qui pratique l'ascèse. CONTR. *débauché, épicurien, jouisseur* – LITTÉRAIRE : *sybarite.*

ascétique *adjectif*

/ Propre à l'ascétisme. SYN. austère, érémitique, monacal, spartiate – LITTÉRAIRE : frugal. CONTR. *épicurien, hédoniste, libertin, sensuel, voluptueux* – LITTÉRAIRE : *dissolu.*

ascétisme *nom masculin*

/ Doctrine morale axée sur l'ascèse. SYN. stoïcisme. CONTR. *épicurisme, hédonisme, matérialisme.*

/ Vie de privations. SYN. austérité, puritanisme, tempérance. CONTR. *débauche, excès, intempérance, libertinage, sensualité, sybaritisme* – LITTÉRAIRE : *débridement.*

asile *nom masculin*

/ Lieu où l'on peut s'abriter. SYN. abri, oasis, protection, refuge, retraite, sanctuaire, toit – LITTÉRAIRE : antre, gîte, havre, port.

asocial *adjectif*

/ Inadapté à la vie sociale. SYN. inadapté – FAMILIER : ours. CONTR. *sociable.*

aspect *nom masculin*

/ Apparence extérieure. SYN. air, allure, dehors, extérieur, facette, physionomie – FAMILIER : touche – LITTÉRAIRE : tournure.

/ Chacune des faces d'un sujet. SYN. angle, côté, couleur, forme, jour, perspective, point de vue, rapport, vue.

asperger *verbe*

/ Mouiller quelqu'un, quelque chose. SYN. arroser, doucher, éclabousser, humecter, inonder, tremper – FAMILIER : rincer, saucer. CONTR. *sécher.*

aspérité *nom féminin*

/ Rugosité d'une surface. SYN. âpreté, inégalité, saillie. CONTR. *égalité, poli.*

asphyxiant *adjectif*

/ Qui asphyxie. SYN. délétère, étouffant, irrespirable, suffocant. CONTR. *respirable, salubre.*

asphyxie *nom féminin*

/ Paralysie d'un secteur d'activité. SYN. blocage, engourdissement, étouffement, immobilisme, inertie, marasme, oppression, sclérose, stagnation, torpeur – LITTÉRAIRE : étranglement. CONTR. *activité, dynamisme.*

asphyxier *verbe*

/ Paralyser une activité. SYN. bloquer, entraver, étouffer, étrangler, immobiliser, stopper. CONTR. *animer.*

aspiration *nom féminin*

/ Action d'aspirer. SYN. inhalation, inspiration. CONTR. *expiration.*

/ Élan vers un idéal. SYN. ambition, attente, besoin, but, désir, dessein, espoir, impulsion, mouvement, rêve, souhait, velléité, visée, vœu – LITTÉRAIRE : appétit. CONTR. *méfiance, refoulement, répulsion.*

aspirer *verbe transitif*

/ Absorber l'air, un gaz. SYN. humer, inhaler, inspirer, pomper, priser, renifler, respirer. CONTR. *exhaler, expirer, souffler.*

aspirer *verbe transitif indirect*

/ Désirer profondément. SYN. ambitionner, avoir à cœur de, avoir envie de, briguer, brûler de, chercher, convoiter, désirer, griller de, mourir d'envie de, postuler, prétendre à, rêver de, souhaiter, viser, vouloir – LITTÉRAIRE : soupirer après. CONTR. *faire fi de, mépriser, négliger, renoncer.*

assagir *verbe*

/ Rendre quelqu'un sage. SYN. apaiser, calmer – LITTÉRAIRE : rasséréner. CONTR. *débaucher, dévergonder, dissiper.*

/ Calmer quelque chose. SYN. atténuer, contenir, diminuer, modérer, tempérer. CONTR. *attiser, aviver, déchaîner, exaspérer, exciter.*

assagir (s') *verbe pronominal*

/ Devenir sage. SYN. s'adoucir, s'amender, se calmer, se ranger. CONTR. *se débaucher, se dévergonder, se dissiper.*

assaillant *nom*

/ Personne qui attaque. SYN. agresseur, attaquant, offenseur. CONTR. *défenseur.*

assaillir *verbe*

/ Attaquer quelqu'un. SYN. agresser, fondre sur, sauter sur, se jeter sur, se précipiter sur – LITTÉRAIRE : presser. CONTR. *défendre, délivrer, protéger, résister, riposter, soutenir.*

/ Accabler quelqu'un. SYN. assiéger, hanter, harceler, miner, obnubiler, obséder, poursuivre, presser, ronger, talonner, tourmenter –FAMILIER: bombarder.

assainir *verbe*

/ Rendre sain. SYN. assécher, désinfecter, épurer, expurger, nettoyer, purger, purifier. CONTR. *altérer, gâter, infecter, infester, polluer, pourrir* –LITTÉRAIRE: *corrompre, empoisonner, souiller, vicier.*

/ Ramener à la normale. SYN. amender, épurer, normaliser, purifier –LITTÉRAIRE: régénérer. CONTR. *altérer, avilir, dégrader, dévoyer, pervertir* –LITTÉRAIRE: *corrompre, vicier.*

assainissement *nom masculin*

/ Action d'assainir. SYN. assèchement, désinfection, épuration, nettoyage, normalisation, purification, redressement, stabilisation –LITTÉRAIRE: régénération. CONTR. *altération, dégradation, dépravation, infection* –LITTÉRAIRE: *corruption.*

assaisonné *adjectif*

/ Dont le goût est relevé. SYN. épicé, relevé. CONTR. *fadasse, fade.*

assaisonnement *nom masculin*

/ Ingrédients pour assaisonner. SYN. aromates, condiments, épices.

assaisonner *verbe*

/ Relever le goût d'un plat. SYN. accommoder, apprêter, aromatiser, condimenter, épicer, parfumer, pimenter. CONTR. *affadir, édulcorer.*

/ FAMILIER. Critiquer vivement. SYN. descendre en flammes, dire pis que pendre –FAMILIER: abîmer, casser du sucre sur, cracher sur, débiner, éreinter, rhabiller pour l'hiver –LITTÉRAIRE: clabauder, fustiger, satiriser –POPULAIRE: tailler un costard, tailler une veste.

assassin *nom masculin*

/ Auteur d'un meurtre. SYN. criminel, égorgeur, massacreur, meurtrier, tueur –FAMILIER: boucher –LITTÉRAIRE: homicide, sicaire.

assassinat *nom masculin*

/ Action d'assassiner. SYN. attentat, crime, homicide, meurtre, suppression.

assassiner *verbe*

/ Commettre un meurtre. SYN. abattre, égorger, éliminer, envoyer ad patres, exécuter, massacrer, supprimer, tuer –FAMILIER: faire passer le goût du pain, liquider, ôter le goût du pain, trucider –LITTÉRAIRE: immoler, occire –POPULAIRE: buter, descendre, faire la peau, flinguer, ratatiner, rectifier, refroidir, zigouiller –VIEUX: suriner.

assaut *nom masculin*

/ Action d'attaquer. SYN. attaque, charge, choc, combat, incursion, offensive, raid. CONTR. *défense, défensive, riposte.*

asséché *adjectif*

/ Privé d'eau. SYN. sec. CONTR. *détrempé, pluvieux.*

assèchement *nom masculin*

/ Action d'assécher. SYN. assainissement, dessèchement, drainage. CONTR. *arrosage, inondation, irrigation.*

assécher *verbe*

/ Priver un sol de son eau. SYN. assainir, dessécher, drainer, essuyer, sécher. CONTR. *arroser, humidifier, inonder, irriguer, mouiller, nourrir, noyer, tremper* –LITTÉRAIRE: *baigner.*

/ Mettre à sec un bassin. SYN. épuiser, tarir, vider. CONTR. *remplir.*

assemblage *nom masculin*

/ Action d'assembler des éléments. SYN. agglomération, ajustage, combinaison, jointure, jonction, montage. CONTR. *démontage, désassemblage, désunion, disjonction, dislocation.*

/ Réunion inattendue. SYN. agglomérat, amalgame, amas, association, assortiment, brassage, collection, fatras, fusion, mariage, mélange, rapprochement.

assemblée *nom féminin*

/ Réunion de personnes en un lieu. SYN. assistance, auditoire, cercle, compagnie, corps, parterre, public, rassemblement –FAMILIER: société.

assembler *verbe*

/ Réunir des choses distinctes. SYN. adapter, agencer, agréger, ajuster, allier, amasser, coordonner, joindre, jointoyer, marier, monter, raccorder, rassembler, relier, souder. CONTR. *défaire, démonter, désassembler, disjoindre, disloquer, disséminer, éparpiller.*

/ LITTÉRAIRE. Réunir des personnes. SYN. associer, attrouper, brasser, concentrer, convoquer, grouper, lier, masser, mélanger, rassembler. CONTR. *désunir, disperser, disséminer, séparer.*

assembler (s') *verbe pronominal*

/ Se réunir. SYN. s'amasser, s'amonceler, s'attrouper, se coaliser, se grouper, se rassembler, s'entasser. CONTR. *se disperser, se dissiper, se séparer, s'égailler, s'éparpiller, s'évanouir.*

asséner ou **assener** *verbe*

/ Porter un coup à quelqu'un. SYN. appliquer, décocher, lancer, mettre, porter –FAMILIER: administrer, allonger, ficher, flanquer –POPULAIRE: balancer, coller, foutre.

assentiment *nom masculin*

/ Approbation. SYN. acceptation, accord, acquiescement, adhésion, agrément, autorisation, consentement, permission –LITTÉRAIRE: suffrage. CONTR. *barrage, désapprobation, désaveu, objection, opposition, protestation, refus, rejet, résistance, veto* –LITTÉRAIRE: *répudiation.*

asseoir *verbe*

/ Donner du poids à. SYN. affermir, ancrer, appuyer, assurer, baser, bâtir, consolider, établir, fonder, renforcer. CONTR. *affaiblir, ébranler, renverser, ruiner.*

/ FAMILIER. Frapper de surprise. SYN. abasourdir, ahurir, ébahir, éberluer, étonner, méduser, renverser, stupéfier, suffoquer, surprendre –FAMILIER: ébouriffer, épater, époustoufler, estomaquer, scier, sidérer, souffler.

assertion *nom féminin*

/ Ce que l'on affirme. SYN. affirmation, allégation, attestation, dire, propos. CONTR. *dénégation.*

asservi *adjectif*

/ Totalement sous la coupe de. SYN. esclave, prisonnier, tributaire –LITTÉRAIRE: captif. CONTR. *affranchi, émancipé, indépendant.*

asservir *verbe*

/ Priver de sa liberté. SYN. bâillonner, domestiquer, dominer, juguler, mater, museler, opprimer, régir, soumettre, tyranniser –LITTÉRAIRE: assujettir, dompter, enchaîner. CONTR. *affranchir, délivrer, émanciper, libérer.*

asservissant *adjectif*

/ Qui asservit. SYN. assujettissant, astreignant, contraignant, tyrannique.

asservissement *nom masculin*

/ État de dépendance. SYN. aliénation, carcan, dépendance, esclavage, humilité, obédience –LITTÉRAIRE: astreinte, chaînes, joug, servilité, servitude, sujétion, vassalité. CONTR. *autonomie, indépendance, liberté* –LITTÉRAIRE: *délivrance.*

/ Action d'asservir. SYN. abaissement, assujettissement, domestication, domination, inféodation, maîtrise, oppression, soumission, subordination. CONTR. *affranchissement, émancipation, libération, rachat.*

assez *adverbe*

/ FAMILIER. Exprime l'irritation. SYN. –FAMILIER: ça suffit !, suffit !

/ Indique la quantité suffisante. SYN. autant qu'il faut, suffisamment. CONTR. *exagérément, excessivement, insuffisamment, peu, trop.*

/ Indique l'intensité. SYN. particulièrement, pas mal, passablement, plutôt. CONTR. *beaucoup, fort, fortement, très.*

assidu *adjectif*

/ Qui est très zélé. SYN. appliqué, attentif, empressé, fidèle, patient, ponctuel, scrupuleux, sérieux, vigilant –LITTÉRAIRE: diligent. CONTR. *inconstant, infidèle, léger, négligent, vagabond.*

/ Qui est fait sans discontinuité. SYN. constant, continu, continuel, incessant, régulier, soutenu, suivi. CONTR. *discontinu, exceptionnel, interrompu, irrégulier, rare, relâché.*

assiduité *nom féminin*

/ Application constante. SYN. constance, empressement, ponctualité, régularité, ténacité, zèle –LITTÉRAIRE: diligence. CONTR. *abandon, fantaisie, indifférence, inexactitude, infidélité, insouciance, irrégularité, laisser-aller, négligence, paresse, relâchement* –LITTÉRAIRE: *délaissement.*

assidûment *adverbe*

/ Avec assiduité. SYN. constamment, continuellement, exactement, ponctuellement, régulièrement –LITTÉRAIRE: continûment. CONTR. *irrégulièrement, par intermittence, par intervalles.*

assiéger *verbe*

/ Faire le siège de. SYN. assaillir, attaquer, bloquer, cerner, encercler, enfermer, entourer, envelopper, investir. CONTR. *battre en retraite, lever le siège, reculer, se replier, se retirer.*

/ Harceler quelqu'un. SYN. assaillir, poursuivre, presser, relancer, talonner –FAMILIER: bombarder. CONTR. *dédaigner, ignorer.*

assiette *nom féminin*

/ Caractère équilibré. SYN. équilibre, stabilité, tenue.

/ Base qui assure la stabilité. SYN. assise, fondation, fondement, platée, soubassement.

assigner *verbe*

/ Attribuer quelque chose à quelqu'un. SYN. désigner, destiner, fixer, imposer –LITTÉRAIRE: impartir.

/ Affecter des fonds à une dépense. SYN. adjuger, affecter, allouer, attribuer, destiner.

/ Citer en justice. SYN. citer, convoquer, sommer, traduire.

assimilable *adjectif*

/ Qui peut être compris. SYN. abordable, accessible, clair, compréhensible, digeste, intelligible. CONTR. *inassimilable.*

/ Que l'on peut comparer. SYN. analogue, comparable, similaire. CONTR. *différent, dissemblable, inassimilable.*

/ Que l'on peut digérer. SYN. digeste, digestible, léger. CONTR. *inassimilable.*

assimilation *nom féminin*

/ Action d'intégrer. SYN. absorption, fusion, incorporation, intégration. CONTR. *discrimination, rejet, ségrégation* –LITTÉRAIRE: *répudiation.*

/ Fait de comparer à. SYN. analogie, comparaison, équivalence, parallèle, rapprochement, similitude. CONTR. *distinction, séparation.*

assimiler *verbe*

/ Mettre sur le même plan. SYN. comparer, confondre, identifier, ramener à, rapprocher. CONTR. *différencier, dissocier, distinguer, séparer.*

/ Intégrer quelqu'un, un groupe. SYN. fondre, incorporer. CONTR. *discriminer, éliminer, isoler, rejeter.*

/ Saisir par la pensée. SYN. acquérir, apprendre, comprendre, intégrer, pénétrer, saisir, s'approprier, s'imprégner de –FAMILIER: digérer –LITTÉRAIRE: embrasser –POPULAIRE: entraver, piger.

assimiler (s') *verbe pronominal*

/ Se fondre dans un groupe. SYN. s'adapter, se familiariser, se rapprocher, s'identifier, s'incorporer, s'intégrer. CONTR. *se différencier, se distinguer.*

assis *adjectif*

/ Solidement fondé. SYN. assuré, ferme, inébranlable, solide, stable. CONTR. *branlant, chancelant, flottant, fluctuant, instable.*

/ FAMILIER. Vivement surpris. SYN. abasourdi, ahuri, coi, ébahi, éberlué, étonné, interdit, interloqué, médusé, pantois, renversé, stupéfait, suffoqué, surpris, tombé de la lune, tombé des nues –FAMILIER: baba, comme deux ronds de flan, épaté, époustouflé, estomaqué, scié, sidéré, soufflé –LITTÉRAIRE: ébaubi.

assise *nom féminin*

/ Base solide. SYN. assiette, fond, fondation, fondement, pied, racine, soubassement.

assistance *nom féminin*

/ Personnes présentes en un lieu. SYN. assemblée, auditoire, cercle, compagnie, galerie, parterre, public, rassemblement, salle.

/ Action d'aider quelqu'un. SYN. aide, appui, charité, concours, main-forte, protection, secours, soutien. CONTR. *abandon* –FAMILIER: *lâchage* –LITTÉRAIRE: *délaissement.*

assistant *nom*

/ Personne qui assiste quelqu'un. SYN. adjoint, aide, auxiliaire, collaborateur, second.

assister *verbe*

/ Seconder quelqu'un. SYN. aider, appuyer, collaborer, épauler, soutenir. CONTR. *desservir, entraver, gêner, nuire.*

/ Secourir quelqu'un. SYN. aider, défendre, obliger, protéger, réconforter. CONTR. *abandonner, délaisser, négliger, oublier.*

association *nom féminin*

/ Action d'associer. SYN. adjonction, affiliation, agencement, assemblage, combinaison, connexion, fusion, incorporation, mariage, mélange, rapprochement –LITTÉRAIRE: conjugaison. CONTR. *disjonction, dispersion, dissociation, division, scission, séparation.*

/ Groupement de personnes. SYN. amicale, club, coalition, comité, compagnie, fédération, groupement, organisation, organisme, parti, trust, union –LITTÉRAIRE: ligue.

/ Action de s'associer. SYN. alliance, collaboration, coopération, liaison, participation. CONTR. *rupture.*

associé *nom*

/ Personne liée à une autre. SYN. adjoint, allié, auxiliaire, collaborateur, compagnon, partenaire. CONTR. *antagoniste, concurrent, rival.*

associer *verbe*

/ Réunir pour une action commune. SYN. adjoindre, grouper, rassembler, réunir –LITTÉRAIRE: assembler. CONTR. *désunir, disséminer, éparpiller.*

/ Mettre ensemble. SYN. adjoindre, agréger, allier, amalgamer, assortir, attacher, enchaîner, incorporer, joindre, lier, marier, mélanger, mêler, relier, unir –LITTÉRAIRE: confondre, réunir. CONTR. *désunir, disjoindre, dissocier, isoler, séparer.*

associer (s') *verbe pronominal*

/ S'unir à quelqu'un pour une action. SYN. collaborer, coopérer, être de mèche avec, fusionner, partager, participer à, prendre part à, s'allier, se coaliser, se joindre à, se solidariser. CONTR. *rivaliser, se brouiller, se désolidariser, se désunir, se dissocier, se séparer, s'isoler, s'opposer à.*

/ Former harmonie avec. SYN. aller avec, s'accorder, s'assortir, se combiner, se marier, se mêler, s'harmoniser, s'unir. CONTR. *détonner, hurler, jurer, se heurter.*

assoiffé *adjectif*

/ Avide de quelque chose. SYN. affamé, insatiable. CONTR. –LITTÉRAIRE: *repu.*

assombrir *verbe*

/ Rendre sombre. SYN. brunir, foncer, noircir, obscurcir, ternir –LITTÉRAIRE: enténébrer. CONTR. *blanchir, éclaircir, illuminer* –LITTÉRAIRE: *brillanter.*

/ Rendre moins gai. SYN. aigrir, attrister, chagriner, consterner, peiner –LITTÉRAIRE: rembrunir. CONTR. *dérider, divertir, égayer, ensoleiller, ravir, réjouir* –LITTÉRAIRE: *éclairer.*

assombrir (s') *verbe pronominal*

/ Devenir sombre. SYN. noircir, se brouiller, se couvrir, se gâter, s'obscurcir. CONTR. *se découvrir, se dégager, se lever, s'éclaircir.*

/ Devenir triste. SYN. s'attrister, se renfrogner –LITTÉRAIRE: se rembrunir. CONTR. *se dérider, s'épanouir.*

assommant *adjectif*

/ FAMILIER. Qui ennuie. SYN. endormant, ennuyeux, étourdissant, fastidieux, lassant, mortel, tuant –FAMILIER: abrutissant, barbant, casse-pieds, embêtant, empoisonnant, enquiquinant, rasant, rasoir, soûlant, tannant –POPULAIRE: canulant, emmerdant, suant. CONTR. *agréable, amusant, captivant, distrayant, enthousiasmant, excitant, intéressant, plaisant, récréatif, réjouissant* –FAMILIER: *emballant, folichon.*

assommé *adjectif*

/ Qui a reçu un coup. SYN. –FAMILIER: groggy, K.-O., sonné.

assommer *verbe*

/ Frapper d'un coup violent. SYN. étourdir, matraquer –FAMILIER: estourbir, sonner.

/ Accabler quelqu'un. SYN. abasourdir, abattre, anéantir, fatiguer, paralyser –FAMILIER: achever. CONTR. *ranimer, revigorer* –LITTÉRAIRE: *vivifier.*

/ Ennuyer quelqu'un. SYN. endormir, excéder, lasser –FAMILIER: barber, bassiner, embêter, empoisonner, enquiquiner, pomper, raser, tanner –LITTÉRAIRE: importuner –POPULAIRE: canuler, emmerder. CONTR. *amuser, captiver, distraire, enthousiasmer, intéresser, réjouir.*

assorti *adjectif*

/ En accord. SYN. adapté, adéquat, approprié, conforme, harmonieux, proportionné. CONTR. *dépareillé.*

assortiment *nom masculin*

/ Échantillons formant un ensemble. SYN. alliance, arrangement, assemblage, batterie, choix, cocktail, collection, échantillonnage, éventail, gamme, jeu, lot, mélange, palette, panoplie, sélection –LITTÉRAIRE: panaché.

assortir *verbe*

/ Mettre en harmonie. SYN. accorder, apparier, associer, combiner, conformer, harmoniser, marier, nuancer. CONTR. *dépareiller, désassortir.*

/ Accompagner quelque chose de. SYN. compléter, fournir, munir, pourvoir.

assortir (s') *verbe pronominal*

/ Être en harmonie avec. SYN. cadrer, concorder, s'accorder, s'associer.

assoupi *adjectif*

/ Dont l'activité est diminuée. SYN. endormi, léthargique – LITTÉRAIRE : ensommeillé, somnolent. CONTR. *dynamique.*

assoupir *verbe*

/ Plonger dans le sommeil. SYN. endormir. CONTR. *réveiller* – LITTÉRAIRE : *éveiller.*

/ Atténuer un état. SYN. adoucir, alléger, amortir, apaiser, engourdir, éteindre, étouffer. CONTR. *attiser, exalter, exciter, ranimer, raviver, stimuler* – LITTÉRAIRE : *allumer, enflammer.*

assoupir (s') *verbe pronominal*

/ Sombrer dans le sommeil. SYN. s'endormir, sommeiller, somnoler. CONTR. *se réveiller, s'éveiller* – FAMILIER : *émerger.*

/ LITTÉRAIRE. Devenir plus calme. SYN. s'adoucir, s'amortir, s'apaiser, s'atténuer, s'estomper, s'éteindre, s'étouffer. CONTR. *augmenter, empirer, s'aggraver, s'animer, se ranimer, se raviver, s'intensifier.*

assoupissant *adjectif*

/ Qui assoupit. SYN. endormant, narcotique, soporifique. CONTR. *dopant, exaltant, excitant, stimulant.*

assoupissement *nom masculin*

/ Fait de s'assoupir. SYN. endormissement, léthargie, sommeil, somnolence. CONTR. *éveil, réveil.*

/ LITTÉRAIRE. Perte d'intensité. SYN. atténuation, engourdissement, étouffement – LITTÉRAIRE : somnolence. CONTR. *aggravation, augmentation, exaltation, excitation, intensification, turbulence.*

/ LITTÉRAIRE. Perte de dynamisme. SYN. apathie, hébétement, hébètement, langueur, léthargie, paralysie, stupeur, torpeur – LITTÉRAIRE : hébétude. CONTR. *activité, dynamisme.*

assouplir *verbe*

/ Rendre plus souple. SYN. relâcher – LITTÉRAIRE : déraidir. CONTR. *contracter, durcir, endurcir, raidir* – LITTÉRAIRE : *bander.*

/ Rendre moins strict. SYN. adoucir, aménager, amender, atténuer, corriger. CONTR. *durcir, intensifier, radicaliser, rigidifier* – LITTÉRAIRE : *raidir.*

assouplir (s') *verbe pronominal*

/ Devenir plus souple. SYN. s'adoucir. CONTR. *durcir, s'endurcir.*

assourdi *adjectif*

/ Devenu moins sonore. SYN. bas, mat, silencieux, sourd. CONTR. *clair, claironnant, éclatant, fort, retentissant, sonore.*

assourdir *verbe*

/ Fatiguer quelqu'un. SYN. abrutir, étourdir – FAMILIER : casser les oreilles – LITTÉRAIRE : abasourdir, soûler.

/ Rendre un bruit moins intense. SYN. amortir, atténuer, éteindre, étouffer – LITTÉRAIRE : feutrer, ouater. CONTR. *amplifier, grossir, intensifier* – LITTÉRAIRE : *exalter.*

assourdissant *adjectif*

/ Qui rend sourd. SYN. abrutissant, bruyant, étourdissant, fracassant, retentissant, tonitruant, vrombissant – LITTÉRAIRE : tonnant. CONTR. *silencieux.*

assourdissement *nom masculin*

/ Action d'atténuer. SYN. amortissement, étouffement – LITTÉRAIRE : étranglement. CONTR. *amplification, intensification.*

assouvi *adjectif*

/ Dont l'envie est satisfaite. SYN. rassasié, satisfait – LITTÉRAIRE : repu. CONTR. *insatiable, insatisfait, vorace* – LITTÉRAIRE : *inapaisé, inassouvi.*

assouvir *verbe*

/ Satisfaire un désir. SYN. apaiser, calmer, combler, contenter, étancher, éteindre, rassasier – LITTÉRAIRE : repaître. CONTR. *aiguillonner, aiguiser, amplifier, attiser, enflammer, exciter, fouetter, intensifier, raviver, stimuler* – LITTÉRAIRE : *exalter.*

assouvissement *nom masculin*

/ Action d'assouvir. SYN. contentement, satiété, satisfaction. CONTR. *avidité, exaltation, excitation, insatiabilité, insatisfaction, surexcitation* – LITTÉRAIRE : *inassouvissement.*

assuétude *nom féminin*

/ Assujettissement à une drogue. SYN. accoutumance, dépendance.

assujettir *verbe*

/ LITTÉRAIRE. Placer sous sa domination. SYN. asservir, dominer, lier, opprimer, plier, soumettre, tyranniser –LITTÉRAIRE: dompter, garrotter. CONTR. *affranchir, délivrer, émanciper, libérer.*

/ Obliger quelqu'un à. SYN. charger, condamner, contraindre, forcer, réduire –LITTÉRAIRE: astreindre. CONTR. *décharger, dégager, dispenser, exempter, exonérer.*

/ Fixer quelque chose. SYN. arrêter, arrimer, assurer, attacher, atteler, caler, coincer, immobiliser. CONTR. *décoincer, délier, détacher, ébranler.*

assujettissant *adjectif*

/ Qui rend dépendant. SYN. asservissant, astreignant, contraignant, exigeant, pesant, strict, tyrannique. CONTR. *distrayant, léger, modéré.*

assujettissement *nom masculin*

/ Action d'assujettir. SYN. aliénation, asservissement, dépendance, soumission, subordination, sujétion. CONTR. *affranchissement, émancipation, indépendance, libération, liberté* –LITTÉRAIRE: *délivrance.*

/ LITTÉRAIRE. Contrainte. SYN. carcan, esclavage, lien, oppression –LITTÉRAIRE: astreinte, chaînes, joug, sujétion. CONTR. *exemption, exonération.*

assumer *verbe*

/ Prendre en charge. SYN. accepter, endosser –POPULAIRE: assurer. CONTR. *laisser tomber, refuser, rejeter, repousser, se décharger de.*

assurance *nom féminin*

/ Garantie formelle. SYN. affirmation, attestation, engagement, gage, garant, parole, preuve, promesse –LITTÉRAIRE: foi. CONTR. *démenti, dénégation, hypothèse, réfutation.*

/ Confiance en soi. SYN. aisance, aplomb, audace, certitude, espérance, fermeté, hardiesse, sang-froid –FAMILIER: bagou, toupet –LITTÉRAIRE: crânerie. CONTR. *confusion, crainte, défiance, doute, embarras, gêne, hésitation, incertitude, indécision, méfiance, perplexité, timidité* –LITTÉRAIRE: *vacillation.*

assuré *adjectif*

/ Qui est garanti. SYN. certain, immanquable, incontestable, indéniable, indubitable, inévitable, infaillible, positif, sûr. CONTR. *aventureux, branlant, casuel, contestable, contingent, douteux, éventuel, faillible, flottant, hasardé, hasardeux, hypothétique, improbable, incertain, précaire, problématique.*

/ Qui est sûr de soi. SYN. confiant, convaincu, décidé, dégagé, ferme, résolu, solide. CONTR. *chancelant, craintif, déconfit, défiant, dubitatif, embarrassé, fragile, hésitant, oscillant, perplexe, peureux, timide, timoré* –POPULAIRE: *trouillard.*

assurément *adverbe*

/ Indique la grande probabilité. SYN. à coup sûr, absolument, évidemment, immanquablement, incontestablement, indéniablement, indiscutablement, indubitablement, inéluctablement, inévitablement, mathématiquement, nécessairement, sans aucun doute, sûrement, vraiment. CONTR. *éventuellement, probablement.*

/ Renforce un énoncé. SYN. certainement, effectivement, en effet, manifestement, sans doute.

/ Indique une réponse affirmative. SYN. bien entendu, bien sûr, certainement, d'accord, oui, parfaitement –LITTÉRAIRE: certes. CONTR. *non, peut-être.*

assurer *verbe*

/ Maintenir solidement. SYN. affermir, arrimer, assujettir, attacher, caler, coincer, consolider, étayer, fixer, immobiliser, retenir.

/ Garantir un bénéfice à quelqu'un. SYN. pourvoir à, procurer, valoir.

/ Mettre à l'abri du danger. SYN. consolider, ménager, préserver, protéger, sauvegarder. CONTR. *aventurer, compromettre, exposer, hasarder, jouer, risquer.*

/ Affirmer à quelqu'un que. SYN. certifier, jurer, parier, prédire, soutenir –LITTÉRAIRE: gager. CONTR. *contester, nier.*

/ Être le garant de quelque chose. SYN. attester, confirmer, garantir, promettre, répondre de, témoigner de. CONTR. *contredire, démentir.*

assurer (s') *verbe pronominal*

/ Se garantir quelque chose. SYN. se ménager, se pourvoir, se réserver.

/ Chercher la confirmation de. SYN. constater, contrôler, veiller à, vérifier. CONTR. *négliger, se désintéresser de.*

asthénie *nom féminin*

/ État de faiblesse. SYN. abattement, adynamie, affaiblissement, affaissement, atonie, déficience, étiolement, faiblesse, fatigue, hyposthénie – LITTÉRAIRE : exténuation. CONTR. *force, hypersthénie, vigueur.*

asticoter *verbe*

/ FAMILIER. Taquiner quelqu'un. SYN. agacer, énerver, harceler, tarabuster – FAMILIER : chatouiller, titiller – LITTÉRAIRE : importuner – POPULAIRE : canuler.

astiquer *verbe*

/ Faire briller. SYN. briquer, brosser, cirer, faire reluire, fourbir, frotter, lustrer, polir – LITTÉRAIRE : brillanter. CONTR. *salir, ternir.*

astral *adjectif*

/ Relatif aux astres. SYN. céleste, cosmique, sidéral, zodiacal.

astreignant *adjectif*

/ Qui astreint. SYN. asservissant, assujettissant, contraignant, exigeant, strict, tyrannique. CONTR. *agréable, doux, modéré.*

astreindre *verbe*

/ LITTÉRAIRE. Contraindre quelqu'un à. SYN. acculer, assujettir, atteler, condamner, engager, forcer, obliger, plier, réduire, soumettre – LITTÉRAIRE : enchaîner. CONTR. *affranchir, décharger, dégager, dispenser, exempter, libérer, relever.*

astreindre (s') *verbe pronominal*

/ Se contraindre à quelque chose. SYN. s'atteler à, se plier, se soumettre, s'obliger. CONTR. *s'affranchir, se dispenser, se libérer.*

astreinte *nom féminin*

/ LITTÉRAIRE. Obligation rigoureuse. SYN. asservissement, charge, contrainte, esclavage, joug, servitude, subordination, sujétion – LITTÉRAIRE : assujettissement, chaînes, lien. CONTR. *libération, liberté.*

astronomique *adjectif*

/ FAMILIER. Très élevé. SYN. abusif, fabuleux, fantastique, fou, immodéré, inabordable, insensé – FAMILIER : faramineux. CONTR. *bas, insignifiant, modéré.*

astuce *nom féminin*

/ Manière habile d'agir. SYN. dextérité, malice, rouerie, ruse – FAMILIER : débrouillardise, roublardise – LITTÉRAIRE : habileté, matoiserie. CONTR. *candeur, droiture, franchise, ingénuité, loyauté, naïveté, niaiserie, simplicité, sincérité.*

/ FAMILIER. Trouvaille ingénieuse. SYN. artifice, finesse, recette, stratagème, tour de passe-passe – FAMILIER : combine, ficelle, truc.

/ FAMILIER. Jeu de mots. SYN. bon mot, boutade, calembour.

astucieusement *adverbe*

/ De façon astucieuse. SYN. élégamment, finement, habilement, ingénieusement, intelligemment, spirituellement, subtilement. CONTR. *gauchement, maladroitement, malhabilement, stupidement* – LITTÉRAIRE : *niaisement.*

astucieux *adjectif*

/ Qui fait preuve d'astuce. SYN. adroit, déluré, fin, futé, génial, habile, ingénieux, intelligent, inventif, judicieux, malin, roué, rusé, subtil – FAMILIER : combinard, débrouillard, dégourdi, roublard – LITTÉRAIRE : artificieux, industrieux, matois. CONTR. *balourd, candide, droit, franc, grossier, ingénu, naïf, niais, simple, stupide* – FAMILIER : *lourd.*

asymétrie *nom féminin*

/ Absence de symétrie. SYN. dissymétrie, irrégularité. CONTR. *harmonie, régularité, symétrie.*

asymétrique *adjectif*

/ Dépourvu de symétrie. SYN. biscornu, dissymétrique, irrégulier. CONTR. *régulier, symétrique.*

ataraxie *nom féminin*

/ Quiétude de l'âme. SYN. apathie, détachement, impassibilité, imperturbabilité, indifférence, nirvana, nirvâna, paix, philosophie, sérénité – LITTÉRAIRE : quiétude, repos. CONTR. *agitation, anxiété, bouleversement, désarroi, émotivité, hypersensibilité, inquiétude, trouble.*

atavique *adjectif*

/ Relatif à l'atavisme. SYN. ancestral, héréditaire.

atermoiements *nom masculin pluriel*

/ Fait de remettre à plus tard. SYN. ajournement, délai, faux-fuyant, hésitation, tergiversation. CONTR. *célérité, hâte, précipitation, presse* –LITTÉRAIRE: *diligence.*

atermoyer *verbe*

/ Remettre à plus tard. SYN. ajourner, différer, reculer, remettre, renvoyer, retarder, surseoir à. CONTR. *accélérer, activer, brusquer, hâter, précipiter, presser.*

/ Gagner du temps. SYN. hésiter, temporiser, tergiverser –FAMILIER: lanterner, se tâter. CONTR. *activer, presser le pas, se dépêcher, se hâter, se précipiter, se presser* –LITTÉRAIRE: *faire diligence* –POPULAIRE: *se grouiller.*

athée *adjectif*

/ Qui nie l'existence de Dieu. SYN. incrédule, incroyant, irréligieux, non croyant, païen –LITTÉRAIRE: impie –VIEUX: libertin. CONTR. *bigot, croyant, déiste, dévot, mystique, pieux, pratiquant, religieux, théiste* –FAMILIER: *bondieusard.*

athée *nom*

/ Personne incroyante. SYN. incrédule, incroyant, libre penseur, non-croyant, païen –LITTÉRAIRE: impie, mécréant –VIEUX: esprit fort. CONTR. *bigot, croyant, dévot, mystique, pratiquant* –FAMILIER: *bondieusard, calotin, grenouille de bénitier, punaise de sacristie, rat d'église.*

athéisme *nom masculin*

/ Attitude de l'athée. SYN. incrédulité, incroyance, irréligion, irréligiosité, matérialisme –LITTÉRAIRE: impiété. CONTR. *croyance, déisme, dévotion, foi, mysticisme, panthéisme, religion, théisme* –FAMILIER: *bigoterie, bigotisme.*

athlétique *adjectif*

/ Très musclé. SYN. fort, musculeux, puissant, vigoureux –FAMILIER: costaud –POPULAIRE: balaise, balèze. CONTR. *chétif, débile, fragile, malingre.*

atmosphère *nom féminin*

/ Climat dans lequel on vit. SYN. air, ambiance, milieu.

atome *nom masculin*

/ Très petite quantité de. SYN. bribe, brin, doigt, goutte, grain, gramme, larme, miette, nuage, once, parcelle, pointe, poussière, soupçon, teinte, trace –LITTÉRAIRE: liard, ombre. CONTR. *armée, avalanche, cascade, déluge, flot, foule, infinité, kyrielle, masse, monceau, montagne, multitude, myriade, nuée, pléiade, pluie, tas, torrent* –FAMILIER: *armada, cargaison, flopée, foultitude, paquet, pelletée, ribambelle, tapée* –LITTÉRAIRE: *averse, océan.*

atone *adjectif*

/ Se dit d'un regard sans vie. SYN. éteint, inexpressif, morne, terne, vide. CONTR. *pétillant, vif.*

/ Qui manque d'énergie. SYN. amorphe, apathique, indolent, inerte, léthargique, lymphatique, mollasson, mou, passif –FAMILIER: mollasse –LITTÉRAIRE: alangui. CONTR. *actif, bouillant, dynamique, énergique, tonique, vivant.*

atonie *nom féminin*

/ Défaut d'énergie. SYN. abattement, asthénie, dépression, épuisement, indolence, langueur, léthargie, mollesse, nonchalance, passivité, torpeur. CONTR. *chaleur, dynamisme, énergie, vigueur, vitalité* –LITTÉRAIRE: *vivacité.*

atout *nom masculin*

/ Chance de réussir. SYN. avantage, mérite, plus.

atrabilaire *adjectif*

/ LITTÉRAIRE. Qui est très désagréable. SYN. acariâtre, acerbe, aigre, coléreux, irascible, renfrogné, revêche –LITTÉRAIRE: acrimonieux, colérique, misanthrope, tempétueux. CONTR. *affable, agréable, aimable, avenant, gentil* –LITTÉRAIRE: *amène.*

atroce *adjectif*

/ Très dur à supporter. SYN. abominable, affreux, douloureux, effrayant, effroyable, épouvantable, féroce, horrible, insupportable, intolérable, terrible –FAMILIER: infernal. CONTR. *agréable, exquis, léger, supportable* –FAMILIER: *excellent* –LITTÉRAIRE: *délectable.*

/ Qui révolte. SYN. abject, abominable, affreux, barbare, cruel, effrayant, effroyable, épouvantable, horrible, ignoble, infâme, inhumain, innommable, monstrueux, noir, odieux, révoltant, sauvage, sordide –LITTÉRAIRE: turpide. CONTR. *policé, raffiné.*

/ FAMILIER. Très désagréable. SYN. abominable, affreux, hideux, horrible –FAMILIER: satané. CONTR. *admirable, beau, bon, excellent, joli.*

atrocement *adverbe*

/ De façon atroce. SYN. abjectement, abominablement, affreusement, cruellement, épouvantablement, férocement, hideusement, horriblement, ignoblement, odieusement, sauvagement. CONTR. *admirablement, agréablement, bien, divinement, magnifiquement, merveilleusement* –LITTÉRAIRE: *sublimement.*

/ FAMILIER. De manière intense. SYN. abominablement, affreusement, amplement, beaucoup, bien, effroyablement, épouvantablement, exceptionnellement, excessivement, extraordinairement, follement, fort, fortement, horriblement, immensément, immodérément, incroyablement, infiniment, mortellement, parfaitement, particulièrement, prodigieusement, profondément, puissamment, terriblement, très, trop –FAMILIER: bigrement, bougrement, diablement, drôlement, fameusement, fichtrement, fichûment, formidablement, joliment, méchamment, rudement, tout plein –LITTÉRAIRE: diantrement, furieusement –POPULAIRE: foutrement, salement, vachement. CONTR. *aucunement, faiblement, guère, légèrement, modérément, peu.*

atrocité *nom féminin*

/ Caractère atroce. SYN. barbarie, cruauté, férocité, inhumanité, sauvagerie –LITTÉRAIRE: horreur. CONTR. *amabilité, bonté, cordialité, douceur, gentillesse, humanité, tendresse* –LITTÉRAIRE: *clémence.*

/ Action qui fait horreur. SYN. crime, monstruosité, noirceur.

/ Propos calomnieux. SYN. abomination, calomnie, horreur, infamie –LITTÉRAIRE: vilenie. CONTR. *compliment, politesse.*

atrophie *nom féminin*

/ Réduction de l'activité. SYN. amoindrissement, déchéance, dégradation, dépérissement, diminution. CONTR. *accroissement, augmentation, croissance, développement, intensification.*

atrophier *verbe*

/ Diminuer quelque chose. SYN. amoindrir, dégrader, éteindre, étioler, étouffer, rabougrir, racornir. CONTR. *accroître, augmenter, développer, exalter.*

atrophier (s') *verbe pronominal*

/ Subir une atrophie. SYN. décroître, dépérir. CONTR. *croître, se développer, se fortifier, s'hypertrophier.*

/ Perdre de sa force. SYN. régresser, se paralyser, s'éteindre, s'étioler. CONTR. *s'exalter.*

attachant *adjectif*

/ Qui touche la sensibilité. SYN. agréable, attirant, attractif, captivant, délicieux, intéressant, palpitant, passionnant, prenant, séduisant. CONTR. *banal, ennuyeux, fastidieux, inintéressant, insignifiant, rébarbatif, terne* –FAMILIER: *assommant, enquiquinant* –POPULAIRE: *canulant.*

attachement *nom masculin*

/ Sentiment d'affection. SYN. amitié, amour, fidélité, goût, intérêt, passion, sympathie, tendresse –LITTÉRAIRE: inclination, sentiment. CONTR. *aversion, dégoût, détachement, indifférence, répulsion, rupture.*

attacher *verbe*

/ Fixer à quelque chose. SYN. accrocher, adhérer, agrafer, amarrer, assujettir, assurer, boucler, boutonner, enchaîner, entrelacer, épingler, ficeler, fixer, joindre, lier, ligaturer, ligoter, maintenir, nouer, rattacher, relier, retenir, souder, suspendre, tenir –LITTÉRAIRE: river. CONTR. *arracher, défaire, déficeler, dégrafer, délier, dénouer, désenchaîner, détacher, écarter, libérer, séparer.*

/ Lier quelqu'un par un engagement. SYN. affecter, agréger, associer, atteler, engager, intéresser, subordonner –LITTÉRAIRE: astreindre. CONTR. *dégoûter, éloigner, rebuter, repousser.*

attacher (s') *verbe pronominal*

/ Éprouver des sentiments. SYN. se toquer, s'engouer, s'enthousiasmer, s'enticher, tenir à –FAMILIER: s'emballer pour –LITTÉRAIRE: s'acointer. CONTR. *se détacher, se séparer, s'éloigner.*

/ Se consacrer à une action. SYN. s'acharner, s'adonner, s'appliquer, s'atteler, se concentrer sur, se donner, se livrer, se passionner, s'emploÿer, s'escrimer, s'évertuer, s'exercer, s'ingénier, s'obstiner, s'occuper, travailler à –LITTÉRAIRE: s'opiniâtrer. CONTR. *renoncer.*

attaches *nom féminin pluriel*

/ Relations avec quelqu'un. SYN. accointance, fréquentation, lien –LITTÉRAIRE: liaison, nœud –VIEUX: commerce.

attaquant *nom*

/ Personne qui attaque. SYN. agresseur, assaillant, offenseur. CONTR. *défenseur, protecteur.*

attaque *nom féminin*

/ Action d'attaquer. SYN. action, affaire, agression, assaut, atteinte, attentat, choc, incursion, offensive. CONTR. *contre-attaque, contre-offensive, défense, protection, résistance, riposte.*

/ Accusation. SYN. calomnie, charge, condamnation, coup, critique, dénigrement, diatribe, imputation, provocation –FAMILIER: débinage, éreintement. CONTR. *apologie, éloge, justification, louange.*

/ Atteinte subite d'un mal. SYN. accès, ictus, poussée.

/ Ce qui forme le début de. SYN. amorce, début.

attaquer *verbe*

/ Lancer une offensive. SYN. affronter, agresser, assaillir, assiéger, attenter à, charger, donner l'assaut, foncer sur, fondre sur, frapper, monter en ligne, sauter sur, se jeter sur, se ruer sur, tomber sur. CONTR. *chasser, contre-attaquer, défendre, protéger, refouler, rejeter, repousser, résister, riposter, se replier.*

/ Critiquer quelqu'un, quelque chose. SYN. accuser, calomnier, dénigrer, gloser sur, incriminer, prendre à partie, s'en prendre à –FAMILIER: cracher sur, débiner –LITTÉRAIRE: dauber, déchirer, vilipender. CONTR. *approuver, flatter, louer, soutenir.*

/ Endommager une matière. SYN. altérer, atteindre, corroder, détériorer, entamer, léser, miner, mordre, ronger –FAMILIER: manger. CONTR. *conserver, fortifier, protéger.*

/ Commencer une action. SYN. aborder, amorcer, engager, entamer, entreprendre, ouvrir –FAMILIER: débuter. CONTR. *achever, boucler, clôturer, finir, terminer.*

attaquer (s') *verbe pronominal*

/ Affronter sans hésiter. SYN. défier, prendre à partie, provoquer, s'affronter, s'en prendre à. CONTR. *éluder, esquiver, éviter, fuir, se dérober.*

/ Entreprendre quelque chose. SYN. amorcer, commencer, s'atteler à, se lancer, se mettre à, s'embarquer. CONTR. *achever, finir, mettre un point final à, terminer.*

attardé *adjectif*

/ En retard sur son époque. SYN. anachronique, antique, démodé, désuet, périmé, vieillot –LITTÉRAIRE: suranné. CONTR. *à la mode, à la page, moderne, nouveau, novateur.*

attardé *nom*

/ Personne intellectuellement déficiente. SYN. arriéré, débile, demeuré, innocent –FAMILIER: retardé.

attarder (s') *verbe pronominal*

/ Rester longtemps quelque part. SYN. rester, séjourner, traîner –FAMILIER: lambiner, lanterner, s'éterniser. CONTR. *se dépêcher, se hâter, se précipiter, se presser* –POPULAIRE: *se grouiller.*

/ Prendre son temps. SYN. s'appesantir sur, s'endormir sur, s'éterniser sur. CONTR. *accélérer.*

atteindre *verbe*

/ Gagner un lieu. SYN. aborder, accéder, approcher, arriver à, joindre, parvenir à, rallier, toucher. CONTR. *dépasser, distancer, quitter.*

/ Arriver près de quelqu'un. SYN. contacter, rattraper, rejoindre, toucher.

/ Parvenir à un but. SYN. accomplir, réaliser, réussir, triompher de. CONTR. *échouer, manquer, rater* –FAMILIER: *louper.*

/ Blesser quelqu'un. SYN. abattre, affecter, affliger, agiter, bouleverser, ébranler, froisser, heurter, léser, offenser, prendre à partie, remuer, toucher –LITTÉRAIRE: piquer. CONTR. *contenter, flatter, ménager.*

atteinte *nom féminin*

/ Douleur physique. SYN. effet.

/ Fait de causer un dommage. SYN. attaque, attentat, blessure, choc, coup, dommage, entreprise, insulte, outrage, préjudice.

atteler (s') *verbe*

/ Entreprendre un travail. SYN. commencer, entreprendre, s'attacher à, s'attaquer à, se charger de, se lancer dans, se livrer à, se mettre à, s'embarquer dans, s'occuper. CONTR. *abandonner, renoncer.*

attenant *adjectif*

/ Qui est contigu à un lieu. SYN. adjacent, avoisinant, limitrophe, mitoyen, touchant, voisin –LITTÉRAIRE: jouxtant –VIEUX: joignant. CONTR. *distant, écarté, éloigné, lointain, reculé.*

attendre *verbe*

/ Rester longtemps quelque part. SYN. patienter –FAMILIER: moisir, poireauter. CONTR. *agir, partir, s'en aller.*
/ Compter sur quelque chose, quelqu'un. SYN. escompter, espérer, prévoir, se promettre, souhaiter, tabler sur.

attendre (s') *verbe pronominal*

/ Considérer comme probable. SYN. croire, escompter, imaginer, penser, pressentir, présumer, prévoir, se figurer. CONTR. *n'en pas revenir, s'étonner.*

attendrir *verbe*

/ Rendre plus tendre. SYN. amollir, ramollir. CONTR. *durcir.*
/ Émouvoir quelqu'un. SYN. apitoyer, bouleverser, fléchir, humaniser, remuer, toucher, troubler. CONTR. *cuirasser, déshumaniser, endurcir* –FAMILIER: *blinder* –LITTÉRAIRE: *raidir.*

attendrir (s') *verbe pronominal*

/ Éprouver de l'émotion pour. SYN. compatir, déplorer, fondre, plaindre, s'amollir, s'apitoyer, s'émouvoir, s'humaniser. CONTR. *se durcir, se raidir, s'endurcir.*

attendrissant *adjectif*

/ Qui attendrit. SYN. bouleversant, émouvant, poignant, touchant. CONTR. *dur, froid, impitoyable, inflexible, sec, sévère.*

attendrissement *nom masculin*

/ Fait de s'attendrir. SYN. apitoiement, bouleversement, commisération, émoi, pitié. CONTR. *dureté, froideur, impassibilité, indifférence, insensibilité, sécheresse* –LITTÉRAIRE: *endurcissement.*

attendu *adjectif*

/ Prévu avec certitude. SYN. prévisible. CONTR. *fortuit, imprévu, inattendu, inespéré, inopiné, soudain, surprenant.*

attentat *nom masculin*

/ Acte criminel. SYN. agression, assassinat, attaque, atteinte, crime, délit, infraction, offense, outrage –LITTÉRAIRE: forfait.

attentatoire *adjectif*

/ Qui porte atteinte à. SYN. dommageable, préjudiciable. CONTR. *bénéfique, bien, bienfaisant.*

attente *nom féminin*

/ Action de compter sur. SYN. aspiration, espérance, espoir, expectative, perspective, prévision, souhait, vœu.

attenter *verbe*

/ Porter atteinte à. SYN. agresser, attaquer. CONTR. *défendre, protéger.*

attentif *adjectif*

/ Qui prête attention. SYN. appliqué, assidu, concentré, consciencieux, méticuleux, minutieux, observateur, préoccupé de, soigneux, soucieux de, vigilant –LITTÉRAIRE: diligent. CONTR. *absent, dissipé, distrait, étourdi, inattentif, négligent.*
/ Qui marque de la prévenance. SYN. attentionné, complaisant, empressé, fidèle, galant, patient, prévenant, serviable, zélé –LITTÉRAIRE: secourable, tutélaire. CONTR. *brusque, dur, impitoyable, indifférent, insensible, rude.*

attention *nom féminin*

/ Capacité à se concentrer. SYN. application, concentration, réflexion, soin, tension d'esprit, vigilance –LITTÉRAIRE: contention. CONTR. *absence, dissipation, distraction, étourderie, inadvertance, inattention, irréflexion* –LITTÉRAIRE: *inapplication.*
/ Marque d'intérêt. SYN. amabilité, déférence, délicatesse, gentillesse, intérêt, ménagement, obligeance, précaution, prévenance, soin, sollicitude –LITTÉRAIRE: gracieuseté. CONTR. *brutalité, grossièreté, impertinence, indifférence, méchanceté, négligence, rudesse* –FAMILIER: *rosserie* –LITTÉRAIRE: *vilenie.*

attentionné *adjectif*

/ Qui est plein d'attentions. SYN. agréable, attentif, complaisant, empressé, gentil, prévenant, serviable –LITTÉRAIRE: tutélaire. CONTR. *brusque, brutal, égoïste, fruste, grossier, indifférent* –FAMILIER: *rosse.*

attentivement *adverbe*

/ Avec attention. SYN. consciencieusement, méticuleusement, précautionneusement, soigneusement. CONTR. *distraitement, étourdiment.*

atténuation *nom féminin*

/ Action d'atténuer. SYN. adoucissement, affaiblissement, allégement, amortissement, diminution, émoussement, inactivation, modération, réduction –LITTÉRAIRE: assoupissement. CONTR. *accentuation, aggravation, augmentation, exagération, exaltation, exaspération, intensification, renforcement.*

atténué *adjectif*

/ Devenu moins fort. SYN. diffus, doux, faible. CONTR. *cru, fort, vif, violent.*

atténuer *verbe*

/ Rendre moins intense. SYN. adoucir, affaiblir, alléger, amoindrir, amortir, assagir, assouplir, assourdir, baisser, calmer, consoler, corriger, diluer, diminuer, édulcorer, émousser, estomper, éteindre, étouffer, modérer, ralentir, relâcher, soulager –LITTÉRAIRE: tempérer, voiler. CONTR. *accentuer, accroître, accuser, aggraver, aiguiser, augmenter, aviver, exacerber, exagérer, exaspérer, intensifier, nourrir, rallumer, raviver, rehausser, renforcer, réveiller.*

atténuer (s') *verbe pronominal*

/ Être moins important. SYN. diminuer, faiblir, pâlir, se calmer, se ralentir, tomber –LITTÉRAIRE: s'assoupir. CONTR. *s'accentuer, s'accroître, s'aggraver, s'intensifier.*

atterrant *adjectif*

/ Qui atterre. SYN. accablant, affligeant, ahurissant, attristant, consternant. CONTR. *encourageant, exaltant, réconfortant, réjouissant, stimulant.*

atterré *adjectif*

/ Totalement consterné. SYN. abasourdi, accablé, anéanti, atterré, coi, consterné, effaré, effondré, interloqué, pantois, stupéfait, suffoqué.

atterrement *nom masculin*

/ LITTÉRAIRE. Accablement extrême. SYN. abattement, consternation. CONTR. *soulagement.*

atterrer *verbe*

/ Jeter dans la consternation. SYN. abattre, accabler, anéantir, consterner, démoraliser, terrifier, terroriser –FAMILIER: catastropher. CONTR. *encourager, exalter, rassurer, réconforter, regonfler, réjouir, remonter* –FAMILIER: *ragaillardir, ravigoter, requinquer.*

attestation *nom féminin*

/ Action d'attester un fait. SYN. affirmation, assertion, assurance, certificat, confirmation, déclaration, garantie, marque, signe, témoignage. CONTR. *contestation, démenti, dénégation, désaveu, infirmation, négation.*

attesté *adjectif*

/ Qui est prouvé. SYN. authentifié, connu, établi, validé, vérifié. CONTR. *faux, présumé, prétendu.*

attester *verbe*

/ Certifier l'exactitude de. SYN. affirmer, assurer, certifier, garantir, jurer, soutenir. CONTR. *contester, contredire, infirmer, nier.*

/ Être la preuve de. SYN. confirmer, démontrer, faire foi, indiquer, marquer, montrer, prouver, révéler, témoigner de –LITTÉRAIRE: témoigner. CONTR. *démentir, dénier, désavouer.*

attiédir *verbe*

/ LITTÉRAIRE. Rendre tiède. SYN. radoucir, tiédir –LITTÉRAIRE: tempérer. CONTR. *rallumer.*

attifement *nom masculin*

/ FAMILIER. Manière d'être attifé. SYN. accoutrement –FAMILIER: fagotage –LITTÉRAIRE: affublement.

attifer *verbe*

/ FAMILIER. Habiller de façon ridicule. SYN. accoutrer, affubler, arranger, déguiser –FAMILIER: fagoter, ficeler –LITTÉRAIRE: vêtir –POPULAIRE: fringuer.

attifer (s') *verbe pronominal*

/ FAMILIER. S'habiller de façon ridicule. SYN. s'accoutrer, s'affubler, se déguiser, se vêtir –POPULAIRE: se fringuer.

attiger *verbe*

/ POPULAIRE. Dépasser la mesure. SYN. abuser, exagérer –POPULAIRE: charrier.

attirail *nom masculin*

/ Matériel nécessaire à une activité. SYN. arsenal, équipement, outillage – FAMILIER: barda, bataclan, bazar, fourbi, fourniment – POPULAIRE: bastringue – VIEUX: saint-frusquin.

attirance *nom féminin*

/ Force qui attire. SYN. appel, attrait, charme, fascination, séduction.

/ Sentiment de celui qui est attiré. SYN. affinité, attraction, attrait, élan, envie, fascination, goût, inclination, intérêt, penchant, propension, sympathie, tendance – FAMILIER: faible. CONTR. *antipathie, aversion, dégoût, désaffection, écœurement, haine, répugnance, répulsion* – LITTÉRAIRE: *abomination.*

attirant *adjectif*

/ Qui attire, séduit. SYN. affriolant, agréable, aguichant, aimable, alléchant, appétissant, attachant, attractif, attrayant, captivant, délicieux, désirable, engageant, enviable, excitant, fascinant, gracieux, passionnant, prenant, séduisant, tentant – FAMILIER: émoustillant. CONTR. *abominable, affreux, dégoûtant, déplaisant, désagréable, écœurant, rébarbatif, rebutant, repoussant, répugnant, répulsif.*

attirer *verbe*

/ Susciter l'intérêt de quelqu'un. SYN. allécher, charmer, fasciner, frapper, plaire, séduire, solliciter, tenter. CONTR. *blaser, dégoûter, écarter, écœurer, effaroucher, éloigner, rebuter, repousser, répugner* – FAMILIER: *révulser.*

/ Être la cause de. SYN. appeler, causer, coûter, entraîner, occasionner, procurer, provoquer, susciter, valoir.

attirer (s') *verbe pronominal*

/ Provoquer en retour. SYN. encourir, gagner, se concilier, s'exposer.

attiser *verbe*

/ Rendre plus violent. SYN. activer, aiguillonner, aiguiser, aviver, déchaîner, éperonner, exacerber, fomenter, fouetter, piquer, ranimer, réchauffer, réveiller, soutenir – LITTÉRAIRE: allumer, embraser, enflammer, exalter. CONTR. *amortir, apaiser, assagir, assoupir, assouvir, calmer, diminuer, étouffer, freiner, modérer.*

attitré *adjectif*

/ Qui est réservé à. SYN. en titre, patenté. CONTR. *occasionnel.*

attitude *nom féminin*

/ Manière de se tenir. SYN. air, maintien, port, pose, position, posture, tenue – FAMILIER: dégaine.

/ Comportement avec les autres. SYN. allure, conduite, contenance, dehors, extérieur, genre, manières, réaction.

attouchement *nom masculin*

/ Action de toucher. SYN. caresse, contact, effleurement, frôlement.

attractif *adjectif*

/ Qui plaît, séduit. SYN. attachant, attirant, attrayant, captivant, charmeur, ensorcelant, fascinant, prenant, séduisant, tentant. CONTR. *rébarbatif, rebutant, repoussant.*

attraction *nom féminin*

/ Fait d'éveiller l'intérêt de. SYN. attirance, attrait, fascination, séduction – LITTÉRAIRE: allèchement. CONTR. *antipathie, aversion, dégoût, éloignement, répugnance, répulsion* – LITTÉRAIRE: *abomination.*

/ Distraction dans un lieu public. SYN. divertissement, numéro, tour.

attrait *nom masculin*

/ Ce qui attire. SYN. appât, appel, attraction, charme, enchantement, ensorcellement, grâce, séduction – LITTÉRAIRE: allèchement, blandices.

/ Fait d'être attiré par. SYN. attirance, fascination, goût, inclination, penchant, propension, tentation. CONTR. *dégoût, éloignement, haine, répulsion* – LITTÉRAIRE: *abomination.*

attraits *nom masculin pluriel*

/ LITTÉRAIRE. Tout ce qui rend séduisant. SYN. agrément, appas, charmes, sex appeal.

attrapade *nom féminin*

/ FAMILIER. Dispute bruyante. SYN. algarade, altercation, friction, frottement, prise de bec, querelle, tiraillement – FAMILIER: empoignade – POPULAIRE: engueulade.

attrape *nom féminin*

/ Petite plaisanterie. SYN. farce, mystification, tour –FAMILIER: bateau, blague, canular, niche.

attrape-nigaud *nom masculin*

/ Ruse grossière. SYN. leurre, piège –FAMILIER: attrape-gogo.

attraper *verbe*

/ Saisir quelqu'un, quelque chose. SYN. agripper, capter, empoigner, prendre, saisir. CONTR. *lâcher, relâcher.*

/ Tromper quelqu'un. SYN. abuser, berner, duper, leurrer, mystifier, piéger, se jouer de, surprendre –FAMILIER: bluffer, embobiner, empaumer, entourlouper, faire marcher, flouer, mener en bateau, pigeonner, posséder, rouler –LITTÉRAIRE: gruger –POPULAIRE: refaire.

/ FAMILIER. Gronder quelqu'un. SYN. chapitrer, gronder, houspiller, réprimander –FAMILIER: disputer, enguirlander, secouer –LITTÉRAIRE: admonester, gourmander, morigéner, tancer –POPULAIRE: chauffer, engueuler, passer un savon. CONTR. *approuver, complimenter, féliciter, flatter, louer, récompenser* –LITTÉRAIRE: *louanger.*

/ Prendre au piège. SYN. appréhender, arrêter, capturer, prendre, se saisir de, surprendre –FAMILIER: choper, coffrer, cueillir, embarquer, épingler, harponner, pincer, piquer, ramasser –POPULAIRE: agrafer, alpaguer. CONTR. *lâcher, relâcher.*

attrayant *adjectif*

/ Qui attire. SYN. adorable, agréable, aimable, alléchant, attirant, attractif, beau, captivant, charmant, délicieux, désirable, engageant, ensorcelant, fascinant, gracieux, joli, plaisant, prenant, séduisant –FAMILIER: craquant. CONTR. *abominable, affreux, déplaisant, désagréable, pénible, rébarbatif, rebutant, repoussant, sec.*

attribuer *verbe*

/ Donner à quelqu'un. SYN. accorder, adjuger, affecter, allouer, assigner, conférer, consacrer, décerner, destiner, distribuer, octroyer, répartir, réserver –LITTÉRAIRE: impartir. CONTR. *ôter, refuser, reprendre, retirer.*

/ Faire revenir quelque chose à quelqu'un. SYN. imputer, prêter, rapporter, reconnaître. CONTR. *contester, dénier.*

attribuer (s') *verbe pronominal*

/ Faire sien. SYN. s'accorder, s'adjuger, s'approprier, s'octroyer, usurper –LITTÉRAIRE: s'arroger. CONTR. *décliner, dédaigner, refuser, repousser, se dépouiller.*

attribut *nom masculin*

/ Ce qui est le propre de. SYN. apanage, caractère, caractéristique, particularité, prérogative, privilège, propre, propriété, symbole, trait.

attribution *nom féminin*

/ Action d'attribuer. SYN. adjudication, affectation, allocation, assignation, distribution, octroi, répartition. CONTR. *confiscation, refus, reprise, retrait.*

attributions *nom féminin pluriel*

/ Pouvoirs associés à un poste. SYN. domaine, prérogatives, privilèges, rôle.

attristant *adjectif*

/ Qui attriste. SYN. accablant, affligeant, atterrant, chagrinant, consternant, déplorable, désolant, lugubre, navrant, triste. CONTR. *consolant, divertissant, égayant, gai, plaisant, réconfortant, réjouissant, risible* –FAMILIER: *cocasse.*

attristé *adjectif*

/ Devenu triste. SYN. accablé, affligé, anéanti, désespéré, malheureux –LITTÉRAIRE: chagrin. CONTR. *content, gai, heureux, hilare, joyeux.*

attrister *verbe*

/ Rendre triste. SYN. affecter, affliger, assombrir, chagriner, consterner, désespérer, désoler, navrer, peiner –LITTÉRAIRE: contrister, rembrunir. CONTR. *amuser, consoler, dérider, distraire, divertir, égayer, enchanter, ravir, réconforter, réjouir.*

attrister (s') *verbe pronominal*

/ Devenir triste à cause de. SYN. s'assombrir, se rembrunir. CONTR. *exulter, jubiler, s'applaudir, se réjouir.*

attroupement *nom masculin*

/ Rassemblement de personnes. SYN. agglomération, foule, groupement, rassemblement.

attrouper *verbe*

/ Rassembler des gens. SYN. ameuter, grouper, liguer, rassembler –LITTÉRAIRE: assembler. CONTR. *disperser.*

attrouper (s') *verbe pronominal*

/ Former un rassemblement. SYN. s'assembler, se grouper, se masser, se rassembler, se regrouper. CONTR. *se débander, se disperser, se disséminer, s'égailler, s'égrener, s'éparpiller* –LITTÉRAIRE: *essaimer.*

aubaine *nom féminin*

/ Avantage inespéré. SYN. bonheur, chance, occasion, opportunité –FAMILIER: filon. CONTR. *fléau, malchance, perte* –FAMILIER: *déveine, pépin.*

aube *nom féminin*

/ Première lueur du jour. SYN. aurore, matin, petit jour, point du jour, pointe du jour. CONTR. *coucher, crépuscule, soir* –LITTÉRAIRE: *brune, déclin du jour.*

/ Début de quelque chose. SYN. commencement, début, naissance, printemps, seuil –LITTÉRAIRE: enfance. CONTR. *fin, soir* –LITTÉRAIRE: *couchant, extrémité.*

aucunement *adverbe*

/ En aucune façon. SYN. jamais, nullement. CONTR. *considérablement, épouvantablement, follement, foncièrement, horriblement, suprêmement* –FAMILIER: *atrocement, bigrement, bougrement, diablement, formidablement, superlativement.*

audace *nom féminin*

/ Courage illimité. SYN. aisance, assurance, décision, hardiesse, héroïsme, témérité –FAMILIER: cran –LITTÉRAIRE: crânerie, intrépidité, vaillance, valeur. CONTR. *crainte, embarras, gêne, honte, lâcheté, peur, poltronnerie, timidité* –LITTÉRAIRE: *couardise, pusillanimité.*

/ Attitude insolente. SYN. aplomb, effronterie, front, impertinence, impudence, insolence –FAMILIER: culot, toupet. CONTR. *déférence, humilité, modestie, réserve, respect, retenue.*

audacieusement *adverbe*

/ Avec audace. SYN. effrontément, hardiment, impudemment. CONTR. *craintivement, humblement, respectueusement, timidement.*

audacieux *adjectif*

/ Qui a du courage. SYN. aventureux, brave, courageux, décidé, énergique, entreprenant, hardi, héroïque, imprudent, intrépide, résolu, téméraire –FAMILIER: casse-cou –LITTÉRAIRE: vaillant, valeureux. CONTR. *craintif, lâche, peureux, poltron, timide, timoré* –FAMILIER: *froussard* –LITTÉRAIRE: *couard, pusillanime* –POPULAIRE: *trouillard* –VIEUX: *capon.*

/ Qui montre de l'insolence. SYN. ambitieux, effronté, impertinent, impudent, insolent –FAMILIER: culotté. CONTR. *gêné, honteux, modeste, réservé, respectueux* –LITTÉRAIRE: *révérencieux.*

audacieux *nom*

/ Personne qui a de l'audace. SYN. ambitieux, courageux, intrépide –FAMILIER: casse-cou, risque-tout. CONTR. *lâche, peureux, poltron, timide* –FAMILIER: *femmelette, froussard* –LITTÉRAIRE: *couard* –POPULAIRE: *trouillard* –VIEUX: *capon.*

au-dedans *adverbe*

/ Au fond de soi-même. SYN. en son for intérieur, intérieurement. CONTR. *extérieurement.*

audible *adjectif*

/ Que l'on peut entendre. SYN. clair, distinct, perceptible. CONTR. *inaudible.*

audience *nom féminin*

/ Entretien accordé par quelqu'un. SYN. consultation, entrevue, rendez-vous.

/ Intérêt porté par le public à. SYN. attention, réputation, retentissement –LITTÉRAIRE: renom, renommée.

auditoire *nom masculin*

/ Personnes réunies pour l'audition de. SYN. assemblée, assistance, audience, auditeurs, public, salle, spectateurs.

augmentation *nom féminin*

/ Fait d'augmenter. SYN. accélération, accroissement, aggravation, agrandissement, développement, dilatation, élargissement, élévation, enchérissement, grossissement, hausse, intensification, majoration, montée, relèvement, surcroît. CONTR. *abaissement, adoucissement, allégement, amenuisement, amoindrissement, amortissement, atrophie, atténuation, baisse, chute, com-*

pression, décroissance, dépréciation, diminution, limitation, ralentissement, raréfaction, réduction –LITTÉRAIRE: *assoupissement.*

augmenter *verbe intransitif*

/ Devenir plus grand. SYN. croître, grandir, monter, s'accentuer, s'aggraver, s'amplifier, s'élever, s'étendre, s'intensifier. CONTR. *baisser, décliner, décroître, dépérir, diminuer, faiblir, mollir, régresser, s'assoupir, se modérer* –LITTÉRAIRE: *défaillir.*

augmenter *verbe transitif*

/ Rendre plus grand, plus important. SYN. accélérer, accentuer, accroître, aggraver, agrandir, ajouter à, allonger, amplifier, approfondir, développer, élargir, élever, épaissir, étendre, exalter, grandir, grossir, hausser, intensifier, multiplier, redoubler, relever, renchérir, renforcer. CONTR. *amoindrir, aplanir, atrophier, atténuer, baisser, circonscrire, décroître, diminuer, émousser, limiter, modérer, réduire, relâcher, supprimer.*

augure *nom masculin*

/ Signe annoncé. SYN. auspices, prédiction, prémonition, présage, pressentiment, signe.

/ FAMILIER. Personnage qui prédit l'avenir. SYN. devin, oracle, prophète, vaticinateur.

augurer *verbe*

/ Tirer une conséquence. SYN. annoncer, conjecturer, prédire, pressentir, présumer, prévoir, promettre, pronostiquer, prophétiser, supposer –LITTÉRAIRE: préjuger, présager.

auguste *adjectif*

/ LITTÉRAIRE. Qui est imposant. SYN. digne, grand, majestueux, noble, sacré, saint, solennel, vénérable –LITTÉRAIRE: olympien. CONTR. *bas, méprisable, mesquin, vulgaire* –LITTÉRAIRE: *vil.*

aujourd'hui *adverbe*

/ Au temps où nous vivons. SYN. à l'époque actuelle, à l'heure actuelle, à l'heure qu'il est, à notre époque, à présent, actuellement, dans l'immédiat, de nos jours, en ce moment, maintenant, pour l'heure, pour l'instant, présentement –FAMILIER: au jour d'aujourd'hui. CONTR. *anciennement, autrefois, dans le passé, jadis, par le passé.*

/ Le jour où nous sommes. SYN. ce jour. CONTR. *demain, hier.*

aumône *nom féminin*

/ Don à un pauvre. SYN. charité, obole, offrande, secours.

auparavant *adverbe*

/ Avant ce moment-là. SYN. antérieurement, au préalable, avant, d'abord, plus tôt, préalablement, précédemment. CONTR. *après, postérieurement, ultérieurement.*

auprès de *préposition*

/ À proximité de. SYN. à côté de, autour de, aux alentours de, aux environs de, contre. CONTR. *loin de.*

aura *nom féminin*

/ LITTÉRAIRE. Atmosphère spirituelle. SYN. charisme, éclat, émanation, magnétisme, rayonnement –LITTÉRAIRE: halo –VIEUX: fluide.

auréole *nom féminin*

/ Cercle lumineux. SYN. couronne, éclat, gloire, halo, nimbe.

auréoler *verbe*

/ LITTÉRAIRE. Entourer d'une auréole. SYN. ceindre, cercler –LITTÉRAIRE: couronner, nimber.

aurore *nom féminin*

/ Lueur qui précède le lever du jour. SYN. aube, matin, point du jour, pointe du jour. CONTR. *coucher, crépuscule, soir, tombée du jour* –LITTÉRAIRE: *brune, déclin du jour.*

/ LITTÉRAIRE. Début de quelque chose. SYN. commencement, ébauche, esquisse, naissance, prémices, seuil –LITTÉRAIRE: enfance. CONTR. *déclin, fin, terme* –LITTÉRAIRE: *couchant, crépuscule, extrémité.*

auspice *nom masculin*

/ Présage tiré du vol des oiseaux. SYN. augure, présage.

/ Circonstance favorable ou non. SYN. circonstance, conjoncture.

/ Appui dont on bénéficie. SYN. appui, patronage, protection, soutien, tutelle.

aussi *adverbe*

/ Indique une égalité. SYN. à l'avenant, dans la même mesure, de même, également, pareillement –VIEUX: mêmement. CONTR. *inégalement.*
/ Indique une addition. SYN. de plus, de surcroît, en outre, en plus, qui plus est –FAMILIER: par-dessus le marché.
/ Exprime le degré extrême. SYN. pour... que, quelque... que, si... que.

aussitôt *adverbe*

/ Sans le moindre retard. SYN. d'emblée, immédiatement, instantanément, sur-le-champ, tout de suite –FAMILIER: illico, illico presto –LITTÉRAIRE: incontinent.

austère *adjectif*

/ Au caractère sévère. SYN. bourru, dur, rigide, rigoriste, rigoureux, sévère, spartiate, strict –LITTÉRAIRE: raide. CONTR. *conciliant, indulgent, libéral, tolérant.*
/ Dépourvu d'ornement. SYN. âpre, aride, nu, sec, sévère. CONTR. *agréable, charmant, doux, plaisant, riant.*
/ Qui suit une morale stricte. SYN. ascétique, monacal, puritain, rude –LITTÉRAIRE: frugal. CONTR. *épicurien, leste, sensuel, voluptueux* –LITTÉRAIRE: *dissolu.*

austérité *nom féminin*

/ Caractère austère. SYN. ascèse, ascétisme, gravité, puritanisme, rigidité, rigorisme, rigueur –LITTÉRAIRE: sévérité, stoïcisme. CONTR. *débauche, facilité, frivolité, hédonisme, indulgence, liberté, relâchement, sensualité* –LITTÉRAIRE: *débridement, dissolution.*
/ Caractère dépouillé. SYN. dépouillement, nudité, simplicité, sobriété. CONTR. *abondance, apparat, gaieté, richesse* –LITTÉRAIRE: *bouffissure.*

austral *adjectif*

/ De la moitié sud. SYN. antarctique, sud. CONTR. *arctique, boréal, nord, septentrional.*

auteur *nom masculin*

/ Personne qui est à l'origine de. SYN. concepteur, créateur, faiseur, fondateur, initiateur, inventeur, père, promoteur –LITTÉRAIRE: fabricant, instaurateur.
/ Personne qui accomplit une action. SYN. agent, artisan, coupable, instigateur, responsable.
/ Créateur d'une œuvre. SYN. écrivain, femme de lettres, homme de lettres, littérateur.

authenticité *nom féminin*

/ Caractère authentique. SYN. réalité, validité, véracité –LITTÉRAIRE: véridicité. CONTR. *contrefaçon, falsification, inexactitude.*
/ Caractère sincère. SYN. justesse, objectivité, profondeur, sincérité, valeur, vérité. CONTR. *fausseté, inauthenticité, infidélité.*

authentifié *adjectif*

/ Reconnu comme tel. SYN. attesté, officiel. CONTR. *présumé, prétendu.*

authentifier *verbe*

/ Certifier l'authenticité. SYN. certifier, garantir, légaliser –VIEUX: authentiquer. CONTR. *contrefaire, falsifier.*

authentique *adjectif*

/ Dont la vérité est incontestable. SYN. avéré, effectif, établi, évident, exact, inattaquable, incontestable, indéniable, indubitable, notoire, officiel, positif, réel, sûr, textuel, vrai. CONTR. *discutable, douteux, faux, forgé, illusoire, imaginaire, incertain, irréel, présumé, prétendu, supposé* –LITTÉRAIRE: *emprunté, fallacieux.*
/ D'une entière sincérité. SYN. franc, juste, sincère, spontané, véridique, véritable –LITTÉRAIRE: vrai. CONTR. *affecté, artificiel, clinquant, composé, conventionnel, de commande, étudié, fabriqué, factice, forcé, mensonger, simulé, sophistiqué* –LITTÉRAIRE: *tortu.*
/ Dont l'origine est indubitable. SYN. certifié, officiel, prouvé, vérifié. CONTR. *apocryphe, artificiel, contrefait, factice, falsifié, faux, imité, inauthentique, postiche* –LITTÉRAIRE: *controuvé.*

autochtone *adjectif et nom*

/ Originaire du pays où il vit. SYN. aborigène, indigène, natif, originaire. CONTR. *étranger, immigrant, immigré* –VIEUX: *aubain.*

autocrate *nom*

/ Monarque au pouvoir absolu. SYN. despote, dictateur, maître, tyran –LITTÉRAIRE: dominateur.

autocratie *nom féminin*

/ Pouvoir détenu par un seul homme. SYN. absolutisme, autoritarisme, césarisme, despotisme, dictature, omnipotence, tyrannie. CONTR. *démocratie, libéralisme.*

autocratique *adjectif*
/ Qui relève de l'autocratie. SYN. absolu, arbitraire, autoritaire, despotique, dictatorial, tyrannique. CONTR. *constitutionnel, démocratique, libéral, républicain.*

automate *nom masculin*
/ Personne qui agit comme une machine. SYN. machine, marionnette, robot –FAMILIER: pantin.

automatique *adjectif*
/ Qui se fait machinalement. SYN. inconscient, instinctif, involontaire, machinal, mécanique, réflexe, spontané, stéréotypé. CONTR. *conscient, délibéré, intentionnel, réfléchi, volontaire.*
/ Qui se fait de manière invariable. SYN. systématique. CONTR. *aléatoire, douteux, hypothétique, incertain.*

automatiquement *adverbe*
/ De façon automatique. SYN. mécaniquement, par principe, systématiquement. CONTR. *volontairement.*

automobile *nom féminin*
/ Véhicule routier. SYN. auto, voiture –FAMILIER: bagnole, clou, guimbarde, pot de yaourt, tacot, tape-cul, teuf-teuf, trottinette, veau –POPULAIRE: bahut, caisse, chignole, chiotte, poubelle, tas de boue, tire.

autonome *adjectif*
/ Qui jouit de l'autonomie. SYN. indépendant, libre. CONTR. *dépendant, inféodé, soumis, subordonné.*

autonomie *nom féminin*
/ Capacité à être indépendant. SYN. indépendance, liberté, souveraineté. CONTR. *asservissement, dépendance, soumission.*

autonomiste *adjectif et nom*
/ Favorable à l'autonomie. SYN. dissident, indépendantiste, sécessionniste, séparatiste.

autorisation *nom féminin*
/ Action d'autoriser. SYN. acceptation, accord, acquiescement, agrément, approbation, assentiment, consentement, habilitation, permission –LITTÉRAIRE: aveu. CONTR. *défense, interdiction, prohibition, refus, veto.*
/ Document qui autorise. SYN. bon, laissez-passer, licence, permis, pouvoir, sauf-conduit.

autorisé *adjectif*
/ Que l'on a le droit de faire. SYN. accrédité, légal, légitime, licite, loisible, permis, reconnu, réglementaire, régulier, toléré. CONTR. *clandestin, défendu, délictueux, frauduleux, illégal, illicite, interdit, prohibé, proscrit.*
/ Qui fait autorité. SYN. compétent, confirmé, fondé, officiel, qualifié, reconnu. CONTR. *fantaisiste, officieux.*

autoriser *verbe*
/ Donner la permission de. SYN. admettre, approuver, consentir à, habiliter, permettre, tolérer. CONTR. *défendre, empêcher, interdire, prohiber, proscrire, refuser* –LITTÉRAIRE: *contraindre.*
/ Rendre possible. SYN. accréditer, justifier, légitimer, permettre. CONTR. *condamner, exclure.*

autoriser (s') *verbe pronominal*
/ Se fonder sur un appui pour. SYN. alléguer, arguer de, invoquer, prétexter, s'appuyer, se prévaloir de, se recommander de, se servir de.
/ Se donner le droit de. SYN. prendre la liberté de, se permettre. CONTR. *se refuser, s'interdire.*

autoritaire *adjectif*
/ Qui ne supporte pas la contradiction. SYN. absolu, autocratique, despotique, dictatorial, entier, intolérant, sectaire, totalitaire, tyrannique –LITTÉRAIRE: raide. CONTR. *accommodant, bonasse, bonhomme, conciliant, coulant, débonnaire, faible, falot, indulgent, large, laxiste, libéral, soumis, tolérant.*
/ Qui manifeste l'autorité. SYN. cassant, catégorique, coupant, énergique, ferme, impératif, impérieux, péremptoire, tranchant. CONTR. *accommodant, conciliant, douceâtre, doucereux, mielleux* –FAMILIER: *patelin* –LITTÉRAIRE: *onctueux, paterne.*

autoritarisme *nom masculin*
/ Pratique autoritaire. SYN. absolutisme, autocratie, caporalisme, césarisme, despotisme, dictature, totalitarisme –LITTÉRAIRE: tyrannie. CONTR. *anarchie, faiblesse, libéralisme, scepticisme.*

autorité *nom féminin*

/ Pouvoir de commander. SYN. commandement, domination, puissance, souveraineté, tutelle. CONTR. *dépendance, soumission, subordination* –LITTÉRAIRE: *sujétion.*

/ Le pouvoir politique. SYN. administration, gouvernement.

/ Qualité qui permet de se faire obéir. SYN. aplomb, ascendant, compétence, fermeté. CONTR. *humilité, modestie, timidité.*

/ Influence dont jouit quelqu'un. SYN. empire, emprise, influence, poids, pouvoir, réputation –LITTÉRAIRE: crédit. CONTR. *discrédit.*

autorités *nom féminin pluriel*

/ Représentants de l'État. SYN. notabilités, notables, officiels.

autour de *préposition*

/ Indique la périphérie. SYN. aux alentours de, aux environs de.

/ Indique le voisinage immédiat. SYN. à proximité de, auprès de, dans le voisinage, près de.

/ Indique l'approximation. SYN. à peu près, approximativement, environ.

autre *adjectif*

/ Qui présente une différence. SYN. différent, dissemblable, distinct, divergent. CONTR. *analogue, identique, même, pareil, semblable, similaire, voisin.*

autrefois *adverbe*

/ Dans le temps passé. SYN. anciennement, au temps jadis, dans le passé, dans le temps, jadis, par le passé –FAMILIER: il y a belle lurette. CONTR. *à présent, actuellement, aujourd'hui, dans l'avenir, demain, maintenant, un jour.*

autrement *adverbe*

/ D'une autre façon. SYN. différemment. CONTR. *identiquement, pareillement* –LITTÉRAIRE: *semblablement* –VIEUX: *mêmement.*

/ À un plus haut degré. SYN. beaucoup plus, bien plus, infiniment plus –FAMILIER: drôlement.

/ Dans le cas contraire. SYN. sans quoi, sinon.

auxiliaire *adjectif*

/ Qui s'ajoute à autre chose. SYN. accessoire, annexe, complémentaire. CONTR. *premier, primordial, principal, vital.*

auxiliaire *nom*

/ Personne qui apporte son aide. SYN. acolyte, adjoint, aide, allié, assistant, associé, complice, second, soutien –LITTÉRAIRE: adjuvant.

avachi *adjectif*

/ Devenu mou. SYN. déformé, flasque, flétri –FAMILIER: fatigué. CONTR. *dur, neuf, raide.*

/ Qui a perdu tout dynamisme. SYN. amorphe, indolent, inerte, lymphatique, mollasson, mou –FAMILIER: mollasse –LITTÉRAIRE: alangui –POPULAIRE: ramollo. CONTR. *décidé, dynamique, énergique, ferme, résolu.*

avachir *verbe*

/ Faire perdre toute énergie. SYN. affaiblir, amollir –FAMILIER: ramollir –LITTÉRAIRE: aveulir. CONTR. *exalter, ragaillardir, réconforter, revigorer* –LITTÉRAIRE: *vivifier.*

avachir (s') *verbe pronominal*

/ Perdre sa forme. SYN. s'affaisser, s'effondrer.

/ Se laisser aller dans. SYN. s'affaler. CONTR. *se redresser, se relever.*

avachissement *nom masculin*

/ Manque d'énergie. SYN. amollissement, veulerie –LITTÉRAIRE: aveulissement. CONTR. –LITTÉRAIRE: *régénération.*

avalanche *nom féminin*

/ Grande quantité de choses. SYN. armée, cascade, chapelet, déluge, fatras, flot, foule, grêle, infinité, kyrielle, masse, monceau, multitude, myriade, nuée, pléiade, pluie, quantité, tas, torrent –FAMILIER: armada, cargaison, flopée, foultitude, pelletée, régiment, ribambelle, tapée –LITTÉRAIRE: averse, essaim. CONTR. *atome, brin, goutte, larme, lueur, miette, nuage, once, peu, pointe, soupçon* –LITTÉRAIRE: *liard, ombre* –POPULAIRE: *chouia.*

avaler *verbe*

/ Absorber un aliment. SYN. déglutir, engloutir, engouffrer, ingérer, ingurgiter, manger, prendre –FAMILIER: enfourner, s'enfiler, siffler –POPULAIRE: boulotter, s'envoyer. CONTR. *cracher, rejeter, vomir.*

avaliser *verbe*

/ Soutenir une action. SYN. cautionner, garantir.

à-valoir *nom masculin*

/ Paiement partiel. SYN. acompte, arrhes, avance, provision.

avance *nom féminin*

/ Action d'avancer. SYN. avancée, marche, progression. CONTR. *recul, repli, retraite.*

/ Avantage acquis sur quelqu'un. CONTR. *handicap, recul, régression, retard, rétrogradation.*

/ Somme avancée. SYN. acompte, à-valoir, provision.

avancé *adjectif*

/ Sur le point de se gâter. SYN. avarié, blet, faisandé. CONTR. *frais.*

/ Qui est en avance. SYN. anticipé, éveillé, évolué, précoce. CONTR. *arriéré, tardif* –FAMILIER: *retardé.*

avancée *nom féminin*

/ Fait d'avancer, de s'avancer. SYN. avance, avancement, progression. CONTR. *recul, repli.*

avancement *nom masculin*

/ Action de s'avancer. SYN. avancée, saillie. CONTR. *creux, renfoncement.*

/ Action de progresser. SYN. cours, développement, élévation, marche, perfectionnement, progrès, progression, promotion. CONTR. *arrêt, piétinement, recul, retard, stagnation.*

avancer *verbe intransitif*

/ Faire des progrès. SYN. gagner, gagner du terrain, progresser. CONTR. *piétiner, reculer, régresser, rétrograder, s'arrêter, stagner.*

/ Faire saillie. SYN. déborder, dépasser, saillir, surplomber.

/ Se mouvoir vers l'avant. SYN. cheminer, marcher, s'acheminer, se mouvoir. CONTR. *reculer, s'arrêter, se replier, se retirer, s'éloigner.*

avancer *verbe transitif*

/ Porter en avant. SYN. allonger, approcher, présenter, rapprocher, tendre. CONTR. *éloigner, reculer, retirer.*

/ Déplacer une date avant le moment prévu. SYN. anticiper, décaler, hâter, précipiter, rapprocher. CONTR. *ajourner, différer, reculer, repousser, retarder, suspendre.*

/ Mettre en avant une idée. SYN. affirmer, alléguer, arguer, énoncer, hasarder, invoquer, opposer, prétendre, prétexter, soutenir.

avancer (s') *verbe pronominal*

/ Sortir de sa réserve. SYN. s'aventurer, se compromettre, se hasarder, se risquer, s'engager. CONTR. *se replier.*

avances *nom féminin pluriel*

/ Premières démarches vers quelqu'un. SYN. approches, ouvertures, propositions.

/ Tentatives pour séduire. SYN. coquetterie, minauderie –LITTÉRAIRE: agacerie.

avanie *nom féminin*

/ LITTÉRAIRE. Affront public. SYN. algarade, brimade, gifle, humiliation, ignominie, mortification, offense, outrage, tracasserie, vexation –LITTÉRAIRE: camouflet, injure, opprobre, soufflet. CONTR. *cajolerie, compliment, congratulations, flatterie, louange* –LITTÉRAIRE: *encens.*

avant *adverbe*

/ Indique l'antériorité. SYN. antérieurement, au préalable, auparavant, autrefois, d'abord, devant, jadis, loin, plus tôt, préalablement, précédemment. CONTR. *à la suite, après, ensuite, postérieurement, puis, ultérieurement* –FAMILIER: *derrière.*

avant *nom masculin*

/ Partie antérieure de quelque chose. SYN. nez, proue. CONTR. *arrière, derrière, poupe.*

avant *préposition*

/ Indique une relation temporelle. SYN. antérieurement à, plus tôt que, préalablement à. CONTR. *après, postérieurement à, ultérieurement à.*

/ Indique une relation spatiale. SYN. devant, en-deçà de, plus près que. CONTR. *après.*

/ Indique un degré supérieur. SYN. au-dessus de. CONTR. *au-dessous de.*

avantage *nom masculin*

/ Ce qui constitue un profit. SYN. à-côté, atout, bénéfice, bien, bienfait, faveur, fruit, intérêt, profit, utilité. CONTR. *désavantage, dommage, inconvénient, préjudice, revers de la médaille* –LITTÉRAIRE: *détriment.*

/ Fait de l'emporter. SYN. prérogative, primauté, privilège, supériorité, suprématie, talent –LITTÉRAIRE: don.

avantager *verbe*

/ Faire profiter quelqu'un d'un avantage. SYN. favoriser, privilégier. CONTR. *défavoriser, désavantager, déshériter, frustrer, handicaper, léser, nuire, pénaliser.*

/ Mettre en valeur quelqu'un. SYN. embellir, flatter – LITTÉRAIRE : seoir. CONTR. *enlaidir.*

avantageusement *adverbe*

/ De façon avantageuse. SYN. favorablement, heureusement, honorablement. CONTR. *déplorablement, désagréablement, désastreusement, fâcheusement, malencontreusement, tristement.*

avantageux *adjectif*

/ Qui offre un profit. SYN. bénéfique, bon, fructueux, intéressant, profitable, rentable. CONTR. *désavantageux, dommageable, fâcheux, mauvais, préjudiciable.*

/ Dont le prix est intéressant. SYN. abordable, bon marché, compétitif, économique. CONTR. *cher, extravagant, onéreux.*

/ Qui flatte quelqu'un. SYN. élogieux, favorable, flatteur. CONTR. *défavorable.*

/ Qui tire vanité de ses qualités. SYN. conquérant, faraud, important, orgueilleux, poseur, présomptueux, prétentieux, puant, suffisant, vaniteux – LITTÉRAIRE : fat, outrecuidant, triomphateur. CONTR. *humble, modeste, simple.*

avant-coureur *adjectif*

/ Qui annonce un événement. SYN. annonciateur, précurseur. CONTR. *consécutif, rétrospectif.*

avant-goût *nom masculin*

/ Première impression. SYN. aperçu, idée, préambule, préface, préfiguration, préliminaires, prélude, prémices, prologue – FAMILIER : échantillon. CONTR. *arrière-goût, réminiscence, souvenir.*

avant-propos *nom masculin*

/ Courte introduction. SYN. avertissement, avis, introduction, notice, préambule, préface, prologue. CONTR. *conclusion, épilogue, fin, postface.*

avare *adjectif*

/ Qui n'aime pas dépenser. SYN. intéressé, parcimonieux, regardant, thésauriseur – FAMILIER : chiche, chien, pingre, radin, rapiat, rat – LITTÉRAIRE : avaricieux, ladre, lésineur. CONTR. *dépensier, dilapidateur, gaspilleur, généreux, large, prodigue* – LITTÉRAIRE : *dissipateur, libéral.*

avare *nom*

/ Personne qui n'aime pas dépenser. SYN. thésauriseur – FAMILIER : grigou, grippe-sou, pingre, radin, rapiat, rat – LITTÉRAIRE : harpagon, ladre, lésineur. CONTR. *dépensier, dilapidateur, gaspilleur* – FAMILIER : *panier percé* – LITTÉRAIRE : *dissipateur.*

avarice *nom féminin*

/ Attachement aux richesses. SYN. parcimonie – FAMILIER : pingrerie, radinerie, radinisme – LITTÉRAIRE : ladrerie, lésinerie – POPULAIRE : mégotage. CONTR. *charité, dissipation, gaspillage, générosité, libéralité, prodigalité* – LITTÉRAIRE : *largesse, magnificence.*

avaricieux *adjectif*

/ LITTÉRAIRE. Qui fait preuve d'avarice. SYN. avare, intéressé, mesquin, parcimonieux, regardant, thésauriseur – FAMILIER : chiche, chien, pingre, radin, rapiat, rat – LITTÉRAIRE : ladre, lésineur. CONTR. *dépensier, dilapidateur, gaspilleur, généreux, large, prodigue* – LITTÉRAIRE : *dissipateur, libéral.*

avarie *nom féminin*

/ Dégât matériel. SYN. dégât, détérioration, dommage, endommagement, sinistre.

avarié *adjectif*

/ Qui est gâté. SYN. avancé, blet, décomposé, faisandé, pourri, putréfié – LITTÉRAIRE : corrompu, putride. CONTR. *frais, intact, sain.*

avarier *verbe*

/ Causer une avarie. SYN. détériorer, endommager.

/ Gâter un produit. SYN. altérer, gâcher, pourrir, putréfier – LITTÉRAIRE : corrompre. CONTR. *bonifier, conserver, préserver.*

avarier (s') *verbe pronominal*

/ S'abîmer sous l'effet de. SYN. pourrir, se perdre, se putréfier. CONTR. *se conserver.*

avatar *nom masculin*

/ Événement fâcheux. SYN. accident, contretemps, coup dur, écueil, empêchement, incident, mésaventure, revers – FAMILIER : pépin, tuile. CONTR. *aubaine, chance.*

/ Fait de changer quelque chose. SYN. changement, évolution, métamorphose, transformation.

avec *préposition*

/ Marque l'accompagnement. SYN. en compagnie de.

/ Indique la relation. SYN. à l'égard de, envers, vis-à-vis de.

avenant *adjectif*

/ D'un abord agréable. SYN. abordable, accueillant, adorable, affable, aimable, charmant, courtois, engageant, exquis, gracieux, hospitalier, liant, sociable, sympathique – LITTÉRAIRE: amène. CONTR. *affreux, bilieux, désagréable, disgracieux, distant, ingrat, puant, rébarbatif, rebutant, renfrogné, revêche, rogue, rude, sec* – LITTÉRAIRE: *atrabilaire.*

avènement *nom masculin*

/ Fait d'accéder à. SYN. accession, promotion.

/ Fait d'être établi. SYN. arrivée, commencement, établissement, venue. CONTR. *fin, mort.*

avenir *nom masculin*

/ Le temps à venir. SYN. futur, lendemain, postérité, prospective. CONTR. *passé, présent.*

/ Situation future. SYN. carrière, destin, destinée, sort – LITTÉRAIRE: fortune.

aventure *nom féminin*

/ Événement imprévu. SYN. aléa, épisode, histoire, péripétie.

/ Entreprise risquée. SYN. affaire, histoire, imprudence, incident, mésaventure, tentative.

/ Liaison amoureuse. SYN. amour, amourette, caprice, histoire, intrigue, passade – FAMILIER: flirt, tocade, toquade.

aventuré *adjectif*

/ Affirmé sans preuves. SYN. aléatoire, hasardeux, risqué, téméraire. CONTR. *certain, sûr.*

aventurer *verbe*

/ Exposer à des risques. SYN. compromettre, exposer, hasarder, jouer, risquer. CONTR. *assurer, étayer.*

aventurer (s') *verbe pronominal*

/ Courir un risque. SYN. jouer avec le feu, oser, s'avancer, s'aviser, se compromettre, se hasarder, se jeter, se lancer, se risquer, s'embarquer, s'engager, s'engager sur un terrain glissant, travailler sans filet – LITTÉRAIRE: se commettre.

aventureusement *adverbe*

/ De façon aventureuse. SYN. dangereusement, imprudemment. CONTR. *prudemment, sagement, sûrement.*

aventureux *adjectif*

/ Qui aime l'aventure. SYN. audacieux, hardi, imprudent, téméraire – FAMILIER: casse-cou. CONTR. *circonspect, prudent, réfléchi, sage, sérieux.*

/ Qui comporte des risques. SYN. aléatoire, hasardeux, imprudent, osé, risqué – LITTÉRAIRE: chanceux. CONTR. *assuré, calme, certain, serein, sûr, tranquille.*

avéré *adjectif*

/ Reconnu comme vrai. SYN. authentique, confirmé, exact, inattaquable, incontestable, juste, notoire, officiel, reconnu, sûr, véridique, véritable, vrai. CONTR. *contestable, douteux, faux, hypothétique, inexact, présumé, prétendu, supposé.*

avérer (s') *verbe pronominal*

/ Révéler son caractère. SYN. apparaître, passer pour, se manifester, se montrer, sembler.

averse *nom féminin*

/ Pluie abondante. SYN. déluge, giboulée, grain, ondée – POPULAIRE: rincée, saucée.

/ LITTÉRAIRE. Grande quantité de choses. SYN. avalanche, cascade, chapelet, déluge, fatras, flot, foule, grêle, infinité, kyrielle, masse, monceau, multitude, myriade, nuée, pléiade, pluie, quantité, tas, torrent – FAMILIER: armada, cargaison, flopée, foultitude, pelletée, ribambelle, tapée – LITTÉRAIRE: essaim. CONTR. *atome, bribe, brin, doigt, filet, goutte, grain, gramme, larme, lueur, miette, nuage, once, parcelle, peu, pointe, soupçon, trace* – LITTÉRAIRE: *liard, ombre, trait* – POPULAIRE: *chouia.*

aversion *nom féminin*

/ Antipathie violente. SYN. dégoût, haine, horreur, hostilité, inimitié, prévention, répugnance, répulsion, ressentiment – LITTÉRAIRE: abomination, animadversion, exécration. CONTR. *adoration, affection, amitié, amour, attachement, attirance, attrac-*

tion, goût, intérêt, penchant, prédilection, préférence, propension, sympathie –LITTÉRAIRE: *allèchement, inclination, sentiment.*

averti *adjectif*

/ Qui est informé. SYN. au courant, avisé, initié, instruit, préparé, prévenu, prudent, sage. CONTR. *étourdi, ignorant, imprudent, irréfléchi, malavisé.*

/ Qui est connaisseur. SYN. compétent, éclairé, exercé, expérimenté, expert, habile, qualifié –FAMILIER: chevronné. CONTR. *apprenti, débutant, inexpérimenté, néophyte* –LITTÉRAIRE: *inexpert.*

/ Qui connaît les réalités de la vie. SYN. dégourdi, éveillé –FAMILIER: dessalé. CONTR. *ingénu, innocent, naïf.*

avertir *verbe*

/ Informer quelqu'un de. SYN. alerter, annoncer, apprendre, aviser, faire savoir, informer, instruire, mettre au courant, mettre au fait, mettre en garde, prévenir, signaler –LITTÉRAIRE: admonester. CONTR. *cacher, dissimuler, occulter, taire.*

avertissement *nom masculin*

/ Action d'avertir quelqu'un. SYN. alerte, avis, conseil, menace, mise en garde, présage, recommandation, signe, suggestion.

/ Rappel à l'ordre. SYN. blâme, leçon, observation, remontrance, réprimande –LITTÉRAIRE: admonestation, admonition, objurgation.

/ Petite introduction. SYN. avant-propos, avis, introduction, notice, préambule, préface, prologue. CONTR. *conclusion, épilogue, postface.*

aveu *nom masculin*

/ LITTÉRAIRE. Fait de permettre quelque chose. SYN. accord, approbation, autorisation, consentement, permission. CONTR. *défense, interdiction, opposition, refus, veto.*

/ Fait d'avouer. SYN. confession, confidence, reconnaissance, révélation. CONTR. *dénégation, rétractation.*

/ LITTÉRAIRE. Action d'avouer son amour. SYN. déclaration.

aveuglant *adjectif*

/ Qui aveugle. SYN. cru, éblouissant, éclatant –LITTÉRAIRE: fulgurant. CONTR. *doux, éteint, pâle, terne.*

/ Dont l'évidence est claire. SYN. éclatant, évident, flagrant, patent. CONTR. *douteux, imperceptible, incertain, insaisissable.*

aveugle *adjectif*

/ Qui est irrationnel. SYN. absolu, fanatique, fou. CONTR. *lucide, prudent, raisonnable, raisonné, rationnel.*

/ Sans limite. SYN. absolu, entier, total. CONTR. *borné, limité.*

aveuglement *nom masculin*

/ Manque de discernement. SYN. acharnement, égarement, entêtement, erreur, folie, inconscience, partialité –FAMILIER: démence –LITTÉRAIRE: fourvoiement. CONTR. *acuité, clairvoyance, discernement, flair, lucidité, objectivité, perspicacité, prudence, sagacité, sagesse.*

aveuglément *adverbe*

/ Sans réflexion. SYN. à l'aveuglette, en aveugle, obstinément, passionnément, passivement. CONTR. *calmement, lucidement, objectivement, prudemment, sciemment.*

aveugler *verbe*

/ Empêcher de voir. SYN. éblouir.

/ Priver quelqu'un de sa lucidité. SYN. affoler, égarer. CONTR. *détromper, éclairer, guider, illuminer.*

/ Colmater une ouverture. SYN. boucher, calfater, étouper, murer, obstruer, obturer.

aveulir *verbe*

/ LITTÉRAIRE. Rendre veule. SYN. affaiblir, amollir, avachir –FAMILIER: ramollir. CONTR. *aguerrir, galvaniser, revigorer* –LITTÉRAIRE: *régénérer, vivifier.*

aveulissement *nom masculin*

/ LITTÉRAIRE. Fait de s'aveulir. SYN. avachissement. CONTR. *durcissement* –LITTÉRAIRE: *régénération.*

avide *adjectif*

/ Qui manifeste de la cupidité. SYN. âpre, insatiable –LITTÉRAIRE: cupide, rapace. CONTR. *désintéressé, généreux, large, prodigue.*

/ Qui fait preuve d'avidité. SYN. affamé, anxieux de, demandeur, désireux, épris de, friand, impatient. CONTR. *blasé, détaché, indifférent, insouciant, saturé* –LITTÉRAIRE: *repu.*

/ Qui est très attentif. SYN. ardent, passionné. CONTR. *inattentif, indifférent.*

avidement *adverbe*
/ Avec avidité. SYN. gloutonnement, impatiemment, voracement.

avidité *nom féminin*
/ Désir ardent de quelque chose. SYN. convoitise, gloutonnerie, impatience, passion, soif, voracité –LITTÉRAIRE: appétit, cupidité, faim, insatiabilité, rapacité. CONTR. *assouvissement, désintéressement, détachement, générosité, indifférence.*

avili *adjectif*
/ Qui est méprisable. SYN. bas, déchu, méprisable –LITTÉRAIRE: corrompu. CONTR. *élevé* –LITTÉRAIRE: *fier.*

avilir *verbe*
/ Rendre méprisable. SYN. abaisser, adultérer, débaucher, déconsidérer, dégrader, dépraver, déprécier, déshonorer, diminuer, discréditer, humilier, profaner, rapetisser, ravaler, salir –LITTÉRAIRE: abâtardir, corrompre, flétrir, prostituer, rabaisser, souiller. CONTR. *assainir, élever, embellir, ennoblir, réhabiliter, relever, revaloriser* –LITTÉRAIRE: *amender, régénérer.*

avilir (s') *verbe pronominal*
/ Perdre sa dignité. SYN. baisser, dégénérer, diminuer, s'abaisser, se dégrader, se déprécier, se dévaluer, se rabaisser –FAMILIER: s'aplatir –LITTÉRAIRE: déchoir, s'abâtardir, se prosterner, se prostituer, se ravaler. CONTR. *monter, renchérir, se hausser, se relever, s'élever.*

avilissant *adjectif*
/ Qui avilit. SYN. abaissant, abject, bas, dégradant, déshonorant, honteux, humiliant, ignoble, immonde, inavouable, indigne, infamant, infâme, rabaissant –LITTÉRAIRE: ignominieux. CONTR. *digne, ennoblissant, glorieux, honorable, noble.*

avilissement *nom masculin*
/ Action d'avilir, fait de s'avilir. SYN. abaissement, abjection, amollissement, bassesse, corruption, décadence, déchéance, dégradation, discrédit, humiliation, ignominie, indignité, pourriture, profanation –LITTÉRAIRE: déconsidération, dégénérescence, prostitution, rabaissement, turpitude, vilenie. CONTR. *dignité, ennoblissement, réhabilitation, relèvement* –LITTÉRAIRE: *élévation.*
/ VIEUX. Fait de perdre de sa valeur. SYN. baisse, dépréciation, dévaluation. CONTR. *enchérissement, hausse, revalorisation.*

avion *nom masculin*
/ Appareil aérien. SYN. aéronef –FAMILIER: coucou, zinc –VIEUX: aéroplane.

avis *nom masculin*
/ Courte préface. SYN. avant-propos, avertissement, introduction, préambule, préface. CONTR. *conclusion, postface.*
/ Ce que quelqu'un pense sur. SYN. appréciation, croyance, façon de penser, idée, jugement, opinion, pensée, point de vue, sens, sentiment, vue.
/ Information au public. SYN. annonce, communication, communiqué, déclaration, faire-part, note, notice, proclamation.
/ Opinion d'un jury. SYN. avertissement, conseil, indication, instruction, notification, recommandation, suggestion.

avisé *adjectif*
/ Qui est prudent. SYN. adroit, circonspect, clairvoyant, diplomate, éclairé, fin, habile, perspicace, politique, prévoyant, prudent, sagace, sage, sensé –FAMILIER: dégourdi. CONTR. *étourdi, imprévoyant, imprudent, inconséquent, inconsidéré, inhabile, irréfléchi, léger, malavisé, malhabile* –FAMILIER: *bébête.*

aviser *verbe transitif*
/ Apercevoir soudain. SYN. découvrir, distinguer, remarquer –FAMILIER: viser.

aviser *verbe transitif*
/ Informer quelqu'un de. SYN. alerter, apprendre, avertir, donner avis, faire part, faire savoir, instruire, prévenir. CONTR. *cacher, taire.*

aviser *verbe transitif indirect*
/ Réfléchir à quelque chose. SYN. parer à, veiller à.

aviser (s') *verbe pronominal*
/ S'apercevoir de quelque chose. SYN. constater, découvrir, observer, remarquer, se rendre compte.
/ Oser témérairement. SYN. essayer de, oser, s'aventurer à, se hasarder à, se mêler de, se permettre de, se risquer à, tenter de. CONTR. *éviter, s'abstenir de, se garder de.*

aviver *verbe*

/ Donner de l'éclat à. SYN. accentuer, colorer, intensifier, raviver, renforcer. CONTR. *adoucir, amortir, atténuer, estomper, tamiser, ternir.*

/ Rendre plus vif. SYN. accroître, activer, aggraver, aiguiser, attiser, envenimer, éperonner, éveiller, exacerber, exaspérer, exciter, fomenter, ranimer, raviver, réchauffer, réveiller – LITTÉRAIRE : enflammer, exalter. CONTR. *apaiser, assagir, calmer, cicatriser, diminuer, effacer, émousser, éteindre, étouffer, modérer, refroidir.*

avocat *nom*

/ Personne qui intercède pour. SYN. apologiste, apôtre, champion, défenseur, tenant – LITTÉRAIRE : intercesseur, souteneur.

avoir *nom masculin*

/ Ensemble des biens possédés. SYN. bien, capital, crédit, fortune, possession, propriété, ressource, richesse. CONTR. *débit, dette, doit, passif.*

avoir *verbe*

/ FAMILIER. Tromper quelqu'un. SYN. berner, duper, triompher de, tromper – FAMILIER : attraper, empaumer, empiler, faire marcher, pigeonner, posséder, rouler – LITTÉRAIRE : gruger – POPULAIRE : baiser, refaire.

/ Posséder un bien, une qualité. SYN. contenir, détenir, disposer de, jouir de, obtenir, occuper, présenter, recueillir.

/ Être dans tel état physique. SYN. éprouver, ressentir.

/ *Avoir à.* SYN. devoir, être dans l'obligation de, être tenu de.

avoisinant *adjectif*

/ Situé dans le voisinage. SYN. adjacent, attenant, contigu, environnant, limitrophe, mitoyen, proche, voisin – LITTÉRAIRE : circonvoisin, jouxtant. CONTR. *distant, écarté, éloigné, lointain, reculé.*

avoisiner *verbe*

/ Être voisin d'un lieu. SYN. confiner à, toucher à – LITTÉRAIRE : jouxter. CONTR. *être distant, être éloigné.*

/ Atteindre presque un nombre. SYN. approcher de, confiner à, côtoyer, friser, frôler.

avortement *nom masculin*

/ Développement incomplet. SYN. échec, faillite, insuccès – FAMILIER : fiasco – POPULAIRE : bide.

avorter *verbe*

/ Ne pas aboutir. SYN. capoter, échouer, manquer – FAMILIER : louper, rater – POPULAIRE : foirer. CONTR. *aboutir, réussir* – FAMILIER : *marcher.*

avorton *nom masculin*

/ Être chétif. SYN. gnome, nabot, nain – FAMILIER : freluquet, homoncule, homuncule, mauviette, microbe. CONTR. *gaillard, hercule.*

avouable *adjectif*

/ Qui peut être avoué. SYN. honnête, honorable. CONTR. *coupable, honteux, inavouable.*

avoué *adjectif*

/ Reconnu tel. SYN. admis, connu, déclaré. CONTR. *caché, clandestin, dissimulé, occulte, secret.*

avouer *verbe*

/ Reconnaître une mauvaise action. SYN. s'accuser – FAMILIER : lâcher le morceau, lâcher le paquet – POPULAIRE : cracher le morceau, manger le morceau, se déboutonner, se mettre à table. CONTR. *cacher, démentir, dissimuler, nier, se défendre de, taire.*

/ Reconnaître comme vrai. SYN. accorder, admettre, concéder, confesser, convenir. CONTR. *contester, dénier, disconvenir, refuser, rejeter.*

axe *nom masculin*

/ Direction générale. SYN. ligne, pôle, principe.

axer *verbe*

/ Organiser autour d'un axe. SYN. centrer, concentrer, diriger, orienter.

axiome *nom masculin*

/ Énoncé indiscuté. SYN. aphorisme, apophtegme, maxime, postulat, principe, vérité – LITTÉRAIRE : sentence.

azimuté *adjectif*

/ POPULAIRE. Complètement fou. SYN. dérangé, désaxé, déséquilibré, fou – FAMILIER : braque, cinglé, détraqué, dingue, fada, fêlé, frappé, loufoque, maboul, marteau, piqué, ravagé, tapé, timbré, toc-toc, toqué, zinzin – POPULAIRE : allumé, barge, barjo, branque, brindezingue, chtarbé, cinoque, cintré, déjanté, dingo, folingue, fondu, frapadingue, givré, jeté, louf, louftingue, sinoc, sinoque, siphonné, tordu.

baba *adjectif*

/ FAMILIER. Frappé d'étonnement. SYN. abasourdi, ahuri, coi, ébahi, éberlué, effaré, étonné, hébété, interdit, interloqué, médusé, pantois, renversé, stupéfait, suffoqué, tombé de la lune, tombé des nues –FAMILIER: assis, comme deux ronds de flan, épaté, époustouflé, estomaqué, groggy, scié, sidéré, soufflé –LITTÉRAIRE: ébaubi. CONTR. *impassible, imperturbable.*

babil *nom masculin*

/ LITTÉRAIRE. Bavardage continuel. SYN. babillage, caquetage, jacassement –FAMILIER: jacasserie, papotage, parlote, parlotte –LITTÉRAIRE: prolixité, ramage.

babillage *nom masculin*

/ Action de babiller. SYN. bavardage, caquetage, gazouillis, jacassement –FAMILIER: jacasserie, papotage, parlote, parlotte –LITTÉRAIRE: babil, ramage.

babillard *adjectif*

/ VIEUX. Qui parle beaucoup. SYN. bavard, prolixe, verbeux, volubile. CONTR. *muet, réservé, silencieux, taciturne.*

babiller *verbe*

/ Parler de choses futiles. SYN. bavarder, caqueter, gazouiller, jaser –FAMILIER: jacasser, papoter, tchatcher.

babiole *nom féminin*

/ Petit objet sans valeur. SYN. bibelot, bricole, colifichet, fanfreluche –FAMILIER: rogaton.

/ Chose négligeable. SYN. bagatelle, bêtise, broutille, détail, futilité –LITTÉRAIRE: brimborion.

bac *nom masculin*

/ Type de récipient. SYN. auge, bassin, cuve.

bacchanale *nom féminin*

/ LITTÉRAIRE. Débauche bruyante. SYN. beuverie, fête, orgie.

bâclage *nom masculin*

/ FAMILIER. Action de bâcler. SYN. sabotage –FAMILIER: bousillage, massacre. CONTR. *peaufinage* –FAMILIER: *fignolage* –LITTÉRAIRE: *parachèvement.*

bâclé *adjectif*

/ FAMILIER. Vite et mal fait. SYN. hâtif –FAMILIER: expédié, ni fait ni à faire. CONTR. *consciencieux, fignolé, fini, minutieux, sérieux, soigné* –POPULAIRE: *chiadé* –VIEUX: *perlé.*

bâcler *verbe*

/ FAMILIER. Faire sans soin. SYN. gâcher, négliger, saboter –FAMILIER: bousiller, cochonner, expédier, massacrer, sabrer, saccager, torcher, torchonner –POPULAIRE: saloper. CONTR. *fignoler, parachever, parfaire, peaufiner, polir, soigner* –FAMILIER: *chiader* –LITTÉRAIRE: *ciseler* –VIEUX: *perler.*

badaud *nom*

/ Promeneur curieux. SYN. curieux, flâneur, passant –VIEUX: musard.

{ forme de l'accolade

badauder *verbe*

/ LITTÉRAIRE. Se promener sans but. SYN. déambuler, flâner, musarder, s'amuser, se balader, se promener –FAMILIER: se baguenauder.

badauderie *nom féminin*

/ LITTÉRAIRE. Comportement de badaud. SYN. flânerie –LITTÉRAIRE: musardise.

badigeonner *verbe*

/ Enduire d'un vernis. SYN. barbouiller, étaler, étendre, laquer, peindre, vernir.

badin *adjectif*

/ Qui est enjoué. SYN. amusant, gai, guilleret, léger, mutin, plaisant, railleur, spirituel –LITTÉRAIRE: folâtre. CONTR. *grave, mélancolique, sérieux, sévère, sombre, triste.*

badinage *nom masculin*

/ Action de badiner. SYN. jeu, plaisanterie –LITTÉRAIRE: badinerie, marivaudage. CONTR. *gravité, réserve, sérieux, sévérité.*

badiner *verbe*

/ Prendre à la légère. SYN. jouer, plaisanter, rire, s'amuser, se moquer –FAMILIER: blaguer, rigoler –LITTÉRAIRE: folâtrer, marivauder. CONTR. *prendre au sérieux.*

baffe *nom féminin*

/ POPULAIRE. Coup à la figure. SYN. claque, gifle, tape –FAMILIER: calotte, taloche –LITTÉRAIRE: soufflet –POPULAIRE: beigne, mandale, tarte, torgnole –VIEUX: mornifle.

bafouer *verbe*

/ Traiter avec raillerie. SYN. railler, ridiculiser, se moquer –LITTÉRAIRE: brocarder, outrager, se gausser de, vilipender. CONTR. *complimenter, exalter, honorer, respecter* –LITTÉRAIRE: *encenser.*

bafouillage *nom masculin*

/ FAMILIER. Élocution embrouillée. SYN. bredouillage, bredouillement, bredouillis.

bafouille *nom féminin*

/ POPULAIRE. Écrit envoyé à quelqu'un. SYN. billet, lettre, mot –LITTÉRAIRE: missive –POPULAIRE: babillarde.

bafouillement *nom masculin*

/ FAMILIER. Élocution embrouillée. SYN. bredouillage, bredouillement, bredouillis.

bafouiller *verbe*

/ FAMILIER. Parler de façon confuse. SYN. balbutier, bégayer, bredouiller, marmonner, marmotter. CONTR. *articuler, énoncer.*

bâfrer *verbe*

/ POPULAIRE. Manger goulûment. SYN. dévorer, ingurgiter, se bourrer, se gaver –ARGOTIQUE: briffer –FAMILIER: enfourner, faire bombance, manger comme quatre, manger comme un ogre, s'empiffrer, s'en mettre plein la panse, s'enfiler –POPULAIRE: bouffer, bouffer comme un chancre, boulotter, manger à s'en faire péter la sous-ventrière, manger comme un chancre, morfaler, se goinfrer, s'en mettre plein la gueule, s'en mettre plein la lampe –VIEUX: goinfrer. CONTR. *grignoter* –FAMILIER: *chipoter, picorer.*

bâfreur *nom*

/ POPULAIRE. Personne qui bâfre. SYN. glouton, goulu –FAMILIER: goinfre –POPULAIRE: bouffeur.

bagage *nom masculin*

/ Ensemble de connaissances. SYN. acquis, connaissances, culture, érudition, formation, instruction, savoir, science.

bagage *nom masculin*

/ Nécessaire de voyage. SYN. affaires, équipement, fourniment, provision –FAMILIER: attirail, barda, fourbi.

bagarre *nom féminin*

/ Échange de coups. SYN. collision, coup, échauffourée, pugilat, rixe –ARGOTIQUE: baroud, baston –FAMILIER: grabuge –POPULAIRE: castagne.

/ FAMILIER. Vive compétition. SYN. action, bataille, combat, coups, lutte, mêlée.

/ FAMILIER. Violente discussion. SYN. altercation, dispute, prise de bec, querelle –FAMILIER: bisbille, chamaille, chamaillerie –LITTÉRAIRE: chicane. CONTR. *accord, entente, harmonie.*

bagarrer (se) *verbe pronominal*

/ FAMILIER. Se battre avec quelqu'un. SYN. en découdre, en venir aux mains, être aux prises avec, s'affronter, se colleter –POPULAIRE: se bigorner.

/ FAMILIER. Lutter pour quelque chose. SYN. batailler, rivaliser, se battre, se démener, se multiplier, s'échiner, s'épuiser, s'escrimer à –FAMILIER: se défoncer, s'esquinter.

/ FAMILIER. Se disputer avec quelqu'un. SYN. se disputer, se quereller.

bagarreur *adjectif*

/ FAMILIER. Qui aime la bagarre. SYN. batailleur, belliqueux, combatif, offensif, querelleur, violent –LITTÉRAIRE: pugnace. CONTR. *accommodant, calme, conciliant, pacifique, paisible.*

bagatelle *nom féminin*

/ Occupation futile. SYN. enfantillage, fadaise, futilité, niaiserie, rien –FAMILIER: amusette –LITTÉRAIRE: superfluité.

/ Chose sans gravité. SYN. babiole, bêtise, broutille, enfantillage, misère, niaiserie, plaisanterie, rien, vétille –FAMILIER: bricole, faribole, fichaise, gaudriole –LITTÉRAIRE: brimborion, hochet, poussière –POPULAIRE: foutaise.

bagnole *nom féminin*

/ FAMILIER. Automobile. SYN. voiture –FAMILIER: clou, tacot –POPULAIRE: bahut, caisse, chignole, chiotte, tire.

bagou ou **bagout** *nom masculin*

/ FAMILIER. Grande facilité de parole. SYN. prolixité, verbiage, verve, volubilité –LITTÉRAIRE: faconde, loquacité, verbosité. CONTR. *laconisme* –LITTÉRAIRE: *taciturnité.*

bague *nom féminin*

/ Anneau ouvragé. SYN. alliance, chevalière, jonc, marquise –POPULAIRE: bagouse.

baguenauder (se) *verbe pronominal*

/ FAMILIER. Se promener sans but. SYN. déambuler, flâner, musarder, se promener, traîner –FAMILIER: se balader, traînailler, traînasser –LITTÉRAIRE: badauder, muser. CONTR. *se hâter, se presser.*

baguette *nom féminin*

/ Petit bâton mince. SYN. badine, cravache, verge.

baie *nom féminin*

/ Échancrure du littoral. SYN. anse, calanque, crique, fjord, golfe.

baigner *verbe intransitif*

/ Être plongé dans un liquide. SYN. être imbibé, être imprégné, macérer, mariner, nager, tremper.

baigner *verbe transitif*

/ Plonger dans l'eau. SYN. immerger, laver, noyer, tremper.

/ LITTÉRAIRE. Border de ses eaux. SYN. arroser, irriguer. CONTR. *assécher.*

/ LITTÉRAIRE. Envelopper de tous côtés. SYN. entourer, imprégner, inonder, pénétrer.

baigner (se) *verbe pronominal*

/ Prendre un bain. SYN. nager, se tremper –FAMILIER: faire trempette.

/ Faire sa toilette. SYN. prendre un bain, se doucher, se laver –FAMILIER: faire ses ablutions.

bâillonner *verbe*

/ Réduire au silence. SYN. asservir, faire taire, museler, opprimer, vassaliser –LITTÉRAIRE: enchaîner, garrotter.

baiser *nom masculin*

/ Action de poser ses lèvres sur. SYN. –FAMILIER: bécot, bise, bisou, bizou, mimi, poutou –POPULAIRE: patin, pelle.

baiser *verbe intransitif*

/ POPULAIRE. Accomplir l'acte sexuel. SYN. faire l'amour –FAMILIER: copuler, coucher avec, forniquer –LITTÉRAIRE: connaître –POPULAIRE: coïter, faire la bête à deux dos.

baiser *verbe transitif*

/ Poser ses lèvres sur quelqu'un. SYN. bécoter, embrasser –FAMILIER: bisouiller, bisouter –VIEUX: baisoter.

/ POPULAIRE. Duper quelqu'un. SYN. berner, mystifier, piéger –FAMILIER: avoir, flouer, pigeonner, posséder, rouler –POPULAIRE: arnaquer, couillonner, entuber, refaire.

baisse *nom féminin*

/ Fait de baisser. SYN. abaissement, affaiblissement, amenuisement, chute, déclin, décroissance, décrue, dépréciation, descente, diminution, effondrement, essoufflement, ralentissement, réduction, régression, tassement –VIEUX: avilissement. CONTR. *augmentation, développement, élévation, exhaussement, grandissement, hausse, majoration, montée, recrudescence, relèvement, renchérissement, renouveau.*

baisser *verbe intransitif*

/ Aller plus bas. SYN. descendre, refluer – LITTÉRAIRE : régresser. CONTR. *monter, remonter.*

/ Diminuer de valeur. SYN. décroître, dégringoler, s'avilir, se déprécier, s'effondrer, tomber. CONTR. *augmenter, croître, enchérir, grandir, grossir, monter, renchérir, s'accroître, s'amplifier, s'intensifier.*

/ Perdre de sa vigueur. SYN. décliner, décroître, dégénérer, dépérir, faiblir, mollir, perdre, péricliter, rétrograder, s'affaiblir, s'affaisser, s'amenuiser, s'éteindre – FAMILIER : se ramollir – LITTÉRAIRE : défaillir. CONTR. *progresser, s'améliorer, se fortifier.*

baisser *verbe transitif*

/ Faire aller vers le bas. SYN. abaisser, coucher, courber, descendre, fléchir, incliner, pencher, rabattre – LITTÉRAIRE : rabaisser. CONTR. *dresser, élever, hausser, hisser, lever, monter, rehausser, relever, remonter, retrousser.*

/ Diminuer l'intensité, la valeur. SYN. adoucir, amortir, atténuer, réduire. CONTR. *amplifier, augmenter, élever, forcer, intensifier, majorer, réévaluer, revaloriser.*

baisser (se) *verbe pronominal*

/ Se courber vers le bas. SYN. se pencher, se ployer, s'incliner. CONTR. *se hausser, se redresser.*

bakchich *nom masculin*

/ FAMILIER. Argent donné pour un service. SYN. commission, dessous-de-table, gratification, pot-de-vin, pourboire, ristourne.

bal *nom masculin*

/ Réunion où l'on danse. SYN. surprise-partie – FAMILIER : boum, sauterie, surboum.

/ Lieu où l'on danse. SYN. dancing, guinguette – POPULAIRE : bastringue.

balade *nom féminin*

/ FAMILIER. Fait de se promener. SYN. équipée, excursion, marche, promenade, sortie, tour – FAMILIER : virée – POPULAIRE : vadrouille.

balader (se) *verbe pronominal*

/ FAMILIER. Se promener. SYN. déambuler, flâner, marcher, musarder – FAMILIER : se baguenauder – LITTÉRAIRE : badauder, muser.

baladin *nom masculin*

/ Comédien ambulant. SYN. bateleur, saltimbanque.

balafre *nom féminin*

/ Entaille au visage. SYN. blessure, cicatrice, coupure, égratignure, estafilade, taillade.

balafrer *verbe*

/ Marquer d'une balafre. SYN. blesser, couper, entamer, taillader.

balancement *nom masculin*

/ Mouvement d'un corps. SYN. ballottement, battement, bercement, brimbalement, dandinement, dodelinement, oscillation, tortillement, vacillement, va-et-vient – LITTÉRAIRE : branle, ondoiement, vacillation. CONTR. *arrêt, blocage, immobilisation.*

/ État harmonieux. SYN. balance, équilibre, harmonie, pondération. CONTR. *déséquilibre.*

balancer *verbe intransitif*

/ Être indécis. SYN. flotter, osciller, tergiverser – FAMILIER : se tâter – LITTÉRAIRE : vaciller. CONTR. *choisir, décider, opter, se décider, se déterminer à.*

balancer *verbe transitif*

/ Faire osciller quelque chose. SYN. ballotter, branler, cahoter, dodeliner, ébranler, mouvoir, remuer, secouer. CONTR. *immobiliser.*

/ Faire équilibre à. SYN. compenser, contrebalancer, corriger, équilibrer, neutraliser.

/ POPULAIRE. Congédier quelqu'un. SYN. chasser, débaucher, destituer, éconduire, expulser, licencier, limoger, mettre à la porte, refouler, rejeter, remercier, renvoyer, révoquer, se défaire de, se séparer de – FAMILIER : balayer, blackbouler, débarquer, déboulonner, dégommer, ficher à la porte, flanquer à la porte, flanquer dehors, sabrer, vider – POPULAIRE : foutre à la porte, lourder, virer. CONTR. *embaucher, engager, garder.*

/ POPULAIRE. Asséner un coup à quelqu'un. SYN. décocher, lancer – FAMILIER : administrer, ficher, flanquer – POPULAIRE : coller, foutre.

/ POPULAIRE. Se débarrasser de quelque chose. SYN. liquider – FAMILIER : bazarder – POPULAIRE : virer. CONTR. *conserver, garder.*

balancer (se) *verbe pronominal*

/ Se mouvoir d'un côté et de l'autre. SYN. flotter, onduler, se dandiner, se déhancher, se tortiller, tanguer – LITTÉRAIRE : baller.

/ POPULAIRE. Ne pas tenir compte de. SYN. se moquer – FAMILIER : se ficher – POPULAIRE : se foutre.

balayer *verbe*

/ Faire disparaître. SYN. abolir, anéantir, annihiler, chasser, écraser, emporter, pulvériser, refouler, rejeter, repousser, ruiner. CONTR. *conserver, garder.*

/ FAMILIER. Se défaire de quelqu'un. SYN. chasser, congédier, destituer, éconduire, évincer, remercier, se défaire de, se séparer de –FAMILIER: blackbouler, débarquer, déboulonner, dégommer, sabrer, vider –POPULAIRE: lourder.

balbutier *verbe*

/ Parler confusément. SYN. bégayer, bredouiller, marmonner, marmotter, maronner, murmurer –FAMILIER: bafouiller, baragouiner. CONTR. *articuler.*

balèze ou **balaise** *adjectif*

/ POPULAIRE. Grand et fort. SYN. athlétique, corpulent, fort, herculéen, robuste, vigoureux –FAMILIER: costaud –POPULAIRE: baraqué. CONTR. *chétif, débile, frêle, maigrelet, maladif, malingre* –FAMILIER: *maigrichon.*

baliser *verbe intransitif*

/ POPULAIRE. Avoir peur. SYN. appréhender, avoir des sueurs froides, avoir froid dans le dos, avoir la chair de poule, craindre, redouter, s'alarmer, s'effrayer, trembler –FAMILIER: avoir la colique, avoir la frousse, ne plus avoir un poil de sec, serrer les fesses –POPULAIRE: avoir la chiasse, avoir la pétoche, avoir la trouille, avoir le trouillomètre à zéro, avoir les chocottes, avoir les foies, avoir les grelots, avoir les jetons, faire dans sa culotte, faire dans son froc, fouetter, les avoir à zéro.

baliser *verbe transitif*

/ Indiquer par des balises. SYN. jalonner, marquer, piqueter, signaliser.

baliverne *nom féminin*

/ Propos futile. SYN. billevesée, calembredaine, enfantillage, fadaise, frivolité, futilité, inutilité, niaiserie, puérilité, rien, sornettes, vétille –FAMILIER: boniment, faribole, fichaise, rigolade, salades –LITTÉRAIRE: superfluité –POPULAIRE: foutaise.

balle *nom féminin*

/ Projectile d'une arme à feu. SYN. chevrotine, plomb –POPULAIRE: pruneau.

baller *verbe*

/ LITTÉRAIRE. Avoir un mouvement d'oscillation. SYN. balancer, ballotter, dodeliner, osciller, pendre –FAMILIER: tanguer.

ballonné *adjectif*

/ Qui a le ventre distendu. SYN. gonflé, gros. CONTR. *plat.*

ballonner *verbe*

/ Distendre le ventre. SYN. bouffir, boursoufler, enfler, gonfler.

ballot *adjectif*

/ FAMILIER. Qui est sot. SYN. bête, épais, idiot, imbécile, maladroit, sot, stupide –FAMILIER: bébête, bouché, empoté, lourd, pataud, rustaud. CONTR. *astucieux, fin, futé, habile, intelligent, malin, pénétrant, perspicace, sagace, spirituel, subtil.*

ballot *nom masculin*

/ FAMILIER. Personne bête. SYN. âne, âne bâté, benêt, idiot, ignorant, imbécile, innocent, lourdaud, maladroit, nigaud, nul, rustre, sot –FAMILIER: abruti, andouille, bêta, bûche, buse, cloche, crétin, cruche, dadais, empoté, gaffeur, jacques, oie, rustaud –POPULAIRE: banane, con, conard, connard, cornichon, couillon, gland, manche, nouille, patate, truffe. CONTR. *futé, malin.*

ballottement *nom masculin*

/ Fait de ballotter. SYN. balancement, brimbalement, cahot, oscillation. CONTR. *immobilisation.*

ballotter *verbe intransitif*

/ Être agité en tous sens. SYN. brimbaler, bringuebaler, brinquebaler, cahoter, chanceler, dodeliner, osciller, se dandiner –FAMILIER: tanguer –LITTÉRAIRE: baller.

ballotter *verbe transitif*

/ Agiter en tous sens. SYN. balancer, bringuebaler, brinquebaler, remuer, secouer, tirailler –VIEUX: brimbaler.

balourd *adjectif*

/ Qui a un esprit grossier. SYN. bête, épais, gauche, inepte, lourdaud, maladroit, obtus, rustre, sot, stupide –FAMILIER: ballot, bouché, empoté, gaffeur, lourd, pataud, rustaud -LITTÉRAIRE: rustique. CONTR. *astucieux, fin, futé, habile, intelligent, malin, pénétrant, perspicace, sagace, spirituel, subtil.*

balourd *nom*

/ Personne sans finesse. SYN. butor, imbécile, lourdaud, sot -FAMILIER: animal, bûche, buse, cruche, empaillé, empoté, gaffeur, pataud -POPULAIRE: pignouf. CONTR. *malin, rusé.*

balourdise *nom féminin*

/ Défaut de celui qui est balourd. SYN. bêtise, ignorance, inintelligence, lourdeur, sottise, stupidité -LITTÉRAIRE: ganacherie, nigauderie. CONTR. *adresse, à-propos, délicatesse, esprit, finesse, intelligence, pertinence, subtilité.*

/ Parole, acte de balourd. SYN. ânerie, bêtise, faute, impair, maladresse, sottise, stupidité -FAMILIER: blague, boulette, gaffe.

balustrade *nom féminin*

/ Clôture à jour. SYN. barrière, bastingage, garde-corps, garde-fou, parapet, rambarde.

bambin *nom*

/ Petit enfant. SYN. gamin, gamine, petit -FAMILIER: bout de chou, bout de zan, chérubin, gosse, marmot, mioche, moutard, petiot, petiote, poussin -POPULAIRE: lardon, loupiot, loupiote, môme, mouflet.

bambochard *nom*

/ FAMILIER. Personne qui aime la fête. SYN. débauché, noctambule -FAMILIER: fêtard, noceur -VIEUX: viveur.

bamboche *nom féminin*

/ VIEUX. Partie de plaisir. SYN. fête -FAMILIER: bombance, bombe, bringue, fiesta, java, noce, nouba -POPULAIRE: bamboula, foire.

bambocher *verbe*

/ FAMILIER. Faire la fête. SYN. faire la noce, faire ripaille, festoyer -FAMILIER: faire bombance, faire la bombe, faire la bringue, faire la fiesta, faire la java, faire la nouba -POPULAIRE: faire la bamboula, faire la foire.

bambocheur *nom*

/ FAMILIER. Personne qui aime la fête. SYN. débauché, noctambule -FAMILIER: fêtard, noceur -VIEUX: viveur.

bamboula *nom féminin*

/ POPULAIRE. Grande fête. SYN. fête -ARGOTIQUE: teuf -FAMILIER: bombe, bringue, fiesta, java, noce, nouba, ribouldingue -POPULAIRE: foire -VIEUX: bamboche.

banal *adjectif*

/ Qui ne s'écarte pas de l'ordinaire. SYN. anodin, commun, conventionnel, habituel, ordinaire, prosaïque, rebattu, usuel. CONTR. *abracadabrant, ahurissant, curieux, déroutant, étonnant, excentrique, exceptionnel, extraordinaire, extravagant, fort, grave, inédit, insolite, mémorable, miraculeux, nouveau, paradoxal, particulier, pittoresque, retentissant, saillant, spectaculaire, surprenant* -FAMILIER: *ébouriffant, énorme.*

/ Qui manque d'originalité. SYN. anonyme, fade, inintéressant, insignifiant, insipide, neutre, pauvre, petit, plat, quelconque, terne, usé, vulgaire -FAMILIER: fadasse. CONTR. *amusant, attachant, chic, choisi, coloré, délicat, éblouissant, élégant, fantastique, hardi, intéressant, original, passionnant, personnel, rare, recherché, remarquable, singulier, supérieur, unique* -FAMILIER: *fabuleux* -LITTÉRAIRE: *distingué.*

banalement *adverbe*

/ De façon banale. SYN. communément, couramment, prosaïquement, vulgairement. CONTR. *exceptionnellement, extraordinairement, particulièrement, rarement.*

banalité *nom féminin*

/ Caractère banal. SYN. fadeur, insignifiance, médiocrité, platitude, prosaïsme -LITTÉRAIRE: pauvreté. CONTR. *brillant, chic, couleur, éclat, élévation, exception, finesse, hardiesse, intérêt, nouveauté, originalité, pittoresque, profondeur.*

/ Propos, idée sans originalité. SYN. cliché, généralité, lieu commun, poncif, stéréotype, truisme -FAMILIER: bateau. CONTR. *fantaisie.*

bancal *adjectif*

/ Qui est mal établi. SYN. aberrant, biscornu, boiteux, erroné, incorrect, inexact, instable -FAMILIER: bancroche -LITTÉRAIRE: tortu. CONTR. *correct, exact, précis.*

bande *nom féminin*

/ Groupe de gens ayant des affinités. SYN. armée, bataillon, clan, compagnie, coterie, équipe, gang, ramassis, troupe –FAMILIER: clique, cohorte, flopée, maffia –LITTÉRAIRE: essaim, phalange.

/ Groupe d'animaux. SYN. banc, colonie, harde, horde, meute, troupeau.

bander *verbe*

/ LITTÉRAIRE. Tendre ses muscles. SYN. contracter, raidir. CONTR. *assouplir, détendre, relâcher.*

banderole *nom féminin*

/ Bande d'étoffe. SYN. bannière, enseigne, étendard, fanion, flamme, oriflamme, pavillon.

bandit *nom masculin*

/ Individu qui pratique le vol. SYN. gangster, malfaiteur, truand –LITTÉRAIRE: brigand, pirate –POPULAIRE: malfrat –VIEUX: gredin.

/ Homme malhonnête. SYN. aigrefin, brigand, canaille, chenapan, crapule, filou, forban, fraudeur, gredin, pourri, requin, scélérat, vaurien, voleur –FAMILIER: faisan, fripouille, margoulin –VIEUX: apache, flibustier, fripon, malandrin.

bannière *nom féminin*

/ Drapeau rectangulaire. SYN. banderole, enseigne, étendard, pavillon.

bannir *verbe*

/ Condamner quelqu'un à l'exil. SYN. chasser, déporter, excommunier, exiler, expatrier, expulser, proscrire, refouler, reléguer. CONTR. *accueillir.*

/ Tenir quelqu'un éloigné. SYN. chasser, écarter, éliminer, évincer, exclure, expulser, rejeter –FAMILIER: blackbouler, sabrer. CONTR. *accueillir, admettre.*

/ Rejeter quelque chose. SYN. écarter, éliminer, éloigner, exclure, ôter, proscrire, rayer, refouler, repousser, supprimer. CONTR. *accepter, adopter, appeler.*

bannissement *nom masculin*

/ Action de bannir quelqu'un. SYN. déportation, exil, expatriation, expulsion, ostracisme, relégation. CONTR. *accueil, hospitalité, rappel.*

/ LITTÉRAIRE. Action d'écarter ce qui nuit. SYN. interdiction, proscription, rejet. CONTR. *adoption.*

banqueroute *nom féminin*

/ Échec total. SYN. culbute, débâcle, déconfiture, désastre, faillite, krach, naufrage, ruine –FAMILIER: fiasco. CONTR. *réussite, succès, triomphe, victoire.*

banquet *nom masculin*

/ Grand repas. SYN. agape, festin –POPULAIRE: gueuleton.

banqueter *verbe*

/ Prendre part à un banquet. SYN. festoyer –FAMILIER: faire bombance, faire ripaille, ripailler –POPULAIRE: gueuletonner.

baptiser *verbe*

/ FAMILIER. Ajouter de l'eau à du vin. SYN. additionner, allonger, diluer, mouiller.

/ Administrer le baptême. SYN. ondoyer.

/ Donner un nom. SYN. appeler, dénommer, intituler, nommer, prénommer, qualifier, surnommer. CONTR. *débaptiser.*

bar *nom masculin*

/ Débit de boissons. SYN. buvette, café –FAMILIER: bistro, bistrot, troquet, zinc –POPULAIRE: bistroquet, caboulot, mastroquet.

baragouin *nom masculin*

/ FAMILIER. Langage incompréhensible. SYN. galimatias, sabir –FAMILIER: charabia, embrouillamini, jargon –LITTÉRAIRE: amphigouri, pathos.

baragouiner *verbe*

/ FAMILIER. Parler de façon confuse. SYN. balbutier, bredouiller, jargonner, marmonner, marmotter. CONTR. *articuler, énoncer.*

baraque *nom féminin*

/ FAMILIER. Maison inconfortable. SYN. bauge, bouge, cabane, cahute, masure, nid à rats, taudis –FAMILIER: bicoque, boutique –LITTÉRAIRE: galetas –POPULAIRE: cambuse, casbah, gourbi, taule, turne.

baraqué *adjectif*

/ POPULAIRE. Qui a une forte carrure. SYN. athlétique, corpulent, fort, herculéen, râblé, robuste, trapu, vigoureux –FAMILIER: costaud –POPULAIRE: balaise, balèze. CONTR. *filiforme, fluet, frêle, longiligne, maigrelet, maigriot, malbâti* –FAMILIER: *maigrichon.*

baratin *nom masculin*

/ FAMILIER. Discours destiné à séduire. SYN. phrases, sornettes, verbiage –FAMILIER: bla-bla, bobard, boniment, salades.

baratiner *verbe*

/ FAMILIER. Faire du baratin. SYN. endormir, enjôler –FAMILIER: bourrer le crâne, embobiner, entortiller.

baratineur *nom*

/ FAMILIER. Personne qui baratine. SYN. bavard, beau parleur, discoureur, phraseur –FAMILIER: laïusseur, pie –LITTÉRAIRE: péroreur.

barbant *adjectif*

/ FAMILIER. Qui est ennuyeux. SYN. fastidieux, lassant, monotone, soporifique –FAMILIER: assommant, casse-pieds, embêtant, empoisonnant, endormant, enquiquinant, rasant, rasoir, soûlant, tannant, tuant –POPULAIRE: canulant, emmerdant, suant. CONTR. *agréable, distrayant, intéressant, passionnant, plaisant, réjouissant, séduisant, tentant* –FAMILIER: *folichon.*

barbaque *nom féminin*

/ POPULAIRE. Mauvaise viande. SYN. –POPULAIRE: bidoche, carne.

barbare *adjectif*

/ Qui agit avec cruauté. SYN. atroce, cruel, féroce, impitoyable, implacable, inhumain, rustre, sanguinaire, sauvage. CONTR. *bon, charitable, civilisé, doux, humain.*

barbare *nom*

/ Personne cruelle. SYN. brute, rustre, sauvage, vandale.

barbarie *nom féminin*

/ Attitude cruelle. SYN. atrocité, brutalité, cruauté, férocité, inhumanité, sauvagerie. CONTR. *délicatesse, douceur, humanité.*

/ Manque de civilisation. SYN. grossièreté, sauvagerie, vandalisme –LITTÉRAIRE: rudesse, rusticité. CONTR. *civilisation, délicatesse, politesse, raffinement.*

barbarisme *nom masculin*

/ Emploi fautif d'un mot. SYN. impropriété, incorrection.

barbe *nom féminin*

/ Poils du bas du visage. SYN. barbiche, barbichette, collier, duvet.

barber *verbe*

/ FAMILIER. Ennuyer quelqu'un. SYN. fatiguer, lasser –FAMILIER: assommer, bassiner, casser les pieds, embêter, empoisonner, enquiquiner, faire suer, pomper, raser, tanner –POPULAIRE: cavaler, emmerder. CONTR. *amuser, charmer, distraire, divertir, intéresser, passionner, plaire, séduire, tenter.*

barber (se) *verbe pronominal*

/ FAMILIER. Éprouver de l'ennui. SYN. s'ennuyer –FAMILIER: se faire suer, s'embêter, s'empoisonner, s'enquiquiner –POPULAIRE: s'emmerder. CONTR. *s'amuser.*

barbotage *nom masculin*

/ POPULAIRE. Action de barboter. SYN. larcin, maraudage, maraude, vol –FAMILIER: chapardage –POPULAIRE: fauche.

barboter *verbe*

/ FAMILIER. Voler quelque chose. SYN. dérober, escamoter, soustraire –FAMILIER: carotter, chaparder, chiper, choper, écornifler, gratter, piquer, rafler, souffler, subtiliser –POPULAIRE: chouraver, chourer, faucher, ratiboiser, ratisser. CONTR. *rendre, restituer.*

barbouillage *nom masculin*

/ Écrit illisible. SYN. barbouillis, griffonnage –FAMILIER: gribouillage, gribouillis.

barbouiller *verbe*

/ Couvrir d'une matière salissante. SYN. encrasser, maculer, salir, tacher –FAMILIER: cochonner –LITTÉRAIRE: souiller. CONTR. *débarbouiller, décrasser, laver, nettoyer.*

/ Enduire grossièrement une surface. SYN. badigeonner, étaler, peindre –FAMILIER: peinturer, peinturlurer.

/ Écrire de façon confuse. SYN. gribouiller, griffonner.

barbouilleur *nom*

/ Mauvais écrivain ou peintre. SYN. écrivailleur, écrivaillon, écrivassier, gribouilleur, griffonneur, plumitif –VIEUX: badigeonneur.

barbouillis *nom masculin*

/ Écrit illisible. SYN. barbouillage, griffonnage, pattes de mouche –FAMILIER: gribouillage, gribouillis.

barbu *adjectif*

/ Qui porte la barbe. SYN. poilu, velu. CONTR. *glabre, imberbe, lisse, rasé.*

barda *nom masculin*

/ FAMILIER. Équipement encombrant. SYN. attirail, bagage, chargement –FAMILIER: bataclan, bazar, fourbi, fourniment, harnachement –POPULAIRE: bastringue –VIEUX: saint-frusquin.

barge *adjectif*

/ POPULAIRE. Qui est fou. SYN. dément, dérangé, désaxé, déséquilibré –FAMILIER: braque, cinglé, détraqué, dingue, fada, frappé, loufoque, maboul, marteau, piqué, ravagé, tapé, timbré, toc-toc, toqué, zinzin –POPULAIRE: allumé, azimuté, barjo, branque, brindezingue, cinoque, cintré, déjanté, dingo, fêlé, folingue, fondu, frapadingue, givré, jeté, louf, louftingue, sinoc, sinoque, siphonné, tordu. CONTR. *équilibré, normal, sensé.*

bariolage *nom masculin*

/ Assemblage de couleurs. SYN. bigarrure, chamarrure.

bariolé *adjectif*

/ Composé de couleurs disparates. SYN. bigarré, chamarré, moucheté, multicolore, panaché, polychrome, tacheté, tigré –LITTÉRAIRE: diapré, versicolore. CONTR. *uni, unicolore.*

barioler *verbe*

/ Peindre de couleurs disparates. SYN. bigarrer, chamarrer, jasper, panacher –FAMILIER: peinturlurer –LITTÉRAIRE: diaprer, marqueter. CONTR. *unifier, uniformiser.*

barjo ou **barjot** *adjectif*

/ POPULAIRE. Qui est fou. SYN. dément, dérangé, désaxé, déséquilibré –FAMILIER: braque, cinglé, détraqué, dingue, fada, frappé, loufoque, maboul, marteau, piqué, ravagé, tapé, timbré, toc-toc, toqué, zinzin –POPULAIRE: allumé, azimuté, barge, branque, brindezingue, cinoque, cintré, déjanté, dingo, fêlé, folingue, fondu, frapadingue, givré, jeté, louf, louftingue, sinoc, sinoque, siphonné, tordu. CONTR. *équilibré, normal, sensé.*

baron *nom masculin*

/ Personne très importante. SYN. grand, magnat, maître, puissant, roi, seigneur, sommité –FAMILIER: caïd, manitou, ponte.

baroque *adjectif*

/ Qui est excentrique. SYN. abracadabrant, biscornu, bizarre, étrange, extravagant, hurluberlu, insolite, saugrenu, singulier –FAMILIER: bizarroïde, braque –LITTÉRAIRE: fantasque. CONTR. *classique, normal, ordinaire.*

baroud *nom masculin*

/ ARGOTIQUE. Lutte armée. SYN. bataille, combat, mêlée –VIEUX: échauffourée.

barouf ou **baroufe** *nom masculin*

/ POPULAIRE. Bruit assourdissant. SYN. charivari, tapage, vacarme –FAMILIER: boucan, chahut, chambard, raffut –LITTÉRAIRE: hourvari –POPULAIRE: bastringue, foin, ramdam.

barrage *nom masculin*

/ Action de faire obstacle. SYN. blocage, obstacle, obstruction, opposition, refus, rejet, veto. CONTR. *adhésion, agrément, approbation, assentiment.*

barrer *verbe*

/ Fermer un passage. SYN. barricader, bloquer, boucher, condamner, couper, empêcher, entraver, interdire, obstruer, stopper. CONTR. *débloquer, décoincer, dégager.*

/ Marquer d'un trait. SYN. biffer, effacer, ôter, raturer, rayer, retrancher, sabrer.

barrer (se) *verbe pronominal*

/ POPULAIRE. S'en aller rapidement. SYN. déguerpir, fuir, partir, se sauver, s'enfuir, s'esquiver, s'évader –FAMILIER: décamper, détaler, ficher le camp, filer, s'ôter –POPULAIRE: décaniller, foutre le camp, mettre les bouts, mettre les voiles, se caleter, se calter, se carapater, se casser, se débiner, se faire la malle, se tailler, se tirer. CONTR. *rester* –LITTÉRAIRE: *demeurer.*

barricadé *adjectif*

/ Enfermé quelque part. SYN. cantonné, claquemuré, cloîtré, confiné, isolé, muré, retiré, séquestré –FAMILIER: bouclé –LITTÉRAIRE: reclus.

barricader *verbe*

/ Fermer un accès. SYN. barrer, boucher, fermer –LITTÉRAIRE: clore. CONTR. *ouvrir.*

barricader (se) *verbe pronominal*

/ S'enfermer quelque part. SYN. se cantonner, se claustrer, se cloîtrer, se murer, se replier, se retrancher, s'enfermer, s'isoler. CONTR. *sortir, s'ouvrir à.*

barrière *nom féminin*

/ Ce qui forme clôture. SYN. balustrade, bastingage, cloison, palissade, séparation.
/ Ce qui constitue un obstacle. SYN. abîme, fossé, mur.

bas *adjectif*

/ Peu élevé. SYN. aplati, court, petit. CONTR. *abrupt, élevé, escarpé, haut, montagneux, surélevé.*
/ Incliné vers le bas. SYN. affaissé, baissé, penché. CONTR. *haut.*
/ Se dit d'un son grave. SYN. assourdi, caverneux, grave, voilé –LITTÉRAIRE: sépulcral. CONTR. *aigu, claironnant, élevé, fort, tonitruant.*
/ Qui est moindre en valeur. SYN. faible, humble, inférieur, infime, médiocre, modéré, modique. CONTR. *considérable, élevé, exagéré, excessif* –FAMILIER: *astronomique.*
/ Qui est méprisable. SYN. abject, affreux, avili, avilissant, dégoûtant, dégradant, honteux, ignoble, infamant, infâme, laid, méprisable, vilain –LITTÉRAIRE: vil. CONTR. *digne, grandiose, noble, respectable, sublime, vénérable* –FAMILIER: *beau* –LITTÉRAIRE: *auguste, relevé.*

bas *nom masculin*

/ Fondement de quelque chose. SYN. base, dessous, fond, pied, racine. CONTR. *cime, comble, dessus, faîte, haut, sommet, tête.*

basané *adjectif*

/ Qui a la peau hâlée. SYN. bistre, bronzé, brun, bruni, doré, hâlé, tanné –LITTÉRAIRE: cuivré. CONTR. *blafard, blême, pâle.*

basculer *verbe*

/ Tomber quelque part. SYN. capoter, chavirer, culbuter, rouler, verser –FAMILIER: dégringoler.

base *nom féminin*

/ Support d'un objet. SYN. assiette, assise, fondation, fondement, socle, soubassement. CONTR. *comble, couronnement, dessus, haut.*
/ Partie inférieure d'un corps. SYN. bas, bout, dessous, pied, racine. CONTR. *cime, faîte, sommet.*
/ Principe fondamental. SYN. centre, éléments, fond, fondement, noyau, principe, rudiments.

baser *verbe*

/ Faire reposer sur. SYN. appuyer, asseoir, bâtir, échafauder, établir, fonder, installer.

bas-fonds *nom masculin pluriel*

/ Personnes les plus misérables. SYN. racaille –LITTÉRAIRE: cloaque, lie, rebut. CONTR. *dessus du panier, élite, fine fleur.*

bassement *adverbe*

/ De façon vile. SYN. abjectement, grossièrement, honteusement, ignoblement, indignement, laidement, méprisablement, petitement, sordidement, vulgairement –LITTÉRAIRE: servilement, vilainement, vilement. CONTR. *bien, dignement, élégamment, honorablement, noblement, respectablement.*

bassesse *nom féminin*

/ Manque d'élévation morale. SYN. abjection, aplatissement, avilissement, compromission, dégradation, laideur, petitesse, servilité, vénalité –LITTÉRAIRE: hideur, pleutrerie, turpitude, vilenie. CONTR. *beauté, dignité, générosité, grandeur, magnanimité, noblesse, pureté* –LITTÉRAIRE: *délicatesse, élévation, fierté, sublimité.*
/ Action déshonorante. SYN. ignominie, indignité, infamie, lâcheté, mesquinerie, platitude –LITTÉRAIRE: pleutrerie, turpitude, vilenie. CONTR. *action d'éclat, haut fait.*

bassin *nom masculin*

/ Récipient peu profond. SYN. bassine, cuvette.
/ Pièce d'eau. SYN. bac, citerne, cuve, piscine, vasque.
/ Partie d'un port. SYN. darce, darse, dock, rade.

bassinant *adjectif*

/ FAMILIER. Qui importune. SYN. ennuyeux, fatigant –FAMILIER: casse-pieds, collant, embêtant, enquiquinant, rasant, rasoir, soûlant –POPULAIRE: canulant, emmerdant, suant.

bassiner *verbe*
/ FAMILIER. Ennuyer quelqu'un. SYN. fatiguer, lasser –FAMILIER: assommer, barber, casser les pieds, embêter, empoisonner, enquiquiner, faire suer, pomper, raser, tanner –POPULAIRE: canuler, emmerder. CONTR. *amuser, délasser, distraire, divertir, intéresser, plaire, réjouir.*

basta ! *interjection*
/ POPULAIRE. Indique l'énervement. SYN. –FAMILIER: assez !, ça suffit !, suffit !

bastingage *nom masculin*
/ Ce qui empêche de tomber. SYN. balustrade, barrière, garde-corps, garde-fou, rambarde.

bastion *nom masculin*
/ Soutien solide de quelque chose. SYN. bouclier, citadelle, forteresse, retranchement, sanctuaire –LITTÉRAIRE: rempart.

bastringue *nom masculin*
/ POPULAIRE. Bal populaire. SYN. dancing, guinguette.
/ POPULAIRE. Désordre bruyant. SYN. charivari, tapage, tintamarre –FAMILIER: boucan, chahut, chambard, raffut, tintouin, tohu-bohu –POPULAIRE: barouf, baroufe, ramdam –VIEUX: sabbat. CONTR. *calme, silence.*
/ POPULAIRE. Ensemble d'objets divers. SYN. attirail –FAMILIER: barda, bataclan, bazar, fourbi, fourniment –VIEUX: saint-frusquin.

bataclan *nom masculin*
/ FAMILIER. Attirail encombrant. SYN. –FAMILIER: barda, bazar, fourbi, fourniment –POPULAIRE: bastringue –VIEUX: saint-frusquin.

bataille *nom féminin*
/ Combat entre deux armées. SYN. action, affaire, combat, guerre, hostilités, lutte, offensive, opération –ARGOTIQUE: baroud –LITTÉRAIRE: feu –VIEUX: échauffourée. CONTR. *concorde, paix.*
/ Lutte réelle ou simulée. SYN. conflit, duel, échauffourée, mêlée, pugilat, rixe –FAMILIER: bagarre –POPULAIRE: baston, castagne. CONTR. *accalmie, accord, calme, entente.*

batailler *verbe*
/ En venir aux mains. SYN. combattre, en découdre, lutter, s'accrocher –FAMILIER: se bagarrer –LITTÉRAIRE: guerroyer, jouter.
/ Lutter pour une idée. SYN. argumenter, disputer, se battre, se débattre, s'escrimer –FAMILIER: se bagarrer, se décarcasser.

batailleur *adjectif*
/ Qui aime la bataille. SYN. agressif, belliqueux, combatif, offensif, querelleur –FAMILIER: bagarreur –LITTÉRAIRE: martial, pugnace. CONTR. *calme, pacifique, paisible.*

bataillon *nom masculin*
/ Troupe nombreuse. SYN. armée, bande, flot, foule, horde, kyrielle, légion, masse, meute, multitude, myriade, nuée, pléiade, ramassis, tas, troupe, troupeau –FAMILIER: armada, cohorte, flopée, foultitude, peuple, régiment, ribambelle, tapée, tripotée –LITTÉRAIRE: essaim, fourmilière. CONTR. *poignée, quarteron.*

bâtard *adjectif*
/ Né hors du mariage. SYN. adultérin, illégitime, naturel. CONTR. *légitime, reconnu.*
/ Issu d'un croisement. SYN. hybride, mâtiné. CONTR. *pur, racé.*

bâtard *nom*
/ Animal issu d'un croisement. SYN. corniaud, corniot, croisé, hybride.

bateau *nom masculin*
/ Bâtiment de navigation. SYN. bâtiment, navire, paquebot, vaisseau –FAMILIER: rafiot.
/ FAMILIER. Histoire destinée à tromper. SYN. attrape –FAMILIER: blague, bobard, canular –POPULAIRE: craque. CONTR. *vérité.*

bateleur *nom*
/ Artiste forain. SYN. baladin, banquiste, saltimbanque.

batifolage *nom masculin*
/ Action de batifoler. SYN. amusement, divertissement, ébats.

batifoler *verbe*
/ S'ébattre avec joie. SYN. cabrioler, faire le fou, gambader, jouer, s'amuser, s'ébattre.
/ FAMILIER. Tourner autour des femmes. SYN. papillonner –FAMILIER: flirter –LITTÉRAIRE: folâtrer, marivauder.

bâtiment *nom masculin*
/ Construction destinée à abriter. SYN. bâtisse, édifice, immeuble.

/ Engin de navigation. SYN. bateau, navire, paquebot, vaisseau.

bâtir *verbe*

/ Élever une construction. SYN. construire, créer, édifier, ériger. CONTR. *abattre, démanteler, démolir, détruire, raser.*

/ Baser une chose sur une autre. SYN. asseoir, constituer, échafauder, établir, fonder, former, instaurer, instituer –LITTÉRAIRE: élever. CONTR. *renverser* –LITTÉRAIRE: *ruiner.*

/ Assembler deux morceaux de tissu. SYN. faufiler. CONTR. *débâtir, défaufiler.*

/ Agencer un texte. SYN. ajuster, assembler, fabriquer, façonner.

bâtisse *nom féminin*

/ Bâtiment sans caractère. SYN. construction, édifice, immeuble, maison.

bâtisseur *nom*

/ Personne qui construit. SYN. créateur, fondateur –LITTÉRAIRE: constructeur. CONTR. *destructeur.*

bâton *nom masculin*

/ Morceau de bois. SYN. badine, baguette, canne, matraque, trique, verge.

battage *nom masculin*

/ FAMILIER. Publicité excessive. SYN. bruit, pilonnage, tapage –FAMILIER: tam-tam –POPULAIRE: ramdam. CONTR. *silence.*

battant *adjectif*

/ Se dit d'une forte pluie. SYN. cinglant, violent.

battant *nom*

/ Personne très combative. SYN. combatif, entêté, obstiné, opiniâtre –FAMILIER: accrocheur, bagarreur, fonceur.

battement *nom masculin*

/ Série de chocs répétés. SYN. frappement, martèlement, tambourinage, tambourinement, tapotage, tapotement.

/ Mouvement alternatif rapide. SYN. cillement, clignement, clignotement, frémissement.

/ Intervalle de temps. SYN. pause, répit, trêve.

batterie *nom féminin*

/ Série d'éléments. SYN. assortiment, collection, échantillonnage, éventail, gamme, jeu, lot, palette, panel, panoplie.

batteries *nom féminin pluriel*

/ Moyens habiles de réussir. SYN. dispositions, manigances, manœuvres, préparatifs.

battre *verbe intransitif*

/ Venir heurter quelque chose. SYN. claquer, frapper.

battre *verbe transitif*

/ Frapper quelqu'un. SYN. brutaliser, cingler, corriger, maltraiter, molester, rouer de coups, taper –FAMILIER: étriper, passer à tabac, rosser, tabasser, talocher –LITTÉRAIRE: fouailler, violenter –POPULAIRE: cogner, dérouiller.

/ Agiter pour mélanger. SYN. brouiller, fouetter, mêler, tourner.

/ Vaincre un ennemi. SYN. anéantir, défaire, écharper, écraser, tailler en pièces, triompher de –FAMILIER: enfoncer, piler. CONTR. *capituler, être vaincu.*

/ Être supérieur à quelqu'un. SYN. dépasser, devancer, écraser, l'emporter, surclasser, triompher de –FAMILIER: avoir, étriller. CONTR. *capituler.*

battre (se) *verbe pronominal*

/ Se frapper mutuellement. SYN. batailler, en découdre, en venir aux mains, lutter, se colleter, se mesurer –FAMILIER: se bagarrer, se tabasser, s'expliquer –LITTÉRAIRE: guerroyer. CONTR. *fraterniser, s'arranger, se réconcilier, s'entendre, sympathiser* –LITTÉRAIRE: *s'accorder.*

/ Lutter pour quelque chose, quelqu'un. SYN. combattre, peiner, s'accrocher, s'acharner, se débattre, se démener, se dépenser, se fatiguer, se multiplier, se remuer, s'échiner, s'épuiser, s'escrimer, s'exténuer –FAMILIER: se bagarrer, se décarcasser, se défoncer, se mettre en quatre, se tuer, s'éreinter, s'esquinter. CONTR. *capituler.*

bauge *nom masculin*

/ Logement très sale. SYN. bouge, mansarde, nid à rats, réduit, taudis –FAMILIER: baraque, cagibi, écurie –LITTÉRAIRE: chenil, galetas, tanière –POPULAIRE: gourbi.

bavard *adjectif*

/ Qui parle beaucoup. SYN. loquace, prolixe, verbeux, volubile –FAMILIER: causant –VIEUX: babillard. CONTR. *bref, concis, laconique, muet, silencieux, taciturne* –VIEUX: *compendieux.*

/ Qui ne peut garder un secret. SYN. cancanier, indiscret, jaseur –VIEUX: potinier. CONTR. *discret, réservé, secret.*

bavard *nom*

/ Personne qui parle beaucoup. SYN. causeur, discoureur, phraseur –FAMILIER: baratineur, crécelle, jacasseur, jacassier, laïusseur, moulin à paroles, pie –LITTÉRAIRE: parleur –POPULAIRE: jaspineur.

/ Personne indiscrète. SYN. commère, jaseur –FAMILIER: concierge, perroquet –POPULAIRE: pipelette.

bavardage *nom masculin*

/ Action de bavarder. SYN. babillage, caquetage, jacassement, verbiage –FAMILIER: jacasserie, papotage –LITTÉRAIRE: loquacité, prolixité, verbosité. CONTR. *mutisme, silence* –LITTÉRAIRE: *taciturnité.*

/ Propos de bavard. SYN. conversation, discours, dissertation, palabre –FAMILIER: causette, discutaillerie, laïus, parlote, parlotte –VIEUX: chuchoterie.

/ Action de dévoiler un secret. SYN. bruit, cancan, commérage, indiscrétion, médisance –FAMILIER: potin, racontar, ragot. CONTR. *discrétion.*

bavarder *verbe*

/ Parler abondamment. SYN. babiller, caqueter, causer, converser, dialoguer, discourir –FAMILIER: bavasser, discuter le coup, faire la causette, faire un brin de causette, jacasser, papoter, tailler une bavette, tchatcher –LITTÉRAIRE: deviser, jaboter, s'entretenir –POPULAIRE: dégoiser, discuter le bout de gras. CONTR. *se taire.*

/ Parler de manière indiscrète. SYN. jaser –FAMILIER: blablater, cancaner, commérer, papoter, potiner.

bavasser *verbe*

/ FAMILIER. Faire des commérages. SYN. bavarder, caqueter, jaser, médire –FAMILIER: baver, cancaner, casser du sucre sur, causer, commérer, déblatérer sur, jacasser, papoter, potiner, tchatcher –LITTÉRAIRE: jaboter –VIEUX: pépier. CONTR. *se taire.*

baver *verbe*

/ FAMILIER. Tenir des propos venimeux. SYN. calomnier, dénigrer, diffamer, dire pis que pendre, médire, salir, traîner dans la boue –FAMILIER: bavasser, casser du sucre sur, cracher, débiner, déblatérer sur, éreinter, esquinter, étriller, rhabiller pour l'hiver –LITTÉRAIRE: clabauder, jaboter, vilipender –POPULAIRE: tailler un costard, tailler une veste. CONTR. *défendre, glorifier, justifier, louer, soutenir.*

bavure *nom féminin*

/ Tache dans une impression. SYN. marque, trace, traînée.

/ Erreur regrettable. SYN. bêtise, bévue, faux pas, maladresse, sottise –FAMILIER: boulette, bourde, gaffe.

bazar *nom masculin*

/ FAMILIER. Ensemble d'objets quelconques. SYN. attirail –FAMILIER: barda, bataclan, fourbi, fourniment –POPULAIRE: bastringue –VIEUX: saint-frusquin.

/ FAMILIER. Lieu ou objets en désordre. SYN. bric-à-brac, capharnaüm, fatras, fouillis, souk –FAMILIER: chantier, méli-mélo –POPULAIRE: bordel, foutoir.

bazarder *verbe*

/ FAMILIER. Vendre à bas prix. SYN. brader, discompter, discounter, se débarrasser, solder –FAMILIER: balancer, liquider.

béatitude *nom féminin*

/ Bonheur sans mélange. SYN. allégresse, contentement, euphorie, extase, joie, nirvana, nirvâna, ravissement –LITTÉRAIRE: félicité. CONTR. *angoisse, anxiété, inquiétude, malheur, peine, tourment, trouble.*

beau *adjectif*

/ Se dit de paroles trompeuses. SYN. faux, mensonger, menteur, trompeur –LITTÉRAIRE: fallacieux. CONTR. *authentique, profond, sincère, vrai.*

/ Qui provoque le plaisir. SYN. adorable, agréable, attrayant, charmant, délicieux, enchanteur, esthétique, exquis, joli, merveilleux, plaisant, radieux, ravissant, riant, séduisant, splendide, superbe –FAMILIER: chouette. CONTR. *abominable, affreux, chétif, difforme, disgracié, disgracieux, hideux, inesthétique, informe, ingrat, laid, malingre, mauvais, vilain* –FAMILIER: *atroce, moche, sale.*

/ Qui provoque l'admiration. SYN. admirable, bien, brillant, digne, distingué, éblouissant, élégant, éminent, estimable, grand, haut, honorable, magnanime, magnifique, merveilleux, noble, passionnant, profond, remarquable, sublime, supérieur –FAMILIER: chic. CONTR. *abject, bas, commun, déplaisant, désagréable, détestable, effroyable, épouvantable, honteux, horrible, ignoble, infâme, médiocre, méprisable, minable, ordinaire, piètre, piteux, pitoyable, profond, quelconque, repoussant, vulgaire* –LITTÉRAIRE: *vil.*

/ Qui est réussi. SYN. adéquat, approprié, bon, heureux. CONTR. *défavorable, défectueux, déplorable, désavantageux, fâcheux, malencontreux, malheureux, manqué, mauvais, médiocre, minable, piètre, pitoyable, raté.*

/ Qui exprime le haut degré. SYN. achevé, consommé, coquet, élevé, énorme, fabuleux, fameux, fieffé, florissant, fort, fructueux, gros, important, lucratif, prospère –FAMILIER: magistral, sacré. CONTR. *faible, humble, menu, mince, misérable, modeste, modique, pauvre, petit.*

/ FAMILIER. Conforme à la bienséance. SYN. bien, bienséant, civil, convenable, correct, décent, digne, élégant, estimable, généreux, honorable, poli –FAMILIER: joli. CONTR. *abject, bas, choquant, déplacé, honteux, ignoble, impoli, inconvenant, incorrect, infâme, méprisable, misérable* –LITTÉRAIRE: *malséant, vil.*

beaucoup *adverbe*

/ Marque la quantité. SYN. à discrétion, à flots, à foison, à la pelle, à profusion, à satiété, à torrents, à volonté, abondamment, amplement, colossalement, considérablement, copieusement, en abondance, en veux-tu en voilà, énormément, grandement, largement, libéralement –FAMILIER: à gogo, à revendre, à tire-larigot, en pagaille –LITTÉRAIRE: à l'envi, plantureusement. CONTR. *à peine, faiblement, guère, légèrement, modérément, moyennement, peu.*

/ Marque le nombre. SYN. bien des, bon nombre de, nombre de, plein de, quantité de, une masse de –FAMILIER: pas mal de, un tas de –LITTÉRAIRE: force, maint –VIEUX: moult. CONTR. *peu.*

/ Marque l'intensité. SYN. comme quatre, énormément, éperdument, excessivement, extrêmement, fortement, grandement, infiniment, intensément, passionnément, puissamment, suprêmement, terriblement, vigoureusement, violemment, vivement –FAMILIER: comme ce n'est pas permis, comme une bête. CONTR. *doucement, faiblement, laconiquement, légèrement, médiocrement, modérément, moyennement, passablement, succinctement.*

beauté *nom féminin*

/ Qualité de ce qui est beau. SYN. charme, éclat, esthétique, grâce, harmonie, magnificence –LITTÉRAIRE: joliesse, somptuosité, splendeur. CONTR. *difformité, disgrâce, laideur, monstruosité* –LITTÉRAIRE: *hideur.*

/ Caractère admirable. SYN. beau, générosité, grandeur, magnanimité, noblesse –LITTÉRAIRE: élévation. CONTR. *abjection, bassesse, ignominie, turpitude, vulgarité* –LITTÉRAIRE: *vilenie.*

/ Femme très belle. SYN. belle, déesse –LITTÉRAIRE: vénus. CONTR. *laideron* –FAMILIER: *guenon* –POPULAIRE: *boudin, cageot, mocheté, pochetée.*

bébé *nom masculin*

/ Tout petit enfant. SYN. nourrisson, nouveau-né, poupard, poupon, tout-petit –FAMILIER: marmot, moutard –POPULAIRE: lardon –VIEUX: marmouset.

bébête *adjectif*

/ FAMILIER. Qui montre de la niaiserie. SYN. bête, enfant, infantile, niais, puéril, sot, stupide –FAMILIER: ballot, bêta, crétin, tarte. CONTR. *avisé, fin, futé, malin, rusé, spirituel.*

bécasse *nom féminin*

/ FAMILIER. Femme sotte. SYN. idiote, imbécile, nigaude, sotte –FAMILIER: andouille, bécassine, bêtasse, bûche, buse, cloche, crétine, cruche, dinde, empaillée, empotée, godiche, gourde, oie –POPULAIRE: nouille.

bécassine *nom féminin*

/ FAMILIER. Jeune fille naïve. SYN. oie blanche, sotte –FAMILIER: bécasse, dinde, oie. CONTR. *effrontée.*

bêcher *verbe*

/ FAMILIER. Critiquer avec malveillance. SYN. dénigrer, jaser, médire –FAMILIER: baver sur, débiner, déblatérer sur –LITTÉRAIRE: clabauder sur. CONTR. *flatter, justifier, louer, soutenir* –LITTÉRAIRE: *encenser, flagorner.*

/ FAMILIER. Avoir une attitude hautaine. SYN. faire l'important –FAMILIER: crâner, frimer –POPULAIRE: la ramener, ramener sa fraise.

bêcheur *adjectif*

/ FAMILIER. Qui est méprisant. SYN. fanfaron, hautain, rogue, suffisant –FAMILIER: chichiteux, crâneur. CONTR. *humble, modeste, réservé.*

bêcheur *nom masculin*

/ FAMILIER. Homme prétentieux. SYN. fanfaron, faraud, poseur, prétentieux, snob, vantard –FAMILIER: crâneur, m'as-tu-vu.

bêcheuse *nom féminin*

/ FAMILIER. Femme prétentieuse. SYN. mijaurée, pimbêche –POPULAIRE: chochotte.

bécot *nom masculin*

/ FAMILIER. Petit baiser. SYN. –FAMILIER: bise, bisou, bizou, mimi, poutou.

becqueter ou **becter** *verbe*

/ POPULAIRE. Avaler de la nourriture. SYN. consommer, manger, se nourrir, se restaurer –ARGOTIQUE: briffer –FAMILIER: casser la croûte, casser la graine, se sustenter, s'empiffrer –POPULAIRE: bâfrer, bouffer, boulotter, croûter, morfaler, se goinfrer.

bedaine *nom féminin*

/ FAMILIER. Gros ventre. SYN. –FAMILIER: bedon, brioche, panse –POPULAIRE: bide, bidon, buffet.

bedon *nom masculin*

/ FAMILIER. Ventre rebondi. SYN. –FAMILIER: bedaine, brioche, panse –POPULAIRE: bide, bidon, buffet.

bedonnant *adjectif*

/ FAMILIER. Qui prend du ventre. SYN. ventru –FAMILIER: pansu, ventripotent. CONTR. *élancé, maigre, mince, svelte* –FAMILIER: *maigrichon.*

bégayer *verbe*

/ Parler avec embarras. SYN. balbutier, bredouiller –FAMILIER: bafouiller.

bégueule *adjectif*

/ FAMILIER. Qui montre de la pruderie. SYN. prude, pudibond, puritain. CONTR. *coquin, débauché, déluré, dévergondé, libre* –FAMILIER: *affranchi, dessalé* –LITTÉRAIRE: *dissolu.*

bégueulerie *nom masculin*

/ Façons d'une personne bégueule. SYN. pruderie, pudibonderie –LITTÉRAIRE: pudicité. CONTR. *dévergondage, libertinage* –LITTÉRAIRE: *licence.*

béguin *nom masculin*

/ FAMILIER. Personne aimée. SYN. amoureux, chéri –FAMILIER: flirt.

/ FAMILIER. Amour passager. SYN. amourette, caprice, fantaisie, passade –FAMILIER: flirt, tocade, toquade.

beigne *nom féminin*

/ POPULAIRE. Tape sur la joue. SYN. claque, gifle –FAMILIER: calotte, taloche –LITTÉRAIRE: soufflet –POPULAIRE: baffe, mandale, tarte, torgnole –VIEUX: mornifle.

bélître *nom masculin*

/ VIEUX. Grossier personnage. SYN. butor, cuistre, malappris, malotru, mufle, ostrogoth, rustre –FAMILIER: malpoli, paltoquet, rustaud –LITTÉRAIRE: faquin, soudard –POPULAIRE: pignouf –VIEUX: coquin, maraud.

belle *nom féminin*

/ FAMILIER. La femme aimée. SYN. amie, bien-aimée, bonne amie, chérie, maîtresse –FAMILIER: dulcinée, flirt.

belliciste *adjectif*

/ Qui a recours à la force. SYN. batailleur, belliqueux, guerrier, militariste. CONTR. *non violent, pacifiste.*

belliqueux *adjectif*

/ Qui aime la guerre. SYN. batailleur, belliciste, combatif, guerrier, offensif –LITTÉRAIRE: martial. CONTR. *amorphe, apathique, flegmatique, lymphatique, mou, non violent, pacifiste.*

/ Qui aime les querelles. SYN. agressif, polémique, violent –FAMILIER: bagarreur –LITTÉRAIRE: pugnace. CONTR. *accommodant, calme, conciliant, doux, pacifique, paisible.*

bénéfice *nom masculin*

/ Avantage tiré de quelque chose. SYN. bienfait, fruit, intérêt, privilège, profit. CONTR. *désavantage, dommage, handicap, inconvénient, méfait, préjudice* –LITTÉRAIRE: *détriment.*

/ Profit réalisé. SYN. gain, lucre, rapport, recette, revenu –FAMILIER: boni. CONTR. *déficit, perte.*

bénéficiaire *adjectif*
/ Qui produit un bénéfice. SYN. fructueux, lucratif, payant, rémunérateur, rentable. CONTR. *déficitaire.*

bénéficier *verbe*
/ Tirer avantage de quelque chose. SYN. disposer de, jouir de, profiter, tirer parti, user de, utiliser. CONTR. *perdre.*
/ Profiter à quelqu'un. SYN. rapporter, servir. CONTR. – LITTÉRAIRE : *pâtir, souffrir.*

bénéfique *adjectif*
/ Qui procure un avantage. SYN. avantageux, bienfaisant, bon, faste, favorable, fructueux, heureux, payant, productif, utile. CONTR. *attentatoire, catastrophique, contraire, défavorable, fâcheux, maléfique, malheureux, mauvais, nocif, pernicieux, préjudiciable.*

benêt *nom masculin*
/ Personne d'une simplicité naïve. SYN. dadais, idiot, imbécile, naïf, niais, nigaud, sot – FAMILIER : abruti, bêta, bûche, buse, cruche, gobe-mouches, gobeur, gogo, noix, poire, serin – LITTÉRAIRE : nicodème – POPULAIRE : cornichon, nouille. CONTR. *futé, malin* – FAMILIER : *dégourdi.*

bénévole *adjectif*
/ Fait sans obligation. SYN. désintéressé, gracieux, gratuit, volontaire. CONTR. *forcé, payant, payé, rétribué.*

bénévolement *adverbe*
/ De façon bénévole. SYN. gracieusement, gratuitement.

béni *adjectif*
/ Favorisé par le sort. SYN. bienheureux, heureux. CONTR. *maléfique, malencontreux, malheureux, maudit* – LITTÉRAIRE : *calamiteux.*

bénignité *nom féminin*
/ LITTÉRAIRE. Fait d'être bienveillant. SYN. bienveillance, bonté, magnanimité – LITTÉRAIRE : mansuétude. CONTR. *causticité.*

bénin *adjectif*
/ Qui n'est pas grave. SYN. anodin, doux, inoffensif, léger, petit – LITTÉRAIRE : véniel. CONTR. *cuisant, dangereux, grave, important, maléfique, mauvais, redoutable, sérieux, sévère, violent.*

bénir *verbe*
/ Appeler la protection de Dieu. SYN. consacrer, sacrer.
/ Louer quelqu'un. SYN. applaudir, exalter, glorifier – LITTÉRAIRE : encenser. CONTR. *abominer, détester, exécrer, haïr, maudire* – LITTÉRAIRE : *abhorrer.*

bénisseur *nom*
/ Personne qui flatte. SYN. adorateur, applaudisseur, courtisan, flatteur – FAMILIER : lèche-bottes – LITTÉRAIRE : adulateur, complimenteur, encenseur, flagorneur, laudateur, louangeur, thuriféraire. CONTR. *critique, dénigreur, dépréciateur, détracteur* – LITTÉRAIRE : *contempteur.*

benjamin *nom*
/ Le plus jeune. SYN. cadet, dernier-né – FAMILIER : tardillon – VIEUX : puîné. CONTR. *aîné, doyen.*

benoît *adjectif*
/ LITTÉRAIRE. D'une douceur hypocrite. SYN. doucereux, hypocrite, mielleux, sournois – LITTÉRAIRE : cafard, patelin, paterne. CONTR. *direct, droit, franc, sincère.*

béotien *adjectif*
/ Qui a l'esprit grossier. SYN. fruste, inculte, lourdaud, rudimentaire, rustre, simpliste. CONTR. *brillant, cultivé, délicat, éclairé, fin, raffiné, spirituel, subtil.*

béotien *nom*
/ Personne qui manque de finesse. SYN. lourdaud, profane, sauvage – LITTÉRAIRE : philistin.

berceau *nom masculin*
/ Petit lit. SYN. bercelonnette, berceuse, moïse.
/ Voûte de feuillage. SYN. charmille, pergola, tonnelle.

bercement *nom masculin*
/ Action de balancer. SYN. balancement, oscillation.

bercer *verbe*
/ Tromper par de belles paroles. SYN. berner, duper, enjôler, flatter, leurrer, tromper – FAMILIER : embobiner. CONTR. *détromper* – LITTÉRAIRE : *désabuser.*
/ Ramener au calme. SYN. adoucir, apaiser, calmer, endormir.

bercer (se) *verbe pronominal*
/ Se faire des illusions. SYN. s'abuser, se leurrer, se tromper, s'illusionner.

berge *nom féminin*
/ Bord d'un cours d'eau. SYN. bord, rivage, rive –LITTÉRAIRE: grève.

berger *nom*
/ Personne qui garde les moutons. SYN. gardeur, gardien, pasteur –LITTÉRAIRE: pastoureau, pâtre.

bergerie *nom féminin*
/ Bâtiment pour loger les moutons. SYN. bercail.
/ Poésie pastorale. SYN. bucolique, églogue, idylle, pastorale.

berner *verbe*
/ Tromper quelqu'un. SYN. abuser, attraper, bafouer, duper, égarer, leurrer, mystifier, se moquer de, tromper –FAMILIER: avoir, embobiner, faire marcher, flouer, mener en bateau, monter un bateau, pigeonner, posséder, refaire, rouler –LITTÉRAIRE: se jouer de –POPULAIRE: baiser. CONTR. *détromper, éclairer, instruire* –LITTÉRAIRE: *désabuser.*

besogne *nom féminin*
/ Travail imposé à quelqu'un. SYN. activité, occupation, œuvre, opération, ouvrage, tâche, travail –LITTÉRAIRE: labeur, office –POPULAIRE: boulot. CONTR. *détente, distraction, oisiveté, pause, récréation, relâche, repos.*

besogneux *adjectif*
/ VIEUX. Qui est dans la gêne. SYN. démuni, gêné, humble, miséreux, nécessiteux, pauvre –FAMILIER: désargenté –LITTÉRAIRE: impécunieux –POPULAIRE: fauché. CONTR. *aisé, cossu, fortuné, opulent, riche* –FAMILIER: *argenté.*

besoin *nom masculin*
/ Nécessité impérieuse. SYN. appétence, aspiration, désir, envie, exigence, soif –LITTÉRAIRE: appétit, faim. CONTR. *dégoût, écœurement, indifférence, répugnance, satiété* –LITTÉRAIRE: *inappétence.*
/ État de pauvreté. SYN. dénuement, gêne, impécuniosité, indigence, misère, pénurie –POPULAIRE: débine, dèche, mouise, purée –VIEUX: pouillerie. CONTR. *aisance, bien-être, fortune, luxe, opulence, prospérité, richesse.*

bestial *adjectif*
/ Qui ressemble à une bête. SYN. animal, brutal, grossier, inhumain, primitif, sauvage. CONTR. *cultivé, délicat, humain, raffiné, sophistiqué.*

bestialité *nom féminin*
/ Caractère bestial. SYN. animalité, brutalité, férocité, sauvagerie. CONTR. *délicatesse, humanité, idéalisme, raffinement, spiritualité* –LITTÉRAIRE: *élévation.*

bêta *adjectif*
/ FAMILIER. Un peu niais. SYN. bête, idiot, niais, nigaud, simplet, sot, stupide –FAMILIER: bébête, crétin –POPULAIRE: nouille. CONTR. *avisé, éveillé, fin, futé, malin, rusé, spirituel* –LITTÉRAIRE: *madré.*

bêta *nom*
/ FAMILIER. Personne niaise. SYN. âne, âne bâté, benêt, idiot, ignorant, imbécile, innocent, maladroit, niais, nigaud, nul, sot –FAMILIER: abruti, andouille, ballot, bûche, buse, cloche, crétin, cruche, empaillé, empoté, jacques, jobard, noix, oie, poire, serin –LITTÉRAIRE: nicodème –POPULAIRE: banane, con, conard, connard, cornichon, couillon, gland, manche, nouille, patate, truffe –VIEUX: jocrisse. CONTR. *futé, malin* –LITTÉRAIRE: *madré.*

bétail *nom masculin*
/ Animaux d'élevage. SYN. bestiaux, bêtes, cheptel, troupeau.

bête *adjectif*
/ Qui manque d'intelligence. SYN. balourd, borné, idiot, imbécile, inepte, inintelligent, malavisé, nul, obtus, sot, stupide –FAMILIER: ballot, bébête, bêta, bouché, lourd –POPULAIRE: nouille. CONTR. *fin, finaud, futé, ingénieux, intelligent, perspicace, spirituel, subtil.*

bêtement *adverbe*
/ De façon bête. SYN. sottement, stupidement –LITTÉRAIRE: niaisement. CONTR. *habilement, intelligemment, spirituellement, subtilement.*

bêtise *nom féminin*
/ Manque d'intelligence. SYN. idiotie, imbécillité, ineptie, inintelligence, lourdeur, niaiserie, nullité, sottise, stupidité –FAMILIER: crétinerie, crétinisme, débilité, jobarderie

–LITTÉRAIRE: ganacherie, nigauderie. CONTR. *esprit, finesse, ingéniosité, intelligence, subtilité.*

/ Action, propos irréfléchis. SYN. absurdité, ânerie, bavure, bévue, calembredaine, erreur, folie, impair, insanité, maladresse, sottise –FAMILIER: blague, boulette, bourde, gaffe –POPULAIRE: connerie, couillonnade –VIEUX: balourdise.

/ Chose futile. SYN. babiole, bagatelle, broutille –FAMILIER: bricole.

beuglement *nom masculin*

/ Cri des bovins. SYN. meuglement, mugissement.

/ FAMILIER. Cri puissant. SYN. braillement, hurlement, rugissement, vocifération. CONTR. *silence.*

beugler *verbe*

/ Pousser des beuglements. SYN. meugler, mugir.

/ FAMILIER. Pousser de grands cris. SYN. hurler, rugir, vociférer –FAMILIER: brailler –POPULAIRE: bramer, gueuler. CONTR. *chuchoter, murmurer, susurrer.*

beuverie *nom féminin*

/ Réunion où l'on boit beaucoup. SYN. débauche, ivrognerie, orgie –FAMILIER: soûlerie, soûlographie –LITTÉRAIRE: bacchanale –VIEUX: ribote.

bévue *nom féminin*

/ Méprise grossière. SYN. bavure, bêtise, erreur, étourderie, faute, faux pas, maladresse, méprise, quiproquo, sottise –FAMILIER: blague, boulette, bourde, gaffe, impair, perle. CONTR. *subtilité.*

biais *nom masculin*

/ Moyen détourné. SYN. détour, faux-fuyant, finasserie, ruse, subterfuge, subtilité, truchement.

biaiser *verbe*

/ User de biais. SYN. composer, louvoyer, manœuvrer, ruser, temporiser, tergiverser, tourner autour du pot –FAMILIER: feinter, finasser. CONTR. *affronter, aller droit au but.*

bibine *nom féminin*

/ FAMILIER. Boisson de mauvaise qualité. SYN. piquette –FAMILIER: vinasse –POPULAIRE: gros qui tache, picrate.

bichonner *verbe*

/ FAMILIER. Entourer de soins. SYN. cajoler, câliner, choyer, couver, dorloter, entourer, gâter –FAMILIER: chouchouter. CONTR. *brusquer, brutaliser.*

/ FAMILIER. Parer avec soin. SYN. apprêter, arranger, pomponner. CONTR. *négliger.*

bichonner (se) *verbe pronominal*

/ FAMILIER. S'arranger avec soin. SYN. se pomponner –LITTÉRAIRE: se parer.

bicoque *nom féminin*

/ FAMILIER. Petite maison. SYN. bouge, cabane, cahute, maisonnette, masure, réduit –FAMILIER: baraque, boutique –POPULAIRE: gourbi.

bicyclette *nom féminin*

/ Vélocipède. SYN. cycle, deux-roues, V.T.T. –FAMILIER: bécane, clou, petite reine, vélo.

bide *nom masculin*

/ POPULAIRE. Ventre. SYN. –FAMILIER: bedaine, bedon, brioche, panse –POPULAIRE: bidon, buffet.

/ POPULAIRE. Échec complet. SYN. avortement, défaite, faillite, insuccès, revers –FAMILIER: claque, fessée, fiasco, four, loupé, pelle, pile, piquette, plongeon, ratage, veste –POPULAIRE: flop, gamelle, volée. CONTR. *réussite, succès, victoire.*

bidoche *nom féminin*

/ POPULAIRE. Mauvaise viande. SYN. –POPULAIRE: barbaque, carne.

bidon *nom masculin*

/ POPULAIRE. Ventre. SYN. –FAMILIER: bedaine, bedon, brioche, panse –POPULAIRE: bide, buffet.

bidonnant *adjectif*

/ POPULAIRE. Qui amuse. SYN. amusant, comique, drôle, hilarant –FAMILIER: crevant, impayable, marrant, rigolo, roulant, tordant.

bidonner (se) *verbe pronominal*

/ POPULAIRE. Rire beaucoup. SYN. éclater de rire, rire, rire à gorge déployée, rire aux éclats, rire aux larmes –FAMILIER: rigoler, rire à ventre déboutonné, rire comme un bossu, rire comme une baleine, se dilater la rate, se payer une pinte de bon sang, se taper le derrière par terre, se tenir les côtes, se tordre, se tordre de rire, s'offrir une pinte de bon sang –POPULAIRE: se boyauter, se fendre la gueule, se fendre la pêche, se fendre la pipe, se fendre la poire, se gondoler, se marrer, se poiler. CONTR. *bouder, pleurer, sangloter* –FAMILIER: *faire la tête.*

bidule *nom masculin*

/ FAMILIER. Objet quelconque. SYN. chose –FAMILIER: engin, machin, truc.

bien *adjectif*

/ Conforme à ce qui est attendu. SYN. convenable, correct, digne, honnête, parfait, satisfaisant. CONTR. *détestable, fâcheux, haïssable, mal, malencontreux, odieux.*

/ Qui est agréable. SYN. beau, bon, excellent, joli, pas mal. CONTR. *abominable, désagréable, exécrable, laid, mauvais, vilain.*

/ Conforme à une norme morale. SYN. digne, distingué, honorable, louable, sérieux. CONTR. *abject, bas, indigne, infâme, méprisable* –LITTÉRAIRE: *vil.*

bien *adverbe*

/ De manière satisfaisante. SYN. admirablement, adroitement, agréablement, convenablement, heureusement, impeccablement, magistralement, parfaitement, remarquablement –LITTÉRAIRE: excellemment. CONTR. *fâcheusement, gauchement, imparfaitement, mal, maladroitement, malencontreusement.*

/ Conformément à la morale. SYN. dignement, élégamment, gentiment, gracieusement, honnêtement, honorablement, noblement, proprement, raisonnablement. CONTR. *bassement, ignoblement, mal* –LITTÉRAIRE: *vilainement, vilement.*

/ Marque l'intensité. SYN. amplement, beaucoup, extrêmement, fort, grandement, intensément, profondément, très, violemment, vivement –FAMILIER: diablement, drôlement, joliment, méchamment –LITTÉRAIRE: diantrement –POPULAIRE: vachement. CONTR. *faiblement, médiocrement, peu.*

/ Précise une indication. SYN. assurément, réellement, sûrement, véritablement, vraiment.

bien *nom masculin*

/ Ce qui est profitable. SYN. bienfait, chance, faveur, félicité, grâce, prospérité, soulagement. CONTR. *coup, désavantage, dommage, épreuve, infortune, malheur, préjudice, tort* –LITTÉRAIRE: *détriment.*

/ Ce que quelqu'un possède. SYN. argent, avoir, capital, domaine, fortune, héritage, patrimoine, possession, propriété, richesse.

bien-aimé *adjectif*

/ Que l'on affectionne. SYN. adoré, aimé, cher, chéri, de prédilection, favori –LITTÉRAIRE: affectionné. CONTR. *détesté* –LITTÉRAIRE: *abhorré.*

bien-aimé *nom masculin*

/ Homme aimé. SYN. adoré, amoureux, chéri –LITTÉRAIRE: aimé.

bien-aimée *nom féminin*

/ Femme aimée. SYN. adorée, chérie –FAMILIER: belle, dulcinée –LITTÉRAIRE: aimée.

bien-être *nom masculin*

/ État agréable. SYN. bonheur, euphorie, joie, jouissance, plaisir, volupté –LITTÉRAIRE: aise, félicité, quiétude. CONTR. *angoisse, anxiété, détresse, gêne, inquiétude, malaise, peine, souffrance, tourment* –LITTÉRAIRE: *misère.*

/ Aisance matérielle. SYN. aisance, opulence, richesse. CONTR. *besoin, dénuement, gêne, indigence, misère, pauvreté* –LITTÉRAIRE: *impécuniosité.*

bienfaisance *nom féminin*

/ Fait d'être bienfaisant. SYN. charité, philanthropie.

bienfaisant *adjectif*

/ LITTÉRAIRE. Qui aime à faire le bien. SYN. bon, charitable, généreux, humain, philanthrope. CONTR. *cruel, dur, égoïste, inhumain, malfaisant, malveillant, méchant.*

/ Qui a une action positive. SYN. bénéfique, faste, heureux, salutaire. CONTR. *attentatoire, catastrophique, ennemi, maléfique, malfaisant, mauvais, nocif, nuisible, pernicieux, regrettable.*

bienfait *nom masculin*

/ Acte de bonté à l'égard de. SYN. cadeau, charité, faveur, générosité, service –LITTÉRAIRE: présent. CONTR. *affront, dommage, offense, outrage, préjudice, tort* –LITTÉRAIRE: *forfait, injure.*

/ Conséquence positive. SYN. avantage, bénéfice, bien, bonheur, joie, profit, utilité. CONTR. *crime, mal, méfait.*

bienfaiteur *nom*

/ Personne qui donne quelque chose. SYN. donateur, mécène, père, protecteur.

bien-fondé *nom masculin*

/ Fait d'être solidement établi. SYN. bon droit, justesse, légitimité, opportunité, pertinence. CONTR. *légèreté.*

bienheureux *adjectif*

/ Qui est très heureux. SYN. béni, enchanté, heureux, ravi –FAMILIER: chanceux. CONTR. *damné, malheureux, maudit* –LITTÉRAIRE: *infortuné.*

/ Qui arrive opportunément. SYN. faste, opportun, propice. CONTR. *damné, funeste, maudit, néfaste.*

bienséance *nom féminin*

/ Ce qu'il convient de dire ou faire. SYN. convenance, correction, courtoisie, décence, discrétion, étiquette, honnêteté, pudeur, savoir-vivre –LITTÉRAIRE: urbanité, usage. CONTR. *crudité, cynisme, grossièreté, impertinence, impolitesse, impudeur, incongruité, inconvenance, incorrection, indécence, inélégance, sans-gêne* –LITTÉRAIRE: *sans-façon.*

bienséant *adjectif*

/ Conforme à la bienséance. SYN. convenable, correct, courtois, décent, digne, honnête, poli –FAMILIER: beau –LITTÉRAIRE: civil, séant. CONTR. *choquant, cru, déplacé, discourtois, immodeste, impertinent, impoli, incongru, inconvenant, incorrect, indécent, inopportun, osé* –LITTÉRAIRE: *déshonnête, incivil, malséant, malsonnant.*

bientôt *adverbe*

/ Dans peu de temps. SYN. avant peu, d'un instant à l'autre, d'un moment à l'autre, incessamment, prochainement, rapidement, sans tarder, sous peu, tôt, vite, vivement. CONTR. *lentement, tardivement.*

bienveillance *nom féminin*

/ Disposition favorable. SYN. bonté, charité, complaisance, compréhension, cordialité, générosité, gentillesse, indulgence, magnanimité, obligeance, sympathie, tolérance –LITTÉRAIRE: bénignité, clémence, débonnaireté, faveur, mansuétude. CONTR. *acrimonie, agressivité, aigreur, animosité, antipathie, arrogance, causticité, cruauté, dureté, férocité, hostilité, incompréhension, inflexibilité, inhumanité, malveillance, rigidité, rigueur, violence* –LITTÉRAIRE: *acerbité, âcreté, sévérité.*

bienveillant *adjectif*

/ Qui montre de la bienveillance. SYN. accueillant, aimable, ami, bon, bonhomme, brave, charitable, clément, complaisant, compréhensif, conciliant, cordial, doux, généreux, gentil, humain, indulgent, obligeant, paternel, propice –LITTÉRAIRE: débonnaire, secourable. CONTR. *acerbe, acéré, agressif, aigre, antipathique, caustique, cruel, désobligeant, dictatorial, dur, exigeant, féroce, fier, hostile, inamical, malintentionné, malveillant, mauvais, méchant, noir, rude, sévère, vif* –FAMILIER: *chien* –LITTÉRAIRE: *acrimonieux, fielleux, piquant, venimeux.*

bienvenu *adjectif*

/ Qui vient opportunément. SYN. à propos, opportun, propice –LITTÉRAIRE: séant. CONTR. *fâcheux, hors de propos, inopportun, intempestif, malencontreux, malvenu* –LITTÉRAIRE: *importun.*

biffer *verbe*

/ Barrer d'un trait. SYN. barrer, effacer, enlever, ôter, raturer, rayer, retrancher, sabrer, supprimer. CONTR. *adjoindre, ajouter, incorporer, inscrire, introduire, rajouter.*

biffure *nom féminin*

/ Ce qui est biffé. SYN. correction, rature.

bifurcation *nom féminin*

/ Point où deux voies se croisent. SYN. carrefour, croisement, embranchement, entrecroisement, fourche. CONTR. *jonction, raccordement.*

bifurquer *verbe*

/ Se diviser en deux. SYN. diverger, se séparer –VIEUX: fourcher. CONTR. *se raccorder, se rejoindre, se réunir.*

/ Dévier de la direction initiale. SYN. diverger, se détourner, s'orienter.

bigarré *adjectif*

/ Aux couleurs variées. SYN. bariolé, chamarré, jaspé, moucheté, multicolore, panaché, tacheté –LITTÉRAIRE: diapré, versicolore. CONTR. *uni, unicolore.*

/ Formé d'éléments disparates. SYN. composite, divers, hétéroclite, hétérogène, mêlé. CONTR. *homogène, uniforme.*

bigarrer *verbe*

/ Marquer de couleurs variées. SYN. barioler, chamarrer, jasper, panacher –LITTÉRAIRE: diaprer, marqueter. CONTR. *unifier, uniformiser.*

bigarrure *nom féminin*

/ Assemblage de couleurs variées. SYN. bariolage, chamarrure, jaspure, marbrure –LITTÉRAIRE: diaprure.

/ Réunion d'éléments disparates. SYN. disparité, diversité, hétérogénéité, variété. CONTR. *homogénéité.*

bigot *adjectif*

/ Qui fait preuve de bigoterie. SYN. croyant, dévot, pieux, religieux –FAMILIER: bondieusard. CONTR. *athée, incrédule, incroyant, irréligieux* –LITTÉRAIRE: *impie.*

bigot *nom*

/ Personne dévote. SYN. dévot –FAMILIER: bondieusard, calotin, grenouille de bénitier, punaise de sacristie, rat d'église –LITTÉRAIRE: cafard, cagot, tartufe, tartuffe. CONTR. *athée* –LITTÉRAIRE: *impie, mécréant.*

bigoterie *nom féminin*

/ FAMILIER. Dévotion étroite. SYN. dévotion –FAMILIER: bigotisme, bondieuserie –LITTÉRAIRE: cagoterie, pharisaïsme, tartuferie, tartufferie. CONTR. *athéisme, incroyance, libre pensée.*

bigotisme *nom masculin*

/ FAMILIER. Dévotion étroite. SYN. dévotion –FAMILIER: bigoterie, bondieuserie –LITTÉRAIRE: cagoterie, pharisaïsme, tartuferie, tartufferie. CONTR. *athéisme, incroyance, libre pensée.*

bigrement *adverbe*

/ FAMILIER. De façon intense. SYN. affreusement, beaucoup, bien, considérablement, effroyablement, énormément, excessivement, extraordinairement, extrêmement, fabuleusement, follement, fort, fortement, horriblement, immensément, immodérément, incroyablement, infiniment, mortellement, parfaitement, particulièrement, prodigieusement, profondément, puissamment, singulièrement, terriblement, très, trop, vertigineusement –FAMILIER: atrocement, bougrement, diablement, drôlement, fameusement, fichtrement, fichûment, formidablement, joliment, méchamment, rudement, sacrément –LITTÉRAIRE: diantrement, furieusement –POPULAIRE: foutrement, salement, vachement –VIEUX: fièrement. CONTR. *aucunement, faiblement, médiocrement, modérément, peu.*

bijou *nom masculin*

/ Objet de parure précieux. SYN. joyau.

/ Ce qui est d'une finition soignée. SYN. chef-d'œuvre, merveille, perle.

bijouterie *nom féminin*

/ Art ou commerce des bijoux. SYN. joaillerie, orfèvrerie.

bijoutier *nom*

/ Personne qui tient une bijouterie. SYN. joaillier, orfèvre.

bilan *nom masculin*

/ Résultat d'une opération. SYN. conséquences, effets, inventaire, récapitulatif, revue.

bilatéral *adjectif*

/ Qui concerne les deux côtés. SYN. réciproque, symétrique, synallagmatique. CONTR. *multilatéral, unilatéral.*

biler (se) *verbe pronominal*

/ FAMILIER. Se faire du souci. SYN. se faire du mauvais sang, se faire du tracas, se faire un sang d'encre, se miner, se tourmenter, se tracasser, s'en faire, s'inquiéter –FAMILIER: se faire de la bile, se faire des cheveux blancs –POPULAIRE: se faire de la mousse, se faire du mouron.

bileux *adjectif*

/ FAMILIER. Qui s'inquiète facilement. SYN. anxieux, soucieux, tourmenté, tracassé. CONTR. *insouciant.*

bilieux *adjectif*

/ Qui est irascible. SYN. acariâtre, coléreux, hargneux, renfrogné, revêche, sombre –FAMILIER: teigneux –LITTÉRAIRE: chagrin, colérique, misanthrope. CONTR. *affable, aimable, avenant, charmant, engageant, insouciant, jovial, optimiste, sympathique.*

billet *nom masculin*
- Monnaie en papier. SYN. coupure –POPULAIRE: biffeton, bifton, fafiot.
- Petit imprimé constatant un droit. SYN. bulletin, contremarque, coupon, ticket, titre.
- Lettre très courte. SYN. dépêche, mot, pli –FAMILIER: poulet –LITTÉRAIRE: missive –POPULAIRE: bafouille.

billevesée *nom féminin*
- Propos vide de sens. SYN. baliverne, calembredaine, chimère, fadaise, niaiserie, sornette, sottise –FAMILIER: amusette, boniment, faribole, fichaise –POPULAIRE: foutaise.

binette *nom féminin*
- FAMILIER. Visage. SYN. figure –FAMILIER: bille, bouille, trogne –POPULAIRE: bobine, fiole, trombine, tronche.

binocle *nom masculin*
- Paire de lunettes sans branches. SYN. face-à-main, lorgnon, pince-nez.

bisbille *nom féminin*
- FAMILIER. Querelle futile. SYN. brouille –FAMILIER: chamaille, chamaillerie, fâcherie –LITTÉRAIRE: chicane –VIEUX: brouillerie, chicanerie. CONTR. *accord, entente, harmonie, réconciliation* –FAMILIER: *raccommodement.*

biscornu *adjectif*
- De forme irrégulière. SYN. asymétrique, bancal, baroque, hétéroclite, inégal, tordu. CONTR. *régulier.*
- De caractère absurde. SYN. aberrant, abracadabrant, bizarre, extravagant, farfelu, saugrenu –FAMILIER: bizarroïde, tordu. CONTR. *judicieux, logique, raisonnable, sensé.*

bise *nom féminin*
- FAMILIER. Action d'embrasser. SYN. baiser –FAMILIER: bécot, bisou, bizou, mimi –POPULAIRE: poutou.

bise *nom féminin*
- Vent froid. SYN. air, brise, souffle, vent.

bisquer *verbe*
- FAMILIER. Éprouver du dépit. SYN. enrager, pester –FAMILIER: fumer, maronner, rager, râler.

bistre *adjectif*
- Brun jaunâtre. SYN. basané, bronzé, doré, hâlé, tanné.

bistro ou **bistrot** *nom masculin*
- FAMILIER. Café, restaurant modeste. SYN. bar, brasserie, buvette, estaminet, gargote –FAMILIER: boui-boui, troquet –POPULAIRE: bistroquet, mastroquet –VIEUX: cabaret, taverne.
- FAMILIER. Patron de café. SYN. buvetier, cafetier, limonadier –FAMILIER: bougnat –POPULAIRE: mastroquet, pinardier –VIEUX: cabaretier.

bivalent *adjectif*
- Qui a une double signification. SYN. double –LITTÉRAIRE: duel.

bizarre *adjectif*
- Qui sort de l'ordinaire. SYN. abracadabrant, baroque, biscornu, curieux, déconcertant, drôle, étonnant, étrange, extraordinaire, insolite, paradoxal, singulier, spécial, surprenant –FAMILIER: bizarroïde, invraisemblable –LITTÉRAIRE: fantasque. CONTR. *clair, classique, logique, naturel, normal, ordinaire, rationnel, régulier, simple.*
- Au comportement anormal. SYN. déséquilibré, excentrique, extravagant, fantasque, farfelu, incohérent, incompréhensible, insensé, saugrenu –FAMILIER: fêlé, loufoque, tordu. CONTR. *équilibré, judicieux, raisonnable, sage, sensé.*

bizarrement *adverbe*
- De façon bizarre. SYN. curieusement, drôlement, étrangement, extraordinairement –LITTÉRAIRE: singulièrement. CONTR. *normalement.*

bizarrerie *nom féminin*
- Caractère bizarre. SYN. étrangeté, excentricité, extravagance, fantaisie –FAMILIER: loufoquerie. CONTR. *égalité, régularité.*
- Chose bizarre. SYN. anomalie, curiosité, fantaisie, paradoxe, singularité –LITTÉRAIRE: étrangeté.

bizarroïde *adjectif*
- FAMILIER. Qui a un caractère étrange. SYN. baroque, biscornu, bizarre, curieux, insolite, singulier –FAMILIER: loufoque. CONTR. *clair, judicieux, naturel, normal, raisonnable, sensé.*

bizut ou **bizuth** *nom masculin*
- FAMILIER. Nouveau dans un domaine. SYN. apprenti, néophyte, nouveau, novice –FAMILIER: bleu. CONTR. *ancien* –LITTÉRAIRE: *vétéran.*

bla-bla *nom masculin*

/ FAMILIER. Discours destiné à éblouir. SYN. phrases, verbiage –FAMILIER: bagou, baratin, bobard, boniment.

blackbouler *verbe*

/ FAMILIER. Écarter quelqu'un. SYN. bannir, chasser, congédier, démettre, destituer, éliminer, évincer, licencier, limoger, mettre à la porte, radier, refuser, remercier, renvoyer, repousser, révoquer, se défaire de, se séparer de –FAMILIER: balayer, débarquer, déboulonner, dégommer, envoyer balader, envoyer bouler, ficher à la porte, flanquer à la porte, flanquer dehors, sabrer, vider, virer –POPULAIRE: balancer, envoyer paître, foutre à la porte, lourder –VIEUX: envoyer se faire lanlaire. CONTR. *accepter, accueillir, admettre, agréer, recevoir.*

blafard *adjectif*

/ D'un blanc terne. SYN. blanc, blanchâtre, blême, cireux, exsangue, fade, hâve, livide, pâle, plombé, terreux, verdâtre, vert. CONTR. *basané, coloré, cru, éclatant, frais, hâlé, rosé, rouge, rougeaud, vif* –LITTÉRAIRE: *rubicond, vermeil.*

blague *nom féminin*

/ FAMILIER. Histoire plaisante. SYN. histoire –FAMILIER: bobard, boniment, galéjade –POPULAIRE: craque. CONTR. *vérité.*

/ FAMILIER. Verve railleuse. SYN. badinerie, drôlerie, espièglerie, facétie, malice –FAMILIER: rigolade. CONTR. *sérieux.*

/ FAMILIER. Farce aux dépens de. SYN. plaisanterie, tour –FAMILIER: attrape, bateau, canular, entourloupe, entourloupette, niche.

/ FAMILIER. Action irréfléchie. SYN. balourdise, bêtise, bévue, erreur, impair, maladresse, sottise –FAMILIER: ânerie, boulette, bourde, fumisterie, gaffe.

blaguer *verbe intransitif*

/ FAMILIER. Dire des blagues. SYN. badiner, plaisanter –FAMILIER: galéjer.

blaguer *verbe transitif*

/ FAMILIER. Railler quelqu'un. SYN. faire marcher, plaisanter, rire de, se moquer de, taquiner –FAMILIER: chambrer, chiner –LITTÉRAIRE: brocarder –POPULAIRE: charrier.

blagueur *adjectif*

/ FAMILIER. Qui veut plaisanter. SYN. espiègle, facétieux, goguenard, gouailleur, ironique, moqueur, narquois, railleur, taquin. CONTR. *sérieux, sévère.*

blagueur *nom*

/ FAMILIER. Personne qui aime plaisanter. SYN. amuseur, bouffon, farceur, joyeux luron, plaisantin –FAMILIER: joyeux drille –LITTÉRAIRE: moqueur –VIEUX: loustic.

blâmable *adjectif*

/ Qui mérite le blâme. SYN. condamnable, coupable, critiquable, déplorable, fautif, répréhensible, réprouvable –LITTÉRAIRE: incriminable. CONTR. *excusable, louable, pardonnable, recommandable* –LITTÉRAIRE: *irrépréhensible.*

blâme *nom masculin*

/ Jugement défavorable. SYN. accusation, censure, condamnation, critique, désapprobation, désaveu, réprobation –LITTÉRAIRE: improbation, opprobre. CONTR. *apologie, applaudissement, approbation, compliment, éloge, flatterie, louange, panégyrique* –LITTÉRAIRE: *adulation.*

/ Sanction disciplinaire. SYN. avertissement, remontrance, réprimande. CONTR. *encouragement, félicitations.*

blâmer *verbe*

/ Condamner durement. SYN. accuser, anathématiser, critiquer, désapprouver, désavouer, faire grief, incriminer, jeter la pierre, réprouver, stigmatiser –LITTÉRAIRE: flageller, flétrir, fustiger, vitupérer. CONTR. *aduler, applaudir, approuver, complimenter, défendre, exalter, louer, pardonner, tolérer, vanter* –LITTÉRAIRE: *chanter, louanger.*

/ Infliger un blâme. SYN. reprendre, sermonner –LITTÉRAIRE: admonester, semoncer. CONTR. *encourager, excuser, féliciter* –LITTÉRAIRE: *congratuler.*

blanc *adjectif*

/ Qui a la couleur de la neige. SYN. argenté, blanchâtre, crème, laiteux, livide –LITTÉRAIRE: éburné, éburnéen, ivoirin, lacté, lactescent, opalescent, opalin, ventre-de-biche. CONTR. *bronzé, brun, noir.*

/ Qui est pâle. SYN. blafard, blanchâtre, blême, exsangue, livide, terreux –FAMILIER: pâlichon, pâlot. CONTR. *bronzé, bruni, coloré, hâlé.*

blanchâtre *adjectif*

/ D'une couleur pâle. SYN. blafard, blanc, blême, livide –LITTÉRAIRE: lacté, lactescent, opalescent, opalin. CONTR. *ardent, coloré, éclatant, sombre, vif* –LITTÉRAIRE: *vermeil.*

blanchir *verbe*

/ Rendre blanc quelque chose. CONTR. *assombrir, noircir, teindre, teinter.*

/ Ramener à la propreté. SYN. laver, lessiver, nettoyer. CONTR. *salir, tacher* –LITTÉRAIRE: *souiller.*

/ Disculper quelqu'un. SYN. acquitter, amnistier, décharger, innocenter, justifier, réhabiliter. CONTR. *accuser, charger, éclabousser, incriminer, noircir.*

blandices *nom féminin pluriel*

/ LITTÉRAIRE. Charmes trompeurs. SYN. attrait, envoûtement, fascination, tentation.

blasé *adjectif*

/ Qui est revenu de tout. SYN. dégoûté, désabusé, fatigué, indifférent, lassé, rassasié, saturé, sceptique. CONTR. *affamé, avide, enthousiaste, entiché, fervent, intéressé, passionné.*

blaser *verbe*

/ Rendre quelqu'un indifférent. SYN. dégoûter, lasser, rassasier –LITTÉRAIRE: désabuser. CONTR. *attirer, enthousiasmer, exalter.*

blasphémateur *nom*

/ Personne qui blasphème. SYN. sacrilège –LITTÉRAIRE: impie, profanateur. CONTR. *adorateur, bénisseur, fidèle* –LITTÉRAIRE: *glorificateur.*

blasphématoire *adjectif*

/ Qui constitue un blasphème. SYN. sacrilège –LITTÉRAIRE: impie.

blasphème *nom masculin*

/ Parole outrageante. SYN. juron –LITTÉRAIRE: impiété, imprécation –VIEUX: jurement. CONTR. *adoration, bénédiction.*

blasphémer *verbe*

/ Proférer des blasphèmes. SYN. injurier, insulter, profaner, renier. CONTR. *craindre, honorer, respecter, vénérer.*

blé *nom masculin*

/ POPULAIRE. Argent. SYN. espèces, espèces sonnantes et trébuchantes, liquidités, numéraire –ARGOTIQUE: braise, grisbi, pèze, thune, tune –FAMILIER: ferraille, mitraille, ronds, sous –POPULAIRE: flouse, flouze, fraîche, fric, galette, oseille, pépettes, picaillons, pognon.

bled *nom masculin*

/ FAMILIER. Village retiré. SYN. coin, pays –FAMILIER: patelin, trou.

blême *adjectif*

/ Qui est pâle. SYN. blafard, blanc, blanchâtre, bleu, cireux, exsangue, fade, hâve, livide, plombé, terreux, verdâtre, vert –FAMILIER: pâlichon, pâlot. CONTR. *ardent, coloré, cru, frais, rosé, rouge, rougeaud, vif* –LITTÉRAIRE: *rubicond, vermeil.*

blêmir *verbe*

/ Devenir blême. SYN. pâlir. CONTR. *rougir.*

blessant *adjectif*

/ Qui blesse moralement. SYN. acerbe, acéré, amer, arrogant, cassant, choquant, cinglant, coupant, désobligeant, dur, humiliant, injurieux, insolent, insultant, malveillant, mortifiant, offensant, outrageant, sanglant, sec, vexant –FAMILIER: saignant –LITTÉRAIRE: acrimonieux, piquant. CONTR. *affable, agréable, aimable, charmant, conciliant, flatteur.*

blessé *adjectif*

/ LITTÉRAIRE. Atteint dans sa dignité. SYN. choqué, froissé, heurté, mortifié, offusqué, outragé, ulcéré, vexé –LITTÉRAIRE: offensé, piqué. CONTR. *consolé, content, heureux, satisfait.*

blesser *verbe*

/ Frapper en faisant une plaie. SYN. balafrer, contusionner, couper, entailler, frapper, léser, taillader. CONTR. *panser, protéger, soigner.*

/ Meurtrir légèrement. SYN. écorcher, égratigner, entamer, irriter, taillader.

/ Causer une sensation désagréable. SYN. affecter, déchirer, écorcher. CONTR. *caresser, charmer, enchanter, fasciner, ravir.*

/ Affecter douloureusement quelqu'un. SYN. choquer, désobliger, égratigner, froisser, heurter, mortifier, offenser, offusquer,

scandaliser, toucher, ulcérer, vexer –LITTÉRAIRE: piquer. CONTR. *chatouiller l'amour-propre, consoler, flatter, séduire.*
/ LITTÉRAIRE. Porter atteinte à quelque chose. SYN. contrevenir à, enfreindre, faire tort, nuire, préjudicier, transgresser, violer. CONTR. *avantager, respecter.*

blesser (se) *verbe pronominal*
/ LITTÉRAIRE. Être froissé de quelque chose. SYN. se formaliser, se froisser, se scandaliser, s'offusquer –LITTÉRAIRE: s'offenser.

blessure *nom féminin*
/ Lésion du corps. SYN. balafre, coupure, égratignure, entaille, éraflure, estafilade, excoriation, mutilation, plaie, taillade.
/ Atteinte morale profonde. SYN. affront, coup, froissement, gifle, mortification, offense, traumatisme, vexation –LITTÉRAIRE: avanie, camouflet, déchirure, plaie.

blet *adjectif*
/ Qui est trop mûr. SYN. avancé, avarié, pourri. CONTR. *frais, vert.*

bleu *adjectif*
/ Qui est de la couleur du ciel. SYN. lavande, pervenche, pétrole, turquoise –LITTÉRAIRE: azur, azuré, céruléen.
/ Dont la peau devient pâle. SYN. blême, livide, vert. CONTR. *coloré.*
/ Se dit d'une cuisson. SYN. saignant. CONTR. *à point, cuit.*

bleu *nom*
/ FAMILIER. Nouveau venu. SYN. apprenti, commençant, débutant, néophyte, novice, recrue –FAMILIER: bizut, bizuth, écolier. CONTR. *ancien, expert* –LITTÉRAIRE: *vétéran.*

bleu *nom masculin*
/ FAMILIER. Marque sur la peau. SYN. contusion, ecchymose, hématome, meurtrissure, noirceur.

blindé *adjectif*
/ FAMILIER. Qui s'est endurci. SYN. aguerri, cuirassé, endurci, immunisé, trempé. CONTR. *désarmé, sensible, vulnérable.*
/ POPULAIRE. Complètement ivre. SYN. enivré, ivre –FAMILIER: imbibé, parti, saoul, schlass, soûl, soûl comme un Polonais, soûl comme une grive –POPULAIRE: beurré, beurré comme une tartine, bourré, chargé, cuit, noir, paf, pété, pinté, plein comme une barrique, raide, rond, rond comme une barrique, rond comme une queue de pelle, torché –VIEUX: brindezingue. CONTR. *à jeun, sobre.*

blinder *verbe*
/ FAMILIER. Rendre insensible. SYN. aguerrir, armer, cuirasser, endurcir –LITTÉRAIRE: retremper, tremper. CONTR. *apitoyer, attendrir.*

blinder (se) *verbe pronominal*
/ FAMILIER. Se rendre insensible à. SYN. s'aguerrir, se cuirasser, s'endurcir.

bloc *nom masculin*
/ Ensemble indivisible. SYN. coalition, front, masse, totalité, tout. CONTR. *élément, fragment, morceau, parcelle, partie, tronçon.*

blocage *nom masculin*
/ Action de bloquer. SYN. arrêt, asphyxie, barrage, engorgement, immobilisation, obstruction, paralysie. CONTR. *évolution, marche, mouvement.*

blockhaus *nom masculin*
/ Petit ouvrage fortifié. SYN. bunker, casemate, fortin.

bloquer *verbe*
/ Empêcher quelque chose de bouger. SYN. arrêter, asphyxier, caler, coincer, endiguer, immobiliser, maintenir, retenir, serrer, stabiliser. CONTR. *débloquer, desserrer.*
/ Rendre une voie impraticable. SYN. barrer, embouteiller, engorger, obstruer, obturer, paralyser. CONTR. *dégager.*
/ Interdire la hausse d'un prix. SYN. geler, immobiliser. CONTR. *dégeler, échelonner, libérer.*

blottir (se) *verbe pronominal*
/ Se replier sur soi-même. SYN. se pelotonner, se ramasser, se recroqueviller, se tapir. CONTR. *s'allonger, se détendre, s'étirer.*
/ Chercher le contact de. SYN. se presser contre, se serrer contre.

bluette *nom féminin*
/ LITTÉRAIRE. Amour éphémère. SYN. caprice, fantaisie, passade –FAMILIER: tocade, toquade.

bluff *nom masculin*
/ Attitude destinée à faire illusion. SYN. cabotinage, charlatanisme, comédie, fanfaron-

nade, intimidation, mystification, vantardise –FAMILIER: bidonnage, chiqué, esbroufe, fla-fla, frime –LITTÉRAIRE: forfanterie, hâblerie –POPULAIRE: épate. CONTR. *modestie, sincérité, vérité* –LITTÉRAIRE: *effacement.*

bluffer *verbe intransitif*

/ Essayer d'en imposer. SYN. cabotiner, se vanter –FAMILIER: jeter de la poudre aux yeux.

bluffer *verbe transitif*

/ FAMILIER. Chercher à tromper. SYN. éblouir, intimider, tromper –FAMILIER: épater –LITTÉRAIRE: illusionner –VIEUX: esbroufer.

bluffeur *nom*

/ Personne qui bluffe. SYN. faiseur, fanfaron, faraud, hâbleur, imposteur, mythomane, vantard –FAMILIER: frimeur –VIEUX: esbroufeur.

bobard *nom masculin*

/ FAMILIER. Propos mensonger. SYN. histoire, mensonge –FAMILIER: baratin, bateau, blabla, boniment, canard –POPULAIRE: craque. CONTR. *vérité.*

bœuf *adjectif*

/ POPULAIRE. Qui surprend. SYN. admirable, colossal, étonnant, fabuleux, fantastique, inouï, monstrueux, phénoménal, prodigieux –FAMILIER: énorme, faramineux, monstre. CONTR. *dérisoire, infime, insignifiant, minime, minuscule, négligeable.*

bohème *adjectif*

/ En marge de la société. SYN. artiste, fantaisiste, non conformiste. CONTR. *bourgeois, casanier, formaliste, organisé, réglé.*

bohémien *nom*

/ Personne nomade. SYN. gitan, manouche, romanichel, tsigane, tzigane.

boire *verbe*

/ Ingérer un liquide. SYN. absorber, ingurgiter, prendre, s'abreuver, se désaltérer, vider –FAMILIER: lamper, s'enfiler, siffler, siroter –POPULAIRE: se rincer la dalle, se rincer le gosier, s'envoyer.

/ Absorber avec excès de l'alcool. SYN. se griser, s'enivrer –FAMILIER: biberonner, lever le coude, picoler, se soûler –POPULAIRE: écluser, prendre une biture, prendre une cuite, s'arsouiller, se beurrer, se bitturer, se bourrer, se charger, se cuiter, se noircir, se péter la gueule, se pinter, se piquer le nez, se poivrer, s'en jeter un derrière la cravate –VIEUX: chopiner, licher. CONTR. *s'abstenir.*

/ S'imprégner d'un liquide. SYN. absorber, pomper, prendre, s'imbiber. CONTR. *dégorger, rejeter.*

bois *nom masculin*

/ Lieu couvert d'arbres. SYN. bocage, bosquet, forêt, futaie.

boisé *adjectif*

/ Couvert d'arbres. SYN. touffu. CONTR. *déboisé, découvert, dénudé, nu.*

boiser *verbe*

/ Planter d'arbres. SYN. planter. CONTR. *déboiser, dépeupler, essarter.*

boisson *nom féminin*

/ Liquide que l'on boit. SYN. breuvage, consommation, rafraîchissement.

boîte *nom féminin*

/ FAMILIER. Lieu de travail. SYN. entreprise, établissement, maison, société.

boiter *verbe*

/ Marcher de manière irrégulière. SYN. boitiller, claudiquer –FAMILIER: clopiner.

/ Manquer de cohérence. SYN. –FAMILIER: clocher.

boiteux *adjectif*

/ Qui manque de stabilité. SYN. bancal, branlant, chancelant, fragile, instable, précaire. CONTR. *durable, ferme, solide, stable, sûr.*

/ Qui n'est pas logique. SYN. aberrant, approximatif, bâtard, faux, illogique, incohérent, incomplet. CONTR. *approprié, droit, judicieux, juste, logique, pertinent.*

/ Qui boite. SYN. claudicant, éclopé, estropié –VIEUX: bancroche. CONTR. *ingambe, valide.*

boitiller *verbe*

/ Boiter légèrement. SYN. –FAMILIER: clopiner –LITTÉRAIRE: claudiquer.

bombance *nom féminin*

/ FAMILIER. Repas copieux. SYN. festin –FAMILIER: ripaille –POPULAIRE: gueuleton –VIEUX: bamboche. CONTR. *abstinence.*

bombarder *verbe*

/ Attaquer avec des bombes. SYN. canonner, pilonner.

/ FAMILIER. Harceler quelqu'un. SYN. accabler, assaillir, assiéger, cribler, mitrailler, presser.

/ FAMILIER. Nommer à un poste. SYN. catapulter –FAMILIER: parachuter, propulser.

bombe *nom féminin*

/ FAMILIER. Grande fête. SYN. –ARGOTIQUE: teuf –FAMILIER: bringue, fiesta, java, noce, nouba, ribouldingue –POPULAIRE: bamboula, foire –VIEUX: bamboche.

bombé *adjectif*

/ Qui a une forme arrondie. SYN. arqué, busqué, convexe, courbe, protubérant, rebondi, renflé, ventru. CONTR. *aplati, concave, creux, plat* –LITTÉRAIRE: *cave.*

bombement *nom masculin*

/ Fait d'être bombé. SYN. boursouflure, convexité. CONTR. *concavité.*

bomber *verbe intransitif*

/ POPULAIRE. Aller très vite. SYN. accélérer –FAMILIER: foncer, gazer, speeder –POPULAIRE: bourrer.

bomber *verbe transitif*

/ Rendre convexe. SYN. cintrer, courber, gonfler, renfler.

bon *adjectif*

/ Qui a les qualités pour. SYN. apte, capable, doué, fort, mûr. CONTR. *impropre, inapte, mauvais.*

/ Qui a de grandes qualités. SYN. consciencieux, excellent, formidable, intéressant, louable, parfait, remarquable, satisfaisant, sérieux, solide, valable. CONTR. *défectueux, déplorable, détestable, lamentable, mauvais, médiocre, minable, nul.*

/ Conforme à la norme. SYN. adéquat, convenable, correct. CONTR. *erroné, impropre, inadéquat, incorrect, mauvais, piteux.*

/ Qui est satisfaisant. SYN. avantageux, faste, favorable, fructueux, heureux, lucratif, rémunérateur, rentable, sûr. CONTR. *défavorable, dommageable, fâcheux, funeste, inquiétant, mauvais.*

/ Qui procure de l'agrément. SYN. agréable, charmant, délectable, délicieux, enviable, exquis. CONTR. *affreux, déplaisant, désagréable, écœurant, infect, mauvais, pénible* –FAMILIER: *atroce.*

/ Qui marque un degré important. SYN. abondant, complet, considérable, grand, gros, important, plein, sérieux –FAMILIER: solide. CONTR. *dérisoire, faible, minime, négligeable, petit.*

/ Qui est porté à faire le bien. SYN. altruiste, bienveillant, charitable, dévoué, humain, indulgent, obligeant, philanthrope, secourable, sensible, sentimental, serviable, tendre –LITTÉRAIRE: bienfaisant. CONTR. *barbare, cruel, dur, égoïste, féroce, immoral, impitoyable, impur, indigne, inflexible, inhumain, injuste, malfaisant, malin, malintentionné, malveillant, méchant, pervers* –LITTÉRAIRE: *fielleux.*

/ FAMILIER. Qui est naïf. SYN. bonasse, bonhomme, brave, gentil –FAMILIER: chic –LITTÉRAIRE: débonnaire, paterne. CONTR. –FAMILIER: *sale.*

/ Qui a un effet favorable sur. SYN. bénéfique, efficace, excellent, favorable, profitable, salutaire, utile –LITTÉRAIRE: souverain. CONTR. *inutile, mauvais, nocif, nuisible, pernicieux, préjudiciable, superflu, vain.*

bonace *nom féminin*

/ Calme plat. SYN. accalmie, embellie. CONTR. *bourrasque, grain, ouragan.*

bonasse *adjectif*

/ D'une bonté excessive. SYN. bonhomme, faible, naïf, simple –FAMILIER: bon –LITTÉRAIRE: débonnaire, paterne. CONTR. *autoritaire, dur, énergique, impitoyable, sévère.*

bond *nom masculin*

/ Mouvement d'un corps élastique. SYN. cabriole, cahot, rebond, saut –LITTÉRAIRE: bondissement.

/ Progrès rapide. SYN. boom, envolée, essor, explosion, impulsion, pas, poussée. CONTR. *effondrement, récession.*

bondé *adjectif*

/ Qui est entièrement rempli. SYN. comble, complet, débordant, encombré, foisonnant, fourmillant, grouillant, noir de monde, plein, rempli, surchargé –FAMILIER: bourré, truffé. CONTR. *vide.*

bondieusard *nom*

/ FAMILIER. Personne très dévote. SYN. bigot –FAMILIER: calotin, grenouille de bénitier, punaise de sacristie, rat d'église –LITTÉRAIRE: cafard, cagot, tartufe, tartuffe. CONTR. *athée, incrédule* –LITTÉRAIRE: *impie.*

bondieuserie *nom féminin*

/ FAMILIER. Dévotion outrée. SYN. –FAMILIER: bigoterie, bigotisme –LITTÉRAIRE: cagoterie, pharisaïsme, tartuferie, tartufferie.

bondir *verbe*

/ S'élancer quelque part. SYN. accourir, courir, galoper, sauter, se précipiter, se ruer, voler –FAMILIER: foncer. CONTR. *s'arrêter, s'immobiliser.*

/ Sursauter sous le coup d'une émotion. SYN. se soulever, tressaillir –LITTÉRAIRE: tressauter.

bondissement *nom masculin*

/ LITTÉRAIRE. Action de bondir. SYN. bond, cabriole, envolée, gambade, saut.

bonheur *nom masculin*

/ Circonstance favorable. SYN. bonne fortune, chance –FAMILIER: veine –LITTÉRAIRE: heur. CONTR. *déboire, malchance, malheur* –FAMILIER: *déveine, enquiquinement, guigne, tuile* –LITTÉRAIRE: *infortune.*

/ État de complète satisfaction. SYN. béatitude, bien-être, contentement, euphorie, idéal, joie, prospérité –LITTÉRAIRE: délectation, félicité. CONTR. *chagrin, détresse, douleur, enfer, malheur, peine* –LITTÉRAIRE: *adversité.*

/ Joie liée à une circonstance. SYN. agrément, aubaine, avantage, bienfait, délice, douceur, plaisir, satisfaction, volupté. CONTR. *calamité, catastrophe, désastre, difficulté, épreuve.*

bonhomie *nom féminin*

/ Caractère bienveillant. SYN. bienveillance, familiarité, rondeur, simplicité –LITTÉRAIRE: débonnaireté. CONTR. *affectation, arrogance, condescendance, hauteur, intransigeance, morgue, suffisance* –LITTÉRAIRE: *outrecuidance, sévérité.*

bonhomme *adjectif*

/ Qui montre de la bonhomie. SYN. bienveillant, bonasse, brave, candide, familier, simple –FAMILIER: bon –LITTÉRAIRE: débonnaire, patelin. CONTR. *affecté, arrogant, autoritaire, condescendant, hautain, sévère, suffisant* –LITTÉRAIRE: *outrecuidant.*

bonhomme *nom masculin*

/ FAMILIER. Homme quelconque. SYN. –FAMILIER: citoyen, gaillard, particulier, pistolet, type –POPULAIRE: zig, zigue.

boni *nom masculin*

/ Supplément de salaire. SYN. bonification, gratification, guelte, prime. CONTR. *déficit, perte.*

bonification *nom féminin*

/ Somme allouée. SYN. boni, gratification, rabais, remise, ristourne.

bonification *nom féminin*

/ Action d'améliorer quelque chose. SYN. amélioration, amendement, perfectionnement.

bonifier *verbe*

/ Rendre meilleur. SYN. améliorer, amender, fertiliser, perfectionner. CONTR. *altérer, avarier, dégrader, détériorer, gâter.*

boniment *nom masculin*

/ FAMILIER. Propos destiné à tromper. SYN. baliverne, billevesée, fadaises, histoire, mensonge, sornettes –FAMILIER: baratin, bla-bla, bobard, salades –POPULAIRE: craque. CONTR. *vérité.*

bonjour ! *interjection*

/ Formule de salutation. SYN. adieu !, salut ! CONTR. *adieu !, au revoir !, bonsoir !, salut !*

bonne *nom féminin*

/ Employée aux travaux du ménage. SYN. domestique, employée de maison, servante –LITTÉRAIRE: chambrière, soubrette.

bonne-maman *nom féminin*

/ Grand-mère (appellatif). SYN. grand-maman, mamée –FAMILIER: mamie, mammy, mamy, mémé, mémère.

bon-papa *nom masculin*

/ Grand-père (appellatif). SYN. grand-papa, papet –FAMILIER: papi, papy, pépé, pépère.

bonsoir ! *interjection*

/ Formule de salutation. SYN. adieu !, au revoir !, salut ! CONTR. *bonjour !*

bonté *nom féminin*

/ Disposition à être bon. SYN. altruisme, amabilité, bienveillance, charité, complaisance, compréhension, douceur, générosité, gentillesse, humanité, indulgence, magnanimité, obligeance, philanthropie, tolérance –LITTÉRAIRE: bénignité, clémence, compassion, mansuétude, miséricorde. CONTR. *atrocité, cruauté, dureté, égoïsme, férocité, inhumanité, méchanceté, noirceur, rigueur, rudesse* –LITTÉRAIRE: *inclémence.*

boom *nom masculin*

/ Développement rapide. SYN. bond, envolée, essor, expansion, explosion, pas, poussée, saut. CONTR. *effondrement, krach, récession.*

booster *verbe*

/ FAMILIER. Donner une impulsion à. SYN. développer, galvaniser, renforcer, stimuler.

borborygme *nom masculin*

/ FAMILIER. Bruit confus. SYN. gargouillement, gargouillis.

bord *nom masculin*

/ Bande de terre longeant la mer. SYN. berge, côte, grève, littoral, plage, rivage, rive.

/ Partie extrême d'une surface. SYN. bordure, commencement, contour, côté, encadrement, extrémité, limite, lisière, périphérie, pourtour, rebord, tranche. CONTR. *centre, fond, intérieur, milieu.*

bordeaux *adjectif*

/ Rouge violacé. SYN. grenat, pourpre.

bordée *nom féminin*

/ Décharge simultanée. SYN. canonnade, feu, rafale, salve, tir, volée.

/ FAMILIER. Indique une suite de choses. SYN. cascade, chapelet, kyrielle –FAMILIER: pelletée.

bordel *nom masculin*

/ POPULAIRE. Grand désordre. SYN. capharnaüm, désordre, imbroglio –FAMILIER: bazar, cirque, micmac, pagaille, souk –POPULAIRE: foutoir.

border *verbe*

/ Occuper le bord de quelque chose. SYN. borner, ceinturer, cercler, encadrer, flanquer, longer –LITTÉRAIRE: jouxter.

/ Garnir d'une bordure. SYN. festonner, galonner, lisérer, ourler, souligner.

bordure *nom féminin*

/ Ce qui marque le bord. SYN. bord, contour, encadrement, entourage, limite, liseré, lisière, orée, périphérie, pourtour.

boréal *adjectif*

/ De la moitié nord. SYN. arctique, nord, nordique, septentrional. CONTR. *antarctique, austral, sud.*

borne *nom féminin*

/ Ce qui limite quelqu'un. SYN. frein, limite.

/ Ce qui délimite quelque chose. SYN. bord, bordure, confins, contour, frontière, limite, périmètre, seuil, terme.

borné *adjectif*

/ Qui a des idées étroites. SYN. bête, étriqué, étroit, faible, idiot, incapable, inepte, inintelligent, médiocre, obtus, petit, stupide –FAMILIER: bouché, limité. CONTR. *brillant, clairvoyant, intelligent, ouvert, pénétrant, profond, remarquable, sagace, subtil, supérieur.*

/ Qui a des limites. SYN. fini, limité, restreint, rétréci. CONTR. *étendu, illimité, infini, large* –LITTÉRAIRE: *vaste.*

borner *verbe*

/ Indiquer une limite. SYN. border, circonvenir, délimiter, limiter, longer, terminer.

/ Enfermer une action dans des limites. SYN. arrêter, circonscrire, circonvenir, localiser, modérer, réduire, resserrer, restreindre –LITTÉRAIRE: rétrécir. CONTR. *amplifier, élargir, étendre, généraliser, ouvrir, propager.*

borner (se) *verbe pronominal*

/ Fixer des limites à sa propre action. SYN. se contenter de, s'en tenir à.

/ Consister seulement en. SYN. se cantonner à, se confiner dans, se limiter à, se réduire à.

bosse *nom féminin*

/ Saillie du dos. SYN. cyphose, gibbosité.

/ Élévation sur une surface. SYN. butte, éminence, hauteur, inégalité, saillie. CONTR. *cavité, concavité, creux, dépression.*

/ Gonflement dû à un coup. SYN. boursouflure, contusion, enflure, grosseur, protubérance, tuméfaction –LITTÉRAIRE: gibbosité, proéminence.

bosseler *verbe*

/ Déformer par des bosses. SYN. cabosser – VIEUX : bossuer. CONTR. *aplanir, débosseler, niveler.*

bosser *verbe intransitif*

/ POPULAIRE. Travailler dur. SYN. abattre de la besogne, travailler – FAMILIER : bûcher, cravacher, en mettre un coup, mettre de l'huile de coude, trimer – POPULAIRE : boulonner, marner, turbiner. CONTR. *chômer, fainéanter, musarder, paresser, se prélasser, se reposer, se rouler les pouces, se tourner les pouces* – FAMILIER : *buller, flemmarder, se la couler douce, tirer sa flemme* – LITTÉRAIRE : *muser* – POPULAIRE : *glander, ne pas en fiche une rame, se les rouler, tirer au cul, tirer au flanc.*

bosser *verbe transitif*

/ FAMILIER. Étudier une matière. SYN. préparer, travailler – FAMILIER : bûcher, potasser – VIEUX : piocher.

bosseur *nom et adjectif*

/ POPULAIRE. Qui travaille beaucoup. SYN. travailleur – FAMILIER : bûcheur – POPULAIRE : chiadeur. CONTR. *fainéant, paresseux* – FAMILIER : *cossard, flemmard.*

bossuer *verbe*

/ VIEUX. Déformer par des bosses. SYN. bosseler, cabosser. CONTR. *aplanir, débosseler.*

botte *nom féminin*

/ Chaussure haute. SYN. boots, bottillon, bottine, cuissarde.

boucan *nom masculin*

/ FAMILIER. Vacarme assourdissant. SYN. bruit, charivari, tapage, tintamarre, tumulte, vacarme – FAMILIER : chahut, chambard, foire, pétard, potin, raffut, tintouin – LITTÉRAIRE : hourvari – POPULAIRE : barouf, baroufe, bastringue, foin, ramdam – VIEUX : sabbat. CONTR. *calme, silence.*

bouché *adjectif*

/ Sans visibilité. SYN. assombri, bas, chargé, couvert, gris, obscurci. CONTR. *clair.*

/ FAMILIER. Qui comprend lentement. SYN. bête, borné, étriqué, étroit, idiot, incapable, inepte, inintelligent, médiocre, obtus, stupide – FAMILIER : ballot, limité, lourd. CONTR. *brillant, clairvoyant, intelligent, ouvert, pénétrant, perspicace, profond, remarquable, sagace, subtil, supérieur.*

boucher *nom masculin*

/ Homme sanguinaire. SYN. assassin, bourreau, criminel, massacreur.

boucher *verbe*

/ Fermer une ouverture. SYN. aveugler, calfater, colmater, combler, condamner, étancher, obturer – LITTÉRAIRE : clore. CONTR. *déboucher, percer.*

/ Barrer un passage. SYN. barricader, condamner, couper, embouteiller, encombrer, engorger, fermer, obstruer, paralyser. CONTR. *débarrasser, déblayer, dégager, libérer, ouvrir.*

boucherie *nom féminin*

/ Grande tuerie. SYN. carnage, hécatombe, immolation, massacre.

boucle *nom féminin*

/ Mèche de cheveux. SYN. accroche-cœur, anglaise, bouclette, frisette, frisottis, frisure, ondulation – VIEUX : frison.

/ Méandre d'un cours d'eau. SYN. courbe, méandre.

bouclé *adjectif*

/ Qui a des boucles. SYN. cranté, frisé, frisottant, ondulé, permanenté. CONTR. *débouclé, défrisé, plat, raide.*

/ FAMILIER. Enfermé quelque part. SYN. barricadé, cantonné, claquemuré, cloîtré, confiné, isolé, muré, retiré, séquestré – LITTÉRAIRE : reclus.

boucler *verbe intransitif*

/ Former des boucles. SYN. friser, frisotter, onduler – LITTÉRAIRE : moutonner. CONTR. *raidir, s'aplatir.*

boucler *verbe transitif*

/ Fermer avec une boucle. SYN. agrafer, attacher. CONTR. *déboucler, défaire, dégrafer, détacher.*

/ FAMILIER. Enfermer quelqu'un de force. SYN. claquemurer, claustrer, cloîtrer, confiner, consigner, écrouer, emprisonner, interner, parquer, séquestrer – FAMILIER : coffrer, harponner, mettre à l'ombre – LITTÉRAIRE : reclure – POPULAIRE : agrafer. CONTR. *délivrer, libérer, sortir.*

/ Entourer une zone. SYN. cerner, encercler, envelopper, verrouiller. CONTR. *débloquer.*

/ Mener à son terme quelque chose. SYN. accomplir, achever, s'acquitter de -LITTÉRAIRE: consommer. CONTR. *attaquer, commencer, entamer, entreprendre, mettre en train.*

bouclier *nom masculin*

/ Moyen de protection. SYN. bastion, carapace, paravent -LITTÉRAIRE: armure, cuirasse, rempart.

bouder *verbe*

/ Manifester son mécontentement. SYN. renâcler, se renfrogner -FAMILIER: faire la tête, rechigner -POPULAIRE: faire la gueule, faire la tronche. CONTR. -FAMILIER: *rigoler* -POPULAIRE: *se bidonner.*

bouderie *nom féminin*

/ Action de bouder. SYN. désaccord, froid -FAMILIER: fâcherie -LITTÉRAIRE: dissentiment -POPULAIRE: rogne. CONTR. *allégresse, bonne humeur, enjouement, entrain.*

boudeur *adjectif*

/ Qui boude. SYN. bougon, fâché, grincheux, grognon, maussade, morose, renfrogné, revêche -FAMILIER: ronchon, ronchonneur, rouspéteur. CONTR. *cordial, enjoué, enthousiaste, gai, joyeux, réjoui.*

boudeur *nom*

/ Personne qui boude. SYN. bougon, grincheux, grognon -FAMILIER: râleur, ronchon, ronchonneur, rouspéteur.

boudiné *adjectif*

/ FAMILIER. En forme de boudin. SYN. bouffi, enflé, gonflé.

/ FAMILIER. Qui est trop serré. SYN. engoncé -FAMILIER: saucissonné.

boue *nom féminin*

/ Terre détrempée. SYN. bourbe, bourbier, vase -FAMILIER: bouillasse, gadoue -LITTÉRAIRE: fange.

boueux *adjectif*

/ Qui est plein de boue. SYN. bourbeux, limoneux, vaseux -LITTÉRAIRE: fangeux.

bouffant *adjectif*

/ Qui bouffe. SYN. ample, gonflant. CONTR. *ajusté, aplati, collant, étriqué, étroit, plat, serré.*

bouffe *nom féminin*

/ POPULAIRE. Ce qu'on mange. SYN. cuisine, mangeaille, manger, nourriture -ARGOTIQUE: graille -FAMILIER: fricot -POPULAIRE: bectance, boustifaille, tambouille -VIEUX: bouffetance.

bouffée *nom féminin*

/ Accès subit d'un sentiment. SYN. accès, crise, explosion, flambée, poussée -LITTÉRAIRE: souffle.

bouffer *verbe intransitif*

/ Prendre du volume. SYN. bomber, gonfler. CONTR. *coller, retomber, s'aplatir.*

bouffer *verbe transitif*

/ POPULAIRE. Avaler de la nourriture. SYN. engloutir, ingurgiter, manger -ARGOTIQUE: briffer -FAMILIER: casser la croûte, casser la graine, enfourner, s'empiffrer -POPULAIRE: bâfrer, becqueter, becter, boulotter, croûter, grailler, morfaler, se goinfrer, s'en mettre plein la lampe, s'en mettre plein la panse. CONTR. *jeûner.*

bouffeur *nom*

/ POPULAIRE. Gros mangeur. SYN. glouton, goulu, gourmand -FAMILIER: goinfre -POPULAIRE: bâfreur, morfal, morfale, morfalou.

bouffi *adjectif*

/ Qui est enflé. SYN. adipeux, boursouflé, gonflé, gras, gros, joufflu, soufflé, tumescent, turgescent -FAMILIER: boudiné. CONTR. *creux, maigre, maigrelet, maigriot, menu, mince, squelettique* -FAMILIER: *maigrichon* -LITTÉRAIRE: *émacié.*

/ Qui tire vanité de. SYN. enflé, gonflé, infatué -LITTÉRAIRE: boursouflé. CONTR. *humble, modeste.*

bouffir *verbe*

/ Enfler de façon disgracieuse. SYN. enfler, gonfler, se boursoufler, se tuméfier. CONTR. *dégonfler, désenfler, maigrir, mincir.*

bouffissure *nom féminin*

/ Gonflement de la peau. SYN. boursouflage, boursouflure, enflure, intumescence, poche, tuméfaction, tumescence, turgescence. CONTR. *amaigrissement, amincissement, dégonflement.*

/ LITTÉRAIRE. Caractère ampoulé. SYN. emphase, grandiloquence –LITTÉRAIRE: pompe. CONTR. *austérité, simplicité.*

bouffon *adjectif*

/ Qui prête à rire. SYN. burlesque, comique, extravagant, facétieux, grotesque –FAMILIER: cocasse. CONTR. *austère, grave, précieux, puritain.*

bouffon *nom masculin*

/ Personnage ridicule. SYN. pantin –FAMILIER: polichinelle –LITTÉRAIRE: histrion –POPULAIRE: zouave.

/ Acteur qui doit faire rire. SYN. amuseur, clown, comique, pitre.

bouffonnerie *nom féminin*

/ Caractère bouffon. SYN. burlesque, comique, drôlerie. CONTR. *gravité, sérieux, tristesse.*

/ Action, parole bouffonne. SYN. clownerie, drôlerie, facétie, farce, pantalonnade, pitrerie –FAMILIER: blague, joyeuseté –LITTÉRAIRE: arlequinade.

bouge *nom masculin*

/ Logement sordide. SYN. bauge, masure, nid à rats, réduit, taudis –FAMILIER: baraque, bicoque –LITTÉRAIRE: chenil, galetas, tanière –POPULAIRE: gourbi.

/ Établissement malfamé. SYN. gargote –FAMILIER: boui-boui.

bouger *verbe intransitif*

/ Manquer de solidité. SYN. branler, remuer, vaciller.

/ Remuer sur place. SYN. frétiller, gesticuler, s'agiter, se mouvoir, se remuer, se trémousser –FAMILIER: avoir la bougeotte, gigoter. CONTR. *être immobile, s'immobiliser.*

/ Quitter le lieu où l'on est. SYN. se déplacer, se mouvoir, s'éloigner, s'en aller. CONTR. *rester* –LITTÉRAIRE: *demeurer.*

bouger *verbe transitif*

/ Déplacer quelque chose. SYN. déranger, mouvoir, remuer, transporter.

bougon *adjectif*

/ Qui a l'habitude de bougonner. SYN. acariâtre, boudeur, grincheux, grognon, hargneux, morose, revêche –FAMILIER: râleur, ronchon, ronchonneur, rouspéteur –LITTÉRAIRE: chagrin. CONTR. *affable, cordial, engageant, gracieux* –LITTÉRAIRE: *amène.*

bougon *nom*

/ Personne qui bougonne. SYN. boudeur, grincheux, grognon –FAMILIER: râleur, ronchon, ronchonneur, rouspéteur.

bougonnement *nom masculin*

/ Action de bougonner. SYN. grognement, grommellement, marmonnement –FAMILIER: grogne, rouspétance.

bougonner *verbe*

/ FAMILIER. Murmurer entre ses dents. SYN. grogner, grommeler, marmonner, marmotter, maugréer, pester –FAMILIER: grognonner, maronner, râler, ronchonner, rouspéter –POPULAIRE: rouscailler –VIEUX: rogner, rognonner.

bougre *nom masculin*

/ Individu quelconque. SYN. diable –FAMILIER: gaillard, gars, type.

bougrement *adverbe*

/ FAMILIER. De manière intense. SYN. affreusement, beaucoup, bien, considérablement, effroyablement, énormément, épouvantablement, exceptionnellement, excessivement, extraordinairement, fabuleusement, follement, fort, fortement, horriblement, immensément, immodérément, incroyablement, infiniment, mortellement, parfaitement, particulièrement, prodigieusement, profondément, puissamment, singulièrement, terriblement, très, trop, vertigineusement –FAMILIER: atrocement, bigrement, diablement, drôlement, fameusement, fichtrement, fichûment, formidablement, joliment, méchamment, rudement, sacrément, tout plein –LITTÉRAIRE: diantrement, furieusement –POPULAIRE: foutrement, salement, vachement –VIEUX: fièrement. CONTR. *aucunement, faiblement, médiocrement, modérément, peu.*

boui-boui *nom masculin*

/ FAMILIER. Restaurant médiocre. SYN. bouge, gargote, taverne –POPULAIRE: bousin, caboulot –VIEUX: beuglant, bouillon.

bouillant *adjectif*

/ Qui bout. SYN. brûlant, chaud. CONTR. *froid, gelé, glacé, tiède* –FAMILIER: *réfrigéré.*

/ Qui est plein d'ardeur. SYN. ardent, emporté, enthousiaste, explosif, fébrile, fiévreux, fougueux, frénétique, impatient, impétueux, impulsif, passionné, pétillant, pétulant, tout feu tout flammes, véhément, vif – LITTÉRAIRE : embrasé, inflammable, volcanique. CONTR. *atone, calme, doux, froid, impassible, lymphatique, mou, patient, pondéré, réservé.*

bouille *nom féminin*

/ FAMILIER. Visage. SYN. figure, minois, tête, visage – FAMILIER : binette, frimousse, trogne – POPULAIRE : gueule, portrait, trombine, tronche.

bouillir *verbe*

/ Être animé d'un sentiment vif. SYN. bouillonner, brûler, écumer, enrager, être sur des charbons ardents, piaffer, trépigner – FAMILIER : être sous pression, être sur le gril.

bouillonnant *adjectif*

/ Qui est en effervescence. SYN. déchaîné, fébrile, fiévreux, frénétique, surchauffé, surexcité, survolté – LITTÉRAIRE : effervescent, tumultueux. CONTR. *apathique, calme, lymphatique, morose, placide, posé.*

bouillonnement *nom masculin*

/ État de ce qui bouillonne. SYN. agitation, ébullition, effervescence, excitation, fermentation, fièvre, grouillement, ouragan, surexcitation, tempête, trépidation – LITTÉRAIRE : orage, tourbillon, tumulte, turbulence. CONTR. *apaisement, calme, sérénité, tranquillité* – LITTÉRAIRE : *quiétude.*

bouillonner *verbe*

/ Être en effervescence. SYN. bouillir, écumer, s'agiter, se presser, s'exalter – LITTÉRAIRE : fermenter. CONTR. *s'apaiser, se calmer, se poser.*

boule *nom féminin*

/ Objet sphérique. SYN. disque, globe, sphère.

boulette *nom féminin*

/ FAMILIER. Parole, action maladroite. SYN. balourdise, bavure, bêtise, bévue, erreur, impair, maladresse – FAMILIER : ânerie, bourde, gaffe.

bouleversant *adjectif*

/ Qui bouleverse. SYN. affolant, déchirant, dramatique, émouvant, empoignant, impressionnant, pathétique, poignant, remuant, saisissant, touchant, tragique, troublant. CONTR. *rassurant, tranquillisant.*

bouleversement *nom masculin*

/ Action de bouleverser. SYN. altération, branle-bas, changement, dérangement, désordre, modification, renversement, révolution, ruine, saccage – FAMILIER : chambard, chambardement, chamboulement. CONTR. *agencement, aménagement, arrangement, ordonnancement, ordre.*

/ Profonde perturbation. SYN. affolement, agitation, choc, commotion, convulsion, ébranlement, émotion, remous, saisissement, secousse, trouble – LITTÉRAIRE : émoi. CONTR. *apaisement, ataraxie, calme, paix* – LITTÉRAIRE : *quiétude.*

bouleverser *verbe*

/ Mettre en complet désordre. SYN. bousculer, déplacer, déranger, dérégler, désorganiser, mettre sens dessus dessous, perturber – FAMILIER : chahuter, chambarder, chambouler. CONTR. *agencer, aménager, arranger, disposer, ordonner, organiser, ranger.*

/ Troubler profondément quelqu'un. SYN. affecter, agiter, apitoyer, atteindre, attendrir, chavirer, commotionner, ébranler, émouvoir, empoigner, frapper, heurter, impressionner, interpeller, remuer, retourner, saisir, secouer, toucher – FAMILIER : chambouler, émotionner, révolutionner, tourneboulér. CONTR. *apaiser, calmer* – LITTÉRAIRE : *rasséréner.*

boulonner *verbe*

/ POPULAIRE. Travailler beaucoup. SYN. abattre de la besogne, travailler – FAMILIER : bûcher, cravacher, en mettre un coup, mettre de l'huile de coude, trimer – POPULAIRE : bosser, marner, turbiner. CONTR. *chômer, fainéanter, musarder, paresser, se prélasser, se reposer, se rouler les pouces, se tourner les pouces* – FAMILIER : *buller, flemmarder, se la couler douce, tirer sa flemme* – LITTÉRAIRE : *muser* – POPULAIRE : *glander, ne pas en fiche une rame, se les rouler, tirer au cul, tirer au flanc.*

boulot *adjectif*

/ FAMILIER. Petit et rondelet. SYN. potelé, ramassé, trapu – FAMILIER : courtaud, grassouillet, rond, rondouillard. CONTR. *élancé, long, longiligne, mince, svelte.*

boulot *nom masculin*

/ POPULAIRE. Travail à accomplir. SYN. besogne, ouvrage, tâche.

/ POPULAIRE. Emploi rémunéré. SYN. métier, travail –FAMILIER: business, job –POPULAIRE: turbin, turf.

boulotter *verbe*

/ POPULAIRE. Manger beaucoup de. SYN. avaler, se gaver –ARGOTIQUE: briffer –FAMILIER: s'empiffrer –POPULAIRE: bâfrer, becqueter, becter, bouffer, se goinfrer, s'en mettre plein la lampe, s'en mettre plein la panse.

/ POPULAIRE. Dépenser sans mesure. SYN. croquer, dilapider –FAMILIER: manger –LITTÉRAIRE: dissiper –POPULAIRE: bouffer. CONTR. *amasser, économiser, épargner, mettre de côté.*

bouquet *nom masculin*

/ Touffe de fleurs. SYN. botte, faisceau, gerbe.

/ Parfum d'un vin. SYN. arôme, fumet, odeur, saveur –LITTÉRAIRE: fragrance, senteur.

/ Fin d'un spectacle. SYN. apothéose, couronnement.

bouquin *nom masculin*

/ FAMILIER. Tout livre. SYN. œuvre, ouvrage, parution, publication, volume.

bourbe *nom féminin*

/ Boue noire et épaisse. SYN. boue, limon, vase –FAMILIER: gadoue –LITTÉRAIRE: fange.

bourbeux *adjectif*

/ Qui est plein de bourbe. SYN. boueux, limoneux, marécageux, vaseux –LITTÉRAIRE: fangeux. CONTR. *clair, filtré, limpide.*

bourbier *nom masculin*

/ Lieu très bourbeux. SYN. cloaque, fondrière, marais, marécage –LITTÉRAIRE: égout, sentine.

/ Situation difficile. SYN. guêpier, impasse, mauvais pas –FAMILIER: pastis, sac de nœuds, sac d'embrouilles.

bourbonien *adjectif*

/ Se dit d'un nez arqué. SYN. aquilin, arqué, busqué. CONTR. *aplati, camus, écrasé, épaté* –VIEUX: *camard.*

bourde *nom féminin*

/ FAMILIER. Petite maladresse. SYN. bavure, bêtise, bévue, erreur, impair, méprise, sottise –FAMILIER: blague, boulette, gaffe, perle.

/ FAMILIER. Histoire inventée. SYN. mensonge –FAMILIER: blague, bobard –POPULAIRE: craque.

bourdonnement *nom masculin*

/ Bruit sourd et continu. SYN. frou-frou, grondement, ronflement, vrombissement –FAMILIER: ronron –LITTÉRAIRE: bruissement, chuchotement, chuchotis, friselis.

/ Murmure de voix humaines. SYN. brouhaha, chuchotement, murmure, rumeur –LITTÉRAIRE: bruissement, susurrement.

bourdonner *verbe*

/ Émettre un son grave et continu. SYN. corner, ronfler, vrombir –LITTÉRAIRE: bruire.

/ Faire entendre un bruit confus. SYN. chuchoter, frémir, murmurer, susurrer.

bourg *nom masculin*

/ Gros village. SYN. agglomération, localité, village –FAMILIER: patelin.

bourgade *nom féminin*

/ Petit bourg. SYN. agglomération, localité, village –FAMILIER: patelin.

bourgeois *adjectif*

/ Relatif aux bourgeois. CONTR. *aristocratique, noble.*

/ Qui tient à son confort. SYN. conformiste, matérialiste, prosaïque, terre à terre –FAMILIER: pantouflard, pot-au-feu. CONTR. *aventureux* –FAMILIER: *risque-tout.*

/ Qui est conservateur. SYN. conventionnel, formaliste. CONTR. *bohème.*

bourgeois *nom*

/ Personne de la classe moyenne. CONTR. *aristocrate, noble, roturier.*

/ VIEUX. Individu sans idéal. SYN. béotien –LITTÉRAIRE: philistin –VIEUX: épicier.

bourgeon *nom masculin*

/ Petite formation végétale. SYN. bouton, œil, pousse.

bourlinguer *verbe*

/ FAMILIER. Voyager beaucoup. SYN. aller par monts et par vaux, voyager –FAMILIER: naviguer, rouler sa bosse.

bourrasque *nom féminin*

/ Coup de vent violent. SYN. cyclone, grain, ouragan, rafale, tempête, tornade, tourbillon –LITTÉRAIRE: tourmente. CONTR. *bonace, calme, embellie.*

/ LITTÉRAIRE. Incident brusque. SYN. tempête, tumulte –LITTÉRAIRE: orage, tourmente, turbulence. CONTR. *paix, tranquillité* –LITTÉRAIRE: *quiétude.*

bourratif *adjectif*

/ FAMILIER. Qui bourre l'estomac. SYN. nourrissant, nutritif.

bourré *adjectif*

/ FAMILIER. Qui est plein de. SYN. bondé, comble, complet, débordant, encombré, farci, foisonnant, fourmillant, gorgé, grouillant, noir de monde, rempli –FAMILIER: pourri, truffé. CONTR. *dégagé, dénué, dépourvu, désert, déserté, exempt, inoccupé, vide.*

/ POPULAIRE. Complètement ivre. SYN. enivré, ivre –FAMILIER: imbibé, parti, saoul, schlass, soûl, soûl comme un Polonais, soûl comme une grive –POPULAIRE: beurré, beurré comme une tartine, blindé, chargé, cuit, noir, paf, pété, pinté, plein comme une barrique, raide, rond, rond comme une barrique, rond comme une queue de pelle, torché –VIEUX: brindezingue. CONTR. *à jeun, sobre.*

bourreau *nom masculin*

/ Personne qui infligeait la peine de mort. SYN. exécuteur des hautes œuvres. CONTR. *victime.*

/ Personne cruelle. SYN. boucher, meurtrier, tortionnaire. CONTR. *martyr.*

bourreler *verbe*

/ Tourmenter quelqu'un. SYN. dévorer, miner, ronger, tenailler, torturer –LITTÉRAIRE: crucifier, supplicier. CONTR. *apaiser, calmer, délivrer, libérer.*

bourrer *verbe intransitif*

/ POPULAIRE. Aller très vite. SYN. accélérer –FAMILIER: foncer, gazer, speeder –POPULAIRE: bomber.

bourrer *verbe transitif*

/ Remplir au maximum. SYN. bonder, combler. CONTR. *désemplir, vider.*

/ Faire trop manger. SYN. gaver, gorger, rassasier –LITTÉRAIRE: repaître. CONTR. *priver, restreindre.*

/ Encombrer l'esprit de. SYN. accabler, farcir, gorger, surcharger, truffer –LITTÉRAIRE: repaître.

bourrer (se) *verbe pronominal*

/ Manger avec excès. SYN. dévorer, ingurgiter, se gaver –ARGOTIQUE: briffer –FAMILIER: enfourner, manger comme quatre, manger comme un ogre, s'empiffrer, s'en mettre plein la panse, s'enfiler –POPULAIRE: bâfrer, bouffer, bouffer comme un chancre, boulotter, manger à s'en faire péter la sous-ventrière, manger comme un chancre, morfaler, se goinfrer, s'en mettre plein la gueule, s'en mettre plein la lampe –VIEUX: goinfrer. CONTR. *grignoter* –FAMILIER: *chipoter, picorer.*

/ POPULAIRE. S'enivrer. SYN. se soûler –POPULAIRE: picoler, se charger, se péter la gueule, se pinter, se piquer le nez.

bourricot *nom masculin*

/ Petit âne. SYN. baudet, bourriquet –FAMILIER: bourrique.

bourrin *nom masculin*

/ POPULAIRE. Mauvais cheval. SYN. bidet –POPULAIRE: canasson.

bourru *adjectif*

/ Qui a un caractère brusque. SYN. abrupt, acariâtre, âpre, austère, brusque, désagréable, maussade, morose, rébarbatif, renfrogné, revêche, rude, sec –LITTÉRAIRE: malgracieux. CONTR. *affable, agréable, aimable, cajoleur, câlin, charmant, complaisant, courtois, doux, plaisant, riant, sociable* –LITTÉRAIRE: *amène, débonnaire.*

bourse *nom féminin*

/ Petit sac souple. SYN. aumônière, escarcelle, porte-monnaie.

boursouflage *nom masculin*

/ Fait de se boursoufler. SYN. bouffissure, boursouflure, enflure.

boursouflé *adjectif*

/ Qui est enflé. SYN. bouffi, cloqué, gondolé, soufflé, tumescent, turgescent. CONTR. *creux, dégonflé, maigre, menu, plat, squelettique, uni* –FAMILIER: *maigrichon* –LITTÉRAIRE: *émacié.*

/ Plein d'emphase. SYN. ampoulé, déclamatoire, emphatique, grandiloquent, hyperbolique, pompeux, prolixe, ronflant. CONTR. *concis, familier, laconique, naturel, simple, spontané.*

boursoufler *verbe*

/ Distendre quelque chose. SYN. ballonner, bouffir, dilater, gonfler, souffler, tuméfier –LITTÉRAIRE: enfler. CONTR. *dégonfler.*

boursoufler (se) *verbe pronominal*

/ Être enflé par endroits. SYN. bouffir, se dilater, se tuméfier. CONTR. *désenfler.*

boursouflure *nom féminin*

/ Partie boursouflée. SYN. bombement, bosse, bouffissure, boursouflage, cloque, enflure, intumescence, soufflure, soulèvement, tuméfaction, tumescence, turgescence. CONTR. *creux, dépression.*

/ Caractère grandiloquent. SYN. emphase, enflure, grandiloquence –LITTÉRAIRE: amphigouri, pathos, pompe. CONTR. *naturel, simplicité.*

bousculade *nom féminin*

/ Poussée qui bouscule. SYN. agitation, remous, tourbillon.

/ Précipitation désordonnée. SYN. cohue, confusion, mêlée, presse, remue-ménage –FAMILIER: chahut, pagaille.

bousculé *adjectif*

/ Sollicité de tous côtés. SYN. absorbé, accaparé, affairé, débordé, occupé, pris.

bousculer *verbe*

/ Heurter quelqu'un, quelque chose. SYN. cogner, culbuter, malmener, percuter, pousser, renverser, rudoyer.

/ Changer totalement. SYN. bouleverser, déranger, révolutionner, secouer –FAMILIER: chahuter, chambarder, chambouler. CONTR. *ménager, respecter.*

/ Inciter quelqu'un à se presser. SYN. activer, brusquer –FAMILIER: secouer –LITTÉRAIRE: presser. CONTR. *ralentir, retarder.*

bousculer (se) *verbe pronominal*

/ Se pousser en tous sens. SYN. se caramboler, se presser.

bousiller *verbe*

/ FAMILIER. Mal exécuter un travail. SYN. gâcher, saboter –FAMILIER: bâcler, cochonner, massacrer, sabrer, saccager –POPULAIRE: saloper. CONTR. *ciseler, fignoler, parfaire, polir, soigner* –FAMILIER: *lécher* –VIEUX: *perler.*

/ FAMILIER. Endommager quelque chose. SYN. abîmer, démolir, détériorer –FAMILIER: amocher, déglinguer, esquinter –POPULAIRE: péter, ratatiner. CONTR. *arranger, réparer* –FAMILIER: *rabibocher, rafistoler, retaper.*

/ FAMILIER. Tuer quelqu'un. SYN. éliminer, supprimer, tuer –FAMILIER: descendre, trucider –POPULAIRE: buter, ratatiner, refroidir, zigouiller.

bousin *nom masculin*

/ POPULAIRE. Petit cabaret. SYN. gargote, taverne –FAMILIER: boui-boui.

/ POPULAIRE. Grand bruit. SYN. remue-ménage, tapage, tumulte, vacarme –FAMILIER: boucan, raffut, tohu-bohu –POPULAIRE: ramdam –VIEUX: sabbat. CONTR. *calme, silence.*

bout *nom masculin*

/ Extrémité d'un corps, d'un espace. SYN. bas, base, extrémité, fond, limite, queue.

/ Fin d'une durée. SYN. aboutissement, achèvement, cessation, conclusion, extinction, fin, issue, terme, terminus –LITTÉRAIRE: terminaison. CONTR. *commencement, début, naissance.*

/ Morceau de quelque chose. SYN. bribe, brin, fragment, lambeau, parcelle, section, segment, soupçon, tronçon. CONTR. *intégralité, totalité.*

boutade *nom féminin*

/ Propos vif et imprévu. SYN. mot, paradoxe, plaisanterie, pointe, raillerie –FAMILIER: astuce –LITTÉRAIRE: brocard, saillie.

boute-en-train *nom masculin*

/ Personne qui met les autres en joie. SYN. amuseur, animateur, comique, joyeux luron –FAMILIER: joyeux drille –VIEUX: loustic. CONTR. *rabat-joie, trouble-fête* –FAMILIER: *bonnet de nuit, éteignoir.*

boutefeu *nom masculin*

/ VIEUX. Personne qui suscite des querelles. SYN. provocateur –LITTÉRAIRE: excitateur. CONTR. *conciliateur, médiateur, pacificateur.*

bouteille *nom féminin*

/ Récipient allongé. SYN. fiasque, fillette, litre –FAMILIER: chopine.

boutique *nom féminin*

/ Local où se tient un commerce. SYN. commerce, échoppe, magasin.

/ FAMILIER. Lieu de travail. SYN. –ARGOTIQUE: bahut –FAMILIER: baraque, bicoque, boîte –POPULAIRE: crémerie, turne.

boutiquier *nom*

/ Personne qui tient une boutique. SYN. commerçant, marchand, négociant.

bouton *nom masculin*

/ État d'une fleur avant l'éclosion. SYN. bourgeon, œil.

/ Petite lésion de la peau. SYN. papule, pustule.

boyaux *nom masculin pluriel*

/ FAMILIER. Viscères de l'homme. SYN. entrailles, intestins, tripaille –FAMILIER: tripes.

boycotter *verbe*

/ Refuser quelque chose. SYN. censurer, écarter, interdire, isoler, mettre à l'écart, mettre à l'index, mettre en quarantaine, tenir à l'écart. CONTR. *encourager, soutenir.*

brader *verbe*

/ Vendre à bas prix. SYN. brocanter, discompter, discounter, liquider, se débarrasser, solder –FAMILIER: bazarder, sacrifier.

braillard *adjectif et nom*

/ FAMILIER. Qui braille. SYN. criard, hurleur –FAMILIER: brailleur –POPULAIRE: gueulard.

braillement *nom masculin*

/ Action de brailler. SYN. clameur, cri, hurlement, vocifération –FAMILIER: beuglement.

brailler *verbe*

/ FAMILIER. Crier, pleurer très fort. SYN. hurler, vociférer –FAMILIER: beugler –POPULAIRE: bramer, chialer, gueuler. CONTR. *chuchoter, murmurer, susurrer.*

/ FAMILIER. Chanter mal et fort. SYN. s'égosiller –FAMILIER: braire –POPULAIRE: beugler.

brailleur *adjectif*

/ FAMILIER. Qui braille. SYN. criard, hurleur –FAMILIER: braillard –POPULAIRE: gueulard. CONTR. *silencieux.*

bramer *verbe*

/ POPULAIRE. Crier, pleurer fort. SYN. hurler, rugir, s'égosiller, vociférer –FAMILIER: beugler, brailler –POPULAIRE: gueuler. CONTR. *chuchoter, murmurer, susurrer.*

branchage *nom masculin*

/ Ensemble des branches d'un arbre. SYN. frondaison, ramure –LITTÉRAIRE: ramée.

branche *nom féminin*

/ Activité particulière. SYN. champ, discipline, domaine, fief, partie, section, spécialité –FAMILIER: rayon.

branché *adjectif*

/ FAMILIER. Qui est à la mode. SYN. dans le vent, dernier cri, dernière mode, en vogue –FAMILIER: câblé, dans le coup, in. CONTR. *démodé, dépassé, vieux jeu* –FAMILIER: *out, ringard.*

brancher *verbe*

/ Diriger quelqu'un sur quelque chose. SYN. diriger, guider, orienter. CONTR. *désorienter, détourner, égarer.*

branchu *adjectif*

/ Garni de branches. SYN. feuillu, touffu.

brandir *verbe*

/ Agiter en l'air. SYN. actionner, agiter, lever, mouvoir, remuer, secouer.

branlant *adjectif*

/ Qui n'est pas stable. SYN. ballottant, boiteux, brimbalant, bringuebalant, chancelant, croulant, instable, titubant –LITTÉRAIRE: vacillant. CONTR. *assis, assuré, ferme, fixe, fort, inébranlable, solide, stable.*

branle *nom masculin*

/ LITTÉRAIRE. Mouvement d'oscillation. SYN. agitation, balancement, branlement, brimbalement, mouvement, tremblement.

branle-bas *nom masculin*

/ Grande agitation. SYN. bouleversement, chaos, confusion, remue-ménage –FAMILIER: chambardement, tohu-bohu.

branler *verbe intransitif*

/ Être instable. SYN. bouger, chanceler, osciller, vaciller –FAMILIER: tanguer.

branler *verbe transitif*

/ Remuer quelque chose. SYN. balancer, bouger, hocher, mouvoir, remuer, secouer.

branque *adjectif*

/ POPULAIRE. Qui est fou. SYN. dément, dérangé, désaxé, déséquilibré – FAMILIER : braque, cinglé, détraqué, dingue, fada, frappé, loufoque, maboul, marteau, piqué, ravagé, tapé, timbré, toqué, zinzin – POPULAIRE : allumé, azimuté, barge, barjo, brindezingue, cinoque, cintré, dingo, fêlé, foldingue, folingue, givré, jeté, louf, louftingue, sinoc, sinoque, siphonné, tordu. CONTR. *équilibré, normal, sensé.*

braque *adjectif*

/ FAMILIER. Un peu fou. SYN. baroque, dérangé, désaxé, déséquilibré, fantasque, farfelu – FAMILIER : cinglé, détraqué, dingue, fada, fêlé, frappé, loufoque, maboul, marteau, piqué, ravagé, tapé, timbré, toc-toc, toqué, zinzin – POPULAIRE : allumé, azimuté, barge, barjo, branque, brindezingue, cinoque, cintré, déjanté, dingo, folingue, fondu, givré, jeté, louf, louftingue, sinoc, sinoque, siphonné, tordu. CONTR. *équilibré, normal, sensé.*

braquer *verbe*

/ Orienter les roues d'un véhicule. SYN. obliquer, tourner, virer.
/ Diriger sur un objectif. SYN. diriger, orienter, pointer. CONTR. *détourner, écarter.*
/ FAMILIER. Rendre quelqu'un hostile. SYN. buter, cabrer, dresser, monter – LITTÉRAIRE : raidir.

braquer (se) *verbe pronominal*

/ FAMILIER. Avoir une attitude hostile. SYN. se buter, se cabrer, se raidir.

bras *nom masculin*

/ Appui pour les bras. SYN. accotoir, accoudoir.
/ LITTÉRAIRE. Ce qui aide. SYN. aide, appui, force, protection.

brasier *nom masculin*

/ Foyer de chaleur. SYN. feu, fournaise, incendie.

brassage *nom masculin*

/ Fait d'être mêlé. SYN. amalgame, assemblage, fusion, mélange, métissage.

brasser *verbe*

/ Mêler en remuant. SYN. amalgamer, malaxer, mélanger, pétrir.

bravache *nom masculin*

/ Personne qui affecte la bravoure. SYN. faiseur, fanfaron, faraud, hâbleur – FAMILIER : frimeur – LITTÉRAIRE : capitan, fier-à-bras, matamore, rodomont – VIEUX : tranche-montagne.

bravade *nom féminin*

/ Attitude, action de défi. SYN. défi, fanfaronnade, provocation, suffisance, vantardise – LITTÉRAIRE : crânerie, forfanterie, hâblerie, rodomontade. CONTR. *humilité, modestie, réserve, retenue.*

brave *adjectif*

/ Bon et honnête. SYN. bienveillant, bon, bonhomme, généreux, honnête, serviable – FAMILIER : chic, chouette, excellent – LITTÉRAIRE : débonnaire, secourable. CONTR. *féroce, malhonnête, mauvais, méchant* – FAMILIER : *sale.*
/ Qui dénote la bravoure. SYN. hardi, héroïque – LITTÉRAIRE : crâne. CONTR. *craintif, lâche, timoré.*
/ Qui fait preuve de courage. SYN. audacieux, courageux, intrépide, téméraire – LITTÉRAIRE : preux, vaillant, valeureux. CONTR. *lâche, peureux, pleutre, poltron, timoré* – FAMILIER : *froussard* – LITTÉRAIRE : *couard, pusillanime* – POPULAIRE : *trouillard* – VIEUX : *capon.*

brave *nom masculin*

/ Personne qui affronte le danger. SYN. héros – LITTÉRAIRE : paladin, preux. CONTR. *lâche, peureux, pleutre, poltron* – FAMILIER : *femmelette, froussard, mauviette* – POPULAIRE : *trouillard.*

bravement *adverbe*

/ LITTÉRAIRE. Avec bravoure. SYN. courageusement, fièrement, héroïquement, intrépidement, vaillamment – LITTÉRAIRE : crânement, hardiment, valeureusement. CONTR. *craintivement, lâchement, peureusement, timidement.*
/ FAMILIER. Sans hésitation. SYN. délibérément, résolument, simplement.

braver *verbe*

/ Affronter sans peur. SYN. défier, résister, s'exposer. CONTR. *appréhender, craindre, éviter, fuir.*

/ Défier avec insolence. SYN. faire fi de, mépriser, narguer, offenser, se moquer de. CONTR. *honorer, observer, respecter, se soumettre* –LITTÉRAIRE: *révérer.*

bravo *nom masculin*

/ LITTÉRAIRE. Assassin à gages. SYN. tueur à gages –LITTÉRAIRE: sicaire, spadassin.

/ Cri d'approbation. SYN. acclamation, applaudissement, vivat. CONTR. *huée, sifflet, tollé.*

bravoure *nom féminin*

/ Caractère courageux. SYN. cœur, courage, hardiesse, héroïsme, intrépidité –FAMILIER: cran –LITTÉRAIRE: vaillance, valeur. CONTR. *lâcheté, peur, poltronnerie* –FAMILIER: *frousse* –LITTÉRAIRE: *couardise, pleutrerie, pusillanimité* –POPULAIRE: *trouille.*

brèche *nom féminin*

/ Ouverture faite dans un mur. SYN. cassure, entaille, éraflure, percée, trou, trouée –LITTÉRAIRE: lézarde.

/ Trou dans une ligne de défense. SYN. percée.

bredouillage *nom masculin*

/ Action de bredouiller. SYN. bredouillement, bredouillis, grommellement, marmonnement –FAMILIER: bafouillage, bafouillement.

bredouillement *nom masculin*

/ Paroles confuses. SYN. bredouillage, bredouillis, grommellement, marmonnement –FAMILIER: bafouillage, bafouillement.

bredouiller *verbe*

/ Parler de façon confuse. SYN. balbutier, bégayer, grommeler, marmonner, marmotter –FAMILIER: bafouiller, baragouiner. CONTR. *articuler, énoncer.*

bredouillis *nom masculin*

/ Paroles confuses. SYN. bredouillage, bredouillement, grommellement, marmonnement –FAMILIER: bafouillage, bafouillement.

bref *adjectif*

/ De courte durée. SYN. court, fugace, fugitif, instantané, momentané, petit, rapide –LITTÉRAIRE: prompt, succinct. CONTR. *grand, long, profond, prolongé* –FAMILIER: *longuet* –LITTÉRAIRE: *pérenne.*

/ Exprimé en peu de mots. SYN. concis, court, elliptique, laconique, lapidaire, ramassé, sec, sommaire, succinct –LITTÉRAIRE: compendieux. CONTR. *bavard, diffus, étendu, long, prolixe, redondant, verbeux* –FAMILIER: *délayé.*

bref *adverbe*

/ Pour conclure. SYN. en résumé, en somme, enfin, finalement, pour tout dire, somme toute, tout compte fait –FAMILIER: en un mot, en un mot comme en cent, en un mot comme en mille.

bretelle *nom féminin*

/ Bande qui sert à porter. SYN. bandoulière, courroie, lanière, sangle.

bribe *nom féminin*

/ Reste de nourriture. SYN. miette –FAMILIER: rogaton –LITTÉRAIRE: reliefs.

/ Fragment d'un tout. SYN. débris, éclat, lambeau, morceau, parcelle. CONTR. *intégralité, totalité.*

/ Petite quantité de. SYN. atome, brin, doigt, goutte, grain, gramme, larme, miette, nuage, once, parcelle, pointe, poussière, soupçon, teinte, trace –LITTÉRAIRE: liard, ombre. CONTR. *armée, avalanche, cascade, déluge, flot, foule, infinité, kyrielle, masse, monceau, montagne, multitude, myriade, nuée, pléiade, pluie, tas, torrent* –FAMILIER: *armada, cargaison, flopée, foultitude, paquet, pelletée, ribambelle, tapée* –LITTÉRAIRE: *averse, océan.*

bric-à-brac *nom masculin*

/ Amas d'objets disparates. SYN. capharnaüm, fatras, fouillis, ramassis –FAMILIER: bazar, méli-mélo –POPULAIRE: foutoir.

bricole *nom féminin*

/ Chose sans importance. SYN. babiole, bagatelle, broutille, colifichet, détail, frivolité, misère, rien, vétille –FAMILIER: faribole –LITTÉRAIRE: brimborion.

bricoler *verbe*

/ FAMILIER. Arranger quelque chose. SYN. confectionner, fabriquer, réparer –FAMILIER: bidouiller.

bride *nom féminin*

/ Pièce de harnais. SYN. guide, licol, licou, longe, rêne.

brider *verbe*

/ Serrer trop. SYN. comprimer, engoncer, entraver, gainer, mouler, sangler.

/ Empêcher de se manifester. SYN. comprimer, contenir, contrôler, endiguer, enrayer, entraver, étouffer, freiner, maîtriser, mater, modérer, refouler, refréner, réfréner, réprimer, retenir, vaincre. CONTR. *débrider, encourager, exciter, libérer, permettre* –LITTÉRAIRE: *exalter.*

brièvement *adverbe*

/ En peu de mots. SYN. en abrégé, en bref, en raccourci, en résumé, en substance, en un mot, laconiquement, rapidement, sèchement, sommairement, succinctement. CONTR. *abondamment, amplement, longtemps, longuement.*

brièveté *nom féminin*

/ Courte durée. SYN. instantanéité, rapidité –LITTÉRAIRE: promptitude. CONTR. *durée, éternité, lenteur, longueur, pérennité* –LITTÉRAIRE: *perpétuité.*

/ Caractère succinct. SYN. concision, laconisme. CONTR. *verbiage* –FAMILIER: *délayage* –LITTÉRAIRE: *faconde, prolixité, verbosité.*

briffer *verbe*

/ ARGOTIQUE. Prendre de la nourriture. SYN. dévorer, engloutir, engouffrer, ingurgiter, manger, s'alimenter, se bourrer, se gaver, se nourrir –FAMILIER: enfourner, s'empiffrer –POPULAIRE: bâfrer, becqueter, becter, bouffer, boulotter, se goinfrer.

brigand *nom masculin*

/ Homme malhonnête. SYN. aigrefin, bandit, canaille, crapule, filou, gangster, gredin, malfaiteur, pillard, pourri, vaurien, voleur, voyou –FAMILIER: fripouille, ripou –LITTÉRAIRE: pirate –POPULAIRE: malfrat –VIEUX: coquin, malandrin.

/ FAMILIER. Enfant espiègle. SYN. chenapan, garnement, lascar, mauvais sujet, polisson, vaurien, voyou –FAMILIER: affreux jojo, diable, filou, fripon, galapiat, galopin, sacripant –VIEUX: mâtin.

brigandage *nom masculin*

/ Vol à main armée. SYN. déprédation, pillage –LITTÉRAIRE: rapine.

/ Action malhonnête. SYN. forfaiture –VIEUX: filouterie.

briguer *verbe*

/ Chercher à obtenir. SYN. ambitionner, aspirer à, convoiter, poursuivre, prétendre à, rechercher, solliciter, viser, vouloir.

brillant *adjectif*

/ Qui brille. SYN. chatoyant, éclatant, étincelant, luisant, lumineux, reluisant, resplendissant, rutilant, scintillant –LITTÉRAIRE: flamboyant, fulgurant. CONTR. *éteint, gris, mat, pâle, terne, terni.*

/ Qui fait vive impression. SYN. beau, doué, éminent, illustre, insigne, supérieur –LITTÉRAIRE: distingué. CONTR. *borné, effacé, falot, moyen, nul, plat, quelconque, simple, sot, triste* –FAMILIER: *limité.*

/ Qui est remarquable. SYN. éblouissant, éclatant, extraordinaire, fameux, fastueux, magnifique, prestigieux, remarquable, riche, splendide. CONTR. *anodin, déplorable, désastreux, lamentable, médiocre, morne, ordinaire, pauvre, pitoyable, plat, simple, vulgaire.*

brillant *nom masculin*

/ Éclat de ce qui brille. SYN. chatoiement, clarté, feu, luisant, lumière, luminosité, lustre, miroitement, scintillement –LITTÉRAIRE: fulgurance. CONTR. *matité, pâleur.*

/ Qualité remarquable. SYN. brio, éclat, faste, magnificence, prestige, rayonnement, vernis –LITTÉRAIRE: lustre, splendeur. CONTR. *fadeur, lourdeur, médiocrité, pâleur, platitude.*

brillanter *verbe*

/ LITTÉRAIRE. Rendre brillant. SYN. astiquer, faire reluire, lustrer. CONTR. *assombrir, obscurcir, ternir.*

briller *verbe*

/ Émettre une vive lumière. SYN. chatoyer, étinceler, luire, miroiter, rayonner, reluire, scintiller –FAMILIER: éclairer –LITTÉRAIRE: flamboyer, fulgurer, resplendir. CONTR. *pâlir, s'éteindre.*

/ Manifester avec intensité. SYN. étinceler, pétiller, s'illuminer, s'irradier –LITTÉRAIRE: flamber, resplendir. CONTR. *s'assombrir, s'obscurcir.*

/ Se distinguer par telle qualité. SYN. éblouir, exceller, réussir, se recommander, se signaler, s'illustrer, triompher. CONTR. *ne rien valoir* –FAMILIER: *ne pas valoir tripette, ne pas valoir un clou, ne rien casser* –POPULAIRE: *ne pas casser des briques.*

brimade *nom féminin*
/ Épreuve imposée aux nouveaux. SYN. bizutage.
/ Mesure vexatoire. SYN. tracasserie, vexation –LITTÉRAIRE: avanie, camouflet, soufflet. CONTR. *cajolerie, câlinerie.*

brimbalant *adjectif*
/ Qui oscille. SYN. ballant, ballottant, branlant, bringuebalant, brinquebalant, cahotant, oscillant. CONTR. *fixe, stable.*

brimbalement *nom masculin*
/ Action de brimbaler. SYN. balancement, ballottement, oscillation, roulis, tangage –LITTÉRAIRE: branle.

brimbaler *verbe*
/ Se balancer de droite à gauche. SYN. ballotter, bringuebaler, brinquebaler, cahoter.

brimborion *nom masculin*
/ LITTÉRAIRE. Objet de peu de valeur. SYN. babiole, bagatelle, bricole, broutille.

brimer *verbe*
/ Faire subir des épreuves. SYN. bizuter.
/ Faire subir des vexations. SYN. humilier, mortifier, persécuter –FAMILIER: tarabuster.

brin *nom masculin*
/ Partie mince et allongée. SYN. bout, brindille, fétu, filament.
/ Petite quantité. SYN. atome, bribe, doigt, filet, goutte, grain, gramme, larme, miette, nuage, once, parcelle, pointe, soupçon, teinte, trace –LITTÉRAIRE: liard, ombre –POPULAIRE: chouia. CONTR. *armée, avalanche, cascade, déluge, flot, foule, infinité, kyrielle, masse, monceau, montagne, multitude, myriade, nuée, pléiade, pluie, tas, torrent* –FAMILIER: *armada, cargaison, flopée, foultitude, paquet, pelletée, ribambelle, tapée* –LITTÉRAIRE: *averse, océan.*

bringue *nom féminin*
/ FAMILIER. Grande fête. SYN. –ARGOTIQUE: teuf –FAMILIER: bombe, fiesta, java, noce, nouba, ribouldingue –POPULAIRE: bamboula, foire –VIEUX: bamboche.

bringuebaler *verbe*
/ Secouer de droite à gauche. SYN. ballotter, brinquebaler, cahoter, osciller, tanguer –VIEUX: brimbaler.

brinquebaler *verbe*
/ Secouer de droite à gauche. SYN. ballotter, bringuebaler, cahoter, osciller, tanguer –VIEUX: brimbaler.

brio *nom masculin*
/ Vivacité brillante. SYN. aisance, allant, ardeur, brillant, fougue, maestria, panache, pétulance, virtuosité –LITTÉRAIRE: alacrité. CONTR. *fadeur, gaucherie, inhabileté, lourdeur, maladresse, monotonie, platitude.*

brioche *nom féminin*
/ FAMILIER. Ventre rebondi. SYN. ventre –FAMILIER: bedaine, bedon, panse –POPULAIRE: bide, bidon.

briquer *verbe*
/ Nettoyer en frottant. SYN. astiquer, fourbir, frotter, lustrer, polir –LITTÉRAIRE: vernir. CONTR. *salir.*

bris *nom masculin*
/ Action de briser. SYN. cassage, casse, fracture.

brisant *nom masculin*
/ Obstacle pour les vagues. SYN. brise-lames, digue, écueil, estacade, jetée, môle, récif.

briscard *nom masculin*
/ Soldat chevronné. SYN. grognard, soudard, vétéran.

brise *nom féminin*
/ Vent peu violent. SYN. air, bise, souffle –LITTÉRAIRE: zéphyr.

brisé *adjectif*
/ Fatigué au plus haut point. SYN. à bout de forces, anéanti, épuisé, exténué, fatigué, fourbu, harassé, K.-O., las, mort de fatigue, recru, rendu, rompu, surmené, usé –FAMILIER: achevé, au bout du rouleau, cassé, claqué, éreinté, esquinté, fini, flapi, H.S., lessivé, mort, moulu, pompé, raplapla, sur les genoux, tué, vanné, vidé –POPULAIRE: crevé, sur les rotules. CONTR. *délassé, dispos, frais, frais et dispos, fringant, reposé, vigoureux* –FAMILIER: *en forme, en pleine forme, frais comme un gardon, frais comme une rose, increvable* –VIEUX: *gaillard.*

brise-lames *nom masculin*
/ Ouvrage qui protège un port. SYN. brisant, digue, estacade, jetée, môle.

brisement *nom masculin*

/ LITTÉRAIRE. Fait d'être brisé. SYN. accablement, anéantissement, épuisement, fatigue, lassitude –FAMILIER: éreintement.

briser *verbe transitif*

/ Mettre en pièces. SYN. casser, concasser, fracasser, fracturer, pulvériser –LITTÉRAIRE: rompre. CONTR. *arranger, conserver, consolider, raccommoder, recoller, reconstituer, réparer* –LITTÉRAIRE: *réédifier.*

/ Fatiguer à l'excès. SYN. épuiser, exténuer, fatiguer, harasser, lasser –FAMILIER: achever, claquer, éreinter, esquinter, lessiver, vanner. CONTR. *délasser, détendre.*

/ Accabler quelqu'un. SYN. abattre, affaiblir, anéantir, décourager, démoraliser, déprimer, détruire –FAMILIER: aplatir. CONTR. *aiguillonner, appuyer, réconforter, remettre, remonter, stimuler* –FAMILIER: *requinquer.*

/ Faire cesser quelque chose. SYN. anéantir, annihiler, casser, détruire, enrayer, étouffer, interrompre, phagocyter, renverser, ruiner.

briser *verbe transitif indirect*

/ Cesser toute relation avec. SYN. arrêter, rompre. CONTR. *continuer, reprendre.*

briser (se) *verbe pronominal*

/ Se mettre en morceaux. SYN. craquer, lâcher, se casser, se fracturer, se rompre –FAMILIER: péter.

brisquard *nom masculin*

/ Soldat chevronné. SYN. grognard, soudard, vétéran.

brisure *nom féminin*

/ LITTÉRAIRE. Fêlure dans un objet brisé. SYN. cassure, éclat, faille, fracture.

brocante *nom féminin*

/ FAMILIER. Commerce du brocanteur. SYN. marché aux puces, puces, vide-greniers –POPULAIRE: chine.

brocard *nom masculin*

/ LITTÉRAIRE. Plaisanterie offensante. SYN. boutade, flèche, lazzi, moquerie, persiflage, pique, pointe, quolibet, raillerie, sarcasme, vexation –LITTÉRAIRE: épigramme, trait –POPULAIRE: vanne.

brocarder *verbe*

/ LITTÉRAIRE. Railler ironiquement. SYN. bafouer, persifler, railler, rire de, s'amuser, se moquer de –FAMILIER: blaguer, chiner –LITTÉRAIRE: satiriser –POPULAIRE: charrier. CONTR. *complimenter, flatter* –LITTÉRAIRE: *encenser, flagorner.*

broche *nom féminin*

/ Bijou que l'on fixe à un vêtement. SYN. agrafe, fermail, fibule.

brochure *nom féminin*

/ Petit ouvrage broché. SYN. fascicule, opuscule, plaquette.

broder *verbe*

/ Amplifier un récit. SYN. développer, enjoliver, exagérer, grossir, inventer. CONTR. *amoindrir, minimiser, minorer, schématiser.*

broncher *verbe*

/ Manifester son désaccord. SYN. bouger, ciller, protester, remuer, sourciller. CONTR. *ne pas broncher, ne pas ciller.*

bronzage *nom masculin*

/ Fait d'être bronzé. SYN. brunissement, hâle.

bronzé *adjectif*

/ Dont le teint a foncé au soleil. SYN. basané, bistre, brun, bruni, hâlé, tanné –LITTÉRAIRE: boucané, cuivré. CONTR. *blafard, blanc, blême, pâle.*

brosser *verbe*

/ Frotter avec une brosse. SYN. astiquer, coiffer, épousseter.

/ Frotter un animal. SYN. bouchonner, étriller.

/ Ébaucher, peindre à grands traits. SYN. brouillonner, croquer, décrire, dépeindre, esquisser, représenter –LITTÉRAIRE: portraiturer.

brouhaha *nom masculin*

/ Bruit de voix confus. SYN. bourdonnement, rumeur, tapage, tumulte.

brouillamini *nom masculin*

/ FAMILIER. Confusion inextricable. SYN. chaos, enchevêtrement, imbroglio –FAMILIER: embrouillamini, méli-mélo, micmac, salmigondis –VIEUX: pêle-mêle.

brouillard *nom masculin*
/ Confusion dans les idées. SYN. flou, incertitude, obscurité – LITTÉRAIRE: nébulosité, ténèbres, vague.
/ Nuage près du sol. SYN. brume, nébulosité, smog – FAMILIER: brouillasse, purée de pois.

brouille *nom féminin*
/ Mésentente passagère. SYN. désaccord, désunion, zizanie – FAMILIER: bisbille, fâcherie, froid – LITTÉRAIRE: chicane, discorde, mésintelligence – VIEUX: brouillerie. CONTR. *accord, arrangement, entente, harmonie, rapprochement, réconciliation* – FAMILIER: *raccommodement.*

brouillé *adjectif*
/ Qui est couvert. SYN. assombri, chargé, embrumé, menaçant, nébuleux, nuageux. CONTR. *clair, dégagé, radieux.*
/ Qui est confus. SYN. diffus, flou, imprécis, troublé, vague. CONTR. *clair, distinct, lucide, net.*
/ Fâché avec. SYN. désuni, en désaccord – FAMILIER: en bisbille. CONTR. *ami, uni.*

brouillement *nom masculin*
/ État de ce qui est brouillé. SYN. confusion, embrouillement, imbroglio.

brouiller *verbe*
/ Mettre en désordre. SYN. déranger, dérégler, désorganiser, embrouiller, emmêler, enchevêtrer, mélanger, mêler. CONTR. *classer, débrouiller, démêler, organiser, ranger.*
/ Rendre trouble, confus. SYN. altérer, perturber, troubler – LITTÉRAIRE: confondre. CONTR. *clarifier, éclaircir.*
/ Désunir des personnes. SYN. désunir, diviser, fâcher, séparer. CONTR. *réconcilier, réunir, unir* – FAMILIER: *rabibocher, raccommoder.*

brouiller (se) *verbe pronominal*
/ Devenir confus. SYN. se mélanger, s'embrouiller, s'emmêler, s'obscurcir. CONTR. *se clarifier.*
/ Se fâcher avec quelqu'un. SYN. rompre, se disputer – FAMILIER: couper les ponts. CONTR. *fraterniser, renouer, s'allier, s'arranger, s'associer, se rapprocher, se réconcilier, s'entendre* – FAMILIER: *se rabibocher, se raccommoder* – LITTÉRAIRE: *s'accorder.*
/ Devenir couvert. SYN. s'assombrir, se couvrir, se dégrader, se détériorer, se gâter, se voiler, s'obscurcir. CONTR. *se dégager, s'éclaircir.*

brouillerie *nom féminin*
/ VIEUX. Petit désaccord. SYN. brouille, fâcherie, zizanie – FAMILIER: bisbille, froid – LITTÉRAIRE: discorde. CONTR. *accord, concorde, entente, harmonie, réconciliation* – FAMILIER: *raccommodement.*

brouillon *adjectif*
/ Qui manque d'ordre. SYN. confus, désordonné, fumeux, imprécis, vague – LITTÉRAIRE: nébuleux. CONTR. *clair, méthodique, méticuleux, ordonné, organisé.*

brouillon *nom masculin*
/ Première forme d'un écrit. SYN. canevas, ébauche, esquisse, premier jet, schéma.

brouillonner *verbe*
/ Écrire au brouillon. SYN. brosser, ébaucher, esquisser. CONTR. *fignoler, parfaire, peaufiner* – FAMILIER: *lécher* – LITTÉRAIRE: *ciseler* – VIEUX: *perler.*

broussailles *nom féminin pluriel*
/ Arbustes épineux. SYN. buisson, fourré, hallier.

broussailleux *adjectif*
/ Couvert de broussailles. SYN. buissonneux, fourni, touffu. CONTR. *pelé* – LITTÉRAIRE: *chauve.*

broutille *nom féminin*
/ Objet, fait peu important. SYN. babiole, bagatelle, bêtise, bricole, fadaise, misère, plaisanterie, rien, vétille – FAMILIER: faribole, fichaise – LITTÉRAIRE: brimborion, peccadille – POPULAIRE: foutaise.

broyer *verbe*
/ Réduire en poudre. SYN. casser, concasser, écraser, égruger, moudre, mouliner, piler, pulvériser, triturer – FAMILIER: écrabouiller.
/ Réduire à néant. SYN. abattre, abolir, anéantir, détruire, écraser – FAMILIER: enfoncer – LITTÉRAIRE: annihiler. CONTR. *préserver, protéger, sauver.*

bruine *nom féminin*
/ Petite pluie fine. SYN. crachin – FAMILIER: brouillasse.

bruire *verbe*

/ LITTÉRAIRE. Faire entendre un murmure. SYN. bourdonner, bruisser, chuchoter, frémir, frissonner, susurrer – LITTÉRAIRE: gazouiller, murmurer. CONTR. *hurler, tonitruer, tonner.*

bruissant *adjectif*

/ LITTÉRAIRE. Qui bruit. SYN. bourdonnant, frémissant, palpitant.

bruissement *nom masculin*

/ LITTÉRAIRE. Bruit faible et confus. SYN. bourdonnement, frémissement, froissement, froufrou – LITTÉRAIRE: chuchotement, chuchotis, friselis, frisson, gazouillement, murmure, susurrement.

bruisser *verbe*

/ Faire un bruissement. SYN. bourdonner, chuchoter, frémir, frissonner, susurrer – LITTÉRAIRE: bruire, gazouiller, murmurer. CONTR. *hurler, tonitruer, tonner.*

bruit *nom masculin*

/ Ensemble des sons perceptibles. SYN. son, sonorité, timbre.

/ Grand vacarme. SYN. charivari, esclandre, tapage, tintamarre, tohu-bohu – FAMILIER: boucan, chahut, chambard, foire, pétard, raffut, sabbat, tintouin – LITTÉRAIRE: hourvari – POPULAIRE: barouf, baroufe, ramdam. CONTR. *calme, silence.*

/ Nouvelle répandue dans le public. SYN. bavardage, commérage, on-dit, ouï-dire, rumeur – FAMILIER: cancan, potin, racontar, ragot.

brûlant *adjectif*

/ Qui est très chaud. SYN. bouillant, surchauffé, torride – LITTÉRAIRE: ardent. CONTR. *frais, froid, gelé, glacé, refroidi, tiède* – FAMILIER: *réfrigéré.*

/ Qui montre de l'ardeur. SYN. ardent, enflammé, fervent, passionné – LITTÉRAIRE: dévorant, embrasé. CONTR. *endormi, flegmatique, impassible, indifférent, insensible, tiède.*

/ Qu'il faut traiter avec prudence. SYN. dangereux, délicat, épineux, périlleux, risqué – LITTÉRAIRE: scabreux. CONTR. *aisé, clair, facile, simple.*

brûlé *adjectif*

/ Qui a brûlé. SYN. calciné, consumé, roussi – POPULAIRE: cramé.

brûler *verbe intransitif*

/ Se consumer par le feu. SYN. flamber – LITTÉRAIRE: s'embraser – POPULAIRE: cramer.

/ Éprouver un désir très vif. SYN. aspirer à, avoir hâte de, bouillir, désirer, griller, mourir d'envie de – FAMILIER: crever d'envie de. CONTR. *dédaigner, faire fi de, répugner, se désintéresser.*

brûler *verbe transitif*

/ Endommager par le feu. SYN. calciner, carboniser, consumer, faire flamber, incendier, roussir – LITTÉRAIRE: embraser – POPULAIRE: cramer. CONTR. *éteindre.*

/ Abîmer quelque chose. SYN. corroder, endommager, ronger.

/ Soumettre à l'action du feu. SYN. griller, torréfier.

/ Causer une sensation de brûlure. SYN. cuire, griller. CONTR. *geler, glacer, rafraîchir, refroidir.*

/ Discréditer quelqu'un. SYN. compromettre, desservir, éclabousser, perdre.

brume *nom féminin*

/ Brouillard léger. SYN. nébulosité, nuage.

brumeux *adjectif*

/ Couvert de brume. SYN. embruiné, nébuleux, nuageux, vaporeux, voilé – LITTÉRAIRE: fumeux. CONTR. *clair, ensoleillé, limpide, lumineux, radieux, transparent.*

/ Qui manque de clarté. SYN. confus, embrouillé, flou, fumeux, nuageux, trouble, vague, voilé – FAMILIER: vaseux, vasouillard – LITTÉRAIRE: fuligineux, nébuleux. CONTR. *clair, limpide, lumineux, net, précis.*

brun *adjectif*

/ Se dit d'une peau foncée. SYN. basané, bistre, boucané, brique, bronzé, doré, hâlé. CONTR. *blanc, pâle.*

bruni *adjectif*

/ Dont le teint a foncé au soleil. SYN. basané, bronzé, hâlé, tanné – LITTÉRAIRE: cuivré. CONTR. *blanc, pâle.*

brunir *verbe intransitif*

/ Devenir brun. SYN. bronzer, hâler.

brunir *verbe transitif*

/ Rendre brun. SYN. assombrir, foncer, hâler, obscurcir, tanner – LITTÉRAIRE: ombrer. CONTR. *blanchir, décolorer, éclaircir.*

brusque *adjectif*
/Qui manifeste de la brutalité. SYN. abrupt, bourru, brutal, cassant, expéditif, heurté, nerveux, sec, vif, violent –LITTÉRAIRE: raide. CONTR. *affable, attentif, attentionné, cajoleur, câlin, complaisant, doux, prévenant* –LITTÉRAIRE: *onctueux.*
/Qui arrive soudainement. SYN. brutal, foudroyant, fulgurant, imprévu, inattendu, inopiné, précipité, rapide, soudain, subit –LITTÉRAIRE: prompt. CONTR. *graduel, lent, progressif.*

brusquement *adverbe*
/De façon soudaine. SYN. à brûle-pourpoint, à l'improviste, au pied levé, de but en blanc, du tac au tac, ex abrupto, inopinément, précipitamment, sans crier gare, soudain, soudainement, subitement, sur-le-champ, tout à coup, tout d'un coup –FAMILIER: subito, tout de go –LITTÉRAIRE: au débotté –VIEUX: impromptu, tout à trac. CONTR. *graduellement, lentement, par degrés, pas à pas, petit à petit, peu à peu, progressivement.*
/De façon brusque. SYN. abruptement, brutalement, durement, farouchement, fermement, nerveusement, rudement, sèchement, vertement –LITTÉRAIRE: vivement. CONTR. *aimablement, délicatement, doucement, gentiment, posément.*

brusquer *verbe*
/Traiter avec rudesse. SYN. bousculer, maltraiter, rabrouer, rudoyer. CONTR. *amadouer, cajoler, câliner, caresser, choyer, flatter, ménager* –FAMILIER: *bichonner, chouchouter, prendre des gants.*
/Hâter une action. SYN. accélérer, activer, hâter, précipiter –FAMILIER: expédier –LITTÉRAIRE: presser. CONTR. *atermoyer, éloigner, ralentir, retarder.*

brusquerie *nom féminin*
/Attitude brusque. SYN. brutalité, raideur, rudesse, sécheresse. CONTR. *affabilité, amabilité, cajolerie, câlinerie, chatterie, diplomatie, douceur, ménagement, prévenance* –LITTÉRAIRE: *aménité.*
/Caractère soudain. SYN. précipitation, rapidité, soudaineté –LITTÉRAIRE: vivacité. CONTR. *lenteur.*

brut *adjectif*
/Qui n'a pas subi de transformation. SYN. écru, fruste, grossier, naturel, primitif, pur, sauvage, vierge. CONTR. *affiné, dégrossi, façonné, formé, industriel, manufacturé, soigné, travaillé, usiné.*
/Brutal et sauvage. SYN. barbare, farouche, fruste, grossier, inculte, rude, rustre. CONTR. *civilisé, cultivé, doux, évolué, poli, raffiné.*
/Donné sans commentaire. SYN. approximatif, élémentaire, grossier. CONTR. *achevé, élaboré, exact, fouillé, net, précis.*

brutal *adjectif*
/Qui manifeste de la violence. SYN. âpre, brusque, cru, cruel, entier, ferme, franc, implacable, méchant, rude, sec, sévère, violent. CONTR. *affable, aimable, attentionné, cajoleur, câlin, délicat, doucereux, doux, humain, mielleux* –LITTÉRAIRE: *amène, paterne.*
/Qui arrive de façon soudaine. SYN. brusque, cinglant, fort, foudroyant, fulgurant, instantané, rapide, subit, terrible. CONTR. *faible, graduel, léger, lent, progressif.*

brutalement *adverbe*
/De façon inopinée. SYN. à brûle-pourpoint, au pied levé, brusquement, ex abrupto, fougueusement, inopinément, manu militari, sans crier gare, soudain, soudainement, subitement, sur-le-champ, tout à coup, tout d'un coup –FAMILIER: subito –LITTÉRAIRE: au débotté –VIEUX: impromptu. CONTR. *doucement, graduellement, lentement, par degrés, pas à pas, petit à petit, peu à peu, progressivement.*
/De façon brutale. SYN. abruptement, brusquement, crûment, durement, farouchement, fermement, rudement, sauvagement, sèchement, vertement, violemment –LITTÉRAIRE: vivement. CONTR. *aimablement, amoureusement, courtoisement, délicatement, doucement, gentiment.*

brutaliser *verbe*
/Traiter avec brutalité. SYN. battre, frapper, malmener, maltraiter, molester, rudoyer, taper –FAMILIER: tabasser, tarabuster –LITTÉRAIRE: violenter. CONTR. *cajoler, câliner, caresser, choyer, couver, flatter, ménager* –FAMILIER: *bichonner, chouchouter.*

brutalité *nom féminin*
/Caractère brutal. SYN. bestialité, cruauté, dureté, férocité, fureur, inhumanité, rudesse, sauvagerie, violence. CONTR. *affabilité, ama-*

bilité, attention, cajolerie, câlinerie, chatterie, délicatesse, douceur, gentillesse –LITTÉRAIRE: *aménité.*

/ Caractère soudain. SYN. brusquerie, soudaineté –LITTÉRAIRE: vivacité. CONTR. *lenteur.*

/ Acte brutal. SYN. barbarie, sévices, violences. CONTR. *attentions, ménagement, prévenance* –LITTÉRAIRE: *délicatesse.*

bruyamment *adverbe*

/ Avec grand bruit. SYN. à cor et à cri, fort, fortement –LITTÉRAIRE: tumultueusement. CONTR. *doucement, en sourdine, silencieusement* –FAMILIER: *sans tambour ni trompette.*

bruyant *adjectif*

/ Qui fait beaucoup de bruit. SYN. assourdissant, fracassant, grondant, mugissant, retentissant, ronflant, sonore, tapageur, tonitruant, vrombissant –LITTÉRAIRE: tonnant. CONTR. *insonore, silencieux.*

/ Où il y a beaucoup de bruit. SYN. résonnant –LITTÉRAIRE: tumultueux. CONTR. *calme, feutré, paisible, tranquille.*

bûche *nom féminin*

/ FAMILIER. Personne stupide. SYN. âne, âne bâté, balourd, benêt, ignorant, imbécile, innocent, lourdaud, maladroit, niais, nigaud, nul, sot –FAMILIER: abruti, andouille, ballot, bêta, buse, cloche, crétin, cruche, empaillé, empoté, gaffeur, jacques, noix, oie –POPULAIRE: banane, con, conard, connard, cornichon, couillon, gland, manche, nouille, patate, truffe. CONTR. *malin, rusé.*

/ Gros morceau de bois. SYN. rondin.

bûcher *verbe*

/ FAMILIER. Étudier avec ardeur. SYN. apprendre, étudier, préparer, travailler –FAMILIER: cravacher, potasser –POPULAIRE: bosser, boulonner –VIEUX: piocher. CONTR. *chômer, fainéanter, musarder, paresser, se prélasser, se reposer, se rouler les pouces, se tourner les pouces* –FAMILIER: *buller, flemmarder, se la couler douce, tirer sa flemme* –LITTÉRAIRE: *muser* –POPULAIRE: *glander, ne pas en fiche une rame, se les rouler, tirer au cul, tirer au flanc.*

bûcheur *nom*

/ FAMILIER. Travailleur acharné. SYN. bête à concours –POPULAIRE: bosseur, chiadeur –VIEUX: piocheur. CONTR. *fainéant, paresseux* –FAMILIER: *faignant, feignant.*

bucolique *adjectif*

/ Relatif à la vie des bergers. SYN. agreste, campagnard, rural –LITTÉRAIRE: champêtre, pastoral, rustique.

buisson *nom masculin*

/ Arbuste ou groupe d'arbustes. SYN. broussailles, fourré, hallier, taillis.

buissonneux *adjectif*

/ Couvert de buissons. SYN. broussailleux, fourni, touffu.

bulle *nom féminin*

/ Lésion de la peau. SYN. ampoule, cloque, phlyctène.

buller *verbe*

/ FAMILIER. Rester à ne rien faire. SYN. fainéanter, flâner, musarder, paresser, se la couler douce, se rouler les pouces, se tourner les pouces, traîner –FAMILIER: bayer aux corneilles, flemmarder, lézarder, ne pas en fiche une rame, tirer sa flemme –LITTÉRAIRE: muser –POPULAIRE: glander, glandouiller, se les rouler, tirer au cul, tirer au flanc. CONTR. *donner un coup de collier, s'activer, s'affairer, se démener, se dépenser, se fatiguer, se presser, se remuer, s'échiner, s'épuiser, s'escrimer, s'exténuer, s'occuper* –FAMILIER: *bûcher, en mettre un bon coup, en mettre un coup, en mettre un vieux coup, mettre de l'huile de coude, mettre le paquet, s'agiter, se décarcasser, se défoncer, se mettre en quatre, se tuer, s'éreinter, s'esquinter* –POPULAIRE: *bosser, boulonner.*

bulletin *nom masculin*

/ Information officielle. SYN. annonce, communiqué, proclamation, rapport.

/ Document écrit. SYN. acte, billet, carnet, certificat, journal, périodique, revue –VIEUX: feuille.

bunker *nom masculin*

/ Réduit fortifié. SYN. blockhaus, casemate, fortin.

bureaucrate *nom*

/ Employé de bureau. SYN. –FAMILIER: gratte-papier, rond-de-cuir, scribe, scribouillard.

burlesque *adjectif*

/ D'un comique extravagant. SYN. bouffon, drôle, farfelu, grotesque, héroï-comique, ridicule, risible, saugrenu, vaudevillesque –FAMILIER: cocasse –LITTÉRAIRE: funambulesque. CONTR. *digne, dramatique, grave, pondéré, sérieux, sévère, tragique.*

burlesquement *adverbe*
/ De façon burlesque. SYN. cocassement, comiquement, grotesquement, ridiculement. CONTR. *dramatiquement, gravement, sérieusement, tragiquement.*

buse *nom féminin*
/ FAMILIER. Personne stupide. SYN. âne, âne bâté, balourd, benêt, ignorant, imbécile, innocent, lourdaud, maladroit, niais, nigaud, nul, rustre, sot –FAMILIER: abruti, andouille, ballot, bêta, bûche, cloche, crétin, cruche, empaillé, empoté, gaffeur, jacques, lourd, noix, oie, rustaud –POPULAIRE: banane, con, conard, connard, cornichon, couillon, gland, manche, nouille, patate, truffe. CONTR. *malin, rusé.*

busqué *adjectif*
/ De courbure convexe. SYN. aquilin, arqué, bourbonien, convexe, courbé, recourbé. CONTR. *aplati, camus, droit, écrasé, épaté.*

buste *nom masculin*
/ Partie supérieure du corps humain. SYN. torse, tronc.
/ Poitrine chez la femme. SYN. seins –LITTÉRAIRE: gorge.

but *nom masculin*
/ Point matériel que l'on vise. SYN. cible, objectif, point de mire. CONTR. *point de départ.*
/ Objectif d'une action. SYN. ambition, aspiration, dessein, fin, finalité, idéal, intention, motivation, objectif, objet, visée, vue.
/ Résultat escompté d'une action. SYN. destination, mission, terme, vocation.

buté *adjectif*
/ Qui se bute. SYN. entêté, fermé, obstiné, tenace, têtu –FAMILIER: braqué, cabochard. CONTR. *accommodant, arrangeant, conciliant, coulant, docile, ouvert, souple.*

butée *nom féminin*
/ Masse de terre ou de maçonnerie. SYN. boutée, culée.

buter *verbe transitif*
/ Provoquer le rejet chez quelqu'un. SYN. cabrer, dresser, monter –FAMILIER: braquer –LITTÉRAIRE: raidir.
/ POPULAIRE. Tuer quelqu'un. SYN. abattre, éliminer, envoyer ad patres, exécuter, massacrer, tuer –FAMILIER: faire passer le goût du pain, ôter le goût du pain, trucider –LITTÉRAIRE: occire –POPULAIRE: descendre, faire la peau, ratatiner, rectifier, refroidir, zigouiller –VIEUX: suriner.

buter *verbe transitif indirect*
/ Heurter le pied contre. SYN. cogner, heurter, trébucher –LITTÉRAIRE: chopper.
/ Être arrêté par une difficulté. SYN. achopper, rencontrer, se heurter –LITTÉRAIRE: chopper. CONTR. *franchir.*

buter (se) *verbe pronominal*
/ Manifester de l'entêtement. SYN. s'acharner, se raidir, s'entêter, s'obstiner –FAMILIER: se braquer.

butin *nom masculin*
/ Ce qu'on prend à l'ennemi. SYN. capture, conquête, prise, proie, rapine –LITTÉRAIRE: dépouilles, trophée.
/ Produit d'une recherche. SYN. récolte.

butiner *verbe*
/ Chercher çà et là des choses. SYN. glaner –LITTÉRAIRE: grappiller.

butor *nom masculin*
/ Grossier personnage. SYN. balourd, cuistre, goujat, lourdaud, mal élevé, malappris, malotru, mufle, ostrogoth, ours mal léché, paysan du Danube, rustre, sans-gêne, sauvage –FAMILIER: foutriquet, malpoli, paltoquet, rustaud –LITTÉRAIRE: faquin, soudard –POPULAIRE: jean-foutre, pignouf –VIEUX: bélître, coquin, maraud, maroufle. CONTR. *gentleman* –LITTÉRAIRE: *gentilhomme.*

butte *nom féminin*
/ Légère élévation de terrain. SYN. bosse, colline, coteau, dune, éminence, hauteur, mamelon, monticule, tertre –VIEUX: élévation. CONTR. *creux, vallon.*

buvable *adjectif*

/ Qui peut se boire. SYN. absorbable, potable. CONTR. *imbuvable.*

/ FAMILIER. Qui est acceptable. SYN. convenable, passable, satisfaisant, tolérable –FAMILIER: possible, potable. CONTR. *inacceptable, insupportable, intolérable* –FAMILIER: *imbuvable, impossible.*

buvette *nom féminin*

/ Endroit où l'on sert à boire. SYN. bar, buffet, cabaret, café, estaminet –FAMILIER: bistro, bistrot, troquet, zinc –POPULAIRE: caboulot, mastroquet.

buveur *nom*

/ Personne qui boit avec excès. SYN. alcoolique, ivrogne –FAMILIER: boit-sans-soif, pilier de bar, pilier de cabaret, pochard, soiffard –POPULAIRE: poivrot, soûlard, soûlaud, soûlot. CONTR. *abstinent, sobre.*

bye bye ! *interjection*

/ FAMILIER. Formule de salutation. SYN. adieu !, au revoir !, bonsoir ! –FAMILIER: salut !, tchao !

byzantin *adjectif*

/ Se dit de propos futiles. SYN. futile, inutile, oiseux, stérile –LITTÉRAIRE: vain. CONTR. *efficace, essentiel, profond.*

cabale *nom féminin*

/ Manœuvres contre quelqu'un. SYN. coalition, complot, conjuration, conspiration, intrigue, menées –LITTÉRAIRE: brigue.

/ Personnes qui participent à une cabale. SYN. clan, coterie, faction –FAMILIER: clique –LITTÉRAIRE: ligue.

cabaler *verbe*

/ LITTÉRAIRE. Faire une cabale. SYN. comploter, conspirer, intriguer.

cabalistique *adjectif*

/ Qui est mystérieux. SYN. abscons, ésotérique, hermétique, obscur –LITTÉRAIRE: abstrus, sibyllin, ténébreux. CONTR. *clair, intelligible, limpide, lisible.*

cabane *nom féminin*

/ Petite maison rudimentaire. SYN. baraque, cahute, carbet, case, chaumière, hutte, loge, maisonnette, masure, paillote –FAMILIER: bicoque –POPULAIRE: cambuse, gourbi –VIEUX: chaumine.

/ POPULAIRE. Établissement pénitentiaire. SYN. prison –ARGOTIQUE: ballon –POPULAIRE: taule, tôle, trou.

cabaret *nom masculin*

/ VIEUX. Débit de boissons. SYN. bar, brasserie, café, estaminet, gargote –FAMILIER: bistro, bistrot, boui-boui, troquet, zinc –POPULAIRE: bistroquet, caboulot, mastroquet –VIEUX: taverne.

/ Établissement de spectacles. SYN. boîte, boîte de nuit, café-concert, caveau, night-club –POPULAIRE: beuglant.

cabinets *nom masculin pluriel*

/ Lieu réservé aux besoins naturels. SYN. feuillées, latrines, lavabos, petits coins, toilettes, W.-C., water-closets, waters –FAMILIER: pipi-room, tinette, vécés –POPULAIRE: chiottes, goguenots, gogues –VIEUX: commodités, garde-robe, lieux d'aisances.

cabochard *adjectif*

/ FAMILIER. Qui n'en fait qu'à sa tête. SYN. buté, entêté, frondeur, indiscipliné, têtu. CONTR. *docile, maniable, obéissant, soumis, souple.*

cabosser *verbe*

/ Déformer par des bosses. SYN. bosseler –POPULAIRE: bigorner –VIEUX: bossuer. CONTR. *débosseler.*

cabotin *nom*

/ Personne qui frime. SYN. cabot, faiseur, fanfaron, faraud, hâbleur, snob –FAMILIER: frimeur, m'as-tu-vu –LITTÉRAIRE: histrion –VIEUX: esbroufeur.

cabotinage *nom masculin*

/ Attitude du cabotin. SYN. bluff, charlatanisme, fanfaronnade, vantardise –FAMILIER: chiqué, esbroufe –LITTÉRAIRE: forfanterie, rodomontade –POPULAIRE: épate. CONTR. *naturel, simplicité, sincérité, spontanéité.*

caboulot *nom masculin*

/ POPULAIRE. Petit café. SYN. bar, estaminet, gargote –FAMILIER: bistro, bistrot, boui-boui, troquet –POPULAIRE: bistroquet, mastroquet –VIEUX: cabaret.

cabrer *verbe*

/ Provoquer le rejet chez quelqu'un. SYN. buter, dresser, monter, révolter –FAMILIER: braquer –LITTÉRAIRE: raidir. CONTR. *amadouer, apprivoiser, conquérir, désarmer, gagner, se concilier.*

cabrer (se) *verbe pronominal*

/ S'opposer avec vigueur à. SYN. protester, se braquer, se hérisser, se raidir, se rebeller, se révolter, se soulever, s'emporter, s'insurger –FAMILIER: se rebiffer –LITTÉRAIRE: regimber. CONTR. *céder, fléchir, obéir, plier, se soumettre.*

cabriole *nom féminin*

/ Action de rouler sur soi-même. SYN. culbute, pirouette, roulade –FAMILIER: galipette.

/ Saut agile. SYN. bond, entrechat, gambade, sautillement –LITTÉRAIRE: bondissement.

/ FAMILIER. Moyen de se tirer d'affaire. SYN. dérobade, échappatoire, pirouette, retournement, volte-face –LITTÉRAIRE: palinodie.

cabrioler *verbe*

/ Faire des cabrioles. SYN. batifoler, caracoler, s'ébattre –LITTÉRAIRE: folâtrer.

cache *nom féminin*

/ Lieu secret. SYN. abri, cachette –POPULAIRE: planque.

caché *adjectif*

/ Qui n'apparaît pas. SYN. clandestin, dissimulé, furtif, inapparent, larvé, masqué, occulte, secret, sourd, souterrain –LITTÉRAIRE: subreptice –POPULAIRE: planqué. CONTR. *apparent, déclaré, découvert, évident, flagrant, manifeste, notoire, ostensible, patent, public, transparent, visible.*

/ Qui n'est pas exprimé clairement. SYN. contenu, implicite, indirect, latent, rentré, sous-entendu, sous-jacent, tu –LITTÉRAIRE: sibyllin. CONTR. *avoué, catégorique, explicite, franc, net, ostensible.*

cachectique *adjectif*

/ Très amaigri. SYN. décharné –LITTÉRAIRE: émacié, étique. CONTR. *adipeux, gras, gros, obèse.*

cacher *verbe*

/ Soustraire à la vue. SYN. camoufler, couvrir, dissimuler, éclipser, escamoter, masquer, occulter –LITTÉRAIRE: dérober, voiler –POPULAIRE: planquer. CONTR. *arborer, découvrir, démasquer, étaler, exhiber, exposer, montrer.*

/ Ne pas exprimer quelque chose. SYN. dissimuler, étouffer, occulter, passer sous silence, refouler, taire –LITTÉRAIRE: celer. CONTR. *affirmer, annoncer, apprendre, avertir, aviser, avouer, colporter, confesser, confier, déclarer, démasquer, dénoncer, dévoiler, dire, divulguer, ébruiter, exprimer, faire savoir, révéler* –FAMILIER: *déballer* –LITTÉRAIRE: *déceler.*

/ Masquer quelque chose. SYN. camoufler, couvrir, déguiser, dissimuler, noyer, recouvrir, renfermer –LITTÉRAIRE: renfoncer. CONTR. *afficher, dénoter, exprimer, manifester, marquer, montrer, offrir, révéler, trahir.*

cacher (se) *verbe pronominal*

/ Se soustraire aux regards. SYN. se dérober, se dissimuler, se murer, se retirer, s'embusquer –POPULAIRE: se planquer. CONTR. *apparaître, s'afficher, se manifester, se montrer, s'exhiber.*

/ Tenir quelque chose secret. SYN. camoufler, dissimuler. CONTR. *divulguer, étaler, révéler.*

cachet *nom masculin*

/ Empreinte laissée sur quelque chose. SYN. estampille, griffe, label, marque, sceau, tampon, timbre.

/ Marque distinctive. SYN. caractère, empreinte, griffe, note, patte, style –LITTÉRAIRE: sceau, touche.

/ Rétribution d'un service. SYN. émoluments, honoraires, pige, rémunération –POPULAIRE: cacheton.

/ Préparation médicamenteuse. SYN. comprimé, gélule, pastille, pilule.

cacheter *verbe*

/ Fermer en collant. SYN. sceller. CONTR. *décacheter, desceller, ouvrir.*

cachette *nom féminin*

/ Lieu propre à cacher, à se cacher. SYN. cache, repaire –LITTÉRAIRE: tanière –POPULAIRE: planque.

cachot *nom masculin*

/ Cellule d'un prisonnier. SYN. oubliettes –LITTÉRAIRE: geôle –POPULAIRE: mitard –VIEUX: basse-fosse, cul-de-basse-fosse.

cachotterie *nom féminin*
/ FAMILIER. Secret peu important. SYN. dissimulation, mystère. CONTR. *confidence, franchise, sincérité.*

cachottier *adjectif*
/ FAMILIER. Qui aime faire des secrets. SYN. caché, dissimulé, mystérieux – LITTÉRAIRE : réticent, secret. CONTR. *direct, franc, ouvert, sincère.*

cacique *nom masculin*
/ FAMILIER. Premier à un concours. SYN. cerveau, génie – FAMILIER : as, champion, crack, fort en thème – LITTÉRAIRE : lumière.

cacochyme *adjectif*
/ VIEUX. Qui a une constitution faible. SYN. maladif, malingre, rachitique, souffreteux – LITTÉRAIRE : valétudinaire. CONTR. *robuste, sain, valide, vigoureux.*

cacophonie *nom féminin*
/ Mots, sons peu harmonieux. SYN. charivari, discordance, dissonance, tintamarre, vacarme – FAMILIER : tohu-bohu. CONTR. *calme, consonance, euphonie, harmonie* – LITTÉRAIRE : *symphonie.*

cacophonique *adjectif*
/ Relatif à la cacophonie. SYN. discordant, dissonant. CONTR. *euphonique, harmonieux.*

cadavéreux *adjectif*
/ Qui tient du cadavre. SYN. cadavérique, exsangue, livide, plombé, terreux. CONTR. *coloré, éclatant, frais, rosé* – LITTÉRAIRE : *vermeil.*

cadavérique *adjectif*
/ Qui tient du cadavre. SYN. cadavéreux, exsangue, livide, plombé, terreux. CONTR. *coloré, éclatant, frais, rosé* – LITTÉRAIRE : *vermeil.*

cadavre *nom masculin*
/ Corps mort. SYN. charogne, corps, mort, restes – LITTÉRAIRE : dépouille, dépouille mortelle – POPULAIRE : macchabée.

cadeau *nom masculin*
/ Ce qu'on offre à quelqu'un. SYN. bienfait, don, gratification, largesses, libéralité, offrande, souvenir – LITTÉRAIRE : présent – VIEUX : gracieuseté.

cadenasser *verbe*
/ Enfermer dans un lieu clos. SYN. claquemurer, claustrer, cloîtrer, écrouer, emprisonner, incarcérer, interner, séquestrer, verrouiller – FAMILIER : boucler – LITTÉRAIRE : reclure – VIEUX : chambrer. CONTR. *délivrer, libérer, relâcher, relaxer, sortir.*

cadence *nom féminin*
/ Rythme régulier. SYN. allure, mouvement, tempo, vitesse.

cadencé *adjectif*
/ Qui suit une certaine cadence. SYN. eurythmique, régulier, rythmé. CONTR. *discontinu, inégal, intermittent, irrégulier, saccadé.*

cadet *nom*
/ Enfant qui vient après l'aîné. SYN. junior – VIEUX : puîné. CONTR. *aîné.*
/ Dernier des enfants. SYN. benjamin, dernier-né. CONTR. *aîné.*

cadre *nom masculin*
/ Milieu dans lequel on vit. SYN. cercle, compagnie, contexte, décor, entourage, environnement, paysage, sphère.
/ Ce qui borne une action. SYN. domaine, limite, orbite, rayon, sphère.
/ Construction d'un ouvrage. SYN. canevas, charpente, encadrement, ossature, schéma – LITTÉRAIRE : trame.

cadrer *verbe*
/ Être en accord avec quelque chose. SYN. aller, coïncider, concorder, convenir, correspondre, s'accorder, s'adapter, s'assortir, se prêter à – FAMILIER : coller. CONTR. *choquer, contrarier, contrecarrer, contredire, détonner, jurer, s'opposer à.*

caduc *adjectif*
/ Qui ne dure qu'un temps. SYN. éphémère, fragile, périssable, précaire, transitoire. CONTR. *durable, éternel, immuable, impérissable, indestructible, persistant* – LITTÉRAIRE : *pérenne.*
/ Qui n'est plus valable. SYN. abandonné, ancien, antique, dépassé, désuet, inactuel, nul, périmé, vétuste – LITTÉRAIRE : suranné. CONTR. *actuel, moderne, neuf, nouveau, récent, vivace.*

caducité *nom féminin*
/ Caractère nul d'un acte juridique. SYN. nullité. CONTR. *continuité, éternité, pérennité.*

cafard *nom*

/ LITTÉRAIRE. Faux dévot. SYN. bigot –FAMILIER: bondieusard –LITTÉRAIRE: cagot, pharisien, sycophante, tartufe, tartuffe. CONTR. *dévot, mystique, religieux.*

/ FAMILIER. Personne qui dénonce. SYN. délateur, dénonciateur, fourbe, judas, rapporteur –ARGOTIQUE: balance –FAMILIER: cafardeur, mouchard –POPULAIRE: cafteur, mouton.

cafard *nom masculin*

/ Blatte. SYN. cancrelat, meunier.

/ FAMILIER. Idées noires. SYN. dépression, mélancolie, neurasthénie, papillons noirs, pessimisme, tristesse, vague à l'âme –FAMILIER: blues –LITTÉRAIRE: spleen –POPULAIRE: bourdon. CONTR. *allégresse, élan, enthousiasme, gaieté, joie.*

cafardage *nom masculin*

/ FAMILIER. Action de cafarder. SYN. délation, dénonciation –FAMILIER: mouchardage –POPULAIRE: caftage.

cafarder *verbe*

/ FAMILIER. Dénoncer quelqu'un. SYN. dénoncer –ARGOTIQUE: balancer –POPULAIRE: cafter.

/ FAMILIER. Rapporter en dénonçant. SYN. rapporter –FAMILIER: moucharder.

cafardeur *nom*

/ FAMILIER. Personne qui cafarde. SYN. délateur, dénonciateur, fourbe, hypocrite, rapporteur –ARGOTIQUE: balance –FAMILIER: cafard, mouchard –POPULAIRE: cafteur, mouton.

cafardeux *adjectif*

/ FAMILIER. Qui donne le cafard. SYN. funèbre, lugubre, maussade, morne, sinistre, triste. CONTR. *amusant, plaisant, réjouissant* –FAMILIER: *marrant, rigolo.*

/ Qui dénote la tristesse. SYN. mélancolique, noir, nostalgique, sombre, triste –LITTÉRAIRE: chagrin. CONTR. *enthousiaste, gai, joyeux, radieux.*

café *nom masculin*

/ Boisson. SYN. express, expresso –FAMILIER: jus, noir, petit noir –POPULAIRE: caoua.

/ Lieu où l'on sert des boissons. SYN. bar, brasserie, buvette, débit de boissons, estaminet –FAMILIER: bistro, bistrot, troquet, zinc –POPULAIRE: bistroquet, caboulot, mastroquet –VIEUX: cabaret.

cafetier *nom*

/ VIEUX. Personne qui tient un café. SYN. buvetier, cabaretier, limonadier, patron, tenancier –FAMILIER: bistro, bistrot –VIEUX: mastroquet.

cafouillage *nom masculin*

/ FAMILIER. Déroulement confus. SYN. confusion, désordre, désorganisation, perturbation –FAMILIER: cafouillis, pagaille. CONTR. *ordonnance, ordre.*

cafouiller *verbe*

/ FAMILIER. Agir d'une manière confuse. SYN. se tromper, s'embrouiller, s'emmêler, s'empêtrer –FAMILIER: s'emberlificoter, s'entortiller.

cafouilleux *adjectif*

/ FAMILIER. Qui cafouille. SYN. confus, filandreux, fumeux –LITTÉRAIRE: nébuleux. CONTR. *clair, direct, limpide, lumineux.*

cafouillis *nom masculin*

/ FAMILIER. Fonctionnement confus. SYN. confusion, désordre, désorganisation, perturbation –FAMILIER: bazar, cafouillage, pagaille. CONTR. *ordonnance, ordre.*

cafter *verbe*

/ POPULAIRE. Rapporter ce que fait quelqu'un. SYN. dénoncer, rapporter –ARGOTIQUE: balancer –FAMILIER: cafarder, moucharder.

cafteur *nom*

/ POPULAIRE. Personne qui cafte. SYN. délateur, dénonciateur, fourbe, hypocrite, rapporteur –ARGOTIQUE: balance –FAMILIER: cafard, cafardeur, mouchard –POPULAIRE: mouton.

cagibi *nom masculin*

/ FAMILIER. Petit réduit. SYN. appentis, bauge, débarras, placard, réduit, soupente –LITTÉRAIRE: galetas –POPULAIRE: gourbi.

cagot *nom*

/ LITTÉRAIRE. Faux dévot. SYN. bigot, hypocrite –FAMILIER: bondieusard, calotin –LITTÉRAIRE: cafard, tartufe, tartuffe. CONTR. *dévot, mystique, religieux.*

cagoterie *nom féminin*

/ LITTÉRAIRE. Dévotion excessive. SYN. –FAMILIER: bigoterie, bigotisme, bondieuserie –LITTÉRAIRE: tartuferie, tartufferie.

cahot *nom masculin*
/ Bond que fait une voiture. SYN. ballottement, saccade, saut, secousse, soubresaut.

cahotant *adjectif*
/ Qui fait des cahots. SYN. brimbalant, bringuebalant, brinquebalant.

cahoter *verbe*
/ Être secoué par des cahots. SYN. balancer, ballotter, brimbaler, bringuebaler, brinquebaler, sauter, tanguer.

cahoteux *adjectif*
/ Qui provoque des cahots. SYN. inégal, raboteux. CONTR. *égal, lisse, plat, uni.*

cahute *nom féminin*
/ Habitation misérable. SYN. cabane, hutte, taudis – FAMILIER: baraque, bicoque – LITTÉRAIRE: tanière.

caïd *nom masculin*
/ FAMILIER. Homme puissant. SYN. baron, magnat – FAMILIER: grand manitou, gros bonnet, grosse légume, manitou.

cailler *verbe*
/ POPULAIRE. Avoir très froid. SYN. geler, grelotter – POPULAIRE: peler de froid, se les geler. CONTR. – FAMILIER: *crever de chaud.*

caillou *nom masculin*
/ Petite pierre. SYN. caillasse, galet, gravier, palet.

caillouteux *adjectif*
/ Plein de cailloux. SYN. graveleux, pierreux, rocailleux.

caisse *nom féminin*
/ Emballage rigide. SYN. boîte, boîtier, cageot, caisson, coffre, coffret, colis, malle.

cajoler *verbe*
/ Être tendre avec quelqu'un. SYN. câliner, caresser, choyer, couver, dorloter, gâter, pouponner – FAMILIER: bichonner, chouchouter, mignoter. CONTR. *brusquer, brutaliser, malmener, rudoyer* – FAMILIER: *tarabuster.*

cajolerie *nom féminin*
/ Manières, paroles caressantes. SYN. câlin, câlinerie, caresse, chatterie, flatterie, tendresse – FAMILIER: mamours – LITTÉRAIRE: gâterie. CONTR. *bourrade, brimade, brusquerie, brutalité, coup, sévices, violence* – LITTÉRAIRE: *avanie.*

cajoleur *adjectif*
/ Qui cajole. SYN. affectueux, câlin, caressant, enjôleur, flatteur, tendre – LITTÉRAIRE: flagorneur. CONTR. *bourru, brusque, brutal, dur, rébarbatif, revêche, rude, sec.*

calamité *nom féminin*
/ Malheur public. SYN. cataclysme, catastrophe, désastre, fléau, plaie – LITTÉRAIRE: lèpre.
/ Infortune personnelle. SYN. épreuve, malheur – LITTÉRAIRE: misère. CONTR. *bénédiction, bonheur, chance, joie, plaisir* – LITTÉRAIRE: *félicité.*

calamiteux *adjectif*
/ LITTÉRAIRE. Qui a le caractère d'une calamité. SYN. catastrophique, désastreux, fatal, funeste, malheureux. CONTR. *béni, faste, heureux.*

calanque *nom féminin*
/ Type de crique. SYN. baie, crique, golfe.

calciner *verbe*
/ Brûler complètement. SYN. brûler, carboniser, consumer, griller – LITTÉRAIRE: embraser – POPULAIRE: cramer.

calcul *nom masculin*
/ Action de prévoir. SYN. arrière-pensée, combinaison, desseins, détermination, estimation, évaluation, intention, intrigue, manigances, manœuvres, menées, plan, politique, prévision, spéculation, supputation. CONTR. *désintéressement, hasard, imprévoyance, improvisation, spontanéité.*

calculable *adjectif*
/ Qui peut se calculer. SYN. chiffrable, estimable, évaluable, prévisible. CONTR. *imprévisible, incalculable, indénombrable, innombrable.*

calculateur *adjectif*
/ Qui calcule. SYN. intrigant, opportuniste – FAMILIER: combinard. CONTR. *imprévoyant, impulsif, irréfléchi, primesautier, spontané.*

calculé *adjectif*

/ Qui a été combiné. SYN. concerté, étudié, intentionnel, intéressé, mesuré, mûri, prémédité, préparé, réfléchi. CONTR. *imprévisible, naturel, réfléchi, spontané.*

calculer *verbe*

/ Effectuer un calcul. SYN. chiffrer, compter, dénombrer – LITTÉRAIRE : nombrer.

/ Évaluer quelque chose. SYN. apprécier, déterminer, établir, évaluer, mesurer, peser.

/ Combiner quelque chose. SYN. apprécier, concerter, estimer, mesurer, peser, préméditer, préparer, pronostiquer, réfléchir, supputer – FAMILIER : arranger – LITTÉRAIRE : délibérer. CONTR. *improviser.*

calé *adjectif*

/ FAMILIER. Très instruit. SYN. fort, savant – FAMILIER : ferré, fortiche, trapu. CONTR. *ignare, ignorant* – VIEUX : *illettré.*

/ FAMILIER. Qui offre des difficultés. SYN. ardu, compliqué, délicat, difficile, dur, malaisé – FAMILIER : coton. CONTR. *aisé, commode, facile, simple.*

/ FAMILIER. Qui a bien mangé. SYN. gavé, rassasié – LITTÉRAIRE : repu. CONTR. *affamé.*

calembredaine *nom féminin*

/ Histoire extravagante. SYN. baliverne, bêtise, billevesée, fadaise, sornette, sottise – FAMILIER : faribole.

calendrier *nom masculin*

/ Tableau des jours de l'année. SYN. agenda, almanach, éphéméride.

/ Emploi du temps. SYN. planning, programme.

caler *verbe intransitif*

/ FAMILIER. Céder devant une difficulté. SYN. capituler, reculer, renoncer, se soumettre, s'incliner – FAMILIER : flancher, se dégonfler – POPULAIRE : caner, canner. CONTR. *résister, tenir.*

caler *verbe transitif*

/ Immobiliser quelque chose. SYN. arrimer, assujettir, assurer, bloquer, coincer, fixer, maintenir. CONTR. *débloquer, décaler, desserrer.*

caler (se) *verbe pronominal*

/ S'installer confortablement. SYN. se carrer, s'étaler, s'installer.

calfater *verbe*

/ Rendre étanche. SYN. aveugler, boucher, colmater, étancher, étouper, obturer.

calfeutrer (se) *verbe pronominal*

/ Rester enfermé volontairement. SYN. se cantonner, se claquemurer, se claustrer, se cloîtrer, se confiner, se murer, se terrer, s'enfermer. CONTR. *partir, sortir.*

calibre *nom masculin*

/ Importance de quelque chose. SYN. ampleur, dimension, envergure, importance, taille.

câlin *adjectif*

/ Qui manifeste de la tendresse. SYN. affectueux, cajoleur, caressant, enjôleur, tendre – LITTÉRAIRE : aimant. CONTR. *abrupt, bourru, brusque, brutal, revêche, rogue, rude, sec.*

câlin *nom masculin*

/ Caresse tendre. SYN. cajolerie, câlinerie, chatterie – FAMILIER : mamours.

câliner *verbe*

/ Faire des câlins. SYN. cajoler, caresser, choyer, couver, dorloter, pouponner – FAMILIER : bichonner, chouchouter, mignoter. CONTR. *brusquer, brutaliser, malmener, maltraiter, rudoyer.*

câlinerie *nom féminin*

/ Manières câlines. SYN. cajolerie, câlin, caresse, chatterie – FAMILIER : mamours – LITTÉRAIRE : gâterie. CONTR. *bourrade, brimade, brusquerie, brutalité, coup, sévices, violence.*

calleux *adjectif*

/ Qui a des callosités. SYN. raboteux, râpeux, rêche, rugueux. CONTR. *doux, fin, lisse, satiné, soyeux.*

calmant *adjectif*

/ Qui apaise. SYN. adoucissant, apaisant, délassant, lénifiant, reposant, tranquillisant – LITTÉRAIRE : lénitif, rassérénénant. CONTR. *agaçant, énervant, exaspérant, excitant, inquiétant, irritant, provocant, stimulant, stressant, troublant* – FAMILIER : *horripilant.*

calme *adjectif*

/ Sans agitation. SYN. paisible, silencieux, tranquille – FAMILIER : pépère – LITTÉRAIRE : quiet

–POPULAIRE: peinard. CONTR. *actif, animé, bruyant, houleux, mouvementé, orageux, remuant, troublé, turbulent* –LITTÉRAIRE: *tumultueux.*

/ Qui se maîtrise. SYN. détendu, doux, gentil, impassible, imperturbable, modéré, patient, placide, pondéré, posé, serein –FAMILIER: cool –LITTÉRAIRE: limpide, rassis. CONTR. *affolé, agacé, agité, agressif, anxieux, ardent, aventureux, batailleur, belliqueux, bouillant, bouillonnant, coléreux, déchaîné, délirant, emporté, endiablé, exalté, exaspéré, excité, fébrile, fiévreux, fougueux, furieux, impatient, impulsif, irascible, irritable, irrité, nerveux, surexcité, survolté, violent* –FAMILIER: *bagarreur* –LITTÉRAIRE: *colérique, effervescent, impétueux, volcanique.*

calme *nom masculin*

/ Immobilité de la mer. SYN. accalmie, bonace, embellie. CONTR. *bourrasque, cyclone, orage, ouragan, tempête.*

/ Absence d'agitation. SYN. apaisement, paix, silence, tranquillité –LITTÉRAIRE: quiétude, repos. CONTR. *activité, agitation, bouillonnement, bruit, cacophonie, charivari, mouvement, tapage, tintamarre, tumulte, vacarme* –FAMILIER: *boucan, chahut, raffut, tintouin* –LITTÉRAIRE: *turbulence.*

/ Absence de nervosité. SYN. apathie, assurance, flegme, impassibilité, imperturbabilité, inertie, léthargie, maîtrise, patience, placidité, retenue, sang-froid, self-control. CONTR. *affolement, agacement, colère, déchaînement, égarement, emportement, énervement, exaspération, excitation, fougue, frénésie, fureur, impatience, irascibilité, irritabilité, irritation, nervosité, surexcitation, véhémence* –FAMILIER: *horripilation* –LITTÉRAIRE: *courroux, impétuosité.*

/ Absence de trouble. SYN. ordre, paix, sérénité –LITTÉRAIRE: quiétude. CONTR. *bouleversement, désordre, ébullition, effervescence, fébrilité, révolution, secousse, trouble, violence.*

calmement *adverbe*

/ De façon calme. SYN. à tête reposée, doucement, froidement, mollement, paisiblement, placidement, posément, sagement, sereinement, tranquillement –POPULAIRE: peinardement. CONTR. *fébrilement, fiévreusement, fougueusement, impatiemment, nerveusement, précipitamment* –LITTÉRAIRE: *tumultueusement.*

calmer *verbe*

/ Faire cesser un état d'agitation. SYN. apaiser, assagir, consoler, désarmer, désénerver, détendre, mater, pacifier, tranquilliser –LITTÉRAIRE: dompter, rasséréner. CONTR. *affoler, agacer, agiter, ameuter, angoisser, apeurer, bouleverser, déchaîner, effrayer, énerver, enfiévrer, enflammer, exaspérer, exciter, surexciter.*

/ Rendre moins intense. SYN. adoucir, alléger, amortir, assouvir, atténuer, cicatriser, diminuer, endormir, modérer, neutraliser, soulager –LITTÉRAIRE: lénifier, tempérer. CONTR. *accentuer, accroître, activer, aggraver, aiguillonner, attiser, aviver, intensifier, irriter, réveiller, stimuler.*

calmer (se) *verbe pronominal*

/ Diminuer en intensité. SYN. s'adoucir, s'apaiser, s'atténuer, se dissiper, s'éteindre, s'évanouir, tomber. CONTR. *monter, se déchaîner, se réveiller, s'exaspérer.*

/ Retrouver son calme. SYN. s'assagir, se contenir, se détendre, se modérer, se rasséréner, se remettre. CONTR. *s'agiter, s'animer, se troubler, s'échauffer, s'emporter, s'énerver, s'inquiéter.*

calomniateur *nom*

/ Personne qui calomnie. SYN. accusateur, détracteur, diffamateur –LITTÉRAIRE: sycophante.

calomnie *nom féminin*

/ Fausse accusation. SYN. attaque, dénigrement, diffamation –FAMILIER: débinage, éreintage, éreintement –LITTÉRAIRE: clabauderie, venin. CONTR. *apologie, éloge, glorification, louange.*

calomnier *verbe*

/ Attaquer par des calomnies. SYN. décrier, dénigrer, diffamer, médire, salir, traîner dans la boue –FAMILIER: baver, cracher sur, débiner, déblatérer sur, éreinter, esquinter, étriller –LITTÉRAIRE: noircir. CONTR. *défendre, disculper, exalter, glorifier, innocenter, justifier, laver, louer* –FAMILIER: *blanchir* –LITTÉRAIRE: *chanter, louanger.*

calomnieux *adjectif*

/ Qui constitue une calomnie. SYN. diffamatoire, méchant –LITTÉRAIRE: fielleux, vénéneux, venimeux. CONTR. *dithyrambique, élogieux, flatteur, juste, laudatif.*

calotte *nom féminin*

/ FAMILIER. Tape sur la tête. SYN. claque, gifle –FAMILIER: taloche –LITTÉRAIRE: soufflet –POPULAIRE: baffe, beigne, mandale, tarte, torgnole.

calotter *verbe*

/ FAMILIER. Donner une tape sur la tête. SYN. claquer, gifler –LITTÉRAIRE: souffleter –VIEUX: talocher.

calque *nom masculin*

/ Reproduction de quelque chose. SYN. copie, démarquage, fac-similé, imitation, plagiat.

calquer *verbe*

/ Imiter servilement. SYN. copier, décalquer, démarquer, imiter, reproduire, singer –LITTÉRAIRE: plagier. CONTR. *différencier.*

calter (se) *verbe*

/ POPULAIRE. S'en aller rapidement. SYN. déguerpir, se sauver, s'enfuir, s'esquiver –FAMILIER: décamper, détaler, filer, se casser –POPULAIRE: cavaler, décaniller, se barrer, se carapater, se cavaler, se débiner, se tailler, se tirer.

calvaire *nom masculin*

/ Souffrance morale. SYN. douleur, enfer, martyre, supplice, torture –LITTÉRAIRE: croix, géhenne.

camarade *nom*

/ Compagnon de travail. SYN. acolyte, ami, collègue, condisciple, confrère, congénère –FAMILIER: copain, poteau –POPULAIRE: pote. CONTR. *adversaire, ennemi, rival.*

camaraderie *nom féminin*

/ Entente entre camarades. SYN. amitié, confraternité, fraternité, intimité, solidarité. CONTR. *désaccord, mésentente, rivalité* –LITTÉRAIRE: *mésintelligence.*

camard *adjectif*

/ VIEUX. Se dit d'un nez écrasé. SYN. aplati, camus, écrasé, épaté. CONTR. *aquilin, bourbonien, long, pointu.*

camarilla *nom féminin*

/ LITTÉRAIRE. Personnes influentes. SYN. cercle, chapelle, clan, club, coterie, église, faction, gang –FAMILIER: clique, maffia –LITTÉRAIRE: phalange.

cambré *adjectif*

/ Qui forme un arc. SYN. arqué, bombé, creusé, recourbé. CONTR. *droit, plan, plat.*

cambriolage *nom masculin*

/ Action de cambrioler. SYN. vol –ARGOTIQUE: casse –POPULAIRE: fric-frac.

cambrioleur *nom*

/ Personne qui cambriole. SYN. malfaiteur, voleur –FAMILIER: chapardeur, monte-en-l'air –LITTÉRAIRE: dévaliseur.

caméléon *nom masculin*

/ Personne versatile. SYN. pantin –FAMILIER: polichinelle –LITTÉRAIRE: protée –VIEUX: sauteur.

camelote *nom féminin*

/ FAMILIER. Mauvais produit. SYN. pacotille –FAMILIER: cochonnerie, toc –POPULAIRE: saloperie.

camion *nom masculin*

/ Véhicule lourd. SYN. poids lourd –POPULAIRE: bahut, gros cul.

camouflage *nom masculin*

/ Action de camoufler. SYN. déguisement, dissimulation, maquillage, travestissement –LITTÉRAIRE: masque. CONTR. *affichage, étalage, exhibition.*

camoufler *verbe*

/ Dissimuler quelque chose. SYN. cacher, couvrir, déguiser, envelopper, escamoter, maquiller, masquer, recouvrir, travestir –LITTÉRAIRE: dérober, habiller, voiler. CONTR. *afficher, démasquer, étaler, exposer, montrer, révéler.*

camoufler (se) *verbe pronominal*

/ Rester inaperçu. SYN. se cacher, se dissimuler, se tapir.

camouflet *nom masculin*

/ LITTÉRAIRE. Action, parole qui offense. SYN. affront, brimade, gifle, mortification, offense, outrage, rebuffade, vexation –LITTÉRAIRE: avanie, injure, opprobre, soufflet.

camp *nom masculin*

/ Lieu de stationnement militaire. SYN. bivouac, campement, cantonnement, quartier.

/ Parti opposé à un autre. SYN. clan, coterie, faction, groupe, parti.

campagnard *adjectif*

/ Relatif à la campagne. SYN. agreste, bucolique, paysan, rural –LITTÉRAIRE: champêtre, pastoral, rustique. CONTR. *citadin, urbain.*

campagne *nom féminin*

/ Expédition militaire. SYN. expédition, offensive, opération.

/ Action pour se faire connaître. SYN. matraquage –FAMILIER: battage, tam-tam.

camper *verbe intransitif*

/ Établir un camp militaire. SYN. bivouaquer, cantonner.

camper *verbe transitif*

/ Représenter à grands traits. SYN. croquer, décrire, esquisser, saisir –LITTÉRAIRE: portraiturer.

camper (se) *verbe pronominal*

/ Prendre une attitude assurée. SYN. se dresser, se poster –FAMILIER: se planter.

camus *adjectif*

/ Se dit d'un nez court et plat. SYN. aplati, écrasé, épaté –VIEUX: camard. CONTR. *aquilin, bourbonien, busqué, long, pointu.*

canaille *adjectif*

/ Vulgaire et polisson. SYN. coquin, faubourien, peuple, populacier, populaire, voyou –LITTÉRAIRE: crapuleux –VIEUX: poissard. CONTR. *aristocratique, distingué, noble, précieux, raffiné.*

canaille *nom féminin*

/ VIEUX. Gens méprisables. SYN. pègre, populace, racaille –LITTÉRAIRE: vermine.

/ Individu malhonnête. SYN. aigrefin, bandit, brigand, crapule, filou, forban, gangster, gredin, pourri, scélérat, vaurien, voyou –FAMILIER: fripouille, ripou –LITTÉRAIRE: pirate –POPULAIRE: arsouille, fumier, ordure, raclure, salaud, saligaud, salopard –VIEUX: coquin, misérable.

canaillerie *nom féminin*

/ LITTÉRAIRE. Acte malhonnête. SYN. crapulerie, gauloiserie, inconvenance, indélicatesse, malhonnêteté, polissonnerie, vulgarité –FAMILIER: friponnerie, fripouillerie –LITTÉRAIRE: coquinerie, gaillardise, scélératesse.

canaliser *verbe*

/ Rassembler et diriger. SYN. acheminer, aiguiller, centraliser, concentrer, endiguer, grouper, orienter, réunir. CONTR. *disperser, éparpiller.*

canard *nom masculin*

/ FAMILIER. Fausse nouvelle. SYN. bruit, rumeur –FAMILIER: bobard, cancan –POPULAIRE: craque. CONTR. *vérité.*

/ FAMILIER. Mauvais journal. SYN. –FAMILIER: feuille de chou, torchon.

canasson *nom masculin*

/ POPULAIRE. Cheval médiocre. SYN. –FAMILIER: rosse –LITTÉRAIRE: rossinante –POPULAIRE: bourrin, tocard, toquard –VIEUX: carcan, carne.

cancan *nom masculin*

/ FAMILIER. Bavardage malveillant. SYN. bruit, commérage, indiscrétion, médisance, on-dit, qu'en-dira-t-on –FAMILIER: canard, potin, racontar, ragot –LITTÉRAIRE: clabaudage, clabauderie.

cancaner *verbe*

/ FAMILIER. Faire des commérages. SYN. bavarder, jaser, médire –FAMILIER: bavasser, causer, commérer, débiner, papoter, potiner –LITTÉRAIRE: clabauder, jaboter –VIEUX: pépier.

cancanier *adjectif*

/ Qui fait des cancans. SYN. bavard, indiscret, jaseur, médisant –FAMILIER: jacasseur, jacassier –VIEUX: potinier.

cancre *nom*

/ FAMILIER. Mauvais élève. SYN. âne, nul, nullité –FAMILIER: zéro.

candeur *nom féminin*

/ Caractère candide. SYN. crédulité, ingénuité, innocence, naïveté, pureté, simplicité –LITTÉRAIRE: fraîcheur. CONTR. *astuce, cynisme, dissimulation, fausseté, fourberie, hypocrisie, malice, noirceur, vice* –LITTÉRAIRE: *cautèle, sournoiserie.*

candidat *nom*

/ Personne qui se présente à. SYN. concurrent, prétendant.

candide *adjectif*

/ D'une grande innocence. SYN. bonhomme, crédule, ingénu, innocent, jeune, naïf, pur, simple –LITTÉRAIRE: frais, virginal. CONTR. *astucieux, cynique, déluré, dissimulé, faux, fourbe, hypocrite, incrédule, malicieux, retors, rusé, sournois, vicieux* –FAMILIER: *ficelle* –LITTÉRAIRE: *cauteleux.*

candidement *adverbe*

/ De façon candide. SYN. ingénument, innocemment, naïvement, simplement, sincèrement. CONTR. *faussement, hypocritement, sournoisement.*

caner *verbe*

/ POPULAIRE. Reculer devant un danger. SYN. reculer –FAMILIER: caler, flancher, se dégonfler –POPULAIRE: se déballonner. CONTR. *continuer, persévérer, persister, poursuivre, résister.*

canevas *nom masculin*

/ Plan d'un ouvrage. SYN. agencement, brouillon, cadre, carcasse, contexture, croquis, ébauche, esquisse, ossature, plan, schéma, squelette, structure, synopsis –LITTÉRAIRE: trame.

caniculaire *adjectif*

/ Très chaud. SYN. accablant, brûlant, étouffant, suffocant, surchauffé, torride. CONTR. *clément, doux, frais, froid, glacé, tempéré, tiède.*

canner *verbe*

/ POPULAIRE. Reculer devant un danger. SYN. reculer –FAMILIER: caler, flancher, se dégonfler –POPULAIRE: se déballonner. CONTR. *continuer, persévérer, persister, poursuivre, résister.*

canon *nom masculin*

/ Modèle idéal. SYN. archétype, modèle, norme, prototype, standard, type –LITTÉRAIRE: parangon.

canonnade *nom féminin*

/ Série de coups de canon. SYN. bordée, feu, salve, tir, volée.

canonner *verbe*

/ Tirer au canon. SYN. bombarder, pilonner.

canot *nom masculin*

/ Embarcation non pontée. SYN. barque, chaloupe, youyou –LITTÉRAIRE: esquif, nacelle.

cantonné *adjectif*

/ Isolé dans un lieu. SYN. barricadé, claquemuré, cloîtré, confiné, isolé, muré, retiré, séquestré –FAMILIER: bouclé –LITTÉRAIRE: reclus.

cantonnement *nom masculin*

/ Lieu où cantonne une troupe. SYN. bivouac, camp, campement, quartiers.

cantonner *verbe intransitif*

/ S'installer quelque part. SYN. bivouaquer, camper.

cantonner *verbe transitif*

/ Limiter à une certaine activité. SYN. borner, confiner, reléguer.

cantonner (se) *verbe pronominal*

/ Se tenir à l'écart. SYN. se barricader, se cadenasser, se calfeutrer, se claquemurer, se cloîtrer, se confiner, s'enfermer.

/ Se limiter à quelque chose. SYN. se borner à, se contenter de, se réduire à, s'en tenir à. CONTR. *déborder, dépasser, se répandre.*

canulant *adjectif*

/ POPULAIRE. Qui importune. SYN. ennuyeux, fatigant, mortel –FAMILIER: assommant, barbant, bassinant, embêtant, empoisonnant, enquiquinant, rasant, rasoir, tannant, tuant –POPULAIRE: chiant, emmerdant, suant. CONTR. *agréable, amusant, attachant, charmant, intéressant, sympathique.*

canular *nom masculin*

/ FAMILIER. Action, propos qui mystifie. SYN. attrape, farce, mystification, plaisanterie, supercherie, tromperie –FAMILIER: bateau, blague, fumisterie, niche –LITTÉRAIRE: duperie, imposture.

canuler *verbe*

/ POPULAIRE. Ennuyer quelqu'un. SYN. assommer, ennuyer, fatiguer –FAMILIER: asticoter, bassiner, embêter, empoisonner, enquiquiner, raser, tarabuster –LITTÉRAIRE: importuner –POPULAIRE: emmerder.

cap *nom masculin*

/ Pointe de terre. SYN. bec, pointe, promontoire.

capable *adjectif*

- Qui a le pouvoir d'agir. SYN. à même de, apte à, de force à, de taille à, en état de, fait pour, propre à, susceptible de, taillé. CONTR. *impuissant, inapte, incapable* –POPULAIRE: *infichu de, infoutu de.*
- Qui a des compétences. SYN. bon, compétent, doué, efficace, expérimenté, expert, habile, intelligent, qualifié, valable. CONTR. *incapable, incompétent, inexpérimenté, maladroit, malhabile, mauvais.*

capacité *nom féminin*

- Aptitude à faire, à comprendre. SYN. compétence, disposition, don, étoffe, faculté, habilité, savoir, talent, valeur, vertu. CONTR. *ignorance, impossibilité, impuissance, inaptitude, incapacité, incompétence.*
- Puissance dans un domaine. SYN. force, moyen, possibilité, potentiel, pouvoir. CONTR. *carence, impossibilité, impuissance, insuffisance.*
- Quantité contenue par. SYN. contenance, volume.

capharnaüm *nom masculin*

- Lieu en désordre. SYN. bric-à-brac, fouillis –FAMILIER: bazar, chantier, souk –POPULAIRE: bordel, foutoir.

capital *adjectif*

- Qui est très important. SYN. cardinal, central, crucial, décisif, dominant, essentiel, fondamental, important, majeur, prédominant, prépondérant, primordial, principal, radical, vital. CONTR. *accessoire, anecdotique, dérisoire, épisodique, infime, insignifiant, mineur, minime, négligeable, petit, secondaire, subalterne, subsidiaire, superflu* –LITTÉRAIRE: *superfétatoire.*

capital *nom masculin*

- Somme d'argent. SYN. actif, argent, avoir, bien, fonds, fortune, richesse –FAMILIER: magot. CONTR. *passif.*
- Ensemble de ressources. SYN. acquis, fonds, patrimoine, trésor.

capitaliser *verbe*

- Amasser de l'argent. SYN. accumuler, amasser, entasser, thésauriser. CONTR. *dépenser, dilapider, gaspiller.*

capitaliste *nom*

- Personne riche. SYN. possédant, riche. CONTR. *pauvre.*

capitan *nom masculin*

- LITTÉRAIRE. Personne qui se vante. SYN. bravache, faiseur, fanfaron, faraud –FAMILIER: frimeur –LITTÉRAIRE: fier-à-bras, hâbleur, matamore, rodomont –VIEUX: tranche-montagne.

capiteux *adjectif*

- Qui monte à la tête. SYN. enivrant, excitant, grisant. CONTR. *léger.*

capitonner *verbe*

- Garnir d'un capiton. SYN. doubler, matelasser, rembourrer.

capitulard *adjectif*

- Qui fuit les difficultés. SYN. lâche, pleutre –FAMILIER: froussard –LITTÉRAIRE: couard, pusillanime –VIEUX: capon. CONTR. *entreprenant, hardi, intrépide, résolu, téméraire.*

capitulation *nom féminin*

- Action de capituler. SYN. abandon, abdication, reddition. CONTR. *persistance, résistance, ténacité, triomphe, victoire.*

capituler *verbe*

- Se rendre à l'ennemi. SYN. abdiquer, baisser pavillon, déposer les armes, hisser le drapeau blanc, livrer les clefs de la ville, mettre bas les armes, mettre pavillon bas, rendre les armes, se rendre. CONTR. *résister, se défendre, triompher, vaincre.*
- Céder complètement. SYN. abandonner, abdiquer, baisser les bras, céder, déclarer forfait, démissionner, fléchir, renoncer, se rendre, se soumettre, s'incliner –FAMILIER: caler, s'aplatir –LITTÉRAIRE: ployer, succomber. CONTR. *résister, s'accrocher, se battre, se raidir, s'entêter, s'obstiner.*

capon *adjectif*

- VIEUX. Qui montre de la lâcheté. SYN. capitulard, lâche, peureux, pleutre, poltron –FAMILIER: froussard –LITTÉRAIRE: couard, pusillanime. CONTR. *audacieux, brave, courageux, hardi, héroïque, intrépide, téméraire* –LITTÉRAIRE: *crâne, impavide, vaillant.*

capon *nom*

/ VIEUX. Personne lâche. SYN. capitulard, lâche, peureux, pleutre, poltron –FAMILIER: femmelette, froussard, mauviette –LITTÉRAIRE: couard –POPULAIRE: dégonflé, trouillard. CONTR. *audacieux, brave, courageux, intrépide* –FAMILIER: *risque-tout.*

caporalisme *nom masculin*

/ Régime politique militaire. SYN. absolutisme, césarisme, despotisme, dictature, militarisme –LITTÉRAIRE: tyrannie. CONTR. *libéralisme.*

/ Forme étroite d'autorité. SYN. autoritarisme –LITTÉRAIRE: tyrannie. CONTR. *libéralisme.*

capoter *verbe*

/ Ne pas aboutir. SYN. avorter, échouer, manquer –FAMILIER: louper, rater –POPULAIRE: foirer, merder. CONTR. *aboutir, réussir* –FAMILIER: *marcher.*

capricant *adjectif*

/ LITTÉRAIRE. Qui est fantasque. SYN. inégal, irrégulier, saccadé, sautillant. CONTR. *régulier.*

caprice *nom masculin*

/ Désir soudain et irréfléchi. SYN. coup de tête, envie, extravagance, fantaisie, lubie, saute d'humeur, volte-face –LITTÉRAIRE: foucade.

/ Amour passager. SYN. amourette, aventure, déjeuner de soleil, engouement, feu de paille, passade –FAMILIER: béguin, flirt, tocade, toquade –LITTÉRAIRE: bluette.

/ Changement soudain. SYN. frasque, fredaine, incartade, variations. CONTR. *constance, uniformité.*

capricieux *adjectif*

/ Sujet à des changements brusques. SYN. changeant, fluctuant, instable, irrégulier, précaire, variable –LITTÉRAIRE: inconstant. CONTR. *constant, égal, figé, fixe, immuable, invariable, réglé, régulier, tenace, uniforme.*

/ Qui agit par caprice. SYN. bizarre, extravagant, fantaisiste, fantasque, inconstant, lunatique, versatile, volage –LITTÉRAIRE: ondoyant. CONTR. *obstiné, persévérant, posé, raisonnable, sage.*

capter *verbe*

/ Obtenir quelque chose par ruse. SYN. attraper, extorquer, s'approprier, soutirer. CONTR. *perdre.*

/ Retenir l'attention de quelqu'un. SYN. accrocher, captiver, conquérir, gagner, retenir, s'attacher, se concilier, séduire, surprendre, tenir. CONTR. *assommer, désintéresser, endormir, ennuyer* –FAMILIER: *embêter, raser.*

captieux *adjectif*

/ Qui cherche à tromper. SYN. insidieux, mensonger, sophistiqué, spécieux, trompeur –LITTÉRAIRE: artificieux, fallacieux. CONTR. *correct, fondé, franc, honnête, juste, sincère, vrai.*

captif *adjectif*

/ LITTÉRAIRE. Privé de liberté. SYN. asservi, esclave, prisonnier. CONTR. *affranchi, épanoui, libéré, libre.*

captivant *adjectif*

/ Qui captive. SYN. absorbant, attachant, attirant, attractif, attrayant, charmeur, délicieux, enchanteur, ensorcelant, envoûtant, fascinant, intéressant, palpitant, passionnant, prenant, ravissant, séduisant. CONTR. *désagréable, ennuyeux, inintéressant, rebutant, repoussant, soporifique, terne* –FAMILIER: *assommant, casse-pieds, embêtant, enquiquinant, rasant, rasoir, soûlant* –POPULAIRE: *emmerdant.*

captiver *verbe*

/ Retenir l'attention. SYN. attacher, capter, charmer, conquérir, ensorceler, envoûter, fasciner, frapper, gagner, hypnotiser, intéresser, passionner, ravir, séduire –LITTÉRAIRE: enchanter, subjuguer. CONTR. *assommer, dégoûter, endormir, ennuyer* –FAMILIER: *embêter, enquiquiner, raser* –POPULAIRE: *emmerder.*

captivité *nom féminin*

/ État de prisonnier. SYN. incarcération, internement, réclusion. CONTR. *liberté* –LITTÉRAIRE: *délivrance.*

capture *nom féminin*

/ Action de capturer. SYN. arrestation, coup de filet, prise. CONTR. *libération.*

/ Ce qui est capturé. SYN. butin, conquête, prise, proie, trophée.

capturer *verbe*

/ Se rendre maître de. SYN. appréhender, arrêter, attraper, prendre, se saisir de, s'emparer de –FAMILIER : choper, cueillir, embarquer –POPULAIRE : agrafer, emballer. CONTR. *lâcher, libérer, relâcher.*

caquet *nom masculin*

/ FAMILIER. Bavardage indiscret. SYN. jacassement, verbiage –FAMILIER : bagou, jacasserie –LITTÉRAIRE : faconde, verbosité. CONTR. *mutisme, silence.*

caqueter *verbe*

/ Tenir des propos futiles. SYN. babiller, bavarder, jaser –FAMILIER : bavasser, commérer, jacasser, papoter, potiner, tchatcher –LITTÉRAIRE : jaboter –VIEUX : pépier.

caracoler *verbe*

/ Se mouvoir avec vivacité. SYN. cabrioler, gambader –LITTÉRAIRE : folâtrer.

caractère *nom masculin*

/ Marque distinctive. SYN. attribut, caractéristique, essence, particularité, propre, propriété, qualité, trait –LITTÉRAIRE : facture, visage.

/ Aspect original. SYN. cachet, chic, classe, couleur, empreinte, originalité, relief, style, tonalité.

/ Façon d'être. SYN. humeur, individualité, nature, naturel, personnalité, psychologie, tempérament, type.

/ Aptitude à s'affirmer. SYN. décision, détermination, énergie, fermeté, opiniâtreté, résolution, ressort, ressource, ténacité, volonté –FAMILIER : cran. CONTR. *mollesse.*

caractérisation *nom féminin*

/ Action de caractériser. SYN. définition, détermination, particularisation, spécification.

caractérisé *adjectif*

/ Bien marqué. SYN. accusé, marquant, typique. CONTR. *anodin, effacé, falot, insignifiant, terne.*

caractériser *verbe*

/ Définir par un caractère distinctif. SYN. distinguer, individualiser, marquer, montrer, particulariser, préciser, qualifier, signaler, singulariser, spécifier.

caractéristique *adjectif*

/ Qui caractérise. SYN. déterminant, distinctif, dominant, essentiel, marquant, particulier, personnel, propre, représentatif, révélateur, significatif, spécifique, symptomatique, typé, typique. CONTR. *général, quelconque.*

caractéristique *nom féminin*

/ Ce qui constitue le caractère distinctif. SYN. attribut, caractère, indice, marque, nature, particularité, propriété, qualité, trait.

carambolage *nom masculin*

/ FAMILIER. Heurt entre véhicules. SYN. accrochage, collision.

caramboler (se) *verbe pronominal*

/ Subir un carambolage. SYN. se bousculer, se heurter, se télescoper.

carapace *nom féminin*

/ Ce qui isole quelqu'un. SYN. blindage –LITTÉRAIRE : armure, cuirasse, rempart.

carapater (se) *verbe pronominal*

/ POPULAIRE. Partir rapidement. SYN. déguerpir, se sauver, s'enfuir, s'esquiver –FAMILIER : décamper, détaler, filer –POPULAIRE : cavaler, décaniller, foutre le camp, se barrer, se calter, se casser, se débiner, se tailler, se tirer.

carboniser *verbe*

/ Brûler complètement. SYN. calciner, griller –POPULAIRE : cramer.

carcan *nom masculin*

/ Ce qui contraint. SYN. asservissement, contrainte, esclavage –LITTÉRAIRE : assujettissement, chaînes, fers, joug, lien, sujétion, tyrannie. CONTR. *liberté.*

/ VIEUX. Mauvais cheval. SYN. –FAMILIER : rosse –LITTÉRAIRE : rossinante –POPULAIRE : canasson, tocard, toquard –VIEUX : carne, haridelle.

carcasse *nom féminin*

/ LITTÉRAIRE. Squelette d'un animal. SYN. ossature.

/ Armature de quelque chose. SYN. canevas, charpente, châssis, ossature, schéma –LITTÉRAIRE : trame.

cardinal *adjectif*

/ De première importance. SYN. capital, décisif, essentiel, fondamental, maître, majeur, primordial, principal, vital. CONTR. *accessoire, dérisoire, insignifiant, minime, négligeable, second, secondaire, subsidiaire.*

carence *nom féminin*

- Manque de quelque chose. SYN. absence, déficience, indigence, insuffisance, pénurie, privation –LITTÉRAIRE: disette. CONTR. *abondance, affluence, excès, pléthore, profusion, richesse, surabondance.*
- Fait de manquer à ses obligations. SYN. défaut, démission, impuissance, inaction, insuffisance, lacune. CONTR. *action, activité, capacité, présence.*

caressant *adjectif*

- Qui montre de la tendresse. SYN. affectueux, cajoleur, câlin, tendre –LITTÉRAIRE: aimant. CONTR. *dur, froid, indifférent, insensible.*
- Qui a la douceur d'une caresse. SYN. doux, enjôleur, suave, tendre. CONTR. *dur, rogue, rude, sec.*

caresse *nom féminin*

- Geste tendre. SYN. attouchement, cajolerie, câlin, câlinerie, chatouillement, chatterie, effleurement, étreinte, frôlement –FAMILIER: mamours –POPULAIRE: papouilles. CONTR. *brutalité.*

caresser *verbe*

- Faire des caresses. SYN. cajoler, câliner, chatouiller, flatter, lutiner –POPULAIRE: peloter. CONTR. *battre, brusquer, brutaliser, châtier, frapper, rudoyer* –POPULAIRE: *cogner.*
- Toucher à peine. SYN. effleurer, frôler, lécher, raser.
- Entretenir une idée. SYN. envisager, nourrir, programmer, projeter, se promettre, songer à.

cargaison *nom féminin*

- Marchandises transportées. SYN. charge, chargement, fret.
- FAMILIER. Grande quantité de choses. SYN. armée, avalanche, cascade, chapelet, débordement, déferlement, déluge, fatras, flot, foule, grêle, infinité, kyrielle, masse, monceau, multitude, myriade, nuée, pléiade, pluie, provision, quantité, tas, torrent –FAMILIER: armada, flopée, foultitude, paquet, pelletée, régiment, ribambelle, tapée –LITTÉRAIRE: averse, essaim. CONTR. *atome, bribe, brin, doigt, goutte, grain, gramme, larme, lueur, miette, nuage, once, parcelle, peu, pointe, soupçon, trace* –LITTÉRAIRE: *liard, ombre, trait* –POPULAIRE: *chouia.*

caricatural *adjectif*

- Qui déforme la réalité. SYN. grotesque, outré, ridicule, risible. CONTR. *exact, fidèle, juste.*

caricature *nom féminin*

- Représentation déformante de la réalité. SYN. charge, imitation, parodie, pastiche, simulacre.

caricaturer *verbe*

- Représenter en caricature. SYN. bafouer, charger, contrefaire, défigurer, outrer, parodier, pasticher, ridiculiser, stigmatiser –LITTÉRAIRE: satiriser.

carillonner *verbe intransitif*

- Sonner le carillon. SYN. sonnailler, sonner, tinter –LITTÉRAIRE: tintinnabuler.

carillonner *verbe transitif*

- FAMILIER. Faire savoir à grand bruit. SYN. claironner, corner, tambouriner –LITTÉRAIRE: proclamer –VIEUX: trompeter.

carmin *adjectif*

- D'un rouge éclatant. SYN. grenat –LITTÉRAIRE: vermeil.

carminé *adjectif*

- Rouge vif. SYN. cerise, empourpré.

carnage *nom masculin*

- Massacre sanglant. SYN. boucherie, extermination, hécatombe, immolation, tuerie –LITTÉRAIRE: saignée.

carne *nom féminin*

- POPULAIRE. Viande dure. SYN. –POPULAIRE: barbaque, bidoche.
- VIEUX. Mauvais cheval. SYN. –FAMILIER: rosse –LITTÉRAIRE: rossinante –POPULAIRE: canasson, tocard, toquard –VIEUX: carcan, haridelle.

carnet *nom masculin*

- Petit cahier. SYN. agenda, calepin, livret, répertoire.

carottage *nom masculin*

- FAMILIER. Fait de voler. SYN. vol –FAMILIER: chapardage –LITTÉRAIRE: rapine –POPULAIRE: fauche.

carotter *verbe*

/ FAMILIER. Soutirer par ruse. SYN. escamoter, extorquer, grappiller, voler –FAMILIER: barboter, chaparder, chiper, choper, écornifler, gratter, piquer, rafler, souffler, subtiliser –POPULAIRE: faucher, ratiboiser. CONTR. *rendre, restituer.*

carré *adjectif*

/ Qui est franc. SYN. décidé, direct, droit, fair-play, franc, intègre, loyal, net, sincère –LITTÉRAIRE: probe –VIEUX: rond. CONTR. *déloyal, louche, retors, rusé* –FAMILIER: *roublard* –LITTÉRAIRE: *madré, tortu.*

carrefour *nom masculin*

/ Lieu où se croisent des routes. SYN. bifurcation, croisement, embranchement, entrecroisement, étoile, fourche, intersection, jonction, patte-d'oie, rond-point –LITTÉRAIRE: confluent, croisée.

carrément *adverbe*

/ Avec franchise. SYN. à découvert, directement, fermement, franchement, nettement, ouvertement, résolument, rondement, sans hésitation, sincèrement –LITTÉRAIRE: hardiment, nûment –POPULAIRE: franco. CONTR. *mollement, timidement* –LITTÉRAIRE: *tièdement.*

/ FAMILIER. D'une manière complète. SYN. absolument, complètement, entièrement, parfaitement, radicalement. CONTR. *à peine, légèrement, modérément, vaguement.*

carrer (se) *verbe pronominal*

/ S'installer confortablement. SYN. se caler, s'étaler.

carrossable *adjectif*

/ Où les voitures peuvent rouler. SYN. praticable. CONTR. *impraticable, inaccessible.*

carrure *nom féminin*

/ Forte personnalité. SYN. classe, envergure, stature, valeur –FAMILIER: gabarit.

cartel *nom masculin*

/ Entente entre des entreprises. SYN. consortium, trust.

cartésien *adjectif*

/ Qui a un esprit rationnel. SYN. logique, méthodique, rationnel. CONTR. *confus, irrationnel.*

cas *nom masculin*

/ Ce qui se produit. SYN. conjoncture, événement, éventualité, fait, hypothèse, occurrence, possibilité, situation.

/ Situation particulière. SYN. affaire, cause, état de choses, occasion, position.

casanier *adjectif*

/ Qui aime à rester chez soi. SYN. sédentaire –FAMILIER: pantouflard, pot-au-feu –LITTÉRAIRE: reclus. CONTR. *ambulant, bohème, mobile, nomade* –LITTÉRAIRE: *voyageur.*

cascade *nom féminin*

/ Chute d'eau. SYN. cataracte, saut.

/ Grande abondance de choses. SYN. avalanche, chapelet, débordement, déferlement, déluge, fatras, flot, foule, grêle, infinité, kyrielle, masse, monceau, multitude, myriade, nuée, pléiade, pluie, quantité, série, succession, tas, torrent –FAMILIER: armada, bordée, cargaison, flopée, foultitude, paquet, pelletée, régiment, ribambelle, tapée –LITTÉRAIRE: averse, essaim, séquelle. CONTR. *atome, bribe, brin, doigt, goutte, grain, gramme, larme, lueur, miette, nuage, once, parcelle, peu, pointe, soupçon, trace* –LITTÉRAIRE: *liard, ombre, trait* –POPULAIRE: *chouia.*

case *nom féminin*

/ Espace dans un meuble. SYN. casier, cellule, compartiment, division.

/ Habitation dans les pays chauds. SYN. cabane, hutte, paillote.

casemate *nom féminin*

/ Petit ouvrage fortifié. SYN. blockhaus, bunker, fortin.

caser *verbe*

/ Placer quelque chose. SYN. installer, loger, ranger, répartir –FAMILIER: enfourner, fourrer –POPULAIRE: coller. CONTR. *ôter, retirer.*

/ Procurer un emploi à quelqu'un. SYN. établir, placer.

cash *adverbe*

/ FAMILIER. *Payer cash.* SYN. comptant, rubis sur l'ongle –FAMILIER: recta. CONTR. *à crédit.*

casier *nom masculin*

/ Élément de rangement. SYN. case, compartiment, division.

casquer *verbe*
/ POPULAIRE. Donner de l'argent. SYN. acquitter, débourser, décaisser, dépenser, financer, payer, régler, s'acquitter, verser –FAMILIER: cracher, se fendre –POPULAIRE: douiller, les aligner, les allonger, les lâcher, les lâcher avec un élastique, raquer.

cassage *nom masculin*
/ Action de casser. SYN. bris, casse, cassement.

cassant *adjectif*
/ FAMILIER. Qui demande un effort. SYN. épuisant, esquintant, exténuant, fatigant, foulant, harassant –FAMILIER: claquant, éreintant, tuant. CONTR. *facile, reposant.*
/ Qui se casse aisément. SYN. fragile, friable. CONTR. *incassable, résistant, solide.*
/ D'une raideur tranchante. SYN. autoritaire, blessant, brusque, catégorique, coupant, dictatorial, dur, impérieux, péremptoire, rigide, sec, tranchant –LITTÉRAIRE: âcre. CONTR. *affable, aimable, engageant, flexible, gentil, malléable, souple* –LITTÉRAIRE: *amène, onctueux.*

casse *nom féminin*
/ Action de casser. SYN. bris, cassage, cassement, détérioration.

cassé *adjectif*
/ Courbé sous l'effet de l'âge. SYN. tassé, voûté.
/ FAMILIER. Très fatigué. SYN. brisé, épuisé, exténué, fourbu, K.-O., las, mort, recru –FAMILIER: achevé, déjeté, éreinté, esquinté, fini, flapi, moulu, tué.

casse-cou *adjectif*
/ FAMILIER. Qui s'expose au danger. SYN. audacieux, aventureux, hardi, intrépide, téméraire. CONTR. *circonspect, craintif, peureux, pleutre, précautionneux, prudent, sage, timoré* –LITTÉRAIRE: *pusillanime* –POPULAIRE: *trouillard.*

casse-cou *nom*
/ FAMILIER. Personne qui s'expose au danger. SYN. audacieux, imprudent, intrépide, kamikaze –FAMILIER: risque-tout. CONTR. *poltron* –FAMILIER: *femmelette, froussard, mauviette* –LITTÉRAIRE: *couard* –POPULAIRE: *trouillard* –VIEUX: *capon.*

casse-croûte *nom masculin*
/ FAMILIER. Repas sommaire. SYN. collation, en-cas, sandwich.

casse-gueule *adjectif*
/ POPULAIRE. Qui expose au danger. SYN. dangereux, délicat, hasardeux, imprudent, périlleux, redoutable, risqué. CONTR. *sûr.*

casse-pieds *adjectif*
/ FAMILIER. Qui est ennuyeux. SYN. fatigant, insipide –FAMILIER: assommant, barbant, bassinant, embêtant, empoisonnant, enquiquinant, rasant, rasoir, soûlant, tannant, tuant –POPULAIRE: chiant, emmerdant. CONTR. *agréable, amusant, captivant, délassant, distrayant, divertissant, intéressant, passionnant, plaisant, réjouissant, tentant.*

casse-pieds *nom*
/ FAMILIER. Personne qui importune. SYN. gêneur, trouble-fête –FAMILIER: crampon, empêcheur de danser en rond, empêcheur de tourner en rond, empoisonneur, enquiquineur, pot de colle, raseur –LITTÉRAIRE: fâcheux, importun –POPULAIRE: emmerdeur.

casser *verbe*
/ Mettre en morceaux. SYN. abîmer, briser, broyer, concasser, démolir, fracasser, fracturer, mutiler –LITTÉRAIRE: rompre –POPULAIRE: péter. CONTR. *arranger, consolider, raccommoder, réparer* –FAMILIER: *rabibocher, rafistoler, retaper.*
/ Procéder à l'annulation de. SYN. abolir, abroger, annuler, dissoudre, infirmer, invalider, résilier, rompre, supprimer. CONTR. *confirmer, entériner, valider.*
/ Faire perdre sa situation à quelqu'un. SYN. démettre, déposer, destituer, limoger, révoquer –FAMILIER: débarquer, dégommer, sabrer –POPULAIRE: sacquer, saquer. CONTR. *nommer, promouvoir* –FAMILIER: *propulser.*

casser (se) *verbe pronominal*
/ POPULAIRE. S'en aller. SYN. déguerpir, détaler, partir, s'enfuir, s'esquiver –FAMILIER: décamper, ficher le camp, filer, se débiner –POPULAIRE: décaniller, foutre le camp, mettre les bouts, mettre les voiles, se barrer, se carapater, se faire la malle, se tailler, se tirer.
/ Se mettre en morceaux. SYN. céder, craquer, lâcher, se briser, se fracturer, se rompre –FAMILIER: claquer, péter –LITTÉRAIRE: rompre.

cassure *nom féminin*

/ Endroit où un objet est cassé. SYN. brèche, coupure, faille, fêlure, fente, fissure, fracture, lézarde – LITTÉRAIRE : brisure. CONTR. *soudure.*

/ Interruption brutale. SYN. blessure, faille, fissure, rupture – LITTÉRAIRE : fêlure, lézarde.

castrer *verbe*

/ Enlever les organes génitaux. SYN. châtrer, émasculer, stériliser – FAMILIER : couper.

casuel *adjectif*

/ Qui peut arriver ou non. SYN. accidentel, conditionnel, contingent, éventuel, fortuit, incertain, occasionnel. CONTR. *assuré, certain, inévitable, sûr.*

cataclysme *nom masculin*

/ Bouleversement dans une situation. SYN. calamité, catastrophe, crise, désastre, fléau, ouragan, raz de marée, séisme, tempête, tornade.

catalogue *nom masculin*

/ Liste énumérative. SYN. dénombrement, énumération, état, glossaire, index, inventaire, nomenclature, recueil, registre, répertoire, rôle, table.

cataloguer *verbe*

/ Classer des éléments. SYN. classifier, dénombrer, inventorier, recenser, répertorier. CONTR. *déclasser.*

/ FAMILIER. Classer quelqu'un dans une catégorie. SYN. juger, ranger.

catapulter *verbe*

/ Placer à un poste plus élevé. SYN. élever, jeter, lancer, porter, promouvoir – FAMILIER : bombarder, propulser.

catastrophe *nom féminin*

/ Événement funeste. SYN. accident, calamité, cataclysme, coup dur, désastre, drame, épreuve, fatalité, fléau, malheur, revers, tragédie – FAMILIER : tuile – LITTÉRAIRE : infortune. CONTR. *bonheur, chance.*

catastropher *verbe*

/ FAMILIER. Provoquer la consternation. SYN. abasourdir, abattre, accabler, atterrer, confondre, consterner, effondrer.

catastrophique *adjectif*

/ Qui a le caractère d'une catastrophe. SYN. affreux, désastreux, effroyable, épouvantable, fatal, funeste, malheureux, terrible, triste – LITTÉRAIRE : calamiteux. CONTR. *bénéfique, bienfaisant, heureux, opportun, propice.*

/ Particulièrement mauvais. SYN. affligeant, détestable, épouvantable, lamentable, minable, navrant, piteux, pitoyable – FAMILIER : déplorable – LITTÉRAIRE : calamiteux. CONTR. *admirable, bon, convenable, excellent, incomparable, parfait, remarquable, satisfaisant.*

catéchiser *verbe*

/ Faire adopter une doctrine. SYN. convertir, endoctriner, persuader.

catéchisme *nom masculin*

/ Résumé dogmatique d'une doctrine. SYN. bible, credo, dogme, évangile.

catégorie *nom féminin*

/ Personnes, choses de même nature. SYN. classe, espèce, famille, genre, groupe, ordre, rang, série, sorte.

catégorique *adjectif*

/ Qui a une opinion bien arrêtée. SYN. autoritaire, direct, doctrinaire, dogmatique, franc, péremptoire, tranchant. CONTR. *conciliant, hésitant, indécis.*

/ Qui est exprimé avec force. SYN. absolu, affirmatif, cassant, explicite, exprès, formel, impératif, net, radical, tranché. CONTR. *ambigu, conditionnel, équivoque, évasif, indirect, voilé.*

catégoriquement *adverbe*

/ De façon nette. SYN. carrément, clairement, énergiquement, formellement, franchement, nettement, radicalement – POPULAIRE : franco. CONTR. *allusivement, ambigument, évasivement.*

catilinaire *nom féminin*

/ LITTÉRAIRE. Discours violent. SYN. diatribe, réquisitoire, satire – LITTÉRAIRE : factum, philippique. CONTR. *apologie* – LITTÉRAIRE : *dithyrambe.*

cauchemar *nom masculin*

/ Ce qui tourmente. SYN. hantise, obsession, tourment.

cauchemardesque ou **cauchemardeux** *adjectif*

/ FAMILIER. Qui tient du cauchemar. SYN. effroyable, épouvantable, horrifiant, terrible, terrifiant –LITTÉRAIRE: horrifique.

causant *adjectif*

/ FAMILIER. Qui parle volontiers. SYN. bavard, causeur, communicatif, loquace, prolixe, volubile –LITTÉRAIRE: disert. CONTR. *muet, ours, silencieux, taciturne.*

cause *nom féminin*

/ Ce qui produit quelque chose. SYN. agent, explication, facteur, fondement, mobile, moteur, motif, origine, raison, source, sujet –LITTÉRAIRE: principe. CONTR. *conséquence, contrecoup, effet, répercussion, résultat, suite.*

/ Affaire de justice. SYN. cas, litige, procès.

causer *verbe intransitif*

/ S'entretenir avec quelqu'un. SYN. bavarder, converser, dialoguer, discuter, disserter, parler –FAMILIER: discuter le coup, faire la causette, faire un brin de causette, papoter, tailler une bavette –LITTÉRAIRE: deviser –POPULAIRE: discuter le bout de gras. CONTR. *se taire.*

/ FAMILIER. Parler avec malveillance. SYN. jaser, médire –FAMILIER: cancaner, commérer, jacasser, potiner –LITTÉRAIRE: clabauder, jaboter.

causer *verbe transitif*

/ Être la cause de quelque chose. SYN. amener, apporter, attirer, coûter, créer, déclencher, déterminer, donner, donner lieu à, donner matière à, engendrer, entraîner, faire naître, fournir l'occasion de, induire, motiver, occasionner, prêter à, procurer, produire, provoquer, soulever, susciter, valoir. CONTR. *découler, dériver, procéder de, résulter de, s'ensuivre, venir de* –LITTÉRAIRE: *ressortir de.*

causerie *nom féminin*

/ Petite conférence. SYN. conférence, discours. CONTR. *monologue.*

/ Entretien sans prétention. SYN. conciliabule, conversation, dialogue, entretien.

causette *nom féminin*

/ FAMILIER. Petite conversation. SYN. bavardage, entretien –FAMILIER: papotage, parlote, parlotte.

causeur *adjectif*

/ Qui parle volontiers. SYN. bavard, jaseur, loquace, prolixe, volubile –FAMILIER: causant, jacasseur, jacassier –LITTÉRAIRE: disert –POPULAIRE: jaspineur. CONTR. *muet, silencieux, taciturne.*

causeur *nom*

/ Personne qui parle volontiers. SYN. bavard, discoureur –FAMILIER: pie –LITTÉRAIRE: parleur –POPULAIRE: pipelette.

causticité *nom féminin*

/ Caractère mordant. SYN. acrimonie, mordant, virulence. CONTR. *bienveillance, douceur* –LITTÉRAIRE: *bénignité, mansuétude.*

caustique *adjectif*

/ Qui corrode. SYN. corrodant, corrosif.

/ Qui montre de la causticité. SYN. à l'emporte-pièce, acerbe, acéré, acide, agressif, incisif, moqueur, mordant, narquois, railleur, satirique, vif, virulent –FAMILIER: saignant –LITTÉRAIRE: acrimonieux, épigrammatique, piquant. CONTR. *affable, bienveillant, doucereux, doux, flatteur, louangeur* –LITTÉRAIRE: *amène, débonnaire.*

cautèle *nom féminin*

/ LITTÉRAIRE. Finesse mêlée de ruse. SYN. rouerie –FAMILIER: roublardise –LITTÉRAIRE: matoiserie, sournoiserie. CONTR. *candeur, franchise, ingénuité, naïveté.*

cauteleux *adjectif*

/ LITTÉRAIRE. Qui montre de la cautèle. SYN. perfide, retors, roué, rusé, sournois –LITTÉRAIRE: artificieux, madré, matois, tortu –VIEUX: finasseur, finassier. CONTR. *candide, droit, franc, loyal, naïf, sincère.*

caution *nom féminin*

/ Garantie d'un engagement. SYN. cautionnement, gage, nantissement.

/ Personne qui s'engage. SYN. garant, répondant.

/ Garantie morale. SYN. parrainage, patronage, protection, recommandation, soutien.

cautionnement *nom masculin*

/ Dépôt servant de garantie. SYN. caution, gage.

cautionner *verbe*

/ Donner son appui à. SYN. approuver, avaliser, garantir, parrainer, patronner, répondre. CONTR. *désapprouver, désavouer.*

cavaler *verbe intransitif*

/ POPULAIRE. Partir rapidement. SYN. déguerpir, fuir, se sauver, s'enfuir, s'esquiver – FAMILIER : décamper, détaler, filer – POPULAIRE : décaniller, se barrer, se calter, se carapater, se débiner, se tailler, se tirer.

/ POPULAIRE. Se dépêcher. SYN. courir, galoper – FAMILIER : filer, foncer, speeder, trotter – POPULAIRE : avoir le feu aux fesses.

cavaler *verbe transitif*

/ POPULAIRE. Ennuyer quelqu'un. SYN. fatiguer – FAMILIER : barber, empoisonner, enquiquiner, faire suer, pomper, raser, tanner – LITTÉRAIRE : importuner – POPULAIRE : emmerder.

cavalier *adjectif*

/ Qui montre du sans-gêne. SYN. désinvolte, effronté, familier, hardi, impertinent, incorrect, indélicat, inélégant, insolent, leste, libre, mal élevé – FAMILIER : culotté, gonflé, sans gêne – LITTÉRAIRE : irrévérencieux. CONTR. *cérémonieux, déférent, emprunté, gêné, grave, respectueux* – LITTÉRAIRE : *révérencieux.*

cavalier *nom masculin*

/ Homme qui accompagne une femme. SYN. chevalier servant, danseur, partenaire.

cavalièrement *adverbe*

/ De façon insolente. SYN. abruptement, crûment, effrontément, impertinemment, impoliment, insolemment – LITTÉRAIRE : irrespectueusement, irrévérencieusement – VIEUX : irrévéremment. CONTR. *délicatement, poliment, respectueusement* – LITTÉRAIRE : *révérencieusement.*

cave *nom féminin*

/ Pièce en sous-sol. SYN. cellier, chai. CONTR. *comble, grenier.*

caver *verbe*

/ LITTÉRAIRE. Creuser le sol. SYN. creuser, évider, excaver, miner, ronger.

caverne *nom féminin*

/ Cavité naturelle. SYN. grotte, tanière – LITTÉRAIRE : antre.

caverneux *adjectif*

/ Dont le son est grave. SYN. bas, grave, profond, sourd – LITTÉRAIRE : sépulcral. CONTR. *aigu, clair, éclatant, haut, perçant, plein, sonore, strident* – LITTÉRAIRE : *cristallin.*

caviarder *verbe*

/ Supprimer un passage. SYN. censurer, effacer, sabrer.

cavité *nom féminin*

/ Espace vide. SYN. alvéole, anfractuosité, concavité, creux, dépression, enfoncement, excavation, niche, trou, vide. CONTR. *bosse, butte, éminence, saillie.*

cécité *nom féminin*

/ LITTÉRAIRE. Aveuglement de l'esprit. SYN. égarement, entêtement. CONTR. *acuité, clairvoyance, discernement, lucidité, pénétration, perspicacité, sagacité.*

cédant *nom*

/ Personne qui cède son droit. SYN. vendeur. CONTR. *acheteur, acquéreur, cessionnaire.*

céder *verbe intransitif*

/ Ne pas tenir. SYN. craquer, lâcher, sauter, se casser, se rompre – LITTÉRAIRE : ployer, rompre. CONTR. *résister, tenir.*

/ S'avouer vaincu. SYN. abandonner, abdiquer, baisser pavillon, capituler, fléchir, mettre pavillon bas, plier, renoncer, s'incliner – FAMILIER : flancher. CONTR. *lutter, résister, se rebeller, se révolter, s'obstiner, tenir, tenir bon, vaincre* – FAMILIER : *se rebiffer, tenir le coup.*

/ Accepter un compromis. SYN. composer, obtempérer, renoncer, se résigner, se soumettre, s'incliner, transiger, trouver un terrain d'entente – POPULAIRE : s'écraser.

céder *verbe transitif*

/ Abandonner quelque chose à quelqu'un. SYN. aliéner, donner, laisser, livrer, se dessaisir de, transmettre – FAMILIER : filer, passer. CONTR. *conserver, garder, se réserver.*

/ Vendre un bien. SYN. aliéner, allouer, concéder, octroyer, revendre, se dessaisir, transférer, vendre. CONTR. *acheter, acquérir, annexer, conserver, garder, s'approprier.*

céder *verbe transitif indirect*

/ Ne pas résister à. SYN. consentir, se prêter à, se rendre à, se soumettre, s'incliner, succomber. CONTR. *défier, lutter, résister, s'insurger, s'opposer.*

ceindre *verbe*

/ LITTÉRAIRE. Entourer une partie du corps. SYN. ceinturer, cerner, encadrer, encercler, enclore, enserrer, entourer, envelopper – LITTÉRAIRE : auréoler, couronner, nimber.

ceinturer *verbe*

/ Entourer un lieu, un espace. SYN. border, cercler, cerner, encadrer, encercler, enclore, enserrer, envelopper – LITTÉRAIRE : ceindre, clore, enceindre.

/ Saisir quelqu'un par la taille. SYN. enserrer, étreindre. CONTR. *lâcher, relâcher.*

célébration *nom féminin*

/ Action de célébrer quelque chose. SYN. cérémonie, commémoration.

célèbre *adjectif*

/ Connu de tous. SYN. à succès, consacré, en vogue, glorieux, historique, illustre, légendaire, marquant, mémorable, notoire, populaire, proverbial, renommé, réputé – LITTÉRAIRE : fameux. CONTR. *ignoré, inconnu, méconnu, obscur, oublié.*

célébrer *verbe*

/ Fêter un événement. SYN. commémorer, solenniser.

/ Louer solennellement. SYN. chanter, exalter, glorifier, honorer, prôner, vanter – LITTÉRAIRE : encenser, magnifier, sanctifier. CONTR. *anathématiser, critiquer, décrier, déprécier, diffamer, discréditer, ravaler* – FAMILIER : *éreinter, esquinter* – LITTÉRAIRE : *dauber, déchirer, vilipender.*

célébrité *nom féminin*

/ Grand renom. SYN. éclat, gloire, notoriété, popularité, renommée, vogue – FAMILIER : cote. CONTR. *anonymat, incognito, oubli* – LITTÉRAIRE : *obscurité.*

/ Personne célèbre. SYN. étoile, gloire, idole, personnage, personnalité, star, vedette – FAMILIER : ténor.

celer *verbe*

/ LITTÉRAIRE. Tenir secret. SYN. cacher, déguiser, dissimuler, masquer, occulter, passer sous silence, taire. CONTR. *colporter, confier, découvrir, dévoiler, divulguer, exhiber, exprimer, montrer, proclamer, révéler, trahir* – FAMILIER : *déballer* – LITTÉRAIRE : *déceler.*

célérité *nom féminin*

/ Rapidité dans une action. SYN. empressement, hâte, précipitation, vitesse – LITTÉRAIRE : diligence, prestesse, promptitude, vélocité, vivacité. CONTR. *atermoiements, lenteur, nonchalance.*

céleste *adjectif*

/ LITTÉRAIRE. Relatif au ciel. SYN. astral. CONTR. *terrestre.*

/ LITTÉRAIRE. Qui cause le ravissement. SYN. angélique, archangélique, divin, paradisiaque – LITTÉRAIRE : séraphique. CONTR. *diabolique* – LITTÉRAIRE : *infernal, méphistophélique.*

célibataire *nom*

/ Personne qui vit dans le célibat. SYN. fille, garçon, vieille fille, vieux garçon. CONTR. *marié.*

cellule *nom féminin*

/ Pièce servant à isoler quelqu'un. SYN. cachot, oubliettes – LITTÉRAIRE : geôle – POPULAIRE : bloc, mitard – VIEUX : basse-fosse, cul-de-basse-fosse.

/ Groupe de personnes proches. SYN. clan, clique, noyau.

cénacle *nom masculin*

/ Groupe restreint de personnes. SYN. cercle, chapelle, clan, club, colonie, coterie, faction.

cendreux *adjectif*

/ Qui a la couleur de la cendre. SYN. grisâtre, plombé, terreux.

censé *adjectif*

/ Considéré comme devant être. SYN. présumé, prétendu, supposé, tenu de.

censément *adverbe*
/ En apparence. SYN. apparemment, probablement, sans doute, théoriquement, vraisemblablement. CONTR. *effectivement, réellement.*

censeur *nom masculin*
/ LITTÉRAIRE. Personne qui critique. SYN. critique, détracteur, juge –LITTÉRAIRE: contempteur. CONTR. *adulateur, apologiste, flatteur, panégyriste* –LITTÉRAIRE: *complimenteur, encenseur, flagorneur, laudateur, louangeur.*

censure *nom féminin*
/ Action de critiquer. SYN. blâme, condamnation, critique, désaveu, réprobation. CONTR. *apologie, approbation, dithyrambe, flatterie, louange, panégyrique* –LITTÉRAIRE: *adulation.*
/ Action d'interdire. SYN. interdiction, mise à l'index, prohibition, proscription. CONTR. *appui, soutien.*

censurer *verbe*
/ LITTÉRAIRE. Critiquer vivement. SYN. blâmer, condamner, désapprouver, réprouver. CONTR. *aduler, approuver, exalter, flatter, louer, prôner, vanter* –LITTÉRAIRE: *encenser.*
/ Interdire quelque chose. SYN. boycotter, caviarder, classer X, interdire, ixer, mettre à l'index, prohiber, proscrire. CONTR. *appuyer, soutenir.*

centime *nom masculin*
/ Très petite somme d'argent. SYN. maravédis –FAMILIER: rond, sou –LITTÉRAIRE: liard –POPULAIRE: kopeck, radis.

central *adjectif*
/ Qui est au centre. SYN. médian. CONTR. *excentrique, périphérique.*
/ Qui est le plus important. SYN. capital, crucial, décisif, essentiel, fondamental, majeur, primordial, principal. CONTR. *accessoire, second, secondaire.*

centralisation *nom féminin*
/ Action de centraliser. SYN. canalisation, concentration. CONTR. *décentralisation, dispersion.*

centraliser *verbe*
/ Rassembler en un centre unique. SYN. canaliser, concentrer. CONTR. *décentraliser.*

centre *nom masculin*
/ Milieu d'un espace. CONTR. *bord, extrémité, périphérie, pourtour.*
/ Lieu d'où rayonnent des activités. SYN. cœur, foyer, pôle, siège.
/ Personne qui a un rôle capital. SYN. âme, cerveau, cheville ouvrière, pivot.
/ Point essentiel. SYN. base, clef de voûte, cœur, fondement, nœud, noyau, pierre angulaire, pivot, vif du sujet.
/ Lieu important par son activité. SYN. agglomération, cité, ville, zone.

centrer *verbe*
/ Orienter vers quelque chose. SYN. aiguiller, axer, concentrer, diriger. CONTR. *détourner.*

cependant *adverbe*
/ Marque une opposition. SYN. néanmoins, pourtant, toutefois.

cercle *nom masculin*
/ Figure géométrique. SYN. circonférence, rond.
/ Objet en forme de cercle. SYN. anneau, boucle, cerceau, disque –LITTÉRAIRE: orbe.
/ Groupe de personnes. SYN. assemblée, assistance, cénacle, chapelle, clan, club, compagnie, société –LITTÉRAIRE: camarilla.
/ Entourage de quelqu'un. SYN. cadre, groupe, milieu, proches, sphère.

cercler *verbe*
/ Entourer d'un cercle. SYN. border, ceinturer, clore, encadrer, encercler, enclore, enserrer –LITTÉRAIRE: auréoler, ceindre, enceindre.

cérébral *adjectif*
/ Qui concerne l'esprit. SYN. intellectuel, mental, psychique. CONTR. *affectif, physique, sensuel, somatique.*

cérébralité *nom féminin*
/ LITTÉRAIRE. Activité du cerveau. SYN. esprit, intellect.

cérémonial *nom masculin*
/ Règles propres à une cérémonie. SYN. décorum, étiquette, protocole, rite, rituel.
/ VIEUX. Règles de politesse. SYN. –LITTÉRAIRE: cérémonie, civilité, solennité. CONTR. *laisser-aller, sans-gêne, simplicité* –LITTÉRAIRE: *sans-façon.*

cérémonie *nom féminin*

/ Célébration solennelle. SYN. commémoration, fête, liturgie, rite, solennité.

/ LITTÉRAIRE. Politesses excessives. SYN. –LITTÉRAIRE: civilité, solennité –VIEUX: cérémonial. CONTR. *désinvolture, laisser-aller, sans-gêne* –LITTÉRAIRE: *sans-façon.*

/ Manières affectées. SYN. apparat, façons, manières –FAMILIER: chichis, tralala. CONTR. *naturel, simplicité, spontanéité.*

cérémoniel *adjectif*

/ Relatif à une cérémonie. SYN. apprêté, solennel. CONTR. *naturel, simple, spontané.*

cérémonieux *adjectif*

/ Plein de cérémonie. SYN. affecté, apprêté, compassé, formaliste, gourmé, guindé, obséquieux, pincé, pompeux, protocolaire, solennel. CONTR. *cavalier, désinvolte, familier, simple, spontané.*

cerner *verbe*

/ Marquer d'un trait le contour de. SYN. encadrer, encercler, entourer –LITTÉRAIRE: auréoler, nimber.

/ Entourer comme d'un cercle. SYN. assiéger, bloquer, boucler, ceinturer, encercler, enclore, enserrer, environner, investir –LITTÉRAIRE: ceindre.

/ Délimiter une question. SYN. borner, circonscrire, circonvenir, limiter. CONTR. *élargir, étendre.*

certain *adjectif*

/ Dont on ne peut douter. SYN. avéré, établi, évident, exact, fiable, flagrant, formel, incontestable, indéniable, indiscutable, indubitable, irrécusable, irréfutable, manifeste, net, palpable, patent, positif, sûr, tangible –LITTÉRAIRE: irréfragable. CONTR. *contestable, discutable, douteux, faux, hasardeux, hypothétique, illusoire, improbable, incertain, invraisemblable, réfutable, supposé, suspect* –LITTÉRAIRE: *vacillant.*

/ Qui ne manquera pas d'arriver. SYN. assuré, déterminé, fatal, forcé, immanquable, inéluctable, infaillible, obligatoire –FAMILIER: couru, couru d'avance. CONTR. *aléatoire, aventureux, casuel, chimérique, conjectural, contingent, douteux, éventuel, hasardeux, improbable, incertain* –LITTÉRAIRE: *chanceux.*

certainement *adverbe*

/ Exprime une affirmation. SYN. absolument, assurément, bien entendu, bien sûr, certes, d'accord, évidemment, naturellement, parfaitement, sûrement. CONTR. *peut-être.*

/ De façon certaine. SYN. à coup sûr, à l'évidence, de toute évidence, évidemment, fatalement, forcément, immanquablement, incontestablement, indéniablement, indiscutablement, indubitablement, inévitablement, infailliblement, manifestement, nécessairement, obligatoirement, sans conteste, sûrement, visiblement –LITTÉRAIRE: sans contredit. CONTR. *éventuellement, peut-être.*

certes *adverbe*

/ LITTÉRAIRE. Marque une affirmation. SYN. assurément, certainement, évidemment, oui.

certificat *nom masculin*

/ Écrit qui atteste un fait. SYN. acte, attestation, bulletin, diplôme, justificatif, pièce, témoignage.

certifié *adjectif*

/ Garanti comme vrai. SYN. attesté, authentique, officiel, vérifié. CONTR. *faux.*

certifier *verbe*

/ Garantir par une certification. SYN. authentifier, légaliser –VIEUX: authentiquer.

/ Affirmer quelque chose à quelqu'un. SYN. assurer, attester, confirmer, dire, garantir, jurer, soutenir. CONTR. *contester, démentir, infirmer, nier.*

certitude *nom féminin*

/ Ce qui est certain. SYN. évidence, vérité. CONTR. *chimère, conjecture, hypothèse, illusion, improbabilité, obscurité, soupçon, utopie.*

/ Fait d'être sûr de la réalité de. SYN. assurance, conviction, croyance, foi, persuasion. CONTR. *doute, incertitude, perplexité, scepticisme.*

cerveau *nom masculin*

/ Siège des facultés mentales. SYN. cervelle, esprit, tête –FAMILIER: crâne, matière grise, méninges –POPULAIRE: ciboulot.

/ Personne très intelligente. SYN. génie, gloire, prodige, reine, roi, virtuose –FAMILIER: aigle, as, cacique, champion, crack, grosse tête –LITTÉRAIRE: lumière, phénix. CONTR. *incapable, nul, nullité, raté* –FAMILIER: *zéro.*

/ Chef de bande. **SYN.** âme, leader, meneur, porte-drapeau, tête, tête pensante.

cervelle *nom féminin*

/ Siège des facultés mentales. **SYN.** cerveau, esprit, tête – FAMILIER: crâne, matière grise, méninges – POPULAIRE: ciboulot.

césarisme *nom masculin*

/ Pouvoir dictatorial. **SYN.** absolutisme, autocratie, autoritarisme, caporalisme, despotisme, dictature, tyrannie. **CONTR.** *démocratie, libéralisme.*

cessation *nom féminin*

/ Action de cesser. **SYN.** abolition, arrêt, clôture, fermeture, fin, interruption, suppression, suspension. **CONTR.** *continuation, continuité, durée, maintien, poursuite, prolongation, recommencement, reprise.*

cesser *verbe intransitif*

/ Arriver à son terme. **SYN.** expirer, finir, mourir, passer, prendre fin, s'achever, s'arrêter, se terminer, s'interrompre. **CONTR.** *continuer, durer, persister, recommencer, reprendre, se poursuivre.*

cesser *verbe transitif*

/ Mettre fin à une action. **SYN.** achever, arrêter, circonscrire, clôturer, conclure, endiguer, enrayer, interrompre, juguler, mettre un frein à, mettre un point final à, mettre un terme à, retenir, stopper, suspendre – LITTÉRAIRE: clore. **CONTR.** *amorcer, continuer, déclencher, développer, perpétuer, poursuivre, pousser, reprendre.*

cessez-le-feu *nom masculin*

/ Arrêt des hostilités. **SYN.** armistice, suspension d'armes, trêve.

cessible *adjectif*

/ Qui peut ou doit être cédé. **SYN.** négociable, transférable, transmissible, vendable. **CONTR.** *incessible, incommunicable, invendable* – LITTÉRAIRE: *inaliénable.*

cession *nom féminin*

/ Action de céder quelque chose. **SYN.** abandon, aliénation, délaissement, transmission, vente. **CONTR.** *achat, acquisition, annexion.*

cessionnaire *nom*

/ Personne à qui l'on fait une cession. **SYN.** acheteur, acquéreur, bénéficiaire. **CONTR.** *cédant, vendeur.*

chafouin *adjectif*

/ Sournois et rusé. **SYN.** dissimulé, fourbe, hypocrite, perfide, sournois – FAMILIER: faux jeton – LITTÉRAIRE: cafard. **CONTR.** *droit, franc, ouvert.*

chagrin *adjectif*

/ LITTÉRAIRE. Qui éprouve de la tristesse. **SYN.** affecté, affligé, attristé, cafardeux, chagriné, dépité, désolé, maussade, morne, morose, navré, peiné, sombre, taciturne, triste. **CONTR.** *content, enchanté, gai, heureux, radieux, ravi, rayonnant, réjoui, riant, rieur.*

/ LITTÉRAIRE. Porté au mécontentement. **SYN.** bilieux, bougon, contrarié, ennuyé, grincheux, grognon, renfrogné, revêche. **CONTR.** *allègre, enjoué, enthousiaste, gai, guilleret, jovial, satisfait.*

chagrin *nom masculin*

/ Souffrance morale. **SYN.** affliction, déplaisir, désolation, douleur, malheur, peine, tourment, tristesse – LITTÉRAIRE: navrement. **CONTR.** *allégresse, bonheur, consolation, contentement, gaieté, joie, plaisir, réjouissance, satisfaction.*

chagrinant *adjectif*

/ Qui chagrine. **SYN.** affligeant, attristant, désolant, navrant. **CONTR.** *consolant, enchanteur, heureux, joyeux, réjouissant* – LITTÉRAIRE: *riant.*

chagriné *adjectif*

/ Qui a du chagrin. **SYN.** affecté, affligé, attristé, cafardeux, malheureux, navré, peiné, sombre, triste – LITTÉRAIRE: chagrin. **CONTR.** *content, enchanté, gai, heureux, radieux, ravi, rayonnant, réjoui, riant, rieur.*

chagriner *verbe*

/ Causer du chagrin. **SYN.** affecter, affliger, assombrir, attrister, consterner, désoler, navrer, peiner – LITTÉRAIRE: contrister, rembrunir. **CONTR.** *amuser, charmer, consoler, dérider, égayer, enthousiasmer, réjouir.*

/ Causer du déplaisir. **SYN.** contrarier, déplaire, ennuyer, fâcher, mécontenter, tourmenter, tracasser – FAMILIER: chicaner, chiffonner, embêter, turlupiner –POPULAIRE: emmerder –VIEUX: soucier. CONTR. *contenter, satisfaire.*

chahut *nom masculin*

/ FAMILIER. Grand vacarme. SYN. charivari, esclandre, tapage, tintamarre –FAMILIER: boucan, chambard, cirque, foire, pétard, raffut, tintouin, tohu-bohu –LITTÉRAIRE: hourvari –POPULAIRE: barouf, baroufe, bastringue, ramdam –VIEUX: sabbat. CONTR. *calme, ordre, paix, silence, tranquillité.*

chahuter *verbe*

/ Traiter sans ménagement. SYN. bousculer, conspuer, huer, malmener, siffler.

chaîne *nom féminin*

/ Série ininterrompue de faits. SYN. enchaînement, engrenage, filiation, suite.

chaînes *nom féminin pluriel*

/ LITTÉRAIRE. Liens de dépendance. SYN. asservissement, carcan, entrave, esclavage, sujétion –LITTÉRAIRE: assujettissement, astreinte, fers, joug, lien, nœud, tyrannie. CONTR. *émancipation, indépendance, liberté.*

chair *nom féminin*

/ Instinct sexuel. SYN. sens, sensualité. CONTR. *âme, esprit.*

chaleur *nom féminin*

/ Qualité de ce qui est chaud. SYN. canicule, fournaise –LITTÉRAIRE: touffeur. CONTR. *fraîcheur, froid, froidure, tiédeur.*

/ Ardeur des sentiments. SYN. emballement, entrain, ferveur, feu, fièvre, fougue, frénésie, impétuosité, passion, pétulance, véhémence, violence –LITTÉRAIRE: flamme, transport. CONTR. *atonie, calme, flegme, froideur, impassibilité, indifférence, langueur, prostration, torpeur.*

chaleureusement *adverbe*

/ De façon chaleureuse. SYN. amicalement, chaudement, cordialement. CONTR. *fraîchement, froidement –*LITTÉRAIRE: *tièdement.*

chaleureux *adjectif*

/ Qui montre de l'enthousiasme. SYN. ardent, chaud, empressé, enflammé, enthousiaste, fervent, vif. CONTR. *flegmatique, tiède.*

/ Qui montre de la sympathie. SYN. amical, convivial, cordial, sympathique. CONTR. *froid, glacé, glacial, hautain, inaccessible, inamical, rogue, tiède –*FAMILIER: *frais.*

chamaille *nom féminin*

/ FAMILIER. Petite dispute. SYN. discussion, querelle –FAMILIER: bagarre, bisbille, discutaillerie, fâcherie –LITTÉRAIRE: chicane.

chamailler (se) *verbe pronominal*

/ FAMILIER. Se disputer pour peu. SYN. s'accrocher, se disputer, se quereller –POPULAIRE: s'engueuler. CONTR. *fraterniser, s'entendre.*

chamaillerie *nom féminin*

/ FAMILIER. Petite dispute. SYN. discussion, querelle –FAMILIER: bagarre, bisbille, discutaillerie, fâcherie –LITTÉRAIRE: chicane.

chamarré *adjectif*

/ Aux couleurs variées. SYN. bariolé, bigarré, multicolore, panaché, polychrome, tacheté –LITTÉRAIRE: versicolore. CONTR. *sobre, uni, unicolore.*

chambard *nom masculin*

/ FAMILIER. Grand désordre. SYN. bouleversement, renversement, révolution –FAMILIER: chambardement –LITTÉRAIRE: chamboulement.

/ FAMILIER. Protestations tapageuses. SYN. chahut, charivari, esclandre, tapage, tintamarre –FAMILIER: foire, raffut, tintouin, tohu-bohu –LITTÉRAIRE: hourvari –POPULAIRE: barouf, baroufe, ramdam –VIEUX: sabbat.

chambardement *nom masculin*

/ FAMILIER. Action de bouleverser. SYN. bouleversement, désordre, remue-ménage, renversement, révolution –FAMILIER: chambard, chamboulement.

chambarder *verbe*

/ FAMILIER. Mettre un lieu en désordre. SYN. dévaster, mettre sens dessus dessous, saccager –FAMILIER: chambouler. CONTR. *arranger, ranger.*

/ FAMILIER. Déranger complètement. SYN. bouleverser, bousculer, déranger, renverser, révolutionner –FAMILIER: chambouler.

chambouler *verbe*

/ FAMILIER. Mettre un lieu en désordre. SYN. dévaster, mettre sens dessus dessous, saccager –FAMILIER: chambarder. CONTR. *arranger, ranger.*

/ FAMILIER. Déranger quelque chose. SYN. bouleverser, changer, déranger, désorganiser, renverser, révolutionner –FAMILIER: chambarder.

/ FAMILIER. Bouleverser quelqu'un. SYN. bouleverser, ébranler, perturber, remuer, secouer, toucher, troubler –FAMILIER: tourneboulér.

chambrer *verbe*

/ VIEUX. Garder quelqu'un enfermé. SYN. cadenasser, claquemurer, claustrer, cloîtrer, confiner, consigner, isoler, séquestrer.

/ FAMILIER. Se moquer de quelqu'un. SYN. plaisanter, railler, taquiner –FAMILIER: blaguer –POPULAIRE: charrier.

chameau *nom masculin*

/ FAMILIER. Personne méchante. SYN. peste –FAMILIER: poison, rosse, teigne –POPULAIRE: charogne, peau de vache, punaise, salaud, saligaud, salopard, salopiau, salopiaud, salopiot, vache.

champ *nom masculin*

/ Domaine d'activité. SYN. branche, cercle, espace, étendue, sphère –LITTÉRAIRE: région.

champêtre *adjectif*

/ LITTÉRAIRE. Qui se rapporte à la campagne. SYN. agreste, bucolique, campagnard, paysan, rural –LITTÉRAIRE: pastoral, rustique. CONTR. *citadin, urbain.*

champion *nom*

/ Personne qui gagne. SYN. challenger, gagnant, recordman, vainqueur. CONTR. *lanterne rouge, perdant.*

/ Personne qui soutient une cause. SYN. apôtre, avocat, défenseur, partisan, pilier, soutien, tenant –LITTÉRAIRE: intercesseur, souteneur.

/ FAMILIER. Personne qui se distingue. SYN. cerveau, chef, génie, gloire, prodige, reine, roi, virtuose –FAMILIER: aigle, as, cacique, crack –LITTÉRAIRE: lumière, phénix. CONTR. *incapable, nul, nullité, raté* –FAMILIER: *zéro.*

chançard *adjectif*

/ POPULAIRE. Qui a de la chance. SYN. heureux –FAMILIER: chanceux, veinard, verni. CONTR. *malchanceux, malheureux* –FAMILIER: *guignard* –LITTÉRAIRE: *infortuné.*

chance *nom féminin*

/ Possibilité qu'une chose se produise. SYN. éventualité, occasion, possibilité, probabilité.

/ Sort favorable. SYN. aubaine, bonheur, bonne étoile, heureux hasard, providence –FAMILIER: baraka, bol, pot, veine –LITTÉRAIRE: bonne fortune. CONTR. *avatar, calamité, catastrophe, déboire, malchance, mauvais œil* –FAMILIER: *déveine, guigne* –LITTÉRAIRE: *adversité, infortune* –POPULAIRE: *poisse, scoumoune* –VIEUX: *guignon.*

chancelant *adjectif*

/ Qui chancelle. SYN. boiteux, branlant, flageolant, instable, oscillant, titubant, trébuchant –LITTÉRAIRE: vacillant. CONTR. *assis, ferme.*

/ Mal assuré. SYN. affaibli, débile, défaillant, faible, flottant, fragile, précaire, vulnérable. CONTR. *consolidé, durable, solide, stable.*

chanceler *verbe*

/ Vaciller sur ses pieds. SYN. branler, chavirer, flageoler, osciller, tituber, trébucher, trembler, trembloter –FAMILIER: tanguer.

/ Menacer de s'altérer. SYN. fléchir, mollir, plier, se relâcher –LITTÉRAIRE: défaillir, faiblir, ployer. CONTR. *s'affermir.*

chanceux *adjectif*

/ LITTÉRAIRE. Qui dépend de la chance. SYN. aléatoire, aventureux, hasardeux, incertain, problématique, risqué. CONTR. *assuré, certain, sûr.*

/ FAMILIER. Qui a de la chance. SYN. bienheureux, heureux, né sous une bonne étoile –FAMILIER: veinard, verni –POPULAIRE: chançard. CONTR. *malchanceux, malheureux* –FAMILIER: *guignard* –LITTÉRAIRE: *infortuné.*

chandail *nom masculin*

/ Vêtement qu'on enfile par la tête. SYN. laine, pull, pull-over, tricot.

chandelier *nom masculin*

/ Support pour bougies. SYN. candélabre, flambeau, torchère.

changé *adjectif*

/ Devenu différent. SYN. altéré, différent, méconnaissable, modifié, transformé. CONTR. *inaltéré, inchangé, intact.*

changeable *adjectif*

/ Qui peut être changé. SYN. altérable, modifiable, transformable. CONTR. *constant, immuable, inaltérable, inchangeable, invariable, stable.*

changeant *adjectif*

/ Sujet au changement. SYN. capricieux, divers, fantasque, flottant, fluctuant, inconstant, inégal, influençable, instable, léger, mobile, mouvant, variable, varié, versatile, volage –LITTÉRAIRE: ondoyant, vacillant. CONTR. *conséquent, constant, durable, égal, ferme, fidèle, immuable, inconstant, inflexible, invariable, obstiné, opiniâtre, patient, permanent, perpétuel, persévérant, régulier, stable.*

/ Dont la couleur varie. SYN. chatoyant, miroitant, moiré. CONTR. *fixe, identique, inaltérable, permanent, uniforme.*

changement *nom masculin*

/ Passage d'un état à un autre. SYN. altération, déplacement, évolution, fluctuation, métamorphose, modification, mutation, permutation, remplacement, renouvellement, réorganisation, substitution, transformation, variation –LITTÉRAIRE: transmutation. CONTR. *continuation, maintien, permanence, prolongation* –LITTÉRAIRE: *fixité.*

/ Bouleversement de l'ordre établi. SYN. innovation, nouveauté, réforme, remaniement, revirement, rupture, volte-face. CONTR. *constance, continuité, égalité, immobilisme, immobilité, inertie, invariabilité, permanence, persévérance, persistance, régularité, stabilité, stagnation* –LITTÉRAIRE: *immuabilité.*

changer *verbe intransitif*

/ Être remplacé par. SYN. échanger, permuter.

/ Devenir différent. SYN. évoluer, se modifier, se transformer, varier. CONTR. *demeurer, persister, rester, se maintenir, subsister.*

changer *verbe transitif*

/ Céder une chose pour une autre. SYN. échanger, monnayer, troquer. CONTR. *conserver, garder.*

/ Remplacer par. SYN. muter, renouveler, varier. CONTR. *maintenir, perpétuer.*

/ Opérer une transformation. SYN. convertir, métamorphoser, muer, transmuer, transmuter –LITTÉRAIRE: transformer.

/ Rendre différent. SYN. altérer, déguiser, métamorphoser, modifier, réformer, rénover, transformer –FAMILIER: chambouler.

chanson *nom féminin*

/ Composition musicale. SYN. chant, mélodie, ritournelle.

/ Propos répétés sans cesse. SYN. radotage, scie –FAMILIER: couplet, disque, refrain, rengaine, ritournelle –LITTÉRAIRE: antienne.

chant *nom masculin*

/ LITTÉRAIRE. Cri des oiseaux. SYN. gazouillement, gazouillis, ramage, roucoulement, stridulation.

/ Composition vocale. SYN. cantique, chanson, mélopée, romance.

chanter *verbe intransitif*

/ Faire entendre un chant. SYN. pousser la chansonnette, vocaliser.

/ Produire des sons modulés. SYN. gazouiller, pépier, roucouler, siffler, striduler.

chanter *verbe transitif*

/ FAMILIER. Raconter des bêtises. SYN. conter, débiter, raconter –FAMILIER: déballer.

/ Faire entendre un chant. SYN. chantonner, entonner, fredonner.

/ LITTÉRAIRE. Faire l'éloge de. SYN. célébrer, exalter, glorifier, louer –LITTÉRAIRE: louanger, magnifier. CONTR. *blâmer, calomnier, critiquer, décrier, dénigrer* –FAMILIER: *éreinter, esquinter* –LITTÉRAIRE: *déchirer, vitupérer.*

chanter *verbe transitif indirect*

/ FAMILIER. Être à la convenance de quelqu'un. SYN. agréer, convenir, plaire, sourire. CONTR. *déplaire.*

chantier *nom masculin*

/ FAMILIER. Lieu en désordre. SYN. capharnaüm, désordre, fouillis –FAMILIER: bazar, cirque, souk –POPULAIRE: foutoir.

chaos *nom masculin*

/ Amas désordonné. SYN. enchevêtrement, fatras –FAMILIER: salmigondis. CONTR. *arrangement, ordonnance.*

/ État de confusion. SYN. anarchie, branle-bas, désordre, imbroglio, incohérence, perturbation, tumulte –FAMILIER: brouillamini. CONTR. *équilibre, harmonie, ordre.*

chaotique *adjectif*

/ Qui tient du chaos. SYN. bouleversé, confus, décousu, désordonné, incohérent. CONTR. *clair, équilibré, harmonieux, ordonné, réglé.*

chapardage *nom masculin*

/ FAMILIER. Action de chaparder. SYN. filoutage, larcin, maraudage, maraude, vol –FAMILIER: carottage –POPULAIRE: barbotage, fauche.

chaparder *verbe*

/ FAMILIER. Voler quelque chose. SYN. escamoter, grappiller, marauder, soustraire –FAMILIER: barboter, carotter, chiper, écornifler, piquer, rafler, subtiliser –LITTÉRAIRE: dérober –POPULAIRE: ratiboiser.

chapardeur *nom*

/ FAMILIER. Personne qui chaparde. SYN. maraudeur, voleur –FAMILIER: barboteur, chipeur.

chapeau *nom masculin*

/ Coiffure rigide. SYN. –ARGOTIQUE: bitos –FAMILIER: bibi –LITTÉRAIRE: couvre-chef –POPULAIRE: galure, galurin.

chapeauter *verbe*

/ FAMILIER. Être à la tête de. SYN. coiffer, superviser.

chapelet *nom masculin*

/ Suite de personnes. SYN. brochette, colonne, cordon, cortège, enfilade, file, grappe, guirlande, haie, rang, rangée –FAMILIER: ribambelle –LITTÉRAIRE: séquelle, théorie.

/ Série de choses. SYN. armée, avalanche, cascade, défilé, grêle, infinité, kyrielle, pluie, succession, tirade, volée –FAMILIER: armada, bordée, cargaison, ribambelle –LITTÉRAIRE: averse.

chapelle *nom féminin*

/ Petit groupe très fermé. SYN. cénacle, cercle, clan, club, coterie, faction, secte –FAMILIER: clique –LITTÉRAIRE: camarilla.

chapitre *nom masculin*

/ Division d'un écrit. SYN. article, section.

/ Sujet abordé. SYN. matière, point, question, terrain, thème.

chapitrer *verbe*

/ Rappeler à l'ordre. SYN. morigéner, reprendre, réprimander, sermonner –FAMILIER: attraper, disputer –LITTÉRAIRE: admonester, gourmander, quereller, semoncer, tancer. CONTR. *féliciter, flatter, louer* –LITTÉRAIRE: *congratuler, louanger, magnifier.*

charabia *nom masculin*

/ FAMILIER. Langage inintelligible. SYN. galimatias, sabir –FAMILIER: baragouin, jargon, petit-nègre –LITTÉRAIRE: amphigouri.

charade *nom féminin*

/ Petite énigme. SYN. devinette, logogriphe.

charge *nom féminin*

/ Ce qui est porté. SYN. cargaison, chargement, fardeau, fret, poids –LITTÉRAIRE: faix.

/ Ce qui pèse sur quelqu'un. SYN. contrainte, devoir, fardeau, obligation, poids, responsabilité –LITTÉRAIRE: astreinte. CONTR. *affranchissement, débarras, délivrance, soulagement.*

/ Indice de culpabilité. SYN. accusation, imputation, présomption. CONTR. *décharge, défense, excuse, justification.*

/ Fonction confiée à quelqu'un. SYN. devoir, dignité, mandat, métier, ministère, mission, office, poste, profession, service.

/ Attaque d'une troupe. SYN. assaut, offensive, raid, sortie.

/ Portrait, dessin exagéré. SYN. caricature, dénigrement, parodie, satire. CONTR. *apologie, éloge, louange.*

chargé *adjectif*

/ Couvert de nuages. SYN. bouché, brouillé, nébuleux, nuageux, voilé. CONTR. *clair, dégagé.*

/ POPULAIRE. Qui est ivre. SYN. enivré, gris, ivre –FAMILIER: éméché, imbibé, parti, pompette, saoul, schlass, soûl, soûl comme un Polonais, soûl comme une grive –POPULAIRE: beurré, beurré comme une tartine, blindé, bourré, cuit, noir, paf, pété, pinté, plein comme une barrique, raide, rond, rond comme une barrique, rond comme une queue de pelle, torché –VIEUX: brindezingue. CONTR. *à jeun, sobre.*

chargement *nom masculin*

/ Ensemble des choses chargées. SYN. cargaison, charge, fardeau, fret –FAMILIER: barda –LITTÉRAIRE: faix.

charger *verbe*

/ Placer une charge sur. SYN. alourdir, arrimer, assujettir, embarquer, lester, surcharger. CONTR. *alléger, débarquer, décharger, délester, désarrimer, soulager.*

/ Témoigner contre quelqu'un. SYN. accabler, accuser, condamner, confondre, incriminer, taxer. CONTR. *blanchir, disculper, innocenter, justifier, laver.*

/ Attaquer violemment. SYN. foncer sur, fondre sur, se jeter sur, se ruer sur, s'élancer sur. CONTR. *esquiver, éviter, fuir, se dérober.*

/ Confier à quelqu'un une mission. SYN. déléguer, préposer à. CONTR. *dispenser, exempter, libérer.*

/ Grossir exagérément. SYN. caricaturer, dramatiser, exagérer, forcer, outrer, parodier.

charger (se) *verbe pronominal*

/ Prendre en charge. SYN. endosser, revendiquer, s'atteler, se consacrer, s'occuper –FAMILIER: se coltiner –POPULAIRE: se farcir, se taper, s'envoyer. CONTR. *récuser, rejeter.*

chariot *nom masculin*

/ Voiture pour transporter des charges. SYN. char, charrette, fardier, fourgon.

charitable *adjectif*

/ Qui montre de la bienveillance. SYN. altruiste, bienveillant, bon, compatissant, généreux, humain, indulgent, philanthrope, philanthropique –LITTÉRAIRE: bienfaisant, secourable. CONTR. *barbare, dur, égoïste, féroce, impitoyable, inhumain, insensible, méchant.*

charitablement *adverbe*

/ De façon charitable. SYN. généreusement, humainement.

charité *nom féminin*

/ Fait d'être charitable. SYN. aide, altruisme, assistance, bienfaisance, bienfait, bienveillance, bonté, complaisance, désintéressement, générosité, humanité, libéralité, philanthropie, pitié, secours, solidarité. CONTR. *cruauté, dureté, égoïsme, inhumanité, insensibilité.*

charivari *nom masculin*

/ Bruit assourdissant. SYN. cacophonie, tapage, tintamarre, tumulte, vacarme –FAMILIER: boucan, chahut, chambard, foire, pétard, potin, raffut, tintouin, tohu-bohu –LITTÉRAIRE: hourvari –POPULAIRE: barouf, baroufe, bastringue, ramdam –VIEUX: sabbat. CONTR. *calme, silence.*

charlatan *nom masculin*

/ Personne qui trompe quelqu'un. SYN. escroc, forban, gredin, imposteur –FAMILIER: fripouille –VIEUX: esbroufeur, fripon.

/ Médecin sans compétence. SYN. guérisseur, rebouteur, rebouteux –VIEUX: médicastre.

charlatanisme *nom masculin*

/ Procédé de charlatan. SYN. bluff, cabotinage –FAMILIER: esbroufe.

charlot *nom masculin*

/ POPULAIRE. Homme peu sérieux. SYN. clown, farceur, pantin, plaisantin –FAMILIER: fumiste, guignol, loustic, polichinelle –POPULAIRE: rigolo –VIEUX: sauteur.

charmant *adjectif*

/ Plein de charme. SYN. adorable, affable, agréable, aimable, attrayant, avenant, beau, bon, délicieux, enchanteur, exquis, gentil, gracieux, joli, mignon, plaisant, ravissant, riant, séduisant, sympathique –FAMILIER: croquignolet, épatant. CONTR. *abominable, affreux, amer, austère, blessant, bourru, déplaisant, désagréable, détestable, ennuyeux, horrible, importun, laid, malencontreux, méchant, odieux, pénible, rebutant, renfrogné, répugnant, répulsif, vilain.*

charme *nom masculin*

/ Pouvoir magique. SYN. ensorcellement, envoûtement, incantation, magnétisme, maléfice, sort, sortilège –LITTÉRAIRE: talisman.

/ Attrait exercé sur quelqu'un. SYN. agrément, attirance, attrait, délice, fascination, intérêt, plaisir, séduction. CONTR. *dégoût, déplaisir, désagrément, ennui, répugnance, répulsion.*

/ Grâce séduisante. SYN. glamour, séduction –LITTÉRAIRE: joliesse. CONTR. *disgrâce, laideur.*

charmé *adjectif*

/ Qui est heureux de. SYN. enchanté, ravi. CONTR. *désolé* –FAMILIER: *embêté.*

charmer *verbe*

/ LITTÉRAIRE. Soumettre à un pouvoir magique. SYN. ensorceler, envoûter, hypnotiser –LITTÉRAIRE: enchanter, magnétiser.

/ Tenir sous le charme. SYN. amadouer, attirer, captiver, conquérir, émerveiller, enchanter, enivrer, enjôler, fasciner, griser, plaire, ravir, régaler, séduire, subjuguer, transporter –LITTÉRAIRE: réjouir. CONTR. *blesser, chagriner, choquer, décevoir, dégoûter, déplaire, désillusionner, endormir, ennuyer, repousser, répugner* –FAMILIER: *barber, embêter, enquiquiner, révulser* –LITTÉRAIRE: *désenchanter* –POPULAIRE: *emmerder.*

charmeur *adjectif*

/ Qui séduit par quelque attrait. SYN. attractif, captivant, enchanteur, enjôleur, gracieux, prenant, séducteur, séduisant –LITTÉRAIRE: fascinateur. CONTR. *rébarbatif, rebutant.*

charmeur *nom*

/ Personne qui cherche à séduire. SYN. séducteur –FAMILIER: tombeur.

/ LITTÉRAIRE. Personne qui jette un charme. SYN. enchanteur, ensorceleur.

charnel *adjectif*

/ LITTÉRAIRE. Qui concerne le corps. SYN. corporel, physique. CONTR. *mental, moral, psychologique* –LITTÉRAIRE: *incorporel.*

/ Qui se rapporte aux plaisirs des sens. SYN. érotique, luxurieux, physique, sensuel, voluptueux –LITTÉRAIRE: concupiscent. CONTR. *immatériel, platonique, spirituel.*

charnellement *adverbe*

/ LITTÉRAIRE. De façon charnelle. SYN. corporellement, physiquement –LITTÉRAIRE: sensuellement.

charnu *adjectif*

/ Qui a une chair abondante. SYN. gras, gros, plantureux, plein, potelé, pulpeux, rebondi, replet, rond –FAMILIER: dodu, rondelet, rondouillard. CONTR. *décharné, efflanqué, maigre, maigrelet, maigriot, sec, squelettique* –FAMILIER: *maigrichon* –LITTÉRAIRE: *émacié, étique.*

charogne *nom féminin*

/ POPULAIRE. Sale individu. SYN. méchant, peste –FAMILIER: chameau, poison, rosse, teigne –POPULAIRE: peau de vache, punaise, salaud, saligaud, salopard, salopiau, salopiaud, salopiot, vache.

charpente *nom féminin*

/ Combinaison d'éléments. SYN. architecture, armature, bâti, cadre, châssis, constitution, ossature, structure.

/ Parties osseuses du corps. SYN. ossature, squelette –LITTÉRAIRE: carcasse.

charpenté *adjectif*

/ Qui a une forte corpulence. SYN. bâti, découplé, taillé.

charrette *nom féminin*

/ Véhicule à deux roues. SYN. carriole, char, chariot.

charrier *verbe intransitif*

/ POPULAIRE. Dépasser les bornes. SYN. abuser, exagérer –FAMILIER: pousser, pousser (trop loin) le bouchon –POPULAIRE: attiger.

charrier *verbe transitif*

/ POPULAIRE. Se moquer de quelqu'un. SYN. plaisanter, railler, taquiner –FAMILIER: blaguer, chambrer, chiner, faire marcher, se ficher de –LITTÉRAIRE: brocarder, se gausser de –POPULAIRE: se foutre de.

/ Entraîner dans son cours. SYN. emporter, rouler, transporter.

chasse *nom féminin*

/ Action de chasser un animal. SYN. battue, pistage, poursuite, traque.

/ Fait de rechercher quelque chose. SYN. poursuite, recherche –LITTÉRAIRE: quête.

chasser *verbe*

/ Repousser quelque chose. SYN. balayer, disperser, écarter, refouler. CONTR. *attirer.*

/ Faire partir d'un lieu. SYN. dénicher, écarter, éloigner, expulser, extirper, refouler, rejeter, repousser –FAMILIER: débusquer, virer.

/ Congédier quelqu'un. SYN. bannir, éconduire, expulser, licencier, limoger, mettre à la porte, rejeter, remercier, renvoyer, révoquer, se défaire de, se séparer de –FAMILIER: balayer, blackbouler, débarquer, déboulonner, dégommer, envoyer balader, envoyer bouler, envoyer paître, ficher à la porte, flanquer à la porte, flanquer dehors, vider –POPULAIRE: balancer, foutre à la porte, lourder, virer. CONTR. *accueillir, admettre, adopter, agréger, appeler, embaucher, engager, garder, recevoir.*

/ Faire disparaître quelque chose. SYN. disperser, dissiper, effacer, rejeter, repousser. CONTR. *appeler, évoquer, garder, introduire.*

châssis *nom masculin*

/ Cadre fixe ou mobile. SYN. bâti, caisse, carcasse, charpente, encadrement.

chaste *adjectif*

/ Qui exclut les rapports sexuels. SYN. abstinent, continent, immaculé, ingénu, innocent, pur, sage, vertueux, vierge. CONTR. *érotique, lascif, lubrique, luxurieux, sensuel, voluptueux* –LITTÉRAIRE: *concupiscent, libidineux.*

/ Qui manifeste de la pudeur. SYN. candide, décent, innocent, platonique, pudique, réservé. CONTR. *débauché, dévergondé, impudique, leste, libertin, licencieux, obscène, paillard, polisson, relâché, vicieux* –FAMILIER: *olé olé* –LITTÉRAIRE: *corrompu, dissolu, impur.*

chastement *adverbe*

/ De façon chaste. SYN. pudiquement –LITTÉRAIRE: purement.

chasteté *nom féminin*

/ Fait d'être chaste. SYN. abstinence, célibat, continence, pureté, sagesse, tempérance, vertu. CONTR. *débauche, dépravation, lascivité, libertinage, lubricité, luxure, sensualité, vice* –LITTÉRAIRE: *concupiscence, impureté, licence, stupre.*

/ Caractère chaste. SYN. décence, pudeur, réserve –LITTÉRAIRE: pudicité. CONTR. *impudeur, indécence, obscénité.*

chat *nom masculin*

/ Mammifère carnivore. SYN. matou –FAMILIER: minet, minette, minou, mistigri –POPULAIRE: greffier.

châtaigne *nom féminin*

/ POPULAIRE. Coup de poing. SYN. –POPULAIRE: coquard, gnon, jeton, mandale, marron, pêche, ramponneau, taloche, torgnole.

château *nom masculin*

/ Demeure seigneuriale. SYN. palais.

/ Grande et belle maison. SYN. gentilhommière, manoir –LITTÉRAIRE: castel.

/ Demeure féodale fortifiée. SYN. bastide, bastille, château fort, citadelle, forteresse.

châtié *adjectif*

/ LITTÉRAIRE. Exprimé en termes choisis. SYN. choisi, correct, soigné, soutenu. CONTR. *relâché.*

châtier *verbe*

/ Prendre soin de son langage. SYN. affiner, corriger, épurer, peaufiner, polir, reprendre, soigner, travailler –FAMILIER: ciseler, lécher –LITTÉRAIRE: raffiner.

/ LITTÉRAIRE. Punir sévèrement. SYN. condamner, corriger, frapper, réprimer, sanctionner. CONTR. *flatter, louer, récompenser* –LITTÉRAIRE: *encenser.*

châtiment *nom masculin*

/ LITTÉRAIRE. Peine sévère. SYN. correction, expiation, pénitence, punition, répression, sanction. CONTR. *pardon, récompense.*

chatoiement *nom masculin*

/ Reflet brillant et changeant. SYN. brillant, éclat, luisant, marbrure, miroitement, papillotage, papillotement, scintillement –LITTÉRAIRE: diaprure, flamboiement, moire, rayonnement.

chatouille *nom féminin*

/ FAMILIER. Caresse qui chatouille. SYN. –FAMILIER: chatouillis, guili-guili.

chatouillement *nom masculin*

/ Action de chatouiller. SYN. –FAMILIER: chatouille –LITTÉRAIRE: titillation.

/ Léger picotement. SYN. démangeaison, irritation –FAMILIER: fourmis.

chatouiller *verbe*

/ Faire des attouchements légers. SYN. caresser, titiller.

/ Produire un léger picotement. SYN. démanger, gratter, irriter, picoter, piquer –FAMILIER: grattouiller. CONTR. *adoucir, calmer.*

/ FAMILIER. Provoquer quelqu'un. SYN. taquiner –FAMILIER: asticoter, titiller.

chatouilleux *adjectif*

/ Qui se vexe facilement. SYN. délicat, irascible, irritable, ombrageux, susceptible.

chatoyant *adjectif*

/ Qui chatoie. SYN. brillant, changeant, luisant, lumineux, papillotant, reluisant –LITTÉRAIRE: diapré, ondoyant.

chatoyer *verbe*

/ Avoir des reflets changeants. SYN. briller, étinceler, luire, miroiter, pétiller, reluire, scintiller –LITTÉRAIRE: flamber, poudroyer.

châtrer *verbe*

/ Enlever les organes génitaux. SYN. castrer, émasculer, stériliser –FAMILIER: couper.

chatterie *nom féminin*

/ Caresse insinuante et douce. SYN. cajolerie, câlin, câlinerie –LITTÉRAIRE: gâterie. CONTR. *brusquerie, brutalité.*

/ Friandise délicate. SYN. douceur, gâterie, gourmandise.

chaud *adjectif*

/ Qui a une température élevée. SYN. bouillant, brûlant, caniculaire, étouffant, torride. CONTR. *clément, doux, frais, froid, gelé, glacé, glacial, tempéré, tiède.*

/ Qui montre de l'ardeur. SYN. ardent, chaleureux, enflammé, enthousiaste, fervent, fougueux, passionné, tout feu tout flammes, zélé –FAMILIER: emballé –LITTÉRAIRE: volcanique. CONTR. *calme, flegmatique, hésitant, impassible, indécis, indifférent, mou, timide.*

/ Marqué par une forte animation. SYN. acharné, âpre, dur, rude, vif, violent. CONTR. *anodin, insignifiant, léger.*

/ FAMILIER. Qui est sensuel. SYN. amoureux, lascif, lubrique, paillard, passionné, sensuel, voluptueux –LITTÉRAIRE: ardent, libidineux. CONTR. *frigide, froid.*

chaudement *adverbe*

/ Avec ardeur. SYN. ardemment, chaleureusement, passionnément. CONTR. *fraîchement, froidement* –LITTÉRAIRE: *tièdement.*

chauffer *verbe intransitif*

/ Devenir chaud. SYN. réchauffer, tiédir. CONTR. *refroidir, se rafraîchir.*

/ Produire de la chaleur. SYN. brûler –FAMILIER: cogner, taper –LITTÉRAIRE: darder.

chauffer *verbe transitif*

/ Stimuler quelqu'un. SYN. encourager, enhardir, exciter. CONTR. *abattre, anéantir, décourager.*

/ Enthousiasmer un groupe. SYN. déchaîner, électriser, exalter, exciter, galvaniser, survolter –LITTÉRAIRE: embraser, enflammer. CONTR. *glacer, pétrifier, réfrigérer, refroidir.*

/ POPULAIRE. Voler quelque chose. SYN. rafler –FAMILIER: barboter, chaparder, chiper, choper, piquer, subtiliser –LITTÉRAIRE: dérober –POPULAIRE: faucher, ratiboiser.

/ POPULAIRE. Surprendre quelqu'un. SYN. –FAMILIER: attraper, choper, coincer, épingler, pincer.

/ Rendre chaud ou plus chaud. SYN. réchauffer, tiédir. CONTR. *congeler, frigorifier, glacer, rafraîchir, réfrigérer, refroidir.*

chaumière *nom féminin*

/ LITTÉRAIRE. Petite maison de campagne. SYN. closerie, maisonnette, masure –VIEUX: chaumine.

chaussée *nom féminin*

/ Élévation de terre. SYN. digue, levée, remblai, talus.

/ Partie d'une route. SYN. rue, voie.

chausser *verbe*

/ Mettre à son pied. SYN. enfiler, mettre. CONTR. *déchausser, enlever, ôter.*

chausse-trape ou **chausse-trappe** *nom féminin*

/ Piège insidieux. SYN. embûche, guet-apens, piège, souricière, traquenard.

chausson *nom masculin*

/ Chaussure d'intérieur. SYN. babouche, charentaise, mule, pantoufle, savate.

chaussure *nom féminin*

/ Objet qui recouvre le pied. SYN. soulier –FAMILIER: godillot –POPULAIRE: croquenot, écrasemerde, godasse, grole, grolle, pompe, tatane.

chauve *adjectif*

/ LITTÉRAIRE. Sans végétation. SYN. dégarni, nu, pelé. CONTR. *broussailleux, herbeux, luxuriant, touffu.*

/ Qui n'a plus de cheveux. SYN. dégarni –FAMILIER: déplumé. CONTR. *chevelu.*

chauvin *adjectif et nom*

/ Qui manifeste un patriotisme excessif. SYN. cocardier, patriote –FAMILIER: patriotard.

chavirer *verbe intransitif*

/ Se retourner, en parlant d'un bateau. SYN. couler, s'abîmer, se renverser, s'enfoncer, sombrer.

/ Ne plus être en équilibre. SYN. basculer, capoter, chanceler, culbuter, vaciller, verser.

chavirer *verbe transitif*

/ Émouvoir vivement quelqu'un. SYN. bouleverser, ébranler, retourner, secouer, toucher –FAMILIER: révolutionner.

chef *nom masculin*

/ Personne qui dirige. SYN. directeur, dirigeant, patron, responsable, supérieur. CONTR. *inférieur, sous-ordre, subalterne, subordonné, sujet* –FAMILIER: *sous-fifre.*

/ Personne qui mène un groupe. SYN. animateur, cerveau, entraîneur, guide, inspirateur, instigateur, leader, maître, meneur, tête –FAMILIER: locomotive –LITTÉRAIRE: pilote.

chef-d'œuvre *nom masculin*

/ Ce qui est parfait en son genre. SYN. bijou, merveille, modèle, prodige, trésor.

chemin *nom masculin*

/ Voie menant d'un lieu à un autre. SYN. accès, allée, layon, passage, piste, route, sentier –LITTÉRAIRE: sente.

/ Trajet parcouru. SYN. itinéraire, parcours, route, trajectoire.

/ Voie pour atteindre un but. SYN. ligne, moyen, orientation, route.

chemineau *nom masculin*

/ VIEUX. Personne qui erre. SYN. mendiant, vagabond –LITTÉRAIRE: gueux –POPULAIRE: trimardeur.

cheminement *nom masculin*

/ Action de cheminer. SYN. itinéraire, marche, parcours.

/ Progression régulière. SYN. évolution, marche, pas, progrès.

cheminer *verbe*

/ Suivre un chemin. SYN. aller, avancer, déambuler, marcher, s'acheminer, se mouvoir, se promener.

/ Suivre une évolution. SYN. évoluer, faire son chemin, progresser, suivre son cours.

chemise *nom féminin*

/ Vêtement masculin. SYN. chemisette –POPULAIRE: liquette.

chenal *nom masculin*

/ Passage resserré. SYN. canal, goulet, passe.

chenapan *nom masculin*

/ Individu sans moralité. SYN. bandit, crapule, dévoyé, gredin, vaurien, vermine, voyou –FAMILIER: brigand, fripouille, pendard, sacripant –POPULAIRE: arsouille, frappe, gouape –VIEUX: coquin, garnement.

/ Enfant espiègle. SYN. garnement, lascar, mauvais sujet, polisson, vaurien, voyou –FAMILIER: affreux jojo, brigand, coquin, diable, filou, fripon, galopin, sacripant –VIEUX: galapiat, mâtin.

chenil *nom masculin*

/ LITTÉRAIRE. Logement malpropre. SYN. bauge, bouge, taudis –LITTÉRAIRE: galetas –POPULAIRE: gourbi.

cher *adjectif*

/ Qui est l'objet d'un grand attachement. SYN. chéri, doux, précieux. CONTR. *abominable, désagréable, détestable, exécrable, odieux.*

/ Pour qui on a de l'affection. SYN. adoré, affectionné, aimé, bien-aimé, chéri. CONTR. *détesté* –LITTÉRAIRE: *abhorré.*

cher *adjectif*

/ Qui est d'un prix élevé. SYN. coûteux, exorbitant, hors de prix, inabordable, prohibitif. CONTR. *abordable, avantageux, bon marché.*

/ Qui exige des dépenses élevées. SYN. onéreux, ruineux –LITTÉRAIRE: dispendieux. CONTR. *économique, gratuit.*

cher *adverbe*

/ À un prix élevé. SYN. à prix d'or, au prix fort, hors de prix. CONTR. *bon marché.*

chercher *verbe*

/ S'efforcer de trouver. SYN. explorer, fouiller, fureter, investiguer, prospecter, rechercher, se mettre en quête de –FAMILIER: fourgonner. CONTR. *trouver.*

/ S'efforcer de faire quelque chose. SYN. aspirer à, essayer de, s'essayer à, s'évertuer à, s'ingénier à, tâcher de, tendre à, tenter de, viser à.

chercheur *adjectif*

/ LITTÉRAIRE. Qui manifeste de la curiosité. SYN. curieux, fureteur, investigateur –FAMILIER: fouineur.

chercheur *nom*

/ Personne qui fait de la recherche. SYN. fondamentaliste, investigateur, savant.

chère *nom féminin*

/ LITTÉRAIRE. Ensemble de mets. SYN. cuisine, nourriture, table.

chèrement *adverbe*

/ Avec courage. SYN. bravement, courageusement, héroïquement, vaillamment –LITTÉRAIRE: hardiment, valeureusement.

/ Moyennant de gros sacrifices. SYN. à grands frais, coûteusement. CONTR. *à moindre frais, à peu de frais.*

chéri *adjectif*

/ Tendrement aimé. SYN. adoré, affectionné, bien-aimé, de prédilection, préféré. CONTR. *détesté* –LITTÉRAIRE: *abhorré.*

/ Qui est l'objet d'un attachement. SYN. cher, doux, précieux. CONTR. *abominable, détestable, exécrable, odieux.*

chéri *nom*

/ Personne tendrement aimée. SYN. ami, amoureux, bien-aimé, soupirant –FAMILIER: béguin, flirt.

/ Personne préférée aux autres. SYN. favori, préféré –FAMILIER: chouchou.

chérir *verbe*

/ Être profondément attaché à. SYN. adorer, aduler, aimer, idolâtrer, vénérer –LITTÉRAIRE: affectionner –VIEUX: brûler pour. CONTR. *abominer, détester, exécrer, haïr, maudire, prendre en grippe* –LITTÉRAIRE: *abhorrer, honnir.*

chérubin *nom masculin*

/ FAMILIER. Enfant gracieux. SYN. ange, angelot, bambin –FAMILIER: poussin.

chétif *adjectif*

/ De faible constitution. SYN. débile, déficient, délicat, faible, fluet, fragile, frêle, maladif, malingre, rabougri, rachitique, souffreteux –FAMILIER: faiblard. CONTR. *athlétique, fort, grand, gros, résistant, robuste, solide, vigoureux* –FAMILIER: *costaud* –POPULAIRE: *balaise, balèze* –VIEUX: *gaillard.*

cheval *nom masculin*

/ Mammifère herbivore. SYN. bidet, destrier, haquenée, palefroi –FAMILIER: dada, rosse –LITTÉRAIRE: coursier, rossinante –POPULAIRE: bourrin, canasson, tocard, toquard –VIEUX: carne, haridelle.

chevaleresque *adjectif*

/ Héroïque et généreux. SYN. magnanime, noble.

chevaucher *verbe*

/ Recouvrir en partie quelque chose. SYN. déborder sur, empiéter sur, mordre sur.

chevelu *adjectif*

/ Qui a des cheveux. CONTR. *chauve, dégarni* –FAMILIER: *déplumé.*

chevelure *nom féminin*

/ Ensemble des cheveux. SYN. –FAMILIER: crinière, tignasse, toison.

cheveu *nom masculin*

/ Poil qui pousse sur la tête. SYN. –FAMILIER: baguette de tambour, crin, foin, poil –POPULAIRE: tif.

chèvre *nom féminin*

/ Mammifère ruminant. SYN. –FAMILIER: bique, biquette.

chevreau *nom masculin*

/ Petit de la chèvre. SYN. biquet, cabri.

chevronné *adjectif*

/ FAMILIER. Qui a de l'expérience. SYN. ancien, averti, compétent, émérite, expérimenté, expert, habile, qualifié. CONTR. *débutant, inexpérimenté, jeune, nouveau, novice* –LITTÉRAIRE: *inexpert.*

chevrotant *adjectif*

/ Dont la voix tremble. SYN. tremblant, tremblotant. CONTR. *assuré, clair, ferme.*

chez-soi *nom masculin*

/ Domicile personnel. SYN. foyer, home, intérieur, maison.

chiader *verbe*

/ POPULAIRE. Travailler à fond une question. SYN. préparer –FAMILIER: bosser, bûcher, potasser –VIEUX: piocher.

/ FAMILIER. Apporter un grand soin à. SYN. fignoler, peaufiner –FAMILIER: lécher –LITTÉRAIRE: ciseler –VIEUX: perler. CONTR. *saboter* –FAMILIER: *bâcler, torcher.*

chiadeur *adjectif et nom*

/ POPULAIRE. Qui travaille beaucoup. SYN. travailleur –FAMILIER: bûcheur –POPULAIRE: bosseur. CONTR. *fainéant, paresseux* –FAMILIER: *cossard, flemmard.*

chialer *verbe*

/ POPULAIRE. Verser des larmes. SYN. larmoyer, pleurer, sangloter –FAMILIER: brailler, pleurnicher.

chialeur *nom et adjectif*

/ POPULAIRE. Qui pleure facilement. SYN. grincheux –FAMILIER: geignard, pleurnichard, pleurnicheur.

chiant *adjectif*

/ POPULAIRE. Qui provoque l'ennui. SYN. ennuyeux, rébarbatif –FAMILIER: embêtant, empoisonnant, enquiquinant, rasant, rasoir –POPULAIRE: emmerdant, suant. CONTR. *palpitant, récréatif* –FAMILIER: *folichon.*

/ POPULAIRE. Qui importune. SYN. fatigant, pénible –FAMILIER: casse-pieds, soûlant, tannant –POPULAIRE: canulant, suant.

chiasse *nom féminin*

/ POPULAIRE. Violente diarrhée. SYN. –FAMILIER: colique –POPULAIRE: courante –VIEUX: foire.

chic *adjectif*

/ Qui est distingué. SYN. de bon goût, élégant, pimpant, propret –FAMILIER: classe, sélect –POPULAIRE: sapé. CONTR. *banal, décontracté, vulgaire.*

/ FAMILIER. Qui est réussi. SYN. formidable –FAMILIER: chouette, épatant, extra, super. CONTR. *affreux* –FAMILIER: *minable, moche.*

/ FAMILIER. Qui est sympathique. SYN. bon, brave, fair-play, gentil, obligeant –FAMILIER: chouette, sympa. CONTR. *mauvais, méchant* –POPULAIRE: *vache.*

chic *nom masculin*

/ Habileté à faire quelque chose. SYN. art, dextérité, doigté, maestria, maîtrise, patte, savoir-faire, talent, virtuosité. CONTR. *gaucherie, maladresse.*

/ Allure élégante. SYN. caractère, classe, distinction, élégance, prestance, race, raffinement, style –LITTÉRAIRE: majesté. CONTR. *banalité, vulgarité.*

chicane *nom féminin*

/ Difficulté soulevée dans un procès. SYN. –FAMILIER: avocasserie –VIEUX: chicanerie.

/ LITTÉRAIRE. Querelle de mauvaise foi. SYN. argutie, dispute, tracasserie –FAMILIER: bisbille, chamaille, chamaillerie, chinoiserie, chipotage –VIEUX: chicanerie. CONTR. *accord, entente.*

chicaner *verbe transitif*

/ FAMILIER. Créer du souci à quelqu'un. SYN. chagriner, ennuyer, tourmenter, tracasser –FAMILIER: chiffonner, embêter, tarabuster, turlupiner –POPULAIRE: emmerder.

/ FAMILIER. Critiquer quelqu'un sur un détail. SYN. chercher des noises à, chercher noise à.

chicaner *verbe transitif indirect*

/ Critiquer sur des riens. SYN. chercher la petite bête, chercher midi à quatorze heures, discuter, ergoter –FAMILIER: chinoiser, chipoter, discutailler, disputailler, pinailler –LITTÉRAIRE: vétiller.

chicaneur ou **chicanier** *adjectif*

/ VIEUX. Qui aime chicaner. SYN. discuteur, ergoteur, pointilleux, procédurier, querelleur, raisonneur –FAMILIER: avocassier, discutailleur, pinailleur –LITTÉRAIRE: processif, vétilleux. CONTR. *accommodant, arrangeant, conciliant, coulant, facile.*

chicaneur ou **chicanier** *nom*

/ VIEUX. Personne qui chicane. SYN. discuteur, ergoteur, polémiste, procédurier –FAMILIER: discutailleur, disputailleur, pinailleur –LITTÉRAIRE: argumentateur.

chiche *adjectif*

/ FAMILIER. Qui n'accorde une chose qu'à regret. SYN. avare, économe, mesquin, parcimonieux, regardant –FAMILIER: chien. CONTR. *large, prodigue.*

/ FAMILIER. Peu abondant. SYN. maigre, mesquin, mince, pauvre. CONTR. *abondant, copieux, riche.*

/ FAMILIER. Qui répugne à dépenser. SYN. avare, intéressé, parcimonieux, regardant, thésauriseur –FAMILIER: chien, pingre, radin, rapiat, rat –LITTÉRAIRE: avaricieux, ladre. CONTR. *dépensier, dilapidateur, gaspilleur, généreux, large, prodigue* –LITTÉRAIRE: *dissipateur, libéral.*

chichement *adverbe*

/ De façon chiche. SYN. mesquinement, modestement, parcimonieusement, pauvrement, petitement. CONTR. *à discrétion, à flots, à foison, à la pelle, à profusion, à satiété, à souhait, abondamment, copieusement, fastueusement, généreusement, grandement, grassement, large, largement, libéralement, richement* –FAMILIER: *à gogo, à revendre, à tire-larigot, en pagaille.*

chichi *nom masculin*

/ FAMILIER. Façon maniérée. SYN. affectation, cérémonie, coquetterie, façons, manières, minauderie, mines, simagrée, sophistication –FAMILIER: chiqué, fla-fla –LITTÉRAIRE: afféterie. CONTR. *franchise, naturel, rondeur, simplicité, sincérité, spontanéité.*

chichiteuse *nom féminin*

/ FAMILIER. Femme qui fait des chichis. SYN. mijaurée, pimbêche –FAMILIER: chipie –POPULAIRE: chochotte.

chien *adjectif*

/ FAMILIER. Qui répugne à dépenser. SYN. avare, intéressé, parcimonieux, regardant, thésauriseur –FAMILIER: chiche, pingre, radin, rapiat, rat –LITTÉRAIRE: avaricieux, ladre. CONTR. *dépensier, dilapidateur, gaspilleur, généreux, large, prodigue* –LITTÉRAIRE: *dissipateur.*

/ FAMILIER. Dur en affaires. SYN. coriace, impitoyable. CONTR. *bienveillant, doux, généreux, humain, large, libéral.*

chien *nom masculin*

/ Animal domestique. SYN. corniaud, corniot, mâtin, molosse, roquet –ARGOTIQUE: cador –FAMILIER: cabot, chien-chien, toutou –POPULAIRE: clébard, clebs.

/ FAMILIER. Personne servile. SYN. esclave, laquais, valet –FAMILIER: larbin.

chiffon *nom masculin*

/ Morceau de vieux tissu. SYN. guenille, haillon, lambeau, loque –VIEUX: chiffe.

chiffonner *verbe*

/ Froisser un tissu. SYN. friper, plisser. CONTR. *défroisser, déplisser, lisser.*

/ FAMILIER. Préoccuper quelqu'un. SYN. chagriner, contrarier, ennuyer, mécontenter, tourmenter, tracasser –FAMILIER: défriser, embêter, tarabuster, turlupiner –POPULAIRE: emmerder.

chiffrable *adjectif*

/ Qui peut être calculé. SYN. calculable, dénombrable, estimable, évaluable. CONTR. *incalculable, indénombrable.*

chiffre *nom masculin*

/ Total d'une évaluation. SYN. montant, nombre, somme.

chiffrer *verbe*

/ Affecter des numéros aux pages. SYN. folioter, numéroter, paginer.

/ Évaluer par des calculs. SYN. calculer, comptabiliser, compter, dénombrer, estimer, évaluer, peser, supputer.

chiffrer (se) *verbe pronominal*

/ Atteindre tel ou tel total. SYN. coûter, se monter à, s'élever à.

chignole *nom féminin*

/ POPULAIRE. Vieille voiture. SYN. –FAMILIER: clou, guimbarde, tacot –POPULAIRE: bagnole, bahut, caisse, poubelle, tas de boue.

chimère *nom féminin*

/ Idée vaine. SYN. billevesée, fantasme, fantôme, illusion, irréalité, mirage, phantasme, rêve, songerie, utopie –LITTÉRAIRE: rêverie, songe. CONTR. *certitude, réalité.*

chimérique *adjectif*

/ Qui se complaît dans les chimères. SYN. idéaliste, illuminé, rêveur, romanesque, utopiste, visionnaire. CONTR. *positif, pratique, réaliste.*

/ Sans fondement. SYN. fantaisiste, fou, illusoire, imaginaire, impossible, inexistant, irréalisable, irréel, mensonger, mythique, utopique, vain –LITTÉRAIRE: lunaire. CONTR. *certain, consistant, fondé, réel, vrai.*

chinage *nom masculin*

/ FAMILIER. Critique ironique. SYN. moquerie, persiflage, raillerie, satire.

chiner *verbe*

/ FAMILIER. Se moquer de quelqu'un. SYN. railler, taquiner –FAMILIER: blaguer, faire marcher, se ficher de –LITTÉRAIRE: brocarder, satiriser –POPULAIRE: charrier.

chineur *adjectif et nom*

/ FAMILIER. Qui se plaît à taquiner. SYN. gouailleur, persifleur, railleur, taquin – LITTÉRAIRE : moqueur.

chinoiser *verbe*

/ FAMILIER. Discuter sur des futilités. SYN. chercher la petite bête, chercher midi à quatorze heures, chicaner, discuter, ergoter – FAMILIER : discutailler, disputailler, pinailler – LITTÉRAIRE : vétiller.

chinoiserie *nom féminin*

/ FAMILIER. Subtilité excessive. SYN. ergotage, pinaillage, tracasserie – FAMILIER : chipotage – LITTÉRAIRE : chicane.

chiper *verbe*

/ FAMILIER. Voler quelque chose. SYN. chaparder, escamoter, grappiller, marauder, soustraire – FAMILIER : barboter, carotter, choper, écornifler, piquer, rafler, subtiliser – LITTÉRAIRE : dérober – POPULAIRE : chauffer, faucher.

chipie *nom féminin*

/ FAMILIER. Femme insupportable. SYN. mijaurée, minaudière, peste, pimbêche – FAMILIER : chichiteuse, vieille toupie.

chipotage *nom masculin*

/ FAMILIER. Discussion tatillonne. SYN. ergotage – FAMILIER : chinoiserie – LITTÉRAIRE : chicane – VIEUX : chicanerie.

chipoter *verbe*

/ FAMILIER. Manger sans appétit. SYN. avoir un appétit d'oiseau, grignoter, manger comme un moineau, manger du bout des dents – FAMILIER : mangeotter, picorer, pignocher. CONTR. *avoir un bon coup de fourchette, dévorer, engloutir, engouffrer, se bourrer, se gaver* – FAMILIER : *enfourner, s'empiffrer* – POPULAIRE : *se goinfrer, s'en mettre plein la panse.*

/ FAMILIER. Faire des difficultés pour des riens. SYN. chicaner, couper les cheveux en quatre, ergoter – FAMILIER : chinoiser, pinailler – LITTÉRAIRE : vétiller.

chiqué *nom masculin*

/ FAMILIER. Attitude affectée. SYN. affectation, bluff, cabotinage, façons, manières, simagrée – FAMILIER : chichi, cinéma, esbroufe, flafla, frime – POPULAIRE : épate. CONTR. *naturel.*

chiquenaude *nom féminin*

/ Petite claque. SYN. pichenette, tape, tapette.

chloroformer *verbe*

/ Atténuer le sens critique. SYN. endormir, engourdir.

/ Rendre insensible à la douleur. SYN. anesthésier, endormir, insensibiliser.

choc *nom masculin*

/ Rencontre violente entre des corps. SYN. collision, coup, frappement, heurt, percussion, tamponnage, tamponnement, télescopage.

/ Émotion violente. SYN. atteinte, bouleversement, commotion, ébranlement, saisissement, secousse, sensation, traumatisme.

/ Opposition entre des choses. SYN. affrontement, antagonisme, collision, conflit, rencontre.

/ Affrontement armé. SYN. accrochage, action, assaut, attaque, combat, mêlée.

chochotte *nom féminin*

/ POPULAIRE. Fausse prude. SYN. mijaurée, minaudière, pimbêche – FAMILIER : bêcheuse, chichiteuse.

choir *verbe*

/ LITTÉRAIRE. Tomber par terre. SYN. s'écrouler, tomber – FAMILIER : chuter, dégringoler, s'allonger, se ramasser, s'étaler.

choisi *adjectif*

/ Sélectionné avec soin. SYN. de bon ton, distingué, élégant, précieux, raffiné, trié – FAMILIER : sélect – LITTÉRAIRE : châtié. CONTR. *banal, commun, courant, grossier, ordinaire, populaire, quelconque, usuel, vulgaire.*

choisir *verbe*

/ Adopter par préférence. SYN. jeter son dévolu sur, opter pour, prendre, retenir, s'arrêter à, se décider pour, se fixer sur, se prononcer pour, sélectionner, s'orienter, trier. CONTR. *refuser.*

/ Sélectionner quelqu'un. SYN. affecter, désigner, élire, nommer, plébisciter. CONTR. *éliminer, exclure, refuser* – FAMILIER : *blackbouler.*

/ Se déterminer pour telle attitude. SYN. décider, préférer. CONTR. *hésiter, se réserver, temporiser.*

choix *nom masculin*

/ Action de choisir. SYN. adoption, cooptation, désignation, nomination, sélection, tri, triage. CONTR. *abstention, ajournement, hésitation, indécision, refus, tergiversation.*

/ Possibilité de choisir. SYN. alternative, convenance, décision, latitude, option, parti, volonté. CONTR. *contrainte, obligation.*

/ Ensemble d'éléments choisis. SYN. anthologie, assortiment, collection, éventail, florilège, jeu, panel, recueil, sélection.

choléra *nom masculin*

/ FAMILIER. Personne désagréable. SYN. peste – FAMILIER: gale, poison.

chômage *nom masculin*

/ Cessation d'activité. SYN. inemploi, sous-emploi. CONTR. *emploi, plein-emploi, travail.*

chômer *verbe*

/ Ne pas travailler. SYN. se croiser les bras, se tourner les pouces. CONTR. *abattre de la besogne, travailler* – POPULAIRE: *boulonner.*

chômeur *nom*

/ Personne au chômage. SYN. demandeur d'emploi, inactif, sans-emploi. CONTR. *actif.*

choper *verbe*

/ FAMILIER. Attraper quelque chose. SYN. capter, saisir, s'emparer de.

/ FAMILIER. Arrêter quelqu'un. SYN. appréhender, attraper, capturer, prendre – FAMILIER: coffrer, cueillir, embarquer, épingler, harponner, pincer, piquer, ramasser – POPULAIRE: agrafer, alpaguer, emballer. CONTR. *libérer, relâcher, relaxer.*

/ FAMILIER. Voler quelque chose. SYN. soustraire – FAMILIER: barboter, carotter, chiper, écornifler, piquer, subtiliser – LITTÉRAIRE: dérober – POPULAIRE: chauffer, faucher.

chopper *verbe*

/ LITTÉRAIRE. Être arrêté par un obstacle. SYN. achopper, buter contre, se heurter à, trébucher.

choquant *adjectif*

/ Qui choque. SYN. blessant, criant, cru, déplacé, déplaisant, grossier, impertinent, impudent, incongru, inconvenant, incorrect, indécent, inélégant, offensant, révoltant, scabreux, scandaleux – LITTÉRAIRE: irrévérencieux, malséant, malsonnant. CONTR. *bienséant, convenable, correct, courtois, décent* – FAMILIER: *beau.*

choquer *verbe*

/ Heurter quelque chose. SYN. cogner, frapper, taper.

/ Heurter la sensibilité de quelqu'un. SYN. blesser, déplaire, désobliger, froisser, indigner, offenser, offusquer, outrer, scandaliser – LITTÉRAIRE: piquer. CONTR. *charmer, convenir, plaire, séduire.*

/ Faire subir un traumatisme. SYN. commotionner, ébranler, secouer, traumatiser.

choquer (se) *verbe pronominal*

/ Trouver inconvenant. SYN. se froisser, se scandaliser, s'offusquer – LITTÉRAIRE: s'offenser.

chose *nom féminin*

/ Toute réalité abstraite. SYN. affaire, événement, fait.

/ Tout objet concret. SYN. – FAMILIER: bidule, engin, machin, truc.

chou *adjectif*

/ FAMILIER. Agréable à voir. SYN. adorable, joli, mignon.

chouchou *nom*

/ FAMILIER. Personne que l'on préfère. SYN. chéri, favori, préféré, protégé.

chouchouter *verbe*

/ FAMILIER. Traiter avec tendresse. SYN. cajoler, câliner, choyer, couver, dorloter, entourer, gâter, soigner – FAMILIER: bichonner, mignoter. CONTR. *brusquer, brutaliser, malmener, maltraiter, rudoyer.*

chouette *adjectif*

/ FAMILIER. Qui est sympathique. SYN. bon, brave, gentil – FAMILIER: chic, sympa. CONTR. *antipathique* – FAMILIER: *vache.*

/ FAMILIER. Qui est distingué. SYN. beau, élégant – FAMILIER: bath, chic, classe. CONTR. – FAMILIER: *moche.*

/ FAMILIER. Qui est réussi. SYN. formidable – FAMILIER: chic, épatant, extra, super. CONTR. *affreux.*

chouia *nom masculin*

/ POPULAIRE. Petite quantité de. SYN. brin, doigt, filet, goutte, grain, gramme, larme, lueur, miette, nuage, once, parcelle, pointe, soupçon, teinte, trace –LITTÉRAIRE: ombre. CONTR. *avalanche, cascade, déluge, flot, foule, infinité, kyrielle, masse, monceau, montagne, multitude, quantité* –FAMILIER: *cargaison, flopée, foultitude, pelletée* –LITTÉRAIRE: *averse.*

choyer *verbe*

/ Traiter avec tendresse. SYN. aduler, cajoler, câliner, couver, dorloter, entourer, gâter, pouponner, soigner –FAMILIER: bichonner, chouchouter, mignoter. CONTR. *brusquer, brutaliser, délaisser, malmener, maltraiter, négliger.*

/ Entretenir une idée. SYN. caresser, cultiver, nourrir.

chrestomathie *nom féminin*

/ Recueil de textes choisis. SYN. anthologie, extraits, florilège, spicilège.

chronique *adjectif*

/ Qui dure. SYN. constant, continuel, durable, endémique, invétéré, opiniâtre, permanent, persistant, tenace. CONTR. *aigu, momentané, passager, temporaire, transitoire.*

chroniqueur *nom masculin*

/ Auteur d'une chronique. SYN. annaliste, courriériste, feuilletoniste, historien, journaliste, mémorialiste.

chronologie *nom féminin*

/ Succession dans le temps. SYN. calendrier, histoire.

chuchotement *nom masculin*

/ Action de chuchoter. SYN. murmure –LITTÉRAIRE: susurrement.

/ LITTÉRAIRE. Bruit léger. SYN. bourdonnement, frémissement, froissement –LITTÉRAIRE: bruissement, chuchotis, friselis, frisson, gazouillement, murmure, susurrement.

chuchoter *verbe*

/ Parler à voix basse. SYN. grommeler, marmonner, marmotter, murmurer, souffler, susurrer. CONTR. *crier, hurler, tonner* –FAMILIER: *beugler, brailler* –POPULAIRE: *bramer, gueuler.*

chuchoterie *nom féminin*

/ VIEUX. Bavardage à voix basse. SYN. aparté, bavardage, conciliabule.

chuchotis *nom masculin*

/ LITTÉRAIRE. Bruit léger. SYN. bourdonnement, frémissement, froissement –LITTÉRAIRE: bruissement, chuchotement, friselis, frisson, gazouillement, murmure, susurrement.

chut ! *interjection*

/ Silence ! SYN. –FAMILIER: motus ! –POPULAIRE: camembert !, la ferme !, ta gueule !, vos gueules !

chute *nom féminin*

/ Action de tomber. SYN. culbute –FAMILIER: bûche, dégringolade.

/ Action de se détacher de son support. SYN. éboulement, éboulis, écroulement, effondrement.

/ Reste d'une matière. SYN. déchet, épluchure, résidu, rognure, scorie.

/ Diminution de valeur, d'intensité. SYN. abaissement, baisse, dépréciation, effondrement. CONTR. *augmentation, élévation, hausse.*

/ Effondrement d'un régime. SYN. débâcle, délabrement, déroute, écroulement, naufrage, renversement, ruine. CONTR. *affermissement, consolidation, redressement, relèvement, renforcement.*

/ Échec complet. SYN. banqueroute, déconfiture, faillite, insuccès, ruine –FAMILIER: dégringolade, fiasco, four. CONTR. *réussite, succès, triomphe.*

/ Fait de dégénérer. SYN. décadence, déchéance, déliquescence, naufrage –LITTÉRAIRE: disgrâce. CONTR. *ascension, élévation, montée.*

chuter *verbe*

/ FAMILIER. Faire une chute. SYN. tomber –FAMILIER: dégringoler, prendre une bûche, ramasser une bûche, s'allonger, se casser la figure, se ramasser, s'étaler –POPULAIRE: prendre un gadin, prendre une gamelle, prendre une pelle, ramasser un gadin, ramasser une gamelle, ramasser une pelle, se casser la gueule –VIEUX: choir.

/ Baisser notablement. SYN. descendre, s'écrouler –FAMILIER: dégringoler. CONTR. *grimper, monter.*

cible *nom féminin*

/ Objet que l'on vise. SYN. but, objectif, point de mire.

/ But à atteindre. SYN. destination, fin, finalité, objectif, visée.

cicatrice *nom féminin*

/ Marque laissée par une plaie. SYN. balafre, chéloïde, stigmate –FAMILIER: boutonnière –LITTÉRAIRE: couture.

cicatriser *verbe*

/ Apaiser une douleur morale. SYN. adoucir, calmer, endormir, guérir. CONTR. *attiser, aviver, envenimer, exacerber, exaspérer, raviver, réveiller, rouvrir.*

ciel *nom masculin*

/ Fond sur lequel on observe les astres. SYN. éther –LITTÉRAIRE: azur, empyrée, firmament, nue, voûte azurée, voûte céleste, voûte éthérée, voûte étoilée.

/ Séjour de Dieu. SYN. paradis, royaume des cieux. CONTR. *enfer.*

cieux *nom masculin pluriel*

/ LITTÉRAIRE. Le ciel. SYN. –LITTÉRAIRE: firmament, nue.

cigare *nom masculin*

/ Rouleau de feuilles de tabac. SYN. –FAMILIER: barreau de chaise.

cigarette *nom féminin*

/ Cylindre de tabac. SYN. –POPULAIRE: cibiche, clope, pipe, sèche.

ciller *verbe*

/ Abaisser et relever les paupières. SYN. cligner, clignoter, papilloter.

cime *nom féminin*

/ Extrémité supérieure. SYN. cimier, crête, faîte, haut, pic, point culminant, pointe, sommet, tête. CONTR. *bas, base, pied, racine.*

/ LITTÉRAIRE. Ce qu'il y a de plus élevé. SYN. apogée, summum, zénith –LITTÉRAIRE: faîte.

cimenter *verbe*

/ Affermir quelque chose. SYN. consolider, raffermir, renforcer, resserrer, sceller. CONTR. *déchirer, délier, désunir, dissocier, diviser, ébranler, saper.*

cimetière *nom masculin*

/ Lieu où l'on enterre les morts. SYN. nécropole –LITTÉRAIRE: dernier asile, dernière demeure.

cimier *nom masculin*

/ Partie supérieure d'un arbre. SYN. cime, houppe, houppier.

cinéma *nom masculin*

/ FAMILIER. Manières affectées. SYN. numéro, scène, simagrée –FAMILIER: chiqué, comédie –POPULAIRE: cirque.

/ Salle de projection. SYN. salle obscure –FAMILIER: ciné –POPULAIRE: cinoche.

cinglant *adjectif*

/ Qui est vif et offensant. SYN. aigre, blessant, brutal, cruel, cuisant, dur, sanglant, sévère, vexant. CONTR. *affable, aimable, consolant, doux, réconfortant* –LITTÉRAIRE: *amène.*

cinglé *adjectif*

/ FAMILIER. Qui est fou. SYN. dérangé, déséquilibré –FAMILIER: braque, détraqué, dingue, fada, frappé, loufoque, maboul, malade, marteau, piqué, ravagé, tapé, timbré, toc-toc, toqué, zinzin –POPULAIRE: allumé, azimuté, barge, barjo, branque, brindezingue, cinoque, cintré, déjanté, dingo, fêlé, folingue, fondu, frapadingue, givré, jeté, louf, louftingue, sinoc, sinoque, siphonné, tordu. CONTR. *équilibré, normal, sensé.*

cinglé *nom*

/ FAMILIER. Personne qui a perdu la raison. SYN. fou –FAMILIER: détraqué, dingue, fada, malade –POPULAIRE: barjo.

cingler *verbe intransitif*

/ Naviguer vers. SYN. faire voile, mettre le cap sur, naviguer –LITTÉRAIRE: voguer.

cingler *verbe transitif*

/ Frapper quelqu'un, un animal. SYN. battre, cravacher, flageller, fouetter –LITTÉRAIRE: fouailler.

cinoque *adjectif*

/ POPULAIRE. Qui est fou. SYN. dérangé, désaxé, déséquilibré –FAMILIER: braque, cinglé, détraqué, dingue, fada, fêlé, frappé, loufoque, maboul, marteau, piqué, ravagé, tapé, timbré, toc-toc, toqué, zinzin –POPULAIRE: allumé, azimuté, barge, barjo, branque, brindezingue, cintré, déjanté, dingo, folingue, fondu, givré, jeté, louf, louftingue, sinoc, sinoque, siphonné, tordu. CONTR. *équilibré, normal, sensé.*

cintré *adjectif*
/ POPULAIRE. Qui est fou. SYN. dérangé, désaxé, déséquilibré –FAMILIER: braque, cinglé, détraqué, dingue, fada, fêlé, frappé, loufoque, maboul, marteau, piqué, ravagé, tapé, timbré, toc-toc, toqué, zinzin –POPULAIRE: allumé, azimuté, barge, barjo, branque, brindezingue, cinoque, déjanté, dingo, folingue, fondu, frapadingue, givré, jeté, louf, louftingue, sinoc, sinoque, siphonné, tordu. CONTR. *équilibré, normal, sensé.*

cintrer *verbe*
/ Donner une forme courbe à. SYN. arquer, bomber, cambrer, courber.

circonférence *nom féminin*
/ Ligne courbe fermée. SYN. cercle, orbite, rond.
/ Pourtour d'un espace circulaire. SYN. contour, enceinte, périmètre, périphérie, tour.

circonlocution *nom féminin*
/ Manière indirecte de parler. SYN. détour, périphrase.

circonscription *nom féminin*
/ Division d'un territoire. SYN. district, subdivision.

circonscrire *verbe*
/ Délimiter quelque chose. SYN. borner, cerner, circonvenir, délimiter, limiter, localiser, restreindre. CONTR. *élargir, étendre.*
/ Empêcher l'extension de. SYN. arrêter, enrayer, freiner, juguler, limiter, localiser, resserrer, restreindre, stopper. CONTR. *accroître, amplifier, augmenter, grossir, intensifier, propager, raviver.*

circonspect *adjectif*
/ Qui agit avec prudence. SYN. averti, avisé, diplomate, méfiant, mesuré, modéré, posé, précautionneux, prévoyant, prudent, réfléchi, réservé, réticent, sage, sobre, timide, timoré, vigilant –LITTÉRAIRE: rassis. CONTR. *aventureux, écervelé, étourdi, imprévoyant, imprudent, inconséquent, inconsidéré, irréfléchi, léger, téméraire* –FAMILIER: *casse-cou.*

circonspection *nom féminin*
/ Caractère circonspect. SYN. diplomatie, discrétion, méfiance, ménagement, modération, pondération, précaution, prudence, réflexion, réserve, retenue, sagesse, vigilance. CONTR. *étourderie, imprudence, légèreté, témérité.*

circonstance *nom féminin*
/ Ce qui accompagne un événement. SYN. condition, détail, donnée, fait, modalité.
/ Occasion particulière. SYN. cas, conjoncture, moment, occurrence, situation.

circonstancié *adjectif*
/ Exposé dans les détails. SYN. détaillé, précis. CONTR. *imprécis, indéterminé, schématique, vague.*

circonvenir *verbe*
/ Délimiter une question. SYN. borner, cerner, circonscrire. CONTR. *élargir, étendre.*
/ Manœuvrer quelqu'un. SYN. amadouer, enjôler, manipuler –FAMILIER: embobiner, entortiller. CONTR. *détromper, éclairer, ouvrir les yeux.*

circonvoisin *adjectif*
/ LITTÉRAIRE. Situé tout autour. SYN. avoisinant, limitrophe, proche, voisin. CONTR. *éloigné, lointain.*

circuit *nom masculin*
/ Parcours touristique. SYN. croisière, itinéraire, périple, randonnée, tour, tournée, voyage –FAMILIER: virée.

circulaire *adjectif*
/ Qui a la forme d'un cercle. SYN. arrondi, courbe, rond, sphérique.
/ Qui décrit un cercle. SYN. giratoire, rotatif, rotatoire.

circulation *nom féminin*
/ Déplacement de véhicules, de personnes. SYN. passage, trafic –VIEUX: roulage.
/ Action d'aller et venir. SYN. échanges, mouvement, roulement, va-et-vient.
/ Fait d'être diffusé. SYN. propagation, transmission.

circuler *verbe*
/ Être en mouvement. SYN. couler, passer, rouler, se déplacer, se mouvoir, voyager –FAMILIER: naviguer. CONTR. *stationner.*
/ Être diffusé. SYN. courir, se propager, se répandre.

cirer *verbe*
/ Enduire de cire. SYN. astiquer, encaustiquer, frotter, lustrer.

cireux *adjectif*
/ Qui est jaunâtre. SYN. blafard, blême, exsangue, hâve, livide, olivâtre, pâle, plombé, terreux, verdâtre. CONTR. *rouge, rougeaud* –LITTÉRAIRE: *rubicond.*

cirque *nom masculin*
/ Enceinte dans la Rome Antique. SYN. amphithéâtre, arène.
/ FAMILIER. Agitation désordonnée. SYN. remue-ménage –FAMILIER: bazar, chahut, chantier, pétaudière, souk –POPULAIRE: bordel, foutoir, ramdam.
/ POPULAIRE. Attitude outrée. SYN. scène –FAMILIER: cinéma, comédie, vie.

cisailler *verbe*
/ Couper avec une cisaille. SYN. tailler, trancher.

cisalpin *adjectif*
/ Situé en deçà des Alpes. CONTR. *transalpin* –LITTÉRAIRE: *ultramontain.*

ciselé *adjectif*
/ LITTÉRAIRE. Minutieusement travaillé. SYN. fini, fouillé, travaillé –VIEUX: perlé. CONTR. *grossier, vulgaire.*

ciseler *verbe*
/ LITTÉRAIRE. Travailler finement quelque chose. SYN. fignoler, fouiller, parachever, parfaire, peaufiner, perfectionner, polir –FAMILIER: chiader, lécher –VIEUX: perler. CONTR. *brouillonner, saboter* –FAMILIER: *bâcler, bousiller, torcher.*

citadelle *nom féminin*
/ Ouvrage fortifié. SYN. acropole, alcazar, forteresse, fortification, oppidum, redoute.
/ Ce qui forme une défense. SYN. bastion, forteresse, retranchement –LITTÉRAIRE: rempart.

citadin *adjectif*
/ De la ville. SYN. urbain. CONTR. *agreste, campagnard, paysan, rural, villageois* –LITTÉRAIRE: *champêtre, rustique.*

citation *nom féminin*
/ Action d'assigner en justice. SYN. assignation, sommation.
/ Mots tirés d'un texte. SYN. exemple, extrait, passage.

cité *nom féminin*
/ Ensemble d'habitations. SYN. agglomération, centre, ville.

citer *verbe*
/ Appeler à comparaître en justice. SYN. assigner, convoquer, déférer, sommer, traduire –LITTÉRAIRE: mander.
/ Mentionner avec précision. SYN. alléguer, désigner, énumérer, évoquer, faire état de, indiquer, nommer, rapporter, se référer.

citerne *nom féminin*
/ Réservoir contenant un liquide. SYN. bassin, cuve, tank.

citoyen *nom*
/ FAMILIER. Individu quelconque. SYN. quidam –FAMILIER: bonhomme, coco, gars, gus, oiseau, pistolet, type, zèbre –POPULAIRE: zigoto, zigue.

civil *adjectif*
/ LITTÉRAIRE. Qui observe la politesse. SYN. affable, aimable, bienséant, comme il faut, correct, courtois, de bon ton, honnête, poli –LITTÉRAIRE: urbain. CONTR. *abrupt, discourtois, grossier, rustre* –LITTÉRAIRE: *incivil.*
/ Qui concerne le citoyen. SYN. laïc. CONTR. *militaire, religieux.*

civilement *adverbe*
/ LITTÉRAIRE. Avec civilité. SYN. aimablement, courtoisement, poliment. CONTR. *grossièrement, impoliment.*

civilisé *adjectif*
/ Qui connaît les bons usages. SYN. bien élevé, cultivé, dégrossi, évolué, poli –LITTÉRAIRE: policé –VIEUX: bien éduqué. CONTR. *barbare, grossier, inculte, mal élevé, primitif, rustre, sauvage* –VIEUX: *mal éduqué.*

civiliser *verbe*
/ LITTÉRAIRE. Rendre quelqu'un civil. SYN. dégrossir, éduquer, élever –LITTÉRAIRE: policer.

civilité *nom féminin*
/ LITTÉRAIRE. Observation des convenances. SYN. affabilité, amabilité, bonnes manières, correction, courtoisie, formes, politesse, savoir-vivre –LITTÉRAIRE: aménité, cérémonie,

urbanité, usage –VIEUX: cérémonial. CONTR. *grossièreté, impertinence, impolitesse, incorrection, inélégance, muflerie, sans-gêne, vulgarité* –LITTÉRAIRE: *incivilité, irrévérence, sans-façon.*

civilités *nom féminin pluriel*

/ LITTÉRAIRE. Paroles de politesse. SYN. compliments, devoirs, hommages, respects, salutations.

civique *adjectif*

/ Relatif aux devoirs du citoyen. SYN. patriotique. CONTR. *incivique.*

clabauder *verbe*

/ LITTÉRAIRE. Médire de quelqu'un. SYN. critiquer, dénigrer, jaser –FAMILIER: baver, cancaner, casser du sucre sur, causer, commérer, cracher, débiner, déblatérer, potiner, rhabiller pour l'hiver –LITTÉRAIRE: jaboter –POPULAIRE: tailler un costard, tailler une veste.

clabauderie *nom féminin*

/ LITTÉRAIRE. Fait de médire de. SYN. calomnie, commérage, diffamation, médisance, qu'en-dira-t-on –FAMILIER: cancan, débinage, potin, ragot.

clair *adjectif*

/ Qui brille comme la lumière. SYN. brillant, éclatant, étincelant, luisant, lumineux. CONTR. *flou, obscur, sombre.*

/ Qui laisse passer la lumière. SYN. dégagé, diaphane, éclairé, ensoleillé, illuminé, limpide, lumineux, pur, transparent. CONTR. *bouché, brumeux, chargé, fumeux, gris, nébuleux, noir, nuageux, obscur, opaque, sombre, trouble* –LITTÉRAIRE: *fuligineux, ténébreux.*

/ Dont les éléments sont peu serrés. SYN. clairsemé, épars, fluide, rare. CONTR. *compact, dense, dru, épais, fourni, touffu.*

/ D'une couleur peu foncée. SYN. pâle. CONTR. *foncé, noir, sombre.*

/ Que l'on entend distinctement. SYN. aigu, articulé, audible, distinct, net, perceptible –LITTÉRAIRE: argentin, cristallin. CONTR. *assourdi, caverneux, chevrotant, enroué, grave, sourd, vague, voilé.*

/ Qui exprime la franchise. SYN. droit, formel, franc, transparent. CONTR. *ambigu, équivoque, évasif, faux, louche, torve.*

/ Qui est manifeste. SYN. certain, évident, explicite, flagrant, net, notoire, patent, significatif. CONTR. *ambigu, brouillé, complexe, compliqué, confus, douteux, épineux, incertain, problématique, sous-jacent.*

/ Qui est parfaitement intelligible. SYN. abordable, accessible, compréhensible, déchiffrable, facile, limpide, lumineux, net, perceptible, simple, transparent. CONTR. *abscons, ampoulé, ardu, bizarre, brouillon, brumeux, cabalistique, complexe, compliqué, confus, décousu, dédaléen, difficile, embrouillé, énigmatique, ésotérique, filandreux, flou, fumeux, hermétique, inaccessible, incompréhensible, indéchiffrable, indigeste, inintelligible, obscur, subtil, vague* –FAMILIER: *bizarroïde, cafouilleux* –LITTÉRAIRE: *abstrus, amphigourique, difficultueux, fuligineux, nébuleux, sibyllin, ténébreux.*

clairement *adverbe*

/ De façon évidente. SYN. catégoriquement, distinctement, explicitement, franchement, nettement, ostensiblement, ouvertement, simplement, visiblement –POPULAIRE: franco. CONTR. *ambigument, confusément, indistinctement, obscurément, vaguement.*

clair-obscur *nom masculin*

/ Lumière tamisée. SYN. pénombre. CONTR. *clarté, lumière.*

claironnant *adjectif*

/ Qui résonne fort. SYN. retentissant, sonore, tonitruant –LITTÉRAIRE: tonnant. CONTR. *assourdi, bas, voilé.*

claironner *verbe*

/ Annoncer à grand bruit. SYN. clamer, corner, crier, tambouriner –FAMILIER: carillonner –LITTÉRAIRE: proclamer –VIEUX: trompeter.

clairsemé *adjectif*

/ Peu nombreux et dispersés. SYN. clair, disséminé, éparpillé, épars, espacé, maigre, rare. CONTR. *abondant, compact, dense, dru, épais, fourni, luxuriant, nombreux, serré, touffu.*

clairvoyance *nom féminin*

/ Faculté de juger avec clarté. SYN. acuité, compréhension, discernement, finesse, flair, intelligence, lucidité, pénétration, perspicacité, sagacité, sûreté –FAMILIER: nez. CONTR. *aveuglement* –LITTÉRAIRE: *cécité.*

/ Perception extrasensorielle. SYN. cryptesthésie, divination, extralucidité, voyance.

clairvoyant *adjectif*

/ Qui manifeste du discernement. SYN. avisé, conscient, fin, intelligent, lucide, pénétrant, perspicace, profond, sagace, subtil. CONTR. *aveugle, borné, obtus* –FAMILIER: *bouché.*

clamer *verbe*

/ Exprimer par des cris. SYN. annoncer, claironner, corner, crier, hurler, s'écrier, s'égosiller, tambouriner, tonner, vociférer –LITTÉRAIRE: proclamer –VIEUX: trompeter.

clameur *nom féminin*

/ Cris tumultueux. SYN. braillement, huée, hurlement, rugissement, tintamarre, tollé, tumulte, vacarme, vocifération. CONTR. *murmure, silence.*

clan *nom masculin*

/ Association de personnes. SYN. bande, cabale, camp, cellule, cénacle, cercle, chapelle, colonie, coterie, église, faction, front, groupe, noyau, secte, société, tribu –FAMILIER: clique, maffia –LITTÉRAIRE: camarilla, ligue, phalange.

clandestin *adjectif*

/ Qui se fait en secret. SYN. caché, dissimulé, occulte, parallèle, secret, sourd, souterrain –LITTÉRAIRE: subreptice. CONTR. *avoué, ouvert, public.*

/ Qui est contraire à la loi. SYN. illégal, illicite, irrégulier, prohibé. CONTR. *autorisé, légal, licite, permis, reconnu.*

clandestinement *adverbe*

/ De façon clandestine. SYN. en cachette, furtivement, obscurément, secrètement, sous le manteau –LITTÉRAIRE: sourdement, subrepticement. CONTR. *légalement, licitement.*

clandestinité *nom féminin*

/ Caractère clandestin. SYN. anonymat, mystère, ombre, secret.

claquant *adjectif*

/ FAMILIER. Très fatigant. SYN. accablant, éprouvant, épuisant, esquintant, exténuant, fatigant, harassant, pénible, rude –FAMILIER: cassant, crevant, éreintant, tuant, usant. CONTR. *apaisant, délassant, reposant.*

claque *nom féminin*

/ Coup donné du plat de la main. SYN. gifle, tape –FAMILIER: calotte, giroflée à cinq feuilles, taloche –LITTÉRAIRE: soufflet –POPULAIRE: baffe, beigne, mandale, tarte, torgnole –VIEUX: mornifle.

/ FAMILIER. Échec humiliant. SYN. culbute, débâcle, déconfiture, défaite, échec, gifle, insuccès –FAMILIER: fessée, fiasco, four, loupé, pile, piquette, plongeon, raclée, ratage, veste –POPULAIRE: bide, déculottée, flop, gamelle, plantage, volée. CONTR. *réussite, succès, victoire.*

claqué *adjectif*

/ FAMILIER. Très fatigué. SYN. à bout de forces, à plat, anéanti, brisé, épuisé, exténué, fatigué, fourbu, harassé, K.-O., mort de fatigue, recru, rendu, rompu, surmené, usé –FAMILIER: achevé, au bout du rouleau, éreinté, esquinté, fini, flapi, H.S., lessivé, mort, moulu, pompé, raplapla, sur les genoux, tué, vanné, vidé –POPULAIRE: crevé, sur les rotules. CONTR. *délassé, dispos, frais, frais et dispos, fringant, reposé* –FAMILIER: *en forme, en pleine forme, frais comme un gardon, frais comme une rose, increvable* –VIEUX: *gaillard.*

claquemuré *adjectif*

/ Enfermé entre quatre murs. SYN. barricadé, cantonné, cloîtré, confiné, isolé, muré, retiré, séquestré –FAMILIER: bouclé –LITTÉRAIRE: reclus.

claquemurer *verbe*

/ Tenir enfermé. SYN. cadenasser, claustrer, cloîtrer, emprisonner, enfermer –FAMILIER: boucler –LITTÉRAIRE: reclure –VIEUX: chambrer.

claquemurer (se) *verbe pronominal*

/ S'enfermer dans un lieu. SYN. se calfeutrer, se cantonner, se claustrer, se cloîtrer, se confiner, se terrer, s'enfermer, s'isoler.

claquer *verbe intransitif*

/ Produire un bruit sec. SYN. battre, craquer, crépiter, taper.

claquer *verbe transitif*

/ Donner une claque. SYN. battre, gifler, taper –FAMILIER: calotter, talocher –LITTÉRAIRE: souffleter.

/ FAMILIER. Fatiguer à l'excès. SYN. abattre, anéantir, briser, épuiser, exténuer, haras-

ser, miner, user –FAMILIER: éreinter, esquinter, lessiver, tuer, vanner, vider –POPULAIRE: crever. CONTR. *délasser, reposer, restaurer, revigorer, stimuler.*
/ FAMILIER. Dépenser de l'argent. SYN. croquer, dilapider, engloutir, gaspiller, manger.

claquer (se) *verbe pronominal*
/ FAMILIER. Se fatiguer beaucoup. SYN. s'échiner, s'épuiser, s'escrimer, s'exténuer –FAMILIER: s'éreinter, s'esquinter –POPULAIRE: se crever.

clarification *nom féminin*
/ Action de clarifier un liquide. SYN. décantation, épuration, filtrage, purification.
/ Action de rendre clair. SYN. éclaircissement, élucidation, explication.

clarifier *verbe*
/ Rendre clair, pur. SYN. décanter, éclaircir, épurer, filtrer, purifier. CONTR. *brouiller, épaissir, troubler.*
/ Rendre facile à comprendre. SYN. débrouiller, démêler, désembrouiller, éclaircir, éclairer, élucider, simplifier. CONTR. *brouiller, embrouiller, obscurcir.*

clarifier (se) *verbe pronominal*
/ Devenir plus clair. SYN. s'éclaircir. CONTR. *se brouiller, s'embarrasser, s'embrouiller.*

clarté *nom féminin*
/ Vive lumière. SYN. éclairage, jour, lueur, luminosité –LITTÉRAIRE: flamme, splendeur. CONTR. *clair-obscur, obscurité, ombre* –LITTÉRAIRE: *ténèbres.*
/ Caractère transparent. SYN. limpidité, transparence. CONTR. –LITTÉRAIRE: *opacité.*
/ Qualité de ce qui est intelligible. SYN. compréhensibilité, compréhension, évidence, intelligibilité, limpidité, netteté, précision, simplicité –LITTÉRAIRE: fulguration. CONTR. *ambiguïté, complexité, confusion, dédale, hermétisme, inintelligibilité, mystère, trouble* –LITTÉRAIRE: *incompréhensibilité, nébulosité, opacité, ténèbres.*

classe *nom féminin*
/ Ensemble de choses, de personnes. SYN. caste, catégorie, espèce, famille, genre, groupe, série.
/ Rang dans une classification. SYN. échelon, indice, niveau, ordre, qualité.
/ Caractère distingué. SYN. allure, carrure, élégance, panache, prestance, raffinement, standing, stature –FAMILIER: chic, chien, gueule –LITTÉRAIRE: majesté.
/ Aspect typique de quelque chose. SYN. cachet, caractère, style, type.

classement *nom masculin*
/ Action, manière de classer. SYN. classification, disposition, hiérarchisation, ordre, organisation, placement, rangement, tri. CONTR. *confusion, déclassement, désordre, fouillis.*
/ Rang attribué à quelqu'un. SYN. palmarès, place, score.

classer *verbe*
/ Ranger par classes. SYN. cataloguer, classifier, coter, étiqueter, grouper, hiérarchiser, inventorier, ordonner, répartir, sérier, trier. CONTR. *brouiller, déclasser, déranger, mélanger, mêler.*

classicisme *nom masculin*
/ Caractère classique. SYN. traditionalisme. CONTR. *fantaisie, modernisme, modernité.*

classification *nom féminin*
/ Action de classifier. SYN. classement, distribution, hiérarchie.

classifier *verbe*
/ Ranger par classes. SYN. cataloguer, classer, hiérarchiser, inventorier, ordonner, répartir, répertorier, trier. CONTR. *brouiller, déclasser, embrouiller, mélanger, mêler.*

classique *adjectif*
/ Conforme à la tradition. SYN. B.C.B.G., conventionnel, courant, habituel, normal, rituel, routinier, sobre, strict, traditionnel, usuel –LITTÉRAIRE: coutumier. CONTR. *baroque, bizarre, curieux, excentrique, extraordinaire, extravagant, inédit, inhabituel, moderne, moderniste, original, singulier, unique.*

claudication *nom féminin*
/ Action de boiter. SYN. boitement, boiterie, boitillement.

claudiquer *verbe*
/ LITTÉRAIRE. Boiter légèrement. SYN. boiter, boitiller –FAMILIER: clopiner –VIEUX: clocher.

clause *nom féminin*
/ Disposition particulière. SYN. condition, convention, modalité, stipulation.

claustral *adjectif*
/ Qui a rapport au cloître. SYN. monacal, monastique, religieux.

claustration *nom féminin*
/ Fait d'être enfermé. SYN. enfermement, isolement –LITTÉRAIRE: réclusion. CONTR. *liberté.*

claustrer *verbe*
/ Enfermer dans un lieu clos. SYN. cadenasser, claquemurer, cloîtrer, confiner, consigner, emprisonner, isoler, séquestrer –FAMILIER: boucler –VIEUX: chambrer.

claustrer (se) *verbe pronominal*
/ S'enfermer quelque part. SYN. se barricader, se calfeutrer, se cantonner, se claquemurer, se confiner, se murer, se retirer, s'isoler –LITTÉRAIRE: être reclus.

clavier *nom masculin*
/ LITTÉRAIRE. Possibilités dont on dispose. SYN. étendue, éventail, gamme, registre.

clé ou **clef** *nom féminin*
/ Ce qui permet de comprendre. SYN. secret, solution.

clémence *nom féminin*
/ LITTÉRAIRE. Sentiment de générosité. SYN. bienveillance, bonté, humanité, indulgence, magnanimité –LITTÉRAIRE: longanimité, mansuétude, miséricorde. CONTR. *atrocité, cruauté, dureté, rigueur, rudesse, sévérité* –LITTÉRAIRE: *inclémence.*
/ LITTÉRAIRE. Douceur du climat. SYN. douceur, tiédeur. CONTR. *âpreté, rigueur, rudesse* –LITTÉRAIRE: *cruauté, inclémence.*

clément *adjectif*
/ Porté à pardonner. SYN. bienveillant, favorable, généreux, humain, indulgent, magnanime –LITTÉRAIRE: miséricordieux. CONTR. *cruel, dur, inexorable, inflexible, rude, sévère* –LITTÉRAIRE: *inclément.*
/ Peu rigoureux. SYN. doux. CONTR. *âpre, caniculaire, chaud, dur, rigoureux, rude.*

clerc *nom masculin*
/ LITTÉRAIRE. Personne cultivée. SYN. intellectuel, lettré, savant.

cliché *nom masculin*
/ Banalité souvent répétée. SYN. banalité, idée toute faite, lieu commun, phrase toute faite, poncif, sentiers battus, stéréotype, truisme. CONTR. *originalité, trouvaille.*

client *nom*
/ Personne qui achète. SYN. acheteur, acquéreur, consommateur –VIEUX: chaland. CONTR. *commerçant, fournisseur, vendeur.*

cligner *verbe*
/ Se fermer et s'ouvrir. SYN. ciller, clignoter, papilloter.
/ LITTÉRAIRE. Briller par intermittence. SYN. clignoter, scintiller, vaciller.

clignotant *adjectif*
/ Qui clignote. SYN. papillotant, scintillant, tremblotant. CONTR. *fixe.*

clignotement *nom masculin*
/ Fait de clignoter. SYN. battement, clignement.

clignoter *verbe*
/ Se fermer à plusieurs reprises. SYN. ciller, cligner, papilloter.
/ Éclairer par intermittence. SYN. scintiller –LITTÉRAIRE: cligner.

climat *nom masculin*
/ Phénomènes météorologiques. SYN. air, atmosphère.
/ Circonstances dans lesquelles on vit. SYN. ambiance, atmosphère, bain, contexte, éclairage, environnement, milieu.

clin d'œil *nom masculin*
/ Battement de paupière. SYN. clignement, œillade.

clinquant *nom masculin*
/ Faux brillant. SYN. faste, kitsch, vernis –FAMILIER: tape-à-l'œil, toc. CONTR. *authentique, vrai.*

clique *nom féminin*
/ FAMILIER. Groupe de personnes. SYN. bande, chapelle, clan, colonie, coterie, faction, gang, noyau –FAMILIER: cohorte, maffia –LITTÉRAIRE: camarilla, phalange.

clivage *nom masculin*
/ Fractionnement entre deux groupes. SYN. cloisonnement, démarcation, différenciation, frontière.

cloaque *nom masculin*
/ Lieu très sale. SYN. bourbier, décharge –LITTÉRAIRE: sentine.
/ LITTÉRAIRE. Foyer de corruption. SYN. bas-fonds –LITTÉRAIRE: égout, marécage.

clochard *nom*
/ Personne sans domicile. SYN. mendiant, miséreux, pouilleux, S.D.F., sans-logis, vagabond, va-nu-pieds –FAMILIER: crève-la-faim –LITTÉRAIRE: gueux.

cloche *nom féminin*
/ Instrument qui sonne. SYN. clarine, clochette, sonnaille, sonnette.
/ POPULAIRE. Personne stupide. SYN. âne, âne bâté, benêt, idiot, ignorant, imbécile, innocent, maladroit, niais, nigaud, nul, sot –FAMILIER: abruti, andouille, ballot, bêta, bûche, buse, crétin, cruche, empaillé, empoté, jacques, noix, oie –POPULAIRE: banane, con, conard, connard, cornichon, couillon, gland, manche, nouille, patate, truffe.

clocher *verbe*
/ VIEUX. Être bancal. SYN. boiter –FAMILIER: clopiner –LITTÉRAIRE: claudiquer.

clochette *nom féminin*
/ Petite cloche. SYN. clarine, grelot, sonnaille, sonnette.

cloison *nom féminin*
/ Paroi verticale. SYN. mur, séparation.
/ Ce qui sépare des secteurs. SYN. barrière, fossé, mur.

cloisonnement *nom masculin*
/ Ce qui sépare des éléments. SYN. clivage, compartimentage, division, séparation. CONTR. *décloisonnement.*

cloisonner *verbe*
/ Séparer par des cloisons. SYN. compartimenter. CONTR. *décloisonner.*
/ Séparer en des domaines distincts. SYN. cliver, compartimenter, partager. CONTR. *décloisonner.*

cloître *nom masculin*
/ Habitation des religieux. SYN. abbaye, chartreuse, clôture, couvent, monastère, prieuré –VIEUX: moutier.

cloîtré *adjectif*
/ Enfermé en un lieu. SYN. barricadé, cantonné, claquemuré, confiné, isolé, muré, retiré, séquestré –FAMILIER: bouclé –LITTÉRAIRE: reclus.

cloîtrer *verbe*
/ Tenir quelqu'un enfermé. SYN. cadenasser, claquemurer, claustrer, confiner, emprisonner, enfermer, enterrer, isoler –FAMILIER: boucler –LITTÉRAIRE: reclure –VIEUX: chambrer.

cloîtrer (se) *verbe pronominal*
/ S'enfermer dans un lieu. SYN. se barricader, se calfeutrer, se cantonner, se claquemurer, se confiner, se murer, se retirer, s'isoler –LITTÉRAIRE: être reclus.

clopin-clopant *locution adverbiale*
/ FAMILIER. Avec irrégularité. SYN. comme ci comme ça –FAMILIER: cahin-caha, coucicouça.

clopiner *verbe*
/ FAMILIER. Marcher avec peine. SYN. boiter, boitiller –LITTÉRAIRE: claudiquer –VIEUX: clocher.

cloque *nom féminin*
/ Boursouflure de la peau. SYN. ampoule, bulle, phlyctène, vésicule.

clore *verbe*
/ LITTÉRAIRE. Interdire l'accès de. SYN. barricader, boucher, fermer, murer. CONTR. *dégager, percer.*
/ LITTÉRAIRE. Entourer un lieu d'une clôture. SYN. cercler, clôturer, enclore, enfermer, fermer –LITTÉRAIRE: enceindre.
/ LITTÉRAIRE. Mettre un terme à. SYN. accomplir, achever, arrêter, cesser, clôturer, conclure, fermer, finir, terminer. CONTR. *amorcer, commencer, entamer, ouvrir* –FAMILIER: *débuter.*

clôture *nom féminin*
/ Action de terminer quelque chose. SYN. achèvement, cessation, conclusion, fermeture, fin. CONTR. *commencement, début, ouverture.*

clôturer *verbe*
/ Entourer un lieu d'une clôture. SYN. cercler, enclore –LITTÉRAIRE: clore, enceindre.
/ Mettre fin à quelque chose. SYN. achever, arrêter, cesser, finir, terminer. CONTR. *amorcer, attaquer, commencer, engager, entamer, ouvrir* –FAMILIER: *débuter.*

clouer *verbe*
/ Réduire quelqu'un à l'immobilité. SYN. figer, immobiliser, paralyser, pétrifier –LITTÉRAIRE: river, statufier.

clown *nom masculin*
/ Artiste comique. SYN. auguste, bouffon –FAMILIER: gugusse –VIEUX: paillasse.
/ Personne qui se fait remarquer. SYN. bouffon, pitre –FAMILIER: guignol, mariolle, polichinelle, singe –LITTÉRAIRE: histrion –POPULAIRE: charlot, zouave.

clownerie *nom féminin*
/ Action grotesque. SYN. bouffonnerie, facétie, pitrerie, singerie.

clownesque *adjectif*
/ Qui est ridicule. SYN. comique, grotesque –LITTÉRAIRE: funambulesque.

club *nom masculin*
/ Groupe fermé. SYN. amicale, association, cénacle, cercle, chapelle, coterie, faction, groupement, société, tribu –LITTÉRAIRE: camarilla.

coaguler *verbe intransitif*
/ Former un caillot. SYN. prendre, se cailler, se figer. CONTR. *se fluidifier, se liquéfier.*

coaguler *verbe transitif*
/ Transformer en une masse solide. SYN. cailler, figer, solidifier. CONTR. *fluidifier, liquidifier.*

coaliser *verbe*
/ Unir dans une coalition. SYN. grouper, liguer, rassembler, réunir. CONTR. *désunir.*

coaliser (se) *verbe pronominal*
/ Former une coalition. SYN. être de mèche avec, s'allier, s'assembler, s'associer, se concerter, se grouper, se liguer, se rassembler, se réunir, s'entendre –LITTÉRAIRE: s'accorder. CONTR. *rivaliser, se séparer, s'opposer.*

coalition *nom féminin*
/ Défense des mêmes intérêts. SYN. alliance, association, bloc, cabale, confédération, conjuration, entente, faction, front, groupement –LITTÉRAIRE: ligue. CONTR. *rupture, scission, séparation.*

cocardier *adjectif et nom*
/ Qui manifeste un patriotisme étroit. SYN. chauvin, patriote –FAMILIER: patriotard.

cocasse *adjectif*
/ FAMILIER. D'un comique surprenant. SYN. amusant, bouffon, burlesque, comique, drôle, grotesque, hilarant, inénarrable –FAMILIER: impayable, marrant, rigolo, roulant. CONTR. *attristant, dramatique, grave, tragique, triste.*

cocassement *adverbe*
/ De façon cocasse. SYN. burlesquement, drôlement, ridiculement.

cocasserie *nom féminin*
/ Caractère cocasse. SYN. drôlerie, humour, piquant.

cocher *verbe*
/ Marquer d'un trait. SYN. marquer, noter, pointer.

cochon *adjectif*
/ FAMILIER. Qui est obscène. SYN. cru, débauché, dégoûtant, dépravé, égrillard, gaillard, gaulois, graveleux, grivois, inconvenant, leste, licencieux, lubrique, ordurier, paillard, pervers, polisson, pornographique, scabreux, vicieux –FAMILIER: olé olé, raide, salé, vicelard –LITTÉRAIRE: salace.

cochon *nom*
/ FAMILIER. Personne malpropre. SYN. dégoûtant –FAMILIER: goret, porc, sagouin –LITTÉRAIRE: pourceau.

cochonner *verbe*
/ FAMILIER. Mal exécuter un travail. SYN. gâcher, saboter –FAMILIER: bâcler, bousiller, massacrer, sabrer, saccager, torchonner –POPULAIRE: saloper. CONTR. *peaufiner* –LITTÉRAIRE: *ciseler.*
/ FAMILIER. Salir quelque chose. SYN. barbouiller, maculer, tacher –LITTÉRAIRE: crotter, souiller.

cochonnerie *nom féminin*

/ POPULAIRE. Objet sans valeur. SYN. pacotille – FAMILIER: camelote, saleté.

/ POPULAIRE. Parole, action obscène. SYN. gauloiserie, grivoiserie, grossièreté, obscénité – FAMILIER: gaudriole, saleté – POPULAIRE: saloperie.

/ POPULAIRE. Action déloyale. SYN. – FAMILIER: crasse, entourloupe, entourloupette – POPULAIRE: vacherie. CONTR. *gentillesse.*

cocktail *nom masculin*

/ Mélange de choses. SYN. assortiment, mélange, pot-pourri, tissu – LITTÉRAIRE: panaché.

coco *nom masculin*

/ FAMILIER. Individu bizarre. SYN. phénomène – FAMILIER: citoyen, oiseau, pistolet, zèbre – POPULAIRE: zigoto.

cocoter ou **cocotter** *verbe*

/ POPULAIRE. Sentir mauvais. SYN. empester, puer – POPULAIRE: schlinguer. CONTR. *embaumer.*

cocu *nom*

/ FAMILIER. Personne qu'on trompe. SYN. dupe – FAMILIER: dindon, dindon de la farce, gobemouches, gogo, pigeon, poire.

cocufier *verbe*

/ FAMILIER. Rendre cocu. SYN. berner, duper, trahir, tromper.

coder *verbe*

/ Procéder au codage de. SYN. chiffrer, encoder. CONTR. *déchiffrer, décoder.*

codifier *verbe*

/ Ériger en système organisé. SYN. normaliser, rationaliser, réglementer, systématiser.

coercible *adjectif*

/ Qui peut être réprimé. SYN. contrôlable. CONTR. *incoercible, incontrôlable, irrépressible, irrésistible.*

coercitif *adjectif*

/ Qui exerce une contrainte sur. SYN. oppressif, tyrannique.

coercition *nom féminin*

/ Action de contraindre. SYN. contrainte, obligation, pression.

cœur *nom masculin*

/ Partie centrale de quelque chose. SYN. centre, foyer, milieu, noyau – LITTÉRAIRE: sein.

/ Siège des sentiments. SYN. amour, sensibilité – LITTÉRAIRE: âme.

/ VIEUX. Attitude courageuse. SYN. bravoure, courage, énergie – FAMILIER: cran – LITTÉRAIRE: vaillance, valeur.

/ Sens moral. SYN. âme, conscience, esprit, fond, for intérieur.

/ Partie essentielle de. SYN. nœud, point névralgique, point sensible, vif du sujet.

coexistant *adjectif*

/ Qui existe en même temps. SYN. coïncident, concomitant, simultané. CONTR. *indépendant.*

coexistence *nom féminin*

/ Action de coexister. SYN. coïncidence, concomitance, simultanéité.

coexister *verbe*

/ Exister simultanément. SYN. cohabiter, coïncider.

coffrer *verbe*

/ FAMILIER. Mettre en prison. SYN. arrêter, écrouer, emprisonner, enfermer, incarcérer, mettre à l'ombre, mettre en cabane, mettre sous les verrous – FAMILIER: boucler. CONTR. *libérer, relâcher, relaxer.*

coffret *nom masculin*

/ Petit coffre. SYN. caisse, cassette, écrin.

cogiter *verbe*

/ FAMILIER. Réfléchir à quelque chose. SYN. penser, raisonner, réfléchir – POPULAIRE: gamberger.

cogner *verbe transitif*

/ Heurter quelque chose, quelqu'un. SYN. accrocher, bousculer, buter sur, choquer, donner contre, emboutir, enfoncer, frapper, percuter, rencontrer, tamponner, taper.

/ POPULAIRE. Frapper durement quelqu'un. SYN. rouer de coups, taper – FAMILIER: passer à tabac, rosser, tabasser – POPULAIRE: buter. CONTR. *câliner, caresser, flatter.*

cogner *verbe transitif indirect*

/ Donner des coups sur. SYN. frapper, tambouriner, taper.

cohérence *nom féminin*

/ Caractère cohérent. SYN. adéquation, cohésion, concordance, connexion, corrélation, harmonie, homogénéité, liaison, logique, suite, unité, vraisemblance –LITTÉRAIRE: connexité. CONTR. *absurdité, confusion, illogisme, incohérence, inconséquence.*

cohérent *adjectif*

/ Dont les parties s'enchaînent bien. SYN. approprié, harmonieux, homogène, logique, ordonné, rationnel, suivi. CONTR. *aberrant, antinomique, contradictoire, décousu, désordonné, illogique, incohérent.*

cohésion *nom féminin*

/ Lien entre des personnes. SYN. affinité, homogénéité, liaison, solidarité, unité.

/ Caractère logique. SYN. cohérence, harmonie, logique. CONTR. *confusion, décousu, incohérence.*

cohorte *nom féminin*

/ FAMILIER. Groupe de personnes. SYN. armée, bande, bataillon, caravane, colonie, cortège, horde, légion, meute, multitude, société, troupeau –FAMILIER: clique, régiment –LITTÉRAIRE: camarilla, ligue, phalange.

cohue *nom féminin*

/ Grande confusion. SYN. affairement, bousculade, désordre, mêlée, mouvement –FAMILIER: pagaille –VIEUX: presse.

/ Foule tumultueuse. SYN. flot, foule, horde –LITTÉRAIRE: fourmilière.

coi *adjectif*

/ Muet de stupeur. SYN. abasourdi, ahuri, consterné, ébahi, éberlué, effaré, étonné, hébété, interdit, interloqué, médusé, pantois, renversé, stupéfait, suffoqué, tombé de la lune, tombé des nues –FAMILIER: assis, baba, comme deux ronds de flan, époustouflé, estomaqué, groggy, scié, sidéré, soufflé –LITTÉRAIRE: ébaubi.

coiffer *verbe*

/ Arranger les cheveux. SYN. brosser, donner un coup de peigne, peigner. CONTR. *décoiffer, dépeigner, ébouriffer* –LITTÉRAIRE: *écheveler.*

/ Être situé au-dessus de. SYN. sommer, surmonter, surplomber –LITTÉRAIRE: couronner.

/ Être à la tête de. SYN. contrôler, diriger, superviser –FAMILIER: chapeauter.

coiffer (se) *verbe pronominal*

/ FAMILIER. Se prendre de passion pour. SYN. s'amouracher, se passionner pour, s'engouer, s'enticher, s'éprendre de –FAMILIER: se toquer, s'emballer pour.

coiffure *nom féminin*

/ Ce qui couvre la tête. SYN. chapeau, coiffe, feutre –ARGOTIQUE: bitos –FAMILIER: couvre-chef –POPULAIRE: galure, galurin.

coin *nom masculin*

/ Angle de plusieurs rues. SYN. croisement, intersection.

/ Petite localité. SYN. emplacement, endroit, localité, pays, place, point –FAMILIER: bled, patelin, secteur.

/ Environs immédiats. SYN. parages, quartier, région.

coincé *adjectif*

/ FAMILIER. Mal à l'aise en public. SYN. collet monté, guindé, inhibé, raide. CONTR. *décontracté, détendu* –FAMILIER: *cool.*

coincer *verbe*

/ Empêcher de bouger. SYN. assujettir, bloquer, caler, fixer, immobiliser, maintenir –FAMILIER: rencogner. CONTR. *débloquer, décoincer.*

/ Mettre quelqu'un en difficulté. SYN. acculer, mettre au pied du mur, pousser dans ses derniers retranchements.

/ FAMILIER. Prendre en faute. SYN. arrêter –FAMILIER: agrafer, épingler, pincer, piquer –POPULAIRE: chauffer.

coïncidence *nom féminin*

/ Simultanéité de faits. SYN. coexistence, concomitance, concordance, identité, simultanéité, synchronisme. CONTR. *contradiction, écart.*

/ Concours de circonstances. SYN. conjoncture, hasard, occasion.

coïncider *verbe*

/ Se produire en même temps. SYN. coexister.

/ S'accorder en tout point. SYN. cadrer, concorder, converger, correspondre, se recouper, s'harmoniser –FAMILIER: coller. CONTR. *diverger, s'affronter.*

coït *nom masculin*

/ Fait de s'accoupler. SYN. accouplement, copulation –FAMILIER: fornication.

col *nom masculin*

/ Dépression d'un relief. SYN. brèche, défilé, pas, passage, port.

colère *nom féminin*

/ État violent et passager. SYN. emportement, exaspération, fureur, furie, rage – FAMILIER: rogne – LITTÉRAIRE: courroux, ire. CONTR. *calme, douceur, impassibilité, modération, sérénité.*

coléreux *adjectif*

/ Porté à la colère. SYN. acariâtre, bilieux, emporté, irascible, irritable, rageur, sanguin, violent – FAMILIER: soupe au lait – LITTÉRAIRE: atrabilaire, colérique, fulminant, tempétueux. CONTR. *calme, doux, impassible, pondéré.*

colérique *adjectif*

/ LITTÉRAIRE. Porté à la colère. SYN. acariâtre, bilieux, coléreux, emporté, irascible, irritable, rageur, sanguin, violent – FAMILIER: soupe au lait – LITTÉRAIRE: atrabilaire, fulminant, tempétueux. CONTR. *calme, doux, impassible, pondéré.*

colifichet *nom masculin*

/ Objet de peu de valeur. SYN. babiole, bricole, fanfreluche, ornement.

collaborateur *nom*

/ Personne qui travaille avec d'autres. SYN. adjoint, aide, assistant, associé, collègue, second. CONTR. *adversaire, concurrent.*

collaboration *nom féminin*

/ Action de collaborer. SYN. aide, association, complicité, concours, contribution, coopération, participation.

collaborer *verbe*

/ Travailler avec d'autres. SYN. aider, assister, concourir à, coopérer, participer, s'associer à, seconder.

collant *adjectif*

/ Qui adhère. SYN. adhérent, adhésif, gluant, poisseux, visqueux.

/ Qui serre le corps. SYN. ajusté, étriqué, moulant, serré. CONTR. *bouffant, large, vague.*

/ FAMILIER. Qui gêne les autres. SYN. ennuyeux, envahissant – FAMILIER: barbant, bassinant, casse-pieds, crampon, enquiquinant – LITTÉRAIRE: importun – POPULAIRE: emmerdant.

collation *nom féminin*

/ Léger repas. SYN. en-cas, goûter – FAMILIER: casse-croûte.

colle *nom féminin*

/ FAMILIER. Fait de punir un élève. SYN. consigne, retenue.

/ FAMILIER. Question embarrassante. SYN. devinette, énigme.

collecte *nom féminin*

/ Action de collecter. SYN. quête, ramassage, récolte.

collecter *verbe*

/ Ramasser des choses. SYN. rassembler, recueillir, réunir – LITTÉRAIRE: moissonner.

collectif *adjectif*

/ Qui concerne plusieurs personnes. SYN. commun, général, public. CONTR. *individuel, particulier, personnel, privé, propre.*

collection *nom féminin*

/ Réunion d'objets. SYN. arsenal, assemblage, assortiment, batterie, choix, échantillonnage, éventail, gamme, jeu, lot, palette, panoplie, rassemblement, recueil, série, suite, tas – FAMILIER: ribambelle.

collectionner *verbe*

/ Réunir des objets en collection. SYN. assembler, rassembler.

/ FAMILIER. Avoir en grand nombre. SYN. accumuler, amasser, amonceler, empiler, entasser, thésauriser.

collectivement *adverbe*

/ De façon collective. SYN. unanimement. CONTR. *en particulier, individuellement.*

collectivité *nom féminin*

/ Ensemble de personnes. SYN. communauté, société.

collègue *nom*

/ Personne qui fait le même métier. SYN. camarade, collaborateur, confrère, consœur.

coller *verbe transitif*

/ Faire adhérer. SYN. agglutiner, conglomérer, fixer, joindre, scotcher, souder – LITTÉRAIRE: river. CONTR. *arracher, décoller, détacher.*

/ Appliquer contre quelque chose. SYN. appuyer, plaquer. CONTR. *écarter, éloigner, retirer.*

/ FAMILIER. Faire quelque chose d'autorité. SYN. assener, asséner, mettre –FAMILIER: envoyer, ficher, flanquer, fourrer –POPULAIRE: balancer, foutre.
/ POPULAIRE. Importuner quelqu'un. SYN. –FAMILIER: cramponner, s'accrocher aux basques, se pendre aux basques. CONTR. –FAMILIER: *lâcher.*
/ FAMILIER. Refuser à un examen. SYN. ajourner –FAMILIER: recaler. CONTR. *admettre, recevoir.*

coller *verbe transitif indirect*
/ Se fixer à quelque chose. SYN. adhérer.
/ FAMILIER. Être en accord avec. SYN. cadrer, coïncider, concorder, correspondre, s'accorder.

colleter (se) *verbe pronominal*
/ Se battre avec quelqu'un. SYN. en venir aux mains, se battre, s'empoigner –FAMILIER: se bagarrer.

colline *nom féminin*
/ Relief de faible hauteur. SYN. butte, coteau, éminence, hauteur, mamelon, monticule, tertre –VIEUX: élévation.

collision *nom féminin*
/ Choc violent. SYN. accrochage, heurt, impact, percussion, tamponnage, tamponnement, télescopage –FAMILIER: carambolage.
/ Opposition d'intérêts. SYN. antagonisme, conflit, heurt. CONTR. *accord, convergence, entente.*

colloque *nom masculin*
/ Réunion de spécialistes. SYN. carrefour, conférence, congrès, débat, forum, séminaire, sommet, symposium.

collusion *nom féminin*
/ Entente secrète. SYN. complicité, connivence –VIEUX: compérage.

colmatage *nom masculin*
/ Action de colmater. SYN. bouchage, calfatage, comblement, obturation. CONTR. *ouverture.*

colmater *verbe*
/ Boucher une fente, une fuite. SYN. aveugler, calfater, combler, luter, obturer.
/ Arranger tant bien que mal. SYN. raccommoder, réparer –FAMILIER: rafistoler, retaper.

colon *nom masculin*
/ Habitant d'une colonie. SYN. pionnier, planteur. CONTR. *indigène.*

colonie *nom féminin*
/ Réunion de personnes. SYN. bande, cénacle, clan, coterie, faction, société –FAMILIER: clique, cohorte –LITTÉRAIRE: camarilla.
/ Groupe d'animaux. SYN. bande, compagnie, essaim, harde, horde, société, troupeau.

colonne *nom féminin*
/ Support vertical. SYN. contrefort, pilastre, pilier.
/ File de personnes. SYN. chapelet, cortège –FAMILIER: cohorte.

coloration *nom féminin*
/ Action de colorer. SYN. coloriage.
/ État de ce qui est coloré. SYN. coloris, couleur, nuance, pigmentation, teinte, tonalité.

coloré *adjectif*
/ Qui a une couleur. SYN. peint, teint, teinté. CONTR. *décoloré, incolore.*
/ Qui a une couleur vive. SYN. brillant, éclatant, étincelant. CONTR. *blafard, blanc, blanchâtre, blême, cadavéreux, cadavérique, gris, livide, pâle, terne, verdâtre* –FAMILIER: *pâlichon, pâlot.*
/ Qui a tel aspect particulier. SYN. empreint, marqué, pénétré.
/ Qui a de l'éclat. SYN. expressif, imagé, original, pittoresque. CONTR. *banal, fade, froid, inexpressif, morne, pauvre, plat, prosaïque, sec, terne, triste* –LITTÉRAIRE: *incolore.*

colorer *verbe*
/ Donner telle couleur. SYN. colorier, teinter –LITTÉRAIRE: teindre. CONTR. *décolorer.*
/ Donner plus de couleur. SYN. animer, aviver, embellir, raviver. CONTR. *affadir, pâlir, ternir.*
/ LITTÉRAIRE. Apporter une note particulière à. SYN. imprégner, marquer, nuancer –LITTÉRAIRE: teinter.

colorier *verbe*
/ Appliquer des couleurs. SYN. colorer, peindre, teinter.

coloris *nom masculin*
/ Nuance de couleur. SYN. coloration, couleur, nuance, teinte, tonalité.

colossal *adjectif*

/ Extrêmement grand. SYN. démesuré, éléphantesque, énorme, géant, gigantesque, herculéen, immense, monstrueux, monumental, titanesque – LITTÉRAIRE: cyclopéen. CONTR. *lilliputien, minuscule, petit.*

/ Qui dépasse la normale. SYN. extraordinaire, fabuleux, prodigieux – FAMILIER: fantastique, faramineux, monumental, phénoménal – POPULAIRE: bœuf. CONTR. *infime.*

colossalement *adverbe*

/ De façon colossale. SYN. abondamment, amplement, beaucoup, considérablement, copieusement, énormément, excessivement, extraordinairement, généreusement, immensément, largement – POPULAIRE: vachement. CONTR. *faiblement, guère, légèrement, moyennement, peu.*

colosse *nom masculin*

/ Homme très fort. SYN. force de la nature, gaillard, géant, hercule – LITTÉRAIRE: titan. CONTR. *nain* – FAMILIER: *homoncule, homuncule.*

colporter *verbe*

/ Faire connaître. SYN. diffuser, divulguer, ébruiter, propager, publier, répandre, véhiculer – LITTÉRAIRE: proclamer. CONTR. *cacher, dissimuler, taire* – LITTÉRAIRE: *celer.*

coltiner (se) *verbe pronominal*

/ FAMILIER. Se charger d'une tâche. SYN. – FAMILIER: s'appuyer, se taper, s'enfiler, s'envoyer – POPULAIRE: se farcir.

coltineur *nom masculin*

/ Homme qui portait des fardeaux. SYN. débardeur, déchargeur, docker, porteur – VIEUX: portefaix.

combat *nom masculin*

/ Engagement militaire. SYN. action, affaire, assaut, attaque, bataille, choc, conflit, coup de main, guerre, opération – ARGOTIQUE: baroud – LITTÉRAIRE: feu. CONTR. *paix.*

/ Fait de se battre. SYN. affrontement, bagarre, bataille, échauffourée, escarmouche, lutte, mêlée, rixe. CONTR. *entente.*

/ Rencontre sportive. SYN. compétition, match, partie, rencontre.

/ LITTÉRAIRE. Opposition de forces. SYN. antagonisme, duel, lutte – LITTÉRAIRE: joute.

/ Lutte en faveur de quelque chose. SYN. mobilisation.

combatif *adjectif*

/ Qui n'hésite pas à se battre. SYN. agressif, batailleur, belliqueux, déterminé, militant, offensif – FAMILIER: accrocheur, bagarreur – LITTÉRAIRE: martial, pugnace. CONTR. *amorphe, apathique, pacifique, paisible.*

combativité *nom féminin*

/ Goût du combat. SYN. acharnement, agressivité, mordant, pétulance, résistance – LITTÉRAIRE: pugnacité. CONTR. *calme, indolence, mollesse, placidité.*

combattant *nom masculin*

/ Celui qui combat. SYN. belligérant, guerrier, soldat.

/ Personne qui s'oppose à une autre. SYN. adversaire, antagoniste, ennemi, opposant, rival.

combattre *verbe*

/ Faire la guerre. SYN. livrer bataille, se battre – LITTÉRAIRE: guerroyer.

/ S'opposer fortement à. SYN. batailler, contester, faire face, faire front, lutter, récuser, réfuter, résister, se dresser contre, s'élever contre, s'inscrire en faux – LITTÉRAIRE: guerroyer. CONTR. *adhérer à, adopter, se rallier à, se ranger à, souscrire à.*

combinaison *nom féminin*

/ Action de réunir des éléments. SYN. agencement, alliage, assemblage, fusionnement, groupement.

/ Fait de se combiner. SYN. alliance, amalgame, association, concours, conjonction, fusion, imbrication, mariage, mélange, réunion, union.

/ Calcul pour parvenir à. SYN. dessein, machination, manigance, manœuvre, menée, plan, projet, tractations – FAMILIER: combine, cuisine, truc – POPULAIRE: magouille.

combinaison *nom féminin*

/ Vêtement d'une seule pièce. SYN. bleu, cotte, salopette.

combinard *adjectif*

/ FAMILIER. Qui use de combines. SYN. astucieux, habile, intrigant, inventif, malin, retors, roué, rusé – FAMILIER: débrouillard, roublard – LITTÉRAIRE: madré. CONTR. *honnête, naïf, niais.*

combine *nom féminin*
/ FAMILIER. Moyen peu scrupuleux. SYN. agissement, dessein, intrigue, machination, manigance, manœuvre, menée, plan, projet, stratagème –FAMILIER: astuce, cuisine, magouille, trafic, tripotage, truc.

combiné *adjectif*
/ Formé d'éléments qui s'assemblent. SYN. composé, conjoint, conjugué, coordonné, mélangé, mêlé, panaché.
/ Organisé à l'avance. SYN. calculé, concerté. CONTR. *impromptu, improvisé.*

combiner *verbe*
/ Organiser des choses ensemble. SYN. agencer, amalgamer, assortir, composer, conjuguer, coordonner, doser, grouper, lier, marier, mélanger, ordonner, organiser, unir –LITTÉRAIRE: réunir. CONTR. *décomposer.*
/ Associer une chose à une autre. SYN. adjoindre, allier, fusionner, incorporer, joindre. CONTR. *disjoindre, dissocier, isoler, séparer.*
/ Préparer des combines. SYN. comploter, conspirer, intriguer, machiner, manigancer, mijoter, mitonner, monter, nourrir, orchestrer, préméditer, tisser, tramer –FAMILIER: concocter, goupiller, trafiquer –LITTÉRAIRE: cabaler, conjurer, nouer, ourdir.
/ Prévoir quelque chose. SYN. aménager, arranger, concerter, concevoir, échafauder, élaborer, mettre au point, mettre sur pied, préparer, prévoir, projeter.

combiner (se) *verbe pronominal*
/ Former un tout. SYN. s'agencer, s'associer, se marier, s'imbriquer, s'unir.

comble *adjectif*
/ Plein de monde. SYN. bondé, complet, débordant, encombré, farci, foisonnant, fourmillant, grouillant, noir de monde, rempli, surchargé –FAMILIER: bourré, truffé. CONTR. *vide.*

comble *nom masculin*
/ Point culminant. SYN. apogée, haut, maximum, pinacle, sommet, summum, zénith –LITTÉRAIRE: acmé, faîte. CONTR. *minimum.*
/ Faîte d'un bâtiment. SYN. grenier. CONTR. *cave.*

comblé *adjectif*
/ Qui est pleinement satisfait. SYN. aux anges, ravi, satisfait –LITTÉRAIRE: fort aise. CONTR. *déçu, insatisfait, malheureux, mécontent.*

combler *verbe*
/ Remplir entièrement. SYN. boucher, bourrer, colmater, envahir, obturer, remblayer –LITTÉRAIRE: emplir. CONTR. *creuser, vider.*
/ Satisfaire pleinement. SYN. assouvir, contenter, exaucer, rassasier. CONTR. *contrarier, décevoir, mécontenter.*
/ Donner à profusion. SYN. abreuver, couvrir, gâter –LITTÉRAIRE: gorger. CONTR. *priver.*

combles *nom masculin pluriel*
/ Logement sous les toits. SYN. grenier, mansarde, soupente –LITTÉRAIRE: galetas. CONTR. *cave, fondations, sous-sol.*

combustible *adjectif*
/ Qui peut brûler. SYN. inflammable. CONTR. *incombustible, ininflammable.*

combustion *nom féminin*
/ Fait pour un corps de brûler. SYN. brûlage, calcination, carbonisation, ignition.

comédie *nom féminin*
/ Pièce ou film comique. SYN. vaudeville. CONTR. *drame, tragédie.*
/ Simulation hypocrite. SYN. bluff, hypocrisie, manigance, simagrée, singerie –FAMILIER: chiqué, cinéma, frime, salades –LITTÉRAIRE: feinte, pantalonnade, sournoiserie –POPULAIRE: cirque. CONTR. *naturel, sincérité.*
/ FAMILIER. Chose compliquée. SYN. affaire –FAMILIER: histoire.
/ FAMILIER. Attitude désagréable. SYN. caprice, scène –FAMILIER: sérénade, vie.

comédien *nom*
/ Personne qui joue au théâtre, au cinéma. SYN. acteur, artiste.
/ Personne qui fait semblant. SYN. hypocrite, tartufe, tartuffe –FAMILIER: cabotin –LITTÉRAIRE: grimacier, histrion.

comestible *adjectif*
/ Qui peut être consommé. SYN. consommable, ingérable, mangeable. CONTR. *immangeable, inconsommable.*

comique *adjectif*
/ Propre à la comédie. CONTR. *dramatique, tragique.*
/ Qui fait rire. SYN. amusant, désopilant, drôle, gai, hilarant, inénarrable, plaisant –FAMILIER: crevant, impayable, marrant, rigolo, roulant, tordant –POPULAIRE: bidonnant, fen-

dant, gondolant, poilant. CONTR. *émouvant, grave, pathétique, poignant, sérieux, sinistre, touchant, tragique, triste.*

/ Qui est ridicule. SYN. bouffon, clownesque, grotesque, loufoque, risible –FAMILIER: cocasse.

comique *nom*

/ Personne qui fait rire. SYN. bouffon, boute-en-train, clown, pitre –FAMILIER: guignol –POPULAIRE: rigolo.

comique *nom masculin*

/ Ce qui provoque le rire. SYN. bouffonnerie, drôlerie, humour. CONTR. *gravité, sérieux, tragique.*

comiquement *adverbe*

/ De façon comique. SYN. burlesquement, drôlement. CONTR. *dramatiquement, gravement, sérieusement, tragiquement.*

commandement *nom masculin*

/ Ordre donné. SYN. consigne, injonction, instruction, oukase, prescription, sommation, ukase.

/ Pouvoir de commander. SYN. autorité, conduite, direction, pilotage.

/ Règle de conduite. SYN. impératif, loi, précepte, prescription.

/ Instances supérieures. SYN. autorités, état-major.

commander *verbe*

/ Assurer la direction d'une action. SYN. conduire, diriger, guider, mener, régler –FAMILIER: mener la danse.

/ Exercer son autorité sur. SYN. dominer, gouverner, régir. CONTR. *obéir, obtempérer, se soumettre, servir.*

/ Donner tel ordre. SYN. exiger, imposer, intimer, ordonner, prescrire, sommer –LITTÉRAIRE: enjoindre. CONTR. *défendre, empêcher, interdire.*

/ LITTÉRAIRE. Dominer un sentiment. SYN. gouverner, maîtriser –LITTÉRAIRE: dompter, régler. CONTR. *subir, suivre.*

/ Entraîner tel comportement. SYN. appeler, décider, demander, imposer, inspirer, nécessiter, réclamer, requérir.

/ Passer commande. SYN. demander. CONTR. *décommander.*

commanditer *verbe*

/ Avancer des fonds. SYN. financer, sponsoriser.

comme *conjonction*

/ Indique la comparaison. SYN. à l'image de, ainsi que, de la même façon que, de la même manière que, de même que, non moins que, pareil à, tel –LITTÉRAIRE: à l'instar de.

/ Indique la cause. SYN. du fait que, parce que, puisque.

/ Indique le temps. SYN. au moment où, tandis que –LITTÉRAIRE: alors que.

/ Exprime l'addition. SYN. ainsi que, et aussi.

/ En qualité de. SYN. à titre de, en tant que.

commémoration *nom féminin*

/ Action de commémorer. SYN. célébration, cérémonie, fête.

commémorer *verbe*

/ Célébrer le souvenir de. SYN. célébrer, fêter.

commençant *nom*

/ Personne qui commence une activité. SYN. apprenti, débutant, néophyte, nouveau, novice –FAMILIER: bleu. CONTR. *ancien, expert* –LITTÉRAIRE: *vétéran.*

commencement *nom masculin*

/ Première partie de. SYN. amorce, arrivée, aube, avènement, balbutiement, bord, début, déclenchement, démarrage, départ, ébauche, embryon, entrée, esquisse, genèse, germe, matin, naissance, ouverture, préambule, prélude, prémices, premiers pas, printemps, seuil –LITTÉRAIRE: aurore. CONTR. *aboutissement, accomplissement, achèvement, bout, clôture, conclusion, expiration, fin, fond, issue, péroraison, sortie, terme* –LITTÉRAIRE: *déclin, extrémité, terminaison.*

/ LITTÉRAIRE. Cause première. SYN. fondement, origine, source.

commencer *verbe intransitif*

/ Être à son début. SYN. débuter, démarrer, naître, partir, s'amorcer, s'ébaucher, voir le jour –FAMILIER: s'emmancher. CONTR. *aboutir, cesser, déboucher, finir, prendre fin, s'achever, se terminer.*

commencer *verbe transitif*

/ Entreprendre quelque chose. SYN. amorcer, attaquer, déclencher, donner le coup d'envoi, ébaucher, engager, entamer, entreprendre, esquisser, étrenner, inaugurer, mettre en branle, mettre en chantier, mettre en route, ouvrir, poser la première pierre, s'attaquer à, s'atteler à –FAMILIER: démarrer. CONTR. *accomplir, achever, boucler, clôturer, conclure, couronner, finir, parachever, parfaire, terminer* –LITTÉRAIRE: *clore.*

comment *adverbe*

/ Interroge sur la manière. SYN. de quelle façon, de quelle manière, par quel moyen.

/ Marque la surprise. SYN. pardon ?, plaît-il ?, quoi ? –FAMILIER: hein ?

/ FAMILIER. *Et comment !* SYN. bien sûr, évidemment, naturellement –FAMILIER: comme de bien entendu –LITTÉRAIRE: certes.

commentaire *nom masculin*

/ Propos qui explique un texte. SYN. annotation, exégèse, explication, glose, note, paraphrase, scolie.

/ Interprétation de certains propos. SYN. cancan, commérage, observation, réflexion, remarque –FAMILIER: potin, racontar, ragot.

commenter *verbe*

/ Expliquer un texte. SYN. annoter, expliquer, gloser, paraphraser.

/ Interpréter un événement. SYN. exposer, présenter, rendre compte.

/ Juger de manière critique. SYN. blâmer, critiquer.

commérage *nom masculin*

/ Bavardage malveillant. SYN. bavardage, bruit, commentaire, indiscrétion, médisance, on-dit, qu'en-dira-t-on –FAMILIER: cancan, potin, racontar, ragot –LITTÉRAIRE: clabauderie. CONTR. *discrétion.*

commerçant *nom*

/ Personne qui fait du commerce. SYN. boutiquier, débitant, fournisseur, grossiste, marchand, négociant. CONTR. *client, consommateur.*

commerce *nom masculin*

/ Achat et vente de marchandises. SYN. affaire, débit, échange, négoce, trafic –FAMILIER: business.

/ Établissement commercial. SYN. affaire, boutique, fonds de commerce, magasin, maison, société.

commère *nom féminin*

/ VIEUX. Maîtresse femme. SYN. matrone, mégère, rombière, virago.

/ Personne curieuse et bavarde. SYN. bavard –FAMILIER: concierge, jacasseur, jacassier –POPULAIRE: pipelette –VIEUX: potinier.

commérer *verbe*

/ FAMILIER. Faire des commérages. SYN. bavarder, caqueter, jaser, médire –FAMILIER: bavasser, cancaner, causer, débiner, papoter, potiner –LITTÉRAIRE: clabauder, jaboter.

commettre *verbe*

/ Accomplir une action blâmable. SYN. perpétrer, se livrer à –LITTÉRAIRE: consommer.

commettre (se) *verbe pronominal*

/ LITTÉRAIRE. Être vu avec quelqu'un. SYN. s'afficher, s'aventurer, se compromettre, s'exposer.

comminatoire *adjectif*

/ Qui a le caractère d'une menace. SYN. fulminant, menaçant.

commisération *nom féminin*

/ Sentiment de compassion. SYN. apitoiement, attendrissement, pitié –LITTÉRAIRE: compassion, miséricorde. CONTR. *dureté, froideur, indifférence, inhumanité, insensibilité, sécheresse.*

commission *nom féminin*

/ Mission que l'on confie à quelqu'un. SYN. délégation, mandat.

/ Pourcentage versé à un intermédiaire. SYN. dessous-de-table, pourboire, prime –FAMILIER: bakchich, pot-de-vin.

/ Réunion de personnes. SYN. comité, délégation, groupe.

commissionnaire *nom*

/ Employé chargé de petites courses. SYN. chasseur, coursier, groom, porteur.

/ Intermédiaire commercial. SYN. agent, mandataire.

commissions *nom féminin pluriel*

/ Achats quotidiens. SYN. courses, emplettes, provisions.

commode *adjectif*

/ Qui se prête à l'usage requis. SYN. adapté, approprié, confortable, maniable, pratique, utile. CONTR. *gênant, impropre, inapproprié, incommode, inconfortable, malcommode.*

/ Qui n'offre pas de difficulté. **SYN.** aisé, facile, simple. **CONTR.** *compliqué, délicat, difficile, malaisé* – FAMILIER: *calé* – LITTÉRAIRE: *difficultueux.*

/ Qui a un caractère facile. **SYN.** accommodant, agréable, arrangeant, bien disposé, complaisant, conciliant, coulant, vivable. **CONTR.** *acariâtre, blessant, désagréable, difficile, dur, sévère* – FAMILIER: *vache.*

commodément *adverbe*

/ De façon confortable. **SYN.** aisément, confortablement, facilement, sans difficulté, sans effort, sans encombre, sans peine – FAMILIER: les doigts dans le nez.

commodité *nom féminin*

/ Caractère commode. **SYN.** confort, facilité. **CONTR.** *difficulté, inconfort.*

commodités *nom féminin pluriel*

/ Éléments de confort. **SYN.** agréments, aises.

commotion *nom féminin*

/ Trouble violent. **SYN.** bouleversement, choc, coup, ébranlement, émotion, saisissement, secousse, sensation, traumatisme.

/ LITTÉRAIRE. Perturbation sociale, politique. **SYN.** convulsion, crise, désordre, ébranlement, secousse, tempête – LITTÉRAIRE: orage, tourmente.

commotionner *verbe*

/ Causer un choc psychique. **SYN.** bouleverser, choquer, ébranler, émouvoir, frapper, remuer, retourner, secouer, traumatiser – FAMILIER: émotionner.

commun *adjectif*

/ Qui appartient à tous. **SYN.** collectif, général, public, unanime, universel. **CONTR.** *distinctif, individuel, isolé, partagé, particulier, personnel, propre, réservé, singulier, spécifique.*

/ Qui se rencontre fréquemment. **SYN.** accoutumé, banal, connu, courant, fréquent, habituel, ordinaire, répandu, usuel. **CONTR.** *curieux, étonnant, excentrique, exceptionnel, extraordinaire, extravagant, fantastique, féerique, inaccoutumé, inédit, inhabituel, insolite, introuvable, inusité, original, paradoxal, pittoresque, rare, saillant, singulier, spécial, spectaculaire* – FAMILIER: *fabuleux.*

/ Qui manque de distinction. **SYN.** bas, gros, grossier, ordinaire, prosaïque, quelconque, vulgaire – LITTÉRAIRE: roturier, trivial. **CONTR.** *beau, bien, choisi, coquet, délicat, distingué, élégant, exceptionnel, fier, fin, original, précieux, raffiné, remarquable, soutenu, supérieur* – FAMILIER: *chic, sélect* – LITTÉRAIRE: *relevé.*

communauté *nom féminin*

/ Similitude dans la manière de penser. **SYN.** affinité, analogie, conformité, ressemblance, unité.

/ Réunion de personnes. **SYN.** collectivité, compagnie, confrérie, congrégation, ordre, société.

communément *adverbe*

/ Suivant l'usage commun. **SYN.** banalement, couramment, fréquemment, généralement, habituellement, ordinairement, souvent, traditionnellement, usuellement, vulgairement. **CONTR.** *exceptionnellement, extraordinairement, particulièrement, rarement.*

communicable *adjectif*

/ Qui peut être transmis. **SYN.** exprimable, traduisible. **CONTR.** *incommunicable, inexprimable, intraduisible.*

communicatif *adjectif*

/ Qui se communique aux autres. **SYN.** contagieux, transmissible.

/ Qui exprime volontiers ses idées. **SYN.** confiant, démonstratif, expansif, extraverti, exubérant, ouvert – FAMILIER: causant. **CONTR.** *défiant, dissimulé, fermé, impénétrable, méfiant, ours, renfermé, réservé, taciturne* – LITTÉRAIRE: *secret.*

communication *nom féminin*

/ Fait de communiquer avec quelqu'un. **SYN.** contact, correspondance, échange, liaison – LITTÉRAIRE: commerce.

/ Exposé fait à un groupe. **SYN.** adresse, allocution, annonce, avis, communiqué, cours, déclaration, discours, message, rapport, relation.

communion *nom féminin*

/ Parfait accord d'idées. **SYN.** affinité, alliance, correspondance, entente, harmonie, union, unité. **CONTR.** *désaccord, désunion, dissension* – LITTÉRAIRE: *discorde, dissentiment.*

communiqué *nom masculin*

/ Avis au public. SYN. annonce, bulletin, communication, déclaration, information, message, note, proclamation.

communiquer *verbe transitif*

/ Faire passer quelque chose. SYN. donner, envoyer, imprimer, transmettre.

/ Susciter quelque chose chez quelqu'un. SYN. inspirer, insuffler, transmettre –LITTÉRAIRE: infuser, inoculer, instiller.

/ Faire savoir quelque chose. SYN. annoncer, apprendre, confier, dire, exprimer, faire part, informer, notifier, révéler, signaler. CONTR. *cacher, dissimuler, taire.*

communiquer *verbe transitif indirect*

/ Comporter un passage vers. SYN. correspondre avec, donner dans, ouvrir sur.

/ Entrer en contact avec quelqu'un. SYN. deviser, dialoguer, échanger, parler, s'exprimer, s'ouvrir –LITTÉRAIRE: s'entretenir.

compact *adjectif*

/ Dont les éléments sont très serrés. SYN. dense, dru, épais, ferme, fourni, resserré, tassé, touffu. CONTR. *clair, clairsemé, diffus, dispersé, éparpillé, épars, ténu.*

compagne *nom féminin*

/ Celle qui vit dans l'entourage de. SYN. amie, camarade, collègue, condisciple –FAMILIER: copine.

/ Celle qui partage la vie de quelqu'un. SYN. concubine, conjointe, épouse, femme, maîtresse, petite amie.

compagnie *nom féminin*

/ Personnes qui entourent quelqu'un. SYN. cadre, entourage, fréquentation, milieu, présence, société.

/ Réunion de personnes. SYN. assemblée, assistance, association, cénacle, cercle, communauté, corps, société –LITTÉRAIRE: aréopage.

/ Bande d'animaux de même espèce. SYN. colonie, harde, horde.

compagnon *nom masculin*

/ Celui qui vit dans l'entourage de. SYN. acolyte, ami, associé, camarade, collègue, complice, condisciple, familier –FAMILIER: copain –POPULAIRE: pote.

/ Celui qui partage la vie de quelqu'un. SYN. amant, concubin, conjoint, époux, mari, petit ami.

comparable *adjectif*

/ Qui peut être comparé. SYN. analogue, approchant, assimilable, équivalent, pareil, proche, ressemblant, semblable, similaire, voisin. CONTR. *contraire, différent, dissemblable, inassimilable, incomparable, opposé.*

comparaison *nom féminin*

/ Action de comparer. SYN. confrontation, parallèle, rapprochement.

comparativement *adverbe*

/ Par comparaison avec. SYN. auprès de, en comparaison avec, en proportion de, en regard de, par rapport à, proportionnellement à, relativement à.

comparer *verbe*

/ Établir un rapprochement entre. SYN. assimiler, confronter, mettre en balance, mettre en face, mettre en parallèle, mettre en regard, rapprocher.

comparse *nom*

/ Complice sans rôle majeur. SYN. acolyte, figurant –LITTÉRAIRE: affidé.

compartiment *nom masculin*

/ Subdivision d'un objet. SYN. case, casier, cellule, division, rayon –LITTÉRAIRE: alvéole.

compartimenter *verbe*

/ Séparer par des divisions. SYN. cliver, cloisonner, fractionner, fragmenter, morceler.

compassé *adjectif*

/ Qui manque de spontanéité. SYN. affecté, apprêté, cérémonieux, contraint, empesé, gourmé, guindé, maniéré, raide, rigide, rigoriste, solennel –FAMILIER: constipé. CONTR. *familier, franc, libre, naturel, simple, spontané.*

compassement *nom masculin*

/ LITTÉRAIRE. Manque de naturel. SYN. affectation, apprêt, raideur. CONTR. *aisance, naturel, rondeur, simplicité, spontanéité.*

compassion *nom féminin*

/ LITTÉRAIRE. Sentiment de pitié. SYN. apitoiement, bonté, commisération, humanité, sympathie –LITTÉRAIRE: clémence, miséricorde. CONTR. *cruauté, dureté, froideur, indifférence, inhumanité, insensibilité, sécheresse* –LITTÉRAIRE: *endurcissement.*

compatibilité *nom féminin*

/ Caractère compatible. SYN. accord, adéquation, concordance, conformité, harmonie – LITTÉRAIRE : convenance. CONTR. *désaccord, incompatibilité.*

compatible *adjectif*

/ Qui peut s'accorder avec. SYN. adéquat, approprié, conciliable – VIEUX : idoine. CONTR. *incompatible, inconciliable, opposé.*

compatir *verbe*

/ Prendre part à la douleur d'autrui. SYN. partager, plaindre, s'apitoyer, s'attendrir.

compatissant *adjectif*

/ Qui manifeste de la compassion. SYN. charitable, compréhensif, humain, sensible – LITTÉRAIRE : miséricordieux. CONTR. *cruel, dur, froid, indifférent, inhumain, insensible, sec.*

compatriote *nom*

/ Originaire du même pays. SYN. concitoyen, concitoyenne – VIEUX : pays, payse. CONTR. *étranger.*

compendieux *adjectif*

/ LITTÉRAIRE. Qui s'exprime brièvement. SYN. bref, concis, elliptique, laconique – LITTÉRAIRE : succinct. CONTR. *bavard, prolixe, verbeux.*

/ LITTÉRAIRE. Exprimé en peu de mots. SYN. abrégé, bref, concis, condensé, court, lapidaire, ramassé, succinct. CONTR. *détaillé, diffus, long* – FAMILIER : *délayé.*

compendium *nom masculin*

/ LITTÉRAIRE. Résumé d'une science. SYN. abrégé, condensé, épitomé, précis.

compensation *nom féminin*

/ Avantage qui compense un inconvénient. SYN. consolation, contrepartie, dédommagement, dommages-intérêts, indemnisation, indemnité, réparation.

compenser *verbe*

/ Équilibrer un effet par un autre. SYN. balancer, contrebalancer, corriger, dédommager, équilibrer, neutraliser, pondérer – LITTÉRAIRE : suppléer.

compérage *nom masculin*

/ VIEUX. Entente secrète entre personnes. SYN. collusion, complicité, connivence.

compère *nom masculin*

/ VIEUX. Personne qui est de connivence. SYN. acolyte, allié, complice – LITTÉRAIRE : affidé.

compétence *nom féminin*

/ Champ d'action. SYN. autorité, domaine, pouvoir, qualité – FAMILIER : rayon – LITTÉRAIRE : ressort.

/ Capacité reconnue dans un domaine. SYN. aptitude, expérience, habileté, qualification, savoir, savoir-faire. CONTR. *ignorance, inaptitude, incompétence, inexpérience, inhabileté.*

compétent *adjectif*

/ Qui a l'aptitude pour. SYN. apte, autorisé, averti, capable, connaisseur, efficace, exercé, expérimenté, expert, maître, qualifié, valable, versé – FAMILIER : chevronné. CONTR. *ignorant, inapte, incapable, incompétent, mauvais* – LITTÉRAIRE : *inexpert.*

compétiteur *nom*

/ Personne opposée à d'autres. SYN. adversaire, challenger, concurrent, rival. CONTR. *allié, partenaire.*

compétitif *adjectif*

/ Qui a sa place sur le marché. SYN. abordable, avantageux, valable.

compétition *nom féminin*

/ Recherche simultanée de. SYN. concurrence, duel, rivalité.

/ Épreuve sportive. SYN. challenge, championnat, combat, concours, critérium, lutte, match, partie, poule, rencontre.

compilateur *nom*

/ Personne qui compile. SYN. démarqueur, imitateur, plagiaire.

compilation *nom féminin*

/ Action de compiler des textes. SYN. copie, démarquage, emprunt, imitation, plagiat.

compiler *verbe*

/ Imiter des textes. SYN. copier, démarquer, piller, plagier.

complaire (se) *verbe pronominal*

/ Trouver son plaisir dans. SYN. adorer, aimer, chérir, goûter, raffoler de, se plaire à – LITTÉRAIRE : affectionner, se délecter. CONTR. *abominer, détester, exécrer* – LITTÉRAIRE : *abhorrer.*

complaisamment *adverbe*

/ Pour être agréable. SYN. aimablement, gentiment, obligeamment.

complaisance *nom féminin*

/ Volonté d'être agréable. SYN. affabilité, amabilité, bienveillance, bonté, charité, gentillesse, obligeance, prévenance, serviabilité, sympathie. CONTR. *animosité, cruauté, dureté, froideur, hostilité, rudesse, sécheresse.*

/ Satisfaction personnelle. SYN. contentement, satisfaction –LITTÉRAIRE: délectation. CONTR. *humilité, modestie.*

/ Volonté de flatter. SYN. condescendance, empressement, obséquiosité –LITTÉRAIRE: servilité.

complaisant *adjectif*

/ Qui cherche à faire plaisir. SYN. aimable, attentif, attentionné, bienveillant, dévoué, empressé, gentil, obligeant, prévenant, serviable. CONTR. *bourru, brusque, désagréable, désobligeant, revêche.*

/ Qui est trop indulgent. SYN. accommodant, arrangeant, commode, conciliant, coulant, facile, flexible, large, laxiste, tolérant, vivable –LITTÉRAIRE: traitable. CONTR. *difficile, dur, inflexible, intolérant, intraitable, intransigeant, rigoureux, sectaire, sévère, strict.*

complément *nom masculin*

/ Ce qui s'ajoute à quelque chose. SYN. à-côté, ajout, appendice, appoint, rallonge, reste, solde, supplément, surcroît, surplus.

complémentaire *adjectif*

/ Qui complète quelque chose. SYN. accessoire, additionnel, annexe, auxiliaire, subsidiaire, supplémentaire. CONTR. *initial, principal.*

complet *adjectif*

/ À quoi rien ne manque. SYN. entier, exhaustif, intégral, total. CONTR. *composite, fragmentaire, incomplet, lacunaire, parcellaire, partiel, sommaire* –LITTÉRAIRE: *lacuneux.*

/ Qui ne peut plus rien contenir. SYN. bondé, comble, plein, rempli –FAMILIER: bourré. CONTR. *vide.*

/ Qui est sans restriction. SYN. absolu, entier, global, plein, profond, radical, total. CONTR. *fragmentaire, inachevé, partiel, réduit, relatif.*

/ Parfait en son genre. SYN. accompli, achevé, consommé, fieffé, idéal, parfait. CONTR. *ébauché, élémentaire, esquissé, inachevé, rudimentaire, schématique, superficiel.*

complètement *adverbe*

/ Tout entier. SYN. à cent pour cent, à fond, de A à Z, de A jusqu'à Z, de bout en bout, de fond en comble, de haut en bas, de la cave au grenier, des pieds à la tête, d'un bout à l'autre, en entier, en totalité, entièrement, in extenso, intégralement, jusqu'au bout, pleinement, sans fin, totalement, tout entier. CONTR. *imparfaitement, incomplètement, partiellement, pas du tout, pas le moins du monde, peu, sommairement.*

/ Sans restriction. SYN. absolument, diamétralement, directement, du tout au tout, en toute confiance, exclusivement, foncièrement, les yeux fermés, littéralement, parfaitement, pleinement, profondément, radicalement, sans limite, sans réserve, strictement, totalement, tout à fait –FAMILIER: carrément, éperdument. CONTR. *à demi, à moitié, à peine, faiblement, guère, incidemment, médiocrement, modérément, presque.*

compléter *verbe*

/ Mener à un état complet. SYN. achever, couronner, parachever, parfaire, terminer. CONTR. *ébaucher, esquisser.*

/ Ajouter ce qui manque. SYN. accompagner, arrondir, assortir, enrichir –LITTÉRAIRE: suppléer. CONTR. *prélever, retrancher.*

complexe *adjectif*

/ Difficile à comprendre. SYN. compliqué, délicat, difficile, embrouillé, emmêlé –LITTÉRAIRE: difficultueux. CONTR. *clair, distinct, élémentaire, facile, net, simple* –FAMILIER: *pas sorcier.*

complexifier *verbe*

/ Rendre plus complexe. SYN. compliquer. CONTR. *simplifier.*

complexion *nom féminin*

/ LITTÉRAIRE. Constitution physique. SYN. nature, naturel, physique, santé.

complexité *nom féminin*

/ Caractère complexe. SYN. complication, difficulté. CONTR. *clarté, facilité, netteté, simplicité.*

complication *nom féminin*
/ État de ce qui est compliqué. SYN. affaire, complexité, confusion, subtilité. CONTR. *clarté, facilité, simplicité.*
/ Difficulté nouvelle. SYN. accroc, à-coup, contretemps, difficulté, embarras, ennui, incident –FAMILIER: enquiquinement, histoire –POPULAIRE: emmerdement.

complice *nom*
/ Personne qui participe à une action. SYN. acolyte, aide, allié, auxiliaire, compagnon, comparse, coopérateur –FAMILIER: copain –LITTÉRAIRE: affidé –VIEUX: compère. CONTR. *adversaire, ennemi.*

complicité *nom féminin*
/ Participation à une action. SYN. aide, collaboration, concours, contribution, soutien. CONTR. *désaccord.*
/ Entente tacite. SYN. collusion, connivence, intelligence –VIEUX: compérage.

compliment *nom masculin*
/ Paroles élogieuses. SYN. éloge, félicitations, flatterie, hommage, louange –LITTÉRAIRE: civilités, congratulations. CONTR. *affront, blâme, critique, injure, observation, remontrance, réprimande, reproche, sarcasme* –LITTÉRAIRE: *admonestation, admonition, avanie.*

complimenter *verbe*
/ Adresser des compliments à. SYN. aduler, féliciter, louer –FAMILIER: passer de la pommade –LITTÉRAIRE: congratuler, encenser, louanger. CONTR. *blâmer, injurier, invectiver, morigéner, réprimander, stigmatiser* –FAMILIER: *attraper, enguirlander* –LITTÉRAIRE: *admonester, brocarder* –POPULAIRE: *engueuler.*

complimenteur *nom*
/ LITTÉRAIRE. Personne qui fait des compliments. SYN. adorateur, applaudisseur, bénisseur, courtisan, flatteur –FAMILIER: lèche-bottes, lécheur –LITTÉRAIRE: adulateur, encenseur, flagorneur, laudateur, thuriféraire –POPULAIRE: lèche-cul. CONTR. *critique, dénigreur, dépréciateur, détracteur* –LITTÉRAIRE: *censeur.*

compliqué *adjectif*
/ Difficile à comprendre. SYN. abscons, ardu, confus, embrouillé, emmêlé, fumeux, touffu –FAMILIER: calé –LITTÉRAIRE: difficultueux. CONTR. *aisé, clair, commode, élémentaire, enfantin, facile, net, simple* –FAMILIER: *pas sorcier.*
/ Qui manque de simplicité. SYN. alambiqué, complexe, raffiné, sophistiqué, tourmenté –FAMILIER: tarabiscoté –LITTÉRAIRE: labyrinthique. CONTR. *dépouillé, simple, sobre* –LITTÉRAIRE: *rustique.*

compliquer *verbe*
/ Rendre difficile à comprendre. SYN. brouiller, complexifier, embrouiller, emmêler, obscurcir. CONTR. *aider, faciliter, simplifier.*

compliquer (se) *verbe pronominal*
/ Devenir difficile. SYN. s'aggraver, se corser, se détériorer, se gâter, s'envenimer. CONTR. *s'arranger, se simplifier* –FAMILIER: *se tasser.*

complot *nom masculin*
/ Action secrète menée en commun. SYN. cabale, conjuration, conspiration, intrigue, machination, menées –FAMILIER: trafic.

comploter *verbe*
/ Préparer secrètement. SYN. combiner, conspirer, intriguer, machiner, manigancer, manœuvrer, mijoter, mitonner, monter, préméditer, projeter, tramer –FAMILIER: concocter, goupiller, traficoter, trafiquer –LITTÉRAIRE: cabaler, conjurer, ourdir.

comportement *nom masculin*
/ Manière de se tenir. SYN. allure, attitude, conduite, contenance, maintien, manière, tenue –LITTÉRAIRE: errements.

comporter *verbe*
/ Renfermer quelque chose. SYN. comprendre, compter, contenir, englober, inclure, présenter, se composer de –LITTÉRAIRE: embrasser. CONTR. *exclure.*
/ Entraîner comme conséquence. SYN. admettre, impliquer.

comporter (se) *verbe pronominal*
/ Avoir tel ou tel comportement. SYN. agir, se conduire, se tenir.

composant *nom masculin*
/ Ce qui entre dans la composition de. SYN. accessoire, constituant, élément.

composé *adjectif*

/ Qui manque de naturel. SYN. affecté, apprêté, artificiel, d'emprunt, étudié, factice, recherché. CONTR. *authentique, naturel, simple, spontané.*

composé *nom masculin*

/ Ensemble constitué d'éléments divers. SYN. alliage, alliance, amalgame, combinaison, mélange, tissu –LITTÉRAIRE: panaché.

composer *verbe intransitif*

/ Se prêter à un arrangement. SYN. biaiser, céder, couper la poire en deux, négocier, pactiser, parlementer, s'entendre, transiger, trouver un terrain d'entente –LITTÉRAIRE: s'accommoder.

composer *verbe transitif*

/ Former un tout en assemblant. SYN. agencer, assembler, combiner, confectionner, constituer, disposer, faire, mettre en forme, ordonnancer, ordonner, organiser. CONTR. *décomposer, défaire, dissocier.*

/ Entrer dans la composition de. SYN. constituer, former.

/ Créer une œuvre. SYN. concevoir, écrire, élaborer, fabriquer, produire –FAMILIER: pondre.

composite *adjectif*

/ Formé d'éléments divers. SYN. bigarré, disparate, divers, hétéroclite, hétérogène, hybride, mélangé, mêlé, mixte, panaché, varié. CONTR. *complet, homogène, simple.*

composition *nom féminin*

/ Action de former un tout. SYN. agencement, confection, constitution, formation, ordonnance, organisation.

/ Ce qui compose un corps. SYN. contexture, structure, teneur –LITTÉRAIRE: texture.

/ Exercice scolaire. SYN. dissertation, rédaction.

/ Mélange d'éléments. SYN. amalgame, combiné, composé, mixture.

compréhensibilité *nom féminin*

/ Qualité de ce qui est compréhensible. SYN. clarté, compréhension, intelligibilité, limpidité. CONTR. *hermétisme, inintelligibilité, obscurité* –LITTÉRAIRE: *incompréhensibilité, opacité.*

compréhensible *adjectif*

/ Qui peut être compris. SYN. abordable, accessible, assimilable, clair, déchiffrable, distinct, facile, intelligible, limpide, perceptible, simple –LITTÉRAIRE: pénétrable. CONTR. *abscons, confus, difficile, fumeux, hermétique, inassimilable, incompréhensible, indéchiffrable, inexplicable, inintelligible, mystérieux, nuageux, obscur, subtil, voilé* –LITTÉRAIRE: *nébuleux, opaque, sibyllin, ténébreux.*

/ Qu'on admet facilement. SYN. concevable, défendable, excusable, explicable, légitime, naturel, normal. CONTR. *inadmissible, inconcevable, inexcusable, inexplicable, intolérable.*

compréhensif *adjectif*

/ Qui admet le point de vue des autres. SYN. bienveillant, compatissant, humain, indulgent, large, libéral, ouvert, tolérant. CONTR. *dur, fermé, incompréhensif, inflexible, intolérant, intransigeant, sévère.*

compréhension *nom féminin*

/ Intelligibilité de quelque chose. SYN. accès, clarté, compréhensibilité. CONTR. *confusion, obscurité.*

/ Aptitude à comprendre. SYN. clairvoyance, esprit, intelligence, lucidité, pénétration, sagacité –FAMILIER: comprenette. CONTR. *incompréhension, inintelligence.*

/ Indulgence à l'égard d'autrui. SYN. bienveillance, bonté, tolérance –LITTÉRAIRE: mansuétude. CONTR. *dureté, incompréhension, intolérance, sévérité.*

comprendre *verbe*

/ Être composé de. SYN. admettre, avoir, comporter, compter, contenir, englober, impliquer, inclure, intégrer, receler, renfermer –LITTÉRAIRE: embrasser. CONTR. *excepter, exclure, omettre.*

/ Saisir par l'esprit. SYN. appréhender, assimiler, concevoir, entendre, imaginer, interpréter, pénétrer, réaliser, saisir, se représenter, suivre, toucher du doigt, voir –LITTÉRAIRE: embrasser –POPULAIRE: bitter, entraver, piger.

/ Se rendre compte de. SYN. réaliser, s'apercevoir, se représenter.

comprenette *nom féminin*

/ FAMILIER. Faculté de comprendre. SYN. compréhension, intelligence.

compresser *verbe*

/ Serrer dans un espace restreint. SYN. comprimer, écraser, resserrer, tasser. CONTR. *décomprimer, dilater.*

compressible *adjectif*

/ Qui peut être comprimé. SYN. comprimable. CONTR. *dilatable, incompressible.*

/ Qui est susceptible d'être diminué. SYN. réductible. CONTR. *extensible, incompressible, irréductible.*

compression *nom féminin*

/ Réduction du volume de quelque chose. SYN. aplatissement, diminution, économie, réduction, resserrement, restriction. CONTR. *accroissement, augmentation, gonflement.*

/ Action de serrer fortement. SYN. constriction, contraction. CONTR. *dilatation, expansion.*

comprimer *verbe*

/ Réduire le volume de. SYN. diminuer, réduire, restreindre. CONTR. *accroître, augmenter, étendre, gonfler.*

/ Serrer fortement. SYN. compresser, resserrer, serrer, tasser. CONTR. *décomprimer, dilater, écarter.*

/ Contenir un sentiment. SYN. brider, freiner, refréner, réfréner, retenir. CONTR. *afficher, débrider, étaler, exprimer, extérioriser, manifester.*

compromettant *adjectif*

/ Qui peut causer un préjudice. SYN. aventureux, dangereux, dommageable, périlleux, préjudiciable, risqué.

compromettre *verbe*

/ Exposer à un risque. SYN. aventurer, ébranler, ébrécher, hasarder, jouer, risquer. CONTR. *assurer, garantir.*

/ Exposer à un préjudice. SYN. desservir, discréditer, éclabousser, impliquer, nuire, ternir.

compromettre (se) *verbe pronominal*

/ S'exposer à un préjudice. SYN. s'avancer, s'aventurer –FAMILIER: se mouiller –LITTÉRAIRE: se commettre.

compromis *nom masculin*

/ Accord après avoir transigé. SYN. accommodement, arrangement, concession, conciliation, consensus, modus vivendi, transaction.

compromission *nom féminin*

/ Concession lâche. SYN. arrangement, bassesse, concession.

comptabiliser *verbe*

/ Calculer de façon détaillée. SYN. calculer, chiffrer, compter.

compte *nom masculin*

/ Action de compter. SYN. calcul, dénombrement, énumération, opération.

/ Résultat trouvé. SYN. décompte, dû, facture, montant, note, relevé, total –FAMILIER: addition.

compter *verbe intransitif*

/ Faire des calculs. SYN. calculer, regarder à la dépense. CONTR. *dilapider, gaspiller, jeter l'argent par les fenêtres.*

/ Avoir de l'importance pour quelqu'un. SYN. dater, importer, mériter considération, peser, tirer à conséquence, valoir la peine. CONTR. *indifférer.*

/ Être au nombre de. SYN. figurer, se ranger.

compter *verbe transitif*

/ Déterminer le nombre de. SYN. calculer, chiffrer, comptabiliser, dénombrer, énumérer, évaluer, faire le compte de, faire le décompte de, recenser.

/ Être constitué de. SYN. comporter, comprendre, contenir, posséder, présenter, receler, renfermer.

/ Faire entrer dans un ensemble. SYN. comprendre, englober, inclure. CONTR. *négliger, omettre.*

/ Avoir l'intention de. SYN. envisager de, escompter, penser, prévoir, programmer, projeter de, se promettre de, se proposer de, songer à. CONTR. *renoncer.*

compter *verbe transitif indirect*

/ Mettre son espoir en. SYN. croire en, espérer, faire confiance, se fier à, se reposer sur, s'en remettre à, tabler sur. CONTR. *douter de, se méfier* –LITTÉRAIRE: *se défier.*

compte-rendu *nom masculin*

/ Rapport fait sur quelque chose. SYN. analyse, exposé, historique, récit, relation.

compulser *verbe*

/ Se référer à un texte. SYN. consulter, feuilleter, lire.

con *nom*
/ POPULAIRE. Personne stupide. SYN. âne, idiot, imbécile, niais, nigaud, sot – FAMILIER: abruti, andouille, ballot, bêta, bûche, buse, crétin, cruche, noix – POPULAIRE: cloche, cornichon, couillon, nouille.

concasser *verbe*
/ Réduire en fragments. SYN. briser, broyer, casser, écraser, égruger, moudre, piler, pulvériser.

concave *adjectif*
/ Dont la forme est en creux. SYN. creux, incurvé. CONTR. *bombé, convexe, protubérant, renflé, ventru.*

concavité *nom féminin*
/ État de ce qui est concave. SYN. anfractuosité, cavité, creux, dépression, excavation. CONTR. *bombement, bosse, convexité, renflement, saillie.*

concéder *verbe*
/ Admettre le point de vue de. SYN. accorder, avouer, consentir, convenir, reconnaître. CONTR. *contester, nier, refuser, rejeter.*
/ Accorder un droit. SYN. allouer, céder, conférer, octroyer – LITTÉRAIRE: impartir.

concentration *nom féminin*
/ Fait d'être rassemblé. SYN. fusion, groupement, rassemblement, regroupement, réunion. CONTR. *éclatement, séparation.*
/ Effort d'attention. SYN. application, attention, focalisation, réflexion, tension – LITTÉRAIRE: contention. CONTR. *dispersion, dissipation, distraction, inattention.*
/ Action de concentrer. SYN. accumulation, agglomération, agglutination, centralisation. CONTR. *dispersion, dissipation.*

concentré *adjectif*
/ Qui est dense. SYN. condensé, fort, intense. CONTR. *diffus, dilué, étendu* – FAMILIER: *délayé.*
/ Qui fixe son attention. SYN. appliqué, attentif, réfléchi, tendu. CONTR. *distrait, inattentif.*

concentrer *verbe*
/ Rassembler en un point. SYN. canaliser, centraliser, grouper, masser, rallier, rassembler, regrouper, réunir – LITTÉRAIRE: assembler. CONTR. *dégrouper, disperser, disséminer, éparpiller, étaler, étendre, étirer, séparer.*
/ Occuper son esprit à. SYN. accaparer, axer, canaliser, fixer, focaliser, polariser, ramener. CONTR. *disperser, distraire, relâcher.*
/ Augmenter la densité. SYN. condenser, saturer. CONTR. *délayer, diluer, étendre.*

concentrer (se) *verbe pronominal*
/ Fixer son attention. SYN. méditer, réfléchir, s'appliquer à, s'attacher, s'évertuer. CONTR. *se disperser, se dissiper, s'éparpiller.*

concept *nom masculin*
/ Idée générale. SYN. abstraction, idée, notion.

conception *nom féminin*
/ Fait d'imaginer quelque chose. SYN. composition, création, élaboration, genèse, invention – LITTÉRAIRE: enfantement.
/ Manière de voir. SYN. idée, notion, optique, philosophie, point de vue, représentation, théorie, vue.
/ LITTÉRAIRE. Aptitude à comprendre. SYN. connaissance, intelligence, pensée.

concernant *préposition*
/ En ce qui concerne. SYN. à propos de, pour, relativement à, sur, touchant.

concerner *verbe*
/ Toucher directement. SYN. avoir rapport à, avoir trait à, intéresser, regarder, relever de, s'adresser à, s'appliquer à, se rapporter à, viser – LITTÉRAIRE: ressortir à.

concert *nom masculin*
/ Ensemble de bruits. SYN. cacophonie, charivari, tintamarre – FAMILIER: sérénade, tohu-bohu.
/ LITTÉRAIRE. Harmonie entre personnes. SYN. chœur, entente, intelligence, union. CONTR. – LITTÉRAIRE: *dissentiment, dissonance.*

concerté *adjectif*
/ Bien préparé. SYN. arrangé, calculé, combiné, étudié, organisé, prémédité. CONTR. *impromptu, irréfléchi, naturel, spontané.*

concerter *verbe*
/ Préparer une action en commun. SYN. arranger, calculer, combiner, construire, coordonner, élaborer, machiner, manigancer, mettre au point, mettre sur pied, mijoter, mitonner, orchestrer, organiser, préparer, régler – FAMILIER: concocter, goupiller – LITTÉRAIRE: ourdir.

concerter (se) *verbe pronominal*
/ S'accorder pour agir ensemble. SYN. se coaliser, s'entendre, s'organiser.

concession *nom féminin*
/ Abandon d'un avantage. SYN. cession, renoncement.
/ Fait de céder sur un point. SYN. accommodement, arrangement, compromis, compromission, renoncement, renonciation.

concevable *adjectif*
/ Qui peut se concevoir. SYN. compréhensible, imaginable, intelligible, pensable. CONTR. *impensable, inconcevable, incroyable, inimaginable, inintelligible.*

concevoir *verbe*
/ Former des idées. SYN. combiner, composer, créer, découvrir, échafauder, élaborer, imaginer, inventer, trouver.
/ Saisir par l'esprit. SYN. admettre, appréhender, comprendre, entendre, percevoir, réaliser, saisir, se représenter, supposer, voir –LITTÉRAIRE: embrasser.

concierge *nom*
/ FAMILIER. Personne qui aime les potins. SYN. bavard, commère, jaseur –FAMILIER: jacasseur, jacassier, perroquet –POPULAIRE: pipelette –VIEUX: potinier.

conciliable *adjectif*
/ Qui peut se concilier avec. SYN. compatible. CONTR. *incompatible, inconciliable.*

conciliabule *nom masculin*
/ Discussion à voix basse. SYN. aparté, causerie, conversation, messe basse –VIEUX: chuchoterie.

conciliant *adjectif*
/ Avec qui on peut s'arranger. SYN. accommodant, arrangeant, bienveillant, commode, complaisant, conciliateur, coulant, indulgent, souple, vivable –LITTÉRAIRE: traitable. CONTR. *austère, autoritaire, belliqueux, blessant, buté, catégorique, coupant, despotique, difficile, dur, entier, exigeant, impitoyable, intraitable, intransigeant, irréconciliable, vif* –FAMILIER: *bagarreur, pénible* –LITTÉRAIRE: *raide* –VIEUX: *chicaneur, chicanier.*

conciliateur *adjectif*
/ Propre à concilier. SYN. apaisant, conciliant, conciliatoire.

conciliateur *nom*
/ Personne qui règle un conflit. SYN. arbitre, intermédiaire, médiateur, pacificateur. CONTR. *agitateur, provocateur* –VIEUX: *boutefeu.*

conciliation *nom féminin*
/ Action de mettre d'accord. SYN. accommodement, arbitrage, arrangement, compromis, médiation, pacification, rapprochement, transaction. CONTR. *opposition.*

concilier *verbe*
/ Mettre d'accord des personnes. SYN. arbitrer, rapprocher, réconcilier –FAMILIER: raccommoder. CONTR. *brouiller.*
/ Rendre des choses compatibles. SYN. ajuster, arranger, conformer, harmoniser.
/ Faire bénéficier quelqu'un de. SYN. acquérir, attirer, gagner.

concilier (se) *verbe pronominal*
/ Être compatible avec autre chose. SYN. s'accorder. CONTR. *s'opposer.*
/ Se rendre quelqu'un favorable. SYN. amadouer, capter, gagner, s'attirer. CONTR. *cabrer.*

concis *adjectif*
/ Exprimé en peu de mots. SYN. bref, condensé, court, dense, dépouillé, elliptique, laconique, lapidaire, précis, ramassé, schématique, sobre, sommaire, succinct –LITTÉRAIRE: compendieux, rapide. CONTR. *bavard, boursouflé, diffus, filandreux, long, prolixe, redondant, touffu, verbeux.*

concision *nom féminin*
/ Caractère concis. SYN. brièveté, densité, dépouillement, laconisme, netteté, sobriété. CONTR. *longueur, redondance, verbiage* –FAMILIER: *délayage* –LITTÉRAIRE: *prolixité, verbosité.*

concitoyen *nom*
/ Personne du même pays. SYN. compatriote –VIEUX: pays.

concluant *adjectif*
/ Qui établit une conclusion irréfutable. SYN. convaincant, décisif, définitif, démonstratif, indiscutable, irrésistible, péremptoire, probant. CONTR. *contestable, discutable.*

conclure *verbe*

/ Régler par un accord. SYN. signer, traiter.

/ Terminer quelque chose. SYN. accomplir, achever, arrêter, cesser, couronner, en finir, finir, mettre un point final à, mettre un terme à, parachever, régler, tirer le rideau, tourner la page –LITTÉRAIRE: clore. CONTR. *amorcer, commencer, ébaucher, entamer, esquisser* –FAMILIER: *débuter.*

/ Tirer une conclusion de. SYN. arguer, argumenter, déduire, induire, inférer, juger.

conclusion *nom féminin*

/ Action de conclure. SYN. achèvement, clôture, fin, issue, réalisation, règlement, solution –LITTÉRAIRE: parachèvement, terminaison. CONTR. *amorce, ébauche, naissance, ouverture, préliminaires.*

/ Partie qui termine un texte. SYN. épilogue, fin, moralité, péroraison, terme. CONTR. *avant-propos, avertissement, avis, commencement, début, exorde, exposition, introduction, préambule, préface, présentation, prologue.*

/ Conséquence logique. SYN. aboutissement, décision, déduction, résultat. CONTR. *hypothèse.*

concocter *verbe*

/ FAMILIER. Élaborer avec soin. SYN. combiner, comploter, concerter, conspirer, machiner, manigancer, mettre au point, mettre sur pied, mijoter, mitonner, monter, nourrir, orchestrer, préméditer, tisser, tramer –FAMILIER: goupiller, traficoter, trafiquer –LITTÉRAIRE: nouer, ourdir.

concomitance *nom féminin*

/ Existence simultanée. SYN. coexistence, coïncidence, simultanéité, synchronisme.

concomitant *adjectif*

/ Qui a lieu en même temps. SYN. coexistant, coïncident, simultané, synchrone, synchronique. CONTR. *alternatif, indépendant, séparé.*

concordance *nom féminin*

/ Conformité entre plusieurs choses. SYN. accord, adéquation, affinité, analogie, cohérence, coïncidence, compatibilité, correspondance, harmonie, parité, rapport, ressemblance, similitude, synchronisme –LITTÉRAIRE: connexité. CONTR. *antagonisme, décalage, désaccord, déséquilibre, discordance, disparité, divergence, écart, opposition* –LITTÉRAIRE: *disparate.*

concordant *adjectif*

/ Qui concorde. SYN. adéquat, correspondant, homologue. CONTR. *antagoniste, antinomique, discordant* –LITTÉRAIRE: *dissonant.*

concorde *nom féminin*

/ Bonne entente. SYN. accord, alliance, fraternité, harmonie, paix, union. CONTR. *antagonisme, bataille, conflit, désaccord, dispute, dissension, division, guerre, hostilité, mésentente, zizanie* –LITTÉRAIRE: *discorde, dissentiment, dissonance, mésintelligence.*

concorder *verbe*

/ Être en conformité avec. SYN. cadrer, coïncider, convenir, correspondre, répondre à, s'accorder, s'assortir, s'harmoniser –FAMILIER: coller. CONTR. *contraster, différer, s'affronter, se contredire, s'éloigner, s'opposer.*

concourant *adjectif*

/ Qui tend vers un même but. SYN. convergent. CONTR. *divergent.*

concourir *verbe*

/ Tendre vers quelque chose. SYN. aider à, contribuer à, faciliter, favoriser, permettre de.

concours *nom masculin*

/ Aide apportée par quelqu'un. SYN. apport, appui, assistance, collaboration, complicité, contribution, coopération, intervention, participation, patronage. CONTR. *opposition.*

/ Épreuve opposant des concurrents. SYN. compétition, épreuve, match.

/ *Concours de circonstances.* SYN. coïncidence, combinaison, conjonction, télescopage.

concret *adjectif*

/ Qui est perceptible par les sens. SYN. corporel, effectif, matériel, palpable, physique, sensible, substantiel, tangible. CONTR. *abstrait, fluide, immatériel, irréel, spirituel* –LITTÉRAIRE: *incorporel.*

/ Qui ne s'écarte pas de la réalité. SYN. consistant, positif, pratique, réaliste, réel, vrai. CONTR. *idéal, illusoire, imaginaire, irréel, théorique, utopique.*

concrètement *adverbe*

/ De façon concrète. SYN. en fait, matériellement, physiquement, pratiquement, tangiblement.

concrétiser *verbe*

/ Rendre concret. SYN. accomplir, donner corps à, exécuter, matérialiser, objectiver, pratiquer, réaliser.

concrétiser (se) *verbe pronominal*

/ Devenir réalité. SYN. aboutir, prendre forme, prendre tournure, se matérialiser, se préciser, se réaliser.

concupiscence *nom féminin*

/ LITTÉRAIRE. Penchant aux plaisirs sensuels. SYN. désir, envie, lubricité, luxure – LITTÉRAIRE: convoitise. CONTR. *chasteté.*

concupiscent *adjectif*

/ LITTÉRAIRE. Qui montre de la concupiscence. SYN. lascif, lubrique, paillard, sensuel, voluptueux – LITTÉRAIRE: libidineux. CONTR. *chaste.*

concurremment *adverbe*

/ En même temps. SYN. conjointement, de concert, simultanément – LITTÉRAIRE: de conserve. CONTR. *indépendamment, individuellement, isolément, séparément.*

concurrence *nom féminin*

/ Rivalité d'intérêts. SYN. antagonisme, compétition, lutte. CONTR. *alliance, entente, union.*

concurrent *nom*

/ Personne qui participe à un concours. SYN. adversaire, candidat, challenger, compétiteur, participant.

/ Personne en rivalité avec une autre. SYN. adversaire, rival. CONTR. *allié, associé, collaborateur.*

concussion *nom féminin*

/ Délit commis par un fonctionnaire. SYN. détournement, extorsion, forfaiture, malversation, prévarication – LITTÉRAIRE: exaction, rapine. CONTR. *intégrité.*

condamnable *adjectif*

/ Qui mérite d'être condamné. SYN. blâmable, coupable, critiquable, délictueux, fautif, indigne, punissable, répréhensible – LITTÉRAIRE: incriminable. CONTR. *excusable, innocent, irréprochable, louable, méritoire, pardonnable, recommandable* – LITTÉRAIRE: *irrépréhensible.*

condamnation *nom féminin*

/ Action de condamner quelqu'un. SYN. peine, punition, sanction. CONTR. *acquittement, amnistie, grâce, non-lieu.*

/ Action de condamner quelque chose. SYN. attaque, blâme, censure, critique, désapprobation, désaveu, réprobation – LITTÉRAIRE: imprécation, opprobre. CONTR. *agrément, apologie, approbation, louange.*

condamner *verbe*

/ Prononcer une peine contre. SYN. frapper, punir, sanctionner – LITTÉRAIRE: châtier. CONTR. *absoudre, acquitter, amnistier, disculper, gracier, innocenter, réhabiliter, relaxer.*

/ Déclarer répréhensible. SYN. critiquer, désapprouver, désavouer, incriminer, interdire, mettre à l'index, proscrire, reprendre, réprouver, stigmatiser – LITTÉRAIRE: censurer, fustiger, vitupérer. CONTR. *accepter, applaudir, apprécier, approuver, excuser, louer, recommander, tolérer* – LITTÉRAIRE: *priser.*

/ Être la preuve de la culpabilité de. SYN. accabler, charger, perdre.

/ Obliger à quelque chose de pénible. SYN. acculer, assujettir, contraindre, forcer, imposer, obliger, réduire, vouer – LITTÉRAIRE: astreindre. CONTR. *autoriser, permettre.*

/ Interdire l'accès à. SYN. barrer, boucher, fermer, murer, obstruer, obturer. CONTR. *ouvrir, passer.*

condensé *adjectif*

/ Qui est abrégé. SYN. concentré, concis, dense, réduit, résumé, schématique, succinct – LITTÉRAIRE: compendieux. CONTR. *diffus, verbeux.*

condensé *nom masculin*

/ Résumé succinct. SYN. abrégé, précis – LITTÉRAIRE: compendium.

condenser *verbe*

/ Réduire à l'essentiel. SYN. abréger, contracter, ramasser, resserrer, résumer, schématiser. CONTR. *diluer* – FAMILIER: *délayer.*

condescendance *nom féminin*

/ Attitude de supériorité méprisante. SYN. arrogance, dédain, hauteur, morgue, pédanterie, pédantisme, suffisance – LITTÉRAIRE:

fierté, outrecuidance, superbe. CONTR. *bonhomie, cordialité, humilité, modestie, sympathie.*

condescendant *adjectif*

/ Qui montre de la condescendance. SYN. arrogant, dédaigneux, hautain, méprisant, rogue, supérieur – LITTÉRAIRE : altier. CONTR. *bonhomme, chaleureux, cordial, humble, modeste.*

condescendre *verbe*

/ Accepter de mauvaise grâce. SYN. accéder à, accepter, consentir, daigner, s'abaisser à, se plier à, se rendre. CONTR. *dédaigner, refuser.*

condiment *nom masculin*

/ Ingrédient qui relève la saveur. SYN. aromate, assaisonnement, épice.

condition *nom féminin*

/ Situation sociale. SYN. nature, niveau, position, rang, situation, statut – LITTÉRAIRE : extraction.

/ Élément requis. SYN. circonstance, clause, critère, disposition, donnée, élément, exigence, modalité, stipulation.

conditionnel *adjectif*

/ Qui dépend de certaines conditions. SYN. casuel, contingent. CONTR. *catégorique, ferme, formel, inconditionnel.*

conduire *verbe*

/ Mener vers un lieu. SYN. accompagner, acheminer, amener, convoyer, déposer, descendre, emmener, escorter, guider, introduire, mettre, orienter, piloter, transporter.

/ Aboutir à tel lieu. SYN. aller, déboucher, desservir, entraîner, mener.

/ Assurer la manœuvre de. SYN. manier, manœuvrer, mener, piloter.

/ Pousser quelqu'un à agir. SYN. acculer, amener, entraîner, porter, réduire.

/ Avoir la direction de. SYN. administrer, commander, diriger, gérer, gouverner, piloter, régenter, régir – FAMILIER : mener la danse.

conduire (se) *verbe pronominal*

/ Agir de telle ou telle façon. SYN. se comporter, se tenir.

conduite *nom féminin*

/ Action de conduire un véhicule. SYN. maniement, manœuvre, pilotage.

/ Fait de mener une affaire. SYN. administration, commandement, direction, gestion, gouvernement, maniement.

/ Manière de se comporter. SYN. attitude, comportement, façons, manières, mœurs, pratique, tenue – LITTÉRAIRE : errements.

confection *nom féminin*

/ Action de confectionner. SYN. composition, exécution, fabrication, façon, façonnage, façonnement, préparation.

confectionner *verbe*

/ Procéder à la réalisation de. SYN. apprêter, composer, élaborer, exécuter, fabriquer, façonner, faire, réaliser – FAMILIER : bidouiller, bricoler.

confédération *nom féminin*

/ Regroupement d'intérêts. SYN. alliance, coalition – LITTÉRAIRE : ligue.

conférence *nom féminin*

/ Réunion de personnes. SYN. colloque, congrès, rencontre, séminaire, symposium.

/ Exposé fait devant un public. SYN. allocution, causerie, débat, discours, leçon.

conférer *verbe intransitif*

/ Avoir un entretien avec quelqu'un. SYN. causer, converser, dialoguer, discuter, parler – LITTÉRAIRE : s'entretenir. CONTR. *se taire.*

conférer *verbe transitif*

/ Donner quelque chose à quelqu'un. SYN. accorder, adjuger, administrer, attribuer, concéder, décerner, investir de, octroyer. CONTR. *refuser.*

confesser *verbe*

/ LITTÉRAIRE. Déclarer publiquement. SYN. publier – LITTÉRAIRE : proclamer. CONTR. *désavouer, renier.*

/ Avouer quelque chose. SYN. admettre, confier, convenir de, déclarer, reconnaître, s'accuser. CONTR. *cacher, dissimuler, nier, occulter, taire.*

/ FAMILIER. Obtenir des aveux. SYN. sonder, tâter.

confession *nom féminin*

/ Action d'avouer ses fautes. SYN. aveu, confidence, reconnaissance, révélation. CONTR. *dénégation.*

/ Appartenance à une religion. SYN. croyance, culte, Église, foi, religion.

confiance *nom féminin*
/ Fait de se fier entièrement à. SYN. espérance, foi. CONTR. *anxiété, appréhension, crainte, défiance, doute, méfiance, soupçon, suspicion.*

confiant *adjectif*
/ Qui a confiance en soi. SYN. assuré, décidé, présomptueux, sûr de soi – LITTÉRAIRE: crâne. CONTR. *angoissé, anxieux, craintif, découragé, démoralisé, inquiet.*
/ Qui fait confiance à autrui. SYN. optimiste, rassuré, serein, tranquille – LITTÉRAIRE: quiet, rasséréné. CONTR. *défiant, méfiant, soupçonneux, suspicieux.*

confidence *nom féminin*
/ Communication d'un secret. SYN. aveu, confession, épanchement, révélation. CONTR. – FAMILIER: *cachotterie.*

confidentiel *adjectif*
/ Qui doit rester secret. SYN. secret – FAMILIER: top secret. CONTR. *connu, ouvert, public.*
/ Qui concerne peu de gens. SYN. circonscrit, limité, restreint. CONTR. *élargi, étendu.*

confidentiellement *adverbe*
/ De façon confidentielle. SYN. en confidence, en privé, en secret, officieusement, secrètement – LITTÉRAIRE: sourdement. CONTR. *à découvert, en public, officiellement, ouvertement, publiquement.*

confier *verbe*
/ Remettre aux soins de. SYN. abandonner, livrer, prêter, remettre. CONTR. *arracher, ôter, retirer.*
/ Dire quelque chose de confidentiel. SYN. avouer, communiquer, confesser, faire part, glisser, livrer, révéler. CONTR. *cacher, dissimuler, occulter, taire* – LITTÉRAIRE: *celer.*

confier (se) *verbe pronominal*
/ Faire des confidences. SYN. se livrer, s'ouvrir – FAMILIER: déballer, se déboutonner – LITTÉRAIRE: s'abandonner, s'épancher.

configuration *nom féminin*
/ Forme extérieure d'un ensemble. SYN. architecture, conformation, figure, forme, structure.
/ Aspect général de quelque chose. SYN. allure, physionomie, tour, tournure.

confiné *adjectif*
/ Enfermé dans un lieu. SYN. barricadé, cantonné, claquemuré, cloîtré, isolé, muré, retiré – FAMILIER: bouclé – LITTÉRAIRE: reclus.

confinement *nom masculin*
/ Fait d'être confiné. SYN. isolement – LITTÉRAIRE: réclusion.

confiner *verbe transitif*
/ Tenir enfermé. SYN. cantonner, claustrer, cloîtrer, enfermer, isoler, reléguer – FAMILIER: boucler – LITTÉRAIRE: reclure – VIEUX: chambrer. CONTR. *libérer.*

confiner *verbe transitif indirect*
/ Être à la limite de. SYN. approcher de, avoisiner, côtoyer, friser, se rapprocher de, toucher à. CONTR. *être loin de.*

confiner (se) *verbe pronominal*
/ S'enfermer dans un lieu. SYN. se calfeutrer, se claquemurer, se claustrer, se cloîtrer, se murer, se retirer, s'enfermer, s'isoler.
/ Se limiter à une activité. SYN. se borner à, se cantonner, se restreindre, s'enfermer dans.

confins *nom masculin pluriel*
/ Partie la plus éloignée. SYN. borne, extrémité, fin fond, frontière, limite, lisière.

confirmation *nom féminin*
/ Action de confirmer quelque chose. SYN. affirmation, approbation, attestation. CONTR. *annulation, démenti, désaveu, infirmation, rétractation.*
/ Ce qui entérine quelque chose. SYN. consécration, entérinement, homologation, ratification, sanction, validation. CONTR. *abrogation, annulation, invalidation.*

confirmé *adjectif*
/ Reconnu comme exact. SYN. autorisé, avéré, éprouvé, fondé, infaillible, officiel, vérifié. CONTR. *officieux, présumé, prétendu.*

confirmer *verbe*
/ Affirmer la validité de. SYN. approuver, assurer, certifier, corroborer, établir, garantir, maintenir, vérifier. CONTR. *contredire, démentir, infirmer, nier, réfuter, se dédire.*
/ Donner la preuve de la véracité de. SYN. accréditer, attester, consacrer, démontrer, dire,

entériner, homologuer, montrer, prouver, ratifier, sanctionner, valider. CONTR. *abroger, annuler, casser, dénoncer, invalider.*
/ Encourager quelqu'un. SYN. affermir, consolider, justifier, renforcer. CONTR. *annihiler.*

confiscation *nom féminin*
/ Action de confisquer. SYN. embargo, mainmise, retrait, saisie. CONTR. *attribution, restitution.*

confisquer *verbe*
/ Prendre quelque chose à quelqu'un. SYN. ôter, retirer, s'approprier, soustraire, voler – LITTÉRAIRE : ravir. CONTR. *remettre, rendre, restituer.*

conflit *nom masculin*
/ Lutte armée. SYN. bataille, choc, guerre, heurt, hostilités, lutte. CONTR. *paix.*
/ Opposition d'opinions. SYN. antagonisme, collision, débat, désaccord, différend, dissension, divergence, divorce, litige, querelle, tiraillement – LITTÉRAIRE : discorde, dissentiment, dissonance. CONTR. *accord, concorde, entente, harmonie.*

confluent *nom masculin*
/ LITTÉRAIRE. Point où deux choses se rencontrent. SYN. carrefour, croisement, point de jonction – LITTÉRAIRE : croisée.

confluer *verbe*
/ Aller vers un même lieu. SYN. affluer, converger, se rencontrer, se réunir.

confondant *adjectif*
/ Qui déconcerte. SYN. ahurissant, consternant, déconcertant, effarant, étonnant, frappant, marquant, saisissant, stupéfiant, surprenant – FAMILIER : renversant, sciant, sidérant.

confondre *verbe*
/ LITTÉRAIRE. Mêler des choses. SYN. associer, brouiller, fondre, réunir, unir. CONTR. *dissocier, séparer.*
/ Prendre l'un pour l'autre. SYN. amalgamer, assimiler, mélanger, mettre dans le même sac. CONTR. *différencier, discriminer, distinguer, reconnaître* – LITTÉRAIRE : *discerner.*
/ Décontenancer quelqu'un. SYN. abasourdir, ahurir, anéantir, consterner, déconcerter, décontenancer, démonter, dépasser, dérouter, désorienter, étonner, interdire, interloquer, renverser, stupéfier, surprendre – FAMILIER : catastropher, désarçonner.
/ Prouver la culpabilité de. SYN. accabler, accuser, charger, déjouer, démasquer, perdre.

confondre (se) *verbe pronominal*
/ Ne plus être distinct de. SYN. fusionner, se fondre, se rapprocher, se ressembler, s'identifier. CONTR. *différer, diverger.*

conformation *nom féminin*
/ Organisation des parties du corps. SYN. configuration, constitution, forme.

conforme *adjectif*
/ Dont la forme est semblable à. SYN. analogue, fidèle, identique, pareil, semblable. CONTR. *différent, disproportionné, dissemblable.*
/ Qui s'accorde bien avec. SYN. ad hoc, adapté, adéquat, approprié, assorti, correspondant, fidèle – VIEUX : idoine. CONTR. *contraire, inadéquat, opposé.*

conformer *verbe*
/ Rendre conforme. SYN. accorder, adapter, ajuster, approprier, assortir, concilier, proportionner – LITTÉRAIRE : accommoder. CONTR. *différencier, opposer.*

conformer (se) *verbe pronominal*
/ Adapter sa conduite à quelque chose. SYN. écouter, obéir, observer, obtempérer, respecter, s'adapter, se modeler, se plier, se soumettre, suivre – LITTÉRAIRE : s'accommoder. CONTR. *contrevenir à, déroger, désobéir, enfreindre, manquer, se soustraire, s'opposer à, transgresser.*

conformisme *nom masculin*
/ Respect étroit des usages. SYN. conservatisme, orthodoxie, traditionalisme. CONTR. *anticonformisme, dissidence, hérésie, indépendance, individualisme, originalité.*

conformiste *adjectif*
/ Qui fait preuve de conformisme. SYN. académique, bourgeois, conservateur, conventionnel, formaliste, orthodoxe, traditionaliste. CONTR. *anticonformiste, contestataire, dissident, hétérodoxe, non conformiste, original.*

conformité *nom féminin*
/ État de plusieurs choses semblables. SYN. analogie, parité, ressemblance, similitude. CONTR. *contraste, différence, disparité, disproportion, dissemblance.*

/ État des choses qui s'accordent. SYN. accord, adéquation, communauté, compatibilité, concordance, correspondance –LITTÉRAIRE: convenance. CONTR. *anomalie, déformation, désaccord, incompatibilité, opposition.*

confort *nom masculin*

/ Bien-être matériel. SYN. agréments, aisance, aises, commodités. CONTR. *inconfort.*

confortable *adjectif*

/ Qui procure le confort. SYN. agréable, commode, cosy, vivable. CONTR. *incommode, inconfortable, malcommode.*

/ Qui procure une certaine aisance. SYN. considérable, grand, honnête, honorable, large –FAMILIER: coquet. CONTR. *faible, insignifiant, maigre, minime, modeste.*

confortablement *adverbe*

/ De façon confortable. SYN. aisément, commodément. CONTR. *inconfortablement.*

conforter *verbe*

/ Rendre plus solide. SYN. affermir, fortifier.

/ Rassurer quelqu'un. SYN. appuyer, réconforter, soutenir.

confrérie *nom féminin*

/ Association pieuse. SYN. communauté, congrégation, corporation, corps.

confrontation *nom féminin*

/ Action de mettre face à face. SYN. comparaison, parallèle, rencontre.

confronté *adjectif*

/ Qui doit faire face à. SYN. aux prises avec, en butte à, en lutte contre.

confronter *verbe*

/ Comparer des choses. SYN. comparer, mettre en balance, mettre en face, mettre en parallèle, mettre en regard, opposer, rapprocher.

confus *adjectif*

/ Qui manque de clarté. SYN. ambigu, brouillé, brouillon, brumeux, chaotique, compliqué, décousu, désordonné, difficile, embrouillé, flottant, fumeux, illogique, imprécis, incertain, incohérent, indécis, indéfini, indéfinissable, indémêlable, indéterminable, indéterminé, indiscernable, indistinct, nuageux, obscur, vague –FAMILIER: cafouilleux, vasouillard –LITTÉRAIRE: amphigourique, nébuleux, opaque, sibyllin. CONTR. *cartésien, clair, compréhensible, distinct, explicite, facile, formel, intelligible, limpide, lumineux, net, précis, rationnel, simple, tranché.*

/ Qui est embarrassé. SYN. déconfit, désolé, embarrassé, gêné, honteux, navré, penaud, piteux, troublé –LITTÉRAIRE: contrit. CONTR. *désinvolte, effronté.*

confusément *adverbe*

/ D'une façon confuse. SYN. indistinctement, obscurément, vaguement. CONTR. *clairement, explicitement, expressément, formellement, franchement, nettement, notoirement, précisément, visiblement.*

confusion *nom féminin*

/ Action de prendre l'un pour l'autre. SYN. équivoque, erreur, imbroglio, méprise, quiproquo. CONTR. *discernement, discrimination, distinction.*

/ État de ce qui est confus. SYN. complication, enchevêtrement, fatras, fouillis, imbroglio, incohérence, inconséquence, mélange, obscurité –FAMILIER: cafouillage, embrouillamini –LITTÉRAIRE: nébulosité. CONTR. *clarté, cohérence, cohésion, compréhension, netteté, précision.*

/ Agitation désordonnée. SYN. agitation, anarchie, bousculade, branle-bas, chaos, débandade, désordre, remue-ménage, trouble. CONTR. *classement, cohésion, harmonie, ordre.*

/ Sentiment de trouble. SYN. embarras, gêne, honte, humiliation, perturbation –LITTÉRAIRE: émoi. CONTR. *assurance, effronterie.*

congé *nom masculin*

/ Interruption de travail. SYN. inactivité, nonactivité, relâche, repos, vacances. CONTR. *activité, travail.*

/ Résiliation d'un contrat. SYN. congédiement, licenciement, renvoi.

congédiement *nom masculin*

/ Action de congédier. SYN. congé, licenciement, renvoi.

congédier *verbe*

/ Demander à quelqu'un de partir. SYN. donner congé, éconduire, fermer la porte au nez, mettre à la porte, reconduire, rejeter, renvoyer. CONTR. *accueillir, convier, recevoir.*

/ Faire perdre son emploi à. SYN. chasser, débaucher, destituer, licencier, limoger, mettre à la porte, remercier, renvoyer, révoquer, se défaire de, se séparer de –FAMILIER: balayer, blackbouler, débarquer, déboulonner, dégommer, ficher à la porte, flanquer à la porte, flanquer dehors, sabrer, vider –POPULAIRE: balancer, foutre à la porte, lourder, virer. CONTR. *appeler, embaucher, engager, garder, recruter.*

congélation *nom féminin*

/ Action de congeler un produit. SYN. solidification. CONTR. *décongélation, dégel.*

congeler *verbe*

/ Soumettre à l'action du froid. SYN. geler, glacer, solidifier. CONTR. *décongeler, dégeler, déglacer.*

congénère *nom*

/ Personne semblable à une autre. SYN. camarade, pair, pareil, semblable.

congénital *adjectif*

/ Qui est présent à la naissance. SYN. héréditaire, inné, naturel –LITTÉRAIRE: natif, originaire. CONTR. *acquis.*

congestionné *adjectif*

/ Dont le visage est rouge. SYN. rouge, rougeaud –LITTÉRAIRE: rubicond.

congestionner *verbe*

/ Encombrer un lieu. SYN. embouteiller, engorger.

conglomérer *verbe*

/ Réunir en une seule masse. SYN. agglomérer, agglutiner, agréger, coller, souder. CONTR. *désagréger, disséminer, dissocier, éparpiller.*

congratulations *nom féminin pluriel*

/ LITTÉRAIRE. Action de féliciter quelqu'un. SYN. compliments, félicitations. CONTR. *affront* –LITTÉRAIRE: *admonestation, admonition, avanie.*

congratuler *verbe*

/ LITTÉRAIRE. Féliciter quelqu'un. SYN. complimenter. CONTR. *blâmer, critiquer, réprimander, stigmatiser* –FAMILIER: *éreinter, esquinter* –LITTÉRAIRE: *admonester, déchirer.*

congrégation *nom féminin*

/ Association de fidèles. SYN. communauté, confrérie, corps.

congrès *nom masculin*

/ Réunion de personnes. SYN. colloque, conférence, débat, séminaire, symposium.

conjectural *adjectif*

/ Fondé sur des conjectures. SYN. aléatoire, hypothétique, incertain. CONTR. *certain, exact, objectif, positif.*

conjecture *nom féminin*

/ Simple supposition. SYN. anticipation, hypothèse, induction, perspective, préconception, présomption, prévision, probabilité, supposition. CONTR. *certitude.*

conjecturer *verbe*

/ Estimer par conjecture. SYN. augurer, imaginer, induire, penser, poser, postuler, prédire, pressentir, présumer, présupposer, prévoir, pronostiquer, soupçonner, supposer –LITTÉRAIRE: préjuger.

conjoint *adjectif*

/ Fait ensemble. SYN. combiné, conjugué, lié, mêlé, uni. CONTR. *disjoint, dissocié, divisé, séparé.*

conjoint *nom masculin*

/ Homme marié. SYN. compagnon, époux, mari.

conjointe *nom féminin*

/ Femme mariée. SYN. compagne, épouse, femme.

conjointement *adverbe*

/ Ensemble et en même temps. SYN. concurremment, de concert, de front, d'un commun accord, ensemble, simultanément –LITTÉRAIRE: de conserve. CONTR. *indépendamment, individuellement, isolément, séparément.*

conjonction *nom féminin*

/ Fait d'être mis ensemble. SYN. combinaison, jonction, rencontre, réunion, union –LITTÉRAIRE: conjugaison. CONTR. *disjonction, dissociation, division, opposition, séparation.*

conjoncture *nom féminin*

/ Situation donnée. SYN. auspices, cas, circonstance, coïncidence, état de choses, événements, hasard, moment, occasion, occurrence, situation.

conjugaison *nom féminin*

/ LITTÉRAIRE. Réunion d'éléments divers. SYN. alliance, association, conjonction, coordination, réunion, union.

conjuguer *verbe*

/ Joindre des choses ensemble. SYN. allier, combiner, coordonner, grouper, unir –LITTÉRAIRE: réunir. CONTR. *disjoindre, dissocier, diviser, éparpiller, opposer, séparer.*

conjuration *nom féminin*

/ Fait de comploter. SYN. cabale, coalition, complot, conspiration, manœuvres, menées.

/ LITTÉRAIRE. Fait de supplier instamment. SYN. adjuration, prière –LITTÉRAIRE: imploration, objurgation, supplication.

conjuré *nom*

/ Personne qui conspire. SYN. comploteur, conspirateur.

conjurer *verbe*

/ LITTÉRAIRE. Projeter ensemble. SYN. combiner, comploter, conspirer, manigancer, mijoter, tramer –LITTÉRAIRE: ourdir.

/ LITTÉRAIRE. Prier instamment. SYN. adjurer, demander, supplier –LITTÉRAIRE: implorer.

connaissance *nom féminin*

/ Faculté de connaître. SYN. compréhension, entendement, intellect, intellection, intelligence, pénétration –LITTÉRAIRE: conception. CONTR. *ignorance, méconnaissance.*

/ Personne que l'on connaît. SYN. ami, fréquentation, relation. CONTR. *inconnu.*

/ Manière de saisir les objets de la pensée. SYN. appréhension, perception, représentation.

/ Ce que l'on a acquis par l'étude. SYN. acquisition, expérience, pratique, savoir, science, usage. CONTR. *ignorance, inexpérience, méconnaissance.*

connaissances *nom féminin pluriel*

/ Ensemble de ce qu'on a appris. SYN. acquis, acquisitions, bagage, culture, érudition, instruction, lumières, notions, savoir, science.

connaisseur *adjectif*

/ Qui connaît bien une chose. SYN. averti, compétent, expert, porté, qualifié, rompu, versé.

connaisseur *nom*

/ Personne qui s'y connaît. SYN. admirateur, amateur –LITTÉRAIRE: appréciateur.

connaître *verbe*

/ Avoir acquis des connaissances sur. SYN. posséder, pratiquer, savoir. CONTR. *ignorer, oublier.*

/ Faire l'expérience de. SYN. endurer, éprouver, expérimenter, ressentir, subir, supporter.

/ Faire la connaissance de quelqu'un. SYN. fréquenter, rencontrer. CONTR. *ignorer.*

/ Saisir par la pensée. SYN. comprendre, concevoir, entendre –LITTÉRAIRE: embrasser.

connexe *adjectif*

/ Qui se rapproche de. SYN. analogue, annexe, voisin.

connexion *nom féminin*

/ Action de relier des éléments. SYN. alliance, association, cohérence, liaison, rapport, relation, union –LITTÉRAIRE: connexité.

connexité *nom féminin*

/ LITTÉRAIRE. Rapport étroit entre des choses. SYN. cohérence, concordance, connexion, corrélation, correspondance, liaison, relation.

connivence *nom féminin*

/ Entente secrète. SYN. collusion, complicité, intelligence –VIEUX: compérage.

connu *adjectif*

/ Qui jouit d'un grand renom. SYN. célèbre, illustre, renommé, réputé –LITTÉRAIRE: fameux. CONTR. *inconnu, méconnu, obscur, oublié.*

/ Qui est su du plus grand nombre. SYN. acquis, avoué, commun, courant, déclaré, éventé, familier, notoire, rebattu, répandu. CONTR. *confidentiel, dissimulé, ignoré, inédit, mystérieux, nouveau.*

conquérant *adjectif*

/ Qui est présomptueux. SYN. avantageux, fier, glorieux, important, prétentieux, suffisant, triomphant, victorieux –LITTÉRAIRE: triomphateur, vainqueur. CONTR. *docile, humble, modeste, servile, soumis.*

conquérant *nom*

/ Personne qui soumet par les armes. SYN. conquistador, envahisseur, triomphateur, vainqueur – LITTÉRAIRE : dominateur.

conquérir *verbe*

/ Soumettre par les armes. SYN. enlever, envahir, s'emparer de.

/ Se rendre maître de quelque chose. SYN. acquérir, emporter, forcer, gagner, obtenir, rallier, remporter, soumettre. CONTR. *abandonner, perdre.*

/ Gagner l'estime de. SYN. apprivoiser, capter, captiver, charmer, ensorceler, envoûter, séduire – LITTÉRAIRE : subjuguer. CONTR. *cabrer.*

conquête *nom féminin*

/ Action de conquérir quelque chose. SYN. appropriation, assaut, capture, domestication, enlèvement, envahissement, occupation. CONTR. *abandon, perte.*

/ Personne que l'on a séduite. SYN. liaison.

/ Chose conquise. SYN. butin, prise.

consacré *adjectif*

/ Ratifié par l'usage. SYN. conventionnel, habituel, officiel, reçu, rituel, traditionnel, usuel.

/ Qui a acquis la célébrité. SYN. célèbre, notoire.

consacrer *verbe*

/ Rendre quelque chose durable. SYN. confirmer, entériner, ratifier, sanctionner, sceller. CONTR. *annuler, infirmer, invalider.*

/ Employer totalement dans un but. SYN. affecter, appliquer, attribuer, destiner, donner, utiliser, vouer.

/ Dédier à Dieu, à un dieu. SYN. bénir, sacrer, vouer. CONTR. *profaner.*

consacrer (se) *verbe pronominal*

/ Employer tout son temps à. SYN. s'adonner à, se dévouer à, se donner à, se jeter dans, se livrer à, se vouer à, s'employer à, s'occuper, vaquer. CONTR. *délaisser, se désintéresser de, se détourner de, s'écarter de.*

consciemment *adverbe*

/ De façon consciente. SYN. à dessein, délibérément, en toute connaissance de cause, exprès, sciemment, volontairement. CONTR. *inconsciemment, involontairement.*

conscience *nom féminin*

/ Faculté de juger de ses propres actes. SYN. honnêteté, lucidité, moralité, probité, sens moral.

/ Soin scrupuleux. SYN. application, minutie, scrupule, sérieux, zèle. CONTR. *irréflexion, négligence.*

/ Siège des sentiments personnels. SYN. cœur – LITTÉRAIRE : âme.

/ Connaissance de soi et du monde. SYN. perception, sens, sentiment.

/ Représentation mentale de la réalité. SYN. idée, notion, représentation. CONTR. *inconscience.*

consciencieusement *adverbe*

/ De façon consciencieuse. SYN. attentivement, minutieusement, précieusement, religieusement, sérieusement, soigneusement.

consciencieux *adjectif*

/ Qui a été exécuté avec application. SYN. bon, délicat, fignolé, honorable, minutieux, satisfaisant, sérieux, soigné. CONTR. *hâtif* – FAMILIER : *bâclé, ni fait ni à faire, saboté* – POPULAIRE : *salopé.*

/ Qui s'applique dans son travail. SYN. appliqué, attentif, méticuleux, minutieux, scrupuleux, sérieux, soigneux, travailleur, zélé – LITTÉRAIRE : sourcilleux. CONTR. *désinvolte, fainéant, fantaisiste, négligent, paresseux* – FAMILIER : *faignant, feignant.*

conscient *adjectif*

/ Qui a une pleine conscience de la réalité. SYN. clairvoyant, lucide, perspicace, sagace. CONTR. *inconscient, irresponsable.*

/ Fait en connaissance de cause. SYN. intentionnel, réfléchi. CONTR. *animal, automatique, instinctif, involontaire, irréfléchi, obscur, spontané.*

/ Qui a conscience de ce qui lui arrive. SYN. lucide. CONTR. *évanoui, inconscient.*

consécration *nom féminin*

/ Rite par lequel on consacre. SYN. dédicace, onction, ordination, sacre, sanctification.

/ Reconnaissance publique. SYN. apothéose, confirmation, sanction, triomphe, validation.

conseil *nom masculin*

/ Avis sur ce qu'il convient de faire. SYN. avertissement, exhortation, incitation, indication, instigation, mise en garde, recommandation, suggestion – FAMILIER : tuyau.

/ Personne qui conseille. SYN. conseiller, guide, inspirateur, mentor.

conseiller *nom*

/ Personne qui donne des conseils. SYN. conseil, conseilleur, guide, inspirateur, mentor.

conseiller *verbe*

/ Indiquer à quelqu'un ce qu'il doit faire. SYN. inciter, préconiser, prôner, recommander, souffler, suggérer. CONTR. *déconseiller, défendre, dissuader, interdire.*

/ Guider par des conseils. SYN. conduire, diriger, gouverner, orienter.

consensus *nom masculin*

/ Accord entre plusieurs personnes. SYN. accommodement, arrangement, compromis, modus vivendi.

consentement *nom masculin*

/ Action de donner son accord à. SYN. acceptation, accord, acquiescement, adhésion, agrément, approbation, assentiment, autorisation, permission – LITTÉRAIRE : aveu, suffrage. CONTR. *défense, interdiction, opposition, refus, veto.*

consentir *verbe transitif*

/ Accorder un avantage à quelqu'un. SYN. allouer, autoriser, céder, concéder, donner, octroyer – LITTÉRAIRE : impartir. CONTR. *interdire, refuser, s'opposer à.*

consentir *verbe transitif indirect*

/ Accepter que quelque chose se fasse. SYN. accéder à, acquiescer à, admettre, condescendre à, daigner, permettre, se résoudre, se soumettre, souscrire à, vouloir. CONTR. *dédaigner, défendre, interdire, protester, refuser, résister, se défendre, s'opposer à.*

conséquence *nom féminin*

/ Suite logique de. SYN. aboutissement, contrecoup, déduction, effet, fruit, impact, implication, incidence, portée, prolongement, rançon, répercussion, résultat, retentissement, retombée, séquelle, suite. CONTR. *agent, cause, condition, facteur, mobile, motif* – LITTÉRAIRE : *principe.*

conséquent *adjectif*

/ Qui agit avec logique. SYN. logique, raisonnable, rationnel. CONTR. *absurde, changeant, illogique, incohérent, inconséquent, instable, versatile.*

/ D'une grande importance. SYN. considérable, grand, gros, important, imposant, respectable. CONTR. *dérisoire, faible, médiocre, minime, modeste, modique, petit, simple.*

conservateur *adjectif*

/ Qui refuse le changement. SYN. conformiste, passéiste, réactionnaire, rétrograde, routinier, traditionaliste. CONTR. *innovateur, moderniste, non conformiste, novateur, progressiste, réformiste, révolutionnaire.*

conservation *nom féminin*

/ Action de conserver intact. SYN. entretien, garde, maintien, préservation, protection. CONTR. *abandon, abolition, aliénation, altération, anéantissement, annulation, dégradation, destruction, détérioration, dilapidation, perte.*

conservatisme *nom masculin*

/ Refus du changement. SYN. conformisme, passéisme, réaction, traditionalisme. CONTR. *anticonformisme, futurisme, modernisme, progressisme, réformisme.*

conserver *verbe*

/ Maintenir en bon état. SYN. entretenir, garder, maintenir, préserver, protéger, sauvegarder, sauver. CONTR. *abîmer, altérer, anéantir, attaquer, avarier, briser, corrompre, détériorer, modifier, putréfier.*

/ Continuer d'avoir. SYN. détenir, garder, perpétuer, réserver, retenir, tenir. CONTR. *abandonner, abdiquer, abjurer, aliéner, balayer, céder, changer, donner, écarter, échanger, perdre, quitter, renoncer à, se défaire de, se départir de, se dessaisir de.*

conserver (se) *verbe pronominal*

/ Être gardé dans son état. SYN. se garder, subsister. CONTR. *passer, pourrir, s'avarier, se perdre, se transformer.*

considérable *adjectif*

/ Dont l'importance est grande. SYN. appréciable, bon, confortable, conséquent, élevé, énorme, grand, gros, haut, imposant, impressionnant, inappréciable, inestimable, innombrable, large, lourd, nombreux, notable –FAMILIER: rondelet –LITTÉRAIRE: vaste. CONTR. *bas, déficient, dérisoire, faible, infime, limité, malheureux, mineur, minime, modeste, modique, petit* –FAMILIER: *court.*

considérablement *adverbe*

/ De façon notable. SYN. énormément, extrêmement, fabuleusement, fort, fortement, grandement, gravement, immensément, notablement, particulièrement, passablement, prodigieusement, puissamment, remarquablement, sensiblement, sérieusement, singulièrement, terriblement –FAMILIER: bigrement, bougrement, diablement –LITTÉRAIRE: diantrement –POPULAIRE: vachement. CONTR. *aucunement, faiblement, guère.*

/ De façon copieuse. SYN. à discrétion, à flots, à foison, à la pelle, à profusion, à satiété, à souhait, à volonté, abondamment, amplement, beaucoup, copieusement, en quantité, en veux-tu en voilà, énormément, généreusement, largement, richement –FAMILIER: à gogo, à revendre, à tire-larigot, en pagaille, jusqu'à plus soif –LITTÉRAIRE: à l'envi. CONTR. *modérément, moyennement, peu.*

considération *nom féminin*

/ Bonne opinion que l'on a de quelqu'un. SYN. déférence, égard, estime, faveur, hommage, respect, vénération. CONTR. *dédain, insolence, mépris.*

/ Idée développée. SYN. commentaire, observation, opinion, propos, réflexion, remarque.

considérer *verbe*

/ Regarder avec attention. SYN. contempler, examiner, observer. CONTR. *ignorer, négliger.*

/ Examiner de manière critique. SYN. analyser, apprécier, envisager, étudier, examiner, peser, prendre en compte, réfléchir à –LITTÉRAIRE: spéculer.

/ Être d'avis que. SYN. croire, estimer, juger, penser, trouver.

/ Avoir quelqu'un en estime. SYN. apprécier, estimer, honorer, respecter –LITTÉRAIRE: révérer. CONTR. *déconsidérer, dédaigner, discréditer, méconnaître, mépriser, mésestimer.*

consigne *nom féminin*

/ Instruction donnée à quelqu'un. SYN. commandement, directive, instructions, mot d'ordre, ordre, recommandation.

/ Punition infligée à un élève. SYN. retenue –FAMILIER: colle.

consigner *verbe*

/ Rapporter dans un écrit. SYN. écrire, engranger, enregistrer, ficher, inscrire, marquer, mentionner, noter, relater, relever, retenir. CONTR. *omettre, taire.*

/ Priver de sortie. SYN. claustrer, isoler, retenir –FAMILIER: boucler –VIEUX: chambrer. CONTR. *autoriser, libérer.*

consistance *nom féminin*

/ Épaisseur d'une matière. SYN. densité, fermeté, solidité. CONTR. *inconsistance* –LITTÉRAIRE: *flaccidité.*

consistant *adjectif*

/ Dont la fluidité est réduite. SYN. dur, épais, ferme, pâteux, solide. CONTR. *fluide, inconsistant, liquide, mou.*

/ Qui nourrit bien. SYN. copieux, nourrissant, solide, substantiel. CONTR. *léger.*

/ Qui a une existence réelle. SYN. concret, établi, fondé, stable, tangible, vrai. CONTR. *chimérique, immatériel, inconsistant, irréel, utopique.*

consister *verbe*

/ Avoir pour caractère principal. SYN. résider en, se réduire à, se résumer à.

/ Être composé de. SYN. comporter, comprendre.

consolant *adjectif*

/ Propre à consoler. SYN. apaisant, consolateur, réconfortant. CONTR. *affligeant, attristant, chagrinant, désespérant, désolant.*

consolation *nom féminin*

/ Chose qui peut consoler. SYN. compensation, dédommagement.

/ Fait de soulager un chagrin. SYN. réconfort, soulagement. CONTR. *affliction, chagrin, désespoir, désolation.*

consoler *verbe*

/ Soulager quelqu'un qui a de la peine. SYN. rassurer, réconforter, remonter –LITTÉRAIRE: mettre du baume au cœur. CONTR. *accabler, affliger, attrister, blesser, chagriner, désoler, navrer, peiner, tourmenter.*

/ Apaiser un sentiment douloureux. SYN. adoucir, atténuer, calmer, diminuer, soulager. CONTR. *accroître, aggraver, augmenter.*

consolidation *nom féminin*

/ Action de consolider. SYN. affermissement, raffermissement, renforcement. CONTR. *affaiblissement, annulation, chute* – LITTÉRAIRE : *fléchissement.*

consolider *verbe*

/ Donner plus de solidité. SYN. étançonner, étayer, soutenir. CONTR. *affaisser.*

/ Rendre plus résistant. SYN. affermir, affirmer, asseoir, assurer, cimenter, confirmer, fortifier, renforcer, resserrer – LITTÉRAIRE : raffermir. CONTR. *affaiblir, annihiler, annuler, briser, casser, démanteler, ébranler, ébrécher* – FAMILIER : *esquinter.*

consommable *adjectif*

/ Que l'on peut consommer. SYN. comestible, mangeable, passable. CONTR. *inconsommable.*

consommateur *nom*

/ Personne qui achète un produit. SYN. acheteur, client, usager.

consommation *nom féminin*

/ LITTÉRAIRE. Action de commettre un acte. SYN. accomplissement, perpétration.

/ LITTÉRAIRE. Action d'amener à son terme. SYN. aboutissement, accomplissement, achèvement, conclusion, couronnement, finition – LITTÉRAIRE : parachèvement.

consommé *adjectif*

/ Qui a un haut degré de perfection. SYN. accompli, achevé, complet, excellent, fieffé, fini, idéal, incomparable, parfait, suprême – FAMILIER : fameux. CONTR. *imparfait, inachevé, mauvais, médiocre.*

consommer *verbe*

/ LITTÉRAIRE. Accomplir un acte néfaste. SYN. commettre, perpétrer.

/ Absorber un aliment, une boisson. SYN. boire, manger, prendre, se nourrir de – POPULAIRE : becqueter, becter.

/ Utiliser pour faire fonctionner. SYN. dépenser, user.

consomption *nom féminin*

/ VIEUX. Dépérissement progressif. SYN. atrophie, cachexie, épuisement – LITTÉRAIRE : exténuation.

consonance *nom féminin*

/ Harmonie sonore. SYN. euphonie. CONTR. *cacophonie, discordance, dissonance.*

/ Ensemble de sons. SYN. sonorité.

consortium *nom masculin*

/ Groupement d'entreprises. SYN. association, cartel, pool, trust.

conspirateur *nom*

/ Personne qui conspire. SYN. comploteur, conjuré.

conspiration *nom féminin*

/ Action menée contre quelqu'un. SYN. cabale, complot, conjuration, intrigue, machination, manœuvres, menées.

conspirer *verbe*

/ S'entendre pour faire quelque chose. SYN. combiner, comploter, intriguer, machiner, manigancer, mijoter, mitonner, monter, préméditer, tisser, tramer – FAMILIER : concocter, goupiller – LITTÉRAIRE : cabaler, conjurer, nouer, ourdir.

conspuer *verbe*

/ Manifester bruyamment contre. SYN. chahuter, huer, malmener, siffler. CONTR. *acclamer, applaudir, ovationner.*

constamment *adverbe*

/ D'une manière constante. SYN. à longueur de temps, à tout bout de champ, à tout instant, à tout propos, assidûment, continuellement, en permanence, éternellement, immuablement, indéfiniment, invariablement, journellement, non-stop, perpétuellement, régulièrement, sans arrêt, sans cesse, sans discontinuer, sans intermission, sans interruption, sans relâche, sans répit, sans souffler, sans trêve, toujours, tout le temps – LITTÉRAIRE : continûment, sempiternellement. CONTR. *alternativement, de temps à autre, de temps en temps, épisodiquement, exceptionnellement, irrégulièrement, jamais, momentanément, occasionnellement, par accès, par instants, par intermittence, par intervalles, parfois, provisoirement, quelquefois, rarement, sporadiquement, temporairement, variablement* – LITTÉRAIRE : *transitoirement.*

constance *nom féminin*

/ Grande patience. SYN. assiduité, fidélité, obstination, persévérance –LITTÉRAIRE: longanimité, opiniâtreté. CONTR. *caprice, défection, inconstance, infidélité, légèreté, mobilité, trahison* –LITTÉRAIRE: *vacillation, variabilité, versatilité.*

/ Caractère de ce qui ne varie pas. SYN. continuité, durabilité, égalité, invariabilité, permanence, persistance, régularité –LITTÉRAIRE: fixité, immuabilité. CONTR. *changement, fragilité, fugacité, instabilité, irrégularité, vacillement, variabilité.*

constant *adjectif*

/ Qui est persévérant. SYN. assidu, fidèle, obstiné, opiniâtre, patient, stable. CONTR. *changeant, flottant, inconstant, infidèle, instable, léger, lunatique, versatile, volage* –LITTÉRAIRE: *ondoyant.*

/ Qui ne s'interrompt pas. SYN. chronique, continuel, durable, égal, éternel, fixe, immuable, invariable, permanent, perpétuel, régulier, soutenu, stable. CONTR. *changeant, épisodique, flottant, fugace, intermittent, irrégulier, momentané, passager, temporaire, variable.*

constatable *adjectif*

/ Que l'on peut constater. SYN. perceptible, vérifiable, visible. CONTR. *imperceptible, invérifiable, invisible.*

constatation *nom féminin*

/ Action de constater. SYN. constat, observation, remarque.

constater *verbe*

/ Remarquer objectivement. SYN. découvrir, noter, observer, prendre acte, relever, remarquer, s'apercevoir, s'aviser, se rendre compte, vérifier, voir –LITTÉRAIRE: éprouver.

/ Consigner dans un écrit. SYN. enregistrer, établir, noter, prendre acte.

consteller *verbe*

/ Couvrir de marques. SYN. cribler, émailler, parsemer, semer –LITTÉRAIRE: étoiler, piqueter.

consternant *adjectif*

/ Qui consterne. SYN. affligeant, atterrant, attristant, confondant, désolant, navrant. CONTR. *enthousiasmant* –FAMILIER: *emballant.*

consternation *nom féminin*

/ Profond abattement. SYN. accablement, affliction, désespoir, désolation –LITTÉRAIRE: atterrement. CONTR. *enthousiasme, joie.*

consterné *adjectif*

/ Jeté dans la consternation. SYN. abasourdi, accablé, affligé, ahuri, anéanti, atterré, coi, effaré, effondré, hébété, interdit, interloqué, médusé, pantois, renversé, stupéfait, suffoqué, tombé de la lune, tombé des nues –FAMILIER: comme deux ronds de flan, estomaqué, scié, sidéré, soufflé.

consterner *verbe*

/ Jeter dans l'abattement. SYN. abasourdir, affliger, ahurir, assombrir, atterrer, attrister, chagriner, confondre, désespérer, désoler, navrer –LITTÉRAIRE: contrister, rembrunir. CONTR. *égayer, enthousiasmer, réconforter, réjouir.*

constipé *adjectif*

/ FAMILIER. Mal à l'aise. SYN. compassé, gourmé, guindé, pincé. CONTR. *naturel, simple.*

constituant *adjectif*

/ Qui entre dans la composition de. SYN. composant, constitutif.

constitué *adjectif*

/ Qui a telle constitution physique. SYN. bâti, charpenté, conformé, fait.

constituer *verbe*

/ Créer un ensemble. SYN. bâtir, édifier, élaborer, faire, former, monter. CONTR. *défaire, démanteler, disloquer.*

/ Entrer dans la composition de. SYN. composer.

/ Établir légalement. SYN. fonder, instaurer, instituer. CONTR. *dissoudre.*

/ Être quelque chose par sa nature même. SYN. créer, présenter, représenter.

constitutif *adjectif*

/ Qui entre dans la constitution de. SYN. constituant, essentiel, fondamental.

constitution *nom féminin*

/ Manière dont quelque chose est constitué. SYN. charpente, composition, contexture, forme, structure, texture.

/ Action de constituer quelque chose. SYN. création, édification, élaboration, établissement, fondation, formation, instauration, institution, organisation. CONTR. *dislocation.*
/ Ensemble des caractères physiologiques. SYN. conformation, nature, organisme, santé, tempérament.

constructeur *nom masculin*
/ LITTÉRAIRE. Personne qui construit. SYN. architecte, bâtisseur, édificateur, entrepreneur.

constructif *adjectif*
/ Apte à faire progresser une situation. SYN. constructeur, créateur, positif. CONTR. *destructeur, destructif, négatif, stérile.*

construction *nom féminin*
/ Action de bâtir. SYN. édification, élévation, érection. CONTR. *démolition, destruction, renversement.*
/ Ce qui est construit. SYN. bâtiment, bâtisse, édifice, établissement, maison, monument, ouvrage.
/ Action d'agencer des éléments. SYN. composition, élaboration, établissement, fabrication.

construire *verbe*
/ Procéder à la construction de. SYN. bâtir, édifier, élever, ériger, faire, fonder. CONTR. *démanteler, démolir, détruire, raser.*
/ Élaborer un ensemble abstrait. SYN. agencer, arranger, échafauder, établir, forger, imaginer, inventer, orchestrer, organiser.

consultation *nom féminin*
/ Action de demander son avis à. SYN. enquête, interrogation, sondage, vote.
/ Recherche de renseignement. SYN. compulsation, examen.

consulter *verbe*
/ Prendre pour guide. SYN. écouter, interroger, obéir à, questionner, se régler sur, suivre.
/ Demander à quelqu'un son avis. SYN. demander conseil, interroger, prendre conseil, questionner, sonder.
/ Chercher un renseignement. SYN. compulser, dépouiller, examiner, feuilleter, lire, se reporter à.

consumer *verbe*
/ Détruire par le feu. SYN. brûler, calciner, carboniser.
/ LITTÉRAIRE. Épuiser quelqu'un. SYN. dévorer, miner, ronger, ruiner, saper, user -LITTÉRAIRE: ravager.

consumer (se) *verbe pronominal*
/ LITTÉRAIRE. Perdre ses forces. SYN. dépérir, languir, se ronger, s'épuiser, s'user.

contact *nom masculin*
/ État de deux corps qui se touchent. SYN. contiguïté, proximité.
/ Sensation sur la peau. SYN. attouchement, effleurement, frôlement -LITTÉRAIRE: toucher.
/ Fait d'être en relation avec. SYN. communication, compagnie, fréquentation, liaison, rapport, relation -LITTÉRAIRE: commerce. CONTR. *éloignement, séparation.*

contacter *verbe*
/ Entrer en rapport avec quelqu'un. SYN. appeler, approcher, atteindre, joindre, rencontrer, toucher, voir. CONTR. *éviter.*

contagieux *adjectif*
/ Qui se transmet par contagion. SYN. épidémique, transmissible.
/ Qui se transmet facilement. SYN. communicable, communicatif.

contagion *nom féminin*
/ Transmission d'une maladie. SYN. contamination.
/ Action de transmettre. SYN. diffusion, expansion, extension, propagation.

contamination *nom féminin*
/ Action de contaminer. SYN. contagion.
/ Propagation d'un mal. SYN. contagion, transmission.

contaminer *verbe*
/ Transmettre une affection. SYN. infecter. CONTR. *désinfecter, épurer, stériliser.*
/ Gagner quelque chose. SYN. altérer, dépraver, entacher, pourrir, salir -LITTÉRAIRE: flétrir, souiller.

conte *nom masculin*
/ Récit imaginaire. SYN. fable, fiction, histoire, historiette.
/ Récit mensonger. SYN. fable, histoire, invention, mensonge -FAMILIER: bobard -POPULAIRE: craque. CONTR. *vérité.*

contemplateur *adjectif*

/ LITTÉRAIRE. Qui s'absorbe dans ses pensées. SYN. absorbé, contemplatif, méditatif, pensif, rêveur, songeur.

contemplatif *adjectif*

/ Qui se livre à la contemplation. SYN. méditatif, pensif, recueilli, rêveur, songeur – LITTÉRAIRE: contemplateur.

contemplation *nom féminin*

/ Action de contempler. SYN. observation.
/ Réflexion profonde. SYN. méditation, recueillement – LITTÉRAIRE: extase, spéculation.

contempler *verbe*

/ Regarder longuement. SYN. admirer, considérer, examiner, fixer, observer – POPULAIRE: zieuter, zyeuter.

contemporain *adjectif*

/ Qui appartient au temps présent. SYN. actuel, moderne, présent. CONTR. *anachronique, ancien, antique, archaïque, éloigné, inactuel, lointain, primitif, vieux* – LITTÉRAIRE: *suranné.*

contempteur *nom*

/ LITTÉRAIRE. Personne qui dénigre. SYN. critique, dénigreur, dépréciateur, détracteur – LITTÉRAIRE: censeur, négateur. CONTR. *admirateur, adorateur, apologiste, bénisseur, partisan* – LITTÉRAIRE: *laudateur, prôneur.*

contenance *nom féminin*

/ Quantité contenue dans. SYN. capacité, jauge, tonnage, volume.
/ Manière de se tenir. SYN. air, allure, attitude, comportement, démarche, figure, maintien, mine, port, posture, tenue – FAMILIER: dégaine, touche – LITTÉRAIRE: tournure.

contenir *verbe*

/ Avoir en soi. SYN. comporter, comprendre, compter, englober, inclure, posséder, présenter, receler, renfermer – LITTÉRAIRE: enfermer.
/ Empêcher de s'étendre. SYN. endiguer, enrayer, freiner, limiter, maintenir, retenir, stopper. CONTR. *libérer.*
/ Réprimer un sentiment. SYN. assagir, brider, contrôler, dominer, maîtriser, ravaler, refouler, refréner, réfréner, rentrer – LITTÉRAIRE: contraindre, dompter, renfoncer. CONTR. *déchaîner, exprimer, extérioriser, manifester, montrer.*
/ Avoir telle capacité. SYN. mesurer, tenir.

contenir (se) *verbe pronominal*

/ Maîtriser ses sentiments. SYN. se calmer, se contrôler, se dominer, se maîtriser, se modérer, se posséder, se retenir – LITTÉRAIRE: se contraindre. CONTR. *déborder, éclater, s'emporter* – FAMILIER: *exploser, s'emballer.*

content *adjectif*

/ Qui éprouve de la satisfaction. SYN. enchanté, fier, gai, heureux, radieux, ravi, réjoui, satisfait, triomphant. CONTR. *attristé, chagriné, déçu, dégoûté, dépité, désolé, ennuyé, humilié, insatisfait, malheureux, mécontent, navré, sombre, triste* – FAMILIER: *embêté* – LITTÉRAIRE: *chagrin.*

contentement *nom masculin*

/ Action de satisfaire un désir. SYN. assouvissement, satisfaction. CONTR. – LITTÉRAIRE: *inassouvissement, insatiabilité.*
/ Sentiment de satisfaction. SYN. béatitude, bonheur, complaisance, fierté, joie, plaisir, ravissement, satisfaction – LITTÉRAIRE: aise, félicité. CONTR. *affliction, amertume, chagrin, contrariété, déboire, déconvenue, déplaisir, désagrément, désespoir, ennui, insatisfaction, mécontentement, regret, tristesse.*

contenter *verbe*

/ Satisfaire quelqu'un. SYN. arranger, combler, exaucer. CONTR. *affliger, chagriner, contrarier, décevoir, désappointer, désoler, froisser, mécontenter* – FAMILIER: *défriser.*
/ Assouvir une tendance. SYN. apaiser, rassasier, satisfaire.

contenter (se) *verbe pronominal*

/ Limiter ses désirs à. SYN. s'accommoder de, s'arranger de, se satisfaire.
/ Fixer des limites à son action. SYN. se borner à, se cantonner, se limiter à, se réduire à, s'en tenir à.

contentieux *adjectif*

/ Qui donne lieu à un débat. SYN. contesté, litigieux.

contention *nom féminin*

/ LITTÉRAIRE. Tension des facultés intellectuelles. SYN. application, attention, concentration, effort. CONTR. *distraction.*

contenu *adjectif*

/ Qui est maîtrisé. SYN. caché, réfréné, rentré. CONTR. *débordant, débridé, effréné, illimité* – LITTÉRAIRE: *dévergondé.*

contenu *nom masculin*

/ Ce qui est exprimé dans un texte. SYN. matière, substance, teneur. CONTR. *forme.*
/ Sens d'un mot. SYN. signification, signifié.
/ Ce qui est dans un récipient. CONTR. *contenant.*

conter *verbe*

/ Faire le récit de. SYN. débiter, dire, peindre, raconter, rapporter, relater – FAMILIER: chanter – LITTÉRAIRE: narrer.

contestable *adjectif*

/ Qui peut être contesté. SYN. critiquable, discutable, douteux, incertain, litigieux, niable, récusable, réfutable, sujet à caution. CONTR. *assuré, avéré, certain, concluant, convaincant, décisif, éclatant, évident, flagrant, fondé, incontestable, indiscutable, irrécusable, irréfutable, sûr, vrai* – LITTÉRAIRE: *irréfragable.*

contestataire *adjectif*

/ Qui conteste. SYN. dissident, frondeur, non conformiste, rebelle, révolté, révolutionnaire, séditieux. CONTR. *conformiste, obéissant, résigné, traditionaliste.*

contestation *nom féminin*

/ Action de contester quelque chose. SYN. contradiction, discussion, objection, opposition, protestation, rébellion, refus, résistance, révolte – LITTÉRAIRE: fronde. CONTR. *acceptation, accord, affirmation, docilité, obéissance, reconnaissance, résignation, soumission.*
/ Divergence d'opinions. SYN. controverse, débat, démêlé, différend, dispute, litige, opposition, querelle. CONTR. *accord, arrangement.*

contesté *adjectif*

/ Mis en question. SYN. contentieux, controversé, critiqué, litigieux. CONTR. *acquis, indiscuté.*

contester *verbe*

/ Remettre en cause. SYN. combattre, contrecarrer, contredire, critiquer, démentir, dénier, désapprouver, discuter, nier, récuser, refuser, réfuter, se révolter, se soulever, s'élever contre, s'inscrire en faux, s'insurger, s'opposer – LITTÉRAIRE: controverser, répudier. CONTR. *accepter, admettre, affirmer, assurer, attester, attribuer, avouer, certifier, concéder, convenir, reconnaître, se résigner, soutenir, vouloir.*

contexte *nom masculin*

/ Circonstances où se situe un fait. SYN. cadre, climat, environnement, situation.

contexture *nom féminin*

/ Organisation des parties d'un tout. SYN. agencement, armature, canevas, composition, constitution, ossature, structure – LITTÉRAIRE: texture, trame.

contigu *adjectif*

/ Qui touche à quelque chose d'autre. SYN. à côté, accolé, adjacent, attenant, avoisinant, environnant, limitrophe, mitoyen, proche, voisin – LITTÉRAIRE: jouxtant. CONTR. *distant, écarté, loin, opposé, séparé.*

contiguïté *nom féminin*

/ État de deux choses contiguës. SYN. contact, mitoyenneté, proximité. CONTR. *distance, écart.*

continence *nom féminin*

/ Abstinence des plaisirs sexuels. SYN. chasteté, pureté, vertu. CONTR. *débauche, luxure, vice* – LITTÉRAIRE: *impureté, lascivité, stupre.*

continent *adjectif*

/ Qui fait continence. SYN. abstinent, chaste, vertueux. CONTR. *débauché, dépravé* – VIEUX: *luxurieux.*

contingence *nom féminin*

/ Caractère contingent. SYN. éventualité. CONTR. *nécessité.*

contingent *adjectif*

/ Qui peut se produire ou non. SYN. accidentel, aléatoire, casuel, conditionnel, épisodique, éventuel, fortuit, incertain, occasionnel. CONTR. *assuré, certain, nécessaire, sûr.*
/ Qui a une importance secondaire. SYN. accessoire, adventice, subsidiaire. CONTR. *essentiel.*

contingent *nom masculin*

/ Quantité fournie. SYN. contribution, écot, lot, quote-part.

contingentement *nom masculin*
/ Action de contingenter. SYN. limitation, rationnement.

contingenter *verbe*
/ Limiter des marchandises. SYN. rationner, réduire, réglementer, répartir.

continu *adjectif*
/ Sans interruption dans le temps. SYN. assidu, constant, continuel, durable, incessant, permanent, perpétuel, persistant, régulier, sempiternel, soutenu. CONTR. *alternatif, discontinu, entrecoupé, heurté, intermittent, sporadique, variable.*
/ Sans interruption dans l'espace. SYN. contigu, ininterrompu. CONTR. *coupé, discontinu, divisé, interrompu.*

continuateur *nom*
/ Personne qui continue une œuvre. SYN. disciple, héritier, successeur. CONTR. *prédécesseur.*

continuation *nom féminin*
/ Fait de se prolonger. SYN. continuité, poursuite, prolongation, prolongement, reprise, suite –LITTÉRAIRE: perpétuation, perpétuité. CONTR. *arrêt, cessation, changement, désistement, fin, interruption, levée, pause.*

continuel *adjectif*
/ Qui dure sans interruption. SYN. assidu, chronique, constant, continu, éternel, incessant, ininterrompu, permanent, perpétuel, sempiternel. CONTR. *discontinu, épisodique, intermittent, interrompu, momentané, rare, sporadique.*

continuellement *adverbe*
/ De façon continuelle. SYN. à longueur de temps, à tout bout de champ, à tout instant, à tout propos, assidûment, constamment, en continu, en permanence, éternellement, immuablement, indéfiniment, invariablement, journellement, non-stop, perpétuellement, sans arrêt, sans cesse, sans discontinuer, sans intermission, sans interruption, sans relâche, sans répit, sans souffler, sans trêve, toujours, tout le temps –LITTÉRAIRE: continûment, sempiternellement. CONTR. *alternativement, de temps à autre, de temps en temps, épisodiquement, exceptionnellement, irrégulièrement, occasionnellement, par accès, par instants, par intermittence, par intervalles, provisoirement, rarement, sporadiquement, variablement.*

continuer *verbe intransitif*
/ Ne pas cesser de se manifester. SYN. durer, se poursuivre, se prolonger, s'éterniser. CONTR. *cesser, passer, prendre fin, s'arrêter.*
/ Persister dans une manière d'être. SYN. persévérer, persister, rester, s'obstiner, tenir. CONTR. *arrêter.*

continuer *verbe transitif*
/ Poursuivre ce qui est commencé. SYN. donner suite à, maintenir, perpétuer, prolonger, proroger. CONTR. *abandonner, arrêter, briser, interrompre, laisser, quitter, renoncer, suspendre, terminer.*
/ Répéter une action. SYN. recommencer, reconduire. CONTR. *commencer.*

continuité *nom féminin*
/ Caractère continu. SYN. assiduité, constance, continuation, durabilité, durée, maintien, pérennité, permanence, persévérance, persistance, régularité, stabilité –LITTÉRAIRE: fixité, immuabilité. CONTR. *alternance, anéantissement, arrêt, caducité, cessation, changement, coupure, fin, intermittence, interruption, pause, rupture, suspension* –LITTÉRAIRE: *discontinuité.*

continûment *adverbe*
/ LITTÉRAIRE. De façon continue. SYN. à longueur de temps, à tout bout de champ, à tout instant, à tout propos, assidûment, constamment, continuellement, durablement, en permanence, éternellement, immuablement, invariablement, journellement, sans arrêt, sans cesse, sans discontinuer, sans relâche, toujours –LITTÉRAIRE: sempiternellement. CONTR. *alternativement, de temps à autre, de temps en temps, épisodiquement, exceptionnellement, irrégulièrement, par instants, rarement, sporadiquement, variablement.*

contour *nom masculin*
/ Limite extérieure d'un corps. SYN. bord, bordure, borne, forme.
/ Ligne qui limite une forme arrondie. SYN. circonférence, enceinte, périmètre, périphérie, pourtour, tour. CONTR. *intérieur.*
/ Partie qui décrit une courbe. SYN. coude, ondulation, sinuosité, tournant, virage.

contourné *adjectif*

/ Peu naturel. SYN. affecté, maniéré, précieux, recherché, tors, tortueux, tourmenté – FAMILIER : tarabiscoté. CONTR. *direct, droit.*

contourner *verbe*

/ Faire le tour de. SYN. éviter, faire le tour, passer autour, tourner. CONTR. *approcher, gagner.*

contracté *adjectif*

/ Qui est tendu. SYN. crispé, gêné, stressé, tendu. CONTR. *décontracté, dégagé, détendu.*

contracter *verbe*

/ Adopter une attitude. SYN. acquérir, attraper, gagner, prendre. CONTR. *perdre, se défaire de.*
/ Être atteint d'une maladie. SYN. attraper – FAMILIER : choper, ramasser. CONTR. *guérir.*

contracter *verbe*

/ Réduire le volume, la longueur. SYN. abréger, condenser, resserrer, rétrécir, serrer. CONTR. *allonger, dilater, distendre, étendre, étirer, gonfler.*
/ Raidir un muscle. SYN. crisper, durcir, rétracter, tendre – LITTÉRAIRE : bander. CONTR. *assouplir, décontracter, détendre, relâcher, relaxer.*

contracter (se) *verbe pronominal*

/ Devenir nerveux. SYN. se crisper, se raidir. CONTR. *se décontracter, se relaxer.*

contraction *nom féminin*

/ Diminution de volume par resserrement. SYN. compression, constriction, resserrement. CONTR. *dilatation, distension, expansion, relâchement.*
/ Réduction d'une quantité. SYN. diminution, ralentissement, retrait. CONTR. *allongement, extension.*
/ Tension nerveuse. SYN. convulsion, crispation, raidissement. CONTR. *décontraction, détente.*

contradiction *nom féminin*

/ Action de contredire une affirmation. SYN. contestation, critique, démenti, négation, objection, opposition, réfutation. CONTR. *approbation, assentiment, soutien.*
/ Action de se contredire. SYN. incohérence, inconséquence. CONTR. *cohérence.*
/ Opposition entre deux choses. SYN. antinomie, contraste, désaccord, discordance, incompatibilité – LITTÉRAIRE : dissonance. CONTR. *accord, analogie, coïncidence, correspondance, harmonie.*

contradictoire *adjectif*

/ Qui contredit un fait. SYN. antinomique, contraire, discordant, incompatible, opposé.
/ Qui renferme une contradiction. SYN. absurde, illogique, incohérent, inconséquent, irrationnel, paradoxal. CONTR. *cohérent, logique.*

contraignant *adjectif*

/ Qui astreint à quelque chose. SYN. asservissant, assujettissant, astreignant, oppressif. CONTR. *agréable, léger.*

contraindre *verbe*

/ Obliger à faire quelque chose. SYN. acculer, assujettir, condamner, engager, exiger, forcer, imposer, pousser, réduire, soumettre – LITTÉRAIRE : astreindre. CONTR. *affranchir, dispenser.*
/ LITTÉRAIRE. Empêcher de donner libre cours à. SYN. contenir, entraver, freiner, gêner, refouler, refréner, réfréner, réprimer. CONTR. *autoriser, permettre, tolérer.*

contraindre (se) *verbe pronominal*

/ Se donner comme contrainte. SYN. se forcer, s'obliger. CONTR. *en prendre à son aise, ne pas se gêner, n'en faire qu'à sa tête.*
/ LITTÉRAIRE. Ne pas donner libre cours à. SYN. se contenir, se modérer.

contraint *adjectif*

/ Qui est mal à l'aise. SYN. apprêté, artificiel, compassé, embarrassé, empesé, emprunté, factice, gauche, gêné, gourmé, guindé. CONTR. *aisé, dégagé, naturel, simple.*
/ Qui est obligé de. SYN. astreint, forcé. CONTR. *libre, spontané, volontaire.*

contrainte *nom féminin*

/ Action de forcer quelqu'un. SYN. coercition, esclavage, force, pression. CONTR. *affranchissement, émancipation, libération.*
/ Obligation créée par l'usage. SYN. carcan, charge, entrave, exigence, forcing, impératif, servitude – LITTÉRAIRE : astreinte, sujétion. CONTR. *choix.*
/ Fait d'être embarrassé. SYN. embarras, gêne, retenue. CONTR. *aisance, liberté* – LITTÉRAIRE : *aise.*

contraire *adjectif*

/ Qui s'oppose à quelque chose. SYN. antagoniste, antinomique, antithétique, contradictoire, discordant, divergent, hétérogène, incompatible, inverse, opposé –LITTÉRAIRE: adverse. CONTR. *analogue, approchant, comparable, conforme, identique, même, pareil, proche, semblable.*

/ Qui est défavorable à. SYN. dommageable, hostile, mauvais, néfaste, nocif, nuisible, pernicieux, préjudiciable. CONTR. *bénéfique, favorable, heureux, propice.*

contraire *nom masculin*

/ Mot de sens contraire. SYN. antonyme. CONTR. *synonyme.*

/ Ce qui s'oppose à. SYN. antipode, antithèse, contrepartie, contre-pied, envers, inverse, négation, opposé. CONTR. *pendant.*

/ *Au contraire.* SYN. a contrario, à l'inverse, inversement, loin de là, tant s'en faut.

contrairement à *locution prépositive*

/ D'une manière opposée à. SYN. à la différence de, à l'inverse de, à l'opposé de, au contraire de.

contrariant *adjectif*

/ Qui contrarie. SYN. déplaisant, désagréable, désolant, fâcheux –FAMILIER: empoisonnant, saumâtre.

contrarié *adjectif*

/ Ennuyé à cause d'une difficulté. SYN. affligé, agacé, dépité, désolé, ennuyé, fâché, irrité, mécontent, navré –FAMILIER: embêté –LITTÉRAIRE: chagrin. CONTR. *tranquille.*

contrarier *verbe*

/ Aller à l'encontre de. SYN. contrecarrer, déranger, desservir, entraver, freiner, nuire, résister. CONTR. *aider, cadrer, contribuer, favoriser, seconder.*

/ Causer du mécontentement. SYN. chagriner, déplaire, ennuyer, fâcher, heurter, irriter, mécontenter, vexer –FAMILIER: chiffonner, embêter –LITTÉRAIRE: importuner –POPULAIRE: emmerder. CONTR. *combler, contenter, réjouir, satisfaire.*

contrariété *nom féminin*

/ Fait d'être contrarié. SYN. agacement, déception, déplaisir, désagrément, insatisfaction, irritation, mécontentement. CONTR. *agrément, contentement, joie, plaisir, satisfaction.*

/ Ce qui contrarie. SYN. ennui, souci, tourment, tracasserie –FAMILIER: embêtement –LITTÉRAIRE: aria.

contraste *nom masculin*

/ Opposition de deux choses. SYN. antithèse, contradiction, désaccord, différence, discordance, disparité, dissemblance, dissimilitude, heurt, opposition –LITTÉRAIRE: disparate, dissonance. CONTR. *accord, analogie, conformité, harmonie, identité, parenté, parité, ressemblance, similarité, similitude, uniformité.*

contraster *verbe*

/ Être en opposition avec. SYN. détonner, jurer, ressortir, s'opposer, trancher. CONTR. *concorder, s'accorder, s'appareiller, s'apparenter, se fondre, s'harmoniser.*

contrat *nom masculin*

/ Accord de volontés. SYN. compromis, convention, engagement, pacte, protocole, traité, transaction.

contravention *nom féminin*

/ Procès-verbal d'une infraction. SYN. amende –FAMILIER: contredanse, P.-V., papillon –POPULAIRE: prune.

contre *préposition*

/ Indique la proximité. SYN. auprès de, près de, sur.

/ Indique l'opposition. SYN. opposé à. CONTR. *avec, en faveur de, pour.*

/ Indique un échange. SYN. en échange de, moyennant, pour.

contrebalancer *verbe*

/ Faire équilibre à. SYN. balancer, compenser, équilibrer, racheter, suppléer.

contrecarrer *verbe*

/ Faire obstacle à. SYN. contester, contrarier, contredire, déjouer, déranger, desservir, heurter, neutraliser, nuire, s'opposer. CONTR. *aider, appuyer, cadrer, favoriser, obéir, seconder, soutenir.*

contrecoup *nom masculin*

/ Conséquence d'un acte. SYN. choc en retour, effet, impact, incidence, réaction, rebondissement, répercussion, retentissement, retombée, ricochet, séquelle, suite. CONTR. *cause, origine.*

contredanse *nom féminin*

/ FAMILIER. Contravention. SYN. amende, procès-verbal –FAMILIER: P.-V., papillon –POPULAIRE: prune.

contredire *verbe*

/ Dire le contraire de ce que dit quelqu'un. SYN. contester, démentir, désavouer, réfuter. CONTR. *accréditer, approuver, appuyer, attester, confirmer, soutenir.*

/ Être en contradiction avec. SYN. contrarier, contrecarrer, s'opposer à. CONTR. *appuyer, assurer, cadrer, confirmer, corroborer.*

contredire (se) *verbe pronominal*

/ Tenir des propos incompatibles. SYN. faire entendre deux sons de cloche, tenir un double langage.

contrée *nom féminin*

/ Étendue de pays. SYN. parages, pays, région.

contrefaçon *nom féminin*

/ Reproduction frauduleuse. SYN. copie, faux, imitation, plagiat. CONTR. *vrai.*

contrefacteur *nom*

/ Personne qui commet une contrefaçon. SYN. faussaire, imitateur, plagiaire.

contrefaire *verbe*

/ Imiter pour se moquer. SYN. caricaturer, copier, mimer, parodier, pasticher, singer.

/ Reproduire frauduleusement. SYN. falsifier –LITTÉRAIRE: plagier. CONTR. *authentifier, créer.*

/ Déformer pour tromper. SYN. altérer, déguiser, dénaturer, travestir, truquer.

contrefait *adjectif*

/ Qui présente une difformité. SYN. déjeté, difforme, disgracié, malbâti. CONTR. *bien bâti, bien découplé, bien proportionné* –POPULAIRE: *bien balancé.*

/ Imité frauduleusement. SYN. artificiel, falsifié, faux, truqué. CONTR. *authentique, vrai.*

contrepartie *nom féminin*

/ Ce qui est contraire. SYN. antipode, antithèse, contraire, inverse, négation, opposé.

/ Ce qui compense quelque chose. SYN. compensation, dédommagement, échange, indemnité, remplacement.

contre-pied *nom masculin*

/ Ce qui est à l'opposé de. SYN. antipode, antithèse, contraire, négation, opposé.

contrer *verbe*

/ Faire obstacle à. SYN. faire front, rejeter, repousser, se dresser contre, s'élever contre, s'opposer à. CONTR. *accepter, admettre.*

contresens *nom masculin*

/ Action ou attitude absurde. SYN. aberration, anomalie, erreur, extravagance, non-sens.

contretemps *nom masculin*

/ Ce qui va à l'encontre d'un projet. SYN. accident, accroc, à-coup, avatar, complication, embarras, empêchement, ennui, incident –FAMILIER: anicroche, enquiquinement –POPULAIRE: emmerdement.

contrevenir *verbe*

/ Agir contrairement à quelque chose. SYN. déroger à, désobéir à, enfreindre, piétiner, transgresser, violer –LITTÉRAIRE: blesser. CONTR. *obéir à, observer, obtempérer, respecter, s'aligner, se conformer à, se soumettre à, suivre.*

contrevérité *nom féminin*

/ Affirmation contraire à la vérité. SYN. inexactitude, mensonge –LITTÉRAIRE: imposture. CONTR. *vérité.*

contribuer *verbe*

/ Apporter sa contribution à. SYN. aider à, avoir part, collaborer à, concourir à, coopérer à, favoriser, participer à, permettre, prendre part à, tendre à. CONTR. *contrarier, empêcher, entraver, gêner.*

contribution *nom féminin*

/ Fait d'aider à la réalisation de. SYN. aide, collaboration, complicité, concours, coopération, participation.

/ Part apportée. SYN. appoint, apport, contingent, cotisation, écot, quote-part.

contrister *verbe*

/ LITTÉRAIRE. Rendre profondément triste. SYN. accabler, affliger, attrister, chagriner, consterner, désoler, navrer, peiner.

contrit *adjectif*

/ LITTÉRAIRE. Qui marque le regret. SYN. confus, ennuyé, honteux, navré, penaud –LITTÉRAIRE: repentant.

contrition *nom féminin*

/ Regret sincère d'un péché. SYN. attrition, componction, pénitence, repentir, résipiscence.

contrôle *nom masculin*

/ Action de vérifier quelque chose. SYN. inspection, œil, pointage, sondage, supervision, surveillance, vérification.

/ Fait d'avoir un pouvoir sur. SYN. domestication, domination, maîtrise –LITTÉRAIRE: gouvernement.

contrôler *verbe*

/ Soumettre à une vérification. SYN. éplucher, essayer, examiner, expérimenter, inspecter, s'assurer, surveiller, vérifier.

/ Être maître de ses réactions. SYN. brider, contenir, dominer, maîtriser, surmonter, vaincre –LITTÉRAIRE: dompter.

/ Maîtriser une situation. SYN. avoir la haute main sur, contenir, dominer, superviser.

contrôler (se) *verbe*

/ Rester maître de soi. SYN. garder la tête froide, garder son sang-froid, garder son self-control, se contenir, se dominer, se modérer, se posséder, se retenir, s'observer. CONTR. *paniquer, perdre la raison, perdre la tête, perdre son sang-froid, perdre son self-control, s'affoler* –FAMILIER: *perdre la boule, perdre les pédales.*

contrôleur *nom*

/ Personne chargée de contrôler. SYN. superviseur, surveillant, vérificateur.

controuvé *adjectif*

/ LITTÉRAIRE. Inventé de toutes pièces. SYN. fabriqué, faux, forgé, imaginaire, inauthentique, mensonger. CONTR. *authentique, exact, juste, réel, véritable, vrai.*

controverse *nom féminin*

/ Discussion suivie sur une question. SYN. contestation, débat, dispute, explication, mêlée, polémique, querelle.

controversé *adjectif*

/ Qui suscite une contestation. SYN. contesté, discuté. CONTR. *admis, adopté, approuvé, indiscuté.*

controverser *verbe*

/ LITTÉRAIRE. Mettre en discussion. SYN. argumenter, contester, débattre, discuter, ergoter –LITTÉRAIRE: disputer.

contusion *nom féminin*

/ Lésion de la peau. SYN. bosse, coup, ecchymose, meurtrissure –FAMILIER: bleu.

contusionner *verbe*

/ Provoquer des contusions. SYN. blesser, meurtrir.

convaincant *adjectif*

/ Qui est propre à convaincre. SYN. concluant, décisif, démonstratif, éloquent, fort, persuasif, probant. CONTR. *contestable, controversable, douteux.*

convaincre *verbe*

/ Amener quelqu'un à faire. SYN. décider, entraîner, persuader. CONTR. *dissuader, empêcher.*

convaincu *adjectif*

/ Sincèrement persuadé de. SYN. certain, décidé, déterminé, pénétré, persuadé, résolu. CONTR. *dubitatif, incrédule, perplexe, sceptique.*

convenable *adjectif*

/ Approprié à. SYN. ad hoc, adéquat, correspondant, opportun, propice, propre à, voulu, vrai –VIEUX: idoine. CONTR. *abusif, déraisonnable, disconvenant, inadéquat, indu, inopportun, intempestif* –LITTÉRAIRE: *dissonant.*

/ Qui est décent. SYN. acceptable, admissible, bienséant, correct, décent, digne, honnête, honorable, moral, poli, présentable, régulier –FAMILIER: beau, sortable –LITTÉRAIRE: séant. CONTR. *choquant, cru, déplacé, épicé, grossier, hardi, impoli, impudent, incongru, inconvenant, incorrect, indécent, insensé, leste, libre, malappris, malhonnête, malpropre, obscène, risqué, sale* –LITTÉRAIRE: *déshonnête, malséant, malsonnant.*

/ Dont la qualité est juste suffisante. SYN. acceptable, bon, moyen, passable, raisonnable, satisfaisant, suffisant –FAMILIER: buvable, possible, potable. CONTR. *catastrophique, défectueux, mauvais, misérable, piètre, piteux, pitoyable, ridicule.*

convenablement *adverbe*

/ De façon appropriée. SYN. bien, correctement, pertinemment. CONTR. *en dépit du bon sens.*

/ De façon décente. SYN. comme il faut, correctement, décemment, honnêtement, poliment. CONTR. *impudemment.*

/ De manière acceptable. SYN. bien, correctement, honorablement, raisonnablement.

convenance *nom féminin*

/ Choix personnel. SYN. choix, goût, gré.

/ LITTÉRAIRE. Qualité de ce qui est approprié. SYN. adéquation, appropriation, conformité, opportunité, pertinence. CONTR. *disproportion, inadéquation* –LITTÉRAIRE: *disconvenance.*

convenances *nom féminin pluriel*

/ Règles du bon usage. SYN. bienséances, bonnes manières, bons procédés, correction, courtoisie, décence, étiquette, règles, savoir-vivre, usages. CONTR. *impertinence, inconvenance, incorrection, muflerie, sans-gêne* –LITTÉRAIRE: *sans-façon.*

convenir *verbe*

/ Être approprié à. SYN. aller, cadrer, concorder, correspondre, répondre, s'accorder, s'adapter, se prêter à, s'harmoniser –LITTÉRAIRE: seoir. CONTR. *disconvenir à.*

/ Agréer à quelqu'un. SYN. arranger, plaire, satisfaire, sourire –FAMILIER: chanter, dire, revenir. CONTR. *choquer, déplaire à, froisser.*

/ Reconnaître comme vrai. SYN. accorder, admettre, avouer, concéder, confesser, reconnaître. CONTR. *contester, disconvenir de, nier, se défendre de.*

/ Tomber d'accord sur. SYN. arrêter, décider, résoudre, se déterminer à.

/ *Il convient de, que.* SYN. il appartient de, il est souhaitable, il faut, il sied de, il y a lieu de.

convenir (se) *verbe pronominal*

/ Avoir des affinités réciproques. SYN. s'accorder, se plaire. CONTR. *se déplaire.*

convention *nom féminin*

/ Accord passé. SYN. arrangement, contrat, engagement, entente, marché, pacte, traité.

/ Règle tacite ou explicite. SYN. clause, disposition, modalité, stipulation.

/ Règle de conduite. SYN. coutume, usage.

conventionnel *adjectif*

/ Qui résulte d'une règle. SYN. arbitraire, convenu, factice, fictif.

/ Conforme aux usages. SYN. académique, banal, bourgeois, classique, conformiste, consacré, formaliste, officiel, orthodoxe, rituel, routinier, stéréotypé, traditionnel. CONTR. *authentique, imprévu, libre, naturel, original, sincère, spontané, surprenant.*

convergent *adjectif*

/ Qui tend vers un même but. SYN. concourant. CONTR. *divergent.*

converger *verbe*

/ Se diriger vers un même point. SYN. affluer, confluer, se rejoindre, se réunir. CONTR. *diverger.*

/ Comporter des analogies. SYN. coïncider, correspondre, se rapprocher. CONTR. *diverger, s'opposer.*

conversation *nom féminin*

/ Échange de propos. SYN. bavardage, causerie, conciliabule, dialogue, entretien, tête-à-tête. CONTR. *monologue.*

/ Entretien entre des responsables. SYN. dialogues, pourparlers.

converser *verbe*

/ Échanger des propos. SYN. bavarder, causer, conférer, dialoguer, disserter, parler –FAMILIER: faire la causette, faire un brin de causette, papoter –LITTÉRAIRE: deviser, s'entretenir –POPULAIRE: discuter le bout de gras, discuter le coup. CONTR. *monologuer, se taire, soliloquer.*

conversion *nom féminin*

/ Mouvement qui fait tourner. SYN. révolution, rotation.

/ VIEUX. Changement d'une chose en une autre. SYN. métamorphose, mutation, transformation –LITTÉRAIRE: transmutation.

/ Changement d'opinion. SYN. ralliement, volte-face.

/ Action d'adhérer à une religion. SYN. adhésion. CONTR. *abjuration, apostasie, reniement.*

converti *nom*
/ Personne qui adhère à une croyance. SYN. néophyte, prosélyte.

convertir *verbe*
/ Amener à adopter une opinion. SYN. gagner, rallier.
/ Faire adhérer à une religion. SYN. catéchiser, endoctriner.
/ Changer profondément. SYN. métamorphoser, transformer, transmuer, transmuter.

convexe *adjectif*
/ Qui présente une courbure. SYN. arqué, arrondi, bombé, busqué, courbe, rebondi, renflé. CONTR. *concave, plat.*

convexité *nom féminin*
/ État de ce qui est convexe. SYN. arrondi, bombement, courbure, renflement. CONTR. *concavité, creux.*

conviction *nom féminin*
/ État d'esprit de quelqu'un de convaincu. SYN. certitude, croyance, foi, persuasion. CONTR. *doute, incrédulité, scepticisme.*
/ Idée à caractère fondamental. SYN. certitude, opinion, principe, vérité. CONTR. *doute.*

convier *verbe*
/ Inviter quelqu'un. SYN. inviter, prier, solliciter. CONTR. *congédier, éloigner.*
/ Pousser à faire quelque chose. SYN. encourager, engager, exhorter, inciter, incliner, provoquer.

convive *nom*
/ Personne qui prend part à un repas. SYN. hôte, invité – LITTÉRAIRE : commensal.

convivial *adjectif*
/ Qui est d'un abord avenant. SYN. accueillant, chaleureux, hospitalier. CONTR. *inhospitalier, rébarbatif.*

convocation *nom féminin*
/ Action de convoquer. SYN. assignation, citation, invitation – ARGOTIQUE : collante.

convoiter *verbe*
/ Désirer ardemment une chose. SYN. ambitionner, aspirer à, briguer, envier, lorgner, souhaiter, viser – FAMILIER : guigner, loucher sur – LITTÉRAIRE : soupirer après. CONTR. *dédaigner, mépriser, répugner.*

convoitise *nom féminin*
/ Désir de possession. SYN. ambition, appétence, avidité, envie – LITTÉRAIRE : appétit, cupidité, insatiabilité. CONTR. *répulsion.*
/ LITTÉRAIRE. Désir charnel. SYN. – LITTÉRAIRE : concupiscence.

convoquer *verbe*
/ Appeler à se réunir. SYN. rassembler, réunir – LITTÉRAIRE : assembler.
/ Faire venir impérativement. SYN. appeler, assigner, citer – LITTÉRAIRE : mander.

convoyer *verbe*
/ Accompagner un convoi. SYN. accompagner, conduire, escorter.

convulsif *adjectif*
/ Caractérisé par des convulsions. SYN. nerveux, saccadé, spasmodique.

convulsion *nom féminin*
/ Contraction brusque des muscles. SYN. contorsion, contracture, distorsion, spasme.
/ Trouble violent. SYN. bouleversement, crise, ébranlement, mouvement, perturbation, remous, secousse, soubresaut, sursaut, trouble – LITTÉRAIRE : commotion, incendie, orage. CONTR. *ordre.*

cool *adjectif*
/ FAMILIER. Qui est détendu. SYN. calme, décontracté, serein – FAMILIER : pépère, relax, relaxe – POPULAIRE : peinard. CONTR. *affolé, agacé, agité, anxieux, énervé, exaspéré, fiévreux, inquiet, survolté* – LITTÉRAIRE : *effervescent.*

coopération *nom féminin*
/ Action de coopérer. SYN. aide, appui, association, collaboration, concours, contribution, participation, service, soutien. CONTR. *opposition, résistance, rivalité.*

coopérer *verbe*
/ Prendre part à une œuvre commune. SYN. aider, collaborer, concourir à, contribuer à, participer, s'associer. CONTR. *concurrencer, empêcher, gêner, menacer, paralyser, s'opposer à* – LITTÉRAIRE : *ruiner.*

coordination *nom féminin*
/ Action de coordonner. SYN. combinaison, harmonisation, synchronisation – LITTÉRAIRE : conjugaison.

coordonner *verbe*

/ Agencer des éléments. SYN. arranger, assembler, combiner, conjuguer, enchaîner, harmoniser, lier, ordonner, unir.

copain *nom masculin*

/ FAMILIER. Homme dont on est proche. SYN. ami, camarade, compagnon, complice, condisciple – POPULAIRE : pote.
/ FAMILIER. Homme aimé. SYN. amoureux, compagnon, petit ami – FAMILIER : flirt.

copie *nom féminin*

/ Reproduction d'un écrit. SYN. ampliation, compilation, double, duplicata, expédition, fac-similé, grosse, photocopie.
/ Reproduction d'une œuvre d'art. SYN. contrefaçon, emprunt, faux, imitation, plagiat. CONTR. *archétype, original.*
/ Reproduction de quelque chose. SYN. calque, réplique, simulacre.
/ Personne qui ressemble à une autre. SYN. double, jumeau – FAMILIER : clone.

copier *verbe*

/ Reproduire par écrit un texte. SYN. marquer, noter, recopier, relever, transcrire.
/ S'inspirer fortement d'une œuvre. SYN. calquer, compiler, démarquer, emprunter, imiter, pasticher, piller, voler – LITTÉRAIRE : plagier – POPULAIRE : pomper. CONTR. *créer, inventer.*
/ Imiter quelqu'un, un groupe. SYN. contrefaire, mimer, répéter, reproduire, singer, suivre.

copieusement *adverbe*

/ En grande quantité. SYN. à discrétion, à flots, à foison, à la pelle, à profusion, à satiété, à souhait, à volonté, abondamment, amplement, beaucoup, colossalement, considérablement, en quantité, en veux-tu en voilà, énormément, généreusement, largement, pleinement, richement – FAMILIER : à gogo, à revendre, à tire-larigot, en pagaille, jusqu'à plus soif – LITTÉRAIRE : à l'envi, plantureusement. CONTR. *chichement, guère, légèrement, peu, sobrement.*

copieux *adjectif*

/ Qui est en grande quantité. SYN. abondant, ample, consistant, généreux, large, pantagruélique, plantureux, riche, substantiel. CONTR. *frugal, maigre, médiocre, parcimonieux, pauvre, petit, sobre* – FAMILIER : *chiche.*

copine *nom féminin*

/ FAMILIER. Femme aimée. SYN. amoureuse, compagne, petite amie – FAMILIER : flirt.
/ FAMILIER. Femme dont on est proche. SYN. amie, camarade, compagne, complice, condisciple – POPULAIRE : pote.

copulation *nom féminin*

/ Union du mâle et de la femelle. SYN. accouplement, coït.

coque *nom féminin*

/ Structure rigide. SYN. armature, caisse, carcasse, châssis.

coquet *adjectif*

/ Dont l'aspect est soigné. SYN. élégant, esthétique, fringant, pimpant, propret, raffiné – FAMILIER : chic. CONTR. *commun, débraillé, négligé, quelconque, sale.*
/ FAMILIER. Se dit d'une forte somme. SYN. gentil, gros, important – FAMILIER : joli, rondelet. CONTR. *dérisoire, infime, insignifiant, minime, modeste, modique, négligeable.*

coquettement *adverbe*

/ Avec coquetterie. SYN. élégamment.

coquetterie *nom féminin*

/ Manières pour aguicher. SYN. minauderie, mines, simagrée – FAMILIER : chichi – LITTÉRAIRE : agaceries.
/ Recherche dans l'habillement. SYN. dandysme, élégance, grâce – FAMILIER : chic. CONTR. *grossièreté, laisser-aller, négligence.*

coquin *adjectif*

/ Qui dénote un esprit grivois. SYN. croustillant, cru, égrillard, épicé, gaillard, gaulois, graveleux, grivois, leste, libertin, osé, polisson, rabelaisien, salé – FAMILIER : cochon, gras, olé olé, paillard – LITTÉRAIRE : salace. CONTR. *collet monté, prude, pudibond, pudique* – FAMILIER : *bégueule.*

coquin *nom*

/ Enfant malicieux. SYN. chenapan, garnement, polisson, vaurien, voyou – FAMILIER : brigand, filou, fripon, galopin, sacripant – VIEUX : galapiat, mâtin.
/ VIEUX. Personne sans scrupule. SYN. brigand, canaille, chenapan, filou, gredin, vaurien, vermine, voyou – FAMILIER : fripouille, paltoquet, pendard, rossard, sacripant – LITTÉRAIRE : faquin – VIEUX : bélître, fripon.

cor *nom masculin*

/ Instrument d'appel. SYN. corne, cornet –VIEUX: olifant.

cor *nom masculin*

/ Callosité sur un orteil. SYN. cal, durillon, œil-de-perdrix.

cordial *adjectif*

/ Qui est très sincère. SYN. franc, loyal, profond, sincère –LITTÉRAIRE: vrai. CONTR. *fourbe, hypocrite, perfide, sournois.*

/ Qui manifeste de la bienveillance. SYN. accueillant, amical, bienveillant, chaleureux, engageant, exquis, familier, fraternel, ouvert, sympathique. CONTR. *antipathique, boudeur, bougon, dictatorial, distant, froid, hautain, hostile, inaccessible, inamical, indifférent, insensible, malveillant, mauvais, offensant, rogue, sec* –FAMILIER: *frais* –LITTÉRAIRE: *farouche.*

cordialement *adverbe*

/ De façon bienveillante. SYN. amicalement, chaleureusement. CONTR. *fraîchement, froidement, sèchement.*

cordialité *nom féminin*

/ Bienveillance qui part du cœur. SYN. amitié, chaleur, familiarité, rondeur, sympathie –LITTÉRAIRE: gracieuseté. CONTR. *agressivité, animosité, atrocité, fraîcheur, froideur, haine, hauteur, hostilité, malveillance, sécheresse.*

cordon *nom masculin*

/ Suite de choses, de personnes. SYN. chapelet, file, haie, ligne, rang, rangée.

cordonnier *nom masculin*

/ Artisan qui répare les souliers. SYN. –VIEUX: chausseur, savetier.

coriace *adjectif*

/ Se dit d'une viande très dure. SYN. racorni. CONTR. *tendre.*

/ Qui tient fermement ses positions. SYN. acharné, dur, ferme, obstiné, opiniâtre, résistant, solide, tenace, vivace –FAMILIER: chien, increvable. CONTR. *facile, influençable, souple, versatile.*

corne *nom féminin*

/ Sommet anguleux. SYN. aiguille, dent, pic.

corner *verbe intransitif*

/ Faire entendre un bourdonnement. SYN. bourdonner, ronfler, sonner, tinter.

/ Sonner de la corne. SYN. klaxonner.

corner *verbe transitif*

/ Annoncer à grand bruit. SYN. claironner, clamer, tambouriner –FAMILIER: carillonner –LITTÉRAIRE: proclamer –VIEUX: trompeter.

cornichon *nom*

/ POPULAIRE. Personne stupide. SYN. âne, âne bâté, benêt, idiot, ignorant, imbécile, innocent, niais, nigaud, nul, sot –FAMILIER: abruti, andouille, ballot, bêta, bûche, buse, cloche, crétin, cruche, empaillé, empoté, jacques, oie –POPULAIRE: banane, con, conard, connard, couillon, gland, manche, nouille, patate, truffe. CONTR. *futé, malin, rusé* –LITTÉRAIRE: *matois.*

corporation *nom féminin*

/ Personnes d'une même profession. SYN. confrérie, corps, ordre.

corporel *adjectif*

/ Qui a un corps. SYN. concret, matériel. CONTR. *immatériel, spirituel* –LITTÉRAIRE: *incorporel.*

/ Qui concerne le corps humain. SYN. physiologique, physique, terrestre –LITTÉRAIRE: charnel. CONTR. *intellectuel, intérieur, mental, moral, psychique.*

corporellement *adverbe*

/ Par le corps. SYN. physiquement –LITTÉRAIRE: charnellement.

corps *nom masculin*

/ Partie matérielle d'un être animé. SYN. anatomie, organisme. CONTR. *esprit* –LITTÉRAIRE: *âme.*

/ Cadavre d'une personne. SYN. mort, restes –LITTÉRAIRE: dépouille, dépouille mortelle.

/ Toute substance matérielle. SYN. matière, objet, substance.

/ Personnes d'une même profession. SYN. assemblée, collège, compagnie, confrérie, congrégation, corporation.

corpulence *nom féminin*

/ Grande taille d'une personne. SYN. adiposité, carrure, embonpoint, stature. CONTR. *maigreur, minceur* –LITTÉRAIRE: *sveltesse.*

corpulent *adjectif*

/ Qui est de forte corpulence. SYN. adipeux, épais, fort, gros, imposant, massif, obèse –FAMILIER: costaud –POPULAIRE: balaise, balèze. CONTR. *décharné, effilé, élancé, fluet, frêle, maigre, mince, sec, squelettique, svelte* –LITTÉRAIRE: *étique, gracile.*

correct *adjectif*

/ Qui est conforme aux règles. SYN. bon, exact, fidèle, juste, propre, pur –LITTÉRAIRE: châtié. CONTR. *bancal, captieux, défectueux, fautif, faux, incorrect, inexact, mauvais* –LITTÉRAIRE: *infidèle.*

/ Qui est d'une valeur acceptable. SYN. acceptable, admissible, honnête, honorable, moyen, passable, satisfaisant –FAMILIER: possible, potable. CONTR. *excellent, parfait.*

/ Qui respecte les bienséances. SYN. bienséant, convenable, courtois, décent, digne, élégant, irréprochable, poli, présentable, pudique –FAMILIER: beau, régulier –LITTÉRAIRE: civil. CONTR. *choquant, cru, débraillé, déplacé, dépoitraillé, grossier, impudent, impudique, incongru, inconvenant, indécent, inopportun, libre, obscène, scabreux, vicieux* –LITTÉRAIRE: *déshonnête, malséant, malsonnant.*

correctement *adverbe*

/ De façon conforme aux règles. SYN. convenablement, justement, normalement. CONTR. *fautivement, improprement, incorrectement, mal.*

/ De façon décente. SYN. décemment, dignement, honnêtement, moralement, proprement. CONTR. *impudemment.*

correction *nom féminin*

/ Qualité de ce qui est conforme aux règles. SYN. convenance, exactitude, fidélité, justesse, propriété, pureté, purisme.

/ Qualité d'une personne respectueuse. SYN. bienséance, courtoisie, décence, politesse, savoir-vivre –LITTÉRAIRE: civilité, urbanité, usage. CONTR. *crudité, cynisme, goujaterie, grossièreté, impertinence, inconvenance, incorrection, indécence.*

/ Ce qui rectifie une faute. SYN. biffure, rature, retouche, surcharge.

/ Modification apportée à un texte. SYN. ajout, amendement, modification, rectification, remaniement, révision.

/ Punition destinée à corriger quelqu'un. SYN. peine, réprimande –FAMILIER: raclée, rossée –LITTÉRAIRE: châtiment.

corrélation *nom féminin*

/ Dépendance réciproque. SYN. affinité, cohérence, correspondance, dépendance, interdépendance, liaison, lien, rapport, relation –LITTÉRAIRE: connexité. CONTR. *autonomie, indépendance.*

correspondance *nom féminin*

/ Lien étroit entre plusieurs choses. SYN. accord, affinité, analogie, communication, communion, concordance, conformité, corrélation, dépendance, harmonie, liaison, rapport, réciprocité, relation –LITTÉRAIRE: connexité. CONTR. *antagonisme, contradiction, désaccord, discordance, écart, opposition.*

/ Échange de lettres. SYN. courrier, relations épistolaires.

correspondant *adjectif*

/ Qui correspond à. SYN. ad hoc, adéquat, analogique, concordant, conforme, convenable, corrélatif, équivalent, homologue –VIEUX: idoine. CONTR. *antagoniste, discordant, dissemblable, inférieur, moindre, opposé, supérieur.*

correspondre *verbe*

/ Avoir un rapport de conformité avec. SYN. cadrer, coïncider, concorder, convenir, converger, égaler, équivaloir, se prêter à, se rapporter, traduire –FAMILIER: coller. CONTR. *différer, s'opposer.*

/ Avoir un rapport d'harmonie avec. SYN. cadrer, ressembler, s'accorder, s'harmoniser. CONTR. *détonner, hurler, jurer, trancher.*

/ Être en accord avec la personnalité de. SYN. aller à, cadrer avec, convenir, ressembler –FAMILIER: coller avec, revenir.

/ Être en relation avec quelqu'un. SYN. communiquer, converser, écrire, répondre.

corridor *nom masculin*

/ Passage entre diverses pièces. SYN. couloir, dégagement, galerie.

corriger *verbe*

/ Faire disparaître une erreur. SYN. modifier, rectifier, réformer, remanier, réparer, reprendre, retoucher, réviser, revoir.

/ Atténuer un trait excessif. SYN. adoucir, assouplir, balancer, compenser, équilibrer, nuancer, pallier, suppléer –LITTÉRAIRE: tempérer. CONTR. *aggraver, envenimer, exaspérer.*

/ Débarrasser quelqu'un d'un défaut. SYN. améliorer, défaire, guérir – LITTÉRAIRE : amender, redresser. CONTR. – LITTÉRAIRE : *vicier*.

/ Punir quelqu'un. SYN. battre, chapitrer, donner une leçon, fesser, frapper, réprimander, sanctionner, sermonner, taper – LITTÉRAIRE : admonester, châtier, fustiger, gourmander, semoncer – POPULAIRE : dérouiller. CONTR. *féliciter, récompenser*.

corriger (se) *verbe pronominal*

/ Se défaire d'un défaut. SYN. s'améliorer, s'amender, se guérir.

corrigible *adjectif*

/ Qui peut être corrigé. SYN. améliorable, amendable, modifiable, rectifiable, réformable – LITTÉRAIRE : redressable. CONTR. *incorrigible*.

corroborer *verbe*

/ Renforcer une opinion. SYN. affermir, appuyer, confirmer, garantir, ratifier, soutenir, vérifier – LITTÉRAIRE : raffermir. CONTR. *combattre, contredire, démentir, détruire, ébranler, infirmer, invalider, miner, saper* – LITTÉRAIRE : *ruiner*.

corroder *verbe*

/ Entamer peu à peu quelque chose. SYN. attaquer, brûler, consumer, éroder, manger, miner, ronger, saper, user.

corrompre *verbe*

/ LITTÉRAIRE. Provoquer le pourrissement de. SYN. abîmer, avarier, décomposer, faisander, gâter, pourrir, putréfier. CONTR. *assainir, conserver*.

/ LITTÉRAIRE. Altérer ce qui est considéré comme correct. SYN. adultérer, déformer, fausser, troubler – LITTÉRAIRE : frelater. CONTR. *purifier*.

/ LITTÉRAIRE. Pervertir quelqu'un. SYN. avilir, débaucher, dégrader, dépraver, perdre – LITTÉRAIRE : gangrener, vicier. CONTR. *épurer* – LITTÉRAIRE : *amender, moraliser*.

/ LITTÉRAIRE. Séduire par des présents. SYN. acheter, payer, soudoyer, suborner – LITTÉRAIRE : stipendier.

corrompre (se) *verbe pronominal*

/ LITTÉRAIRE. Tomber en putréfaction. SYN. dégénérer, pourrir, s'altérer, se gâter, se putréfier.

corrompu *adjectif*

/ LITTÉRAIRE. Qui est perverti. SYN. avili, débauché, dénaturé, dépravé, frelaté, immoral, pervers, vendu, véreux, vilain – LITTÉRAIRE : dissolu, faisandé, impur, vil. CONTR. *honnête, intègre, pur, vierge* – LITTÉRAIRE : *probe*.

/ LITTÉRAIRE. Qui est pourri. SYN. avarié, décomposé, faisandé, gâté, putréfié. CONTR. *frais*.

corrosif *adjectif*

/ LITTÉRAIRE. Qui critique avec âpreté. SYN. caustique, mordant, vif, virulent.

corrupteur *adjectif*

/ LITTÉRAIRE. Qui pervertit. SYN. destructeur, malfaisant, nuisible, pestilentiel – LITTÉRAIRE : délétère, dépravant, pernicieux, pervertisseur.

corruptible *adjectif*

/ Qui est sujet à la corruption morale. SYN. vénal. CONTR. *honnête, incorruptible, intègre* – LITTÉRAIRE : *probe*.

corruption *nom féminin*

/ État de ce qui pourrit. SYN. décomposition, pourrissement, putréfaction.

/ LITTÉRAIRE. Altération de quelque chose. SYN. adultération, dégradation – LITTÉRAIRE : abâtardissement. CONTR. *assainissement, purification*.

/ Action de pervertir ; état de perversion. SYN. avilissement, débauche, déchéance, dépravation, dérèglement, immoralité, perversion, pourriture, vice – LITTÉRAIRE : impureté, souillure, stupre, viciation. CONTR. *épuration, honnêteté, intégrité, moralisation, pureté* – LITTÉRAIRE : *édification*.

corsé *adjectif*

/ Au goût relevé. SYN. épicé. CONTR. *douceâtre, léger*.

corser (se) *verbe pronominal*

/ Devenir plus complexe. SYN. se compliquer.

cortège *nom masculin*

/ Défilé de personnes. SYN. chapelet, colonne, escorte, file, procession, suite, troupe – FAMILIER : cohorte, ribambelle – LITTÉRAIRE : théorie.

corvée *nom féminin*

/ Obligation pénible. SYN. obligation, pensum, servitude, tâche. CONTR. *plaisir*.

cosmique *adjectif*
/ Relatif au cosmos. SYN. mondial, planétaire.

cossard *adjectif et nom*
/ FAMILIER. Qui montre de la paresse. SYN. fainéant, paresseux – FAMILIER: faignant, flemmard, tire-au-flanc – POPULAIRE: tire-au-cul. CONTR. *travailleur* – LITTÉRAIRE: *laborieux* – POPULAIRE: *bosseur, chiadeur.*

cosse *nom féminin*
/ FAMILIER. Fait de paresser. SYN. fainéantise, paresse – FAMILIER: flemmardise, flemme. CONTR. *courage, dynamisme.*

cossu *adjectif*
/ Qui vit dans l'aisance. SYN. aisé, fortuné, huppé, riche – FAMILIER: argenté, nanti – POPULAIRE: rupin. CONTR. *gêné, humble, indigent, modeste, nécessiteux, pauvre* – FAMILIER: *désargenté* – VIEUX: *besogneux.*
/ Qui témoigne d'une situation aisée. SYN. fastueux, luxueux, riche, somptueux. CONTR. *misérable, modeste, pauvre* – FAMILIER: *minable, miteux.*

costaud *adjectif*
/ FAMILIER. Qui est résistant. SYN. athlétique, corpulent, fort, infatigable, robuste, vigoureux – POPULAIRE: balaise, balèze, baraqué. CONTR. *chétif, débile, faible, frêle, maigrelet, maladif, malingre, rachitique* – FAMILIER: *maigrichon* – LITTÉRAIRE: *gracile.*
/ FAMILIER. Qui est solide. SYN. incassable, inusable. CONTR. *délicat, fragile.*

costume *nom masculin*
/ Pièces d'un habillement. SYN. habillement, tenue, toilette – VIEUX: effets.
/ Vêtement d'homme. SYN. complet, habit.

costumer *verbe*
/ Revêtir quelqu'un d'un costume. SYN. accoutrer, déguiser, travestir.

cosy *adjectif*
/ Qui est agréable. SYN. agréable, confortable, douillet. CONTR. *désagréable, inconfortable.*

cotation *nom féminin*
/ Valeur d'un titre en Bourse. SYN. cote, cours.

cote *nom féminin*
/ Constatation du cours d'un titre. SYN. cotation, cours, valeur.
/ Appréciation portée sur quelqu'un. SYN. faveur, popularité, réputation, vogue – LITTÉRAIRE: renom, renommée. CONTR. *discrédit.*
/ Estimation de la valeur d'une chose. SYN. notation, note.

côte *nom féminin*
/ Partie d'un chemin qui monte. SYN. montée, raidillon, rampe – FAMILIER: grimpette. CONTR. *descente, pente.*
/ Contact entre la terre et la mer. SYN. bord, littoral, plage, rivage, rive – LITTÉRAIRE: grève.

coté *adjectif*
/ Qui est très apprécié. SYN. considéré, estimé – LITTÉRAIRE: prisé. CONTR. *déconsidéré, déprécié, méprisé, mésestimé.*

côté *nom masculin*
/ Partie latérale du corps. SYN. flanc.
/ Partie latérale de quelque chose. SYN. bord, façade, face.
/ Aspect sous lequel se présente quelque chose. SYN. angle, couleur, éclairage, face, perspective, point de vue, tournure, versant.
/ *Du côté de.* SYN. à proximité de, auprès de, aux alentours de, aux environs de, dans le voisinage, vers.

coteau *nom masculin*
/ Petite colline. SYN. butte, éminence, hauteur, monticule – VIEUX: élévation.

coter *verbe*
/ Apprécier selon une valeur. SYN. classer, estimer, évaluer, jauger, noter.

coterie *nom féminin*
/ Personnes qui se soutiennent. SYN. bande, cabale, cénacle, chapelle, clan, colonie, faction, secte – FAMILIER: clique, mafia – LITTÉRAIRE: camarilla.

cotisation *nom féminin*
/ Somme versée. SYN. apport, contribution, écot, participation, quote-part, quotité.

coton *adjectif*
/ Qui est difficile. SYN. ardu, difficile – FAMILIER: calé, trapu, vache.

cotonneux *adjectif*
/ Qui rappelle le coton. SYN. étouffé, sourd – LITTÉRAIRE: ouaté.

/ Recouvert de duvet. SYN. duveteux, velouté –LITTÉRAIRE: duveté.
/ Se dit d'un fruit sans suc. SYN. pâteux, spongieux.

côtoyer *verbe*
/ Marcher le long de quelque chose. SYN. longer, suivre.
/ Être en contact avec quelqu'un. SYN. approcher, fréquenter –LITTÉRAIRE: coudoyer, frayer avec.
/ Être très proche de quelque chose. SYN. avoisiner, confiner, friser, frôler, raser –LITTÉRAIRE: coudoyer.

cotte *nom féminin*
/ Vêtement de travail. SYN. bleu, combinaison, salopette.

cou *nom masculin*
/ Partie étroite d'un récipient. SYN. col, goulot.

couac *nom masculin*
/ FAMILIER. Son discordant. SYN. fausse note –FAMILIER: canard.

couard *adjectif*
/ LITTÉRAIRE. Qui manque de courage. SYN. capitulard, craintif, lâche, peureux, pleutre, poltron, timoré –FAMILIER: froussard –LITTÉRAIRE: pusillanime –POPULAIRE: foireux –VIEUX: capon. CONTR. *audacieux, brave, courageux, hardi, intrépide, téméraire* –LITTÉRAIRE: *crâne, impavide, vaillant, valeureux.*

couard *nom*
/ LITTÉRAIRE. Personne lâche. SYN. capitulard, lâche, peureux, pleutre, poltron –FAMILIER: femmelette, froussard, mauviette –POPULAIRE: dégonflé, foireux –VIEUX: capon. CONTR. *audacieux, brave, courageux, intrépide.*

couardise *nom féminin*
/ LITTÉRAIRE. Attitude lâche. SYN. lâcheté, poltronnerie –LITTÉRAIRE: pleutrerie, pusillanimité. CONTR. *audace, bravoure, courage, hardiesse, intrépidité* –FAMILIER: *cran* –LITTÉRAIRE: *vaillance, valeur.*

couchant *nom masculin*
/ Côté où le soleil se couche. SYN. occident, ouest –VIEUX: ponant. CONTR. *est, levant, orient.*
/ LITTÉRAIRE. Fin de quelque chose. SYN. décadence, déchéance, déclin –LITTÉRAIRE: crépuscule, décrépitude. CONTR. *aube* –LITTÉRAIRE: *aurore, enfance.*

couche *nom féminin*
/ Chacune des divisions d'un objet. SYN. étage, strate.
/ Amas d'éléments répandus sur le sol. SYN. lit –LITTÉRAIRE: jonchée, tapis.

coucher *nom masculin*
/ Moment où un astre disparaît. SYN. crépuscule –LITTÉRAIRE: brune. CONTR. *aube, aurore, lever.*

coucher *verbe*
/ Placer horizontalement. SYN. allonger, étendre.
/ Incliner vers l'horizontale. SYN. baisser, courber, pencher, renverser. CONTR. *dresser, élever, ériger, lever.*

coucher (se) *verbe pronominal*
/ Se mettre au lit. SYN. dormir –FAMILIER: faire dodo –POPULAIRE: se pager, se pieuter. CONTR. *se lever.*
/ Se mettre à l'horizontale. SYN. s'allonger, se renverser, s'étendre. CONTR. *s'asseoir, se dresser.*

couche-tard *nom*
/ Personne qui se couche tard. SYN. –FAMILIER: oiseau de nuit. CONTR. *couche-tôt, lève-tôt.*

couci-couça *locution adverbiale*
/ FAMILIER. Comme ci, comme ça. SYN. à peu près –FAMILIER: cahin-caha, clopin-clopant.

coude *nom masculin*
/ Angle saillant. SYN. courbe, courbure, méandre, tournant, virage.

coudé *adjectif*
/ En forme de coude. SYN. courbe. CONTR. *droit.*

couder *verbe*
/ Plier en coude. SYN. courber, plier –LITTÉRAIRE: ployer.

coudoyer *verbe*
/ LITTÉRAIRE. Passer près de quelqu'un. SYN. croiser, rencontrer.
/ LITTÉRAIRE. Être en contact avec quelqu'un. SYN. approcher, côtoyer, fréquenter.

/ LITTÉRAIRE. Être très proche de quelque chose. SYN. côtoyer, friser, frôler.

couillon *nom*

/ POPULAIRE. Personne stupide. SYN. âne, idiot, imbécile, niais, nigaud, sot –FAMILIER: abruti, andouille, ballot, bêta, bûche, buse, crétin, cruche, noix –POPULAIRE: cloche, con, cornichon, nouille, taré.

couillonnade *nom féminin*

/ POPULAIRE. Action sotte. SYN. bêtise, imbécillité, sottise –FAMILIER: idiotie.

couillonner *verbe*

/ POPULAIRE. Duper quelqu'un. SYN. piéger, tromper –FAMILIER: pigeonner, posséder –POPULAIRE: baiser, entuber.

coulant *adjectif*

/ Qui coule facilement. SYN. fluide, inconsistant, liquide. CONTR. *épais, gluant, solide.*

/ Se dit d'un style aisé. SYN. fluide, naturel, souple, spontané. CONTR. *affecté, apprêté, rocailleux, travaillé.*

/ Très accommodant. SYN. accommodant, arrangeant, commode, complaisant, conciliant, facile, indulgent, large, laxiste, libéral, maniable, souple, tolérant, vivable –LITTÉRAIRE: débonnaire, traitable. CONTR. *autoritaire, despotique, dur, exigeant, intraitable, intransigeant, ombrageux, pointilleux, rigide, sévère, strict, têtu, vindicatif* –LITTÉRAIRE: *raide* –VIEUX: *chicaneur, chicanier.*

coulé *adjectif*

/ Qui est discrédité. SYN. perdu –FAMILIER: fichu, flambé, frit –POPULAIRE: foutu.

couler *verbe intransitif*

/ Aller au fond de l'eau. SYN. chavirer, s'abîmer, se noyer, sombrer. CONTR. *flotter.*

/ Se mouvoir d'un lieu à un autre. SYN. circuler, glisser, passer, ruisseler.

/ S'échapper de, en parlant d'un liquide. SYN. dégoutter, gicler, jaillir, rejaillir, s'écouler, s'extravaser, sortir, suinter –FAMILIER: dégouliner –LITTÉRAIRE: découler, sourdre.

/ Laisser un liquide s'échapper. SYN. dégoutter, fuir, suinter –FAMILIER: perdre.

couler *verbe transitif*

/ Fabriquer un objet en métal. SYN. fondre, mouler.

/ Faire sombrer un bateau. SYN. engloutir, immerger, saborder.

/ Faire échouer quelque chose. SYN. perdre, ruiner, saborder, saboter, torpiller. CONTR. *aider.*

couler (se) *verbe pronominal*

/ Se glisser quelque part. SYN. entrer, pénétrer, se faufiler, se glisser, s'infiltrer –FAMILIER: se fourrer –LITTÉRAIRE: s'insinuer.

couleur *nom féminin*

/ Impression produite par la lumière. SYN. coloration, coloris, nuance, teinte, ton, tonalité.

/ Matière colorante. SYN. colorant, gouache, peinture, teinture.

/ Éclat de quelque chose. SYN. caractère, relief. CONTR. *banalité, pâleur, platitude.*

/ Apparence d'une chose. SYN. allure, aspect, côté, physionomie, tour, tournure –LITTÉRAIRE: visage.

/ Coloration de la peau. SYN. carnation, teint. CONTR. *pâleur.*

/ VIEUX. Opinion politique de quelqu'un. SYN. bord, étiquette, tendance.

couleurs *nom féminin pluriel*

/ Marque distinctive d'un État. SYN. drapeau, pavillon.

coulisse *nom féminin*

/ Côté secret d'un domaine. SYN. dessous, mystère, secret.

couloir *nom masculin*

/ Passage entre deux pièces. SYN. corridor, dégagement, galerie.

/ Vallée encaissée. SYN. défilé, gorge, passe.

coup *nom masculin*

/ Choc rapide et brutal. SYN. blessure, choc, contusion, heurt, impact. CONTR. *cajolerie, câlinerie.*

/ Marque laissée par un coup. SYN. ecchymose, meurtrissure –FAMILIER: bleu, jeton.

/ Choc moral. SYN. attaque, atteinte, blessure, commotion, ébranlement, outrage, préjudice, saisissement, secousse, traumatisme –LITTÉRAIRE: injure. CONTR. *bien.*

/ Action manigancée. SYN. –FAMILIER: combine –POPULAIRE: affaire.

/ FAMILIER. Ce qui se boit. SYN. boisson, verre –FAMILIER: lampée, pot.

/ Bruit soudain et violent. SYN. éclat, fracas, frappement.

/ *Coup de poing.* SYN. –LITTÉRAIRE : horion –POPULAIRE : châtaigne, coquard, gnon, jeton, marron, pêche, ramponneau.
/ *Sur le coup de.* SYN. à l'heure de, à l'instant de, à l'occasion de, au moment de.

coupable *adjectif*
/ Qui doit être blâmé. SYN. blâmable, condamnable, délictueux, honteux, illicite, inavouable, indigne, répréhensible. CONTR. *avouable.*
/ Qui a commis une infraction. SYN. condamnable. CONTR. *blanc comme neige, innocent.*

coupable *nom*
/ Personne responsable d'un délit. SYN. condamné, délinquant, fautif. CONTR. *acquitté, innocent.*

coupant *adjectif*
/ Qui coupe. SYN. acéré, affilé, affûté, aiguisé, tranchant. CONTR. *contondant, émoussé, mousse.*
/ Qui est brutal. SYN. autoritaire, blessant, cassant, péremptoire, tranchant. CONTR. *accommodant, conciliant.*

coupe *nom féminin*
/ Action de couper. SYN. coupage, rasage, taille.
/ Emprise de quelqu'un. SYN. dépendance, influence, subordination.

coupe *nom féminin*
/ Récipient large et peu profond. SYN. compotier, jatte, vasque.

coupé *adjectif*
/ Qui présente des à-coups. SYN. haché, heurté, saccadé. CONTR. *continu, ininterrompu.*

couper *verbe transitif*
/ FAMILIER. Castrer un animal. SYN. châtrer, hongrer, stériliser.
/ Sectionner quelque chose. SYN. cisailler, débiter, découper, hacher, tailler, trancher, tronçonner.
/ Entamer les chairs. SYN. amputer, balafrer, blesser, cisailler, écorcher, entailler, inciser, mutiler, ouvrir, taillader.
/ Frapper vivement. SYN. cingler, fouetter.
/ Enlever une partie. SYN. écourter, élaguer, émonder, ôter, raccourcir, retirer, retrancher, rogner, sabrer, supprimer, tronquer. CONTR. *agrandir, allonger, prolonger.*
/ Diviser une chose, un lieu. SYN. découper, fractionner, partager, scinder, segmenter. CONTR. *réunir.*
/ Passer au travers de. SYN. croiser, traverser.
/ Interdire l'accès. SYN. barrer, boucher, fermer, obstruer.
/ Interrompre un circuit. SYN. arrêter, débrancher, fermer. CONTR. *allumer, brancher, ouvrir.*
/ Mélanger des liquides. SYN. additionner, allonger, délayer, diluer, étendre, mouiller –FAMILIER : baptiser.
/ Rompre la continuité de. SYN. arrêter, entrecouper, hacher, interrompre. CONTR. *continuer, poursuivre, reprendre.*

couper *verbe transitif indirect*
/ FAMILIER. Éviter quelque chose. SYN. échapper à, éluder, escamoter, esquiver, fuir, se dérober, se dispenser, se soustraire.

couple *nom masculin*
/ Union d'un homme et d'une femme. SYN. conjoints, époux, ménage. CONTR. *célibataire.*
/ Réunion de deux personnes. SYN. duo, paire, tandem.

coupler *verbe*
/ Relier deux éléments. SYN. accoupler, apparier. CONTR. *séparer.*

couplet *nom masculin*
/ FAMILIER. Propos répété sans cesse. SYN. chanson, leitmotiv, rengaine, scie –FAMILIER : disque, refrain, ritournelle –LITTÉRAIRE : antienne.

coupure *nom féminin*
/ Incision de la peau. SYN. balafre, blessure, écorchure, entaille, estafilade, incision, section, taillade –POPULAIRE : boutonnière.
/ Séparation marquée. SYN. cassure, fossé, hiatus. CONTR. *continuité.*
/ Suppression faite dans un ouvrage. SYN. rognage, suppression –LITTÉRAIRE : retranchement.
/ Interruption d'un circuit. SYN. arrêt, débranchement, fermeture, interruption. CONTR. *allumage, branchement, ouverture.*
/ Fait de couper un mot. SYN. division, trait d'union.
/ Rupture de continuité. SYN. battement, entracte, interruption, pause, relâche, répit, trêve. CONTR. *continuation, poursuite, reprise.*

courage *nom masculin*

/ Force de caractère. SYN. audace, bravoure, fermeté, hardiesse, héroïsme –FAMILIER: cran –LITTÉRAIRE: stoïcisme, vaillance, valeur –VIEUX: cœur. CONTR. *lâcheté, peur, poltronnerie* –FAMILIER: *frousse* –LITTÉRAIRE: *couardise, pleutrerie, pusillanimité* –POPULAIRE: *trouille.*

/ Zèle pour faire une action. SYN. énergie, résolution, ressource, volonté. CONTR. *découragement, paresse, veulerie* –FAMILIER: *cosse.*

courageusement *adverbe*

/ Avec bravoure. SYN. chèrement, fièrement, héroïquement, vaillamment –LITTÉRAIRE: bravement, hardiment, valeureusement –VIEUX: gaillardement. CONTR. *lâchement, peureusement, timidement.*

/ Avec volonté. SYN. ardemment, énergiquement, fermement, résolument –FAMILIER: dur. CONTR. *mollement* –LITTÉRAIRE: *tièdement.*

courageux *adjectif*

/ Qui a de l'énergie. SYN. énergique, fort, travailleur, zélé. CONTR. *faible, fainéant, mou, nonchalant, paresseux* –FAMILIER: *faignant, feignant, flemmard.*

/ Qui fait preuve de bravoure. SYN. audacieux, brave, hardi, héroïque, intrépide –LITTÉRAIRE: vaillant, valeureux. CONTR. *craintif, lâche, peureux, pleutre, poltron, timoré* –FAMILIER: *froussard* –LITTÉRAIRE: *couard, pusillanime* –POPULAIRE: *trouillard* –VIEUX: *capon.*

courageux *nom*

/ Personne qui a du courage. SYN. audacieux, brave. CONTR. *lâche, peureux, pleutre, poltron* –FAMILIER: *femmelette, froussard, mauviette* –LITTÉRAIRE: *couard* –POPULAIRE: *dégonflé, trouillard* –VIEUX: *capon.*

couramment *adverbe*

/ D'une façon naturelle. SYN. facilement, rapidement, sans difficulté. CONTR. *difficilement, mal, malaisément.*

/ D'une façon habituelle. SYN. banalement, communément, fréquemment, généralement, habituellement, ordinairement, souvent, traditionnellement, usuellement, volontiers, vulgairement. CONTR. *étrangement, exceptionnellement, extraordinairement, particulièrement, rarement.*

courant *adjectif*

/ Se dit de l'eau qui s'écoule. CONTR. *croupissant, dormant, mort, stagnant.*

/ Se dit d'une période non terminée. SYN. actuel, en cours, présent.

/ Qui est habituel. SYN. familier, général, normal, ordinaire, quelconque, quotidien, simple –FAMILIER: classique. CONTR. *dernier, étonnant, exceptionnel, extraordinaire, extravagant, inhabituel, paradoxal, particulier, spécial* –FAMILIER: *fabuleux.*

/ Qui est utilisé couramment. SYN. commun, connu, fréquent, répandu, usité, usuel, vulgaire. CONTR. *choisi, inusité, rare.*

courbe *adjectif*

/ Qui s'infléchit en forme d'arc. SYN. arqué, arrondi, bombé, cintré, circulaire, convexe, coudé, courbé, galbé, incurvé. CONTR. *direct, droit, plat, rectiligne.*

courbe *nom féminin*

/ Ligne ou forme courbe. SYN. arrondi, cambrure, coude, courbure, galbe, tournant –LITTÉRAIRE: inflexion, orbe.

courbé *adjectif*

/ Qui a une forme courbe. SYN. arqué, busqué, courbe, tordu, tors, voûté. CONTR. *droit.*

courber *verbe*

/ Rendre courbe. SYN. arquer, arrondir, bomber, cintrer, couder, fléchir, gauchir, incurver, infléchir, plier, recourber, tordre –LITTÉRAIRE: ployer. CONTR. *aplanir, défausser, dresser, redresser.*

/ Fléchir le corps en avant. SYN. baisser, coucher, incliner, pencher. CONTR. *lever, relever, renverser.*

/ Soumettre quelqu'un. SYN. fléchir, plier. CONTR. *affranchir.*

courber (se) *verbe pronominal*

/ Prendre une forme courbe. SYN. pencher, plier, se voûter, s'incliner, s'incurver, s'infléchir.

courbette *nom féminin*

/ Révérence obséquieuse. SYN. flatterie, révérence, ronds de jambe, salut –FAMILIER: salamalecs.

courbure *nom féminin*

/ Forme courbe d'un objet. SYN. arrondi, cintrage, convexité.

/ Partie courbe de quelque chose. SYN. cambrure, coude, courbe, galbe, ondulation –LITTÉRAIRE: inflexion.

coureur *nom*

/ Personne qui recherche les aventures. SYN. débauché, don Juan, enjôleur, libertin, séducteur –FAMILIER: cavaleur, dragueur, tombeur.

courir *verbe intransitif*

/ Se déplacer rapidement. SYN. accourir, affluer, bondir, voler –FAMILIER: détaler, filer, foncer, trotter –POPULAIRE: cavaler, tracer. CONTR. *marcher.*

/ Faire les choses dans la hâte. SYN. galoper, se dépêcher, se hâter, se précipiter, se presser –FAMILIER: s'activer, speeder –POPULAIRE: avoir le feu aux fesses, cavaler.

/ Se développer librement. SYN. errer, galoper –LITTÉRAIRE: vagabonder.

/ Être propagé. SYN. circuler, se propager, se répandre.

courir *verbe transitif*

/ Chercher à obtenir. SYN. poursuivre, rechercher –LITTÉRAIRE: pourchasser.

/ Tenter de séduire. SYN. courtiser –FAMILIER: draguer.

couronnement *nom masculin*

/ Cérémonie d'investiture. SYN. intronisation, sacre.

/ Achèvement d'une entreprise. SYN. aboutissement, fruit –LITTÉRAIRE: acmé, consommation, parachèvement. CONTR. *amorce, base.*

couronner *verbe*

/ Faire roi, reine. SYN. introniser, sacrer. CONTR. *détrôner.*

/ LITTÉRAIRE. Être disposé autour de la tête. SYN. –LITTÉRAIRE: auréoler, ceindre, nimber.

/ LITTÉRAIRE. Se trouver au-dessus de. SYN. coiffer, dominer, sommer, surmonter, surplomber.

/ Constituer l'achèvement. SYN. compléter, conclure, finir, parachever, parfaire, terminer. CONTR. *commencer.*

courroie *nom féminin*

/ Bande d'un matériau souple. SYN. bretelle, lanière, sangle.

courroucé *adjectif*

/ LITTÉRAIRE. Très en colère. SYN. furibond, furieux, irrité, outré –FAMILIER: furax, furibard –LITTÉRAIRE: fulminant –POPULAIRE: fumasse.

courroucer *verbe*

/ LITTÉRAIRE. Mettre en colère. SYN. énerver, fâcher, irriter.

courroux *nom masculin*

/ LITTÉRAIRE. Colère vive. SYN. colère, emportement, fureur, furie, rage. CONTR. *calme.*

cours *nom masculin*

/ Évolution de quelque chose. SYN. avancement, déroulement, durée, fil, marche, processus, progrès, succession, suite, tournure, train. CONTR. *arrêt.*

/ Taux d'un titre en Bourse. SYN. cotation, cote, prix, valeur.

/ Avenue longue et large. SYN. allée, mail, promenade.

cours *nom masculin*

/ Ouvrage didactique. SYN. manuel, mémento, traité.

/ Enseignement donné. SYN. communication, conférence, exposé, leçon, séminaire.

course *nom féminin*

/ Action de courir. SYN. marathon, sprint.

/ Déplacement de quelque chose. SYN. marche, mouvement, trajectoire, va-et-vient.

/ Trajet effectué. SYN. parcours, trajet –VIEUX: traite.

/ Promenade. SYN. excursion, randonnée –FAMILIER: balade.

courses *nom féminin pluriel*

/ Achats de denrées. SYN. achats, commissions, emplettes, marché, provisions, ravitaillement.

court *adjectif*

/ Qui a peu d'étendue. SYN. petit, raccourci, ramassé, ras, trapu –FAMILIER: courtaud. CONTR. *allongé, étendu, grand, haut, long.*

/ Qui a peu de durée. SYN. bref, éphémère, fugace, fugitif, momentané, passager –LITTÉRAIRE: prompt. CONTR. *durable, éternel, long.*

/ Qui est condensé. SYN. bref, concis, laconique, ramassé, succinct –LITTÉRAIRE: compendieux. CONTR. *diffus, filandreux, interminable, prolixe, touffu, verbeux* –FAMILIER: *longuet.*

/ FAMILIER. Qui est insuffisant. SYN. juste, limité, maigre, mince, minuscule, pauvre, restreint, simple, sommaire, succinct. CONTR. *considérable.*

courtaud *adjectif*

/ FAMILIER. Qui est petit et gros. SYN. râblé, ramassé, trapu –FAMILIER: boulot. CONTR. *élancé, fin, mince, svelte.*

courtisan *nom masculin*

/ Homme qui cherche à plaire. SYN. adorateur, bénisseur, flatteur –FAMILIER: lèche-bottes, lécheur –LITTÉRAIRE: adulateur, complimenteur, encenseur, flagorneur, louangeur –POPULAIRE: lèche-cul.

courtisanerie *nom féminin*

/ LITTÉRAIRE. Attitude servile. SYN. coup d'encensoir, flatterie –FAMILIER: lèche –LITTÉRAIRE: adulation, encens, flagornerie.

courtiser *verbe*

/ Chercher à gagner la faveur de. SYN. aduler, caresser dans le sens du poil, faire des ronds de jambe, flatter, manier l'encensoir, passer la main dans le dos –FAMILIER: cirer les bottes, cirer les pompes, faire de la lèche, faire du plat, lécher les bottes, passer de la pommade, passer la brosse à reluire –LITTÉRAIRE: encenser, flagorner, louanger –POPULAIRE: lécher le cul. CONTR. *dédaigner, mépriser.*

/ Faire la cour à une femme. SYN. conter fleurette, faire du charme –FAMILIER: draguer, flirter, fréquenter –LITTÉRAIRE: marivauder.

courtois *adjectif*

/ Qui est très affable. SYN. agréable, aimable, avenant, délicat, galant, gracieux, raffiné –LITTÉRAIRE: amène. CONTR. *arrogant, bourru, dédaigneux, désagréable, discourtois, rogue* –LITTÉRAIRE: *disgracieux.*

/ Qui montre de la correction. SYN. bienséant, correct, déférent, élégant, poli –LITTÉRAIRE: civil. CONTR. *choquant, goujat, grossier, impertinent, impoli, impudent, inconvenant, incorrect, inélégant, insolent, malappris, mufle, rustre* –FAMILIER: *malpoli* –LITTÉRAIRE: *malséant, malsonnant.*

courtoisement *adverbe*

/ De façon courtoise. SYN. galamment, gracieusement, poliment –LITTÉRAIRE: civilement. CONTR. *brutalement, grossièrement, impoliment, insolemment.*

courtoisie *nom féminin*

/ Politesse raffinée. SYN. affabilité, amabilité, bienséance, bonté, correction, distinction, élégance, galanterie, manières –LITTÉRAIRE: aménité, civilité, gracieuseté, urbanité, usage. CONTR. *acrimonie, agressivité, goujaterie, grossièreté, impertinence, impolitesse, incorrection, inélégance, insolence, muflerie, sans-gêne* –LITTÉRAIRE: *sans-façon.*

couru *adjectif*

/ Qui est très recherché. SYN. fréquenté, sollicité, suivi –LITTÉRAIRE: prisé. CONTR. *dédaigné, méprisé.*

cousiner *verbe*

/ LITTÉRAIRE. Bien s'entendre avec. SYN. se fréquenter –LITTÉRAIRE: frayer avec, voisiner.

coût *nom masculin*

/ Ce que coûte quelque chose. SYN. montant, prix, tarif.

coûter *verbe intransitif*

/ Valoir tel prix. SYN. revenir à, se chiffrer, se monter à, s'élever à, valoir.

coûter *verbe transitif*

/ Demander un effort. SYN. attirer, causer, exiger, occasionner, provoquer, susciter, valoir.

coûteusement *adverbe*

/ De façon coûteuse. SYN. à grands frais, chèrement, richement. CONTR. *à moindre frais, à peu de frais.*

coûteux *adjectif*

/ Qui coûte cher. SYN. cher, onéreux, ruineux –LITTÉRAIRE: dispendieux. CONTR. *abordable, économique, gratuit.*

coutume *nom féminin*

/ Manière d'agir propre à un groupe. SYN. habitude, mœurs, ordinaire, pratique, rite, rituel, tradition, usage –LITTÉRAIRE: mode.

coutumier *adjectif*

/ LITTÉRAIRE. Qui est habituel. SYN. accoutumé, classique, familier, ordinaire, rituel, traditionnel, usuel. CONTR. *exceptionnel, inaccoutumé, inattendu, inhabituel, insolite, inusité, nouveau.*

couvent *nom masculin*

/ Maison religieuse. SYN. abbaye, cloître, monastère, prieuré.

couver *verbe*

/ Entourer de soins. SYN. cajoler, câliner, choyer, dorloter, pouponner, soigner – FAMILIER: bichonner, chouchouter, mignoter. CONTR. *brutaliser, rudoyer.*

couvert *adjectif*

/ Qui est protégé. SYN. abrité. CONTR. *découvert, en plein air, nu.*

/ Qui s'obscurcit. SYN. bouché, gris, noir, nuageux, voilé. CONTR. *clair, dégagé, radieux.*

couverture *nom féminin*

/ Grande pièce de tissu. SYN. plaid – POPULAIRE: couvrante.

/ Ce qui recouvre un cahier. SYN. couvre-livre, jaquette, liseuse, protège-cahier.

/ Ce qui sert de protection. SYN. échappatoire, excuse, garantie, masque, paravent, prétexte.

couvre-chef *nom masculin*

/ FAMILIER. Ce qui couvre la tête. SYN. chapeau, coiffure.

couvrir *verbe*

/ Placer une chose sur une autre. SYN. abriter, bâcher, enduire, envelopper, recouvrir. CONTR. *découvrir.*

/ Répandre en grande quantité sur. SYN. charger, combler, consteller, cribler, étaler, joncher, parsemer, paver, semer. CONTR. *déblayer, nettoyer.*

/ Mettre des vêtements à. SYN. habiller – LITTÉRAIRE: revêtir, vêtir. CONTR. *dénuder, déshabiller, dévêtir.*

/ Dominer un bruit. SYN. éclipser, effacer, éteindre, étouffer. CONTR. *accentuer, intensifier, renforcer.*

/ Cacher quelque chose. SYN. camoufler, dissimuler, masquer – LITTÉRAIRE: habiller, voiler. CONTR. *démasquer, dévoiler, montrer.*

/ Soutenir quelqu'un. SYN. défendre, flanquer, protéger.

/ Être répandu sur. SYN. recouvrir, s'étendre – LITTÉRAIRE: embrasser.

couvrir (se) *verbe pronominal*

/ Devenir menaçant. SYN. noircir, s'assombrir, se boucher, se brouiller, se charger, s'obscurcir. CONTR. *se découvrir, se dégager, s'éclaircir.*

/ Mettre un vêtement. SYN. revêtir, se vêtir, s'habiller. CONTR. *se découvrir, se déshabiller.*

crachement *nom masculin*

/ Action de cracher. SYN. éjection, émission, projection, rejet.

cracher *verbe transitif*

/ FAMILIER. Verser de l'argent. SYN. débourser, donner, payer – POPULAIRE: banquer, casquer, les aligner, les allonger, les lâcher, raquer. CONTR. *lésiner* – POPULAIRE: *mégoter.*

/ Lancer hors de la bouche. SYN. crachoter, expectorer. CONTR. *absorber, avaler, engloutir.*

/ Rejeter quelque chose. SYN. éjecter, jeter, lancer, projeter – LITTÉRAIRE: vomir.

/ FAMILIER. Prononcer avec colère. SYN. proférer – LITTÉRAIRE: vomir.

cracher *verbe transitif indirect*

/ FAMILIER. Dire du mal de. SYN. attaquer, calomnier, critiquer, dénigrer, descendre en flammes, dire pis que pendre, médire, outrager – FAMILIER: abîmer, assaisonner, baver sur, casser du sucre sur, déblatérer contre, éreinter, esquinter, rhabiller pour l'hiver, vomir – LITTÉRAIRE: clabauder – POPULAIRE: tailler un costard, tailler une veste. CONTR. *glorifier, louer* – LITTÉRAIRE: *encenser, flagorner, louanger.*

crachin *nom masculin*

/ Pluie très fine. SYN. bruine – FAMILIER: brouillasse.

crack *nom masculin*

/ FAMILIER. Personne très compétente. SYN. cerveau, chef, génie, gloire, prodige, reine, roi, virtuose – FAMILIER: aigle, as, cacique, champion, fort en thème – LITTÉRAIRE: lumière, phénix. CONTR. *incapable, nul, nullité, raté* – FAMILIER: *zéro.*

cra-cra *adjectif*

/ FAMILIER. Assez sale. SYN. crasseux, dégoûtant, douteux, encrassé, malpropre, repoussant, répugnant, sale – POPULAIRE: crade, cradingue, crado, craspec. CONTR. *propre.*

craindre *verbe*

/ Avoir peur de. SYN. appréhender, avoir peur, redouter, s'effrayer, trembler. CONTR. *affronter, braver, dédaigner, désirer, escompter, espérer, oser, souhaiter.*

/ Être intimidé par quelqu'un. SYN. respecter –LITTÉRAIRE: révérer. CONTR. *bafouer, blasphémer, mépriser, narguer.*

crainte *nom féminin*

/ Sentiment de peur. SYN. angoisse, anxiété, appréhension, effarouchement, effroi, épouvante, frayeur, inquiétude, terreur –FAMILIER: frousse, trac –LITTÉRAIRE: affres, pusillanimité. CONTR. *assurance, audace, confiance, espérance, espoir, hardiesse, intrépidité, sécurité, tranquillité* –LITTÉRAIRE: *quiétude.*

craintif *adjectif*

/ Qui est porté à la crainte. SYN. effarouché, inquiet, lâche, peureux, poltron, timide, timoré, tremblant –LITTÉRAIRE: couard, pusillanime –POPULAIRE: trouillard. CONTR. *assuré, audacieux, brave, confiant, courageux, décidé, déterminé, hardi, intrépide, résolu, téméraire* –FAMILIER: *casse-cou* –LITTÉRAIRE: *crâne.*

craintivement *adverbe*

/ Avec crainte. SYN. peureusement, timidement. CONTR. *audacieusement, vaillamment* –LITTÉRAIRE: *bravement, hardiment* –VIEUX: *gaillardement.*

cramoisi *adjectif*

/ Rouge foncé. SYN. écarlate, grenat, ponceau, pourpre.

/ Qui est rouge d'émotion. SYN. écarlate, rougeaud –LITTÉRAIRE: empourpré, enluminé, rubicond. CONTR. *pâle.*

crampon *adjectif masculin*

/ FAMILIER. Dont on a peine à se débarrasser. SYN. –FAMILIER: casse-pieds, collant, enquiquinant, pot de colle –LITTÉRAIRE: importun –POPULAIRE: emmerdant.

crampon *nom masculin*

/ Pièce de métal. SYN. crochet, grappin, harpon.

cramponner (se) *verbe pronominal*

/ Tenir fermement. SYN. s'accrocher, s'agripper, se raccrocher, se rattraper, se retenir –LITTÉRAIRE: s'agriffer. CONTR. *lâcher.*

cran *nom masculin*

/ FAMILIER. Attitude courageuse. SYN. audace, bravoure, courage, fermeté, sang-froid, témérité –LITTÉRAIRE: vaillance, valeur –VIEUX: cœur. CONTR. *lâcheté, peur, veulerie* –LITTÉRAIRE: *couardise.*

crâne *nom masculin*

/ Cavité qui contient l'encéphale. SYN. boîte crânienne, tête.

/ FAMILIER. Siège de l'intelligence. SYN. cerveau, cervelle, tête –FAMILIER: méninges.

crânement *adverbe*

/ LITTÉRAIRE. Avec bravoure. SYN. résolument, vaillamment –LITTÉRAIRE: bravement, hardiment, témérairement, valeureusement –VIEUX: gaillardement. CONTR. *timidement.*

/ LITTÉRAIRE. Avec fierté. SYN. fièrement.

crâner *verbe*

/ FAMILIER. Faire le fier. SYN. bomber la poitrine, bomber le torse, en mettre plein la vue, faire la roue, faire l'important, parader, paraître, poser, s'afficher, se montrer, se pavaner, se rengorger –FAMILIER: frimer, plastronner, se faire mousser –LITTÉRAIRE: fanfaronner –POPULAIRE: la ramener, ramener sa fraise.

crânerie *nom féminin*

/ LITTÉRAIRE. Qualité de bravoure. SYN. aplomb, assurance, hardiesse, intrépidité.

/ LITTÉRAIRE. Attitude prétentieuse. SYN. audace, bravade, cuistrerie, fanfaronnade –LITTÉRAIRE: forfanterie, rodomontade.

crâneur *adjectif*

/ FAMILIER. Qui se montre prétentieux. SYN. fanfaron, faraud, hâbleur, prétentieux, suffisant, vaniteux –FAMILIER: bêcheur –LITTÉRAIRE: fat, outrecuidant. CONTR. *effacé, humble, modeste, réservé, timide.*

crâneur *nom*

/ FAMILIER. Personne qui crâne. SYN. faiseur, fanfaron, faraud, hâbleur, poseur, snob, vantard –FAMILIER: bêcheur, frimeur, m'as-tu-vu –LITTÉRAIRE: fat, paradeur.

crapule *nom féminin*
- Individu sans moralité. SYN. aigrefin, bandit, brigand, canaille, chenapan, filou, forban, gangster, pourri, racaille, vaurien, voyou –FAMILIER: fripouille, ripou –LITTÉRAIRE: vermine –POPULAIRE: arsouille, raclure, salaud, saligaud, salopard.

crapulerie *nom féminin*
- Acte malhonnête. SYN. ignominie –FAMILIER: friponnerie, fripouillerie –LITTÉRAIRE: canaillerie, scélératesse, vilenie.

crapuleux *adjectif*
- LITTÉRAIRE. Qui relève de la débauche. SYN. débauché, dépravé –LITTÉRAIRE: dissolu.
- Qui est malhonnête. SYN. ignoble, infâme, sordide.
- LITTÉRAIRE. Qui est très vulgaire. SYN. canaille, faubourien, populacier.

craquant *adjectif*
- Qui craque sous la dent. SYN. croquant, croustillant. CONTR. *fondant, mou.*
- FAMILIER. Qui séduit par son charme. SYN. attrayant, délicieux, exquis, irrésistible, mignon, plaisant, séduisant.

craque *nom féminin*
- POPULAIRE. Propos mensonger. SYN. fanfaronnade, histoire, mensonge, vantardise –FAMILIER: bateau, bobard, boniment –VIEUX: vanterie.

craqueler (se) *verbe pronominal*
- Présenter des craquelures. SYN. se crevasser, se fendiller, se fendre, se fissurer, se lézarder.

craquelure *nom féminin*
- Petite fente sur une surface. SYN. fendillement, fissuration, fissure, lézarde.

craquer *verbe*
- Se briser soudainement. SYN. céder, crever, se déchirer –FAMILIER: péter –LITTÉRAIRE: rompre.
- Produire un bruit sec. SYN. claquer, crépiter, grincer –FAMILIER: péter.
- Ne pas réussir. SYN. avorter, crouler, échouer, s'écrouler, s'effondrer –FAMILIER: louper, rater.
- S'effondrer moralement. SYN. céder, lâcher, sombrer –FAMILIER: flancher –POPULAIRE: se déballonner.
- POPULAIRE. Tomber sous le charme de. SYN. avoir un faible pour, fondre.

crasse *adjectif*
- FAMILIER. Qui atteint un très haut degré. SYN. extrême, profond.

crasse *nom féminin*
- FAMILIER. Mauvais tour. SYN. coup (de pied) en vache, méchanceté –FAMILIER: entourloupe, entourloupette, rosserie, saleté, tour de cochon –LITTÉRAIRE: vilenie –POPULAIRE: saloperie, vacherie.
- Couche de saleté. SYN. malpropreté, saleté. CONTR. *propreté.*

crasseux *adjectif*
- Couvert de crasse. SYN. dégoûtant, malpropre, repoussant, répugnant, sale, sordide –FAMILIER: cra-cra –POPULAIRE: crade, cradingue, crado, craspec. CONTR. *clair, net, propre.*

cravache *nom féminin*
- Baguette dont se sert le cavalier. SYN. badine, stick –VIEUX: houssine.

cravacher *verbe*
- FAMILIER. Faire de gros efforts. SYN. abattre de la besogne, mettre les bouchées doubles, travailler –FAMILIER: bosser, bûcher –POPULAIRE: boulonner.

crayon *nom masculin*
- LITTÉRAIRE. Description à grands traits. SYN. ébauche, esquisse, pochade, schéma.

crayonné *adjectif*
- Couvert de coups de crayon. SYN. barbouillé, gribouillé, griffonné.

crayonner *verbe*
- Dessiner à la hâte. SYN. croquer, ébaucher, esquisser, pocher.

créancier *nom*
- Personne à qui l'on doit de l'argent. CONTR. *débiteur, emprunteur.*

créateur *adjectif*
- Habile à créer. SYN. constructif, créatif, fécond, fertile, inventif, prolifique. CONTR. *infécond, pauvre, stérile.*

créateur *nom masculin*

/ Personne qui crée. SYN. auteur, bâtisseur, fondateur, initiateur, innovateur, inventeur, novateur, père, pionnier, promoteur –LITTÉRAIRE: fabricant, forgeur, instaurateur. CONTR. *destructeur.*

créatif *adjectif*

/ Qui imagine. SYN. créateur, imaginatif, inventif, novateur, prolifique. CONTR. *infécond, pauvre, stérile.*

création *nom féminin*

/ Action de créer quelque chose. SYN. conception, constitution, édification, élaboration, engendrement, établissement, fondation, instauration, institution, invention, production. CONTR. *destruction.*

/ Élaboration de quelque chose. SYN. conception, façon, formation, genèse, origine –LITTÉRAIRE: enfantement.

/ Ce qui a été créé. SYN. œuvre, réalisation.

créativité *nom féminin*

/ Capacité d'invention. SYN. fantaisie, fertilité, imagination –LITTÉRAIRE: fécondité, souffle. CONTR. *stérilité.*

créature *nom féminin*

/ Être humain. SYN. âme, humain, individu, mortel.

/ Personne acquise à une autre. SYN. favori, jouet, marionnette, pantin, protégé.

crécher *verbe*

/ POPULAIRE. Habiter quelque part. SYN. demeurer, loger, résider –FAMILIER: nicher, percher.

crédibilité *nom féminin*

/ Caractère crédible. SYN. admissibilité, fiabilité, vraisemblance. CONTR. *invraisemblance.*

/ Confiance dont bénéficie quelqu'un. SYN. –LITTÉRAIRE: créance, crédit.

crédible *adjectif*

/ À qui on peut se fier. SYN. fiable, sûr.

/ Qui peut être cru. SYN. croyable, plausible, possible, vraisemblable. CONTR. *invraisemblable.*

crédit *nom masculin*

/ LITTÉRAIRE. Estime dont jouit quelqu'un. SYN. ascendant, autorité, confiance, crédibilité, faveur, importance, prestige, puissance, renom, renommée, réputation, vogue –FAMILIER: cote. CONTR. *défaveur, défiance, discrédit* –LITTÉRAIRE: *déconsidération, disgrâce.*

/ Somme reçue. SYN. avoir, prêt. CONTR. *débit, dette, doit.*

credo *nom masculin*

/ Principe de conduite. SYN. catéchisme, dogme, évangile.

crédule *adjectif*

/ Qui croit tout ce qu'on lui dit. SYN. candide, confiant, ingénu, jeune, naïf, simple, simplet –FAMILIER: jobard. CONTR. *défiant, incrédule, lucide, méfiant, sceptique, soupçonneux, suspicieux.*

crédulité *nom féminin*

/ Trop grande facilité à croire. SYN. candeur, confiance, ingénuité, naïveté, simplicité –FAMILIER: jobarderie, jobardise. CONTR. *défiance, incrédulité, lucidité, méfiance, perspicacité, scepticisme.*

créer *verbe*

/ Donner l'existence à. SYN. engendrer –LITTÉRAIRE: enfanter. CONTR. *anéantir, annihiler, démolir, détruire.*

/ Concevoir intellectuellement. SYN. concevoir, découvrir, écrire, faire, imaginer, inventer, lancer, réaliser –LITTÉRAIRE: élucubrer –VIEUX: innover. CONTR. *contrefaire, copier, imiter, pasticher* –LITTÉRAIRE: *plagier.*

/ Fonder quelque chose. SYN. bâtir, constituer, édifier, ériger, établir, instaurer, instituer, monter, organiser, ouvrir. CONTR. *démanteler, fermer, ruiner, supprimer* –LITTÉRAIRE: *abolir.*

/ Être la cause de. SYN. amener, apporter, causer, déterminer, engendrer, entraîner, faire naître, nécessiter, occasionner, produire, provoquer, susciter.

/ Incarner un rôle. SYN. interpréter, jouer.

crème *nom féminin*

/ FAMILIER. Ce qu'il y a de meilleur dans un groupe. SYN. dessus du panier, élite, fine fleur, fleur –FAMILIER: gratin –LITTÉRAIRE: aristocratie. CONTR. –LITTÉRAIRE: *rebut.*

crépitation *nom féminin*

/ Série de bruits vifs et secs. SYN. craquement, crépitement, grésillement, pétillement.

crépiter *verbe*
- Produire des sons vifs et secs. SYN. claquer, craquer, grésiller, pétiller.

crépusculaire *adjectif*
- LITTÉRAIRE. Relatif au crépuscule. SYN. obscur –LITTÉRAIRE: ténébreux. CONTR. *brillant, clair, éblouissant, étincelant, lumineux* –LITTÉRAIRE: *ardent.*

crépuscule *nom masculin*
- Tombée de la nuit. SYN. coucher, soir –FAMILIER: brune –LITTÉRAIRE: déclin du jour. CONTR. *aube, aurore.*
- LITTÉRAIRE. Ce qui va disparaître. SYN. déclin, fin –LITTÉRAIRE: couchant. CONTR. *maturité, printemps* –LITTÉRAIRE: *aurore, enfance, jeunesse.*

crescendo *adverbe*
- Indique une progression. SYN. pas à pas, petit à petit, peu à peu, progressivement. CONTR. –FAMILIER: *decrescendo.*

crête *nom féminin*
- Sommet montagneux. SYN. aiguille, cime, faîte.

crétin *adjectif*
- Se dit d'un acte stupide. SYN. bête, idiot, inepte, inintelligent, sot, stupide –FAMILIER: bébête. CONTR. *fin, intelligent.*

crétin *nom*
- FAMILIER. Personne stupide. SYN. âne, âne bâté, benêt, demeuré, idiot, ignorant, imbécile, niais, nigaud, nul, sot –FAMILIER: abruti, andouille, ballot, bêta, bûche, buse, cloche, cruche, empaillé, empoté, jacques, noix, oie –POPULAIRE: banane, con, conard, connard, cornichon, couillon, gland, manche, nouille, patate, truffe.

crétinerie *nom féminin*
- FAMILIER. Acte, parole de crétin. SYN. ânerie, bêtise, imbécillité, niaiserie, sottise, stupidité –FAMILIER: crétinisme, idiotie.

crétinisme *nom masculin*
- FAMILIER. Profonde stupidité. SYN. bêtise, idiotie, imbécillité, niaiserie, sottise, stupidité –FAMILIER: crétinerie –LITTÉRAIRE: nigauderie.

creuser *verbe*
- Étudier un sujet. SYN. approfondir, fouiller, pénétrer –FAMILIER: piocher.
- Produire un creux. SYN. entailler, évider, forer, fouiller, ouvrir, percer, piocher –LITTÉRAIRE: caver, fouir. CONTR. *combler.*

creux *adjectif*
- Dont l'intérieur est vide. SYN. entaillé, évidé, foré, fouillé. CONTR. *massif, plein.*
- Qui présente un trou. SYN. concave, incurvé, profond. CONTR. *bombé, plat, proéminent, protubérant, renflé, saillant.*
- Qui est amaigri. SYN. hâve –LITTÉRAIRE: émacié. CONTR. *bouffi, boursouflé, rebondi, rond.*
- Qui est sans intérêt. SYN. futile, plat, ronflant, vide –LITTÉRAIRE: vain. CONTR. *riche.*

creux *nom masculin*
- Partie vide de quelque chose. SYN. anfractuosité, cavité, concavité, cuvette, dépression, enfoncement, excavation, interstice, niche, renfoncement, trou –VIEUX: enfonçure. CONTR. *avancement, bosse, boursouflure, butte, convexité, hauteur* –VIEUX: *élévation.*

crevant *adjectif*
- FAMILIER. Qui fatigue. SYN. éprouvant, épuisant, esquintant, exténuant, fatigant, harassant, rude –FAMILIER: cassant, claquant, éreintant, pénible, tuant, usant. CONTR. *délassant, reposant.*
- FAMILIER. Qui fait rire. SYN. à mourir de rire, désopilant, drôle, hilarant, inénarrable –FAMILIER: impayable, marrant, rigolo, roulant, tordant –POPULAIRE: à pisser de rire, bidonnant, fendant, gondolant. CONTR. *funèbre, lugubre, macabre, morne, mortel, sinistre, tragique, triste* –FAMILIER: *cafardeux, glauque.*

crevasse *nom féminin*
- Fente dans une surface. SYN. anfractuosité, fissure, lézarde, trou.

crevasser (se) *verbe pronominal*
- Se marquer de crevasses. SYN. se craqueler, se fendiller, se fendre, se fissurer, se lézarder.

crevé *adjectif*
- POPULAIRE. Extrêmement fatigué. SYN. à bout de forces, à plat, anéanti, brisé, épuisé, exténué, fatigué, fourbu, harassé, K.-O., mort de fatigue, recru, rendu, rompu, surmené –FAMILIER: achevé, au bout du rouleau, claqué, éreinté, esquinté, fini, flapi, H.S., les-

sivé, mort, moulu, pompé, raplapla, sur les genoux, tué, vanné, vidé –POPULAIRE: sur les rotules. CONTR. *délassé, dispos, frais, frais et dispos, reposé* –FAMILIER: *en forme, en pleine forme, frais comme un gardon, frais comme une rose* –VIEUX: *gaillard.*

crève-cœur *nom masculin*

/ LITTÉRAIRE. Peine profonde. SYN. déception, déchirement, douleur –LITTÉRAIRE: déchirure.

crève-la-faim *nom masculin*

/ FAMILIER. Individu dans la misère. SYN. clochard, miséreux, nécessiteux, va-nu-pieds –FAMILIER: sans-le-sou –LITTÉRAIRE: gueux, misérable –VIEUX: meurt-de-faim.

crever *verbe intransitif*

/ Éclater sous une pression. SYN. céder, exploser, se déchirer, se fendre, se percer, se rompre.

crever *verbe transitif*

/ Faire éclater. SYN. craquer, déchirer, éventrer, fendre, percer, rompre.

/ FAMILIER. Épuiser quelqu'un. SYN. anéantir, exténuer, harasser, miner, user –FAMILIER: achever, claquer, éreinter, esquinter, lessiver, pomper, tuer, vanner.

crever (se) *verbe pronominal*

/ POPULAIRE. Se fatiguer extrêmement. SYN. peiner, s'échiner, s'épuiser, s'escrimer, s'exténuer –FAMILIER: se claquer, s'éreinter, s'esquinter.

crevettier *nom masculin*

/ Filet à crevettes. SYN. bourraque, crevettière, haveneau, havenet, pousseux.

cri *nom masculin*

/ Son perçant. SYN. braillement, criaillement, exclamation, gémissement, grognement, hurlement, vagissement.

/ Paroles émises avec force. SYN. clameur, huée, tollé. CONTR. *murmure, silence.*

criaillement *nom masculin*

/ Bruit répété et désagréable. SYN. cri –FAMILIER: criaillerie.

criaillerie *nom féminin*

/ FAMILIER. Cris fréquents. SYN. criaillement, récrimination –FAMILIER: jérémiade, piaillement, piaillerie.

criant *adjectif*

/ Qui fait crier d'indignation. SYN. choquant, révoltant, scandaleux.

/ Qui s'impose à l'esprit. SYN. évident, flagrant, frappant, manifeste, patent, saisissant.

criard *adjectif*

/ Qui rend un son aigre. SYN. aigu, désagréable, discordant, dissonant, perçant, strident, tapageur –FAMILIER: braillard, brailleur –POPULAIRE: gueulard. CONTR. *agréable, doux, faible, joli, mélodieux, silencieux.*

/ Qui blesse la vue. SYN. tapageur, violent, voyant –FAMILIER: tape-à-l'œil –LITTÉRAIRE: dissonant –POPULAIRE: gueulard. CONTR. *discret, harmonieux.*

crible *nom masculin*

/ Appareil de triage. SYN. blutoir, cribleur, sas, tamis, van.

cribler *verbe*

/ Passer à travers un crible. SYN. bluter, sasser, tamiser, trier.

/ Accabler de coups. SYN. percer, transpercer, trouer –FAMILIER: bombarder.

/ Parsemer de marques. SYN. consteller, couvrir, moucheter –LITTÉRAIRE: piqueter.

crier *verbe intransitif*

/ Pousser un cri. SYN. hurler –LITTÉRAIRE: mugir, rugir.

/ Parler très fort. SYN. hausser le ton, hurler, invectiver, protester, s'égosiller, s'époumoner, tempêter, tonitruer, vociférer –FAMILIER: aboyer, brailler, braire –LITTÉRAIRE: se récrier –POPULAIRE: bramer, gueuler, pousser un coup de gueule, pousser une gueulante. CONTR. *chuchoter, dire entre ses dents, marmonner, parler à voix basse, se taire* –FAMILIER: *maronner.*

/ Produire un son aigre. SYN. crisser, gémir, grincer.

crier *verbe transitif*

/ Dire avec force. SYN. chanter sur tous les tons, claironner, clamer, proférer, vociférer –FAMILIER: beugler –LITTÉRAIRE: hurler, proclamer –VIEUX: trompeter. CONTR. *chuchoter, dire à mi-voix, glisser à l'oreille, marmonner, murmurer, susurrer.*

crime *nom masculin*

/ Acte répréhensible. SYN. atrocité, attentat, délit, indignité, méfait, sacrilège – LITTÉRAIRE : forfait. CONTR. *bienfait.*

/ Fait de tuer quelqu'un. SYN. assassinat, homicide, meurtre.

criminel *nom*

/ Personne coupable d'un crime. SYN. assassin, boucher, massacreur, meurtrier, tueur – LITTÉRAIRE : homicide, sicaire.

crinière *nom féminin*

/ FAMILIER. Chevelure abondante. SYN. chevelure – FAMILIER : tignasse, toison.

crique *nom féminin*

/ Échancrure d'une côte. SYN. anfractuosité, anse, baie, calanque, golfe.

crise *nom féminin*

/ Trouble violent. SYN. cataclysme, convulsion, ébranlement, perturbation – LITTÉRAIRE : commotion. CONTR. *accalmie, relèvement.*

/ Rupture d'une situation économique. SYN. dépression, marasme, récession. CONTR. *prospérité.*

/ Manifestation d'un sentiment. SYN. accès, bouffée, flambée, poussée.

/ Moment difficile d'une évolution. SYN. impasse, malaise, tension.

crispant *adjectif*

/ FAMILIER. Qui agace. SYN. agaçant, énervant, exaspérant, excédant, irritant, lancinant, stressant – FAMILIER : horripilant, rageant.

crispation *nom féminin*

/ Mouvement d'impatience. SYN. agacement, énervement, exaspération, irritation – FAMILIER : horripilation – LITTÉRAIRE : hérissement.

/ Resserrement des muscles. SYN. contraction, spasme. CONTR. *détente.*

crispé *adjectif*

/ Qui est tendu. SYN. contracté, énervé, gêné, stressé, tendu. CONTR. *décontracté, dégagé, détendu.*

crisper *verbe*

/ Causer de l'agacement. SYN. agacer, énerver, exaspérer, excéder, hérisser, impatienter, irriter – FAMILIER : horripiler, insupporter – POPULAIRE : gonfler.

/ Contracter les muscles. SYN. resserrer, serrer. CONTR. *décontracter, détendre.*

crisper (se) *verbe pronominal*

/ Devenir nerveux. SYN. se contracter, se raidir, s'impatienter. CONTR. *se détendre, se relaxer.*

cristallin *adjectif*

/ LITTÉRAIRE. Semblable au cristal. SYN. clair, limpide, pur, translucide, transparent – LITTÉRAIRE : argentin. CONTR. *caverneux, mat, opaque, sourd, trouble.*

critère *nom masculin*

/ Élément de référence. SYN. indication, indice, marque, preuve – VIEUX : critérium.

critiquable *adjectif*

/ Qui mérite d'être critiqué. SYN. blâmable, condamnable, contestable, discutable, répréhensible – LITTÉRAIRE : incriminable. CONTR. *inattaquable, louable, méritoire, recommandable* – LITTÉRAIRE : *irrépréhensible.*

critique *adjectif*

/ Qui expose à un danger. SYN. dangereux, délicat, difficile, dramatique, périlleux, préoccupant, sérieux.

/ Où une décision s'impose. SYN. crucial, décisif, grave, névralgique.

/ Qui émet des jugements sévères. SYN. dépréciateur, dépréciatif, médisant, méprisant, réprobateur, sévère. CONTR. *élogieux, laudatif.*

critique *nom féminin*

/ Examen détaillé. SYN. analyse, jugement, observation.

/ Jugement défavorable. SYN. accusation, attaque, blâme, censure, condamnation, dénigrement, objection, remontrance, reproche, satire – FAMILIER : débinage – LITTÉRAIRE : épigramme. CONTR. *admiration, apologie, compliment, éloge, flatterie, louange* – LITTÉRAIRE : *adulation.*

critique *nom*

/ Personne dont le métier est de commenter. SYN. commentateur, juge.

/ Personne qui juge sévèrement. SYN. dénigreur, détracteur, frondeur, médisant – LITTÉRAIRE : censeur, contempteur, négateur. CONTR. *admirateur, apologiste, bénisseur, flatteur, pa-*

négyriste –LITTÉRAIRE: *adulateur, complimenteur, encenseur, flagorneur, laudateur, louangeur.*

critiquer *verbe*

/ Juger de façon défavorable. SYN. accuser, blâmer, censurer, condamner, contester, décrier, désapprouver, descendre en flammes, dire pis que pendre, incriminer, médire, reprendre, reprocher, réprouver, s'en prendre à –FAMILIER: abîmer, assaisonner, casser du sucre sur, cracher sur, débiner, éreinter, tailler un costard, tailler une veste, taper sur –LITTÉRAIRE: clabauder, dauber, déchirer, fustiger, satiriser, vitupérer. CONTR. *admirer, aduler, apprécier, approuver, célébrer, exalter, féliciter, flatter, louer, recommander, vanter* –LITTÉRAIRE: *chanter, congratuler, encenser, louanger.*

/ Analyser une œuvre artistique. SYN. commenter, discuter, étudier, examiner, gloser.

croc-en-jambe *nom masculin*

/ Manœuvre déloyale. SYN. –FAMILIER: croche-patte, croche-pied.

crochet *nom masculin*

/ Morceau de fer recourbé. SYN. crampon, rossignol.

/ Changement de direction. SYN. détour, déviation.

croire *verbe transitif*

/ Tenir quelque chose pour vrai. SYN. adhérer à, admettre, reconnaître. CONTR. *contester, démentir, réfuter.*

/ Tenir quelqu'un pour sincère. SYN. écouter, se fier à, se référer à, s'en rapporter à. CONTR. *douter de, se méfier* –LITTÉRAIRE: *se défier.*

/ Avoir telle opinion. SYN. considérer, espérer, estimer, juger, penser, présumer, s'attendre, supposer.

/ Avoir l'impression de. SYN. se figurer, se représenter, s'imaginer.

croire *verbe transitif indirect*

/ Avoir confiance en. SYN. compter sur, espérer en, se fier. CONTR. *douter de, mettre en doute.*

croire (se) *verbe pronominal*

/ Avoir telle impression. SYN. se juger, se prendre pour, se supposer, se tenir pour, se trouver, s'estimer.

/ FAMILIER. Avoir une haute opinion de soi. SYN. ne douter de rien, se vanter –FAMILIER: ne pas se moucher du coude, ne pas se moucher du pied –POPULAIRE: ne pas se prendre pour de la merde, péter plus haut que son cul, se la jouer. CONTR. *se rabaisser.*

croisé *adjectif*

/ Qui est issu d'un croisement. SYN. bâtard, hybride, mâtiné, métis, métissé.

croisée *nom féminin*

/ LITTÉRAIRE. Point de croisement. SYN. carrefour, entrecroisement, fourche, point de jonction –LITTÉRAIRE: confluent.

croisement *nom masculin*

/ Intersection de deux voies. SYN. carrefour, embranchement, entrecroisement, rond-point –LITTÉRAIRE: confluent, croisée.

/ Mélange de races. SYN. hybridation, métissage.

croiser *verbe*

/ Unir des races différentes. SYN. mâtiner, métisser.

/ Passer près de quelqu'un. SYN. rencontrer, tomber sur, voir –LITTÉRAIRE: coudoyer.

/ Passer à travers. SYN. couper, franchir, traverser.

croisière *nom féminin*

/ Circuit maritime. SYN. périple, voyage.

croissance *nom féminin*

/ Fait de croître. SYN. pousse, poussée –VIEUX: crue. CONTR. *atrophie, rapetissement, tassement.*

/ Augmentation de quelque chose. SYN. accroissement, agrandissement, développement, élargissement, grandissement, progression. CONTR. *déclin, décroissance, dépérissement, diminution, recul, repli.*

croissant *adjectif*

/ Qui augmente. SYN. graduel, grandissant, progressif –LITTÉRAIRE: grossissant. CONTR. *décroissant, descendant.*

croître *verbe*

/ Grandir progressivement. SYN. naître, se développer, venir –FAMILIER: pousser, profiter. CONTR. *dépérir, mourir, rapetisser, régresser, s'atrophier, se tasser.*

/ Prendre de l'ampleur. SYN. allonger, augmenter, monter, s'accroître, s'agrandir, s'arrondir, se développer, se multiplier, s'élargir, s'étendre, s'intensifier. CONTR. *baisser, décliner, décroître, diminuer, faiblir, perdre, reculer, s'effilocher, tomber.*

croix *nom féminin*

/ LITTÉRAIRE. Souffrance morale. SYN. calvaire, martyre, supplice, torture, tourment.

croquant *adjectif*

/ Qui croque sous la dent. SYN. craquant, croustillant. CONTR. *fondant, mou.*

croque-mitaine *nom masculin*

/ FAMILIER. Personne très sévère. SYN. épouvantail, monstre.

croquer *verbe transitif*

/ Dépenser sans compter. SYN. dévorer, dilapider, engloutir, engouffrer, gaspiller, manger –FAMILIER: claquer –LITTÉRAIRE: dissiper –POPULAIRE: boulotter. CONTR. *économiser, épargner.*

croquer *verbe transitif*

/ Dessiner à grands traits. SYN. brosser, camper, crayonner, ébaucher, esquisser, peindre, pocher.

croquer *verbe transitif indirect*

/ Broyer entre ses dents. SYN. mordre.

croquignolet *adjectif*

/ FAMILIER. Qui est mignon. SYN. charmant, gentil –VIEUX: mignonnet. CONTR. *affreux, atroce, déplaisant.*

croquis *nom masculin*

/ Dessin rapide. SYN. ébauche, esquisse, schéma.

/ Description rapide. SYN. canevas, esquisse, schéma –LITTÉRAIRE: linéaments.

crosser *verbe*

/ VIEUX. Traiter quelqu'un durement. SYN. –FAMILIER: éreinter, esquinter, étriller –LITTÉRAIRE: déchirer. CONTR. *flatter, louer* –LITTÉRAIRE: *encenser, flagorner.*

crotter *verbe intransitif*

/ POPULAIRE. Faire des crottes. SYN. aller à la selle, aller aux toilettes, déféquer, faire ses besoins –FAMILIER: faire caca, faire la grosse commission, faire popo –POPULAIRE: chier.

crotter *verbe transitif*

/ LITTÉRAIRE. Salir quelque chose. SYN. encrasser, maculer, tacher –FAMILIER: cochonner –LITTÉRAIRE: souiller –POPULAIRE: dégueulasser, saloper.

croulant *adjectif*

/ Qui est prêt de sa chute. SYN. branlant, caduc, chancelant, mouvant, vétuste. CONTR. *ferme, fort, solide.*

/ Qui est usé par l'âge. SYN. décrépit. CONTR. *jeune, robuste, vert* –FAMILIER: *vaillant* –VIEUX: *gaillard.*

crouler *verbe*

/ Tomber en s'affaissant. SYN. s'abattre, s'affaler, s'ébouler, s'écrouler, s'effondrer.

/ Être réduit à rien. SYN. craquer, disparaître, mourir, s'effondrer –LITTÉRAIRE: expirer, périr. CONTR. *résister, tenir.*

croupe *nom féminin*

/ FAMILIER. Derrière d'une personne. SYN. fesses, siège –FAMILIER: croupion, fessier, fondement, postérieur –LITTÉRAIRE: séant –POPULAIRE: arrière-train, cul, lune, pétard, popotin.

/ Sommet de forme ronde. SYN. dôme, mamelon.

croupion *nom masculin*

/ FAMILIER. Derrière d'une personne. SYN. fesses, siège –FAMILIER: croupe, fessier, fondement, postérieur –LITTÉRAIRE: séant –POPULAIRE: arrière-train, cul, lune, pétard, popotin.

croupir *verbe*

/ Se corrompre par stagnation. SYN. pourrir, se décomposer, se putréfier.

/ Rester dans un état abject. SYN. s'encroûter, s'enliser, végéter –FAMILIER: moisir, pourrir –LITTÉRAIRE: stagner.

croustillant *adjectif*

/ Qui craque sous la dent. SYN. craquant, croquant. CONTR. *rassis.*

/ Qui a un caractère grivois. SYN. coquin, cru, égrillard, épicé, gaillard, gaulois, graveleux, grivois, léger, leste, libertin, osé, polisson, rabelaisien, salé –FAMILIER: cochon, gras, olé olé, paillard, raide –LITTÉRAIRE: salace. CONTR. *collet monté, pudibond* –FAMILIER: *bégueule.*

croyable *adjectif*

/ Qui peut ou doit être cru. SYN. admissible, crédible, imaginable, pensable, plausible, possible, probable, vraisemblable. CONTR. *douteux, impossible, incroyable, inimaginable, invraisemblable.*

croyance *nom féminin*

/ Fait de croire à. SYN. adhésion, assentiment, certitude, conviction, foi, persuasion. CONTR. *doute, incrédulité, incroyance, scepticisme.*

/ Ce qu'on croit. SYN. avis, idée, opinion, pensée, position, sentiment, thèse, vue.

croyant *adjectif*

/ Qui a la foi religieuse. SYN. pieux, pratiquant, religieux. CONTR. *agnostique, athée, incrédule, incroyant, infidèle, irréligieux, non croyant, païen* –LITTÉRAIRE: *impie.*

croyant *nom*

/ Personne qui a la foi. SYN. bigot, fidèle, pratiquant –FAMILIER: calotin, grenouille de bénitier, punaise de sacristie, rat d'église. CONTR. *athée, incroyant, libre penseur, non-croyant, païen* –LITTÉRAIRE: *impie, mécréant.*

cru *adjectif*

/ Se dit d'une lumière vive. SYN. aveuglant, brutal, éclatant, intense, violent. CONTR. *adouci, atténué, blafard, blême, doux, nuancé, tamisé, tendre, voilé.*

/ Se dit d'un propos direct. SYN. franc, net, réaliste, sec. CONTR. *affecté, alambiqué, étudié, précieux, sophistiqué* –LITTÉRAIRE: *quintessencié.*

/ Qui choque les bienséances. SYN. choquant, croustillant, égrillard, épicé, érotique, fruste, gaillard, graveleux, grivois, grossier, hardi, impudique, inconvenant, indécent, leste, libre, licencieux, obscène, ordurier, osé, polisson, salé, scabreux, vert –FAMILIER: cochon, olé olé, raide –LITTÉRAIRE: orgiaque, salace. CONTR. *bienséant, convenable, correct, décent, digne.*

cruauté *nom féminin*

/ Penchant à faire souffrir. SYN. barbarie, brutalité, férocité, inhumanité, méchanceté, sadisme, sauvagerie. CONTR. *bienveillance, bonté, complaisance, douceur, humanité, indulgence, pitié, sensibilité, tendresse* –LITTÉRAIRE: *clémence, compassion, miséricorde.*

/ LITTÉRAIRE. Caractère de ce qui fait souffrir. SYN. dureté, rigueur, rudesse –LITTÉRAIRE: inexorabilité. CONTR. –LITTÉRAIRE: *clémence.*

/ Action cruelle. SYN. atrocité, barbarie, brutalité. CONTR. *bienfait, charité* –LITTÉRAIRE: *faveur.*

cruche *nom féminin*

/ FAMILIER. Personne stupide. SYN. âne, âne bâté, balourd, benêt, idiot, ignorant, imbécile, innocent, maladroit, niais, nigaud, nul, sot –FAMILIER: abruti, andouille, ballot, bécasse, bêta, bûche, buse, cloche, crétin, empaillé, empoté, jacques, noix, oie, pataud –POPULAIRE: banane, con, conard, connard, cornichon, couillon, gland, manche, nouille, patate, truffe. CONTR. *astucieux, futé, malin.*

crucial *adjectif*

/ Très important. SYN. capital, central, critique, décisif, essentiel, fondamental, vital.

crucifix *nom masculin*

/ Objet représentant la crucifixion. SYN. christ, croix.

crudité *nom féminin*

/ Caractère choquant. SYN. brutalité, grossièreté, réalisme, truculence, verdeur –LITTÉRAIRE: rudesse. CONTR. *bienséance, correction, décence, réserve* –LITTÉRAIRE: *délicatesse.*

crue *nom féminin*

/ Montée du niveau de l'eau. SYN. débordement, inondation. CONTR. *décrue, rabais.*

cruel *adjectif*

/ Qui se plaît à faire souffrir. SYN. barbare, brutal, dur, féroce, impitoyable, implacable, inhumain, malfaisant, mauvais, méchant, sadique, sévère. CONTR. *bienveillant, bon, clément, compatissant, humain, sensible, tendre* –FAMILIER: *excellent* –LITTÉRAIRE: *bienfaisant.*

/ Qui exprime la cruauté. SYN. barbare, inhumain, sauvage –LITTÉRAIRE: sanglant, sanguinaire.

/ Qui cause une souffrance. SYN. affreux, amer, atroce, cinglant, cuisant, déchirant, douloureux, épouvantable, horrible, insupportable, intolérable, mortel, navrant, pénible, rude, terrible. CONTR. *délicieux, doux.*

cruellement *adverbe*
/ D'une façon cruelle. SYN. atrocement, douloureusement, inhumainement, méchamment, monstrueusement, odieusement, péniblement, rudement, sauvagement, sévèrement. CONTR. *humainement.*

crûment *adverbe*
/ Sans atténuation. SYN. abruptement, brutalement, durement, rudement, sèchement, violemment –LITTÉRAIRE: vivement.
/ De façon osée. SYN. cavalièrement, effrontément, grossièrement, impertinemment, impoliment, impudemment, impudiquement, insolemment, trivialement, vulgairement –LITTÉRAIRE: irrespectueusement, irrévérencieusement –VIEUX: irrévéremment.

cueillette *nom féminin*
/ Action de cueillir des fruits. SYN. cueillage, ramassage, récolte –VIEUX: cueille.

cueillir *verbe*
/ Détacher une fleur, un fruit. SYN. ramasser, récolter –LITTÉRAIRE: moissonner. CONTR. *semer.*
/ FAMILIER. Aller chercher quelqu'un. SYN. accueillir, prendre.
/ FAMILIER. Arrêter quelqu'un. SYN. appréhender, attraper, capturer, prendre –FAMILIER: choper, coffrer, épingler, harponner, pincer, piquer, ramasser –POPULAIRE: agrafer, alpaguer, emballer. CONTR. *libérer, relâcher, relaxer.*

cuir *nom masculin*
/ Faute de liaison. SYN. lapsus –FAMILIER: pataquès.
/ POPULAIRE. Peau humaine. SYN. –FAMILIER: épiderme –POPULAIRE: couenne.

cuirasse *nom féminin*
/ LITTÉRAIRE. Moyen de protection. SYN. bouclier, carapace –LITTÉRAIRE: armure, rempart.

cuirassé *adjectif*
/ Qui s'est endurci. SYN. armé, bardé, caparaçonné, invulnérable, trempé –FAMILIER: blindé. CONTR. *fragile, vulnérable.*

cuirasser *verbe*
/ Rendre insensible. SYN. aguerrir, endurcir –FAMILIER: blinder –LITTÉRAIRE: retremper, tremper. CONTR. *apitoyer, attendrir.*

cuirasser (se) *verbe pronominal*
/ Devenir insensible. SYN. s'aguerrir, s'endurcir –FAMILIER: se blinder.

cuire *verbe*
/ Être soumis à l'action de la chaleur. SYN. griller, mijoter, rôtir, roussir.

cuisant *adjectif*
/ Qui cause une vive douleur. SYN. aigre, brûlant, cinglant, féroce, mordant, perçant, piquant, vif. CONTR. *bénin, doux, léger.*
/ Qui affecte moralement. SYN. amer, âpre, cinglant, cruel, déchirant, douloureux, lancinant, mortel, poignant, sanglant.

cuisine *nom féminin*
/ Plats préparés. SYN. repas –FAMILIER: fricot, popote –POPULAIRE: bouffe, cuistance, frichti, tambouille.
/ FAMILIER. Moyen d'arriver à ses fins. SYN. agissements, combinaison, intrigue, manigance, manœuvre –FAMILIER: combine, trafic.

cuisiner *verbe*
/ Préparer des aliments. SYN. accommoder, apprêter, faire la cuisine, mijoter, mitonner, préparer le repas –FAMILIER: faire la popote, faire le fricot, fricoter –POPULAIRE: faire la bouffe, faire la cuistance, faire la tambouille, préparer le frichti.
/ FAMILIER. Préparer une action avec soin. SYN. mijoter, mitonner –FAMILIER: fricoter, traficoter, trafiquer.
/ FAMILIER. Soumettre à un interrogatoire. SYN. interroger, questionner.

cuisinier *nom*
/ Personne qui fait la cuisine. SYN. chef, coq, cordon-bleu –POPULAIRE: cuistot –VIEUX: maître queux.

cuistre *nom masculin*
/ Personne suffisante. SYN. arrogant, pédant, prétentieux, vaniteux –FAMILIER: m'as-tu-vu –LITTÉRAIRE: fat.
/ Grossier personnage. SYN. balourd, butor, goujat, lourdaud, mal élevé, malappris, malotru, mufle, ostrogoth, ours mal léché,

paysan du Danube, rustre, sauvage –FAMILIER: foutriquet, malpoli, paltoquet, rustaud –LITTÉRAIRE: faquin, soudard –POPULAIRE: jean-foutre, pignouf –VIEUX: bélître, coquin, maraud, maroufle.

cuistrerie *nom féminin*
- Attitude prétentieuse. SYN. pédantisme, prétention, suffisance, vantardise –LITTÉRAIRE: crânerie, forfanterie, superbe. CONTR. *humilité, modestie.*

cuit *adjectif*
- FAMILIER. Qui a échoué en tout. SYN. perdu –FAMILIER: fichu, fini, flambé, frit –POPULAIRE: foutu.
- POPULAIRE. Qui est ivre. SYN. enivré, gris, ivre –FAMILIER: éméché, imbibé, parti, pompette, saoul, schlass, soûl, soûl comme un Polonais, soûl comme une grive –POPULAIRE: beurré, beurré comme une tartine, blindé, bourré, chargé, noir, paf, pété, pinté, plein comme une barrique, raide, rond, rond comme une barrique, rond comme une queue de pelle, torché –VIEUX: brindezingue. CONTR. *à jeun, sobre.*

cuivré *adjectif*
- LITTÉRAIRE. Qui a la teinte du cuivre. SYN. basané, bronzé, bruni, doré, hâlé, jaune.

cul *nom masculin*
- POPULAIRE. Derrière d'une personne. SYN. anus, derrière, fesses, siège –FAMILIER: croupe, croupion, fessier, fondement, postérieur –LITTÉRAIRE: séant –POPULAIRE: arrière-train, derche, lune, pétard, popotin, trou de balle.

culbute *nom féminin*
- Action de se rouler par terre. SYN. cabriole, pirouette –FAMILIER: galipette.
- Fait de tomber. SYN. chute, plongeon –FAMILIER: dégringolade.
- Échec total. SYN. banqueroute, catastrophe, débâcle, déconfiture, défaite, déroute, échec, faillite, gifle, insuccès, malheur, revers, ruine –FAMILIER: claque, dégringolade, fessée, fiasco, loupé, pile, piquette, plongeon, raclée, ratage, veste –LITTÉRAIRE: infortune –POPULAIRE: bide, déculottée, gamelle, plantage, volée. CONTR. *réussite, succès, triomphe, victoire.*

culbuter *verbe intransitif*
- Tomber à la renverse. SYN. basculer, capoter, chavirer, se renverser, se retourner, verser –FAMILIER: dégringoler.

culbuter *verbe transitif*
- Faire tomber brusquement. SYN. abattre, bousculer, renverser, terrasser –FAMILIER: étendre. CONTR. *redresser, relever.*
- Mettre un ennemi en déroute. SYN. écraser, repousser, vaincre.

culot *nom masculin*
- FAMILIER. Aplomb excessif. SYN. aplomb, audace, effronterie, hardiesse, impertinence, impudence –FAMILIER: toupet. CONTR. *réserve, retenue, timidité.*

culotté *adjectif*
- FAMILIER. Qui a de l'audace. SYN. audacieux, effronté, exagéré, téméraire –FAMILIER: gonflé.
- FAMILIER. Qui manque de respect. SYN. cavalier, déplacé, grossier, impertinent, insolent, osé –FAMILIER: sans gêne. CONTR. *déférent, respectueux* –LITTÉRAIRE: *révérencieux.*

culte *nom masculin*
- Pratique religieuse. SYN. confession, Église, religion.
- Vénération pour. SYN. adoration, amour, déification, passion, respect –LITTÉRAIRE: idolâtrie, piété, religion, révérence. CONTR. *indifférence, mépris.*

cultivateur *nom*
- Personne qui cultive la terre. SYN. agriculteur, exploitant agricole, fermier, paysan –LITTÉRAIRE: laboureur.

cultivé *adjectif*
- Qui a une bonne culture générale. SYN. éclairé, érudit, évolué, instruit, intéressant, lettré, savant. CONTR. *béotien, brut, fruste, ignare, ignorant, inculte* –VIEUX: *illettré.*

cultiver *verbe*
- Développer une qualité. SYN. éduquer, exercer, façonner, former, perfectionner.
- Faire prospérer une idée. SYN. choyer, nourrir, soigner –LITTÉRAIRE: entretenir.
- LITTÉRAIRE. S'intéresser à un art. SYN. pratiquer, s'adonner, s'appliquer à, se donner à, travailler.
- Avoir des relations avec. SYN. ménager –LITTÉRAIRE: entretenir, pratiquer.

cultiver (se) *verbe pronominal*

/ S'enrichir par l'étude. SYN. se former, s'instruire.

culture *nom féminin*

/ Ensemble de connaissances. SYN. bagage, érudition, formation, instruction, savoir – LITTÉRAIRE : science. CONTR. *ignorance, inculture.*

cupide *adjectif*

/ LITTÉRAIRE. Avide d'argent. SYN. insatiable, intéressé – LITTÉRAIRE : rapace. CONTR. *charitable, désintéressé, généreux, prodigue* – LITTÉRAIRE : *dissipateur, libéral.*

cupidité *nom féminin*

/ LITTÉRAIRE. Désir immodéré d'argent. SYN. avidité, convoitise – LITTÉRAIRE : rapacité. CONTR. *charité, désintéressement, générosité, prodigalité* – LITTÉRAIRE : *largesse.*

curable *adjectif*

/ Qui peut être guéri. SYN. guérissable, remédiable. CONTR. *incurable, inguérissable.*

curé *nom masculin*

/ Membre du clergé. SYN. abbé, ecclésiastique, prêtre.

curer *verbe*

/ Nettoyer en grattant. SYN. débourber, décaper, draguer, nettoyer, racler.

curieusement *adverbe*

/ D'une manière bizarre. SYN. bizarrement, drôlement, étrangement, extraordinairement – LITTÉRAIRE : singulièrement. CONTR. *normalement.*

curieux *adjectif*

/ Qui suscite l'étonnement. SYN. bizarre, déconcertant, drôle, étonnant, étrange, extraordinaire, extravagant, inconcevable, incroyable, inouï, original, paradoxal, piquant, pittoresque, rare, singulier, surprenant – FAMILIER : bizarroïde, sciant. CONTR. *banal, classique, commun, inintéressant, insignifiant, ordinaire, quelconque.*

/ Qui est désireux de savoir. SYN. fureteur, indiscret, inquisiteur, investigateur, spectateur – FAMILIER : fouinard, fouineur – LITTÉRAIRE : badaud, chercheur. CONTR. *discret.*

curiosité *nom féminin*

/ Désir de savoir. SYN. indiscrétion, intérêt. CONTR. *indifférence* – LITTÉRAIRE : *incuriosité.*

/ Caractère bizarre. SYN. bizarrerie, étrangeté, originalité, singularité.

/ Ce qui retient l'attention. SYN. bizarrerie, denrée rare, merle blanc, mouton à cinq pattes, oiseau rare, rareté.

cuve *nom féminin*

/ Grand récipient. SYN. bac, bassin, citerne.

cuver *verbe*

/ FAMILIER. Dormir après avoir trop bu. SYN. – LITTÉRAIRE : être dans les vignes du Seigneur – POPULAIRE : avoir du vent dans les voiles, avoir un coup dans l'aile, avoir un coup dans le nez, n'avoir pas sucé que des glaçons.

cuvette *nom féminin*

/ Petit récipient. SYN. bassine.

/ Partie de terrain en creux. SYN. bassin, creux, dépression.

cyclone *nom masculin*

/ Tourbillon de vents violents. SYN. bourrasque, ouragan, tempête, tornade, typhon – LITTÉRAIRE : tourmente. CONTR. *calme.*

cyclopéen *adjectif*

/ LITTÉRAIRE. D'une taille démesurée. SYN. colossal, gigantesque, monstrueux, monumental – LITTÉRAIRE : titanesque.

cynique *adjectif*

/ Qui manifeste du cynisme. SYN. effronté, éhonté, hardi, immoral, impudent, insolent. CONTR. *candide, pudibond, pudique, timide.*

cyniquement *adverbe*

/ De façon cynique. SYN. crûment, effrontément, impertinemment, impoliment, impudemment, insolemment – LITTÉRAIRE : irrespectueusement, irrévérencieusement – VIEUX : irrévéremment.

cynisme *nom masculin*

/ Mépris affiché pour la morale. SYN. effronterie, hardiesse, immoralité, impudence, impudeur, insolence. CONTR. *bienséance, candeur, correction, décence, modestie, pudeur, réserve, retenue, timidité.*

d'abord *locution adverbiale*

/ Pour commencer. SYN. au préalable, auparavant, avant, avant tout, d'emblée, d'entrée de jeu, en préambule, en premier lieu, en priorité, préalablement, premièrement, prioritairement. CONTR. *à la fin, après, enfin, ensuite, pour finir, puis.*

d'accord *locution adverbiale*

/ Exprime le consentement. SYN. assurément, certainement, entendu, oui, soit. CONTR. *non, pas d'accord.*

dada *nom masculin*

/ FAMILIER. Occupation favorite. SYN. hobby, manie, marotte, passe-temps, violon d'Ingres.

dadais *nom masculin*

/ FAMILIER. Jeune homme gauche. SYN. benêt, maladroit, niais – FAMILIER: ballot, cruche, empaillé, empoté, jacques, nigaud, noix, pataud, serin – POPULAIRE: gland, manche.

d'affilée *locution adverbiale*

/ Sans interruption. SYN. coup sur coup, de suite, non-stop, sans discontinuer.

daigner *verbe*

/ Avoir la bonté de. SYN. accepter de, condescendre à, consentir à, vouloir bien. CONTR. *dédaigner, refuser.*

d'ailleurs *locution adverbiale*

/ Pour une autre raison. SYN. au reste, de plus, du reste, et puis, qui plus est.

dallage *nom masculin*

/ Action de daller ; sol en dalles. SYN. carrelage, pavage, pavé, pavement.

daller *verbe*

/ Recouvrir de dalles un sol. SYN. carreler, paver.

dame *nom féminin*

/ Outil massif. SYN. demoiselle, hie.

dame ! *interjection*

/ FAMILIER. Marque une conclusion. SYN. bien sûr, oui, parbleu, pardi.

damier *nom masculin*

/ Surface quadrillée. SYN. échiquier, quadrillage.

damné *adjectif*

/ Qui cause du désagrément. SYN. abominable, affreux, détestable, malencontreux, maudit – FAMILIER: sacré, sale, satané.

damné *nom*

/ Personne condamnée à l'enfer. SYN. déchu, réprouvé. CONTR. *bienheureux, élu, juste, saint.*

/ LITTÉRAIRE. Personne rejetée. SYN. exclu, paria, pestiféré – LITTÉRAIRE: maudit, réprouvé.

dancing *nom masculin*

/ Établissement où l'on danse. SYN. bal – POPULAIRE: bastringue.

∘ forme du degré

dandinement *nom masculin*
- Action de se dandiner. SYN. balancement, déhanchement, dodelinement, oscillation, tortillement, trémoussement.

dandiner (se) *verbe pronominal*
- Balancer son corps. SYN. osciller, s'agiter, se balancer, se déhancher, se tortiller, se trémousser –FAMILIER: gigoter.

dandy *nom masculin*
- Homme élégant. SYN. gandin, incroyable, muscadin –LITTÉRAIRE: petit-maître –VIEUX: gommeux, milord, mirliflore.

danger *nom masculin*
- Ce qui constitue un risque. SYN. inconvénient, insécurité, menace, obstacle, péril, risque –LITTÉRAIRE: écueil, traverse. CONTR. *sécurité, sûreté, tranquillité.*

dangereux *adjectif*
- Qui peut nuire. SYN. dommageable, fâcheux, funeste, maléfique, nocif, nuisible, préjudiciable, redoutable, sérieux, sinistre, virulent –LITTÉRAIRE: perfide, pernicieux –POPULAIRE: casse-gueule. CONTR. *anodin, bénin, inoffensif, salubre, salutaire.*
- Qui expose à un risque. SYN. brûlant, compromettant, critique, hasardé, hasardeux, imprudent, mauvais, périlleux, risqué –LITTÉRAIRE: scabreux. CONTR. *paisible, sûr, tranquille.*

danseur *nom*
- Personne qui danse. SYN. cavalier, partenaire.
- Personne dont la danse est le métier. SYN. artiste chorégraphique, ballerine, petit rat.
- *Danseur de corde.* SYN. acrobate, équilibriste, fildeferiste, funambule.

dantesque *adjectif*
- Grandiose et assez terrifiant. SYN. affreux, apocalyptique, atroce, effroyable, épouvantable, horrible, terrible, terrifiant.

d'aplomb *locution adverbiale*
- En position stable. SYN. debout, en équilibre, équilibré, stable. CONTR. *déséquilibré, titubant.*

d'après *préposition*
- En s'en rapportant à. SYN. selon, suivant, sur.

dard *nom masculin*
- Arme de jet ancienne. SYN. javeline, javelot, sagaie, trait.

dare-dare *locution adverbiale*
- FAMILIER. En toute hâte. SYN. brusquement, expéditivement, hâtivement, précipitamment, promptement, rapidement, rondement, vite –LITTÉRAIRE: diligemment. CONTR. *calmement, doucement, lentement, tranquillement* –FAMILIER: *piano.*

date *nom féminin*
- Indication précise du moment. SYN. époque, jour, moment, période, temps.

dater *verbe*
- Marquer un moment important. SYN. compter, faire date, importer.

dauber *verbe*
- LITTÉRAIRE. Dire du mal de. SYN. attaquer, calomnier, critiquer, décrier, dénigrer, déprécier, discréditer, gloser sur, jaser, médire, railler –FAMILIER: débiner, déblatérer sur, éreinter, esquinter, étriller –LITTÉRAIRE: déchirer, noircir. CONTR. *célébrer, glorifier, louer, vanter* –LITTÉRAIRE: *encenser.*

daubeur *nom*
- LITTÉRAIRE. Personne qui dénigre. SYN. dénigreur, diffamateur –FAMILIER: débineur. CONTR. *flatteur* –LITTÉRAIRE: *encenseur, flagorneur.*

davantage *adverbe*
- Indique un plus haut degré. SYN. encore plus, plus, plus longtemps. CONTR. *encore moins, moins.*

déambulation *nom féminin*
- LITTÉRAIRE. Marche sans but précis. SYN. flânerie, marche, promenade –LITTÉRAIRE: errance.

déambuler *verbe*
- Aller au hasard. SYN. errer, flâner, marcher, musarder, se promener –FAMILIER: baguenauder, se balader –LITTÉRAIRE: badauder, muser, vaguer –POPULAIRE: vadrouiller. CONTR. *se hâter, se presser.*

débâcle *nom féminin*
- Rupture des glaces. SYN. dégel. CONTR. *embâcle.*

/ Défaite d'une armée. SYN. débandade, déroute, désastre, retraite. CONTR. *victoire.*
/ Effondrement d'une affaire. SYN. banqueroute, chute, culbute, déconfiture, déliquescence, désastre, dissolution, écroulement, faillite, krach, naufrage, revers, ruine –FAMILIER: pile, plongeon –POPULAIRE: volée. CONTR. *épanouissement, prospérité, relèvement, réussite, succès, triomphe, victoire.*

débagouler *verbe*
/ POPULAIRE. Proférer une suite de paroles. SYN. débiter, raconter –FAMILIER: déballer –POPULAIRE: dégoiser.

déballer *verbe*
/ Sortir de son emballage. SYN. défaire, déficeler, dépaqueter, déplier, désemballer, développer, ouvrir. CONTR. *emballer, empaqueter, envelopper, paqueter.*
/ FAMILIER. Dévoiler ce qu'on sait. SYN. raconter, se confier, s'ouvrir –FAMILIER: se déboutonner, vider son sac –LITTÉRAIRE: s'épancher –POPULAIRE: se débonder. CONTR. *cacher, occulter, taire* –LITTÉRAIRE: *celer.*

déballonner (se) *verbe pronominal*
/ POPULAIRE. Manquer d'audace. SYN. craquer, reculer, renoncer, s'effondrer –FAMILIER: flancher, se dégonfler –POPULAIRE: caner, canner.

débandade *nom féminin*
/ Action de s'enfuir (armée). SYN. débâcle, défaite, déroute, reculade, retraite. CONTR. *ralliement, victoire.*
/ Dispersion désordonnée. SYN. confusion, débâcle, déroute, fuite, panique, remue-ménage, ruée –FAMILIER: pagaille.

débander (se) *verbe pronominal*
/ Se disperser. SYN. se disséminer, s'égailler, s'égrener, s'éparpiller –LITTÉRAIRE: essaimer. CONTR. *s'aligner, s'attrouper, se grouper, se masser, se rassembler, se regrouper, se réunir, se tasser.*

débaptiser *verbe*
/ Changer un nom. CONTR. *appeler, baptiser, dénommer.*

débarquement *nom masculin*
/ Action de débarquer. SYN. déchargement. CONTR. *chargement, embarquement, rembarquement.*

débarquer *verbe*
/ Déposer à terre. SYN. débarder, décharger, déverser. CONTR. *charger, embarquer.*
/ FAMILIER. Écarter d'un poste. SYN. bannir, casser, chasser, congédier, démettre, destituer, éliminer, évincer, licencier, limoger, mettre à la porte, radier, refuser, remercier, renvoyer, repousser, révoquer, se défaire de, se séparer de –FAMILIER: balayer, blackbouler, déboulonner, dégommer, démissionner, envoyer balader, envoyer bouler, ficher à la porte, flanquer à la porte, flanquer dehors, sabrer, vider –POPULAIRE: balancer, envoyer paître, foutre à la porte, lourder, virer –VIEUX: envoyer se faire lanlaire. CONTR. *accueillir, admettre, agréer, recevoir.*

débarrasser *verbe*
/ Enlever ce qui encombre. SYN. déblayer, dégarnir, dépêtrer, désencombrer, désobstruer, desservir, nettoyer, vider. CONTR. *embarrasser, empêtrer, encombrer, entraver, remplir.*
/ Libérer quelqu'un de quelque chose. SYN. décharger, défaire, dégager, délivrer, soulager. CONTR. *accabler, charger, écraser, opprimer, submerger, surcharger.*

débarrasser (se) *verbe pronominal*
/ Se séparer de quelque chose. SYN. jeter, jeter au rebut, mettre au rebut, se dessaisir –FAMILIER: balancer, bazarder, liquider, mettre au rancart.
/ Ne plus avoir à faire quelque chose. SYN. s'acquitter, se dégager, se libérer. CONTR. *s'embarrasser.*
/ Ôter un vêtement. SYN. enlever, ôter, quitter.

débat *nom masculin*
/ Discussion autour d'un thème: SYN. colloque, conférence, congrès, controverse, démêlé, dialogue, explication, palabre, polémique, querelle, symposium –VIEUX: dispute. CONTR. *monologue.*
/ Conflit intérieur. SYN. conflit, contestation, litige, lutte.

débats *nom masculin pluriel*
/ Examen d'une question. SYN. délibérations, discussions, échanges de vues, négociations, pourparlers, séance.

débattre *verbe transitif*
/ Discuter un prix. SYN. marchander, négocier.

/ Discuter une question. SYN. agiter, discuter, examiner –LITTÉRAIRE: controverser, disputer.

débattre *verbe transitif indirect*

/ Discuter de quelque chose. SYN. délibérer, parler, philosopher, raisonner.

débattre (se) *verbe pronominal*

/ Lutter pour sortir d'une situation difficile. SYN. batailler, combattre, lutter, résister, s'agiter, se battre, se démener, se dépenser, s'échiner –FAMILIER: se décarcasser, s'esquinter. CONTR. *renoncer* –FAMILIER: *laisser tomber.*

débauchage *nom masculin*

/ Action de débaucher un salarié. SYN. licenciement, renvoi. CONTR. *embauchage, embauche, recrutement.*

débauche *nom féminin*

/ Grande quantité de. SYN. abondance, étalage, luxe, profusion, surabondance –LITTÉRAIRE: prodigalité.

/ Recherche des plaisirs sensuels. SYN. corruption, débordement, dépravation, dérèglement, dévergondage, inconduite, libertinage, luxure, orgie, stupre –LITTÉRAIRE: dissipation, dissolution, licence. CONTR. *abstinence, ascétisme, austérité, chasteté, continence, vertu.*

débauché *adjectif*

/ Qui se livre à la débauche. SYN. dépravé, déréglé, dévergondé, dévoyé, libertin, licencieux, luxurieux, paillard, vicieux –FAMILIER: bambochard, bambocheur, cochon –LITTÉRAIRE: dissolu, roué. CONTR. *abstinent, ascète, chaste, rangé, régulier, sage, sérieux* –FAMILIER: *bégueule.*

débauché *nom*

/ Personne qui se livre à la débauche. SYN. corrompu, libertin –FAMILIER: bambochard, bambocheur, cochon, noceur –VIEUX: viveur.

débaucher *verbe*

/ Pousser quelqu'un à la débauche. SYN. avilir, déniaiser, dépraver, dévergonder, pervertir –LITTÉRAIRE: corrompre. CONTR. *assagir.*

/ Licencier quelqu'un. SYN. congédier, limoger, remercier, renvoyer –FAMILIER: mettre à la porte, virer. CONTR. *embaucher, employer, engager, nommer.*

débile *adjectif*

/ Qui manque de vigueur. SYN. affaibli, anémique, asthénique, chancelant, chétif, défaillant, déficient, délicat, faible, fragile, frêle, lymphatique, maladif, malingre, rachitique, souffreteux. CONTR. *énergique, ferme, fort, musclé, résistant, robuste, solide, vigoureux* –FAMILIER: *costaud* –POPULAIRE: *balaise, balèze* –VIEUX: *gaillard.*

débilitant *adjectif*

/ Qui ôte toute force. SYN. affadissant, affaiblissant, amollissant, anémiant, éprouvant, épuisant. CONTR. *fortifiant, tonifiant, tonique, vivifiant.*

/ Qui démoralise. SYN. déprimant, désespérant, destructeur –LITTÉRAIRE: dissolvant. CONTR. *stimulant.*

débilité *nom féminin*

/ FAMILIER. Caractère d'une chose stupide. SYN. bêtise, idiotie, imbécillité, sottise.

/ Extrême faiblesse. SYN. fragilité. CONTR. *endurance, force, robustesse.*

débiliter *verbe*

/ Rendre quelqu'un faible. SYN. affaiblir, anémier, épuiser, étioler, fatiguer –FAMILIER: ramollir. CONTR. *endurcir, fortifier, raffermir, reconstituer, regonfler, remonter, revigorer, tonifier* –FAMILIER: *requinquer* –LITTÉRAIRE: *vivifier* –VIEUX: *réconforter.*

débinage *nom masculin*

/ FAMILIER. Action de dénigrer. SYN. attaque, calomnie, critique, dénigrement, médisance –FAMILIER: cancan, commérage, éreintage, éreintement –LITTÉRAIRE: clabauderie. CONTR. *apologie, éloge, glorification, louange, panégyrique.*

débine *nom féminin*

/ POPULAIRE. État de dénuement. SYN. besoin, gêne, indigence, misère, pauvreté –FAMILIER: panade –LITTÉRAIRE: impécuniosité –POPULAIRE: dèche, mouise, purée –VIEUX: pouillerie. CONTR. *aisance, luxe, opulence, richesse.*

débiner *verbe*

/ FAMILIER. Médire de quelqu'un. SYN. attaquer, calomnier, critiquer, dénigrer, descendre en flammes –FAMILIER: abîmer, assaisonner, baver sur, bêcher, casser du sucre sur, commérer, déblatérer contre, éreinter, esquinter, étriller, rhabiller pour l'hiver –LITTÉ-

RAIRE: clabauder, dauber sur, noircir –POPULAIRE: tailler un costard, tailler une veste. CONTR. *glorifier* –LITTÉRAIRE: *encenser, flagorner, louanger.*

débiner (se) *verbe pronominal*

/ POPULAIRE. Partir rapidement. SYN. déguerpir, fuir, s'enfuir –FAMILIER: décamper, détaler, se défiler –POPULAIRE: cavaler, décaniller, se barrer, se calter, se carapater, se casser, se tailler, se tirer.

débineur *nom*

/ FAMILIER. Personne qui dénigre. SYN. dénigreur, détracteur, diffamateur –LITTÉRAIRE: daubeur, négateur. CONTR. *flatteur* –LITTÉRAIRE: *encenseur, flagorneur.*

débit *nom masculin*

/ Manière de parler. SYN. diction, élocution, parler, parole, verbe.

débit *nom masculin*

/ Somme dépensée. SYN. dépense, doit, passif, sortie. CONTR. *actif, avoir, crédit.*

débiter *verbe transitif*

/ Découper en morceaux. SYN. couper, découper, dépecer, détailler, diviser, équarrir, tronçonner.

/ Raconter sur. SYN. conter, proférer –FAMILIER: chanter, déballer, sortir –POPULAIRE: débagouler, dégoiser. CONTR. *taire.*

/ Produire de la marchandise. SYN. commercialiser, écouler, exploiter, vendre. CONTR. *stocker.*

/ Énoncer un texte. SYN. déclamer, dire, énumérer, prononcer, raconter, réciter.

débiter *verbe transitif*

/ Porter une somme au débit de. CONTR. *alimenter, approvisionner, créditer.*

débiteur *nom*

/ Personne qui doit quelque chose. SYN. emprunteur. CONTR. *créancier, créditeur, prêteur.*

déblaiement *nom masculin*

/ Action de déblayer. SYN. dégagement, enlèvement.

déblatérer *verbe*

/ FAMILIER. Parler avec violence contre. SYN. dénigrer, fulminer, invectiver, médire, pester, tempêter, vitupérer –FAMILIER: abîmer, baver, casser du sucre sur, cracher, débiner, démolir, éreinter, esquinter, étriller, rhabiller pour l'hiver –LITTÉRAIRE: clabauder, dauber –POPULAIRE: tailler un costard, tailler une veste. CONTR. *glorifier, louer* –LITTÉRAIRE: *encenser, flagorner, louanger.*

déblayer *verbe*

/ Débarrasser de ce qui encombre. SYN. débroussailler, défricher, dégager, désencombrer, désobstruer, libérer, nettoyer. CONTR. *amonceler, boucher, couvrir, embarrasser, encombrer, fermer, obstruer.*

déblocage *nom masculin*

/ Action de débloquer. SYN. décrispation, dégagement.

débloquer *verbe intransitif*

/ POPULAIRE. Dire des inepties. SYN. déraisonner, divaguer, perdre la raison, perdre la tête, perdre la tramontane –FAMILIER: déménager, dérailler, perdre la boule, perdre la boussole, perdre le nord, perdre les pédales, radoter –LITTÉRAIRE: extravaguer.

débloquer *verbe transitif*

/ Dégager quelque chose. SYN. décoincer, dégeler, desserrer, libérer, rouvrir. CONTR. *arrêter, barrer, bloquer, caler, coincer, geler.*

déboire *nom masculin*

/ Échec amer. SYN. amertume, déception, déconvenue, déplaisir, désagrément, désappointement, désillusion, ennui, épreuve, mésaventure –FAMILIER: enquiquinement, tuile –LITTÉRAIRE: mécompte. CONTR. *bonheur, chance, contentement, joie, plaisir, réussite, satisfaction, succès.*

déboisement *nom masculin*

/ Action de déboiser. SYN. déforestage, déforestation, défrichement, essartage, essartement. CONTR. *boisement, reboisement.*

déboiser *verbe*

/ Enlever les arbres. SYN. débroussailler, défricher, dépeupler, essarter. CONTR. *boiser, planter, reboiser.*

déboîtement *nom masculin*

/ Fait de se déboîter. SYN. disjonction, luxation.

déboîter *verbe*

/ Faire sortir un os de son articulation. SYN. démettre, désarticuler, disloquer, fouler, luxer. CONTR. *remettre.*

débonnaire *adjectif*

/ LITTÉRAIRE. Bon jusqu'à la faiblesse. SYN. accommodant, bienveillant, bonasse, bonhomme, brave, coulant, faible, indulgent, pacifique. CONTR. *acariâtre, autoritaire, bourru, caustique, difficile, intraitable, intransigeant, ombrageux, rigoureux, sévère.*

débonnaireté *nom féminin*

/ LITTÉRAIRE. Caractère débonnaire. SYN. bienveillance, bonhomie. CONTR. *intransigeance.*

débordant *adjectif*

/ Qui ne peut se contenir. SYN. débridé, effréné, envahissant, exubérant, fougueux, frénétique, impétueux, intarissable, passionné, pétulant, véhément –FAMILIER: délirant. CONTR. *calme, contenu, paisible, placide.*

/ Qui est rempli. SYN. bondé, comble, encombré, farci, foisonnant, fourmillant, plein, rempli, riche –FAMILIER: bourré, pourri, truffé. CONTR. *dénué, dépourvu, exempt, vide.*

débordé *adjectif*

/ Surchargé de tâches. SYN. bousculé, occupé, pris, surchargé. CONTR. *désœuvré, disponible.*

débordement *nom masculin*

/ Élévation du niveau de l'eau. SYN. crue, inondation, montée. CONTR. *décrue.*

/ Grande abondance. SYN. afflux, avalanche, débauche, déluge, exubérance, flot, flux, pluie, profusion, surabondance, torrent. CONTR. *absence, manque, pénurie.*

/ Forte manifestation de. SYN. déchaînement, déferlement, effusion, envahissement, excès, explosion, tempête –LITTÉRAIRE: débridement. CONTR. *modération.*

déborder *verbe*

/ Avoir en abondance. SYN. abonder, foisonner, fourmiller, grouiller, pulluler, regorger, surabonder. CONTR. *manquer.*

/ Manifester avec force. SYN. délirer, se déchaîner, submerger –FAMILIER: exploser. CONTR. *se cantonner, se contenir, se posséder.*

/ Dépasser (de tant). SYN. avancer, chevaucher, dépasser, empiéter sur, envahir, outrepasser, surplomber.

débosseler *verbe*

/ Enlever des bosses. SYN. aplanir, égaliser, niveler. CONTR. *bosseler, cabosser* –VIEUX: *bossuer.*

débouché *nom masculin*

/ Marché économique. SYN. issue, ouverture, perspective, possibilité.

déboucher *verbe transitif*

/ Enlever un bouchon. SYN. décacheter, décapsuler, décoiffer, ouvrir. CONTR. *boucher, fermer, reboucher.*

/ Débarrasser de ce qui obstrue. SYN. désengorger, désobstruer. CONTR. *boucher, engorger, obstruer.*

déboucher *verbe transitif indirect*

/ Apparaître soudainement. SYN. paraître, se montrer, surgir –LITTÉRAIRE: survenir.

/ Avoir son issue dans un lieu. SYN. donner dans, donner sur, finir à, mener à, ouvrir sur, tomber dans. CONTR. *commencer à, partir de, provenir de, venir de.*

/ Donner comme résultat. SYN. aboutir, conduire à, mener, s'achever par.

débouler *verbe intransitif*

/ Venir vite de. SYN. accourir, faire irruption, surgir –LITTÉRAIRE: survenir.

débouler *verbe transitif*

/ FAMILIER. Descendre rapidement. SYN. descendre, dévaler –FAMILIER: dégringoler. CONTR. *escalader, gravir, grimper, monter.*

déboulonner *verbe*

/ FAMILIER. Chasser de sa place. SYN. bannir, chasser, congédier, démettre, destituer, éliminer, évincer, licencier, limoger, mettre à la porte, radier, remercier, renvoyer, repousser, révoquer, se défaire de, se séparer de –FAMILIER: balayer, blackbouler, débarquer, dégommer, envoyer balader, envoyer bouler, ficher à la porte, flanquer à la porte, flanquer dehors, sabrer, vider –POPULAIRE: balancer, envoyer paître, foutre à la porte, lourder, virer –VIEUX: envoyer se faire lanlaire. CONTR. *accueillir, nommer, promouvoir, recevoir.*

débourber *verbe*

/ Enlever la boue. SYN. curer, décrotter, désenvaser, draguer, nettoyer. CONTR. *embourber, enliser.*

débours *nom masculin*

/ Argent avancé. SYN. déboursement, dépense, frais.

déboursement *nom masculin*

/ Somme déboursée. SYN. débours, dépense. CONTR. *encaissement, remboursement.*

débourser *verbe*

/ Dépenser de l'argent. SYN. décaisser, dépenser, payer, verser –FAMILIER: cracher –POPULAIRE: aligner, casquer, raquer. CONTR. *empocher, encaisser, percevoir, ramasser, recevoir, rembourser, toucher* –FAMILIER: *palper.*

déboussoler *verbe*

/ Désorienter quelqu'un. SYN. déconcerter, décontenancer, dérouter, désarçonner, désemparer. CONTR. *consoler, rassurer, tranquilliser* –LITTÉRAIRE: *rasséréner.*

debout *adverbe*

/ Posé verticalement. SYN. à la verticale, à pic, à plomb, d'aplomb, dressé, droit, sur pied. CONTR. *à genoux, à l'horizontale, à plat ventre, allongé, assis, penché.*

déboutonner (se) *verbe pronominal*

/ Défaire ses vêtements. SYN. se défaire.

/ FAMILIER. Parler en toute franchise. SYN. se confier, se livrer, s'ouvrir –FAMILIER: déballer.

débraillé *adjectif*

/ Dont la mise est négligée. SYN. dépoitraillé, négligé –FAMILIER: dépenaillé –LITTÉRAIRE: haillonneux, loqueteux. CONTR. *convenable, correct, élégant, raffiné* –LITTÉRAIRE: *paré.*

/ D'une liberté choquante. SYN. cru, hardi, leste, polisson. CONTR. *convenable, correct, décent, réservé, strict.*

débridé *adjectif*

/ Libéré de toute contrainte. SYN. débordant, déchaîné, démesuré, effréné, exagéré, exalté, explosif, fougueux, frénétique, impétueux, passionné, pétulant –FAMILIER: délirant. CONTR. *contenu, discipliné, modéré, raisonnable, retenu.*

débridement *nom masculin*

/ LITTÉRAIRE. Absence de retenue. SYN. débordement, déchaînement, dérèglement, dévergondage, écart, égarement, laisser-aller. CONTR. *ascétisme, austérité, retenue.*

débris *nom masculin*

/ POPULAIRE. Personne que la vie a usée. SYN. épave, loque –FAMILIER: ruine.

/ Reste de quelque chose. SYN. bribes, déchet, décombres, éclat, fragment, gravats, gravois, lambeau, miette, morceau, ordure, pièce, plâtras, résidu, rognure, tesson.

débrouillard *adjectif*

/ FAMILIER. Qui sait se débrouiller. SYN. astucieux, déluré, futé, habile, ingénieux, malin –FAMILIER: combinard, dégourdi –LITTÉRAIRE: industrieux, madré –POPULAIRE: démerdard. CONTR. –FAMILIER: *empoté, godiche, nouille.*

débrouillardise *nom féminin*

/ FAMILIER. Aptitude à se débrouiller. SYN. astuce, habileté, ingéniosité. CONTR. *gaucherie.*

débrouiller *verbe*

/ Remettre en ordre. SYN. démêler, désentortiller. CONTR. *emmêler, enchevêtrer.*

/ Rendre un problème intelligible. SYN. clarifier, débroussailler, déchiffrer, défricher, dégrossir, démêler, dénouer, désembrouiller, éclaircir, élucider, résoudre. CONTR. *brouiller, embrouiller, obscurcir.*

débrouiller (se) *verbe pronominal*

/ FAMILIER. Trouver le moyen de. SYN. s'arranger pour, s'organiser.

/ FAMILIER. Se tirer d'affaire. SYN. réchapper, se dépêtrer, se tirer d'affaire, s'en sortir, s'en tirer, tirer son épingle du jeu –FAMILIER: se dépatouiller –POPULAIRE: se démerder. CONTR. *être dans le pétrin, être dans une mauvaise passe, patauger, s'embourber, s'embrouiller, s'empêtrer, s'enchevêtrer, s'enferrer, s'enliser* –FAMILIER: *être dans de beaux draps, être dans la panade, ne pas être sorti de l'auberge, s'enfoncer* –POPULAIRE: *être dans la merde.*

débroussailler *verbe*

/ Commencer à étudier une question. SYN. déblayer, débrouiller, défricher, dégrossir.

/ Enlever les broussailles. SYN. déboiser, défricher, essarter.

débusquer *verbe*

/ Faire sortir le gibier. SYN. débucher.

/ FAMILIER. Chasser de sa place. SYN. déloger, expulser.

début *nom masculin*

/ Commencement de quelque chose. SYN. amorce, attaque, aube, départ, ébauche, entrée en matière, exorde, naissance, origine, ouverture, seuil – LITTÉRAIRE: aurore, enfance, prémices. CONTR. *aboutissement, achèvement, bout, clôture, conclusion, déclin, dénouement, expiration, fin, terme* – LITTÉRAIRE: *extrémité, terminaison.*

débutant *nom*

/ Personne qui débute. SYN. apprenti, commençant, néophyte, nouveau, novice – FAMILIER: bleu. CONTR. *ancien, expert* – LITTÉRAIRE: *vétéran.*

débuter *verbe intransitif*

/ Faire ses débuts. SYN. se lancer, se mettre à, s'engager.

/ Commencer, en parlant d'une action. SYN. commencer, démarrer, s'amorcer – FAMILIER: s'emmancher. CONTR. *expirer, finir, s'achever, se terminer.*

débuter *verbe transitif*

/ FAMILIER. Commencer quelque chose. SYN. amorcer, attaquer, entamer, inaugurer, initier, ouvrir – FAMILIER: démarrer. CONTR. *clôturer, conclure, finir, terminer* – LITTÉRAIRE: *clore.*

décacheter *verbe*

/ Rompre un cachet. SYN. déboucher, ouvrir. CONTR. *cacheter, fermer, sceller.*

décadence *nom féminin*

/ Commencement de la chute. SYN. abaissement, affaiblissement, avilissement, déchéance, déclin, décrépitude, dégradation, déliquescence, dépérissement, diminution, relâchement, ruine – FAMILIER: dégringolade – LITTÉRAIRE: abâtardissement, couchant, dégénérescence. CONTR. *ascension, développement, élévation, épanouissement, essor, montée, progrès, renaissance.*

décadent *adjectif*

/ En décadence. SYN. dégénéré, déliquescent.

décaisser *verbe*

/ Tirer de l'argent d'un compte. SYN. débourser, dépenser, financer, payer, régler, verser – FAMILIER: cracher – POPULAIRE: aligner, casquer, raquer. CONTR. *empocher, encaisser, percevoir, ramasser, recevoir, toucher* – FAMILIER: *palper.*

décalage *nom masculin*

/ Manque de concordance. SYN. désaccord, discordance, écart, hiatus – LITTÉRAIRE: dissonance. CONTR. *accord, concordance, harmonie.*

décaler *verbe*

/ Déplacer dans le temps, l'espace. SYN. ajourner, anticiper, avancer, différer, reculer, reporter, repousser, retarder, surseoir. CONTR. *caler, synchroniser.*

décamper *verbe*

/ FAMILIER. Partir précipitamment. SYN. déloger, disparaître, fuir, partir, prendre la fuite, prendre le large, se retirer, se sauver, s'enfuir, s'esquiver – FAMILIER: déguerpir, détaler, ficher le camp, filer, gagner le large, prendre la poudre d'escampette, prendre ses cliques et ses claques – POPULAIRE: cavaler, décaniller, foutre le camp, jouer la fille de l'air, mettre les bouts, se barrer, se calter, se carapater, se casser, se débiner, se faire la malle, se tailler, se tirer. CONTR. *rester* – LITTÉRAIRE: *demeurer.*

décaniller *verbe*

/ POPULAIRE. Partir précipitamment. SYN. déloger, disparaître, fuir, partir, prendre la fuite, prendre le large, se retirer, se sauver, s'enfuir, s'esquiver – FAMILIER: décamper, déguerpir, détaler, ficher le camp, filer, prendre la poudre d'escampette, prendre ses cliques et ses claques – POPULAIRE: cavaler, foutre le camp, jouer la fille de l'air, mettre les bouts, se barrer, se calter, se carapater, se casser, se débiner, se faire la malle, se tailler, se tirer. CONTR. *rester* – LITTÉRAIRE: *demeurer.*

décantation *nom féminin*

/ Action de décanter. SYN. clarification, éclaircissement, élucidation.

décanter *verbe*

/ Tirer au clair quelque chose. SYN. clarifier, éclaircir. CONTR. *brouiller, embrouiller, emmêler, obscurcir.*

décapage *nom masculin*

/ Nettoyage d'une surface. SYN. curage, décrassage, lessivage, récurage.

décaper *verbe*

/ Nettoyer une surface. SYN. curer, décrasser, lessiver, récurer.

décapiter *verbe*

/ Trancher la tête de quelqu'un. SYN. exécuter, guillotiner.

/ Ôter l'extrémité de. SYN. écimer, effaner, étêter –LITTÉRAIRE: découronner.

décarcasser (se) *verbe pronominal*

/ FAMILIER. Se donner beaucoup de mal. SYN. batailler, faire des pieds et des mains, lutter, ne pas plaindre sa peine, remuer ciel et terre, s'affairer, se battre, se débattre, se démener, se dépenser, se donner du mal, se donner un mal de chien, se fatiguer, se multiplier, se remuer, s'échiner, s'épuiser, s'escrimer, s'exténuer –FAMILIER: en mettre un bon coup, en mettre un coup, en mettre un vieux coup, mettre de l'huile de coude, mettre le paquet, se couper en quatre, se défoncer, se mettre en quatre, se tuer, s'éreinter, s'esquinter –POPULAIRE: ramer, se casser le cul. CONTR. *dormir, fainéanter, paresser, prendre son temps, renoncer, se prélasser* –FAMILIER: *buller, flemmarder, laisser tomber, lézarder, tirer sa flemme* –POPULAIRE: *glander, ne pas en fiche une rame, tirer au cul, tirer au flanc.*

décati *adjectif*

/ Qui a perdu sa fraîcheur. SYN. fané, flétri, passé, vieilli. CONTR. *frais, jeune, juvénile.*

décédé *nom*

/ Personne morte. SYN. défunt, disparu, mort –LITTÉRAIRE: trépassé. CONTR. *vivant.*

décéder *verbe*

/ Cesser de vivre. SYN. disparaître, expirer, faire le grand voyage, mourir, partir, passer de vie à trépas, perdre la vie, périr, rendre l'âme, s'en aller, s'endormir, s'éteindre, succomber –FAMILIER: monter au ciel, passer l'arme à gauche, y rester –LITTÉRAIRE: trépasser –POPULAIRE: caner, casser sa pipe, claboter, clamecer, clamser, claquer, crever. CONTR. *naître, vivre.*

décelable *adjectif*

/ Qui peut être décelé. SYN. détectable, perceptible, repérable.

déceler *verbe*

/ LITTÉRAIRE. Dévoiler ce qui était caché. SYN. deviner, pénétrer, percer, percevoir, remarquer. CONTR. *cacher, dissimuler, occulter, taire* –LITTÉRAIRE: *celer.*

/ Repérer quelque chose. SYN. apercevoir, découvrir, détecter, saisir, trouver.

/ Être l'indice de quelque chose. SYN. annoncer, démontrer, dénoter, dévoiler, indiquer, montrer, prouver, révéler, signaler, trahir.

décélération *nom féminin*

/ Réduction de la vitesse. SYN. ralentissement. CONTR. *accélération.*

décélérer *verbe*

/ Réduire la vitesse. SYN. ralentir. CONTR. *accélérer.*

décemment *adverbe*

/ De façon décente. SYN. convenablement, correctement, dignement, discrètement, proprement. CONTR. *effrontément, impudemment, indécemment.*

/ De façon raisonnable. SYN. assurément, franchement, honnêtement, logiquement, raisonnablement, vraiment.

décence *nom féminin*

/ Respect des convenances. SYN. bienséance, chasteté, convenances, dignité, pudeur. CONTR. *crudité, hardiesse, impudeur, inconvenance, indécence* –LITTÉRAIRE: *irrévérence.*

/ Dignité dans les manières. SYN. correction, discrétion, éducation, réserve, savoir-vivre, tact. CONTR. *cynisme, effronterie, impertinence, impudence, incorrection.*

décent *adjectif*

/ Conforme à la décence. SYN. bienséant, chaste, convenable, digne, modeste, pudique, sage –FAMILIER: beau –LITTÉRAIRE: vertueux. CONTR. *choquant, cru, débraillé, grossier, inconvenant, incorrect, indécent, libre, malpropre, obscène, osé, sale* –LITTÉRAIRE: *déshonnête, malséant, malsonnant.*

/ Conforme aux exigences minimales. SYN. acceptable, correct, honnête –FAMILIER: possible. CONTR. *faible, incorrect, insignifiant, insuffisant, malhonnête, médiocre, minable.*

déception *nom féminin*

/ Fait d'être trompé dans son attente. SYN. contrariété, déboire, déconvenue, désappointement, désenchantement, désillusion –FAMILIER: douche –LITTÉRAIRE: crève-cœur, désabusement, mécompte. CONTR. *émerveillement, satisfaction.*

décerner *verbe*

/ Attribuer solennellement. SYN. accorder, conférer, donner, octroyer –LITTÉRAIRE: impartir.

décès *nom masculin*

/ Mort d'une personne. SYN. disparition, fin –LITTÉRAIRE: trépas. CONTR. *naissance.*

décevant *adjectif*

/ Qui déçoit. SYN. décourageant, démoralisant, désespérant, frustrant. CONTR. *encourageant, réconfortant, stimulant.*

décevoir *verbe*

/ Ne pas répondre à l'attente de. SYN. dépiter, désappointer, désillusionner, frustrer, trahir, tromper –FAMILIER: défriser –LITTÉRAIRE: désenchanter. CONTR. *charmer, combler, contenter, enchanter, ravir, réjouir, satisfaire* –LITTÉRAIRE: *transporter.*

déchaîné *adjectif*

/ Qui fait rage. SYN. bouillonnant, explosif, forcené, frénétique, furieux, implacable, terrible, violent –LITTÉRAIRE: dévorant, impétueux. CONTR. *calme, inerte, mou, paisible, serein.*

/ Très excité. SYN. débridé, échevelé, effréné, endiablé, fougueux, surchauffé, surexcité, survolté –LITTÉRAIRE: dévergondé, effervescent. CONTR. *apathique, calme, immobile, placide, posé, tranquille.*

déchaînement *nom masculin*

/ Emportement extrême. SYN. débordement, déferlement, explosion, frénésie, ouragan, redoublement, tempête, violence –LITTÉRAIRE: débridement, incendie. CONTR. *apaisement, calme, pondération, sérénité, tranquillité.*

déchaîner *verbe*

/ Déclencher quelque chose. SYN. agiter, ameuter, attiser, chauffer, entraîner, exalter, exciter, fomenter, galvaniser, provoquer, soulever, surexciter, susciter –LITTÉRAIRE: allumer, enflammer. CONTR. *apaiser, assagir, calmer, contenir, diminuer, éteindre, étouffer, maintenir, maîtriser, modérer, museler, retenir* –LITTÉRAIRE: *tempérer.*

déchaîner (se) *verbe pronominal*

/ Faire rage. SYN. déborder, déferler, éclater, exploser, se démonter. CONTR. *s'apaiser, se calmer.*

/ S'emporter contre. SYN. fulminer, s'agiter, s'échauffer, s'exciter, tempêter, tonner –FAMILIER: exploser. CONTR. *se calmer, se modérer.*

déchanter *verbe*

/ Perdre ses illusions. SYN. en rabattre, faire grise mine, perdre espoir –FAMILIER: tomber de haut.

décharge *nom féminin*

/ Coups tirés par une arme. SYN. rafale, salve, volée.

/ Allégement d'une charge financière. SYN. abattement, dégrèvement, exemption, exonération, réduction.

/ Allégement moral. SYN. adoucissement, apaisement, libération, soulagement. CONTR. *charge.*

/ Acte par lequel on tient quitte. SYN. acquit, quittance, quitus, récépissé, reçu.

décharger *verbe*

/ Libérer sa conscience. SYN. alléger, libérer, soulager. CONTR. *accabler, alourdir.*

/ Débarrasser de son chargement. SYN. alléger, débarquer, délester, déverser. CONTR. *alourdir, charger, surcharger.*

/ Libérer quelqu'un d'une fonction. SYN. débarrasser, délier, délivrer, dispenser, exempter, libérer, soulager. CONTR. *accabler, assujettir, obliger, soumettre* –LITTÉRAIRE: *astreindre.*

/ Dégager la responsabilité de quelqu'un. SYN. dégager, disculper, innocenter, justifier, laver –FAMILIER: blanchir. CONTR. *accuser, imputer, incriminer.*

décharger (se) *verbe pronominal*

/ Se libérer de quelque chose. SYN. laisser, rejeter, se libérer. CONTR. *assumer, endosser, s'embarrasser.*

décharné *adjectif*

/ Qui est très maigre. SYN. cachectique, efflanqué, hâve, osseux, sec, squelettique –LITTÉRAIRE: émacié, étique. CONTR. *adipeux, charnu, corpulent, empâté, gras, gros, joufflu, obèse, plantureux, replet, ventru* –FAMILIER: *dodu, grassouillet, rondouillard.*

dèche *nom féminin*

/ POPULAIRE. Manque d'argent. SYN. besoin, indigence, misère, pauvreté –POPULAIRE: débine –VIEUX: pouillerie.

déchéance *nom féminin*

/ Fait de déchoir. SYN. abaissement, avilissement, chute, décadence, déclin, décrépitude, délabrement, déliquescence, dépravation, détérioration, ignominie, indignité, misère –LITTÉRAIRE: couchant, dégénérescence, rabaissement. CONTR. *ascension, dignité, ennoblissement, essor, grandeur, montée, progrès, renaissance* –LITTÉRAIRE: *élévation.*

déchet *nom masculin*

/ Ce qui tombe d'une matière. SYN. chute, débris, éclat, épluchure, raclure, rognure.

/ Partie irrécupérable. SYN. détritus, immondices, rebut, résidu.

/ Personne dans la déchéance. SYN. épave, loque –LITTÉRAIRE: lie. CONTR. *élite.*

déchiffrable *adjectif*

/ Qui peut être déchiffré. SYN. clair, compréhensible, lisible. CONTR. *énigmatique, illisible, incompréhensible, indéchiffrable, inexplicable, inextricable.*

déchiffrer *verbe*

/ Comprendre le sens d'une écriture. SYN. décoder, décrypter, lire. CONTR. *coder, crypter, encoder.*

/ Comprendre ce qui est obscur. SYN. débrouiller, démêler, éclaircir, élucider, expliquer, interpréter, pénétrer, percer, résoudre. CONTR. *brouiller, emmêler, obscurcir.*

déchiqueter *verbe*

/ Mettre en pièces. SYN. charcuter, déchirer, dilacérer, lacérer, taillader.

déchirant *adjectif*

/ Qui émeut profondément. SYN. atroce, bouleversant, cruel, cuisant, douloureux, dramatique, navrant, pathétique, perçant, poignant, tragique. CONTR. *joyeux, plaisant, réjouissant.*

déchirement *nom masculin*

/ Grande souffrance morale. SYN. deuil, douleur –LITTÉRAIRE: arrachement, crève-cœur, déchirure, navrement, orage, plaie.

déchirer *verbe*

/ Diviser en morceaux en tirant. SYN. arracher, déchiqueter, dilacérer, lacérer, mettre en pièces, taillader.

/ Faire un accroc à un tissu. SYN. accrocher, trouer. CONTR. *coudre, raccommoder, recoudre.*

/ Entailler superficiellement. SYN. blesser, écorcher, égratigner, érafler, griffer, labourer, lacérer.

/ Causer une grande peine. SYN. briser, étreindre, meurtrir, torturer, tourmenter –LITTÉRAIRE: navrer. CONTR. *réjouir.*

/ Diviser un groupe. SYN. désolidariser, désunir, partager, séparer, tirailler. CONTR. *cimenter, rassembler, réconcilier, solidariser, unir.*

/ LITTÉRAIRE. Dire du mal de quelqu'un. SYN. attaquer, calomnier, critiquer, décrier, dénigrer, déprécier, diffamer, discréditer –FAMILIER: éreinter, esquinter, étriller –LITTÉRAIRE: dauber, dépecer –VIEUX: crosser. CONTR. *admirer, aduler, apprécier, approuver, célébrer, exalter, féliciter, flatter, louer, recommander, vanter* –LITTÉRAIRE: *chanter, congratuler, encenser, louanger.*

déchirer (se) *verbe pronominal*

/ Se faire souffrir. SYN. –FAMILIER: se démolir, s'étriller. CONTR. *fraterniser, se réconcilier, se remettre, sympathiser* –FAMILIER: *se rabibocher, se raccommoder.*

déchirure *nom féminin*

/ Partie déchirée d'un tissu. SYN. accroc, déchiqueture, trou.

/ LITTÉRAIRE. Grande douleur morale. SYN. blessure, déchirement, deuil, douleur –LITTÉRAIRE: arrachement, crève-cœur, navrement, plaie.

déchoir *verbe*

/ LITTÉRAIRE. Tomber d'un rang supérieur. SYN. rétrograder, se déclasser, s'enliser –FAMILIER: dégringoler, s'enfoncer. CONTR. *monter, se hausser, se réhabiliter, s'élever.*

/ LITTÉRAIRE. Perdre de sa valeur. SYN. chuter, décliner, s'abaisser, s'affaiblir, s'avilir, se rabaisser.

déchu *adjectif*

/ Qui a perdu son rang. SYN. avili, damné, déclassé, réprouvé.

décidé *adjectif*

/ Qui fait preuve de détermination. SYN. affirmé, assuré, audacieux, certain, confiant, convaincu, déterminé, énergique, entreprenant, ferme, hardi, prêt, résolu, tranchant, volontaire. CONTR. *craintif, embarrassé, hésitant, indécis, irrésolu, perplexe, timide, velléitaire, veule* – LITTÉRAIRE : *pusillanime.*

décidément *adverbe*

/ Tout compte fait. SYN. au bout du compte, effectivement, en définitive, en dernière analyse, en fin de compte, finalement, pour tout dire, réellement.

décider *verbe*

/ Se déterminer à faire quelque chose. SYN. arrêter, choisir, convenir, décréter, fixer, jurer, régler, résoudre.

/ Prendre une décision. SYN. arbitrer, déterminer, statuer, trancher. CONTR. *balancer, hésiter, tergiverser* – FAMILIER : *se tâter.*

/ Être décisif. SYN. commander, l'emporter.

/ Inciter quelqu'un à. SYN. convaincre, entraîner, persuader, pousser.

décider (se) *verbe pronominal*

/ Être choisi, en parlant d'une action. SYN. se régler.

/ Prendre une résolution. SYN. choisir, opter pour, se déterminer, se prononcer pour, se résoudre à. CONTR. *balancer, hésiter, reculer, s'abstenir, tergiverser* – FAMILIER : *barguigner, se tâter.*

décimer *verbe*

/ Faire périr en grand nombre. SYN. anéantir, exterminer, faucher, massacrer – LITTÉRAIRE : immoler.

décisif *adjectif*

/ Qui résout une difficulté. SYN. concluant, convaincant, définitif, démonstratif, déterminant, incontestable, indiscutable, irréfutable, péremptoire, probant. CONTR. *contestable, discutable, douteux, faible.*

/ Se dit d'un moment capital. SYN. capital, cardinal, central, critique, crucial, déterminant, important, principal, vital. CONTR. *accessoire, négligeable, secondaire.*

décision *nom féminin*

/ Acte établi par une autorité. SYN. arrêt, arrêté, décret, ordonnance, règlement, sentence.

/ Action de décider. SYN. choix, conclusion, intention, parti, propos, résolution. CONTR. *hésitation, tergiversation.*

/ Qualité de celui qui est résolu. SYN. audace, caractère, détermination, énergie, fermeté, hardiesse, volonté – FAMILIER : cran. CONTR. *embarras, incertitude, indécision, indétermination, irrésolution, perplexité.*

déclamateur *nom*

/ Orateur au style ampoulé. SYN. beau parleur, discoureur, phraseur – LITTÉRAIRE : rhéteur.

déclamatoire *adjectif*

/ Plein d'emphase. SYN. ampoulé, boursouflé, emphatique, grandiloquent, hyperbolique, pompeux, ronflant, sentencieux, théâtral – FAMILIER : pontifiant. CONTR. *familier, naturel, simple.*

déclamer *verbe*

/ Dire à haute voix. SYN. débiter, dire, prononcer, réciter.

déclaration *nom féminin*

/ Action de déclarer. SYN. affirmation, allégation, communication, manifestation, proclamation, révélation – LITTÉRAIRE : aveu.

/ Discours par lequel on déclare. SYN. adresse, allocution, annonce, attestation, avis, communication, communiqué, dire, manifeste, message, proclamation, propos.

déclaré *adjectif*

/ Qui se manifeste clairement. SYN. avoué, certain, clair, connu, décidé, formel, manifeste, notoire, patent. CONTR. *caché, masqué, sourd.*

déclarer *verbe*

/ Faire connaître quelque chose. SYN. affirmer, annoncer, confesser, dévoiler, dire, prétendre, proclamer, publier, révéler. CONTR. *cacher, dissimuler, nier, occulter, taire.*

déclarer (se) *verbe pronominal*

/ Commencer à se manifester. SYN. apparaître, éclater, se déclencher, survenir.

/ Donner son opinion. SYN. se prononcer, voter.

déclasser *verbe*

/ Défaire un classement. SYN. déranger. CONTR. *cataloguer, classer, classifier, disposer, ordonner, ranger.*

déclasser (se) *verbe pronominal*

/ Occuper un rang inférieur. SYN. rétrograder –FAMILIER: dégringoler –LITTÉRAIRE: déchoir. CONTR. *monter, se hausser, se hisser, s'élever.*

déclenchement *nom masculin*

/ Action de déclencher. SYN. amorce, commencement. CONTR. *arrêt, disparition.*

déclencher *verbe*

/ Provoquer brusquement. SYN. amener, amorcer, apporter, causer, commencer, déterminer, entraîner, éveiller, lancer, occasionner, opérer, produire, soulever, susciter. CONTR. *arrêter, cesser, empêcher, entraver, stopper.*

déclencher (se) *verbe pronominal*

/ Se mettre en mouvement. SYN. éclater, se déclarer, se produire, survenir.

déclin *nom masculin*

/ Fait de décliner. SYN. abaissement, affaiblissement, baisse, déchéance, décroissance, dégradation, délabrement, dépérissement, détérioration, diminution, ébranlement, régression, ruine –FAMILIER: dégringolade –LITTÉRAIRE: couchant, crépuscule, décrépitude. CONTR. *ascension, croissance, développement, épanouissement, essor, force, gloire, grandeur, progrès, renaissance, renouveau* –LITTÉRAIRE: *aurore, élévation, été.*

déclinant *adjectif*

/ Qui perd de sa force. SYN. défaillant, en fin de course, expirant, faiblissant, pâlissant –LITTÉRAIRE: mourant, vacillant. CONTR. *énergique, fort, vert, vif, vigoureux* –FAMILIER: *vaillant.*

décliner *verbe intransitif*

/ Perdre des forces. SYN. dégénérer, dépérir, faiblir, fléchir, péricliter, régresser, s'affaiblir, s'éteindre, s'étioler, tomber –FAMILIER: baisser, dégringoler, se ramollir –LITTÉRAIRE: déchoir, défaillir, s'abâtardir. CONTR. *augmenter, croître, progresser, rajeunir, remonter, s'accroître, se développer, se fortifier, s'élever, s'épanouir.*

/ Laisser place à la nuit. SYN. baisser, décroître, descendre, diminuer, faiblir. CONTR. *monter.*

décliner *verbe transitif*

/ Refuser quelque chose. SYN. dédaigner, écarter, récuser, refuser, rejeter, repousser. CONTR. *accepter, adhérer, agréer, s'attribuer, vouloir* –LITTÉRAIRE: *s'arroger.*

déclivité *nom féminin*

/ État de ce qui est en pente. SYN. inclinaison, pente, rampe. CONTR. *aplomb, horizontalité.*

décocher *verbe*

/ Donner un coup avec force. SYN. assener, asséner –FAMILIER: administrer, envoyer, ficher, flanquer –POPULAIRE: balancer, foutre.

décodage *nom masculin*

/ Action de décoder un énoncé. SYN. déchiffrement, décryptement. CONTR. *codage, encodage.*

décoder *verbe*

/ Traduire un énoncé codé. SYN. déchiffrer, décrypter, lire. CONTR. *coder, crypter, encoder.*

décoiffer *verbe*

/ Déranger la coiffure. SYN. dépeigner, ébouriffer –LITTÉRAIRE: écheveler. CONTR. *coiffer, peigner, recoiffer, repeigner.*

/ Ôter ce qui recouvre un objet. SYN. déboucher, décacheter, décapsuler, ouvrir. CONTR. *boucher, coiffer, fermer.*

décoincer *verbe*

/ Dégager quelque chose. SYN. débloquer, dégeler, desserrer, libérer, rouvrir. CONTR. *barrer, bloquer, caler, coincer, geler.*

décollage *nom masculin*

/ Action de décoller. SYN. élan, envol, envolée. CONTR. *atterrissage.*

décoloré *adjectif*

/ Dont la couleur s'est effacée. SYN. fadasse, fade, pâle, terni. CONTR. *coloré, sombre.*

décolorer *verbe*

/ Enlever de la couleur. SYN. blanchir, défraîchir, déteindre, faner, ternir. CONTR. *brunir, colorer, raviver, teinter* –LITTÉRAIRE: *teindre.*

décolorer (se) *verbe pronominal*

/ Perdre sa couleur. SYN. déteindre, pâlir, passer, se ternir.

décombres *nom masculin pluriel*

/ Débris d'un édifice. SYN. déblais, gravats, gravois, plâtras, restes, ruines.

/ LITTÉRAIRE. Ruines de ce qui a existé. SYN. souvenirs, vestiges –LITTÉRAIRE: reliques.

décomposé *adjectif*
/ Qui a subi un pourrissement. SYN. faisandé, pourri, putréfié –LITTÉRAIRE : corrompu, putride.
/ Profondément modifié. SYN. bouleversé, défait, déformé.

décomposer *verbe*
/ Diviser un tout en ses éléments simples. SYN. analyser, désagréger, désintégrer, disséquer, dissocier, scinder. CONTR. *combiner, composer.*
/ Altérer une matière. SYN. gâter, pourrir, putréfier –LITTÉRAIRE : corrompre.
/ Modifier l'expression de quelqu'un. SYN. altérer, défaire.

décomposer (se) *verbe pronominal*
/ S'altérer profondément. SYN. croupir, pourrir, se putréfier.

décomposition *nom féminin*
/ Action de décomposer. SYN. analyse, dissociation.
/ Altération d'une matière. SYN. altération, corruption, faisandage, pourrissement, pourriture, putréfaction, putrescence.
/ Profonde désorganisation. SYN. déliquescence, désorganisation –LITTÉRAIRE : décrépitude, dégénérescence.

décompte *nom commun*
/ Décomposition d'une somme. SYN. compte, facture.
/ Déduction à faire. SYN. déduction, défalcation, réduction, soustraction.

décompter *verbe*
/ Soustraire une somme d'un compte. SYN. déduire, défalquer, rabattre, retenir, retrancher. CONTR. *ajouter.*

déconcertant *adjectif*
/ Qui déconcerte. SYN. ahurissant, bizarre, confondant, curieux, déroutant, embarrassant, étonnant, étrange, imprévisible, imprévu, incompréhensible, inexplicable, inquiétant, stupéfiant, surprenant, troublant –FAMILIER : sciant, sidérant, soufflant. CONTR. *habituel, naturel, normal, ordinaire, usuel.*

déconcerter *verbe*
/ Troubler quelqu'un. SYN. confondre, déboussoler, décontenancer, démonter, démoraliser, dérouter, désarçonner, désorienter, embarrasser, étonner, interloquer, laisser pantois, surprendre, troubler. CONTR. *raffermir, rassurer, tranquilliser* –LITTÉRAIRE : *rasséréner.*

déconfit *adjectif*
/ Qui est décontenancé. SYN. confondu, confus, démonté, dépité, interdit, pantois, penaud. CONTR. *arrogant, assuré, audacieux, hardi, rassuré.*

déconfiture *nom féminin*
/ Échec total. SYN. catastrophe, chute, culbute, débâcle, défaite, déroute, échec, faillite, gifle, insuccès, malheur, naufrage, revers, ruine –FAMILIER : claque, fessée, fiasco, loupé, pile, piquette, plongeon, raclée, ratage, veste –LITTÉRAIRE : infortune –POPULAIRE : bide, déculottée, gamelle, plantage, volée. CONTR. *réussite, succès, triomphe, victoire.*

déconseiller *verbe*
/ Conseiller de ne pas faire. SYN. décourager, détourner, dissuader. CONTR. *conseiller, engager, exhorter, inviter, préconiser, recommander.*

déconsidération *nom féminin*
/ LITTÉRAIRE. Perte de considération. SYN. avilissement, défaveur, dévalorisation, discrédit –LITTÉRAIRE : mésestime. CONTR. *considération, estime, faveur, respect, vénération* –LITTÉRAIRE : *crédit.*

déconsidérer *verbe*
/ Faire perdre la considération. SYN. avilir, dégrader, déprécier, discréditer, mésestimer, rabaisser. CONTR. *considérer, estimer, rehausser, valoriser.*

décontenancer *verbe*
/ Faire perdre contenance. SYN. ahurir, confondre, déboussoler, déconcerter, démonter, dépayser, dérouter, désarçonner, désemparer, désorienter, embarrasser, interloquer, intimider. CONTR. *raffermir, rassurer, tranquilliser* –LITTÉRAIRE : *rasséréner.*

décontracté *adjectif*
/ Qui est détendu. SYN. dégagé, relâché –FAMILIER : cool, relax, relaxe –POPULAIRE : peinard. CONTR. *contracté, crispé, guindé, inhibé, raide, tendu* –FAMILIER : *coincé.*
/ Habillé de façon confortable. SYN. sport –FAMILIER : cool. CONTR. *chic, élégant, guindé, habillé* –POPULAIRE : *fringué, sapé.*

décontracter *verbe*
/ Détendre un muscle. SYN. décrisper, relâcher. CONTR. *contracter, crisper, raidir, tendre.*
/ Faire cesser l'anxiété. SYN. détendre, relaxer.

décontracter (se) *verbe pronominal*
/ Être moins tendu. SYN. se détendre, se relaxer. CONTR. *se contracter.*

décontraction *nom féminin*
/ Fait de se décontracter. SYN. aisance, détente. CONTR. *contraction, raidissement.*

déconvenue *nom féminin*
/ Fait d'être déçu. SYN. déboire, déception, dépit, désappointement, désenchantement, désillusion –FAMILIER: douche –LITTÉRAIRE: mécompte. CONTR. *contentement, joie, satisfaction.*

décor *nom masculin*
/ Ce qui sert à décorer. SYN. cadre, décoration, ornementation.

décoratif *adjectif*
/ Qui décore. SYN. esthétique, ornemental. CONTR. *enlaidissant, laid.*
/ FAMILIER. Qui a de la prestance. SYN. éminent, intéressant, remarquable. CONTR. *banal, insignifiant, quelconque.*

décoration *nom féminin*
/ Action de décorer. SYN. embellissement, ornementation.
/ Ensemble de ce qui décore. SYN. ameublement, décor.
/ Marque honorifique. SYN. distinction, insigne, médaille, récompense.

décorer *verbe*
/ Orner d'éléments qui embellissent. SYN. agrémenter, égayer, embellir, enjoliver, enrichir, garnir, historier, orner –LITTÉRAIRE: parer.

décortiquer *verbe*
/ Débarrasser de son écorce. SYN. écaler, écorcer, émonder, monder.
/ Analyser minutieusement. SYN. éplucher, examiner.

décorum *nom masculin*
/ Ensemble des règles de bienséance. SYN. cérémonial, étiquette, protocole, rite, savoir-vivre.
/ Aspect extérieur pompeux. SYN. apparat, faste, luxe, magnificence –LITTÉRAIRE: pompe, somptuosité. CONTR. *simplicité, sobriété.*

découdre *verbe*
/ Défaire ce qui était cousu. SYN. débâtir, défaufiler, dépiquer. CONTR. *coudre, faufiler, recoudre.*

découler *verbe*
/ Dériver de quelque chose. SYN. couler, dériver, émaner, naître, procéder, provenir, résulter, se rattacher, s'ensuivre, sortir, venir –LITTÉRAIRE: ressortir. CONTR. *causer, provoquer, susciter.*

découpé *adjectif*
/ Dont le contour a des entailles. SYN. crénelé, déchiqueté, dentelé, échancré, festonné.

découper *verbe*
/ Diviser en morceaux. SYN. couper, débiter, démembrer, dépecer, détailler, partager, sectionner, segmenter, trancher, tronçonner.

découper (se) *verbe pronominal*
/ Trancher sur un fond. SYN. ressortir, se dessiner, se détacher, se profiler –LITTÉRAIRE: se silhouetter.

découpure *nom féminin*
/ Entaille dans un contour. SYN. crénelure, dentelure, échancrure, feston.

découragé *adjectif*
/ Qui a perdu courage. SYN. abattu, accablé, anéanti, démoralisé, refroidi –FAMILIER: écœuré. CONTR. *confiant, euphorique.*

décourageant *adjectif*
/ Qui décourage. SYN. accablant, décevant, démoralisant, désespérant, lassant, rebutant –FAMILIER: dégoûtant, écœurant. CONTR. *encourageant, réconfortant, séduisant, tentant.*

découragement *nom masculin*
/ Perte de courage. SYN. abattement, accablement, anéantissement, démoralisation, dépression, désespoir, faiblesse, lassitude –FAMILIER: écœurement. CONTR. *courage, encouragement, énergie, espérance, espoir, fermeté, joie, jubilation, optimisme, réconfort.*

découragér *verbe*

/ Abattre l'énergie de. SYN. accabler, briser, dégoûter, démoraliser, déprimer, désespérer, fatiguer, lasser, rebuter –FAMILIER: doucher, écœurer. CONTR. *animer, chauffer, enhardir, exalter, galvaniser, raffermir, ranimer, réconforter, regonfler, remonter, stimuler* –FAMILIER: *ravigoter, requinquer.*

/ Détourner d'un projet. SYN. déconseiller, dissuader, refroidir, retenir. CONTR. *encourager, engager, exhorter, inciter, pousser.*

décousu *adjectif*

/ Qui est sans logique. SYN. chaotique, confus, désordonné, disloqué, incohérent. CONTR. *clair, cohérent, lié, logique, ordonné, suivi.*

découverte *nom féminin*

/ Action de découvrir quelque chose. SYN. exploration, initiation, révélation –FAMILIER: pêche.

/ Ce qui est découvert. SYN. invention, trouvaille.

découvrir *verbe*

/ Enlever ce qui protège. SYN. dégarnir, exhumer, exposer, relever. CONTR. *protéger.*

/ Laisser voir. SYN. démasquer, dénuder, déshabiller, dévoiler, divulguer, étaler, montrer, révéler. CONTR. *cacher, couvrir, dissimuler, masquer* –LITTÉRAIRE: *celer.*

/ Commencer à voir au loin. SYN. apercevoir, aviser, discerner, distinguer, remarquer, repérer, sentir, voir.

/ Être le premier à trouver quelque chose. SYN. concevoir, créer, imaginer, inventer, trouver.

/ Apprendre quelque chose. SYN. constater, déceler, dépister, détecter, deviner, éventer, observer, pénétrer, percer, repérer, saisir, s'apercevoir, s'aviser, sentir.

découvrir (se) *verbe pronominal*

/ S'habiller moins. SYN. se déshabiller, se dévêtir. CONTR. *se couvrir, se vêtir, s'habiller.*

/ Trouver en soi ce qu'on ignorait avoir. SYN. se montrer, se révéler.

/ Devenir plus clair. SYN. se dégager, s'éclaircir. CONTR. *s'assombrir, se couvrir.*

décrassage *nom masculin*

/ Action de décrasser. SYN. décapage, nettoyage. CONTR. *encrassement.*

décrasser *verbe*

/ Ôter la crasse. SYN. débarbouiller, décaper, désencrasser, laver, nettoyer. CONTR. *barbouiller, encrasser, salir, tacher* –LITTÉRAIRE: *souiller.*

/ Tirer de l'ignorance. SYN. dégourdir, dégrossir, former, instruire –FAMILIER: décrotter.

décrépit *adjectif*

/ Atteint de décrépitude. SYN. sénile, usé –FAMILIER: ramolli. CONTR. *fort, jeune, robuste, vert, vigoureux* –VIEUX: *gaillard.*

/ Qui est délabré. SYN. croulant, déliquescent, ruiné, vétuste. CONTR. *moderne, nouveau, solide.*

décrépitude *nom féminin*

/ Délabrement physique. SYN. déchéance, gâtisme, sénilité, usure. CONTR. *force, jeunesse, robustesse, verdeur, vigueur.*

/ LITTÉRAIRE. Décadence d'une société. SYN. agonie, déclin, décomposition, déliquescence –LITTÉRAIRE: couchant, dégénérescence. CONTR. *essor, progrès, prospérité.*

décret *nom masculin*

/ Acte réglementaire. SYN. arrêt, décision, règlement, verdict.

décréter *verbe*

/ Déclarer avec autorité. SYN. affirmer, décider, édicter, jurer, prescrire, promulguer, prononcer, se jurer.

décrier *verbe*

/ Dénoncer comme mauvais. SYN. critiquer, décaper, dénigrer, déprécier, diffamer, discréditer, traîner dans la boue –LITTÉRAIRE: dauber, déchirer, noircir, vilipender. CONTR. *admirer, aduler, apprécier, approuver, célébrer, estimer, exalter, féliciter, flatter, louer, recommander, vanter* –LITTÉRAIRE: *chanter, congratuler, encenser, flagorner, louanger.*

décrire *verbe*

/ Faire la description de. SYN. brosser, camper, dépeindre, exposer, peindre, raconter, représenter, retracer, tracer.

décrocher *verbe*

/ Enlever ce qui est accroché. SYN. dépendre, détacher, enlever, ôter. CONTR. *accrocher, fixer, pendre, raccrocher, suspendre.*

/ FAMILIER. Obtenir quelque chose. SYN. gagner, obtenir, remporter, se procurer.

décroissance *nom féminin*
/ Action de décroître. SYN. baisse, déclin, diminution, ralentissement, réduction, régression. CONTR. *accroissement, aggravation, augmentation, croissance, exacerbation, grandissement, montée, recrudescence.*

décroissant *adjectif*
/ Qui décroît. SYN. descendant. CONTR. *croissant, grandissant.*

décroître *verbe*
/ Diminuer progressivement. SYN. baisser, décliner, diminuer, faiblir, régresser, s'affaiblir, s'amenuiser, s'amoindrir, s'atrophier, s'estomper, s'éteindre, tomber –LITTÉRAIRE: défaillir, se mourir. CONTR. *allonger, augmenter, croître, gonfler, grandir, grossir, monter, s'accroître, s'élever, s'intensifier.*

décrotter *verbe*
/ FAMILIER. Rendre moins ignorant. SYN. décrasser, dégourdir, dégrossir, former.

décrypter *verbe*
/ Traduire ce qui est obscur. SYN. déchiffrer, décoder, lire.

déçu *adjectif*
/ Qui éprouve une déception. SYN. dépité, désabusé, désappointé, désenchanté, échaudé, frustré, insatisfait, mécontent. CONTR. *comblé, content, satisfait.*
/ Qui ne s'est pas réalisé. SYN. frustré, trahi, trompé.

déculottée *nom féminin*
/ POPULAIRE. Défaite totale. SYN. déconfiture, défaite, revers –FAMILIER: claque, fessée, fiasco, pile, piquette, plongeon, raclée, veste –POPULAIRE: dégelée, volée.

dédaignable *adjectif*
/ Qui mérite d'être dédaigné. SYN. méprisable, négligeable. CONTR. *appréciable, désirable, estimable.*

dédaigner *verbe*
/ Traiter avec dédain. SYN. faire fi de, fouler aux pieds, jeter au rebut, méconnaître, mépriser, mettre au rebut, négliger, rire, se désintéresser, se moquer, se rire –FAMILIER: mettre au rancart. CONTR. *admirer, adorer, aimer, apprécier, chérir, considérer, courtiser, estimer, goûter, prendre en compte, profiter, respecter, s'engouer de, vénérer.*
/ Refuser quelque chose. SYN. décliner, rejeter, repousser. CONTR. *accepter, ambitionner, condescendre, consentir, convoiter, daigner, désirer, s'adonner, s'attribuer, vouloir* –LITTÉRAIRE: *s'arroger, se délecter.*

dédaigneux *adjectif*
/ Qui manifeste du dédain. SYN. arrogant, condescendant, fier, hautain, méprisant, rogue, supérieur. CONTR. *admiratif, courtois, déférent, effacé, humble, modeste, respectueux* –LITTÉRAIRE: *révérencieux.*

dédain *nom masculin*
/ Mépris orgueilleux. SYN. arrogance, condescendance, dérision, hauteur, mépris, morgue –LITTÉRAIRE: fierté. CONTR. *admiration, adoration, affabilité, amour, considération, déférence, égards, engouement, enthousiasme, estime, respect, vénération.*

dédale *nom masculin*
/ Lieu où l'on peut s'égarer. SYN. écheveau, labyrinthe, méandre –LITTÉRAIRE: repli.
/ Ensemble compliqué. SYN. enchevêtrement, lacis, maquis. CONTR. *clarté, simplicité.*

dédaléen *adjectif*
/ Qui fait l'effet d'un dédale. SYN. embrouillé, enchevêtré, indémêlable, inextricable –FAMILIER: entortillé –LITTÉRAIRE: labyrinthique. CONTR. *clair, limpide, simple.*

dedans *nom masculin*
/ Partie à l'intérieur. SYN. intérieur. CONTR. *dehors, extérieur.*

dédier *verbe*
/ Destiner quelque chose à. SYN. adresser, dédicacer, donner, offrir, vouer.

dédire (se) *verbe pronominal*
/ Revenir sur une affirmation. SYN. se désavouer, se raviser, se rétracter. CONTR. *confirmer, maintenir, ne pas démordre de.*
/ LITTÉRAIRE. Ne pas tenir son engagement. SYN. manquer à, se délier –LITTÉRAIRE: faillir à. CONTR. *remplir, s'acquitter, tenir sa promesse.*

dédommagement *nom masculin*
/ Réparation d'un dommage. SYN. compensation, consolation, contrepartie, indemnité.

dédommager *verbe*
- Fournir une compensation. SYN. compenser, indemniser, payer.

dédoubler (se) *verbe pronominal*
- Se partager en deux. SYN. se diviser, se séparer. CONTR. *fusionner.*

déductif *adjectif*
- Qui procède par déduction. SYN. discursif, systématique. CONTR. *intuitif.*

déduction *nom féminin*
- Action de soustraire une somme. SYN. abattement, décompte, défalcation, réduction, remise, soustraction, suppression. CONTR. *addition.*
- Action de déduire par raisonnement. SYN. conclusion, conséquence, synthèse. CONTR. *intuition.*

déduire *verbe*
- Soustraire une somme. SYN. décompter, défalquer, rabattre, retenir, retirer, retrancher, soustraire. CONTR. *adjoindre, ajouter.*
- Tirer comme conséquence. SYN. arguer, conclure, inférer.

déesse *nom féminin*
- Femme très belle. SYN. beauté, reine de beauté –LITTÉRAIRE: vénus.

défaillance *nom féminin*
- Fait de faire défaut. SYN. absence, éclipse, insuffisance, manque, trou. CONTR. *excès.*
- Faiblesse momentanée. SYN. affaiblissement, déficience, étourdissement, évanouissement, malaise, pâmoison, syncope –LITTÉRAIRE: faiblesse.

défaillant *adjectif*
- Qui a une faiblesse. SYN. affaibli, chancelant, débile, déclinant, déficient, faible, faiblissant, tremblant. CONTR. *énergique, ferme, fort, résistant, robuste, solide, vigoureux.*
- Qui fait défaut. SYN. absent, manquant. CONTR. *présent.*

défaillir *verbe*
- LITTÉRAIRE. Perdre connaissance. SYN. chanceler, se trouver mal, s'évanouir, tomber en pâmoison –FAMILIER: tomber dans les pommes, tourner de l'œil –LITTÉRAIRE: faiblir, se pâmer –POPULAIRE: tomber dans les vapes –VIEUX: avoir ses vapeurs. CONTR. *revenir à soi, se remettre.*
- LITTÉRAIRE. Venir à manquer. SYN. baisser, décliner, décroître, diminuer, fléchir, mollir. CONTR. *augmenter, redoubler, revenir, s'affermir.*

défaire *verbe*
- Remettre à l'état premier. SYN. débâtir, découdre, déficeler, délier, démolir, démonter, déplisser, détortiller. CONTR. *assembler, composer, constituer, faire.*
- Mettre en désordre. SYN. démolir, déranger, désorganiser. CONTR. *arranger, ordonner.*
- Sortir quelque chose d'un emballage. SYN. déballer, dépaqueter, ouvrir –VIEUX: développer. CONTR. *emballer, empaqueter, envelopper, fermer, paqueter.*
- Desserrer un vêtement. SYN. dégrafer, dénouer, enlever, ôter. CONTR. *agrafer, attacher, fermer, lier, mettre, nouer.*
- Faire perdre une habitude. SYN. corriger, débarrasser, délivrer, libérer.
- Mettre en déroute. SYN. battre, triompher, vaincre.

défaire (se) *verbe pronominal*
- Congédier quelqu'un. SYN. chasser, congédier, démettre, destituer, éconduire, exclure, remercier, renvoyer –FAMILIER: blackbouler, débarquer, déboulonner, dégommer, démissionner, vider –POPULAIRE: balancer. CONTR. *accueillir, engager, inviter, recevoir.*
- Se débarrasser de quelque chose. SYN. perdre, renoncer, sacrifier, se dégager, se délivrer, se dessaisir, se détacher de, se passer, se séparer de –LITTÉRAIRE: se déprendre. CONTR. *acquérir, conserver, contracter, garder, se procurer.*
- Enlever un vêtement. SYN. enlever, se déboutonner, se déshabiller. CONTR. *mettre.*

défait *adjectif*
- Altéré par la fatigue. SYN. décomposé, hâve. CONTR. *reposé.*

défaite *nom féminin*
- Revers subi par une armée. SYN. débâcle, débandade, déconfiture, déroute. CONTR. *triomphe, victoire.*
- Échec d'une entreprise. SYN. catastrophe, culbute, débâcle, déconfiture, déroute, échec, faillite, gifle, insuccès, naufrage, re-

vers –FAMILIER: claque, fessée, fiasco, loupé, pile, piquette, plongeon, raclée, ratage, veste –LITTÉRAIRE: infortune –POPULAIRE: bide, déculottée, gamelle, plantage, volée. CONTR. *réussite, succès, triomphe, victoire.*

défalcation *nom féminin*

/ Action de défalquer. SYN. abattement, décompte, déduction, remise, retranchement, soustraction. CONTR. *addition, adjonction.*

défalquer *verbe*

/ Déduire d'un total. SYN. décompter, ôter, rabattre, retenir, retrancher, soustraire. CONTR. *adjoindre, ajouter.*

défausser *verbe*

/ Redresser quelque chose. SYN. détordre. CONTR. *courber, fausser, plier, tordre* –LITTÉRAIRE: *ployer.*

défaut *nom masculin*

/ Ce qui perturbe un bon fonctionnement. SYN. anomalie, défectuosité, dysfonctionnement, ennui, faille, inconvénient.

/ Manque de ce qui est nécessaire. SYN. absence, carence, insuffisance, omission, pénurie –LITTÉRAIRE: disette. CONTR. *excès, pléthore.*

/ Imperfection matérielle. SYN. crapaud, malfaçon, paille, tache, tare, vice. CONTR. *perfection.*

/ Imperfection physique. SYN. difformité, malformation. CONTR. *perfection.*

/ Imperfection morale. SYN. déficience, indigence, tort, travers, vice. CONTR. *qualité, vertu.*

défaveur *nom féminin*

/ Perte de faveur. SYN. dévalorisation, discrédit –LITTÉRAIRE: déconsidération, disgrâce, mésestime. CONTR. *estime, faveur, grâce, popularité, sympathie, vogue* –LITTÉRAIRE: *crédit.*

défavorable *adjectif*

/ Mal disposé envers quelqu'un. SYN. ennemi, hostile, opposé. CONTR. *élogieux, favorable, propice.*

/ Qui est nuisible. SYN. désavantageux, dommageable, funeste, maléfique, malsain, mauvais, néfaste, pernicieux. CONTR. *avantageux, bénéfique, bon, excellent, heureux.*

défavorisé *adjectif*

/ Désavantagé par rapport à. SYN. lésé. CONTR. *privilégié.*

défavoriser *verbe*

/ Traiter de façon désavantageuse. SYN. désavantager, déshériter, desservir, frustrer, handicaper, léser, plomber. CONTR. *avantager, encourager, favoriser, privilégier, protéger.*

défection *nom féminin*

/ Action d'abandonner une cause. SYN. abandon, désertion, trahison –FAMILIER: lâchage. CONTR. *constance, fidélité, soutien.*

défectueux *adjectif*

/ Qui a des défauts. SYN. déficient, fautif, imparfait, incorrect, insuffisant, manqué, mauvais, raté –FAMILIER: faiblard. CONTR. *bon, convenable, correct, exact, excellent, impeccable, irréprochable, juste, parfait.*

défectuosité *nom féminin*

/ État de ce qui est défectueux. SYN. défaut, faiblesse, imperfection, insuffisance, lacune, malfaçon, manque. CONTR. *excellence, mérite, perfection, qualité.*

défendable *adjectif*

/ Qui peut être défendu. SYN. compréhensible, excusable, justifiable, soutenable. CONTR. *indéfendable, injustifiable, insoutenable.*

défendre *verbe*

/ Assurer une protection contre. SYN. abriter, assister, garantir, préserver, protéger, sauvegarder, sauver, secourir, soutenir. CONTR. *agresser, assaillir, attaquer, exposer.*

/ Soutenir quelqu'un, quelque chose. SYN. appuyer, couvrir, disculper, intercéder, intervenir, justifier, maintenir, plaider. CONTR. *accuser, attaquer, blâmer, calomnier, incriminer, inculper, livrer, trahir, vitupérer* –LITTÉRAIRE: *baver.*

/ Interdire quelque chose. SYN. empêcher, mettre à l'index, prohiber, proscrire. CONTR. *autoriser, commander, conseiller, consentir, ordonner, permettre, prescrire, recommander, sommer, tolérer* –LITTÉRAIRE: *enjoindre.*

défendre (se) *verbe pronominal*

/ Repousser une attaque. SYN. lutter, se battre. CONTR. *capituler, mollir, reculer.*

/ Se protéger contre quelque chose. SYN. se garder, se garer, se prémunir.
/ FAMILIER. Se tirer d'affaire. SYN. réagir, résister, se rebeller – FAMILIER: se rebiffer.
/ Être acceptable. SYN. se justifier, se soutenir.
/ S'empêcher de faire quelque chose. SYN. désavouer, éviter, nier, s'abstenir, se garder de, s'interdire. CONTR. *accepter, avouer, consentir, convenir, ne pas pouvoir s'empêcher de, se prêter à.*

défendu *adjectif*
/ Qui fait l'objet d'une interdiction. SYN. illégal, illicite, interdit, prohibé, proscrit, tabou. CONTR. *autorisé, légal, licite, permis, toléré.*

défense *nom féminin*
/ Action de défendre. SYN. garde, lutte, maintien, protection, réaction, résistance, riposte. CONTR. *accusation, agression, assaut, attaque, charge, offensive.*
/ Ce qui permet de défendre. SYN. excuse, justification, légitimation, plaidoyer, sauvegarde, soutien.
/ Fait d'interdire. SYN. interdiction, prohibition, proscription. CONTR. *autorisation, consentement, permission* – LITTÉRAIRE: *aveu.*

défenses *nom féminin pluriel*
/ Dispositifs de protection. SYN. fortifications, retranchements.

défenseur *nom masculin*
/ Personne qui assure une défense. SYN. apologiste, apôtre, avocat, champion, gardien, partisan, pilier, protecteur, soutien, tenant – LITTÉRAIRE: intercesseur, mainteneur, prôneur, souteneur, tuteur. CONTR. *accusateur, adversaire, agresseur, antagoniste, assaillant, attaquant, détracteur, ennemi, opposant.*

défensive *nom féminin*
/ Stratégie de défense. CONTR. *assaut, attaque, offensive.*

déférence *nom féminin*
/ Considération respectueuse. SYN. attention, considération, égard, estime, politesse, respect, vénération – LITTÉRAIRE: révérence. CONTR. *aplomb, arrogance, dédain, dérision, désinvolture, effronterie, impertinence, impolitesse, insolence, mépris, mésestime* – LITTÉRAIRE: *irrespect, irrévérence.*

déférent *adjectif*
/ Qui a de la déférence. SYN. courtois, humble, poli, respectueux – LITTÉRAIRE: révérencieux, urbain. CONTR. *cavalier, dédaigneux, déplacé, effronté, familier, impertinent, impudent, inconvenant, insolent, irrévérent, rogue, supérieur* – FAMILIER: *culotté* – LITTÉRAIRE: *irrespectueux, irrévérencieux.*

déférer *verbe transitif*
/ Traduire en justice. SYN. citer, livrer, porter. CONTR. *innocenter.*

déférer *verbe transitif indirect*
/ LITTÉRAIRE. Se conformer au désir de. SYN. acquiescer, obtempérer, se rendre.

déferlement *nom masculin*
/ Ce qui déferle. SYN. afflux, armée, cascade, débordement, déchaînement, déluge, flot, flux, foule, invasion, multitude, myriade, ouragan, quantité, vague – FAMILIER: cargaison, flopée, foultitude – LITTÉRAIRE: essaim.

déferler *verbe*
/ Se répandre avec impétuosité. SYN. affluer, se déchaîner, se presser, se répandre, se ruer.

défi *nom masculin*
/ Action de défier quelqu'un. SYN. bravade, fanfaronnade, insulte, provocation. CONTR. *déférence, obéissance, respect, soumission.*

défiance *nom féminin*
/ Manque de confiance. SYN. doute, incrédulité, méfiance, scepticisme, soupçon, suspicion. CONTR. *assurance, confiance, crédulité, foi, sécurité, tranquillité* – LITTÉRAIRE: *crédit.*

défiant *adjectif*
/ Qui se défie. SYN. jaloux, méfiant, ombrageux, sceptique, soupçonneux, suspicieux. CONTR. *assuré, confiant, crédule, sûr.*

déficeler *verbe*
/ Enlever la ficelle. SYN. déballer, défaire, délier, détacher. CONTR. *attacher, ficeler, lier.*

déficience *nom féminin*
/ Caractère insuffisant de. SYN. absence, asthénie, carence, défaillance, défaut, faiblesse, fragilité, imperfection, indigence, insuffisance, lacune, manque, néant, nullité, tare. CONTR. *abondance, excédent, excès, résistance.*

déficient *adjectif*

/ Qui présente une déficience. SYN. anémique, anormal, arriéré, chétif, débile, dégénéré, diminué, malingre, souffreteux. CONTR. *fort, infatigable, résistant, robuste, solide, vigoureux.*

/ Qui manque de solidité. SYN. défaillant, défectueux, faible, indigent, insuffisant, mauvais, médiocre. CONTR. *important, suffisant.*

déficit *nom masculin*

/ Manque important. SYN. perte. CONTR. *bénéfice, boni, excédent, gain, profit.*

déficitaire *adjectif*

/ Qui présente un déficit. CONTR. *bénéficiaire, excédentaire.*

défier *verbe*

/ Refuser de se soumettre à. SYN. affronter, braver, menacer, narguer, résister à, s'attaquer, s'opposer à. CONTR. *céder à, se soumettre à, s'incliner devant.*

défier (se) *verbe pronominal*

/ LITTÉRAIRE. Ne pas avoir confiance en. SYN. douter, se méfier de –LITTÉRAIRE: se garder de. CONTR. *compter sur, croire, se fier à, se reposer sur, s'en remettre à.*

défigurer *verbe*

/ Donner une idée fausse de. SYN. altérer, caricaturer, déformer, dénaturer, falsifier, fausser, torturer, travestir –LITTÉRAIRE: déshonorer. CONTR. *reproduire, respecter, restituer.*

/ Enlaidir quelqu'un, quelque chose. SYN. abîmer, dégrader, enlaidir, estropier –FAMILIER: massacrer. CONTR. *arranger, embellir, façonner, former, redresser.*

défilé *nom masculin*

/ Passage étroit. SYN. col, gorge, passe.

défilé *nom masculin*

/ Succession continue. SYN. cascade, chapelet, cortège, file, procession, revue –FAMILIER: cavalcade, ribambelle –LITTÉRAIRE: séquelle, théorie.

défiler *verbe*

/ Se succéder régulièrement. SYN. passer, se dérouler.

défiler (se) *verbe pronominal*

/ FAMILIER. Fuir ses responsabilités. SYN. fuir, se dérober, s'esquiver –FAMILIER: filer, se dégonfler, s'éclipser –POPULAIRE: se carapater, se débiner.

défini *adjectif*

/ Aux caractéristiques précises. SYN. déterminé, fixé, net, précis. CONTR. *indécis, indéfini, indéterminé, vague* –FAMILIER: *vaseux, vasouillard.*

définir *verbe*

/ Préciser les caractéristiques de. SYN. délimiter, déterminer, fixer, préciser, spécifier.

définissable *adjectif*

/ Qui peut être défini. CONTR. *indéfinissable.*

définitif *adjectif*

/ Fixé une fois pour toutes. SYN. décisif, dernier, ferme, final, fixe, immuable, irrémédiable, irrévocable, sans appel, ultime. CONTR. *annulable, éphémère, informe, initial, momentané, partiel, précaire, provisoire, temporaire, transitoire.*

définitivement *adverbe*

/ De façon définitive. SYN. irrémédiablement, irrévocablement. CONTR. *provisoirement, temporairement* –LITTÉRAIRE: *transitoirement.*

déflagration *nom féminin*

/ Violente explosion. SYN. détonation, explosion.

défleuri *adjectif*

/ Qui a perdu ses feuilles. SYN. fané, flétri.

déflorer *verbe*

/ Faire perdre sa virginité. SYN. –FAMILIER: dépuceler.

/ Enlever de la nouveauté. SYN. gâcher, gâter.

défoncer *verbe*

/ Briser en enfonçant. SYN. emboutir, enfoncer, éventrer, labourer.

défoncer (se) *verbe pronominal*

/ FAMILIER. Donner toute son énergie. SYN. faire des pieds et des mains, s'affairer, s'agiter, se battre, se démener, se dépenser, se donner du mal, se donner un mal de chien, se multiplier, se remuer, s'échiner, s'escrimer, s'exténuer –FAMILIER: se bagarrer, se couper en quatre, se décarcasser, se mettre en quatre, se tuer, s'éreinter, s'esquinter. CONTR. *dormir, fainéanter, paresser, prendre son temps, se prélasser* –FAMILIER: *buller, flemmarder, lézarder, tirer sa flemme* –POPULAIRE: *glander, ne pas en fiche une rame, tirer au cul, tirer au flanc.*

déformation *nom féminin*

/ Fait de déformer quelque chose. SYN. altération, déviation, difformité, gondolage, travestissement. CONTR. *conformité.*

déformé *adjectif*

/ Qui a perdu sa forme. SYN. avachi, décomposé, difforme, disgracié –FAMILIER: fatigué.

déformer *verbe*

/ Altérer l'aspect de. SYN. altérer, contourner, défigurer, distordre, forcer, gauchir, tordre. CONTR. *dégauchir, détordre, rectifier, redresser.*

/ Représenter de façon inexacte. SYN. contrefaire, défigurer, dégrader, déguiser, dénaturer, dépraver, écorcher, falsifier, fausser, maquiller, mutiler, pervertir, torturer, trahir, travestir –LITTÉRAIRE: corrompre.

défoulement *nom masculin*

/ Fait de se défouler. SYN. libération. CONTR. *refoulement.*

défouler (se) *verbe pronominal*

/ Se libérer d'une tension. SYN. se débrider, se décharger, s'extérioriser. CONTR. *se contenir, se retenir.*

défraîchi *adjectif*

/ Qui a perdu sa fraîcheur. SYN. fané, flétri, passé, terni, usé, vieux –FAMILIER: fatigué. CONTR. *frais, neuf.*

défraîchir *verbe*

/ Faire perdre sa fraîcheur. SYN. décolorer, faner, flétrir, ternir. CONTR. *raviver.*

défrayer *verbe*

/ Payer les dépenses de. SYN. indemniser, rémunérer, rétribuer.

défrichement *nom masculin*

/ Action de défricher. SYN. déblayage, débroussaillage, débroussaillement.

défricher *verbe*

/ Rendre cultivable. SYN. déboiser, débroussailler, essarter. CONTR. *laisser en friche.*

/ Déblayer une question. SYN. déblayer, débrouiller, dégrossir, démêler.

défriper *verbe*

/ Faire qu'un tissu ne soit plus fripé. SYN. défroisser, lisser, repasser. CONTR. *friper, plisser.*

défriser *verbe*

/ FAMILIER. Contrarier quelqu'un. SYN. décevoir, désappointer, ennuyer –FAMILIER: chiffonner, embêter –POPULAIRE: emmerder. CONTR. *contenter, satisfaire.*

défroisser *verbe*

/ Remettre en état ce qui était froissé. SYN. défriper, déplisser, lisser, repasser. CONTR. *chiffonner, friper, froisser, plisser.*

défroque *nom féminin*

/ Vieux vêtement. SYN. accoutrement, guenille –LITTÉRAIRE: hardes.

défunt *adjectif*

/ LITTÉRAIRE. Qui a cessé d'être. SYN. disparu, mort, oublié, passé, révolu.

défunt *nom*

/ Personne décédée. SYN. décédé, disparu, mort –LITTÉRAIRE: trépassé.

dégagé *adjectif*

/ Qui a de l'aisance. SYN. aisé, assuré, décontracté, désinvolte, détendu, léger, libre, naturel. CONTR. *contracté, contraint, crispé, embarrassé, emprunté, gêné, gourd, tendu.*

/ Sans nuages. SYN. clair. CONTR. *brouillé, chargé, couvert, nébuleux, nuageux.*

/ Libéré d'une obligation. SYN. affranchi, dispensé, exempt, exempté, quitte.

dégagement *nom masculin*

/ Action d'enlever ce qui encombre. SYN. déblaiement, déblocage, enlèvement, extraction.

/ Fait de se répandre (odeur). SYN. échappement, effluve, émanation, exhalaison.

/ Espace permettant de communiquer. SYN. corridor, couloir, issue.

dégager *verbe*

/ Débarrasser de ce qui encombre. SYN. déblayer, délivrer, désencombrer, désobstruer, libérer, retirer, sortir. CONTR. *barrer, bloquer, boucher, encombrer, engorger, fermer* –LITTÉRAIRE: *clore.*

/ Libérer d'une obligation. SYN. affranchir, décharger, délier, délivrer, détacher, dispenser, relever. CONTR. *assujettir* –LITTÉRAIRE: *astreindre.*

/ Laisser libre ou visible. SYN. décolleter, dénuder, montrer.

/ Faire ressortir quelque chose. SYN. extraire, isoler, puiser, tirer.

/ Produire une émanation. SYN. émettre, exhaler, libérer, répandre. CONTR. *arrêter.*

dégager (se) *verbe pronominal*

/ Se libérer d'une contrainte. SYN. rompre, s'affranchir, se débarrasser, se défaire, se délivrer –FAMILIER: se dépêtrer –LITTÉRAIRE: se déprendre. CONTR. *se lier, s'embarrasser, s'empêtrer, s'engager.*

/ Se répandre. SYN. émaner, jaillir, s'échapper, s'exhaler –LITTÉRAIRE: sourdre.

/ Ressortir de quelque chose. SYN. apparaître, éclater, émerger, se manifester, se montrer, sortir.

/ Être sans nuages. SYN. se découvrir, se lever, s'éclaircir. CONTR. *s'assombrir, se brouiller, se couvrir.*

dégaine *nom féminin*

/ FAMILIER. Façon de se tenir. SYN. air, allure, attitude, contenance, démarche, maintien, port –FAMILIER: touche.

dégarni *adjectif*

/ Qui a perdu ses cheveux. SYN. chauve. CONTR. *chevelu.*

/ Devenu moins touffu. SYN. nu, pelé –LITTÉRAIRE: chauve. CONTR. *fourni, garni.*

dégarnir *verbe*

/ Vider de ce qui garnit. SYN. débarrasser, déménager, démeubler, dénuder, déshabiller. CONTR. *alimenter, approvisionner, garnir, meubler, pourvoir.*

dégât *nom masculin*

/ Dommage important. SYN. avarie, destruction, détérioration, dévastation, endommagement, méfait, ravage, ruine, saccage, sinistre.

dégel *nom masculin*

/ Fonte des neiges. SYN. débâcle, redoux. CONTR. *congélation, gel.*

/ Reprise des relations. SYN. décrispation, détente, libéralisation.

dégelée *nom féminin*

/ POPULAIRE. Volée de coups. SYN. tripotée, volée –FAMILIER: pile, raclée, rossée, tabassée –POPULAIRE: dérouillée, pâtée, peignée, rouste, tannée, torgnole, tournée, trempe –VIEUX: frottée.

/ POPULAIRE. Défaite cuisante. SYN. raclée –FAMILIER: fessée, fiasco, four, pile, piquette –POPULAIRE: déculottée, veste, volée.

dégeler *verbe*

/ Faire fondre ce qui est gelé. SYN. déglacer, liquéfier. CONTR. *congeler, figer, geler.*

/ Mettre à l'aise. SYN. animer, dérider, réchauffer, réveiller –FAMILIER: décoincer. CONTR. *glacer.*

/ Rendre une situation moins tendue. SYN. débloquer, détendre. CONTR. *bloquer, geler, immobiliser.*

dégénéré *adjectif*

/ Qui a perdu ses qualités. SYN. décadent, déficient, déliquescent –LITTÉRAIRE: abâtardi. CONTR. *florissant, fort, robuste, sain, vigoureux.*

dégénérer *verbe*

/ Perdre ses qualités. SYN. baisser, décliner, régresser, s'avilir, se dévaluer –FAMILIER: se ramollir –LITTÉRAIRE: s'abâtardir, se corrompre. CONTR. *progresser, s'améliorer, se régénérer, s'élever.*

/ Évoluer mal. SYN. aller de mal en pis, s'aggraver, se compliquer, se dégrader. CONTR. *s'arranger, se calmer* –FAMILIER: *se tasser.*

dégénérescence *nom féminin*

/ LITTÉRAIRE. Diminution des qualités. SYN. avilissement, décadence, déchéance, décomposition, dégradation, déliquescence, dépérissement, désagrégation –LITTÉRAIRE: abâtardissement, décrépitude, rabougrissement. CONTR. *amélioration, élévation, grossissement, progrès, redressement, relèvement.*

déglacer *verbe*

/ Faire fondre la glace. SYN. dégeler. CONTR. *congeler, geler, glacer.*

déglinguer *verbe*

/ FAMILIER. Détériorer quelque chose. SYN. abîmer, démolir, dérégler, désarticuler, détraquer, disloquer –FAMILIER: amocher, bousiller, démantibuler –POPULAIRE: péter. CONTR. *régler, réparer.*

déglutir *verbe*

/ Avaler quelque chose. SYN. absorber, ingérer, ingurgiter.

dégommer *verbe*

/ FAMILIER. Faire perdre son emploi. SYN. bannir, chasser, congédier, démettre, destituer, éliminer, évincer, licencier, limoger, mettre à la porte, radier, refuser, remercier, renvoyer, repousser, révoquer, se défaire de, se séparer de –FAMILIER: balayer, débarquer, déboulonner, démissionner, envoyer balader, envoyer bouler, ficher à la porte, flanquer à la porte, flanquer dehors, sabrer, vider –POPULAIRE: balancer, envoyer paître, foutre à la porte, lourder, virer –VIEUX: envoyer se faire lanlaire. CONTR. *accueillir, admettre, agréer, recevoir.*

dégonflé *nom*

/ POPULAIRE. Personne qui se dégonfle. SYN. lâche, peureux, pleutre, poltron –FAMILIER: femmelette, froussard –LITTÉRAIRE: couard –POPULAIRE: foireux, trouillard –VIEUX: capon. CONTR. *courageux.*

dégonfler *verbe*

/ Reprendre son volume normal. SYN. désenfler. CONTR. *bouffir, enfler, gonfler.*

dégonfler (se) *verbe pronominal*

/ FAMILIER. Manquer de courage. SYN. lâcher, laisser tomber, reculer –FAMILIER: caler, flancher, se défiler –POPULAIRE: caner, canner, se déballonner. CONTR. *assumer, persévérer, persister.*

dégorger *verbe*

/ Déverser son propre contenu. SYN. épancher, rejeter, répandre –LITTÉRAIRE: épandre. CONTR. *absorber, boire.*

dégoter ou **dégotter** *verbe*

/ FAMILIER. Trouver par chance. SYN. dénicher, trouver –FAMILIER: pêcher.

dégoulinade *nom féminin*

/ FAMILIER. Trace laissée par un liquide. SYN. coulée, traînée.

dégoulinant *adjectif*

/ FAMILIER. Qui dégouline. SYN. dégouttant, ruisselant, suintant.

dégouliner *verbe*

/ FAMILIER. Couler en traînée. SYN. découler, dégoutter, ruisseler, suinter.

dégourdi *adjectif*

/ FAMILIER. Qui a l'esprit éveillé. SYN. adroit, astucieux, avisé, déluré, éveillé, futé, malin, rusé –FAMILIER: débrouillard –POPULAIRE: démerdard. CONTR. *benêt, endormi, engourdi, gauche, lourdaud, niais, simple, simplet* –FAMILIER: *empaillé, empoté* –LITTÉRAIRE: *ensommeillé.*

dégourdir *verbe*

/ Tirer de l'engourdissement. SYN. –LITTÉRAIRE: déraidir. CONTR. *engourdir.*

/ Rendre moins timide. SYN. décrasser, dégrossir, déniaiser, former –FAMILIER: décrotter, désencroûter, dessaler.

dégoût *nom masculin*

/ Répugnance à l'égard de. SYN. écœurement, nausée –LITTÉRAIRE: haut-le-cœur. CONTR. *appétence, attrait, besoin, envie, propension.*

/ Fait de ne plus avoir de goût pour. SYN. antipathie, aversion, ennui, haine, horreur, lassitude, mépris, répulsion –LITTÉRAIRE: exécration, inappétence. CONTR. *admiration, attirance, attraction, attrait, engouement, enthousiasme, goût, inclination, penchant, sympathie* –LITTÉRAIRE: *allèchement, appétit.*

dégoûtant *adjectif*

/ Qui provoque la répugnance. SYN. écœurant, fétide, immonde, infect, nauséabond, rebutant, repoussant, répugnant, répulsif –LITTÉRAIRE: nauséeux. CONTR. *alléchant, appétissant, attirant, exquis, ragoûtant* –LITTÉRAIRE: *délectable.*

/ Très sale. SYN. crasseux, malpropre, sale –FAMILIER: cochon, cra-cra –POPULAIRE: dégueulasse. CONTR. *net, propre.*

/ Qui provoque la répulsion. SYN. abject, affreux, bas, grossier, honteux, ignoble, infâme, innommable, inqualifiable, laid, obscène, odieux, révoltant, sordide. CONTR. *affriolant, digne, honorable, louable, noble.*

/ FAMILIER. Qui démoralise. SYN. décourageant, démoralisant, révoltant –FAMILIER: écœurant. CONTR. *encourageant.*

dégoûté *adjectif*

/ Qui manifeste du dégoût. SYN. blasé, démoralisé, désabusé, désenchanté, fatigué, lassé, rassasié, saturé –FAMILIER: écœuré. CONTR. *content, heureux, satisfait.*

dégoûter *verbe*

/ Inspirer de la répugnance. SYN. donner envie de vomir, écœurer, faire horreur, lever le cœur, rebuter, répugner, révolter, scandaliser, soulever le cœur –FAMILIER: révulser –POPULAIRE: débecqueter, débecter. CONTR. *allécher, appâter, attirer, captiver, charmer, plaire, ravir, séduire, tenter.*

/ Ôter toute envie de. SYN. blaser, décourager, démoraliser, fatiguer, lasser, rebuter –FAMILIER: écœurer. CONTR. *distraire, divertir, encourager, intéresser.*

dégouttant *adjectif*

/ D'où dégoutte un liquide. SYN. ruisselant, suintant, trempé –FAMILIER: dégoulinant.

dégoutter *verbe*

/ Couler goutte à goutte. SYN. couler, découler, goutter, ruisseler, suer, suinter –FAMILIER: dégouliner.

dégradant *adjectif*

/ Qui dégrade. SYN. abaissant, abject, avilissant, bas, déshonorant, honteux, humiliant, ignoble, immonde, inavouable, indigne, infamant, infâme, rabaissant, scandaleux –LITTÉRAIRE: ignominieux. CONTR. *digne, héroïque, noble, sublime.*

dégradation *nom féminin*

/ Fait d'abîmer, d'être abîmé. SYN. altération, délabrement, déprédation, désagrégation, détérioration, dommage, endommagement, érosion, mutilation, pourrissement, pourriture, profanation, ravage –FAMILIER: sabotage –LITTÉRAIRE: rabougrissement, rapetissement. CONTR. *amélioration, assainissement, conservation, embellissement, épanouissement, prospérité, réfection, réparation.*

/ Fait de déchoir. SYN. abaissement, abjection, affaiblissement, avilissement, bassesse, décadence, déchéance, déclin, déliquescence, dépravation, dépréciation, ignominie, perversion, pourrissement –LITTÉRAIRE: abâtardissement, corruption, dégénérescence, prostitution, rabaissement, souillure. CONTR. *élévation, ennoblissement, relèvement* –LITTÉRAIRE: *régénération.*

dégrader *verbe*

/ Détériorer quelque chose. SYN. altérer, atrophier, défigurer, déformer, délabrer, dénaturer, dérégler, détériorer, effriter, endommager, galvauder, gâter, mutiler, ravager, saboter, vicier –FAMILIER: abîmer, amocher, esquinter –LITTÉRAIRE: prostituer. CONTR. *améliorer, assainir, embellir.*

/ Faire tomber dans la déchéance. SYN. abaisser, avilir, déconsidérer, dépraver, déshonorer, destituer, dévaloriser, diminuer, discréditer, humilier, perdre, pervertir, pourrir, rapetisser, ravaler –LITTÉRAIRE: abâtardir, corrompre, gangrener, rabaisser, souiller. CONTR. *élever, ennoblir, vivifier* –LITTÉRAIRE: *amender, régénérer.*

dégrader (se) *verbe pronominal*

/ Se détériorer progressivement. SYN. dépérir, pourrir, s'abîmer, s'altérer, se détériorer, se détraquer, se putréfier, s'étioler.

/ Évoluer défavorablement. SYN. dégénérer, empirer, se gâter, s'envenimer. CONTR. *s'améliorer.*

/ Perdre de sa dignité. SYN. s'abaisser, s'avilir –LITTÉRAIRE: s'abâtardir, se prosterner, se prostituer.

dégrafer *verbe*

/ Ouvrir un vêtement, un bijou. SYN. défaire, détacher. CONTR. *agrafer, attacher, boucler, fermer.*

dégraissage *nom masculin*

/ Action de dégraisser. SYN. déshuilage, détachage, écumage, nettoyage.

/ FAMILIER. Diminution du personnel. SYN. licenciement, mise à pied, renvoi. CONTR. *embauchage, embauche.*

degré *nom masculin*

/ Échelon dans une hiérarchie. SYN. étage, étape, gradation, grade, niveau, palier, phase.

dégrèvement *nom masculin*

/ Diminution d'une taxe. SYN. abattement, allégement, décharge, exemption, exonération, réduction, remise.

dégrever *verbe*

/ Diminuer une taxe. SYN. décharger, dispenser, exempter, exonérer. CONTR. *assujettir, charger, écraser, grever, imposer, surcharger, taxer.*

dégringolade *nom féminin*

/ FAMILIER. Chute brutale. SYN. vol plané –FAMILIER: bûche.

/ FAMILIER. Brusque baisse. SYN. culbute, débâcle, effondrement, krach. CONTR. *boom, envolée.*

/ FAMILIER. Déchéance accélérée. SYN. décadence, déclin.

dégringoler *verbe intransitif*

/ FAMILIER. Tomber soudainement. SYN. basculer, culbuter, rouler, tomber –FAMILIER: chuter, prendre une bûche, prendre une pelle, ramasser une bûche, ramasser une pelle, se casser la figure, s'étaler –LITTÉRAIRE: choir –POPULAIRE: prendre un gadin, prendre une gamelle, ramasser un gadin, ramasser une gamelle, se casser la gueule.

/ FAMILIER. Perdre de sa valeur. SYN. baisser, chuter, descendre, s'écrouler, s'effondrer, tomber. CONTR. *grimper, monter, remonter.*

/ FAMILIER. Déchoir rapidement. SYN. décliner, péricliter, rétrograder, se déclasser –FAMILIER: s'enfoncer –LITTÉRAIRE: déchoir. CONTR. *grimper, monter, remonter.*

dégringoler *verbe transitif*

/ FAMILIER. Descendre rapidement. SYN. dévaler –FAMILIER: débouler. CONTR. *monter.*

dégriser *verbe*

/ Faire cesser l'ivresse. SYN. désenivrer –POPULAIRE: dessoûler. CONTR. *enivrer, griser* –FAMILIER: *soûler.*

/ Décevoir quelqu'un. SYN. désappointer, désillusionner, détromper, refroidir –LITTÉRAIRE: désenchanter. CONTR. *enthousiasmer, exalter, griser, soulever.*

dégrossir *verbe*

/ Commencer à éclaircir une question. SYN. débrouiller, débroussailler, défricher, démêler.

/ Rendre moins ignorant. SYN. décrasser, dégourdir, éduquer, former, polir –FAMILIER: décrotter, désencroûter –LITTÉRAIRE: civiliser.

/ Diminuer l'épaisseur de. SYN. amaigrir, amenuiser.

dégrouiller (se) *verbe pronominal*

/ POPULAIRE. Montrer de la précipitation. SYN. se dépêcher, se hâter, se précipiter, se presser –POPULAIRE: se grouiller. CONTR. *tarder.*

dégrouper *verbe*

/ Séparer des personnes, des choses. SYN. démembrer, désunir, diviser, fractionner, scinder, subdiviser. CONTR. *concentrer, grouper, regrouper.*

déguenillé *adjectif*

/ Vêtu de guenilles. SYN. miteux, pouilleux –FAMILIER: dépenaillé –LITTÉRAIRE: guenilleux, haillonneux, loqueteux.

déguerpir *verbe*

/ Partir précipitamment. SYN. déloger, disparaître, fuir, partir, prendre la clef des champs, prendre la fuite, prendre le large, se retirer, se sauver, s'enfuir, s'esquiver –FAMILIER: débarrasser le plancher, décamper, détaler, ficher le camp, filer, mettre les voiles, prendre la poudre d'escampette, prendre ses cliques et ses claques –POPULAIRE: cavaler, décaniller, foutre le camp, jouer la fille de l'air, mettre les bouts, se barrer, se calter, se carapater, se casser, se débiner, se faire la malle, se tailler, se tirer. CONTR. *arriver, s'installer.*

dégueulasse *adjectif*

/ POPULAIRE. D'une grande saleté. SYN. dégoûtant, immonde, malpropre, repoussant, répugnant, sale, sordide. CONTR. *propre.*

/ POPULAIRE. Répugnant moralement. SYN. abject, ignoble, immonde, infamant, infâme, odieux, répugnant, révoltant –FAMILIER: écœurant –LITTÉRAIRE: ignominieux.

dégueuler *verbe*

/ POPULAIRE. Recracher ce qu'on a mangé. SYN. rendre, vomir –POPULAIRE: dégobiller, gerber.

déguisé *adjectif*

/ Revêtu d'un déguisement. SYN. costumé, masqué, travesti.

déguisement *nom masculin*

/ Action de se déguiser. SYN. accoutrement, travestissement.

/ Action de cacher quelque chose. SYN. camouflage, dissimulation, maquillage, travestissement.

/ Costume pour se déguiser. SYN. travesti – LITTÉRAIRE : masque.

déguiser *verbe*

/ Mettre un déguisement. SYN. accoutrer, affubler, costumer, travestir.

/ Modifier pour tromper. SYN. altérer, cacher, camoufler, changer, composer, contrefaire, déformer, dissimuler, envelopper, fausser, maquiller, masquer – FAMILIER : truquer – LITTÉRAIRE : celer, farder. CONTR. *démasquer, dévoiler, révéler.*

déguster *verbe*

/ Manger, boire avec plaisir. SYN. goûter, se régaler – FAMILIER : siroter – LITTÉRAIRE : se délecter.

/ LITTÉRAIRE. Apprécier beaucoup une œuvre. SYN. savourer – FAMILIER : se gargariser.

/ POPULAIRE. Souffrir beaucoup. SYN. endurer, subir, supporter – FAMILIER : écoper, encaisser, prendre, ramasser, trinquer – POPULAIRE : dérouiller, morfler.

déhanchement *nom masculin*

/ Fait de se dandiner. SYN. dandinement, tortillement.

dehors *nom masculin*

/ Apparence extérieure. SYN. air, allure, apparence, aspect, attitude, extérieur, façade, façons, maintien, manières, mine, surface – LITTÉRAIRE : enveloppe, masque, superficie. CONTR. *dedans, fond, intérieur.*

déification *nom féminin*

/ Action de déifier. SYN. adoration, apothéose, culte, divinisation, vénération – LITTÉRAIRE : idolâtrie.

déjanté *adjectif*

/ FAMILIER. Qui a perdu la raison. SYN. dérangé, fou – FAMILIER : cinglé, détraqué, dingue, fada, fêlé, loufoque, maboul, marteau, piqué, ravagé, tapé, timbré, toqué, zinzin – POPULAIRE : allumé, azimuté, barge, barjo, braque, cinoque, cintré, dingo, folingue, fondu, givré, jeté, sinoc, sinoque, siphonné, sonné, tordu.

déjection *nom féminin*

/ LITTÉRAIRE. Ce qu'il y a de plus méprisable. SYN. racaille – LITTÉRAIRE : lie, rebut – POPULAIRE : raclure.

déjeté *adjectif*

/ FAMILIER. Diminué par les soucis, l'âge. SYN. cassé, courbé, tordu, voûté.

/ Qui est déformé. SYN. contourné, contrefait, dévié, faussé, gauchi.

déjouer *verbe*

/ Faire échouer quelque chose. SYN. confondre, contrecarrer, dépister, enrayer, entraver, esquiver, juguler, tromper. CONTR. *seconder.*

délabré *adjectif*

/ En mauvais état. SYN. abîmé, dégradé, démoli, détérioré, en ruine, endommagé, ruiné, vétuste, vieux – FAMILIER : esquinté.

délabrement *nom masculin*

/ Dégradation de quelque chose, de quelqu'un. SYN. altération, chute, déchéance, déclin, décrépitude, déliquescence, dépérissement, désagrégation, détérioration, diminution, ruine, usure, vétusté. CONTR. *affermissement.*

délabrer *verbe*

/ Mettre en mauvais état. SYN. abîmer, dégrader, démolir, détériorer, détraquer, endommager, fissurer, mutiler, saboter – FAMILIER : esquinter. CONTR. *affermir, consolider.*

délacer *verbe*

/ Défaire le lacet. SYN. dénouer, desserrer. CONTR. *lacer.*

délai *nom masculin*

/ Temps supplémentaire accordé. SYN. atermoiement, remise, répit, sursis, temps.

délaissé *adjectif*

/ Laissé à l'abandon. SYN. abandonné, esseulé, seul.

délaissement *nom masculin*

/ LITTÉRAIRE. Action de délaisser. SYN. abandon, isolement, trahison – FAMILIER : lâchage. CONTR. *aide, appui, assistance, secours, soutien.*

/ Abandon d'un bien ou d'un droit. SYN. cession, renonciation.

délaisser *verbe*

/ Ne plus se préoccuper de. SYN. abandonner, déserter, négliger, quitter, se détacher, se détourner de, s'éloigner de – FAMILIER : lâcher, plaquer. CONTR. *accompagner, aider, ap-*

puyer, assister, choyer, entourer, entretenir, garder, gâter, s'adonner, se consacrer, secourir, s'occuper, soutenir.

délassant *adjectif*

/ Qui délasse. SYN. apaisant, calmant, détendant, distrayant, récréatif, reposant, tranquillisant. CONTR. *éprouvant, épuisant, esquintant, exténuant, fatigant, harassant* – FAMILIER: *casse-pieds, claquant, crevant, embêtant, empoisonnant, éreintant, tuant, usant* – POPULAIRE: *emmerdant.*

délassé *adjectif*

/ Qui est moins tendu. SYN. détendu, frais et dispos, reposé – FAMILIER: frais comme un gardon, frais comme une rose. CONTR. *anéanti, brisé, épuisé, éreinté, exténué, fatigué, fourbu, harassé, recru, rendu, rompu* – FAMILIER: *achevé, claqué, esquinté, lessivé, moulu, pompé, raplapla* – POPULAIRE: *crevé.*

délassement *nom masculin*

/ Action de se délasser. SYN. détente, évasion, loisir, relâchement, relaxation, répit, repos – FAMILIER: farniente. CONTR. *activité, agitation, fatigue, travail.*

/ Occupation qui délasse. SYN. amusement, distraction, divertissement, jeu, loisir, passe-temps, récréation.

délasser *verbe*

/ Faire cesser la fatigue. SYN. amuser, changer les idées, défatiguer, détendre, distraire, relaxer, reposer. CONTR. *briser, épuiser, fatiguer, harasser, lasser, surmener* – FAMILIER: *claquer.*

délasser (se) *verbe pronominal*

/ Prendre du repos. SYN. se détendre, se distraire, se divertir, se relaxer, se reposer, s'évader – LITTÉRAIRE: s'égayer. CONTR. *se fatiguer, s'épuiser.*

délateur *nom*

/ Personne qui dénonce. SYN. accusateur, calomniateur, dénonciateur, indicateur, rapporteur, traître – FAMILIER: cafard, cafardeur, mouchard – LITTÉRAIRE: sycophante – POPULAIRE: cafteur, donneur.

délation *nom féminin*

/ Fait de dénoncer. SYN. accusation, dénonciation – FAMILIER: cafardage, mouchardage.

délavé *adjectif*

/ D'une couleur affaiblie. SYN. fadasse, fade, pâle, terni. CONTR. *sombre, soutenu.*

délayage *nom masculin*

/ FAMILIER. Propos diffus. SYN. longueurs, redondance, remplissage, verbiage – FAMILIER: bavardages – LITTÉRAIRE: prolixité, verbosité. CONTR. *brièveté, concision, laconisme.*

délayer *verbe*

/ Mélanger avec un liquide. SYN. allonger, couper, diluer, dissoudre, étendre, fondre. CONTR. *concentrer, épaissir.*

/ FAMILIER. Exprimer de façon diffuse. SYN. amplifier, étaler, étirer, paraphraser – FAMILIER: tartiner. CONTR. *condenser, raccourcir, ramasser, resserrer, schématiser.*

délébile *adjectif*

/ LITTÉRAIRE. Qui peut s'effacer. SYN. effaçable, lavable. CONTR. *indélébile, ineffaçable.*

délectable *adjectif*

/ LITTÉRAIRE. Dont on se délecte. SYN. agréable, bon, délicieux, exquis, fameux, savoureux, suave, succulent – LITTÉRAIRE: ineffable. CONTR. *atroce, dégoûtant, détestable, écœurant, exécrable, insipide, mauvais, rebutant, repoussant.*

délectation *nom féminin*

/ LITTÉRAIRE. Plaisir intense. SYN. bonheur, délice, jouissance, ravissement, régal, volupté.

délecter (se) *verbe pronominal*

/ LITTÉRAIRE. Prendre un plaisir extrême. SYN. déguster, goûter, jouir de, raffoler, savourer, se complaire, se plaire, se régaler, se réjouir – LITTÉRAIRE: être bien aise de, être fort aise de, se repaître. CONTR. *dédaigner, détester, mépriser, négliger.*

délégation *nom féminin*

/ Groupe de personnes mandatées. SYN. ambassade, commission, mission.

délégué *nom*

/ Personne qui a reçu une mission. SYN. chargé, émissaire, envoyé, mandataire, parlementaire, porte-parole, représentant.

déléguer *verbe*

/ Envoyer quelqu'un en mission. SYN. charger, députer, détacher, mandater –LITTÉRAIRE: dépêcher.

/ Confier un pouvoir à quelqu'un. SYN. léguer, transférer, transmettre. CONTR. *s'adjuger, s'approprier.*

délester *verbe*

/ Réduire une charge. SYN. alléger, décharger, soulager. CONTR. *alourdir, charger.*

/ FAMILIER. Dévaliser quelqu'un. SYN. dépouiller, détrousser, dévaliser, voler –FAMILIER: plumer, tondre.

délétère *adjectif*

/ Qui attaque la santé. SYN. asphyxiant, insalubre, malfaisant, nocif, nuisible, pernicieux, toxique. CONTR. *salubre, salutaire.*

/ LITTÉRAIRE. Qui corrompt l'esprit. SYN. diabolique, maléfique, malsain, néfaste, nuisible –LITTÉRAIRE: corrupteur, pernicieux. CONTR. *sain.*

délibération *nom féminin*

/ Examen d'une question. SYN. débat, délibéré, discussion.

/ LITTÉRAIRE. Mûre réflexion. SYN. méditation, réflexion.

délibéré *adjectif*

/ Très réfléchi. SYN. intentionnel, prémédité, réfléchi, volontaire, voulu. CONTR. *automatique, involontaire, irréfléchi, spontané.*

délibérément *adverbe*

/ Après avoir réfléchi. SYN. consciemment, de bon cœur, de bon gré, de bonne grâce, de gaieté de cœur, de plein gré, de propos délibéré, exprès, fermement, intentionnellement, résolument, sciemment, volontairement. CONTR. *fortuitement, incidemment, involontairement, par erreur, par hasard, par inadvertance, par mégarde.*

délibérer *verbe intransitif*

/ Discuter en vue d'une décision. SYN. débattre, se concerter, se consulter.

/ LITTÉRAIRE. Réfléchir avant de décider. SYN. calculer, méditer –FAMILIER: cogiter.

délibérer *verbe transitif*

/ Examiner une question. SYN. agiter, discuter, étudier, parler, traiter –LITTÉRAIRE: spéculer.

délicat *adjectif*

/ Qui plaît par son raffinement. SYN. délectable, délicieux, doux, exquis, fin, gracieux, précieux, raffiné, recherché, savoureux, suave, subtil, succulent. CONTR. *banal, commun, exécrable, gros, infect, lourd, massif, mauvais, quelconque, vulgaire* –LITTÉRAIRE: *rustique.*

/ Qui manifeste de la fragilité. SYN. chétif, débile, douillet, faible, fragile, frêle, grêle, maladif, malingre, menu, sensible, tendre, ténu –FAMILIER: faiblard –LITTÉRAIRE: arachnéen. CONTR. *dur, endurant, fort, incassable, infatigable, résistant, robuste, solide, vif, vigoureux* –FAMILIER: *costaud* –LITTÉRAIRE: *trapu.*

/ Difficile à gérer. SYN. ardu, brûlant, complexe, critique, dur, embarrassant, épineux, inconfortable, malaisé, périlleux, précaire, risqué –FAMILIER: calé, trapu –LITTÉRAIRE: difficultueux, scabreux –POPULAIRE: casse-gueule. CONTR. *aisé, commode, facile, simple.*

/ Qui manifeste du tact. SYN. affable, courtois, distingué, élégant, prévenant –LITTÉRAIRE: amène. CONTR. *béotien, bestial, brutal, épais, fruste, grossier, indélicat, rude, sauvage.*

/ Qui est scrupuleux. SYN. consciencieux, pointilleux –FAMILIER: chatouilleux. CONTR. *indélicat, malpropre.*

délicatement *adverbe*

/ Avec délicatesse. SYN. artistement, finement –LITTÉRAIRE: précieusement. CONTR. *grossièrement, sauvagement.*

/ Avec précaution. SYN. discrètement, doucement, prudemment, soigneusement. CONTR. *abruptement, brusquement, brutalement, cavalièrement, énergiquement, fortement, pesamment, rudement, violemment.*

délicatesse *nom féminin*

/ Qualité de ce qui est délicat. SYN. douceur, finesse, fragilité, légèreté, raffinement, subtilité –LITTÉRAIRE: joliesse, suavité, succulence. CONTR. *lourdeur, pesanteur, résistance, robustesse.*

/ Qualité d'une personne délicate. SYN. attention, discrétion, distinction, élégance, finesse, galanterie, gentillesse, légèreté, prévenance, raffinement, subtilité, tact. CONTR. *balourdise, barbarie, bestialité, brutalité, crudité, dureté, goujaterie, grossièreté, impertinence, impolitesse, incorrection, indélicatesse, inélégance, vulgarité* –LITTÉRAIRE: *endurcissement, rudesse.*

délice *nom masculin*

/ Très vif plaisir. SYN. bonheur, enchantement, joie, jouissance, plaisir, ravissement, régal, volupté –LITTÉRAIRE: délectation, félicité.

délicieusement *adverbe*

/ D'une façon délicieuse. SYN. adorablement, agréablement, joliment. CONTR. *affreusement, horriblement.*

délicieux *adjectif*

/ Extrêmement agréable. SYN. adorable, attachant, attirant, attrayant, captivant, charmant, enchanteur, fascinant, joli, merveilleux, prenant –FAMILIER: craquant, excellent. CONTR. *abominable, affreux, cruel, déplaisant, désagréable, détestable, hideux, horrible, laid, mauvais, méchant, rebutant, repoussant* –FAMILIER: *pénible* –LITTÉRAIRE: *âcre.*

/ Qui excite les sens ou l'esprit. SYN. bon, délicat, enivrant, excellent, exquis, fameux, grisant, savoureux, suave, succulent –LITTÉRAIRE: délectable. CONTR. *âcre, aigre, amer, fade, insipide, nauséabond, puant.*

délictueux *adjectif*

/ Qui a le caractère d'un délit. SYN. condamnable, coupable, illégal, illicite, punissable, répréhensible. CONTR. *autorisé, légal, légitime, permis.*

délié *adjectif*

/ LITTÉRAIRE. Qui est d'une grande minceur. SYN. effilé, filiforme, fin, grêle, menu, mince, svelte –LITTÉRAIRE: arachnéen. CONTR. *gras, trapu.*

/ LITTÉRAIRE. Se dit d'un esprit fin. SYN. alerte, fin, souple, subtil, vif. CONTR. *épais, grossier, lourd.*

délier *verbe*

/ Défaire un lien. SYN. défaire, déficeler, dénouer, détacher. CONTR. *attacher, cimenter, enchaîner, garrotter, lier.*

/ Libérer quelqu'un d'une contrainte. SYN. affranchir, décharger, dégager, délivrer, émanciper, libérer, relever. CONTR. *assujettir, engager, ligoter, réduire* –LITTÉRAIRE: *garrotter, river.*

délimitation *nom féminin*

/ Ce qui délimite. SYN. démarcation, frontière, limitation.

délimiter *verbe*

/ Fixer les limites de quelque chose. SYN. borner, cerner, circonscrire, circonvenir, définir, déterminer, fixer, limiter, marquer, resserrer, restreindre.

déliquescence *nom féminin*

/ Décadence complète. SYN. chute, débâcle, décomposition, dégradation, délabrement, dépravation, désagrégation, détérioration, effondrement, pourriture, ruine –LITTÉRAIRE: corruption, dégénérescence. CONTR. *épanouissement, prospérité.*

/ État d'affaiblissement extrême. SYN. déchéance, diminution, gâtisme, sénilité –LITTÉRAIRE: décrépitude.

déliquescent *adjectif*

/ Qui est en pleine décadence. SYN. décadent, dégénéré, dépravé –LITTÉRAIRE: corrompu. CONTR. *prospère, puissant.*

/ Qui est très affaibli. SYN. décrépit, gâteux, sénile –FAMILIER: ramolli –LITTÉRAIRE: mourant. CONTR. *jeune, juvénile, vert* –VIEUX: *gaillard.*

délirant *adjectif*

/ Qui est très excité. SYN. échevelé, effréné, exubérant, frénétique, passionné, surexcité, survolté. CONTR. *calme, froid, impassible, imperturbable, sage, tranquille.*

/ FAMILIER. Qui dépasse les limites. SYN. abracadabrant, débordant, débridé, démentiel, désordonné, extravagant, fou, insensé, outré, ubuesque, vertigineux –FAMILIER: dément, dingue. CONTR. *mesuré, modéré, raisonnable, sobre.*

délire *nom masculin*

/ Trouble psychique. SYN. divagation, égarement, hallucination, hystérie, insanité –FAMILIER: démence.

/ Agitation extrême. SYN. exaltation, fièvre, frénésie, griserie, ivresse –LITTÉRAIRE: exultation, transport. CONTR. *calme* –LITTÉRAIRE: *sobriété.*

délirer *verbe*

/ Dire des choses incohérentes. SYN. déraisonner, divaguer, perdre la raison, perdre la tête, perdre la tramontane, s'égarer –FAMILIER: dérailler, perdre la boule, perdre la boussole, perdre le nord, perdre les pédales –POPULAIRE: débloquer.

/ Manifester de l'exaltation. SYN. déborder, exulter, jubiler, se pâmer.

délivrance *nom féminin*
/ LITTÉRAIRE. Action de rendre la liberté. SYN. émancipation, libération. CONTR. *asservissement, assujettissement, captivité, détention, emprisonnement, esclavage, servitude.*
/ Action de délivrer d'une contrainte. SYN. affranchissement, allégement, débarras, soulagement. CONTR. *accablement, charge, oppression.*

délivrer *verbe*
/ Rendre la liberté. SYN. affranchir, émanciper, libérer. CONTR. *asservir, cadenasser, écrouer, emprisonner, enfermer, garder, incarcérer, lier, soumettre* –FAMILIER: *boucler* –LITTÉRAIRE: *assujettir, domestiquer, enchaîner.*
/ Débarrasser d'une contrainte. SYN. débarrasser, décharger, défaire, dégager, délier, dépêtrer, dispenser, guérir, soulager. CONTR. *accabler, charger, écraser, oppresser, opprimer, surcharger.*

déloger *verbe intransitif*
/ Quitter un lieu. SYN. déguerpir, s'enfuir –FAMILIER: décamper, détaler, filer, se sauver –POPULAIRE: décaniller.

déloger *verbe transitif*
/ Faire quitter son logement. SYN. expulser. CONTR. *abriter, héberger, loger.*
/ Obliger l'adversaire à évacuer. SYN. chasser –FAMILIER: débusquer.

déloyal *adjectif*
/ Qui manque de loyauté. SYN. faux, fourbe, hypocrite, indélicat, malhonnête, parjure, perfide, sournois, traître –LITTÉRAIRE: félon, infidèle. CONTR. *carré, droit, fair-play, fiable, fidèle, franc, honnête, loyal, scrupuleux, sincère* –FAMILIER: *régulier* –LITTÉRAIRE: *probe* –VIEUX: *rond.*

déloyauté *nom féminin*
/ Manque de loyauté. SYN. duplicité, fausseté, fourberie, hypocrisie, malhonnêteté, mauvaise foi, traîtrise –LITTÉRAIRE: félonie, infidélité, perfidie, sournoiserie. CONTR. *bonne foi, droiture, fidélité, franchise, honnêteté, loyauté, probité, rectitude, sincérité* –LITTÉRAIRE: *véracité.*
/ Acte déloyal. SYN. forfaiture, trahison –LITTÉRAIRE: félonie, fourberie, improbité, infidélité, sournoiserie.

déluge *nom masculin*
/ Pluie torrentielle. SYN. averse, orage, trombe.
/ Grande abondance. SYN. armée, avalanche, cascade, chapelet, débordement, déferlement, fatras, flot, flux, foule, grêle, kyrielle, légion, luxe, masse, mer, monceau, multitude, myriade, nuée, pléiade, pluie, profusion, prolifération, quantité, tas, torrent –FAMILIER: armada, cargaison, cohorte, flopée, foultitude, paquet, pelletée, régiment, ribambelle, tapée –LITTÉRAIRE: averse, essaim, océan. CONTR. *atome, bribe, brin, doigt, goutte, grain, gramme, larme, lueur, miette, nuage, once, parcelle, peu, pointe, soupçon, trace* –LITTÉRAIRE: *liard, ombre, trait* –POPULAIRE: *chouia.*

déluré *adjectif*
/ Qui a l'esprit vif. SYN. astucieux, espiègle, éveillé, malin –FAMILIER: débrouillard, dégourdi. CONTR. *attardé, benêt, engourdi, gauche* –FAMILIER: *bébête, empaillé, empoté, godiche.*
/ Qui a des manières trop libres. SYN. effronté, fripon –FAMILIER: dessalé –LITTÉRAIRE: roué. CONTR. *candide, ingénu, naïf, prude* –FAMILIER: *bégueule.*

demain *adverbe*
/ À l'avenir. SYN. dans le futur. CONTR. *aujourd'hui, autrefois, dans le passé, hier, maintenant, par le passé.*

demande *nom féminin*
/ Action de demander quelque chose. SYN. adjuration, instance, prière, réclamation, requête, revendication, sollicitation, vœu. CONTR. *offre.*
/ Question posée. SYN. interrogation, question. CONTR. *réponse.*

demandé *adjectif*
/ Qui est très désiré. SYN. recherché, réclamé, sollicité –LITTÉRAIRE: prisé.

demander *verbe*
/ Faire savoir ce qu'on veut. SYN. adjurer, mendier, prier, quémander –LITTÉRAIRE: conjurer, implorer, quêter. CONTR. *offrir.*
/ Avoir besoin de. SYN. appeler, commander, exiger, imposer, mériter, nécessiter, réclamer, requérir, solliciter, souhaiter, vouloir. CONTR. *refuser.*
/ Poser une question. SYN. interroger, questionner, se renseigner. CONTR. *répondre.*

demandeur *adjectif*
/ Qui demande. SYN. avide, solliciteur.

démangeaison *nom féminin*
/ Picotement de la peau. SYN. chatouillement, prurigo, prurit.

démanger *verbe*
/ Causer un picotement. SYN. chatouiller, gratter, irriter, picoter, piquer –FAMILIER: grattouiller.

démantèlement *nom masculin*
/ Action de détruire. SYN. démolition, destruction, dislocation, renversement, ruine. CONTR. *reconstruction, redressement, réfection, relèvement* –LITTÉRAIRE: *réédification.*

démanteler *verbe*
/ Détruire un ensemble organisé. SYN. abattre, anéantir, démolir, détruire, disloquer, raser. CONTR. *bâtir, consolider, constituer, construire, créer, organiser, reconstruire, relever, réparer, restaurer* –LITTÉRAIRE: *réédifier.*

démantibuler *verbe*
/ FAMILIER. Mettre un objet en pièces. SYN. démolir, détraquer, disloquer –FAMILIER: déglinguer. CONTR. *monter.*

démarcation *nom féminin*
/ Nette séparation. SYN. clivage, délimitation, distinction, frontière, limitation, limite, lisière.

démarchage *nom masculin*
/ Action de démarcher. SYN. colportage, porte-à-porte, vente à domicile.

démarche *nom féminin*
/ Manière de marcher. SYN. allure, contenance, maintien, mouvement, port –FAMILIER: dégaine, touche.
/ Intervention auprès de quelqu'un. SYN. approche, avances, tentative.

démarquage *nom masculin*
/ Action de démarquer un écrit. SYN. calque, compilation, décalque, emprunt, pillage, plagiat.

démarquer *verbe*
/ Copier une œuvre en l'altérant. SYN. calquer, compiler, imiter, pasticher, piller, pirater, plagier –POPULAIRE: pomper.

démarquer (se) *verbe pronominal*
/ Prendre ses distances. SYN. être à part, se différencier, se distinguer, se singulariser.

démarrage *nom masculin*
/ Fait de démarrer. SYN. commencement, départ, mise en route.

démarrer *verbe intransitif*
/ Se mettre en marche. SYN. partir, s'ébranler –FAMILIER: s'emmancher. CONTR. *rester, s'arrêter, se terminer, stopper* –LITTÉRAIRE: *demeurer.*

démarrer *verbe transitif*
/ FAMILIER. Mettre en train quelque chose. SYN. amorcer, commencer, entreprendre, lancer –FAMILIER: débuter.

démasquer *verbe*
/ Montrer sous son vrai jour. SYN. confondre, dévoiler, livrer, montrer, révéler, trahir –LITTÉRAIRE: déshabiller.
/ Dévoiler quelque chose. SYN. découvrir, démontrer, montrer, pénétrer, révéler. CONTR. *cacher, camoufler, couvrir, déguiser, dissimuler, envelopper, masquer, travestir* –LITTÉRAIRE: *dérober, farder, voiler.*

d'emblée *locution adverbiale*
/ Du premier coup. SYN. aussitôt, d'abord, dans le moment même, d'entrée de jeu, dès l'abord, immédiatement, instantanément, sur-le-champ, tout de suite –FAMILIER: illico, illico presto –LITTÉRAIRE: incontinent.

démêlage *nom masculin*
/ Action de démêler. SYN. débrouillage, débrouillement, démêlement.

démêlé *nom masculin*
/ Conflit entre deux parties. SYN. affaire, contestation, débat, différend, discussion, dispute, dissension, litige, querelle –LITTÉRAIRE: discorde.

démêlement *nom masculin*
/ Action de démêler. SYN. débrouillage, débrouillement, démêlage.

démêler *verbe*
/ Mettre en ordre ce qui est emmêlé. SYN. débrouiller, dénouer, désentortiller. CONTR. *brouiller, embrouiller, emmêler, enchevêtrer.*

/ Éclaircir une situation. SYN. clarifier, débrouiller, déchiffrer, défricher, dégrossir, désembrouiller, discerner, distinguer, éclaircir, élucider, expliquer, résoudre, solutionner. CONTR. *brouiller, embrouiller, emmêler, enchevêtrer, obscurcir.*

démembrement *nom masculin*

/ Action de démembrer. SYN. division, lotissement, morcellement, partage –LITTÉRAIRE: dépeçage, dépècement. CONTR. *remembrement, unification.*

démembrer *verbe*

/ Diviser un tout en parties. SYN. découper, dégrouper, dépecer, désagréger, disloquer, diviser, fractionner, lotir, morceler, partager, séparer. CONTR. *remembrer, unifier.*

déménager *verbe*

/ Changer de domicile. SYN. –FAMILIER: mettre la clé sous la porte. CONTR. *emménager, s'installer.*

/ FAMILIER. Ne plus avoir toute sa raison. SYN. déraisonner, divaguer, perdre la raison, perdre la tête, perdre la tramontane –FAMILIER: dérailler, perdre la boule, perdre la boussole, perdre le nord, perdre les pédales, radoter, travailler du chapeau –LITTÉRAIRE: extravaguer –POPULAIRE: débloquer.

démence *nom féminin*

/ FAMILIER. Conduite insensée. SYN. aberration, aveuglement, délire, divagation, égarement, extravagance, folie, insanité –LITTÉRAIRE: déraison. CONTR. *lucidité, raison.*

/ Trouble mental. SYN. aliénation mentale, dérangement, folie.

démener (se) *verbe pronominal*

/ Se donner beaucoup de mal. SYN. faire des pieds et des mains, ne pas plaindre sa peine, remuer ciel et terre, s'activer, s'affairer, s'agiter, se battre, se débattre, se dépenser, se donner du mal, se donner un mal de chien, se fatiguer, se multiplier, se remuer, s'échiner, s'épuiser, s'escrimer, s'exténuer –FAMILIER: en mettre un bon coup, en mettre un coup, en mettre un vieux coup, mettre de l'huile de coude, mettre le paquet, se bagarrer, se couper en quatre, se décarcasser, se défoncer, se mettre en quatre, se tuer, s'éreinter, s'esquinter –POPULAIRE: ramer, se casser le cul. CONTR. *dormir, fainéanter, musarder, paresser, prendre son temps, s'amuser, se prélasser* –FAMILIER: *buller, flemmarder, lambiner, lanterner, lézarder, tirer sa flemme* –LITTÉRAIRE: *muser* –POPULAIRE: *glander, ne pas en fiche une rame, tirer au cul, tirer au flanc.*

dément *adjectif*

/ FAMILIER. Qui est extravagant. SYN. absurde, démentiel, déraisonnable, extravagant, fou, insensé, saugrenu –FAMILIER: délirant, dingue –POPULAIRE: dingo. CONTR. *équilibré, raisonnable, réfléchi, sage, sensé.*

dément *nom*

/ Personne atteinte de démence. SYN. aliéné, fou.

démenti *nom masculin*

/ Ce qui dément quelque chose. SYN. contradiction, dénégation, désaveu, infirmation, négation, réfutation. CONTR. *affirmation, assurance, attestation, confirmation.*

démentiel *adjectif*

/ Qui relève de la démence. SYN. fou, infernal –FAMILIER: délirant, dément, dingue, monstre. CONTR. *équilibré, raisonnable, réfléchi, sage, sensé.*

démentir *verbe*

/ Contredire quelqu'un, quelque chose. SYN. contredire, désavouer, infirmer, réfuter. CONTR. *approuver, appuyer, confirmer, corroborer, croire.*

/ Nier l'exactitude d'un fait. SYN. contester, nier. CONTR. *accréditer, affirmer, assurer, attester, avouer, certifier.*

démerdard *adjectif et nom*

/ POPULAIRE. Qui sait se tirer d'affaire. SYN. futé, malin –FAMILIER: débrouillard, dégourdi. CONTR. *engourdi, maladroit* –FAMILIER: *empoté.*

démerder (se) *verbe pronominal*

/ POPULAIRE. Se tirer d'embarras. SYN. se dépêtrer, se tirer d'affaire, s'en sortir, s'en tirer, tirer son épingle du jeu –FAMILIER: se débrouiller, se dépatouiller. CONTR. *être dans le pétrin, être dans une mauvaise passe, patauger, s'embourber, s'embrouiller, s'empêtrer, s'enchevêtrer, s'enferrer, s'enliser* –FAMILIER: *être dans de beaux draps, être dans la panade, ne pas être sorti de l'auberge, s'enfoncer* –POPULAIRE: *être dans la merde.*

démesure *nom féminin*

/ Manque de mesure. SYN. exagération, excès, hypertrophie, outrance –LITTÉRAIRE: intempérance. CONTR. *mesure, modération, pondération, sagesse* –LITTÉRAIRE: *sobriété.*

démesuré *adjectif*

/ Qui dépasse la norme. SYN. colossal, disproportionné, écrasant, énorme, extrême, gigantesque, illimité, immense, incommensurable, infini, interminable, monstrueux –LITTÉRAIRE: titanesque, vaste. CONTR. *limité, normal, petit.*

/ Qui est excessif. SYN. abusif, débridé, effréné, exagéré, exorbitant, extravagant, immodéré, insensé, outrancier, outré, pléthorique. CONTR. *modéré, raisonnable.*

démesurément *adverbe*

/ De façon démesurée. SYN. abusivement, beaucoup, colossalement, énormément, exagérément, excessivement, immodérément, monstrueusement, outrageusement, outre mesure, trop, vertigineusement. CONTR. *faiblement, légèrement, modérément, moyennement, peu, raisonnablement, sobrement.*

démettre *verbe*

/ Faire sortir un os de son articulation. SYN. déboîter, désarticuler, disloquer, fouler, luxer. CONTR. *remettre.*

/ Obliger à quitter une fonction. SYN. bannir, casser, chasser, congédier, destituer, éliminer, évincer, licencier, limoger, mettre à la porte, radier, remercier, renvoyer, révoquer, se défaire de, se séparer de –FAMILIER: balayer, blackbouler, débarquer, déboulonner, dégommer, démissionner, envoyer balader, envoyer bouler, ficher à la porte, flanquer à la porte, flanquer dehors, sabrer, vider –POPULAIRE: balancer, envoyer paître, foutre à la porte, lourder, virer –VIEUX: envoyer se faire lanlaire. CONTR. *accueillir, admettre, agréer, recevoir.*

démettre (se) *verbe pronominal*

/ Quitter sa fonction. SYN. abandonner, abdiquer, démissionner, quitter –LITTÉRAIRE: résigner. CONTR. *demeurer, occuper, rester.*

démeubler *verbe*

/ Vider un local de ses meubles. SYN. dégarnir, déménager, vider.

demeure *nom féminin*

/ LITTÉRAIRE. Lieu où l'on habite. SYN. domicile, foyer, habitation, logement, maison, nid, résidence –LITTÉRAIRE: logis.

demeuré *nom*

/ Personne stupide. SYN. attardé, imbécile, innocent –FAMILIER: crétin –POPULAIRE: taré –VIEUX: idiot.

demeurer *verbe*

/ LITTÉRAIRE. Rester quelque part. SYN. rester, s'arrêter. CONTR. *bouger, démarrer, partir, s'absenter, s'enfuir* –FAMILIER: *décamper, s'éclipser* –POPULAIRE: *décaniller, se barrer.*

/ Loger quelque part. SYN. habiter, loger, résider, séjourner, s'établir, vivre –FAMILIER: nicher, percher –POPULAIRE: crécher.

/ Persister dans un certain état. SYN. durer, se tenir, subsister. CONTR. *changer.*

démilitarisation *nom féminin*

/ Action de démilitariser. SYN. désarmement. CONTR. *armement, militarisation, réarmement.*

démilitariser *verbe*

/ Arrêter toute activité militaire. SYN. désarmer. CONTR. *armer, militariser.*

demi-mondaine *nom féminin*

/ VIEUX. Femme du demi-monde. SYN. prostituée –FAMILIER: cocotte –LITTÉRAIRE: courtisane, hétaïre.

démission *nom féminin*

/ Action de se démettre d'une charge. SYN. départ, résignation –LITTÉRAIRE: renonciation. CONTR. *accession, adhésion.*

/ Incapacité de remplir un rôle. SYN. abandon, abdication, carence, renoncement, trahison –FAMILIER: lâchage –LITTÉRAIRE: fléchissement.

démissionner *verbe intransitif*

/ Renoncer à une fonction. SYN. abandonner, se démettre, se retirer –FAMILIER: rendre son tablier. CONTR. *adhérer.*

/ Renoncer à assurer son rôle. SYN. abandonner, abdiquer, renoncer.

/ S'avouer vaincu. SYN. capituler. CONTR. *continuer, se maintenir, s'imposer.*

démissionner *verbe transitif*

/ FAMILIER. Obliger à donner sa démission. SYN. chasser, congédier, démettre, déposer, destituer, éliminer, évincer, limoger, mettre à la porte, radier, refuser, remercier, renvoyer, révoquer, se défaire de, se séparer de – FAMILIER : balayer, débarquer, déboulonner, dégommer, ficher à la porte, flanquer à la porte, flanquer dehors, sabrer, vider – POPULAIRE : foutre à la porte, lourder, virer. CONTR. *accueillir, admettre, agréer, recevoir.*

démobilisation *nom féminin*

/ Renvoi des militaires chez eux. SYN. libération. CONTR. *appel, enrôlement, mobilisation.*

démobiliser *verbe*

/ Renvoyer des militaires chez eux. SYN. libérer. CONTR. *appeler, enrôler, incorporer, mobiliser, réquisitionner.*

/ Enlever toute combativité. SYN. décourager, démoraliser. CONTR. *mobiliser, rallier.*

démocratique *adjectif*

/ Conforme à la démocratie. SYN. populaire. CONTR. *autocratique, dictatorial, totalitaire, tyrannique.*

démocratiser *verbe*

/ Rendre accessible à tous. SYN. généraliser, populariser, vulgariser.

démodé *adjectif*

/ Qui est dépassé. SYN. anachronique, ancien, antédiluvien, antique, archaïque, arriéré, attardé, dépassé, désuet, kitsch, obsolète, périmé, rococo, vieillot, vieux, vieux jeu – FAMILIER : fossile, out, retardé, rétro, ringard – LITTÉRAIRE : suranné. CONTR. *à la mode, à la page, dans le vent, dernier cri, en cours, en vogue, mode* – FAMILIER : *branché, dans le coup, in.*

démolir *verbe*

/ Abattre une construction. SYN. abattre, anéantir, délabrer, démanteler, raser, renverser. CONTR. *bâtir, construire, créer, édifier, relever.*

/ Mettre en pièces. SYN. abîmer, casser, défaire, démanteler, détraquer, dévaster, disloquer, emboutir, éventrer – FAMILIER : bousiller, déglinguer, démantibuler. CONTR. *arranger, monter, réparer.*

/ Altérer l'état physique. SYN. anéantir, délabrer, détraquer, ruiner – FAMILIER : esquinter. CONTR. *fortifier, raffermir, renforcer* – FAMILIER : *ragaillardir, ravigoter, requinquer.*

/ FAMILIER. Atteindre par des critiques. SYN. anéantir, descendre en flammes, dire pis que pendre, discréditer, exécuter, matraquer, ruiner, tirer à boulets rouges sur, torpiller – FAMILIER : abîmer, casser du sucre sur, déblatérer, éreinter, esquinter, étriller, rhabiller pour l'hiver – POPULAIRE : tailler un costard, tailler une veste. CONTR. *épargner, protéger.*

démolition *nom féminin*

/ Action de démolir. SYN. démantèlement, destruction, écroulement, renversement, ruine. CONTR. *construction, établissement, réfection, relèvement.*

démoniaque *adjectif*

/ Propre au démon. SYN. satanique – LITTÉRAIRE : luciférien, méphistophélique. CONTR. *angélique* – LITTÉRAIRE : *séraphique.*

/ D'une perversité diabolique. SYN. diabolique, machiavélique, pervers, sardonique, satanique – LITTÉRAIRE : infernal. CONTR. *angélique.*

démonstratif *adjectif*

/ Qui démontre. SYN. apodictique, concluant, convaincant, décisif, probant.

/ Qui manifeste ses sentiments. SYN. communicatif, expansif, expressif, exubérant, franc, ouvert. CONTR. *fermé, froid, glacial, impassible, renfermé, replié, taciturne* – LITTÉRAIRE : *secret.*

démonstration *nom féminin*

/ Marque extérieure d'un sentiment. SYN. manifestation, protestation, signe, témoignage.

/ Action de démontrer. SYN. argument, établissement, preuve, raisonnement.

démonté *adjectif*

/ Profondément troublé. SYN. déconcerté, déconfit, décontenancé, démoralisé, dérouté, désarçonné, désemparé, désorienté, interloqué, médusé, troublé.

/ Très agité. SYN. déchaîné, houleux – LITTÉRAIRE : tumultueux.

démonter *verbe*

/ Séparer les parties d'un objet. SYN. défaire, déposer, disséquer. CONTR. *agencer, ajuster, assembler, monter, remettre, remonter.*

/ Jeter dans l'embarras. SYN. confondre, déconcerter, décontenancer, démoraliser, dérouter, désarçonner, désorienter, interloquer, méduser, troubler. CONTR. *encourager, enhardir, raffermir, rassurer, regonfler* – FAMILIER: *ragaillardir.*

démonter (se) *verbe pronominal*

/ Être profondément troublé. SYN. paniquer, s'affoler, se décontenancer, se troubler. CONTR. *se reprendre.*

démontrable *adjectif*

/ Qui peut être démontré. SYN. prouvable. CONTR. *improuvable, indémontrable, invérifiable.*

démontré *adjectif*

/ Qui est prouvé. SYN. acquis, vérifié. CONTR. *présumé, prétendu.*

démontrer *verbe*

/ Procéder à une démonstration. SYN. enseigner, établir, garantir, montrer, prouver.

/ Mettre en évidence. SYN. affirmer, attester, confirmer, déceler, démasquer, dévoiler, indiquer, montrer, révéler, trahir – LITTÉRAIRE: témoigner.

démoralisant *adjectif*

/ Qui démoralise. SYN. alarmiste, décourageant, déprimant, désespérant – FAMILIER: dégoûtant, écœurant – LITTÉRAIRE: dissolvant. CONTR. *encourageant, réconfortant.*

démoralisation *nom féminin*

/ Fait d'être démoralisé. SYN. découragement, lassitude – FAMILIER: écœurement.

démoralisé *adjectif*

/ Qui n'a plus de courage. SYN. abattu, accablé, anéanti, découragé, dégoûté, démonté – FAMILIER: écœuré. CONTR. *confiant, serein.*

démoraliser *verbe*

/ Faire perdre courage. SYN. abattre, accabler, anéantir, atterrer, briser, décourager, dégoûter, démobiliser, démonter, déprimer, rebuter – FAMILIER: écœurer. CONTR. *encourager, galvaniser, ranimer, réconforter, regonfler, remonter* – FAMILIER: *requinquer.*

démuni *adjectif*

/ Sans ressources financières. SYN. indigent, miséreux, nécessiteux, pauvre – VIEUX: besogneux. CONTR. *aisé, installé, riche.*

/ Qui est privé de. SYN. dénué, dépourvu, vide. CONTR. *fourni, paré.*

démunir *verbe*

/ Priver quelqu'un de son bien. SYN. déposséder, dépouiller. CONTR. *fournir, munir, nantir, pourvoir.*

démunir (se) *verbe pronominal*

/ Se dessaisir de quelque chose. SYN. se dépouiller, se séparer. CONTR. *se parer.*

démystifier *verbe*

/ Détromper quelqu'un. SYN. éclairer, édifier. CONTR. *mystifier, tromper.*

/ Priver de son mystère. SYN. démythifier, éclaircir, expliquer.

dénaturation *nom féminin*

/ Fait de dénaturer. SYN. altération, falsification, travestissement – LITTÉRAIRE: viciation.

dénaturé *adjectif*

/ Qui est contraire à la nature. SYN. dépravé, indigne, monstrueux, pervers – LITTÉRAIRE: corrompu. CONTR. *naturel, pur.*

dénaturer *verbe*

/ Altérer la nature de quelque chose. SYN. adultérer, falsifier, forcer, frelater, pervertir, trahir – LITTÉRAIRE: gangrener, gauchir, vicier.

/ Fausser le sens de quelque chose. SYN. contrefaire, défigurer, déformer, dégrader, estropier, fausser, maquiller, mutiler, torturer.

dénégation *nom féminin*

/ Action de contester. SYN. démenti, déni, désaveu, négation, réfutation. CONTR. *affirmation, assertion, assurance, attestation, aveu, confirmation.*

déni *nom masculin*

/ Refus d'un droit. SYN. dénégation, négation, réfutation.

déniaiser *verbe*

/ Faire perdre sa naïveté. SYN. débaucher, dégourdir, dévergonder – FAMILIER: dessaler – LITTÉRAIRE: délurer.

dénicher *verbe*

/ Trouver en cherchant. SYN. chasser, déterrer, repérer, se procurer, tomber sur, trouver – FAMILIER: dégoter, dégotter, pêcher.

dénier *verbe*
- Refuser de reconnaître. SYN. contester, désavouer, nier, récuser, réfuter – LITTÉRAIRE : répudier. CONTR. *attester, avouer.*
- Refuser d'accorder. SYN. refuser. CONTR. *accorder, adjuger, attribuer.*

dénigrement *nom masculin*
- Action de dénigrer. SYN. attaque, calomnie, charge, critique, diffamation, médisance – FAMILIER : débinage, éreintage, éreintement. CONTR. *admiration, apologie, approbation, éloge, flatterie, glorification, louange, panégyrique.*

dénigrer *verbe*
- Attaquer la réputation de quelqu'un. SYN. attaquer, calomnier, décrier, déprécier, discréditer, gloser sur, médire, rabaisser, salir, traîner dans la boue – FAMILIER : baver, bêcher, cracher, débiner, déblatérer contre, éreinter, esquinter, étriller – LITTÉRAIRE : clabauder, dauber sur, déchirer, noircir, vilipender. CONTR. *admirer, apprécier, estimer, exalter, glorifier, honorer, louer, prôner, recommander, vanter – LITTÉRAIRE : chanter, encenser, flagorner, louanger.*

dénigreur *nom*
- Personne qui dénigre. SYN. critique, dépréciateur, détracteur, diffamateur – FAMILIER : débineur – LITTÉRAIRE : contempteur, daubeur, négateur. CONTR. *bénisseur, flatteur – LITTÉRAIRE : adulateur, complimenteur, encenseur, flagorneur, laudateur, louangeur.*

dénombrable *adjectif*
- Qui peut être dénombré. SYN. chiffrable, comptable, nombrable. CONTR. *inchiffrable, indénombrable, innombrable.*

dénombrement *nom masculin*
- Action de dénombrer. SYN. catalogue, compte, énumération, état, évaluation, inventaire, liste, recensement, statistique.

dénombrer *verbe*
- Faire le compte de. SYN. calculer, cataloguer, chiffrer, compter, énumérer, évaluer, inventorier, recenser.

dénomination *nom féminin*
- Nom donné à quelque chose. SYN. appellation, désignation, nom, qualification.

dénommer *verbe*
- Donner un nom. SYN. appeler, baptiser, intituler, nommer, qualifier, taxer. CONTR. *débaptiser.*

dénoncer *verbe*
- Signaler à la justice. SYN. accuser, indiquer, livrer, nommer, signaler, trahir – FAMILIER : cafarder, vendre – POPULAIRE : donner. CONTR. *cacher, disculper, taire.*
- LITTÉRAIRE. Révéler quelque chose. SYN. dénoter, manifester.
- Annoncer la rupture d'un traité. SYN. abolir, abroger, annuler, casser, invalider, rompre. CONTR. *confirmer.*

dénonciateur *nom*
- Personne qui dénonce. SYN. accusateur, délateur, indicateur – FAMILIER : cafard, cafardeur, mouchard – LITTÉRAIRE : sycophante – POPULAIRE : cafteur.

dénonciation *nom féminin*
- Action de dénoncer quelqu'un. SYN. délation – FAMILIER : cafardage, mouchardage – POPULAIRE : caftage.

dénoter *verbe*
- Être le signe de quelque chose. SYN. annoncer, dire, indiquer, manifester, marquer, montrer, révéler, signaler, signifier, trahir – LITTÉRAIRE : dénoncer, témoigner. CONTR. *cacher, dissimuler, masquer, voiler.*

dénouement *nom masculin*
- Événement final. SYN. aboutissement, achèvement, épilogue, fin, fruit, issue, règlement, résultat, solution, sort, terme – LITTÉRAIRE : terminaison. CONTR. *début, introduction.*

dénouer *verbe*
- Défaire ce qui était noué. SYN. délacer, délier, desserrer, détacher. CONTR. *attacher, enlacer, lacer, lier, nouer, rattacher, renouer.*
- Résoudre une affaire. SYN. débrouiller, démêler, éclaircir, régler, résoudre, solutionner. CONTR. *embrouiller, obscurcir.*

denrée *nom féminin*
- Marchandise. SYN. aliment, article, comestible, fourniture, produit, provision, vivres.

dense *adjectif*
- Qui est compact. SYN. dru, épais, fourni, impénétrable, profond, serré, tassé. CONTR. *clair, clairsemé, dispersé, disséminé, éparpillé, épars, rare, sporadique.*
- Qui est concis. SYN. condensé, lapidaire, ramassé. CONTR. *diffus, filandreux, verbeux* –FAMILIER: *délayé, longuet.*
- Qui est riche d'événements. SYN. abondant, fertile, fort, intense, luxuriant, nombreux, nourri. CONTR. *maigre, pauvre.*

densité *nom féminin*
- Qualité de ce qui est dense. SYN. compacité, concentration, consistance, épaisseur. CONTR. *fluidité, inconsistance, légèreté.*

dent *nom féminin*
- Organe de la mâchoire. SYN. –FAMILIER: croc, quenotte –POPULAIRE: ratiche.
- Sommet montagneux. SYN. aiguille, arête, corne, pic.

dentelé *adjectif*
- Découpé en pointes. SYN. déchiqueté, découpé, denté, denticulé.

dentelure *nom féminin*
- Découpure. SYN. créneau, crénelure, déchiqueture, feston.

dénudé *adjectif*
- Qui est totalement nu. SYN. déshabillé, dévêtu –FAMILIER: à poil. CONTR. *habillé, vêtu.*
- Qui a perdu toute végétation. SYN. aride, nu, pelé, ras. CONTR. *boisé.*
- Qui a perdu ses cheveux. SYN. chauve, clairsemé, dégarni, éclairci –FAMILIER: déplumé.

dénuder *verbe*
- Laisser à nu. SYN. découvrir, dégager, dégarnir, déshabiller, dévêtir, dévoiler, montrer, révéler –LITTÉRAIRE: dépouiller. CONTR. *couvrir, habiller.*

dénuder (se) *verbe pronominal*
- Se mettre nu. SYN. se déshabiller, se dévêtir. CONTR. *se vêtir, s'habiller.*

dénué *adjectif*
- Dépourvu de quelque chose. SYN. démuni, dépouillé, exempt, manquant de, pauvre en, privé de, vide. CONTR. *abondant, encombré, farci, foisonnant, fourmillant, garni, gorgé, muni, nanti, paré, plein, regorgeant, riche* –FAMILIER: *bourré.*

dénuement *nom masculin*
- Grande misère. SYN. besoin, détresse, famine, gêne, indigence, pauvreté, pénurie –LITTÉRAIRE: disette –VIEUX: pouillerie. CONTR. *abondance, aisance, fortune, luxe, opulence, prospérité, richesse.*

dépanner *verbe*
- FAMILIER. Tirer d'embarras. SYN. aider, obliger, prêter main-forte, secourir, sortir d'affaire, venir à la rescousse, venir en aide.

dépaquetage *nom masculin*
- Action de dépaqueter. SYN. désemballage. CONTR. *emballage, empaquetage.*

dépaqueter *verbe*
- Sortir un objet de son emballage. SYN. déballer, défaire, déplier, désemballer, ouvrir. CONTR. *emballer, empaqueter, paqueter.*

dépareillé *adjectif*
- Qui n'est pas assorti. SYN. de bric et de broc, désassorti, disparate, hétéroclite, hétérogène, incomplet. CONTR. *assorti.*

dépareiller *verbe*
- Rendre incomplet un ensemble. SYN. désassortir. CONTR. *accorder, apparier, assortir, rapparier.*

déparer *verbe*
- Rompre l'harmonie d'un tout. SYN. enlaidir, gâcher, gâter, ternir –LITTÉRAIRE: déshonorer. CONTR. *agrémenter, égayer, embellir, enjoliver.*

départ *nom masculin*
- Moment où l'on part. SYN. démarrage, partance. CONTR. *arrivée, venue.*
- Fait de quitter une fonction. SYN. congé, démission, licenciement, renvoi, sortie. CONTR. *accession, entrée.*
- Début d'une activité. SYN. amorce, commencement, début, naissance. CONTR. *aboutissement, achèvement, fin.*

département *nom masculin*
- LITTÉRAIRE. Attributions de quelqu'un. SYN. domaine, partie, rayon, secteur –LITTÉRAIRE: ressort.

départir (se) *verbe pronominal*

/ Se séparer de quelque chose. SYN. abandonner, abdiquer, renoncer à, se priver. CONTR. *conserver, garder.*

dépassé *adjectif*

/ Qui n'a plus cours. SYN. anachronique, ancien, archaïque, caduc, démodé, déphasé, désuet, inactuel, obsolète, périmé, poussiéreux, retardataire, vieilli, vieillot, vieux, vieux jeu –FAMILIER: out, retardé –LITTÉRAIRE: suranné –VIEUX: rococo. CONTR. *dans le vent, moderne, nouveau* –FAMILIER: *branché, dans le coup, in.*

dépassement *nom masculin*

/ Action d'aller au-delà de. SYN. excès, franchissement.

dépasser *verbe intransitif*

/ Faire saillie. SYN. avancer, déborder, saillir, surplomber.

dépasser *verbe transitif*

/ Passer devant quelqu'un, un véhicule. SYN. distancer, doubler –FAMILIER: gratter, griller, lâcher, semer. CONTR. *rejoindre, suivre.*

/ Aller au-delà d'une limite. SYN. empiéter, excéder, franchir, outrepasser, passer. CONTR. *atteindre, égaler, se cantonner.*

/ Surpasser quelqu'un, quelque chose. SYN. battre, devancer, distancer, l'emporter, surclasser, surpasser –FAMILIER: griller.

/ Causer un vif étonnement. SYN. confondre, dérouter, étonner, interloquer.

dépatouiller (se) *verbe pronominal*

/ FAMILIER. Se tirer d'un mauvais pas. SYN. se dépêtrer, se tirer d'affaire, s'en sortir, s'en tirer, tirer son épingle du jeu –FAMILIER: se débrouiller –POPULAIRE: se démerder. CONTR. *être dans le pétrin, être dans une mauvaise passe, patauger, s'embourber, s'embrouiller, s'empêtrer, s'enchevêtrer, s'enferrer, s'enliser* –FAMILIER: *être dans de beaux draps, être dans la panade, ne pas être sorti de l'auberge, s'enfoncer* –POPULAIRE: *être dans la merde.*

dépayser *verbe*

/ Faire changer de pays. SYN. déraciner, désacclimater. CONTR. *acclimater, enraciner.*

/ Désorienter quelqu'un. SYN. déconcerter, décontenancer, dérouter, interloquer, troubler. CONTR. *familiariser.*

dépeçage ou **dépècement** *nom masculin*

/ LITTÉRAIRE. Action de dépecer. SYN. démembrement, division, morcellement, partage. CONTR. *remembrement, unification.*

dépecer *verbe*

/ Découper en morceaux. SYN. débiter, découper, disséquer.

/ Morceler quelque chose. SYN. démembrer, diviser, fractionner, lotir, partager. CONTR. *grouper, joindre, rassembler, remembrer, réunir.*

dépêcher *verbe*

/ LITTÉRAIRE. Envoyer en toute hâte. SYN. adresser, déléguer, détacher, expédier, mandater –VIEUX: députer.

dépêcher (se) *verbe pronominal*

/ Faire vite quelque chose. SYN. courir, presser le pas, se hâter, se précipiter, se presser, s'empresser –FAMILIER: foncer, s'activer –LITTÉRAIRE: faire diligence –POPULAIRE: se dégrouiller, se grouiller, se magner, se manier. CONTR. *atermoyer, s'attarder, tarder, temporiser, traîner* –FAMILIER: *lambiner, lanterner, traînailler, traînasser.*

dépeigner *verbe*

/ Déranger une coiffure. SYN. décoiffer, ébouriffer –LITTÉRAIRE: écheveler. CONTR. *coiffer, peigner.*

dépeindre *verbe*

/ Décrire quelque chose, quelqu'un. SYN. brosser, détailler, exposer, montrer, peindre, raconter, représenter, retracer, tracer –LITTÉRAIRE: portraiturer.

dépenaillé *adjectif*

/ FAMILIER. Dont la mise est négligée. SYN. débraillé, déguenillé –FAMILIER: dépoitraillé –LITTÉRAIRE: guenilleux, haillonneux, loqueteux. CONTR. *convenable, correct, raffiné.*

dépendance *nom féminin*

/ Liaison étroite entre deux choses. SYN. corrélation, correspondance, interdépendance, relation –LITTÉRAIRE: connexité.

/ Subordination à quelqu'un, quelque chose. SYN. allégeance, asservissement, assujettissement, coupe, domination, obédience,

soumission –LITTÉRAIRE: joug, servitude, sujétion. CONTR. *autonomie, émancipation, indépendance, liberté.*
- Assujettissement à une substance. SYN. accoutumance, assuétude. CONTR. *désaccoutumance.*
- Bâtiment secondaire. SYN. annexe, attenance, communs.

dépendant *adjectif*
- Qui dépend de. SYN. prisonnier, subordonné à, suspendu, tributaire. CONTR. *autonome, émancipé, indépendant.*

dépendre *verbe transitif*
- Détacher ce qui était pendu. SYN. décrocher. CONTR. *accrocher, pendre, suspendre.*

dépendre *verbe transitif indirect*
- Faire partie de quelque chose. SYN. provenir, résulter, s'ensuivre.
- Être subordonné à. SYN. appartenir, reposer sur, tenir à, venir de –LITTÉRAIRE: ressortir à.
- Être sous l'autorité de. SYN. être sous la coupe de, relever de. CONTR. *avoir prise sur, tenir sous sa coupe.*

dépense *nom féminin*
- Action de dépenser de l'argent. SYN. débit, débours, déboursement, frais, sortie. CONTR. *économie, gain, recette.*
- Action d'utiliser quelque chose. SYN. consommation, utilisation.

dépenser *verbe*
- Utiliser de l'argent. SYN. débourser, décaisser, engloutir, manger –FAMILIER: croquer. CONTR. *accumuler, amasser, capitaliser, entasser, gagner, thésauriser.*
- Employer quelque chose à. SYN. déployer, prodiguer. CONTR. *économiser, épargner.*
- Utiliser quelque chose. SYN. avoir besoin de, consommer.

dépenser (se) *verbe pronominal*
- Se donner du mal pour. SYN. faire des pieds et des mains, lutter, ne pas plaindre sa peine, s'activer, s'affairer, se battre, se débattre, se démener, se donner du mal, se donner un mal de chien, se fatiguer, se multiplier, se remuer, s'échiner, s'épuiser, s'escrimer, s'exténuer –FAMILIER: mettre de l'huile de coude, mettre le paquet, s'agiter, se bagarrer, se couper en quatre, se décarcasser, se défoncer, se mettre en quatre, se tuer, s'éreinter, s'esquinter –POPULAIRE: ramer, se casser le cul. CONTR. *dormir, fainéanter, musarder, paresser, prendre son temps, s'amuser, se prélasser* –FAMILIER: *buller, flemmarder, lambiner, lanterner, lézarder, tirer sa flemme* –LITTÉRAIRE: *muser* –POPULAIRE: *glander, ne pas en fiche une rame, tirer au cul, tirer au flanc.*
- Se donner du mouvement. SYN. s'activer, s'agiter, se remuer, s'en donner à cœur joie.

dépensier *adjectif*
- Qui aime la dépense. SYN. dilapidateur, gaspilleur, large, prodigue –LITTÉRAIRE: dissipateur. CONTR. *avare, économe, parcimonieux, regardant, thésauriseur* –FAMILIER: *chien, pingre, radin, rapiat, rat* –LITTÉRAIRE: *avaricieux, ladre, lésineur* –VIEUX: *chiche.*

dépérir *verbe*
- S'affaiblir progressivement. SYN. décliner, diminuer, s'atrophier, se faner, s'étioler, s'user –FAMILIER: baisser –LITTÉRAIRE: se consumer. CONTR. *pousser, réussir, se fortifier, se remettre, se remonter, s'épanouir* –FAMILIER: *se requinquer.*
- S'acheminer vers sa fin. SYN. péricliter, se dégrader, se délabrer, se détériorer, se faner. CONTR. *prospérer, résister, réussir, revenir, s'accroître.*

dépérissement *nom masculin*
- Fait de s'affaiblir. SYN. affaiblissement, amaigrissement, atrophie, diminution, étiolement, langueur –LITTÉRAIRE: dégénérescence, exténuation. CONTR. *grossissement.*
- État de ce qui périclite. SYN. décadence, déclin, délabrement. CONTR. *croissance, prospérité.*

dépêtrer *verbe*
- Dégager de ce qui gêne. SYN. débarrasser, délivrer. CONTR. *entraver.*
- Tirer d'embarras. SYN. sortir d'affaire. CONTR. *empêtrer.*

dépêtrer (se) *verbe pronominal*
- Se tirer d'affaire. SYN. se dégager, se tirer d'affaire, s'en sortir, s'en tirer, tirer son épingle du jeu –FAMILIER: se débrouiller, se dépatouiller –POPULAIRE: se démerder. CONTR. *être dans le pétrin, être dans une mauvaise passe, patauger, s'embarrasser, s'embourber, s'embrouiller, s'empêtrer, s'enchevêtrer, s'enferrer, s'enliser* –FAMILIER: *être dans de beaux*

draps, être dans la panade, ne pas être sorti de l'auberge, s'enfoncer –POPULAIRE: *être dans la merde.*

dépeuplé *adjectif*

/ Vidé de ses occupants. SYN. désert, vide. CONTR. *peuplé, surpeuplé.*

dépeuplement *nom masculin*

/ Action de dépeupler. SYN. dépopulation. CONTR. *repeuplement, repopulation.*

dépeupler *verbe*

/ Faire partir les habitants d'un pays. SYN. dégarnir, vider. CONTR. *peupler, repeupler, surpeupler.*

/ Couper les arbres d'une forêt. SYN. déboiser, éclaircir. CONTR. *boiser, planter.*

déphasé *adjectif*

/ Qui a perdu contact avec la réalité. SYN. dépassé, désaxé, désorienté, perdu.

dépiauter *verbe*

/ Enlever la peau de. SYN. dépouiller, écorcher.

dépister *verbe*

/ Mettre sur une fausse piste. SYN. déjouer, dérouter, désorienter, égarer, fourvoyer –FAMILIER: semer.

/ Découvrir quelque chose. SYN. détecter, deviner, discerner, percer, repérer, surprendre, trouver.

dépit *nom masculin*

/ Sentiment d'amertume. SYN. aigreur, déconvenue, désappointement, insatisfaction, irritation, mécontentement, rancœur, ressentiment. CONTR. *joie, satisfaction.*

dépité *adjectif*

/ Qui a du dépit. SYN. contrarié, déconfit, déçu, désabusé, désappointé, désenchanté, froissé, insatisfait, mécontent –LITTÉRAIRE: chagrin. CONTR. *content, heureux, satisfait.*

déplacé *adjectif*

/ Qui ne convient pas. SYN. choquant, hors de propos, impertinent, impudent, incongru, inconvenant, incorrect, indécent, inélégant, inopportun, intempestif, irrespectueux, malencontreux, malvenu –FAMILIER: culotté –LITTÉRAIRE: importun, irrévérencieux, malséant, malsonnant. CONTR. *adéquat, approprié, bienséant, convenable, correct, déférent, juste, opportun, respectueux* –LITTÉRAIRE: *séant.*

déplacement *nom masculin*

/ Action de déplacer. SYN. changement, déclassement, déménagement, dérangement, interversion, mouvement, mutation, transfert, transposition –LITTÉRAIRE: remuement, translation. CONTR. *fixité, immobilité.*

/ Fait de se déplacer. SYN. locomotion, mouvement, passage, périple, voyage.

déplacer *verbe*

/ Changer de place. SYN. bouger, bouleverser, déménager, déranger, détourner, enlever, manipuler, muter, pousser, remuer, transférer, transplanter. CONTR. *arranger, disposer, maintenir, ordonner, placer, ranger, replacer.*

déplacer (se) *verbe pronominal*

/ Changer de place. SYN. bouger, circuler, marcher, remuer, se déranger, se mouvoir, se promener, voyager.

déplaire *verbe*

/ Ne pas plaire à quelqu'un. SYN. contrarier, dégoûter, rebuter, repousser, répugner. CONTR. *agréer, arranger, convenir, intéresser, plaire, tenter* –FAMILIER: *chanter.*

/ Causer un désagrément. SYN. chagriner, choquer, fâcher, indisposer, irriter, mécontenter, offenser, offusquer, peiner. CONTR. *charmer, enchanter, ravir, séduire.*

déplaisant *adjectif*

/ Qui déplaît. SYN. antipathique, désagréable, désobligeant, gênant, inamical, incommodant, ingrat –FAMILIER: imbuvable –LITTÉRAIRE: disgracieux. CONTR. *agréable, aimable, attirant, attrayant, beau, bon, charmant, délicieux, engageant, gentil, joli, obligeant, plaisant, prévenant, sympathique* –LITTÉRAIRE: *amène.*

/ Qui fâche. SYN. agaçant, choquant, contrariant, ennuyeux, fâcheux, irritant, rebutant, sec –FAMILIER: embêtant, empoisonnant, enquiquinant, saumâtre –POPULAIRE: emmerdant. CONTR. *réjouissant.*

déplaisir *nom masculin*

/ Impression désagréable. SYN. chagrin, contrariété, désagrément, irritation, mécontentement. CONTR. *charme, contentement, joie, plaisir, satisfaction.*

déplier *verbe*

/ Étendre une chose pliée. SYN. déployer, dérouler, développer, étaler, ouvrir. CONTR. *fermer, plier, replier.*

/ Sortir de la marchandise. SYN. déballer, dépaqueter, étaler. CONTR. *emballer, empaqueter.*

déplisser *verbe*

/ Défaire les plis. SYN. déchiffonner, défroisser, lisser, repasser. CONTR. *chiffonner, froisser, plisser.*

déploiement *nom masculin*

/ Fait d'ouvrir ce qui était plié. SYN. déroulement, étalement, étirement, ouverture –LITTÉRAIRE: développement.

/ Fait de manifester quelque chose. SYN. étalage, exhibition, ostentation, parade –FAMILIER: déballage –LITTÉRAIRE: prodigalité.

déplorable *adjectif*

/ Qui afflige. SYN. affligeant, attristant, désolant, malheureux, navrant, regrettable, triste. CONTR. *heureux, satisfaisant.*

/ Qui suscite la réprobation. SYN. blâmable, détestable, fâcheux, horrible, répréhensible, scandaleux. CONTR. *avantageux, salutaire.*

/ FAMILIER. Très médiocre. SYN. affreux, catastrophique, désastreux, exécrable, lamentable, minable, piètre, piteux, pitoyable. CONTR. *beau, bon, brillant, parfait, remarquable.*

déplorablement *adverbe*

/ De façon déplorable. SYN. fâcheusement, malencontreusement, piteusement, tristement –LITTÉRAIRE: piètrement. CONTR. *avantageusement.*

déplorer *verbe*

/ Regretter vivement. SYN. pleurer, se lamenter. CONTR. *s'applaudir, se féliciter, se louer, se réjouir* –LITTÉRAIRE: *être bien aise de, être fort aise de.*

déployer *verbe*

/ Ouvrir ce qui était plié. SYN. déplier, dérouler, développer, étirer, ouvrir. CONTR. *fermer, plier, replier.*

/ Manifester quelque chose. SYN. afficher, arborer, étaler, exhiber, exposer, laisser paraître, montrer, prodiguer, révéler.

déployer (se) *verbe pronominal*

/ S'étendre largement. SYN. se dérouler, s'étendre, s'ouvrir. CONTR. *se replier.*

déplumé *adjectif*

/ FAMILIER. Qui a perdu ses cheveux. SYN. chauve, dégarni. CONTR. *chevelu.*

/ FAMILIER. Qui a perdu de l'argent. SYN. –FAMILIER: fauché, ratissé.

dépoitraillé *adjectif*

/ Dont la tenue est négligée. SYN. débraillé, négligé –FAMILIER: dépenaillé. CONTR. *convenable, correct, raffiné.*

déportation *nom féminin*

/ Exil politique. SYN. bannissement, déplacement, expatriation, expulsion, relégation –VIEUX: transportation.

déporter *verbe*

/ Exiler en un lieu. SYN. bannir, exiler, expatrier, expulser, transplanter.

dépose *nom féminin*

/ Action d'enlever ce qui était posé. SYN. démontage. CONTR. *montage, pose, repose.*

déposer *verbe*

/ Poser quelque chose quelque part. SYN. amener, conduire, laisser, mettre, remettre. CONTR. *enlever, prendre, retirer.*

/ Mettre en dépôt. SYN. placer, verser.

/ Démettre de sa fonction. SYN. bannir, casser, chasser, congédier, dégrader, déloger, démettre, destituer, détrôner, éliminer, évincer, licencier, limoger, mettre à la porte, radier, refuser, remercier, renvoyer, repousser, révoquer –FAMILIER: balayer, débarquer, déboulonner, dégommer, démissionner, envoyer balader, envoyer bouler, ficher à la porte, flanquer à la porte, flanquer dehors, sabrer, vider –POPULAIRE: balancer, envoyer paître, foutre à la porte, lourder, virer –VIEUX: envoyer se faire lanlaire. CONTR. *accueillir, admettre, agréer, garder, nommer, recevoir.*

dépositaire *nom*

/ Personne qui a la garde de. SYN. garant, gardien.

déposition *nom féminin*
/ Fait de retirer sa fonction à. SYN. destitution, détrônement, révocation.
/ Déclaration d'un témoin. SYN. témoignage.

déposséder *verbe*
/ Enlever la possession de. SYN. démunir, dépouiller, dessaisir, exproprier, frustrer, léser, ôter, priver, retirer – LITTÉRAIRE: spolier.

dépossession *nom féminin*
/ Action de déposséder quelqu'un. SYN. frustration, privation – LITTÉRAIRE: dépouillement, spoliation.

dépôt *nom masculin*
/ Action de déposer de l'argent. SYN. versement. CONTR. *retrait.*
/ Lieu où l'on entrepose des choses. SYN. entrepôt, magasin, réserve, resserre.

dépotoir *nom masculin*
/ Dépôt de choses malpropres. SYN. débarras, décharge, remise.

dépouille *nom féminin*
/ LITTÉRAIRE. Corps d'un mort. SYN. cadavre, corps, restes.

dépouillé *adjectif*
/ Dépourvu d'ornements. SYN. concis, discret, net, sévère, simple, sobre, strict. CONTR. *compliqué, diffus, exubérant, luxuriant, riche, touffu.*

dépouillement *nom masculin*
/ LITTÉRAIRE. Action de dépouiller quelqu'un. SYN. dépossession, frustration – LITTÉRAIRE: spoliation.
/ Caractère dépouillé. SYN. austérité, nudité, sobriété. CONTR. *luxe, magnificence, richesse* – LITTÉRAIRE: *somptuosité.*
/ Sobriété d'une œuvre. SYN. concision, netteté, rigueur, sévérité, simplicité. CONTR. *emphase, enflure, grandiloquence* – LITTÉRAIRE: *pompe.*

dépouiller *verbe*
/ Enlever la peau d'un animal. SYN. écorcher – FAMILIER: dépiauter.
/ LITTÉRAIRE. Dégarnir les végétaux de leurs feuilles. SYN. dénuder, écorcer, effeuiller – LITTÉRAIRE: défeuiller. CONTR. *garnir.*
/ Soustraire quelque chose à quelqu'un. SYN. démunir, déposséder, dessaisir, dévaliser, enlever, escroquer, frustrer, ôter, priver, voler – FAMILIER: délester, lessiver, nettoyer, plumer, tondre – LITTÉRAIRE: détrousser, spolier – VIEUX: filouter. CONTR. *rendre.*
/ Dégarnir quelque chose. SYN. dénuder, désencombrer. CONTR. *agrémenter, enrichir, garnir.*

dépouiller (se) *verbe pronominal*
/ Renoncer à quelque chose. SYN. sacrifier, se démunir, se dessaisir, se priver. CONTR. *s'approprier, s'attribuer.*

dépouilles *nom féminin pluriel*
/ LITTÉRAIRE. Ce qu'on prend à l'ennemi. SYN. butin, prises, trophée.

dépourvu *adjectif*
/ Privé de quelque chose. SYN. démuni, dénué, dépouillé, exempt, vide. CONTR. *abondant, débordant, doué, encombré, farci, foisonnant, fourmillant, fourni, gorgé, paré, plein, pourvu, rempli, riche* – FAMILIER: *bourré.*

dépravation *nom féminin*
/ Comportement immoral. SYN. altération, débauche, déchéance, dégradation, déliquescence, dérèglement, dévergondage, immoralité, perversion, pourriture – LITTÉRAIRE: corruption, dissolution, prostitution, stupre, vice. CONTR. *assainissement, chasteté, épuration, innocence, pureté* – LITTÉRAIRE: *honneur.*

dépravé *adjectif*
/ Dont la moralité est corrompue. SYN. débauché, déliquescent, dénaturé, déréglé, dévergondé, immoral, licencieux, perverti – LITTÉRAIRE: corrompu, crapuleux, dissolu, égaré, impur, orgiaque – VIEUX: luxurieux. CONTR. *honnête, pur, rangé, sérieux, vertueux.*

dépraver *verbe*
/ Corrompre la moralité de. SYN. avilir, débaucher, dégrader, dérégler, perdre, pervertir, pourrir – LITTÉRAIRE: corrompre, dévoyer, flétrir, gangrener, prostituer.
/ Altérer le goût. SYN. déformer, gâter – LITTÉRAIRE: corrompre, frelater, vicier.

dépréciateur *nom*
/ Personne qui déprécie. SYN. critique, dénigreur, détracteur – LITTÉRAIRE: contempteur, négateur. CONTR. *bénisseur, flatteur* – LITTÉRAIRE: *adulateur, complimenteur, encenseur, flagorneur, laudateur, louangeur.*

dépréciatif *adjectif*
/ Qui déprécie. SYN. abaissant, critique, médisant, rabaissant. CONTR. *élogieux, laudatif.*

dépréciation *nom féminin*
/ Action de déprécier. SYN. baisse, chute, dégradation, dévalorisation, dévaluation –LITTÉRAIRE: prostitution, rabaissement –VIEUX: avilissement. CONTR. *augmentation, élévation, hausse, relèvement, revalorisation, valorisation.*

déprécier *verbe*
/ Porter un jugement défavorable. SYN. avilir, déconsidérer, décrier, dénigrer, déshonorer, dévaloriser, diminuer, discréditer, galvauder, mésestimer, minimiser, rabaisser, rapetisser, ravaler, sous-estimer –LITTÉRAIRE: dauber, déchirer, vilipender. CONTR. *admirer, apprécier, célébrer, exalter, honorer, rehausser, valoriser* –LITTÉRAIRE: *priser.*
/ Diminuer la valeur de. SYN. démonétiser, dévaluer. CONTR. *réévaluer, rehausser.*

déprécier (se) *verbe pronominal*
/ Perdre de sa valeur. SYN. baisser, se dévaloriser, se dévaluer –VIEUX: s'avilir.

déprédateur *adjectif*
/ Qui fait des dégâts. SYN. destructeur, dévastateur, vandale –LITTÉRAIRE: ravageur.

déprédation *nom féminin*
/ Dégât causé. SYN. dégradation, détérioration, dévastation, ravage, saccage, sinistre, vandalisme –LITTÉRAIRE: sac.

déprendre (se) *verbe pronominal*
/ LITTÉRAIRE. Se libérer d'une contrainte. SYN. se défaire, se dégager, se détacher. CONTR. *s'engouer.*

dépression *nom féminin*
/ État pathologique. SYN. abattement, accablement, anéantissement, atonie, découragement, lassitude, mélancolie, neurasthénie, pessimisme –FAMILIER: cafard –LITTÉRAIRE: prostration, spleen. CONTR. *euphorie, excitation.*
/ Abaissement d'une surface. SYN. affaissement, affouillement, bassin, cavité, concavité, creux, cuvette, enfoncement, excavation. CONTR. *bosse, boursouflure, éminence* –VIEUX: *élévation.*
/ Diminution de l'activité économique. SYN. crise, récession. CONTR. *boom, essor.*

déprimant *adjectif*
/ Qui déprime. SYN. affaiblissant, amollissant, anémiant, débilitant, démoralisant, triste –LITTÉRAIRE: dissolvant. CONTR. *exaltant, fortifiant, réconfortant, revigorant, riant, stimulant, tonique, vivifiant.*

déprimé *adjectif*
/ Qui souffre de dépression. SYN. abattu, accablé, anéanti, prostré, sombre. CONTR. *euphorique, joyeux, radieux.*

déprimer *verbe intransitif*
/ FAMILIER. Être dans un état dépressif. SYN. broyer du noir, cafarder, voir tout en noir –FAMILIER: avoir le moral à zéro, toucher le fond. CONTR. –FAMILIER: *être en pleine forme* –POPULAIRE: *avoir la pêche, péter le feu.*

déprimer *verbe transitif*
/ Abattre quelqu'un. SYN. abattre, accabler, briser, décourager, démoraliser. CONTR. *animer, réconforter, remettre, remonter, revigorer* –FAMILIER: *requinquer.*

dépriser *verbe*
/ LITTÉRAIRE. Apprécier au-dessous de sa valeur. SYN. mépriser, mésestimer, sous-estimer, sous-évaluer. CONTR. *surestimer, surévaluer.*

depuis *préposition*
/ En partant de ce moment. SYN. à compter de, à dater de, à partir de, dès.

dépurer *verbe*
/ Rendre plus pur. SYN. épurer, purifier. CONTR. –LITTÉRAIRE: *souiller, vicier.*

députer *verbe*
/ Envoyer quelqu'un. SYN. déléguer, élire, mandater –LITTÉRAIRE: dépêcher.

déracinement *nom masculin*
/ Action de déraciner un arbre. SYN. arrachage, éradication.
/ Fait d'être arraché à son milieu. SYN. exil, expatriation. CONTR. *enracinement, fixation, sédentarisation.*

déraciner *verbe*

/ Arracher un arbre. SYN. déplanter, dessoucher, enlever, essoucher. CONTR. *planter.*

/ Supprimer quelque chose. SYN. extirper. CONTR. *enraciner.*

/ Arracher quelqu'un à son milieu. SYN. dépayser, exiler, expatrier. CONTR. *acclimater, fixer.*

déraidir *verbe*

/ LITTÉRAIRE. Faire perdre de la raideur. SYN. assouplir, dégourdir. CONTR. *raidir.*

dérailler *verbe*

/ FAMILIER. S'écarter du bon sens. SYN. délirer, déraisonner, divaguer, perdre la raison, perdre la tête, perdre la tramontane, radoter, s'égarer –FAMILIER: débloquer, déménager, perdre la boule, perdre la boussole, perdre le nord, perdre les pédales, travailler du chapeau.

déraison *nom féminin*

/ LITTÉRAIRE. Manque de raison. SYN. folie, insanité –FAMILIER: démence. CONTR. *raison, sagesse.*

déraisonnable *adjectif*

/ Qui montre un manque de raison. SYN. aberrant, absurde, exorbitant, extravagant, fantasque, farfelu, fou, idiot, illégitime, illogique, incohérent, inconséquent, insensé, irrationnel, saugrenu, sot, stupide –FAMILIER: loufoque. CONTR. *convenable, équilibré, judicieux, légitime, logique, naturel, posé, prudent, raisonnable, raisonné, rationnel, réfléchi, sage, sensé.*

déraisonnablement *adverbe*

/ De façon déraisonnable. SYN. absurdement, illogiquement, irrationnellement. CONTR. *logiquement, raisonnablement, rationnellement, sainement.*

déraisonner *verbe*

/ Dire des choses incohérentes. SYN. délirer, divaguer, perdre la raison, perdre la tête, perdre la tramontane, radoter –FAMILIER: déménager, dérailler, perdre la boule, perdre la boussole, perdre le nord, perdre les pédales, travailler du chapeau –POPULAIRE: débloquer.

dérangé *adjectif*

/ Un peu fou. SYN. désaxé, déséquilibré –FAMILIER: braque, cinglé, détraqué, dingue, fada, fêlé, frappé, loufoque, maboul, marteau, piqué, ravagé, tapé, timbré, toc-toc, toqué, zinzin –POPULAIRE: allumé, azimuté, barge, barjo, branque, brindezingue, cinoque, cintré, déjanté, dingo, folingue, fondu, givré, jeté, louf, louftingue, sinoc, sinoque, siphonné, tordu.

dérangeant *adjectif*

/ Qui dérange. SYN. gênant, incommodant –LITTÉRAIRE: importun.

dérangement *nom masculin*

/ État de ce qui n'est pas en ordre. SYN. déplacement, dérèglement, détraquement. CONTR. *agencement, aménagement, arrangement, disposition, ordre, rangement.*

/ Action d'importuner quelqu'un. SYN. bouleversement, gêne, perturbation, tracas.

/ Trouble de l'esprit. SYN. démence, folie.

déranger *verbe*

/ Mettre en désordre. SYN. bouger, brouiller, déclasser, défaire, déplacer, dérégler, désorganiser, détraquer –FAMILIER: chambarder, chambouler. CONTR. *agencer, aménager, arranger, classer, disposer, ordonner, organiser, placer, ranger.*

/ Gêner quelqu'un, quelque chose. SYN. bouleverser, bousculer, contrarier, contrecarrer, embarrasser, gâter, incommoder, indisposer, interrompre, perturber, troubler –LITTÉRAIRE: importuner.

déranger (se) *verbe pronominal*

/ Changer de place. SYN. se déplacer, s'interrompre.

déraper *verbe*

/ Partir de côté. SYN. chasser, glisser, patiner.

déréglé *adjectif*

/ Qui ne fonctionne plus. SYN. détraqué. CONTR. *réglé.*

/ Qui sort de la norme. SYN. débauché, dépravé, désordonné, dévergondé, immoral –LITTÉRAIRE: dissolu, orgiaque. CONTR. *normal, ordonné, réglé, régulier.*

dérèglement *nom masculin*

/ Trouble du fonctionnement. SYN. dérangement, détraquement, perturbation.

/ Désordre moral. SYN. corruption, débauche, dépravation, désordre, dévergondage, libertinage, perversion, trouble –LITTÉRAIRE: débridement, dissolution, licence, stupre.

dérèglements *nom masculin pluriel*

/ LITTÉRAIRE. Écarts de conduite. SYN. désordres, égarements, excès, orgies –LITTÉRAIRE: déportements.

dérégler *verbe*

/ Altérer le fonctionnement de. SYN. bouleverser, déranger, détraquer, perturber –FAMILIER: déglinguer. CONTR. *arranger, régler.*

/ Troubler la moralité de quelqu'un. SYN. dégrader, dépraver, pervertir –LITTÉRAIRE: corrompre.

dérégler (se) *verbe pronominal*

/ Ne plus fonctionner normalement. SYN. se détraquer –FAMILIER: se déglinguer. CONTR. *fonctionner, marcher.*

dérider *verbe*

/ Rendre quelqu'un plus gai. SYN. amuser, dégeler, distraire, divertir, égayer, réjouir. CONTR. *assombrir, attrister, chagriner, ennuyer* –LITTÉRAIRE: *rembrunir.*

dérider (se) *verbe pronominal*

/ Devenir plus gai. SYN. s'épanouir, sourire. CONTR. *s'assombrir, se rembrunir, se renfrogner.*

dérision *nom féminin*

/ Moquerie dédaigneuse. SYN. dédain, ironie, mépris, persiflage, plaisanterie, raillerie, risée, sarcasme. CONTR. *déférence, respect, sérieux.*

dérisoire *adjectif*

/ Qui est insignifiant. SYN. faible, infime, limité, mineur, minime, misérable, modeste, négligeable, pauvre, petit, piètre, réduit, ridicule –LITTÉRAIRE: vain. CONTR. *appréciable, bon, capital, conséquent, considérable, écrasant, important, précieux, respectable, sérieux, surabondant* –FAMILIER: *coquet, joli, rondelet, solide* –POPULAIRE: *bœuf.*

dérivatif *nom masculin*

/ Ce qui change les idées. SYN. antidote, diversion, exutoire, passe-temps.

dérivation *nom féminin*

/ Action de détourner quelque chose. SYN. détournement, déviation.

dériver *verbe*

/ Tirer son origine de quelque chose. SYN. découler, émaner, naître, procéder, provenir, résulter, se rattacher, venir –LITTÉRAIRE: ressortir. CONTR. *causer, déterminer, provoquer.*

dernier *adjectif*

/ Qui vient après les autres. SYN. définitif, final, suprême, terminal, ultime. CONTR. *initial, premier.*

/ Qui est le plus récent. SYN. frais, moderne, nouveau, récent. CONTR. *usé.*

/ Indique un degré extrême. SYN. extrême. CONTR. *courant.*

/ Qui vient de se passer. SYN. passé, précédent. CONTR. *futur, prochain.*

dernièrement *adverbe*

/ Depuis peu. SYN. fraîchement, nouvellement, récemment. CONTR. *anciennement* –FAMILIER: *il y a belle lurette.*

dernier-né *nom*

/ Dernier enfant d'une famille. SYN. benjamin, cadet. CONTR. *aîné.*

dérobade *nom féminin*

/ Action de se dérober. SYN. échappatoire, faux-fuyant, fuite, pantalonnade, pirouette, reculade, subterfuge –FAMILIER: cabriole, lâchage.

dérobé *adjectif*

/ Que l'on ne voit pas. SYN. caché, dissimulé, secret.

dérober *verbe*

/ LITTÉRAIRE. S'emparer de quelque chose. SYN. escamoter, escroquer, extorquer, prendre, soustraire, voler –FAMILIER: barboter, chaparder, chiper, choper, écornifler, kidnapper, souffler, subtiliser –LITTÉRAIRE: ravir –POPULAIRE: chauffer, faucher, piquer. CONTR. *rendre, restituer.*

/ LITTÉRAIRE. Empêcher de voir. SYN. cacher, camoufler, dissimuler, masquer –LITTÉRAIRE: voiler –POPULAIRE: planquer. CONTR. *démasquer, dévoiler, montrer, offrir.*

dérober (se) *verbe pronominal*
/ Se soustraire à quelque chose. SYN. échapper à, éluder, esquiver, éviter, fuir, reculer, se garer, se libérer, se soustraire – FAMILIER: couper, se défiler. CONTR. *accepter, affronter, assumer, s'attaquer.*

dérogation *nom féminin*
/ Action de déroger à une règle. SYN. entorse, infraction, manquement, violation.

déroger *verbe*
/ Enfreindre une règle. SYN. contrevenir à, manquer à, piétiner, transgresser, violer. CONTR. *obéir à, observer, respecter, s'aligner, se conformer à, suivre.*

dérouillée *nom féminin*
/ POPULAIRE. Volée de coups. SYN. tripotée – FAMILIER: pile, raclée, rossée, tabassée – POPULAIRE: dégelée, pâtée, peignée, rouste, tannée, tournée, trempe – VIEUX: frottée.

dérouiller *verbe*
/ POPULAIRE. Donner des coups à. SYN. battre, corriger, taper – FAMILIER: tabasser.

déroulement *nom masculin*
/ Action de dérouler. SYN. dépliage, déploiement, déroulage. CONTR. *enroulement.*
/ Développement d'une action. SYN. cours, enchaînement, évolution, fil, marche, succession, suite, train.

dérouler *verbe*
/ Défaire ce qui était roulé. SYN. débobiner, déplier, déployer, développer, dévider, étaler, étendre. CONTR. *enrouler, rouler.*
/ Montrer quelque chose. SYN. étaler, exposer, offrir.

dérouler (se) *verbe pronominal*
/ Avoir lieu. SYN. couler, se passer, se produire.
/ Se succéder. SYN. défiler, se déployer, se dévider, se prolonger, s'enchaîner, s'étaler – LITTÉRAIRE: se développer.

déroutant *adjectif*
/ Qui déroute. SYN. ahurissant, déconcertant, embarrassant, imprévisible, imprévu, inattendu, insolite, troublant. CONTR. *banal, prévisible.*

déroute *nom féminin*
/ Défaite d'une armée. SYN. débâcle, débandade, dispersion, fuite, reculade. CONTR. *victoire.*
/ Échec complet. SYN. chute, déconfiture, désarroi, désastre, dissolution, échec, écroulement, naufrage, revers, ruine – FAMILIER: pile, piquette, plongeon, raclée. CONTR. *relèvement.*

dérouter *verbe*
/ Mettre dans l'embarras. SYN. confondre, déboussoler, déconcerter, décontenancer, démonter, dépasser, dépayser, désarçonner, désemparer, désorienter, embarrasser, interloquer, troubler. CONTR. *acclimater.*
/ Empêcher d'aboutir. SYN. dépister, égarer, fourvoyer. CONTR. *orienter.*

derrière *nom masculin*
/ Partie postérieure. CONTR. *avant, devant, endroit, façade, front.*
/ Partie comprenant les fesses. SYN. anus, siège – FAMILIER: croupe, croupion, fessier, fondement, postérieur – LITTÉRAIRE: séant – POPULAIRE: arrière-train, cul, derche, lune, pétard, popotin, trou de balle.

derrière *préposition ou adverbe*
/ Marque l'emplacement. SYN. au dos, au-delà de, en arrière. CONTR. *devant.*
/ FAMILIER. Marque le temps. SYN. à la suite de, après. CONTR. *avant.*

désabusé *adjectif*
/ Qui a perdu ses illusions. SYN. blasé, déçu, dégoûté, dépité, désenchanté, désillusionné, lassé. CONTR. *enthousiasmé, enthousiaste, exalté, fervent, optimiste, passionné* – FAMILIER: *emballé.*

désabusement *nom masculin*
/ LITTÉRAIRE. Fait d'être désabusé. SYN. déception, désappointement, désenchantement, désillusion – FAMILIER: douche.

désabuser *verbe*
/ LITTÉRAIRE. Ôter ses illusions à. SYN. blaser, désillusionner, détromper – LITTÉRAIRE: désenchanter. CONTR. *bercer, berner, tromper.*

désacclimater *verbe*
/ Changer de climat. SYN. changer, dépayser. CONTR. *acclimater.*

désaccord *nom masculin*

/ Manque de concordance. SYN. contradiction, contraste, décalage, différence, discordance, disproportion, divergence, opposition –LITTÉRAIRE: disparate. CONTR. *concordance, conformité, correspondance, harmonie, union.*

/ Manque d'entente. SYN. bouderie, brouille, conflit, désunion, différend, dispute, dissension, division, divorce, incompatibilité, malentendu, mésentente, rupture, tension, tiraillement, trouble, zizanie –FAMILIER: fâcherie –LITTÉRAIRE: discorde, dissentiment, dissonance, mésintelligence. CONTR. *accord, alliance, arrangement, bonne intelligence, camaraderie, communion, compatibilité, complicité, concorde, entente, fraternisation, fraternité, rapprochement, réconciliation, unisson, unité* –FAMILIER: *raccommodement.*

désaccordé *adjectif*

/ Qui sonne faux. SYN. discordant. CONTR. *accordé, juste.*

désaccoutumance *nom féminin*

/ Fait de se désaccoutumer. SYN. désadaptation. CONTR. *accoutumance, dépendance.*

désaccoutumer (se) *verbe pronominal*

/ LITTÉRAIRE. Perdre une habitude. SYN. se déshabituer. CONTR. *s'accoutumer, s'habituer* –LITTÉRAIRE: *s'accommoder.*

désadaptation *nom féminin*

/ Action de se désadapter. SYN. désaccoutumance. CONTR. *accoutumance, adaptation.*

désaffection *nom féminin*

/ Perte de l'intérêt. SYN. désintéressement, désintérêt, détachement, indifférence, insensibilité, mépris, négligence –LITTÉRAIRE: inappétence, incuriosité. CONTR. *attirance, goût, intérêt, passion.*

désagencer *verbe*

/ Détruire l'agencement d'une chose. SYN. désorganiser, troubler. CONTR. *agencer, organiser.*

désagréable *adjectif*

/ Qui cause une sensation pénible. SYN. contrariant, criard, déplaisant, désastreux, ennuyeux, fâcheux, gênant, incommodant, ingrat, malencontreux, mauvais, pénible, rebutant, vilain –FAMILIER: embêtant, empoisonnant –POPULAIRE: emmerdant. CONTR. *agréable, amusant, attirant, attrayant, beau, bien, captivant, commode, cosy, délicieux, enchanteur, exquis, harmonieux, heureux, joli, plaisant, ravissant, réjouissant.*

/ Qui se comporte de manière déplaisante. SYN. acariâtre, antipathique, bourru, désobligeant, détestable, inamical, odieux, revêche, vexant –LITTÉRAIRE: disgracieux, importun. CONTR. *affable, agréable, aimable, avenant, bon, charmant, complaisant, courtois, engageant, gentil, séduisant, sympathique.*

désagréablement *adverbe*

/ De façon désagréable. SYN. fâcheusement, laidement, malencontreusement, tristement –LITTÉRAIRE: vilainement, vilement. CONTR. *agréablement, avantageusement, harmonieusement.*

désagrégation *nom féminin*

/ Morcellement d'un tout. SYN. dégradation, délabrement, déliquescence, désagrègement, désintégration, désorganisation, détérioration, dissolution, érosion –LITTÉRAIRE: dégénérescence. CONTR. *agglomération, agglutination, union.*

désagréger *verbe*

/ Décomposer un corps. SYN. désintégrer, effriter, pulvériser. CONTR. *agréger, conglomérer.*

/ Faire perdre son unité. SYN. décomposer, démembrer, désunir, détruire, disloquer, dissocier, dissoudre, fissurer, miner, saper. CONTR. *unir.*

désagréger (se) *verbe pronominal*

/ Perdre son unité. SYN. se désunir, se disloquer, se dissoudre, se morceler, s'écrouler.

/ Se réduire en poussière. SYN. s'effriter.

désagrément *nom masculin*

/ Sentiment désagréable. SYN. contrariété, déplaisir, gêne, mécontentement, peine. CONTR. *charme, contentement, joie, plaisir.*

/ Sujet de déplaisir. SYN. déboire, désavantage, difficulté, ennui, inconvénient, souci, tracas, tracasserie –FAMILIER: embêtement, empoisonnement, enquiquinement –POPULAIRE: emmerdement.

désaimanter *verbe*

/ Détruire l'aimantation. SYN. démagnétiser, neutraliser. CONTR. *aimanter.*

désaltérer (se) *verbe pronominal*

/ Faire cesser sa soif. SYN. boire, étancher sa soif, se rafraîchir.

désappointé *adjectif*

/ Qui manifeste du dépit. SYN. déçu, dépité, désenchanté, insatisfait, mécontent.

désappointement *nom masculin*

/ Fait d'être déçu. SYN. déboire, déception, déconvenue, dépit, désenchantement, désillusion –LITTÉRAIRE: désabusement. CONTR. *contentement, satisfaction.*

désappointer *verbe*

/ Tromper l'attente de quelqu'un. SYN. décevoir, déconcerter, dégriser, dépiter, désillusionner, frustrer, mécontenter –FAMILIER: défriser –LITTÉRAIRE: désenchanter. CONTR. *contenter, satisfaire.*

désapprobateur *adjectif*

/ Qui désapprouve. SYN. accusateur, réprobateur, réticent. CONTR. *élogieux, laudatif, louangeur.*

désapprobation *nom féminin*

/ Action de désapprouver. SYN. blâme, condamnation, contestation, désaveu, opposition, réprobation, reproche. CONTR. *adhésion, agrément, approbation, assentiment* –LITTÉRAIRE: *adulation.*

désapprouver *verbe*

/ Ne pas approuver. SYN. blâmer, condamner, contester, critiquer, désavouer, protester, réprouver –LITTÉRAIRE: censurer. CONTR. *approuver, cautionner, louer, tolérer* –LITTÉRAIRE: *louanger.*

désarçonner *verbe*

/ Déconcerter quelqu'un. SYN. confondre, déboussoler, déconcerter, décontenancer, démonter, dérouter, désemparer, désorienter, embarrasser, interloquer, troubler.

désargenté *adjectif*

/ FAMILIER. Qui n'a plus d'argent. SYN. gêné, indigent, malheureux, miséreux, nécessiteux, pauvre –FAMILIER: à sec, fauché –LITTÉRAIRE: impécunieux –POPULAIRE: raide –VIEUX: besogneux, disetteux. CONTR. *aisé, cossu, cousu d'or, fortuné, huppé, nanti, privilégié, riche* –FAMILIER: *plein aux as* –POPULAIRE: *friqué.*

désarmant *adjectif*

/ Qui touche. SYN. émouvant, poignant, touchant.

désarmé *adjectif*

/ Sans défense face à. SYN. faible, impuissant. CONTR. –FAMILIER: *blindé.*

désarmer *verbe*

/ Pousser à l'indulgence. SYN. apaiser, calmer, ébranler, fléchir, humaniser, toucher. CONTR. *cabrer.*

désarroi *nom masculin*

/ Trouble moral profond. SYN. agitation, angoisse, déroute, détresse, égarement, malaise, perturbation, trouble. CONTR. *ataraxie, paix, tranquillité.*

désarticuler *verbe*

/ Sortir de son articulation. SYN. déboîter, démettre, disloquer –FAMILIER: déglinguer. CONTR. *remettre.*

désassembler *verbe*

/ Défaire l'assemblage de. SYN. désunir, disjoindre, disloquer, écarter. CONTR. *ajuster, assembler.*

désassortir *verbe*

/ Détruire l'assortiment d'un ensemble. SYN. dépareiller, disjoindre, dissocier. CONTR. *accorder, assortir.*

désastre *nom masculin*

/ Événement funeste. SYN. calamité, cataclysme, catastrophe, fléau, malheur, ravage –LITTÉRAIRE: infortune. CONTR. *bonheur.*

/ Défaite militaire. SYN. débâcle, déroute.

/ Échec total. SYN. banqueroute, faillite, krach, naufrage, ruine –FAMILIER: fiasco, four –POPULAIRE: flop.

désastreux *adjectif*

/ Très mauvais. SYN. catastrophique, désagréable, fâcheux, fatal, funeste, malheureux, mauvais, néfaste, nuisible –FAMILIER: déplorable –LITTÉRAIRE: calamiteux. CONTR. *brillant, heureux, parfait.*

désavantage *nom masculin*

/ Infériorité de quelqu'un. SYN. handicap, inconvénient. CONTR. *avantage, bénéfice, supériorité.*

/ Inconvénient inhérent à. SYN. désagrément, ennui, préjudice, revers de la médaille – LITTÉRAIRE : détriment. CONTR. *agrément, avantage, bénéfice, bien, profit.*

désavantager *verbe*

/ Faire subir un désavantage à. SYN. défavoriser, déshériter, desservir, frustrer, handicaper, léser. CONTR. *avantager, encourager, favoriser, privilégier.*

désavantageux *adjectif*

/ Qui cause un désavantage. SYN. défavorable, nuisible, préjudiciable. CONTR. *avantageux, favorable, fructueux, profitable, propice.*

désaveu *nom masculin*

/ Action de se rétracter. SYN. démenti, dénégation, reniement, rétractation. CONTR. *confirmation, engagement.*

/ Refus d'approuver quelqu'un. SYN. blâme, censure, condamnation, désapprobation – LITTÉRAIRE : opprobre. CONTR. *agrément, approbation, assentiment, attestation.*

désavouer *verbe*

/ Refuser de reconnaître comme sien. SYN. dénier, nier, renier, se défendre de – LITTÉRAIRE : rétracter.

/ Cesser de soutenir. SYN. blâmer, condamner, contredire, démentir, désapprouver, réprouver. CONTR. *accréditer, approuver, attester, cautionner, répondre de.*

désaxé *adjectif*

/ Qui souffre de déséquilibre mental. SYN. déphasé, dérangé, déséquilibré, désorienté, égaré, fou – FAMILIER : braque, détraqué, dingue, maboul, malade, marteau, piqué, ravagé, timbré, toqué – POPULAIRE : allumé, azimuté, barge, barjo, branque, cinoque, cintré, dingo, givré, jeté, sinoc, sinoque, siphonné. CONTR. *équilibré, sain, sensé.*

désaxer *verbe*

/ Mettre hors de son axe. SYN. dévier, infléchir – LITTÉRAIRE : déjeter.

/ Compromettre l'équilibre mental. SYN. déphaser, désemparer, déséquilibrer, désorienter, égarer, perdre.

descendance *nom féminin*

/ Fait de descendre de quelqu'un. SYN. extraction, filiation, généalogie, lignage, maison, parenté. CONTR. *ascendance.*

/ Ensemble des descendants. SYN. ligne, lignée, postérité – FAMILIER : progéniture, rejetons.

descendant *adjectif*

/ Qui descend. SYN. décroissant. CONTR. *croissant, grandissant.*

descendant *nom*

/ Personne issue de quelqu'un. SYN. enfant, fille, fils – FAMILIER : rejeton. CONTR. *ancêtre, ascendant* – LITTÉRAIRE : *aïeul.*

descendants *nom pluriel*

/ Ceux qui sont issus de. SYN. postérité. CONTR. *ancêtres* – LITTÉRAIRE : *aïeux, parents.*

descendre *verbe intransitif*

/ Aller de haut en bas. SYN. décliner, rétrograder – FAMILIER : dégringoler. CONTR. *grimper, monter, se hausser, s'élever.*

/ Loger quelque part. SYN. résider, s'arrêter, séjourner.

/ Perdre de la valeur. SYN. baisser, chuter, décliner, diminuer, s'effondrer – FAMILIER : dégringoler.

/ S'abaisser à faire. SYN. déchoir – FAMILIER : s'enfoncer. CONTR. *s'élever.*

/ Être issu de. SYN. naître, provenir.

descendre *verbe transitif*

/ Déposer à un endroit. SYN. amener, conduire. CONTR. *embarquer.*

/ Parcourir de haut en bas. SYN. dévaler – FAMILIER : débouler, dégringoler. CONTR. *gravir.*

/ Déplacer vers le bas. SYN. abaisser, baisser, incliner, pencher – LITTÉRAIRE : rabaisser. CONTR. *élever, hausser, hisser, lever, monter, rehausser, relever.*

/ POPULAIRE. Tuer quelqu'un. SYN. abattre, achever, assassiner, égorger, éliminer, envoyer ad patres, exécuter, fusiller, massacrer, tuer – FAMILIER : faire passer le goût du pain, ôter le goût du pain, trucider – LITTÉRAIRE : occire – POPULAIRE : buter, faire la peau, flinguer, ratatiner, rectifier, refroidir, zigouiller – VIEUX : suriner.

descente *nom féminin*

/ Chemin qui va vers le bas. SYN. pente. CONTR. *côte, montée.*

/ Action de faire irruption. SYN. incursion, raid –FAMILIER: razzia.
/ Action d'aller vers le bas. CONTR. *ascension, escalade, montée.*

description *nom féminin*
/ Action de dépeindre. SYN. croquis, exposé, peinture, portrait, récit, représentation, tableau.

désemballer *verbe*
/ Sortir de son emballage. SYN. déballer, dépaqueter. CONTR. *emballer, empaqueter, paqueter.*

désembrouiller *verbe*
/ Rendre clair. SYN. clarifier, débrouiller, démêler, éclaircir, élucider. CONTR. *embrouiller, emmêler.*

désemparé *adjectif*
/ Qui semble perdu. SYN. déconcerté, décontenancé, démonté, dérouté, désorienté, interdit. CONTR. *rassuré* –LITTÉRAIRE: *rasséréné.*

désemparer *verbe*
/ Faire perdre ses moyens à. SYN. déboussoler, déconcerter, décontenancer, démonter, dérouter, désarçonner, désorienter.

désenchaîner *verbe*
/ Délivrer de ses chaînes. SYN. délier, détacher. CONTR. *attacher, enchaîner, lier.*

désenchanté *adjectif*
/ Déçu par la réalité. SYN. aigri, déçu, dégoûté, dépité, désabusé, désappointé, désillusionné. CONTR. *enchanté, enthousiaste, ravi, satisfait.*

désenchantement *nom masculin*
/ Perte d'une illusion. SYN. déception, déconvenue, désappointement, désillusion –FAMILIER: douche –LITTÉRAIRE: désabusement. CONTR. *émerveillement, extase, griserie, ivresse, joie* –LITTÉRAIRE: *enivrement, transport.*

désenchanter *verbe*
/ LITTÉRAIRE. Faire perdre ses illusions à. SYN. décevoir, dégriser, désappointer, désillusionner –LITTÉRAIRE: désabuser. CONTR. *charmer, émerveiller.*

désencombrer *verbe*
/ Débarrasser de ce qui encombre. SYN. débarrasser, déblayer, dégager, dépouiller, désobstruer, libérer. CONTR. *encombrer.*

désencrasser *verbe*
/ Enlever la crasse. SYN. décrasser, nettoyer. CONTR. *encrasser, salir* –LITTÉRAIRE: *souiller.*

désencroûter *verbe*
/ FAMILIER. Débarrasser de ses préjugés. SYN. dégourdir, dégrossir, former.

désénerver *verbe*
/ Faire cesser l'énervement. SYN. apaiser, calmer, détendre. CONTR. *énerver, irriter* –POPULAIRE: *gonfler.*

désenfler *verbe*
/ Devenir moins enflé. SYN. dégonfler. CONTR. *bouffir, enfler, grossir, se boursoufler, se tuméfier.*

désengorger *verbe*
/ Dégager ce qui bouche. SYN. déboucher, désobstruer. CONTR. *boucher, engorger.*

désenivrer *verbe*
/ Tirer d'un état d'ivresse. SYN. dégriser, dessoûler. CONTR. *enivrer, étourdir* –FAMILIER: *soûler.*

désennuyer *verbe*
/ Faire cesser l'ennui. SYN. amuser, distraire, divertir –LITTÉRAIRE: récréer. CONTR. *ennuyer* –FAMILIER: *enquiquiner, raser* –LITTÉRAIRE: *importuner* –POPULAIRE: *emmerder.*

désépaissir *verbe*
/ Rendre moins épais. SYN. amaigrir, amincir, éclaircir, rogner. CONTR. *épaissir.*

déséquilibre *nom masculin*
/ Perte ou absence d'équilibre. SYN. détraquement, instabilité, perturbation. CONTR. *aplomb, équilibre, stabilité.*
/ Manque de concordance. SYN. disparité, disproportion. CONTR. *concordance, harmonie, proportion.*

déséquilibré *adjectif*
/ Qui a perdu son équilibre mental. SYN. dément, déphasé, dérangé, désaxé, désorienté, égaré, fou –FAMILIER: braque, détraqué, dingue, maboul, malade, marteau, piqué, ravagé, timbré, toqué –POPULAIRE: al-

lumé, barge, barjo, branque, cinoque, cintré, dingo, givré, jeté, sinoc, sinoque, siphonné. CONTR. *équilibré, sain, sensé.*
/ Qui n'est pas stable. SYN. instable. CONTR. *d'aplomb, en équilibre, stable.*

déséquilibrer *verbe*
/ Faire perdre son équilibre à. SYN. désaxer, perturber. CONTR. *équilibrer, stabiliser.*

désert *adjectif*
/ Se dit d'un lieu inhabité. SYN. dépeuplé, désertique, inoccupé, sauvage. CONTR. *peuplé, surpeuplé.*
/ Peu fréquenté. SYN. abandonné, déserté, libre, solitaire, vide. CONTR. *fréquenté, passant, plein, populeux* –FAMILIER: *bourré.*
/ Où il ne se passe rien. SYN. morne, mort, terne. CONTR. *animé.*

déserté *adjectif*
/ Où l'on ne va plus. SYN. abandonné, désert, vide. CONTR. *plein* –FAMILIER: *bourré.*

déserter *verbe*
/ Ne plus se rendre dans un lieu. SYN. abandonner, délaisser, quitter, s'absenter, s'éloigner de. CONTR. *gagner, rallier, rester* –LITTÉRAIRE: *hanter.*

désertion *nom féminin*
/ Abandon d'un parti. SYN. défection, fugue, insoumission, reniement, renoncement, trahison –FAMILIER: lâchage –LITTÉRAIRE: renonciation. CONTR. *dévouement, engagement.*

désertique *adjectif*
/ Relatif au désert. SYN. aride, inculte, infertile, inhabité, sec, stérile.

désespérance *nom féminin*
/ LITTÉRAIRE. Fait d'être désespéré. SYN. affliction, désespoir, détresse –LITTÉRAIRE: navrement. CONTR. *espérance, espoir.*

désespérant *adjectif*
/ Qui désespère. SYN. débilitant, décevant, décourageant, démoralisant, désolant, navrant –FAMILIER: écœurant. CONTR. *consolant, encourageant.*

désespéré *adjectif*
/ Qui est extrême. SYN. acharné, forcené, fou, héroïque, suprême.
/ Qui exprime le désespoir. SYN. affligé, attristé, chagriné, malheureux, navré, peiné. CONTR. *heureux.*

désespérer *verbe*
/ Faire perdre espoir. SYN. abattre, accabler, affliger, attrister, consterner, décourager, désoler, navrer, peiner, rebuter, tourmenter –FAMILIER: écœurer. CONTR. *encourager, réconforter.*
/ Cesser d'espérer en. SYN. douter. CONTR. *espérer.*

désespérer (se) *verbe pronominal*
/ S'abandonner au désespoir. SYN. s'affliger, se tourmenter. CONTR. *exulter, jubiler, se réjouir.*

désespoir *nom masculin*
/ Absence d'espoir. SYN. abattement, accablement, affliction, angoisse, consternation, découragement, détresse –LITTÉRAIRE: désespérance. CONTR. *confiance, espérance, espoir, foi.*
/ Ce qui désespère. SYN. désolation, douleur, tourment. CONTR. *consolation, contentement, joie, réconfort, satisfaction.*

déshabiller *verbe*
/ Enlever des vêtements. SYN. dévêtir. CONTR. *habiller* –LITTÉRAIRE: *vêtir.*
/ Laisser à nu. SYN. découvrir, dénuder. CONTR. *cacher, couvrir, dissimuler.*
/ Enlever des ornements. SYN. dégarnir. CONTR. *garnir, recouvrir.*
/ LITTÉRAIRE. Mettre à nu. SYN. démasquer, dévoiler.

déshabiller (se) *verbe pronominal*
/ Enlever ses vêtements. SYN. se découvrir, se défaire, se dénuder, se dévêtir. CONTR. *s'apprêter, se couvrir, se vêtir, s'habiller* –LITTÉRAIRE: *se parer.*

déshabituer *verbe*
/ Faire perdre une habitude. SYN. désaccoutumer. CONTR. *accoutumer, habituer.*

déshabituer (se) *verbe pronominal*
/ Perdre une habitude. SYN. –LITTÉRAIRE: se désaccoutumer. CONTR. *s'accoutumer, s'habituer* –LITTÉRAIRE: *s'accommoder.*

déshérité *adjectif*
/ Qui est privé d'héritage. SYN. exhérédé.

/ Dépourvu de dons naturels. SYN. défavorisé, désavantagé, faible, handicapé. CONTR. *avantagé, favorisé, privilégié.*
/ Dépourvu de ressources. SYN. aride, stérile. CONTR. *fertile, riche.*

déshériter *verbe*
/ Priver d'héritage. SYN. exhéréder.
/ Priver quelqu'un d'avantages. SYN. défavoriser, désavantager, frustrer. CONTR. *avantager, combler, favoriser, privilégier.*

déshonnête *adjectif*
/ LITTÉRAIRE. Contraire à la morale. SYN. graveleux, grivois, inconvenant, indécent, leste, libre, licencieux, malhonnête, malpropre, obscène, osé, polisson. CONTR. *bienséant, convenable, correct, décent, honnête, moral.*

déshonneur *nom masculin*
/ Perte de l'honneur. SYN. honte, ignominie, indignité, infamie –LITTÉRAIRE: flétrissure, opprobre, turpitude, vilenie. CONTR. *gloire, honneur, orgueil.*

déshonorant *adjectif*
/ Qui déshonore. SYN. abaissant, abject, avilissant, dégradant, honteux, ignoble, inavouable, indigne, infamant, infâme, injurieux, insultant, outrageant, rabaissant, scandaleux –LITTÉRAIRE: ignominieux. CONTR. *glorieux.*

déshonorer *verbe*
/ Faire perdre l'honneur. SYN. avilir, déconsidérer, dégrader, déprécier, diminuer, discréditer, disqualifier, éclabousser, galvauder, perdre, salir –LITTÉRAIRE: noircir, souiller. CONTR. *distinguer, ennoblir, honorer.*
/ LITTÉRAIRE. Faire du tort à quelque chose. SYN. défigurer, dégrader, déparer, gâter.

desiderata *nom masculin pluriel*
/ Ce que l'on souhaite obtenir. SYN. doléances, prétentions, réclamations, revendications, souhaits, vœux.

désignation *nom féminin*
/ Action de désigner. SYN. appellation, dénomination, nom, qualification.
/ Affectation à un poste. SYN. choix, élection, nomination.

désigner *verbe*
/ Montrer quelqu'un, quelque chose. SYN. citer, indiquer, marquer, signaler.
/ Investir quelqu'un d'un rôle. SYN. affecter, assigner, choisir, élire, introniser, nommer, prendre.
/ Représenter par le langage. SYN. qualifier, représenter, signifier, symboliser, traduire.

désillusion *nom féminin*
/ Perte de l'illusion. SYN. déboire, déception, déconvenue, désappointement, désenchantement –FAMILIER: douche –LITTÉRAIRE: désabusement, mécompte. CONTR. *émerveillement, enchantement, griserie, ravissement* –LITTÉRAIRE: *enivrement, transport.*

désillusionner *verbe*
/ Faire cesser les illusions. SYN. décevoir, dégriser, désappointer, détromper, refroidir –LITTÉRAIRE: désabuser, désenchanter. CONTR. *charmer, émerveiller.*

désinfecter *verbe*
/ Détruire des microbes. SYN. aseptiser, assainir, décontaminer, stériliser. CONTR. *contaminer, envenimer, infecter.*

désinfection *nom féminin*
/ Destruction des microbes. SYN. antisepsie, asepsie, assainissement, stérilisation. CONTR. *infection.*

désintégration *nom féminin*
/ Action de désintégrer. SYN. désagrégation, désorganisation, dislocation.

désintégrer *verbe*
/ Provoquer la destruction de. SYN. anéantir, décomposer, désagréger, désorganiser, détruire, effriter, ruiner.

désintéressé *adjectif*
/ Qui ne cherche pas son intérêt. SYN. bénévole, détaché, gratuit, honnête, impartial, indifférent, pur. CONTR. *ambitieux, arriviste, avide, égoïste, intéressé, regardant* –LITTÉRAIRE: *cupide, rapace.*

désintéressement *nom masculin*
/ Fait de ne pas agir par intérêt. SYN. abnégation, altruisme, charité, détachement, générosité, humanité, philanthropie, renoncement. CONTR. *avidité, calcul* –LITTÉRAIRE: *cupidité.*

/ Fait de ne pas porter d'intérêt à. SYN. désaffection, désintérêt, indifférence, oubli –LITTÉRAIRE: inappétence. CONTR. *intérêt.*

désintéresser (se) *verbe pronominal*

/ Ne plus s'intéresser à. SYN. dédaigner, ignorer, mépriser, ne pas s'occuper de, négliger, se détacher, se détourner de, se laver les mains de, se moquer –FAMILIER: se ficher de –POPULAIRE: se foutre de. CONTR. *s'appliquer, s'assurer de, se pencher sur, se préoccuper de, se soucier, s'évertuer, s'intéresser, s'occuper de, suivre.*

désintérêt *nom masculin*

/ Absence d'intérêt pour. SYN. désaffection, désintéressement, détachement, indifférence, insensibilité, mépris, négligence –LITTÉRAIRE: inappétence, incuriosité. CONTR. *intérêt, sympathie.*

désinvolte *adjectif*

/ Qui est à l'aise. SYN. aisé, dégagé. CONTR. *confus, embarrassé, gêné, timide.*

/ Qui montre une liberté excessive. SYN. cavalier, familier, impertinent, inconvenant, incorrect, léger, libre –FAMILIER: sans gêne. CONTR. *cérémonieux, consciencieux, respectueux, sérieux* –LITTÉRAIRE: *révérencieux.*

désinvolture *nom féminin*

/ Comportement trop libre. SYN. aplomb, familiarité, hardiesse, impertinence, impudence, inconvenance, incorrection, laisser-aller, légèreté, liberté, sans-gêne –FAMILIER: je-m'en-fichisme, toupet –LITTÉRAIRE: irrévérence, sans-façon –POPULAIRE: je-m'en-foutisme. CONTR. *affabilité, déférence, gaucherie, modestie, respect, retenue, tact, timidité, vénération* –LITTÉRAIRE: *cérémonie, révérence.*

désir *nom masculin*

/ Action de désirer. SYN. aspiration, besoin, envie, exigence, goût, inclination, intention, objectif, soif, souhait, tentation, velléité, vœu, volonté –LITTÉRAIRE: appétit. CONTR. *appréhension, peur.*

/ Appétit sexuel. SYN. libido, sensualité –LITTÉRAIRE: concupiscence, convoitise, passion. CONTR. *répugnance, répulsion.*

désirable *adjectif*

/ Que l'on peut désirer. SYN. enviable, souhaitable, voulu. CONTR. *indésirable.*

/ Qui inspire le désir sexuel. SYN. affriolant, attirant, attrayant, convoitable, séduisant –FAMILIER: sexy. CONTR. *repoussant.*

désirer *verbe*

/ Souhaiter quelque chose. SYN. ambitionner, aspirer à, avoir envie de, brûler de, espérer, prétendre à, rechercher, solliciter, tenir à, viser, vouloir. CONTR. *craindre, dédaigner, refuser, répugner.*

/ Éprouver un désir sexuel. SYN. –FAMILIER: guigner, lorgner –LITTÉRAIRE: convoiter, soupirer après –POPULAIRE: reluquer.

désireux *adjectif*

/ Qui désire quelque chose. SYN. affamé, avide, curieux, envieux, impatient.

désistement *nom masculin*

/ Action de se désister. SYN. abandon, renoncement. CONTR. *continuation, maintien, poursuite.*

désister (se) *verbe pronominal*

/ Renoncer à quelque chose. SYN. abandonner, abdiquer, se retirer.

désobéir *verbe*

/ Ne pas obéir à quelqu'un. SYN. résister à, se rebeller contre, se révolter contre. CONTR. *écouter, obéir, obtempérer.*

/ Ne pas suivre une règle. SYN. contrevenir à, enfreindre, passer outre, transgresser, violer. CONTR. *exécuter, observer, respecter, se conformer à, se plier à, se soumettre à, suivre.*

désobéissance *nom féminin*

/ Refus de se soumettre à une loi. SYN. insoumission, insubordination, manquement, non-observation, rébellion, résistance, révolte, transgression, violation. CONTR. *soumission, subordination.*

/ Tendance à désobéir. SYN. indiscipline, indocilité. CONTR. *discipline, docilité, obéissance.*

désobéissant *adjectif*

/ Qui désobéit. SYN. dissipé, indiscipliné, indocile, insoumis, insubordonné, intenable, rebelle, récalcitrant, réfractaire, rétif. CONTR. *discipliné, docile, obéissant, sage, soumis.*

désobligeance *nom féminin*

/ LITTÉRAIRE. Attitude désobligeante. SYN. malveillance. CONTR. *obligeance, prévenance.*

désobligeant *adjectif*

/ Qui est peu aimable. SYN. blessant, déplaisant, désagréable, discourtois, injurieux, malveillant, vexant. CONTR. *affable, agréable, aimable, bienveillant, complaisant, gentil, prévenant, sympathique* –LITTÉRAIRE: *amène, obligeant.*

désobliger *verbe*

/ Causer du déplaisir à quelqu'un. SYN. blesser, choquer, ennuyer, fâcher, froisser, indisposer, offenser, peiner, vexer –FAMILIER: enquiquiner –LITTÉRAIRE: piquer –POPULAIRE: emmerder. CONTR. *obliger.*

désobstruer *verbe*

/ Débarrasser de ce qui bouche. SYN. déblayer, déboucher, dégager, désencombrer, désengorger. CONTR. *obstruer.*

désœuvré *adjectif*

/ Qui n'a rien à faire. SYN. inactif, inoccupé, oisif. CONTR. *actif, affairé, débordé, occupé, pris, surchargé.*

désœuvrement *nom masculin*

/ État de quelqu'un qui est inactif. SYN. flânerie, inaction, inactivité, inoccupation, oisiveté. CONTR. *activité, affairement, occupation, travail.*

désolant *adjectif*

/ Qui chagrine. SYN. affligeant, attristant, chagrinant, consternant, contrariant, déplorable, désespérant, douloureux, ennuyeux, fâcheux, lamentable, navrant, triste –FAMILIER: embêtant, empoisonnant, enquiquinant –POPULAIRE: emmerdant. CONTR. *consolant, réconfortant, réjouissant.*

désolation *nom féminin*

/ Peine extrême. SYN. accablement, affliction, chagrin, consternation, désespoir, détresse, douleur –LITTÉRAIRE: navrement. CONTR. *consolation, joie, ravissement* –LITTÉRAIRE: *exultation.*

désolé *adjectif*

/ Qui éprouve de la contrariété. SYN. affligé, contrarié, ennuyé, fâché, navré –FAMILIER: embêté, empoisonné –LITTÉRAIRE: chagrin –POPULAIRE: emmerdé. CONTR. *charmé, content, enchanté, heureux, ravi, réjoui, satisfait.*

désoler *verbe*

/ Contrarier quelqu'un. SYN. abattre, accabler, affliger, attrister, chagriner, consterner, désespérer, ennuyer, fâcher, irriter, mécontenter, navrer, peiner, tourmenter –FAMILIER: chiffonner, embêter –LITTÉRAIRE: contrister, rembrunir –POPULAIRE: emmerder. CONTR. *consoler, contenter, égayer, réjouir, satisfaire.*

désoler (se) *verbe pronominal*

/ Être attristé de. SYN. s'affliger, se lamenter. CONTR. *exulter, jubiler, s'applaudir, se réjouir.*

désolidariser *verbe*

/ Rompre l'union entre personnes. SYN. déchirer, désunir, diviser. CONTR. *solidariser, unir.*

/ Séparer deux parties d'un mécanisme. SYN. disjoindre, dissocier. CONTR. *accoupler, solidariser.*

désolidariser (se) *verbe pronominal*

/ Cesser d'être solidaire. SYN. se dissocier de, se séparer de, s'éloigner de. CONTR. *s'associer, se solidariser.*

désopilant *adjectif*

/ Qui est très drôle. SYN. à mourir de rire, comique, drôle, hilarant, inénarrable –FAMILIER: crevant, impayable, marrant, rigolo, roulant, tordant –LITTÉRAIRE: ineffable –POPULAIRE: à pisser de rire, fendant, gondolant. CONTR. *funèbre, lugubre, macabre, morne, mortel, sinistre, tragique, triste* –FAMILIER: *cafardeux, glauque.*

désordonné *adjectif*

/ Qui manque d'ordre. SYN. anarchique, brouillon, chaotique, confus, décousu, dérangé, déréglé, désorganisé, échevelé, incohérent, irrégulier –FAMILIER: délirant. CONTR. *cohérent, harmonieux, méthodique, méticuleux, minutieux, ordonné, rangé, réglé, régulier, soigneux.*

désordre *nom masculin*

/ Absence d'ordre. SYN. fatras, fouillis –FAMILIER: bazar, chantier, micmac, pagaille, salmigondis, souk –POPULAIRE: bordel, foutoir. CONTR. *disposition, ordre, rangement.*

/ Manque d'organisation. SYN. anarchie, confusion, dérèglement, désorganisation, détraquement, enchevêtrement, gâchis, imbroglio, incohérence, laisser-aller –FAMILIER:

cafouillage, cafouillis, chambardement, embrouillamini. CONTR. *arrangement, classement, ordonnance, organisation.*

/ Agitation dans un groupe. SYN. affolement, bouleversement, chaos, confusion, effervescence, mouvements, perturbation, remous, révolte, révolution, soulèvement, trouble –LITTÉRAIRE: commotion. CONTR. *calme, discipline, équilibre, harmonie, paix, sérénité, tranquillité* –LITTÉRAIRE: *quiétude.*

désorganisation *nom féminin*

/ Destruction de l'ordre. SYN. décomposition, désagrégation, désintégration, désordre, détraquement, perturbation –FAMILIER: cafouillage, cafouillis. CONTR. *agencement, aménagement, discipline, disposition, harmonie, ordonnancement.*

désorganisé *adjectif*

/ Dont l'ordre est troublé. SYN. anarchique, dérangé, désordonné. CONTR. *ordonné, organisé, rangé.*

désorganiser *verbe*

/ Introduire le désordre. SYN. bouleverser, brouiller, défaire, déranger, désagencer, désintégrer, perturber, troubler –FAMILIER: chambarder, chambouler. CONTR. *agencer, aménager, arranger, ordonner, organiser.*

désorienté *adjectif*

/ Qui ne suit pas la bonne direction. SYN. égaré, perdu.

/ Qui est déconcerté. SYN. décontenancé, démonté, déphasé, dérouté, désarçonné, désemparé, perdu. CONTR. *rassuré* –LITTÉRAIRE: *rasséréné.*

désorienter *verbe*

/ Faire perdre l'orientation. SYN. dépister, égarer, fourvoyer –LITTÉRAIRE: dévoyer. CONTR. *orienter.*

/ Déconcerter quelqu'un. SYN. confondre, décontenancer, démonter, dérouter, désarçonner, embarrasser, interloquer, troubler.

désormais *adverbe*

/ À dater de ce jour. SYN. à l'avenir, à partir de maintenant, dorénavant, maintenant.

despote *nom masculin*

/ Chef d'État au pouvoir absolu. SYN. autocrate, dictateur, oppresseur, tyran –LITTÉRAIRE: dominateur. CONTR. *opprimé.*

despotique *adjectif*

/ Propre au despote. SYN. autocratique, dictatorial, dominateur, oppressif, totalitaire, tyrannique. CONTR. *libéral.*

/ Qui s'impose aux autres. SYN. absolu, arbitraire, autoritaire, impératif, impérieux, péremptoire, tyrannique. CONTR. *accommodant, conciliant, coulant, facile.*

despotisme *nom masculin*

/ Régime politique. SYN. absolutisme, autocratie, caporalisme, césarisme, dictature, totalitarisme, tyrannie.

/ Autorité tyrannique. SYN. arbitraire, autoritarisme, domination, exigence, omnipotence, toute-puissance –LITTÉRAIRE: tyrannie. CONTR. *faiblesse.*

dessaisir *verbe*

/ Priver quelqu'un de son bien. SYN. déposséder, dépouiller –LITTÉRAIRE: spolier.

dessaisir (se) *verbe pronominal*

/ Se déposséder de quelque chose. SYN. abandonner, céder, donner, renoncer à, sacrifier, se débarrasser, se défaire, se démunir, se dépouiller, se priver, se séparer. CONTR. *conserver, garder, s'approprier.*

dessalé *adjectif*

/ FAMILIER. Qui a cessé d'être naïf. SYN. averti, déluré, déniaisé –FAMILIER: dégourdi. CONTR. *prude, pudibond* –FAMILIER: *bégueule.*

desséché *adjectif*

/ Devenu sec. SYN. aride, fané, sec, stérile –LITTÉRAIRE: étique. CONTR. *frais, humide, juteux, pluvieux* –LITTÉRAIRE: *tendre.*

dessèchement *nom masculin*

/ Action de dessécher. SYN. assèchement, déshydratation, dessiccation, drainage, lyophilisation. CONTR. *arrosage, imbibition, inondation, irrigation.*

/ Sécheresse du cœur. SYN. insensibilité –LITTÉRAIRE: endurcissement.

dessécher *verbe*

/ Rendre sec. SYN. assécher, déshydrater, faner, flétrir, racornir, stériliser, tarir. CONTR. *arroser, humidifier, hydrater, imbiber, mouiller, tremper.*

/ Rendre maigre. SYN. amaigrir. CONTR. *empâter, engraisser.*

/ Rendre insensible. SYN. endurcir, scléroser. CONTR. *attendrir.*

dessécher (se) *verbe pronominal*

/ Devenir sec. SYN. se faner, se racornir, s'étioler –FAMILIER: se rabougrir.

dessein *nom masculin*

/ Ce que l'on se propose de faire. SYN. ambition, arrière-pensée, aspiration, but, combinaison, intention, objectif, programme, projet, propos, résolution, visée, volonté –FAMILIER: combine.

desserrer *verbe*

/ Défaire ce qui est serré. SYN. débloquer, décoincer, délacer, dénouer, dévisser, lâcher, relâcher. CONTR. *bloquer, caler, serrer.*

desservir *verbe*

/ Enlever la vaisselle de la table. SYN. débarrasser. CONTR. *servir.*

/ Porter préjudice à. SYN. compromettre, contrarier, contrecarrer, défavoriser, désavantager, entraver, handicaper, léser, nuire. CONTR. *aider, appuyer, assister, encourager, favoriser, obliger, prêter main-forte, seconder, secourir, soutenir.*

dessiccation *nom féminin*

/ Action de dessécher. SYN. déshydratation, dessèchement, lyophilisation, séchage. CONTR. *hydratation, imbibition.*

dessin *nom masculin*

/ Production graphique. SYN. croquis, ébauche, étude, figure, motif.

/ Contour linéaire. SYN. galbe, ligne, profil, tracé.

dessiner *verbe*

/ Représenter par un dessin. SYN. croquer, ébaucher, esquisser, figurer, former, représenter.

/ Faire ressortir quelque chose. SYN. accentuer, accuser, montrer, mouler, offrir, souligner.

dessiner (se) *verbe pronominal*

/ Se manifester clairement. SYN. prendre forme, prendre tournure, se concrétiser, se préciser, se profiler.

/ Commencer à être visible. SYN. ressortir, se découper, se détacher, se distinguer, s'ébaucher, s'esquisser –LITTÉRAIRE: se silhouetter.

dessoûler *verbe*

/ Faire cesser l'ivresse. SYN. dégriser, désenivrer. CONTR. *enivrer, griser* –FAMILIER: *soûler.*

dessous *adverbe*

/ Marque la position inférieure. SYN. au-dessous, en-dessous. CONTR. *dedans, dessus.*

dessous *nom masculin*

/ Partie inférieure de. SYN. bas, base. CONTR. *dessus, endroit.*

dessous *nom masculin pluriel*

/ Côté secret d'une affaire. SYN. coulisse, envers, mystère.

/ Sous-vêtements. SYN. linge, linge de corps, lingerie.

dessous-de-table *nom masculin*

/ Argent donné de la main à la main. SYN. bakchich, commission, gratification, pot-de-vin, ristourne.

dessus *adverbe*

/ Marque la position supérieure. SYN. au-dessus. CONTR. *au-dessous, dessous, en-dessous.*

dessus *nom masculin*

/ Partie supérieure de. SYN. endroit. CONTR. *bas, base, dessous.*

destin *nom masculin*

/ Puissance supérieure. SYN. destinée, fatalité, hasard, nécessité –LITTÉRAIRE: fatum, fortune.

/ Existence humaine. SYN. existence, sort, vie –LITTÉRAIRE: lot.

/ Sort réservé à quelque chose. SYN. avenir, fortune –LITTÉRAIRE: condition.

destinataire *nom*

/ Personne à qui on envoie quelque chose. SYN. allocutaire. CONTR. *émetteur, envoyeur, expéditeur.*

destination *nom féminin*

/ Emploi prévu pour quelque chose. SYN. affectation, mission, usage, utilisation, vocation.

/ Objectif visé. SYN. but, cible, direction.

destinée *nom féminin*

/ Puissance supérieure. SYN. destin, fatalité –LITTÉRAIRE: fatum, fortune.

/ Sort réservé à quelque chose. SYN. avenir, destin, fortune, mission, vocation –LITTÉRAIRE: condition.

destiner *verbe*

/ Fixer à l'avance. SYN. appeler, orienter, préparer, promettre, vouer.

/ Réserver quelque chose à. SYN. adresser, affecter, assigner, attribuer, consacrer, réserver.

destituer *verbe*

/ Retirer à quelqu'un sa fonction. SYN. bannir, casser, chasser, congédier, dégrader, démettre, déposer, détrôner, éliminer, évincer, licencier, limoger, radier, relever, remercier, renvoyer, repousser, révoquer, se défaire de, se séparer de, suspendre –FAMILIER: balayer, débarquer, déboulonner, dégommer, démissionner, sabrer, vider –LITTÉRAIRE: disgracier –POPULAIRE: balancer, virer. CONTR. *accueillir, admettre, agréer, garder, nommer, recevoir.*

destitution *nom féminin*

/ Action de destituer quelqu'un. SYN. dégradation, déposition, détrônement, interdiction, limogeage, renvoi, révocation.

destructeur *adjectif*

/ Qui renverse. SYN. débilitant, destructif, dévastateur, subversif –LITTÉRAIRE: corrupteur, dissolvant, ravageur. CONTR. *constructif.*

destructeur *nom*

/ Personne qui aime à détruire. SYN. briseur, démolisseur, déprédateur, dévastateur, vandale –LITTÉRAIRE: corrupteur, exterminateur, ravageur. CONTR. *bâtisseur, créateur, gardien, producteur, protecteur.*

destructible *adjectif*

/ Qui peut être détruit. SYN. caduc, fragile, périssable, précaire. CONTR. *impérissable, indestructible, solide.*

destructif *adjectif*

/ Qui peut détruire. SYN. destructeur, dévastateur. CONTR. *constructif.*

destruction *nom féminin*

/ Action de détruire. SYN. abolition, anéantissement, dégât, démantèlement, démolition, dévastation, écrasement, écroulement, effondrement, extermination, massacre, perte, ravage, renversement, ruine, suppression. CONTR. *conservation, construction, création, édification, érection, établissement, fabrication, fondation, production, réfection, réparation, restauration* –LITTÉRAIRE: *réédification.*

désuet *adjectif*

/ Qui n'est plus en usage. SYN. abandonné, ancien, antique, archaïque, arriéré, inactuel, poussiéreux, vétuste, vieillot, vieux. CONTR. *actuel, nouveau, récent, ultramoderne, usité, usuel.*

/ Qui est passé de mode. SYN. attardé, caduc, démodé, dépassé, obsolète, périmé, retardataire –FAMILIER: fossile –LITTÉRAIRE: suranné –VIEUX: rococo. CONTR. *dernier cri, en vogue, jeune, moderne.*

désuni *adjectif*

/ Qui n'est plus uni. SYN. brouillé, divisé. CONTR. *solidaire, uni.*

désunion *nom féminin*

/ Action de désunir. SYN. disjonction, dislocation, écartement. CONTR. *assemblage, raccordement.*

/ Fait d'être désuni. SYN. brouille, désaccord, dissension, division, divorce, mésentente, tiraillement, zizanie –LITTÉRAIRE: discorde, dissentiment, mésintelligence. CONTR. *accord, alliance, communion, entente, harmonie, réconciliation, union* –FAMILIER: *raccommodement.*

désunir *verbe*

/ Séparer ce qui était uni. SYN. dégrouper, désagréger, désassembler, disjoindre, disloquer, dissocier, écarter, isoler, scinder. CONTR. *adjoindre, agréger, associer, lier, réunir* –LITTÉRAIRE: *assembler.*

/ Introduire un désaccord. SYN. brouiller, déchirer, désolidariser, diviser. CONTR. *cimenter, coaliser, rapprocher, réconcilier, solidariser, unifier, unir.*

désunir (se) *verbe pronominal*

/ Cesser d'être uni. SYN. se désagréger, se dissocier. CONTR. *s'associer, se solidariser.*

détachage *nom masculin*

/ Action d'ôter une tache. SYN. dégraissage, nettoyage.

détaché *adjectif*

/ Qui paraît insensible à. SYN. absent, désintéressé, imperturbable, indifférent, insouciant. CONTR. *avide, féru, intéressé, passionné.*

détachement *nom masculin*

/ Sentiment de ne pas être concerné par. SYN. désaffection, désintéressement, désintérêt, indifférence, insensibilité, mépris – LITTÉRAIRE : incuriosité. CONTR. *accointance, affection, attachement, avidité, enthousiasme, intérêt, passion, sensibilité.*

/ Troupe chargée d'une mission. SYN. commando, patrouille.

détacher *verbe transitif*

/ Défaire un lien. SYN. déboucler, déboutonner, déficeler, dégrafer, délier, dénouer, désamarrer, désenchaîner, dételer, libérer. CONTR. *adapter, attacher, boucler, enchaîner, fixer, lier, rattacher.*

/ Séparer une chose d'une autre. SYN. arracher, cueillir, décrocher, disjoindre, enlever, espacer, extraire, isoler. CONTR. *adjoindre, agréger, assujettir, coller, englober, fusionner, incorporer, joindre, juxtaposer, réunir, unir.*

/ Envoyer en mission. SYN. charger, déléguer – LITTÉRAIRE : dépêcher.

/ Amener à se séparer de. SYN. détourner, éloigner. CONTR. *annexer, assujettir.*

détacher *verbe transitif*

/ Enlever une tache. SYN. dégraisser, nettoyer. CONTR. *salir, tacher.*

détacher (se) *verbe pronominal*

/ Ne plus être attaché à. SYN. se décoller, se défaire, se dégrafer, se dénouer. CONTR. *s'attacher.*

/ Perdre tout intérêt pour. SYN. abandonner, délaisser, négliger, oublier, se désintéresser de, s'écarter de, s'éloigner de – LITTÉRAIRE : se déprendre de. CONTR. *s'acoquiner, s'attacher, se passionner, se rapprocher, s'engouer* – LITTÉRAIRE : *s'accointer.*

/ Apparaître nettement. SYN. ressortir, se découper, se dessiner, se distinguer, se profiler, trancher – LITTÉRAIRE : se silhouetter.

détail *nom masculin*

/ Petit élément d'un ensemble. SYN. accessoire, à-côté, babiole, bricole, circonstance, particularité, précision. CONTR. *essentiel, principal.*

/ Vente en petites quantités. CONTR. *demi-gros, gros.*

détaillé *adjectif*

/ Présenté dans les détails. SYN. approfondi, circonstancié, minutieux, précis. CONTR. *grossier, schématique, sommaire, vague* – LITTÉRAIRE : *compendieux.*

détailler *verbe*

/ Diviser un produit en morceaux. SYN. débiter, découper.

/ Passer en revue des éléments. SYN. décrire, dépeindre, développer, dévisager, énumérer, exposer. CONTR. *schématiser.*

détaler *verbe*

/ FAMILIER. S'en aller au plus vite. SYN. courir, déguerpir, déloger, disparaître, fuir, partir, prendre la fuite, prendre le large, se retirer, se sauver, s'enfuir, s'esquiver – FAMILIER : décamper, ficher le camp, filer, prendre la poudre d'escampette, prendre ses cliques et ses claques – POPULAIRE : cavaler, décaniller, jouer la fille de l'air, mettre les bouts, se barrer, se calter, se carapater, se casser, se débiner, se faire la malle, se tailler, se tirer.

détaxer *verbe*

/ Supprimer les taxes. SYN. exonérer. CONTR. *grever, imposer, taxer.*

détecter *verbe*

/ Découvrir la présence de. SYN. déceler, découvrir, dépister, deviner, diagnostiquer, localiser, pénétrer, repérer, trouver.

détection *nom féminin*

/ Action de détecter. SYN. localisation, repérage.

déteindre *verbe intransitif*

/ Perdre de la couleur. SYN. faner, passer, se décolorer.

déteindre *verbe transitif indirect*

/ Avoir une influence sur quelqu'un. SYN. agir, influencer, influer, marquer.

détendre *verbe*

/ Faire disparaître la tension nerveuse. SYN. calmer, décontracter, délasser, désénerver, égayer, relâcher, relaxer, reposer, soulager. CONTR. *contracter, crisper, énerver, exciter, fatiguer, raidir, tendre* – LITTÉRAIRE : *bander.*

détendre (se) *verbe pronominal*

- Décontracter ses muscles. SYN. s'allonger, s'étirer. CONTR. *se raidir, se replier.*
- Libérer son esprit. SYN. se calmer, se distraire, se relaxer, se reposer. CONTR. *se crisper, se stresser, s'énerver.*

détendu *adjectif*

- Qui n'est plus tendu. SYN. lâche, relâché. CONTR. *raide, tendu.*
- Sans tension nerveuse. SYN. apaisé, calme, décontracté, dégagé, relaxé, reposé –FAMILIER: relax, relaxe. CONTR. *agacé, contracté, crispé, énervé, exaspéré, fatigué, stressé, tendu.*

détenir *verbe*

- Garder un objet. SYN. avoir, conserver, posséder, receler.
- Retenir quelque part. SYN. écrouer, emprisonner, enfermer, incarcérer, interner. CONTR. *libérer, relâcher, relaxer.*

détente *nom féminin*

- Délassement du corps ou de l'esprit. SYN. décontraction, délassement, loisir, pause, récréation, relaxation, repos –FAMILIER: farniente –LITTÉRAIRE: aise, halte, relâche. CONTR. *contraction, crispation, stress.*
- Apaisement entre États. SYN. coexistence pacifique, concorde, dégel, embellie, soulagement. CONTR. *raidissement, tension.*

détenteur *nom*

- Personne qui détient quelque chose. SYN. possesseur, propriétaire, titulaire.

détention *nom féminin*

- Action de détenir. SYN. possession.
- État d'une personne détenue. SYN. emprisonnement, incarcération, internement, réclusion. CONTR. *liberté* –LITTÉRAIRE: *délivrance.*

détenu *nom*

- Personne incarcérée. SYN. prisonnier –LITTÉRAIRE: reclus –POPULAIRE: taulard, tôlard.

détérioration *nom féminin*

- Fait de détériorer, de se détériorer. SYN. altération, avarie, déchéance, déclin, dégât, dégradation, délabrement, déliquescence, déprédation, désagrégation, dommage, ravage –FAMILIER: casse. CONTR. *amélioration, conservation.*

détériorer *verbe*

- Mettre en mauvais état. SYN. abîmer, accidenter, avarier, dégrader, délabrer, détraquer, endommager, mutiler, saboter –FAMILIER: amocher, bousiller, déglinguer, esquinter. CONTR. *arranger, embellir, entretenir, raccommoder, raffermir, réparer, restaurer* –FAMILIER: *rabibocher, rafistoler, retaper.*
- Nuire gravement à. SYN. altérer, attaquer, compromettre, délabrer, envenimer. CONTR. *améliorer, bonifier, conserver, préserver, revigorer* –LITTÉRAIRE: *amender, régénérer.*

détériorer (se) *verbe pronominal*

- Subir des dégradations. SYN. dépérir, empirer, s'abîmer, s'aggraver, s'altérer, se brouiller, se compliquer, se dégrader, se gâter, s'envenimer, souffrir. CONTR. *s'améliorer.*

déterminant *adjectif*

- Qui décide une action. SYN. caractéristique, décisif, dominant.

détermination *nom féminin*

- Action de déterminer quelque chose. SYN. calcul, caractérisation, fixation, indication, localisation, spécification. CONTR. *ignorance, méconnaissance.*
- Acte de volonté. SYN. choix, décision, initiative, option, parti, propos, résolution.
- Qualité de celui qui est déterminé. SYN. acharnement, caractère, énergie, fermeté, ténacité, volonté –FAMILIER: cran –LITTÉRAIRE: opiniâtreté. CONTR. *faiblesse, hésitation, indécision, indétermination, irrésolution, perplexité, velléité.*

déterminé *adjectif*

- Qui est bien défini. SYN. arrêté, certain, défini, fixe, organisé, précis, précisé, prêt, réglé. CONTR. *douteux, imprécis, incertain, indéfini, indéterminé, vague* –FAMILIER: *vaseux, vasouillard.*
- Qui est sûr de lui. SYN. décidé, énergique, entreprenant, ferme, inébranlable, opiniâtre, résolu –LITTÉRAIRE: robuste. CONTR. *craintif, hésitant, indécis, irrésolu, perplexe.*

déterminer *verbe*

- Établir avec précision. SYN. arrêter, calculer, définir, délimiter, évaluer, localiser, mesurer, préciser, spécifier.
- Être la cause d'un événement. SYN. appeler, apporter, causer, créer, décider, déclen-

cher, engendrer, entraîner, motiver, nécessiter, occasionner, produire, provoquer, susciter. CONTR. *dériver, résulter.*

/ Pousser quelqu'un à. SYN. amener, décider, engager, exciter, exhorter, inciter, persuader, porter.

déterminer (se) *verbe pronominal*

/ Se décider à faire quelque chose. SYN. résoudre de, se décider, se promettre de, se résoudre à. CONTR. *balancer, flotter, hésiter, reculer* –FAMILIER: *lanterner, se tâter, tergiverser.*

déterrage ou **déterrement** *nom masculin*

/ Action de déterrer. SYN. exhumation. CONTR. *ensevelissement, enterrement, inhumation.*

déterrer *verbe*

/ Tirer quelque chose de terre. SYN. arracher. CONTR. *enfoncer, enfouir, enterrer.*

/ Tirer un mort de sa sépulture. SYN. exhumer. CONTR. *ensevelir, enterrer, inhumer.*

/ Tirer quelque chose de l'oubli. SYN. exhumer –FAMILIER: dénicher –LITTÉRAIRE: ressusciter. CONTR. *enfouir.*

détestable *adjectif*

/ Qui a tout pour déplaire. SYN. abject, abominable, affreux, antipathique, catastrophique, déplorable, désagréable, épouvantable, haïssable, ignoble, infect, maudit, mauvais, méchant, odieux, regrettable –FAMILIER: imbuvable, satané –LITTÉRAIRE: exécrable. CONTR. *admirable, adorable, agréable, aimable, beau, bien, bon, charmant, cher, chéri, délicieux, enviable, exquis, gentil, heureux, idéal, joli, merveilleux, parfait, satisfaisant, sympathique* –FAMILIER: *possible* –LITTÉRAIRE: *délectable.*

détestation *nom féminin*

/ LITTÉRAIRE. Fait de détester. SYN. abomination, animosité, haine –LITTÉRAIRE: exécration.

détesté *adjectif*

/ Que l'on a en horreur. SYN. exécré –LITTÉRAIRE: abhorré. CONTR. *adoré, bien-aimé, chéri, de prédilection, favori, préféré.*

détester *verbe*

/ Avoir de l'aversion pour. SYN. abominer, avoir horreur, exécrer, haïr, ne pas pouvoir souffrir, répugner à –FAMILIER: ne pas pouvoir encaisser, ne pas pouvoir sentir, ne pas pouvoir voir, ne pas pouvoir voir en peinture, vomir –LITTÉRAIRE: abhorrer, avoir en abomination, honnir –POPULAIRE: ne pas pouvoir blairer, ne pas pouvoir encadrer, ne pas pouvoir piffer, ne pas pouvoir sacquer, ne pas pouvoir saquer. CONTR. *adorer, aimer, bénir, chérir, estimer, goûter, idolâtrer, raffoler, se complaire, se plaire à, s'éprendre, supporter* –LITTÉRAIRE: *affectionner, se délecter.*

détonation *nom féminin*

/ Bruit d'une explosion. SYN. déflagration, éclatement, explosion.

détonner *verbe*

/ Ne pas être dans le ton. SYN. contraster, jurer, se heurter, trancher. CONTR. *cadrer, correspondre, s'accorder, s'appareiller, s'apparenter, s'associer, s'harmoniser.*

détordre *verbe*

/ Défaire ce qui est tordu. SYN. défausser, redresser. CONTR. *déformer, fausser, plier, recourber, tordre* –LITTÉRAIRE: *ployer.*

détour *nom masculin*

/ Tracé sinueux. SYN. coude, lacet, méandre, sinuosité, tournant, virage –LITTÉRAIRE: repli.

/ Parcours supplémentaire. SYN. crochet, déviation. CONTR. *raccourci.*

/ Moyen indirect. SYN. biais, circonlocution, digression, faux-fuyant, finasserie, périphrase –LITTÉRAIRE: sinuosité.

détourné *adjectif*

/ Qui fait un détour. SYN. indirect, lointain, perdu, retiré. CONTR. *direct, droit.*

détournement *nom masculin*

/ Action de détourner quelque chose. SYN. dérivation, déviation.

/ Soustraction frauduleuse. SYN. concussion, malversation, vol –LITTÉRAIRE: exaction.

détourner *verbe*

/ Diriger vers autre chose. SYN. déplacer, dévier, écarter, égarer, éloigner. CONTR. *centrer, rapprocher.*

/ Soustraire des marchandises. SYN. escroquer, extorquer, voler –LITTÉRAIRE: distraire –VIEUX: filouter. CONTR. *rendre, restituer.*

/ Écarter quelqu'un de ce qui l'occupe. SYN. arracher, déconseiller, détacher, dissuader, éloigner. CONTR. *brancher, engager, exciter, gagner à, inciter, intéresser, orienter, rallier.*

détourner (se) *verbe pronominal*

/ Se tourner d'un autre côté. SYN. bifurquer, dévier, obliquer, rabattre, se rabattre.

/ Se détacher de. SYN. dédaigner, délaisser, ignorer, mépriser, ne pas s'occuper de, négliger, quitter, renoncer, se désintéresser, se laver les mains de. CONTR. *s'adonner, se consacrer, se pencher sur, se soucier, s'intéresser.*

détracteur *nom*

/ Personne qui critique. SYN. accusateur, calomniateur, dénigreur, dépréciateur, opposant –FAMILIER: débineur –LITTÉRAIRE: censeur, contempteur, négateur. CONTR. *adepte, adhérent, admirateur, adorateur, bénisseur, défenseur, flatteur* –LITTÉRAIRE: *adulateur, complimenteur, flagorneur, laudateur.*

détraqué *adjectif*

/ FAMILIER. Atteint de troubles mentaux. SYN. dérangé, désaxé, déséquilibré, fou –FAMILIER: braque, cinglé, dingue, fada, fêlé, frappé, loufoque, maboul, malade, marteau, piqué, ravagé, tapé, timbré, toc-toc, toqué, zinzin –POPULAIRE: azimuté, barge, barjo, branque, brindezingue, cinoque, cintré, déjanté, dingo, folingue, fondu, frapadingue, givré, jeté, louf, louftingue, sinoc, sinoque, siphonné, tordu. CONTR. *équilibré, normal, sensé.*

/ Qui fonctionne mal. SYN. déréglé, troublé. CONTR. *réglé.*

détraquement *nom masculin*

/ Fait d'être déréglé. SYN. dérangement, dérèglement, déséquilibre, désordre, désorganisation, perturbation, trouble.

détraquer *verbe*

/ Abîmer quelque chose. SYN. délabrer, démolir, dérégler, détériorer, fausser, forcer –FAMILIER: déglinguer, démantibuler, esquinter. CONTR. *dépanner, régler, réparer.*

/ Perturber quelqu'un. SYN. déranger, perturber, pervertir –FAMILIER: tournebouler.

détraquer (se) *verbe pronominal*

/ Fonctionner mal. SYN. s'abîmer, s'altérer, se dégrader, se dérégler. CONTR. *fonctionner, marcher.*

détrempé *adjectif*

/ Imprégné d'eau. SYN. humide, imbibé, mouillé. CONTR. *asséché, sec.*

détremper *verbe*

/ Imprégner d'eau. SYN. imbiber, imprégner, mouiller, tremper. CONTR. *sécher.*

détresse *nom féminin*

/ Angoisse intense. SYN. affliction, désarroi, désespoir, désolation, peine –LITTÉRAIRE: désespérance. CONTR. *allégresse, bonheur, confiance, joie, sérénité* –LITTÉRAIRE: *félicité, quiétude.*

/ Situation critique. SYN. dénuement, indigence, misère, nécessité, pauvreté –LITTÉRAIRE: adversité, infortune –VIEUX: pouillerie. CONTR. *aisance, bien-être, fortune, prospérité, richesse.*

détriment *nom masculin*

/ LITTÉRAIRE. Perte matérielle ou morale. SYN. désavantage, dommage, préjudice, tort. CONTR. *avantage, bénéfice, bien, intérêt.*

détritus *nom masculin*

/ Matériaux rendus inutilisables. SYN. déchet, immondices, ordures, résidu.

détromper *verbe*

/ Tirer quelqu'un de l'erreur. SYN. désillusionner –LITTÉRAIRE: désabuser, dessiller les yeux à. CONTR. *abuser, aveugler, bercer, berner, duper, tromper.*

détrônement *nom masculin*

/ Action de chasser du trône. SYN. déchéance, déposition, destitution.

détrôner *verbe*

/ Chasser du trône. SYN. démettre, déposer, destituer. CONTR. *couronner.*

/ Mettre fin à la supériorité de. SYN. éclipser, effacer, enterrer, évincer, remplacer, se substituer, supplanter.

détrousser *verbe*

/ Ôter à quelqu'un son bien. SYN. dépouiller, dévaliser, voler –FAMILIER: délester, plumer, tondre.

détruire *verbe*

/ Réduire à néant. SYN. abattre, anéantir, annuler, briser, démanteler, désagréger, désintégrer, dévaster, éradiquer, phagocyter, raser, ravager, renverser, rompre, saborder –LITTÉRAIRE: abolir, annihiler, ruiner –VIEUX: sacca-

ger. CONTR. *bâtir, construire, créer, édifier, entretenir, ériger, fonder, produire, rehausser, renforcer, réparer, restaurer, restituer, vivifier.*
/ Faire périr. SYN. exterminer, supprimer, tuer –LITTÉRAIRE: immoler. CONTR. *épargner, protéger.*

détruire (se) *verbe pronominal*
/ Ruiner sa santé. SYN. se suicider, se supprimer, se tuer.

dette *nom féminin*
/ Somme due à quelqu'un. SYN. arriéré, dû, emprunt, passif. CONTR. *actif, avoir, créance, crédit.*
/ Obligation morale. SYN. devoir, obligation.

deuil *nom masculin*
/ Tristesse causée par la mort. SYN. affliction, chagrin, déchirement, épreuve, malheur –LITTÉRAIRE: déchirure. CONTR. *joie.*
/ Décès de quelqu'un. SYN. mort, perte –LITTÉRAIRE: trépas.

deuxièmement *adverbe*
/ En second lieu. SYN. secundo –FAMILIER: deusio –LITTÉRAIRE: secondement.

dévaler *verbe*
/ Descendre vivement. SYN. se précipiter –FAMILIER: débouler, dégringoler. CONTR. *escalader, gravir, grimper, monter.*

dévaliser *verbe*
/ Dérober quelque chose à quelqu'un. SYN. dépouiller, piller, voler –FAMILIER: délester, plumer, tondre –LITTÉRAIRE: détrousser.

dévaliseur *nom*
/ LITTÉRAIRE. Personne qui dévalise. SYN. cambrioleur, pillard, voleur –LITTÉRAIRE: détrousseur.

dévalorisation *nom féminin*
/ Baisse de la valeur d'une monnaie. SYN. dévaluation. CONTR. *hausse, relèvement.*
/ Perte de crédit. SYN. défaveur, dépréciation, discrédit –LITTÉRAIRE: déconsidération, mésestime, rabaissement. CONTR. *valorisation.*

dévaloriser *verbe*
/ Diminuer la valeur d'une monnaie. SYN. dévaluer. CONTR. *rehausser, relever.*
/ Ôter de la valeur. SYN. dégrader, déprécier, dévaluer, discréditer, perdre, ruiner. CONTR. *revaloriser, valoriser.*

dévaluation *nom féminin*
/ Perte de valeur. SYN. dépréciation, dévalorisation –LITTÉRAIRE: rabaissement –VIEUX: avilissement. CONTR. *relèvement, valorisation.*

dévaluer *verbe*
/ Ôter de la valeur. SYN. dégrader, déprécier, dévaloriser, discréditer. CONTR. *relever.*

dévaluer (se) *verbe pronominal*
/ Perdre de sa valeur. SYN. dégénérer, se déprécier, se dévaloriser –VIEUX: s'avilir.

devancer *verbe*
/ Faire mieux que quelqu'un. SYN. battre, dépasser, distancer, surclasser, surpasser –FAMILIER: enfoncer, gratter, griller, semer.
/ Avoir existé avant. SYN. précéder. CONTR. *succéder, suivre.*
/ Faire avant la date prévue. SYN. aller au-devant, anticiper, avancer, prévenir. CONTR. *retarder.*

devancier *nom*
/ Personne qui en devance une autre. SYN. aîné, ancêtre, ancien, maître, précurseur, prédécesseur –LITTÉRAIRE: aïeul. CONTR. *successeur, suivant.*

devant *nom masculin*
/ Partie antérieure de quelque chose. SYN. avant, endroit, façade, front, tête. CONTR. *arrière, derrière, envers, fond.*

devanture *nom féminin*
/ Devant d'une boutique. SYN. étalage, vitrine.

dévastateur *adjectif*
/ Qui dévaste. SYN. déprédateur, destructeur, destructif, vandale –LITTÉRAIRE: ravageur. CONTR. *constructeur, constructif.*

dévastation *nom féminin*
/ Action de dévaster. SYN. dégât, déprédation, destruction, pillage, ravage, ruine, saccage, vandalisme –LITTÉRAIRE: sac.

dévaster *verbe*

/ Causer de graves dégâts. SYN. démolir, détruire, piller, raser, ravager –FAMILIER: chambarder, chambouler –LITTÉRAIRE: infester, ruiner –VIEUX: saccager. CONTR. *aménager.*
/ LITTÉRAIRE. Provoquer de graves troubles. SYN. miner, ronger, ruiner –LITTÉRAIRE: ravager.

déveine *nom féminin*

/ FAMILIER. Fait de manquer de chance. SYN. malchance, malheur –FAMILIER: guigne –POPULAIRE: poisse, scoumoune –VIEUX: guignon. CONTR. *aubaine, bonheur, chance* –FAMILIER: *baraka, pot, veine.*

développé *adjectif*

/ Qui a progressé. SYN. évolué. CONTR. *élémentaire, indigent, primaire, rudimentaire.*

développement *nom masculin*

/ LITTÉRAIRE. Action de dérouler quelque chose. SYN. dépliage, dépliement, déploiement.
/ Fait de se développer. SYN. avancement, croissance, épanouissement, évolution, formation, marche, montée, mouvement, processus, progrès, progression, prolongement, suite, train, venue. CONTR. *atrophie, piétinement, régression, stagnation.*
/ Fait de prendre de l'importance. SYN. accroissement, agrandissement, ampleur, amplification, augmentation, enrichissement, essor, expansion, extension, grossissement, prospérité. CONTR. *baisse, chute, décadence, déclin, ralentissement, récession, rétrogradation, sclérose.*
/ Exposé détaillé d'un sujet. SYN. discours, narration, paraphrase, récit, tirade –FAMILIER: tartine. CONTR. *abrégé, résumé, sommaire.*

développer *verbe*

/ Déployer ce qui était roulé. SYN. déployer, dérouler, étaler. CONTR. *plier, replier, rouler.*
/ Ôter de son enveloppe. SYN. déballer, défaire, déplier, désenvelopper. CONTR. *emballer, empaqueter, enrouler, envelopper.*
/ Assurer la croissance de. SYN. accroître, agrandir, amplifier, augmenter, enrichir, étendre, exalter, exciter, fortifier, stimuler –FAMILIER: booster. CONTR. *arrêter, atrophier, cesser, diminuer, enrayer, étouffer, freiner, neutraliser.*
/ Exposer en détails. SYN. broder, détailler, étoffer, expliquer, exposer, paraphraser. CONTR. *abréger, écourter, raccourcir, resserrer, résumer, schématiser.*

développer (se) *verbe pronominal*

/ LITTÉRAIRE. Se déployer sur une surface. SYN. se dérouler, s'étaler, s'étendre.
/ Poursuivre sa croissance. SYN. croître, forcir, grandir, se former, venir. CONTR. *s'atrophier, se faner, s'étioler, stagner, végéter.*
/ Prendre de l'extension. SYN. progresser, prospérer, s'agrandir, se multiplier, se prolonger, se propager, s'étendre, s'intensifier –LITTÉRAIRE: fleurir. CONTR. *décliner, piétiner, régresser.*

devenir *nom masculin*

/ Action de se transformer. SYN. évolution, mutation, transformation.

devenir *verbe*

/ Passer d'un état à un autre. SYN. changer, évoluer, se faire, se transformer.
/ Avoir telle ou telle issue. SYN. advenir.

dévergondage *nom masculin*

/ Conduite licencieuse. SYN. débauche, dépravation, dérèglement, égarement, excès, inconduite, libertinage, vice –LITTÉRAIRE: débridement, impudicité, licence, stupre. CONTR. *bégueulerie, pruderie, pudibonderie, vertu* –LITTÉRAIRE: *pudicité.*

dévergondé *adjectif*

/ Qui mène une vie de débauche. SYN. débauché, déchaîné, déréglé, dévoyé, effréné, immoral, impudique, libertin, licencieux, vicieux –LITTÉRAIRE: dissolu. CONTR. *chaste, contenu, honnête, pudique, rangé, régulier, sérieux, sévère, vertueux* –FAMILIER: *bégueule.*

dévergondé *nom*

/ Personne qui se dévergonde. SYN. débauché, dépravé, dévoyé, libertin, viveur –FAMILIER: noceur. CONTR. *puritain.*

dévergonder *verbe*

/ Faire perdre son innocence à. SYN. débaucher, déniaiser, pervertir –LITTÉRAIRE: dévoyer. CONTR. *assagir.*

dévergonder (se) *verbe pronominal*

/ Mener une vie dissolue. SYN. se dépraver, se perdre, se pervertir. CONTR. *s'assagir, se ranger.*

déverser *verbe*

/ Laisser couler. SYN. épandre, répandre.

/ Répandre abondamment. SYN. décharger, épancher, jeter, lâcher, verser.

déverser (se) *verbe pronominal*

/ Couler d'un lieu dans un autre. SYN. se jeter, se répandre, se vider, s'écouler, s'épandre.

dévêtir *verbe*

/ Enlever des vêtements. SYN. découvrir, dénuder, déshabiller. CONTR. *couvrir, habiller* – LITTÉRAIRE : *vêtir.*

dévêtir (se) *verbe pronominal*

/ Ôter ses vêtements. SYN. se découvrir, se dénuder, se déshabiller – FAMILIER : tomber la veste. CONTR. *s'apprêter, se vêtir, s'habiller.*

dévêtu *adjectif*

/ Sans vêtements. SYN. dans le plus simple appareil, dénudé, déshabillé, en costume d'Adam, en costume d'Ève, nu, nu comme un ver – FAMILIER : à poil. CONTR. *couvert, habillé, vêtu.*

déviation *nom féminin*

/ Itinéraire détourné. SYN. crochet, détour – LITTÉRAIRE : inflexion.

/ Écart dans une ligne de conduite. SYN. anomalie, dissidence, écart, erreur, hérésie, incartade – FAMILIER : dérive.

/ Fait d'être dévié. SYN. déformation, dérivation, détournement.

déviationniste *adjectif et nom*

/ Qui s'écarte de la ligne fixée. SYN. dissident, hérétique, hétérodoxe, non conformiste, non-conformiste, scissionniste. CONTR. *orthodoxe.*

dévier *verbe intransitif*

/ S'écarter de sa direction. SYN. bifurquer, dériver, obliquer, se détourner, s'éloigner.

dévier *verbe transitif*

/ Modifier le cours de. SYN. dériver, désaxer, détourner, écarter, éloigner – LITTÉRAIRE : gauchir.

devin *nom*

/ Praticien de la divination. SYN. haruspice, mage, magicien, oracle, prophète, pythie, pythonisse, sibylle, sorcier, vaticinateur, visionnaire, voyant – FAMILIER : augure.

deviner *verbe*

/ Faire de la divination. SYN. interpréter, prédire, prévoir, prophétiser.

/ Apercevoir confusément. SYN. discerner, distinguer, entrevoir.

/ Percevoir par intuition. SYN. découvrir, dépister, détecter, flairer, pénétrer, pressentir, reconnaître, saisir, se douter de, sentir, soupçonner – FAMILIER : renifler, subodorer – LITTÉRAIRE : déceler.

devinette *nom féminin*

/ Ce que l'on donne à deviner. SYN. charade, énigme, logogriphe, rébus – FAMILIER : colle.

déviriliser *verbe*

/ Faire perdre de la virilité. SYN. émasculer, féminiser – LITTÉRAIRE : efféminer. CONTR. *viriliser.*

dévisager *verbe*

/ Regarder avec insistance. SYN. détailler, examiner, fixer, observer, scruter, toiser – FAMILIER : lorgner, reluquer – POPULAIRE : zieuter, zyeuter.

devise *nom féminin*

/ Brève formule. SYN. adage, apophtegme, maxime.

deviser *verbe*

/ LITTÉRAIRE. Parler avec quelqu'un. SYN. bavarder, causer, converser, dialoguer, discuter, parler – FAMILIER : faire la causette, faire un brin de causette – LITTÉRAIRE : jaboter, s'entretenir.

dévoilement *nom masculin*

/ Action de dévoiler. SYN. divulgation, publication, révélation. CONTR. *dissimulation.*

dévoiler *verbe*

/ Faire apparaître quelque chose. SYN. découvrir, dénuder, déshabiller, montrer. CONTR. *cacher, couvrir, masquer, recouvrir* – LITTÉRAIRE : *dérober, voiler* – POPULAIRE : *planquer.*

/ Révéler ce qui était caché. SYN. déceler, déclarer, découvrir, démasquer, démontrer, dire, divulguer, éventer, livrer, prouver, rapporter, relater, répéter, révéler, trahir – FAMILIER : épingler – LITTÉRAIRE : déshabiller. CONTR. *cacher, dissimuler, garder, occulter, taire* – LITTÉRAIRE : *celer, déguiser, farder.*

dévoiler (se) *verbe pronominal*
/ Laisser voir ce qu'on voulait cacher. SYN. apparaître sous son vrai jour, se montrer, se révéler, se trahir.

devoir *nom masculin*
/ Obligation morale. SYN. charge, contrainte, responsabilité, rôle, tâche. CONTR. *droit.*

devoir *verbe*
/ Être obligé de faire quelque chose. SYN. avoir à, être dans l'obligation de, être tenu de.
/ Avoir une dette envers quelqu'un. SYN. être redevable. CONTR. *acquitter, payer.*

devoirs *nom masculin pluriel*
/ Marques de politesse. SYN. hommages, salutations – LITTÉRAIRE: civilités.

dévorant *adjectif*
/ LITTÉRAIRE. Qui dévore. SYN. absorbant, accaparant, ardent, brûlant, déchaîné, effréné, enragé, envahissant, exigeant, frénétique, vorace.

dévorer *verbe*
/ Manger avec voracité. SYN. avoir un bon coup de fourchette, engloutir, engouffrer, ingurgiter, se bourrer, se gaver – ARGOTIQUE: briffer – FAMILIER: enfourner, manger comme quatre, manger comme un ogre, s'empiffrer, s'en mettre plein la panse, s'enfiler – POPULAIRE: bâfrer, bouffer, bouffer comme un chancre, boulotter, manger à s'en faire péter la sous-ventrière, manger comme un chancre, morfaler, se goinfrer, s'en mettre plein la gueule, s'en mettre plein la lampe. CONTR. *avoir un appétit d'oiseau, grignoter, manger comme un moineau, manger du bout des dents* – FAMILIER: *chipoter, mangeotter, picorer, pignocher.*
/ Prendre en grande quantité. SYN. consommer, croquer, dilapider – LITTÉRAIRE: dissiper.
/ Absorber totalement quelqu'un. SYN. absorber, bourreler, hanter, miner, obnubiler, obséder, poursuivre, ronger, submerger – LITTÉRAIRE: consumer.

dévot *adjectif*
/ Qui manifeste de la dévotion. SYN. bigot, pieux, pratiquant, religieux. CONTR. *athée, impie, incrédule, incroyant, irréligieux, païen.*

dévot *nom*
/ Personne excessivement pieuse. SYN. bigot – FAMILIER: bondieusard, calotin, grenouille de bénitier, punaise de sacristie, rat d'église. CONTR. *athée, incroyant* – LITTÉRAIRE: *impie, mécréant.*

dévotement *adverbe*
/ LITTÉRAIRE. Avec dévotion. SYN. pieusement, religieusement – LITTÉRAIRE: dévotieusement.

dévotion *nom féminin*
/ Attachement à la religion. SYN. adoration, ferveur, mysticisme, piété, spiritualité. CONTR. *athéisme, incrédulité, incroyance, irréligion* – LITTÉRAIRE: *impiété.*
/ Zèle hypocrite pour la religion. SYN. – FAMILIER: bigoterie, bigotisme.
/ LITTÉRAIRE. Attachement fervent à. SYN. adoration, affection, amour, vénération – LITTÉRAIRE: idolâtrie, piété, religion.

dévoué *adjectif*
/ Sur qui on peut compter. SYN. acquis, attaché, bon, complaisant, empressé, fervent, fidèle, loyal, sûr, vigilant, zélé. CONTR. *égoïste.*

dévouement *nom masculin*
/ Action de se dévouer. SYN. abnégation, empressement, fidélité, générosité, héroïsme, loyalisme, loyauté, sacrifice, zèle. CONTR. *abandon, désertion, égocentrisme, égoïsme, indifférence, trahison.*

dévouer (se) *verbe pronominal*
/ Se consacrer entièrement à. SYN. se consacrer, se vouer, servir.
/ Se charger d'une tâche. SYN. accepter, se sacrifier.

dévoyé *adjectif*
/ Qui est sans moralité. SYN. débauché, dévergondé, immoral, libertin, pervers – LITTÉRAIRE: dissolu, égaré.

dévoyer *verbe*
/ LITTÉRAIRE. Détourner du droit chemin. SYN. dépraver, dévergonder, égarer, perdre, pervertir – LITTÉRAIRE: flétrir, vicier.

dextérité *nom féminin*
/ Habileté de la main. SYN. adresse, doigté, patte, précision, savoir-faire, virtuosité. CONTR. *gaucherie, inhabileté, maladresse.*

/ Habileté dans la manière d'agir. SYN. art, astuce, chic, diplomatie, doigté, entregent, ingéniosité, maestria, talent. CONTR. *balourdise, incapacité, lourdeur.*

diable *adjectif*

/ Qui est turbulent. SYN. espiègle, indiscipliné, infernal, intenable, polisson, tapageur, terrible. CONTR. *discipliné, sage, tranquille.*

diable *nom masculin*

/ Individu quelconque. SYN. bougre, gaillard –FAMILIER: gars, type.

/ L'esprit du mal. SYN. démon, le Malin, le Maudit, prince des démons –LITTÉRAIRE: prince des ténèbres.

/ FAMILIER. Enfant turbulent. SYN. chenapan, diablotin, garnement, polisson –FAMILIER: affreux jojo, brigand, filou, fripon, galopin, lascar, sacripant –VIEUX: galapiat, mâtin.

diablement *adverbe*

/ FAMILIER. À un haut degré. SYN. abominablement, admirablement, affreusement, beaucoup, bien, effroyablement, énormément, exceptionnellement, excessivement, extraordinairement, fabuleusement, follement, fort, fortement, hautement, horriblement, immensément, immodérément, incroyablement, infiniment, mortellement, parfaitement, particulièrement, prodigieusement, profondément, puissamment, terriblement, très, trop –FAMILIER: atrocement, bigrement, bougrement, drôlement, fameusement, fichtrement, fichûment, formidablement, joliment, méchamment, rudement, tout plein –LITTÉRAIRE: diantrement, furieusement –POPULAIRE: foutrement, salement, vachement –VIEUX: fièrement. CONTR. *aucunement, faiblement, guère, légèrement, modérément, peu.*

diablerie *nom féminin*

/ Action malfaisante. SYN. maléfice, sorcellerie, sortilège.

diabolique *adjectif*

/ Inspiré par le diable. SYN. démoniaque, satanique –LITTÉRAIRE: infernal, luciférien, méphistophélique. CONTR. *angélique, archangélique* –LITTÉRAIRE: *céleste, séraphique.*

/ Doué d'un pouvoir maléfique. SYN. démoniaque, machiavélique, malfaisant, mauvais, noir, odieux, pervers, sadique, sardonique, satanique –LITTÉRAIRE: délétère, scélérat. CONTR. *gentil.*

dialogue *nom masculin*

/ Conversation à plusieurs. SYN. causerie, discussion, entretien, entrevue, interview, tête-à-tête. CONTR. *monologue, soliloque.*

/ Discussion visant à un accord. SYN. conversation, débat, discussion, échange, pourparlers.

dialoguer *verbe*

/ Converser avec quelqu'un. SYN. bavarder, causer, communiquer, conférer, discuter, parler –FAMILIER: discuter le bout de gras, discuter le coup, faire la causette, faire un brin de causette –LITTÉRAIRE: deviser, s'entretenir. CONTR. *monologuer, soliloquer.*

diamant *nom masculin*

/ Pierre précieuse. SYN. brillant, rose, solitaire.

diamantaire *nom*

/ Professionnel du diamant. SYN. joaillier, lapidaire.

diamétralement *adverbe*

/ En opposition directe. SYN. absolument, complètement, entièrement, radicalement, totalement, tout à fait.

diantrement *adverbe*

/ LITTÉRAIRE. À un très haut point. SYN. abominablement, admirablement, affreusement, beaucoup, bien, effroyablement, énormément, exceptionnellement, excessivement, extraordinairement, extrêmement, fabuleusement, follement, horriblement, incroyablement, mortellement, particulièrement, prodigieusement, profondément, puissamment, terriblement, très, trop, vertigineusement –FAMILIER: atrocement, bigrement, bougrement, diablement, drôlement, fameusement, fichtrement, fichûment, formidablement, joliment, méchamment, rudement, tout plein –LITTÉRAIRE: furieusement –POPULAIRE: salement, vachement. CONTR. *nullement.*

diaphane *adjectif*

/ Qui laisse passer la lumière. SYN. clair, translucide, transparent. CONTR. *opaque.*

diaphanéité *nom féminin*
/ LITTÉRAIRE. Caractère diaphane. SYN. finesse, translucidité, transparence.

diapré *adjectif*
/ LITTÉRAIRE. Qui a des couleurs vives. SYN. bariolé, bigarré, chatoyant, moucheté, tacheté –LITTÉRAIRE: émaillé. CONTR. *sombre, uni.*

diaprure *nom féminin*
/ LITTÉRAIRE. Aspect diapré. SYN. bigarrure, chatoiement.

diatribe *nom féminin*
/ Critique violente. SYN. attaque, pamphlet, réquisitoire, satire –FAMILIER: éreintage, éreintement –LITTÉRAIRE: catilinaire, factum, libelle, philippique. CONTR. *apologie, éloge, panégyrique* –LITTÉRAIRE: *dithyrambe.*

dichotomie *nom féminin*
/ Division en deux éléments. SYN. scission, séparation. CONTR. *réunion, union.*

dictateur *nom masculin*
/ Personne qui a un pouvoir absolu. SYN. autocrate, despote, oppresseur, tyran –LITTÉRAIRE: dominateur.

dictatorial *adjectif*
/ Propre à la dictature. SYN. absolu, arbitraire, autocratique, discrétionnaire, totalitaire. CONTR. *démocratique, libéral, républicain.*
/ Au caractère tranchant. SYN. autoritaire, cassant, despotique, impératif, impérieux, tyrannique. CONTR. *bienveillant, cordial, humble, indulgent.*

dictature *nom féminin*
/ Régime politique. SYN. absolutisme, autocratie, caporalisme, césarisme, despotisme, totalitarisme, tyrannie. CONTR. *démocratie.*
/ Pouvoir absolu. SYN. autoritarisme, despotisme, domination –LITTÉRAIRE: tyrannie. CONTR. *faiblesse.*

dicter *verbe*
/ Imposer quelque chose à quelqu'un. SYN. fixer, inspirer, ordonner, prescrire, souffler, suggérer –LITTÉRAIRE: enjoindre. CONTR. *obéir.*

diction *nom féminin*
/ Manière de parler. SYN. débit, élocution, parole, prononciation.

dictionnaire *nom masculin*
/ Recueil de mots classés. SYN. glossaire, lexique, répertoire.

dicton *nom masculin*
/ Sentence populaire. SYN. adage, aphorisme, maxime, proverbe –LITTÉRAIRE: sentence.

didactique *adjectif*
/ Qui a pour objet d'instruire. SYN. éducateur, éducatif, instructif, pédagogique.

diète *nom féminin*
/ Fait de s'abstenir de manger. SYN. abstinence, jeûne.

dieu *nom masculin*
/ Être suprême. SYN. l'Architecte du monde, le Créateur, Le Grand Architecte (de l'univers), le Père céleste, le Tout-Puissant, le Très-Haut, l'Éternel.

diffamateur *nom*
/ Personne qui diffame quelqu'un. SYN. accusateur, calomniateur, dénigreur –FAMILIER: débineur –LITTÉRAIRE: daubeur. CONTR. *flatteur* –LITTÉRAIRE: *encenseur, flagorneur.*

diffamation *nom féminin*
/ Action de diffamer. SYN. accusation, calomnie, dénigrement, médisance –FAMILIER: éreintage, éreintement –LITTÉRAIRE: clabauderie. CONTR. *apologie, éloge, louange.*

diffamer *verbe*
/ Porter atteinte à la réputation de. SYN. calomnier, décrier, dénigrer, discréditer, médire, salir, traîner dans la boue –FAMILIER: baver, éreinter, esquinter, étriller –LITTÉRAIRE: déchirer, noircir, vilipender. CONTR. *célébrer, exalter, glorifier, louer, vanter* –LITTÉRAIRE: *encenser, flagorner.*

différemment *adverbe*
/ De façon différente. SYN. autrement. CONTR. *identiquement, indifféremment, indistinctement, pareillement* –LITTÉRAIRE: *semblablement* –VIEUX: *mêmement.*

différence *nom féminin*
/ Absence de similitude. SYN. altérité, contraste, désaccord, discordance, disparité, disproportion, dissemblance, dissimilitude, distance, distinction, divergence, écart, hétérogénéité, inégalité, opposition, variété.

CONTR. *affinité, analogie, conformité, égalité, homogénéité, identité, parité, ressemblance, similarité, similitude.*

différenciation *nom féminin*

/ Action de différencier. SYN. clivage, discrimination, distinction, particularisation, séparation.

différencier *verbe*

/ Faire apparaître une différence. SYN. discriminer, distinguer, individualiser, particulariser, singulariser – LITTÉRAIRE: discerner. CONTR. *assimiler, calquer, confondre, conformer, égaliser, identifier, rapprocher, unifier, uniformiser.*

différencier (se) *verbe pronominal*

/ Être différent de. SYN. différer, se démarquer, se distinguer, se singulariser, s'opposer. CONTR. *approcher, s'assimiler, se rapprocher, se ressembler, s'identifier.*

différend *nom masculin*

/ Divergence d'opinions. SYN. conflit, contestation, démêlé, désaccord, discussion, dispute, dissension, litige, malentendu, querelle, scène – LITTÉRAIRE: discorde. CONTR. *accord, entente, harmonie.*

différent *adjectif*

/ Qui n'est pas identique. SYN. autre, dissemblable, distinct, divergent, divers, inégal. CONTR. *analogue, approchant, assimilable, comparable, égal, identique, proche, ressemblant, semblable, similaire, voisin.*

/ Qui n'est plus le même. SYN. changé, étranger, modifié, neuf, nouveau, transformé. CONTR. *conforme, équivalent, inchangé, même, pareil, uniforme.*

/ Qui est original. SYN. à part, autre, inhabituel, nouveau, varié – LITTÉRAIRE: singulier.

différer *verbe intransitif*

/ Ne pas être semblable à. SYN. être à part, se différencier, se distinguer, s'opposer. CONTR. *approcher, correspondre, se confondre, se ressembler.*

/ Avoir un avis opposé. SYN. diverger, s'opposer. CONTR. *concorder, se rapprocher.*

différer *verbe transitif*

/ Remettre à plus tard. SYN. ajourner, atermoyer, décaler, éloigner, proroger, reculer, remettre, renvoyer, reporter, repousser, retarder, surseoir à, suspendre. CONTR. *anticiper, avancer, hâter.*

difficile *adjectif*

/ Qui exige des efforts. SYN. ardu, complexe, compliqué, confus, dur, énigmatique, hermétique, laborieux, obscur, rude, subtil – FAMILIER: calé, coton, trapu, vache – LITTÉRAIRE: opaque – POPULAIRE: duraille. CONTR. *accessible, aisé, clair, commode, compréhensible, facile, intelligible, limpide, simple* – FAMILIER: *pas sorcier.*

/ Qui embarrasse. SYN. critique, délicat, embarrassant, épineux, ingrat, inquiétant, malaisé, mauvais, pénible, préoccupant, tragique – LITTÉRAIRE: difficultueux, scabreux. CONTR. *agréable, aisé, commode, facile, sûr.*

/ Qu'on a peine à satisfaire. SYN. acariâtre, exigeant, indocile, insupportable, intraitable, irascible, ombrageux, revêche – FAMILIER: impossible, invivable. CONTR. *accommodant, affable, agréable, aimable, arrangeant, complaisant, conciliant, docile, gentil* – FAMILIER: *chic* – LITTÉRAIRE: *débonnaire.*

difficilement *adverbe*

/ Avec difficulté. SYN. laborieusement, malaisément, péniblement – FAMILIER: cahin-caha. CONTR. *aisément, couramment, facilement, sans difficulté, sans encombre* – FAMILIER: *les doigts dans le nez.*

difficulté *nom féminin*

/ Caractère difficile. SYN. complexité, complication, obscurité, subtilité. CONTR. *commodité, facilité, simplicité.*

/ Obstacle à surmonter. SYN. accroc, affaire, désagrément, embarras, embûche, empêchement, ennui, entrave, opposition, pierre d'achoppement, problème, tiraillement, tracas – FAMILIER: enquiquinement, histoire, os – LITTÉRAIRE: traverse – POPULAIRE: emmerdement.

/ Embarras éprouvé par quelqu'un. SYN. gêne, mal, peine – LITTÉRAIRE: incommodité. CONTR. *aisance, bonheur.*

difficultueux *adjectif*

/ LITTÉRAIRE. Qui offre des difficultés. SYN. complexe, compliqué, délicat, difficile, épineux, risqué – LITTÉRAIRE: scabreux. CONTR. *aisé, clair, commode, facile, simple.*

difforme *adjectif*

/ Qui a une forme irrégulière. SYN. affreux, contrefait, déformé, disgracié, disgracieux, disproportionné, hideux, laid, monstrueux, tordu, vilain. CONTR. *beau, bien bâti, bien découplé, bien proportionné, gracieux, harmonieux, joli, normal, parfait, proportionné, ravissant, régulier, symétrique* –POPULAIRE: *bien balancé.*

difformité *nom féminin*

/ Malformation du corps. SYN. anomalie, défaut, déformation, disgrâce, infirmité, laideur, monstruosité. CONTR. *beauté, harmonie, perfection.*

diffus *adjectif*

/ Qui se répand. SYN. sourd, tamisé. CONTR. *brillant, éclatant, intense, vif, violent.*

/ Qui manque de concision. SYN. abondant, filandreux, imprécis, long, pâteux, prolixe, redondant, verbeux –FAMILIER: délayé, longuet. CONTR. *bref, compact, concentré, concis, condensé, court, dépouillé, elliptique, laconique, lapidaire, précis, télégraphique* –LITTÉRAIRE: *compendieux.*

diffuser *verbe*

/ Porter à la connaissance de. SYN. accréditer, colporter, émettre, propager, répandre, véhiculer, vulgariser.

/ Distribuer dans le commerce. SYN. écouler, éditer.

diffusion *nom féminin*

/ Action de propager quelque chose. SYN. distribution, expansion, propagation, publicité, vulgarisation. CONTR. *censure.*

/ Action d'émettre un programme. SYN. émission, transmission.

digérer *verbe*

/ FAMILIER. Se résigner à quelque chose. SYN. endurer, subir, supporter –FAMILIER: avaler –LITTÉRAIRE: souffrir.

digeste *adjectif*

/ Qui se digère bien. SYN. assimilable, digestible, léger. CONTR. *inassimilable, indigeste, lourd.*

digestible *adjectif*

/ Qui peut être digéré. SYN. assimilable, digeste, léger. CONTR. *inassimilable, indigeste, lourd.*

digne *adjectif*

/ Qui montre de la retenue. SYN. bienséant, convenable, correct, décent, grave –LITTÉRAIRE: fier, séant. CONTR. *abject, avilissant, bas, cru, dégoûtant, dégradant, infâme, interlope, malpropre, risqué, vulgaire* –LITTÉRAIRE: *vil.*

/ Qui est approprié à. SYN. convenable, correct, honorable, louable, respectable. CONTR. *indigne.*

/ Qui mérite le respect. SYN. beau, bien, majestueux, méritant, solennel –LITTÉRAIRE: auguste. CONTR. *burlesque, indigne, interlope.*

dignement *adverbe*

/ De manière correcte. SYN. bien, correctement, décemment, honorablement, moralement, proprement, respectablement. CONTR. *abjectement, bassement, honteusement, indignement, mal, sordidement.*

/ Avec gravité. SYN. fièrement, gravement, majestueusement, noblement, sentencieusement, solennellement.

dignité *nom féminin*

/ Respect dû à une personne, une chose. SYN. grandeur, honneur, honorabilité, respectabilité.

/ Retenue dans les manières. SYN. décence, gravité, honnêteté, noblesse, pudeur. CONTR. *abjection, bassesse, impertinence, indignité, laideur.*

/ Sentiment de sa propre valeur. SYN. amour-propre –LITTÉRAIRE: élévation, fierté. CONTR. *abaissement, avilissement, déchéance.*

digression *nom féminin*

/ Fait de sortir de son sujet. SYN. à-côté, détour, écart, parenthèse.

digue *nom féminin*

/ Obstacle à une force. SYN. entrave, frein, mur.

/ Obstacle pour contenir les eaux. SYN. barrage, brisant, brise-lames, jetée.

dilacérer *verbe*

/ Mettre en morceaux. SYN. déchiqueter, déchirer, lacérer.

dilapidateur *adjectif*

/ Qui dilapide un bien. SYN. dépensier, gaspilleur, prodigue –LITTÉRAIRE: dissipateur. CONTR. *avare, économe, parcimonieux, regardant, thésauriseur* –FAMILIER: *chien, pingre, radin, rapiat, rat* –LITTÉRAIRE: *avaricieux, ladre, lésineur* –VIEUX: *chiche.*

dilapidateur *nom*

/ Personne qui dilapide. SYN. dépensier, gaspilleur – FAMILIER : panier percé – LITTÉRAIRE : dissipateur. CONTR. *avare, thésauriseur* – FAMILIER : *grigou, grippe-sou, pingre, radin, rapiat, rat* – LITTÉRAIRE : *harpagon, ladre.*

dilapidation *nom féminin*

/ Action de dilapider un bien. SYN. gaspillage – LITTÉRAIRE : dissipation. CONTR. *conservation, économie, épargne.*

dilapider *verbe*

/ Dépenser à tort et à travers. SYN. croquer, dévorer, engloutir, engouffrer, gaspiller, manger, prodiguer – FAMILIER : claquer, nettoyer – LITTÉRAIRE : dissiper – POPULAIRE : boulotter. CONTR. *accumuler, amasser, capitaliser, compter, conserver, économiser, entasser, épargner, garder, lésiner, ménager, se restreindre, thésauriser.*

dilatation *nom féminin*

/ Fait de se dilater. SYN. augmentation, distension, élargissement, gonflement. CONTR. *constriction, contraction, rétrécissement.*

dilater *verbe*

/ Agrandir une ouverture. SYN. boursoufler, distendre, élargir, gonfler, ouvrir – LITTÉRAIRE : enfler. CONTR. *comprimer, contracter, resserrer* – LITTÉRAIRE : *rétrécir.*

dilater (se) *verbe pronominal*

/ Augmenter de volume. SYN. enfler, s'agrandir, s'élargir, s'ouvrir. CONTR. *se contracter, se resserrer.*

dilettante *nom*

/ Personne qui travaille en amateur. SYN. fantaisiste. CONTR. *professionnel, spécialiste, technicien.*

dilettantisme *nom masculin*

/ Attitude du dilettante. SYN. amateurisme. CONTR. *professionnalisme.*

diligemment *adverbe*

/ LITTÉRAIRE. Avec rapidité. SYN. à bride abattue, à fond de cale, à fond de train, à fond la caisse, à la hâte, à la sauvette, à la va-vite, à tombeau ouvert, à toute allure, à toute hâte, à toute vitesse, à un train d'enfer, activement, au pas de course, au plus vite, bon train, comme une flèche, en catastrophe, en coup de vent, en deux temps, trois mouvements, en flèche, en moins de deux, en toute hâte, en un rien de temps, en vitesse, entre deux portes, expéditivement, hâtivement, précipitamment, promptement, rapidement, rondement, sur les chapeaux de roue, tambour battant, toutes affaires cessantes, ventre à terre, vite, vivement – FAMILIER : à toute pompe, à toute vapeur, à toutes pompes, dare-dare, en cinq sec, en deux, trois coups de cuiller à pot, en quatrième vitesse, en un clin d'œil, en un temps record, en un tour de main, rapido presto, rapidos, subito presto – POPULAIRE : à tout berzingue, à toute berzingue. CONTR. *doucement, insensiblement, interminablement, lentement, longuement, mollement, nonchalamment, paresseusement, peu à peu, posément, tranquillement* – FAMILIER : *piano.*

diligence *nom féminin*

/ LITTÉRAIRE. Rapidité efficace. SYN. célérité, hâte, précipitation, vitesse – LITTÉRAIRE : promptitude. CONTR. *atermoiements, indolence, laisser-aller, lenteur, nonchalance, paresse.*

/ LITTÉRAIRE. Caractère zélé. SYN. assiduité, empressement, serviabilité, sollicitude, zèle. CONTR. *négligence.*

diligent *adjectif*

/ LITTÉRAIRE. Qui montre de l'empressement. SYN. appliqué, assidu, attentif, empressé, méticuleux, sérieux, zélé – LITTÉRAIRE : laborieux. CONTR. *négligent.*

/ LITTÉRAIRE. Qui montre de la rapidité. SYN. actif, expéditif, ponctuel, rapide, vite – LITTÉRAIRE : prompt. CONTR. *indolent, lent, nonchalant.*

diluer *verbe*

/ Délayer dans un liquide. SYN. allonger, couper, dissoudre, éclaircir, étendre, mouiller, noyer – FAMILIER : baptiser. CONTR. *concentrer.*

/ Amoindrir quelque chose. SYN. adoucir, affaiblir, atténuer, noyer. CONTR. *accentuer, condenser.*

dimension *nom féminin*

/ Espace occupé par un corps. SYN. calibre, format, mesure, proportion, taille – FAMILIER : gabarit.

/ Importance de quelque chose. SYN. ampleur, grandeur, portée, retentissement, taille.

diminué *adjectif*

/ Qui a perdu ses capacités. SYN. affaibli, amoindri, déficient. CONTR. –FAMILIER: *en forme, en pleine forme.*

diminuer *verbe intransitif*

/ Devenir moindre. SYN. baisser, décliner, décroître, descendre, faiblir, rétrécir, s'amenuiser, s'atténuer, se raccourcir, se rapetisser, se raréfier, s'estomper. CONTR. *allonger, augmenter, croître, enfler, foisonner, gonfler, grandir, grossir, monter, rallonger, renchérir, s'accroître, s'agrandir, s'allonger.*

/ Perdre ses forces. SYN. dépérir, faiblir, fléchir, mollir, s'affaiblir –LITTÉRAIRE: défaillir, se mourir –VIEUX: s'avilir.

diminuer *verbe transitif*

/ Rendre moins grand. SYN. abaisser, amenuiser, amoindrir, amputer, baisser, comprimer, raccourcir, rapetisser, réduire, resserrer, rétrécir, rogner. CONTR. *agrandir, ajouter, allonger, arrondir, augmenter, exhausser, hausser, majorer, monter, rallonger.*

/ Rendre moins intense. SYN. abréger, adoucir, affaiblir, alléger, amoindrir, amortir, apaiser, assagir, atténuer, calmer, consoler, écourter, émousser, endormir, estomper, éteindre, étouffer, freiner, limiter, minimiser, modérer, rabattre, raréfier, réduire, relâcher, restreindre. CONTR. *accentuer, accroître, aggraver, amplifier, attiser, aviver, déchaîner, développer, exagérer, exalter, fouetter, intensifier, multiplier, redoubler, renforcer, réveiller, stimuler* –LITTÉRAIRE: *enfler.*

/ Déprécier quelqu'un. SYN. avilir, déconsidérer, dégrader, déshonorer, diffamer, discréditer, ébrécher, ravaler –LITTÉRAIRE: abâtardir, rabaisser, vilipender. CONTR. *élever, glorifier, rehausser, relever* –LITTÉRAIRE: *exalter, magnifier.*

diminution *nom féminin*

/ Action de diminuer ; fait d'être diminué. SYN. abaissement, abattement, adoucissement, allégement, amenuisement, amincissement, amoindrissement, atrophie, atténuation, baisse, compression, contraction, décadence, déclin, décroissance, délabrement, déliquescence, dépérissement, désagrégation, détérioration, raccourcissement, rapetissement, réduction, restriction, rétrécissement –LITTÉRAIRE: décroissement. CONTR. *accentuation, accroissement, addition, aggravation, agrandissement, allongement, amplification, augmentation, croissance, élargissement, élévation, épanouissement, exaltation, exaspération, extension, grandissement, grossissement, hausse, majoration, montée, raffermissement, recrudescence, relèvement, renchérissement* –LITTÉRAIRE: *enchérissement.*

/ Ce qui est retranché d'un tout. SYN. rabais, réduction, remise, ristourne.

dinde *nom féminin*

/ FAMILIER. Fille sotte. SYN. imbécile, nigaude, sotte –FAMILIER: andouille, bécasse, bécassine, bêtasse, bûche, buse, cloche, crétine, cruche, empaillée, empotée, godiche, gourde, noix, oie –POPULAIRE: banane, nouille, patate, truffe.

dingo *adjectif*

/ POPULAIRE. Un peu fou. SYN. dément, dérangé, désaxé, déséquilibré –FAMILIER: braque, cinglé, détraqué, dingue, fada, frappé, loufoque, maboul, marteau, piqué, ravagé, tapé, timbré, toc-toc, toqué, zinzin –POPULAIRE: allumé, azimuté, barge, barjo, branque, brindezingue, cinoque, cintré, déjanté, fêlé, folingue, fondu, frapadingue, givré, jeté, louf, louftingue, sinoc, sinoque, siphonné, tordu. CONTR. *équilibré, normal, sensé.*

dingue *adjectif*

/ FAMILIER. Un peu fou. SYN. dément, dérangé, désaxé, déséquilibré –FAMILIER: braque, cinglé, détraqué, dingo, fada, frappé, loufoque, maboul, malade, marteau, piqué, ravagé, tapé, timbré, toc-toc, toqué, zinzin –POPULAIRE: allumé, azimuté, barge, barjo, branque, brindezingue, cinoque, cintré, déjanté, fêlé, folingue, fondu, frapadingue, givré, jeté, louf, louftingue, sinoc, sinoque, siphonné, tordu. CONTR. *équilibré, normal, sensé.*

/ FAMILIER. Au caractère excessif. SYN. abracadabrant, démentiel, extravagant, fou, insensé, outré –FAMILIER: délirant, dément. CONTR. *mesuré, raisonnable.*

dingue *nom*

/ FAMILIER. Personne folle. SYN. fou –FAMILIER: cinglé, détraqué, fada, malade.

diplomate *adjectif*
- Qui est habile. SYN. adroit, astucieux, avisé, circonspect, politique, souple. CONTR. *fruste, inhabile, maladroit.*

diplomatie *nom féminin*
- Fonction d'un diplomate. SYN. la Carrière.
- Caractère diplomate. SYN. adresse, circonspection, dextérité, doigté, entregent, finesse, habileté, politique, souplesse, tact. CONTR. *brusquerie, inhabileté, maladresse.*

diplomatique *adjectif*
- Qui est plein d'habileté. SYN. adroit, astucieux, habile, ingénieux, tactique. CONTR. *maladroit, tranché.*

diplomatiquement *adverbe*
- Avec diplomatie. SYN. adroitement, habilement. CONTR. *gauchement, maladroitement, malhabilement.*

diplôme *nom masculin*
- Acte donnant accès à un titre. SYN. brevet, certificat – FAMILIER: parchemin.

dire *nom masculin*
- Ce qu'une personne dit. SYN. affirmation, allégation, assertion, déclaration, parole, propos.

dire *verbe*
- Transmettre une information. SYN. annoncer, apprendre, communiquer, informer, signaler, spécifier. CONTR. *cacher, dissimuler, occulter, passer sous silence, taire* – LITTÉRAIRE: *celer.*
- Ordonner expressément. SYN. intimer, sommer – LITTÉRAIRE: enjoindre.
- Énoncer quelque chose. SYN. déclarer, exposer, exprimer, formuler, observer, parler, proférer, prononcer, rapporter, relater, répliquer, soutenir.
- Réciter, lire à haute voix. SYN. conter, débiter, déclamer, raconter – LITTÉRAIRE: narrer.
- Signifier quelque chose. SYN. dénoter, dévoiler, expliquer, exprimer, indiquer, marquer, montrer, prévoir, révéler, signifier, trahir.

direct *adjectif*
- Qui ne fait pas de détour. SYN. droit, rectiligne. CONTR. *contourné, courbe, détourné, sinueux, tordu, tortueux.*
- Qui est relié à quelque chose. SYN. immédiat. CONTR. *indirect, lointain, médiat.*
- Qui est franc. SYN. carré, catégorique, franc, net, ouvert, spontané – VIEUX: rond. CONTR. *déguisé, dissimulateur, dissimulé, faux, feint, guindé, hypocrite, retors, simulé, sournois, voilé* – LITTÉRAIRE: *artificieux, benoît, madré.*

directement *adverbe*
- En ligne directe. SYN. de front, de plain-pied, droit, sans arrêt. CONTR. *obliquement, transversalement.*
- Sans intermédiaire. SYN. immédiatement, personnellement. CONTR. *indirectement.*
- Sans déguisement. SYN. carrément, de face, en face, franchement, nettement, ouvertement, par-devant, résolument, simplement, spontanément – FAMILIER: tout de go – LITTÉRAIRE: nûment – VIEUX: rondement. CONTR. *sournoisement, tortueusement.*
- Sans hésitation possible. SYN. absolument, complètement, entièrement, exactement, radicalement, totalement.

directeur *nom*
- Personne qui dirige. SYN. chef, dirigeant, patron. CONTR. *inférieur, subalterne, subordonné.*

direction *nom féminin*
- Orientation dans l'espace. SYN. destination, orientation, sens.
- Action de diriger quelque chose. SYN. administration, conduite, directorat, gestion, maniement, organisation, pilotage, tenue.
- Ensemble de ceux qui dirigent. SYN. commandement, état-major, gouvernement.
- Orientation d'une action. SYN. ligne de conduite, sens, tournure, voie.

directive *nom féminin*
- Indication donnée. SYN. consigne, instruction, mot d'ordre, ordre, recommandation.

dirigé *adjectif*
- Qui a reçu telle orientation. SYN. exposé, orienté, tourné.

dirigeant *nom*
- Personne qui dirige. SYN. animateur, chef, directeur, leader, maître, meneur, responsable.

diriger *verbe*
- Orienter quelque chose. SYN. axer, braquer, pointer, tourner.

/ Faire aller dans telle direction. SYN. conduire, emmener, guider, mener, piloter.

/ Être l'élément directeur. SYN. animer, commander, conduire, gouverner, guider, manier, mener, piloter, régir –FAMILIER: mener la danse. CONTR. *suivre.*

/ Avoir la direction de. SYN. administrer, coiffer, gérer, gouverner, présider, régenter, régner sur, superviser. CONTR. *obéir.*

/ Orienter vers une activité. SYN. aiguiller, brancher, centrer, conseiller, pousser.

diriger (se) *verbe pronominal*

/ Avancer dans une direction. SYN. aller, approcher, cingler, gagner, piquer sur, s'acheminer, s'approcher, se porter vers, se rendre, se tourner, tendre vers –LITTÉRAIRE: voguer vers.

/ Trouver son chemin. SYN. se repérer, s'orienter. CONTR. *se perdre, s'égarer.*

dirigisme *nom masculin*

/ Intervention de l'État. SYN. économie dirigée, étatisme, interventionnisme. CONTR. *libéralisme.*

discernable *adjectif*

/ Que l'on peut discerner. SYN. identifiable, perceptible, repérable, visible. CONTR. *indiscernable, invisible.*

discernement *nom masculin*

/ LITTÉRAIRE. Action de distinguer. SYN. discrimination, distinction.

/ Sens critique. SYN. bon sens, clairvoyance, flair, intelligence, jugement, perspicacité, pertinence, raison, sagacité, sagesse, sens commun –FAMILIER: jugeote. CONTR. *aveuglement, confusion* –LITTÉRAIRE: *cécité.*

discerner *verbe*

/ Percevoir par l'esprit. SYN. découvrir, démêler, dépister, lire, saisir, sentir.

/ LITTÉRAIRE. Distinguer une chose d'une autre. SYN. différencier, discriminer, distinguer, séparer. CONTR. *confondre, mélanger, mêler.*

/ Voir quelqu'un, quelque chose. SYN. apercevoir, deviner, entrapercevoir, identifier, percevoir, reconnaître, remarquer, repérer.

disciple *nom*

/ Personne qui suit l'exemple de. SYN. adepte, adorateur, continuateur, élève, fidèle, héritier, imitateur, partisan, tenant –LITTÉRAIRE: épigone, sectateur. CONTR. *ancêtre, maître, prédécesseur, professeur.*

discipline *nom féminin*

/ Branche de la connaissance. SYN. matière, science, spécialité.

/ Ensemble de règles. SYN. organisation, règlement, réglementation. CONTR. *anarchie, chaos, désordre, désorganisation* –FAMILIER: *pagaille.*

/ Soumission à des règles. SYN. docilité, obéissance, sagesse, subordination. CONTR. *désobéissance, indiscipline* –LITTÉRAIRE: *dissipation, fronde.*

discipliné *adjectif*

/ Qui suit une discipline. SYN. docile, méthodique, obéissant, réglé, sage, soumis. CONTR. *débridé, désobéissant, diable, dissipé, dur, frondeur, indiscipliné, rebelle, rétif, turbulent.*

discipliner *verbe*

/ Soumettre à des règles. SYN. dresser, organiser –LITTÉRAIRE: dompter, régler. CONTR. *troubler.*

/ Rendre utilisable. SYN. dominer, maîtriser.

discontinu *adjectif*

/ Qui n'est pas continu. SYN. interrompu. CONTR. *continu, incessant, ininterrompu, permanent, suivi.*

/ Qui se déroule par à-coups. SYN. entrecoupé, intermittent, irrégulier, temporaire, variable. CONTR. *assidu, cadencé, continuel, égal, régulier.*

discontinuité *nom féminin*

/ LITTÉRAIRE. Caractère discontinu. SYN. intermittence, interruption, irrégularité. CONTR. *continuité, régularité.*

discordance *nom féminin*

/ Défaut d'harmonie sonore. SYN. cacophonie, dissonance. CONTR. *euphonie, harmonie.*

/ Caractère discordant. SYN. contradiction, contraste, décalage, désaccord, différence, disparité, disproportion, dissemblance, dissimilitude, dissociation, dissymétrie, divergence, divorce, incompatibilité, opposition –LITTÉRAIRE: dissentiment, dissonance. CONTR. *accord, adéquation, concordance, correspondance, entente, harmonie* –LITTÉRAIRE: *symphonie.*

discordant *adjectif*

/ Qui manque d'harmonie sonore. SYN. cacophonique, criard, désaccordé, dissonant, faux, grinçant. CONTR. *accordé, harmonieux, mélodieux.*

/ Qui n'est pas en accord avec. SYN. antagoniste, contradictoire, contraire, disparate, disproportionné, divergent, incompatible, opposé. CONTR. *concordant, correspondant, joli, proche, unanime.*

discorde *nom féminin*

/ LITTÉRAIRE. Désaccord violent. SYN. brouille, conflit, démêlé, désaccord, désunion, différend, dissension, division, mésentente, querelle, trouble, zizanie – FAMILIER: fâcherie – LITTÉRAIRE: dissentiment, mésintelligence – VIEUX: brouillerie. CONTR. *accord, coalition, communion, concorde, entente, harmonie, paix, unanimité, union, unité.*

discount *nom masculin*

/ Remise faite sur un prix. SYN. bonification, escompte, rabais, réduction, remise, ristourne.

discounter *verbe*

/ Vendre à bas prix. SYN. brader, liquider, solder – FAMILIER: bazarder.

discoureur *nom*

/ Personne qui aime à discourir. SYN. bavard, causeur, déclamateur, jaseur, phraseur – FAMILIER: baratineur, laïusseur, pie – LITTÉRAIRE: parleur, péroreur, rhéteur – POPULAIRE: jaspineur.

discourir *verbe*

/ Parler longuement sur. SYN. bavarder, disserter, épiloguer, palabrer, parler, pérorer, philosopher, prêcher – FAMILIER: discutailler, disputailler, laïusser, parlementer, pontifier. CONTR. *se taire.*

discours *nom masculin*

/ Développement oratoire. SYN. allocution, causerie, communication, conférence, déclaration, dissertation, exposé, message, proclamation – FAMILIER: laïus, speech, topo – LITTÉRAIRE: harangue.

/ Vaines paroles. SYN. bavardage, palabre – FAMILIER: harangue, papotage, parlote, tartine.

discourtois *adjectif*

/ Qui manque de courtoisie. SYN. désobligeant, grossier, impoli, inconvenant, incorrect, inélégant, malappris, rustre – FAMILIER: malpoli, sans gêne – LITTÉRAIRE: disgracieux, incivil – POPULAIRE: malembouché. CONTR. *affable, bienséant, courtois, élégant, poli* – LITTÉRAIRE: *civil, urbain.*

discrédit *nom masculin*

/ Perte de la considération. SYN. avilissement, décri, défaveur, dévalorisation, oubli – LITTÉRAIRE: déconsidération, disgrâce. CONTR. *autorité, considération, cote, influence, renommée, réputation, vogue* – LITTÉRAIRE: *crédit, faveur.*

discréditer *verbe*

/ Faire perdre toute considération. SYN. avilir, compromettre, déconsidérer, décrier, démonétiser, dénigrer, déprécier, déshonorer, dévaloriser, dévaluer, diffamer, diminuer, disqualifier, nuire, perdre, traîner dans la boue – FAMILIER: démolir – LITTÉRAIRE: dauber, disgracier, noircir, rabaisser, vilipender. CONTR. *accréditer, célébrer, exalter, honorer, louer, prôner, recommander, rehausser, vanter.*

discret *adjectif*

/ Qui agit avec réserve. SYN. délicat, effacé, mesuré, pudique, réservé, retenu, timide. CONTR. *curieux, effronté, indélicat, indiscret, infatué, orgueilleux* – FAMILIER: *casse-pieds, sans gêne* – LITTÉRAIRE: *intempérant.*

/ Qui n'attire pas l'attention. SYN. dépouillé, furtif, modeste, sobre, voilé. CONTR. *agressif, clinquant, criard, excentrique, ostensible, ostentatoire, tapageur, voyant* – LITTÉRAIRE: *tumultueux.*

/ Qui sait garder un secret. SYN. muet, silencieux – LITTÉRAIRE: réticent, secret. CONTR. *bavard, cancanier, jaseur, rapporteur.*

discrètement *adverbe*

/ Avec discrétion. SYN. à la dérobée, en cachette, en catimini, en sourdine, en tapinois, furtivement, légèrement, officieusement, secrètement, sur la pointe des pieds – FAMILIER: en douce – LITTÉRAIRE: sourdement. CONTR. *à découvert, effrontément, officiellement, ostensiblement, ouvertement.*

/ Avec sobriété. SYN. décemment, légèrement, modérément, modestement, pudiquement, sagement, simplement, sobrement.

discrétion *nom féminin*

/ Aptitude à ne pas gêner autrui. SYN. bienséance, circonspection, décence, délicatesse, prudence, pudeur, réserve, retenue, savoir-vivre, tact – LITTÉRAIRE : effacement, sobriété. CONTR. *impudence, indiscrétion, sans-gêne* – FAMILIER : *toupet* – LITTÉRAIRE : *sans-façon.*

/ Sobriété de quelque chose. SYN. mesure, modération, modestie, sobriété. CONTR. *emphase, intempérance, ostentation, outrance* – FAMILIER : *tape-à-l'œil.*

/ Capacité à garder un secret. SYN. silence. CONTR. *bavardage, commérage, indiscrétion* – FAMILIER : *cancan.*

discrimination *nom féminin*

/ Fait de traiter de façon différente. SYN. différenciation, distance, distinction, ségrégation – LITTÉRAIRE : discernement. CONTR. *assimilation, confusion.*

discriminer *verbe*

/ Établir une différence. SYN. différencier, distinguer, séparer – LITTÉRAIRE : discerner. CONTR. *assimiler, confondre, fondre, mélanger, réunir, unir.*

disculper *verbe*

/ Prouver l'innocence de quelqu'un. SYN. acquitter, décharger, innocenter, justifier, laver, réhabiliter – FAMILIER : blanchir. CONTR. *accuser, charger, condamner, dénoncer, incriminer, inculper, poursuivre.*

discursif *adjectif*

/ Fondé sur le raisonnement. SYN. déductif, systématique. CONTR. *intuitif.*

discussion *nom féminin*

/ Échange de propos. SYN. débat, délibération, dialogue, palabre – VIEUX : dispute. CONTR. *monologue, soliloque.*

/ Échange d'opinions contraires. SYN. altercation, contestation, controverse, démêlé, différend, passe d'armes, polémique, querelle – FAMILIER : chamaille, chamaillerie, dispute, scène. CONTR. *accord, entente.*

discutable *adjectif*

/ Qui peut être discuté. SYN. attaquable, contestable, critiquable, douteux, hypothétique, incertain, niable, récusable, réfutable. CONTR. *authentique, certain, concluant, décisif, éclatant, évident, flagrant, inattaquable, incontestable, indiscutable, irrécusable, irréfutable, péremptoire, réel, tangible* – LITTÉRAIRE : *irréfragable.*

discutailler *verbe*

/ FAMILIER. Discuter sans fin. SYN. discourir, disserter, épiloguer, palabrer, parler – FAMILIER : discuter le bout de gras, discuter le coup, disputailler, jacasser, laïusser, papoter, parlementer, tchatcher.

discutaillerie *nom féminin*

/ FAMILIER. Action de discutailler. SYN. bavardage, palabre – FAMILIER : chamaille, chamaillerie.

discutailleur *adjectif*

/ FAMILIER. Qui se plaît à discutailler. SYN. discuteur, ergoteur, procédurier, querelleur, raisonneur – FAMILIER : disputailleur, pinailleur – LITTÉRAIRE : vétilleux – VIEUX : chicaneur, chicanier.

discutailleur *nom*

/ FAMILIER. Personne qui discutaille. SYN. discuteur, ergoteur, polémiste, procédurier, raisonneur – FAMILIER : disputailleur, pinailleur – LITTÉRAIRE : argumentateur – VIEUX : chicaneur, chicanier.

discuter *verbe transitif*

/ Examiner une question. SYN. agiter, débattre, délibérer de, parler, traiter.

/ Mettre en question quelque chose. SYN. chicaner, contester, critiquer, ergoter, grogner, récuser – FAMILIER : chinoiser – LITTÉRAIRE : controverser, fronder, répudier. CONTR. *admettre, obéir, obtempérer, suivre.*

discuter *verbe transitif indirect*

/ Parler avec quelqu'un. SYN. causer, conférer, dialoguer, palabrer, parler – FAMILIER : faire la causette, faire un brin de causette, papoter, tailler une bavette – LITTÉRAIRE : deviser, s'entretenir. CONTR. *monologuer, soliloquer.*

/ Parler pour obtenir quelque chose. SYN. négocier, parlementer, s'expliquer, transiger.

discuteur *nom*

/ Personne qui aime la discussion. SYN. ergoteur, raisonneur – FAMILIER : discutailleur, disputailleur – LITTÉRAIRE : argumentateur – VIEUX : chicaneur, chicanier.

disert *adjectif*

/ LITTÉRAIRE. Qui s'exprime facilement. SYN. causeur, loquace, prolixe, volubile –FAMILIER: causant.

disette *nom féminin*

/ Pénurie de vivres. SYN. faim, famine. CONTR. *approvisionnement.*

/ LITTÉRAIRE. Manque de quelque chose. SYN. absence, carence, défaut, dénuement, pauvreté, pénurie, privation. CONTR. *abondance, luxe, pléthore, profusion, surabondance.*

disetteux *nom*

/ VIEUX. Personne très démunie. SYN. indigent, miséreux, nécessiteux, pauvre –LITTÉRAIRE: gueux, misérable. CONTR. *nanti, riche.*

disgrâce *nom féminin*

/ LITTÉRAIRE. Perte de l'estime dont on jouissait. SYN. déconsidération, défaveur, discrédit, malheur –LITTÉRAIRE: infortune, mésestime –VIEUX: décri. CONTR. *grâce, vogue* –LITTÉRAIRE: *crédit, faveur.*

/ Défaut de charme. SYN. difformité, gaucherie, infirmité, laideur, lourdeur, rudesse. CONTR. *beauté, charme.*

disgracié *adjectif*

/ Privé de beauté. SYN. contrefait, déformé, difforme, disgracieux, disproportionné, infirme, laid. CONTR. *avenant, beau, esthétique, gracieux, harmonieux, joli, plaisant, ravissant.*

disgracier *verbe*

/ LITTÉRAIRE. Retirer une faveur. SYN. destituer, discréditer.

disgracieux *adjectif*

/ Dépourvu de grâce. SYN. difforme, disgracié, inélégant, informe, ingrat, laid, vilain. CONTR. *agréable, avenant, beau, bien bâti, bien découplé, bien proportionné, charmant, élégant, esthétique, gracieux, joli, plaisant, ravissant* –POPULAIRE: *bien balancé.*

/ LITTÉRAIRE. Qui manque de courtoisie. SYN. déplaisant, désagréable, discourtois, rébarbatif, renfrogné, revêche, rogue –LITTÉRAIRE: rêche. CONTR. *affable, aimable, courtois, gentil, poli* –LITTÉRAIRE: *amène.*

disjoindre *verbe*

/ Séparer des éléments joints. SYN. déboîter, désassembler, désassortir, désunir, détacher, disloquer, écarter, scinder, séparer. CONTR. *adapter, adjoindre, agréger, amalgamer, assembler, emboîter, joindre, juxtaposer, raccorder, réunir, sceller, serrer, souder.*

/ Distinguer des éléments. SYN. désolidariser, dissocier, isoler. CONTR. *accoler, ajouter, allier, associer, combiner, conjuguer, fondre, fusionner, lier, marier, unir.*

disjoint *adjectif*

/ Qui n'est plus joint. SYN. distinct, séparé. CONTR. *conjoint, uni.*

disjonction *nom féminin*

/ Action de disjoindre, de se disjoindre. SYN. déboîtement, désarticulation, désunion, dislocation, dissociation, écartement, séparation. CONTR. *assemblage, association, conjonction, emboîtement, jonction, réunion, union.*

dislocation *nom féminin*

/ Action de se disloquer. SYN. déboîtement, désarticulation, désunion, disjonction. CONTR. *assemblage, montage, remboîtage, remboîtement.*

/ Séparation des parties d'un tout. SYN. démantèlement, désintégration, dispersion. CONTR. *constitution, formation, union.*

disloquer *verbe*

/ Disjoindre de façon violente. SYN. démolir, désassembler –FAMILIER: déglinguer, démantibuler. CONTR. *assembler, emboîter, joindre, monter.*

/ Rompre une unité. SYN. démanteler, démembrer, désagréger, désunir, disperser, morceler. CONTR. *constituer, former, unir.*

/ Faire sortir de son logement. SYN. déboîter, démettre, désarticuler, luxer. CONTR. *articuler, remboîter, remettre.*

disparaître *verbe*

/ Ne plus être perceptible. SYN. partir en fumée, passer, se dissiper, se perdre, se volatiliser, s'effacer, s'effilocher, s'estomper, s'évanouir, s'évaporer, tomber –LITTÉRAIRE: se dissoudre. CONTR. *apparaître, foisonner, jaillir, paraître, s'accuser, se montrer, surgir* –FAMILIER: *fleurir* –LITTÉRAIRE: *éclore, poindre, sourdre.*

/ Ne plus se trouver quelque part. SYN. déguerpir, se dérober, se sauver, s'éloigner, s'en al-

ler, s'esquiver –FAMILIER: décamper, filer, s'éclipser –POPULAIRE: décaniller. CONTR. *arriver, paraître, réapparaître, rester.*
/ Cesser d'être. SYN. crouler, mourir, s'éteindre, succomber –FAMILIER: y rester –LITTÉRAIRE: expirer, périr, trépasser. CONTR. *durer, persister, subsister.*

disparate *adjectif*
/ Composé d'éléments divers. SYN. composite, dépareillé, discordant, dissemblable, hétéroclite, hétérogène, hybride, incohérent, mélangé, varié. CONTR. *analogue, harmonieux, homogène, pareil, semblable, similaire, uniforme.*

disparate *nom masculin ou féminin*
/ LITTÉRAIRE. Manque d'harmonie. SYN. contraste, désaccord, disparité, opposition –LITTÉRAIRE: dissonance. CONTR. *accord, concordance, harmonie, similitude.*

disparité *nom féminin*
/ Manque de concordance. SYN. altérité, contraste, déséquilibre, différence, discordance, disproportion, dissemblance, dissimilitude, divergence, hétérogénéité, inégalité, opposition, variété –LITTÉRAIRE: disparate, dissonance. CONTR. *accord, concordance, conformité, égalité, harmonie, homogénéité, identité, parité, similitude.*

disparition *nom féminin*
/ Action de s'effacer. SYN. dissipation, éclipse, effacement, évanouissement, occultation. CONTR. *apparition, déclenchement, naissance.*
/ Action de disparaître. SYN. évasion, fugue, fuite, volatilisation.
/ Mort de quelqu'un. SYN. décès, extinction, fin, mort, perte –LITTÉRAIRE: trépas.

disparu *nom*
/ Personne considérée comme morte. SYN. décédé, défunt, mort –LITTÉRAIRE: trépassé.

dispendieux *adjectif*
/ LITTÉRAIRE. Qui nécessite de grands frais. SYN. cher, coûteux, exorbitant, inabordable, onéreux, prohibitif, ruineux. CONTR. *économique, gratuit.*

dispensateur *nom*
/ Personne qui dispense des biens. SYN. distributeur –LITTÉRAIRE: répartiteur.

dispense *nom féminin*
/ Autorisation donnée à quelqu'un. SYN. excuse, exemption, exonération, permission. CONTR. *obligation.*

dispensé *adjectif*
/ Autorisé à ne pas faire. SYN. dégagé, exempt, exempté, quitte.

dispenser *verbe*
/ Donner quelque chose à quelqu'un. SYN. distribuer, partager, prodiguer, répartir –LITTÉRAIRE: répandre.
/ Exempter quelqu'un de quelque chose. SYN. décharger, dégager, dégrever, délivrer, épargner, éviter, exempter, libérer, soustraire. CONTR. *assujettir, charger, contraindre, exiger, forcer, imposer, obliger, soumettre* –LITTÉRAIRE: *astreindre.*

dispenser (se) *verbe pronominal*
/ Se soustraire à une contrainte. SYN. échapper à, éviter, s'abstenir de, se passer de, se soustraire –FAMILIER: couper à. CONTR. *s'astreindre à, se forcer, s'engager à, s'obliger à.*

dispersé *adjectif*
/ Répandu au hasard. SYN. épars. CONTR. *compact, dense, pressé, serré.*

dispersement *nom masculin*
/ Action de disperser. SYN. dispersion, éparpillement.

disperser *verbe*
/ Répandre en fragmentant. SYN. chasser, disséminer, dissiper, éparpiller, répandre, semer. CONTR. *accumuler, agglomérer, agglutiner, amasser, amonceler, entasser, ramasser, serrer.*
/ Séparer les éléments d'un ensemble. SYN. disloquer, diviser, fragmenter, morceler, répartir. CONTR. *ameuter, attrouper, canaliser, concentrer, grouper, masser, rallier, rassembler, reformer, réunir* –LITTÉRAIRE: *assembler.*

disperser (se) *verbe pronominal*
/ S'en aller de tous côtés. SYN. se débander, s'égailler, s'égrener, s'éparpiller. CONTR. *s'agglomérer, s'agglutiner, s'amasser, s'amonceler, s'assembler, s'attrouper, se grouper, se rassembler, se réunir, s'entasser.*
/ S'adonner à trop d'activités. SYN. papillonner, se dissiper, s'éparpiller. CONTR. *se concentrer.*

dispersion *nom féminin*

/ Fait d'être éparpillé. SYN. débandade, déroute, dislocation, dissémination, dissémination, dissipation, émiettement, séparation. CONTR. *accumulation, agglomération, agglutination, association, centralisation, formation, groupement, ralliement, regroupement, réunion.*

/ Manque de concentration. SYN. dispersement, dissipation, éparpillement, turbulence. CONTR. *concentration, sérieux.*

disponibilités *nom féminin pluriel*

/ Fonds disponibles. SYN. économies, réserves.

disponible *adjectif*

/ Dont on peut disposer. SYN. inoccupé, libre, prêt, vacant, vide. CONTR. *indisponible, occupé.*

/ Qui est libre pour une activité. SYN. libre. CONTR. *accablé, débordé, écrasé, pris.*

/ Qui est accueillant. SYN. ouvert. CONTR. *absorbé, accaparé, engagé, sourd.*

dispos *adjectif*

/ En bonne santé. SYN. allègre, dynamique, frais, ingambe, léger, reposé, sain, valide, vert, vigoureux –VIEUX: gaillard. CONTR. *brisé, épuisé, fatigué, fourbu, indisposé, las, malade, mal-en-point, recru, rendu, rompu* –FAMILIER: *achevé, claqué, éreinté, esquinté, flagada, flapi, lessivé, mort, moulu, patraque, raplapla, tué, vanné, vidé* –POPULAIRE: *crevé.*

disposé *adjectif*

/ Qui est susceptible de. SYN. en humeur de, enclin, porté.

disposer *verbe transitif*

/ Placer d'une certaine manière. SYN. agencer, aménager, apprêter, arranger, dresser, installer, ordonner, organiser, orienter, ranger, répartir. CONTR. *bouleverser, brouiller, culbuter, déclasser, déplacer, déranger, renverser.*

disposer *verbe transitif indirect*

/ Avoir à sa disposition. SYN. avoir, bénéficier, employer, jouir de, manier, posséder, se servir de, user de, utiliser.

disposer (se) *verbe pronominal*

/ Se préparer à quelque chose. SYN. envisager de, s'apprêter à, se préparer à, songer à.

dispositif *nom masculin*

/ Pièces qui forment un mécanisme. SYN. appareil, machine –FAMILIER: mécanique.

/ Ensemble de mesures. SYN. agencement, combinaison.

disposition *nom féminin*

/ Manière de disposer les choses. SYN. agencement, arrangement, classement, distribution, ordre, placement, position, rangement, structure. CONTR. *déclassement, dérangement, désordre, désorganisation.*

/ Aptitude pour quelque chose. SYN. capacité, don, facilité, faculté, inclination, penchant, prédisposition, propension, talent, tendance, vocation.

/ Point envisagé par une loi. SYN. arrangement, condition, convention, mesure, modalité, précaution, prescription, résolution.

disproportion *nom féminin*

/ Défaut de proportion. SYN. désaccord, déséquilibre, différence, discordance, disparité, distance, inégalité. CONTR. *accord, analogie, conformité, égalité, équilibre, harmonie, identité, proportion, similitude* –LITTÉRAIRE: *convenance.*

disproportionné *adjectif*

/ Qui n'est pas proportionné à. SYN. différent, discordant, inégal. CONTR. *analogue, conforme, identique, pareil, proportionné, semblable, similaire.*

/ Qui est démesuré. SYN. difforme, monstrueux, tordu. CONTR. *bien bâti, bien découplé, bien proportionné, naturel, normal, proportionné* –POPULAIRE: *bien balancé.*

disputailler *verbe*

/ FAMILIER. Discuter sur des futilités. SYN. chicaner, discourir, disserter, épiloguer, ergoter, palabrer, parler, pérorer –FAMILIER: chinoiser, discutailler, discuter le bout de gras, discuter le coup, jacasser, laïusser, parlementer, tchatcher.

disputailleur *nom*

/ FAMILIER. Personne qui se plaît à disputailler. SYN. discuteur, ergoteur, procédurier –FAMILIER: discutailleur, pinailleur –LITTÉRAIRE: argumentateur –VIEUX: chicaneur, chicanier.

dispute *nom féminin*

/ Discussion vive. SYN. algarade, altercation, contestation, controverse, démêlé, désaccord, différend, discussion, duel, escarmouche, explication, heurt, polémique, prise de bec, querelle, scène –FAMILIER: accrochage, bagarre, empoignade, grabuge –LITTÉRAIRE: chicane –POPULAIRE: engueulade. CONTR. *accord, arrangement, concorde, entente, harmonie, paix, réconciliation* –FAMILIER: *raccommodement.*

disputer *verbe transitif*

/ Participer à une lutte. SYN. batailler, briguer, se battre –LITTÉRAIRE: jouter.

/ FAMILIER. Réprimander quelqu'un. SYN. chapitrer, corriger, gronder, morigéner, reprendre, réprimander, sermonner –FAMILIER: attraper, enguirlander –LITTÉRAIRE: admonester, quereller, semoncer, tancer –POPULAIRE: engueuler.

disputer *verbe transitif indirect*

/ LITTÉRAIRE. Discuter de quelque chose. SYN. débattre, examiner, philosopher –LITTÉRAIRE: controverser, raisonner.

disputer (se) *verbe pronominal*

/ Avoir une dispute avec. SYN. se brouiller, se fâcher avec, se quereller –FAMILIER: se bagarrer, se chamailler, se chicaner –POPULAIRE: s'engueuler. CONTR. *fraterniser, s'arranger, s'entendre.*

disqualifier *verbe*

/ Rendre indigne de ses fonctions. SYN. déshonorer, discréditer, perdre. CONTR. *qualifier.*

disque *nom masculin*

/ Objet plat et circulaire. SYN. auréole, cercle, rond.

/ FAMILIER. Chose qu'on répète souvent. SYN. chanson, leitmotiv, rengaine, scie –FAMILIER: couplet, refrain, ritournelle –LITTÉRAIRE: antienne.

dissemblable *adjectif*

/ Qui n'est pas semblable. SYN. autre, différent, disparate, distinct, divers, étranger, hétérogène, inégal, opposé, varié. CONTR. *analogue, assimilable, comparable, conforme, correspondant, égal, identique, même, pareil, proche, semblable, similaire, uniforme, voisin.*

dissemblance *nom féminin*

/ Manque de ressemblance. SYN. altérité, contraste, différence, discordance, disparité, dissimilitude, divergence, hétérogénéité, opposition, variété. CONTR. *analogie, conformité, homogénéité, identité, parenté, ressemblance, similarité, similitude, uniformité.*

dissémination *nom féminin*

/ Action de disséminer. SYN. dispersion, éparpillement. CONTR. *accumulation, agglomération, agglutination, amoncellement, groupement, rassemblement, regroupement.*

disséminé *adjectif*

/ Répandu çà et là. SYN. clairsemé, épars. CONTR. *dense, massif, serré.*

disséminement *nom masculin*

/ État de ce qui est disséminé. SYN. dispersion, éparpillement. CONTR. *amas, groupement, regroupement.*

disséminer *verbe*

/ Répandre çà et là. SYN. disperser, éparpiller, étaler, joncher, parsemer, propager, répartir, semer. CONTR. *accumuler, agglomérer, agglutiner, amasser, amonceler, associer, concentrer, conglomérer, entasser, grouper, ramasser, rassembler, regrouper, réunir, serrer* –LITTÉRAIRE: *assembler.*

disséminer (se) *verbe pronominal*

/ Se répandre çà et là. SYN. se débander, s'égailler, s'éparpiller –LITTÉRAIRE: essaimer. CONTR. *s'agglomérer, s'agglutiner, s'amasser, s'amonceler, s'attrouper, se grouper, se masser, se rassembler, s'entasser.*

dissension *nom féminin*

/ Opposition violente. SYN. conflit, démêlé, désaccord, désunion, différend, divergence, divorce, malentendu, mésentente, querelle, tension, trouble, zizanie –FAMILIER: fâcherie –LITTÉRAIRE: discorde, dissentiment, mésintelligence. CONTR. *accord, coalition, communion, concorde, entente, harmonie, paix, union, unité.*

dissentiment *nom masculin*

/ LITTÉRAIRE. Désaccord dans les avis. SYN. conflit, désaccord, désunion, discordance, dissension, division, malentendu, mésentente, opposition, trouble –FAMILIER: fâcherie –LIT-

TÉRAIRE: discorde, mésintelligence. CONTR. *accord, communion, concorde, harmonie, union, unisson* –LITTÉRAIRE: *concert.*

disséquer *verbe*

/ Ouvrir un corps. SYN. démonter, dépecer, désosser.

/ Analyser quelque chose. SYN. analyser, décomposer, éplucher, examiner –FAMILIER: désosser –LITTÉRAIRE: dépecer. CONTR. *effleurer, survoler.*

dissertation *nom féminin*

/ Développement long et ennuyeux. SYN. bavardage, discours, palabre –FAMILIER: laïus, tartine.

disserter *verbe*

/ Parler longuement de quelque chose. SYN. causer, converser, discourir, palabrer, parler, pérorer, philosopher –FAMILIER: discutailler, disputailler, laïusser, parlementer, pontifier. CONTR. *se taire.*

dissidence *nom féminin*

/ Fait de rejeter une autorité. SYN. divergence, division, faction, hétérodoxie, insurrection, rébellion, révolte, scission, sécession, sédition, séparation –LITTÉRAIRE: schisme. CONTR. *conformisme, orthodoxie.*

dissident *adjectif et nom*

/ Qui cesse d'adhérer à une idéologie. SYN. déviationniste, hérétique, hétérodoxe, non conformiste, non-conformiste, schismatique, scissionniste. CONTR. *conformiste, orthodoxe.*

/ Qui se sépare d'un groupe. SYN. autonomiste, contestataire, rebelle, révolté, sécessionniste, séparatiste. CONTR. *fidèle, soumis.*

dissimilitude *nom féminin*

/ Manque de similitude. SYN. altérité, contraste, différence, discordance, disparité, dissemblance, divergence, hétérogénéité, opposition. CONTR. *parenté, ressemblance, similitude.*

dissimulateur *adjectif*

/ Qui dissimule ses intentions. SYN. fourbe, hypocrite, perfide, sournois. CONTR. *direct, franc, loyal, sincère.*

dissimulation *nom féminin*

/ Action de cacher ses intentions. SYN. camouflage, déguisement, duplicité, fourberie, hypocrisie, machiavélisme, mystère –FAMILIER: cachotterie, roublardise –LITTÉRAIRE: feinte, sournoiserie, tartuferie, tartufferie –VIEUX: jésuitisme. CONTR. *candeur, dévoilement, droiture, franchise, loyauté, simplicité, sincérité* –LITTÉRAIRE: *véracité.*

dissimulé *adjectif*

/ Qui manifeste de l'hypocrisie. SYN. chafouin, faux, fourbe, fuyant, hypocrite, machiavélique, perfide, sournois –FAMILIER: cachottier –LITTÉRAIRE: réticent, secret. CONTR. *candide, direct, franc, loyal, ouvert, sincère* –LITTÉRAIRE: *vrai.*

/ Qui est caché. SYN. clandestin, dérobé, masqué, voilé. CONTR. *avoué, connu, étalé, évident, exhibé, manifeste, montré, offert, public.*

dissimuler *verbe*

/ Soustraire aux regards. SYN. cacher, camoufler, couvrir, enfouir, escamoter, masquer, recouvrir –LITTÉRAIRE: dérober, voiler –POPULAIRE: planquer. CONTR. *arborer, découvrir, démasquer, étaler, exhiber, montrer, offrir.*

/ Ne pas laisser paraître un sentiment. SYN. cacher, déguiser, estomper, maquiller, masquer, rentrer –LITTÉRAIRE: farder, renfoncer. CONTR. *accentuer, accuser, afficher, découvrir, démasquer, exposer, manifester, révéler.*

/ Tenir secret. SYN. occulter, refouler, taire –LITTÉRAIRE: celer, ensevelir. CONTR. *affirmer, annoncer, apprendre, avertir, avouer, colporter, communiquer, confesser, confier, déclarer, dévoiler, divulguer, ébruiter, exprimer, faire part de, publier, reconnaître, révéler* –LITTÉRAIRE: *déceler.*

dissimuler (se) *verbe pronominal*

/ Se soustraire aux regards. SYN. se cacher, se camoufler, se tapir, s'évanouir –POPULAIRE: se planquer. CONTR. *apparaître, éclater.*

dissipateur *adjectif*

/ LITTÉRAIRE. Qui dépense beaucoup. SYN. dépensier, dilapidateur, gaspilleur, prodigue. CONTR. *avare, économe, parcimonieux, regardant, thésauriseur* –FAMILIER: *chiche, chien, pingre, radin, rapiat, rat* –LITTÉRAIRE: *avaricieux, cupide, ladre, lésineur, rapace.*

dissipateur *nom*

/ LITTÉRAIRE. Personne qui dissipe son bien. SYN. dépensier, dilapidateur, gaspilleur –FAMILIER: panier percé. CONTR. *avare, thésauriseur* –FAMILIER: *grigou, grippe-sou, pingre, radin, rapiat, rat* –LITTÉRAIRE: *harpagon, ladre.*

dissipation *nom féminin*

/ Action de disparaître. SYN. disparition, dispersion, levée.

/ LITTÉRAIRE. Action de dépenser follement. SYN. dilapidation, gaspillage. CONTR. *économie, épargne, parcimonie.*

/ Manque d'attention. SYN. dispersion, distraction, inattention, indiscipline, indocilité, turbulence –LITTÉRAIRE: inapplication. CONTR. *application, attention, concentration, discipline, sérieux.*

/ LITTÉRAIRE. Vie de désordre. SYN. débauche, libertinage –LITTÉRAIRE: licence, stupre. CONTR. *discipline, sagesse, sérieux.*

dissipé *adjectif*

/ Qui manque d'attention. SYN. agité, désobéissant, distrait, inappliqué, inattentif, indiscipliné, indocile, turbulent. CONTR. *appliqué, attentif, discipliné.*

dissiper *verbe*

/ Faire disparaître. SYN. chasser, disperser, éparpiller. CONTR. *rassembler.*

/ LITTÉRAIRE. Faire cesser. SYN. écarter, éliminer, éloigner, repousser.

/ LITTÉRAIRE. Dépenser inconsidérément. SYN. absorber, croquer, dévorer, dilapider, engloutir, engouffrer, gaspiller, manger –FAMILIER: claquer, nettoyer –POPULAIRE: boulotter. CONTR. *amasser, conserver, économiser, épargner, garder, ménager.*

dissiper (se) *verbe pronominal*

/ Être turbulent. SYN. s'agiter, se disperser. CONTR. *s'absorber, s'appliquer, s'assagir, se concentrer.*

/ Disparaître progressivement. SYN. mourir, partir en fumée, passer, se volatiliser, s'éteindre, s'évanouir, s'évaporer –LITTÉRAIRE: expirer, s'enfuir. CONTR. *apparaître, durer, rester.*

dissociable *adjectif*

/ Qui peut être dissocié. SYN. isolable, séparable. CONTR. *indissociable.*

dissociation *nom féminin*

/ Action de dissocier. SYN. décomposition, désunion, discordance, disjonction, distinction, séparation. CONTR. *agglomération, agglutination, association, conjonction.*

dissocié *adjectif*

/ Qui est disjoint. SYN. indépendant, séparé. CONTR. *accolé, conjoint, subordonné, uni.*

dissocier *verbe*

/ Séparer des personnes. SYN. désunir, diviser, isoler, opposer. CONTR. *agglutiner, grouper, mélanger, rapprocher, réunir, unir* –FAMILIER: *raccommoder.*

/ Distinguer des éléments liés. SYN. décomposer, désagréger, désassortir, désolidariser, disjoindre, isoler. CONTR. *accoler, agréger, allier, amalgamer, associer, cimenter, combiner, composer, conglomérer, conjuguer, englober, fondre, grouper, mêler.*

dissocier (se) *verbe pronominal*

/ Ne plus être lié. SYN. se désolidariser, se désunir, se séparer. CONTR. *fusionner, s'associer, se grouper.*

dissolu *adjectif*

/ LITTÉRAIRE. Dont les mœurs sont relâchées. SYN. débauché, dépravé, déréglé, dévergondé, dévoyé, immoral, libertin –LITTÉRAIRE: corrompu, crapuleux, orgiaque. CONTR. *ascétique, austère, chaste, honnête, pur, puritain, rangé, réglé, rigide, rigoriste, sage, sévère* –FAMILIER: *bégueule* –LITTÉRAIRE: *vertueux.*

dissolution *nom féminin*

/ Fait de se désagréger. SYN. débâcle, déroute, désagrégation, éclatement, écroulement, effondrement. CONTR. *agglomération, agglutination.*

/ LITTÉRAIRE. Dépravation des mœurs. SYN. débauche, dérèglement –LITTÉRAIRE: corruption, impudicité, stupre. CONTR. *austérité, pureté.*

/ Action de dissoudre. SYN. abolition, abrogation, annulation, extinction, résiliation, résolution, révocation, suppression. CONTR. *confirmation, consécration, conservation, consolidation, maintien, ratification, validation.*

dissolvant *adjectif*

/ LITTÉRAIRE. Qui attaque les valeurs. SYN. démoralisant, destructeur, malsain, nocif, subversif. CONTR. *constructif.*

/ LITTÉRAIRE. Qui affaiblit. SYN. amollissant, anémiant, débilitant, déprimant. CONTR. *réconfortant, stimulant, tonique, vivifiant.*

dissonance *nom féminin*

/ Manque d'harmonie sonore. SYN. cacophonie, disharmonie. CONTR. *consonance, euphonie, harmonie, mélodie.*

/ LITTÉRAIRE. Manque d'accord. SYN. antagonisme, conflit, contradiction, contraste, décalage, désaccord, discordance, disparité, divergence, heurt – LITTÉRAIRE: disparate. CONTR. *accord, concorde, entente, union, unisson, unité* – LITTÉRAIRE: *concert, symphonie.*

dissonant *adjectif*

/ Désagréable à entendre. SYN. cacophonique, discordant, grinçant. CONTR. *consonant, harmonieux, mélodieux.*

/ LITTÉRAIRE. Qui manque d'harmonie. SYN. criard, incompatible, incongru. CONTR. *adéquat, approprié, concordant, convenable, harmonieux.*

dissoudre *verbe*

/ Opérer la dissolution d'un corps. SYN. délayer, diluer, liquéfier.

/ Mettre fin à quelque chose. SYN. abolir, abroger, anéantir, annihiler, annuler, casser, désagréger, détruire, rescinder, résilier, révoquer, rompre, supprimer. CONTR. *confirmer, consacrer, consolider, constituer, maintenir, ratifier, réunir, valider.*

dissoudre (se) *verbe pronominal*

/ Perdre sa consistance. SYN. disparaître, éclater, fondre, se désagréger, se rompre. CONTR. *cristalliser.*

dissuader *verbe*

/ Faire renoncer quelqu'un. SYN. déconseiller, décourager, détourner. CONTR. *conseiller, convaincre, encourager, engager, inciter, persuader, pousser, recommander.*

dissuasion *nom féminin*

/ Action de dissuader quelqu'un. SYN. intimidation. CONTR. *persuasion.*

dissymétrie *nom féminin*

/ Absence de symétrie. SYN. asymétrie, discordance. CONTR. *harmonie, régularité, symétrie.*

dissymétrique *adjectif*

/ Sans symétrie. SYN. asymétrique, irrégulier. CONTR. *régulier, symétrique.*

distance *nom féminin*

/ Intervalle qui sépare deux points. SYN. écartement, espacement, étendue, interstice. CONTR. *contact, contiguïté.*

/ Espace à parcourir dans une course. SYN. parcours, trajet.

/ Écart entre deux choses, deux personnes. SYN. décalage, différence, discrimination, disproportion, distinction, éloignement, fossé, marge. CONTR. *égalité, familiarité, proximité.*

distancer *verbe*

/ Devancer quelqu'un. SYN. dépasser, doubler, passer – FAMILIER: gratter, semer. CONTR. *atteindre, rejoindre.*

distant *adjectif*

/ Qui est éloigné de. SYN. écarté, éloigné, lointain, séparé. CONTR. *adjacent, attenant, avoisinant, contigu, environnant, limitrophe, mitoyen, proche, rapproché, voisin* – LITTÉRAIRE: *jouxtant.*

/ Qui montre de la froideur. SYN. fier, froid, hautain, inaccessible, inapprochable, renfermé, réservé – LITTÉRAIRE: altier. CONTR. *abordable, accessible, accueillant, affable, aimable, avenant, cordial, engageant, familier.*

distendre *verbe*

/ Augmenter les dimensions de. SYN. allonger, ballonner, dilater, étirer, gonfler, tendre, tirer – LITTÉRAIRE: enfler. CONTR. *contracter, resserrer.*

distension *nom féminin*

/ Augmentation de surface, de volume. SYN. dilatation, élargissement, élongation, extension, gonflement, relâchement. CONTR. *compression, contraction.*

distinct *adjectif*

/ Qui se perçoit nettement. SYN. audible, clair, compréhensible, explicite, net, perceptible, précis, tranché, visible. CONTR. *ambigu, brouillé, complexe, confus, équivoque, flou, imperceptible, inapparent, inarticulé, indécis, indéfini, indistinct, invisible, obscur, vague* –LITTÉRAIRE: *nébuleux, opaque, sibyllin, ténébreux.*

/ Qui diffère d'autre chose. SYN. autre, différent, dissemblable, divers, étranger, indépendant, individuel, particulier, propre, séparé, spécial –LITTÉRAIRE: singulier. CONTR. *analogue, approchant, identique, même, pareil, ressemblant, semblable, similaire.*

distinctement *adverbe*

/ De façon distincte. SYN. clairement, nettement, séparément, visiblement. CONTR. *confusément, indistinctement, vaguement.*

distinctif *adjectif*

/ Qui permet de distinguer. SYN. caractéristique, particulier, spécifique, typique. CONTR. *commun.*

distinction *nom féminin*

/ Action de distinguer. SYN. démarcation, différence, différenciation, discrimination, dissociation, particularisation –LITTÉRAIRE: départ, discernement. CONTR. *assimilation, confusion, similitude.*

/ Marque d'honneur. SYN. décoration, honneur, récompense.

/ Élégance dans les manières. SYN. classe, courtoisie, délicatesse, éducation, noblesse, panache, politesse, prestance, tenue. CONTR. *goujaterie, grossièreté, laisser-aller, prosaïsme, vulgarité.*

/ Raffinement de quelque chose. SYN. chic, classe, délicatesse, élégance, goût –LITTÉRAIRE: majesté.

/ LITTÉRAIRE. Condition sociale élevée. SYN. éclat, prestige –LITTÉRAIRE: lustre.

distingué *adjectif*

/ Qui manifeste de la distinction. SYN. bien, chic, choisi, de bon goût, de bon ton, délicat, élégant, noble, raffiné, sophistiqué –FAMILIER: sélect –LITTÉRAIRE: policé, relevé. CONTR. *canaille, commun, fruste, grossier, inconvenant, inélégant, prosaïque, rude, vulgaire* –LITTÉRAIRE: *roturier.*

/ LITTÉRAIRE. Qui est hors du commun. SYN. brillant, émérite, éminent, extraordinaire, grand, illustre, insigne, marquant, remarquable, supérieur. CONTR. *banal, médiocre, minable, modeste, ordinaire, piètre, pitoyable, quelconque.*

distinguer *verbe*

/ Percevoir par les sens ou par l'esprit. SYN. apercevoir, aviser, découvrir, discerner, reconnaître, remarquer, saisir, voir.

/ Différencier une chose d'une autre. SYN. démêler, discriminer, isoler, séparer –LITTÉRAIRE: discerner. CONTR. *allier, assimiler, confondre, identifier, mélanger, mêler.*

/ Constituer l'élément distinctif. SYN. caractériser, individualiser, particulariser, singulariser. CONTR. *englober.*

distinguer (se) *verbe pronominal*

/ Avoir telles caractéristiques. SYN. différer, se caractériser, se démarquer, se différencier, se particulariser, se singulariser. CONTR. *s'assimiler, se rapprocher.*

/ S'élever au-dessus des autres. SYN. émerger, exceller, percer, se faire remarquer, se signaler, s'illustrer, triompher. CONTR. *ne rien valoir* –FAMILIER: *ne pas valoir tripette, ne pas valoir un clou, ne rien casser* –POPULAIRE: *ne pas casser des briques.*

/ Avoir une élégance particulière. SYN. avoir de la classe, avoir de l'allure, porter beau –FAMILIER: avoir de la branche, avoir de la gueule, avoir du chien.

/ Être perçu. SYN. se dessiner, se détacher.

distraction *nom féminin*

/ Manque d'attention. SYN. absence, dissipation, diversion, étourderie, inadvertance, inattention, négligence –LITTÉRAIRE: inapplication. CONTR. *application, attention, concentration, tension, vigilance* –LITTÉRAIRE: *contention.*

/ Ce qui divertit. SYN. amusement, délassement, divertissement, évasion, jeu, passe-temps, plaisir, récréation –FAMILIER: amusette –LITTÉRAIRE: égaiement.

distraire *verbe*

/ LITTÉRAIRE. Ôter une partie d'un tout. SYN. détourner, piller, prélever, retrancher, soustraire.

/ Divertir quelqu'un. SYN. amuser, délasser, dérider, désennuyer, égayer, occuper –LITTÉRAIRE: récréer. CONTR. *assommer, attrister, dégoûter, ennuyer, lasser* –FAMILIER: *barber, bassiner, embêter, enquiquiner, raser* – LITTÉRAIRE: *importuner, rembrunir* – POPULAIRE: *emmerder.*

distraire (se) *verbe pronominal*

/ Occuper agréablement son temps. SYN. prendre du bon temps, s'amuser, se délasser, se détendre, se divertir – LITTÉRAIRE: se récréer, s'ébaudir, s'égayer, s'esbaudir. CONTR. *s'ennuyer* – FAMILIER: *se raser, s'embêter* – POPULAIRE: *s'emmerder.*

distrait *adjectif*

/ Qui est peu attentif. SYN. absent, dans la lune, dans les nuages, étourdi, inappliqué, inattentif, lointain, négligent, rêveur, tête en l'air. CONTR. *appliqué, attentif, concentré, grave, posé, réfléchi, sérieux, studieux, vigilant, zélé.*

distraitement *adverbe*

/ D'une façon distraite. SYN. étourdiment, négligemment. CONTR. *attentivement.*

distrayant *adjectif*

/ Propre à distraire. SYN. amusant, délassant, divertissant, récréatif – FAMILIER: folichon. CONTR. *assujettissant, ennuyeux, fastidieux, fatigant, rébarbatif, rebutant* – FAMILIER: *assommant, barbant, casse-pieds, embêtant, empoisonnant, enquiquinant, rasoir* – POPULAIRE: *emmerdant, suant.*

distribuer *verbe*

/ Attribuer quelque chose à quelqu'un. SYN. allouer, décerner, dispenser, donner, octroyer, partager, prodiguer, répartir. CONTR. *accaparer, ramasser, rassembler, récolter, recueillir, réunir.*

/ Placer selon un certain ordre. SYN. agencer, classer, diviser, échelonner, ordonnancer, ordonner, ranger, répartir.

distribution *nom féminin*

/ Action de distribuer. SYN. attribution, diffusion, partage, remise, répartition.

/ Organisation selon un ordre. SYN. agencement, aménagement, arrangement, classification, disposition, division, ordonnance, placement, répartition, succession.

dit *adjectif*

/ Prétendu tel. SYN. présumé – LITTÉRAIRE: réputé.

dithyrambe *nom masculin*

/ LITTÉRAIRE. Louange enthousiaste. SYN. apologie, éloge, glorification, panégyrique, plaidoyer. CONTR. *diatribe, pamphlet, réquisitoire* – LITTÉRAIRE: *catilinaire, factum.*

dithyrambique *adjectif*

/ Très élogieux. SYN. élogieux, laudatif, louangeur. CONTR. *calomnieux, satirique.*

divagation *nom féminin*

/ Pensée, propos incohérents. SYN. délire, égarement, élucubration, extravagance, incohérence, invention, radotage, songerie – FAMILIER: démence – LITTÉRAIRE: rêverie.

divaguer *verbe*

/ Tenir des propos incohérents. SYN. affabuler, délirer, déraisonner, perdre la raison, perdre la tête, perdre la tramontane, radoter, rêver, s'égarer – FAMILIER: déménager, dérailler, perdre la boule, perdre la boussole, perdre le nord, perdre les pédales – LITTÉRAIRE: extravaguer, vagabonder, vaguer – POPULAIRE: débloquer.

divergence *nom féminin*

/ Différence entre des opinions. SYN. antagonisme, conflit, désaccord, différence, discordance, disparité, dissension, dissidence, dissimilitude, divorce, heurt, malentendu, opposition – LITTÉRAIRE: dissonance. CONTR. *accord, analogie, concordance, harmonie, unisson.*

divergent *adjectif*

/ Qui s'éloigne d'un point. CONTR. *concourant, convergent.*

/ Qui est en désaccord. SYN. antagoniste, autre, contraire, différent, discordant, opposé. CONTR. *analogue, identique, parallèle, semblable.*

diverger *verbe*

/ S'écarter de plus en plus. SYN. bifurquer, s'éloigner. CONTR. *coïncider, converger.*

/ Être en désaccord. SYN. différer, s'opposer. CONTR. *converger, fusionner, se confondre, se rapprocher, s'unir.*

divers *adjectif*

/ Qui varie. SYN. bigarré, changeant, composite, différent, dissemblable, distinct, diversifié, éclectique, hétéroclite, hétérogène, hybride, inégal, mouvant, multiforme, multiple, panaché, varié –LITTÉRAIRE: ondoyant. CONTR. *analogue, identique, même, pareil, semblable, similaire, uniforme, unique.*

divers *adjectif indéfini pluriel*
- Plusieurs. SYN. différents, multiples, quelques –LITTÉRAIRE: maints. CONTR. *un.*

diversement *adverbe*
- De plusieurs façons. SYN. inégalement. CONTR. *identiquement* –LITTÉRAIRE: *semblablement* –VIEUX: *mêmement.*

diversifier *verbe*
- Faire prendre des aspects divers. SYN. multiplier, nuancer, varier. CONTR. *unifier, uniformiser.*

diversion *nom féminin*
- Ce qui détourne l'attention. SYN. dérivatif, distraction, divertissement, exutoire, parade.

diversité *nom féminin*
- Caractère varié. SYN. bigarrure, foisonnement, hétérogénéité, multiplicité, pluralité, richesse, variété. CONTR. *homogénéité, monotonie, uniformité, unité.*

divertir *verbe*
- Procurer une distraction à quelqu'un. SYN. amuser, dérider, désennuyer, distraire, égayer, réjouir –LITTÉRAIRE: récréer. CONTR. *assombrir, attrister, dégoûter, ennuyer, lasser* –FAMILIER: *barber, bassiner, embêter, enquiquiner* –LITTÉRAIRE: *importuner, rembrunir* –POPULAIRE: *emmerder.*

divertir (se) *verbe pronominal*
- Occuper agréablement son temps. SYN. passer le temps, prendre du bon temps, s'amuser, se délasser, se distraire –LITTÉRAIRE: se récréer, s'ébaudir, s'égayer, s'esbaudir. CONTR. *s'ennuyer* –FAMILIER: *se raser, s'embêter, s'enquiquiner* –POPULAIRE: *s'emmerder.*

divertissant *adjectif*
- Propre à divertir. SYN. amusant, distrayant, égayant, gai, plaisant, récréatif, réjouissant –FAMILIER: folichon. CONTR. *affligeant, attristant, ennuyeux, fastidieux, insipide, pénible, rebutant, triste* –FAMILIER: *casse-pieds, embêtant, empoisonnant, enquiquinant, rasoir, tuant* –POPULAIRE: *emmerdant, suant.*

divertissement *nom masculin*
- Action de divertir, de se divertir. SYN. amusement, batifolage, plaisir –LITTÉRAIRE: égaiement.
- Moyen de se divertir. SYN. attraction, délassement, distraction, diversion, jeu, loisir, passe-temps, plaisir, récréation. CONTR. *devoir, ennui.*

divertissements *nom masculin pluriel*
- Ce qui divertit. SYN. festivités, gaietés, réjouissances.

divin *adjectif*
- Qui a rapport à la divinité. SYN. archangélique, surnaturel –LITTÉRAIRE: céleste. CONTR. *profane.*
- Qui a de grandes qualités. SYN. délicieux, enchanteur, exceptionnel, exquis, merveilleux, paradisiaque, parfait, sublime, suprême –LITTÉRAIRE: surnaturel.

divinateur *adjectif*
- Qui devine. SYN. clairvoyant, pénétrant, perspicace, sagace.

divination *nom féminin*
- Art de prédire l'avenir. SYN. magie, occultisme, prédiction, sorcellerie, voyance.
- Sorte de prévision instinctive. SYN. clairvoyance, flair, inspiration, intuition, prémonition, prescience, pressentiment.

divinatoire *adjectif*
- Relatif à la divination. SYN. augural, visionnaire, voyant.

divinement *adverbe*
- À la perfection. SYN. admirablement, magnifiquement, merveilleusement, parfaitement, splendidement, supérieurement, suprêmement –LITTÉRAIRE: excellemment, radieusement, sublimement. CONTR. *abominablement, affreusement, atrocement, épouvantablement, hideusement, horriblement, ignoblement, monstrueusement, odieusement.*

divinisation *nom féminin*
- Action de diviniser. SYN. apothéose, déification.

diviniser *verbe*
/ Attribuer un caractère sacré à. SYN. glorifier, idéaliser, sacraliser – LITTÉRAIRE : déifier, idolâtrer, magnifier, sanctifier.

divinité *nom féminin*
/ Être divin. SYN. déesse, déité, dieu.

divisé *adjectif*
/ Aux avis différents. SYN. désuni, partagé. CONTR. *commun, conjoint, unanime.*

diviser *verbe*
/ Séparer en plusieurs parties. SYN. classer, débiter, découper, démembrer, dépecer, disperser, dissocier, distribuer, fractionner, fragmenter, graduer, morceler, partager, répartir, scinder, sectionner, sérier, tronçonner. CONTR. *cimenter, conjuguer, grouper, lier, réunir, unir.*
/ Être une occasion de désaccord. SYN. brouiller, déchirer, désolidariser, désunir, dissocier, mettre la zizanie, opposer, partager, séparer – LITTÉRAIRE : semer la discorde. CONTR. *rassembler, réunir.*

diviser (se) *verbe pronominal*
/ Se séparer en plusieurs parties. SYN. se dédoubler, se partager, se ramifier, se scinder, se subdiviser.
/ Avoir des opinions différentes. SYN. être partagé, se heurter, s'opposer.

divisible *adjectif*
/ Qui peut être divisé. SYN. sécable. CONTR. *indissociable, indivisible, insécable, inséparable.*

division *nom féminin*
/ Action de séparer en parties. SYN. découpage, dédoublement, démembrement, distribution, fractionnement, fragmentation, morcellement, organisation, partage, ramification, répartition, scission, segmentation, séparation – LITTÉRAIRE : dépeçage, dépècement. CONTR. *association, composition, conjonction.*
/ Trait qui divise. SYN. échelle, graduation.
/ Partie d'un tout divisé. SYN. case, casier, cellule, compartiment, élément, morceau, part, section, série, tronçon.
/ Divergence de vues. SYN. désaccord, désunion, dissension, dissidence, divorce, heurt, opposition, tension, zizanie – LITTÉRAIRE : discorde, dissentiment. CONTR. *concorde, rapprochement, réunion, union.*

divorce *nom masculin*
/ Divergence profonde. SYN. conflit, désaccord, désunion, discordance, dissension, divergence, division, heurt, opposition, séparation. CONTR. *accord, entente, harmonie, union.*
/ Dissolution du mariage. SYN. rupture, séparation. CONTR. *alliance, mariage.*

divorcer *verbe*
/ Se séparer par le divorce. SYN. rompre, se séparer de. CONTR. *épouser, se marier.*

divulgateur *nom*
/ LITTÉRAIRE. Personne qui divulgue une chose. SYN. colporteur – LITTÉRAIRE : révélateur.

divulgation *nom féminin*
/ Action de divulguer quelque chose. SYN. dévoilement, ébruitement, publication, révélation.

divulguer *verbe*
/ Rendre publique une information. SYN. colporter, découvrir, dévoiler, ébruiter, éventer, livrer, propager, publier, répandre, révéler, trahir, véhiculer. CONTR. *cacher, dissimuler, étouffer, garder, occulter, taire* – LITTÉRAIRE : *celer.*

docile *adjectif*
/ Qui se laisse diriger. SYN. discipliné, facile, influençable, malléable, maniable, manœuvrable, obéissant, passif, perméable, respectueux, sage, soumis, souple. CONTR. *buté, désobéissant, difficile, dur, entêté, frondeur, impatient, indépendant, indiscipliné, indocile, indompté, insoumis, obstiné, opiniâtre, rebelle, récalcitrant, réfractaire, rétif, révolté, têtu, turbulent* – FAMILIER : *cabochard.*

docilement *adverbe*
/ Avec docilité. SYN. fidèlement, passivement, sagement – LITTÉRAIRE : servilement.

docilité *nom féminin*
/ Disposition à se laisser diriger. SYN. discipline, maniabilité, obéissance, sagesse, soumission, souplesse. CONTR. *contestation, désobéissance, indépendance, indocilité, insoumission, insubordination, rébellion, résistance.*

docte *adjectif*
/ LITTÉRAIRE. Qui a de solides connaissances. SYN. érudit, lettré, savant – LITTÉRAIRE : omniscient. CONTR. *ignare, ignorant* – VIEUX : *illettré.*

/ LITTÉRAIRE. Qui montre de la prétention. SYN. doctoral, infatué, magistral, pédant, prétentieux – LITTÉRAIRE : pédantesque.

doctoral *adjectif*

/ Qui prend une attitude supérieure. SYN. académique, dogmatique, pédant, professoral, sentencieux, suffisant, supérieur – FAMILIER : pontifiant – LITTÉRAIRE : docte, outrecuidant, pédantesque. CONTR. *humble, simple.*

doctrinaire *adjectif*

/ Intransigeant dans ses idées. SYN. autoritaire, catégorique, dogmatique, sectaire, sentencieux. CONTR. *large, libéral, tolérant.*

doctrine *nom féminin*

/ Ensemble de croyances. SYN. dogme, idéologie, philosophie, règle, système, théorie.
/ Prise de position. SYN. jugement, opinion, pensée, thèse.

document *nom masculin*

/ Écrit, objet servant d'information. SYN. papier, pièce, preuve, témoignage.

documenter (se) *verbe pronominal*

/ Réunir des documents. SYN. se renseigner, s'enquérir, s'informer, s'instruire.

dodelinement *nom masculin*

/ Oscillation légère de la tête. SYN. balancement, dandinement.

dodeliner *verbe*

/ Avoir un balancement régulier. SYN. balancer, ballotter, osciller – FAMILIER : tanguer – LITTÉRAIRE : baller.

dodu *adjectif*

/ Se dit d'un animal bien en chair. SYN. charnu, gras. CONTR. *efflanqué, maigre, sec* – LITTÉRAIRE : *étique.*
/ FAMILIER. Qui est potelé. SYN. charnu, gras, gros, plantureux, plein, rebondi, replet, rond – FAMILIER : grassouillet, rondelet, rondouillard. CONTR. *décharné, efflanqué, fluet, frêle, maigre, maigrelet, maigriot, mince, sec, squelettique* – FAMILIER : *maigrichon* – LITTÉRAIRE : *émacié, étique.*

dogmatique *adjectif*

/ Qui a des opinions arrêtées. SYN. catégorique, doctoral, doctrinaire, impérieux, pédant, péremptoire, sentencieux.

dogme *nom masculin*

/ Point fondamental d'une idéologie. SYN. maxime, précepte, règle, vérité.
/ Opinion intangible. SYN. catéchisme, credo, doctrine, évangile, idéologie.

doigt *nom masculin*

/ Petite quantité de. SYN. atome, bribe, brin, filet, goutte, grain, gramme, larme, miette, nuage, once, parcelle, pointe, soupçon, teinte, trace – LITTÉRAIRE : liard, ombre, trait – POPULAIRE : chouia. CONTR. *flot, infinité, kyrielle, masse, monceau, montagne, multitude, myriade, nuée, pléiade, pluie, tas, torrent* – FAMILIER : *flopée, paquet, pelletée, ribambelle, tapée* – LITTÉRAIRE : *océan.*

doigté *nom masculin*

/ Habileté manuelle. SYN. adresse, dextérité, habileté, patte, précision, virtuosité. CONTR. *gaucherie, inhabileté, maladresse.*
/ Habileté intellectuelle. SYN. adresse, chic, diplomatie, entregent, habileté, intelligence, politique, savoir-faire, souplesse, stratégie, tact. CONTR. *brutalité, intransigeance, raideur, rigidité.*

doit *nom masculin*

/ Ce que doit le titulaire d'un compte. SYN. débit, passif. CONTR. *actif, avoir, crédit.*

doléance *nom féminin*

/ Fait de réclamer quelque chose. SYN. desiderata, grief, plainte, réclamation, récrimination, requête, revendication.

dolent *adjectif*

/ LITTÉRAIRE. Qui souffre. SYN. douloureux, maladif, souffrant, souffreteux.
/ Qui manque d'énergie. SYN. douillet, gémissant – FAMILIER : geignard, pleurard, pleurnichard, pleurnicheur.

domaine *nom masculin*

/ Propriété foncière. SYN. bien, propriété, terre.
/ Lieu qu'on se réserve. SYN. fief, monde, orbite, pré carré, territoire, univers – FAMILIER : plates-bandes – LITTÉRAIRE : royaume.
/ Champ couvert par une science. SYN. branche, matière, secteur – LITTÉRAIRE : région.
/ Champ d'activité de quelqu'un. SYN. attributions, branche, cadre, compétence, matière, partie, spécialité, sphère – FAMILIER : rayon – LITTÉRAIRE : département, ressort.

domestication *nom féminin*
/ Action de domestiquer. SYN. asservissement, conquête, contrôle, domination, maîtrise. CONTR. *affranchissement, émancipation, libération.*

domestique *nom*
/ Personnel de maison. SYN. bonne, bonne à tout faire, employé(e) de maison, servante –VIEUX: serviteur. CONTR. *patron* –LITTÉRAIRE: *maître.*

domestiqué *adjectif*
/ Qui a été apprivoisé. SYN. apprivoisé, dompté, dressé, familier. CONTR. *farouche, féroce, indompté, sauvage.*

domestiquer *verbe*
/ LITTÉRAIRE. Asservir quelqu'un. SYN. avilir, soumettre –LITTÉRAIRE: dompter, enchaîner. CONTR. *affranchir, délivrer, émanciper, libérer.*
/ Rendre une force utilisable. SYN. asservir, maîtriser –LITTÉRAIRE: dompter.

domicile *nom masculin*
/ Lieu d'habitation. SYN. habitation, résidence, séjour –LITTÉRAIRE: demeure, logis.

dominant *adjectif*
/ Qui surplombe. SYN. culminant, éminent, supérieur, surplombant –LITTÉRAIRE: suréminent.
/ Qui l'emporte sur les autres. SYN. capital, déterminant, fondamental, général, majoritaire, prédominant, prééminent, prépondérant, primordial, principal, vital. CONTR. *accessoire, second, secondaire.*

dominateur *adjectif*
/ Qui cherche à dominer autrui. SYN. despotique, impératif, omnipotent, oppressif, tout-puissant, tyrannique. CONTR. *effacé, faible, humble, modeste, soumis.*

dominateur *nom*
/ LITTÉRAIRE. Personne qui aime dominer. SYN. autocrate, conquérant, despote, dictateur, maître, oppresseur, souverain, tyran. CONTR. *faible, opprimé.*

domination *nom féminin*
/ Fait de l'emporter. SYN. hégémonie, maîtrise, omnipotence, prééminence, prépondérance, puissance, souveraineté, suprématie –LITTÉRAIRE: précellence, préexcellence. CONTR. *faiblesse.*
/ Action de dominer. SYN. ascendant, asservissement, autorité, contrôle, despotisme, dictature, domestication, empire, emprise, férule, oppression –LITTÉRAIRE: joug, tyrannie. CONTR. *indépendance, liberté* –LITTÉRAIRE: *sujétion.*

dominer *verbe intransitif*
/ Être le plus important. SYN. avoir l'avantage, commander, l'emporter, prédominer, prévaloir, primer, s'imposer, tenir le haut du pavé, triompher. CONTR. *exécuter, obéir, obtempérer, se plier, se soumettre, suivre.*

dominer *verbe transitif*
/ Tenir sous son autorité. SYN. asservir, commander, écraser, gouverner, régenter, régir, régner, soumettre, surclasser, surpasser, triompher de, tyranniser, vaincre –LITTÉRAIRE: assujettir, enchaîner, subjuguer –VIEUX: manier. CONTR. *affranchir, libérer.*
/ Maîtriser un sentiment. SYN. contenir, contrôler, discipliner, étouffer, maîtriser, surmonter, vaincre –LITTÉRAIRE: dompter, régler.
/ Être au-dessus de. SYN. sommer, surpasser, surplomber –LITTÉRAIRE: couronner.

dominer (se) *verbe pronominal*
/ Être maître de ses réactions. SYN. garder son sang-froid, garder son self-control, se contenir, se contrôler, se maîtriser, se posséder, se reprendre, se retenir. CONTR. *donner libre cours à, éclater, laisser libre cours à, perdre la raison, perdre la tête, perdre son sang-froid, perdre son self-control* –FAMILIER: *perdre la boule, perdre les pédales.*

dommage *nom masculin*
/ Préjudice porté à quelqu'un. SYN. mal, perte, préjudice, tort –LITTÉRAIRE: détriment. CONTR. *avantage, bénéfice, bien.*
/ Dégât matériel. SYN. atteinte, avarie, dégradation, détérioration, endommagement, ravage, sinistre –LITTÉRAIRE: détriment. CONTR. *aide, avantage, bienfait.*

dommageable *adjectif*
/ Qui cause un dommage. SYN. attentatoire, compromettant, contraire, dangereux, défavorable, fâcheux, fatal, nuisible, pernicieux, préjudiciable, redoutable. CONTR. *avantageux, bon, profitable, salutaire.*

dompter *verbe*
/ Réduire un animal à l'obéissance. SYN. domestiquer, dresser.
/ LITTÉRAIRE. Soumettre à son autorité. SYN. asservir, contrôler, plier, réduire, triompher de –LITTÉRAIRE: assujettir, domestiquer, enchaîner.
/ LITTÉRAIRE. Surmonter un sentiment. SYN. calmer, contenir, contrôler, discipliner, dominer, juguler, maîtriser, refouler, refréner, réfréner, surmonter, vaincre –LITTÉRAIRE: commander, régler.

don *nom masculin*
/ Chose donnée. SYN. cadeau, gratification, offrande, secours, subside, subvention –LITTÉRAIRE: présent.
/ LITTÉRAIRE. Avantage inattendu. SYN. bienfait, charité, faveur, grâce, privilège.
/ Aptitude innée. SYN. art, capacité, disposition, facilité, faculté, génie, pouvoir, prédisposition, qualité, sens, talent –FAMILIER: bosse. CONTR. *inaptitude.*

donateur *nom*
/ Personne qui fait un don. SYN. bienfaiteur. CONTR. *acquéreur, donataire.*

donnée *nom féminin*
/ Point de départ d'une réflexion. SYN. circonstance, élément, information, postulat, précision, principe, renseignement.

donner *verbe intransitif*
/ Être productif. SYN. fructifier, produire, rapporter, rendre.

donner *verbe transitif*
/ Offrir quelque chose. SYN. céder, doter, gratifier de, offrir, se dessaisir –VIEUX: bailler. CONTR. *conserver, ravir, recevoir, rendre, vendre.*
/ Remettre de l'argent à quelqu'un. SYN. adjuger, allouer, échanger, payer, troquer –FAMILIER: cracher, filer. CONTR. *garder, prendre* –FAMILIER: *encaisser.*
/ Remettre quelque chose à quelqu'un. SYN. déposer, distribuer, laisser, remettre. CONTR. *arracher, enlever, ôter, rendre, retirer, soustraire.*
/ Transmettre quelque chose à quelqu'un. SYN. fournir, infliger, passer –LITTÉRAIRE: inoculer. CONTR. *frustrer, priver.*
/ Accorder quelque chose à quelqu'un. SYN. concéder, consentir, décerner, doter, octroyer, pourvoir de, prêter. CONTR. *refuser.*
/ Employer quelque chose à. SYN. consacrer, dédier, prodiguer, sacrifier, vouer.
/ Communiquer quelque chose. SYN. communiquer, dire, exposer, exprimer, fixer, fournir, indiquer, présenter.
/ Produire quelque chose. SYN. fournir, produire, répandre.
/ Produire un effet sur. SYN. causer, former, inspirer, procurer, provoquer, rapporter, susciter –LITTÉRAIRE: sécréter.
/ Produire un spectacle. SYN. jouer, présenter, représenter.
/ FAMILIER. Dénoncer quelqu'un. SYN. dénoncer, livrer –FAMILIER: moucharder, vendre.

donner *verbe transitif indirect*
/ Être orienté vers. SYN. communiquer, déboucher.
/ Heurter quelque chose. SYN. cogner, frapper, porter, se heurter.

donner (se) *verbe pronominal*
/ Consacrer son activité à. SYN. s'adonner, se consacrer, se jeter, se livrer, se vouer –LITTÉRAIRE: cultiver.
/ S'accorder quelque chose. SYN. s'accorder, se permettre, s'offrir.

donneur *nom*
/ POPULAIRE. Personne qui dénonce. SYN. délateur, indicateur, rapporteur –FAMILIER: mouchard –LITTÉRAIRE: sycophante.

doper *verbe*
/ Augmenter l'activité de. SYN. relancer, stimuler.

doré *adjectif*
/ De la couleur de l'or. SYN. fauve, hâlé, jaune, mordoré, ocre, safran –LITTÉRAIRE: cuivré, flavescent.

dorénavant *adverbe*
/ À partir de maintenant. SYN. à l'avenir, désormais, maintenant.

dorloter *verbe*
/ Entourer quelqu'un de soins. SYN. cajoler, câliner, choyer, couver, gâter, pouponner, soigner –FAMILIER: bichonner, chouchouter, mignoter. CONTR. *malmener, maltraiter, rudoyer.*

dormant *adjectif*

/ LITTÉRAIRE. Qui ne s'est pas encore manifesté. SYN. latent, occulte, secret, souterrain. CONTR. *manifeste, notoire.*

/ Qui ne bouge pas. SYN. figé, fixe, immobile, mort, stagnant –LITTÉRAIRE: somnolent. CONTR. *agité, courant* –LITTÉRAIRE: *tumultueux.*

dormir *verbe*

/ Être plongé dans le sommeil. SYN. être dans les bras de Morphée, sommeiller, somnoler –FAMILIER: faire dodo, faire le tour du cadran, piquer un roupillon, roupiller –LITTÉRAIRE: reposer –POPULAIRE: en écraser, pioncer. CONTR. *veiller.*

/ Demeurer inactif. SYN. rêver, traîner, végéter –FAMILIER: lambiner, lanterner. CONTR. *agir, s'activer, s'affairer, s'agiter, se démener, se dépenser, se fatiguer, se remuer, travailler* –FAMILIER: *se décarcasser, se défoncer.*

dos *nom masculin*

/ Côté opposé au principal. SYN. envers, revers, verso.

dosage *nom masculin*

/ Fait de combiner des éléments. SYN. combinaison, mélange, panachage.

dose *nom féminin*

/ Proportion d'un élément dans un mélange. SYN. portion, quantité, taux.

/ Quantité quelconque. SYN. mesure, ration.

doser *verbe*

/ Proportionner quelque chose. SYN. combiner, mesurer, régler.

doter *verbe*

/ Pourvoir en moyens. SYN. allouer, donner, équiper, investir, munir, nantir, pourvoir.

/ Fournir un avantage. SYN. gratifier de –LITTÉRAIRE: favoriser de.

doter (se) *verbe pronominal*

/ Être équipé en. SYN. se munir, se parer, se pourvoir, s'équiper.

double *adjectif*

/ Répété deux fois. SYN. couplé, géminé, jumelé. CONTR. *simple, unique.*

/ Qui a deux aspects. SYN. ambivalent, bivalent, équivoque. CONTR. *clair, limpide, univoque.*

double *nom masculin*

/ Reproduction exacte d'un texte. SYN. copie, duplicata, fac-similé, photocopie. CONTR. *original.*

/ Personne très ressemblante. SYN. alter ego, pendant, réplique, sosie.

doubler *verbe*

/ Augmenter quelque chose. SYN. intensifier, redoubler.

/ Garnir d'une doublure. SYN. capitonner, fourrer, garnir, ouatiner.

/ Passer devant. SYN. dépasser, distancer –FAMILIER: gratter, griller. CONTR. *rejoindre.*

douceâtre *adjectif*

/ Qui est fade au goût. SYN. doucereux, écœurant, insipide, plat –FAMILIER: fadasse. CONTR. *corsé, épicé, pimenté, piquant, relevé, salé.*

/ Qui a une douceur affectée. SYN. doucereux, enjôleur, falot, mielleux, sirupeux, sucré –LITTÉRAIRE: benoît, melliflu, patelin. CONTR. *autoritaire, vif, volontaire.*

doucement *adverbe*

/ Avec douceur. SYN. calmement, délicatement, faiblement, légèrement, mollement, silencieusement –POPULAIRE: mollo. CONTR. *abruptement, brusquement, brutalement, bruyamment, durement, fort, fortement, méchamment, rudement, sauvagement, sèchement, vigoureusement, violemment* –FAMILIER: *dur.*

/ FAMILIER. À part soi. SYN. en son for intérieur, intérieurement, secrètement –LITTÉRAIRE: sourdement.

/ Avec lenteur. SYN. graduellement, imperceptiblement, insensiblement, lentement, paisiblement, pas à pas, petit à petit, peu à peu, progressivement –FAMILIER: pianissimo, piano. CONTR. *brusquement, brutalement, expéditivement, hâtivement, précipitamment, promptement, rapidement, vite* –FAMILIER: *dare-dare* –LITTÉRAIRE: *vivement.*

doucereux *adjectif*

/ Fade au goût. SYN. douceâtre, insipide, plat –FAMILIER: fadasse. CONTR. *acide, âpre, salé.*

/ Qui a une douceur affectée. SYN. douceâtre, enjôleur, mielleux, sirupeux, sucré, visqueux –LITTÉRAIRE: benoît, insinuant, melliflu, onctueux, patelin, paterne. CONTR. *autoritaire, brutal, caustique, dur, ferme, rude, sec, violent.*

douceur *nom féminin*
- Qualité de ce qui est agréable aux sens. SYN. moelleux, tiédeur, velouté – LITTÉRAIRE: suavité. CONTR. *âcreté, aigreur, amertume, âpreté, dureté* – LITTÉRAIRE: *rudesse.*
- Comportement doux. SYN. bonté, délicatesse, grâce, tendresse – LITTÉRAIRE: aménité, mansuétude. CONTR. *acrimonie, aigreur, ardeur, brusquerie, brutalité, causticité, colère, cruauté, dureté, férocité, irascibilité, méchanceté, rudesse, sauvagerie, véhémence, violence* – LITTÉRAIRE: *acerbité, âcreté, impétuosité, sévérité.*
- Petite friandise. SYN. chatterie, gâterie, gourmandise, sucrerie.
- Caractère de ce qui n'est pas excessif. SYN. agrément, bonheur, charme, paix, sérénité, tiédeur – LITTÉRAIRE: clémence. CONTR. *ardeur, dureté, force, rigueur, sécheresse* – LITTÉRAIRE: *inclémence.*

douche *nom féminin*
- FAMILIER. Perte d'une illusion. SYN. déception, déconvenue, désenchantement, désillusion – LITTÉRAIRE: désabusement.

doucher *verbe*
- Mouiller quelqu'un. SYN. arroser, asperger, mouiller, tremper – FAMILIER: rincer, saucer.
- FAMILIER. Infliger une déception. SYN. décourager, échauder, freiner, rebuter, refroidir.

doué *adjectif*
- Qui est pourvu d'une qualité. SYN. gratifié, pourvu. CONTR. *dépourvu, exempt.*
- Qui a des dons pour. SYN. apte, bon, brillant, capable, fort, habile, intelligent, talentueux. CONTR. *défavorisé, faible, handicapé, inapte, inintelligent, mauvais, rebelle, réfractaire.*

douillet *adjectif*
- Qui est confortable. SYN. cosy, doux, moelleux – LITTÉRAIRE: mollet. CONTR. *dur, inconfortable, rêche, rude.*
- Qui est sensible à la douleur. SYN. délicat, dolent, fragile, sensible. CONTR. *endurant, insensible, robuste, stoïque.*

douleur *nom féminin*
- Sensation désagréable. SYN. mal, souffrance.
- Souffrance morale. SYN. affliction, calvaire, chagrin, déchirement, désespoir, désolation, épreuve, misère, peine, tourment – LITTÉRAIRE: crève-cœur, déchirure, navrement. CONTR. *bonheur, joie, plaisir.*

douloureusement *adverbe*
- D'une manière douloureuse. SYN. cruellement, péniblement. CONTR. *gaiement.*

douloureux *adjectif*
- Qui cause une douleur. SYN. affligeant, amer, atroce, cruel, cuisant, déchirant, désolant, lancinant, navrant, pénible. CONTR. *joyeux* – LITTÉRAIRE: *riant.*
- Qui est le siège d'une douleur. SYN. endolori, meurtri, sensible – LITTÉRAIRE: dolent.

doute *nom masculin*
- État d'incertitude. SYN. embarras, équivoque, flottement, flou, incertitude, indécision, indétermination, irrésolution, perplexité. CONTR. *affirmation, assurance, certitude, conviction, croyance, décision, résolution.*
- Méfiance au sujet de. SYN. défiance, incrédulité, scepticisme, soupçon, suspicion. CONTR. *confiance.*

douter *verbe*
- Ne pas être sûr de quelqu'un. SYN. se méfier, soupçonner – LITTÉRAIRE: se défier. CONTR. *compter sur, croire, se fier.*

douter (se) *verbe pronominal*
- Avoir l'intuition de quelque chose. SYN. deviner, flairer, pressentir, soupçonner – FAMILIER: renifler, subodorer.

douteux *adjectif*
- Dont on n'est pas sûr. SYN. aléatoire, ambigu, hasardeux, hypothétique, improbable, incertain, problématique. CONTR. *assuré, authentique, automatique, avéré, certain, croyable, déterminé, évident, formel, incontestable, indubitable, manifeste, parlant, reconnu, sûr, visible, vrai, vraisemblable.*
- Qui n'a pas été vérifié. SYN. contestable, discutable, incertain, indécis, litigieux, niable, récusable, réfutable, vague. CONTR. *aveuglant, décisif, éclatant, flagrant, incontestable, indiscutable, irrécusable, net, palpable, patent, tangible.*
- Qui provoque la méfiance. SYN. crasseux, sale, suspect, trouble – FAMILIER: cra-cra. CONTR. *clair, net, propre.*

/ Dont l'honnêteté est incertaine. SYN. équivoque, interlope, louche, suspect, véreux –FAMILIER: pas très catholique. CONTR. *fidèle, honnête, sérieux, sûr* –LITTÉRAIRE: *probe, vertueux.*

doux *adjectif*

/ Agréable au toucher. SYN. délicat, douillet, lisse, moelleux, satiné, souple, soyeux, tendre –LITTÉRAIRE: caressant. CONTR. *calleux, piquant, râpeux, rêche, rude, rugueux.*

/ Agréable au goût. SYN. suave, sucré. CONTR. *acide, âcre, aigre, amer, âpre, épicé, fort, piquant, poivré, râpeux, relevé, salé* –FAMILIER: *raide.*

/ Qui n'a rien de trop intense. SYN. agréable, calme, caressant, clément, léger, mélodieux, modéré, pâle, plaisant, reposant, tempéré, tiède, tranquille, vivable. CONTR. *accablant, acéré, agité, aveuglant, bouillant, brûlant, caniculaire, criard, cru, cuisant, éblouissant, éclatant, étouffant, glacial, immodéré, infernal, retentissant, rigoureux, torride, trépidant, vif* –LITTÉRAIRE: *impétueux, tumultueux.*

/ Qui manifeste de la douceur. SYN. affectueux, attendrissant, bienveillant, bon, calme, clément, gentil, humain, indulgent, inoffensif, obéissant, pacifique, paisible, posé, tendre, traitable –LITTÉRAIRE: amène. CONTR. *abrupt, acariâtre, acerbe, agressif, barbare, belliqueux, bourru, brusque, brutal, caustique, cinglant, coléreux, cruel, dur, emporté, endiablé, énergique, féroce, furieux, impitoyable, intraitable, irascible, mauvais, méchant, pénible, sauvage, sévère, violent* –FAMILIER: *chien* –LITTÉRAIRE: *âcre, acrimonieux, colérique, farouche.*

draconien *adjectif*

/ D'une grande rigueur. SYN. drastique, dur, inflexible, radical, rigoureux, sévère, strict. CONTR. *indulgent.*

draguer *verbe intransitif*

/ FAMILIER. Rechercher des liaisons. SYN. courir la gueuse, courir la prétantaine, courir les filles –FAMILIER: courir la galipote, courir le cotillon, courir le guilledou.

draguer *verbe transitif*

/ Racler le fond d'un cours d'eau. SYN. curer, débourber, désenvaser, dévaser.

dragueur *nom*

/ FAMILIER. Personne qui drague. SYN. coureur, don Juan, séducteur –FAMILIER: tombeur –LITTÉRAIRE: suborneur.

dramatique *adjectif*

/ Qui se rapporte au théâtre. SYN. scénique, théâtral.

/ Qui suscite une vive émotion. SYN. angoissant, bouleversant, critique, déchirant, grave, pathétique, poignant, prenant, saisissant, sérieux, sombre, terrible, tragique, triste. CONTR. *burlesque, comique, risible* –FAMILIER: *cocasse.*

dramatiquement *adverbe*

/ De façon dramatique. SYN. tragiquement. CONTR. *burlesquement, comiquement.*

dramatiser *verbe*

/ Exagérer la gravité d'une situation. SYN. charger, exagérer, forcer, gonfler, grandir, grossir, outrer. CONTR. *minimiser.*

drame *nom masculin*

/ Événement violent. SYN. accident, catastrophe, tragédie.

drapeau *nom masculin*

/ Pièce d'étoffe. SYN. bannière, couleurs, enseigne, étendard, fanion, pavillon.

drastique *adjectif*

/ D'une rigueur contraignante. SYN. draconien, rigoureux, sévère, strict.

dressé *adjectif*

/ Rendu docile. SYN. apprivoisé, domestiqué, dompté. CONTR. *farouche, indompté, sauvage.*

/ Dans une position verticale. SYN. debout, hérissé, relevé.

dresser *verbe*

/ Créer une animosité envers quelqu'un. SYN. buter, cabrer, exciter, monter –FAMILIER: braquer.

/ Placer en position verticale. SYN. élever, ériger, lever, planter, redresser, relever. CONTR. *baisser, coucher, courber, incliner, pencher, plier.*

/ Préparer quelque chose. SYN. agencer, disposer, établir, installer, monter, tracer –LITTÉRAIRE: apprêter.

/ Rendre docile un animal. SYN. apprivoiser, domestiquer, dompter.
/ Faire acquérir une discipline. SYN. aguerrir, discipliner, éduquer, entraîner, exercer, familiariser, former, habituer, instruire, mater, plier –LITTÉRAIRE: façonner, pétrir, rompre.

dresser (se) *verbe pronominal*
/ Se mettre debout. SYN. se camper, se hausser, s'élever –FAMILIER: se planter. CONTR. *se coucher.*
/ Manifester son opposition. SYN. combattre, contrer, réagir, résister, se hérisser, se heurter, se révolter, se soulever, s'élever, s'insurger, s'opposer –FAMILIER: se bagarrer –LITTÉRAIRE: regimber. CONTR. *approuver, se plier, se rallier, se soumettre, seconder.*

droguer (se) *verbe pronominal*
/ Prendre de la drogue. SYN. se flasher –FAMILIER: se piquer –POPULAIRE: se camer, se défoncer, se shooter.

droit *adjectif*
/ Se dit d'une ligne sans déviation. SYN. direct, rectiligne. CONTR. *aquilin, arqué, busqué, cambré, contourné, coudé, courbe, courbé, détourné, gauchi, indirect, oblique, recourbé, sinueux, tordu, tors, tortueux, voûté.*
/ Qui agit honnêtement. SYN. carré, clair, équitable, fair-play, franc, honnête, impartial, intègre, juste, loyal, net, pur, régulier, sport, strict –LITTÉRAIRE: probe, vrai. CONTR. *chafouin, déloyal, faux, fourbe, hypocrite, indélicat, injuste, partial, retors, rusé, sournois, tortueux, trompeur, vénal* –LITTÉRAIRE: *artificieux, benoît, cauteleux, fallacieux, tortu.*
/ Qui raisonne sainement. SYN. judicieux, logique, objectif, raisonnable, rationnel, sain, sensé. CONTR. *arbitraire, boiteux, déraisonnable, illogique, insensé, insidieux, trompeur.*

droit *nom masculin*
/ Possibilité de faire quelque chose. SYN. autorisation, faculté, liberté, permission, pouvoir. CONTR. *interdiction, prohibition, proscription.*

droiture *nom féminin*
/ Qualité de quelqu'un d'honnête. SYN. bonne foi, équité, franchise, honnêteté, honorabilité, impartialité, incorruptibilité, justice, loyauté, probité, rectitude, sincérité. CONTR. *astuce, déloyauté, dissimulation, duplicité, fausseté, fourberie, hypocrisie, malhonnêteté, mauvaise foi* –LITTÉRAIRE: *improbité, infidélité, sournoiserie.*

drôle *adjectif*
/ Qui provoque le rire. SYN. à mourir de rire, amusant, burlesque, comique, désopilant, égayant, facétieux, hilarant, inénarrable, pittoresque, plaisant, récréatif, réjouissant, risible –FAMILIER: cocasse, crevant, folichon, impayable, marrant, rigolo, roulant, tordant –POPULAIRE: à pisser de rire, bidonnant, fendant, gondolant, poilant. CONTR. *ennuyeux, funèbre, lugubre, macabre, morne, mortel, sinistre, tragique, triste* –FAMILIER: *cafardeux, enquiquinant, glauque, tuant* –POPULAIRE: *suant.*
/ Qui intrigue. SYN. bizarre, curieux, étonnant, étrange, insolite, singulier, spécial, surprenant –FAMILIER: farfelu. CONTR. *normal, ordinaire.*

drôle *nom masculin*
/ LITTÉRAIRE. Mauvais sujet. SYN. –FAMILIER: lascar, numéro.

drôlement *adverbe*
/ De façon comique. SYN. cocassement, comiquement, risiblement.
/ D'une manière bizarre. SYN. bizarrement, curieusement, étrangement –LITTÉRAIRE: singulièrement.
/ FAMILIER. Indique une intensité forte. SYN. abominablement, admirablement, affreusement, beaucoup, bien, effroyablement, énormément, excessivement, extraordinairement, fabuleusement, follement, fort, fortement, gravement, hautement, horriblement, immensément, immodérément, incroyablement, infiniment, mortellement, parfaitement, particulièrement, prodigieusement, profondément, puissamment, singulièrement, terriblement, très, trop, vertigineusement –FAMILIER: atrocement, bigrement, bougrement, diablement, fameusement, fichtrement, fichûment, formidablement, joliment, méchamment, rudement, sacrément, tout plein –LITTÉRAIRE: diantrement, furieusement –POPULAIRE: foutrement, salement, vachement.

drôlerie *nom féminin*

/ Caractère de ce qui est drôle. SYN. cocasserie, comique, humour, piquant.

/ Parole, action amusante. SYN. bouffonnerie, facétie, plaisanterie –FAMILIER: blague.

dru *adjectif*

/ Qui a des touffes serrées. SYN. abondant, compact, dense, épais, fourni, luxuriant, nourri, serré, tassé, touffu. CONTR. *clair, clairsemé, étiolé, pelé, rare, tondu.*

dû *nom masculin*

/ Ce qui est dû. SYN. compte, dette, emprunt.

dubitatif *adjectif*

/ Qui exprime le doute. SYN. incrédule, méfiant, sceptique. CONTR. *affirmatif, assuré, certain, convaincu, sûr.*

duel *nom masculin*

/ Lutte entre deux puissances. SYN. antagonisme, bataille, compétition, lutte, rivalité –LITTÉRAIRE: combat, joute, tournoi.

dulcinée *nom féminin*

/ FAMILIER. Femme aimée. SYN. bien-aimée –FAMILIER: belle, chérie.

dûment *adverbe*

/ Selon les formes prescrites. SYN. en bonne et due forme, justement.

dupe *nom féminin*

/ Personne trompée. SYN. dindon de la farce –FAMILIER: cocu, dindon, gobe-mouches, gobeur, gogo, jobard, pigeon, poire –LITTÉRAIRE: jocrisse.

duper *verbe*

/ Tromper quelqu'un. SYN. abuser, attraper, berner, leurrer, mystifier, se moquer, tromper –FAMILIER: avoir, cocufier, empiler, flouer, pigeonner, posséder, refaire, rouler –LITTÉRAIRE: amuser, gruger, jouer –POPULAIRE: arnaquer, entuber. CONTR. *détromper.*

duperie *nom féminin*

/ LITTÉRAIRE. Action de duper. SYN. leurre, mystification, pantalonnade, ruse, tromperie –LITTÉRAIRE: fourberie, imposture –POPULAIRE: arnaque.

duplicata *nom masculin*

/ Copie de l'original. SYN. ampliation, copie, double. CONTR. *manuscrit, original.*

duplicité *nom féminin*

/ Caractère dissimulé. SYN. déloyauté, dissimulation, fausseté, fourberie, hypocrisie, mauvaise foi, mensonge, trahison –LITTÉRAIRE: insincérité, tartuferie, tartufferie. CONTR. *bonne foi, droiture, franchise, honnêteté, loyauté, probité, rectitude, simplicité, sincérité* –LITTÉRAIRE: *véracité.*

dur *adjectif*

/ Qui se laisse difficilement entamer. SYN. consistant, coriace, ferme, fort, rassis, résistant, solide, tenace –LITTÉRAIRE: adamantin. CONTR. *délicat, doux, flasque, inconsistant, tendre.*

/ Qui n'est pas mou. SYN. raide, rigide. CONTR. *élastique, flexible, moelleux, mou, pliable, souple.*

/ Qui demande un effort. SYN. ardu, délicat, difficile, épineux, laborieux, malaisé, pénible, rigoureux, rude, strict –FAMILIER: calé, trapu. CONTR. *aisé, facile, simple.*

/ Désagréable par son caractère rude. SYN. abrupt, acerbe, âpre, blessant, brutal, cassant, cinglant, guttural, rébarbatif, rocailleux, rude, sec, vif, virulent. CONTR. *affable, agréable, aimable, cajoleur, caressant, doucereux, doux, gracieux, plaisant, riant* –LITTÉRAIRE: *amène.*

/ Se dit d'un enfant indiscipliné. SYN. désobéissant, impossible, indocile, intenable, turbulent –FAMILIER: diable, infernal, terrible. CONTR. *discipliné, docile, facile, obéissant, sage.*

/ Qui est sans indulgence. SYN. cruel, exigeant, froid, impitoyable, implacable, inflexible, insensible, intraitable, intransigeant, mauvais, méchant, sévère –FAMILIER: sans-cœur. CONTR. *affectueux, arrangeant, attendrissant, attentif, bienveillant, bon, bonasse, charitable, clément, compatissant, complaisant, compréhensif, conciliant, coulant, gentil, indulgent, sensible, tendre* –FAMILIER: *excellent* –LITTÉRAIRE: *bienfaisant.*

/ Qui est très résistant. SYN. endurant, endurci, énergique, stoïque. CONTR. *délicat, douillet* –FAMILIER: *geignard.*

dur *adverbe*

/ FAMILIER. Avec ardeur. SYN. courageusement, durement, énergiquement, ferme, sérieusement.

/ FAMILIER. Avec violence. SYN. fort, fortement, rudement, violemment. CONTR. *doucement.*

durabilité *nom féminin*

/ Caractère durable. SYN. constance, continuité, pérennité, permanence, persistance, stabilité – LITTÉRAIRE : immuabilité. CONTR. *fragilité, fugacité.*

durable *adjectif*

/ De nature à durer longtemps. SYN. chronique, constant, continu, éternel, fidèle, immuable, impérissable, permanent, persistant, solide, stable, tenace, viable, vivace – LITTÉRAIRE : invariable. CONTR. *boiteux, caduc, chancelant, court, éphémère, fragile, fugace, fugitif, instable, instantané, momentané, passager, précaire, provisoire, temporaire, transitoire* – LITTÉRAIRE : *périssable, prompt.*

durablement *adverbe*

/ De façon durable. SYN. immuablement, longtemps, opiniâtrement – LITTÉRAIRE : continûment. CONTR. *passagèrement, provisoirement, temporairement* – LITTÉRAIRE : *transitoirement.*

durcir *verbe intransitif*

/ Devenir dur. SYN. prendre, rassir, sécher. CONTR. *mollir, ramollir, s'amollir, s'assouplir, s'attendrir, se ramollir.*

durcir *verbe transitif*

/ Rendre plus dur. SYN. contracter, racornir, raidir. CONTR. *adoucir, amollir, assouplir, attendrir, édulcorer, ramollir.*

/ Rendre une position plus ferme. SYN. radicaliser – LITTÉRAIRE : raidir. CONTR. *adoucir, relâcher.*

durcir (se) *verbe pronominal*

/ Devenir plus sévère. SYN. se raidir. CONTR. *fondre, s'apitoyer, s'attendrir, s'humaniser.*

durcissement *nom masculin*

/ Fait de se durcir. SYN. raidissement. CONTR. *adoucissement, affaiblissement, amollissement, assouplissement, ramollissement* – LITTÉRAIRE : *aveulissement.*

durée *nom féminin*

/ Espace de temps. SYN. cours, étendue, longueur, période, temps.

/ Qualité de ce qui dure. SYN. continuité, longévité, pérennité, permanence, persistance, résistance. CONTR. *brièveté, cessation.*

durement *adverbe*

/ D'une manière dure physiquement. SYN. fort, rudement, violemment – FAMILIER : dur. CONTR. *doucement, mollement.*

/ D'une manière éprouvante. SYN. chèrement, crûment, péniblement, sévèrement. CONTR. *faiblement, légèrement.*

/ D'une manière brutale. SYN. brusquement, brutalement, crûment, farouchement, impitoyablement, méchamment, sèchement, vertement – LITTÉRAIRE : vivement – VIEUX : rigoureusement. CONTR. *affectueusement, doucement, gentiment, tendrement.*

durer *verbe*

/ Continuer d'exister. SYN. demeurer, persister, rester, se maintenir, se perpétuer, se poursuivre, se prolonger, s'étendre, s'éterniser, subsister, tenir, traîner. CONTR. *cesser, disparaître, finir, passer, s'arrêter, se dissiper, s'effacer, s'estomper, s'éteindre, s'évanouir, s'interrompre.*

dureté *nom féminin*

/ Caractère résistant. SYN. fermeté, résistance, rigidité, solidité. CONTR. *inconsistance, mollesse, souplesse.*

/ Caractère pénible. SYN. âpreté, rigueur, rudesse – LITTÉRAIRE : cruauté. CONTR. *douceur* – LITTÉRAIRE : *clémence, tiédeur.*

/ Caractère sévère. SYN. brutalité, cruauté, froideur, inhumanité, insensibilité, méchanceté, sécheresse, sévérité, virulence – LITTÉRAIRE : endurcissement, inclémence, inexorabilité, rudesse. CONTR. *affabilité, apitoiement, attendrissement, bienveillance, bonté, charité, commisération, complaisance, compréhension, délicatesse, gentillesse, indulgence, pitié, sensibilité, tendresse* – LITTÉRAIRE : *aménité, compassion.*

durillon *nom masculin*

/ Durcissement de la peau du pied. SYN. cal, callosité, cor.

duveté *adjectif*

/ LITTÉRAIRE. Couvert de duvet. SYN. cotonneux, duveteux, soyeux, velouté, velouteux. CONTR. *rêche, rugueux.*

duveteux *adjectif*

/ De la nature du duvet. SYN. cotonneux, moelleux, pelucheux, poilu, velouté, velouteux –LITTÉRAIRE: duveté. CONTR. *rêche, rugueux.*

dynamique *adjectif*

/ Qui manifeste de l'énergic. SYN. actif, ardent, énergique, entreprenant, hardi, remuant, vivant –LITTÉRAIRE: industrieux, vaillant. CONTR. *abattu, apathique, atone, avachi, flasque, indolent, inerte, lent, lymphatique, morose, mou, paresseux, passif, timide* –FAMILIER: *cossard, lambin, ramolli* –LITTÉRAIRE: *alangui.*

dynamisme *nom masculin*

/ Caractère dynamique. SYN. activité, allant, ardeur, énergie, mordant, nerf, pétulance, tonus, vigueur, vitalité –LITTÉRAIRE: sève, vivacité. CONTR. *abattement, affaissement, apathie, asphyxie, atonie, fainéantise, indolence, inertie, langueur, lenteur, mollesse, morosité, nonchalance, paresse, passivité, veulerie* –FAMILIER: *cosse, flemme* –LITTÉRAIRE: *assoupissement.*

eau *nom féminin*

/ Liquide incolore. SYN. flotte –LITTÉRAIRE: flots, onde –POPULAIRE: château la pompe.

eau-de-vie *nom féminin*

/ Boisson alcoolique. SYN. bistouille –FAMILIER: goutte, rincette, schnaps, tord-boyaux –POPULAIRE: gnaule, gniole, gnole, gnôle.

ébahi *adjectif*

/ Qui est très étonné. SYN. abasourdi, ahuri, coi, éberlué, étonné, interdit, interloqué, médusé, pantois, renversé, stupéfait, suffoqué, surpris, tombé de la lune, tombé des nues –FAMILIER: assis, baba, comme deux ronds de flan, épaté, époustouflé, estomaqué, scié, sidéré, soufflé –LITTÉRAIRE: ébaubi.

ébahir *verbe*

/ Frapper d'étonnement. SYN. abasourdir, ahurir, couper le souffle, étonner, renverser, stupéfier, surprendre –FAMILIER: asseoir, couper le sifflet, ébouriffer, en boucher un coin, épater, époustoufler, estomaquer, scier, sidérer, souffler –POPULAIRE: couper la chique.

ébahissement *nom masculin*

/ Étonnement extrême. SYN. abasourdissement, ahurissement, effarement, émerveillement, étonnement, stupéfaction, stupeur, surprise –FAMILIER: épatement.

ébattre (s') *verbe pronominal*

/ Se détendre en gesticulant. SYN. batifoler, cabrioler, gambader –LITTÉRAIRE: folâtrer.

ébaubi *adjectif*

/ LITTÉRAIRE. Qui est très surpris. SYN. abasourdi, ahuri, coi, ébahi, éberlué, étonné, interdit, interloqué, médusé, pantois, renversé, stupéfait, suffoqué, surpris, tombé de la lune, tombé des nues –FAMILIER: assis, baba, comme deux ronds de flan, épaté, époustouflé, estomaqué, scié, sidéré, soufflé.

ébauche *nom féminin*

/ Esquisse d'un travail. SYN. brouillon, canevas, croquis, esquisse, essai, plan, premier jet, projet, schéma –LITTÉRAIRE: crayon, linéaments.

/ Commencement de quelque chose. SYN. amorce, début, embryon, naissance, préambule, prélude –LITTÉRAIRE: aurore, prémices. CONTR. *aboutissement, accomplissement, achèvement, conclusion, épanouissement, exécution, réalisation.*

ébaucher *verbe*

/ Tracer les grandes lignes de. SYN. brouillonner, crayonner, croquer, débroussailler, dégrossir, dessiner, esquisser. CONTR. *achever, fignoler, polir* –FAMILIER: *lécher* –LITTÉRAIRE: *ciseler* –VIEUX: *perler.*

/ Commencer une action. SYN. aborder, amorcer, commencer, engager, entamer, entreprendre, ouvrir. CONTR. *accomplir, compléter, conclure, finir, réaliser, terminer.*

ébaucher (s') *verbe pronominal*

/ Commencer à apparaître. SYN. commencer, se dessiner, se profiler –FAMILIER: s'emmancher.

€ forme de l'euro

éberlué *adjectif*

/ Qui manifeste un vif étonnement. SYN. abasourdi, ahuri, coi, ébahi, étonné, hébété, interdit, interloqué, médusé, pantois, renversé, stupéfait, suffoqué, surpris, tombé de la lune, tombé des nues – FAMILIER: baba, comme deux ronds de flan, épaté, époustouflé, estomaqué, scié, sidéré, soufflé – LITTÉRAIRE: ébaubi.

éberluer *verbe*

/ Étonner vivement. SYN. abasourdir, ahurir, couper le souffle, ébahir, effarer, étonner, renverser, stupéfier, suffoquer, surprendre – FAMILIER: asseoir, couper le sifflet, ébouriffer, en boucher un coin, épater, époustoufler, estomaquer, scier, sidérer, souffler – POPULAIRE: couper la chique.

éblouir *verbe*

/ Troubler la vue. SYN. aveugler.

/ Frapper d'admiration. SYN. émerveiller, enchanter, fasciner, hypnotiser.

/ Séduire par un éclat trompeur. SYN. en imposer, impressionner – FAMILIER: bluffer, épater, époustoufler, estomaquer.

éblouissant *adjectif*

/ Qui trouble la vue. SYN. aveuglant, éclatant – LITTÉRAIRE: fulgurant. CONTR. *doux, mat, obscur, pâle, sombre, tamisé, terne, voilé* – LITTÉRAIRE: *crépusculaire.*

/ Qui force l'admiration. SYN. beau, brillant, étincelant, étourdissant, fantastique, fascinant, merveilleux, prestigieux, radieux, remarquable, rutilant, somptueux, splendide – FAMILIER: fabuleux. CONTR. *banal, effacé, falot, insignifiant, quelconque.*

éblouissement *nom masculin*

/ Étonnement admiratif. SYN. admiration, émerveillement, enchantement, fascination, ravissement.

éboulement *nom masculin*

/ Chute de constructions. SYN. affaissement, écroulement, effondrement, glissement.

/ Amas de matériaux éboulés. SYN. coulée, éboulis.

ébouler (s') *verbe pronominal*

/ Tomber en s'écroulant. SYN. crouler, s'affaisser, s'écrouler, s'effondrer.

ébouriffant *adjectif*

/ FAMILIER. Qui dépasse l'imagination. SYN. ahurissant, extraordinaire, incroyable, inimaginable, inouï – FAMILIER: époustouflant, renversant. CONTR. *banal, quelconque.*

ébouriffé *adjectif*

/ Qui a les cheveux en désordre. SYN. décoiffé, dépeigné, échevelé, hérissé, hirsute. CONTR. *coiffé, peigné.*

ébouriffer *verbe*

/ Mettre les cheveux en désordre. SYN. décoiffer, dépeigner – LITTÉRAIRE: écheveler. CONTR. *coiffer, peigner.*

/ FAMILIER. Surprendre quelqu'un. SYN. abasourdir, ahurir, couper le souffle, ébahir, éberluer, méduser, renverser, stupéfier, suffoquer, surprendre – FAMILIER: asseoir, couper le sifflet, en boucher un coin, épater, époustoufler, estomaquer, scier, souffler – POPULAIRE: couper la chique.

ébrancher *verbe*

/ Couper les branches d'un arbre. SYN. élaguer, émonder, tailler.

ébranlement *nom masculin*

/ Trouble violent. SYN. bouleversement, commotion, convulsion, coup, crise, émotion, perturbation, saisissement, secousse, trouble.

/ Fait de menacer ruine. SYN. affaiblissement, crise, déclin. CONTR. *affermissement, fermeté, prospérité, raffermissement, solidité.*

ébranler *verbe*

/ Faire bouger. SYN. actionner, agiter, balancer, perturber, secouer. CONTR. *assujettir, fixer.*

/ Rendre moins solide. SYN. affaiblir, compromettre, entamer, miner, saper. CONTR. *affermir, asseoir, cimenter, consolider, corroborer, raffermir.*

/ Émouvoir quelqu'un. SYN. atteindre, bouleverser, chavirer, choquer, commotionner, désarmer, émouvoir, empoigner, fléchir, perturber, remuer, saisir, secouer, toucher, troubler – FAMILIER: chambouler, émotionner, révolutionner, tournebouler.

ébranler (s') *verbe pronominal*

/ Se mettre en mouvement. SYN. démarrer, partir. CONTR. *s'arrêter, stopper.*

ébrécher *verbe*
/ Porter atteinte à quelque chose. SYN. compromettre, diminuer, écorner, entamer. CONTR. *affermir, consolider, raffermir.*

ébriété *nom féminin*
/ État d'une personne ivre. SYN. ivresse –VIEUX: enivrement. CONTR. *sobriété.*

ébruiter *verbe*
/ Rendre publique une nouvelle. SYN. colporter, divulguer, éventer, répandre. CONTR. *cacher, dissimuler, garder, taire* –LITTÉRAIRE: *celer.*

ébullition *nom féminin*
/ Agitation violente. SYN. bouillonnement, effervescence, éruption, excitation, fermentation, révolution, surexcitation, trouble –LITTÉRAIRE: turbulence. CONTR. *calme, paix, sérénité* –LITTÉRAIRE: *quiétude.*

écaler *verbe*
/ Ôter la coquille. SYN. décortiquer, écosser, éplucher, peler.

écarlate *adjectif*
/ D'un rouge vif. SYN. cramoisi, grenat, ponceau, pourpre, rouge, rutilant –LITTÉRAIRE: rubicond.

écart *nom masculin*
/ Distance entre des choses, des personnes. SYN. distance, écartement, éloignement, espacement, intervalle. CONTR. *contiguïté, proximité, rapprochement.*
/ Différence d'intensité. SYN. décalage, différence, marge, variation. CONTR. *coïncidence, concordance, correspondance, égalité, parité, similarité, similitude.*
/ Action de s'écarter brusquement. SYN. déviation, embardée.
/ Éloignement d'une ligne de conduite. SYN. erreur, incartade, inconduite, irrégularité, manquement –LITTÉRAIRE: débridement.

écarté *adjectif*
/ Qui est situé à l'écart. SYN. isolé, lointain, perdu, reculé, retiré, solitaire. CONTR. *adjacent, attenant, avoisinant, contigu, environnant, fréquenté, limitrophe, mitoyen, proche, voisin* –LITTÉRAIRE: *jouxtant.*
/ Qui est loin de quelque chose. SYN. distant, éloigné, loin. CONTR. *rapproché.*

écartement *nom masculin*
/ Action d'écarter. SYN. désunion, disjonction. CONTR. *jonction, raccordement, rapprochement.*
/ Distance qui sépare. SYN. distance, écart, espace, espacement.

écarter *verbe*
/ Mettre une distance entre des choses. SYN. désassembler, désunir, disjoindre, éloigner, entrouvrir, fendre, ouvrir, séparer. CONTR. *agréger, approcher, attacher, coller, comprimer, joindre, raccorder, rapprocher, réunir, serrer.*
/ Éloigner quelqu'un de son chemin. SYN. détourner, dévier, égarer. CONTR. *amener.*
/ Ne pas tenir compte de. SYN. bannir, décliner, éliminer, escamoter, excepter, exclure, faire abstraction, refuser, repousser. CONTR. *adopter, conserver, garder, retenir, suivre.*
/ Tenir quelqu'un à l'écart de. SYN. arracher, chasser, éliminer, excepter, exclure, exiler, expulser, refouler –FAMILIER: mettre au rancart –LITTÉRAIRE: proscrire. CONTR. *accepter, accueillir, appâter, attirer, gagner, rallier.*

écarter (s') *verbe pronominal*
/ S'éloigner d'un lieu. SYN. s'égarer, s'éloigner, s'exiler, sortir –FAMILIER: s'ôter. CONTR. *approcher, arriver, rester, se rapprocher* –POPULAIRE: *se radiner.*
/ Se mettre sur le côté. SYN. se pousser, se ranger. CONTR. *se serrer, se tasser.*
/ Se détourner de quelqu'un. SYN. se détacher, se séparer. CONTR. *aborder, accoster.*
/ Se mettre à l'écart d'une activité. SYN. renoncer, se retirer. CONTR. *s'adonner, se consacrer.*

ecchymose *nom féminin*
/ Marque laissée par un choc. SYN. contusion, coup, hématome, meurtrissure –FAMILIER: bleu.

écervelé *adjectif*
/ Dépourvu de jugement. SYN. dans la lune, étourdi, évaporé, farfelu, imprudent, inattentif, inconséquent, inconsidéré, irréfléchi –FAMILIER: foufou. CONTR. *circonspect, grave, posé, réfléchi, sage.*

écervelé *nom*
/ Personne sans cervelle. SYN. cervelle de moineau, cervelle d'oiseau, distrait, étourdi,

évaporé, tête de moineau, tête sans cervelle – FAMILIER : étourneau, hurluberlu, passoire, tête de linotte.

échafaudage *nom masculin*

/ Amas d'objets. SYN. amoncellement, monceau, tas.

échafauder *verbe*

/ Mettre des objets l'un sur l'autre. SYN. amonceler, empiler, entasser.

/ Préparer quelque chose. SYN. bâtir, combiner, concevoir, construire, édifier, élaborer, mettre au point, mettre sur pied, mijoter, monter, nourrir, préparer – FAMILIER : goupiller.

échancré *adjectif*

/ Qui présente une échancrure. SYN. décolleté, découpé.

échancrure *nom féminin*

/ Partie échancrée d'un rivage. SYN. anfractuosité, baie, découpure, golfe.

échange *nom masculin*

/ Opération commerciale. SYN. commerce, transaction, troc.

/ Fait de communiquer avec quelqu'un. SYN. communication, dialogue – LITTÉRAIRE : commerce.

échanger *verbe*

/ Donner en échange. SYN. changer, troquer. CONTR. *conserver, garder.*

échantillon *nom masculin*

/ Petite fraction d'un produit. SYN. exemplaire, fragment, morceau.

/ Cas représentatif de quelque chose. SYN. aperçu, avant-goût, exemple, idée, image.

/ Individu représentatif d'une espèce. SYN. modèle, prototype, représentant, spécimen, type.

échantillonnage *nom masculin*

/ Collection d'échantillons. SYN. assortiment, batterie, collection, éventail, gamme, jeu, lot, palette, panoplie.

échappatoire *nom féminin*

/ Moyen de se tirer d'embarras. SYN. dérobade, expédient, faux-fuyant, issue, pantalonnade, pirouette, porte de sortie, prétexte, sortie, subterfuge – FAMILIER : cabriole.

échappée *nom féminin*

/ Espace laissé libre à la vue. SYN. panorama, perspective, point de vue, vue.

/ Action de s'échapper. SYN. escapade, fuite.

échapper *verbe*

/ Se libérer d'une surveillance. SYN. fuir, se dérober à, se détacher de. CONTR. *obéir, se rendre, se soumettre, suivre.*

/ Ne pas être atteint par. SYN. esquiver, éviter, se soustraire – FAMILIER : couper à. CONTR. *subir, supporter.*

/ Cesser d'être tenu. SYN. glisser, tomber.

échapper (s') *verbe pronominal*

/ Partir discrètement d'un lieu. SYN. se dérober, se sauver, s'esquiver, s'évader – FAMILIER : s'éclipser – POPULAIRE : se tirer.

/ Se répandre brusquement. SYN. émerger, fuser, jaillir, monter, se dégager, se vider, s'exhaler – LITTÉRAIRE : surgir.

/ Disparaître entièrement. SYN. partir, se volatiliser, s'envoler, s'éteindre, s'évanouir – LITTÉRAIRE : s'évaporer.

écharpe *nom féminin*

/ Étoffe qu'on porte autour du cou. SYN. cache-col, cache-nez, foulard.

écharper *verbe*

/ Mettre en pièces. SYN. battre, lapider, lyncher.

échauffement *nom masculin*

/ Action d'échauffer. SYN. réchauffement. CONTR. *refroidissement.*

/ Fait de devenir plus animé. SYN. agitation, effervescence, exaltation, excitation, fébrilité, nervosité. CONTR. *calme, indifférence, sérénité* – LITTÉRAIRE : *quiétude.*

échauffer *verbe*

/ Élever la température. SYN. chauffer. CONTR. *rafraîchir, refroidir.*

/ Causer de l'animation. SYN. agiter, enfiévrer, exciter – LITTÉRAIRE : enflammer, exalter. CONTR. *apaiser, calmer, détendre.*

échauffer (s') *verbe pronominal*

/ Faire des exercices. SYN. s'entraîner.

/ Devenir plus animé. SYN. se déchaîner, s'enflammer, s'exalter, s'exciter – LITTÉRAIRE : fermenter. CONTR. *retomber, se calmer, tomber.*

échauffourée *nom féminin*

/ Combat bref et confus. SYN. bagarre, bataille, coups, engagement, escarmouche, mêlée, rencontre, rixe –FAMILIER: accrochage, grabuge.

échéance *nom féminin*

/ Fin d'un délai. SYN. expiration, terme. CONTR. *début.*

échec *nom masculin*

/ Résultat négatif d'une action. SYN. accident, avatar, culbute, déconfiture, défaite, déroute, faillite, gifle, insuccès, malheur, revers –FAMILIER: avortement, claque, fessée, fiasco, four, loupé, pelle, pile, piquette, plongeon, raclée, ratage, veste –LITTÉRAIRE: infortune –POPULAIRE: bide, déculottée, flop, gamelle, plantage, volée. CONTR. *aboutissement, accomplissement, réussite, succès, triomphe, victoire.*

échelle *nom féminin*

/ Ordre de grandeur. SYN. dimension, mesure, proportion, taille.

/ Suite de niveaux. SYN. classification, hiérarchie.

échelon *nom masculin*

/ Chacun des degrés d'une série. SYN. degré, étage, étape, grade, palier, phase, point, stade.

échelonnement *nom masculin*

/ Action d'échelonner. SYN. espacement, étalement.

échelonner *verbe*

/ Disposer de distance en distance. SYN. distribuer, espacer, répartir. CONTR. *grouper.*

/ Répartir dans le temps. SYN. espacer, étaler. CONTR. *bloquer.*

écheveau *nom masculin*

/ Assemblage d'éléments divers. SYN. dédale, labyrinthe, maquis.

échevelé *adjectif*

/ Qui a les cheveux en désordre. SYN. décoiffé, dépeigné, ébouriffé, hérissé, hirsute. CONTR. *coiffé, peigné.*

/ Qui est effréné. SYN. déchaîné, désordonné, enragé, exagéré, fébrile, frénétique –FAMILIER: délirant.

écheveler *verbe*

/ LITTÉRAIRE. Mettre les cheveux en désordre. SYN. décoiffer, dépeigner, ébouriffer. CONTR. *coiffer, peigner.*

échiner (s') *verbe pronominal*

/ Se donner beaucoup de mal pour. SYN. faire des pieds et des mains, peiner, s'accrocher, s'activer, s'affairer, s'agiter, se battre, se débattre, se démener, se dépenser, se donner du mal, se donner un mal de chien, se fatiguer, se multiplier, se remuer, s'épuiser, s'escrimer, s'exténuer –FAMILIER: se bagarrer, se claquer, se couper en quatre, se décarcasser, se défoncer, se mettre en quatre, se tuer, s'éreinter, s'esquinter –POPULAIRE: se casser le cul, se crever. CONTR. *fainéanter, paresser* –FAMILIER: *buller, flemmarder, lézarder, tirer sa flemme* –POPULAIRE: *glander, ne pas en fiche une rame, tirer au cul, tirer au flanc.*

écho *nom masculin*

/ Information obtenue. SYN. nouvelle, on-dit, ouï-dire, rumeur –FAMILIER: potin.

/ Réponse favorable. SYN. répercussion, résonance –LITTÉRAIRE: retour.

/ Ce qui rappelle quelque chose. SYN. marque, miroir, reflet –LITTÉRAIRE: trace.

échoir *verbe*

/ Être dévolu à quelqu'un. SYN. incomber, revenir.

échouer *verbe*

/ Se retrouver par hasard dans un lieu. SYN. arriver –FAMILIER: atterrir.

/ Ne pas aboutir. SYN. achopper, avorter, capoter, craquer, crouler, faire long feu, s'écrouler, s'effondrer –FAMILIER: louper, rater, tomber à l'eau, tomber dans le lac –POPULAIRE: foirer, merder. CONTR. *aboutir, prospérer, réussir* –FAMILIER: *marcher.*

/ Manquer son objectif. SYN. se casser les dents –FAMILIER: être collé, être recalé, faire chou blanc, prendre une pelle, prendre une piquette, prendre une veste, ramasser une pelle, ramasser une piquette, ramasser une veste, rater, se casser la figure, se faire étendre, se ramasser –POPULAIRE: merder, prendre un bide, prendre une gamelle, ramasser une gamelle, se casser la gueule, se planter. CONTR. *être reçu, parvenir, réussir.*

écimage *nom masculin*

/ Action d'écimer. SYN. décapitation, effanage, éhoupage, étêtage, étêtement.

écimer *verbe*

/ Couper la cime d'un arbre. SYN. décapiter, effaner, éhouper, étêter.

éclabousser *verbe*

/ Faire gicler un liquide sur. SYN. arroser, asperger, mouiller, salir, tacher.

/ Salir moralement quelqu'un. SYN. compromettre, déshonorer, salir, traîner dans la boue –LITTÉRAIRE: flétrir, souiller, tacher. CONTR. *blanchir, innocenter* –LITTÉRAIRE: *laver.*

/ LITTÉRAIRE. En imposer par ses avantages. SYN. –FAMILIER: écraser, enfoncer.

éclaboussure *nom féminin*

/ Liquide qui éclabousse. SYN. giclure, moucheture, projection, tache.

/ Ce qui entache une réputation. SYN. contrecoup, incidence, ricochet.

éclair *nom masculin*

/ Manifestation soudaine et fugitive. SYN. étincelle, lueur, trait –LITTÉRAIRE: éclat, flamme.

éclairage *nom masculin*

/ Quantité de lumière. SYN. clarté, lumière. CONTR. *obscurité, ombre.*

/ Manière d'envisager une chose. SYN. angle, côté, jour, perspective, point de vue.

éclaircie *nom féminin*

/ Amélioration climatique. SYN. accalmie, embellie.

éclaircir *verbe*

/ Rendre plus clair. SYN. éclairer, illuminer. CONTR. *assombrir, brunir, foncer, noircir, ternir.*

/ Rendre un liquide plus fluide. SYN. allonger, clarifier, décanter, diluer. CONTR. *épaissir.*

/ Rendre moins touffu. SYN. clairsemer, dépeupler, désépaissir.

/ Rendre plus facile à comprendre. SYN. clarifier, débrouiller, décanter, déchiffrer, démêler, dénouer, désembrouiller, éclairer, élucider, expliquer, simplifier. CONTR. *brouiller, embrouiller, emmêler, enchevêtrer, obscurcir.*

éclaircir (s') *verbe pronominal*

/ Devenir plus clair. SYN. se découvrir. CONTR. *s'assombrir, se couvrir, se noircir* –LITTÉRAIRE: *se rembrunir.*

/ Devenir clairsemé. SYN. se raréfier. CONTR. *affluer, se masser, se presser, se tasser.*

/ Devenir plus intelligible. SYN. se clarifier, se simplifier. CONTR. *se brouiller, s'embarrasser, s'embrouiller, s'obscurcir.*

éclaircissement *nom masculin*

/ Information complémentaire. SYN. clarification, élucidation, explication, justification, lumière, renseignement.

éclairé *adjectif*

/ Qui fait preuve de discernement. SYN. averti, avisé, cultivé, évolué, initié, instruit, judicieux, lucide, sage, savant, sensé. CONTR. *barbare, béotien, ignorant, profane* –VIEUX: *illettré.*

/ Où il y a de la lumière. SYN. clair, ensoleillé, lumineux. CONTR. *noir, sombre* –LITTÉRAIRE: *ténébreux.*

éclairer *verbe intransitif*

/ FAMILIER. Répandre de la lumière. SYN. briller, étinceler, luire, s'allumer –LITTÉRAIRE: flamboyer.

éclairer *verbe transitif*

/ Répandre de la lumière sur. SYN. illuminer. CONTR. *obscurcir.*

/ LITTÉRAIRE. Donner de la gaieté. SYN. illuminer. CONTR. *assombrir, ternir.*

/ Rendre plus compréhensible. SYN. clarifier, démystifier, éclaircir, élucider, expliquer, faciliter, illustrer. CONTR. *aveugler, embrouiller, emmêler, enchevêtrer, obscurcir.*

/ Fournir des renseignements. SYN. informer, instruire, renseigner –FAMILIER: tuyauter. CONTR. *berner, circonvenir.*

éclat *nom masculin*

/ Fragment d'un objet brisé. SYN. débris, déchet, esquille, fragment, morceau, pièce, tesson –LITTÉRAIRE: brisure.

/ Bruit soudain et violent. SYN. coup, esclandre, explosion, fracas, hurlement.

/ Qualité de ce qui brille. SYN. brillant, chatoiement, éclair, feu, limpidité, lueur, luminosité, lustre, miroitement, netteté, scintillement –LITTÉRAIRE: flamme, pétillement, rayonnement, vivacité. CONTR. *obscurité* –LITTÉRAIRE: *noirceur.*

▪ Ce qui force l'admiration. SYN. apparat, beauté, faste, gloire, luxe, magnificence, majesté, panache –LITTÉRAIRE: aura, pompe, somptuosité, splendeur. CONTR. *banalité, médiocrité, platitude.*

éclatant *adjectif*

▪ Qui est très sonore. SYN. fracassant, haut, perçant, retentissant, sonore, strident, vibrant, violent –LITTÉRAIRE: tonnant. CONTR. *assourdi, caverneux, doux, enroué, grave, sourd, voilé.*

▪ Qui a un vif éclat. SYN. ardent, aveuglant, brillant, clair, coloré, cru, éblouissant, étincelant, limpide, lumineux, radieux, rayonnant, reluisant, resplendissant, rutilant –LITTÉRAIRE: flamboyant. CONTR. *blafard, blanchâtre, cadavéreux, cadavérique, flétri, gris, mat, morne, pâle, sale, sombre, tendre, terne, terni.*

▪ Qui s'impose. SYN. flagrant, frappant, indiscutable, irrécusable, notable, notoire, voyant. CONTR. *contestable, discutable, douteux, équivoque, timide.*

▪ Qui force l'admiration. SYN. fastueux, florissant, glorieux, illustre, insigne, prestigieux, resplendissant, riche, triomphal –LITTÉRAIRE: signalé.

éclatement *nom masculin*

▪ Fait d'éclater. SYN. dissolution, explosion. CONTR. *concentration, fusion.*

éclater *verbe*

▪ Se briser soudainement. SYN. crever, exploser, sauter, se dissoudre, se rompre.

▪ Faire entendre un bruit sec. SYN. fuser, jaillir –LITTÉRAIRE: retentir.

▪ Se produire brusquement. SYN. se déclarer, se déclencher.

▪ Ne plus contenir sa colère. SYN. être en colère, fulminer, se déchaîner, se hérisser, se mettre en colère, se monter, s'emporter, sortir de ses gonds, voir rouge –FAMILIER: être en boule, être en rogne, exploser, piquer une crise, se fâcher tout rouge, se mettre en boule, se mettre en pétard, se mettre en rogne. CONTR. *se contenir, se dominer, se maîtriser, se posséder.*

▪ Paraître avec évidence. SYN. se dégager, se manifester, se peindre, s'étaler. CONTR. *se cacher, se dissimuler.*

éclater (s') *verbe pronominal*

▪ POPULAIRE. Prendre beaucoup de plaisir. SYN. faire la fête, s'amuser, se défouler –FAMILIER: faire la bringue, faire la java, faire la noce, faire la nouba –POPULAIRE: faire la bamboula, faire la foire, se marrer.

éclectique *adjectif*

▪ Qui diversifie ses choix. SYN. divers, varié. CONTR. *exclusif, sectaire.*

éclipse *nom féminin*

▪ Fait de disparaître. SYN. absence, défaillance, disparition, effacement, éloignement. CONTR. *apparition, présence.*

éclipser *verbe*

▪ Soustraire aux regards. SYN. cacher, couvrir, masquer, obscurcir, occulter –LITTÉRAIRE: voiler –POPULAIRE: planquer.

▪ Faire mieux que quelqu'un. SYN. détrôner, écraser, supplanter, surclasser, surpasser, vaincre –LITTÉRAIRE: effacer.

éclipser (s') *verbe pronominal*

▪ FAMILIER. S'en aller furtivement. SYN. disparaître, fausser compagnie, prendre congé, s'absenter, se retirer, se volatiliser, s'échapper, s'effacer, s'esquiver, s'évader, s'évanouir –FAMILIER: filer, se défiler, se sauver, s'évaporer –POPULAIRE: se tirer. CONTR. *apparaître, rester* –LITTÉRAIRE: *demeurer.*

éclopé *adjectif*

▪ Qui marche avec difficulté. SYN. boiteux, impotent, infirme, invalide, perclus –LITTÉRAIRE: claudicant. CONTR. *ingambe, valide.*

éclore *verbe*

▪ S'ouvrir, en parlant des fleurs. SYN. fleurir, naître, s'épanouir. CONTR. *se faner, se flétrir.*

▪ LITTÉRAIRE. Se faire jour. SYN. apparaître, germer, naître, paraître, percer, se manifester –LITTÉRAIRE: poindre, s'éveiller, sourdre. CONTR. *disparaître.*

éclosion *nom féminin*

▪ Naissance de quelque chose. SYN. apparition, épanouissement, manifestation, naissance –LITTÉRAIRE: efflorescence, éveil. CONTR. *fin.*

écluser *verbe*

▪ POPULAIRE. Boire jusqu'au bout. SYN. avaler, ingurgiter, vider –FAMILIER: se taper, s'enfiler, siffler –POPULAIRE: pomper, s'envoyer.

écœurant *adjectif*

- Qui soulève le cœur. SYN. abominable, fétide, infect, nauséabond –LITTÉRAIRE: nauséeux. CONTR. *alléchant, appétissant, bon, savoureux, suave* –LITTÉRAIRE: *délectable.*
- Qui inspire le dégoût moral. SYN. abject, dégoûtant, rebutant, repoussant, répugnant, répulsif, révoltant, sordide –LITTÉRAIRE: nauséeux –POPULAIRE: dégueulasse. CONTR. *affriolant, agréable, attirant, intéressant, plaisant.*
- FAMILIER. Qui inspire du découragement. SYN. décourageant, démoralisant, désespérant, rebutant. CONTR. *encourageant, exaltant, stimulant.*

écœuré *adjectif*

- FAMILIER. Qui a perdu courage. SYN. découragé, dégoûté, démoralisé, lassé, saturé. CONTR. *enthousiaste, euphorique.*

écœurement *nom masculin*

- Sensation de nausée. SYN. dégoût, haut-le-cœur.
- Sentiment de dégoût moral. SYN. répugnance, répulsion –LITTÉRAIRE: haut-le-cœur. CONTR. *attirance, sympathie.*
- FAMILIER. Sensation de découragement. SYN. abattement, démoralisation, lassitude. CONTR. *enthousiasme, euphorie.*

écœurer *verbe*

- Donner la nausée. SYN. donner envie de vomir, lever le cœur, soulever le cœur. CONTR. *allécher.*
- Inspirer de l'aversion. SYN. dégoûter, donner envie de vomir, faire horreur, rebuter, répugner, révolter, scandaliser –FAMILIER: révulser –POPULAIRE: débecqueter, débecter. CONTR. *allécher, attirer, charmer, fasciner, plaire, séduire, tenter.*
- FAMILIER. Décourager quelqu'un. SYN. abattre, anéantir, décourager, dégoûter, démoraliser, désespérer, rebuter.

école *nom féminin*

- Mouvement issu d'une doctrine. SYN. courant, groupe, philosophie, système.

écolier *nom*

- FAMILIER. Personne inexpérimentée. SYN. apprenti, débutant, élève, néophyte, nouveau, novice –FAMILIER: bleu. CONTR. *connaisseur, expert, maître.*

éconduire *verbe*

- Se débarrasser de quelqu'un. SYN. chasser, congédier, éloigner, envoyer à tous les diables, envoyer aux cinq cents diables, envoyer sur les roses, exclure, renvoyer, repousser, se défaire –FAMILIER: envoyer au bain, envoyer au diable, envoyer balader, envoyer bouler, envoyer paître, envoyer promener, remballer, rembarrer, vider, virer –POPULAIRE: balancer, envoyer aux pelotes, envoyer chier, envoyer dinguer, envoyer péter, envoyer se faire cuire un œuf, envoyer se faire foutre –VIEUX: envoyer se faire lanlaire. CONTR. *accueillir, admettre, appeler, garder, recevoir.*

économe *adjectif*

- Qui limite ses dépenses. SYN. avare, parcimonieux, regardant. CONTR. *dépensier, dilapidateur, gaspilleur, large* –LITTÉRAIRE: *dissipateur.*
- Qui se limite en quelque chose. SYN. avare –FAMILIER: chiche. CONTR. *généreux, prodigue.*

économie *nom féminin*

- Art de réduire les dépenses. SYN. épargne, parcimonie. CONTR. *dilapidation, gaspillage, libéralité, prodigalité* –LITTÉRAIRE: *dissipation, largesse.*
- Ce qu'on met de côté. SYN. gain. CONTR. *dépense, perte.*
- Organisation d'un ensemble. SYN. agencement, harmonie, ordonnance, structure.

économies *nom féminin pluriel*

- Somme d'argent mise de côté. SYN. bas de laine, disponibilités, pécule, réserve –FAMILIER: magot –POPULAIRE: éconocroques.

économique *adjectif*

- Qui est peu coûteux. SYN. abordable, avantageux, bon marché, intéressant. CONTR. *cher, coûteux, onéreux, prohibitif, ruineux* –LITTÉRAIRE: *dispendieux.*

économiser *verbe*

- Mettre de l'argent de côté. SYN. amasser, épargner, réserver, thésauriser –FAMILIER: gratter. CONTR. *croquer, dépenser, dilapider, engloutir, engouffrer, gaspiller, manger, prodiguer* –LITTÉRAIRE: *dissiper* –POPULAIRE: *boulotter.*
- Limiter l'usage d'une chose. SYN. lésiner, ménager, regarder, rogner –POPULAIRE: mégoter. CONTR. *gâcher, gaspiller.*

écoper *verbe*
/ FAMILIER. Faire l'objet d'une sanction. SYN. attraper, récolter –FAMILIER: prendre.
/ FAMILIER. Recevoir des coups. SYN. essuyer –FAMILIER: encaisser, ramasser, trinquer –POPULAIRE: déguster.

écorce *nom féminin*
/ Enveloppe de certains fruits. SYN. peau, pelure.
/ Aspect visible de. SYN. apparence, dehors, enveloppe, extérieur, façade, surface –LITTÉRAIRE: superficie.

écorcer *verbe*
/ Ôter l'enveloppe d'un fruit. SYN. décortiquer, peler –LITTÉRAIRE: dépouiller.

écorcher *verbe*
/ Dépouiller un animal de sa peau. SYN. dépouiller –FAMILIER: dépiauter.
/ Blesser en entamant la peau. SYN. blesser, couper, déchirer, égratigner, érafler, griffer, meurtrir.
/ Prononcer mal un mot. SYN. déformer, estropier.
/ FAMILIER. Faire payer quelqu'un trop cher. SYN. étrangler, exploiter, voler –FAMILIER: estamper, étriller, matraquer, rançonner, refaire –VIEUX: égorger.

écorchure *nom féminin*
/ Plaie légère de la peau. SYN. coupure, égratignure, éraflure, excoriation, griffure.

écorner *verbe*
/ Porter atteinte à. SYN. ébrécher, entamer, toucher à.

écornifler *verbe*
/ FAMILIER. Voler quelque chose. SYN. escamoter, grappiller, soustraire –FAMILIER: barboter, carotter, chaparder, chiper, choper, piquer, subtiliser –LITTÉRAIRE: dérober –POPULAIRE: faucher.

écornifleur *nom*
/ VIEUX. Personne qui profite des autres. SYN. parasite, profiteur –FAMILIER: pique-assiette –LITTÉRAIRE: sangsue.

écosser *verbe*
/ Dépouiller de son enveloppe. SYN. écaler, éplucher, peler.

écot *nom masculin*
/ Participation à une dépense. SYN. contingent, contribution, cotisation, quote-part, quotité.

écoulement *nom masculin*
/ Fait de s'écouler. SYN. dégorgement, évacuation, flux, suintement –LITTÉRAIRE: fuite. CONTR. *stagnation.*
/ Action d'écouler des choses. SYN. débit, placement, vente.

écouler *verbe*
/ Vendre des marchandises. SYN. débiter, diffuser, épuiser, placer, solder –FAMILIER: liquider. CONTR. *garder, stocker.*

écouler (s') *verbe pronominal*
/ S'évacuer en coulant. SYN. couler, se déverser, se répandre, se vider, s'épancher. CONTR. *stagner.*

écourter *verbe*
/ Diminuer la longueur de. SYN. abréger, amputer, couper, diminuer, raccourcir, rapetisser, réduire, rogner, tronquer. CONTR. *accroître, allonger, rallonger.*
/ Donner de manière incomplète. SYN. amputer, rogner, sabrer, tronquer. CONTR. *développer, étoffer, nourrir.*

écouter *verbe*
/ Être attentif à un son. SYN. dresser l'oreille, entendre, prêter l'oreille, prêter une oreille attentive, tendre l'oreille –FAMILIER: être tout ouïe –VIEUX: ouïr. CONTR. *avoir la tête ailleurs, être ailleurs, être dans la lune, n'écouter que d'une oreille.*
/ Tenir compte de. SYN. boire les paroles de, croire, ne consulter que, obéir à, observer, respecter, se conformer à, suivre. CONTR. *désobéir, négliger, se révolter.*

écouter (s') *verbe pronominal*
/ Être obsédé par ses maux. SYN. se dorloter, se ménager.

écrabouiller *verbe*
/ FAMILIER. Réduire en bouillie. SYN. broyer, écraser, piler, pulvériser.

écran *nom masculin*
/ Ce qui fait obstacle. SYN. cloison, cloisonnement, paravent, rideau, séparation.

écrasant *adjectif*

/ Qui écrase. SYN. accablant, oppressant, pénible, pesant, terrassant.

/ Qui est d'une taille imposante. SYN. démesuré, énorme, important, phénoménal. CONTR. *anodin, dérisoire, infime, insignifiant, négligeable, petit.*

écrasé *adjectif*

/ Se dit d'un nez de forme aplatie. SYN. aplati, camus, épaté, plat -VIEUX: camard. CONTR. *aquilin, arqué, bombé, bourbonien, busqué, droit.*

/ Réduit en morceaux. SYN. en capilotade, en marmelade, en morceaux, en pièces -FAMILIER: en bouillie, en compote.

écrasement *nom masculin*

/ Action d'écraser. SYN. anéantissement, aplatissement, destruction, extermination.

écraser *verbe*

/ Réduire en morceaux. SYN. broyer, compresser, concasser, égruger, moudre, mouliner, piler, pulvériser -FAMILIER: écrabouiller, réduire en bouillie.

/ Imposer une charge excessive à. SYN. abrutir, accabler, charger, étouffer, grever, opprimer, peser, pressurer, surcharger, surmener -LITTÉRAIRE: enchaîner, gorger. CONTR. *alléger, débarrasser, dégrever, délivrer, libérer, soulager.*

/ L'emporter sur quelqu'un. SYN. abattre, anéantir, battre, culbuter, dominer, éclipser, foudroyer, surclasser, surpasser, terrasser, triompher, vaincre -FAMILIER: aplatir, enfoncer, étriller, piler. CONTR. *épargner.*

écraser (s') *verbe pronominal*

/ POPULAIRE. Ne pas insister. SYN. céder, plier, se plier, se taire, s'incliner -FAMILIER: s'aplatir.

écrémer *verbe*

/ Prendre ce qu'il y a de meilleur. SYN. sélectionner, trier.

écrier (s') *verbe pronominal*

/ Dire d'une voix forte. SYN. clamer, s'exclamer -LITTÉRAIRE: se récrier.

écrire *verbe*

/ Tracer les signes d'un système d'écriture. SYN. calligraphier, gribouiller, griffonner, inscrire, marquer, noter.

/ Formuler quelque chose par écrit. SYN. consigner, noter, orthographier, rédiger -LITTÉRAIRE: transcrire.

/ Faire métier d'écrivain. SYN. composer, créer, produire -FAMILIER: pondre.

écrit *adjectif*

/ Transcrit par l'écriture. SYN. manuscrit, rédigé. CONTR. *oral, verbal.*

écrit *nom masculin*

/ Chose écrite. SYN. imprimé, livre, manuscrit, œuvre, ouvrage, papier, publication.

écriteau *nom masculin*

/ Panneau portant une information. SYN. affiche, pancarte, panneau -VIEUX: placard.

écriture *nom féminin*

/ Système de signes graphiques. SYN. graphie, graphisme.

/ Manière personnelle d'écrire. SYN. genre, manière, phraséologie, style, ton -FAMILIER: plume.

écrivailleur *nom*

/ Personne qui écrit vite et mal. SYN. barbouilleur, écrivaillon, écrivassier, plumitif -FAMILIER: scribouillard.

écrivaillon *nom masculin*

/ Personne qui écrit vite et mal. SYN. barbouilleur, écrivailleur, écrivassier, plumitif -FAMILIER: scribouillard.

écrivain *nom masculin*

/ Personne qui écrit des œuvres littéraires. SYN. auteur, homme de lettres, littérateur -FAMILIER: gendelettre.

écrivassier *nom*

/ Personne qui écrit vite et mal. SYN. barbouilleur, écrivailleur, écrivaillon, plumitif -FAMILIER: scribouillard.

écrouer *verbe*

/ Mettre en prison. SYN. cadenasser, détenir, emprisonner, enfermer, incarcérer, interner, mettre au secret, mettre sous les verrous -FAMILIER: boucler, coffrer, mettre à l'ombre, mettre au frais, mettre au trou -LITTÉRAIRE: embastiller. CONTR. *délivrer, élargir, libérer, relâcher, relaxer.*

écroulement *nom masculin*

/ Fait de s'écrouler. SYN. affaissement, démolition, éboulement, effondrement.

/ Fait d'être réduit à néant. SYN. anéantissement, chute, débâcle, déroute, destruction, dissolution, faillite, naufrage, renversement, ruine. CONTR. *raffermissement, redressement, relèvement.*

écrouler (s') *verbe pronominal*

/ Tomber en s'affaissant. SYN. crouler, s'abattre, s'affaisser, se renverser, s'ébouler, s'effondrer. CONTR. *résister, tenir.*

/ Être réduit à néant. SYN. craquer, échouer, s'anéantir, se désagréger, s'éteindre, s'évanouir –LITTÉRAIRE: expirer.

/ Se laisser tomber. SYN. tomber –FAMILIER: chuter, dégringoler, s'affaler, s'étaler –LITTÉRAIRE: choir.

écru *adjectif*

/ Se dit de textiles non traités. SYN. brut, naturel.

/ De couleur beige. SYN. bis, sable.

écueil *nom masculin*

/ Rocher à fleur d'eau. SYN. brisant, récif.

/ LITTÉRAIRE. Difficulté qui met en péril. SYN. danger, inconvénient, obstacle, péril, piège, pierre d'achoppement, risque, traquenard –LITTÉRAIRE: traverse.

éculé *adjectif*

/ Qui a trop servi. SYN. rebattu, ressassé, usagé, usé. CONTR. *frais, inédit, neuf, nouveau, original.*

écume *nom féminin*

/ LITTÉRAIRE. Individus méprisables. SYN. racaille –LITTÉRAIRE: lie, rebut –POPULAIRE: raclure. CONTR. *élite, fine fleur, fleur.*

écumer *verbe*

/ Être au comble de la fureur. SYN. bouillonner, enrager, être furieux –FAMILIER: fumer, rager.

/ Se livrer au brigandage. SYN. piller –LITTÉRAIRE: infester –VIEUX: saccager.

écumeur *nom*

/ LITTÉRAIRE. Pirate. SYN. corsaire, flibustier, forban.

écurie *nom féminin*

/ FAMILIER. Local malpropre. SYN. bauge, taudis –FAMILIER: porcherie –LITTÉRAIRE: galetas, tanière –POPULAIRE: gourbi.

éden *nom masculin*

/ LITTÉRAIRE. Lieu de délices. SYN. eldorado, oasis, paradis, pays de cocagne –LITTÉRAIRE: jardin. CONTR. *enfer.*

édicter *verbe*

/ Publier une loi, un arrêté. SYN. décréter, imposer, prescrire, promulguer.

édifiant *adjectif*

/ Qui porte à la vertu. SYN. exemplaire, moral, moralisateur. CONTR. *laid, répugnant, sale, vilain* –LITTÉRAIRE: *pernicieux, vil.*

édification *nom féminin*

/ Action d'édifier quelque chose. SYN. constitution, construction, création, élévation, érection, établissement, fondation. CONTR. *destruction.*

/ LITTÉRAIRE. Action d'inspirer la vertu. SYN. moralisation. CONTR. *avilissement, corruption.*

/ Action d'instruire quelqu'un. SYN. information, instruction.

édifice *nom masculin*

/ Ouvrage d'architecture. SYN. bâtiment, bâtisse, construction, monument.

édifier *verbe*

/ Bâtir quelque chose. SYN. bâtir, construire, élever, ériger. CONTR. *abattre, démolir, détruire, raser, renverser.*

/ Fonder quelque chose. SYN. constituer, créer, échafauder, établir, fonder, jeter les bases de. CONTR. *anéantir, détruire, miner, renverser, saper* –LITTÉRAIRE: *ruiner.*

/ Porter quelqu'un à la vertu. SYN. –LITTÉRAIRE: moraliser. CONTR. *gâter, pervertir* –LITTÉRAIRE: *corrompre, flétrir.*

/ Renseigner quelqu'un. SYN. démystifier, fixer, informer. CONTR. *mystifier, tromper.*

éditer *verbe*

/ Publier une œuvre. SYN. diffuser, distribuer, sortir.

éducateur *adjectif*

/ Qui contribue à l'éducation. SYN. didactique, éducatif, formateur, pédagogique.

éducateur *nom*
- Personne chargée de l'éducation. SYN. maître, pédagogue, précepteur, professeur.

éducatif *adjectif*
- Qui vise à éduquer. SYN. didactique, éducateur, formateur, pédagogique.

éducation *nom féminin*
- Action de former quelqu'un. SYN. enseignement, façonnage, façonnement, formation, instruction, pédagogie.
- Bonnes manières. SYN. classe, décence, distinction, politesse, savoir-vivre –LITTÉRAIRE: urbanité, usage. CONTR. *grossièreté, impolitesse, vulgarité.*

édulcorer *verbe*
- Atténuer la dureté de quelque chose. SYN. adoucir, affadir, affaiblir –LITTÉRAIRE: lénifier, mitiger. CONTR. *durcir.*

éduquer *verbe*
- Former l'esprit de quelqu'un. SYN. discipliner, dresser, élever, former, instruire –LITTÉRAIRE: façonner.
- Développer une faculté particulière. SYN. cultiver, dresser, entraîner, exercer.
- Apprendre à quelqu'un les usages. SYN. dégrossir –LITTÉRAIRE: civiliser, policer, polir.

effaçable *adjectif*
- Qui peut être effacé. SYN. –LITTÉRAIRE: délébile. CONTR. *indélébile, ineffaçable.*

effacé *adjectif*
- Qui reste en retrait. SYN. discret, falot, humble, insignifiant, modeste, terne. CONTR. *agressif, brillant, dédaigneux, dominateur, éblouissant, effronté, éminent, faraud, fier, illustre, impudent, infatué, orgueilleux, supérieur* –FAMILIER: *crâneur.*

effacement *nom masculin*
- LITTÉRAIRE. Attitude effacée. SYN. discrétion, humilité, modestie, réserve. CONTR. *bluff, supériorité* –LITTÉRAIRE: *infatuation.*
- Action de faire disparaître. SYN. gommage, levée, retrait.
- Action de s'effacer. SYN. affaiblissement, disparition, éclipse.

effacer *verbe*
- Faire disparaître quelque chose. SYN. barrer, biffer, caviarder, enlever, gommer, gratter, ôter, rayer.
- Faire oublier quelque chose. SYN. abolir, chasser, éclipser, estomper, guérir, lever, réparer –LITTÉRAIRE: laver. CONTR. *accentuer, aviver, faire ressortir, raviver.*

effacer (s') *verbe pronominal*
- Se tenir à l'écart. SYN. se pousser, se retirer. CONTR. *se mettre en avant.*
- Perdre de l'intensité. SYN. disparaître, faiblir, pâlir, passer, s'estomper, s'éteindre –LITTÉRAIRE: expirer, se mourir. CONTR. *s'accentuer, s'accuser, s'intensifier.*
- S'en aller. SYN. partir, s'éloigner, s'évanouir, s'oublier –FAMILIER: s'éclipser. CONTR. *apparaître, durer, rester.*

effarant *adjectif*
- Qui plonge dans la stupeur. SYN. affolant, ahurissant, effrayant, épouvantable, étonnant, stupéfiant, suffocant, terrifiant –FAMILIER: délirant, énorme, époustouflant, invraisemblable, renversant, sciant, sidérant, soufflant.
- Qui atteint un degré extrême. SYN. fantastique, inimaginable, inouï, phénoménal, prodigieux –FAMILIER: faramineux.

effaré *adjectif*
- Qui manifeste un grand trouble. SYN. abasourdi, affolé, ahuri, effrayé, égaré, épouvanté, hagard, pétrifié, stupéfait, suffoqué, terrifié –LITTÉRAIRE: épeuré. CONTR. *calme, impassible, placide, serein.*

effarement *nom masculin*
- État d'une personne effarée. SYN. abasourdissement, affolement, ahurissement, ébahissement, effroi, étonnement, stupéfaction, stupeur, surprise –FAMILIER: épatement. CONTR. *calme, impassibilité, sang-froid, sérénité.*

effarer *verbe*
- Provoquer la stupeur. SYN. abasourdir, ahurir, éberluer, stupéfier –FAMILIER: estomaquer, scier, sidérer, souffler.
- Plonger dans la peur. SYN. affoler, effrayer, épouvanter, terrifier, terroriser. CONTR. *apprivoiser.*

effarouchant *adjectif*

/ Qui effarouche. SYN. alarmant, effrayant, inquiétant.

effarouché *adjectif*

/ Qui est effrayé. SYN. apeuré, craintif, effrayé, timide –LITTÉRAIRE: épeuré.

effarouchement *nom masculin*

/ Fait de s'effaroucher. SYN. affolement, crainte, trouble. CONTR. *calme, impassibilité, sang-froid.*

effaroucher *verbe*

/ Faire fuir quelqu'un, un animal. CONTR. *apprivoiser, attirer, familiariser.*

/ Provoquer la crainte. SYN. affoler, effrayer, inquiéter, intimider, troubler. CONTR. *rassurer, tranquilliser* –LITTÉRAIRE: *rasséréner.*

effectif *adjectif*

/ Dont la réalité est incontestable. SYN. authentique, concret, matériel, objectif, positif, réalisé, réel, tangible, valable, valide. CONTR. *apparent, fictif, hypothétique, illusoire, imaginaire, inexistant, irréel, virtuel.*

effectivement *adverbe*

/ D'une manière effective. SYN. assurément, matériellement, physiquement, réellement, véritablement, vraiment. CONTR. *apparemment, censément, en apparence.*

/ Confirme une affirmation. SYN. de fait, décidément, en effet, en fait, en réalité –FAMILIER: positivement.

effectuer *verbe*

/ Mettre à exécution. SYN. accomplir, exécuter, opérer, procéder à, réaliser, se livrer à.

effervescence *nom féminin*

/ Agitation vive. SYN. désordre, ébullition, échauffement, énervement, exaltation, excitation, fébrilité, fermentation, fièvre, frénésie, grouillement, mouvement, nervosité, remous, surexcitation, trouble –LITTÉRAIRE: émoi, tumulte, turbulence. CONTR. *abrutissement, apathie, calme, impassibilité, sérénité, tranquillité* –LITTÉRAIRE: *quiétude.*

effervescent *adjectif*

/ LITTÉRAIRE. Qui est en effervescence. SYN. agité, ardent, bouillonnant, déchaîné, enflammé, exalté, excité, frénétique, passionné, surexcité, trépidant. CONTR. *calme, impassible, imperturbable, indolent, placide, serein, tranquille* –FAMILIER: *cool.*

effet *nom masculin*

/ Conséquence d'une action. SYN. atteinte, conséquence, contrecoup, efficacité, fruit, incidence, influence, produit, répercussion, résultat, retentissement, retombée, suite. CONTR. *agent, cause, facteur, motif.*

/ Impression produite sur quelqu'un. SYN. action, sensation, sentiment.

/ *En effet.* SYN. assurément, car, effectivement.

effets *nom masculin pluriel*

/ Pièces de l'habillement. SYN. affaires, habillement, habits, vêtements –FAMILIER: nippes, sapes –LITTÉRAIRE: hardes –POPULAIRE: fringues, frusques.

effeuiller *verbe*

/ Ôter les feuilles, les pétales de. SYN. –LITTÉRAIRE: défeuiller, dépouiller.

efficace *adjectif*

/ Qui produit l'effet attendu. SYN. actif, agissant, énergique, infaillible, puissant, radical –LITTÉRAIRE: souverain. CONTR. *anodin, impuissant, inactif, inefficace, infructueux, inopérant, stérile, vain.*

/ Qui remplit bien sa tâche. SYN. bon, capable, compétent, efficient, percutant. CONTR. *incapable, nul.*

efficacement *adverbe*

/ De façon efficace. SYN. activement, utilement. CONTR. *vainement* –LITTÉRAIRE: *stérilement.*

efficacité *nom féminin*

/ Caractère de ce qui a un résultat. SYN. action, effet, force, pouvoir, puissance, vertu. CONTR. *inanité, inefficacité, inutilité* –LITTÉRAIRE: *stérilité, vanité.*

/ Qualité d'une personne efficace. SYN. efficience, productivité, rendement. CONTR. *incapacité, incompétence* –LITTÉRAIRE: *impéritie.*

efficience *nom féminin*

/ Capacité de rendement. SYN. efficacité, productivité, rendement. CONTR. *inefficacité, inutilité.*

efficient *adjectif*

/ Qui aboutit à de bons résultats. SYN. actif, agissant, efficace, énergique, valable. CONTR. *inactif, inefficace, inopérant, stérile, vain.*

effigie *nom féminin*

/ Représentation d'une personne. SYN. figure, image, portrait.

effilé *adjectif*

/ Qui est mince et long. SYN. allongé, élancé, filiforme, fuselé, grêle, menu –LITTÉRAIRE: délié, gracile. CONTR. *corpulent, épais, fort, gros, massif.*

effiler *verbe*

/ Défaire un tissu. SYN. effilocher, effranger.

/ Rendre plus mince. SYN. amenuiser, amincir. CONTR. *épaissir, grossir.*

effilocher *verbe*

/ Réduire du tissu en bourre. SYN. défiler, éfaufiler, effiler, effranger.

effilocher (s') *verbe pronominal*

/ Se défaire, en parlant d'un tissu. SYN. s'effiler, s'effranger.

/ Se dissiper progressivement. SYN. disparaître, s'estomper. CONTR. *croître, s'intensifier.*

efflanqué *adjectif*

/ Qui est maigre et grand. SYN. décharné, osseux, sec, squelettique –LITTÉRAIRE: étique. CONTR. *charnu, dodu, gras, gros, plantureux, potelé, rebondi, replet* –FAMILIER: *rond, rondelet, rondouillard.*

effleurement *nom masculin*

/ Action d'effleurer. SYN. attouchement, caresse, contact, frôlement.

effleurer *verbe*

/ Entamer superficiellement. SYN. égratigner, érafler.

/ Toucher légèrement. SYN. caresser, friser, frôler, raser, serrer. CONTR. *appuyer.*

/ Examiner superficiellement. SYN. glisser sur, survoler. CONTR. *analyser, approfondir, disséquer, éplucher, étudier, pénétrer, s'arrêter.*

efflorescence *nom féminin*

/ LITTÉRAIRE. Commencement de quelque chose. SYN. éclosion, épanouissement, naissance.

effluve *nom masculin*

/ Odeur venant d'un corps. SYN. arôme, dégagement, émanation, exhalaison, fumet, miasmes, parfum –LITTÉRAIRE: fragrance, senteur.

effondré *adjectif*

/ Qui a perdu toute énergie. SYN. abattu, accablé, anéanti, atterré, consterné, prostré, ruiné –FAMILIER: catastrophé, groggy.

effondrement *nom masculin*

/ Fait de s'effondrer. SYN. affaissement, éboulement, écroulement. CONTR. *raffermissement, relèvement.*

/ Fait d'être détruit. SYN. anéantissement, chute, déliquescence, destruction, dissolution, enterrement, renversement, ruine.

/ Perte soudaine de valeur. SYN. baisse, chute, effritement, krach –FAMILIER: dégringolade. CONTR. *bond, boom, élévation, majoration.*

effondrer (s') *verbe pronominal*

/ Tomber brusquement. SYN. crouler, s'abattre, s'affaisser, s'affaler, s'avachir, s'ébouler, s'écrouler. CONTR. *résister.*

/ Être détruit. SYN. crouler, échouer, s'anéantir, sombrer.

/ Perdre toute énergie. SYN. craquer –FAMILIER: flancher, se dégonfler –LITTÉRAIRE: succomber –POPULAIRE: se déballonner. CONTR. *résister, tenir bon* –FAMILIER: *tenir le coup.*

/ Subir une baisse brutale. SYN. baisser, descendre, perdre –FAMILIER: dégringoler. CONTR. *monter.*

efforcer (s') *verbe pronominal*

/ Faire des efforts pour atteindre un but. SYN. essayer, œuvrer, s'acharner à, s'appliquer à, s'attacher à, s'employer à, s'escrimer à, s'évertuer à, s'ingénier à, tâcher de, tenter de, travailler à –FAMILIER: se tuer à.

effort *nom masculin*

/ Mobilisation volontaire des forces. SYN. application, attention, concentration, mal, peine, tension –LITTÉRAIRE: contention. CONTR. *facilité.*

effranger *verbe*

/ Défaire le bord d'un tissu. SYN. défiler, effiler, effilocher.

effrayant *adjectif*

▮ Qui cause de la frayeur. SYN. abominable, affreux, alarmant, atroce, effarouchant, effroyable, épouvantable, horrible, inquiétant, redoutable, sinistre, terrible, terrifiant. CONTR. *agréable, rassurant, sécurisant, tranquillisant.*

▮ D'une ampleur excessive. SYN. affolant, effarant, formidable, impressionnant, inouï, stupéfiant.

effrayé *adjectif*

▮ Rempli de frayeur. SYN. apeuré, effaré, effarouché, épouvanté, mort de peur, tremblant –LITTÉRAIRE: épeuré –POPULAIRE: mort de trouille.

effrayer *verbe*

▮ Causer de la frayeur. SYN. affoler, apeurer, effarer, effaroucher, épouvanter, horrifier, impressionner, inquiéter, intimider, pétrifier, terrifier, terroriser. CONTR. *apaiser, apprivoiser, calmer, rassurer, tranquilliser.*

▮ Causer de l'appréhension. SYN. alarmer, angoisser, décourager, faire peur, intimider, rebuter –VIEUX: soucier. CONTR. *réconforter* –LITTÉRAIRE: *rasséréner.*

effrayer (s') *verbe pronominal*

▮ Éprouver de la peur. SYN. avoir des sueurs froides, avoir froid dans le dos, avoir la chair de poule, avoir peur, craindre, paniquer, prendre peur, redouter, s'alarmer, trembler –FAMILIER: avoir la colique, avoir la frousse, ne plus avoir un poil de sec –POPULAIRE: avoir la chiasse, avoir la pétoche, avoir la trouille, avoir le trouillomètre à zéro, avoir les chocottes, avoir les foies, avoir les grelots, avoir les jetons, baliser, faire dans sa culotte, faire dans son froc, fouetter, les avoir à zéro.

effréné *adjectif*

▮ Qui est sans frein. SYN. débordant, débridé, déchaîné, démesuré, endiablé, exagéré, excessif, féroce, fou, frénétique, furieux, immodéré, insensé, outré, pétulant, vertigineux –FAMILIER: délirant, monstre –LITTÉRAIRE: dévorant, intempérant. CONTR. *contenu, discret, endormi, mesuré, modéré, modeste, raisonnable, réservé, retenu, sage.*

effriter *verbe*

▮ Rendre friable. SYN. dégrader, désagréger, désintégrer.

effriter (s') *verbe pronominal*

▮ Diminuer progressivement. SYN. s'amenuiser, se démanteler, se désagréger, se disloquer. CONTR. *se renforcer.*

effroi *nom masculin*

▮ Grande frayeur. SYN. affolement, angoisse, anxiété, crainte, effarement, épouvante, frayeur, panique, peur bleue, peur panique, phobie, terreur –LITTÉRAIRE: affres, alarme. CONTR. *calme, intrépidité, sang-froid, tranquillité* –LITTÉRAIRE: *quiétude.*

effronté *adjectif*

▮ Qui manifeste de l'impudence. SYN. audacieux, cavalier, cynique, déluré, éhonté, hardi, impertinent, impudent, insolent, osé –FAMILIER: culotté, gonflé, sans gêne –LITTÉRAIRE: outrecuidant. CONTR. *confus, déférent, discret, effacé, humble, modeste, pudique, réservé, respectueux, timide* –LITTÉRAIRE: *révérencieux.*

effrontément *adverbe*

▮ De façon effrontée. SYN. audacieusement, cavalièrement, crûment, cyniquement, grossièrement, hardiment, impertinemment, impoliment, impudemment, insolemment, trivialement, vulgairement –LITTÉRAIRE: irrespectueusement, irrévérencieusement –VIEUX: irrévéremment. CONTR. *décemment, discrètement, modestement, pudiquement, timidement.*

effronterie *nom féminin*

▮ Attitude effrontée. SYN. aplomb, audace, cynisme, front, hardiesse, impertinence, impudence, inconvenance, insolence, sans-gêne –FAMILIER: culot, toupet –LITTÉRAIRE: outrecuidance, sans-façon. CONTR. *décence, déférence, humilité, modestie, pudeur, réserve, retenue.*

effroyable *adjectif*

▮ Qui cause de l'effroi. SYN. abominable, affreux, apocalyptique, atroce, catastrophique, dantesque, effrayant, épouvantable, féroce, horrible, horrifiant, monstrueux, sinistre, terrible, terrifiant –FAMILIER: cauchemardesque. CONTR. *admirable, adorable, beau, magnifique.*

▮ Qui est excessif. SYN. considérable, démesuré, excessif, extrême, féroce, immodéré. CONTR. *doux, modéré, raisonnable.*

effroyablement *adverbe*

▮À un très haut degré. SYN. abominablement, affreusement, beaucoup, bien, épouvantablement, exceptionnellement, excessivement, extraordinairement, extrêmement, follement, fort, fortement, horriblement, immensément, immodérément, incroyablement, infiniment, mortellement, parfaitement, particulièrement, prodigieusement, profondément, puissamment, terriblement, très, trop –FAMILIER: atrocement, bigrement, bougrement, diablement, drôlement, fameusement, fichtrement, fichûment, formidablement, joliment, méchamment, rudement, tout plein –LITTÉRAIRE: diantrement, furieusement –POPULAIRE: foutrement, salement, vachement –VIEUX: fièrement. CONTR. *à peine, faiblement, légèrement, modérément, moyennement, peu, sobrement.*

effusion *nom féminin*

▮Manifestation d'un sentiment. SYN. débordement, élan, épanchement, ferveur –LITTÉRAIRE: expansion, transport.

égaiement *nom masculin*

▮LITTÉRAIRE. Fait de s'égayer. SYN. amusement, distraction, divertissement, réjouissance.

égailler (s') *verbe pronominal*

▮Partir dans tous les sens. SYN. se débander, se déployer, se disperser, se disséminer, s'égrener, s'éparpiller –LITTÉRAIRE: essaimer. CONTR. *s'agglomérer, s'agglutiner, s'assembler, se concentrer, se grouper, se masser, se rassembler, se réunir.*

égal *adjectif*

▮Qui a la même valeur. SYN. équivalent, identique, indifférent, même, pareil. CONTR. *différent, dissemblable, inégal.*

▮Qui ne varie pas. SYN. constant, équilibré, invariable, paisible, pondéré, régulier, tranquille, uniforme. CONTR. *capricieux, changeant, discontinu, inconstant, inégal, intermittent, lunatique, variable, versatile.*

▮Qui est régulier. SYN. lisse, plan, plat, uni. CONTR. *accidenté, cahoteux, discontinu, entrecoupé, raboteux, rugueux.*

égal *nom*

▮Personne qui est égale à une autre. SYN. pair, pareil.

égalable *adjectif*

▮Que l'on peut égaler. SYN. équivalent. CONTR. *incomparable, inégalable, sans pareil, unique.*

également *adverbe*

▮Au même degré. SYN. à l'avenant, au même titre, autant, indifféremment, indistinctement, pareillement –LITTÉRAIRE: semblablement –VIEUX: mêmement.

▮Marque l'égalité de situation. SYN. aussi, de même –VIEUX: itou.

égaler *verbe*

▮Être équivalent à. SYN. correspondre, équivaloir à.

▮Atteindre le même niveau que. SYN. approcher, rejoindre. CONTR. *dépasser, surpasser.*

égaliser *verbe*

▮Rendre uni. SYN. aplanir, débosseler, niveler. CONTR. –LITTÉRAIRE: *accidenter.*

▮Rendre égal. SYN. équilibrer, unifier. CONTR. *différencier.*

égalité *nom féminin*

▮Qualité de ce qui est équivalent. SYN. concordance, équivalence, identité, parité. CONTR. *différence, disparité, disproportion, distance, écart, inégalité, iniquité.*

▮Qualité de ce qui est constant. SYN. constance, équilibre, invariabilité, placidité, pondération, régularité, uniformité. CONTR. *aspérité, bizarrerie, changement, inconstance, instabilité, irrégularité.*

égard *nom masculin*

▮Marque de considération. SYN. attention, considération, déférence, estime, gentillesse, hommage, ménagement, prévenance, respect, soin, vénération –LITTÉRAIRE: révérence. CONTR. *arrogance, dédain, impertinence, impolitesse, insolence, mépris, rudesse.*

▮*À cet égard.* SYN. à ce sujet, de ce point de vue, sous ce rapport.

égaré *adjectif*

▮Se dit d'un air désorienté. SYN. affolé, effaré, fou, hagard, halluciné, hébété, troublé. CONTR. *calme, lucide, posé, raisonnable, réfléchi, sensé, serein.*

▮Qui ne trouve plus sa route. SYN. désorienté, errant, fourvoyé, perdu.

▮LITTÉRAIRE. Qui est sans moralité. SYN. dépravé, dévoyé, perverti.

égarement *nom masculin*

/ Dérèglement de l'esprit. SYN. aberration, affolement, agitation, aveuglement, délire, désarroi, dévergondage, divagation, folie, insanité –FAMILIER: démence –LITTÉRAIRE: cécité, débridement, errements. CONTR. *bon sens, calme, lucidité, sagesse, sérénité.*

égarer *verbe*

/ Faire perdre son chemin à quelqu'un. SYN. dépister, dérouter, désorienter, détourner, écarter, fourvoyer. CONTR. *guider, orienter.*
/ Ne pas pouvoir trouver un objet. SYN. perdre –POPULAIRE: paumer. CONTR. *retrouver, trouver.*
/ Jeter quelqu'un dans l'erreur. SYN. abuser, aveugler, berner, dérouter, désaxer, désorienter, fourvoyer, perdre, pervertir, tromper –LITTÉRAIRE: dévoyer.

égarer (s') *verbe pronominal*

/ Ne plus trouver son chemin. SYN. errer, faire fausse route, se fourvoyer, se perdre.
/ Perdre le fil de son discours. SYN. s'écarter, s'éparpiller –LITTÉRAIRE: se fourvoyer.
/ S'écarter de la raison. SYN. délirer, divaguer, perdre la raison, perdre la tête –FAMILIER: dérailler, perdre la boule, perdre la boussole, perdre le nord, perdre les pédales –LITTÉRAIRE: extravaguer –POPULAIRE: débloquer.

égayant *adjectif*

/ Qui rend gai. SYN. amusant, divertissant, drôle, gai, réjouissant –FAMILIER: cocasse –LITTÉRAIRE: folâtre. CONTR. *affligeant, attristant, funèbre, lugubre, morose, sinistre.*

égayer *verbe*

/ Divertir quelqu'un. SYN. amuser, dérider, détendre, distraire, divertir, réjouir. CONTR. *assombrir, attrister, chagriner, consterner, désoler, ennuyer, lasser* –FAMILIER: *enquiquiner* –LITTÉRAIRE: *rembrunir.*
/ Donner de l'agrément à. SYN. agrémenter, décorer, embellir, enjoliver, garnir, ornementer, orner –LITTÉRAIRE: parer. CONTR. *déparer, enlaidir, gâter.*

égayer (s') *verbe pronominal*

/ LITTÉRAIRE. Occuper son temps agréablement. SYN. prendre du bon temps, s'amuser, se délasser, se distraire, se divertir –LITTÉRAIRE: se récréer, s'ébaudir, s'esbaudir.

égide *nom féminin*

/ LITTÉRAIRE. *Sous l'égide de.* SYN. avec l'appui de, avec le secours de, avec le soutien de, sous la protection de –LITTÉRAIRE: sous les auspices de.

église *nom féminin*

/ Ensemble de croyances. SYN. confession, culte, religion.

églogue *nom féminin*

/ Petit poème pastoral. SYN. bergerie, bucolique, idylle, pastorale, pastourelle.

égocentrique *adjectif*

/ Qui fait preuve d'égocentrisme. SYN. égoïste, individualiste, personnel –LITTÉRAIRE: égotiste. CONTR. *altruiste, humanitaire, philanthrope.*

égocentrisme *nom masculin*

/ Tendance à centrer tout sur soi. SYN. égoïsme, narcissisme –LITTÉRAIRE: égotisme. CONTR. *abnégation, altruisme, dévouement, générosité, renoncement, sacrifice.*

égoïsme *nom masculin*

/ Attachement à son intérêt propre. SYN. égocentrisme, narcissisme –LITTÉRAIRE: égotisme. CONTR. *abnégation, altruisme, bonté, charité, dévouement, générosité, obligeance, renoncement, sacrifice.*

égoïste *adjectif*

/ Qui fait preuve d'égoïsme. SYN. égocentrique, individualiste, intéressé, narcissique, personnel –LITTÉRAIRE: égotiste. CONTR. *altruiste, attentionné, bon, charitable, désintéressé, dévoué, généreux, humain, humanitaire, obligeant, philanthrope* –LITTÉRAIRE: *bienfaisant.*

égoïstement *adverbe*

/ De façon égoïste. SYN. petitement. CONTR. *généreusement, humainement, obligeamment.*

égorger *verbe*

/ Tuer en coupant la gorge. SYN. assassiner, massacrer, poignarder –FAMILIER: saigner –LITTÉRAIRE: occire –POPULAIRE: zigouiller –VIEUX: suriner.
/ VIEUX. Faire payer trop cher. SYN. étrangler, exploiter, voler –FAMILIER: écorcher, estamper, étriller, matraquer, plumer, rançonner, tondre.

égorgeur *nom*
/ Assassin qui égorge ses victimes. SYN. étrangleur, meurtrier, tueur –LITTÉRAIRE: sicaire –VIEUX: surineur.
/ VIEUX. Personne qui vole ses clients. SYN. –FAMILIER: écorcheur, estampeur.

égosiller (s') *verbe pronominal*
/ Crier très fort. SYN. clamer, crier, hurler, s'époumoner, vociférer –FAMILIER: brailler –POPULAIRE: bramer, gueuler. CONTR. *chuchoter, murmurer, susurrer.*

égotisme *nom masculin*
/ LITTÉRAIRE. Manie de parler de soi. SYN. égocentrisme, égoïsme, narcissisme.

égotiste *adjectif*
/ LITTÉRAIRE. Qui fait preuve d'égotisme. SYN. égocentrique, égoïste, individualiste, narcissique. CONTR. *altruiste, philanthrope.*

égout *nom masculin*
/ Lieu sale et humide. SYN. bourbier, cloaque –LITTÉRAIRE: sentine.

égoutter (s') *verbe pronominal*
/ Tomber goutte à goutte. SYN. dégoutter, goutter.

égratigner *verbe*
/ Déchirer légèrement la peau. SYN. écorcher, effleurer, érafler, excorier, griffer.
/ Blesser par des traits méchants. SYN. blesser, piquer, railler. CONTR. *louer* –LITTÉRAIRE: *louanger.*

égratignure *nom féminin*
/ Déchirure superficielle de la peau. SYN. écorchure, éraflure, excoriation, griffure.
/ Dégradation légère. SYN. éraflure, rayure.

égrener (s') *verbe pronominal*
/ Se disperser çà et là. SYN. se débander, se disperser, s'égailler, s'éparpiller. CONTR. *s'assembler, s'attrouper, se grouper, se rassembler, se réunir.*

égrillard *adjectif*
/ Qui dénote la grivoiserie. SYN. coquin, croustillant, cru, épicé, gaillard, gaulois, graveleux, grivois, hardi, inconvenant, indécent, leste, libertin, libre, licencieux, polisson, rabelaisien, salé –FAMILIER: cochon, gras, olé olé –LITTÉRAIRE: salace. CONTR. *prude, pudibond, pudique, puritain* –FAMILIER: *bégueule.*

égruger *verbe*
/ Réduire en poudre. SYN. broyer, concasser, écraser, moudre, piler, pulvériser.

éhonté *adjectif*
/ Qui montre du cynisme. SYN. cynique, effronté, impudent, infâme, scandaleux. CONTR. *décent, pudique, réservé.*

éjecter *verbe*
/ Projeter au-dehors. SYN. cracher, expulser, lancer, projeter, rejeter.
/ FAMILIER. Congédier brutalement. SYN. éconduire, évincer, exclure, excommunier, expulser, répudier.

éjection *nom féminin*
/ FAMILIER. Action de jeter au-dehors. SYN. exclusion, expulsion. CONTR. *admission.*

élaboration *nom féminin*
/ Action d'élaborer un travail. SYN. conception, constitution, construction, création, engendrement, formation, genèse, invention, organisation, préparation.

élaboré *adjectif*
/ Qui est bien préparé. SYN. étudié, pensé, perfectionné, sophistiqué. CONTR. *brut, grossier, informe.*

élaborer *verbe*
/ Préparer quelque chose. SYN. arranger, combiner, composer, concerter, concevoir, constituer, construire, échafauder, étudier, forger, méditer, mettre au point, mettre sur pied, orchestrer, organiser, penser, préparer, produire –FAMILIER: concocter, goupiller, pondre.

élagage *nom masculin*
/ Action d'élaguer un arbre. SYN. ébranchage, émondage, taille.

élaguer *verbe*
/ Retrancher ce qui est inutile. SYN. couper, enlever, expurger, ôter, rogner, soustraire, supprimer.
/ Couper les branches d'un arbre. SYN. ébrancher, égayer, émonder, tailler.

élan *nom masculin*

/ Énergie d'un corps en mouvement. SYN. course, entraînement, essor, lancée, poussée, vitesse –LITTÉRAIRE: volée. CONTR. *immobilité, langueur, lassitude.*

/ Impulsion soudaine. SYN. accès, effusion, envolée, ferveur –FAMILIER: crise.

/ Manifestation d'affection. SYN. ardeur, enthousiasme, feu, fougue –LITTÉRAIRE: flamme, transport. CONTR. *retenue.*

élancé *adjectif*

/ Qui est mince et grand. SYN. effilé, fuselé, mince, svelte. CONTR. *corpulent, épais, gros, massif, obèse, râblé, ramassé, trapu, ventru* –FAMILIER: *bedonnant, boulot, courtaud, pansu, ventripotent.*

élancer (s') *verbe pronominal*

/ Se porter vivement vers. SYN. bondir, fondre, se jeter, se lancer, se précipiter, se ruer, s'engouffrer, voler –FAMILIER: foncer. CONTR. *reculer.*

/ Aller vers le haut. SYN. jaillir, se dresser, s'élever –LITTÉRAIRE: pointer.

élargir *verbe*

/ Mettre un détenu en liberté. SYN. libérer, relâcher, relaxer. CONTR. *arrêter, écrouer, emprisonner, incarcérer, interner.*

/ Augmenter la largeur. SYN. dilater, évaser. CONTR. *rapetisser, réduire, resserrer, rétrécir.*

/ Donner plus d'ampleur à. SYN. agrandir, amplifier, augmenter, enrichir, étendre, grossir, renforcer. CONTR. *borner, cerner, circonscrire, circonvenir, limiter, restreindre.*

élargir (s') *verbe pronominal*

/ Être, paraître plus large. SYN. s'agrandir, s'amplifier, se dilater, s'étendre.

/ Prendre de l'ampleur. SYN. croître, fructifier, grossir, s'étoffer. CONTR. *se resserrer, se restreindre.*

élargissement *nom masculin*

/ Mise en liberté d'un détenu. SYN. libération, relâchement, relaxe. CONTR. *arrestation, emprisonnement.*

/ Action d'élargir quelque chose. SYN. agrandissement, dilatation, distension, évasement. CONTR. *amenuisement, amincissement, resserrement, rétrécissement.*

/ Fait de prendre de l'ampleur. SYN. accroissement, amplification, augmentation, croissance, extension, renforcement. CONTR. *diminution, réduction.*

élasticité *nom féminin*

/ Absence de raideur. SYN. flexibilité, mollesse, plasticité, souplesse –LITTÉRAIRE: flaccidité. CONTR. *fermeté, raideur, rigidité.*

élastique *adjectif*

/ FAMILIER. Susceptible de s'adapter. SYN. flexible, large, souple. CONTR. *rigide, rigoureux, strict* –LITTÉRAIRE: *raide.*

/ Qui est souple. SYN. étirable, extensible, flexible, moelleux, mou. CONTR. *dur, ferme, raide, rigide.*

élection *nom féminin*

/ Fait de choisir en votant. SYN. désignation, vote.

électricité *nom féminin*

/ Forme d'énergie. SYN. courant –FAMILIER: jus.

électriser *verbe*

/ Provoquer l'excitation. SYN. chauffer, enthousiasmer, exalter, exciter, galvaniser, survolter –LITTÉRAIRE: enflammer, transporter. CONTR. *endormir, ennuyer* –FAMILIER: *enquiquiner* –POPULAIRE: *emmerder.*

élégamment *adverbe*

/ Avec élégance. SYN. bien, coquettement, esthétiquement, gracieusement, harmonieusement, heureusement. CONTR. *bassement, vulgairement.*

/ D'une manière diplomate. SYN. adroitement, astucieusement, habilement, obligeamment.

élégance *nom féminin*

/ Aisance dans l'allure. SYN. chic, classe, coquetterie, distinction, prestance, raffinement –LITTÉRAIRE: majesté, sveltesse. CONTR. *inélégance, laisser-aller, négligence, vulgarité.*

/ Qualité de ce qui est de bon goût. SYN. grâce, harmonie, légèreté –LITTÉRAIRE: joliesse. CONTR. *laideur, lourdeur.*

/ Délicatesse de l'expression. SYN. aisance, habileté. CONTR. *gaucherie.*

/ Qualité morale. SYN. courtoisie, délicatesse. CONTR. *grossièreté, sans-gêne* –LITTÉRAIRE: *sans-façon.*

élégant *adjectif*

/ Qui montre de la distinction. SYN. aristocratique, beau, chic, distingué, raffiné, stylé – FAMILIER : sélect. CONTR. *commun, fruste, grossier, prosaïque* – LITTÉRAIRE : *roturier, rustique.*

/ Qui montre de la délicatesse. SYN. correct, courtois, délicat, galant. CONTR. *discourtois, impoli, incorrect, inélégant, lourd.*

/ Habillé avec goût. SYN. chic, choisi, coquet, pimpant, propret, soigné, tiré à quatre épingles – POPULAIRE : sapé. CONTR. *débraillé, décontracté, inélégant, négligé* – FAMILIER : *fichu comme l'as de pique.*

/ Se dit d'un vêtement chic. SYN. chic, choisi, de bon goût, de bon ton, harmonieux, heureux, pimpant, seyant. CONTR. *affreux, banal, disgracieux, informe, laid.*

élément *nom masculin*

/ Partie d'un tout. SYN. composant, division, partie – LITTÉRAIRE : molécule. CONTR. *bloc.*

/ Information donnée. SYN. condition, donnée, facteur, fait.

élémentaire *adjectif*

/ Qui sert de base à quelque chose. SYN. essentiel, fondamental, primordial, vital. CONTR. *accessoire, secondaire, subsidiaire.*

/ Qui se limite aux rudiments d'une chose. SYN. brut, fruste, grossier, imparfait, primaire, primitif, rudimentaire. CONTR. *complet, développé, élevé, évolué, formé, subtil.*

/ Qui ne présente pas de difficulté. SYN. enfantin, facile, simple, simpliste, sommaire. CONTR. *approfondi, complexe, compliqué, perfectionné, savant, subtil* – LITTÉRAIRE : *soigneux.*

éléments *nom masculin pluriel*

/ Notions de base d'une science. SYN. base, fondements, notions, principes, rudiments.

éléphant *nom masculin*

/ FAMILIER. Personne énorme. SYN. monstre, pachyderme – FAMILIER : gros lard, gros patapouf, gros plein de soupe, grosse dondon, mastodonte.

éléphantesque *adjectif*

/ Qui est énorme. SYN. colossal, gigantesque, monstrueux, monumental – LITTÉRAIRE : titanesque.

élévation *nom féminin*

/ Action de construire. SYN. construction, édification, érection.

/ Fait pour quelque chose de s'élever. SYN. ascension, envol, montée. CONTR. *chute, déclin.*

/ VIEUX. Terrain élevé. SYN. butte, colline, coteau, éminence, hauteur, mamelon, mont, monticule. CONTR. *creux, dépression.*

/ Fait d'augmenter. SYN. augmentation, hausse, majoration, relèvement, revalorisation, valorisation. CONTR. *baisse, dépréciation, diminution, effondrement, rapetissement, réduction.*

/ Fait de s'élever à un rang supérieur. SYN. accession, avancement, promotion. CONTR. *abaissement, décadence, déchéance, dégradation* – LITTÉRAIRE : *dégénérescence.*

/ LITTÉRAIRE. Noblesse de caractère. SYN. beauté, dignité, ennoblissement, grandeur, noblesse – LITTÉRAIRE : sublimité. CONTR. *abjection, affaiblissement, avilissement, bassesse, bestialité, humiliation, prosaïsme, trivialité.*

élève *nom*

/ Celui qui suit des cours. SYN. collégien, écolier, étudiant, lycéen – FAMILIER : potache. CONTR. *instructeur, professeur.*

/ Celui qui reçoit un enseignement. SYN. apprenti, disciple – LITTÉRAIRE : épigone. CONTR. *maître.*

élevé *adjectif*

/ Se dit d'un style soigné. SYN. noble, soigné, soutenu, sublime – LITTÉRAIRE : relevé. CONTR. *familier, populaire, prosaïque, vulgaire.*

/ Qui est situé en hauteur. SYN. haut. CONTR. *bas, petit* – LITTÉRAIRE : *trapu.*

/ Qui atteint un haut degré. SYN. considérable, exagéré, excessif, exorbitant, important. CONTR. *élémentaire, faible, modéré, modeste, raisonnable.*

/ Qui a de la grandeur morale. SYN. beau, éminent, grand, noble, supérieur, transcendant – LITTÉRAIRE : éthéré. CONTR. *abject, avili, ignoble, infâme, trivial, vilain* – LITTÉRAIRE : *pernicieux, vil.*

élever *verbe transitif*

/ Mettre quelque chose plus haut. SYN. enlever, guinder, hisser, lever, monter, soulever. CONTR. *abaisser, baisser, descendre.*

/ Placer verticalement. SYN. bâtir, construire, dresser, édifier, ériger, fonder, jeter, planter. CONTR. *abattre, arracher, coucher, incliner, raser.*

/ Augmenter une valeur. **SYN.** accentuer, accroître, augmenter, exhausser, hausser, intensifier, majorer, porter, rehausser, relever, surhausser. **CONTR.** *abaisser, baisser, diminuer, niveler, rabattre, rapetisser, réduire, surbaisser.*

/ Porter à un rang supérieur. **SYN.** pousser, promouvoir. **CONTR.** *abêtir, abrutir, avilir, dégrader* –LITTÉRAIRE: *rabaisser, vicier.*

élever *verbe transitif*

/ Procurer des soins à. **SYN.** nourrir, soigner.

/ Former quelqu'un. **SYN.** éduquer, faire, modeler –LITTÉRAIRE: civiliser, façonner.

élever (s') *verbe pronominal*

/ Suivre un mouvement ascendant. **SYN.** monter, s'envoler. **CONTR.** *décliner, descendre, s'abaisser.*

/ Être dressé vers le haut. **SYN.** se dresser, s'élancer.

/ Parvenir à un degré supérieur. **SYN.** augmenter, s'accroître, se monter à. **CONTR.** *baisser, décroître, descendre, diminuer.*

/ Gravir des échelons. **SYN.** percer, réussir, se hisser –FAMILIER: arriver –LITTÉRAIRE: parvenir. **CONTR.** *dégénérer, s'avilir, se déclasser* –LITTÉRAIRE: *déchoir.*

/ Se faire entendre. **SYN.** retentir, se manifester –LITTÉRAIRE: surgir.

/ S'opposer à quelque chose. **SYN.** combattre, contester, contrer, heurter, protester, se dresser, se révolter, se soulever, s'en prendre à, s'insurger, s'opposer –FAMILIER: se bagarrer. **CONTR.** *approuver, appuyer, estimer, goûter, se rallier, soutenir* –LITTÉRAIRE: *priser.*

/ Atteindre tel prix. **SYN.** coûter, revenir, se chiffrer, valoir.

elfe *nom masculin*

/ Être surnaturel. **SYN.** farfadet, génie, kobold.

élimé *adjectif*

/ Abîmé par le frottement. **SYN.** usé, usé jusqu'à la corde, vieux.

élimination *nom féminin*

/ Action d'éliminer. **SYN.** abolition, disqualification, éviction, exclusion, expulsion, rejet. **CONTR.** *admission.*

/ Rejet hors de l'organisme. **SYN.** évacuation, excrétion.

éliminer *verbe*

/ Écarter quelqu'un, quelque chose. **SYN.** bannir, écarter, éloigner, évincer, excepter, exclure, expulser, faire abstraction, rejeter, repousser –LITTÉRAIRE: dissiper, proscrire. **CONTR.** *accepter, admettre, assimiler, intégrer, recevoir.*

/ Ne pas retenir un candidat. **SYN.** refuser –FAMILIER: blackbouler, coller, recaler. **CONTR.** *admettre, choisir, qualifier, recevoir, retenir.*

/ Évacuer en dehors de l'organisme. **SYN.** évacuer, excréter, expulser.

/ Tuer quelqu'un. **SYN.** abattre, achever, assassiner, égorger, envoyer ad patres, exécuter, massacrer, supprimer, tuer –FAMILIER: faire passer le goût du pain, ôter le goût du pain, trucider –LITTÉRAIRE: immoler, occire –POPULAIRE: buter, descendre, faire la peau, flinguer, ratatiner, rectifier, refroidir, zigouiller.

élire *verbe*

/ Choisir en votant. **SYN.** adopter, choisir, désigner, nommer, opter, préférer.

élite *nom féminin*

/ Petit groupe des meilleurs. **SYN.** dessus du panier, fine fleur, fleur –FAMILIER: crème, gratin –LITTÉRAIRE: aristocratie. **CONTR.** *déchet* –FAMILIER: *menu fretin* –LITTÉRAIRE: *écume, lie, rebut.*

élixir *nom masculin*

/ LITTÉRAIRE. Principe le plus pur. **SYN.** –LITTÉRAIRE: quintessence, suc.

elliptique *adjectif*

/ Dit en peu de mots. **SYN.** bref, concis, laconique, ramassé, succinct, télégraphique –LITTÉRAIRE: compendieux. **CONTR.** *diffus, prolixe, redondant, verbeux.*

élocution *nom féminin*

/ Manière d'articuler des sons. **SYN.** articulation, débit, diction, énonciation, parler, parole, prononciation.

éloge *nom masculin*

/ Discours écrit à la louange de. **SYN.** apologie, panégyrique, plaidoyer –LITTÉRAIRE: dithyrambe. **CONTR.** *attaque, diatribe, pamphlet, satire* –LITTÉRAIRE: *factum, philippique.*

/ Témoignage d'estime. **SYN.** compliment, félicitations, flatterie, louange. **CONTR.** *affront,* *blâme, calomnie, charge, critique, dénigrement, diffamation, médisance* –FAMILIER: *débinage* –LITTÉRAIRE: *admonestation.*

élogieux *adjectif*

/ Rempli d'éloges. SYN. avantageux, dithyrambique, favorable, flatteur, laudatif, louangeur –LITTÉRAIRE: complimenteur. CONTR. *calomnieux, critique, défavorable, dépréciatif, désapprobateur, réprobateur, satirique, sévère* –LITTÉRAIRE: *fielleux.*

éloigné *adjectif*

/ Qui est loin dans l'espace. SYN. distant, écarté, lointain, perdu, retiré. CONTR. *adjacent, approchant, attenant, avoisinant, environnant, immédiat, limitrophe, mitoyen, proche, rapproché, voisin* –LITTÉRAIRE: *circonvoisin, jouxtant.*

/ Qui est loin dans le temps. SYN. ancien, lointain, reculé –LITTÉRAIRE: antique. CONTR. *actuel, contemporain, immédiat, imminent, prochain, récent.*

éloignement *nom masculin*

/ Fait de s'éloigner de. SYN. éclipse, exil, séparation. CONTR. *accointance, approche, contact.*

/ Ce qui éloigne. SYN. distance, écart, espacement, intervalle. CONTR. *proximité, rapprochement* –LITTÉRAIRE: *voisinage.*

éloigner *verbe*

/ Mettre à distance. SYN. dissiper, écarter, repousser, séparer. CONTR. *accrocher, approcher, attacher, coller, joindre, lier, rapprocher.*

/ Détourner quelqu'un de. SYN. détacher, détourner, dévier, écarter. CONTR. *amener, convier, engager, gagner, inciter, inviter.*

/ Espacer davantage des actions. SYN. ajourner, différer, reculer, remettre, renvoyer, retarder, surseoir à. CONTR. *avancer, brusquer, hâter, précipiter.*

/ Évincer quelqu'un. SYN. bannir, chasser, éconduire, éliminer, exclure, exiler, rejeter. CONTR. *allécher, appâter, appeler, attirer, garder, rallier, rechercher.*

éloigner (s') *verbe pronominal*

/ Devenir de plus en plus lointain. SYN. disparaître, s'écarter, s'effacer, s'estomper. CONTR. *approcher, avancer, fondre sur, s'approcher, se rapprocher, serrer.*

/ Quitter un lieu. SYN. bouger, déserter, partir, quitter, s'en aller. CONTR. *accoster, affluer, approcher, arriver, rester, venir* –LITTÉRAIRE: *survenir.*

/ Se détourner de quelqu'un. SYN. abandonner, délaisser, négliger, se détacher. CONTR. *aborder, accoster, fréquenter, s'accorder, s'acoquiner, s'attacher* –LITTÉRAIRE: *s'accointer.*

/ S'écarter de quelque chose. SYN. dévier, diverger, s'abstraire, sortir de. CONTR. *coïncider, concorder, garder, observer, respecter, s'attacher, se rapprocher.*

éloquence *nom féminin*

/ Art de bien parler. SYN. verve, volubilité –LITTÉRAIRE: faconde. CONTR. *mutisme.*

éloquent *adjectif*

/ Qui parle avec éloquence. SYN. convaincant, entraînant, fort, persuasif –LITTÉRAIRE: verveux.

/ Qui a une signification évidente. SYN. expressif, parlant, probant, révélateur, significatif, suggestif, symptomatique.

élucidation *nom féminin*

/ Action d'élucider quelque chose. SYN. clarification, décantation, éclaircissement, explication.

élucider *verbe*

/ Expliquer ce qui était obscur. SYN. clarifier, débrouiller, déchiffrer, démêler, désembrouiller, éclaircir, éclairer, expliquer, interpréter. CONTR. *brouiller, embrouiller, obscurcir.*

élucubration *nom féminin*

/ Pensée déraisonnable. SYN. délire, divagation, extravagance –LITTÉRAIRE: rêverie.

éluder *verbe*

/ Éviter de répondre. SYN. escamoter, esquiver, éviter, fuir, se dérober à, se soustraire à, tourner –FAMILIER: couper à. CONTR. *affronter, chercher, poursuivre, rechercher, s'attaquer.*

émacié *adjectif*

/ LITTÉRAIRE. Qui est très amaigri. SYN. cachectique, creux, décharné, exsangue, hâve, maigre, sec, squelettique –LITTÉRAIRE: étique.

CONTR. *adipeux, bouffi, boursouflé, charnu, empâté, gras, gros, plantureux, plein, potelé, rebondi, rond* –FAMILIER: *dodu, grassouillet, rondelet, rondouillard.*

émacier (s') *verbe pronominal*

/ LITTÉRAIRE. Devenir très maigre. SYN. maigrir, s'amaigrir. CONTR. *engraisser, grossir, s'empâter.*

émailler *verbe*

/ Glisser çà et là des détails. SYN. agrémenter, consteller, joncher, parsemer –LITTÉRAIRE: étoiler, saupoudrer.

émanation *nom féminin*

/ Gaz, odeur qui émane de. SYN. arôme, bouffée, dégagement, effluve, exhalaison, fumet, miasmes, odeur, parfum –LITTÉRAIRE: aura, fragrance, halo.

/ Ce qui procède de. SYN. expression, manifestation.

émancipation *nom féminin*

/ Action de s'affranchir d'un lien. SYN. affranchissement, libération –LITTÉRAIRE: délivrance. CONTR. *asservissement, contrainte, dépendance, subordination* –LITTÉRAIRE: *assujettissement, chaînes, joug, servitude.*

émancipé *adjectif*

/ Libéré d'une dépendance. SYN. affranchi, indépendant, libre. CONTR. *asservi, assujetti, dépendant.*

émanciper *verbe*

/ Rendre libre. SYN. affranchir, délier, délivrer, libérer. CONTR. *asservir, juguler, museler, soumettre* –LITTÉRAIRE: *assujettir, domestiquer, enchaîner.*

émanciper (s') *verbe pronominal*

/ Se libérer d'une dépendance. SYN. s'affranchir, se dégager, se libérer. CONTR. *s'enchaîner, s'inféoder.*

émaner *verbe*

/ Provenir d'un corps, d'un objet. SYN. se dégager, s'exhaler, sortir –LITTÉRAIRE: sourdre.

/ Tirer son origine de. SYN. découler, dériver, procéder, provenir, se rattacher, tenir, venir.

émasculation *nom féminin*

/ LITTÉRAIRE. Privation de force. SYN. affaiblissement, amollissement –LITTÉRAIRE: abâtardissement.

émasculer *verbe*

/ Castrer un mâle. SYN. châtrer, déviriliser, stériliser.

/ LITTÉRAIRE. Rendre faible. SYN. affaiblir, amollir, débiliter –LITTÉRAIRE: abâtardir.

emballage *nom masculin*

/ Ce qui sert à emballer. SYN. conditionnement, empaquetage.

/ Action d'emballer. SYN. conditionnement, empaquetage, encaissement. CONTR. *déballage, dépaquetage.*

emballant *adjectif*

/ FAMILIER. Qui provoque l'enthousiasme. SYN. captivant, enivrant, enthousiasmant, exaltant, excitant, grisant, passionnant. CONTR. *consternant, ennuyeux* –FAMILIER: *assommant.*

emballé *adjectif*

/ FAMILIER. Qui est enthousiasmé. SYN. chaud, enchanté, enthousiasmé, enthousiaste, exalté, extasié, passionné, ravi, survolté –FAMILIER: excité. CONTR. *désabusé, froid, indifférent, refroidi, sceptique.*

emballement *nom masculin*

/ Enthousiasme soudain. SYN. admiration, chaleur, engouement, entraînement, exaltation, fougue, ivresse, passion –LITTÉRAIRE: entichement, foucade, transport. CONTR. *flegme, froideur, indifférence, scepticisme.*

emballer *verbe*

/ Mettre dans un emballage. SYN. conditionner, empaqueter, encaisser, envelopper, paqueter. CONTR. *déballer, dépaqueter, déplier, désemballer, développer, ouvrir.*

/ FAMILIER. Remplir d'admiration. SYN. enchanter, enthousiasmer, exalter, exciter, griser, ravir –LITTÉRAIRE: transporter.

/ POPULAIRE. Arrêter quelqu'un. SYN. appréhender, arrêter, attraper, capturer –FAMILIER: boucler, choper, coffrer, cueillir, embarquer, harponner, ramasser –POPULAIRE: agrafer, alpaguer.

emballer (s') *verbe pronominal*
/ FAMILIER. Se laisser emporter par. SYN. admirer, raffoler, se passionner, se toquer, s'engouer, s'enthousiasmer, s'enticher, s'éprendre, s'exalter – FAMILIER: se coiffer, s'exciter. CONTR. *se contenir, se maîtriser.*

embarbouiller *verbe*
/ FAMILIER. Troubler quelqu'un. SYN. embrouiller, perturber.

embargo *nom masculin*
/ Suspension des exportations. SYN. blocus, boycott, boycottage.
/ Mesure d'interdiction. SYN. confiscation, mainmise, saisie.

embarquement *nom masculin*
/ Action d'embarquer. SYN. départ, partance. CONTR. *arrivée, débarquement.*

embarquer *verbe intransitif*
/ Prendre place à bord de. SYN. monter. CONTR. *débarquer, descendre.*

embarquer *verbe transitif*
/ Prendre à son bord. SYN. charger, faire monter. CONTR. *débarquer, décharger.*
/ Pousser quelqu'un dans une affaire. SYN. empêtrer, entraîner, porter – FAMILIER: embringuer, engager.
/ FAMILIER. Arrêter quelqu'un. SYN. appréhender, attraper, capturer – FAMILIER: choper, coffrer, cueillir, harponner, ramasser – POPULAIRE: agrafer, alpaguer, emballer.
/ FAMILIER. Emporter quelque chose. SYN. enlever, prendre, voler – POPULAIRE: ratiboiser.

embarquer (s') *verbe pronominal*
/ S'engager dans une affaire. SYN. entreprendre, s'attaquer à, s'atteler, s'aventurer, se jeter, se lancer dans. CONTR. *abandonner, renoncer.*

embarras *nom masculin*
/ État d'incertitude. SYN. doute, hésitation, incertitude, indécision, indétermination, irrésolution, perplexité. CONTR. *assurance, décision, résolution.*
/ Sentiment de gêne. SYN. confusion, gaucherie, gêne, honte, intimidation, malaise, timidité, trouble. CONTR. *aisance, aplomb, assurance, audace, hardiesse* – LITTÉRAIRE: *aise.*
/ Ce qui constitue une gêne. SYN. accroc, affaire, complication, contrainte, contretemps, difficulté, ennui, entrave, gêne, obstacle, obstruction, peine, problème – FAMILIER: embêtement – LITTÉRAIRE: aria. CONTR. *satisfaction.*

embarrassant *adjectif*
/ Qui encombre. SYN. encombrant, gênant.
/ Qui met dans l'embarras. SYN. déconcertant, délicat, déroutant, difficile, ennuyeux, épineux, inconfortable, préoccupant, troublant – FAMILIER: enquiquinant – LITTÉRAIRE: scabreux. CONTR. *aisé, facile, simple.*

embarrassé *adjectif*
/ Qui éprouve de la gêne. SYN. confus, contraint, emprunté, gauche, gêné, hésitant, incertain, indécis, irrésolu, perplexe. CONTR. *assuré, décidé, dégagé, désinvolte, hardi, libre, naturel, net, résolu, spontané, sûr.*

embarrasser *verbe*
/ Être une gêne pour quelqu'un. SYN. déranger, encombrer, entraver – FAMILIER: embêter, enquiquiner – LITTÉRAIRE: importuner – POPULAIRE: emmerder.
/ Mettre dans l'embarras. SYN. déconcerter, décontenancer, dérouter, désarçonner, désorienter, empêtrer, gêner, interloquer, intimider, troubler. CONTR. *libérer, rassurer, tranquilliser.*

embarrasser (s') *verbe pronominal*
/ S'encombrer de quelque chose, de quelqu'un. SYN. s'empêtrer, s'entraver. CONTR. *se débarrasser, se décharger, se libérer.*
/ Tenir compte de quelque chose. SYN. se préoccuper, se soucier, se tourmenter, s'inquiéter.
/ S'empêtrer dans quelque chose. SYN. s'embrouiller, s'enchevêtrer – FAMILIER: s'emberlificoter, s'entortiller. CONTR. *se dégager, se dépêtrer.*

embastiller *verbe*
/ LITTÉRAIRE. Enfermer dans une prison. SYN. écrouer, emprisonner, incarcérer.

embauchage *nom masculin*
/ Action d'embaucher. SYN. embauche, engagement, recrutement. CONTR. *débauchage, licenciement, renvoi* – FAMILIER: *dégraissage.*
/ Action de recruter des partisans. SYN. embrigadement, enrôlement, recrutement.

embauche *nom féminin*
- Action d'embaucher. SYN. embauchage, engagement, recrutement. CONTR. *débauchage, licenciement, renvoi* –FAMILIER: *dégraissage.*

embaucher *verbe*
- Engager pour un travail. SYN. employer, engager, recruter. CONTR. *chasser, congédier, débaucher, licencier, remercier, renvoyer.*

embaumer *verbe intransitif*
- Répandre une odeur agréable. SYN. fleurer, sentir bon. CONTR. *empester, puer* –FAMILIER: *ne pas sentir la rose* –POPULAIRE: *chlinguer, cocoter, cocotter, cogner, dégager, fouetter, schlinguer.*

embaumer *verbe transitif*
- Remplir d'une bonne odeur. SYN. parfumer. CONTR. *empoisonner, empuantir.*

embellie *nom féminin*
- Amélioration climatique. SYN. accalmie, bonace, éclaircie. CONTR. *bourrasque, grain, ouragan.*
- Moment plus serein. SYN. accalmie, amélioration, apaisement, calme, détente.

embellir *verbe*
- Rendre beau ou plus beau. SYN. agrémenter, arranger, avantager, décorer, égayer, enjoliver, garnir, orner –LITTÉRAIRE: habiller, parer. CONTR. *défigurer, déparer, détériorer, enlaidir, gâcher, gâter.*
- Montrer une chose sous un jour meilleur. SYN. améliorer, enjoliver, flatter, idéaliser, poétiser, rehausser –LITTÉRAIRE: farder. CONTR. *amoindrir, avilir, dégrader, déprécier, minimiser, rabaisser* –LITTÉRAIRE: *noircir.*

embellissement *nom masculin*
- Élément qui embellit. SYN. agrément, décoration, enjolivure –LITTÉRAIRE: fioriture, parure.
- Action d'embellir. SYN. amélioration, enjolivement, ornementation. CONTR. *dégradation.*

emberlificoté *adjectif*
- FAMILIER. Qui est confus. SYN. filandreux. CONTR. *clair, lumineux.*

emberlificoter *verbe*
- FAMILIER. Embrouiller quelqu'un. SYN. embrouiller, emmêler, empêtrer, endormir, enjôler –FAMILIER: embobeliner, embobiner, embringuer, entortiller.

emberlificoter (s') *verbe pronominal*
- FAMILIER. Se prendre les pieds dans. SYN. s'embarrasser, s'empêtrer, s'enchevêtrer.
- FAMILIER. S'embrouiller dans quelque chose. SYN. patauger, s'embarrasser, s'embourber, s'emmêler –FAMILIER: cafouiller, s'entortiller.

embêtant *adjectif*
- FAMILIER. Qui cause des soucis. SYN. agaçant, déplaisant, désagréable, désolant, ennuyeux, fâcheux, tracassant –FAMILIER: empoisonnant, enquiquinant –LITTÉRAIRE: importun –POPULAIRE: emmerdant.
- FAMILIER. Qui engendre de l'ennui. SYN. ennuyeux, fastidieux, fatigant, lassant –FAMILIER: assommant, barbant, bassinant, casse-pieds, empoisonnant, enquiquinant, rasant, rasoir, soûlant, tannant, tuant –POPULAIRE: canulant, chiant, emmerdant. CONTR. *agréable, amusant, captivant, délassant, distrayant, divertissant, excitant, intéressant, passionnant.*

embêté *adjectif*
- FAMILIER. Qui a des soucis. SYN. contrarié, désolé, ennuyé, fâché, mécontent, navré. CONTR. *charmé, content, enchanté, heureux, ravi.*

embêtement *nom masculin*
- FAMILIER. Ce qui donne du souci. SYN. contrariété, désagrément, embarras, ennui, problème, souci, tracas, tracasserie –FAMILIER: empoisonnement, enquiquinement –POPULAIRE: emmerdement. CONTR. *joie, plaisir.*

embêter *verbe*
- FAMILIER. Causer des soucis à quelqu'un. SYN. agacer, chagriner, contrarier, désoler, embarrasser, tourmenter, tracasser –FAMILIER: chicaner, chiffonner, défriser, empoisonner, enquiquiner, faire suer, turlupiner –POPULAIRE: canuler, emmerder.
- FAMILIER. Faire éprouver de l'ennui. SYN. assommer, ennuyer, fatiguer –FAMILIER: barber, bassiner, empoisonner, enquiquiner, pomper, raser, tanner –LITTÉRAIRE: importuner

–POPULAIRE: emmerder. CONTR. *amuser, captiver, charmer, délasser, distraire, divertir, intéresser, ravir, séduire.*

embêter (s') *verbe pronominal*

/ FAMILIER. Éprouver de l'ennui. SYN. se morfondre, s'ennuyer –FAMILIER: se barber, se faire suer, se raser, s'empoisonner, s'enquiquiner –POPULAIRE: s'emmerder. CONTR. *s'amuser, se distraire, se divertir.*

emblématique *adjectif*

/ Qui tient de l'emblème. SYN. allégorique, symbolique.

emblème *nom masculin*

/ Ce qui symbolise. SYN. image, incarnation, personnification, symbole.

/ Marque distinctive. SYN. insigne, marque, signe.

embobeliner *verbe*

/ FAMILIER. Enjôler quelqu'un. SYN. emmêler, empêtrer, endormir, séduire –FAMILIER: emberlificoter, embobiner, embringuer, entortiller.

embobiner *verbe*

/ FAMILIER. Tromper quelqu'un. SYN. amadouer, attraper, berner, circonvenir, endormir, enjôler, leurrer –FAMILIER: baratiner, emberlificoter, embobeliner, entortiller.

emboîter *verbe*

/ Assembler deux éléments. SYN. aboucher, ajuster, encastrer, enchâsser, imbriquer, insérer, joindre. CONTR. *disjoindre, disloquer.*

emboîter (s') *verbe pronominal*

/ Se mettre l'un dans l'autre. SYN. s'assembler, s'encastrer, s'engager, s'imbriquer, s'insérer –LITTÉRAIRE: s'insinuer.

embonpoint *nom masculin*

/ Surcharge de poids. SYN. adiposité, corpulence, engraissement, grosseur, rondeur –FAMILIER: rotondité –LITTÉRAIRE: opulence. CONTR. *maigreur, minceur* –LITTÉRAIRE: *sveltesse.*

embourber *verbe*

/ Enfoncer un véhicule dans la boue. SYN. enliser, envaser. CONTR. *débourber, désembourber.*

/ Entraîner dans une situation difficile. SYN. embrouiller, empêtrer, enferrer, enfoncer, engloutir.

embourber (s') *verbe pronominal*

/ S'enfoncer dans la boue. SYN. s'enliser, s'envaser.

/ S'empêtrer dans une affaire difficile. SYN. être dans le pétrin, être dans une mauvaise passe, patauger, se noyer, s'embrouiller, s'empêtrer, s'enferrer –FAMILIER: être dans de beaux draps, être dans la panade, nager, ne pas être sorti de l'auberge, s'emberlificoter, s'entortiller –POPULAIRE: être dans la merde. CONTR. *se dépêtrer, se tirer d'affaire, s'en sortir, s'en tirer* –FAMILIER: *se débrouiller, se dépatouiller* –POPULAIRE: *se démerder.*

embouteillage *nom masculin*

/ Saturation d'un réseau. SYN. bouchon, encombrement, engorgement.

embouteiller *verbe*

/ Obstruer un lieu. SYN. bloquer, boucher, congestionner, encombrer, engorger, gêner, obstruer. CONTR. *libérer.*

emboutir *verbe*

/ Enfoncer un véhicule. SYN. cogner, défoncer, démolir, enfoncer, heurter, percuter, rentrer dans, tamponner, télescoper –FAMILIER: caramboler –POPULAIRE: emplafonner.

embranchement *nom masculin*

/ Point de jonction. SYN. bifurcation, carrefour, croisement, entrecroisement, fourche, jonction.

embrasé *adjectif*

/ LITTÉRAIRE. Qui est illuminé. SYN. enflammé, incandescent –LITTÉRAIRE: empourpré, enluminé.

/ LITTÉRAIRE. Qui s'exalte. SYN. ardent, bouillant, brûlant, enflammé, enthousiaste, excité, surexcité.

embrasement *nom masculin*

/ LITTÉRAIRE. Fait de s'embraser. SYN. –LITTÉRAIRE: flamboiement, incendie.

embraser *verbe*

/ LITTÉRAIRE. Rendre quelque chose brûlant. SYN. brûler, calciner, chauffer, surchauffer.

/ LITTÉRAIRE. Exalter quelqu'un. SYN. allumer, attiser, enfiévrer, exciter – LITTÉRAIRE : enflammer.
/ LITTÉRAIRE. Illuminer quelque chose. SYN. illuminer – LITTÉRAIRE : empourprer, enflammer, enluminer, incendier. CONTR. *obscurcir.*

embraser (s') *verbe pronominal*
/ LITTÉRAIRE. Montrer de l'exaltation. SYN. se passionner, s'enfiévrer, s'enflammer, s'enthousiasmer, s'exalter. CONTR. *s'apaiser, se calmer.*
/ LITTÉRAIRE. Prendre feu. SYN. brûler, s'enflammer, s'illuminer – LITTÉRAIRE : s'empourprer.

embrassade *nom féminin*
/ Action de s'embrasser. SYN. accolade, baiser – LITTÉRAIRE : embrassements, étreinte.

embrassements *nom masculin pluriel*
/ LITTÉRAIRE. Fait de s'embrasser. SYN. accolade, embrassade – LITTÉRAIRE : étreinte.

embrasser *verbe*
/ Donner un baiser. SYN. baiser – FAMILIER : bécoter, faire un bisou – POPULAIRE : rouler un patin, rouler une pelle, sucer la pomme.
/ LITTÉRAIRE. S'engager dans une voie. SYN. adhérer à, adopter, épouser, se rallier, suivre.
/ LITTÉRAIRE. Saisir par la pensée. SYN. assimiler, comprendre, concevoir, connaître, entrer, pénétrer, voir – POPULAIRE : entraver.
/ LITTÉRAIRE. Contenir quelque chose. SYN. comporter, couvrir, englober, occuper, renfermer, s'étendre.
/ LITTÉRAIRE. Prendre dans ses bras. SYN. enlacer, enserrer, étreindre, serrer.

embrigadement *nom masculin*
/ Action d'embrigader quelqu'un. SYN. embauchage, endoctrinement, enrégimentement, enrôlement, recrutement.

embrigader *verbe*
/ Faire entrer dans un groupe. SYN. enrégimenter, enrôler, mobiliser, racoler, recruter.

embringuer *verbe*
/ FAMILIER. Entraîner dans une affaire. SYN. embarquer, empêtrer, mêler, porter, pousser – FAMILIER : emberlificoter, embobeliner, engager.

embrouillage *nom masculin*
/ FAMILIER. Fait d'être embrouillé. SYN. emmêlement, enchevêtrement – FAMILIER : embrouillement.

embrouillamini *nom masculin*
/ FAMILIER. Grande confusion. SYN. confusion, désordre, fouillis, galimatias, imbroglio – FAMILIER : brouillamini, méli-mélo, micmac, pagaïe, pagaille, pastis, sac de nœuds, sac d'embrouilles, salades, salmigondis – POPULAIRE : bin's, bin'z, bordel, merdier.

embrouillé *adjectif*
/ Rendu obscur. SYN. brumeux, complexe, compliqué, confus, dédaléen, embrumé, filandreux, fumeux, inextricable, obscurci – FAMILIER : entortillé – LITTÉRAIRE : labyrinthique, ténébreux. CONTR. *clair, limpide, lumineux, simple.*

embrouillement *nom masculin*
/ FAMILIER. Fait d'être embrouillé. SYN. brouillement, emmêlement, enchevêtrement – FAMILIER : embrouillage.

embrouiller *verbe*
/ Emmêler quelque chose. SYN. enchevêtrer, mélanger, mêler. CONTR. *classifier, débrouiller, démêler, dénouer, ordonner, organiser.*
/ Rendre une affaire confuse. SYN. brouiller, compliquer, embourber, obscurcir – FAMILIER : entortiller. CONTR. *clarifier, débrouiller, décanter, démêler, dénouer, désembrouiller, éclaircir, éclairer, élucider, simplifier.*
/ Troubler quelqu'un. SYN. perturber – FAMILIER : embarbouiller, emberlificoter.

embrouiller (s') *verbe pronominal*
/ Se mêler confusément. SYN. se brouiller, s'emmêler, s'enchevêtrer, s'entrelacer, s'obscurcir. CONTR. *se clarifier, se démêler, s'éclaircir.*
/ S'empêtrer dans quelque chose. SYN. patauger, s'embarrasser, s'embourber, s'empêtrer, s'enliser – FAMILIER : cafouiller, se prendre les pieds dans le tapis, s'entortiller. CONTR. *se dépêtrer, se tirer d'affaire, s'en sortir, s'en tirer* – FAMILIER : *se débrouiller, se dépatouiller* – POPULAIRE : *se démerder.*

embruiné *adjectif*
/ Couvert de bruine. SYN. brumeux, embrumé.

embrumé *adjectif*

/ Devenu trouble. SYN. brouillé, embrouillé, humide, voilé.

embryon *nom masculin*

/ Début de quelque chose. SYN. amorce, commencement, ébauche, germe –LITTÉRAIRE: enfance, levain.

embûche *nom féminin*

/ Obstacle à une action. SYN. chausse-trape, chausse-trappe, difficulté, piège, traquenard.

embué *adjectif*

/ Comme couvert de buée. SYN. embrumé, humide, imbibé, mouillé.

embuscade *nom féminin*

/ Attaque par surprise. SYN. guet-apens, piège, souricière, traquenard.

embusqué *adjectif*

/ Qui se met en embuscade. SYN. dissimulé, posté –POPULAIRE: planqué.

embusquer (s') *verbe pronominal*

/ Se mettre en embuscade. SYN. se cacher, se poster –POPULAIRE: se planquer.

éméché *adjectif*

/ FAMILIER. Qui est un peu soûl. SYN. enivré, gai, gris –FAMILIER: parti, pompette, saoul, soûl –POPULAIRE: paf. CONTR. –FAMILIER: *à jeun.*

émergement *nom masculin*

/ Action d'émerger. SYN. affleurement, émersion. CONTR. *immersion.*

émerger *verbe*

/ Apparaître quelque part. SYN. affleurer, paraître, se montrer, sortir –LITTÉRAIRE: poindre, pointer, sourdre, surgir.

/ Se distinguer d'un groupe. SYN. arriver, exceller, percer, se dégager, se distinguer, se recommander, se signaler, s'illustrer. CONTR. *disparaître.*

/ FAMILIER. Sortir du sommeil. SYN. se réveiller, s'éveiller. CONTR. *s'assoupir, s'endormir.*

/ FAMILIER. Sortir d'une situation difficile. SYN. voir le bout, voir le bout du tunnel, voir le jour. CONTR. *s'enliser, sombrer* –FAMILIER: *toucher le fond.*

émérite *adjectif*

/ Qui a du talent. SYN. éminent, expérimenté, extraordinaire, habile, incomparable, insigne, remarquable, réputé, supérieur –FAMILIER: chevronné –LITTÉRAIRE: distingué. CONTR. *pauvre, petit.*

émersion *nom féminin*

/ Action d'émerger. SYN. affleurement, émergement. CONTR. *immersion.*

émerveillement *nom masculin*

/ État de celui qui s'émerveille. SYN. admiration, ébahissement, éblouissement, enchantement, extase, fascination, ravissement. CONTR. *déception, désenchantement, désillusion.*

émerveiller *verbe*

/ Susciter l'admiration de. SYN. charmer, éblouir, enchanter, fasciner, ravir, régaler. CONTR. *décevoir, désillusionner* –LITTÉRAIRE: *désenchanter.*

émerveiller (s') *verbe pronominal*

/ Éprouver de l'émerveillement. SYN. admirer, se pâmer, s'enflammer, s'enthousiasmer, s'exclamer, s'extasier –FAMILIER: s'exciter.

émettre *verbe*

/ Produire un son, une lumière. SYN. dégager, diffuser, exhaler, jeter, lancer, pousser, propager, rendre, répandre.

/ Exprimer une idée. SYN. énoncer, formuler, proférer, publier.

émeute *nom féminin*

/ Agitation populaire. SYN. agitation, insurrection, mouvement, mutinerie, révolte, sédition, soulèvement, troubles. CONTR. *paix.*

émeutier *nom*

/ Personne qui pousse à l'émeute. SYN. agitateur, insurgé, mutin, perturbateur, révolté, séditieux, trublion. CONTR. *pacificateur.*

émigration *nom féminin*

/ Action d'émigrer. SYN. exil, exode, expatriation, transplantation –LITTÉRAIRE: transmigration. CONTR. *immigration.*

émigrer *verbe*

/ Quitter son pays. SYN. s'exiler, s'expatrier –LITTÉRAIRE: transmigrer. CONTR. *immigrer.*

éminemment *adverbe*

/ À un très haut degré. SYN. exceptionnellement, extrêmement, fabuleusement, immensément, incroyablement, particulièrement, prodigieusement, profondément, supérieurement – FAMILIER : superlativement – LITTÉRAIRE : furieusement.

éminence *nom féminin*

/ Élévation de terrain. SYN. bosse, butte, colline, coteau, hauteur, mamelon, monticule, tertre – LITTÉRAIRE : proéminence – VIEUX : élévation. CONTR. *cavité, dépression.*

éminent *adjectif*

/ Au-dessus du niveau commun. SYN. beau, brillant, d'exception, élevé, émérite, exceptionnel, extraordinaire, grand, illustre, important, incomparable, insigne, intéressant, marquant, noble, remarquable, réputé, supérieur – FAMILIER : décoratif – LITTÉRAIRE : distingué, suréminent. CONTR. *effacé, falot, médiocre, ordinaire, pauvre, petit, vide, vulgaire.*

émissaire *nom masculin*

/ Personne chargée d'une mission. SYN. agent, ambassadeur, délégué, envoyé, messager, négociateur, parlementaire.

émission *nom féminin*

/ Ce que rejette un volcan. SYN. crachement, éruption, projection.

/ Action d'émettre quelque chose. SYN. diffusion, production. CONTR. *réception.*

emmagasiner *verbe*

/ Garder en réserve des produits. SYN. accumuler, engranger, entasser, entreposer, remiser, stocker.

/ Garder en mémoire. SYN. engranger, enregistrer, mémoriser, retenir.

emmailloter *verbe*

/ Mettre un bébé dans des langes. SYN. envelopper, langer. CONTR. *démailloter.*

/ Envelopper quelque chose. SYN. entortiller, recouvrir. CONTR. *démailloter.*

emmancher *verbe*

/ FAMILIER. Engager une affaire. SYN. amorcer, entamer, entreprendre.

emmancher (s') *verbe pronominal*

/ FAMILIER. Se présenter de telle manière. SYN. commencer, débuter, démarrer, s'ébaucher, s'engager.

emmêlé *adjectif*

/ Qui est embrouillé. SYN. complexe, compliqué – LITTÉRAIRE : labyrinthique.

emmêlement *nom masculin*

/ Fait d'être emmêlé. SYN. confusion, enchevêtrement, fouillis – FAMILIER : embrouillage, embrouillamini, embrouillement – LITTÉRAIRE : entremêlement.

emmêler *verbe*

/ Mettre du désordre dans. SYN. enchevêtrer, entremêler, mélanger, mêler. CONTR. *démêler, ordonner, organiser.*

/ Rendre confus. SYN. brouiller, compliquer, embrouiller, obscurcir – FAMILIER : emberlificoter, embobeliner, entortiller. CONTR. *débrouiller, décanter, déchiffrer, démêler, éclaircir, éclairer.*

emmêler (s') *verbe pronominal*

/ Devenir complexe. SYN. se brouiller, s'embrouiller, s'enchevêtrer, s'entrelacer, s'entremêler – FAMILIER : cafouiller, s'entortiller.

emmener *verbe*

/ Mener quelqu'un quelque part. SYN. conduire, diriger, mettre, transporter.

/ FAMILIER. Prendre quelque chose avec soi. SYN. apporter, emporter – FAMILIER : amener.

emmerdant *adjectif*

/ POPULAIRE. Qui engendre de l'ennui. SYN. agaçant, endormant, ennuyeux, fastidieux, fatigant, lassant – FAMILIER : assommant, barbant, bassinant, casse-pieds, embêtant, empoisonnant, enquiquinant, rasant, rasoir, soûlant, tannant, tuant – POPULAIRE : canulant, chiant, suant. CONTR. *agréable, amusant, captivant, délassant, distrayant, divertissant, excitant, intéressant, passionnant.*

/ POPULAIRE. Qui cause des soucis. SYN. agaçant, déplaisant, désagréable, désolant, ennuyeux, fâcheux, gênant, préoccupant, tracassant – FAMILIER : embêtant, empoisonnant, enquiquinant – LITTÉRAIRE : importun. CONTR. *agréable, plaisant.*

emmerdement *nom masculin*

/ POPULAIRE. Ce qui cause du souci. SYN. complication, contretemps, difficulté, ennui, souci – FAMILIER : embêtement, enquiquinement, os, pépin, tuile – LITTÉRAIRE : aria.

emmerder *verbe*

/ POPULAIRE. Causer des soucis. SYN. agacer, chagriner, contrarier, désoler, embarrasser, tourmenter, tracasser – FAMILIER : chicaner, chiffonner, défriser, embêter, empoisonner, enquiquiner, faire suer, turlupiner – LITTÉRAIRE : importuner – POPULAIRE : canuler.

/ POPULAIRE. Faire éprouver de l'ennui. SYN. assommer, ennuyer, fatiguer – FAMILIER : barber, bassiner, embêter, empoisonner, enquiquiner, pomper, raser, tanner. CONTR. *amuser, captiver, charmer, délasser, désennuyer, distraire, divertir, intéresser, passionner, ravir, séduire.*

emmerder (s') *verbe pronominal*

/ POPULAIRE. Éprouver de l'ennui. SYN. se morfondre, s'ennuyer – FAMILIER : se barber, se faire suer, se raser, s'embêter, s'empoisonner, s'enquiquiner – POPULAIRE : se faire chier. CONTR. *s'amuser, se distraire, se divertir.*

emmerdeur *nom*

/ POPULAIRE. Personne qui agace. SYN. gêneur – FAMILIER : casse-pieds, empoisonneur, enquiquineur, raseur – LITTÉRAIRE : fâcheux, importun.

émoi *nom masculin*

/ LITTÉRAIRE. Émotion vive. SYN. agitation, bouleversement, confusion, effervescence, émotion, fièvre, perturbation, trouble. CONTR. *froideur.*

émoluments *nom masculin pluriel*

/ Salaire attaché à un emploi. SYN. appointements, cachet, paie, paye, rémunération, rétribution, salaire, traitement.

émondage *nom masculin*

/ Action d'émonder un arbre. SYN. ébranchage, élagage, taille.

émonder *verbe*

/ Couper des branches. SYN. ébrancher, égayer, élaguer, tailler.

/ Retrancher le superflu. SYN. couper, enlever, ôter, rogner, soustraire, supprimer.

émotif *adjectif*

/ Relatif aux émotions. SYN. affectif, émotionnel.

émotif *adjectif*

/ Qui s'émeut facilement. SYN. hypersensible, impressionnable, nerveux, sensible, sensitif, sentimental – FAMILIER : émotionnable. CONTR. *amorphe, apathique, blasé, flegmatique, froid, impassible, imperturbable, insensible, lymphatique, placide.*

émotion *nom féminin*

/ Trouble subit. SYN. agitation, exaltation, fièvre – LITTÉRAIRE : émoi.

/ Réaction affective. SYN. bouleversement, commotion, coup, ébranlement, saisissement, secousse.

émotionnable *adjectif*

/ FAMILIER. Qui s'émeut facilement. SYN. émotif, hypersensible, impressionnable, nerveux, sensible, sensitif. CONTR. *amorphe, apathique, blasé, flegmatique, froid, impassible, imperturbable, insensible, placide.*

émotionnel *adjectif*

/ Qui concerne l'émotion. SYN. affectif, émotif.

émotionner *verbe*

/ FAMILIER. Causer une émotion à quelqu'un. SYN. agiter, apitoyer, bouleverser, commotionner, ébranler, émouvoir, frapper, impressionner, remuer, retourner, secouer, toucher, troubler – FAMILIER : révolutionner. CONTR. *glacer, refroidir.*

émotivité *nom féminin*

/ Disposition à s'émouvoir. SYN. hypersensibilité, sensibilité – LITTÉRAIRE : impressionnabilité. CONTR. *apathie, ataraxie, froideur, imperturbabilité, indifférence, insensibilité.*

émoussé *adjectif*

/ Moins tranchant. SYN. épointé. CONTR. *acéré, affilé, aigu, aiguisé, coupant, tranchant.*

émoussement *nom masculin*

/ Fait de s'émousser. SYN. affaiblissement, atténuation, diminution. CONTR. *accentuation, amplification, augmentation, renforcement.*

émousser *verbe*

/ Rendre un sentiment moins vif. SYN. adoucir, affaiblir, amortir, atténuer, diminuer, es-

tomper, éteindre, modérer, rouiller –LITTÉRAIRE: tempérer. CONTR. *accentuer, accroître, amplifier, augmenter, aviver, exacerber, renforcer* –LITTÉRAIRE: *exalter.*
/ Rendre moins tranchant. SYN. épointer. CONTR. *acérer, affiler, affûter, aiguiser.*

émoustillant *adjectif*
/ FAMILIER. Qui émoustille. SYN. affriolant, aguichant, attirant, érotique, excitant, gai, grisant, suggestif –FAMILIER: sexy.

émoustiller *verbe*
/ FAMILIER. Exciter quelqu'un. SYN. aguicher, allécher, griser, provoquer –FAMILIER: allumer. CONTR. *refroidir.*

émouvant *adjectif*
/ Qui émeut vivement. SYN. attendrissant, bouleversant, désarmant, impressionnant, pathétique, poignant, prenant, saisissant, touchant, troublant, vibrant. CONTR. *froid.*

émouvoir *verbe*
/ Faire naître de l'émotion. SYN. agiter, alarmer, apitoyer, bouleverser, commotionner, ébranler, empoigner, frapper, impressionner, parler, remuer, retourner, secouer, toucher, troubler –FAMILIER: émotionner, révolutionner. CONTR. *glacer, refroidir.*

émouvoir (s') *verbe pronominal*
/ Ressentir une émotion. SYN. s'agiter, s'apitoyer, s'attendrir, se troubler.
/ S'affecter de quelque chose. SYN. s'alarmer, s'inquiéter –FAMILIER: se frapper.

empaillage *nom masculin*
/ Action d'empailler. SYN. naturalisation, taxidermie.

empaillé *nom*
/ FAMILIER. Personne maladroite. SYN. balourd, imbécile, maladroit –FAMILIER: ballot, bûche, buse, cloche, crétin, empoté, oie –POPULAIRE: banane, gland, manche, nouille, patate, truffe. CONTR. –FAMILIER: *dégourdi.*

empailleur *nom*
/ Personne qui empaille les animaux. SYN. naturaliste, taxidermiste.

empaquetage *nom masculin*
/ Action d'empaqueter. SYN. emballage. CONTR. *dépaquetage.*

empaqueter *verbe*
/ Mettre en paquet. SYN. emballer, envelopper. CONTR. *déballer, défaire, dépaqueter, déplier, désemballer, ouvrir.*

emparer (s') *verbe pronominal*
/ Prendre possession de. SYN. conquérir, enlever, prendre. CONTR. *perdre.*
/ Faire prisonnier. SYN. appréhender, arrêter, capturer –FAMILIER: épingler, harponner. CONTR. *libérer, relâcher, relaxer.*
/ Prendre pour son usage. SYN. empoigner, emporter, intercepter, monopoliser, piller, s'approprier, se saisir, s'octroyer, voler –FAMILIER: rafler, souffler –LITTÉRAIRE: dérober –POPULAIRE: faucher. CONTR. *laisser.*
/ Gagner quelqu'un (sentiment). SYN. accaparer, envahir, imprégner –LITTÉRAIRE: inonder, subjuguer.

empâté *adjectif*
/ Qui s'est épaissi. SYN. adipeux, gras, replet. CONTR. *décharné, maigre, mince, squelettique* –LITTÉRAIRE: *émacié, étique.*

empâtement *nom masculin*
/ État de ce qui est empâté. SYN. engraissement, épaississement. CONTR. *finesse.*

empâter (s') *verbe pronominal*
/ Prendre de l'embonpoint. SYN. engraisser, épaissir, forcir, grossir, s'alourdir –FAMILIER: s'arrondir. CONTR. *maigrir, mincir, s'amaigrir, s'amincir* –LITTÉRAIRE: *s'émacier.*

empaumer *verbe*
/ FAMILIER. Duper quelqu'un. SYN. attraper –FAMILIER: avoir, blouser, pigeonner, posséder, rouler.

empêché *adjectif*
/ Qui a un empêchement. SYN. excusé, occupé. CONTR. *libre, présent.*

empêchement *nom masculin*
/ Ce qui gêne une action. SYN. contretemps, difficulté, entrave, frein, gêne, inconvénient, objection, obstacle. CONTR. *facilités.*

empêcher *verbe*
/ Faire obstacle à. SYN. arrêter, barrer la route, barrer le chemin, bloquer, entraver, mettre des bâtons dans les roues, paralyser, s'oppo-

ser à. CONTR. *contribuer, coopérer, déclencher, encourager, exciter, favoriser, inciter, persuader, pousser, provoquer, seconder.*

/ Interdire quelque chose. SYN. défendre, exclure, prohiber, proscrire, s'opposer. CONTR. *accepter, autoriser, commander, ordonner, permettre, tolérer.*

empesé *adjectif*

/ Qui manque de naturel. SYN. affecté, apprêté, compassé, contraint, gourmé, guindé, pincé. CONTR. *aisé, naturel, simple, spontané.*

empester *verbe intransitif*

/ Sentir mauvais. SYN. puer –FAMILIER: empoisonner –POPULAIRE: chlinguer, cocoter, cocotter, schlinguer. CONTR. *embaumer, fleurer, sentir bon.*

empester *verbe transitif*

/ Remplir d'une mauvaise odeur. SYN. empoisonner, empuantir. CONTR. *embaumer, parfumer.*

/ LITTÉRAIRE. Corrompre quelqu'un, quelque chose. SYN. empoisonner, infecter, pourrir –LITTÉRAIRE: gangrener, vicier.

empêtré *adjectif*

/ Qui manque d'aisance. SYN. emprunté, gauche, gêné, maladroit. CONTR. *adroit, agile.*

empêtrer *verbe*

/ Embarrasser dans un lien. SYN. entraver, gêner. CONTR. *débarrasser, dépêtrer.*

/ Engager dans une situation délicate. SYN. embarquer, embourber, enfoncer –FAMILIER: emberlificoter, embobeliner, embringuer, entortiller. CONTR. *dépêtrer.*

empêtrer (s') *verbe pronominal*

/ S'embarrasser dans quelque chose. SYN. s'embarrasser, s'enchevêtrer, s'entraver. CONTR. *se dégager, se dépêtrer.*

/ S'engager dans une voie délicate. SYN. patauger, se perdre, s'embourber, s'embrouiller, s'enferrer, s'enliser –FAMILIER: cafouiller, s'emberlificoter, s'entortiller. CONTR. *se dépêtrer, se tirer d'affaire, s'en sortir, s'en tirer* –FAMILIER: *se débrouiller, se dépatouiller* –POPULAIRE: *se démerder.*

emphase *nom féminin*

/ Exagération pompeuse. SYN. affectation, boursouflure, déclamation, enflure, exagération, grandiloquence –LITTÉRAIRE: bouffissure, cérémonie, pathos, pompe, rhétorique, solennité. CONTR. *dépouillement, discrétion, modestie, naturel, réserve, retenue, simplicité, sobriété.*

emphatique *adjectif*

/ Qui est empreint d'emphase. SYN. académique, affecté, ampoulé, boursouflé, déclamatoire, grandiloquent, hyperbolique, pompeux, prétentieux, redondant, ronflant, sentencieux, solennel, théâtral. CONTR. *familier, franc, naturel, simple, sobre, spontané.*

empiéter *verbe*

/ Déborder sur. SYN. chevaucher, déborder, dépasser, entamer, gagner, mordre, saillir.

/ S'arroger des droits. SYN. usurper –FAMILIER: marcher sur les plate-bandes.

empiffrer (s') *verbe pronominal*

/ FAMILIER. Se gorger de nourriture. SYN. avoir un bon coup de fourchette, ingurgiter, se bourrer, se gaver –ARGOTIQUE: briffer –FAMILIER: enfourner, s'en mettre plein la panse, s'enfiler –POPULAIRE: bâfrer, bouffer, boulotter, morfaler, se goinfrer, s'en mettre plein la gueule, s'en mettre plein la lampe. CONTR. *avoir un appétit d'oiseau, grignoter* –FAMILIER: *chipoter, mangeotter, picorer, pignocher.*

empilement *nom masculin*

/ Fait d'être empilé. SYN. accumulation, amas, amoncellement, entassement, fatras, monceau, pile, superposition, tas.

empiler *verbe*

/ Mettre des choses en pile. SYN. accumuler, amasser, amonceler, échafauder, entasser, superposer, tasser –FAMILIER: collectionner. CONTR. *éparpiller.*

/ FAMILIER. Tromper quelqu'un. SYN. duper, escroquer, étrangler, exploiter, filouter –FAMILIER: avoir, flouer, pigeonner, plumer, posséder, refaire, rouler –LITTÉRAIRE: gruger.

empiler (s') *verbe pronominal*

/ FAMILIER. Se serrer dans un lieu. SYN. se presser, se tasser, s'entasser.

/ Être mis en pile. SYN. s'accumuler, s'amasser, s'amonceler, se superposer, s'entasser.

empileur *nom*

/ FAMILIER. Personne qui trompe quelqu'un. SYN. aigrefin, escroc, filou, forban, gredin –FAMILIER: fripouille –LITTÉRAIRE: trompeur –VIEUX: fripon.

empire *nom masculin*

/ Influence très puissante de. SYN. ascendant, autorité, domination, emprise, influence, mainmise, prestige, puissance, règne, souveraineté.

empirer *verbe*

/ Devenir pire. SYN. aller de mal en pis, s'aggraver, se dégrader, se détériorer, s'envenimer. CONTR. *s'améliorer, s'arranger, se remettre* –FAMILIER: *se tasser.*

empirique *adjectif*

/ Qui repose sur l'expérience. SYN. pratique. CONTR. *rationnel, spéculatif, systématique, théorique.*

emplacement *nom masculin*

/ Espace réservé. SYN. coin, endroit, lieu, place, point, position, situation, terrain.

emplafonner *verbe*

/ POPULAIRE. Rentrer dans un véhicule. SYN. emboutir, heurter, tamponner, télescoper.

emplâtre *nom masculin*

/ FAMILIER. Personne sans énergie. SYN. tiède –FAMILIER: empoté, ganache, mou, moule.

emplette *nom féminin*

/ Achat de denrées. SYN. acquisition, commissions, courses, provisions.

emplir *verbe*

/ LITTÉRAIRE. Rendre plein. SYN. combler, garnir, gonfler, remplir. CONTR. *vider.*

emploi *nom masculin*

/ Fait d'utiliser quelque chose. SYN. exercice, maniement, recours, usage, utilisation.
/ Activité professionnelle. SYN. gagne-pain, métier, position, poste, rôle, service, situation, travail –LITTÉRAIRE: office. CONTR. *chômage.*

employable *adjectif*

/ Que l'on peut employer. SYN. utilisable. CONTR. *inemployable, inutilisable.*

employé *nom*

/ Personne qui travaille. SYN. salarié. CONTR. *employeur, patron.*

employer *verbe*

/ Faire usage de. SYN. adopter, appliquer, disposer de, prendre, recourir à, se servir de, user de, utiliser.
/ Faire travailler quelqu'un. SYN. embaucher, engager, recruter. CONTR. *chasser, congédier, débaucher, licencier, remercier, renvoyer* –POPULAIRE: *balancer.*

employer (s') *verbe pronominal*

/ Mettre son énergie à. SYN. intervenir, œuvrer, s'adonner, s'appliquer à, s'attacher à, se consacrer, se vouer à, s'efforcer de, s'occuper, tâcher, travailler à.

employeur *nom*

/ Personne qui emploie quelqu'un. SYN. patron –FAMILIER: boss. CONTR. *employé, salarié.*

empocher *verbe*

/ Percevoir de l'argent. SYN. encaisser, gagner, ramasser, recevoir, toucher –FAMILIER: palper. CONTR. *débourser, décaisser.*

empoignade *nom féminin*

/ FAMILIER. Discussion violente. SYN. altercation, dispute, prise de bec, querelle –FAMILIER: attrapade –POPULAIRE: engueulade.

empoigner *verbe*

/ Attraper vigoureusement. SYN. accrocher, agripper, attraper, étreindre, prendre, saisir, s'emparer, serrer. CONTR. *lâcher.*
/ Émouvoir fortement quelqu'un. SYN. bouleverser, ébranler, émouvoir, frapper, imprégner, impressionner, passionner, remuer, retourner, saisir, secouer, toucher.

empoigner (s') *verbe pronominal*

/ Se saisir l'un l'autre. SYN. s'agripper, se colleter.

empoisonnant *adjectif*

/ FAMILIER. Qui cause de l'ennui. SYN. ennuyeux, fastidieux, fatigant, lassant –FAMILIER: assommant, barbant, casse-pieds, embêtant, enquiquinant, rasant, rasoir, soûlant, tuant –POPULAIRE: canulant, chiant, emmerdant. CONTR. *amusant, captivant, délassant, distrayant, divertissant, excitant, intéressant, passionnant* – FAMILIER: *folichon.*

/ FAMILIER. Qui cause des soucis. SYN. agaçant, contrariant, déplaisant, désagréable, désolant, encombrant, fâcheux, tracassant – FAMILIER: embêtant, enquiquinant – POPULAIRE: emmerdant. CONTR. *agréable, plaisant.*

empoisonnement *nom masculin*

/ FAMILIER. Ce qui empoisonne. SYN. désagrément, ennui, souci, tracas, tracasserie – FAMILIER: embêtement, enquiquinement.

empoisonner *verbe*

/ Remplir d'une odeur désagréable. SYN. empester, empuantir, infecter. CONTR. *embaumer, parfumer.*

/ FAMILIER. Importuner quelqu'un. SYN. assommer, ennuyer, fatiguer, harceler – FAMILIER: barber, bassiner, embêter, enquiquiner, faire suer, pomper, raser, tanner – POPULAIRE: canuler, cavaler, emmerder.

/ FAMILIER. Dégrader quelque chose. SYN. gâter, pervertir, pourrir – LITTÉRAIRE: empester, gangrener, vicier. CONTR. *assainir.*

empoisonner (s') *verbe pronominal*

/ FAMILIER. Éprouver de l'ennui. SYN. se morfondre, s'ennuyer – FAMILIER: se barber, se faire suer, se raser, s'embêter, s'enquiquiner – POPULAIRE: se faire chier, s'emmerder.

empoisonneur *nom*

/ FAMILIER. Personne qui dérange les autres. SYN. – FAMILIER: casse-pieds, enquiquineur, raseur – LITTÉRAIRE: fâcheux, importun – POPULAIRE: emmerdeur.

emporté *adjectif*

/ Qui perd facilement son calme. SYN. bouillant, coléreux, déchaîné, impétueux, impulsif, irascible, irritable, rageur, soupe au lait, véhément, vif, violent – LITTÉRAIRE: colérique, fulminant, tempétueux. CONTR. *calme, doux, flegmatique, froid, impassible, mou, paisible, serein.*

emportement *nom masculin*

/ Vif accès de colère. SYN. colère, frénésie, fureur, furie, impétuosité, irascibilité, irritabilité, irritation, rage – LITTÉRAIRE: courroux, excitabilité. CONTR. *calme, placidité, sang-froid, sérénité* – LITTÉRAIRE: *quiétude.*

emporter *verbe*

/ Prendre quelque chose avec soi. SYN. entraîner, prendre, s'emparer de, transporter – FAMILIER: emmener. CONTR. *apporter.*

/ Enlever de façon violente. SYN. arracher, balayer, charrier, détruire.

/ Causer la mort de quelqu'un. SYN. exterminer, supprimer, tuer – LITTÉRAIRE: enlever.

/ *L'emporter sur quelqu'un.* SYN. avoir le dessus, conquérir, gagner, prendre l'avantage, vaincre. CONTR. *perdre.*

emporter (s') *verbe pronominal*

/ Ne pas contenir sa colère. SYN. éclater, fulminer, monter sur ses grands chevaux, prendre la mouche, prendre le mors aux dents, se cabrer, se déchaîner, se fâcher, se hérisser, se mettre en colère, s'irriter, sortir de ses gonds, voir rouge – FAMILIER: décharger sa bile, grimper au cocotier, piquer une crise, se fâcher tout rouge, se mettre en boule, se mettre en pétard, se mettre en rogne, s'emballer – POPULAIRE: pousser un coup de gueule, pousser une gueulante. CONTR. *s'adoucir, se calmer, se contenir, se posséder.*

empoté *nom*

/ FAMILIER. Personne maladroite. SYN. balourd, maladroit, nigaud – FAMILIER: ballot, buse, crétin, cruche, empaillé, emplâtre, noix, nouille, oie, pataud – POPULAIRE: gland, manche, patate. CONTR. – FAMILIER: *débrouillard, dégourdi* – POPULAIRE: *démerdard.*

empotée *nom féminin*

/ FAMILIER. Fille maladroite. SYN. sotte – FAMILIER: bécasse, dinde, gourde.

empourpré *adjectif*

/ LITTÉRAIRE. Coloré de pourpre. SYN. carminé, cramoisi, pourpre, rouge, rougeaud – LITTÉRAIRE: embrasé, rubicond. CONTR. *pâle* – FAMILIER: *pâlichon, pâlot.*

empourprer *verbe*

/ LITTÉRAIRE. Colorer de pourpre. SYN. illuminer – LITTÉRAIRE: embraser, enflammer.

empreindre *verbe*

/ LITTÉRAIRE. Laisser une marque sur. SYN. graver, imprimer, inculquer, marquer.

empreint *adjectif*

/ Qui a la marque de. SYN. coloré, marqué, pétri, plein.

empreinte *nom féminin*

/ Marque faite sur quelque chose. SYN. estampille, foulée, frappe, impression, trace – LITTÉRAIRE: stigmate.

/ Marque personnelle. SYN. accent, cachet, caractère, griffe, influence, marque, patte, signature – LITTÉRAIRE: sceau.

empressé *adjectif*

/ Qui est plein d'attentions. SYN. affable, affairé, ardent, assidu, attentif, attentionné, chaleureux, complaisant, dévoué, gentil, prévenant, serviable – LITTÉRAIRE: diligent, prompt, secourable. CONTR. *froid, indifférent.*

empressement *nom masculin*

/ Zèle manifesté dans une action. SYN. ardeur, assiduité, célérité, enthousiasme, hâte – LITTÉRAIRE: diligence, promptitude. CONTR. *indolence, négligence, paresse, réticence.*

/ Fait d'être attentionné. SYN. affabilité, complaisance, dévouement, gentillesse, prévenance, serviabilité, sollicitude – LITTÉRAIRE: gracieuseté. CONTR. *froideur, indifférence.*

empresser (s') *verbe pronominal*

/ Se hâter de faire quelque chose. SYN. s'affairer à, se dépêcher de, se hâter, se précipiter – POPULAIRE: se grouiller. CONTR. *traîner* – FAMILIER: *lambiner, traînailler, traînasser.*

emprise *nom féminin*

/ Domination intellectuelle. SYN. ascendant, autorité, domination, empire, impulsion, influence, inspiration, mainmise, pouvoir, prise, règne.

emprisonnement *nom masculin*

/ Action de mettre en prison. SYN. arrestation, détention, enfermement, incarcération, internement, réclusion, séquestration. CONTR. *élargissement, libération, liberté* – LITTÉRAIRE: *délivrance.*

emprisonner *verbe*

/ Mettre en prison. SYN. cadenasser, détenir, écrouer, enfermer, incarcérer, interner, mettre au secret, mettre sous les verrous – FAMILIER: boucler, coffrer, mettre à l'ombre, mettre au frais, mettre au trou – LITTÉRAIRE: embastiller. CONTR. *délivrer, élargir, libérer.*

/ Enfermer en un lieu clos. SYN. claquemurer, claustrer, cloîtrer, parquer, séquestrer – LITTÉRAIRE: reclure. CONTR. *délivrer.*

/ Priver de liberté morale. SYN. enchaîner, ficeler, lier, ligoter, museler – LITTÉRAIRE: garrotter. CONTR. *délivrer.*

emprunt *nom masculin*

/ Somme empruntée. SYN. dette, dû, passif, prêt. CONTR. *actif, avoir, créance, crédit.*

/ Imitation d'un extrait d'œuvre. SYN. compilation, copie, démarquage, pillage, plagiat.

emprunté *adjectif*

/ LITTÉRAIRE. Qui est faux. SYN. artificiel, d'emprunt, factice, fictif, préfabriqué. CONTR. *authentique, réel, vrai.*

/ Qui manque de naturel. SYN. contraint, embarrassé, empêtré, gauche, gêné – FAMILIER: empoté, godiche. CONTR. *aisé, dégagé, élégant, naturel.*

emprunter *verbe*

/ Se faire prêter de l'argent. SYN. devoir à. CONTR. *acquitter, payer, rembourser, rendre, restituer.*

/ Prendre ailleurs pour s'approprier. SYN. copier, glaner, imiter, plagier, puiser, recopier, s'inspirer de, tirer, voler – POPULAIRE: pomper.

/ Utiliser une voie pour circuler. SYN. prendre, suivre.

emprunteur *nom*

/ Personne qui fait un emprunt. SYN. débiteur. CONTR. *créancier, créditeur, prêteur.*

empuantir *verbe*

/ Remplir d'une mauvaise odeur. SYN. empester, empoisonner, infecter. CONTR. *embaumer, parfumer.*

ému *adjectif*

/ Qui ressent de l'émotion. SYN. bouleversé, ébranlé, frappé, impressionné, remué, retourné, saisi, secoué, touché, troublé – FAMILIER: révolutionné. CONTR. *distant, froid, glacial, impassible, imperturbable, insensible, serein.*

encadrement *nom masculin*

/ Ce qui encadre un dessin. SYN. bord, bordure, cadre, châssis.

encadrer *verbe*

/ Entourer d'une bordure. SYN. border, ceinturer, cercler, cerner, enclore, enserrer, flanquer – LITTÉRAIRE: ceindre.

encaisser *verbe*

/ Mettre dans une caisse. SYN. emballer, empaqueter. CONTR. *déballer, décaisser.*

/ Toucher de l'argent. SYN. empocher, gagner, percevoir, recevoir –FAMILIER: palper. CONTR. *débourser, payer, verser.*

/ FAMILIER. Subir quelque chose. SYN. attraper, endurer, essuyer, supporter –FAMILIER: écoper, prendre –LITTÉRAIRE: souffrir –POPULAIRE: déguster. CONTR. *donner, rendre.*

en-cas *nom masculin*

/ Repas léger. SYN. collation –FAMILIER: casse-croûte.

encastrer *verbe*

/ Insérer une chose dans une autre. SYN. ajuster, emboîter, enchâsser, enclaver, engager, imbriquer, insérer, loger.

encastrer (s') *verbe*

/ S'ajuster très exactement. SYN. s'assembler, s'emboîter, s'enchâsser, s'engager, s'imbriquer, s'insérer.

encaustiquer *verbe*

/ Enduire d'encaustique. SYN. cirer, glacer, lustrer.

enceindre *verbe*

/ LITTÉRAIRE. Entourer d'une clôture. SYN. ceinturer, cercler, clôturer, encercler, enclore, enserrer, entourer, environner –LITTÉRAIRE: clore.

enceinte *adjectif féminin*

/ *Être enceinte.* SYN. attendre un heureux événement –FAMILIER: être grosse –POPULAIRE: avoir un polichinelle dans le tiroir, être en cloque –VIEUX: être dans un état intéressant, être dans une situation intéressante.

enceinte *nom féminin*

/ Ce qui entoure un lieu fermé. SYN. ceinture, circonférence, contour, périmètre, pourtour.

encens *nom masculin*

/ LITTÉRAIRE. Compliments excessifs. SYN. cajolerie, éloge, flatterie, hommage, louange –LITTÉRAIRE: adulation, courtisanerie, flagornerie. CONTR. *affront, humiliation, insulte, mortification, offense, outrage* –LITTÉRAIRE: *avanie, camouflet, injure, soufflet.*

encensement *nom masculin*

/ LITTÉRAIRE. Action d'encenser. SYN. flatterie, louange.

encenser *verbe*

/ LITTÉRAIRE. Flatter excessivement. SYN. adorer, aduler, bénir, caresser dans le sens du poil, célébrer, complimenter, courtiser, exalter, faire des ronds de jambe, flatter, glorifier, louer, manier l'encensoir, passer la main dans le dos –FAMILIER: cirer les bottes, cirer les pompes, faire de la lèche, faire du plat, lécher les bottes, passer de la pommade, passer la brosse à reluire –LITTÉRAIRE: flagorner, louanger, magnifier –POPULAIRE: lécher le cul. CONTR. *bafouer, chapitrer, critiquer, décrier, dénigrer, diffamer* –FAMILIER: *bêcher, cracher sur, débiner, déblatérer, éreinter, esquinter* –LITTÉRAIRE: *brocarder, censurer, dauber, déchirer, honnir, noircir, vilipender* –POPULAIRE: *crosser.*

encenseur *nom*

/ LITTÉRAIRE. Flatteur excessif. SYN. bénisseur, courtisan, flatteur –FAMILIER: lèche-bottes, lécheur –LITTÉRAIRE: adulateur, complimenteur, flagorneur, laudateur, louangeur, thuriféraire –POPULAIRE: lèche-cul. CONTR. *critique, dénigreur, dépréciateur, diffamateur* –FAMILIER: *bêcheur, débineur* –LITTÉRAIRE: *censeur, daubeur.*

encercler *verbe*

/ Cerner de tous côtés. SYN. assiéger, boucler, cerner, enfermer, envelopper, environner, investir.

/ Entourer d'un cercle. SYN. ceinturer, cercler, encadrer, enclore, enserrer –LITTÉRAIRE: ceindre, enceindre.

enchaînement *nom masculin*

/ Suite de choses. SYN. chaîne, succession, suite.

/ Façon d'enchaîner. SYN. agencement, déroulement, filiation, liaison, lien.

enchaîner *verbe*

/ Mettre une chaîne à. SYN. attacher –LITTÉRAIRE: river. CONTR. *délivrer, désenchaîner, détacher.*

/ LITTÉRAIRE. Priver de sa liberté d'action. SYN. asservir, bâillonner, dominer, écraser, étouffer, ligoter, museler, obliger, opprimer, vas-

saliser –LITTÉRAIRE: astreindre, domestiquer, dompter, garrotter. CONTR. *affranchir, délivrer, émanciper, libérer.*
/ Établir un lien. SYN. associer, coordonner, lier, relier, réunir. CONTR. *délier.*

enchaîner (s') *verbe pronominal*
/ Être lié par un ordre logique. SYN. se succéder, se suivre.

enchanté *adjectif*
/ Qui est très content. SYN. bienheureux, charmé, content, enthousiasmé, heureux, ravi, satisfait –FAMILIER: emballé. CONTR. *désenchanté, désolé, malheureux, mécontent, navré* –FAMILIER: *embêté* –LITTÉRAIRE: *chagrin.*

enchantement *nom masculin*
/ LITTÉRAIRE. Pouvoir magique. SYN. charme, ensorcellement, envoûtement, incantation, magie, sort, sortilège.
/ État de celui qui est charmé. SYN. éblouissement, émerveillement, envoûtement, fascination, griserie, ivresse, ravissement –LITTÉRAIRE: enivrement. CONTR. *désenchantement, désillusion.*
/ Chose qui enchante. SYN. attrait, délice, éblouissement, merveille, ravissement, régal.

enchanter *verbe*
/ LITTÉRAIRE. Jeter un sort à quelqu'un. SYN. ensorceler, envoûter –LITTÉRAIRE: charmer.
/ Procurer un vif plaisir. SYN. amuser, captiver, charmer, éblouir, émerveiller, enthousiasmer, fasciner, ravir, régaler, réjouir, séduire –FAMILIER: emballer –LITTÉRAIRE: subjuguer. CONTR. *attrister, blesser, décevoir, déplaire, mécontenter* –LITTÉRAIRE: *rembrunir.*

enchanteur *adjectif*
/ Qui enchante. SYN. captivant, charmant, charmeur, délicieux, divin, ensorcelant, envoûtant, exquis, fascinant, féerique, grisant, magique, merveilleux, paradisiaque, ravissant, séduisant, suave. CONTR. *chagrinant, désagréable, horrible, repoussant, triste.*

enchanteur *nom*
/ Personne qui fait de la magie. SYN. ensorceleur, magicien, sorcier –LITTÉRAIRE: charmeur, fascinateur.
/ Personne qui aime séduire. SYN. charmeur, enjôleur, séducteur.

enchâsser *verbe*
/ Encastrer quelque chose. SYN. ajuster, emboîter, encastrer, imbriquer, incruster, loger, sertir.
/ LITTÉRAIRE. Insérer dans un ensemble. SYN. enclaver, glisser, incorporer, insérer, intercaler, introduire.

enchâsser (s') *verbe pronominal*
/ Se fixer dans quelque chose. SYN. s'encastrer, s'engager, s'imbriquer.

enchérissement *nom masculin*
/ Offre supérieure. SYN. augmentation. CONTR. *diminution* –VIEUX: *avilissement.*

enchevêtré *adjectif*
/ Qui est confus. SYN. embrouillé, entortillé, filandreux –FAMILIER: tarabiscoté –LITTÉRAIRE: nébuleux.
/ Où l'on se perd. SYN. dédaléen, inextricable –LITTÉRAIRE: labyrinthique.

enchevêtrement *nom masculin*
/ Amas d'éléments enchevêtrés. SYN. chaos, emmêlement, enlacement, entrecroisement, entrelacement, fatras, fouillis, intrication –FAMILIER: méli-mélo –LITTÉRAIRE: entremêlement –VIEUX: pêle-mêle.
/ Ensemble incohérent. SYN. confusion, dédale, désordre, imbroglio, labyrinthe, lacis –FAMILIER: brouillamini, embrouillage, embrouillamini, embrouillement, micmac.

enchevêtrer *verbe*
/ Emmêler des choses. SYN. embrouiller, emmêler, entrecroiser, entrelacer, entremêler, imbriquer, mélanger, mêler. CONTR. *démêler.*
/ Rendre confus. SYN. brouiller, compliquer, embrouiller, imbriquer. CONTR. *débrouiller, décanter, démêler, éclaircir, éclairer.*

enchevêtrer (s') *verbe pronominal*
/ Former un ensemble confus. SYN. s'embrouiller, s'emmêler, s'empêtrer, s'entrelacer, s'imbriquer –FAMILIER: s'emberlificoter. CONTR. *se démêler, s'en sortir, s'en tirer.*

enclaver *verbe*
/ Insérer dans. SYN. encastrer, engager, insérer, intercaler, introduire –LITTÉRAIRE: enchâsser.

enclin *adjectif*

/ Qui est sujet à quelque chose. SYN. disposé, porté, prédisposé. CONTR. *fermé, hostile, rebelle, réfractaire.*

enclore *verbe*

/ Entourer d'une clôture. SYN. ceinturer, cercler, cerner, clôturer, encadrer, encercler, enfermer, enserrer, entourer – LITTÉRAIRE: ceindre, clore, enceindre.

enclos *nom masculin*

/ Terrain fermé par une clôture. SYN. clos, enceinte.

encoche *nom féminin*

/ Petite entaille. SYN. cran, rainure.

encoder *verbe*

/ Procéder à un codage. SYN. chiffrer, coder. CONTR. *déchiffrer, décoder.*

encolure *nom féminin*

/ Partie échancrée d'un vêtement. SYN. décolleté, échancrure.

encombrant *adjectif*

/ Qui gêne les mouvements. SYN. embarrassant, gênant, volumineux.

/ Qui cause du désagrément. SYN. incommodant – FAMILIER: barbant, embêtant, empoisonnant, enquiquinant, raseur – LITTÉRAIRE: importun – POPULAIRE: casse-pieds.

encombré *adjectif*

/ Qui est surchargé de. SYN. bondé, comble, débordant, farci, foisonnant, fourmillant, gorgé, plein, rempli – FAMILIER: bourré, truffé. CONTR. *dénué, dépourvu, exempt, libre, vide.*

encombrement *nom masculin*

/ Fait de saturer un réseau. SYN. bouchon, embouteillage, engorgement.

encombrer *verbe*

/ Remplir un lieu, quelque chose. SYN. boucher, embarrasser, embouteiller, engorger, inonder, obstruer, surcharger. CONTR. *débarrasser, déblayer, dégager, désencombrer, libérer.*

/ Constituer une gêne. SYN. embarrasser, gêner – FAMILIER: enquiquiner.

encourageant *adjectif*

/ Qui encourage. SYN. entraînant, exaltant, excitant, favorable, prometteur, réconfortant, stimulant. CONTR. *atterrant, décevant, décourageant, démoralisant, désespérant, inquiétant, lassant, rebutant* – FAMILIER: *dégoûtant, écœurant.*

encouragement *nom masculin*

/ Action d'encourager. SYN. excitation, exhortation, incitation, invitation. CONTR. *découragement.*

/ Acte, parole qui encourage. SYN. aide, applaudissement, appui, réconfort, soutien, stimulant. CONTR. *blâme* – LITTÉRAIRE: *objurgation.*

encourager *verbe*

/ Inciter quelqu'un à agir. SYN. engager, enhardir, exciter à, exhorter, inciter, inviter, porter, pousser, stimuler. CONTR. *brider, dissuader, empêcher, freiner.*

/ Favoriser une action. SYN. aider, appuyer, favoriser, soutenir. CONTR. *anéantir, boycotter, défavoriser, désavantager, desservir, étouffer, freiner, vitupérer.*

/ Donner du courage à quelqu'un. SYN. aiguillonner, animer, chauffer. CONTR. *abattre, atterrer, décourager, dégoûter, démonter, démoraliser, désespérer, glacer, lasser, rebuter, refroidir.*

encourir *verbe*

/ S'exposer à un péril, une sanction. SYN. mériter, risquer, s'attirer, s'exposer.

encrassement *nom masculin*

/ Fait de s'encrasser. SYN. encroûtement. CONTR. *décrassage, décrassement.*

encrasser *verbe*

/ Recouvrir de crasse. SYN. barbouiller, maculer, salir – LITTÉRAIRE: crotter. CONTR. *décrasser, désencrasser, laver.*

encroûter *verbe*

/ Rendre quelqu'un ignorant. SYN. abêtir, abrutir. CONTR. *éveiller.*

encroûter (s') *verbe pronominal*

/ Se laisser dominer par la routine. SYN. croupir, se rouiller, se scléroser, s'endormir, végéter – LITTÉRAIRE: stagner.

endémique *adjectif*

/ Qui sévit en permanence. SYN. chronique, permanent, persistant. CONTR. *cyclique, épidémique, momentané, passager, sporadique.*

endiablé *adjectif*

/ Qui a le diable au corps. SYN. désobéissant, indiscipliné, indocile, infernal, insupportable, intenable, terrible. CONTR. *calme, discipliné, obéissant, sage, tranquille.*

/ D'une vivacité extrême. SYN. ardent, débridé, déchaîné, effréné, fébrile, fougueux, frénétique, furieux, pétulant –LITTÉRAIRE: impétueux. CONTR. *doux, langoureux, languissant, lent.*

endiguer *verbe*

/ Faire obstacle à. SYN. arrêter, bloquer, brider, canaliser, contenir, enrayer, entraver, étouffer, faire cesser, freiner, juguler, paralyser, refréner, réfréner, retenir, stopper. CONTR. *laisser, libérer.*

endimancher (s') *verbe pronominal*

/ S'habiller de façon soignée. SYN. se pomponner –FAMILIER: se mettre sur son trente-et-un –LITTÉRAIRE: se parer.

endoctrinement *nom masculin*

/ Action d'endoctriner. SYN. catéchisation, embrigadement, intoxication, propagande –FAMILIER: bourrage de crâne.

endoctriner *verbe*

/ Faire adopter une doctrine. SYN. catéchiser, convertir, gagner, influencer, intoxiquer, rallier. CONTR. *dissuader.*

endolori *adjectif*

/ Qui fait souffrir. SYN. douloureux, meurtri. CONTR. *indolore.*

endommagement *nom masculin*

/ Fait d'être endommagé. SYN. avarie, dégât, dégradation, dommage.

endommager *verbe*

/ Mettre en mauvais état. SYN. abîmer, accidenter, altérer, avarier, dégrader, délabrer, détériorer, gâter, léser, ravager, saboter –FAMILIER: amocher, esquinter –LITTÉRAIRE: ruiner. CONTR. *améliorer, préserver, raccommoder, raffermir, réparer* –FAMILIER: *rabibocher, rafistoler.*

endormant *adjectif*

/ Très ennuyeux. SYN. ennuyeux, fastidieux, monotone, mortel, soporifique –FAMILIER: assommant, barbant, embêtant, enquiquinant, léthargique, rasant, rasoir, soûlant –POPULAIRE: emmerdant, suant.

endormeur *nom*

/ Personne qui enjôle quelqu'un. SYN. charmeur, enjôleur, ensorceleur, séducteur.

endormi *adjectif*

/ Qui dort. SYN. assoupi, ensommeillé, somnolent. CONTR. *éveillé, réveillé.*

/ Devenu moins vif. SYN. amorphe, apathique, assoupi, engourdi, indolent, inerte, lymphatique, mou, nonchalant –LITTÉRAIRE: ensommeillé. CONTR. *alerte, ardent, brûlant, effréné, éveillé, frénétique, remuant, véhément, vif, vivant* –FAMILIER: *dégourdi.*

/ LITTÉRAIRE. Qui n'est plus en activité. SYN. éteint, inactif –LITTÉRAIRE: somnolent. CONTR. *actif.*

endormir *verbe*

/ Atténuer l'acuité de. SYN. adoucir, alléger, apaiser, bercer, calmer, cicatriser, diminuer, engourdir, éteindre, soulager. CONTR. *ranimer.*

/ Faire sombrer dans le sommeil. SYN. assoupir. CONTR. *réveiller* –LITTÉRAIRE: *éveiller.*

/ Plonger dans un sommeil artificiel. SYN. anesthésier, chloroformer, insensibiliser. CONTR. *réveiller.*

/ Ennuyer profondément. SYN. –FAMILIER: assommer, barber, enquiquiner, raser. CONTR. *capter, captiver, charmer, électriser, exalter, exciter, intéresser, passionner, séduire.*

/ Tenter de duper quelqu'un. SYN. enjôler, mystifier, tromper –FAMILIER: baratiner, emberlificoter, embobeliner, embobiner, entortiller.

endormir (s') *verbe pronominal*

/ Sombrer dans le sommeil. SYN. s'assoupir, somnoler, tomber dans les bras de Morphée. CONTR. *se réveiller, s'éveiller* –FAMILIER: *émerger.*

/ Ralentir son activité. SYN. s'amollir, se relâcher, se rouiller, s'encroûter, s'engourdir.

endosser *verbe*
/ Prendre à son compte un acte. SYN. assumer, prendre sur soi, revendiquer, se charger de, supporter. CONTR. *fuir, récuser, refuser, rejeter, se décharger* –LITTÉRAIRE: *répudier.*
/ Mettre un vêtement. SYN. passer, revêtir –LITTÉRAIRE: vêtir. CONTR. *enlever, quitter, retirer.*

endroit *nom masculin*
/ Partie d'une chose, d'un corps. SYN. emplacement, place, point.
/ Lieu déterminé. SYN. coin, emplacement, localité, parages, quartier, région –FAMILIER: patelin, trou.
/ Côté destiné à être montré. SYN. dessus, devant, recto. CONTR. *derrière, dessous, envers, revers, verso.*

enduire *verbe*
/ Recouvrir d'un enduit. SYN. badigeonner, couvrir, étaler, passer –LITTÉRAIRE: oindre. CONTR. *décaper.*

endurable *adjectif*
/ Que l'on peut endurer. SYN. admissible, soutenable, supportable, tolérable. CONTR. *inadmissible, insoutenable, insupportable, intenable, intolérable.*

endurance *nom féminin*
/ Aptitude à résister aux épreuves. SYN. endurcissement, énergie, force, patience, résistance, solidité, trempe, vitalité. CONTR. *débilité, faiblesse, fragilité, mollesse.*

endurant *adjectif*
/ Capable d'endurance. SYN. dur, énergique, patient, résistant, rude, solide –FAMILIER: increvable. CONTR. *délicat, douillet, fragile, sensible.*

endurci *adjectif*
/ Qui est devenu dur. SYN. aguerri, cuirassé, dur, incorrigible, insensible –FAMILIER: blindé, sans-cœur. CONTR. *sensible, vulnérable.*
/ Qui a pris des habitudes. SYN. impénitent, invétéré, vieux.

endurcir *verbe*
/ Rendre plus dur. SYN. aguerrir, armer, fortifier –LITTÉRAIRE: retremper, tremper. CONTR. *affiner, assouplir, débiliter, ramollir.*
/ Rendre insensible. SYN. cuirasser, dessécher, habituer –FAMILIER: blinder –LITTÉRAIRE: raidir. CONTR. *apitoyer, assouplir, attendrir.*

endurcir (s') *verbe pronominal*
/ Devenir dur. SYN. s'aguerrir, s'armer, se cuirasser –FAMILIER: se blinder. CONTR. *s'affaiblir, s'amollir, s'assouplir, s'attendrir, se ramollir.*

endurcissement *nom masculin*
/ Accroissement de la résistance. SYN. endurance, entraînement, habitude, résistance. CONTR. *amollissement, fragilité.*
/ LITTÉRAIRE. Fait de s'endurcir. SYN. dessèchement, dureté, insensibilité. CONTR. *apitoiement, attendrissement, délicatesse, tendresse* –LITTÉRAIRE: *compassion.*

endurer *verbe*
/ Supporter ce qui est dur. SYN. accepter, admettre, essuyer, résister, subir, supporter, tolérer –FAMILIER: avaler, digérer, encaisser –LITTÉRAIRE: souffrir –POPULAIRE: déguster.

énergie *nom féminin*
/ Puissance physique. SYN. ardeur, endurance, puissance, tonus, verdeur, vie, vigueur, vitalité –LITTÉRAIRE: sève. CONTR. *apathie, atonie, faiblesse, inconsistance, langueur, mollesse, morosité, paresse.*
/ Force morale. SYN. caractère, cœur, courage, décision, détermination, dynamisme, fermeté, hardiesse, résolution, ressort, volonté –FAMILIER: cran, nerf –POPULAIRE: niaque, pêche. CONTR. *abattement, affaissement, découragement, indolence, inertie, langueur, nonchalance, veulerie.*

énergique *adjectif*
/ Qui a de la force physique. SYN. dur, endurant, fort, robuste, solide, vigoureux. CONTR. *avachi, débile, défaillant, faible, langoureux, mou* –FAMILIER: *ramolli.*
/ Qui produit l'effet attendu. SYN. agissant, efficace, efficient, puissant. CONTR. *défaillant.*
/ Qui est dynamique. SYN. actif, audacieux, autoritaire, courageux, décidé, déterminé, dynamique, ferme, hardi, résolu, véhément, vif, violent, volontaire –LITTÉRAIRE: impétueux. CONTR. *amorphe, apathique, atone, bonasse, doux, efféminé, flasque, inconsistant, inerte, irrésolu, modéré, morose, nonchalant, passif, veule* –FAMILIER: *mollasse.*

énergiquement *adverbe*
/ Avec vigueur. SYN. activement, catégoriquement, courageusement, fermement, fort, fortement, puissamment, résolument, vigoureusement, violemment, volontaire-

ment –FAMILIER: dur –LITTÉRAIRE: hardiment, vivement. CONTR. *délicatement, doucement, faiblement, langoureusement, mollement, nonchalamment, passivement* –LITTÉRAIRE: *tièdement.*

énergumène *nom*

/ Personne agitée. SYN. enragé, exalté, excité, fanatique, forcené, fou, individu, ostrogoth, phénomène –FAMILIER: zèbre –POPULAIRE: zigoto.

énervant *adjectif*

/ Qui irrite les nerfs. SYN. agaçant, exaspérant, excédant, insupportable, irritant, lancinant –FAMILIER: crispant, horripilant, rageant, vexant. CONTR. *apaisant, calmant, reposant.*

énervé *adjectif*

/ Qui ne contrôle plus ses nerfs. SYN. à bout de nerfs, agacé, agité, crispé, exaspéré, irrité, nerveux, sur les nerfs –FAMILIER: à cran, horripilé, les nerfs à cran, les nerfs à fleur de peau, les nerfs en boule, les nerfs en pelote. CONTR. *apaisé, calme, détendu, patient, serein, tranquille* –FAMILIER: *cool.*

énervement *nom masculin*

/ État de quelqu'un qui est énervé. SYN. agacement, agitation, crispation, effervescence, exaspération, excitation, hâte, impatience, irritation, nervosité, rage, surexcitation –FAMILIER: horripilation –LITTÉRAIRE: hérissement. CONTR. *apaisement, calme, flegme, impassibilité, placidité, sérénité, tranquillité.*

énerver *verbe*

/ Provoquer la nervosité. SYN. agacer, crisper, exaspérer, excéder, exciter, irriter, pousser à bout, surexciter, ulcérer –FAMILIER: asticoter, courir sur le haricot, courir sur le système, horripiler, insupporter, porter sur les nerfs, prendre la tête, taper sur le système, taper sur les nerfs –POPULAIRE: gonfler, pomper, soûler. CONTR. *apaiser, calmer, désénerver, détendre, reposer* –LITTÉRAIRE: *rasséréner.*

énerver (s') *verbe pronominal*

/ Perdre le contrôle de ses nerfs. SYN. en avoir par-dessus la tête, s'affoler, s'agiter, se mettre en colère, se monter, s'exciter, s'impatienter, s'irriter –FAMILIER: en avoir assez, en avoir jusque-là, en avoir marre, en avoir plein le dos, en avoir ras le bol, en avoir soupé, se mettre en boule, se mettre en pétard, se mettre en rogne –POPULAIRE: en avoir plein le cul. CONTR. *patienter, se calmer, se détendre.*

enfance *nom féminin*

/ LITTÉRAIRE. Commencement de quelque chose. SYN. aube, début, embryon, germe, origine –LITTÉRAIRE: aurore. CONTR. –LITTÉRAIRE: *couchant, crépuscule.*

enfant *adjectif*

/ Qui a la naïveté de l'enfance. SYN. candide, gamin, infantile, puéril –FAMILIER: bébête. CONTR. *adulte, grand.*

enfant *nom*

/ Garçon ou fille dans l'enfance. SYN. bambin, bébé, gamin, gamine, tout-petit –FAMILIER: bout de chou, bout de zan, gosse, marmot, mioche, moustique, moutard, pitchoun, pitchounet, poussin, tête blonde –POPULAIRE: chiard, lardon, loupiot, loupiote, môme, morpion, mouflet –VIEUX: marmouset. CONTR. *adulte.*

/ Fils ou fille de quelqu'un. SYN. –FAMILIER: gamin, gosse, héritier, progéniture, rejeton –POPULAIRE: lardon.

/ Descendant de quelqu'un. SYN. fille, fils, postérité.

enfantement *nom masculin*

/ LITTÉRAIRE. Action d'enfanter. SYN. accouchement, parturition.

/ LITTÉRAIRE. Action de produire une œuvre. SYN. conception, création, production –FAMILIER: accouchement.

enfanter *verbe*

/ LITTÉRAIRE. Mettre au monde. SYN. accoucher –LITTÉRAIRE: procréer.

/ LITTÉRAIRE. Produire quelque chose. SYN. concevoir, créer, engendrer –FAMILIER: accoucher, pondre.

enfantillage *nom masculin*

/ Comportement immature. SYN. gaminerie, naïveté, niaiserie, puérilité.

/ Chose sans importance. SYN. bagatelle, baliverne, niaiserie, puérilité, rien, vétille.

enfantin *adjectif*

/ Du niveau d'un enfant. SYN. élémentaire, facile, facile comme bonjour, simple. CONTR. *ardu, complexe, compliqué, difficile.*

/ Qui tient de l'enfance. SYN. gamin, infantile, ingénu, innocent, naïf, puéril. CONTR. *mature* –LITTÉRAIRE: *viril.*

enfer *nom masculin*

/ Lieu du châtiment éternel. SYN. géhenne. CONTR. *ciel, éden, paradis.*

/ Situation très pénible. SYN. calvaire, martyre, supplice, torture –LITTÉRAIRE: croix, géhenne. CONTR. *bonheur, paradis* –LITTÉRAIRE: *éden.*

enfermé *adjectif*

/ Qui est dans un lieu fermé. SYN. entre quatre murs, séquestré –LITTÉRAIRE: reclus.

enfermement *nom masculin*

/ Action d'enfermer quelqu'un. SYN. claustration, emprisonnement, incarcération, séquestration –LITTÉRAIRE: réclusion. CONTR. *libération.*

enfermer *verbe*

/ Mettre dans un lieu fermé. SYN. claquemurer, cloîtrer, confiner, détenir, écrouer, emprisonner, interner, isoler, parquer, séquestrer –FAMILIER: boucler, coffrer –LITTÉRAIRE: serrer. CONTR. *délivrer, libérer, sortir.*

/ Entourer complètement un lieu. SYN. ceinturer, clôturer, encercler, enclore, enserrer –LITTÉRAIRE: clore, enceindre.

/ LITTÉRAIRE. Avoir en soi. SYN. contenir, renfermer.

enfermer (s') *verbe pronominal*

/ S'installer dans un endroit fermé. SYN. se barricader, se calfeutrer, se claquemurer, se claustrer, se cloîtrer, se confiner, s'isoler. CONTR. *sortir.*

/ Se maintenir dans un état. SYN. persévérer, se cantonner, se confiner, se limiter, se replier, se retrancher. CONTR. *s'ouvrir à.*

enferrer (s') *verbe pronominal*

/ Se laisser prendre dans. SYN. patauger, se noyer, se perdre, s'embourber, s'empêtrer, s'engluer, s'enliser –FAMILIER: s'enfoncer. CONTR. *se dépêtrer, se tirer d'affaire, s'en sortir, s'en tirer* –FAMILIER: *se débrouiller, se dépatouiller* –POPULAIRE: *se démerder.*

enfiévrer *verbe*

/ Surexciter quelqu'un. SYN. agiter, échauffer, exalter, exciter, surexciter, survolter –LITTÉRAIRE: embraser, enflammer. CONTR. *apaiser, calmer.*

enfilade *nom féminin*

/ Succession de choses. SYN. chapelet, file, ligne, rangée, succession, suite.

enfiler *verbe*

/ Mettre sur soi. SYN. chausser, mettre, passer, revêtir –LITTÉRAIRE: vêtir. CONTR. *enlever, quitter, retirer.*

enfiler (s') *verbe pronominal*

/ FAMILIER. Absorber quelque chose. SYN. avaler, boire, dévorer, engloutir, engouffrer, ingurgiter –FAMILIER: enfourner, lamper, se taper, s'empiffrer, siffler –POPULAIRE: se goinfrer, s'envoyer.

/ FAMILIER. Se charger d'un travail. SYN. se coltiner –FAMILIER: s'appuyer –POPULAIRE: se farcir, se taper, s'envoyer.

enfin *adverbe*

/ Indique la conclusion d'une action. SYN. à la fin, en fin de compte, finalement, pour conclure, pour couronner le tout, pour finir. CONTR. *d'abord, pour commencer.*

/ Marque la fin d'une énumération. SYN. bref, en définitive, en somme, somme toute, tout compte fait.

/ Marque une restriction. SYN. du moins, néanmoins, ou plutôt, somme toute, toutefois.

enflammé *adjectif*

/ Qui est plein d'ardeur. SYN. ardent, brûlant, chaleureux, chaud, enfiévré, exalté, fébrile, passionné, surchauffé, survolté, véhément –LITTÉRAIRE: effervescent, embrasé. CONTR. *froid, glacial, impassible, indifférent, insensible.*

enflammer *verbe*

/ Mettre en flammes. SYN. allumer, attiser, incendier –LITTÉRAIRE: embraser. CONTR. *éteindre.*

/ LITTÉRAIRE. Faire paraître éclatant. SYN. aviver, illuminer –LITTÉRAIRE: empourprer.

/ LITTÉRAIRE. Remplir de passion. SYN. agiter, aiguillonner, aiguiser, animer, attiser, aviver, chauffer, déchaîner, échauffer, électriser, enfiévrer, enivrer, enthousiasmer, éperonner, exacerber, exaspérer, exciter, fanatiser, galvaniser, griser, réchauffer, surexciter, survolter –LITTÉRAIRE: allumer, embraser, exalter, transporter. CONTR. *amortir, apaiser, assoupir, calmer, éteindre, étouffer, ralentir, refroidir.*

/ Provoquer une inflammation. SYN. envenimer, infecter, irriter.

enflammer (s') *verbe pronominal*

/ S'animer d'une vive ardeur. SYN. s'animer, se monter, s'échauffer, s'enthousiasmer, s'exalter, s'exciter –LITTÉRAIRE: s'embraser. CONTR. *s'apaiser, se calmer.*

enflé *adjectif*

/ Qui a gonflé. SYN. bouffi, boursouflé, gros, hypertrophié, tumescent, turgescent –FAMILIER: boudiné. CONTR. *désenflé.*

/ LITTÉRAIRE. Qui est exagéré. SYN. amplifié, ampoulé, grossi, pompeux, redondant, ronflant.

enfler *verbe intransitif*

/ Augmenter de volume. SYN. bouffir, gonfler, grandir, grossir, se dilater, se distendre. CONTR. *dégonfler, désenfler.*

enfler *verbe transitif*

/ LITTÉRAIRE. Augmenter le volume de. SYN. dilater, distendre, gonfler, grossir. CONTR. *dégonfler.*

/ Provoquer une enflure. SYN. ballonner, bouffir, boursoufler, tuméfier. CONTR. *désenfler.*

/ LITTÉRAIRE. Rendre plus important. SYN. amplifier, boursoufler, exagérer, forcer, grandir, grossir, majorer, outrer. CONTR. *dégonfler, diminuer, minimiser, sous-estimer* –LITTÉRAIRE: *rabaisser, rabattre.*

enflure *nom féminin*

/ État d'un membre qui enfle. SYN. bosse, bouffissure, boursouflage, boursouflement, boursouflure, gonflement, intumescence, œdème, tuméfaction, tumescence, turgescence.

/ Exagération dans l'expression. SYN. boursouflure, emphase, grandiloquence, hyperbole –LITTÉRAIRE: bouffissure, pompe. CONTR. *dépouillement, simplicité, sobriété.*

enfoncement *nom masculin*

/ Endroit formant un creux. SYN. cavité, creux, dépression, renfoncement, trou. CONTR. *hauteur.*

enfoncer *verbe*

/ Mettre une chose dans une autre. SYN. engager, ficher, introduire, loger, planter, plonger –FAMILIER: fourrer. CONTR. *arracher, déplanter, déterrer, extirper, extraire, retirer.*

/ Briser en poussant. SYN. cogner, défoncer, emboutir, entamer, forcer, percer, percuter, renverser, rompre.

/ FAMILIER. Vaincre quelqu'un. SYN. battre, broyer, devancer, écraser, pulvériser, surclasser, surpasser, vaincre –FAMILIER: étriller, griller, piler.

/ Mettre dans l'embarras. SYN. embourber, empêtrer, enliser. CONTR. *sortir.*

enfoncer (s') *verbe pronominal*

/ S'installer au fond de. SYN. se glisser, se loger, se mettre, se plonger. CONTR. *s'extraire.*

/ S'engager dans un lieu. SYN. pénétrer, rentrer, s'engager, s'immerger, s'introduire. CONTR. *se sauver.*

/ Se complaire dans un sentiment. SYN. s'abandonner, s'absorber, se livrer, s'installer. CONTR. *se tirer.*

/ FAMILIER. Tomber dans une situation pire. SYN. descendre, se noyer, se perdre, s'enferrer, s'enliser, sombrer, tomber –FAMILIER: dégringoler –LITTÉRAIRE: déchoir. CONTR. *s'en sortir, s'en tirer.*

enfouir *verbe*

/ Mettre en terre. SYN. ensevelir, enterrer, terrer. CONTR. *déterrer, exhumer.*

/ Cacher quelque chose. SYN. camoufler, dissimuler –LITTÉRAIRE: ensevelir. CONTR. *exhumer, extraire, sortir* –LITTÉRAIRE: *ressusciter.*

enfourner *verbe*

/ FAMILIER. Introduire en enfonçant. SYN. caser, mettre –FAMILIER: fourrer.

/ FAMILIER. Absorber en grande quantité. SYN. avaler, avoir un bon coup de fourchette, dévorer, engloutir, engouffrer, ingurgiter –ARGOTIQUE: briffer –FAMILIER: s'empiffrer, s'enfiler –POPULAIRE: bâfrer, bouffer, boulotter, morfaler, s'envoyer –VIEUX: goinfrer. CONTR. *avoir un appétit d'oiseau, grignoter* –FAMILIER: *chipoter, mangeotter, picorer.*

enfreindre *verbe*

/ Transgresser un règlement. SYN. contrevenir à, désobéir à, manquer à, outrepasser, piétiner, transgresser, violer –LITTÉRAIRE: blesser, pécher contre. CONTR. *obéir, observer, obtempérer à, respecter, se conformer à, se soumettre à, suivre.*

enfuir (s') *verbe pronominal*

/ Quitter un lieu brusquement. SYN. déguerpir, déloger, disparaître, fuir, partir, prendre la fuite, prendre le large, se retirer, se sauver, s'esquiver, s'évader –FAMILIER: décamper, détaler, ficher le camp, filer, prendre la poudre d'escampette, prendre ses cliques et ses claques, s'évaporer –POPULAIRE: cavaler, décaniller, jouer la fille de l'air, mettre les bouts, se barrer, se calter, se carapater, se casser, se débiner, se faire la malle, se tailler, se tirer. CONTR. *arriver, rester* –LITTÉRAIRE: *demeurer.*

/ LITTÉRAIRE. Passer rapidement. SYN. disparaître, fuir, passer, se dissiper, s'écouler, s'envoler, s'évanouir –LITTÉRAIRE: s'évaporer. CONTR. *résister, tenir.*

engageant *adjectif*

/ Qui invite à nouer des relations. SYN. accessible, accueillant, affable, agréable, aimable, alléchant, attirant, attrayant, avenant, cordial, liant, plaisant, prometteur, séduisant, sympathique –LITTÉRAIRE: amène. CONTR. *antipathique, bilieux, bougon, cassant, déplaisant, désagréable, distant, glacé, rébarbatif, renfrogné, repoussant, rude, sec* –LITTÉRAIRE: *hostile.*

engagement *nom masculin*

/ Fait de s'engager à. SYN. assurance, garantie, obligation, parole, promesse, serment, signature. CONTR. *abandon, désaveu, désertion, reniement.*

/ Action d'engager quelqu'un. SYN. embauchage, embauche, enrôlement, recrutement. CONTR. *débauchage, licenciement, renvoi* –FAMILIER: *dégraissage.*

/ Combat de courte durée. SYN. accrochage, action, coup de main, escarmouche, rencontre –VIEUX: échauffourée.

/ Acte par lequel on s'engage. SYN. contrat, convention, promesse.

engager *verbe*

/ Mettre un bien en gage. SYN. gager. CONTR. *dégager, reprendre.*

/ Lier moralement. SYN. attacher, contraindre, lier, obliger –LITTÉRAIRE: astreindre. CONTR. *délier, libérer.*

/ Recruter pour un emploi. SYN. embaucher, employer, prendre. CONTR. *chasser, congédier, débaucher, licencier, limoger, remercier, renvoyer, se défaire* –POPULAIRE: *balancer.*

/ FAMILIER. Faire participer à. SYN. impliquer –FAMILIER: embarquer, embringuer.

/ Faire entrer dans un lieu étroit. SYN. coincer, encastrer, enclaver, enfoncer, glisser, introduire, passer, plonger. CONTR. *débloquer, enlever, extraire, retirer, sortir.*

/ Amener quelqu'un à. SYN. appeler, convier, déterminer, encourager, entraîner, exciter, exhorter, inciter, inviter, porter, pousser, presser, provoquer, recommander. CONTR. *déconseiller, décourager, détourner, dissuader, éloigner, retenir.*

/ Commencer une action. SYN. amorcer, attaquer, ébaucher, entamer, entreprendre, ouvrir. CONTR. *arrêter, clôturer, finir, terminer.*

engager (s') *verbe pronominal*

/ Se loger dans un lieu étroit. SYN. rentrer, s'emboîter, s'encastrer, s'enchâsser, s'enfoncer, s'imbriquer.

/ Avancer dans une voie. SYN. entrer, pénétrer, s'avancer, s'enfoncer, s'engouffrer –LITTÉRAIRE: s'insinuer.

/ Entreprendre une action. SYN. débuter, s'aventurer, se lancer, se mettre à, se risquer –FAMILIER: s'emmancher. CONTR. *se dispenser de.*

/ Contracter un engagement. SYN. jurer, s'enrôler. CONTR. *se dégager.*

engendrement *nom masculin*

/ Action d'engendrer. SYN. création, élaboration.

engendrer *verbe*

/ Reproduire par génération. SYN. donner le jour, donner naissance, faire –LITTÉRAIRE: enfanter, procréer.

/ Produire quelque chose. SYN. amener, apporter, causer, créer, déterminer, entraîner, exciter, faire naître, fonder, générer, inspirer, nécessiter, occasionner, opérer, produire, provoquer, soulever, susciter –FAMILIER: accoucher –LITTÉRAIRE: enfanter.

engin *nom masculin*

/ Machine à emploi précis. SYN. appareil, instrument, outil, ustensile.

/ FAMILIER. Objet dont on ignore le nom. SYN. chose –FAMILIER: bidule, machin, truc.

englober *verbe*

/ Faire entrer dans un ensemble. SYN. annexer, compter, enclore, envelopper, inclure, joindre. CONTR. *détacher, excepter.*

/ Réunir en un tout. SYN. comporter, comprendre, contenir –LITTÉRAIRE: embrasser. CONTR. *dissocier, distinguer, séparer.*

engloutir *verbe*

/ Manger avec voracité. SYN. absorber, avaler, avoir un bon coup de fourchette, dévorer, engouffrer, ingurgiter –ARGOTIQUE: briffer –FAMILIER: enfourner, s'empiffrer, s'enfiler –POPULAIRE: bâfrer, bouffer, boulotter, morfaler –VIEUX: goinfrer. CONTR. *avoir un appétit d'oiseau, grignoter –*FAMILIER: *chipoter, mangeotter, picorer, pignocher.*

/ Dépenser de l'argent. SYN. croquer, dépenser, dévorer, dilapider, gaspiller –FAMILIER: claquer, nettoyer –LITTÉRAIRE: dissiper. CONTR. *économiser, épargner.*

/ Faire disparaître. SYN. ensevelir, enterrer, noyer, submerger.

engluer (s') *verbe pronominal*

/ Se trouver dans l'embarras. SYN. patauger, s'empêtrer, s'enferrer, s'enliser, sombrer –FAMILIER: s'enfoncer –LITTÉRAIRE: stagner.

engoncer *verbe*

/ Serrer quelqu'un (vêtement). SYN. brider, gêner, sangler –FAMILIER: boudiner.

engorgement *nom masculin*

/ Action d'engorger. SYN. blocage, obstruction, obturation.

/ Fait d'être saturé. SYN. congestion, embouteillage, encombrement, saturation.

engorger *verbe*

/ Gêner la circulation. SYN. congestionner, embouteiller, encombrer, saturer. CONTR. *décongestionner, dégager, désengorger.*

/ Embarrasser une canalisation. SYN. bloquer, boucher, obstruer. CONTR. *déboucher, libérer.*

engouement *nom masculin*

/ Fait de s'engouer pour. SYN. admiration, emballement, enthousiasme, mode, passion –FAMILIER: tocade, toquade –LITTÉRAIRE: entichement. CONTR. *dédain, dégoût.*

engouer (s') *verbe pronominal*

/ Se prendre d'admiration pour. SYN. admirer, aimer, être féru de, s'amouracher, s'attacher, se passionner, se toquer de, s'enthousiasmer, s'enticher de, s'éprendre, s'exciter –FAMILIER: s'emballer –VIEUX: se coiffer de. CONTR. *dédaigner, mépriser, se dégoûter de, se détacher de –*LITTÉRAIRE: *se déprendre de.*

engouffrer *verbe*

/ Manger goulûment. SYN. avaler, dévorer, engloutir, ingurgiter, se gaver –ARGOTIQUE: briffer –FAMILIER: enfourner, s'empiffrer, s'en mettre plein la panse, s'enfiler –POPULAIRE: bâfrer, bouffer, boulotter, morfaler, se goinfrer, s'en mettre plein la gueule, s'en mettre plein la lampe –VIEUX: goinfrer. CONTR. *grignoter –*FAMILIER: *chipoter, mangeotter, picorer, pignocher.*

/ Dépenser de l'argent. SYN. croquer, dévorer, dilapider, engloutir, manger –FAMILIER: claquer –LITTÉRAIRE: dissiper. CONTR. *économiser, épargner.*

engouffrer (s') *verbe pronominal*

/ Entrer rapidement ou en masse. SYN. passer, pénétrer, se jeter, se précipiter, se ruer, s'élancer, s'engager, s'engloutir –FAMILIER: s'enfourner.

engourdi *adjectif*

/ Qui a perdu sa mobilité. SYN. gourd, inerte. CONTR. *agile, alerte, souple.*

/ Qui est dans un état de torpeur. SYN. endormi, indolent, mou, nonchalant –LITTÉRAIRE: ensommeillé. CONTR. *allègre, ardent, déluré, pétulant, vivant –*FAMILIER: *dégourdi.*

engourdir *verbe*

/ Diminuer la mobilité de. SYN. alourdir, ankyloser, immobiliser, paralyser. CONTR. *dégourdir.*

/ Mettre dans un état de torpeur. SYN. appesantir, assoupir, endormir, scléroser –VIEUX: chloroformer. CONTR. *animer, éveiller, exciter, fouetter, réveiller, stimuler.*

engourdir (s') *verbe pronominal*

/ Perdre de son dynamisme. SYN. se fossiliser, se rouiller, se scléroser, s'encroûter, s'endormir. CONTR. –LITTÉRAIRE: *s'éveiller.*

engourdissement *nom masculin*

/ État de torpeur. SYN. appesantissement, asphyxie, assoupissement, immobilisme, inertie, langueur, léthargie, pesanteur, piétinement, sclérose, stagnation, tassement, torpeur –LITTÉRAIRE: alanguissement. CONTR. *animation, ardeur, flexibilité, nerf, souplesse.*

engraissement *nom masculin*

/ Fait d'engraisser. SYN. embonpoint, empâtement, épaississement, obésité, rondeur –FAMILIER: rotondité. CONTR. *amaigrissement.*

engraisser *verbe*

/ Prendre de l'embonpoint. SYN. épaissir, forcir, grossir, s'empâter –FAMILIER: se remplumer. CONTR. *maigrir, mincir, s'amaigrir, se dessécher –FAMILIER: fondre –LITTÉRAIRE: s'émacier.*

engranger *verbe*

/ Mettre de côté. SYN. accumuler, consigner, emmagasiner, enregistrer, entasser, entreposer, remiser, stocker.

engrenage *nom masculin*

/ Enchaînement de faits. SYN. chaîne, entraînement, lacis, tissu –LITTÉRAIRE: réseau.

engueulade *nom féminin*

/ POPULAIRE. Fait d'être engueulé. SYN. réprimande, semonce –FAMILIER: savon.

/ POPULAIRE. Action de s'engueuler. SYN. algarade, altercation, dispute, explication, prise de bec, querelle, scène –FAMILIER: accrochage, attrapade, empoignade.

engueuler *verbe*

/ POPULAIRE. Réprimander durement. SYN. gronder, houspiller, injurier, invectiver, réprimander, tirer les oreilles –FAMILIER: attraper, disputer, enguirlander, passer un savon, secouer, sonner les cloches –LITTÉRAIRE: admonester, gourmander, quereller, tancer –POPULAIRE: remonter les bretelles. CONTR. *complimenter, féliciter, louer –LITTÉRAIRE: louanger.*

engueuler (s') *verbe pronominal*

/ POPULAIRE. Se disputer avec quelqu'un. SYN. s'accrocher, se quereller, s'expliquer –FAMILIER: se chamailler.

enguirlander *verbe*

/ FAMILIER. Réprimander vertement. SYN. gronder, houspiller, injurier, invectiver, réprimander, tirer les oreilles –FAMILIER: attraper, disputer, passer un savon, secouer, sonner les cloches –LITTÉRAIRE: admonester, gourmander, quereller, tancer –POPULAIRE: engueuler, remonter les bretelles. CONTR. *complimenter, féliciter, louer –LITTÉRAIRE: louanger.*

enhardir *verbe*

/ Donner de la hardiesse. SYN. aiguillonner, chauffer, encourager, réconforter, stimuler –LITTÉRAIRE: raffermir. CONTR. *abattre, décourager, démonter, lasser, rebuter, refroidir.*

enhardir (s') *verbe pronominal*

/ Devenir hardi. SYN. avoir l'audace de, avoir le front de, oser, prendre son courage à deux mains, s'armer de courage, s'aventurer, s'aviser, se hasarder, se permettre, se risquer –FAMILIER: avoir le culot de, avoir le toupet de.

énigmatique *adjectif*

/ Difficile à interpréter. SYN. abscons, ambigu, difficile, hermétique, incompréhensible, indéchiffrable, inexplicable, obscur, voilé –LITTÉRAIRE: opaque, sibyllin. CONTR. *clair, déchiffrable, évident, intelligible, lumineux.*

/ Au caractère mystérieux. SYN. ésotérique, étrange, fermé, impénétrable, insaisissable, insondable. CONTR. *direct, franc, ouvert.*

énigme *nom féminin*

/ Chose, personne difficile à saisir. SYN. ambiguïté, mystère, problème, secret.

/ Question énigmatique. SYN. charade, devinette, logogriphe, rébus –FAMILIER: colle.

enivrant *adjectif*

/ Qui provoque une exaltation. SYN. capiteux, délicieux, ensorcelant, enthousiasmant, étourdissant, exaltant, excitant, grisant, magique, merveilleux, passionnant.

enivré *adjectif*

/ En état d'ivresse. SYN. gai, gris, ivre –FAMILIER: éméché, imbibé, parti, pompette, saoul, schlass, soûl, soûl comme un Polonais, soûl comme une grive –POPULAIRE: beurré, beurré comme une tartine, blindé, bourré, chargé, cuit, noir, paf, pété, pinté, plein comme une barrique, raide, rond, rond comme une barrique, rond comme une queue de pelle, torché –VIEUX: brindezingue. CONTR. *à jeun, sobre.*

enivrement *nom masculin*

/ VIEUX. État d'une personne ivre. SYN. ébriété, griserie, ivresse – LITTÉRAIRE : étourdissement. CONTR. *sobriété.*

/ LITTÉRAIRE. État d'euphorie. SYN. enchantement, exaltation, excitation, extase, griserie, ivresse – LITTÉRAIRE : tourbillon, transport. CONTR. *désenchantement, désillusion.*

enivrer *verbe*

/ Mettre en état d'ivresse. SYN. griser – FAMILIER : soûler. CONTR. *dégriser, désenivrer, dessoûler.*

/ Remplir d'exaltation. SYN. charmer, entêter, enthousiasmer, étourdir, exalter, exciter, griser, soulever – LITTÉRAIRE : enflammer, transporter. CONTR. *dégriser, désenivrer.*

enivrer (s') *verbe pronominal*

/ Se rendre ivre. SYN. boire, se griser – FAMILIER : boire comme un trou, boire comme une éponge, se soûler – POPULAIRE : picoler, prendre une bitture, prendre une cuite, s'arsouiller, se beurrer, se bitturer, se bourrer, se bourrer la gueule, se charger, se cuiter, se noircir, se péter la gueule, se pinter, se piquer le nez, se poivrer.

enjamber *verbe*

/ Passer par-dessus. SYN. franchir, passer.

enjeu *nom masculin*

/ Ce que l'on risque au jeu. SYN. cave, mise, pari.

enjoindre *verbe*

/ LITTÉRAIRE. Ordonner expressément. SYN. adjurer, commander, dicter, dire, exiger, imposer, intimer, inviter, ordonner, prescrire, prier, sommer – LITTÉRAIRE : requérir. CONTR. *défendre, interdire.*

enjôler *verbe*

/ Séduire par des flatteries. SYN. amadouer, bercer de paroles, charmer, circonvenir, endormir, séduire – FAMILIER : baratiner, emberlificoter, embobeliner, embobiner, entortiller.

enjôleur *adjectif*

/ Qui enjôle. SYN. cajoleur, câlin, caressant, charmeur, doucereux, ensorceleur, fascinant, flatteur, séducteur – LITTÉRAIRE : paterne. CONTR. *revêche.*

enjolivement *nom masculin*

/ Action d'enjoliver. SYN. amélioration, embellissement, ornementation – LITTÉRAIRE : fioriture. CONTR. *enlaidissement.*

enjoliver *verbe*

/ Rendre plus joli. SYN. agrémenter, décorer, égayer, garnir, ornementer, orner – LITTÉRAIRE : parer. CONTR. *déparer, enlaidir.*

/ Enrichir un récit. SYN. broder, embellir, enrichir, exagérer – LITTÉRAIRE : farder.

enjolivure *nom féminin*

/ Petit ornement. SYN. agrément, décoration, embellissement – LITTÉRAIRE : fioriture, parure.

enjoué *adjectif*

/ Qui manifeste la gaieté. SYN. allègre, badin, euphorique, gai, guilleret, joueur, jovial, joyeux, réjoui, rieur – FAMILIER : bien luné, de bon poil – LITTÉRAIRE : folâtre, riant. CONTR. *amer, boudeur, grave, mélancolique, morne, sombre, triste* – FAMILIER : *de mauvais poil, mal luné* – LITTÉRAIRE : *chagrin.*

enjouement *nom masculin*

/ Disposition à la bonne humeur. SYN. allégresse, bonne humeur, entrain, gaieté, joie, jovialité – LITTÉRAIRE : alacrité. CONTR. *bouderie, gravité, humeur de chien, humeur de dogue, mauvaise humeur, tristesse* – FAMILIER : *humeur massacrante* – LITTÉRAIRE : *maussaderie.*

enlacement *nom masculin*

/ Disposition de choses enlacées. SYN. enchevêtrement, entrecroisement, entrelacement, lacis, nœud, réseau – LITTÉRAIRE : entremêlement.

/ Fait de tenir dans ses bras. SYN. accolade, embrassade – LITTÉRAIRE : embrassement, étreinte.

enlacer *verbe*

/ Nouer des choses entre elles. SYN. croiser, entrecroiser, entrelacer, entremêler, lier, tresser. CONTR. *dénouer.*

/ Entourer un objet. SYN. ceinturer – LITTÉRAIRE : ceindre.

/ Tenir contre soi. SYN. étreindre, serrer – LITTÉRAIRE : embrasser.

enlaidir *verbe*

/ Rendre laid. SYN. défigurer, déparer, gâter. CONTR. *agrémenter, arranger, avantager, égayer, embellir, enjoliver, flatter, orner* –LITTÉRAIRE: *parer.*

enlèvement *nom masculin*

/ Action d'enlever des choses. SYN. déblaiement, dégagement, ramassage, suppression.
/ Action d'enlever quelqu'un. SYN. kidnapping, rapt.
/ Action de prendre une position militaire. SYN. conquête, occupation, prise.

enlever *verbe*

/ Soulever vers le haut. SYN. élever, hisser, monter, soulever.
/ Changer quelque chose de place. SYN. décrocher, déménager, déplacer, emporter, ôter, retirer –FAMILIER: embarquer. CONTR. *adjoindre, joindre.*
/ Faire disparaître quelque chose. SYN. biffer, effacer, élaguer, gommer, gratter, retrancher, supprimer.
/ Retirer un vêtement. SYN. ôter, quitter, retirer, se débarrasser de, se défaire de –LITTÉRAIRE: dépouiller. CONTR. *chausser, endosser, enfiler, garder, mettre, passer.*
/ Ôter quelque chose. SYN. amputer, déraciner, détacher, extirper, extraire.
/ Faire perdre quelque chose. SYN. déposséder, dépouiller, priver. CONTR. *apporter, donner.*
/ Soustraire quelqu'un. SYN. kidnapper –LITTÉRAIRE: dérober, ravir.
/ Prendre une position militaire. SYN. conquérir, emporter, envahir, s'emparer.
/ Obtenir quelque chose. SYN. gagner, remporter –FAMILIER: décrocher, rafler.

enliser *verbe*

/ Enfoncer dans un sol mou. SYN. embourber, ensabler, envaser. CONTR. *débourber, désembourber, désensabler, désenvaser, dévaser.*

enliser (s') *verbe pronominal*

/ S'enfoncer dans un sol mou. SYN. s'embourber, s'ensabler, s'envaser. CONTR. *se débourber, se désembourber, se désensabler, se désenvaser, se dévaser.*
/ Ne plus progresser. SYN. croupir, patauger, s'embrouiller, s'empêtrer, s'enferrer, s'engluer, sombrer –FAMILIER: s'enfoncer –LITTÉRAIRE: stagner. CONTR. *émerger, se dépêtrer, se sortir de.*

enluminé *adjectif*

/ LITTÉRAIRE. Coloré vivement. SYN. cramoisi –LITTÉRAIRE: embrasé. CONTR. *pâle* –FAMILIER: *pâlichon, pâlot.*

ennemi *adjectif*

/ Qui est hostile à. SYN. antagoniste, défavorable, hostile, néfaste –LITTÉRAIRE: adverse. CONTR. *ami, défenseur, favorable, propice.*

ennemi *nom*

/ Celui qui est dans un camp opposé. SYN. adversaire, combattant, opposant. CONTR. *adhérent, allié, ami, camarade, complice, défenseur, partisan, sympathisant.*

ennoblir *verbe*

/ Élever moralement. SYN. élever, grandir, rehausser –LITTÉRAIRE: magnifier. CONTR. *abaisser, avilir, dégrader, déshonorer, rapetisser* –LITTÉRAIRE: *rabaisser, rabattre.*

ennoblissant *adjectif*

/ Qui élève moralement. CONTR. *abaissant, avilissant, rabaissant.*

ennoblissement *nom masculin*

/ Fait de s'élever moralement. SYN. exaltation, glorification –LITTÉRAIRE: élévation, sublimation. CONTR. *abaissement, avilissement, déchéance, dégradation, rapetissement* –LITTÉRAIRE: *rabaissement.*

ennui *nom masculin*

/ Désagrément fâcheux. SYN. à-coup, affaire, complication, contretemps, déboire, désagrément, difficulté, embarras, inconvénient, mal, souci, tourment, tracas, tracasserie –FAMILIER: anicroche, embêtement, empoisonnement, enquiquinement, os, pépin, tuile –LITTÉRAIRE: aria, incommodité –POPULAIRE: emmerde, emmerdement. CONTR. *bonheur, charme, joie, plaisir, satisfaction.*
/ Lassitude morale. SYN. abattement, dégoût, hypocondrie, lassitude, mécontentement, mélancolie, vague à l'âme –FAMILIER: cafard –LITTÉRAIRE: spleen. CONTR. *allégresse, amusement, contentement, divertissement, euphorie, gaieté.*

ennuyé *adjectif*

/ Qui est contrarié. SYN. contrarié, désolé, mécontent, navré, préoccupé, soucieux, tourmenté, tracassé –FAMILIER: embêté –LITTÉRAIRE: chagrin, contrit. CONTR. *content, gai, heureux, insouciant, jovial, joyeux, réjoui, satisfait.*

ennuyer *verbe*

/ Lasser quelqu'un. SYN. assommer, peser, rebuter –FAMILIER: barber, embêter, enquiquiner, pomper, raser, tanner –LITTÉRAIRE: soûler. CONTR. *amuser, capter, captiver, charmer, désennuyer, distraire, divertir, égayer, plaire.*

/ Causer du tracas. SYN. chagriner, contrarier, désoler, préoccuper, tracasser –FAMILIER: chicaner, chiffonner, défriser, embêter, empoisonner, turlupiner –POPULAIRE: emmerder.

/ Importuner quelqu'un. SYN. désobliger, fatiguer, gêner –FAMILIER: bassiner, casser les pieds, embêter, empoisonner, enquiquiner, faire suer, pomper, tanner –LITTÉRAIRE: importuner –POPULAIRE: canuler, courir sur le haricot, courir sur le système, emmerder, faire chier, soûler. CONTR. *dérider, électriser, enthousiasmer, exalter, intéresser, passionner, satisfaire.*

ennuyer (s') *verbe pronominal*

/ Éprouver de l'ennui. SYN. se languir de, se morfondre –FAMILIER: se barber, se faire suer, se raser, s'embêter, s'empoisonner, s'enquiquiner –POPULAIRE: se faire chier, s'emmerder. CONTR. *s'amuser, se distraire, se divertir.*

ennuyeux *adjectif*

/ Qui cause du souci. SYN. déplaisant, désagréable, désolant, embarrassant, fâcheux, malencontreux, pénible, préoccupant, tracassant –FAMILIER: casse-pieds, embêtant, empoisonnant, enquiquinant, saumâtre –POPULAIRE: chiant, emmerdant.

/ Qui cause de la lassitude. SYN. endormant, insipide, lassant, long comme un jour sans pain, maussade, monotone, mortel, soporifique, terne –FAMILIER: assommant, barbant, bassinant, casse-pieds, collant, embêtant, enquiquinant, rasant, raseur, rasoir, soûlant, tuant –POPULAIRE: canulant, chiant, emmerdant, suant. CONTR. *agréable, amusant, attachant, captivant, charmant, distrayant, divertissant, drôle, enthousiasmant, intéressant, passionnant, plaisant, récréatif* –FAMILIER: *emballant, folichon, rigolo.*

énoncé *nom masculin*

/ Fait d'énoncer quelque chose. SYN. énonciation, formulation.

/ Ce qui est énoncé. SYN. expression, formule, propos, terme, texte.

énoncer *verbe*

/ Exprimer par le langage. SYN. articuler, avancer, émettre, exposer, exprimer, formuler, indiquer, proférer.

énonciation *nom féminin*

/ Action d'énoncer. SYN. élocution, énoncé, expression, formulation.

enorgueillir (s') *verbe pronominal*

/ Tirer orgueil de. SYN. se flatter, se glorifier, se piquer, se prévaloir, se targuer, se vanter, s'honorer. CONTR. *s'abaisser, s'humilier* –FAMILIER: *s'aplatir.*

énorme *adjectif*

/ Qui est très important. SYN. beau, colossal, considérable, démesuré, écrasant, exorbitant, gigantesque, immense, imposant, incommensurable, interminable, monstrueux, phénoménal –FAMILIER: monstre, monumental –LITTÉRAIRE: titanesque, vaste. CONTR. *faible, limité, microscopique, minime, minuscule, modéré, modeste, normal, petit.*

/ Qui est très gros. SYN. corpulent, épais, fort, imposant, monstrueux, obèse –POPULAIRE: maous. CONTR. *fin, maigre, menu, mince, squelettique.*

/ FAMILIER. Qui surprend. SYN. ahurissant, effarant, extraordinaire, fabuleux, fou, incroyable, inouï, invraisemblable, phénoménal, prodigieux, stupéfiant –FAMILIER: fantastique, formidable, monstre, renversant –POPULAIRE: bœuf. CONTR. *banal, insignifiant, ordinaire.*

énormément *adverbe*

/ À un très haut degré. SYN. exceptionnellement, excessivement, extraordinairement, extrêmement, fabuleusement, follement, grandement, immensément, incroyablement, monstrueusement, prodigieusement, puissamment, singulièrement, terriblement, très, vertigineusement –FAMILIER: bigrement, bougrement, diablement, formidablement –LITTÉRAIRE: diantrement, furieusement. CONTR. *faiblement, légèrement, modérément, moyennement, pas du tout, pas le moins du monde, passablement, peu.*

/ En grande quantité. SYN. à discrétion, à flots, à foison, à la pelle, à profusion, à satiété, à souhait, à volonté, abondamment, amplement, beaucoup, colossalement, considérablement, copieusement, en quantité, en veux-tu en voilà, généreusement, largement, pleinement, richement, trop –FAMILIER: à gogo, à revendre, à tire-larigot, en pagaille, jusqu'à plus soif –LITTÉRAIRE: à l'envi. CONTR. *chichement, modérément, moyennement, parcimonieusement, peu.*

énormité *nom féminin*

/ Caractère énorme. SYN. gigantisme, grosseur, immensité –LITTÉRAIRE: infinitude, vastitude. CONTR. *petitesse.*

/ Caractère inouï. SYN. aberration, absurdité, extravagance, folie, invraisemblance.

enquérir (s') *verbe pronominal*

/ Chercher à savoir. SYN. aller aux nouvelles, enquêter, interroger, rechercher, se documenter, se renseigner, s'informer, s'inquiéter.

enquête *nom féminin*

/ Recherche sur quelque chose. SYN. analyse, examen, instruction, investigation, observation, prospection.

enquêter *verbe*

/ Faire une enquête. SYN. chercher, examiner, fouiller, investiguer, se renseigner, s'enquérir, s'informer, sonder.

enquiquinant *adjectif*

/ FAMILIER. Qui cause du souci. SYN. agaçant, déplaisant, désagréable, désolant, embarrassant, encombrant, endormant, fâcheux, gênant, malencontreux, malvenu, pénible, préoccupant, tracassant –FAMILIER: assommant, casse-pieds, collant, crampon, embêtant, empoisonnant, saumâtre –LITTÉRAIRE: importun –POPULAIRE: canulant, chiant, emmerdant.

/ FAMILIER. Qui cause de la lassitude. SYN. endormant, ennuyeux, insipide, lassant, maussade, monotone, mortel, soporifique, terne –FAMILIER: assommant, barbant, bassinant, casse-pieds, embêtant, rasant, rasoir, soûlant, tuant –POPULAIRE: canulant, chiant, emmerdant, suant. CONTR. *agréable, amusant, attachant, captivant, charmant, distrayant, divertissant, drôle, intéressant, passionnant, plaisant, récréatif* –FAMILIER: *folichon.*

enquiquinement *nom masculin*

/ FAMILIER. Désagrément fâcheux. SYN. à-coup, affaire, complication, contretemps, déboire, désagrément, difficulté, embarras, ennui, inconvénient, mal, souci, tourment, tracas –FAMILIER: anicroche, embêtement, empoisonnement, os, pépin, tuile –LITTÉRAIRE: aria, incommodité –POPULAIRE: emmerde, emmerdement. CONTR. *bonheur, joie, plaisir, satisfaction.*

enquiquiner *verbe*

/ FAMILIER. Importuner quelqu'un. SYN. agacer, désobliger, ennuyer, gêner, harceler –FAMILIER: bassiner, casser les pieds, embêter, empoisonner, faire suer –LITTÉRAIRE: importuner –POPULAIRE: canuler, cavaler, courir sur le haricot, courir sur le système, emmerder, faire chier. CONTR. *dérider, électriser, enthousiasmer, exalter, intéresser, passionner, satisfaire.*

/ FAMILIER. Lasser quelqu'un. SYN. assommer, ennuyer, lasser, peser, rebuter –FAMILIER: barber, embêter, pomper, raser, tanner –LITTÉRAIRE: soûler. CONTR. *amuser, capter, captiver, charmer, désennuyer, distraire, divertir, égayer, passionner, plaire, satisfaire.*

enquiquiner (s') *verbe pronominal*

/ FAMILIER. Éprouver de l'ennui. SYN. se morfondre, s'ennuyer –FAMILIER: se barber, se raser, s'embêter, s'empoisonner –POPULAIRE: s'emmerder. CONTR. *s'amuser, se distraire, se divertir.*

enquiquineur *nom*

/ FAMILIER. Personne qui enquiquine. SYN. gêneur –FAMILIER: casse-pieds, empoisonneur, raseur –LITTÉRAIRE: fâcheux, importun –POPULAIRE: emmerdeur.

enraciné *adjectif*

/ Fixé profondément. SYN. vivace, vivant.

enracinement *nom masculin*

/ Fait d'être enraciné. SYN. fixation, implantation. CONTR. *arrachage, déracinement.*

enraciner *verbe*

/ Faire prendre racine. SYN. planter, semer. CONTR. *déraciner, extirper.*

/ Établir quelqu'un quelque part. SYN. acclimater, fixer. CONTR. *arracher, dépayser, déraciner.*

▮ Fixer profondément quelque chose. SYN. ancrer, implanter, incruster – LITTÉRAIRE : introniser. CONTR. *arracher, déraciner.*

enraciner (s') *verbe pronominal*

▮ Se fixer solidement. SYN. s'ancrer, s'établir, s'implanter, s'installer – LITTÉRAIRE : s'invétérer.

enragé *adjectif*

▮ Qui est passionné. SYN. acharné, éperdu, fanatique, féru, fou, gourmand, ivre, passionné, toqué – FAMILIER : fana, mordu – POPULAIRE : accro. CONTR. *tiède.*

▮ Qui montre de la fureur. SYN. déchaîné, échevelé, exalté, excité, fanatique, forcené, fou, frénétique, furibond, furieux, impétueux, insensé, surexcité – FAMILIER : furibard – LITTÉRAIRE : dévorant, fulminant.

enrageant *adjectif*

▮ FAMILIER. Qui fait enrager. SYN. irritant – FAMILIER : horripilant, rageant.

enrager *verbe*

▮ Éprouver de la rage. SYN. bouillir, écumer – FAMILIER : bisquer, fumer, maronner, rager.

enrayer *verbe*

▮ Arrêter un processus. SYN. arrêter, brider, briser, circonscrire, contenir, déjouer, endiguer, entraver, étouffer, freiner, inhiber, juguler, maîtriser, mettre un frein à, neutraliser, paralyser, stopper. CONTR. *développer, entretenir, favoriser, permettre, propager.*

enrégimentement *nom masculin*

▮ Action d'enrégimenter. SYN. embrigadement, enrôlement, recrutement.

enrégimenter *verbe*

▮ Faire entrer dans un groupe. SYN. embrigader, enrôler, mobiliser, racoler, recruter.

enregistrement *nom masculin*

▮ Action d'enregistrer. SYN. inventaire, relevé, répertoire.

enregistrer *verbe*

▮ Mettre par écrit. SYN. consigner, inscrire, mentionner, noter, prendre bonne note, relever, répertorier – LITTÉRAIRE : transcrire.

▮ Constater quelque chose. SYN. constater, observer, percevoir, voir.

▮ Garder en mémoire. SYN. emmagasiner, engranger, mémoriser, retenir, se souvenir. CONTR. *oublier.*

enrichir *verbe*

▮ Rendre riche. SYN. fertiliser – LITTÉRAIRE : féconder. CONTR. *appauvrir, dépouiller, ruiner.*

▮ Embellir quelque chose. SYN. agrémenter, décorer, enjoliver, fleurir, garnir, illustrer, orner, rehausser – LITTÉRAIRE : habiller, parer. CONTR. *enlaidir.*

▮ Augmenter un contenu. SYN. accroître, compléter, développer, élargir, étendre, étoffer, grossir.

enrichir (s') *verbe pronominal*

▮ Faire fortune. SYN. s'en mettre plein les poches – FAMILIER : faire son beurre, gagner des mille et des cents, mettre du beurre dans les épinards. CONTR. *être à court d'argent, être dans le besoin, tirer le diable par la queue* – FAMILIER : *être à fond de cale, être à sec, être fauché, être fauché comme les blés, être sans le sou, être sur la paille, manger de la vache enragée, n'avoir pas un sou vaillant* – POPULAIRE : *être raide comme un passe-lacet, n'avoir pas un radis, n'avoir pas un rotin* – VIEUX : *n'avoir ni sou ni maille.*

enrober *verbe*

▮ Recouvrir quelque chose. SYN. entortiller, entourer, envelopper.

enrôlement *nom masculin*

▮ Inscription d'une recrue. SYN. embrigadement, engagement, enrégimentement, recrutement. CONTR. *démobilisation, libération.*

enrôler *verbe*

▮ Faire entrer dans un groupe. SYN. embrigader, enrégimenter, incorporer, lever, mobiliser, racoler, recruter. CONTR. *démobiliser, libérer, renvoyer.*

enrôler (s') *verbe pronominal*

▮ Entrer dans un groupe. SYN. adhérer, s'affilier, s'engager, s'inscrire.

enrôleur *nom masculin*

▮ Personne qui enrôle. SYN. racoleur, recruteur.

enroué *adjectif*

▮ Marqué par l'enrouement. SYN. éraillé, guttural, rauque, rocailleux, rude. CONTR. *clair, éclatant, sonore.*

enrouler *verbe*

/ Rouler dans ou autour. SYN. ceinturer, entortiller, entourer, envelopper, lover –LITTÉRAIRE: ceindre. CONTR. *dérouler, développer.*

ensabler (s') *verbe pronominal*

/ Se prendre dans le sable. SYN. s'embourber, s'enliser, s'envaser. CONTR. *se débourber, se désembourber, se désensabler, se désenvaser, se dévaser.*

ensanglanté *adjectif*

/ Couvert de sang. SYN. saignant, sanglant, sanguinolent.

enseignement *nom masculin*

/ Leçon donnée par les faits. SYN. exemple, leçon, morale, moralité.

enseigner *verbe*

/ Faire acquérir des connaissances. SYN. apprendre, inculquer, initier, instruire –VIEUX: professer.

/ Faire savoir quelque chose. SYN. apprendre, démontrer, expliquer, indiquer, montrer.

ensemble *adverbe*

/ Au même moment. SYN. à la fois, à l'unisson, de concert, de front, d'un commun accord, en chœur, en commun, en même temps, simultanément –LITTÉRAIRE: concomitamment, de conserve. CONTR. *alternativement, successivement.*

/ L'un avec l'autre. SYN. conjointement, de compagnie. CONTR. *individuellement, isolément, séparément.*

ensemble *nom masculin*

/ Réunion d'éléments formant un tout. SYN. agglomération, globalité, intégralité, totalité, tout, unanimité. CONTR. *fraction, fragment, morceau, parcelle.*

/ Simultanéité d'action. SYN. accord, cohésion, composition, concordance, harmonie, unisson –LITTÉRAIRE: concert.

ensemencer *verbe*

/ Repeupler un cours d'eau. SYN. aleviner, empoissonner.

/ Pourvoir de semences. SYN. planter, semer –LITTÉRAIRE: féconder.

enserrer *verbe*

/ Serrer étroitement quelqu'un. SYN. ceinturer, étreindre –LITTÉRAIRE: embrasser.

/ Tenir enfermé dans des limites. SYN. ceinturer, cercler, cerner, encadrer, encercler, enclore, enfermer, entourer, envelopper –LITTÉRAIRE: ceindre, enceindre.

ensevelir *verbe*

/ LITTÉRAIRE. Mettre un mort en terre. SYN. enterrer, inhumer. CONTR. *déterrer, exhumer.*

/ Faire disparaître. SYN. engloutir, enterrer, noyer, submerger.

/ LITTÉRAIRE. Garder secret. SYN. dissimuler, enfouir, plonger.

ensoleillé *adjectif*

/ Exposé au soleil. SYN. clair, éclairé, lumineux. CONTR. *brumeux, gris, noir, obscur, sombre.*

ensommeillé *adjectif*

/ Qui est sous l'effet du sommeil. SYN. endormi. CONTR. *éveillé, réveillé.*

/ LITTÉRAIRE. Qui a ses facultés endormies. SYN. assoupi, endormi, engourdi –LITTÉRAIRE: somnolent. CONTR. *éveillé, vif* –FAMILIER: *dégourdi.*

ensorcelant *adjectif*

/ Qui ensorcelle. SYN. attractif, attrayant, captivant, enchanteur, enivrant, envoûtant, fascinant, grisant, magnétique, séduisant, troublant –LITTÉRAIRE: fascinateur.

ensorceler *verbe*

/ Soumettre à un sortilège. SYN. envoûter, hypnotiser –LITTÉRAIRE: charmer, enchanter.

/ Séduire comme par un sortilège. SYN. captiver, charmer, conquérir, enchanter, enjôler, envoûter, fasciner, griser, troubler –LITTÉRAIRE: subjuguer. CONTR. *repousser.*

ensorceleur *nom masculin*

/ Personne qui ensorcelle. SYN. enchanteur, envoûteur, magicien, sorcier –LITTÉRAIRE: charmeur.

/ Personne qui séduit. SYN. charmeur, enchanteur, endormeur, enjôleur, séducteur.

ensorcellement *nom masculin*

/ Action d'ensorceler. SYN. envoûtement, sort, sortilège –LITTÉRAIRE: enchantement.

/ Charme irrésistible. SYN. attrait, charme, fascination, séduction.

ensuite *adverbe*

/ Indique une succession dans le temps. SYN. après, après coup, après quoi, dans la fou-

lée, là-dessus, par la suite, puis, sur ce, sur ces entrefaites, ultérieurement. CONTR. *antérieurement, au préalable, d'abord, préalablement, précédemment, premièrement.*
/ Indique une succession dans l'espace. SYN. plus loin, puis. CONTR. *avant.*

ensuivre (s') *verbe pronominal*
/ Survenir comme conséquence. SYN. découler, dépendre, dériver, émaner, naître, provenir, résulter, venir. CONTR. *causer, provoquer, susciter.*

entacher *verbe*
/ Porter atteinte à. SYN. contaminer, profaner, salir –LITTÉRAIRE: souiller, tacher. CONTR. –LITTÉRAIRE: *laver.*

entaille *nom féminin*
/ Évidement dans un objet. SYN. brèche, cran, encoche, fente, rainure, sillon.
/ Blessure de la peau. SYN. balafre, coupure, estafilade, incision, scarification, taillade.

entaillé *adjectif*
/ Ouvert par une entaille. SYN. creux, ouvert, sectionné.

entailler *verbe*
/ Faire une entaille dans un objet. SYN. creuser, entamer, inciser, taillader.
/ Faire une entaille dans la peau. SYN. blesser, couper, entamer, lacérer, ouvrir, taillader.

entamer *verbe*
/ Couper une matière. SYN. balafrer, blesser, ébrécher, entailler, inciser, ouvrir, taillader.
/ Utiliser une partie de. SYN. empiéter sur, grignoter, mordre sur.
/ Commencer une action. SYN. amorcer, attaquer, commencer, ébaucher, engager, entreprendre, esquisser, ouvrir –FAMILIER: débuter, emmancher. CONTR. *achever, boucler, clôturer, conclure, finir, terminer* –LITTÉRAIRE: *clore.*
/ Porter atteinte à. SYN. affaiblir, altérer, diminuer, ébranler, ébrécher, écorner, percer, toucher –LITTÉRAIRE: ruiner.

entassement *nom masculin*
/ Action d'entasser. SYN. accumulation, agglomération, amoncellement, empilage, empilement.
/ Fait d'être entassé. SYN. amas, cohue, fatras, foule, monceau, montagne, pile, superposition, tas.

entasser *verbe*
/ Mettre en tas. SYN. amonceler, échafauder, empiler, gerber, superposer.
/ Réunir une grande quantité de. SYN. accumuler, amasser, amonceler, emmagasiner, engranger, ramasser, stocker –FAMILIER: collectionner.
/ Assembler des personnes. SYN. masser, parquer, serrer, tasser. CONTR. *disperser, disséminer, éparpiller.*
/ Économiser de l'argent. SYN. capitaliser, épargner, thésauriser. CONTR. *dépenser, dilapider, prodiguer.*

entasser (s') *verbe pronominal*
/ Être mis en tas. SYN. s'accumuler, s'amasser, s'amonceler, s'assembler, se rassembler, se superposer, s'empiler.
/ Se serrer dans un lieu. SYN. s'agglomérer, s'agglutiner, se presser, se tasser –FAMILIER: s'empiler. CONTR. *se disperser, se disséminer, s'éparpiller.*

entendement *nom masculin*
/ Aptitude à comprendre. SYN. bon sens, intelligence, jugement, pensée, raison, raisonnement –FAMILIER: intellect.

entendre *verbe*
/ Percevoir par l'ouïe. SYN. écouter –VIEUX: ouïr.
/ Voir les choses d'une manière. SYN. goûter, juger, percevoir, pratiquer, sentir –LITTÉRAIRE: cultiver.
/ Saisir le sens d'une information. SYN. appréhender, comprendre, concevoir, interpréter, pénétrer, posséder, saisir –POPULAIRE: entraver.
/ Avoir l'intention de. SYN. exiger, prétendre, vouloir.

entendre (s') *verbe pronominal*
/ Se mettre d'accord pour. SYN. composer, s'allier, s'arranger, se coaliser, se concerter, s'organiser –FAMILIER: accorder ses violons –LITTÉRAIRE: s'accorder.
/ Avoir de bonnes relations. SYN. faire bon ménage, fraterniser, marcher la main dans la main, s'accorder, sympathiser, vivre en bonne intelligence –POPULAIRE: être comme

cul et chemise. CONTR. *se brouiller, se détester, se disputer, se quereller* – FAMILIER : *se chamailler.*

entendu *adjectif*

/ Qui est convenu. SYN. arrêté, décidé, fixé, réglé, résolu.

enténébrer *verbe*

/ LITTÉRAIRE. Plonger dans l'obscurité. SYN. assombrir, obscurcir. CONTR. *illuminer.*

entente *nom féminin*

/ Action de s'entendre. SYN. communion, compréhension, concorde, fraternisation, harmonie, union. CONTR. *antagonisme, bataille, brouille, brouillerie, concurrence, conflit, décalage, désaccord, désunion, différend, discordance, discussion, dispute, dissension, divorce, opposition* – FAMILIER : *accrochage, bagarre, bisbille* – LITTÉRAIRE : *chicane, discorde, dissonance.*

/ Accord entre États, entre groupes. SYN. accommodement, accord, alliance, coalition, convention, pacte, paix, trust, union. CONTR. *collision, combat, conflit.*

entérinement *nom masculin*

/ Fait d'entériner. SYN. confirmation, homologation, validation.

entériner *verbe*

/ Rendre valable. SYN. confirmer, consacrer, homologuer, ratifier, valider. CONTR. *casser, infirmer.*

/ Confirmer une situation. SYN. acquiescer à, adopter, approuver, justifier, ratifier, sceller.

enterrement *nom masculin*

/ Action d'enterrer un mort. SYN. funérailles, inhumation, obsèques – LITTÉRAIRE : sépulture. CONTR. *déterrage, déterrement.*

/ Abandon de quelque chose. SYN. écroulement, effondrement, fin, mort, renoncement – LITTÉRAIRE : renonciation.

enterrer *verbe*

/ Recouvrir de terre. SYN. enfouir, terrer. CONTR. *déterrer.*

/ Mettre en terre un mort. SYN. inhumer – LITTÉRAIRE : ensevelir. CONTR. *exhumer.*

/ Recouvrir totalement. SYN. engloutir, ensevelir, noyer, submerger.

/ Renoncer à poursuivre quelque chose. SYN. abandonner, classer, étouffer, oublier – LITTÉRAIRE : ensevelir.

/ Tenir éloigné du monde. SYN. claquemurer, cloîtrer, confiner, séquestrer – LITTÉRAIRE : reclure.

enterrer (s') *verbe pronominal*

/ Se retirer du monde. SYN. se retirer, s'exiler, s'isoler.

entêtant *adjectif*

/ Qui grise. SYN. enivrant, étourdissant, fort, grisant, obsédant. CONTR. *léger.*

entêté *adjectif*

/ Qui montre de l'obstination. SYN. acharné, buté, entier, obstiné, opiniâtre, récalcitrant, têtu, têtu comme un âne, têtu comme une mule – FAMILIER : cabochard. CONTR. *docile, malléable, souple.*

entêté *nom*

/ Personne têtue. SYN. – FAMILIER : cabochard, tête de cochon, tête de mule, tête de pioche – POPULAIRE : tête de lard.

entêtement *nom masculin*

/ Fait de s'entêter. SYN. acharnement, aveuglement, obstination, persévérance, persistance, ténacité – LITTÉRAIRE : cécité, opiniâtreté. CONTR. *souplesse* – LITTÉRAIRE : *versatilité.*

entêter *verbe*

/ Porter à la tête. SYN. enivrer, griser, soûler.

entêter (s') *verbe pronominal*

/ S'obstiner avec ténacité. SYN. insister, ne pas démordre de, s'acharner, se buter, s'obstiner, tenir bon – LITTÉRAIRE : s'opiniâtrer. CONTR. *capituler, céder.*

enthousiasmant *adjectif*

/ Qui suscite l'enthousiasme. SYN. captivant, enivrant, exaltant, grisant, passionnant – FAMILIER : emballant. CONTR. *consternant, ennuyeux* – FAMILIER : *assommant.*

enthousiasme *nom masculin*

/ Émotion puissante. SYN. allégresse, ardeur, élan, emballement, empressement, engouement, entrain, euphorie, fanatisme, ferveur, fougue, frénésie, passion, véhémence – LITTÉRAIRE : entichement, souffle. CONTR. *abattement, accablement, consterna-*

tion, dédain, dégoût, détachement, froideur, indifférence, insensibilité, négligence, scepticisme –FAMILIER: *cafard, écœurement.*

enthousiasmé *adjectif*

/ Saisi d'enthousiasme. SYN. chaud, enchanté, enthousiaste, entiché, épris, exalté, passionné, ravi, survolté –FAMILIER: emballé, excité. CONTR. *désabusé, froid, indifférent, refroidi, sceptique.*

enthousiasmer *verbe*

/ Inspirer de l'enthousiasme. SYN. électriser, enchanter, enivrer, exalter, galvaniser, griser, passionner, ravir, surexciter –FAMILIER: emballer –LITTÉRAIRE: enflammer, transporter. CONTR. *blaser, chagriner, consterner, dégriser, ennuyer, glacer* –FAMILIER: *assommer, enquiquiner.*

enthousiasmer (s') *verbe pronominal*

/ Être saisi d'enthousiasme. SYN. raffoler, se pâmer, se passionner, s'émerveiller, s'enflammer, s'engouer, s'éprendre, s'exalter, s'exciter, s'extasier –FAMILIER: s'emballer –LITTÉRAIRE: s'embraser.

enthousiaste *adjectif*

/ Qui montre de l'enthousiasme. SYN. bouillant, chaleureux, chaud, enthousiasmé, euphorique, exalté, fervent, frénétique, passionné –FAMILIER: emballé –LITTÉRAIRE: embrasé, inflammable. CONTR. *apathique, blasé, boudeur, cafardeux, désabusé, désenchanté, froid, indifférent, mécontent, mélancolique, sceptique, sobre, tiède* –FAMILIER: *frais* –LITTÉRAIRE: *chagrin.*

entiché *adjectif*

/ Qui a un penchant pour. SYN. amoureux, épris, féru, fou, friand, passionné, toqué –FAMILIER: accro, fana, mordu –VIEUX: coiffé. CONTR. *blasé, dégoûté, détaché, lassé.*

entichement *nom masculin*

/ LITTÉRAIRE. Action de s'enticher. SYN. amour, engouement, enthousiasme, goût, passion –FAMILIER: emballement, tocade, toquade.

enticher (s') *verbe pronominal*

/ Éprouver un goût subit pour. SYN. s'amouracher, s'attacher, se passionner, se toquer, s'engouer, s'éprendre –FAMILIER: s'emballer –VIEUX: se coiffer. CONTR. *se blaser, se dégoûter, se détacher, se lasser.*

entier *adjectif*

/ Dont rien n'a été enlevé. SYN. complet, exhaustif, intact, plein. CONTR. *demi, entamé, fragmentaire, fragmenté, incomplet, morcelé, parcellaire, raccourci, tronqué.*

/ Qui est sans restriction. SYN. absolu, global, intégral, parfait, total. CONTR. *limité, modéré, relatif, restreint.*

/ Qui n'admet pas de nuances. SYN. absolu, autoritaire, aveugle, brutal, entêté, exclusif, franc, inflexible, obstiné, rigide, têtu. CONTR. *accommodant, conciliant, souple.*

entier *nom masculin*

/ La totalité de quelque chose. SYN. ensemble, intégralité, totalité. CONTR. *fraction, fragment, morceau, partie.*

entièrement *adverbe*

/ Dans son entier. SYN. à cent pour cent, à fond, complètement, de A à Z, de A jusqu'à Z, de bout en bout, de fond en comble, de haut en bas, de la cave au grenier, des pieds à la tête, in extenso, intégralement, jusqu'au bout, sans fin, totalement, tout entier. CONTR. *en partie, imparfaitement, incomplètement, partiellement, pas du tout, pas le moins du monde, peu, sommairement.*

/ Sans restriction. SYN. absolument, du tout au tout, en toute confiance, exclusivement, foncièrement, les yeux fermés, parfaitement, pleinement, profondément, radicalement, rigoureusement, sans limite, sans réserve, strictement, totalement, tout à fait –FAMILIER: carrément, éperdument. CONTR. *à demi, à moitié, à peine, faiblement, guère, incidemment, médiocrement, modérément.*

entorse *nom féminin*

/ Atteinte portée à quelque chose. SYN. dérogation, infraction, inobservation, manquement, outrage, transgression, violation –FAMILIER: accroc –LITTÉRAIRE: viol. CONTR. *observation, respect* –LITTÉRAIRE: *observance.*

entortillé *adjectif*

/ FAMILIER. Où l'on s'embrouille. SYN. dédaléen, embarrassé, embrouillé, filandreux, inextricable –LITTÉRAIRE: labyrinthique.

entortiller *verbe*

/ Envelopper un objet. SYN. emmailloter, empaqueter, enrober, enrouler, rouler.

/ FAMILIER. Circonvenir quelqu'un. SYN. abuser, circonvenir, embrouiller, emmêler, empêtrer, endormir, enjôler, envelopper, séduire –FAMILIER: baratiner, emberlificoter, embobeliner, embobiner, embringuer.

entortiller (s') *verbe pronominal*

/ S'attacher autour de. SYN. entourer, s'enlacer, s'enrouler.

/ FAMILIER. S'embrouiller dans. SYN. patauger, s'embarrasser, s'embourber, s'emmêler, s'empêtrer –FAMILIER: cafouiller, s'emberlificoter.

entourage *nom masculin*

/ Ce qui est disposé autour de. SYN. bordure, cadre, encadrement.

/ Personnes qui entourent quelqu'un. SYN. cercle, compagnie, fréquentation, milieu, proches, société, voisinage.

entouré *adjectif*

/ Soutenu par ses proches. SYN. aimé, choyé. CONTR. *abandonné, esseulé, isolé.*

entourer *verbe*

/ Placer quelque chose autour de. SYN. ceinturer, enclore, environner –LITTÉRAIRE: ceindre, enceindre.

/ Être placé de part et d'autre. SYN. assiéger, cerner, encercler, enserrer, environner.

/ Accompagner quelque chose. SYN. enrober, envelopper –LITTÉRAIRE: baigner.

/ Être prévenant à l'égard de. SYN. cajoler, câliner, choyer, couver, dorloter, gâter, soigner –FAMILIER: bichonner, chouchouter, mignoter. CONTR. *délaisser, oublier.*

entourloupe ou **entourloupette** *nom féminin*

/ FAMILIER. Mauvais tour. SYN. indélicatesse, malhonnêteté, méchanceté –FAMILIER: blague, rosserie, saleté –LITTÉRAIRE: perfidie, scélératesse –POPULAIRE: cochonnerie, crasse, saloperie, vacherie.

entracte *nom masculin*

/ Pause dans un spectacle. SYN. interlude, intermède, intervalle.

/ Courte interruption. SYN. coupure, pause, répit.

entraider (s') *verbe pronominal*

/ S'aider mutuellement. SYN. faire cause commune, s'aider, se secourir, se serrer les coudes, se soutenir, se tenir les coudes, s'épauler. CONTR. *s'opposer.*

entrailles *nom féminin pluriel*

/ Viscères abdominaux. SYN. boyaux, intestins, tripaille, tripes.

/ LITTÉRAIRE. Siège de la conception. SYN. ventre –LITTÉRAIRE: sein.

entrain *nom masculin*

/ Ardeur entraînante. SYN. allant, animation, ardeur, bonne humeur, brio, chaleur, élan, enjouement, enthousiasme, feu, fougue, gaieté, joie, pétulance, vie, vitalité –LITTÉRAIRE: alacrité, vivacité. CONTR. *accablement, affaissement, apathie, indolence, inertie, langueur, lassitude, mélancolie, mollesse, tristesse* –LITTÉRAIRE: *alanguissement.*

entraînable *adjectif*

/ Qui peut être entraîné. SYN. faible, influençable, malléable, maniable. CONTR. *fort, volontaire.*

entraînant *adjectif*

/ Qui stimule. SYN. convaincant, éloquent, encourageant, exaltant, excitant, irrésistible, stimulant, véhément.

entraîné *adjectif*

/ Qui a acquis de l'habileté. SYN. adroit, exercé, expérimenté, expert, familiarisé avec, familier de, habile, rompu. CONTR. *inexpérimenté* –LITTÉRAIRE: *inexpert, inhabile.*

entraînement *nom masculin*

/ Fait de se laisser entraîner. SYN. élan, emprise, engrenage, impulsion, influence, puissance –FAMILIER: emballement.

/ Fait de pratiquer une activité. SYN. exercice, habitude, préparation.

entraîner *verbe transitif*

/ Traîner avec soi. SYN. charrier, rouler, transporter.

/ Mener quelque part. SYN. conduire, guider, tirer –FAMILIER: traîner.

/ Engager quelqu'un à. SYN. attirer, convaincre, décider, déterminer, embarquer, engager, inciter, influencer, inviter, mener, motiver, obliger, persuader, porter, pousser, résoudre à. CONTR. *retenir.*

/ Être la cause de. SYN. amener, apporter, causer, créer, déclencher, engendrer, faire naître, impliquer, motiver, nécessiter, occasionner, opérer, produire, provoquer, susciter.

▮ Stimuler quelqu'un. SYN. déchaîner, emporter, exciter, galvaniser – LITTÉRAIRE : transporter.

entraîner *verbe transitif*

▮ Faire subir un entraînement. SYN. aguerrir, dresser, éduquer, exercer, familiariser, former, habituer, préparer.

entraîner (s') *verbe pronominal*

▮ Subir un entraînement. SYN. jouer, s'échauffer, s'exercer, s'habituer, s'initier.

entraîneur *nom*

▮ Personne qui entraîne quelqu'un. SYN. instructeur, manager, moniteur.

entrapercevoir *verbe*

▮ Voir furtivement. SYN. apercevoir, discerner, entrevoir.

entrave *nom féminin*

▮ Ce qui fait obstacle. SYN. contrainte, difficulté, embarras, empêchement, gêne, obstacle, opposition, pierre d'achoppement – LITTÉRAIRE : chaînes, frein, lien, traverse. CONTR. *aide, facilités.*

entraver *verbe*

▮ Gêner les mouvements. SYN. brider, embarrasser, empêtrer, freiner. CONTR. *débarrasser, dépêtrer.*

▮ Constituer un obstacle pour. SYN. asphyxier, contrarier, déjouer, desservir, empêcher, endiguer, enrayer, gêner, nuire, obstruer, paralyser, ralentir, retarder, s'opposer à – LITTÉRAIRE : contraindre. CONTR. *aider, assister, contribuer, faciliter, favoriser, permettre, protéger.*

▮ POPULAIRE. Saisir par l'esprit. SYN. appréhender, assimiler, comprendre, concevoir, entendre, pénétrer, réaliser, saisir, se représenter, suivre, toucher du doigt, voir – LITTÉRAIRE : embrasser – POPULAIRE : bitter, piger.

entrebâiller *verbe*

▮ Ouvrir à moitié. SYN. entrouvrir, ouvrir. CONTR. *fermer.*

entrechoquer (s') *verbe pronominal*

▮ Se heurter mutuellement. SYN. se choquer, se heurter – LITTÉRAIRE : s'entre-heurter.

entrecoupé *adjectif*

▮ Coupé d'interruptions. SYN. discontinu, haché, heurté, intermittent, saccadé. CONTR. *continu, égal, ininterrompu, régulier, suivi.*

entrecouper *verbe*

▮ Rompre la continuité de. SYN. couper, entremêler, hacher, interrompre.

entrecroisement *nom masculin*

▮ Fait de s'entrecroiser. SYN. enchevêtrement, enlacement, entrelacement, entrelacs, imbrication, lacis, réseau – LITTÉRAIRE : entremêlement.

▮ Point de jonction. SYN. bifurcation, carrefour, croisement, embranchement, jonction – LITTÉRAIRE : croisée.

entrecroiser *verbe*

▮ Croiser des choses entre elles. SYN. croiser, enchevêtrer, enlacer, entrelacer, entremêler, mélanger, mêler.

entre-déchirer (s') *verbe pronominal*

▮ Se déchirer mutuellement. SYN. s'entre-dévorer, s'entre-tuer.

entre-dévorer (s') *verbe pronominal*

▮ Se dévorer mutuellement. SYN. s'entre-déchirer, s'entre-tuer.

entrée *nom féminin*

▮ Action d'entrer. SYN. apparition, arrivée. CONTR. *départ, sortie.*

▮ Possibilité d'entrer quelque part. SYN. abord, accès, admission, affiliation.

▮ Début d'une action. SYN. commencement, introduction, seuil. CONTR. *aboutissement, fin.*

▮ Première pièce d'une maison. SYN. antichambre, hall, vestibule.

entregent *nom masculin*

▮ Habileté à se conduire. SYN. adresse, dextérité, diplomatie, doigté, politique, savoir-faire.

entre-heurter (s') *verbe pronominal*

▮ LITTÉRAIRE. Se heurter mutuellement. SYN. se choquer, se heurter, s'entrechoquer.

entrelacement *nom masculin*

▮ Fait de s'entrelacer. SYN. enchevêtrement, enlacement, entrecroisement, entrelacs, imbrication, lacis, réseau – LITTÉRAIRE : entremêlement.

entrelacer *verbe*

/ Enlacer des choses entre elles. SYN. croiser, enchevêtrer, entrecroiser, entremêler, mélanger, mêler, natter, nouer, tresser.

entrelacer (s') *verbe pronominal*

/ S'enlacer mutuellement. SYN. s'embrouiller, s'emmêler, s'enchevêtrer, s'entrecroiser, s'entremêler.

entrelacs *nom masculin*

/ Choses entrelacées. SYN. entrecroisement, entrelacement – LITTÉRAIRE: entremêlement.

entremêlement *nom masculin*

/ LITTÉRAIRE. Fait d'être entremêlé. SYN. emmêlement, enchevêtrement, enlacement, entrecroisement, entrelacement, entrelacs, imbrication, lacis, réseau.

entremêler *verbe*

/ Mêler des choses. SYN. emmêler, enchevêtrer, enlacer, entrecouper, entrecroiser, entrelacer, larder, mélanger, mêler – LITTÉRAIRE: mitiger.

entremêler (s') *verbe pronominal*

/ Se mêler avec. SYN. s'amalgamer, s'emmêler, s'entrelacer, s'imbriquer.

entremetteur *nom*

/ Personne qui sert d'intermédiaire. SYN. maquignon, négociateur – POPULAIRE: maquereau.

entremettre (s') *verbe pronominal*

/ Mettre des personnes en relation. SYN. intercéder, intervenir, s'immiscer, s'ingérer, s'interposer.

entremise *nom féminin*

/ LITTÉRAIRE. Action de s'entremettre. SYN. arbitrage, intervention, médiation, truchement, voie – LITTÉRAIRE: intercession.

entreposer *verbe*

/ Déposer provisoirement. SYN. déposer, emmagasiner, engranger, garer, ranger, remiser, stocker.

entreprenant *adjectif*

/ Hardi à entreprendre. SYN. actif, agissant, audacieux, décidé, déterminé, dynamique, hardi – LITTÉRAIRE: industrieux. CONTR. *amorphe, indolent, lymphatique, timide* – LITTÉRAIRE: *pusillanime.*

entreprendre *verbe*

/ Commencer une action. SYN. aborder, amorcer, attaquer, commencer, ébaucher, engager, entamer, esquisser, s'atteler, se lancer, se mettre, s'embarquer – FAMILIER: démarrer, emmancher, se frotter à. CONTR. *achever, boucler, finir, terminer.*

entreprise *nom féminin*

/ Action d'entreprendre. SYN. action, affaire, œuvre, opération, projet.

/ Affaire commerciale. SYN. établissement, exploitation, firme, maison, société – FAMILIER: boîte.

/ Action tentée contre. SYN. attaque, atteinte. CONTR. *défense, protection.*

entrer *verbe*

/ Passer de l'extérieur à l'intérieur. SYN. accéder, arriver, pénétrer, rentrer, s'engager. CONTR. *fuir, partir, s'en aller, sortir.*

/ Pénétrer dans quelque chose. SYN. se couler, se faufiler, se glisser, s'enfoncer, s'installer, s'introduire – LITTÉRAIRE: s'insinuer.

/ Être un élément de quelque chose. SYN. être compris, être inclus, faire partie de.

/ Devenir membre de. SYN. adhérer, s'affilier.

entretenir *verbe*

/ Maintenir dans le même état. SYN. conserver, garder, perpétuer, préserver, prolonger, soigner. CONTR. *anéantir, arrêter, détériorer, détruire, enrayer, éteindre, étouffer, interrompre, négliger, renverser* – LITTÉRAIRE: *ruiner.*

/ Pourvoir aux besoins de. SYN. alimenter, nourrir – LITTÉRAIRE: repaître. CONTR. *abandonner, délaisser, quitter.*

/ LITTÉRAIRE. Garder des relations avec. SYN. cultiver, encourager, maintenir, soutenir.

/ Avoir un entretien avec. SYN. discuter – FAMILIER: discuter le coup, tenir la jambe, tenir le crachoir – POPULAIRE: discuter le bout de gras.

entretenir (s') *verbe pronominal*

/ LITTÉRAIRE. Converser avec quelqu'un. SYN. bavarder, causer, communiquer, conférer, converser, dialoguer, palabrer, parler – FAMILIER: discuter le coup, faire la causette, faire un brin de causette, papoter, parlementer, tailler une bavette – LITTÉRAIRE: deviser – POPULAIRE: discuter le bout de gras.

entretien *nom masculin*
/ Conversation suivie. SYN. audience, causerie, conciliabule, dialogue, entrevue, interview, palabre –FAMILIER: causette, parlote. CONTR. *monologue.*
/ Action de garder en bon état. SYN. conservation, tenue. CONTR. *abandon.*

entre-tuer (s') *verbe pronominal*
/ Se tuer les uns les autres. SYN. s'entre-déchirer, s'entre-dévorer.

entrevoir *verbe*
/ Voir confusément. SYN. apercevoir, deviner, discerner, distinguer, entrapercevoir.
/ Avoir une idée sur. SYN. apercevoir, deviner, percevoir, pressentir, prévoir, soupçonner –FAMILIER: subodorer.

entrevue *nom féminin*
/ Fait de se rencontrer. SYN. rencontre, rendez-vous, réunion, tête-à-tête –POPULAIRE: rancart.

entrouvrir *verbe*
/ Ouvrir très peu. SYN. écarter, entrebâiller, pousser. CONTR. *claquer, fermer.*

entuber *verbe*
/ POPULAIRE. Tromper quelqu'un. SYN. abuser, attraper, berner, duper, mystifier, piéger, posséder –FAMILIER: avoir, blouser, empaumer, empiler, flouer, pigeonner, refaire, rouler –LITTÉRAIRE: gruger –POPULAIRE: baiser, couillonner.

énumération *nom féminin*
/ Action d'énumérer. SYN. catalogue, compte, dénombrement, inventaire, liste, recensement.

énumérer *verbe*
/ Passer en revue. SYN. citer, compter, débiter, dénombrer, détailler, inventorier –LITTÉRAIRE: nombrer.

envahir *verbe*
/ Occuper un pays. SYN. conquérir, enlever, occuper, prendre, s'emparer.
/ Se répandre sur. SYN. combler, couvrir, infester, peupler, recouvrir, remplir, se répandre.
/ Gagner un domaine. SYN. déborder sur, inonder, mordre sur, s'étendre à, s'immiscer dans.
/ Gagner le corps ou l'esprit. SYN. gagner, imprégner, pénétrer, s'emparer de, submerger –LITTÉRAIRE: inonder, s'insinuer.

envahissant *adjectif*
/ Qui se répand abondamment. SYN. débordant, exubérant, innombrable, surabondant.
/ Qui s'impose sans discrétion. SYN. indiscret –FAMILIER: collant –LITTÉRAIRE: importun.

envahissement *nom masculin*
/ Action d'envahir un lieu. SYN. conquête, inondation, invasion, irruption, mainmise, occupation, pénétration.
/ Usurpation progressive. SYN. débordement, empiétement.

envahisseur *nom*
/ Personne qui envahit un lieu. SYN. conquérant, occupant.

envaser (s') *verbe pronominal*
/ S'enfoncer dans la vase. SYN. s'embourber, s'enliser, s'ensabler. CONTR. *se débourber, se désembourber, se désensabler, se désenvaser, se dévaser.*

enveloppe *nom féminin*
/ LITTÉRAIRE. Aspect extérieur. SYN. air, allure, apparence, attitude, dehors, extérieur, façade, façons, manières, mine, surface –LITTÉRAIRE: masque, superficie.

envelopper *verbe*
/ Entourer complètement. SYN. emballer, emmailloter, emmitoufler, empaqueter, engoncer, enrouler, entortiller, entourer –LITTÉRAIRE: ceindre, revêtir. CONTR. *déballer, défaire, développer.*
/ Dissimuler quelque chose. SYN. camoufler, couvrir, déguiser, enrober, masquer –LITTÉRAIRE: habiller, voiler. CONTR. *démasquer.*
/ Contenir dans quelque chose. SYN. englober, impliquer, inclure.
/ Se déployer autour de. SYN. assiéger, ceinturer, cerner, encercler, enserrer, investir, resserrer –LITTÉRAIRE: ceindre.

envenimer *verbe*
/ Produire une inflammation. SYN. enflammer, infecter, irriter. CONTR. *désinfecter.*
/ Aggraver une situation. SYN. aviver, détériorer, exaspérer –LITTÉRAIRE: enflammer. CONTR. *apaiser, calmer, pacifier.*

envenimer (s') *verbe pronominal*
/ Devenir plus difficile. SYN. empirer, pourrir, prendre une mauvaise tournure, s'aggraver, se compliquer, se dégrader, se détériorer, se gâter -FAMILIER: tourner au vinaigre.

envergure *nom féminin*
/ Personnalité d'un individu. SYN. ampleur, calibre, carrure, stature, taille, trempe, valeur.

envers *nom masculin*
/ Côté destiné à ne pas être vu. SYN. dos, revers, verso. CONTR. *devant, endroit, face, recto.*
/ Aspect caché. SYN. contraire, dessous.
/ *À l'envers.* SYN. à contresens, à rebours, de travers, sens dessus dessous. CONTR. *à l'endroit, convenablement.*

envers *préposition*
/ En ce qui concerne. SYN. à l'égard de, quant à, relativement à, vis-à-vis de.

enviable *adjectif*
/ Digne d'être envié. SYN. attirant, bon, désirable, souhaitable, tentant. CONTR. *détestable, indésirable, pitoyable.*

envie *nom féminin*
/ Désir de quelque chose. SYN. appétence, attirance, besoin, convoitise, désir, soif, souhait, tentation, vœu -LITTÉRAIRE: faim. CONTR. *dégoût, désintéressement, désintérêt, répugnance* -LITTÉRAIRE: *inappétence.*

envier *verbe*
/ Désirer ce que quelqu'un a. SYN. convoiter, jalouser, lorgner -FAMILIER: guigner, loucher sur, reluquer -LITTÉRAIRE: soupirer après. CONTR. *dédaigner.*

envieux *adjectif*
/ Qui manifeste une envie. SYN. désireux, jaloux. CONTR. *indifférent.*

environ *adverbe*
/ À peu près. SYN. approximativement, sensiblement -LITTÉRAIRE: quelque. CONTR. *exactement, précisément* -FAMILIER: *pile.*

environnant *adjectif*
/ Qui est près de. SYN. avoisinant, contigu, limitrophe, mitoyen, proche, voisin -LITTÉRAIRE: jouxtant. CONTR. *distant, écarté, éloigné, lointain, reculé.*

environnement *nom masculin*
/ Cadre dans lequel on se trouve. SYN. ambiance, atmosphère, climat, contexte, milieu, voisinage.

environner *verbe*
/ Placer autour de. SYN. ceinturer, enclore, entourer -LITTÉRAIRE: ceindre, enceindre.
/ Être placé autour de. SYN. cerner, encadrer, encercler, enserrer.

environs *nom masculin pluriel*
/ Lieux avoisinants. SYN. abords, alentours, parages, proximité, voisinage -LITTÉRAIRE: approches.
/ *Aux environs de.* SYN. à proximité de, auprès de, autour de, aux alentours de, dans le voisinage, du côté de, près de, vers.

envisageable *adjectif*
/ Qui peut être envisagé. SYN. concevable, pensable, possible, probable, vraisemblable. CONTR. *impensable, inconcevable, inimaginable.*

envisager *verbe*
/ Examiner quelque chose. SYN. considérer, juger, prendre en compte, regarder, voir.
/ Former un projet. SYN. caresser, compter, penser à, prévoir, projeter, réfléchir à, se disposer à, se préparer, se proposer de, songer à. CONTR. *renoncer.*

envoi *nom masculin*
/ Action d'envoyer. SYN. acheminement, expédition. CONTR. *renvoi, retour.*
/ Chose envoyée. SYN. colis, paquet.

envol *nom masculin*
/ Action de s'envoler. SYN. décollage, élan, élévation, envolée, essor, vol -LITTÉRAIRE: volée. CONTR. *atterrissage.*

envolée *nom féminin*
/ Élan oratoire ou poétique. SYN. envol, vol -LITTÉRAIRE: volée.
/ Montée brutale d'une valeur. SYN. bond, décollage, essor. CONTR. *baisse, chute, krach* -FAMILIER: *dégringolade.*

envoler (s') *verbe pronominal*
/ Être emporté en l'air. SYN. décoller, prendre son envol, s'élever, voler, voltiger -LITTÉRAIRE: ondoyer. CONTR. *atterrir, tomber.*

/ Disparaître complètement. SYN. disparaître, partir, passer, se dissiper, se perdre, s'échapper, s'évanouir, tomber – LITTÉRAIRE : s'enfuir.

envoûtant *adjectif*

/ Qui envoûte. SYN. captivant, enchanteur, ensorcelant, fascinant, grisant, magique, magnétique, séducteur, séduisant – LITTÉRAIRE : fascinateur.

envoûtement *nom masculin*

/ Charme irrésistible. SYN. charme, enchantement, ensorcellement, fascination, magnétisme, prestige, séduction – LITTÉRAIRE : blandices.

/ Action d'envoûter. SYN. ensorcellement, incantation, magie, sortilège – FAMILIER : sorcellerie – LITTÉRAIRE : enchantement.

envoûter *verbe*

/ Exercer un attrait irrésistible. SYN. captiver, charmer, conquérir, enchanter, ensorceler, fasciner, séduire, troubler – LITTÉRAIRE : subjuguer.

/ Exercer une action magique sur. SYN. ensorceler, hypnotiser – LITTÉRAIRE : charmer, enchanter.

envoyé *nom masculin*

/ Personne chargée d'une mission. SYN. ambassadeur, délégué, émissaire, mandataire, messager, plénipotentiaire, représentant – LITTÉRAIRE : député.

envoyer *verbe*

/ Faire se déplacer quelqu'un. SYN. acheminer, adresser, déléguer – FAMILIER : expédier – LITTÉRAIRE : dépêcher – VIEUX : députer.

/ Faire parvenir une lettre. SYN. adresser, communiquer, expédier. CONTR. *recevoir.*

/ FAMILIER. Donner un coup. SYN. décocher – FAMILIER : ficher, flanquer – POPULAIRE : coller, foutre.

/ Lancer quelque chose. SYN. catapulter, jeter – FAMILIER : balancer, flanquer. CONTR. *recevoir.*

envoyer (s') *verbe pronominal*

/ POPULAIRE. Assumer une tâche. SYN. se charger de – FAMILIER : s'appuyer, se coltiner, s'enfiler – POPULAIRE : se farcir, se taper.

/ POPULAIRE. Absorber quelque chose. SYN. avaler, boire, ingurgiter – FAMILIER : enfourner, lamper, se taper, s'empiffrer, s'enfiler, siffler – POPULAIRE : se goinfrer.

envoyeur *nom masculin*

/ Personne qui fait un envoi. SYN. expéditeur. CONTR. *destinataire, récepteur.*

épais *adjectif*

/ Aux dimensions importantes. SYN. énorme, fort, gras, gros, volumineux. CONTR. *maigre, mince, plat.*

/ Qui est d'aspect massif. SYN. corpulent, massif, pesant, râblé, ramassé, trapu. CONTR. *délicat, effilé, élancé, filiforme, fin, fluet, frêle, grêle, léger, menu, svelte, ténu* – LITTÉRAIRE : *aérien, arachnéen, délié, gracile.*

/ Qui est peu fluide. SYN. consistant, pâteux, visqueux. CONTR. *coulant, fluide, inconsistant, léger, liquide.*

/ Dont les éléments sont touffus. SYN. compact, dense, dru, fourni, impénétrable, luxuriant, opaque, profond, serré. CONTR. *clair, clairsemé, pelé, rare.*

/ Qui manque de finesse. SYN. balourd, laborieux, lourdaud, obtus, somnolent – FAMILIER : lourd. CONTR. *fin, futé, malin, rapide, subtil.*

épaisseur *nom féminin*

/ Qualité de ce qui est épais. SYN. corpulence, grosseur, volume. CONTR. *maigreur, minceur* – LITTÉRAIRE : *sveltesse.*

/ Qualité de ce qui est dense. SYN. densité, impénétrabilité – LITTÉRAIRE : luxuriance, opacité.

/ Manque de finesse. SYN. balourdise, lourdeur. CONTR. *finesse, subtilité.*

épaissir *verbe intransitif*

/ Devenir plus massif. SYN. engraisser, forcir, grossir, prendre du poids, s'alourdir, s'empâter – FAMILIER : s'arrondir, se remplumer. CONTR. *amincir, maigrir, mincir.*

épaissir *verbe transitif*

/ Rendre plus épais. SYN. lier. CONTR. *clarifier, délayer, désépaissir, fluidifier, liquéfier.*

/ Faire paraître massif. SYN. alourdir, arrondir, grossir. CONTR. *affiner, amenuiser, amincir, effiler.*

/ Rendre plus dense. SYN. approfondir, augmenter, renforcer. CONTR. *clarifier, éclaircir.*

épaississement *nom masculin*

/ Fait de s'épaissir. SYN. alourdissement, empâtement, engraissement, grossissement. CONTR. *amincissement.*

épanchement *nom masculin*

/ Fait de s'épancher. SYN. abandon, confidence, effusion –LITTÉRAIRE: expansion. CONTR. *réserve, retenue, silence.*

épancher (s') *verbe pronominal*

/ LITTÉRAIRE. Faire des confidences. SYN. se confier, se livrer, s'ouvrir à –LITTÉRAIRE: s'abandonner. CONTR. *se refermer, se renfermer, se replier, se taire.*

épandre *verbe*

/ Étendre en dispersant. SYN. dégorger, déverser, jeter, répandre, verser.

épanoui *adjectif*

/ Qui manifeste de la joie. SYN. hilare, jovial, joyeux, radieux, ravi, rayonnant, réjoui, riant, rieur, souriant. CONTR. *étiolé, mélancolique, renfrogné, replié, sombre.*

épanouir (s') *verbe pronominal*

/ En parlant d'une fleur, s'ouvrir. SYN. éclore, fleurir –LITTÉRAIRE: verdoyer. CONTR. *dépérir, se faner, se flétrir, s'étioler.*

/ Se développer pleinement. SYN. prospérer, réussir, se réaliser –LITTÉRAIRE: fleurir. CONTR. *décliner, régresser, se replier, végéter.*

/ Manifester de la joie. SYN. se dérider, s'illuminer –LITTÉRAIRE: resplendir. CONTR. *s'assombrir, se rembrunir, se renfrogner.*

épanouissement *nom masculin*

/ Action de s'épanouir. SYN. développement, éclosion, essor, floraison, grandissement, maturité, prospérité –LITTÉRAIRE: efflorescence. CONTR. *débâcle, décadence, déclin, dégradation, déliquescence, diminution, ébauche, esquisse, étiolement, pourrissement.*

épargne *nom féminin*

/ Fait d'épargner. SYN. économie. CONTR. *dilapidation, gabegie, gaspillage* –LITTÉRAIRE: *dissipation.*

épargner *verbe*

/ Utiliser au minimum. SYN. économiser, garder, ménager. CONTR. *gâcher, gaspiller, prodiguer.*

/ Faire des économies. SYN. accumuler, amasser, entasser, réserver, thésauriser. CONTR. *croquer, dépenser, dilapider, engloutir, engouffrer, manger* –LITTÉRAIRE: *dissiper* –POPULAIRE: *boulotter.*

/ Éviter à quelqu'un de. SYN. dispenser, éviter, exempter. CONTR. *imposer, occasionner, procurer, provoquer.*

/ Ne pas nuire à. SYN. préserver. CONTR. *achever, détruire, écraser, ruiner, tuer* –FAMILIER: *aplatir, démolir.*

éparpillé *adjectif*

/ Qui est dispersé. SYN. clairsemé, épars. CONTR. *compact, dense, pressé, serré.*

éparpillement *nom masculin*

/ Action d'éparpiller. SYN. dispersement, dissémination, disséminement. CONTR. *accumulation, agglomération, agglutination, amoncellement, groupement.*

/ Action de s'éparpiller. SYN. dispersion. CONTR. *ralliement, rassemblement, regroupement.*

éparpiller *verbe*

/ Disposer des objets çà et là. SYN. disperser, disséminer, étaler, répandre, répartir, semer. CONTR. *accumuler, agglomérer, agréger, amasser, amonceler, associer, conglomérer, empiler, entasser, ramasser.*

/ Placer des personnes de tous côtés. SYN. disperser, disséminer, répartir. CONTR. *canaliser, concentrer, grouper, masser, rassembler, réunir* –LITTÉRAIRE: *assembler.*

/ Faire un mauvais emploi de. SYN. disperser, gaspiller, prodiguer –LITTÉRAIRE: dissiper, émietter.

éparpiller (s') *verbe pronominal*

/ Se disperser de tous côtés. SYN. se débander, se disperser, se disséminer, se séparer, s'égailler, s'égarer, s'égrener –LITTÉRAIRE: essaimer. CONTR. *s'assembler, s'attrouper, se concentrer, se grouper, se masser, se rassembler, se tasser, s'entasser.*

épars *adjectif*

/ Répandu de tous côtés. SYN. clairsemé, débandé, dispersé, disséminé, éparpillé, espacé, sporadique. CONTR. *amassé, assemblé, compact, dense, entassé, groupé, pressé, réuni, serré, tassé.*

épatamment *adverbe*

/ FAMILIER. De façon épatante. SYN. admirablement, extraordinairement, incroyablement, merveilleusement, prodigieusement, remarquablement.

épatant *adjectif*

▌FAMILIER. Qui suscite l'admiration. SYN. admirable, d'exception, exceptionnel, extraordinaire, formidable, merveilleux, remarquable, sensationnel – FAMILIER : sensass, terrible. CONTR. *lamentable, médiocre, ordinaire, quelconque.*

▌FAMILIER. Qui a des qualités de cœur. SYN. adorable, charmant, remarquable – FAMILIER : chic, chouette, formidable, sensass, sensationnel. CONTR. – FAMILIER : *minable.*

épate *nom féminin*

▌POPULAIRE. Attitude ostentatoire. SYN. bluff, cabotinage, ostentation – FAMILIER : chiqué, esbroufe, fla-fla, frime. CONTR. *naturel, simplicité, spontanéité.*

épaté *adjectif*

▌Se dit d'un nez court et aplati. SYN. aplati, camus, écrasé – VIEUX : camard. CONTR. *aquilin, arqué, bombé, bourbonien, busqué, droit.*

épaté *adjectif*

▌FAMILIER. Frappé d'étonnement. SYN. abasourdi, ahuri, ébahi, éberlué, ébloui, étonné, interdit, interloqué, médusé, pantois, renversé, stupéfait, suffoqué, surpris, tombé de la lune, tombé des nues – FAMILIER : assis, baba, comme deux ronds de flan, époustouflé, estomaqué, scié, sidéré, soufflé – LITTÉRAIRE : ébaubi.

épatement *nom masculin*

▌FAMILIER. Surprise intense. SYN. abasourdissement, ahurissement, ébahissement, effarement, étonnement, saisissement, stupéfaction, stupeur, surprise.

épater *verbe*

▌FAMILIER. Susciter l'étonnement. SYN. abasourdir, couper le souffle, ébahir, éberluer, éblouir, en imposer, en mettre plein la vue, étonner, interloquer, renverser, stupéfier, surprendre – FAMILIER : asseoir, bluffer, couper le sifflet, ébouriffer, en boucher un coin, époustoufler, estomaquer, scier, sidérer, souffler – POPULAIRE : couper la chique.

épauler *verbe*

▌Aider quelqu'un. SYN. appuyer, assister, favoriser, patronner, pousser, prêter main-forte, protéger, recommander, seconder, secourir, soutenir – FAMILIER : pistonner.

épave *nom féminin*

▌Personne misérable. SYN. déchet, loque, pauvre diable – FAMILIER : ruine – LITTÉRAIRE : pauvre hère – POPULAIRE : vieux débris.

éperdu *adjectif*

▌Exalté par un sentiment. SYN. fou, ivre, transporté.

▌Qui est vivement ressenti. SYN. ardent, enragé, frénétique, passionné, véhément – FAMILIER : furieux.

éperdument *adverbe*

▌D'une manière éperdue. SYN. complètement, entièrement, follement, frénétiquement, furieusement, parfaitement, passionnément, totalement, violemment.

éperonner *verbe*

▌Stimuler quelqu'un. SYN. aiguillonner, animer, attiser, aviver, exciter, fouetter, ranimer, stimuler, surexciter – LITTÉRAIRE : allumer, enflammer. CONTR. *freiner, ralentir.*

épeuré *adjectif*

▌LITTÉRAIRE. Qui est saisi de peur. SYN. affolé, apeuré, effaré, effarouché, effrayé, épouvanté, terrifié, terrorisé.

éphémère *adjectif*

▌Qui dure peu de temps. SYN. court, fragile, frêle, fugace, fugitif, momentané, passager, précaire, provisoire, temporaire, transitoire. CONTR. *définitif, durable, éternel, impérissable, indéfectible, indissoluble, permanent, perpétuel, persistant, stable, tenace* – LITTÉRAIRE : *immortel, robuste.*

épicé *adjectif*

▌Qui est assaisonné d'épices. SYN. corsé, fort, relevé. CONTR. *douceâtre, doux, fadasse, fade.*

▌Qui contient des détails grivois. SYN. coquin, croustillant, cru, égrillard, gaulois, graveleux, hardi, inconvenant, indécent, leste, libre, licencieux, osé, polisson, salé. CONTR. *convenable, décent, pudique.*

épicer *verbe*

▌Assaisonner avec des épices. SYN. pimenter, relever. CONTR. *affadir, édulcorer.*

épicurien *nom*
/ Personne qui ne songe qu'aux plaisirs. SYN. bon vivant, jouisseur, sensuel, voluptueux –LITTÉRAIRE: sybarite –VIEUX: viveur. CONTR. *ascète, puritain, stoïcien* –LITTÉRAIRE: *janséniste.*

épier *verbe*
/ Surveiller attentivement. SYN. espionner, être aux aguets, guetter, observer, surveiller.

épigone *nom masculin*
/ LITTÉRAIRE. Successeur d'un artiste. SYN. disciple, élève, héritier, imitateur.

épigrammatique *adjectif*
/ LITTÉRAIRE. D'une raillerie mordante. SYN. à l'emporte-pièce, acerbe, acéré, acide, agressif, caustique, incisif, mordant, satirique, vif, virulent –FAMILIER: saignant –LITTÉRAIRE: acrimonieux, piquant.

épigramme *nom féminin*
/ LITTÉRAIRE. Mot satirique. SYN. critique, persiflage, raillerie, sarcasme, satire –LITTÉRAIRE: brocard, trait.

épilogue *nom masculin*
/ Ce qui conclut une action. SYN. aboutissement, chute, conclusion, dénouement, fin. CONTR. *introduction, préambule, préliminaires, prologue.*

épiloguer *verbe*
/ Faire de longs commentaires. SYN. discourir, ergoter, gloser, palabrer, pérorer –FAMILIER: discutailler, disputailler, laïusser.

épineux *adjectif*
/ Qui est plein de difficultés. SYN. ardu, brûlant, délicat, difficile, dur, embarrassant, inconfortable, ingrat, malaisé, pénible, risqué –LITTÉRAIRE: difficultueux, scabreux. CONTR. *clair, facile, simple.*

épingler *verbe*
/ FAMILIER. Prendre sur le fait. SYN. appréhender, arrêter, attraper, prendre –FAMILIER: choper, coincer, cueillir, harponner, pincer, piquer –POPULAIRE: agrafer, chauffer. CONTR. *libérer, relâcher, relaxer.*
/ FAMILIER. Attirer l'attention sur. SYN. démasquer, dénoncer, dévoiler, exposer, révéler.
/ Fixer quelque chose. SYN. agrafer, attacher, fixer.

épique *adjectif*
/ FAMILIER. Au caractère extraordinaire. SYN. fantastique, grandiose, héroïque, mémorable –FAMILIER: fabuleux, homérique.

épisode *nom masculin*
/ Partie d'une action. SYN. accident, affaire, aventure, circonstance, événement, incident, péripétie.

épisodique *adjectif*
/ Qui constitue un simple épisode. SYN. accessoire, contingent, mineur, second, secondaire. CONTR. *capital, essentiel, fondamental.*
/ Qui se produit irrégulièrement. SYN. intermittent, occasionnel, passager. CONTR. *constant, continuel, permanent.*

épisodiquement *adverbe*
/ De façon épisodique. SYN. de temps à autre, de temps en temps, irrégulièrement, occasionnellement, par accès, par à-coups, par instants, par intermittence, par intervalles, par moments, parfois, sporadiquement, variablement. CONTR. *à tout propos, continuellement, éternellement, immuablement, indéfiniment, invariablement, régulièrement, sans arrêt, sans cesse, sans discontinuer, sans interruption, sans relâche, sans répit, sans souffler, sans trêve* –LITTÉRAIRE: *continûment.*

éploré *adjectif*
/ Qui est tout en pleurs. SYN. affligé, désolé, larmoyant, sanglotant –FAMILIER: pleurard –LITTÉRAIRE: lamentable. CONTR. *gai, joyeux.*

éplucher *verbe*
/ Ôter la peau d'un fruit. SYN. décortiquer, écaler, écosser, monder, peler.
/ Examiner minutieusement. SYN. analyser, décortiquer, disséquer, étudier, inspecter, scruter. CONTR. *effleurer, survoler.*

épluchure *nom féminin*
/ Ce qu'on ôte en épluchant. SYN. chute, déchet, peau, pelure, rognure.

épointer *verbe*
/ User la pointe de. SYN. émousser. CONTR. *affiler, affûter, aiguiser, appointer, appointir.*

éponger *verbe*
/ Débarrasser d'un liquide. SYN. absorber, essuyer, étancher. CONTR. *arroser, mouiller.*

époque *nom féminin*
/ Moment déterminé dans l'histoire. SYN. âge, ère, page, période, siècle –LITTÉRAIRE: jours.
/ Moment de la vie de quelqu'un. SYN. date, heure, page, temps –LITTÉRAIRE: saison.

époumoner (s') *verbe pronominal*
/ Se fatiguer à crier. SYN. crier, hurler, s'égosiller, vociférer.

épouser *verbe*
/ Prendre pour conjoint. SYN. se marier avec, s'unir à –VIEUX: marier. CONTR. *divorcer, répudier, se séparer de.*
/ S'attacher vivement à. SYN. adhérer, adopter, partager, se rallier, souscrire, suivre –LITTÉRAIRE: embrasser.

époustouflant *adjectif*
/ FAMILIER. Qui provoque l'admiration. SYN. ahurissant, effarant, étonnant, étourdissant, fantastique, fracassant, inouï, prodigieux, sensationnel, stupéfiant –FAMILIER: ébouriffant, formidable, mirobolant, renversant, sciant, soufflant.

époustouflé *adjectif*
/ FAMILIER. Frappé d'étonnement. SYN. abasourdi, ahuri, coi, ébahi, éberlué, ébloui, épaté, étonné, interdit, interloqué, médusé, pantois, renversé, stupéfait, suffoqué, surpris, tombé de la lune, tombé des nues –FAMILIER: assis, baba, comme deux ronds de flan, estomaqué, scié, sidéré, soufflé –LITTÉRAIRE: ébaubi.

époustoufler *verbe*
/ FAMILIER. Surprendre énormément. SYN. abasourdir, ahurir, couper le souffle, ébahir, éberluer, étonner, méduser, stupéfier, suffoquer, surprendre –FAMILIER: asseoir, couper le sifflet, ébouriffer, en boucher un coin, épater, estomaquer, scier, sidérer, souffler –POPULAIRE: couper la chique.

épouvantable *adjectif*
/ Qui épouvante. SYN. abominable, affreux, apocalyptique, atroce, dantesque, effarant, effrayant, effroyable, horrible, horrifiant, révoltant, scandaleux, terrible, terrifiant –FAMILIER: cauchemardesque. CONTR. *admirable.*
/ Très désagréable. SYN. affreux, catastrophique, détestable, exécrable, infernal, insupportable, intenable, monstrueux, odieux, sinistre, terrible –FAMILIER: invivable, pénible. CONTR. *adorable, supportable.*

épouvantablement *adverbe*
/ De façon atroce. SYN. abominablement, affreusement, atrocement, hideusement, horriblement, monstrueusement, odieusement. CONTR. *admirablement, adorablement, divinement, magnifiquement, merveilleusement* –LITTÉRAIRE: *sublimement.*
/ D'une façon excessive. SYN. abominablement, affreusement, effroyablement, énormément, exceptionnellement, excessivement, extraordinairement, extrêmement, follement, horriblement, immensément, immodérément, incroyablement, infiniment, mortellement, particulièrement, prodigieusement, profondément, puissamment, terriblement, très, trop, vertigineusement –FAMILIER: atrocement, bigrement, bougrement, diablement, drôlement, fameusement, fichtrement, fichûment, formidablement, joliment, méchamment, rudement, tout plein –LITTÉRAIRE: diantrement, furieusement –POPULAIRE: foutrement, salement, vachement –VIEUX: fièrement. CONTR. *aucunement, guère, nullement.*

épouvante *nom féminin*
/ Sentiment de peur intense. SYN. affolement, angoisse, crainte, effroi, frayeur, horreur, panique, terreur.

épouvanté *adjectif*
/ Frappé d'épouvante. SYN. apeuré, effaré, effrayé, horrifié, terrifié, terrorisé, tremblant –LITTÉRAIRE: épeuré. CONTR. *rassuré, serein.*

épouvanter *verbe*
/ Remplir d'épouvante. SYN. affoler, ahurir, angoisser, apeurer, effarer, effrayer, faire peur, horrifier, inquiéter, terrifier, terroriser. CONTR. *calmer, rassurer, réconforter.*

époux *nom*
/ Personne mariée à. SYN. compagne, compagnon, conjoint, conjointe, femme, mari –FAMILIER: moitié.

éprendre (s') *verbe pronominal*
- Avoir du goût pour. SYN. aimer, se passionner, se toquer, s'engouer, s'enthousiasmer – FAMILIER: s'emballer – VIEUX: se coiffer. CONTR. *détester, haïr.*
- Devenir amoureux de. SYN. s'amouracher, se toquer, s'enticher.

épreuve *nom féminin*
- Test de résistance. SYN. apprentissage, critère, essai, expérience, expérimentation.
- Événement fâcheux. SYN. calamité, catastrophe, déboire, mal, malheur, misère, peine, souffrance, tribulations – LITTÉRAIRE: adversité, traverse. CONTR. *bien, bonheur.*

épris *adjectif*
- Qui s'intéresse à. SYN. affamé, amateur, avide, enthousiasmé, entiché, féru, passionné, toqué – FAMILIER: emballé.
- Qui ressent de l'amour. SYN. amoureux, entiché, fou, toqué.

éprouvant *adjectif*
- Difficile à supporter. SYN. accablant, débilitant, épuisant, esquintant, exténuant, fatigant, harassant, pénible, rude – FAMILIER: claquant, crevant, éreintant, tuant, usant. CONTR. *apaisant, délassant, reposant.*

éprouvé *adjectif*
- Atteint par un mal. SYN. affligé, frappé, touché.
- Dont la valeur est reconnue. SYN. confirmé, expérimenté, inébranlable, infaillible, sûr. CONTR. *faux, jeune.*

éprouver *verbe*
- Mettre à l'épreuve. SYN. essayer, expérimenter, tester – LITTÉRAIRE: exercer.
- LITTÉRAIRE. Constater par soi-même. SYN. constater, réaliser, remarquer, se rendre compte, voir.
- Ressentir quelque chose. SYN. avoir, endurer, percevoir, sentir.
- Subir une difficulté. SYN. connaître, essuyer, rencontrer, subir – LITTÉRAIRE: souffrir.

épuisant *adjectif*
- Qui mine les forces. SYN. accablant, débilitant, éprouvant, esquintant, exténuant, fatigant, harassant, pénible, rude – FAMILIER: cassant, claquant, crevant, éreintant, tuant, usant. CONTR. *apaisant, délassant, reposant.*

épuisé *adjectif*
- Très fatigué. SYN. à bout de forces, à plat, abattu, accablé, anéanti, brisé, exténué, fatigué, fourbu, harassé, K.-O., mort de fatigue, recru, rendu, rompu, surmené, usé – FAMILIER: achevé, au bout du rouleau, cassé, claqué, éreinté, esquinté, fini, flapi, H.S., lessivé, mort, moulu, pompé, raplapla, sur les genoux, tué, vanné, vidé – POPULAIRE: crevé, sur les rotules. CONTR. *délassé, dispos, frais, frais et dispos, reposé* – FAMILIER: *en forme, en pleine forme, frais comme un gardon, frais comme une rose, increvable* – VIEUX: *gaillard.*

épuisement *nom masculin*
- Action de tarir. SYN. assèchement, extinction, tarissement. CONTR. *fertilisation.*
- État de fatigue extrême. SYN. abattement, accablement, affaissement, anéantissement, atonie, faiblesse, fatigue, lassitude, surmenage – FAMILIER: éreintement – LITTÉRAIRE: brisement, exténuation, prostration – VIEUX: consomption, débilitation.

épuiser *verbe*
- Mettre à sec. SYN. appauvrir, assécher, tarir, vider. CONTR. *amender, fertiliser.*
- Vendre des marchandises. SYN. écouler, liquider.
- Enlever toute force à. SYN. abattre, affaiblir, anéantir, anémier, briser, débiliter, excéder, exténuer, fatiguer, harasser, lasser, miner, ronger, surmener, vider – FAMILIER: claquer, crever, éreinter, esquinter, tuer, vanner. CONTR. *armer, délasser, fortifier, remettre, reposer, revigorer* – FAMILIER: *requinquer.*

épuiser (s') *verbe pronominal*
- Disparaître comme ressource. SYN. s'assécher, se tarir, se vider, se volatiliser, s'écouler, s'envoler.
- Se donner de la peine. SYN. faire des pieds et des mains, peiner, se battre, se démener, se dépenser, se fatiguer, se multiplier, se remuer, s'échiner, s'escrimer, s'évertuer, s'exténuer – FAMILIER: se bagarrer, se claquer, se décarcasser, se défoncer, se mettre en quatre, se tuer, s'éreinter, s'esquinter, suer – POPULAIRE: se crever. CONTR. *fainéanter, paresser, prendre son temps, se délasser, se prélasser, se reposer* – FAMILIER: *buller, flemmarder, lé-*

zarder, tirer sa flemme –POPULAIRE: *glander, ne pas en fiche une rame, tirer au cul, tirer au flanc.*

épuration *nom féminin*

/ Élimination des impuretés. SYN. affinage, clarification, décantation, filtrage, purification –VIEUX: dépurage. CONTR. *contamination, pollution.*

/ Éviction d'un groupe. SYN. coup de balai, exclusion, expulsion, purge.

/ Action d'épurer moralement. SYN. assainissement, épurement, purification. CONTR. *corruption, dépravation.*

épurer *verbe*

/ Éliminer les impuretés. SYN. affiner, clarifier, décanter, purifier, raffiner –VIEUX: dépurer. CONTR. *contaminer, polluer.*

/ Exclure d'un groupe. SYN. évincer, expulser, expurger, purger, rejeter.

/ Rendre sa pureté à. SYN. améliorer, assainir, purifier –LITTÉRAIRE: raffiner. CONTR. *adultérer, pervertir* –LITTÉRAIRE: *corrompre, vicier.*

équilibre *nom masculin*

/ Position stable. SYN. aplomb, assiette, stabilité. CONTR. *déséquilibre, instabilité.*

/ Rapport d'harmonie. SYN. balancement, égalité, harmonie, ordre, paix, proportion, sérénité, symétrie, tranquillité. CONTR. *chaos, désordre, disproportion.*

équilibré *adjectif*

/ Qui forme un équilibre. SYN. d'aplomb, harmonieux, stable, symétrique. CONTR. *chaotique, déséquilibré, inégal, instable.*

/ Qui est sensé. SYN. calme, égal, pondéré, raisonnable, réfléchi, sage, sain, stable. CONTR. *bizarre, démentiel, déraisonnable, désaxé, déséquilibré, extravagant, fou, instable, troublé* –FAMILIER: *braque, cinglé, dément, détraqué, fada, frappé, malade* –POPULAIRE: *barge, barjo, branque.*

équilibrer *verbe*

/ Faire contrepoids. SYN. balancer, compenser, contrebalancer, corriger, neutraliser, pondérer. CONTR. *déséquilibrer.*

/ Mettre en équilibre. SYN. balancer, égaliser, harmoniser, stabiliser.

équilibriste *nom*

/ Type d'acrobate. SYN. acrobate, danseur de corde, funambule.

équipée *nom féminin*

/ Entreprise irréfléchie. SYN. escapade, folies, frasque, fredaine, sottise.

équipement *nom masculin*

/ Matériel nécessaire à une activité. SYN. attirail, bagage, outillage –FAMILIER: fourniment.

/ Action d'aménager un endroit. SYN. agencement, aménagement, arrangement, installation.

équiper *verbe*

/ Pourvoir un lieu du nécessaire. SYN. aménager, arranger, garnir, installer, munir, pourvoir –LITTÉRAIRE: parer.

/ Pourvoir quelqu'un de. SYN. doter, fournir, munir, nantir.

équiper (s') *verbe pronominal*

/ Se munir du nécessaire. SYN. se doter, se monter, se parer, se pourvoir.

équitable *adjectif*

/ Qui agit selon l'équité. SYN. droit, honnête, impartial, impassible, intègre, juste. CONTR. *inéquitable, inique, injuste, partial.*

/ Conforme à l'équité. SYN. juste, légitime, sport. CONTR. *abusif, anormal, arbitraire, illégitime, inéquitable, injuste, léonin, tendancieux.*

équitablement *adverbe*

/ De façon équitable. SYN. justement, légitimement, sportivement. CONTR. *injustement, subjectivement, tendancieusement* –LITTÉRAIRE: *inéquitablement.*

équité *nom féminin*

/ Qualité morale. SYN. droiture, honnêteté, impartialité, intégrité, justice. CONTR. *iniquité, injustice, partialité.*

/ Caractère de ce qui est juste. SYN. justice, légitimité. CONTR. *arbitraire, illégitimité, injustice, subjectivité.*

équivalence *nom féminin*

/ Égalité de valeurs. SYN. assimilation, égalité, similarité.

équivalent *adjectif*

/ Qui a la même valeur. SYN. adéquat, analogue, approchant, comparable, correspondant, égal, identique, même, pareil, semblable, similaire, synonyme –FAMILIER: kif-kif. CONTR. *différent.*

équivaloir *verbe*

/ Être de même valeur que. SYN. égaler, représenter.

/ Avoir le même effet que. SYN. correspondre, revenir à, signifier.

équivoque *adjectif*

/ Qui peut avoir plusieurs sens. SYN. ambigu, amphibologique, double, indéterminable, obscur, secret – LITTÉRAIRE: opaque, sibyllin. CONTR. *catégorique, clair, distinct, éclatant, explicite, formel, limpide, lumineux, parlant, précis, univoque, visible.*

/ Qui suscite la méfiance. SYN. douteux, inquiétant, interlope, louche, mystérieux, suspect. CONTR. *franc, net, ouvert.*

équivoque *nom féminin*

/ Multiplicité de sens. SYN. ambiguïté, amphibologie, obscurité.

/ Ce qui manque de clarté. SYN. confusion, doute, méprise, quiproquo. CONTR. *précision.*

éradication *nom féminin*

/ Suppression complète. SYN. ablation, arrachage, déracinement, extirpation, extraction.

éradiquer *verbe*

/ Faire disparaître complètement. SYN. anéantir, annihiler, détruire, extirper, supprimer, tuer.

érafler *verbe*

/ Entamer légèrement. SYN. déchirer, écorcher, effleurer, égratigner, excorier, griffer, rayer.

éraflure *nom féminin*

/ Entaille superficielle. SYN. blessure, écorchure, égratignure, excoriation, griffure.

éraillé *adjectif*

/ Devenu rauque. SYN. enroué, râpeux, rauque, rocailleux, rude.

ère *nom féminin*

/ Période déterminée. SYN. âge, époque, siècle, temps.

érection *nom féminin*

/ Action de dresser quelque chose. SYN. construction, édification, élévation, établissement, fondation. CONTR. *destruction, renversement.*

/ Gonflement de certains organes. SYN. intumescence, tumescence, turgescence.

éreintage *nom masculin*

/ FAMILIER. Critique violente. SYN. attaque, calomnie, dénigrement, diatribe, diffamation, médisance – FAMILIER: débinage, éreintement. CONTR. *félicitations, louanges.*

éreintant *adjectif*

/ FAMILIER. Très fatigant. SYN. éprouvant, épuisant, esquintant, excédant, exténuant, fatigant, harassant, pénible, rude – FAMILIER: cassant, claquant, crevant, tuant, usant. CONTR. *apaisant, délassant, reposant.*

éreinté *adjectif*

/ FAMILIER. Très fatigué. SYN. à bout de forces, à plat, anéanti, brisé, épuisé, exténué, fatigué, fourbu, harassé, K.-O., mort de fatigue, recru, rendu, rompu, surmené, usé – FAMILIER: achevé, au bout du rouleau, cassé, claqué, esquinté, fini, flapi, H.S., lessivé, mort, moulu, pompé, raplapla, sur les genoux, tué, vanné, vidé – POPULAIRE: crevé, sur les rotules. CONTR. *délassé, dispos, frais, frais et dispos, reposé* – FAMILIER: *en forme, en pleine forme, frais comme un gardon, frais comme une rose, increvable* – VIEUX: *gaillard.*

éreintement *nom masculin*

/ FAMILIER. Fatigue extrême. SYN. abattement, accablement, affaissement, anéantissement, épuisement, faiblesse, harassement, lassitude, surmenage – LITTÉRAIRE: brisement, exténuation, prostration – VIEUX: débilitation.

/ FAMILIER. Critique violente. SYN. attaque, calomnie, dénigrement, diatribe, diffamation, médisance – FAMILIER: débinage, éreintage. CONTR. *félicitations.*

éreinter *verbe*

/ FAMILIER. Fatiguer énormément. SYN. anéantir, briser, épuiser, excéder, exténuer, fatiguer, harasser, lasser, surmener, vider – FAMILIER: claquer, crever, démolir, esquinter, lessiver, pomper, tuer, vanner. CONTR. *remettre, reposer* – FAMILIER: *requinquer.*

/ FAMILIER. Critiquer violemment. SYN. calomnier, critiquer, dénigrer, descendre en flammes, diffamer, dire pis que pendre, exécuter, malmener, maltraiter, matraquer, médire, tirer à boulets rouges sur – FAMILIER: abîmer, assaisonner, baver, casser du sucre sur, cracher, débiner, déblatérer, démolir, esquinter, étriller, rhabiller pour l'hiver –LITTÉRAIRE: dauber, déchirer –POPULAIRE: tailler un costard, tailler une veste –VIEUX: crosser. CONTR. *admirer, aduler, apprécier, approuver, célébrer, exalter, féliciter, flatter, louer, recommander, vanter* –LITTÉRAIRE: *chanter, congratuler, encenser, flagorner, louanger.*

éreinter (s') *verbe pronominal*
- FAMILIER. Se fatiguer beaucoup. SYN. faire des pieds et des mains, peiner, se démener, se dépenser, se donner du mal, se donner un mal de chien, se multiplier, se remuer, s'échiner, s'épuiser, s'escrimer, s'exténuer –FAMILIER: se claquer, se couper en quatre, se décarcasser, se défoncer, se mettre en quatre, se tuer, s'esquinter, suer –POPULAIRE: se casser, se crever, se fouler. CONTR. *fainéanter, paresser, prendre son temps, se délasser, se prélasser, se reposer* –FAMILIER: *buller, flemmarder, lézarder, tirer sa flemme* –POPULAIRE: *glander, ne pas en fiche une rame, tirer au cul, tirer au flanc.*

ergotage *nom masculin*
- Contestation futile. SYN. subtilité, tracasserie –FAMILIER: chinoiserie, chipotage, pinaillage.

ergoter *verbe*
- Discuter sur des riens. SYN. chicaner, discuter, épiloguer –FAMILIER: chinoiser, chipoter, discutailler, disputailler, pinailler –LITTÉRAIRE: controverser, ratiociner, vétiller.

ergoteur *nom*
- Personne qui se plaît à ergoter. SYN. discuteur, raisonneur –FAMILIER: discutailleur, disputailleur, pinailleur –LITTÉRAIRE: argumentateur –VIEUX: chicaneur, chicanier.

ériger *verbe*
- Mettre en position verticale. SYN. dresser, élever, lever, planter, redresser, relever. CONTR. *baisser, coucher, courber, incliner, pencher, plier.*
- Construire quelque chose. SYN. bâtir, créer, édifier, élever, fonder. CONTR. *abolir, détruire, saper.*
- Élever au rang de. SYN. instituer, promouvoir, transformer.

ériger (s') *verbe pronominal*
- LITTÉRAIRE. Se donner le rôle de. SYN. se poser en, se présenter comme, s'imposer comme.

éroder *verbe*
- Ronger lentement. SYN. affouiller, corroder, miner, saper, user.

érosion *nom féminin*
- Détérioration progressive. SYN. corrosion, dégradation, désagrégation, usure.

érotique *adjectif*
- Relatif à l'amour. SYN. amoureux, galant.
- Qui évoque la sexualité. SYN. charnel, excitant, lascif, libertin, licencieux, provocant, sensuel, sexuel, voluptueux –FAMILIER: émoustillant, sexy. CONTR. *chaste.*
- Qui fait appel à l'érotisme. SYN. impudique, obscène, pornographique.

errance *nom féminin*
- LITTÉRAIRE. Action d'errer. SYN. flânerie –LITTÉRAIRE: déambulation –POPULAIRE: vadrouille.
- LITTÉRAIRE. Mode de vie nomade. SYN. nomadisme, vagabondage.

errant *adjectif*
- Qui va à l'aventure. SYN. abandonné, égaré, mobile –LITTÉRAIRE: voyageur.
- Qui est propre aux nomades. SYN. ambulant, itinérant, nomade, vagabond. CONTR. *fixe, sédentaire.*

errements *nom masculin pluriel*
- LITTÉRAIRE. Manières d'agir habituelles. SYN. agissements, comportement, conduite, méthode, procédé.
- LITTÉRAIRE. Agissements blâmables. SYN. égarement, erreur.

errer *verbe*
- Marcher sans but précis. SYN. aller çà et là, déambuler, flâner, musarder, rôder, se perdre, s'égarer, traîner, vagabonder –FAMILIER: rôdailler, traînailler, traînasser –LITTÉRAIRE: vaguer –POPULAIRE: vadrouiller.

erreur *nom féminin*
- Fait de se tromper. SYN. bêtise, bévue, confusion, faute, irrégularité, malentendu, méprise, quiproquo –FAMILIER: blague, boulette, bourde, gaffe, perle.
- État de celui qui se trompe. SYN. aveuglement –LITTÉRAIRE: fourvoiement.

/ Comportement inconsidéré. SYN. aberration, écart, faute, incartade, péché –LITTÉRAIRE: errements, peccadille.
/ Ce qui est jugé comme faux. SYN. contresens, déviation, fausseté, hérésie, illusion, inexactitude, préjugé, sophisme –LITTÉRAIRE: mensonge. CONTR. *exactitude, vrai.*

erroné *adjectif*
/ Qui comporte une erreur. SYN. aberrant, bancal, fautif, faux, incorrect, inexact, mauvais, mensonger –LITTÉRAIRE: infidèle. CONTR. *bon, exact, fidèle, fondé, incontestable, irrécusable, juste, justifié, sûr, vrai.*

éructation *nom féminin*
/ Rejet de gaz par la bouche. SYN. renvoi –FAMILIER: rot.

éructer *verbe*
/ LITTÉRAIRE. Dire une chose brutalement. SYN. crier, hurler, jeter, lancer, proférer, vociférer.

érudit *adjectif*
/ Qui a de vastes connaissances. SYN. cultivé, instruit, lettré, savant –LITTÉRAIRE: docte, omniscient. CONTR. *ignare, ignorant, inculte* –VIEUX: *illettré.*

érudition *nom féminin*
/ Savoir très approfondi. SYN. bagage, connaissances, culture, instruction. CONTR. *ignorance, inculture.*

éruption *nom féminin*
/ Fait de jaillir. SYN. émission, flux, jaillissement, projection.

esbroufe *nom féminin*
/ FAMILIER. Manières fanfaronnes. SYN. bluff, cabotinage, charlatanisme, ostentation –FAMILIER: chiqué, fla-fla, frime –POPULAIRE: épate. CONTR. *naturel, simplicité, spontanéité.*

esbroufeur *nom*
/ VIEUX. Personne qui fait de l'esbroufe. SYN. bluffeur, cabotin, faiseur, fanfaron, faraud, hâbleur, poseur, vantard –FAMILIER: frimeur, m'as-tu-vu.

escalade *nom féminin*
/ Fait d'escalader une paroi. SYN. ascension, montée, varappe –FAMILIER: grimpe.
/ Progression rapide. SYN. développement, évolution, progrès, surenchère.

escalader *verbe*
/ Passer par-dessus. SYN. franchir, se hisser –VIEUX: ascensionner.
/ Faire l'ascension de. SYN. gravir, grimper, monter –VIEUX: ascensionner. CONTR. *descendre, dévaler* –FAMILIER: *débouler, dégringoler.*

escaladeur *nom*
/ Personne qui fait de l'escalade. SYN. grimpeur, varappeur.

escale *nom féminin*
/ Fait de s'arrêter. SYN. arrêt, halte, pause –LITTÉRAIRE: relâche.

escamoter *verbe*
/ Voler subtilement. SYN. –FAMILIER: barboter, carotter, chaparder, chiper, écornifler, kidnapper, piquer, subtiliser –LITTÉRAIRE: dérober –POPULAIRE: faucher.
/ Éviter ce qui est difficile. SYN. écarter, éluder, esquiver, sauter, se soustraire à, tourner –FAMILIER: couper à. CONTR. *affronter.*
/ Faire disparaître. SYN. cacher, camoufler, dissimuler –POPULAIRE: planquer. CONTR. *exhiber, montrer.*

escapade *nom féminin*
/ Action de s'échapper. SYN. équipée, fugue –LITTÉRAIRE: échappée.

escarmouche *nom féminin*
/ Propos hostiles. SYN. dispute, duel, querelle, rixe –FAMILIER: accrochage –LITTÉRAIRE: joute.
/ Combat de courte durée. SYN. accrochage, action, coup de main, engagement, rencontre –VIEUX: échauffourée.

escarpé *adjectif*
/ Qui a une forte pente. SYN. à pic, abrupt, raide, rapide. CONTR. *plat.*

esclaffer (s') *verbe pronominal*
/ Partir d'un grand rire. SYN. éclater de rire, glousser, pouffer, rire –FAMILIER: rigoler. CONTR. *pleurer, sangloter.*

esclandre *nom masculin*
/ Querelle bruyante. SYN. éclat, scandale, scène, tapage –FAMILIER: chambard, grabuge, pétard, raffut.

esclavage *nom masculin*

- Condition d'esclave. SYN. hilotisme, ilotisme, servage –LITTÉRAIRE: servitude. CONTR. *affranchissement* –LITTÉRAIRE: *délivrance.*
- Fait d'être dominé. SYN. asservissement, assujettissement, oppression, soumission –LITTÉRAIRE: hilotisme, ilotisme, servage. CONTR. *indépendance, liberté.*
- Dépendance à l'égard de. SYN. carcan, collier, contrainte –LITTÉRAIRE: assujettissement, astreinte, chaînes, fers, joug, sujétion, tyrannie.

esclave *adjectif*

- Qui est soumis à l'esclavage. SYN. asservi, prisonnier –LITTÉRAIRE: captif, serf. CONTR. *affranchi, libre.*

esclave *nom*

- Personne de condition non libre. SYN. hilote, ilote, opprimé, prisonnier, serf. CONTR. *affranchi.*
- Personne soumise à une autre. SYN. valet –FAMILIER: chien, larbin –LITTÉRAIRE: laquais.

escompte *nom masculin*

- Réduction sur un achat. SYN. discount, rabais, réduction, remise, ristourne.

escompter *verbe*

- Compter sur quelque chose. SYN. ambitionner, attendre, espérer, s'attendre à, se figurer, se flatter, se promettre, tabler sur. CONTR. *craindre.*

escorte *nom féminin*

- Groupe qui accompagne. SYN. cortège, garde, suite.

escorter *verbe*

- Faire escorte à. SYN. accompagner, conduire, convoyer, suivre.

escouade *nom féminin*

- Petit groupe de personnes. SYN. patrouille, troupe. CONTR. *armée* –FAMILIER: *armada.*

escrimer (s') *verbe pronominal*

- Faire tous ses efforts pour. SYN. batailler, faire des pieds et des mains, œuvrer, peiner, s'accrocher, s'acharner, s'activer, s'affairer, s'appliquer, se battre, se démener, se dépenser, se donner du mal, se donner un mal de chien, se fatiguer, se multiplier, se remuer, s'échiner, s'efforcer, s'épuiser, s'évertuer, s'exténuer, s'ingénier, tâcher, travailler –FAMILIER: se bagarrer, se claquer, se couper en quatre, se décarcasser, se défoncer, se mettre en quatre, se tuer, s'éreinter, s'esquinter, suer –POPULAIRE: se crever. CONTR. *fainéanter, paresser, prendre son temps, se prélasser* –FAMILIER: *buller, flemmarder, tirer sa flemme* –POPULAIRE: *glander, ne pas en fiche une rame, tirer au cul, tirer au flanc.*

escroc *nom masculin*

- Personne malhonnête. SYN. aigrefin, charlatan, filou, forban, fraudeur, gredin, voleur –FAMILIER: empileur, estampeur, faisan, fripouille, margoulin –LITTÉRAIRE: pirate –POPULAIRE: arnaqueur –VIEUX: fripon.

escroquer *verbe*

- S'emparer frauduleusement de. SYN. détourner, extorquer, soustraire, soutirer, voler –FAMILIER: barboter, carotter –LITTÉRAIRE: dérober –VIEUX: filouter.
- Duper quelqu'un. SYN. dépouiller, exploiter –FAMILIER: empiler, estamper, étriller, flouer, plumer, refaire, rouler, tondre –LITTÉRAIRE: gruger –POPULAIRE: arnaquer, entuber.

escroquerie *nom féminin*

- Action d'escroquer. SYN. carambouillage, carambouille, fraude, grivèlerie, indélicatesse, malhonnêteté, malversation, vol –LITTÉRAIRE: imposture –POPULAIRE: arnaque –VIEUX: filouterie.

ésotérique *adjectif*

- Difficile à comprendre. SYN. abscons, cabalistique, énigmatique, hermétique, inaccessible, incompréhensible, mystérieux, obscur –LITTÉRAIRE: abstrus, amphigourique, opaque, sibyllin. CONTR. *clair, limpide, lumineux.*

ésotérisme *nom masculin*

- Manque d'intelligibilité. SYN. hermétisme, mystère, obscurité –LITTÉRAIRE: amphigouri. CONTR. *clarté, limpidité.*

espace *nom masculin*

- Distance entre deux points. SYN. écart, écartement, espacement, interstice, intervalle.
- Surface déterminée. SYN. champ, étendue, place, région, superficie, surface, zone.

espacé *adjectif*

/ Séparé par un espace. SYN. clairsemé, épars. CONTR. *fréquent, répété.*

espacement *nom masculin*

/ Action d'espacer. SYN. distance, écart, écartement, échelonnement, espace, interstice, intervalle.

espacer *verbe*

/ Séparer par un intervalle. SYN. détacher, échelonner, étaler. CONTR. *joindre, juxtaposer, masser, rapprocher, serrer, tasser.*

espèce *nom féminin*

/ Groupe d'individus identiques. SYN. classe, race, type, variété.

/ Ensemble caractérisé. SYN. catégorie, façon, genre, manière, nature, sorte.

espèces *nom féminin pluriel*

/ Monnaie ayant cours légal. SYN. argent, monnaie, numéraire.

/ Argent liquide. SYN. liquide, numéraire, sous –POPULAIRE: blé, fric, oseille, pognon.

espérance *nom féminin*

/ Confiance en l'avenir. SYN. assurance, attente, certitude, confiance, conviction, espoir, optimisme. CONTR. *crainte, découragement, défiance, désespoir, inquiétude* –LITTÉRAIRE: *désespérance.*

espérer *verbe*

/ Attendre avec confiance. SYN. attendre, compter sur, croire, désirer, escompter, penser, pressentir, prévoir, se figurer, se flatter, se promettre, souhaiter, supputer, tabler sur, vouloir. CONTR. *appréhender, craindre, redouter, renoncer.*

espiègle *adjectif*

/ Vif mais sans méchanceté. SYN. coquin, diable, facétieux, finaud, malicieux, malin, narquois, rusé, taquin –FAMILIER: blagueur, fripon. CONTR. *niais, sot.*

espièglerie *nom féminin*

/ Tour d'espiègle. SYN. facétie, gaminerie, malice –FAMILIER: blague, niche.

/ Caractère espiègle. SYN. malice –VIEUX: finauderie.

espion *nom*

/ Personne qui espionne. SYN. agent de renseignements, agent double, agent secret, traître –FAMILIER: taupe –POPULAIRE: barbouze.

espionner *verbe*

/ Surveiller secrètement. SYN. épier, filer, guetter, observer –FAMILIER: fouiner.

espoir *nom masculin*

/ Fait d'espérer. SYN. aspiration, attente, désir, espérance, perspective. CONTR. *appréhension, crainte, découragement, désespoir, inquiétude, menace* –LITTÉRAIRE: *désespérance.*

esprit *nom masculin*

/ Partie incorporelle de l'homme. SYN. cœur, moi –LITTÉRAIRE: âme. CONTR. *chair, corps* –LITTÉRAIRE: *matière.*

/ Être immatériel. SYN. apparition, fantôme, génie, ombre, revenant, spectre –LITTÉRAIRE: mort.

/ Capacités intellectuelles. SYN. compréhension, intelligence, jugement, mentalité, pensée, raison, sens –FAMILIER: intellect –LITTÉRAIRE: cérébralité.

/ Siège de la pensée. SYN. cerveau, cervelle, tête.

/ Caractère subtil. SYN. finesse, humour, ingéniosité, ironie, sel, verve. CONTR. *balourdise, bêtise, grossièreté, lourdeur, pesanteur.*

esquintant *adjectif*

/ Très fatigant. SYN. éprouvant, épuisant, excédant, exténuant, fatigant, harassant, pénible, rude –FAMILIER: cassant, claquant, crevant, éreintant, tuant, usant. CONTR. *apaisant, délassant, reposant.*

esquinté *adjectif*

/ FAMILIER. Très fatigué. SYN. à bout de forces, à plat, anéanti, brisé, épuisé, exténué, fatigué, fourbu, harassé, K.-O., mort de fatigue, recru, rendu, rompu, surmené, usé –FAMILIER: achevé, au bout du rouleau, cassé, claqué, éreinté, fini, flapi, H.S., lessivé, mort, moulu, pompé, raplapla, sur les genoux, tué, vanné, vidé –POPULAIRE: crevé, sur les rotules. CONTR. *délassé, dispos, frais, frais et dispos, reposé* –FAMILIER: *en forme, en pleine forme, frais comme un gardon, frais comme une rose, increvable* –VIEUX: *gaillard.*

esquinter *verbe*

- FAMILIER. Fatiguer beaucoup. SYN. anéantir, briser, épuiser, excéder, exténuer, harasser, lasser, surmener, vider –FAMILIER: claquer, crever, démolir, éreinter, lessiver, pomper, tuer, vanner. CONTR. *reposer.*
- FAMILIER. Critiquer avec violence. SYN. calomnier, dénigrer, descendre en flammes, diffamer, dire pis que pendre, exécuter, malmener, maltraiter, matraquer, médire, tirer à boulets rouges sur –FAMILIER: abîmer, baver, casser du sucre sur, cracher, débiner, déblatérer, éreinter, étriller, rhabiller pour l'hiver –LITTÉRAIRE: dauber, déchirer –POPULAIRE: tailler un costard, tailler une veste –VIEUX: crosser. CONTR. *admirer, aduler, apprécier, approuver, célébrer, exalter, féliciter, flatter, louer, recommander, vanter* –LITTÉRAIRE: *chanter, congratuler, encenser, louanger.*
- FAMILIER. Mettre en mauvais état. SYN. abîmer, dégrader, délabrer, détériorer, détraquer, endommager, saboter, saccager –FAMILIER: amocher, bousiller –POPULAIRE: péter, ratatiner. CONTR. *arranger, consolider, raccommoder, rapiécer, réparer, réviser* –FAMILIER: *rabibocher, rafistoler, retaper.*

esquinter (s') *verbe pronominal*

- FAMILIER. Se fatiguer beaucoup à. SYN. faire des pieds et des mains, peiner, s'accrocher, s'activer, s'affairer, s'agiter, se battre, se débattre, se démener, se dépenser, se donner du mal, se donner un mal de chien, se multiplier, se remuer, s'échiner, s'épuiser, s'escrimer, s'exténuer –FAMILIER: se bagarrer, se claquer, se couper en quatre, se décarcasser, se défoncer, se mettre en quatre, se tuer, s'éreinter, suer –POPULAIRE: se crever. CONTR. *fainéanter, paresser, prendre son temps, se délasser, se prélasser, se reposer* –FAMILIER: *buller, flemmarder, lézarder, tirer sa flemme* –POPULAIRE: *glander, ne pas en fiche une rame, tirer au cul, tirer au flanc.*

esquisse *nom féminin*

- Première forme d'une œuvre. SYN. brouillon, croquis, essai, étude, pochade, premier jet, projet –LITTÉRAIRE: crayon.
- Indications générales. SYN. abrégé, aperçu, canevas, ébauche, ossature, schéma, squelette –LITTÉRAIRE: linéaments.
- Début d'une action. SYN. amorce, commencement, ébauche –LITTÉRAIRE: aurore. CONTR. *aboutissement, accomplissement, achèvement, conclusion, épanouissement, exécution, réalisation.*

esquisser *verbe*

- Réaliser l'esquisse de. SYN. crayonner, croquer, dessiner, pocher.
- Donner un aperçu d'une œuvre. SYN. brosser, brouillonner, camper, ébaucher, peindre –LITTÉRAIRE: croquer.
- Commencer un geste. SYN. aborder, amorcer, commencer, ébaucher, entamer, entreprendre. CONTR. *accomplir, compléter, conclure, finir, réaliser, terminer.*

esquisser (s') *verbe pronominal*

- Commencer à apparaître. SYN. s'amorcer, se dessiner, se profiler.

esquiver *verbe*

- Éviter un coup. SYN. échapper à, se garer de. CONTR. *attaquer, charger.*
- Se soustraire à. SYN. déjouer, éluder, escamoter, fuir, se dérober, tourner –FAMILIER: couper à. CONTR. *affronter, s'attaquer.*

esquiver (s') *verbe pronominal*

- S'échapper furtivement. SYN. déguerpir, disparaître, filer à l'anglaise, fuir, partir, se déguiser en courant d'air, s'échapper, s'enfuir, s'évader –FAMILIER: décamper, prendre la tangente, se défiler, se retirer, s'éclipser –POPULAIRE: décaniller, jouer la fille de l'air, se barrer, se calter, se carapater, se casser.

essai *nom masculin*

- Action d'essayer. SYN. épreuve, expérience, expérimentation, tentative, test, vérification.
- Premier jet d'une œuvre. SYN. apprentissage, début, ébauche, esquisse.

essaim *nom masculin*

- LITTÉRAIRE. Grande quantité de. SYN. armée, avalanche, bande, bataillon, cascade, chapelet, colonie, débordement, déferlement, déluge, fatras, flot, foule, grappe, grêle, horde, kyrielle, légion, masse, meute, monceau, multitude, myriade, nuée, pléiade, pluie, quantité, ramassis, tas, torrent, troupe, troupeau –FAMILIER: armada, cargaison, cohorte, flopée, foultitude, pelletée, peuple, régiment, ribambelle, tapée, tripotée –LITTÉRAIRE: averse, fourmilière, volée.

CONTR. *atome, bribe, brin, doigt, goutte, grain, gramme, larme, lueur, miette, nuage, once, parcelle, peu, pointe, soupçon, trace* –LITTÉRAIRE: *liard, ombre, trait* –POPULAIRE: *chouia.*

essaimer *verbe*

/ LITTÉRAIRE. Partir dans tous les sens. SYN. se débander, se disperser, se disséminer, s'égailler, s'éparpiller. CONTR. *se grouper, se masser, se rassembler, se réunir, se tasser.*

essarter *verbe*

/ Dégarnir un terrain. SYN. déboiser, débroussailler, défricher. CONTR. *boiser, reboiser.*

essayer *verbe*

/ Vérifier l'efficacité de. SYN. contrôler, éprouver, expérimenter, goûter, mettre au banc d'essai, tester, vérifier.

/ Faire un effort pour. SYN. hasarder, risquer, s'aviser de, s'efforcer de, s'évertuer, s'ingénier, tâcher, tenter. CONTR. *refuser, renoncer, s'abstenir.*

essayer (s') *verbe pronominal*

/ Entreprendre une activité. SYN. chercher à, se hasarder, se risquer, s'exercer à, tâcher de –FAMILIER: tâter.

essence *nom féminin*

/ Nature d'un être. SYN. caractère, propre, propriété, qualité. CONTR. *apparence.*

/ LITTÉRAIRE. Contenu fondamental de. SYN. substance, substrat –LITTÉRAIRE: moelle, quintessence.

/ Principe aromatique. SYN. extrait, huile essentielle, huile volatile.

essentiel *adjectif*

/ Qui est indispensable à. SYN. constitutif, foncier, indispensable, intrinsèque, nécessaire, vital. CONTR. *accidentel, anecdotique, contingent, épisodique, futile, inutile, oiseux, superflu* –LITTÉRAIRE: *superfétatoire.*

/ Qui est très important. SYN. capital, cardinal, central, crucial, élémentaire, fondamental, maître, majeur, prédominant, premier, primordial, principal. CONTR. *accessoire, adventice, marginal, mineur, second, secondaire, subalterne, subsidiaire.*

essentiel *nom masculin*

/ Ce qu'il y a de plus important. SYN. important, principal. CONTR. *à-côté, détail, superflu.*

essentiellement *adverbe*

/ Par-dessus tout. SYN. au premier chef, avant tout, fondamentalement, principalement, surtout.

esseulé *adjectif*

/ Qui est laissé seul. SYN. abandonné, délaissé, isolé, seul, solitaire. CONTR. *entouré.*

essor *nom masculin*

/ Élan d'un oiseau dans l'air. SYN. envol, envolée, vol –LITTÉRAIRE: volée.

/ Évolution rapide. SYN. accroissement, bond, boom, développement, élan, épanouissement, expansion, extension, impulsion, progrès, progression. CONTR. *décadence, déchéance, déclin, mort, sclérose* –LITTÉRAIRE: *décrépitude.*

essoufflé *adjectif*

/ Qui perd son souffle. SYN. haletant, hors d'haleine, oppressé, pantelant, poussif.

essoufflement *nom masculin*

/ Fait d'être essoufflé. SYN. dyspnée, halètement, suffocation.

/ Perte de progression. SYN. baisse, chute –FAMILIER: dégringolade.

essouffler (s') *verbe pronominal*

/ Perdre son souffle. SYN. anhéler, haleter, s'époumoner, souffler, suffoquer –LITTÉRAIRE: panteler.

essuyer *verbe*

/ Sécher quelque chose. SYN. assécher, éponger, étancher. CONTR. *arroser, imbiber, mouiller, tremper.*

/ Subir quelque chose de pénible. SYN. attraper, endurer, éprouver, recevoir, supporter –FAMILIER: écoper, encaisser, prendre –LITTÉRAIRE: souffrir. CONTR. *causer, provoquer.*

est *nom masculin*

/ Côté où le soleil se lève. SYN. levant, orient. CONTR. *couchant, occident, ouest* –VIEUX: *ponant.*

estafilade *nom féminin*

/ Grande entaille. SYN. balafre, blessure, coupure, taillade.

estaminet *nom masculin*
/ Débit de boissons. SYN. buvette, café –FAMILIER : bistro, bistrot, troquet, zinc –POPULAIRE : caboulot –VIEUX : cabaret, taverne.

estamper *verbe*
/ FAMILIER. Faire payer trop cher. SYN. escroquer, étrangler, exploiter, saigner, voler –FAMILIER : écorcher, étriller, matraquer, rançonner, ratisser, refaire –VIEUX : égorger.

estampeur *nom*
/ FAMILIER. Personne qui escroque. SYN. escroc, forban, gredin, voleur –VIEUX : égorgeur, fripon, fripouille.

estampille *nom féminin*
/ Empreinte distinctive. SYN. cachet, griffe, marque, signature –LITTÉRAIRE : sceau.

estampiller *verbe*
/ Apposer une estampille sur. SYN. étamper, marquer, poinçonner, timbrer.

esthétique *adjectif*
/ Qui a une certaine beauté. SYN. artistique, beau, coquet, décoratif, harmonieux, joli. CONTR. *disgracieux, inesthétique, informe, laid.*

esthétique *nom féminin*
/ Aspect harmonieux de. SYN. beauté, harmonie, style. CONTR. *laideur.*

esthétiquement *adverbe*
/ De façon esthétique. SYN. artistement, artistiquement, élégamment, harmonieusement.

estimable *adjectif*
/ Qui est digne d'estime. SYN. honnête, honorable, louable, méritant, méritoire, recommandable, respectable, vénérable –FAMILIER : beau. CONTR. *abject, dédaignable, haïssable, méprisable, vilain* –LITTÉRAIRE : *vil.*
/ Qu'on peut évaluer. SYN. appréciable, calculable, chiffrable. CONTR. *inappréciable, incalculable, inestimable, innombrable.*

estimation *nom féminin*
/ Action d'estimer. SYN. appréciation, calcul, évaluation, montant, prévision, supputation.

estime *nom féminin*
/ Opinion très favorable. SYN. considération, déférence, égard, hommage, respect, vénération. CONTR. *dédain, défaveur, discrédit, mépris* –LITTÉRAIRE : *déconsidération, mésestime.*

estimer *verbe*
/ Déterminer la valeur de. SYN. apprécier, coter, évaluer, expertiser, juger.
/ Calculer approximativement. SYN. calculer, chiffrer, évaluer, mesurer, soupeser.
/ Avoir bonne opinion de. SYN. apprécier, faire grand cas de, honorer, porter au pinacle, porter aux nues, respecter, tenir en estime, vénérer –LITTÉRAIRE : priser, révérer. CONTR. *déconsidérer, décrier, dédaigner, dénigrer, détester, haïr, mépriser, mésestimer, s'élever contre.*
/ Considérer après réflexion que. SYN. considérer, croire, envisager, penser, regarder, supputer, trouver, voir.
/ Attribuer telle importance à quelqu'un. SYN. apprécier, jauger, juger.

estimer (s') *verbe pronominal*
/ Se considérer comme. SYN. se croire, se juger, se sentir, se trouver, se voir.

estomaqué *adjectif*
/ FAMILIER. Vivement surpris. SYN. abasourdi, ahuri, coi, ébahi, éberlué, ébloui, étonné, interdit, interloqué, médusé, pantois, renversé, stupéfait, suffoqué, surpris, tombé de la lune, tombé des nues –FAMILIER : assis, baba, comme deux ronds de flan, épaté, époustouflé, scié, sidéré, soufflé –LITTÉRAIRE : ébaubi.

estomaquer *verbe*
/ FAMILIER. Causer une vive surprise. SYN. abasourdir, ahurir, couper le souffle, ébahir, éberluer, effarer, étonner, méduser, renverser, stupéfier, suffoquer, surprendre –FAMILIER : asseoir, couper le sifflet, en boucher un coin, épater, époustoufler, scier, sidérer, souffler –POPULAIRE : couper la chique.

estomper *verbe*
/ Couvrir d'ombre. SYN. dissimuler, effacer, obscurcir, tamiser –LITTÉRAIRE : ombrer, voiler. CONTR. *accuser, aviver, raviver, réveiller.*
/ Diminuer la rudesse de. SYN. adoucir, amortir, atténuer, diminuer, émousser, gommer, guérir. CONTR. *renforcer.*

estomper (s') *verbe pronominal*

/ Devenir flou. SYN. disparaître, se fondre, se perdre, s'effacer, s'éloigner, s'évanouir – LITTÉRAIRE : expirer. CONTR. *apparaître, durer, rester.*

/ Devenir moins fort. SYN. décroître, diminuer, disparaître, faiblir, mourir, pâlir, passer, s'éteindre – LITTÉRAIRE : s'assoupir. CONTR. *s'accentuer, s'accuser.*

estropié *nom*

/ Personne qui a perdu un membre. SYN. boiteux, éclopé, impotent, infirme, invalide, mutilé.

estropier *verbe*

/ Déformer un mot, etc. SYN. dénaturer, écorcher, massacrer, tronquer – FAMILIER : baragouiner. CONTR. *respecter.*

établi *adjectif*

/ Reconnu comme tel. SYN. attesté, authentique, certain, historique, reconnu, reçu, sûr, véridique, vérifié, véritable, vrai.

établir *verbe*

/ Installer quelque chose. SYN. fixer, fonder, implanter, installer, mettre en place – LITTÉRAIRE : introniser. CONTR. *renverser.*

/ Mettre en vigueur. SYN. implanter, instaurer, instituer. CONTR. *abolir, invalider.*

/ Former des liens avec. SYN. créer, fonder, installer, nouer.

/ Fonder quelque chose sur. SYN. asseoir, baser, bâtir, construire, édifier, installer.

/ Donner pour sûr. SYN. accréditer, confirmer, constater, démontrer, déterminer, garantir, montrer, poser, prouver.

/ Rédiger quelque chose. SYN. calculer, dresser, formuler, organiser, régler.

/ Pourvoir d'une charge. SYN. caser, installer, placer, poster.

établir (s') *verbe pronominal*

/ Se fixer en un lieu. SYN. demeurer, habiter, loger, résider, s'installer – FAMILIER : s'incruster.

/ Exister de façon durable. SYN. s'ancrer, s'implanter, s'instaurer, s'instituer.

établissement *nom masculin*

/ Action de construire. SYN. construction, édification, érection, fondation. CONTR. *démolition, destruction, renversement, ruine.*

/ Action de s'établir en un lieu. SYN. fixation, implantation, installation. CONTR. *départ, expulsion, fuite.*

/ Action de mettre en vigueur. SYN. constitution, création, instauration, institution, organisation. CONTR. *abolition, abrogation.*

/ Action de démontrer. SYN. confirmation, démonstration, exposé, justification.

/ Local commercial. SYN. entreprise, firme, maison – FAMILIER : boîte.

étage *nom masculin*

/ Chacune des divisions d'un tout. SYN. couche, degré, échelon, niveau.

étager *verbe*

/ Disposer sur plusieurs niveaux. SYN. échelonner, espacer, superposer.

étalage *nom masculin*

/ Exposition de marchandises. SYN. devanture, étal, éventaire, vitrine.

/ Action de montrer ostensiblement. SYN. débauche, déploiement, exhibition, ostentation, parade – FAMILIER : déballage. CONTR. *camouflage.*

étalement *nom masculin*

/ Action d'étaler. SYN. déploiement. CONTR. *groupement.*

/ Action d'espacer. SYN. échelonnement, espacement.

étaler *verbe*

/ Disposer çà et là. SYN. disséminer, éparpiller. CONTR. *amasser, grouper, ramasser, ranger, rassembler* – LITTÉRAIRE : *serrer.*

/ Étendre une matière sur. SYN. appliquer, badigeonner, barbouiller, coucher, couvrir, enduire, étendre, mettre, passer, plaquer, répandre, tartiner.

/ Déployer quelque chose. SYN. déplier, déployer, dérouler, développer, étendre. CONTR. *comprimer, plier, replier, resserrer, rouler.*

/ Exposer avec vanité. SYN. afficher, arborer, découvrir, exhiber, faire montre de, faire parade de, laisser paraître, montrer. CONTR. *cacher, camoufler, dissimuler, masquer, rentrer* – LITTÉRAIRE : *taire.*

/ Répartir dans le temps. SYN. échelonner, espacer, fractionner. CONTR. *concentrer, grouper.*

étaler (s') *verbe pronominal*

/ FAMILIER. Tomber de tout son long. SYN. s'abattre, s'affaisser, s'écrouler, tomber – FAMILIER: chuter, dégringoler, se ramasser – LITTÉRAIRE: choir.

/ S'allonger quelque part. SYN. se caler, se carrer, se vautrer, s'étendre.

/ Être étendu sur une surface. SYN. se dérouler, se prolonger, se répandre, s'ouvrir – LITTÉRAIRE: se développer.

étanche *adjectif*

/ Qui ne laisse rien passer. SYN. hermétique, imperméable. CONTR. *pénétrable, perméable.*

étancher *verbe*

/ Calmer sa soif. SYN. apaiser, assouvir, éteindre, satisfaire.

/ Arrêter l'écoulement de. SYN. boucher, calfater, éponger, essuyer, étouper, luter, sécher, tamponner. CONTR. *arroser.*

étançon *nom masculin*

/ Ce qui soutient un mur. SYN. béquille, chevalement, contrefort, étai, étrésillon, soutien, support.

étançonner *verbe*

/ Soutenir par des étançons. SYN. appuyer, consolider, étayer, étrésillonner, maintenir, supporter.

étape *nom féminin*

/ Lieu où l'on s'arrête. SYN. halte.

/ Distance à parcourir. SYN. parcours, trajet – FAMILIER: trotte – VIEUX: traite.

/ Point fort d'une évolution. SYN. échelon, gradation, palier, pas, période, phase, stade, temps.

état *nom masculin*

/ Manière d'être de quelqu'un. SYN. disposition, forme, humeur.

/ Document décrivant une situation. SYN. dénombrement, inventaire, liste, mémoire, procès-verbal, relevé, répertoire, rôle, tableau.

/ LITTÉRAIRE. Situation professionnelle. SYN. métier, position, poste, profession, qualité, rang, statut.

État *nom masculin*

/ Société politique. SYN. pays, pouvoir, puissance, régime.

étatisation *nom féminin*

/ Transfert de propriétés à l'État. SYN. nationalisation, socialisation. CONTR. *privatisation.*

étatiser *verbe*

/ Procéder à l'étatisation. SYN. collectiviser, nationaliser, socialiser. CONTR. *privatiser.*

étatisme *nom masculin*

/ Doctrine prônant l'intervention de l'État. SYN. dirigisme, interventionnisme, planification. CONTR. *anarchie, libéralisme.*

étatiste *adjectif*

/ Qui relève de l'étatisme. SYN. dirigiste, interventionniste, planificateur. CONTR. *anarchiste, libéral.*

état-major *nom masculin*

/ Instances supérieures. SYN. commandement, direction, Q.G., quartier général, tête.

étayage *nom masculin*

/ Action d'étayer. SYN. consolidation, étançonnement, étrésillonnement.

étayer *verbe*

/ Soutenir une construction. SYN. assurer, chevaler, consolider, étançonner, étrésillonner, fortifier, maintenir, porter, supporter.

/ Rendre une idée plus solide. SYN. appuyer, confirmer, corroborer, renforcer, soutenir. CONTR. *aventurer, hasarder.*

été *nom masculin*

/ LITTÉRAIRE. Maturité de quelque chose. SYN. épanouissement, force – LITTÉRAIRE: plénitude. CONTR. *déclin* – LITTÉRAIRE: *automne.*

éteignoir *nom masculin*

/ FAMILIER. Personne austère. SYN. rabat-joie, trouble-fête – FAMILIER: pisse-froid – POPULAIRE: pisse-vinaigre. CONTR. *amuseur, boute-en-train, joyeux luron* – FAMILIER: *joyeux drille.*

éteindre *verbe*

/ Faire cesser la combustion. SYN. étouffer. CONTR. *allumer, brûler, enflammer, entretenir, nourrir, rallumer.*

/ Affaiblir l'éclat. SYN. assombrir, couvrir, estomper – LITTÉRAIRE: voiler. CONTR. *rehausser, renforcer.*

/ Atténuer une sensation. SYN. amortir, apaiser, assoupir, assourdir, atténuer, émousser, ralentir – LITTÉRAIRE : feutrer. CONTR. *aiguiser, aviver, déchaîner, exciter, rallumer, ranimer, raviver, réchauffer* – LITTÉRAIRE : *enflammer.*
/ Faire perdre toute énergie. SYN. atrophier, diminuer, endormir, freiner, refroidir. CONTR. *éveiller, réveiller.*
/ Faire cesser le fonctionnement de. SYN. fermer. CONTR. *allumer, ouvrir.*

éteindre (s') *verbe pronominal*
/ Perdre de sa vigueur. SYN. baisser, décliner, décroître, pâlir, s'assoupir, s'atrophier, se calmer, se dissiper, s'écrouler, s'effacer, s'estomper. CONTR. *durer, persister, s'animer* – LITTÉRAIRE : *s'enflammer.*
/ Cesser d'exister. SYN. agoniser, disparaître, mourir, se perdre, s'en aller – FAMILIER : y rester – LITTÉRAIRE : expirer, périr, se mourir, trépasser – VIEUX : passer. CONTR. *vivre* – LITTÉRAIRE : *s'animer.*

éteint *adjectif*
/ Qui a perdu sa vivacité. SYN. atone, inexpressif, morne, mort, pâle, passif, perdu, terne – LITTÉRAIRE : endormi. CONTR. *aigu, ardent, aveuglant, brillant, étincelant, lumineux, parlant, remuant, vivant* – LITTÉRAIRE : *fulgurant.*

étendre *verbe*
/ Appliquer sur une surface. SYN. appliquer, badigeonner, couvrir, enduire, étaler, mettre, passer, répandre – LITTÉRAIRE : oindre.
/ Donner toute son étendue à. SYN. allonger, déplier, déployer, dérouler, développer, étirer, tendre – LITTÉRAIRE : éployer. CONTR. *comprimer, contracter, plier, recroqueviller, replier, rouler.*
/ Mettre en position horizontale. SYN. allonger, coucher. CONTR. *lever, relever.*
/ Accroître l'étendue de. SYN. accroître, agrandir, amplifier, arrondir, augmenter, élargir, enrichir, multiplier, propager. CONTR. *borner, cerner, circonscrire, circonvenir, limiter, localiser, restreindre.*
/ Mélanger à un liquide. SYN. additionner, allonger, couper, délayer, diluer. CONTR. *concentrer.*
/ FAMILIER. Faire tomber quelqu'un. SYN. abattre, culbuter, renverser, terrasser.
/ FAMILIER. Recaler à un examen. SYN. ajourner, refuser – FAMILIER : coller. CONTR. *accepter, admettre, recevoir.*

étendre (s') *verbe pronominal*
/ Être étalé. SYN. s'allonger, se coucher, se vautrer, s'étaler. CONTR. *se lever.*
/ Prendre de l'importance. SYN. augmenter, croître, grandir, grossir, progresser, se développer, se multiplier, s'élargir, s'intensifier.
/ Occuper un certain espace. SYN. envahir, gagner, rayonner, se déployer, se répandre – LITTÉRAIRE : se développer.
/ Couvrir une période de temps. SYN. aller, couvrir, durer, s'étaler, s'étirer – LITTÉRAIRE : embrasser.
/ Parler longuement de. SYN. digresser, insister, se perdre dans les détails, s'épancher, s'étaler, s'ouvrir – FAMILIER : délayer. CONTR. *se restreindre.*

étendu *adjectif*
/ Qui occupe une vaste surface. SYN. grand, immense, large, spacieux – LITTÉRAIRE : vaste. CONTR. *exigu, minuscule, petit, réduit.*
/ Qui est considérable. SYN. ample, important – LITTÉRAIRE : vaste. CONTR. *borné, bref, confidentiel, court, étroit, limité, restreint.*
/ Qui est mélangé à un liquide. SYN. coupé, délayé, dilué. CONTR. *concentré.*

étendue *nom féminin*
/ Espace occupé par quelque chose. SYN. grandeur, superficie, surface, zone.
/ Portée dans le temps. SYN. durée, époque, longueur, période, siècle, temps.
/ Importance de quelque chose. SYN. ampleur, amplitude, champ, envergure, extension, portée.
/ Amplitude d'une voix. SYN. registre, tessiture – LITTÉRAIRE : clavier.

éternel *adjectif*
/ LITTÉRAIRE. Qui est sans fin. SYN. immortel, infini, perpétuel. CONTR. *temporel* – LITTÉRAIRE : *périssable.*
/ Qui durera toujours. SYN. durable, immuable, impérissable, imprescriptible, inaltérable, indéfectible, indélébile, indestructible, interminable, permanent, perpétuel, profond, sempiternel – LITTÉRAIRE : inextinguible, pérenne. CONTR. *caduc, court, éphémère, fragile, fugace, fugitif, instantané, momentané, passager, précaire, provisoire, temporaire, transitoire* – LITTÉRAIRE : *inconstant.*
/ Qui est habituel à quelqu'un. SYN. constant, continuel, incessant, inévitable, inséparable, invariable, perpétuel.

éternellement *adverbe*

/ De façon éternelle. SYN. immuablement, indéfiniment, interminablement, sans fin, toujours -LITTÉRAIRE: sempiternellement.

/ De manière constante. SYN. à longueur de temps, constamment, continuellement, invariablement, perpétuellement, sans arrêt, sans cesse, sans discontinuer, sans interruption, sans relâche, sans souffler, sans trêve -LITTÉRAIRE: continûment. CONTR. *de temps à autre, de temps en temps, épisodiquement, exceptionnellement, irrégulièrement, par instants, par intermittence, par intervalles, rarement, sporadiquement.*

éterniser *verbe*

/ LITTÉRAIRE. Rendre éternel. SYN. conserver, immortaliser, perpétuer.

/ Faire traîner en longueur. SYN. allonger, faire durer, prolonger. CONTR. *abréger, raccourcir.*

éterniser (s') *verbe pronominal*

/ Durer trop longtemps. SYN. continuer, se maintenir, se perpétuer, se prolonger, subsister, survivre. CONTR. *passer.*

/ FAMILIER. S'attarder trop longtemps. SYN. s'attarder, traîner -FAMILIER: lambiner, lanterner.

éternité *nom féminin*

/ Qualité de ce qui est éternel. SYN. immortalité, pérennité -LITTÉRAIRE: perpétuité. CONTR. *brièveté, caducité, précarité.*

étêter *verbe*

/ Couper la cime d'un arbre. SYN. décapiter, écimer, tailler.

éthéré *adjectif*

/ LITTÉRAIRE. Extrêmement léger. SYN. impalpable, vaporeux -LITTÉRAIRE: aérien, arachnéen, immatériel.

/ LITTÉRAIRE. Qui s'élève au-dessus du commun. SYN. élevé, pur, sublime -LITTÉRAIRE: sublimé. CONTR. *bas, grossier, physique, prosaïque.*

éthique *nom féminin*

/ Ensemble de principes moraux. SYN. morale, moralité. CONTR. *amoralité, immoralité.*

étincelant *adjectif*

/ Qui jette une vive lumière. SYN. brillant, clair, coloré, éblouissant, éclatant, luisant, lumineux, rayonnant, reluisant, resplendissant, rutilant, scintillant -LITTÉRAIRE: flamboyant, fulgurant. CONTR. *éteint, pâle, terne, terni* -LITTÉRAIRE: *crépusculaire.*

/ Qui a de vives reparties. SYN. brillant, incomparable, remarquable -LITTÉRAIRE: scintillant. CONTR. *plat.*

étinceler *verbe*

/ Briller d'un vif éclat. SYN. briller, chatoyer, luire, miroiter, pétiller, reluire, rutiler, scintiller -FAMILIER: éclairer -LITTÉRAIRE: flamber, flamboyer, fulgurer, resplendir.

étincelle *nom féminin*

/ LITTÉRAIRE. Reflet brillant. SYN. feu, lueur, lumière -LITTÉRAIRE: flamme.

/ Manifestation vive. SYN. éclair, éclat, trait.

étiolé *adjectif*

/ Qui est sans force. SYN. affaibli, anémié, anémique, atrophié, débile, déficient, faible, rouillé. CONTR. *épanoui, florissant, fort, raffermi, résistant, robuste, sanguin, vigoureux.*

étiolement *nom masculin*

/ Fait de s'étioler. SYN. affaiblissement, anémie, asthénie, chlorose, dépérissement, langueur -LITTÉRAIRE: rabougrissement. CONTR. *épanouissement, raffermissement, vigueur, vitalité* -LITTÉRAIRE: *efflorescence.*

étioler *verbe*

/ Rendre une plante grêle. SYN. atrophier, rabougrir, racornir. CONTR. -LITTÉRAIRE: *épanouir.*

/ Rendre quelqu'un chétif. SYN. abattre, affaiblir, anémier, débiliter. CONTR. *fortifier, revigorer, tonifier* -LITTÉRAIRE: *vivifier.*

étioler (s') *verbe pronominal*

/ Dépérir, pour une plante. SYN. décliner, faner, languir, se dessécher, se faner, se flétrir, végéter -LITTÉRAIRE: flétrir. CONTR. *fleurir, pousser, reverdir, se développer, s'épanouir, verdir.*

/ Perdre de ses forces. SYN. décliner, dépérir, faiblir, languir, péricliter, s'affaiblir, s'anémier, s'atrophier, se dégrader, se rouiller. CONTR. *forcir, se développer, se fortifier, se raffermir, s'épanouir* -LITTÉRAIRE: *fleurir.*

étique *adjectif*

/ LITTÉRAIRE. D'une extrême maigreur. SYN. cachectique, décharné, desséché, efflanqué, maigre, osseux, rachitique, sec, squelettique –LITTÉRAIRE: émacié. CONTR. *adipeux, charnu, corpulent, empâté, gras, gros, plantureux, plein, potelé, rebondi, replet* –FAMILIER: *dodu, grassouillet.*

étiqueter *verbe*

/ Mettre dans une catégorie. SYN. classer, qualifier, ranger.

étiquette *nom féminin*

/ Ensemble de règles. SYN. bienséance, cérémonial, convenances, décorum, protocole, rite.

étiré *adjectif*

/ Qui prend toute son étendue. SYN. déployé, étendu. CONTR. *ramassé, recroquevillé, replié, rétracté.*

étirement *nom masculin*

/ Action d'étirer les membres. SYN. allongement, déploiement, extension.

étirer *verbe*

/ Étendre par une traction. SYN. allonger, distendre, tirer. CONTR. *raccourcir, rétrécir.*

/ Décontracter ses membres. SYN. déployer, tendre. CONTR. *contracter, plier, ramasser.*

étirer (s') *verbe pronominal*

/ Étendre ses membres. SYN. se déplier, se détendre, s'étendre. CONTR. *se ramasser, se recroqueviller, se replier.*

étoffe *nom féminin*

/ Qualités propres à. SYN. capacités, facilités, moyens, qualités.

étoffé *adjectif*

/ Riche de matière. SYN. abondant, nourri.

étoffer *verbe*

/ Donner plus de matière à. SYN. agrémenter, développer, enrichir, meubler, nourrir. CONTR. *abréger, écourter, raccourcir, résumer, simplifier.*

étoffer (s') *verbe pronominal*

/ Devenir plus gros. SYN. grossir, s'élargir –FAMILIER: s'arrondir, se remplumer. CONTR. *amincir, maigrir, mincir* –FAMILIER: *fondre.*

étoile *nom féminin*

/ LITTÉRAIRE. Destinée propre à chacun. SYN. chance, sort –LITTÉRAIRE: fortune.

/ Personne célèbre. SYN. célébrité, star, vedette.

étoiler *verbe*

/ LITTÉRAIRE. Couvrir d'objets, de taches. SYN. consteller, émailler, parsemer, semer.

étoiler (s') *verbe pronominal*

/ Se fendre en étoile. SYN. se craqueler, se fendiller, se fendre, se lézarder.

étonnamment *adverbe*

/ D'une façon étonnante. SYN. étrangement, remarquablement.

étonnant *adjectif*

/ Qui suscite l'admiration. SYN. étourdissant, extraordinaire, fantastique, fort, inouï, merveilleux, miraculeux, prodigieux, rare, remarquable, sensationnel –FAMILIER: époustouflant, formidable, mirobolant, terrible. CONTR. *banal, commun, normal, quelconque.*

/ Qui crée un effet de surprise. SYN. abracadabrant, ahurissant, bizarre, curieux, déconcertant, drôle, effarant, étrange, frappant, inaccoutumé, inattendu, inconcevable, incroyable, insolite, saisissant, singulier, stupéfiant, surprenant –FAMILIER: époustouflant, renversant, sidérant, soufflant. CONTR. *courant, fréquent, habituel, naturel, ordinaire.*

étonné *adjectif*

/ Qui manifeste de la surprise. SYN. abasourdi, ahuri, coi, ébahi, éberlué, interdit, interloqué, médusé, pantois, renversé, saisi, stupéfait, suffoqué, surpris, tombé de la lune, tombé des nues –FAMILIER: assis, baba, comme deux ronds de flan, épaté, époustouflé, estomaqué, scié, sidéré, soufflé –LITTÉRAIRE: ébaubi.

étonnement *nom masculin*

/ État de celui qui est surpris. SYN. abasourdissement, ahurissement, ébahissement, effarement, saisissement, stupéfaction, stupeur, surprise –FAMILIER: épatement.

étonner *verbe*

/ Remplir d'étonnement. SYN. abasourdir, ahurir, confondre, couper le souffle, déconcerter, ébahir, éberluer, frapper, interloquer, renverser, saisir, stupéfier, suffoquer, surprendre –FAMILIER: asseoir, couper le sifflet, ébouriffer, épater, époustoufler, estomaquer, scier, sidérer, souffler –LITTÉRAIRE: ébaubir –POPULAIRE: couper la chique.

étonner (s') *verbe pronominal*

/ Éprouver de la surprise. SYN. ne pas en croire ses oreilles, ne pas en croire ses yeux, n'en pas revenir, tomber de haut, tomber de la lune, tomber des nues –FAMILIER: en rester comme deux ronds de flan, tomber sur le derrière –POPULAIRE: en rester sur le cul. CONTR. *s'attendre à.*

étouffant *adjectif*

/ Qui empêche de respirer. SYN. accablant, asphyxiant, irrespirable, lourd, oppressant, suffocant. CONTR. *frais, vivifiant.*

/ Qui paralyse l'activité. SYN. asphyxiant, lourd, oppressant, pesant –LITTÉRAIRE: paralysant. CONTR. *exaltant, stimulant, tonique.*

étouffé *adjectif*

/ Dont le bruit est amorti. SYN. cotonneux, faible, feutré, mat, silencieux, sourd. CONTR. *haut, retentissant, sonore, vibrant.*

étouffement *nom masculin*

/ Difficulté à respirer. SYN. asphyxie, dyspnée, suffocation.

/ Action de réduire au silence. SYN. asphyxie, assourdissement, écrasement, répression –LITTÉRAIRE: assoupissement, étranglement.

étouffer *verbe intransitif*

/ Respirer avec peine. SYN. avoir le souffle court, s'étrangler, suffoquer. CONTR. *reprendre haleine, respirer.*

étouffer *verbe transitif*

/ Empêcher de respirer. SYN. asphyxier, étrangler.

/ Gêner la respiration. SYN. accabler, oppresser, peser, suffoquer.

/ Amortir un bruit. SYN. amortir, assourdir, atténuer, couvrir –LITTÉRAIRE: feutrer, ouater. CONTR. *accentuer, amplifier, grossir, intensifier.*

/ Arrêter la combustion. SYN. éteindre, lutter contre. CONTR. *alimenter, allumer, attiser, entretenir, ranimer.*

/ Réprimer une réaction. SYN. brider, dominer, modérer, noyer, ravaler, refouler, rentrer, retenir.

/ Faire disparaître un sentiment. SYN. atrophier, briser, écraser, immobiliser, paralyser, refréner, réfréner, refroidir. CONTR. *aiguillonner, attiser, éveiller, exaspérer, exciter, fouetter, ranimer, raviver, réchauffer, renforcer, réveiller, stimuler* –LITTÉRAIRE: *allumer, enflammer, exalter.*

/ Empêcher la propagation de. SYN. cacher, endiguer, enrayer, juguler, mater, museler, réprimer, stopper –FAMILIER: enterrer. CONTR. *divulguer, encourager, exciter, fomenter, propager.*

étouper *verbe*

/ Boucher quelque chose. SYN. aveugler, calfater, colmater, étancher.

étourderie *nom féminin*

/ Défaut de prévoyance. SYN. distraction, inattention, inconséquence, insouciance, irréflexion, légèreté, négligence –LITTÉRAIRE: inapplication. CONTR. *application, attention, circonspection, pondération, réflexion, sérieux, vigilance.*

/ Faute commise par inattention. SYN. bévue, impair, imprudence, inadvertance, maladresse –FAMILIER: gaffe.

étourdi *adjectif*

/ Qui agit sans réflexion. SYN. dans la lune, distrait, écervelé, évaporé, imprévoyant, inappliqué, inattentif, irréfléchi, léger, négligent, rêveur, tête en l'air. CONTR. *appliqué, attentif, circonspect, grave, méthodique, méticuleux, pondéré, posé, prévoyant, réfléchi, sérieux, vigilant* –LITTÉRAIRE: *rassis.*

/ Dit, fait par inattention. SYN. farfelu, imprudent, inconséquent, inconsidéré, maladroit, malavisé. CONTR. *averti, avisé, prudent, raisonnable, réfléchi, sage.*

étourdi *nom*

/ Personne distraite. SYN. cervelle de moineau, cervelle d'oiseau, distrait, écervelé, évaporé, tête de moineau, tête sans cervelle –FAMILIER: étourneau, hurluberlu, passoire, tête de linotte.

étourdiment *adverbe*

/ De façon étourdie. SYN. à la légère, distraitement, inconsidérément, légèrement. CONTR. *attentivement, consciencieusement.*

étourdir *verbe*

/ Faire perdre à demi connaissance. SYN. assommer, matraquer –FAMILIER: sonner.

/ Causer une sorte d'ivresse. SYN. enivrer, griser, soûler. CONTR. *dégriser, désenivrer, dessoûler.*
/ Fatiguer par du bruit. SYN. abrutir, accabler, assourdir – LITTÉRAIRE: abasourdir.

étourdissant *adjectif*
/ Qui étourdit. SYN. abrutissant, assourdissant, enivrant, fracassant, grisant – FAMILIER: assommant.
/ Qui cause de l'admiration. SYN. ahurissant, éblouissant, étonnant, fantastique, fort, prodigieux, remarquable, sensationnel – FAMILIER: époustouflant, formidable, mirobolant, terrible.

étourdissement *nom masculin*
/ Courte perte de sensibilité. SYN. défaillance, éblouissement, malaise, vertige – LITTÉRAIRE: faiblesse.
/ LITTÉRAIRE. État de trouble léger. SYN. griserie, ivresse – LITTÉRAIRE: enivrement, fumées.

étourneau *nom masculin*
/ FAMILIER. Jeune étourdi. SYN. cervelle de moineau, cervelle d'oiseau, écervelé, évaporé, rêveur, tête de linotte, tête de moineau, tête d'oiseau, tête sans cervelle – FAMILIER: foufou, hurluberlu.

étrange *adjectif*
/ Qui sort de l'ordinaire. SYN. abracadabrant, anormal, baroque, bizarre, curieux, déconcertant, drôle, énigmatique, étonnant, excentrique, extraordinaire, extravagant, incohérent, inexplicable, inhabituel, insolite, inusité, mystérieux, saugrenu, singulier, surprenant – FAMILIER: invraisemblable. CONTR. *accoutumé, habituel, naturel, normal, ordinaire.*

étrangement *adverbe*
/ De façon étrange. SYN. bizarrement, curieusement, drôlement, étonnamment, extraordinairement – LITTÉRAIRE: singulièrement. CONTR. *naturellement, normalement, ordinairement.*

étranger *adjectif*
/ Relatif aux rapports avec d'autres pays. SYN. extérieur. CONTR. *intérieur.*
/ Qui est un élément rapporté. SYN. différent, dissemblable, distinct, extérieur, extrinsèque.
/ Qui ne se sent pas concerné. SYN. éloigné, fermé, imperméable, inaccessible, indifférent, insensible, réfractaire, rétif. CONTR. *ouvert, perméable, sensible.*
/ Qui ne touche pas quelqu'un. SYN. ignoré, inconnu. CONTR. *familier, inhérent, intime, propre.*
/ Qui n'est pas du pays où l'on vit. SYN. extérieur. CONTR. *aborigène, autochtone, indigène.*

étranger *nom*
/ Personne d'un autre pays. CONTR. *aborigène, autochtone, compatriote, indigène* – VIEUX: *pays.*

étrangeté *nom féminin*
/ Caractère étrange. SYN. anomalie, bizarrerie, curiosité, singularité.
/ LITTÉRAIRE. Chose étrange. SYN. bizarrerie, singularités.

étranglement *nom masculin*
/ Action d'étrangler, de s'étrangler. SYN. étouffement, oppression, strangulation, suffocation.
/ État de ce qui est resserré. SYN. resserrement, rétrécissement. CONTR. *élargissement.*
/ LITTÉRAIRE. Action d'empêcher quelque chose. SYN. asphyxie, assourdissement, écrasement, étouffement, paralysie, répression.

étrangler *verbe*
/ Gêner la respiration. SYN. asphyxier, étouffer, oppresser, suffoquer.
/ Comprimer quelque chose. SYN. resserrer, rétrécir, serrer. CONTR. *élargir.*
/ Pousser à la ruine. SYN. exploiter – FAMILIER: écorcher, empiler, estamper, étriller, matraquer, ratisser – VIEUX: égorger.
/ Empêcher la libre expression. SYN. asphyxier, étouffer, juguler, mater, museler, réprimer, supprimer.

étrangler (s') *verbe pronominal*
/ Perdre la respiration. SYN. étouffer, suffoquer.

être *nom masculin*
/ Tout ce qui vit. SYN. âme, créature. CONTR. *néant.*
/ Individu de l'espèce humaine. SYN. homme, humain, mortel, personne.

étreindre *verbe*

/ Saisir fortement. SYN. ceinturer, empoigner, enlacer, enserrer, entourer, prendre, presser, serrer –LITTÉRAIRE: embrasser. CONTR. *lâcher, relâcher.*

/ Envahir douloureusement quelqu'un. SYN. accabler, déchirer, empoigner, oppresser, saisir, tenailler –LITTÉRAIRE: poindre.

étreinte *nom féminin*

/ LITTÉRAIRE. Action d'étreindre quelqu'un. SYN. caresse, embrassade, enlacement –LITTÉRAIRE: embrassements.

étrenner *verbe*

/ Être le premier à. SYN. commencer, inaugurer. CONTR. *finir, terminer.*

étriller *verbe*

/ Frotter avec l'étrille. SYN. brosser, panser.

/ FAMILIER. Vaincre quelqu'un. SYN. battre, écraser –FAMILIER: enfoncer.

/ FAMILIER. Critiquer vivement. SYN. calomnier, dénigrer, descendre en flammes, diffamer, dire pis que pendre, malmener, maltraiter, matraquer, tirer à boulets rouges sur –FAMILIER: abîmer, baver, casser du sucre sur, cracher, débiner, déblatérer, démolir, éreinter, esquinter, rhabiller pour l'hiver –LITTÉRAIRE: dauber, déchirer –POPULAIRE: tailler un costard, tailler une veste –VIEUX: crosser.

/ FAMILIER. Voler un client. SYN. escroquer, étrangler, exploiter, voler –FAMILIER: écorcher, estamper, matraquer, plumer, rançonner, tondre –VIEUX: égorger.

étriper *verbe*

/ FAMILIER. Malmener violemment. SYN. battre, frapper, maltraiter –FAMILIER: rosser.

/ FAMILIER. Tuer à coups de couteau. SYN. crever la paillasse –POPULAIRE: crever la peau, faire la peau.

étriqué *adjectif*

/ Qui est trop serré. SYN. collant, étroit, juste, minuscule, petit, resserré –FAMILIER: rikiki, riquiqui. CONTR. *ample, bouffant, flottant, large* –LITTÉRAIRE: *vaste.*

/ Qui est à l'étroit dans un vêtement. SYN. bridé, corseté, sanglé.

/ Qui manque d'envergure. SYN. borné, étroit, médiocre, mesquin –FAMILIER: bouché. CONTR. *profond* –LITTÉRAIRE: *vaste.*

étroit *adjectif*

/ Qui a peu de largeur. SYN. exigu, mince, petit, resserré, rétréci. CONTR. *ample, étendu, immense* –LITTÉRAIRE: *vaste.*

/ Qui tient serré. SYN. collant, juste, petit, resserré –FAMILIER: rikiki, riquiqui. CONTR. *ample, bouffant, flottant, large, souple* –LITTÉRAIRE: *vaste.*

/ Qui est sans envergure. SYN. borné, étriqué, faible, limité, mesquin, réduit –FAMILIER: bouché. CONTR. *large, ouvert.*

/ Qui unit de près. SYN. intime, serré. CONTR. *desserré, lâche, lointain.*

/ Qui contraint fortement. SYN. restreint, rigoureux, scrupuleux, strict.

étroitement *adverbe*

/ D'une manière rigoureuse. SYN. scrupuleusement, strictement –VIEUX: rigoureusement.

/ D'une façon intime. SYN. intimement.

/ De façon exiguë. SYN. à l'étroit, petitement. CONTR. *grandement, largement, spacieusement.*

étroitesse *nom féminin*

/ Caractère étroit. SYN. exiguïté, petitesse. CONTR. *ampleur, largeur.*

/ Manque d'envergure. SYN. mesquinerie, pauvreté, petitesse. CONTR. *ouverture, profondeur.*

étude *nom féminin*

/ Examen approfondi. SYN. analyse, approfondissement, examen, exploration, inspection.

/ Travail de recherche. SYN. élaboration, expérimentation, méditation.

étudié *adjectif*

/ Qui manque de naturel. SYN. académique, affecté, apprêté, artificiel, calculé, composé, factice, guindé, recherché, sophistiqué –VIEUX: affété. CONTR. *authentique, cru, naturel, simple, spontané* –LITTÉRAIRE: *rustique.*

/ Préparé avec soin. SYN. concerté, élaboré, pensé, réfléchi, travaillé.

étudier *verbe intransitif*

/ Se livrer à l'étude. SYN. apprendre, s'initier, s'instruire, travailler.

étudier *verbe transitif*

/ Analyser avec attention. SYN. analyser, approfondir, considérer, délibérer, éplucher, exa-

miner, explorer, inspecter, interroger, méditer, penser, préparer, réfléchir, regarder, traiter.
- Acquérir la connaissance de. SYN. apprendre, travailler –FAMILIER: bûcher, piocher, potasser –POPULAIRE: chiader. CONTR. *effleurer, survoler.*

étui *nom masculin*
- Enveloppe rigide. SYN. boîte, fourreau, gaine.

étuve *nom féminin*
- Lieu très chaud. SYN. four, fournaise –VIEUX: étouffoir. CONTR. –FAMILIER: *glacière.*

euphonie *nom féminin*
- Fait de bien sonner. SYN. consonance, harmonie. CONTR. *cacophonie, discordance, dissonance.*

euphorie *nom féminin*
- Sentiment de joie intense. SYN. allégresse, béatitude, bien-être, bonheur, enthousiasme, griserie, ivresse, joie, jubilation –LITTÉRAIRE: félicité, liesse. CONTR. *abattement, accablement, dépression, ennui, gêne, mélancolie, neurasthénie, tristesse* –FAMILIER: *écœurement.*

euphorique *adjectif*
- Qui éprouve de l'euphorie. SYN. allègre, enjoué, enthousiaste, gai, heureux, joyeux. CONTR. *abattu, accablé, anéanti, découragé, déprimé, mélancolique, neurasthénique, triste* –FAMILIER: *écœuré.*

euphuisme *nom masculin*
- Langage maniéré. SYN. gongorisme, maniérisme, préciosité.

eurythmique *adjectif*
- Qui a un rythme régulier. SYN. cadencé, harmonieux, rythmé. CONTR. *inégal, irrégulier.*

évacuation *nom féminin*
- Action d'évacuer, de s'évacuer. SYN. déversement, écoulement, élimination, excrétion, expulsion, flux.
- Fait de se replier. SYN. abandon, repli, retrait, retraite. CONTR. *occupation.*

évacuer *verbe*
- Rejeter hors de l'organisme. SYN. éliminer, excréter, expulser. CONTR. *absorber.*
- Faire écouler un liquide. SYN. vidanger, vider. CONTR. *remplir.*
- Cesser d'occuper un lieu. SYN. abandonner, se replier, se retirer. CONTR. *occuper.*

évader (s') *verbe pronominal*
- Sortir de prison. SYN. fuir, se sauver, s'échapper, s'enfuir –FAMILIER: faire le mur –POPULAIRE: se faire la belle, se faire la paire.
- Quitter furtivement un lieu. SYN. disparaître, partir, se retirer, s'esquiver –FAMILIER: se défiler, s'éclipser –POPULAIRE: se barrer, se calter, se carapater, se casser, se faire la malle, se tirer.
- Oublier ses soucis. SYN. rêvasser, rêver, se délasser, se détendre, se distraire.

évaluable *adjectif*
- Qu'on peut évaluer. SYN. appréciable, calculable, chiffrable, mesurable, nombrable.

évaluation *nom féminin*
- Action d'évaluer. SYN. appréciation, calcul, dénombrement, estimation, expertise, inventaire, mesure.

évaluer *verbe*
- Fixer la valeur de quelque chose. SYN. apprécier, coter, déterminer, estimer, expertiser, jauger, juger, mesurer, supputer.
- Déterminer la quantité de. SYN. calculer, chiffrer, compter, dénombrer, peser, soupeser –LITTÉRAIRE: nombrer.

évanescent *adjectif*
- LITTÉRAIRE. Qui s'efface peu à peu. SYN. fugace, fugitif –LITTÉRAIRE: mourant.

évangile *nom masculin*
- Texte qui fonde une doctrine. SYN. bible, catéchisme, code, credo, dogme.

évanoui *adjectif*
- Qui a disparu. SYN. dissipé, effacé, envolé, estompé, perdu.

évanouir (s') *verbe pronominal*
- Tomber en syncope. SYN. perdre connaissance, se trouver mal, tomber en pâmoison –FAMILIER: tomber dans les pommes, tourner de l'œil –LITTÉRAIRE: défaillir, se pâmer –POPULAIRE: tomber dans les vapes –VIEUX: avoir ses vapeurs. CONTR. *revenir à soi.*
- Cesser d'être. SYN. mourir, partir en fumée, passer, se calmer, se dissimuler, se dissiper,

se noyer, s'écrouler, s'effacer, s'estomper, tomber –LITTÉRAIRE: périr. CONTR. *continuer, durer, persister.*
/ Disparaître totalement. SYN. disparaître, s'échapper, s'envoler –FAMILIER: s'éclipser –LITTÉRAIRE: s'enfuir. CONTR. *apparaître, arriver.*

évanouissement *nom masculin*
/ Fait de s'évanouir. SYN. défaillance, malaise, pâmoison, perte de connaissance, syncope –LITTÉRAIRE: faiblesse.

évaporé *adjectif*
/ Qui a un caractère léger. SYN. écervelé, étourdi, fantaisiste, fantasque, farfelu, frivole, inattentif, insouciant, irréfléchi, léger –FAMILIER: foufou. CONTR. *posé, réfléchi.*

évaporer (s') *verbe pronominal*
/ Se transformer en vapeur. SYN. se dissiper, se volatiliser.
/ FAMILIER. S'en aller brutalement. SYN. disparaître, passer, se volatiliser, s'échapper, s'enfuir –FAMILIER: s'éclipser –POPULAIRE: se tirer.

évaser *verbe*
/ Élargir l'ouverture. SYN. agrandir, élargir. CONTR. *rétrécir.*

évasif *adjectif*
/ Qui reste imprécis. SYN. ambigu, détourné, équivoque, flou, fuyant, vague. CONTR. *catégorique, clair, net, précis.*

évasion *nom féminin*
/ Action de se distraire. SYN. délassement, détente, distraction, rêve, rêverie.
/ Action de s'évader. SYN. disparition, fugue, fuite.

évasivement *adverbe*
/ De façon évasive. SYN. vaguement. CONTR. *catégoriquement, précisément.*

éveil *nom masculin*
/ LITTÉRAIRE. Fait de s'éveiller. SYN. éclosion, réveil. CONTR. *abrutissement, assoupissement, sommeil.*

éveillé *adjectif*
/ Qui est très vif. SYN. agile, alerte, avancé, déluré, intelligent, malin, précoce –FAMILIER: dégourdi. CONTR. *abruti, attardé, benêt, endormi, hébété, stupide* –FAMILIER: *bêta, lourd* –LITTÉRAIRE: *ensommeillé.*

éveiller *verbe*
/ LITTÉRAIRE. Tirer quelqu'un du sommeil. SYN. réveiller. CONTR. *assoupir, endormir.*
/ Provoquer une réaction. SYN. animer, aviver, déclencher, exciter, faire naître, fouetter, occasionner, piquer, provoquer, soulever, stimuler, susciter. CONTR. *abêtir, abrutir, apaiser, calmer, encroûter, engourdir, éteindre, étouffer, tuer.*

éveiller (s') *verbe pronominal*
/ Sortir du sommeil. SYN. se réveiller –FAMILIER: émerger. CONTR. *s'assoupir, s'endormir, somnoler.*
/ LITTÉRAIRE. Cesser d'être engourdi. SYN. se réveiller –LITTÉRAIRE: éclore. CONTR. *s'ankyloser, s'engourdir.*
/ Commencer à s'intéresser à. SYN. s'ouvrir à –LITTÉRAIRE: naître à. CONTR. *se fermer à.*

événement *nom masculin*
/ Tout ce qui se produit. SYN. affaire, aventure, cas, chose, épisode, fait, incident, péripétie.

événements *nom masculin pluriel*
/ Ensemble de faits. SYN. circonstances, conjoncture, contexte, situation.

éventail *nom masculin*
/ Ensemble d'éléments. SYN. assortiment, batterie, choix, collection, échantillonnage, gamme, jeu, lot, palette, panoplie.

éventaire *nom masculin*
/ Étalage de marchandises. SYN. devanture, étal, étalage, vitrine.

éventé *adjectif*
/ Qui est découvert. SYN. connu, détecté, dévoilé, divulgué, ébruité, percé, révélé.

éventer *verbe*
/ Révéler ce qui est caché. SYN. découvrir, démasquer, détecter, dévoiler, dire, ébruiter, percer, propager, répandre, révéler. CONTR. *cacher, dissimuler, taire* –LITTÉRAIRE: *celer.*

éventrer *verbe*
/ Ouvrir en déchirant. SYN. crever, défoncer, démolir, fendre, percer.

éventualité *nom féminin*
/ Ce qui peut se produire. SYN. cas, chance, contingence, hypothèse, perspective, possibilité –LITTÉRAIRE: possible.

éventuel *adjectif*

/ Qui dépend des circonstances. SYN. aléatoire, casuel, contingent, facultatif, incertain, possible. CONTR. *assuré, certain, inévitable, nécessaire, prévu, sûr.*

éventuellement *adverbe*

/ D'une manière éventuelle. SYN. accessoirement, facultativement, incidemment, peut-être, possiblement. CONTR. *absolument, assurément, certainement, obligatoirement, sûrement.*

évertuer (s') *verbe pronominal*

/ Faire de gros efforts pour. SYN. batailler, chercher, essayer, œuvrer, s'acharner, s'appliquer, s'attacher, se concentrer sur, se donner, se livrer, se mobiliser, s'efforcer, s'employer, s'épuiser, s'escrimer, s'exercer, s'ingénier, s'occuper, tâcher de, tenter, travailler à –FAMILIER: se tuer. CONTR. *négliger, se désintéresser.*

éviction *nom féminin*

/ Action d'éliminer quelqu'un. SYN. élimination, expulsion. CONTR. *adoption, introduction.*

évidemment *adverbe*

/ Renforce une affirmation. SYN. naturellement, oui –FAMILIER: comme de bien entendu, et comment –LITTÉRAIRE: certes. CONTR. *non, peut-être.*

/ De façon évidente. SYN. à l'évidence, assurément, certainement, de toute évidence, forcément, immanquablement, incontestablement, indéniablement, indiscutablement, indubitablement, inéluctablement, inévitablement, infailliblement, manifestement, nécessairement, nettement, notoirement, sans aucun doute, sans conteste, sûrement, visiblement –FAMILIER: positivement –LITTÉRAIRE: sans contredit.

évidence *nom féminin*

/ Caractère évident. SYN. certitude, clarté, flagrance, réalité. CONTR. *doute, improbabilité, incertitude, mystère.*

/ Chose évidente. SYN. lapalissade, truisme.

évident *adjectif*

/ Qui est d'une certitude absolue. SYN. apparent, authentique, aveuglant, certain, clair, criant, flagrant, frappant, incontestable, indéniable, indiscutable, indubitable, infaillible, manifeste, notoire, palpable, positif, sensible, sûr, transparent, visible. CONTR. *contestable, discutable, douteux, énigmatique, hypothétique, illusoire, imaginaire, incertain, mystérieux, problématique, secret, souterrain, subtil, suspect, vague, voilé.*

évider *verbe*

/ Ôter de la matière à un objet. SYN. creuser, fouiller, percer –LITTÉRAIRE: caver, fouir.

évincer *verbe*

/ Écarter quelqu'un. SYN. démettre, destituer, détrôner, éliminer, exclure, expulser, repousser, supplanter –FAMILIER: balayer, blackbouler, débarquer, déboulonner, dégommer, éjecter, vider –POPULAIRE: virer. CONTR. *favoriser.*

éviter *verbe*

/ Se soustraire à quelque chose. SYN. contourner, échapper, éluder, esquiver, parer, prévenir, se dérober, se garer de, se protéger, se soustraire –LITTÉRAIRE: obvier à. CONTR. *affronter, braver, heurter, s'attaquer, subir.*

/ Faire que quelqu'un échappe à. SYN. décharger, délivrer, dispenser, épargner, exempter, libérer. CONTR. *charger.*

/ Veiller à ne pas faire. SYN. s'abstenir, se défendre, se dispenser, se garder, se priver, s'interdire. CONTR. *ne pas pouvoir s'empêcher de, s'adonner, s'aviser, se mêler.*

/ S'efforcer de ne pas voir quelqu'un. SYN. fuir, s'éloigner. CONTR. *aborder, accoster, accrocher, approcher, contacter, fréquenter, joindre, rechercher* –FAMILIER: *agrafer, agripper* –LITTÉRAIRE: *frayer.*

évocateur *adjectif*

/ Qui évoque quelque chose. SYN. révélateur, significatif, suggestif, symbolique.

évocation *nom féminin*

/ Action d'évoquer quelque chose. SYN. allusion, mention, rappel, souvenir, suggestion –LITTÉRAIRE: vision.

évolué *adjectif*

/ Qui est bien développé. SYN. avancé, civilisé, développé, industrialisé, mécanisé, moderne. CONTR. *arriéré, brut, primitif, sauvage, sous-développé.*

/ Qui a une grande culture. SYN. cultivé, éclairé –LITTÉRAIRE: policé. CONTR. *fruste, grossier, ignare, ignorant, inculte* –VIEUX: *illettré.*

évoluer *verbe*

/ Accomplir des mouvements. SYN. bouger, se déplacer, se mouvoir. CONTR. *s'arrêter, se fixer.*

/ Devenir différent. SYN. changer, se métamorphoser, se modifier, se transformer, varier.

évolution *nom féminin*

/ Passage d'un état à un autre. SYN. changement, cheminement, déroulement, développement, devenir, escalade, métamorphose, modification, mouvement, progrès, progression, transformation –LITTÉRAIRE: marche. CONTR. *arrêt, blocage, invariabilité, permanence, stabilité, stagnation* –LITTÉRAIRE: *fixité.*

évolutionnisme *nom masculin*

/ Théorie de l'évolution des espèces. SYN. darwinisme, lamarckisme, mutationnisme, transformisme. CONTR. *fixisme.*

évolutionniste *adjectif*

/ Partisan de l'évolutionnisme. SYN. darwiniste, lamarckiste, mutationniste, transformiste. CONTR. *fixiste.*

évoquer *verbe*

/ Rappeler à la mémoire. SYN. rappeler, remémorer, retracer, réveiller, revivre. CONTR. *chasser, oublier, repousser.*

/ Faire penser à. SYN. figurer, montrer, représenter, suggérer, symboliser.

/ Mentionner quelque chose. SYN. aborder, citer, faire allusion à, faire état de, mentionner.

/ Se représenter mentalement. SYN. imaginer, penser à, se figurer.

ex abrupto *locution adverbiale*

/ De manière abrupte. SYN. à brûle-pourpoint, à l'improviste, abruptement, brusquement, brutalement, inopinément, soudain, soudainement.

exacerbation *nom féminin*

/ État de ce qui est exacerbé. SYN. accentuation, aggravation, exaspération, paroxysme, recrudescence, redoublement. CONTR. *accalmie, adoucissement, apaisement, décroissance* –LITTÉRAIRE: *retombée.*

exacerber *verbe*

/ Pousser à un très haut degré. SYN. aggraver, attiser, aviver, exaspérer, exciter, intensifier, irriter –LITTÉRAIRE: enflammer, exalter. CONTR. *adoucir, apaiser, atténuer, calmer, émousser.*

exact *adjectif*

/ Conforme à la réalité. SYN. authentique, avéré, certain, fidèle, objectif, rigoureux, strict, véridique, véritable, vrai. CONTR. *arbitraire, caricatural, falsifié, fantaisiste, fautif, faux, inexact, mensonger, menteur, mythique* –LITTÉRAIRE: *controuvé, infidèle.*

/ Qui est adéquat. SYN. correct, juste, littéral, précis, propre. CONTR. *approchant, approximatif, bancal, défectueux, erroné, faux, grossier, imprécis, inadéquat, incorrect, inexact, mauvais, vague.*

/ Qui agit avec rigueur. SYN. méticuleux, minutieux, ponctuel, scrupuleux.

exactement *adverbe*

/ Avec exactitude. SYN. à proprement parler, mathématiquement, objectivement, précisément, régulièrement, rigoureusement, scrupuleusement, strictement. CONTR. *approximativement, environ, grossièrement* –LITTÉRAIRE: *quelque.*

/ Indique un accord complet. SYN. absolument, justement, réellement, tout à fait, vraiment.

exaction *nom féminin*

/ LITTÉRAIRE. Action d'exiger une somme. SYN. concussion, détournement, extorsion, malversation, piraterie, prévarication –LITTÉRAIRE: rapine.

exactitude *nom féminin*

/ Qualité de ce qui est vrai. SYN. fidélité, objectivité, ressemblance, véracité, vérité –LITTÉRAIRE: véridicité. CONTR. *erreur, inexactitude, infidélité.*

/ Qualité de ce qui est adéquat. SYN. correction, justesse, précision, propriété, rectitude. CONTR. *à-peu-près, approximation, imprécision.*

/ Qualité de quelqu'un de rigoureux. SYN. minutie, ponctualité, régularité, rigueur, scrupule, soin –LITTÉRAIRE: méticulosité. CONTR. *négligence.*

exagération *nom féminin*

/ Action d'exagérer. SYN. abus, amplification, bluff, démesure, dramatisation, emphase, excès, grossissement, hyperbole, hypertrophie, outrance. CONTR. *affaiblissement, atténuation, mesure, modération.*

exagéré *adjectif*

▮ Qui dépasse la mesure. SYN. abusif, débridé, démesuré, effréné, élevé, excessif, exorbitant, extravagant, extrême, forcé, fou, hyperbolique, immodéré, insensé, outrancier, outré, pléthorique –FAMILIER: culotté –LITTÉRAIRE: échevelé. CONTR. *mesuré, modéré, modeste, raisonnable, suffisant.*

exagérément *adverbe*

▮ De façon exagérée. SYN. à l'excès, abusivement, démesurément, excessivement, immodérément, outre mesure, trop, vertigineusement. CONTR. *assez, raisonnablement.*

exagérer *verbe intransitif*

▮ Dépasser la mesure. SYN. abuser, aller trop loin, aller un peu loin, dépasser les bornes, dépasser les limites, passer les bornes, se vanter, y aller fort –FAMILIER: en rajouter, faire tout un cinéma, faire tout un plat, forcer la dose, forcer la note, pousser, pousser trop loin le bouchon –POPULAIRE: attiger, charrier. CONTR. *se modérer.*

exagérer *verbe transitif*

▮ Amplifier quelque chose. SYN. accentuer, accuser, amplifier, broder, charger, forcer, gonfler, grossir, majorer, monter en épingle, outrer, surestimer, surévaluer –LITTÉRAIRE: enfler, magnifier, surfaire. CONTR. *adoucir, amoindrir, atténuer, diminuer, minimiser, minorer, réduire.*

exaltant *adjectif*

▮ Qui exalte. SYN. encourageant, enivrant, enthousiasmant, entraînant, excitant, grisant, intéressant, passionnant, stimulant –FAMILIER: emballant. CONTR. *abrutissant, assoupissant, atterrant, déprimant, insipide, vide* –FAMILIER: *écœurant.*

exaltation *nom féminin*

▮ Action de vanter quelque chose. SYN. apothéose, éloge, ennoblissement, glorification, idéalisation, louange –LITTÉRAIRE: sublimation. CONTR. *humiliation.*

▮ État d'excitation. SYN. animation, délire, échauffement, effervescence, emballement, émotion, excitation, extase, fanatisme, fébrilité, ferveur, fièvre, fougue, frénésie, griserie, impétuosité, inspiration, ivresse, joie, ravissement, surexcitation, véhémence, vertige –LITTÉRAIRE: enivrement, exultation, flamme, souffle, transe, transport. CONTR. *accablement, apathie, atténuation, diminution, flegme, froideur, lassitude, léthargie, mesure, pondération, retenue* –LITTÉRAIRE: *assoupissement, quiétude.*

exalté *adjectif*

▮ Qui montre de l'exaltation. SYN. ardent, débridé, enflammé, enthousiaste, fébrile, fervent, fiévreux, fougueux, frénétique, impétueux, passionné, surexcité, survolté –FAMILIER: emballé –LITTÉRAIRE: effervescent. CONTR. *calme, désabusé, flegmatique, froid, sobre, tranquille.*

exalté *nom*

▮ Personne passionnée. SYN. énergumène, enragé, excité, fanatique, mystique, passionné –LITTÉRAIRE: idolâtre. CONTR. *calme, flegmatique.*

exalter *verbe*

▮ Faire de grands éloges. SYN. applaudir, bénir, célébrer, élever, glorifier, idéaliser, louer, prôner, vanter –LITTÉRAIRE: chanter, encenser, louanger, magnifier. CONTR. *abaisser, anathématiser, bafouer, blâmer, calomnier, chapitrer, critiquer, décrier, dénigrer, déprécier, diffamer, discréditer, maudire, mépriser* –FAMILIER: *éreinter, esquinter* –LITTÉRAIRE: *censurer, déchirer, rabaisser, rabattre, vilipender.*

▮ Inspirer de l'enthousiasme. SYN. déchaîner, électriser, enfiévrer, enivrer, enthousiasmer, exciter, fanatiser, galvaniser, griser, passionner, ravir, stimuler, surexciter, survolter –FAMILIER: emballer, souffler –LITTÉRAIRE: enflammer. CONTR. *abrutir, assoupir, atterrer, avachir, blaser, décourager, dégriser, endormir, ennuyer, glacer, refroidir* –FAMILIER: *aplatir, enquiquiner.*

▮ LITTÉRAIRE. Rendre un sentiment plus fort. SYN. animer, attiser, aviver, chauffer, échauffer, exacerber, raviver, réchauffer, réveiller –LITTÉRAIRE: enflammer, relever. CONTR. *affaiblir, anéantir, apaiser, assourdir, assouvir, brider, calmer, diminuer, émousser, étouffer, modérer.*

▮ Rendre une substance plus active. SYN. augmenter, développer, intensifier, renforcer. CONTR. *adoucir, affaiblir, atrophier, diminuer.*

exalter (s') *verbe pronominal*
/ Devenir plus animé. SYN. bouillonner, se déchaîner, se pâmer, se passionner, s'échauffer, s'enflammer, s'enthousiasmer, s'exciter –FAMILIER: chauffer, s'emballer –LITTÉRAIRE: fermenter, s'embraser –POPULAIRE: se monter la tête, se monter le bourrichon.

examen *nom masculin*
/ Action d'examiner quelque chose. SYN. analyse, approfondissement, consultation, enquête, étude, inspection, investigation, observation, vérification.
/ Série d'épreuves. SYN. épreuve, interrogation, test.

examiner *verbe*
/ Étudier attentivement. SYN. analyser, ausculter, considérer, consulter, contrôler, critiquer, enquêter, éplucher, étudier, explorer, inspecter, penser, rechercher, sonder, supputer, voir.
/ Regarder attentivement. SYN. considérer, contempler, dévisager, fixer, observer, regarder, scruter, toiser.
/ Aborder une question. SYN. agiter, débattre, réfléchir à, traiter –LITTÉRAIRE: délibérer, disputer.

exaspérant *adjectif*
/ Qui exaspère. SYN. agaçant, énervant, excédant, insupportable, irritant –FAMILIER: crispant, horripilant, rageant, vexant. CONTR. *apaisant, calmant, reposant.*

exaspération *nom féminin*
/ Action de rendre plus intense. SYN. accentuation, aggravation, exacerbation, excitation, redoublement. CONTR. *apaisement, atténuation, diminution.*
/ État de grande irritation. SYN. agacement, colère, crispation, énervement, impatience, irritation, rage –FAMILIER: horripilation –LITTÉRAIRE: hérissement. CONTR. *calme, flegme, indifférence, patience, sérénité.*

exaspéré *adjectif*
/ Très énervé. SYN. à bout de nerfs, agacé, énervé, irrité, sur les nerfs –FAMILIER: horripilé, les nerfs à cran, les nerfs à fleur de peau, les nerfs en boule, les nerfs en pelote. CONTR. *apaisé, calme, détendu, patient, serein* –FAMILIER: *cool.*

exaspérer *verbe*
/ Rendre plus intense. SYN. accentuer, accroître, aggraver, aiguiser, aviver, envenimer, exacerber, intensifier –LITTÉRAIRE: allumer, enflammer. CONTR. *adoucir, affaiblir, apaiser, assagir, atténuer, corriger, étouffer, modérer* –LITTÉRAIRE: *tempérer.*
/ Mettre en colère. SYN. agacer, crisper, énerver, fâcher, hérisser, impatienter, irriter, mécontenter, surexciter –FAMILIER: horripiler, insupporter –POPULAIRE: gonfler. CONTR. *calmer, pacifier.*

exaucé *adjectif*
/ Qui a été satisfait. SYN. satisfait. CONTR. *insatisfait* –LITTÉRAIRE: *inapaisé, inassouvi.*

exaucer *verbe*
/ Répondre favorablement à. SYN. agréer à, combler, contenter, satisfaire. CONTR. *contrarier, décevoir.*

excavation *nom féminin*
/ Trou dans le sol. SYN. anfractuosité, cavité, concavité, creux, dépression, fosse, grotte, trou, vide.

excaver *verbe*
/ Faire une excavation. SYN. creuser, forer –LITTÉRAIRE: caver.

excédant *adjectif*
/ Qui dépasse le supportable. SYN. agaçant, énervant, épuisant, exaspérant, harassant, irritant –FAMILIER: crispant, éreintant, horripilant, rageant. CONTR. *apaisant, calme, reposant.*

excédent *nom masculin*
/ Ce qui dépasse en quantité. SYN. excès, superflu, surcharge, surcroît, surplus, trop-plein –FAMILIER: rab, rabe, rabiot –LITTÉRAIRE: reliquat. CONTR. *déficience, déficit, manque, perte.*

excéder *verbe*
/ Aller au-delà de. SYN. dépasser, franchir, outrepasser, passer.
/ Importuner quelqu'un. SYN. assommer, crisper, énerver, épuiser, exténuer, harasser, hérisser, impatienter, irriter, lasser, peser –FAMILIER: éreinter, esquinter, horripiler, insupporter, tuer, vanner. CONTR. *apaiser, calmer, reposer.*

excellemment *adverbe*

/ LITTÉRAIRE. De façon excellente. SYN. admirablement, bien, divinement, magnifiquement, parfaitement, prodigieusement, remarquablement –LITTÉRAIRE: sublimement. CONTR. *piteusement.*

excellence *nom féminin*

/ Caractère excellent. SYN. finesse, perfection, qualité, supériorité. CONTR. *imperfection, médiocrité.*

excellent *adjectif*

/ Qui a atteint un degré éminent. SYN. accompli, achevé, admirable, consommé, de premier ordre, délicieux, exquis, extra, fin, fort, impeccable, incomparable, merveilleux, parfait, remarquable, supérieur –FAMILIER: fameux, magistral –LITTÉRAIRE: suréminent. CONTR. *catastrophique, défavorable, défectueux, mauvais, médiocre, passable, piteux* –FAMILIER: *atroce.*

/ FAMILIER. Qui a très bon cœur. SYN. bienveillant, bon, brave, charmant, délicieux, dévoué, exquis, incomparable –FAMILIER: extra. CONTR. *abominable, atroce, cruel, dur, méchant, nuisible, pernicieux, préjudiciable* –FAMILIER: *sale.*

exceller *verbe*

/ Atteindre un degré éminent. SYN. briller, émerger, se distinguer, se signaler, s'illustrer, triompher. CONTR. *ne rien valoir* –FAMILIER: *ne pas valoir tripette, ne pas valoir un clou, ne rien casser* –POPULAIRE: *ne pas casser des briques.*

excentricité *nom féminin*

/ Comportement excentrique. SYN. bizarrerie, extravagance, fantaisie, originalité, singularité.

excentrique *adjectif*

/ Qui s'écarte des usages reçus. SYN. baroque, bizarre, étrange, extraordinaire, extravagant, farfelu, insolite, original, saugrenu, singulier –POPULAIRE: folingue. CONTR. *banal, classique, commun, discret, normal, ordinaire, quelconque, réservé, strict.*

/ Situé loin du centre. SYN. éloigné, périphérique. CONTR. *central, proche.*

excentrique *nom*

/ Personne farfelue. SYN. fou, original, phénomène –FAMILIER: hurluberlu, olibrius.

excepté *adjectif*

/ Non compris dans un ensemble. SYN. écarté, exclu. CONTR. *admis, inclus.*

excepté *préposition*

/ À l'exception de. SYN. à la réserve de, à l'exclusion de, à part, abstraction faite de, en dehors de, en excluant, exception faite de, hormis, non compris, nonobstant, sauf, si ce n'est –LITTÉRAIRE: fors, hors. CONTR. *compris, inclus.*

excepter *verbe*

/ Mettre à part. SYN. écarter, éliminer, exclure, omettre, retirer, retrancher. CONTR. *comprendre, englober, inclure.*

exception *nom féminin*

/ Ce qui paraît unique. SYN. anomalie, unicité –LITTÉRAIRE: singularité. CONTR. *banalité, généralité, normalité, règle.*

exceptionnel *adjectif*

/ Qui constitue une exception. SYN. extraordinaire, original, privilégié, rare, sans précédent, singulier, spectaculaire, unique –FAMILIER: excessif. CONTR. *abondant, assidu, logique, naturel, ordinaire, perpétuel, régulier* –LITTÉRAIRE: *coutumier.*

/ Dont les qualités sont éminentes. SYN. d'exception, éminent, hors du commun, hors série, inappréciable, prodigieux, remarquable, supérieur, surprenant, transcendant, unique –FAMILIER: épatant, sensass, sensationnel. CONTR. *banal, commun, courant, ordinaire, quelconque.*

/ Qui fait exception. SYN. à marquer d'une pierre blanche, anormal, d'exception, inaccoutumé, inattendu, introuvable, occasionnel, spécial. CONTR. *banal, commun, courant, fréquent, habituel, normal, quelconque, usuel* –LITTÉRAIRE: *coutumier.*

exceptionnellement *adverbe*

/ Indique un très haut degré. SYN. affreusement, beaucoup, bien, effroyablement, énormément, excessivement, extraordinairement, extrêmement, follement, fort, fortement, hautement, horriblement, immensément, immodérément, incroyablement, infiniment, mortellement, parfaitement, particulièrement, prodigieusement, profondément, puissamment, terriblement, très, trop, vertigineusement –FAMILIER: atrocement, bigrement, bougrement, diablement, drôlement, fameusement, fichtrement, fichûment, formidablement, joliment, méchamment, rudement, tout plein –LITTÉRAIRE: diantrement, furieusement –POPULAIRE: foutrement, salement, vachement –VIEUX: fièrement. CONTR. *à peine, faiblement, guère, insuffisamment, légèrement, peu, très peu.*

/ De façon exceptionnelle. SYN. occasionnellement, parfois, rarement. CONTR. *banalement, communément, continuellement, couramment, fréquemment, généralement, habituellement, normalement, ordinairement, souvent, toujours* –LITTÉRAIRE: *continûment.*

excès *nom masculin*

/ Quantité en plus. SYN. débordement, excédent, hypertrophie, luxe, pléthore, profusion, surabondance, surcroît, surplus, trop-plein. CONTR. *absence, carence, défaillance, défaut, insuffisance, manque, pénurie.*

/ Ce qui dépasse la mesure normale. SYN. abus, démesure, dépassement, exagération, outrance. CONTR. *modération, réserve, retenue.*

excès *nom masculin pluriel*

/ Actes de violence. SYN. sévices, violences –LITTÉRAIRE: exaction.

/ Mauvaise conduite. SYN. dévergondage, inconduite, libertinage –LITTÉRAIRE: débordements, déportement, dérèglements. CONTR. *abstinence, ascétisme, frugalité, jeûne, tempérance.*

excessif *adjectif*

/ Qui excède la mesure. SYN. abusif, démesuré, effréné, élevé, exagéré, exorbitant, extraordinaire, extravagant, immodéré, insensé, outrancier, outré, pléthorique, surabondant –LITTÉRAIRE: intempérant. CONTR. *bas, honnête, modéré, raisonnable, sage, suffisant.*

/ FAMILIER. Indique une grande intensité. SYN. effroyable, exceptionnel, extraordinaire, intense. CONTR. *normal.*

excessivement *adverbe*

/ Avec excès. SYN. abusivement, beaucoup, colossalement, démesurément, énormément, exagérément, immodérément, monstrueusement, outrageusement, outre mesure, trop. CONTR. *insuffisamment, modérément, raisonnablement, sobrement.*

/ Indique un degré extrême. SYN. abominablement, affreusement, beaucoup, bien, colossalement, effroyablement, énormément, épouvantablement, exceptionnellement, extraordinairement, extrêmement, fabuleusement, follement, fort, fortement, hautement, horriblement, immensément, incroyablement, infiniment, mortellement, particulièrement, prodigieusement, profondément, puissamment, terriblement, très, vertigineusement –FAMILIER: atrocement, bigrement, bougrement, diablement, drôlement, fameusement, fichtrement, fichûment, formidablement, joliment, méchamment, rudement, tout plein –LITTÉRAIRE: diantrement, furieusement –POPULAIRE: foutrement, salement, vachement –VIEUX: fièrement. CONTR. *faiblement, guère, légèrement, moyennement, passablement, peu.*

excitabilité *nom féminin*

/ LITTÉRAIRE. Fait d'être irritable. SYN. emportement, irascibilité, irritabilité, nervosité. CONTR. *calme, flegme, sérénité* –LITTÉRAIRE: *équanimité.*

excitable *adjectif*

/ Qui s'irrite facilement. SYN. coléreux, emporté, irascible, irritable, ombrageux, soupe au lait, susceptible. CONTR. *calme, flegmatique, posé, serein, tranquille.*

excitant *adjectif*

/ Qui stimule l'organisme. SYN. stimulant, tonique. CONTR. *amollissant, apaisant, calmant, lénifiant, modérateur* –LITTÉRAIRE: *lénitif.*

/ Qui stimule l'intérêt. SYN. encourageant, enivrant, enthousiasmant, entraînant, exaltant, grisant, passionnant, stimulant –FAMILIER: emballant. CONTR. *abrutissant, assoupissant, fastidieux, rebutant, soporifique* –FAMILIER: *assommant, barbant, embêtant, empoisonnant* –POPULAIRE: *emmerdant.*

/ Qui éveille le désir. SYN. affriolant, aguichant, attirant, capiteux, érotique, provocant, provocateur, suggestif, troublant, voluptueux –FAMILIER: émoustillant, sexy. CONTR. *fade, terne* –FAMILIER: *fadasse.*

excitateur *nom*

/ LITTÉRAIRE. Personne qui excite. SYN. agitateur, fauteur de troubles, incitateur, meneur, provocateur, trublion –LITTÉRAIRE: fomentateur –VIEUX: boutefeu. CONTR. *modérateur.*

excitation *nom féminin*
- Action de pousser à. SYN. appel, encouragement, exhortation, incitation, instigation, provocation, sollicitation, stimulation –LITTÉRAIRE: fomentation. CONTR. *découragement.*
- État d'agitation. SYN. animation, bouillonnement, ébullition, échauffement, effervescence, énervement, exaltation, exaspération, fébrilité, fermentation, fièvre, griserie, ivresse, nervosité, surexcitation –LITTÉRAIRE: enivrement, flamme. CONTR. *abattement, abrutissement, accalmie, apathie, calme, dépression, flegme, placidité, sérénité, torpeur* –LITTÉRAIRE: *assoupissement, quiétude.*

excité *adjectif*
- Qui perd le contrôle de soi. SYN. agité, énervé, enragé, fiévreux, frénétique, nerveux, passionné, surexcité –FAMILIER: emballé –LITTÉRAIRE: effervescent, embrasé. CONTR. *apathique, calme, flegmatique, impassible, imperturbable, indifférent, tranquille* –FAMILIER: *gnangnan, gniangnian.*

excité *nom*
- Personne en état d'excitation. SYN. agité, énergumène, exalté, fanatique, forcené, passionné –LITTÉRAIRE: furieux.

exciter *verbe*
- Créer un état d'excitation. SYN. agacer, agiter, électriser, énerver, taquiner. CONTR. *adoucir, apaiser, assagir, calmer, détendre, rassurer, tranquilliser* –LITTÉRAIRE: *lénifier, rasséréner.*
- Rendre une sensation plus vive. SYN. aiguiser, aviver, déchaîner, développer, enfiévrer, éveiller, exacerber, fouetter, piquer, réveiller, soulever –LITTÉRAIRE: embraser, enflammer, exalter. CONTR. *amortir, anesthésier, assoupir, endormir, engourdir, éteindre, étouffer, freiner, lasser, modérer, refréner, réfréner* –LITTÉRAIRE: *tempérer.*
- Éveiller le désir physique. SYN. affrioler, aguicher, provoquer, troubler –FAMILIER: allumer, émoustiller.
- Pousser à faire. SYN. aiguillonner, déterminer, encourager, engager, entraîner, éperonner, exhorter, inciter, inviter, porter, presser, stimuler. CONTR. *arrêter, brider, décourager, détourner, empêcher, entraver, gêner, interdire, rabrouer.*

exciter (s') *verbe pronominal*
- Prendre un vif intérêt à. SYN. se passionner, s'enflammer, s'engouer, s'enthousiasmer, s'éprendre, s'exalter, s'extasier –FAMILIER: s'emballer.
- Devenir plus agité. SYN. bouillonner, se déchaîner, se monter, s'échauffer, s'énerver, s'enflammer, s'exalter –FAMILIER: chauffer –POPULAIRE: se monter la tête, se monter le bourrichon.

exclamer (s') *verbe pronominal*
- Dire d'une voix forte. SYN. clamer, crier, hurler, s'écrier –LITTÉRAIRE: se récrier.

exclu *adjectif*
- Qui est rejeté d'un groupe. SYN. chassé, évincé, expulsé, renvoyé. CONTR. *admis, pris, reçu.*
- Qui n'est pas pris en considération. SYN. écarté, excepté. CONTR. *inclus.*

exclu *nom*
- Personne chassée d'un groupe. SYN. paria –LITTÉRAIRE: damné, réprouvé.

exclure *verbe*
- Mettre dehors. SYN. bannir, chasser, congédier, écarter, éconduire, éliminer, éloigner, évincer, excommunier, expulser, mettre à la porte, radier, refouler, refuser, rejeter, remercier, renvoyer, repousser, se défaire de, se séparer de –FAMILIER: balayer, débarquer, déboulonner, dégommer, éjecter, envoyer balader, envoyer bouler, ficher à la porte, flanquer à la porte, flanquer dehors, vider –LITTÉRAIRE: proscrire –POPULAIRE: balancer, envoyer paître, foutre à la porte, lourder, virer –VIEUX: envoyer se faire lanlaire. CONTR. *accepter, accueillir, admettre, autoriser, inclure, inscrire, intégrer, introduire, inviter, recevoir, retenir.*
- Ne pas compter quelque chose. SYN. écarter, éliminer, excepter, faire abstraction, ôter, retirer, retrancher. CONTR. *comporter, comprendre, inclure, incorporer, insérer.*
- Être incompatible avec. SYN. empêcher, interdire, proscrire, s'opposer à. CONTR. *autoriser, impliquer, souffrir, supporter.*

exclure (s') *verbe pronominal*
- Se mettre en dehors de. SYN. s'abstraire, se retirer, s'isoler.

exclusif *adjectif*
/ Qui appartient à un seul. SYN. particulier, propre, spécial, spécifique.
/ Qui exclut tout partage. SYN. absolu, égoïste, jaloux, unique. CONTR. *éclectique, large.*
/ Qui n'admet pas la nuance. SYN. buté, entier, intolérant, intransigeant, partial, sectaire. CONTR. *libéral, ouvert, tolérant.*

exclusion *nom féminin*
/ Action d'exclure quelqu'un. SYN. élimination, excommunication, expulsion, ostracisme, radiation, renvoi, révocation – FAMILIER: éjection. CONTR. *admission, intégration.*

exclusivement *adverbe*
/ En excluant la limite donnée. SYN. excepté, exclu, non compris. CONTR. *inclus, inclusivement, y compris.*
/ D'une manière exclusive. SYN. entièrement, purement, seulement, spécifiquement, uniquement.

exclusivité *nom féminin*
/ Information sensationnelle. SYN. scoop.
/ Possession exclusive de. SYN. apanage, monopole, prérogative, privilège.

excommunication *nom féminin*
/ Exclusion d'un groupe. SYN. élimination, exclusion, expulsion, ostracisme, radiation, renvoi, révocation – FAMILIER: éjection.

excommunier *verbe*
/ Rejeter quelqu'un d'un groupe. SYN. bannir, chasser, éloigner, exclure, expulser, radier, repousser – FAMILIER: éjecter, vider – LITTÉRAIRE: proscrire. CONTR. *accepter, accueillir, admettre, autoriser, inclure, inscrire, intégrer, introduire, inviter, recevoir, retenir.*

excoriation *nom féminin*
/ Entaille superficielle. SYN. blessure, écorchure, égratignure, éraflure, griffure.

excorier *verbe*
/ Blesser superficiellement. SYN. écorcher, égratigner, érafler, griffer.

excrément *nom masculin*
/ Matière fécale de l'homme. SYN. crotte, déjection, étron, fèces, selle – FAMILIER: caca – POPULAIRE: colombin, merde.
/ Matière fécale des animaux. SYN. bouse, chiasse, chiure, crotte, crottin, fiente.

excrétion *nom féminin*
/ Rejet de produits par l'organisme. SYN. élimination, évacuation, expulsion.

excroissance *nom féminin*
/ Tumeur à la surface du corps. SYN. grosseur, protubérance, tumescence – LITTÉRAIRE: proéminence.

excursion *nom féminin*
/ Voyage d'agrément ou d'étude. SYN. course, périple, promenade, randonnée, tour, tournée, voyage – FAMILIER: balade, virée.

excursionniste *nom*
/ VIEUX. Personne qui fait une excursion. SYN. promeneur, randonneur, touriste, voyageur.

excusable *adjectif*
/ Qui peut être excusé. SYN. compréhensible, défendable, justifiable, pardonnable, tolérable – LITTÉRAIRE: véniel. CONTR. *blâmable, condamnable, grave, impardonnable, inadmissible, indéfendable, inexcusable, intolérable, punissable, répréhensible.*

excuse *nom féminin*
/ Raison propre à disculper. SYN. couverture, décharge, défense, justification. CONTR. *accusation, charge.*
/ Motif allégué pour se dispenser de. SYN. dispense, prétexte, raison.

excuser *verbe*
/ Tolérer quelque chose. SYN. absoudre, admettre, pardonner, passer, tolérer. CONTR. *accuser, blâmer, condamner, vitupérer.*
/ Justifier quelque chose, quelqu'un. SYN. disculper, innocenter, justifier, légitimer.

exécrable *adjectif*
/ LITTÉRAIRE. Que l'on doit exécrer. SYN. abject, abominable, détestable, haïssable, horrible, monstrueux, odieux. CONTR. *adorable, cher, chéri.*
/ Qui est très désagréable. SYN. abominable, affreux, détestable, épouvantable, infect, maudit, mauvais, répugnant – FAMILIER: déplorable, imbuvable. CONTR. *délicat, exquis, parfait, succulent, sympathique* – LITTÉRAIRE: *délectable.*

exécration *nom féminin*

/ LITTÉRAIRE. Sentiment d'horreur. SYN. aversion, dégoût, haine, horreur, phobie, répulsion –LITTÉRAIRE: abomination, détestation. CONTR. *admiration, adoration, affection, amour.*

exécrer *verbe*

/ Avoir en horreur. SYN. abominer, détester, haïr, maudire, ne pas pouvoir souffrir, répugner à –FAMILIER: ne pas pouvoir encaisser, ne pas pouvoir sentir, ne pas pouvoir voir en peinture, vomir –LITTÉRAIRE: abhorrer, avoir en abomination, honnir –POPULAIRE: ne pas pouvoir blairer, ne pas pouvoir encadrer, ne pas pouvoir piffer, ne pas pouvoir sacquer, ne pas pouvoir saquer. CONTR. *admirer, adorer, aimer, bénir, chérir, idolâtrer, raffoler, se complaire dans, se plaire à* –LITTÉRAIRE: *affectionner.*

exécutable *adjectif*

/ Qui peut être réalisé. SYN. faisable, possible, praticable, réalisable. CONTR. *impossible, inexécutable, infaisable.*

exécuter *verbe*

/ Réaliser un objet, un travail. SYN. accomplir, concrétiser, confectionner, créer, donner corps, effectuer, élaborer, faire, mettre à exécution, pratiquer, procéder à, réaliser.

/ Mener à bien. SYN. accomplir, agir, appliquer, effectuer, opérer, s'acquitter de –VIEUX: remplir son office.

/ Jouer une œuvre musicale. SYN. interpréter, jouer.

/ Tuer quelqu'un. SYN. abattre, assassiner, égorger, éliminer, envoyer ad patres, massacrer, tuer –FAMILIER: faire passer le goût du pain, ôter le goût du pain, trucider –LITTÉRAIRE: immoler, occire –POPULAIRE: buter, descendre, faire la peau, flinguer, ratatiner, rectifier, refroidir, zigouiller –VIEUX: suriner.

/ Critiquer violemment. SYN. discréditer –FAMILIER: démolir, éreinter, esquinter.

exécuter (s') *verbe pronominal*

/ Se résoudre à agir. SYN. céder, obéir, obtempérer. CONTR. *désobéir, refuser.*

exécution *nom féminin*

/ Action de rendre effectif. SYN. application, pratique, réalisation. CONTR. *inexécution.*

/ Action de réaliser quelque chose. SYN. accomplissement, achèvement, confection, construction –LITTÉRAIRE: parachèvement. CONTR. *ébauche, esquisse.*

/ Action d'interpréter une œuvre. SYN. interprétation, jeu.

exégèse *nom féminin*

/ Commentaire détaillé. SYN. annotation, commentaire, explication, interprétation. CONTR. *résumé.*

exemplaire *adjectif*

/ Qui peut servir d'exemple. SYN. accompli, édifiant, irréprochable, parfait, remarquable. CONTR. *laid, répugnant, vilain* –LITTÉRAIRE: *pernicieux, vil.*

exemple *nom masculin*

/ Personne, action digne d'être imitée. SYN. idéal, modèle, prototype, type –LITTÉRAIRE: parangon.

/ Ce qui constitue une leçon. SYN. avertissement, enseignement, leçon, moralité.

/ Cas antérieur semblable. SYN. antécédent, précédent.

/ Ce qui sert d'illustration. SYN. aperçu, échantillon, idée, preuve, spécimen.

exempt *adjectif*

/ Qui n'est pas assujetti à. SYN. déchargé, dégagé, dispensé, exonéré, franc de, libéré.

/ Qui est à l'abri de. SYN. garanti, immunisé, préservé, protégé.

/ Qui ne contient pas. SYN. dénué, dépourvu, vide. CONTR. *débordant, doué, encombré, farci, fourmillant, gorgé, plein, pourvu, rempli, riche* –FAMILIER: *bourré, truffé.*

exempté *adjectif*

/ Qui est dispensé de. SYN. affranchi, déchargé, dégagé, dispensé, excusé, libéré.

exempter *verbe*

/ Dispenser quelqu'un de. SYN. affranchir, décharger, dispenser, épargner, éviter, exonérer, libérer. CONTR. *assujettir, charger, exiger, imposer, soumettre* –LITTÉRAIRE: *astreindre.*

exemption *nom féminin*

/ Action d'exempter. SYN. décharge, dégrèvement, dispense, exonération. CONTR. *obligation* –LITTÉRAIRE: *assujettissement.*

exercé *adjectif*

/ Qui est devenu habile. SYN. averti, compétent, entraîné, expérimenté, expert, formé, habile, qualifié, rompu, sûr. CONTR. *inexpérimenté, maladroit, malhabile, novice* – LITTÉRAIRE : *inexpert, inhabile.*

exercer *verbe*

/ Soumettre à un entraînement. SYN. aguerrir, dresser, éduquer, entraîner.
/ Développer le corps, l'esprit. SYN. cultiver, éduquer, former, perfectionner – LITTÉRAIRE : façonner.
/ LITTÉRAIRE. Mettre à l'épreuve. SYN. éprouver, tester.
/ Pratiquer un métier, une fonction. SYN. pratiquer, remplir – VIEUX : professer.

exercer (s') *verbe pronominal*

/ Se soumettre à un entraînement. SYN. s'appliquer, s'endurcir, s'entraîner, s'essayer à, s'évertuer, s'initier.
/ LITTÉRAIRE. Se manifester pleinement. SYN. se déployer, se montrer, se produire.

exercice *nom masculin*

/ Action de s'exercer. SYN. entraînement, mouvement, préparation.
/ Action de se dépenser. SYN. activité physique, sport. CONTR. *inaction, inactivité, repos.*
/ Action de mettre en pratique. SYN. emploi, pratique, utilisation.

exérèse *nom féminin*

/ Fait d'enlever un organe. SYN. ablation, extirpation, extraction.

exhalaison *nom féminin*

/ Odeur qui se répand. SYN. arôme, dégagement, effluve, émanation, haleine, odeur, souffle, vapeur – LITTÉRAIRE : senteur.

exhaler *verbe*

/ Laisser échapper une odeur. SYN. dégager, fleurer, répandre, sentir. CONTR. *aspirer, inhaler.*
/ Laisser échapper un bruit. SYN. émettre, pousser, produire.
/ Dégager une impression. SYN. – LITTÉRAIRE : respirer, suer, suinter.

exhaler (s') *verbe pronominal*

/ Se répandre dans l'air. SYN. émaner, se dégager, s'échapper, sortir.

exhaussement *nom masculin*

/ Fait d'exhausser. SYN. surélévation, surhaussement. CONTR. *abaissement, baisse.*

exhausser *verbe*

/ Augmenter la hauteur de. SYN. élever, hausser, monter, remonter, surélever, surhausser. CONTR. *abaisser, baisser, diminuer.*

exhaustif *adjectif*

/ Qui épuise un sujet. SYN. complet, entier, intégral. CONTR. *fragmentaire, incomplet, lacunaire, parcellaire, partiel, rudimentaire, sommaire* – LITTÉRAIRE : *lacuneux.*

exhiber *verbe*

/ Montrer quelque chose. SYN. faire voir, montrer, présenter, produire, sortir.
/ Faire étalage de. SYN. afficher, arborer, déployer, étaler, exposer, faire montre de, faire parade de. CONTR. *cacher, dissimuler* – LITTÉRAIRE : *celer, taire.*

exhiber (s') *verbe pronominal*

/ Se montrer de façon provocante. SYN. parader, s'afficher, se pavaner, se produire. CONTR. *se cacher.*

exhibition *nom féminin*

/ Action de montrer en public. SYN. numéro, présentation, représentation.
/ Étalage ostentatoire. SYN. déploiement, étalage, parade. CONTR. *camouflage.*

exhortation *nom féminin*

/ Fait d'exhorter quelqu'un. SYN. appel, conseil, encouragement, excitation, incitation, instigation, invitation, invite, provocation, recommandation, sollicitation, stimulation – LITTÉRAIRE : fomentation. CONTR. *découragement.*

exhorter *verbe*

/ Tenter d'amener quelqu'un à. SYN. appeler, convier, déterminer, encourager, engager, exciter, inciter, inviter, persuader, pousser, presser, provoquer, recommander, souffler. CONTR. *déconseiller, décourager.*

exhumer *verbe*

/ Extraire quelque chose de la terre. SYN. découvrir, déterrer. CONTR. *enfouir, ensevelir, enterrer, inhumer.*

/ Tirer quelque chose de l'oubli. SYN. découvrir, déterrer, reprendre, ressortir, réveiller –LITTÉRAIRE: ressusciter. CONTR. *enfouir, oublier, plonger dans l'oubli* –LITTÉRAIRE: *ensevelir.*

exigé *adjectif*

/ Demandé impérativement. SYN. imposé, indispensable, obligatoire, requis, voulu. CONTR. *facultatif.*

exigeant *adjectif*

/ Difficile à contenter. SYN. difficile, dur, intraitable, pointilleux, pressant, sévère, strict, tyrannique –FAMILIER: rosse –LITTÉRAIRE: sourcilleux. CONTR. *accommodant, arrangeant, bienveillant, conciliant, coulant, facile, indulgent.*

/ Difficile à pratiquer. SYN. absorbant, assujettissant, astreignant, prenant –LITTÉRAIRE: dévorant. CONTR. *reposant.*

exigence *nom féminin*

/ Ce qui est exigé par quelque chose. SYN. contrainte, impératif, nécessité.

/ Ce que quelqu'un exige. SYN. aspiration, besoin, condition, désir, gré, prétention, réclamation, revendication, volonté.

/ Comportement exigeant. SYN. autoritarisme, despotisme, dureté, intransigeance, sévérité –LITTÉRAIRE: tyrannie. CONTR. *bienveillance, facilité, indulgence.*

exiger *verbe*

/ Vouloir impérativement. SYN. entendre, imposer, ordonner, prescrire, réclamer, redemander, revendiquer, sommer –LITTÉRAIRE: enjoindre. CONTR. *abandonner, refuser, renoncer.*

/ Avoir absolument besoin de. SYN. commander, contraindre, demander, imposer, nécessiter, réclamer, requérir, vouloir. CONTR. *dispenser, exempter.*

exigu *adjectif*

/ Qui est trop petit. SYN. étriqué, étroit, minuscule, réduit, restreint, rétréci. CONTR. *ample, étendu, grand, large, raisonnable, spacieux, suffisant* –LITTÉRAIRE: *vaste.*

exiguïté *nom féminin*

/ Caractère exigu. SYN. étroitesse, petitesse –LITTÉRAIRE: ténuité.

exil *nom masculin*

/ Fait de bannir quelqu'un. SYN. bannissement, déportation, émigration, expatriation, expulsion, ostracisme, proscription, relégation.

/ Fait d'être mis à l'écart. SYN. déracinement, éloignement, isolement, ostracisme, séparation. CONTR. *rappel.*

exilé *adjectif*

/ Qui vit en exil. SYN. banni, expulsé, ostracisé, proscrit.

exilé *nom*

/ Personne qui vit en exil. SYN. banni, déraciné, expatrié, expulsé, proscrit, relégué.

exiler *verbe*

/ Condamner à l'exil. SYN. bannir, déporter, expatrier, expulser, ostraciser, proscrire, refouler, reléguer.

/ Obliger quelqu'un à partir. SYN. chasser, déraciner, écarter, éloigner, isoler, reléguer, renvoyer, séparer –LITTÉRAIRE: proscrire. CONTR. *rappeler.*

exiler (s') *verbe pronominal*

/ Quitter sa patrie. SYN. émigrer, s'expatrier –LITTÉRAIRE: transmigrer.

/ Se mettre à l'écart. SYN. se réfugier, se retirer, s'écarter, s'éloigner, s'enterrer, s'isoler.

existant *adjectif*

/ Qui existe. SYN. actuel, d'actualité, en application, en vigueur, présent. CONTR. *passé.*

existence *nom féminin*

/ Fait de vivre. SYN. destin, destinée, sort, vie –LITTÉRAIRE: jours. CONTR. *mort.*

/ Fait d'avoir une réalité. SYN. matérialité, réalité, vérité. CONTR. *apparence, fausseté, illusion.*

exister *verbe*

/ Être en vie. SYN. être, respirer, subsister, vivre.

/ Appartenir à la réalité. SYN. avoir cours, régner, se rencontrer, se trouver, se voir.

exode *nom masculin*

/ Départ en grand nombre. SYN. départ, émigration, fuite, migration –LITTÉRAIRE: transmigration.

exonération *nom féminin*

/ Action d'exonérer. SYN. abattement, allégement, décharge, déduction, dégrèvement, diminution, dispense, exemption, remise.

exonérer *verbe*

/ Dispenser d'une charge. SYN. alléger, décharger, dégrever, détaxer, exempter, libérer. CONTR. *assujettir, grever, imposer, taxer.*

exorbitant *adjectif*

/ Qui dépasse la mesure. SYN. abusif, cher, démesuré, déraisonnable, élevé, énorme, exagéré, excessif, extraordinaire, fabuleux, fou, gigantesque, inabordable, onéreux, prohibitif, ruineux – FAMILIER: salé – LITTÉRAIRE: dispendieux. CONTR. *raisonnable.*

exorde *nom masculin*

/ Entrée en matière. SYN. début, introduction, préambule, préface, préliminaire, prélude. CONTR. *conclusion, fin.*

expansif *adjectif*

/ Qui montre ses sentiments. SYN. communicatif, démonstratif, exubérant, ouvert. CONTR. *fermé, froid, impassible, renfermé, réservé, sec, sournois, taciturne* – LITTÉRAIRE: *secret.*

expansion *nom féminin*

/ Fait de prendre du volume. SYN. développement, dilatation. CONTR. *compression, contraction, resserrement.*

/ Fait de s'accroître. SYN. accroissement, boom, développement, essor, extension, progrès, prospérité. CONTR. *régression.*

/ Fait de se propager. SYN. contagion, diffusion, progrès, progression, propagation, rayonnement.

/ LITTÉRAIRE. Action de s'épancher. SYN. abandon, effusion, épanchement. CONTR. *réserve, retenue.*

expatriation *nom féminin*

/ Action d'expatrier. SYN. bannissement, déportation, déracinement, exil, expulsion, ostracisme, proscription, relégation. CONTR. *rappel.*

expatrier *verbe*

/ Expulser loin de sa patrie. SYN. bannir, déporter, exiler, expulser, ostraciser, proscrire, refouler, reléguer. CONTR. *rappeler.*

expatrier (s') *verbe pronominal*

/ Quitter sa patrie. SYN. émigrer, se réfugier, s'exiler – LITTÉRAIRE: transmigrer.

expectative *nom féminin*

/ Attitude de celui qui attend. SYN. attente, expectation.

expectorer *verbe*

/ Rejeter hors des voies respiratoires. SYN. cracher, crachoter. CONTR. *absorber, avaler, engloutir.*

expédient *nom masculin*

/ Moyen de se tirer d'embarras. SYN. échappatoire, issue, palliatif, remède, ressource.

expédier *verbe*

/ Faire partir pour telle destination. SYN. acheminer, adresser, envoyer – LITTÉRAIRE: dépêcher. CONTR. *garder, recevoir.*

/ FAMILIER. Faire précipitamment. SYN. accélérer, brusquer, saboter – FAMILIER: bâcler, sabrer, saccager, torcher, torchonner – POPULAIRE: saloper. CONTR. *fignoler, parachever, peaufiner.*

expéditeur *nom*

/ Personne qui expédie quelque chose. SYN. envoyeur. CONTR. *destinataire.*

expéditif *adjectif*

/ Qui agit promptement. SYN. actif, pressé, preste, vif – LITTÉRAIRE: diligent, prompt. CONTR. *indolent, lent* – FAMILIER: *lambin.*

/ Qui permet d'agir vite. SYN. brusque, rapide, sommaire – LITTÉRAIRE: prompt.

expédition *nom féminin*

/ Action d'expédier. SYN. acheminement, envoi, transport. CONTR. *réception, renvoi, retour.*

/ Opération militaire. SYN. campagne, coup de main, raid.

/ Voyage scientifique. SYN. exploration.

expéditivement *adverbe*

/ De façon expéditive. SYN. à bride abattue, à fond de cale, à fond de train, à fond la caisse, à la hâte, à la sauvette, à la va-vite, à tombeau ouvert, à toute allure, à toute hâte, à toute vitesse, à un train d'enfer, activement, au pas de course, au plus vite, bon train, comme une flèche, en catastrophe, en coup de vent, en deux temps, trois mouvements, en flèche, en moins de deux, en toute hâte, en un rien de temps, en vitesse, entre deux portes, hâtivement, précipitamment, promptement, rapidement, rondement, sur les chapeaux de roue, tambour battant, toutes affaires cessantes, ventre à terre, vite, vivement –FAMILIER: à toute pompe, à toute vapeur, à toutes pompes, dare-dare, en cinq sec, en deux, trois coups de cuiller à pot, en quatrième vitesse, en un clin d'œil, en un temps record, en un tour de main, rapido presto, rapidos, subito presto –LITTÉRAIRE: diligemment –POPULAIRE: à tout berzingue, à toute berzingue. CONTR. *doucement, insensiblement, lentement, longuement, mollement, nonchalamment, peu à peu, posément* –FAMILIER: *piano.*

expérience *nom féminin*

/ Connaissance acquise. SYN. apprentissage, compétence, connaissance, familiarité, habitude, métier, pratique, savoir-faire, usage. CONTR. *inexpérience, inhabileté, théorie.*

/ Mise à l'épreuve. SYN. épreuve, essai, expérimentation, tentative, test.

expérimental *adjectif*

/ Fondé sur l'expérience. SYN. pratique. CONTR. *rationnel, spéculatif, théorique.*

expérimentation *nom féminin*

/ Action d'expérimenter. SYN. épreuve, essai, étude, expérience, observation, pratique, test.

expérimenté *adjectif*

/ Qui a une longue expérience. SYN. averti, capable, compétent, émérite, entraîné, éprouvé, exercé, expert, familier, habile, qualifié, rompu, versé –FAMILIER: chevronné. CONTR. *commençant, débutant, inexpérimenté, jeune, maladroit, malhabile, mauvais, nouveau, novice* –LITTÉRAIRE: *inexpert, inhabile.*

expérimenter *verbe*

/ Soumettre à des expériences. SYN. contrôler, éprouver, essayer, tester, vérifier –FAMILIER: tâter.

expert *adjectif*

/ Qui connaît très bien. SYN. accompli, averti, connaisseur, entraîné, formé, maître en, rompu, spécialiste, versé –FAMILIER: chevronné. CONTR. *inapte, incapable, jeune, neuf, novice, profane.*

/ Qui montre une compétence pour. SYN. adroit, capable, compétent, exercé, expérimenté, habile, sûr. CONTR. *ignorant, inexpérimenté, maladroit, malhabile, mauvais* –LITTÉRAIRE: *inexpert, inhabile.*

expert *nom masculin*

/ Personne apte à juger de. SYN. arbitre, connaisseur, juge, spécialiste –LITTÉRAIRE: appréciateur. CONTR. *apprenti, commençant, débutant, néophyte, novice* –FAMILIER: *bleu, écolier.*

expertement *adverbe*

/ LITTÉRAIRE. De façon experte. SYN. adroitement, bien, habilement, magistralement, talentueusement.

expertise *nom féminin*

/ Constatation par un expert. SYN. estimation, évaluation, vérification.

expertiser *verbe*

/ Soumettre à une expertise. SYN. apprécier, estimer, évaluer.

expiation *nom féminin*

/ Action permettant d'expier. SYN. punition, rachat, réparation –LITTÉRAIRE: châtiment.

expier *verbe*

/ Subir une peine. SYN. payer, racheter, réparer.

expirant *adjectif*

/ LITTÉRAIRE. Qui est près d'expirer. SYN. agonisant, moribond, mourant.

/ Qui va disparaître. SYN. agonisant, déclinant, moribond –LITTÉRAIRE: finissant. CONTR. *commençant, naissant.*

expiration *nom féminin*

/ Action d'expirer de l'air. SYN. souffle. CONTR. *aspiration, inhalation, inspiration.*

/ Fin d'un délai fixé. SYN. achèvement, échéance, extinction, fin, terme. CONTR. *commencement, début, seuil.*

expirer *verbe intransitif*

/ Cesser de vivre. SYN. agoniser, décéder, disparaître, mourir, passer, périr, s'en aller, s'é-

teindre, succomber –FAMILIER : y rester –LITTÉRAIRE : exhaler le dernier soupir, rendre l'âme, rendre le dernier soupir, se mourir, trépasser.
/ LITTÉRAIRE. Disparaître progressivement. SYN. crouler, disparaître, mourir, s'achever, se dissiper, s'écrouler, s'effacer, s'estomper, s'éteindre –LITTÉRAIRE : périr. CONTR. *naître.*
/ Arriver à son terme. SYN. cesser, finir, s'achever, se terminer. CONTR. *commencer, débuter, démarrer.*

expirer *verbe transitif*
/ Rejeter de l'air. SYN. exhaler, souffler. CONTR. *aspirer, humer, inhaler, inspirer.*

explicable *adjectif*
/ Qui peut être expliqué. SYN. compréhensible, intelligible, justifiable, légitime, motivé –LITTÉRAIRE : pénétrable. CONTR. *impénétrable, incompréhensible, inexplicable, inintelligible, injustifiable, mystérieux.*

explication *nom féminin*
/ Action d'expliquer. SYN. clarification, éclaircissement, élucidation, exposition, indication, justification, lumière, renseignement.
/ Ce qui rend compte de. SYN. cause, interprétation, mobile, motif, raison.
/ Analyse d'un texte. SYN. commentaire, exégèse, glose, paraphrase.
/ Discussion animée. SYN. altercation, controverse, débat, dispute, prise de bec, querelle, scène –FAMILIER : accrochage –POPULAIRE : engueulade.

explicite *adjectif*
/ Formulé clairement. SYN. catégorique, clair, distinct, évident, exprès, formel, net, précis. CONTR. *allusif, ambigu, confus, équivoque, implicite, incertain, obscur, sous-entendu, tacite, vague, voilé* –LITTÉRAIRE : *sibyllin, ténébreux.*

explicitement *adverbe*
/ De façon explicite. SYN. clairement, expressément, formellement, nettement, précisément. CONTR. *allusivement, confusément, implicitement, indistinctement, tacitement.*

expliciter *verbe*
/ Rendre explicite. SYN. expliquer, formuler, préciser.

expliquer *verbe*
/ Faire comprendre une question. SYN. apprendre, développer, enseigner, expliciter, exposer, exprimer, indiquer, montrer, raconter, révéler.
/ Faire connaître la cause de. SYN. déchiffrer, démêler, démystifier, éclaircir, éclairer, élucider.
/ Faire le commentaire d'un texte. SYN. commenter, interpréter, paraphraser.

expliquer (s') *verbe pronominal*
/ Avoir telle raison. SYN. se comprendre, se concevoir, se justifier.
/ Avoir une discussion avec. SYN. discuter, s'accrocher, se quereller –FAMILIER : se chamailler –POPULAIRE : s'engueuler.

exploit *nom masculin*
/ Action d'éclat. SYN. fait d'armes, geste, haut fait, prouesse.
/ Action mémorable. SYN. performance, prouesse, succès, tour de force. CONTR. *échec.*

exploitable *adjectif*
/ Qui peut être exploité. SYN. cultivable, utilisable. CONTR. *incultivable, inexploitable, inutilisable.*

exploitant *nom*
/ Personne qui a une exploitation. SYN. agriculteur, cultivateur, fermier –LITTÉRAIRE : laboureur.

exploiter *verbe*
/ Utiliser avantageusement. SYN. avoir recours à, cultiver, mettre à profit, profiter, recourir à, se servir de, tirer avantage, tirer profit, utiliser. CONTR. *gâcher, gaspiller, négliger.*
/ Profiter abusivement de. SYN. abuser, escroquer, étrangler, pressurer, voler –FAMILIER : écorcher, empiler, estamper, étriller, matraquer, rançonner, rouler –LITTÉRAIRE : gruger –VIEUX : égorger.

exploiteur *nom*
/ Personne qui tire profit de. SYN. parasite, profiteur –FAMILIER : pique-assiette –LITTÉRAIRE : sangsue, spoliateur.

exploration *nom féminin*
/ Examen d'un lieu. SYN. inspection, perquisition, prospection.
/ Examen d'un sujet. SYN. analyse, approfondissement, étude, recherche.

explorer *verbe*

/ Parcourir un lieu. SYN. battre, parcourir, perquisitionner, prospecter, reconnaître, sillonner, sonder, visiter.

/ Examiner une question. SYN. approfondir, chercher, étudier, examiner, fouiller, inspecter, inventorier.

exploser *verbe*

/ Faire explosion. SYN. crever, détoner, éclater, sauter –FAMILIER: péter –VIEUX: fulminer.

/ Se manifester soudainement. SYN. éclater, fuser, se déchaîner.

/ FAMILIER. Laisser sortir sa colère. SYN. déborder, éclater, être en colère, fulminer, pester, se déchaîner, se fâcher, sortir de ses gonds, tempêter, voir rouge –FAMILIER: être en boule, être en rogne, piquer une crise, se fâcher tout rouge –POPULAIRE: pousser un coup de gueule, pousser une gueulante. CONTR. *se contenir, se posséder.*

explosif *adjectif*

/ Sujet à de brusques éclats. SYN. bouillant, débridé, déchaîné, exalté, excité, foudroyant, fougueux, frénétique, fulminant, impétueux, vif –LITTÉRAIRE: inflammable, volcanique.

explosion *nom féminin*

/ Fait d'exploser. SYN. déflagration, détonation, éclatement.

/ Manifestation d'un sentiment. SYN. bouffée, débordement, déchaînement, flambée, ouragan, tempête –LITTÉRAIRE: éclat.

exposé *adjectif*

/ Orienté dans telle direction. SYN. dirigé, orienté, situé.

exposé *nom masculin*

/ Développement explicatif. SYN. analyse, compte-rendu, conférence, cours, description, discours, exposition, leçon, mémoire, rapport, récit, relation –FAMILIER: topo.

exposer *verbe*

/ Présenter aux regards. SYN. afficher, découvrir, déployer, donner, exhiber, montrer, offrir, présenter, produire, révéler, tourner. CONTR. *cacher, camoufler, dissimuler, masquer.*

/ Mettre en péril. SYN. aventurer, compromettre, hasarder, risquer, soumettre. CONTR. *assurer, défendre, garantir, protéger.*

/ Faire connaître. SYN. commenter, décrire, dépeindre, dérouler, détailler, développer, dire, énoncer, expliquer, formuler, instruire, parler, peindre, présenter, raconter, relater, retracer –FAMILIER: épingler.

exposer (s') *verbe pronominal*

/ Courir un risque. SYN. braver, donner prise à, encourir, prêter le flanc à, risquer, s'attirer. CONTR. *se garantir, se préserver, se protéger.*

/ Se mettre en danger. SYN. se compromettre –FAMILIER: se mouiller –LITTÉRAIRE: se commettre.

exposition *nom féminin*

/ Présentation de produits. SYN. concours, foire, présentation, salon.

/ Orientation d'un édifice. SYN. direction, orientation, position, situation.

/ Action d'expliquer. SYN. compte-rendu, description, discours, explication, exposé, rapport, récit, relation –FAMILIER: topo.

/ Début d'une œuvre. SYN. introduction, protase. CONTR. *conclusion, fin.*

exprès *adjectif*

/ Nettement exprimé. SYN. absolu, catégorique, clair, distinct, évident, explicite, formel, impératif, net, précis. CONTR. *implicite, inexprimé, sous-entendu, tacite.*

exprès *adverbe*

/ De manière intentionnelle. SYN. à dessein, consciemment, délibérément, intentionnellement, sciemment, volontairement. CONTR. *incidemment, par erreur, par hasard, par inadvertance, par mégarde.*

/ Dans une intention spéciale. SYN. expressément, particulièrement, précisément, spécialement.

expressément *adverbe*

/ De manière expresse. SYN. explicitement, formellement, franchement, nettement, officiellement –POPULAIRE: franco. CONTR. *confusément, implicitement, obscurément, tacitement, vaguement.*

/ Avec une volonté déterminée. SYN. exprès, particulièrement, précisément, spécialement.

expressif *adjectif*

/ Qui exprime un sentiment. SYN. coloré, démonstratif, éloquent, fort, mobile, parlant, significatif, suggestif, vivant. CONTR. *fermé, inexpressif.*

expression *nom féminin*

/ Ce par quoi une chose se manifeste. SYN. émanation, image, manifestation –LITTÉRAIRE: traduction.

/ Manifestation d'une émotion. SYN. air, figure, mine.

/ Qualité de ce qui est expressif. SYN. couleur, expressivité, mobilité, vie.

/ Manière de s'exprimer. SYN. énoncé, énonciation, forme, formule, locution, mot, parole, terme, tour, tournure.

exprimable *adjectif*

/ Qui peut être exprimé. SYN. communicable, traduisible. CONTR. *incommunicable, indicible, inexprimable, intraduisible* –LITTÉRAIRE: *ineffable.*

exprimé *adjectif*

/ Dit par des mots. SYN. énoncé, formulé. CONTR. *informulé, sous-entendu, tacite.*

exprimer *verbe*

/ Faire connaître. SYN. affirmer, énoncer, expliquer, peindre, raconter, représenter. CONTR. *cacher, dissimuler, occulter, taire* –LITTÉRAIRE: *celer.*

/ Manifester un sentiment. SYN. afficher, étaler, extérioriser, montrer, rendre, révéler, traduire. CONTR. *contenir, ravaler, refouler, rentrer, retenir* –LITTÉRAIRE: *taire.*

/ Être l'expression d'un sentiment. SYN. dire, manifester, refléter, révéler –LITTÉRAIRE: respirer.

/ Traduire une chose en une autre. SYN. définir, donner, extraire.

/ Faire sortir un liquide de. SYN. extraire, presser.

exprimer (s') *verbe pronominal*

/ Exprimer sa pensée. SYN. communiquer, ouvrir la bouche, parler, placer un mot, prendre la parole, s'expliquer –FAMILIER: en placer une –POPULAIRE: l'ouvrir. CONTR. *se taire.*

/ Être figuré par. SYN. se manifester, se traduire, s'énoncer, s'extérioriser.

expulser *verbe*

/ Faire sortir d'un lieu, d'un groupe. SYN. chasser, déloger, écarter, éloigner, évacuer, évincer, exclure, excommunier, mettre à la porte, mettre dehors, rejeter, remercier, renvoyer, repousser –FAMILIER: débarquer, débusquer, éjecter, envoyer valser, ficher à la porte, flanquer à la porte, sortir, vider –LITTÉRAIRE: proscrire –POPULAIRE: balancer, foutre à la porte, virer. CONTR. *appeler, introduire.*

/ Repousser hors des frontières. SYN. bannir, déporter, exiler, expatrier, ostraciser, proscrire, refouler, reléguer. CONTR. *rappeler.*

/ Évacuer de l'organisme. SYN. éliminer, évacuer, rejeter.

expulsion *nom féminin*

/ Action de bannir quelqu'un. SYN. bannissement, déportation, exil, expatriation, ostracisme, proscription, refoulement, relégation.

/ Action d'exclure d'un groupe. SYN. épuration, évacuation, éviction, exclusion, excommunication, limogeage, radiation, rejet, renvoi –FAMILIER: déboulonnage, éjection, vidage. CONTR. *admission.*

expurger *verbe*

/ Éliminer ce qui est immoral. SYN. censurer, élaguer, épurer, retrancher.

/ Exclure d'un groupe les indésirables. SYN. assainir, épurer, nettoyer, purger.

exquis *adjectif*

/ Au goût recherché. SYN. bon, délicieux, divin, excellent, fameux, savoureux, succulent –LITTÉRAIRE: délectable. CONTR. *âcre, dégoûtant, détestable, exécrable, insipide, mauvais.*

/ Très harmonieux. SYN. adorable, beau, charmant, divin, enchanteur, merveilleux, suave. CONTR. *abominable, affreux, horrible, odieux* –FAMILIER: *atroce.*

/ D'une grande délicatesse. SYN. délicat, divin, fin, subtil. CONTR. *fruste, grossier, lourd, maladroit, pesant.*

/ Très agréable à fréquenter. SYN. aimable, avenant, charmant, cordial, gentil, sympathique –FAMILIER: craquant, excellent –LITTÉRAIRE: amène. CONTR. *acariâtre, désagréable, féroce, insupportable, revêche, rogue* –FAMILIER: *impossible, invivable.*

exsangue *adjectif*

/ Qui est d'une grande pâleur. SYN. blafard, blanc, blême, cadavérique, cireux, hâve, livide, pâle, plombé, terreux. CONTR. *rouge, rougeaud* –LITTÉRAIRE: *rubicond.*

/ Qui est dépourvu de vigueur. SYN. affaibli, anémique, débile, déficient, étiolé, faible. CONTR. *fort, vigoureux.*

exsuder *verbe*

/ Sortir comme la sueur. SYN. s'extravaser, suer, suinter, transsuder.

extase *nom féminin*

/ LITTÉRAIRE. État de ravissement intense. SYN. béatitude, contemplation, nirvana, nirvâna, ravissement – LITTÉRAIRE : transes.
/ Sentiment de plaisir extrême. SYN. admiration, émerveillement, exaltation, griserie, ivresse, vertige – LITTÉRAIRE : enivrement. CONTR. *désappointement, désenchantement, désillusion* – LITTÉRAIRE : *désabusement.*

extasié *adjectif*

/ Rempli d'admiration. SYN. admiratif, émerveillé, enchanté, enivré, enthousiasmé, grisé, pâmé, ravi – FAMILIER : emballé.

extasier (s') *verbe pronominal*

/ Exprimer son admiration. SYN. se pâmer, s'émerveiller, s'enflammer, s'enthousiasmer, s'exclamer – FAMILIER : s'exciter.

extensible *adjectif*

/ Qui peut être étendu. SYN. ductile, élastique, malléable. CONTR. *compressible, comprimable, inextensible.*

extension *nom féminin*

/ Action d'étendre quelque chose. SYN. allongement, déploiement, étirement. CONTR. *contraction.*
/ Action d'accroître l'étendue de. SYN. agrandissement, développement, élargissement, multiplication, prolongement, propagation. CONTR. *limitation, rétrécissement.*
/ Augmentation d'importance. SYN. accroissement, amplification, élargissement, essor, étendue, expansion, grandissement, grossissement, intensification, progrès, progression, recrudescence, renforcement. CONTR. *amoindrissement, diminution, rapetissement, régression.*

exténuant *adjectif*

/ Qui provoque une grande fatigue. SYN. accablant, éprouvant, épuisant, esquintant, fatigant, harassant, pénible, rude – FAMILIER : cassant, claquant, crevant, éreintant, tuant, usant. CONTR. *apaisant, délassant, reposant.*

exténuation *nom féminin*

/ LITTÉRAIRE. Affaiblissement extrême. SYN. asthénie, dépérissement, épuisement, faiblesse, fatigue, surmenage – FAMILIER : éreintement – VIEUX : consomption.

exténué *adjectif*

/ Extrêmement fatigué. SYN. à plat, anéanti, brisé, épuisé, fatigué, fourbu, harassé, mort de fatigue, recru, rendu, rompu, surmené, usé – FAMILIER : achevé, cassé, claqué, éreinté, esquinté, fini, flapi, H.S., lessivé, mort, pompé, raplapla, sur les genoux, tué, vanné, vidé – POPULAIRE : crevé, sur les rotules. CONTR. *délassé, dispos, frais, frais et dispos, reposé* – FAMILIER : *en forme, en pleine forme, frais comme un gardon, frais comme une rose, increvable* – VIEUX : *gaillard.*

exténuer *verbe*

/ Affaiblir extrêmement. SYN. anéantir, briser, épuiser, fatiguer, harasser, lasser, surmener, vider – FAMILIER : achever, claquer, crever, éreinter, esquinter, lessiver, pomper, tuer, vanner. CONTR. *remettre, reposer* – FAMILIER : *requinquer.*

exténuer (s') *verbe pronominal*

/ Se donner beaucoup de peine. SYN. faire des pieds et des mains, peiner, s'accrocher, se battre, se démener, se dépenser, se donner du mal, se donner un mal de chien, se fatiguer, se multiplier, se remuer, s'échiner, s'épuiser, s'escrimer – FAMILIER : mettre le paquet, se bagarrer, se claquer, se couper en quatre, se décarcasser, se défoncer, se mettre en quatre, se tuer, s'éreinter, s'esquinter, suer – POPULAIRE : ramer, se casser le cul, se crever. CONTR. *fainéanter, paresser, prendre son temps, se délasser, se prélasser, se reposer* – FAMILIER : *buller, flemmarder, lézarder, tirer sa flemme* – POPULAIRE : *glander, ne pas en fiche une rame, tirer au cul, tirer au flanc.*

extérieur *adjectif*

/ Qui se situe hors de. SYN. étranger, périphérique. CONTR. *intérieur.*
/ Qui n'appartient pas à. SYN. externe, extrinsèque. CONTR. *intérieur, intrinsèque, personnel, subjectif.*
/ Qui est visible du dehors. SYN. apparent, palpable, tangible, visible. CONTR. *interne, intime, profond.*

extérieur *nom masculin*

/ Ce qui est au-dehors. SYN. dehors, façade, surface. CONTR. *dedans, intérieur.*

/ Apparence physique. SYN. abord, air, allure, apparence, aspect, attitude, contenance, écorce, façade, façons, maintien, manières, mine, physique, surface, tenue –LITTÉRAIRE: dehors, enveloppe, masque, superficie, tournure. CONTR. *fond.*

extérieurement *adverbe*

/ Si l'on juge par l'extérieur. SYN. apparemment, en apparence, superficiellement. CONTR. *en réalité, intérieurement, intimement, réellement, secrètement.*

extérioriser *verbe*

/ Montrer ses sentiments. SYN. affirmer, exprimer, manifester, montrer, objectiver. CONTR. *comprimer, contenir, intérioriser, refouler, retenir* –LITTÉRAIRE: *taire.*

extérioriser (s') *verbe pronominal*

/ Manifester ses sentiments. SYN. se défouler, s'exprimer. CONTR. *se contrôler, se dominer, se retenir.*

extermination *nom féminin*

/ Action d'exterminer. SYN. anéantissement, carnage, décimation, destruction, écrasement, extirpation, hécatombe, massacre, tuerie.

exterminer *verbe*

/ Faire périr jusqu'au dernier. SYN. anéantir, décimer, détruire, emporter, extirper, faucher, massacrer, supprimer –FAMILIER: liquider –LITTÉRAIRE: immoler.

externe *adjectif*

/ Qui est au-dehors. SYN. extérieur, extrinsèque. CONTR. *intérieur, interne, intrinsèque.*

extinction *nom féminin*

/ Disparition totale. SYN. abolition, achèvement, anéantissement, annihilation, annulation, destruction, disparition, dissolution, enterrement, épuisement, expiration, fin, mort, suppression.

extirpable *adjectif*

/ Qui peut être extirpé. SYN. déracinable. CONTR. *coriace, indéracinable, inextirpable, tenace.*

extirpation *nom féminin*

/ Action d'ôter un organe. SYN. ablation, arrachage, arrachement, avulsion, énucléation, éradication, évulsion, exérèse, extraction.

/ Action de faire disparaître. SYN. anéantissement, destruction, extermination, liquidation, suppression –LITTÉRAIRE: éradication.

extirper *verbe*

/ Arracher complètement. SYN. arracher, enlever, extraire, ôter, retirer, sortir, tirer. CONTR. *enfoncer.*

/ Faire disparaître. SYN. anéantir, chasser, déraciner, détruire, enlever, éradiquer, exterminer, ôter, supprimer –FAMILIER: liquider. CONTR. *enraciner, introduire.*

extorquer *verbe*

/ Obtenir malhonnêtement. SYN. arracher, capter, détourner, escroquer, racketter, soustraire, soutirer, voler –FAMILIER: carotter, gratter, piquer, rafler, souffler, subtiliser –LITTÉRAIRE: dérober –POPULAIRE: ratiboiser.

extra *adjectif*

/ Qui est de qualité supérieure. SYN. de premier ordre, excellent, fameux, fin, magnifique, remarquable, superfin, supérieur. CONTR. *médiocre.*

/ FAMILIER. Qui est exceptionnel. SYN. –FAMILIER: chic, chouette, excellent, super.

extra *nom masculin*

/ Ce qui est en plus. SYN. à-côté, plus, supplément.

extraction *nom féminin*

/ Action d'extraire quelque chose. SYN. dégagement, tirage.

/ Fait de retirer un organe. SYN. ablation, arrachage, arrachement, avulsion, énucléation, éradication, évulsion, exérèse, extirpation.

/ LITTÉRAIRE. Origine sociale. SYN. ascendance, condition, filiation, lignée, origine, souche –LITTÉRAIRE: sang –VIEUX: naissance.

extraire *verbe*

/ Faire sortir. SYN. arracher, dégager, enlever, extirper, prélever, retirer, sortir. CONTR. *enfoncer, enfouir, engager.*

/ Séparer une substance d'un corps. SYN. exprimer, presser, pressurer, séparer.

/ Tirer un passage d'un écrit. SYN. détacher, prélever, recopier.

extraire (s') *verbe pronominal*
/ S'isoler d'un environnement. SYN. s'abstraire, se retirer, s'exclure, s'isoler.

extrait *nom masculin*
/ Passage tiré d'une œuvre. SYN. citation, fragment, morceau, page, passage.
/ Préparation soluble. SYN. essence, quintessence.

extraits *nom masculin pluriel*
/ Morceaux choisis. SYN. analectes, anthologie, chrestomathie, florilège, fragments, spicilège. CONTR. *intégrale.*

extralucidité *nom féminin*
/ Don de voyance. SYN. clairvoyance, cryptesthésie, voyance.

extraordinaire *adjectif*
/ Qui n'est pas courant. SYN. ahurissant, anormal, bizarre, curieux, étrange, excentrique, exceptionnel, extravagant, formidable, inespéré, inhabituel, inouï, insolite, inusité, original, paradoxal, particulier, pittoresque, rare, remarquable, romanesque, saisissant, singulier, spécial, stupéfiant, surprenant -FAMILIER: énorme, fantastique, invraisemblable, renversant -LITTÉRAIRE: fantasque. CONTR. *banal, classique, commun, courant, fréquent, habituel, naturel, normal, obscur, ordinaire, quotidien.*
/ Qui est hors du commun. SYN. brillant, distingué, émérite, éminent, étonnant, exceptionnel, fantastique, inappréciable, incomparable, inconcevable, incroyable, indicible, inexprimable, inimaginable, magique, merveilleux, prodigieux, remarquable, sans précédent, spectaculaire, sublime, supérieur, suprême, transcendant, unique -FAMILIER: énorme, épatant, fabuleux, formidable, sensationnel -LITTÉRAIRE: fantasque, nonpareil, surnaturel. CONTR. *falot, insignifiant, médiocre, minable, modeste, quelconque.*
/ Qui est très grand. SYN. colossal, énorme, exorbitant, extrême, fantastique, gigantesque, gros, immense, intense, phénoménal, surabondant, terrible -FAMILIER: excessif, faramineux, furieux -LITTÉRAIRE: ineffable.

extraordinairement *adverbe*
/ Indique un très haut degré. SYN. admirablement, affreusement, au dernier point, beaucoup, bien, effroyablement, énormément, exceptionnellement, excessivement, extrêmement, fabuleusement, follement, hautement, horriblement, immensément, immodérément, incroyablement, infiniment, monstrueusement, mortellement, parfaitement, particulièrement, prodigieusement, profondément, puissamment, supérieurement, suprêmement, terriblement, tout à fait, très, trop, vertigineusement -FAMILIER: atrocement, bigrement, bougrement, diablement, drôlement, fameusement, fichtrement, fichûment, formidablement, joliment, méchamment, rudement, tout plein -LITTÉRAIRE: diantrement, furieusement -POPULAIRE: foutrement, salement, vachement -VIEUX: fièrement. CONTR. *faiblement, guère, légèrement, modérément, ordinairement, peu.*

extravagance *nom féminin*
/ Comportement extravagant. SYN. excentricité, folie, insanité, originalité -FAMILIER: démence, loufoquerie. CONTR. *sagesse.*
/ Caractère de ce qui est extravagant. SYN. absurdité, bizarrerie, contresens, énormité, excentricité, originalité, singularité.
/ Parole ou action extravagante. SYN. absurdité, bizarrerie, caprice, divagation, élucubration, énormité, fantaisie, folie, frasque, incartade, lubie, singularités -FAMILIER: loufoquerie.

extravagant *adjectif*
/ Qui frappe par sa bizarrerie. SYN. aberrant, abracadabrant, absurde, baroque, biscornu, bizarre, bouffon, curieux, étrange, excentrique, extraordinaire, farfelu, incohérent, incroyable, inimaginable, inouï, insolite, rocambolesque, saugrenu, singulier, stupéfiant, ubuesque -FAMILIER: époustouflant, invraisemblable, loufoque, unique -LITTÉRAIRE: fantasque. CONTR. *banal, classique, commun, courant, normal, ordinaire, quelconque.*
/ Qui dépasse la mesure. SYN. abusif, dément, démesuré, déraisonnable, exagéré, excessif, extraordinaire, fabuleux -FAMILIER: délirant. CONTR. *faible, léger, modeste, modique, raisonnable.*
/ Qui se comporte bizarrement. SYN. bizarre, capricieux, déraisonnable, excentrique, farfelu, fou, insensé, original, rêveur -FAMILIER:

foufou, loufoque –LITTÉRAIRE: fantasque. CONTR. *équilibré, normal, raisonnable, rationnel, sage, sensé.*

extravaguer *verbe*

/ LITTÉRAIRE. Dire des choses incohérentes. SYN. divaguer, radoter, rêver –FAMILIER: déménager –POPULAIRE: débloquer.

extraverti *adjectif*

/ Tourné vers les autres. SYN. communicatif, expansif, exubérant, ouvert. CONTR. *introverti, renfermé, replié, réservé, taciturne.*

extrême *adjectif*

/ Qui est à la limite de. SYN. dernier, final, terminal, ultime. CONTR. *initial, premier.*
/ Qui est au degré le plus intense. SYN. effroyable, intense, profond, suprême –FAMILIER: crasse, furieux –LITTÉRAIRE: souverain. CONTR. *faible, léger.*
/ Qui ne sait se modérer. SYN. démesuré, désespéré, exagéré, extraordinaire, immodéré, violent –FAMILIER: fou. CONTR. *mesuré, modéré, moyen, normal, ordinaire, raisonnable.*

extrêmement *adverbe*

/ Indique une très grande intensité. SYN. affreusement, au dernier point, beaucoup, bien, effroyablement, énormément, exceptionnellement, excessivement, extraordinairement, fabuleusement, follement, fort, fortement, hautement, horriblement, immensément, immodérément, incroyablement, infiniment, mortellement, parfaitement, particulièrement, prodigieusement, profondément, puissamment, supérieurement, terriblement, tout à fait, très, trop, vertigineusement –FAMILIER: atrocement, bigrement, bougrement, diablement, drôlement, fameusement, fichtrement, fichûment, formidablement, joliment, méchamment, rudement, superlativement, tout plein –LITTÉRAIRE: diantrement, furieusement –POPULAIRE: foutrement, salement, vachement –VIEUX: fièrement. CONTR. *faiblement, légèrement, modérément, moyennement, pas du tout, pas le moins du monde, passablement, peu.*

extrémité *nom féminin*

/ Partie extrême de quelque chose. SYN. bord, bout, cime, limite, lisière, pointe, queue, sommet, terminaison. CONTR. *centre, milieu.*
/ LITTÉRAIRE. Degré extrême. SYN. aboutissement, fin, fond, issue, limite, sommet. CONTR. *aube, commencement, début, naissance* –LITTÉRAIRE: *aurore.*

extrinsèque *adjectif*

/ Qui vient du dehors. SYN. étranger, extérieur, externe. CONTR. *intérieur, interne, intrinsèque.*

exubérance *nom féminin*

/ Grande abondance de. SYN. débordement, déluge, foison, luxe, opulence, orgie, profusion, surabondance –LITTÉRAIRE: luxuriance. CONTR. *aridité, pauvreté, stérilité.*
/ Entrain excessif. SYN. agitation, expansivité, fougue, impétuosité, outrance, pétulance, vigueur –LITTÉRAIRE: vivacité. CONTR. *froideur, retenue.*

exubérant *adjectif*

/ Qui est très abondant. SYN. abondant, envahissant, foisonnant, luxuriant, surabondant –LITTÉRAIRE: opulent. CONTR. *dépouillé, maigre, pauvre, ras, stérile.*
/ Qui manifeste de l'exubérance. SYN. communicatif, débordant, délirant, démonstratif, expansif, extraverti, fougueux, impétueux. CONTR. *fermé, flegmatique, froid, introverti, renfermé, replié, réservé, taciturne* –LITTÉRAIRE: *secret.*

exultation *nom féminin*

/ LITTÉRAIRE. Action d'exulter. SYN. allégresse, délire, exaltation, gaieté, joie, jubilation, triomphe –LITTÉRAIRE: liesse. CONTR. *affliction, désespoir, désolation, tristesse.*

exulter *verbe*

/ Éprouver une joie débordante. SYN. délirer, jubiler, se pâmer, se réjouir, triompher. CONTR. *maugréer, s'affliger, s'attrister, se désespérer, se désoler.*

exutoire *nom masculin*

/ Moyen de se libérer d'une chose. SYN. antidote, dérivatif, diversion, solution, soupape de sûreté.

f forme du florin

fable *nom féminin*

/ Court récit allégorique. SYN. allégorie, apologue, conte, histoire, légende, mythe.

/ Récit, propos mensonger. SYN. bruit, histoire, invention, légende, nouvelle, on-dit –FAMILIER: potin, racontar, ragot, salade.

fabricant *nom*

/ LITTÉRAIRE. Personne qui crée. SYN. auteur, créateur, fabricateur, faiseur, inventeur, père –LITTÉRAIRE: forgeur.

fabricateur *nom*

/ Personne qui fabrique. SYN. auteur, créateur, faiseur, inventeur, père –LITTÉRAIRE: fabricant, forgeur.

fabrication *nom féminin*

/ Action de fabriquer. SYN. confection, construction, façon, façonnage, façonnement, production. CONTR. *destruction.*

fabrique *nom féminin*

/ Établissement industriel. SYN. atelier, manufacture, usine.

fabriqué *adjectif*

/ Forgé de toutes pièces. SYN. artificiel, d'emprunt, factice, faux, préfabriqué –LITTÉRAIRE: controuvé, emprunté, postiche. CONTR. *authentique, naturel, vrai.*

fabriquer *verbe*

/ FAMILIER. Avoir telle occupation. SYN. manigancer, tramer –FAMILIER: ficher, fricoter, traficoter, trafiquer, tripoter –POPULAIRE: foutre, magouiller.

/ Confectionner quelque chose. SYN. confectionner, élaborer, façonner, faire, manufacturer, préparer, produire –FAMILIER: bidouiller, bricoler.

/ Arranger un récit. SYN. agencer, arranger, bâtir, combiner, composer, forger, inventer.

fabulateur *nom*

/ Personne qui fabule. SYN. affabulateur, menteur, mythomane.

fabulation *nom féminin*

/ Récit inventé. SYN. invention, mensonge, roman, spéculation.

fabuler *verbe*

/ Présenter des histoires comme réelles. SYN. affabuler, forger, imaginer, inventer, mentir.

fabuleusement *adverbe*

/ De façon fabuleuse. SYN. considérablement, énormément, excessivement, extraordinairement, extrêmement, follement, fort, immensément, incroyablement, infiniment, prodigieusement, suprêmement, terriblement, vertigineusement –FAMILIER: bigrement, bougrement, diablement, drôlement, fichtrement, fichûment, formidablement, sacrément –LITTÉRAIRE: diantrement. CONTR. *faiblement, légèrement, moyennement, passablement.*

fabuleux *adjectif*

/ LITTÉRAIRE. Relatif à la mythologie. SYN. chimérique, fantastique, féerique, imaginaire, irréel, légendaire, mythique, mythologique. CONTR. *authentique, historique, réel, vrai.*

/ Qui dépasse la mesure. SYN. colossal, exorbitant, extravagant, fou, gigantesque, gros, incalculable, inimaginable, insensé, mirifique, phénoménal, romanesque, vertigineux –FAMILIER: astronomique, énorme, faramineux, furieux, mirobolant –POPULAIRE: bœuf. CONTR. *faible, honnête, modeste, modique, petit.*

/ FAMILIER. Exceptionnel par ses qualités. SYN. beau, éblouissant, extraordinaire, génial, grandiose, incroyable, inouï, insigne, merveilleux, miraculeux, prestigieux, prodigieux, somptueux, spectaculaire, splendide, suprême, surprenant –FAMILIER: épique, fantastique, sensationnel –LITTÉRAIRE: surnaturel. CONTR. *banal, commun, courant, ordinaire, prosaïque, quelconque, vulgaire.*

façade *nom féminin*

/ Face d'un bâtiment. SYN. côté, devant, front. CONTR. *arrière, derrière, dos.*

/ Apparence extérieure. SYN. air, apparence, attitude, écorce, extérieur, semblant, surface, vernis –LITTÉRAIRE: dehors, enveloppe, masque, superficie.

face *nom féminin*

/ Partie antérieure de la tête. SYN. faciès, figure, minois, tête, visage –FAMILIER: frimousse, museau –POPULAIRE: fiole, gueule.

/ Côté d'une médaille. SYN. avers, droit. CONTR. *pile, revers.*

/ Aspect considéré. SYN. angle, aspect, côté, facette, perspective, point de vue –LITTÉRAIRE: visage.

facétie *nom féminin*

/ Action ou parole burlesque. SYN. bouffonnerie, clownerie, drôlerie, espièglerie, farce, gaminerie, mystification, pitrerie, plaisanterie, tour –FAMILIER: blague, canular, niche, rigolade.

facétieux *adjectif*

/ Qui tient de la facétie. SYN. bouffon, drôle, espiègle, farceur, gamin, mystificateur, plaisant, plaisantin, railleur, taquin –FAMILIER: blagueur, rigolo –LITTÉRAIRE: moqueur. CONTR. *grave, sérieux.*

facette *nom féminin*

/ Chacun des aspects présentés. SYN. angle, aspect, côté, face, perspective –LITTÉRAIRE: visage.

fâché *adjectif*

/ Qui montre de la contrariété. SYN. agacé, contrarié, désolé, irrité, mécontent –FAMILIER: embêté.

fâcher *verbe*

/ Causer de la contrariété. SYN. chagriner, contrarier, déplaire, désobliger, désoler, exaspérer, froisser, indigner, indisposer, irriter, mécontenter, révolter –LITTÉRAIRE: courroucer. CONTR. *apaiser, calmer.*

/ Créer un désaccord. SYN. brouiller, désunir, séparer. CONTR. *réconcilier, réunir, unir* –FAMILIER: *raccommoder.*

fâcher (se) *verbe pronominal*

/ Ne pas contenir sa colère. SYN. éclater, élever la voix, fulminer, hausser le ton, pester, se déchaîner, se formaliser, se froisser, se hérisser, se mettre en colère, se révolter, s'emporter, s'indigner, s'irriter, sortir de ses gonds, tempêter, voir rouge –FAMILIER: exploser, piquer une crise, se fâcher tout rouge, se mettre en boule, se mettre en pétard, se mettre en rogne –LITTÉRAIRE: se piquer –POPULAIRE: pousser une gueulante. CONTR. *se calmer, se détendre.*

/ Se brouiller avec quelqu'un. SYN. rompre, se brouiller, se séparer, s'opposer. CONTR. *fraterniser, renouer, se réconcilier, se remettre* –FAMILIER: *se rabibocher, se raccommoder.*

fâcherie *nom féminin*

/ FAMILIER. Désaccord entre des personnes. SYN. bouderie, brouille, désaccord, dissension, froid, mésentente –FAMILIER: bisbille, chamaille, chamaillerie –LITTÉRAIRE: discorde, dissentiment, mésintelligence –VIEUX: brouillerie. CONTR. *rapprochement, réconciliation* –FAMILIER: *rabibochage, raccommodement.*

fâcheusement *adverbe*

/ D'une manière fâcheuse. SYN. déplorablement, désagréablement, mal, malencontreusement, malheureusement, tristement. CONTR. *avantageusement, bien.*

fâcheux *adjectif*

/ Qui a des conséquences ennuyeuses. SYN. contrariant, dangereux, déplaisant, déplorable, désagréable, désastreux, désolant, dommageable, ennuyeux, funeste, inopportun, malencontreux, malheureux, navrant, regrettable, tracassant –FAMILIER: embêtant, empoisonnant, enquiquinant, saumâtre –POPULAIRE: emmerdant. CONTR. *agréable, avantageux, bénéfique, bienvenu, bon, favorable, heureux, joyeux, opportun, propice, salutaire.*

fâcheux *nom*

/ LITTÉRAIRE. Personne importune. SYN. gêneur –FAMILIER: casse-pieds, empoisonneur, enquiquineur, raseur –LITTÉRAIRE: importun –POPULAIRE: emmerdeur.

faciès *nom masculin*

/ Traits distinctifs. SYN. face, figure, mine, physionomie, tête, visage –POPULAIRE: fiole.

facile *adjectif*

/ Qui n'exige aucun effort. SYN. abordable, accessible, aisé, clair, compréhensible, élémentaire, enfantin, intelligible, limpide, simple –FAMILIER: pas sorcier. CONTR. *ardu, complexe, compliqué, confus, délicat, difficile, dur, embarrassant, épineux, hermétique, impossible, incompréhensible, laborieux, malaisé, obscur, pénible, rude* –FAMILIER: *calé, trapu* –LITTÉRAIRE: *difficultueux, sibyllin, ténébreux.*

/ Qui se prête aisément à. SYN. commode, favorable, maniable, pratique. CONTR. *incommode, malcommode.*

/ Qui est très conciliant. SYN. abordable, accessible, accommodant, arrangeant, complaisant, coulant, docile, indulgent, tolérant, vivable –LITTÉRAIRE: traitable. CONTR. *acariâtre, despotique, exigeant, ferme, impatient, inflexible, intraitable, intransigeant* –FAMILIER: *cassant, coriace, invivable* –VIEUX: *chicaneur, chicanier.*

facilement *adverbe*

/ Avec facilité. SYN. aisément, comme dans du beurre, comme par enchantement, commodément, en douceur, en souplesse, sans difficulté, sans effort, sans encombre, sans peine, volontiers –FAMILIER: comme sur des roulettes, dans un fauteuil, les doigts dans le nez. CONTR. *difficilement, laborieusement, malaisément, péniblement.*

facilité *nom féminin*

/ Caractère facile. SYN. commodité, simplicité. CONTR. *complexité, complication, difficulté.*

/ Attitude conciliante. SYN. affabilité, complaisance, indulgence, souplesse, tolérance. CONTR. *austérité, exigence, fermeté, intransigeance, rigueur.*

/ Aptitude à agir sans peine. SYN. aisance, capacités, disposition, don, étoffe, faculté, moyens, talent –LITTÉRAIRE: fécondité. CONTR. *effort, inaptitude, peine.*

faciliter *verbe*

/ Rendre facile. SYN. aplanir, arranger, concourir, éclairer, favoriser, simplifier, stimuler. CONTR. *compliquer, entraver, gêner.*

façon *nom féminin*

/ Travail de l'artisan ou de l'artiste. SYN. confection, création, fabrication, main-d'œuvre, travail –LITTÉRAIRE: facture, faire.

/ Manière d'être ou d'agir. SYN. air, allure, forme, manière, mode, moyen, tour.

faconde *nom féminin*

/ LITTÉRAIRE. Grande facilité de parole. SYN. éloquence, verbiage, verve, volubilité –FAMILIER: bagou, bagout, caquet, tchatche –LITTÉRAIRE: loquacité, prolixité, rhétorique, verbosité. CONTR. *brièveté, concision, laconisme, mutisme.*

façonnage ou **façonnement** *nom masculin*

/ Action de façonner un objet. SYN. confection, fabrication, modelage.

/ Action de former quelqu'un. SYN. apprentissage, éducation, formation, instruction.

façonner *verbe*

/ Élaborer quelque chose. SYN. bâtir, confectionner, fabriquer, faire, tailler.

/ LITTÉRAIRE. Former quelqu'un. SYN. accoutumer, cultiver, dresser, éduquer, élever, exercer, former, habituer, instruire, plier –LITTÉRAIRE: pétrir, rompre. CONTR. *abêtir.*

/ Travailler un matériau. SYN. modeler, pétrir, sculpter, travailler.

façonner (se) *verbe pronominal*

/ Modeler son comportement sur. SYN. se former, se modeler, se régler.

façons *nom féminin pluriel*

/ Politesses excessives. SYN. affectation, histoires, minauderie, simagrées, singeries –FAMILIER: chichi, chiqué, fla-fla –LITTÉRAIRE: cérémonies.

/ Manière de se conduire. SYN. conduite, dehors, extérieur, genre, manières –LITTÉRAIRE: enveloppe.

fac-similé *nom masculin*

/ Copie exacte d'une œuvre. SYN. copie, double, imitation, reproduction.

facteur *nom masculin*

/ Ce qui concourt à un résultat. SYN. agent, cause, élément, origine, raison. CONTR. *conséquence, effet, résultat.*

factice *adjectif*

/ Qui est faux. SYN. artificiel, d'emprunt, faux, frelaté, imité, livresque, postiche, préfabriqué. CONTR. *authentique, naturel, véritable, vrai.*

/ Qui est feint. SYN. affecté, apprêté, composé, contraint, conventionnel, de commande, étudié, fabriqué, feint, fictif, forcé, formel, plaqué, simulé, sophistiqué –LITTÉRAIRE: emprunté. CONTR. *franc, primitif, profond, sincère, spontané, vrai.*

factieux *adjectif*

/ Qui fomente des troubles. SYN. insurgé, rebelle, révolutionnaire, séditieux, subversif –VIEUX: incendiaire, remueur. CONTR. *fidèle.*

factieux *nom*

/ Personne qui fomente des troubles. SYN. agitateur, insurgé, mutin, perturbateur, rebelle, révolté, séditieux, trublion –LITTÉRAIRE: fomentateur –VIEUX: remueur.

faction *nom féminin*

/ Groupe de personnes. SYN. cabale, camp, chapelle, clan, coalition, coterie, groupement, parti, secte –FAMILIER: clique –LITTÉRAIRE: camarilla, ligue, phalange.

/ Service de surveillance. SYN. garde, guet, quart, veille.

factionnaire *nom masculin*

/ Militaire en faction. SYN. guetteur, planton, sentinelle.

factotum *nom masculin*

/ LITTÉRAIRE. Personne qui s'occupe de tout. SYN. homme à tout faire, intendant, majordome.

factum *nom masculin*

/ LITTÉRAIRE. Écrit polémique. SYN. diatribe, pamphlet, satire –LITTÉRAIRE: catilinaire, libelle, philippique. CONTR. *apologie, éloge, panégyrique* –LITTÉRAIRE: *dithyrambe.*

facture *nom féminin*

/ LITTÉRAIRE. Manière d'exécuter une chose. SYN. caractère, exécution, façon, style, technique, ton, travail –LITTÉRAIRE: faire, touche –VIEUX: fabrique.

facture *nom féminin*

/ Somme à payer. SYN. compte, décompte, note –FAMILIER: addition, douloureuse.

facultatif *adjectif*

/ Qu'on peut faire ou non. SYN. à option, ad libitum, éventuel, libre, optionnel. CONTR. *forcé, impératif, impérieux, imposé, incontournable, indispensable, obligatoire.*

facultativement *adverbe*

/ D'une manière facultative. SYN. éventuellement. CONTR. *impérativement, impérieusement, nécessairement, obligatoirement.*

faculté *nom féminin*

/ Fonction propre à l'être animé. SYN. aptitude, capacité, disposition, propriété, vertu.

/ Aptitude particulière. SYN. don, facilité, force, génie, moyen, puissance, talent.

/ Liberté d'agir. SYN. droit, latitude, liberté, marge, permission, possibilité, pouvoir, privilège. CONTR. *obligation.*

facultés *nom féminin pluriel*

/ Aptitudes mentales. SYN. intelligence, lucidité, possibilités, raison, tête.

fada *adjectif*

/ FAMILIER. Qui est un peu fou. SYN. dérangé, fou –FAMILIER: braque, cinglé, détraqué, dingue, frappé, loufoque, maboul, marteau, piqué, ravagé, tapé, timbré, toc-toc, toqué, zinzin –POPULAIRE: allumé, azimuté, barge, barjo, branque, brindezingue, cinoque, cintré, déjanté, dingo, fêlé, folingue, fondu, givré, jeté, louf, louftingue, sinoc, sinoque, siphonné, tordu. CONTR. *équilibré, normal, sain, sensé.*

fada *nom masculin*

/ FAMILIER. Personne qui a perdu la raison. SYN. fou –FAMILIER: cinglé, détraqué, dingue, malade.

fadaise *nom féminin*

/ Propos insignifiant. SYN. bagatelle, baliverne, banalité, billevesée, broutille, calembredaine, futilité, ineptie, inutilité, niaiserie, platitude, sornette, sottises – FAMILIER: faribole, fichaise – LITTÉRAIRE: superfluité.

fadasse *adjectif*

/ Qui manque de goût. SYN. douceâtre, écœurant, fade, insipide, plat. CONTR. *assaisonné, épicé, fort, goûteux, pimenté, poivré, relevé, sapide, savoureux.*

/ Qui manque d'éclat. SYN. blafard, blême, décoloré, délavé, fade, morne, pâle, terne. CONTR. *coloré, vif.*

/ FAMILIER. Qui manque d'intérêt. SYN. banal, fade, fastidieux, froid, inconsistant, inintéressant, insignifiant, languissant, monotone, neutre, plat, quelconque, uniforme – LITTÉRAIRE: incolore. CONTR. *excitant, hardi, intéressant, piquant, pittoresque, vivant.*

fade *adjectif*

/ Qui manque de saveur. SYN. douceâtre, fadasse, insipide, plat. CONTR. *assaisonné, épicé, fort, goûteux, pimenté, poivré, relevé, sapide, savoureux.*

/ Se dit d'une odeur douceâtre. SYN. dégoûtant, écœurant, nauséabond. CONTR. *frais, suave.*

/ Qui manque d'éclat. SYN. blafard, blême, décoloré, délavé, fadasse, morne, pâle, terne. CONTR. *coloré, vif.*

/ Qui manque d'intérêt. SYN. banal, fastidieux, froid, inconsistant, inintéressant, inodore, insignifiant, monotone, neutre, plat, quelconque, uniforme – FAMILIER: fadasse – LITTÉRAIRE: incolore. CONTR. *excitant, hardi, intéressant, piquant, pittoresque, vivant.*

fadeur *nom féminin*

/ Caractère fade. SYN. insipidité, platitude. CONTR. *âcreté, aigreur, goût, sapidité, saveur.*

/ Caractère inintéressant. SYN. banalité, faiblesse, inconsistance, insignifiance, monotonie, platitude – LITTÉRAIRE: inanité. CONTR. *brillant, brio, intérêt, piquant, sel* – LITTÉRAIRE: *vivacité.*

fagot *nom masculin*

/ Faisceau de petit bois. SYN. bourrée, falourde, fascine – VIEUX: cotret, margotin.

fagotage *nom masculin*

/ FAMILIER. Mise sans élégance. SYN. accoutrement – FAMILIER: attifement, harnachement, nippes – LITTÉRAIRE: affublement.

fagoter *verbe*

/ FAMILIER. Habiller quelqu'un sans goût. SYN. accoutrer, affubler – FAMILIER: attifer, ficeler, nipper – POPULAIRE: fringuer.

faiblard *adjectif*

/ FAMILIER. Un peu faible. SYN. chétif, défectueux, délicat, frêle, insuffisant, malingre, médiocre.

faible *adjectif*

/ Qui manque de résistance. SYN. anémique, asthénique, chancelant, chétif, débile, défaillant, déficient, délicat, désarmé, étiolé, exsangue, fragile, frêle, impuissant, maigre, malingre, menu, mince, souffreteux, vulnérable. CONTR. *de fer, farouche, fort, infatigable, résistant, robuste, solide, vigoureux* – FAMILIER: *costaud* – VIEUX: *gaillard.*

/ Qui manque d'intelligence. SYN. borné, étroit, obtus, réduit – FAMILIER: bouché, limité, lourd. CONTR. *génial, incisif, pénétrant, subtil, vif.*

/ Qui a peu d'intensité. SYN. bas, dérisoire, léger, minime, modeste, modique, négligeable, petit – FAMILIER: malheureux. CONTR. *colossal, confortable, conséquent, considérable, criard, décent, élevé, énorme, extravagant, extrême, fabuleux, fou, grand, gros, haut, immense, important, intense, particulier, prononcé, puissant, sérieux, violent* – FAMILIER: *solide.*

/ Qui manque de connaissances. SYN. insuffisant, lamentable, mauvais, médiocre, minable, nul, pitoyable. CONTR. *bon, doué, érudit, fort, instruit, intelligent, savant.*

/ Qui manque d'autorité. SYN. accommodant, bonasse, coulant, entraînable, malléable, mou, velléitaire, veule – LITTÉRAIRE: débonnaire. CONTR. *agissant, autoritaire, de fer, décisif, dominateur, énergique, ferme, impérieux, inflexible, puissant, sévère, totalitaire, volontaire.*

/ Se dit d'un son qui a peu de force. SYN. bas, étouffé, imperceptible, ténu – LITTÉRAIRE: ouaté. CONTR. *appuyé, élevé, fort, haut, puissant* – LITTÉRAIRE: *tonnant.*

faible *nom*

/ Personne sans énergie. SYN. indécis, médiocre, poltron, timoré, velléitaire – FAMILIER: mou – LITTÉRAIRE: impuissant, pusillanime. CONTR. *despote, oppresseur, volontaire* – LITTÉRAIRE: *dominateur, tyran.*

/ Personne sans ressources. SYN. déshérité, indigent, opprimé.

faible *nom masculin*

/ Attirance particulière pour. SYN. attirance, goût, inclination, penchant, pente, prédilection, préférence, propension, vice –LITTÉRAIRE: faiblesse. CONTR. *dégoût, répugnance.*

faiblement *adverbe*

/ Avec mollesse. SYN. doucement, légèrement, mollement, vaguement. CONTR. *ardemment, durement, énergiquement, fermement, fort, fortement, hautement, puissamment, rudement, vigoureusement, violemment* –LITTÉRAIRE: *vivement.*

/ À un faible degré. SYN. à peine, légèrement, médiocrement, moyennement, peu. CONTR. *affreusement, beaucoup, bien, effroyablement, énormément, exceptionnellement, excessivement, extraordinairement, extrêmement, fabuleusement, fortement, infiniment, intensément, pleinement, profondément, puissamment, richement, terriblement, très* –FAMILIER: *atrocement, bigrement, bougrement, diablement, rudement.*

faiblesse *nom féminin*

/ Manque de résistance physique. SYN. affaiblissement, asthénie, débilité, déficience, épuisement, fatigue, fragilité, vulnérabilité –FAMILIER: éreintement –LITTÉRAIRE: exténuation. CONTR. *endurance, force, résistance, robustesse, santé, solidité, tonus, vigueur, vitalité.*

/ LITTÉRAIRE. Perte subite des forces. SYN. défaillance, étourdissement, évanouissement, malaise, pâmoison, syncope.

/ Manque de résistance morale. SYN. abattement, découragement, faible, lâcheté, laisser-aller, médiocrité, veulerie. CONTR. *détermination, domination, énergie, fermeté, grandeur, volonté.*

/ Point vulnérable. SYN. défaut, défectuosité, faille, faute, imperfection, manque, point faible, talon d'Achille. CONTR. *force, maîtrise, perfection, qualité, supériorité.*

/ Déficience dans l'intelligence. SYN. fadeur, impuissance, inconsistance, indigence, insignifiance, insuffisance, médiocrité, nullité, pauvreté, platitude. CONTR. *acuité, génie, pénétration, puissance, rapidité, talent, valeur* –LITTÉRAIRE: *vivacité.*

faiblir *verbe*

/ Perdre de sa vigueur. SYN. baisser, chanceler, décliner, décroître, fléchir, mollir, s'affaiblir, s'effacer, s'estomper, s'étioler –FAMILIER: flancher, se ramollir. CONTR. *se raffermir.*

/ Perdre de son importance. SYN. baisser, décliner, décroître, diminuer, fléchir, plier, s'atténuer, se ralentir, se relâcher. CONTR. *augmenter, croître, enfler, grossir, monter, persister, s'intensifier.*

/ LITTÉRAIRE. Se trouver mal. SYN. chanceler, mollir, tomber, vaciller –LITTÉRAIRE: défaillir. CONTR. *récupérer, se remettre, se remonter, tenir* –FAMILIER: *se requinquer, se retaper.*

faiblissant *adjectif*

/ Qui perd de sa force. SYN. chancelant, croulant, déclinant, défaillant, en fin de course, flageolant, pâlissant –LITTÉRAIRE: mourant, vacillant. CONTR. *énergique, fort, fringant, tonique, vert, vif, vigoureux* –FAMILIER: *vaillant.*

faignant *nom*

/ FAMILIER. Personne paresseuse. SYN. fainéant, paresseux, partisan du moindre effort –FAMILIER: cossard, flemmard, inspecteur des travaux finis, tire-au-flanc –POPULAIRE: branleur, cul de plomb, glandeur, glandouilleur, tire-au-cul. CONTR. *courageux, travailleur* –FAMILIER: *bûcheur* –LITTÉRAIRE: *laborieux.*

faille *nom féminin*

/ Discontinuité de terrain. SYN. cassure, fente, fissure, fracture –LITTÉRAIRE: brisure, lézarde.

/ Point faible. SYN. défaut, défectuosité, faiblesse, faute, hiatus, imperfection, lacune, trou.

faillible *adjectif*

/ Qui peut se tromper. CONTR. *assuré, certain, infaillible, sûr.*

faillir *verbe intransitif*

/ Être sur le point de. SYN. croire, manquer, penser, risquer.

faillir *verbe transitif indirect*

/ LITTÉRAIRE. Ne pas tenir sa promesse. SYN. manquer à, se délier –LITTÉRAIRE: se dédire. CONTR. *remplir, s'acquitter.*

/ LITTÉRAIRE. Commettre une faute. SYN. pécher, succomber à la tentation.

faillite *nom féminin*

- Chute d'une entreprise. SYN. banqueroute, débâcle, déconfiture, désastre, écroulement, krach, naufrage, ruine.
- Échec complet. SYN. accident, avatar, avortement, banqueroute, catastrophe, chute, culbute, débâcle, déconfiture, défaite, déroute, désastre, échec, gifle, insuccès, malheur, ruine –FAMILIER: claque, fessée, fiasco, four, loupé, pile, piquette, plongeon, raclée, ratage, veste –LITTÉRAIRE: infortune –POPULAIRE: bide, déculottée, gamelle, plantage, volée. CONTR. *réussite, succès, triomphe, victoire.*

faim *nom féminin*

- Vif besoin de manger. SYN. appétit –FAMILIER: fringale. CONTR. *inappétence, satiété.*
- LITTÉRAIRE. Désir ardent de. SYN. avidité, besoin, envie, soif, souhait –FAMILIER: fringale –LITTÉRAIRE: appétit. CONTR. –LITTÉRAIRE: *inappétence.*
- Manque de nourriture. SYN. disette, famine. CONTR. *abondance.*
- *Avoir faim.* SYN. avoir le ventre creux, avoir un creux, crier famine –FAMILIER: avoir les crocs, avoir l'estomac dans les talons, claquer du bec, danser devant le buffet –POPULAIRE: avoir la dalle, avoir la dent, crever la dalle, la sauter. CONTR. *être rassasié* –FAMILIER: *caler* –LITTÉRAIRE: *être repu.*

fainéant *nom*

- Personne qui ne fait rien. SYN. paresseux, partisan du moindre effort –FAMILIER: cossard, faignant, feignant, flemmard, inspecteur des travaux finis, tire-au-flanc –POPULAIRE: branleur, cul de plomb, glandeur, glandouilleur, tire-au-cul. CONTR. *courageux, travailleur* –FAMILIER: *bûcheur* –LITTÉRAIRE: *laborieux.*

fainéanter *verbe*

- Faire le fainéant. SYN. flâner, musarder, ne rien faire de ses dix doigts, paresser, se la couler douce, se rouler les pouces, se tourner les pouces, traîner –FAMILIER: bayer aux corneilles, buller, flemmarder, lézarder, ne pas en fiche une rame, tirer sa flemme –LITTÉRAIRE: muser –POPULAIRE: glander, glandouiller, se les rouler. CONTR. *donner un coup de collier, s'activer, s'affairer, se démener, se dépenser, se fatiguer, se presser, se remuer, s'échiner, s'épuiser, s'escrimer, s'exténuer, s'occuper, travailler* –FAMILIER: *bûcher, en mettre un bon coup, en mettre un coup, en mettre un vieux coup, mettre de l'huile de coude, mettre le paquet, s'agiter, se décarcasser, se défoncer, se mettre en quatre, se tuer, s'éreinter, s'esquinter* –POPULAIRE: *bosser, boulonner.*

fainéantise *nom féminin*

- État de fainéant. SYN. indolence, nonchalance, oisiveté, paresse –FAMILIER: cosse, flemmardise, flemme. CONTR. *activité, affairement, ardeur, dynamisme, énergie, zèle.*

faire *nom masculin*

- LITTÉRAIRE. Manière de faire d'un artiste. SYN. art, expérience, façon, métier, pratique, style, technique –LITTÉRAIRE: facture.

faire *verbe intransitif*

- S'emploie pour "dire". SYN. lâcher, observer, proférer, prononcer, répliquer, répondre –FAMILIER: sortir.

faire *verbe transitif*

- Réaliser quelque chose de concret. SYN. bâtir, composer, confectionner, constituer, construire, créer, dessiner, détailler, édifier, élever, engendrer, exécuter, fabriquer, façonner, forger, former, manufacturer, modeler, monter, opérer, préparer, produire, réaliser, tracer, usiner –FAMILIER: sortir. CONTR. *défaire.*
- Soumettre à une action particulière. SYN. astiquer, cirer, entretenir, frotter, laver, nettoyer, ranger, récurer –FAMILIER: retaper.
- Jouer le rôle de. SYN. imiter, interpréter, jouer, se poser en, se prendre pour –FAMILIER: singer –LITTÉRAIRE: simuler.
- Se livrer à une activité. SYN. accomplir, entreprendre, exécuter, exercer, pratiquer, s'adonner à, se consacrer.
- Parcourir une distance. SYN. courir, couvrir, parcourir, sillonner, visiter.

faire (se) *verbe pronominal*

- S'habituer à quelque chose. SYN. prendre son parti de, s'acclimater, s'accoutumer, s'adapter, se familiariser, se plier à –LITTÉRAIRE: s'accommoder.
- Fabriquer quelque chose pour soi. SYN. se confectionner, se fabriquer, se réaliser.
- Gagner de l'argent. SYN. acquérir, gagner, obtenir, toucher.

/ Voir ses facultés s'épanouir. SYN. arriver, mûrir, percer, réussir, s'accomplir, s'améliorer, se bonifier, se développer, se former.
/ Être en usage. SYN. se porter, se produire, se voir.

faire (s'en) *verbe pronominal*
/ Se faire du souci. SYN. se faire du mauvais sang, se faire du tracas, se soucier, se tourmenter, se tracasser, s'inquiéter –FAMILIER: se biler, se faire de la bile, se faire des cheveux blancs, se frapper, se mettre martel en tête –POPULAIRE: se faire de la mousse, se faire du mouron. CONTR. –POPULAIRE: *ne pas se casser le bol, ne pas se casser le cul, ne pas se casser le tronc.*

faire-part *nom masculin*
/ Lettre annonçant un événement. SYN. annonce, avis.

fair-play *adjectif*
/ Qui montre de la loyauté. SYN. carré, droit, franc, honnête, loyal, sport –FAMILIER: chic, régulier –LITTÉRAIRE: probe. CONTR. *déloyal, fourbe, malhonnête, perfide, retors, sournois, traître* –LITTÉRAIRE: *tortu.*

faisable *adjectif*
/ Qu'on peut faire. SYN. exécutable, possible, praticable, réalisable. CONTR. *impossible, impraticable, inexécutable, infaisable, irréalisable.*

faisan *nom masculin*
/ FAMILIER. Individu louche. SYN. aigrefin, bandit, escroc, filou, forban, fraudeur, gredin, intrigant, pourri –FAMILIER: fripouille, margoulin –LITTÉRAIRE: chevalier d'industrie –POPULAIRE: arnaqueur –VIEUX: fripon.

faisandé *adjectif*
/ LITTÉRAIRE. Qui est dépravé. SYN. déliquescent, malsain, pourri –LITTÉRAIRE: corrompu. CONTR. *propre, sain.*
/ Qui commence à se décomposer. SYN. avancé, avarié, décomposé, pourri –LITTÉRAIRE: putride.

faiseur *nom*
/ Personne qui se vante. SYN. bluffeur, bravache, cabotin, fanfaron, faraud, hâbleur, intrigant, prétentieux, vantard –FAMILIER: crâneur, frimeur, m'as-tu-vu –LITTÉRAIRE: capitan, matamore, rodomont –VIEUX: esbroufeur, gascon, tranche-montagne.
/ Personne qui fait quelque chose. SYN. auteur, créateur, fabricateur, inventeur –LITTÉRAIRE: fabricant, forgeur, ouvrier.

fait *nom masculin*
/ Ce qui se produit. SYN. acte, action, cas, chose, circonstance, élément, événement, histoire, incident, phénomène.
/ Ce qui est incontestable. SYN. réalité, vérité. CONTR. *hypothèse, idée, invention, leurre, théorie.*

faîte *nom masculin*
/ Partie la plus élevée de. SYN. cime, crête, haut, pointe, sommet, tête. CONTR. *bas, base.*
/ LITTÉRAIRE. Le plus haut degré. SYN. apogée, apothéose, comble, pinacle, point culminant, summum, zénith –LITTÉRAIRE: acmé, cime, période.

falbalas *nom masculin pluriel*
/ Ornements surchargés. SYN. affiquets, fanfreluches, garniture, ornement.

fallacieux *adjectif*
/ LITTÉRAIRE. Qui cherche à tromper. SYN. beau, captieux, faux, hypocrite, illusoire, insidieux, mensonger, menteur, perfide, spécieux –LITTÉRAIRE: artificieux, trompeur. CONTR. *authentique, droit, franc, honnête, loyal, sincère, spontané, véridique, vrai.*

falloir *verbe impersonnel*
/ *Il faut.* SYN. il convient de, il est nécessaire de, il y a lieu de, on doit –LITTÉRAIRE: il sied de.

falot *adjectif*
/ Qui est insignifiant. SYN. anodin, banal, effacé, humble, insignifiant, modeste, plat, terne. CONTR. *brillant, caractérisé, éblouissant, éminent, extraordinaire, remarquable, supérieur, volontaire.*

falsification *nom féminin*
/ Action de falsifier. SYN. adultération, altération, dénaturation, fraude, maquillage, mutilation, trucage, truquage. CONTR. *authenticité, sincérité.*

falsifié *adjectif*

/ Qui a été truqué. SYN. contrefait, faux, frelaté, truqué. CONTR. *authentique, exact, naturel.*

falsifier *verbe*

/ Modifier la nature de. SYN. adultérer, altérer, dénaturer, modifier –FAMILIER: trafiquer, tripatouiller –LITTÉRAIRE: frelater. CONTR. *respecter.*

/ Modifier l'authenticité de. SYN. contrefaire, défigurer, déformer, fausser, maquiller, travestir, truquer. CONTR. *authentifier.*

famélique *adjectif*

/ Qui souffre de la faim. SYN. affamé. CONTR. *rassasié, satisfait* –LITTÉRAIRE: *repu.*

fameusement *adverbe*

/ FAMILIER. Indique une gande intensité. SYN. abominablement, admirablement, affreusement, beaucoup, bien, effroyablement, énormément, épouvantablement, excessivement, extrêmement, follement, fort, fortement, hautement, horriblement, immodérément, incroyablement, mortellement, particulièrement, prodigieusement, profondément, puissamment, terriblement, très, trop, vertigineusement –FAMILIER: atrocement, bigrement, bougrement, diablement, drôlement, fichtrement, fichûment, formidablement, joliment, méchamment, rudement, tout plein –LITTÉRAIRE: diantrement, furieusement –POPULAIRE: foutrement, salement, vachement –VIEUX: fièrement. CONTR. *à peine, faiblement, guère, légèrement, nullement, peu.*

fameux *adjectif*

/ LITTÉRAIRE. Qui a une grande réputation. SYN. brillant, célèbre, connu, glorieux, historique, illustre, insigne, légendaire, marquant, mémorable, proverbial, renommé, réputé. CONTR. *ignoré, inconnu, méconnu, obscur.*

/ Se dit d'un mets raffiné. SYN. délicieux, excellent, exquis, extra, parfait, savoureux, succulent, superfin –LITTÉRAIRE: délectable. CONTR. *insignifiant, médiocre, quelconque.*

/ FAMILIER. Indique un degré très élevé. SYN. achevé, beau, consommé, de tous les diables, d'enfer, du diable, grand, poussé –FAMILIER: carabiné, fieffé, furieux, pas piqué des hannetons, pas piqué des vers, sacré, satané, sinistre, soigné –LITTÉRAIRE: franc, signalé –POPULAIRE: gratiné.

familiariser *verbe*

/ Habituer quelqu'un à. SYN. acclimater, accoutumer, adapter, dresser, entraîner, exercer, faire à, habituer –LITTÉRAIRE: façonner, rompre à. CONTR. *dépayser, effaroucher.*

familiariser (se) *verbe pronominal*

/ Se rendre une chose familière. SYN. s'acclimater, s'accoutumer, s'adapter, se faire à, se plier à, s'habituer à –LITTÉRAIRE: s'accommoder.

familiarité *nom féminin*

/ Rapports amicaux. SYN. amitié, bonhomie, camaraderie, cordialité, intimité, liberté, privauté –LITTÉRAIRE: liant. CONTR. *distance, hauteur.*

/ Connaissance parfaite de. SYN. expérience, habitude, pratique –LITTÉRAIRE: fréquentation.

familiarités *nom féminin pluriel*

/ Manières trop libres. SYN. aplomb, désinvolture, impertinence, libertés, privautés, sans-gêne –FAMILIER: toupet –LITTÉRAIRE: sans-façon.

familier *adjectif*

/ Qui vit près de l'homme. SYN. apprivoisé, docile, domesticable, domestiqué. CONTR. *farouche, indompté, sauvage.*

/ Qui montre de l'amabilité. SYN. amical, bonhomme, cordial, intime, liant, simple, sociable, spontané. CONTR. *arrogant, cérémonieux, compassé, distant, fier, formaliste, froid, gourmé, guindé, hautain, protocolaire, rogue, solennel, suffisant* –LITTÉRAIRE: *outrecuidant.*

/ Qui est connu de quelqu'un. SYN. accoutumé, connu, courant, habituel. CONTR. *étranger, inconnu, inhabituel, insolite, inusité, nouveau.*

/ Dont les manières sont trop libres. SYN. cavalier, désinvolte, libre, sans façons –FAMILIER: sans gêne. CONTR. *déférent, grave, raffiné, réservé, respectueux* –LITTÉRAIRE: *révérencieux.*

/ Qui a l'habitude de. SYN. expérimenté, habitué, maître, rompu –FAMILIER: spécialiste –LITTÉRAIRE: coutumier. CONTR. *étranger, ignorant.*

/ Qui est dit d'une façon un peu libre. CONTR. *ampoulé, boursouflé, déclamatoire, élevé, emphatique, grandiloquent, littéraire, pompeux, soutenu.*

famille *nom féminin*

/ Ensemble de générations. SYN. lignée, maison, origine, souche – LITTÉRAIRE: parents, race, sang.

/ Personnes unies par un lien de parenté. SYN. parenté – LITTÉRAIRE: parentèle, parentelle.

/ Le père, la mère et les enfants. SYN. foyer, maison, ménage – FAMILIER: maisonnée.

/ Ensemble aux traits communs. SYN. catégorie, classe, genre, groupe.

famine *nom féminin*

/ Manque de nourriture. SYN. dénuement, détresse, disette, faim. CONTR. *abondance, aisance, opulence.*

fan *nom*

/ FAMILIER. Admirateur passionné de. SYN. admirateur, fanatique – FAMILIER: groupie – POPULAIRE: accro.

fana *adjectif*

/ FAMILIER. Qui se passionne pour. SYN. enragé, entiché, fanatique, féru, gourmand, toqué – FAMILIER: mordu – LITTÉRAIRE: idolâtre – POPULAIRE: accro.

fanal *nom masculin*

/ Grosse lanterne. SYN. falot, lanterne, lumière, phare.

fanatique *adjectif*

/ Qui relève du fanatisme. SYN. aveugle, enragé, exalté, forcené, frénétique, passionnel, sectaire – LITTÉRAIRE: idolâtre. CONTR. *impartial, libéral, lucide, sceptique, tiède, tolérant.*

/ Qui est passionné pour. SYN. féru, fervent, fou, ivre, toqué – FAMILIER: fan, fana, mordu – POPULAIRE: accro.

fanatique *nom*

/ Personne trop zélée. SYN. énergumène, exalté, excité, illuminé, mystique, sectaire – LITTÉRAIRE: séide, zélateur. CONTR. *indifférent, sceptique.*

/ Personne qui a une passion pour. SYN. amoureux, fou, passionné – FAMILIER: fan, fana – POPULAIRE: accro.

fanatiser *verbe*

/ Rendre fanatique. SYN. électriser, enthousiasmer, exalter, exciter, galvaniser – LITTÉRAIRE: enflammer.

fanatisme *nom masculin*

/ Dévouement absolu à une cause. SYN. intolérance, sectarisme. CONTR. *libéralisme, tolérance.*

/ Attachement passionné pour. SYN. ardeur, enthousiasme, exaltation, ferveur, passion. CONTR. *lucidité, objectivité.*

fâné *adjectif*

/ Qui est desséché. SYN. défleuri, desséché, étiolé, flétri.

/ Qui a perdu son éclat. SYN. décati, défraîchi, fripé, marqué, pâle, terne – FAMILIER: fatigué – LITTÉRAIRE: flétri. CONTR. *ardent, éclatant, frais.*

faner *verbe*

/ Faire perdre sa fraîcheur à une plante. SYN. dessécher, flétrir, sécher.

/ Altérer l'éclat de quelque chose. SYN. décolorer, défraîchir, déteindre, friper, ternir. CONTR. *raviver.*

faner (se) *verbe pronominal*

/ Se dessécher, pour une plante. SYN. dépérir, faner, jaunir, languir, mourir, se flétrir, s'étioler, végéter – LITTÉRAIRE: flétrir. CONTR. *éclore, fleurir, pousser, reverdir, se développer, s'épanouir, verdir.*

/ Perdre son éclat. SYN. dépérir, pâlir, passer, se fatiguer, se flétrir, se ternir. CONTR. *se développer, s'épanouir* – LITTÉRAIRE: *fleurir.*

fanfare *nom féminin*

/ Orchestre de cuivres. SYN. clique, harmonie, musique.

fanfaron *adjectif*

/ Qui se vante. SYN. avantageux, bluffeur, bravache, cabotin, faraud, fier, hâbleur, orgueilleux, prétentieux, vaniteux – FAMILIER: bêcheur, crâneur, fiérot, frimeur – LITTÉRAIRE: fat – VIEUX: gascon. CONTR. *modeste, simple, sincère, timide.*

fanfaron *nom*

/ Personne qui se vante. SYN. bluffeur, bravache, cabotin, faiseur, faraud, hâbleur, vantard –FAMILIER: bêcheur, crâneur, frimeur, m'as-tu-vu –LITTÉRAIRE: capitan, fier-à-bras, matamore, paradeur, rodomont –VIEUX: esbroufeur, gascon, tranche-montagne.

fanfaronnade *nom féminin*

/ Action, parole de fanfaron. SYN. bluff, bravade, cabotinage, défi, ostentation, suffisance, vantardise –LITTÉRAIRE: crânerie, forfanterie, gasconnade, hâblerie, jactance, rodomontade –POPULAIRE: craque. CONTR. *modestie, réserve, retenue, sincérité, timidité.*

fanfaronner *verbe*

/ LITTÉRAIRE. Faire le fanfaron. SYN. en mettre plein la vue, faire l'important, poser –FAMILIER: crâner, frimer, plastronner, se faire mousser –POPULAIRE: la ramener, ramener sa fraise.

fanfreluche *nom féminin*

/ Ornement de peu de valeur. SYN. affiquet, babiole, colifichet, falbalas, garniture.

fange *nom féminin*

/ LITTÉRAIRE. Boue liquide. SYN. boue, bourbe, vase –FAMILIER: gadoue.

fangeux *adjectif*

/ LITTÉRAIRE. Plein de fange. SYN. boueux, bourbeux, limoneux, marécageux, vaseux.

fanion *nom masculin*

/ Petit drapeau. SYN. banderole, drapeau, flamme, guidon.

fantaisie *nom féminin*

/ Faculté de création. SYN. créativité, imagination. CONTR. *classicisme, fidélité, imitation.*

/ Désir fantasque. SYN. bizarrerie, caprice, gré, humeur, lubie, passade –FAMILIER: tocade, toquade –LITTÉRAIRE: foucade.

/ Comportement original. SYN. excentricité, extravagance, originalité, pittoresque. CONTR. *gravité, ordre, sévérité.*

/ Ensemble de choses imprévues. SYN. diversité, imprévu, variété. CONTR. *banalité, monotonie, platitude.*

/ Amour passager. SYN. amourette, caprice, passade –FAMILIER: amusette, béguin, flirt –LITTÉRAIRE: bluette.

fantaisiste *adjectif*

/ Qui manque de sérieux. SYN. dilettante –FAMILIER: fumiste. CONTR. *consciencieux, grave, judicieux, méthodique, ponctuel, précis, réglé, rigoureux, sérieux.*

/ Qui n'obéit qu'à ses caprices. SYN. bohème, capricieux, évaporé, fantasque, farfelu, inégal, irrégulier, original. CONTR. *formaliste, grave, invariable, rationnel, régulier.*

/ Qui manque de base. SYN. arbitraire, chimérique, gratuit, imaginaire, infondé, inventé, mensonger –LITTÉRAIRE: funambulesque. CONTR. *autorisé, exact, fidèle, historique, officiel, raisonné, strict, sûr, vrai.*

fantasmagorie *nom féminin*

/ Spectacle extraordinaire. SYN. féerie, magie, mirage.

fantasmagorique *adjectif*

/ Qui tient de la fantasmagorie. SYN. fantastique, féerique, imaginaire, irréel, magique, merveilleux, mythique. CONTR. *réel, vrai.*

fantasque *adjectif*

/ Qui est sujet à des fantaisies. SYN. bizarre, capricieux, changeant, déraisonnable, évaporé, fantaisiste, farfelu, inégal, lunatique, versatile, volage –FAMILIER: braque, loufoque. CONTR. *persévérant, posé, raisonnable.*

/ LITTÉRAIRE. Plein d'originalité. SYN. abracadabrant, baroque, bizarre, extraordinaire, extravagant, spécial.

fantastique *adjectif*

/ Créé par l'imagination. SYN. fantasmagorique, féerique, irréel, magique, merveilleux, miraculeux, surnaturel –LITTÉRAIRE: fabuleux, prodigieux. CONTR. *historique, réel.*

/ Qui atteint un très haut degré. SYN. colossal, éblouissant, effarant, étonnant, étourdissant, extraordinaire, formidable, fou, génial, gigantesque, grandiose, impressionnant, incalculable, incohérent, inconcevable, incroyable, inimaginable, inouï, merveilleux, miraculeux, mirifique, phénoménal, prodigieux, rocambolesque, stupéfiant, surprenant –FAMILIER: astronomique, énorme, épique, époustouflant, fabuleux, faramineux, furieux, homérique, mirobolant, monstre, monumental, renversant, sensationnel, terrible –LITTÉRAIRE: surnaturel –POPULAIRE: bœuf. CONTR. *banal, commun, ordinaire, quelconque.*

fantoche *nom masculin*

/ Personne inconstante. SYN. farceur, marionnette, pantin –FAMILIER: fumiste, girouette, guignol, polichinelle –LITTÉRAIRE: protée –POPULAIRE: rigolo –VIEUX: arlequin, sauteur.

fantomatique *adjectif*

/ Qui tient de l'apparition. SYN. fantastique, irréel, mythique –LITTÉRAIRE: fantomal, spectral. CONTR. *palpable, réel.*

fantôme *nom masculin*

/ Apparition d'un défunt. SYN. apparition, esprit, ombre, revenant, spectre –LITTÉRAIRE: mort.

/ Création de l'imagination. SYN. chimère, fantasme, fiction, illusion, phantasme, rêve –LITTÉRAIRE: songe. CONTR. *réalité.*

faquin *nom masculin*

/ LITTÉRAIRE. Individu grossier. SYN. butor, cuistre, goujat, malappris, malotru, mufle, ostrogoth –FAMILIER: malpoli, paltoquet –LITTÉRAIRE: soudard –VIEUX: bélître, coquin, maraud, maroufle.

faramineux *adjectif*

/ FAMILIER. Étonnant par son importance. SYN. colossal, effarant, extraordinaire, fantastique, formidable, fou, gigantesque, gros, incalculable, incroyable, inimaginable, inouï, phénoménal, prodigieux, stupéfiant, terrible –FAMILIER: astronomique, énorme, fabuleux, furieux, mirobolant, monstre, monumental –POPULAIRE: bœuf.

faraud *adjectif*

/ Qui fait le fier. SYN. avantageux, bluffeur, bravache, cabotin, fanfaron, fier, hâbleur, orgueilleux, prétentieux, vaniteux –FAMILIER: crâneur, fiérot, frimeur –LITTÉRAIRE: fat –VIEUX: gascon. CONTR. *effacé, humble, modeste, réservé.*

faraud *nom*

/ Personne qui se vante. SYN. bluffeur, bravache, cabotin, faiseur, fanfaron, hâbleur, vantard –FAMILIER: bêcheur, crâneur, frimeur, m'as-tu-vu –LITTÉRAIRE: capitan, fier-à-bras, matamore, paradeur, rodomont –VIEUX: esbroufeur, gascon, tranche-montagne.

farce *nom féminin*

/ Action destinée à faire rire. SYN. attrape, bouffonnerie, facétie, galéjade, mystification, pitrerie, plaisanterie, tour –FAMILIER: blague, canular, fumisterie, niche.

farceur *nom*

/ Personne qui fait des farces. SYN. amuseur, facétieux, malicieux, mystificateur, pitre, railleur –FAMILIER: blagueur –LITTÉRAIRE: moqueur.

/ Personne peu sérieuse. SYN. fantoche, marionnette, pantin, plaisantin –FAMILIER: fumiste, guignol, loustic, polichinelle –POPULAIRE: charlot, rigolo, zouave.

farci *adjectif*

/ Surchargé de quelque chose. SYN. comble, débordant, encombré, foisonnant, fourmillant, plein, rempli –FAMILIER: bourré, truffé. CONTR. *dénué, dépourvu, exempt, vide.*

farcir *verbe*

/ Surcharger de quelque chose. SYN. bourrer, entrelarder, hérisser, larder, remplir, surcharger, truffer.

farcir (se) *verbe pronominal*

/ POPULAIRE. Assurer l'exécution de. SYN. se charger de –FAMILIER: s'appuyer, se coltiner, s'enfiler –POPULAIRE: se taper, s'envoyer.

fardeau *nom masculin*

/ Charge pesante. SYN. charge, chargement, épreuve, poids, surcharge –LITTÉRAIRE: faix, joug.

farder *verbe*

/ Mettre du fard à quelqu'un. SYN. grimer, maquiller –LITTÉRAIRE: ombrer. CONTR. *démaquiller.*

/ LITTÉRAIRE. Cacher la vraie nature de. SYN. déguiser, dissimuler, embellir, enjoliver, maquiller, masquer, travestir –LITTÉRAIRE: voiler. CONTR. *démasquer, dévoiler, montrer.*

farder (se) *verbe pronominal*

/ Se mettre du fard. SYN. se grimer, se maquiller. CONTR. *se démaquiller.*

farfadet *nom masculin*

/ Démon familier. SYN. elfe, esprit follet, génie, kobold, lutin.

farfelu *adjectif*

/ Qui est un peu fou. SYN. abracadabrant, biscornu, bizarre, burlesque, déraisonnable, excentrique, extravagant, fantaisiste, fantasque, fou, insensé, original, rocambolesque, saugrenu, ubuesque –FAMILIER: braque, foufou, loufoque, tarabiscoté, tordu –LITTÉRAIRE: funambulesque. CONTR. *logique, posé, raisonnable, rationnel, sage, sensé.*

farfouiller *verbe*

/ FAMILIER. Fouiller dans quelque chose. SYN. fouiller, fureter –FAMILIER: fouiner, fourgonner, fourrager, trifouiller, tripoter.

farfouilleur *nom*

/ FAMILIER. Personne qui farfouille. SYN. curieux, fouilleur, fureteur –FAMILIER: fouinard, fouineur.

faribole *nom féminin*

/ FAMILIER. Chose vaine et frivole. SYN. bagatelle, baliverne, banalité, billevesée, bricole, broutille, calembredaine, fadaise, futilité, platitude, sornette, sottise, vétille –FAMILIER: fichaise –LITTÉRAIRE: superfluité –POPULAIRE: foutaise.

farniente *nom masculin*

/ FAMILIER. Douce oisiveté. SYN. délassement, détente, inaction, loisir, oisiveté, paresse, repos.

farouche *adjectif*

/ Se dit d'un animal sauvage. SYN. brut, indompté, sauvage. CONTR. *apprivoisé, docile, domestiqué, dressé, familier.*

/ Dont l'abord est difficile. SYN. inhospitalier, insociable, sauvage, timide. CONTR. *accueillant, cordial, sociable* –LITTÉRAIRE: *amène.*

/ Qui exprime la violence. SYN. acharné, âpre, brut, dur, féroce, implacable, indomptable, menaçant, opiniâtre, rude, sanglant, sauvage, tenace, véhément –LITTÉRAIRE: sanguinaire. CONTR. *doux, faible, léger, mou.*

farouchement *adverbe*

/ De manière violente. SYN. âprement, brusquement, brutalement, durement, férocement, obstinément, opiniâtrement, violemment –LITTÉRAIRE: vivement. CONTR. *doucement, faiblement, légèrement, mollement* –LITTÉRAIRE: *tièdement.*

fascinant *adjectif*

/ Qui exerce un vif attrait. SYN. attirant, attractif, attrayant, captivant, éblouissant, enchanteur, enjôleur, ensorcelant, envoûtant, magique, magnétique, palpitant, passionnant, prenant, séducteur, séduisant, troublant –LITTÉRAIRE: fascinateur. CONTR. *inintéressant, rébarbatif, repoussant, répulsif, soporifique* –FAMILIER: *rasant, raseur, rasoir, soûlant.*

fascinateur *adjectif*

/ LITTÉRAIRE. Qui subjugue. SYN. charmeur, enchanteur, ensorcelant, envoûtant, fascinant, hallucinant, hypnotiseur, magique, magnétique.

fascination *nom féminin*

/ Fait d'être hypnotisé par. SYN. charme, ensorcellement, envoûtement, hypnotisme, magie, sortilège –LITTÉRAIRE: enchantement.

/ Attrait irrésistible. SYN. appel, ascendant, attirance, attraction, attrait, éblouissement, émerveillement, enchantement, ensorcellement, envoûtement, influence, magnétisme, ravissement, séduction –LITTÉRAIRE: blandices.

fasciner *verbe*

/ Immobiliser par le regard. SYN. ensorceler, envoûter, hypnotiser –LITTÉRAIRE: charmer, enchanter.

/ Exercer une attraction sur. SYN. attirer, captiver, charmer, éblouir, émerveiller, enchanter, ensorceler, envoûter, impressionner, passionner, ravir, séduire, troubler –LITTÉRAIRE: magnétiser, subjuguer. CONTR. *écœurer, repousser, répugner* –FAMILIER: *raser, révulser.*

faste *adjectif*

/ Se dit d'une période favorable. SYN. bénéfique, bienfaisant, bienheureux, bon, favorable, heureux, propice. CONTR. *fatal, funeste, malheureux, mauvais, néfaste* –LITTÉRAIRE: *calamiteux.*

faste *nom masculin*

/ Étalage de magnificence. SYN. apparat, brillant, clinquant, décorum, éclat, luxe, magnificence, opulence, richesse –FAMILIER: tralala –LITTÉRAIRE: pompe, somptuosité, splendeur. CONTR. *simplicité, sobriété.*

fastidieux *adjectif*

/ Qui rebute par son uniformité. SYN. endormant, fade, fatigant, insipide, lassant, monotone, rébarbatif, rebutant, répétitif, terne –FAMILIER: assommant, barbant, embêtant, empoisonnant, fadasse, mourant, rasant, rasoir –POPULAIRE: emmerdant. CONTR. *amusant, distrayant, divertissant, excitant, intéressant, récréatif* –FAMILIER: *folichon.*

fastueusement *adverbe*

/ Avec faste. SYN. grandement, luxueusement, princièrement, richement, royalement, somptueusement. CONTR. *chichement, pauvrement, petitement.*

fastueux *adjectif*

/ Qui témoigne d'un grand luxe. SYN. brillant, clinquant, cossu, éclatant, luxueux, magnifique, opulent, princier, riche, royal, somptueux, splendide –LITTÉRAIRE: pompeux. CONTR. *modeste, ordinaire, simple, sobre.*

fat *adjectif*

/ LITTÉRAIRE. Qui est vaniteux. SYN. arrogant, avantageux, faraud, infatué, pédant, présomptueux, puant, suffisant, vaniteux –FAMILIER: fiérot –LITTÉRAIRE: insolent, outrecuidant, vain. CONTR. *humble, modeste.*

fat *nom*

/ LITTÉRAIRE. Personne vaniteuse. SYN. cuistre, poseur, présomptueux, prétentieux, snob, vaniteux –FAMILIER: crâneur.

fatal *adjectif*

/ Qui arrive nécessairement. SYN. certain, fatidique, forcé, immanquable, inéluctable, inévitable, inexorable, logique, nécessaire, obligatoire, sûr –LITTÉRAIRE: implacable. CONTR. *accidentel, fortuit.*

/ Qui a de sinistres conséquences. SYN. catastrophique, désastreux, dommageable, foudroyant, funeste, malheureux, maudit, mortel, néfaste, nocif, nuisible, pernicieux –LITTÉRAIRE: calamiteux. CONTR. *faste, heureux, propice, salubre, salutaire.*

fatalement *adverbe*

/ D'une manière inévitable. SYN. à coup sûr, à tous les coups, certainement, forcément, immanquablement, indubitablement, inéluctablement, inévitablement, inexorablement, infailliblement, nécessairement, obligatoirement, sûrement. CONTR. *accidentellement, fortuitement.*

fatalisme *nom masculin*

/ Attitude de celui qui subit. SYN. apathie, indolence, inertie, passivité, résignation. CONTR. *réaction, rébellion, résistance.*

fataliste *adjectif*

/ Qui montre du fatalisme. SYN. apathique, indolent, inerte, passif, résigné. CONTR. *actif.*

fatalité *nom féminin*

/ Force qui déterminerait les événements. SYN. destin, destinée, hasard, nécessité, sort –LITTÉRAIRE: fortune.

/ Situation fâcheuse. SYN. catastrophe, malchance, malédiction, malheur, mauvais œil –FAMILIER: déveine, guigne –LITTÉRAIRE: adversité –POPULAIRE: poisse –VIEUX: guignon. CONTR. *chance* –FAMILIER: *veine.*

fatidique *adjectif*

/ Qui semble fixé par le destin. SYN. fatal, immanquable, inévitable, inexorable –LITTÉRAIRE: implacable.

fatigant *adjectif*

/ Qui fatigue. SYN. accablant, affaiblissant, anémiant, éprouvant, épuisant, esquintant, exténuant, harassant, pénible, rude –FAMILIER: cassant, claquant, crevant, éreintant, tuant, usant. CONTR. *délassant, reposant.*

/ Qui importune. SYN. fastidieux, lassant –FAMILIER: assommant, barbant, bassinant, casse-pieds, embêtant, empoisonnant, enquiquinant, rasant, rasoir, soûlant, tannant –POPULAIRE: canulant, chiant, emmerdant. CONTR. *amusant, distrayant.*

fatigue *nom féminin*

/ Sensation d'épuisement. SYN. abattement, accablement, affaiblissement, affaissement, anéantissement, asthénie, épuisement, faiblesse, indisposition, lassitude, surmenage –FAMILIER: éreintement –LITTÉRAIRE: brisement, exténuation, harassement, prostration –VIEUX: débilitation. CONTR. *délassement, fraîcheur, repos.*

fatigué *adjectif*

/ Qui montre de la fatigue. SYN. à plat, abattu, accablé, affaibli, anéanti, brisé, broyé, épuisé, exténué, fourbu, harassé, indisposé, las, rendu, rompu, surmené –FAMILIER: claqué, éreinté, esquinté, flagada, flapi, H.S., lessivé, mort, moulu, pompé, raplapla, sur les genoux, vanné, vidé –POPULAIRE:

crevé, sur les rotules. CONTR. *délassé, détendu, dispos, frais, frais et dispos, reposé* –FAMILIER: *en forme, en pleine forme, frais comme un gardon, frais comme une rose, increvable* –VIEUX: *gaillard.*

/ FAMILIER. Qui a beaucoup servi. SYN. avachi, déformé, défraîchi, fané, usagé, usé. CONTR. *frais, neuf.*

/ Qui en a assez de. SYN. dégoûté, las, lassé, saturé.

fatiguer *verbe*

/ Causer de la fatigue. SYN. accabler, affaiblir, anéantir, briser, débiliter, épuiser, exténuer, harasser, surmener, vider –FAMILIER: claquer, crever, éreinter, esquinter, lessiver, pomper, tuer, vanner. CONTR. *délasser, détendre, remettre d'aplomb, remettre sur pied, reposer* –FAMILIER: *requinquer.*

/ Ennuyer quelqu'un. SYN. assommer, décourager, dégoûter, ennuyer, indisposer, lasser, rebuter –FAMILIER: barber, bassiner, casser les pieds, embêter, empoisonner, enquiquiner, faire suer, pomper, raser, tanner –LITTÉRAIRE: importuner –POPULAIRE: canuler, emmerder, faire chier. CONTR. *amuser, intéresser.*

fatiguer (se) *verbe pronominal*

/ Se donner du mal pour. SYN. faire des pieds et des mains, ne pas plaindre sa peine, s'activer, s'affairer, s'agiter, se battre, se démener, se dépenser, se donner du mal, se donner un mal de chien, se multiplier, se remuer, s'échiner, s'épuiser, s'escrimer, s'exténuer, s'user –FAMILIER: mettre de l'huile de coude, mettre le paquet, se couper en quatre, se décarcasser, se mettre en quatre, s'éreinter, s'esquinter –POPULAIRE: ramer, se casser, se casser le cul, se fouler. CONTR. *dormir, fainéanter, musarder, paresser, prendre son temps, s'amuser, se prélasser* –FAMILIER: *buller, flemmarder, lambiner, lanterner, lézarder, tirer sa flemme* –LITTÉRAIRE: *muser* –POPULAIRE: *glander, ne pas en fiche une rame, tirer au cul, tirer au flanc.*

fatras *nom masculin*

/ Amas confus de choses. SYN. amas, amoncellement, assemblage, bric-à-brac, chaos, confusion, désordre, empilement, enchevêtrement, entassement, fouillis, monceau, montagne, ramassis, tas –FAMILIER: bazar, méli-mélo, salmigondis –VIEUX: pêle-mêle.

fatuité *nom féminin*

/ Contentement de soi. SYN. amour-propre, arrogance, infatuation, orgueil, présomption, prétention, suffisance, supériorité –LITTÉRAIRE: outrecuidance, vanité. CONTR. *humilité, modestie, simplicité.*

faubourien *adjectif*

/ Qui évoque les faubourgs. SYN. canaille, populacier, populaire –LITTÉRAIRE: crapuleux –VIEUX: poissard.

fauche *nom féminin*

/ POPULAIRE. Action de voler. SYN. escamotage, larcin, maraudage, maraude, vol –FAMILIER: carottage, chapardage –LITTÉRAIRE: rapine –POPULAIRE: barbotage.

fauché *adjectif*

/ FAMILIER. Qui n'a pas d'argent. SYN. gêné, pauvre, ruiné –FAMILIER: à sec, déplumé, désargenté, sans-le-sou –LITTÉRAIRE: impécunieux –POPULAIRE: raide –VIEUX: besogneux. CONTR. *aisé, fortuné, riche.*

faucher *verbe*

/ Couper quelque chose. SYN. hacher, sectionner, trancher.

/ Tuer quelqu'un. SYN. abattre, anéantir, décimer, envoyer ad patres, exterminer, foudroyer, massacrer, tuer –FAMILIER: laisser sur le carreau –LITTÉRAIRE: hacher.

/ Faire tomber quelqu'un. SYN. renverser, terrasser. CONTR. *relever.*

/ POPULAIRE. Voler quelque chose. SYN. escamoter, prendre, rafler, s'emparer, voler –FAMILIER: barboter, carotter, chaparder, chiper, choper, écornifler, kidnapper, piquer, subtiliser –LITTÉRAIRE: dérober –POPULAIRE: chauffer, chouraver, chourer, ratiboiser.

faufiler (se) *verbe pronominal*

/ S'introduire adroitement. SYN. entrer, passer, pénétrer, se couler, se glisser, s'immiscer, s'infiltrer, s'ingérer, s'introduire –FAMILIER: se fourrer –LITTÉRAIRE: s'insinuer.

faussaire *nom*

/ Personne qui fait un faux. SYN. contrefacteur, falsificateur –POPULAIRE: maquilleur.

faussement *adverbe*

/ D'une manière injuste. SYN. à tort, indûment, injustement, par erreur. CONTR. *véritablement, vraiment.*

D'une manière simulée. SYN. artificiellement, hypocritement, mensongèrement. CONTR. *candidement, franchement, nettement, sincèrement, vrai.*

fausser *verbe*

D'une manière simulée. SYN. abîmer, déformer, détraquer, forcer. CONTR. *défausser, détordre, redresser.*

Altérer la pensée de quelqu'un. SYN. adultérer, altérer, déformer, dénaturer, gâter, pervertir, trahir –LITTÉRAIRE: corrompre, frelater, gauchir.

Rendre faux. SYN. défigurer, déguiser, falsifier, maquiller, travestir, truquer.

fausseté *nom féminin*

Caractère de ce qui est faux. SYN. erreur, inexactitude, mensonge. CONTR. *authenticité, réalité, véracité, vérité* –LITTÉRAIRE: *véridicité.*

Manque de franchise. SYN. déloyauté, duplicité, fourberie, hypocrisie, inauthenticité, mauvaise foi –LITTÉRAIRE: insincérité, perfidie, tartuferie, tartufferie. CONTR. *authenticité, bonne foi, candeur, droiture, franchise, justesse, loyauté, rectitude, rigueur, sincérité, vérité* –LITTÉRAIRE: *véracité.*

faute *nom féminin*

Manquement à la règle morale. SYN. écart, faiblesse, indignité, méfait, péché, tort –LITTÉRAIRE: peccadille.

Manière d'agir maladroite. SYN. balourdise, bévue, impair, maladresse –FAMILIER: bêtise, bourde, gaffe.

Manquement à une norme. SYN. erreur, faille, imperfection, incorrection, inexactitude, irrégularité.

fautif *adjectif*

Qui comporte des fautes. SYN. défectueux, erroné, faux, impropre, incorrect, inexact, vicieux. CONTR. *correct, exact.*

Qui est responsable d'un mal. SYN. blâmable, condamnable, coupable, responsable. CONTR. *acquitté, innocent.*

fautivement *adverbe*

D'une manière fautive. SYN. improprement, incorrectement. CONTR. *correctement.*

fauve *adjectif*

Qui tire sur le roux. SYN. doré, roux –FAMILIER: rouquin –LITTÉRAIRE: rubigineux.

faux *adjectif*

Contraire à ce qui est vrai. SYN. aberrant, absurde, boiteux, erroné, fautif, illogique, incongru, inexact, mauvais, mensonger –LITTÉRAIRE: controuvé. CONTR. *avéré, convenable, correct, exact, juste, pertinent, réel, véritable, visible, vrai* –LITTÉRAIRE: *congru.*

Qui est sans fondement. SYN. faussé, infondé, injustifié –VIEUX: supposé. CONTR. *attesté, certifié, fondé, judicieux, justifié, logique, normal, officiel, sensé.*

Qui n'est pas authentique. SYN. apocryphe, artificiel, contrefait, d'emprunt, fabriqué, factice, falsifié, forgé, imité, postiche, préfabriqué, truqué. CONTR. *authentique, fidèle, naturel, vrai.*

Qui est équivoque. SYN. ambigu, équivoque, flottant, indéterminé. CONTR. *arrêté, clair, net, précis.*

Qui n'est pas réellement éprouvé. SYN. affecté, apparent, de commande, fictif, forcé, illusoire, prétendu, simulé, soi-disant –LITTÉRAIRE: de parade. CONTR. *certain, éprouvé, fondé, incontestable, mérité, raisonnable, sûr, véridique.*

Qui cherche à tromper. SYN. déloyal, dissimulé, double, feint, fourbe, hypocrite, menteur, simulé, sournois, spécieux –LITTÉRAIRE: fallacieux, papelard, perfide, tortu. CONTR. *candide, direct, droit, franc, loyal, sincère, véritable* –LITTÉRAIRE: *vrai.*

faux *nom masculin*

Ce qui est contraire à la vérité. SYN. erreur, mensonge. CONTR. *vérité, vrai.*

Copie frauduleuse. SYN. contrefaçon, copie, imitation, pastiche, plagiat –FAMILIER: toc.

faux-fuyant *nom masculin*

Moyen de se tirer d'embarras. SYN. biais, dérobade, détour, échappatoire, finasserie, pantalonnade, pirouette, porte de sortie, prétexte, subterfuge –LITTÉRAIRE: sinuosité.

faux-semblant *nom masculin*

Prétexte mensonger. SYN. affectation, apparence, semblant, simulacre, trompe-l'œil, vernis –LITTÉRAIRE: masque.

faveur *nom féminin*

LITTÉRAIRE. Attitude bienveillante. SYN. aide, appui, bienveillance, bonté, protection –FAMILIER: piston –LITTÉRAIRE: gracieuseté. CONTR. *cruauté.*

- Décision qui avantage quelqu'un. SYN. avantage, bien, bienfait, grâce, passe-droit, prérogative, privilège, service –LITTÉRAIRE: don.
- Popularité dont jouit quelqu'un. SYN. considération, renom, renommée, sympathie, vogue –FAMILIER: cote –LITTÉRAIRE: crédit. CONTR. *défaveur, discrédit* –LITTÉRAIRE: *déconsidération, disgrâce.*

favorable *adjectif*
- Qui est bienveillant à l'égard de. SYN. bienveillant, bon, clément, complaisant, encourageant, facile, sympathique. CONTR. *défavorable, ennemi, hostile, malveillant, sévère.*
- Qui avantage quelqu'un. SYN. avantageux, bénéfique, élogieux, faste, heureux, opportun, propice. CONTR. *contraire, défavorable, désavantageux, fâcheux, funeste, malheureux, néfaste, nuisible, opposé* –LITTÉRAIRE: *adverse.*

favorablement *adverbe*
- D'une manière favorable. SYN. avantageusement, heureusement. CONTR. *mal, malencontreusement.*

favori *adjectif*
- Qui est l'objet d'une préférence. SYN. bien-aimé, chéri, de prédilection, préféré. CONTR. *abhorré, détesté, haï.*

favori *nom*
- Personne préférée. SYN. créature, poulain, préféré, privilégié, protégé –FAMILIER: chouchou, coqueluche.

favorisé *nom*
- Personne avantagée. SYN. privilégié. CONTR. *déshérité, disgracié.*

favoriser *verbe*
- Placer dans une situation avantageuse. SYN. aider, appuyer, avantager, épauler, pousser, privilégier, protéger, sourire, soutenir –FAMILIER: pistonner. CONTR. *défavoriser, désavantager, déshériter, desservir, évincer, frustrer, handicaper, léser.*
- Contribuer au développement de. SYN. aider, concourir, contribuer, encourager, faciliter, seconder, servir, soutenir. CONTR. *contrarier, contrecarrer, empêcher, enrayer, entraver, freiner, gêner, perdre, plomber, s'opposer.*
- LITTÉRAIRE. Accorder une faveur. SYN. doter, gratifier.

favoritisme *nom masculin*
- Tendance à favoriser quelqu'un. SYN. népotisme, partialité –FAMILIER: chouchoutage. CONTR. *équité, impartialité, justice.*

fébrile *adjectif*
- Qui a de la fièvre. SYN. bouillant, brûlant, fiévreux. CONTR. *froid, gelé, glacé.*
- Qui montre de l'excitation. SYN. bouillonnant, échevelé, endiablé, enflammé, exalté, excité, fougueux, frénétique, impatient, nerveux, surchauffé, survolté, véhément –LITTÉRAIRE: effervescent. CONTR. *calme, mesuré, modéré.*

fébrilement *adverbe*
- Avec nervosité. SYN. fiévreusement, impatiemment, nerveusement –LITTÉRAIRE: tumultueusement. CONTR. *calmement, paisiblement, placidement, posément, sereinement, tranquillement.*

fébrilité *nom féminin*
- Excitation désordonnée. SYN. agitation, échauffement, effervescence, exaltation, excitation, fièvre, frénésie, nervosité. CONTR. *calme, flegme.*

fécond *adjectif*
- Qui produit beaucoup de petits. SYN. prolifique. CONTR. *bréhaigne, infécond, stérile.*
- LITTÉRAIRE. Se dit d'une terre riche. SYN. fertile, inépuisable, intarissable, productif –LITTÉRAIRE: généreux, gras, plantureux. CONTR. *aride, improductif, infécond, infertile, ingrat, pauvre, sec, stérile.*
- Qui produit beaucoup. SYN. abondant, créateur, fertile, imaginatif, inventif, productif, prolifique, riche. CONTR. *improductif, infécond, sec, stérile.*

féconder *verbe*
- LITTÉRAIRE. Rendre une terre productive. SYN. amender, enrichir, ensemencer, fertiliser. CONTR. *appauvrir, stériliser.*
- LITTÉRAIRE. Rendre une femme enceinte. SYN. –POPULAIRE: engrosser, mettre en cloque. CONTR. *avorter.*

fécondité *nom féminin*
- Aptitude à la reproduction. SYN. fertilité. CONTR. *infécondité, infertilité, stérilité.*
- LITTÉRAIRE. Aptitude d'un sol à produire. SYN. fertilité, productivité, richesse. CONTR. *aridité, improductivité, infécondité, pauvreté, stérilité* –LITTÉRAIRE: *infertilité.*

/ LITTÉRAIRE. Richesse intellectuelle. SYN. abondance, créativité, facilité, fertilité, finesse, ingéniosité, richesse. CONTR. *improductivité, infécondité, pauvreté, stérilité.*

fédération *nom féminin*

/ Groupement fédérateur. SYN. alliance, association, groupement, rassemblement, union – LITTÉRAIRE : ligue.

fédérer (se) *verbe pronominal*

/ Se rassembler autour de. SYN. se coaliser, se grouper, se liguer, se regrouper, se solidariser. CONTR. *se désolidariser.*

feeling *nom masculin*

/ FAMILIER. Façon de ressentir une chose. SYN. affectivité, impression, intuition.

féerie *nom féminin*

/ Spectacle merveilleux. SYN. fantasmagorie, magie, mirage – LITTÉRAIRE : splendeur.

féerique *adjectif*

/ Relatif au monde des fées. SYN. fantasmagorique, fantastique, imaginaire, irréel, magique, mythique, surnaturel – LITTÉRAIRE : fabuleux.

/ D'une beauté extraordinaire. SYN. enchanteur, fantastique, magique, merveilleux, paradisiaque, somptueux – FAMILIER : fabuleux – LITTÉRAIRE : prodigieux, surnaturel. CONTR. *banal, commun, ordinaire, quelconque, vulgaire.*

feignant *nom*

/ FAMILIER. Personne paresseuse. SYN. fainéant, paresseux, partisan du moindre effort – FAMILIER : cossard, flemmard, inspecteur des travaux finis, tire-au-flanc – POPULAIRE : branleur, cul de plomb, glandeur, glandouilleur, tire-au-cul. CONTR. *courageux, travailleur* – FAMILIER : *bûcheur* – LITTÉRAIRE : *laborieux.*

feindre *verbe*

/ Simuler pour tromper. SYN. affecter, faire semblant, jouer, prétexter, simuler.

feint *adjectif*

/ Qui est simulé pour tromper. SYN. affecté, artificiel, composé, de commande, factice, faux, hypocrite, simulé. CONTR. *direct, profond, réel, sincère, spontané, vrai.*

/ Qui n'est pas authentique. SYN. apparent, artificiel, fabriqué, factice, imité, postiche, préfabriqué. CONTR. *authentique, naturel, vrai.*

feinte *nom féminin*

/ LITTÉRAIRE. Action de cacher la vérité. SYN. dissimulation, manège, manigance – FAMILIER : comédie.

/ FAMILIER. Ruse destinée à tromper. SYN. piège, tromperie – LITTÉRAIRE : sournoiserie.

feinter *verbe*

/ Surprendre par une ruse. SYN. duper, mystifier, tromper – LITTÉRAIRE : amuser, jouer.

fêlé *adjectif*

/ FAMILIER. Qui est fou. SYN. fou – FAMILIER : braque, cinglé, cintré, dérangé, détraqué, dingue, fada, frappé, loufoque, maboul, marteau, piqué, ravagé, sonné, tapé, timbré, toc-toc, toqué, zinzin – POPULAIRE : allumé, azimuté, barge, barjo, branque, brindezingue, cinoque, déjanté, dingo, folingue, fondu, givré, jeté, louf, louftingue, sinoc, sinoque, siphonné, tordu.

fêler *verbe*

/ Fendre légèrement. SYN. fendiller, fendre, fissurer.

félicitations *nom féminin pluriel*

/ Vives approbations. SYN. compliments, éloge, louanges – LITTÉRAIRE : congratulations. CONTR. *blâme, critique, remontrance, réprimande, reproche* – FAMILIER : *éreintage, éreintement* – LITTÉRAIRE : *admonestation, admonition* – POPULAIRE : *engueulade.*

félicité *nom féminin*

/ LITTÉRAIRE. Grand bonheur. SYN. allégresse, béatitude, bien, bien-être, bonheur, contentement, délice, euphorie, joie, nirvana, nirvâna, réjouissance. CONTR. *calamité, détresse, malheur* – LITTÉRAIRE : *adversité, infortune.*

féliciter *verbe*

/ Adresser des félicitations à. SYN. applaudir, approuver, complimenter, louer – LITTÉRAIRE : congratuler. CONTR. *blâmer, chapitrer, corriger, critiquer, décrier, morigéner, réprimander, stigmatiser, vitupérer* – FAMILIER : *attraper, enguirlander, éreinter, esquinter* – LITTÉRAIRE : *admonester, déchirer* – POPULAIRE : *engueuler.*

féliciter (se) *verbe pronominal*

/ S'estimer satisfait de. SYN. s'applaudir, se glorifier, se louer, se réjouir -LITTÉRAIRE: être bien aise de, être fort aise de. CONTR. *déplorer, regretter, se repentir, se reprocher, s'en vouloir* -FAMILIER: *se mordre les doigts.*

félon *adjectif*

/ LITTÉRAIRE. Qui manque de loyauté. SYN. déloyal, fourbe, parjure, perfide, sournois, traître -LITTÉRAIRE: infidèle. CONTR. *dévoué, fidèle, loyal.*

félon *nom masculin*

/ LITTÉRAIRE. Homme déloyal. SYN. délateur, fourbe, judas, parjure, traître. CONTR. *fidèle.*

félonie *nom féminin*

/ Comportement déloyal. SYN. déloyauté, traîtrise -LITTÉRAIRE: infidélité, perfidie, scélératesse, vilenie. CONTR. *fidélité, loyauté.*

/ LITTÉRAIRE. Acte déloyal. SYN. déloyauté, forfaiture, trahison -LITTÉRAIRE: perfidie, scélératesse, traîtrise, vilenie.

fêlure *nom féminin*

/ Fente étroite. SYN. cassure, fendillement, fissure, lézarde -LITTÉRAIRE: brisure.

/ LITTÉRAIRE. Indice d'un désaccord. SYN. cassure, faille -LITTÉRAIRE: lézarde.

féminin *adjectif*

/ Relatif à la femme. SYN. efféminé, féminisé. CONTR. *hommasse, mâle, masculin, viril.*

féminiser *verbe*

/ Donner de la féminité. SYN. déviriliser -LITTÉRAIRE: efféminer. CONTR. *masculiniser, viriliser.*

femme *nom féminin*

/ Épouse. SYN. compagne, conjointe -FAMILIER: bobonne, dame, moitié -POPULAIRE: bonne femme, bourgeoise, mousmé, poule. CONTR. *conjoint, époux, mari* -POPULAIRE: *homme.*

/ Adulte de sexe féminin. SYN. dame -ARGOTIQUE: meuf -FAMILIER: bonne femme, greluche, poulette -POPULAIRE: gonzesse, moukère, mouquère, nana, nénette, pépée, poupée, souris. CONTR. *homme* -FAMILIER: *keum* -POPULAIRE: *mec.*

femmelette *nom féminin*

/ FAMILIER. Homme mou, lâche. SYN. lâche, peureux, poltron -FAMILIER: froussard, mauviette, poule mouillée -LITTÉRAIRE: couard -POPULAIRE: couille molle, dégonflé, trouillard -VIEUX: capon. CONTR. *audacieux, brave, courageux, intrépide* -FAMILIER: *casse-cou.*

fendant *adjectif*

/ POPULAIRE. Très drôle. SYN. comique, désopilant, drôle, hilarant -FAMILIER: crevant, marrant, roulant, tordant.

fendillement *nom masculin*

/ Fait d'être fendillé. SYN. craquelure, fêlure, fissuration.

fendiller *verbe*

/ Produire de petites fentes. SYN. craqueler, crevasser, fêler, fendre, fissurer, lézarder.

fendiller (se) *verbe pronominal*

/ Se couvrir de fentes. SYN. craqueler, gercer, se craqueler, se crevasser, se fêler, se fendre, se fissurer, se lézarder, s'étoiler.

fendre *verbe*

/ Couper une matière solide. SYN. cliver, crever, éventrer, tailler, trancher.

/ Produire des fentes sur une surface. SYN. craqueler, crevasser, fêler, fendiller, fissurer, gercer, lézarder.

fendre (se) *verbe pronominal*

/ Présenter des fentes. SYN. craqueler, crever, gercer, se craqueler, se crevasser, se fêler, se fendiller, se fissurer, se lézarder -LITTÉRAIRE: s'entrouvrir.

fendu *adjectif*

/ Qui comporte une fente. SYN. entaillé, ouvert, sectionné.

fente *nom féminin*

/ Ouverture étroite et étirée. SYN. cassure, craquelure, crevasse, déchirure, entaille, faille, fêlure, fissure, gerçure, incision, interstice, jour, lézarde, rainure.

ferme *adjectif*

/ Se dit d'une matière dure. SYN. compact, consistant, coriace, dur. CONTR. *avachi, élastique, flasque, inconsistant, mou, souple, spongieux, tendre.*

/ Qui montre de la sûreté. SYN. assis, assuré, décidé, droit, fort, résistant, solide, soutenu, stable, vigoureux. CONTR. *boiteux, branlant, chancelant, chevrotant, croulant, débile, défaillant, faible, flageolant, fragile, frêle, instable, tremblant* –LITTÉRAIRE: *vacillant.*

/ Qui montre de l'assurance. SYN. autoritaire, brutal, de fer, déterminé, énergique, implacable, inébranlable, inflexible, opiniâtre, résolu, sévère, stoïque, tenace, volontaire –LITTÉRAIRE: invariable. CONTR. *doucereux, facile, influençable, lâche, mou, velléitaire, veule* –LITTÉRAIRE: *pusillanime, traitable.*

/ Mûrement réfléchi. SYN. arrêté, définitif, fixe, formel, immuable, irrévocable, sûr. CONTR. *ambigu, changeant, conditionnel, flottant, fluctuant, hésitant, oscillant, vague, versatile* –LITTÉRAIRE: *inconstant.*

ferme *adverbe*

/ Avec assurance. SYN. fermement, puissamment, solidement, vigoureusement.

/ De manière intense. SYN. fort, fortement, intensément –FAMILIER: dur.

ferme *nom féminin*

/ Exploitation agricole. SYN. domaine, métairie, propriété.

fermé *adjectif*

/ Qui ne montre pas ses sentiments. SYN. buté, énigmatique, impassible, impénétrable, renfermé, replié. CONTR. *communicatif, démonstratif, expansif, expressif, exubérant, liant.*

/ Où il est difficile de pénétrer. SYN. –LITTÉRAIRE: clos. CONTR. *accessible, accueillant, ouvert.*

/ Inaccessible à un sentiment. SYN. étranger, hostile, incompréhensif, rebelle, réfractaire, sourd. CONTR. *accessible, compréhensif, enclin, perméable, porté, prédisposé, réceptif, sagace, sensible.*

fermement *adverbe*

/ De façon ferme. SYN. fortement, puissamment, solidement. CONTR. *faiblement, mollement.*

/ Avec volonté. SYN. carrément, courageusement, délibérément, énergiquement, ferme, nettement, opiniâtrement, résolument, vigoureusement, volontairement –LITTÉRAIRE: hardiment, tenacement. CONTR. *mollement* –LITTÉRAIRE: *tièdement.*

ferment *nom masculin*

/ Ce qui produit la fermentation. SYN. enzyme, germe, levain.

/ LITTÉRAIRE. Ce qui fait naître une passion. SYN. agent, germe, mère –LITTÉRAIRE: levain, semence.

fermentation *nom féminin*

/ Agitation sourde. SYN. bouillonnement, convulsions, ébullition, effervescence, excitation, fièvre, nervosité, remous, secousse, surexcitation, trouble. CONTR. *apaisement, calme.*

fermenter *verbe*

/ LITTÉRAIRE. Être dans un état d'agitation. SYN. bouillonner, germer, s'échauffer, s'exalter, s'exciter. CONTR. *s'apaiser.*

fermer *verbe*

/ Réunir les éléments d'un ensemble. SYN. attacher, boutonner, coudre, suturer. CONTR. *déboutonner, déchirer, dégrafer, déplier, déployer.*

/ Procéder à une fermeture. SYN. cadenasser, verrouiller –FAMILIER: boucler. CONTR. *crocheter, déverrouiller, enfoncer, entrebâiller, entrouvrir, ouvrir.*

/ Rabattre un couvercle. SYN. sceller –LITTÉRAIRE: clore. CONTR. *déboucher, décacheter, décoiffer, défaire.*

/ Interdire un accès. SYN. barrer, barricader, boucher, cerner, condamner. CONTR. *autoriser, déblayer, dégager, ouvrir, rouvrir.*

/ Faire cesser quelque chose. SYN. interdire, suspendre. CONTR. *créer, inaugurer, installer.*

/ Interrompre le fonctionnement de. SYN. arrêter, couper, éteindre. CONTR. *allumer, ouvrir.*

fermer (se) *verbe pronominal*

/ Être inaccessible à. SYN. se renfermer, se replier. CONTR. *se passionner, s'éveiller à* –LITTÉRAIRE: *s'abandonner.*

fermeté *nom féminin*

/ État de ce qui est compact. SYN. compacité, consistance, dureté, résistance, solidité. CONTR. *élasticité, inconsistance, mollesse, souplesse* –LITTÉRAIRE: *flaccidité.*

/ Qualité de ce qui ne faiblit pas. SYN. assurance, autorité, dureté, force, rectitude, rigueur, robustesse, solidité –FAMILIER: poigne –LITTÉRAIRE: sévérité. CONTR. *ébranlement, faiblesse, fluctuation, fragilité, hésitation, instabilité, mollesse, tremblement* –LITTÉRAIRE: *vacillation.*

/ Force de caractère. SYN. caractère, courage, décision, détermination, énergie, maîtrise de soi, résolution, ténacité, volonté –FAMILIER: cran –LITTÉRAIRE: opiniâtreté, stoïcisme. CONTR. *découragement, inconstance, indécision, irrésolution, veulerie, vulnérabilité* –LITTÉRAIRE: *pusillanimité, vacillation, versatilité.*

fermeture *nom féminin*

/ Fait d'être fermé. SYN. cessation, clôture, interdiction, suspension. CONTR. *inauguration, installation, ouverture, réouverture.*

fermier *nom*

/ Chef d'exploitation agricole. SYN. agriculteur, cultivateur, exploitant, paysan.

féroce *adjectif*

/ Se dit d'un animal sauvage. SYN. farouche, sauvage. CONTR. *apprivoisé, domestiqué, familier.*

/ Qui fait preuve de cruauté. SYN. barbare, cruel, effroyable, impitoyable, inhumain, monstrueux, terrible, terrifiant, violent –LITTÉRAIRE: farouche, sanguinaire. CONTR. *doux, inoffensif, tendre.*

/ D'une sévérité excessive. SYN. impitoyable, implacable, inexorable, méchant. CONTR. *bienveillant, bon, brave, charitable, humain, indulgent* –LITTÉRAIRE: *bienfaisant.*

/ Pénible à supporter. SYN. atroce, cruel, cuisant, insoutenable, insupportable, intolérable. CONTR. *agréable, bénin, délicieux, exquis.*

/ Indique un degré extrême. SYN. effréné, effroyable, forcené, fou, insensé, terrible –FAMILIER: violent.

férocement *adverbe*

/ D'une manière cruelle. SYN. atrocement, inhumainement, sauvagement.

/ Avec vigueur. SYN. extrêmement, farouchement, violemment.

férocité *nom féminin*

/ Nature d'un animal féroce. SYN. bestialité, cruauté, sauvagerie.

/ Caractère cruel de quelqu'un. SYN. barbarie, brutalité, cruauté, dureté, inhumanité, monstruosité, sadisme, sauvagerie. CONTR. *bienveillance, bonté, douceur, gentillesse, indulgence.*

/ Violence extrême. SYN. atrocité, barbarie, déchaînement, frénésie, fureur, rage, violence.

ferraille *nom féminin*

/ FAMILIER. Menue monnaie. SYN. monnaie –FAMILIER: mitraille, sous –POPULAIRE: blé, fric, oseille.

ferré *adjectif*

/ FAMILIER. Qui connaît un sujet. SYN. bon, fort, instruit, savant –FAMILIER: calé, fortiche, trapu. CONTR. *ignare, ignorant, nul.*

fers *nom masculin pluriel*

/ LITTÉRAIRE. État d'oppression. SYN. carcan, esclavage –LITTÉRAIRE: chaînes, lien.

fertile *adjectif*

/ Qui abonde en. SYN. abondant, dense, plein de, prodigue. CONTR. *avare, pauvre, stérile.*

/ Se dit d'un sol riche. SYN. inépuisable, intarissable, productif –LITTÉRAIRE: fécond, généreux, gras, plantureux. CONTR. *aride, déshérité, improductif, inculte, infécond, infertile, ingrat, maigre, pauvre, sec, stérile.*

/ Qui produit beaucoup. SYN. créateur, fécond, imaginatif, ingénieux, inventif, productif, prolifique, riche. CONTR. *improductif, infécond, infertile, pauvre, sec, stérile.*

/ Qui peut procréer. SYN. fécond. CONTR. *bréhaigne, infécond, infertile, stérile.*

fertilisation *nom féminin*

/ Action de fertiliser le sol. SYN. amendement, bonification. CONTR. *épuisement.*

fertiliser *verbe*

/ Rendre une terre fertile. SYN. améliorer, amender, bonifier, engraisser, enrichir, fumer –LITTÉRAIRE: féconder. CONTR. *appauvrir, épuiser, stériliser.*

fertilité *nom féminin*

/ Qualité d'un sol fertile. SYN. productivité, richesse –LITTÉRAIRE: fécondité. CONTR. *aridité, improductivité, infécondité, pauvreté, stérilité* –LITTÉRAIRE: *infertilité.*

/ Capacité de quelqu'un à créer. SYN. abondance, créativité, facilité, finesse, ingéniosité, richesse –LITTÉRAIRE: fécondité. CONTR. *improductivité, impuissance, infécondité, pauvreté, sécheresse, stérilité.*

féru *adjectif*

/ Qui a une passion pour. SYN. amateur, amoureux, engoué, enragé, entiché, épris, fanatique, fou, friand, passionné, toqué –FAMILIER: fana, mordu –POPULAIRE: accro. CONTR. *dégoûté, détaché, indifférent.*

fervent *adjectif*

/ Qui montre de la ferveur. SYN. ardent, brûlant, chaleureux, chaud, dévoué, enthousiaste, exalté, fanatique, passionné, zélé –FAMILIER: mordu. CONTR. *blasé, désabusé, flegmatique, froid, glacial, indifférent, tiède.*

fervent *nom*

/ Personne passionnée par. SYN. adorateur, amoureux, fanatique, passionné –FAMILIER: mordu –LITTÉRAIRE: adulateur.

ferveur *nom féminin*

/ Ardeur passionnée. SYN. ardeur, chaleur, effusion, élan, enthousiasme, exaltation, fanatisme, feu, fièvre, frénésie, passion, zèle –LITTÉRAIRE: flamme. CONTR. *tiédeur.*

/ Zèle animé par la religion. SYN. dévotion, piété, recueillement.

fessée *nom féminin*

/ FAMILIER. Défaite humiliante. SYN. déconfiture, défaite, échec, gifle, insuccès, revers –FAMILIER: claque, dégelée, fiasco, loupé, pile, piquette, plongeon, raclée, ratage, tannée, veste –LITTÉRAIRE: infortune –POPULAIRE: bide, déculottée, gamelle, plantage, volée. CONTR. *réussite, succès, victoire.*

fesses *nom féminin pluriel*

/ Parties charnues de la hanche. SYN. derrière, siège –FAMILIER: croupe, croupion, fessier, fondement, postérieur –LITTÉRAIRE: séant –POPULAIRE: arrière-train, cul, derche, lune, popotin.

fessier *nom masculin*

/ FAMILIER. Ensemble des deux fesses. SYN. derrière, siège –FAMILIER: croupe, croupion, fondement, postérieur –LITTÉRAIRE: séant –POPULAIRE: arrière-train, cul, derche, lune, popotin.

festin *nom masculin*

/ Repas d'apparat. SYN. agapes, banquet –FAMILIER: bombance, ripaille –POPULAIRE: gueuleton.

festivités *nom féminin pluriel*

/ Ensemble de réjouissances. SYN. amusements, distractions, divertissements, fête, réjouissances.

festoyer *verbe*

/ Prendre part à un festin. SYN. banqueter, se régaler –FAMILIER: bambocher, faire bombance, faire la bombe, faire ripaille, ripailler –POPULAIRE: faire un gueuleton, gueuletonner, se taper la cloche.

fêtard *nom*

/ FAMILIER. Personne qui fait la fête. SYN. noctambule –FAMILIER: bambocheur, noceur –VIEUX: viveur.

fête *nom féminin*

/ Partie de plaisir. SYN. délice, enchantement –ARGOTIQUE: teuf –FAMILIER: bringue, fiesta, java, noce, nouba, ribouldingue –LITTÉRAIRE: bacchanale –POPULAIRE: bamboula, foire –VIEUX: bamboche.

/ Célébration d'un événement. SYN. cérémonie, commémoration, festivités, solennité.

fêter *verbe*

/ Célébrer par une fête. SYN. célébrer, commémorer, sanctifier, solenniser –FAMILIER: arroser.

fétiche *nom masculin*

/ Objet auquel on attribue un pouvoir. SYN. amulette, gri-gri, mascotte, porte-bonheur, talisman.

fétichisme *nom masculin*

/ Admiration sans réserve pour. SYN. adoration, culte, idolâtrie, vénération –LITTÉRAIRE: dévotion.

fétichiste *adjectif et nom*

/ Qui montre du fétichisme. SYN. idolâtre, superstitieux.

fétide *adjectif*

/ Se dit d'une odeur désagréable. SYN. abominable, dégoûtant, écœurant, ignoble, immonde, infect, malodorant, méphitique, nauséabond, pestilentiel, puant, repoussant, répugnant, sordide. CONTR. *agréable, odoriférant, suave.*

fétidité *nom féminin*

/ Caractère fétide. SYN. infection, méphitisme, pestilence, puanteur. CONTR. *parfum* –LITTÉRAIRE: *fragrance.*

feu *adjectif*

/ LITTÉRAIRE. Qui est mort. SYN. décédé, défunt, disparu, mort.

feu *nom masculin*

- Destruction par les flammes. SYN. brasier, fournaise, foyer d'incendie, incendie.
- Vif éclat. SYN. brillant, chatoiement, éclat, scintillement –LITTÉRAIRE: étincelle, flamboiement.
- Décharge d'une arme. SYN. bordée, canonnade, rafale, salve, tir, volée.
- LITTÉRAIRE. Combat armé. SYN. bataille, combat, guerre.
- Ardeur des sentiments. SYN. chaleur, élan, enthousiasme, entrain, ferveur, fièvre, fougue, frénésie, passion, pétulance –LITTÉRAIRE: flamme.

feuillage *nom masculin*

- Ensemble des feuilles d'un arbre. SYN. frondaison, ombrage, ramure, verdure –LITTÉRAIRE: feuillée, ramée.

feuille *nom féminin*

- Mince couche de bois, de métal. SYN. feuillet, lame, plaque.
- VIEUX. Publication périodique. SYN. bulletin, journal –FAMILIER: canard –VIEUX: gazette.

feuillée *nom féminin*

- LITTÉRAIRE. Feuillage des arbres. SYN. feuillage, frondaison, ramure, verdure –LITTÉRAIRE: ramée.

feuilleter *verbe*

- Examiner rapidement un ouvrage. SYN. compulser, consulter, lire, parcourir, survoler.

feuillu *adjectif*

- Qui a beaucoup de feuilles. SYN. broussailleux, dense, touffu –LITTÉRAIRE: feuillé. CONTR. *clairsemé, nu, rare* –LITTÉRAIRE: *défeuillé.*

feutré *adjectif*

- Où les bruits sont étouffés. SYN. discret, étouffé, silencieux –LITTÉRAIRE: ouaté. CONTR. *bruyant.*

feutrer *verbe*

- LITTÉRAIRE. Atténuer un son, un sentiment. SYN. affaiblir, amortir, assourdir, éteindre, étouffer –LITTÉRAIRE: ouater. CONTR. *accentuer, amplifier, intensifier.*

fiabilité *nom féminin*

- Caractère fiable. SYN. crédibilité, vraisemblance.

fiable *adjectif*

- À qui l'on peut se fier. SYN. certain, crédible, de confiance, digne de foi, honnête, intègre, loyal, sérieux, sûr. CONTR. *déloyal, perfide, suspect.*

fiancé *nom*

- Personne qui s'est fiancée. SYN. –FAMILIER: futur –VIEUX: accordé, promis.

fiasco *nom masculin*

- FAMILIER. Échec complet. SYN. avortement, chute, culbute, déconfiture, défaite, échec, faillite, insuccès, revers –FAMILIER: claque, fessée, four, loupé, pelle, pile, piquette, plantage, plongeon, raclée, ratage, tannée, veste –POPULAIRE: bide, flop, gamelle, volée. CONTR. *réussite, succès, triomphe, victoire.*

ficeler *verbe*

- Serrer dans des liens. SYN. attacher, garrotter, lier, ligoter. CONTR. *déficeler.*
- FAMILIER. Habiller de façon ridicule. SYN. accoutrer, affubler, habiller –FAMILIER: attifer, fagoter –LITTÉRAIRE: vêtir.

ficelle *adjectif*

- FAMILIER. Qui est malin. SYN. finaud, futé, habile, malin, retors, roué, rusé –FAMILIER: roublard –LITTÉRAIRE: madré, matois, tortu. CONTR. *candide, franc, ingénu, naïf, sincère.*

ficelle *nom féminin*

- Artifice dans un art, un métier. SYN. finesse, procédé, recette, rouerie, ruse, secret, stratagème –FAMILIER: astuce, truc –LITTÉRAIRE: artifice, habileté.

fichaise *nom féminin*

- FAMILIER. Chose sans valeur. SYN. bagatelle, baliverne, billevesée, broutille, fadaise, niaiserie, sornette –FAMILIER: faribole –LITTÉRAIRE: superfluité –POPULAIRE: foutaise.

ficher *verbe transitif*

- Faire entrer par la pointe. SYN. enfoncer, fixer, loger, mettre, piquer, planter –FAMILIER: fourrer –LITTÉRAIRE: river.
- Inscrire sur une fiche. SYN. consigner, enregistrer, inscrire, marquer, mentionner, noter.

ficher *verbe transitif*

- FAMILIER. Être en train de faire. SYN. faire –FAMILIER: fabriquer, traficoter, trafiquer –POPULAIRE: foutre.

/ FAMILIER. Donner avec violence. SYN. appliquer, assener, asséner, décocher, mettre –FAMILIER: administrer, allonger, coller, envoyer, flanquer –POPULAIRE: balancer, foutre.

ficher (se) *verbe pronominal*

/ FAMILIER. Se lancer quelque part. SYN. se jeter, se mettre, se précipiter –FAMILIER: se flanquer –POPULAIRE: se foutre.

/ FAMILIER. Se moquer de. SYN. faire marcher, railler, rire de, s'amuser de, se moquer de –FAMILIER: chiner, mettre en boîte –LITTÉRAIRE: se gausser, se jouer de –POPULAIRE: charrier, se foutre.

/ FAMILIER. Ne pas tenir compte de. SYN. faire peu de cas de, ignorer, mépriser, n'en avoir rien à faire, rire de, se désintéresser, se jouer de, se rire de, s'en moquer –FAMILIER: se contreficher, s'en battre l'œil, s'en moquer comme de colin-tampon, s'en moquer comme de l'an quarante, s'en soucier comme de l'an quarante, s'en soucier comme de sa première chemise, s'en soucier comme d'une guigne –LITTÉRAIRE: n'avoir cure de –POPULAIRE: n'en avoir rien à foutre, s'en balancer, s'en foutre, s'en tamponner le coquillard, s'en taper. CONTR. *faire grand cas de, se pencher, se préoccuper de, se soucier de, s'intéresser à.*

fichtrement *adverbe*

/ FAMILIER. Indique l'intensité. SYN. affreusement, beaucoup, bien, colossalement, considérablement, effroyablement, énormément, exceptionnellement, excessivement, extraordinairement, extrêmement, fabuleusement, follement, fort, fortement, hautement, horriblement, immensément, incroyablement, infiniment, mortellement, particulièrement, prodigieusement, profondément, puissamment, terriblement, très, trop, vertigineusement –FAMILIER: atrocement, bigrement, bougrement, diablement, drôlement, fameusement, fichûment, formidablement, joliment, méchamment, rudement, tout plein –LITTÉRAIRE: diantrement, furieusement –POPULAIRE: foutrement, salement, vachement –VIEUX: fièrement. CONTR. *guère, légèrement, médiocrement, nullement, peu.*

fichu *adjectif*

/ FAMILIER. Irrémédiablement perdu. SYN. –FAMILIER: cuit, fini, flambé, frit, H.S., kaput, mort –POPULAIRE: foutu, nase.

fichu *nom masculin*

/ Triangle d'étoffe. SYN. fanchon, foulard, pointe.

fichûment *adverbe*

/ FAMILIER. Indique l'intensité. SYN. beaucoup, bien, excessivement, extraordinairement, extrêmement, fabuleusement, follement, fort, fortement, grandement, hautement, incroyablement, infiniment, particulièrement, prodigieusement, profondément, puissamment, terriblement, très, trop –FAMILIER: bigrement, bougrement, diablement, drôlement, fameusement, fichtrement, formidablement, joliment, méchamment, rudement, tout plein –LITTÉRAIRE: diantrement, furieusement –POPULAIRE: vachement –VIEUX: fièrement. CONTR. *guère, légèrement, médiocrement, nullement, peu.*

fictif *adjectif*

/ Qui n'est pas réel. SYN. factice, faux, forgé, illusoire, imaginaire, inventé, irréel, mensonger, romanesque, trompeur –LITTÉRAIRE: emprunté, postiche. CONTR. *manifeste, palpable, réel, vrai.*

/ Qui n'existe que par convention. SYN. conventionnel, extrinsèque, inexistant, théorique. CONTR. *effectif, intrinsèque.*

fiction *nom féminin*

/ Création de l'imagination. SYN. conte, fable, fantôme, illusion, invention, rêve, roman –LITTÉRAIRE: songe. CONTR. *réalité, vérité.*

fidèle *adjectif*

/ Qui est très attaché à. SYN. assidu, dévoué, loyal, zélé. CONTR. *déloyal, fourbe, perfide, traître* –LITTÉRAIRE: *félon.*

/ Qui est constant, en amour. CONTR. *adultère, frivole, infidèle, léger, volage.*

/ Qui garde la même opinion. SYN. constant, immuable, persévérant. CONTR. *changeant, fluctuant, inconstant, infidèle, léger, versatile.*

/ Qui tient ses promesses. SYN. attentif, respectueux. CONTR. *parjure* –LITTÉRAIRE: *infidèle.*

/ Qui reproduit la réalité. SYN. conforme, correct, exact, littéral, objectif, scrupuleux, véridique. CONTR. *caricatural, douteux, erroné, fantaisiste, faux, incorrect, inexact, suspect* –LITTÉRAIRE: *infidèle.*

/ Qui dénote un attachement durable. SYN. éprouvé, sincère, solide, sûr, véridique, véritable, vrai. CONTR. *fugace, occasionnel.*

fidèle *nom masculin*

/ Personne qui adhère à une religion. SYN. adepte, adorateur, croyant, partisan. CONTR. *apostat, dissident, factieux, infidèle, non-croyant, païen, renégat.*

fidèlement *adverbe*

/ Avec constance. SYN. docilement, régulièrement –LITTÉRAIRE: ponctuellement.
/ Avec exactitude. SYN. exactement, objectivement, religieusement, rigoureusement, scrupuleusement. CONTR. *approximativement.*

fidélité *nom féminin*

/ Fait d'être dévoué à. SYN. attachement, dévouement, loyalisme. CONTR. *abjuration, déloyauté, félonie, fourberie, trahison, traîtrise* –LITTÉRAIRE: *infidélité, perfidie.*
/ Fait d'être constant. SYN. constance, persévérance –LITTÉRAIRE: immuabilité. CONTR. *défection, inconstance, infidélité, légèreté, rébellion* –LITTÉRAIRE: *variabilité, versatilité.*
/ Fait de reproduire la réalité. SYN. correction, exactitude, justesse, objectivité, précision, sûreté, véracité, vérité –LITTÉRAIRE: véridicité. CONTR. *fantaisie, incorrection, inexactitude, infidélité.*
/ Fait d'être fidèle à son conjoint. SYN. constance. CONTR. *adultère, infidélité, légèreté, trahison, tromperie.*

fief *nom masculin*

/ Secteur de compétence. SYN. attributions, branche, domaine, partie, spécialité, sphère, territoire, univers –LITTÉRAIRE: royaume.

fieffé *adjectif*

/ Qui a un défaut au plus haut degré. SYN. accompli, achevé, beau, complet, consommé, fini, parfait –FAMILIER: fameux, sacré, satané, sinistre.

fiel *nom masculin*

/ LITTÉRAIRE. Âpreté des sentiments. SYN. acrimonie, amertume, animosité, antipathie, haine, hargne, hostilité, malveillance, ressentiment –LITTÉRAIRE: âcreté, venin.

fielleux *adjectif*

/ LITTÉRAIRE. Porté à la malveillance. SYN. acerbe, amer, calomnieux, haineux, malintentionné, malveillant, méchant, mordant, vindicatif, virulent –LITTÉRAIRE: acrimonieux, vénéneux, venimeux. CONTR. *bienveillant, bon, élogieux, flatteur, gentil, indulgent* –LITTÉRAIRE: *amène.*

fier *adjectif*

/ Qui se croit supérieur. SYN. arrogant, conquérant, dédaigneux, distant, faraud, hautain, infatué, méprisant, orgueilleux, prétentieux, rogue, suffisant, vaniteux –LITTÉRAIRE: altier, crâne, outrecuidant, vain. CONTR. *affable, bienveillant, effacé, humble, modeste, simple, timide* –LITTÉRAIRE: *amène.*
/ LITTÉRAIRE. Qui a des sentiments élevés. SYN. digne, majestueux, noble –LITTÉRAIRE: orgueilleux. CONTR. *abject, avili, commun, humilié, ignoble, infâme, vulgaire* –LITTÉRAIRE: *vil.*
/ Qui tire orgueil de. SYN. content, heureux, satisfait. CONTR. *honteux, insatisfait, mécontent.*

fier (se) *verbe pronominal*

/ Mettre sa confiance en. SYN. avoir foi en, compter sur, croire en, se référer à, se reposer sur, s'en rapporter à, s'en remettre à, tabler sur. CONTR. *se méfier, suspecter* –LITTÉRAIRE: *se défier, se garder de.*

fier-à-bras *nom masculin*

/ LITTÉRAIRE. Personne qui se vante. SYN. bravache, fanfaron, faraud –FAMILIER: frimeur –LITTÉRAIRE: capitan, matamore, rodomont.

fièrement *adverbe*

/ Avec fierté. SYN. courageusement, dignement, noblement –LITTÉRAIRE: bravement, crânement, hardiment. CONTR. *humblement, simplement.*
/ VIEUX. De manière intense. SYN. beaucoup, follement, fort, grandement, infiniment, particulièrement, singulièrement, terriblement, très –FAMILIER: bigrement, bougrement, diablement, drôlement, fameusement, fichûment, formidablement, joliment, rudement, sacrément –LITTÉRAIRE: furieusement –POPULAIRE: salement, vachement.

fiérot *adjectif*

/ FAMILIER. Qui est satisfait de soi-même. SYN. fanfaron, faraud, infatué, orgueilleux, prétentieux, puant, suffisant, vaniteux –LITTÉRAIRE: crâne, fat, glorieux, vain. CONTR. *humble, modeste.*

fierté *nom féminin*

▮ LITTÉRAIRE. Fait de se croire supérieur. SYN. arrogance, condescendance, dédain, hauteur, infatuation, morgue, orgueil, suffisance, supériorité, vanité –LITTÉRAIRE: outrecuidance, superbe. CONTR. *humilité, modestie, simplicité.*

▮ LITTÉRAIRE. Qualité d'une personne fière. SYN. amour-propre, dignité, honneur, noblesse. CONTR. *bassesse, humiliation.*

▮ Fait d'être satisfait. SYN. contentement, gloire, satisfaction –LITTÉRAIRE: vanité.

fiesta *nom féminin*

▮ FAMILIER. Réjouissance collective. SYN. fête –ARGOTIQUE: teuf –FAMILIER: bombe, bringue, java, noce, nouba, ribouldingue –POPULAIRE: bamboula, foire –VIEUX: bamboche.

fièvre *nom féminin*

▮ État d'agitation. SYN. affolement, agitation, bouillonnement, chaleur, délire, effervescence, émotion, exaltation, excitation, fébrilité, fermentation, ferveur, feu, fougue, frénésie, hâte, nervosité, surexcitation –LITTÉRAIRE: émoi, flamme. CONTR. *apaisement, calme, paix.*

▮ Désir ardent de. SYN. amour, ardeur, folie, impatience, passion, rage, soif.

fiévreusement *adverbe*

▮ De façon fiévreuse. SYN. fébrilement, impatiemment, nerveusement –LITTÉRAIRE: tumultueusement. CONTR. *calmement, paisiblement, placidement, sagement, sereinement, tranquillement.*

fiévreux *adjectif*

▮ Qui dénote la fièvre. SYN. bouillant, brûlant, fébrile. CONTR. *froid, gelé, glacé.*

▮ Qui est dans un état d'agitation. SYN. agité, bouillonnant, exalté, excité, fébrile, frénétique, nerveux, orageux, passionné, surexcité –LITTÉRAIRE: tumultueux. CONTR. *calme, impassible, imperturbable, indifférent, paisible, serein, tranquille* –FAMILIER: *cool.*

figé *adjectif*

▮ Devenu rigide, fixe. SYN. cloué, fixe, glacé, immobile, inanimé, inerte, mort, paralysé, pétrifié, rivé, stagnant, statique –FAMILIER: planté –LITTÉRAIRE: somnolent. CONTR. *mobile, vivant.*

figer *verbe intransitif*

▮ Se solidifier sous l'effet du froid. SYN. coaguler, durcir, épaissir, prendre, se coaguler, se solidifier. CONTR. *dégeler, fondre, se liquéfier.*

figer *verbe transitif*

▮ Solidifier un corps gras. SYN. coaguler, congeler, geler. CONTR. *dégeler, fondre, liquéfier.*

▮ Immobiliser quelqu'un. SYN. clouer, fixer, glacer, immobiliser, méduser, pétrifier –LITTÉRAIRE: raidir, statufier.

▮ Empêcher d'évoluer. SYN. geler, suspendre –FAMILIER: fossiliser.

figer (se) *verbe pronominal*

▮ Ne plus évoluer. SYN. se scléroser, s'immobiliser. CONTR. –LITTÉRAIRE: *s'animer.*

fignolé *adjectif*

▮ Fait avec soin. SYN. consciencieux, fini, fouillé, minutieux, peaufiné, travaillé –FAMILIER: léché –POPULAIRE: chiadé –VIEUX: perlé. CONTR. *grossier, inachevé, informe, relâché* –FAMILIER: *bâclé, expédié, ni fait ni à faire.*

fignoler *verbe*

▮ Exécuter avec soin. SYN. parachever, parfaire, peaufiner, perfectionner, polir, soigner, travailler –FAMILIER: lécher –LITTÉRAIRE: ciseler, raffiner –POPULAIRE: chiader –VIEUX: perler. CONTR. *brouillonner, gâcher, saboter* –FAMILIER: *bâcler, bousiller, expédier, torcher, torchonner.*

figurativement *adverbe*

▮ D'une façon figurative. SYN. allégoriquement, métaphoriquement, symboliquement.

figure *nom féminin*

▮ Partie antérieure de la tête. SYN. face, faciès, minois, visage –FAMILIER: frimousse, museau –POPULAIRE: fraise, margoulette, poire, portrait –VIEUX: hure.

▮ Expression du visage. SYN. air, expression, mine, physionomie, tête, traits –FAMILIER: bille, binette, bouille, trogne –LITTÉRAIRE: masque –POPULAIRE: bobine, gueule, trombine, tronche.

▮ Personne célèbre. SYN. célébrité, nom, personnage, personnalité, sommité.

figurer *verbe intransitif*

▮ Se trouver parmi. SYN. compter, être au nombre de.

figurer *verbe transitif*
/ Représenter quelque chose. SYN. dessiner, illustrer, imiter, peindre, représenter, reproduire, retracer, sculpter, tracer, traduire.
/ Symboliser quelque chose. SYN. évoquer, incarner, rappeler, représenter, signifier, suggérer, symboliser, traduire.

figurer (se) *verbe pronominal*
/ Se représenter par l'imagination. SYN. évoquer, imaginer, se représenter, visualiser, voir.
/ Croire sans raison que. SYN. croire, escompter, espérer, penser, s'attendre, s'imaginer.

fil *nom masculin*
/ Enchaînement logique. SYN. cours, déroulement, marche, suite –LITTÉRAIRE: trame.

filandreux *adjectif*
/ Rempli de fibres. SYN. fibreux, filamenteux. CONTR. *tendre.*
/ Se dit d'un style confus. SYN. diffus, embrouillé, enchevêtré, fumeux, pâteux, prolixe, touffu, verbeux –FAMILIER: cafouilleux, emberlificoté, entortillé, tarabiscoté –LITTÉRAIRE: nébuleux. CONTR. *clair, concis, court, dense, lapidaire, limpide, lumineux, ramassé.*

file *nom féminin*
/ Suite de personnes. SYN. chapelet, colonne, cordon, cortège, défilé, haie, ligne, procession, queue, rang, série, succession, suite –FAMILIER: ribambelle –LITTÉRAIRE: séquelle, théorie.
/ Suite de choses. SYN. chapelet, cordon, enfilade, front, ligne, rang, rangée, série, suite –LITTÉRAIRE: haie, séquelle.

filer *verbe intransitif*
/ FAMILIER. Quitter rapidement un lieu. SYN. déguerpir, déloger, disparaître, partir, s'enfuir –FAMILIER: décamper, détaler, se défiler, se sauver, s'éclipser –POPULAIRE: décaniller, se barrer, se calter, se carapater, se casser, se cavaler, se tailler, se tirer.
/ FAMILIER. Aller rapidement quelque part. SYN. accourir, courir, fuir, se hâter, voler –FAMILIER: foncer, speeder –POPULAIRE: cavaler.

filer *verbe transitif*
/ Suivre quelqu'un discrètement. SYN. espionner, guetter, suivre, surveiller –FAMILIER: pister. CONTR. *perdre.*
/ Laisser glisser une corde. SYN. dévider, lâcher, larguer.
/ FAMILIER. Donner quelque chose à. SYN. céder, donner, passer –FAMILIER: flanquer –POPULAIRE: refiler.

filet *nom masculin*
/ Petite quantité d'un liquide. SYN. brin, doigt, goutte, grain, gramme, larme, nuage, once, pointe, soupçon, teinte –LITTÉRAIRE: liard, ombre, trait –POPULAIRE: chouia. CONTR. *cascade, déluge, flot, torrent* –LITTÉRAIRE: *averse, océan.*

filiation *nom féminin*
/ Lien de parenté. SYN. ascendance, descendance, lignage, ligne, lignée, origine –LITTÉRAIRE: extraction.
/ Suite de choses reliées. SYN. chaîne, enchaînement, liaison, lien, succession.

filiforme *adjectif*
/ Mince comme un fil. SYN. effilé, fin, grêle, menu, mince, ténu –LITTÉRAIRE: délié. CONTR. *épais, fort, gras, gros, large, râblé, trapu, volumineux* –FAMILIER: *grassouillet, rond, rondelet, rondouillard* –POPULAIRE: *baraqué.*

fille *nom féminin*
/ Personne jeune du sexe féminin. SYN. demoiselle, nymphette –FAMILIER: donzelle, minette, sauterelle –POPULAIRE: môme, nana, pisseuse. CONTR. *garçon.*
/ Enfant du sexe féminin. SYN. –FAMILIER: gamine, gosse, héritière. CONTR. *fils.*

filon *nom masculin*
/ Concentration d'un minerai. SYN. gisement, gîte, mine, veine.
/ FAMILIER. Bonne place. SYN. aubaine, mine –FAMILIER: fromage –POPULAIRE: planque.

filou *nom masculin*
/ Homme malhonnête. SYN. aigrefin, bandit, brigand, canaille, chenapan, crapule, escroc, gredin, malfaiteur, maraudeur, pourri, racaille, scélérat, vaurien, vermine, voleur –FAMILIER: empileur, faisan, fripouille, pendard, ripou, sacripant –LITTÉRAIRE: pirate –POPULAIRE: arsouille –VIEUX: coquin, fripon.
/ FAMILIER. Enfant malin. SYN. chenapan, coquin, garnement, gredin, polisson, voyou –FAMILIER: affreux jojo, brigand, diable, fripon, galopin, lascar –VIEUX: galapiat, mâtin.

filoutage *nom masculin*

/ Action de filouter. SYN. grivèlerie, larcin, maraudage, maraude, vol –FAMILIER: chapardage, friponnerie –LITTÉRAIRE: rapine –VIEUX: filouterie.

filouter *verbe*

/ VIEUX. Voler quelqu'un, quelque chose. SYN. dépouiller, escroquer, voler –FAMILIER: empiler, flouer, plumer, ratisser, refaire, tondre –LITTÉRAIRE: gruger.

filouterie *nom féminin*

/ VIEUX. Acte de filou. SYN. brigandage, escroquerie, filoutage, indélicatesse, malpropreté, vol –FAMILIER: friponnerie.

fils *nom masculin*

/ Enfant mâle. SYN. descendant, postérité –FAMILIER: fiston, gamin, gars, gosse, héritier, rejeton. CONTR. *fille.*

/ Personne originaire d'un lieu. SYN. citoyen, enfant.

filtrage *nom masculin*

/ Action de filtrer. SYN. clarification, épuration, filtration.

filtrer *verbe*

/ Atténuer l'intensité d'une lumière. SYN. estomper, tamiser –LITTÉRAIRE: voiler.

/ Faire passer dans un filtre. SYN. clarifier, cribler, passer, purifier, tamiser, trier. CONTR. *troubler* –LITTÉRAIRE: *vicier.*

fin *adjectif*

/ Qui a très peu d'épaisseur. SYN. effilé, filiforme, frêle, fuselé, grêle, léger, menu, mince, svelte, ténu –LITTÉRAIRE: arachnéen, délié, gracile. CONTR. *énorme, épais, fort, gras, gros, trapu.*

/ D'une grande délicatesse. SYN. délicat, doux, gracieux –LITTÉRAIRE: gracile. CONTR. *accusé, alourdi, calleux, empâté, épais, fruste, grossier, lourd, marqué, prononcé.*

/ D'une qualité supérieure. SYN. excellent, exquis, extra, précieux, raffiné, superfin, supérieur. CONTR. *commun, inférieur, ordinaire, plat.*

/ D'une grande acuité. SYN. acéré, aigu, aiguisé, perçant, pointu, sensible.

/ Qui montre de l'esprit. SYN. adroit, astucieux, avisé, clairvoyant, finaud, futé, habile, malin, pénétrant, perspicace, sagace, spirituel, subtil –LITTÉRAIRE: matois –VIEUX: perçant. CONTR. *balourd, béotien, bête, crétin, épais, fruste, gauche, grossier, incapable, inepte, lourdaud, maladroit, mauvais, obtus, pesant, piètre, pitoyable, simple, simplet, stupide* –FAMILIER: *ballot, bébête, bêta, lourd.*

fin *adverbe*

/ Tout à fait. SYN. absolument, complètement, entièrement, intégralement, parfaitement, totalement. CONTR. *à demi, à moitié, en partie, incomplètement, partiellement.*

fin *nom féminin*

/ Terme de quelque chose. SYN. aboutissement, achèvement, bout, expiration, queue, sortie, terme –LITTÉRAIRE: extrémité. CONTR. *approche, aube, commencement, début, entrée, germe, origine, source* –LITTÉRAIRE: *aurore.*

/ Interruption de quelque chose. SYN. arrêt, cessation, limite, suspension. CONTR. *continuation, continuité.*

/ Dernière phase. SYN. clôture, conclusion, dénouement, épilogue, issue, péroraison, solution. CONTR. *amorce, avant-propos, exorde, exposition, introduction, préambule, préliminaires.*

/ Échec d'une entreprise. SYN. déclin, disparition, enterrement, extinction, mort –LITTÉRAIRE: crépuscule. CONTR. *apparition, arrivée, avènement, éclosion, naissance* –LITTÉRAIRE: *prémices.*

/ Mort de quelqu'un. SYN. décès, disparition, mort, perte –LITTÉRAIRE: trépas. CONTR. *conception, naissance.*

/ But d'une action. SYN. but, cible, objectif, visée.

final *adjectif*

/ Qui est ou vient à la fin. SYN. définitif, dernier, extrême, suprême, terminal, ultime. CONTR. *initial, préliminaire, premier.*

finalement *adverbe*

/ Pour finir. SYN. au bout du compte, au total, bref, décidément, en définitive, en dernier ressort, en dernière analyse, en fin de compte, en résumé, en somme, enfin, pour tout dire, somme toute, tout compte fait –FAMILIER: en un mot, en un mot comme en cent, en un mot comme en mille.

financer *verbe*

/ Assurer le paiement de. SYN. commanditer, payer, soutenir, subventionner.

financier *adjectif*

/ Relatif à l'argent. SYN. budgétaire, matériel, pécuniaire.

finasser *verbe*

/ User de subterfuges. SYN. biaiser, louvoyer, ruser, tergiverser.

finasserie *nom féminin*

/ Finesse mêlée de ruse. SYN. biais, détour, faux-fuyant, rouerie, ruse, subterfuge, subtilité, tergiversation – FAMILIER: roublardise – VIEUX: finauderie.

finasseur ou **finassier** *adjectif*

/ VIEUX. Qui finasse. SYN. finaud, machiavélique, retors, roué, rusé, tortueux – FAMILIER: roublard – LITTÉRAIRE: cauteleux, madré, matois.

finaud *adjectif*

/ Rusé, sous des airs simples. SYN. espiègle, fin, futé, malicieux, malin, retors, roué – FAMILIER: ficelle, roublard – LITTÉRAIRE: madré, matois – VIEUX: finasseur, finassier. CONTR. *bête, idiot, stupide.*

finauderie *nom féminin*

/ VIEUX. Action, caractère de finaud. SYN. espièglerie, finasserie, malice, rouerie, subtilité – FAMILIER: roublardise – LITTÉRAIRE: sournoiserie. CONTR. *bêtise, stupidité.*

finement *adverbe*

/ De façon délicate. SYN. délicatement – LITTÉRAIRE: précieusement. CONTR. *grossièrement.*

/ D'une manière habile. SYN. adroitement, astucieusement, habilement, subtilement. CONTR. *lourdement, malhabilement, stupidement.*

finesse *nom féminin*

/ Qualité de ce qui est ténu. SYN. légèreté, minceur – LITTÉRAIRE: diaphanéité, sveltesse, ténuité. CONTR. *épaisseur, grosseur, lourdeur, pesanteur.*

/ Qualité de ce qui est délicat. SYN. délicatesse, douceur, grâce – LITTÉRAIRE: gracilité. CONTR. *empâtement, épaisseur, grossièreté, vulgarité.*

/ Qualité de ce qui est supérieur. SYN. excellence, perfection, pureté, supériorité – LITTÉRAIRE: suavité, succulence. CONTR. *banalité, platitude, simplicité.*

/ Qualité intellectuelle. SYN. acuité, adresse, clairvoyance, diplomatie, esprit, fertilité, habileté, intuition, pénétration, perspicacité, profondeur, psychologie, sagacité – LITTÉRAIRE: fécondité. CONTR. *balourdise, bêtise, gaucherie, idiotie, ineptie, inexpérience, inhabileté, lourdeur, maladresse, niaiserie, sottise, stupidité.*

/ Chose difficile à saisir. SYN. argutie, finasserie, nuance, subtilité.

/ Procédé pour arriver à ses fins. SYN. ficelle, ruse – FAMILIER: astuce, truc – LITTÉRAIRE: habileté.

fini *adjectif*

/ Qui comporte des finitions. SYN. fignolé, fouillé, limé, peaufiné, poli, travaillé – FAMILIER: léché – LITTÉRAIRE: ciselé – POPULAIRE: chiadé – VIEUX: perlé. CONTR. *informe* – FAMILIER: *bâclé, expédié, ni fait ni à faire.*

/ FAMILIER. Qui est très fatigué. SYN. à bout de forces, à plat, anéanti, brisé, épuisé, exténué, fatigué, fourbu, harassé, K.-O., mort de fatigue, recru, rendu, rompu, usé – FAMILIER: achevé, au bout du rouleau, cassé, claqué, éreinté, esquinté, H.S., lessivé, moulu, pompé, raplapla, tué, vanné, vidé – POPULAIRE: crevé. CONTR. *dispos, frais, frais et dispos, reposé* – FAMILIER: *en forme, en pleine forme, frais comme un gardon, frais comme une rose, increvable* – VIEUX: *gaillard.*

/ Qui est parfait en son genre. SYN. accompli, achevé, consommé, fieffé – FAMILIER: sacré.

/ Qui a été mené à son terme. SYN. accompli, achevé, consommé, fait, terminé. CONTR. *inachevé.*

/ FAMILIER. Irrémédiablement perdu. SYN. perdu – FAMILIER: cuit, fichu, flambé, frit, H.S., kaput, mort – POPULAIRE: foutu, nase.

fini *nom masculin*

/ Qualité de ce qui est fignolé. SYN. achèvement, fignolage, perfection, poli.

finir *verbe intransitif*

/ Arriver à son terme. SYN. aboutir, cesser, expirer, prendre fin, s'achever, s'arrêter, se terminer, s'interrompre – LITTÉRAIRE: se mourir. CONTR. *commencer, débuter, durer, partir, s'amorcer, s'ouvrir.*

/ Terminer son existence. SYN. mourir, passer – LITTÉRAIRE: expirer, périr, trépasser.

finir *verbe transitif*

/ Mener à sa fin. SYN. accomplir, achever, conclure, mener à bien, mener à bonne fin, mener à son terme, mettre la dernière main à, mettre un point final à, mettre un terme à, parachever, régler, terminer, tirer le rideau, tourner la page. CONTR. *aborder, amorcer, attaquer, commencer, débuter, ébaucher, engager, entamer, entreprendre, esquisser, étrenner, inaugurer, s'attaquer.*

/ Marquer la fin de quelque chose. SYN. arrêter, clôturer, conclure, couronner, fermer, sonner le glas de –LITTÉRAIRE: clore. CONTR. *introduire, ouvrir.*

finissage *nom masculin*

/ Action de terminer l'exécution de. SYN. achèvement, fignolage, finition –LITTÉRAIRE: consommation, parachèvement.

finition *nom féminin*

/ Ce qui termine l'exécution de. SYN. achèvement, fignolage –LITTÉRAIRE: consommation, parachèvement.

fiole *nom féminin*

/ POPULAIRE. Visage. SYN. face, faciès, minois, tête –FAMILIER: binette, frimousse, mufle, museau –POPULAIRE: bobine, fraise, margoulette, poire, portrait –VIEUX: hure.

fioriture *nom féminin*

/ LITTÉRAIRE. Ornement accessoire. SYN. agrément, embellissement, enjolivement, enjolivure, ornement.

firmament *nom masculin*

/ LITTÉRAIRE. Voûte céleste. SYN. ciel –LITTÉRAIRE: cieux, nue.

firme *nom féminin*

/ Entreprise industrielle ou commerciale. SYN. entreprise, établissement, maison, société –FAMILIER: boîte.

fissuration *nom féminin*

/ Fait de se fissurer. SYN. craquèlement, craquellement, craquelure, fendillement.

fissure *nom féminin*

/ Fente légère. SYN. cassure, craquelure, crevasse, déchirure, entaille, faille, fêlure, fente, interstice, jour, lézarde, rainure.

fissurer *verbe*

/ Causer des fissures. SYN. craqueler, crevasser, fêler, fendiller, fendre, gercer, lézarder, ouvrir.

/ Provoquer la désunion. SYN. anéantir, délabrer, désagréger, miner, ruiner, saper –LITTÉRAIRE: fêler.

fixation *nom féminin*

/ Action de fixer solidement à. SYN. accrochage, amarrage, ancrage, scellement, vissage. CONTR. *décrochage, décrochement, descellement.*

/ Action de s'établir en un lieu. SYN. enracinement, établissement, implantation, installation, sédentarisation. CONTR. *départ, déracinement.*

/ Action de déterminer précisément. SYN. détermination, établissement, réglementation.

fixe *adjectif*

/ Qui ne remue pas. SYN. cloué, dormant, figé, immobile, paralysé, pétrifié, rivé, stagnant –FAMILIER: planté. CONTR. *ambulant, branlant, brimbalant, errant, fuyant, mobile, mouvant, orientable, oscillant.*

/ Qui ne varie pas. SYN. arrêté, constant, définitif, déterminé, ferme, immuable, invariable, permanent, précis, réglé, régulier, stable, stationnaire. CONTR. *capricieux, changeant, flottant, fluctuant, indécis, indéterminé, instable, irrégulier, modulé, mouvant, vague, variable, volatil* –LITTÉRAIRE: *inconstant, ondoyant.*

fixé *adjectif*

/ Déterminé à l'avance. SYN. arrêté, calculé, décidé, défini, déterminé, entendu, réglé, voulu.

fixer *verbe*

/ Faire tenir quelque chose. SYN. accrocher, agrafer, amarrer, arrimer, assujettir, assurer, attacher, caler, clouer, coincer, coller, épingler, ficher, figer, immobiliser, maintenir, planter, retenir, sceller, stabiliser, suspendre, tenir, visser. CONTR. *décrocher, défaire, détacher.*

/ Faire rester quelque part. SYN. concentrer, enraciner, établir, implanter, installer, sédentariser. CONTR. *déraciner.*

/ Mettre en place des règles. SYN. arrêter, assigner, décider, définir, délimiter, détermi-

ner, dicter, donner, établir, formuler, imposer, indiquer, préciser, réglementer, spécifier. CONTR. *hésiter.*
/ Regarder avec insistance. SYN. contempler, dévisager, examiner, inspecter, observer, regarder, scruter –FAMILIER: reluquer –POPULAIRE: zieuter, zyeuter.
/ Renseigner quelqu'un sur. SYN. avertir, éclairer, édifier, informer, instruire, mettre au courant, mettre au fait, prévenir –FAMILIER: tuyauter.

fixer (se) *verbe pronominal*
/ Se mettre sur quelque chose. SYN. adhérer, coller à, s'accrocher, s'attacher.
/ Établir son domicile quelque part. SYN. habiter, résider, s'ancrer, s'établir, s'installer, vivre.
/ Devenir stable. SYN. se figer, se stabiliser. CONTR. *changer, évoluer, se modifier, se transformer.*

fixité *nom féminin*
/ État de ce qui est fixe. SYN. immobilité. CONTR. *déplacement, mobilité, mouvement, vacillement* –LITTÉRAIRE: *branle.*
/ LITTÉRAIRE. État de ce qui est constant. SYN. constance, continuité, invariabilité, permanence, stabilité –LITTÉRAIRE: immuabilité. CONTR. *changement, évolution, fluctuation, instabilité, modification, transformation, vacillement* –LITTÉRAIRE: *inconstance, mouvance.*

flaccidité *nom féminin*
/ LITTÉRAIRE. Caractère flasque. SYN. élasticité, inconsistance, mollesse, souplesse. CONTR. *consistance, dureté, fermeté, tonicité.*

fla-fla *nom masculin*
/ FAMILIER. Attitude prétentieuse. SYN. bluff, façons, manières, ostentation –FAMILIER: chichi, chiqué, esbroufe –POPULAIRE: épate. CONTR. *simplicité.*

flagada *adjectif*
/ FAMILIER. Sans force. SYN. à plat, brisé, épuisé, fatigué, rendu, rompu –FAMILIER: claqué, lessivé, mort, moulu, pompé, raplapla, sur les genoux, vanné, vidé –POPULAIRE: crevé, sur les rotules. CONTR. *dispos, frais, frais et dispos* –FAMILIER: *en forme, en pleine forme, frais comme un gardon, frais comme une rose* –VIEUX: *gaillard.*

flageller *verbe*
/ Battre à coups de fouet. SYN. cingler, cravacher, fouetter, fustiger –LITTÉRAIRE: fouailler.
/ LITTÉRAIRE. Attaquer vivement. SYN. blâmer, condamner, critiquer, houspiller, malmener, stigmatiser –LITTÉRAIRE: flétrir, fustiger, tancer.

flageolant *adjectif*
/ Qui flageole. SYN. chancelant, titubant, trébuchant, tremblant, tremblotant –LITTÉRAIRE: trémulant, vacillant. CONTR. *ferme, solide, stable.*

flageoler *verbe*
/ Trembler de fatigue, d'émotion. SYN. chanceler, mollir, tituber, trébucher, vaciller –FAMILIER: tanguer.

flagorner *verbe*
/ LITTÉRAIRE. Flatter de façon outrée. SYN. chatouiller l'amour-propre, courtiser, exalter, flatter, manier l'encensoir, passer la main dans le dos –FAMILIER: cirer les bottes, cirer les pompes, faire de la lèche, faire des ronds de jambe, faire du plat, lécher les bottes, passer de la pommade, passer la brosse à reluire –LITTÉRAIRE: encenser, louanger, magnifier –POPULAIRE: lécher le cul. CONTR. *bafouer, chapitrer, critiquer, décrier, dénigrer, diffamer* –FAMILIER: *bêcher, cracher sur, débiner, déblatérer, éreinter, esquinter* –LITTÉRAIRE: *brocarder, dauber, déchirer, noircir, vilipender* –POPULAIRE: *crosser.*

flagornerie *nom féminin*
/ LITTÉRAIRE. Flatterie intéressée. SYN. cajolerie, coup d'encensoir, flatterie, obséquiosité –FAMILIER: lèche –LITTÉRAIRE: adulation, courtisanerie, encens, patelinage, patelinerie. CONTR. *franchise, sincérité.*

flagorneur *nom*
/ LITTÉRAIRE. Personne qui flagorne. SYN. bénisseur, courtisan, flatteur –FAMILIER: lèche-bottes, lécheur –LITTÉRAIRE: adulateur, complimenteur, encenseur, laudateur, louangeur, thuriféraire –POPULAIRE: lèche-cul. CONTR. *critique, dénigreur, dépréciateur, détracteur, diffamateur* –FAMILIER: *bêcheur, débineur* –LITTÉRAIRE: *censeur, daubeur.*

flagrance *nom féminin*
/ Caractère flagrant. SYN. certitude, évidence. CONTR. *doute, incertitude.*

flagrant *adjectif*
/ Qui est évident. SYN. aveuglant, certain, clair, criant, éclatant, évident, incontestable, indéniable, indiscutable, indubitable, manifeste, notoire, ostensible, patent, visible. CONTR. *contestable, discutable, douteux, hypothétique, incertain.*

flair *nom masculin*
/ Finesse qui porte à deviner. SYN. clairvoyance, discernement, divination, instinct, intuition, nez, perspicacité, prémonition, prescience –POPULAIRE: pif. CONTR. *aveuglement.*

flairer *verbe*
/ Appliquer son odorat à. SYN. renifler, respirer, sentir –LITTÉRAIRE: humer.
/ Deviner par intuition. SYN. deviner, discerner, percevoir, présager, pressentir, prévoir, repérer, se douter, sentir, soupçonner –FAMILIER: renifler, subodorer.

flambant *adjectif*
/ Qui flambe. SYN. bouillant, brûlant –LITTÉRAIRE: ardent. CONTR. *froid, glacé, glacial.*

flambé *adjectif*
/ FAMILIER. Qui est démasqué. SYN. coulé, démasqué, repéré.
/ FAMILIER. Irrémédiablement perdu. SYN. –FAMILIER: cuit, fichu, fini, frit, H.S., kaput, mort –POPULAIRE: foutu, nase.

flambeau *nom masculin*
/ Torche. SYN. candélabre, chandelier, torchère.
/ LITTÉRAIRE. Ce qui guide. SYN. guide –LITTÉRAIRE: lumière, phare.

flambée *nom féminin*
/ Feu vif pour se réchauffer. SYN. feu –VIEUX: chaude.
/ Brusque manifestation. SYN. accès, bouffée, crise, débordement, déchaînement, explosion, montée, poussée –LITTÉRAIRE: éclat.

flamber *verbe*
/ LITTÉRAIRE. Briller d'un vif éclat. SYN. briller, chatoyer, étinceler, luire, pétiller, reluire, rutiler, scintiller –LITTÉRAIRE: flamboyer, fulgurer, rayonner, resplendir.
/ Disparaître dans les flammes. SYN. brûler, être la proie des flammes, se consumer, se réduire en fumée, s'enflammer.

flamboiement *nom masculin*
/ LITTÉRAIRE. Éclat qui évoque le feu. SYN. chatoiement, feu, miroitement –LITTÉRAIRE: embrasement, flamme, pétillement, rayonnement.

flamboyant *adjectif*
/ LITTÉRAIRE. Qui flamboie. SYN. ardent, brillant, éclatant, étincelant, lumineux, pétillant, radieux, reluisant, resplendissant, rutilant, scintillant. CONTR. *sombre, terne.*

flamboyer *verbe*
/ LITTÉRAIRE. Briller d'un grand éclat. SYN. briller, étinceler, luire, miroiter, pétiller, reluire, rutiler, scintiller –FAMILIER: éclairer –LITTÉRAIRE: flamber, fulgurer, rayonner, resplendir.

flamme *nom féminin*
/ LITTÉRAIRE. Vif éclat. SYN. clarté, éclair, éclat, feu, lueur, lumière –LITTÉRAIRE: étincelle, flamboiement.
/ LITTÉRAIRE. Vive ardeur. SYN. animation, chaleur, élan, exaltation, excitation, ferveur, feu, fièvre, fougue, frénésie, impétuosité, passion, pétulance, surexcitation.
/ Pavillon long et étroit. SYN. banderole, cornette, fanion, oriflamme.

flancher *verbe*
/ FAMILIER. Manquer d'énergie. SYN. baisser les bras, céder, craquer, faiblir, faillir, fléchir, lâcher, mollir, plier, reculer, s'effondrer –FAMILIER: caler, se dégonfler –LITTÉRAIRE: ployer –POPULAIRE: caner, canner, se déballonner. CONTR. *persévérer, persister, résister, tenir.*

flâner *verbe*
/ Se promener sans but. SYN. déambuler, errer, musarder, rôder, traîner –FAMILIER: baguenauder, rôdailler, se baguenauder, se balader –LITTÉRAIRE: badauder, muser, vaguer –POPULAIRE: vadrouiller.
/ Perdre son temps. SYN. fainéanter, paresser, s'amuser –FAMILIER: buller, flemmarder, lambiner, lanterner, traînailler, traînasser. CONTR. *accourir, se hâter, se presser* –FAMILIER: *foncer.*

flânerie *nom féminin*
/ Action de se promener. SYN. promenade –FAMILIER: balade –LITTÉRAIRE: badauderie, déambulation, errance, musardise –POPULAIRE: vadrouille –VIEUX: baguenaude.

/ Fait de perdre son temps. SYN. désœuvrement, fainéantise, paresse –FAMILIER: flemmardise.

flâneur *nom*

/ Personne qui aime à flâner. SYN. badaud, promeneur, rôdeur –POPULAIRE: vadrouilleur –VIEUX: musard.

flanquer *verbe transitif*

/ Disposer de part et d'autre. SYN. accompagner, border, couvrir, encadrer, enserrer, protéger.

flanquer *verbe transitif*

/ FAMILIER. Jeter brutalement. SYN. jeter, lancer –FAMILIER: balancer, bazarder –POPULAIRE: foutre.

/ FAMILIER. Mettre quelque part. SYN. mettre, placer, poser –FAMILIER: ficher –POPULAIRE: foutre.

/ FAMILIER. Appliquer violemment. SYN. appliquer, assener, asséner, décocher, donner –FAMILIER: administrer, allonger, coller, envoyer, ficher, filer –POPULAIRE: balancer, foutre.

flapi *adjectif*

/ FAMILIER. Extrêmement fatigué. SYN. à bout de forces, à plat, anéanti, brisé, épuisé, exténué, fatigué, fourbu, harassé, K.-O., mort de fatigue, recru, rendu, rompu, surmené –FAMILIER: achevé, au bout du rouleau, cassé, claqué, éreinté, esquinté, fini, H.S., lessivé, moulu, pompé, raplapla, sur les genoux, tué, usé, vanné, vidé –POPULAIRE: crevé, sur les rotules. CONTR. *dispos, frais, frais et dispos, reposé* –FAMILIER: *en forme, en pleine forme, frais comme un gardon, frais comme une rose, increvable* –VIEUX: *gaillard.*

flasque *adjectif*

/ Qui est mou. SYN. amorphe, avachi, inconsistant, indolent, inerte, lâche, mollasson, mou –FAMILIER: mollasse, ramolli. CONTR. *dur, dynamique, énergique, ferme, nerveux, tonique.*

flatter *verbe*

/ Séduire par des louanges. SYN. aduler, amadouer, bercer de paroles, cajoler, caresser, chatouiller l'amour-propre, complimenter, courtiser, manier l'encensoir, passer la main dans le dos –FAMILIER: passer de la pommade, passer la brosse à reluire –LITTÉRAIRE: encenser, flagorner, louanger. CONTR. *abaisser, attaquer, atteindre, blesser, critiquer, décrier, médire* –FAMILIER: *abîmer, bêcher, éreinter, esquinter* –LITTÉRAIRE: *brocarder, déchirer* –VIEUX: *crosser.*

/ Faire paraître plus beau. SYN. avantager, embellir, enjoliver, idéaliser. CONTR. *enlaidir.*

/ Caresser un animal. SYN. caresser, gratter –FAMILIER: grattouiller. CONTR. *brusquer, brutaliser* –POPULAIRE: *cogner.*

/ Affecter agréablement. SYN. honorer, plaire, ravir. CONTR. *dégoûter, froisser, rebuter, vexer.*

flatter (se) *verbe pronominal*

/ Prétendre pouvoir faire. SYN. compter, escompter, espérer, prétendre, se faire fort de, se piquer, se prévaloir, se promettre, se targuer de.

/ Tirer orgueil de. SYN. s'applaudir, se féliciter, se glorifier, se vanter, s'enorgueillir, s'honorer.

flatterie *nom féminin*

/ Action de flatter. SYN. cajolerie, louange –FAMILIER: courbettes, lèche –LITTÉRAIRE: adulation, courtisanerie, encensement, flagornerie. CONTR. *blâme, censure, critique, dénigrement, ironie, médisance, moquerie, raillerie, réprimande, reproche, semonce.*

/ Paroles qui flattent. SYN. compliment, éloge –LITTÉRAIRE: encens. CONTR. *sarcasme, vexation* –LITTÉRAIRE: *avanie.*

flatteur *adjectif*

/ Qui avantage quelqu'un. SYN. agréable, avantageux, élogieux, favorable, laudatif, louangeur. CONTR. *abaissant, blessant, calomnieux, caustique, défavorable, désavantageux, humiliant, offensant, rabaissant, réprobateur, satirique* –LITTÉRAIRE: *fielleux.*

flatteur *nom*

/ Personne qui loue avec excès. SYN. bénisseur, cajoleur, courtisan, enjôleur –FAMILIER: lèche-bottes, lécheur –LITTÉRAIRE: adulateur, complimenteur, encenseur, flagorneur, laudateur, louangeur, thuriféraire –POPULAIRE: lèche-cul. CONTR. *critique, dénigreur, dépréciateur, détracteur, diffamateur, médisant* –FAMILIER: *débineur* –LITTÉRAIRE: *censeur, daubeur.*

flatulence *nom féminin*

/ Accumulation de gaz. SYN. ballonnement, flatuosité, gaz.

fléau *nom masculin*

/ Grand malheur. SYN. bouleversement, calamité, cataclysme, catastrophe, désastre, malheur. CONTR. *aubaine, bonheur.*

/ Personne, chose funeste. SYN. peste –FAMILIER: calamité, plaie, scie –LITTÉRAIRE: chancre, lèpre.

flèche *nom féminin*

/ Trait mordant. SYN. attaque, pointe, sarcasme –LITTÉRAIRE: brocard, saillie, trait.

fléchir *verbe intransitif*

/ Se courber sous un poids. SYN. pencher, plier, s'affaisser, s'arquer, se plier, se replier, s'infléchir –LITTÉRAIRE: ployer.

/ Cesser de résister. SYN. baisser les bras, capituler, céder, chanceler, courber le dos, courber le front, courber l'échine, décrocher, mollir, plier le genou, plier l'échine, s'incliner –FAMILIER: caler, flancher –LITTÉRAIRE: défaillir, succomber. CONTR. *persister, se cabrer, s'insurger, s'obstiner.*

/ Subir une baisse. SYN. baisser, décliner, diminuer, faiblir, se ralentir, se relâcher. CONTR. *monter.*

fléchir *verbe transitif*

/ Rendre courbe. SYN. courber, gauchir, incliner, incurver, infléchir, plier, recourber –LITTÉRAIRE: ployer. CONTR. *renverser.*

/ Faire céder quelqu'un. SYN. adoucir, apitoyer, attendrir, désarmer, ébranler, toucher.

fléchissement *nom masculin*

/ Action, fait de fléchir. SYN. courbure, flexion, gauchissement, inflexion.

/ LITTÉRAIRE. Perte d'énergie. SYN. abandon, démission, renoncement. CONTR. *consolidation, raffermissement, renforcement.*

flegmatique *adjectif*

/ Qui domine ses réactions. SYN. froid, impassible, imperturbable, indifférent, nonchalant, patient, placide, posé, serein, tranquille. CONTR. *ardent, belliqueux, brûlant, chaleureux, chaud, émotif, emporté, exalté, excitable, excité, exubérant, fervent, fougueux, impétueux, impressionnable, impulsif, irritable, nerveux, passionné, véhément* –FAMILIER: *émotionnable* –LITTÉRAIRE: *volcanique.*

flegme *nom masculin*

/ Attitude sereine. SYN. calme, froideur, impassibilité, imperturbabilité, patience, placidité, réserve, retenue, sang-froid, self-control. CONTR. *affolement, animation, chaleur, emballement, énervement, exaltation, exaspération, excitation, fébrilité, fougue, impétuosité, inquiétude, irritabilité, nervosité, véhémence* –LITTÉRAIRE: *excitabilité, vivacité.*

flemmard *nom*

/ FAMILIER. Personne paresseuse. SYN. fainéant, paresseux, partisan du moindre effort –FAMILIER: cossard, faignant, feignant, inspecteur des travaux finis, tire-au-flanc –POPULAIRE: branleur, cul de plomb, glandeur, glandouilleur, tire-au-cul. CONTR. *courageux, travailleur* –LITTÉRAIRE: *laborieux* –POPULAIRE: *bosseur.*

flemmarder *verbe*

/ FAMILIER. Se montrer paresseux. SYN. fainéanter, ne rien faire de ses dix doigts, paresser, se la couler douce, se prélasser, se rouler les pouces, se tourner les pouces, traîner –FAMILIER: bayer aux corneilles, buller, lézarder, ne pas en fiche une rame, tirer au flanc, tirer sa flemme –POPULAIRE: glander, glandouiller, se les rouler, tirer au cul. CONTR. *donner un coup de collier, s'activer, s'affairer, s'appliquer, se démener, se dépenser, se fatiguer, se presser, se remuer, s'échiner, s'épuiser, s'escrimer, s'exténuer, s'occuper, travailler* –FAMILIER: *bûcher, en mettre un bon coup, en mettre un coup, en mettre un vieux coup, mettre de l'huile de coude, mettre le paquet, s'agiter, se décarcasser, se défoncer, se mettre en quatre, se tuer, s'éreinter, s'esquinter* –POPULAIRE: *bosser, boulonner.*

flemmardise *nom féminin*

/ FAMILIER. Comportement de flemmard. SYN. fainéantise, flânerie, paresse –FAMILIER: cosse.

flemme *nom féminin*

/ FAMILIER. Envie de ne rien faire. SYN. apathie, fainéantise, inertie, léthargie, paresse –FAMILIER: cosse. CONTR. *activité, affairement, ardeur, dynamisme, énergie, zèle.*

flétri *adjectif*

/ Qui est fané. SYN. avachi, décati, défleuri, défraîchi, fané, fripé, parcheminé, passé, ratatiné, ridé, terni. CONTR. *éclatant, frais, juvénile, pur* –LITTÉRAIRE: *tendre.*

flétrir *verbe transitif*

/ Ôter sa fraîcheur à. SYN. défraîchir, dessécher, faner, friper, rider, sécher, ternir. CONTR. *aviver, rafraîchir, raviver.*

/ LITTÉRAIRE. Porter atteinte à. SYN. altérer, avilir, contaminer, dépraver, éclabousser, galvauder, gâter, perdre, pervertir, pourrir, profaner, salir, ternir – LITTÉRAIRE : corrompre, prostituer, souiller, tacher. CONTR. – LITTÉRAIRE : *laver.*

flétrir *verbe transitif*

/ LITTÉRAIRE. Dénoncer avec indignation. SYN. anathématiser, blâmer, condamner, réprouver, stigmatiser – LITTÉRAIRE : flageller, fustiger, maudire, noircir, vitupérer. CONTR. *applaudir, glorifier, honorer.*

flétrir (se) *verbe pronominal*

/ Perdre sa fraîcheur. SYN. se décatir, se faner, se ratatiner, se rider, se ternir, s'étioler – LITTÉRAIRE : flétrir. CONTR. *éclore, fleurir, s'épanouir.*

flétrissure *nom féminin*

/ Action de se flétrir. SYN. dessèchement, marque, ride, stigmate.

/ LITTÉRAIRE. Atteinte à l'honneur. SYN. affront, décri, déshonneur, honte, ignominie, infamie, profanation, tache – LITTÉRAIRE : opprobre, prostitution, souillure, tare.

fleur *nom féminin*

/ Ce qu'il y a de meilleur. SYN. beau monde, dessus du panier, élite, fin du fin, fine fleur, gotha – FAMILIER : beau linge, crème, gratin – LITTÉRAIRE : aristocratie. CONTR. – LITTÉRAIRE : *écume, lie.*

fleurer *verbe*

/ Avoir une bonne odeur. SYN. embaumer, sentir bon. CONTR. *empester, puer* – POPULAIRE : *schlinguer.*

fleurir *verbe intransitif*

/ S'ouvrir, en parlant d'une fleur. SYN. éclore, s'épanouir – LITTÉRAIRE : verdoyer. CONTR. *faner, se faner, se flétrir, s'étioler* – LITTÉRAIRE : *flétrir.*

/ LITTÉRAIRE. Être prospère. SYN. briller, prospérer, se développer, s'épanouir. CONTR. *décliner, dépérir, régresser, s'étioler.*

/ FAMILIER. Apparaître en nombre. SYN. abonder, foisonner, fourmiller, proliférer, pulluler. CONTR. *disparaître, manquer.*

fleurir *verbe transitif*

/ Garnir de fleurs. SYN. décorer, embellir, enrichir, orner – LITTÉRAIRE : parer.

fleuron *nom masculin*

/ LITTÉRAIRE. Chose remarquable. SYN. gloire, orgueil – LITTÉRAIRE : lumière, phare.

fleuve *nom masculin*

/ LITTÉRAIRE. Ce qui coule abondamment. SYN. avalanche, déluge, flot, grêle, pluie, torrent – LITTÉRAIRE : rivière, ruisseau.

flexibilité *nom féminin*

/ Qualité de ce qui est flexible. SYN. agilité, élasticité, souplesse. CONTR. *ankylose, engourdissement, raideur.*

/ Qualité de ce qui peut s'adapter. SYN. adaptabilité, maniabilité, souplesse – FAMILIER : élasticité. CONTR. *raideur, rigidité.*

flexible *adjectif*

/ Qui se courbe aisément. SYN. élastique, malléable, plastique, pliable, souple – LITTÉRAIRE : ondoyant. CONTR. *cassant, dur, raide, rigide.*

/ Qui se plie aux circonstances. SYN. accommodant, arrangeant, complaisant, conciliant, coulant, maniable, manœuvrable, souple – FAMILIER : élastique. CONTR. *dur, rigide* – LITTÉRAIRE : *raide.*

flexueux *adjectif*

/ LITTÉRAIRE. Courbé en divers sens. SYN. ondulant, ondulatoire, ondulé, sinueux, tordu, tortueux, zigzagant – LITTÉRAIRE : ondoyant, onduleux, serpentin.

flexuosité *nom féminin*

/ LITTÉRAIRE. État de ce qui est flexueux. SYN. ondulation, sinuosité, torsion – LITTÉRAIRE : serpentement.

flibuste *nom féminin*

/ Pillage sur mer. SYN. flibusterie, piraterie – FAMILIER : friponnerie – VIEUX : filouterie.

flibustier *nom masculin*

/ VIEUX. Individu louche. SYN. bandit, forban, pirate – LITTÉRAIRE : écumeur.

flic *nom masculin*

/ POPULAIRE. Agent de police. SYN. agent, gardien de la paix, gendarme, îlotier, policier – ARGO-

TIQUE: bourre –FAMILIER: hirondelle, keuf, shérif –POPULAIRE: cogne, perdreau, poulet, vache –VIEUX: sergent de ville.

flinguer *verbe*

/ POPULAIRE. Tuer avec une arme à feu. SYN. abattre, achever, assassiner, éliminer, envoyer ad patres, exécuter, fusiller, tuer –FAMILIER: trucider –LITTÉRAIRE: occire –POPULAIRE: buter, descendre, ratatiner, rectifier, refroidir.

flirt *nom masculin*

/ FAMILIER. Brève relation amoureuse. SYN. amour, amourette, aventure, caprice, fantaisie, idylle, intrigue, liaison, passade –FAMILIER: béguin, tocade, toquade.

/ FAMILIER. Personne avec qui on flirte. SYN. ami, amie, amoureuse, amoureux, chéri, chérie, petit ami, petit copain, petite amie, soupirant –FAMILIER: béguin, copain, copine.

flirter *verbe*

/ FAMILIER. Avoir une aventure avec quelqu'un. SYN. courtiser, papillonner –FAMILIER: batifoler, fréquenter –LITTÉRAIRE: marivauder.

/ FAMILIER. Se rapprocher d'adversaires. SYN. fréquenter, s'acoquiner, se rapprocher –LITTÉRAIRE: coqueter.

flop *nom masculin*

/ POPULAIRE. Échec d'un spectacle. SYN. désastre, échec, insuccès –FAMILIER: claque, fiasco, four, ratage –POPULAIRE: bide.

flopée *nom féminin*

/ FAMILIER. Grande quantité. SYN. armée, avalanche, bande, bataillon, cascade, déferlement, déluge, fatras, flot, flux, foule, horde, infinité, kyrielle, légion, masse, meute, monceau, montagne, multitude, myriade, nuée, pléiade, pluie, quantité, ramassis, tas, torrent, troupe, troupeau –FAMILIER: armada, cargaison, cohorte, foultitude, paquet, pelletée, peuple, régiment, ribambelle, tapée, tripotée –LITTÉRAIRE: averse, essaim. CONTR. *atome, bribe, brin, doigt, goutte, grain, gramme, miette, nuage, once, parcelle, peu, poignée, pointe, soupçon, trace* –LITTÉRAIRE: *liard, ombre, trait* –POPULAIRE: *chouia.*

florilège *nom masculin*

/ Recueil d'extraits d'œuvres. SYN. anthologie, choix, chrestomathie, extraits, morceaux choisis, sélection, spicilège.

florissant *adjectif*

/ En plein développement. SYN. actif, dynamique, prospère. CONTR. *dégénéré, étiolé, inquiétant, sous-développé.*

/ En très bonne santé. SYN. beau, éclatant, radieux, rayonnant, resplendissant.

flot *nom masculin*

/ Masse de liquide qui s'écoule. SYN. fleuve, rivière, ruisseau, torrent.

/ Grande quantité de. SYN. affluence, afflux, armée, avalanche, bataillon, cascade, chapelet, débordement, déferlement, déluge, fatras, flux, foule, grêle, infinité, kyrielle, légion, marée, masse, monceau, multitude, myriade, nuée, pléiade, pluie, quantité, tas, torrent –FAMILIER: armada, cargaison, cohorte, flopée, foultitude, pelletée, régiment, ribambelle, tapée –LITTÉRAIRE: averse, essaim, fleuve, océan. CONTR. *atome, bribe, brin, doigt, goutte, grain, gramme, larme, lueur, miette, nuage, once, parcelle, peu, pointe, soupçon, trace* –LITTÉRAIRE: *liard, ombre, trait* –POPULAIRE: *chouia.*

/ LITTÉRAIRE. Ce qui rappelle les flots. SYN. mouvement, vague –LITTÉRAIRE: ondulation.

flots *nom masculin pluriel*

/ LITTÉRAIRE. L'eau de la mer. SYN. eau, mer, océan.

flottant *adjectif*

/ Se dit d'un vêtement large. SYN. ample, fluide, lâche, libre, mouvant, vaporeux. CONTR. *étriqué, étroit, juste, serré.*

/ Qui n'est pas nettement fixé. SYN. chancelant, changeant, confus, flou, fluctuant, hésitant, incertain, inconstant, indécis, indéterminé, instable, irrésolu, mouvant, vague, variable, velléitaire, versatile –LITTÉRAIRE: nébuleux, ondoyant, vacillant –VIEUX: mobile. CONTR. *arrêté, assis, assuré, constant, ferme, fixe, inébranlable, précis, résolu, solide, stable, sûr.*

flottement *nom masculin*

/ État d'un objet qui flotte. SYN. balancement, ondulation, oscillation –LITTÉRAIRE: ondoiement.

/ Mouvement d'hésitation. SYN. confusion, doute, fluctuation, hésitation, incertitude, indécision, irrésolution, mobilité, vacillement –LITTÉRAIRE: vacillation.

flotter *verbe*
- Rester à la surface. SYN. nager, surnager. CONTR. *couler, sombrer.*
- Bouger au gré du vent. SYN. osciller, remuer, se balancer, vaciller, voler, voltiger –LITTÉRAIRE: onduler.
- Être irrésolu. SYN. balancer, fluctuer, hésiter, osciller, varier –FAMILIER: se tâter –LITTÉRAIRE: vaciller. CONTR. *décider, se déterminer à.*

flou *adjectif*
- Qui manque de netteté. SYN. brouillé, brumeux, évasif, flottant, fumeux, hésitant, imprécis, indécis, indéterminable, indistinct, nuageux, trouble, vague, voilé –LITTÉRAIRE: nébuleux, vaporeux. CONTR. *arrêté, clair, distinct, net, précis, rigoureux.*
- Aux contours souples. SYN. fluide, large, vague, vaporeux. CONTR. *moulant, serré.*

flou *nom masculin*
- Ce qui manque de netteté. SYN. brouillard, doute, imprécision, indétermination –LITTÉRAIRE: vague. CONTR. *clarté, netteté, précision.*

flouer *verbe*
- FAMILIER. Tromper quelqu'un. SYN. berner, duper, escroquer, leurrer, mystifier, tromper –FAMILIER: avoir, empiler, pigeonner, posséder, refaire, rouler –LITTÉRAIRE: gruger, jouer –POPULAIRE: arnaquer, baiser, entuber –VIEUX: filouter.

fluctuant *adjectif*
- Sujet à des variations. SYN. changeant, flottant, fluide, instable, mobile, mouvant, variable –LITTÉRAIRE: inconstant. CONTR. *assis, ferme, fixe, invariable, solide, stable.*
- Qui change souvent d'opinion. SYN. capricieux, changeant, flottant, hésitant, incertain, inconstant, indécis, indéterminé, irrésolu, velléitaire, versatile –VIEUX: mobile. CONTR. *constant, fidèle, inaltérable, inébranlable, résolu.*

fluctuation *nom féminin*
- Variation continuelle. SYN. changement, flottement, instabilité, mobilité, mouvement, oscillation, vacillement, variabilité, variation, vicissitude –LITTÉRAIRE: vacillation. CONTR. *fermeté, immobilité, stabilité* –LITTÉRAIRE: *fixité.*

fluctuer *verbe*
- Varier sans cesse. SYN. bouger, changer, flotter, osciller, varier –LITTÉRAIRE: vaciller.

fluet *adjectif*
- Se dit d'une voix faible. SYN. grêle, léger, ténu. CONTR. *fort, plein, puissant, tonitruant.*
- Qui est d'une apparence frêle. SYN. chétif, frêle, grêle, gringalet, maigrelet, maigriot, malingre, menu, mince, svelte –FAMILIER: maigrichon –LITTÉRAIRE: gracile. CONTR. *corpulent, épais, fort, gros, massif, plantureux, râblé, robuste, trapu, vigoureux* –FAMILIER: *dodu, rond, rondelet, rondouillard* –POPULAIRE: *baraqué.*

fluide *adjectif*
- Se dit d'une expression aisée. SYN. clair, coulant, limpide, naturel. CONTR. *affecté, apprêté, heurté, lourd, rocailleux.*
- Difficile à fixer. SYN. flottant, flou, fluctuant, inconsistant, insaisissable, mouvant. CONTR. *consistant, dense, épais.*

fluidité *nom féminin*
- Caractère de ce qui coule bien. SYN. liquidité. CONTR. *densité, solidité.*

flux *nom masculin*
- Écoulement d'un liquide. SYN. coulée, écoulement, éruption, évacuation, jet.
- Grande abondance de. SYN. affluence, afflux, armée, avalanche, bataillon, cascade, chapelet, débauche, débordement, déferlement, déluge, fatras, flot, foule, grêle, infinité, kyrielle, légion, marée, masse, monceau, multitude, myriade, nuée, orgie, pléiade, pluie, profusion, quantité, tas, torrent, vague –FAMILIER: armada, cargaison, cohorte, flopée, foultitude, pelletée, régiment, ribambelle, tapée –LITTÉRAIRE: averse, essaim, fleuve, océan. CONTR. *atome, bribe, brin, doigt, goutte, grain, gramme, larme, lueur, miette, nuage, once, parcelle, peu, pointe, soupçon, trace* –LITTÉRAIRE: *liard, ombre, trait* –POPULAIRE: *chouia.*

focalisation *nom féminin*
- Fait de se concentrer sur. SYN. application, attention, concentration.

foi *nom féminin*
- Adhésion à une religion. SYN. mysticisme, piété, religion, spiritualité. CONTR. *athéisme, incrédulité, incroyance, scepticisme.*

/ Toute adhésion de l'esprit à. SYN. certitude, confiance, conviction, croyance. CONTR. *défiance, désespoir, méfiance.*
/ LITTÉRAIRE. Engagement pris. SYN. assurance, parole, promesse, serment.
/ *Bonne foi.* SYN. droiture, honnêteté, loyauté, probité, sincérité. CONTR. *déloyauté, duplicité, fausseté, fourberie, hypocrisie, malhonnêteté* –LITTÉRAIRE: *perfidie.*
/ *Mauvaise foi.* SYN. déloyauté, duplicité, fausseté, fourberie, hypocrisie, malhonnêteté, parti pris –LITTÉRAIRE: perfidie. CONTR. *droiture, honnêteté, loyauté, probité, sincérité.*

foin *nom masculin*
/ POPULAIRE. Grand bruit. SYN. scandale –FAMILIER: boucan, potin, raffut –POPULAIRE: barouf, baroufe.

foire *nom féminin*
/ FAMILIER. Manifestation bruyante. SYN. bruit, charivari, tintamarre –FAMILIER: boucan, chahut, chambard, raffut, tintouin, tohu-bohu –POPULAIRE: ramdam –VIEUX: sabbat.
/ POPULAIRE. Grande fête. SYN. –ARGOTIQUE: teuf –FAMILIER: bombe, bringue, fiesta, java, noce, nouba, ribouldingue –POPULAIRE: bamboula –VIEUX: bamboche.

foirer *verbe*
/ POPULAIRE. Ne pas aboutir. SYN. avorter, capoter, échouer, manquer –FAMILIER: louper, rater –POPULAIRE: merder. CONTR. *aboutir, fonctionner, marcher, réussir.*

foireux *adjectif*
/ POPULAIRE. Qui a raté. SYN. manqué, raté –FAMILIER: loupé.
/ POPULAIRE. Qui est peureux. SYN. lâche, peureux, pleutre, poltron –FAMILIER: froussard –LITTÉRAIRE: couard, pusillanime –POPULAIRE: péteux, trouillard.

foireux *nom*
/ POPULAIRE. Personne peureuse. SYN. lâche, peureux, pleutre, poltron –FAMILIER: femmelette, mauviette, poule mouillée –LITTÉRAIRE: couard –POPULAIRE: couille molle, dégonflé, trouillard –VIEUX: capon.

foison *nom féminin*
/ Grande abondance. SYN. abondance, débordement, déluge, exubérance, luxe, multiplicité, opulence, orgie, pléthore, profusion, surabondance.

foisonnant *adjectif*
/ Qui est abondant. SYN. abondant, bondé, comble, débordant, encombré, exubérant, farci, grouillant, luxuriant, plein, riche, touffu –FAMILIER: bourré, truffé –LITTÉRAIRE: opulent. CONTR. *aride, clairsemé, dénué, dépourvu, insuffisant, maigre, mince, misérable, parcimonieux, pauvre, rare, réduit, sec, stérile.*

foisonnement *nom masculin*
/ Fait de foisonner. SYN. abondance, fourmillement, grouillement, multiplication, pléthore, prolifération, richesse, surabondance –LITTÉRAIRE: luxuriance, prodigalité, pullulement. CONTR. *absence, carence, déficience, insuffisance, maigreur, manque, pauvreté, pénurie, raréfaction, rareté, stérilité* –LITTÉRAIRE: *disette.*

foisonner *verbe*
/ Contenir en grande quantité. SYN. abonder, déborder, fourmiller, regorger. CONTR. *manquer.*
/ Être en abondance. SYN. abonder, fourmiller, grouiller, proliférer, pulluler, se multiplier, surabonder –FAMILIER: fleurir. CONTR. *diminuer, disparaître, manquer, se raréfier.*

folâtre *adjectif*
/ LITTÉRAIRE. D'une gaieté un peu folle. SYN. allègre, badin, enjoué, gai, guilleret, insouciant, joueur, joyeux, léger –FAMILIER: foufou –VIEUX: follet, gaillard. CONTR. *grave, mélancolique, posé, sombre, triste.*

folâtrer *verbe*
/ LITTÉRAIRE. S'ébattre sans souci. SYN. badiner, cabrioler, caracoler, faire le fou, gambader, papillonner, s'amuser, s'ébrouer –FAMILIER: batifoler.

folichon *adjectif*
/ FAMILIER. Qui distrait. SYN. amusant, distrayant, divertissant, drôle, gai, plaisant, récréatif –FAMILIER: marrant, rigolo, roulant. CONTR. *ennuyeux, fastidieux, lassant, mortel, soporifique* –FAMILIER: *assommant, barbant, casse-pieds, embêtant, empoisonnant, enquiquinant, rasant, rasoir, soûlant, tuant* –POPULAIRE: *chiant, emmerdant, suant.*

folie *nom féminin*
/ Dérèglement mental. SYN. aliénation mentale, démence, dérangement, insanité.

/ Manque de bon sens. SYN. aberration, aveuglement, bêtise, délire, égarement, extravagance, inconscience –FAMILIER: démence –LITTÉRAIRE: déraison. CONTR. *bon sens, équilibre, jugement, lucidité, raison, sagesse.*
/ Parole, action déraisonnable. SYN. absurdité, bêtise, énormité, imprudence, incartade, sottise.
/ Vif penchant pour. SYN. engouement, fièvre, frénésie, fureur, manie, marotte, mode, passion, rage –FAMILIER: tocade, toquade.

folingue *adjectif*
/ POPULAIRE. Fou ou farfelu. SYN. dérangé, désaxé, déséquilibré, excentrique, original –FAMILIER: braque, cinglé, détraqué, dingue, fada, fêlé, frappé, loufoque, maboul, marteau, piqué, ravagé, tapé, timbré, toc-toc, toqué, zinzin –POPULAIRE: allumé, azimuté, barge, barjo, branque, brindezingue, cinoque, cintré, déjanté, dingo, fondu, givré, jeté, louf, louftingue, sinoc, sinoque, siphonné, tordu.

folioter *verbe*
/ Mettre les numéros de pages. SYN. chiffrer, numéroter, paginer.

follement *adverbe*
/ De façon insensée. SYN. à corps perdu, à la légère, éperdument, impétueusement, imprudemment, inconsidérément, passionnément. CONTR. *modérément, prudemment, raisonnablement, sagement.*
/ Au plus haut degré. SYN. au dernier point, beaucoup, énormément, exceptionnellement, excessivement, extraordinairement, extrêmement, fabuleusement, hautement, immensément, immodérément, incroyablement, infiniment, parfaitement, prodigieusement, supérieurement, suprêmement, terriblement, tout à fait, très, vertigineusement –FAMILIER: diablement, fameusement, fichûment, formidablement, superlativement, tout plein –LITTÉRAIRE: furieusement –POPULAIRE: vachement. CONTR. *aucunement, faiblement, guère, légèrement, nullement, peu.*

fomentateur *nom*
/ LITTÉRAIRE. Personne qui fomente. SYN. agitateur, factieux, incitateur, meneur, perturbateur, provocateur, séditieux, trublion –LITTÉRAIRE: excitateur.

fomentation *nom féminin*
/ LITTÉRAIRE. Action de fomenter. SYN. agitation, excitation, provocation, sédition, trouble. CONTR. *apaisement.*

fomenter *verbe*
/ Préparer des actions violentes. SYN. alimenter, allumer, attiser, aviver, déchaîner, entretenir, envenimer, éveiller, exciter, provoquer, susciter. CONTR. *étouffer.*

foncé *adjectif*
/ D'une couleur sombre. SYN. sombre. CONTR. *clair, fade, pâle.*

foncer *verbe intransitif*
/ FAMILIER. Aller très vite. SYN. accélérer, galoper, passer la surmultipliée, passer la vitesse supérieure, se dépêcher, se hâter, se presser –ARGOTIQUE: tracer –FAMILIER: filer, gazer, speeder, trotter –POPULAIRE: bomber, bourrer, cavaler, se grouiller.
/ FAMILIER. Se diriger très vite vers. SYN. attaquer, bondir, charger, courir, fondre, se jeter, se précipiter, se ruer, s'élancer, voler. CONTR. *flâner, ralentir.*

foncer *verbe transitif*
/ Rendre plus foncé. SYN. assombrir, brunir, obscurcir –LITTÉRAIRE: ombrer. CONTR. *décolorer, éclaircir.*

foncier *adjectif*
/ Qui forme le fond de. SYN. essentiel, fondamental, inné, naturel, profond, radical, substantiel. CONTR. *superficiel.*

foncièrement *adverbe*
/ De manière entière. SYN. à fond, absolument, complètement, entièrement, intégralement, pleinement, totalement, tout à fait. CONTR. *aucunement, guère, légèrement, un peu* –FAMILIER: *un tantinet.*
/ Dans le fond. SYN. fondamentalement, intimement, naturellement, profondément, radicalement. CONTR. *apparemment, superficiellement.*

fonction *nom féminin*
/ Rôle exercé dans un groupe. SYN. charge, mandat, mission, place, poste, rôle, situation, tâche.
/ Activité professionnelle. SYN. emploi, métier, poste, profession, qualité, service, situation, travail –LITTÉRAIRE: ministère.

fonctionnement *nom masculin*

/ Fait de fonctionner. SYN. jeu, marche.

fonctionner *verbe*

/ Être en état de marche. SYN. marcher, rouler, tourner –POPULAIRE: carburer. CONTR. *s'arrêter, se dérégler, se détraquer, s'éteindre.*

fond *nom masculin*

/ Partie constituant la base de. SYN. assise, bas, base, fondement. CONTR. *bord, extérieur, seuil.*

/ Partie la plus reculée d'un lieu. SYN. bout, extrémité. CONTR. *devant, entrée, haut, ouverture.*

/ Partie essentielle de quelque chose. SYN. cœur, nœud, profondeur –LITTÉRAIRE: recoin, sein, tréfonds. CONTR. *apparence, surface.*

/ Contenu d'un texte. SYN. matière, objet, substance, substrat, sujet, thème. CONTR. *forme, style.*

fondamental *adjectif*

/ Qui est déterminant. SYN. capital, cardinal, central, constitutif, crucial, dominant, élémentaire, essentiel, foncier, important, maître, nécessaire, premier, prépondérant, primordial, principal, radical, substantiel, vital. CONTR. *accessoire, accidentel, adventice, anecdotique, épisodique, futile, marginal, mineur, momentané, négligeable, occasionnel, passager, secondaire, subalterne, subsidiaire.*

fondamentalement *adverbe*

/ D'une manière fondamentale. SYN. essentiellement, foncièrement, radicalement. CONTR. *accessoirement, futilement, marginalement.*

fondateur *nom*

/ Personne qui a fondé quelque chose. SYN. auteur, bâtisseur, créateur, inventeur, père, pionnier –LITTÉRAIRE: instaurateur.

fondation *nom féminin*

/ Action de fonder. SYN. constitution, création, édification, érection, établissement, instauration, institution. CONTR. *destruction, renversement.*

fondations *nom féminin pluriel*

/ Partie inférieure d'une construction. SYN. assiette, assise, base, infrastructure, soubassement.

fondé *adjectif*

/ Établi solidement. SYN. autorisé, confirmé, juste, justifié, légitime, motivé, vrai. CONTR. *arbitraire, captieux, chimérique, contestable, erroné, faux, gratuit, hasardé, illégitime, illusoire, imaginaire, injuste, injustifié, insensé, irréfléchi, mauvais, utopique, vain.*

fondement *nom masculin*

/ Élément servant d'appui. SYN. assiette, assise, base, centre, fond, pied, rudiments, soubassement.

/ Raison solide. SYN. cause, justification, mobile, motif, origine, pourquoi, racine, raison, source, sujet –LITTÉRAIRE: commencement, principe.

/ FAMILIER. Derrière de quelqu'un. SYN. anus, fesses –FAMILIER: fessier, postérieur –POPULAIRE: arrière-train, cul, lune.

fonder *verbe*

/ Être à l'origine de quelque chose. SYN. bâtir, constituer, construire, édifier, engendrer, ériger, établir, former, instaurer, instituer –LITTÉRAIRE: élever. CONTR. *abolir, anéantir, détruire, écraser, interdire, renverser, supprimer.*

/ Donner un fondement à. SYN. appuyer, assurer, baser, justifier, légitimer, motiver. CONTR. *miner, ruiner, saper.*

fonder (se) *verbe pronominal*

/ S'appuyer sur quelque chose. SYN. reposer sur, s'appuyer, se baser.

fondre *verbe intransitif*

/ Devenir liquide. SYN. couler, s'amollir, se dissoudre, se liquéfier.

/ Diminuer rapidement. SYN. disparaître, se volatiliser.

/ Se laisser attendrir. SYN. s'attendrir, s'émouvoir –POPULAIRE: craquer. CONTR. *se durcir, se raidir.*

/ FAMILIER. Perdre du poids. SYN. amincir, maigrir, mincir, s'amaigrir, s'amincir. CONTR. *engraisser, forcir, grossir, s'étoffer* –FAMILIER: *se remplumer.*

fondre *verbe transitif*

/ Dissoudre une matière solide. SYN. délayer, dissoudre, liquéfier. CONTR. *figer, solidifier.*

/ Mêler des choses en un tout. SYN. amalgamer, assimiler, fusionner, intégrer, mélanger, mêler, unir -LITTÉRAIRE: confondre. CONTR. *discriminer, disjoindre, dissocier, séparer.*

fondre *verbe transitif indirect*

/ Se précipiter brusquement sur. SYN. assaillir, attaquer, charger, piquer, s'abattre, se jeter, se précipiter, se ruer, s'élancer, tomber sur -FAMILIER: foncer. CONTR. *fuir, s'éloigner.*

fondre (se) *verbe pronominal*

/ Se mêler de façon à ne faire qu'un. SYN. fusionner, s'amalgamer, se confondre, se mêler, se noyer, se perdre, s'imbriquer, s'intégrer. CONTR. *contraster, ressortir, se détacher.*

fonds *nom masculin pluriel*

/ Moyens financiers. SYN. argent, capital, ressources.

fondu *adjectif*

/ POPULAIRE. Qui est un peu fou. SYN. bizarre, fou -FAMILIER: braque, cinglé, dérangé, détraqué, dingue, fada, fêlé, frappé, loufoque, maboul, marteau, piqué, ravagé, sonné, tapé, timbré, toc-toc, toqué, zinzin -POPULAIRE: allumé, azimuté, barge, barjo, branque, brindezingue, cinoque, cintré, déjanté, dingo, folingue, givré, jeté, louf, louftingue, sinoc, sinoque, siphonné, tordu.

fonte *nom féminin*

/ Action de fondre. SYN. fusion, liquéfaction.

forban *nom masculin*

/ Pilleur des mers. SYN. corsaire, flibustier, pirate -LITTÉRAIRE: écumeur.

/ Homme malhonnête. SYN. aigrefin, bandit, canaille, charlatan, crapule, escroc, filou, fraudeur, gredin, malfaiteur, requin, voleur -FAMILIER: empileur, estampeur, faisan, fripouille, margoulin -LITTÉRAIRE: pirate -POPULAIRE: arnaqueur -VIEUX: flibustier, fripon.

force *adverbe*

/ LITTÉRAIRE. Un grand nombre de. SYN. beaucoup, nombre de, quantité de -FAMILIER: plein de -LITTÉRAIRE: maint. CONTR. *peu de.*

force *nom féminin*

/ Vigueur physique. SYN. endurance, énergie, résistance, robustesse, solidité, verdeur, vitalité -LITTÉRAIRE: sève. CONTR. *asthénie, débilité, déclin, décrépitude, faiblesse, fragilité.*

/ Recours à la violence. SYN. brutalité, contrainte, pression, violence. CONTR. *douceur, persuasion.*

/ Capacité de résister aux épreuves. SYN. énergie, fermeté, résistance, volonté -FAMILIER: cran. CONTR. *affaissement, apathie, indolence, inertie, légèreté, mollesse.*

/ Degré d'aptitude dans un domaine. SYN. acuité, capacité, faculté, habileté, moyen, niveau, possibilité, potentiel. CONTR. *ignorance.*

/ Degré de puissance de quelque chose. SYN. efficacité, importance, intensité, poids, pouvoir, puissance, relief, solidité, valeur. CONTR. *faiblesse, fragilité, inefficacité.*

/ Supériorité de quelqu'un. SYN. grandeur, importance, pouvoir, puissance, suprématie. CONTR. *impuissance, infériorité* -LITTÉRAIRE: *superficialité.*

forcé *adjectif*

/ Qui est inévitable. SYN. certain, fatal, immanquable, inéluctable, inévitable, inexorable, involontaire, logique, nécessaire, obligatoire, obligé. CONTR. *bénévole, consenti, facultatif, libre, volontaire.*

/ Qui manque de naturel. SYN. affecté, artificiel, contraint, exagéré, factice, faux, hypocrite, outré, plaqué. CONTR. *authentique, naturel, primitif, sincère, spontané, vrai.*

forcément *adverbe*

/ Par une conséquence inévitable. SYN. à coup sûr, à tous les coups, certainement, fatalement, immanquablement, inéluctablement, inévitablement, inexorablement, infailliblement, naturellement, nécessairement, obligatoirement, sans manquer, sûrement.

forcené *adjectif*

/ Dont la violence est intense. SYN. déchaîné, déraisonnable, féroce, furieux, hystérique, impétueux, implacable, insensé, terrible.

/ Qui dépasse toute mesure. SYN. acharné, enragé, fanatique, féroce, frénétique, invétéré, passionné -FAMILIER: furieux. CONTR. *modéré.*

forcené *nom*

/ Fou furieux. SYN. aliéné, désespéré, énergumène, excité, fou, hystérique, possédé -LITTÉRAIRE: furieux.

forcer *verbe*

- Détériorer par la force. SYN. abîmer, altérer, déformer, détraquer, enfoncer, fracturer, gauchir.
- Obliger quelqu'un à. SYN. acculer, assujettir, condamner, contraindre, imposer, obliger, pousser, réduire –LITTÉRAIRE: astreindre. CONTR. *dispenser, relever.*
- Faire naître un sentiment. SYN. arracher, emporter, inspirer, provoquer, susciter.
- Augmenter un rythme. SYN. activer, hâter, précipiter –LITTÉRAIRE: presser.
- Exagérer quelque chose. SYN. accentuer, amplifier, charger, déformer, dénaturer, détourner, dramatiser, exagérer, grossir, outrer –LITTÉRAIRE: enfler, gauchir.

forcer (se) *verbe pronominal*

- S'imposer l'obligation de faire. SYN. se contraindre, s'escrimer, s'évertuer, s'imposer, s'obliger, tâcher de. CONTR. *en prendre à son aise, ne pas se gêner, n'en faire qu'à sa tête, se dispenser, se soustraire.*

forces *nom féminin pluriel*

- Moyens militaires. SYN. formation, régiment, troupe, unité.

forcir *verbe*

- Devenir plus robuste. SYN. croître, grandir, se développer, se fortifier –FAMILIER: pousser, profiter. CONTR. *s'étioler.*
- Prendre de l'embonpoint. SYN. engraisser, épaissir, grossir, s'alourdir, s'empâter –FAMILIER: s'arrondir, se remplumer. CONTR. *amincir, maigrir, mincir, s'amaigrir, s'amincir* –FAMILIER: *fondre.*

forer *verbe*

- Creuser un trou. SYN. creuser, excaver, percer, perforer, tarauder.

forfait *nom masculin*

- LITTÉRAIRE. Crime abominable. SYN. attentat, crime, délit, infraction, méfait. CONTR. *bienfait.*

forfaiture *nom féminin*

- Crime commis par un fonctionnaire. SYN. concussion, déloyauté, exaction, malversation, prévarication, trahison –LITTÉRAIRE: perfidie, traîtrise.

forfanterie *nom féminin*

- LITTÉRAIRE. Caractère du vantard. SYN. bluff, bravade, cabotinage, cuistrerie, fanfaronnade, vantardise –LITTÉRAIRE: crânerie, gasconnade, hâblerie, jactance, rodomontade. CONTR. *humilité, modestie.*

forgé *adjectif*

- Entièrement inventé. SYN. fabriqué, faux, fictif, imaginaire, inventé –LITTÉRAIRE: controuvé. CONTR. *authentique, exact, réel, véritable, vrai.*

forger *verbe*

- Créer par l'imagination. SYN. construire, échafauder, élaborer, fabriquer, fabuler, imaginer, inventer –LITTÉRAIRE: controuver.
- Former quelqu'un. SYN. modeler, plier, transformer –LITTÉRAIRE: façonner, pétrir.

forgeur *nom*

- LITTÉRAIRE. Personne qui invente. SYN. créateur, fabricateur, faiseur, inventeur, promoteur –LITTÉRAIRE: fabricant.

formaliser (se) *verbe pronominal*

- Se sentir vexé. SYN. se fâcher, se froisser, se hérisser, se scandaliser, se vexer, s'offusquer –LITTÉRAIRE: se blesser, se piquer, s'offenser.

formaliste *adjectif*

- Très attaché aux formes. SYN. maniaque, minutieux, pointilleux, scrupuleux –LITTÉRAIRE: vétilleux. CONTR. *fantaisiste.*
- Trop attaché aux usages. SYN. bourgeois, cérémonieux, conformiste, conventionnel, formel, protocolaire, ritualiste, traditionaliste. CONTR. *bohème, familier, sans façons, simple, spontané.*

formateur *adjectif*

- Qui développe les aptitudes. SYN. éducateur, éducatif, instructif, intéressant, profitable, utile.

formation *nom féminin*

- Action de former, se former. SYN. composition, constitution, création, élaboration, génération, genèse, origine, production. CONTR. *dislocation, dispersion.*
- Action d'éduquer quelqu'un. SYN. apprentissage, développement, éducation, façonnage, façonnement, initiation, préparation.

/ Ensemble de connaissances. SYN. bagage, connaissances, culture, instruction, savoir.
/ Groupement de personnes. SYN. équipe, mouvement, organisation, parti, rassemblement, troupe, union.

forme *nom féminin*
/ Configuration d'un objet. SYN. apparence, configuration, conformation, contour, figure, galbe, ligne, structure, tracé.
/ Aspect pris par quelque chose. SYN. apparence, aspect, état, tour, tournure.
/ Modèle de réalisation d'une œuvre. SYN. constitution, organisation, structure.
/ Manière de formuler une idée. SYN. expression, façon, style. CONTR. *contenu, fond, idée, matière, objet, substance, sujet.*
/ Modalité d'existence. SYN. genre, mode, modèle, type, variété.

formé *adjectif*
/ Qui a acquis de l'expérience. SYN. exercé, expert, initié, préparé. CONTR. *brut, nouveau.*

formel *adjectif*
/ Formulé avec précision. SYN. absolu, catégorique, certain, clair, déclaré, explicite, exprès, ferme, impératif, incontestable, indéniable, indiscutable, indubitable, irréfutable, net, positif, précis – LITTÉRAIRE : irréfragable. CONTR. *ambigu, conditionnel, confus, douteux, équivoque, hypothétique, implicite, imprécis, muet, obscur, problématique, tacite, vague, virtuel* – FAMILIER : *vaseux, vasouillard.*
/ Qui respecte les formes. SYN. extérieur, factice, formaliste, plaqué, protocolaire, stéréotypé, superficiel. CONTR. *inné, naturel, spontané.*
/ Qui ne tient pas compte de la réalité. SYN. abstrait, théorique. CONTR. *concret, objectif, réaliste.*

formellement *adverbe*
/ D'une manière expresse. SYN. absolument, catégoriquement, clairement, explicitement, expressément, franchement, nettement, officiellement, radicalement, rigoureusement, strictement. CONTR. *confusément, implicitement, officieusement, vaguement.*
/ Du point de vue de la forme. SYN. à la lettre, littéralement. CONTR. *profondément.*

former *verbe*
/ Donner une forme matérielle à. SYN. bâtir, créer, façonner, faire, modeler, pétrir, tracer. CONTR. *défaire.*
/ Donner son existence à. SYN. assembler, composer, constituer, fonder, instituer, organiser, réunir. CONTR. *disloquer.*
/ Prendre telle forme. SYN. décrire, dessiner, présenter, représenter.
/ Être à l'origine de quelque chose. SYN. aboutir, donner, entraîner, se transformer en.
/ Éduquer quelqu'un. SYN. cultiver, décrasser, dégourdir, dégrossir, dresser, éduquer, élever, entraîner, exercer, habituer, initier, instruire, modeler, perfectionner – FAMILIER : décrotter, désencroûter – LITTÉRAIRE : façonner, pétrir.

former (se) *verbe pronominal*
/ Prendre forme. SYN. apparaître, germer, naître, se constituer, se déclarer, se déclencher, se développer, se faire jour, se manifester, voir le jour.
/ Acquérir de l'expérience. SYN. se cultiver, se façonner, se faire, s'instruire.
/ Se disposer d'une certaine façon. SYN. se disposer, se mettre, se ranger, se répartir.

formes *nom féminin pluriel*
/ Contours du corps humain. SYN. ligne, physique, silhouette.
/ Manières bienséantes. SYN. bonnes manières, éducation, étiquette, politesse, protocole, savoir-vivre, tact – LITTÉRAIRE : civilité, urbanité, usage.

formidable *adjectif*
/ Qui sort de l'ordinaire. SYN. effrayant, étonnant, étourdissant, extraordinaire, fantastique, gigantesque, imposant, impressionnant, inouï, magnifique, prodigieux, stupéfiant – FAMILIER : énorme, époustouflant, faramineux, renversant, sensationnel, terrible. CONTR. *insignifiant, médiocre, ordinaire, plat, quelconque, terne.*
/ FAMILIER. Qui suscite l'admiration. SYN. admirable, bon, génial, magnifique, merveilleux, sensationnel – FAMILIER : chic, chouette, épatant, super. CONTR. *affreux, mauvais, médiocre.*

formidablement *adverbe*
/ FAMILIER. Indique un haut degré. SYN. admirablement, affreusement, beaucoup, bien, énormément, exceptionnellement, excessi-

vement, extraordinairement, extrêmement, fabuleusement, follement, fort, fortement, horriblement, immensément, immodérément, incroyablement, infiniment, mortellement, parfaitement, particulièrement, prodigieusement, profondément, puissamment, terriblement, très, trop, vertigineusement –FAMILIER: atrocement, bigrement, bougrement, diablement, drôlement, fameusement, fichtrement, fichûment, joliment, méchamment, rudement, tout plein –LITTÉRAIRE: diantrement, furieusement –POPULAIRE: foutrement, salement, vachement –VIEUX: fièrement. CONTR. *aucunement, faiblement, guère, légèrement, médiocrement, nullement, peu.*

formulation *nom féminin*

/ Action de formuler. SYN. énoncé, énonciation, rédaction.

formule *nom féminin*

/ Manière de procéder. SYN. méthode, modalité, mode, procédé, système.

/ Expression frappante. SYN. adage, aphorisme, énoncé, expression, locution, slogan, tournure.

formulé *adjectif*

/ Qui est dit de façon précise. SYN. exprimé. CONTR. *implicite, inexprimé, informulé, sous-entendu, tacite.*

formuler *verbe*

/ Rédiger quelque chose. SYN. arrêter, établir, fixer, indiquer, préciser.

/ Exprimer par la parole. SYN. dire, émettre, énoncer, expliciter, exposer, exprimer, notifier, prononcer. CONTR. *retirer.*

fors *préposition*

/ LITTÉRAIRE. À l'exception de. SYN. à part, excepté, hormis, sauf –LITTÉRAIRE: hors.

fort *adjectif*

/ Qui a de la vigueur. SYN. athlétique, dur, musclé, résistant, robuste, solide, vigoureux –FAMILIER: costaud –POPULAIRE: balaise, balèze, baraqué. CONTR. *anémique, chétif, débile, déclinant, décrépit, déficient, dégénéré, délicat, étiolé, exsangue, faible, faiblissant, fragile, maladif, malingre, souffreteux.*

/ Qui a de la corpulence. SYN. corpulent, énorme, épais, gros, large, lourd, massif, volumineux. CONTR. *effilé, filiforme, fin, fluet, frêle, grêle, maigre, menu, mince, petit, rachitique, squelettique, ténu.*

/ Qui a de la force morale. SYN. courageux, de fer, ferme, inébranlable, invincible, résolu, solide, tenace, trempé. CONTR. *branlant, croulant, défaillant, entraînable, faible, frivole, impuissant, inconsistant, influençable, mou, velléitaire, vulnérable.*

/ Qui a beaucoup d'intensité. SYN. accusé, appuyé, brutal, concentré, impétueux, intense, marqué, prononcé, violent. CONTR. *assourdi, atténué, doux, léger, modéré, sourd.*

/ Qui est important. SYN. abondant, considérable, dense, énorme, grand, gros, important. CONTR. *anodin, mince, modéré, petit, réduit.*

/ Dont l'odeur, le goût est relevé. SYN. entêtant, épicé, étourdissant, pimenté, piquant, prononcé, relevé –FAMILIER: raide. CONTR. *doux, fadasse, fade, insipide.*

/ Qui agit efficacement. SYN. agissant, convaincant, efficace, éloquent, énergique, influent, puissant. CONTR. *anodin, inefficace, inopérant.*

/ Compétent dans un domaine. SYN. bon, capable, doué, excellent, habile, instruit, intelligent, maître, pénétrant, savant –FAMILIER: calé, ferré, fortiche, trapu –POPULAIRE: balaise, balèze. CONTR. *ignorant, mauvais, médiocre, nul.*

fort *adverbe*

/ Avec vigueur. SYN. durement, énergiquement, ferme, fermement, fortement, puissamment, vigoureusement, violemment –FAMILIER: dur. CONTR. *délicatement, doucement, légèrement, modérément.*

/ Indique l'intensité. SYN. abominablement, affreusement, beaucoup, bien, colossalement, effroyablement, épouvantablement, excessivement, extraordinairement, extrêmement, follement, fortement, hautement, horriblement, immensément, immodérément, incroyablement, infiniment, mortellement, parfaitement, particulièrement, prodigieusement, profondément, puissamment, terriblement, très, trop –FAMILIER: atrocement, bigrement, bougrement, diablement, drôlement, fameusement, fichtrement, fichûment, formidablement, joliment, méchamment, rudement, tout plein –LITTÉRAIRE: diantrement, furieusement -POPULAIRE: foutrement, salement, vachement -VIEUX: fièrement. CONTR. *faiblement, modérément, passablement, peu.*

fort *nom masculin*

/ Ouvrage de fortification. SYN. citadelle, forteresse, fortin.

fortement *adverbe*

/ D'une manière solide. SYN. ferme, fermement, fort, solidement, vigoureusement, violemment -FAMILIER: dur. CONTR. *délicatement, doucement, légèrement.*

/ D'une manière intense. SYN. beaucoup, bien, considérablement, effroyablement, énormément, exceptionnellement, excessivement, extraordinairement, extrêmement, farouchement, follement, fort, grandement, gravement, hautement, horriblement, immensément, immodérément, incroyablement, infiniment, mortellement, parfaitement, particulièrement, prodigieusement, profondément, puissamment, supérieurement, terriblement, tout à fait, très, trop, vertigineusement -FAMILIER: bigrement, bougrement, diablement, drôlement, fameusement, fichtrement, fichûment, formidablement, joliment, méchamment, rudement, superlativement, tout plein -LITTÉRAIRE: diantrement, furieusement -POPULAIRE: foutrement, salement, vachement -VIEUX: fièrement. CONTR. *faiblement, guère, médiocrement, modérément, passablement, peu, vaguement.*

/ D'une manière énergique. SYN. ardemment, énergiquement, intensément, passionnément, puissamment, résolument, vraiment -LITTÉRAIRE: vivement. CONTR. *mollement, vaguement* -LITTÉRAIRE: *tièdement.*

forteresse *nom féminin*

/ Lieu fortifié. SYN. citadelle, fort, fortin, place forte.

/ Ce qui protège. SYN. bastion, bouclier, citadelle -LITTÉRAIRE: rempart.

fortifiant *adjectif*

/ Qui fortifie. SYN. réparateur, stimulant, tonifiant, tonique, vivifiant -LITTÉRAIRE: roboratif. CONTR. *affaiblissant, amollissant, anémiant, débilitant, déprimant.*

fortifiant *nom masculin*

/ Substance qui fortifie l'organisme. SYN. cordial, excitant, reconstituant, remontant, stimulant.

fortifier *verbe*

/ Redonner de la force. SYN. aguerrir, armer, développer, endurcir, refaire, remonter, restaurer, revigorer, stimuler, tonifier -FAMILIER: retaper -LITTÉRAIRE: retremper, tremper, vivifier. CONTR. *abattre, affaiblir, anémier, débiliter, épuiser, étioler.*

/ Donner plus de solidité. SYN. affermir, affirmer, conforter, consolider, étayer, renforcer, soutenir -LITTÉRAIRE: raffermir. CONTR. *abattre, affaisser, amoindrir, anéantir, appauvrir, démolir, miner, saper.*

fortifier (se) *verbe pronominal*

/ Développer sa force physique. SYN. se remonter, s'endurcir -FAMILIER: se requinquer, se retaper. CONTR. *baisser, décliner, dépérir, s'affaiblir, s'atrophier, s'étioler.*

fortuit *adjectif*

/ Qui arrive par hasard. SYN. accidentel, casuel, contingent, imprévisible, imprévu, inattendu, incident, inopiné, occasionnel. CONTR. *attendu, fatal, nécessaire, préparé, prévisible, prévu.*

fortuitement *adverbe*

/ De manière fortuite. SYN. à l'improviste, accidentellement, au dépourvu, inopinément, occasionnellement, par hasard, subitement -FAMILIER: subito -VIEUX: impromptu. CONTR. *fatalement, nécessairement.*

fortune *nom féminin*

/ LITTÉRAIRE. Puissance mystérieuse. SYN. chance, destin, fatalité, hasard, sort -LITTÉRAIRE: étoile.

/ Ensemble de richesses. SYN. argent, avoir, biens, capital, opulence, patrimoine, prospérité, ressources, richesse. CONTR. *besoin, dénuement, détresse, gêne, indigence, misère, pauvreté.*

/ LITTÉRAIRE. Sort de quelque chose. SYN. avenir, carrière, destin, destinée, sort -LITTÉRAIRE: lot.

fortuné *adjectif*

/ Qui a de la fortune. SYN. aisé, cossu, cousu d'or, huppé, nanti, opulent, privilégié, riche -FAMILIER: argenté, plein aux as -POPU-

LAIRE: friqué. CONTR. *gêné, indigent, misérable, nécessiteux, pauvre, ruiné* –FAMILIER: *désargenté, fauché, nettoyé, ratissé, sur la paille* –LITTÉRAIRE: *impécunieux* –POPULAIRE: *raide* –VIEUX: *besogneux.*

fosse *nom féminin*

/ Trou creusé dans le sol. SYN. cavité, cratère, excavation, trou.

fossé *nom masculin*

/ Désaccord profond. SYN. abîme, barrière, coupure, distance, divergence, écart, mur, obstacle, séparation.

/ Fosse creusée au long. SYN. douve, gouffre, tranchée.

fossile *adjectif*

/ FAMILIER. Vieux et sclérosé. SYN. archaïque, arriéré, démodé, désuet, périmé, rétrograde, vétuste –LITTÉRAIRE: suranné.

fossiliser *verbe*

/ FAMILIER. Empêcher d'évoluer. SYN. figer, pétrifier, scléroser.

fossiliser (se) *verbe pronominal*

/ Cesser d'évoluer. SYN. se démoder, se momifier, se périmer, se scléroser, s'encroûter, s'engourdir.

fou *adjectif*

/ Qui a perdu la raison. SYN. dérangé, désaxé, déséquilibré –FAMILIER: braque, cinglé, détraqué, dingue, fada, fêlé, frappé, loufoque, maboul, marteau, piqué, ravagé, tapé, timbré, toc-toc, toqué, zinzin –POPULAIRE: allumé, azimuté, barge, barjo, branque, brindezingue, chtarbé, cinoque, cintré, déjanté, dingo, folingue, fondu, frapadingue, givré, jeté, louf, louftingue, sinoc, sinoque, siphonné, tordu. CONTR. *équilibré, lucide, pondéré, prudent, réfléchi, sain, sensé* –LITTÉRAIRE: *rassis.*

/ Qui est hors de soi. SYN. bouleversé, désespéré, égaré, éperdu, furieux, hagard. CONTR. *calme, posé, sage, serein, tranquille.*

/ Qui se manifeste avec force. SYN. extrême, impérieux, incoercible, incontrôlable, irrépressible, irrésistible. CONTR. *discret, mesuré, modéré, retenu.*

/ En quantité considérable. SYN. démentiel, effréné, exagéré, excessif, exorbitant, fabuleux, fantastique, féroce, géant, gigantesque, immense, incroyable, prodigieux, terrible, vertigineux, violent –FAMILIER: astronomique, délirant, énorme, faramineux, furieux, homérique. CONTR. *faible, léger, modeste, moyen, petit.*

/ Qui est très épris de. SYN. amoureux, enragé, entiché, éperdu, féru, friand, ivre, passionné, toqué, transporté.

/ Qui est contraire à la raison. SYN. absurde, aveugle, déraisonnable, farfelu, inconséquent, insensé, saugrenu, ubuesque. CONTR. *raisonnable, rationnel, réfléchi.*

fou *nom*

/ Personne atteinte de folie. SYN. aliéné, dément, désaxé, déséquilibré, énergumène, excentrique, forcené, illuminé, maniaque, paranoïaque, schizophrène –FAMILIER: agité du bocal, cinglé, détraqué, dingue, fada –LITTÉRAIRE: furieux –POPULAIRE: barge, barjo, branque.

/ Personne qui se passionne pour. SYN. amoureux, enragé, passionné –FAMILIER: malade, mordu.

fouailler *verbe*

/ LITTÉRAIRE. Frapper à coups de fouet. SYN. battre, cingler, cravacher, flageller, fouetter, fustiger –FAMILIER: tabasser.

foucade *nom féminin*

/ LITTÉRAIRE. Engouement passager. SYN. caprice, emballement, fantaisie, lubie, passade –FAMILIER: tocade, toquade.

foudroyant *adjectif*

/ Qui frappe d'une mort soudaine. SYN. fatal, mortel, terrassant.

/ Qui frappe de stupeur. SYN. brusque, brutal, explosif, fulgurant, soudain, subit, terrible, violent.

foudroyer *verbe*

/ Tuer brutalement. SYN. abattre, écraser, faucher, terrasser, tuer.

/ Briser moralement. SYN. accabler, anéantir, briser, pétrifier, pulvériser, terrasser –LITTÉRAIRE: annihiler.

fouetter *verbe*

/ Frapper avec un fouet. SYN. battre, cingler, cravacher, flageller, fustiger –LITTÉRAIRE: fouailler.

/ Stimuler quelqu'un, un sentiment. SYN. aiguillonner, aiguiser, attiser, éperonner, éveiller, exciter, piquer, stimuler, surexciter. CONTR. *assouvir, engourdir, étouffer, lasser, ralentir, refroidir.*

foufou *adjectif*

/ FAMILIER. Qui a de la fantaisie. SYN. écervelé, étourdi, évaporé, excentrique, extravagant, fantaisiste, farfelu – FAMILIER: braque – LITTÉRAIRE: folâtre.

fougue *nom féminin*

/ Ardeur impétueuse. SYN. allant, animation, chaleur, élan, emballement, enthousiasme, entrain, exaltation, exubérance, feu, fièvre, frénésie, impatience, impétuosité, pétulance, turbulence, véhémence – LITTÉRAIRE: flamme, furie, vivacité. CONTR. *calme, flegme, mollesse, placidité.*

fougueusement *adverbe*

/ D'une manière fougueuse. SYN. ardemment, brutalement, frénétiquement, impétueusement, passionnément, violemment – LITTÉRAIRE: vivement. CONTR. *calmement, nonchalamment, sagement.*

fougueux *adjectif*

/ Qui montre de la fougue. SYN. ardent, bouillant, chaud, débordant, débridé, déchaîné, endiablé, exalté, explosif, exubérant, fébrile, frénétique, furieux, impatient, impétueux, impulsif, passionné, pétillant, pétulant, surchauffé, survolté, tout feu tout flammes, véhément – LITTÉRAIRE: allant, inflammable, volcanique. CONTR. *apathique, calme, flegmatique, indolent, lymphatique, mou, nonchalant, patient, placide, serein.*

fouille *nom féminin*

/ Fait de chercher avec soin. SYN. prospection, recherche.

fouillé *adjectif*

/ Qui est travaillé dans le détail. SYN. approfondi, fignolé, méticuleux, poli, soigné, travaillé – FAMILIER: chiadé, léché – LITTÉRAIRE: ciselé, soigneux. CONTR. *brut, schématique, simpliste, sommaire, superficiel.*

fouiller *verbe transitif*

/ Explorer un lieu. SYN. explorer, inspecter, inventorier, passer au peigne fin, perquisitionner, visiter.

/ Étudier à fond une idée. SYN. approfondir, explorer, inspecter, interroger, pénétrer, scruter, sonder.

/ Travailler en creux. SYN. approfondir, évider, sculpter, travailler – LITTÉRAIRE: ciseler.

/ Creuser le sol. SYN. affouiller, creuser – LITTÉRAIRE: fouir.

fouiller *verbe transitif indirect*

/ Chercher de manière indiscrète. SYN. chercher, fureter – FAMILIER: farfouiller, fouiner, fourgonner, fourrager, trifouiller.

fouilleur *nom*

/ Personne qui aime fouiller. SYN. curieux, fureteur, indiscret, investigateur – FAMILIER: farfouilleur, fouinard, fouineur – POPULAIRE: fouille-merde.

fouillis *nom masculin*

/ Choses en désordre. SYN. amoncellement, bric-à-brac, capharnaüm, enchevêtrement, entassement, fatras, montagne – FAMILIER: bazar, chantier, méli-mélo, souk – POPULAIRE: foutoir – VIEUX: pêle-mêle. CONTR. *ordre.*

/ Désordre dans les idées. SYN. confusion, désordre, emmêlement, enchevêtrement – FAMILIER: brouillamini, embrouillamini. CONTR. *classement, ordre, rangement.*

fouinard *adjectif et nom*

/ FAMILIER. Qui fouine partout. SYN. curieux, fureteur, indiscret, inquisiteur – FAMILIER: fouineur.

fouiner *verbe*

/ FAMILIER. Explorer les moindres recoins. SYN. explorer, fouiller, fureter, perquisitionner.

/ FAMILIER. Se mêler des affaires d'autrui. SYN. espionner – FAMILIER: farfouiller, fourgonner, fourrager, trifouiller.

fouineur *adjectif et nom*

/ FAMILIER. Qui fouine partout. SYN. curieux, fureteur, indiscret, inquisiteur – FAMILIER: fouinard.

fouir *verbe*

/ LITTÉRAIRE. Retourner la terre. SYN. affouiller, creuser, fouger, fouiller.

foulard *nom masculin*

/ Carré de tissu léger. SYN. cache-col, cache-nez, carré, écharpe, fichu.

foule *nom féminin*

/ Multitude de personnes. SYN. affluence, attroupement, cohue, entassement, monde –FAMILIER: peuple –POPULAIRE: populo –VIEUX: presse.

/ Le commun des hommes. SYN. masse, peuple, populace, population, public –FAMILIER: vulgum pecus –LITTÉRAIRE: multitude –POPULAIRE: populo.

/ Un grand nombre de. SYN. armée, avalanche, bande, bataillon, cascade, chapelet, débordement, déferlement, déluge, fatras, flot, flux, grêle, horde, infinité, kyrielle, légion, masse, meute, monceau, multitude, myriade, nuée, pléiade, pluie, provision, quantité, ramassis, tas, torrent, troupe, troupeau –FAMILIER: armada, cargaison, cohorte, flopée, foultitude, paquet, pelletée, peuple, régiment, ribambelle, tapée, tripotée –LITTÉRAIRE: averse, essaim. CONTR. *brin, goutte, larme, lueur, nuage, peu, pointe, soupçon* –POPULAIRE: *chouia.*

foulée *nom féminin*

/ Distance entre deux appuis. SYN. enjambée, pas.

/ Empreinte du pied d'un animal. SYN. empreinte, marque, trace.

fouler *verbe*

/ Faire une foulure. SYN. déboîter, démettre, luxer.

/ Marcher sur quelque chose. SYN. écraser, marcher sur, piétiner.

fouler (se) *verbe pronominal*

/ POPULAIRE. Se donner du mal. SYN. se fatiguer –FAMILIER: se tuer, s'éreinter. CONTR. *se rouler les pouces, se tourner les pouces* –FAMILIER: *avoir les côtes en long, avoir les pieds nickelés, avoir un poil dans la main* –POPULAIRE: *ne pas se casser, ne pas se casser le bol, ne pas se casser le cul, ne pas se casser le tronc, se les rouler.*

foultitude *nom féminin*

/ FAMILIER. Grand nombre. SYN. armée, avalanche, bande, bataillon, cascade, chapelet, débordement, déferlement, déluge, fatras, flot, flux, foule, grêle, horde, kyrielle, légion, masse, meute, monceau, multitude, myriade, nuée, pléiade, pluie, quantité, ramassis, tas, torrent, troupe, troupeau –FAMILIER: armada, cargaison, cohorte, flopée, pelletée, peuple, régiment, ribambelle, tapée, tripotée –LITTÉRAIRE: averse, essaim. CONTR. *brin, goutte, larme, lueur, nuage, peu, pointe, soupçon* –POPULAIRE: *chouia.*

four *nom masculin*

/ FAMILIER. Échec d'un spectacle. SYN. chute, échec, faillite, insuccès –FAMILIER: claque, fiasco, plantage, ratage –POPULAIRE: bide, flop. CONTR. *réussite, succès, triomphe.*

/ Lieu très chaud. SYN. étuve, fournaise –VIEUX: étouffoir. CONTR. –FAMILIER: *glacière.*

fourbe *adjectif*

/ Qui trompe avec perfidie. SYN. chafouin, déloyal, dissimulateur, dissimulé, faux, hypocrite, indélicat, jésuite, malhonnête, perfide, sournois, tortueux, traître, trompeur –LITTÉRAIRE: artificieux, félon, patelin, tortu. CONTR. *candide, droit, fair-play, fidèle, franc, loyal, net, sincère* –LITTÉRAIRE: *probe, vrai.*

fourbe *nom*

/ Personne sournoise. SYN. hypocrite, imposteur, jésuite, tartufe, tartuffe –FAMILIER: cafard, faux jeton –LITTÉRAIRE: félon, traître.

fourberie *nom féminin*

/ Caractère fourbe. SYN. déloyauté, dissimulation, duplicité, fausseté, hypocrisie, mauvaise foi, rouerie, ruse, traîtrise –FAMILIER: roublardise –LITTÉRAIRE: insincérité, perfidie, scélératesse, sournoiserie, tartuferie, tartufferie, vilenie –VIEUX: jésuitisme. CONTR. *bonne foi, candeur, droiture, fidélité, franchise, ingénuité, loyauté, probité, sincérité.*

/ LITTÉRAIRE. Acte fourbe. SYN. déloyauté, mystification, trahison, tromperie –FAMILIER: roublardise –LITTÉRAIRE: duperie, imposture, perfidie, scélératesse, sournoiserie, traîtrise, vilenie.

fourbi *nom masculin*

/ FAMILIER. Ensemble d'objets sans valeur. SYN. attirail –FAMILIER: barda, bataclan, bazar, fourniment, harnachement, machin –POPULAIRE: bastringue –VIEUX: saint-frusquin.

fourbir *verbe*

/ Rendre brillant en frottant. SYN. astiquer, briquer, faire briller, frotter, lustrer, polir.

fourbissage *nom masculin*

/ Action de fourbir. SYN. astiquage, frottage, lustrage, polissage.

fourbu *adjectif*

/ Très fatigué. SYN. à bout de forces, à plat, abattu, accablé, anéanti, brisé, épuisé, exténué, fatigué, harassé, K.-O., las, mort de fatigue, recru, rendu, rompu, surmené –FAMILIER: achevé, au bout du rouleau, cassé, claqué, éreinté, esquinté, fini, flapi, H.S., lessivé, mort, moulu, pompé, raplapla, sur les genoux, tué, vanné, vidé –POPULAIRE: crevé, sur les rotules. CONTR. *délassé, dispos, frais, frais et dispos, reposé* –FAMILIER: *en forme, en pleine forme, frais comme un gardon, frais comme une rose, increvable* –VIEUX: *gaillard.*

fourche *nom féminin*

/ Endroit où une voie se divise. SYN. bifurcation, carrefour, embranchement –LITTÉRAIRE: croisée.

fourcher *verbe*

/ VIEUX. Se séparer en plusieurs branches. SYN. bifurquer, diverger. CONTR. *se raccorder, se rejoindre, se retrouver, se réunir.*

fourgonner *verbe*

/ FAMILIER. Fouiller de manière désordonnée. SYN. chercher, fouiller, fureter –FAMILIER: farfouiller, fouiner, fourrager, trifouiller, tripoter.

fourmilière *nom féminin*

/ LITTÉRAIRE. Multitude de gens. SYN. bataillon, cohue, monde, nuée –FAMILIER: régiment, tripotée –LITTÉRAIRE: essaim.

fourmillant *adjectif*

/ Qui est plein de. SYN. abondant, bondé, comble, débordant, encombré, farci, grouillant, plein, rempli –FAMILIER: bourré, truffé. CONTR. *dénué, dépourvu, exempt, vide.*

fourmillement *nom masculin*

/ Fait de fourmiller. SYN. foisonnement, grouillement, multiplication, pullulement.

fourmiller *verbe intransitif*

/ Se trouver en grand nombre. SYN. foisonner, grouiller, proliférer, pulluler –FAMILIER: fleurir.

fourmiller *verbe transitif indirect*

/ Abonder en quelque chose. SYN. abonder en, déborder de, foisonner de, foisonner en, grouiller de, pulluler de, regorger de, surabonder de.

fournaise *nom féminin*

/ Lieu extrêmement chaud. SYN. brasier, étuve, feu, four –VIEUX: étouffoir. CONTR. –FAMILIER: *glacière.*

fourni *adjectif*

/ Composé d'éléments serrés. SYN. abondant, broussailleux, buissonneux, compact, dense, dru, épais, serré, touffu. CONTR. *clair, clairsemé, pelé, rare, tondu.*

/ Approvisionné en marchandises. SYN. achalandé, approvisionné, monté, pourvu, rassorti, réassorti. CONTR. *dégarni, démuni, dépourvu, désapprovisionné, maigre, pauvre.*

fourniment *nom masculin*

/ Équipement du soldat. SYN. bagage, équipement, paquetage –ARGOTIQUE: barda, fourbi.

/ FAMILIER. Équipement nécessaire. SYN. attirail, équipement –FAMILIER: barda, bataclan, bazar, fourbi, harnachement –POPULAIRE: bastringue –VIEUX: saint-frusquin.

fournir *verbe*

/ Ravitailler quelqu'un, un magasin. SYN. alimenter, approvisionner, équiper, garnir, pourvoir, ravitailler, satisfaire. CONTR. *démunir, priver.*

/ Mettre à la disposition de. SYN. donner, gratifier, pourvoir, procurer.

/ Apporter quelque chose. SYN. apporter, indiquer, montrer, offrir, prêter, produire.

fournisseur *nom*

/ Personne, établissement qui fournit. SYN. approvisionneur, commerçant, marchand, ravitailleur –LITTÉRAIRE: pourvoyeur. CONTR. *client.*

fourniture *nom féminin*

/ Action de fournir. SYN. alimentation, approvisionnement, ravitaillement.

/ Provision fournie. SYN. denrée, livraison, marchandise, produit, ravitaillement –POPULAIRE: camelote.

fourrager *verbe*

/ FAMILIER. Fouiller en mettant le désordre. SYN. fouiller, fureter –FAMILIER: farfouiller, fouiner, fourgonner, trifouiller, tripoter.

fourré *adjectif*

/ Doublé d'une fourrure. SYN. molletonné, ouaté, ouatiné.

fourré *nom masculin*

/ Massif de bois serré. SYN. broussailles, buisson, hallier, taillis.

fourrer *verbe*

/ FAMILIER. Introduire quelque chose dans. SYN. enfoncer, glisser, insérer, introduire, loger, mettre, plonger –FAMILIER: enfourner. CONTR. *ôter, retirer, sortir.*

/ FAMILIER. Mettre quelque part. SYN. –FAMILIER: caser, coller, ficher –POPULAIRE: foutre.

/ Garnir d'une doublure. SYN. doubler, molletonner, ouater, ouatiner.

fourrer (se) *verbe pronominal*

/ FAMILIER. Se mettre quelque part. SYN. pénétrer, se couler, se faufiler, se glisser, se loger, se placer, s'enfoncer, s'insérer, s'introduire –LITTÉRAIRE: s'insinuer.

fourrure *nom féminin*

/ Peau d'animal très touffue. SYN. pelage, poil, robe, toison.

fourvoiement *nom masculin*

/ LITTÉRAIRE. Fait de se tromper. SYN. aberration, aveuglement, erreur, méprise.

fourvoyer *verbe*

/ Détourner du bon chemin. SYN. dépister, dérouter, désorienter, égarer. CONTR. *guider.*

fourvoyer (se) *verbe pronominal*

/ Prendre un mauvais chemin. SYN. errer, faire fausse route, se perdre, se tromper, s'égarer. CONTR. *se repérer, s'orienter.*

/ LITTÉRAIRE. Faire une erreur. SYN. faire fausse route, s'abuser, se méprendre, se tromper, s'égarer –FAMILIER: être à côté de la plaque –POPULAIRE: se gourer, se planter.

foutaise *nom féminin*

/ POPULAIRE. Chose sans importance. SYN. bagatelle, baliverne, billevesée, broutille, misère, rien, vétille –FAMILIER: faribole, fichaise, rigolade –LITTÉRAIRE: superfluité –POPULAIRE: connerie.

foutoir *nom masculin*

/ POPULAIRE. Lieu en désordre. SYN. bric-à-brac, capharnaüm, fatras, fouillis –FAMILIER: bazar, chantier, cirque, pétaudière, souk –POPULAIRE: bordel.

foutre *verbe*

/ POPULAIRE. Donner avec violence. SYN. appliquer, assener, asséner, décocher, mettre –FAMILIER: administrer, coller, envoyer, ficher, flanquer –POPULAIRE: balancer.

/ POPULAIRE. Faire quelque chose. SYN. faire –FAMILIER: fabriquer, ficher, trafiquer.

foutre (se) *verbe pronominal*

/ POPULAIRE. Se moquer de quelqu'un. SYN. railler, rire de, s'amuser de, se moquer –FAMILIER: mettre en boîte, se ficher –LITTÉRAIRE: se gausser, se jouer –POPULAIRE: charrier.

/ POPULAIRE. Ne pas tenir compte de. SYN. faire peu de cas de, ignorer, rire de, se désintéresser, se jouer de, se rire de –FAMILIER: se contreficher, se ficher, s'en battre l'œil, s'en soucier comme de l'an quarante, s'en soucier comme de sa première chemise, s'en soucier comme d'une guigne –POPULAIRE: s'asseoir sur, s'en balancer, s'en tamponner le coquillard, s'en taper. CONTR. *faire grand cas de, se pencher sur, se préoccuper de, se soucier de, s'intéresser à.*

/ POPULAIRE. Se jeter quelque part. SYN. se jeter, se mettre, se précipiter –FAMILIER: se ficher, se flanquer.

foutrement *adverbe*

/ POPULAIRE. Indique l'intensité. SYN. beaucoup, bien, excessivement, extraordinairement, extrêmement, fabuleusement, follement, fort, fortement, grandement, hautement, incroyablement, infiniment, particulièrement, prodigieusement, profondément, puissamment, terriblement, très, trop –FAMILIER: bigrement, bougrement, diablement, drôlement, fameusement, fichtrement, fichûment, formidablement, joliment, méchamment, rudement, tout plein –LITTÉRAIRE: diantrement, furieusement –POPULAIRE: vachement –VIEUX: fièrement. CONTR. *guère, légèrement, médiocrement, nullement, peu.*

foutriquet *nom masculin*

/ FAMILIER. Individu grossier. SYN. butor, cuistre, goujat, malappris, malotru, mufle, ostrogoth –FAMILIER: malpoli, paltoquet –POPULAIRE: jean-foutre.

foutu *adjectif*

/ POPULAIRE. Irrémédiablement perdu. SYN. fini –FAMILIER: cuit, fichu, flambé, frit, H.S., kaput, mort –POPULAIRE: nase.

foyer *nom masculin*

/ Lieu où l'on fait le feu. SYN. âtre, cheminée, feu.

/ Lieu où habite la famille. SYN. bercail, chez-soi, home, intérieur, maison, ménage, nid, toit –FAMILIER: pénates –LITTÉRAIRE: demeure, logis.

/ Point d'où vient quelque chose. SYN. centre, cœur, siège, source.

fracas *nom masculin*

/ Agitation bruyante. SYN. coup, éclat, grondement, remue-ménage, tapage, tintamarre, tonnerre, vacarme –FAMILIER: boucan, raffut, tintouin –LITTÉRAIRE: mugissement, rumeur –POPULAIRE: ramdam –VIEUX: sabbat. CONTR. *calme, paix, silence, tranquillité.*

fracassant *adjectif*

/ Qui fait du bruit. SYN. abrutissant, assourdissant, bruyant, éclatant, grondant, retentissant, tapageur, tonitruant –LITTÉRAIRE: tonnant, tumultueux. CONTR. *silencieux.*

/ Qui fait de l'effet. SYN. éclatant, étourdissant, extraordinaire, inouï, saisissant, stupéfiant, tapageur –FAMILIER: énorme, époustouflant, renversant, tape-à-l'œil.

fracasser *verbe*

/ Mettre en morceaux. SYN. briser, broyer, casser, fracturer, pulvériser –FAMILIER: écrabouiller –LITTÉRAIRE: brésiller, rompre.

fraction *nom féminin*

/ Division d'un tout. SYN. fragment, morceau, parcelle, partie, portion, segment, tronçon. CONTR. *ensemble, entier, totalité, tout.*

fractionné *adjectif*

/ Divisé en parties. SYN. fragmentaire, parcellaire. CONTR. *entier, global.*

fractionnement *nom masculin*

/ Action de fractionner. SYN. division, fragmentation, morcellement, partage, segmentation, séparation.

fractionner *verbe*

/ Diviser quelque chose. SYN. compartimenter, couper, dégrouper, démembrer, dépecer, diviser, fragmenter, morceler, partager, scinder, sectionner, segmenter, subdiviser. CONTR. *grouper, joindre, rassembler, réunir, unifier.*

fracture *nom féminin*

/ Action de casser, de se casser. SYN. bris, cassure, effraction, faille, fissure, rupture –LITTÉRAIRE: brisure. CONTR. *soudure.*

fracturer *verbe*

/ Endommager quelque chose. SYN. briser, casser, forcer, fracasser –LITTÉRAIRE: rompre.

fragile *adjectif*

/ Qui se casse facilement. SYN. cassable, cassant, dégradable, délicat, destructible, friable. CONTR. *incassable, indéchirable, résistant, solide.*

/ De faible constitution. SYN. chétif, débile, délicat, douillet, faible, frêle, maladif, malingre, sensible, souffreteux, vulnérable. CONTR. *athlétique, endurant, fort, infatigable, inusable, robuste, vigoureux* –FAMILIER: *costaud.*

/ Qui est peu stable. SYN. altérable, boiteux, caduc, destructible, éphémère, fugace, fugitif, inconsistant, instable, léger, périssable, précaire, vulnérable. CONTR. *appuyé, assuré, durable, éternel, ferme, impérissable, inaltérable, indéfectible, indestructible, indissoluble, inébranlable, invulnérable, stable, tenace, viable.*

fragilité *nom féminin*

/ Caractère précaire de. SYN. fugacité, inconsistance, instabilité, légèreté, précarité, vulnérabilité –LITTÉRAIRE: inconstance, vanité. CONTR. *constance, durabilité, fermeté, invulnérabilité, pérennité, permanence, stabilité, viabilité* –LITTÉRAIRE: *perpétuité.*

/ Manque de robustesse. SYN. débilité, déficience, délicatesse, faiblesse. CONTR. *endurance, endurcissement, force, résistance, robustesse, solidité, vigueur, vitalité.*

fragment *nom masculin*
- Morceau d'une chose brisée. SYN. débris, éclat, fraction, lambeau, miette, pièce, tesson.
- Partie de quelque chose. SYN. bout, bribe, échantillon, extrait, fraction, morceau, parcelle, partie, portion –LITTÉRAIRE: pan. CONTR. *bloc, ensemble, entier, totalité.*

fragmentaire *adjectif*
- Qui constitue un fragment. SYN. fractionné, imparfait, incomplet, informe, morcelé, parcellaire, partiel. CONTR. *absolu, complet, entier, exhaustif, global, intégral, plein, total.*

fragmentairement *adverbe*
- Par fragments. SYN. imparfaitement, incomplètement, insuffisamment, partiellement, sommairement.

fragmentation *nom féminin*
- Action de fragmenter. SYN. division, fractionnement, morcellement, partage, segmentation, séparation.

fragmenter *verbe*
- Partager en fragments. SYN. compartimenter, disperser, diviser, fractionner, morceler, partager, scinder, sectionner, segmenter, séparer, tronçonner. CONTR. *grouper, joindre, rassembler, réunir, unifier.*

fragrance *nom féminin*
- LITTÉRAIRE. Odeur agréable. SYN. arôme, bouquet, effluve, émanation, parfum –LITTÉRAIRE: senteur. CONTR. *fétidité, infection, pestilence, puanteur.*

fraîchement *adverbe*
- Depuis peu de temps. SYN. depuis peu, dernièrement, nouvellement, récemment.
- Avec une grande froideur. SYN. froidement –LITTÉRAIRE: tièdement. CONTR. *chaleureusement, chaudement, cordialement.*

fraîcheur *nom féminin*
- Ce qui est légèrement froid. SYN. froid –LITTÉRAIRE: froidure. CONTR. *ardeur, chaleur, tiédeur* –LITTÉRAIRE: *touffeur.*
- Qualité de ce qui n'est pas terni. SYN. brillant, éclat, netteté –LITTÉRAIRE: vivacité.
- LITTÉRAIRE. Caractère spontané. SYN. candeur, ingénuité, innocence, jeunesse, naïveté, spontanéité.
- Absence de cordialité. SYN. dureté, froideur, impassibilité, indifférence. CONTR. *chaleur, cordialité.*

fraîchir *verbe*
- Devenir frais ou plus frais. SYN. rafraîchir, refroidir. CONTR. *chauffer, réchauffer, se réchauffer.*

frais *adjectif*
- Légèrement froid. SYN. froid. CONTR. *brûlant, caniculaire, chaud, étouffant, tiède, torride* –LITTÉRAIRE: *ardent.*
- Nouvellement produit ou récolté. SYN. du jour, intact –LITTÉRAIRE: tendre. CONTR. *avancé, avarié, desséché, dur, fermenté, fumé, gâté, pourri, rassis, salé, séché, surgelé* –LITTÉRAIRE: *corrompu.*
- Qui vient de se produire. SYN. actuel, dernier, du jour, jeune, neuf, nouveau, récent. CONTR. *ancien, éculé, lointain, vieux.*
- Qui a conservé sa vigueur. SYN. dispos, reposé, vert –VIEUX: gaillard. CONTR. *brisé, épuisé, exténué, fatigué, fourbu, harassé, las, usé* –FAMILIER: *achevé, claqué, éreinté, esquinté, flagada, malade* –POPULAIRE: *crevé, vanné.*
- Qui a conservé son éclat. SYN. éclatant, rosé. CONTR. *blafard, blême, cadavéreux, cadavérique, décati, défraîchi, desséché, fade, fané, flétri, hâve, pâle, passé, sec, verdâtre* –FAMILIER: *pâlichon, pâlot.*
- FAMILIER. Qui manque de cordialité. SYN. dur, froid, glacé, impassible, indifférent, réservé. CONTR. *affable, chaleureux, cordial, enthousiaste* –LITTÉRAIRE: *amène.*

frais *nom masculin pluriel*
- Somme dépensée. SYN. débours, dépense. CONTR. *bénéfice, gain.*

franc *adjectif*
- Qui montre de la sincérité. SYN. authentique, carré, direct, droit, fair-play, honnête, loyal, ouvert, sincère, spontané –LITTÉRAIRE: vrai –VIEUX: rond. CONTR. *affecté, ambigu, artificiel, caché, captieux, chafouin, compassé, déloyal, dissimulateur, dissimulé, double, embarrassé, énigmatique, équivoque, faux, fourbe, hypocrite, imposteur, indirect, insidieux, louche, mensonger, menteur, renfermé, retors, sournois, tortueux, torve, trom-*

peur –FAMILIER: *cachottier, ficelle, roublard* –LITTÉRAIRE: *artificieux, benoît, cauteleux, fallacieux, matois, tortu.*
/ Qui se manifeste clairement. SYN. catégorique, clair, cru, démonstratif, net, précis, pur, tranché, véritable. CONTR. *douteux, hésitant, réservé, voilé* –LITTÉRAIRE: *réticent.*
/ Se dit de jours entiers. SYN. complet, entier, plein.

franchement *adverbe*
/ D'une manière sincère. SYN. à découvert, directement, en toute bonne foi, haut, hautement, librement, loyalement, ouvertement, sincèrement, tout haut, vrai –LITTÉRAIRE: hardiment, nuement, nûment, uniment –VIEUX: rondement. CONTR. *à la dérobée, en cachette, en catimini, en tapinois, faussement, furtivement, hypocritement, sournoisement, tortueusement.*
/ Sans équivoque. SYN. carrément, catégoriquement, clairement, expressément, formellement, nettement, sans détour, simplement, tout bonnement, tout cru, tout net –LITTÉRAIRE: sans ambages –POPULAIRE: franco. CONTR. *ambigument, confusément, obliquement, obscurément, vaguement.*
/ De manière réelle. SYN. nettement, réellement, résolument, totalement, tout à fait, très, véritablement, vraiment –FAMILIER: carrément.

franchir *verbe*
/ Passer au-delà d'un obstacle. SYN. enjamber, escalader, gravir, sauter.
/ Surmonter quelque chose. SYN. dépasser, passer, triompher de, vaincre. CONTR. *achopper, buter, échouer.*
/ Parcourir une distance. SYN. couvrir, parcourir, traverser.

franchise *nom féminin*
/ Caractère franc. SYN. droiture, franc-parler, hardiesse, liberté, loyauté, netteté, rondeur, sincérité, spontanéité, vérité –LITTÉRAIRE: véracité. CONTR. *ambiguïté, déloyauté, dissimulation, duplicité, fausseté, fourberie, hypocrisie, mensonge, ruse, traîtrise, tromperie* –FAMILIER: *cachotterie, chichi* –LITTÉRAIRE: *cautèle, flagornerie, sournoiserie.*

franchissement *nom masculin*
/ Action de franchir. SYN. dépassement, passage, traversée.

franco *adverbe*
/ Sans frais pour le destinataire. SYN. à titre gratuit, franc de port, gracieusement, gratis, gratuitement.
/ POPULAIRE. Sans hésiter. SYN. carrément, catégoriquement, clairement, expressément, formellement, franchement, nettement, sans détour, tout bonnement, tout cru, tout net –LITTÉRAIRE: sans ambages.

franc-parler *nom masculin*
/ Liberté de langage. SYN. franchise, rondeur –LITTÉRAIRE: véracité.

frappant *adjectif*
/ Qui fait une vive impression. SYN. confondant, éclatant, étonnant, hallucinant, impressionnant, marquant, notable, percutant, saillant, saisissant, stupéfiant, suffocant, troublant –FAMILIER: sciant, sidérant, soufflant. CONTR. *banal, quelconque.*
/ Qui saute aux yeux. SYN. criant, éclatant, évident, indéniable, indiscutable, indubitable.

frappe *nom féminin*
/ POPULAIRE. Jeune voyou. SYN. chenapan, gredin, vaurien, voyou –FAMILIER: brigand, fripon, fripouille –POPULAIRE: arsouille, gouape.

frappé *adjectif*
/ FAMILIER. Un peu fou. SYN. dérangé, fou –FAMILIER: braque, cinglé, détraqué, dingue, fada, loufoque, maboul, malade, marteau, piqué, ravagé, tapé, timbré, toc-toc, toqué, zinzin –POPULAIRE: allumé, azimuté, barge, barjo, branque, brindezingue, cinoque, cintré, déjanté, dingo, fêlé, folingue, fondu, givré, jeté, louf, louftingue, sinoc, sinoque, siphonné, tordu. CONTR. *équilibré, normal, sain.*

frappement *nom masculin*
/ Bruit produit en frappant. SYN. battement, choc, claquement, coup, martèlement, tambourinage, tambourinement, tapotage, tapotement.

frapper *verbe intransitif*
/ Donner des coups sur quelque chose. SYN. cogner, tambouriner, tapoter –FAMILIER: taper.

frapper *verbe transitif*

/ Venir heurter. SYN. atteindre, choquer, cogner, heurter, percuter, ricocher, tomber sur, toucher.

/ Donner des coups. SYN. attaquer, battre, blesser, brutaliser, malmener, maltraiter, porter un coup, rouer de coups, s'abattre sur, taper –FAMILIER: embrocher, passer à tabac, rosser, tabasser –LITTÉRAIRE: violenter –POPULAIRE: cogner. CONTR. *caresser.*

/ S'imposer avec force. SYN. attirer, captiver, étonner, glacer, retenir, saisir, surprendre.

/ Affecter vivement quelqu'un. SYN. abasourdir, affecter, affliger, agiter, bouleverser, choquer, commotionner, émouvoir, empoigner, éprouver, impressionner, marquer, remuer, retourner, secouer, toucher, troubler –FAMILIER: émotionner, révolutionner.

/ Infliger une peine. SYN. condamner, corriger, punir –LITTÉRAIRE: châtier.

frapper (se) *verbe pronominal*

/ FAMILIER. Se faire du souci. SYN. se tourmenter, se tracasser, s'émouvoir, s'en faire, s'inquiéter –FAMILIER: se faire de la bile.

frasque *nom féminin*

/ Écart de conduite. SYN. caprice, équipée, extravagance, folies, fredaine, incartade, inconduite.

fraternel *adjectif*

/ Qui a des sentiments de frère. SYN. affectueux, amical, cordial, sympathique, tendre. CONTR. *antipathique, fratricide, hostile, inamical.*

fraternisation *nom féminin*

/ Action de fraterniser. SYN. amitié, entente, réconciliation –FAMILIER: raccommodement. CONTR. *désaccord, haine, hostilité, inimitié.*

fraterniser *verbe*

/ Faire acte de fraternité. SYN. s'entendre, sympathiser –LITTÉRAIRE: s'accorder. CONTR. *se brouiller, se déchirer, se disputer, se fâcher, se haïr, se quereller* –FAMILIER: *s'accrocher, se chamailler.*

fraternité *nom féminin*

/ Lien de solidarité. SYN. camaraderie, concorde, union, unité. CONTR. *désaccord, haine.*

fraude *nom féminin*

/ Acte malhonnête. SYN. escroquerie, falsification, tricherie, tromperie, trucage, truquage –FAMILIER: resquillage, resquille.

frauder *verbe*

/ Se rendre coupable de fraude. SYN. tricher –FAMILIER: resquiller, truander.

fraudeur *nom*

/ Personne coupable de fraude. SYN. bandit, carambouilleur, escroc, filou, forban, gredin, pourri, tricheur –FAMILIER: faisan, fripouille, resquilleur –POPULAIRE: arnaqueur –VIEUX: fripon.

frauduleusement *adverbe*

/ De façon frauduleuse. SYN. illégalement, illicitement, irrégulièrement. CONTR. *légalement, licitement, règlementairement, régulièrement.*

frauduleux *adjectif*

/ Qui est entaché de fraude. SYN. illégal, illicite, irrégulier. CONTR. *autorisé, légal, licite, permis, règlementaire, régulier.*

frayer *verbe transitif*

/ Rendre praticable un chemin. SYN. ménager, ouvrir, percer, pratiquer. CONTR. *fermer, interdire.*

frayer *verbe transitif indirect*

/ LITTÉRAIRE. Avoir des relations avec. SYN. côtoyer, fréquenter, se voir –LITTÉRAIRE: commercer, cousiner, voisiner. CONTR. *éviter.*

frayeur *nom féminin*

/ Grande crainte. SYN. affolement, angoisse, crainte, effroi, épouvante, horreur, panique, peur, phobie, terreur –LITTÉRAIRE: alarme –POPULAIRE: pétoche. CONTR. *impassibilité, sang-froid, sérénité* –LITTÉRAIRE: *quiétude.*

fredaine *nom féminin*

/ Écart de conduite. SYN. caprice, équipée, extravagance, folies, frasque, incartade, inconduite.

fredonner *verbe*

/ Chanter à mi-voix. SYN. chanter, chantonner.

frein *nom masculin*
/ Ce qui fait obstacle. SYN. empêchement, entrave, gêne, obstacle, opposition. CONTR. *liberté.*

freiner *verbe*
/ Ralentir la progression de. SYN. amortir, circonscrire, contrarier, diminuer, endiguer, enrayer, entraver, immobiliser, juguler, limiter, obstruer, paralyser, ralentir, retarder. CONTR. *accélérer, activer, développer, encourager, favoriser, hâter, presser.*
/ Modérer l'élan de quelqu'un. SYN. brider, comprimer, contrarier, inhiber, modérer, refréner, réfréner, refroidir –FAMILIER: doucher –LITTÉRAIRE: contraindre, tempérer. CONTR. *aiguillonner, aiguiser, attiser, éperonner, exciter, réveiller.*

frelaté *adjectif*
/ Que l'on a falsifié. SYN. artificiel, factice, falsifié, mélangé, suspect –FAMILIER: trafiqué. CONTR. *naturel, pur.*
/ Qui est corrompu. SYN. malsain, morbide, pourri –LITTÉRAIRE: corrompu, putride. CONTR. *sain.*

frelater *verbe*
/ Modifier une substance. SYN. adultérer, dénaturer, falsifier –FAMILIER: trafiquer.
/ LITTÉRAIRE. Altérer quelque chose. SYN. dénaturer, dépraver, fausser, gâter –LITTÉRAIRE: corrompre, gangrener.

frêle *adjectif*
/ Qui est très mince. SYN. fin, fluet, grêle, maigrelet, maigriot, menu, mince, rachitique, ténu –FAMILIER: maigrichon –LITTÉRAIRE: gracile. CONTR. *corpulent, épais, gros, massif, plantureux* –FAMILIER: *dodu.*
/ Qui est de nature fragile. SYN. chétif, débile, délicat, fragile, malingre –FAMILIER: faiblard. CONTR. *fort, puissant, robuste, solide, vigoureux* –FAMILIER: *costaud* –POPULAIRE: *balaise, balèze, baraqué.*
/ Condamné à disparaître. SYN. éphémère, faible, fugace, fugitif, léger, précaire –LITTÉRAIRE: périssable. CONTR. *ferme, résistant, solide, tenace.*

freluquet *nom masculin*
/ LITTÉRAIRE. Homme frivole. SYN. –FAMILIER: godelureau, marmouset –VIEUX: mirliflor, mirliflore.
/ FAMILIER. Homme chétif. SYN. avorton, gnome, gringalet –FAMILIER: demi-portion, maigrichon, mauviette, microbe.

frémir *verbe*
/ S'agiter avec un bruissement. SYN. bourdonner, vibrer –LITTÉRAIRE: bruire, frissonner, murmurer.
/ Trembler convulsivement. SYN. frissonner, grelotter, palpiter, trembler –LITTÉRAIRE: trémuler, trépider, vibrer.

frémissant *adjectif*
/ Troublé par l'émotion. SYN. frissonnant, palpitant, tremblant, vibrant –LITTÉRAIRE: trémulant.
/ Qui frémit. SYN. bourdonnant –LITTÉRAIRE: bruissant.

frémissement *nom masculin*
/ Bruissement léger. SYN. battement, froissement, frou-frou –LITTÉRAIRE: bruissement, chuchotement, chuchotis, frisson, frissonnement, gazouillement, murmure.
/ Léger tremblement. SYN. frisson, frissonnement, ondulation, tremblement, trépidation, vibration –LITTÉRAIRE: ondoiement.

frénésie *nom féminin*
/ État d'exaltation violente. SYN. acharnement, agitation, déchaînement, délire, effervescence, égarement, emportement, exaltation, férocité, fièvre, folie, fureur, hystérie, ivresse, ouragan, paroxysme, passion, rage, surexcitation, tempête, véhémence, violence –LITTÉRAIRE: impétuosité, turbulence. CONTR. *apathie, calme, placidité, pondération, retenue* –LITTÉRAIRE: *sobriété.*
/ Enthousiasme très vif. SYN. ardeur, chaleur, enthousiasme, fébrilité, ferveur, feu, fougue, pétulance –LITTÉRAIRE: flamme. CONTR. *mesure, sagesse.*

frénétique *adjectif*
/ Violemment exalté. SYN. acharné, bouillant, bouillonnant, débordant, débridé, déchaîné, délirant, échevelé, effréné, endiablé, enragé, enthousiaste, éperdu, exalté, excité, explosif, fanatique, fébrile, fiévreux, forcené, fougueux, furieux, hystérique, impétueux, insensé, intense, surchauffé, surexcité, survolté, triomphal, véhément, violent –LITTÉRAIRE: dévorant, effervescent, tumultueux, volcanique. CONTR. *endormi, froid, sobre.*

frénétiquement *adverbe*

/ Avec frénésie. SYN. éperdument, fougueusement, furieusement, passionnément.

fréquemment *adverbe*

/ D'une manière fréquente. SYN. à tout bout de champ, à tout moment, beaucoup, constamment, continuellement, maintes fois, périodiquement, souvent, volontiers –LITTÉRAIRE: continûment. CONTR. *exceptionnellement, irrégulièrement, par intermittence, par intervalles, parfois, rarement, variablement.*

/ D'une manière courante. SYN. communément, couramment, habituellement, la plupart du temps, ordinairement, traditionnellement, usuellement, vulgairement. CONTR. *accidentellement, exceptionnellement.*

fréquence *nom féminin*

/ Caractère de ce qui se répète. SYN. multiplicité, renouvellement, répétition, reproduction –LITTÉRAIRE: réitération.

fréquent *adjectif*

/ Qui se reproduit souvent. SYN. constant, récurrent, réitéré, répandu, répété. CONTR. *espacé, exceptionnel, intermittent, isolé, rare, sporadique, unique.*

/ Qui arrive souvent. SYN. commun, courant, habituel, ordinaire. CONTR. *accidentel, étonnant, exceptionnel, extraordinaire, inusité.*

fréquentation *nom féminin*

/ Personne que l'on fréquente. SYN. accointance, attaches, compagnie, connaissance, entourage, relation, société –LITTÉRAIRE: liaison.

/ LITTÉRAIRE. Pratique de quelque chose. SYN. connaissance, expérience, familiarité, pratique, usage.

/ Action de fréquenter. SYN. acoquinement, compagnie, contact, rapport –LITTÉRAIRE: commerce.

fréquenté *adjectif*

/ Où il y a beaucoup de gens. SYN. couru, passant, populeux, visité, vivant. CONTR. *désert, écarté, isolé, retiré, solitaire.*

fréquenter *verbe*

/ Aller souvent dans un lieu. SYN. visiter –LITTÉRAIRE: hanter. CONTR. *fuir, s'éloigner.*

/ Avoir des relations suivies avec. SYN. approcher, côtoyer, courtiser, voir –LITTÉRAIRE: coudoyer, frayer. CONTR. *éviter, négliger, oublier.*

fréquenter (se) *verbe pronominal*

/ Avoir des relations suivies. SYN. s'acoquiner, se voir –FAMILIER: flirter –LITTÉRAIRE: commercer, cousiner, frayer, voisiner.

frétiller *verbe*

/ S'agiter d'une manière vive. SYN. bouger, gesticuler, s'agiter, se remuer, se tortiller, se trémousser –FAMILIER: avoir la bougeotte, gigoter. CONTR. *être immobile, s'immobiliser.*

friable *adjectif*

/ Qui se réduit en morceaux. SYN. cassant, fragile. CONTR. *solide.*

friand *adjectif*

/ Qui se régale de. SYN. gourmand.

/ Qui a du goût pour telle chose. SYN. amateur, amoureux, avide, entiché, féru, fou.

friandise *nom féminin*

/ Chose sucrée. SYN. bonbon, confiserie, douceur, gâterie, sucrerie.

fric *nom masculin*

/ POPULAIRE. Argent. SYN. espèces, espèces sonnantes et trébuchantes, liquidités, numéraire –ARGOTIQUE: braise, grisbi, pèze, thune, tune –FAMILIER: blé, ferraille, mitraille, ronds, sous –POPULAIRE: flouse, flouze, fraîche, galette, oseille, pépettes, picaillons, pognon.

frichti *nom masculin*

/ POPULAIRE. Mets que l'on prépare. SYN. –ARGOTIQUE: graille –FAMILIER: popote –POPULAIRE: bouffe, cuistance, fricot, tambouille.

fricot *nom masculin*

/ FAMILIER. Mets préparé. SYN. –ARGOTIQUE: graille –FAMILIER: popote –POPULAIRE: bouffe, cuistance, frichti, tambouille.

fricotage *nom masculin*

/ FAMILIER. Trafic malhonnête. SYN. agissements –FAMILIER: grenouillage, trafic, tripotage –POPULAIRE: magouillage, magouille.

fricoter *verbe*

/ FAMILIER. Préparer un repas. SYN. cuisiner, mijoter, mitonner.

/ FAMILIER. Manigancer une affaire. SYN. manigancer, tramer –FAMILIER: cuisiner, fabriquer, traficoter, trafiquer, tripoter.

friction *nom féminin*

/ Désaccord entre des personnes. SYN. frottement, heurt, malentendu, tension, tiraillement –FAMILIER: accrochage, attrapade –VIEUX: attrapage. CONTR. *paix.*

frigorifier *verbe*

/ FAMILIER. Donner très froid. SYN. glacer, rafraîchir, refroidir –FAMILIER: réfrigérer. CONTR. *chauffer, réchauffer.*

frime *nom féminin*

/ FAMILIER. Apparence trompeuse. SYN. bluff, comédie, simulacre –FAMILIER: chiqué, esbroufe, fumisterie –POPULAIRE: épate.

frimer *verbe*

/ FAMILIER. Faire semblant de. SYN. faire l'important, parader –FAMILIER: bêcher, crâner, plastronner –LITTÉRAIRE: fanfaronner –POPULAIRE: la ramener, ramener sa fraise.

frimeur *nom*

/ FAMILIER. Personne qui frime. SYN. bluffeur, bravache, cabotin, faiseur, fanfaron, faraud, hâbleur, vantard –FAMILIER: crâneur, m'as-tu-vu –LITTÉRAIRE: capitan, fier-à-bras, matamore, rodomont –VIEUX: esbroufeur, gascon, tranche-montagne.

frimousse *nom féminin*

/ FAMILIER. Visage jeune. SYN. figure, minois –FAMILIER: bouille –POPULAIRE: fiole.

fringale *nom féminin*

/ FAMILIER. Faim subite. SYN. appétit, faim, soif.

fringant *adjectif*

/ Qui est vif, pétulant. SYN. alerte, coquet, déluré, guilleret, pétillant, pimpant, sémillant –LITTÉRAIRE: allant –VIEUX: gaillard. CONTR. *brisé, faiblissant* –FAMILIER: *claqué.*

fringue *nom féminin*

/ POPULAIRE. Pièce de l'habillement. SYN. habit, vêtement –FAMILIER: nippe.

fringuer *verbe*

/ POPULAIRE. Mettre des vêtements à. SYN. costumer, habiller, vêtir –FAMILIER: attifer, fagoter, nipper –POPULAIRE: saper.

friper *verbe*

/ Froisser une étoffe. SYN. chiffonner, froisser, plisser. CONTR. *défriper, défroisser.*

/ Rider quelqu'un. SYN. faner, flétrir, plisser, raviner, rider –FAMILIER: ratatiner.

fripon *nom*

/ FAMILIER. Enfant espiègle. SYN. chenapan, garnement, gredin, lascar, mauvais sujet, polisson, vaurien, voyou –FAMILIER: affreux jojo, brigand, coquin, diable, filou, galopin, sacripant –VIEUX: galapiat, mâtin.

/ VIEUX. Personne malhonnête. SYN. aigrefin, bandit, charlatan, escroc, filou, forban, fraudeur, vermine –FAMILIER: empileur, estampeur, faisan, fripouille, margoulin, pendard –LITTÉRAIRE: pirate –POPULAIRE: arnaqueur, frappe –VIEUX: coquin.

friponnerie *nom féminin*

/ FAMILIER. Acte de fripon. SYN. crapulerie, filoutage, flibuste, indélicatesse, malhonnêteté, polissonnerie –FAMILIER: fripouillerie –LITTÉRAIRE: canaillerie –VIEUX: filouterie.

fripouille *nom féminin*

/ FAMILIER. Personne malhonnête. SYN. aigrefin, bandit, brigand, canaille, charlatan, chenapan, crapule, escroc, filou, forban, fraudeur, gredin, racaille, scélérat, vaurien, vermine, voleur, voyou –FAMILIER: empileur, estampeur, faisan, margoulin –LITTÉRAIRE: pirate –POPULAIRE: arnaqueur, arsouille, frappe, gouape –VIEUX: coquin, fripon.

fripouillerie *nom féminin*

/ FAMILIER. Action d'une fripouille. SYN. crapulerie, gredinerie, malhonnêteté –FAMILIER: friponnerie –LITTÉRAIRE: canaillerie, scélératesse.

friqué *adjectif*

/ POPULAIRE. Qui a de l'argent. SYN. aisé, cousu d'or, fortuné, nanti, riche –FAMILIER: argenté, plein aux as –POPULAIRE: rupin. CONTR. *gêné, pauvre* –FAMILIER: *désargenté* –VIEUX: *besogneux.*

frisé *adjectif*

/ Qui se met en boucles. SYN. annelé, bouclé, crêpé, crêpelé, crépu, frisant, frisottant, frisotté, ondulé. CONTR. *lisse, plat, raide.*

friselis *nom masculin*

/ LITTÉRAIRE. Doux frémissement. SYN. bourdonnement, froissement, frou-frou, susurrement –LITTÉRAIRE: bruissement, chuchotement, chuchotis, frisson, gazouillement, murmure.

friser *verbe intransitif*

/ Avoir les cheveux qui bouclent. SYN. boucler, frisotter, onduler –LITTÉRAIRE: moutonner.

friser *verbe transitif*

/ Mettre des cheveux en boucles. SYN. boucler, frisotter, onduler. CONTR. *aplatir, défriser, lisser, raidir.*

/ Passer au ras de. SYN. côtoyer, effleurer, frôler, raser.

/ Être près de quelque chose. SYN. approcher, avoisiner, confiner à, côtoyer, frôler –LITTÉRAIRE: coudoyer, toucher.

frisette *nom féminin*

/ FAMILIER. Boucle de cheveux frisée. SYN. bouclette, frisottis, frisure –VIEUX: frison.

frisottant *adjectif*

/ Qui frisotte. SYN. bouclé, frisé, ondulé. CONTR. *lisse, plat, raide.*

frisotter *verbe*

/ Être légèrement frisé. SYN. boucler, friser, onduler –LITTÉRAIRE: moutonner.

frisson *nom masculin*

/ Tremblement involontaire. SYN. frémissement, grelottement, haut-le-corps, secousse, sursaut, tremblement, trépidation, tressaillement –LITTÉRAIRE: tressautement.

/ LITTÉRAIRE. Bruit de ce qui ondule. SYN. froissement, frou-frou, palpitation, souffle, susurrement, vibration –LITTÉRAIRE: bruissement, chuchotement, chuchotis, friselis, frissonnement, murmure, ondoiement.

frissonnant *adjectif*

/ Qui frissonne. SYN. frémissant, grelottant, transi, tremblotant –LITTÉRAIRE: trémulant.

frissonnement *nom masculin*

/ LITTÉRAIRE. Léger tremblement. SYN. frémissement, grelottement, tremblement, trépidation –LITTÉRAIRE: frisson.

frissonner *verbe*

/ Avoir des frissons. SYN. frémir, grelotter, trembler, tressaillir –LITTÉRAIRE: trémuler, tressauter.

frisure *nom féminin*

/ État des cheveux frisés. SYN. boucle, ondulation –FAMILIER: frisette –VIEUX: frison.

frit *adjectif*

/ FAMILIER. Définitivement perdu. SYN. –FAMILIER: coulé, cuit, fichu, fini, flambé –POPULAIRE: foutu, refait.

frivole *adjectif*

/ Qui a peu de sérieux. SYN. insignifiant, léger, puéril, superficiel, vide –LITTÉRAIRE: vain. CONTR. *fort, grave, important, profond.*

/ Qui aime les choses futiles. SYN. évaporé, futile, inconstant, léger, superficiel, volage. CONTR. *fidèle, pondéré, posé, réfléchi, scrupuleux, sérieux.*

frivolité *nom féminin*

/ Caractère frivole. SYN. futilité, inconstance, insignifiance, insouciance, légèreté, puérilité –LITTÉRAIRE: inanité, superfluité, vanité. CONTR. *austérité, gravité, pondération, sérieux.*

/ Chose frivole. SYN. bagatelle, baliverne –FAMILIER: amusette, bricole –LITTÉRAIRE: hochet.

froid *adjectif*

/ Qui a une température basse. SYN. frais, glacé, glacial –FAMILIER: frisquet. CONTR. *bouillant, brûlant, caniculaire, chaud, étouffant, tiède, torride* –LITTÉRAIRE: *ardent.*

/ Qui n'a pas de chaleur, de vie. SYN. fade, inexpressif, insipide, plat, terne –FAMILIER: fadasse. CONTR. *animé, ardent, chaud, coloré, émouvant, fervent, pathétique, poignant, touchant, vif, vivant.*

/ Qui manifeste de la distance. SYN. de glace, de marbre, distant, dur, flegmatique, glacial, hautain, impassible, imperturbable, impitoyable, implacable, indifférent, inhospitalier, marmoréen, placide, réfrigérant, réservé, sec, sévère –FAMILIER: frais –LITTÉRAIRE:

impavide. CONTR. *accueillant, affectueux, aimable, amical, ardent, chaleureux, compatissant, cordial, délirant, démonstratif, émotif, emporté, empressé, ému, enflammé, enthousiaste, exalté, expansif, exubérant, familier, fébrile, frénétique, hyperémotif, hypersensible, impétueux, impressionnable, liant, passionné, pétulant, proche, sensible* –FAMILIER: *emballé, émotionnable* –LITTÉRAIRE: *aimant.*

/ Qui est peu sensuel. SYN. frigide. CONTR. *aguichant, amoureux, caressant, lascif, libidineux, lubrique, passionné, provocant, sensuel, tendre, voluptueux* –FAMILIER: *chaud.*

froid *nom masculin*

/ Température basse. SYN. fraîcheur. CONTR. *chaleur* –LITTÉRAIRE: *ardeur.*

/ Diminution de cordialité. SYN. bouderie, brouille, désaccord, gêne, mésentente, refroidissement, rupture –FAMILIER: fâcherie –LITTÉRAIRE: mésintelligence –VIEUX: brouillerie. CONTR. *accord, entente, harmonie, rapprochement, réconciliation* –FAMILIER: *raccommodement.*

/ *Avoir froid.* SYN. avoir la chair de poule, être gelé, être glacé, être transi –FAMILIER: être frigorifié –POPULAIRE: cailler.

froidement *adverbe*

/ Avec calme. SYN. calmement, flegmatiquement, imperturbablement, lucidement, objectivement, sereinement, tranquillement.

/ Avec peu de sympathie. SYN. fraîchement, sèchement, sévèrement –LITTÉRAIRE: tièdement. CONTR. *affectueusement, aimablement, amoureusement, ardemment, chaleureusement, chaudement, cordialement, tendrement.*

froideur *nom féminin*

/ Manque de sensibilité. SYN. aridité, dureté, flegme, fraîcheur, impassibilité, imperturbabilité, indifférence, insensibilité, morgue, sécheresse –LITTÉRAIRE: sévérité. CONTR. *abandon, affabilité, affection, animation, apitoiement, ardeur, attendrissement, chaleur, commisération, complaisance, cordialité, emballement, émotivité, empressement, enthousiasme, exaltation, exubérance, hypersensibilité, intérêt, passion, pétulance, pitié, sensibilité, sentiment, sympathie, tendresse, véhémence* –LITTÉRAIRE: *compassion, émoi, liant.*

froissement *nom masculin*

/ Bruit de ce qui est froissé. SYN. chiffonnement, frémissement, frou-frou –LITTÉRAIRE: bruissement, chuchotement, chuchotis, friselis, frisson.

/ Blessure d'amour-propre. SYN. blessure, offense, ulcération, vexation.

froisser *verbe*

/ Endommager en plissant. SYN. bouchonner, chiffonner, friper, plisser. CONTR. *défroisser, déplisser, lisser.*

/ Blesser moralement. SYN. atteindre, blesser, choquer, dépiter, désobliger, fâcher, heurter, indisposer, meurtrir, mortifier, offenser, offusquer, outrer, vexer –FAMILIER: chiffonner –LITTÉRAIRE: piquer. CONTR. *contenter, flatter, ménager* –FAMILIER: *prendre des gants.*

froisser (se) *verbe pronominal*

/ Prendre de faux plis. SYN. se chiffonner, se plisser. CONTR. *se défroisser.*

/ Être blessé dans son amour-propre. SYN. se choquer, se fâcher, se formaliser, se hérisser, se scandaliser, se vexer, s'offusquer –LITTÉRAIRE: se blesser, se piquer, s'offenser.

frôlement *nom masculin*

/ Frottement léger. SYN. attouchement, caresse, contact, effleurement.

frôler *verbe*

/ Toucher légèrement. SYN. caresser, effleurer, lécher, toucher.

/ Passer très près de. SYN. glisser, raser, serrer –LITTÉRAIRE: coudoyer.

/ Être très près d'un seuil. SYN. approcher, avoisiner, côtoyer, friser –LITTÉRAIRE: coudoyer.

frondaison *nom féminin*

/ Ensemble des feuilles d'un arbre. SYN. branchage, feuillage, ramure, verdure –LITTÉRAIRE: feuillée, ramée.

fronde *nom féminin*

/ LITTÉRAIRE. Révolte de courte durée. SYN. contestation, contradiction, indiscipline, insoumission, insubordination, rébellion. CONTR. *discipline, obéissance, soumission, subordination.*

frondeur *adjectif*

/ Enclin à l'insubordination. SYN. contestataire, critique, indiscipliné, indocile, insoumis, insubordonné, persifleur, perturbateur, railleur, rebelle, réfractaire, séditieux. CONTR. *discipliné, docile, soumis.*

front *nom masculin*

/ Partie antérieure d'un objet. SYN. devant, façade. CONTR. *arrière, derrière, dos.*

/ Coalition de partis. SYN. bloc, cartel, clan, coalition, groupement, rassemblement, union –LITTÉRAIRE: ligue.

/ Attitude impudente. SYN. aplomb, audace, effronterie, hardiesse, impudence –FAMILIER: culot, toupet. CONTR. *décence, pudeur, réserve, retenue, timidité.*

frontalier *adjectif*

/ Situé à la frontière. SYN. adjacent, limitrophe.

frontière *nom féminin*

/ Limite séparant deux zones. SYN. confins, délimitation, démarcation, ligne de démarcation.

/ Limite entre deux choses différentes. SYN. borne, démarcation, limite, séparation.

frottée *nom féminin*

/ VIEUX. Volée de coups. SYN. tripotée, volée –FAMILIER: pile, raclée, rossée, tabassée –POPULAIRE: dégelée, dérouillée, pâtée, peignée, rouste, tannée, tournée, trempe.

frottement *nom masculin*

/ Désaccord entre des personnes. SYN. friction, heurt, malentendu, tension –FAMILIER: accrochage, attrapade –VIEUX: attrapage.

frotter *verbe*

/ Nettoyer en appuyant. SYN. astiquer, briquer, cirer, encaustiquer, fourbir, lustrer, polir, récurer.

/ Passer la main sur le corps. SYN. frictionner, masser.

frotter (se) *verbe pronominal*

/ FAMILIER. S'en prendre à quelqu'un. SYN. attaquer, entreprendre, provoquer, s'affronter, s'en prendre à. CONTR. *se tenir à l'écart.*

frou-frou *nom masculin*

/ Léger bruit de ce qui est froissé. SYN. frémissement, froissement –LITTÉRAIRE: bruissement, friselis, frisson, murmure.

froussard *adjectif*

/ FAMILIER. Qui a la frousse. SYN. capitulard, lâche, peureux, pleutre, poltron –LITTÉRAIRE: couard –POPULAIRE: foireux, trouillard –VIEUX: capon. CONTR. *audacieux, brave, courageux, intrépide, téméraire.*

froussard *nom*

/ FAMILIER. Personne qui a la frousse. SYN. lâche, peureux, pleutre, poltron –FAMILIER: femmelette, mauviette, poule mouillée –LITTÉRAIRE: couard –POPULAIRE: couille molle, dégonflé, trouillard –VIEUX: capon. CONTR. *audacieux, brave, courageux* –FAMILIER: *casse-cou, risque-tout.*

frousse *nom féminin*

/ FAMILIER. Peur extrême. SYN. crainte, peur –FAMILIER: trac –POPULAIRE: pétoche, trouille. CONTR. *bravoure, courage.*

fructifier *verbe*

/ Être rentable. SYN. donner, grossir, s'accroître, s'agrandir, se propager, se répandre, s'élargir. CONTR. *stagner, végéter.*

fructueux *adjectif*

/ Qui est rentable. SYN. avantageux, beau, bénéficiaire, bénéfique, bon, fécond, intéressant, lucratif, payant, productif, profitable, rémunérateur, rentable, salutaire, utile –POPULAIRE: juteux. CONTR. *désavantageux, infructueux, inutile, mauvais, préjudiciable, regrettable, ruineux, stérile, vain.*

frugal *adjectif*

/ LITTÉRAIRE. Qui se nourrit de peu. SYN. abstinent, ascétique, austère, sobre, spartiate –LITTÉRAIRE: tempérant. CONTR. *glouton, goulu, gourmand, insatiable, intempérant, vorace* –FAMILIER: *goinfre.*

/ Où les aliments sont peu abondants. SYN. chiche, maigre, simple. CONTR. *copieux, nourrissant, nutritif, pantagruélique, plantureux, riche.*

frugalement *adverbe*

/ D'une façon frugale. SYN. légèrement, sobrement. CONTR. *voracement.*

frugalité *nom féminin*

/ Caractère frugal. SYN. simplicité, sobriété, tempérance. CONTR. *abondance, excès, gloutonnerie, goinfrerie, gourmandise, intempérance, voracité.*

fruit *nom masculin*

/ Résultat bénéfique. SYN. aboutissement, avantage, bénéfice, conséquence, couronnement, dénouement, effet, gain, produit, profit, rançon, rapport, récompense, salaire, suite. CONTR. *méfait, ravage.*

frusques *nom féminin pluriel*

/ POPULAIRE. Vêtements usagés. SYN. guenilles, habits, haillons, loques –FAMILIER: effets –LITTÉRAIRE: hardes, oripeaux –POPULAIRE: fripes, sapes.

fruste *adjectif*

/ Aux manières grossières. SYN. barbare, béotien, brut, grossier, indélicat, plébéien, primitif, rude, rustre –FAMILIER: rustaud –LITTÉRAIRE: rustique. CONTR. *aristocratique, attentionné, délicat, diplomate, distingué, élégant, évolué, exquis, gracieux, précieux, raffiné.*

/ Qui manque de finesse d'esprit. SYN. cru, élémentaire, inculte, informe, lourdaud, massif, primaire, rudimentaire, simple, simpliste –FAMILIER: lourd. CONTR. *brillant, cultivé, fin, spirituel, subtil.*

frustrant *adjectif*

/ Qui déçoit. SYN. décevant, décourageant, démoralisant, désespérant. CONTR. *encourageant, réconfortant, stimulant.*

frustration *nom féminin*

/ Action de frustrer quelqu'un de. SYN. dépossession, privation –LITTÉRAIRE: dépouillement, spoliation.

frustrer *verbe*

/ Priver quelqu'un d'un avantage. SYN. défavoriser, déposséder, dépouiller, désavantager, déshériter, léser, priver, sevrer –LITTÉRAIRE: spolier. CONTR. *avantager, favoriser.*

/ Décevoir quelqu'un. SYN. décevoir, désappointer, trahir, tromper.

fugace *adjectif*

/ Qui ne dure pas. SYN. bref, court, éphémère, fragile, frêle, fugitif, instable, momentané, passager, précaire, temporaire –LITTÉRAIRE: évanescent. CONTR. *constant, durable, éternel, fidèle, immuable, permanent, persistant, stable, tenace* –LITTÉRAIRE: *immortel, pérenne.*

fugacité *nom féminin*

/ Caractère fugace. SYN. fragilité. CONTR. *constance, durabilité, permanence, stabilité* –LITTÉRAIRE: *immuabilité.*

fugitif *adjectif*

/ Qui ne dure pas. SYN. bref, court, éphémère, fragile, frêle, fugace, furtif, momentané, passager, précaire, provisoire, temporaire –LITTÉRAIRE: évanescent. CONTR. *durable, éternel, inaltérable, indissoluble, interminable, lent, long, permanent, persistant, stable, tenace* –LITTÉRAIRE: *immortel.*

fugitif *nom*

/ Personne qui s'est échappée. SYN. évadé, fuyard.

fugitivement *adverbe*

/ D'une manière fugitive. SYN. passagèrement, provisoirement, temporairement.

fugue *nom féminin*

/ Fait de s'enfuir de son domicile. SYN. désertion, disparition, évasion, fuite, volatilisation.

/ Escapade sans conséquence. SYN. équipée, escapade.

fuir *verbe intransitif*

/ Quitter rapidement un lieu. SYN. déguerpir, prendre la clef des champs, prendre la fuite, prendre le large, se sauver, s'enfuir, s'esquiver, s'évader –FAMILIER: débarrasser le plancher, décamper, détaler, ficher le camp, filer, mettre les voiles, prendre la poudre d'escampette, prendre ses cliques et ses claques –POPULAIRE: cavaler, décaniller, foutre le camp, jouer la fille de l'air, mettre les bouts, se barrer, se calter, se carapater, se casser, se débiner, se faire la malle, se tailler, se tirer. CONTR. *approcher, arriver, entrer.*

/ Ne pas faire face à quelque chose. SYN. reculer, se dérober –FAMILIER: se défiler, se dégonfler. CONTR. *résister, tenir bon.*

/ Laisser son contenu s'échapper. SYN. couler, filtrer, sourdre, suinter.

fuir *verbe transitif*

/ Chercher à éviter quelqu'un. SYN. esquiver, éviter. CONTR. *accoster, approcher, fondre sur, fréquenter, joindre, rechercher* –FAMILIER: *accrocher, agrafer, agripper* –LITTÉRAIRE: *hanter.*

/ Chercher à se soustraire à. SYN. échapper, esquiver, se dérober, se garder de, se soustraire à –FAMILIER: couper à. CONTR. *affronter, braver, endosser, garder, rechercher, s'attaquer.*

fuite *nom féminin*

/ Action de fuir. SYN. débâcle, débandade, déroute, échappée, évasion, exode, fugue, retraite, sauve-qui-peut.

/ Fait de chercher à se soustraire à. SYN. dérobade, échappatoire, faux-fuyant, reculade, tergiversations. CONTR. *résistance.*

/ LITTÉRAIRE. Action de s'écouler rapidement. SYN. disparition, écoulement, envol.

fulgurant *adjectif*

/ LITTÉRAIRE. Qui répand une lueur vive. SYN. aveuglant, brillant, éblouissant, étincelant, rutilant. CONTR. *éteint, pâle, terne.*

/ Très vif et soudain. SYN. brusque, brutal, foudroyant, rapide, soudain, subit –LITTÉRAIRE: prompt. CONTR. *lent.*

fulgurer *verbe*

/ LITTÉRAIRE. Briller vivement. SYN. briller, étinceler, rutiler –LITTÉRAIRE: flamber, flamboyer, resplendir.

fuligineux *adjectif*

/ LITTÉRAIRE. Qui manque de clarté. SYN. brumeux, fumeux, obscur –FAMILIER: vaseux, vasouillard –LITTÉRAIRE: nébuleux, opaque, ténébreux. CONTR. *clair, limpide, lumineux.*

fulminant *adjectif*

/ LITTÉRAIRE. Qui s'emporte violemment. SYN. coléreux, emporté, en colère, enragé, furibond, furieux, irrité, outré, rageur –FAMILIER: en pétard, furax, furibard –LITTÉRAIRE: colérique, courroucé –POPULAIRE: fumasse.

/ Qui est chargé de menaces. SYN. comminatoire, menaçant.

fulminer *verbe*

/ Éclater en invectives contre. SYN. éclater, hurler, pester, se déchaîner, se fâcher, s'emporter, s'indigner, tempêter, tonner, vitupérer –FAMILIER: aboyer, déblatérer, exploser, rager, rouspéter –POPULAIRE: gueuler.

fumasse *adjectif*

/ POPULAIRE. En colère. SYN. furibond, furieux –FAMILIER: furibard –LITTÉRAIRE: courroucé, fulminant.

fumée *nom féminin*

/ Vapeur qui s'exhale d'un corps. SYN. buée, exhalaison.

fumées *nom féminin pluriel*

/ LITTÉRAIRE. Trouble de l'esprit. SYN. griserie, ivresse, vapeur, vertige –LITTÉRAIRE: étourdissement –VIEUX: enivrement.

fumer *verbe*

/ FAMILIER. Être furieux. SYN. écumer, enrager, fulminer, pester, tempêter, tonner –FAMILIER: bisquer, maronner, rager, râler.

fumet *nom masculin*

/ Odeur agréable. SYN. arôme, bouquet, effluve, émanation, odeur, parfum, saveur –LITTÉRAIRE: senteur.

fumeux *adjectif*

/ Peu clair. SYN. ambigu, brouillon, brumeux, compliqué, confus, embrouillé, filandreux, flou, nuageux, obscur –FAMILIER: cafouilleux, vaseux, vasouillard –LITTÉRAIRE: amphigourique, fuligineux, nébuleux, opaque, ténébreux. CONTR. *clair, compréhensible, intelligible, lumineux.*

fumier *nom masculin*

/ POPULAIRE. Personne méprisable. SYN. canaille, malpropre, ordure, salopard –POPULAIRE: pourriture, salaud, saligaud, salopiau, salopiaud, salopiot.

fumiste *nom*

/ FAMILIER. Personne peu sérieuse. SYN. fantaisiste, fantoche, farceur, imposteur, mystificateur, pantin, plaisantin –FAMILIER: guignol, loustic, polichinelle –POPULAIRE: charlot, rigolo –VIEUX: sauteur.

fumisterie *nom féminin*

/ FAMILIER. Chose peu sérieuse. SYN. farce, mystification, plaisanterie, supercherie, tour, tromperie –FAMILIER: blague, canular –LITTÉRAIRE: duperie, imposture.

funambule *nom*

/ Acrobate équilibriste. SYN. danseur de corde, fildeferiste.

funambulesque *adjectif*

/ LITTÉRAIRE. Bizarre jusqu'au grotesque. SYN. abracadabrant, burlesque, clownesque, fantaisiste, farfelu, grotesque, rocambolesque.

funèbre *adjectif*

/ Qui concerne les funérailles. SYN. funéraire, mortuaire.

/ Qui fait penser à la mort. SYN. lugubre, macabre, mélancolique, morne, mortel, noir, sinistre, sombre, triste – FAMILIER: cafardeux – LITTÉRAIRE: sépulcral, ténébreux. CONTR. *amusant, désopilant, drôle, égayant, gai, hilarant, inénarrable, riant* – FAMILIER: *marrant, rigolo.*

funérailles *nom féminin pluriel*

/ Cérémonie d'enterrement. SYN. enterrement, inhumation, obsèques.

funéraire *adjectif*

/ Relatif aux obsèques. SYN. funèbre.

/ Relatif à la sépulture. SYN. mortuaire – LITTÉRAIRE: sépulcral.

funeste *adjectif*

/ Qui a des conséquences néfastes. SYN. catastrophique, dangereux, défavorable, désastreux, fâcheux, fatal, néfaste, nocif, nuisible, pernicieux, préjudiciable, sinistre, triste – LITTÉRAIRE: calamiteux. CONTR. *bienheureux, bon, faste, favorable, heureux, profitable, propice, salubre, salutaire.*

furax *adjectif*

/ FAMILIER. Très en colère. SYN. en colère, furibond, furieux, irrité, outré – FAMILIER: en pétard, furibard – LITTÉRAIRE: courroucé, fulminant.

fureter *verbe*

/ Fouiller partout. SYN. chercher – FAMILIER: farfouiller, fouiner, fourgonner, fourrager, trifouiller, tripoter.

fureteur *adjectif*

/ Qui fouille partout. SYN. curieux, indiscret, inquisiteur, investigateur – FAMILIER: fouinard, fouineur – LITTÉRAIRE: chercheur.

fureteur *nom*

/ Personne qui fouille partout. SYN. curieux, fouilleur, indiscret – FAMILIER: farfouilleur, fouinard, fouineur – POPULAIRE: fouille-merde.

fureur *nom féminin*

/ Colère violente. SYN. colère, emportement, furie, hystérie, indignation, rage – LITTÉRAIRE: courroux. CONTR. *calme.*

/ Engouement pour quelque chose. SYN. ardeur, folie, frénésie, mode, passion.

/ Violence déchaînée. SYN. âpreté, brutalité, férocité, ouragan, rage, violence, virulence – LITTÉRAIRE: impétuosité.

furibard *adjectif*

/ FAMILIER. Très en colère. SYN. en colère, enragé, furibond, furieux, irrité, outré – FAMILIER: en pétard, furax – LITTÉRAIRE: courroucé, fulminant – POPULAIRE: fumasse.

furibond *adjectif*

/ Qui est très en colère. SYN. en colère, enragé, furieux, irrité, outré – FAMILIER: en pétard, furax, furibard – LITTÉRAIRE: courroucé, fulminant – POPULAIRE: fumasse.

furie *nom féminin*

/ Femme très méchante. SYN. harpie, mégère, sorcière – FAMILIER: harengère, teigne – LITTÉRAIRE: gorgone, tigresse – VIEUX: dragon.

/ Accès de fureur. SYN. colère, emportement, fureur, hystérie, rage – LITTÉRAIRE: courroux.

/ LITTÉRAIRE. Ardeur impétueuse. SYN. fougue, véhémence, violence, virulence – LITTÉRAIRE: impétuosité.

furieusement *adverbe*

/ Avec violence. SYN. frénétiquement, impétueusement, violemment – LITTÉRAIRE: vivement.

/ LITTÉRAIRE. À un très haut point. SYN. beaucoup, bien, effroyablement, énormément, exceptionnellement, excessivement, extraordinairement, extrêmement, follement, fort, fortement, grandement, gravement, hautement, horriblement, immensément, immodérément, incroyablement, infiniment, mortellement, parfaitement, particulièrement, prodigieusement, profondément, puissamment, terriblement, très, trop, vertigineusement – FAMILIER: bigrement, bougrement, diablement, drôlement, fameusement, fichtrement, fichûment, formidablement, joliment, méchamment, rudement, tout plein – LITTÉRAIRE: diantrement – POPULAIRE: foutrement, salement, vachement – VIEUX: fièrement. CONTR. *faiblement, légèrement, moyennement, peu.*

furieux *adjectif*

/ Qui montre de la fureur. SYN. en colère, enragé, furibond, irrité, mécontent, outré –FAMILIER: en pétard, furax, furibard –LITTÉRAIRE: courroucé, fulminant –POPULAIRE: fumasse. CONTR. *calme, doux, tranquille.*

/ D'une extrême violence. SYN. acharné, déchaîné, endiablé, enragé, forcené, fougueux, frénétique, terrible, violent –LITTÉRAIRE: impétueux.

/ FAMILIER. Très grand. SYN. démesuré, effréné, éperdu, extraordinaire, extrême, fabuleux, fantastique, fou, prodigieux, terrible –FAMILIER: fameux, faramineux.

furieux *nom*

/ LITTÉRAIRE. Personne en furie. SYN. énergumène, excité, forcené, fou, fou furieux, hystérique.

furtif *adjectif*

/ Fait sans attirer l'attention. SYN. caché, discret, fugitif, hâtif, rapide, secret –LITTÉRAIRE: subreptice. CONTR. *ostensible, ouvert, public.*

furtivement *adverbe*

/ D'une manière furtive. SYN. à la dérobée, clandestinement, discrètement, en cachette, en catimini, en secret, en tapinois, obscurément, secrètement –LITTÉRAIRE: subrepticement. CONTR. *à découvert, franchement, ostensiblement, ouvertement, publiquement.*

fusée *nom féminin*

/ LITTÉRAIRE. Manifestation rapide de. SYN. gerbe, jaillissement, jet.

fuselé *adjectif*

/ En forme de fuseau. SYN. allongé, effilé, élancé, fin, mince, svelte.

fuser *verbe*

/ Jaillir comme une fusée. SYN. gicler, jaillir, rejaillir, s'échapper –LITTÉRAIRE: sourdre.

/ Se faire entendre subitement. SYN. éclater, exploser, jaillir, retentir.

fusiller *verbe*

/ Tuer avec un fusil. SYN. abattre, coller au mur, envoyer au poteau, passer par les armes –POPULAIRE: descendre, flinguer.

fusion *nom féminin*

/ Passage de l'état solide à l'état liquide. SYN. fonte, liquéfaction.

/ Réunion de divers éléments. SYN. assemblage, assimilation, association, brassage, combinaison, concentration, fusionnement, groupement, intégration, jonction, mélange, unification, union. CONTR. *éclatement, séparation.*

fusionnement *nom masculin*

/ Action de fusionner. SYN. amalgame, combinaison, fusion, intégration, mélange, union.

fusionner *verbe intransitif*

/ S'unir pour ne faire qu'un. SYN. s'affilier, s'associer, se confondre, se fondre, se mêler, s'identifier. CONTR. *diverger, se dédoubler, se disjoindre, se dissocier, se distinguer, se séparer.*

fusionner *verbe transitif*

/ Opérer la fusion de. SYN. amalgamer, combiner, fondre, mélanger, mêler, réunir, unifier, unir. CONTR. *détacher, disjoindre, opposer, séparer.*

fustiger *verbe*

/ LITTÉRAIRE. Critiquer vivement. SYN. anathématiser, blâmer, condamner, critiquer, houspiller, morigéner, stigmatiser –FAMILIER: abîmer –LITTÉRAIRE: admonester, flageller, flétrir, fouailler, semoncer, tancer, vitupérer.

/ Battre à coups de fouet. SYN. cingler, cravacher, flageller, fouetter –FAMILIER: tabasser –LITTÉRAIRE: fouailler.

futé *adjectif*

/ Qui est fin et rusé. SYN. adroit, astucieux, fin, finaud, habile, malin, perspicace, retors, roué, rusé, subtil –FAMILIER: débrouillard, dégourdi, ficelle, roublard –LITTÉRAIRE: madré –POPULAIRE: démerdard. CONTR. *balourd, benêt, bête, épais, imbécile, innocent, niais, nigaud, simple, simplet, stupide* –FAMILIER: *ballot, bébête, bêta.*

futile *adjectif*

/ Qui porte sur des choses légères. SYN. byzantin, creux, frivole, insignifiant, léger, méprisable, négligeable, oiseux, puéril, stérile, superficiel, superflu, vide –LITTÉRAIRE: superfétatoire, vain. CONTR. *essentiel, fondamental, grave, important, nécessaire, profond, sérieux.*

futilité *nom féminin*

- Caractère futile. SYN. frivolité, insignifiance, inutilité, légèreté, puérilité, vide –LITTÉRAIRE: inanité, superficialité, superfluité, vanité. CONTR. *gravité, importance, intérêt, poids, profondeur, sérieux.*
- Chose ou propos futile. SYN. babiole, bagatelle, baliverne, fadaise, niaiserie, rien –FAMILIER: amusette, faribole –LITTÉRAIRE: hochet.

futur *adjectif*

- Qui est à venir. SYN. imminent, postérieur, prochain, proche, suivant, ultérieur. CONTR. *actuel, antécédent, antérieur, dernier, passé, présent.*

futur *nom masculin*

- Temps futur. SYN. avenir, lendemain. CONTR. *passé, présent.*

fuyant *adjectif*

- Qui se dérobe. SYN. dissimulé, évasif, impénétrable, indéfinissable, insaisissable, renfermé, sourd, sournois –FAMILIER: cachottier –LITTÉRAIRE: secret. CONTR. *fixe, proche, stable.*

fuyard *nom*

- Personne qui s'enfuit. SYN. déserteur, évadé, fugitif.

« forme du guillemet

gabarit *nom masculin*
- FAMILIER. Corpulence de quelqu'un. SYN. carrure, dimension, grosseur, proportions, silhouette, stature, taille.

gabegie *nom féminin*
- Gestion financière défectueuse. SYN. gâchis, gaspillage – FAMILIER : pagaille.

gâchage *nom masculin*
- Action de gaspiller. SYN. galvaudage, gaspillage, perte.

gâcher *verbe*
- Compromettre le résultat de. SYN. ruiner, saborder, saboter – FAMILIER : bâcler, bousiller, cochonner, massacrer, sabrer, saccager, torcher, torchonner – POPULAIRE : saloper. CONTR. *fignoler, parachever, soigner* – FAMILIER : *lécher* – VIEUX : *perler.*
- Faire un mauvais emploi de. SYN. avarier, galvauder, gaspiller, gâter, perdre. CONTR. *exploiter, garder, jouir de, profiter de.*

gâchis *nom masculin*
- Mauvaise utilisation de. SYN. gabegie, gaspillage, perte, sabotage.
- Situation confuse. SYN. anarchie, chaos, désordre – FAMILIER : pagaille.

gadoue *nom féminin*
- FAMILIER. Terre détrempée. SYN. boue, bourbe, vase – FAMILIER : gadouille – LITTÉRAIRE : fange.

gaffe *nom féminin*
- FAMILIER. Acte, parole maladroite. SYN. balourdise, bavure, bêtise, bévue, erreur, étourderie, impair, maladresse, méprise, sottise – FAMILIER : blague, boulette, bourde.

gaffeur *nom*
- FAMILIER. Personne qui fait des gaffes. SYN. balourd, butor, maladroit – FAMILIER : ballot, bûche, buse – POPULAIRE : manche.

gaga *adjectif*
- FAMILIER. Qui est retombé en enfance. SYN. gâteux, sénile – FAMILIER : ramolli.

gage *nom masculin*
- Ce qui représente une garantie. SYN. assurance, caution, cautionnement, garant, garantie, preuve, témoignage.

gager *verbe*
- LITTÉRAIRE. Donner comme sûr. SYN. assurer, parier.
- Garantir par un gage. SYN. engager, miser.

gages *nom masculin pluriel*
- VIEUX. Paye des employés de maison. SYN. appointements, paie, rémunération, rétribution, salaire.

gagnant *adjectif*
- Qui gagne ou a gagné. SYN. triomphant, vainqueur, victorieux – LITTÉRAIRE : triomphateur.

gagnant *nom*

▮ Personne qui gagne. SYN. champion, triomphateur, vainqueur. CONTR. *lanterne rouge, perdant, vaincu.*

gagner *verbe intransitif*

▮ Tirer un avantage de. SYN. mériter, valoir la peine de.

▮ Être vainqueur. SYN. avoir l'avantage, avoir le dessus, l'emporter, réussir, triompher, vaincre. CONTR. *battre en retraite, perdre, reculer, refluer, se replier.*

gagner *verbe transitif*

▮ Toucher de l'argent. SYN. empocher, encaisser, percevoir, ramasser, se faire, toucher –FAMILIER: palper. CONTR. *dépenser, perdre.*

▮ Remporter une victoire, un prix. SYN. enlever, recevoir, remporter –FAMILIER: décrocher. CONTR. *perdre.*

▮ Rendre favorable à une chose. SYN. acquérir, amener, convertir, endoctriner, persuader, rallier. CONTR. *cabrer, détourner, écarter, éloigner.*

▮ Se concilier la sympathie de. SYN. allécher, amadouer, capter, captiver, conquérir, rallier, s'attirer, se concilier, séduire. CONTR. *détourner, écarter, éloigner, s'aliéner.*

▮ Envahir quelqu'un (sentiment). SYN. se communiquer, se propager, se répandre, s'emparer –LITTÉRAIRE: inonder. CONTR. *abandonner, quitter, s'éloigner.*

▮ Se propager à tel secteur. SYN. avancer, empiéter, progresser, se rapprocher, s'étendre. CONTR. *contourner, éviter.*

▮ Atteindre un lieu. SYN. aborder, accéder, approcher, arriver, joindre, parvenir, rallier, rejoindre, se diriger, se rendre –LITTÉRAIRE: toucher. CONTR. *déserter, partir, quitter, s'éloigner, venir de.*

gai *adjectif*

▮ Qui montre de la bonne humeur. SYN. agréable, allègre, badin, comique, content, enjoué, euphorique, guilleret, hilare, jovial, joyeux, ravi, réjoui, riant, rieur, sémillant, souriant, vif, vivant –FAMILIER: rigolo –LITTÉRAIRE: folâtre. CONTR. *abattu, accablé, attristé, boudeur, cafardeux, ennuyé, éploré, grognon, malheureux, maussade, mécontent, mélancolique, morose, neurasthénique, sérieux, sévère, sombre, tragique, triste* –LITTÉRAIRE: *chagrin.*

▮ Qui est joyeusement animé. SYN. amusant, animé, divertissant, drôle, égayant, enchanteur, plaisant, réjouissant –FAMILIER: émoustillant, folichon, marrant, roulant. CONTR. *affligeant, attristant, funèbre, lugubre, macabre, morne, noir, sinistre, triste* –FAMILIER: *cafardeux.*

▮ Un peu ivre. SYN. enivré, gris, ivre –FAMILIER: éméché, pompette. CONTR. *sobre* –FAMILIER: *à jeun.*

gaiement *adverbe*

▮ D'une manière gaie. SYN. à cœur joie, allègrement, jovialement, joyeusement –VIEUX: gaillardement. CONTR. *cruellement, douloureusement, péniblement, tristement.*

gaieté *nom féminin*

▮ Bonne humeur. SYN. allant, allégresse, enjouement, enthousiasme, entrain, joie de vivre, jovialité –LITTÉRAIRE: exultation. CONTR. *affliction, chagrin, neurasthénie* –FAMILIER: *cafard.*

▮ Caractère gai. SYN. félicité, hilarité, joie, jubilation, réjouissance –LITTÉRAIRE: alacrité, liesse. CONTR. *austérité, ennui, mélancolie, morosité, sévérité, tristesse* –LITTÉRAIRE: *maussaderie.*

gaietés *nom féminin pluriel*

▮ Côtés drôles de quelque chose. SYN. amusement, divertissement, plaisanterie, plaisir, réjouissance.

gaillard *adjectif*

▮ VIEUX. Plein d'entrain. SYN. alerte, dispos, frais, fringant, ingambe, jovial, solide, vert, vigoureux –FAMILIER: vaillant –LITTÉRAIRE: allant, folâtre. CONTR. *brisé, croulant, débile, décrépit, déliquescent, épuisé, exténué, faible, fatigué, indisposé, invalide, las, mal-en-point, malingre, sénile, souffrant, souffreteux, usé* –FAMILIER: *achevé, claqué, éreinté, esquinté, lessivé, raplapla, tué, vanné, vidé* –POPULAIRE: *crevé.*

▮ Un peu trop libre. SYN. coquin, croustillant, égrillard, épicé, gaulois, graveleux, grivois, inconvenant, indécent, leste, licencieux, osé, polisson, salé, scabreux –FAMILIER: cochon, olé olé –LITTÉRAIRE: salace. CONTR. *convenable, décent, pudique.*

gaillard *nom*

▮ Personne pleine de vigueur. SYN. colosse, hercule –FAMILIER: costaud. CONTR. *avorton, invalide.*

/ FAMILIER. Personne dont il faut se méfier. SYN. bougre, diable –FAMILIER: bonhomme, citoyen, client, lascar, loustic, numéro, oiseau, type, zèbre –POPULAIRE: zigoto, zigue.

gaillardement *adverbe*

/ VIEUX. De façon gaie. SYN. allègrement, gaiement, jovialement, joyeusement.

/ VIEUX. Avec courage. SYN. courageusement, intrépidement, vaillamment –LITTÉRAIRE: crânement, hardiment, valeureusement. CONTR. *craintivement, peureusement, timidement.*

gaillardise *nom féminin*

/ LITTÉRAIRE. Parole, écrit un peu trop libre. SYN. gauloiserie, grivoiserie, grossièreté, plaisanterie, polissonnerie, truculence, verdeur, vulgarité –FAMILIER: gaudriole –LITTÉRAIRE: canaillerie, salacité.

gain *nom masculin*

/ Action de l'emporter. SYN. réussite, succès, victoire.

/ Avantage obtenu. SYN. bénéfice, boni, fruit, profit, progrès, récolte.

/ Bénéfice financier. SYN. bénéfice, produit, profit, rapport, recette, ressources, revenu. CONTR. *déficit, dépense, frais, perte.*

gaine *nom féminin*

/ Étui rigide ou souple. SYN. enveloppe, fourreau, housse.

gainer *verbe*

/ Recouvrir d'une gaine. SYN. brider, marquer, mouler, sangler, serrer –LITTÉRAIRE: revêtir.

gala *nom masculin*

/ Grande fête. SYN. festivités, fête, réception.

galamment *adverbe*

/ D'une manière galante. SYN. courtoisement, gracieusement, poliment. CONTR. *grossièrement.*

galant *adjectif*

/ Qui a trait à l'amour. SYN. amoureux, libertin, sentimental.

/ Prévenant avec les femmes. SYN. attentif, courtois, élégant, empressé, gentleman, prévenant –LITTÉRAIRE: gentilhomme. CONTR. *grossier, malotru, mufle, rustre* –FAMILIER: *malpoli.*

galant *nom masculin*

/ VIEUX. Homme qui courtise une femme. SYN. amant, amoureux, chevalier servant, prétendant, soupirant –LITTÉRAIRE: sigisbée.

galanterie *nom féminin*

/ Politesse à l'égard des femmes. SYN. affabilité, courtoisie, délicatesse, empressement, politesse –LITTÉRAIRE: aménité, urbanité. CONTR. *inconvenance, muflerie.*

galapiat *nom masculin*

/ VIEUX. Enfant polisson. SYN. chenapan, coquin, garnement, gredin, mauvais sujet, polisson, vaurien, voyou –FAMILIER: affreux jojo, diable, filou, fripon, galopin, lascar, sacripant.

galbe *nom masculin*

/ Profil courbe. SYN. contour, courbe, courbure, dessin, forme, ligne, linéament, silhouette.

gale *nom féminin*

/ FAMILIER. Personne méchante. SYN. peste, vipère –FAMILIER: choléra, poison, rosse.

galéjade *nom féminin*

/ Petite plaisanterie. SYN. farce, mystification –FAMILIER: blague.

galéjer *verbe*

/ FAMILIER. Plaisanter gentiment. SYN. se moquer –FAMILIER: blaguer.

galerie *nom féminin*

/ Passage couvert. SYN. corridor, couloir, loggia, péristyle, portique, vestibule.

/ Ensemble des spectateurs. SYN. assistance, auditoire, gens, parterre, public, salle.

/ Passage souterrain. SYN. boyau, souterrain, tunnel.

/ Partie d'un théâtre. SYN. balcon, corbeille, mezzanine, paradis, poulailler.

galetas *nom masculin*

/ LITTÉRAIRE. Logement misérable. SYN. bauge, bouge, mansarde, réduit, taudis –FAMILIER: baraque, cagibi, écurie, porcherie –LITTÉRAIRE: chenil, tanière –POPULAIRE: gourbi.

galette *nom féminin*

/ POPULAIRE. Fortune. SYN. argent –ARGOTIQUE: thune, tune –FAMILIER: blé, sous –POPULAIRE: fric, oseille, pognon.

galeux *adjectif*
/ Très sale. SYN. infect, lépreux, sordide.

galimatias *nom masculin*
/ Discours, écrit inintelligible. SYN. sabir –FAMILIER: baragouin, charabia, embrouillamini, jargon –LITTÉRAIRE: amphigouri, pathos.

galipette *nom féminin*
/ FAMILIER. Action de rouler sur soi-même. SYN. cabriole, culbute, pirouette, roulade.

galoper *verbe*
/ Marcher très vite. SYN. courir –FAMILIER: foncer, speeder, trotter –POPULAIRE: cavaler. CONTR. *traîner* –FAMILIER: *traînailler, traînasser.*

galopin *nom masculin*
/ FAMILIER. Enfant effronté. SYN. chenapan, coquin, garnement, mauvais sujet, polisson, vaurien, voyou –FAMILIER: affreux jojo, brigand, diable, filou, fripon, lascar, sacripant –VIEUX: galapiat, mâtin.

galvaniser *verbe*
/ Provoquer l'enthousiasme. SYN. animer, chauffer, déchaîner, électriser, enthousiasmer, entraîner, exalter, exciter, fanatiser, passionner, survolter –FAMILIER: booster –LITTÉRAIRE: enflammer, transporter. CONTR. *décourager, démoraliser* –FAMILIER: *ramollir* –LITTÉRAIRE: *aveulir.*

galvauder *verbe*
/ Faire un mauvais usage de. SYN. compromettre, dégrader, déprécier, déshonorer, gâcher, gaspiller, profaner, salir, ternir –LITTÉRAIRE: flétrir, prostituer, souiller. CONTR. *faire valoir, mettre en valeur, valoriser.*

gambade *nom féminin*
/ Bond, saut léger. SYN. cabriole, culbute, entrechat –FAMILIER: galipette –LITTÉRAIRE: bondissement.

gambader *verbe*
/ Faire des gambades. SYN. batifoler, bondir, caracoler, courir, sauter, sautiller, s'ébattre –LITTÉRAIRE: folâtrer.

gamelle *nom féminin*
/ POPULAIRE. Échec complet. SYN. culbute, déconfiture, défaite, échec, faillite, insuccès, revers –FAMILIER: claque, fessée, fiasco, pile, piquette, plongeon, raclée, ratage, veste –POPULAIRE: bide, volée.

gamin *adjectif*
/ Qui a un caractère jeune. SYN. enfant, enfantin, facétieux, farceur, infantile, malicieux, mutin, plaisantin, puéril.

gamin *nom*
/ Jeune enfant. SYN. bambin, bébé, petit, tout-petit –FAMILIER: bout de chou, bout de zan, gosse, marmot, mioche, moustique, moutard, petiot, petiote, pitchoun, pitchounet, poussin, tête blonde –POPULAIRE: chiard, lardon, loupiot, loupiote, môme, morpion, mouflet –VIEUX: marmouset.

gaminerie *nom féminin*
/ Comportement de gamin. SYN. enfantillage, espièglerie, facétie, puérilité.

gamme *nom féminin*
/ Série de choses de même nature. SYN. assortiment, batterie, collection, échantillonnage, éventail, jeu, ligne, lot, palette, panoplie.

ganache *nom féminin*
/ FAMILIER. Personne stupide. SYN. bon à rien, idiot, imbécile, incapable, minus, nul –FAMILIER: emplâtre, zéro.

ganacherie *nom féminin*
/ LITTÉRAIRE. Comportement de ganache. SYN. balourdise, bêtise, imbécillité, ineptie, niaiserie –LITTÉRAIRE: nigauderie.

gang *nom masculin*
/ Bande de malfaiteurs. SYN. bande, maffia, mafia, ramassis –FAMILIER: clique –LITTÉRAIRE: camarilla.

gangrener *verbe*
/ LITTÉRAIRE. Altérer moralement. SYN. dégrader, dénaturer, dépraver, infecter, pervertir, pourrir, ronger –FAMILIER: empoisonner –LITTÉRAIRE: corrompre, empester, frelater, vicier.

gangster *nom masculin*
/ Membre d'un gang. SYN. bandit, brigand, malfaiteur, truand –POPULAIRE: malfrat.
/ Personne sans scrupule. SYN. bandit, canaille, crapule, fripouille, requin.

garant *nom*

- Celui qui répond d'une dette. SYN. caution, dépositaire, répondant.
- Ce qui atteste de la réalité de. SYN. assurance, gage, responsable.

garantie *nom féminin*

- Ce qui assure l'exécution d'un contrat. SYN. assurance, attestation, caution, couverture, engagement, gage, parrainage, précaution, préservation, protection.

garantir *verbe*

- Assurer le maintien de quelque chose. SYN. assurer, avaliser, cautionner, conserver, continuer, défendre, entretenir, maintenir, perpétuer.
- Déclarer officiellement conforme. SYN. authentifier, certifier.
- Être l'assurance de quelque chose. SYN. attester, confirmer, corroborer, démontrer, établir, montrer, témoigner de.
- Donner quelque chose comme sûr. SYN. affirmer, assurer, certifier, confirmer, jurer, promettre, répondre de.
- Mettre à l'abri de quelque chose. SYN. abriter, défendre, garder, immuniser, mettre à couvert, prémunir, préserver, protéger. CONTR. *compromettre, exposer.*

garantir (se) *verbe pronominal*

- Prendre ses précautions. SYN. s'abriter, s'armer, s'assurer, se défendre, se garer, se mettre à couvert, se prémunir, se protéger – LITTÉRAIRE: se précautionner. CONTR. *s'exposer.*

garce *nom féminin*

- POPULAIRE. Fille méchante. SYN. peste – FAMILIER: chameau – POPULAIRE: charogne, peau de vache, salope.

garde *nom féminin*

- Action de surveiller. SYN. conservation, défense, faction, guet, préservation, protection, service, soin, surveillance, veille.
- Corps de troupes. SYN. escorte, milice.
- *Prendre garde de, à.* SYN. avoir soin de, faire attention, s'efforcer, s'évertuer, s'ingénier, tâcher, veiller – FAMILIER: ouvrir l'œil.

garde *nom masculin*

- Personne qui a la charge de garder. SYN. gardien, sentinelle, surveillant, vigie, vigile.

garde-corps ou **garde-fou** *nom masculin*

- Barrière à hauteur d'appui. SYN. balustrade, bastingage, parapet, rambarde.

garder *verbe*

- Prendre soin de. SYN. protéger, surveiller, veiller sur. CONTR. *délaisser.*
- Empêcher de sortir d'un lieu. SYN. détenir, séquestrer. CONTR. *délivrer, libérer, relâcher, relaxer.*
- Conserver par-devers soi. SYN. conserver, économiser, épargner. CONTR. *céder, dilapider, donner, échanger, écouler, gaspiller, manger, remettre, rendre, renoncer, se défaire, se dessaisir, vendre* – FAMILIER: *liquider* – LITTÉRAIRE: *dissiper* – POPULAIRE: *balancer.*
- Ne pas ôter ce qu'on a sur soi. SYN. conserver. CONTR. *enlever, ôter, quitter, se débarrasser, se défaire.*
- Ne pas se séparer de quelqu'un. SYN. retenir. CONTR. *chasser, congédier, destituer, écarter, éconduire, éloigner, expédier, licencier, rejeter, renvoyer, repousser* – FAMILIER: *limoger.*
- Continuer d'avoir quelque chose. SYN. conserver, entretenir, garantir, maintenir, tenir. CONTR. *abandonner, abdiquer, abjurer, aliéner, anéantir, balayer, renoncer, sacrifier, se départir.*
- Ne pas révéler quelque chose. SYN. dissimuler – LITTÉRAIRE: celer, taire. CONTR. *dévoiler, divulguer, ébruiter, répandre, révéler.*

garder (se) *verbe pronominal*

- Éviter de faire quelque chose. SYN. éviter, fuir, s'abstenir, se défendre, se refuser, s'interdire. CONTR. *ne pas pouvoir s'empêcher de, s'aviser de, se mêler de.*
- LITTÉRAIRE. Prendre garde à. SYN. se garer de, se méfier, se prémunir contre, se préserver de – LITTÉRAIRE: se défier. CONTR. *se fier à, s'en remettre à.*

gardien *nom*

- Celui, celle qui garde intact. SYN. conservateur, défenseur, dépositaire, pilier, protecteur – LITTÉRAIRE: mainteneur, tuteur. CONTR. *destructeur.*

garer *verbe*

- Mettre à l'abri. SYN. abriter, entreposer, ramasser, ranger, remiser.
- Ranger un véhicule. SYN. parquer, ranger.

garer (se) *verbe pronominal*
- Se tenir à l'écart de. SYN. échapper, esquiver, éviter, fuir, s'abstenir, se défendre, se dérober, se garantir, se garder, se prémunir, se préserver.
- Ranger sa voiture. SYN. se parquer, stationner.

gargariser (se) *verbe pronominal*
- FAMILIER. Prendre plaisir à. SYN. savourer, se délecter de, se régaler –LITTÉRAIRE: déguster.

gargote *nom féminin*
- Restaurant populaire. SYN. bouge –FAMILIER: bistro, bistrot, boui-boui –POPULAIRE: bousin, caboulot –VIEUX: cabaret, taverne.

garnement *nom masculin*
- Enfant insupportable. SYN. chenapan, coquin, mauvais sujet, polisson, vaurien, voyou –FAMILIER: affreux jojo, brigand, diable, filou, fripon, galopin, lascar, sacripant –VIEUX: galapiat, mâtin.

garni *adjectif*
- Rempli du nécessaire. SYN. approvisionné, rempli. CONTR. *dégarni, nu, vide.*

garnir *verbe*
- Pourvoir d'éléments protecteurs. SYN. doubler, étoffer, fortifier, munir, renforcer, revêtir.
- Compléter d'éléments accessoires. SYN. agrémenter, décorer, égayer, embellir, enjoliver, enrichir, ornementer, orner, ourler –LITTÉRAIRE: parer. CONTR. *dégarnir, dépouiller, déshabiller.*
- Remplir du nécessaire. SYN. approvisionner, équiper, fournir, remplir –LITTÉRAIRE: emplir. CONTR. *vider.*

garniture *nom féminin*
- Ce qui s'ajoute pour garnir. SYN. accessoire, agrément, falbalas, fanfreluche, ornement, parement.

garrotter *verbe*
- Lier fortement quelqu'un avec. SYN. ficeler, ligoter. CONTR. *délier.*
- LITTÉRAIRE. Lier moralement. SYN. bâillonner, emprisonner, lier, museler, paralyser –LITTÉRAIRE: assujettir, enchaîner. CONTR. *libérer.*

gars *nom masculin*
- FAMILIER. Jeune homme. SYN. bougre, diable, garçon, individu –FAMILIER: type –POPULAIRE: gus, gusse, mec.

gascon *nom*
- VIEUX. Personne qui se vante. SYN. faiseur, fanfaron, faraud, hâbleur, vantard –FAMILIER: frimeur.

gasconnade *nom féminin*
- LITTÉRAIRE. Action, parole de vantard. SYN. fanfaronnade, vantardise –LITTÉRAIRE: forfanterie, hâblerie, rodomontade.

gaspillage *nom masculin*
- Action de gaspiller. SYN. dilapidation, gabegie, gâchage, gâchis, perte –FAMILIER: massacre –LITTÉRAIRE: dissipation. CONTR. *économie, épargne.*

gaspiller *verbe*
- Dépenser inutilement. SYN. brûler la chandelle par les deux bouts, croquer, dilapider, engloutir, jeter l'argent par les fenêtres, manger, prodiguer –FAMILIER: claquer –LITTÉRAIRE: dissiper. CONTR. *accumuler, amasser, capitaliser, compter, économiser, épargner, exploiter, garder, regarder à la dépense, se priver, se restreindre, thésauriser.*
- Faire un emploi désordonné de. SYN. éparpiller, gâcher, galvauder, perdre. CONTR. *ménager, profiter.*

gaspilleur *adjectif*
- Qui gaspille. SYN. dépensier, dilapidateur, prodigue –LITTÉRAIRE: dissipateur, libéral. CONTR. *avare, économe, parcimonieux, regardant, thésauriseur* –FAMILIER: *chiche, chien, pingre, radin, rapiat, rat* –LITTÉRAIRE: *avaricieux, ladre, lésineur, rapace.*

gaspilleur *nom*
- Personne qui gaspille. SYN. dépensier, dilapidateur, gâcheur –FAMILIER: panier percé. CONTR. *avare, lésineur, thésauriseur* –FAMILIER: *grigou, grippe-sou, pingre, radin, rapiat, rat* –LITTÉRAIRE: *harpagon, ladre.*

gâté *adjectif*
- Qui est abîmé. SYN. adultéré, altéré, avarié, dénaturé, moisi, pourri –LITTÉRAIRE: corrompu, putride, souillé. CONTR. *frais, pur, sain.*

gâter *verbe*
- Dénaturer quelque chose. SYN. abîmer, adultérer, altérer, déflorer, dégrader, déparer, dépraver, enlaidir, fausser, pervertir, ternir

–LITTÉRAIRE: déshonorer, flétrir, frelater, souiller. CONTR. *raccommoder* –FAMILIER: *rabibocher, rafistoler* –LITTÉRAIRE: *amender.*

/ Contrarier la réussite de. SYN. compromettre, déranger, gâcher –FAMILIER: empoisonner. CONTR. *agrémenter, améliorer, bonifier, embellir.*

/ Altérer en pourrissant. SYN. abîmer, avarier, décomposer, endommager, infecter, pourrir, putréfier –LITTÉRAIRE: corrompre, souiller. CONTR. *assainir.*

gâter *verbe*

/ Donner des cadeaux. SYN. combler, couvrir de.

/ Traiter avec trop d'indulgence. SYN. cajoler, choyer, couver, dorloter, entourer –FAMILIER: bichonner, chouchouter, mignoter. CONTR. *malmener, maltraiter, rudoyer.*

gâter (se) *verbe pronominal*

/ Devenir couvert, pluvieux. SYN. s'assombrir, se brouiller –LITTÉRAIRE: se rembrunir. CONTR. *se dégager.*

/ Subir des dégradations. SYN. pourrir, s'abîmer, s'altérer, se dégrader, se délabrer, se détériorer, se putréfier –LITTÉRAIRE: se corrompre.

/ Évoluer mal. SYN. prendre une mauvaise tournure, s'aggraver, se compliquer, se dégrader, se détériorer, s'envenimer –FAMILIER: tourner au vinaigre.

gâterie *nom féminin*

/ Friandise offerte. SYN. chatterie, douceur, friandise, gourmandise, sucrerie.

/ LITTÉRAIRE. Geste affectueux. SYN. cajolerie, câlinerie, caresse, chatterie. CONTR. *brusquerie, brutalité.*

gâteux *adjectif*

/ Dont l'intelligence est affaiblie. SYN. débile, décati, décrépi, déliquescent, diminué, retombé en enfance, sénile –FAMILIER: gaga, ramolli –POPULAIRE: ramollo. CONTR. *jeune, vert.*

gâtisme *nom masculin*

/ État d'une personne gâteuse. SYN. abêtissement, abrutissement, décrépitude, déliquescence, sénilité. CONTR. *jeunesse, verdeur.*

gauche *adjectif*

/ Qui est tordu. SYN. gauchi, tordu. CONTR. *droit, plan.*

/ Empreint de maladresse. SYN. balourd, contraint, embarrassé, empêtré, emprunté, gêné, gourd, inexpérimenté, inhabile, maladroit, malhabile, timide –FAMILIER: empoté, manchot, pataud. CONTR. *adroit, agile, déluré, fin, habile, leste, précis* –FAMILIER: *dégourdi.*

gauchement *adverbe*

/ De manière gauche. SYN. lourdement, maladroitement, malhabilement, pesamment. CONTR. *adroitement, astucieusement, bien, diplomatiquement, habilement, subtilement.*

gaucherie *nom féminin*

/ Manque d'aisance. SYN. disgrâce, embarras, gêne, inhabileté, lourdeur, maladresse, pesanteur, timidité. CONTR. *adresse, agilité, aisance, art, brio, chic, dextérité, doigté, élégance, finesse, grâce, habileté, précision, virtuosité* –FAMILIER: *débrouillardise* –LITTÉRAIRE: *prestesse.*

gauchir *verbe*

/ Donner une déformation à. SYN. courber, déformer, dévier, fausser, fléchir, forcer, incurver, infléchir, plier, recourber, tordre, voiler –LITTÉRAIRE: ployer.

/ LITTÉRAIRE. Détourner de sa direction. SYN. dénaturer, dévier, fausser, fléchir.

gauchissement *nom masculin*

/ Déformation d'une surface. SYN. fléchissement, gondolage, torsion, voilement. CONTR. –LITTÉRAIRE: *rectitude.*

gaudriole *nom féminin*

/ FAMILIER. Plaisanterie osée. SYN. gauloiserie, grivoiserie, paillardise, polissonnerie –LITTÉRAIRE: gaillardise –POPULAIRE: cochonnerie.

/ FAMILIER. Relations sexuelles. SYN. sexe –FAMILIER: bagatelle –POPULAIRE: cul.

gaulois *adjectif*

/ D'une gaieté licencieuse. SYN. coquin, croustillant, cru, égrillard, épicé, gaillard, graveleux, grivois, leste, libertin, osé, paillard, polisson, rabelaisien, salé –FAMILIER: cochon, gras, olé olé –LITTÉRAIRE: salace. CONTR. *collet monté, prude, pudibond, pudique, puritain* –FAMILIER: *bégueule.*

gauloiserie *nom féminin*

/ Caractère gaulois. SYN. grivoiserie, grossièreté, paillardise, polissonnerie, truculence, verdeur -FAMILIER: gaudriole -LITTÉRAIRE: canaillerie, gaillardise -POPULAIRE: cochonnerie.

gausser (se) *verbe pronominal*

- LITTÉRAIRE. Se moquer ouvertement de. SYN. bafouer, ironiser, railler, ridiculiser, rire, rire de, s'amuser de, se moquer, se rire -FAMILIER: se ficher -LITTÉRAIRE: se jouer -POPULAIRE: charrier, se foutre.

gavé *adjectif*

- Qui a mangé à satiété. SYN. rassasié -FAMILIER: calé -LITTÉRAIRE: repu. CONTR. *affamé.*

gaver *verbe*

- Faire manger avec excès. SYN. bourrer, gorger, rassasier -LITTÉRAIRE: repaître. CONTR. *priver, restreindre.*
- Encombrer l'esprit de. SYN. bourrer, saturer -LITTÉRAIRE: saouler, soûler.

gaver (se) *verbe pronominal*

- Manger à satiété. SYN. ingurgiter, se bourrer, se gorger, se rassasier -ARGOTIQUE: briffer -FAMILIER: enfourner, faire bombance, manger comme quatre, manger comme un ogre, se goberger, s'empiffrer, s'en mettre plein la panse -POPULAIRE: bâfrer, bouffer, bouffer comme un chancre, boulotter, manger à s'en faire péter la sous-ventrière, manger comme un chancre, morfaler, se bâfrer, se goinfrer, s'en mettre plein la gueule, s'en mettre plein la lampe -VIEUX: goinfrer. CONTR. *avoir un appétit d'oiseau, grignoter, manger comme un moineau, manger du bout des dents* -FAMILIER: *chipoter, mangeotter, pignocher.*
- FAMILIER. Bourrer son esprit de. SYN. se gorger, se repaître.

gaz *nom masculin pluriel*

- Air contenu dans le tube digestif. SYN. ballonnement, flatulence, flatuosité, vent -FAMILIER: pet.

gazer *verbe*

- FAMILIER. Aller à toute vitesse. SYN. accélérer -FAMILIER: foncer, speeder -POPULAIRE: bomber, bourrer.

gazouillement *nom masculin*

- Sons émis par les oiseaux. SYN. gazouillis, pépiement, ramage -LITTÉRAIRE: chant.
- LITTÉRAIRE. Léger murmure. SYN. clapotis, frémissement -LITTÉRAIRE: bruissement, chuchotement, chuchotis, friselis, murmure.

gazouiller *verbe*

- Faire entendre un chant (oiseau). SYN. chanter, jaser, pépier, piailler.
- LITTÉRAIRE. Produire un léger murmure. SYN. bruisser, susurrer -LITTÉRAIRE: bruire, murmurer.
- Émettre des sons (bébé). SYN. babiller.

gazouillis *nom masculin*

- Léger gazouillement. SYN. babillage, gazouillement, pépiement, ramage -LITTÉRAIRE: chant, murmure.

géant *adjectif*

- Très grand. SYN. colossal, considérable, fou, gigantesque, immense -LITTÉRAIRE: titanesque. CONTR. *minuscule, petit.*

géant *nom*

- Personne très grande. SYN. colosse, force de la nature, hercule. CONTR. *nain* -FAMILIER: *homoncule, homuncule.*
- Être fabuleux. SYN. cyclope, ogre, titan.
- LITTÉRAIRE. Personne supérieure. SYN. héros, surhomme.

géhenne *nom féminin*

- LITTÉRAIRE. Souffrance intolérable. SYN. calvaire, enfer, martyre, supplice, torture. CONTR. *paradis.*

geignard *adjectif*

- FAMILIER. Qui se plaint sans cesse. SYN. dolent, gémissant, grincheux, plaintif -FAMILIER: pleurard, pleurnichard, pleurnicheur. CONTR. *dur.*

geignement *nom masculin*

- Action de geindre. SYN. gémissement, lamentation, plainte, pleurnicherie -FAMILIER: jérémiade.

geindre *verbe*

- Gémir d'une voix faible. SYN. gémir, se plaindre.
- Se plaindre à tout propos. SYN. larmoyer, murmurer, pleurnicher, récriminer, se lamenter -LITTÉRAIRE: pleurer.

gelé *adjectif*

/ Très froid. SYN. glacé, gourd, transi –FAMILIER: réfrigéré. CONTR. *bouillant, brûlant, chaud, fébrile, fiévreux, réchauffé.*

geler *verbe*

/ Faire éprouver un grand froid. SYN. congeler, glacer –LITTÉRAIRE: transir. CONTR. *brûler, griller.*

/ Arrêter une activité. SYN. bloquer, figer, immobiliser, paralyser, pétrifier. CONTR. *débloquer, décoincer.*

/ Empêcher tout enthousiasme. SYN. glacer, paralyser, réfrigérer, refroidir. CONTR. *dégeler.*

gémir *verbe*

/ Faire entendre sa douleur. SYN. crier, geindre, larmoyer, se lamenter, se plaindre –LITTÉRAIRE: pleurer.

gémissant *adjectif*

/ Qui gémit. SYN. dolent, plaintif –FAMILIER: geignard, pleurard –LITTÉRAIRE: lamentable.

gémissement *nom masculin*

/ Voix plaintive. SYN. geignement, lamentation, murmure, plainte, pleurnicherie –FAMILIER: jérémiade.

/ Cri de certains oiseaux. SYN. roucoulement, ululement.

gênant *adjectif*

/ Qui constitue un obstacle. SYN. embarrassant, encombrant. CONTR. *commode, pratique.*

/ Qui importune. SYN. indiscret, intrus –FAMILIER: sans gêne –LITTÉRAIRE: importun.

/ Qui cause de l'embarras. SYN. déplaisant, désagréable, embarrassant, incommodant, malvenu, pénible –FAMILIER: enquiquinant –POPULAIRE: emmerdant.

gêne *nom féminin*

/ Sensation de malaise physique. SYN. difficulté, incommodité, indisposition, malaise, trouble. CONTR. *bien-être, euphorie.*

/ Ce qui constitue un obstacle. SYN. contrainte, dérangement, désagrément, empêchement, entrave, frein, obstacle, sujétion –LITTÉRAIRE: incommodité. CONTR. *secours, soutien.*

/ Manque d'argent. SYN. besoin, dénuement, embarras, indigence, misère, pauvreté –LITTÉRAIRE: impécuniosité –POPULAIRE: débine –VIEUX: pouillerie. CONTR. *abondance, aisance, fortune, luxe, opulence, richesse.*

/ Malaise psychologique. SYN. confusion, embarras, gaucherie, timidité, trouble. CONTR. *aisance, aise, aplomb, assurance, audace, hardiesse.*

gêné *adjectif*

/ Dont les mouvements sont entravés. SYN. contracté, crispé, empêtré, engoncé.

/ Qui éprouve de l'embarras. SYN. confus, contraint, embarrassé, emprunté, gauche, mal à l'aise, tendu, timide, troublé –LITTÉRAIRE: sot. CONTR. *assuré, audacieux, décontracté, dégagé, désinvolte, détendu.*

/ Qui a des difficultés financières. SYN. nécessiteux, pauvre –FAMILIER: désargenté, fauché –LITTÉRAIRE: impécunieux –POPULAIRE: raide –VIEUX: besogneux. CONTR. *à l'abri du besoin, aisé, cossu, fortuné, riche –*FAMILIER: *argenté –*POPULAIRE: *friqué.*

gêner *verbe*

/ Causer une gêne physique. SYN. comprimer, empêtrer, engoncer, oppresser, peser, sangler, serrer.

/ Freiner l'action de. SYN. contrarier, embarrasser, embouteiller, encombrer, entraver, limiter, mettre des bâtons dans les roues, nuire, obstruer, paralyser, ralentir, restreindre, retarder. CONTR. *aider, assister, contribuer, coopérer, faciliter, favoriser, participer, seconder.*

/ Causer un malaise psychologique. SYN. déranger, embarrasser, ennuyer, incommoder, indisposer, intimider, mettre mal à l'aise, troubler –FAMILIER: enquiquiner –LITTÉRAIRE: importuner.

général *adjectif*

/ Qui s'applique à un ensemble. SYN. collectif, commun, courant, dominant, public, universel. CONTR. *isolé, particulier, partiel, spécial, spécifique.*

/ Qui s'applique à la majorité. SYN. global, partagé, total, unanime. CONTR. *caractéristique, individuel, personnel.*

/ Qui est abstrait et vague. SYN. approximatif, indéterminé, ordinaire, vague. CONTR. *précis.*

généralement *adverbe*

/ De façon générale. SYN. communément, couramment, d'habitude, d'ordinaire, en général, en règle générale, globalement, habituellement, la plupart du temps, ordinairement, souvent, traditionnellement, usuellement, volontiers, vulgairement. CONTR. *exceptionnellement, rarement.*

généralisation *nom féminin*
- Fait de s'étendre à un ensemble. SYN. extension. CONTR. *limitation, localisation.*
- Action de généraliser. SYN. systématisation. CONTR. *particularisation.*

généraliser *verbe*
- Étendre à un ensemble. SYN. démocratiser, diffuser, populariser, propager, répandre, universaliser, véhiculer, vulgariser. CONTR. *borner, entraver, étouffer, individualiser, limiter, localiser, restreindre.*
- Conclure du particulier au général. SYN. systématiser. CONTR. *particulariser.*

généralité *nom féminin*
- Caractère général. SYN. universalité. CONTR. *exception.*
- Le plus grand nombre. SYN. la majorité, la plupart, le commun.
- Idée trop générale. SYN. banalité, cliché, lieu commun.

génératif *adjectif*
- Qui concerne la reproduction. SYN. générateur, procréateur, reproducteur.

génération *nom féminin*
- Action de se former. SYN. formation, genèse, naissance.

générer *verbe*
- Être la source de. SYN. créer, donner le jour, engendrer, faire naître.

généreusement *adverbe*
- Du fond du cœur. SYN. charitablement, de bon cœur, humainement, magnanimement. CONTR. *égoïstement, petitement.*
- D'une façon très abondante. SYN. à discrétion, à flots, à foison, à la pelle, à profusion, à satiété, à souhait, à volonté, abondamment, amplement, beaucoup, considérablement, copieusement, en quantité, énormément, grandement, grassement, largement, pleinement –FAMILIER: à gogo, à tire-larigot, en pagaille, jusqu'à plus soif –LITTÉRAIRE: à l'envi. CONTR. *chichement, mesquinement, parcimonieusement, pauvrement, petitement.*

généreux *adjectif*
- Dont la forme est rebondie. SYN. opulent, plantureux.
- Qui dénote de nobles sentiments. SYN. altruiste, bienveillant, clément, désintéressé, dévoué, humain, indulgent, magnanime, noble –FAMILIER: beau –LITTÉRAIRE: bienfaisant, miséricordieux. CONTR. *égoïste, impitoyable, implacable, inexorable, insensible, intéressé, personnel* –LITTÉRAIRE: *misanthrope.*
- Qui donne avec libéralité. SYN. charitable, large, prodigue –LITTÉRAIRE: libéral. CONTR. *avare, économe, mesquin, parcimonieux, regardant* –FAMILIER: *chiche, chien, pingre, radin, rapiat* –LITTÉRAIRE: *avaricieux, ladre, lésineur.*
- Qui est en grande quantité. SYN. abondant, copieux, plantureux –LITTÉRAIRE: opulent. CONTR. *pauvre.*
- LITTÉRAIRE. Qui produit beaucoup. SYN. fertile, intarissable, productif, riche –LITTÉRAIRE: fécond, gras, plantureux. CONTR. *aride, improductif, infécond, infertile, pauvre, stérile.*

générosité *nom féminin*
- Grandeur d'âme. SYN. altruisme, bienveillance, bonté, charité, désintéressement, dévouement, humanité, indulgence, magnanimité, noblesse. CONTR. *bassesse, égocentrisme, égoïsme, insensibilité, rancune.*
- Disposition à donner. SYN. libéralité, prodigalité –LITTÉRAIRE: largesse, magnificence, munificence. CONTR. *âpreté, avarice, avidité, mesquinerie, parcimonie* –FAMILIER: *pingrerie, radinerie, radinisme* –LITTÉRAIRE: *cupidité, ladrerie, lésine, lésinerie, rapacité.*

genèse *nom féminin*
- Processus de développement de. SYN. commencement, conception, création, élaboration, formation, génération, naissance, origine, production. CONTR. *achèvement.*

gêneur *nom*
- Personne qui importune. SYN. indiscret, intrus, trouble-fête –FAMILIER: casse-pieds, empêcheur de danser en rond, empêcheur de

tourner en rond, enquiquineur, raseur –LITTÉRAIRE: fâcheux, importun –POPULAIRE: emmerdeur.

génial *adjectif*

/Qui a du génie. SYN. brillant, prodigieux, talentueux. CONTR. *médiocre.*

/Qui porte la marque du génie. SYN. astucieux, ingénieux, original.

/Remarquable en son genre. SYN. extraordinaire, fantastique, sublime, suprême –FAMILIER: fabuleux, formidable, magistral, sensationnel, super. CONTR. *insignifiant, médiocre, nul, quelconque.*

génie *nom masculin*

/Être surnaturel. SYN. djinn, elfe, farfadet, fée, gnome, gobelin, lutin, ondine, péri, sylphe, troll.

/Talent hors du commun. SYN. art, don, faculté, goût, instinct, talent, vocation. CONTR. *faiblesse, médiocrité.*

/Personne très douée. SYN. cerveau, gloire, prodige, reine, roi, virtuose –FAMILIER: aigle, as, cacique, champion, crack –LITTÉRAIRE: lumière, phénix. CONTR. *incapable, nul, nullité, raté* –FAMILIER: *zéro.*

genre *nom masculin*

/Ensemble d'êtres ou de choses. SYN. catégorie, classe, espèce, famille, forme, groupe, mode, nature, ordre, sorte, type, variété.

/Manière d'être. SYN. air, allure, aspect, attitude, comportement, façons, manières, style, tenue –FAMILIER: touche.

/Ton d'un ouvrage. SYN. écriture, manière, style.

gens *nom masculin pluriel*

/VIEUX. Personnes au service de quelqu'un. SYN. domesticité, employés, maison, personnel –VIEUX: monde.

gentil *adjectif*

/Agréable à voir. SYN. charmant, gentillet, gracieux, joli, mignon, pimpant, plaisant –FAMILIER: croquignolet. CONTR. *affreux, déplaisant, grossier, grotesque, hideux, horrible, laid, rébarbatif, rebutant, repoussant, ridicule, sévère, vilain* –FAMILIER: *moche* –LITTÉRAIRE: *disgracieux, malgracieux.*

/Plein de bons sentiments. SYN. affable, agréable, aimable, attentionné, bienveillant, bon, charmant, complaisant, délicat, doux, empressé, exquis, obligeant, prévenant, serviable, sympathique –FAMILIER: chic, chouette –LITTÉRAIRE: amène. CONTR. *cassant, déplaisant, désagréable, désobligeant, détestable, impossible, inamical, malintentionné, méchant, odieux, offensant, sec* –LITTÉRAIRE: *acrimonieux, atrabilaire, fielleux, venimeux.*

/Qui se conduit bien. SYN. agréable, aimable, calme, docile, doux, obéissant, sage, tranquille –FAMILIER: mignon. CONTR. *détestable, diabolique, difficile, dur, infernal, insupportable, odieux, terrible* –FAMILIER: *impossible, pénible.*

/Se dit d'une somme importante. SYN. –FAMILIER: coquet, joli, rondelet. CONTR. *dérisoire, infime, insignifiant, minime, modeste, modique, négligeable.*

gentilhomme *nom masculin*

/LITTÉRAIRE. Homme délicat. SYN. galant homme, gentleman, grand seigneur, homme du monde. CONTR. *butor, goujat, roturier, rustre* –LITTÉRAIRE: *plébéien.*

gentillesse *nom féminin*

/Qualité d'une personne aimable. SYN. affabilité, agrément, amabilité, attention, bienveillance, bonté, complaisance, délicatesse, égard, empressement, grâce, obligeance, prévenance, serviabilité –LITTÉRAIRE: aménité, liant. CONTR. *acrimonie, brutalité, dureté, férocité, mauvaise grâce, méchanceté, noirceur, rudesse, sauvagerie, sécheresse, violence* –LITTÉRAIRE: *sévérité.*

gentillesses *nom féminin pluriel*

/Actions ou paroles gentilles. SYN. amabilités, compliments –LITTÉRAIRE: délicatesses, gracieusetés. CONTR. *atrocités, calomnies, horreurs, infamies, médisances, obscénités* –LITTÉRAIRE: *vilenies* –POPULAIRE: *cochonneries.*

gentiment *adverbe*

/De façon aimable. SYN. affectueusement, agréablement, aimablement, complaisamment, gracieusement, joliment, obligeamment. CONTR. *brusquement, brutalement, durement, grossièrement, méchamment, rudement, sèchement, sévèrement.*

/De façon obéissante. SYN. calmement, sagement, tranquillement.

gentleman *nom masculin*

/Homme distingué. SYN. galant homme, grand seigneur, homme du monde –LITTÉRAIRE: gentilhomme. CONTR. *butor, goujat, roturier, rustre* –LITTÉRAIRE: *plébéien.*

gérant *nom*

/ Personne qui dirige pour autrui. SYN. administrateur, agent, fondé de pouvoir, gestionnaire, régisseur, syndic.

gerbe *nom féminin*

/ LITTÉRAIRE. Réunion de choses semblables. SYN. bouquet, faisceau, grappe.

gercer *verbe*

/ Fendiller la peau. SYN. craqueler, crevasser, fendiller, fendre, fissurer, lézarder.

gerçure *nom féminin*

/ Endroit gercé. SYN. crevasse, fente, fissure, gelure.

gérer *verbe*

/ Administrer quelque chose. SYN. conduire, diriger, gouverner, manager, mener, piloter, régir.

germe *nom masculin*

/ Ce qui donne naissance à. SYN. cause, embryon, graine, origine, source –LITTÉRAIRE: ferment, levain, principe, semence.

germer *verbe*

/ Commencer à se développer. SYN. naître, se former, surgir –LITTÉRAIRE: éclore, fermenter.

geste *nom masculin*

/ Action remarquable. SYN. action d'éclat, exploit, fait d'armes, haut fait, intervention.

/ Mouvement du corps. SYN. mouvement, signe.

gesticuler *verbe*

/ Faire des gestes en tous sens. SYN. bouger, frétiller, remuer, s'agiter, se remuer, se trémousser –FAMILIER: avoir la bougeotte, gigoter. CONTR. *être immobile, s'immobiliser.*

gestion *nom féminin*

/ Action ou manière de gérer. SYN. administration, conduite, direction, gérance, maniement, pilotage, tenue.

geyser *nom masculin*

/ Grande gerbe jaillissante. SYN. gerbe, giclée, jaillissement, jet.

giboulée *nom féminin*

/ Grosse averse soudaine. SYN. averse, grain, ondée –POPULAIRE: rincée, saucée.

gicler *verbe*

/ Jaillir avec force. SYN. éclabousser, fuser, jaillir, rejaillir –LITTÉRAIRE: sourdre.

gifle *nom féminin*

/ Coup donné sur la joue. SYN. claque, tape –FAMILIER: calotte, giroflée à cinq feuilles, taloche –LITTÉRAIRE: soufflet –POPULAIRE: baffe, beigne, mandale, tarte, torgnole –VIEUX: mornifle.

/ Blessure d'amour-propre. SYN. affront, blessure, humiliation, mortification, rebuffade, vexation –LITTÉRAIRE: avanie, camouflet.

/ Sérieuse défaite. SYN. déconfiture, échec, faillite, insuccès, revers –FAMILIER: claque, fessée, pile, piquette, plongeon, raclée, veste –POPULAIRE: volée.

gifler *verbe*

/ Donner une gifle. SYN. claquer –FAMILIER: calotter –LITTÉRAIRE: souffleter –VIEUX: talocher.

gigantesque *adjectif*

/ Extrêmement grand. SYN. colossal, cyclopéen, démesuré, éléphantesque, énorme, géant, herculéen, immense, monstrueux, monumental –LITTÉRAIRE: titanesque, vaste. CONTR. *lilliputien, microscopique, minuscule, nain.*

/ Qui dépasse la commune mesure. SYN. énorme, exorbitant, extraordinaire, fabuleux, fantastique, formidable, fou, illimité, incommensurable, interminable, monumental, phénoménal, prodigieux –FAMILIER: faramineux, monstre. CONTR. *minime, minuscule.*

gigotement *nom masculin*

/ Action de gigoter. SYN. gesticulation, trémoussement.

gigoter *verbe*

/ FAMILIER. S'agiter vivement. SYN. bouger, frétiller, gesticuler, ne pas tenir en place, remuer, s'agiter, se remuer, se tortiller, se trémousser –FAMILIER: avoir la bougeotte. CONTR. *être immobile, s'immobiliser.*

giration *nom féminin*

/ Mouvement giratoire. SYN. révolution, rotation, tournoiement, volte.

girouette *nom féminin*

/ FAMILIER. Personne qui change d'avis. SYN. fantoche, marionnette, pantin –FAMILIER: polichinelle –LITTÉRAIRE: protée –VIEUX: arlequin, sauteur.

gisement *nom masculin*

/ Lieu que l'on peut exploiter. SYN. bassin, filon, gîte, mine, veine.

gitan *nom*

/ Membre d'une population nomade. SYN. bohémien, manouche, romanichel, tsigane, tzigane.

gîte *nom masculin*

/ LITTÉRAIRE. Lieu où on peut se loger. SYN. abri, asile, habitation, logement, maison, nid, repaire, retraite.

gîter *verbe*

/ LITTÉRAIRE. Demeurer quelque part. SYN. habiter, loger –FAMILIER: nicher.

givré *adjectif*

/ POPULAIRE. Complètement fou. SYN. dérangé, désaxé, déséquilibré –FAMILIER: braque, cinglé, détraqué, dingue, fada, fêlé, frappé, loufoque, maboul, marteau, piqué, ravagé, tapé, timbré, toc-toc, toqué, zinzin –POPULAIRE: allumé, azimuté, barge, barjo, branque, brindezingue, cinoque, cintré, déjanté, dingo, folingue, fondu, frapadingue, jeté, louf, louftingue, sinoc, sinoque, siphonné, tordu.

glabre *adjectif*

/ Dépourvu de poils. SYN. imberbe, lisse, nu. CONTR. *barbu, poilu, velu.*

glacé *adjectif*

/ Très froid. SYN. frigorifié, gelé, transi –FAMILIER: réfrigéré. CONTR. *bouillant, brûlant, caniculaire, chaud, fébrile, fiévreux, torride* –LITTÉRAIRE: *ardent.*

/ Qui montre de la froideur. SYN. de glace, de marbre, figé, froid, glacial, hautain, impassible, réfrigérant –FAMILIER: frais. CONTR. *chaleureux, engageant, rude.*

/ Qui a un aspect brillant. SYN. lisse, luisant –LITTÉRAIRE: vernissé. CONTR. *mat, rugueux.*

glacer *verbe*

/ Transformer en glace. SYN. congeler, geler. CONTR. *dégeler, déglacer.*

/ Abaisser la température de. SYN. frapper, refroidir. CONTR. *brûler, chauffer, rôtir, tiédir.*

/ Remplir d'effroi. SYN. faire froid dans le dos, figer, intimider, paralyser, pétrifier, réfrigérer, refroidir, troubler –FAMILIER: donner le frisson –LITTÉRAIRE: statufier. CONTR. *encourager, enthousiasmer, exalter.*

/ Causer une vive sensation de froid. SYN. geler, mordre, pincer, transpercer –FAMILIER: frigorifier –LITTÉRAIRE: transir. CONTR. *réchauffer.*

glacial *adjectif*

/ Se dit d'un froid vif. SYN. aigre, mordant, pénétrant, piquant, polaire, vif. CONTR. *chaud, tiède, torride* –LITTÉRAIRE: *ardent.*

/ Qui intimide. SYN. de glace, de marbre, dur, froid, glacé, hautain, impassible, imperturbable, inhospitalier, insensible, réfrigérant, sec. CONTR. *accueillant, chaleureux, démonstratif, doux, ému, enflammé, fervent.*

gladiateur *nom masculin*

/ Celui qui combattait dans l'arène. SYN. belluaire, bestiaire, mirmillon, rétiaire.

gland *nom masculin*

/ POPULAIRE. Personne stupide. SYN. âne, idiot, imbécile, niais, nigaud –FAMILIER: abruti, andouille, ballot, bêta, bûche, buse, crétin, cruche, dadais, empaillé, noix, oie –POPULAIRE: cloche, cornichon, nouille.

glander *verbe*

/ POPULAIRE. Ne rien faire. SYN. fainéanter, musarder, ne rien faire de ses dix doigts, paresser, se prélasser, se rouler les pouces, se tourner les pouces, traîner –FAMILIER: bayer aux corneilles, buller, flemmarder, ne pas en fiche une rame, se la couler douce, tirer sa flemme, traînailler, traînasser –LITTÉRAIRE: muser –POPULAIRE: glandouiller, se les rouler, tirer au cul, tirer au flanc. CONTR. *donner un coup de collier, s'activer, s'affairer, se démener, se dépenser, se fatiguer, se presser, se remuer, s'échiner, s'épuiser, s'escrimer, s'exténuer, s'occuper* –FAMILIER: *bûcher, en mettre un bon coup, en mettre un coup, en mettre un vieux coup, mettre de l'huile de coude, mettre le paquet, s'agiter, se décarcasser, se défoncer, se mettre en quatre, se tuer, s'éreinter, s'esquinter* –POPULAIRE: *bosser, boulonner.*

glandeur *nom*

/ POPULAIRE. Personne paresseuse. SYN. fainéant, paresseux, partisan du moindre effort – FAMILIER: cossard, faignant, feignant, flemmard, inspecteur des travaux finis, tire-au-flanc – POPULAIRE: branleur, cul de plomb, glandouilleur, tire-au-cul. CONTR. *courageux, travailleur* – FAMILIER: *bûcheur* – LITTÉRAIRE: *laborieux.*

glaner *verbe*

/ Ramasser çà et là. SYN. butiner, emprunter, grappiller – FAMILIER: picorer.

glauque *adjectif*

/ FAMILIER. Qui inspire la méfiance. SYN. louche, malsain, morbide, pervers, sordide. CONTR. *sain.*

/ FAMILIER. Qui inspire la mélancolie. SYN. lugubre, sinistre. CONTR. *désopilant, drôle, hilarant, inénarrable* – FAMILIER: *crevant, marrant, rigolo, roulant, tordant.*

glisser *verbe intransitif*

/ Perdre le contrôle de sa direction. SYN. chasser, déraper, patiner.

/ Tomber accidentellement. SYN. échapper, filer, tomber.

/ Passer insensiblement à un autre état. SYN. pencher, s'incliner.

/ Laisser quelqu'un indifférent. SYN. couler, effleurer, frôler, passer. CONTR. *toucher.*

/ Ne pas insister sur. SYN. effleurer, survoler. CONTR. *approfondir, appuyer, s'arrêter.*

glisser *verbe transitif*

/ Introduire dans un espace étroit. SYN. enchâsser, engager, inclure, insérer, introduire, mettre, placer – FAMILIER: fourrer. CONTR. *sortir.*

/ Dire furtivement. SYN. confier, insinuer, souffler. CONTR. *crier.*

glisser (se) *verbe pronominal*

/ S'introduire doucement. SYN. pénétrer, se couler, se faufiler, s'enfoncer, s'infiltrer – LITTÉRAIRE: s'insinuer.

/ Pénétrer subrepticement dans. SYN. pénétrer, s'introduire – FAMILIER: se fourrer – LITTÉRAIRE: s'insinuer.

global *adjectif*

/ Considéré dans sa totalité. SYN. complet, entier, général, intégral, total. CONTR. *fractionné, fragmentaire, incomplet, morcelé, parcellaire, partiel.*

globalement *adverbe*

/ De façon globale. SYN. dans l'ensemble, dans les grandes lignes, en bloc, en gros, généralement. CONTR. *imparfaitement, incomplètement, partiellement.*

globalité *nom féminin*

/ Caractère global. SYN. ensemble, intégralité, totalité.

globe *nom masculin*

/ Corps sphérique. SYN. boule, sphère.

/ La Terre. SYN. monde, planète, Terre.

gloire *nom féminin*

/ Renommée éclatante. SYN. célébrité, éclat, grandeur, honneur, notoriété, prestige, renom, renommée – FAMILIER: cote. CONTR. *déclin, effacement, impopularité, oubli* – LITTÉRAIRE: *obscurité.*

/ Ce qui suscite la fierté. SYN. fierté, mérite, orgueil. CONTR. *démérite, déshonneur, honte.*

/ Personne illustre. SYN. génie, star, vedette – FAMILIER: aigle, as, champion, crack, ténor – LITTÉRAIRE: fleuron, lumière, phare, phénix.

/ LITTÉRAIRE. Éclat de quelque chose. SYN. magnificence, rayonnement – LITTÉRAIRE: lustre, splendeur.

glorieux *adjectif*

/ Qui donne de la gloire. SYN. éclatant, historique, légendaire, magnifique, mémorable, retentissant, triomphal – LITTÉRAIRE: immortel. CONTR. *abaissant, avilissant, déshonorant, honteux, humiliant, infamant, infâme, modeste, rabaissant* – LITTÉRAIRE: *ignominieux.*

/ Qui s'est acquis de la gloire. SYN. célèbre, conquérant, grand, héroïque, honoré, illustre, prestigieux, renommé, réputé, victorieux – LITTÉRAIRE: fameux, vainqueur. CONTR. *humble, humilié, ignoré, inconnu, insignifiant, méconnu, obscur, oublié, piteux.*

glorification *nom féminin*

/ Action de glorifier. SYN. apologie, apothéose, ennoblissement, exaltation, idéalisation, louange, panégyrique – LITTÉRAIRE: dithyrambe. CONTR. *calomnie, dénigrement, humiliation* – FAMILIER: *débinage.*

glorifier *verbe*

/ Rendre gloire à. SYN. bénir, célébrer, diviniser, exalter, honorer, idéaliser, immortaliser, louer, prôner, rehausser, vanter – LITTÉRAIRE: chanter, encenser, louanger, magnifier. CONTR. *abaisser, anathématiser, calomnier, dénigrer, diffamer, diminuer, écraser, humilier, maudire, rabaisser, stigmatiser* – FAMILIER : *baver, cracher, débiner, déblatérer* – LITTÉRAIRE : *dauber, flétrir.*

glorifier (se) *verbe pronominal*

/ Tirer vanité de. SYN. se féliciter, se flatter, se piquer, se prévaloir, se targuer, se vanter, s'enorgueillir, s'honorer.

gloriole *nom féminin*

/ Vaine gloire. SYN. orgueil, prétention, suffisance, vanité.

glose *nom féminin*

/ Commentaire sur un texte. SYN. annotation, explication, interprétation, note, paraphrase, remarque.

gloser *verbe transitif*

/ Éclaircir un texte par une glose. SYN. annoter, commenter, interpréter, paraphraser.

gloser *verbe transitif indirect*

/ Faire une critique sur. SYN. attaquer, critiquer, dénigrer, épiloguer, jaser, médire – LITTÉRAIRE : dauber.

glousser *verbe*

/ Partir d'un grand rire. SYN. pouffer, rire, s'esclaffer.

glouton *adjectif*

/ Qui mange beaucoup. SYN. goulu, gourmand, intempérant, vorace – FAMILIER : goinfre – POPULAIRE : gueulard. CONTR. *abstinent, sobre* – LITTÉRAIRE : *frugal, tempérant.*

glouton *nom*

/ Personne qui mange beaucoup. SYN. goulu, gourmand – FAMILIER : goinfre – POPULAIRE : bâfreur, bouffeur, gueulard, morfal, morfale, morfalou.

gloutonnement *adverbe*

/ De façon gloutonne. SYN. avidement, goulûment, voracement.

gloutonnerie *nom féminin*

/ Appétit glouton. SYN. avidité, boulimie, goinfrerie, intempérance, voracité. CONTR. *ascétisme, frugalité, sobriété, tempérance.*

gluant *adjectif*

/ Qui colle. SYN. collant, poisseux, visqueux.

gnangnan ou **gniangnian** *adjectif*

/ FAMILIER. Qui est mou et lent. SYN. indolent, lent, mollasson, mou, nonchalant – FAMILIER : lambin, mollasse. CONTR. *emporté, excité, impétueux, impulsif, nerveux.*

/ FAMILIER. Qui manque d'intérêt. SYN. affecté, doucereux, gentillet, mièvre.

gnome *nom masculin*

/ Personne de petite taille. SYN. avorton, nabot, nain – FAMILIER : freluquet, homoncule, homuncule.

gnon *nom masculin*

/ POPULAIRE. Coup violent. SYN. – POPULAIRE : châtaigne, jeton, pêche.

gobe-mouches *nom masculin*

/ FAMILIER. Personne crédule. SYN. benêt, naïf – FAMILIER : gobeur, gogo, jobard, pigeon.

gober *verbe*

/ FAMILIER. Croire naïvement. SYN. mordre à l'appât, mordre à l'hameçon, n'y voir que du feu, prendre pour argent comptant – FAMILIER : avaler des couleuvres, marcher.

goberger (se) *verbe pronominal*

/ FAMILIER. Faire un bon repas. SYN. se gaver – LITTÉRAIRE : faire bonne chère – POPULAIRE : se goinfrer.

/ FAMILIER. Prendre ses aises. SYN. se prélasser.

gobeur *nom*

/ FAMILIER. Personne naïve. SYN. benêt, naïf – FAMILIER : gobe-mouches, gogo, jobard, pigeon.

godailler *verbe*

/ Faire des faux plis. SYN. goder, grigner, grimacer, pocher.

godasse *nom féminin*

/ POPULAIRE. Chaussure. SYN. soulier – FAMILIER : godillot – POPULAIRE : croquenot, écrase-merde, grole, grolle, pompe, tatane.

goder *verbe*

/ Faire des faux plis. SYN. godailler, grigner, grimacer, pocher.

godiche *adjectif*

/ FAMILIER. Qui est maladroit. SYN. benêt, emprunté, gauche, gourd, maladroit, naïf, niais, nigaud, sot, stupide –FAMILIER: abruti, ballot, bêta, cruche, empaillé, empoté –POPULAIRE: nouille. CONTR. *adroit, déluré, habile* –FAMILIER: *débrouillard.*

godiche *nom féminin*
/ FAMILIER. Femme maladroite. SYN. sotte –FAMILIER: andouille, bécasse, crétine, cruche, dinde, empaillée, empotée, gourde, noix, oie.

godillot *nom masculin*
/ FAMILIER. Grosse chaussure. SYN. –POPULAIRE: croquenot, écrase-merde, godasse, grole, grolle, pompe, tatane.

gogo *nom masculin*
/ FAMILIER. Personne crédule. SYN. benêt, dupe, naïf, niais –FAMILIER: gobe-mouches, gobeur, jobard, pigeon, poire, serin –LITTÉRAIRE: jocrisse.

goguenard *adjectif*
/ Qui se moque. SYN. gouailleur, ironique, moqueur, narquois, railleur, sarcastique –FAMILIER: blagueur. CONTR. *grave, sérieux.*

goinfre *adjectif*
/ FAMILIER. Qui mange avec avidité. SYN. glouton, goulu, gourmand, intempérant, vorace –POPULAIRE: gueulard. CONTR. *abstinent, sobre* –LITTÉRAIRE: *frugal, tempérant.*

goinfre *nom*
/ FAMILIER. Personne vorace. SYN. glouton, goulu, gourmand –POPULAIRE: bâfreur, bouffeur, gueulard, morfal, morfale, morfalou.

goinfrer (se) *verbe pronominal*
/ POPULAIRE. Manger avec avidité. SYN. dévorer, ingurgiter, se bourrer, se gaver –ARGOTIQUE: briffer –FAMILIER: enfourner, faire bombance, manger comme quatre, manger comme un ogre, se goberger, s'empiffrer, s'en mettre plein la panse, s'enfiler –POPULAIRE: bâfrer, bouffer, bouffer comme un chancre, boulotter, manger à s'en faire péter la sous-ventrière, manger comme un chancre, morfaler, se bâfrer, s'en mettre plein la gueule, s'en mettre plein la lampe, s'envoyer –VIEUX: goinfrer. CONTR. *avoir un appétit d'oiseau, grignoter, manger comme un moineau, manger du bout des dents* –FAMILIER: *chipoter, mangeotter, picorer, pignocher.*

goinfrerie *nom féminin*
/ Avidité goulue. SYN. boulimie, gloutonnerie, intempérance, voracité. CONTR. *abstinence, frugalité, sobriété, tempérance.*

golfe *nom masculin*
/ Rentrant du littoral. SYN. anse, baie, calanque, crique, échancrure, fjord.

gommer *verbe*
/ Faire disparaître quelque chose. SYN. abolir, absoudre, chasser, éclipser, effacer, enlever, estomper, lever, ôter, réparer, retrancher –LITTÉRAIRE: laver. CONTR. *accentuer, aviver, faire ressortir, raviver.*

gondolage *nom masculin*
/ Fait de gondoler. SYN. déformation, gauchissement.

gondolant *adjectif*
/ POPULAIRE. Qui fait rire. SYN. comique, désopilant, drôle, hilarant –FAMILIER: crevant, marrant, roulant, tordant.

gondoler (se) *verbe pronominal*
/ POPULAIRE. Partir d'un grand rire. SYN. rire, rire à gorge déployée, rire aux éclats, rire aux larmes –FAMILIER: rigoler, rire à ventre déboutonné, rire comme un bossu, rire comme une baleine, se tordre –POPULAIRE: se bidonner, se boyauter, se fendre la pipe, se marrer, se poiler. CONTR. *pleurer, sangloter.*

gonflé *adjectif*
/ Augmenté de volume. SYN. ballonné, bouffi, enflé, hypertrophié, renflé, soufflé, tumescent, turgescent –FAMILIER: boudiné.
/ FAMILIER. Qui exagère. SYN. cavalier, effronté, exagéré –FAMILIER: culotté.

gonflement *nom masculin*
/ État de ce qui est gonflé. SYN. ballonnement, bouffissure, dilatation, distension, enflure, tuméfaction. CONTR. *aplatissement, compression.*
/ Accroissement important. SYN. accroissement, augmentation, exagération, grossissement. CONTR. *baisse, diminution.*

gonfler *verbe intransitif*
/ Augmenter de volume. SYN. bouffer, enfler. CONTR. *décroître, dégonfler, diminuer.*

gonfler *verbe transitif*
- Augmenter le volume de. SYN. arrondir, ballonner, bomber, bouffir, boursoufler, dilater, distendre, grossir, remplir, souffler –LITTÉRAIRE: emplir, enfler. CONTR. *aplatir, comprimer, contracter, dégonfler.*
- Augmenter l'importance de. SYN. dramatiser, exagérer, majorer, surestimer, surévaluer –LITTÉRAIRE: enfler, surfaire. CONTR. *amenuiser.*
- POPULAIRE. Irriter vivement quelqu'un. SYN. agacer, crisper, énerver, exaspérer –FAMILIER: casser les pieds, horripiler, insupporter, prendre la tête –POPULAIRE: pomper, soûler. CONTR. *apaiser, calmer, désénerver, détendre, reposer* –LITTÉRAIRE: *rasséréner.*

gongorisme *nom masculin*
- Préciosité du style. SYN. euphuisme, maniérisme, préciosité.

gorge *nom féminin*
- Partie du cou. SYN. cou, gosier –FAMILIER: kiki –POPULAIRE: sifflet.
- LITTÉRAIRE. Poitrine d'une femme. SYN. buste, seins.
- Vallée encaissée. SYN. couloir, défilé, passage, passe, porte.

gorgé *adjectif*
- Plein de quelque chose. SYN. encombré, foisonnant, imprégné, pétri, plein, rempli, saturé –FAMILIER: bourré. CONTR. *dénué, dépourvu, exempt, vide.*

gorgée *nom féminin*
- Quantité de liquide avalée. SYN. goulée, trait –FAMILIER: lampée.

gorger *verbe*
- Faire manger avec excès. SYN. bourrer, gaver, rassasier –LITTÉRAIRE: repaître.
- LITTÉRAIRE. Remplir avec excès. SYN. abreuver, accabler, combler, écraser, imprégner, nourrir, remplir, saturer.

gorger (se) *verbe pronominal*
- Consommer jusqu'à satiété. SYN. dévorer, ingurgiter, se remplir –FAMILIER: enfourner, se gaver, s'enfiler –LITTÉRAIRE: se repaître –POPULAIRE: se goinfrer.

gorgone *nom féminin*
- LITTÉRAIRE. Femme méchante. SYN. furie, harpie, mégère, sorcière.

gosier *nom masculin*
- Partie du cou. SYN. gorge –POPULAIRE: dalle, goulot –VIEUX: gargamelle, gargoulette.

gosse *nom*
- FAMILIER. Petit enfant. SYN. bambin, enfant, gamin, gamine, petit –FAMILIER: bout de chou, bout de zan, marmot, mioche, moustique, moutard, petiot, petiote, pitchoun, pitchounet, poussin, tête blonde –POPULAIRE: chiard, lardon, loupiot, loupiote, môme, morpion, mouflet –VIEUX: marmouset.

gotha *nom masculin*
- Personnalités notables. SYN. beau monde, haute société, hautes sphères, jet-set, jet-society, la fine fleur, le dessus du panier, le Tout-Paris –FAMILIER: beau linge, gratin, la haute.

gouaille *nom féminin*
- Attitude gouailleuse. SYN. raillerie, sarcasme –LITTÉRAIRE: goguenardise.

gouaillerie *nom féminin*
- Plaisanterie ironique. SYN. moquerie, raillerie, sarcasme –LITTÉRAIRE: goguenardise.

gouailleur *adjectif*
- À l'esprit railleur. SYN. goguenard, ironique, narquois, railleur, taquin –FAMILIER: blagueur, chineur –LITTÉRAIRE: moqueur.

gouape *nom féminin*
- POPULAIRE. Mauvais garçon. SYN. chenapan, gredin, vaurien, vermine, voyou –FAMILIER: fripouille –POPULAIRE: arsouille, frappe.

gouffre *nom masculin*
- Cavité très profonde. SYN. abîme, abysse, aven, précipice, profondeurs.
- Différence importante. SYN. abîme, fossé.

goujat *nom masculin*
- Homme mal élevé. SYN. balourd, butor, cuistre, impoli, lourdaud, mal élevé, malappris, malotru, mufle, ostrogoth, ours mal léché, paysan du Danube, rustre, sans-gêne, sauvage –FAMILIER: foutriquet, malpoli, paltoquet, rustaud –LITTÉRAIRE: faquin, soudard –POPULAIRE: jean-foutre, pignouf –VIEUX: bélître, coquin, maraud, maroufle. CONTR. *gentleman* –LITTÉRAIRE: *gentilhomme.*

goujaterie *nom féminin*

/ Caractère, action de goujat. SYN. grossièreté, impolitesse, inconvenance, incorrection, indélicatesse, muflerie, sans-gêne, vulgarité – LITTÉRAIRE : sans-façon. CONTR. *bonnes manières, correction, courtoisie, délicatesse, distinction, politesse, savoir-vivre, tact.*

goulée *nom féminin*

/ Quantité d'air aspiré. SYN. gorgée, trait.

goulu *adjectif*

/ Qui mange avec avidité. SYN. glouton, gourmand, intempérant, vorace – FAMILIER : goinfre – POPULAIRE : gueulard. CONTR. *abstinent, sobre* – LITTÉRAIRE : *frugal, tempérant.*

goulu *nom*

/ Personne vorace. SYN. glouton, gourmand – FAMILIER : goinfre – POPULAIRE : bâfreur, bouffeur, gueulard, morfal, morfale, morfalou.

goulûment *adverbe*

/ De façon goulue. SYN. à bouche que veux-tu, gloutonnement, voracement. CONTR. *légèrement, sobrement.*

goupiller *verbe*

/ FAMILIER. Arranger quelque chose. SYN. arranger, combiner, comploter, échafauder, élaborer, machiner, manigancer, mettre au point, mettre sur pied, mijoter, mitonner, monter, orchestrer, préméditer, ruminer, tramer – FAMILIER : concocter, traficoter, trafiquer – LITTÉRAIRE : ourdir.

gourbi *nom masculin*

/ POPULAIRE. Habitation misérable. SYN. bauge, bouge, cabane, mansarde, masure, réduit, taudis – FAMILIER : baraque, bicoque, cagibi, écurie – LITTÉRAIRE : chenil, galetas, tanière.

gourd *adjectif*

/ Engourdi par le froid. SYN. ankylosé, engourdi.

/ Qui est maladroit. SYN. gauche, inhabile, malhabile – FAMILIER : empaillé, empoté, godiche. CONTR. *adroit* – FAMILIER : *dégourdi.*

gourde *nom féminin*

/ FAMILIER. Femme maladroite. SYN. – FAMILIER : andouille, bécasse, bûche, buse, cloche, cruche, dinde, empaillée, empotée, godiche, noix, oie – POPULAIRE : banane, manche, nouille, patate.

gourdin *nom masculin*

/ Bâton gros et court. SYN. massue, matraque, trique.

gourer (se) *verbe pronominal*

/ POPULAIRE. Faire une erreur. SYN. faire fausse route, s'abuser, se méprendre, se tromper, s'égarer – LITTÉRAIRE : se fourvoyer – POPULAIRE : se planter.

gourmand *adjectif*

/ Qui aime manger. SYN. glouton, goulu, vorace – FAMILIER : goinfre – POPULAIRE : gueulard. CONTR. *abstinent, sobre* – LITTÉRAIRE : *frugal, tempérant.*

/ Passionné de quelque chose. SYN. affamé, amoureux, avide, enragé, friand, passionné – FAMILIER : fana, mordu.

gourmand *nom*

/ Personne qui aime manger. SYN. glouton, goulu – FAMILIER : goinfre – POPULAIRE : bâfreur, bouffeur, morfal, morfale, morfalou.

gourmander *verbe*

/ LITTÉRAIRE. Réprimander quelqu'un. SYN. chapitrer, corriger, gronder, houspiller, morigéner, réprimander, rudoyer, sermonner – FAMILIER : attraper, enguirlander, secouer – LITTÉRAIRE : admonester, quereller, semoncer, tancer – POPULAIRE : engueuler.

gourmandise *nom féminin*

/ Mets appétissant. SYN. chatterie, douceur, friandise, gâterie.

gourmé *adjectif*

/ Raide et compassé. SYN. apprêté, arrangé, cérémonieux, compassé, contraint, empesé, guindé, maniéré, pincé, prétentieux – FAMILIER : constipé. CONTR. *naturel, simple, spontané.*

gourmet *nom masculin*

/ Personne qui apprécie ce qui est bon. SYN. amateur, connaisseur, expert, fine bouche, gastronome – FAMILIER : fine gueule.

goût *nom masculin*

/ Saveur de quelque chose. SYN. sapidité, saveur, senteur. CONTR. *fadeur.*

/ Attirance pour. SYN. amour, attachement, attirance, attrait, désir, faible, passion, penchant, prédilection, préférence, propension, vocation – LITTÉRAIRE : entichement.

CONTR. *antipathie, aversion, dégoût, désaffection, haine, horreur, répugnance, répulsion* –LITTÉRAIRE: *animadversion, incuriosité.*

goûter *nom masculin*

/ Petit repas de l'après-midi. SYN. collation, lunch, quatre heures, thé.

goûter *verbe transitif*

/ Apprécier l'agrément de. SYN. déguster, jouir, savourer, se complaire, se plaire, se régaler –LITTÉRAIRE: se délecter. CONTR. *détester.*

/ Juger favorablement. SYN. admirer, agréer, aimer, apprécier –LITTÉRAIRE: affectionner, priser. CONTR. *dédaigner, mépriser, s'élever contre.*

goûter *verbe transitif indirect*

/ Prendre d'un aliment, d'une boisson. SYN. essayer, tester.

/ Faire l'expérience de. SYN. éprouver, essayer, expérimenter, se hasarder, se risquer à, tenter, toucher à –FAMILIER: tâter de. CONTR. *renoncer.*

goûteux *adjectif*

/ Qui a du goût. SYN. sapide. CONTR. *fadasse, fade, insipide.*

goutte *nom féminin*

/ Très petite quantité de. SYN. atome, bribe, brin, doigt, filet, grain, gramme, larme, miette, nuage, once, parcelle, pointe, soupçon, teinte, trace –LITTÉRAIRE: liard, ombre, trait –POPULAIRE: chouia. CONTR. *avalanche, cascade, déluge, flot, foule, infinité, kyrielle, masse, monceau, montagne, multitude, myriade, nuée, pléiade, pluie, tas, torrent* –FAMILIER: *cargaison, flopée, foultitude, paquet, pelletée, ribambelle, tapée* –LITTÉRAIRE: *averse, océan.*

/ FAMILIER. Eau-de-vie. SYN. alcool –FAMILIER: schnaps, tord-boyaux –POPULAIRE: gnaule, gniole, gnole, gnôle.

goutter *verbe*

/ Tomber goutte à goutte. SYN. dégouliner, dégoutter, s'égoutter.

gouvernante *nom féminin*

/ Femme qui s'occupe d'enfants. SYN. bonne d'enfant, nourrice –FAMILIER: nounou –VIEUX: nurse.

gouvernement *nom masculin*

/ Action de gouverner un pays. SYN. administration, conduite, contrôle, direction.

/ Forme politique qui régit un État. SYN. constitution, institutions, régime, système.

gouverner *verbe*

/ Être maître de ses sentiments. SYN. contrôler, dominer, gérer, régner –LITTÉRAIRE: commander. CONTR. *obéir à, suivre.*

/ Influer sur. SYN. conduire, diriger, guider, influencer, mener –VIEUX: manier. CONTR. *subir.*

/ Diriger une embarcation. SYN. manœuvrer, piloter.

/ Exercer un pouvoir sur. SYN. administrer, commander, diriger, gérer, régenter.

grabuge *nom masculin*

/ FAMILIER. Dispute bruyante. SYN. altercation, bagarre, échauffourée, esclandre, scandale, scène, troubles –FAMILIER: accrochage, bisbille, charivari, raffut, remue-ménage.

grâce *nom féminin*

/ Faveur accordée à. SYN. avantage, faveur, gentillesse, honneur, prérogative, privilège –LITTÉRAIRE: don, gracieuseté. CONTR. *défaveur* –LITTÉRAIRE: *disgrâce.*

/ Remise d'une peine. SYN. absolution, amnistie, indulgence, rémission, sursis. CONTR. *condamnation.*

/ Charme indéfinissable. SYN. agrément, attrait, beauté, douceur, élégance, finesse, harmonie, légèreté –LITTÉRAIRE: joliesse, suavité, vénusté. CONTR. *disgrâce, gaucherie, grossièreté, laideur, lourdeur, rudesse, vulgarité* –LITTÉRAIRE: *hideur, horreur.*

/ *Grâce à.* SYN. à cause de, à la faveur de, à l'aide de, au moyen de, avec l'appui de, avec le concours de, du fait de, moyennant, par suite de. CONTR. *malgré.*

gracier *verbe*

/ Remettre une peine. SYN. amnistier, pardonner. CONTR. *condamner, punir.*

gracieusement *adverbe*

/ Avec grâce. SYN. agréablement, aimablement, bien, courtoisement, élégamment, galamment, gentiment, harmonieusement, obligeamment.

/ À titre gracieux. SYN. bénévolement, franco, gratis, gratuitement. CONTR. *à grands frais, chèrement, coûteusement* –LITTÉRAIRE: *dispendieusement.*

gracieuseté *nom féminin*

/ LITTÉRAIRE. Manière aimable. SYN. affabilité, amabilité, attention, cordialité, courtoisie, empressement, gentillesse, grâce, obligeance, politesse, prévenance – LITTÉRAIRE : faveur.

/ VIEUX. Gratification donnée en plus. SYN. cadeau, gratification, libéralités, pourboire, prime – FAMILIER : pièce.

gracieux *adjectif*

/ Qui a de la grâce, du charme. SYN. attirant, attrayant, charmant, charmeur, délicat, élégant, fin, harmonieux, joli, léger, mignon, plaisant, ravissant. CONTR. *affreux, déplaisant, difforme, disgracieux, fruste, grossier, informe, ingrat, laid, rude, vilain.*

/ Accordé bénévolement. SYN. bénévole, gratuit.

/ Aimable et souriant. SYN. abordable, affable, agréable, avenant, courtois, gentil, riant – LITTÉRAIRE : amène. CONTR. *bougon, renfrogné, sévère.*

gracile *adjectif*

/ LITTÉRAIRE. Mince et élancé. SYN. effilé, fin, fluet, frêle, grêle, menu, mince, svelte. CONTR. *corpulent, épais, gras, gros, massif, robuste, solide* – FAMILIER : *costaud.*

gracilité *nom féminin*

/ LITTÉRAIRE. Caractère gracile. SYN. finesse, minceur – LITTÉRAIRE : sveltesse.

gradation *nom féminin*

/ Étape d'une progression. SYN. degré, étape, palier, phase.

grade *nom masculin*

/ Degré d'une hiérarchie. SYN. degré, échelon, indice, rang.

graduel *adjectif*

/ Qui progresse par degrés. SYN. croissant, progressif. CONTR. *brusque, brutal, soudain, subit.*

graduellement *adverbe*

/ De manière progressive. SYN. au fur et à mesure, doucement, insensiblement, par degrés, pas à pas, petit à petit, peu à peu, pied à pied, progressivement. CONTR. *brusquement, brutalement, d'un coup, soudain, soudainement, subitement* – FAMILIER : *subito.*

grain *nom masculin*

/ Élément minuscule de matière. SYN. corpuscule, parcelle, particule.

/ Toute petite quantité de. SYN. atome, bribe, brin, doigt, filet, goutte, gramme, larme, miette, nuage, nuance, once, parcelle, pointe, soupçon, teinte, trace – FAMILIER : chouia – LITTÉRAIRE : ombre. CONTR. *armée, avalanche, cascade, déluge, flot, foule, infinité, kyrielle, masse, monceau, montagne, multitude, myriade, nuée, pléiade, pluie, tas, torrent* – FAMILIER : *armada, cargaison, flopée, foultitude, paquet, pelletée, ribambelle, tapée* – LITTÉRAIRE : *averse, océan.*

grain *nom masculin*

/ Coup de vent violent. SYN. bourrasque, rafale.

/ Pluie soudaine. SYN. averse, giboulée, ondée – POPULAIRE : rincée, saucée.

graisse *nom féminin*

/ Tissu adipeux de l'homme. SYN. adipose, cellulite.

/ Substance grasse. SYN. corps gras, matière grasse.

graisser *verbe*

/ Enduire de graisse. SYN. huiler, lubrifier.

graisseux *adjectif*

/ De la nature de la graisse. SYN. gras, huileux.

gramme *nom masculin*

/ Petite quantité de. SYN. atome, bribe, brin, doigt, filet, goutte, grain, larme, miette, nuage, once, parcelle, pointe, soupçon, teinte, trace – LITTÉRAIRE : liard, ombre – POPULAIRE : chouia. CONTR. *armée, avalanche, cascade, déluge, flot, foule, infinité, kyrielle, masse, monceau, montagne, multitude, myriade, nuée, pléiade, pluie, tas, torrent* – FAMILIER : *armada, cargaison, flopée, foultitude, paquet, pelletée, ribambelle, tapée* – LITTÉRAIRE : *averse, océan.*

grand *adjectif*

/ De taille élevée. SYN. élancé, gigantesque, longiligne. CONTR. *chétif, lilliputien, nain, petit.*

/ Qui a des dimensions étendues. SYN. ample, confortable, énorme, étendu, gigantesque, immense, monumental, spacieux – LITTÉRAIRE : vaste. CONTR. *exigu, microscopique, minuscule, réduit* – FAMILIER : *rikiki, riquiqui.*

/ Qui atteint un haut degré. SYN. conséquent, considérable, élevé, fort, important, intense, violent. CONTR. *infime, léger, médiocre, minime, modique.*

/ Important en quantité. SYN. bon, gros, interminable, long, prolongé. CONTR. *bref, court, fugitif, petit.*

/ Qui a atteint la maturité. SYN. adulte. CONTR. *enfant, jeune, petit.*

/ Qui se distingue par ses qualités. SYN. beau, éminent, génial, glorieux, grandiose, incomparable, noble, prestigieux, profond, remarquable, réputé, supérieur, talentueux –FAMILIER: fameux, sacré –LITTÉRAIRE: auguste, distingué. CONTR. *humble, insignifiant, médiocre, minable, petit, piètre, quelconque, superficiel.*

grandement *adverbe*

/ Sans regarder à la dépense. SYN. fastueusement, généreusement, princièrement. CONTR. *chichement, mesquinement, parcimonieusement.*

/ De façon plus que suffisante. SYN. à discrétion, à flots, à foison, à la pelle, à profusion, à satiété, à souhait, amplement, beaucoup, colossalement, considérablement, copieusement, en abondance, en quantité, énormément, généreusement, largement, pleinement, richement –FAMILIER: à gogo, à revendre, à tire-larigot, en pagaille, jusqu'à plus soif. CONTR. *à peine, guère.*

/ À un haut degré. SYN. bien, follement, fort, fortement, hautement, incroyablement, infiniment, mortellement, parfaitement, particulièrement, prodigieusement, profondément, puissamment, sérieusement, terriblement, très, trop, vertigineusement –FAMILIER: bigrement, bougrement, diablement, drôlement, fameusement, fichtrement, fichûment, formidablement, joliment, méchamment, rudement –LITTÉRAIRE: diantrement, furieusement –POPULAIRE: foutrement, salement, vachement –VIEUX: fièrement. CONTR. *nullement, pas du tout, pas le moins du monde, peu.*

grandeur *nom féminin*

/ Dimension de quelque chose. SYN. dimension, étendue, hauteur, proportions, superficie, taille, volume.

/ Caractère important. SYN. ampleur, étendue, importance, profondeur. CONTR. *médiocrité, modestie, petitesse.*

/ Importance politique, sociale. SYN. force, puissance, suprématie. CONTR. *décadence, déchéance, déclin, faiblesse.*

/ Élévation morale. SYN. dignité, force, gloire, mérite, supériorité, valeur –LITTÉRAIRE: élévation, majesté, sublimité. CONTR. *bassesse, ignominie, indignité, mesquinerie, misère, trivialité.*

grandiloquence *nom féminin*

/ Caractère grandiloquent. SYN. boursouflure, emphase, enflure –LITTÉRAIRE: bouffissure, pompe, rhétorique, solennité. CONTR. *dépouillement, naturel, simplicité, sobriété.*

grandiloquent *adjectif*

/ Qui a un caractère pompeux. SYN. ampoulé, boursouflé, déclamatoire, emphatique, hyperbolique, pompeux, précieux, ronflant, sentencieux, théâtral. CONTR. *concis, familier, laconique, naturel, simple, sobre.*

grandiose *adjectif*

/ D'une grandeur imposante. SYN. admirable, fantastique, grand, imposant, impressionnant, magnifique, majestueux, prestigieux, royal, solennel, sublime, superbe –FAMILIER: épique, fabuleux, monumental –LITTÉRAIRE: orgueilleux. CONTR. *abject, bas, médiocre, méprisable, mesquin, petit* –LITTÉRAIRE: *vil.*

grandir *verbe intransitif*

/ Augmenter en taille. SYN. croître, forcir, pousser, s'allonger, se développer –FAMILIER: profiter. CONTR. *décroître, rapetisser.*

/ Devenir plus intense. SYN. augmenter, enfler, grossir, monter, s'accroître, s'amplifier, s'étendre, s'intensifier. CONTR. *baisser, décroître, diminuer, s'amenuiser.*

grandir *verbe transitif*

/ Faire paraître plus grand. SYN. hausser, rehausser. CONTR. *raccourcir, rapetisser.*

/ Donner plus d'importance. SYN. dramatiser, grossir –LITTÉRAIRE: enfler, surfaire. CONTR. *amoindrir, minimiser* –LITTÉRAIRE: *rabattre.*

/ Donner plus de prestige. SYN. ennoblir, idéaliser. CONTR. –LITTÉRAIRE: *rabaisser.*

grandissant *adjectif*

/ Qui va croissant. SYN. croissant –LITTÉRAIRE: grossissant. CONTR. *décroissant, descendant.*

grandissement *nom masculin*

/ Action de devenir plus grand. SYN. accroissement, allongement, croissance, épanouissement, extension, hausse, intensification. CONTR. *baisse, décroissance, diminution, rapetissement.*

grand-mère *nom féminin*

/ Mère du père ou de la mère. SYN. bonne-maman, grand-maman –FAMILIER: mamie, mammy, mamy, mémé, mémère –LITTÉRAIRE: aïeule –VIEUX: mère-grand.

grand-père *nom masculin*

/ Père du père ou de la mère. SYN. bon-papa, grand-papa –FAMILIER: papi, papy, pépé, pépère –LITTÉRAIRE: aïeul.

granulaire *adjectif*

/ Composé de petits grains. SYN. granulé, granuleux, grenu. CONTR. *lisse.*

granulé *adjectif*

/ Qui présente des granulations. SYN. granulaire, granuleux, grenu. CONTR. *lisse.*

granuleux *adjectif*

/ Aggloméré en petits grains. SYN. granité, granulaire, granulé, grenu, rude, rugueux. CONTR. *lisse, plat.*

grappe *nom féminin*

/ Groupe serré. SYN. amas, amoncellement, chapelet –LITTÉRAIRE: essaim, gerbe.

grappiller *verbe*

/ Faire un gain illicite. SYN. écornifler, marauder –FAMILIER: carotter, chaparder, chiper, gratter, grignoter, rabioter.

/ Prendre çà et là au hasard. SYN. butiner, glaner –FAMILIER: chiper, écornifler.

gras *adjectif*

/ Qui a beaucoup de graisse. SYN. adipeux, bien en chair, bouffi, boursouflé, charnu, empâté, épais, gros, obèse, plantureux, plein, potelé, rebondi, replet, rondelet –FAMILIER: dodu, grassouillet, rondouillard. CONTR. *cachectique, décharné, efflanqué, filiforme, maigre, maigrelet, squelettique, svelte* –FAMILIER: *maigrichon* –LITTÉRAIRE: *émacié, étique, gracile.*

/ Qui est enduit de graisse. SYN. graisseux, huileux, poisseux, visqueux.

/ FAMILIER. Qui est graveleux. SYN. coquin, croustillant, égrillard, gaulois, graveleux, grivois, grossier, leste, libre, obscène, ordurier, polisson, rabelaisien, salé –LITTÉRAIRE: malsonnant.

/ LITTÉRAIRE. Se dit d'une terre riche. SYN. fécond, fertile –LITTÉRAIRE: généreux, opulent, plantureux. CONTR. *aride, improductif, pauvre, sec, stérile.*

grassement *adverbe*

/ Avec largesse. SYN. généreusement, largement. CONTR. *chichement, mesquinement, parcimonieusement.*

/ Dans un large bien-être. SYN. à l'aise, largement, richement. CONTR. *mal, misérablement, pauvrement.*

grassouillet *adjectif*

/ FAMILIER. Un peu gras. SYN. adipeux, gras, potelé, rebondi, replet –FAMILIER: dodu, rond, rondelet, rondouillard. CONTR. *décharné, filiforme, maigre, maigrelet, maigriot, menu, sec, squelettique* –FAMILIER: *maigrichon* –LITTÉRAIRE: *émacié, étique.*

gratification *nom féminin*

/ Somme d'argent donnée en plus. SYN. dessous-de-table, pot-de-vin, pourboire –FAMILIER: bakchich –VIEUX: gracieuseté.

/ Supplément de salaire. SYN. boni, bonification, enveloppe, guelte, prime. CONTR. *retenue.*

gratifier *verbe*

/ Accorder quelque chose d'agréable. SYN. accorder, douer –LITTÉRAIRE: favoriser.

/ Donner une somme d'argent. SYN. adjuger, allouer, doter, fournir, octroyer, offrir, pourvoir, procurer.

gratin *nom masculin*

/ FAMILIER. Personnes les plus choisies. SYN. beau monde, élite, fleur, la fine fleur, le dessus du panier –FAMILIER: beau linge, crème –LITTÉRAIRE: aristocratie. CONTR. –LITTÉRAIRE: *lie, rebut.*

gratis *adverbe*

/ Sans qu'il en coûte rien. SYN. à titre gracieux, gracieusement, gratuitement, pour rien, sans bourse délier –FAMILIER: à l'œil, pour pas un rond. CONTR. *à grands frais.*

gratitude *nom féminin*

/ Sentiment affectueux. SYN. reconnaissance –LITTÉRAIRE: obligation. CONTR. *ingratitude* –VIEUX: *méconnaissance.*

gratte-papier *nom masculin*

/ FAMILIER. Employé de bureau. SYN. bureaucrate, plumitif –FAMILIER: rond-de-cuir, scribe, scribouillard.

gratter *verbe*

/ Irriter la peau. SYN. chatouiller, démanger, picoter –FAMILIER: grattouiller.
/ FAMILIER. Prélever à son profit. SYN. extorquer, grappiller, grignoter, rogner –FAMILIER: barboter, carotter, rabioter.
/ FAMILIER. Devancer un concurrent. SYN. dépasser, devancer, distancer, doubler –FAMILIER: griller, lâcher, semer.
/ Racler une surface. SYN. effacer, enlever, racler, râper.

grattouiller *verbe*

/ FAMILIER. Gratter légèrement. SYN. chatouiller, gratter.

gratuit *adjectif*

/ Dont on jouit sans payer. SYN. bénévole, donné, gracieux, offert. CONTR. *cher, coûteux, payant* –LITTÉRAIRE: *dispendieux.*
/ Accordé d'une manière désintéressée. SYN. désintéressé. CONTR. *intéressé.*
/ Ni motivé ni justifié. SYN. absurde, arbitraire, fantaisiste, hasardeux, immotivé, injustifié. CONTR. *fondé, justifié, motivé.*

gratuitement *adverbe*

/ D'une manière désintéressée. SYN. bénévolement, gracieusement, gratis.
/ Sans payer. SYN. à titre gracieux, gracieusement, gratis, pour rien, sans bourse délier –FAMILIER: à l'œil, pour pas un rond.
/ Sans motif. SYN. arbitrairement, sans fondement, sans raison, sans rime ni raison.

gravats *nom masculin pluriel*

/ Ce qui reste d'une démolition. SYN. débris, décombres, ruines.

grave *adjectif*

/ Qui est d'une grande importance. SYN. gros, important, lourd, notable, sérieux. CONTR. *anodin, banal, futile, insignifiant, léger, mineur, puéril, quelconque, risible, vain.*
/ Qui peut avoir de graves conséquences. SYN. alarmant, angoissant, critique, dramatique, inquiétant, pénible, périlleux, préoccupant, redoutable, sérieux, sévère, tragique. CONTR. *excusable, rassurant* –LITTÉRAIRE: *véniel.*
/ Qui manifeste un grand sérieux. SYN. digne, imposant, majestueux, noble, réservé, sentencieux, sérieux, sévère, solennel, sombre. CONTR. *badin, bouffon, burlesque, comique, coquin, enjoué, facétieux, familier, farceur, frivole, goguenard, hilarant, impertinent, leste, narquois, polisson, rieur* –FAMILIER: *cocasse* –LITTÉRAIRE: *folâtre.*
/ Qui agit avec réserve. SYN. circonspect, digne, posé, prudent, réfléchi, sage. CONTR. *distrait, écervelé, étourdi, fantaisiste, irréfléchi.*
/ Se dit d'un son de basse fréquence. SYN. bas, caverneux, sourd. CONTR. *aigu, clair, éclatant, haut, perçant.*

graveleux *adjectif*

/ Mêlé de graviers. SYN. caillouteux, pierreux.
/ Qui est très licencieux. SYN. coquin, croustillant, cru, égrillard, épicé, gaillard, gaulois, grivois, grossier, immoral, libertin, licencieux, lubrique, obscène, ordurier, polisson, rabelaisien, salé, trivial –FAMILIER: cochon, gras, olé olé, porno –LITTÉRAIRE: déshonnête, malsonnant, salace.

gravement *adverbe*

/ Avec gravité. SYN. dignement, posément, sentencieusement, sérieusement, solennellement. CONTR. *burlesquement, comiquement.*
/ De façon considérable. SYN. considérablement, fortement, largement, lourdement, notablement, terriblement –FAMILIER: drôlement.
/ D'une manière dangereuse. SYN. grièvement, mortellement, sérieusement, sévèrement. CONTR. *légèrement.*

graver *verbe*

/ Tracer en creusant. SYN. buriner, incruster, lithographier.
/ Fixer dans la mémoire. SYN. inculquer, inscrire –LITTÉRAIRE: empreindre.

gravir *verbe*

/ Monter avec effort. SYN. escalader, franchir, grimper, se hisser. CONTR. *descendre, dévaler* –FAMILIER: *débouler.*

gravité *nom féminin*
- Qualité d'une personne grave. SYN. austérité, circonspection, componction, dignité, pondération, sagesse, sérieux, sévérité – LITTÉRAIRE: solennité. CONTR. *badinage, bouffonnerie, enjouement, facétie, fantaisie, frivolité, futilité, gaminerie, humour, immaturité, irréflexion, légèreté, puérilité.*
- Caractère important. SYN. importance, lourdeur, pesanteur, poids, portée. CONTR. *banalité, frivolité, futilité, inconsistance, légèreté, médiocrité* – LITTÉRAIRE: *inanité, superficialité, vanité.*

gredin *nom*
- Personne dénuée de sens moral. SYN. aigrefin, bandit, brigand, canaille, charlatan, chenapan, crapule, escroc, filou, forban, fraudeur, racaille, scélérat, vaurien, vermine, voleur, voyou – FAMILIER: empileur, estampeur, faisan, fripouille, margoulin, pendard, sacripant – LITTÉRAIRE: pirate – POPULAIRE: arsouille, frappe, gouape – VIEUX: coquin, fripon, galapiat.

greffer (se) *verbe pronominal*
- S'adjoindre à quelque chose. SYN. s'adjoindre, s'ajouter, s'insérer, s'introduire.

grêle *adjectif*
- Long et menu. SYN. délicat, effilé, filiforme, fin, fluet, frêle, gringalet, maigrelet, maigriot, menu, mince, svelte, ténu – LITTÉRAIRE: délié, gracile. CONTR. *épais, fort, gros, massif, puissant, ramassé, volumineux* – FAMILIER: *rond* – LITTÉRAIRE: *trapu.*

grêle *nom féminin*
- Grains de glace. SYN. grêlon, grésil.
- Grande quantité de. SYN. avalanche, cascade, chapelet, déluge, flot, flux, kyrielle, masse, monceau, multitude, pluie, volée – FAMILIER: cargaison, pelletée – LITTÉRAIRE: averse, essaim, fleuve. CONTR. *atome, bribe, brin, doigt, goutte, grain, gramme, larme, lueur, miette, nuage, once, parcelle, peu, pointe, soupçon, trace* – LITTÉRAIRE: *liard, ombre, trait* – POPULAIRE: *chouia.*

grelottant *adjectif*
- Qui grelotte. SYN. frissonnant, transi, tremblant.

grelottement *nom masculin*
- Fait de grelotter. SYN. frisson, tremblement – LITTÉRAIRE: frissonnement.

grelotter *verbe*
- Être agité de tremblements. SYN. frémir, frissonner, trembler – LITTÉRAIRE: trémuler.
- Avoir très froid. SYN. avoir la chair de poule, claquer des dents – POPULAIRE: cailler.

grenat *adjectif*
- Rouge sombre. SYN. bordeaux, carmin, cramoisi, écarlate, incarnat, ponceau, pourpre, vermillon – LITTÉRAIRE: vermeil.

grenier *nom masculin*
- Étage supérieur d'une maison. SYN. combles, mansarde. CONTR. *cave.*

grenouillage *nom masculin*
- FAMILIER. Intrigues douteuses. SYN. agissements, cuisine, machination, maquignonnage – FAMILIER: fricotage, trafic, tripotage – POPULAIRE: magouillage, magouille.

grenouiller *verbe*
- FAMILIER. Se livrer au grenouillage. SYN. comploter, conspirer, intriguer, manigancer, manœuvrer, ruser – LITTÉRAIRE: cabaler – POPULAIRE: magouiller.

grenu *adjectif*
- Aux aspérités en forme de grains. SYN. granité, granuleux, grené, rude, rugueux. CONTR. *lisse, plat.*

grésiller *verbe*
- Faire entendre des bruits secs. SYN. crépiter, pétiller.

grève *nom féminin*
- LITTÉRAIRE. Terrain sablonneux. SYN. berge, bord, côte, plage, rive.

grever *verbe*
- Soumettre à de lourdes charges. SYN. accabler, charger, écraser, imposer, oppresser, pressurer, saigner, surcharger, taxer. CONTR. *alléger, décharger, dégrever, détaxer, exonérer, soulager.*

gribouillage *nom masculin*
- Dessin, peinture informe. SYN. barbouillage, barbouillis.
- Écriture illisible, informe. SYN. gribouillis, griffonnage, pattes de mouche.

gribouiller *verbe*
- Écrire d'une manière confuse. SYN. griffonner.
- Remplir de gribouillages. SYN. barbouiller, taguer – FAMILIER: peinturlurer.

gribouillis *nom masculin*
/ Écriture informe. SYN. barbouillage, barbouillis, gribouillage, griffonnage.

grief *nom masculin*
/ Motif de plainte. SYN. accusation, doléance, récrimination, reproche, vitupération.

grièvement *adverbe*
/ De façon grave. SYN. gravement, sérieusement, sévèrement. CONTR. *à peine, faiblement, légèrement, superficiellement.*

griffe *nom féminin*
/ Marque caractéristique. SYN. cachet, empreinte, estampille, marque, note, patte, signature, style – LITTÉRAIRE: sceau, touche.

griffer *verbe*
/ Marquer d'un coup de griffe. SYN. déchirer, écorcher, égratigner, érafler, excorier.

griffonnage *nom masculin*
/ Écriture illisible. SYN. gribouillage, gribouillis, pattes de mouche.

griffonner *verbe*
/ Écrire sans soin. SYN. barbouiller, gribouiller.

griffure *nom féminin*
/ Coup de griffe. SYN. écorchure, égratignure, éraflure, excoriation.

grigner *verbe*
/ Faire des faux plis. SYN. godailler, goder, grimacer, pocher.

grignoter *verbe*
/ Manger peu. SYN. avoir un appétit d'oiseau, manger comme un moineau, manger du bout des dents – FAMILIER: chipoter, mangeotter, picorer, pignocher. CONTR. *avoir un bon coup de fourchette, dévorer, engloutir, engouffrer, se bourrer, se gaver* – FAMILIER: *enfourner, s'empiffrer* – POPULAIRE: *bâfrer, se goinfrer, s'en mettre plein la panse.*
/ S'approprier peu à peu. SYN. entamer, grappiller, ronger – FAMILIER: gratter, rabioter.

grigou *nom masculin*
/ FAMILIER. Personne avare. SYN. avare, thésauriseur – FAMILIER: grippe-sou, pingre, radin, rapiat, rat – LITTÉRAIRE: avaricieux, harpagon, ladre, lésineur. CONTR. *dépensier, dilapidateur, gaspilleur* – FAMILIER: *panier percé* – LITTÉRAIRE: *dissipateur.*

gri-gri ou **grigri** *nom masculin*
/ Objet qui porte bonheur. SYN. amulette, fétiche, porte-bonheur, talisman.

griller *verbe intransitif*
/ Rôtir sur le gril. SYN. cuire, faire revenir, rissoler, rôtir.
/ Être très impatient. SYN. aspirer à, avoir envie de, avoir hâte de, brûler de, mourir d'envie de – FAMILIER: crever d'envie de.

griller *verbe transitif*
/ Soumettre à un feu vif. SYN. brûler, calciner, carboniser, flamber, rôtir, torréfier.
/ FAMILIER. Devancer un adversaire. SYN. dépasser, devancer, doubler – FAMILIER: enfoncer, gratter.

grimacer *verbe*
/ Faire un faux pli. SYN. godailler, goder, grigner, pocher.

grimer *verbe*
/ Maquiller pour le théâtre. SYN. farder, maquiller.

grimper *verbe*
/ Accéder à un endroit élevé. SYN. ascensionner, escalader, gravir, monter, se hisser. CONTR. *chuter, descendre, dévaler* – FAMILIER: *débouler, dégringoler.*

grimpette *nom féminin*
/ FAMILIER. Montée raide. SYN. côte, montée, rampe. CONTR. *pente.*

grinçant *adjectif*
/ Qui manque d'harmonie. SYN. discordant, dissonant.
/ Qui raille férocement. SYN. aigre, amer – LITTÉRAIRE: âcre.

grincer *verbe*
/ Produire un bruit aigu. SYN. craquer, crisser, vibrer.

grincheux *adjectif*
/ Qui se plaint continuellement. SYN. acariâtre, bougon, grognon, hargneux, maussade, morose, revêche – FAMILIER: geignard, pleur-

nichard, pleurnicheur, râleur, ronchon, ronchonneur, rouspéteur –LITTÉRAIRE: chagrin.

grincheux *nom*

/ Personne qui se plaint. SYN. boudeur, bougon, grognon –FAMILIER: pleurard, pleurnichard, pleurnicheur, râleur, ronchon, ronchonneur, rouspéteur.

gringalet *nom masculin*

/ Homme ou garçon chétif. SYN. maigrelet, maigriot, rachitique –FAMILIER: freluquet, maigrichon, mauviette. CONTR. –FAMILIER: *costaud.*

grippe-sou *nom*

/ FAMILIER. Personne très avare. SYN. avare, thésauriseur –FAMILIER: grigou, pingre, radin, rapiat, rat –LITTÉRAIRE: avaricieux, harpagon, ladre, lésineur. CONTR. *dépensier, dilapidateur, gaspilleur, généreux* –FAMILIER: *panier percé* –LITTÉRAIRE: *dissipateur.*

gris *adjectif*

/ Sans éclat. SYN. monocorde, morne, morose, pâle, plat, terne, triste. CONTR. *brillant, coloré, éclatant, lumineux, passionnant, pittoresque.*

/ Plus ou moins ivre. SYN. enivré, gai –FAMILIER: éméché, parti, pompette –POPULAIRE: chargé, cuit, raide, rond.

/ Se dit d'un temps couvert. SYN. bouché, noir, nuageux. CONTR. *clair, ensoleillé, radieux* –LITTÉRAIRE: *serein.*

grisaille *nom féminin*

/ Atmosphère triste. SYN. mélancolie, monotonie, morosité, tristesse.

grisant *adjectif*

/ Qui enivre. SYN. enivrant –FAMILIER: émoustillant.

/ Qui exalte les sens. SYN. capiteux, délicieux, ensorcelant, entêtant, envoûtant, exaltant.

/ Qui excite l'esprit. SYN. enchanteur, enthousiasmant, étourdissant, excitant –FAMILIER: emballant.

grisâtre *adjectif*

/ Qui dénote la monotonie. SYN. fade, monotone, morne, morose, plat, terne, triste.

grisé *adjectif*

/ Qui ressent de l'exaltation. SYN. exalté, extasié, ivre, saoul, soûl.

griser *verbe*

/ Exalter les sens. SYN. entêter, étourdir, exalter, monter à la tête, soûler –FAMILIER: émoustiller.

/ Exciter l'esprit. SYN. charmer, enthousiasmer, étourdir, tourner la tête –FAMILIER: emballer –LITTÉRAIRE: enflammer.

/ Enivrer légèrement. SYN. enivrer –FAMILIER: soûler. CONTR. *dégriser, dessoûler.*

griser (se) *verbe pronominal*

/ Devenir un peu ivre. SYN. boire, s'enivrer –FAMILIER: se soûler –POPULAIRE: se pinter.

/ Être dans un état d'exaltation. SYN. exulter, se pâmer, s'exalter.

griserie *nom féminin*

/ Fait d'être à moitié ivre. SYN. étourdissement, ivresse –LITTÉRAIRE: fumées, vapeurs –VIEUX: enivrement.

/ Excitation de l'esprit. SYN. délire, enchantement, euphorie, exaltation, excitation, extase, ivresse, joie, vertige –LITTÉRAIRE: enivrement, étourdissement, transport. CONTR. *désenchantement, désillusion.*

grivois *adjectif*

/ Osé sans être obscène. SYN. coquin, croustillant, cru, égrillard, gaillard, gaulois, graveleux, hardi, immoral, indécent, leste, libertin, libre, licencieux, osé, paillard, polisson, salé –FAMILIER: cochon, gras, olé olé, raide –LITTÉRAIRE: déshonnête, salace. CONTR. *prude, pudibond, pudique, puritain.*

grivoiserie *nom féminin*

/ Caractère grivois. SYN. gauloiserie, grossièreté, indécence, paillardise, polissonnerie, verdeur –FAMILIER: gaudriole –LITTÉRAIRE: gaillardise, licence, salacité –POPULAIRE: cochonnerie.

groggy *adjectif*

/ FAMILIER. Étourdi par un choc. SYN. abasourdi, abattu, anéanti, assommé, effondré –FAMILIER: sonné.

grognasser *verbe*

/ FAMILIER. Grogner sans motif. SYN. –FAMILIER: grognonner, ronchonner, rouspéter –POPULAIRE: rouscailler –VIEUX: rogner, rognonner.

grogne *nom féminin*
- FAMILIER. Insatisfaction collective. SYN. acrimonie, bougonnement, hargne, insatisfaction, mécontentement, récrimination –FAMILIER: rogne.

grognement *nom masculin*
- Action de grogner. SYN. bougonnement, grommellement, grondement –FAMILIER: ronchonnement.

grogner *verbe*
- Protester sourdement. SYN. grommeler, maugréer, murmurer, pester –FAMILIER: bougonner, grognasser, grognonner, maronner, râler, ronchonner, rouspéter –POPULAIRE: rouscailler –VIEUX: rogner, rognonner.
- Émettre un bruit sourd. SYN. grommeler, gronder.

grognon *adjectif*
- Qui grogne. SYN. boudeur, bougon, grincheux, hargneux, maussade, renfrogné –FAMILIER: râleur, ronchon, ronchonneur, rouspéteur –LITTÉRAIRE: chagrin. CONTR. *aimable, gai, heureux.*

grognon *nom*
- Personne qui grogne. SYN. boudeur, bougon, grincheux –FAMILIER: râleur, ronchon, ronchonneur, rouspéteur.

grognonner *verbe*
- FAMILIER. Grogner sans motif. SYN. grogner, grommeler, gronder –FAMILIER: bougonner, grognasser, ronchonner, rouspéter –POPULAIRE: rouscailler –VIEUX: rogner, rognonner.

grole ou **grolle** *nom féminin*
- POPULAIRE. Chaussure. SYN. soulier –FAMILIER: godillot –POPULAIRE: croquenot, écrase-merde, godasse, pompe, tatane.

grommeler *verbe*
- Protester en murmurant. SYN. bredouiller, grogner, gronder, marmonner, marmotter, maugréer, murmurer –FAMILIER: bougonner, grognonner, maronner, ronchonner –VIEUX: rogner, rognonner.

grommellement *nom masculin*
- Son émis en grommelant. SYN. bougonnement, bredouillage, bredouillement, bredouillis, grognement, marmonnement, marmottement.

grondant *adjectif*
- Qui gronde. SYN. bruyant, fracassant, vrombissant.

grondement *nom masculin*
- Bruit menaçant d'un animal. SYN. grognement, hurlement, mugissement.
- Bruit sourd et ample. SYN. bourdonnement, fracas, ronflement, roulement, rugissement, tonnerre, vrombissement –FAMILIER: ronron –LITTÉRAIRE: hurlement, mugissement, rumeur.

gronder *verbe intransitif*
- Exprimer son mécontentement. SYN. bougonner, grogner, grommeler, maugréer, murmurer, s'indigner –FAMILIER: grognonner, maronner, râler, ronchonner, rouspéter –POPULAIRE: rouscailler –VIEUX: rogner, rognonner.
- Produire un bruit sourd. SYN. hurler, tonner, vrombir –LITTÉRAIRE: mugir, rugir.

gronder *verbe transitif*
- Faire une réprimande. SYN. houspiller, morigéner, reprendre, réprimander, sermonner –FAMILIER: attraper, disputer, enguirlander, passer un savon, sonner les cloches –LITTÉRAIRE: admonester, gourmander, quereller, semoncer, tancer –POPULAIRE: engueuler.

gronderie *nom féminin*
- Réprimande faite à un enfant. SYN. observation, remontrance, reproche –LITTÉRAIRE: admonestation, admonition.

grondeur *adjectif*
- Qui gronde. SYN. grincheux, hargneux, querelleur –FAMILIER: râleur, ronchon, ronchonneur, rouspéteur.

gros *adjectif*
- Dont les dimensions dépassent la moyenne. SYN. énorme, épais, volumineux –LITTÉRAIRE: vaste. CONTR. *exigu, microscopique, minuscule, petit.*
- Qui est plus gras que la moyenne. SYN. adipeux, corpulent, fort, massif, obèse, rebondi, replet, ventru –FAMILIER: pansu, rond, rondelet, rondouillard, ventripotent. CONTR. *chétif, décharné, efflanqué, élancé, filiforme, fluet, frêle, maigre, menu, mince, squelettique, svelte* –LITTÉRAIRE: *émacié, étique, gracile.*

▮ Plus large que le reste du corps. SYN. ballonné, bouffi, boursouflé, charnu, enflé, globuleux, gonflé, soufflé –FAMILIER: dodu. CONTR. *effilé, fin, grêle* –LITTÉRAIRE: *aérien, arachnéen.*

▮ Dont la quantité est considérable. SYN. conséquent, considérable, excessif, extraordinaire, fabuleux, formidable –FAMILIER: coquet, faramineux, joli, rondelet, solide. CONTR. *faible, modeste, modique, piètre, réduit* –FAMILIER: *minable.*

▮ Dont le degré est élevé. SYN. fort, grave, intense, lourd, profond, sérieux, sévère, vif, violent. CONTR. *anodin, faible, insignifiant, léger, limité* –LITTÉRAIRE: *véniel.*

▮ Dont l'influence est importante. SYN. considérable, grand, important, influent, opulent, puissant. CONTR. *humble, médiocre, modeste, moyen.*

▮ Qui manque de délicatesse. SYN. commun, gras, grossier, ordinaire, vulgaire. CONTR. *délicat, distingué, fin, précieux, raffiné, subtil.*

gros *nom*

▮ Personne corpulente. SYN. obèse, poussah –FAMILIER: éléphant, mastodonte, patapouf, pépère.

gros *nom masculin*

▮ FAMILIER. Personne importante. SYN. baron, grand, notable, puissant, riche –FAMILIER: gros bonnet, grosse légume, légume –POPULAIRE: huile. CONTR. *humble, pauvre, petit.*

grosseur *nom féminin*

▮ Volume de quelque chose. SYN. calibre, diamètre, dimension, épaisseur, gabarit, proportions, taille.

▮ État de quelqu'un de gros. SYN. corpulence, embonpoint, obésité, rondeur –FAMILIER: gabarit, rotondité. CONTR. *finesse, maigreur.*

▮ Partie enflée du corps. SYN. bosse, boule, enflure, excroissance, kyste, tuméfaction.

grossier *adjectif*

▮ Fait de manière rudimentaire. SYN. épais, gros, informe, lourd, massif, ordinaire, rude. CONTR. *délicat, fignolé, fin, impeccable, irréprochable, parfait, soigné* –FAMILIER: *léché* –LITTÉRAIRE: *ciselé* –VIEUX: *perlé.*

▮ Qui n'est qu'ébauché. SYN. approximatif, élémentaire, primitif, sommaire. CONTR. *affiné, approfondi, détaillé, élaboré, exact, précis.*

▮ Qui manque d'éducation. SYN. barbare, brut, discourtois, fruste, goujat, incorrect, inculte, indélicat, inélégant, insolent, malappris, rustre –FAMILIER: rustaud –LITTÉRAIRE: incivil, rustique –POPULAIRE: malembouché –VIEUX: mal éduqué. CONTR. *aristocratique, attentionné, bien élevé, civilisé, courtois, cultivé, délicat, distingué, élégant, évolué, exquis, galant, noble, raffiné, subtil* –LITTÉRAIRE: *civil, délié, policé* –VIEUX: *bien éduqué.*

▮ Qui choque les bienséances. SYN. choquant, cru, graveleux, inconvenant, lourd, obscène, ordurier, trivial, vulgaire –FAMILIER: culotté, gras –LITTÉRAIRE: malséant, malsonnant. CONTR. *choisi, convenable, correct, décent* –LITTÉRAIRE: *révérencieux.*

grossièrement *adverbe*

▮ D'une manière rudimentaire. SYN. lourdement, maladroitement, naïvement. CONTR. *délicatement, finement, subtilement* –LITTÉRAIRE: *précieusement.*

▮ D'une manière approximative. SYN. à la va-vite, approximativement, en gros, grosso modo, sommairement. CONTR. *exactement, précisément.*

▮ D'une manière inconvenante. SYN. bassement, crûment, effrontément, impertinemment, impoliment, insolemment, trivialement, vulgairement –LITTÉRAIRE: irrespectueusement, irrévérencieusement –VIEUX: irrévéremment. CONTR. *courtoisement, galamment, gentiment, poliment* –LITTÉRAIRE: *civilement.*

grossièreté *nom féminin*

▮ Caractère grossier. SYN. barbarie –LITTÉRAIRE: rudesse. CONTR. *délicatesse, finesse, légèreté.*

▮ Manque d'éducation. SYN. brutalité, goujaterie, impolitesse, inconvenance, incorrection, indécence, indélicatesse, insolence, laisser-aller, lourdeur, muflerie, rusticité, verdeur, vulgarité. CONTR. *affabilité, amabilité, attention, bienséance, bonnes manières, coquetterie, correction, courtoisie, culture, délicatesse, distinction, éducation, élégance, esprit, grâce, politesse, préciosité, raffinement, subtilité* –LITTÉRAIRE: *civilité, urbanité.*

▮ Propos inconvenant. SYN. crudité, écart de langage, gauloiserie, grivoiserie, incongruité, inconvenance, incorrection, muflerie, obscénité, ordure, trivialité –FAMILIER: saleté –LITTÉRAIRE: gaillardise –POPULAIRE: cochonnerie, saloperie.

grossir *verbe intransitif*

/ Devenir plus volumineux. SYN. enfler, grandir. CONTR. *diminuer, rapetisser.*

/ Prendre du poids. SYN. engraisser, épaissir, forcir, s'alourdir, s'empâter, s'étoffer –FAMILIER: profiter, s'arrondir, se remplumer. CONTR. *amincir, désenfler, maigrir, mincir, perdre, s'affiner, s'amincir* –FAMILIER: *fondre* –LITTÉRAIRE: *s'émacier.*

/ Augmenter en importance. SYN. enfler, monter, s'accroître, s'élargir, s'étendre, s'intensifier. CONTR. *décroître, diminuer, faiblir, rapetisser, s'affaiblir.*

grossir *verbe transitif*

/ Donner une image agrandie. SYN. agrandir. CONTR. *réduire.*

/ Faire paraître plus important. SYN. amplifier, broder, dramatiser, exagérer, gonfler, outrer –LITTÉRAIRE: enfler. CONTR. *amenuiser, amoindrir, circonscrire, diminuer, étouffer, minimiser, minorer, réduire, restreindre, sous-estimer.*

/ S'ajouter à d'autres. SYN. accroître, alourdir, augmenter, élargir, enrichir, gonfler, renforcer, s'ajouter. CONTR. *alléger, diminuer, réduire.*

/ Rendre un son plus fort. SYN. augmenter, forcer, hausser. CONTR. *assourdir, baisser, étouffer.*

grossissant *adjectif*

/ LITTÉRAIRE. Qui devient plus gros. SYN. croissant, grandissant.

/ Qui fait grossir. CONTR. *amaigrissant, amincissant.*

grossissement *nom masculin*

/ Fait de se développer. SYN. accroissement, amplification, augmentation, développement, exagération, extension, gonflement. CONTR. *amenuisement, dépérissement, diminution, rapetissement, résorption* –LITTÉRAIRE: *dégénérescence.*

/ Fait de prendre du poids. SYN. épaississement. CONTR. *amaigrissement, amincissement.*

grosso modo *adverbe*

/ Sans entrer dans les détails. SYN. approximativement, en gros, grossièrement.

grotesque *adjectif*

/ Qui est ridicule. SYN. absurde, bouffon, burlesque, clownesque, comique, ridicule, risible –FAMILIER: cocasse –LITTÉRAIRE: funambulesque.

grotesquement *adverbe*

/ De façon grotesque. SYN. burlesquement, ridiculement.

grouillant *adjectif*

/ Qui est plein de. SYN. bondé, comble, foisonnant, fourmillant, plein, pullulant –FAMILIER: bourré, truffé.

grouillement *nom masculin*

/ Mouvement de ce qui grouille. SYN. agitation, bouillonnement, effervescence, foisonnement, fourmillement, pullulement.

grouiller *verbe*

/ Être plein de. SYN. abonder, déborder, foisonner, fourmiller, proliférer, pulluler, regorger, surabonder.

grouiller (se) *verbe pronominal*

/ POPULAIRE. Faire vite. SYN. accélérer, agir, courir, se dépêcher, se hâter, se précipiter, se presser, se remuer, s'empresser –FAMILIER: foncer, s'activer –POPULAIRE: se dégrouiller, se magner, se manier. CONTR. *atermoyer, s'attarder, tarder, temporiser, traîner* –FAMILIER: *lambiner, lanterner, traînailler, traînasser.*

groupe *nom masculin*

/ Ensemble d'êtres ou de choses. SYN. bande, camp, catégorie, cénacle, cercle, clan, classe, commission, école, équipe, famille, groupement, noyau, parti, poignée, société, troupe –FAMILIER: clique.

groupement *nom masculin*

/ Action de réunir en un groupe. SYN. accumulation, combinaison, concentration, fusion, rassemblement, regroupement, réunion. CONTR. *dispersion, dissémination, disséminement, éparpillement, étalement, scission, séparation.*

/ Organisation plus ou moins structurée. SYN. association, club, coalition, faction, fédération, front, groupe, organisation, organisme, ralliement, rassemblement, union.

grouper *verbe*

/ Mettre des personnes, des choses ensemble. SYN. attrouper, canaliser, conjuguer, rassembler, regrouper, réunir –LITTÉRAIRE: assembler. CONTR. *dégrouper, disperser, disséminer, éparpiller, étaler.*

/ Réunir en un organisme. SYN. associer, coaliser, concentrer, fédérer, masser, mobiliser, rassembler, réunir, unir. CONTR. *dissocier, diviser, scinder, séparer.*

/ Ranger dans une même catégorie. SYN. classer, combiner, ranger, rassembler, répertorier, réunir. CONTR. *fractionner, fragmenter, morceler, répartir.*

grouper (se) *verbe pronominal*

/ Se mettre en groupe. SYN. s'agglomérer, s'agglutiner, s'assembler, s'associer, s'attrouper, se coaliser, se concentrer, se fédérer, se masser, se rassembler, se réunir, s'unir. CONTR. *se débander, se disperser, se disséminer, se dissocier, se diviser, se morceler, se séparer, s'égailler, s'éparpiller* – LITTÉRAIRE: *essaimer.*

gruger *verbe*

/ LITTÉRAIRE. Tromper quelqu'un. SYN. abuser, attraper, berner, duper, escroquer, exploiter, piéger – FAMILIER: avoir, empiler, flouer, pigeonner, posséder, refaire, rouler – POPULAIRE: arnaquer, entuber – VIEUX: filouter.

guenilles *nom féminin pluriel*

/ Vêtements en lambeaux. SYN. défroque, haillons, loque, oripeaux – FAMILIER: nippes – LITTÉRAIRE: hardes – POPULAIRE: frusques.

guenilleux *adjectif*

/ LITTÉRAIRE. Vêtu de guenilles. SYN. déguenillé – FAMILIER: dépenaillé – LITTÉRAIRE: haillonneux, loqueteux.

guêpier *nom masculin*

/ Situation dangereuse. SYN. bourbier, filet, mauvais pas, pétrin, piège, souricière, traquenard – FAMILIER: sac de nœuds, sac d'embrouilles.

guère *adverbe*

/ Indique une faible quantité. SYN. médiocrement, moyennement, pas beaucoup, pas souvent, pas très, peu, rarement. CONTR. *beaucoup, colossalement, considérablement, copieusement, exceptionnellement, extraordinairement, foncièrement, fortement, grandement, hautement, pleinement, profondément, richement, très* – FAMILIER: *atrocement, tout plein* – POPULAIRE: *vachement.*

guérir *verbe intransitif*

/ Recouvrer la santé. SYN. aller mieux, en réchapper, être en voie de guérison, être hors de danger, être sur pied, reprendre le dessus, ressusciter, se remettre, se rétablir, sortir d'affaire – FAMILIER: se retaper, s'en sortir. CONTR. *tomber malade.*

/ Se débarrasser d'un défaut. SYN. se corriger.

/ Disparaître (mal). SYN. cicatriser, se refermer.

guérir *verbe transitif*

/ Délivrer d'un mal. SYN. ranimer, remettre, remettre sur pied, ressusciter, rétablir, sauver, soigner, soulager.

/ Débarrasser d'un défaut. SYN. corriger, délivrer, effacer, estomper, remédier, vacciner. CONTR. *aggraver.*

guérison *nom féminin*

/ Disparition d'un mal. SYN. cicatrisation, rétablissement. CONTR. *affaiblissement, aggravation.*

guérissable *adjectif*

/ Que l'on peut guérir. SYN. curable, remédiable. CONTR. *incurable, inguérissable, perdu.*

guerre *nom féminin*

/ Lutte armée entre États. SYN. affrontement, conflagration, conflit, conflit armé, hostilités, offensive – FAMILIER: casse-pipe – LITTÉRAIRE: feu. CONTR. *armistice, cessez-le-feu, paix.*

/ Lutte entre des personnes. SYN. bagarre, bataille, combat, conflit, hostilités. CONTR. *accommodement, concorde, trêve.*

guerrier *adjectif*

/ Qui a le goût de la guerre. SYN. belliciste, belliqueux – LITTÉRAIRE: martial. CONTR. *pacifique, pacifiste.*

guerroyer *verbe*

/ LITTÉRAIRE. Faire la guerre à. SYN. batailler, combattre, lutter, se battre.

guet-apens *nom masculin*

/ Machination perfide. SYN. chausse-trape, chausse-trappe, embuscade, piège, souricière, traquenard.

guetter *verbe*

/ Épier pour surprendre. SYN. épier, espionner, filer, surveiller – FAMILIER: ouvrir l'œil – POPULAIRE: fliquer.

/ Attendre avec impatience. SYN. attendre, avoir à l'œil, avoir l'œil sur, être à l'affût –FAMILIER: guigner.
/ Faire peser une menace. SYN. menacer –FAMILIER: pendre au nez.

guetteur *nom*
/ Personne qui guette. SYN. factionnaire, sentinelle.

gueulard *adjectif*
/ POPULAIRE. Qui mange beaucoup. SYN. glouton, goulu, gourmand, vorace –FAMILIER: goinfre.
/ POPULAIRE. Qui crie fort. SYN. hurlant, hurleur –FAMILIER: braillard, brailleur.
/ POPULAIRE. Qui proteste. SYN. –FAMILIER: râleur, rouspéteur –POPULAIRE: grande gueule.
/ POPULAIRE. Se dit d'une couleur vive. SYN. criard, cru, vif, violent.

gueule *nom féminin*
/ POPULAIRE. Traits du visage. SYN. figure, tête –FAMILIER: bille, bouille, trogne –POPULAIRE: bobine, fraise, poire, portrait, trombine, tronche.

gueuler *verbe*
/ POPULAIRE. Parler très fort. SYN. crier, hurler, s'égosiller, tonitruer, vociférer –FAMILIER: beugler, brailler –POPULAIRE: bramer. CONTR. *chuchoter, murmurer, susurrer.*
/ POPULAIRE. Crier contre. SYN. fulminer, hurler, pester, tempêter, tonner, vociférer –FAMILIER: râler, rouspéter –POPULAIRE: pousser un coup de gueule, pousser une gueulante, rouscailler.

gueuleton *nom masculin*
/ POPULAIRE. Repas copieux. SYN. agapes, banquet, festin –FAMILIER: bombance, ripaille –POPULAIRE: ventrée.

gueuletonner *verbe*
/ POPULAIRE. Faire un gueuleton. SYN. banqueter, faire bonne chère, festoyer –FAMILIER: faire bombance, faire ripaille, ripailler –POPULAIRE: bouffer, se taper la cloche, s'en mettre plein la gueule, s'en mettre plein la lampe.

gueux *nom*
/ LITTÉRAIRE. Personne qui vit dans la misère. SYN. clochard, malheureux, mendiant, miséreux, nécessiteux, paria, pauvre, pouilleux, vagabond, va-nu-pieds –FAMILIER: crève-la-faim, miteux, sans-le-sou –LITTÉRAIRE: misérable –VIEUX: chemineau, disetteux, mendigot, meurt-de-faim. CONTR. *nanti, riche.*

guide *nom masculin*
/ Personne qui fait autorité. SYN. chef, conseiller, inspirateur –LITTÉRAIRE: égérie, mentor.
/ Ce qui sert de principe directeur. SYN. fil –LITTÉRAIRE: flambeau.
/ Ouvrage informatif. SYN. indicateur, mémento –LITTÉRAIRE: vade-mecum.
/ Personne qui accompagne. SYN. accompagnateur, pilote –LITTÉRAIRE: cicérone.

guider *verbe*
/ Montrer le chemin à. SYN. accompagner, conduire, diriger, manœuvrer, mener, mettre sur la voie, orienter, piloter –FAMILIER: cornaquer. CONTR. *égarer, fourvoyer.*
/ Pousser à agir. SYN. aiguiller, animer, commander, conseiller, entraîner, gouverner, inspirer, mener. CONTR. *abuser, aveugler.*

guigne *nom féminin*
/ FAMILIER. Malchance persistante. SYN. fatalité, malchance, mauvais œil –FAMILIER: déveine –POPULAIRE: cerise, poisse, scoumoune –VIEUX: guignon. CONTR. *bonheur, chance* –FAMILIER: *pot, veine.*

guigner *verbe*
/ FAMILIER. Avoir des vues sur. SYN. ambitionner, caresser des yeux, caresser du regard, convoiter, désirer, envier, être à l'affût, lorgner, souhaiter, viser –FAMILIER: loucher sur, reluquer.

guignol *nom masculin*
/ FAMILIER. Personne peu sérieuse. SYN. fantoche, farceur, marionnette, pantin, plaisantin –FAMILIER: fumiste, loustic, polichinelle –POPULAIRE: charlot, rigolo –VIEUX: arlequin, sauteur.
/ FAMILIER. Personne qui fait rire. SYN. arlequin, clown, comique, pitre –FAMILIER: gugusse –POPULAIRE: zouave.

guignon *nom masculin*
/ VIEUX. Manque de chance. SYN. fatalité, malchance –FAMILIER: déveine, guigne –POPULAIRE: poisse. CONTR. *chance* –FAMILIER: *pot, veine.*

guilleret *adjectif*

/ Qui est vif et gai. SYN. allègre, badin, enjoué, fringant, jovial, joyeux, réjoui, sémillant –LITTÉRAIRE: folâtre. CONTR. *sombre, triste* –LITTÉRAIRE: *chagrin.*

guimbarde *nom féminin*

/ FAMILIER. Vieille voiture. SYN. –FAMILIER: bagnole, clou, tacot, teuf-teuf, veau –POPULAIRE: bahut, caisse, chignole, chiotte, poubelle, tas de boue.

guindé *adjectif*

/ Qui a un maintien raide. SYN. collet monté, compassé, contraint, empesé, gourmé, pincé, raide, rigide, rigoriste, solennel –FAMILIER: coincé, constipé. CONTR. *aisé, décontracté, simple.*

/ Qui manque de naturel. SYN. académique, affecté, ampoulé, apprêté, bouffi, boursouflé, cérémonieux, emphatique, étudié, maniéré, précieux, prétentieux. CONTR. *direct, familier, libre, naturel.*

guinguette *nom féminin*

/ Café de banlieue. SYN. bal musette –POPULAIRE: bastringue.

gus ou **gusse** *nom masculin*

/ POPULAIRE. Individu. SYN. homme –FAMILIER: citoyen, gars, type –POPULAIRE: mec.

guttural *adjectif*

/ Émis du fond de la gorge. SYN. dur, enroué, râpeux, rauque, rocailleux, rude.

“ forme du guillemet dit « anglais »

habile *adjectif*

- Qui agit avec ingéniosité. **SYN.** adroit, apte, capable, doué, émérite, entraîné, éprouvé, exercé, expérimenté, expert, fort, ingénieux, sûr –FAMILIER: chevronné. **CONTR.** *balourd, gauche, inapte, incapable, inexpérimenté, inhabile, maladroit, malhabile, mauvais* –FAMILIER: *ballot, godiche, lourd, pataud* –LITTÉRAIRE: *inexpert.*
- Qui manifeste de la ruse. **SYN.** astucieux, averti, avisé, diplomatique, fin, futé, intelligent, malin, retors, roué, rusé, subtil –FAMILIER: combinard, débrouillard, ficelle, roublard –LITTÉRAIRE: industrieux, insinuant. **CONTR.** *naïf, niais, novice.*

habilement *adverbe*

- Avec habileté. **SYN.** adroitement, astucieusement, bien, diplomatiquement, élégamment, finement, ingénieusement, intelligemment, savamment, soigneusement, subtilement –LITTÉRAIRE: expertement. **CONTR.** *bêtement, gauchement, mal, maladroitement, pesamment* –LITTÉRAIRE: *niaisement.*

habileté *nom féminin*

- Qualité d'une personne habile. **SYN.** adresse, art, dextérité, doigté, force, maîtrise, précision, savoir-faire, technique, virtuosité –FAMILIER: chic. **CONTR.** *inhabileté, maladresse.*
- Qualité d'une personne ingénieuse. **SYN.** astuce, compétence, diplomatie, force, ingéniosité, métier, ruse, souplesse, talent –FAMILIER: débrouillardise. **CONTR.** *inaptitude, incapacité, incompétence, naïveté, niaiserie* –LITTÉRAIRE: *impéritie.*
- Qualité de ce qui est fait avec adresse. **SYN.** élégance, finesse, maestria. **CONTR.** *gaucherie, lourdeur, nullité.*
- LITTÉRAIRE. Acte habile. **SYN.** stratagème, subterfuge –FAMILIER: astuce, ficelle, truc –LITTÉRAIRE: artifice.

habilité *nom féminin*

- Qualité qui rend apte à. **SYN.** aptitude, capacité. **CONTR.** *inaptitude, incapacité.*

habillage *nom masculin*

- Action d'habiller quelque chose. **SYN.** conditionnement, présentation.

habillé *adjectif*

- Qui porte des habits. **SYN.** vêtu. **CONTR.** *dénudé, dévêtu, nu.*
- Qui est élégant. **SYN.** –LITTÉRAIRE: paré –POPULAIRE: sapé. **CONTR.** *décontracté, sport.*

habillement *nom masculin*

- Ensemble de vêtements. **SYN.** costume, effets, habit, mise, tenue, toilette, vêtements.

habiller *verbe*

- Mettre à quelqu'un un vêtement. **SYN.** accoutrer, affubler, costumer, couvrir, équiper –FAMILIER: attifer, fagoter, ficeler, nipper –LITTÉRAIRE: revêtir, vêtir –POPULAIRE: fringuer. **CONTR.** *dénuder, déshabiller, dévêtir.*
- Convenir à quelqu'un. **SYN.** aller, avantager, embellir –LITTÉRAIRE: seoir.
- Garnir quelque chose de. **SYN.** draper, envelopper, recouvrir, revêtir, tendre.

/ LITTÉRAIRE. Envelopper pour dissimuler. SYN. camoufler, couvrir, enrichir, masquer, orner, travestir – LITTÉRAIRE : parer.

habiller (s') *verbe pronominal*

/ Mettre des vêtements. SYN. s'accoutrer, s'affubler, se costumer, se couvrir, se vêtir – FAMILIER : s'attifer, se mettre sur son trente-et-un – POPULAIRE : se fringuer, se saper. CONTR. *se découvrir, se dénuder, se déshabiller, se dévêtir.*

habit *nom masculin*

/ Tenue propre à une activité. SYN. costume, habillement, mise, tenue, vêtement – FAMILIER : nippe – POPULAIRE : fringue, frusque, sape.

/ Costume de cérémonie. SYN. – FAMILIER : queue-de-pie – VIEUX : frac.

habitable *adjectif*

/ Où l'on peut habiter. SYN. hospitalier, logeable, vivable. CONTR. *inhabitable, inhospitalier, invivable.*

habitation *nom féminin*

/ Lieu où l'on habite. SYN. domicile, foyer, logement, maison, résidence, toit – LITTÉRAIRE : demeure, gîte, logis.

habité *adjectif*

/ Qui a des habitants. SYN. occupé, peuplé. CONTR. *inhabité, vide.*

habiter *verbe transitif*

/ LITTÉRAIRE. Être présent chez quelqu'un. SYN. hanter, obnubiler, obséder, occuper, poursuivre, travailler – LITTÉRAIRE : posséder.

habiter *verbe intransitif*

/ Loger quelque part. SYN. demeurer, loger, résider, se fixer, séjourner, s'établir, s'installer, vivre – FAMILIER : nicher, percher – LITTÉRAIRE : gîter – POPULAIRE : crécher.

habits *nom masculin pluriel*

/ Pièces de l'habillement. SYN. affaires, atours, effets, garde-robe, toilette – LITTÉRAIRE : hardes – POPULAIRE : fripes, frusques, sapes.

habitude *nom féminin*

/ Manière habituelle d'agir. SYN. coutume, manie, marotte, ordinaire, règle, rite, routine, tradition, usage – LITTÉRAIRE : mode. CONTR. *nouveauté.*

/ Aptitude à accomplir quelque chose. SYN. expérience, familiarité, pratique, usage. CONTR. *apprentissage.*

/ Adaptation à certains états. SYN. acclimatation, acclimatement, accoutumance, adaptation, endurcissement, entraînement.

/ *D'habitude.* SYN. communément, d'ordinaire, en général, en règle générale, généralement, habituellement, la plupart du temps, ordinairement, traditionnellement, usuellement, volontiers, vulgairement.

habitué *nom*

/ Personne qui a l'habitude d'un lieu. SYN. familier – FAMILIER : pilier, spécialiste.

habituel *adjectif*

/ Qui est devenu une habitude. SYN. accoutumé, consacré, familier, machinal, répandu, rituel, routinier, traditionnel, usuel – LITTÉRAIRE : coutumier. CONTR. *exceptionnel, extraordinaire, inaccoutumé, inconnu, inédit, inhabituel, insolite, inusité, nouveau, original, paradoxal, particulier, singulier, unique.*

/ Qui est constant. SYN. banal, chronique, classique, commun, courant, fréquent, immuable, inaltérable, indéfectible, invariable, naturel, normal, ordinaire. CONTR. *accidentel, anormal, étonnant, étrange, momentané, occasionnel, passager, rare.*

habituellement *adverbe*

/ D'une manière habituelle. SYN. communément, couramment, d'habitude, d'ordinaire, en règle générale, fréquemment, généralement, invariablement, la plupart du temps, normalement, ordinairement, rituellement, souvent, toujours, traditionnellement, usuellement, volontiers, vulgairement – FAMILIER : régulièrement. CONTR. *accidentellement, exceptionnellement, occasionnellement, rarement.*

habituer *verbe*

/ Faire prendre une habitude. SYN. acclimater, accoutumer, dresser, endurcir, entraîner, familiariser, former, plier – LITTÉRAIRE : façonner, rompre. CONTR. *déshabituer* – LITTÉRAIRE : *désaccoutumer.*

habituer (s') *verbe pronominal*

/ Prendre l'habitude de. SYN. s'acclimater, s'accoutumer, s'adapter, se faire, se familiariser, s'endurcir, s'entraîner –LITTÉRAIRE: s'accommoder. CONTR. *se déshabituer* –LITTÉRAIRE: *se désaccoutumer.*

hâblerie *nom féminin*

▮ LITTÉRAIRE. Propos de hâbleur. SYN. bluff, bravade, fanfaronnade, vantardise –LITTÉRAIRE: forfanterie, gasconnade, jactance, rodomontade.

hâbleur *adjectif*

▮ Qui a tendance à se vanter. SYN. bluffeur, bravache, cabotin, fanfaron, faraud –FAMILIER: crâneur, frimeur –VIEUX: gascon.

hâbleur *nom*

▮ Personne qui se vante. SYN. beau parleur, bluffeur, bravache, cabotin, faiseur, fanfaron, faraud, mythomane, vantard –FAMILIER: crâneur, frimeur, m'as-tu-vu –LITTÉRAIRE: capitan, matamore, rodomont –VIEUX: esbroufeur, gascon, tranche-montagne.

haché *adjectif*

▮ Marqué par des interruptions. SYN. brisé, coupé, entrecoupé, heurté, inégal, saccadé. CONTR. *balancé, harmonieux.*

hacher *verbe*

▮ Couper en morceaux. SYN. déchiqueter, découper, lacérer, mettre en pièces.
▮ LITTÉRAIRE. Mettre un groupe en pièces. SYN. décimer, exterminer, faucher, massacrer.
▮ Parler de façon saccadée. SYN. couper, entrecouper, interrompre.

hachurer *verbe*

▮ Tracer des traits. SYN. rayer, strier, zébrer.

hagard *adjectif*

▮ En proie à un trouble violent. SYN. affolé, effaré, égaré, fou, halluciné.

haie *nom féminin*

▮ Rangée de personnes. SYN. chapelet, cordon, file, ligne, rang, rangée.

haillonneux *adjectif*

▮ LITTÉRAIRE. Vêtu de haillons. SYN. débraillé, déguenillé –FAMILIER: dépenaillé –LITTÉRAIRE: guenilleux, loqueteux.

haillons *nom masculin pluriel*

▮ Vêtements en mauvais état. SYN. guenilles, loques –FAMILIER: nippes –LITTÉRAIRE: hardes –POPULAIRE: frusques.

haine *nom féminin*

▮ Vive hostilité envers quelqu'un. SYN. animosité, antipathie, aversion, hostilité, inimitié, malveillance, rancune, ressentiment –LITTÉRAIRE: exécration, fiel, venin. CONTR. *adoration, affection, amitié, amour, bienveillance, cordialité, fraternisation, fraternité, sympathie* –LITTÉRAIRE: *inclination.*
▮ Aversion pour quelque chose. SYN. aversion, dégoût, horreur, phobie, répugnance, répulsion –LITTÉRAIRE: abomination, détestation, exécration. CONTR. *attirance, attraction, attrait, goût, inclination, propension* –LITTÉRAIRE: *idolâtrie.*

haineux *adjectif*

▮ Qui manifeste de la haine. SYN. amer, hostile, inamical, malfaisant, malintentionné, malveillant, mauvais, méchant, pervers, rancunier, vindicatif, virulent –LITTÉRAIRE: fielleux, vénéneux, venimeux. CONTR. *affectueux, amical, amoureux, bienveillant, cordial.*

haïr *verbe*

▮ Avoir de la haine pour. SYN. abominer, avoir horreur, détester, exécrer, maudire, ne pas pouvoir souffrir –FAMILIER: avoir dans le nez, ne pas pouvoir encaisser, ne pas pouvoir sentir, ne pas pouvoir voir en peinture, prendre en grippe, vomir –LITTÉRAIRE: abhorrer, avoir en abomination, honnir –POPULAIRE: ne pas pouvoir blairer, ne pas pouvoir encadrer, ne pas pouvoir piffer, ne pas pouvoir sacquer, ne pas pouvoir saquer. CONTR. *adorer, aimer, bénir, chérir, estimer, idolâtrer, raffoler* –LITTÉRAIRE: *affectionner.*

haïssable *adjectif*

▮ Qui mérite d'être haï. SYN. abominable, antipathique, détestable, insupportable, odieux –LITTÉRAIRE: exécrable. CONTR. *adorable, aimable, estimable, sympathique.*

hâlé *adjectif*

▮ Qui a la peau brunie. SYN. basané, bistre, bronzé, brun, bruni, doré, tanné –LITTÉRAIRE: cuivré. CONTR. *blafard, blanc, pâle* –FAMILIER: *pâlichon, pâlot.*

haleine *nom féminin*
/ Air qui sort des poumons. SYN. exhalaison, expiration, respiration, souffle.

haler *verbe*
/ Tirer à l'aide d'un câble. SYN. soulever, tirer, tracter.

hâler *verbe*
/ Brunir la peau de quelqu'un. SYN. basaner, bronzer, brunir, dorer, tanner – LITTÉRAIRE : cuivrer.

haletant *adjectif*
/ Qui a la respiration précipitée. SYN. court, entrecoupé, essoufflé, haché, heurté, oppressé, palpitant, pantelant, poussif, précipité, saccadé.

haleter *verbe*
/ Respirer à un rythme précipité. SYN. avoir le souffle court, être à bout de souffle, être hors d'haleine, s'essouffler, suffoquer – FAMILIER : souffler comme un bœuf, souffler comme un phoque – LITTÉRAIRE : panteler. CONTR. *reprendre haleine, respirer.*

hall *nom masculin*
/ Salle servant d'accès. SYN. antichambre, entrée, vestibule.

hallier *nom masculin*
/ Gros buisson touffu. SYN. broussailles, buisson, fourré, taillis.

hallucinant *adjectif*
/ Qui frappe de saisissement. SYN. extraordinaire, fascinant, frappant, impressionnant, saisissant.

hallucination *nom féminin*
/ Perception d'un objet non réel. SYN. délire, illusion d'optique, mirage, vision.

halluciné *adjectif*
/ Complètement effaré. SYN. désorienté, égaré, hagard.

halo *nom masculin*
/ Zone circulaire lumineuse. SYN. auréole, cerne, lueur, nimbe, reflet – LITTÉRAIRE : orbe.
/ LITTÉRAIRE. Rayonnement de quelque chose. SYN. auréole, émanation – LITTÉRAIRE : aura.

halte *nom féminin*
/ Arrêt pendant un voyage. SYN. escale, étape, pause, repos, station.
/ LITTÉRAIRE. Suspension d'une action. SYN. arrêt, détente, interruption, rémission, répit, trêve – LITTÉRAIRE : relâche.

hameçon *nom masculin*
/ Crochet métallique. SYN. amorce, appât, leurre, piège.

handicap *nom masculin*
/ Désavantage quelconque. SYN. désavantage, inconvénient, infériorité, infirmité. CONTR. *avance, avantage, bénéfice, supériorité.*

handicaper *verbe*
/ Constituer un handicap. SYN. défavoriser, désavantager, desservir, léser, plomber. CONTR. *avantager, favoriser, privilégier.*

hangar *nom masculin*
/ Construction servant d'abri. SYN. abri, grange, magasin, remise.

hanter *verbe*
/ LITTÉRAIRE. Être souvent en un lieu. SYN. fréquenter. CONTR. *déserter, fuir.*
/ Occuper entièrement l'esprit. SYN. assaillir, dévorer, harceler, lanciner, obnubiler, obséder, occuper, poursuivre, préoccuper, ronger, submerger, tarauder, tenailler, tourmenter, travailler, tyranniser – FAMILIER : tarabuster – LITTÉRAIRE : habiter, posséder. CONTR. – LITTÉRAIRE : *quitter.*

hantise *nom féminin*
/ Préoccupation constante. SYN. angoisse, cauchemar, complexe, idée fixe, obsession, peur, psychose – FAMILIER : maladie.

happer *verbe*
/ Attraper brusquement. SYN. agripper, prendre, saisir.

harangue *nom féminin*
/ LITTÉRAIRE. Discours solennel. SYN. allocution, discours, sermon.
/ FAMILIER. Discours ennuyeux. SYN. – FAMILIER : baratin, laïus, speech, tartine, topo.

haranguer *verbe*
/ Adresser une harangue à. SYN. prêcher, sermonner.

harassant *adjectif*

/ Qui harasse. SYN. accablant, éprouvant, épuisant, esquintant, excédant, exténuant, fatigant, pénible, rude –FAMILIER: cassant, claquant, crevant, éreintant, tuant, usant. CONTR. *délassant, reposant.*

harassé *adjectif*

/ Très fatigué. SYN. à bout de forces, à plat, abattu, accablé, anéanti, brisé, épuisé, exténué, fatigué, fourbu, K.-O., las, lassé, mort de fatigue, recru, rendu, rompu, surmené –FAMILIER: achevé, au bout du rouleau, claqué, éreinté, esquinté, fini, flapi, H.S., lessivé, moulu, pompé, raplapla, sur les genoux, tué, vanné, vidé –POPULAIRE: crevé, sur les rotules. CONTR. *délassé, dispos, frais, frais et dispos, reposé* –FAMILIER: *en forme, en pleine forme, frais comme un gardon, frais comme une rose, increvable* –VIEUX: *gaillard.*

harasser *verbe*

/ Accabler d'une grande fatigue. SYN. anéantir, briser, épuiser, excéder, exténuer, fatiguer, vider –FAMILIER: achever, claquer, éreinter, esquinter, lessiver, tuer, vanner –POPULAIRE: crever. CONTR. *délasser, reposer.*

harcelant *adjectif*

/ Qui harcèle. SYN. lancinant, obsédant, tracassant.

harceler *verbe*

/ Soumettre à des attaques. SYN. assaillir, assiéger, attaquer, persécuter, presser, talonner, traquer –LITTÉRAIRE: infester, inquiéter. CONTR. *protéger.*

/ Soumettre à des critiques. SYN. assaillir, assiéger, hanter, poursuivre, relancer, tenailler, tourmenter, tracasser –FAMILIER: asticoter, empoisonner, enquiquiner, secouer, tarabuster –LITTÉRAIRE: importuner, obséder.

harde *nom féminin*

/ Troupe d'animaux sauvages. SYN. bande, colonie, compagnie, horde, meute.

hardes *nom féminin pluriel*

/ LITTÉRAIRE. Vêtements usagés. SYN. guenilles, haillons, loques –FAMILIER: nippes –POPULAIRE: frusques.

hardi *adjectif*

/ Qui montre de l'audace. SYN. audacieux, aventureux, brave, courageux, décidé, dynamique, énergique, entreprenant, intrépide, résolu, téméraire –FAMILIER: casse-cou. CONTR. *circonspect, craintif, lâche, peureux, poltron, précautionneux, prévoyant, prudent, sage, timide, timoré* –LITTÉRAIRE: *couard, pusillanime* –POPULAIRE: *trouillard* –VIEUX: *capon.*

/ Qui va au-delà des normes habituelles. SYN. audacieux, aventureux, neuf, nouveau, original, risqué. CONTR. *banal, fade, insipide, plat, terne* –FAMILIER: *fadasse.*

/ Qui ne respecte pas les convenances. SYN. cavalier, cru, cynique, effronté, épicé, grivois, impertinent, impudent, insolent, leste, libre, osé, polisson, provocant, provocateur –FAMILIER: raide. CONTR. *convenable, humble, modeste, prude, pudibond, pudique, réservé.*

hardiesse *nom féminin*

/ Qualité d'une personne hardie. SYN. bravoure, courage, décision, dynamisme, énergie, résolution, témérité, vigueur –LITTÉRAIRE: intrépidité. CONTR. *crainte, frayeur, lâcheté, peur, poltronnerie, timidité, veulerie* –LITTÉRAIRE: *couardise, pusillanimité.*

/ Originalité d'exécution d'une œuvre. SYN. audace, nouveauté, originalité. CONTR. *banalité, fadeur, platitude.*

/ Manière d'agir effrontée. SYN. aplomb, assurance, cynisme, désinvolture, effronterie, front, impertinence, impudence, inconvenance, indécence, insolence, liberté –FAMILIER: culot, toupet –LITTÉRAIRE: crânerie, licence. CONTR. *décence, honnêteté, modestie, pudeur, réserve, retenue.*

/ Acte, parole hardis. SYN. audaces, libertés –LITTÉRAIRE: licences.

hardiment *adverbe*

/ LITTÉRAIRE. Avec courage. SYN. carrément, courageusement, énergiquement, fermement, fièrement, franchement, intrépidement, résolument, vaillamment –LITTÉRAIRE: bravement, crânement, témérairement, valeureusement –VIEUX: gaillardement. CONTR. *craintivement, peureusement, timidement.*

/ Avec impudence. SYN. audacieusement, effrontément, hautement, impudemment, insolemment. CONTR. *humblement, modestement.*

harengère *nom féminin*

/ FAMILIER. Femme querelleuse. SYN. furie, harpie, mégère, sorcière, virago –POPULAIRE: poissarde.

hargne *nom féminin*

▮ Attitude agressive. SYN. acrimonie, agressivité, malveillance – FAMILIER: grogne, rogne – LITTÉRAIRE: fiel. CONTR. *affabilité, amabilité, bienveillance, douceur* – LITTÉRAIRE: *aménité.*

hargneux *adjectif*

▮ Qui montre de la hargne. SYN. acariâtre, agressif, bilieux, bougon, grincheux, grognon, méchant, mordant, querelleur, rageur, rébarbatif, renfrogné, revêche, rogue – FAMILIER: ronchonneur, teigneux – LITTÉRAIRE: acrimonieux, rêche. CONTR. *affable, aimable, bienveillant, chaleureux, cordial, déférent* – LITTÉRAIRE: *amène.*

haridelle *nom féminin*

▮ VIEUX. Cheval maigre. SYN. – FAMILIER: rosse – LITTÉRAIRE: rossinante – POPULAIRE: canasson, tocard, toquard – VIEUX: carcan, carne.

harmonie *nom féminin*

▮ Rapport de conformité. SYN. cohérence, compatibilité, concordance, correspondance, homogénéité, régularité, unité. CONTR. *chaos, confusion, désordre, désorganisation, incohérence, opposition.*

▮ Accord entre les parties d'un tout. SYN. accord, balancement, beauté, élégance, équilibre, esthétique, euphonie, grâce, ordonnance, ordre, pondération, symétrie – LITTÉRAIRE: eurythmie, joliesse, suavité, symphonie. CONTR. *antinomie, asymétrie, cacophonie, contradiction, contraste, déséquilibre, difformité, discordance, disparité, disproportion, dissonance, dissymétrie, heurt, inharmonie, laideur* – LITTÉRAIRE: *disparate.*

▮ Accord de sentiments, d'idées. SYN. alliance, cohésion, communion, concorde, ensemble, entente, paix, union. CONTR. *antagonisme, brouille, conflit, désaccord, désunion, différend, dispute, dissension, divergence, divorce, mésentente, querelle, zizanie* – FAMILIER: *bagarre, bisbille* – LITTÉRAIRE: *discorde, dissentiment, dissonance, mésintelligence* – VIEUX: *brouillerie.*

harmonieusement *adverbe*

▮ De façon harmonieuse. SYN. élégamment, esthétiquement, gracieusement, heureusement, joliment, proportionnellement. CONTR. *désagréablement.*

harmonieux *adjectif*

▮ Agréable à entendre. SYN. joli, mélodieux, musical, suave – LITTÉRAIRE: séraphique. CONTR. *cacophonique, criard, désagréable, discordant, dissonant, laid, râpeux.*

▮ Dont les parties s'accordent bien. SYN. assorti, cohérent, élégant, équilibré, esthétique, gracieux, homogène, ordonné, proportionné, régulier, symétrique. CONTR. *chaotique, désordonné, difforme, disparate, haché, heurté, informe, irrégulier, rude, saccadé* – LITTÉRAIRE: *dissonant, raboteux.*

harmonisation *nom féminin*

▮ Action d'harmoniser. SYN. adaptation, alliance, assortiment, coordination, mariage.

harmoniser *verbe*

▮ Mettre des choses en harmonie. SYN. accorder, adapter, apparier, assortir, concilier, coordonner, équilibrer, marier. CONTR. *désaccorder.*

harmoniser (s') *verbe pronominal*

▮ S'accorder harmonieusement à. SYN. aller avec, coïncider, concorder, convenir, correspondre, s'accorder, s'appareiller, se marier – LITTÉRAIRE: seoir. CONTR. *contraster, détonner, jurer, se heurter, s'opposer, trancher* – LITTÉRAIRE: *dissoner.*

harnachement *nom masculin*

▮ FAMILIER. Équipement encombrant. SYN. accoutrement, chargement – FAMILIER: barda, bazar, fagotage, fourbi, fourniment.

harpagon *nom masculin*

▮ LITTÉRAIRE. Homme très avare. SYN. avare, thésauriseur – FAMILIER: grigou, grippe-sou, pingre, radin, rapiat, rat – LITTÉRAIRE: ladre. CONTR. *dépensier, dilapidateur, gaspilleur* – FAMILIER: *panier percé* – LITTÉRAIRE: *dissipateur.*

harpie *nom féminin*

▮ Femme méchante. SYN. furie, mégère, sorcière, vipère – FAMILIER: chameau, harengère, poison, rosse – LITTÉRAIRE: gorgone, tigresse.

harponner *verbe*

▮ Prendre avec un harpon. SYN. accrocher, attraper.

▮ FAMILIER. Arrêter quelqu'un au passage. SYN. accaparer, saisir – FAMILIER: agrafer, agripper.

/ FAMILIER. Procéder à une arrestation. SYN. appréhender – FAMILIER : boucler, choper, coffrer, cueillir, embarquer, épingler, pincer, ramasser – POPULAIRE : agrafer, alpaguer, emballer, poisser.

hasard *nom masculin*

/ Cause imprévisible. SYN. aléa, chance, destin, fatalité, sort – FAMILIER : coup de dés – LITTÉRAIRE : fortune.

/ Événement imprévu. SYN. circonstance, coïncidence, conjoncture, impondérable, imprévu, occasion. CONTR. *calcul.*

hasardé *adjectif*

/ Qui est imprudent. SYN. dangereux, hasardeux, imprudent, osé, périlleux, risqué. CONTR. *assuré, raisonnable, sage, sûr.*

/ Émis sans preuve. SYN. aléatoire, hasardeux, incertain, problématique. CONTR. *fondé, juste, légitime.*

hasarder *verbe*

/ Exposer à un risque. SYN. aventurer, compromettre, exposer, jouer, risquer. CONTR. *assurer, étayer.*

/ Tenter une action. SYN. avancer, essayer, tenter.

hasarder (se) *verbe pronominal*

/ S'exposer à un risque. SYN. jouer avec le feu, oser, s'avancer, s'aventurer, se risquer, s'engager sur un terrain glissant, s'essayer, travailler sans filet.

hasardeux *adjectif*

/ Qui expose à des risques. SYN. aventuré, aventureux, dangereux, hasardé, imprudent, osé, périlleux, risqué, téméraire – LITTÉRAIRE : scabreux – POPULAIRE : casse-gueule. CONTR. *raisonnable, sage, sûr, tranquille.*

/ Dont l'issue est douteuse. SYN. aléatoire, arbitraire, aventuré, douteux, gratuit, hasardé, incertain, problématique – LITTÉRAIRE : chanceux. CONTR. *assuré, certain.*

hâte *nom féminin*

/ Grande rapidité à agir. SYN. célérité, empressement, impatience, précipitation, rapidité, vitesse – LITTÉRAIRE : diligence, promptitude, vélocité, vivacité. CONTR. *ajournement, atermoiement, inertie, lenteur, mollesse, retard.*

hâter *verbe*

/ Rendre une action plus rapide. SYN. accélérer, activer, brusquer, forcer, précipiter – LITTÉRAIRE : presser. CONTR. *arrêter, freiner, paralyser, ralentir, stopper.*

/ Rapprocher dans le temps. SYN. anticiper, avancer. CONTR. *ajourner, atermoyer, différer, éloigner, remettre, repousser, retarder.*

hâter (se) *verbe pronominal*

/ Faire vite. SYN. accélérer, agir, se dépêcher, se presser, s'empresser – FAMILIER : foncer, s'activer, speeder – LITTÉRAIRE : faire diligence – POPULAIRE : se dégrouiller, se grouiller, se magner, se manier. CONTR. *atermoyer, tarder, temporiser, traîner* – FAMILIER : *lambiner, lanterner.*

/ Aller vite quelque part. SYN. courir, presser le pas, se précipiter, se presser – FAMILIER : filer, foncer. CONTR. *déambuler, flâner, musarder, s'attarder, traîner* – FAMILIER : *se baguenauder, traînailler, traînasser* – LITTÉRAIRE : *muser.*

hâtif *adjectif*

/ Produit avant le temps. SYN. anticipé, précoce, prématuré. CONTR. *retardé, tardif.*

/ Fait trop vite. SYN. brusque, expéditif, furtif, inconsidéré, précipité, pressé, rapide – FAMILIER : bâclé. CONTR. *consciencieux, laborieux, minutieux, patient, scrupuleux, soigné.*

hâtivement *adverbe*

/ D'une manière hâtive. SYN. à bride abattue, à fond de cale, à fond de train, à fond la caisse, à la hâte, à la sauvette, à la va-vite, à tombeau ouvert, à toute allure, à toute hâte, à toute vitesse, à un train d'enfer, activement, au pas de course, au plus vite, bon train, comme une flèche, en catastrophe, en coup de vent, en deux temps, trois mouvements, en flèche, en moins de deux, en toute hâte, en un rien de temps, en vitesse, entre deux portes, expéditivement, précipitamment, promptement, rapidement, rondement, sur les chapeaux de roue, tambour battant, toutes affaires cessantes, ventre à terre, vite, vivement – FAMILIER : à la va-comme-je-te-pousse, à toute pompe, à toute vapeur, à toutes pompes, dare-dare, en cinq sec, en deux, trois coups de cuiller à pot, en quatrième vitesse, en un clin d'œil, en un temps record, en un tour de main, rapido presto, rapidos, subito presto – LITTÉRAIRE : diligemment – POPULAIRE : à tout berzingue, à toute berzingue. CONTR.

doucement, insensiblement, interminablement, lentement, longuement, mollement, nonchalamment, peu à peu, posément –FAMILIER: *piano.*

hausse *nom féminin*

/ Action de s'élever. SYN. élévation, montée. CONTR. *baisse.*

/ Augmentation de valeur. SYN. augmentation, élévation, grandissement, majoration, montée, relèvement, valorisation. CONTR. *abaissement, baisse, chute, dépréciation, dévalorisation, diminution* –VIEUX: *avilissement.*

hausser *verbe*

/ Porter plus haut. SYN. élever, lever, remonter, soulever. CONTR. *baisser, descendre* –LITTÉRAIRE: *rabaisser.*

/ Augmenter la hauteur de. SYN. exhausser, grandir, monter, rehausser, remonter, surélever, surhausser. CONTR. *abaisser, diminuer, surbaisser.*

/ Augmenter une valeur. SYN. augmenter, grossir, majorer, réévaluer, relever, renchérir, revaloriser, valoriser. CONTR. *diminuer, rabaisser, réduire.*

hausser (se) *verbe pronominal*

/ Se porter plus haut. SYN. se dresser, se hisser. CONTR. *s'accroupir, se baisser.*

/ S'élever à un niveau supérieur. SYN. monter, prendre du galon, se hisser, s'élever –LITTÉRAIRE: parvenir. CONTR. *descendre, s'abaisser, s'avilir, se déclasser* –LITTÉRAIRE: *déchoir.*

haut *adjectif*

/ Qui est très grand. SYN. élancé, élevé, grand. CONTR. *aplati, bas, court, écrasé, petit, plat.*

/ Très éloigné dans le temps. SYN. éloigné, reculé. CONTR. *bas.*

/ Se dit d'un son fort. SYN. éclatant, fort, perçant, puissant, retentissant, ronflant, vibrant. CONTR. *amorti, caverneux, étouffé, grave, inaudible* –LITTÉRAIRE: *sépulcral.*

/ D'une grande importance. SYN. beau, considérable, élevé, important. CONTR. *faible, humble, infime, insuffisant, modique, moyen, ordinaire, petit.*

/ Qui est d'un niveau élevé. SYN. édifiant, exemplaire, noble, relevé, soutenu, sublime, supérieur. CONTR. *banal, familier, infâme, inférieur, médiocre, modeste, quelconque, vulgaire* –LITTÉRAIRE: *trivial, vil.*

haut *adverbe*

/ En un temps reculé. SYN. anciennement, jadis, loin. CONTR. *récemment.*

/ D'une manière directe. SYN. franchement, hautement, nettement, ouvertement, publiquement, sans détour –LITTÉRAIRE: sans ambages.

haut *nom masculin*

/ Partie la plus élevée de. SYN. cime, comble, faîte, point culminant, pointe, sommet, tête. CONTR. *bas, base, fond, pied.*

hautain *adjectif*

/ Qui se montre méprisant. SYN. arrogant, condescendant, dédaigneux, distant, fier, froid, glacé, glacial, infatué, méprisant, orgueilleux, rogue, supérieur –FAMILIER: bêcheur –LITTÉRAIRE: altier, insolent, outrecuidant. CONTR. *accessible, affable, aimable, bonhomme, chaleureux, cordial, familier, humble, modeste, obséquieux, plat, simple.*

haut-de-forme *nom masculin*

/ Chapeau de cérémonie. SYN. chapeau haut de forme –FAMILIER: claque, gibus.

haute *nom féminin*

/ FAMILIER. Ensemble des classes riches. SYN. beau monde, haute société, hautes sphères, jet-set, jet-society –FAMILIER: beau linge.

hautement *adverbe*

/ À un haut degré. SYN. beaucoup, bien, excessivement, extrêmement, follement, fort, fortement, incroyablement, mortellement, parfaitement, particulièrement, prodigieusement, profondément, puissamment, terriblement, tout à fait, très, trop –FAMILIER: bigrement, bougrement, diablement, drôlement, fameusement, fichtrement, fichûment, joliment, méchamment, rudement –LITTÉRAIRE: diantrement, furieusement –POPULAIRE: foutrement, salement, vachement –VIEUX: fièrement. CONTR. *faiblement, guère, légèrement, médiocrement, pas du tout, pas le moins du monde, peu.*

/ De manière ouverte. SYN. franchement, haut, net, nettement, ouvertement, publiquement –LITTÉRAIRE: hardiment.

hauteur *nom féminin*

/ Dimension de quelque chose. SYN. grandeur, niveau, profondeur, taille.

/ Terrain ou lieu élevé. SYN. bosse, butte, colline, coteau, éminence, mamelon, mont, monticule, tertre – VIEUX : élévation. CONTR. *bas-fond, combe, creux, enfoncement, gouffre, précipice, ravin, vallée, vallon* – LITTÉRAIRE : *abîme.*

/ Sentiment de supériorité. SYN. arrogance, condescendance, dédain, insolence, mépris, morgue, orgueil, supériorité – LITTÉRAIRE : fierté, outrecuidance, superbe. CONTR. *affabilité, amabilité, bonhomie, cordialité, familiarité, gentillesse, humilité, modestie, simplicité* – LITTÉRAIRE : *aménité.*

haut-le-cœur *nom masculin*

/ Soulèvement de l'estomac. SYN. écœurement, nausée, spasme.

/ LITTÉRAIRE. Sentiment de dégoût. SYN. dégoût, écœurement, nausée, répugnance, répulsion, révolte.

haut-le-corps *nom masculin*

/ Mouvement brusque du corps. SYN. frisson, hoquet, soubresaut, sursaut, tressaillement – LITTÉRAIRE : tressautement.

hâve *adjectif*

/ Qui est pâle et amaigri. SYN. blafard, blême, cireux, décharné, défait, exsangue, livide, maigre, maigrelet, maigriot, plombé, terreux – FAMILIER : maigrichon – LITTÉRAIRE : émacié. CONTR. *frais, rond, rosé* – LITTÉRAIRE : *vermeil.*

havre *nom masculin*

/ LITTÉRAIRE. Refuge sûr. SYN. abri, asile, îlot, oasis, retraite – LITTÉRAIRE : port, refuge.

hébergement *nom masculin*

/ Action d'héberger. SYN. accueil, logement.

héberger *verbe*

/ Donner un logement à. SYN. abriter, accueillir, loger, prendre, recevoir. CONTR. *chasser, déloger, expulser.*

hébété *adjectif*

/ Qui a un air abasourdi. SYN. abêti, abruti, ahuri, coi, éberlué, égaré, interloqué, renversé, stupéfait, stupide – FAMILIER : baba, sidéré, sonné, soufflé – LITTÉRAIRE : torpide. CONTR. *éveillé.*

hébétement ou **hébètement** *nom masculin*

/ État de celui qui est hébété. SYN. abêtissement, abrutissement, stupeur, torpeur – LITTÉRAIRE : assoupissement, hébétude.

hébétude *nom féminin*

/ LITTÉRAIRE. État d'hébétement. SYN. abêtissement, abrutissement, hébétement, hébètement, stupeur, torpeur – LITTÉRAIRE : assoupissement.

hécatombe *nom féminin*

/ Massacre considérable. SYN. boucherie, carnage, extermination, immolation, massacre, tuerie.

hégémonie *nom féminin*

/ Pouvoir dominateur. SYN. domination, influence, leadership, maîtrise, prépondérance, supériorité, suprématie, toute-puissance.

hein ? *interjection*

/ FAMILIER. Sollicite une réponse. SYN. n'est-ce pas ?, non ?

/ FAMILIER. Marque l'étonnement. SYN. comment ?, pardon ?, plaît-il ?, quoi ?

héler *verbe*

/ Appeler pour faire venir. SYN. apostropher, appeler, interpeller – VIEUX : hucher.

hématome *nom masculin*

/ Marque sur la peau. SYN. ecchymose, meurtrissure, noirceur – FAMILIER : bleu.

herbage *nom masculin*

/ Prairie pâturée par le bétail. SYN. alpage, embouche, pacage, pâturage, pâture, prairie, pré.

hercule *nom masculin*

/ Homme très fort. SYN. colosse, gaillard, géant – LITTÉRAIRE : titan – POPULAIRE : armoire à glace, balaise, balèze, malabar. CONTR. *avorton, nain* – FAMILIER : *homoncule, homuncule.*

herculéen *adjectif*

/ Digne d'un hercule. SYN. colossal, fort, gigantesque – LITTÉRAIRE : titanesque – POPULAIRE : balaise, balèze.

héréditaire *adjectif*

- Se dit de qualités dont on hérite. SYN. atavique, congénital, génétique. CONTR. *acquis.*
- Qui passe d'une génération à une autre. SYN. ancestral, de toujours, séculaire, traditionnel.

hérésie *nom féminin*

- Doctrine qui s'oppose au dogme. SYN. hétérodoxie, schisme. CONTR. *orthodoxie.*
- Idée contraire à l'opinion commune. SYN. déviation, erreur, sacrilège –LITTÉRAIRE: fourvoiement. CONTR. *conformisme, rite, tradition.*

hérétique *adjectif et nom*

- Qui soutient une hérésie religieuse. SYN. dissident, hétérodoxe, schismatique, scissionniste. CONTR. *orthodoxe.*
- Qui va contre l'idée commune. SYN. déviationniste, hétérodoxe, non conformiste, non-conformiste. CONTR. *conformiste, conservateur, traditionaliste.*

hérissé *adjectif*

- Droit et raide (cheveu, poil). SYN. dressé, ébouriffé, échevelé, hirsute, rebroussé. CONTR. *aplati, lisse, plat.*

hérissement *nom masculin*

- LITTÉRAIRE. Fait d'être irrité. SYN. agacement, crispation, énervement, exaspération, irritation –FAMILIER: horripilation. CONTR. *calme, flegme, sérénité.*

hérisser *verbe*

- Remplir d'obstacles. SYN. farcir, parsemer, truffer.
- Mettre de mauvaise humeur. SYN. agacer, crisper, énerver, exaspérer, excéder, impatienter, indisposer, irriter –FAMILIER: horripiler, insupporter.

hérisser (se) *verbe pronominal*

- Se montrer hostile. SYN. éclater, se cabrer, se dresser, se fâcher, se formaliser, se froisser, se scandaliser, s'emporter, s'indigner, s'offusquer –FAMILIER: se gendarmer –LITTÉRAIRE: s'offenser.

héritage *nom masculin*

- Ce dont on hérite. SYN. bien, legs, patrimoine, succession –VIEUX: hoirie.
- Ce qu'on tient de ses parents. SYN. atavisme, tradition –LITTÉRAIRE: legs.

héritier *nom*

- Personne qui hérite. SYN. enfant, légataire, successeur –FAMILIER: rejeton.
- Personne qui poursuit une œuvre. SYN. continuateur, disciple, postérité, successeur –LITTÉRAIRE: épigone. CONTR. *ancêtre, prédécesseur.*

herméticité *nom féminin*

- Qualité de ce qui ferme bien. SYN. étanchéité, imperméabilité. CONTR. *perméabilité.*

hermétique *adjectif*

- Qui ferme parfaitement. SYN. étanche, imperméable. CONTR. *perméable.*
- Difficile à comprendre. SYN. abscons, abstrait, cabalistique, difficile, énigmatique, ésotérique, impénétrable, incompréhensible, inintelligible, mystérieux, obscur –LITTÉRAIRE: abstrus, amphigourique, opaque, sibyllin, ténébreux. CONTR. *accessible, clair, compréhensible, facile, intelligible, limpide, simple, transparent* –LITTÉRAIRE: *pénétrable.*

hermétisme *nom masculin*

- Caractère obscur. SYN. ésotérisme, inintelligibilité, obscurité –LITTÉRAIRE: incompréhensibilité, nébulosité, opacité. CONTR. *clarté, compréhensibilité, intelligibilité, limpidité, simplicité, transparence.*

héroïque *adjectif*

- Qui agit en héros. SYN. audacieux, brave, courageux, intrépide –LITTÉRAIRE: vaillant, valeureux. CONTR. *lâche, peureux, pleutre, poltron* –LITTÉRAIRE: *couard, pusillanime* –POPULAIRE: *trouillard* –VIEUX: *capon.*
- Qui raconte les exploits des héros. SYN. épique –FAMILIER: homérique.
- Se dit d'une époque mémorable. SYN. glorieux, noble, prestigieux, sublime –FAMILIER: épique. CONTR. *dégradant.*

héroïquement *adverbe*

- De façon héroïque. SYN. chèrement, courageusement, fermement, noblement, vaillamment –LITTÉRAIRE: bravement, valeureusement. CONTR. *lâchement, peureusement.*

héroïsme *nom masculin*

- Courage exceptionnel. SYN. audace, bravoure, courage, dévouement, hardiesse –LITTÉRAIRE: intrépidité, vaillance, valeur.

CONTR. *couardise, égoïsme, lâcheté, peur, poltronnerie* –LITTÉRAIRE: *pleutrerie, pusillanimité.*

/ Caractère de ce qui est héroïque. SYN. fermeté, noblesse, vertu –LITTÉRAIRE: stoïcisme.

héros *nom masculin*

/ Personnage exceptionnel. SYN. brave, personnage, surhomme –LITTÉRAIRE: géant. CONTR. *pleutre.*

hésitant *adjectif*

/ Qui marque de l'hésitation. SYN. embarrassé, flottant, flou, fluctuant, imprécis, incertain, indécis, indéterminé, irrésolu, perplexe, réticent, timide, vague, velléitaire –LITTÉRAIRE: vacillant. CONTR. *agissant, assuré, catégorique, décidé, déterminé, ferme, franc, inébranlable, net, résolu, stable, sûr, vigoureux.*

hésitation *nom féminin*

/ Fait d'hésiter. SYN. atermoiement, crainte, doute, embarras, flottement, incertitude, indécision, indétermination, irrésolution, oscillation, perplexité, réticence, tâtonnement, tergiversation –LITTÉRAIRE: vacillation. CONTR. *assurance, choix, décision, détermination, fermeté, résolution, sûreté.*

hésiter *verbe*

/ Être dans un état d'incertitude. SYN. atermoyer, balancer, chanceler, flotter, ne pas savoir sur quel pied danser, osciller, peser le pour et le contre, s'interroger, tâtonner, tergiverser, y regarder à deux fois –FAMILIER: se tâter –VIEUX: barguigner, être entre le zist et le zest. CONTR. *agir, choisir, décider, opter, oser, se décider, se déterminer, se lancer, se prononcer, trancher.*

hétéroclite *adjectif*

/ Fait d'éléments variés. SYN. bigarré, biscornu, composite, de bric et de broc, dépareillé, disparate, divers, hétérogène, hybride, mélangé, mêlé, panaché, varié. CONTR. *homogène, uniforme.*

hétérodoxe *adjectif et nom*

/ Qui s'écarte de l'orthodoxie. SYN. dissident, hérétique, schismatique, scissionniste. CONTR. *orthodoxe.*

/ Qui s'écarte des idées reçues. SYN. déviationniste, hérétique, non conformiste, non-conformiste. CONTR. *conformiste, conservateur, traditionaliste.*

hétérodoxie *nom féminin*

/ Caractère hétérodoxe. SYN. dissidence, hérésie, non-conformisme. CONTR. *orthodoxie.*

hétérogène *adjectif*

/ Formé d'éléments divers. SYN. allogène, bigarré, composite, de bric et de broc, disparate, divers, hétéroclite, hybride, mélangé, mêlé, opposé, panaché, varié. CONTR. *analogue, homogène, identique, semblable, similaire, uniforme.*

hétérogénéité *nom féminin*

/ Qualité de ce qui est hétérogène. SYN. bigarrure, différence, disparité, dissemblance, dissimilitude, diversité, variété. CONTR. *homogénéité, identité, uniformité.*

heure *nom féminin*

/ Moment quelconque d'une vie. SYN. époque, instant, moment, période, temps –LITTÉRAIRE: jours.

heureusement *adverbe*

/ D'une manière avantageuse. SYN. avantageusement, bien, favorablement, victorieusement. CONTR. *mal, malencontreusement, pitoyablement.*

/ D'une manière réussie. SYN. bien, élégamment, harmonieusement, idéalement.

/ Par chance. SYN. Dieu merci, Dieu soit loué, grâce à Dieu, par bonheur, par un heureux hasard. CONTR. *malheureusement.*

heureux *adjectif*

/ Qui jouit du bonheur. SYN. bienheureux, content, enchanté, euphorique, joyeux, ravi, réjoui, satisfait. CONTR. *affligé, amer, attristé, dégoûté, dépité, désespéré, désolé, ennuyé, malheureux, mécontent, triste* –FAMILIER: *embêté* –LITTÉRAIRE: *blessé, chagrin, infortuné.*

/ Qui manifeste le bonheur. SYN. enchanteur, épanoui, radieux, rayonnant, triomphant. CONTR. *affligeant, chagrinant, désagréable, effroyable, navrant, pénible* –FAMILIER: *grognon.*

/ Qui est avantageux. SYN. bénéfique, béni, bienfaisant, bienheureux, bon, faste, favorable, propice. CONTR. *contraire, défavorable, fâcheux, fatal, funeste, inquiétant, maléfique, maudit, mauvais, néfaste* –LITTÉRAIRE: *calamiteux.*

/ Dont l'effet est réussi. SYN. beau, élégant, juste, réussi. CONTR. *catastrophique, désastreux, détestable, inhabile, malencontreux, piteux* –FAMILIER: *déplorable.*

/ Qui jouit d'un sort favorable. SYN. –FAMILIER: chanceux, veinard, verni –POPULAIRE: chançard. CONTR. *défavorisé, déshérité, malchanceux.*

heurt *nom masculin*

/ Fait de heurter, se heurter. SYN. choc, collision, coup, frottement, impact, rencontre, tamponnage, tamponnement, télescopage.

/ Opposition entre des choses. SYN. contraste, dissonance, opposition. CONTR. *harmonie.*

/ Opposition entre des personnes. SYN. affrontement, conflit, dispute, divergence, division, divorce, friction, lutte, malentendu, querelle, scène, tiraillement, zizanie –FAMILIER: accrochage –LITTÉRAIRE: dissonance, orage. CONTR. *paix.*

heurté *adjectif*

/ Qui présente des à-coups. SYN. brusque, coupé, entrecoupé, haché, saccadé. CONTR. *continu, fluide, harmonieux, lié, paisible, régulier* –LITTÉRAIRE: *limpide.*

heurter *verbe transitif*

/ Entrer rudement en contact avec. SYN. choquer, cogner, emboutir, frapper, percuter, taper –POPULAIRE: emplafonner. CONTR. *éviter.*

/ Contrarier quelqu'un. SYN. atteindre, blesser, bouleverser, bousculer, choquer, contrarier, contrecarrer, froisser, mécontenter, offusquer, outrer, scandaliser, se dresser contre, s'élever contre, vexer. CONTR. *amadouer, chatouiller l'amour-propre, plaire.*

heurter *verbe transitif indirect*

/ Venir frapper quelque chose. SYN. achopper, buter, donner contre, percuter –FAMILIER: cogner.

heurter (se) *verbe pronominal*

/ Se cogner contre. SYN. buter, donner contre, percuter, s'entrechoquer –LITTÉRAIRE: s'entre-heurter –POPULAIRE: bigorner.

/ Buter contre un obstacle. SYN. achopper, buter, trébucher –LITTÉRAIRE: chopper.

/ Être en conflit avec. SYN. s'affronter, se diviser, s'opposer. CONTR. *s'associer, se réconcilier, se remettre* –FAMILIER: *se rabibocher, se raccommoder.*

/ Former contraste. SYN. contraster, détonner, hurler, jurer, s'opposer, trancher. CONTR. *se marier, s'harmoniser.*

hiatus *nom masculin*

/ Manque de continuité. SYN. coupure, décalage, faille, lacune, manque, trou.

hideur *nom féminin*

/ LITTÉRAIRE. Caractère hideux. SYN. abjection, bassesse, infamie, laideur, monstruosité –LITTÉRAIRE: horreur. CONTR. *beauté, grâce.*

hideusement *adverbe*

/ D'une manière hideuse. SYN. abjectement, abominablement, affreusement, atrocement, épouvantablement, horriblement, ignoblement, laidement, monstrueusement, odieusement, sordidement –LITTÉRAIRE: vilainement, vilement. CONTR. *admirablement, divinement, magnifiquement, merveilleusement* –LITTÉRAIRE: *sublimement.*

hideux *adjectif*

/ D'une laideur repoussante. SYN. affreux, difforme, disgracieux, horrible, ingrat, laid, monstrueux, vilain –FAMILIER: atroce, moche. CONTR. *agréable, attrayant, beau, charmant, délicieux, joli, magnifique, splendide, superbe.*

/ Qui provoque un grand dégoût. SYN. abject, horrible, ignoble, infâme, infect, monstrueux, nauséabond, repoussant, répugnant, sordide –LITTÉRAIRE: nauséeux.

hier *adverbe*

/ Le jour qui précède celui où l'on est. CONTR. *aujourd'hui, demain.*

/ Il y a peu de temps. SYN. dernièrement, récemment. CONTR. *actuellement, aujourd'hui, de nos jours, maintenant.*

hiérarchie *nom féminin*

/ Organisation en classement. SYN. classement, classification, échelle, éventail.

hiérarchiser *verbe*

/ Organiser selon une hiérarchie. SYN. classer, classifier, inventorier, répertorier.

hiératique *adjectif*

/ Conforme à une tradition liturgique. SYN. religieux, sacerdotal, sacré.

/ Empreint de solennité. SYN. cérémonieux, figé, majestueux, solennel –LITTÉRAIRE: olympien.

hilarant *adjectif*

/ Qui provoque le rire. SYN. à mourir de rire, amusant, comique, désopilant, drôle, inénarrable, plaisant –FAMILIER: cocasse, crevant, impayable, marrant, roulant, tordant –POPULAIRE: à pisser de rire, bidonnant, fendant, gondolant. CONTR. *funèbre, grave, lugubre, macabre, morne, mortel, sinistre, tragique, triste* –FAMILIER: *cafardeux, glauque.*

hilare *adjectif*

/ Qui manifeste une joie béate. SYN. épanoui, gai, jovial, joyeux, radieux, réjoui, rieur. CONTR. *affligé, attristé, malheureux, mécontent, triste* –LITTÉRAIRE: *chagrin.*

hilarité *nom féminin*

/ Mouvement subit de gaieté. SYN. allégresse, gaieté, joie, jubilation –LITTÉRAIRE: liesse. CONTR. *abattement, affliction, mélancolie, peine, tristesse.*

hirsute *adjectif*

/ Qui a les cheveux hérissés. SYN. ébouriffé, échevelé, hérissé, rebroussé, touffu.

hisser *verbe*

/ Mettre plus haut. SYN. élever, lever, monter, porter, soulever. CONTR. *baisser, descendre, surbaisser.*

hisser (se) *verbe pronominal*

/ Monter sur un lieu élevé. SYN. ascensionner, escalader, gravir, grimper, monter. CONTR. *descendre.*

/ Arriver à une position élevée. SYN. monter, se hausser, s'élever –LITTÉRAIRE: parvenir. CONTR. *descendre, s'abaisser, s'avilir, se déclasser* –LITTÉRAIRE: *déchoir.*

histoire *nom féminin*

/ Ensemble d'événements. SYN. biographie, chronologie, existence, fait, passé, vie.

/ Récit inventé. SYN. anecdote, conte, historiette, invention.

/ Aventure que l'on raconte. SYN. affaire, aventure, mésaventure, problème.

/ Propos mensongers. SYN. balivernes, fable, mensonge, mythe, roman, sornettes –FAMILIER: bateau, blague, bobard, boniment, salades –POPULAIRE: craque. CONTR. *vérité.*

/ FAMILIER. Ensemble de faits fâcheux. SYN. accroc, complication, difficulté, problème –FAMILIER: anicroche, comédie.

histoires *nom féminin pluriel*

/ FAMILIER. Difficultés suscitées. SYN. complications, embarras, ennuis.

/ FAMILIER. Attitude maniérée. SYN. façons, manières –FAMILIER: chichis.

historié *adjectif*

/ Décoré de scènes. SYN. décoré, enjolivé, ornementé, rehaussé. CONTR. *nu.*

historier *verbe*

/ Mettre des éléments décoratifs sur. SYN. agrémenter, décorer, enjoliver, illustrer, ornementer, rehausser.

historiette *nom féminin*

/ Petit récit plaisant. SYN. anecdote, conte, histoire, invention, nouvelle.

historique *adjectif*

/ Attesté par l'histoire. SYN. attesté, établi, réel, véridique, véritable, vrai. CONTR. *fantaisiste, fantastique, imaginaire, légendaire, mythique, romanesque* –LITTÉRAIRE: *fabuleux.*

/ Resté célèbre dans l'histoire. SYN. célèbre, connu, glorieux, illustre, mémorable, notoire, renommé –LITTÉRAIRE: fameux. CONTR. *ignoré, inconnu, obscur.*

historique *nom masculin*

/ Exposé chronologique de faits. SYN. compte-rendu, exposé, narration, récit, relation.

histrion *nom masculin*

/ LITTÉRAIRE. Personne qui se donne en spectacle. SYN. bouffon, cabotin, clown, comédien, pitre.

hobby *nom masculin*

/ Occupation favorite. SYN. loisir, passe-temps, passion, violon d'Ingres –FAMILIER: dada, tocade, toquade.

hocher *verbe*

/ Remuer la tête. SYN. branler, remuer, secouer.

hochet *nom masculin*

/ LITTÉRAIRE. Chose futile qui amuse. SYN. bagatelle, frivolité, futilité –FAMILIER: amusette.

home *nom masculin*

/ Lieu où l'on habite. SYN. bercail, chez-soi, domicile, foyer, intérieur, nid, toit.

homélie *nom féminin*

/ Prédication religieuse. SYN. prêche, prédication, prône, sermon.

/ LITTÉRAIRE. Livre, discours ennuyeux. SYN. sermon –FAMILIER: laïus, speech –VIEUX: prêche.

homérique *adjectif*

/ FAMILIER. Se dit de ce qui est fabuleux. SYN. extraordinaire, fantastique, fou, héroïque, phénoménal –FAMILIER: épique.

homicide *adjectif*

/ Qui veut tuer. SYN. criminel, meurtrier –LITTÉRAIRE: assassin.

homicide *nom*

/ LITTÉRAIRE. Personne qui a tué. SYN. assassin, criminel, meurtrier, tueur –LITTÉRAIRE: sicaire.

homicide *nom masculin*

/ Action de tuer un être humain. SYN. assassinat, attentat, crime, meurtre –LITTÉRAIRE: forfait.

hommage *nom masculin*

/ Marque de respect. SYN. considération, égards, estime –LITTÉRAIRE: encens. CONTR. *affront.*

hommages *nom masculin pluriel*

/ Respects exprimés à quelqu'un. SYN. compliments, devoirs, respects, salutations –LITTÉRAIRE: civilités.

homme *nom masculin*

/ Être humain. SYN. âme, créature, être, individu, mortel, personne –FAMILIER: bipède.

/ Individu du sexe masculin. SYN. mâle, monsieur, quidam –FAMILIER: bonhomme, gars, particulier, type –POPULAIRE: gus, gusse, mec, zig, zigue. CONTR. *femme.*

homogène *adjectif*

/ Dont les éléments sont en harmonie. SYN. cohérent, harmonieux, uni, uniforme. CONTR. *bigarré, composite, disparate, divers, hétéroclite, hétérogène, hybride, mélangé, mêlé, panaché, varié.*

homogénéité *nom féminin*

/ Qualité de ce qui est homogène. SYN. cohérence, cohésion, harmonie, régularité, uniformité, unité. CONTR. *bigarrure, différence, disparité, dissemblance, dissimilitude, diversité, hétérogénéité.*

homologation *nom féminin*

/ Action d'homologuer. SYN. confirmation, entérinement, ratification, validation.

homologue *adjectif*

/ Qui correspond à. SYN. concordant, correspondant, équivalent.

homologuer *verbe*

/ Déclarer conforme à une règle. SYN. confirmer, entériner, ratifier, sanctionner, valider.

homoncule ou **homuncule** *nom masculin*

/ FAMILIER. Homme très petit. SYN. avorton, gnome, nabot, nain –FAMILIER: microbe –VIEUX: pygmée. CONTR. *colosse, géant, hercule.*

honnête *adjectif*

/ Qui agit avec droiture. SYN. bien, bienséant, brave, consciencieux, désintéressé, droit, estimable, fair-play, fiable, franc, incorruptible, intègre, irréprochable, loyal, moral, pur, sage, scrupuleux, sérieux, sport –FAMILIER: régulier –LITTÉRAIRE: civil, probe, vertueux. CONTR. *captieux, corruptible, débauché, déloyal, dépravé, dévergondé, douteux, immoral, indélicat, interlope, malhonnête, perverti, vénal, véreux* –FAMILIER: *combinard, vendu* –LITTÉRAIRE: *corrompu, déshonnête, dissolu, fallacieux, tortu.*

/ Situé à un niveau moyen. SYN. acceptable, avouable, confortable, convenable, correct, décent, équitable, honorable, moyen, passable, raisonnable, satisfaisant, suffisant. CONTR. *abusif, exagéré, excessif, fabuleux, fantastique, fort, insensé.*

honnêtement *adverbe*

/ De façon honnête. SYN. intègrement, loyalement, moralement, proprement, vertueusement –LITTÉRAIRE: irréprochablement. CONTR. *malhonnêtement, salement.*

/ De façon convenable. SYN. bien, convenablement, correctement, décemment, honorablement, raisonnablement.

honnêteté *nom féminin*

- Comportement honnête. SYN. bienséance, bonne foi, conscience, dignité, droiture, équité, honorabilité, incorruptibilité, intégrité, loyauté, morale, moralité, probité, pureté, rectitude, sincérité. CONTR. *corruption, déloyauté, duplicité, hardiesse, immoralité, indélicatesse, malhonnêteté, mauvaise foi, vénalité* –LITTÉRAIRE: *improbité, infidélité.*

honneur *nom masculin*

- Sentiment de fierté. SYN. dignité, orgueil –LITTÉRAIRE: fierté. CONTR. *abjection, déshonneur, infamie.*
- LITTÉRAIRE. Vertu d'une femme. SYN. honnêteté, pureté, vertu. CONTR. *dépravation, honte, légèreté* –LITTÉRAIRE: *turpitude.*
- Renom dont jouit quelqu'un. SYN. avantage, distinction, gloire, mérite. CONTR. *affront, avilissement, déchéance, dépravation, déshonneur.*

honnir *verbe*

- LITTÉRAIRE. Vouer au mépris. SYN. abominer, détester, exécrer, haïr –FAMILIER: vomir –LITTÉRAIRE: abhorrer, vilipender. CONTR. *aduler, chérir, honorer, idolâtrer, vénérer* –LITTÉRAIRE: *encenser, flagorner, louanger.*

honorabilité *nom féminin*

- Qualité de quelqu'un d'honorable. SYN. dignité, droiture, honnêteté, intégrité, probité, respectabilité.

honorable *adjectif*

- Qui est digne d'estime. SYN. consciencieux, considéré, estimable, honnête, moral, recommandable, respectable. CONTR. *abject, dégoûtant, laid, malpropre, méprisable, vilain* –LITTÉRAIRE: *vil.*
- Qui attire la considération. SYN. bien, digne, louable, méritoire, respecté, vénérable –FAMILIER: beau. CONTR. *abaissant, avilissant, honteux, inavouable, indigne, infamant, rabaissant.*
- Qui atteint un bon niveau. SYN. acceptable, avouable, confortable, convenable, correct, honnête, moyen, satisfaisant –FAMILIER: potable. CONTR. *excellent, parfait.*

honorablement *adverbe*

- De façon honorable. SYN. dignement, honnêtement, moralement, respectueusement. CONTR. *bassement, indignement* –LITTÉRAIRE: *vilainement, vilement.*
- De manière suffisante. SYN. avantageusement, bien, convenablement, honnêtement.

honorer *verbe*

- Montrer du respect à quelqu'un. SYN. adorer, célébrer, flatter, glorifier, vénérer –LITTÉRAIRE: magnifier, révérer. CONTR. *bafouer, blasphémer, déshonorer, humilier, maudire, profaner* –LITTÉRAIRE: *flétrir, honnir.*
- Tenir quelque chose en estime. SYN. apprécier, considérer, estimer, faire grand cas de, respecter –LITTÉRAIRE: priser. CONTR. *dénigrer, déprécier, discréditer, mépriser.*

honorer (s') *verbe pronominal*

- Être fier de quelque chose. SYN. se flatter, se glorifier, se prévaloir, se targuer de, s'enorgueillir.

honte *nom féminin*

- Sentiment de gêne. SYN. confusion, embarras, gêne, pudeur, retenue. CONTR. *audace.*
- Action condamnable. SYN. ignominie, infamie, scandale.
- Sentiment d'humiliation. SYN. affront, déshonneur, humiliation –LITTÉRAIRE: flétrissure, opprobre, turpitude, vilenie. CONTR. *gloire, honneur, orgueil.*

honteusement *adverbe*

- D'une manière honteuse. SYN. abjectement, bassement, ignoblement, indignement, sordidement –LITTÉRAIRE: vilainement, vilement. CONTR. *dignement, noblement.*

honteux *adjectif*

- Qui éprouve de la honte. SYN. confus, craintif, humilié, timide –FAMILIER: penaud –LITTÉRAIRE: contrit, sot. CONTR. *audacieux, fier, franc, orgueilleux.*
- Qui est cause de honte. SYN. abject, affreux, avilissant, bas, coupable, dégoûtant, dégradant, déshonorant, ignoble, immonde, inavouable, infamant, infâme, laid, rabaissant, révoltant, scandaleux, vilain –LITTÉRAIRE: ignominieux, vil. CONTR. *avouable, glorieux, honorable, noble* –FAMILIER: *beau.*

horde *nom féminin*

- Troupe d'animaux sauvages. SYN. bande, colonie, compagnie, harde, meute, troupeau.
- Troupe nombreuse. SYN. armée, bande, bataillon, cohue, foule, légion, multitude, my-

riade, nuée, ramassis, troupeau –FAMILIER: armada, cohorte, flopée, foultitude, régiment, tripotée –LITTÉRAIRE: essaim.

horizon *nom masculin*

/ Étendue de terre et de ciel. SYN. panorama, paysage, perspective, point de vue, site, vue.

horizontalité *nom féminin*

/ État de ce qui est horizontal. CONTR. *déclivité, inclinaison, pente, verticalité.*

horloge *nom féminin*

/ Appareil horaire fixe. SYN. carillon, cartel, coucou, pendule.

hormis *préposition*

/ À l'exception de. SYN. à l'exclusion de, à part, abstraction faite de, compte non tenu de, en dehors de, excepté, sauf –LITTÉRAIRE: fors, hors. CONTR. *inclus, y compris.*

horreur *nom féminin*

/ Sentiment d'effroi. SYN. épouvante, frayeur, panique, peur, phobie, terreur –LITTÉRAIRE: affres.

/ Sentiment de dégoût. SYN. aversion, dégoût, haine, phobie, répugnance, répulsion –LITTÉRAIRE: abomination, exécration. CONTR. *admiration, amour, goût, prédilection* –LITTÉRAIRE: *appétit.*

/ LITTÉRAIRE. Caractère horrible. SYN. abjection, atrocité, ignominie, infamie, laideur, monstruosité, noirceur –LITTÉRAIRE: hideur. CONTR. *appât, grâce.*

/ FAMILIER. Personne très laide. SYN. laideron, monstre –POPULAIRE: mocheté.

horreurs *nom féminin pluriel*

/ Propos ou actes affreux. SYN. abominations, atrocités, calomnies, infamies, médisances, obscénités –LITTÉRAIRE: vilenies –POPULAIRE: cochonneries. CONTR. *gentillesses.*

horrible *adjectif*

/ Qui cause de l'effroi. SYN. effrayant, effroyable, épouvantable, horrifiant, sinistre, terrible, terrifiant –LITTÉRAIRE: horrifique.

/ Qui suscite le dégoût. SYN. abject, abominable, affreux, atroce, hideux, ignoble, infâme, infect, inqualifiable, monstrueux, odieux, révoltant –LITTÉRAIRE: exécrable. CONTR. *admirable, charmant.*

/ Qui est très laid. SYN. abominable, affreux, hideux, laid, misérable, monstrueux, vilain –FAMILIER: atroce, moche. CONTR. *beau, joli, magnifique, ravissant, superbe.*

/ Qui est très mauvais. SYN. abominable, exécrable, infect, lamentable, mauvais –FAMILIER: déplorable, satané. CONTR. *agréable, délicieux, enchanteur, exquis, succulent.*

horriblement *adverbe*

/ De manière horrible. SYN. abjectement, abominablement, affreusement, atrocement, épouvantablement, hideusement, ignoblement, monstrueusement, odieusement –LITTÉRAIRE: vilainement, vilement. CONTR. *admirablement, délicieusement, divinement, magnifiquement, merveilleusement* –LITTÉRAIRE: *sublimement.*

/ À un très haut degré. SYN. abominablement, affreusement, beaucoup, bien, effroyablement, épouvantablement, exceptionnellement, excessivement, extraordinairement, extrêmement, follement, fort, fortement, incroyablement, infiniment, monstrueusement, mortellement, parfaitement, particulièrement, prodigieusement, profondément, puissamment, terriblement, très, trop, vertigineusement –FAMILIER: atrocement, bigrement, bougrement, diablement, drôlement, fameusement, fichtrement, fichûment, formidablement, joliment, méchamment, rudement, tout plein –LITTÉRAIRE: diantrement, furieusement –POPULAIRE: foutrement, salement, vachement –VIEUX: fièrement. CONTR. *aucunement, faiblement, médiocrement, modérément, peu.*

horrifiant *adjectif*

/ Qui cause de l'horreur. SYN. affreux, effroyable, épouvantable, horrible, monstrueux, terrible, terrifiant –FAMILIER: cauchemardesque, cauchemardeux –LITTÉRAIRE: horrifique.

horrifier *verbe*

/ Remplir d'horreur. SYN. affoler, effaroucher, effrayer, épouvanter, scandaliser, terrifier, terroriser. CONTR. *rassurer, tranquilliser* –LITTÉRAIRE: *rasséréner.*

horrifique *adjectif*

/ LITTÉRAIRE. Qui cause l'horreur. SYN. affreux, effroyable, épouvantable, horrible, horrifiant, monstrueux, terrible, terrifiant –FAMILIER: cauchemardesque, cauchemardeux.

horripilant *adjectif*

/ FAMILIER. Qui cause de l'énervement. SYN. agaçant, énervant, exaspérant, excédant, insupportable, irritant – FAMILIER : crispant, enrageant, rageant. CONTR. *apaisant, calmant.*

horripilation *nom féminin*

/ FAMILIER. État d'irritation extrême. SYN. agacement, crispation, énervement, exaspération, irritation – LITTÉRAIRE : hérissement. CONTR. *calme, flegme, sérénité.*

horripiler *verbe*

/ FAMILIER. Mettre hors de soi. SYN. agacer, crisper, énerver, exaspérer, excéder, hérisser, impatienter, indisposer, irriter – FAMILIER : insupporter – POPULAIRE : gonfler.

hors *préposition*

/ LITTÉRAIRE. À l'exclusion de. SYN. à l'exception de, à part, abstraction faite de, en dehors de, excepté, hormis, sauf – LITTÉRAIRE : fors.

hors-la-loi *nom masculin*

/ Individu qui se met hors la loi. SYN. bandit, exilé, malfaiteur, outlaw, proscrit, rebelle – LITTÉRAIRE : réprouvé – POPULAIRE : malfrat.

hospitalier *adjectif*

/ Qui pratique l'hospitalité. SYN. accueillant, affable, avenant, convivial – LITTÉRAIRE : amène. CONTR. *froid, glacial, inhospitalier.*

/ LITTÉRAIRE. Qui a un aspect engageant. SYN. abordable, habitable. CONTR. *inhabitable, inhospitalier.*

hospitalité *nom féminin*

/ Capacité à faire bon accueil. SYN. accueil, affabilité, bienveillance – LITTÉRAIRE : aménité.

hostile *adjectif*

/ Qui se conduit en ennemi. SYN. agressif, antagoniste, ennemi, haineux, inamical, malveillant, mauvais, menaçant. CONTR. *ami, amical, bienveillant, cordial, engageant, fraternel, sympathique.*

/ Qui manifeste son désaccord. SYN. contraire, défavorable, fermé, opposé, rebelle. CONTR. *enclin, favorable, propice.*

/ LITTÉRAIRE. Qui semble contraire à l'homme. SYN. ingrat, inhospitalier, inhumain, néfaste. CONTR. *accueillant, engageant.*

hostilité *nom féminin*

/ Fait d'être hostile. SYN. agressivité, animosité, antipathie, aversion, haine, inimitié, malveillance, rancune, ressentiment – LITTÉRAIRE : animadversion, fiel, venin. CONTR. *adoration, affection, amitié, amour, appui, bienveillance, complaisance, concorde, cordialité, fraternisation, sympathie, tendresse.*

hostilités *nom féminin pluriel*

/ Opérations de guerre. SYN. actions, bataille, combats, conflit, guerre. CONTR. *armistice, paix, trêve.*

hôte *nom*

/ Personne qui reçoit quelqu'un. SYN. maître de maison, maîtresse de maison – LITTÉRAIRE : amphitryon.

hôte *nom*

/ Personne reçue chez quelqu'un. SYN. convive, invité, visiteur – LITTÉRAIRE : commensal.

houleux *adjectif*

/ Qui est en proie à l'agitation. SYN. agité, mouvementé, orageux, tourmenté, troublé – LITTÉRAIRE : tempétueux, tourbillonnant, tumultueux. CONTR. *calme, paisible, tranquille.*

/ Agité par la houle. SYN. agité, déchaîné, démonté. CONTR. *immobile, serein.*

houppe *nom féminin*

/ Assemblage de poils. SYN. aigrette, crête, floche, flocon, huppe, mèche, panache, pompon.

/ Touffe de cheveux. SYN. houppette, toupet.

hourra *nom masculin*

/ Cri d'acclamation. SYN. acclamation, ovation, vivat. CONTR. *huée, sifflet, tollé.*

hourvari *nom masculin*

/ LITTÉRAIRE. Agitation confuse. SYN. bruit, charivari, tapage, tintamarre, vacarme – FAMILIER : boucan, chahut, chambard, raffut, tintouin, tohu-bohu – POPULAIRE : barouf, baroufe, ramdam – VIEUX : sabbat.

houspiller *verbe*

/ Réprimander vivement. SYN. gronder, malmener, rabrouer, reprendre, réprimander, sermonner – FAMILIER : attraper, enguirlander, remballer, rembarrer, tarabuster – LITTÉ-

RAIRE: admonester, flageller, fustiger, gourmander, quereller, semoncer, tancer –POPULAIRE: engueuler.

huée *nom féminin*

/ Cri de réprobation. SYN. clameur, cri, sifflet, tollé –FAMILIER: chahut. CONTR. *acclamation, applaudissement, bravo, hourra, ovation, vivat.*

huer *verbe*

/ Accueillir par des huées. SYN. conspuer, crier haro sur, invectiver, siffler –FAMILIER: chahuter. CONTR. *acclamer, applaudir, ovationner.*

huile *nom féminin*

/ POPULAIRE. Personnage important. SYN. puissant –FAMILIER: gros, gros bonnet, grosse légume, légume. CONTR. *petit.*

huiler *verbe*

/ Imprégner d'huile. SYN. enduire, graisser, lubrifier –LITTÉRAIRE: oindre.

huileux *adjectif*

/ De la nature de l'huile. SYN. graisseux, gras, onctueux, poisseux, visqueux. CONTR. *sec.*

humain *adjectif*

/ Qui est sensible à la pitié. SYN. bienveillant, bon, charitable, clément, compatissant, compréhensif, doux, généreux, humanitaire, indulgent, philanthrope, sensible, tendre –LITTÉRAIRE: bienfaisant, miséricordieux, secourable. CONTR. *barbare, bestial, brutal, cruel, égoïste, féroce, inhumain, malintentionné, mauvais, méchant, sauvage* –FAMILIER: *chien.*

humain *nom masculin*

/ LITTÉRAIRE. Être humain. SYN. âme, créature, être, homme, individu, mortel, personne.

humainement *adverbe*

/ D'une façon humaine. SYN. charitablement, généreusement –LITTÉRAIRE: miséricordieusement. CONTR. *brutalement, cruellement, égoïstement, inhumainement, méchamment, sauvagement.*

humaniser *verbe*

/ Donner un caractère plus humain à. SYN. adoucir, civiliser. CONTR. *durcir.*

/ Rendre plus compatissant. SYN. apitoyer, apprivoiser, attendrir, civiliser, dégrossir, désarmer, fléchir, toucher –LITTÉRAIRE: policer. CONTR. *déshumaniser* –LITTÉRAIRE: *raidir.*

humaniser (s') *verbe pronominal*

/ Devenir plus humain. SYN. s'adoucir, s'attendrir, s'émouvoir. CONTR. *se durcir, se raidir.*

humanitaire *adjectif*

/ Qui cherche le bien de l'humanité. SYN. altruiste, bon, charitable, généreux, humain, philanthrope. CONTR. *égocentrique, égocentriste, égoïste, individualiste* –LITTÉRAIRE: *misanthrope.*

humanité *nom féminin*

/ Disposition à la compassion. SYN. altruisme, bonté, charité, désintéressement, générosité, indulgence, philanthropie, pitié, sensibilité –LITTÉRAIRE: clémence, compassion, miséricorde. CONTR. *atrocité, barbarie, bestialité, cruauté, inhumanité, insensibilité, sauvagerie.*

humble *adjectif*

/ Qui montre de l'humilité. SYN. déférent, effacé, falot, modeste, plat, respectueux, timide, timoré –LITTÉRAIRE: révérencieux. CONTR. *arrogant, audacieux, avantageux, condescendant, conquérant, dédaigneux, doctoral, dominateur, effronté, faraud, fier, glorieux, hardi, hautain, impératif, impertinent, impudent, infatué, orgueilleux, ostentatoire, pédant, prétentieux, rogue, supérieur, théâtral, vaniteux* –FAMILIER: *bêcheur, crâneur, fiérot* –LITTÉRAIRE: *altier, fat, insolent, pompeux, vain.*

/ Qui est de condition modeste. SYN. pauvre, petit, simple –VIEUX: besogneux. CONTR. *beau, cossu, grand, gros, luxueux, puissant, riche, somptueux* –LITTÉRAIRE: *pompeux.*

/ Qui dénote une situation médiocre. SYN. bas, inférieur, obscur, ordinaire, petit, subalterne. CONTR. *ambitieux, brillant, haut, illustre, important.*

humblement *adverbe*

/ Avec humilité. SYN. modestement, respectueusement. CONTR. *audacieusement, effrontément, fièrement, hardiment, pompeusement, prétentieusement.*

humecter *verbe*

/ Mouiller légèrement. SYN. arroser, asperger, humidifier, imbiber, imprégner, irriguer, mouiller. CONTR. *sécher.*

humer *verbe*

/ Absorber par le nez. SYN. aspirer, inhaler, respirer. CONTR. *exhaler, expirer.*

/ LITTÉRAIRE. Respirer une odeur. SYN. flairer, renifler, sentir.

humeur *nom féminin*

/ Disposition affective. SYN. caractère, état d'esprit, nature, naturel, tempérament.

humide *adjectif*

/ Qui est imprégné d'un liquide. SYN. détrempé, embrumé, embué, humecté, imbibé, moite, mouillé, suintant, trempé. CONTR. *aride, desséché, sec.*

humidifier *verbe*

/ Rendre humide. SYN. humecter, imbiber, imprégner, irriguer, mouiller, tremper. CONTR. *assécher, dessécher, sécher.*

humidité *nom féminin*

/ Teneur en vapeur d'eau. SYN. degré d'hygrométrie, état hygrométrique. CONTR. *aridité, sécheresse, siccité.*

humiliant *adjectif*

/ Qui humilie. SYN. abaissant, accablant, avilissant, blessant, dégradant, déshonorant, infamant, mortifiant, offensant, outrageant, rabaissant, vexant, vexatoire. CONTR. *exaltant, excitant, flatteur, glorieux.*

humiliation *nom féminin*

/ Sentiment de celui qui est humilié. SYN. abaissement, aplatissement, avilissement, confusion, honte, mortification. CONTR. *exaltation, fierté, glorification, orgueil, relèvement, satisfaction* – LITTÉRAIRE : *élévation.*

/ Acte, situation qui humilie. SYN. affront, gifle, mortification, offense, vexation – LITTÉRAIRE : avanie, camouflet, soufflet. CONTR. *flatterie* – LITTÉRAIRE : *encens.*

humilié *adjectif*

/ Qui a subi une humiliation. SYN. confus, honteux, mortifié, outragé, penaud, vexé – LITTÉRAIRE : offensé. CONTR. *content, glorieux, orgueilleux, satisfait* – LITTÉRAIRE : *fier.*

humilier *verbe*

/ Atteindre quelqu'un dans sa dignité. SYN. abaisser, accabler, avilir, blesser, brimer, confondre, dégrader, fouler aux pieds, mortifier, offenser, ravaler, vexer – FAMILIER : aplatir – LITTÉRAIRE : rabaisser, souffleter. CONTR. *glorifier, honorer, louer, respecter* – LITTÉRAIRE : *révérer.*

humilier (s') *verbe pronominal*

/ Avoir une attitude servile. SYN. être à plat ventre, ramper, s'abaisser, se rabaisser, s'incliner – FAMILIER : s'aplatir – LITTÉRAIRE : se courber, se prosterner. CONTR. *se faire valoir, se glorifier, se vanter, s'enorgueillir* – FAMILIER : *se faire mousser.*

humilité *nom féminin*

/ Fait de ne pas se mettre en avant. SYN. modestie, petitesse, pudeur, simplicité – LITTÉRAIRE : effacement. CONTR. *ambition, amour-propre, arrogance, audace, autorité, bravade, condescendance, cuistrerie, effronterie, fatuité, hauteur, impertinence, insolence, morgue, orgueil, ostentation, présomption, prétention, suffisance, supériorité, vanité* – LITTÉRAIRE : *fierté, forfanterie, outrecuidance, superbe.*

humour *nom masculin*

/ Marque d'un esprit qui s'amuse. SYN. esprit, ironie, sel.

/ Caractère de ce qui est drôle. SYN. bouffonnerie, cocasserie, comique, drôlerie. CONTR. *gravité, sérieux, tristesse.*

huppé *adjectif*

/ D'un rang social élevé. SYN. cossu, fortuné, opulent, privilégié, riche. CONTR. *indigent, modeste, pauvre.*

hurlement *nom masculin*

/ Cri violent et prolongé. SYN. aboiement, braillement, clameur, cri, éclat, vocifération – FAMILIER : beuglement.

/ LITTÉRAIRE. Son aigu et prolongé. SYN. grondement, rugissement – LITTÉRAIRE : mugissement.

hurler *verbe intransitif*

/ Émettre des cris violents. SYN. fulminer, rugir – FAMILIER : beugler, brailler – LITTÉRAIRE : mugir – POPULAIRE : bramer, gueuler. CONTR. *chuchoter, marmonner* – FAMILIER : *maronner.*

/ Parler, chanter en criant. SYN. crier, s'égosiller, s'époumoner, s'exclamer, tempêter, tonitruer, tonner –FAMILIER: aboyer –POPULAIRE: gueuler.
/ Contraster violemment. SYN. détonner, jurer, trancher –POPULAIRE: gueuler. CONTR. *correspondre, s'accorder, s'associer, s'harmoniser.*

hurler *verbe transitif*
/ Dire des choses en criant. SYN. clamer, vociférer –FAMILIER: aboyer, beugler, brailler –LITTÉRAIRE: éructer –POPULAIRE: gueuler. CONTR. *chuchoter, murmurer, susurrer.*

hurleur *adjectif*
/ Qui hurle. SYN. criard, hurlant –FAMILIER: braillard, brailleur –POPULAIRE: gueulard. CONTR. *silencieux.*

hurluberlu *nom masculin*
/ FAMILIER. Personne extravagante. SYN. écervelé, étourdi, évaporé, excentrique, extravagant, fantaisiste, farfelu –FAMILIER: étourneau, foufou. CONTR. *sage.*

hutte *nom féminin*
/ Abri sommaire. SYN. cabane, cahute, case, loge, paillote –FAMILIER: bicoque –POPULAIRE: gourbi.

hybride *adjectif*
/ Se dit d'un animal issu d'un croisement. SYN. bâtard, croisé, mâtiné, métis, métissé. CONTR. *pur, racé.*
/ Composé d'éléments disparates. SYN. composite, disparate, divers, hétéroclite, hétérogène, mélangé, mêlé, mixte, panaché, varié. CONTR. *homogène, uniforme.*

hygiénique *adjectif*
/ Bon pour la santé. SYN. bon, sain, salubre, salutaire. CONTR. *antihygiénique, malsain, nocif.*

hymen *nom masculin*
/ LITTÉRAIRE. Cérémonie de mariage. SYN. noce –LITTÉRAIRE: hyménée –VIEUX: épousailles.

hyperbolique *adjectif*
/ Plein d'emphase. SYN. ampoulé, boursouflé, déclamatoire, emphatique, exagéré, grandiloquent, pompeux.

hyperémotif *adjectif*
/ Qui montre de l'hyperémotivité. SYN. hypernerveux, hypersensible, impressionnable, nerveux. CONTR. *apathique, froid, indifférent, insensible, lymphatique.*

hyperémotivité *nom féminin*
/ Grande émotivité. SYN. hypersensibilité –LITTÉRAIRE: impressionnabilité. CONTR. *apathie, froideur, indifférence, insensibilité.*

hypersensibilité *nom féminin*
/ Sensibilité extrême. SYN. émotivité, hyperémotivité –LITTÉRAIRE: impressionnabilité. CONTR. *apathie, ataraxie, froideur, impassibilité, indifférence, insensibilité.*

hypersensible *adjectif*
/ Qui est très sensible. SYN. émotif, hyperémotif, impressionnable, sensitif, susceptible –FAMILIER: émotionnable. CONTR. *apathique, froid, impassible, indifférent, insensible, lymphatique* –FAMILIER: *sans-cœur.*

hypertrophie *nom féminin*
/ Développement excessif. SYN. démesure, exagération, excès, outrance. CONTR. *atrophie, mesure, modération.*

hypertrophié *adjectif*
/ Atteint d'hypertrophie. SYN. dilaté, distendu, enflé, gonflé. CONTR. *atrophié.*

hypnotique *adjectif et nom*
/ Qui provoque le sommeil. SYN. narcotique, somnifère –VIEUX: soporifique. CONTR. *excitant, stimulant.*

hypnotiser *verbe*
/ Soumettre à l'hypnose. SYN. ensorceler, envoûter –LITTÉRAIRE: charmer, magnétiser.
/ Obséder quelqu'un. SYN. captiver, éblouir, ensorceler, envoûter, fasciner, hanter, obnubiler, obséder, tracasser, travailler –FAMILIER: turlupiner.

hypocrisie *nom féminin*
/ Attitude de dissimulation. SYN. déloyauté, dissimulation, duplicité, fausseté, fourberie, mauvaise foi –LITTÉRAIRE: insincérité, papelardise, patelinage, patelinerie, perfidie, pharisaïsme, sournoiserie, tartuferie, tartufferie –VIEUX: jésuitisme. CONTR. *bonne foi, candeur, droiture, franchise, loyauté, rectitude, sincérité* –LITTÉRAIRE: *véracité.*

/ Action, parole trompeuse. SYN. comédie, mascarade, mensonge, singerie, tromperie – LITTÉRAIRE : fourberie, imposture, perfidie, sournoiserie.

hypocrite *adjectif*

/ Qui fait preuve d'hypocrisie. SYN. affecté, chafouin, déloyal, dissimulateur, dissimulé, faux, feint, fourbe, jésuite, mensonger, mielleux, perfide, simulé, sournois, tortueux – LITTÉRAIRE : artificieux, benoît, cafard, cauteleux, fallacieux, patelin, tortu, trompeur. CONTR. *candide, direct, droit, franc, loyal, réel, sincère* – LITTÉRAIRE : *vrai.*

hypocrite *nom*

/ Personne fourbe. SYN. comédien, fourbe, imposteur, jésuite, perfide, tartufe, tartuffe – FAMILIER : faux jeton – LITTÉRAIRE : cafard, cagot, pharisien, traître – POPULAIRE : faux cul, faux derche.

hypocritement *adverbe*

/ De façon hypocrite. SYN. en dessous, en douce, faussement, mine de rien, sans en avoir l'air, sournoisement, subrepticement, tortueusement. CONTR. *à découvert, candidement, franchement, loyalement, nettement, sincèrement, vrai.*

hypothèse *nom féminin*

/ Point de départ d'un raisonnement. SYN. postulat, prémisse, principe, théorie. CONTR. *conclusion, expérience, réalité, vérification.*

/ Proposition d'explication. SYN. cas, conjecture, éventualité, idée, possibilité, préjugé, présomption, prévision, probabilité, supposition, supputation. CONTR. *assurance, certitude, évidence, fait.*

hypothétique *adjectif*

/ Qui n'est pas certain. SYN. aléatoire, conjectural, discutable, douteux, improbable, incertain, problématique. CONTR. *assuré, automatique, avéré, certain, effectif, évident, flagrant, incontestable, indiscutable, indubitable, manifeste, palpable, positif, sûr, visible.*

hystérie *nom féminin*

/ État d'excitation. SYN. délire, effervescence, exaltation, fièvre, frénésie, fureur, furie, surexcitation.

hystérique *adjectif*

/ Qui est très excité. SYN. déchaîné, excité, frénétique, furieux, nerveux, surexcité, survolté. CONTR. *calme, impassible, imperturbable, paisible, posé.*

idéal *adjectif*

/ Qui n'existe qu'en idée. SYN. abstrait, imaginaire, théorique. CONTR. *concret, matériel, réel.*

/ Qui possède toutes les qualités. SYN. absolu, angélique, complet, consommé, idyllique, merveilleux, parfait, privilégié, rêvé, sublime, suprême, unique –FAMILIER: sensationnel –LITTÉRAIRE: souverain, surnaturel. CONTR. *abominable, détestable, imparfait, relatif, vulgaire.*

idéal *nom masculin*

/ Ce qui donne entière satisfaction. SYN. bonheur –LITTÉRAIRE: félicité.

/ Modèle de perfection absolue. SYN. but, rêve, utopie. CONTR. *réalité, réel.*

/ Ce qui apparaît comme un modèle. SYN. archétype, exemple, modèle, prototype, spécimen, type –LITTÉRAIRE: parangon.

idéalisation *nom féminin*

/ Action d'idéaliser. SYN. exaltation, glorification. CONTR. *atténuation.*

idéaliser *verbe*

/ Donner un caractère idéal à. SYN. diviniser, embellir, ennoblir, exalter, flatter, glorifier, grandir, rehausser –LITTÉRAIRE: magnifier, spiritualiser, sublimer, transcender. CONTR. *abaisser, noircir, ravaler, ternir* –LITTÉRAIRE: *rabaisser, rabattre.*

idéalisme *nom masculin*

/ Fait d'aspirer à un idéal élevé. SYN. illusion, rêve, utopie. CONTR. *réalisme.*

idéaliste *nom*

/ Personne qui croit à un idéal. SYN. idéologue, illuminé, poète, rêveur, utopiste –LITTÉRAIRE: songe-creux.

idée *nom féminin*

/ Représentation abstraite. SYN. abstraction, concept, notion. CONTR. *fait, forme.*

/ Toute élaboration de l'esprit. SYN. illumination, inspiration, intention, intuition, plan, pressentiment, projet, trouvaille.

/ Manière personnelle de voir. SYN. appréciation, avis, conception, connaissance, croyance, jugement, notion, opinion, philosophie, point de vue, position, sentiment, théorie, thèse, vue.

/ Ce qui doit être envisagé par l'esprit. SYN. hypothèse, perspective, possibilité, probabilité.

/ Vision sommaire de quelque chose. SYN. aperçu, avant-goût, échantillon, exemple, image.

/ Le siège de la pensée. SYN. conscience, esprit, tête.

/ *Idée fixe.* SYN. hantise, manie, obsession, psychose, rage –FAMILIER: dada, maladie, marotte.

identifiable *adjectif*

/ Que l'on peut identifier. SYN. reconnaissable. CONTR. *méconnaissable.*

identifier *verbe*

/ Établir l'identité, la nature de. SYN. reconnaître, remettre, se remettre. CONTR. *confondre, ignorer.*

? forme du point d'interrogation

/ Mettre sur le même plan. SYN. assimiler, comparer, confondre, rapprocher. CONTR. *différencier, distinguer, opposer* –LITTÉRAIRE: *discerner.*

identifier (s') *verbe pronominal*

/ Devenir identique à. SYN. fusionner, s'assimiler, se confondre. CONTR. *se différencier, se distinguer.*

identique *adjectif*

/ Parfaitement semblable à. SYN. analogue, conforme, équivalent, pareil, semblable. CONTR. *autre, différent, disproportionné, dissemblable, distinct, divergent, divers, hétérogène, opposé.*

/ Qui se rapporte à un seul objet. SYN. commun, même, unique.

/ Qui demeure le même. SYN. égal, immuable, inaltérable, inchangé, uniforme. CONTR. *changeant, contraire, inégal, transformé, variable, varié* –LITTÉRAIRE: *protéiforme.*

identiquement *adverbe*

/ De façon identique. SYN. de la même façon, de la même manière, de même, pareillement –LITTÉRAIRE: semblablement –VIEUX: mêmement. CONTR. *autrement, différemment, diversement, inégalement.*

identité *nom féminin*

/ Rapport de similitude parfaite. SYN. accord, coïncidence, égalité, parenté, permanence, ressemblance, similitude, uniformité. CONTR. *altérité, contraste, différence, disparité, disproportion, dissemblance, hétérogénéité, inégalité, opposition.*

idéologie *nom féminin*

/ Ensemble systématisé d'idées. SYN. doctrine, dogme, pensée, philosophie, théorie, thèse.

/ Système spéculatif vague. SYN. chimère, illusion, rêve, songe, utopie.

idéologue *nom*

/ Personne à l'origine d'une doctrine. SYN. penseur, théoricien –VIEUX: doctrinaire.

/ Personne qui ignore la réalité. SYN. idéaliste, illuminé, poète, rêveur, utopiste –LITTÉRAIRE: songe-creux.

idiot *adjectif*

/ Dont les conséquences semblent injustes. SYN. absurde, crétin, injuste, malencontreux, stupide –FAMILIER: bête.

/ Qui dénote la sottise. SYN. bête à pleurer, inepte, inintelligent, nul, stupide –FAMILIER: ballot, tarte –POPULAIRE: nouille. CONTR. *malin.*

/ Qui est dépourvu d'intelligence. SYN. bête, bête à manger du foin, borné, ignorant, niais, nigaud, nul, sot, stupide –FAMILIER: bêta, bête comme ses pieds, bouché –POPULAIRE: con, taré. CONTR. *finaud, intelligent, malin, perspicace, sagace.*

idiot *nom*

/ Personne dépourvue d'intelligence. SYN. âne, âne bâté, benêt, ignorant, imbécile, innocent, maladroit, niais, nigaud, nul, sot –FAMILIER: abruti, andouille, ballot, bêta, bûche, buse, cloche, crétin, cruche, empaillé, empoté, jacques, noix, oie –POPULAIRE: banane, con, conard, connard, cornichon, couillon, gland, manche, nouille, patate, truffe. CONTR. *finaud, malin.*

/ VIEUX. Sujet atteint d'idiotie. SYN. arriéré, arriéré mental, crétin, débile, débile mental, demeuré, simple d'esprit –VIEUX: imbécile.

idiotement *adverbe*

/ De façon idiote. SYN. bêtement, sottement –LITTÉRAIRE: niaisement. CONTR. *spirituellement.*

idiotie *nom féminin*

/ Manque d'intelligence. SYN. bêtise, imbécillité, ineptie, inintelligence, niaiserie, nullité, sottise, stupidité –FAMILIER: crétinerie, crétinisme, débilité –LITTÉRAIRE: nigauderie. CONTR. *finesse.*

/ FAMILIER. Action, parole idiote. SYN. ânerie, bêtise, imbécillité, ineptie, insanité, niaiserie, sottise, stupidité –FAMILIER: crétinerie –POPULAIRE: couillonnade.

/ VIEUX. Trouble mental. SYN. arriération mentale, débilité, déficience mentale –VIEUX: crétinisme, imbécillité.

idoine *adjectif*

/ VIEUX. Qui convient à la situation. SYN. ad hoc, adapté, adéquat, approprié, conforme, convenable, pertinent, propre. CONTR. *impropre, inadéquat, inapproprié.*

idolâtre *adjectif*

/ Qui voue un culte aux idoles. SYN. fétichiste, païen, superstitieux.

/ LITTÉRAIRE. Qui montre de l'adoration pour. SYN. enthousiaste, exalté, fanatique, fervent, forcené, passionné –FAMILIER: fana, mordu.

idolâtrer *verbe*

/ Adorer comme une idole. SYN. adorer, aduler, aimer, chérir, choyer, diviniser, vénérer –LITTÉRAIRE: révérer. CONTR. *abominer, détester, exécrer, haïr, mépriser* –LITTÉRAIRE: *abhorrer, honnir.*

idolâtrie *nom féminin*

/ Culte rendu à des idoles. SYN. fétichisme, paganisme.

/ LITTÉRAIRE. Admiration excessive pour. SYN. adoration, culte, déification, fétichisme, passion, vénération –LITTÉRAIRE: dévotion, religion. CONTR. *animosité, antipathie, aversion, haine, inimitié, mépris* –LITTÉRAIRE: *exécration.*

idylle *nom féminin*

/ Petit poème chantant l'amour. SYN. bergerie, bucolique, églogue, pastorale, pastourelle.

/ Amour tendre et naïf. SYN. amour, amourette, intrigue –FAMILIER: flirt, tocade, toquade.

idyllique *adjectif*

/ Relatif à l'idylle. SYN. agreste, bucolique, champêtre –LITTÉRAIRE: pastoral.

/ Qui est idéal. SYN. angélique, idéal, merveilleux, paradisiaque, parfait, privilégié, rêvé, sublime, unique –FAMILIER: sensationnel –LITTÉRAIRE: souverain, surnaturel.

ignare *adjectif*

/ Sans culture ni instruction. SYN. idiot, ignorant, imbécile, incapable, incompétent, inculte, nul –VIEUX: illettré. CONTR. *cultivé, érudit, évolué, fort, instruit, lettré, savant* –FAMILIER: *calé, ferré, trapu* –LITTÉRAIRE: *docte, omniscient.*

ignifugé *adjectif*

/ Peu inflammable. SYN. incombustible, ininflammable. CONTR. *inflammable.*

ignoble *adjectif*

/ Qui est totalement honteux. SYN. abject, avilissant, bas, crapuleux, dégradant, déshonorant, honteux, inavouable, indigne, infâme, innommable, laid, méprisable, odieux, ordurier, révoltant, sordide –FAMILIER: sale –LITTÉRAIRE: ignominieux, turpide, vil. CONTR. *admirable, adorable, élevé, noble* –FAMILIER: *beau* –LITTÉRAIRE: *fier, relevé.*

/ Très laid, mauvais ou sale. SYN. abominable, affreux, dégoûtant, détestable, fétide, grossier, hideux, horrible, immonde, infect, laid, malpropre, repoussant, répugnant, répulsif, vulgaire –FAMILIER: atroce –POPULAIRE: dégueulasse. CONTR. *beau.*

ignoblement *adverbe*

/ De façon ignoble. SYN. abjectement, abominablement, affreusement, atrocement, bassement, hideusement, honteusement, horriblement, monstrueusement, odieusement, sordidement –LITTÉRAIRE: vilainement, vilement. CONTR. *admirablement, adorablement, bien, divinement, magnifiquement, merveilleusement, noblement* –LITTÉRAIRE: *sublimement.*

ignominie *nom féminin*

/ Degré extrême d'indignité. SYN. abjection, avilissement, bassesse, déchéance, dégradation, déshonneur, honte, indignité, infamie, lâcheté, laideur –LITTÉRAIRE: flétrissure, horreur, opprobre, souillure, turpitude. CONTR. *beauté, grandeur.*

/ Action déshonorante. SYN. affront, bassesse, crapulerie, horreur, insulte –LITTÉRAIRE: avanie, injure, scélératesse, turpitude, vilenie.

ignominieux *adjectif*

/ LITTÉRAIRE. Qui cause de l'ignominie. SYN. abaissant, abject, avilissant, dégradant, déshonorant, honteux, ignoble, immonde, infamant, infâme, infect, injurieux, innommable, méprisable, rabaissant, répugnant, sordide –LITTÉRAIRE: turpide, vil. CONTR. *glorieux, illustre.*

ignorance *nom féminin*

/ Défaut de connaissances. SYN. balourdise, candeur, incapacité, incompétence, inculture, inexpérience, innocence, lacune, maladresse, méconnaissance, naïveté, nullité –LITTÉRAIRE: impéritie. CONTR. *capacité, compétence, connaissance, culture, érudition, force, instruction, savoir, science.*

ignorant *adjectif*

/ Qui manque d'expérience. SYN. incapable, incompétent, inexpérimenté, novice, nul,

profane –LITTÉRAIRE: inexpert. CONTR. *averti, compétent, éclairé, expert, familier, initié, versé.*
/ Qui manque de savoir. SYN. idiot, ignare, imbécile, inculte –VIEUX: illettré. CONTR. *cultivé, érudit, évolué, fort, instruit, savant* –FAMILIER: *calé, ferré, trapu* –LITTÉRAIRE: *docte, omniscient.*

ignoré *adjectif*
/ Qui n'est pas connu. SYN. étranger, inconnu, insoupçonné. CONTR. *connu, familier.*
/ Qui n'a pas de notoriété. SYN. méconnu, obscur, oublié. CONTR. *célèbre, glorieux, historique, illustre, populaire, reconnu, renommé, réputé* –LITTÉRAIRE: *fameux.*

ignorer *verbe*
/ Ne pas être au courant de. SYN. méconnaître. CONTR. *apprendre, connaître, identifier, savoir.*
/ Ne pas tenir compte de. SYN. dédaigner, faire fi de, mépriser, rire de, se désintéresser, se détourner, se moquer, se rire –FAMILIER: se ficher –POPULAIRE: se foutre. CONTR. *apprécier, considérer, reconnaître, respecter, se soucier, s'intéresser, suivre.*

illégal *adjectif*
/ Qui est contraire à la loi. SYN. clandestin, défendu, délictueux, frauduleux, illégitime, illicite, interdit, irrégulier, prohibé, usurpatoire. CONTR. *autorisé, juste, légal, légitime, licite, permis, réglementaire, règlementaire, régulier.*

illégalement *adverbe*
/ De façon illégale. SYN. frauduleusement, illégitimement, illicitement, indûment, irrégulièrement, malhonnêtement. CONTR. *à bon droit, légalement, légitimement, licitement, régulièrement.*

illégalité *nom féminin*
/ Caractère illégal. SYN. arbitraire, iniquité, irrégularité. CONTR. *légalité, légitimité, régularité.*
/ Acte contraire à la loi. SYN. abus, délit, fraude, passe-droit –LITTÉRAIRE: iniquité.

illégitime *adjectif*
/ Se dit d'un enfant né hors mariage. SYN. adultérin, bâtard, incestueux, naturel. CONTR. *légitime, reconnu.*
/ Qui se situe hors la loi. SYN. illégal, illicite, irrégulier, usurpatoire. CONTR. *légal, reconnu, régulier.*
/ Qui est contraire à l'équité. SYN. inéquitable, inique, injuste, injustifié, partial. CONTR. *équitable, impartial, juste.*
/ Qui n'est pas fondé. SYN. déraisonnable, indéfendable, injustifiable, irréfléchi. CONTR. *défendable, fondé, justifié, motivé, raisonnable.*

illégitimement *adverbe*
/ De façon illégitime. SYN. abusivement, illégalement, illicitement, indûment, injustement, irrégulièrement, malhonnêtement. CONTR. *à bon droit, légalement, légitimement, licitement, régulièrement.*

illettré *adjectif*
/ Qui ne sait ni lire ni écrire. SYN. analphabète. CONTR. *instruit.*
/ VIEUX. Qui n'a pas de culture. SYN. ignorant, incompétent, inculte, nul. CONTR. *cultivé, éclairé, érudit, évolué, fort, lettré, savant* –FAMILIER: *calé, ferré, trapu* –LITTÉRAIRE: *docte, omniscient.*

illicite *adjectif*
/ Défendu par la morale ou la loi. SYN. clandestin, coupable, défendu, délictueux, frauduleux, illégal, illégitime, interdit, irrégulier prohibé. CONTR. *autorisé, légal, légitime, licite, permis, régulier.*

illicitement *adverbe*
/ D'une manière illicite. SYN. frauduleusement, illégalement, illégitimement, indûment, irrégulièrement. CONTR. *à bon droit, légalement, légitimement, licitement, régulièrement.*

illico *adverbe*
/ FAMILIER. Tout de suite. SYN. à l'instant, aussitôt, d'emblée, immédiatement, incessamment, instantanément, promptement, sans délai, sans retard, sans tarder, séance tenante, sur l'heure, sur-le-champ –FAMILIER: subito presto –LITTÉRAIRE: incontinent. CONTR. *après, par la suite, plus tard, ultérieurement.*

illimité *adjectif*
/ Sans limites. SYN. démesuré, gigantesque, immense, incommensurable, indéfini, indénombrable, indéterminé, infini, innom-

brable, insondable, interminable, long, total –FAMILIER: abyssal. CONTR. *borné, contenu, déterminé, fixé, limité, mesuré, modéré, raisonnable, relatif, restreint.*

illisible *adjectif*

/ Qu'on lit difficilement. SYN. indéchiffrable. CONTR. *clair, compréhensible, déchiffrable, lisible.*

illogique *adjectif*

/ Qui n'est pas logique. SYN. aberrant, absurde, anormal, boiteux, faux, incohérent, irrationnel, stupide. CONTR. *cohérent, judicieux, juste, logique, naturel, normal, raisonné, rationnel, sensé, suivi.*

/ Qui manque de raison. SYN. antirationnel, confus, contradictoire, déraisonnable, inconséquent. CONTR. *conséquent, méthodique, raisonnable, rationnel.*

illogiquement *adverbe*

/ De façon illogique. SYN. absurdement, déraisonnablement, irrationnellement. CONTR. *logiquement, raisonnablement, rationnellement, sainement.*

illogisme *nom masculin*

/ Caractère illogique. SYN. absurdité, incohérence, inconséquence. CONTR. *bon sens, cohérence, logique.*

illuminé *nom*

/ Personne qui montre du fanatisme. SYN. fanatique, fou, idéaliste, idéologue, mystique, passionné, rêveur, utopiste, visionnaire –LITTÉRAIRE: songe-creux.

illuminer *verbe*

/ Éclairer vivement quelque chose. SYN. éclaircir, éclairer –LITTÉRAIRE: embraser, enflammer. CONTR. *assombrir, obscurcir* –LITTÉRAIRE: *enténébrer.*

/ Donner de l'éclat. SYN. allumer –LITTÉRAIRE: éclairer, empourprer. CONTR. *assombrir, ternir.*

illuminer (s') *verbe pronominal*

/ S'éclairer vivement. SYN. briller, étinceler, rayonner, s'épanouir –LITTÉRAIRE: resplendir, s'embraser, s'irradier. CONTR. *s'assombrir, se rembrunir, se renfrogner.*

illusion *nom féminin*

/ Interprétation erronée. SYN. aberration, erreur, mirage, vision –FAMILIER: hallucination –LITTÉRAIRE: mensonge. CONTR. *réalité, vérité, vrai.*

/ Croyance fausse. SYN. chimère, idéalisme, impossibilité, irréalité, leurre, mythe, rêve, utopie –LITTÉRAIRE: songe. CONTR. *certitude, lucidité.*

illusionner (s') *verbe pronominal*

/ Se faire des illusions sur. SYN. faire erreur, s'abuser, se bercer, se leurrer, se méprendre, se tromper –POPULAIRE: se mettre le doigt dans l'œil.

illusoire *adjectif*

/ Propre à faire illusion. SYN. apparent, chimérique, faux, fictif, imaginaire, insidieux, irréalisable, irréel, mythique, spécieux, superficiel, trompeur, utopique, vain –LITTÉRAIRE: fallacieux. CONTR. *authentique, certain, concret, effectif, évident, fondé, raisonnable, réalisable, réel, sérieux, sûr, véritable, vrai.*

illustration *nom féminin*

/ Ce qui rend plus clair. SYN. explication, indication, lumière, précision.

illustre *adjectif*

/ Qui s'est acquis la célébrité. SYN. célèbre, connu, historique, légendaire, renommé, réputé –LITTÉRAIRE: fameux, immortel. CONTR. *effacé, humble, ignoré, inconnu, méconnu, obscur, oublié.*

/ Qui est remarquable. SYN. brillant, éclatant, éminent, glorieux, important, marquant, mémorable, prestigieux –LITTÉRAIRE: distingué. CONTR. *infâme* –LITTÉRAIRE: *ignominieux, vil.*

illustrer *verbe*

/ LITTÉRAIRE. Rendre quelque chose célèbre. SYN. faire honneur, faire valoir, glorifier, immortaliser, mettre en valeur, rehausser –LITTÉRAIRE: relever.

/ Rendre un propos plus clair. SYN. clarifier, éclaircir, éclairer, expliquer.

/ Pourvoir un livre d'illustrations. SYN. enluminer, enrichir, historier.

/ Appuyer une idée. SYN. figurer, refléter, représenter, symboliser.

illustrer (s') *verbe pronominal*

- Se faire remarquer. SYN. briller, émerger, exceller, se distinguer, se signaler, sortir du lot.

image *nom féminin*

- Personne, chose semblable à une autre. SYN. emblème, modèle, portrait, réplique, représentation, reproduction, spécimen – LITTÉRAIRE: visage.
- Symbole d'une réalité abstraite. SYN. expression, illustration, incarnation, reflet, symbole – LITTÉRAIRE: miroir.
- Représentation mentale. SYN. idée, réminiscence, souvenir.
- Ce qui évoque la réalité par analogie. SYN. allégorie, comparaison, figure, métaphore.

imagé *adjectif*

- Se dit d'un style orné d'images. SYN. brillant, coloré, métaphorique, pittoresque.

imaginable *adjectif*

- Qui peut être imaginé. SYN. concevable, croyable, pensable, plausible, possible. CONTR. *impensable, impossible, inconcevable, incroyable, inimaginable.*

imaginaire *adjectif*

- Qui n'existe que dans l'imagination. SYN. chimérique, de fantaisie, fantaisiste, fantasmagorique, féerique, fictif, forgé de toutes pièces, illusoire, inexistant, irréel, mythique, théorique, utopique – LITTÉRAIRE: controuvé, fabuleux. CONTR. *authentique, concret, effectif, évident, fondé, historique, positif, réel, véritable, vrai.*

imaginatif *adjectif*

- Qui imagine aisément. SYN. créatif, fécond, fertile, inventif, prolifique.

imagination *nom féminin*

- Capacité d'élaborer des images. SYN. créativité, fantaisie, invention, inventivité, songerie.

imaginer *verbe*

- Se représenter mentalement. SYN. comprendre, concevoir, conjecturer, envisager, évoquer, fabuler, penser, rêver, s'attendre, se figurer, se représenter, soupçonner, supposer, visualiser, voir.
- Avoir l'idée de quelque chose. SYN. concevoir, construire, créer, découvrir, forger, improviser, inventer, machiner, manigancer, trouver.

imaginer (s') *verbe pronominal*

- Se représenter par l'esprit. SYN. concevoir, se représenter.
- Croire sans raison valable que. SYN. croire, escompter, estimer, penser, se faire des idées, se figurer, tabler sur.

imbattable *adjectif*

- Qui ne peut être battu. SYN. indestructible, invincible, invulnérable – FAMILIER: incollable. CONTR. *fragile, mauvais, vulnérable.*

imbécile *nom*

- Personne stupide. SYN. âne, âne bâté, balourd, benêt, butor, idiot, lourdaud, niais, nigaud, nul, rustre, sot – FAMILIER: abruti, andouille, animal, ballot, bêta, bûche, buse, cloche, crétin, cruche, ganache, jacques, noix, oie, rustaud – POPULAIRE: banane, con, conard, connard, cornichon, couillon, gland, nouille, patate, truffe. CONTR. *futé, malin.*

imbécillité *nom féminin*

- Absence complète d'intelligence. SYN. bêtise, idiotie, ineptie, inintelligence, niaiserie, nullité, sottise, stupidité – FAMILIER: crétinerie, crétinisme – LITTÉRAIRE: nigauderie – POPULAIRE: connerie.
- Acte ou parole imbécile. SYN. ânerie, bêtise, ineptie, insanité, niaiserie, sottise, stupidité – FAMILIER: crétinerie, idiotie – LITTÉRAIRE: ganacherie – POPULAIRE: connerie, couillonnade.
- VIEUX. Déficit intellectuel profond. SYN. arriération mentale, débilité, déficience mentale – VIEUX: crétinisme, idiotie.

imberbe *adjectif*

- Qui n'a pas de barbe. SYN. glabre, lisse, nu. CONTR. *barbu, poilu, velu.*

imbibé *adjectif*

- FAMILIER. Sous l'effet de l'alcool. SYN. enivré, ivre – FAMILIER: pompette, saoul, soûl – POPULAIRE: blindé, bourré, chargé, cuit, raide, rond.
- Imprégné d'un liquide. SYN. détrempé, embué, humide, imprégné. CONTR. *sec.*

imbiber *verbe*

/ Pénétrer d'un liquide. SYN. détremper, humecter, humidifier, imprégner, mouiller, tremper. CONTR. *dessécher, essuyer, sécher.*

imbiber (s') *verbe pronominal*

/ FAMILIER. Boire avec excès. SYN. boire, s'enivrer –FAMILIER: se soûler –POPULAIRE: picoler, pomper, se pinter.

/ S'imprégner d'un liquide. SYN. absorber, pomper, s'imprégner.

imbibition *nom féminin*

/ Action d'imbiber, de s'imbiber. SYN. humidification, imprégnation, mouillage, trempage. CONTR. *dessèchement, dessiccation.*

imbrication *nom féminin*

/ Enchevêtrement d'éléments. SYN. amalgame, combinaison, entrecroisement, entrelacement, mosaïque –LITTÉRAIRE: entremêlement.

imbriqué *adjectif*

/ Engagé l'un dans l'autre. SYN. emboîté, encastré, enchâssé, enchevêtré.

imbriquer *verbe*

/ Engager une chose dans. SYN. emboîter, encastrer, enchâsser, enchevêtrer. CONTR. *séparer.*

imbriquer (s') *verbe pronominal*

/ Être lié de façon complexe. SYN. s'amalgamer, se combiner, se fondre, s'enchevêtrer, s'entremêler.

/ Se loger dans un espace étroit. SYN. s'emboîter, s'encastrer, s'enchâsser, s'engager.

imbroglio *nom masculin*

/ Situation confuse. SYN. chaos, confusion, désordre, enchevêtrement –FAMILIER: brouillamini, embrouillamini, méli-mélo, micmac, pagaïe, pagaille, pastis, sac de nœuds, sac d'embrouilles, salmigondis –POPULAIRE: bin's, binz, bordel, merdier.

imbu *adjectif*

/ Profondément pénétré de. SYN. pénétré, pétri, plein.

imbuvable *adjectif*

/ Qu'on ne peut boire. SYN. infect, mauvais. CONTR. *buvable, potable.*

/ FAMILIER. Qui est insupportable. SYN. abominable, déplaisant, détestable, exécrable, insupportable, intolérable, odieux –FAMILIER: impossible, invivable. CONTR. *supportable* –FAMILIER: *buvable, possible, potable.*

imitateur *nom*

/ Personne qui imite. SYN. compilateur, copiste, disciple, mime, parodiste, pasticheur, plagiaire, singe.

imitation *nom féminin*

/ Action d'imiter. SYN. calque, caricature, charge, compilation, contrefaçon, copie, emprunt, exemple, parodie, pastiche, plagiat, reproduction.

/ Ce qui est reproduit. SYN. fac-similé, faux, réplique, simulacre –FAMILIER: simili, toc. CONTR. *archétype, original.*

imité *adjectif*

/ Que l'on a reproduit. SYN. factice, faux, feint. CONTR. *authentique, original.*

imiter *verbe*

/ Reproduire l'allure de. SYN. copier, mimer, répéter, reproduire, simuler, singer.

/ Suivre l'exemple de. SYN. adopter, calquer, copier, épouser, parodier, prendre pour modèle, se modeler, s'inspirer, suivre –FAMILIER: en prendre de la graine –LITTÉRAIRE: plagier.

/ Reproduire une œuvre. SYN. contrefaire, démarquer, emprunter, parodier, pasticher, piller, plagier. CONTR. *créer.*

/ Être un calque de quelque chose. SYN. figurer, rappeler, représenter, ressembler, sembler –LITTÉRAIRE: simuler.

immaculé *adjectif*

/ Qui n'a pas la moindre tache. SYN. blanc, impeccable, intact, propre, vierge –LITTÉRAIRE: virginal. CONTR. *maculé, malpropre, noir, sale, sali, taché.*

/ Qui est sans souillure morale. SYN. inaltéré, intact, net, neuf, propre, pur, vierge –LITTÉRAIRE: virginal.

immangeable *adjectif*

/ Qui n'est pas bon à manger. SYN. inconsommable. CONTR. *comestible, mangeable.*

immanquable *adjectif*

/ Qui ne peut manquer de réussir. SYN. assuré, certain, fatal, fatidique, forcé, inéluctable, inévitable, inexorable, infaillible, nécessaire, obligatoire, sûr.

immanquablement *adverbe*

/ De façon inévitable. SYN. à coup sûr, à tous les coups, assurément, certainement, évidemment, fatalement, forcément, incontestablement, indubitablement, inéluctablement, inévitablement, inexorablement, infailliblement, invariablement, mathématiquement, nécessairement, obligatoirement, par la force des choses, régulièrement, sans manquer, sûrement.

immatériel *adjectif*

/ Qui n'a pas de corps. SYN. impalpable, spirituel –LITTÉRAIRE: incorporel. CONTR. *concret, consistant, corporel, matériel, palpable* –LITTÉRAIRE: *charnel.*

/ LITTÉRAIRE. Qui ne semble pas matériel. SYN. ailé, inexistant, vaporeux –LITTÉRAIRE: aérien, éthéré.

immédiat *adjectif*

/ Qui se produit sans délai. SYN. imminent, instantané, prochain, soudain, subit –LITTÉRAIRE: prompt. CONTR. *éloigné, lointain.*

/ Qui est en rapport direct. SYN. direct, proche. CONTR. *indirect, médiat.*

immédiatement *adverbe*

/ Sans intermédiaire. SYN. directement. CONTR. *indirectement.*

/ À l'instant même. SYN. à l'instant, aussitôt, d'emblée, incessamment, instantanément, promptement, sans attendre, sans délai, sans retard, sans tarder, séance tenante, soudain, soudainement, subitement, sur l'heure, sur-le-champ, tout de suite –FAMILIER: illico, illico presto, subito, subito presto –LITTÉRAIRE: incontinent. CONTR. *après, par la suite, plus tard, ultérieurement.*

immémorial *adjectif*

/ LITTÉRAIRE. Extrêmement ancien. SYN. ancestral, antique, millénaire, séculaire, vieux. CONTR. *jeune, neuf, nouveau, récent.*

immense *adjectif*

/ Qui est très grand. SYN. étendu, grand, illimité, incommensurable, infini, interminable, long, spacieux –LITTÉRAIRE: vaste. CONTR. *borné, étroit, limité, microscopique, minuscule, petit.*

/ Qui est très important. SYN. colossal, démesuré, énorme, extraordinaire, fou, géant, gigantesque, grand, incommensurable, insensé, monumental, violent –LITTÉRAIRE: titanesque. CONTR. *faible, insignifiant, médiocre, mince, minuscule.*

immensément *adverbe*

/ D'une manière immense. SYN. beaucoup, bien, colossalement, considérablement, effroyablement, énormément, exceptionnellement, extraordinairement, extrêmement, fabuleusement, follement, fort, horriblement, incroyablement, infiniment, particulièrement, prodigieusement, profondément, puissamment, terriblement, très, trop, vertigineusement –FAMILIER: bigrement, bougrement, diablement, drôlement, fameusement, fichtrement, fichûment, formidablement, joliment, méchamment, rudement, tout plein –LITTÉRAIRE: diantrement, furieusement –POPULAIRE: foutrement, salement, vachement –VIEUX: fièrement. CONTR. *faiblement, guère, modérément, moyennement, peu.*

immensité *nom féminin*

/ LITTÉRAIRE. Étendue immense. SYN. infini –LITTÉRAIRE: vastitude.

/ Caractère important. SYN. ampleur, énormité, étendue, importance, profondeur, puissance. CONTR. *futilité, insignifiance, médiocrité.*

/ Caratère vaste. SYN. incommensurabilité, infinité –LITTÉRAIRE: infinitude. CONTR. *petitesse.*

immergé *adjectif*

/ Qui est sous l'eau. SYN. englouti, inondé, noyé, trempé.

immerger *verbe*

/ Plonger entièrement dans. SYN. baigner, couler, noyer, plonger.

immerger (s') *verbe pronominal*

/ Se plonger dans. SYN. plonger, s'absorber, se fondre, se perdre, se plonger, s'enfoncer –LITTÉRAIRE: s'abîmer.

immérité *adjectif*

/ Qui n'a pas été mérité. SYN. illégitime, inique, injuste, injustifiable, injustifié, non fondé. CONTR. *fondé, juste, légitime, mérité.*

immettable *adjectif*

/ Qu'on ne peut plus mettre. SYN. importable. CONTR. *convenable, mettable, portable.*

immeuble *nom masculin*

/ Bâtiment d'importance. SYN. bâtiment, bâtisse, building, édifice, gratte-ciel.

imminence *nom féminin*

/ Caractère imminent. SYN. approche, arrivée, proximité, venue –LITTÉRAIRE: voisinage.

imminent *adjectif*

/ Qui est sur le point d'arriver. SYN. futur, immédiat, prochain, proche –LITTÉRAIRE: instant. CONTR. *éloigné, lointain, reporté.*

immiscer (s') *verbe pronominal*

/ Intervenir dans les affaires d'autrui. SYN. intervenir, mettre son nez dans, se mêler de, s'entremettre, s'infiltrer, s'ingérer –FAMILIER: fourrer son nez dans.

immixtion *nom féminin*

/ Action de s'immiscer. SYN. ingérence, intervention, intrusion. CONTR. *abstention, neutralité, non-intervention.*

immobile *adjectif*

/ Qui ne bouge pas. SYN. cloué, dormant, figé, fixe, impassible, inactif, inanimé, inerte, paralysé, pétrifié, rivé, stagnant, stationnaire, statique –FAMILIER: planté –LITTÉRAIRE: étale. CONTR. *agité, ambulant, déchaîné, furieux, houleux, itinérant, mobile, mouvant* –LITTÉRAIRE: *tumultueux, voyageur.*

immobilisation *nom féminin*

/ Action d'immobiliser. SYN. arrêt, blocage, paralysie. CONTR. *balancement, ballottement, mouvement.*

immobiliser *verbe*

/ Empêcher de bouger. SYN. arrêter, assujettir, assurer, bloquer, figer, fixer, maintenir, stabiliser, stopper, suspendre. CONTR. *actionner, agiter, balancer, mobiliser, remuer.*

/ Contraindre à l'inactivité. SYN. clouer, coincer, retenir, tenir.

/ Interdire toute activité à un secteur. SYN. asphyxier, engourdir, étouffer, freiner, geler, paralyser, ralentir. CONTR. *débloquer, dégeler.*

immobiliser (s') *verbe pronominal*

/ S'arrêter soudainement. SYN. se figer, stopper –FAMILIER: se planter. CONTR. *bondir, bouger, frétiller, gesticuler, partir, remuer, s'agiter, se mouvoir* –FAMILIER: *gigoter.*

immobilisme *nom masculin*

/ Opposition à toute innovation. SYN. engourdissement, inertie, piétinement, sclérose, stagnation. CONTR. *changement, développement, dynamisme, énergie.*

immobilité *nom féminin*

/ Fait d'être immobile. SYN. fixité, inaction, inactivité, paralysie, repos, stagnation. CONTR. *agitation, changement, déplacement, élan, mobilité, mouvement, vacillement.*

immodéré *adjectif*

/ Qui excède la mesure. SYN. abusif, démesuré, effréné, effroyable, exagéré, excessif, extrême, insensé, intense, outrancier, outré –FAMILIER: astronomique, violent –LITTÉRAIRE: intempérant. CONTR. *bon, doux, équilibré, modéré, modeste, nuancé, raisonnable.*

immodérément *adverbe*

/ De façon immodérée. SYN. abusivement, affreusement, au dernier point, beaucoup, bien, démesurément, effroyablement, exagérément, exceptionnellement, excessivement, extraordinairement, extrêmement, follement, horriblement, incroyablement, mortellement, outrageusement, particulièrement, prodigieusement, puissamment, supérieurement, terriblement, tout à fait, très, trop, vertigineusement –FAMILIER: atrocement, diablement, drôlement, fameusement, formidablement, joliment, méchamment, superlativement, tout plein –LITTÉRAIRE: diantrement, furieusement –POPULAIRE: foutrement. CONTR. *faiblement, modérément, modestement, raisonnablement, sagement, sobrement.*

immolation *nom féminin*

/ Action d'immoler, de s'immoler. SYN. boucherie, carnage, hécatombe, holocauste, sacrifice, tuerie.

immoler *verbe*

/ LITTÉRAIRE. Faire périr. SYN. anéantir, assassiner, décimer, détruire, éliminer, exterminer, massacrer, tuer –LITTÉRAIRE: occire, sacrifier.

/ LITTÉRAIRE. Délaisser au profit de. SYN. abandonner, délaisser, laisser, quitter, sacrifier. CONTR. *prendre soin de, s'occuper de.*

immonde *adjectif*

/ Qui suscite le dégoût. SYN. dégoûtant, fétide, ignoble, infect, innommable, malpropre, répugnant, répulsif, sordide –POPULAIRE: dégueulasse.

/ D'une bassesse ignoble. SYN. abject, avilissant, dégradant, honteux, ignoble, infâme, inqualifiable, odieux, ordurier, sordide –LITTÉRAIRE: ignominieux, impur, nauséeux, turpide, vil –POPULAIRE: dégueulasse.

immondices *nom féminin pluriel*

/ Débris de toutes sortes. SYN. déchet, détritus, ordure, saleté.

immoral *adjectif*

/ Qui agit contre la morale. SYN. cynique, dépravé, déréglé, dévergondé, dévoyé, licencieux, malpropre, vicieux –LITTÉRAIRE: corrompu, dissolu. CONTR. *honnête, moral, propre.*

/ Qui est contraire à la morale. SYN. graveleux, grivois, inconvenant, indécent, leste, malsain, morbide, obscène, sordide, subversif –LITTÉRAIRE: impur, pernicieux, turpide. CONTR. *bon, moral.*

immoralité *nom féminin*

/ Caractère immoral. SYN. corruption, cynisme, dépravation, inconvenance, indécence, obscénité –LITTÉRAIRE: impureté, licence, vice. CONTR. *éthique, honnêteté, moralité, pureté.*

immortaliser *verbe*

/ Rendre immortel. SYN. glorifier, pérenniser, perpétuer –LITTÉRAIRE: éterniser, illustrer.

immortalité *nom féminin*

/ Survivance éternelle. SYN. pérennité, permanence, survie –LITTÉRAIRE: éternité, perpétuité, survivance.

immortel *adjectif*

/ Qui n'est pas sujet à la mort. SYN. éternel, invincible. CONTR. *mortel* –LITTÉRAIRE: *périssable.*

/ LITTÉRAIRE. Qu'on suppose sans fin. SYN. immuable, impérissable, imprescriptible, inaliénable, inaltérable, indéfectible, indélébile, indestructible, ineffaçable, perpétuel, sempiternel –LITTÉRAIRE: éternel, pérenne. CONTR. *éphémère, fugace, fugitif, précaire* –LITTÉRAIRE: *périssable.*

/ LITTÉRAIRE. Dont le souvenir est vivant. SYN. glorieux, illustre, impérissable, légendaire, mémorable.

immotivé *adjectif*

/ Sans motif réel. SYN. arbitraire, gratuit, illégitime, injustifié, irréfléchi. CONTR. *fondé, légitime, motivé.*

immuabilité *nom féminin*

/ LITTÉRAIRE. Caractère immuable. SYN. constance, continuité, durabilité, fidélité, immutabilité, imprescriptibilité, invariabilité, pérennité, permanence, persistance, solidité, stabilité, uniformité –LITTÉRAIRE: fixité. CONTR. *changement, évolution, fugacité, instabilité, mobilité, modification, précarité, vacillement, variabilité* –LITTÉRAIRE: *mutabilité.*

immuable *adjectif*

/ Qui dure longtemps. SYN. éternel, impérissable, imprescriptible, inaltérable, indéfectible, indélébile, indestructible, indissoluble, ineffaçable, perpétuel –LITTÉRAIRE: immortel, infrangible, pérenne. CONTR. *caduc, fugace, modifiable, momentané, passager, précaire.*

/ Qui demeure inchangé. SYN. arrêté, constant, définitif, durable, ferme, fidèle, figé, fixe, habituel, identique, impassible, inaltérable, inchangé, inébranlable, invétéré, permanent, persistant, solide, stable, stéréotypé –LITTÉRAIRE: invariable. CONTR. *capricieux, changeable, changeant, instable, provisoire, transitoire, variable* –LITTÉRAIRE: *inconstant.*

immuablement *adverbe*

/ De façon immuable. SYN. constamment, continuellement, durablement, éternellement, invariablement, perpétuellement, toujours –LITTÉRAIRE: continûment, sempiternellement. CONTR. *de temps à autre, de temps en temps, épisodiquement, exceptionnellement, irrégulièrement, par instants, par intermittence, par intervalles, provisoirement, rarement, sporadiquement, variablement.*

immuniser *verbe*

/ Mettre à l'abri d'un mal. SYN. défendre, garantir, prémunir, préserver, protéger, vacciner – LITTÉRAIRE : garder de. CONTR. *transmettre.*

impact *nom masculin*

/ Choc d'un corps contre un autre. SYN. choc, collision, coup, heurt.

/ Effet produit par quelque chose. SYN. conséquence, contrecoup, incidence, influence, répercussion, retentissement, retombée, suite.

impair *nom masculin*

/ Maladresse choquante. SYN. balourdise, bêtise, bévue, étourderie, faute, maladresse, sottise – FAMILIER : blague, boulette, bourde, gaffe.

impalpable *adjectif*

/ Qui ne peut être touché. SYN. immatériel, imperceptible, insaisissable, intangible – LITTÉRAIRE : aérien, éthéré. CONTR. *matériel, palpable, tangible.*

impardonnable *adjectif*

/ Qui ne peut être pardonné. SYN. inexcusable, irrémissible. CONTR. *excusable, pardonnable* – LITTÉRAIRE : *rémissible.*

imparfait *adjectif*

/ Qui présente des lacunes. SYN. approximatif, élémentaire, fragmentaire, incomplet, informe, insuffisant, rudimentaire, sommaire, vague. CONTR. *complet, fini, idéal, parfait.*

/ Qui présente des défauts. SYN. défectueux, inexact, manqué, mauvais, médiocre – FAMILIER : loupé, raté. CONTR. *achevé, consommé, impeccable* – LITTÉRAIRE : *soigneux.*

imparfaitement *adverbe*

/ De façon imparfaite. SYN. approximativement, insuffisamment, mal, rudimentairement, sommairement, vaguement. CONTR. *bien, parfaitement, supérieurement.*

/ De façon partielle. SYN. à demi, à moitié, fragmentairement, incomplètement, partiellement. CONTR. *complètement, entièrement, intégralement, pleinement.*

impartial *adjectif*

/ Qui n'exprime aucun parti pris. SYN. désintéressé, droit, équitable, impassible, intègre, juste, neutre, objectif. CONTR. *chauvin, fanatique, inéquitable, inique, injuste, partial, partisan, prévenu, subjectif, tendancieux.*

impartialement *adverbe*

/ De façon impartiale. SYN. objectivement. CONTR. *partialement, subjectivement, tendancieusement* – LITTÉRAIRE : *inéquitablement.*

impartialité *nom féminin*

/ Qualité de quelqu'un d'impartial. SYN. droiture, équité, intégrité, justice, neutralité, objectivité. CONTR. *favoritisme, iniquité, injustice, partialité, subjectivité.*

impartir *verbe*

/ LITTÉRAIRE. Accorder quelque chose. SYN. adjuger, allouer, assigner, attribuer, concéder, consentir, décerner, donner, octroyer, partager.

impasse *nom féminin*

/ Situation sans issue. SYN. bourbier, crise, mauvais pas, pétrin.

impassibilité *nom féminin*

/ Caractère impassible. SYN. ataraxie, calme, flegme, froideur, imperturbabilité, indifférence, insensibilité, maîtrise, patience, placidité, sang-froid, sérénité – LITTÉRAIRE : quiétude, stoïcisme. CONTR. *altération, animation, chaleur, colère, effarement, effarouchement, effervescence, énervement, hypersensibilité, impétuosité, inquiétude, irritabilité, sensibilité, véhémence.*

impassible *adjectif*

/ Qui cache son émotion. SYN. calme, fermé, figé, flegmatique, froid, glacé, glacial, immobile, immuable, impénétrable, imperturbable, indifférent, inébranlable, patient, placide, résigné, stoïque – LITTÉRAIRE : impavide. CONTR. *bouillant, brûlant, chaud, coléreux, délirant, démonstratif, emporté, ému, enflammé, excité, expansif, fiévreux, hypersensible, hystérique, impatient, inquiet, irascible, irritable, nerveux, passionné, rageur, surexcité, survolté, troublé, violent* – LITTÉRAIRE : *colérique, effervescent, tumultueux.*

/ Qui ne se laisse pas influencer. SYN. équitable, impartial, juste, objectif. CONTR. *émotif, impressionnable, influençable* –FAMILIER: *émotionnable.*

impassiblement *adverbe*

/ De façon impassible. SYN. patiemment, placidement, stoïquement. CONTR. *nerveusement.*

impatiemment *adverbe*

/ Sans pouvoir patienter. SYN. avidement, fébrilement, fiévreusement, nerveusement. CONTR. *calmement, paisiblement, patiemment, placidement, posément, sagement, tranquillement.*

impatience *nom féminin*

/ Qualité d'un caractère vif. SYN. ardeur, fougue, impétuosité, pétulance –LITTÉRAIRE: flamme, vivacité. CONTR. *indolence, mollesse, nonchalance* –VIEUX: *lymphatisme.*

/ Incapacité à supporter. SYN. agacement, crispation, énervement, exaspération, irritation, rage. CONTR. *calme, flegme, patience, résignation, soumission.*

/ Incapacité à attendre. SYN. avidité, désir, fièvre, hâte. CONTR. *calme, placidité, sérénité.*

impatient *adjectif*

/ Qui montre de l'impatience. SYN. avide, bouillant, désireux, fébrile, fougueux, impétueux, indocile, irritable, nerveux, pressé, surexcité –FAMILIER: speedé –LITTÉRAIRE: prompt. CONTR. *apathique, calme, docile, facile, impassible, indolent, lent, lympathique, malléable, mou, patient, placide, posé, résigné.*

impatienter *verbe*

/ Faire perdre patience. SYN. agacer, crisper, énerver, exaspérer, excéder, hérisser, irriter, ulcérer –FAMILIER: faire suer, horripiler –LITTÉRAIRE: importuner.

impatienter (s') *verbe pronominal*

/ Montrer de l'agacement. SYN. en avoir par-dessus la tête, être sur des charbons ardents, perdre patience, piaffer, ronger son frein, se crisper, s'énerver, s'irriter –FAMILIER: en avoir assez, en avoir jusque-là, en avoir marre, en avoir plein le dos, en avoir ras le bol, en avoir soupé, être sous pression, être sur le gril –POPULAIRE: en avoir plein le cul. CONTR. *patienter, prendre patience.*

impavide *adjectif*

/ LITTÉRAIRE. Qui ne montre aucune peur. SYN. froid, impassible, imperturbable, inébranlable, stoïque. CONTR. *lâche, peureux, pleutre, poltron* –LITTÉRAIRE: *couard, pusillanime* –POPULAIRE: *trouillard* –VIEUX: *capon.*

impayable *adjectif*

/ FAMILIER. Incroyablement comique. SYN. à mourir de rire, amusant, comique, désopilant, drôle, hilarant, incroyable, inénarrable, plaisant, risible –FAMILIER: cocasse, crevant, marrant, roulant, tordant –LITTÉRAIRE: ineffable –POPULAIRE: bidonnant, poilant.

impeccable *adjectif*

/ Qui est sans défaut. SYN. achevé, correct, excellent, irréprochable, parfait, pur, raffiné, soigné –VIEUX: perlé. CONTR. *défectueux, grossier, imparfait.*

/ Très propre. SYN. immaculé, net, propre, soigné, tenu. CONTR. *malpropre, sale.*

impeccablement *adverbe*

/ De façon impeccable. SYN. bien, parfaitement, proprement, soigneusement. CONTR. *mal.*

impécunieux *adjectif*

/ LITTÉRAIRE. Qui a peu d'argent. SYN. gêné, indigent, misérable, nécessiteux, pauvre –FAMILIER: désargenté, fauché –POPULAIRE: raide –VIEUX: besogneux. CONTR. *aisé, fortuné, opulent, riche* –FAMILIER: *argenté.*

impécuniosité *nom féminin*

/ LITTÉRAIRE. Manque d'argent. SYN. besoin, gêne, misère, pauvreté –POPULAIRE: débine –VIEUX: pouillerie. CONTR. *aisance, bien-être.*

impénétrable *adjectif*

/ Où il est difficile de pénétrer. SYN. dense, épais, fermé, imperméable, inaccessible, serré, touffu. CONTR. *accessible, ouvert, pénétrable.*

/ Qui cache ses sentiments. SYN. énigmatique, fuyant, impassible, inexpressif, insaisissable, insondable, mystérieux, renfermé, replié, réservé, taciturne –LITTÉRAIRE: secret, ténébreux. CONTR. *accessible, communicatif, proche.*

/ Difficile à comprendre. SYN. abscons, hermétique, inaccessible, incompréhensible, inconcevable, inconnaissable, indéchiffrable, indéfinissable, inintelligible, insaisissable, insondable, mystérieux, obscur, subtil –LIT-

TÉRAIRE: abstrus, opaque, sibyllin. CONTR. *accessible, apparent, explicable* – LITTÉRAIRE: *pénétrable.*

impénitent *adjectif*

/ Qui persiste dans. SYN. endurci, incorrigible, invétéré, irrécupérable – FAMILIER: indécrottable.

impensable *adjectif*

/ Qui dépasse l'imagination. SYN. inconcevable, incroyable, inimaginable, invraisemblable. CONTR. *concevable, envisageable, imaginable, normal, pensable, possible.*

impératif *adjectif*

/ Qui exprime un ordre absolu. SYN. absolu, catégorique, exprès, formel.
/ Qui a le caractère du commandement. SYN. autoritaire, despotique, dictatorial, dominateur, impérieux, injonctif, péremptoire, tranchant. CONTR. *humble, soumis.*
/ Qui s'impose avec urgence. SYN. impérieux, pressant, pressé, urgent – LITTÉRAIRE: instant. CONTR. *facultatif, secondaire.*

impérativement *adverbe*

/ De façon urgente. SYN. impérieusement, instamment, obligatoirement, sans faute, sans manquer, urgemment. CONTR. *facultativement.*

imperceptible *adjectif*

/ Qui échappe aux sens. SYN. impalpable, inapparent, inaudible, indiscernable, invisible, microscopique, minuscule. CONTR. *constatable, ostensible, palpable, perceptible, visible.*
/ Qui échappe à l'attention. SYN. faible, indistinct, infime, insaisissable, insensible, insignifiant, léger, minime, subtil, timide. CONTR. *appréciable, aveuglant, distinct.*

imperceptiblement *adverbe*

/ D'une manière imperceptible. SYN. doucement, insensiblement. CONTR. *visiblement.*

imperfection *nom féminin*

/ État de ce qui est imparfait. SYN. défectuosité, faiblesse, médiocrité, mesquinerie, petitesse. CONTR. *excellence, perfection.*
/ Ce qui empêche d'être parfait. SYN. défaut, déficience, faille, faute, malfaçon, tare, vice. CONTR. *qualité.*

impérieusement *adverbe*

/ De façon impérieuse. SYN. impérativement, instamment, nécessairement, obligatoirement, urgemment. CONTR. *facultativement.*

impérieux *adjectif*

/ Qui n'admet pas la contradiction. SYN. absolu, autoritaire, cassant, despotique, dictatorial, dogmatique, omnipotent, péremptoire, tout-puissant, tranchant, tyrannique – FAMILIER: pète-sec – LITTÉRAIRE: altier. CONTR. *faible, humble, soumis.*
/ Qu'il faut absolument satisfaire. SYN. impératif, irrépressible, irrésistible, pressant, pressé, urgent – LITTÉRAIRE: instant. CONTR. *facultatif, secondaire.*

impérissable *adjectif*

/ Qui dure très longtemps. SYN. durable, éternel, immuable, imprescriptible, inaltérable, indéfectible, indélébile, indestructible, indissoluble, ineffaçable, perpétuel, sempiternel, solide, vivace – LITTÉRAIRE: immortel, inextinguible, infrangible, invariable, pérenne. CONTR. *caduc, destructible, éphémère, fragile, passager.*

impéritie *nom féminin*

/ LITTÉRAIRE. Manque de capacité dans. SYN. ignorance, inaptitude, incapacité, incompétence, inexpérience, inhabileté, insuffisance. CONTR. *efficacité, habileté, précision, savoir-faire.*

imperméabilité *nom féminin*

/ LITTÉRAIRE. Incapacité de comprendre. SYN. herméticité, incompréhension, insensibilité. CONTR. *réceptivité.*

imperméable *adjectif*

/ Qui ne laisse pas passer l'eau. SYN. caoutchouté, étanche, hermétique, imperméabilisé. CONTR. *pénétrable, perméable.*
/ Qui est indifférent à une émotion. SYN. étranger, impénétrable, inaccessible, indifférent, insensible, rebelle, réfractaire, sourd. CONTR. *ouvert, passionné, perméable, réceptif.*

impersonnalité *nom féminin*

/ Caractère impersonnel. SYN. banalité, fadeur, inconsistance, insignifiance, monotonie, platitude, prosaïsme. CONTR. *caractère, originalité, personnalité.*

impersonnel *adjectif*

/ Sans originalité. SYN. banal, commun, fade, incolore, inconsistant, inodore et sans saveur, monotone, ordinaire, pâle, plat, quelconque, terne, uniforme. CONTR. *coloré, original, personnel, pittoresque, typique.*

impertinemment *adverbe*

/ LITTÉRAIRE. De façon impertinente. SYN. cavalièrement, crûment, cyniquement, effrontément, grossièrement, insolemment.

impertinence *nom féminin*

/ Attitude qui vise à choquer. SYN. aplomb, audace, désinvolture, effronterie, hardiesse, impudence, inconvenance, incorrection, indécence, insolence, liberté, sans-gêne – FAMILIER: culot, toupet – LITTÉRAIRE: irrespect, irrévérence, outrecuidance, sans-façon. CONTR. *bienséance, considération, correction, courtoisie, décence, déférence, dignité, humilité, politesse, respect, tact* – LITTÉRAIRE: *civilité, révérence.*

/ Parole ou action impertinente. SYN. familiarités, impolitesse, inconvenance, moquerie, sarcasme. CONTR. *attention, convenances, délicatesse, égard, prévenance.*

impertinent *adjectif*

/ Qui marque l'impertinence. SYN. cavalier, choquant, déplacé, impoli, inconvenant, incorrect – LITTÉRAIRE: irrévérencieux, malséant, malsonnant. CONTR. *bienséant, convenable, correct.*

/ Qui fait preuve d'impertinence. SYN. arrogant, audacieux, cavalier, désinvolte, effronté, hardi, impoli, impudent, insolent, malappris, sans gêne – FAMILIER: culotté – LITTÉRAIRE: irrespectueux, irrévérencieux, outrecuidant – POPULAIRE: malembouché. CONTR. *courtois, déférent, humble, respectueux, timide* – LITTÉRAIRE: *révérencieux.*

imperturbabilité *nom féminin*

/ Caractère imperturbable. SYN. ataraxie, calme, flegme, froideur, impassibilité, maîtrise, placidité, sang-froid, self-control, sérénité – LITTÉRAIRE: stoïcisme. CONTR. *agitation, émotivité, impétuosité.*

imperturbable *adjectif*

/ Que rien ne trouble. SYN. calme, détaché, flegmatique, froid, glacial, impassible, implacable, indifférent, inébranlable, insensible, patient, placide, serein – LITTÉRAIRE: impavide, olympien. CONTR. *délirant, émotif, excité, fiévreux, impressionnable, inquiet, nerveux, troublé* – FAMILIER: *émotionnable* – LITTÉRAIRE: *effervescent.*

imperturbablement *adverbe*

/ D'une manière imperturbable. SYN. froidement, placidement. CONTR. *nerveusement.*

impétueusement *adverbe*

/ De façon impétueuse. SYN. follement, fougueusement, furieusement, passionnément, vivement. CONTR. *placidement, posément, sereinement, tranquillement.*

impétueux *adjectif*

/ LITTÉRAIRE. Animé d'un mouvement rapide. SYN. déchaîné, furieux, rapide, violent – LITTÉRAIRE: tumultueux. CONTR. *calme, doux, léger, lent, paisible.*

/ Qui agit avec fougue. SYN. ardent, bouillant, débordant, débridé, emporté, endiablé, énergique, enragé, exalté, explosif, exubérant, forcené, fort, fougueux, frénétique, impatient, impulsif, pétulant, remuant, véhément – LITTÉRAIRE: inflammable, volcanique. CONTR. *apathique, flegmatique, froid, indolent, lymphatique, mou, nonchalant, patient, placide, serein, tranquille* – FAMILIER: *gnangnan, gniangnian, lambin.*

impétuosité *nom féminin*

/ LITTÉRAIRE. Caractère impétueux. SYN. rage, rapidité, turbulence, violence, virulence – LITTÉRAIRE: fureur, furie. CONTR. *calme, douceur, lenteur, mesure.*

/ Fougue extrême de quelqu'un. SYN. ardeur, chaleur, emportement, exaltation, exubérance, fougue, frénésie, impatience, mordant, pétulance, turbulence, véhémence – LITTÉRAIRE: flamme, vivacité. CONTR. *apathie, flegme, impassibilité, imperturbabilité, indolence, inertie, nonchalance, placidité.*

impie *adjectif*

/ LITTÉRAIRE. Qui outrage la religion. SYN. antireligieux, blasphémateur, blasphématoire, irréligieux, sacrilège – LITTÉRAIRE: profanateur. CONTR. *pieux, religieux.*

impie *nom*

/ LITTÉRAIRE. Personne qui méprise la religion. SYN. athée, esprit fort, incroyant. CONTR. *bigot, croyant, dévot* – FAMILIER: *bondieusard.*

impiété *nom féminin*

/ LITTÉRAIRE. Mépris pour la religion. SYN. athéisme, irréligion. CONTR. *dévotion, piété.*

/ LITTÉRAIRE. Action, parole impie. SYN. blasphème, profanation, sacrilège.

impitoyable *adjectif*

/ Qui ne montre aucune pitié. SYN. implacable, inexorable, inflexible, inhumain, intraitable, intransigeant –FAMILIER: sans-cœur.

/ Qui ne fait grâce de rien. SYN. barbare, cruel, dur, féroce, froid, intraitable, mauvais, mortel, rigoureux, sévère, strict –FAMILIER: chien. CONTR. *affectueux, attentif, bon, bonasse, charitable, conciliant, doux, généreux, indulgent, sensible.*

impitoyablement *adverbe*

/ De façon impitoyable. SYN. durement, inhumainement, sauvagement.

implacabilité *nom féminin*

/ LITTÉRAIRE. Caractère implacable. SYN. inflexibilité, inhumanité, rigidité, rigueur –LITTÉRAIRE: inclémence, inexorabilité. CONTR. *pitié* –LITTÉRAIRE: *mansuétude.*

implacable *adjectif*

/ Que rien ne peut apaiser. SYN. acharné, âpre, atroce, barbare, brutal, cruel, déchaîné, dur, farouche, ferme, féroce, forcené, impitoyable, inflexible, inhumain, intraitable, intransigeant, irréductible, mauvais, mortel, rigide, sévère –LITTÉRAIRE: inapaisable, raide. CONTR. *généreux, indulgent, magnanime.*

/ LITTÉRAIRE. À quoi on ne peut échapper. SYN. fatal, fatidique, imparable, inéluctable, inévitable, inexorable, irrésistible, rigoureux, sévère, strict, terrible.

implacablement *adverbe*

/ De façon implacable. SYN. inhumainement, sauvagement, sévèrement.

implantation *nom féminin*

/ Action d'implanter. SYN. enracinement, établissement, fixation, importation, insertion, installation, introduction, intronisation.

implanter *verbe*

/ Mettre en place quelque chose. SYN. acclimater, établir, fixer, importer, installer, instituer.

/ Introduire une idée. SYN. ancrer, enraciner, instaurer, introduire –LITTÉRAIRE: introniser.

implanter (s') *verbe pronominal*

/ S'établir quelque part. SYN. prendre pied, se fixer, s'établir, s'installer –FAMILIER: prendre racine, s'incruster.

/ Se fixer dans quelque chose. SYN. s'ancrer, se planter, s'enraciner, s'insérer.

implicite *adjectif*

/ Qui est sous-entendu. SYN. caché, contenu, inexprimé, inhérent, intrinsèque, sous-entendu, suggéré, supposé, tacite. CONTR. *énoncé, explicite, exprès, formel, formulé, manifeste, parlant.*

implicitement *adverbe*

/ De façon implicite. SYN. allusivement, tacitement. CONTR. *clairement, explicitement, expressément, formellement, nettement.*

impliquer *verbe*

/ Avoir pour conséquence. SYN. amener, appeler, commander, déterminer, engendrer, entraîner, induire, nécessiter, occasionner, supposer, susciter.

/ Mettre en cause quelqu'un. SYN. compromettre, engager, mêler.

/ Contenir en soi. SYN. comporter, comprendre, inclure, renfermer. CONTR. *exclure.*

imploration *nom féminin*

/ LITTÉRAIRE. Action d'implorer. SYN. adjuration, prière, sollicitation –LITTÉRAIRE: conjuration, objurgation, supplication.

implorer *verbe*

/ LITTÉRAIRE. Supplier quelqu'un de. SYN. adjurer, prier, supplier –LITTÉRAIRE: conjurer.

/ Demander en suppliant. SYN. demander, invoquer, mendier, quémander, solliciter –FAMILIER: pleurer après –LITTÉRAIRE: quêter.

impoli *adjectif*

/ Qui manque de politesse. SYN. discourtois, goujat, impertinent, inconvenant, incorrect, insolent, mal élevé, malappris –FAMILIER: malpoli, sans gêne –LITTÉRAIRE: incivil, irrespectueux –POPULAIRE: malembouché –VIEUX: mal éduqué. CONTR. *affable, aimable, bien élevé, bienséant, convenable, courtois, élégant, poli* –FAMILIER: *beau* –LITTÉRAIRE: *urbain* –VIEUX: *bien éduqué.*

impoli *nom*

/ Personne sans manières. SYN. butor, goujat, impertinent, impudent, insolent, malappris, malotru, mufle, rustre, sans-gêne –FAMILIER: malpoli –POPULAIRE: malembouché, pignouf.

impoliment *adverbe*

/ De façon impolie. SYN. cavalièrement, crûment, cyniquement, effrontément, grossièrement –LITTÉRAIRE: irrespectueusement, irrévérencieusement –VIEUX: irrévéremment. CONTR. *courtoisement, poliment, respectueusement* –LITTÉRAIRE: *civilement.*

impolitesse *nom féminin*

/ Manque de politesse. SYN. goujaterie, grossièreté, impertinence, inconvenance, incorrection, indélicatesse, inélégance, insolence, muflerie, sans-gêne, vulgarité –LITTÉRAIRE: incivilité, irrespect, irrévérence, sans-façon. CONTR. *affabilité, amabilité, bienséance, bonnes manières, courtoisie, déférence, éducation, politesse* –LITTÉRAIRE: *civilité, urbanité.*

/ Acte impoli. SYN. goujaterie, grossièreté, impertinence, inconvenance, inélégance, insolence. CONTR. *égard, politesse* –LITTÉRAIRE: *délicatesse.*

impolitique *adjectif*

/ Qui manque d'habileté. SYN. inhabile, inopportun, maladroit, malavisé, malhabile, malvenu. CONTR. *adroit, habile.*

impondérable *adjectif*

/ Difficile à prévoir. SYN. imprévisible, subtil. CONTR. *pondérable, prévisible.*

importable *adjectif*

/ Impossible à porter. SYN. immettable. CONTR. *convenable, mettable, portable.*

importance *nom féminin*

/ Caractère de ce qui importe. SYN. ascendant, influence, poids, prestige –LITTÉRAIRE: crédit. CONTR. *futilité, insignifiance, médiocrité* –LITTÉRAIRE: *superficialité.*

/ Degré de valeur, de taille. SYN. calibre, étendue, force, grandeur, gravité, intérêt, ordre, portée, taille, valeur.

important *adjectif*

/ Se dit d'un air prétentieux. SYN. avantageux, conquérant, prétentieux, puant, suffisant –LITTÉRAIRE: fat, outrecuidant. CONTR. *humble, modeste, timide.*

/ Qui a un intérêt considérable. SYN. bon, capital, décisif, essentiel, fondamental, grave, insigne, majeur, marquant, mémorable, notable, primordial, remarquable, sensible, sérieux, vital. CONTR. *accessoire, anodin, bénin, frivole, futile, inutile, mineur, second, secondaire, subalterne.*

/ Dont l'influence est considérable. SYN. beau, élevé, éminent, fort, haut, illustre, influent, lourd, notable, puissant, renommé –LITTÉRAIRE: signalé. CONTR. *inconnu, méconnu, obscur, quelconque.*

/ Qui atteint de grandes proportions. SYN. appréciable, conséquent, considérable, écrasant, grand, gros, impressionnant, massif, nombreux, volumineux –FAMILIER: coquet, joli, rondelet, solide. CONTR. *déficient, dérisoire, faible, insignifiant, léger, limité, maigre, médiocre, méprisable, mince, minime, modique, négligeable, petit, réduit.*

importation *nom féminin*

/ Action d'importer quelque chose. SYN. adoption, implantation, insertion, introduction, intronisation. CONTR. *exportation.*

importer *verbe transitif*

/ Introduire un usage, un produit. SYN. amener, apporter, implanter, instaurer, introduire –LITTÉRAIRE: introniser. CONTR. *exporter.*

importer *verbe transitif indirect*

/ Avoir de l'importance. SYN. compter, dater, faire date, intéresser, mériter considération, peser, valoir la peine.

importun *adjectif*

/ LITTÉRAIRE. Qui occasionne une gêne. SYN. déplacé, dérangeant, désagréable, embarrassant, encombrant, fâcheux, gênant, incongru, inopportun, intempestif, malvenu, tracassant. CONTR. *bienvenu, indiqué, judicieux, opportun, propice.*

/ LITTÉRAIRE. Qui ennuie par sa présence. SYN. envahissant, indiscret –FAMILIER: casse-pieds, collant, embêtant, enquiquinant –POPULAIRE: emmerdant. CONTR. *charmant.*

importun *nom*

/ LITTÉRAIRE. Personne qui importune. SYN. gêneur, intrus, trouble-fête –FAMILIER: casse-pieds, crampon, empoisonneur, enquiquineur, pot de colle, raseur –LITTÉRAIRE: fâcheux –POPULAIRE: emmerdeur.

importuner *verbe*

/ LITTÉRAIRE. Causer du désagrément à. SYN. agacer, assommer, contrarier, déranger, embarrasser, ennuyer, fatiguer, gêner, harceler, impatienter, indisposer, lasser, mécontenter, poursuivre, talonner, tourmenter –FAMILIER: asticoter, casser les pieds, embêter, enquiquiner, faire suer, pomper, tarabuster –POPULAIRE: canuler, cavaler, emmerder. CONTR. *amuser, désennuyer, distraire, divertir.*

importunité *nom féminin*

/ LITTÉRAIRE. Caractère importun. SYN. inconfort, indiscrétion, intempestivité –LITTÉRAIRE: incommodité, inopportunité.

imposant *adjectif*

/ Qui impressionne. SYN. conséquent, considérable, grandiose, important, impressionnant, magnifique, majestueux, prestigieux, solennel, superbe. CONTR. *insignifiant, malheureux, négligeable, réduit.*

/ Aux dimensions hors du commun. SYN. considérable, énorme, formidable, impressionnant, monumental, prodigieux –LITTÉRAIRE: vaste.

/ Qui est de forte corpulence. SYN. corpulent, fort, massif. CONTR. *petit.*

imposé *adjectif*

/ Qui est soumis à l'impôt. SYN. assujetti, chargé, grevé, taxé. CONTR. *déchargé, dégrevé, détaxé, exempté, exonéré.*

/ Que l'on doit faire. SYN. exigé, obligatoire, obligé, prescrit, requis. CONTR. *facultatif, libre, volontaire.*

imposer *verbe transitif*

/ Obliger quelqu'un à. SYN. assigner, commander, condamner, contraindre, dicter, exiger, fixer, forcer, infliger, obliger, ordonner, prescrire –LITTÉRAIRE: édicter, enjoindre. CONTR. *dispenser, épargner.*

/ Entraîner telle conséquence. SYN. appeler, commander, demander, entraîner, exiger, impliquer, provoquer, réclamer, requérir, supposer.

imposer *verbe transitif*

/ Soumettre à l'impôt. SYN. charger, grever, taxer. CONTR. *dégrever, détaxer, exempter, exonérer.*

imposer *verbe transitif indirect*

/ *En imposer.* SYN. éblouir, forcer l'admiration, forcer le respect, impressionner, intimider –FAMILIER: épater, jeter de la poudre aux yeux –LITTÉRAIRE: subjuguer –VIEUX: esbroufer.

imposer (s') *verbe pronominal*

/ Asseoir son autorité. SYN. arriver, dominer, percer, réussir –LITTÉRAIRE: parvenir, s'ériger.

/ Avoir un caractère de nécessité. SYN. aller de soi, aller sans dire, couler de source, ne faire aucun doute, prédominer, prévaloir, primer.

impossibilité *nom féminin*

/ Caractère impossible de. SYN. improbabilité, incapacité. CONTR. *capacité, possibilité, potentialité, probabilité.*

/ Chose impossible. SYN. chimère, illusion, mirage, rêve, utopie –LITTÉRAIRE: rêverie, songe.

impossible *adjectif*

/ Qui ne peut pas exister. SYN. chimérique, illusoire, improbable. CONTR. *admissible, croyable, imaginable, plausible, possible, prévisible, probable, sûr, vraisemblable.*

/ Très difficile à réaliser. SYN. inaccessible, inexécutable, inextricable, infaisable, insoluble, irréalisable. CONTR. *exécutable, facile, faisable, praticable, réalisable, soluble.*

/ FAMILIER. Difficile à supporter. SYN. acariâtre, insociable, insupportable, intenable, odieux, revêche –FAMILIER: imbuvable, invivable, pénible. CONTR. *agréable, aimable, exquis, facile, gentil, sociable, supportable, sympathique, tenable, vivable* –FAMILIER: *buvable, possible, potable.*

imposteur *nom masculin*

/ Celui qui se fait passer pour un autre. SYN. bluffeur, charlatan, fourbe, hypocrite, intrus, menteur, mystificateur, tartufe, tartuffe –FAMILIER: fumiste –LITTÉRAIRE: traître –POPULAIRE: faux cul, faux derche.

imposture *nom féminin*

/ LITTÉRAIRE. Procédé visant à tromper. SYN. escroquerie, farce, leurre, mystification, supercherie, tromperie –FAMILIER: blague, canular, fumisterie –LITTÉRAIRE: duperie, fourberie.

/ LITTÉRAIRE. Caractère de ce qui trompe. SYN. contrevérité, double jeu, faux-semblant, hypocrisie, tromperie –LITTÉRAIRE: mensonge. CONTR. *sincérité, véracité* –LITTÉRAIRE: *véridicité.*

impotence *nom féminin*

/ État d'un individu impotent. SYN. infirmité, invalidité, paralysie. CONTR. *validité.*

impotent *adjectif*

/ Qui a du mal à se mouvoir. SYN. éclopé, estropié, handicapé, inerte, infirme, invalide, paralysé, perclus. CONTR. *bien portant, ingambe, valide, vigoureux* –VIEUX: *gaillard.*

impraticable *adjectif*

/ Par où l'on passe difficilement. SYN. inaccessible, infranchissable, malaisé. CONTR. *carrossable, empruntable, praticable.*

/ Qu'on ne peut exécuter. SYN. inapplicable, inexécutable, infaisable, irréalisable. CONTR. *faisable, possible, réalisable.*

imprécation *nom féminin*

/ LITTÉRAIRE. Malédiction proférée contre. SYN. anathème, condamnation, exécration –LITTÉRAIRE: malédiction.

imprécis *adjectif*

/ Qui manque de précision. SYN. approximatif, brouillé, confus, diffus, embrouillé, flou, hésitant, incertain, indécis, indéfini, indéfinissable, indéterminé, indiscernable, indistinct, vague –LITTÉRAIRE: nébuleux. CONTR. *certain, circonstancié, déterminé, exact, formel, juste, net, précis.*

imprécision *nom féminin*

/ Manque de précision. SYN. approximation, flou, indétermination, inexactitude –LITTÉRAIRE: nébulosité, vague. CONTR. *exactitude, justesse, netteté, précision.*

imprégnation *nom féminin*

/ Fait d'être imprégné. SYN. humidification, imbibition, infiltration. CONTR. *dessèchement.*

imprégné *adjectif*

/ Qui est rempli de. SYN. abreuvé, gorgé, imbibé, lourd, pénétré, plein, saturé.

imprégner *verbe*

/ Faire pénétrer un fluide. SYN. humecter, humidifier, imbiber, mouiller, remplir, tremper –LITTÉRAIRE: abreuver, emplir, gorger.

/ Se répandre dans. SYN. envahir, inonder, se répandre, s'infiltrer.

/ Marquer durablement quelqu'un. SYN. imprimer, inculquer, marquer, pénétrer, s'emparer –LITTÉRAIRE: baigner.

imprégner (s') *verbe pronominal*

/ Se laisser pénétrer par. SYN. absorber, assimiler, se gorger, se pénétrer, se remplir, s'imbiber –LITTÉRAIRE: s'emplir.

imprenable *adjectif*

/ Qui ne peut être pris. SYN. impénétrable, inaccessible, inattaquable –LITTÉRAIRE: inexpugnable.

imprescriptibilité *nom féminin*

/ Caractère imprescriptible. SYN. éternité, pérennité –LITTÉRAIRE: immuabilité.

imprescriptible *adjectif*

/ Qui ne changera pas. SYN. éternel, immuable, impérissable, inaliénable, inaltérable, indestructible –LITTÉRAIRE: immortel, pérenne.

impression *nom féminin*

/ Fait de ressentir quelque chose. SYN. intuition, pressentiment, sensation, sentiment –FAMILIER: feeling.

/ Opinion de caractère immédiat. SYN. avis, notion, opinion, perception, point de vue, sentiment.

/ Marque laissée par un objet. SYN. empreinte, marque, vestige.

impressionnabilité *nom féminin*

/ LITTÉRAIRE. Caractère impressionnable. SYN. émotivité, hyperémotivité, hypersensibilité.

impressionnable *adjectif*

/ Facile à impressionner. SYN. émotif, hyperémotif, hypersensible, intimidable, sensible, sensitif, ultrasensible –FAMILIER: émotionnable. CONTR. *flegmatique, froid, impassible, imperturbable, indifférent, insensible.*

impressionnant *adjectif*

/ Qui impressionne beaucoup. SYN. bouleversant, effrayant, émouvant, frappant, hallucinant, pathétique, poignant, saisissant, sensationnel, spectaculaire.

/ D'une grande importance. SYN. considérable, fantastique, formidable, grandiose, important, imposant, majestueux, massif, monumental, prodigieux.

impressionner *verbe*

/ Faire naître un sentiment vif. SYN. affecter, agir sur, bouleverser, éblouir, ébranler, effrayer, émouvoir, en imposer, fasciner, frapper, intimider, remuer, retourner, secouer, toucher, troubler – FAMILIER : émotionner, empoigner, révolutionner – LITTÉRAIRE : subjuguer. CONTR. *indifférer, laisser indifférent, ne faire ni chaud ni froid.*

imprévisible *adjectif*

/ Qui ne peut être prévu. SYN. déconcertant, déroutant, fortuit, impondérable, imprévu, inattendu, incertain, inespéré, soudain. CONTR. *calculable, calculé, prévisible.*

imprévoyance *nom féminin*

/ Manque de prévoyance. SYN. imprudence, insouciance, laisser-aller, légèreté, négligence. CONTR. *calcul, précaution, prévoyance, prudence.*

imprévoyant *adjectif*

/ Qui ne prévoit pas. SYN. étourdi, imprudent, insouciant, irréfléchi, léger, négligent – LITTÉRAIRE : insoucieux. CONTR. *avisé, calculateur, circonspect, précautionneux, prévoyant, prudent, sage.*

imprévu *adjectif*

/ Qui arrive de façon inattendue. SYN. accidentel, brusque, déconcertant, déroutant, fortuit, imprévisible, impromptu, improvisé, inattendu, inespéré, inopiné, insoupçonné, intempestif, soudain, surprenant. CONTR. *attendu, prémédité, prévisible, prévu.*

imprévu *nom masculin*

/ Ce qui n'a pas été prévu. SYN. accident, aléa, fantaisie, hasard. CONTR. *banalité, monotonie, platitude.*

imprimer *verbe*

/ Laisser une trace. SYN. appliquer, imprégner, inscrire, marquer – LITTÉRAIRE : empreindre.

improbabilité *nom féminin*

/ Caractère improbable. SYN. impossibilité, invraisemblance. CONTR. *certitude, évidence, probabilité.*

improbable *adjectif*

/ Qui a peu de chances d'arriver. SYN. aléatoire, douteux, hypothétique, incertain, problématique. CONTR. *assuré, certain, indubitable, irrécusable, manifeste, possible, probable, sûr, visible, vraisemblable.*

improbité *nom féminin*

/ LITTÉRAIRE. Manque d'honnêteté. SYN. déloyauté, fourberie, indélicatesse, malhonnêteté – FAMILIER : friponnerie. CONTR. *droiture, honnêteté, intégrité, probité.*

improductif *adjectif*

/ Qui ne produit rien. SYN. aride, infécond, infertile, ingrat, maigre, négatif, pauvre, stérile. CONTR. *fertile, productif, prolifique* – LITTÉRAIRE : *fécond, généreux, gras.*

improductivité *nom féminin*

/ État de ce qui est improductif. SYN. aridité, infécondité, stérilité – LITTÉRAIRE : infertilité. CONTR. *fertilité* – LITTÉRAIRE : *fécondité.*

impromptu *adjectif*

/ Qui n'est pas préparé. SYN. imprévu, improvisé, irréfléchi, naturel, spontané. CONTR. *arrangé, calculé, combiné, concerté, organisé, prémédité, préparé.*

impromptu *adverbe*

/ VIEUX. D'une façon inattendue. SYN. à brûle-pourpoint, à l'improviste, au dépourvu, au pied levé, brusquement, de but en blanc, fortuitement, inopinément, par surprise, sans crier gare, soudain, soudainement, subitement – FAMILIER : subito – LITTÉRAIRE : au débotté.

impropre *adjectif*

/ Qui ne convient pas. SYN. inadapté, inapproprié, inapte, incapable. CONTR. *adapté, approprié, apte, bon pour, commode, pertinent, propre.*

/ Se dit d'un mot mal employé. SYN. abusif, fautif, inadéquat, incorrect, inexact, vicieux. CONTR. *ad hoc, adéquat, approprié, bon, juste, propre* – VIEUX : *idoine.*

impropement *adverbe*

/ De façon impropre. SYN. fautivement, incorrectement. CONTR. *correctement.*

impropriété *nom féminin*

/ Emploi incorrect d'un terme. SYN. barbarisme, faute, incorrection, solécisme. CONTR. *correction, exactitude, justesse, propriété.*

improuvable *adjectif*

/ Qu'on ne peut prouver. SYN. indémontrable, invérifiable. CONTR. *démontrable, prouvable, vérifiable.*

improvisé *adjectif*

/ Non préparé. SYN. imprévu, impromptu, irréfléchi, spontané. CONTR. *arrangé, calculé, combiné, concerté, organisé, prémédité, préparé.*

improviser *verbe*

/ Composer sans préparation. SYN. concevoir, imaginer, inventer. CONTR. *calculer, organiser, préméditer, préparer, prévoir.*

/ Nommer brusquement à une fonction. SYN. catapulter, élever, promouvoir – FAMILIER: bombarder.

imprudemment *adverbe*

/ De façon imprudente. SYN. à la légère, aventureusement, follement, inconsidérément, légèrement – LITTÉRAIRE: témérairement. CONTR. *précautionneusement, prudemment, sagement.*

imprudence *nom féminin*

/ Défaut de quelqu'un d'imprudent. SYN. imprévoyance, inconscience, irréflexion, légèreté, témérité. CONTR. *circonspection, méfiance, précaution, prévoyance, prudence, sagesse, vigilance.*

/ Action irréfléchie. SYN. aventure, étourderie, folie, inconséquence, maladresse.

imprudent *adjectif*

/ Qui met en danger. SYN. audacieux, aventureux, dangereux, hasardeux, inconséquent, inconsidéré, irréfléchi, osé, périlleux, téméraire – POPULAIRE: casse-gueule. CONTR. *averti, avisé, circonspect, précautionneux, prévoyant, prudent, réfléchi, sage.*

imprudent *nom*

/ Personne qui manque de prudence. SYN. écervelé, étourdi, imprévoyant, inconscient – FAMILIER: casse-cou, risque-tout. CONTR. *timoré.*

impudemment *adverbe*

/ D'une manière impudente. SYN. audacieusement, crûment, cyniquement, effrontément, hardiment, insolemment – LITTÉRAIRE: irrespectueusement. CONTR. *convenablement, correctement, décemment, modestement, poliment.*

impudence *nom féminin*

/ Grande insolence. SYN. aplomb, arrogance, audace, cynisme, désinvolture, effronterie, hardiesse, impertinence, impudeur, insolence, sans-gêne – FAMILIER: culot, toupet – LITTÉRAIRE: outrecuidance, sans-façon. CONTR. *décence, discrétion, pudeur, timidité.*

impudent *adjectif*

/ D'une insolence extrême. SYN. arrogant, audacieux, choquant, cynique, déplacé, effronté, éhonté, hardi, impertinent, insolent, osé – FAMILIER: sans gêne – LITTÉRAIRE: outrecuidant. CONTR. *convenable, correct, courtois, déférent, discret, humble, modeste, poli, pudique, réservé, timide.*

impudeur *nom féminin*

/ Manque de pudeur. SYN. indécence – LITTÉRAIRE: impudicité. CONTR. *bienséance, chasteté, décence, pudeur, réserve, retenue.*

/ Manque total de honte. SYN. aplomb, audace, cynisme, effronterie, impudence, insolence, sans-gêne – FAMILIER: culot, toupet. CONTR. *innocence.*

impudicité *nom féminin*

/ LITTÉRAIRE. Caractère impudique. SYN. dévergondage, impudeur, indécence, liberté, lubricité, luxure, obscénité, paillardise, truculence – LITTÉRAIRE: dissolution, impureté, lasciveté, lascivité, licence. CONTR. *innocence, pruderie, pudeur, pudibonderie* – LITTÉRAIRE: *pudicité.*

impudique *adjectif*

/ Qui blesse la pudeur. SYN. cru, dévergondé, inconvenant, indécent, libertin, licencieux, lubrique, obscène, paillard, vicieux – LITTÉRAIRE: libidineux – VIEUX: luxurieux. CONTR. *chaste, correct, prude, pudibond, pudique, pur, puritain.*

impuissance *nom féminin*

/ Manque de puissance. SYN. carence, faiblesse, incapacité, inefficacité, infirmité, insuffisance. CONTR. *capacité, force, omnipotence, pouvoir, puissance.*

impuissant *adjectif*

/ Qui manque de force. SYN. désarmé, faible, sans défense, vulnérable. CONTR. *fort, omnipotent, puissant.*

/ Dépourvu d'efficacité. SYN. impropre, inapte, incapable, inefficace, infécond, infructueux, inopérant, stérile, vain –POPULAIRE: infichu, infoutu. CONTR. *capable, efficace, fructueux.*

impulsif *adjectif*

/ Qui est impétueux. SYN. bouillant, emporté, fougueux, impétueux, primesautier, spontané, vif, violent –LITTÉRAIRE: volcanique. CONTR. *calculateur, calme, flegmatique, mou, pondéré, réfléchi* –FAMILIER: *gnangnan, gniangnian.*

impulsion *nom féminin*

/ Mouvement donné à quelque chose. SYN. entraînement, marche, mouvement, poussée.

/ Mouvement de dynamisation. SYN. aspiration, bond, élan, essor, lancée.

/ Penchant qui pousse à agir. SYN. empire, emprise, influence, inspiration, instigation, instinct, mouvement.

impur *adjectif*

/ Qui n'est plus intact. SYN. insalubre, pollué, vicié –LITTÉRAIRE: souillé. CONTR. *bon, intact, pur.*

/ LITTÉRAIRE. Contraire à la chasteté. SYN. dépravé, immoral, infâme, perverti –LITTÉRAIRE: corrompu, immonde, incontinent, vil. CONTR. *blanc, chaste, pur, sage, vierge.*

impureté *nom féminin*

/ État de ce qui est impur. SYN. contamination, insalubrité, pollution. CONTR. *pureté.*

/ Ce qui altère. SYN. altération, saleté –LITTÉRAIRE: souillure –POPULAIRE: saloperie.

/ LITTÉRAIRE. Comportement impur. SYN. corruption, débauche, immoralité, luxure, perversion –LITTÉRAIRE: impudicité, incontinence, stupre, vice. CONTR. *chasteté, innocence, pureté.*

imputation *nom féminin*

/ Fait d'imputer une faute à. SYN. accusation, allégation, attaque, charge, reproche.

imputer *verbe*

/ Attribuer une responsabilité à. SYN. accuser, attribuer, charger, prêter, reprocher, taxer. CONTR. *décharger, excuser.*

imputrescible *adjectif*

/ Qui ne peut se putréfier. SYN. inaltérable, incorruptible. CONTR. *putréfiable, putrescible.*

in *adjectif*

/ FAMILIER. Qui est à la mode. SYN. dans le vent, en vogue, moderne –FAMILIER: branché, dans le coup. CONTR. *arriéré, démodé, dépassé, vieux jeu* –FAMILIER: *out, ringard* –LITTÉRAIRE: *suranné* –VIEUX: *rococo.*

in extenso *locution adverbiale*

/ En entier. SYN. complètement, entièrement, intégralement, totalement. CONTR. *en abrégé, en partie, incomplètement, partiellement.*

in petto *locution adverbiale*

/ Dans son for intérieur. SYN. à part soi, en secret, intérieurement, par-devers soi, secrètement. CONTR. *ouvertement, publiquement.*

inabordable *adjectif*

/ Où l'on ne peut aborder. SYN. inaccessible, inapprochable. CONTR. *abordable, accessible, accostable.*

/ Qu'il est difficile d'approcher. SYN. distant, inaccessible, inapprochable. CONTR. *abordable, accessible, accueillant, approchable.*

/ Dont le prix est élevé. SYN. cher, exorbitant, hors de prix, onéreux, prohibitif, ruineux, vertigineux –FAMILIER: astronomique –LITTÉRAIRE: dispendieux. CONTR. *abordable, raisonnable* –FAMILIER: *donné.*

inacceptable *adjectif*

/ Qui ne peut être accepté. SYN. inadmissible, intolérable, irrecevable. CONTR. *acceptable, admissible, plausible, recevable, supportable, tolérable, valable, vraisemblable* –FAMILIER: *possible.*

inaccessible *adjectif*

/ Dont l'accès est impossible. SYN. impénétrable, impraticable, inabordable, inapprochable, infranchissable, interdit. CONTR. *abordable, accessible, accostable, carrossable, praticable.*

/ Qui ne peut être obtenu. SYN. impossible, irréalisable. CONTR. *abordable, accessible, réalisable.*

/ Qui est difficile à comprendre. SYN. abscons, ambigu, ardu, confus, difficile, énigmatique, équivoque, ésotérique, fumeux, hermétique, impénétrable, incompréhensible, inconnaissable, inexplicable, inintelligible, insaisissable, insondable, irraisonné, mystérieux, nuageux, obscur –LITTÉRAIRE: abstrus, amphigourique, fuligineux, nébuleux, opaque, sibyllin, ténébreux. CONTR. *accessible, clair, compréhensible, connaissable, explicite, facile, intelligible, limpide, lumineux, manifeste, net, perceptible, précis, raisonné, réfléchi, simple, transparent.*

/ Qui est d'un abord difficile. SYN. distant, inabordable, inapprochable, insaisissable –FAMILIER: imprenable. CONTR. *abordable, accessible, accueillant, approchable, chaleureux, cordial, gentil, ouvert, sympathique.*

/ Qui ne peut être ému par. SYN. étranger, fermé, imperméable, indifférent, insensible, réfractaire, sourd. CONTR. *ouvert, perméable, sensible.*

inaccompli *adjectif*

/ Qui n'est pas accompli. SYN. inachevé, inexécuté. CONTR. *accompli, achevé, exécuté, réalisé.*

inaccoutumé *adjectif*

/ Qui n'est pas habituel. SYN. anormal, étonnant, exceptionnel, inattendu, inhabituel, insolite, inusité. CONTR. *accoutumé, commun, habituel, ordinaire, traditionnel, usuel* –LITTÉRAIRE: *coutumier.*

inachevé *adjectif*

/ Qui n'est pas achevé. SYN. imparfait, inaccompli, incomplet, tronqué. CONTR. *accompli, achevé, complet, consommé, fignolé, fini, terminé* –FAMILIER: *léché* –VIEUX: *perlé.*

inactif *adjectif*

/ Qui n'a pas d'activité. SYN. désœuvré, inoccupé, mort, oisif, passif –LITTÉRAIRE: endormi. CONTR. *actif, affairé, agité, occupé* –LITTÉRAIRE: *allant, laborieux.*

/ Qui n'a pas d'effet. SYN. anodin, impuissant, inefficace, inopérant. CONTR. *actif, agissant, efficace, efficient, puissant.*

inaction *nom féminin*

/ Absence d'action. SYN. abstention, carence, désœuvrement, inactivité, inertie, inoccupation, oisiveté, repos –FAMILIER: farniente. CONTR. *action, activité, affairement, exercice, occupation, travail* –LITTÉRAIRE: *labeur.*

inactivité *nom féminin*

/ Absence d'activité. SYN. désœuvrement, inaction, inertie, inoccupation, oisiveté, repos. CONTR. *activité, exercice, occupation, travail* –LITTÉRAIRE: *labeur.*

inactuel *adjectif*

/ Sans rapport avec l'actualité. SYN. ancien, caduc, dépassé, désuet, passé, périmé, poussiéreux, rétrograde –LITTÉRAIRE: suranné. CONTR. *actuel, contemporain, jeune, moderne.*

inadapté *adjectif*

/ Qui ne peut s'adapter à son milieu. SYN. asocial, inassimilable, marginal. CONTR. *adapté.*

/ Qui n'est pas approprié. SYN. impropre, inadéquat, inapproprié. CONTR. *adapté, adéquat, approprié, apte, pertinent, propre* –VIEUX: *idoine.*

inadéquat *adjectif*

/ Qui n'est pas adéquat. SYN. impropre, inadapté, inapproprié, incongru, incorrect, inexact, mauvais. CONTR. *ad hoc, adéquat, approprié, bon, convenable, exact, juste, pertinent, propre, vrai* –VIEUX: *idoine.*

inadmissibilité *nom féminin*

/ Caractère inadmissible. SYN. absurdité, irrecevabilité, ridicule. CONTR. *acceptabilité, admissibilité, recevabilité.*

inadmissible *adjectif*

/ Qui ne peut être admis. SYN. absurde, inacceptable, incohérent, irrecevable, paradoxal, ridicule. CONTR. *acceptable, admissible, logique, plausible, probable, recevable, sensé, valable, vraisemblable.*

/ Qu'on ne peut tolérer. SYN. inexcusable, insoutenable, insupportable, intolérable. CONTR. *compréhensible, endurable, excusable, pardonnable, supportable, tolérable* –FAMILIER: *possible* –LITTÉRAIRE: *rémissible.*

inadvertance *nom féminin*

/ Manque de réflexion. SYN. distraction, étourderie, inattention, irréflexion, négligence, oubli. CONTR. *application, attention, conscience, réflexion.*

inaliénable *adjectif*

/ Qui ne peut être aliéné. SYN. imprescriptible, incessible, invendable, inviolable, sacré – LITTÉRAIRE : immortel. CONTR. *aliénable, cessible.*

inaltérable *adjectif*

/ Qui ne s'abîme pas. SYN. imputrescible, inattaquable, incorruptible, inoxydable, inusable. CONTR. *altérable, attaquable, corruptible, oxydable, putréfiable, putrescible.*

/ Que rien ne peut changer. SYN. éternel, identique, immuable, impérissable, imprescriptible, indéfectible, indélébile, indestructible, ineffaçable – LITTÉRAIRE : immarcescible, immortel, invariable, pérenne. CONTR. *changeable, changeant, éphémère, fluctuant, fragile, fugitif, momentané, passager, précaire, variable* – LITTÉRAIRE : *inconstant.*

inaltéré *adjectif*

/ Qui a conservé ses qualités. SYN. immaculé, intact, net, pur. CONTR. *altéré, changé, transformé.*

inamical *adjectif*

/ Qui fait preuve d'hostilité. SYN. antipathique, déplaisant, désagréable, froid, haineux, hostile, malveillant. CONTR. *amical, bienveillant, chaleureux, cordial, fraternel, gentil, sympathique.*

inanimé *adjectif*

/ Qui semble privé de vie. SYN. engourdi, figé, immobile, inerte, paralysé. CONTR. *animé, vivant.*

inanité *nom féminin*

/ Caractère vain. SYN. fadeur, futilité, inconsistance, insignifiance, inutilité, vide – LITTÉRAIRE : stérilité, superficialité, superfluité, vanité. CONTR. *efficacité, gravité, utilité.*

inapaisable *adjectif*

/ LITTÉRAIRE. Qu'on ne peut calmer. SYN. implacable, inextinguible, insatiable – LITTÉRAIRE : inassouvissable.

inapaisé *adjectif*

/ LITTÉRAIRE. Qui n'est pas apaisé. SYN. insatiable, insatisfait, vorace – LITTÉRAIRE : inassouvi. CONTR. *apaisé, assouvi, contenté, exaucé, satisfait.*

inapparent *adjectif*

/ Qui ne se voit pas. SYN. caché, imperceptible, indistinct, insensible, invisible, latent. CONTR. *apparent, distinct, manifeste, net, ostensible, perceptible, sensible, visible.*

inappétence *nom féminin*

/ Diminution de l'appétit. SYN. anorexie. CONTR. *appétit, besoin, faim.*

/ LITTÉRAIRE. Affaiblissement d'un désir. SYN. dégoût, désaffection, désintéressement, désintérêt, indifférence. CONTR. *appétence, besoin, envie, intérêt* – LITTÉRAIRE : *appétit, faim.*

inapplicable *adjectif*

/ Qui ne peut être appliqué. SYN. impraticable, inexécutable, infaisable, inobservable, irréalisable. CONTR. *applicable, possible.*

inapplication *nom féminin*

/ LITTÉRAIRE. Manque d'application. SYN. dissipation, distraction, étourderie, inattention, incurie, insouciance, laisser-aller, négligence, paresse, relâchement. CONTR. *application, attention, soin, vigilance, zèle.*

inappliqué *adjectif*

/ Qui manque d'application. SYN. dissipé, distrait, étourdi, inattentif, insouciant, négligent, paresseux. CONTR. *appliqué, sérieux, soigneux, studieux, vigilant, zélé.*

inappréciable *adjectif*

/ Qu'on ne peut évaluer. SYN. incalculable, indéterminable, inestimable. CONTR. *appréciable, calculable, dosable, estimable, évaluable.*

/ Qu'on ne saurait trop estimer. SYN. considérable, d'exception, exceptionnel, extraordinaire, incomparable, inestimable, précieux, rare. CONTR. *dérisoire, infime, insignifiant, négligeable.*

inapprochable *adjectif*

/ Qu'on ne peut pas approcher. SYN. distant, inabordable, inaccessible. CONTR. *abordable, accessible, accostable, accueillant, approchable, chaleureux, cordial, gentil, ouvert, sympathique.*

inapproprié *adjectif*

/ Qui ne convient pas. SYN. hors de propos, impropre, inadapté, inadéquat, incongru, inopportun – FAMILIER: à côté de la plaque. CONTR. *approprié, commode, pertinent, propre* – VIEUX: *idoine.*

inapte *adjectif*

/ Qui manque de capacités. SYN. impropre, impuissant, incapable, incompétent, maladroit – LITTÉRAIRE: inhabile, malhabile – POPULAIRE: infichu, infoutu. CONTR. *apte, bon, capable, compétent, doué, expert, habile, qualifié.*

inaptitude *nom féminin*

/ Absence de capacités. SYN. incapacité, incompétence – LITTÉRAIRE: impéritie. CONTR. *adresse, aptitude, capacité, compétence, don, facilité, habileté, habilité.*

inarticulé *adjectif*

/ Qui est mal articulé. SYN. flou, incompréhensible, indistinct. CONTR. *distinct, net.*

inassimilable *adjectif*

/ Qu'on ne peut bien comprendre. SYN. ardu, difficile, incompréhensible, inintelligible. CONTR. *assimilable, clair, compréhensible, intelligible.*

/ Difficile à digérer. SYN. indigeste, lourd. CONTR. *digeste, digestible, léger.*

inassouvi *adjectif*

/ LITTÉRAIRE. Qui n'est pas assouvi. SYN. insatiable, insatisfait, vorace – LITTÉRAIRE: inapaisé. CONTR. *apaisé, assouvi, contenté, exaucé, satisfait.*

inassouvissable *adjectif*

/ LITTÉRAIRE. Qui ne peut pas être assouvi. SYN. inextinguible, insatiable – LITTÉRAIRE: inapaisable.

inassouvissement *nom masculin*

/ LITTÉRAIRE. État de ce qui n'est pas assouvi. SYN. insatisfaction – LITTÉRAIRE: insatiabilité. CONTR. *apaisement, assouvissement, contentement, satisfaction.*

inattaquable *adjectif*

/ Qui ne peut être attaqué. SYN. impénétrable, imprenable, invincible – LITTÉRAIRE: inexpugnable. CONTR. *attaquable, pénétrable, prenable, vulnérable.*

/ Qui échappe à toute critique. SYN. authentique, avéré, certain, incontestable, indiscutable, irrécusable, irréfutable, irréprochable, parfait, sûr – LITTÉRAIRE: irréfragable, irrépréhensible. CONTR. *annulable, attaquable, contestable, critiquable, discutable, niable, répréhensible.*

/ Qui ne peut se décomposer. SYN. imputrescible, inaltérable, incorruptible. CONTR. *putrescible.*

inattendu *adjectif*

/ À quoi l'on ne s'attendait pas. SYN. accidentel, brusque, déroutant, étonnant, exceptionnel, fortuit, imprévisible, imprévu, inaccoutumé, inespéré, inopiné, insoupçonné, saugrenu, soudain, surprenant – FAMILIER: soufflant. CONTR. *attendu, normal, préparé, prévisible, prévu, réfléchi, réglé* – LITTÉRAIRE: *coutumier.*

inattentif *adjectif*

/ Qui manque d'attention. SYN. absent, dissipé, distrait, écervelé, étourdi, évaporé, inappliqué, indifférent, insouciant, irréfléchi, négligent – LITTÉRAIRE: insoucieux. CONTR. *appliqué, attentif, avide, concentré, sérieux, vigilant.*

inattention *nom féminin*

/ Défaut d'attention. SYN. absence, dissipation, distraction, étourderie, inadvertance, inconscience, insouciance, irréflexion, légèreté, négligence – LITTÉRAIRE: inapplication. CONTR. *application, attention, concentration, vigilance.*

inaudible *adjectif*

/ Que l'on entend très mal. SYN. imperceptible, léger. CONTR. *audible, intelligible, perceptible.*

inaugurer *verbe*

/ Marquer le début de. SYN. commencer, étrenner, instaurer, ouvrir, poser la première pierre – FAMILIER: débuter. CONTR. *fermer, finir.*

inauthenticité *nom féminin*

/ Manque d'authenticité. SYN. fausseté. CONTR. *authenticité, sincérité, véracité* – LITTÉRAIRE: *véridicité.*

inauthentique *adjectif*

/ Qui est faux. SYN. mensonger – LITTÉRAIRE: controuvé. CONTR. *authentique, sincère, sûr.*

inavouable *adjectif*
/ Que l'on ne peut avouer. SYN. abject, avilissant, coupable, dégradant, déshonorant, honteux, ignoble, indigne, infâme, lâche. CONTR. *avouable, honnête, honorable.*

incalculable *adjectif*
/ Qu'on ne peut calculer. SYN. inappréciable, indénombrable, indéterminable, inestimable, innombrable. CONTR. *calculable, chiffrable, estimable.*
/ Difficile à apprécier. SYN. fabuleux, fantastique, incroyable, inimaginable, inouï, notable, prodigieux – FAMILIER: faramineux.

incandescent *adjectif*
/ Qui émet de la lumière. SYN. lumineux – LITTÉRAIRE: embrasé.

incantation *nom féminin*
/ Formule magique. SYN. charme, conjuration, envoûtement, exorcisme, invocation, magie, obsécration, sortilège – LITTÉRAIRE: enchantement.

incapable *adjectif*
/ Qui n'a pas l'aptitude nécessaire. SYN. impuissant, inapte, incompétent, insuffisant, mauvais – POPULAIRE: infichu, infoutu. CONTR. *apte, capable, compétent, efficace, en état de, expert, habile, qualifié.*

incapable *nom*
/ Personne incompétente. SYN. bon à rien, ignare, ignorant, mauvais, nul, nullité, raté – FAMILIER: ganache, minable, nullard, propre-à-rien, zéro – POPULAIRE: jean-foutre. CONTR. *expert, génie* – FAMILIER: *as, champion, crack* – LITTÉRAIRE: *lumière.*

incapacité *nom féminin*
/ Fait de ne pas être capable de. SYN. impossibilité, impuissance, inaptitude. CONTR. *aptitude, capacité.*
/ Manque d'aptitudes. SYN. ignorance, incompétence, inefficacité, inhabileté, inhabilité, inintelligence, insuffisance, médiocrité, nullité – LITTÉRAIRE: impéritie. CONTR. *dextérité, efficacité, habileté, habilité.*

incarcération *nom féminin*
/ Action d'incarcérer quelqu'un. SYN. arrestation, captivité, détention, emprisonnement, enfermement, internement – LITTÉRAIRE: réclusion. CONTR. *liberté.*

incarcérer *verbe*
/ Mettre en prison. SYN. arrêter, cadenasser, détenir, écrouer, emprisonner, interner, mettre au secret, mettre sous les verrous – FAMILIER: boucler, coffrer, mettre à l'ombre, mettre au frais, mettre au trou – LITTÉRAIRE: embastiller. CONTR. *délivrer, élargir, libérer, relâcher, relaxer.*

incarnat *adjectif*
/ D'un rouge vif. SYN. grenat – LITTÉRAIRE: vermeil.

incarnation *nom féminin*
/ Ce qui incarne une idée. SYN. emblème, image, personnification, représentation, symbole.

incarner *verbe*
/ Représenter une idée abstraite. SYN. figurer, personnifier, refléter, reproduire, symboliser.
/ Interpréter un rôle. SYN. interpréter, jouer.

incartade *nom féminin*
/ Léger écart de conduite. SYN. caprice, déviation, écart, erreur, extravagance, folie, frasque, fredaine – LITTÉRAIRE: foucade, peccadille.

incassable *adjectif*
/ Qui ne se casse pas. SYN. résistant, robuste, solide – FAMILIER: costaud – LITTÉRAIRE: infrangible. CONTR. *cassable, cassant, délicat, fragile.*

incendiaire *adjectif*
/ VIEUX. Qui échauffe les esprits. SYN. factieux, provocant, provocateur, révolutionnaire, séditieux, subversif, virulent.

incendie *nom masculin*
/ Grand feu dévastateur. SYN. brasier, feu, sinistre.
/ LITTÉRAIRE. Bouleversement social. SYN. conflagration, conflit, convulsion, crise, déchaînement, explosion, sédition – LITTÉRAIRE: embrasement.

incendier *verbe*
/ Mettre le feu. SYN. allumer, brûler, enflammer – LITTÉRAIRE: embraser.

incertain *adjectif*

/ Qui est mal assuré. SYN. chancelant, trébuchant – LITTÉRAIRE: vacillant. CONTR. *ferme, solide, stable.*

/ Qui n'est pas sûr. SYN. aléatoire, casuel, conjectural, contestable, contingent, discutable, douteux, éventuel, hasardé, hasardeux, hypothétique, imprévisible, improbable, indéterminé, instable, précaire, problématique – LITTÉRAIRE: chanceux. CONTR. *arrêté, assuré, automatique, aveuglant, certain, déterminé, évident, flagrant, incontestable, indiscutable, indubitable, inévitable, irrécusable, manifeste, palpable, prouvé, sûr, tangible.*

/ Dont la forme est vague. SYN. confus, imprécis, indéfini, indéfinissable, indiscernable, indistinct, vague – LITTÉRAIRE: nébuleux. CONTR. *net, précis.*

/ Qui hésite. SYN. embarrassé, flottant, fluctuant, hésitant, indécis, irrésolu, perplexe, variable. CONTR. *déterminé, résolu.*

incertitude *nom féminin*

/ Caractère incertain. SYN. brouillard, imprévisibilité, instabilité, obscurité, précarité, variabilité, vulnérabilité – LITTÉRAIRE: inconstance, vague. CONTR. *évidence, flagrance.*

/ État de quelqu'un d'indécis. SYN. anxiété, doute, embarras, flottement, hésitation, indécision, indétermination, irrésolution, perplexité, scepticisme, vacillement. CONTR. *assurance, certitude, décision, résolution.*

incessamment *adverbe*

/ D'un instant à l'autre. SYN. bientôt, d'ici peu, immédiatement, prochainement, sans délai, sans retard, sans tarder, sous peu, sur-le-champ, vite. CONTR. *plus tard, ultérieurement.*

incessant *adjectif*

/ Qui ne cesse pas. SYN. assidu, continu, continuel, éternel, ininterrompu, permanent, perpétuel, persistant, sempiternel, soutenu. CONTR. *discontinu, intermittent, irrégulier.*

incessible *adjectif*

/ Qui ne peut être cédé. SYN. inaliénable, incommunicable, intransmissible, invendable. CONTR. *aliénable, cessible, transférable, transmissible, vendable.*

inchangé *adjectif*

/ Qui n'a pas changé. SYN. analogue, identique, immuable, pareil, semblable. CONTR. *autre, changé, différent, modifié, transformé.*

inchangeable *adjectif*

/ Qu'on ne peut changer. SYN. constant, immuable, inaltérable, invariable, stable. CONTR. *altérable, changeable, modifiable, remplaçable, transformable.*

incidemment *adverbe*

/ D'une manière accessoire. SYN. accessoirement, au passage, entre parenthèses – FAMILIER: en passant. CONTR. *à fond, complètement.*

/ De manière fortuite. SYN. à l'occasion, accidentellement, par hasard. CONTR. *délibérément, exprès, volontairement.*

incidence *nom féminin*

/ Effet d'une chose sur une autre. SYN. conséquence, contrecoup, éclaboussure, effet, impact, influence, prolongement, rançon, répercussion, retentissement, retombée, ricochet, suite.

incident *adjectif*

/ Qui se fait incidemment. SYN. accessoire, fortuit, mineur, secondaire. CONTR. *primordial, principal, vital.*

incident *nom masculin*

/ Fait généralement fâcheux. SYN. accident, accroc, avatar, aventure, complication, contretemps, événement, mésaventure, péripétie – FAMILIER: anicroche, pépin, tuile.

inciser *verbe*

/ Faire une incision dans. SYN. ciseler, couper, débrider, entailler, entamer, ouvrir, scarifier, taillader.

incisif *adjectif*

/ Qui blesse profondément. SYN. à l'emporte-pièce, acerbe, acéré, acide, affilé, aigu, caustique, mordant, perçant, percutant, satirique, tranchant, vif – FAMILIER: saignant – LITTÉRAIRE: âcre, épigrammatique, piquant.

incision *nom féminin*

/ Action d'inciser. SYN. coupure, entaille, fente, taillade.

/ Coupure chirurgicale. SYN. boutonnière, excision, scarification.

incitateur *nom*

/ Personne qui incite à agir. SYN. agitateur, fauteur de troubles, inspirateur, instigateur, promoteur, provocateur – LITTÉRAIRE : excitateur, fomentateur.

incitation *nom féminin*

/ Action de pousser à agir. SYN. appel, conseil, encouragement, excitation, exhortation, inspiration, instigation, invitation, invite, provocation, sollicitation, stimulation, suggestion.

inciter *verbe*

/ Pousser à agir. SYN. appeler, conseiller, convier, décider, déterminer, encourager, engager, enhardir, entraîner, exciter, exhorter, incliner, inviter, persuader, porter, pousser, presser, provoquer, résoudre. CONTR. *décourager, détourner, dissuader, empêcher.*

incivil *adjectif*

/ LITTÉRAIRE. Qui manque de politesse. SYN. discourtois, grossier, impoli, incorrect, mal élevé, rustre. CONTR. *bien élevé, bienséant, courtois, poli* – LITTÉRAIRE : *civil, urbain.*

incivilité *nom féminin*

/ LITTÉRAIRE. Manque de politesse. SYN. impolitesse, incorrection. CONTR. *politesse* – LITTÉRAIRE : *civilité, urbanité.*

inclémence *nom féminin*

/ LITTÉRAIRE. Rigueur du temps. SYN. dureté, rigueur, rudesse – LITTÉRAIRE : inexorabilité. CONTR. *douceur* – LITTÉRAIRE : *clémence, sérénité.*

/ LITTÉRAIRE. Manque de clémence. SYN. inflexibilité, rigueur, sévérité – LITTÉRAIRE : implacabilité, inexorabilité. CONTR. *bienveillance, bonté, douceur, indulgence* – LITTÉRAIRE : *clémence, mansuétude.*

inclément *adjectif*

/ LITTÉRAIRE. Qui manque de douceur. SYN. rigoureux, sévère. CONTR. *clément, doux.*

inclinaison *nom féminin*

/ État de ce qui est incliné. SYN. déclivité, inclination, obliquité, pente. CONTR. *aplomb, horizontalité.*

inclination *nom féminin*

/ Action de s'incliner. SYN. inclinaison, inflexion, salut – LITTÉRAIRE : prosternation, prosternement.

/ Tendance naturelle à. SYN. désir, disposition, faible, instinct, orientation, penchant, pente, prédisposition, propension, tendance, vocation. CONTR. *aversion, dégoût, haine, répugnance, répulsion.*

/ LITTÉRAIRE. Élan vers quelqu'un. SYN. affection, affinité, attachement, attirance, attrait, faible, sympathie. CONTR. *animosité, antipathie, aversion, haine* – LITTÉRAIRE : *animadversion.*

incliner *verbe transitif*

/ Pencher légèrement. SYN. abaisser, baisser, courber, descendre, fléchir, infléchir, pencher. CONTR. *dresser, élever, ériger, lever, relever.*

/ Inciter quelqu'un à. SYN. convier, encourager, engager, entraîner, exhorter, inciter, inviter, persuader, porter, pousser, prédisposer, presser, provoquer.

incliner *verbe transitif indirect*

/ Être enclin à tel comportement. SYN. évoluer vers, opter, pencher, préférer, tendre vers, tourner à.

incliner (s') *verbe pronominal*

/ Se courber devant. SYN. s'abaisser, se courber, se prosterner.

/ Reconnaître l'autorité de. SYN. abandonner, capituler, céder, courber le dos, courber le front, courber l'échine, fléchir, mettre les pouces, obéir, obtempérer, plier, plier le genou, plier l'échine, se rendre, se résigner, se soumettre – FAMILIER : caler, s'aplatir – LITTÉRAIRE : baisser pavillon, mettre pavillon bas, ployer, se courber, se prosterner, succomber – POPULAIRE : baisser sa culotte, baisser son froc, baisser son pantalon, s'écraser. CONTR. *défier, résister, s'obstiner.*

/ Avoir une position oblique. SYN. pencher, plier, s'abaisser, se baisser, se courber – LITTÉRAIRE : ployer. CONTR. *monter.*

inclure *verbe*

/ Insérer dans. SYN. ajouter, englober, glisser, incorporer, inscrire, insérer, introduire, joindre. CONTR. *écarter, enlever, excepter, exclure.*

/Contenir en soi. SYN. comporter, comprendre, compter, contenir, englober, envelopper, impliquer, intégrer, renfermer. CONTR. *excepter, exclure.*

inclus *adjectif*

/Contenu dans. SYN. compris. CONTR. *excepté, exclu.*

inclusivement *adverbe*

/En incluant telle chose. SYN. y compris. CONTR. *exclusivement, non compris.*

incoercible *adjectif*

/Qu'on ne peut contenir. SYN. fou, incontrôlable, insurmontable, irrépressible, irrésistible. CONTR. *coercible, contrôlable.*

incognito *adverbe*

/Sans se faire connaître. SYN. anonymement, discrètement, en cachette, obscurément, officieusement, secrètement –LITTÉRAIRE: subrepticement. CONTR. *à découvert, au vu et au su de, officiellement, ouvertement.*

incohérence *nom féminin*

/État de ce qui est incohérent. SYN. absurdité, chaos, confusion, désordre, illogisme, inconséquence, irrationalité. CONTR. *cohérence, cohésion, harmonie, justesse, logique, suite.*

/Action, parole incohérente. SYN. aberration, absurdité, contradiction, divagation, inconséquence.

incohérent *adjectif*

/Qui manque d'unité. SYN. chaotique, confus, contradictoire, décousu, disparate, hétéroclite, hétérogène. CONTR. *cohérent, homogène.*

/Qui manque de logique. SYN. aberrant, abracadabrant, absurde, bizarre, boiteux, confus, déraisonnable, désordonné, étrange, extravagant, illogique, inconséquent, inconsistant, inepte, insensé, insolite, irrationnel, stupide –FAMILIER: fantastique. CONTR. *cohérent, conséquent, judicieux, juste, logique, ordonné, raisonnable, raisonné, rationnel, réfléchi, sensé, suivi.*

incolore *adjectif*

/LITTÉRAIRE. Qui manque d'éclat. SYN. fade, impersonnel, insipide, neutre, pâle, plat, terne –FAMILIER: fadasse. CONTR. *brillant, coloré, éclatant.*

incomber *verbe*

/Être imposé à quelqu'un. SYN. afférer, appartenir, échoir, retomber sur, revenir.

incombustible *adjectif*

/Qui ne peut pas brûler. SYN. apyre, ignifugé, ininflammable. CONTR. *combustible, inflammable.*

incommensurable *adjectif*

/D'une étendue considérable. SYN. démesuré, énorme, gigantesque, illimité, immense, indénombrable, infini, innombrable, insondable –FAMILIER: abyssal. CONTR. *fini, limité.*

incommodant *adjectif*

/Qui incommode. SYN. déplaisant, dérangeant, désagréable, gênant. CONTR. *agréable.*

incommode *adjectif*

/Qui n'est pas d'usage facile. SYN. malcommode. CONTR. *commode, facile, pratique, simple.*

/Qui n'est pas confortable. SYN. inconfortable, malcommode. CONTR. *agréable, confortable, vivable.*

incommodé *adjectif*

/Légèrement souffrant. SYN. indisposé, souffrant –FAMILIER: mal fichu, patraque –POPULAIRE: mal foutu.

incommoder *verbe*

/Causer une gêne physique. SYN. déranger, gêner, indisposer.

incommodité *nom féminin*

/LITTÉRAIRE. Gêne causée par. SYN. difficulté, ennui, gêne, inconfort, inconvénient, indisposition, sujétion –FAMILIER: enquiquinement –LITTÉRAIRE: importunité.

incommunicable *adjectif*

/Qu'on ne peut transmettre. SYN. incessible, intransmissible. CONTR. *cessible, communicable, transférable, transmissible.*

/Qui ne peut être exprimé. SYN. indicible, inexprimable, intraduisible –LITTÉRAIRE: ineffable. CONTR. *communicable, exprimable, traduisible.*

incomparable *adjectif*

/ Qui est très différent. SYN. différent, dissemblable, sans égal. CONTR. *analogue, comparable, équivalent, identique, semblable, similaire.*

/ Qui l'emporte par ses qualités. SYN. admirable, adorable, consommé, émérite, éminent, étincelant, excellent, extraordinaire, grand, hors de pair, hors pair, inégalable, inouï, parfait, remarquable, sans égal, sans pareil, supérieur, transcendant, unique – FAMILIER: magistral, terrible – LITTÉRAIRE: nonpareil, suréminent. CONTR. *catastrophique, égalable, médiocre, ordinaire, piteux, quelconque.*

incomparablement *adverbe*

/ Sans comparaison possible. SYN. merveilleusement, remarquablement, supérieurement.

incompatibilité *nom féminin*

/ Caractère incompatible. SYN. antagonisme, contradiction, désaccord, discordance, opposition. CONTR. *accord, compatibilité, conformité.*

incompatible *adjectif*

/ Qui ne peut s'accorder avec. SYN. antinomique, antithétique, contradictoire, contraire, discordant, inconciliable, opposé – LITTÉRAIRE: dissonant. CONTR. *compatible, conciliable.*

incompétence *nom féminin*

/ Manque de l'habileté nécessaire. SYN. ignorance, inaptitude, incapacité, inexpérience, insuffisance, nullité – LITTÉRAIRE: impéritie. CONTR. *capacité, compétence, efficacité, habileté, qualification, savoir-faire.*

incompétent *adjectif*

/ Sans compétence. SYN. ignare, ignorant, inapte, incapable, inexpérimenté, insuffisant, mauvais, nul – LITTÉRAIRE: inexpert. CONTR. *capable, compétent, qualifié, versé.*

incomplet *adjectif*

/ Auquel il manque quelque chose. SYN. boiteux, fragmentaire, imparfait, inachevé, insuffisant, lacunaire, parcellaire, partiel, superficiel – LITTÉRAIRE: lacuneux. CONTR. *absolu, achevé, complet, entier, exhaustif, global, intégral.*

incomplètement *adverbe*

/ De façon incomplète. SYN. fragmentairement, imparfaitement, insuffisamment, mal, partiellement, sommairement. CONTR. *complètement, du début à la fin, entièrement, globalement, in extenso, intégralement, totalement.*

incompréhensibilité *nom féminin*

/ LITTÉRAIRE. Caractère incompréhensible. SYN. hermétisme, inintelligibilité, obscurité – LITTÉRAIRE: opacité. CONTR. *clarté, compréhensibilité, intelligibilité, limpidité.*

incompréhensible *adjectif*

/ Qu'il est difficile de comprendre. SYN. abscons, ambigu, confus, difficile, énigmatique, équivoque, ésotérique, fumeux, hermétique, impénétrable, inaccessible, inassimilable, inconcevable, inconnaissable, indéchiffrable, inexplicable, inintelligible, insaisissable, insondable, mystérieux, nuageux, obscur – LITTÉRAIRE: abstrus, amphigourique, fuligineux, nébuleux, opaque, sibyllin, ténébreux. CONTR. *accessible, clair, compréhensible, déchiffrable, explicable, explicite, facile, intelligible, limpide, lumineux, manifeste, net, perceptible, précis, réfléchi, simple, transparent.*

/ Dont on ne peut expliquer la conduite. SYN. bizarre, déconcertant, étrange, indéchiffrable, mystérieux. CONTR. *explicable, normal.*

incompréhensif *adjectif*

/ Qui ne comprend pas les autres. SYN. fermé, indifférent, intolérant, intraitable, intransigeant. CONTR. *compréhensif, indulgent, ouvert, tolérant.*

incompréhension *nom féminin*

/ Refus de comprendre. SYN. indifférence, insensibilité, méconnaissance, mésentente – LITTÉRAIRE: imperméabilité, mésintelligence. CONTR. *bienveillance, compréhension, indulgence.*

inconcevable *adjectif*

/ Difficile à imaginer. SYN. impénétrable, impensable, incompréhensible, inconnaissable, inimaginable, insondable, invraisemblable. CONTR. *compréhensible, concevable, envisageable, imaginable, normal, pensable.*

/ Qui ne peut être admis. SYN. curieux, étonnant, extraordinaire, incroyable, inexplicable, inexprimable, inimaginable, inouï, stupéfiant –FAMILIER: fantastique, invraisemblable, sciant, soufflant –LITTÉRAIRE: ineffable. CONTR. *acceptable, admissible.*

inconciliable *adjectif*

/ Qui ne peut pas se concilier avec. SYN. antithétique, contradictoire, incompatible, opposé. CONTR. *compatible, conciliable.*

inconditionnel *nom*

/ Partisan sans réserve de. SYN. adepte, admirateur, fidèle, partisan, suiveur.

inconduite *nom féminin*

/ Mauvaise conduite. SYN. débauche, dévergondage, écarts, excès, folies, frasques, fredaines, vice –LITTÉRAIRE: licence, stupre. CONTR. *vertu.*

inconfort *nom masculin*

/ Manque de confort matériel. CONTR. *commodité, confort.*

/ Situation de malaise. SYN. gêne, malaise –LITTÉRAIRE: importunité, incommodité.

inconfortable *adjectif*

/ Qui manque de confort. SYN. incommode, malcommode. CONTR. *agréable, commode, confortable, cosy, douillet, vivable.*

/ Qui embarrasse. SYN. délicat, embarrassant, épineux –LITTÉRAIRE: scabreux.

incongru *adjectif*

/ Qui est déplacé. SYN. choquant, déplacé, hors de propos, inadéquat, inapproprié, inconvenant, incorrect, indécent, inopportun, insolent, saugrenu –FAMILIER: à côté de la plaque –LITTÉRAIRE: dissonant, importun, malséant, messéant. CONTR. *adéquat, bienséant, convenable, correct* –LITTÉRAIRE: *séant.*

incongruité *nom féminin*

/ Caractère incongru. SYN. aberration, absurdité, grossièreté, impolitesse, inconvenance, incorrection, indécence, insolence. CONTR. *bienséance.*

inconnaissable *adjectif*

/ Qui ne peut être connu. SYN. impénétrable, inaccessible, incompréhensible, inconcevable, mystérieux. CONTR. *connaissable.*

inconnu *adjectif*

/ Qui n'est pas connu. SYN. étranger, inexploré, oublié. CONTR. *célèbre, connu, familier, glorieux, historique, illustre, important, renommé, réputé* –LITTÉRAIRE: *fameux.*

/ Dont on ignore l'identité. SYN. anonyme, innomé, innommé. CONTR. *connu, reconnu.*

/ Dont on n'a pas fait l'expérience. SYN. ignoré, inédit, insoupçonné, méconnu, mystérieux, nouveau, original, secret. CONTR. *courant, éculé, habituel, notoire, rebattu, ressassé, usé, usuel* –FAMILIER: *bateau, réchauffé.*

inconsciemment *adverbe*

/ De façon inconsciente. SYN. instinctivement, involontairement, machinalement, mécaniquement, spontanément. CONTR. *consciemment, exprès, sciemment, volontairement.*

inconscience *nom féminin*

/ Perte de connaissance. SYN. évanouissement, malaise. CONTR. *connaissance, conscience.*

/ État d'insouciance. SYN. aveuglement, folie, imprudence, inattention, inconséquence, insouciance, irréflexion, légèreté –FAMILIER: je-m'en-fichisme –POPULAIRE: je-m'en-foutisme. CONTR. *clairvoyance, lucidité, prudence, sagesse.*

inconscient *adjectif*

/ Qui a perdu connaissance. SYN. évanoui. CONTR. *conscient, lucide.*

/ Qui ne se rend pas compte. SYN. imprudent, inconséquent, inconsidéré, insouciant, irréfléchi, irresponsable, léger –FAMILIER: je-m'en-fichiste –POPULAIRE: je-m'en-foutiste. CONTR. *clairvoyant, raisonnable, sage.*

/ Qui se produit inconsciemment. SYN. automatique, instinctif, involontaire, machinal, mécanique, spontané. CONTR. *conscient, intentionnel, prémédité, réfléchi.*

inconséquence *nom féminin*

/ Manque de logique. SYN. absurdité, confusion, étourderie, illogisme, imprudence, incohérence, inconscience, irréflexion, légèreté. CONTR. *cohérence, logique, sagesse.*

/ Action, parole illogique. SYN. aberration, absurdité, contradiction, divagation, imprudence, incohérence.

inconséquent *adjectif*

/ Qui manque de logique. SYN. aberrant, absurde, contradictoire, illogique, incohérent, irrationnel, irréfléchi. CONTR. *conséquent, judicieux, logique, méthodique, rationnel.*

/ Qui agit avec légèreté. SYN. déraisonnable, écervelé, étourdi, fou, imprudent, inconscient, inconsidéré, insensé, léger, malavisé. CONTR. *avisé, circonspect, pondéré, posé, prudent, raisonnable, réfléchi, sage, sensé, sérieux* – FAMILIER: *rassis.*

inconsidéré *adjectif*

/ Qui n'a pas été bien réfléchi. SYN. étourdi, hâtif, imprudent, inconscient, inconséquent, irréfléchi, léger, malavisé. CONTR. *avisé, circonspect, pondéré, posé, prudent, réfléchi.*

inconsidérément *adverbe*

/ De façon inconsidérée. SYN. à la légère, à tort et à travers, étourdiment, follement, imprudemment, inconsciemment, intempestivement, légèrement, mal à propos. CONTR. *posément, précautionneusement, prudemment.*

inconsistance *nom féminin*

/ Manque de consistance. SYN. mollesse – LITTÉRAIRE: flaccidité. CONTR. *consistance, dureté.*

/ Manque d'intérêt. SYN. faiblesse, fragilité, insignifiance, pauvreté, platitude, précarité, vide – LITTÉRAIRE: inanité, vanité. CONTR. *densité, gravité, richesse.*

/ Manque de fermeté morale. SYN. fadeur, veulerie – LITTÉRAIRE: versatilité. CONTR. *énergie, fermeté, vigueur.*

inconsistant *adjectif*

/ Sans consistance. SYN. coulant, flasque, fluide, liquide, mou. CONTR. *consistant, dur, épais, ferme.*

/ Qui manque d'intérêt. SYN. fade, fragile, inintéressant, insignifiant, mince, plat, sans intérêt, terne, vide – FAMILIER: fadasse – LITTÉRAIRE: vain. CONTR. *intéressant.*

/ Qui manque de caractère. SYN. amorphe, changeant, incohérent, lymphatique, mou, velléitaire, versatile. CONTR. *énergique, fort, résolu, volontaire.*

inconsommable *adjectif*

/ Qui ne peut être consommé. SYN. immangeable. CONTR. *comestible, consommable, mangeable.*

inconstance *nom féminin*

/ Disposition à changer d'avis. SYN. instabilité, légèreté – LITTÉRAIRE: variabilité, versatilité. CONTR. *constance, égalité, fermeté, patience, permanence, persévérance* – LITTÉRAIRE: *fixité, opiniâtreté.*

/ LITTÉRAIRE. Instabilité d'une chose. SYN. caprice, fragilité, incertitude, instabilité, mobilité, précarité, variabilité, vicissitude. CONTR. *solidité, stabilité.*

/ Infidélité en amour. SYN. frivolité, infidélité. CONTR. *constance, fidélité.*

inconstant *adjectif*

/ LITTÉRAIRE. Sujet à des changements. SYN. capricieux, changeant, fluctuant, fragile, instable, mobile, précaire, variable. CONTR. *éternel, figé, fixe, immuable, inaltérable, invariable.*

/ Qui change d'avis facilement. SYN. capricieux, changeant, flottant, fluctuant, instable, papillonnant, velléitaire, versatile – LITTÉRAIRE: ondoyant, protéiforme – VIEUX: mobile. CONTR. *acharné, assidu, célèbre, constant, égal, entêté, ferme, glorieux, historique, illustre, obstiné, opiniâtre, patient, persévérant* – LITTÉRAIRE: *fameux, invariable.*

/ Infidèle en amour. SYN. frivole, infidèle, léger, volage. CONTR. *fidèle.*

incontestable *adjectif*

/ Qu'on ne peut contester. SYN. assuré, authentique, avéré, certain, évident, flagrant, formel, inattaquable, indéniable, indiscutable, indubitable, invincible, irrécusable, irréfutable, manifeste, notoire, patent, positif, reconnu, sûr, vrai – LITTÉRAIRE: irréfragable. CONTR. *contestable, discutable, douteux, erroné, faux, hypothétique, incertain, niable, problématique, récusable, réfutable, sujet à caution.*

incontestablement *adverbe*

/ De façon incontestable. SYN. à l'évidence, assurément, certainement, de toute évidence, évidemment, immanquablement, indéniablement, indiscutablement, indubitablement, irréfutablement, manifestement, nécessairement, notoirement, parfaitement, sans aucun doute, sans conteste – FAMILIER: positivement – LITTÉRAIRE: sans contredit.

incontesté *adjectif*

/ Qui n'est pas contesté. SYN. acquis, indiscuté, reconnu. CONTR. *présumé, prétendu.*

incontinent *adverbe*

/ LITTÉRAIRE. Sans le moindre retard. SYN. à l'instant, aussitôt, d'emblée, immédiatement, instantanément, sur-le-champ, tout de suite –FAMILIER: illico, illico presto.

incontournable *adjectif*

/ Impossible à éviter. SYN. de rigueur, indispensable, inévitable, nécessaire, obligatoire, obligé. CONTR. *facultatif.*

incontrôlable *adjectif*

/ Qu'on ne peut vérifier. SYN. indémontrable, invérifiable. CONTR. *contrôlable, vérifiable.*

/ Qu'on ne peut maîtriser. SYN. fou, incoercible, insurmontable, irrépressible, irrésistible. CONTR. *coercible.*

inconvenance *nom féminin*

/ Caractère inconvenant. SYN. désinvolture, effronterie, goujaterie, grossièreté, hardiesse, immoralité, impertinence, impolitesse, incongruité, incorrection, indécence, insolence, muflerie, obscénité, sans-gêne –LITTÉRAIRE: licence, sans-façon. CONTR. *bienséance, convenance, correction, courtoisie, décence, galanterie, politesse* –LITTÉRAIRE: *urbanité.*

/ Action, parole inconvenante. SYN. goujaterie, grossièreté, hardiesse, impertinence, impolitesse, incongruité, incorrection, obscénité –LITTÉRAIRE: canaillerie.

inconvenant *adjectif*

/ Qui heurte les convenances. SYN. choquant, cru, déplacé, désinvolte, discourtois, égrillard, épicé, gaillard, grossier, immoral, impertinent, impoli, impudique, incongru, incorrect, indécent, insolent, licencieux, mal élevé, malappris, malhonnête, malpropre, mufle, scabreux –FAMILIER: cochon, malpoli –LITTÉRAIRE: déshonnête, irrévérencieux, malséant, malsonnant. CONTR. *bien élevé, bienséant, convenable, correct, courtois, décent, déférent, distingué, honnête, moral, poli, pudique* –FAMILIER: *beau* –LITTÉRAIRE: *urbain.*

inconvénient *nom masculin*

/ Ce qui fait obstacle. SYN. danger, empêchement, objection, péril, risque –LITTÉRAIRE: écueil. CONTR. *bénéfice.*

/ Aspect négatif. SYN. défaut, désagrément, désavantage, ennui, handicap, revers de la médaille –FAMILIER: enquiquinement –LITTÉRAIRE: incommodité. CONTR. *avantage, qualité.*

incorporation *nom féminin*

/ Action d'incorporer une matière. SYN. amalgame, mélange.

/ Action de rattacher des éléments. SYN. affiliation, annexion, assimilation, association, insertion, intégration, rattachement, réunion.

incorporel *adjectif*

/ LITTÉRAIRE. Qui n'a pas de corps. SYN. immatériel, spirituel. CONTR. *concret, corporel, matériel* –LITTÉRAIRE: *charnel.*

incorporer *verbe*

/ Ajouter une chose à une autre. SYN. adjoindre, amalgamer, annexer, associer, combiner, enchâsser, insérer, intégrer, intercaler, mélanger, rattacher. CONTR. *biffer, détacher, retrancher.*

/ Faire entrer dans un groupe. SYN. affilier, agréger, assimiler, inclure, intégrer, introduire, réunir. CONTR. *exclure.*

/ Prendre une recrue. SYN. appeler, enrôler, mobiliser, recruter. CONTR. *démobiliser.*

incorrect *adjectif*

/ Qui comporte des erreurs. SYN. abusif, bancal, défectueux, erroné, fautif, impropre, inadéquat, inexact, mauvais, vicieux. CONTR. *bon, correct, exact, juste.*

/ Qui manque de décence. SYN. choquant, déplacé, désinvolte, incongru, indécent, inélégant, inopportun, malhonnête, négligé –LITTÉRAIRE: malséant. CONTR. *convenable, correct, décent, élégant, moral.*

/ Qui manque de politesse. SYN. cavalier, discourtois, grossier, impertinent, impoli, inconvenant, indélicat, mal élevé, malappris, mufle –FAMILIER: malpoli, sans gêne –LITTÉRAIRE: incivil, irrespectueux, irrévérencieux –POPULAIRE: malembouché. CONTR. *bienséant, courtois, poli* –FAMILIER: *beau* –LITTÉRAIRE: *urbain.*

incorrectement *adverbe*

/ De façon incorrecte. SYN. fautivement, improprement, mal. CONTR. *correctement.*

incorrection *nom féminin*

/ Faute de grammaire. SYN. barbarisme, écart de langage, faute, impropriété, solécisme.

/ Manquement à la bienséance. SYN. désinvolture, goujaterie, grossièreté, impertinence, impolitesse, incongruité, inconvenance, indélicatesse, inélégance, insolence, muflerie, sans-gêne, trivialité, vulgarité –LITTÉRAIRE: incivilité, irrespect, irrévérence, licence, sans-façon. CONTR. *bienséance, convenances, correction, courtoisie, décence, délicatesse, politesse, savoir-vivre, tact* –LITTÉRAIRE: *civilité, urbanité.*

incorrigible *adjectif*

/ Qu'on ne peut corriger. SYN. déterminé, endurci, impénitent, incurable, inéducable, invétéré, irrécupérable –FAMILIER: indécrottable. CONTR. *corrigible, récupérable.*

incorruptibilité *nom féminin*

/ Qualité d'une personne intègre. SYN. droiture, honnêteté, intégrité, moralité, probité. CONTR. *bassesse, déloyauté, malhonnêteté, vénalité.*

incorruptible *adjectif*

/ Qui ne peut se décomposer. SYN. imputrescible, inaltérable, inattaquable. CONTR. *altérable, putréfiable, putrescible.*

/ Que l'on ne peut corrompre. SYN. droit, honnête, inattaquable, intègre –LITTÉRAIRE: probe. CONTR. *corruptible, malhonnête, vénal, vendu, véreux* –LITTÉRAIRE: *corrompu.*

incrédule *adjectif*

/ Sceptique en matière religieuse. SYN. athée, incroyant, irréligieux. CONTR. *bigot, convaincu, croyant, dévot, pieux, pratiquant, religieux* –FAMILIER: *bondieusard.*

/ Naturellement porté au doute. SYN. défiant, dubitatif, méfiant, sceptique. CONTR. *candide, crédule, ingénu, naïf.*

incrédule *nom*

/ Personne qui ne croit pas. SYN. athée, incroyant, libre penseur –LITTÉRAIRE: mécréant –VIEUX: esprit fort. CONTR. *bigot, croyant, dévot* –FAMILIER: *bondieusard, calotin, grenouille de bénitier, punaise de sacristie, rat d'église.*

incrédulité *nom féminin*

/ Absence de foi religieuse. SYN. athéisme, incroyance, irréligion –LITTÉRAIRE: mécréance. CONTR. *conviction, croyance, dévotion, foi.*

/ Attitude de celui qui doute. SYN. défiance, doute, méfiance, scepticisme. CONTR. *candeur, crédulité, ingénuité, naïveté.*

increvable *adjectif*

/ FAMILIER. Qui est très résistant. SYN. coriace, endurant, infatigable, inusable, résistant, robuste, solide. CONTR. *anéanti, brisé, épuisé, exténué, fourbu, harassé, K.-O., recru, rendu, rompu, usé* –FAMILIER: *achevé, claqué, éreinté, esquinté, fini, flapi, lessivé, mort, moulu, raplapla, tué, vanné, vidé* –POPULAIRE: *crevé.*

incriminable *adjectif*

/ LITTÉRAIRE. Que l'on peut incriminer. SYN. blâmable, condamnable, critiquable, répréhensible.

incriminer *verbe*

/ Mettre en cause. SYN. accuser, attaquer, blâmer, charger, condamner, critiquer, suspecter. CONTR. *blanchir, décharger, défendre, disculper, innocenter.*

incroyable *adjectif*

/ Difficile à croire. SYN. abracadabrant, absurde, impensable, inconcevable, inimaginable, insoutenable, invraisemblable, rocambolesque, romanesque, surprenant –FAMILIER: ébouriffant. CONTR. *admissible, concevable, croyable, imaginable, plausible, probable, réel, vraisemblable.*

/ Qui a un caractère excessif. SYN. étonnant, fou, incalculable, inespéré, inexprimable, inouï, phénoménal, prodigieux, stupéfiant –FAMILIER: énorme, fabuleux, fantastique, faramineux.

/ Qui a un côté insolite. SYN. curieux, extraordinaire, extravagant, grotesque, insolent, paradoxal –FAMILIER: impayable, invraisemblable, unique –LITTÉRAIRE: ineffable. CONTR. *normal.*

incroyablement *adverbe*

/ De façon incroyable. SYN. admirablement, beaucoup, bien, effroyablement, énormément, exceptionnellement, excessivement, extraordinairement, extrêmement, fabuleusement, follement, fort, fortement, grandement, horriblement, monstrueusement, mortellement, parfaitement, particulièrement, prodigieusement, profondément, puissamment, suprêmement, terriblement, très, trop, vertigineusement –FAMILIER: bigrement, bougrement, diablement, drôlement, épatamment, fameusement, fichtrement, fichûment, formidablement, joliment, méchamment, rudement, tout plein –LITTÉRAIRE: diantrement, furieusement –POPULAIRE: foutrement, salement, vachement –VIEUX: fièrement.

incroyance *nom féminin*

/ Absence de foi religieuse. SYN. athéisme, incrédulité, irréligion. CONTR. *croyance, dévotion, foi* –FAMILIER: *bigoterie, bigotisme.*

incroyant *nom*

/ Personne qui n'a pas la foi. SYN. athée, incrédule, libre penseur, non-croyant, païen –LITTÉRAIRE: impie, mécréant. CONTR. *bigot, croyant, dévot, fidèle* –FAMILIER: *bondieusard, calotin, grenouille de bénitier, punaise de sacristie, rat d'église.*

incruster (s') *verbe pronominal*

/ FAMILIER. Imposer sa présence. SYN. s'établir, s'implanter, s'installer, s'inviter. CONTR. *partir.*

inculquer *verbe*

/ Faire entrer dans l'esprit. SYN. apprendre, enseigner, faire admettre, graver, imprégner, insuffler –LITTÉRAIRE: empreindre, inoculer, instiller.

inculte *adjectif*

/ Qui n'est pas cultivé. SYN. abandonné, désertique, en friche, en jachère. CONTR. *cultivé, fertile.*

/ Se dit de cheveux en désordre. SYN. ébouriffé, échevelé, hirsute, négligé. CONTR. *coiffé, peigné, soigné.*

/ Sans culture intellectuelle. SYN. barbare, béotien, brut, fruste, grossier, ignare, ignorant –LITTÉRAIRE: rustique –VIEUX: illettré. CONTR. *civilisé, cultivé, érudit, évolué, instruit, savant* –FAMILIER: *trapu.*

inculture *nom féminin*

/ Manque de culture. SYN. ignorance. CONTR. *culture, érudition, savoir.*

incurable *adjectif*

/ Qui ne peut se guérir. SYN. inguérissable, irrémédiable, perdu. CONTR. *curable, guérissable, remédiable.*

/ Dont on ne peut se défaire. SYN. incorrigible, invétéré, opiniâtre –FAMILIER: indécrottable.

incurie *nom féminin*

/ Manque d'application. SYN. abandon, insouciance, laisser-aller, mollesse, négligence, relâchement –LITTÉRAIRE: inapplication. CONTR. *application, soin.*

incuriosité *nom féminin*

/ LITTÉRAIRE. Manque de curiosité. SYN. désaffection, désintérêt, détachement, indifférence. CONTR. *curiosité, goût, intérêt, passion.*

incursion *nom féminin*

/ Invasion d'un groupe armé. SYN. assaut, attaque, coup de main, descente, invasion, pénétration, raid, razzia.

/ Entrée soudaine. SYN. arrivée, intrusion, irruption.

incurvé *adjectif*

/ Qui a une forme courbe. SYN. concave, courbe, creux. CONTR. *renflé.*

incurver *verbe*

/ Rendre courbe. SYN. courber, fléchir, gauchir, plier, recourber –LITTÉRAIRE: ployer.

incurver (s') *verbe pronominal*

/ Avoir une forme courbe. SYN. se courber, s'infléchir.

indécelable *adjectif*

/ Qui ne peut être décelé. SYN. insaisissable, invisible, léger. CONTR. *visible.*

indécence *nom féminin*

/ Manque de pudeur. SYN. grivoiserie, grossièreté, hardiesse, immoralité, impudeur, inconvenance, obscénité, vulgarité –LITTÉRAIRE: immodestie, impudicité, licence. CONTR. *bienséance, chasteté, correction, décence, pruderie, pudeur, pudibonderie, puritanisme* –LITTÉRAIRE: *pudicité.*

/ Acte, propos indécent. SYN. grivoiserie, grossièreté, hardiesse, impertinence, incongruité, inconvenance, obscénité, polissonnerie.

indécent *adjectif*

/ Qui blesse la pudeur. SYN. cru, égrillard, épicé, gaillard, grivois, impudique, licencieux, malhonnête, obscène, osé, scabreux –LITTÉRAIRE: déshonnête. CONTR. *bienséant, convenable, correct, décent, prude, pudique, strict.*

/ Qui est scandaleux. SYN. choquant, de mauvais goût, déplacé, immoral, incongru, inconvenant, inélégant, insolent, scandaleux –LITTÉRAIRE: malséant, malsonnant.

indéchiffrable *adjectif*

/ Dont la lecture est difficile. SYN. illisible. CONTR. *clair, compréhensible, déchiffrable, lisible.*

/ Difficile à comprendre. SYN. énigmatique, impénétrable, incompréhensible, inexplicable, inextricable, mystérieux –LITTÉRAIRE: opaque, sibyllin. CONTR. *clair, compréhensible, déchiffrable.*

indécis *adjectif*

/ Dont l'issue est incertaine. SYN. ambigu, douteux, équivoque, flottant, fluctuant, incertain, indéfini, indéterminé. CONTR. *défini, déterminé, fixe.*

/ Qu'on distingue mal. SYN. confus, flou, imprécis, indéterminable, indiscernable, indistinct, trouble, vague –LITTÉRAIRE: nébuleux. CONTR. *distinct, net, prononcé.*

/ Qui ne sait pas se décider. SYN. embarrassé, faible, hésitant, incertain, indéterminé, irrésolu, perplexe, réticent, velléitaire –LITTÉRAIRE: ondoyant. CONTR. *catégorique, chaud, décidé, déterminé, prêt, résolu.*

indécision *nom féminin*

/ État de quelqu'un d'indécis. SYN. doute, embarras, flottement, hésitation, incertitude, indétermination, irrésolution, oscillation, perplexité –LITTÉRAIRE: vacillation. CONTR. *assurance, choix, décision, détermination, fermeté, résolution.*

indécomposable *adjectif*

/ Qu'on ne peut décomposer. SYN. inanalysable, indébrouillable, indémêlable. CONTR. *analysable, décomposable.*

indécrottable *adjectif*

/ FAMILIER. Qu'on ne peut améliorer. SYN. endurci, impénitent, incorrigible, incurable, inéducable, invétéré, irrécupérable –FAMILIER: indécrassable.

indéfectible *adjectif*

/ Qui dure éternellement. SYN. éternel, immuable, impérissable, inaltérable, indestructible, indissoluble, ineffaçable, inlassable, solide, sûr –LITTÉRAIRE: immortel, infrangible, pérenne. CONTR. *éphémère, fragile, précaire.*

indéfendable *adjectif*

/ Qui ne peut être défendu. SYN. illégitime, injustifiable, insoutenable. CONTR. *défendable, excusable, justifiable, soutenable.*

indéfini *adjectif*

/ Qui est sans limites. SYN. illimité, indéterminé, infini. CONTR. *délimité, limité, mesuré.*

/ Qui demeure vague. SYN. confus, imprécis, incertain, indécis, indéfinissable, indéterminé, indiscernable, indistinct, trouble. CONTR. *défini, déterminé, distinct, net, précis.*

indéfiniment *adverbe*

/ D'une manière illimitée. SYN. continuellement, en permanence, éternellement, perpétuellement, toujours –LITTÉRAIRE: sempiternellement. CONTR. *alternativement, de temps à autre, de temps en temps, épisodiquement, exceptionnellement, irrégulièrement, par instants, par intermittence, par intervalles, rarement, sporadiquement, variablement.*

indéfinissable *adjectif*

/ Difficile à définir. SYN. confus, indescriptible, indéterminable, indicible, indiscernable, inexprimable, vague –LITTÉRAIRE: ineffable. CONTR. *définissable, précis.*

/ Qu'on a du mal à cerner. SYN. fuyant, impénétrable, inexplicable, insaisissable, mystérieux –LITTÉRAIRE: secret.

indélébile *adjectif*

/ Que l'on ne peut effacer. SYN. ineffaçable, tenace. CONTR. *effaçable, lavable* –LITTÉRAIRE: *délébile.*

/ Qui ne peut disparaître. SYN. éternel, immuable, impérissable, inaltérable, indestructible, indissoluble, solide, tenace –LITTÉRAIRE: immortel, pérenne.

indélicat *adjectif*

/ Qui manque de tact. SYN. cavalier, fruste, goujat, grossier, incorrect, inélégant, mal élevé, mufle, rustre, sans éducation –FAMILIER: sans gêne. CONTR. *délicat, discret.*

/ Qui est malhonnête. SYN. déloyal, fourbe, incorrect, malhonnête, malpropre, perfide, véreux. CONTR. *droit, honnête, intègre* –LITTÉRAIRE: *probe.*

indélicatesse *nom féminin*

/ Absence de tact. SYN. goujaterie, grossièreté, impolitesse, incorrection, indiscrétion, inélégance, muflerie, vulgarité. CONTR. *délicatesse, discrétion, doigté, tact.*

/ Acte malhonnête. SYN. escroquerie, malhonnêteté, malpropreté –FAMILIER: crasse, entourloupe, entourloupette, friponnerie –LITTÉRAIRE: canaillerie, improbité –POPULAIRE: saloperie –VIEUX: filouterie. CONTR. *droiture, honnêteté, intégrité, probité.*

indémêlable *adjectif*

/ Qu'on ne peut démêler. SYN. confus, dédaléen, inanalysable, indébrouillable, indécomposable, inextricable. CONTR. *analysable.*

indemne *adjectif*

/ Qui n'a pas subi de dommage. SYN. entier, intact, rescapé, sain et sauf, sauf, sauvé. CONTR. *blessé, touché.*

indemnisation *nom féminin*

/ Paiement d'une indemnité. SYN. compensation, contrepartie, dédommagement, indemnité, remboursement, réparation.

indemniser *verbe*

/ Payer un dédommagement. SYN. dédommager, défrayer, désintéresser, rembourser.

indemnité *nom féminin*

/ Somme d'argent. SYN. allocation, compensation, dédommagement, dommages-intérêts, indemnisation, réparation.

indémontrable *adjectif*

/ Qui ne peut être démontré. SYN. improuvable, incontrôlable, invérifiable. CONTR. *démontrable, prouvable, vérifiable.*

indéniable *adjectif*

/ Que l'on ne peut nier. SYN. assuré, authentique, certain, évident, flagrant, formel, frappant, incontestable, indiscutable, indubitable, irrécusable, irréfutable, manifeste, notoire, patent, positif, vrai –LITTÉRAIRE: irréfragable. CONTR. *contestable, discutable, niable, problématique, récusable, réfutable.*

indéniablement *adverbe*

/ De façon indéniable. SYN. absolument, assurément, certainement, clairement, évidemment, incontestablement, indiscutablement, indubitablement, irréfutablement, manifestement, nettement, notoirement, sans aucun doute, sans conteste, visiblement –FAMILIER: positivement –LITTÉRAIRE: sans contredit.

indénombrable *adjectif*

/ Qu'on ne peut dénombrer. SYN. illimité, incalculable, incommensurable, indéterminable, infini, innombrable. CONTR. *borné, calculable, chiffrable, dénombrable, limité, modeste.*

indépendamment *adverbe*

/ De manière indépendante. SYN. à part, individuellement, isolément, séparément. CONTR. *concurremment, conjointement, ensemble.*

indépendance *nom féminin*

/ Caractère indépendant. SYN. individualisme, indocilité, insubordination, liberté, non-conformisme. CONTR. *conformisme, docilité, soumission.*

/ Fait de ne pas être assujetti à. SYN. autonomie, liberté, souveraineté. CONTR. *allégeance, asservissement, dépendance, esclavage, obédience, subordination* –LITTÉRAIRE: *assujettissement, chaînes, lien, servitude, vassalité.*

indépendant *adjectif*

/ Qui est sans rapport avec. SYN. dissocié, distinct, séparé. CONTR. *coexistant, concomitant, enchaîné, lié.*

/ Qui ne dépend d'aucune autorité. SYN. autonome, libre, souverain. CONTR. *asservi, assujetti, colonisé, inféodé, soumis, subordonné, suspendu.*

/ Qui aime à se déterminer seul. SYN. affranchi, émancipé, individualiste, indocile, insoumis, insubordonné, libéré, libre, rétif. CONTR. *docile, moutonnier, obéissant.*

indépendantiste *adjectif et nom*

/ Partisan de l'indépendance. SYN. autonomiste, sécessionniste, séparatiste.

indéracinable *adjectif*

/ Qu'on ne peut déraciner. SYN. coriace, indestructible, inextirpable, tenace. CONTR. *déracinable, extirpable.*

indescriptible *adjectif*

/ Qui ne peut être décrit. SYN. indéfinissable, indicible, inexprimable, inimaginable, inouï, inracontable, insensé, intraduisible. CONTR. *descriptible.*

indestructible *adjectif*

/ Qui ne peut être détruit. SYN. éternel, immuable, impérissable, imprescriptible, inaltérable, indéfectible, indélébile, indéracinable, indissoluble, inusable, invincible, perpétuel, solide, vivace -LITTÉRAIRE: immortel, inextinguible, infrangible, pérenne. CONTR. *caduc, destructible, éphémère, fragile, périssable, précaire.*

indéterminable *adjectif*

/ Qu'on ne peut déterminer. SYN. confus, équivoque, flou, imprécis, inappréciable, incalculable, indéfinissable, indénombrable, indéterminé, indiscernable, indistinct, vague.

indétermination *nom féminin*

/ Caractère imprécis. SYN. flou, imprécision, obscurité -LITTÉRAIRE: vague. CONTR. *netteté, précision.*

/ Manque de volonté. SYN. doute, embarras, hésitation, incertitude, indécision, irrésolution, perplexité. CONTR. *décision, détermination, résolution.*

indéterminé *adjectif*

/ Qui n'est pas fixé. SYN. hésitant, incertain, indécis, perplexe. CONTR. *arrêté, déterminé, fixe.*

/ Qui n'est pas bien défini. SYN. confus, flottant, fluctuant, général, imprécis, indéfini, indéfinissable, indéterminable, indiscernable, vague. CONTR. *circonstancié, défini, déterminé, précis.*

index *nom masculin*

/ Liste alphabétique. SYN. catalogue, lexique.

indicateur *nom*

/ Personne qui renseigne la police. SYN. délateur, dénonciateur, informateur -FAMILIER: mouchard -POPULAIRE: balance, donneur, indic, mouton.

indication *nom féminin*

/ Ce qui révèle quelque chose. SYN. critère, illustration, indice, lumière, marque, preuve, signe.

/ Ce qui est indiqué. SYN. avis, conseil, explication, information, notation, prescription, recommandation, renseignement, suggestion -FAMILIER: tuyau.

indice *nom masculin*

/ Ce qui signale quelque chose. SYN. annonce, critère, marque, présage, preuve, révélateur, signal, signe, symptôme -LITTÉRAIRE: prodrome.

/ Fait sur lequel s'appuie le juge. SYN. charge, indication, présomption, renseignement, témoignage.

indicible *adjectif*

/ Qui dépasse toute expression. SYN. extraordinaire, incommunicable, indéfinissable, indescriptible, inexprimable, innommable, inracontable, insensé, intraduisible -LITTÉRAIRE: ineffable. CONTR. *exprimable, traduisible.*

indifféremment *adverbe*

/ Sans différence. SYN. également, indistinctement, pareillement, sans distinction. CONTR. *différemment.*

indifférence *nom féminin*

/ Attitude indifférente. SYN. ataraxie, dédain, désaffection, désintéressement, désintérêt, détachement, fraîcheur, froideur, impassibilité, incompréhension, indolence, insensibilité, insouciance, mépris, sécheresse -FAMILIER: je-m'en-fichisme -LITTÉRAIRE: inappétence, incuriosité, stoïcisme -POPULAIRE: je-m'en-foutisme. CONTR. *affection, ambition, amour, apitoiement, assiduité, attachement, attendrissement, attention, avidité, besoin, chaleur, commisération, culte, curiosité, dévouement, douceur, échauffement, emballement, émotivité, empressement, enthousiasme, exaspération, hyperémotivité, hypersensibilité, intérêt, passion, pitié, préoccupation, sensibilité, sentiment, sollicitude, sympathie, tendresse, véhémence* -LITTÉRAIRE: *compassion.*

indifférent *adjectif*

/ Qui ne se sent pas concerné par. SYN. désintéressé, détaché, étranger, impassible, imperméable, inattentif, insouciant, sceptique, sourd, tiède -LITTÉRAIRE: insoucieux. CONTR. *ambitieux, anxieux, ardent, attentif, avide, brûlant, chaud, empressé, enflammé, enthousiaste, envieux, excité, fanatique, féru, fervent, fiévreux, ouvert, passionné, perméable, préoccupé, soigneux* -FAMILIER: *emballé.*

/ Qui n'éprouve aucun sentiment. SYN. absent, apathique, blasé, flegmatique, froid, imperturbable, inaccessible, incompréhensif, inhumain, insensible, sec -FAMILIER: sans-cœur. CONTR. *accessible, affectueux, amoureux, attentionné, caressant, compatis-*

sant, cordial, hyperémotif, hypersensible, impressionnable, obligeant, sensible, tendre, troublé –LITTÉRAIRE: *aimant.*

/ Sans importance. SYN. égal, neutre, pareil.

indifférer *verbe*

/ Être indifférent à. SYN. être égal, ne faire ni chaud ni froid. CONTR. *compter, impressionner, préoccuper, toucher, troubler.*

indigence *nom féminin*

/ État de grande misère. SYN. besoin, dénuement, détresse, gêne, misère, pauvreté, pénurie –POPULAIRE: débine, dèche –VIEUX: pouillerie. CONTR. *abondance, aisance, bien-être, fortune, luxe, opulence, orgie, profusion, prospérité, richesse.*

/ Pauvreté intellectuelle. SYN. carence, défaut, déficience, faiblesse, pénurie, stérilité.

indigène *adjectif*

/ Qui appartient aux indigènes. SYN. aborigène, autochtone. CONTR. *étranger, extérieur.*

indigène *nom*

/ Originaire du pays où il vit. SYN. aborigène, autochtone, natif, naturel, originaire. CONTR. *allogène, colon, étranger, immigré.*

indigent *adjectif*

/ Nettement insuffisant. SYN. déficient, élémentaire, faible, insuffisant, pauvre, primitif, rudimentaire. CONTR. *abouti, développé, riche.*

/ Qui manque du nécessaire. SYN. démuni, misérable, miséreux, nécessiteux, pauvre –FAMILIER: désargenté –LITTÉRAIRE: impécunieux. CONTR. *aisé, cossu, fortuné, huppé, opulent, riche* –FAMILIER: *argenté.*

indigent *nom*

/ Personne démunie. SYN. faible, malheureux, miséreux, nécessiteux, pauvre –FAMILIER: sans-le-sou –LITTÉRAIRE: gueux, misérable –VIEUX: disetteux. CONTR. *nanti, riche.*

indigeste *adjectif*

/ Difficile à digérer. SYN. inassimilable, lourd. CONTR. *digeste, digestible, léger.*

/ Difficile à comprendre. SYN. confus, ennuyeux, épais, inassimilable, informe, pesant, touffu. CONTR. *clair, digeste, limpide, lumineux.*

indignation *nom féminin*

/ Sentiment de colère. SYN. colère, emportement, fureur, irritation, rage, révolte –FAMILIER: rogne. CONTR. *calme, impassibilité, patience, sérénité.*

indigne *adjectif*

/ Qui inspire le mépris. SYN. abject, avilissant, condamnable, coupable, dégradant, dénaturé, déshonorant, ignoble, inavouable, infamant, infâme, inqualifiable, monstrueux, révoltant, scandaleux –LITTÉRAIRE: vil. CONTR. *admirable, bien, bon, digne, honorable, noble, respectable, vénérable.*

indigné *adjectif*

/ Qui manifeste de l'indignation. SYN. choqué, fâché, hérissé, offusqué, outré, révolté, scandalisé –LITTÉRAIRE: offensé. CONTR. *résigné.*

indignement *adverbe*

/ De façon indigne. SYN. abjectement, bassement, honteusement, lâchement –LITTÉRAIRE: vilainement, vilement. CONTR. *dignement, honorablement, respectablement.*

indigner *verbe*

/ Provoquer la colère. SYN. choquer, exaspérer, fâcher, irriter, outrer, révolter, scandaliser.

indigner (s') *verbe pronominal*

/ Manifester sa colère. SYN. crier contre, fulminer, gronder, pester, protester, se fâcher, se hérisser, se révolter, se scandaliser, s'offusquer, tonner, vitupérer –LITTÉRAIRE: s'offenser.

indignité *nom féminin*

/ Caractère méprisable. SYN. abjection, avilissement, déchéance, déshonneur –LITTÉRAIRE: turpitude. CONTR. *dignité, grandeur, noblesse.*

/ Acte méprisable. SYN. bassesse, crime, faute, ignominie, infamie, lâcheté –LITTÉRAIRE: pleutrerie, turpitude, vilenie.

indiqué *adjectif*

/ Qui convient bien. SYN. approprié, conseillé, opportun, préconisé, recommandé. CONTR. *déplacé, inopportun, intempestif, malvenu* –LITTÉRAIRE: *importun.*

indiquer *verbe*

/ Montrer quelque chose. SYN. désigner, marquer, montrer, pointer, signaler.

/ Donner des renseignements sur. SYN. apprendre, citer, dire, donner, énoncer, enseigner, énumérer, expliquer, faire savoir, formuler, fournir, mentionner, montrer, nommer, porter, préciser, spécifier.
/ Être le signe de. SYN. accuser, annoncer, attester, déceler, démontrer, dénoncer, dénoter, manifester, prouver, refléter, révéler, signaler, signifier, témoigner de, trahir –LITTÉRAIRE: témoigner.

indirect *adjectif*
/ Qui n'est pas dit franchement. SYN. allusif, caché, détourné, latent, oblique, voilé. CONTR. *catégorique, direct, droit, franc, net.*
/ Qui agit par intermédiaire. SYN. lointain, médiat. CONTR. *direct, immédiat.*

indirectement *adverbe*
/ D'une manière détournée. SYN. allusivement, par ricochet –FAMILIER: par la bande. CONTR. *directement, immédiatement.*

indiscernable *adjectif*
/ Qu'on ne peut discerner. SYN. confus, imperceptible, imprécis, incertain, indécis, indéfini, indéfinissable, indéterminable, indéterminé, insaisissable, insensible, invisible, léger, mystérieux, vague. CONTR. *discernable, visible.*

indiscipline *nom féminin*
/ Manque de discipline. SYN. contestation, désobéissance, dissipation, indocilité, insoumission, insubordination, révolte –LITTÉRAIRE: fronde. CONTR. *discipline, obéissance, soumission.*

indiscipliné *adjectif*
/ Rebelle à la discipline. SYN. désobéissant, diable, dissipé, frondeur, indocile, infernal, insoumis, insubordonné, intenable, rétif, terrible –FAMILIER: cabochard. CONTR. *discipliné, docile, obéissant, sage, soumis, tenable.*

indiscret *adjectif*
/ Qui manque de réserve. SYN. curieux, envahissant, fureteur, gênant, inquisiteur –FAMILIER: fouinard, fouineur –LITTÉRAIRE: importun.
/ Qui parle trop. SYN. bavard, cancanier, causeur, jaseur –FAMILIER: jacasseur, jacassier. CONTR. *discret, réservé* –LITTÉRAIRE: *secret.*

indiscret *nom*
/ Personne trop curieuse. SYN. curieux, fureteur, gêneur, sans-gêne –FAMILIER: fouinard, fouineur –LITTÉRAIRE: importun –POPULAIRE: fouille-merde.

indiscrétion *nom féminin*
/ Manque de retenue. SYN. curiosité, indélicatesse, sans-gêne –LITTÉRAIRE: importunité. CONTR. *discrétion, réserve, retenue.*
/ Action de révéler un secret. SYN. bavardage, commérage, fuite –FAMILIER: cancan, racontar. CONTR. *discrétion, silence.*

indiscutable *adjectif*
/ Qui ne peut être discuté. SYN. assuré, authentique, certain, décisif, éclatant, évident, flagrant, formel, frappant, inattaquable, incontestable, indéniable, indubitable, irrécusable, irréfutable, manifeste, notoire, patent, positif –LITTÉRAIRE: irréfragable. CONTR. *contestable, discutable, douteux, hypothétique, incertain, niable, problématique, récusable, réfutable.*

indiscutablement *adverbe*
/ De façon indiscutable. SYN. à l'évidence, absolument, assurément, certainement, de toute évidence, évidemment, incontestablement, indéniablement, indubitablement, irréfutablement, manifestement, nécessairement, nettement, notoirement, parfaitement, sans aucun doute, sans conteste –FAMILIER: positivement –LITTÉRAIRE: sans contredit.

indiscuté *adjectif*
/ Qui n'est pas mis en doute. SYN. incontesté, manifeste, notoire, patent, reconnu. CONTR. *contesté, controversé, discuté.*

indispensable *adjectif*
/ Dont on ne peut se dispenser. SYN. de rigueur, exigé, incontournable, inévitable, obligatoire, obligé, requis. CONTR. *facultatif, inutile, superflu.*
/ Dont on ne peut se passer. SYN. capital, essentiel, nécessaire, primordial, utile, vital.

indisposé *adjectif*
/ Qui est un peu souffrant. SYN. fatigué, incommodé, malade, mal-en-point, souffrant –FAMILIER: mal fichu, patraque –POPULAIRE: mal foutu. CONTR. *dispos, vigoureux* –FAMILIER: *vaillant* –VIEUX: *gaillard.*

indisposer *verbe*

/ Rendre un peu malade. SYN. déranger, fatiguer, gêner, incommoder.

/ Rendre mécontent. SYN. aigrir, déplaire, désobliger, fâcher, froisser, hérisser, irriter, mécontenter, se mettre à dos, ulcérer, vexer –FAMILIER: horripiler –LITTÉRAIRE: importuner, piquer.

indisposition *nom féminin*

/ Léger malaise. SYN. fatigue, gêne, mal, malaise, trouble –LITTÉRAIRE: incommodité.

indissociable *adjectif*

/ Qui ne peut être séparé de. SYN. inséparable, uni. CONTR. *dissociable, isolable, séparable.*

/ Qui ne peut pas être divisé. SYN. indivisible, insécable. CONTR. *divisible, sécable.*

indissoluble *adjectif*

/ Qui ne peut être dissous. SYN. éternel, immuable, impérissable, inaltérable, indéfectible, indélébile, indestructible, solide –LITTÉRAIRE: immortel, infrangible, pérenne. CONTR. *éphémère, fragile, fugitif, précaire.*

indistinct *adjectif*

/ Qui manque de netteté. SYN. confus, flou, imperceptible, imprécis, inapparent, inarticulé, indécis, indéfini, indéfinissable, indéterminable, indiscernable, invisible, obscur, trouble, vague. CONTR. *distinct, net, précis, tranché.*

indistinctement *adverbe*

/ De façon confuse. SYN. confusément, vaguement. CONTR. *clairement, distinctement, explicitement, nettement, précisément.*

/ Sans faire de différence. SYN. également, indifféremment, pareillement, sans distinction. CONTR. *différemment.*

individu *nom masculin*

/ Être humain. SYN. âme, créature, être, homme, humain, personne.

/ Personne quelconque. SYN. énergumène, personnage, quidam –FAMILIER: citoyen, gars, moineau, oiseau, olibrius, paroissien, type, zèbre –POPULAIRE: gus, gusse, zig, zigoto, zigue.

individualiser *verbe*

/ Rendre individuel. SYN. caractériser, différencier, distinguer, particulariser, personnaliser, singulariser. CONTR. *généraliser.*

individualisme *nom masculin*

/ Tendance à se démarquer. SYN. indépendance, non-conformisme. CONTR. *conformisme.*

individualiste *adjectif*

/ Partisan de l'individualisme. SYN. indépendant, non conformiste. CONTR. *conformiste.*

/ Qui ne pense qu'à soi. SYN. égocentrique, égoïste, personnel –LITTÉRAIRE: égotiste. CONTR. *altruiste, humanitaire, philanthrope.*

individualité *nom féminin*

/ Originalité propre à quelqu'un. SYN. caractère, nature, originalité, particularité, personnalité, tempérament –LITTÉRAIRE: singularité.

individuel *adjectif*

/ Qui est le fait d'un seul individu. SYN. isolé, personnel, privé, subjectif. CONTR. *collectif, commun, générique.*

/ Qui concerne une seule personne. SYN. distinct, particulier, propre –LITTÉRAIRE: singulier. CONTR. *général, public, universel.*

individuellement *adverbe*

/ De façon individuelle. SYN. personnellement. CONTR. *en bloc, en chœur, ensemble.*

/ En étant seul. SYN. indépendamment, isolément, séparément, un à un. CONTR. *collectivement, concurremment, conjointement.*

indivisible *adjectif*

/ Qui ne peut être divisé. SYN. indissociable, insécable, inséparable, un. CONTR. *divisible, sécable.*

indocile *adjectif*

/ Qui ne se laisse pas diriger. SYN. désobéissant, difficile, dissipé, dur, frondeur, indépendant, indiscipliné, infernal, insoumis, insubordonné, intenable, rebelle, récalcitrant, réfractaire, rétif, terrible, têtu. CONTR. *docile, malléable, obéissant, sage, soumis, souple.*

indocilité *nom féminin*

/ Caractère indocile. SYN. désobéissance, dissipation, indépendance, indiscipline, insoumission, insubordination, rébellion –LITTÉRAIRE: fronde. CONTR. *docilité, malléabilité, maniabilité, obéissance, sagesse, soumission, souplesse.*

indolemment *adverbe*

/ Avec indolence. SYN. mollement, paresseusement.

indolence *nom féminin*

/ Caractère indolent. SYN. abandon, apathie, atonie, fainéantise, indifférence, inertie, laisser-aller, langueur, lenteur, mollesse, nonchalance, paresse –LITTÉRAIRE: alanguissement, nonchaloir. CONTR. *acharnement, agitation, allant, ardeur, dynamisme, empressement, énergie, entrain, impétuosité, pétulance, rapidité, zèle* –LITTÉRAIRE: *alacrité, diligence, promptitude, vélocité, vivacité.*

indolent *adjectif*

/ Qui agit avec mollesse. SYN. amorphe, apathique, atone, avachi, endormi, engourdi, fainéant, flasque, languissant, lent, lymphatique, mollasson, mou, nonchalant, paresseux –FAMILIER: empaillé, faignant, feignant, flemmard, gnangnan, gniangnian, lambin, mollasse –LITTÉRAIRE: alangui, languide. CONTR. *actif, agissant, agité, alerte, ardent, brusque, dynamique, empressé, entreprenant, expéditif, fougueux, impatient, impétueux, pétulant, rapide, remuant, vif, vivant, zélé* –LITTÉRAIRE: *allant, diligent, effervescent, prompt, volcanique.*

indomptable *adjectif*

/ Qui ne peut être dompté. SYN. inapprivoisable. CONTR. *apprivoisable, domesticable, domptable.*

/ Dont on ne peut venir à bout. SYN. farouche, inébranlable, inflexible, intenable, invincible, invulnérable, irréductible, irrésistible –LITTÉRAIRE: inexpugnable.

indompté *adjectif*

/ Qui n'a pas encore été dompté. SYN. farouche, sauvage. CONTR. *apprivoisé, docile, domestique, domestiqué, dressé, familier.*

indu *adjectif*

/ Qui n'est pas justifié. SYN. hors de propos, incongru, infondé, injustifié, intempestif, malvenu. CONTR. *convenable, juste.*

indubitable *adjectif*

/ Dont on ne peut douter. SYN. assuré, authentique, certain, évident, flagrant, formel, frappant, incontestable, indéniable, indiscutable, irrécusable, irréfutable, manifeste, patent, positif, réel, sûr, tangible, véridique, véritable, vrai –LITTÉRAIRE: irréfragable. CONTR. *contestable, discutable, douteux, hypothétique, improbable, incertain, niable, problématique, récusable, réfutable.*

indubitablement *adverbe*

/ De façon indubitable. SYN. à l'évidence, assurément, certainement, clairement, de toute évidence, évidemment, incontestablement, indéniablement, indiscutablement, irréfutablement, manifestement, nécessairement, réellement, sans aucun doute, sans conteste, sûrement, véritablement, vraiment –FAMILIER: positivement –LITTÉRAIRE: sans contredit.

induction *nom féminin*

/ Conclusion née d'observations. SYN. conjecture, hypothèse, présomption, supposition, supputation. CONTR. *déduction.*

induire *verbe*

/ Avoir pour conséquence. SYN. causer, déterminer, donner lieu à, engendrer, entraîner, impliquer, occasionner, provoquer, susciter.

/ Établir par induction. SYN. conclure, conjecturer, inférer, présupposer, supposer.

induit *adjectif*

/ Qui résulte de. SYN. consécutif, résultant.

indulgence *nom féminin*

/ Aptitude à pardonner. SYN. bienveillance, bonté, compréhension, facilité, générosité, humanité, patience, pitié, tolérance –LITTÉRAIRE: clémence, mansuétude. CONTR. *austérité, cruauté, dureté, exigence, férocité, incompréhension, inflexibilité, inhumanité, intolérance, rigidité, rigueur, sectarisme, sévérité* –LITTÉRAIRE: *inclémence.*

indulgent *adjectif*

/ Qui montre de l'indulgence. SYN. accommodant, bienveillant, bon, charitable, clément, compréhensif, conciliant, coulant, doux, facile, généreux, humain, laxiste, magnanime, tolérant –LITTÉRAIRE: débonnaire, miséricordieux. CONTR. *austère, autoritaire, dictatorial, draconien, dur, féroce, impitoyable, implacable, incompréhensif, inexorable, inflexible, inhumain, intolérant, intransigeant, méchant, rancunier, rigide, rigoureux, sévère, vindicatif* –LITTÉRAIRE: *fielleux, raide, venimeux.*

indûment *adverbe*

/ De façon indue. SYN. à tort, abusivement, illégalement, illégitimement, illicitement, injustement, irrégulièrement. CONTR. *à bon droit, à juste titre, légalement, légitimement, régulièrement.*

industrieux *adjectif*

/ LITTÉRAIRE. Qui a de l'adresse. SYN. adroit, astucieux, habile, ingénieux, inventif – FAMILIER: débrouillard.

/ LITTÉRAIRE. Qui est très actif. SYN. affairé, dynamique, entreprenant – LITTÉRAIRE: laborieux.

inébranlable *adjectif*

/ Qu'on ne peut ébranler. SYN. assuré, résistant, solide, tenace. CONTR. *branlant.*

/ Qui ne se laisse pas abattre. SYN. ferme, fort, immuable, impassible, imperturbable, stoïque – LITTÉRAIRE: impavide.

/ Qu'on ne peut faire changer. SYN. arrêté, assis, de fer, déterminé, éprouvé, inflexible, intraitable, intransigeant, irréductible, irrévocable, opiniâtre, permanent – LITTÉRAIRE: invariable. CONTR. *flottant, fluctuant, fragile, hésitant, influençable, variable.*

inébranlablement *adverbe*

/ De façon inébranlable. SYN. opiniâtrement, stoïquement – LITTÉRAIRE: tenacement.

inédit *adjectif*

/ Qui n'a pas été publié. SYN. nouveau, original. CONTR. *édité, imprimé, publié.*

/ Qu'on n'a encore jamais vu. SYN. inconnu, moderne, neuf, nouveau, original, révolutionnaire. CONTR. *ancien, banal, classique, commun, connu, éculé, habituel, quelconque, rebattu, traditionnel, usé, usuel, vieillot* – FAMILIER: *réchauffé.*

inéducable *adjectif*

/ Qu'on ne peut éduquer. SYN. incorrigible – FAMILIER: indécrottable. CONTR. *éducable.*

ineffable *adjectif*

/ LITTÉRAIRE. Qu'on ne peut exprimer. SYN. extraordinaire, incommunicable, inconcevable, incroyable, indéfinissable, indicible, inexprimable, inimaginable, inouï, inracontable, intraduisible. CONTR. *exprimable, traduisible.*

/ LITTÉRAIRE. Qui est ridicule. SYN. désopilant, inénarrable – FAMILIER: cocasse, impayable.

ineffaçable *adjectif*

/ Qu'on ne peut effacer. SYN. éternel, immuable, impérissable, inaltérable, indéfectible, indélébile, indestructible, solide, tenace, vivace – LITTÉRAIRE: immortel, infrangible, pérenne. CONTR. *effaçable, éphémère, fragile, fugitif, précaire* – LITTÉRAIRE: *délébile.*

inefficace *adjectif*

/ Qui n'est pas efficace. SYN. anodin, impuissant, inactif, infécond, infructueux, inopérant, inutile, stérile, vain. CONTR. *actif, agissant, efficace, efficient, fort, puissant.*

inefficacité *nom féminin*

/ Manque d'efficacité. SYN. impuissance, incapacité, inutilité – LITTÉRAIRE: stérilité, vanité. CONTR. *action, efficacité, efficience, force, puissance.*

inégal *adjectif*

/ Qui diffère de. SYN. différent, dissemblable, divers, variable. CONTR. *égal, identique, même, pareil, semblable, similaire.*

/ Qui est accidenté. SYN. accidenté, biscornu, bosselé, cahoteux, raboteux, rugueux. CONTR. *plat, régulier, uni.*

/ Qui manque d'équité. SYN. déséquilibré, disproportionné, inéquitable, injuste. CONTR. *équilibré.*

/ Sujet à des variations. SYN. capricieux, changeant, fantaisiste, fantasque, haché, instable, irrégulier, saccadé, versatile – LITTÉRAIRE: capricant, ondoyant.

inégalable *adjectif*

/ Qui ne peut être égalé. SYN. incomparable, inouï, sans pareil, unique – LITTÉRAIRE: nonpareil. CONTR. *égalable.*

inégalé *adjectif*

/ Qui n'a pas d'égal. SYN. éminent, hors de pair, hors pair, sans pareil, supérieur, unique.

inégalement *adverbe*

/ De façon inégale. SYN. différemment, diversement, irrégulièrement, variablement – LITTÉRAIRE: inéquitablement. CONTR. *aussi, identiquement, pareillement.*

inégalité *nom féminin*

/ Caractère inégal. SYN. différence, disparité, disproportion, diversité, iniquité. CONTR. *conformité, égalité, identité.*

/ Manque de constance. SYN. arythmie, changement, fluctuation, irrégularité, oscillation, saute, variation. CONTR. *constance, régularité, uniformité.*

/ Accident sur une surface. SYN. accident, aspérité, bosse, dénivellation, dénivellement, rugosité. CONTR. *régularité, uniformité.*

inélégance *nom féminin*

/ Manque d'élégance. SYN. désinvolture, goujaterie, grossièreté, impolitesse, inconvenance, incorrection, indélicatesse, muflerie, sans-gêne – LITTÉRAIRE : sans-façon. CONTR. *bienséance, correction, courtoisie, décence, délicatesse, élégance, politesse* – LITTÉRAIRE : *civilité.*

inélégant *adjectif*

/ Qui manque d'élégance. SYN. affreux, disgracieux, vilain – FAMILIER : moche. CONTR. *chic, distingué, élégant.*

/ Qui manque de tact. SYN. cavalier, choquant, déplacé, désinvolte, discourtois, grossier, incorrect, indécent, indélicat, indiscret, lourd – LITTÉRAIRE : disgracieux. CONTR. *courtois, élégant, habile.*

inéluctable *adjectif*

/ Qui ne peut être empêché. SYN. certain, fatal, forcé, immanquable, inévitable, inexorable, irrésistible, obligatoire, sûr – LITTÉRAIRE : implacable. CONTR. *évitable.*

inéluctablement *adverbe*

/ De façon inéluctable. SYN. à coup sûr, à l'évidence, assurément, certainement, de toute évidence, évidemment, fatalement, forcément, immanquablement, inévitablement, inexorablement, infailliblement, nécessairement, obligatoirement, sans aucun doute, sans conteste, sûrement – LITTÉRAIRE : sans contredit.

inemployable *adjectif*

/ Qui ne peut être employé. SYN. inexploitable, inutilisable. CONTR. *employable, exploitable, utilisable.*

inemployé *adjectif*

/ Qui n'est pas employé. SYN. inexploité, inutilisé. CONTR. *employé, exploité, utilisé.*

inénarrable *adjectif*

/ Difficile à décrire. SYN. inexprimable, inouï – FAMILIER : invraisemblable – LITTÉRAIRE : ineffable.

/ Extrêmement drôle. SYN. à mourir de rire, comique, désopilant, drôle, hilarant – FAMILIER : cocasse, crevant, impayable, marrant, roulant, tordant – LITTÉRAIRE : ineffable. CONTR. *funèbre, lugubre, macabre, morne, mortel, sinistre, tragique, triste* – FAMILIER : *cafardeux, glauque.*

inepte *adjectif*

/ Qui fait preuve de sottise. SYN. aberrant, absurde, balourd, bête, borné, crétin, idiot, incohérent, inintelligent, niais, nigaud, nul, sot, stupide – FAMILIER : bêta, bouché. CONTR. *astucieux, fin, intelligent.*

ineptie *nom féminin*

/ Caractère inepte. SYN. aberration, bêtise, idiotie, imbécillité, inintelligence, niaiserie, nullité, sottise, stupidité – LITTÉRAIRE : ganacherie, nigauderie – POPULAIRE : connerie. CONTR. *finesse, intelligence.*

/ Action ou parole stupide. SYN. absurdité, ânerie, bêtise, fadaise, imbécillité, insanité, niaiserie, sottise, stupidité – FAMILIER : idiotie – POPULAIRE : connerie.

inépuisable *adjectif*

/ Qu'on ne peut tarir. SYN. fécond, fertile, infini, inlassable, intarissable – LITTÉRAIRE : inexhaustible. CONTR. *épuisable.*

inéquitable *adjectif*

/ Non conforme à l'équité. SYN. illégitime, inégal, inique, injuste, partial. CONTR. *correct, équitable, impartial, juste, neutre.*

inéquitablement *adverbe*

/ LITTÉRAIRE. D'une façon inéquitable. SYN. inégalement, injustement, partialement, subjectivement, tendancieusement. CONTR. *équitablement, impartialement, justement, légitimement.*

inerte *adjectif*

/ Qui est sans mouvement. SYN. engourdi, figé, immobile, impotent, inanimé. CONTR. *déchaîné, mobile, remuant.*

/ Qui est sans énergie. SYN. apathique, atone, avachi, endormi, engourdi, flasque, indolent, inexpressif, léthargique, mollasson, mou, paresseux, passif – FAMILIER : empaillé, mollasse. CONTR. *actif, agissant, animé, ardent, dynamique, énergique, surexcité, survolté, vif, vivant* – LITTÉRAIRE : *allant.*

inertie *nom féminin*

▪ Manque d'énergie. SYN. abandon, accablement, apathie, engourdissement, fainéantise, immobilisme, inaction, inactivité, indolence, laisser-aller, léthargie, nonchalance, paresse, passivité – FAMILIER: flemme – LITTÉRAIRE: nonchaloir. CONTR. *action, activité, allant, ardeur, dynamisme, énergie, entrain, force, impétuosité, pétulance* – LITTÉRAIRE: *vivacité.*

inespéré *adjectif*

▪ Qu'on ne pouvait espérer. SYN. extraordinaire, imprévisible, imprévu, inattendu, incroyable, inopiné, inouï, insoupçonné. CONTR. *attendu, escompté, espéré.*

inestimable *adjectif*

▪ Qu'on ne peut pas évaluer. SYN. considérable, inappréciable, incalculable, indéterminable, innombrable. CONTR. *appréciable, calculable, estimable.*

▪ Qu'on ne saurait trop estimer. SYN. exceptionnel, extraordinaire, inappréciable, incomparable, précieux, rare.

inévitable *adjectif*

▪ Qui doit se produire. SYN. assuré, fatal, fatidique, forcé, immanquable, inéluctable, inexorable, logique, nécessaire, obligatoire, sûr – LITTÉRAIRE: implacable. CONTR. *accidentel, casuel, éventuel, évitable, incertain, possible, problématique.*

▪ Qu'on rencontre forcément. SYN. éternel, incontournable, indispensable, obligé.

inévitablement *adverbe*

▪ De façon inévitable. SYN. à coup sûr, à l'évidence, à tous les coups, assurément, certainement, de toute évidence, évidemment, fatalement, forcément, immanquablement, inéluctablement, inexorablement, infailliblement, nécessairement, obligatoirement, sans aucun doute, sans conteste, sûrement – LITTÉRAIRE: sans contredit.

inexact *adjectif*

▪ Non conforme à la vérité. SYN. bancal, erroné, fautif, faux, imparfait, impropre, inadéquat, incorrect, infondé, mauvais, mensonger – LITTÉRAIRE: infidèle. CONTR. *avéré, correct, exact, fidèle, juste, sûr, véridique, vrai.*

▪ Qui n'est pas ponctuel. SYN. en retard. CONTR. *à l'heure, dans les temps, exact, ponctuel, scrupuleux.*

inexactitude *nom féminin*

▪ Caractère inexact. SYN. fausseté, imprécision, infidélité. CONTR. *authenticité, exactitude, fidélité, précision, véracité, vérité* – LITTÉRAIRE: *véridicité.*

▪ Erreur commise. SYN. contrevérité, erreur, faute, mensonge.

▪ Manque de ponctualité. SYN. retard. CONTR. *assiduité, ponctualité.*

inexcusable *adjectif*

▪ Qui ne peut être excusé. SYN. grave, impardonnable, inadmissible, injustifiable, intolérable, irrémissible. CONTR. *compréhensible, excusable, justifiable, pardonnable, supportable, tolérable* – LITTÉRAIRE: *rémissible.*

inexécutable *adjectif*

▪ Qu'on ne peut exécuter. SYN. impossible, impraticable, inapplicable, infaisable, irréalisable. CONTR. *exécutable, faisable, possible, praticable, réalisable.*

inexécuté *adjectif*

▪ Qui n'a pas été exécuté. SYN. inaccompli – LITTÉRAIRE: irréalisé.

inexercé *adjectif*

▪ Qui n'a pas été exercé. SYN. inexpérimenté – LITTÉRAIRE: inexpert. CONTR. *exercé, préparé.*

inexhaustible *adjectif*

▪ LITTÉRAIRE. Qu'on ne peut épuiser. SYN. inépuisable, infini, intarissable. CONTR. *épuisable.*

inexistant *adjectif*

▪ Qui n'existe pas. SYN. chimérique, fictif, illusoire, imaginaire, irréel – LITTÉRAIRE: immatériel. CONTR. *authentique, effectif, matériel, palpable, réel, tangible.*

▪ Qui n'a pas de poids. SYN. dérisoire, insignifiant, mauvais, négligent, nul, piètre – FAMILIER: déplorable.

inexorabilité *nom féminin*

▪ LITTÉRAIRE. Caractère inexorable. SYN. dureté, inflexibilité, inhumanité, rigueur, sévérité – LITTÉRAIRE: cruauté, implacabilité, inclémence.

inexorable *adjectif*

/ Insensible aux prières. SYN. féroce, impitoyable, implacable, inflexible, inhumain, intraitable, rigoureux, sévère. CONTR. *bienveillant, bon, clément, généreux, indulgent.*

/ Que l'on ne peut éviter. SYN. fatal, fatidique, forcé, immanquable, inéluctable, inévitable, obligatoire –LITTÉRAIRE: implacable.

inexorablement *adverbe*

/ De façon inexorable. SYN. à coup sûr, à l'évidence, assurément, certainement, de toute évidence, évidemment, fatalement, forcément, immanquablement, indiscutablement, indubitablement, inéluctablement, inévitablement, infailliblement, nécessairement, obligatoirement, sans aucun doute, sans conteste, sûrement –LITTÉRAIRE: sans contredit.

inexpérience *nom féminin*

/ Manque d'expérience. SYN. ignorance, incompétence, méconnaissance –LITTÉRAIRE: impéritie. CONTR. *compétence, connaissance, expérience, finesse, savoir-faire.*

inexpérimenté *adjectif*

/ Qui manque d'expérience. SYN. gauche, ignorant, incompétent, inexercé, jeune, maladroit, malhabile, neuf, nouveau, novice, profane –LITTÉRAIRE: inexpert, inhabile. CONTR. *accompli, averti, capable, compétent, entraîné, exercé, expérimenté, expert, habile, rompu* –FAMILIER: *chevronné.*

inexpert *adjectif*

/ LITTÉRAIRE. Qui manque de savoir-faire. SYN. ignorant, incompétent, inexercé, inexpérimenté, malhabile –LITTÉRAIRE: inhabile. CONTR. *accompli, averti, compétent, entraîné, exercé, expérimenté, expert, habile, rompu* –FAMILIER: *chevronné.*

inexplicable *adjectif*

/ Difficile à expliquer. SYN. déconcertant, énigmatique, étrange, incompréhensible, inconcevable, indéchiffrable, indéfinissable, inextricable, injustifiable, insaisissable, insondable, mystérieux, obscur. CONTR. *compréhensible, déchiffrable, explicable, intelligible, justifiable.*

inexploitable *adjectif*

/ Qu'on ne peut exploiter. SYN. inemployable. CONTR. *exploitable, utilisable.*

inexploité *adjectif*

/ Qui n'est pas exploité. SYN. inemployé, inexploré. CONTR. *exploité.*

inexploré *adjectif*

/ Qui n'est pas exploré. SYN. ignoré, inconnu, inexploité, vierge. CONTR. *connu, étudié, familier.*

inexpressif *adjectif*

/ Qui ne reflète aucun sentiment. SYN. atone, éteint, fade, figé, froid, impassible, impénétrable, inerte, terne, vague. CONTR. *coloré, expressif, mobile, parlant, pittoresque, vivant.*

inexprimable *adjectif*

/ Qu'on ne peut exprimer. SYN. extraordinaire, incommunicable, inconcevable, incroyable, indéfinissable, indescriptible, indicible, inénarrable, inimaginable, inouï, inracontable, intraduisible –LITTÉRAIRE: ineffable. CONTR. *communicable, exprimable, traduisible.*

inexprimé *adjectif*

/ Qui n'est pas exprimé. SYN. implicite, informulé, latent, sous-entendu, tacite. CONTR. *explicite, exprès, extériorisé, formulé, manifesté.*

inexpugnable *adjectif*

/ LITTÉRAIRE. Dont on ne peut s'emparer. SYN. imprenable, inattaquable, indomptable, invincible.

inextinguible *adjectif*

/ Qu'on ne peut apaiser. SYN. insatiable –LITTÉRAIRE: inapaisable, inassouvissable. CONTR. *apaisable, assouvissable.*

inextirpable *adjectif*

/ Qui ne peut être extirpé. SYN. coriace, indéracinable, tenace. CONTR. *extirpable.*

inextricable *adjectif*

/ Qui ne peut être démêlé. SYN. dédaléen, embrouillé, enchevêtré, impossible, incompréhensible, indéchiffrable, indémêlable, inexplicable, insoluble, touffu –FAMILIER: entortillé. CONTR. *déchiffrable, simple, soluble.*

infaillible *adjectif*

/ Qui produit le résultat attendu. SYN. assuré, certain, confirmé, efficace, éprouvé, évident, immanquable, manifeste, radical, sûr –LITTÉRAIRE: souverain. CONTR. *faillible.*

infailliblement *adverbe*

/ De manière infaillible. SYN. à coup sûr, à l'évidence, à tous les coups, assurément, certainement, de toute évidence, évidemment, fatalement, forcément, immanquablement, indiscutablement, indubitablement, inéluctablement, inévitablement, inexorablement, manifestement, mathématiquement, nécessairement, obligatoirement, sans aucun doute, sans conteste, sûrement –FAMILIER: positivement –LITTÉRAIRE: sans contredit.

infaisable *adjectif*

/ Qu'on ne peut pas faire. SYN. impossible, impraticable, inapplicable, inexécutable, irréalisable. CONTR. *exécutable, faisable, possible, praticable, réalisable.*

infamant *adjectif*

/ Qui déshonore. SYN. abaissant, avilissant, dégradant, déshonorant, honteux, humiliant, indigne, infâme, injurieux, insultant, rabaissant –LITTÉRAIRE: flétrissant, ignominieux. CONTR. *glorieux, honorable, noble.*

infâme *adjectif*

/ Entaché d'infamie. SYN. abject, affreux, avilissant, bas, crapuleux, dégoûtant, dégradant, déshonorant, éhonté, hideux, honteux, ignoble, immonde, inavouable, indigne, infamant, malpropre, méprisable, odieux, répugnant, révoltant, scandaleux, sordide –FAMILIER: sale –LITTÉRAIRE: flétrissant, ignominieux, impur, turpide, vil. CONTR. *bien, blanc comme neige, digne, élevé, glorieux, haut, illustre, noble, pur, respectable* –FAMILIER: *beau* –LITTÉRAIRE: *fier.*

/ Qui cause le dégoût. SYN. atroce, dégoûtant, hideux, horrible, ignoble, immonde, infect, innommable, laid, malpropre, répugnant, sale, sordide.

infamie *nom féminin*

/ État d'ignominie. SYN. abjection, déshonneur, honte, ignominie, indignité, laideur –LITTÉRAIRE: flétrissure, hideur, horreur, opprobre, turpitude. CONTR. *honneur, orgueil.*

/ Action ou parole vile. SYN. abomination, atrocité, bassesse, horreur, ignominie, indignité, monstruosité, scandale –LITTÉRAIRE: turpitude, vilenie.

infantile *adjectif*

/ Qui manque de maturité. SYN. enfant, enfantin, gamin, puéril –FAMILIER: bébête. CONTR. *adulte, mature, mûr, sage.*

infatigable *adjectif*

/ Que rien ne fatigue. SYN. endurant, inlassable, patient, puissant, résistant, robuste, vigoureux –FAMILIER: costaud, increvable. CONTR. *déficient, délicat, faible, fragile.*

infatigablement *adverbe*

/ De façon infatigable. SYN. inlassablement, patiemment, sans se lasser.

infatuation *nom féminin*

/ LITTÉRAIRE. Satisfaction de soi. SYN. amour-propre, fatuité, orgueil, présomption, prétention, suffisance, supériorité, vanité –LITTÉRAIRE: fierté, outrecuidance, superbe. CONTR. *humilité, modestie, simplicité* –LITTÉRAIRE: *effacement.*

infatué *adjectif*

/ Qui a une haute opinion de soi. SYN. bouffi d'orgueil, fier, hautain, orgueilleux, présomptueux, prétentieux, puant, suffisant, vaniteux –FAMILIER: fiérot –LITTÉRAIRE: fat, outrecuidant, vain. CONTR. *discret, effacé, humble, modeste.*

infécond *adjectif*

/ Qui n'est pas fécond. SYN. stérile. CONTR. *fécond, fertile, prolifique.*

/ Qui ne produit rien. SYN. aride, improductif, inefficace, infertile, infructueux, maigre, pauvre, stérile, vain –LITTÉRAIRE: impuissant. CONTR. *créateur, créatif, fertile, gros, inventif, productif, prolifique, prometteur* –LITTÉRAIRE: *fécond, généreux, plantureux.*

infécondité *nom féminin*

/ Manque de fécondité. SYN. aridité, improductivité, pauvreté, stérilité –LITTÉRAIRE: infertilité. CONTR. *fertilité, productivité, richesse* –LITTÉRAIRE: *fécondité.*

infect *adjectif*

/ Qui exhale de mauvaises odeurs. SYN. écœurant, fétide, malodorant, nauséabond, pestilentiel, puant –LITTÉRAIRE: putride. CONTR. *aromatique, odorant, parfumé.*

/ Qui est très mauvais. SYN. abject, abominable, dégoûtant, détestable, écœurant, exécrable, horrible, imbuvable, immonde, répugnant. CONTR. *agréable, bon, délicat, supérieur.*

/ Qui excite le dégoût. SYN. abject, affreux, dégoûtant, écœurant, hideux, horrible, ignoble, infâme, malpropre, répugnant, sordide –LITTÉRAIRE: exécrable, ignominieux. CONTR. *admirable, adorable.*

infecter *verbe*

/ Remplir de mauvaises odeurs. SYN. empester, empoisonner, empuantir. CONTR. *embaumer, parfumer.*

/ Provoquer une infection. SYN. contaminer, enflammer, envenimer, gâter, pourrir –LITTÉRAIRE: gangrener. CONTR. *assainir, désinfecter, stériliser.*

infection *nom féminin*

/ Odeur malsaine. SYN. fétidité, pestilence, puanteur. CONTR. *arôme* –LITTÉRAIRE: *fragrance, senteur.*

inféodation *nom féminin*

/ Fait d'être soumis à. SYN. asservissement, dépendance, obédience, soumission, subordination –LITTÉRAIRE: sujétion. CONTR. *délivrance, indépendance, libération.*

inféoder *verbe*

/ Mettre sous la dépendance de. SYN. soumettre, subordonner, vassaliser.

inféoder (s') *verbe pronominal*

/ Se mettre sous la dépendance de. SYN. s'asservir, se soumettre, s'enchaîner, servir, suivre. CONTR. *s'affranchir, se libérer, s'émanciper.*

inférer *verbe*

/ Tirer une conséquence. SYN. arguer, argumenter, conclure, déduire, induire.

inférieur *adjectif*

/ Situé au-dessous. SYN. bas. CONTR. *haut, supérieur.*

/ De moindre valeur. SYN. humble, insuffisant, second, subalterne, subordonné. CONTR. *correspondant, supérieur, suprême.*

inférieur *nom*

/ Personne d'un rang inférieur. SYN. sous-ordre, subalterne, subordonné –FAMILIER: sous-fifre, sous-verge. CONTR. *chef, directeur, supérieur.*

infériorité *nom féminin*

/ Caractère inférieur. SYN. faiblesse, handicap, insuffisance. CONTR. *prééminence, prépondérance, primauté, supériorité.*

infernal *adjectif*

/ LITTÉRAIRE. Qui appartient à l'enfer. SYN. démoniaque, diabolique, satanique –LITTÉRAIRE: luciférien, méphistophélique. CONTR. –LITTÉRAIRE: *céleste, séraphique.*

/ Qui inspire l'horreur. SYN. atroce, démentiel, démoniaque, diabolique, épouvantable, odieux, pervers –FAMILIER: satané.

/ Difficile à supporter. SYN. diable, dur, endiablé, indiscipliné, indocile, insubordonné, insupportable, intenable, terrible –FAMILIER: invivable, pénible. CONTR. *doux, gentil, tranquille.*

infertile *adjectif*

/ Qui ne produit rien. SYN. aride, désertique, improductif, infécond, infructueux, ingrat, maigre, pauvre, stérile, vain. CONTR. *fertile, productif, prolifique, riche* –LITTÉRAIRE: *fécond, généreux, plantureux.*

infertilité *nom féminin*

/ LITTÉRAIRE. État de ce qui est infertile. SYN. aridité, improductivité, infécondité, pauvreté, stérilité. CONTR. *fertilité, productivité, richesse* –LITTÉRAIRE: *fécondité.*

infester *verbe*

/ LITTÉRAIRE. Ravager un lieu. SYN. dévaster, écumer, harceler, piller, ravager –LITTÉRAIRE: désoler –VIEUX: saccager.

infichu *adjectif*

/ POPULAIRE. Qui n'est pas capable de. SYN. impuissant, inapte, incapable –POPULAIRE: infoutu. CONTR. *apte à, capable, de force à, en état de, propre à.*

infidèle *adjectif*
- LITTÉRAIRE. Qui trahit un engagement. SYN. déloyal, parjure, traître –LITTÉRAIRE: félon. CONTR. *fidèle, loyal.*
- Qui commet une infidélité. SYN. inconstant, léger, volage. CONTR. *assidu, constant, fidèle.*
- LITTÉRAIRE. Qui manque d'exactitude. SYN. erroné, inexact, mensonger –LITTÉRAIRE: rétif. CONTR. *correct, exact.*

infidélité *nom féminin*
- LITTÉRAIRE. Fait de trahir. SYN. déloyauté, félonie, trahison –LITTÉRAIRE: perfidie. CONTR. *droiture, fidélité, honnêteté, loyauté, probité.*
- Manque de fidélité. SYN. adultère, inconstance. CONTR. *assiduité, constance, fidélité.*
- Manque d'exactitude. SYN. fausseté, imprécision, inexactitude. CONTR. *authenticité, exactitude, fidélité, précision, véracité, vérité.*

infiltrer (s') *verbe pronominal*
- Pénétrer dans un corps. SYN. imprégner, passer, pénétrer, percer, se glisser –LITTÉRAIRE: s'insinuer.
- S'introduire furtivement. SYN. pénétrer, se couler, se faufiler, se glisser, s'immiscer, s'insérer –LITTÉRAIRE: s'insinuer.

infime *adjectif*
- Qui est très petit. SYN. dérisoire, imperceptible, infinitésimal, insignifiant, menu, mince, minuscule, modique, petit. CONTR. *appréciable, colossal, considérable, écrasant, gentil, grand, haut* –FAMILIER: *coquet.*
- Qui n'a pas d'importance. SYN. léger, méprisable, minime, misérable, négligeable, ridicule. CONTR. *capital, important, inappréciable, puissant, sérieux* –POPULAIRE: *bœuf.*

infini *adjectif*
- Sans limites. SYN. démesuré, illimité, immense, indéfini, inépuisable, perpétuel, sempiternel –FAMILIER: abyssal –LITTÉRAIRE: éternel, inexhaustible. CONTR. *borné, limité, mesuré.*
- Qu'on ne peut mesurer. SYN. incommensurable, indénombrable, innombrable, insondable, long.

infiniment *adverbe*
- Indique une forte intensité. SYN. au dernier point, beaucoup, bien, exceptionnellement, excessivement, extraordinairement, extrêmement, fabuleusement, follement, fort, grandement, hautement, immensément, immodérément, incroyablement, particulièrement, prodigieusement, profondément, puissamment, supérieurement, suprêmement, terriblement, tout à fait, très, trop, vertigineusement –FAMILIER: bigrement, bougrement, diablement, drôlement, formidablement, joliment, rudement, superlativement, tout plein –LITTÉRAIRE: diantrement, furieusement –POPULAIRE: foutrement, vachement. CONTR. *faiblement, légèrement, modérément, moyennement, pas du tout, pas le moins du monde, passablement, peu.*

infinité *nom féminin*
- Très grande quantité. SYN. armée, avalanche, cascade, chapelet, flot, flux, foule, kyrielle, masse, monceau, multitude, myriade, nuée, pléiade, pluie, quantité, tas, torrent –FAMILIER: armada, cargaison, cohorte, flopée, foultitude, paquet, pelletée, régiment, ribambelle, tapée, tripotée –LITTÉRAIRE: averse, essaim. CONTR. *atome, bribe, brin, doigt, goutte, grain, gramme, larme, lueur, miette, nuage, once, parcelle, peu, pointe, soupçon, trace* –LITTÉRAIRE: *liard, ombre, trait* –POPULAIRE: *chouia.*

infinitésimal *adjectif*
- Extrêmement petit. SYN. infime, microscopique.

infinitude *nom féminin*
- LITTÉRAIRE. Caractère infini. SYN. ampleur, énormité, étendue, immensité, infinité.

infirmation *nom féminin*
- Action d'infirmer. SYN. abrogation, annulation, démenti, destruction, ruine. CONTR. *attestation, confirmation, justification, promulgation.*

infirme *adjectif*
- Victime d'une infirmité. SYN. éclopé, handicapé, impotent, invalide, perclus. CONTR. *ingambe, valide.*

infirmer *verbe*
- Enlever de son crédit à. SYN. démentir, détruire, invalider, récuser, réfuter, ruiner, saper –LITTÉRAIRE: répudier. CONTR. *appuyer, confirmer, consacrer, corroborer, ratifier.*
- Annuler une décision. SYN. abolir, abroger, annuler, casser. CONTR. *attester, certifier, confirmer, entériner, promulguer.*

infirmité *nom féminin*

/ Altération d'une fonction du corps. SYN. difformité, disgrâce, handicap, impotence, impuissance, invalidité.

inflammable *adjectif*

/ Qui prend feu facilement. SYN. combustible. CONTR. *ignifugé, incombustible, ininflammable.*

/ LITTÉRAIRE. Qui s'enthousiasme vite. SYN. ardent, bouillant, enthousiaste, explosif, fougueux, impétueux, pétulant, vif – LITTÉRAIRE: volcanique.

infléchir *verbe*

/ Modifier l'orientation de. SYN. courber, désaxer, fléchir, incliner, pencher, plier, recourber – LITTÉRAIRE: ployer.

/ Changer l'évolution de. SYN. agir sur, influencer, influer, inspirer, orienter, peser.

infléchir (s') *verbe pronominal*

/ Prendre une autre direction. SYN. se courber, se dévier, se plier, s'incurver.

inflexibilité *nom féminin*

/ Caractère inflexible. SYN. intransigeance, rigidité, rigueur, sévérité – LITTÉRAIRE: implacabilité, inclémence, inexorabilité. CONTR. *bienveillance, indulgence* – LITTÉRAIRE: *mansuétude.*

inflexible *adjectif*

/ Qu'on ne peut fléchir. SYN. de fer, ferme, implacable, indomptable, inébranlable, inexorable, irréductible, irrévocable, rigide – LITTÉRAIRE: invariable. CONTR. *capricieux, changeant, influençable, souple.*

/ Dénué d'indulgence. SYN. draconien, dur, impitoyable, inhumain, intraitable, intransigeant, rigoureux, sévère, strict – FAMILIER: sans-cœur. CONTR. *bon, clément, complaisant, compréhensif, facile, indulgent, malléable, souple* – LITTÉRAIRE: *traitable.*

inflexion *nom féminin*

/ Action de plier légèrement. SYN. fléchissement, flexion, inclinaison, inclination.

/ LITTÉRAIRE. Changement de direction. SYN. courbe, courbure, déviation, lacet, méandre, sinuosité, zigzag.

/ Changement du ton de la voix. SYN. accent, intonation, modulation.

infliger *verbe*

/ Appliquer une sanction. SYN. donner, imposer, prononcer – FAMILIER: administrer.

influençable *adjectif*

/ Qui se laisse influencer. SYN. docile, entraînable, faible, malléable, maniable, manœuvrable, moutonnier, perméable. CONTR. *coriace, ferme, fort, impassible, inébranlable, inflexible.*

influence *nom féminin*

/ Action exercée par quelque chose. SYN. effet, impact, impulsion, incidence, répercussion.

/ Ascendant exercé sur quelqu'un. SYN. autorité, coupe, empire, empreinte, emprise, entraînement, fascination, hégémonie, importance, mainmise, poids, pouvoir, prépondérance, prise, puissance, rayonnement. CONTR. *discrédit.*

influencer *verbe*

/ Exercer une influence. SYN. agir sur, déteindre sur, endoctriner, entraîner, gouverner, infléchir, influer, inspirer, intoxiquer, manipuler, marquer, mener, monter la tête, persuader, peser sur, réagir sur, suggestionner – FAMILIER: bourrer le crâne – POPULAIRE: bourrer le mou, monter le bourrichon – VIEUX: manier.

influent *adjectif*

/ Qui a de l'influence. SYN. agissant, fort, important, puissant, tout-puissant.

influer *verbe*

/ Exercer une action sur. SYN. agir, déteindre, infléchir, influencer, jouer, peser sur, retentir, se répercuter.

infondé *adjectif*

/ Dénué de fondement. SYN. fantaisiste, faux, indu, inexact. CONTR. *fondé, justifié, sérieux.*

information *nom féminin*

/ Élément servant à informer. SYN. donnée, éclaircissement, indication, lumière, nouvelle, précision, renseignement – FAMILIER: tuyau.

/ Nouvelle communiquée. SYN. bulletin, communiqué, exclusivité, flash, scoop.

informations *nom féminin pluriel*

/ Émission qui donne les nouvelles. SYN. actualités, journal, nouvelles –FAMILIER: infos.

informe *adjectif*

/ Qui a une forme lourde. SYN. disgracieux, laid. CONTR. *beau, élégant, esthétique, gracieux, harmonieux.*

/ Insuffisamment travaillé. SYN. ébauché, esquissé, fragmentaire, fruste, grossier, imparfait, incomplet, mauvais. CONTR. *achevé, définitif, élaboré, fignolé, fini, parfait.*

informé *adjectif*

/ Qui est au courant de. SYN. au fait de, averti, initié, instruit. CONTR. *ignorant.*

informer *verbe*

/ Tenir au courant. SYN. alerter, annoncer, avertir, aviser, dire, éclairer, édifier, faire connaître, faire part, faire savoir, fixer, instruire, mettre au courant, mettre au fait, notifier, porter à la connaissance de, prévenir, renseigner, signaler –FAMILIER: tuyauter –LITTÉRAIRE: signifier. CONTR. *désinformer, taire.*

informer (s') *verbe pronominal*

/ Recueillir des informations. SYN. enquêter, rechercher, se documenter, se renseigner, s'enquérir de, s'inquiéter de.

informulé *adjectif*

/ Qui n'est pas formulé. SYN. implicite, inexprimé, latent, sous-entendu, tacite. CONTR. *explicite, exprimé, formulé.*

infortune *nom féminin*

/ LITTÉRAIRE. Situation difficile. SYN. détresse, malheur, misère –LITTÉRAIRE: adversité, disgrâce. CONTR. *bonheur* –LITTÉRAIRE: *félicité.*

/ LITTÉRAIRE. Événement malheureux. SYN. calamité, catastrophe, coup dur, désastre, malchance, malédiction, revers –FAMILIER: pépin, tuile –POPULAIRE: emmerde, emmerdement. CONTR. *bien, chance, coup de chance, coup de veine* –FAMILIER: *coup de pot* –LITTÉRAIRE: *bonne fortune.*

infortuné *adjectif*

/ LITTÉRAIRE. Qui est dans le malheur. SYN. malchanceux, malheureux, misérable, pauvre. CONTR. *bienheureux, heureux* –FAMILIER: *chanceux, veinard, verni* –POPULAIRE: *chançard.*

infoutu *adjectif*

/ POPULAIRE. Qui n'est pas capable de. SYN. impuissant, inapte, incapable –POPULAIRE: infichu. CONTR. *apte à, capable, de force à, en état de, propre à.*

infraction *nom féminin*

/ Violation d'une règle. SYN. attentat, dérogation, entorse, inobservation, manquement, transgression, violation –LITTÉRAIRE: viol.

infranchissable *adjectif*

/ Qu'on ne peut surmonter. SYN. insurmontable, invincible. CONTR. *surmontable.*

/ Qu'on ne peut franchir. SYN. impraticable, inaccessible, intraversable. CONTR. *accessible, franchissable, praticable, traversable.*

infrangible *adjectif*

/ LITTÉRAIRE. Qui ne peut être brisé. SYN. immuable, impérissable, incassable, indéfectible, indestructible, indissoluble, ineffaçable, résistant, robuste, solide.

infructueusement *adverbe*

/ LITTÉRAIRE. De façon infructueuse. SYN. inutilement, vainement –LITTÉRAIRE: stérilement. CONTR. *utilement.*

infructueux *adjectif*

/ Qui n'a aucun résultat. SYN. impuissant, inefficace, inopérant, inutile, stérile, vain. CONTR. *agissant, efficace, fructueux, profitable, salutaire, utile.*

infuser *verbe*

/ LITTÉRAIRE. Communiquer un sentiment à. SYN. communiquer, faire passer, inspirer, insuffler, introduire, transmettre –LITTÉRAIRE: inoculer, instiller, transfuser.

ingambe *adjectif*

/ Qui se meut facilement. SYN. alerte, dispos, valide, vert –VIEUX: gaillard. CONTR. *boiteux, éclopé, impotent, infirme, invalide, perclus.*

ingénier (s') *verbe pronominal*

/ Faire de gros efforts pour. SYN. chercher, essayer, œuvrer, s'acharner, s'appliquer, s'attacher, s'efforcer, s'escrimer, s'évertuer, tâcher, tenter, travailler –FAMILIER: se tuer.

ingénieusement *adverbe*

/ Avec ingéniosité. SYN. adroitement, astucieusement, habilement, intelligemment, savamment, spirituellement, subtilement.

ingénieux *adjectif*

/ Qui a un esprit d'invention. SYN. adroit, astucieux, fertile, fin, génial, habile, inventif, savant, subtil –FAMILIER: débrouillard –LITTÉRAIRE: industrieux. CONTR. *bête, inhabile.*

ingéniosité *nom féminin*

/ Caractère ingénieux. SYN. adresse, astuce, dextérité, esprit, habileté, intelligence, savoir-faire, talent –FAMILIER: débrouillardise. CONTR. *bêtise, inhabileté.*

ingénu *adjectif*

/ Qui fait preuve d'ingénuité. SYN. candide, crédule, enfantin, innocent, naïf, niais, nigaud, pur, simple, simplet –LITTÉRAIRE: virginal. CONTR. *averti, déluré, incrédule, malin, roué, rusé, vicieux* –FAMILIER: *ficelle.*

ingénuité *nom féminin*

/ Fait d'être naïf. SYN. candeur, crédulité, innocence, naïveté, naturel, pureté, simplicité –FAMILIER: jobarderie, jobardise –LITTÉRAIRE: fraîcheur. CONTR. *astuce, fourberie, incrédulité, rouerie* –FAMILIER: *roublardise* –LITTÉRAIRE: *cautèle.*

ingénument *adverbe*

/ De façon ingénue. SYN. candidement, innocemment, naïvement, simplement –LITTÉRAIRE: purement.

ingérence *nom féminin*

/ Action de s'ingérer. SYN. immixtion, intervention, intrusion. CONTR. *abstention, neutralité.*

ingérer *verbe*

/ Faire passer dans l'estomac. SYN. absorber, avaler, déglutir, ingurgiter, manger, prendre.

ingérer (s') *verbe pronominal*

/ Intervenir dans les affaires d'autrui. SYN. intervenir, se faufiler, se mêler de, s'entremettre, s'immiscer –FAMILIER: fourrer son nez dans, mettre son nez dans.

ingrat *adjectif*

/ Désagréable à l'œil. SYN. affreux, déplaisant, désagréable, disgracieux, hideux, laid, revêche, vilain –FAMILIER: moche. CONTR. *avenant, beau, gracieux, joli, superbe.*

/ Qui produit peu. SYN. aride, improductif, infertile, infructueux, maigre, pauvre, stérile. CONTR. *fertile, productif, riche* –LITTÉRAIRE: *fécond.*

/ Qui exige de gros efforts. SYN. difficile, épineux, fastidieux, pénible, rébarbatif, rebutant. CONTR. *valorisant.*

/ Qui n'a aucune reconnaissance. SYN. égoïste, négligent, oublieux. CONTR. *obligé, reconnaissant* –LITTÉRAIRE: *aimant.*

ingratitude *nom féminin*

/ Caractère ingrat. SYN. oubli –VIEUX: méconnaissance. CONTR. *gratitude, reconnaissance.*

inguérissable *adjectif*

/ Que l'on ne peut guérir. SYN. incurable, irrémédiable, perdu. CONTR. *curable, guérissable, remédiable.*

ingurgiter *verbe*

/ Avaler massivement. SYN. absorber, avaler, avoir un bon coup de fourchette, dévorer, engloutir, engouffrer, ingérer, se bourrer, se gaver, se gorger, vider –ARGOTIQUE: briffer –FAMILIER: enfourner, manger comme quatre, manger comme un ogre, s'empiffrer, s'en mettre plein la panse, s'enfiler –POPULAIRE: bâfrer, bouffer, bouffer comme un chancre, boulotter, manger à s'en faire péter la sous-ventrière, manger comme un chancre, morfaler, se goinfrer, s'en mettre plein la gueule, s'en mettre plein la lampe, s'envoyer –VIEUX: goinfrer. CONTR. *avoir un appétit d'oiseau, grignoter, manger comme un moineau, manger du bout des dents* –FAMILIER: *chipoter, mangeotter, pignocher.*

inhabile *adjectif*

/ Qui manque d'adresse. SYN. gauche, gourd, impolitique, maladroit, malavisé, malencontreux, malhabile, malheureux –FAMILIER: pataud. CONTR. *adroit, astucieux, avisé, diplomate, habile, heureux, ingénieux, malin, roué, rusé.*

/ LITTÉRAIRE. Dépourvu de savoir-faire. SYN. inapte, inexpérimenté –LITTÉRAIRE: inexpert, malhabile. CONTR. *entraîné, exercé, expérimenté, expert, habile.*

inhabileté *nom féminin*

/ Manque d'habileté. SYN. gaucherie, incapacité, maladresse –LITTÉRAIRE: impéritie. CONTR. *adresse, brio, compétence, dextérité, diplomatie, doigté, expérience, finesse, habileté, ingéniosité, maîtrise, précision, talent.*

inhabitable *adjectif*

/ Qui ne peut être habité. SYN. invivable. CONTR. *habitable, vivable* –LITTÉRAIRE: *hospitalier.*

inhabité *adjectif*

/ Qui n'est pas habité. SYN. abandonné, désert, désertique, inoccupé, sauvage, solitaire, vide –LITTÉRAIRE: désolé. CONTR. *habité, occupé, peuplé, populeux, surpeuplé.*

inhabituel *adjectif*

/ Qui va contre l'habitude. SYN. anormal, différent, étrange, extraordinaire, inaccoutumé, insolite, inusité, nouveau, occasionnel, paradoxal, singulier. CONTR. *accoutumé, classique, commun, courant, familier, habituel, naturel, normal, ordinaire, traditionnel, usuel* –LITTÉRAIRE: *coutumier.*

inhaler *verbe*

/ Absorber par inhalation. SYN. aspirer, humer, inspirer, respirer. CONTR. *exhaler, expirer.*

inhérent *adjectif*

/ Lié d'une manière intime à. SYN. immanent, implicite, inséparable, intrinsèque, naturel, propre. CONTR. *étranger.*

inhibé *adjectif*

/ Qui est timide. SYN. complexé –FAMILIER: coincé. CONTR. *décontracté.*

inhiber *verbe*

/ Empêcher le développement de. SYN. annihiler, enrayer, freiner, glacer, juguler, paralyser, supprimer.

inhospitalier *adjectif*

/ Qui n'est pas accueillant. SYN. farouche, froid, glacial, rébarbatif, revêche, sauvage –LITTÉRAIRE: hostile, rêche. CONTR. *accueillant, convivial* –LITTÉRAIRE: *hospitalier.*

inhumain *adjectif*

/ Qui est sans pitié. SYN. atroce, barbare, bestial, cruel, féroce, impitoyable, implacable, inexorable, inflexible, insensible, monstrueux –FAMILIER: sans-cœur –LITTÉRAIRE: hostile. CONTR. *bon, charitable, compatissant, humain, indulgent, sensible* –LITTÉRAIRE: *bienfaisant.*

inhumainement *adverbe*

/ De manière inhumaine. SYN. cruellement, férocement, impitoyablement, implacablement, méchamment, rudement, sauvagement, sévèrement. CONTR. *humainement.*

inhumanité *nom féminin*

/ Manque d'humanité. SYN. atrocité, barbarie, brutalité, cruauté, dureté, férocité, insensibilité, rigueur, sauvagerie, sévérité –LITTÉRAIRE: implacabilité, inexorabilité. CONTR. *bienveillance, bonté, charité, commisération, humanité, indulgence, pitié, sensibilité* –LITTÉRAIRE: *compassion.*

inhumation *nom féminin*

/ Action d'inhumer. SYN. enterrement, funérailles, obsèques –LITTÉRAIRE: ensevelissement, sépulture. CONTR. *déterrage, déterrement, exhumation.*

inhumer *verbe*

/ Mettre un mort en terre. SYN. enterrer –LITTÉRAIRE: ensevelir. CONTR. *déterrer, exhumer.*

inimaginable *adjectif*

/ Qui dépasse l'imagination. SYN. effarant, extraordinaire, extravagant, fabuleux, fantastique, impensable, inconcevable, incroyable, indescriptible, inouï, insoupçonné, phénoménal, prodigieux, spectaculaire, suffocant –FAMILIER: ébouriffant, faramineux, invraisemblable. CONTR. *concevable, croyable, envisageable, imaginable.*

inimitié *nom féminin*

/ Sentiment de haine. SYN. animosité, antipathie, aversion, haine, hostilité, ressentiment –LITTÉRAIRE: animadversion. CONTR. *adoration, affection, amitié, fraternisation, sympathie.*

ininflammable *adjectif*

/ Qui ne peut s'enflammer. SYN. apyre, ignifugé, incombustible. CONTR. *combustible, inflammable.*

inintelligemment *adverbe*

/ De façon inintelligente. SYN. sottement, stupidement. CONTR. *intelligemment.*

inintelligence *nom féminin*

/ Manque d'intelligence. SYN. baloudise, bêtise, idiotie, imbécillité, incapacité, ineptie, nullité, sottise, stupidité –FAMILIER: crétinerie, crétinisme. CONTR. *compréhension.*

inintelligent *adjectif*

/ Qui manque d'intelligence. SYN. bête, borné, crétin, idiot, imbécile, inepte, niais, nul, obtus, sot, stupide –FAMILIER: bouché. CONTR. *doué, intelligent.*

inintelligibilité *nom féminin*

/ Caractère inintelligible. SYN. hermétisme –LITTÉRAIRE: incompréhensibilité, nébulosité, opacité. CONTR. *clarté, compréhensibilité, intelligibilité, limpidité.*

inintelligible *adjectif*

/ Qu'on ne peut comprendre. SYN. abscons, hermétique, impénétrable, inaccessible, inassimilable, incompréhensible, mystérieux, obscur –LITTÉRAIRE: abstrus, amphigourique, nébuleux, opaque, sibyllin, ténébreux. CONTR. *accessible, clair, compréhensible, concevable, explicable, intelligible, limpide, lumineux, perceptible.*

inintéressant *adjectif*

/ Qui n'offre pas d'intérêt. SYN. banal, fade, inconsistant, inodore et sans saveur, insignifiant, insipide, plat, quelconque, terne, vide –FAMILIER: fadasse. CONTR. *absorbant, attachant, captivant, curieux, fascinant, intéressant, palpitant, passionnant, prenant.*

ininterrompu *adjectif*

/ Qui ne s'interrompt pas. SYN. constant, continu, continuel, incessant, perpétuel, persistant, régulier, soutenu, suivi. CONTR. *discontinu, entrecoupé, intermittent, interrompu, irrégulier, sporadique.*

inique *adjectif*

/ Qui manque à l'équité. SYN. illégitime, inéquitable, injuste, partial. CONTR. *équitable, impartial, juste.*

iniquité *nom féminin*

/ Caractère inique. SYN. disparité, inégalité, injustice, partialité. CONTR. *égalité, équité, impartialité, intégrité, justice.*

initial *adjectif*

/ Qui est au début. SYN. inné, naturel, original, originel, préliminaire, premier, primaire, primitif –LITTÉRAIRE: originaire. CONTR. *complémentaire, définitif, dernier, extrême, final, suprême, terminal, ultime.*

initialement *adverbe*

/ Au commencement. SYN. à l'origine, au début, originairement, originellement, primitivement.

initiateur *nom*

/ Personne qui est à l'origine de. SYN. agent, auteur, créateur, innovateur, introducteur, maître, novateur, précurseur, promoteur.

initiation *nom féminin*

/ Action de s'initier à. SYN. apprentissage, découverte, formation, introduction.

initiative *nom féminin*

/ Action de proposer. SYN. acte, option.

/ Esprit de décision. SYN. détermination. CONTR. *passivité.*

initié *adjectif*

/ Qui a reçu une initiation. SYN. averti, éclairé, formé, informé, instruit. CONTR. *ignorant, inculte.*

initié *nom*

/ Personne qui a reçu une initiation. SYN. expert –LITTÉRAIRE: savant. CONTR. *béotien, ignorant, novice, profane* –LITTÉRAIRE: *philistin.*

initier *verbe*

/ Donner les rudiments de. SYN. apprendre, enseigner, former, instruire.

initier (s') *verbe pronominal*

/ Commencer à s'instruire. SYN. apprendre, commencer, débuter, étudier, se mettre à, s'entraîner, s'exercer.

injonction *nom féminin*

/ Ordre d'obéir sur-le-champ. SYN. commandement, interpellation, mise en demeure, ordre, oukase, prescription, sommation, ukase, ultimatum.

injure *nom féminin*

/ Parole blessante. SYN. grossièreté, insolence, insulte, invective –FAMILIER: nom d'oiseau. CONTR. *compliment, louange* –LITTÉRAIRE: *encens.*

/ LITTÉRAIRE. Procédé qui offense. SYN. affront, coup bas, ignominie, offense, outrage –LITTÉRAIRE: avanie, camouflet. CONTR. *bienfait.*

injurier *verbe*

/ Adresser des injures à. SYN. blasphémer, insulter, invectiver, offenser, outrager, traiter de tous les noms –FAMILIER: aboyer après, aboyer contre, donner des noms d'oiseau, enguirlander –POPULAIRE: engueuler.

injurieux *adjectif*

/ Qui constitue une injure. SYN. blessant, déshonorant, désobligeant, infamant, insultant, mortifiant, offensant, outrageant, scandaleux –LITTÉRAIRE: ignominieux.

injuste *adjectif*

/ Non conforme à la justice. SYN. anormal, arbitraire, illégitime, immérité, inégal, inéquitable, inique, injustifié, non fondé. CONTR. *fondé, juste, légitime.*

/ Qui n'agit pas avec justice. SYN. abusif, partial. CONTR. *bon, droit, équitable, impartial, intègre, juste.*

injustement *adverbe*

/ D'une façon injuste. SYN. abusivement, arbitrairement, illégitimement, indûment, sans fondement, sans raison –LITTÉRAIRE: inéquitablement. CONTR. *à juste titre, équitablement, justement, légitimement.*

injustice *nom féminin*

/ Caractère injuste. SYN. arbitraire, inégalité, iniquité, partialité. CONTR. *équité, impartialité, justice, légitimité.*

/ Acte contraire à la justice. SYN. abus, passe-droit –LITTÉRAIRE: iniquité.

injustifiable *adjectif*

/ Que l'on ne peut justifier. SYN. indéfendable, inexcusable, inexplicable, insoutenable, invérifiable. CONTR. *défendable, explicable, justifiable, légitime, soutenable.*

injustifié *adjectif*

/ Qui n'est pas justifié. SYN. arbitraire, gratuit, illégitime, immérité, immotivé, indu, injuste. CONTR. *fondé, légitime, motivé.*

inlassable *adjectif*

/ Qui ne peut se lasser. SYN. acharné, immuable, indéfectible, inépuisable, infatigable, opiniâtre, persévérant, tenace.

inné *adjectif*

/ Qui existe dès la naissance. SYN. congénital, foncier, initial, instinctif, naturel, spontané –LITTÉRAIRE: originaire. CONTR. *acquis, appris.*

innocemment *adverbe*

/ Sans intention mauvaise. SYN. candidement, ingénument, naïvement, simplement –LITTÉRAIRE: purement. CONTR. *malignement, méchamment.*

innocence *nom féminin*

/ Qualité de quelqu'un de pur. SYN. candeur, ingénuité, pureté –LITTÉRAIRE: fraîcheur. CONTR. *dépravation, impudeur, noirceur, obscénité* –LITTÉRAIRE: *impudicité, impureté, malignité, vice.*

/ Caractère naïf. SYN. ignorance, naïveté, niaiserie, simplicité. CONTR. *rouerie* –FAMILIER: *roublardise* –LITTÉRAIRE: *matoiserie.*

innocent *adjectif*

/ Qui n'est pas coupable. SYN. blanc, blanc comme neige, irresponsable, pur. CONTR. *condamnable, coupable, fautif, responsable.*

/ Qui montre de l'ingénuité. SYN. candide, chaste, crédule, enfantin, ingénu, pur, simple, simplet. CONTR. *averti, lubrique, vicieux* –VIEUX: *luxurieux.*

/ Qui est un peu niais. SYN. demeuré, idiot, niais, nigaud, simplet –FAMILIER: crétin. CONTR. *futé, roué, rusé* –FAMILIER: *roublard* –LITTÉRAIRE: *matois.*

/ Fait sans malignité. SYN. inoffensif, irréprochable –LITTÉRAIRE: irrépréhensible. CONTR. *condamnable, malhonnête, noir, sournois.*

innocent *nom*

/ Personne simple d'esprit. SYN. attardé, demeuré, idiot, naïf, niais, nigaud –FAMILIER: andouille, ballot, bêta, crétin, cruche, noix –POPULAIRE: cornichon.

innocenter *verbe*

/ Déclarer innocent. SYN. acquitter, disculper, réhabiliter. CONTR. *accuser, calomnier, condamner, déférer, incriminer, inculper, poursuivre.*

/ Établir l'innocence de. SYN. blanchir, décharger, disculper, excuser, justifier, laver. CONTR. *accabler, charger, condamner, éclabousser* –LITTÉRAIRE: *noircir.*

innocuité *nom féminin*

/ Qualité de ce qui n'est pas nocif. CONTR. *nocivité, nocuité, nuisibilité, toxicité.*

innombrable *adjectif*

/ Qu'on ne peut dénombrer. SYN. considérable, illimité, incalculable, incommensurable, indénombrable, inestimable, infini, multiple, nombreux. CONTR. *appréciable, calculable, dénombrable, estimable.*

innomé *adjectif*

/ Qui n'a pas reçu de nom. SYN. inconnu, obscur, oublié.

innommable *adjectif*

/ Trop vil pour être nommé. SYN. abject, abominable, atroce, dégoûtant, ignoble, immonde, indicible, inexprimable, infâme, inqualifiable, odieux, sordide –LITTÉRAIRE: ignominieux, vil.

innommé *adjectif*

/ Qui n'a pas reçu de nom. SYN. inconnu, obscur, oublié.

innovateur *adjectif*

/ Qui cherche à innover. SYN. créateur, créatif, innovant, novateur. CONTR. *conservateur, routinier, sclérosé.*

innovateur *nom*

/ Personne qui cherche à innover. SYN. initiateur, introducteur, novateur, précurseur, promoteur.

innovation *nom féminin*

/ Action d'innover. SYN. changement, création, invention, modification, nouveauté, révolution, transformation, trouvaille. CONTR. *conservatisme, rite, routine, tradition.*

innover *verbe*

/ Introduire de la nouveauté. SYN. changer, créer, inventer, lancer, trouver. CONTR. *conserver, garder, maintenir.*

inobservation *nom féminin*

/ Fait de ne pas observer une loi. SYN. entorse, infraction, insoumission, manquement, transgression, violation –LITTÉRAIRE: viol. CONTR. *obéissance, observation, respect, soumission* –LITTÉRAIRE: *observance.*

inoccupation *nom féminin*

/ Fait d'être inoccupé. SYN. désœuvrement, inaction, inactivité, oisiveté. CONTR. *activité, affairement, occupation, travail.*

inoccupé *adjectif*

/ Qui est laissé vide. SYN. désert, disponible, inhabité, libre, vacant, vide. CONTR. *occupé, plein* –FAMILIER: *bourré.*

/ Sans occupation. SYN. désœuvré, inactif, oisif. CONTR. *actif, affairé, occupé, pris* –LITTÉRAIRE: *laborieux.*

inoculer *verbe*

/ LITTÉRAIRE. Transmettre des idées. SYN. communiquer, donner, inculquer, inspirer, insuffler –LITTÉRAIRE: infuser, instiller, transfuser.

inodore *adjectif*

/ Sans odeur. CONTR. *fétide, malodorant, nauséabond, odorant, odoriférant, parfumé, puant.*

inoffensif *adjectif*

/ Qui ne présente pas de danger. SYN. doux, innocent. CONTR. *agressif, dangereux, féroce, redoutable.*

/ Qui n'est pas nocif. SYN. anodin, bénin. CONTR. *dangereux, nocif, nuisible.*

inondation *nom féminin*

/ Afflux considérable. SYN. déferlement, envahissement, invasion.

/ Montée des eaux. SYN. crue, débordement. CONTR. *assèchement, dessèchement.*

inonder *verbe*

/ Mouiller abondamment. SYN. arroser, asperger, baigner, imprégner, mouiller, noyer, tremper –LITTÉRAIRE: abreuver. CONTR. *assécher, sécher.*

/ LITTÉRAIRE. Envahir quelqu'un (sentiment). SYN. écraser, envahir, gagner, pénétrer, s'emparer de.

/ Se trouver en grande quantité. SYN. affluer, encombrer, remplir.

/ Répandre abondamment. SYN. abreuver, noyer, saturer, submerger.

inopérant *adjectif*
/ Sans effet. SYN. anodin, impuissant, inactif, inefficace, infructueux, stérile, vain. CONTR. *actif, agissant, efficace, efficient, fort, puissant.*

inopiné *adjectif*
/ Qui n'est pas prévu. SYN. accidentel, brusque, fortuit, imprévu, inattendu, inespéré, soudain, subit. CONTR. *attendu, prévisible, prévu.*

inopinément *adverbe*
/ De façon inopinée. SYN. à brûle-pourpoint, à l'improviste, au dépourvu, brusquement, brutalement, de but en blanc, ex abrupto, fortuitement, sans crier gare, soudain, soudainement, subitement, tout à coup –FAMILIER: subito, tout de go –LITTÉRAIRE: au débotté –VIEUX: impromptu.

inopportun *adjectif*
/ Qui vient au mauvais moment. SYN. déplacé, fâcheux, hors de propos, impolitique, incongru, inconvenant, incorrect, intempestif, malencontreux, malvenu –LITTÉRAIRE: importun. CONTR. *à propos, bienséant, bienvenu, convenable, correct, indiqué, opportun, propice* –LITTÉRAIRE: *séant.*

inopportunément *adverbe*
/ LITTÉRAIRE. De façon inopportune. SYN. à contretemps, à tort et à travers, inconsidérément, intempestivement, mal à propos, malencontreusement. CONTR. *à pic, à point, à point nommé, à propos, au bon moment, au moment voulu, en temps opportun, en temps utile, en temps voulu, opportunément* –FAMILIER: *pile.*

inoubliable *adjectif*
/ Que l'on ne peut oublier. SYN. ineffaçable, insigne, mémorable, unique.

inouï *adjectif*
/ Qui est sans exemple. SYN. admirable, effarant, effrayant, étonnant, extraordinaire, extravagant, fabuleux, fantastique, formidable, fracassant, incomparable, inconcevable, incroyable, indescriptible, inexprimable, inimaginable, merveilleux, phénoménal, prodigieux, stupéfiant, suffocant, surprenant –FAMILIER: ébouriffant, énorme, époustouflant, faramineux, mirobolant, monstre, monumental, renversant, sensationnel, unique –LITTÉRAIRE: ineffable –POPULAIRE: bœuf. CONTR. *normal, ordinaire, rebattu* –FAMILIER: *réchauffé.*

inqualifiable *adjectif*
/ Qui suscite l'indignation. SYN. abominable, dégoûtant, horrible, ignoble, immonde, indigne, infâme, innommable, odieux, sordide –LITTÉRAIRE: ignominieux.

inquiet *adjectif*
/ Qui manifeste de l'inquiétude. SYN. alarmé, angoissé, anxieux, craintif, fiévreux, impatient, pessimiste, peureux, préoccupé, sombre, soucieux, tourmenté, tracassé, troublé –FAMILIER: aux cent coups. CONTR. *confiant, impassible, imperturbable, insouciant, paisible, rassuré, serein, tranquille* –FAMILIER: *cool* –LITTÉRAIRE: *quiet, rasséréné.*

inquiétant *adjectif*
/ Qui fait naître l'inquiétude. SYN. alarmiste, angoissant, déconcertant, effarouchant, effrayant, équivoque, louche, lugubre, patibulaire, redoutable, sinistre, suspect, troublant, trouble. CONTR. *calmant, rassurant, tranquillisant.*
/ Qui fait craindre un malheur. SYN. affolant, alarmant, grave, mauvais, menaçant, préoccupant, sombre, stressant –FAMILIER: tragique. CONTR. *bon, encourageant, florissant, heureux, sécurisant.*

inquiéter *verbe*
/ Rendre inquiet. SYN. affoler, agiter, alarmer, angoisser, atteindre, bouleverser, ébranler, effaroucher, effrayer, épouvanter, faire peur, frapper, miner, perturber, préoccuper, remuer, retourner, ronger, tarauder, tourmenter, tracasser, travailler, troubler –FAMILIER: émotionner, révolutionner, secouer, tarabuster, turlupiner –VIEUX: soucier. CONTR. *apaiser, calmer, rassurer, tranquilliser* –LITTÉRAIRE: *rasséréner.*

inquiéter (s') *verbe pronominal*
/ Éprouver de l'inquiétude. SYN. avoir peur, prendre peur, s'alarmer, se faire du mauvais sang, se faire du souci, se faire du tracas, se faire un sang d'encre, se miner, se ronger les sangs, se tourmenter, se tracasser, s'émouvoir, s'en faire –FAMILIER: être aux cent coups, se biler, se faire de la bile, se faire des cheveux blancs, se frapper –POPU-

LAIRE : se faire de la mousse, se faire du mouron. CONTR. *se calmer, se rassurer, se tranquilliser.*

/ Tenir compte de quelque chose. SYN. regarder, se préoccuper, se soucier, s'embarrasser, s'enquérir, s'informer, songer.

inquiétude *nom féminin*

/ Trouble causé par la crainte. SYN. agitation, angoisse, anxiété, appréhension, crainte, malaise, obsession, peur, préoccupation, souci, tourment, tracas – LITTÉRAIRE : alarme. CONTR. *ataraxie, béatitude, bien-être, flegme, impassibilité, joie, paix, placidité, sang-froid, sécurité, sérénité, tranquillité* – LITTÉRAIRE : *quiétude, repos.*

inquisiteur *adjectif*

/ Qui marque de la curiosité. SYN. curieux, fouilleur, fureteur, indiscret, investigateur – FAMILIER : fouinard, fouineur – LITTÉRAIRE : inquisitorial, scrutateur.

inracontable *adjectif*

/ Qu'on ne peut raconter. SYN. indescriptible, indicible, inexprimable – LITTÉRAIRE : ineffable. CONTR. *exprimable, racontable.*

insaisissable *adjectif*

/ Que l'on ne peut saisir. SYN. impalpable, imprenable, introuvable, invisible.

/ Qui ne peut être perçu. SYN. abscons, énigmatique, imperceptible, indécelable, indéfinissable, indiscernable, insensible, insondable, mystérieux, obscur, subtil – LITTÉRAIRE : opaque, sibyllin. CONTR. *aveuglant, intelligible, perceptible, sensible, transparent.*

/ Qu'on a du mal à cerner. SYN. fluide, fuyant, impénétrable, inaccessible, renfermé, replié, sourd – LITTÉRAIRE : secret.

insalubre *adjectif*

/ Nuisible à la santé. SYN. délétère, impur, malsain, mauvais, nocif, pernicieux. CONTR. *sain, salubre, salutaire.*

insanité *nom féminin*

/ Manque de bon sens. SYN. bêtise, délire, égarement, extravagance, folie – FAMILIER : démence – LITTÉRAIRE : déraison.

/ Parole déraisonnable. SYN. ânerie, bêtise, imbécillité, ineptie, monstruosité, sottise – FAMILIER : idiotie.

insatiabilité *nom féminin*

/ LITTÉRAIRE. Caractère insatiable. SYN. avidité, convoitise, insatisfaction – LITTÉRAIRE : appétit, inassouvissement. CONTR. *assouvissement, contentement, satiété, satisfaction.*

insatiable *adjectif*

/ Que l'on ne peut assouvir. SYN. inextinguible, insatisfait – LITTÉRAIRE : inapaisable, inassouvissable. CONTR. *assouvi, rassasié.*

/ Qui a toujours soif de. SYN. affamé, assoiffé, avide, intéressé, vorace – LITTÉRAIRE : altéré, cupide, rapace. CONTR. *satisfait* – LITTÉRAIRE : *rassasié.*

insatisfaction *nom féminin*

/ Fait d'être mécontent. SYN. contrariété, dépit, mécontentement – FAMILIER : grogne, rogne. CONTR. *contentement, plaisir, satisfaction.*

/ Fait de ne pas voir un désir satisfait. SYN. – LITTÉRAIRE : inassouvissement. CONTR. *assouvissement, contentement, satisfaction.*

insatisfait *adjectif*

/ Qui n'est pas content. SYN. contrarié, déçu, dépité, désappointé, mécontent. CONTR. *content, fier, heureux, ravi, satisfait.*

/ Qui n'a pas été satisfait. SYN. déçu, inextinguible – LITTÉRAIRE : inapaisé, inassouvi. CONTR. *assouvi, comblé, exaucé, satisfait.*

inscription *nom féminin*

/ Action d'inscrire quelqu'un. SYN. enregistrement, immatriculation.

/ Ce qui est inscrit quelque part. SYN. épigraphe, épitaphe, exergue, graffiti, légende.

inscrire *verbe*

/ Écrire quelque chose. SYN. consigner, écrire, ficher, graver, marquer, mentionner, noter, relever, transcrire.

/ Porter un nom sur une liste. SYN. enregistrer, immatriculer, inclure, répertorier. CONTR. *biffer, exclure, excommunier, radier.*

inscrire (s') *verbe pronominal*

/ Entrer dans un groupe. SYN. adhérer, s'affilier, s'enrôler.

/ Prendre place dans. SYN. se placer, se situer, s'insérer.

inscrit *nom*

/ Personne qui s'est affiliée à. SYN. adhérent, affilié, membre.

insécable *adjectif*

/ Que l'on ne peut couper. SYN. indissociable, indivisible. CONTR. *divisible, sécable.*

insécurité *nom féminin*

/ État d'un lieu qui n'est pas sûr. SYN. danger. CONTR. *sécurité, tranquillité* – LITTÉRAIRE : *sûreté.*

/ Caractère instable. SYN. fluctuation, fragilité, incertitude, instabilité, précarité. CONTR. *sécurité, stabilité.*

insensé *adjectif*

/ Non conforme au bon sens. SYN. aberrant, abracadabrant, absurde, bizarre, dément, déraisonnable, extravagant, farfelu, fou, incohérent, inconséquent, sans queue ni tête, ubuesque – FAMILIER : délirant, dingue, loufoque. CONTR. *droit, judicieux, logique, prudent, raisonnable, sage, sensé, sûr* – LITTÉRAIRE : *rassis.*

/ Qui est excessif. SYN. démesuré, effréné, enragé, exagéré, excessif, fabuleux, féroce, forcené, frénétique, immense, indescriptible, indicible, monstrueux – FAMILIER : astronomique, délirant, dément, dingue – LITTÉRAIRE : échevelé. CONTR. *convenable, fondé, honnête, juste, modéré, normal.*

/ Qui a perdu la raison. SYN. dément, déséquilibré, fou – FAMILIER : cinglé, dingue, maboul, piqué, timbré, toqué. CONTR. *sage, sain, sensé.*

insensibiliser *verbe*

/ Rendre insensible à la douleur. SYN. anesthésier, chloroformer, endormir. CONTR. *exciter, réveiller.*

insensibilité *nom féminin*

/ Caractère insensible. SYN. apathie, désaffection, désintérêt, dessèchement, détachement, dureté, froideur, impassibilité, incompréhension, indifférence, inhumanité, sécheresse – LITTÉRAIRE : endurcissement, imperméabilité. CONTR. *apitoiement, attendrissement, charité, commisération, émotivité, enthousiasme, générosité, humanité, hyperémotivité, hypersensibilité, pitié, réceptivité, sensibilité, sentiment* – LITTÉRAIRE : *compassion.*

insensible *adjectif*

/ Qui n'éprouve pas de sensations. SYN. dur, endurci, stoïque – FAMILIER : sans-cœur. CONTR. *délicat, douillet, tendre, vulnérable.*

/ Qui reste indifférent. SYN. étranger, glacial, imperméable, imperturbable, inaccessible, indifférent, inhumain, rebelle, réfractaire, sec, sourd. CONTR. *accessible, ardent, attentif, brûlant, caressant, charitable, compatissant, cordial, émotif, enflammé, hyperémotif, hypersensible, impressionnable, ouvert, préoccupé, réceptif, sensible* – FAMILIER : *émotionnable* – LITTÉRAIRE : *aimant.*

/ Difficile à percevoir. SYN. imperceptible, inapparent, indiscernable, insaisissable, invisible, léger, timide. CONTR. *appréciable, instantané, marqué, net, ostensible, perceptible, soudain, tangible.*

insensiblement *adverbe*

/ De façon insensible. SYN. doucement, graduellement, imperceptiblement, lentement, par degrés, par touches, pas à pas, petit à petit, peu à peu, progressivement. CONTR. *expéditivement, hâtivement, promptement, rapidement* – LITTÉRAIRE : *diligemment.*

inséparable *adjectif*

/ Qui ne peut être séparé. SYN. indissociable, indivisible, inhérent, intime. CONTR. *divisible, isolable, séparable.*

insérer *verbe*

/ Introduire dans. SYN. emboîter, encarter, encastrer, enclaver, glisser, inclure, introduire, joindre – FAMILIER : fourrer – LITTÉRAIRE : enchâsser. CONTR. *dégager, retirer.*

/ Ajouter à un ensemble. SYN. ajouter, incorporer, intégrer, intercaler, interpoler, interposer. CONTR. *enlever, exclure, retrancher.*

insérer (s') *verbe pronominal*

/ Trouver place dans. SYN. s'agréger, se greffer, se placer, s'encastrer, s'implanter, s'infiltrer, s'inscrire, s'intégrer, s'interposer, s'introduire – FAMILIER : se fourrer.

insertion *nom féminin*

/ Fait d'insérer, de s'insérer. SYN. implantation, importation, incorporation, intégration, introduction.

insidieusement *adverbe*

/ De façon insidieuse. SYN. sans prévenir, sournoisement – FAMILIER : en douce – LITTÉRAIRE : subrepticement.

insidieux *adjectif*

/ Qui constitue un piège. SYN. captieux, illusoire, spécieux, trompeur – LITTÉRAIRE : fallacieux, perfide. CONTR. *franc.*

/ Qui agit sournoisement. SYN. perfide, sournois, traître –LITTÉRAIRE: insinuant. CONTR. *droit.*

insigne *adjectif*

/ Digne d'attirer l'attention. SYN. brillant, éclatant, émérite, éminent, important, inoubliable, mémorable, remarquable, réputé, singulier –FAMILIER: fabuleux –LITTÉRAIRE: distingué, fameux, signalé.

insigne *nom masculin*

/ Marque d'un grade. SYN. décoration, emblème, symbole.

insignifiance *nom féminin*

/ Caractère insignifiant. SYN. banalité, fadeur, faiblesse, frivolité, futilité, impersonnalité, inconsistance, médiocrité, modicité, petitesse, platitude –LITTÉRAIRE: inanité. CONTR. *ampleur, amplitude, immensité, importance, intérêt, poids.*

insignifiant *adjectif*

/ Sans intérêt. SYN. anodin, banal, fade, frivole, futile, inintéressant, neutre, plat, quelconque, vide –FAMILIER: fadasse –LITTÉRAIRE: vain. CONTR. *absorbant, curieux, intéressant, marquant, notable, passionnant, remarquable, retentissant, saillant.*

/ Qui ne se distingue pas. SYN. anonyme, effacé, falot, inconsistant, insipide, médiocre, nul, terne. CONTR. *attachant, caractérisé, éblouissant, écrasant, extraordinaire, fameux, formidable, génial, glorieux, mémorable, remarquable* –LITTÉRAIRE: *relevé.*

/ Sans importance. SYN. accessoire, dérisoire, imperceptible, inexistant, infime, insuffisant, léger, menu, méprisable, mince, minime, misérable, modeste, modique, négligeable, nul, petit –LITTÉRAIRE: véniel. CONTR. *capital, cardinal, fondamental, grave, gros, immense, important, imposant, majeur, sensible* –FAMILIER: *monumental.*

insincérité *nom féminin*

/ LITTÉRAIRE. Manque de sincérité. SYN. duplicité, fausseté, fourberie, hypocrisie –LITTÉRAIRE: tartuferie, tartufferie. CONTR. *sincérité, vérité* –LITTÉRAIRE: *véracité.*

insinuant *adjectif*

/ LITTÉRAIRE. Qui s'insinue auprès de. SYN. adroit, doucereux, habile, insidieux, sournois.

insinuation *nom féminin*

/ Fait d'insinuer quelque chose. SYN. allusion, sous-entendu, suggestion.

insinuer *verbe*

/ Faire entendre par allusions. SYN. faire allusion à, glisser, jeter, laisser entendre, laisser supposer, prétendre, souffler, sous-entendre, suggérer –LITTÉRAIRE: instiller.

insinuer (s') *verbe pronominal*

/ LITTÉRAIRE. Pénétrer quelque part. SYN. entrer, passer, rentrer, se couler, se faufiler, s'engager, s'engouffrer, s'infiltrer.

/ LITTÉRAIRE. Prendre place dans l'esprit de. SYN. entrer, envahir, passer, pénétrer, se glisser, s'infiltrer –FAMILIER: se fourrer.

insipide *adjectif*

/ Qui n'a pas de saveur. SYN. douceâtre, fadasse, fade, plat. CONTR. *délicieux, exquis, fort, goûteux, piquant, relevé, sapide, savoureux, succulent* –LITTÉRAIRE: *délectable.*

/ Qui suscite l'ennui. SYN. banal, ennuyeux, fade, fastidieux, inintéressant, inodore et sans saveur, insignifiant, plat, terne –FAMILIER: enquiquinant, fadasse, rasant, rasoir –LITTÉRAIRE: incolore –POPULAIRE: emmerdant. CONTR. *divertissant, exaltant, intéressant, passionnant, pittoresque.*

insipidité *nom féminin*

/ Caractère insipide. SYN. fadeur, pâleur, prosaïsme. CONTR. *sapidité, saveur, sel.*

insistance *nom féminin*

/ Action d'insister. SYN. acharnement, fermeté, obstination, persévérance, persistance, résolution, ténacité –LITTÉRAIRE: opiniâtreté.

insistant *adjectif*

/ Qui insiste. SYN. appuyé, obstiné, opiniâtre, persévérant, pressant –LITTÉRAIRE: instant.

insister *verbe*

/ Persévérer dans une action. SYN. continuer, mettre l'accent sur, persévérer, persister, s'acharner, s'entêter, s'obstiner –LITTÉRAIRE: s'opiniâtrer.

insociable *adjectif*

/ Difficile à vivre. SYN. farouche, ours, sauvage, solitaire –FAMILIER: impossible, invivable –LITTÉRAIRE: misanthrope. CONTR. *engageant, liant, sociable.*

insolemment *adverbe*

/ Avec insolence. SYN. cavalièrement, crûment, effrontément, fièrement, grossièrement, hardiment, impudemment, outrageusement –LITTÉRAIRE: impertinemment, irrespectueusement, irrévérencieusement –VIEUX: irrévéremment. CONTR. *courtoisement, poliment, respectueusement.*

insolence *nom féminin*

/ Manque de respect. SYN. arrogance, audace, effronterie, hardiesse, impertinence, impolitesse, impudence, impudeur, inconvenance, incorrection, suffisance –LITTÉRAIRE: irrespect, irrévérence, outrecuidance. CONTR. *considération, courtoisie, déférence, égard, humilité, politesse, respect, timidité* –LITTÉRAIRE: *révérence.*

/ Parole insolente. SYN. grossièreté, impertinence, incongruité, injure, insulte.

insolent *adjectif*

/ Qui manque de respect. SYN. arrogant, audacieux, blessant, cavalier, déplacé, effronté, grossier, hardi, impertinent, impoli, impudent, incongru, inconvenant, insultant, provocant –FAMILIER: culotté, sans gêne –LITTÉRAIRE: irrespectueux, irrévérencieux. CONTR. *courtois, déférent, poli, respectueux, timide* –LITTÉRAIRE: *révérencieux.*

/ Qui constitue un défi. SYN. incroyable, indécent, inimaginable, inouï –FAMILIER: époustouflant.

/ LITTÉRAIRE. D'un orgueil offensant. SYN. arrogant, hautain, prétentieux, puant, suffisant –LITTÉRAIRE: fat, outrecuidant. CONTR. *humble.*

insolent *nom*

/ Personne qui manque de respect. SYN. arrogant, effronté, impertinent, impoli, impudent, malappris, sans-gêne.

insolite *adjectif*

/ Différent de l'habitude. SYN. abracadabrant, anormal, baroque, bizarre, déroutant, étonnant, étrange, excentrique, extraordinaire, extravagant, inaccoutumé, inhabituel, inusité, nouveau, original, saugrenu, singulier –FAMILIER: bizarroïde. CONTR. *accoutumé, banal, commun, familier, habituel, normal, ordinaire, traditionnel* –LITTÉRAIRE: *coutumier.*

insoluble *adjectif*

/ Qu'on ne peut résoudre. SYN. impossible, inextricable. CONTR. *soluble.*

insondable *adjectif*

/ Dont on ne peut toucher le fond. SYN. illimité, incommensurable, infini, profond –FAMILIER: abyssal.

/ Impossible à comprendre. SYN. abscons, énigmatique, ésotérique, fumeux, hermétique, impénétrable, inaccessible, incompréhensible, inconcevable, inexplicable, inintelligible, insaisissable, mystérieux, obscur –LITTÉRAIRE: abstrus, amphigourique, fuligineux, nébuleux, opaque, sibyllin, ténébreux. CONTR. *accessible, clair, compréhensible, distinct, explicite, facile, intelligible, limpide, lumineux, manifeste, net, précis, raisonné, réfléchi, simple, transparent.*

insonore *adjectif*

/ Qui ne transmet pas le son. SYN. silencieux. CONTR. *bruyant, retentissant, sonore.*

insouciance *nom féminin*

/ Caractère insouciant. SYN. étourderie, frivolité, imprévoyance, inattention, inconscience, incurie, indifférence, irréflexion, laisser-aller, légèreté, négligence, nonchalance, optimisme –FAMILIER: je-m'en-fichisme –LITTÉRAIRE: inapplication –POPULAIRE: je-m'en-foutisme. CONTR. *assiduité, précaution, prévoyance, prudence, soin* –LITTÉRAIRE: *méticulosité.*

insouciant *adjectif*

/ Qui ne se soucie de rien. SYN. détaché, évaporé, imprévoyant, inappliqué, inattentif, inconscient, indifférent, léger, négligent –FAMILIER: je-m'en-fichiste –LITTÉRAIRE: folâtre, insoucieux, oublieux –POPULAIRE: je-m'en-foutiste. CONTR. *appliqué, ennuyé, inquiet, précautionneux, préoccupé, prévoyant, prudent, regardant, scrupuleux, soigneux, soucieux* –FAMILIER: *bileux.*

insoucieux *adjectif*

/ LITTÉRAIRE. Qui ne s'inquiète pas. SYN. imprévoyant, inattentif, indifférent, insouciant. CONTR. *précautionneux, préoccupé, prévoyant, soucieux.*

insoumis *adjectif*

/ Qui refuse de se soumettre. SYN. désobéissant, frondeur, indépendant, indiscipliné, indocile, insubordonné, mutin, rebelle, rétif, révolté, séditieux. CONTR. *docile, obéissant, soumis.*

insoumission *nom féminin*

/ Fait de ne pas se soumettre. SYN. désobéissance, indépendance, indiscipline, indocilité, inobservation, insubordination, rébellion, révolte –LITTÉRAIRE: fronde. CONTR. *docilité, obéissance, soumission.*

insoupçonné *adjectif*

/ Qui n'est pas soupçonné. SYN. ignoré, imprévu, inattendu, inconnu, inespéré, inimaginable, inouï, stupéfiant.

insoutenable *adjectif*

/ Qu'on ne peut supporter. SYN. féroce, impossible, insupportable, intenable, intolérable, irrespirable, terrible. CONTR. *endurable, soutenable, supportable, tenable, tolérable, vivable.*

/ Qu'on ne peut défendre. SYN. inadmissible, incroyable, indéfendable, injustifiable, invraisemblable. CONTR. *défendable, plausible, soutenable.*

inspecter *verbe*

/ Examiner avec soin. SYN. contrôler, éplucher, étudier, examiner, explorer, fouiller, inventorier, sonder, surveiller, visiter.

/ Regarder fixement. SYN. fixer, observer, parcourir, regarder, scruter.

inspection *nom féminin*

/ Action d'inspecter. SYN. contrôle, épluchage, étude, examen, exploration, vérification, visite.

inspirateur *nom*

/ Personne qui inspire une action. SYN. chef, conseil, conseiller, guide, incitateur, instigateur, promoteur.

inspiration *nom féminin*

/ Mouvement intérieur. SYN. divination, idée, intuition, sentiment.

/ Élan créateur. SYN. exaltation, invention, veine, verve –LITTÉRAIRE: souffle.

/ Influence exercée sur une œuvre. SYN. emprise, impulsion, influence, instigation, suggestion.

inspirer *verbe transitif*

/ Être à l'origine d'une action. SYN. agir sur, animer, dicter, engendrer, guider, infléchir, influencer, provoquer, souffler, susciter.

/ Susciter un sentiment. SYN. commander, communiquer, engendrer, faire naître, forcer, imposer, insuffler, provoquer –LITTÉRAIRE: allumer, infuser, inoculer, instiller, transfuser.

inspirer *verbe transitif*

/ Absorber de l'air, un gaz. SYN. aspirer, inhaler, respirer. CONTR. *expirer, souffler.*

inspirer (s') *verbe pronominal*

/ Prendre pour modèle. SYN. copier, emprunter, imiter, se régler sur, suivre. CONTR. *se différencier, se distinguer.*

instabilité *nom féminin*

/ Manque d'équilibre. SYN. déséquilibre. CONTR. *aplomb, équilibre, stabilité.*

/ Caractère de ce qui change. SYN. fluctuation, fragilité, incertitude, insécurité, mobilité, oscillation, précarité, variation, vicissitude –LITTÉRAIRE: inconstance, mutabilité. CONTR. *fermeté, immutabilité, invariabilité, pérennité, permanence, sécurité, solidité, stabilité* –LITTÉRAIRE: *fixité, immuabilité.*

/ Attitude instable. SYN. inconstance, légèreté, saute d'humeur –LITTÉRAIRE: variabilité, versatilité. CONTR. *égalité, équilibre, persévérance, stabilité* –LITTÉRAIRE: *constance, immuabilité.*

instable *adjectif*

/ Qui ne tient pas. SYN. bancal, boiteux, branlant, chancelant, fragile –LITTÉRAIRE: vacillant. CONTR. *assis, ferme, solide, stable* –LITTÉRAIRE: *robuste.*

/ Qui est changeant. SYN. capricieux, changeant, flottant, fluctuant, fugace, incertain, précaire, variable –LITTÉRAIRE: inconstant. CONTR. *constant, durable, fixe, immuable, permanent, régulier.*

/ Qui change d'opinion. SYN. inconstant, inégal, léger, lunatique, papillonnant, velléitaire, volage –LITTÉRAIRE: ondoyant –VIEUX: mobile. CONTR. *conséquent, patient, persévérant* –LITTÉRAIRE: *invariable.*

/ Qui n'est pas stable psychiquement. SYN. agité, déséquilibré, excité. CONTR. *équilibré, stable.*

installation *nom féminin*

/ Prise de fonction. SYN. intronisation, investiture.

/ Mise en place d'un appareil. SYN. agencement, équipement, montage, pose.

/ Fait de s'installer, d'installer. SYN. aménagement, arrangement, décoration, emménagement, établissement, fixation, implantation, ordonnancement.

installé *adjectif*

/ Qui vit confortablement. SYN. arrivé, nanti, pourvu. CONTR. *défavorisé, démuni.*

installer *verbe*

/ Établir dans une fonction. SYN. établir, introniser, investir, placer.

/ Établir dans un lieu. SYN. baser, caser, établir, fixer, implanter, loger – LITTÉRAIRE : introniser.

/ Mettre quelque part. SYN. caser, disposer, dresser, monter, placer, poser.

/ Aménager un local. SYN. agencer, aménager, équiper, organiser – LITTÉRAIRE : accommoder.

installer (s') *verbe pronominal*

/ S'établir en un lieu. SYN. emménager, habiter, se fixer, s'établir, s'implanter – FAMILIER : nicher, s'incruster. CONTR. *déguerpir, déménager, partir.*

/ Se mettre quelque part. SYN. se caler, se carrer, se lover, se prélasser, s'enfoncer.

/ S'imposer dans l'esprit de. SYN. entrer, monter, s'ancrer, se fixer, s'implanter – LITTÉRAIRE : habiter, s'invétérer.

instamment *adverbe*

/ De façon pressante. SYN. de toute urgence, d'extrême urgence, d'urgence, impérativement, impérieusement, urgemment.

instance *nom féminin*

/ Demande pressante. SYN. adjuration, demande, prière, requête, sollicitation, supplique.

instant *adjectif*

/ LITTÉRAIRE. Très pressant. SYN. imminent, impératif, impérieux, insistant, pressant, urgent.

instant *nom masculin*

/ Durée très courte. SYN. minute, moment, seconde.

/ Moment précis dans le temps. SYN. heure, moment, temps.

instantané *adjectif*

/ Qui ne dure qu'un instant. SYN. bref, court, fugace, fugitif, rapide. CONTR. *durable, éternel, permanent.*

/ Qui se produit subitement. SYN. brutal, foudroyant, immédiat, soudain, subit. CONTR. *insensible, lent, progressif.*

instantanéité *nom féminin*

/ Caractère instantané. SYN. brièveté, soudaineté.

instantanément *adverbe*

/ D'une manière instantanée. SYN. à l'instant, aussitôt, d'emblée, immédiatement, promptement, sans attendre, sans délai, sans retard, sans tarder, séance tenante, soudain, soudainement, subitement, sur l'heure, sur-le-champ, tout de suite – FAMILIER : illico, illico presto, subito, subito presto – LITTÉRAIRE : incontinent. CONTR. *après, par la suite, plus tard, ultérieurement.*

instaurateur *nom*

/ LITTÉRAIRE. Personne qui instaure. SYN. auteur, créateur, fondateur, instigateur, inventeur, père, pionnier, promoteur.

instauration *nom féminin*

/ Action d'instaurer. SYN. constitution, création, établissement, fondation, institution, intronisation, organisation, ouverture. CONTR. *abolition.*

instaurer *verbe*

/ Établir les bases de. SYN. bâtir, constituer, créer, établir, fonder, implanter, importer, inaugurer, instituer, introduire, promouvoir – LITTÉRAIRE : introniser. CONTR. *abolir, renverser, saper, supprimer.*

instaurer (s') *verbe pronominal*

/ Établir ses bases. SYN. naître, se fonder, s'établir, s'instituer, s'organiser.

instigateur *nom*

/ Personne à l'origine d'une action. SYN. agent, âme, chef, incitateur, inspirateur, meneur, moteur, père, pionnier, promoteur, protagoniste –LITTÉRAIRE: instaurateur.

instigation *nom féminin*

/ Action de conseiller. SYN. conseil, encouragement, excitation, exhortation, impulsion, incitation, insinuation, inspiration, suggestion.

instiller *verbe*

/ LITTÉRAIRE. Faire ressentir. SYN. communiquer, faire naître, inculquer, insinuer, inspirer, insuffler –LITTÉRAIRE: infuser, inoculer, transfuser.

instinct *nom masculin*

/ Impulsion irraisonnée. SYN. flair, impulsion, intuition, prémonition, prescience, pressentiment, sentiment. CONTR. *raison, raisonnement.*

/ Disposition naturelle. SYN. génie, inclination, pente, propension, sens, tendance.

instinctif *adjectif*

/ Qui procède de l'instinct. SYN. automatique, inconscient, inné, involontaire, irraisonné, irréfléchi, machinal, mécanique, naturel, spontané. CONTR. *acquis, conscient, intentionnel, réfléchi, volontaire, voulu.*

instinctivement *adverbe*

/ De manière instinctive. SYN. inconsciemment, involontairement, machinalement, mécaniquement, naturellement, spontanément. CONTR. *consciemment, intentionnellement, sciemment, volontairement.*

instituer *verbe*

/ Établir quelque chose. SYN. bâtir, constituer, créer, ériger, établir, fonder, implanter, inaugurer, instaurer, introduire, promouvoir –LITTÉRAIRE: introniser. CONTR. *abolir, abroger, renverser, saper, supprimer.*

instituer (s') *verbe pronominal*

/ S'installer de façon durable. SYN. s'établir, s'instaurer.

instituteur *nom*

/ Professeur des écoles. SYN. maître, maître d'école, maîtresse, pédagogue, précepteur –FAMILIER: instit.

institution *nom féminin*

/ Action d'instituer. SYN. constitution, création, établissement, fondation, instauration, intronisation, organisation.

/ Établissement privé. SYN. collège, école, institut, pension, pensionnat.

institutions *nom féminin pluriel*

/ Structures politiques. SYN. constitution, régime, système.

instructeur *nom*

/ Personne qui forme des novices. SYN. entraîneur, formateur, maître, moniteur. CONTR. *apprenti, élève.*

instructif *adjectif*

/ Propre à instruire. SYN. culturel, didactique, documentaire, édifiant, éducatif, formateur, fructueux, profitable.

instruction *nom féminin*

/ Action d'instruire quelqu'un. SYN. édification, éducation, enseignement, façonnage, façonnement, formation, leçon.

/ Ensemble de connaissances. SYN. bagage, connaissances, culture, érudition, savoir, science. CONTR. *ignorance.*

instructions *nom féminin pluriel*

/ Ordres à suivre. SYN. avis, commandement, consigne, directive, injonction, mot d'ordre, ordres, prescriptions.

/ Conseils d'utilisation. SYN. explications, mode d'emploi, notice, prescriptions, recommandations.

instruire *verbe*

/ Former l'esprit de. SYN. décrasser, dresser, éclairer, éduquer, enseigner, forger, former, initier –LITTÉRAIRE: façonner.

/ Mettre au courant. SYN. annoncer, apprendre, avertir, aviser, exposer, faire connaître, faire part, faire savoir, fixer, informer, notifier, renseigner, signaler, tenir au courant –FAMILIER: tuyauter. CONTR. *abuser, berner.*

instruire (s') *verbe pronominal*

/ Acquérir des connaissances. SYN. apprendre, étudier, se cultiver, se documenter, se former, se mettre au courant, se renseigner, s'enquérir, s'informer, s'initier –FAMILIER: bûcher.

instruit *adjectif*

/ Qui a des connaissances. SYN. cultivé, éclairé, érudit, fort, lettré, savant –FAMILIER: calé, ferré, trapu –LITTÉRAIRE: docte. CONTR. *barbare, faible, ignare, ignorant, inculte* –VIEUX: *illettré.*

/ Qui est au courant de. SYN. au fait de, averti, informé, initié. CONTR. *ignorant.*

instrument *nom masculin*

/ Objet fabriqué. SYN. appareil, engin, outil, ustensile.

/ Ce qu'on utilise comme moyen. SYN. agent, exécutant, moyen, organe –LITTÉRAIRE: bras, voie.

insubordination *nom féminin*

/ Refus de se soumettre. SYN. désobéissance, indépendance, indiscipline, indocilité, inobservation, insoumission, rébellion, révolte –LITTÉRAIRE: fronde. CONTR. *docilité, obéissance, soumission, subordination.*

insubordonné *adjectif*

/ Qui refuse d'obéir. SYN. désobéissant, frondeur, indépendant, indiscipliné, indocile, infernal, insoumis, rebelle, récalcitrant, rétif. CONTR. *obéissant, soumis.*

insuccès *nom masculin*

/ Manque de succès. SYN. avatar, avortement, culbute, déconfiture, défaite, échec, faillite, gifle, revers –FAMILIER: claque, fessée, fiasco, four, loupé, pile, piquette, plongeon, raclée, ratage, veste –LITTÉRAIRE: infortune –POPULAIRE: bide, déculottée, flop, gamelle, plantage, volée. CONTR. *réussite, succès, triomphe, victoire.*

insuffisamment *adverbe*

/ De façon insuffisante. SYN. à demi, à moitié, fragmentairement, imparfaitement, incomplètement, mal, partiellement, sommairement, vaguement. CONTR. *assez, bien, exceptionnellement, excessivement, parfaitement, suffisamment* –LITTÉRAIRE: *en suffisance.*

insuffisance *nom féminin*

/ Caractère insuffisant. SYN. absence, carence, défaut, déficience, faiblesse, manque, pauvreté, pénurie, rareté. CONTR. *abondance, affluence, excès, foisonnement, pléthore, richesse* –LITTÉRAIRE: *profusion.*

/ Manque d'aptitudes. SYN. défaillance, défectuosité, faiblesse, impuissance, incapacité, incompétence, infériorité, lacune, médiocrité, nullité –LITTÉRAIRE: impéritie. CONTR. *aptitude, capacité, compétence, qualification, supériorité.*

insuffisant *adjectif*

/ Qui ne suffit pas. SYN. déficient, faible, incomplet, indigent, insignifiant, lacunaire, maigre, médiocre, mesquin, pauvre –LITTÉRAIRE: lacuneux. CONTR. *abondant, foisonnant, plantureux, pléthorique, suffisant, surabondant.*

/ Qui n'a pas les aptitudes requises. SYN. défectueux, ignare, imparfait, incapable, incompétent, inférieur, nul, rudimentaire –FAMILIER: faiblard. CONTR. *acceptable, qualifié, satisfaisant.*

insuffler *verbe*

/ Inspirer un sentiment à. SYN. communiquer, faire naître, inculquer, inspirer –LITTÉRAIRE: infuser, inoculer, instiller, transfuser.

insultant *adjectif*

/ Qui constitue une insulte. SYN. blessant, déshonorant, désobligeant, infamant, injurieux, insolent, mortifiant, offensant, outrageant –LITTÉRAIRE: ignominieux.

insulte *nom féminin*

/ Parole qui offense. SYN. blasphème, ignominie, injure, invective, offense, outrage, vitupération.

/ Atteinte à quelque chose. SYN. affront, atteinte, défi, outrage –LITTÉRAIRE: injure.

insulter *verbe*

/ Proférer des insultes. SYN. blasphémer contre, injurier, invectiver, maltraiter, offenser, outrager, traiter de tous les noms.

insupportable *adjectif*

/ Qu'on ne peut supporter. SYN. abominable, atroce, cruel, féroce, impossible, inadmissible, insoutenable, intenable, intolérable, invivable, mauvais, pénible. CONTR. *admissible, endurable, soutenable, supportable, tolérable, vivable* –FAMILIER: *buvable.*

/ Qui importune les autres. SYN. agaçant, difficile, énervant, épouvantable, exaspérant, odieux, terrible –FAMILIER: horripilant, imbuvable, impossible, infernal, invivable, pénible. CONTR. *agréable, exquis, gentil, sage, vivable* –FAMILIER: *possible.*

insupporter *verbe*
/ FAMILIER. Irriter quelqu'un. SYN. agacer, crisper, énerver, exaspérer, excéder, hérisser, irriter – FAMILIER : horripiler – POPULAIRE : gonfler.

insurgé *nom*
/ Personne qui se révolte. SYN. agitateur, émeutier, factieux, mutin, rebelle, révolté, révolutionnaire, séditieux. CONTR. *résigné.*

insurger (s') *verbe pronominal*
/ Manifester son désaccord. SYN. contester, protester, réagir, réclamer, résister, se cabrer, se dresser, se mutiner, se rebeller, se révolter, se soulever, s'élever – FAMILIER : ruer dans les brancards, se rebiffer – LITTÉRAIRE : regimber. CONTR. *admettre, approuver, céder, fléchir, obéir, se résigner, se soumettre.*

insurmontable *adjectif*
/ Qu'on ne peut surmonter. SYN. infranchissable, invincible. CONTR. *surmontable.*
/ Qu'on ne peut maîtriser. SYN. incoercible, incontrôlable, irraisonné, irrépressible. CONTR. *surmontable.*

insurrection *nom féminin*
/ Soulèvement contre le pouvoir. SYN. agitation, chouannerie, émeute, jacquerie, mouvement, mutinerie, rébellion, révolte, révolution, sédition, soulèvement. CONTR. *paix, soumission.*

insurrectionnel *adjectif*
/ Qui tient de l'insurrection. SYN. factieux, révolutionnaire, séditieux. CONTR. *pacifique.*

intact *adjectif*
/ Qu'on n'a pas touché. SYN. immaculé, inentamé, neuf, vierge. CONTR. *entamé, touché, transformé.*
/ Qui n'a subi aucun dommage. SYN. entier, frais, indemne, rescapé, sain et sauf, sauf. CONTR. *abîmé, accidenté, altéré, avarié, blessé, cassé, contusionné, dégradé, détérioré, ébréché, endommagé.*
/ Qui est moralement sauf. SYN. inaltéré, pur. CONTR. *entaché, terni* – LITTÉRAIRE : *souillé.*

intangible *adjectif*
/ Qui doit rester intact. SYN. intouchable, inviolable, irrévocable, permanent, sacré, saint – FAMILIER : sacro-saint, tabou.

intarissable *adjectif*
/ Qu'on ne peut tarir. SYN. fécond, fertile, inépuisable, infini – LITTÉRAIRE : généreux, inexhaustible. CONTR. *épuisable, tarissable.*
/ Qui ne s'épuise pas. SYN. débordant, échevelé, inépuisable – LITTÉRAIRE : inexhaustible.

intégral *adjectif*
/ Qui reste entier. SYN. absolu, complet, entier, exhaustif, global, total. CONTR. *fragmentaire, incomplet, parcellaire, partiel.*

intégralement *adverbe*
/ De façon intégrale. SYN. à cent pour cent, complètement, de A à Z, de A jusqu'à Z, de bout en bout, de fond en comble, de haut en bas, de la cave au grenier, des pieds à la tête, en entier, en intégralité, en totalité, entièrement, in extenso, parfaitement, pleinement, sans fin, totalement, tout entier. CONTR. *à demi, à peine, faiblement, guère, imparfaitement, incomplètement, médiocrement, partiellement, pas du tout, pas le moins du monde, peu.*

intégralité *nom féminin*
/ État de ce qui est complet. SYN. ensemble, entier, globalité, totalité – LITTÉRAIRE : plénitude. CONTR. *abrégé, bout, bribes.*

intégration *nom féminin*
/ Fait de s'intégrer à. SYN. affiliation, incorporation, insertion. CONTR. *exclusion, liberté.*
/ Fait d'intégrer un territoire. SYN. assimilation, fusion, fusionnement, incorporation, unification.

intègre *adjectif*
/ D'une grande probité. SYN. carré, droit, équitable, fiable, honnête, impartial, incorruptible, juste – LITTÉRAIRE : probe, vertueux. CONTR. *corruptible, indélicat, injuste, malhonnête, partial, vénal, vendu, véreux* – LITTÉRAIRE : *corrompu.*

intègrement *adverbe*
/ De façon intègre. SYN. honnêtement, proprement, vertueusement. CONTR. *malhonnêtement.*

intégrer *verbe*
/ Faire entrer dans un ensemble. SYN. agréger, assimiler, comprendre, faire entrer, fondre, inclure, incorporer, insérer. CONTR. *éliminer, exclure, radier.*

intégrer (s') *verbe pronominal*
/ S'assimiler à un groupe. SYN. s'adapter, s'assimiler, se fondre, se mêler, s'insérer.

intégrité *nom féminin*
/ État de ce qui n'est pas altéré. SYN. intégralité, pureté –LITTÉRAIRE: plénitude. CONTR. *altération, lésion.*
/ Caractère intègre. SYN. droiture, équité, honnêteté, honorabilité, impartialité, incorruptibilité, justice, probité, respectabilité, vertu. CONTR. *corruption, indélicatesse, iniquité, malhonnêteté, partialité, vénalité* –LITTÉRAIRE: *improbité, vice.*

intellect *nom masculin*
/ FAMILIER. Faculté de comprendre. SYN. cerveau, entendement, esprit, intelligence, raison, tête.

intellectuel *adjectif*
/ Qui relève de l'esprit. SYN. cérébral, conceptuel, mental, moral, psychique, spirituel. CONTR. *corporel, matériel, physiologique, physique.*

intellectuel *nom*
/ Personne chez qui l'esprit domine. SYN. cérébral, lettré –LITTÉRAIRE: clerc –POPULAIRE: intello. CONTR. *affectif, manuel, sensuel, sentimental.*

intellectuellement *adverbe*
/ De façon intellectuelle. SYN. moralement –LITTÉRAIRE: spirituellement. CONTR. *physiquement.*

intelligemment *adverbe*
/ De façon intelligente. SYN. astucieusement, habilement, ingénieusement, judicieusement, pertinemment, savamment, spirituellement, subtilement. CONTR. *bêtement, inintelligemment, sottement, stupidement* –LITTÉRAIRE: *imbécilement, niaisement.*

intelligence *nom féminin*
/ Capacités intellectuelles. SYN. entendement, esprit, intellect, pensée, raison.
/ Aptitude à s'adapter à. SYN. adresse, doigté, facultés, maestria, maîtrise, virtuosité. CONTR. *balourdise, bêtise, imbécillité, ineptie, inintelligence, sottise, stupidité.*
/ Individu très intelligent. SYN. cerveau, esprit, tête –FAMILIER: aigle, crack.
/ Caractère perspicace. SYN. clairvoyance, connaissance, discernement, ingéniosité, jugement, lucidité, pénétration, perspicacité, sagacité.
/ Faculté de comprendre. SYN. compréhension, intellection –FAMILIER: comprenette, intellect, matière grise –LITTÉRAIRE: conception. CONTR. *ânerie, incompréhension.*
/ Entente avec quelqu'un. SYN. accord, complicité, concert, connivence. CONTR. –LITTÉRAIRE: *mésintelligence.*

intelligent *adjectif*
/ Qui possède une intelligence. SYN. pensant, raisonnable.
/ Qui a de grandes capacités. SYN. brillant, capable, clairvoyant, compétent, doué, expérimenté, fort, génial, habile, perspicace, sagace, spirituel. CONTR. *balourd, bête, borné, idiot, imbécile, inintelligent, obtus, sot, stupide* –FAMILIER: *bouché, crétin, lourd.*
/ Qui dénote l'intelligence. SYN. astucieux, éveillé, judicieux, pertinent, pétillant, profond. CONTR. *abruti, inepte, niais, vide* –FAMILIER: *ballot.*

intelligibilité *nom féminin*
/ Caractère intelligible. SYN. clarté, compréhensibilité, limpidité, transparence. CONTR. *hermétisme, inintelligibilité, obscurité* –LITTÉRAIRE: *incompréhensibilité, opacité.*

intelligible *adjectif*
/ Qui peut être compris. SYN. abordable, accessible, assimilable, audible, clair, compréhensible, facile, limpide, lumineux, perceptible, simple –LITTÉRAIRE: pénétrable. CONTR. *abscons, cabalistique, confus, difficile, énigmatique, fumeux, hermétique, inaccessible, inassimilable, inaudible, incompréhensible, inintelligible, insaisissable, nuageux, obscur* –LITTÉRAIRE: *nébuleux, opaque, sibyllin, ténébreux.*

intempérance *nom féminin*
/ Manque de retenue. SYN. démesure, outrance –LITTÉRAIRE: licence. CONTR. *discrétion, modération, réserve* –LITTÉRAIRE: *sobriété.*
/ Manque de sobriété. SYN. gloutonnerie, goinfrerie, gourmandise, ivrognerie. CONTR. *ascétisme, frugalité, sobriété, tempérance.*

intempérant *adjectif*

/ Qui fait preuve d'intempérance. SYN. glouton, gourmand, ivrogne, vorace –FAMILIER: goinfre. CONTR. *sobre* –LITTÉRAIRE: *frugal, tempérant.*

/ LITTÉRAIRE. Qui manque de retenue. SYN. abusif, effréné, excessif, immodéré, outrancier, outré. CONTR. *discret, mesuré, modéré, retenu.*

intempestif *adjectif*

/ Qui se produit mal à propos. SYN. déplacé, hors de propos, indiscret, indu, inopportun, malencontreux, malvenu –LITTÉRAIRE: importun. CONTR. *à propos, bienvenu, convenable, indiqué, opportun.*

intempestivement *adverbe*

/ De façon intempestive. SYN. à contretemps, à tort et à travers, inconsidérément, mal à propos, malencontreusement –LITTÉRAIRE: inopportunément. CONTR. *à pic, à point, à point nommé, à propos, au bon moment, au moment voulu, en temps opportun, en temps utile, en temps voulu, opportunément* –FAMILIER: *pile.*

intenable *adjectif*

/ Qu'on ne peut pas supporter. SYN. impossible, insoutenable, insupportable, intolérable, invivable. CONTR. *endurable, soutenable, supportable.*

/ Qui ne tient pas en place. SYN. désobéissant, diable, dur, épouvantable, indiscipliné, indocile, indomptable, infernal, remuant, terrible, turbulent –FAMILIER: impossible. CONTR. *tenable.*

intense *adjectif*

/ D'une grande intensité. SYN. concentré, dense, extraordinaire, extrême, forcené, fort, frénétique, grand, immodéré, insupportable, profond, puissant, vif –FAMILIER: excessif, violent. CONTR. *diffus, faible, modéré.*

intensément *adverbe*

/ De façon intense. SYN. à toute force, beaucoup, bien, ferme, fortement, profondément, violemment, vivement. CONTR. *faiblement, vaguement.*

intensification *nom féminin*

/ Action d'intensifier. SYN. accentuation, accroissement, aggravation, amplification, augmentation, extension, grandissement, recrudescence, redoublement, regain, renforcement. CONTR. *allégement, assourdissement, atrophie, atténuation* –LITTÉRAIRE: *assoupissement.*

intensifier *verbe*

/ Rendre plus intense. SYN. accentuer, accroître, activer, aggraver, ajouter, amplifier, approfondir, augmenter, aviver, doubler, exacerber, exaspérer, faire ressortir, multiplier, redoubler, renforcer, souligner –LITTÉRAIRE: exalter. CONTR. *affaiblir, amoindrir, amortir, apaiser, assouplir, assourdir, atténuer, baisser, calmer, circonscrire, diminuer, étouffer, modérer, réduire, relâcher, soulager* –LITTÉRAIRE: *feutrer, tempérer.*

intensifier (s') *verbe pronominal*

/ Devenir plus intense. SYN. augmenter, croître, grandir, grossir, redoubler, s'accentuer, s'accuser, s'amplifier, se développer, s'étendre. CONTR. *baisser, décroître, disparaître, faiblir, s'affaiblir, s'atténuer, s'effacer, s'effilocher* –LITTÉRAIRE: *s'assoupir.*

intensité *nom féminin*

/ Force de quelque chose. SYN. acuité, force, puissance, violence –LITTÉRAIRE: vivacité. CONTR. *faiblesse.*

intention *nom féminin*

/ But poursuivi. SYN. arrière-pensée, but, calcul, décision, désir, dessein, idée, mobile, motif, objectif, pensée, plan, projet, propos, résolution, velléité, visée, volonté, vouloir, vue.

intentionnel *adjectif*

/ Fait avec intention. SYN. calculé, conscient, délibéré, prémédité, réfléchi, volontaire, voulu. CONTR. *automatique, inconscient, instinctif, involontaire, irréfléchi, machinal.*

intentionnellement *adverbe*

/ De façon intentionnelle. SYN. à bon escient, à dessein, de propos délibéré, délibérément, exprès, sciemment, volontairement. CONTR. *instinctivement, involontairement, machinalement, mécaniquement, par erreur, par hasard, par inadvertance, par mégarde.*

intercaler *verbe*

/ Insérer dans un ensemble. SYN. enclaver, incorporer, insérer, interposer, introduire –LITTÉRAIRE: enchâsser.

/ Placer dans un cahier. SYN. enchâsser, insérer, interpoler, joindre.

intercaler (s') *verbe pronominal*

/ Se placer entre. SYN. s'insérer, s'interposer.

intercéder *verbe*

/ Intervenir pour quelqu'un. SYN. défendre, intervenir, parler pour, plaider, s'entremettre.

intercepter *verbe*

/ Interrompre le cours de. SYN. cacher, interrompre, masquer, occulter, tamiser –LITTÉRAIRE: voiler.

/ S'emparer de quelque chose. SYN. arrêter, attraper, capter, saisir, se saisir, s'emparer de.

intercesseur *nom masculin*

/ LITTÉRAIRE. Personne qui intercède. SYN. apôtre, avocat, champion, défenseur, médiateur, tenant.

intercession *nom féminin*

/ LITTÉRAIRE. Fait d'intercéder. SYN. bons offices, intervention, médiation –LITTÉRAIRE: entremise.

interdiction *nom féminin*

/ Action d'interdire. SYN. censure, défense, privation, prohibition, proscription. CONTR. *autorisation, consentement, droit, permission* –LITTÉRAIRE: *aveu.*

/ Destitution d'une fonction. SYN. dégradation, déposition, destitution, suspension. CONTR. *réhabilitation, réintégration.*

interdire *verbe*

/ Défendre à quelqu'un. SYN. défendre, mettre à l'index, proscrire. CONTR. *commander, conseiller, ordonner, persuader, prescrire, recommander* –LITTÉRAIRE: *enjoindre.*

/ Défendre l'accès d'un lieu. SYN. barrer, condamner, exclure, fermer. CONTR. *ouvrir.*

/ Empêcher quelque chose. SYN. boycotter, censurer, défendre, prohiber, proscrire, s'opposer à. CONTR. *accepter, admettre, approuver, autoriser, consentir, permettre, tolérer.*

interdire (s') *verbe pronominal*

/ S'imposer de ne pas faire. SYN. éviter, s'abstenir, se défendre, se garder, se refuser. CONTR. *ne pas pouvoir s'empêcher de, prendre la liberté de, s'accorder, s'autoriser.*

interdit *adjectif*

/ Qui montre de l'étonnement. SYN. abasourdi, ahuri, coi, confondu, désemparé, ébahi, éberlué, étonné, interloqué, médusé, muet, pantois, perdu, pétrifié, stupéfait, suffoqué, tombé de la lune, tombé des nues –FAMILIER: baba, comme deux ronds de flan, épaté, époustouflé, estomaqué, scié, sidéré, soufflé –LITTÉRAIRE: ébaubi.

/ Défendu par une loi. SYN. défendu, illégal, illicite, inaccessible, prohibé, tabou. CONTR. *autorisé, licite, permis, toléré.*

interdit *nom masculin*

/ Condamnation absolue. SYN. exclusive, mise à l'index, quarantaine.

intéressant *adjectif*

/ Qui suscite l'intérêt. SYN. attachant, captivant, exaltant, palpitant, passionnant, piquant, prenant –FAMILIER: décoratif. CONTR. *écœurant, ennuyeux, fastidieux, inintéressant, lassant, rébarbatif, rebutant, soporifique* –FAMILIER: *assommant, barbant, casse-pieds, embêtant, empoisonnant, endormant, enquiquinant, rasant, raseur, rasoir, soûlant* –POPULAIRE: *canulant, emmerdant, suant.*

/ Digne de considération. SYN. bon, brillant, cultivé, éminent, remarquable, spirituel. CONTR. *banal, fade, inconsistant, inintelligent, inintéressant, insignifiant, insipide, mauvais, quelconque, stupide, superflu, terne, vide* –FAMILIER: *fadasse.*

/ Qui sert les intérêts matériels. SYN. avantageux, économique, fructueux, lucratif, payant, profitable, rémunérateur, rentable –FAMILIER: joli. CONTR. *onéreux.*

intéressé *adjectif*

/ Qui n'est pas gratuit. SYN. calculé, égoïste. CONTR. *altruiste, désintéressé, détaché, gratuit.*

/ Dont l'esprit est captivé. SYN. captivé, passionné, pris –LITTÉRAIRE: subjugué.

/ Inspiré par le profit. SYN. avare, insatiable –FAMILIER: chiche, chien, radin, rapiat, rat –LITTÉRAIRE: avaricieux, cupide. CONTR. *généreux.*

intéresser *verbe*

/ Avoir de l'importance pour. SYN. avoir rapport à, avoir trait à, concerner, importer, regarder, s'adresser, s'appliquer à, se rapporter, toucher, viser –LITTÉRAIRE: ressortir.

/ Retenir l'attention. SYN. agréer, attacher, captiver, gagner, intriguer, occuper, passionner, plaire. CONTR. *assommer, dégoûter, dé-*

plaire, endormir, ennuyer, exaspérer, fatiguer, irriter, lasser, rebuter –FAMILIER: *barber, bassiner, embêter, enquiquiner, raser* –POPULAIRE: *emmerder.*

intéresser (s') *verbe pronominal*

/ Porter de l'intérêt à. SYN. se passionner, se pencher, se préoccuper, se soucier, s'inquiéter, s'occuper, songer, suivre –LITTÉRAIRE: affectionner. CONTR. *ignorer, se désintéresser, se détacher, se détourner, se moquer* –FAMILIER: *se ficher* –POPULAIRE: *se foutre.*

intérêt *nom masculin*

/ Ce qui importe. SYN. avantage, bénéfice, fruit, profit. CONTR. *désavantage, préjudice* –LITTÉRAIRE: *détriment.*

/ Attention bienveillante. SYN. attachement, attention, bienveillance, sollicitude, sympathie. CONTR. *aversion, froideur, négligence.*

/ État d'esprit curieux. SYN. attention, attirance, curiosité, passion. CONTR. *désaffection, désintéressement, désintérêt, détachement, indifférence* –LITTÉRAIRE: *inappétence, incuriosité.*

/ Importance de quelque chose. SYN. charme, importance, originalité, poids, valeur. CONTR. *banalité, fadeur, futilité, insignifiance, platitude* –LITTÉRAIRE: *superficialité.*

interférence *nom féminin*

/ Rencontre de deux phénomènes. SYN. conjonction, interaction, point de jonction, rencontre.

intérieur *adjectif*

/ Qui est au-dedans. SYN. interne. CONTR. *extérieur, externe.*

/ Qui concerne un pays. SYN. –LITTÉRAIRE: intestin. CONTR. *étranger, extérieur.*

/ Qui se rapporte à l'esprit. SYN. intime, intrinsèque, profond, psychique, spirituel –LITTÉRAIRE: secret. CONTR. *corporel, extrinsèque, matériel, physique.*

intérieur *nom masculin*

/ La partie de dedans. SYN. dedans. CONTR. *bord, contour, dehors, dos, extérieur, surface.*

/ Habitation de quelqu'un. SYN. chez-soi, foyer, home, maison.

intérieurement *adverbe*

/ À l'intérieur de quelque chose. SYN. à l'intérieur, au-dedans. CONTR. *à l'extérieur, extérieurement.*

/ En soi-même. SYN. à part soi, au-dedans, en son for intérieur, in petto, intimement, par-devers soi, secrètement –FAMILIER: doucement. CONTR. *extérieurement, ouvertement, publiquement.*

intérimaire *adjectif*

/ Qui n'existe que par intérim. SYN. passager, provisoire, temporaire, transitoire.

intérimaire *adjectif et nom*

/ Qui assure un intérim. SYN. remplaçant, suppléant. CONTR. *titulaire.*

interlope *adjectif*

/ Qui a des apparences louches. SYN. douteux, équivoque, louche, suspect. CONTR. *digne, honnête, net, respectable.*

interloqué *adjectif*

/ Qui est décontenancé. SYN. ahuri, coi, démonté, ébahi, éberlué, effaré, étonné, hébété, interdit, médusé, muet, pantois, stupéfait, suffoqué, tombé de la lune, tombé des nues –FAMILIER: baba, comme deux ronds de flan, épaté, époustouflé, estomaqué, groggy, scié, sidéré, soufflé –LITTÉRAIRE: ébaubi.

interloquer *verbe*

/ Mettre dans l'embarras. SYN. abasourdir, ahurir, confondre, déconcerter, décontenancer, démonter, dépayser, dérouter, désarçonner, désorienter, embarrasser, étonner, méduser, stupéfier, surprendre –FAMILIER: épater.

intermédiaire *adjectif*

/ Qui est entre deux choses. SYN. au milieu, médian, moyen, transitoire –FAMILIER: entre les deux.

intermédiaire *nom*

/ Personne qui sert de lien. SYN. arbitre, conciliateur, interprète, médiateur, porte-parole.

/ Ce qui est placé entre. SYN. biais, médiation, moyen, transition, truchement, voie.

interminable *adjectif*

/ Qui dure très longtemps. SYN. démesuré, énorme, éternel, gigantesque, grand, illimité, immense, incommensurable, infini, long, long comme un jour sans pain, sempiternel. CONTR. *court, éphémère, fugitif, passager, transitoire* –LITTÉRAIRE: *prompt.*

interminablement *adverbe*

/ De façon interminable. SYN. éternellement, longuement –LITTÉRAIRE: sempiternellement. CONTR. *expéditivement, hâtivement, promptement, rapidement* –LITTÉRAIRE: *diligemment.*

intermission *nom féminin*

/ Période qui sépare deux crises. SYN. pause, rémission, répit, trêve –LITTÉRAIRE: relâche.

intermittence *nom féminin*

/ Caractère intermittent. SYN. irrégularité, variabilité –LITTÉRAIRE: discontinuité. CONTR. *continuité, régularité.*

intermittent *adjectif*

/ Coupé d'interruptions. SYN. discontinu, entrecoupé, épisodique, irrégulier, occasionnel, périodique. CONTR. *constant, continu, continuel, égal, incessant, ininterrompu, permanent, persévérant, régulier, suivi.*

international *adjectif*

/ Qui concerne plusieurs nations. SYN. mondial, planétaire, universel. CONTR. *local, national.*

internationalement *adverbe*

/ De façon internationale. SYN. mondialement, universellement.

interne *adjectif*

/ Qui concerne l'intérieur de. SYN. intérieur, intrinsèque. CONTR. *extérieur, externe, extrinsèque.*

internement *nom masculin*

/ Action d'interner quelqu'un. SYN. captivité, détention, emprisonnement, incarcération, isolement.

interner *verbe*

/ Enfermer quelqu'un. SYN. cadenasser, détenir, écrouer, emprisonner, enfermer, incarcérer, isoler, séquestrer –FAMILIER: boucler. CONTR. *élargir, libérer, relâcher, relaxer.*

interpellation *nom féminin*

/ Sommation faite à quelqu'un. SYN. injonction, mise en demeure.

interpeller *verbe*

/ Adresser vivement la parole. SYN. apostropher, appeler, héler, s'adresser.

/ Soumettre à un interrogatoire. SYN. interroger, mettre en demeure, questionner, sommer.

/ Faire réagir quelqu'un. SYN. bouleverser, parler, remuer, toucher.

interpoler *verbe*

/ Mettre dans un texte. SYN. ajouter, enchâsser, insérer, intercaler, introduire.

interposer *verbe*

/ Placer entre. SYN. insérer, intercaler, introduire.

interposer (s') *verbe pronominal*

/ Se placer entre. SYN. intervenir, s'entremettre, s'insérer, s'intercaler, s'introduire.

interprétation *nom féminin*

/ Action d'expliquer un texte. SYN. commentaire, exégèse, explication, glose, paraphrase.

/ Sens donné à quelque chose. SYN. sens, signification, version.

/ Action ou manière de jouer. SYN. exécution, jeu.

interprète *nom*

/ Personne qui parle pour une autre. SYN. intermédiaire, porte-parole, représentant.

/ Personne qui joue un rôle. SYN. acteur, artiste, comédien.

interpréter *verbe*

/ Expliquer un texte. SYN. commenter, déchiffrer, élucider, expliquer, gloser.

/ Donner un sens à. SYN. comprendre, deviner, entendre, pénétrer, saisir.

/ Jouer un rôle. SYN. créer, exécuter, incarner, jouer, représenter.

interrogation *nom féminin*

/ Action d'interroger. SYN. consultation, demande, examen, question.

interroger *verbe*

/ Poser des questions à. SYN. demander, interpeller, interviewer, questionner, s'enquérir auprès de, s'informer auprès de, sonder –FAMILIER: cuisiner.

/ Examiner avec attention. SYN. consulter, étudier, fouiller, observer, scruter, sonder.

interroger (s') *verbe pronominal*

/ Ne pas arriver à se décider. SYN. balancer, hésiter, tergiverser –FAMILIER: se tâter.

interrompre *verbe*

/ Empêcher de continuer à. SYN. déranger, gêner, perturber, troubler. CONTR. *laisser terminer.*

/ Faire une interruption dans. SYN. arrêter, briser, cesser, couper, couper court, entrecouper, hacher, intercepter, lâcher, mettre un frein à, quitter, suspendre. CONTR. *accomplir, achever, continuer, poursuivre, prolonger, recommencer, renouer, reprendre, rétablir.*

interrompre (s') *verbe pronominal*

/ Cesser de faire quelque chose. SYN. cesser, finir, s'arrêter, stopper. CONTR. *durer, recommencer, reprendre.*

interrompu *adjectif*

/ Qui s'arrête momentanément. SYN. discontinu, suspendu. CONTR. *assidu, continu, continuel, ininterrompu, suivi.*

interruption *nom féminin*

/ Arrêt dans une activité. SYN. accalmie, arrêt, cessation, coupure, intermittence, panne, pause, répit, suspension –LITTÉRAIRE: discontinuité, halte, relâche. CONTR. *continuation, continuité, poursuite, prolongement, reprise, rétablissement.*

intersection *nom féminin*

/ Endroit où deux voies se croisent. SYN. carrefour, coin, croisement.

interstice *nom masculin*

/ Petit espace vide. SYN. creux, espace, espacement, fente, fissure, intervalle, trou.

intervalle *nom masculin*

/ Distance d'un point à un autre. SYN. écart, éloignement, espace, interligne, interstice.

intervenir *verbe*

/ Avoir lieu. SYN. advenir, arriver, se conclure, se faire, se produire, survenir.

/ Jouer un rôle dans quelque chose. SYN. agir, entrer en jeu, entrer en ligne de compte, jouer un rôle.

/ Prendre part à une action. SYN. se mêler de, s'entremettre, s'immiscer, s'ingérer, s'interposer. CONTR. *laisser couler, laisser faire, s'abstenir.*

/ Agir pour quelqu'un d'autre. SYN. défendre, intercéder, parler pour, recommander, s'employer –FAMILIER: pistonner.

intervention *nom féminin*

/ Action d'intervenir dans un pays. SYN. immixtion, ingérence, intrusion. CONTR. *abstention, neutralité, non-intervention.*

/ Action d'intervenir pour quelqu'un. SYN. aide, appui, bons offices, concours, geste, médiation, recommandation, soutien –FAMILIER: piston –LITTÉRAIRE: entremise, intercession.

interventionnisme *nom masculin*

/ Politique d'ingérence. SYN. ingérence. CONTR. *neutralisme, non-intervention.*

/ Doctrine d'intervention de l'État. SYN. dirigisme, étatisme, planification. CONTR. *anarchie, libéralisme.*

interversion *nom féminin*

/ Dérangement de l'ordre habituel. SYN. déplacement, inversion, renversement, transposition.

intervertir *verbe*

/ Renverser l'ordre habituel. SYN. inverser, permuter, renverser, transposer.

intime *adjectif*

/ Qui est au plus profond de quelqu'un. SYN. foncier, profond. CONTR. *léger, superficiel.*

/ Qui atteint le fond des choses. SYN. complet, étroit.

/ Qui est caché des autres. SYN. caché, intérieur, personnel, privé, secret. CONTR. *apparent, extérieur, public.*

intime *nom*

/ Personne avec qui on est très lié. SYN. ami, confident, proche –LITTÉRAIRE: familier. CONTR. *étranger.*

intimement *adverbe*

/ Très profondément. SYN. foncièrement, intérieurement, profondément, secrètement. CONTR. *apparemment, en apparence, extérieurement, superficiellement.*

intimer *verbe*

/ Donner un ordre à quelqu'un. SYN. commander, dire, notifier, ordonner, prescrire, sommer –LITTÉRAIRE: enjoindre, signifier. CONTR. *obéir.*

intimidable *adjectif*

/ Facile à intimider. SYN. émotif, hyperémotif, hypersensible, impressionnable, sensible, sensitif.

intimidation *nom féminin*

/ Action d'intimider. SYN. chantage, dissuasion, embarras, gêne, menace, pression.

intimider *verbe*

/ Inspirer de la crainte. SYN. apeurer, effaroucher, effrayer, pétrifier, terrifier, terroriser –LITTÉRAIRE: inquiéter. CONTR. *encourager, enhardir.*

/ Faire perdre son assurance à. SYN. décontenancer, embarrasser, en imposer, gêner, glacer, impressionner, paralyser, troubler –FAMILIER: bluffer. CONTR. *rassurer.*

intimité *nom féminin*

/ Relations étroites. SYN. amitié, camaraderie, familiarité, secret.

intituler *verbe*

/ Donner un titre à. SYN. appeler, baptiser, dénommer, nommer.

intituler (s') *verbe pronominal*

/ Avoir pour titre. SYN. s'appeler, se dénommer, se nommer.

intolérable *adjectif*

/ Qu'on ne peut pas supporter. SYN. abominable, atroce, cruel, féroce, insoutenable, insupportable, intenable, invivable, terrible –FAMILIER: imbuvable, pénible. CONTR. *endurable, modéré, supportable, tolérable, vivable* –FAMILIER: *buvable, possible.*

/ Qu'on ne peut accepter. SYN. inacceptable, inadmissible, inexcusable, odieux, scandaleux. CONTR. *acceptable, admissible, compréhensible, excusable.*

intolérance *nom féminin*

/ Refus d'admettre la différence. SYN. intransigeance, rigueur, sectarisme. CONTR. *compréhension, indulgence, libéralisme, tolérance.*

/ Réaction de l'organisme. SYN. allergie, anaphylaxie, sensibilisation. CONTR. *accoutumance, tolérance.*

intolérant *adjectif*

/ Qui manque de tolérance. SYN. autoritaire, exclusif, fermé, incompréhensif, intransigeant, partial, sectaire. CONTR. *complaisant, compréhensif, indulgent, large, libéral, tolérant.*

intonation *nom féminin*

/ Inflexion que prend la voix. SYN. accent, inflexion, modulation, ton.

intouchable *adjectif*

/ Qui ne peut être critiqué. SYN. intangible, invulnérable, sacré, saint –FAMILIER: sacro-saint, tabou.

intoxication *nom féminin*

/ Fait d'intoxiquer les esprits. SYN. endoctrinement, matraquage, propagande –FAMILIER: bourrage de crâne, intox, intoxe.

intoxiqué *adjectif*

/ Qui use de stupéfiants. SYN. dépendant, drogué, toxicomane –FAMILIER: toxico.

/ Qui perd tout sens critique. SYN. endoctriné, obnubilé, obsédé.

intoxiquer *verbe*

/ Faire perdre tout sens critique. SYN. convertir, endoctriner, influencer, monter la tête, persuader –FAMILIER: bourrer le crâne –POPULAIRE: bourrer le mou, monter le bourrichon.

intraduisible *adjectif*

/ Qu'on ne peut exprimer. SYN. incommunicable, indescriptible, indicible, inexprimable –LITTÉRAIRE: ineffable. CONTR. *communicable, exprimable, traduisible.*

intraitable *adjectif*

/ Qui n'accepte aucun compromis. SYN. difficile, dur, exigeant, impitoyable, implacable, incompréhensif, inébranlable, inexorable, inflexible, intransigeant, irréductible, pointilleux, rigide, rigoureux, strict –FAMILIER: invivable –LITTÉRAIRE: raide. CONTR. *accommodant, affable, arrangeant, complaisant, conciliant, coulant, doux, facile, large, laxiste, libéral, maniable, souple* –LITTÉRAIRE: *débonnaire, traitable.*

intransigeance *nom féminin*

/ Caractère intransigeant. SYN. exigence, inflexibilité, intolérance, rigidité, rigueur, sectarisme, sévérité. CONTR. *bonhomie, facilité, souplesse* –LITTÉRAIRE: *débonnaireté.*

intransigeant *adjectif*

/ Qui ne transige pas. SYN. absolu, dur, impitoyable, implacable, incompréhensif, inébranlable, inflexible, intolérant, intraitable, irréductible, rigoriste, sectaire, sévère –FAMILIER: rosse –LITTÉRAIRE: raide. CONTR. *accommodant, arrangeant, complaisant, compréhensif, conciliant, coulant, facile, indulgent, laxiste, maniable, souple, vivable* –LITTÉRAIRE: *débonnaire, traitable.*

intransmissible *adjectif*

/ Qui ne peut être transmis. SYN. incessible, incommunicable. CONTR. *transférable, transmissible.*

intrépide *adjectif*

/ Qui ne craint pas le danger. SYN. audacieux, brave, courageux, hardi, héroïque, téméraire –FAMILIER: casse-cou, fonceur –LITTÉRAIRE: crâne, vaillant, valeureux. CONTR. *capitulard, craintif, lâche, peureux, pleutre, poltron, timoré* –FAMILIER: *froussard* –LITTÉRAIRE: *couard* –POPULAIRE: *trouillard* –VIEUX: *capon.*

intrépidement *adverbe*

/ De façon intrépide. SYN. résolument, témérairement, vaillamment –LITTÉRAIRE: bravement, hardiment, valeureusement –VIEUX: gaillardement. CONTR. *timidement.*

intrépidité *nom féminin*

/ Caractère intrépide. SYN. bravoure, courage, hardiesse, héroïsme, témérité –LITTÉRAIRE: vaillance, valeur. CONTR. *crainte, effroi, épouvante, frayeur, peur, poltronnerie, terreur* –LITTÉRAIRE: *couardise, pleutrerie* –POPULAIRE: *trouille.*

/ LITTÉRAIRE. Caractère hardi. SYN. aplomb, assurance, audace, hardiesse –LITTÉRAIRE: crânerie. CONTR. *lâcheté, timidité.*

intrication *nom féminin*

/ État de ce qui est emmêlé. SYN. emmêlement, enchevêtrement, fouillis, interpénétration.

intrigant *nom*

/ Personne qui recourt à l'intrigue. SYN. ambitieux, arriviste, aventurier, calculateur, faiseur, opportuniste –FAMILIER: combinard –LITTÉRAIRE: chevalier d'industrie.

intrigue *nom féminin*

/ Machination secrète. SYN. agissements, cabale, calcul, complot, conspiration, machination, manège, manigance, menées –FAMILIER: combine, cuisine, grenouillage, micmac, trafic –LITTÉRAIRE: brigue –POPULAIRE: magouillage, magouille.

/ Liaison amoureuse. SYN. amour, amourette, aventure, idylle, liaison, passade –FAMILIER: flirt.

/ Succession d'actions. SYN. action, histoire, scénario.

intriguer *verbe intransitif*

/ Mener des intrigues. SYN. comploter, conspirer, manigancer, manœuvrer, ruser –FAMILIER: grenouiller –LITTÉRAIRE: cabaler –POPULAIRE: magouiller.

intriguer *verbe transitif*

/ Exciter la curiosité. SYN. étonner, intéresser, surprendre, titiller, troubler.

intrinsèque *adjectif*

/ Qui est inhérent à. SYN. inhérent, inséparable, intérieur, interne, naturel, propre. CONTR. *étranger, extérieur, externe, extrinsèque.*

introducteur *nom*

/ Personne qui introduit quelque chose. SYN. initiateur, innovateur, instigateur, novateur, précurseur, promoteur.

introduction *nom féminin*

/ Action de s'introduire quelque part. SYN. admission, entrée, intrusion, pénétration, venue. CONTR. *éviction, renvoi.*

/ Action d'introduire. SYN. implantation, importation, insertion, intronisation. CONTR. *retrait.*

/ Préparation à une étude. SYN. apprentissage, découverte, initiation, préparation.

/ Texte préliminaire. SYN. avant-propos, avertissement, avis au lecteur, entrée en matière, exorde, exposition, préambule, préface, protase. CONTR. *conclusion, dénouement, épilogue, fin.*

introduire *verbe*

/ Faire entrer quelqu'un. SYN. admettre, conduire. CONTR. *chasser, exclure, excommunier, expulser.*

/ Faire adopter quelque chose. SYN. accréditer, apporter, implanter, importer, instaurer, instituer, insuffler, lancer, parrainer, patronner, présenter, produire, répandre – LITTÉRAIRE : infuser, introniser.

/ Faire entrer dans. SYN. enfoncer, engager, glisser, mettre, plonger – FAMILIER : fourrer – LITTÉRAIRE : couler. CONTR. *extirper, retirer.*

/ Ajouter quelque chose. SYN. apporter, enchâsser, enclaver, greffer, inclure, incorporer, insérer, intercaler, interpoler, placer. CONTR. *biffer, exclure, retrancher, sortir.*

introduire (s') *verbe pronominal*

/ Pénétrer quelque part. SYN. entrer, pénétrer, rentrer, se faufiler, se glisser, s'enfoncer, s'engager, s'engouffrer, s'infiltrer, s'insérer, s'insinuer, s'interposer – FAMILIER : se fourrer. CONTR. *sortir.*

intronisation *nom féminin*

/ Action d'introniser. SYN. couronnement, sacre.

/ Établissement de quelque chose. SYN. implantation, importation, installation, instauration, institution, introduction.

introniser *verbe*

/ Placer sur un trône. SYN. couronner, établir, instituer, investir, sacrer.

/ LITTÉRAIRE. Établir quelque chose. SYN. enraciner, établir, implanter, importer, installer, instaurer, instituer, introduire.

introuvable *adjectif*

/ Qu'on ne peut plus trouver. SYN. exceptionnel, précieux, rare. CONTR. *banal, commun, fréquent, ordinaire.*

introverti *adjectif*

/ Qui se replie sur soi. SYN. renfermé, replié, réservé, silencieux, taciturne. CONTR. *extraverti, exubérant, ouvert.*

intrus *nom*

/ Personne qui n'est pas à sa place. SYN. gêneur, imposteur, indésirable – LITTÉRAIRE : importun.

intrusion *nom féminin*

/ Fait d'intervenir sans légitimité. SYN. immixtion, ingérence, intervention, introduction.

/ Intervention soudaine. SYN. arrivée, incursion, irruption, pénétration.

intuitif *adjectif*

/ Qui procède par intuition. SYN. instinctif. CONTR. *déductif, discursif, raisonné.*

intuition *nom féminin*

/ Perception directe de la vérité. SYN. finesse, impression. CONTR. *déduction, raisonnement.*

/ Faculté de deviner. SYN. divination, flair, idée, inspiration, instinct, nez, notion, prémonition, prescience, pressentiment, sentiment, sixième sens – FAMILIER : feeling.

intumescence *nom féminin*

/ Augmentation de volume. SYN. bouffissure, boursouflure, enflure, renflement, tumescence, turgescence.

intumescent *adjectif*

/ Qui commence à enfler. SYN. bouffi, boursouflé, enflé, gonflé, tumescent, turgescent.

inusable *adjectif*

/ Qui dure très longtemps. SYN. inaltérable, indestructible, résistant, robuste, solide – FAMILIER : costaud, increvable. CONTR. *délicat, fragile.*

inusité *adjectif*

/ Qui n'est pas usité. SYN. étrange, extraordinaire, insolite, inutilisé, original, singulier. CONTR. *commun, courant, fréquent, usité, utilisé.*

/ Qui n'est pas habituel. SYN. anormal, inaccoutumé, inhabituel, insolite. CONTR. *familier, habituel, normal, ordinaire* – LITTÉRAIRE : *coutumier.*

inutile *adjectif*

/ Qui n'apporte rien. SYN. byzantin, futile, oiseux, superflu, vide – LITTÉRAIRE : superfétatoire, vain. CONTR. *essentiel, important, indispensable, nécessaire.*

/ Qui n'a aucun effet. SYN. inefficace, infructueux, perdu, stérile, vain. CONTR. *agissant, bon, fructueux, payant, profitable, salutaire, utile.*

inutilement *adverbe*

/ De façon inutile. SYN. en pure perte, en vain, pour rien, vainement – FAMILIER : pour des prunes – LITTÉRAIRE : infructueusement, stérilement. CONTR. *utilement.*

inutilisable *adjectif*

/ Qui n'est pas utilisable. SYN. inemployable. CONTR. *employable, exploitable, praticable, utilisable.*

inutilisé *adjectif*

/ Qui n'est pas utilisé. SYN. inemployé, inusité. CONTR. *utilisé.*

inutilité *nom féminin*

/ Caractère inutile. SYN. inanité, inefficacité, vide –LITTÉRAIRE: stérilité, superfluité, vanité. CONTR. *efficacité, efficience, utilité.*

/ Chose inutile. SYN. baliverne, fadaise, futilité –FAMILIER: faribole –LITTÉRAIRE: superfluité.

invalidation *nom féminin*

/ Action d'invalider. SYN. abolition, annulation, révocation. CONTR. *confirmation, validation.*

invalide *adjectif*

/ Qui a une infirmité. SYN. éclopé, faible, impotent, infirme, paralysé, perclus. CONTR. *ingambe, solide, valide, vigoureux* –VIEUX: *gaillard.*

invalider *verbe*

/ Déclarer non valable. SYN. abolir, abroger, annuler, casser, infirmer, rapporter, résilier, révoquer. CONTR. *confirmer, consacrer, corroborer, ratifier, valider.*

invalidité *nom féminin*

/ État de quelqu'un d'invalide. SYN. faiblesse, impotence, incapacité, infirmité. CONTR. *solidité, vigueur.*

invariabilité *nom féminin*

/ Caractère invariable. SYN. constance, égalité, pérennité, permanence, stabilité –LITTÉRAIRE: fixité, immuabilité. CONTR. *changement, évolution, instabilité, mobilité, modification, transformation, variation* –LITTÉRAIRE: *mutabilité, variabilité.*

invariable *adjectif*

/ Qui ne change pas. SYN. constant, éternel, fixe, habituel, immuable, régulier, stable. CONTR. *capricieux, changeant, fantaisiste, fluctuant, variable* –LITTÉRAIRE: *inconstant.*

/ LITTÉRAIRE. Que rien ne peut troubler. SYN. égal, ferme, immuable, impérissable, inaltérable, inébranlable, inflexible, stable. CONTR. *changeant, inconstant, instable, versatile* –LITTÉRAIRE: *ondoyant.*

invariablement *adverbe*

/ De façon invariable. SYN. à tout propos, constamment, continuellement, en permanence, éternellement, immanquablement, immuablement, perpétuellement, sans arrêt, sans cesse, sans discontinuer, sans interruption, sans relâche, toujours –LITTÉRAIRE: continûment, sempiternellement. CONTR. *de temps à autre, de temps en temps, épisodiquement, exceptionnellement, irrégulièrement, par instants, par intermittence, par intervalles, rarement, sporadiquement, variablement.*

invasion *nom féminin*

/ Action d'envahir un pays. SYN. envahissement, incursion, occupation, pénétration, raid, razzia.

/ Diffusion massive d'idées. SYN. déferlement, envahissement, inondation, irruption, pénétration, propagation.

invective *nom féminin*

/ Parole injurieuse. SYN. apostrophe, gros mot, grossièreté, injure, insulte, offense, sortie, vitupération.

invectiver *verbe transitif*

/ Couvrir d'invectives. SYN. agonir de sottises, agonir d'injures, apostropher, conspuer, huer, injurier, insulter, maltraiter –FAMILIER: enguirlander –LITTÉRAIRE: vitupérer –POPULAIRE: engueuler.

invectiver *verbe transitif indirect*

/ Se répandre en invectives contre. SYN. crier, fulminer, pester, tempêter, tonner, vitupérer –FAMILIER: aboyer après, aboyer contre, déblatérer.

invendable *adjectif*

/ Qu'on ne peut vendre. SYN. inaliénable, incessible. CONTR. *cessible, vendable.*

inventaire *nom masculin*

/ Description de biens. SYN. bilan, catalogue, dénombrement, enregistrement, énumération, liste, nomenclature, récapitulation, recensement, relevé, revue.

inventé *adjectif*

/ Qui est imaginé. SYN. de fantaisie, fantaisiste, fictif, forgé. CONTR. *réel, véritable, vrai.*

inventer *verbe*

/ Réaliser une chose nouvelle. SYN. concevoir, construire, créer, imaginer. CONTR. *copier.*

/ Imaginer à des fins précises. SYN. découvrir, improviser, trouver.

/ Créer de toutes pièces. SYN. bâtir, fabriquer, forger, imaginer, improviser, rêver –LITTÉRAIRE: broder, controuver.

inventeur *nom*

/ Personne qui crée. SYN. auteur, créateur, fabricateur, faiseur, fondateur, père –LITTÉRAIRE: fabricant, forgeur, instaurateur.

inventif *adjectif*

/ Habile à inventer. SYN. créateur, créatif, fécond, fertile, imaginatif, prolifique. CONTR. *infécond, pauvre, stérile.*

/ Qui sait se tirer d'affaire. SYN. astucieux, ingénieux –FAMILIER: combinard –LITTÉRAIRE: industrieux.

invention *nom féminin*

/ Action d'inventer. SYN. conception, création, élaboration.

/ Objet inventé. SYN. découverte, innovation –FAMILIER: trouvaille.

/ Faculté d'imaginer. SYN. fabulation, imagination, inspiration.

/ Propos donné pour vrai. SYN. conte, divagation, fable, fiction, histoire, historiette, mensonge, mythe, roman. CONTR. *fait.*

inventorier *verbe*

/ Inscrire dans un inventaire. SYN. cataloguer, classer, classifier, dénombrer, énumérer, hiérarchiser, ordonner, recenser, répartir, répertorier, sérier, trier.

invérifiable *adjectif*

/ Qui ne peut être vérifié. SYN. improuvable, incontrôlable, indémontrable, injustifiable. CONTR. *contrôlable, démontrable, prouvable, vérifiable.*

inverse *adjectif*

/ Qui va dans le sens contraire. SYN. antithétique, contraire, opposé. CONTR. *approchant, même.*

inverse *nom masculin*

/ Le contraire de. SYN. antipode, antithèse, contraire, contrepartie, envers, opposé.

inversement *adverbe*

/ De façon réciproque. SYN. à charge de revanche, en contrepartie, en échange, en retour, réciproquement, vice versa.

/ À l'opposé. SYN. a contrario, à l'inverse, au contraire, contrairement, en revanche –FAMILIER: par contre.

inverser *verbe*

/ Changer la position de deux choses. SYN. intervertir, permuter, renverser, retourner –VIEUX: invertir.

inversion *nom féminin*

/ Action d'inverser. SYN. dérangement, interversion, permutation, renversement, retournement.

investigateur *adjectif*

/ Qui fait des investigations. SYN. curieux, fureteur, inquisiteur, observateur –LITTÉRAIRE: chercheur, scrutateur.

investigation *nom féminin*

/ Recherche suivie. SYN. enquête, examen, exploration, observation, prospection, recherche.

investir *verbe*

/ Encercler une place. SYN. assiéger, bloquer, cerner, encercler, envelopper, occuper.

/ Charger quelqu'un d'une fonction. SYN. conférer, installer, instituer, introniser, mettre, placer.

invétéré *adjectif*

/ Qui s'est enraciné avec le temps. SYN. ancré, chronique, immuable, vieux, vivace.

/ Qui a pris des habitudes. SYN. endurci, forcené, impénitent, incorrigible, incurable –FAMILIER: indécrottable –VIEUX: intrépide.

invétérer (s') *verbe pronominal*

/ LITTÉRAIRE. Se renforcer avec le temps. SYN. s'affermir, s'ancrer, se fixer, se fortifier, s'enraciner, s'installer.

invincible *adjectif*

/ Qui ne peut être vaincu. SYN. fort, imbattable, immortel, indestructible, invulnérable. CONTR. *fragile, vulnérable.*

/ Qu'on ne peut surmonter. SYN. indomptable, infranchissable, insurmontable, irraisonné, irrépressible, irrésistible.

/ Qu'on ne peut réfuter. SYN. certain, décisif, formel, inattaquable, incontestable, indiscutable, irrécusable, irréfutable – LITTÉRAIRE : irréfragable.

inviolable *adjectif*

/ Qu'on ne doit jamais violer. SYN. intangible, sacré – FAMILIER : sacro-saint, tabou.

invisible *adjectif*

/ Qu'on ne peut percevoir. SYN. imperceptible, inapparent, indécelable, indiscernable, indistinct, insaisissable, insensible. CONTR. *apparent, discernable, distinct, manifeste, ostensible, perceptible, sensible, visible.*

invitation *nom féminin*

/ Action d'inciter à. SYN. appel, encouragement, exhortation, incitation, invite, prière, sollicitation, sommation, suggestion.

invite *nom féminin*

/ Façon adroite de demander. SYN. appel, exhortation, incitation, invitation, sollicitation.

invité *nom*

/ Personne que l'on invite. SYN. convive, hôte.

inviter *verbe*

/ Prier quelqu'un de venir. SYN. convier, prier de – VIEUX : prier à. CONTR. *éloigner, exclure, se défaire.*

/ Engager quelqu'un à. SYN. appeler, encourager, engager, entraîner, exhorter, inciter, incliner, ordonner, porter, pousser, presser, recommander, solliciter, sommer, souffler – LITTÉRAIRE : enjoindre. CONTR. *déconseiller, dissuader, retenir.*

invivable *adjectif*

/ FAMILIER. Avec qui l'on ne peut vivre. SYN. difficile, épouvantable, infernal, insociable, insupportable, intolérable, intraitable, mauvais, odieux – FAMILIER : imbuvable, impossible, pénible. CONTR. *exquis, facile, sociable, supportable, vivable* – FAMILIER : *possible.*

/ Où il est difficile de vivre. SYN. épouvantable, impraticable, infernal, inhabitable, intenable, irrespirable, odieux. CONTR. *agréable, confortable, habitable, vivable.*

invocation *nom féminin*

/ Action d'invoquer. SYN. adjuration, prière – LITTÉRAIRE : imploration, supplication.

involontaire *adjectif*

/ Où la volonté n'a pas de part. SYN. automatique, inconscient, instinctif, irraisonné, irréfléchi, machinal, mécanique. CONTR. *conscient, délibéré, intentionnel, prémédité, réfléchi, volontaire, voulu.*

involontairement *adverbe*

/ De façon involontaire. SYN. inconsciemment, instinctivement, machinalement, mécaniquement, par inadvertance, par mégarde. CONTR. *consciemment, délibérément, intentionnellement, sciemment, volontairement.*

invoquer *verbe*

/ Solliciter par des prières. SYN. adjurer, appeler, supplier – LITTÉRAIRE : conjurer, implorer.

/ Donner comme argument. SYN. alléguer, arguer, avancer, mettre en avant, prétexter, produire, s'autoriser, se réclamer, se référer à.

invraisemblable *adjectif*

/ Qui ne semble pas vrai. SYN. impensable, inconcevable, incroyable, insoutenable. CONTR. *certain, crédible, croyable, plausible, possible, probable, vraisemblable.*

/ FAMILIER. Qui surprend par sa bizarrerie. SYN. bizarre, effarant, étrange, extraordinaire, extravagant, incroyable, inénarrable, inimaginable, stupéfiant – FAMILIER : énorme.

invraisemblance *nom féminin*

/ Ce qui n'est pas crédible. SYN. énormité, improbabilité. CONTR. *crédibilité, vérité, vraisemblance.*

invulnérable *adjectif*

/ Qui résiste à toute atteinte. SYN. blindé, cuirassé, endurci, fort, imbattable, indestructible, indomptable, invincible. CONTR. *fragile, sensible, vulnérable.*

irascibilité *nom féminin*

/ Caractère irascible. SYN. emportement, irritabilité – LITTÉRAIRE : excitabilité. CONTR. *calme, douceur, égalité d'humeur, équanimité, patience, sérénité.*

irascible *adjectif*

/ Qui est prompt à s'irriter. SYN. acariâtre, aigri, chatouilleux, coléreux, emporté, excitable, irritable, ombrageux, rageur, soupe au lait, susceptible, violent – LITTÉRAIRE : atrabilaire, colérique, tempétueux. CONTR. *calme, doux, impassible, serein, tranquille.*

ironie *nom féminin*

/ Type de raillerie. SYN. dérision, esprit, humour, moquerie, persiflage, raillerie.

ironique *adjectif*

/ Qui manifeste de l'ironie. SYN. goguenard, gouailleur, malicieux, moqueur, narquois, persifleur, railleur, sarcastique – FAMILIER : blagueur. CONTR. *sérieux.*

ironiquement *adverbe*

/ D'une façon ironique. SYN. – LITTÉRAIRE : narquoisement, sarcastiquement.

ironiser *verbe*

/ Railler finement. SYN. persifler, plaisanter, railler, rire de, se moquer de – LITTÉRAIRE : se gausser de – POPULAIRE : charrier.

irradiant *adjectif*

/ Qui irradie. SYN. enveloppant, rayonnant.

irradier *verbe*

/ LITTÉRAIRE. Se répandre autour. SYN. rayonner, se diffuser, se propager.

irraisonné *adjectif*

/ Qui n'est pas raisonné. SYN. incontrôlé, instinctif, insurmontable, invincible, involontaire, irréfléchi, irrépressible. CONTR. *raisonné, réfléchi.*

irrationalité *nom féminin*

/ Caractère irrationnel. SYN. absurdité, incohérence. CONTR. *logique, rationalité.*

irrationnel *adjectif*

/ Contraire à la raison. SYN. aberrant, absurde, déraisonnable, illogique, incohérent, inconséquent. CONTR. *cartésien, judicieux, logique, raisonnable, raisonné, rationnel, scientifique.*

irrationnellement *adverbe*

/ De façon irrationnelle. SYN. absurdement, déraisonnablement, illogiquement. CONTR. *logiquement, raisonnablement, rationnellement.*

irrattrapable *adjectif*

/ Qu'on ne peut rattraper. SYN. irrécupérable, irréparable. CONTR. *arrangeable, remédiable, réparable.*

irréalisable *adjectif*

/ Qui ne peut être réalisé. SYN. chimérique, illusoire, impossible, inapplicable, inexécutable, infaisable, utopique. CONTR. *faisable, possible, praticable, réalisable.*

irréalisé *adjectif*

/ LITTÉRAIRE. Qui n'est pas réalisé. SYN. inexécuté. CONTR. *accompli, exécuté, fait, réalisé.*

irréalité *nom féminin*

/ Caractère irréel. SYN. chimère, illusion, mirage – LITTÉRAIRE : rêverie, songe.

irrecevable *adjectif*

/ Qui n'est pas acceptable. SYN. inacceptable, inadmissible. CONTR. *acceptable, admissible, recevable, valable.*

irréconciliable *adjectif*

/ Qui ne peut être réconcilié. CONTR. *accommodant, arrangeant, conciliant, réconciliable.*

irrécupérable *adjectif*

/ Qu'on ne peut améliorer. SYN. impénitent, incorrigible – FAMILIER : indécrottable.

/ Qu'on ne peut rattraper. SYN. irrattrapable, irréparable. CONTR. *remédiable, réparable.*

irrécusable *adjectif*

/ Qu'on ne peut pas contester. SYN. certain, inattaquable, incontestable, indéniable, indiscutable, indubitable, irréfutable, manifeste, positif, sûr, tangible, vrai – LITTÉRAIRE : irréfragable. CONTR. *contestable, discutable, douteux, erroné, improbable, incertain, niable, récusable, réfutable.*

irréductible *adjectif*

/ Qu'on ne peut faire céder. SYN. implacable, indomptable, inébranlable, inflexible, intraitable, intransigeant, opiniâtre – LITTÉRAIRE : robuste.

irréel *adjectif*

/ Qui n'est pas réel. SYN. chimérique, fantasmagorique, fantastique, fantomatique, féerique, fictif, illusoire, imaginaire, inexistant, mystérieux, mythique, utopique –LITTÉRAIRE: fabuleux. CONTR. *authentique, concret, consistant, effectif, manifeste, réel, tangible, vrai.*

irréfléchi *adjectif*

/ Fait ou dit sans réflexion. SYN. illégitime, immotivé, impromptu, improvisé, inconsidéré, injustifié, instinctif, involontaire, irraisonné, machinal, mécanique, spontané. CONTR. *concerté, conscient, délibéré, fondé, intentionnel, justifié, légitime, motivé, pensé, volontaire, voulu* –LITTÉRAIRE: *rassis.*

/ Qui agit sans réflexion. SYN. écervelé, étourdi, évaporé, imprévoyant, imprudent, inattentif, inconscient, inconséquent, léger, malavisé, négligent, tête en l'air. CONTR. *averti, avisé, calculateur, circonspect, grave, méthodique, pondéré, posé, prudent, réfléchi, sage, sérieux.*

irréflexion *nom féminin*

/ Manque de réflexion. SYN. étourderie, imprudence, inadvertance, inattention, inconscience, inconséquence, insouciance, légèreté. CONTR. *application, attention, conscience, exactitude, gravité, prudence, soin.*

irréfragable *adjectif*

/ LITTÉRAIRE. Qu'on ne peut récuser. SYN. certain, formel, inattaquable, incontestable, indéniable, indiscutable, indubitable, invincible, irrécusable, irréfutable, irrésistible. CONTR. *contestable, discutable, niable, récusable, réfutable.*

irréfrénable *adjectif*

/ Qu'on ne peut réfréner. SYN. irrépressible, irrésistible.

irréfutable *adjectif*

/ Qu'on ne peut réfuter. SYN. accablant, certain, décisif, formel, inattaquable, incontestable, indéniable, indiscutable, indubitable, invincible, irrécusable, irrésistible, positif, vrai –LITTÉRAIRE: irréfragable. CONTR. *contestable, discutable, niable, problématique, récusable, réfutable.*

irréfutablement *adverbe*

/ De façon irréfutable. SYN. incontestablement, indéniablement, indiscutablement, indubitablement.

irrégularité *nom féminin*

/ Action contraire à la loi. SYN. anomalie, écart, erreur, faute, illégalité, illégitimité.

/ Surface irrégulière. SYN. asymétrie, inégalité. CONTR. *égalité, symétrie.*

/ Manque de suivi. SYN. discontinuité, intermittence. CONTR. *assiduité, constance, ponctualité, régularité.*

irrégulier *adjectif*

/ Qui n'a pas une forme régulière. SYN. asymétrique, biscornu, dissymétrique, inégal, tordu. CONTR. *harmonieux, net, régulier, symétrique, uniforme.*

/ Dont le rythme varie. SYN. anormal, capricieux, désordonné, discontinu, inégal, intermittent, saccadé, sporadique, variable –LITTÉRAIRE: capricant. CONTR. *cadencé, constant, incessant, ininterrompu, soutenu, suivi.*

/ Qui n'est pas constant dans son travail. SYN. fantaisiste, inégal. CONTR. *appliqué, assidu, persévérant, régulier.*

/ Qui n'est pas conforme aux lois. SYN. arbitraire, clandestin, frauduleux, illégal, illégitime, illicite, sauvage, usurpatoire. CONTR. *légal, licite.*

irrégulièrement *adverbe*

/ De façon illégale. SYN. abusivement, en sous-main, frauduleusement, illégalement, illégitimement, illicitement, indûment –FAMILIER: par la bande. CONTR. *légalement, légitimement.*

/ De façon variable. SYN. alternativement, de temps à autre, de temps en temps, épisodiquement, inégalement, par accès, par à-coups, par instants, par intermittence, par intervalles, par moments, rarement, sporadiquement, variablement. CONTR. *à longueur de temps, à tout instant, à tout propos, assidûment, constamment, continuellement, en permanence, éternellement, fréquemment, immuablement, indéfiniment, invariablement, journellement, normalement, quotidiennement, régulièrement, sans arrêt, sans cesse, sans discontinuer, sans interruption, sans relâche, sans souffler, sans trêve, toujours* –LITTÉRAIRE: *continûment.*

irréligieux *adjectif*
▪ Qui n'a pas de conviction religieuse. SYN. agnostique, athée, incrédule, incroyant, païen, sceptique –LITTÉRAIRE: impie. CONTR. *croyant, dévot, pieux, pratiquant, religieux.*

irréligion *nom féminin*
▪ Manque de conviction religieuse. SYN. agnosticisme, athéisme, incrédulité, incroyance, scepticisme –LITTÉRAIRE: impiété. CONTR. *dévotion, piété.*

irrémédiable *adjectif*
▪ À quoi on ne peut remédier. SYN. définitif, incurable, inguérissable, irréparable, sans appel, sans recours. CONTR. *remédiable, réparable.*

irrémédiablement *adverbe*
▪ De façon irrémédiable. SYN. définitivement, irréparablement, irrévocablement.

irrémissible *adjectif*
▪ Qui ne mérite pas de pardon. SYN. impardonnable, inexcusable. CONTR. *pardonnable, rémissible.*

irréparable *adjectif*
▪ Qui ne peut être réparé. SYN. irrattrapable, irrécupérable, irrémédiable. CONTR. *arrangeable, remédiable, réparable.*

irréparablement *adverbe*
▪ De façon irréparable. SYN. irrémédiablement, irrévocablement.

irrépréhensible *adjectif*
▪ LITTÉRAIRE. Qu'on ne peut blâmer. SYN. inattaquable, innocent, irréprochable. CONTR. *blâmable, condamnable, critiquable, répréhensible.*

irrépressible *adjectif*
▪ Qu'on ne peut réprimer. SYN. fou, impérieux, incoercible, incontrôlable, insurmontable, invincible, irraisonné, irréfrénable, irrésistible. CONTR. *coercible, contrôlable.*

irréprochable *adjectif*
▪ Qui est sans défaut. SYN. correct, impeccable, parfait. CONTR. *défectueux, grossier.*
▪ Qui ne mérite pas de reproche. SYN. exemplaire, honnête, inattaquable –FAMILIER: régulier –LITTÉRAIRE: irrépréhensible, probe, vertueux. CONTR. *condamnable, punissable, répréhensible.*

irrésistible *adjectif*
▪ Qui est très attirant. SYN. entraînant, fou, séduisant –FAMILIER: craquant –LITTÉRAIRE: invincible.
▪ Contre quoi on ne peut lutter. SYN. impérieux, incoercible, incontrôlable, indomptable, inéluctable, invincible, irréfrénable, irrépressible –LITTÉRAIRE: implacable, irréfragable. CONTR. *coercible, contrôlable.*

irrésolu *adjectif*
▪ Qui n'arrive pas à se décider. SYN. embarrassé, flottant, fluctuant, hésitant, incertain, indécis, perplexe –LITTÉRAIRE: pusillanime. CONTR. *décidé, déterminé, énergique, obstiné, résolu.*

irrésolution *nom féminin*
▪ État de quelqu'un d'irrésolu. SYN. doute, embarras, flottement, hésitation, incertitude, indécision, indétermination, perplexité, vacillement –LITTÉRAIRE: vacillation. CONTR. *décision, détermination, fermeté, résolution.*

irrespect *nom masculin*
▪ LITTÉRAIRE. Manque de respect. SYN. impertinence, impolitesse, incorrection, insolence –LITTÉRAIRE: irrévérence. CONTR. *déférence, politesse, respect, tact, vénération* –LITTÉRAIRE: *révérence, urbanité.*

irrespectueusement *adverbe*
▪ LITTÉRAIRE. De façon irrespectueuse. SYN. cavalièrement, crûment, cyniquement, effrontément, grossièrement, impoliment, impudemment, insolemment –LITTÉRAIRE: irrévérencieusement –VIEUX: irrévéremment. CONTR. *poliment, respectueusement* –LITTÉRAIRE: *révérencieusement.*

irrespectueux *adjectif*
▪ LITTÉRAIRE. Qui manque de respect. SYN. déplacé, impertinent, impoli, incorrect, insolent –LITTÉRAIRE: irrévérencieux. CONTR. *déférent, poli, respectueux* –LITTÉRAIRE: *révérencieux, urbain.*

irrespirable *adjectif*
▪ Non respirable. SYN. accablant, asphyxiant, empuanti, étouffant, lourd, pollué, vicié. CONTR. *pur.*
▪ Difficile à supporter. SYN. insoutenable, invivable.

irresponsable *adjectif*

/ Qui agit avec légèreté. SYN. inconscient, léger. CONTR. *conscient, pondéré, posé, réfléchi, responsable.*

irrévéremment *adverbe*

/ VIEUX. Avec irrévérence. SYN. cavalièrement, crûment, cyniquement, effrontément, grossièrement, impoliment, insolemment –LITTÉRAIRE: irrespectueusement, irrévérencieusement. CONTR. *poliment, respectueusement* –LITTÉRAIRE: *révérencieusement.*

irrévérence *nom féminin*

/ LITTÉRAIRE. Manque de respect. SYN. désinvolture, impertinence, impolitesse, incorrection, insolence –LITTÉRAIRE: irrespect. CONTR. *décence, déférence, politesse, respect, tact, vénération* –LITTÉRAIRE: *civilité, révérence, urbanité.*

irrévérencieusement *adverbe*

/ LITTÉRAIRE. De façon irrévérencieuse. SYN. cavalièrement, crûment, cyniquement, effrontément, grossièrement, impoliment, insolemment –LITTÉRAIRE: irrespectueusement –VIEUX: irrévéremment. CONTR. *poliment, respectueusement* –LITTÉRAIRE: *révérencieusement.*

irrévérencieux *adjectif*

/ LITTÉRAIRE. Qui manque de respect. SYN. cavalier, choquant, déplacé, impertinent, inconvenant, incorrect, insolent, leste –FAMILIER: sans gêne –LITTÉRAIRE: irrespectueux. CONTR. *déférent, poli, respectueux* –LITTÉRAIRE: *révérencieux, urbain.*

irrévocable *adjectif*

/ Sur quoi on ne peut revenir. SYN. arrêté, définitif, ferme, immuable, inébranlable, inflexible, intangible, radical, sans appel, sans recours. CONTR. *provisoire, transitoire.*

irrévocablement *adverbe*

/ De façon irrévocable. SYN. définitivement, irrémédiablement, irréparablement. CONTR. *provisoirement, temporairement.*

irriguer *verbe*

/ Arroser une surface. SYN. bassiner, humecter, humidifier –LITTÉRAIRE: baigner. CONTR. *assécher, sécher.*

irritabilité *nom féminin*

/ Caractère irritable. SYN. emportement, irascibilité, susceptibilité, violence –LITTÉRAIRE: excitabilité. CONTR. *calme, flegme, impassibilité, patience.*

irritable *adjectif*

/ Qui s'irrite facilement. SYN. chatouilleux, coléreux, emporté, excitable, explosif, impatient, irascible, nerveux, rageur, susceptible –LITTÉRAIRE: colérique, tempétueux. CONTR. *apathique, calme, flegmatique, impassible, imperturbable, lymphatique, patient.*

irritant *adjectif*

/ Qui met en colère. SYN. agaçant, déplaisant, énervant, exaspérant, excédant –FAMILIER: crispant, enrageant, horripilant, rageant, vexant. CONTR. *apaisant, calmant, lénifiant* –LITTÉRAIRE: *lénitif.*

irritation *nom féminin*

/ État de quelqu'un qui est en colère. SYN. agacement, contrariété, crispation, dépit, déplaisir, emportement, énervement, exaspération, impatience, indignation, mécontentement –FAMILIER: horripilation, rogne –LITTÉRAIRE: hérissement. CONTR. *apaisement, calme.*

/ Inflammation légère de la peau. SYN. brûlure, chatouillement, picotement. CONTR. *adoucissement.*

irrité *adjectif*

/ Qui est en colère. SYN. agacé, contrarié, énervé, exaspéré, excédé, fâché, furibond, furieux –FAMILIER: furax, furibard –LITTÉRAIRE: courroucé, fulminant. CONTR. *calme, flegmatique, impassible, imperturbable, placide, serein, tranquille.*

irriter *verbe*

/ Mettre en colère. SYN. agacer, aigrir, contrarier, crisper, déplaire, échauffer la bile, échauffer le sang, échauffer les oreilles, énerver, exaspérer, excéder, fâcher, hérisser, impatienter, indigner, indisposer, mécontenter, ulcérer –FAMILIER: horripiler, insupporter, porter sur les nerfs, taper sur le système, taper sur les nerfs –LITTÉRAIRE: courroucer –POPULAIRE: courir sur le haricot, courir sur le système. CONTR. *apaiser, calmer, désénerver* –LITTÉRAIRE: *lénifier.*

/ Enflammer la peau. SYN. chatouiller, démanger, enflammer. CONTR. *adoucir.*

irriter (s') *verbe pronominal*

/ Ne pas contenir sa colère. SYN. éclater, fulminer, monter sur ses grands chevaux, prendre la mouche, prendre le mors aux dents, se déchaîner, se fâcher, se hérisser, se mettre en colère, s'emporter, s'enflammer, s'impatienter, sortir de ses gonds, voir rouge –FAMILIER: décharger sa bile, grimper au cocotier, piquer une crise, se fâcher tout rouge, se mettre en boule, se mettre en pétard, se mettre en rogne, s'emballer –POPULAIRE: pousser une gueulante.

irruption *nom masculin*

/ Apparition soudaine. SYN. envahissement, incursion, intrusion, invasion, raid, razzia.

isolable *adjectif*

/ Qui peut être isolé. SYN. dissociable, séparable. CONTR. *indissociable, inséparable.*

isolé *adjectif*

/ À l'écart. SYN. écarté, perdu, reculé, retiré. CONTR. *fréquenté, populeux, surpeuplé.*

/ Qui est rare. SYN. individuel, particulier, sporadique, unique. CONTR. *commun, fréquent, général, généralisé, multiple, répandu, répété.*

/ Qui est seul. SYN. esseulé, seul, solitaire –LITTÉRAIRE: reclus. CONTR. *entouré, recherché.*

isolement *nom masculin*

/ État de quelqu'un qui est isolé. SYN. abandon, confinement, exil, solitude –LITTÉRAIRE: délaissement, réclusion.

/ Mise à l'écart volontaire. SYN. claustration, internement, quarantaine, séquestration.

isolément *adverbe*

/ De façon séparée. SYN. indépendamment, individuellement, séparément, successivement, un à un. CONTR. *concurremment, conjointement, en bloc, en même temps, ensemble, simultanément.*

isoler *verbe*

/ Mettre physiquement à l'écart. SYN. claustrer, cloîtrer, confiner, consigner, enfermer, exiler, interner, mettre en quarantaine, séquestrer –LITTÉRAIRE: reclure –VIEUX: chambrer. CONTR. *rapprocher, rassembler, réunir.*

/ Considérer quelque chose à part. SYN. abstraire, dégager, désunir, détacher, disjoindre, dissocier, distinguer, séparer. CONTR. *adjoindre, assimiler, associer, combiner, joindre, lier, mélanger, mêler, unir.*

isoler (s') *verbe pronominal*

/ Se mettre à l'écart. SYN. faire cavalier seul, rester dans son coin, s'abstraire, se barricader, se claquemurer, se claustrer, se cloîtrer, se confiner, se retirer, se retirer dans son cocon, se terrer, s'enfermer, s'enfermer dans son cocon, s'enterrer, s'exiler –FAMILIER: rester dans sa coquille. CONTR. *s'associer, se joindre à, se mêler à.*

issu *adjectif*

/ Qui descend de. SYN. descendant, né, originaire.

/ Qui est la conséquence de. SYN. dérivé, né, résultant, sorti.

issue *nom féminin*

/ Lieu par où on peut sortir. SYN. débouché, dégagement, ouverture, passage, porte, sortie. CONTR. *accès, entrée.*

/ Terme d'une action. SYN. aboutissement, bout, conclusion, dénouement, fin, résultat –LITTÉRAIRE: extrémité, terminaison. CONTR. *commencement, début.*

/ Moyen de sortir d'une difficulté. SYN. débouché, échappatoire, expédient, ressource, solution.

itinéraire *nom masculin*

/ Indication du chemin à suivre. SYN. chemin, circuit, parcours, route, trajet.

/ Étapes de la vie. SYN. cheminement, trajectoire, voie.

itinérant *adjectif*

/ Qui n'est pas sédentaire. SYN. ambulant, errant, mobile, nomade –LITTÉRAIRE: voyageur. CONTR. *immobile, sédentaire.*

ivre *adjectif*

/ Qui a bu trop d'alcool. SYN. enivré, gai, gris –FAMILIER: éméché, imbibé, parti, pompette, saoul, schlass, soûl, soûl comme un Polonais, soûl comme une grive –POPULAIRE: beurré, beurré comme une tartine, blindé, bourré, chargé, cuit, noir, paf, pété, pinté, plein comme une barrique, raide, rond, rond comme une barrique, rond comme une queue de pelle, torché –VIEUX: brindezingue. CONTR. *sobre* –FAMILIER: *à jeun.*

/ Qui est exalté par. SYN. enragé, éperdu, fanatique, fou, grisé, passionné, transporté –LITTÉRAIRE: pâmé.

ivresse *nom féminin*

/ Trouble dû à l'alcool. SYN. ébriété –LITTÉRAIRE: fumées –POPULAIRE: beurrée, bitture, cuite, culotte, ribote, soûlerie, soûlographie –VIEUX: enivrement. CONTR. *sobriété, tempérance.*

/ Excitation euphorique. SYN. délire, emballement, enchantement, euphorie, exaltation, excitation, extase, frénésie, griserie, joie, ravissement, vertige, volupté –LITTÉRAIRE: enivrement, étourdissement, transport. CONTR. *désenchantement.*

ivrogne *nom*

/ Personne qui s'enivre. SYN. alcoolique, buveur, dipsomane, éthylique –FAMILIER: boit-sans-soif, éponge, pilier de bar, pilier de cabaret, sac à vin –POPULAIRE: alcoolo, picoleur, pochard, pochetron, poivrot, soiffard, soûlard, soûlaud, soûlographe, soûlot.

ivrognerie *nom féminin*

/ Habitude de s'enivrer. SYN. alcoolisme, beuverie, dipsomanie, éthylisme, intempérance. CONTR. *sobriété.*

! forme du point d'exclamation

jaboter *verbe*
/ LITTÉRAIRE. Médire des autres. SYN. bavarder, caqueter, jaser –FAMILIER: bavasser, baver, cancaner, causer, commérer, jacasser, potiner –LITTÉRAIRE: clabauder.

jacassement *nom masculin*
/ Bavardage bruyant. SYN. babillage, palabre –FAMILIER: caquet, causette, jacasserie, papotage, parlote, parlotte –LITTÉRAIRE: babil.

jacasser *verbe*
/ FAMILIER. Parler pour dire des futilités. SYN. babiller, bavarder, caqueter, jaser, palabrer, piauler –FAMILIER: bavasser, causer, discutailler, disputailler, papoter, piailler, tchatcher –LITTÉRAIRE: jaboter.

jacasserie *nom féminin*
/ FAMILIER. Bavardage bruyant. SYN. babillage, bavardage, jacassement, palabre –FAMILIER: caquet, causette, papotage, parlote, parlotte –LITTÉRAIRE: babil –VIEUX: pépiement.

jacasseur ou **jacassier** *adjectif*
/ FAMILIER. Qui parle beaucoup. SYN. bavard, cancanier, causeur, indiscret –VIEUX: potinier.

jacasseur ou **jacassier** *nom*
/ FAMILIER. Personne qui jacasse. SYN. bavard, commère, jaseur –FAMILIER: concierge, pie, pipelette –VIEUX: potinier.

jacques *nom masculin*
/ FAMILIER. Personne niaise. SYN. âne, idiot, imbécile –FAMILIER: abruti, andouille, ballot, bêta, bûche, buse, cloche, crétin, cruche, noix, pauvre type –POPULAIRE: manche, nouille.

jactance *nom féminin*
/ LITTÉRAIRE. Attitude suffisante. SYN. fanfaronnade, ostentation –LITTÉRAIRE: forfanterie, hâblerie.

jadis *adverbe*
/ Dans le temps passé. SYN. anciennement, autrefois, avant, dans le passé, dans le temps, par le passé. CONTR. *actuellement, aujourd'hui, maintenant.*

jaillir *verbe*
/ Sortir sous forme de jet. SYN. couler, gicler, rejaillir, sortir –LITTÉRAIRE: sourdre, surgir.
/ Sortir soudainement. SYN. éclater, fuser, se dégager, s'échapper, s'élancer, surgir –LITTÉRAIRE: pointer.

jaillissement *nom masculin*
/ Ce qui se manifeste vivement. SYN. éruption, explosion –LITTÉRAIRE: surgissement.
/ Ce qui sort en jet. SYN. geyser, jet, projection –LITTÉRAIRE: fusée.

jalon *nom masculin*
/ Ce qui sert de repère. SYN. balise, borne, repère.

jalonner *verbe*
/ Poser des jalons. SYN. baliser, marquer, piqueter, signaliser.

jalousement *adverbe*

/ Avec soin. SYN. pieusement, précieusement.

jalouser *verbe*

/ Être jaloux de. SYN. envier, porter envie –FAMILIER: baver d'envie, reluquer.

jaloux *adjectif*

/ Exclusif en amour. SYN. exclusif, ombrageux, possessif, soupçonneux.

/ Qui envie ce qu'a autrui. SYN. envieux. CONTR. *désintéressé.*

/ Qui préserve ce qu'il a. SYN. attaché à, soucieux de.

jamais *adverbe*

/ À aucun moment. SYN. aucunement, en aucun cas, en aucune façon, nullement. CONTR. *à chaque instant, constamment, journellement, ordinairement, parfois, souvent, toujours, volontiers.*

jambe *nom féminin*

/ Membre inférieur. SYN. –ARGOTIQUE: crayon –FAMILIER: échasse, flûte, gigue, poteau –POPULAIRE: canne, gambette, guibole, guibolle, patte, pinceau, quille.

jargon *nom masculin*

/ Vocabulaire d'une profession. SYN. argot, langue verte, terminologie.

/ FAMILIER. Langage incorrect. SYN. galimatias –FAMILIER: charabia, petit-nègre –LITTÉRAIRE: pathos.

/ FAMILIER. Langue incompréhensible. SYN. phraséologie, sabir –FAMILIER: baragouin, charabia.

jaser *verbe*

/ Crier, en parlant d'oiseaux. SYN. babiller, gazouiller, jaboter, jacasser, piailler.

/ Parler continuellement. SYN. bavarder, caqueter, palabrer –FAMILIER: bavasser, causer, jacasser, potiner.

/ Dire des médisances. SYN. gloser, médire –FAMILIER: bêcher, cancaner, commérer, potiner –LITTÉRAIRE: clabauder, dauber, jaboter –POPULAIRE: dégoiser.

jaseur *adjectif*

/ Qui parle à tort et à travers. SYN. bavard, cancanier, causeur, indiscret –FAMILIER: jacasseur, jacassier –VIEUX: potinier. CONTR. *discret.*

jaseur *nom*

/ Personne bavarde. SYN. bavard, cancanier, causeur, commère, discoureur –FAMILIER: concierge, jacasseur, jacassier, pie –VIEUX: potinier.

jasper *verbe*

/ Bigarrer de couleurs. SYN. barioler, bigarrer, marbrer –LITTÉRAIRE: veiner.

jauger *verbe*

/ Juger à sa valeur. SYN. apprécier, coter, estimer, évaluer, juger, mesurer, soupeser, supputer, toiser.

jaune *adjectif*

/ Entre le vert et l'orangé. SYN. citron, doré, fauve, ocre, ocré, or, safran, topaze –LITTÉRAIRE: cuivré.

java *nom féminin*

/ FAMILIER. Grande fête. SYN. –ARGOTIQUE: teuf –FAMILIER: bombe, bringue, fiesta, noce, nouba, ribouldingue –POPULAIRE: bamboula, foire –VIEUX: bamboche.

jean-foutre *nom masculin*

/ POPULAIRE. Individu incapable. SYN. incapable –FAMILIER: foutriquet, morveux, paltoquet, propre-à-rien.

je-m'en-fichisme *nom masculin*

/ FAMILIER. Indifférence totale à. SYN. désinvolture, inconscience, indifférence, insouciance, légèreté –POPULAIRE: je-m'en-foutisme. CONTR. –LITTÉRAIRE: *méticulosité.*

je-m'en-fichiste *nom*

/ FAMILIER. Personne indifférente à. SYN. inconscient, insouciant, sans-souci –POPULAIRE: je-m'en-foutiste.

je-m'en-foutisme *nom masculin*

/ POPULAIRE. Indifférence totale à. SYN. désinvolture, inconscience, indifférence, insouciance, légèreté –FAMILIER: je-m'en-fichisme. CONTR. *méticulosité.*

je-m'en-foutiste *nom*

/ POPULAIRE. Personne indifférente à. SYN. inconscient, insouciant, sans-souci –FAMILIER: je-m'en-fichiste.

jérémiade *nom féminin*

/ FAMILIER. Lamentation importune. SYN. geignement, gémissement, lamentation, plainte, pleurnichement, pleurnicherie, réclamation, récrimination –FAMILIER: criaillerie.

jésuite *nom masculin*

/ Personne qui cache son jeu. SYN. fourbe, hypocrite, tartufe, tartuffe –FAMILIER: faux jeton –LITTÉRAIRE: pharisien, traître –POPULAIRE: faux cul, faux derche.

jésuitisme *nom masculin*

/ VIEUX. Hypocrisie doucereuse. SYN. dissimulation, fourberie, hypocrisie –LITTÉRAIRE: tartuferie, tartufferie.

jet *nom masculin*

/ Action de jeter. SYN. lancement, lancer, tir.

/ Mouvement d'un fluide qui jaillit. SYN. gerbe, giclée, jaillissement.

/ Projection soudaine. SYN. flot, flux, jaillissement, projection –LITTÉRAIRE: fusée.

jeté *adjectif*

/ POPULAIRE. Complètement fou. SYN. dérangé, désaxé, déséquilibré –FAMILIER: braque, cinglé, détraqué, dingue, fada, fêlé, frappé, loufoque, maboul, marteau, piqué, ravagé, tapé, timbré, toc-toc, toqué, zinzin –POPULAIRE: allumé, azimuté, barge, barjo, branque, brindezingue, cinoque, cintré, déjanté, dingo, folingue, fondu, frapadingue, givré, louf, louftingue, sinoc, sinoque, siphonné, tordu.

jetée *nom féminin*

/ Construction portuaire. SYN. brisant, briselames, digue, estacade, levée.

jeter *verbe*

/ Lancer quelque chose. SYN. catapulter, envoyer, lancer.

/ Pousser avec violence. SYN. catapulter, précipiter, projeter, propulser.

/ Mettre à la poubelle. SYN. mettre au rebut, se débarrasser, se défaire –FAMILIER: balancer, bazarder, liquider, mettre au rancart.

/ Répandre sur une surface. SYN. déverser, émettre, projeter, répandre, verser –LITTÉRAIRE: épandre.

/ Établir un passage sur. SYN. dresser, édifier, élever, ériger.

/ Mettre quelqu'un quelque part. SYN. envoyer –FAMILIER: flanquer –POPULAIRE: foutre.

/ Mettre dans un certain état. SYN. plonger.

/ Dire brutalement. SYN. cracher, répartir, rétorquer, riposter –FAMILIER: lâcher –LITTÉRAIRE: éructer.

jeter (se) *verbe pronominal*

/ Se laisser tomber quelque part. SYN. sauter, se précipiter, s'élancer, s'engouffrer –FAMILIER: se ficher, se flanquer –POPULAIRE: se foutre.

/ Se porter vivement vers. SYN. assaillir, attaquer, charger, débouler, fondre sur, s'abattre, sauter sur, se précipiter, se ruer, tomber sur –FAMILIER: foncer.

/ S'engager à fond dans. SYN. s'aventurer, se consacrer, se donner, se lancer, se livrer, s'embarquer, s'immiscer.

/ Déverser ses eaux dans. SYN. affluer, se déverser, se vider.

jeton *nom masculin*

/ POPULAIRE. Coup de poing. SYN. coup –LITTÉRAIRE: horion –POPULAIRE: beigne, châtaigne, gnon, marron, pêche, ramponneau.

jet-set ou **jet-society** *nom féminin*

/ Personnalités en vue. SYN. beau monde, gotha, haute société, hautes sphères, la fine fleur, le dessus du panier, le Tout-Paris –FAMILIER: beau linge, gratin, la haute.

jeu *nom masculin*

/ Activité pour se divertir. SYN. amusement, délassement, distraction, divertissement, passe-temps, récréation.

/ Manière d'interpréter. SYN. exécution, interprétation.

/ Ensemble d'objets similaires. SYN. assortiment, batterie, choix, collection, échantillonnage, éventail, gamme, lot, palette, panoplie, système.

/ Manière d'agir. SYN. manège, stratagème, tactique.

jeune *adjectif*

/ Peu avancé en âge. SYN. dans la fleur de l'âge, juvénile, petit –FAMILIER: jeunet, jeunot. CONTR. *âgé, croulant, décati, décrépit, déliquescent, d'un certain âge, gâteux, hors d'âge, mûr, ramolli, sans âge, sénile, vieux.*

/ Qui est débutant. SYN. candide, crédule, immature, inexpérimenté, naïf, novice, profane. CONTR. *éprouvé, expérimenté* –FAMILIER: *chevronné.*

/ Qui existe depuis peu. SYN. de la dernière cuvée, frais, neuf, nouveau, récent, vert –LITTÉRAIRE: tendre. CONTR. *ancien, antique, désuet* –LITTÉRAIRE: *immémorial.*

/ FAMILIER. À peine suffisant. SYN. juste, maigre, mesquin, parcimonieux, pauvre. CONTR. *correct, suffisant.*

jeune *nom*

/ Personne qui est dans la jeunesse. SYN. adolescent, enfant. CONTR. *adulte, aîné, ancien, vieillesse, vieux.*

jeûne *nom masculin*

/ Privation d'aliments. SYN. abstinence, diète. CONTR. *excès.*

jeûner *verbe*

/ S'abstenir de manger. SYN. être à la diète, faire maigre –FAMILIER: danser devant le buffet, se serrer la ceinture. CONTR. *manger, s'alimenter, se nourrir, se restaurer* –FAMILIER: *se sustenter* –POPULAIRE: *bouffer.*

jeunesse *nom féminin*

/ Caractère jeune. SYN. ardeur, enthousiasme, juvénilité, verdeur, vigueur, vitalité –LITTÉRAIRE: fraîcheur. CONTR. *caducité, décrépitude, gâtisme, ramollissement, sénilité.*

/ Ensemble des jeunes. SYN. jeunes, jeunes gens. CONTR. *anciens, vieillesse, vieux.*

job *nom masculin*

/ FAMILIER. Emploi rémunéré. SYN. métier, place, situation, travail –POPULAIRE: boulot.

jobard *nom*

/ FAMILIER. Personne très crédule. SYN. dupe, naïf, niais, nigaud, simplet –FAMILIER: bêta, gobe-mouches, gobeur, gogo, noix, pigeon, serin –POPULAIRE: nouille.

jobarderie ou **jobardise** *nom féminin*

/ FAMILIER. Crédulité excessive. SYN. bêtise, ingénuité, naïveté, simplicité, stupidité.

jocrisse *nom masculin*

/ LITTÉRAIRE. Benêt ridicule. SYN. dupe, niais, nigaud –FAMILIER: bêta, gogo, noix –POPULAIRE: nouille.

joie *nom féminin*

/ Sentiment de bonheur intense. SYN. allégresse, amusement, béatitude, bien-être, bonheur, contentement, délice, enjouement, entrain, euphorie, exaltation, gaieté, griserie, hilarité, ivresse, jubilation, plaisir, ravissement, régal, satisfaction, volupté –LITTÉRAIRE: aise, exultation, félicité, liesse. CONTR. *affliction, amertume, chagrin, consternation, contrariété, déboire, déconvenue, découragement, dégoût, dépit, déplaisir, désagrément, désenchantement, désespoir, désolation, détresse, deuil, douleur, ennui, inquiétude, lassitude, malheur, mélancolie, peine, tristesse* –FAMILIER: *cafard, embêtement, enquiquinement.*

joindre *verbe*

/ Assujettir deux choses. SYN. aboucher, abouter, accoler, adapter, ajuster, assembler, attacher, coller, emboîter, épisser, réunir, river, sceller, souder. CONTR. *décoller, dessouder, détacher, disjoindre, disloquer, écarter, éloigner, fractionner, fragmenter, séparer.*

/ Établir une communication. SYN. connecter, raccorder, relier. CONTR. *débrancher, déconnecter, espacer, fractionner, isoler.*

/ Ajouter quelque chose à. SYN. adjoindre, ajouter, inclure, insérer, intercaler. CONTR. *enlever, isoler, ôter, retirer.*

/ Associer en vue d'un résultat. SYN. allier, annexer, associer, combiner, conjuguer, lier, mêler, unir. CONTR. *retrancher, soustraire.*

/ Entrer en rapport avec. SYN. atteindre, contacter, rencontrer, toucher. CONTR. *éviter, fuir.*

joindre (se) *verbe pronominal*

/ Participer à quelque chose. SYN. prendre part à, se mêler à, s'unir.

/ S'associer à quelqu'un, un groupe. SYN. s'affilier, s'allier, s'associer, se réunir, s'unir. CONTR. *faire cavalier seul, rester dans son coin, se tenir à l'écart, s'isoler.*

joli *adjectif*

/ Agréable à voir. SYN. adorable, beau, charmant, esthétique, gracieux, magnifique, mignon, ravissant, séduisant –FAMILIER: chou –LITTÉRAIRE: joliet. CONTR. *affreux, difforme, disgracieux, hideux, horrible, ingrat, laid.*

/ Qui procure du plaisir. SYN. agréable, attrayant, délicieux, doux, enchanteur, harmonieux, idyllique, mélodieux, merveilleux, rêvé, riant. CONTR. *abominable, criard, déplaisant, désagréable, détestable, discordant, vilain* –FAMILIER: *atroce.*

/ FAMILIER. Assez important. SYN. beau, gentil, gros, important, intéressant, lucratif, rémunérateur, rentable – FAMILIER: coquet, rondelet. CONTR. *dérisoire, insignifiant, mauvais, méchant, minable, misérable, modeste, modique, petit, pitoyable, précaire.*
/ Qui est déplaisant. SYN. drôle de, piteux, vilain – FAMILIER: beau, fichu, sale.

joliesse *nom féminin*
/ LITTÉRAIRE. Caractère joli. SYN. beauté, charme, délicatesse, élégance, grâce, harmonie, séduction – FAMILIER: chic – LITTÉRAIRE: suavité. CONTR. *laideur* – LITTÉRAIRE: *hideur.*

joliment *adverbe*
/ D'une façon jolie. SYN. adorablement, agréablement, délicieusement, gentiment, harmonieusement, merveilleusement.
/ FAMILIER. Indique un haut degré. SYN. beaucoup, bien, énormément, excessivement, extrêmement, follement, fort, fortement, grandement, hautement, incroyablement, infiniment, mortellement, particulièrement, prodigieusement, profondément, puissamment, terriblement, très, trop, vertigineusement – FAMILIER: atrocement, bigrement, bougrement, diablement, drôlement, fameusement, fichtrement, fichûment, formidablement, méchamment, rudement, tout plein – LITTÉRAIRE: diantrement, furieusement – POPULAIRE: foutrement, salement, vachement – VIEUX: fièrement.
/ Très mal. SYN. abominablement, affreusement, atrocement, épouvantablement, horriblement, sèchement, sévèrement.

joncher *verbe*
/ Être épars sur le sol. SYN. couvrir, émailler, recouvrir, tapisser – LITTÉRAIRE: parsemer.

jonction *nom féminin*
/ Endroit où deux choses se joignent. SYN. carrefour, confluent, croisée, croisement, embranchement, entrecroisement. CONTR. *bifurcation.*
/ Action d'unir deux choses. SYN. articulation, assemblage, raccordement, soudure. CONTR. *disjonction, écartement.*
/ Action de se réunir. SYN. conjonction, fusion, rapprochement, rencontre, réunion. CONTR. *séparation.*

jonglerie *nom féminin*
/ Habileté hypocrite. SYN. charlatanisme, grimaces, simagrée, singerie – LITTÉRAIRE: momerie.

jongleur *nom*
/ Poète-musicien du Moyen Âge. SYN. ménestrel, troubadour, trouvère.

jouer *verbe intransitif*
/ Produire un effet. SYN. compter, entrer en jeu, importer, influer, intervenir, peser.
/ Se livrer à des jeux. SYN. batifoler, s'amuser, se distraire, se divertir – FAMILIER: faire joujou.

jouer *verbe transitif*
/ Risquer quelque chose. SYN. aventurer, compromettre, exposer, hasarder, miser.
/ Interpréter un rôle. SYN. créer, exécuter, incarner, interpréter.
/ Simuler un sentiment. SYN. affecter, feindre.
/ LITTÉRAIRE. Tromper quelqu'un. SYN. berner, duper, feinter, leurrer, mystifier – FAMILIER: flouer, refaire, rouler.

jouer *verbe transitif indirect*
/ Pratiquer un jeu. SYN. s'entraîner, s'exercer.
/ Engager de l'argent sur. SYN. miser, parier, spéculer.
/ Manipuler distraitement. SYN. toucher, tripoter.
/ Exposer à des risques. SYN. aventurer, exposer, hasarder.
/ Tirer parti de. SYN. badiner, rire de – FAMILIER: blaguer.
/ Chercher à se faire passer pour. SYN. contrefaire, mimer, poser – FAMILIER: plastronner, singer.

jouer (se) *verbe pronominal*
/ Ne faire aucun cas de. SYN. jongler avec, mépriser, se moquer de, se rire de – FAMILIER: se ficher de – POPULAIRE: se foutre de.
/ LITTÉRAIRE. Abuser de la confiance de. SYN. attraper, berner, leurrer, mystifier, s'amuser, se payer la tête de, tromper – FAMILIER: se ficher – LITTÉRAIRE: se gausser – POPULAIRE: se foutre, se payer la gueule de.

jouet *nom masculin*
/ Personne victime de. SYN. chose, cible, créature, proie, victime.
/ Objet pour amuser un enfant. SYN. jeu – FAMILIER: joujou.

joueur *adjectif*

/ Qui aime s'amuser. SYN. enjoué, joyeux – LITTÉRAIRE : folâtre.

joufflu *adjectif*

/ Qui a des joues pleines. SYN. bouffi – FAMILIER : dodu – VIEUX : mafflu. CONTR. *décharné* – LITTÉRAIRE : *émacié.*

joug *nom masculin*

/ LITTÉRAIRE. Contrainte matérielle ou morale. SYN. asservissement, carcan, dépendance, domination, esclavage, oppression, servitude – LITTÉRAIRE : assujettissement, astreinte, chaînes, sujétion, tyrannie. CONTR. *affranchissement, émancipation.*

jouir *verbe*

/ Tirer un plaisir de. SYN. goûter, profiter, savourer, se réjouir – LITTÉRAIRE : se délecter. CONTR. *gâcher.*

/ Avoir le bénéfice de. SYN. avoir, bénéficier, disposer, posséder. CONTR. *renoncer* – LITTÉRAIRE : *pâtir, souffrir.*

jouissance *nom féminin*

/ Plaisir intense. SYN. bien-être, délice, plaisir, régal, satisfaction, volupté – LITTÉRAIRE : délectation.

/ Libre disposition de. SYN. possession, usage.

jouisseur *nom*

/ Personne qui jouit de la vie. SYN. bon vivant, épicurien, hédoniste, libertin, sensuel, voluptueux – FAMILIER : noceur – LITTÉRAIRE : sybarite – VIEUX : viveur. CONTR. *ascète, puritain.*

jour *nom masculin*

/ Manière dont une chose se présente. SYN. angle, aspect, éclairage, optique, perspective, point de vue.

/ Clarté venant du Soleil. SYN. lueur, lumière, luminosité. CONTR. *noir, nuit, obscurité* – LITTÉRAIRE : *ténèbres.*

/ Ouverture dans un espace. SYN. fente, fissure.

journal *nom masculin*

/ Publication quotidienne. SYN. brûlot, bulletin, gazette, quotidien – FAMILIER : canard, feuille de chou, torchon – VIEUX : feuille.

/ Actualités à la radio, à la télévision. SYN. actualités, informations, nouvelles.

journellement *adverbe*

/ D'une manière fréquente. SYN. continuellement, quotidiennement, sans interruption, tous les jours – LITTÉRAIRE : continûment. CONTR. *exceptionnellement, jamais, rarement.*

jours *nom masculin pluriel*

/ LITTÉRAIRE. Espace de temps. SYN. époque, existence, heure, moment, période, temps.

joute *nom féminin*

/ LITTÉRAIRE. Lutte de forces. SYN. duel, escarmouche, rivalité – LITTÉRAIRE : combat, tournoi.

jouter *verbe*

/ LITTÉRAIRE. Se mesurer avec. SYN. batailler, disputer, lutter, rivaliser – LITTÉRAIRE : rompre des lances.

jouxtant *adjectif*

/ LITTÉRAIRE. Situé à côté de. SYN. adjacent, attenant, avoisinant, contigu, environnant, limitrophe, mitoyen, proche, voisin – LITTÉRAIRE : circonvoisin. CONTR. *distant, écarté, éloigné, lointain, reculé.*

jouxter *verbe*

/ LITTÉRAIRE. Être situé à côté de. SYN. avoisiner, border.

jovial *adjectif*

/ D'une gaieté souriante. SYN. allègre, enjoué, épanoui, gai, guilleret, hilare, joyeux, réjoui, rieur – VIEUX : gaillard. CONTR. *acariâtre, bilieux, chagrin, ennuyé, maussade, sombre, triste.*

jovialement *adverbe*

/ De façon joviale. SYN. allègrement, gaiement, joyeusement – VIEUX : gaillardement. CONTR. *tristement.*

jovialité *nom féminin*

/ Humeur joviale. SYN. enjouement, gaieté, rondeur. CONTR. – LITTÉRAIRE : *maussaderie.*

joyau *nom masculin*

/ Chose très belle. SYN. bijou, merveille, perle.

joyeusement *adverbe*

/ De façon joyeuse. SYN. allègrement, follement, gaiement, jovialement – VIEUX : gaillardement. CONTR. *péniblement, tristement.*

joyeuseté *nom féminin*

/ FAMILIER. Mot, acte pour rire. SYN. bouffonnerie, farce, plaisanterie –FAMILIER: blague.

joyeux *adjectif*

/ Qui manifeste de la joie. SYN. allègre, enjoué, épanoui, euphorique, gai, gai comme un pinson, guilleret, heureux, hilare, jovial, radieux, ravi, réjoui, riant –LITTÉRAIRE: folâtre. CONTR. *abattu, affligé, boudeur, cafardeux, chagrinant, déchirant, déprimé, douloureux, ennuyé, fâcheux, maussade, mauvais, mélancolique, navrant, noir, pénible, sombre, triste.*

jubilation *nom féminin*

/ Joie intense. SYN. allégresse, euphorie, gaieté, hilarité, joie, réjouissance –LITTÉRAIRE: exultation, liesse. CONTR. *découragement, mélancolie, tristesse.*

jubiler *verbe*

/ Manifester une joie intense. SYN. boire du petit-lait, être aux anges, exulter, jouir, se louer de, se réjouir, triompher –FAMILIER: pavoiser. CONTR. *maugréer, s'affliger, s'attrister, se désespérer, se désoler.*

jucher (se) *verbe*

/ Se mettre sur un endroit élevé. SYN. se nicher, se percher.

judicieusement *adverbe*

/ De façon judicieuse. SYN. intelligemment, pertinemment, rationnellement, sagement, sainement –LITTÉRAIRE: sensément. CONTR. *légèrement.*

judicieux *adjectif*

/ Qui témoigne d'un jugement sain. SYN. approprié, astucieux, droit, éclairé, intelligent, juste, logique, opportun, perspicace, pertinent, raisonnable, rationnel, sage, sensé. CONTR. *aberrant, abracadabrant, absurde, baroque, biscornu, bizarre, boiteux, déraisonnable, fantaisiste, farfelu, hors de propos, illogique, incohérent, inconséquent, insensé, irrationnel, mauvais, saugrenu, stupide* –FAMILIER: *bizarroïde.*

juge *nom masculin*

/ Personne qui juge. SYN. arbitre, critique, expert –LITTÉRAIRE: appréciateur, censeur.

jugement *nom masculin*

/ Décision de justice. SYN. arrêt, ordonnance, sentence, verdict.

/ Activité de l'esprit permettant de juger. SYN. esprit, intelligence, raison.

/ Aptitude à bien juger. SYN. bon sens, clairvoyance, discernement, entendement, esprit de finesse, pénétration, perspicacité, pertinence, sens commun –FAMILIER: jugeote. CONTR. *folie.*

/ Appréciation portée sur. SYN. avis, idée, opinion, point de vue, position, raisonnement, sentiment, vues.

jugeote *nom féminin*

/ FAMILIER. Aptitude à bien juger. SYN. bon sens, discernement, jugement, pertinence, raison, sagacité, sagesse, sens commun.

juger *verbe*

/ Rendre un jugement. SYN. arbitrer, conclure, régler, se prononcer, statuer, trancher.

/ Évaluer la valeur de. SYN. apprécier, départager, évaluer, jauger, mesurer, peser.

/ Porter un jugement sur. SYN. apprécier, considérer, estimer –FAMILIER: cataloguer.

/ Avoir tel avis sur. SYN. croire, envisager, estimer, penser, regarder, trouver, voir.

juger (se) *verbe pronominal*

/ Se considérer comme. SYN. se croire, se sentir, se trouver, se voir, s'estimer.

juguler *verbe*

/ Arrêter un développement. SYN. circonscrire, déjouer, endiguer, enrayer, étouffer, étrangler, freiner, inhiber, maîtriser, mater, paralyser, stopper –LITTÉRAIRE: dompter. CONTR. *laisser, nourrir, perpétuer.*

jurer *verbe intransitif*

/ Proférer des jurons. SYN. blasphémer –VIEUX: sacrer.

/ Être mal assorti avec. SYN. contraster, détonner, hurler, se heurter, trancher –POPULAIRE: gueuler. CONTR. *cadrer, correspondre, s'accorder, s'apparenter, s'associer, s'harmoniser.*

jurer *verbe transitif*

/ Prononcer solennellement. SYN. donner sa parole, prêter serment. CONTR. *être parjure.*

/ Prendre l'engagement de. SYN. décider, décréter, promettre, résoudre, s'engager. CONTR. *manquer à sa promesse.*

/ Affirmer avec vigueur. SYN. affirmer, assurer, attester, certifier, garantir.

juste *adjectif*

- Qui respecte le droit et l'équité. SYN. équitable, impartial, intègre, loyal, objectif –LITTÉRAIRE: probe. CONTR. *abusif, arbitraire, illégal, illégitime, inéquitable, inique, injuste, insensé, mauvais, odieux, partial, tyrannique.*
- Qui apparaît fondé. SYN. fondé, judicieux, justifié, légitime, mérité, pertinent, raisonnable, rationnel, sensé. CONTR. *absurde, anormal, déplacé, hasardé, illégitime, illogique, immérité, incohérent, indu.*
- Qui fonctionne avec précision. SYN. exact, précis, rigoureux, sûr, vrai. CONTR. *approximatif, défectueux, désaccordé, faussé, faux, imprécis, inexact.*
- Conforme à la réalité. SYN. approprié, avéré, correct, logique, propre. CONTR. *boiteux, captieux, caricatural, erroné, faux, impropre, inadéquat, incorrect* –LITTÉRAIRE: *controuvé.*
- Trop étroit. SYN. ajusté, collant, étriqué, étroit, petit, serré. CONTR. *ample, flottant, lâche, large, vague.*
- Qui est à peine suffisant. SYN. insuffisant, maigre, mesuré, parcimonieux, pauvre –FAMILIER: court, jeune, tangent. CONTR. *plantureux, suffisant.*

justement *adverbe*

- Avec justice. SYN. à bon droit, à juste titre, dûment, équitablement, légitimement. CONTR. *indûment, injustement* –LITTÉRAIRE: *inéquitablement.*
- D'une manière exacte. SYN. correctement, exactement, pertinemment.
- Par coïncidence. SYN. même, précisément.

justesse *nom féminin*

- Qualité d'un mécanisme bien réglé. SYN. précision. CONTR. *fausseté, imprécision.*
- Précision de l'expression. SYN. authenticité, correction, exactitude, pertinence, propriété, vérité. CONTR. *impropriété.*
- Exactitude d'un organe sensoriel. SYN. acuité, fidélité, finesse, sûreté. CONTR. *approximation.*
- Manière d'agir sans erreur ni écart. SYN. bien-fondé, bon sens, impartialité, logique, opportunité, rectitude, rigueur. CONTR. *incohérence, partialité.*

justice *nom féminin*

- Principe moral. SYN. droit, légalité, loi. CONTR. *injustice.*
- Caractère juste. SYN. bien-fondé, droiture, équité, impartialité, intégrité, légitimité. CONTR. *abus, arbitraire, iniquité, injustice, partialité, subjectivité.*

justifiable *adjectif*

- Qui peut être justifié. SYN. défendable, excusable, explicable, soutenable. CONTR. *indéfendable, inexcusable, inexplicable, injustifiable.*

justification *nom féminin*

- Action de justifier. SYN. apologie, défense, établissement, excuse, explication, fondement, légitimation. CONTR. *accusation, attaque, charge, infirmation.*

justifié *adjectif*

- Dont la nécessité est établie. SYN. fondé, juste, légitime. CONTR. *arbitraire, erroné, faux, gratuit, illégitime, infondé, irréfléchi, vain.*

justifier *verbe*

- Défendre d'une accusation. SYN. blanchir, décharger, défendre, disculper, excuser, innocenter, laver, sauver. CONTR. *accuser, calomnier, charger.*
- Établir le bien-fondé de. SYN. autoriser, entériner, fonder, légitimer, motiver, permettre, prouver, vérifier.

justifier (se) *verbe pronominal*

- Réfuter une allégation. SYN. se défendre, s'expliquer.

juteux *adjectif*

- Qui rend du jus. SYN. fondant. CONTR. *desséché, racorni, sec.*
- POPULAIRE. Qui rapporte beaucoup. SYN. fructueux, lucratif, rémunérateur, rentable.

juvénile *adjectif*

- Propre à la jeunesse. SYN. jeune. CONTR. *décati, déliquescent, flétri, sénile, vieux.*

juxtaposer *verbe*

- Placer côte à côte. SYN. accoler, joindre, rapprocher, réunir. CONTR. *détacher, disjoindre, espacer, séparer.*

K.-O. *adjectif*

- Épuisé par un effort. SYN. à plat, anéanti, brisé, épuisé, exténué, fourbu, mort de fatigue, recru, rendu, rompu –FAMILIER: achevé, cassé, claqué, éreinté, esquinté, fini, flapi, H.S., lessivé, mort, pompé, raplapla, sur les genoux, tué, vanné, vidé –POPULAIRE: crevé, sur les rotules. CONTR. *dispos, frais, frais et dispos, reposé* –FAMILIER: *en forme, en pleine forme, frais comme un gardon, frais comme une rose, increvable* –VIEUX: *gaillard.*

kidnapper *verbe*

/ FAMILIER. Voler subrepticement. SYN. escamoter, soustraire –FAMILIER: barboter, chiper, piquer, subtiliser –LITTÉRAIRE: dérober, ravir –POPULAIRE: faucher.

kidnapping *nom masculin*

/ Fait d'enlever quelqu'un. SYN. enlèvement, rapt.

kobold *nom masculin*

/ Génie familier. SYN. djinn, elfe, esprit follet, farfadet, gnome, korrigan, troll.

krach *nom masculin*

/ Désastre financier. SYN. banqueroute, débâcle, effondrement, faillite –FAMILIER: dégringolade. CONTR. *boom, envolée.*

kyrielle *nom féminin*

/ Grande quantité. SYN. armée, avalanche, bataillon, cascade, chapelet, déluge, flot, foule, grêle, infinité, légion, masse, monceau, montagne, multitude, myriade, nuée, pléiade, quantité, série, succession, suite, tas –FAMILIER: armada, bordée, cargaison, flopée, foultitude, paquet, pelletée, régiment, ribambelle, tripotée –LITTÉRAIRE: averse, essaim, séquelle. CONTR. *atome, bribe, brin, doigt, goutte, grain, gramme, larme, lueur, miette, nuage, once, parcelle, peu, pointe, soupçon, trace* –LITTÉRAIRE: *liard, ombre, trait* –POPULAIRE: *chouia.*

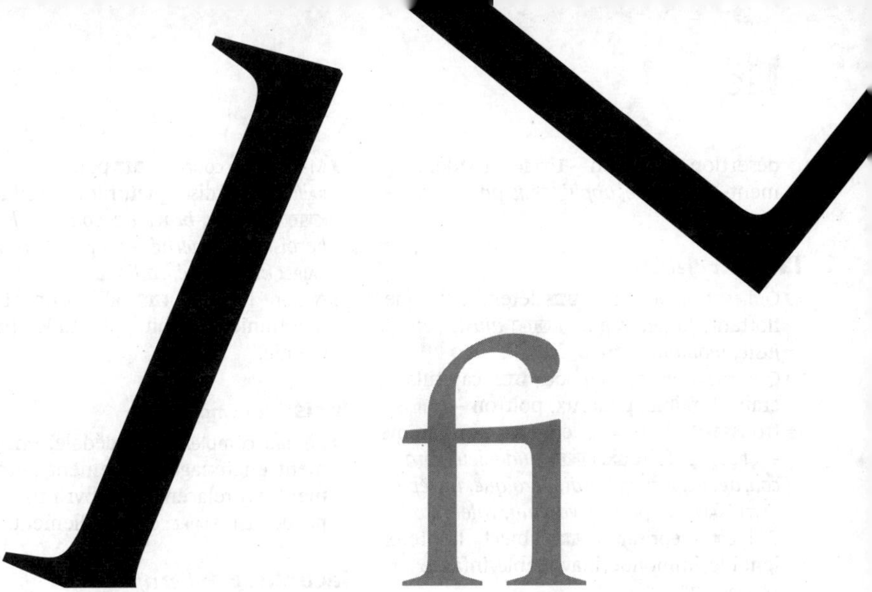

fi forme de la ligature f i

label *nom masculin*

/ Marque d'un produit. SYN. cachet, étiquette, marque.

labeur *nom masculin*

/ LITTÉRAIRE. Travail pénible. SYN. besogne, œuvre, ouvrage, peine, tâche, travail. CONTR. *inaction, inactivité, oisiveté, récréation, repos.*

laborieusement *adverbe*

/ De façon laborieuse. SYN. difficilement, malaisément, péniblement. CONTR. *aisément, facilement, sans difficulté, sans encombre* – FAMILIER: *les doigts dans le nez.*

laborieux *adjectif*

/ LITTÉRAIRE. Qui travaille beaucoup. SYN. actif, appliqué, studieux, travailleur – FAMILIER: bûcheur – LITTÉRAIRE: diligent, industrieux, vaillant – POPULAIRE: polard. CONTR. *fainéant, inactif, indolent, inoccupé, oisif, paresseux* – FAMILIER: *cossard, faignant, feignant, flemmard.*

/ Qui coûte beaucoup d'efforts. SYN. difficile, dur, pénible. CONTR. *aisé, facile, simple.*

/ Qui manque de vivacité. SYN. épais, lourd, pesant, rocailleux – LITTÉRAIRE: raboteux. CONTR. *alerte, vif.*

/ LITTÉRAIRE. Consacré au travail. SYN. actif, appliqué – LITTÉRAIRE: diligent. CONTR. *inoccupé, oisif, paresseux.*

labourer *verbe*

/ Travailler la terre. SYN. bêcher, piocher, retourner.

/ Creuser profondément le sol. SYN. bouleverser, creuser, défoncer, entailler.

/ Marquer une partie du corps. SYN. déchirer, lacérer, taillader – LITTÉRAIRE: sillonner.

labyrinthe *nom masculin*

/ Réseau compliqué de chemins. SYN. dédale, écheveau, lacis, méandre.

/ Complication inextricable. SYN. dédale, enchevêtrement, imbroglio, lacis, maquis. CONTR. *clarté, simplicité.*

labyrinthique *adjectif*

/ LITTÉRAIRE. Très compliqué. SYN. complexe, compliqué, confus, dédaléen, embrouillé, emmêlé, enchevêtré, inextricable – FAMILIER: entortillé. CONTR. *clair, net, simple.*

lacer *verbe*

/ Serrer avec un lacet. SYN. attacher, lier, nouer. CONTR. *délacer, délier, dénouer, détacher.*

lacérer *verbe*

/ Faire des entailles. SYN. déchiqueter, déchirer, dilacérer, entailler, hacher, labourer, taillader.

lacet *nom masculin*

/ Tracé sinueux. SYN. détour, méandre, tournant, zigzag.

lâchage *nom masculin*

/ FAMILIER. Fait d'abandonner quelqu'un. SYN. abandon, défection, démission, dérobade, désertion, trahison –LITTÉRAIRE: délaissement. CONTR. *aide, appui, assistance, secours, soutien.*

lâche *adjectif*

/ Qui est trop peu serré. SYN. détendu, flasque, flottant, large, vague. CONTR. *ajusté, étroit, juste, moulant, serré.*

/ Qui manque de courage. SYN. capitulard, craintif, faible, peureux, poltron –FAMILIER: froussard –LITTÉRAIRE: couard, pusillanime –POPULAIRE: foireux. CONTR. *audacieux, brave, courageux, ferme, hardi, héroïque, intrépide* –LITTÉRAIRE: *impavide, vaillant, valeureux.*

/ Qui est méprisable. SYN. abject, honteux, ignoble, immonde, inavouable, infâme –LITTÉRAIRE: vil.

lâche *nom*

/ Personne lâche. SYN. faible, peureux, pleutre, poltron –FAMILIER: femmelette, froussard, mauviette, poule mouillée –LITTÉRAIRE: couard –POPULAIRE: couille molle, dégonflé, trouillard –VIEUX: capon. CONTR. *audacieux, brave, courageux, intrépide* –FAMILIER: *risque-tout.*

lâchement *adverbe*

/ D'une façon lâche. SYN. indignement, peureusement. CONTR. *courageusement, héroïquement, vaillamment* –LITTÉRAIRE: *bravement, valeureusement.*

lâcher *verbe intransitif*

/ Céder brusquement. SYN. casser, céder, craquer, se casser, se rompre –LITTÉRAIRE: rompre.

lâcher *verbe transitif*

/ Rendre moins tendu. SYN. débander, desserrer, détendre, relâcher. CONTR. *serrer, tendre.*

/ Cesser de retenir. SYN. laisser échapper, laisser filer. CONTR. *agripper, attraper, empoigner, saisir, se cramponner, se raccrocher, tenir.*

/ Lancer sur une cible. SYN. déverser, jeter, lancer, larguer –FAMILIER: balancer.

/ FAMILIER. Ne plus se soucier de. SYN. abandonner, délaisser, laisser, laisser tomber, oublier, quitter, renoncer, trahir –FAMILIER: larguer, planter, plaquer –LITTÉRAIRE: résigner. CONTR. *aider, appuyer, seconder.*

lâcheté *nom féminin*

/ Manque de fermeté. SYN. abdication, démission, faiblesse, inertie, mollesse, veulerie.

/ Manque de courage. SYN. poltronnerie –LITTÉRAIRE: couardise, pleutrerie, pusillanimité. CONTR. *audace, bravoure, courage, hardiesse, héroïsme, témérité* –FAMILIER: *cran* –LITTÉRAIRE: *intrépidité, vaillance, valeur.*

/ Action indigne. SYN. abjection, bassesse, ignominie, indignité, platitude –LITTÉRAIRE: vilenie.

lacis *nom masculin*

/ Réseau complexe. SYN. dédale, enchevêtrement, engrenage, enlacement, entrecroisement, entrelacement, labyrinthe, maquis, nœud –LITTÉRAIRE: entremêlement.

laconique *adjectif*

/ Qui s'exprime en peu de mots. SYN. bref, concis, court, elliptique, lapidaire, ramassé, succinct, télégraphique –LITTÉRAIRE: compendieux. CONTR. *bavard, diffus, long, prolixe, redondant, touffu, verbeux.*

laconiquement *adverbe*

/ De façon laconique. SYN. brièvement, succinctement. CONTR. *beaucoup, longuement.*

laconisme *nom masculin*

/ Façon de parler laconique. SYN. brièveté, concision, sobriété. CONTR. *longueur, redondance, verbiage* –FAMILIER: *bagou, bagout, délayage* –LITTÉRAIRE: *faconde, loquacité, prolixité, verbosité.*

lacté *adjectif*

/ LITTÉRAIRE. Blanc comme le lait. SYN. blanc, blanchâtre, laiteux –LITTÉRAIRE: lactescent.

lactescent *adjectif*

/ LITTÉRAIRE. D'un blanc laiteux. SYN. blanc, blanchâtre, laiteux –LITTÉRAIRE: lacté.

lacunaire *adjectif*

/ Qui présente des lacunes. SYN. incomplet, insuffisant, partiel –LITTÉRAIRE: lacuneux. CONTR. *complet, exhaustif.*

lacune *nom féminin*

/ Manque dans un tout. SYN. hiatus, interruption, omission, trou, vide.

/ Insuffisance dans un domaine. SYN. carence, défectuosité, déficience, faille, ignorance, insuffisance, manque, point faible.

lacuneux *adjectif*

/ LITTÉRAIRE. Qui comporte des lacunes. SYN. incomplet, insuffisant, lacunaire, partiel. CONTR. *complet, exhaustif.*

ladre *adjectif*

/ LITTÉRAIRE. Très avare. SYN. avare, thésauriseur – FAMILIER: chiche, chien, pingre, radin, rapiat, rat – LITTÉRAIRE: avaricieux, lésineur. CONTR. *charitable, dépensier, dilapidateur, gaspilleur, généreux, large, prodigue* – LITTÉRAIRE: *dissipateur, libéral.*

ladre *nom*

/ LITTÉRAIRE. Personne avare. SYN. avare, thésauriseur – FAMILIER: grigou, grippe-sou, radin, rapiat, rat – LITTÉRAIRE: harpagon, lésineur. CONTR. *dépensier, dilapidateur, gaspilleur* – FAMILIER: *panier percé* – LITTÉRAIRE: *dissipateur.*

ladrerie *nom féminin*

/ LITTÉRAIRE. Fait d'être avare. SYN. avarice – FAMILIER: chiennerie, pingrerie, radinerie, radinisme – LITTÉRAIRE: lésine, lésinerie. CONTR. *charité, générosité, libéralité, prodigalité* – LITTÉRAIRE: *largesse.*

laid *adjectif*

/ Qui heurte l'idée du beau. SYN. affreux, contrefait, difforme, disgracié, disgracieux, hideux, horrible, inesthétique, informe, ingrat, monstrueux, vilain – FAMILIER: moche. CONTR. *agréable, beau, charmant, élégant, esthétique, gracieux, harmonieux, joli, ravissant, splendide, superbe.*

/ Qui s'écarte de la morale. SYN. abject, bas, dégoûtant, honteux, horrible, ignoble, infâme, mal, révoltant – LITTÉRAIRE: vil. CONTR. *bien, bon, édifiant, exemplaire, honorable, noble.*

laidement *adverbe*

/ De façon laide. SYN. affreusement, bassement, désagréablement, hideusement, horriblement, mal – LITTÉRAIRE: vilainement, vilement.

laideron *nom masculin*

/ Jeune femme laide. SYN. monstre – FAMILIER: guenon, horreur – POPULAIRE: mocheté. CONTR. *beauté* – LITTÉRAIRE: *nymphe, vénus.*

laideur *nom féminin*

/ Caractère laid. SYN. difformité, disgrâce – LITTÉRAIRE: hideur. CONTR. *agrément, beauté, charme, élégance, esthétique, grâce, harmonie* – LITTÉRAIRE: *joliesse.*

/ Caractère abject. SYN. abjection, bassesse, ignominie, infamie, vice – LITTÉRAIRE: horreur, turpitude, vilenie. CONTR. *dignité, noblesse.*

laie *nom féminin*

/ Chemin forestier. SYN. allée, chemin, layon, ligne, sentier – LITTÉRAIRE: sente.

laine *nom féminin*

/ Vêtement en laine. SYN. chandail, lainage, pull, pull-over, tricot.

laisser *verbe*

/ Déposer une chose quelque part. SYN. confier, déposer, mettre, placer, se décharger de.

/ Accepter de vendre. SYN. céder, donner, offrir, réserver, solder, vendre. CONTR. *s'emparer.*

/ Abandonner volontairement. SYN. abandonner, abjurer, quitter, renoncer, sacrifier – FAMILIER: lâcher – LITTÉRAIRE: immoler. CONTR. *accompagner, continuer, s'acharner, s'adonner.*

laisser-aller *nom masculin*

/ Négligence dans l'apparence. SYN. débraillé, négligé, relâchement. CONTR. *coquetterie, distinction, élégance, raffinement, recherche, réserve, retenue, soin.*

/ Relâchement dans la conduite. SYN. abandon, désinvolture, désordre, incurie, indolence, inertie, insouciance, légèreté, liberté, mollesse, négligence, relâchement – LITTÉRAIRE: débridement, inapplication. CONTR. *application, assiduité, raideur, rigidité, zèle* – LITTÉRAIRE: *cérémonie, diligence.*

laissez-passer *nom masculin*

/ Permis de circuler. SYN. autorisation, coupe-file, passavant, sauf-conduit.

laiteux *adjectif*

/ Qui ressemble au lait. SYN. blanc, blanchâtre – LITTÉRAIRE: lacté, lactescent.

laïus *nom masculin*

/ FAMILIER. Discours ennuyeux. SYN. allocution, bavardage, discours, dissertation, phrases – FAMILIER: baratin, harangue, speech, tartine, topo – LITTÉRAIRE: homélie – VIEUX: jus.

laïusser *verbe*

/ FAMILIER. Faire un laïus. SYN. discourir, disserter, épiloguer, haranguer, palabrer, pérorer – FAMILIER: baratiner, discutailler, disputailler, pontifier.

laïusseur *nom*

/ FAMILIER. Personne qui aimer parler. SYN. bavard, discoureur, phraseur –FAMILIER: baratineur, pie –LITTÉRAIRE: péroreur.

lambeau *nom masculin*

/ Morceau de tissu. SYN. chiffon, haillon, loque –LITTÉRAIRE: guenille –VIEUX: chiffe.

/ Partie détachée d'un tout. SYN. bout, bribe, débris, fragment, morceau, parcelle, portion.

lambin *adjectif*

/ FAMILIER. Qui agit avec lenteur. SYN. indolent, lent, mollasson, mou, nonchalant, paresseux –FAMILIER: gnangnan, gniangnian, mollasse. CONTR. *dynamique, expéditif, impétueux, rapide, vif, vite.*

lambiner *verbe*

/ FAMILIER. Agir avec lenteur. SYN. flâner, musarder, paresser, s'amuser, s'attarder, tarder, traîner –FAMILIER: lanterner, lézarder, s'éterniser, tirer sa flemme, traînailler, traînasser –LITTÉRAIRE: muser –POPULAIRE: tirer au cul, tirer au flanc. CONTR. *accourir, s'activer, s'affairer, se démener, se dépêcher, se dépenser, se fatiguer, se hâter, se remuer, s'empresser* –FAMILIER: *s'agiter, se tuer* –POPULAIRE: *se grouiller, se magner, se manier.*

lame *nom féminin*

/ Morceau de métal plat. SYN. feuille, feuillet, lamelle, plaque, plaquette.

/ Surélévation de l'eau. SYN. onde, vague.

lamentable *adjectif*

/ Qui inspire de la pitié. SYN. malheureux, misérable, pauvre, pitoyable.

/ LITTÉRAIRE. Qui exprime une lamentation. SYN. éploré, gémissant, plaintif.

/ Mauvais à faire pitié. SYN. affligeant, affreux, catastrophique, désolant, faible, horrible, mauvais, minable, navrant, piètre, piteux, triste –FAMILIER: déplorable. CONTR. *bon, brillant, parfait, remarquable, superbe* –FAMILIER: *épatant.*

lamentablement *adverbe*

/ De façon lamentable. SYN. piteusement –LITTÉRAIRE: piètrement. CONTR. *triomphalement.*

lamentation *nom féminin*

/ Plainte prolongée. SYN. doléance, geignement, gémissement, murmure, plainte, pleurnichement, pleurnicherie –FAMILIER: jérémiade –LITTÉRAIRE: pleur.

lamenter (se) *verbe pronominal*

/ Se plaindre de son sort. SYN. geindre, gémir, murmurer, récriminer, se désoler –FAMILIER: pleurnicher –LITTÉRAIRE: pleurer. CONTR. *jubiler, se réjouir.*

lampée *nom féminin*

/ FAMILIER. Quantité de liquide avalé. SYN. gorgée, rasade, trait –FAMILIER: coup –VIEUX: goulée.

lamper *verbe*

/ FAMILIER. Boire à grands traits. SYN. boire, ingurgiter –FAMILIER: s'enfiler, siffler –POPULAIRE: s'envoyer.

lancée *nom féminin*

/ Élan pris par quelqu'un. SYN. élan, impulsion, mouvement.

lancement *nom masculin*

/ Action de lancer. SYN. jet, lancer, tir.

/ Fait de sortir un produit. SYN. ouverture, parution, publication, sortie.

lancer *verbe*

/ Envoyer quelque chose. SYN. catapulter, jeter, lâcher –FAMILIER: balancer, flanquer.

/ Projeter hors de soi. SYN. cracher, éjecter, émettre, projeter, rejeter, répandre –LITTÉRAIRE: darder, éructer.

/ Faire connaître quelque chose. SYN. créer, déclencher, introduire, ouvrir la voie, parrainer, patronner, porter, pousser, promouvoir –FAMILIER: démarrer –VIEUX: innover.

lancer (se) *verbe pronominal*

/ Se jeter quelque part. SYN. sauter, se jeter, se précipiter, s'élancer.

/ Ne plus hésiter à agir. SYN. s'aventurer, se jeter, se risquer. CONTR. *hésiter* –FAMILIER: *se tâter.*

/ S'engager dans une action. SYN. commencer, débuter, entamer, entreprendre, s'attaquer, s'atteler, se mettre à, s'embarquer, s'engager –FAMILIER: démarrer. CONTR. *abandonner, renoncer.*

lancinant *adjectif*

/ Qui obsède. SYN. agaçant, cuisant, douloureux, énervant, harcelant, obsédant, tracassant –FAMILIER: crispant.

lanciner *verbe*

/ Tourmenter quelqu'un. SYN. bourreler, hanter, obnubiler, obséder, poursuivre, préoccuper, ronger, taquiner, tenailler, tourmenter, tracasser, travailler –FAMILIER: turlupiner.

langage *nom masculin*

/ Capacité de s'exprimer. SYN. parler, parole.
/ Système structuré de signes. SYN. dialecte, idiome, langue.
/ Parler propre à un groupe. SYN. argot, jargon, lexique, style, terminologie, vocabulaire.

langoureusement *adverbe*

/ De façon langoureuse. SYN. mollement, nonchalamment –LITTÉRAIRE: languissamment. CONTR. *énergiquement.*

langoureux *adjectif*

/ Qui exprime la langueur. SYN. indolent, languissant, nonchalant –LITTÉRAIRE: alangui, languide, mourant. CONTR. *énergique, pétulant, vif.*

langue *nom féminin*

/ Système de signes vocaux. SYN. dialecte, idiome, langage, parler.
/ Parler d'un groupe social. SYN. argot, jargon, langage, lexique, terminologie, vocabulaire.
/ LITTÉRAIRE. Style propre à un artiste. SYN. manière, patte, phraséologie, plume, style.

langueur *nom féminin*

/ Profond abattement. SYN. apathie, dépérissement, épuisement, étiolement, indolence, lassitude, léthargie, mélancolie, nonchalance, paresse –LITTÉRAIRE: alanguissement, morbidesse, prostration –VIEUX: étisie. CONTR. *allant, ardeur, chaleur, dynamisme, élan, énergie, enthousiasme, entrain, nerf, pétulance, ressort, vigueur, vitalité* –LITTÉRAIRE: *alacrité, vivacité.*
/ Ralentissement d'une activité. SYN. affaissement, apathie, atonie, dépérissement, engourdissement, léthargie, marasme, mollesse, stagnation, torpeur –LITTÉRAIRE: assoupissement, somnolence. CONTR. *agitation, animation, prospérité.*

languide *adjectif*

/ LITTÉRAIRE. Qui exprime la langueur. SYN. indolent, langoureux, languissant, nonchalant –LITTÉRAIRE: alangui, mourant.

languir *verbe*

/ LITTÉRAIRE. Souffrir et dépérir. SYN. se faner, se morfondre, s'ennuyer, s'étioler, végéter –FAMILIER: moisir –LITTÉRAIRE: se consumer.
/ Traîner en longueur. SYN. piétiner, vivoter.

languissamment *adverbe*

/ LITTÉRAIRE. De façon languissante. SYN. langoureusement, nonchalamment, paresseusement.

languissant *adjectif*

/ LITTÉRAIRE. Qui se languit d'amour. SYN. alangui, langoureux, tendre –LITTÉRAIRE: languide.
/ Qui manque d'énergie. SYN. amorphe, fade, indolent, langoureux, léthargique, lymphatique, mou, nonchalant, paresseux, traînant –FAMILIER: fadasse –LITTÉRAIRE: alangui, languide, mourant, torpide. CONTR. *agité, allègre, ardent, endiablé, survolté.*

lanière *nom féminin*

/ Longue bande de cuir. SYN. bretelle, courroie, guide, longe, rêne.

lanterner *verbe*

/ FAMILIER. Perdre son temps. SYN. dormir, flâner, musarder, paresser, s'amuser, s'attarder, tarder, traîner –FAMILIER: baguenauder, lambiner, lézarder, s'éterniser, traînailler, traînasser –LITTÉRAIRE: muser. CONTR. *s'affairer, se démener, se dépêcher, se dépenser, se fatiguer, se hâter, se remuer* –FAMILIER: *s'activer, s'agiter, se tuer* –POPULAIRE: *se grouiller, se magner, se manier.*
/ FAMILIER. Attendre longtemps. SYN. atermoyer –FAMILIER: mariner, mijoter, moisir, poireauter.

lapalissade *nom féminin*

/ Affirmation évidente. SYN. évidence, tautologie, truisme, vérité de La Palice.

lapidaire *adjectif*

/ D'une concision brutale. SYN. bref, concis, dense, laconique, succinct, télégraphique –LITTÉRAIRE: compendieux. CONTR. *diffus, filandreux, prolixe, verbeux.*

laquais *nom masculin*

/ LITTÉRAIRE. Personne servile. SYN. esclave, valet –FAMILIER: chien, larbin.

larbin *nom masculin*

/ FAMILIER. Personne servile. SYN. esclave, valet –FAMILIER: chien –LITTÉRAIRE: laquais.

larcin *nom masculin*

/ Petit vol. SYN. filoutage, maraudage, maraude, vol –FAMILIER: chapardage –LITTÉRAIRE: rapine –POPULAIRE: barbotage, fauche.

larder *verbe*

/ Introduire en nombre dans. SYN. entrelarder, entremêler, farcir, parsemer, truffer –LITTÉRAIRE: semer.

lardon *nom masculin*

/ POPULAIRE. Petit enfant. SYN. bambin, bébé, gamin, gamine, petit –FAMILIER: bout de chou, bout de zan, gosse, marmot, mioche, moustique, moutard, petiot, petiote, pitchoun, pitchounet, poussin, tête blonde –POPULAIRE: chiard, loupiot, loupiote, môme, morpion, mouflet –VIEUX: marmouset.

large *adjectif*

/ Qui occupe un vaste espace. SYN. démesuré, énorme, étendu, gigantesque, spacieux, volumineux –LITTÉRAIRE: vaste. CONTR. *étranglé, étroit, exigu, microscopique, mince, minuscule, petit, resserré* –FAMILIER: *rikiki, riquiqui.*

/ Se dit d'un vêtement ample. SYN. ample, confortable, flou, lâche, vague. CONTR. *ajusté, collant, étriqué, juste, moulant, rétréci, serré.*

/ Qui est important. SYN. abondant, ample, appréciable, considérable, étendu, fort, grand. CONTR. *inappréciable, léger, limité, modeste, négligeable, réduit, restreint.*

/ Qui donne généreusement. SYN. dépensier, généreux, prodigue –LITTÉRAIRE: libéral. CONTR. *avare, économe, parcimonieux, regardant* –FAMILIER: *chiche, chien, pingre, radin, rapiat, rat* –LITTÉRAIRE: *avaricieux, ladre, lésineur.*

/ Qui a un esprit ouvert. SYN. complaisant, compréhensif, coulant, libéral, ouvert, relâché –FAMILIER: élastique. CONTR. *absolu, autoritaire, borné, chauvin, cocardier, doctrinaire, exclusif, formaliste, intolérant, intraitable, mesquin, rigoureux, scrupuleux, sectaire, sévère, strict* –LITTÉRAIRE: *raide.*

large *adverbe*

/ En estimant à plus. SYN. fastueusement, généreusement, grand, largement. CONTR. *chichement, petitement.*

largement *adverbe*

/ De façon abondante. SYN. à discrétion, à flots, à foison, à la pelle, à profusion, à satiété, à souhait, à volonté, abondamment, amplement, beaucoup, considérablement, copieusement, en quantité, en veux-tu en voilà, énormément, généreusement, grassement –FAMILIER: à gogo, à revendre, à tire-larigot, en pagaille, jusqu'à plus soif –LITTÉRAIRE: à l'envi. CONTR. *chichement, mal, mesquinement, parcimonieusement, petitement.*

/ D'une manière importante. SYN. amplement, considérablement, énormément, grandement, pleinement. CONTR. *à peine, faiblement, guère, légèrement, peu.*

largesse *nom féminin*

/ LITTÉRAIRE. Fait d'être généreux. SYN. générosité, libéralité, prodigalité –LITTÉRAIRE: magnificence, munificence. CONTR. *avarice, économie, mesquinerie, parcimonie* –FAMILIER: *pingrerie, radinerie, radinisme* –LITTÉRAIRE: *cupidité, ladrerie, lésine, lésinerie, rapacité.*

largeur *nom féminin*

/ Dimension d'un objet. SYN. carrure, envergure, étendue.

/ Ouverture d'esprit. SYN. ampleur, ouverture –LITTÉRAIRE: élévation. CONTR. *étroitesse, pauvreté.*

larguer *verbe*

/ FAMILIER. Laisser derrière soi. SYN. abandonner, laisser tomber, quitter –FAMILIER: lâcher, laisser en plan, planter, plaquer.

larme *nom féminin*

/ Petite quantité d'un liquide. SYN. doigt, filet, goutte, nuage, once, pointe, soupçon, teinte, trace –LITTÉRAIRE: ombre, trait –POPULAIRE: chouia. CONTR. *avalanche, cascade, déluge, flot, flux, pluie, torrent* –FAMILIER: *paquet* –LITTÉRAIRE: *averse, océan.*

larmoyant *adjectif*

/ Accompagné de pleurs. SYN. éploré, pleurant –FAMILIER: pleurard, pleurnicheur. CONTR. *gai, joyeux, réjoui, riant.*

larmoyer *verbe*

/ Se lamenter sur quelque chose. SYN. geindre, gémir, pleurer, se lamenter, se plaindre –FAMILIER: pleurnicher.

larvé *adjectif*

/ Qui n'est pas encore exprimé. SYN. caché, latent, masqué, occulte, secret, sourd, sous-jacent, souterrain.

las *adjectif*

/ Qui est très fatigué. SYN. brisé, épuisé, exténué, fatigué, fourbu, harassé, mort de fatigue, recru, rendu, rompu –FAMILIER: cassé, claqué, éreinté, flapi, H.S., lessivé, raplapla, vanné, vidé –POPULAIRE: crevé. CONTR. *dispos, frais, reposé, solide, vigoureux* –VIEUX: *gaillard.*

lascar *nom masculin*

/ FAMILIER. Individu qui joue des tours. SYN. phénomène, vaurien, voyou, zigoto –FAMILIER: gaillard, loustic, numéro, pistolet, zèbre –LITTÉRAIRE: drôle –VIEUX: galapiat, garnement, mâtin.

/ FAMILIER. Enfant malin. SYN. chenapan, galopin, garnement, polisson –FAMILIER: affreux jojo, brigand, diable, filou, fripon, petite peste –VIEUX: galapiat.

lascif *adjectif*

/ Qui incite à la sensualité. SYN. érotique, luxurieux, paillard, sensuel, voluptueux –FAMILIER: chaud –LITTÉRAIRE: libidineux, salace. CONTR. *chaste, froid, platonique, prude, pur.*

lasciveté ou **lascivité** *nom féminin*

/ LITTÉRAIRE. Caractère lascif. SYN. érotisme, luxure, sensualité, volupté –LITTÉRAIRE: impudicité.

lassant *adjectif*

/ Qui lasse par sa répétition. SYN. décourageant, ennuyeux, épuisant, fastidieux, fatigant, harassant, monotone, mortel –FAMILIER: assommant, barbant, embêtant, empoisonnant, enquiquinant, éreintant, rasant, rasoir, soûlant –POPULAIRE: emmerdant, suant. CONTR. *encourageant, intéressant* –FAMILIER: *folichon.*

lassé *adjectif*

/ Qui est devenu las. SYN. blasé, dégoûté, désabusé, fatigué, harassé, las –FAMILIER: écœuré.

lasser *verbe*

/ Fatiguer quelqu'un. SYN. briser, épuiser, exténuer, fatiguer –FAMILIER: éreinter, esquinter, vanner. CONTR. *délasser, détendre, reposer.*

/ Provoquer de l'ennui. SYN. assommer, excéder –FAMILIER: barber, bassiner, enquiquiner, raser –LITTÉRAIRE: importuner. CONTR. *amuser, distraire, divertir, égayer, réjouir.*

/ Démoraliser quelqu'un. SYN. abattre, blaser, décourager, dégoûter, rebuter, vaincre. CONTR. *aiguillonner, encourager, exciter, fouetter, intéresser, piquer, stimuler.*

lassitude *nom féminin*

/ Grande fatigue physique. SYN. accablement, épuisement, fatigue, langueur –FAMILIER: éreintement. CONTR. *allant, bien-être, énergie, vitalité* –FAMILIER: *forme.*

/ Grande fatigue morale. SYN. accablement, découragement, dégoût, démoralisation, dépression, ennui, langueur –FAMILIER: écœurement –LITTÉRAIRE: brisement. CONTR. *élan, enthousiasme, entrain, exaltation, joie.*

latent *adjectif*

/ Qui existe sans être apparent. SYN. caché, inapparent, inexprimé, informulé, larvé, masqué, occulte, secret, sourd, sournois, sous-jacent, souterrain, virtuel –LITTÉRAIRE: dormant. CONTR. *apparent, flagrant, manifeste, notoire, ostensible, ouvert, patent, public.*

latitude *nom féminin*

/ Faculté d'agir à son gré. SYN. choix, faculté, liberté, loisir, marge, pouvoir.

lato sensu *locution adverbiale*

/ Au sens large. CONTR. *à la lettre, à proprement parler, au sens strict, littéralement, stricto sensu, textuellement.*

latrines *nom féminin pluriel*

/ Lieux d'aisances dans un camp. SYN. cabinets, feuillées, petits coins, W.-C., water-closet, waters –FAMILIER: tinette, vécés –POPULAIRE: chiottes, gogues.

laudateur *nom*

/ LITTÉRAIRE. Personne qui fait un éloge. SYN. apologiste, bénisseur, flatteur, panégyriste –LITTÉRAIRE: adulateur, complimenteur, encenseur, flagorneur, louangeur, thuriféraire. CONTR. *critique, dénigreur, dépréciateur, détracteur* –LITTÉRAIRE: *censeur, contempteur.*

laudatif *adjectif*

/ Qui loue. SYN. dithyrambique, élogieux, flatteur, louangeur –LITTÉRAIRE: complimenteur. CONTR. *calomnieux, critique, dénigrant, dépréciateur, dépréciatif, désapprobateur, offensant, rabaissant* –LITTÉRAIRE: *improbateur.*

lavabos *nom masculin pluriel*

/ Lieu réservé aux besoins naturels. SYN. cabinets, petits coins, toilettes, W.-C., water-closets, waters –FAMILIER: pipi-room, vécés –POPULAIRE: chiottes, goguenots, gogues –VIEUX: commodités, garde-robe, lieux d'aisances.

lavage *nom masculin*

/ Action de laver. SYN. blanchissage, lessivage, lessive, nettoyage.

laver *verbe*

/ Nettoyer avec de l'eau. SYN. blanchir, décrasser, lessiver, nettoyer. CONTR. *barbouiller, encrasser, maculer, salir, tacher* –LITTÉRAIRE: *souiller.*

/ Prouver l'innocence de. SYN. décharger, disculper, innocenter, justifier, réhabiliter. CONTR. *accuser, calomnier, charger* –LITTÉRAIRE: *noircir.*

/ Nettoyer le corps. SYN. baigner, débarbouiller, décrasser, doucher, toiletter.

laver (se) *verbe pronominal*

/ Se nettoyer le corps. SYN. faire sa toilette, se débarbouiller, se décrasser, se nettoyer –FAMILIER: faire ses ablutions. CONTR. *se salir.*

laxisme *nom masculin*

/ Grande indulgence. SYN. laisser-faire, permissivité, relâchement. CONTR. *rigidité, rigorisme.*

laxiste *adjectif*

/ Qui fait preuve de laxisme. SYN. complaisant, coulant, indulgent, libéral, permissif, tolérant. CONTR. *absolu, autoritaire, intraitable, intransigeant, rigide, rigoriste.*

layon *nom masculin*

/ Petit sentier forestier. SYN. allée, chemin, laie, ligne, sentier –LITTÉRAIRE: sente.

lazzi *nom masculin*

/ Parole moqueuse. SYN. moquerie, persiflage, pique, plaisanterie, quolibet, raillerie, sarcasme –LITTÉRAIRE: brocard, trait –POPULAIRE: vanne.

leader *nom masculin*

/ Personne qui mène un groupe. SYN. cerveau, chef, dirigeant, meneur, porte-drapeau, responsable, tête –LITTÉRAIRE: pilote.

lèche *nom féminin*

/ FAMILIER. Flatterie servile. SYN. coup d'encensoir, flatterie –LITTÉRAIRE: courtisanerie, flagornerie.

léché *adjectif*

/ FAMILIER. Fait avec grand soin. SYN. fignolé, fini, fouillé, travaillé –LITTÉRAIRE: ciselé –VIEUX: perlé. CONTR. *grossier, inachevé.*

lèche-bottes *nom*

/ FAMILIER. Personne qui flagorne. SYN. bénisseur, courtisan, flatteur –FAMILIER: lécheur –LITTÉRAIRE: complimenteur, encenseur, flagorneur, louangeur –POPULAIRE: lèche-cul.

lécher *verbe*

/ Toucher à peine. SYN. caresser, effleurer, frôler.

/ FAMILIER. Fignoler quelque chose. SYN. fignoler, parachever, parfaire, peaufiner, polir, soigner, travailler –LITTÉRAIRE: châtier, ciseler –POPULAIRE: chiader –VIEUX: perler. CONTR. *brouillonner, ébaucher, gâcher, saboter* –FAMILIER: *bousiller.*

lécheur *nom*

/ FAMILIER. Personne qui flatte. SYN. courtisan, flatteur –FAMILIER: lèche-bottes –LITTÉRAIRE: complimenteur, encenseur, flagorneur, louangeur –POPULAIRE: lèche-cul.

leçon *nom féminin*

/ Enseignement d'un professeur. SYN. conférence, cours, enseignement, exposé –VIEUX: répétition.

/ Avertissement donné. SYN. avertissement, conseil, instruction –LITTÉRAIRE: admonestation, admonition, mercuriale.

/ Ce qu'on retire d'une expérience. SYN. avis, enseignement, exemple, moralité, précepte, recommandation.

légal *adjectif*

/ Conforme à la loi. SYN. autorisé, juridique, légitime, licite, permis, réglementaire, régulier. CONTR. *arbitraire, défendu, délictueux, frauduleux, illégal, illégitime, illicite, irrégulier, prohibé* –LITTÉRAIRE: *subreptice.*

légalement *adverbe*
/ De façon légale. SYN. légitimement, licitement, réglementairement, régulièrement. CONTR. *arbitrairement, frauduleusement, illégalement, illégitimement, illicitement, indûment, irrégulièrement.*

légaliser *verbe*
/ Certifier des signatures. SYN. authentifier, authentiquer, certifier, confirmer.

légalité *nom féminin*
/ Caractère légal. SYN. justice, légitimité, régularité. CONTR. *arbitraire, illégalité.*

légendaire *adjectif*
/ Qui appartient à la légende. SYN. mythique, mythologique –LITTÉRAIRE: fabuleux. CONTR. *historique.*
/ Connu de tout le monde. SYN. célèbre, glorieux, illustre, proverbial, réputé –LITTÉRAIRE: fameux, immortel.

léger *adjectif*
/ Qui pèse peu. SYN. fragile, frêle, menu, petit. CONTR. *gros, lourd, massif, pesant* –FAMILIER: *mastoc.*
/ Qui a peu d'épaisseur. SYN. fin, fluet, mince, ténu, transparent, vaporeux –LITTÉRAIRE: arachnéen. CONTR. *compact, consistant, épais, opaque.*
/ Qui se digère bien. SYN. assimilable, digeste, digestible. CONTR. *dense, inassimilable, indigeste, mauvais.*
/ Peu perceptible. SYN. anodin, doux, faible, imperceptible, inaudible, indécelable, indiscernable, infime, insensible, insignifiant, minime, négligeable. CONTR. *appuyé, capiteux, corsé, entêtant, fort, grisant, prononcé, puissant, violent.*
/ Qui se sent alerte. SYN. agile, alerte, allègre, délicat, dispos, élégant, gracieux, leste, libre, preste, souple, vif –LITTÉRAIRE: aérien, éthéré. CONTR. *alourdi, gauche, lent, lourd, lourdaud, maladroit* –FAMILIER: *empoté, pataud.*
/ Qui est peu important. SYN. bénin, minime –LITTÉRAIRE: véniel. CONTR. *accablant, atroce, cuisant, grave, important, profond, sérieux, sévère.*
/ Qui manque de constance. SYN. badin, changeant, dégagé, désinvolte, étourdi, évaporé, frivole, futile, inconstant, infidèle, instable, irresponsable, superficiel, versatile, volage –LITTÉRAIRE: folâtre. CONTR. *acharné, assidu, avisé, circonspect, constant, fidèle, pondéré, posé, raisonnable, réfléchi, rigoureux, sage, scrupuleux, sérieux.*
/ Qui manque de prudence. SYN. imprévoyant, inconscient, inconséquent, inconsidéré, insouciant, irréfléchi, oublieux. CONTR. *posé, prévoyant, prudent, sage.*

légèrement *adverbe*
/ De façon peu copieuse. SYN. frugalement, modérément, peu, sobrement. CONTR. *copieusement, démesurément, énormément, excessivement, goulûment, trop.*
/ D'une manière légère. SYN. doucement, lestement, mollement. CONTR. *durement, lourdement, pesamment, violemment.*
/ Un peu. SYN. discrètement, faiblement, superficiellement, vaguement. CONTR. *beaucoup, énormément, excessivement, extraordinairement, extrêmement, fabuleusement, farouchement, foncièrement, fort, fortement, grandement, hautement, infiniment, largement, prodigieusement, profondément, très, vertigineusement* –FAMILIER: *atrocement, carrément, fichtrement, fichûment, formidablement, rudement* –LITTÉRAIRE: *furieusement.*
/ De manière inconsidérée. SYN. à la légère, étourdiment, follement, imprudemment, inconsidérément. CONTR. *gravement, judicieusement, prudemment, sagement.*

légèreté *nom féminin*
/ Propriété de ce qui est léger. SYN. finesse, fragilité –LITTÉRAIRE: ténuité. CONTR. *densité, lourdeur, pesanteur.*
/ Caractère peu important. SYN. banalité, futilité, vide –LITTÉRAIRE: inanité, superficialité, vanité. CONTR. *force, gravité, importance, intérêt, poids, profondeur, sérieux.*
/ Caractère gracieux. SYN. agilité, aisance, délicatesse, élégance, facilité, grâce, naturel, souplesse, vivacité. CONTR. *grossièreté, lourdeur.*
/ Manque de constance. SYN. désinvolture, étourderie, frivolité, impertinence, inconstance, instabilité, laisser-aller, nonchalance –FAMILIER: je-m'en-fichisme –LITTÉRAIRE: variabilité, versatilité –POPULAIRE: je-m'en-foutisme. CONTR. *bien-fondé, constance, fidélité, sérieux* –LITTÉRAIRE: *opiniâtreté.*
/ Manque de prudence. SYN. imprévoyance, imprudence, inattention, inconscience, inconséquence, insouciance, irréflexion.

CONTR. *circonspection, patience, persévérance, précaution, prudence, retenue, sagesse.*

légion *nom féminin*
/ Grand nombre de personnes. SYN. armée, avalanche, bande, bataillon, cascade, déluge, flot, foule, horde, kyrielle, meute, multitude, nuée, quantité –FAMILIER: armada, cargaison, cohorte, flopée, foultitude, régiment, ribambelle –LITTÉRAIRE: averse, essaim, phalange. CONTR. *poignée.*

légitimation *nom féminin*
/ Action de légitimer. SYN. défense, excuse, justification.

légitime *adjectif*
/ Qui est admis par la loi. SYN. autorisé, juste, légal, licite, permis. CONTR. *arbitraire, délictueux, illégal, illégitime, illicite, injuste, partial.*
/ Qui est fondé en raison. SYN. compréhensible, équitable, explicable, fondé, juste, justifié, licite, mérité, motivé, normal, raisonnable. CONTR. *anormal, déraisonnable, extravagant, hasardé, immérité, immotivé, indéfendable, injustifiable, injustifié, vain.*

légitimement *adverbe*
/ Conformément à l'équité. SYN. à bon droit, à juste titre, équitablement, justement, légalement. CONTR. *abusivement, illégalement, illégitimement, illicitement, indûment, injustement, irrégulièrement* –LITTÉRAIRE: *inéquitablement.*

légitimer *verbe*
/ Faire admettre comme juste. SYN. assurer, autoriser, établir, excuser, fonder, justifier. CONTR. *exclure, prohiber, proscrire* –LITTÉRAIRE: *abâtardir.*

légitimité *nom féminin*
/ Caractère légitime. SYN. équité, justice, légalité. CONTR. *arbitraire, illégalité, illégitimité, injustice, partialité.*
/ Qualité de ce qui est fondé. SYN. bien-fondé, bon droit, normalité, pertinence. CONTR. *anormalité, illégitimité.*

léguer *verbe*
/ Donner par héritage. SYN. laisser, passer, remettre, transférer, transmettre.

légume *nom féminin*
/ FAMILIER. Personnage important. SYN. puissant –FAMILIER: gros, gros bonnet, grosse légume –POPULAIRE: huile. CONTR. *petit.*

leitmotiv *nom masculin*
/ Idée récurrente dans un texte. SYN. motif, rengaine, scie, thème –FAMILIER: couplet, disque, refrain, ritournelle –LITTÉRAIRE: antienne.

lendemain *nom masculin*
/ Avenir plus ou moins immédiat. SYN. avenir, futur. CONTR. *passé.*

lendemains *nom masculin pluriel*
/ Conséquences d'un événement. SYN. contrecoups, effets, incidences, prolongements, rebondissements, répercussions, retentissements, ricochets, suites.

lénifiant *adjectif*
/ Qui lénifie. SYN. adoucissant, amollissant, apaisant, calmant –LITTÉRAIRE: lénitif. CONTR. *excitant, irritant, tonique.*

lénifier *verbe*
/ LITTÉRAIRE. Rendre calme, doux. SYN. adoucir, apaiser, calmer, édulcorer, radoucir –LITTÉRAIRE: rasséréner. CONTR. *exciter, irriter, tourmenter.*

lénitif *adjectif*
/ LITTÉRAIRE. Qui apaise. SYN. adoucissant, amollissant, apaisant, calmant, lénifiant. CONTR. *excitant, irritant, tonique.*

lent *adjectif*
/ Qui ne se presse pas. SYN. apathique, indolent, mou, nonchalant, paresseux –FAMILIER: gnangnan, gniangnian, lambin. CONTR. *actif, agile, alerte, dynamique, expéditif, impatient, nerveux, pressé, rapide, vite* –FAMILIER: *speedé* –LITTÉRAIRE: *allant, diligent, impétueux, prompt, véloce* –POPULAIRE: *à la bourre.*
/ Qui est long à se faire. SYN. long, pesant, traînant. CONTR. *accéléré, brusque, brutal, fulgurant, instantané, précipité, preste, soudain, subit* –LITTÉRAIRE: *prompt.*

lentement *adverbe*
/ De façon lente. SYN. doucement, insensiblement, petit à petit, peu à peu. CONTR. *rapidement, vite.*

/ Sans vivacité. SYN. mollement, nonchalamment, posément, précautionneusement, tranquillement –FAMILIER: pianissimo, piano –POPULAIRE: peinardement, pénardement. CONTR. *brusquement, brutalement, en un tour de main, expéditivement, hâtivement, précipitamment, prestement, promptement, rondement, soudain, soudainement, subitement, vivement* –FAMILIER: *dare-dare, subito* –LITTÉRAIRE: *diligemment.*

lenteur *nom féminin*

/ Caractère lent. SYN. apathie, indolence, lourdeur, mollesse, nonchalance, pesanteur. CONTR. *agilité, célérité, dynamisme, hâte, pétulance, précipitation, rapidité, soudaineté, vitesse* –LITTÉRAIRE: *diligence, impétuosité, prestesse, promptitude, vélocité, vivacité.*

lenteurs *nom féminin pluriel*

/ Action de faire traîner. SYN. longueurs, retards, tergiversations.

léonin *adjectif*

/ Se dit d'un partage déséquilibré. SYN. abusif, excessif, inéquitable, injuste. CONTR. *équitable, juste.*

lèpre *nom féminin*

/ LITTÉRAIRE. Mal qui progresse. SYN. calamité, cancer, fléau, peste –LITTÉRAIRE: chancre, gangrène.

léser *verbe*

/ Faire tort à quelqu'un. SYN. attaquer, atteindre, défavoriser, désavantager, desservir, frustrer, handicaper, nuire, perdre, porter atteinte à, porter préjudice à –LITTÉRAIRE: spolier. CONTR. *aider, avantager, favoriser, privilégier, seconder, servir.*

/ Causer une lésion. SYN. blesser, endommager, toucher.

lésine *nom féminin*

/ LITTÉRAIRE. Épargne excessive. SYN. parcimonie –FAMILIER: pingrerie, radinerie, radinisme –LITTÉRAIRE: ladrerie. CONTR. *générosité, libéralité, prodigalité* –LITTÉRAIRE: *largesse.*

lésiner *verbe*

/ Économiser avec excès. SYN. économiser, marchander, regarder, rogner –FAMILIER: gratter –POPULAIRE: mégoter. CONTR. *dilapider, gaspiller, mener grand train, prodiguer, vivre dans l'opulence, vivre sur un grand pied* –LITTÉRAIRE: *dissiper.*

lésinerie *nom féminin*

/ LITTÉRAIRE. Attitude de celui qui lésine. SYN. avarice, mesquinerie –FAMILIER: pingrerie, radinerie, radinisme –LITTÉRAIRE: ladrerie. CONTR. *générosité, libéralité, prodigalité* –LITTÉRAIRE: *largesse.*

lésineur *adjectif*

/ LITTÉRAIRE. Qui lésine. SYN. avare, parcimonieux, regardant, thésauriseur –FAMILIER: chiche, chien, pingre, radin, rapiat, rat –LITTÉRAIRE: avaricieux, ladre. CONTR. *dépensier, dilapidateur, gaspilleur, généreux, large, prodigue* –LITTÉRAIRE: *dissipateur, libéral.*

lésineur *nom*

/ LITTÉRAIRE. Personne qui lésine. SYN. avare, thésauriseur –FAMILIER: grigou, grippe-sou, pingre, radin, rapiat, rat –LITTÉRAIRE: harpagon, ladre. CONTR. *dépensier, dilapidateur, gaspilleur* –FAMILIER: *panier percé* –LITTÉRAIRE: *dissipateur.*

lessivage *nom masculin*

/ FAMILIER. Réprimande énergique. SYN. –FAMILIER: savon –POPULAIRE: engueulade.

/ Action de lessiver. SYN. blanchissage, décapage, lavage, nettoyage.

/ FAMILIER. Action de se débarrasser de. SYN. élimination, exclusion, liquidation, purge –FAMILIER: coup de balai, lessive, nettoyage.

lessive *nom féminin*

/ Action de laver le linge. SYN. blanchissage, lavage, nettoyage.

/ FAMILIER. Fait d'exclure des personnes. SYN. élimination, exclusion, liquidation, purge –FAMILIER: coup de balai, lessivage, nettoyage.

lessivé *adjectif*

/ FAMILIER. Qui est épuisé. SYN. à bout de forces, à plat, anéanti, brisé, épuisé, exténué, fatigué, fourbu, harassé, K.-O., las, mort de fatigue, recru, rendu, rompu, surmené, usé –FAMILIER: achevé, au bout du rouleau, claqué, éreinté, esquinté, fini, flagada, flapi, H.S., mort, moulu, pompé, raplapla, sur les genoux, tué, vanné, vidé –POPULAIRE: crevé, sur les rotules. CONTR. *délassé, dispos, frais,*

frais et dispos, reposé –FAMILIER: *en forme, en pleine forme, frais comme un gardon, frais comme une rose, increvable* –VIEUX: *gaillard.*

lessiver *verbe*

/ Nettoyer avec de la lessive. SYN. blanchir, décaper, laver, nettoyer.

/ FAMILIER. Épuiser quelqu'un. SYN. accabler, affaiblir, anéantir, briser, exténuer, fatiguer, harasser, surmener –FAMILIER: claquer, crever, éreinter, esquinter, tuer, vanner, vider.

leste *adjectif*

/ Qui se meut avec agilité. SYN. agile, alerte, allègre, léger, preste, vif –LITTÉRAIRE: allant, prompt. CONTR. *alourdi, gauche, lent, lourd* –FAMILIER: *empoté, pataud.*

/ Qui blesse la décence. SYN. cavalier, coquin, croustillant, cru, égrillard, épicé, gaillard, gaulois, graveleux, grivois, hardi, immoral, léger, libertin, libre, licencieux, osé, paillard, polisson, salé, scabreux –FAMILIER: cochon, gras, olé olé –LITTÉRAIRE: irrévérencieux, salace. CONTR. *austère, chaste, convenable, grave, moralisateur, prude, pudibond, pudique, puritain, sérieux.*

lestement *adverbe*

/ Avec agilité. SYN. agilement, alertement, légèrement, prestement, rondement, vivement. CONTR. *lourdement, pesamment.*

lester *verbe*

/ Charger de lest. SYN. alourdir, charger. CONTR. *alléger.*

léthargie *nom féminin*

/ Forte diminution d'activité. SYN. apathie, atonie, calme, engourdissement, inertie, langueur, marasme, paralysie, stagnation, torpeur –LITTÉRAIRE: assoupissement, prostration, somnolence. CONTR. *activité, animation, exaltation, nerf, vitalité.*

léthargique *adjectif*

/ Dont l'activité est très diminuée. SYN. apathique, atone, inerte, languissant, nonchalant, paralysant, prostré.

/ FAMILIER. Qui porte au sommeil. SYN. endormant, soporifique –FAMILIER: dormitif.

lettre *nom féminin*

/ Écrit adressé à quelqu'un. SYN. billet, message, mot, papier, pli –LITTÉRAIRE: épître, missive –POPULAIRE: bafouille.

lettré *adjectif*

/ Qui a une solide culture. SYN. cultivé, érudit, instruit, savant –LITTÉRAIRE: docte, omniscient. CONTR. *analphabète, barbare, ignare, ignorant, inculte* –VIEUX: *illettré.*

lettré *nom*

/ Personne cultivée. SYN. érudit, intellectuel, mandarin, savant –LITTÉRAIRE: clerc. CONTR. *ignorant, nul.*

lettrine *nom féminin*

/ Lettre en tête d'un chapitre. SYN. lettre grise, lettre historiée, lettre montante, lettre ornée.

leurre *nom masculin*

/ Ce qui trompe. SYN. illusion, mirage, miroir aux alouettes, mystification, piège, poudre aux yeux, tromperie –FAMILIER: attrape-gogo, attrape-nigaud, poudre de perlimpinpin –LITTÉRAIRE: duperie, imposture. CONTR. *fait.*

/ Ce qui attire le poisson. SYN. amorce, appât, hameçon.

leurrer *verbe*

/ Tromper quelqu'un. SYN. abuser, attraper, bercer de paroles, berner, duper, faire marcher, jeter de la poudre aux yeux, mystifier, tromper –FAMILIER: embobiner, flouer, mener en bateau, monter un bateau, pigeonner, rouler –LITTÉRAIRE: amuser, jouer, se jouer de.

leurrer (se) *verbe pronominal*

/ Se faire des illusions sur. SYN. s'abuser, se bercer, se méprendre, se tromper, s'illusionner –FAMILIER: être à côté de la plaque, se ficher le doigt dans l'œil, se fourrer le doigt dans l'œil –POPULAIRE: se foutre le doigt dans l'œil, se mettre le doigt dans l'œil.

levain *nom masculin*

/ LITTÉRAIRE. Ce qui fait naître une action. SYN. embryon, germe, graine, source –LITTÉRAIRE: ferment, semence.

levant *nom masculin*

/ Côté où le soleil se lève. SYN. est, orient. CONTR. *couchant, occident, ouest* –VIEUX: *ponant.*

levée *nom féminin*

/ Action de faire cesser. SYN. abrogation, annulation, disparition, dissipation, effacement, fin, suppression. CONTR. *continuation, maintien, poursuite, prolongation.*

/ Mur parallèle à un cours d'eau. SYN. chaussée, digue, jetée, remblai.

lever *verbe*

/ Mouvoir de bas en haut. SYN. dresser, élever, ériger, hausser, hisser, monter, redresser, relever, soulever. CONTR. *abaisser, asseoir, baisser, coucher, courber, descendre, étendre, fléchir, incliner, pencher, rabattre, renverser, surbaisser.*

/ Retirer ce qui était fixé. SYN. ôter, retirer. CONTR. *apposer, disposer, mettre, poser.*

/ Faire cesser quelque chose. SYN. anéantir, aplanir, effacer, gommer, ruiner, supprimer. CONTR. *laisser, maintenir.*

/ Recruter des troupes. SYN. enrôler, incorporer, mobiliser, recruter. CONTR. *démobiliser.*

lever (se) *verbe pronominal*

/ Devenir meilleur (temps). SYN. se découvrir, se dégager, s'éclaircir. CONTR. *noircir, s'assombrir, se boucher, se couvrir, s'obscurcir* –LITTÉRAIRE: *se rembrunir.*

/ Se mettre debout. SYN. se redresser, se relever. CONTR. *s'allonger, s'asseoir, s'étendre.*

/ Apparaître à l'horizon. SYN. paraître, surgir –LITTÉRAIRE: poindre, pointer. CONTR. *se coucher.*

lèvre *nom féminin*

/ Partie charnue de la bouche. SYN. lippe –FAMILIER: babine –POPULAIRE: badigoince.

lexique *nom masculin*

/ Dictionnaire spécialisé. SYN. dictionnaire, glossaire, index, nomenclature.

/ Ensemble des mots d'une langue. SYN. langage, langue, vocabulaire.

lézarde *nom féminin*

/ Fente profonde. SYN. craquelure, crevasse, fêlure, fente, fissure.

/ LITTÉRAIRE. Atteinte à quelque chose. SYN. brèche, cassure, faille –LITTÉRAIRE: fêlure.

lézarder *verbe intransitif*

/ FAMILIER. Ne rien faire. SYN. fainéanter, flâner, musarder, paresser, se prélasser, se rouler les pouces, se tourner les pouces –FAMILIER: bayer aux corneilles, buller, faire le lézard, flemmarder, lambiner, lanterner, ne pas en fiche une rame, se la couler douce, tirer sa flemme –LITTÉRAIRE: muser –POPULAIRE: se les rouler, tirer au cul, tirer au flanc. CONTR. *donner un coup de collier, ne pas plaindre sa peine, s'activer, s'affairer, s'agiter, se démener, se dépenser, se fatiguer, se presser, se remuer, s'échiner, s'épuiser, s'escrimer, s'exténuer* –FAMILIER: *en mettre un bon coup, en mettre un coup, en mettre un vieux coup, mettre de l'huile de coude, mettre le paquet, se décarcasser, se défoncer, se mettre en quatre, se tuer, s'éreinter, s'esquinter* –POPULAIRE: *se casser le cul.*

lézarder *verbe transitif*

/ Produire des lézardes. SYN. crevasser, fendiller, fendre, fissurer, gercer.

lézarder (se) *verbe pronominal*

/ Se couvrir de lézardes. SYN. se craqueler, se crevasser, se fendiller, se fendre, se fissurer, se gercer, s'étoiler.

liaison *nom féminin*

/ Relation entre des personnes. SYN. communication, connexion, contact, lien, relation.

/ Rapport entre des faits. SYN. association, cohérence, cohésion, corrélation, correspondance, enchaînement, filiation, lien, relation, suite, trame, transition –LITTÉRAIRE: connexité.

/ LITTÉRAIRE. Fait d'être lié avec quelqu'un. SYN. accointance, amitié, attaches, fréquentation, relations –VIEUX: commerce.

/ Relation amoureuse. SYN. amourette, aventure, conquête, intrigue, passade –FAMILIER: flirt.

liant *adjectif*

/ Qui se lie facilement avec. SYN. accueillant, affable, agréable, aimable, avenant, engageant, familier, sociable –LITTÉRAIRE: amène. CONTR. *acariâtre, bourru, fermé, froid, insociable, ours, réfrigérant, réservé, sauvage* –LITTÉRAIRE: *misanthrope.*

liant *nom masculin*

/ LITTÉRAIRE. Caractère sociable. SYN. affabilité, familiarité, flexibilité, gentillesse, malléabilité, sociabilité, souplesse –LITTÉRAIRE: aménité. CONTR. *froideur, misanthropie, réserve.*

liard *nom masculin*

▮ LITTÉRAIRE. Très petite quantité. SYN. atome, brin, centime, goutte, gramme, larme, miette, once, parcelle, pointe, soupçon, teinte –LITTÉRAIRE: ombre. CONTR. *armée, avalanche, cascade, déluge, flot, foule, infinité, kyrielle, masse, monceau, montagne, multitude, myriade, nuée, pléiade, pluie, tas, torrent* –FAMILIER: *armada, cargaison, flopée, foultitude, paquet, pelletée, ribambelle, tapée* –LITTÉRAIRE: *averse, océan.*

▮ LITTÉRAIRE. Très petite somme. SYN. centime, obole –FAMILIER: rond, sou –POPULAIRE: kopeck, radis.

libelle *nom masculin*

▮ LITTÉRAIRE. Petit écrit satirique. SYN. diatribe, pamphlet –LITTÉRAIRE: factum.

libéral *adjectif*

▮ Favorable à la liberté économique. CONTR. *absolu, dirigiste, étatiste, protectionniste, totalitaire.*

▮ Qui laisse une grande liberté. SYN. compréhensif, coulant, indulgent, large, laxiste, ouvert, permissif, tolérant. CONTR. *autocratique, autoritaire, despotique, dictatorial, doctrinaire, exclusif, fanatique, intolérant, intraitable, oppressif, sectaire, tyrannique* –LITTÉRAIRE: *raide.*

▮ LITTÉRAIRE. Qui est généreux. SYN. généreux, large, prodigue. CONTR. *avare* –FAMILIER: *chiche, chien, pingre, radin, rapiat, rat* –LITTÉRAIRE: *avaricieux, cupide, ladre, lésineur.*

libéralisme *nom masculin*

▮ Fait d'être tolérant. SYN. tolérance. CONTR. *autoritarisme, fanatisme, intolérance, sectarisme.*

▮ Doctrine limitant le pouvoir de l'État. CONTR. *autocratie, caporalisme, césarisme, dirigisme, étatisme, interventionnisme.*

libéralité *nom féminin*

▮ Disposition à donner largement. SYN. charité, générosité, prodigalité –LITTÉRAIRE: largesse, magnificence, munificence. CONTR. *avarice, économie, parcimonie* –FAMILIER: *pingrerie, radinerie, radinisme* –LITTÉRAIRE: *ladrerie, lésine, lésinerie, rapacité.*

libéralités *nom féminin pluriel*

▮ Don généreux. SYN. offrande, prodigalité –VIEUX: gracieuseté.

libération *nom féminin*

▮ Action de mettre en liberté. SYN. élargissement –LITTÉRAIRE: délivrance. CONTR. *arrestation, capture, emprisonnement, enfermement.*

▮ Action de mettre fin à la dépendance. SYN. affranchissement, émancipation. CONTR. *asservissement, inféodation.*

▮ Cessation d'une contrainte. SYN. décharge, défoulement, délivrance. CONTR. *contrainte, oppression* –LITTÉRAIRE: *assujettissement, astreinte, sujétion.*

▮ Renvoi des soldats dans leurs foyers. SYN. démobilisation. CONTR. *appel, enrôlement, mobilisation.*

libéré *adjectif*

▮ Dégagé d'une obligation. SYN. affranchi, exempt, exempté, libre, quitte. CONTR. *prisonnier* –LITTÉRAIRE: *captif.*

libérer *verbe*

▮ Mettre en liberté. SYN. délivrer, élargir, relâcher, relaxer. CONTR. *arrêter, cadenasser, capturer, confiner, détenir, écrouer, emprisonner, enfermer, garder, incarcérer, interner, s'emparer* –FAMILIER: *boucler, choper, coffrer, cueillir, ramasser.*

▮ Soustraire à une contrainte. SYN. affranchir, débarrasser, décharger, dégager, délier, délivrer, dispenser, émanciper, éviter, exempter, exonérer, sortir. CONTR. *accabler, accoutumer, asservir, brider, écraser, ligoter, opprimer* –LITTÉRAIRE: *assujettir, astreindre, domestiquer, enchaîner, garrotter.*

▮ Dégager de ce qui obstrue. SYN. déblayer, désencombrer, nettoyer. CONTR. *bloquer, boucher, embarrasser, embouteiller, encombrer, engorger, obstruer.*

▮ Renvoyer les recrues dans leurs foyers. SYN. démobiliser. CONTR. *appeler, consigner, engager, enrôler, mobiliser.*

▮ Débarrasser de ce qui entrave. SYN. défaire, dégager, délier, détacher. CONTR. *attacher, enchaîner, lier, ligoter, rattacher.*

libérer (se) *verbe pronominal*

▮ Se rendre libre de. SYN. échapper à, fuir, rompre, s'acquitter, s'affranchir, se débarrasser, se décharger, se dégager, se dérober, se sortir, se soustraire, se tirer de, s'émanciper. CONTR. *s'astreindre, s'embarrasser, s'inféoder.*

liberté *nom féminin*

- Fait de ne pas être prisonnier. CONTR. *captivité, claustration, détention, emprisonnement, incarcération.*
- Condition de non dépendance. SYN. autonomie, indépendance. CONTR. *colonisation, domination, esclavage, soumission, subordination* –LITTÉRAIRE: *assujettissement, chaînes, servitude, vassalité.*
- Possibilité d'agir. SYN. droit, faculté, latitude, licence, permission, pouvoir. CONTR. *contrainte, obligation* –LITTÉRAIRE: *astreinte, frein.*
- Temps libre dont on dispose. SYN. disponibilité, loisir, marge. CONTR. *activité, occupation, travail.*
- Attitude dépourvue de scrupules. SYN. aisance, désinvolture, familiarité, franchise, hardiesse, impertinence, irrévérence, laisser-aller, sans-gêne –LITTÉRAIRE: impudicité, sans-façon.

libertin *adjectif*

- Marqué par la débauche. SYN. débauché, dévoyé, égrillard, gaulois, graveleux, grivois, impudique, leste, libre, licencieux, polisson –LITTÉRAIRE: dissolu. CONTR. *ascétique, chaste, prude, pudique, vertueux.*

libertin *nom*

- Personne aux mœurs très libres. SYN. débauché, dépravé, dévergondé, jouisseur –FAMILIER: bambocheur, noceur –VIEUX: viveur. CONTR. *prude, puritain.*

libertinage *nom masculin*

- Manière de vivre du libertin. SYN. débauche, dérèglement, dévergondage, inconduite, luxure, vice –LITTÉRAIRE: dissipation, licence, stupre. CONTR. *ascétisme, bégueulerie, chasteté, pruderie, pudeur, pudibonderie, pureté, puritanisme, vertu* –LITTÉRAIRE: *pudicité.*

libidineux *adjectif*

- LITTÉRAIRE. Obsédé par les plaisirs érotiques. SYN. impudique, lascif, lubrique, luxurieux, paillard, sensuel, vicieux, voluptueux –FAMILIER: chaud –LITTÉRAIRE: orgiaque, salace. CONTR. *chaste, pudique, puritain.*

libre *adjectif*

- Qui n'est pas retenu en captivité. SYN. affranchi, libéré. CONTR. *détenu, esclave, interné, otage, prisonnier* –LITTÉRAIRE: *captif.*
- Qui ne subit aucune pression. SYN. autonome, indépendant. CONTR. *bâillonné, contraint.*
- Qui n'est pas lié par un engagement. SYN. disponible, indépendant. CONTR. *empêché, enchaîné, forcé, imposé, lié, obligatoire, obligé, occupé, pris, réglé, retenu.*
- Qui n'est pas utilisé. SYN. dégagé, désert, disponible, inoccupé, vacant, vide. CONTR. *barré, embouteillé, encombré, interdit, obstrué, occupé, réservé, retenu.*
- Qui n'est pas entravé. SYN. flottant, flou, vague. CONTR. *collant, entravé, moulant, serré.*
- Qui est sans préjugés. SYN. dégagé, désinvolte, émancipé, familier, spontané –FAMILIER: affranchi, sans gêne. CONTR. *cérémonieux, compassé, conventionnel, digne, embarrassé, gêné, gourmé, guindé, intimidé, timide* –FAMILIER: *bégueule.*
- Qui ne respecte pas la décence. SYN. cavalier, coquin, croustillant, cru, égrillard, épicé, gaillard, gaulois, graveleux, grivois, hardi, léger, leste, libertin, licencieux, osé, paillard, polisson, scabreux –FAMILIER: cochon, gras, olé olé, raide –LITTÉRAIRE: déshonnête, salace. CONTR. *convenable, correct, décent, honnête, prude, pudibond, pudique.*

librement *adverbe*

- Avec franchise. SYN. franchement, ouvertement.
- Sans entrave. SYN. de bon gré, de plein gré.

licence *nom féminin*

- LITTÉRAIRE. Manque de décence. SYN. débauche, dérèglement, dévergondage, grivoiserie, hardiesse, immoralité, inconduite, inconvenance, incorrection, indécence, intempérance, libertinage, obscénité –LITTÉRAIRE: dissipation, impudicité, stupre. CONTR. *bégueulerie, chasteté, modération, pruderie, pudeur, pudibonderie, tempérance, vertu* –LITTÉRAIRE: *pudicité.*
- Liberté d'agir. SYN. autorisation, liberté, loisir, permission, pouvoir.

licenciement *nom masculin*

- Rupture d'un contrat de travail. SYN. congédiement, débauchage, mise à pied, renvoi –FAMILIER: dégraissage. CONTR. *embauchage, embauche, engagement.*

licencier *verbe*

- Rompre un contrat de travail. SYN. congédier, débaucher, démettre, destituer, limoger, mettre à la porte, relever, remercier, renvoyer –FAMILIER: blackbouler, débarquer, déboulonner, dégommer –POPULAIRE: balancer, virer. CONTR. *appeler, embaucher, employer, engager, garder, recruter.*

licencieux *adjectif*

/ Très libre dans ses mœurs. SYN. débauché, dépravé, dévergondé, immoral, libertin, lubrique. CONTR. *chaste, prude, pudique, puritain.*

/ Contraire à la décence. SYN. croustillant, cru, égrillard, épicé, érotique, gaillard, graveleux, grivois, impudique, inconvenant, indécent, leste, libre, obscène, polisson, salé, scabreux –FAMILIER: cochon, olé olé, raide –LITTÉRAIRE: déshonnête, orgiaque, salace. CONTR. *chaste, pudibond.*

licite *adjectif*

/ Permis par la loi. SYN. autorisé, légal, légitime, permis, réglementaire, régulier. CONTR. *clandestin, défendu, frauduleux, illégal, illicite, interdit, irrégulier, prohibé* –LITTÉRAIRE: *subreptice.*

licitement *adverbe*

/ D'une manière licite. SYN. légalement, réglementairement, régulièrement. CONTR. *clandestinement, frauduleusement, illégalement, illégitimement, illicitement.*

lie *nom féminin*

/ Dépôt dans la bière, le vin. SYN. dépôt, résidu, sédiment.

/ LITTÉRAIRE. Ce qu'il y a de plus vil. SYN. bas-fonds, déchet, racaille –LITTÉRAIRE: déjection, écume, rebut, tourbe –POPULAIRE: raclure. CONTR. *élite, fine fleur, fleur* –FAMILIER: *gratin.*

lié *adjectif*

/ Qui se rattache à. SYN. accolé, conjoint, solidaire, uni. CONTR. *décousu, indépendant, libre.*

lien *nom masculin*

/ Ce qui sert à attacher. SYN. attache, cordon, lacet.

/ LITTÉRAIRE. Ce qui lie des personnes. SYN. carcan, entrave –LITTÉRAIRE: assujettissement, astreinte, chaînes, fers. CONTR. *indépendance.*

/ Rapport logique. SYN. accointance, corrélation, enchaînement, filiation, liaison, rapport, rapprochement, suite –LITTÉRAIRE: nœud.

lier *verbe*

/ Maintenir avec un lien. SYN. attacher, ficeler, lacer, nouer. CONTR. *défaire, délier, dénouer.*

/ Attacher quelqu'un. SYN. enchaîner, garrotter, ligoter. CONTR. *détacher.*

/ Réunir avec une substance. SYN. agglutiner, assembler. CONTR. *désunir, diviser, séparer.*

/ Unir par un lien logique. SYN. accoler, associer, attacher, combiner, coordonner, joindre, rapprocher, rattacher, relier, réunir, unir. CONTR. *disjoindre, isoler.*

/ Placer dans une étroite dépendance. SYN. contraindre, enchaîner, engager, ligoter, obliger –LITTÉRAIRE: assujettir, garrotter. CONTR. *délivrer, libérer.*

lier (se) *verbe pronominal*

/ Être uni à. SYN. s'acoquiner, s'allier, se rapprocher, se solidariser, s'unir –LITTÉRAIRE: s'accorder. CONTR. *se dégager.*

liesse *nom féminin*

/ LITTÉRAIRE. Joie collective. SYN. allégresse, euphorie, gaieté, hilarité, joie, jubilation, réjouissance –LITTÉRAIRE: exultation.

lieu *nom masculin*

/ Endroit géographique. SYN. coin, emplacement, endroit, localité, place, point, région, secteur, zone.

lieutenant *nom masculin*

/ Celui qui seconde le chef. SYN. alter ego, bras droit, second.

lignage *nom masculin*

/ Descendants de. SYN. descendance, famille, lignée, souche –LITTÉRAIRE: race, sang.

ligne *nom féminin*

/ Trait continu. SYN. droite, segment.

/ Orientation qui définit une action. SYN. axe, chemin, orientation, orthodoxie, règle, route, voie.

/ Série de personnes ou de choses. SYN. chapelet, colonne, cordon, enfilade, file, haie, rang, rangée.

/ Suite de générations successives. SYN. ascendance, descendance, filiation, lignée.

/ Dessin d'un corps. SYN. contour, forme, galbe, silhouette, tracé.

lignée *nom féminin*

/ Descendance de quelqu'un. SYN. descendance, famille, postérité.

/ Générations précédentes. SYN. ascendance, filiation, lignage, ligne, souche, tronc – LITTÉRAIRE : extraction, parents, race, sang.

ligoter *verbe*

/ Attacher étroitement. SYN. attacher, ficeler, garrotter.

/ Faire perdre sa liberté. SYN. lier, museler – LITTÉRAIRE : enchaîner, garrotter. CONTR. *délier, libérer.*

ligue *nom féminin*

/ LITTÉRAIRE. Réunion d'intérêts. SYN. alliance, association, cabale, clan, coalition, confédération, faction, fédération, front, organisation, organisme, société, union – LITTÉRAIRE : phalange.

liguer *verbe*

/ Unir contre un ennemi commun. SYN. allier, ameuter, attrouper, coaliser, fédérer, mobiliser, rallier, unir.

liguer (se) *verbe pronominal*

/ Unir ses efforts contre. SYN. s'allier, se coaliser, se fédérer. CONTR. *rivaliser.*

lilliputien *adjectif*

/ Très petit. SYN. microscopique, minuscule. CONTR. *colossal, gigantesque, grand.*

limitation *nom féminin*

/ Action de fixer la limite d'un terrain. SYN. bornage, délimitation, démarcation.

/ Action de fixer des bornes à. SYN. contingentement, contrôle, resserrement, restriction. CONTR. *accroissement, agrandissement, allongement, augmentation, extension, généralisation, multiplication.*

limite *nom féminin*

/ Ligne séparant deux territoires. SYN. cadre, démarcation, frontière, séparation.

/ Ligne qui circonscrit un espace. SYN. bord, bordure, bout, confins, extrémité, fin, lisière, orée.

/ Point qui ne peut être dépassé. SYN. borne, frein, terme – LITTÉRAIRE : extrémité.

limité *adjectif*

/ De peu d'étendue. SYN. confidentiel, dérisoire, étroit, faible, médiocre, mesuré, modeste, modique, partiel, petit, réduit, relatif, restreint – FAMILIER : court. CONTR. *absolu, aveugle, considérable, démesuré, énorme, entier, étendu, gros, illimité, immense, important, incommensurable, indéfini, indénombrable, infini, large* – LITTÉRAIRE : *vaste.*

/ FAMILIER. Peu intelligent. SYN. borné – FAMILIER : bouché. CONTR. *brillant, remarquable, supérieur.*

limiter *verbe*

/ Constituer la limite. SYN. borner, cerner, délimiter, localiser, terminer.

/ Restreindre dans certaines limites. SYN. circonscrire, contenir, diminuer, freiner, gêner, modérer, réduire, restreindre – LITTÉRAIRE : rétrécir, tempérer. CONTR. *accroître, allonger, augmenter, élargir, étendre, généraliser, propager.*

limiter (se) *verbe pronominal*

/ S'imposer des limites. SYN. se borner, se cantonner, se contenter, se réduire, s'en tenir à, s'enfermer.

limitrophe *adjectif*

/ Qui a des limites communes avec. SYN. adjacent, attenant, avoisinant, contigu, environnant, frontalier, mitoyen, voisin – LITTÉRAIRE : circonvoisin, jouxtant. CONTR. *distant, écarté, éloigné, lointain, reculé.*

limogeage *nom masculin*

/ Action de limoger. SYN. destitution, expulsion, renvoi, révocation – FAMILIER : nettoyage.

limoger *verbe*

/ Priver de ses fonctions. SYN. bannir, casser, chasser, congédier, démettre, déposer, destituer, éliminer, licencier, mettre à la porte, mettre à pied, radier, relever, remercier, renvoyer, révoquer – FAMILIER : balayer, blackbouler, débarquer, déboulonner, dégommer, démissionner, ficher à la porte, flanquer à la porte, flanquer dehors, sabrer, vider – POPULAIRE : balancer, foutre à la porte, lourder, sacquer, saquer, virer. CONTR. *engager, garder, nommer, promouvoir* – FAMILIER : *propulser.*

limoneux *adjectif*

/ Qui contient du limon. SYN. boueux, bourbeux, vaseux – LITTÉRAIRE : fangeux.

limpide *adjectif*

/ Clair et transparent. SYN. clair, fluide, transparent –LITTÉRAIRE: cristallin. CONTR. *boueux, bourbeux, sale, trouble.*

/ Dont rien ne trouble l'éclat. SYN. éclatant, lumineux, pur, resplendissant. CONTR. *brumeux, voilé.*

/ LITTÉRAIRE. Dont rien ne trouble la paix. SYN. calme, paisible, serein, tranquille. CONTR. *trouble.*

/ Qui se comprend sans difficulté. SYN. clair, compréhensible, facile, intelligible, simple. CONTR. *abscons, cabalistique, confus, dédaléen, difficile, double, embrouillé, équivoque, ésotérique, filandreux, hermétique, incompréhensible, indigeste, inintelligible, nuageux, obscur, subtil* –FAMILIER: *cafouilleux* –LITTÉRAIRE: *abstrus, amphigourique, fuligineux, nébuleux, opaque, sibyllin, ténébreux.*

limpidité *nom féminin*

/ Caractère limpide. SYN. clarté, éclat, luminosité, pureté, transparence. CONTR. *opacité.*

/ Qualité de ce qui est clair. SYN. clarté, compréhensibilité, intelligibilité, netteté, simplicité. CONTR. *ésotérisme, hermétisme, inintelligibilité, obscurité* –LITTÉRAIRE: *incompréhensibilité, nébulosité, opacité.*

linéaments *nom masculin pluriel*

/ LITTÉRAIRE. Premiers traits. SYN. croquis, ébauche, esquisse, projet, schéma, structure –LITTÉRAIRE: texture, trame.

liquéfier *verbe*

/ Faire passer à l'état liquide. SYN. dégeler, dissoudre, fondre. CONTR. *épaissir, figer, raffermir.*

liquéfier (se) *verbe pronominal*

/ Passer à l'état liquide. SYN. fondre. CONTR. *coaguler, figer, se solidifier.*

liquidation *nom féminin*

/ Action de mettre fin à. SYN. abolition, extirpation, purge –FAMILIER: lessivage, lessive, nettoyage.

liquide *adjectif*

/ Qui coule. SYN. coulant, fluide. CONTR. *consistant, épais, solide.*

liquide *nom masculin*

/ Argent liquide. SYN. argent comptant, espèces, espèces sonnantes et trébuchantes, liquidités, numéraire.

liquider *verbe*

/ Vendre à bas prix. SYN. brader, discounter, écouler, épuiser, réaliser, solder, vendre –FAMILIER: bazarder, sacrifier.

/ FAMILIER. Mettre fin à. SYN. abolir, extirper, se débarrasser, supprimer, vider.

/ FAMILIER. Éliminer quelqu'un. SYN. abattre, anéantir, assassiner, démolir, exterminer, jeter, tuer –POPULAIRE: zigouiller.

liquidités *nom féminin pluriel*

/ Argent liquide disponible. SYN. argent comptant, espèces, espèces sonnantes et trébuchantes, liquide, numéraire –FAMILIER: sous –POPULAIRE: blé, fric, oseille, pognon.

lire *verbe*

/ Reconnaître les signes d'une langue. SYN. déchiffrer, épeler.

/ Prendre connaissance d'un texte. SYN. compulser, consulter, dépouiller, dévorer, feuilleter, parcourir, survoler.

/ S'adonner à la lecture. SYN. –FAMILIER: bouquiner.

/ Comprendre quelque chose. SYN. décoder, décrypter, deviner, discerner, pénétrer.

lisible *adjectif*

/ Qui peut être lu. SYN. déchiffrable. CONTR. *illisible, indéchiffrable.*

lisière *nom féminin*

/ Bord d'un lieu. SYN. bordure, confins, démarcation, extrémité, limite, orée, périphérie, seuil.

lisse *adjectif*

/ Dont la surface est unie. SYN. doux, égal, glacé, lustré, poli, satiné, uni. CONTR. *barbu, cahoteux, calleux, crépu, frisé, frisottant, granulé, granuleux, grenu, hérissé, ondulé, raboteux, râpeux, rêche, ridé, rude, rugueux.*

lisser *verbe*

/ Rendre lisse. SYN. aplanir, défriper, défroisser, déplisser, polir. CONTR. *chiffonner, friser, froisser.*

liste *nom féminin*

/ Suite de mots, de nombres. SYN. catalogue, énumération, état, nomenclature, relevé, répertoire, tableau.

/ Longue énumération. SYN. dénombrement, inventaire.

lit *nom masculin*
/ Meuble pour dormir. SYN. – FAMILIER : dodo, plumard, plume – LITTÉRAIRE : couche – POPULAIRE : paddock, page, pageot, pieu, pucier.
/ Étendue d'une matière. SYN. couche, matelas – LITTÉRAIRE : tapis.

litige *nom masculin*
/ Point de contestation. SYN. affaire, cause, conflit, débat, démêlé, différend. CONTR. *accord.*

litigieux *adjectif*
/ Qui est en litige. SYN. contentieux, contestable, contesté, douteux.

littéral *adjectif*
/ Qui suit mot à mot un texte. SYN. textuel. CONTR. *approximatif.*
/ Qui est mot pour mot la copie de. SYN. exact, fidèle, objectif, réel, vrai.

littéralement *adverbe*
/ D'une manière complète. SYN. absolument, complètement, entièrement, formellement, totalement, tout à fait.
/ À la lettre. SYN. à proprement parler, au sens strict, mot pour mot, précisément, proprement, stricto sensu, textuellement. CONTR. *au sens large, lato sensu.*

littoral *nom masculin*
/ Ensemble des côtes d'un pays. SYN. bord de mer, côte, rivage.

livide *adjectif*
/ Extrêmement pâle. SYN. blafard, blanc, blême, bleu, cadavéreux, cadavérique, cireux, exsangue, hâve, olivâtre, pâle, plombé, terreux, verdâtre. CONTR. *coloré, rouge, rougeaud* – LITTÉRAIRE : *rubicond.*

livre *nom masculin*
/ Assemblage de feuilles imprimées. SYN. album, brochure, écrit, œuvre, opuscule, ouvrage, plaquette, publication, volume – FAMILIER : bouquin.
/ Registre sur lequel on inscrit. SYN. cahier, carnet, matricule.

livrer *verbe*
/ Abandonner à l'action de. SYN. abandonner, céder, déférer, remettre, sacrifier. CONTR. *défendre.*
/ Dénoncer à la police. SYN. dénoncer – FAMILIER : donner, vendre.
/ Dévoiler ce qui était caché. SYN. confier, démasquer, dévoiler, divulguer, étaler au grand jour, exposer, révéler, trahir.
/ Apporter une marchandise à. SYN. expédier, fournir, porter. CONTR. *recevoir.*

livrer (se) *verbe pronominal*
/ Se remettre au pouvoir de. SYN. se constituer prisonnier, se rendre, se soumettre.
/ Confier ses sentiments. SYN. se confier, s'ouvrir – FAMILIER : se déboutonner – LITTÉRAIRE : s'abandonner, s'épancher.
/ S'abandonner sans réserve à. SYN. s'absorber, se donner, se perdre, se plonger, s'enfoncer, sombrer.
/ S'adonner à une activité. SYN. commettre, effectuer, exécuter, pratiquer, procéder, s'adonner, s'appliquer, s'atteler, se consacrer, se donner, se vouer, s'essayer, s'exercer, vaquer.

livresque *adjectif*
/ Qui ne se fonde pas sur le vécu. SYN. artificiel, factice.

localisation *nom féminin*
/ Action de limiter l'extension de. SYN. limitation. CONTR. *extension, généralisation.*
/ Action de situer. SYN. détection, détermination.
/ Fait d'être situé. SYN. emplacement, position, situation.

localiser *verbe*
/ Déterminer la place de. SYN. circonscrire, détecter, déterminer, repérer, situer.
/ Limiter l'extension de. SYN. borner, circonscrire, limiter. CONTR. *étendre, généraliser, propager.*

localité *nom féminin*
/ Petite ville. SYN. agglomération, bourg, bourgade, coin, lieu, pays, village – FAMILIER : patelin.

locution *nom féminin*
/ Tour de langue écrite ou parlée. SYN. expression, formule, tour, tournure.

logement *nom masculin*
/ Local d'habitation. SYN. appartement, habitation, maison, résidence, toit – LITTÉRAIRE : demeure, gîte, logis.

loger *verbe intransitif*

/ Avoir sa résidence quelque part. SYN. demeurer, descendre, élire domicile, être domicilié, habiter, résider, séjourner, s'établir – FAMILIER : nicher, percher, rester – LITTÉRAIRE : avoir le gîte et le couvert, gîter – POPULAIRE : crécher.

loger *verbe transitif*

/ Procurer un lieu d'habitation. SYN. abriter, accueillir, coucher, héberger, installer, offrir l'hospitalité. CONTR. *déloger, expulser, mettre à la rue, mettre dehors* – FAMILIER : *ficher à la porte, flanquer à la porte, mettre à la porte.*

/ Placer quelque chose quelque part. SYN. caser, encastrer, enchâsser, mettre, placer – FAMILIER : nicher.

/ Lancer un projectile dans. SYN. enfoncer – FAMILIER : coller, ficher, fourrer.

loger (se) *verbe pronominal*

/ Avoir un endroit pour habiter. SYN. descendre, habiter, résider, trouver asile – LITTÉRAIRE : gîter, trouver le gîte et le couvert – POPULAIRE : crécher.

/ Se placer quelque part. SYN. pénétrer, s'encastrer, s'enfoncer – FAMILIER : se fourrer.

logique *adjectif*

/ Conforme au bon sens. SYN. cartésien, cohérent, judicieux, juste, raisonnable, raisonné, rationnel, sage, sensé. CONTR. *aberrant, antirationnel, biscornu, bizarre, boiteux, contradictoire, décousu, déraisonnable, farfelu, faux, illogique, incohérent, insensé, irrationnel, ridicule.*

/ Qui raisonne de manière cohérente. SYN. cohérent, conséquent, méthodique, scientifique, systématique. CONTR. *incohérent, inconséquent.*

/ Qui résulte de la nature des choses. SYN. droit, fatal, fatidique, forcé, inéluctable, inévitable, naturel, nécessaire, normal, régulier. CONTR. *absurde, alogique, anormal, exceptionnel, extraordinaire, illogique, inadmissible.*

logique *nom féminin*

/ Caractère logique. SYN. cohérence, cohésion, justesse, méthode, raisonnement. CONTR. *aberration, absurdité, illogisme, incohérence, inconséquence, irrationalité.*

/ Caractère inévitable de. SYN. fatalité, nécessité.

logiquement *adverbe*

/ De façon logique. SYN. méthodiquement, rationnellement, scientifiquement, systématiquement. CONTR. *absurdement, déraisonnablement, illogiquement, irrationnellement.*

/ Selon le cours normal des choses. SYN. décemment, normalement, raisonnablement.

logis *nom masculin*

/ LITTÉRAIRE. Endroit où l'on habite. SYN. asile, domicile, foyer, habitation, logement, maison, résidence, toit – LITTÉRAIRE : demeure.

loi *nom féminin*

/ Règle juridique. SYN. commandement, norme, obligation, précepte, prescription, principe, règle, vérité.

loin *adverbe*

/ À une grande distance. SYN. à des années-lumière, à distance, au bout du monde, au diable, au diable vauvert, au loin, aux antipodes – FAMILIER : au diable vert – POPULAIRE : à perpète, à perpette. CONTR. *à côté, près.*

lointain *adjectif*

/ Distant dans l'espace. SYN. écarté, éloigné, reculé, retiré. CONTR. *adjacent, attenant, avoisinant, contigu, environnant, limitrophe, mitoyen, prochain, proche, voisin* – LITTÉRAIRE : *circonvoisin, jouxtant.*

/ Distant dans le temps. SYN. éloigné, reculé. CONTR. *actuel, contemporain, imminent, présent, prochain, proche, récent* – LITTÉRAIRE : *voisin.*

/ Inattentif à ce qui se passe. SYN. absorbé, distant, distrait.

/ Sans relation directe avec. SYN. détourné, éloigné, indirect, vague. CONTR. *direct, étroit, immédiat, net.*

lointain *nom masculin*

/ Plan éloigné. SYN. arrière-plan, fond. CONTR. *premier plan.*

loisible *adjectif*

/ *Il est loisible de.* SYN. admis, autorisé, permis, possible, toléré. CONTR. *défendu, interdit, prohibé.*

loisir *nom masculin*

/ Temps libre. SYN. congé, détente, inaction, liberté, oisiveté, pause, repos, vacances – FAMILIER : farniente. CONTR. *obligation, travail.*

/ Occupation pendant le temps libre. SYN. amusement, délassement, divertissement, hobby, passe-temps, récréation.
/ Faculté d'agir à son gré. SYN. latitude, liberté, licence, possibilité.
/ *À loisir.* SYN. à sa guise, à son aise, à tête reposée, sans hâte.

long *adjectif*
/ Dont la dimension est grande. SYN. illimité, immense, infini – LITTÉRAIRE: vaste. CONTR. *court, étroit, minuscule, petit, réduit.*
/ Dont la durée est grande. SYN. interminable, lent. CONTR. *bref, court, fugitif, rapide, soudain, vif* – LITTÉRAIRE: *prompt.*
/ Se dit d'un texte fourni. SYN. diffus, prolixe, verbeux – FAMILIER: longuet. CONTR. *bref, concis, court, laconique* – LITTÉRAIRE: *compendieux.*

longanimité *nom féminin*
/ LITTÉRAIRE. Fait d'être patient. SYN. constance, persévérance, persistance – LITTÉRAIRE: opiniâtreté.
/ LITTÉRAIRE. Caractère indulgent. SYN. indulgence – LITTÉRAIRE: clémence, mansuétude.

longe *nom féminin*
/ Longue courroie. SYN. bride, lanière, rêne.

longer *verbe*
/ Suivre le bord de. SYN. suivre.
/ S'étendre le long de. SYN. border, borner, côtoyer.

longiligne *adjectif*
/ Grand et mince. SYN. grand. CONTR. *râblé, trapu* – FAMILIER: *boulot* – POPULAIRE: *baraqué.*

longtemps *adverbe*
/ Un long espace de temps. SYN. des heures, durablement, longuement, pour une longue durée. CONTR. *brièvement, peu.*

longuement *adverbe*
/ En détail. SYN. abondamment, amplement, consciencieusement, considérablement, grandement, largement, minutieusement, scrupuleusement, soigneusement. CONTR. *superficiellement.*
/ Pendant un long temps. SYN. interminablement, longtemps. CONTR. *brièvement, expéditivement, hâtivement, laconiquement, promptement, rapidement, succinctement* – LITTÉRAIRE: *diligemment.*

longuet *adjectif*
/ FAMILIER. Un peu trop long. SYN. diffus, long, prolixe. CONTR. *bref, court, dense.*

longueur *nom féminin*
/ Durée de quelque chose. SYN. durée, étendue.
/ Développement trop long. SYN. lenteurs, paraphrase, remplissage – FAMILIER: délayage – LITTÉRAIRE: prolixité. CONTR. *concision, laconisme.*
/ Durée trop longue. SYN. lenteur. CONTR. *brièveté, rapidité.*

loquace *adjectif*
/ Qui parle beaucoup. SYN. bavard, causeur, prolixe, verbeux, volubile – FAMILIER: causant, jacasseur, jacassier – LITTÉRAIRE: disert, verveux. CONTR. *muet, silencieux, taciturne.*

loquacité *nom féminin*
/ LITTÉRAIRE. Caractère loquace. SYN. bavardage, verbiage, verve, volubilité – FAMILIER: bagou, bagout, tchatche – LITTÉRAIRE: faconde, prolixité, verbosité. CONTR. *laconisme, mutisme* – LITTÉRAIRE: *taciturnité.*

loque *nom féminin*
/ Personne sans énergie. SYN. déchet, épave, larve – FAMILIER: chiffe, chiffe molle, ruine – POPULAIRE: débris.
/ Vêtement très abîmé. SYN. chiffon, guenille, haillon, lambeau – VIEUX: chiffe.

loques *nom féminin pluriel*
/ Vieux vêtements. SYN. haillons – FAMILIER: nippes – LITTÉRAIRE: hardes – POPULAIRE: frusques.

loqueteux *adjectif*
/ LITTÉRAIRE. Vêtu de loques. SYN. débraillé, déguenillé, miséreux – FAMILIER: dépenaillé, miteux – LITTÉRAIRE: guenilleux, haillonneux.

lorgner *verbe*
/ Regarder du coin de l'œil. SYN. dévisager, regarder – FAMILIER: reluquer – POPULAIRE: zieuter, zyeuter.
/ Avoir des vues sur. SYN. ambitionner, convoiter, désirer, envier, viser – FAMILIER: guigner, loucher sur – LITTÉRAIRE: soupirer après.

lorgnon *nom masculin*

- Lunettes sans branches. SYN. binocle, face-à-main, monocle, pince-nez.

lorsque *conjonction*

- Au moment où. SYN. comme, quand –LITTÉRAIRE: alors que.

lot *nom masculin*

- Ce qui revient à quelqu'un. SYN. contingent, part, portion, ration.
- Ensemble d'objets assortis. SYN. assortiment, batterie, collection, échantillonnage, éventail, gamme, jeu, palette, panoplie, stock.
- LITTÉRAIRE. Ce que le destin réserve. SYN. apanage, contingent, destin, sort –LITTÉRAIRE: fortune.

lotir *verbe*

- Diviser un terrain en lots. SYN. démembrer, dépecer, morceler, partager.

louable *adjectif*

- Digne de louanges. SYN. bien, bon, digne, estimable, honorable, méritoire, recommandable. CONTR. *blâmable, condamnable, critiquable, répréhensible.*

louange *nom féminin*

- Action de faire l'éloge de. SYN. compliment, éloge, exaltation, flatterie, glorification, panégyrique –LITTÉRAIRE: encens, encensement. CONTR. *accusation, affront, attaque, blâme, calomnie, censure, charge, condamnation, critique, dénigrement, diffamation, injure, médisance, raillerie* –FAMILIER: *débinage* –LITTÉRAIRE: *admonestation, avanie.*

louanger *verbe*

- LITTÉRAIRE. Prodiguer des louanges. SYN. aduler, complimenter, courtiser, exalter, flatter, glorifier, louer –LITTÉRAIRE: chanter, encenser, flagorner, magnifier. CONTR. *abaisser, blâmer, calomnier, chapitrer, critiquer, décrier, dénigrer, désapprouver, égratigner, maltraiter, médire, railler, réprouver* –FAMILIER: *abîmer, attraper, cracher sur, débiner, déblatérer, enguirlander, éreinter, esquinter* –LITTÉRAIRE: *admonester, déchirer, honnir, vitupérer* –POPULAIRE: *engueuler.*

louanges *nom féminin pluriel*

- Paroles qui font l'éloge de. SYN. apologie, compliments, éloges, félicitations, panégyrique –LITTÉRAIRE: encens. CONTR. –FAMILIER: *éreintage.*

louangeur *adjectif*

- Qui contient des louanges. SYN. dithyrambique, élogieux, flatteur, laudatif, obséquieux. CONTR. *caustique, désapprobateur, médisant, réprobateur, satirique.*

louangeur *nom*

- LITTÉRAIRE. Personne qui louange. SYN. apologiste, bénisseur, courtisan, flatteur, panégyriste –FAMILIER: lèche-bottes, lécheur –LITTÉRAIRE: adulateur, encenseur, flagorneur, laudateur, prôneur, thuriféraire. CONTR. *critique, dénigreur, dépréciateur, médisant* –LITTÉRAIRE: *censeur.*

louche *adjectif*

- Dont on doit se méfier. SYN. douteux, équivoque, inquiétant, interlope, mystérieux, patibulaire, suspect, trouble, véreux –FAMILIER: glauque. CONTR. *carré, clair, franc, net.*

loucher *verbe intransitif*

- Être atteint de strabisme. SYN. –FAMILIER: avoir un œil à Paris et l'autre à Pontoise, avoir une coquetterie dans l'œil –POPULAIRE: avoir un œil qui dit merde à l'autre, bigler.

loucher *verbe transitif indirect*

- FAMILIER. Avoir des vues sur. SYN. convoiter, envier, lorgner –FAMILIER: guigner, reluquer –POPULAIRE: zieuter, zyeuter.

louer *verbe transitif*

- Décerner des éloges à. SYN. chanter les louanges, complimenter, féliciter, porter au pinacle, porter aux nues, vanter les mérites –LITTÉRAIRE: encenser, louanger. CONTR. *anathématiser, blâmer, calomnier, critiquer, décrier, dénigrer, diffamer, discréditer, égratigner, humilier, maltraiter, médire, railler* –FAMILIER: *abîmer, baver, cracher, déblatérer, enguirlander, éreinter, esquinter* –LITTÉRAIRE: *censurer, dauber, déchirer* –POPULAIRE: *engueuler* –VIEUX: *crosser.*
- Célébrer les qualités de. SYN. approuver, bénir, célébrer, exalter, glorifier, prôner, rendre grâce, vanter –LITTÉRAIRE: chanter, magnifier. CONTR. *condamner, désapprouver, réprouver* –LITTÉRAIRE: *vilipender, vitupérer.*

louer *verbe transitif*

- Réserver une place. SYN. arrêter, réserver, retenir.

louer (se) *verbe pronominal*

/ Se déclarer satisfait de. SYN. exulter, jubiler, s'applaudir, se féliciter, se réjouir. CONTR. *déplorer, regretter, se reprocher, s'en vouloir* – FAMILIER: *se mordre les doigts.*

loufoque *adjectif*

/ FAMILIER. Qui est extravagant. SYN. absurde, bizarre, déraisonnable, extravagant, fantasque, farfelu, insensé, saugrenu – FAMILIER: bizarroïde. CONTR. *raisonnable, rationnel, sage.*

/ FAMILIER. Qui a perdu tout bon sens. SYN. dérangé, désaxé, déséquilibré, fou – FAMILIER: braque, cinglé, détraqué, dingue, fada, fêlé, frappé, maboul, marteau, piqué, ravagé, tapé, timbré, toc-toc, toqué, zinzin – POPULAIRE: allumé, azimuté, barge, barjo, branque, brindezingue, cinoque, cintré, déjanté, dingo, folingue, fondu, givré, jeté, louf, louftingue, sinoc, sinoque, siphonné, tordu.

loufoquerie *nom féminin*

/ FAMILIER. Acte, propos loufoque. SYN. absurdité, bizarrerie, extravagance.

loupé *adjectif*

/ FAMILIER. Qui n'a pas réussi. SYN. imparfait, manqué, raté – POPULAIRE: foireux. CONTR. *parfait, réussi.*

loupé *nom masculin*

/ FAMILIER. Ce qui n'a pas marché. SYN. échec, erreur, faillite, insuccès – FAMILIER: fessée, fiasco, plantage, ratage.

louper *verbe intransitif*

/ FAMILIER. Ne pas réussir. SYN. avorter, capoter, craquer, échouer, faire long feu, manquer, tomber à plat – FAMILIER: rater, tomber à l'eau – POPULAIRE: foirer, merder. CONTR. *aboutir, marcher, réussir, toucher au but.*

louper *verbe transitif*

/ FAMILIER. Ne pas mener à bien. SYN. gâcher, manquer, rater. CONTR. *atteindre, réussir.*

/ FAMILIER. Laisser échapper. SYN. perdre, rater. CONTR. *exploiter, profiter.*

loupiot *nom*

/ POPULAIRE. Petit enfant. SYN. bambin, enfant, gamin, gamine – FAMILIER: gosse, marmot, mioche, moustique, moutard, poussin – POPULAIRE: lardon, môme, mouflet – VIEUX: marmouset.

lourd *adjectif*

/ Qui a un poids élevé. SYN. pesant. CONTR. *agile, alerte, léger, leste, preste, rapide, svelte* – LITTÉRAIRE: *aérien.*

/ Qui se digère mal. SYN. indigeste. CONTR. *digeste, digestible, léger.*

/ Qui accable (température). SYN. accablant, étouffant, irrespirable, oppressant.

/ Qui a une forme massive. SYN. massif, tassé – FAMILIER: mastoc. CONTR. *délicat, élégant.*

/ Se dit d'un propos sans élégance. SYN. grossier, inélégant, maladroit. CONTR. *adroit, délicat, élégant, exquis, fin, raffiné* – LITTÉRAIRE: *délié.*

/ FAMILIER. Qui manque de finesse. SYN. balourd, bête, épais, fruste, laborieux, lourdaud, obtus – FAMILIER: bouché, rustaud. CONTR. *astucieux, éveillé, fin, habile, intelligent, malin, ouvert, pénétrant, perspicace, rapide, sagace, spirituel, subtil* – LITTÉRAIRE: *prompt.*

/ Qui est important. SYN. considérable, grave, gros, important. CONTR. *banal, insignifiant, modeste, modique, négligeable.*

lourdaud *adjectif*

/ Qui est lent et maladroit. SYN. lourd – FAMILIER: mastoc, pataud. CONTR. *adroit.*

/ Qui manque de finesse. SYN. balourd, béotien, épais, fruste, obtus, stupide – FAMILIER: ballot, lourd, pataud, rustaud – POPULAIRE: nouille. CONTR. *fin, léger, spirituel* – FAMILIER: *dégourdi.*

lourdaud *nom*

/ Personne qui manque de finesse. SYN. butor, cuistre, goujat, imbécile, malappris, malotru, mufle, ostrogoth, rustre, sauvage – FAMILIER: bûche, buse, malpoli, paltoquet, pataud, rustaud – POPULAIRE: nouille, pignouf. CONTR. – FAMILIER: *dégourdi.*

lourdement *adverbe*

/ De façon considérable. SYN. gravement. CONTR. *légèrement, peu.*

/ De façon pesante. SYN. pesamment. CONTR. *agilement, alertement, lestement, prestement, promptement, vivement.*

/ D'une façon maladroite. SYN. gauchement, grossièrement, maladroitement, malhabilement, pesamment. CONTR. *adroitement, finement.*

lourder *verbe*

/ POPULAIRE. Mettre à la porte. SYN. chasser, congédier, démettre, déposer, exclure, limoger, remercier, renvoyer, révoquer – FA-

MILIER: balayer, blackbouler, débarquer, déboulonner, dégommer, démissionner, sabrer, vider –POPULAIRE: balancer, sacquer, saquer, virer.

lourdeur *nom féminin*

/ Caractère d'un temps lourd. SYN. moiteur –LITTÉRAIRE: touffeur.

/ Caractère de ce qui pèse lourd. SYN. masse, poids.

/ Manque d'agilité. SYN. disgrâce, gaucherie, lenteur, pesanteur. CONTR. *adresse, agilité, aisance, dextérité, grâce, habileté, légèreté* –LITTÉRAIRE: *prestesse, vivacité.*

/ Manque de finesse d'esprit. SYN. balourdise, épaisseur, grossièreté, lenteur, vulgarité. CONTR. *brillant, brio, délicatesse, élégance, esprit, finesse, pertinence, sagacité, subtilité* –LITTÉRAIRE: *vivacité.*

loustic *nom masculin*

/ VIEUX. Personne qui plaisante. SYN. boute-en-train, farceur, joyeux luron, plaisantin –FAMILIER: blagueur, joyeux drille.

/ FAMILIER. Mauvais plaisant. SYN. numéro, phénomène, plaisantin –FAMILIER: fumiste, gaillard, guignol, lascar, pistolet, polichinelle, zèbre –POPULAIRE: charlot, rigolo, zigoto.

louvoyer *verbe*

/ Naviguer contre le vent. SYN. remonter au vent, tirer des bordées.

/ Prendre des biais. SYN. biaiser, finasser, ruser, tergiverser, tourner autour du pot.

lover (se) *verbe pronominal*

/ S'enrouler sur soi-même. SYN. se pelotonner, se ramasser, se recroqueviller.

loyal *adjectif*

/ Qui obéit aux lois de la droiture. SYN. carré, dévoué, droit, fair-play, fiable, fidèle, franc, honnête, juste, net, sincère, sport, sûr –LITTÉRAIRE: probe, vrai –POPULAIRE: réglo –VIEUX: rond. CONTR. *déloyal, dissimulateur, dissimulé, faux, fourbe, hypocrite, incorrect, malhonnête, perfide, rebelle, sournois, tortueux, traître* –LITTÉRAIRE: *cauteleux, fallacieux, félon, infidèle, subreptice, tortu.*

loyalement *adverbe*

/ De façon loyale. SYN. cartes sur table, franchement, honnêtement, sincèrement, sportivement, vrai. CONTR. *hypocritement, obliquement, tortueusement, traîtreusement.*

loyalisme *nom masculin*

/ Fidélité à l'autorité établie. SYN. dévouement, fidélité.

loyauté *nom féminin*

/ Caractère loyal. SYN. bonne foi, dévouement, droiture, franchise, honnêteté, probité, rectitude, sincérité. CONTR. *déloyauté, dissimulation, duplicité, fausseté, félonie, forfaiture, fourberie, hypocrisie, mauvaise foi, rébellion, traîtrise* –LITTÉRAIRE: *infidélité, perfidie, sournoiserie.*

lubie *nom féminin*

/ Caprice extravagant. SYN. caprice, coup de tête, extravagance, fantaisie, passade –FAMILIER: tocade, toquade –LITTÉRAIRE: foucade.

lubricité *nom féminin*

/ Caractère lubrique. SYN. luxure, paillardise, sensualité, volupté –LITTÉRAIRE: concupiscence, impudicité, salacité, vice. CONTR. *chasteté, pruderie, pudeur, pudibonderie, pureté* –LITTÉRAIRE: *pudicité.*

lubrifier *verbe*

/ Rendre plus glissant. SYN. graisser, huiler.

lubrique *adjectif*

/ Obsédé par les plaisirs charnels. SYN. graveleux, impudique, licencieux, paillard, sensuel, vicieux, voluptueux –FAMILIER: chaud, cochon, vicelard –LITTÉRAIRE: concupiscent, libidineux, salace –VIEUX: luxurieux. CONTR. *chaste, froid, innocent, prude, pudique, pur.*

lucide *adjectif*

/ Qui juge clairement. SYN. aigu, clairvoyant, éclairé, lumineux, pénétrant, perspicace, profond, sagace, sensé, subtil –VIEUX: perçant. CONTR. *aveugle, crédule, égaré, fanatique, fou, troublé.*

/ Qui est conscient. SYN. conscient. CONTR. *inconscient.*

lucidement *adverbe*

/ De façon lucide. SYN. froidement, prudemment. CONTR. *à l'aveuglette, à tâtons, aveuglément.*

lucidité *nom féminin*

/ Qualité de quelqu'un de lucide. SYN. acuité, bon sens, clairvoyance, compréhension, in-

telligence, pénétration, perspicacité, sagacité, sagesse, subtilité. CONTR. *aveuglement, crédulité, égarement, fanatisme, folie, illusion, passion* –LITTÉRAIRE: *cécité.*
/ Fait d'avoir toute sa conscience. SYN. connaissance, conscience, raison. CONTR. *inconscience.*

luciférien *adjectif*
/ LITTÉRAIRE. Qui tient du diable. SYN. démoniaque, diabolique, satanique –LITTÉRAIRE: infernal, méphistophélique.

lucratif *adjectif*
/ Qui laisse de gros profits. SYN. beau, bon, fructueux, intéressant, payant, productif, profitable, rémunérateur, rentable –FAMILIER: joli –POPULAIRE: juteux. CONTR. *mauvais, ruineux.*

lueur *nom féminin*
/ Lumière faible. SYN. clarté, halo.
/ Éclat fugitif du regard. SYN. éclair, éclat, rayon –LITTÉRAIRE: étincelle, flamme.
/ Petite quantité de. SYN. brin, doigt, goutte, larme, nuage, soupçon, un peu de –POPULAIRE: chouia.

lugubre *adjectif*
/ Qui exprime la tristesse. SYN. funèbre, macabre, mélancolique, triste –LITTÉRAIRE: sépulcral. CONTR. *gai, joyeux.*
/ Qui inspire l'effroi. SYN. inquiétant –FAMILIER: glauque. CONTR. *égayant, riant.*
/ Qui fait naître l'ennui. SYN. morne, mortel, sinistre, sombre –FAMILIER: cafardeux –LITTÉRAIRE: ténébreux. CONTR. *amusant, drôle, hilarant, inénarrable* –FAMILIER: *crevant, marrant, rigolo, roulant, tordant.*

luire *verbe*
/ Briller de sa lumière propre. SYN. briller –FAMILIER: éclairer.
/ Réfléchir la lumière. SYN. chatoyer, miroiter, reluire, scintiller –LITTÉRAIRE: brasiller.
/ Briller d'un vif éclat. SYN. étinceler, rayonner –LITTÉRAIRE: flamber, flamboyer.

luisant *adjectif*
/ Qui luit. SYN. brillant, chatoyant, étincelant, glacé, lustré, poli, reluisant, scintillant –LITTÉRAIRE: moiré, vernissé. CONTR. *mat, terne, terni.*

luisant *nom masculin*
/ Aspect d'une surface qui reluit. SYN. brillant, chatoiement, lustrage, lustre, poli –LITTÉRAIRE: moire, moirure.

lumière *nom féminin*
/ Clarté émise par le soleil. SYN. jour –LITTÉRAIRE: splendeur. CONTR. *clair-obscur, nuit, obscurité, ombre* –LITTÉRAIRE: *ténèbres.*
/ Éclat du regard. SYN. –LITTÉRAIRE: étincelle, flamme.
/ Ce qui éclaire l'esprit. SYN. éclairage, éclaircissement, explication, illustration, indication, information, précision, renseignement.
/ LITTÉRAIRE. Personne intelligente. SYN. cerveau, chef, fleuron, génie, gloire, prodige, roi, sommité, virtuose –FAMILIER: aigle, as, cacique, champion, crack –LITTÉRAIRE: flambeau, phare, phénix. CONTR. *incapable, nul, nullité, raté* –FAMILIER: *zéro.*

lumières *nom féminin pluriel*
/ Éléments de compréhension. SYN. connaissances, savoir.

lumineux *adjectif*
/ Qui émet de la lumière. SYN. brillant, fluorescent, incandescent, luminescent, phosphorescent. CONTR. *éteint.*
/ Qui est très clair. SYN. clair, éclairé, ensoleillé, illuminé. CONTR. *mat, noir, obscur, opaque, sombre* –LITTÉRAIRE: *ténébreux.*
/ Qui a de l'éclat. SYN. brillant, chatoyant, éclatant, étincelant, pétillant, radieux, rayonnant –LITTÉRAIRE: flamboyant. CONTR. *éteint, opaque, terne.*
/ Qui comprend rapidement. SYN. lucide, pénétrant, perspicace. CONTR. *fumeux, lent, lourd.*
/ Qui est facile à comprendre. SYN. clair, intelligible, limpide, simple. CONTR. *abscons, brumeux, confus, embrouillé, énigmatique, équivoque, ésotérique, filandreux, inaccessible, incompréhensible, indigeste, inintelligible, insondable* –FAMILIER: *emberlificoté* –LITTÉRAIRE: *abstrus, amphigourique, cafouilleux, fuligineux, nébuleux, opaque, sibyllin.*

luminosité *nom féminin*
/ Qualité de ce qui est lumineux. SYN. brillant, clarté, éclat, jour, limpidité –LITTÉRAIRE: splendeur. CONTR. *obscurité* –LITTÉRAIRE: *nébulosité, noirceur.*

lunaire *adjectif*
/ LITTÉRAIRE. Qui est extravagant. SYN. chimérique, imaginatif, rêveur, romanesque.

lunatique *adjectif*
/ Dont l'humeur change souvent. SYN. capricieux, fantasque, instable, versatile. CONTR. *constant, égal, obstiné, persévérant, sérieux.*

lune *nom féminin*

/ POPULAIRE. Derrière de l'homme. SYN. derrière, fesses –FAMILIER: croupe, croupion, fessier, fondement, postérieur –POPULAIRE: arrière-train, cul, popotin.

lustre *nom masculin*

/ État de ce qui brille. SYN. brillant, éclat, luisant, poli.

/ LITTÉRAIRE. Ce qui distingue du commun. SYN. éclat, relief, vernis –LITTÉRAIRE: distinction, gloire, splendeur.

/ Appareil d'éclairage. SYN. plafonnier, suspension.

lustré *adjectif*

/ Brillant par le frottement. SYN. luisant, poli, satiné –LITTÉRAIRE: vernissé.

lustrer *verbe*

/ Donner du brillant, du poli. SYN. astiquer, briquer, cirer, encaustiquer, fourbir, frotter, polir, vernisser –LITTÉRAIRE: brillanter, vernir.

lutin *nom masculin*

/ Petit démon malicieux. SYN. farfadet, génie, gnome.

lutte *nom féminin*

/ Fait de défendre une cause. SYN. action, bataille, combat, offensive.

/ Volonté de vaincre des difficultés. SYN. affrontement, défense, résistance, révolte. CONTR. *résignation.*

/ Action de deux forces contraires. SYN. antagonisme, compétition, concurrence, conflit, débat, duel, heurt, opposition, rivalité –LITTÉRAIRE: combat, joute, tournoi. CONTR. *accord, entente.*

lutter *verbe*

/ Se battre dans un combat. SYN. combattre, en découdre, en venir aux mains, être aux prises avec, rivaliser, s'affronter, se battre, se mesurer –FAMILIER: se bagarrer –LITTÉRAIRE: guerroyer, jouter.

/ Tenter de résister à. SYN. combattre, contenir, étouffer, refréner, réfréner, résister. CONTR. *accepter.*

/ Agir avec énergie pour. SYN. batailler, militer, réagir, résister, se débattre, se défendre, se démener, se dépenser, s'opposer –FAMILIER: se décarcasser. CONTR. *abandonner, abdiquer, céder, se rendre, se résigner.*

luxe *nom masculin*

/ Caractère raffiné. SYN. apparat, décorum, éclat, faste, magnificence, raffinement, richesse –LITTÉRAIRE: somptuosité, splendeur. CONTR. *dépouillement, modestie, nudité, simplicité, sobriété.*

/ Manière de vivre coûteuse. SYN. opulence –FAMILIER: tralala –LITTÉRAIRE: magnificence, pompe. CONTR. *besoin, dénuement, disette, frugalité, gêne, indigence, misère* –POPULAIRE: *débine.*

/ Grande abondance de. SYN. débauche, débordement, déluge, étalage, excès, exubérance, foison, orgie, pléthore, profusion, surabondance –LITTÉRAIRE: prodigalité. CONTR. *absence, carence, manque, pénurie* –LITTÉRAIRE: *disette.*

luxer *verbe*

/ Provoquer une luxation. SYN. déboîter, démettre, disloquer, fouler.

luxueusement *adverbe*

/ De façon luxueuse. SYN. fastueusement, princièrement, richement, royalement, somptueusement. CONTR. *pauvrement, petitement.*

luxueux *adjectif*

/ Qui témoigne du luxe. SYN. cossu, fastueux, magnifique, princier, riche, somptueux –LITTÉRAIRE: pompeux. CONTR. *humble, maigre, misérable, modeste, pauvre, simple* –FAMILIER: *miteux.*

luxure *nom féminin*

/ Recherche des plaisirs sexuels. SYN. débauche, dépravation, dévergondage, libertinage, lubricité, orgie, paillardise –LITTÉRAIRE: concupiscence, impudicité, impureté, lasciveté, lascivité, salacité, stupre. CONTR. *chasteté, continence.*

luxuriance *nom féminin*

/ LITTÉRAIRE. État de ce qui est luxuriant. SYN. abondance, épaisseur, exubérance, foisonnement, richesse, surabondance, vigueur. CONTR. *pauvreté.*

luxuriant *adjectif*

/ Qui déborde de richesse. SYN. abondant, dense, dru, épais, exubérant, foisonnant, surabondant, touffu –LITTÉRAIRE: opulent, plantureux. CONTR. *clairsemé, dépouillé, maigre, pauvre, pelé, rare, ras.*

luxurieux *adjectif*

/ VIEUX. Qui s'adonne à la luxure. SYN. débauché, dépravé, lubrique, paillard, salace, vicieux – LITTÉRAIRE : libidineux. CONTR. *chaste, continent.*

/ Qui dénote la luxure. SYN. charnel, impudique, lascif, sensuel, voluptueux – LITTÉRAIRE : orgiaque. CONTR. *chaste, innocent, pudique, pur.*

lymphatique *adjectif*

/ Qui montre de la mollesse. SYN. amorphe, apathique, atone, avachi, endormi, flasque, inconsistant, indolent, languissant, mollasson, mou, passif, veule – FAMILIER : mollasse – LITTÉRAIRE : alangui, torpide. CONTR. *actif, agissant, ardent, bouillant, bouillonnant, combatif, déchaîné, dynamique, émotif, énergique, enthousiaste, entreprenant, excité, fougueux, hyperémotif, hypersensible, impatient, impétueux, irritable, nerveux, passionné, pétulant, remuant, résolu, tonique, vif, violent, vivant* – FAMILIER : *émotionnable* – LITTÉRAIRE : *volcanique.*

lyrique *adjectif*

/ Qui est plein d'exaltation. SYN. exalté, passionné.

‡ forme du double poignard

maboul *adjectif*

/ FAMILIER. Complètement fou. SYN. dérangé, désaxé, déséquilibré, fou –FAMILIER: braque, cinglé, détraqué, dingue, fada, fêlé, frappé, loufoque, malade, marteau, piqué, ravagé, tapé, timbré, toc-toc, toqué, zinzin –POPULAIRE: allumé, azimuté, barge, barjo, branque, brindezingue, cinoque, cintré, déjanté, dingo, folingue, fondu, frapadingue, givré, jeté, louf, louftingue, sinoc, sinoque, siphonné, tordu.

macabre *adjectif*

/ Qui est sinistre. SYN. funèbre, lugubre, sinistre, sombre, triste –LITTÉRAIRE: sépulcral. CONTR. *désopilant, drôle, gai, hilarant, inénarrable* –FAMILIER: *crevant, marrant, rigolo, roulant, tordant* –LITTÉRAIRE: *riant.*

macaque *nom*

/ FAMILIER. Personne très laide. SYN. –FAMILIER: guenon, singe –VIEUX: magot.

macérer *verbe*

/ Être plongé dans un liquide. SYN. baigner, mariner, tremper.

mâcher *verbe*

/ Broyer avec les dents. SYN. mâchonner, mastiquer, mordiller –FAMILIER: mâchouiller.

machiavélique *adjectif*

/ D'une grande perfidie. SYN. démoniaque, diabolique, dissimulé, retors, roué, tortueux –FAMILIER: roublard –LITTÉRAIRE: scélérat.

machiavélisme *nom masculin*

/ Caractère machiavélique. SYN. dissimulation, fourberie, rouerie, ruse –FAMILIER: roublardise –LITTÉRAIRE: diabolisme, perfidie, scélératesse, sournoiserie.

machin *nom masculin*

/ FAMILIER. Ce dont on ignore le nom. SYN. chose –FAMILIER: bazar, bidule, engin, fourbi, truc, trucmuche.

machinal *adjectif*

/ Fait instinctivement. SYN. automatique, habituel, inconscient, instinctif, involontaire, irréfléchi, mécanique. CONTR. *intentionnel, réfléchi.*

machinalement *adverbe*

/ D'une façon machinale. SYN. inconsciemment, instinctivement, involontairement, mécaniquement, spontanément. CONTR. *intentionnellement, sciemment, volontairement.*

machination *nom féminin*

/ Menées secrètes et déloyales. SYN. agissements, combinaison, complot, conspiration, intrigue, manège, manigance, manœuvre, menées, tractations –FAMILIER: combine, grenouillage.

machine *nom féminin*

/ Appareil effectuant un travail. SYN. appareil, automate, dispositif, engin, mécanisme, outil –FAMILIER: mécanique.

machiner *verbe*

/ Combiner quelque chose. SYN. arranger, combiner, comploter, conspirer, imaginer, manigancer, mijoter, mitonner, monter, orchestrer, préméditer, préparer, ruminer, tisser, tramer –FAMILIER: concocter, goupiller, traficoter, trafiquer –LITTÉRAIRE: nouer, ourdir.

mâchonner *verbe*

/ Mordiller quelque chose. SYN. mâcher, mastiquer, mordiller, mordre –FAMILIER: mâchouiller.

/ Prononcer des paroles confuses. SYN. balbutier, bredouiller, marmonner, marmotter –FAMILIER: bafouiller.

maculé *adjectif*

/ Couvert de taches. SYN. noir, sale, sali, taché. CONTR. *immaculé, net, propre.*

maculer *verbe*

/ Couvrir de taches. SYN. barbouiller, encrasser, noircir, salir –FAMILIER: cochonner –LITTÉRAIRE: crotter, souiller –POPULAIRE: saloper –VIEUX: mâchurer. CONTR. *laver, nettoyer.*

madré *adjectif*

/ LITTÉRAIRE. Qui est rusé. SYN. finaud, futé, malin, retors, roué, rusé –FAMILIER: combinard, débrouillard, ficelle, roublard –LITTÉRAIRE: cauteleux, matois, tortu –VIEUX: finasseur, finassier. CONTR. *carré, direct* –VIEUX: *rond.*

maestria *nom féminin*

/ Aisance dans la réalisation de. SYN. adresse, art, brio, dextérité, doigté, habileté, intelligence, maîtrise, savoir-faire, talent, technique, virtuosité.

maffia *nom féminin*

/ FAMILIER. Association secrète. SYN. bande, clan, coterie, gang –FAMILIER: clique –LITTÉRAIRE: camarilla.

mafflu *adjectif*

/ VIEUX. Qui a de grosses joues. SYN. bouffi, charnu, joufflu, potelé, rebondi, replet –FAMILIER: dodu, rondelet. CONTR. *décharné* –LITTÉRAIRE: *émacié.*

mafia *nom féminin*

/ FAMILIER. Association secrète. SYN. bande, clan, coterie, gang –FAMILIER: clique –LITTÉRAIRE: camarilla.

magasin *nom masculin*

/ Établissement de commerce. SYN. boutique, commerce, fonds de commerce.

magazine *nom masculin*

/ Publication périodique. SYN. illustré, journal, périodique, revue.

magicien *nom*

/ Personne qui a un pouvoir magique. SYN. devin, enchanteur, ensorceleur, mage, sorcier –LITTÉRAIRE: thaumaturge.

magie *nom féminin*

/ Ce qui sort du rationnel. SYN. divination, fantasmagorie, féerie, sorcellerie –LITTÉRAIRE: enchantement.

/ Puissance de séduction. SYN. attrait, charme, enchantement, envoûtement, fascination, magnétisme, prestige, sortilège.

magique *adjectif*

/ Qui relève de la magie. SYN. cabalistique, fantasmagorique, mystérieux, occulte, surnaturel.

/ Qui a des effets extraordinaires. SYN. enchanteur, enivrant, envoûtant, extraordinaire, fantastique, fascinant, féerique, magnétique –LITTÉRAIRE: fascinateur, surnaturel. CONTR. *banal, naturel.*

magistral *adjectif*

/ Qui est au-dessus des autres. SYN. excellent, remarquable, supérieur, suprême –LITTÉRAIRE: souverain.

/ Qui évoque un maître. SYN. dominateur, impérieux, pédant, péremptoire, professoral –LITTÉRAIRE: docte, pédantesque.

/ FAMILIER. Qui force l'admiration. SYN. beau, exceptionnel, génial, incomparable, remarquable –FAMILIER: fameux, sensationnel, super. CONTR. *ordinaire, quelconque.*

magistralement *adverbe*

/ De façon remarquable. SYN. bien, de main de maître, merveilleusement, talentueusement –LITTÉRAIRE: expertement.

magma *nom masculin*

/ Mélange de choses abstraites. SYN. masse, mélange, tissu –FAMILIER: méli-mélo, salmigondis, tohu-bohu.

magnanime *adjectif*

/ Qui montre de la mansuétude. SYN. bienveillant, bon, chevaleresque, clément, généreux, indulgent, noble –LITTÉRAIRE: bénin, miséricordieux. CONTR. *dur, impitoyable, implacable, rancunier.*

magnanimement *adverbe*

/ De façon magnanime. SYN. généreusement, noblement.

magnanimité *nom féminin*

/ Caractère magnanime. SYN. bienveillance, bonté, générosité, grandeur d'âme, indulgence, noblesse –LITTÉRAIRE: bénignité, clémence, mansuétude, miséricorde, sublimité. CONTR. *bassesse, dureté, intransigeance, rancune, sévérité.*

magnat *nom masculin*

/ Personnalité très importante. SYN. baron, grand, maître, puissant, roi, seigneur, sommité –FAMILIER: caïd, manitou, ponte.

magner (se) *verbe pronominal*

/ POPULAIRE. Faire vite. SYN. accélérer, se dépêcher, se hâter, se précipiter, se presser, se remuer –FAMILIER: s'activer –POPULAIRE: se grouiller. CONTR. *tarder, traîner* –FAMILIER: *lambiner, lanterner, traînailler, traînasser.*

magnétique *adjectif*

/ Qui exerce une forte attraction. SYN. captivant, enchanteur, ensorcelant, envoûtant, fascinant, magique –LITTÉRAIRE: fascinateur.

magnétiser *verbe*

/ LITTÉRAIRE. Exercer une attraction sur. SYN. fasciner, hypnotiser –LITTÉRAIRE: charmer.

magnétisme *nom masculin*

/ Attrait puissant. SYN. charme, enchantement, envoûtement, fascination, magie –LITTÉRAIRE: aura.

magnificence *nom féminin*

/ Caractère magnifique. SYN. apparat, beauté, brillant, décorum, éclat, faste, luxe, richesse –FAMILIER: tralala –LITTÉRAIRE: gloire, pompe, somptuosité, splendeur. CONTR. *dépouillement, médiocrité, nudité, simplicité.*

/ LITTÉRAIRE. Disposition à dépenser. SYN. générosité, libéralité, prodigalité –LITTÉRAIRE: largesse, munificence. CONTR. *avarice, parcimonie.*

magnifier *verbe*

/ LITTÉRAIRE. Célébrer comme grand. SYN. célébrer, glorifier, honorer, louer, vanter –LITTÉRAIRE: chanter, encenser, louanger, révérer.

/ LITTÉRAIRE. Rendre plus grand. SYN. diviniser, élever, ennoblir, exalter, idéaliser, solenniser –LITTÉRAIRE: spiritualiser, sublimer, transcender. CONTR. *abaisser, diminuer, rapetisser* –LITTÉRAIRE: *rabaisser.*

magnifique *adjectif*

/ Qui suscite l'admiration. SYN. admirable, brillant, fastueux, grandiose, imposant, luxueux, remarquable, riche, royal, somptueux, triomphal –FAMILIER: extra, formidable –LITTÉRAIRE: pompeux. CONTR. *abominable, effroyable, horrible, maigre, mauvais, minable, odieux, petit, simple.*

/ Qui est très beau. SYN. beau, joli, merveilleux, ravissant, splendide, sublime, superbe. CONTR. *affreux, hideux, laid, repoussant, vilain* –FAMILIER: *moche.*

magnifiquement *adverbe*

/ De façon magnifique. SYN. admirablement, divinement, merveilleusement, princièrement, royalement, somptueusement, superbement –LITTÉRAIRE: excellemment, sublimement. CONTR. *abominablement, affreusement, atrocement, épouvantablement, hideusement, horriblement, ignoblement, monstrueusement, odieusement.*

magot *nom masculin*

/ VIEUX. Homme très laid. SYN. poussah –FAMILIER: macaque, singe.

magot *nom masculin*

/ FAMILIER. Argent mis de côté. SYN. bas de laine, capital, économies, pécule.

magouillage *nom masculin*

/ POPULAIRE. Agissement malhonnête. SYN. combinaison, intrigue, maquignonnage –FAMILIER: combine, fricotage, grenouillage, trafic, tripotage –POPULAIRE: magouille.

magouille *nom féminin*

/ POPULAIRE. Agissement malhonnête. SYN. combinaison, intrigue, maquignonnage –FAMILIER: combine, fricotage, grenouillage, trafic, tripotage –POPULAIRE: magouillage.

magouiller *verbe*

/ POPULAIRE. Se livrer à des magouilles. SYN. intriguer, manœuvrer, tramer -FAMILIER: fabriquer, grenouiller, traficoter, trafiquer, tripoter.

maigre *adjectif*

/ Qui a peu de chair et de graisse. SYN. amaigri, décharné, efflanqué, hâve, maigrelet, maigriot, mince, osseux, sec, squelettique -FAMILIER: maigrichon -LITTÉRAIRE: émacié, étique. CONTR. *adipeux, bouffi, boursouflé, charnu, corpulent, empâté, énorme, fort, gras, gros, obèse, plantureux, potelé, rebondi, replet, rond, ventru* -FAMILIER: *bedonnant, dodu, grassouillet, rondelet, rondouillard, ventripotent.*

/ Qui est peu abondant. SYN. faible, frugal, insuffisant, juste, médiocre, minable, mince, misérable, modeste, modique, parcimonieux, pauvre, petit, piètre, réduit, ridicule, succinct -FAMILIER: chiche, court, jeune, rikiki, riquiqui. CONTR. *abondant, ample, confortable, copieux, fastueux, foisonnant, fort, gros, important, luxueux, magnifique, respectable, riche, solide, somptueux, surabondant.*

/ Qui est peu fourni. SYN. aride, clairsemé, improductif, infécond, infertile, ingrat, rabougri, stérile. CONTR. *dense, dru, épais, exubérant, fertile, fourni, luxuriant, productif, serré, touffu* -LITTÉRAIRE: *plantureux.*

maigrelet *adjectif*

/ Qui est un peu maigre. SYN. fluet, frêle, grêle, hâve, maigre, maigriot, mince, squelettique -FAMILIER: maigrichon. CONTR. *bouffi, charnu, gras, potelé, rebondi, replet, rond* -FAMILIER: *costaud, dodu, grassouillet, rondelet, rondouillard* -POPULAIRE: *balaise, balèze, baraqué.*

maigreur *nom féminin*

/ État de celui qui est maigre. SYN. minceur. CONTR. *adiposité, corpulence, embonpoint, épaisseur, grosseur, obésité* -FAMILIER: *rotondité* -LITTÉRAIRE: *opulence.*

/ Caractère insuffisant. SYN. faiblesse, insuffisance, médiocrité, pauvreté. CONTR. *abondance, foisonnement, importance, richesse.*

maigrichon *adjectif*

/ FAMILIER. Qui est très maigre. SYN. fluet, frêle, hâve, maigre, maigrelet, maigriot, mince, osseux, sec, squelettique. CONTR. *bouffi, boursouflé, charnu, fort, gras, plantureux, potelé, rebondi, replet, rond* -FAMILIER: *bedonnant, costaud, dodu, grassouillet, rondelet, rondouillard* -POPULAIRE: *baraqué.*

maigrichon *nom*

/ FAMILIER. Personne maigre. SYN. gringalet, maigrelet, maigriot, rachitique -FAMILIER: freluquet, mauviette. CONTR. *gros* -FAMILIER: *costaud.*

maigriot *adjectif*

/ Un peu maigre et fluet. SYN. fluet, frêle, grêle, hâve, maigre, maigrelet, mince, squelettique -FAMILIER: maigrichon. CONTR. *bouffi, charnu, gras, potelé, rebondi, replet, rond* -FAMILIER: *costaud, dodu, grassouillet, rondelet, rondouillard* -POPULAIRE: *balaise, balèze, baraqué.*

maigrir *verbe intransitif*

/ Perdre du poids. SYN. mincir, s'amaigrir, s'amincir -FAMILIER: fondre -LITTÉRAIRE: s'émacier. CONTR. *engraisser, épaissir, forcir, grossir, s'empâter, s'étoffer* -FAMILIER: *se remplumer.*

maigrir *verbe transitif*

/ Faire paraître maigre. SYN. amaigrir, amincir, émacier, mincir. CONTR. *bouffir, épaissir.*

mainmise *nom féminin*

/ Action de s'emparer de. SYN. accaparement, confiscation, embargo, envahissement, saisie.

/ Fait de s'assurer une domination. SYN. ascendant, autorité, empire, emprise, influence, pouvoir, prise.

maint *adjectif*

/ LITTÉRAIRE. En grand nombre. SYN. beaucoup, nombre de, un tas de -FAMILIER: plein -LITTÉRAIRE: force. CONTR. *peu.*

maintenant *adverbe*

/ Indique le moment présent. SYN. immédiatement, présentement, sur-le-champ. CONTR. *demain, plus tard.*

/ Indique l'époque actuelle. SYN. à présent, actuellement, de nos jours -FAMILIER: aujourd'hui. CONTR. *anciennement, autrefois, hier, jadis* -FAMILIER: *naguère.*

/ Indique le point de départ actuel. SYN. désormais, dorénavant.

mainteneur *nom masculin*

/ LITTÉRAIRE. Celui qui soutient une chose. SYN. défenseur, gardien, pilier, protecteur, soutien – LITTÉRAIRE: souteneur, tuteur.

maintenir *verbe*

/ Tenir quelque chose fixe. SYN. appuyer, consolider, étançonner, étayer, fixer, soutenir, supporter.

/ Empêcher de bouger. SYN. attacher, bloquer, caler, coincer, contenir, immobiliser, rattacher, retenir, tenir. CONTR. *déchaîner, déplacer.*

/ Faire durer quelque chose. SYN. conserver, continuer, défendre, garder, perpétuer, préserver, protéger, sauvegarder – LITTÉRAIRE: entretenir. CONTR. *abdiquer, anéantir, annuler, changer, dissoudre, innover, modifier, perdre, renverser, supprimer.*

/ Continuer d'affirmer. SYN. assurer, certifier, confirmer, corroborer, étayer, garantir, soutenir. CONTR. *retirer, se dédire, se raviser, suspendre* – LITTÉRAIRE: *rétracter.*

maintenir (se) *verbe pronominal*

/ Rester dans le même état. SYN. durer, persévérer, persister, rester, se perpétuer, se prolonger, s'éterniser, subsister, surnager, tenir. CONTR. *changer, se modifier, se transformer.*

maintien *nom masculin*

/ Fait de maintenir quelque chose. SYN. conservation, contention, continuité, défense, préservation, sauvegarde – LITTÉRAIRE: perpétuité. CONTR. *abandon, abdication, abolition, anéantissement, annulation, cessation, changement, désistement, dissolution, renversement.*

/ Manière de se tenir. SYN. air, allure, attitude, comportement, contenance, démarche, extérieur, port, présentation, tenue – FAMILIER: dégaine – LITTÉRAIRE: dehors, tournure.

mais *adverbe*

/ Introduit une précision. SYN. néanmoins, seulement, toutefois.

maison *nom féminin*

/ Bâtiment d'habitation. SYN. bâtisse, construction, habitation, immeuble, logement, pavillon, résidence, villa.

/ Lieu où l'on habite. SYN. chez-soi, domicile, foyer, intérieur, nid, toit – LITTÉRAIRE: demeure, gîte, logis.

/ Membres d'une famille. SYN. descendance, famille, lignée – FAMILIER: maisonnée – LITTÉRAIRE: parents, race.

/ Entreprise commerciale. SYN. entreprise, établissement, firme, société – FAMILIER: boîte.

maisonnée *nom féminin*

/ FAMILIER. Membres d'une famille. SYN. clan, famille, maison – FAMILIER: tribu – VIEUX: monde.

maisonnette *nom féminin*

/ Petite maison. SYN. cabane, cahute, masure – FAMILIER: bicoque – LITTÉRAIRE: chaumière.

maître *adjectif*

/ Qui est le plus important. SYN. capital, cardinal, central, crucial, essentiel, fondamental, fort, important, majeur, prééminent, premier, primordial, principal, souverain, vital. CONTR. *accessoire, mineur, second, secondaire.*

maître *nom masculin*

/ Personne qui enseigne. SYN. éducateur, enseignant, instituteur, instructeur, pédagogue, précepteur, professeur, universitaire. CONTR. *apprenti, écolier, élève, étudiant.*

/ Personne qui commande. SYN. arbitre, chef, despote, dictateur, dirigeant, magnat, souverain – LITTÉRAIRE: dominateur.

/ Personne qui sert de modèle. SYN. devancier, initiateur, précurseur – FAMILIER: ténor. CONTR. *disciple, élève.*

maîtrise *nom féminin*

/ Supériorité sur. SYN. asservissement, contrôle, domestication, domination, hégémonie, prépondérance, souveraineté, suprématie.

/ Sûreté d'exécution. SYN. adresse, brio, chic, habileté, intelligence, maestria, métier, patte, savoir-faire, technique, virtuosité. CONTR. *faiblesse, inhabileté.*

/ Domination de soi-même. SYN. calme, impassibilité, imperturbabilité, sang-froid, self-control.

maîtriser *verbe*

/ Se rendre maître de. SYN. brider, contenir, contrôler, discipliner, domestiquer, dominer, enrayer, juguler, mater, réduire au silence, refouler, refréner, réfréner, réprimer, retenir, stopper, surmonter, terrasser, vaincre –LITTÉRAIRE: commander, dompter, régler.

maîtriser (se) *verbe pronominal*

▮ Garder le contrôle de soi. SYN. garder son sang-froid, garder son self-control, se contenir, se dominer, se posséder, se reprendre, se retenir, se tenir. CONTR. *éclater, paniquer, perdre la raison, perdre la tête, perdre son sang-froid, perdre son self-control, s'affoler* –FAMILIER: *perdre la boule, perdre les pédales, s'emballer.*

majesté *nom féminin*

▮ LITTÉRAIRE. Air extérieur de grandeur. SYN. chic, classe, distinction, éclat, élégance, grandeur, noblesse, prestance, prestige.

majestueusement *adverbe*

▮ Avec majesté. SYN. dignement, noblement, royalement. CONTR. *sordidement.*

majestueux *adjectif*

▮ Qui est plein de dignité. SYN. digne, grave, hiératique, noble, princier, royal, solennel –LITTÉRAIRE: auguste, fier, olympien, orgueilleux.

▮ D'une beauté pleine de grandeur. SYN. grandiose, imposant, impressionnant, superbe –LITTÉRAIRE: pompeux. CONTR. *petit.*

majeur *adjectif*

▮ D'une grande importance. SYN. capital, cardinal, central, essentiel, exceptionnel, important, maître, prédominant, prééminent, premier, prépondérant, primordial, principal, profond, substantiel, vital. CONTR. *accessoire, anecdotique, insignifiant, mineur, petit.*

majoration *nom féminin*

▮ Action de majorer. SYN. augmentation, élévation, flambée, hausse, montée, relèvement, revalorisation, surestimation. CONTR. *baisse, diminution, effondrement.*

majorer *verbe*

▮ Augmenter un prix. SYN. élever, hausser, monter, rehausser, relever, renchérir, revaloriser. CONTR. *baisser, diminuer, minorer, rabattre.*

▮ Estimer au-dessus de sa valeur. SYN. exagérer, gonfler, grossir, surestimer, surévaluer –LITTÉRAIRE: enfler.

majoritaire *adjectif*

▮ Qui s'appuie sur une majorité. SYN. dominant, régnant. CONTR. *minoritaire.*

mal *adverbe*

▮ D'une manière insatisfaisante. SYN. imparfaitement, incomplètement, insuffisamment, peu, sommairement, vaguement –LITTÉRAIRE: piètrement. CONTR. *au mieux, impeccablement, parfaitement, pour le mieux, supérieurement.*

▮ D'une façon malhonnête. SYN. fâcheusement, incorrectement, laidement, petitement, salement –LITTÉRAIRE: vilainement, vilement. CONTR. *admirablement, bien, correctement, dignement, favorablement, heureusement.*

mal *nom masculin*

▮ Ce qui peut nuire. SYN. dommage, inconvénient, préjudice, tort. CONTR. *avantage, bénéfice, bienfait, profit, service.*

▮ Ce qui perturbe quelque chose. SYN. calamité, difficulté, ennui, épreuve, malheur, problème –FAMILIER: enquiquinement –LITTÉRAIRE: plaie. CONTR. *bien, bonheur.*

▮ Souffrance physique. SYN. affection, douleur, indisposition, malaise, peine, torture.

malade *adjectif*

▮ Qui souffre d'une maladie. SYN. indisposé, mal-en-point, souffrant –FAMILIER: mal fichu, patraque –POPULAIRE: mal foutu. CONTR. *bien portant, dispos, frais et dispos, sain, valide* –FAMILIER: *en forme, en pleine forme, frais comme un gardon, frais comme une rose, vaillant* –VIEUX: *gaillard.*

▮ Qui se sent troublé. SYN. choqué, ému, perturbé, retourné, saisi, secoué, traumatisé, troublé –FAMILIER: chamboulé, révolutionné.

▮ FAMILIER. Qui est déséquilibré. SYN. désaxé, fou –FAMILIER: braque, cinglé, dérangé, détraqué, dingue, fada, fêlé, frappé, piqué, tapé, timbré, toqué, zinzin –POPULAIRE: barge, barjo, chtarbé, cintré, dingo, folingue, frapadingue, givré, jeté, louf, loufingue, maboul, sinoque, siphonné, sonné. CONTR. *équilibré, normal.*

malade *nom*

▮ FAMILIER. Personne folle. SYN. cinglé, fou –FAMILIER: détraqué, dingue, fada.

maladie *nom féminin*

▮ Altération de la santé. SYN. affection, tare.

/ FAMILIER. Comportement excessif. SYN. hantise, idée fixe, manie, obsession, passion, rage –FAMILIER: marotte.

maladif *adjectif*

/ Sujet à être malade. SYN. chétif, débile, délicat, fragile, malingre, souffreteux –LITTÉRAIRE: dolent, valétudinaire –VIEUX: cacochyme. CONTR. *fort, résistant, robuste, sain, solide, vigoureux* –FAMILIER: *costaud, vaillant* –POPULAIRE: *balaise, balèze.*

/ Qui évoque une maladie. SYN. extrême, malsain, morbide, pathologique.

maladresse *nom féminin*

/ Caractère maladroit. SYN. balourdise, étourderie, gaucherie, inhabileté. CONTR. *adresse, agilité, aisance, art, brio, chic, dextérité, diplomatie, doigté, finesse, habileté, virtuosité* –LITTÉRAIRE: *prestesse.*

/ Acte maladroit. SYN. balourdise, bavure, bêtise, bévue, faute, faux pas, impair –FAMILIER: blague, boulette, bourde, gaffe.

maladroit *adjectif*

/ Qui manque d'adresse. SYN. empêtré, gauche, inapte, inhabile, malhabile, mauvais –FAMILIER: empaillé, empoté, manchot, pataud. CONTR. *adroit, agile, capable, exercé, expérimenté, expert, habile, précis, sûr.*

/ Qui manque de finesse d'esprit. SYN. balourd, étourdi, idiot, impolitique, inexpérimenté, lourd, malavisé –FAMILIER: cruche, gaffeur, godiche, pataud. CONTR. *diplomate, diplomatique, fin, intelligent, rusé* –POPULAIRE: *démerdard.*

maladroitement *adverbe*

/ De façon maladroite. SYN. gauchement, grossièrement, lourdement, malhabilement, pesamment. CONTR. *adroitement, astucieusement, bien, diplomatiquement, habilement.*

malaise *nom masculin*

/ Brusque défaillance. SYN. défaillance, étourdissement, évanouissement, indisposition, mal, pâmoison, syncope –LITTÉRAIRE: faiblesse.

/ Sentiment de trouble. SYN. agitation, appréhension, crise, désarroi, embarras, gêne, inconfort, inquiétude, nervosité, tension, trouble. CONTR. *bien-être* –LITTÉRAIRE: *aise, quiétude.*

malaisé *adjectif*

/ Qui présente des difficultés. SYN. ardu, délicat, difficile, dur, épineux –FAMILIER: calé. CONTR. *aisé, commode, facile, simple.*

malaisément *adverbe*

/ Avec difficulté. SYN. difficilement, laborieusement, péniblement. CONTR. *aisément, couramment, facilement.*

malappris *adjectif*

/ Qui est mal éduqué. SYN. discourtois, grossier, impertinent, impoli, incorrect, mal élevé, malotru, mufle –FAMILIER: malpoli –POPULAIRE: malembouché. CONTR. *bien élevé, courtois, poli* –LITTÉRAIRE: *urbain* –VIEUX: *bien éduqué.*

malappris *nom masculin*

/ Grossier personnage. SYN. balourd, butor, cuistre, goujat, lourdaud, mal élevé, malotru, mufle, ostrogoth, ours mal léché, paysan du Danube, rustre, sans-gêne, sauvage –FAMILIER: foutriquet, malpoli, paltoquet, rustaud –LITTÉRAIRE: faquin, soudard –POPULAIRE: jean-foutre, pignouf –VIEUX: bélître, coquin, maraud, maroufle.

malavisé *adjectif*

/ Qui manque de discernement. SYN. bête, étourdi, inconséquent, inconsidéré, inhabile, irréfléchi, maladroit. CONTR. *averti, avisé, circonspect, habile, sage, sensé.*

malaxer *verbe*

/ Mêler en remuant. SYN. brasser, manier, pétrir, triturer.

malchance *nom féminin*

/ Mauvaise chance. SYN. fatalité, malédiction, malheur, mauvais œil, mauvaise étoile –FAMILIER: déveine, guigne –LITTÉRAIRE: adversité, infortune –POPULAIRE: poisse, scoumoune –VIEUX: guignon. CONTR. *bonheur, chance* –FAMILIER: *bol, pot, veine* –LITTÉRAIRE: *bonne fortune.*

/ Hasard malheureux. SYN. –FAMILIER: pépin, tuile. CONTR. *aubaine.*

malchanceux *adjectif*

/ Qui n'a pas de chance. SYN. malheureux, né sous une mauvaise étoile –FAMILIER: guignard –LITTÉRAIRE: infortuné. CONTR. *heureux* –FAMILIER: *chanceux, veinard, verni* –POPULAIRE: *chançard.*

malcommode *adjectif*

/ Qui est peu commode. SYN. incommode, inconfortable. CONTR. *commode, confortable, maniable, manœuvrable, pratique.*

maldonne *nom féminin*

/ FAMILIER. Divergence d'interprétation. SYN. bévue, erreur, malentendu, méprise, quiproquo.

mâle *adjectif*

/ Propre au sexe fécondant. SYN. masculin. CONTR. *féminin.*

/ Qui dénote la masculinité. SYN. énergique, hardi, martial, vigoureux, viril. CONTR. *efféminé.*

malédiction *nom féminin*

/ LITTÉRAIRE. Action de maudire. SYN. anathème, exécration – LITTÉRAIRE: imprécation. CONTR. *adoration, bénédiction.*

/ Sort hostile. SYN. catastrophe, fatalité, malchance, malheur, mauvais œil – LITTÉRAIRE: adversité, infortune.

maléfice *nom masculin*

/ Pratique rituelle nuisible. SYN. charme, diablerie, ensorcellement, envoûtement, fascination, magie noire, satanisme, sorcellerie, sort.

maléfique *adjectif*

/ Qui a une influence malfaisante. SYN. dangereux, défavorable, malfaisant, malin, mauvais, néfaste, nocif, pernicieux, redoutable – LITTÉRAIRE: délétère. CONTR. *bénéfique, béni, bénin, bienfaisant, heureux.*

malembouché *adjectif*

/ POPULAIRE. Qui parle grossièrement. SYN. discourtois, grossier, impertinent, impoli, incorrect, mal élevé, malappris – FAMILIER: malpoli – VIEUX: mal éduqué.

malencontreusement *adverbe*

/ De façon malencontreuse. SYN. déplorablement, fâcheusement, intempestivement, malheureusement – LITTÉRAIRE: inopportunément, regrettablement. CONTR. *avantageusement, bien, favorablement, heureusement.*

malencontreux *adjectif*

/ Qui survient mal à propos. SYN. damné, déplacé, désagréable, ennuyeux, fâcheux, idiot, inopportun, intempestif, malheureux, malvenu, regrettable – FAMILIER: enquiquinant. CONTR. *à propos, béni, bienvenu, favorable, heureux, opportun, salutaire.*

mal-en-point *adjectif*

/ En mauvaise santé. SYN. indisposé, malade, souffrant – FAMILIER: mal fichu, patraque – POPULAIRE: mal foutu. CONTR. *bien portant, dispos, frais et dispos, sain, valide* – FAMILIER: *en forme, frais comme un gardon, frais comme une rose, vaillant* – VIEUX: *gaillard.*

malentendu *nom masculin*

/ Fait de se méprendre. SYN. bévue, erreur, méprise, quiproquo.

/ Désaccord entre des personnes. SYN. conflit, désaccord, différend, dissension, divergence, friction, frottement, heurt, mésentente, opposition – LITTÉRAIRE: dissentiment, mésintelligence.

malfaçon *nom féminin*

/ Défaut de fabrication. SYN. défaut, défectuosité, imperfection, vice.

malfaisant *adjectif*

/ Qui cherche à faire du mal. SYN. cruel, diabolique, haineux, maléfique, malsain, mauvais, méchant, nocif, nuisible, pervers, sadique – LITTÉRAIRE: corrupteur, délétère, pernicieux. CONTR. *bon* – LITTÉRAIRE: *bienfaisant.*

malfaiteur *nom masculin*

/ Individu coupable de vol. SYN. bandit, brigand, cambrioleur, filou, forban, gangster, hors-la-loi, truand, voleur – POPULAIRE: malfrat – VIEUX: apache.

malfrat *nom masculin*

/ POPULAIRE. Individu malhonnête. SYN. bandit, brigand, gangster, hors-la-loi, malfaiteur, truand, voyou – POPULAIRE: arsouille.

malgracieux *adjectif*

/ LITTÉRAIRE. Qui manque d'amabilité. SYN. acariâtre, bourru, désagréable, grincheux, maussade, renfrogné, revêche, rude, rustre. CONTR. *affable, agréable, aimable, doux, gentil* – LITTÉRAIRE: *amène.*

malgré *préposition*

/ Contre la volonté de. SYN. en dépit de, n'en déplaise à. CONTR. *grâce à.*

/ En dépit de tel obstacle. SYN. au mépris de, en dépit de, nonobstant. CONTR. *à la faveur de.*

malhabile *adjectif*

/ Qui manque d'habileté. SYN. gauche, gourd, inapte, inexpérimenté, inhabile, maladroit, novice –FAMILIER: pataud –LITTÉRAIRE: inexpert. CONTR. *adroit, capable, exercé, expérimenté, expert, habile.*

malhabilement *adverbe*

/ De façon malhabile. SYN. gauchement, lourdement, maladroitement. CONTR. *adroitement, astucieusement, diplomatiquement, finement.*

malheur *nom masculin*

/ Situation pénible. SYN. chagrin, fatalité, malchance, peine, tristesse –LITTÉRAIRE: adversité, infortune, misère. CONTR. *béatitude* –LITTÉRAIRE: *félicité.*

/ Événement funeste. SYN. accident, calamité, catastrophe, coup du sort, coup dur, désastre, deuil, épreuve, fléau, mal, malédiction, perte, revers, tragédie –FAMILIER: déveine, tuile –LITTÉRAIRE: infortune. CONTR. *bonheur, joie.*

malheureusement *adverbe*

/ Par malheur. SYN. fâcheusement, malencontreusement. CONTR. *heureusement.*

malheureux *adjectif*

/ Marqué par le malheur. SYN. désespéré, misérable, miséreux, piteux, pitoyable –LITTÉRAIRE: infortuné. CONTR. *béat, comblé, content, enchanté, gai, heureux, ravi, réjoui, satisfait.*

/ Qui éprouve de la peine. SYN. affligé, attristé, chagriné, peiné, triste.

/ Qui n'a pas de chance. SYN. malchanceux, raté –FAMILIER: guignard. CONTR. –FAMILIER: *chanceux, veinard, verni* –POPULAIRE: *chançard.*

/ Se dit d'un acte malvenu. SYN. affligeant, catastrophique, déplorable, désastreux, désolant, fâcheux, fatal, inhabile, lamentable, malencontreux, mauvais, néfaste, pénible, redoutable, regrettable –LITTÉRAIRE: calamiteux. CONTR. *bénéfique, béni, bienheureux, faste, favorable, heureux, propice, réussi.*

/ Sans importance. SYN. insignifiant, mince, misérable, modeste, petit, quelconque –FAMILIER: pauvre. CONTR. *beau, considérable, important, imposant.*

malheureux *nom*

/ Personne dans la misère. SYN. clochard, démuni, indigent, mendiant, miséreux, nécessiteux, pauvre, pauvre diable, pouilleux, va-nu-pieds –FAMILIER: crève-la-faim, sans-le-sou, traîne-savates –LITTÉRAIRE: gueux, infortuné, loqueteux, misérable, pauvre hère –VIEUX: meurt-de-faim. CONTR. *nanti, riche* –FAMILIER: *richard.*

malhonnête *adjectif*

/ Qui est contraire à la probité. SYN. déloyal, faux, fourbe, indélicat, louche, malpropre, pourri, véreux. CONTR. *consciencieux, fair-play, honnête, incorruptible, intègre, loyal, moral, propre* –FAMILIER: *régulier* –LITTÉRAIRE: *probe.*

/ Qui choque la décence. SYN. inconvenant, incorrect, indécent, indélicat –LITTÉRAIRE: déshonnête. CONTR. *convenable, décent, innocent, pudique, pur.*

malhonnêtement *adverbe*

/ De façon malhonnête. SYN. crapuleusement, illégalement, illégitimement, salement. CONTR. *honnêtement, intègrement, moralement, proprement.*

malhonnêteté *nom féminin*

/ Caractère malhonnête. SYN. déloyauté, fausseté, mauvaise foi –LITTÉRAIRE: improbité. CONTR. *bonne foi, droiture, honnêteté, incorruptibilité, intégrité, probité.*

/ Acte malhonnête. SYN. déloyauté, escroquerie, indélicatesse, malpropreté –FAMILIER: crasse, entourloupe, entourloupette, friponnerie, fripouillerie –LITTÉRAIRE: canaillerie.

malice *nom féminin*

/ Penchant à taquiner. SYN. astuce, espièglerie, ironie, rouerie –FAMILIER: blague –VIEUX: finauderie. CONTR. *candeur, simplicité.*

malicieux *adjectif*

/ Qui dénote de la malice. SYN. coquin, espiègle, finaud, fripon, malin, moqueur, mutin, narquois. CONTR. *candide, stupide.*

/ Qui est enclin à la raillerie. SYN. coquin, espiègle, gamin, ironique, malin, railleur, rusé, taquin.

malignité *nom féminin*

/ LITTÉRAIRE. Tendance à faire le mal. SYN. malveillance, méchanceté, nocivité. CONTR. *innocence, obligeance.*

malin *adjectif*

/ Qui est fin et rusé. SYN. adroit, astucieux, déluré, espiègle, éveillé, fin, finaud, futé, habile, malicieux, perspicace, rusé, subtil –FAMILIER: combinard, débrouillard, dégourdi, ficelle, roublard –LITTÉRAIRE: madré, matois, roué –POPULAIRE: démerdard. CONTR. *balourd, épais, idiot, imbécile, ingénu, inhabile, niais, nigaud, simple, sot, stupide* –FAMILIER: *ballot, bébête, bêta, lourd.*

malin *nom*

/ Personne rusée. SYN. finaud, rusé –FAMILIER: combinard, débrouillard, dégourdi, roublard –POPULAIRE: démerdard. CONTR. *benêt, idiot, imbécile, nigaud, sot* –FAMILIER: *ballot, bêta, bûche, buse, cruche* –POPULAIRE: *cornichon.*

malingre *adjectif*

/ D'une constitution faible. SYN. chétif, débile, déficient, délicat, faible, fluet, fragile, frêle, maladif, rachitique, souffreteux –FAMILIER: faiblard –VIEUX: cacochyme. CONTR. *athlétique, fort, robuste, solide, vigoureux* –FAMILIER: *costaud* –POPULAIRE: *balaise, balèze* –VIEUX: *gaillard.*

malintentionné *adjectif*

/ Qui a de mauvaises intentions. SYN. haineux, malveillant, méchant, médisant, perfide –LITTÉRAIRE: fielleux, vénéneux, venimeux. CONTR. *bienveillant, bon, gentil, humain.*

malléabilité *nom féminin*

/ Caractère docile. SYN. maniabilité, plasticité, sociabilité –LITTÉRAIRE: liant. CONTR. *indocilité.*

malléable *adjectif*

/ Qui se laisse modeler. SYN. extensible, flexible, mou, plastique, pliable. CONTR. *cassant.*

/ Qui se laisse influencer. SYN. docile, entraînable, faible, flexible, influençable, maniable, manœuvrable, moutonnier, obéissant, soumis, souple –LITTÉRAIRE: traitable. CONTR. *entêté, indocile, inflexible, récalcitrant, têtu.*

malmener *verbe*

/ Battre quelqu'un. SYN. battre, brutaliser, frapper, maltraiter, matraquer, mettre à mal, molester, rudoyer –LITTÉRAIRE: violenter. CONTR. *cajoler, câliner, choyer, dorloter, gâter* –FAMILIER: *chouchouter.*

/ Critiquer durement. SYN. conspuer, houspiller, matraquer –FAMILIER: chahuter, éreinter, esquinter, étriller –LITTÉRAIRE: flageller, vilipender.

malodorant *adjectif*

/ Qui a une mauvaise odeur. SYN. fétide, infect, méphitique, nauséabond, pestilentiel, puant. CONTR. *aromatique, odorant, odoriférant, parfumé.*

malotru *nom*

/ Personne grossière. SYN. balourd, butor, cuistre, goujat, lourdaud, mal élevé, malappris, mufle, ostrogoth, ours mal léché, paysan du Danube, rustre, sans-gêne, sauvage –FAMILIER: foutriquet, malpoli, paltoquet, rustaud –LITTÉRAIRE: faquin, soudard –POPULAIRE: jean-foutre, pignouf –VIEUX: bélître, coquin, maraud, maroufle.

malpoli *adjectif*

/ FAMILIER. Qui est mal élevé. SYN. discourtois, impoli, inconvenant, incorrect, mal élevé, malappris, mufle –FAMILIER: sans gêne –POPULAIRE: malembouché –VIEUX: mal éduqué. CONTR. *bien élevé, courtois, galant, poli* –LITTÉRAIRE: *urbain* –VIEUX: *bien éduqué.*

malpoli *nom*

/ FAMILIER. Personne mal élevée. SYN. balourd, butor, cuistre, goujat, lourdaud, mal élevé, malappris, malotru, mufle, ostrogoth, ours mal léché, paysan du Danube, rustre, sans-gêne, sauvage –FAMILIER: foutriquet, paltoquet, rustaud –LITTÉRAIRE: faquin, soudard –POPULAIRE: jean-foutre, pignouf –VIEUX: bélître, coquin, maraud, maroufle.

malpropre *adjectif*

/ Qui est sale. SYN. crasseux, dégoûtant, immonde, infect, sale, sordide –FAMILIER: cracra –POPULAIRE: crade, cradingue, crado, cradot, dégueulasse. CONTR. *astiqué, blanc, briqué, immaculé, impeccable, net, parfait, propre, reluisant, soigné.*

/ Contraire à la morale. SYN. graveleux, ignoble, immonde, immoral, inconvenant, indélicat, infâme, malhonnête, répugnant, sordide –LITTÉRAIRE: déshonnête. CONTR. *convenable, décent, délicat, digne, honorable.*

malpropre *nom*

/ Personne qui suscite le dégoût. SYN. ordure –POPULAIRE: fumier, salaud, saligaud, salopard, salopiau, salopiaud, salopiot.

malproprement *adverbe*

/ De façon malpropre. SYN. salement –FAMILIER: comme un cochon. CONTR. *proprement.*

malpropreté *nom féminin*

/ Manque de propreté. SYN. crasse, saleté –VIEUX: pouillerie. CONTR. *netteté, propreté.*

/ Acte, propos malhonnête. SYN. escroquerie, grossièreté, indélicatesse, malhonnêteté –FAMILIER: saleté –POPULAIRE: cochonnerie, saloperie –VIEUX: filouterie.

malsain *adjectif*

/ Qui est nuisible à la santé. SYN. défavorable, délétère, insalubre, mauvais, nocif, pernicieux. CONTR. *bon, hygiénique, sain, salubre.*

/ Qui corrompt l'esprit. SYN. frelaté, immoral, malfaisant, morbide, néfaste, nocif, nuisible, pervers, pourri, vilain –FAMILIER: glauque –LITTÉRAIRE: délétère, dissolvant, faisandé, pernicieux, putride.

malséant *adjectif*

/ LITTÉRAIRE. Contraire à la bienséance. SYN. choquant, déplacé, grossier, impertinent, incongru, inconvenant, incorrect, indécent, saugrenu. CONTR. *bienséant, convenable, correct, courtois, décent, poli* –FAMILIER: *beau* –LITTÉRAIRE: *séant.*

malsonnant *adjectif*

/ LITTÉRAIRE. Contraire à la morale. SYN. choquant, déplacé, graveleux, grossier, impertinent, inconvenant, indécent, ordurier –FAMILIER: gras. CONTR. *bienséant, convenable, correct, courtois, décent.*

maltraiter *verbe*

/ Traiter durement. SYN. battre, brusquer, brutaliser, frapper, malmener, molester, rudoyer, taper –FAMILIER: rosser, tabasser –LITTÉRAIRE: violenter. CONTR. *cajoler, câliner, choyer, gâter* –FAMILIER: *chouchouter.*

/ Ne pas ménager quelqu'un. SYN. conspuer, injurier, insulter, invectiver, rabrouer, stigmatiser –FAMILIER: éreinter, esquinter, étriller –LITTÉRAIRE: flageller, vilipender. CONTR. *louer* –LITTÉRAIRE: *louanger.*

malveillance *nom féminin*

/ Mauvaise disposition d'esprit. SYN. agressivité, animosité, antipathie, haine, hargne, hostilité, méchanceté –LITTÉRAIRE: désobligeance, fiel, malignité, venin. CONTR. *bienveillance, cordialité, obligeance.*

/ Dessein de nuire. SYN. sabotage, terrorisme.

malveillant *adjectif*

/ Qui montre de la malveillance. SYN. blessant, désobligeant, haineux, hostile, inamical, malintentionné, mauvais, méchant, médisant, pervers, vindicatif, virulent –LITTÉRAIRE: fielleux, vénéneux, venimeux. CONTR. *affectueux, ami, amical, bienveillant, bon, cordial, favorable, obligeant, prévenant, sympathique* –LITTÉRAIRE: *bienfaisant.*

malvenu *adjectif*

/ Qui tombe mal. SYN. déplacé, gênant, hors de propos, indu, inopportun, intempestif, malencontreux –LITTÉRAIRE: importun. CONTR. *à propos, bienvenu, indiqué, opportun, propice* –LITTÉRAIRE: *séant.*

malversation *nom féminin*

/ Action de détourner des fonds. SYN. concussion, détournement, escroquerie, forfaiture, péculat, prévarication –LITTÉRAIRE: exaction, rapine.

mamelon *nom masculin*

/ Sommet de forme arrondie. SYN. butte, colline, croupe, dôme, éminence, hauteur, monticule, motte –VIEUX: élévation.

mamours *nom masculin pluriel*

/ FAMILIER. Démonstrations de tendresse. SYN. cajoleries, câlineries, câlins, caresses, chatteries, flatteries, grâces, tendresses.

manche *nom masculin*

/ POPULAIRE. Personne stupide. SYN. âne, idiot, nigaud –FAMILIER: abruti, andouille, ballot, bêta, bûche, buse, crétin, cruche, jacques, noix, serin –POPULAIRE: cloche, cornichon.

/ POPULAIRE. Personne maladroite. SYN. –FAMILIER: empaillé, empoté, pataud.

mandat *nom masculin*

/ Contrat qui délègue un pouvoir. SYN. charge, commission, délégation, fonction, mission, pouvoir, procuration, rôle.

mandataire *nom*

/ Personne qui a reçu un mandat. SYN. agent, commissionnaire, délégué, envoyé, fondé de pouvoir, représentant, responsable.

mandater *verbe*

/ Investir d'un mandat. SYN. déléguer, députer, envoyer, expédier – LITTÉRAIRE: dépêcher.

mander *verbe*

/ LITTÉRAIRE. Faire venir. SYN. appeler, citer, convoquer.

manège *nom masculin*

/ Manière habile d'agir. SYN. agissements, intrigue, jeu, machination, manigance, manœuvre, menées, rouerie, ruse, stratagème, subterfuge – FAMILIER: roublardise – LITTÉRAIRE: feinte.

mangeable *adjectif*

/ Qui peut se manger. SYN. acceptable, comestible, consommable, passable, potable. CONTR. *détestable, exécrable, immangeable, inconsommable, mauvais.*

mangeaille *nom féminin*

/ Nourriture pour les animaux. SYN. aliment, nourriture, pâtée, pâture – LITTÉRAIRE: pitance.

/ Nourriture de qualité médiocre. SYN. nourriture – LITTÉRAIRE: pitance – POPULAIRE: bouffe, boustifaille, tambouille – VIEUX: bouffetance.

mangeotter *verbe*

/ FAMILIER. Manger sans appétit. SYN. grignoter – FAMILIER: chipoter, picorer, pignocher. CONTR. *dévorer, engloutir, engouffrer, ingurgiter, se gaver* – FAMILIER: *enfourner, s'empiffrer* – POPULAIRE: *se goinfrer.*

manger *nom masculin*

/ Ce qu'on mange. SYN. aliment, mets, nourriture, repas – FAMILIER: pâture – LITTÉRAIRE: pitance – POPULAIRE: bouffe, croûte.

manger *verbe intransitif*

/ Absorber des aliments. SYN. s'alimenter, se nourrir, se restaurer – ARGOTIQUE: briffer – FAMILIER: casser la croûte, casser la graine, ne pas se laisser abattre, se sustenter – LITTÉRAIRE: se repaître – POPULAIRE: becqueter, becter, boulotter, croûter, grailler. CONTR. *jeûner.*

/ Prendre un repas. SYN. déjeuner, dîner, se mettre à table, souper.

manger *verbe transitif*

/ Absorber un aliment. SYN. absorber, avaler, consommer, engloutir, engouffrer, ingérer, ingurgiter – ARGOTIQUE: briffer – FAMILIER: enfourner – POPULAIRE: bouffer, boulotter.

/ Entamer quelque chose. SYN. altérer, attaquer, corroder, mordre, ronger.

/ Consommer une matière. SYN. brûler, consommer, prendre, user.

/ Dépenser de l'argent. SYN. croquer, dépenser, dilapider, engloutir, engouffrer, gaspiller, prodiguer – FAMILIER: claquer – LITTÉRAIRE: dissiper. CONTR. *amasser, économiser, épargner, garder.*

maniabilité *nom féminin*

/ Caractère maniable. SYN. docilité, facilité, flexibilité, malléabilité, manœuvrabilité, soumission, souplesse. CONTR. *indocilité.*

maniable *adjectif*

/ Facile à manier. SYN. commode, manœuvrable, pratique. CONTR. *malcommode.*

/ Qui est aisé à façonner. SYN. ductile, flexible, malléable, pliable, souple – LITTÉRAIRE: ployable.

/ Qui se laisse diriger. SYN. accommodant, commode, coulant, docile, entraînable, facile, flexible, influençable, malléable, manœuvrable, obéissant, perméable, soumis, souple. CONTR. *intraitable, intransigeant, récalcitrant* – FAMILIER: *cabochard.*

maniaque *adjectif*

/ Qui s'attache à des détails. SYN. exigeant, formaliste, pointilleux, strict, tatillon – FAMILIER: pinailleur – LITTÉRAIRE: sourcilleux, vétilleux.

manie *nom féminin*

/ Habitude bizarre. SYN. accoutumance, folie, habitude, idée fixe, maladie, obsession, tic – FAMILIER: dada, marotte.

maniement *nom masculin*

/ Manière d'utiliser un outil. SYN. emploi, manipulation, manœuvre, usage, utilisation.

/ Gestion de quelque chose. SYN. administration, conduite, direction, gestion.

manier *verbe*

/ Tenir entre ses mains. SYN. manipuler, palper, tâter, triturer –FAMILIER: tripatouiller, tripoter.
/ Se servir d'un appareil. SYN. actionner, disposer de, jouer de, manipuler, manœuvrer, mouvoir, utiliser.
/ Combiner avec habileté des mots. SYN. cultiver, employer, pratiquer, recourir à, user de, utiliser.
/ Pétrir à la main. SYN. brasser, malaxer, pétrir.
/ VIEUX. Avoir de l'influence sur. SYN. conduire, diriger, dominer, gouverner, guider, influencer, manipuler, manœuvrer, mener, orienter, piloter, régenter –LITTÉRAIRE: mouvoir.

manier (se) *verbe pronominal*

/ POPULAIRE. Faire vite. SYN. accélérer, se dépêcher, se hâter, se précipiter, se presser, se remuer –FAMILIER: s'activer –POPULAIRE: se grouiller. CONTR. *tarder, traîner* –FAMILIER: *lambiner, lanterner, traînailler, traînasser.*

manière *nom féminin*

/ Façon d'agir, d'être. SYN. espèce, façon, modalité, mode, moyen, procédé, sorte.
/ Style propre à un artiste. SYN. accent, écriture, marque, patte, plume, style, ton –LITTÉRAIRE: facture, langue, pinceau, touche.

maniéré *adjectif*

/ Qui manque de naturel. SYN. affecté, alambiqué, apprêté, compassé, contourné, gourmé, guindé, mièvre, poseur, précieux, prétentieux, recherché, sophistiqué –FAMILIER: chichiteux, tarabiscoté –LITTÉRAIRE: mignard, minaudier –VIEUX: affété. CONTR. *franc, naturel, sans façons, simple, spontané* –LITTÉRAIRE: *rustique.*

manières *nom féminin pluriel*

/ Attitude pleine d'affectation. SYN. affectation, façons, maniérisme, minauderie, pose, préciosité, ronds de jambe, simagrée –FAMILIER: chichi, chiqué, fla-fla –LITTÉRAIRE: cérémonie. CONTR. *naturel, simplicité.*
/ Façons habituelles d'agir. SYN. air, allure, attitude, comportement, conduite, extérieur, façons, genre –LITTÉRAIRE: dehors, enveloppe.
/ *Bonnes manières.* SYN. courtoisie, distinction, éducation, politesse, savoir-vivre, tact –LITTÉRAIRE: civilité, urbanité. CONTR. *goujaterie, grossièreté, impolitesse, muflerie.*

maniérisme *nom masculin*

/ Manque de naturel. SYN. affectation, apprêt, manières, minauderie, mines, pose, préciosité, recherche, simagrée, sophistication –FAMILIER: chichi –LITTÉRAIRE: afféterie, affèterie, mignardise.

manifestation *nom féminin*

/ Fait de se manifester. SYN. apparition, déclaration, démonstration, éclosion, émanation, expression, marque, phénomène, proclamation, signe, symptôme, témoignage.
/ Défilé de personnes. SYN. défilé, meeting, rassemblement, réunion.

manifeste *adjectif*

/ Qui s'impose avec évidence. SYN. apparent, certain, criant, évident, flagrant, incontestable, indéniable, indiscutable, indiscuté, indubitable, irrécusable, notoire, ostensible, palpable, patent, présent, public, réel, sensible, tangible, transparent, visible. CONTR. *caché, dissimulé, douteux, fictif, hypothétique, implicite, improbable, inapparent, incertain, invisible, latent, obscur, occulte, secret, sourd, sous-jacent, tacite* –LITTÉRAIRE: *dormant.*

manifeste *nom masculin*

/ Écrit public. SYN. adresse, déclaration, proclamation, profession de foi.

manifestement *adverbe*

/ De façon manifeste. SYN. à l'évidence, assurément, certainement, de toute évidence, évidemment, immanquablement, incontestablement, indéniablement, indiscutablement, indubitablement, nécessairement, nettement, notoirement, ostensiblement, ouvertement, parfaitement, sans aucun doute, sans conteste, visiblement –FAMILIER: positivement –LITTÉRAIRE: sans contredit. CONTR. *obscurément, secrètement* –LITTÉRAIRE: *subrepticement.*

manifester *verbe*

/ Exprimer un sentiment. SYN. afficher, exprimer, extérioriser, faire montre de, laisser

paraître, montrer, objectiver, prodiguer, prouver –LITTÉRAIRE: proclamer. CONTR. *comprimer, contenir, rentrer, retenir.*
/ Être le signe d'un état. SYN. dénoter, indiquer, prouver, révéler, signifier, traduire, trahir –LITTÉRAIRE: dénoncer, respirer, témoigner. CONTR. *cacher, dissimuler.*

manifester (se) *verbe pronominal*
/ Se faire reconnaître à tel signe. SYN. apparaître, arriver, éclater, percer, s'avérer, se former, se peindre, se révéler, s'exprimer, surgir, transparaître –LITTÉRAIRE: éclore, poindre, pointer.
/ Donner signe de son existence. SYN. se dégager, se faire connaître, se montrer, se présenter, s'exprimer. CONTR. *se cacher.*

manigance *nom féminin*
/ Petite manœuvre secrète. SYN. agissements, combinaison, intrigue, machination, manège, maquignonnage, menées –FAMILIER: combine, comédie, cuisine, micmac, trafic, tripotage –LITTÉRAIRE: feinte.

manigancer *verbe*
/ Préparer secrètement. SYN. arranger, combiner, comploter, conspirer, intriguer, machiner, mijoter, mitonner, monter, nourrir, orchestrer, préméditer, ruminer, tisser, tramer –FAMILIER: concocter, fabriquer, fricoter, goupiller, traficoter, trafiquer –LITTÉRAIRE: cabaler, conjurer, nouer, ourdir.

manipulation *nom féminin*
/ Action de manipuler. SYN. maniement, manœuvre.

manipuler *verbe*
/ Tenir un objet dans ses mains. SYN. déplacer, manier, palper, remuer, tâter, toucher, transporter, triturer –FAMILIER: tripatouiller, tripoter.
/ Faire fonctionner un appareil. SYN. actionner, manier, se servir de, utiliser.
/ Amener quelqu'un à. SYN. circonvenir, conduire, guider, influencer, manœuvrer, mener, orienter, suggestionner –LITTÉRAIRE: mouvoir –VIEUX: manier.

manitou *nom masculin*
/ FAMILIER. Personnage puissant. SYN. baron, magnat –FAMILIER: caïd, ponte.

manœuvrable *adjectif*
/ Facile à manœuvrer. SYN. commode, maniable, pratique. CONTR. *malcommode.*
/ Qui se laisse faire. SYN. coulant, docile, facile, flexible, influençable, malléable, souple –LITTÉRAIRE: traitable.

manœuvre *nom féminin*
/ Mise en marche d'un appareil. SYN. conduite, maniement, manipulation, usage, utilisation.
/ Moyen d'arriver à ses fins. SYN. acrobatie, action, agissements, combinaison, conjuration, conspiration, machination, manège, manipulation, menées, ruse, tractation –FAMILIER: combine, cuisine.

manœuvre *nom masculin*
/ Salarié peu qualifié. SYN. aide, apprenti, compagnon, journalier.

manœuvrer *verbe intransitif*
/ Combiner des manœuvres. SYN. biaiser, comploter, intriguer, louvoyer, ruser –FAMILIER: grenouiller –POPULAIRE: magouiller.

manœuvrer *verbe transitif*
/ Conduire un véhicule. SYN. conduire, gouverner, manier, manipuler, piloter.
/ Amener quelqu'un à. SYN. circonvenir, guider, influencer, manipuler, mener, orienter, suggestionner –LITTÉRAIRE: mouvoir –VIEUX: manier.

manouche *nom*
/ Personne du groupe des Tsiganes. SYN. bohémien, gitan, romanichel.

manquant *adjectif*
/ Qui manque. SYN. absent, défaillant. CONTR. *présent.*

manque *nom masculin*
/ Fait de faire défaut. SYN. absence, carence, défaillance, déficit, faute, insuffisance, néant, pénurie, rareté –LITTÉRAIRE: disette. CONTR. *abondance, affluence, débordement, excédent, excès, foisonnement, luxe, pléthore, profusion, surabondance.*
/ Lacune chez quelqu'un. SYN. défectuosité, déficience, faiblesse, hiatus, insuffisance, lacune, omission, oubli, trou, vide.

manqué *adjectif*

/ Qui n'est pas réussi. SYN. défectueux, imparfait, mauvais, raté –FAMILIER: loupé –POPULAIRE: foireux. CONTR. *beau, parfait, réussi.*

manquement *nom masculin*

/ Action de manquer à un devoir. SYN. contrevenance, désobéissance, écart, entorse, infraction, inobservation, outrage, transgression, violation –LITTÉRAIRE: viol. CONTR. *observation, respect, soumission* –LITTÉRAIRE: *observance.*

manquer *verbe intransitif*

/ Ne pas réussir. SYN. avorter, capoter, craquer, échouer, faire long feu, tomber à plat –FAMILIER: louper, rater, tomber à l'eau –POPULAIRE: foirer, merder. CONTR. *aboutir, marcher, obtenir satisfaction, réussir.*

/ Avoir été sur le point d'arriver. SYN. croire, faillir, penser, risquer.

/ Être en quantité insuffisante. SYN. faire défaut. CONTR. *abonder, couler à flots, foisonner, pulluler, regorger, surabonder* –FAMILIER: *fleurir.*

manquer *verbe transitif*

/ Ne pas réussir à atteindre. SYN. rater –FAMILIER: louper. CONTR. *atteindre, parvenir à, toucher.*

/ Ne pas assister à. SYN. s'absenter –FAMILIER: sécher. CONTR. *assister.*

/ Ne pas réussir une chose. SYN. gâcher, rater. CONTR. *obtenir, réussir.*

/ Laisser échapper. SYN. négliger, perdre, rater –FAMILIER: louper. CONTR. *exploiter, profiter.*

manquer *verbe transitif indirect*

/ Se soustraire à un devoir. SYN. contrevenir, déroger, échapper à, enfreindre, piétiner, se dérober, trahir, violer –LITTÉRAIRE: faillir, se dédire. CONTR. *observer, respecter, s'acquitter, satisfaire, se conformer à, se soumettre à.*

/ Ne pas disposer de. SYN. être à court de, être dénué, être dépourvu –FAMILIER: être à sec. CONTR. *avoir, déborder, regorger.*

manquer (se) *verbe pronominal*

/ Ne pas se rencontrer. SYN. –FAMILIER: se louper, se rater. CONTR. *se rencontrer, se retrouver.*

mansarde *nom féminin*

/ Pièce aménagée dans un comble. SYN. combles, grenier, réduit –LITTÉRAIRE: galetas.

mansuétude *nom féminin*

/ LITTÉRAIRE. Caractère indulgent. SYN. bienveillance, bonté, compréhension, douceur, indulgence, magnanimité, pitié –LITTÉRAIRE: bénignité, clémence, longanimité. CONTR. *inflexibilité, rigidité, rigueur, rudesse, sévérité* –LITTÉRAIRE: *implacabilité, inclémence.*

manteau *nom masculin*

/ LITTÉRAIRE. Ce qui sert à cacher. SYN. –LITTÉRAIRE: masque, vêtement, voile.

manuel *nom masculin*

/ Ouvrage didactique. SYN. cours, livre, mémento, précis, traité.

manuscrit *adjectif*

/ Qui est écrit à la main. SYN. écrit. CONTR. *dactylographié, imprimé, ronéotypé, typographié.*

manuscrit *nom masculin*

/ Ouvrage original. SYN. écrit, original, papier. CONTR. *copie, duplicata.*

maquereau *nom masculin*

/ POPULAIRE. Proxénète. SYN. entremetteur, souteneur –ARGOTIQUE: mac –POPULAIRE: barbeau, marlou, taulier, tôlier.

maquignon *nom masculin*

/ Entrepreneur peu scrupuleux. SYN. entremetteur, mercanti, pourvoyeur, trafiquant –FAMILIER: margoulin.

maquignonnage *nom masculin*

/ Manœuvres frauduleuses. SYN. manigances –FAMILIER: combine, cuisine, grenouillage, tripotage –POPULAIRE: magouillage, magouille.

maquillage *nom masculin*

/ Action de cacher pour tromper. SYN. camouflage, déguisement, dissimulation, falsification –LITTÉRAIRE: masque. CONTR. *franchise, sincérité.*

maquiller *verbe*

/ Appliquer des produits de beauté. SYN. farder, grimer –ARGOTIQUE: badigeonner –LITTÉRAIRE: ombrer –POPULAIRE: tartiner. CONTR. *démaquiller.*

/ Falsifier pour tromper. SYN. altérer, camoufler, déformer, déguiser, dénaturer, dissimuler, falsifier, fausser, masquer, travestir, tripatouiller, truquer -FAMILIER: trafiquer -LITTÉRAIRE: farder, mutiler.

maquiller (se) *verbe pronominal*

/ Mettre du maquillage. SYN. se farder, se grimer -POPULAIRE: se tartiner. CONTR. *se démaquiller.*

maquilleur *nom*

/ POPULAIRE. Personne qui triche. SYN. tricheur, truqueur -LITTÉRAIRE: faussaire.

maquis *nom masculin*

/ Complication inextricable. SYN. dédale, écheveau, labyrinthe, lacis.

marasme *nom masculin*

/ Ralentissement d'une activité. SYN. asphyxie, crise, langueur, léthargie, malaise, paralysie, piétinement, stagnation -LITTÉRAIRE: somnolence. CONTR. *animation, développement, relèvement.*

maraud *nom masculin*

/ VIEUX. Personne sans scrupule. SYN. butor, cuistre, goujat, malappris, malotru, mufle, ostrogoth -FAMILIER: malpoli, paltoquet -LITTÉRAIRE: faquin, soudard -VIEUX: bélître, maroufle.

maraudage *nom masculin*

/ Vol de denrées. SYN. filoutage, larcin, maraude, vol -FAMILIER: chapardage -POPULAIRE: barbotage, fauche.

maraude *nom féminin*

/ Vol de denrées. SYN. filoutage, larcin, maraudage, vol -FAMILIER: chapardage -POPULAIRE: barbotage, fauche.

marauder *verbe*

/ Voler des denrées. SYN. -FAMILIER: chaparder, chiper, piquer -LITTÉRAIRE: grappiller -POPULAIRE: barboter, faucher.

maraudeur *nom*

/ Personne qui maraude. SYN. filou, grappilleur, voleur -FAMILIER: barboteur, chapardeur, chipeur, faucheur.

marbrer *verbe*

/ Imiter les veines du marbre. SYN. bigarrer, jasper, marquer -LITTÉRAIRE: marqueter, veiner.

marbrure *nom féminin*

/ Imitation du marbre. SYN. bigarrure, chatoiement, jaspure, ocelle, reflet -LITTÉRAIRE: moirure.

marchand *nom*

/ Personne qui fait du négoce. SYN. boutiquier, camelot, colporteur, commerçant, fournisseur, grossiste, mercanti, négociant, revendeur.

marchandise *nom féminin*

/ Ce qui se vend et s'achète. SYN. article, denrée, fourniture, produit -POPULAIRE: camelote.

marche *nom féminin*

/ Manière de marcher. SYN. démarche, locomotion, pas, train -LITTÉRAIRE: déambulation.

/ Déplacement d'un véhicule. SYN. avance, cheminement, course, mouvement, progression. CONTR. *arrêt, blocage.*

/ Évolution d'un processus. SYN. avancement, cheminement, cours, déroulement, développement, évolution, fil, impulsion, progrès, progression, tour, train, travail. CONTR. *recul, régression.*

/ Action de marcher. SYN. excursion, promenade, tour -FAMILIER: balade, virée.

/ Façon de parvenir à ses fins. SYN. méthode, moyen, tactique, technique, voie.

marché *nom masculin*

/ Arrangement convenu. SYN. accord, affaire, arrangement, convention, transaction.

/ Public susceptible d'acheter. SYN. clientèle, débouché.

marcher *verbe*

/ Mettre un pied devant l'autre. SYN. arpenter, avancer, cheminer, progresser, se déplacer, se mouvoir, trotter, trottiner. CONTR. *courir.*

/ Poser les pieds sur. SYN. fouler, piétiner.

/ Faire une promenade. SYN. déambuler, se promener -FAMILIER: naviguer, se balader.

/ Se dérouler correctement. SYN. fonctionner, prospérer, réussir -FAMILIER: prendre. CONTR. *avorter, capoter, échouer* -FAMILIER: *louper, rater* -POPULAIRE: *foirer.*

/ Fonctionner (machine). SYN. avancer, rouler, tourner. CONTR. *se dérégler, se détraquer.*

/ FAMILIER. Faire preuve de crédulité. SYN. mordre à l'appât, mordre à l'hameçon, n'y voir que du feu, prendre pour argent comptant, tomber dans le panneau -FAMILIER: avaler des couleuvres, gober.

marécageux *adjectif*
/ De la nature du marécage. SYN. boueux, bourbeux –LITTÉRAIRE: fangeux.

marée *nom féminin*
/ Grand nombre de. SYN. flot, flux, mer, pluie, vague.

marge *nom féminin*
/ Différence de valeur, etc. SYN. décalage, écart, tolérance, variation.
/ Liberté d'action. SYN. facilité, faculté, latitude, liberté.

marginal *adjectif*
/ Qui a un rôle secondaire. SYN. accessoire, annexe, mineur, minime, parallèle, secondaire. CONTR. *essentiel, fondamental, primordial, principal, vital.*

margoulin *nom masculin*
/ FAMILIER. Commerçant peu scrupuleux. SYN. aigrefin, escroc, forban, gredin, maquignon, mercanti, requin, trafiquant, voleur –FAMILIER: faisan, fripouille –VIEUX: fripon.

mari *nom masculin*
/ Homme marié. SYN. compagnon, conjoint, époux –FAMILIER: homme. CONTR. *épouse, femme.*

mariage *nom masculin*
/ Fait de se marier. SYN. noce, union –LITTÉRAIRE: hymen, hyménée –VIEUX: conjungo, épousailles. CONTR. *célibat, divorce, séparation.*
/ Action d'assortir des choses. SYN. alliance, assemblage, association, combinaison, harmonisation.

marié *nom*
/ Personne qui se marie. SYN. épouse, époux –VIEUX: épousée. CONTR. *célibataire.*

marier *verbe*
/ Assortir des éléments. SYN. allier, apparier, assembler, associer, assortir, combiner, harmoniser, mêler, unir –LITTÉRAIRE: réunir. CONTR. *désunir, disjoindre, dissocier.*

marier (se) *verbe pronominal*
/ S'unir par mariage à. SYN. convoler en justes noces, épouser, régulariser la situation, s'unir –FAMILIER: mettre la bague au doigt, mettre la corde au cou, passer devant Monsieur le maire –VIEUX: faire une fin. CONTR. *divorcer, rompre, se séparer.*
/ Être en harmonie avec. SYN. s'allier, s'associer, se combiner, se conjuguer, se mélanger, se mêler, s'harmoniser. CONTR. *se contrarier, se heurter, s'exclure, s'opposer.*

marin *adjectif*
/ Qui relève de la navigation. SYN. maritime, nautique, naval. CONTR. *aérien, terrestre.*

marin *nom masculin*
/ Homme qui sait naviguer. SYN. homme de mer, matelot, navigateur –FAMILIER: col-bleu, loup de mer.

mariner *verbe*
/ FAMILIER. Attendre longtemps. SYN. croupir, languir, patienter, se morfondre –FAMILIER: lanterner, mijoter, moisir, poireauter.
/ Tremper dans une marinade. SYN. baigner, macérer, tremper.

marionnette *nom féminin*
/ Personne sans caractère. SYN. automate, fantoche, pantin, plaisantin –FAMILIER: girouette, guignol, polichinelle –LITTÉRAIRE: créature, protée –POPULAIRE: rigolo –VIEUX: arlequin, sauteur.

maritime *adjectif*
/ Qui relève de la navigation. SYN. marin, nautique, naval. CONTR. *aérien, terrestre.*

marivauder *verbe*
/ LITTÉRAIRE. Échanger des propos galants. SYN. badiner, roucouler –FAMILIER: batifoler, flirter –LITTÉRAIRE: coqueter.

marlou *nom masculin*
/ POPULAIRE. Souteneur. SYN. entremetteur, proxénète –ARGOTIQUE: mac –POPULAIRE: barbeau, maquereau, taulier, tôlier.

marmiton *nom masculin*
/ Apprenti cuisinier. SYN. aide-cuisinier –FAMILIER: gâte-sauce –VIEUX: tournebroche.

marmonnement *nom masculin*
/ Son émis en marmonnant. SYN. bougonnement, bredouillage, bredouillement, bredouillis, grommellement, marmottement, murmure –LITTÉRAIRE: susurrement.

marmonner *verbe*

/ Dire entre ses dents. SYN. balbutier, bredouiller, chuchoter, grommeler, mâchonner, marmotter, murmurer, susurrer –FAMILIER: bafouiller, baragouiner, bougonner. CONTR. *articuler, crier, hurler.*

marmot *nom masculin*

/ FAMILIER. Petit enfant. SYN. bambin, bébé, enfant, gamin, gamine, petit, tout-petit –FAMILIER: bout de chou, bout de zan, gosse, mioche, moustique, moutard, petiot, petiote, pitchoun, pitchounet, poussin, tête blonde –POPULAIRE: chiard, lardon, loupiot, loupiote, môme, morpion, mouflet –VIEUX: marmouset.

marmottement *nom masculin*

/ Action de marmotter. SYN. grommellement, marmonnement, murmure –LITTÉRAIRE: susurrement.

marmotter *verbe*

/ Murmurer entre ses dents. SYN. balbutier, bredouiller, chuchoter, grommeler, mâchonner, marmonner, murmurer, susurrer –FAMILIER: bafouiller, baragouiner, bougonner. CONTR. *articuler.*

marmouset *nom masculin*

/ VIEUX. Petit garçon. SYN. bébé, enfant, gamin, marmot, petit, tout-petit –FAMILIER: gosse, mioche, moustique, moutard, petiot, pitchoun, pitchounet, poussin –POPULAIRE: chiard, lardon, loupiot, môme, morpion, mouflet.

marner *verbe*

/ POPULAIRE. Travailler dur. SYN. peiner –FAMILIER: trimer –POPULAIRE: bosser, boulonner, turbiner.

maronner *verbe*

/ FAMILIER. Exprimer sa colère. SYN. enrager, grogner, grommeler, gronder, maugréer, murmurer –FAMILIER: bisquer, bougonner, fumer, rager, râler, ronchonner –VIEUX: rogner, rognonner.

marotte *nom féminin*

/ Goût obsessionnel pour. SYN. folie, idée fixe, manie, obsession, passion, violon d'Ingres –FAMILIER: dada, maladie, tocade, toquade.

maroufle *nom masculin*

/ VIEUX. Personne grossière. SYN. butor, cuistre, goujat, malappris, malotru, mufle –FAMILIER: malpoli, paltoquet –LITTÉRAIRE: faquin, soudard –POPULAIRE: pignouf –VIEUX: maraud.

marquant *adjectif*

/ Qui fait impression. SYN. caractérisé, caractéristique, frappant, important, mémorable, notable, remarquable, saillant, significatif –LITTÉRAIRE: signalé. CONTR. *insignifiant, petit.*

/ Qui se distingue. SYN. célèbre, éminent, illustre, prestigieux, remarquable, renommé, réputé –LITTÉRAIRE: distingué, fameux. CONTR. *quelconque.*

marque *nom féminin*

/ Emblème d'un fabricant. SYN. cachet, estampille, griffe, label, sceau.

/ Trace de contact. SYN. empreinte, foulée, impression, pas, tache, trace, traînée.

/ Trace laissée par un coup. SYN. cicatrice, couture, marbrure, stigmate, zébrure –LITTÉRAIRE: tavelure.

/ Ce qui atteste quelque chose. SYN. attestation, indication, indice, manifestation, preuve, signe, symptôme, témoignage –LITTÉRAIRE: sceau, stigmate, trace.

/ Style personnel. SYN. caractéristique, façon, griffe, manière, pinceau, plume, signature, style –LITTÉRAIRE: touche.

marqué *adjectif*

/ Qui est indiqué. SYN. cité, écrit, mentionné, noté, signalé.

/ Aux traits accusés. SYN. chiffonné, fané, flétri, fripé, meurtri, raviné, ridé –LITTÉRAIRE: ravagé. CONTR. *lisse.*

/ Qui est souligné. SYN. accentué, accusé, prononcé, souligné. CONTR. *insensible, vague.*

/ Qui est évident. SYN. fort, net, ostensible, particulier, remarquable, typé.

marquer *verbe intransitif*

/ Laisser une impression durable. SYN. émerger, faire date, percer, rester, se distinguer.

marquer *verbe transitif*

/ Mettre une marque sur. SYN. baliser, cocher, désigner, indiquer, jalonner, pointer, ponctuer, repérer, signaler.

/ Mettre en valeur. SYN. accuser, gainer, mouler, sangler, souligner.

/ Inscrire quelque chose. SYN. consigner, copier, écrire, ficher, inscrire, mentionner, noter, relever, transcrire.
/ Laisser une trace sur. SYN. imprimer, marbrer, meurtrir, tacher, taveler, zébrer –LITTÉRAIRE: empreindre, sillonner, stigmatiser.
/ Laisser une trace dans une vie. SYN. affecter, déteindre, imprégner, influencer, pénétrer, toucher –LITTÉRAIRE: colorer.
/ Manifester un sentiment. SYN. dire, montrer, prodiguer, prouver, signifier, témoigner, trahir.
/ Révéler par un signe. SYN. accuser, annoncer, attester, caractériser, dénoter, indiquer, prouver, refléter, révéler.
/ Effectuer le marquage. SYN. estamper, estampiller, frapper, poinçonner.

marqueté *adjectif*

/ LITTÉRAIRE. Orné de taches. SYN. moucheté, ocellé, tacheté, tigré.

marqueter *verbe*

/ LITTÉRAIRE. Marquer de couleurs variées. SYN. barioler, bigarrer, marbrer, tacheter.

marrant *adjectif*

/ FAMILIER. Qui fait rire. SYN. amusant, comique, désopilant, drôle, hilarant, inénarrable –FAMILIER: cocasse, crevant, folichon, impayable, rigolo, roulant, tordant –POPULAIRE: bidonnant, fendant, gondolant, poilant. CONTR. *funèbre, lugubre, macabre, morne, mortel, sinistre, tragique, triste* –FAMILIER: *cafardeux, glauque.*

marrer (se) *verbe pronominal*

/ POPULAIRE. Éclater de rire. SYN. rire, rire à gorge déployée, rire aux éclats, rire aux larmes –FAMILIER: rigoler, rire à ventre déboutonné, rire comme un bossu, rire comme une baleine, se tordre –POPULAIRE: se bidonner, se boyauter, se fendre la pipe, se gondoler, se poiler. CONTR. *pleurer, sangloter.*
/ POPULAIRE. Prendre du bon temps. SYN. faire la fête, s'amuser, se divertir, s'en donner à cœur joie –POPULAIRE: s'éclater.

marron *nom masculin*

/ POPULAIRE. Coup de poing. SYN. –POPULAIRE: châtaigne, jeton, pêche.

marteau *adjectif*

/ FAMILIER. Qui a perdu la raison. SYN. dérangé, désaxé, déséquilibré –FAMILIER: braque, cinglé, détraqué, dingue, fada, fêlé, frappé, loufoque, maboul, piqué, ravagé, tapé, timbré, toc-toc, toqué, zinzin –POPULAIRE: allumé, azimuté, barge, barjo, branque, brindezingue, cinoque, cintré, déjanté, dingo, folingue, fondu, frapadingue, givré, jeté, louf, louftingue, sinoc, sinoque, siphonné, tordu.

martèlement *nom masculin*

/ Fait de marteler. SYN. battement, frappement, tambourinage, tambourinement, tapotage, tapotement.

marteler *verbe*

/ Détacher les mots. SYN. accentuer, articuler, scander.
/ Frapper à coups répétés. SYN. tambouriner, tapoter.

martial *adjectif*

/ LITTÉRAIRE. Qui est agressif. SYN. batailleur, belliqueux, combatif, guerrier, violent. CONTR. *non violent, pacifiste.*
/ Qui cherche à en imposer. SYN. décidé, hardi, mâle, vigoureux, viril.

martyr *nom*

/ Personne morte pour une cause. SYN. persécuté, victime. CONTR. *bourreau.*

martyre *nom masculin*

/ Situation très pénible. SYN. calvaire, enfer, supplice, torture, tourment –LITTÉRAIRE: croix, géhenne.

martyriser *verbe*

/ Faire endurer le martyre. SYN. persécuter, torturer, tourmenter –LITTÉRAIRE: supplicier.

mascotte *nom féminin*

/ Ce qui porte bonheur. SYN. amulette, fétiche, grigri, gri-gri, porte-bonheur, talisman.

masculin *adjectif*

/ Qui a rapport à l'homme. SYN. mâle, viril. CONTR. *féminin.*

masque *nom masculin*

/ Faux visage de carton, etc. SYN. domino, loup.
/ LITTÉRAIRE. Aspect de quelqu'un. SYN. air, apparence, extérieur, faciès, figure, physionomie, visage –LITTÉRAIRE: dehors, enveloppe.

/ LITTÉRAIRE. Apparence trompeuse. SYN. camouflage, couverture, déguisement, façade, faux-semblant, maquillage, vernis –LITTÉRAIRE: manteau, vêtement, voile.

masqué *adjectif*

/ Qui est caché. SYN. caché, camouflé, déguisé, dissimulé, larvé, latent. CONTR. *déclaré.*

masquer *verbe*

/ Couvrir d'un masque. SYN. recouvrir. CONTR. *démasquer.*

/ Soustraire à la vue. SYN. cacher, camoufler, dissimuler, éclipser, occulter –LITTÉRAIRE: celer, dérober –POPULAIRE: planquer. CONTR. *étaler, exhiber, exposer, montrer, révéler.*

/ Cacher sous de fausses apparences. SYN. couvrir, déguiser, dissimuler, envelopper, maquiller, travestir –LITTÉRAIRE: farder, habiller, voiler. CONTR. *découvrir, dévoiler, révéler, trahir.*

massacre *nom masculin*

/ Action de massacrer. SYN. boucherie, carnage, extermination, hécatombe, tuerie.

/ FAMILIER. Exécution très maladroite. SYN. gâchis, gaspillage, sabotage, saccage –FAMILIER: bâclage, bousillage, ratage.

massacrer *verbe*

/ Tuer avec sauvagerie. SYN. abattre, assassiner, décimer, égorger, exterminer, faucher –FAMILIER: trucider –LITTÉRAIRE: hacher, immoler –POPULAIRE: rectifier, refroidir.

/ FAMILIER. Endommager quelque chose. SYN. abîmer, défigurer, gâcher, saboter –FAMILIER: amocher, bâcler, bousiller, cochonner, sabrer, saccager, torcher, torchonner –POPULAIRE: saloper.

massacreur *nom*

/ Personne qui massacre. SYN. assassin, boucher, criminel, meurtrier, tueur –LITTÉRAIRE: sicaire.

masse *nom féminin*

/ Volume important. SYN. agglomérat, agglomération, amas, amoncellement, bloc, conglomérat, magma, monceau, paquet, tas.

/ Grande quantité de. SYN. armée, avalanche, cascade, chapelet, déluge, fatras, flot, flux, foule, grêle, infinité, kyrielle, légion, monceau, montagne, multitude, myriade, nuée, paquet, pléiade, pluie, profusion, prolifération, quantité, ramassis, tas, torrent –FAMILIER: armada, cargaison, cohorte, flopée, foultitude, pelletée, régiment, ribambelle, tapée –LITTÉRAIRE: averse, essaim, océan. CONTR. *atome, bribe, brin, doigt, goutte, grain, gramme, larme, lueur, miette, nuage, once, parcelle, peu, pointe, soupçon, trace* –LITTÉRAIRE: *liard, ombre, trait* –POPULAIRE: *chouia.*

/ Le commun des hommes. SYN. commun des mortels, grand public, peuple –FAMILIER: vulgum pecus –LITTÉRAIRE: commun, multitude –POPULAIRE: populo. CONTR. *élite, fine fleur.*

masser *verbe*

/ Réunir des personnes. SYN. concentrer, entasser, grouper, rassembler, regrouper, réunir –LITTÉRAIRE: assembler. CONTR. *disperser, éparpiller, espacer.*

masser (se) *verbe pronominal*

/ Se disposer en masse. SYN. s'agglomérer, s'agglutiner, s'attrouper, se grouper, se rassembler, se réunir. CONTR. *se débander, se disséminer, s'égailler, s'éparpiller* –LITTÉRAIRE: *essaimer.*

massif *adjectif*

/ Qui a une apparence épaisse. SYN. corpulent, fort, gros, râblé, ramassé, trapu, volumineux –FAMILIER: mastoc. CONTR. *effilé, élancé, fluet, frêle, grêle, léger, svelte* –LITTÉRAIRE: *gracile.*

/ Qui manque de finesse. SYN. épais, fruste, grossier –FAMILIER: lourd. CONTR. *délicat.*

/ Qui groupe un grand nombre de. SYN. important, imposant, impressionnant, lourd. CONTR. *clairsemé, disséminé.*

massif *nom masculin*

/ Ensemble de plantes. SYN. boqueteau, bosquet, corbeille, parterre.

massivement *adverbe*

/ En très grand nombre. SYN. à foison, en foule, en masse, en quantité.

massue *nom féminin*

/ Gros bâton. SYN. gourdin, matraque, trique.

mastoc *adjectif*

/ FAMILIER. Qui a des formes lourdes. SYN. lourd, lourdaud, massif. CONTR. *léger, svelte.*

mastroquet *nom masculin*

/ POPULAIRE. Débit de boissons. SYN. bar, buvette, café –FAMILIER: bistro, bistrot, troquet, zinc –POPULAIRE: caboulot –VIEUX: cabaret, taverne.

m'as-tu-vu *nom*

/ FAMILIER. Personne prétentieuse. SYN. cabotin, faiseur, fanfaron, faraud, hâbleur, pédant, poseur, snob –FAMILIER: bêcheur, frimeur –LITTÉRAIRE: paradeur –VIEUX: esbroufeur.

masure *nom féminin*

/ Maison misérable. SYN. bouge, cabane, taudis –FAMILIER: baraque, bicoque –LITTÉRAIRE: chaumière, tanière –POPULAIRE: gourbi.

mat *adjectif*

/ Qui n'a pas de résonance. SYN. amorti, assourdi, étouffé, sourd. CONTR. *sonore, strident* –LITTÉRAIRE: *cristallin.*

/ Qui n'a pas d'éclat. SYN. blafard, cireux, terne. CONTR. *brillant, éblouissant, éclatant, luisant, lumineux.*

matamore *nom masculin*

/ LITTÉRAIRE. Faux brave. SYN. bravache, faiseur, fanfaron, faraud, hâbleur, vantard –FAMILIER: frimeur –LITTÉRAIRE: capitan, fier-à-bras, paradeur, pourfendeur, rodomont –VIEUX: tranche-montagne.

match *nom masculin*

/ Compétition sportive. SYN. combat, compétition, concours, épreuve, partie, rencontre.

matelot *nom masculin*

/ Membre d'équipage. SYN. homme de mer, marin –FAMILIER: col-bleu.

mater *verbe*

/ Soumettre à son autorité. SYN. asservir, dresser, maîtriser, terrasser.

/ Arrêter le développement de. SYN. arrêter, brider, calmer, étouffer, étrangler, juguler, réduire au silence, réprimer, stopper.

matérialiser *verbe*

/ Rendre effectif. SYN. accomplir, concrétiser, objectiver, réaliser.

matérialiser (se) *verbe pronominal*

/ Devenir réel. SYN. aboutir, prendre forme, prendre tournure, se concrétiser, se préciser.

matérialité *nom féminin*

/ Caractère de ce qui existe. SYN. existence, réalité, vérité. CONTR. *apparence, fausseté.*

matériel *adjectif*

/ Qui est formé de matière. SYN. concret, corporel, sensible, temporel. CONTR. *idéal, immatériel, intellectuel, spirituel, théorique* –LITTÉRAIRE: *incorporel.*

/ Qui a une existence. SYN. concret, effectif, palpable, réel, tangible, vrai. CONTR. *abstrait, impalpable, inexistant.*

/ Qui relève des conditions de vie. SYN. financier, pécuniaire, pratique, prosaïque, substantiel.

matériel *nom masculin*

/ Outils propres à une activité. SYN. équipement, instrument, outillage, outils.

matériellement *adverbe*

/ D'une manière concrète. SYN. concrètement, effectivement, physiquement, pratiquement, réellement, tangiblement, véritablement, vraiment.

/ Sur le plan financier. SYN. financièrement, pécuniairement.

mathématique *adjectif*

/ Qui exclut toute inexactitude. SYN. précis, rigoureux, scientifique. CONTR. *aléatoire, hasardeux, imprécis, incertain.*

mathématiquement *adverbe*

/ De façon rigoureuse. SYN. exactement, juste, précisément, rigoureusement, scrupuleusement, strictement. CONTR. *à peu près, approximativement.*

/ De manière inévitable. SYN. à coup sûr, assurément, fatalement, immanquablement, inévitablement, infailliblement, nécessairement, obligatoirement, sans aucun doute.

matière *nom féminin*

/ Domaine considéré. SYN. chapitre, discipline, domaine, partie, point, question, secteur, terrain.

/ Ce qui occasionne quelque chose. SYN. cause, lieu, objet, occasion, prétexte, sujet.

/ Substance particulière. SYN. corps, matériau, substance.
/ Sujet d'un ouvrage. SYN. contenu, fond, sujet, thème –LITTÉRAIRE: trame. CONTR. *apparence, forme.*

matin *nom masculin*
/ Début du jour. SYN. aube, aurore, matinée, point du jour, pointe du jour. CONTR. *soir, soirée* –LITTÉRAIRE: *déclin du jour.*

mâtin *nom masculin*
/ VIEUX. Personne espiègle. SYN. chenapan, coquin, garnement, polisson, vaurien –FAMILIER: brigand, diable, filou, fripon, galopin, lascar –VIEUX: galapiat.

mâtiné *adjectif*
/ Qui n'est pas de race pure. SYN. bâtard, croisé, hybride, métissé. CONTR. *racé.*
/ LITTÉRAIRE. Qui est mêlé à autre chose. SYN. mélangé, mêlé, panaché. CONTR. *pur.*

matois *adjectif*
/ LITTÉRAIRE. Qui est rusé et sournois. SYN. astucieux, fin, finaud, malin, retors, roué, rusé –FAMILIER: ficelle, roublard –LITTÉRAIRE: cauteleux, madré, tortu –VIEUX: finasseur, finassier. CONTR. *franc, innocent.*

matoiserie *nom féminin*
/ LITTÉRAIRE. Caractère matois. SYN. astuce, rouerie –LITTÉRAIRE: cautèle, sournoiserie. CONTR. *innocence.*

matraquage *nom masculin*
/ Répétition insistante de. SYN. intoxication, pilonnage –FAMILIER: battage, bourrage de crâne, intox, intoxe.

matraque *nom féminin*
/ Arme contondante. SYN. bâton, gourdin, massue, trique.

matraquer *verbe*
/ Frapper à coups de matraque. SYN. assommer, bâtonner, étourdir, mettre à mal, molester, rouer de coups, rudoyer –FAMILIER: passer à tabac, rosser –LITTÉRAIRE: violenter.
/ Critiquer durement. SYN. conspuer, descendre en flammes, malmener, tirer à boulets rouges sur –FAMILIER: démolir, éreinter, esquinter, étriller –LITTÉRAIRE: flageller, vilipender.
/ FAMILIER. Demander un prix exagéré. SYN. étrangler, exploiter, voler –FAMILIER: écorcher, estamper, étriller, rançonner –LITTÉRAIRE: gruger –VIEUX: égorger.

maturation *nom féminin*
/ Évolution d'un phénomène. SYN. croissance, développement, mûrissement, préparation, vieillissement.

mature *adjectif*
/ Arrivé à maturité. SYN. adulte, mesuré, mûr, pondéré, posé, réfléchi. CONTR. *enfantin, infantile, puéril.*

maturité *nom féminin*
/ État de plein développement. SYN. épanouissement, force –LITTÉRAIRE: plénitude. CONTR. *décrépitude, fin* –LITTÉRAIRE: *crépuscule.*
/ Période de la vie d'adulte. SYN. âge mûr, expérience, force de l'âge, sagesse. CONTR. *inexpérience, jeunesse.*

maudire *verbe*
/ Vouer à l'exécration. SYN. abominer, anathématiser, exécrer, haïr, mettre au ban, réprouver –LITTÉRAIRE: abhorrer, flétrir. CONTR. *adorer, aimer, apprécier, bénir, chérir* –LITTÉRAIRE: *affectionner.*
/ Manifester sa colère. SYN. fulminer, s'emporter contre, tempêter contre, tonner. CONTR. *exalter, glorifier, honorer* –LITTÉRAIRE: *magnifier.*

maudit *adjectif*
/ Rejeté par la société. SYN. déchu, réprouvé. CONTR. *béni.*
/ Qui contrarie. SYN. abominable, damné, détestable, fatal, odieux –FAMILIER: sacré, sale, satané, sinistre –LITTÉRAIRE: exécrable –POPULAIRE: fichu. CONTR. *agréable, bienfaisant, bienheureux, heureux, plaisant.*

maudit *nom*
/ LITTÉRAIRE. Personne réprouvée. SYN. paria, pestiféré –LITTÉRAIRE: damné, réprouvé.

maugréer *verbe*
/ Manifester sa mauvaise humeur. SYN. grogner, grommeler, gronder, marmonner, pester, se plaindre –FAMILIER: bougonner, maronner, râler, ronchonner, rouspéter –POPULAIRE: rouscailler –VIEUX: rogner, rognonner. CONTR. *exulter, jubiler, se réjouir.*

mausolée *nom masculin*

/ Monument funéraire. SYN. sépulture, tombe, tombeau –LITTÉRAIRE: sépulcre.

maussade *adjectif*

/ Qui est d'humeur chagrine. SYN. boudeur, bourru, désagréable, grincheux, grognon, mélancolique, morose, rébarbatif, renfrogné, revêche, triste –LITTÉRAIRE: chagrin, malgracieux, rechigné. CONTR. *affable, gai, jovial, joyeux, radieux, rayonnant, réjoui* –LITTÉRAIRE: *amène.*

/ Qui inspire de l'ennui. SYN. ennuyeux, fastidieux, insipide, morne, terne, triste –FAMILIER: cafardeux, enquiquinant, rasant, rasoir.

maussaderie *nom féminin*

/ LITTÉRAIRE. Mauvaise humeur. SYN. acrimonie, mélancolie, morosité, tristesse –LITTÉRAIRE: âcreté. CONTR. *affabilité, allégresse, amabilité, enjouement, gaieté, jovialité* –LITTÉRAIRE: *aménité.*

mauvais *adjectif*

/ Qui présente des défauts. SYN. défectueux, déficient, erroné, faux, imparfait, incorrect, inexact –FAMILIER: à la gomme –POPULAIRE: à la manque, à la noix, à la noix de coco. CONTR. *bon, convenable, correct, exact, fondé, juste, parfait, précis.*

/ Qui n'est pas à propos. SYN. contraire, défavorable, inadéquat, inopportun. CONTR. *adéquat, faste, heureux, judicieux, juste, opportun, propice.*

/ Qui n'est pas réussi. SYN. catastrophique, désastreux, inquiétant, lamentable, malheureux, manqué, médiocre, nul, pauvre –FAMILIER: raté. CONTR. *admirable, consommé, excellent, intéressant, parfait, réussi, satisfaisant* –FAMILIER: *formidable.*

/ Dont les résultats sont insuffisants. SYN. faible, incapable, incompétent, maladroit, médiocre. CONTR. *capable, compétent, doué, expérimenté, expert, fin, fort, habile, imbattable, qualifié, supérieur, sûr* –FAMILIER: *chevronné, incollable.*

/ Qu déplaît au goût, à l'odorat. SYN. abominable, affreux, atroce, désagréable, détestable, épouvantable, exécrable, horrible, infect, insupportable, méphitique, pestilentiel, vilain. CONTR. *agréable, beau, délicat, délicieux, exquis, magnifique, mangeable, splendide, suave, succulent, superbe* –LITTÉRAIRE: *délectable.*

/ Qui fait du mal. SYN. dangereux, difficile, insalubre, malsain, nocif, nuisible, pernicieux, préjudiciable, redoutable, virulent. CONTR. *anodin, bénéfique, bénin, bienfaisant, sain, salubre, salutaire, stimulant, tonifiant, vivifiant.*

/ Qui aime faire du mal. SYN. cruel, diabolique, dur, haineux, hostile, impitoyable, implacable, injuste, malfaisant, malveillant, méchant, pervers –FAMILIER: rosse, sale, vache –LITTÉRAIRE: perfide, pernicieux, scélérat, vénéneux, venimeux. CONTR. *affectueux, bienveillant, bon, brave, cordial, doux, franc, généreux, gentil, humain, loyal, serviable, sincère, sympathique, vrai* –FAMILIER: *chic* –LITTÉRAIRE: *vertueux.*

/ Qui rapporte peu. SYN. désastreux, faible, médiocre. CONTR. *avantageux, fructueux, lucratif, profitable, rémunérateur, rentable* –FAMILIER: *joli.*

mauviette *nom féminin*

/ FAMILIER. Personne chétive. SYN. avorton, gringalet, nabot, nain –FAMILIER: maigrichon.

/ FAMILIER. Personne lâche. SYN. lâche, peureux, poltron –FAMILIER: femmelette, freluquet, froussard, poule mouillée –LITTÉRAIRE: couard –POPULAIRE: foireux, trouillard –VIEUX: capon. CONTR. *brave, courageux* –FAMILIER: *casse-cou.*

maximal *adjectif*

/ Qui est au plus haut degré. SYN. optimal. CONTR. *minimal.*

maxime *nom féminin*

/ Formule moralisante. SYN. adage, aphorisme, apophtegme, axiome, devise, dicton, dogme, moralité, pensée, précepte, principe, proverbe, règle –LITTÉRAIRE: sentence.

maximiser *verbe*

/ Porter au maximum. SYN. grossir, maximaliser. CONTR. *diminuer, minimiser, minorer, réduire, restreindre.*

maximum *nom masculin*

/ Le plus haut degré de. SYN. apogée, comble, plafond, pointe, sommet, summum –LITTÉRAIRE: faîte. CONTR. *minimum, plancher.*

méandre *nom masculin*

/ Sinuosité d'un cours d'eau. SYN. boucle, coude, détour, lacet, zigzag –LITTÉRAIRE: inflexion.

/ Cheminement sinueux. SYN. dédale, labyrinthe, ondulation, tournant –LITTÉRAIRE: repli, sinuosité.

mec *nom masculin*

/ POPULAIRE. Homme. SYN. –FAMILIER: gars, type –POPULAIRE: gus, gusse. CONTR. *femme* –ARGOTIQUE: *meuf.*

mécanique *adjectif*

/ Qui se fait sans réfléchir. SYN. automatique, inconscient, instinctif, involontaire, irréfléchi, machinal, réflexe.

mécaniquement *adverbe*

/ À l'aide de moyens mécaniques. SYN. automatiquement. CONTR. *manuellement.*

/ Sans y penser. SYN. inconsciemment, instinctivement, involontairement, machinalement, spontanément. CONTR. *intentionnellement, sciemment, volontairement.*

mécanisme *nom masculin*

/ Enchaînement d'opérations. SYN. cours, déroulement, développement, procédé, processus, technique.

mécène *nom masculin*

/ Soutien financier d'un artiste. SYN. bienfaiteur, patron, père, protecteur.

méchamment *adverbe*

/ De façon méchante. SYN. abominablement, atrocement, cruellement, durement, inhumainement. CONTR. *doucement, gentiment, humainement, innocemment.*

/ FAMILIER. Indique un haut degré. SYN. abominablement, affreusement, beaucoup, bien, effroyablement, énormément, épouvantablement, exceptionnellement, excessivement, extrêmement, follement, fort, fortement, grandement, hautement, horriblement, incroyablement, infiniment, mortellement, particulièrement, prodigieusement, profondément, puissamment, terriblement, très, trop –FAMILIER: atrocement, bigrement, bougrement, diablement, drôlement, fameusement, fichtrement, fichûment, formidablement, joliment, rudement, tout plein –LITTÉRAIRE: diantrement, furieusement –POPULAIRE: foutrement, salement, vachement –VIEUX: fièrement. CONTR. *faiblement, guère, modérément, moyennement, raisonnablement.*

méchanceté *nom féminin*

/ Caractère méchant. SYN. cruauté, dureté, malignité, malveillance, noirceur, perversité –LITTÉRAIRE: scélératesse, venin, vilenie. CONTR. *amabilité, bonté, douceur, gentillesse.*

/ Action, parole méchante. SYN. méfait, sale tour, tracasserie –FAMILIER: crasse, entourloupe, entourloupette, misère, rosserie, saleté, tour de cochon –LITTÉRAIRE: scélératesse, vilenie –POPULAIRE: saloperie, vacherie. CONTR. *attention.*

méchant *adjectif*

/ Qui est très désagréable. SYN. détestable, mauvais –FAMILIER: massacrant, sale. CONTR. *agréable, bon.*

/ Qui cherche à nuire. SYN. brutal, calomnieux, cruel, dur, féroce, haineux, hargneux, malfaisant, malintentionné, malveillant, mauvais, odieux, pervers, sauvage, vindicatif, virulent –FAMILIER: rosse, teigneux, vilain –LITTÉRAIRE: fielleux, vénéneux, venimeux. CONTR. *aimable, bienveillant, bon, brave, charitable, charmant, délicieux, doux, gentil, humain, indulgent, tendre* –FAMILIER: *chic, excellent* –LITTÉRAIRE: *bienfaisant.*

/ Qui est insignifiant. SYN. médiocre, misérable, pauvre, pitoyable –FAMILIER: minable, miteux. CONTR. –FAMILIER: *coquet, joli.*

méchant *nom*

/ Personne qui fait le mal. SYN. peste, vipère –FAMILIER: chameau, rosse, teigne –LITTÉRAIRE: suppôt de Satan –POPULAIRE: charogne, garce, peau de vache, punaise, salaud. CONTR. *bon, gentil.*

mécompte *nom masculin*

/ LITTÉRAIRE. Espérance déçue. SYN. déboire, déception, déconvenue, désillusion.

méconnaissable *adjectif*

/ Qu'on ne reconnaît plus. SYN. changé, métamorphosé, transformé. CONTR. *identifiable, reconnaissable.*

méconnaissance *nom féminin*

/ Fait de mal connaître. SYN. ignorance, incompréhension, inexpérience. CONTR. *connaissance, expérience.*

/ VIEUX. Caractère ingrat. SYN. ingratitude, oubli. CONTR. *gratitude, reconnaissance.*

méconnaître *verbe*

/ Ne pas apprécier à sa valeur. SYN. dédaigner, faire fi de, ignorer, méjuger, mésestimer, négliger, oublier, se tromper, sous-estimer, sous-évaluer. CONTR. *apprécier, considérer, estimer, reconnaître.*

méconnu *adjectif*

/ Que l'on méconnaît. SYN. ignoré, incompris, inconnu, obscur, oublié. CONTR. *célèbre, connu, glorieux, illustre, important, populaire, reconnu, renommé* – LITTÉRAIRE : *fameux.*

mécontent *adjectif*

/ Qui n'est pas content. SYN. agacé, contrarié, déçu, dépité, désabusé, désappointé, ennuyé, fâché, furieux, insatisfait – FAMILIER : embêté. CONTR. *comblé, content, enchanté, enthousiaste, gai, heureux, ravi, satisfait.*

mécontentement *nom masculin*

/ État d'indignation. SYN. agacement, contrariété, dépit, déplaisir, désagrément, ennui, humeur, insatisfaction, irritation – FAMILIER : enquiquinement, grogne, rogne. CONTR. *contentement, enthousiasme, satisfaction.*

mécontenter *verbe*

/ Rendre mécontent. SYN. chagriner, contrarier, déplaire, désappointer, désoler, ennuyer, exaspérer, fâcher, heurter, indisposer, irriter, navrer, offenser – FAMILIER : chiffonner, embêter – LITTÉRAIRE : importuner. CONTR. *arranger, combler, contenter, enchanter, faire plaisir, ravir, réjouir, satisfaire.*

mécréant *nom*

/ LITTÉRAIRE. Personne sans religion. SYN. athée, incrédule, incroyant, irréligieux, non-croyant, païen. CONTR. *bigot, croyant, dévot.*

médecin *nom masculin*

/ Personne qui exerce la médecine. SYN. clinicien, disciple d'Esculape, docteur, homme de l'art, praticien – FAMILIER : toubib – LITTÉRAIRE : thérapeute – VIEUX : officier de santé.

médian *adjectif*

/ Qui se situe au milieu. SYN. central, intermédiaire, moyen.

médiat *adjectif*

/ Qui se fait indirectement. SYN. détourné, indirect, lointain. CONTR. *direct, immédiat.*

médiateur *nom*

/ Personne qui s'entremet. SYN. arbitre, conciliateur, intermédiaire, négociateur – LITTÉRAIRE : intercesseur.

médiation *nom féminin*

/ Intervention dans un conflit. SYN. arbitrage, bons offices, conciliation, intermédiaire, intervention – LITTÉRAIRE : entremise, intercession.

médicament *nom masculin*

/ Substance destinée à un malade. SYN. drogue, produit pharmaceutique, remède, traitement – VIEUX : médecine.

médication *nom féminin*

/ Emploi de médicaments. SYN. thérapeutique, thérapie, traitement.

médiocre *adjectif*

/ Qui est insuffisant. SYN. bas, imparfait, insuffisant, maigre, mauvais, méchant, mesquin, mince, modeste, modique, petit. CONTR. *bon, conséquent, copieux, décent, grand, gros, important, satisfaisant.*

/ Qui a peu de capacités. SYN. borné, déficient, faible, limité, moyen, obtus – FAMILIER : bouché, faiblard. CONTR. *bon, brillant, consommé, éminent, excellent, fort, génial, incomparable, parfait, supérieur, unique* – FAMILIER : *formidable* – LITTÉRAIRE : *distingué.*

/ Sans grand intérêt. SYN. étriqué, futile, insignifiant, piètre, plat, quelconque, vide – LITTÉRAIRE : vain. CONTR. *excellent, extra, extraordinaire, formidable, immense, particulier* – FAMILIER : *épatant, fameux.*

médiocrement *adverbe*

/ D'une manière médiocre. SYN. à peine, faiblement, guère, légèrement, moyennement, peu – LITTÉRAIRE : piètrement. CONTR. *beaucoup, bien, grandement, hautement, horriblement, intégralement, pleinement, profondément, puissamment, supérieurement, terriblement* – FAMILIER : *bigrement, bougrement, fichtrement, fichûment.*

médiocrité *nom féminin*

/ Insuffisance dans la qualité. SYN. banalité, imperfection, incapacité, insignifiance, platitude. CONTR. *brillant, éclat, excellence, génie, gravité, magnificence, perfection.*

/ Insuffisance dans la quantité. SYN. faiblesse, insuffisance, maigreur, modicité, pauvreté, petitesse. CONTR. *grandeur, immensité, importance, richesse.*

médire *verbe*

/ Tenir des propos malveillants sur. SYN. calomnier, critiquer, dénigrer, diffamer, dire pis que pendre, gloser sur, jaser, traîner dans la boue –FAMILIER: abîmer, bavasser, baver, cancaner, casser du sucre sur, causer, cracher sur, débiner, déblatérer sur, éreinter, esquinter, potiner, rhabiller pour l'hiver –LITTÉRAIRE: dauber –POPULAIRE: tailler un costard, tailler une veste –VIEUX: commérer. CONTR. *admirer, aduler, apprécier, célébrer, exalter, flatter, louer, vanter* –LITTÉRAIRE: *chanter, encenser, louanger.*

médisance *nom féminin*

/ Action de médire. SYN. dénigrement, diffamation –FAMILIER: débinage, éreintage, éreintement. CONTR. *admiration, flatterie* –LITTÉRAIRE: *adulation.*

/ Propos de quelqu'un qui médit. SYN. bavardage, commérage, on-dit –FAMILIER: cancan, potin, racontar, ragot –LITTÉRAIRE: clabauderie. CONTR. *apologie, compliment, éloge, louange* –LITTÉRAIRE: *encens.*

médisant *adjectif*

/ Qui manifeste de la médisance. SYN. critique, dépréciateur, dépréciatif, malintentionné, malveillant, virulent –LITTÉRAIRE: vénéneux, venimeux. CONTR. *flatteur, louangeur.*

médisant *nom*

/ Personne qui médit. SYN. cancanier, critique, détracteur –FAMILIER: commère, concierge –VIEUX: potinier. CONTR. *admirateur, flatteur* –LITTÉRAIRE: *adulateur, louangeur.*

méditatif *adjectif*

/ Plongé dans ses pensées. SYN. absorbé, concentré, contemplatif, pensif, préoccupé, recueilli, réfléchi, rêveur, songeur –LITTÉRAIRE: contemplateur. CONTR. *distrait.*

méditation *nom féminin*

/ Action de réfléchir. SYN. approfondissement, contemplation, étude, pensée, recherche, recueillement, réflexion –LITTÉRAIRE: délibération, spéculation.

méditer *verbe intransitif*

/ S'absorber dans sa réflexion. SYN. penser, philosopher, raisonner, réfléchir, rêver, se concentrer, se recueillir –LITTÉRAIRE: délibérer, songer.

méditer *verbe transitif*

/ Préparer par une réflexion. SYN. approfondir, élaborer, étudier, mûrir, préparer, réfléchir, ruminer, se concentrer, songer à –LITTÉRAIRE: spéculer.

médusé *adjectif*

/ Frappé de stupeur. SYN. abasourdi, ahuri, coi, démonté, ébahi, éberlué, étonné, interdit, interloqué, pantois, renversé, sidéré, stupéfait, suffoqué, surpris, tombé de la lune, tombé des nues –FAMILIER: baba, comme deux ronds de flan, épaté, époustouflé, estomaqué, scié, soufflé –LITTÉRAIRE: ébaubi.

méduser *verbe*

/ Frapper d'étonnement. SYN. ahurir, démonter, figer, interloquer, pétrifier, stupéfier, suffoquer, surprendre –FAMILIER: asseoir, ébouriffer, époustoufler, estomaquer, scier, sidérer, souffler –LITTÉRAIRE: statufier.

meeting *nom masculin*

/ Réunion publique. SYN. manifestation, rassemblement, rencontre, réunion.

méfait *nom masculin*

/ Action mauvaise. SYN. crime, délit, faute, méchanceté –LITTÉRAIRE: forfait, malfaisance. CONTR. *B.A., bienfait.*

/ Résultat néfaste. SYN. dégât, ravage, saccage. CONTR. *avantage, bénéfice, fruit, profit.*

méfiance *nom féminin*

/ État d'esprit méfiant. SYN. circonspection, défiance, doute, incrédulité, prévention, réserve, scepticisme, soupçon, suspicion. CONTR. *abandon, assurance, confiance, crédulité.*

méfiant *adjectif*

/ Qui se méfie. SYN. circonspect, défiant, dubitatif, incrédule, ombrageux, sceptique, soupçonneux, suspicieux. CONTR. *confiant, crédule, sûr.*

méfier (se) *verbe pronominal*

/ Ne pas faire confiance. SYN. douter, être sur la réserve, être sur le qui-vive, être sur ses gardes, faire attention, garder ses distances, ne dormir que d'un œil, rester sur son quant-à-soi, se tenir sur ses gardes, se tenir sur son quant-à-soi –FAMILIER: faire gaffe, se tenir à carreau –LITTÉRAIRE: se défier, se garder de. CONTR. *avoir confiance, compter sur, croire, se fier, s'en remettre à* –LITTÉRAIRE: *s'abandonner, se confier.*

mégère *nom féminin*

/ Femme acariâtre. SYN. furie, harpie, sorcière, vipère –FAMILIER: harengère, rosse –LITTÉRAIRE: gorgone, tigresse –VIEUX: commère.

mégoter *verbe*

/ POPULAIRE. Faire des économies. SYN. économiser, lésiner, regarder, rogner –FAMILIER: gratter. CONTR. *dépenser, dilapider* –FAMILIER: *cracher* –POPULAIRE: *casquer.*

méjuger *verbe*

/ Apprécier faussement. SYN. méconnaître, mépriser, mésestimer, rabaisser, sous-estimer, sous-évaluer. CONTR. *surestimer, surévaluer.*

mélancolie *nom féminin*

/ État de tristesse vague. SYN. ennui, langueur, nostalgie, rêverie, vague à l'âme –LITTÉRAIRE: spleen.

/ Dépression intense. SYN. dépression, grisaille, morosité, neurasthénie, papillons noirs, pessimisme, tristesse –FAMILIER: cafard –LITTÉRAIRE: maussaderie. CONTR. *allégresse, entrain, euphorie, gaieté, hilarité, joie, jubilation.*

mélancolique *adjectif*

/ Qui éprouve une tristesse vague. SYN. cafardeux, désabusé, désenchanté, maussade, nostalgique, pessimiste, sombre, triste –LITTÉRAIRE: ténébreux. CONTR. *enjoué, enthousiaste, épanoui, euphorique, gai, joyeux, radieux, rayonnant, réjoui* –LITTÉRAIRE: *folâtre.*

/ Qui provoque la mélancolie. SYN. funèbre, lugubre, morne, morose, noir, sinistre –FAMILIER: cafardeux. CONTR. *amusant, badin, plaisant, radieux, réjouissant, riant.*

mélange *nom masculin*

/ Action de mélanger. SYN. brassage, fusionnement, incorporation, panachage.

/ Ce qui est obtenu en mélangeant. SYN. alliage, alliance, assemblage, assortiment, combinaison, fusion, réunion.

/ Réunion d'éléments hétéroclites. SYN. amalgame, association, cocktail, composé, confusion, fatras, fouillis, magma, mixture, pot-pourri, ramassis, tissu –FAMILIER: méli-mélo, salmigondis –LITTÉRAIRE: panaché –VIEUX: pêle-mêle.

mélangé *adjectif*

/ Composé d'éléments différents. SYN. composite, disparate, hétéroclite, hétérogène, hybride, mêlé –LITTÉRAIRE: mâtiné. CONTR. *homogène, pur.*

mélanger *verbe*

/ Mêler des choses ensemble. SYN. allier, amalgamer, assembler, associer, brasser, combiner, fondre, fusionner, incorporer, marier, panacher, unir. CONTR. *dissocier, distinguer, isoler, séparer* –LITTÉRAIRE: *discerner.*

/ Confondre des choses. SYN. brouiller, confondre, embrouiller, emmêler, enchevêtrer, entrecroiser, entrelacer, entremêler, mêler. CONTR. *arranger, classer, classifier, ordonner, trier.*

mêlé *adjectif*

/ Formé d'éléments divers. SYN. bigarré, composite, hétéroclite, hétérogène, hybride, mélangé –LITTÉRAIRE: mâtiné. CONTR. *homogène.*

mêlée *nom féminin*

/ Combat opiniâtre. SYN. bataille, choc, combat, escarmouche, rencontre –ARGOTIQUE: baroud.

/ Petite bagarre. SYN. altercation, bousculade, cohue, échauffourée, rixe –FAMILIER: accrochage, bagarre.

/ Conflit d'intérêts. SYN. controverse, coups, discussion, dispute, escarmouche, polémique, querelle –FAMILIER: bagarre.

mêler *verbe*

/ Mettre des choses ensemble. SYN. agglutiner, allier, amalgamer, associer, combiner, fondre, fusionner, joindre, marier, mélanger, réunir. CONTR. *dissocier, distinguer, isoler, séparer* –LITTÉRAIRE: *discerner.*

/ Mettre en désordre. SYN. brouiller, embrouiller, emmêler, enchevêtrer, entrecroiser, entrelacer, entremêler. CONTR. *arranger, classer, classifier, ordonner, trier.*

/ Faire participer à une action. SYN. compromettre, embarquer, impliquer –FAMILIER: embringuer, engager.

mêler (se) *verbe pronominal*

/ Se mélanger en formant un tout. SYN. fusionner, se fondre, se joindre, se marier, se mélanger.

/ Se joindre à. SYN. s'associer, se joindre, s'intégrer.

/ Intervenir dans une affaire. SYN. intervenir dans, mettre son nez dans, participer à, prendre part à, s'aviser de, s'immiscer, s'ingérer – FAMILIER : fourrer son nez dans. CONTR. *éviter, s'abstenir, se garder de.*

méli-mélo *nom masculin*

/ FAMILIER. Mélange confus. SYN. bric-à-brac, enchevêtrement, fatras, fouillis, imbroglio, magma – FAMILIER : bazar, brouillamini, micmac, salmigondis – VIEUX : pêle-mêle.

melliflu *adjectif*

/ LITTÉRAIRE. Qui est fade. SYN. douceâtre, doucereux, mielleux, plat.

mélodie *nom féminin*

/ Suite de sons harmonieux. SYN. air, aria, chanson, musique, ramage. CONTR. *dissonance.*

mélodieux *adjectif*

/ Qui est agréable à l'oreille. SYN. doux, harmonieux, joli, musical, suave – LITTÉRAIRE : séraphique. CONTR. *criard, discordant, dissonant, inharmonieux, rauque, rocailleux, rude.*

membre *nom masculin*

/ Personne qui fait partie d'un groupe. SYN. adepte, adhérent, affilié, inscrit, sociétaire.

même *adjectif*

/ Indique la similitude. SYN. égal, équivalent, identique, pareil, semblable, similaire. CONTR. *autre, contraire, différent, dissemblable, distinct, divers, inégal, inverse, opposé.*

même *adverbe*

/ Indique le renchérissement. SYN. aussi, également.

/ Renforce une affirmation. SYN. exactement, justement – FAMILIER : précisément.

même *pronom*

/ *Le même, la même.* SYN. équivalent, homologue, pendant, semblable.

mêmement *adverbe*

/ VIEUX. De même. SYN. aussi, également, identiquement, pareillement – LITTÉRAIRE : semblablement. CONTR. *autrement, différemment, diversement.*

mémento *nom masculin*

/ Carnet de notes. SYN. agenda, mémorandum – FAMILIER : pense-bête.

/ Livre qui fait le point sur un sujet. SYN. abrégé, aide-mémoire, guide, manuel, précis, résumé – LITTÉRAIRE : vade-mecum – VIEUX : notice.

mémoire *nom féminin*

/ Ce qu'on garde en souvenir. SYN. réminiscence, souvenir – LITTÉRAIRE : souvenance. CONTR. *oubli.*

mémoire *nom masculin*

/ Exposé sur une question. SYN. état, étude, exposé, monographie, rapport, relation.

/ Relevé de sommes dues. SYN. compte, facture, note, relevé.

mémorable *adjectif*

/ Digne d'être gardé en mémoire. SYN. à marquer d'une pierre blanche, célèbre, glorieux, historique, illustre, important, ineffaçable, inoubliable, insigne, marquant, remarquable, sans précédent, unique – FAMILIER : épique – LITTÉRAIRE : fameux, immortel. CONTR. *banal, insignifiant, nul, ordinaire, quelconque.*

mémoriser *verbe*

/ Fixer dans sa mémoire. SYN. apprendre, emmagasiner, enregistrer, fixer, noter, retenir, se rappeler, se souvenir. CONTR. *oublier.*

menaçant *adjectif*

/ Qui menace. SYN. agressif, comminatoire, farouche, hostile – LITTÉRAIRE : fulminant.

/ Qui annonce un danger. SYN. alarmant, angoissant, grave, inquiétant, noir, patibulaire, préoccupant, redoutable, sombre, terrifiant. CONTR. *rassurant, tranquillisant.*

menace *nom féminin*

/ Parole, geste de mise en garde. SYN. avertissement, intimidation, pression.

/ Signe qui annonce un danger. SYN. danger, nuage, péril, risque. CONTR. *espoir.*

menacer *verbe*

- User de menaces. SYN. braver, défier, faire chanter, inquiéter, intimider, provoquer.
- Constituer un danger pour. SYN. approcher, guetter, se préparer –FAMILIER: pendre au nez.

ménage *nom masculin*

- Homme et femme vivant ensemble. SYN. couple, famille, foyer.

ménagement *nom masculin*

- Modération dans sa conduite. SYN. attention, circonspection, égard, mesure, précaution, prévenance, prudence –LITTÉRAIRE: sobriété. CONTR. *brusquerie, brutalité.*

ménager *verbe*

- Employer avec économie. SYN. économiser, épargner, mesurer, réserver. CONTR. *dilapider, gaspiller, prodiguer* –LITTÉRAIRE: *dissiper.*
- Traiter avec des égards. SYN. flatter, respecter –FAMILIER: être aux petits soins, prendre des gants. CONTR. *atteindre, bousculer, brusquer, brutaliser, froisser* –FAMILIER: *aplatir.*
- Pratiquer un passage. SYN. assurer, frayer, pratiquer.
- Organiser quelque chose. SYN. arranger, organiser, préparer, régler.

ménager (se) *verbe pronominal*

- Faire attention à sa santé. SYN. se soigner, s'écouter –FAMILIER: se chouchouter, se dorloter. CONTR. *se fatiguer, s'exténuer* –FAMILIER: *s'éreinter.*
- S'arranger pour disposer de. SYN. s'assurer, se garantir, se procurer, se réserver, s'offrir.

mendiant *nom*

- Personne qui mendie pour vivre. SYN. clochard, indigent, malheureux, miséreux, vagabond –LITTÉRAIRE: gueux, quémandeur –VIEUX: chemineau, mendigot, trimardeur.

mendier *verbe*

- Solliciter humblement. SYN. implorer, quémander, tendre la main –LITTÉRAIRE: quêter –VIEUX: mendigoter.

menées *nom féminin pluriel*

- Manœuvres secrètes. SYN. agissements, cabale, calcul, combinaison, complot, conjuration, conspiration, intrigue, machinations, manège, manigances, manœuvres, tractations –FAMILIER: combines.

mener *verbe*

- Faire aller avec soi. SYN. accompagner, amener, conduire, emmener, guider. CONTR. *suivre.*
- Commander quelqu'un. SYN. commander, diriger, gouverner, influencer, manipuler, manœuvrer, régenter, suggestionner, tyranniser –VIEUX: manier. CONTR. *obéir, suivre.*
- Faire parvenir à. SYN. aller, conduire, déboucher, entraîner, pousser.
- Diriger le cours d'une action. SYN. administrer, conduire, diriger, gérer, régir.

meneur *nom*

- Personne qui entraîne les autres. SYN. agitateur, cerveau, chef, dirigeant, instigateur, leader, maître d'œuvre, porte-drapeau, protagoniste, tête –LITTÉRAIRE: excitateur, fomentateur, pilote.

mensonge *nom masculin*

- Action de mentir. SYN. dissimulation, duplicité, fausseté, hypocrisie. CONTR. *franchise, sincérité, vérité* –LITTÉRAIRE: *véracité.*
- Assertion contraire à la vérité. SYN. comédie, contrevérité, fabulation, histoire, inexactitude, mystification, tromperie –FAMILIER: bobard, boniment –POPULAIRE: craque –VIEUX: menterie. CONTR. *vérité.*
- LITTÉRAIRE. Ce qui est illusoire. SYN. conte, erreur, illusion, invention, mirage, mythe –LITTÉRAIRE: imposture.

mensonger *adjectif*

- Fondé sur le mensonge. SYN. captieux, chimérique, erroné, fantaisiste, fantasmagorique, fantastique, faux, fictif, inauthentique, inexact, menteur, mythique, trompeur –LITTÉRAIRE: controuvé, fabuleux, fallacieux, infidèle. CONTR. *authentique, exact, objectif, réaliste, réel, sincère, véridique, vrai.*

mensongèrement *adverbe*

- De façon mensongère. SYN. faussement. CONTR. *pour de vrai, sincèrement, vrai, vraiment.*

mental *adjectif*

- Relatif à l'intellect. SYN. cérébral, intellectuel, psychique. CONTR. *affectif, corporel, physiologique, physique, somatique* –LITTÉRAIRE: *charnel.*

mentalement *adverbe*

/ Sur le plan psychique. SYN. moralement, psychiquement. CONTR. *physiquement.*

mentalité *nom féminin*

/ Manière de penser, d'agir. SYN. esprit, mœurs, moralité.

menteur *adjectif*

/ Non conforme à la vérité. SYN. faux, mensonger, trompeur –LITTÉRAIRE: fallacieux. CONTR. *exact, réel, sincère, vrai* –LITTÉRAIRE: *véridique.*

menteur *nom*

/ Personne qui ment. SYN. affabulateur, charlatan, fabulateur, imposteur, mystificateur, mythomane.

mention *nom féminin*

/ Fait de signaler une chose. SYN. citation, évocation, notation, rappel.

mentionner *verbe*

/ Faire mention de. SYN. alléguer, citer, consigner, enregistrer, évoquer, faire état de, indiquer, inscrire, marquer, nommer, parler de, rapporter, relever, répertorier, signaler, spécifier.

mentir *verbe*

/ Dissimuler la vérité. SYN. affabuler, donner le change, fabuler, inventer, mystifier, raconter des histoires –FAMILIER: galéjer, raconter des bobards –LITTÉRAIRE: en faire accroire –POPULAIRE: raconter des craques.

mentor *nom masculin*

/ LITTÉRAIRE. Personne qui conseille. SYN. conseil, conseiller, guide.

menu *adjectif*

/ Qui est très mince. SYN. délicat, effilé, filiforme, fin, fluet, frêle, grêle, mince, svelte, ténu –LITTÉRAIRE: délié, gracile. CONTR. *bouffi, boursouflé, énorme, épais, fort, gros, ramassé, replet* –FAMILIER: *grassouillet, rond, rondelet, rondouillard.*

/ Qui est peu important. SYN. faible, infime, insignifiant, léger, négligeable, petit. CONTR. *gros* –LITTÉRAIRE: *vaste.*

méphistophélique *adjectif*

/ LITTÉRAIRE. Inspiré par le diable. SYN. démoniaque, diabolique, satanique –LITTÉRAIRE: infernal, luciférien. CONTR. *angélique* –LITTÉRAIRE: *céleste, séraphique.*

méphitique *adjectif*

/ Qui a une odeur répugnante. SYN. fétide, malodorant, nauséabond, pestilentiel, puant. CONTR. *aromatique, odorant, odoriférant, parfumé.*

méprendre (se) *verbe pronominal*

/ Se tromper sur. SYN. faire fausse route, s'abuser, se leurrer, se tromper, s'égarer, s'illusionner –LITTÉRAIRE: se fourvoyer –POPULAIRE: se gourer, se planter.

mépris *nom masculin*

/ Attitude hautaine. SYN. dédain, hauteur, morgue –LITTÉRAIRE: mésestime. CONTR. *admiration, adoration, considération, culte, déférence, égard, estime, respect, vénération* –LITTÉRAIRE: *idolâtrie.*

/ Fait de ne pas tenir compte de. SYN. dégoût, désaffection, désintérêt, détachement, indifférence, négation.

méprisable *adjectif*

/ Digne de mépris. SYN. abject, avili, bas, ignoble, infâme, vilain –LITTÉRAIRE: ignominieux, vil. CONTR. *admirable, estimable, honorable, important, noble, recommandable, respectable, vénérable* –FAMILIER: *beau* –LITTÉRAIRE: *auguste, relevé.*

/ Qu'on juge sans importance. SYN. dédaignable, futile, infime, insignifiant, négligeable, petit –FAMILIER: sale. CONTR. *beau, grandiose, grave, important, sérieux.*

méprisant *adjectif*

/ Qui manifeste du mépris. SYN. arrogant, condescendant, dédaigneux, dénigreur, fier, hautain, rogue, supérieur –LITTÉRAIRE: contempteur. CONTR. *admiratif, respectueux* –LITTÉRAIRE: *révérencieux.*

méprise *nom féminin*

/ Fait de se méprendre sur. SYN. bévue, confusion, équivoque, erreur, malentendu, quiproquo –FAMILIER: bourde, gaffe –LITTÉRAIRE: fourvoiement.

mépriser *verbe*

▮ Avoir du mépris pour. SYN. dénigrer, fouler aux pieds, mésestimer, piétiner, rabaisser, ravaler –LITTÉRAIRE: dépriser, méjuger, vilipender. CONTR. *admirer, adorer, aimer, apprécier, considérer, estimer, honorer, s'engouer* –LITTÉRAIRE: *idolâtrer.*

▮ Ne faire aucun cas de. SYN. braver, dédaigner, faire fi de, ignorer, méconnaître, narguer, négliger, rire de, se désintéresser, se détourner, se jouer de, se moquer de, se rire de, transgresser, violer –FAMILIER: se ficher de –LITTÉRAIRE: faire litière de –POPULAIRE: se foutre de. CONTR. *ambitionner, apprécier, convoiter, goûter, obéir, observer, rechercher, suivre, tenir compte de* –FAMILIER: *reluquer* –LITTÉRAIRE: *priser.*

mer *nom féminin*

▮ Ensemble des eaux océaniques. SYN. eaux, océan –LITTÉRAIRE: flots.

▮ Grande quantité de liquide. SYN. avalanche, débordement, déluge, flots, marée, pluie –LITTÉRAIRE: océan.

mercanti *nom masculin*

▮ Commerçant malhonnête. SYN. entremetteur, maquignon, pourvoyeur, trafiquant –FAMILIER: margoulin.

mercuriale *nom féminin*

▮ LITTÉRAIRE. Vive remontrance. SYN. leçon, réprimande, semonce, sermon –FAMILIER: savon –LITTÉRAIRE: admonestation, admonition, objurgation.

mère *nom féminin*

▮ Ce qui est à l'origine de. SYN. cause, fondement, germe, origine, point de départ, préliminaires, source –LITTÉRAIRE: ferment, principe.

méritant *adjectif*

▮ Digne de récompense. SYN. courageux, digne, estimable –LITTÉRAIRE: vertueux.

mérite *nom masculin*

▮ Ce qui rend digne d'estime. SYN. gloire, grandeur, honneur, valeur, vertu. CONTR. *nullité* –LITTÉRAIRE: *démérite.*

▮ Qualité louable. SYN. atout, avantage, chance, qualité, vertu. CONTR. *défectuosité, inconvénient.*

mérité *adjectif*

▮ Qui est justifié. SYN. juste, légitime. CONTR. *immérité.*

mériter *verbe*

▮ Avoir droit à. SYN. encourir, être digne de, gagner, s'attirer.

▮ Donner lieu à. SYN. appeler, demander, justifier, légitimer, réclamer, requérir, valoir la peine de.

méritoire *adjectif*

▮ Qui est digne d'éloge. SYN. estimable, honorable, louable, respectable. CONTR. *blâmable, condamnable, critiquable.*

merveille *nom féminin*

▮ Toute chose remarquable. SYN. bijou, chef-d'œuvre, enchantement, joyau, miracle, perfection, perle, phénomène, prodige, splendeur, trésor.

merveilleusement *adverbe*

▮ De façon merveilleuse. SYN. admirablement, divinement, incomparablement, joliment, magistralement, magnifiquement, parfaitement, prodigieusement, superbement, supérieurement, suprêmement –FAMILIER: épatamment –LITTÉRAIRE: sublimement. CONTR. *abominablement, affreusement, atrocement, épouvantablement, hideusement, horriblement, ignoblement, monstrueusement, odieusement* –LITTÉRAIRE: *piètrement.*

merveilleux *adjectif*

▮ Qui cause de l'admiration. SYN. admirable, adorable, beau, délicieux, divin, éblouissant, enchanteur, enivrant, excellent, exquis, joli, magnifique, paradisiaque, parfait, ravissant, sensationnel, splendide, sublime, superbe –FAMILIER: épatant, fabuleux, formidable, terrible –LITTÉRAIRE: souverain. CONTR. *affreux, détestable, odieux.*

▮ Qui cause de l'étonnement. SYN. étonnant, extraordinaire, fantastique, féerique, inouï, mirifique, prodigieux, saisissant, surhumain –FAMILIER: mirobolant, sensationnel –LITTÉRAIRE: surnaturel. CONTR. *naturel, normal.*

mésaventure *nom féminin*

▮ Aventure fâcheuse. SYN. accident, avatar, aventure, déboire, incident, péripétie –FAMILIER: histoire, tuile.

mésentente *nom féminin*

/ Manque d'entente. SYN. brouille, désaccord, désunion, dissension, froid, incompréhension, malentendu, zizanie –FAMILIER: fâcherie –LITTÉRAIRE: discorde, dissentiment, mésintelligence. CONTR. *accord, alliance, camaraderie, concorde, harmonie, réconciliation, union, unité* –FAMILIER: *raccommodement.*

mésestime *nom féminin*

/ LITTÉRAIRE. Manque d'estime. SYN. défaveur, dévalorisation, mépris –LITTÉRAIRE: déconsidération, disgrâce. CONTR. *déférence, estime, vénération.*

mésestimer *verbe*

/ Ne pas juger à sa juste valeur. SYN. déconsidérer, déprécier, méconnaître, méjuger, mépriser, rabaisser, sous-estimer, sous-évaluer –LITTÉRAIRE: dépriser. CONTR. *admirer, apprécier, considérer, estimer, surcoter, surestimer, surévaluer, vénérer* –LITTÉRAIRE: *priser.*

mésintelligence *nom féminin*

/ LITTÉRAIRE. Manque d'entente. SYN. brouille, désaccord, désunion, dissension, froid, incompréhension, malentendu, mésentente, zizanie –FAMILIER: fâcherie –LITTÉRAIRE: discorde, dissentiment. CONTR. *accord, alliance, camaraderie, concorde, harmonie, intelligence, union, unité.*

mesquin *adjectif*

/ Qui manque de générosité. SYN. avare, étriqué, étroit, insuffisant, médiocre, minable, misérable, modeste, parcimonieux, petit, regardant –FAMILIER: miteux –LITTÉRAIRE: avaricieux –VIEUX: chiche. CONTR. *appréciable, généreux, large.*

mesquinement *adverbe*

/ De façon mesquine. SYN. chichement, médiocrement, parcimonieusement, petitement. CONTR. *généreusement, grandement, grassement, largement.*

mesquinerie *nom féminin*

/ Manque de générosité. SYN. bassesse, étroitesse, médiocrité, parcimonie, petitesse –FAMILIER: pingrerie –LITTÉRAIRE: lésine, lésinerie. CONTR. *générosité, grandeur, noblesse* –LITTÉRAIRE: *largesse.*

message *nom masculin*

/ Information transmise. SYN. dépêche, lettre, mot, pli –LITTÉRAIRE: missive.

/ Communication adressée à. SYN. adresse, communiqué, déclaration, discours.

messager *nom*

/ Personne chargée d'un message. SYN. agent, ambassadeur, émissaire, envoyé, exprès, légat, plénipotentiaire –LITTÉRAIRE: prophète.

/ LITTÉRAIRE. Ce qui annonce. SYN. présage, signe avant-coureur –LITTÉRAIRE: prodrome.

mesure *nom féminin*

/ Action de mesurer. SYN. évaluation, jaugeage, mensuration, mesurage.

/ Modération dans l'action. SYN. discrétion, ménagement, modération, pondération, réserve, retenue, sagesse, tempérance –LITTÉRAIRE: sobriété. CONTR. *démesure, exagération, exaltation, frénésie, impétuosité, outrance, violence.*

/ Moyen mis en œuvre. SYN. acte, disposition, moyen, précaution.

/ Grandeur mesurée. SYN. dimension, dose, échelle, mensuration, ration, taille.

mesuré *adjectif*

/ Qui est réglé. SYN. constant, lent, régulier. CONTR. *irrégulier.*

/ Modéré dans sa conduite. SYN. circonspect, discret, mature, modéré, posé, réfléchi, réservé, sobre. CONTR. *délirant, effréné, exagéré, excessif, extrême, fou, immodéré, outrancier, outré* –FAMILIER: *dingue* –LITTÉRAIRE: *intempérant.*

/ En quantité limitée. SYN. calculé, compté, juste, limité. CONTR. *illimité, indéfini, infini* –FAMILIER: *délirant.*

mesurer *verbe*

/ Prendre une mesure. SYN. arpenter, chaîner, cuber, doser, évaluer, jauger, métrer –VIEUX: auner, toiser.

/ Évaluer l'ampleur de. SYN. apprécier, calculer, déterminer, estimer, évaluer, juger, peser, supputer.

mesurer (se) *verbe pronominal*

/ Lutter avec quelqu'un. SYN. lutter, rivaliser, s'affronter, se battre, s'opposer –LITTÉRAIRE: jouter.

métamorphose *nom féminin*
- Changement d'un être en un autre. SYN. incarnation, transformation, transmigration –LITTÉRAIRE: transmutation –VIEUX: conversion.
- Modification complète. SYN. avatar, changement, évolution, mutation, transformation –LITTÉRAIRE: transfiguration. CONTR. *continuité, permanence, persistance, stabilité.*

métamorphosé *adjectif*
- Qui a changé complètement. SYN. méconnaissable, transformé.

métamorphoser *verbe*
- Changer la nature d'un être. SYN. changer, transmuer, transmuter –LITTÉRAIRE: transformer.
- Changer profondément. SYN. modifier, renouveler, révolutionner –LITTÉRAIRE: convertir, muer, transfigurer.

métamorphoser (se) *verbe pronominal*
- Changer complètement. SYN. changer, évoluer, se modifier, se transformer, varier.

métaphore *nom féminin*
- Figure de style. SYN. allégorie, figure, image.

métaphorique *adjectif*
- Qui abonde en métaphores. SYN. allégorique, coloré, imagé.

métaphoriquement *adverbe*
- De façon métaphorique. SYN. allégoriquement, figurativement, symboliquement.

méthode *nom féminin*
- Manière de mener une action. SYN. formule, logique, marche, mode, procédé, recette, stratégie, système, tactique, technique –LITTÉRAIRE: errements.

méthodique *adjectif*
- Qui agit avec méthode. SYN. cartésien, discipliné, logique, méticuleux, ordonné, organisé, rationnel, réfléchi, réglé, scientifique, systématique. CONTR. *brouillon, désordonné, étourdi, fantaisiste, farfelu, illogique, inconséquent, irréfléchi.*

méthodiquement *adverbe*
- Avec méthode. SYN. logiquement, méticuleusement, rationnellement, régulièrement, rigoureusement, scientifiquement, systématiquement.

méticuleusement *adverbe*
- De façon méticuleuse. SYN. attentivement, méthodiquement, minutieusement, scrupuleusement, soigneusement. CONTR. *négligemment, vaguement.*

méticuleux *adjectif*
- Qui montre un grand soin pour. SYN. attentif, consciencieux, exact, méthodique, minutieux, patient, scrupuleux, soigneux, tatillon –LITTÉRAIRE: diligent, sourcilleux, vétilleux. CONTR. *brouillon, désordonné, étourdi.*

méticulosité *nom féminin*
- LITTÉRAIRE. Caractère méticuleux. SYN. application, exactitude, minutie, scrupule, sérieux, soin. CONTR. *insouciance, négligence* –FAMILIER: *je-m'en-fichisme* –POPULAIRE: *je-m'en-foutisme.*

métier *nom masculin*
- Activité professionnelle. SYN. carrière, emploi, fonction, gagne-pain, place, position, profession, travail –FAMILIER: job –POPULAIRE: boulot.
- Habileté technique. SYN. art, capacité, expérience, habileté, ingéniosité, maîtrise, pratique, qualification, savoir-faire, technique, virtuosité.
- Fonction permanente. SYN. charge, condition, fonction, partie, rôle, spécialité –LITTÉRAIRE: état, office.

mets *nom masculin*
- Tout aliment apprêté. SYN. aliment, nourriture, plat, spécialité.

mettable *adjectif*
- Qui peut être porté. SYN. portable. CONTR. *immettable, importable.*

mettre *verbe*
- Placer dans un endroit. SYN. déposer, glisser, introduire, laisser, loger, placer, porter, poser –FAMILIER: coller, enfourner, ficher, flanquer, fourrer –POPULAIRE: foutre. CONTR. *enlever, ôter, retirer, sortir.*
- Appliquer quelque chose sur. SYN. appliquer, étaler, étendre.

/ Enfiler un vêtement, etc. SYN. chausser, endosser, enfiler, passer, porter, revêtir –LITTÉRAIRE: vêtir. CONTR. *défaire, enlever, ôter, quitter, retirer.*
/ Transporter quelqu'un. SYN. amener, conduire, déposer, emmener, mener.
/ Employer certains moyens à. SYN. consacrer, investir, utiliser.

mettre (se) *verbe pronominal*
/ Se placer dans. SYN. se camper, se carrer –FAMILIER: se ficher, se fourrer, se planter –POPULAIRE: se foutre.
/ Mettre sur soi. SYN. endosser, enfiler, passer, revêtir –LITTÉRAIRE: vêtir.
/ Commencer une action. SYN. attaquer, débuter, entreprendre, s'attaquer, s'atteler, se lancer dans, s'engager dans, s'initier. CONTR. *achever.*

meurtre *nom masculin*
/ Action de tuer quelqu'un. SYN. assassinat, crime, exécution, homicide, suppression.

meurtrier *nom*
/ Personne qui commet un meurtre. SYN. assassin, bourreau, criminel, égorgeur, massacreur, tueur –LITTÉRAIRE: homicide, sicaire, spadassin –VIEUX: coupe-jarret.

meurtrir *verbe*
/ Abîmer par un choc. SYN. abîmer, blesser, contusionner, écorcher, érafler, taler.
/ Blesser moralement. SYN. affecter, atteindre, déchirer, froisser, heurter, marquer –LITTÉRAIRE: poindre.

meurtrissure *nom féminin*
/ Coup marqué par une tache. SYN. contusion, coup, ecchymose, hématome, plaie –FAMILIER: bleu.

meute *nom féminin*
/ Foule de gens acharnés. SYN. armée, bande, bataillon, foule, harde, horde, légion, multitude, nuée, ramassis –FAMILIER: cohorte, flopée, foultitude, régiment –LITTÉRAIRE: essaim.

miasme *nom masculin*
/ Émanation malsaine. SYN. effluve, émanation, relent –LITTÉRAIRE: remugle.

micmac *nom masculin*
/ FAMILIER. Situation embrouillée. SYN. désordre, enchevêtrement, imbroglio, intrigue, manigance –FAMILIER: brouillamini, embrouillamini, méli-mélo, pagaïe, pagaille, pastis, sac de nœuds, sac d'embrouilles –POPULAIRE: bin's, binz, bordel, merdier.

microscopique *adjectif*
/ Très petit. SYN. imperceptible, infinitésimal, lilliputien, minuscule. CONTR. *énorme, gigantesque, grand, gros, immense, large.*

mielleux *adjectif*
/ Qui a une douceur affectée. SYN. douceâtre, doucereux, hypocrite, sucré –LITTÉRAIRE: benoît, melliflu, onctueux, patelin, paterne. CONTR. *aigre, âpre, autoritaire, brutal* –LITTÉRAIRE: *âcre.*

miette *nom féminin*
/ Petite quantité de. SYN. atome, bribe, brin, doigt, filet, goutte, grain, gramme, larme, nuage, once, parcelle, pointe, soupçon, teinte, trace –LITTÉRAIRE: liard, ombre –POPULAIRE: chouia. CONTR. *armée, avalanche, cascade, déluge, flot, foule, infinité, kyrielle, masse, monceau, montagne, multitude, myriade, nuée, pléiade, pluie, tas, torrent* –FAMILIER: *armada, cargaison, flopée, foultitude, paquet, pelletée, ribambelle, tapée* –LITTÉRAIRE: *averse, océan.*
/ Ce qui reste de quelque chose. SYN. bribe, débris, fragment, parcelle, reste.

mièvre *adjectif*
/ D'une grâce affectée. SYN. affecté, apprêté, délicat, gentil, gentillet, maniéré, précieux, recherché –FAMILIER: gnangnan, gniangnian –LITTÉRAIRE: mignard.

mièvrerie *nom féminin*
/ Caractère mièvre. SYN. affectation, joliesse, préciosité, recherche –LITTÉRAIRE: afféterie, morbidesse.

mignard *adjectif*
/ LITTÉRAIRE. D'une grâce trop maniérée. SYN. affecté, maniéré, mièvre, précieux –LITTÉRAIRE: minaudier –VIEUX: affété.

mignardise *nom féminin*
/ LITTÉRAIRE. Grâce affectée. SYN. affectation, maniérisme, préciosité, raffinement –LITTÉRAIRE: afféterie.

mignon *adjectif*

/ Agréable à voir. SYN. adorable, charmant, gentil, gracieux, joli –FAMILIER: chou, craquant, trognon.

mignoter *verbe*

/ FAMILIER. Entourer de soins. SYN. cajoler, câliner, choyer, couver, dorloter, gâter –FAMILIER: chouchouter. CONTR. *rudoyer.*

mijaurée *nom féminin*

/ Jeune fille maniérée. SYN. pimbêche –FAMILIER: bêcheuse, chichiteuse, chipie –POPULAIRE: chochotte.

mijoter *verbe intransitif*

/ FAMILIER. Attendre longtemps. SYN. attendre, languir, se morfondre –FAMILIER: lanterner, mariner, moisir, poireauter.

mijoter *verbe transitif*

/ Faire cuire à petit feu. SYN. cuisiner, mitonner.
/ Préparer avec soin. SYN. combiner, comploter, conspirer, échafauder, intriguer, machiner, manigancer, mettre au point, mettre sur pied, mitonner, monter, orchestrer, préméditer, tisser, tramer –FAMILIER: concocter, fricoter, goupiller, traficoter, trafiquer –LITTÉRAIRE: cabaler, conjurer, nouer, ourdir.

milieu *nom masculin*

/ Cadre dans lequel vit quelqu'un. SYN. ambiance, atmosphère, climat, environnement.
/ Entourage de quelqu'un. SYN. cadre, cercle, compagnie, entourage, monde, société, sphère.
/ Point également éloigné des extrémités. SYN. centre, cœur, moitié. CONTR. *bord, bout, extrémité.*

militant *nom*

/ Membre d'une organisation. SYN. adepte, adhérent, affilié, recrue, sympathisant.

millénaire *adjectif*

/ Qui existe depuis longtemps. SYN. ancestral, antique, reculé, séculaire, vieux –LITTÉRAIRE: immémorial.

mimer *verbe*

/ Imiter les manières de quelqu'un. SYN. contrefaire, copier, imiter, jouer, singer.

minable *adjectif*

/ Qui est très médiocre. SYN. catastrophique, lamentable, maigre, mesquin, misérable, piètre, piteux, pitoyable –FAMILIER: déplorable, miteux. CONTR. *beau, bon, cossu, décent, distingué, extraordinaire, grand, gros, magnifique, remarquable, superbe, supérieur, unique* –FAMILIER: *chic, épatant, joli, solide.*

minable *nom*

/ FAMILIER. Personne très médiocre. SYN. bon à rien, incapable, nul, nullité, raté –FAMILIER: miteux –POPULAIRE: loser.

minablement *adverbe*

/ FAMILIER. De façon minable. SYN. piteusement –LITTÉRAIRE: piètrement. CONTR. *triomphalement.*

minauder *verbe*

/ Faire des manières pour séduire. SYN. faire des grâces, faire des mines.

minauderie *nom féminin*

/ Manières affectées. SYN. coquetterie, façons, manières, maniérisme, mines, préciosité, simagrée, singerie –FAMILIER: chichis –LITTÉRAIRE: afféterie, agacerie, momerie. CONTR. *naturel.*

minaudier *adjectif*

/ LITTÉRAIRE. Qui fait des manières. SYN. affecté, maniéré, poseur, précieux, prétentieux, snob –FAMILIER: chichiteux –LITTÉRAIRE: mignard –VIEUX: affété.

mince *adjectif*

/ Qui est peu épais. SYN. fin. CONTR. *énorme, épais, large.*
/ Qui a peu de largeur. SYN. allongé, étroit, filiforme, fuselé, grêle, ténu. CONTR. *ample, large, volumineux.*
/ Qui a la taille fine. SYN. élancé, filiforme, fluet, frêle, maigrelet, menu, svelte –FAMILIER: maigrichon –LITTÉRAIRE: délié, gracile. CONTR. *bouffi, corpulent, empâté, énorme, fort, gros, plantureux, râblé, replet* –FAMILIER: *bedonnant, boulot, dodu, rond, rondelet, rondouillard.*
/ De peu d'importance. SYN. faible, falot, inconsistant, infime, insignifiant, léger, maigre, malheureux, médiocre, misérable, modeste, modique, pauvre, petit, piètre, ré-

duit, ridicule -FAMILIER: court. CONTR. *abondant, beau, énorme, foisonnant, immense, important, respectable.*

minceur *nom féminin*

/ Qualité de ce qui est mince. SYN. faiblesse, finesse, pauvreté -LITTÉRAIRE: ténuité. CONTR. *épaisseur, puissance.*

/ Qualité d'une personne mince. SYN. maigreur -LITTÉRAIRE: gracilité, sveltesse. CONTR. *adiposité, corpulence, embonpoint, rondeur* -FAMILIER: *rotondité* -LITTÉRAIRE: *opulence.*

mincir *verbe*

/ Devenir plus mince. SYN. amincir, maigrir -FAMILIER: fondre. CONTR. *bouffir, engraisser, épaissir, forcir, grossir, s'empâter, s'étoffer* -FAMILIER: *se remplumer.*

mine *nom féminin*

/ Aspect du visage. SYN. air, expression, faciès, figure, physionomie, tête, visage.

/ Apparence extérieure. SYN. air, apparence, contenance, dehors, extérieur -LITTÉRAIRE: enveloppe, tournure.

miner *verbe*

/ Creuser des trous dans. SYN. affouiller, attaquer, corroder, désagréger, éroder, saper -LITTÉRAIRE: caver, fouir.

/ Attaquer le moral. SYN. affaiblir, dévorer, ébranler, épuiser, obnubiler, phagocyter, ronger, ruiner, submerger, tarauder, tenailler, tourmenter, tracasser, user -FAMILIER: tarabuster, turlupiner -LITTÉRAIRE: consumer, dévaster, ravager. CONTR. *affermir, fortifier, renforcer.*

miner (se) *verbe pronominal*

/ Se faire du tourment. SYN. se faire du mauvais sang, se faire du souci, se faire du tracas, se faire un sang d'encre, se ronger les sangs, se tourmenter, se tracasser, s'inquiéter -FAMILIER: se biler, se faire de la bile, se faire des cheveux blancs -POPULAIRE: se faire de la mousse, se faire du mouron.

mines *nom féminin pluriel*

/ Manières affectées. SYN. affectation, coquetteries, façons, grâces, grimaces, minauderies, simagrées, singeries -FAMILIER: chichi -LITTÉRAIRE: afféterie.

mineur *adjectif*

/ De moindre importance. SYN. accessoire, dérisoire, épisodique, incident, marginal, minime, petit, second, secondaire, subalterne, subsidiaire. CONTR. *appréciable, capital, considérable, essentiel, fondamental, grave, important, maître, primordial, sérieux, supérieur, suprême, vital.*

minimal *adjectif*

/ Qui est à son plus bas degré. CONTR. *maximal, optimal.*

minime *adjectif*

/ Très peu important. SYN. dérisoire, faible, imperceptible, infime, insignifiant, léger, mineur, minuscule, modique, négligeable, petit, réduit, ridicule -LITTÉRAIRE: véniel. CONTR. *capital, cardinal, confortable, conséquent, considérable, énorme, gigantesque, grand, important, sensible, sérieux* -FAMILIER: *coquet.*

minimiser *verbe*

/ Réduire l'importance de. SYN. déprécier, diminuer, minorer, réduire, restreindre, sous-estimer, sous-évaluer. CONTR. *accentuer, amplifier, broder, dramatiser, embellir, exagérer, grandir, grossir, maximiser* -LITTÉRAIRE: *enfler.*

minimum *nom masculin*

/ Le plus bas degré de. SYN. plancher. CONTR. *comble, maximum, plafond.*

minois *nom masculin*

/ Visage délicat. SYN. figure -FAMILIER: bouille, frimousse.

minorer *verbe*

/ Diminuer l'importance de. SYN. minimiser, sous-estimer. CONTR. *broder, exagérer, grossir, majorer* -LITTÉRAIRE: *surfaire.*

minuscule *adjectif*

/ Qui est tout petit. SYN. étriqué, exigu, imperceptible, infime, lilliputien, microscopique, minime, petit -FAMILIER: court, rikiki, riquiqui. CONTR. *colossal, énorme, étendu, gigantesque, grand, gros, immense, large, long, monumental* -LITTÉRAIRE: *vaste.*

minute *nom féminin*

/ Temps très court. SYN. instant, moment, seconde.

minutie *nom féminin*

/ Application scrupuleuse. SYN. conscience, exactitude, scrupule, soin, vigilance –LITTÉRAIRE: méticulosité. CONTR. *négligence.*

minutieusement *adverbe*

/ Avec minutie. SYN. consciencieusement, méticuleusement, précautionneusement, religieusement, rigoureusement, scrupuleusement, soigneusement. CONTR. *négligemment.*

minutieux *adjectif*

/ Fait avec un grand soin. SYN. approfondi, consciencieux, détaillé, exact, fignolé, rigoureux, soigné –VIEUX: perlé. CONTR. *hâtif, sommaire* –FAMILIER: *bâclé, ni fait ni à faire.*

/ Qui s'applique à ce qu'il fait. SYN. appliqué, attentif, consciencieux, méticuleux, patient, précautionneux, scrupuleux, sérieux, soigneux, tatillon –LITTÉRAIRE: sourcilleux, vétilleux. CONTR. *désordonné.*

mioche *nom*

/ FAMILIER. Jeune enfant. SYN. bambin, bébé, gamin, gamine, petit, tout-petit –FAMILIER: bout de chou, bout de zan, gosse, marmot, marmouset, moustique, moutard, petiot, petiote, pitchoun, pitchounet, poussin, tête blonde –POPULAIRE: chiard, lardon, loupiot, loupiote, môme, morpion, mouflet.

miracle *nom masculin*

/ Fait extraordinaire. SYN. merveille, prodige, signe.

miraculé *nom*

/ Personne qui a échappé à. SYN. rescapé, survivant.

miraculeux *adjectif*

/ Qui tient du miracle. SYN. étonnant, fantastique –FAMILIER: fabuleux, sensationnel –LITTÉRAIRE: prodigieux, surnaturel. CONTR. *banal, naturel, normal, ordinaire, quelconque.*

mirage *nom masculin*

/ Apparence trompeuse. SYN. chimère, fantasmagorie, féerie, hallucination, illusion, irréalité, leurre, rêve, trompe-l'œil, utopie, vision –LITTÉRAIRE: mensonge, rêverie, songe. CONTR. *réalité, vérité, vrai.*

mirifique *adjectif*

/ Qui est merveilleux. SYN. fabuleux, fantastique, merveilleux, prodigieux –FAMILIER: mirobolant.

mirobolant *adjectif*

/ FAMILIER. Trop beau pour se réaliser. SYN. étonnant, étourdissant, fabuleux, fantastique, inouï, merveilleux, mirifique –FAMILIER: époustouflant, faramineux, sensationnel.

miroir *nom masculin*

/ LITTÉRAIRE. Image de quelque chose. SYN. écho, image, portrait, reflet.

miroitement *nom masculin*

/ Éclat de ce qui miroite. SYN. chatoiement, papillotement, reflet, scintillement –LITTÉRAIRE: flamboiement, rayonnement.

miroiter *verbe*

/ Réfléchir la lumière. SYN. briller, chatoyer, étinceler, luire, papilloter, scintiller –LITTÉRAIRE: flamboyer, poudroyer, resplendir.

misanthrope *adjectif*

/ LITTÉRAIRE. Qui fuit ses semblables. SYN. bilieux, insociable, sauvage, solitaire –FAMILIER: ours –LITTÉRAIRE: atrabilaire. CONTR. *liant, philanthrope, sociable.*

mise *nom féminin*

/ Argent placé au jeu. SYN. cave, enjeu.

/ Manière d'être habillé. SYN. habillement, habit, tenue, toilette, vêtement.

miser *verbe*

/ Déposer une mise au jeu. SYN. jouer, parier, ponter –VIEUX: caver, gager.

misérable *adjectif*

/ Qui dénote la misère. SYN. indigent, malheureux, minable, miséreux, nécessiteux, pauvre, pitoyable, pouilleux –FAMILIER: miteux –LITTÉRAIRE: impécunieux, infortuné. CONTR. *cossu, fortuné, luxueux, opulent, prospère, riche* –LITTÉRAIRE: *pompeux.*

/ Très insuffisant. SYN. dérisoire, infime, insignifiant, maigre, minable, minime. CONTR. *abondant, convenable, foisonnant, large* –FAMILIER: *beau, joli.*

/ Qui inspire le mépris. SYN. lamentable, malheureux, mesquin, minable, pauvre.

misérable *nom*

/ LITTÉRAIRE. Personne très pauvre. SYN. démuni, déshérité, indigent, miséreux, nécessiteux, pouilleux, va-nu-pieds –FAMILIER: crève-la-faim, traîne-savates –LITTÉRAIRE: gueux –VIEUX: disetteux. CONTR. *nanti, possédant, riche.*

/ VIEUX. Personne méprisable. SYN. canaille, crapule, scélérat, vermine.

misérablement *adverbe*

/ De façon misérable. SYN. dans la gêne, pauvrement. CONTR. *aisément, grassement.*

misère *nom féminin*

/ LITTÉRAIRE. Sort digne de pitié. SYN. calamité, épreuve, malheur, tribulations –LITTÉRAIRE: adversité, infortune. CONTR. *bien-être, délices, joie, plaisir.*

/ État d'extrême pauvreté. SYN. besoin, déchéance, détresse, gêne, indigence –LITTÉRAIRE: impécuniosité –POPULAIRE: débine, dèche, mouise, purée –VIEUX: pouillerie. CONTR. *abondance, aisance, fortune, luxe, opulence, prospérité, richesse.*

/ Chose peu importante. SYN. bagatelle, bricole, broutille, futilité, niaiserie, rien, vétille –POPULAIRE: foutaise.

miséreux *adjectif*

/ Qui est dans la misère. SYN. démuni, déshérité, indigent, malheureux, misérable, nécessiteux, pauvre –FAMILIER: désargenté –LITTÉRAIRE: loqueteux –VIEUX: besogneux, disetteux. CONTR. *aisé, opulent, riche* –FAMILIER: *argenté.*

miséreux *nom*

/ Personne qui vit dans la misère. SYN. clochard, démuni, indigent, mendiant, nécessiteux, va-nu-pieds –FAMILIER: crève-la-faim, sans-le-sou, traîne-savates –LITTÉRAIRE: gueux, misérable –VIEUX: disetteux, meurt-de-faim. CONTR. *nanti, riche.*

miséricorde *nom féminin*

/ LITTÉRAIRE. Pitié qui pousse à pardonner. SYN. bonté, commisération, humanité, magnanimité, pardon, pitié –LITTÉRAIRE: clémence, compassion. CONTR. *cruauté.*

miséricordieux *adjectif*

/ LITTÉRAIRE. Qui pardonne facilement. SYN. clément, compatissant, généreux, humain, indulgent, magnanime.

mission *nom féminin*

/ Tâche dont on doit s'acquitter. SYN. charge, fonction, mandat, rôle, tâche, travail –LITTÉRAIRE: office.

/ Personnes ayant reçu une charge. SYN. ambassade, délégation.

/ Devoir inhérent à une fonction. SYN. apostolat, but, destination, destinée, objectif, rôle, soin, vocation.

missive *nom féminin*

/ LITTÉRAIRE. Écrit que l'on envoie. SYN. billet, épître, lettre, message, mot, pli –POPULAIRE: bafouille.

miteux *adjectif*

/ FAMILIER. Qui dénote la misère. SYN. dépenaillé, minable, misérable, pauvre, piteux, pouilleux –LITTÉRAIRE: loqueteux. CONTR. *cossu, luxueux.*

mitiger *verbe*

/ LITTÉRAIRE. Rendre moins dur. SYN. adoucir, couper, édulcorer, entremêler, panacher.

mitonner *verbe*

/ Faire mijoter un aliment. SYN. accommoder, cuisiner –FAMILIER: fricoter.

/ Préparer avec soin. SYN. combiner, comploter, concerter, élaborer, machiner, manigancer, mettre au point, mettre sur pied, mijoter, monter, orchestrer, préparer, régler, tramer –FAMILIER: concocter, cuisiner, fricoter, goupiller, traficoter, trafiquer –LITTÉRAIRE: ourdir.

mitoyen *adjectif*

/ Qui est contigu. SYN. adjacent, attenant, avoisinant, contigu, environnant, limitrophe, voisin –LITTÉRAIRE: circonvoisin, jouxtant. CONTR. *distant, écarté, éloigné, lointain, reculé.*

mixte *adjectif*

/ D'origines différentes. SYN. composé, composite, hybride, panaché.

mobile *adjectif*

/ Qui peut se déplacer. SYN. ambulant, errant, itinérant, nomade, volant –LITTÉRAIRE: voyageur. CONTR. *casanier, fixe, immobile, sédentaire.*

/ Animé d'un mouvement constant. SYN. changeant, expressif, mouvant, variable –LITTÉRAIRE: ondoyant. CONTR. *figé, immobile, inerte, inexpressif, stationnaire.*
/ VIEUX. Qui passe d'une idée à l'autre. SYN. changeant, flottant, fluctuant, instable, léger, papillonnant, versatile –LITTÉRAIRE: inconstant.

mobile *nom masculin*
/ Motif qui pousse à agir. SYN. cause, fondement, intention, moteur, motif, motivation, raison –LITTÉRAIRE: ressort. CONTR. *conséquence.*

mobiliser *verbe*
/ Faire appel à des soldats. SYN. appeler, embrigader, enrégimenter, enrôler, lever, recruter. CONTR. *démobiliser, libérer.*
/ Faire appel à l'action de. SYN. rallier, rappeler, rassembler, regrouper. CONTR. *démobiliser.*

mobiliser (se) *verbe pronominal*
/ Rassembler son énergie pour. SYN. s'efforcer, s'escrimer, s'évertuer, s'ingénier, tenter.

mobilité *nom féminin*
/ Caractère mobile. SYN. agilité, motilité, mouvance, souplesse. CONTR. *fixité, immobilité.*
/ Caractère fluctuant. SYN. flottement, fluctuation, instabilité, variabilité –LITTÉRAIRE: inconstance, versatilité. CONTR. *constance, invariabilité, pérennité –LITTÉRAIRE: immuabilité.*

moche *adjectif*
/ FAMILIER. Qui est laid. SYN. affreux, hideux, horrible, laid, vilain. CONTR. *beau, magnifique, ravissant, superbe.*
/ FAMILIER. Qui manque d'élégance. SYN. désagréable, inélégant, méchant, mesquin –FAMILIER: vache. CONTR. *gentil –FAMILIER: chic, chouette.*

modalité *nom féminin*
/ Manière dont se fait une action. SYN. circonstance, clause, condition, convention, disposition, formule, manière, stipulation.

mode *nom féminin*
/ LITTÉRAIRE. Manière de vivre d'un pays. SYN. coutume, habitude, mœurs, pratique, tradition, usages –FAMILIER: us et coutumes.
/ Ce qui se fait à un moment donné. SYN. engouement, épidémie, folie, fureur, goût, passion, snobisme, vogue.

mode *nom masculin*
/ Forme particulière d'une action. SYN. façon, forme, formule, genre, manière, méthode, moyen.

modèle *nom masculin*
/ Idéal d'une catégorie. SYN. canon, chef-d'œuvre, échantillon, exemple, idéal, spécimen, type –LITTÉRAIRE: parangon.
/ Ce qui est donné pour être reproduit. SYN. archétype, moule, original, prototype. CONTR. *copie, image, imitation, reflet, réplique.*

modeler *verbe*
/ Donner une forme à. SYN. façonner, forger, former, pétrir, sculpter.

modeler (se) *verbe pronominal*
/ Régler sa conduite sur. SYN. imiter, s'aligner, se conformer, se façonner, se mouler, se régler.

modération *nom féminin*
/ Fait d'agir avec mesure. SYN. atténuation, circonspection, discrétion, mesure, pondération, réserve, retenue, sagesse, tact –LITTÉRAIRE: sobriété. CONTR. *abus, accentuation, agressivité, âpreté, ardeur, colère, débordement, démesure, exagération, excès, intempérance, laisser-aller, outrance, violence –LITTÉRAIRE: licence.*

modéré *adjectif*
/ Qui n'est pas excessif. SYN. bas, calme, doux, modeste, modique, moyen, raisonnable, tempéré. CONTR. *abusif, âpre, démentiel, effréné, effroyable, élevé, énorme, exagéré, excessif, fort, fou, illimité, immodéré, insensé, intolérable, onéreux –FAMILIER: astronomique, délirant, dingue.*
/ Qui fait preuve de mesure. SYN. circonspect, mesuré, nuancé, pondéré, rentré, réservé, sage. CONTR. *débridé, démesuré, entier, excessif, extrême, forcené, immodéré, outré, violent –LITTÉRAIRE: intempérant.*

modérément *adverbe*
/ Sans excès. SYN. discrètement, légèrement, modestement, raisonnablement, sagement, sobrement. CONTR. *à discrétion, à flots, à foison, à la pelle, à profusion, à satiété, à souhait, abondamment, abusivement, beaucoup, démesurément, effroyablement, en quantité, énormément, excessivement, extraordinairement, extrêmement, follement,*

fort, fortement, horriblement, immensément, immodérément, infiniment, outre mesure, trop –FAMILIER: *à gogo, à revendre, à tire-larigot, en pagaille.*

modérer *verbe*

/ Diminuer l'ampleur de. SYN. adoucir, affaiblir, alléger, amortir, assourdir, diminuer, étouffer, freiner, mettre un frein, ralentir, réduire, tamiser –FAMILIER: mettre une sourdine à –LITTÉRAIRE: ouater, tempérer. CONTR. *accélérer, accentuer, accroître, amplifier, augmenter, intensifier.*

/ Calmer un excès. SYN. apaiser, assagir, atténuer, borner, brider, calmer, émousser, étouffer, limiter, nuancer, refréner, réfréner, resserrer, restreindre, retenir –LITTÉRAIRE: régler, tempérer. CONTR. *aiguillonner, aiguiser, attiser, aviver, déchaîner, exaspérer, exciter, outrer, stimuler* –LITTÉRAIRE: *exalter.*

modérer (se) *verbe pronominal*

/ Réfréner ses excès. SYN. mettre de l'eau dans son vin, se calmer, se contenir, se contrôler, se freiner, se limiter, se restreindre, se retenir –FAMILIER: mettre un bémol, se mettre un cran à la ceinture, se serrer d'un cran –LITTÉRAIRE: se contraindre. CONTR. *exagérer, forcer* –FAMILIER: *pousser.*

/ Perdre de son intensité. SYN. diminuer, s'apaiser, se calmer, tomber. CONTR. *augmenter, enfler, se déchaîner.*

moderne *adjectif*

/ Qui est de son temps. SYN. actuel, contemporain, évolué, moderniste, présent, récent. CONTR. *ancestral, ancien, antédiluvien, antique, archaïque, décrépit, usé, vétuste, vieilli, vieillissant, vieux.*

/ Qui suit le goût contemporain. SYN. à la dernière mode, à la mode, à la page, dans le vent, dernier cri, inédit, neuf, nouveau, révolutionnaire, ultramoderne –FAMILIER: dans le coup, in, up to date. CONTR. *abandonné, arriéré, attardé, caduc, classique, conventionnel, dépassé, désuet, inactuel, obsolète, passé, traditionnel, vieillot, vieux, vieux jeu* –FAMILIER: *out* –LITTÉRAIRE: *suranné* –VIEUX: *rococo.*

modernisation *nom féminin*

/ Action de moderniser. SYN. actualisation, renouvellement, rénovation.

moderniser *verbe*

/ Rendre plus moderne. SYN. actualiser, adapter, mettre à jour, rajeunir, réformer, renouveler, rénover.

modernisme *nom masculin*

/ Caractère de ce qui est moderne. SYN. modernité, nouveauté. CONTR. *archaïsme, classicisme, conservatisme, passéisme, traditionalisme.*

moderniste *adjectif*

/ Qui a le goût de l'actuel. SYN. moderne. CONTR. *classique, conservateur, passéiste, traditionaliste, vieillot* –LITTÉRAIRE: *suranné* –VIEUX: *rococo.*

modernité *nom féminin*

/ Caractère moderne. SYN. contemporanéité, modernisme. CONTR. *archaïsme, classicisme, passéisme, traditionalisme* –LITTÉRAIRE: *obsolescence.*

modeste *adjectif*

/ Qui est peu exigeant. SYN. limité, modéré, raisonnable, réduit, sage, sobre. CONTR. *ambitieux, arriviste, audacieux, difficile, exagéré, exigeant, immodéré.*

/ Exempt de vanité. SYN. effacé, embarrassé, humble, pudique, réservé, retenu, simple, timide. CONTR. *arrogant, avantageux, conquérant, crâneur, dédaigneux, dominateur, effronté, extravagant, fanfaron, faraud, fier, hardi, hautain, impudent, infatué, orgueilleux, ostentatoire, pédant, poseur, présomptueux, prétentieux, rogue, supérieur, vaniteux* –FAMILIER: *bêcheur* –LITTÉRAIRE: *fat, glorieux, vain.*

/ Qui a peu d'importance. SYN. dérisoire, faible, insignifiant, maigre, malheureux, médiocre, mesquin, mince, modique, petit, succinct. CONTR. *conséquent, considérable, énorme, extraordinaire, fabuleux, gentil, gros, important, prodigieux* –FAMILIER: *coquet, joli.*

/ Qui dénote une absence de richesse. SYN. discret, simple. CONTR. *aisé, cossu, fastueux, fortuné, huppé, luxueux, onéreux, opulent, riche, ruineux, somptueux, splendide, voyant* –FAMILIER: *tape-à-l'œil.*

modestement *adverbe*

/ Sans luxe. SYN. chichement, petitement, simplement, sobrement. CONTR. *princièrement, richement, somptueusement, splendidement, superbement.*

/ Avec réserve. SYN. discrètement, humblement, obscurément, pudiquement. CONTR. *carrément, effrontément, hardiment, impudemment.*

modestie *nom féminin*

/ Appréciation modérée de soi-même. SYN. discrétion, humilité, pudeur, réserve, retenue, simplicité –LITTÉRAIRE: effacement, sobriété. CONTR. *ambition, amour-propre, aplomb, arrogance, audace, autorité, bluff, bravade, complaisance, condescendance, cuistrerie, cynisme, désinvolture, effronterie, emphase, fanfaronnade, fatuité, grandeur, hauteur, orgueil, ostentation, présomption, prétention, suffisance, supériorité, vanité* –LITTÉRAIRE: *fierté, forfanterie, infatuation, outrecuidance, superbe.*

modicité *nom féminin*

/ Caractère modique. SYN. faiblesse, insignifiance, médiocrité, petitesse. CONTR. *importance.*

modifiable *adjectif*

/ Qui peut être modifié. SYN. changeable, transformable. CONTR. *immuable, inchangeable.*

modification *nom féminin*

/ Transformation qui se fait dans. SYN. adaptation, amendement, bouleversement, changement, correction, évolution, innovation, rectification, refonte, remaniement, révision, transformation, variation –LITTÉRAIRE: transmutation. CONTR. *invariabilité* –LITTÉRAIRE: *fixité, immuabilité.*

modifié *adjectif*

/ Qui a été changé. SYN. altéré, changé, différent, transformé. CONTR. *inchangé.*

modifier *verbe*

/ Changer quelque chose. SYN. changer, corriger, métamorphoser, refondre, remanier, reprendre, révolutionner, transformer, varier. CONTR. *conserver, maintenir, restituer.*

modifier (se) *verbe pronominal*

/ Subir une modification. SYN. changer, évoluer, se métamorphoser, se transformer, varier. CONTR. *se fixer, se maintenir.*

modique *adjectif*

/ De faible valeur. SYN. bas, faible, infime, insignifiant, limité, maigre, médiocre, mince, minime, modéré, modeste, pauvre, petit, réduit. CONTR. *appréciable, beau, conséquent, considérable, fabuleux, gentil, gros, important, respectable* –FAMILIER: *coquet, joli, rondelet.*

modulation *nom féminin*

/ Changement du ton de la voix. SYN. accent, inflexion, intonation.

modus vivendi *nom masculin*

/ Arrangement à l'amiable. SYN. accommodement, arrangement, compromis, consensus.

moelle *nom féminin*

/ LITTÉRAIRE. Partie essentielle de. SYN. substance –LITTÉRAIRE: essence, quintessence, suc.

moelleux *adjectif*

/ Doux au toucher. SYN. douillet, duveteux, élastique, mou, velouteux. CONTR. *dur, rêche, rude.*

/ Doux au goût. SYN. onctueux, suave, tendre, velouté. CONTR. *âpre, râpeux, sec.*

moelleux *nom masculin*

/ Caractère moelleux. SYN. douceur, mollesse, onctuosité. CONTR. *âpreté* –LITTÉRAIRE: *rudesse.*

mœurs *nom féminin pluriel*

/ Habitudes de vie. SYN. coutumes, habitudes, mentalité, pratique, us et coutumes, usages.

/ Conduite par rapport à la morale. SYN. conduite, morale, moralité, principes.

moire *nom féminin*

/ LITTÉRAIRE. Reflets chatoyants. SYN. chatoiement, luisant, papillotement, poli.

moiré *adjectif*

/ LITTÉRAIRE. Qui reluit. SYN. changeant, luisant –LITTÉRAIRE: ondoyant.

moirure *nom féminin*

/ LITTÉRAIRE. Effet de moire. SYN. luisant, marbrure, poli.

moisir *verbe*

/ Se couvrir de moisissure. SYN. chancir, pourrir, se piquer.

/ FAMILIER. Rester au même endroit. SYN. attendre, croupir, se morfondre, végéter –FAMILIER: lanterner, mariner, mijoter, poireauter, pourrir –LITTÉRAIRE: languir.

moissonner *verbe*

/ LITTÉRAIRE. Recueillir en quantité. SYN. amasser, collecter, cueillir, ramasser, récolter.

moite *adjectif*

/ Chargé d'humidité. SYN. humide, mouillé, suintant.

moiteur *nom féminin*

/ Atmosphère moite. SYN. lourdeur –LITTÉRAIRE: touffeur.

molécule *nom féminin*

/ LITTÉRAIRE. Très petite partie de. SYN. corpuscule, élément, parcelle, particule, poussière.

molester *verbe*

/ Faire subir des violences. SYN. battre, brutaliser, frapper, malmener, maltraiter, matraquer, rudoyer –LITTÉRAIRE: violenter.

mollasse *adjectif*

/ FAMILIER. Qui est mou. SYN. amorphe, apathique, atone, avachi, flasque, indolent, inerte, lymphatique, mou –FAMILIER: gnangnan, gniangnian, lambin. CONTR. *énergique.*

mollasson *adjectif*

/ Qui est très mou. SYN. amorphe, apathique, atone, avachi, flasque, indolent, inerte, lymphatique, mou –FAMILIER: gnangnan, gniangnian, lambin. CONTR. *énergique.*

mollement *adverbe*

/ Avec nonchalance. SYN. indolemment, langoureusement, nonchalamment, paresseusement.

/ Sans conviction. SYN. calmement, doucement, faiblement, légèrement –LITTÉRAIRE: tièdement. CONTR. *activement, ardemment, carrément, courageusement, d'arrache-pied, durement, énergiquement, farouchement, fermement, fortement, rudement, violemment.*

/ Avec lenteur. SYN. lentement, paisiblement, tranquillement. CONTR. *expéditivement, hâtivement, promptement, rapidement, vite* –LITTÉRAIRE: *diligemment.*

mollesse *nom féminin*

/ État de ce qui est mou. SYN. élasticité, moelleux, souplesse –LITTÉRAIRE: flaccidité. CONTR. *dureté, raideur, rigidité.*

/ Manque d'énergie. SYN. abandon, apathie, atonie, indolence, laisser-aller, lenteur, négligence, nonchalance, paresse, tiédeur, torpeur –LITTÉRAIRE: alanguissement. CONTR. *acharnement, activité, agitation, allant, ardeur, dynamisme, endurance, énergie, entrain, fougue, hâte, impatience, pétulance, rapidité, vitalité, vitesse* –LITTÉRAIRE: *alacrité, promptitude, vivacité.*

/ Défaut de fermeté. SYN. inconsistance, incurie, lâcheté, veulerie. CONTR. *caractère, combativité, fermeté, force, violence* –LITTÉRAIRE: *pugnacité.*

mollir *verbe*

/ Perdre de sa force physique. SYN. chanceler, flageoler, plier, s'amollir, se dérober –FAMILIER: flancher –LITTÉRAIRE: défaillir, faiblir, ployer.

/ Devenir moins violent. SYN. baisser, diminuer, faiblir, se ralentir, tomber. CONTR. *augmenter, persister.*

/ Perdre de sa force morale. SYN. diminuer, faiblir, fléchir, se relâcher. CONTR. *résister, s'accroître, se défendre, se raidir.*

môme *nom*

/ POPULAIRE. Enfant. SYN. bambin, bébé, gamin, gamine, petit, tout-petit –FAMILIER: bout de chou, bout de zan, gosse, marmot, mioche, moustique, moutard, petiot, petiote, pitchoun, pitchounet, poussin, tête blonde –POPULAIRE: chiard, lardon, loupiot, loupiote, morpion, mouflet –VIEUX: marmouset.

moment *nom masculin*

/ Espace de temps. SYN. date, époque, instant –LITTÉRAIRE: jours, saison.

/ Instant où se situe un événement. SYN. circonstance, conjoncture, heure, minute, occasion, temps.

momentané *adjectif*

/ Qui ne dure qu'un moment. SYN. accidentel, bref, court, éphémère, fugace, fugitif, passager, ponctuel, provisoire, temporaire, transitoire. CONTR. *chronique, continuel, définitif, durable, endémique, éternel, habituel, immuable, inaltérable, permanent, perpétuel, tenace* –LITTÉRAIRE: *pérenne.*

momentanément *adverbe*

/ De façon momentanée. SYN. passagèrement, provisoirement, temporairement –LITTÉRAIRE: transitoirement. CONTR. *constamment, en permanence, immuablement, perpétuellement* –LITTÉRAIRE: *sempiternellement.*

momerie *nom féminin*

/ LITTÉRAIRE. Affectation ridicule. SYN. jonglerie, minauderie, préciosité –LITTÉRAIRE: pantalonnade.

momifier (se) *verbe pronominal*

/ Être inerte. SYN. se fossiliser, se scléroser.

monacal *adjectif*

/ Qui est rude et austère. SYN. ascétique, austère, monastique, nu, sévère.

monarque *nom masculin*

/ Chef d'une monarchie. SYN. autocrate, empereur, potentat, prince, roi, souverain.

monastère *nom masculin*

/ Maison de religieux. SYN. abbaye, chartreuse, cloître, couvent, moutier.

monastique *adjectif*

/ Qui relève des moines. SYN. claustral, monacal, religieux.

monceau *nom masculin*

/ Amoncellement d'objets. SYN. accumulation, amas, amoncellement, empilement, entassement, masse, montagne, pile, tas.

/ Grande quantité de choses. SYN. armée, avalanche, cascade, chapelet, déluge, fatras, flot, flux, foule, grêle, infinité, kyrielle, légion, masse, multitude, myriade, nuée, pléiade, pluie, profusion, prolifération, quantité, tas, torrent –FAMILIER: armada, cargaison, flopée, foultitude, paquet, pelletée, régiment, ribambelle, tapée –LITTÉRAIRE: averse, essaim, océan. CONTR. *atome, bribe, brin, doigt, goutte, grain, gramme, larme, lueur, miette, nuage, once, parcelle, peu, pointe, soupçon, trace* –LITTÉRAIRE: *liard, ombre, trait* –POPULAIRE: *chouia.*

mondain *adjectif*

/ Qui aime sortir. SYN. sociable. CONTR. *sauvage, solitaire.*

monde *nom masculin*

/ La Terre. SYN. globe, planète.

/ L'univers qui nous entoure. SYN. cosmos, création, macrocosme, nature, univers.

/ Les êtres humains. SYN. hommes, humains, humanité.

/ VIEUX. Personnes au service de quelqu'un. SYN. domesticité, domestiques, employés, gens, maison, personnel –FAMILIER: maisonnée.

/ Grand nombre de personnes. SYN. affluence, cohue, flot, foule, horde, légion, masse, meute, multitude, presse, troupe, troupeau –FAMILIER: peuple –LITTÉRAIRE: fourmilière.

monder *verbe*

/ Enlever leur enveloppe à des grains. SYN. décortiquer, émonder, éplucher, perler, usiner.

mondial *adjectif*

/ Qui concerne le monde entier. SYN. cosmique, international, planétaire, terrestre, universel. CONTR. *local.*

mondialement *adverbe*

/ Par le monde entier. SYN. internationalement, planétairement, universellement. CONTR. *localement.*

monnaie *nom féminin*

/ Ensemble de pièces. SYN. espèces –FAMILIER: ferraille, mitraille.

monochrome *adjectif*

/ D'une seule couleur. SYN. uni, unicolore. CONTR. *polychrome* –LITTÉRAIRE: *versicolore.*

monocorde *adjectif*

/ Qui est émis sur un seul son. SYN. gris, monotone, morne. CONTR. *varié.*

monologue *nom masculin*

/ Discours de quelqu'un à lui-même. SYN. soliloque. CONTR. *causerie, conversation, débat, dialogue, discussion, entretien, pourparlers.*

monologuer *verbe*

/ Se parler tout haut à soi-même. SYN. soliloquer. CONTR. *converser, dialoguer, discuter, parlementer* –LITTÉRAIRE: *s'entretenir avec.*

monopole *nom masculin*

/ Possession exclusive. SYN. apanage, exclusivité, prérogative, privilège.

monopoliser *verbe*

/ Se réserver le profit de. SYN. accaparer, posséder, s'adjuger, s'approprier, s'emparer – LITTÉRAIRE: s'arroger. CONTR. *partager.*

monotone *adjectif*

/ Qui cause l'ennui. SYN. endormant, ennuyeux, fade, fastidieux, impersonnel, lassant, terne, traînant – FAMILIER: assommant, barbant, enquiquinant, fadasse, rasant, rasoir, soûlant – POPULAIRE: suant.

/ Qui est sans variété. SYN. ennuyeux, grisâtre, monocorde, morne, plat – LITTÉRAIRE: uni. CONTR. *nuancé, pittoresque, varié.*

monotonie *nom féminin*

/ Manque lassant de variété. SYN. fadeur, grisaille, impersonnalité, platitude, prosaïsme, tristesse, uniformité. CONTR. *brio, diversité, fantaisie, imprévu, variété* – LITTÉRAIRE: *vivacité.*

monstre *adjectif*

/ FAMILIER. Qui est prodigieux. SYN. démentiel, effréné, extraordinaire, fantastique, gigantesque, inouï, monstrueux, phénoménal, prodigieux – FAMILIER: énorme, faramineux – POPULAIRE: bœuf.

monstrueusement *adverbe*

/ D'une façon atroce. SYN. abominablement, affreusement, atrocement, cruellement, épouvantablement, hideusement, horriblement, ignoblement, odieusement. CONTR. *admirablement, adorablement, divinement, magnifiquement, merveilleusement* – LITTÉRAIRE: *sublimement.*

/ Indique un degré extrême. SYN. abominablement, affreusement, démesurément, énormément, épouvantablement, excessivement, extraordinairement, extrêmement, follement, grandement, immensément, incroyablement, inimaginablement, invraisemblablement, prodigieusement, puissamment, singulièrement, suprêmement, terriblement, très, vertigineusement – FAMILIER: atrocement, formidablement – LITTÉRAIRE: furieusement – POPULAIRE: vachement. CONTR. *légèrement, moyennement, peu.*

monstrueux *adjectif*

/ Atteint de graves malformations. SYN. anormal, dénaturé, difforme, tératologique.

/ Qui est excessif. SYN. colossal, démesuré, éléphantesque, énorme, gigantesque, insensé, phénoménal, prodigieux – FAMILIER: faramineux, monstre – LITTÉRAIRE: cyclopéen, titanesque – POPULAIRE: bœuf.

/ Qui suscite l'horreur. SYN. abominable, affreux, atroce, effroyable, épouvantable, hideux, horrible, horrifiant, indigne, inhumain, odieux, terrible, terrifiant – LITTÉRAIRE: exécrable, horrifique.

monstruosité *nom féminin*

/ Grave anomalie de conformation. SYN. difformité, malformation.

/ Caractère horrible. SYN. atrocité, noirceur – LITTÉRAIRE: hideur, horreur. CONTR. *beauté.*

/ Chose monstrueuse. SYN. abomination, infamie, insanité.

mont *nom masculin*

/ Grande élévation naturelle. SYN. éminence, hauteur, mamelon, monticule, pic, puy, sommet – VIEUX: élévation.

montage *nom masculin*

/ Action d'assembler des éléments. SYN. ajustage, assemblage, dressage, installation. CONTR. *dépose, dislocation.*

montagne *nom féminin*

/ Quantité importante de choses. SYN. amas, amoncellement, avalanche, cascade, chapelet, déluge, entassement, fatras, flot, flux, foule, infinité, kyrielle, légion, masse, monceau, multitude, myriade, nuée, pile, pléiade, profusion, prolifération, quantité, ramassis, tas – FAMILIER: armada, cargaison, cohorte, flopée, foultitude, paquet, pelletée, régiment, ribambelle, tapée – LITTÉRAIRE: essaim, océan. CONTR. *atome, bribe, brin, doigt, goutte, gramme, miette, nuage, once, pointe, soupçon* – LITTÉRAIRE: *liard, ombre* – POPULAIRE: *chouia.*

montagneux *adjectif*

/ Formé de montagnes. SYN. accidenté – VIEUX: montueux. CONTR. *plan, plat.*

montant *nom masculin*

/ Total d'une somme. SYN. chiffre, compte, coût, estimation, somme, total.

mont-de-piété *nom masculin*

/ Établissement de prêts sur gage. SYN. crédit municipal – FAMILIER: clou, ma tante.

montée *nom féminin*
- Action de monter. SYN. ascension, escalade, grimpée. CONTR. *descente.*
- Fait d'aller plus haut. SYN. crue, débordement, élévation. CONTR. *baisse, recul.*
- Chemin qui monte. SYN. côte, raidillon, rampe –FAMILIER: grimpette. CONTR. *descente, pente.*
- Élévation en intensité. SYN. augmentation, croissance, développement, flambée, hausse, majoration, poussée, valorisation. CONTR. *abaissement, chute, décadence, décroissance, diminution, refroidissement.*

monter *verbe intransitif*
- Prendre place dans ou sur. SYN. embarquer, s'engouffrer, s'installer. CONTR. *sauter de, sortir.*
- Gagner en hauteur. SYN. grimper, grossir, se hausser, s'élever. CONTR. *baisser, refluer, s'abaisser* –LITTÉRAIRE: *régresser.*
- Atteindre un degré supérieur. SYN. augmenter, doubler, majorer, renchérir. CONTR. *baisser, diminuer, s'effondrer* –FAMILIER: *dégringoler.*
- Augmenter d'intensité. SYN. augmenter, croître, grandir, grossir, redoubler, s'accentuer, s'amplifier, s'intensifier. CONTR. *baisser, décliner, décroître, diminuer, faiblir, fléchir, mollir, sombrer, tomber.*
- S'élever dans une hiérarchie. SYN. émerger, faire carrière, faire son chemin, faire son trou, percer, se distinguer, se faire un nom, se faire une place au soleil, se hisser, s'élever –LITTÉRAIRE: parvenir. CONTR. *déchoir, déroger, s'abaisser, se déclasser.*

monter *verbe transitif*
- Parcourir un lieu de bas en haut. SYN. escalader, gravir, grimper –VIEUX: ascensionner. CONTR. *descendre, dévaler* –FAMILIER: *débouler.*
- Porter quelque chose en haut. SYN. hisser, porter. CONTR. *descendre.*
- Mettre à un niveau plus élevé. SYN. exhausser, hausser, lever, rehausser, remonter, soulever. CONTR. *abaisser, baisser, diminuer, réduire* –LITTÉRAIRE: *rabaisser.*
- Assembler les parties de. SYN. assembler, dresser, installer, planter. CONTR. *démonter, disloquer* –FAMILIER: *déglinguer, démantibuler.*
- Organiser une action. SYN. combiner, comploter, conspirer, constituer, échafauder, machiner, manigancer, mijoter, mitonner, orchestrer, tramer –FAMILIER: concocter, goupiller –LITTÉRAIRE: nouer, ourdir. CONTR. *démolir, désorganiser, miner, perturber, saper.*
- Provoquer une hostilité envers. SYN. braquer, buter, cabrer.

monter (se) *verbe pronominal*
- Se pourvoir du nécessaire. SYN. se fournir, s'équiper.
- S'irriter contre. SYN. éclater, s'emporter, s'énerver, s'enflammer, s'exalter, s'exciter. CONTR. *se calmer.*
- Former un certain total. SYN. atteindre, coûter, revenir à, se chiffrer, s'élever, valoir.

monticule *nom masculin*
- Petite élévation du sol. SYN. butte, colline, coteau, éminence, hauteur, mamelon, mont, tertre.

montrable *adjectif*
- Qui peut être montré. SYN. présentable –FAMILIER: sortable.

montrer *verbe*
- Exposer aux regards. SYN. afficher, arborer, découvrir, dégager, dénuder, déployer, dévoiler, étaler, exhiber, exposer, présenter. CONTR. *cacher, camoufler, couvrir, dissimuler, escamoter, recouvrir* –LITTÉRAIRE: *dérober* –POPULAIRE: *planquer.*
- Faire voir d'un geste. SYN. désigner, indiquer, signaler.
- Faire connaître quelque chose. SYN. affirmer, apprendre, déceler, démasquer, dépeindre, dévoiler, dire, enseigner, évoquer, exposer, exprimer, extérioriser, livrer, manifester, marquer, peindre, raconter, rapporter, relater, retracer, révéler. CONTR. *cacher, camoufler, contenir, dissimuler, masquer, refouler, rentrer, travestir* –LITTÉRAIRE: *celer, farder, taire, voiler.*
- Rendre quelque chose évident. SYN. attester, caractériser, confirmer, démontrer, dénoter, dépeindre, établir, expliquer, faire foi, témoigner de, traduire.
- Manifester un état. SYN. accuser, attester, laisser paraître, manifester, marquer –LITTÉRAIRE: respirer.

montrer (se) *verbe pronominal*
- Apparaître à la vue. SYN. déboucher, émerger, paraître, percer, surgir –LITTÉRAIRE: poindre, pointer. CONTR. *disparaître.*

/ Se faire voir en public. SYN. parader, paraître, se présenter, sortir -FAMILIER: crâner, plastronner. CONTR. *se cacher.*
/ Se manifester sous tel aspect. SYN. s'avérer, se découvrir, se démasquer, se dévoiler, se manifester, se révéler.

monument *nom masculin*
/ Ouvrage d'architecture. SYN. construction, édifice.

monumental *adjectif*
/ Qui a une taille imposante. SYN. colossal, éléphantesque, énorme, gigantesque, immense, imposant, impressionnant -LITTÉRAIRE: cyclopéen, titanesque. CONTR. *minuscule.*
/ FAMILIER. Hors des normes habituelles. SYN. fantastique, grandiose, inouï, phénoménal, prodigieux -FAMILIER: faramineux. CONTR. *insignifiant, ordinaire, quelconque.*

moquer (se) *verbe pronominal*
/ Tourner en ridicule. SYN. faire des gorges chaudes, faire marcher, ironiser, mettre en boîte, plaisanter, railler, ridiculiser, rire de, s'amuser, se payer la tête de, sourire de, taquiner -FAMILIER: blaguer, chiner, galéjer, se ficher de -LITTÉRAIRE: brocarder, se gausser -POPULAIRE: charrier, se foutre de, se payer la gueule de. CONTR. *admirer.*
/ Ne faire aucun cas de. SYN. braver, dédaigner, ignorer, mépriser, n'avoir rien à faire de, se désintéresser, se rire de -FAMILIER: se contreficher de, se ficher, s'en moquer comme de colin-tampon, s'en moquer comme de l'an quarante, s'en soucier comme de l'an quarante, s'en soucier comme de sa première chemise, s'en soucier comme d'une guigne -POPULAIRE: n'avoir rien à cirer de, n'avoir rien à foutre de, se foutre, s'en balancer, s'en battre l'œil, s'en tamponner le coquillard, s'en taper. CONTR. *se préoccuper de, s'intéresser à.*
/ Essayer de tromper. SYN. bafouer, berner, duper, mystifier, se jouer de, trahir -FAMILIER: rouler.

moquerie *nom féminin*
/ Action ou parole moqueuse. SYN. gouaillerie, ironie, lazzi, persiflage, plaisanterie, pointe, quolibet, raillerie, risée, sarcasme -FAMILIER: chinage -LITTÉRAIRE: brocard, trait.

moqueur *adjectif*
/ LITTÉRAIRE. Qui aime à se moquer. SYN. facétieux, gouailleur, persifleur, pince-sans-rire, railleur, taquin -FAMILIER: blagueur, chineur.
/ Qui manifeste de la raillerie. SYN. caustique, goguenard, ironique, malicieux, mordant, narquois, persifleur, railleur, satirique -LITTÉRAIRE: piquant. CONTR. *admiratif.*

moqueur *nom*
/ LITTÉRAIRE. Personne qui se moque. SYN. farceur, persifleur, pince-sans-rire, plaisantin, railleur -FAMILIER: blagueur, chineur.

moral *adjectif*
/ Qui concerne le bien et le mal. SYN. édifiant, exemplaire, moralisateur. CONTR. *immoral, malhonnête* -LITTÉRAIRE: *déshonnête, pernicieux.*
/ Conforme aux bonnes mœurs. SYN. convenable, honnête, honorable -FAMILIER: régulier -LITTÉRAIRE: vertueux. CONTR. *inconvenant, incorrect, libertin, obscène.*
/ Qui est relatif à l'esprit. SYN. intellectuel, mental, psychique, spirituel. CONTR. *corporel, physique* -LITTÉRAIRE: *charnel.*

moral *nom masculin*
/ Facultés mentales. SYN. mental, psychisme.

morale *nom féminin*
/ Ensemble de règles de conduite. SYN. bonnes mœurs, honnêteté, moralité, probité, vertu. CONTR. -LITTÉRAIRE: *vice.*
/ Science du bien et du mal. SYN. éthique.
/ Conclusion qui se dégage de. SYN. enseignement, instruction, moralité.

moralement *adverbe*
/ Conformément à la morale. SYN. correctement, dignement, honnêtement, honorablement, vertueusement. CONTR. *immoralement, incorrectement, malhonnêtement.*
/ Du point de vue de la morale. SYN. intellectuellement, psychiquement -LITTÉRAIRE: spirituellement. CONTR. *matériellement, physiquement.*

moralisateur *adjectif*
/ Qui a une intention moralisante. SYN. édifiant, moral -FAMILIER: prêcheur. CONTR. *léger, leste.*

moralisateur *nom*

/ Personne qui fait la morale. SYN. prédicant – FAMILIER : prêcheur – LITTÉRAIRE : sermonneur.

moraliser *verbe*

/ LITTÉRAIRE. Donner des leçons de morale. SYN. édifier, sermonner – LITTÉRAIRE : admonester, semoncer. CONTR. – LITTÉRAIRE : *corrompre.*

moralité *nom féminin*

/ Conformité à la morale. SYN. éthique. CONTR. *amoralité, immoralité.*

/ Conduite morale. SYN. conscience, honnêteté, incorruptibilité, mentalité, mœurs, probité, vertu. CONTR. – LITTÉRAIRE : *vice.*

/ Enseignement moral. SYN. conclusion, enseignement, exemple, instruction, leçon, maxime, morale.

morbide *adjectif*

/ Qui relève de la maladie. SYN. maladif, pathologique. CONTR. *salubre.*

/ Qui a un caractère malsain. SYN. frelaté, immoral, malsain, pervers, pourri – FAMILIER : glauque – LITTÉRAIRE : pernicieux, putride. CONTR. *sain, salutaire.*

morbidesse *nom féminin*

/ LITTÉRAIRE. Grâce maladive. SYN. langueur, mièvrerie, nonchalance.

morceau *nom masculin*

/ Partie d'un objet qui a été brisé. SYN. bout, débris, éclat, lambeau, tesson. CONTR. *bloc.*

/ Quantité qu'on prélève sur un tout. SYN. bouchée, division, échantillon, fraction, fragment, part, portion, quartier – FAMILIER : lichette. CONTR. *entier.*

/ Partie de quelque chose. SYN. bribe, extrait, fragment, page, partie, passage, portion, segment – LITTÉRAIRE : pan. CONTR. *ensemble, totalité.*

morcelé *adjectif*

/ Divisé en morceaux. SYN. fragmentaire, parcellaire. CONTR. *entier, global.*

morceler *verbe*

/ Diviser en plusieurs parties. SYN. compartimenter, démembrer, dépecer, désagréger, disloquer, disperser, diviser, fractionner, fragmenter, lotir, partager, scinder, sectionner, segmenter, séparer, subdiviser. CONTR. *grouper, regrouper.*

morcellement *nom masculin*

/ Action de morceler. SYN. démembrement, division, fractionnement, fragmentation, lotissement, parcellement, partage, segmentation.

mordant *adjectif*

/ Qui attaque avec vivacité. SYN. à l'emporte-pièce, acerbe, acéré, acide, agressif, aigre, caustique, hargneux, incisif, moqueur, railleur, satirique – FAMILIER : saignant – LITTÉRAIRE : âcre, acrimonieux, corrosif, épigrammatique, fielleux, piquant, vénéneux, venimeux.

/ Qui pénètre l'organisme. SYN. aigre, âpre, cuisant, glacial, pénétrant, perçant, vif.

mordant *nom masculin*

/ Caractère énergique de quelqu'un. SYN. allant, ardeur, combativité, dynamisme, énergie, fougue, impétuosité, pétulance, ressort, tonus, vigueur – FAMILIER : punch.

/ Caractère agressif d'une réplique. SYN. acrimonie, âpreté, causticité.

mordiller *verbe*

/ Mordre légèrement. SYN. mâcher, mâchonner, mordre, ronger.

mordre *verbe transitif*

/ Serrer entre les dents. SYN. mâchonner, mordiller, ronger.

/ Entamer quelque chose. SYN. attaquer, corroder, entamer, manger, miner, ronger, saper, user.

/ Planter ses dents dans. SYN. croquer, déchiqueter, entamer.

mordre *verbe transitif indirect*

/ FAMILIER. Prendre goût à. SYN. aimer, prendre plaisir à, se mettre.

/ Déborder sur quelque chose. SYN. chevaucher, empiéter, envahir, grignoter, outrepasser.

mordu *adjectif*

/ FAMILIER. Qui se prend de passion pour. SYN. amoureux, enragé, entiché, fanatique, féru, fervent, fou, passionné, toqué – FAMILIER : fana.

morfondre (se) *verbe pronominal*

/ S'ennuyer à attendre. SYN. s'ennuyer – FAMILIER : mariner, mijoter, moisir, se faire suer, se raser, s'embêter, s'empoisonner, s'enquiquiner –LITTÉRAIRE: languir –POPULAIRE: s'emmerder.

morgue *nom féminin*

/ Attitude méprisante. SYN. arrogance, condescendance, dédain, froideur, hauteur, mépris, orgueil, sécheresse, suffisance, vanité –LITTÉRAIRE: fierté, outrecuidance. CONTR. *affabilité, aplatissement, bonhomie, humilité, simplicité.*

moribond *adjectif*

/ Qui est près de mourir. SYN. agonisant, mourant –LITTÉRAIRE: expirant.

/ Qui est près de disparaître. SYN. déclinant, expirant, finissant. CONTR. *naissant.*

morigéner *verbe*

/ Réprimander quelqu'un. SYN. chapitrer, gronder, reprendre, réprimander, sermonner –FAMILIER: attraper, disputer, secouer –LITTÉRAIRE: admonester, fustiger, gourmander, quereller, semoncer, tancer. CONTR. *complimenter, féliciter.*

morne *adjectif*

/ Empreint d'une sombre tristesse. SYN. abattu, funèbre, lugubre, mélancolique, nostalgique, sinistre, sombre, taciturne, triste –FAMILIER: cafardeux –LITTÉRAIRE: chagrin, ténébreux. CONTR. *enjoué, gai, piquant, réjoui, souriant.*

/ Qui est terne et sans éclat. SYN. atone, éteint, fadasse, fade, grisâtre, insipide, maussade, monocorde, monotone, morose, neutre, pâle, plat, prosaïque, terne, vide –LITTÉRAIRE: uni. CONTR. *brillant, coloré, éclatant, riant, vif, vivant.*

morose *adjectif*

/ D'humeur sombre. SYN. boudeur, bougon, bourru, grincheux, grognon, maussade, mélancolique, nostalgique, renfrogné, taciturne, triste –LITTÉRAIRE: chagrin. CONTR. *allègre, dynamique, énergique, gai, pétulant, réjoui, souriant.*

/ Marqué par la tristesse. SYN. gris, grisâtre, morne, sombre, triste. CONTR. *actif, bouillonnant, égayant, riant.*

morosité *nom féminin*

/ Caractère morose. SYN. abattement, accablement, amertume, grisaille, mélancolie, neurasthénie, tristesse –LITTÉRAIRE: maussaderie, taciturnité. CONTR. *allégresse, dynamisme, énergie, vitalité.*

morpion *nom masculin*

/ POPULAIRE. Jeune garçon. SYN. bambin, enfant, gamin –FAMILIER: gosse, marmot, mioche, moustique, moutard –POPULAIRE: lardon, loupiot, môme, mouflet –VIEUX: marmouset.

mort *adjectif*

/ Qui a cessé de vivre. SYN. décédé, disparu, tué –LITTÉRAIRE: défunt, feu, trépassé. CONTR. *vivant.*

/ FAMILIER. Hors d'usage. SYN. perdu, usé –FAMILIER: esquinté, fichu –POPULAIRE: foutu.

/ Qui manque d'animation. SYN. désert, dormant, figé, inactif, stagnant, vide –LITTÉRAIRE: somnolent. CONTR. *remuant, vivant.*

/ FAMILIER. Très fatigué. SYN. à plat, abattu, anéanti, brisé, épuisé, exténué, fatigué, fourbu, harassé, recru, rendu, rompu, surmené –FAMILIER: achevé, cassé, claqué, éreinté, esquinté, fini, flapi, H.S., lessivé, pompé, raplapla, sur les genoux, tué, vanné, vidé –POPULAIRE: crevé, sur les rotules. CONTR. *dispos, frais, frais et dispos, reposé* –FAMILIER: *en forme, en pleine forme, frais comme un gardon, frais comme une rose, increvable* –VIEUX: *gaillard.*

mort *nom*

/ Être humain qui a cessé de vivre. SYN. décédé, défunt, disparu, victime –LITTÉRAIRE: trépassé. CONTR. *vivant.*

/ Dépouille mortelle. SYN. cadavre, corps –LITTÉRAIRE: dépouille –POPULAIRE: macchabée.

/ LITTÉRAIRE. Esprit d'une personne morte. SYN. esprit, fantôme, spectre –LITTÉRAIRE: mânes.

mort *nom féminin*

/ Fin de la vie. SYN. décès, disparition, fin –LITTÉRAIRE: dernier sommeil, repos éternel, sommeil éternel, trépas. CONTR. *existence, naissance, vie* –LITTÉRAIRE: *perpétuité.*

/ Cessation d'activité. SYN. disparition, enterrement, extinction, fin. CONTR. *activité, essor, prospérité.*

/ *La Mort.* SYN. la Camarde, la Faucheuse.

mortel *adjectif*

/ Sujet à la mort. SYN. temporel –LITTÉRAIRE: périssable. CONTR. *immortel.*

/ Qui cause la mort. SYN. fatal, foudroyant, pernicieux.
/ Porté à un haut degré. SYN. cruel, cuisant, impitoyable, implacable, irréductible.
/ Très ennuyeux. SYN. endormant, ennuyeux, lassant, lugubre, pénible, sinistre, soporifique –FAMILIER: assommant, enquiquinant, mourant, rasant, rasoir, soûlant, tuant –POPULAIRE: emmerdant, suant. CONTR. *désopilant, drôle, hilarant* –FAMILIER: *crevant, folichon, marrant, rigolo, roulant, tordant.*

mortellement *adverbe*
/ Marque l'intensité. SYN. abominablement, affreusement, au dernier point, beaucoup, bien, effroyablement, énormément, épouvantablement, exceptionnellement, excessivement, extraordinairement, extrêmement, follement, fort, fortement, grandement, gravement, hautement, horriblement, immensément, immodérément, incroyablement, infiniment, particulièrement, pleinement, prodigieusement, profondément, puissamment, suprêmement, terriblement, très, trop, vertigineusement –FAMILIER: atrocement, bigrement, bougrement, diablement, drôlement, fameusement, fichtrement, fichûment, formidablement, joliment, méchamment, rudement, tout plein –LITTÉRAIRE: diantrement, furieusement –POPULAIRE: foutrement, salement, vachement –VIEUX: fièrement.

mortifiant *adjectif*
/ Qui blesse l'amour-propre. SYN. blessant, humiliant, injurieux, insultant, outrageant, vexant, vexatoire.

mortification *nom féminin*
/ Pratiques ascétiques. SYN. ascèse, macération, pénitence.
/ Froissement d'amour-propre. SYN. affront, blessure, gifle, humiliation, offense, vexation –LITTÉRAIRE: avanie, camouflet, opprobre, soufflet.

mortifier *verbe*
/ Froisser quelqu'un. SYN. abaisser, blesser, brimer, froisser, humilier, offenser, offusquer, outrager, ravaler, vexer –LITTÉRAIRE: rabaisser.

mortuaire *adjectif*
/ Qui concerne les morts. SYN. funèbre, funéraire.

mot *nom masculin*
/ Moyen d'expression. SYN. appellation, expression, terme, vocable.
/ Parole prononcée. SYN. parole, phrase, propos.
/ Parole mémorable. SYN. boutade, pointe –LITTÉRAIRE: saillie, sentence, trait.
/ Courte lettre. SYN. billet, lettre, message, pli –FAMILIER: poulet –LITTÉRAIRE: missive –POPULAIRE: bafouille.

moteur *nom masculin*
/ Personne qui anime. SYN. agent, âme, animateur, instigateur, promoteur, régisseur –LITTÉRAIRE: ouvrier.
/ Motif déterminant. SYN. cause, mobile, raison –LITTÉRAIRE: ressort.

motif *nom masculin*
/ Ce qui pousse à agir. SYN. dessin, intention, mobile, pourquoi, raison.
/ Ce qui justifie une action. SYN. cause, explication, fondement, objet, prétexte, raison, sujet. CONTR. *conséquence, effet.*

motivé *adjectif*
/ Justifié par un motif. SYN. explicable, fondé, légitime. CONTR. *arbitraire, gratuit, illégitime, immotivé, injustifié, irréfléchi, vain.*

motiver *verbe*
/ Fournir un motif. SYN. expliquer, fonder, justifier.
/ Être la cause de. SYN. causer, déterminer, entraîner, occasionner.

motus ! *interjection*
/ FAMILIER. Invitation à garder le silence. SYN. chut !, la paix !, silence ! –POPULAIRE: basta !, camembert !, ta gueule !, vos gueules !

mou *adjectif*
/ Qui n'est pas dur. SYN. élastique, inconsistant, malléable, moelleux, mollet, tendre. CONTR. *consistant, craquant, croquant, dur, résistant, rigide, robuste, solide.*
/ Qui manque d'énergie. SYN. amorphe, apathique, atone, avachi, engourdi, faible, flasque, indolent, inerte, languissant, lymphatique, mollasson, nonchalant, paresseux –FAMILIER: mollasse, ramolli –LITTÉRAIRE:

alangui. CONTR. *actif, agissant, alerte, bouillant, déchaîné, dynamique, énergique, fort, nerveux, pétulant, rapide, survolté, tonique, vigoureux, violent* –LITTÉRAIRE: *allant, prompt, vaillant, volcanique.*

/ Qui manque de caractère. SYN. faible, tiède, veule –FAMILIER: gnangnan, gniangnian. CONTR. *ardent, chaud, de fer, emporté, farouche, ferme, fougueux, impatient, impétueux, impulsif, opiniâtre, résolu, tenace, têtu, vif, volontaire* –FAMILIER: *accrocheur* –LITTÉRAIRE: *pugnace.*

mou *nom*

/ FAMILIER. Personne veule. SYN. faible, indécis, tiède –POPULAIRE: lavette. CONTR. *courageux.*

/ FAMILIER. Personne peu énergique. SYN. endormi, mollasson –FAMILIER: chiffe molle, emplâtre, lambin, mollasse, mollusque, moule, nouille.

mouchard *nom*

/ FAMILIER. Personne qui dénonce. SYN. délateur, dénonciateur, indicateur, rapporteur –FAMILIER: cafard, cafardeur –LITTÉRAIRE: sycophante –POPULAIRE: cafteur, donneur, mouton.

mouchardage *nom masculin*

/ FAMILIER. Action de moucharder. SYN. délation, dénonciation –FAMILIER: cafardage.

moucharder *verbe*

/ FAMILIER. Dénoncer quelqu'un. SYN. rapporter –FAMILIER: cafarder, donner –POPULAIRE: cafter.

moucheté *adjectif*

/ Parsemé de petites taches. SYN. bariolé, bigarré, ocellé, piqueté, pommelé, tacheté, tavelé, tigré, truité –LITTÉRAIRE: diapré, marqueté. CONTR. *uni, unicolore.*

moucheter *verbe*

/ Marquer de petites taches. SYN. cribler, pointiller, tacheter –LITTÉRAIRE: piqueter.

moucheture *nom féminin*

/ Tache naturelle du pelage. SYN. ocelle, rayure, zébrure.

/ Petite salissure. SYN. éclaboussure, marque, salissure, tache.

moudre *verbe*

/ Réduire en poudre. SYN. broyer, concasser, écraser, égruger, piler, pulvériser, triturer.

mouflet *nom*

/ POPULAIRE. Petit enfant. SYN. bambin, bébé, gamin, gamine, tout-petit –FAMILIER: bout de chou, bout de zan, gosse, marmot, mioche, moustique, moutard, pitchoun, pitchounet, poussin, tête blonde –POPULAIRE: chiard, lardon, loupiot, loupiote, môme, morpion –VIEUX: marmouset.

mouillé *adjectif*

/ Imbibé d'eau. SYN. dégouttant, détrempé, humecté, humide, moite, ruisselant, trempé. CONTR. *sec.*

mouiller *verbe*

/ Imprégner d'eau. SYN. arroser, asperger, bassiner, détremper, doucher, éclabousser, humecter, humidifier, imbiber, imprégner, inonder, tremper –FAMILIER: rincer, saucer. CONTR. *assécher, éponger, essorer, essuyer, sécher.*

/ Ajouter de l'eau à une boisson. SYN. couper, diluer, étendre –FAMILIER: baptiser.

mouiller (se) *verbe pronominal*

/ FAMILIER. Se mêler de quelque chose. SYN. prendre parti, se compromettre, s'exposer, tremper.

mouise *nom féminin*

/ POPULAIRE. Manque d'argent. SYN. besoin, misère, pauvreté –POPULAIRE: débine –VIEUX: pouillerie.

moulant *adjectif*

/ Qui moule le corps. SYN. ajusté, collant, serré. CONTR. *ample, flou, lâche, large, libre, vague.*

moule *nom féminin*

/ FAMILIER. Personne sans énergie. SYN. endormi, mollasson –FAMILIER: chiffe molle, emplâtre, lambin, mollasse, mollusque, mou, nouille.

moule *nom masculin*

/ Ce qui sert de modèle. SYN. archétype, canon, modèle, patron, prototype.

mouler *verbe*

/ Épouser la forme de. SYN. brider, dessiner, gainer, marquer, sangler, serrer.

mouler (se) *verbe pronominal*

/ S'ajuster à un modèle. SYN. se modeler, se régler.

mouliner *verbe*

/ Écraser un aliment. SYN. broyer, écraser.

moulu *adjectif*

/ FAMILIER. Très fatigué. SYN. à bout de forces, anéanti, brisé, épuisé, exténué, fatigué, fourbu, harassé, K.-O., mort de fatigue, rendu, rompu, surmené –FAMILIER: achevé, au bout du rouleau, cassé, claqué, éreinté, esquinté, fini, flapi, H.S., lessivé, mort, pompé, raplapla, sur les genoux, tué, vanné, vidé –POPULAIRE: crevé, sur les rotules. CONTR. *délassé, dispos, frais, frais et dispos, reposé* –FAMILIER: *en forme, en pleine forme, frais comme un gardon, frais comme une rose, increvable* –VIEUX: *gaillard.*

mourant *adjectif*

/ LITTÉRAIRE. Qui est languissant. SYN. langoureux, languissant –LITTÉRAIRE: alangui, languide.

/ LITTÉRAIRE. Qui s'affaiblit. SYN. déclinant, déliquescent, faiblissant –LITTÉRAIRE: évanescent.

/ FAMILIER. Qui fait mourir d'ennui. SYN. fastidieux, lassant, mortel –FAMILIER: assommant.

/ Qui va mourir. SYN. agonisant, moribond –LITTÉRAIRE: expirant.

mourir *verbe*

/ Cesser de vivre. SYN. agoniser, décéder, disparaître, expirer, faire le grand voyage, finir, partir, passer de vie à trépas, perdre la vie, périr, rendre l'âme, s'en aller, s'endormir, s'éteindre, succomber –FAMILIER: monter au ciel, passer l'arme à gauche, y rester –LITTÉRAIRE: exhaler le dernier soupir, trépasser –POPULAIRE: avaler son bulletin de naissance, caner, casser sa pipe, claboter, clamecer, clamser, claquer, crever, manger les pissenlits par la racine. CONTR. *vivre.*

/ S'affaiblir progressivement. SYN. décliner, dépérir, se faner, s'éteindre –LITTÉRAIRE: expirer. CONTR. *croître, résister.*

/ Cesser d'exister. SYN. cesser, disparaître, passer, s'achever, se dissiper, se perdre, s'effacer, s'estomper, s'évanouir. CONTR. *naître, persister.*

mourir (se) *verbe pronominal*

/ LITTÉRAIRE. Être près de disparaître. SYN. décroître, diminuer, expirer, finir, s'affaiblir, s'effacer, s'estomper, s'éteindre.

moustique *nom masculin*

/ FAMILIER. Petit enfant. SYN. gamin, gamine –FAMILIER: gosse, marmot, mioche, moutard –POPULAIRE: chiard, lardon, loupiot, loupiote, môme, morpion, mouflet –VIEUX: marmouset.

moutard *nom masculin*

/ FAMILIER. Petit enfant. SYN. gamin, gamine –FAMILIER: gosse, marmot, mioche, moustique –POPULAIRE: chiard, lardon, loupiot, loupiote, môme, morpion, mouflet –VIEUX: marmouset.

moutonner *verbe*

/ LITTÉRAIRE. Être frisé comme un mouton. SYN. boucler, crêper, friser, frisotter.

moutonnier *adjectif*

/ Qui suit l'exemple des autres. SYN. grégaire, influençable, malléable, passif. CONTR. *indépendant, original.*

mouvant *adjectif*

/ Qui bouge sans cesse. SYN. agité, animé, fluide, mobile, remuant –LITTÉRAIRE: ondoyant. CONTR. *immobile.*

/ Qui change sans cesse. SYN. changeant, divers, flottant, fluctuant, protéiforme. CONTR. *fixe, stable.*

mouvement *nom masculin*

/ Déplacement du corps. SYN. allure, démarche, geste, gesticulation, pas, train –LITTÉRAIRE: branle, remuement.

/ Déplacements d'un groupe. SYN. circulation, déplacement, flot, fluctuation, flux, reflux. CONTR. *immobilisation.*

/ Animation dans un lieu. SYN. activité, agitation, animation, cohue, effervescence, presse, trafic, trépidation, vie. CONTR. *calme, inactivité, repos.*

/ Rythme dans une œuvre. SYN. cadence, rythme, tempo.

/ Manifestation d'un sentiment. SYN. acte, impulsion, poussée, réflexe, tressaillement –LITTÉRAIRE: tressautement.

/ Variation évolutive. SYN. évolution, fluctuation, marche, oscillation, progrès. CONTR. *blocage, fixité, immobilité, paralysie.*

/ Action collective. SYN. agitation, convulsions, effervescence, émeute, insurrection, mutinerie, remous, sédition.
/ Déplacement d'un corps. SYN. course, trajectoire. CONTR. *arrêt.*

mouvementé *adjectif*
/ Marqué par des péripéties. SYN. agité, animé, houleux, orageux, trépidant, troublé – LITTÉRAIRE : tempétueux, tourbillonnant, tumultueux. CONTR. *calme, paisible, tranquille* – LITTÉRAIRE : *uni.*
/ Au relief accidenté. SYN. accidenté, tourmenté. CONTR. *uni, uniforme.*

mouvoir *verbe*
/ Mettre en mouvement. SYN. actionner, agiter, balancer, bouger, branler, dodeliner, manier, manipuler, manœuvrer, remuer.

mouvoir (se) *verbe pronominal*
/ Être en mouvement. SYN. avancer, bouger, cheminer, évoluer, marcher, progresser, remuer, se déplacer, se remuer. CONTR. *s'immobiliser.*

moyen *adjectif*
/ Situé entre deux extrêmes. SYN. courant, intermédiaire, médian, modéré, ordinaire. CONTR. *extrême, haut.*
/ Qui n'est ni bon ni mauvais. SYN. acceptable, convenable, correct, honnête, honorable, médiocre, normal, passable, quelconque, raisonnable – FAMILIER : potable. CONTR. *brillant.*

moyen *nom masculin*
/ Manière d'agir. SYN. façon, manière, marche, mesure, méthode, mode, procédé, système – FAMILIER : combine, truc.
/ Ce qui permet d'agir. SYN. capacité, faculté, force, instrument, organe, outil, ressource, voie.

moyennant *préposition*
/ Au moyen de. SYN. au prix de, contre, en contrepartie de, en échange de, grâce à, pour.

moyennement *adverbe*
/ De façon moyenne. SYN. faiblement, guère, médiocrement, modestement, passablement. CONTR. *beaucoup, considérablement, effroyablement, énormément, excessivement, extrêmement, fabuleusement, infiniment, prodigieusement, supérieurement, terriblement, vertigineusement* – FAMILIER : *méchamment* – LITTÉRAIRE : *furieusement.*

moyens *nom masculin pluriel*
/ Ressources pécuniaires. SYN. finances, fortune, revenus, richesses.
/ Capacités dont on dispose. SYN. dons, facilités, possibilités, ressources.

muer *verbe*
/ LITTÉRAIRE. Transformer en. SYN. changer, métamorphoser.

muet *adjectif*
/ Qui refuse de parler. SYN. coi, interdit, interloqué, taciturne. CONTR. *bavard, causeur, loquace, volubile* – FAMILIER : *causant* – VIEUX : *babillard.*
/ Qui ne parle pas de. SYN. discret, silencieux. CONTR. *bavard, tapageur.*

mufle *adjectif*
/ Qui est sans éducation. SYN. impoli, inconvenant, incorrect, indélicat, malappris, sauvage – FAMILIER : malpoli – VIEUX : mal éduqué. CONTR. *bien élevé, courtois, galant* – VIEUX : *bien éduqué.*

mufle *nom masculin*
/ Homme grossier, brutal. SYN. balourd, butor, cuistre, goujat, lourdaud, mal élevé, malappris, malotru, ostrogoth, ours mal léché, paysan du Danube, rustre, sans-gêne, sauvage – FAMILIER : foutriquet, malpoli, paltoquet, rustaud – LITTÉRAIRE : faquin, soudard – POPULAIRE : jean-foutre, pignouf – VIEUX : bélître, coquin, maraud, maroufle.

muflerie *nom féminin*
/ Comportement de mufle. SYN. goujaterie, grossièreté, impolitesse, inconvenance, incorrection, indélicatesse, inélégance, sans-gêne, vulgarité – LITTÉRAIRE : rusticité, sans-façon. CONTR. *affabilité, amabilité, bonnes manières, courtoisie, galanterie, politesse, savoir-vivre, tact* – LITTÉRAIRE : *civilité, urbanité.*

mugir *verbe*
/ LITTÉRAIRE. Produire un bruit sourd. SYN. gronder, hurler, vrombir – LITTÉRAIRE : rugir.

mugissement *nom masculin*
/ Cri des bovins. SYN. beuglement, meuglement.

/ LITTÉRAIRE. Bruit sourd et long. SYN. fracas, grondement, rugissement, vrombissement –FAMILIER: ronron –LITTÉRAIRE: hurlement.

multicolore *adjectif*

/ Aux nombreuses couleurs. SYN. bariolé, bigarré, chamarré, polychrome –LITTÉRAIRE: versicolore. CONTR. *uni, unicolore.*

multiforme *adjectif*

/ Qui prend diverses formes. SYN. divers, multiple, protéiforme, varié. CONTR. *uniforme.*

multiple *adjectif*

/ Qui n'est pas unique. SYN. différent, divers, innombrable, multiforme, nombreux, varié. CONTR. *isolé, simple, unique.*

multiplication *nom féminin*

/ Augmentation en nombre. SYN. accroissement, extension, foisonnement, fourmillement, intensification, recrudescence, redoublement. CONTR. *limitation, raréfaction.*

multiplicité *nom féminin*

/ Ce qui est en très grand nombre. SYN. abondance, diversité, foison, foisonnement, fréquence, pléthore, pluralité, profusion, prolifération, pullulement, variété. CONTR. *unicité.*

multiplier *verbe*

/ Augmenter le nombre de. SYN. accroître, augmenter, centupler, décupler, diversifier, étendre, intensifier, redoubler, répéter, varier. CONTR. *diminuer, réduire.*

multiplier (se) *verbe pronominal*

/ Augmenter en nombre. SYN. augmenter, croître, foisonner, grossir, proliférer, pulluler, redoubler, s'accroître, se développer, se reproduire, s'étendre.
/ Se donner beaucoup de mal pour. SYN. faire des pieds et des mains, peiner, s'activer, s'affairer, se battre, se démener, se dépenser, se fatiguer, se remuer, s'échiner, s'épuiser, s'escrimer, s'exténuer –FAMILIER: s'agiter, se bagarrer, se claquer, se décarcasser, se défoncer, se mettre en quatre, se tuer, s'éreinter, s'esquinter –POPULAIRE: se crever.

multitude *nom féminin*

/ Très grand nombre. SYN. affluence, armée, avalanche, bande, bataillon, cascade, chapelet, cortège, débordement, déferlement, défilé, déluge, fatras, flot, flux, foule, grêle, harde, horde, infinité, kyrielle, légion, masse, meute, monceau, montagne, myriade, nuée, pléiade, pluie, quantité, ramassis, série, tas, torrent, troupe, troupeau –FAMILIER: armada, cargaison, cohorte, flopée, foultitude, paquet, pelletée, peuple, régiment, ribambelle, tapée –LITTÉRAIRE: averse, essaim. CONTR. *atome, bribe, brin, doigt, goutte, grain, gramme, larme, lueur, miette, nuage, once, parcelle, peu, poignée, pointe, soupçon, trace* –LITTÉRAIRE: *liard, ombre, trait* –POPULAIRE: *chouia.*

munificence *nom féminin*

/ LITTÉRAIRE. Étalage de générosité. SYN. générosité, libéralité, prodigalité –LITTÉRAIRE: largesse, magnificence.

munir *verbe*

/ Pourvoir de ce qui est nécessaire. SYN. armer, assortir, charger, doter, équiper, garnir, nantir. CONTR. *démunir, priver* –LITTÉRAIRE: *dénuer.*

munir (se) *verbe pronominal*

/ Se préparer à supporter. SYN. s'armer, se prémunir –LITTÉRAIRE: se précautionner.
/ Prendre avec soi. SYN. se doter, se pourvoir.

mur *nom masculin*

/ Ouvrage en maçonnerie. SYN. cloison, muraille, muret, murette, paroi.
/ Obstacle à la communication. SYN. barrière, cloison, fossé.

mûr *adjectif*

/ Qui est prêt à. SYN. apte à, bon pour, fait pour, prêt pour.
/ En état d'être récolté. CONTR. *vert.*
/ Intellectuellement développé. SYN. mature, pondéré, posé, raisonnable, réfléchi, responsable –LITTÉRAIRE: rassis. CONTR. *immature, infantile, jeune, puéril.*
/ Bien préparé. SYN. calculé, médité, mûri, pensé, préparé. CONTR. *jeune.*

muré *adjectif*

/ Enfermé dans un lieu. SYN. barricadé, cantonné, claquemuré, cloîtré, confiné, isolé, retiré –FAMILIER: bouclé –LITTÉRAIRE: reclus.

murer *verbe*

/ Boucher une ouverture. SYN. aveugler, condamner –LITTÉRAIRE: clore. CONTR. *ouvrir.*

murer (se) *verbe pronominal*

/ S'enfermer quelque part. SYN. se barricader, se cacher, se calfeutrer, se claustrer, se cloîtrer, se confiner, se renfermer, se retrancher, s'isoler.

mûri *adjectif*

/ Qui a été pensé. SYN. calculé, médité, mûr, préparé, réfléchi.

mûrir *verbe*

/ Porter à l'état de maturité. SYN. approfondir, méditer, penser, préméditer, préparer.

murmure *nom masculin*

/ Bruit de voix léger. SYN. bourdonnement, chuchotement, chuchotis, marmonnement, marmottement –LITTÉRAIRE: susurrement. CONTR. *clameur, cri, vacarme.*

/ Plaintes sourdes. SYN. gémissement, grognement, jérémiade, lamentation, plainte, protestation, rumeur –FAMILIER: pleurnicherie.

/ LITTÉRAIRE. Bruissement léger. SYN. frémissement, frou-frou, gazouillis –LITTÉRAIRE: bruissement, chuchotement, chuchotis, frisselis, frisson, gazouillement.

murmurer *verbe intransitif*

/ Parler sourdement. SYN. bourdonner, chuchoter, marmonner, marmotter, susurrer. CONTR. *crier, hurler* –FAMILIER: *beugler, brailler* –POPULAIRE: *bramer, gueuler.*

/ Protester sourdement. SYN. geindre, grommeler, gronder, maugréer, protester –FAMILIER: bougonner, grogner, maronner, râler, ronchonner, rouspéter –POPULAIRE: rouscailler.

/ LITTÉRAIRE. Faire entendre un bruissement. SYN. –LITTÉRAIRE: bruire, gazouiller, gémir.

murmurer *verbe transitif*

/ Dire à voix basse. SYN. balbutier, chuchoter, marmonner, marmotter, souffler, susurrer. CONTR. *crier, hurler* –FAMILIER: *beugler, brailler.*

musarder *verbe*

/ Passer son temps à flâner. SYN. déambuler, errer, fainéanter, flâner, paresser, s'amuser, se promener, traîner –FAMILIER: buller, lambiner, lanterner, lézarder, se baguenauder, se balader, traînailler, traînasser –LITTÉRAIRE: badauder, muser –POPULAIRE: glander, vadrouiller. CONTR. *s'activer, s'affairer, se démener, se dépenser, se fatiguer, se hâter, se remuer* –FAMILIER: *s'agiter, se tuer* –POPULAIRE: *bosser, boulonner.*

musardise *nom féminin*

/ LITTÉRAIRE. Action de musarder. SYN. flânerie –LITTÉRAIRE: badauderie.

museau *nom masculin*

/ FAMILIER. Visage. SYN. face, figure, visage –POPULAIRE: fiole.

museler *verbe*

/ Réduire au silence. SYN. asservir, bâillonner, étouffer, étrangler, ligoter, opprimer, réprimer –LITTÉRAIRE: enchaîner, garrotter. CONTR. *émanciper.*

muser *verbe*

/ LITTÉRAIRE. Perdre son temps à. SYN. déambuler, fainéanter, flâner, musarder, paresser, s'amuser, se promener, tarder –FAMILIER: buller, lambiner, lanterner, lézarder, se baguenauder, se balader –POPULAIRE: glander. CONTR. *s'activer, s'affairer, se démener, se dépenser, se fatiguer, se hâter, se remuer* –FAMILIER: *s'agiter, se tuer* –POPULAIRE: *bosser, boulonner.*

musical *adjectif*

/ Qui a l'harmonie de la musique. SYN. harmonieux, mélodieux.

musique *nom féminin*

/ Groupe de musiciens. SYN. clique, fanfare, harmonie, nouba, orchestre.

/ Suite de sons harmonieux. SYN. harmonie, mélodie.

mutation *nom féminin*

/ Changement radical. SYN. changement, devenir, métamorphose, révolution, transformation –LITTÉRAIRE: transmutation –VIEUX: conversion. CONTR. *permanence.*

/ Changement de poste. SYN. affectation, déplacement.

muter *verbe*

/ Changer quelqu'un de poste. SYN. changer, déplacer.

mutilation *nom féminin*
/ Altération dans un texte. SYN. adultération, altération, amputation, dégradation, falsification.

mutilé *nom*
/ Personne qui a perdu un membre. SYN. amputé, estropié.

mutiler *verbe*
/ Faire perdre un membre. SYN. amputer, estropier.
/ Détériorer quelque chose. SYN. casser, défigurer, dégrader, délabrer, détériorer.
/ Retrancher quelque chose. SYN. couper, déformer, dénaturer, rogner, tronquer.

mutin *adjectif*
/ Qui montre de l'espièglerie. SYN. badin, espiègle, gamin, malicieux, taquin.

mutin *nom masculin*
/ Personne révoltée contre l'autorité. SYN. agitateur, émeutier, factieux, insoumis, insurgé, perturbateur, rebelle, révolté, séditieux, trublion.

mutiner (se) *verbe pronominal*
/ Se révolter collectivement. SYN. se rebeller, se révolter, se soulever, s'insurger.

mutinerie *nom féminin*
/ Rébellion contre l'autorité. SYN. émeute, insurrection, rébellion, révolte, révolution, sédition, soulèvement. CONTR. *soumission.*

mutisme *nom masculin*
/ Fait de garder le silence. SYN. silence. CONTR. *éloquence, verbiage* – LITTÉRAIRE: *loquacité.*
/ Absence d'expression verbale. SYN. aphasie, mutité. CONTR. *bavardage* – FAMILIER: *caquet* – LITTÉRAIRE: *faconde.*

mutuel *adjectif*
/ Qui est réciproque. SYN. partagé, réciproque.

mutuellement *adverbe*
/ D'une manière réciproque. SYN. réciproquement, vice versa.

myriade *nom féminin*
/ Quantité innombrable. SYN. armée, avalanche, bande, bataillon, cascade, chapelet, cortège, débordement, déferlement, défilé, déluge, fatras, flot, flux, foule, grêle, harde, horde, infinité, kyrielle, légion, masse, meute, monceau, montagne, multitude, nuée, pléiade, pluie, quantité, ramassis, série, tas, torrent, troupe, troupeau – FAMILIER: armada, cargaison, cohorte, flopée, foultitude, pelletée, peuple, régiment, ribambelle, tapée – LITTÉRAIRE: averse, essaim. CONTR. *atome, bribe, brin, doigt, goutte, grain, gramme, larme, lueur, miette, nuage, once, parcelle, peu, pointe, soupçon, trace* – LITTÉRAIRE: *liard, ombre, trait* – POPULAIRE: *chouia.*

mystère *nom masculin*
/ Ce qui est incompréhensible. SYN. coulisses, dessous, énigme, secret – LITTÉRAIRE: arcanes, ténèbres. CONTR. *clarté, évidence.*
/ Silence volontaire sur. SYN. dissimulation, réticence, secret – FAMILIER: cachotterie.

mystérieux *adjectif*
/ Qui est incompréhensible. SYN. ésotérique, hermétique, impénétrable, incompréhensible, inconnaissable, indéchiffrable, indéfinissable, indiscernable, inexplicable, inintelligible, insaisissable, insondable, obscur, voilé – LITTÉRAIRE: opaque, sibyllin. CONTR. *compréhensible, évident, explicable.*
/ Dont l'identité est inconnue. SYN. équivoque, étrange, inconnu, irréel, louche, magique – LITTÉRAIRE: secret, ténébreux. CONTR. *connu.*

mysticisme *nom masculin*
/ Sentiment religieux. SYN. dévotion, foi, religion, spiritualité.

mystificateur *nom*
/ Personne qui mystifie les gens. SYN. farceur, imposteur, menteur, plaisantin, tricheur – FAMILIER: fumiste.

mystification *nom féminin*
/ Action de mystifier quelqu'un. SYN. bluff, facétie, farce – FAMILIER: blague, canular.
/ Ce qui constitue une duperie. SYN. attrape, galéjade, leurre, mensonge, pantalonnade, plaisanterie, supercherie, tromperie – FAMILIER: fumisterie – LITTÉRAIRE: duperie, fourberie, imposture.

mystifier *verbe*
/ Abuser de la crédulité de. SYN. abuser, attraper, berner, duper, endormir, leurrer, piéger, tromper – FAMILIER: bourrer le crâne, faire marcher, feinter, flouer, mener en bateau, monter un bateau, pigeonner, posséder, refaire, rouler – LITTÉRAIRE: amuser, se jouer de – POPULAIRE: baiser, bourrer le mou, entuber. CONTR. *démystifier, édifier.*

mystique *adjectif*

/ Qui a une foi religieuse intense. SYN. inspiré, pieux, religieux, spirituel. CONTR. *athée, sceptique* –LITTÉRAIRE: *cafard.*

mystique *nom*

/ Personne exaltée. SYN. enragé, exalté, fanatique, illuminé, passionné –FAMILIER: mordu –LITTÉRAIRE: zélateur.

mystiquement *adverbe*

/ De façon mystique. SYN. pieusement, religieusement.

mythe *nom masculin*

/ Ce qui est imaginaire. SYN. allégorie, fable, histoire, illusion, invention, légende, rêve, roman –LITTÉRAIRE: mensonge. CONTR. *réalité, vérité.*

mythique *adjectif*

/ Qui appartient à un mythe. SYN. féerique, légendaire, mythologique –LITTÉRAIRE: fabuleux. CONTR. *historique.*

/ Qui n'a pas d'existence réelle. SYN. chimérique, fantasmagorique, fantomatique, illusoire, imaginaire, irréel, symbolique, utopique –LITTÉRAIRE: fabuleux. CONTR. *exact, réel, vrai.*

mythologique *adjectif*

/ Qui relève de la mythologie. SYN. légendaire, mythique –LITTÉRAIRE: fabuleux.

mythomane *nom*

/ Personne qui fabule. SYN. affabulateur, bluffeur, fabulateur, hâbleur, menteur, vantard.

+ forme du poignard

nabot *nom*

- Personne très petite. SYN. avorton, gnome, nain –FAMILIER: homoncule, homuncule, mauviette, microbe.

nager *verbe*

- FAMILIER. Être dans l'embarras. SYN. perdre pied, s'embourber –FAMILIER: patauger –POPULAIRE: ramer.
- Se déplacer dans l'eau. SYN. flotter, se baigner, surnager.

naguère *adverbe*

- LITTÉRAIRE. Il y a peu de temps. SYN. récemment. CONTR. –FAMILIER: *il y a belle lurette.*
- FAMILIER. Il y a longtemps. SYN. anciennement. CONTR. *actuellement, maintenant.*

naïf *adjectif*

- D'une grande crédulité. SYN. benêt, bonasse, crédule, niais, nigaud, simple, simplet –FAMILIER: godiche, jobard, poire. CONTR. *astucieux, averti, déluré, habile, incrédule, roué, rusé, sagace* –FAMILIER: *combinard, ficelle* –LITTÉRAIRE: *cauteleux.*
- Qui est ingénu. SYN. candide, enfantin, ingénu, innocent, jeune, puéril, pur.

naïf *nom*

- Personne crédule. SYN. benêt, enfant de chœur, niais, nigaud, simple –FAMILIER: gobe-mouches, gobeur, gogo, jobard, pigeon, poire, serin –POPULAIRE: nouille. CONTR. *malin, rusé.*

nain *nom*

- Personne de petite taille. SYN. avorton, gnome, lilliputien, nabot –FAMILIER: homoncule, homuncule, microbe –VIEUX: pygmée. CONTR. *colosse, géant, hercule.*

naissance *nom féminin*

- Commencement de la vie. SYN. venue au monde. CONTR. *décès, disparition, fin, mort* –LITTÉRAIRE: *trépas.*
- Point de départ. SYN. attache, départ, origine, racine, source. CONTR. *bout, embouchure, extrémité, pointe.*
- Commencement de. SYN. aube, commencement, début, ébauche, seuil –LITTÉRAIRE: aurore. CONTR. *aboutissement, achèvement, conclusion, fin, queue, terme, tombée.*
- Fait d'apparaître. SYN. apparition, départ, éclosion, génération, genèse, origine –LITTÉRAIRE: efflorescence. CONTR. *mort.*

naître *verbe*

- LITTÉRAIRE. Commencer à s'intéresser à. SYN. se livrer à, s'éveiller, s'ouvrir à.
- Entrer dans la vie. SYN. venir au monde, voir le jour. CONTR. *décéder, disparaître, expirer, mourir, partir* –LITTÉRAIRE: *rendre l'âme.*
- Commencer à pousser. SYN. croître, éclore, se développer, se former –LITTÉRAIRE: surgir.
- Commencer à se manifester. SYN. apparaître, germer, percer, perler, se former, surgir –LITTÉRAIRE: éclore, poindre, pointer, sourdre.
- Résulter de quelque chose. SYN. découler, dériver, partir, provenir, résulter, sortir, venir.

naïvement *adverbe*

/ Avec naïveté. SYN. candidement, ingénument, innocemment, simplement –LITTÉRAIRE: niaisement. CONTR. –LITTÉRAIRE: *artificieusement.*

naïveté *nom féminin*

/ Caractère naïf. SYN. candeur, crédulité, ignorance, ingénuité, innocence, naturel, puérilité, pureté, simplicité, spontanéité –FAMILIER: jobarderie, jobardise –LITTÉRAIRE: fraîcheur. CONTR. *astuce, habileté, incrédulité, noirceur, perspicacité* –LITTÉRAIRE: *cautèle.*

/ Parole, acte naïf. SYN. ânerie, baliverne, enfantillage, niaiserie, sottise –LITTÉRAIRE: nigauderie.

nanti *adjectif*

/ Qui est riche. SYN. aisé, cossu, fortuné, opulent, pourvu, privilégié, riche –FAMILIER: argenté –POPULAIRE: friqué. CONTR. *dénué, pauvre, ruiné* –FAMILIER: *désargenté.*

nanti *nom*

/ Personne à qui il ne manque rien. SYN. possédant, riche –FAMILIER: richard. CONTR. *indigent, malheureux, miséreux, nécessiteux, pauvre* –FAMILIER: *sans-le-sou* –LITTÉRAIRE: *gueux, misérable* –VIEUX: *disetteux.*

nantir *verbe*

/ Munir quelqu'un de. SYN. doter, équiper, fournir, munir, octroyer, pourvoir, procurer. CONTR. *démunir, dépouiller, priver.*

narcissisme *nom masculin*

/ Amour excessif de soi. SYN. culte du moi, égocentrisme, égoïsme –LITTÉRAIRE: égotisme –VIEUX: autolâtrie.

narcotique *adjectif*

/ Qui assoupit. SYN. assoupissant, endormant, hypnotique, somnifère –VIEUX: soporifique.

narguer *verbe*

/ Braver par défi. SYN. affronter, braver, défier, mépriser –LITTÉRAIRE: se rire de. CONTR. *craindre, respecter* –LITTÉRAIRE: *révérer.*

narquois *adjectif*

/ Qui est moqueur. SYN. caustique, espiègle, goguenard, gouailleur, ironique, malicieux, moqueur, persifleur, railleur, sarcastique –FAMILIER: blagueur –LITTÉRAIRE: madré, matois.

narquoisement *adverbe*

/ LITTÉRAIRE. De façon narquoise. SYN. ironiquement, malicieusement –LITTÉRAIRE: moqueusement, sarcastiquement.

narration *nom féminin*

/ Récit d'une suite de faits. SYN. développement, exposé, exposition, histoire, historique, rapport, récit, relation.

narrer *verbe*

/ LITTÉRAIRE. Faire un récit. SYN. conter, dire, exposer, raconter, rapporter, relater, retracer.

natif *adjectif*

/ LITTÉRAIRE. Qu'on a de naissance. SYN. congénital, infus, inné, naturel, originel –LITTÉRAIRE: originaire. CONTR. *acquis, appris.*

natif *adjectif et nom*

/ Qui vient de tel pays. SYN. aborigène, autochtone, indigène, originaire.

nation *nom féminin*

/ Grande communauté humaine. SYN. patrie, pays, peuple, puissance.

nature *nom féminin*

/ L'ensemble des choses et des êtres. SYN. cosmos, création, macrocosme, monde –LITTÉRAIRE: univers.

/ Ce qui constitue un être vivant. SYN. caractéristique, essence, propriété –LITTÉRAIRE: condition.

/ Caractéristiques d'un individu. SYN. caractère, humeur, inclination, individualité, personnalité, tempérament –LITTÉRAIRE: complexion.

/ Caractères physiques de quelqu'un. SYN. constitution, naturel, physique, santé, trempe.

/ Ce qui définit quelque chose. SYN. espèce, genre, ordre, sorte.

naturel *adjectif*

/ Fait à partir de produits bruts. SYN. brut, cru, pur. CONTR. *altéré, artificiel, dénaturé, falsifié, frelaté.*

/ Qui tient à la nature d'un homme. SYN. caractéristique, constitutif, essentiel, inhérent, initial, intrinsèque, propre. CONTR. *factice, faux, feint, monstrueux, postiche* –LITTÉRAIRE: *emprunté.*

/ Qui a de l'aisance. SYN. aisé, coulant, dégagé, fluide, irréfléchi, primesautier, simple, spontané, vrai. CONTR. *académique, affecté, alambiqué, ampoulé, apprêté, boursouflé, calculé, cérémoniel, compassé, composé, contraint, conventionnel, embarrassé, empesé, emphatique, emprunté, étudié, fabriqué, forcé, gourmé, grandiloquent, guindé, maniéré, pompeux, précieux, préfabriqué, recherché, sophistiqué* –VIEUX: *affété.*

/ Conforme à la raison. SYN. compréhensible, habituel, logique, normal, ordinaire. CONTR. *anormal, bizarre, déraisonnable, étonnant, étrange, exceptionnel, extraordinaire, extravagant, illogique, inhabituel, miraculeux, singulier* –FAMILIER: *bizarroïde.*

naturel *nom*

/ Habitant originaire du pays. SYN. aborigène, autochtone, indigène, natif, originaire.

naturel *nom masculin*

/ Ensemble des traits de caractère. SYN. caractère, humeur, nature, personnalité, tempérament –LITTÉRAIRE: complexion.

/ Absence d'affectation. SYN. aisance, facilité, ingénuité, naïveté, rondeur, simplicité, spontanéité, vérité. CONTR. *affectation, apprêt, artifice, boursouflure, cabotinage, comédie, emphase, grandiloquence, manières, minauderie, raideur, recherche, simagrées* –FAMILIER: *chiqué, esbroufe* –LITTÉRAIRE: *afféterie, cérémonie, compassement.*

naturellement *adverbe*

/ Par une impulsion naturelle. SYN. instinctivement, spontanément. CONTR. *artificiellement.*

/ Sans affectation. SYN. normalement, sans façons, simplement.

/ Comme on doit s'y attendre. SYN. certainement, en toute logique, évidemment, forcément, inévitablement, logiquement –FAMILIER: comme de bien entendu.

naufrage *nom masculin*

/ Ruine matérielle ou morale. SYN. banqueroute, chute, débâcle, déconfiture, déroute, désastre, écroulement, faillite, perdition, perte.

nauséabond *adjectif*

/ Qui exhale une mauvaise odeur. SYN. écœurant, fétide, infect, malodorant, méphitique, pestilentiel, puant. CONTR. *inodore, odorant, odoriférant, parfumé.*

/ Qui provoque la répulsion. SYN. abject, abominable, dégoûtant, écœurant, hideux, rebutant, repoussant, répugnant, répulsif, sordide, vilain –LITTÉRAIRE: nauséeux, vil. CONTR. *appétissant, délicieux, ragoûtant.*

nausée *nom féminin*

/ Envie de vomir. SYN. dégoût, haut-le-cœur, répulsion.

nauséeux *adjectif*

/ LITTÉRAIRE. Qui cause un dégoût moral. SYN. abject, abominable, dégoûtant, écœurant, hideux, immonde, nauséabond, rebutant, repoussant, répugnant, sordide, vilain –LITTÉRAIRE: turpide, vil.

nautonier *nom*

/ LITTÉRAIRE. Conducteur de navire. SYN. marin, navigateur, pilote –LITTÉRAIRE: nocher.

naval *adjectif*

/ Relatif aux navires. SYN. marin, maritime, nautique.

navette *nom féminin*

/ Action d'aller et venir. SYN. allées et venues, aller et retour, aller-retour, va-et-vient, voyage.

navigateur *nom*

/ Personne qui navigue. SYN. marin –LITTÉRAIRE: nautonier, nocher.

naviguer *verbe*

/ Voyager sur l'eau, dans l'air. SYN. cingler, faire voile –LITTÉRAIRE: voguer.

/ FAMILIER. Se déplacer beaucoup. SYN. circuler, marcher –FAMILIER: bourlinguer, rouler sa bosse.

navire *nom masculin*

/ Bâtiment destiné à naviguer. SYN. bateau, bâtiment, paquebot, vaisseau.

navrant *adjectif*

/ Qui cause de l'affliction. SYN. affligeant, attristant, bouleversant, chagrinant, cruel, déchirant, désespérant, désolant, douloureux, pénible, pitoyable, poignant. CONTR. *amusant, distrayant, réjouissant* –FAMILIER: *rigolo.*

/ Qui est regrettable. SYN. catastrophique, consternant, déplorable, désespérant, désolant, ennuyeux, fâcheux, lamentable, regrettable, triste.

navré *adjectif*

/ Qui est embarrassé. SYN. confus, contrarié, déconfit, désolé, ennuyé, penaud – FAMILIER: embêté – LITTÉRAIRE: contrit.

/ Qui manifeste de la tristesse. SYN. affligé, bouleversé, chagriné, déchiré, désespéré, douloureux – LITTÉRAIRE: chagrin. CONTR. *content, enchanté, gai, ravi.*

navrement *nom masculin*

/ LITTÉRAIRE. État d'affliction. SYN. amertume, chagrin, déchirement, désolation, douleur, peine, serrement de cœur, tristesse – LITTÉRAIRE: déchirure, désespérance.

navrer *verbe*

/ Contrarier vivement. SYN. affecter, affliger, attrister, chagriner, consterner, déchirer, désespérer, désoler, frapper, mécontenter, peiner – LITTÉRAIRE: contrister, poindre, rembrunir.

néanmoins *adverbe*

/ Malgré ce qui vient d'être dit. SYN. cependant, du moins, enfin, mais, pourtant, seulement, toutefois.

néant *nom masculin*

/ Absence totale. SYN. carence, déficience, manque, vide.

nébuleux *adjectif*

/ Obscurci par des nuages. SYN. brumeux, chargé, nuageux, vaporeux, voilé – LITTÉRAIRE: fumeux. CONTR. *dégagé* – LITTÉRAIRE: *serein.*

/ LITTÉRAIRE. Qui manque de clarté. SYN. abscons, brouillon, brumeux, confus, filandreux, flottant, flou, fumeux, imprécis, incertain, incompréhensible, indécis, inintelligible, insondable, nuageux, obscur, sombre, vague – FAMILIER: cafouilleux, vaseux, vasouillard – LITTÉRAIRE: amphigourique, fuligineux, ondoyant, sibyllin, ténébreux. CONTR. *accessible, clair, compréhensible, distinct, explicite, facile, intelligible, limpide, lumineux, manifeste, net, précis, raisonné, réfléchi, simple, transparent.*

nébulosité *nom féminin*

/ Nuage très léger. SYN. brouillard, brume, nuage, nuée, vapeur – LITTÉRAIRE: nue.

/ LITTÉRAIRE. Manque de clarté. SYN. confusion, hermétisme, imprécision, inintelligibilité, obscurité. CONTR. *clarté, limpidité, luminosité, netteté, précision.*

nécessaire *adjectif*

/ Qui est indispensable. SYN. essentiel, fondamental, indispensable, primordial, requis. CONTR. *futile, inutile, superflu* – LITTÉRAIRE: *superfétatoire, vain.*

/ Qui se produit forcément. SYN. fatal, forcé, immanquable, incontournable, inéluctable, inévitable, logique, obligatoire, obligé. CONTR. *accidentel, contingent, éventuel, fortuit, occasionnel.*

nécessairement *adverbe*

/ De façon nécessaire. SYN. à coup sûr, assurément, certainement, évidemment, fatalement, forcément, immanquablement, incontestablement, indiscutablement, indubitablement, inéluctablement, inévitablement, inexorablement, infailliblement, manifestement, mathématiquement, sans aucun doute, sûrement.

/ De manière absolue. SYN. à tout prix, à toute force, absolument, impérieusement, indispensablement, obligatoirement. CONTR. *facultativement.*

nécessité *nom féminin*

/ Caractère nécessaire. SYN. besoin, exigence, impératif, obligation, utilité. CONTR. *contingence.*

/ Caractère inévitable. SYN. destin, fatalité, logique.

nécessiter *verbe*

/ Rendre nécessaire. SYN. appeler, commander, créer, demander, déterminer, engendrer, entraîner, exiger, impliquer, provoquer, réclamer, requérir, susciter, vouloir.

nécessiteux *adjectif*

/ Qui est dans le besoin. SYN. gêné, indigent, malheureux, misérable, miséreux, pauvre – FAMILIER: désargenté – LITTÉRAIRE: impécunieux – VIEUX: besogneux, disetteux. CONTR. *aisé, cossu, fortuné, riche* – FAMILIER: *argenté.*

nécessiteux *nom*

/ Personne sans ressource. SYN. démuni, indigent, malheureux, miséreux – FAMILIER: crève-la-faim, sans-le-sou – LITTÉRAIRE:

gueux, misérable –VIEUX: besogneux, disetteux, meurt-de-faim. CONTR. *nanti, possédant, riche.*

néfaste *adjectif*

/ Qui est susceptible de nuire. SYN. contraire, défavorable, désastreux, ennemi, fatal, funeste, maléfique, malsain, nocif, nuisible, préjudiciable –LITTÉRAIRE: délétère, hostile, pernicieux. CONTR. *bienheureux, faste, favorable, heureux, propice.*

négateur *nom*

/ LITTÉRAIRE. Personne qui critique. SYN. contradicteur, critique, dénigreur, dépréciateur, détracteur –FAMILIER: débineur –LITTÉRAIRE: contempteur.

négatif *adjectif*

/ Qui n'est pas constructif. SYN. improductif, inexistant, insignifiant, nul, stérile, vain. CONTR. *affirmatif, constructif, positif.*

négation *nom féminin*

/ Ce qui s'oppose à. SYN. antithèse, contradiction, contraire, contrepartie, contre-pied.

/ Action de nier. SYN. démenti, dénégation, désaveu, réfutation. CONTR. *affirmation, attestation.*

/ Action de rejeter. SYN. déni, mépris, refus, rejet –LITTÉRAIRE: répudiation. CONTR. *acceptation, reconnaissance.*

négativement *adverbe*

/ De façon négative. SYN. par la négative. CONTR. *affirmativement, positivement.*

négligé *adjectif*

/ Qui manque de soin. SYN. débraillé, incorrect, relâché, sale –FAMILIER: dépoitraillé. CONTR. *coquet, élégant, propre, propret, soigné* –LITTÉRAIRE: *apprêté, paré.*

/ Qui n'est pas pris en compte. SYN. abandonné, écarté, oublié.

négligé *nom masculin*

/ Attitude négligée. SYN. laisser-aller, nonchalance, relâchement.

/ LITTÉRAIRE. Vêtement d'intérieur. SYN. déshabillé, peignoir –VIEUX: saut-de-lit.

négligeable *adjectif*

/ Qui peut être négligé. SYN. accessoire, dédaignable, dérisoire, faible, futile, infime, insignifiant, léger, menu, méprisable, minime, petit, ténu –LITTÉRAIRE: véniel. CONTR. *appréciable, capital, cardinal, décisif, écrasant, fondamental, important, imposant, large, lourd, notable, particulier, puissant, respectable, sensible, sérieux, sévère* –FAMILIER: *coquet* –POPULAIRE: *bœuf.*

négligemment *adverbe*

/ Avec une nonchalance feinte. SYN. distraitement, nonchalamment. CONTR. *d'arrache-pied, méticuleusement, minutieusement, sérieusement, soigneusement.*

négligence *nom féminin*

/ Manque d'application. SYN. incurie, indolence, insouciance, mollesse, nonchalance, paresse –LITTÉRAIRE: inapplication. CONTR. *application, conscience, exactitude, intérêt, minutie, ordre, scrupule* –LITTÉRAIRE: *méticulosité.*

/ Manque de vigilance. SYN. distraction, étourderie, imprévoyance, inadvertance, inattention, omission, oubli, relâchement. CONTR. *ardeur, assiduité, attention, empressement, enthousiasme, prudence, vigilance* –LITTÉRAIRE: *diligence, promptitude.*

/ Manque de soin. SYN. laisser-aller. CONTR. *coquetterie, élégance, recherche, soin.*

négligent *adjectif*

/ Qui manque de vigilance. SYN. absent, distrait, étourdi, imprévoyant, inattentif, indifférent, insouciant. CONTR. *attentif, consciencieux, vigilant.*

/ Qui manque d'application. SYN. inappliqué, indolent, irréfléchi, nonchalant, oublieux, paresseux. CONTR. *acharné, appliqué, assidu, ponctuel, soigneux* –LITTÉRAIRE: *diligent, prompt.*

négliger *verbe*

/ Ne pas prendre soin de. SYN. se désintéresser –FAMILIER: bâcler. CONTR. *choyer, entretenir* –FAMILIER: *bichonner.*

/ Ne pas tenir compte de. SYN. dédaigner, faire abstraction, méconnaître, mépriser, passer outre. CONTR. *écouter, obéir, observer, prendre en compte, suivre.*

/ Omettre de faire. SYN. manquer, omettre, oublier. CONTR. *aspirer à, s'acharner, s'adonner, s'appliquer, s'assurer de, s'évertuer à.*

/ Traiter sans attention. SYN. abandonner, délaisser, se détacher, se détourner, s'éloigner. CONTR. *assister, considérer, fréquenter, se soucier, s'occuper.*

négliger (se) *verbe pronominal*
- Ne pas prendre soin de soi. SYN. se laisser aller, se relâcher, s'oublier. CONTR. *s'apprêter* – LITTÉRAIRE: *se parer.*

négociable *adjectif*
- Qui peut se négocier. SYN. cessible, monnayable – VIEUX: commerçable.

négociant *nom*
- Personne qui fait du négoce. SYN. boutiquier, commerçant, grossiste, marchand.

négociateur *nom*
- Personne qui négocie pour son pays. SYN. diplomate, émissaire, envoyé, légat, plénipotentiaire.
- Personne qui sert d'intermédiaire. SYN. agent, courtier, entremetteur, médiateur.

négociation *nom féminin*
- Action de négocier. SYN. débat, discussion, pourparlers, tractation.

négocier *verbe*
- Tenter d'obtenir en discutant. SYN. composer, débattre, discuter, monnayer, parlementer, s'entendre, traiter, transiger.

néophyte *nom*
- Nouveau converti. SYN. novice, prosélyte.
- Nouveau dans une association. SYN. commençant, débutant, nouveau – FAMILIER: bizut, bizuth, bleu, écolier. CONTR. *ancien, expert.*

nerf *nom masculin*
- Ce qui fait la force de. SYN. dynamisme, énergie, puissance, tonus, vigueur – FAMILIER: muscle – LITTÉRAIRE: ressort. CONTR. *engourdissement, langueur, léthargie.*

nerveusement *adverbe*
- D'une manière nerveuse. SYN. brusquement, convulsivement, fébrilement.
- Avec impatience. SYN. fiévreusement, impatiemment. CONTR. *calmement, impassiblement, imperturbablement, lentement, patiemment, posément, tranquillement.*

nerveux *adjectif*
- Dû à une certaine fébrilité. SYN. brusque, convulsif, fébrile, fiévreux, spasmodique.
- Qui est dans un état d'excitation. SYN. agité, émotif, énervé, excité, hyperémotif, hystérique, impatient, irritable, névrosé, stressé – FAMILIER: émotionnable, speedé. CONTR. *calme, flasque, flegmatique, impassible, imperturbable, lent, lymphatique.*
- Qui manifeste de la vivacité. SYN. pétillant, pétulant, vif, vigoureux – LITTÉRAIRE: rapide. CONTR. *lourd, mou* – FAMILIER: *gnangnan, gniangnian.*

nervosité *nom féminin*
- État d'excitation. SYN. agitation, échauffement, énervement, excitation, fébrilité, fermentation, fièvre, hyperexcitabilité, hystérie, surexcitation – LITTÉRAIRE: excitabilité. CONTR. *calme, flegme.*
- État d'inquiétude. SYN. alarmisme, effervescence, malaise, pessimisme – VIEUX: nervosisme.

net *adjectif*
- Propre et soigné. SYN. immaculé, impeccable, inaltéré, ordonné, propre, soigné, vierge. CONTR. *crasseux, dégoûtant, maculé, malpropre, sale, sali, taché* – LITTÉRAIRE: *souillé.*
- Qui ne laisse pas de doute. SYN. affirmatif, catégorique, certain, clair, défini, explicite, exprès, formel, ostensible, précis, tranché, vigoureux. CONTR. *ambigu, brumeux, confus, douteux, équivoque, évasif, flou, imprécis, incertain, indécis, indéfini, indistinct, obscur, trouble, vague* – LITTÉRAIRE: *nébuleux, opaque, sibyllin.*
- Se dit d'une image claire. SYN. clair, distinct, marqué, tranché, visible. CONTR. *brouillé, brumeux, effacé, estompé, flou, lointain, trouble, vague.*
- Qui est honnête. SYN. carré, direct, droit, franc, honnête, loyal, propre, pur. CONTR. *douteux, faux, fourbe, interlope, louche, malpropre, sournois, suspect, véreux* – LITTÉRAIRE: *perfide.*

net *adverbe*
- Tout d'un coup. SYN. brusquement, brutalement, inopinément, soudain, soudainement, subitement, sur le coup.
- Sans ambiguïté. SYN. franchement, hautement, nettement, ouvertement, publiquement.

nettement *adverbe*
- D'une manière distincte. SYN. affirmativement, clairement, distinctement. CONTR. *confusément, indistinctement, obscurément, vaguement.*

/ Sans rien déguiser. SYN. carrément, explicitement, franchement, haut, hautement, sans détour, tout net –LITTÉRAIRE: sans ambages –POPULAIRE: franco –VIEUX: rondement. CONTR. *ambigument, faussement, hypocritement, sournoisement.*

/ D'une manière indiscutable. SYN. catégoriquement, évidemment, expressément, fermement, formellement, incontestablement, indéniablement, indiscutablement, indubitablement, manifestement, ostensiblement, sans conteste, visiblement –LITTÉRAIRE: sans contredit.

netteté *nom féminin*

/ Qualité de ce qui est propre. SYN. éclat, fraîcheur, ordre, propreté, pureté, transparence. CONTR. *crasse, malpropreté, saleté.*

/ Qualité de ce qui est clair. SYN. clarté, concision, dépouillement, limpidité, précision, simplicité, sobriété. CONTR. *ambiguïté, complexité, confusion, doute, flou, imprécision* –LITTÉRAIRE: *nébulosité.*

nettoyage *nom masculin*

/ Action de nettoyer. SYN. assainissement, balayage, décrassage, dégraissage, détachage, lavage, lessivage, savonnage.

/ FAMILIER. Élimination des indésirables. SYN. limogeage, liquidation, purge –FAMILIER: coup de balai, lessivage, lessive.

nettoyer *verbe*

/ Rendre propre. SYN. blanchir, curer, décaper, décrasser, décrotter, dégraisser, désencrasser, détacher, laver, lessiver, récurer. CONTR. *barbouiller, maculer, salir, tacher.*

/ Éliminer les indésirables d'un lieu. SYN. assainir, débarrasser, déblayer, purger, purifier.

/ FAMILIER. Dépenser quelque chose. SYN. dépenser, dilapider, engloutir, manger –FAMILIER: croquer, liquider –LITTÉRAIRE: dissiper.

/ FAMILIER. Faire perdre ses biens à. SYN. dépouiller, ruiner –FAMILIER: lessiver, plumer, tondre.

neuf *adjectif*

/ Qui est récent. SYN. moderne, nouveau, récent. CONTR. *ancien, d'occasion, vétuste, vieux* –VIEUX: *rococo.*

/ Qui n'a presque pas servi. SYN. immaculé, intact, nouveau. CONTR. *ancien, avachi, défraîchi, d'occasion, éculé, usagé, usé* –FAMILIER: *fatigué.*

/ Traité pour la première fois. SYN. différent, inédit, original. CONTR. *caduc, rebattu* –FAMILIER: *réchauffé* –LITTÉRAIRE: *immémorial.*

/ Qui n'a pas d'expérience. SYN. débutant, inexpérimenté, jeune, nouveau, novice. CONTR. *chevronné, expert, qualifié.*

neurasthénie *nom féminin*

/ État d'abattement. SYN. hypocondrie, mélancolie, morosité, pessimisme, psychasthénie, vague à l'âme –FAMILIER: cafard –LITTÉRAIRE: spleen. CONTR. *euphorie, gaieté.*

neutraliser *verbe*

/ Annuler l'effet de. SYN. anéantir, annihiler, balancer, calmer, combattre, compenser, contrecarrer, enrayer, équilibrer, paralyser, torpiller. CONTR. *actionner, développer.*

neutralité *nom féminin*

/ Fait d'être neutre. SYN. impartialité, objectivité. CONTR. *immixtion, ingérence, intervention.*

neutre *adjectif*

/ Qui ne prend pas parti. SYN. désintéressé, impartial, indifférent, objectif. CONTR. *inéquitable, partial, subjectif, tendancieux.*

/ Qui n'est marqué par aucun accent. SYN. banal, insignifiant, obscur, quelconque.

/ Se dit d'une couleur sans éclat. SYN. fadasse, fade, insipide, morne, terne –LITTÉRAIRE: incolore.

nez *nom masculin*

/ Organe des voies respiratoires. SYN. –ARGOTIQUE: nase –FAMILIER: appendice, patate, truffe –POPULAIRE: blair, blase, blaze, pif, quart de brie, tarin.

/ Avant d'un navire. SYN. avant, éperon de marche, proue.

/ Finesse qui porte à deviner. SYN. clairvoyance, flair, intuition, perspicacité, sagacité –FAMILIER: pifomètre.

niable *adjectif*

/ Qu'on peut nier. SYN. contestable, discutable, douteux, récusable, réfutable. CONTR. *inattaquable, incontestable, indéniable, indiscutable, indubitable, irrécusable, irréfutable* –LITTÉRAIRE: *irréfragable.*

niais *adjectif*

/ Qui est sot et gauche. SYN. idiot, imbécile, inepte, ingénu, innocent, naïf, niaiseux, nigaud, nul, simple, simplet, sot, stupide –FAMILIER: bébête, bêta. CONTR. *astucieux, futé, habile, intelligent, malin, sagace, spirituel* –FAMILIER: *combinard, dégourdi.*

niais *nom*

/ Personne sotte. SYN. âne, âne bâté, benêt, idiot, imbécile, innocent, naïf, nigaud, nul, sot –FAMILIER: abruti, andouille, ballot, bêta, bûche, buse, cloche, crétin, cruche, empaillé, empoté, gogo, jobard, oie, poire, serin –LITTÉRAIRE: jocrisse –POPULAIRE: banane, con, cornichon, couillon, gland, manche, nouille. CONTR. *malin, rusé.*

niaisement *adverbe*

/ LITTÉRAIRE. De façon niaise. SYN. bêtement, idiotement, naïvement, simplement, sottement, stupidement. CONTR. *astucieusement, habilement, intelligemment, spirituellement.*

niaiserie *nom féminin*

/ Caractère niais. SYN. bêtise, idiotie, imbécillité, ineptie, innocence, naïveté, puérilité, sottise, stupidité –FAMILIER: crétinerie, crétinisme –LITTÉRAIRE: ganacherie, nigauderie. CONTR. *astuce, finesse, habileté.*

/ Acte, parole niaise. SYN. absurdité, ânerie, bagatelle, baliverne, bêtise, billevesée, enfantillage, fadaise, futilité, imbécillité, ineptie, insanité, naïveté, platitude, sottise, stupidité –FAMILIER: crétinerie, idiotie –LITTÉRAIRE: pauvreté –VIEUX: fichaise.

niche *nom féminin*

/ Renfoncement dans un mur. SYN. alcôve, cavité, creux, nid, trou.

/ FAMILIER. Farce faite à quelqu'un. SYN. attrape, espièglerie, facétie, farce, tour –FAMILIER: blague, canular.

nicher *verbe*

/ FAMILIER. Habiter à tel endroit. SYN. demeurer, habiter, loger, résider, s'installer, vivre –FAMILIER: percher –LITTÉRAIRE: gîter –POPULAIRE: crécher.

nicher (se) *verbe pronominal*

/ Trouver refuge. SYN. s'abriter, se réfugier.

nicodème *nom masculin*

/ LITTÉRAIRE. Homme niais. SYN. benêt, nigaud –FAMILIER: ballot, bêta, bûche, buse, cloche, cruche, empaillé, empoté, gogo, noix, oie, poire, serin –POPULAIRE: banane, gland, nouille. CONTR. *malin, rusé.*

nid *nom masculin*

/ Habitation propre à l'intimité. SYN. abri, foyer, home, maison, niche, toit –LITTÉRAIRE: demeure, gîte.

nier *verbe*

/ Rejeter comme faux. SYN. contester, démentir, disconvenir de, refuser, réfuter, rejeter, s'inscrire en faux. CONTR. *admettre, affirmer, assurer, attester, certifier, confirmer, convenir.*

/ Ne pas s'avouer l'auteur de. SYN. dénier, désavouer, se défendre de –LITTÉRAIRE: rétracter. CONTR. *avouer, concéder, confesser, passer aux aveux, reconnaître.*

nigaud *adjectif*

/ Qui fait preuve de sottise. SYN. idiot, imbécile, inepte, ingénu, innocent, naïf, niais, niaiseux, nul, simple, simplet, sot, stupide –FAMILIER: bébête, bêta. CONTR. *futé, malin, rusé.*

nigaud *nom*

/ Personne qui agit sottement. SYN. âne, âne bâté, benêt, idiot, imbécile, innocent, naïf, niais, nul, sot –FAMILIER: abruti, andouille, ballot, bêta, bûche, buse, cloche, crétin, cruche, empaillé, empoté, gogo, jobard, oie, poire, serin –LITTÉRAIRE: jocrisse, nicodème –POPULAIRE: banane, con, cornichon, couillon, gland, manche, nouille. CONTR. *malin, rusé.*

nigauderie *nom féminin*

/ LITTÉRAIRE. Caractère de nigaud. SYN. balourdise, bêtise, idiotie, imbécillité, ineptie, naïveté, niaiserie, sottise –FAMILIER: crétinerie, crétinisme –LITTÉRAIRE: ganacherie.

night-club *nom masculin*

/ Établissement de spectacles. SYN. boîte de nuit, cabaret, caveau.

nimbe *nom masculin*

/ Cercle lumineux. SYN. auréole, gloire, halo.

nimber *verbe*

/ LITTÉRAIRE. Entourer d'un nimbe. SYN. –LITTÉRAIRE: auréoler, ceindre, couronner.

nippe *nom féminin*
/ FAMILIER. Vêtement. SYN. habit –POPULAIRE: fringue, sape.

nipper *verbe*
/ FAMILIER. Habiller quelqu'un. SYN. habiller –FAMILIER: fagoter –POPULAIRE: fringuer.

nippes *nom féminin pluriel*
/ FAMILIER. Vêtements usagés. SYN. effets, guenilles, haillons, loques –LITTÉRAIRE: hardes, oripeaux –POPULAIRE: frusques, sapes.

nirvâna ou **nirvana** *nom masculin*
/ Élévation spirituelle. SYN. ataraxie, béatitude, paradis –LITTÉRAIRE: extase, félicité.

niveau *nom masculin*
/ Degré atteint dans un domaine. SYN. classe, cote, force, qualité, stade, valeur.
/ Position dans une hiérarchie. SYN. condition, ordre, rang.

niveler *verbe*
/ Rendre unie une surface. SYN. aplanir, araser, débosseler, égaliser. CONTR. *bosseler* –LITTÉRAIRE: *accidenter.*
/ Diminuer les différences. SYN. égaliser, équilibrer, standardiser, uniformiser.

nivellement *nom masculin*
/ Action d'aplanir un terrain. SYN. aplanissement, arasement, nivelage.
/ Action d'égaliser les revenus, etc. SYN. égalisation, standardisation, uniformisation.

noble *adjectif*
/ Qui appartient à un noble. SYN. aristocratique. CONTR. *bourgeois, canaille, roturier, serf.*
/ Qui manifeste de l'élévation. SYN. chevaleresque, élevé, éminent, généreux, grand, grave, héroïque, magnanime, majestueux –LITTÉRAIRE: auguste, distingué, fier, olympien. CONTR. *abaissant, avilissant, dégradant, honteux, ignoble, indigne, infamant, infâme, laid, méprisable, sordide* –LITTÉRAIRE: *pernicieux, vil.*
/ Qui suscite l'admiration. SYN. beau, grand, haut, sublime, supérieur –FAMILIER: sélect –LITTÉRAIRE: relevé. CONTR. *abject, bas, dégoûtant, grossier, répugnant, trivial, vulgaire* –LITTÉRAIRE: *roturier.*

noble *nom*
/ Personne de la noblesse. SYN. aristocrate, gentilhomme, grand, hobereau, patricien, seigneur –LITTÉRAIRE: hidalgo. CONTR. *bourgeois, prolétaire, roturier, serf, vilain* –LITTÉRAIRE: *plébéien.*

noblement *adverbe*
/ Avec noblesse. SYN. bien, dignement, fièrement, grandement, héroïquement, magnanimement, majestueusement. CONTR. *abjectement, bassement, honteusement, ignoblement, petitement, sordidement* –LITTÉRAIRE: *vilainement, vilement.*

noblesse *nom féminin*
/ Condition de noble. SYN. aristocratie. CONTR. *bourgeoisie, peuple, prolétariat, roture.*
/ Caractère digne. SYN. dignité, générosité, grandeur, héroïsme, magnanimité, prestige –LITTÉRAIRE: fierté, sublimité. CONTR. *abjection, avilissement, bassesse, indignité, mesquinerie* –LITTÉRAIRE: *vilenie.*
/ Caractère majestueux. SYN. allure, distinction, prestance –LITTÉRAIRE: élévation, majesté. CONTR. *familiarité, grossièreté, prosaïsme, trivialité, vulgarité.*

noce *nom féminin*
/ FAMILIER. Grande fête. SYN. –ARGOTIQUE: teuf –FAMILIER: bombance, bombe, bringue, fiesta, java, nouba, ribouldingue –POPULAIRE: bamboula, foire –VIEUX: bamboche.
/ Cérémonie du mariage. SYN. mariage –LITTÉRAIRE: hymen –VIEUX: épousailles.

noceur *nom*
/ FAMILIER. Personne qui fait la noce. SYN. débauché, dévergondé, jouisseur, libertin, noctambule –FAMILIER: bambochard, bambocheur, fêtard –VIEUX: viveur.

nocif *adjectif*
/ Qui peut nuire. SYN. contraire, dangereux, délétère, dommageable, fatal, funeste, maléfique, malfaisant, malsain, mauvais, néfaste, nuisible, pernicieux, préjudiciable, virulent –LITTÉRAIRE: dissolvant. CONTR. *anodin, bénéfique, bienfaisant, bon, inoffensif, profitable, sain, salubre, salutaire.*

nocivité *nom féminin*
/ Caractère nocif. SYN. dangerosité, malignité, nocuité, nuisibilité, toxicité. CONTR. *innocuité.*

noctambule *nom*

/ Personne qui aime sortir la nuit. SYN. –FAMILIER: bambochard, bambocheur, fêtard, noceur.

nocuité *nom féminin*

/ Caractère nocif. SYN. nocivité, nuisibilité, toxicité. CONTR. *innocuité.*

nœud *nom masculin*

/ Entrelacement de fils. SYN. boucle, enlacement, entrecroisement, lacis.

/ LITTÉRAIRE. Ce qui unit. SYN. attache, lien –LITTÉRAIRE: chaînes.

/ Point essentiel d'une question. SYN. centre, cœur, fond, noyau, point névralgique, point sensible, vif du sujet.

noir *adjectif*

/ De couleur foncée. SYN. charbonneux, corbeau, de jais, foncé, noirâtre, opaque, sombre –LITTÉRAIRE: fuligineux. CONTR. *blanc, clair, pâle.*

/ Sans luminosité. SYN. assombri, couvert, gris, menaçant, obscur, orageux, sombre –LITTÉRAIRE: ténébreux. CONTR. *éclairé, éclatant, ensoleillé, lumineux, pur, radieux.*

/ Qui est sale. SYN. barbouillé, charbonné, maculé, sali, taché –LITTÉRAIRE: souillé –VIEUX: mâchuré. CONTR. *immaculé, impeccable, net, propre.*

/ Qui marque le pessimisme. SYN. anxieux, cafardeux, funèbre, funeste, lugubre, macabre, mélancolique, pessimiste, sinistre, sombre, triste. CONTR. *gai, joyeux, optimiste.*

/ Inspiré par la méchanceté. SYN. atroce, diabolique, mauvais, monstrueux, odieux, pervers –LITTÉRAIRE: scélérat. CONTR. *bienveillant, bon, candide, innocent, pur* –LITTÉRAIRE: *bienfaisant.*

/ Se dit d'une période de malheur. SYN. affreux, atroce, effroyable, épouvantable, horrible, terrible.

noir *nom masculin*

/ Trace de salissure. SYN. salissure, tache –LITTÉRAIRE: souillure.

/ Obscurité complète. SYN. nuit, obscurité –LITTÉRAIRE: ténèbres. CONTR. *jour, lumière.*

noirceur *nom féminin*

/ Tache noire. SYN. hématome, macule, tache –FAMILIER: bleu.

/ LITTÉRAIRE. Qualité de ce qui est noir. SYN. obscurité –LITTÉRAIRE: opacité, ténèbres. CONTR. *blancheur, éclat, luminosité.*

/ Caractère méchant. SYN. atrocité, méchanceté, monstruosité, perversité –LITTÉRAIRE: horreur, perfidie, scélératesse, venin, vilenie. CONTR. *bonté, candeur, gentillesse, innocence, naïveté, pureté.*

noircir *verbe*

/ Rendre quelque chose noir. SYN. charbonner, culotter, maculer –LITTÉRAIRE: ombrer –VIEUX: mâchurer. CONTR. *blanchir, éclaircir.*

/ Peindre sous des couleurs noires. SYN. assombrir, ternir. CONTR. *embellir, idéaliser, poétiser.*

/ LITTÉRAIRE. Dénigrer quelqu'un. SYN. bafouer, calomnier, charger, décrier, dénigrer, déshonorer, diffamer, discréditer, traîner dans la boue –FAMILIER: débiner –LITTÉRAIRE: dauber, flétrir, vilipender. CONTR. *flatter, innocenter, vanter* –LITTÉRAIRE: *encenser, flagorner, laver.*

noircir (se) *verbe pronominal*

/ Devenir noir. SYN. s'assombrir, se charger, se couvrir, se gâter, s'obscurcir –LITTÉRAIRE: se rembrunir. CONTR. *se lever, s'éclaircir.*

noix *nom féminin*

/ FAMILIER. Personne stupide. SYN. âne, âne bâté, benêt, idiot, ignorant, imbécile, innocent, maladroit, niais, nul, simplet, sot –FAMILIER: abruti, andouille, ballot, bêta, bûche, buse, cloche, crétin, cruche, dadais, empaillé, empoté, jacques, jobard, oie –LITTÉRAIRE: jocrisse, nicodème –POPULAIRE: banane, con, conard, connard, cornichon, couillon, gland, manche, nouille, patate, truffe.

nom *nom masculin*

/ Mot considéré comme qualificatif. SYN. appellation, dénomination, désignation, qualification, qualité, titre.

/ Personne célèbre. SYN. célébrité, figure, gloire, notoriété, personnage.

nomade *adjectif*

/ Qui se déplace sans arrêt. SYN. ambulant, errant, itinérant, mobile –LITTÉRAIRE: vagabond, voyageur. CONTR. *casanier, sédentaire.*

nombrable *adjectif*

/ Que l'on peut compter. SYN. dénombrable, évaluable.

nombre *nom masculin*
/ Pluralité d'éléments. SYN. chiffre, effectif, quantité.

nombrer *verbe*
/ LITTÉRAIRE. Faire le compte de. SYN. calculer, dénombrer, énumérer, évaluer, supputer.

nombreux *adjectif*
/ Qui sont en grand nombre. SYN. divers, innombrable, multiple, plusieurs – LITTÉRAIRE: maint. CONTR. *peu, rare, unique.*
/ Qui comprend beaucoup d'éléments. SYN. abondant, considérable, dense, fort, gros, important. CONTR. *clairsemé.*

nomenclature *nom féminin*
/ Ensemble des mots d'un domaine. SYN. lexique, terminologie, vocabulaire.
/ Liste des éléments d'un ensemble. SYN. catalogue, état, inventaire, liste, recueil, relevé, répertoire, tableau.

nomination *nom féminin*
/ Fait de nommer quelqu'un à un poste. SYN. affectation, choix, désignation.

nommer *verbe*
/ Désigner par le nom. SYN. citer, dénommer, énumérer, indiquer, mentionner.
/ Dénoncer quelqu'un. SYN. dénoncer, livrer, révéler, trahir – FAMILIER: donner, vendre.
/ Donner un nom à quelqu'un. SYN. appeler, baptiser, dénommer, prénommer.
/ Qualifier d'un nom. SYN. désigner, intituler, qualifier, surnommer.
/ Désigner pour une fonction. SYN. affecter, choisir, élire, instituer, introniser, promouvoir, verser – FAMILIER: bombarder, parachuter, propulser. CONTR. *débaucher, déposer, destituer, limoger, révoquer* – FAMILIER: *déboulonner, sabrer.*

nommer (se) *verbe pronominal*
/ Avoir pour nom. SYN. s'appeler, se dénommer, s'intituler.

non ? *adverbe*
/ Marque l'interrogation. SYN. n'est-ce pas ? – FAMILIER: hein ?

non conformiste *adjectif*
/ Qui affiche son originalité. SYN. bohème, contestataire, dissident, original. CONTR. *conformiste, conservateur, traditionaliste.*

non violent *adjectif*
/ Qui refuse la violence. SYN. pacifiste. CONTR. *belliciste, belliqueux* – LITTÉRAIRE: *martial.*

nonchalamment *adverbe*
/ Avec nonchalance. SYN. langoureusement, lentement, mollement, négligemment, paresseusement – LITTÉRAIRE: languissamment. CONTR. *activement, énergiquement, expéditivement, fougueusement, hâtivement, promptement, rapidement, vite* – LITTÉRAIRE: *diligemment.*

nonchalance *nom féminin*
/ Absence de zèle. SYN. apathie, atonie, inertie, insouciance, légèreté, mollesse, négligence, paresse, tiédeur. CONTR. *activité, application, ardeur, énergie, soin, zèle* – LITTÉRAIRE: *diligence.*
/ Manque de vivacité. SYN. indolence, langueur, lenteur, veulerie – LITTÉRAIRE: alanguissement, morbidesse. CONTR. *allant, célérité, impétuosité, pétulance, rapidité* – LITTÉRAIRE: *alacrité, promptitude, vélocité, vivacité.*

nonchalant *adjectif*
/ Qui manque de zèle. SYN. apathique, assoupi, endormi, engourdi, flegmatique, indolent, mou, négligent, paresseux, tiède, velléitaire. CONTR. *actif, appliqué, ardent, rapide, soigneux, zélé* – FAMILIER: *accrocheur* – LITTÉRAIRE: *diligent.*
/ Qui manque de vivacité. SYN. indolent, langoureux, languissant, lent, léthargique, traînant – FAMILIER: lambin – LITTÉRAIRE: alangui, languide, paresseux. CONTR. *agité, énergique, fougueux, impétueux, pétulant, sémillant, vif, vivant* – LITTÉRAIRE: *allant.*

non-conformisme *nom masculin*
/ Indépendance à l'égard des usages. SYN. hétérodoxie, indépendance, individualisme.

non-conformiste *nom*
/ Personne qui conteste l'usage. SYN. déviationniste, dissident, hérétique, hétérodoxe, indépendant, individualiste, original, scissionniste. CONTR. *traditionaliste.*

non-croyant *nom*
/ Personne qui n'a aucune religion. SYN. agnostique, athée, incroyant, libre penseur, sceptique – LITTÉRAIRE: mécréant. CONTR. *croyant, fidèle.*

non-intervention *nom féminin*
/ Fait de ne pas intervenir dans. CONTR. *immixtion, intervention, interventionnisme.*

nonne *nom féminin*
/ VIEUX. Femme qui a prononcé des vœux. SYN. moniale, religieuse, sœur.

nonobstant *préposition*
/ Sans avoir égard à. SYN. à l'exception de, à l'exclusion de, en dépit de, excepté, malgré.

nonpareil *adjectif*
/ LITTÉRAIRE. Qui n'a pas son pareil. SYN. extraordinaire, hors de pair, hors pair, incomparable, inégalable, remarquable, sans pareil, unique.

non-stop *adjectif*
/ Qui se fait sans interruption. SYN. continu, d'une traite, ininterrompu. CONTR. *épisodique, interrompu, irrégulier, sporadique.*

nord *adjectif*
/ Situé au nord. SYN. arctique, boréal, septentrional –LITTÉRAIRE: hyperboréen. CONTR. *antarctique, austral, méridional, sud.*

nordique *adjectif*
/ Du nord de l'Europe. SYN. arctique, boréal, septentrional –LITTÉRAIRE: hyperboréen.

normal *adjectif*
/ Conforme à une moyenne. SYN. courant, moyen, ordinaire, régulier. CONTR. *démesuré, disproportionné, énorme, exceptionnel, extrême, original* –FAMILIER: *excessif.*
/ Qui ne présente aucun trouble. SYN. équilibré, sain, sensé. CONTR. *anormal, atteint, déréglé, excentrique, lésé, malade* –FAMILIER: *braque, cinglé, détraqué, dingue, fada, frappé, pathologique* –POPULAIRE: *barge, barjo, branque, dingo.*
/ Qui est conforme à l'habitude. SYN. classique, habituel, naturel, raisonnable, traditionnel. CONTR. *accidentel, anormal, baroque, bizarre, étonnant, étrange, extravagant, inhabituel, insolite, inusité, paradoxal* –FAMILIER: *bizarroïde, énorme.*
/ Qui est prévisible. SYN. compréhensible, légitime, logique. CONTR. *abracadabrant, absurde, abusif, déconcertant, étrange, extraordinaire, illogique, impensable, imprévisible, inattendu, incompréhensible, inconcevable, incroyable, inouï, insensé.*

normalement *adverbe*
/ De façon normale. SYN. correctement, naturellement. CONTR. *bizarrement, curieusement, étrangement, irrégulièrement.*
/ En temps normal. SYN. d'ordinaire, en principe, habituellement, logiquement, ordinairement, traditionnellement, vulgairement –FAMILIER: régulièrement. CONTR. *exceptionnellement.*

normalisation *nom féminin*
/ Action de normaliser. SYN. standardisation, uniformisation.

normaliser *verbe*
/ Appliquer une norme à. SYN. codifier, rationaliser, réglementer, règlementer, standardiser, systématiser, unifier, uniformiser.

normalité *nom féminin*
/ Conformité à la norme. SYN. légitimité. CONTR. *anomalie, exception.*

norme *nom féminin*
/ Critère de référence. SYN. canon, loi, modèle, ordinaire, précepte, principe, règle, règlement.

nostalgie *nom féminin*
/ Tristesse due à l'éloignement. SYN. mélancolie, regret, vague à l'âme.

nostalgique *adjectif*
/ Qui manifeste la nostalgie. SYN. cafardeux, mélancolique, morne, morose, sombre, triste.

notabilité *nom féminin*
/ Personne importante. SYN. autorité, notable, personnage, personnalité, sommité –FAMILIER: ponte.

notable *adjectif*
/ Digne d'être remarqué. SYN. appréciable, considérable, éclatant, frappant, grave, important, incalculable, marquant, particulier, remarquable, saillant, sensible, sé-

rieux, valable –LITTÉRAIRE: signalé. CONTR. *anodin, insignifiant, négligeable, quelconque.*

notable *nom masculin*

/ Personne importante socialement. SYN. autorité, notabilité, personnage, personnalité –FAMILIER: gros, gros bonnet, grosse légume –POPULAIRE: huile.

notablement *adverbe*

/ D'une manière notable. SYN. bien, considérablement, en particulier, énormément, extrêmement, fort, fortement, généreusement, immensément, particulièrement, passablement, prodigieusement, puissamment, remarquablement, sensiblement, sérieusement, terriblement, très –FAMILIER: bigrement, bougrement, diablement –LITTÉRAIRE: diantrement –POPULAIRE: foutrement.

notamment *adverbe*

/ De façon marquée. SYN. en particulier, entre autres, particulièrement, principalement, singulièrement, spécialement, surtout.

notation *nom féminin*

/ Action de donner une note. SYN. appréciation, estimation, évaluation.

/ Ce qui est noté. SYN. annotation, indication, mention, observation, remarque, transcription.

note *nom féminin*

/ Communication écrite. SYN. avis, bulletin, communiqué, papier.

/ Information en marge du texte. SYN. additif, apostille, commentaire, glose, nota bene, notule, remarque, scolie –VIEUX: notice.

/ Estimation de la valeur de. SYN. annotation, appréciation, cote.

/ Détail d'un compte. SYN. addition, compte, facture, mémoire, relevé –FAMILIER: ardoise, douloureuse.

/ Marque distinctive. SYN. accent, cachet, caractère, griffe, touche.

noter *verbe*

/ Faire une marque sur. SYN. cocher, relever, souligner.

/ Prendre note de. SYN. consigner, copier, écrire, ficher, inscrire, marquer, recopier, transcrire.

/ Prêter attention à. SYN. aviser, constater, enregistrer, observer, prendre bonne note, relever, remarquer, retenir, s'apercevoir, voir.

/ Porter une appréciation sur. SYN. apprécier, coter, estimer, évaluer, jauger, juger.

notice *nom féminin*

/ VIEUX. Court écrit sur un sujet. SYN. abrégé, analyse, article, avertissement, avis, dépliant, guide, introduction, mémento, note, notule, préambule, prospectus.

/ Ensemble d'indications. SYN. instructions, mode d'emploi, prescriptions.

notification *nom féminin*

/ Action de notifier. SYN. annonce, avis, proclamation, signification.

notifier *verbe*

/ Faire connaître une décision à. SYN. annoncer, communiquer, faire part, indiquer, informer, instruire, proclamer, signaler –LITTÉRAIRE: signifier.

notion *nom féminin*

/ Idée de quelque chose. SYN. abstraction, concept, conception, idée.

/ Perception qu'on a de. SYN. conscience, impression, intuition, sens, sentiment.

/ Connaissance élémentaire. SYN. aperçu, base, élément, principe, teinture, vernis.

notoire *adjectif*

/ Qui est incontesté. SYN. avéré, clair, connu, déclaré, éclatant, évident, flagrant, historique, incontestable, indéniable, indiscutable, indiscuté, manifeste, ostensible, patent, public. CONTR. *caché, latent, occulte, secret, sourd, sous-jacent, souterrain* –LITTÉRAIRE: *dormant.*

/ Connu pour tel motif. SYN. authentique, célèbre, consacré, reconnu, renommé, réputé –LITTÉRAIRE: fameux. CONTR. *inconnu.*

notoirement *adverbe*

/ D'une façon notoire. SYN. évidemment, incontestablement, indéniablement, indiscutablement, manifestement, ostensiblement, ouvertement. CONTR. *confusément, obscurément, vaguement.*

notoriété *nom féminin*

/ Fait d'être célèbre. SYN. célébrité, gloire, nom, popularité, renom, renommée, réputation, vogue –FAMILIER: cote. CONTR. *impopularité, oubli* –LITTÉRAIRE: *obscurité.*

nouba *nom féminin*
/ FAMILIER. Grande fête. SYN. –ARGOTIQUE: teuf –FAMILIER: bombe, bringue, fiesta, java, noce, ribouldingue –POPULAIRE: bamboula, foire –VIEUX: bamboche.

nouer *verbe*
/ Tenir attaché par un nœud. SYN. attacher, entrelacer, lacer, lier. CONTR. *défaire, dénouer.*
/ Former des liens avec quelqu'un. SYN. contracter, établir, lier.
/ LITTÉRAIRE. Organiser une machination. SYN. combiner, machiner, manigancer, mijoter, monter, tisser, tramer –FAMILIER: concocter –LITTÉRAIRE: conspirer, ourdir.

nouille *adjectif*
/ POPULAIRE. Qui est stupide. SYN. bête, idiot, imbécile, inintelligent, naïf, niais, nigaud, nul, simple, simplet, sot, stupide –FAMILIER: bébête, bêta, crétin, tarte –POPULAIRE: con, couillon. CONTR. *rusé* –FAMILIER: *débrouillard.*

nouille *nom*
/ POPULAIRE. Personne stupide. SYN. âne, âne bâté, benêt, idiot, imbécile, lourdaud, nigaud, nul, sot –FAMILIER: abruti, andouille, ballot, bêta, bûche, buse, cloche, crétin, cruche, empaillé, empoté, jacques, jobard, noix, oie, poire –LITTÉRAIRE: jocrisse, nicodème –POPULAIRE: banane, con, cornichon, couillon, gland, patate, truffe. CONTR. *malin, rusé.*

nourri *adjectif*
/ Fait de salves nombreuses. SYN. abondant, dense, dru, important, nombreux, serré.
/ Qui est riche. SYN. étoffé, foisonnant, plein, riche, substantiel. CONTR. *maigre, pauvre.*

nourrir *verbe*
/ Donner des aliments à. SYN. alimenter, gaver, gorger, rassasier, ravitailler –LITTÉRAIRE: repaître, restaurer –VIEUX: sustenter. CONTR. *affamer, faire jeûner, priver, sevrer.*
/ Fournir la matière de. SYN. alimenter, cultiver, entretenir, étoffer. CONTR. *arrêter, assécher, atténuer, écourter, éteindre, juguler, stopper.*
/ Entretenir une idée. SYN. caresser, combiner, échafauder, manigancer, tramer –FAMILIER: concocter –LITTÉRAIRE: ourdir. CONTR. *abandonner, délaisser.*

nourrir (se) *verbe pronominal*
/ Absorber des aliments. SYN. absorber, consommer, engloutir, ingurgiter, manger, s'alimenter, se restaurer –ARGOTIQUE: briffer –FAMILIER: casser la croûte, casser la graine, enfourner, se sustenter –LITTÉRAIRE: se repaître –POPULAIRE: becqueter, becter, boulotter, croûter, grailler. CONTR. *jeûner.*
/ Tirer sa force de. SYN. s'abreuver, s'imprégner –LITTÉRAIRE: se repaître.

nourrissant *adjectif*
/ Qui nourrit. SYN. copieux, nutritif, riche, substantiel –FAMILIER: bourratif. CONTR. *frugal, sobre.*

nourriture *nom féminin*
/ Ce que l'on mange. SYN. aliment, alimentation, mangeaille, manger, mets, pâtée, repas, victuailles, vivres –ARGOTIQUE: graille –FAMILIER: ragougnasse –LITTÉRAIRE: chère, pitance –POPULAIRE: bectance, bouffe, boustifaille, croûte –VIEUX: bouffetance.

nouveau *adjectif*
/ Qui existe depuis peu. SYN. dernier, inédit, moderne, neuf, original, premier, primitif, récent. CONTR. *ancestral, ancien, antique, archaïque, caduc, décrépit, dépassé, désuet, périmé, usagé, usé, vétuste, vieillissant, vieillot, vieux* –LITTÉRAIRE: *immémorial, suranné* –VIEUX: *rococo.*
/ Qui est inhabituel. SYN. différent, hardi, inattendu, inconnu, inhabituel, insolite, révolutionnaire. CONTR. *banal, connu, éculé, familier, habituel, rebattu, traditionnel, usité* –FAMILIER: *réchauffé* –LITTÉRAIRE: *coutumier.*
/ Qui est depuis peu quelque part. SYN. frais émoulu, inexpérimenté, jeune, neuf, novice. CONTR. *compétent, expérimenté, formé, qualifié* –FAMILIER: *chevronné.*

nouveau *nom*
/ Personne arrivée depuis peu. SYN. apprenti, commençant, débutant, néophyte, novice –FAMILIER: bizut, bizuth, bleu, écolier. CONTR. *ancien* –FAMILIER: *vieux de la vieille* –LITTÉRAIRE: *vétéran.*

nouveauté *nom féminin*
/ Caractère récent. SYN. actualité. CONTR. *ancienneté, antiquité, archaïsme, vétusté* –LITTÉRAIRE: *vieillesse.*

/ Caractère inédit. SYN. audace, hardiesse, modernisme, originalité. CONTR. *banalité, platitude.*
/ Chose nouvelle. SYN. changement, innovation, modification, réforme, révolution, transformation. CONTR. *habitude, pli, rite, routine.*

nouvelle *nom féminin*
/ Annonce d'un événement. SYN. écho, information, renseignement, scoop – FAMILIER: info, tuyau.

nouvellement *adverbe*
/ Depuis peu de temps. SYN. dernièrement, fraîchement, récemment. CONTR. *anciennement, autrefois, jadis* – FAMILIER: *il y a belle lurette.*

nouvelles *nom féminin pluriel*
/ Informations données par les médias. SYN. actualités, informations, journal – FAMILIER: infos.

novateur *adjectif*
/ Qui tend à innover. SYN. créateur, créatif, innovant, innovateur, révolutionnaire. CONTR. *attardé, conservateur, passéiste, réactionnaire, rétrograde, routinier, traditionnel.*

novateur *nom*
/ Personne qui innove. SYN. créateur, initiateur, innovateur, inventeur, précurseur.

novice *adjectif*
/ Qui a peu d'expérience. SYN. débutant, ignorant, inexpérimenté, jeune, malhabile, neuf, nouveau. CONTR. *accompli, exercé, expérimenté, expert, habile* – FAMILIER: *chevronné.*

novice *nom*
/ Personne peu expérimentée. SYN. apprenti, commençant, débutant, néophyte, nouveau, profane – FAMILIER: bizut, bizuth, bleu, écolier – LITTÉRAIRE: bec-jaune, béjaune. CONTR. *ancien, expert* – FAMILIER: *vieux de la vieille* – LITTÉRAIRE: *vétéran.*

noyau *nom masculin*
/ Petit groupe de personnes. SYN. bande, cellule, clan, groupe – FAMILIER: clique.
/ Élément capital. SYN. base, centre, cœur, fond, fondement, nœud.

noyer *verbe*
/ Faire disparaître sous l'eau. SYN. engloutir, ensevelir, immerger, inonder, submerger.
/ Mouiller abondamment. SYN. arroser, asperger, baigner, inonder, tremper. CONTR. *assécher, sécher.*
/ Plonger dans la confusion. SYN. cacher, diluer, enrober, étouffer, masquer – LITTÉRAIRE: voiler.

noyer (se) *verbe pronominal*
/ Disparaître dans un tout. SYN. disparaître, se dissoudre, se fondre, se perdre, s'évanouir.
/ Se laisser submerger. SYN. patauger, perdre pied, se diluer, se perdre, s'embourber, s'empêtrer, s'enferrer, s'enliser – FAMILIER: s'enfoncer.
/ Mourir par immersion. SYN. couler, sombrer.

nu *adjectif*
/ Qui est sans vêtement. SYN. dans le plus simple appareil, dénudé, déshabillé, dévêtu, en costume d'Adam, en costume d'Ève – FAMILIER: à poil. CONTR. *couvert, habillé, vêtu.*
/ Dépourvu de poils, de cheveux. SYN. chauve, dégarni, glabre, imberbe, ras – FAMILIER: déplumé. CONTR. *barbu, chevelu, poilu, velu.*
/ Qui n'est pas revêtu d'un isolant. SYN. dénudé. CONTR. *garni, isolé, protégé.*
/ Qui est sans ornements. SYN. austère, monacal, simple, sobre. CONTR. *décoré, historié, orné, ornementé.*
/ Dépourvu de végétation. SYN. aride, défeuillé, pelé, ras, stérile – LITTÉRAIRE: chauve. CONTR. *feuillu, herbu, touffu.*

nuage *nom masculin*
/ Masse légère dans le ciel. SYN. brume, nébulosité, nuée – LITTÉRAIRE: nue.
/ Ce qui menace. SYN. danger, menace, péril, risque – LITTÉRAIRE: orage.
/ Très petite quantité. SYN. atome, bribe, brin, doigt, filet, goutte, grain, gramme, larme, miette, once, parcelle, pointe, soupçon, teinte, trace – LITTÉRAIRE: liard, ombre, trait – POPULAIRE: chouia. CONTR. *armée, avalanche, cascade, déluge, flot, foule, infinité, kyrielle, masse, monceau, montagne, multitude, myriade, nuée, pléiade, pluie, tas, torrent* – FAMILIER: *armada, cargaison, flopée, foultitude, paquet, pelletée, ribambelle, tapée* – LITTÉRAIRE: *averse, océan.*

nuageux *adjectif*
/ Enveloppé de nuages. SYN. chargé, couvert, gris, nébuleux, sombre, voilé. CONTR. *clair, dégagé, radieux* – LITTÉRAIRE: *serein.*

/ Qui manque de netteté. SYN. brouillé, brumeux, confus, flou, fumeux, incompréhensible, obscur, vague –LITTÉRAIRE: nébuleux, opaque, sibyllin. CONTR. *compréhensible, intelligible, limpide, lumineux, simple.*

nuance *nom féminin*

/ Chacun des tons d'une couleur. SYN. coloration, coloris, couleur, gradation, teinte, ton, tonalité.

/ Trace légère d'un sentiment. SYN. brin, grain, once, pointe, soupçon, touche.

nuancé *adjectif*

/ Qui contient des nuances. SYN. mesuré, modéré. CONTR. *cru, immodéré, outrancier, schématique.*

nuancer *verbe*

/ Ménager des gradations. SYN. dégrader, fondre, noyer.

/ Apporter des nuances à une opinion. SYN. changer, diversifier, modifier, varier.

/ Accompagner un sentiment de. SYN. corriger, mesurer, modérer –LITTÉRAIRE: colorer, teinter, tempérer.

nubile *adjectif*

/ Qui est en âge de se marier. SYN. formé, pubère –FAMILIER: mariable. CONTR. *impubère.*

nudité *nom féminin*

/ Absence d'ornements. SYN. austérité, dépouillement, sévérité, simplicité, sobriété. CONTR. *luxe, magnificence.*

nue *nom féminin*

/ LITTÉRAIRE. Espace céleste. SYN. ciel –LITTÉRAIRE: cieux, firmament, voûte azurée, voûte céleste, voûte éthérée.

/ LITTÉRAIRE. Ensemble de nuages. SYN. nébulosité, nuages, nuée.

nuée *nom féminin*

/ Gros nuage épais. SYN. nébulosité, nuage –LITTÉRAIRE: nue.

/ Multitude d'êtres, d'objets. SYN. armée, avalanche, bataillon, cascade, déluge, flot, flux, foule, horde, infinité, kyrielle, légion, masse, meute, monceau, montagne, multitude, myriade, quantité, tas –FAMILIER: armada, cargaison, flopée, foultitude –LITTÉRAIRE: averse, essaim, fourmilière. CONTR. *brin, gramme, peu, poignée* –POPULAIRE: *chouia.*

nuire *verbe*

/ Faire du tort à quelqu'un. SYN. compromettre, desservir, discréditer, faire du tort, léser, perdre, porter atteinte à, porter préjudice à –VIEUX: préjudicier à. CONTR. *assister, prêter main-forte, secourir, servir.*

/ Porter atteinte à l'organisme. SYN. affaiblir, détruire, faire du mal, ruiner.

/ Empêcher quelque chose. SYN. contrarier, contrecarrer, entraver, freiner, gêner, paralyser, ralentir, saborder –LITTÉRAIRE: blesser. CONTR. *avantager.*

nuisibilité *nom féminin*

/ Caractère nuisible. SYN. nocivité, nocuité. CONTR. *innocuité.*

nuisible *adjectif*

/ Qui fait tort à. SYN. contraire, dangereux, désastreux, désavantageux, dommageable, fatal, funeste, malfaisant, malsain, mauvais, néfaste, nocif, préjudiciable –LITTÉRAIRE: corrupteur, délétère, pernicieux. CONTR. *bienfaisant, bon, excellent, favorable, inoffensif, profitable, sain, salubre, salutaire, utile.*

nuit *nom féminin*

/ Obscurité profonde. SYN. assombrissement, noir, obscurcissement, obscurité –LITTÉRAIRE: opacité, ténèbres. CONTR. *jour, lumière.*

nul *adjectif*

/ Qui se réduit à rien. SYN. dérisoire, inexistant, infime, insignifiant, négatif.

/ Dépourvu d'intelligence. SYN. bête, faible, idiot, ignare, ignorant, incompétent, inepte, inintelligent, sot, stupide –FAMILIER: bouché –VIEUX: illettré. CONTR. *brillant, fort, génial, savant* –FAMILIER: *ferré, trapu.*

/ Qui est sans effet légal. SYN. caduc, invalidé. CONTR. *réel.*

/ Qui ne vaut rien. SYN. insignifiant, insuffisant, lamentable, mauvais, minable, raté –FAMILIER: à la gomme –POPULAIRE: à la manque, à la noix, à la noix de coco. CONTR. *admirable, bon, génial, mémorable, remarquable.*

nul *nom*

/ Personne incompétente. SYN. âne, bon à rien, idiot, ignare, incapable, incompétent, raté –FAMILIER: bûche, buse, cancre, crétin, minable, nullard, propre-à-rien, zéro –POPULAIRE: cloche, cornichon –VIEUX: illettré. CONTR. *ai-*

gle, cerveau, génie, prodige, virtuose –FAMILIER: *as, champion, crack* –LITTÉRAIRE: *lumière, phénix.*

nullard *nom*

/ FAMILIER. Personne nulle. SYN. bon à rien, incapable, nul, nullité, raté –FAMILIER: minable, propre-à-rien, zéro. CONTR. *aigle, cerveau, génie, prodige* –FAMILIER: *as, champion, crack* –LITTÉRAIRE: *lumière, phénix.*

nullement *adverbe*

/ En aucune manière. SYN. aucunement, guère, jamais, pas du tout, pas le moins du monde. CONTR. *au dernier point, bien, extrêmement, follement, fort, fortement, grandement, immensément, infiniment, prodigieusement, puissamment, terriblement, vraiment* –FAMILIER: *diablement, drôlement, fameusement, fichtrement, fichûment, formidablement* –LITTÉRAIRE: *diantrement, furieusement* –POPULAIRE: *sacrément, vachement.*

nullité *nom féminin*

/ Absence de compétence. SYN. bêtise, déficience, faiblesse, idiotie, ignorance, imbécillité, incapacité, incompétence, ineptie, inexistence, inintelligence, insuffisance, sottise, stupidité. CONTR. *habileté, mérite, perfection, valeur.*

/ Inefficacité d'un acte juridique. SYN. caducité, invalidité. CONTR. *validité.*

/ Personne sans compétence. SYN. âne, bon à rien, idiot, ignare, incapable, incompétent, raté –FAMILIER: bûche, buse, cancre, crétin, minable, nullard, zéro –POPULAIRE: cloche, cornichon –VIEUX: illettré. CONTR. *aigle, cerveau, génie, prodige, virtuose* –FAMILIER: *as, champion, crack* –LITTÉRAIRE: *lumière, phénix.*

nûment *adverbe*

/ LITTÉRAIRE. Sans déguisement. SYN. carrément, directement, franchement, simplement, sincèrement, vrai.

numéraire *nom masculin*

/ Pièces et billets de banque. SYN. argent comptant, espèces, espèces sonnantes et trébuchantes, liquide, liquidités –FAMILIER: ferraille, mitraille, sous –POPULAIRE: blé, fric, oseille, pognon.

numéro *nom masculin*

/ Partie d'un spectacle. SYN. attraction, exhibition, représentation, show, sketch, tour –FAMILIER: cinéma.

/ FAMILIER. Personne originale. SYN. phénomène –FAMILIER: gaillard, lascar, loustic, olibrius, pistolet, zèbre –LITTÉRAIRE: drôle –POPULAIRE: zig, zigoto, zigue.

numéroter *verbe*

/ Marquer d'un numéro. SYN. chiffrer, coter, folioter, paginer.

nutritif *adjectif*

/ Qui nourrit. SYN. copieux, nourrissant, riche, substantiel –FAMILIER: bourratif. CONTR. *diététique, frugal, sobre.*

oasis *nom féminin*

/ Lieu qui offre une détente. SYN. abri, asile, retraite –LITTÉRAIRE: éden, havre, port, refuge.

obédience *nom féminin*

/ Adhésion à une autorité. SYN. allégeance, dépendance, inféodation, obéissance, subordination –LITTÉRAIRE: sujétion. CONTR. *indépendance.*

obéir *verbe*

/ Se soumettre à une autorité. SYN. courber le dos, courber le front, courber l'échine, écouter, filer doux, marcher au doigt et à l'œil, observer, obtempérer, plier le genou, plier l'échine, respecter, se conformer à, se plier, s'exécuter, s'incliner –FAMILIER: marcher à la baguette. CONTR. *contrevenir, déroger, désobéir, enfreindre, négliger, résister, se cabrer, se rebeller, se révolter, se soustraire, s'insurger* –FAMILIER: *se rebiffer* –LITTÉRAIRE: *regimber.*

/ Céder à un sentiment. SYN. céder, écouter, satisfaire à, se plier, se soumettre –LITTÉRAIRE: ployer. CONTR. *contrarier, contrecarrer, mépriser, résister, s'opposer à.*

/ Fonctionner correctement. SYN. marcher, réagir, répondre à, suivre.

/ Être soumis à une force. SYN. subir, suivre. CONTR. *diriger, dominer, échapper, guider, régenter, régir.*

obéissance *nom féminin*

/ Aptitude à obéir. SYN. allégeance, discipline, docilité, esprit de subordination, obédience, soumission –LITTÉRAIRE: servilité. CONTR. *contestation, défi, désobéissance, indiscipline, indocilité, inobservation, insoumission, insubordination, rébellion, résistance, révolte* –LITTÉRAIRE: *fronde.*

obéissant *adjectif*

/ Qui obéit volontiers. SYN. discipliné, docile, doux, malléable, maniable, sage, soumis, souple. CONTR. *contestataire, désobéissant, dur, indiscipliné, indocile, indomptable, insoumis, insubordonné, rebelle, récalcitrant, réfractaire, rétif, révolté, têtu* –FAMILIER: *cabochard.*

obèse *adjectif*

/ Qui est trop gros. SYN. adipeux, énorme, fort, gras, gros, ventru –FAMILIER: bedonnant, pansu, ventripotent. CONTR. *décharné, efflanqué, élancé, maigre, menu, mince, squelettique* –LITTÉRAIRE: *émacié.*

obésité *nom féminin*

/ Excès de poids. SYN. adiposité, engraissement, grosseur –FAMILIER: rotondité. CONTR. *maigreur.*

objecter *verbe*

/ Mettre en avant un fait. SYN. alléguer, arguer, invoquer, opposer, prétexter, répliquer, rétorquer, riposter.

objectif *adjectif*

/ Dont la réalité s'impose. SYN. effectif, impersonnel, positif, scientifique. CONTR. *artificiel, individuel, personnel.*

o forme du o supérieur

/ Qui reste impartial. SYN. détaché, droit, exact, fidèle, impartial, juste, neutre, précis, réel, scrupuleux. CONTR. *arbitraire, chauvin, engagé, partial, partisan, prévenu, subjectif, tendancieux.*

objectif *nom masculin*

/ But à atteindre. SYN. cible, désir, dessein, fin, intention, mission, objet, visées, vocation, vues.

objection *nom féminin*

/ Fait d'objecter quelque chose. SYN. contestation, contradiction, critique, empêchement, inconvénient, observation, obstacle, opposition, protestation, réfutation, remarque, réplique, réponse. CONTR. *acquiescement, adhésion, approbation, assentiment.*

objectivement *adverbe*

/ De façon objective. SYN. exactement, fidèlement, froidement, impartialement, réellement, scientifiquement, scrupuleusement. CONTR. *à l'aveuglette, arbitrairement, aveuglément, partialement, subjectivement, tendancieusement.*

objectiver *verbe*

/ Donner une forme concrète à. SYN. concrétiser, extérioriser, manifester, matérialiser, réaliser.

objectivité *nom féminin*

/ Caractère objectif. SYN. détachement, impartialité, neutralité. CONTR. *aveuglement, chauvinisme, fanatisme, partialité, passion, subjectivité.*

/ Conformité à la réalité. SYN. authenticité, exactitude, fidélité, véracité, vérité –LITTÉRAIRE: véridicité. CONTR. *parti pris, partialité.*

objet *nom masculin*

/ Toute chose concrète. SYN. chose, corps.

/ Chose fabriquée par l'homme. SYN. article, production, produit, ustensile.

/ Ce sur quoi porte une activité. SYN. fond, matière, propos, substance, sujet, thème –LITTÉRAIRE: essence. CONTR. *forme.*

/ But d'une action. SYN. but, dessein, fin, motif, objectif, visée.

objurgation *nom féminin*

/ LITTÉRAIRE. Mise en garde sévère. SYN. avertissement, observation, remontrance, réprimande, reproche, semonce –LITTÉRAIRE: admonestation, mercuriale. CONTR. *encouragement.*

/ LITTÉRAIRE. Prière pressante. SYN. adjuration, conjuration, requête –LITTÉRAIRE: imploration, supplication.

obligation *nom féminin*

/ Nécessité imposée. SYN. charge, coercition, contrainte, corvée, devoir, engagement, impératif, loi, nécessité, pensum, règle, tâche –LITTÉRAIRE: astreinte. CONTR. *choix, dispense, exemption, faculté, loisir, possibilité.*

/ LITTÉRAIRE. Sentiment de reconnaissance. SYN. gratitude, reconnaissance. CONTR. *ingratitude* –VIEUX: *méconnaissance.*

obligatoire *adjectif*

/ Imposé par une loi. SYN. certain, de rigueur, exigé, imposé, indispensable, nécessaire, requis, sûr. CONTR. *facultatif, libre, volontaire.*

/ Qui doit se produire. SYN. fatal, forcé, immanquable, incontournable, inéluctable, inévitable, inexorable, obligé.

obligatoirement *adverbe*

/ D'une façon obligatoire. SYN. certainement, impérativement, impérieusement, indispensablement, mathématiquement, nécessairement. CONTR. *facultativement.*

/ De manière inévitable. SYN. fatalement, forcément, immanquablement, inéluctablement, inévitablement, inexorablement, infailliblement, sûrement. CONTR. *éventuellement.*

obligé *adjectif*

/ Qui est inévitable. SYN. imposé, incontournable, indispensable, inévitable, nécessaire, obligatoire.

/ Qui est dans l'obligation de. SYN. engagé, forcé, lié, tenu. CONTR. *libre.*

/ Qui exprime sa reconnaissance. SYN. reconnaissant, redevable. CONTR. *ingrat, oublieux.*

obligeamment *adverbe*

/ Avec obligeance. SYN. affablement, aimablement, complaisamment, élégamment, gentiment, gracieusement. CONTR. *égoïstement, malignement.*

obligeance *nom féminin*

/ Disposition à rendre service. SYN. affabilité, amabilité, attention, bienveillance, bonté, complaisance, gentillesse, prévenance, serviabilité –LITTÉRAIRE: aménité, gracieuseté. CONTR. *égoïsme, malveillance* –LITTÉRAIRE: *désobligeance, malignité.*

obligeant *adjectif*
/ Qui rend service avec plaisir. SYN. accueillant, affable, agréable, aimable, bienveillant, bon, complaisant, gentil, prévenant, serviable –FAMILIER: chic –LITTÉRAIRE: amène, secourable. CONTR. *déplaisant, désobligeant, égoïste, indifférent, malveillant* –LITTÉRAIRE: *venimeux.*

obliger *verbe*
/ Lier par un contrat. SYN. assujettir, enchaîner, engager, lier.
/ Forcer quelqu'un à. SYN. acculer, condamner, contraindre, entraîner, forcer, imposer, réduire –LITTÉRAIRE: astreindre. CONTR. *décharger, dégager, dispenser, exempter, libérer.*
/ Rendre service à quelqu'un. SYN. aider, assister, servir –FAMILIER: dépanner. CONTR. *desservir, nuire.*

obliger (s') *verbe pronominal*
/ Se mettre dans la nécessité de. SYN. s'astreindre, se contraindre, se forcer, s'imposer. CONTR. *en prendre à son aise, ne pas se gêner, n'en faire qu'à sa tête, se dispenser, se soustraire à.*

oblique *adjectif*
/ Qui est dévié. SYN. en biais, en diagonale. CONTR. *droit, perpendiculaire, rectiligne, vertical.*
/ Se dit d'un regard sournois. SYN. en coin, en dessous, indirect, tortueux, torve. CONTR. *direct, droit, franc.*

obliquement *adverbe*
/ De façon oblique. SYN. de biais, de côté, de travers, en biais, en diagonale –FAMILIER: de guingois –POPULAIRE: de traviole. CONTR. *à la verticale, droit, horizontalement, perpendiculairement, verticalement.*
/ De façon sournoise. SYN. en coin, hypocritement, sournoisement, tortueusement –LITTÉRAIRE: perfidement. CONTR. *directement, franchement, loyalement, ouvertement.*

obliquer *verbe*
/ Prendre une autre direction. SYN. braquer, dévier, pivoter, se détourner, se rabattre, tourner, virer.

obnubilé *adjectif*
/ Qui est obsédé par. SYN. intoxiqué, obsédé, soucieux.

obnubiler *verbe*
/ Occuper entièrement l'esprit. SYN. assaillir, dévorer, hanter, lanciner, miner, obséder, poursuivre, ronger, tarauder, tenailler, torturer, tourmenter, tracasser, travailler –FAMILIER: tarabuster, turlupiner –LITTÉRAIRE: habiter, posséder.

obole *nom féminin*
/ Très petite somme. SYN. aumône, centime, maravédis –FAMILIER: rond, sou –LITTÉRAIRE: liard.

obscène *adjectif*
/ Qui blesse la pudeur. SYN. cru, dégoûtant, graveleux, grossier, immoral, impudique, indécent, licencieux, ordurier, pornographique, sale, scabreux, trivial –FAMILIER: gras, porno –LITTÉRAIRE: déshonnête, orgiaque, salace. CONTR. *chaste, convenable, correct, décent, honnête, moral, prude, pudique, pur.*

obscénité *nom féminin*
/ Caractère obscène. SYN. grossièreté, immoralité, inconvenance, indécence, trivialité, vulgarité –LITTÉRAIRE: impudicité, licence, salacité –VIEUX: gravelure. CONTR. *candeur, chasteté, décence, honnêteté, innocence, pruderie, pudeur* –LITTÉRAIRE: *pudicité.*
/ Action, parole obscène. SYN. gros mot, inconvenance, indécence, ordure, vulgarité –FAMILIER: saleté –POPULAIRE: cochonnerie, saloperie.

obscur *adjectif*
/ Se dit d'un lieu sans lumière. SYN. noir, opaque, sombre –LITTÉRAIRE: crépusculaire, ombreux, ténébreux. CONTR. *clair, éblouissant, ensoleillé, lumineux, radieux.*
/ Difficile à comprendre. SYN. abscons, ambigu, cabalistique, confus, difficile, énigmatique, équivoque, ésotérique, fumeux, hermétique, impénétrable, inaccessible, incompréhensible, indistinct, inexplicable, inintelligible, insaisissable, insondable, irraisonné, mystérieux, nuageux –FAMILIER: vaseux –LITTÉRAIRE: abstrus, amphigourique, fuligineux, nébuleux, opaque, sibyllin, ténébreux. CONTR. *accessible, clair, compréhensible, distinct, explicite, facile, in-*

telligible, limpide, lumineux, manifeste, net, précis, raisonné, réfléchi, simple, transparent.

/ Qui reste dans l'ombre. SYN. humble, ignoré, innomé, innommé, méconnu, oublié. CONTR. *célèbre, connu, extraordinaire, glorieux, historique, illustre, important, prestigieux, renommé, réputé* –LITTÉRAIRE: *fameux.*

obscurcir *verbe*

/ Rendre obscur. SYN. assombrir, brunir, estomper, foncer, occulter –LITTÉRAIRE: enténébrer, ombrer, voiler. CONTR. *éclaircir, éclairer, illuminer* –LITTÉRAIRE: *brillanter, embraser.*

/ Rendre confus. SYN. brouiller, compliquer, embrouiller, emmêler, troubler. CONTR. *clarifier, débrouiller, décanter, déchiffrer, démêler, dénouer, éclaircir, élucider, simplifier.*

obscurcir (s') *verbe pronominal*

/ Devenir obscur. SYN. noircir, s'assombrir, se brouiller, se couvrir, se noircir, se voiler –LITTÉRAIRE: se rembrunir. CONTR. *briller, se lever, s'éclaircir.*

obscurcissement *nom masculin*

/ État de ce qui est obscur. SYN. assombrissement, nuit, obscurité, ombre –LITTÉRAIRE: opacité, ténèbres. CONTR. –LITTÉRAIRE: *éclairement.*

obscurément *adverbe*

/ De façon confuse. SYN. confusément, mystérieusement, vaguement. CONTR. *clairement, expressément, franchement, manifestement, nettement, notoirement, véritablement, visiblement, vraiment.*

/ De manière inconnue. SYN. anonymement, clandestinement, furtivement, incognito, officieusement, secrètement. CONTR. *officiellement.*

obscurité *nom féminin*

/ Absence de lumière. SYN. nuit, obscurcissement, ombre –LITTÉRAIRE: noirceur, opacité, ténèbres. CONTR. *clarté, jour, lumière, luminosité.*

/ Manque de clarté. SYN. ambiguïté, amphibologie, confusion, difficulté, équivoque, ésotérisme, hermétisme, impénétrabilité –LITTÉRAIRE: incompréhensibilité, nébulosité, ténèbres. CONTR. *clarté, limpidité, simplicité, transparence.*

/ État de ce qui est douteux. SYN. brouillard, incertitude, indétermination, précarité –LITTÉRAIRE: vague. CONTR. *assurance, certitude.*

/ LITTÉRAIRE. Absence de notoriété. SYN. anonymat, incognito. CONTR. *célébrité, gloire, notoriété, popularité, renom, renommée, réputation.*

obsédant *adjectif*

/ Qui tourmente l'esprit. SYN. entêtant, harcelant, lancinant, tracassant.

obsédé *adjectif*

/ En proie à une obsession. SYN. intoxiqué, obnubilé, tourmenté, tracassé –LITTÉRAIRE: plein.

obséder *verbe*

/ S'imposer sans cesse à l'esprit. SYN. assaillir, dévorer, hanter, harceler, hypnotiser, lanciner, obnubiler, poursuivre, tenailler, torturer, tourmenter, tracasser, travailler, tyranniser –FAMILIER: tarabuster, turlupiner –LITTÉRAIRE: habiter, posséder. CONTR. *abandonner, délaisser, ignorer, négliger* –LITTÉRAIRE: *quitter.*

obsèques *nom féminin pluriel*

/ Cérémonie funèbre. SYN. enterrement, funérailles, inhumation –LITTÉRAIRE: sépulture.

obséquieux *adjectif*

/ Qui marque trop de respect. SYN. cérémonieux, flatteur, plat, rampant, servile, soumis –LITTÉRAIRE: adulateur, encenseur, flagorneur, louangeur, révérencieux, serf. CONTR. *condescendant, fier, hautain, rogue.*

obséquiosité *nom féminin*

/ Excès de politesse. SYN. complaisance, flatterie, platitude –FAMILIER: courbette –LITTÉRAIRE: adulation, flagornerie, révérence, servilité. CONTR. *condescendance.*

observance *nom féminin*

/ LITTÉRAIRE. Action d'observer une règle. SYN. observation, respect, rite, soumission. CONTR. *entorse, inobservation, manquement, oubli, transgression, violation* –LITTÉRAIRE: *viol.*

observateur *adjectif*

/ Qui regarde avec attention. SYN. attentif, investigateur, pénétrant, physionomiste –LITTÉRAIRE: scrutateur.

observation *nom féminin*
- Fait d'observer une règle. SYN. respect, soumission –LITTÉRAIRE: observance. CONTR. *inobservation, manquement, transgression, violation* –LITTÉRAIRE: *viol.*
- Action d'observer. SYN. enquête, examen, investigation, surveillance.
- Compte rendu. SYN. appréciation, commentaire, considération, constatation, notation, pensée, propos, réflexion, remarque.
- Légère réprimande. SYN. avertissement, critique, gronderie, objection, remarque, remontrance, reproche –LITTÉRAIRE: objurgation. CONTR. *compliment, éloge.*

observer *verbe*
- Respecter une règle. SYN. accomplir, exécuter, obéir, pratiquer, respecter, satisfaire, se conformer à, se plier à, se soumettre à, s'en tenir à, suivre –LITTÉRAIRE: garder. CONTR. *braver, contrevenir à, déroger, désobéir, enfreindre, manquer à, mépriser, négliger, oublier, profaner, s'éloigner, tourner, trahir, transgresser, violer.*
- Regarder attentivement. SYN. considérer, contempler, dévisager, examiner, fixer, regarder, scruter, surveiller, toiser –FAMILIER: reluquer –POPULAIRE: zieuter, zyeuter.
- Remarquer quelque chose. SYN. découvrir, enregistrer, noter, s'apercevoir, s'aviser de, voir.
- Dire quelque chose. SYN. constater, dire, faire, relever, remarquer.

observer (s') *verbe pronominal*
- Surveiller ses réactions. SYN. se contrôler, se dominer, se maîtriser, se surveiller.
- Se laisser voir. SYN. se manifester, se rencontrer, se trouver, se voir.
- S'étudier mutuellement. SYN. s'analyser, se surveiller, s'épier, s'étudier.

obsession *nom féminin*
- Ce qui obsède. SYN. cauchemar, hantise, idée fixe, inquiétude, manie, marotte, préoccupation –FAMILIER: maladie.

obsolescence *nom féminin*
- LITTÉRAIRE. Fait d'être périmé. SYN. archaïsme –LITTÉRAIRE: désuétude. CONTR. *modernité.*

obsolète *adjectif*
- Frappé d'obsolescence. SYN. abandonné, archaïque, caduc, démodé, dépassé, désuet, hors d'âge, obsolescent, périmé, poussiéreux, retardataire, vétuste, vieilli, vieux –LITTÉRAIRE: suranné. CONTR. *moderne, nouveau.*

obstacle *nom masculin*
- Ce qui s'oppose à la marche. SYN. barrage, barricade, barrière, écueil, fossé.
- Ce qui retarde une action. SYN. accroc, danger, difficulté, embarras, empêchement, entrave, gêne, objection, opposition, pierre d'achoppement, résistance –FAMILIER: anicroche, os –LITTÉRAIRE: écueil, frein, traverse. CONTR. *facilité.*

obstination *nom féminin*
- Action de persévérer. SYN. acharnement, entêtement, esprit de suite, fermeté, insistance, persévérance, persistance, suite dans les idées, ténacité –LITTÉRAIRE: constance, opiniâtreté. CONTR. *abandon, capitulation, découragement, désistement* –LITTÉRAIRE: *versatilité.*

obstiné *adjectif*
- Qui montre de l'obstination. SYN. acharné, buté, constant, coriace, entêté, insistant, opiniâtre, patient, persévérant, résolu, tenace, têtu, volontaire. CONTR. *capricieux, changeant, inconstant, irrésolu, lunatique, souple, velléitaire, versatile* –LITTÉRAIRE: *ondoyant.*

obstinément *adverbe*
- Avec obstination. SYN. d'arrache-pied, farouchement, opiniâtrement –LITTÉRAIRE: tenacement.

obstiner (s') *verbe pronominal*
- S'attacher avec ténacité. SYN. continuer, insister, ne pas démordre de, persévérer, persister, poursuivre, résister, s'acharner, s'attacher, se buter, s'entêter, tenir –LITTÉRAIRE: s'opiniâtrer. CONTR. *capituler, céder, fléchir, renoncer, s'incliner.*

obstruction *nom féminin*
- Entrave à quelque chose. SYN. barrage, blocage, embarras, opposition.
- Action de boucher quelque chose. SYN. engorgement, obturation, occlusion.

obstruer *verbe*
- Boucher par un obstacle. SYN. barrer, bloquer, boucher, couper, embouteiller, encombrer, engorger, entraver, faire écran, freiner, gê-

ner, paralyser, ralentir, stopper. CONTR. *débloyer, déboucher, désobstruer, libérer, ouvrir.*

obtempérer *verbe*

/ Obéir à un ordre. SYN. céder, obéir, se conformer à, se plier, se soumettre, s'exécuter, s'incliner – LITTÉRAIRE : déférer à. CONTR. *contrevenir, désobéir, discuter, enfreindre, transgresser.*

obtenir *verbe*

/ Réussir à avoir une chose. SYN. acquérir, avoir, dénicher, recevoir, recueillir, se procurer. CONTR. *perdre.*

/ Atteindre un résultat. SYN. conquérir, remporter – FAMILIER : décrocher – VIEUX : emporter. CONTR. *manquer, rater.*

obtention *nom féminin*

/ Fait d'obtenir. SYN. acquisition, conquête, impétration.

/ Fait de produire un résultat. SYN. création, production, réalisation.

obturation *nom féminin*

/ Fait d'obturer. SYN. colmatage, engorgement, obstruction. CONTR. *ouverture.*

obturer *verbe*

/ Boucher hermétiquement. SYN. aveugler, bloquer, boucher, calfater, calfeutrer, colmater, combler, condamner, luter, plomber.

obtus *adjectif*

/ Qui manque de finesse. SYN. balourd, bête, borné, épais, inintelligent, lourdaud, pesant, stupide – FAMILIER : bouché, débile, lourd. CONTR. *aigu, clairvoyant, fin, intelligent, pénétrant, perspicace, profond, rapide, sagace* – LITTÉRAIRE : *prompt.*

obvier *verbe*

/ LITTÉRAIRE. Faire obstacle à. SYN. éviter, faire face, pallier, parer, prévenir, remédier.

occasion *nom féminin*

/ Circonstance heureuse. SYN. cas, conjoncture, moment, occurrence, temps.

/ Contexte exceptionnel. SYN. aubaine, chance, coïncidence, facilité, opportunité, possibilité.

occasionnel *adjectif*

/ Qui arrive par hasard. SYN. accidentel, adventice, casuel, contingent, fortuit. CONTR. *fondamental, organisé, prévu, régulier, voulu.*

/ Qui est tel par occasion. SYN. épisodique, exceptionnel, inhabituel, intermittent. CONTR. *attitré, fidèle, habituel.*

occasionnellement *adverbe*

/ Par occasion. SYN. accidentellement, de temps à autre, de temps en temps, épisodiquement, exceptionnellement, fortuitement, incidemment, inégalement, par accès, par à-coups, par instants, par intermittence, par intervalles, par moments, parfois, rarement, sporadiquement, variablement. CONTR. *à longueur de temps, à tout instant, à tout propos, constamment, continuellement, en permanence, fréquemment, habituellement, immuablement, indéfiniment, invariablement, ordinairement, quotidiennement, régulièrement, sans arrêt, sans cesse, sans discontinuer, sans interruption, sans relâche, sans répit, sans souffler, sans trêve, toujours* – LITTÉRAIRE : *continûment.*

occasionner *verbe*

/ Être la cause de. SYN. amener, apporter, attirer, causer, coûter, créer, déclencher, déterminer, donner lieu à, donner matière à, engendrer, entraîner, impliquer, induire, motiver, opérer, produire, provoquer, susciter, valoir. CONTR. *épargner, éviter.*

occident *nom masculin*

/ Côté où le soleil se couche. SYN. couchant, ouest – VIEUX : ponant. CONTR. *est, levant, orient.*

occire *verbe*

/ LITTÉRAIRE. Faire mourir. SYN. abattre, assassiner, égorger, éliminer, envoyer ad patres, exécuter, massacrer, tuer – FAMILIER : trucider – LITTÉRAIRE : immoler – POPULAIRE : buter, descendre, faire la peau, flinguer, ratatiner, rectifier, refroidir, zigouiller – VIEUX : suriner.

occulte *adjectif*

/ Qui agit de façon secrète. SYN. caché, clandestin, furtif, larvé, latent, officieux, secret, sourd, sous-jacent, souterrain – LITTÉRAIRE : dormant. CONTR. *avoué, manifeste, notoire, patent, public, reconnu, visible.*

occulter *verbe*

/ Dissimuler quelque chose. SYN. cacher, dissimuler, éclipser, intercepter, masquer, passer sous silence, refouler, taire – LITTÉRAIRE : celer. CONTR. *avertir, confesser, confier, déclarer, dévoiler, dire, divulguer, exprimer, révéler* – FAMILIER : *déballer* – LITTÉRAIRE : *déceler.*

occupant *nom masculin*

/ Personne qui occupe un lieu. SYN. habitant, locataire, propriétaire.

occupation *nom féminin*

/ Action d'occuper un lieu. SYN. conquête, enlèvement, envahissement, invasion, prise de possession. CONTR. *évacuation, libération.*

/ Ce à quoi on occupe son temps. SYN. activité, affairement, besogne, distraction, divertissement, loisir, passe-temps, tâche, travail. CONTR. *désœuvrement, inaction, inactivité, inoccupation, oisiveté, repos.*

occupé *adjectif*

/ Qui est sous domination étrangère. SYN. conquis, envahi. CONTR. *libéré.*

/ Qui a des habitants. SYN. habité, loué, pris, retenu. CONTR. *inoccupé, libre, vacant.*

/ Qui n'est pas disponible. SYN. actif, affairé, bousculé, débordé, empêché, pris, surchargé. CONTR. *désœuvré, disponible, inactif, inoccupé, oisif.*

occuper *verbe*

/ Prendre possession d'un lieu. SYN. coloniser, conquérir, envahir, investir, prendre, s'approprier. CONTR. *abandonner, évacuer, quitter.*

/ Avoir l'usage d'un lieu. SYN. habiter, loger, résider, séjourner.

/ Être à tel poste. SYN. avoir, détenir, exercer, tenir. CONTR. *perdre, se défaire, se démettre.*

/ Employer son temps à. SYN. meubler, passer, remplir.

/ Absorber quelqu'un. SYN. accaparer, hanter, monopoliser, prendre, travailler – LITTÉRAIRE : habiter.

/ Donner une occupation à. SYN. amuser, distraire, employer, intéresser.

occuper (s') *verbe pronominal*

/ Appliquer son activité à. SYN. agir, œuvrer, s'activer, s'adonner, s'appliquer, s'atteler à, se charger, s'employer, s'évertuer, travailler à, veiller à. CONTR. *fainéanter, paresser, se reposer* – FAMILIER : *buller, flemmarder* – POPULAIRE : *glander.*

/ Consacrer ses soins à. SYN. écouter, penser à, prendre soin de, s'attacher, se consacrer à, se préoccuper, se soucier de, servir, s'intéresser à, songer, traiter, vaquer, veiller sur. CONTR. *abandonner, délaisser, négliger, se désintéresser de* – FAMILIER : *laisser tomber.*

/ Avoir comme objet. SYN. aborder, porter sur, toucher, traiter.

océan *nom masculin*

/ LITTÉRAIRE. Grande quantité de. SYN. abîme, déluge, flot, flux, gouffre, masse, mer. CONTR. *atome, doigt, filet, goutte, grain, larme, nuage, soupçon* – LITTÉRAIRE : *ombre, trait.*

ocellé *adjectif*

/ Qui porte des taches. SYN. moucheté, tacheté, tigré – LITTÉRAIRE : marqueté, piqueté.

octroyer *verbe*

/ Accorder quelque chose. SYN. accorder, allouer, attribuer, céder, concéder, conférer, consentir, distribuer, donner, gratifier, nantir, pourvoir, procurer – FAMILIER : lâcher – LITTÉRAIRE : impartir. CONTR. *refuser, retirer.*

octroyer (s') *verbe pronominal*

/ S'accorder quelque chose. SYN. s'adjuger, s'approprier, s'attribuer, s'emparer, s'offrir – LITTÉRAIRE : s'arroger – POPULAIRE : s'envoyer.

odeur *nom féminin*

/ Émanation volatile. SYN. arôme, bouquet, effluve, émanation, exhalaison, fragrance, fumet, parfum, relent – LITTÉRAIRE : senteur.

odieusement *adverbe*

/ De façon odieuse. SYN. abjectement, abominablement, affreusement, atrocement, cruellement, épouvantablement, hideusement, horriblement, ignoblement, insupportablement, monstrueusement. CONTR. *adorablement, divinement, magnifiquement, merveilleusement* – LITTÉRAIRE : *sublimement.*

odieux *adjectif*

/ Qui excite l'indignation. SYN. abject, abominable, atroce, dégoûtant, diabolique, horrible, ignoble, immonde, infâme, innommable, inqualifiable, intolérable, monstrueux, révoltant –LITTÉRAIRE: exécrable –POPULAIRE: dégueulasse. CONTR. *admirable, adorable, magnifique, merveilleux.*

/ Qui est méchant. SYN. antipathique, épouvantable, infernal, insupportable, méchant, terrible –FAMILIER: imbuvable, impossible, invivable, satané. CONTR. *adorable, charmant, gentil, sage, sympathique* –FAMILIER: *possible.*

/ Qui déplaît. SYN. abominable, désagréable, détestable, exécrable, haïssable, maudit. CONTR. *agréable, exquis, plaisant.*

odorant *adjectif*

/ Qui a une odeur agréable. SYN. aromatique, odoriférant, parfumé. CONTR. *infect, malodorant, méphitique, nauséabond, pestilentiel, puant.*

odoriférant *adjectif*

/ Qui répand une odeur. SYN. aromatique, odorant, parfumé. CONTR. *inodore.*

œil *nom masculin*

/ Regard attentif. SYN. attention, contrôle, regard, surveillance, vigilance.

œillères *nom féminin pluriel*

/ Opinions préconçues. SYN. parti pris, préjugés, préventions.

œuvre *nom féminin*

/ Travail effectué. SYN. action, besogne, entreprise, ouvrage, production, réalisation, tâche, travail –LITTÉRAIRE: labeur.

/ Production littéraire. SYN. écrit, livre, ouvrage –FAMILIER: bouquin.

œuvrer *verbe*

/ Travailler à réaliser. SYN. s'appliquer à, s'efforcer de, s'employer à, s'escrimer à, s'évertuer à, s'ingénier à, s'occuper à, travailler.

offensant *adjectif*

/ Qui blesse la dignité. SYN. amer, blessant, choquant, humiliant, injurieux, insultant, outrageant, vexant, vexatoire –LITTÉRAIRE: âcre. CONTR. *affable, aimable, cordial, flatteur, gentil, laudatif* –LITTÉRAIRE: *flagorneur.*

offense *nom féminin*

/ Parole, action qui blesse. SYN. affront, attentat, blessure, froissement, humiliation, insulte, mortification, outrage, vexation –LITTÉRAIRE: avanie, camouflet, injure, soufflet. CONTR. *bienfait, compliment* –LITTÉRAIRE: *encens.*

offensé *adjectif*

/ LITTÉRAIRE. Qui a subi une offense. SYN. choqué, froissé, humilié, indigné, offusqué, outragé, outré, scandalisé, vexé –LITTÉRAIRE: blessé.

offenser *verbe*

/ Blesser la dignité de. SYN. atteindre, blesser, choquer, désobliger, faire affront, froisser, humilier, injurier, insulter, mécontenter, mortifier, offusquer, outrager, outrer, traîner dans la boue, vexer –LITTÉRAIRE: piquer. CONTR. *respecter* –LITTÉRAIRE: *révérer.*

offenser (s') *verbe pronominal*

/ LITTÉRAIRE. Se juger blessé. SYN. se choquer, se formaliser, se froisser, se hérisser, se scandaliser, se vexer, s'indigner, s'offusquer –LITTÉRAIRE: se blesser, se piquer.

offenseur *nom masculin*

/ Personne qui offense. SYN. agresseur, assaillant, attaquant, insulteur. CONTR. *offensé, outragé, victime.*

offensif *adjectif*

/ Prompt à l'attaque. SYN. agressif, batailleur, belliqueux, combatif –FAMILIER: bagarreur –LITTÉRAIRE: pugnace. CONTR. *calme, défensif, pacifique.*

offensive *nom féminin*

/ Action d'attaquer. SYN. assaut, attaque, bataille, campagne, charge, croisade, guerre, lutte, opération. CONTR. *défense, défensive.*

office *nom masculin*

/ LITTÉRAIRE. Fonction exercée. SYN. besogne, charge, emploi, métier, mission, place, position, poste, tâche.

/ Rituel religieux. SYN. cérémonie, culte, service.

officiel *adjectif*

/ Organisé par les autorités. SYN. gouvernemental, protocolaire, public, solennel. CONTR. *privé.*

/ Publiquement reconnu. SYN. accrédité, authentifié, authentique, autorisé, avéré, certifié, confirmé, reconnu. CONTR. *officieux, sous-jacent, souterrain.*

/ Qui est donné pour vrai. SYN. consacré, conventionnel, rituel, usuel. CONTR. *apocryphe, fantaisiste, faux.*

officiellement *adverbe*

/ De façon officielle. SYN. en public, expressément, formellement, ouvertement, publiquement. CONTR. *confidentiellement, discrètement, en cachette, en privé, en tapinois, incognito, obscurément, officieusement, secrètement* –LITTÉRAIRE: *subrepticement.*

officieusement *adverbe*

/ De façon officieuse. SYN. confidentiellement, discrètement, en cachette, en privé, en tapinois, incognito, obscurément, secrètement –LITTÉRAIRE: subrepticement. CONTR. *à découvert, en public, expressément, formellement, officiellement, ouvertement, publiquement.*

officieux *adjectif*

/ Non encore reconnu publiquement. SYN. occulte, présumé, prétendu, sous-jacent. CONTR. *autorisé, confirmé, officiel, reconnu.*

offrande *nom féminin*

/ Don volontaire. SYN. aumône, cadeau, charité, don, libéralités, secours –LITTÉRAIRE: présent.

offre *nom féminin*

/ Fait d'offrir quelque chose. SYN. ouverture, proposition, suggestion. CONTR. *demande, refus.*

offrir *verbe*

/ Remettre en cadeau. SYN. céder, dédier, donner, faire cadeau, gratifier. CONTR. *accepter, recevoir.*

/ Mettre à la disposition de. SYN. proposer. CONTR. *demander, exiger, quémander, refuser, rendre, solliciter.*

/ Exposer à quelque chose. SYN. dérouler, étaler, exposer, présenter. CONTR. *cacher, dissimuler* –LITTÉRAIRE: *dérober.*

/ Donner lieu à quelque chose. SYN. comporter, fournir, laisser, ménager, présenter, procurer.

offrir (s') *verbe pronominal*

/ S'accorder un plaisir. SYN. s'accorder, se donner, se ménager, se payer, s'octroyer. CONTR. *se refuser, s'interdire.*

/ S'exposer à quelque chose. SYN. apparaître, se montrer, se produire, surgir. CONTR. *se cacher, se dissimuler.*

offusqué *adjectif*

/ Qui est choqué par. SYN. indigné, outré –LITTÉRAIRE: blessé, offensé.

offusquer *verbe*

/ Choquer quelqu'un. SYN. atteindre, blesser, choquer, faire affront, froisser, heurter, humilier, mortifier, offenser, outrager, outrer, scandaliser –LITTÉRAIRE: piquer. CONTR. *édifier.*

offusquer (s') *verbe pronominal*

/ Se choquer de quelque chose. SYN. se choquer, se formaliser, se froisser, se hérisser, se scandaliser, s'indigner –LITTÉRAIRE: se blesser, se piquer, s'offenser.

oie *nom féminin*

/ FAMILIER. Personne sotte. SYN. âne, idiot, imbécile, nigaud –FAMILIER: abruti, andouille, ballot, bêta, bûche, buse, crétin, empaillé, noix, poire, serin –POPULAIRE: banane, cloche, cornichon, gland, nouille.

oiseau *nom masculin*

/ FAMILIER. Individu singulier. SYN. –FAMILIER: citoyen, coco, gaillard, pistolet, type, zèbre –POPULAIRE: zigoto.

oiseux *adjectif*

/ Sans intérêt. SYN. byzantin, futile, inutile, stérile, superflu –LITTÉRAIRE: superfétatoire, vain. CONTR. *capital, essentiel, fondamental, profond.*

oisif *adjectif*

/ Qui n'a pas d'occupation. SYN. désœuvré, inactif, inoccupé. CONTR. *actif, affairé, occupé, studieux, surchargé* –LITTÉRAIRE: *laborieux.*

oisiveté *nom féminin*

/ État de quelqu'un d'oisif. SYN. désœuvrement, fainéantise, inaction, inactivité, inoccupation, nonchalance, paresse –FAMILIER: farniente. CONTR. *activité, affairement, besogne, occupation, travail* –LITTÉRAIRE: *labeur.*

olé olé *adjectif*

/ FAMILIER. Qui est assez libre. SYN. coquin, croustillant, cru, égrillard, gaillard, gaulois, graveleux, grivois, leste, libre, licencieux, osé, paillard, polisson, scabreux –FAMILIER: cochon –LITTÉRAIRE: salace. CONTR. *chaste, prude, pudibond, pudique.*

olibrius *nom masculin*

/ FAMILIER. Individu excentrique. SYN. excentrique, individu, original, phénomène –FAMILIER: numéro –LITTÉRAIRE: rodomont.

olivâtre *adjectif*

/ Se dit d'un teint verdâtre. SYN. bistré, brunâtre, cireux, livide, plombé, terreux, verdâtre, vert. CONTR. *rouge, rougeaud* –LITTÉRAIRE: *rubicond.*

olympien *adjectif*

/ LITTÉRAIRE. Qui en impose. SYN. hiératique, imperturbable, imposant, jupitérien, majestueux, noble, serein –LITTÉRAIRE: auguste, marmoréen.

ombrage *nom masculin*

/ Feuillage épais. SYN. feuillage, ramure –LITTÉRAIRE: couvert, ramée.

/ Ombre produite. SYN. ombre, pénombre –LITTÉRAIRE: opacité.

ombrager *verbe*

/ Couvrir d'une ombre. SYN. couvrir, noircir –LITTÉRAIRE: ombrer.

ombrageux *adjectif*

/ Se dit d'un animal qui a peur. SYN. craintif, peureux, vicieux.

/ Qui s'alarme facilement. SYN. défiant, difficile, excitable, irascible, jaloux, méfiant, pointilleux, soupçonneux, susceptible –FAMILIER: chatouilleux. CONTR. *bonhomme, conciliant, coulant* –LITTÉRAIRE: *débonnaire.*

ombre *nom féminin*

/ Situation effacée. SYN. clandestinité, mystère, oubli, secret –LITTÉRAIRE: obscurité. CONTR. *renom, renommée.*

/ Zone sombre. SYN. demi-jour, obscurcissement, obscurité, ombrage, pénombre –LITTÉRAIRE: couvert, ténèbres. CONTR. *clarté, éclairage, lumière.*

/ LITTÉRAIRE. Très petite quantité de. SYN. atome, bribe, brin, doigt, filet, goutte, grain, gramme, larme, miette, nuage, once, parcelle, pointe, semblant, soupçon, teinte, trace –LITTÉRAIRE: liard –POPULAIRE: chouia. CONTR. *armée, avalanche, cascade, déluge, flot, foule, infinité, kyrielle, masse, monceau, montagne, multitude, myriade, nuée, pléiade, pluie, tas, torrent* –FAMILIER: *armada, cargaison, flopée, foultitude, paquet, pelletée, ribambelle, tapée* –LITTÉRAIRE: *averse, océan.*

/ Apparition d'un mort. SYN. esprit, fantôme, revenant, spectre.

ombrer *verbe*

/ LITTÉRAIRE. Donner une couleur sombre. SYN. brunir, estomper, farder, foncer, maquiller, noircir, obscurcir.

omettre *verbe*

/ Négliger de faire une chose. SYN. faire abstraction, négliger, oublier, passer sous silence, se désintéresser. CONTR. *consigner, relever.*

/ Ne pas compter dans. SYN. excepter, exclure, laisser de côté, sauter, taire –FAMILIER: laisser tomber. CONTR. *comprendre, compter.*

omission *nom féminin*

/ Action d'omettre. SYN. absence, défaut, manque, négligence, oubli. CONTR. *présence.*

/ Ce qui est omis. SYN. lacune, oubli, silence, trou, vide.

omnipotence *nom féminin*

/ Pouvoir sans limite. SYN. absolutisme, autocratie, césarisme, despotisme, domination, puissance, souveraineté, suprématie, totalitarisme, toute-puissance, tyrannie. CONTR. *impuissance.*

omnipotent *adjectif*

/ Qui a un pouvoir sans limite. SYN. absolu, autocrate, dominateur, impérialiste, impérieux, totalitaire, tout-puissant, tyrannique. CONTR. *impuissant.*

omniscient *adjectif*

/ LITTÉRAIRE. Qui sait tout. SYN. érudit, lettré, savant –LITTÉRAIRE: docte. CONTR. *ignare, ignorant, inculte* –VIEUX: *illettré.*

once *nom féminin*

/ Très petite quantité. SYN. atome, bribe, brin, doigt, filet, grain, gramme, larme, miette, nuage, parcelle, pointe, soupçon, teinte, trace –LITTÉRAIRE: liard, ombre –POPULAIRE: chouia. CONTR. *armée, avalanche, cascade, déluge, flot, foule, infinité, kyrielle, masse, mon-*

ceau, montagne, multitude, myriade, nuée, pléiade, pluie, tas, torrent – FAMILIER: *armada, cargaison, flopée, foultitude, paquet, pelletée, ribambelle, tapée* – LITTÉRAIRE: *averse, océan.*

onctueux *adjectif*

/ D'une consistance grasse. SYN. gras, huileux, visqueux.
/ Qui est moelleux. SYN. doux, moelleux, suave, velouté. CONTR. *aigre, âpre.*
/ LITTÉRAIRE. D'une douceur excessive. SYN. doucereux, mielleux, sucré – LITTÉRAIRE: patelin, paterne. CONTR. *autoritaire, brusque, cassant, sec.*

onde *nom féminin*

/ Mouvement à la surface de l'eau. SYN. frémissement, ondulation – LITTÉRAIRE: orbe.

ondé *adjectif*

/ LITTÉRAIRE. Qui présente des sinuosités. SYN. ondulant, ondulatoire, ondulé, sinueux – LITTÉRAIRE: moutonnant, ondoyant, onduleux, serpentin.

ondée *nom féminin*

/ Pluie soudaine et courte. SYN. averse, giboulée, grain, pluie – POPULAIRE: rincée, saucée.

on-dit *nom masculin*

/ Rumeur colportée. SYN. bruit, commérage, écho, fable, ouï-dire, qu'en-dira-t-on, rumeur – FAMILIER: cancan, potin, racontar, ragot.

ondoiement *nom masculin*

/ LITTÉRAIRE. Mouvement d'ondulation. SYN. flottement, frémissement, moutonnement, ondulation – LITTÉRAIRE: frisson.

ondoyant *adjectif*

/ LITTÉRAIRE. Qui ondoie. SYN. chatoyant, dansant, flexible, mouvant, ondulant, ondulatoire, ondulé, sinueux – LITTÉRAIRE: flexueux, moiré, moutonnant, ondé, onduleux, serpentin. CONTR. *fixe, plat.*
/ LITTÉRAIRE. Qui change d'avis. SYN. capricieux, changeant, divers, flottant, indécis, inégal, instable, mobile, papillonnant, variable, velléitaire, versatile – LITTÉRAIRE: inconstant. CONTR. *constant, stable, tenace* – LITTÉRAIRE: *invariable.*

ondoyer *verbe*

/ LITTÉRAIRE. Flotter souplement. SYN. s'élever, s'envoler, voler, voltiger – LITTÉRAIRE: onduler.

ondulant *adjectif*

/ Qui ondule. SYN. flottant, ondulatoire – LITTÉRAIRE: flexueux, ondé, ondoyant.

ondulation *nom féminin*

/ Mouvement d'un fluide. SYN. agitation, flux, onde, remous, vague – LITTÉRAIRE: flot, orbe.
/ Action d'onduler. SYN. flottement, frémissement – LITTÉRAIRE: frisson, houle, ondoiement.
/ Relief du sol. SYN. courbure, méandre, repli, sinuosité, vallonement – LITTÉRAIRE: flexuosité, serpentement.
/ Mouvement des cheveux. SYN. boucle, frisure, mise en plis. CONTR. *raideur.*

ondulatoire *adjectif*

/ Qui a les caractères d'une onde. SYN. flottant, ondulant – LITTÉRAIRE: flexueux, ondé, ondoyant, onduleux.

ondulé *adjectif*

/ Qui présente des ondulations. SYN. flottant – LITTÉRAIRE: flexueux, ondé, ondoyant, onduleux.
/ Qui ondulent (cheveux). SYN. bouclé, calamistré, frisé, frisottant. CONTR. *lisse, plat, raide.*

onduler *verbe intransitif*

/ LITTÉRAIRE. Être animé d'ondulations. SYN. flotter, osciller, rouler, serpenter, zigzaguer – LITTÉRAIRE: ondoyer, tournoyer.

onduler *verbe transitif*

/ Rendre les cheveux frisés. SYN. boucler, calamistrer, friser, frisotter.

onduleux *adjectif*

/ LITTÉRAIRE. Qui présente des ondulations. SYN. ondulatoire, ondulé, sinueux, tortueux, vallonné – LITTÉRAIRE: flexueux, ondé, ondoyant, serpentin.

onéreux *adjectif*

/ Qui occasionne des frais. SYN. cher, coûteux, exorbitant, hors de prix, inabordable, prohibitif, riche, ruineux – LITTÉRAIRE: dispendieux. CONTR. *avantageux, bon marché, économique, intéressant, modéré, modeste, raisonnable.*

opacité *nom féminin*

- LITTÉRAIRE. Obscurité totale. SYN. nuit, obscurcissement, obscurité, ombrage –LITTÉRAIRE: noirceur, ténèbres. CONTR. *clarté, translucidité, transparence.*
- LITTÉRAIRE. Manque d'intelligibilité. SYN. hermétisme, inintelligibilité, obscurité –LITTÉRAIRE: incompréhensibilité, nuit, ténèbres. CONTR. *clarté, compréhensibilité, limpidité, transparence.*

opalescent *adjectif*

- LITTÉRAIRE. Qui prend une teinte d'opale. SYN. blanc, blanchâtre, laiteux –LITTÉRAIRE: opalin.

opalin *adjectif*

- LITTÉRAIRE. Qui a les reflets de l'opale. SYN. blanc, blanchâtre –LITTÉRAIRE: iridescent, opalescent.

opaque *adjectif*

- Qui est sans lumière. SYN. épais, noir, obscur, sombre –LITTÉRAIRE: fuligineux, ténébreux. CONTR. *clair, lumineux, translucide, transparent* –LITTÉRAIRE: *cristallin, diaphane.*
- LITTÉRAIRE. Difficile à comprendre. SYN. abscons, ambigu, confus, difficile, énigmatique, équivoque, ésotérique, fumeux, hermétique, impénétrable, inaccessible, incompréhensible, indéchiffrable, indistinct, inexplicable, inintelligible, insaisissable, insondable, irraisonné, mystérieux, nuageux, obscur –LITTÉRAIRE: abstrus, amphigourique, fuligineux, nébuleux, sibyllin, ténébreux. CONTR. *accessible, clair, compréhensible, distinct, explicite, facile, intelligible, limpide, lumineux, manifeste, net, précis, raisonné, réfléchi, simple, transparent.*

opération *nom féminin*

- Action concrète. SYN. acte, action, besogne, entreprise, réalisation, tâche, travail.
- Affaire financière. SYN. affaire, spéculation, transaction.
- Manœuvre militaire. SYN. bataille, campagne, combat, offensive.

opérer *verbe intransitif*

- Agir d'une certaine manière. SYN. intervenir, procéder, s'y prendre.
- Produire un effet sur. SYN. agir, faire de l'effet.

opérer *verbe transitif*

- Avoir pour résultat. SYN. amener, déclencher, effectuer, engendrer, entraîner, exécuter, faire, occasionner, produire, provoquer, susciter.

opérer (s') *verbe pronominal*

- Être fait. SYN. avoir lieu, s'accomplir, se faire, se produire, se réaliser.

opiniâtre *adjectif*

- Qui montre de la ténacité. SYN. acharné, constant, coriace, délibéré, déterminé, entêté, farouche, ferme, inébranlable, insistant, irréductible, obstiné, persévérant, résolu, tenace, têtu, volontaire –FAMILIER: accrocheur –LITTÉRAIRE: robuste. CONTR. *changeant, docile, inconstant, mou, velléitaire, versatile, volage.*
- Qui persiste. SYN. chronique, incurable, inguérissable, persistant, tenace.

opiniâtrement *adverbe*

- De façon opiniâtre. SYN. durablement, farouchement, fermement, inébranlablement, obstinément, résolument –FAMILIER: mordicus –LITTÉRAIRE: tenacement. CONTR. *à la légère, légèrement.*

opiniâtrer (s') *verbe pronominal*

- LITTÉRAIRE. Montrer de l'obstination. SYN. insister, persévérer, persister, pousuivre, s'acharner, s'attacher, se raidir, s'entêter, s'obstiner. CONTR. *renoncer.*

opiniâtreté *nom féminin*

- LITTÉRAIRE. Caractère opiniâtre. SYN. acharnement, constance, détermination, entêtement, fermeté, insistance, obstination, persévérance, persistance, résolution, ténacité, volonté. CONTR. *inconstance, légèreté, velléité* –LITTÉRAIRE: *versatilité.*

opinion *nom féminin*

- Jugement émis sur. SYN. appréciation, avis, considération, conviction, façon de penser, idée, impression, jugement, pensée, point de vue, sentiment.
- Ensemble des idées d'un groupe. SYN. conviction, croyance, doctrine, position, tendance, thèse, voix, vue.

opportun *adjectif*

▪ Qui survient au bon moment. SYN. à propos, bienheureux, bienvenu, bon, convenable, de circonstance, de saison, favorable, indiqué, judicieux, propice, recommandé, utile –LITTÉRAIRE: séant. CONTR. *déplacé, fâcheux, hors de propos, inopportun, intempestif, malencontreux, malvenu* –LITTÉRAIRE: *importun.*

opportunément *adverbe*

▪ En temps opportun. SYN. à pic, à point, à point nommé, à propos, au bon moment, au moment voulu, en temps utile, en temps voulu, juste –FAMILIER: pile. CONTR. *à contre-temps, intempestivement, mal, mal à propos* –LITTÉRAIRE: *inopportunément.*

opportuniste *nom*

▪ Personne qui profite d'une occasion. SYN. ambitieux, arriviste, audacieux, carriériste, intrigant, jeune loup, présomptueux.

opportunité *nom féminin*

▪ Caractère opportun. SYN. à-propos, bien-fondé, justesse, pertinence –LITTÉRAIRE: convenance.

▪ Occasion favorable. SYN. aubaine, chance, occasion.

opposant *nom*

▪ Personne qui s'oppose à. SYN. adversaire, antagoniste, combattant, détracteur, ennemi. CONTR. *adepte, adhérent, allié, ami, défenseur, soutien, suiveur, sympathisant.*

opposé *adjectif*

▪ Qui est placé vis-à-vis. SYN. autre, inverse. CONTR. *adjacent, contigu.*

▪ Qui est très différent. SYN. antagoniste, antinomique, antithétique, contradictoire, contraire, discordant, dissemblable, divergent, hétérogène, incompatible, inconciliable –LITTÉRAIRE: adverse. CONTR. *adéquat, analogue, approchant, comparable, compatible, conforme, correspondant, identique, même, proche, semblable, similaire, voisin.*

▪ Qui n'accepte pas une chose. SYN. défavorable, ennemi, hostile. CONTR. *favorable, partisan, propice, résigné.*

opposé *nom masculin*

▪ Ce qui est opposé. SYN. antipode, antithèse, contraire, contrepartie, contre-pied, inverse.

opposer *verbe*

▪ Dresser l'un contre l'autre. SYN. élever contre, exciter contre. CONTR. *accorder, fusionner, réconcilier, unifier.*

▪ Mettre en contraste des choses. SYN. comparer, confronter, dissocier, mettre en balance, mettre en face, mettre en parallèle, mettre en regard. CONTR. *conformer, identifier.*

▪ Présenter comme objection. SYN. alléguer, avancer, invoquer, mettre en avant, objecter, répondre.

opposer (s') *verbe pronominal*

▪ Être divergent. SYN. contraster, différer, diverger, se différencier, se diviser, se fâcher, se heurter. CONTR. *cadrer, concorder, converger, correspondre, s'accorder, s'associer, se coaliser, se concilier, se marier, se rallier, se rapprocher, se réconcilier, s'entraider, s'harmoniser* –FAMILIER: *se rabibocher, se raccommoder.*

▪ Ne pas accepter une chose. SYN. combattre, contester, contrecarrer, contredire, contrer, défier, empêcher, entraver, être hostile, exclure, faire front, lutter, réagir, rejeter, repousser, résister, s'affronter à, se dresser contre, se révolter, se soulever, s'élever contre –FAMILIER: se rebiffer –LITTÉRAIRE: regimber. CONTR. *accéder à, accepter, acquiescer, admettre, approuver, céder, consentir, coopérer, obéir, se conformer, se résigner, se soumettre, souscrire à, suivre.*

opposition *nom féminin*

▪ Différence extrême. SYN. antagonisme, antinomie, contraste, désaccord, différence, discordance, disparité, dissemblance, dissimilitude, divergence, division, divorce, heurt, incompatibilité, malentendu –LITTÉRAIRE: disparate. CONTR. *accord, adéquation, affinité, analogie, concordance, conformité, conjonction, correspondance, harmonie, identité, liaison, rapport, similitude.*

▪ Action de s'opposer à une chose. SYN. barrage, désapprobation, entrave, frein, objection, obstacle, obstruction, réaction, refus, rejet, résistance, veto –LITTÉRAIRE: répudiation. CONTR. *acquiescement, adhésion, agrément, approbation, assentiment, concours, consentement, participation* –LITTÉRAIRE: *aveu.*

▪ Fait de s'opposer à quelqu'un. SYN. affrontement, antagonisme, conflit, contestation, contradiction, désaccord, lutte, réaction, rébellion, révolte, rivalité –LITTÉRAIRE: dissentiment. CONTR. *affinité, alliance, conciliation, coopération, entente, pacification, union.*

oppressant *adjectif*

/ Qui gêne la respiration. SYN. accablant, étouffant, lourd, suffocant.

/ Qui pèse lourdement. SYN. angoissant, écrasant, étouffant, pesant, poignant.

oppressé *adjectif*

/ Qui a du mal à respirer. SYN. essoufflé, haletant, poussif.

oppresser *verbe*

/ Gêner la respiration. SYN. asphyxier, étouffer, étrangler, prendre à la gorge, suffoquer.

/ Provoquer un malaise moral. SYN. accabler, angoisser, écraser, étreindre, gêner –LITTÉRAIRE: poindre. CONTR. *délivrer* –LITTÉRAIRE: *rasséréner.*

oppresseur *nom masculin*

/ Personne qui opprime. SYN. despote, dictateur, tyran –LITTÉRAIRE: dominateur. CONTR. *esclave, exploité, faible, opprimé, persécuté.*

oppressif *adjectif*

/ Qui sert à opprimer. SYN. coercitif, contraignant, despotique, dominateur, tyrannique. CONTR. *coulant, libéral, permissif.*

oppression *nom féminin*

/ Sensation de gêne respiratoire. SYN. asphyxie, étranglement, suffocation.

/ Action d'opprimer. SYN. asservissement, domination, esclavage, servitude –LITTÉRAIRE: assujettissement, chaînes, étranglement, joug, sujétion, tyrannie. CONTR. *délivrance, émancipation, indépendance, libération.*

opprimé *nom*

/ Personne opprimée. SYN. esclave, exploité, faible, persécuté. CONTR. *despote, dictateur, oppresseur, tyran* –LITTÉRAIRE: *dominateur.*

opprimer *verbe*

/ Soumettre à une autorité. SYN. accabler, asservir, bâillonner, dominer, écraser, museler, soumettre, tyranniser –LITTÉRAIRE: assujettir, enchaîner. CONTR. *débarrasser, délivrer, libérer, protéger.*

opprobre *nom masculin*

/ LITTÉRAIRE. Réprobation publique. SYN. affront, anathème, blâme, condamnation, désaveu, honte, mortification –LITTÉRAIRE: avanie, camouflet, flétrissure.

/ LITTÉRAIRE. État d'avilissement. SYN. abjection, déshonneur, honte, ignominie, infamie –LITTÉRAIRE: turpitude, vilenie.

opter *verbe*

/ Faire un choix. SYN. adopter, choisir, jeter son dévolu sur, pencher, préférer, retenir, se décider pour, se prononcer pour –LITTÉRAIRE: élire, incliner. CONTR. *atermoyer, balancer, hésiter, temporiser, tergiverser* –FAMILIER: *se tâter.*

optimal *adjectif*

/ Se dit de l'état le plus favorable. SYN. maximal, maximum, optimum. CONTR. *minimal.*

optimisme *nom masculin*

/ Tendance à voir le bon côté. SYN. confiance, espérance, espoir. CONTR. *découragement, désespoir, pessimisme.*

optimiste *adjectif*

/ Qui est porté à l'optimisme. SYN. confiant, serein. CONTR. *abattu, alarmiste, bilieux, désabusé, pessimiste, sombre, triste.*

option *nom féminin*

/ Parti qui a été pris. SYN. choix, décision, détermination, initiative, résolution.

optique *nom féminin*

/ Façon d'envisager une chose. SYN. angle, conception, façon de penser, jour, manière de voir, perspective, point de vue, vision, vue.

opulence *nom féminin*

/ Grande richesse. SYN. abondance, aisance, faste, fortune, luxe, prospérité, richesse. CONTR. *besoin, dénuement, gêne, indigence, misère, pauvreté* –POPULAIRE: *débine.*

/ LITTÉRAIRE. Aspect plantureux du corps. SYN. embonpoint, rondeur –FAMILIER: rotondité –LITTÉRAIRE: générosité, plénitude. CONTR. *maigreur, minceur.*

opulent *adjectif*

/ Très riche. SYN. aisé, fortuné, huppé, nanti, privilégié –FAMILIER: richissime. CONTR. *indi-*

gent, misérable, miséreux, modeste, pauvre –LITTÉRAIRE: *impécunieux* –VIEUX: *besogneux, disetteux.*

/ Se dit de formes développées. SYN. corpulent, généreux, gras, gros, massif, plantureux.

/ LITTÉRAIRE. Qui est en abondance. SYN. abondant, exubérant, foisonnant, luxuriant, riche –LITTÉRAIRE: gras.

opuscule *nom masculin*

/ Petit ouvrage. SYN. brochure, livre, plaquette –LITTÉRAIRE: libelle.

oracle *nom masculin*

/ LITTÉRAIRE. Décision jugée infaillible. SYN. prédiction, prophétie –LITTÉRAIRE: vaticination.

/ Personne jugée infaillible. SYN. devin, prophète, vaticinateur, visionnaire –FAMILIER: augure.

orage *nom masculin*

/ LITTÉRAIRE. Ce qui trouble le calme. SYN. bouillonnement, convulsions, déchirement, heurt, nuage, perturbation, rafale, secousse, tumulte –LITTÉRAIRE: bourrasque, commotion, foudres, tourmente, turbulence. CONTR. *calme, paix, tranquillité.*

orageux *adjectif*

/ Qui est troublé. SYN. agité, animé, fiévreux, houleux, mouvementé, noir, tourmenté, trépidant, troublé –LITTÉRAIRE: tempétueux, tumultueux. CONTR. *calme, paisible, tranquille.*

oral *adjectif*

/ Qui se fait par la parole. SYN. parlé, verbal. CONTR. *écrit, rédigé.*

oralement *adverbe*

/ Par la parole. SYN. verbalement. CONTR. *par écrit.*

orateur *nom*

/ Personne qui prononce un discours. SYN. conférencier, prédicateur, tribun.

oratoire *adjectif*

/ Se dit d'un style qui a de l'emphase. SYN. déclamatoire, emphatique, pompeux, ronflant. CONTR. *naturel, simple.*

orbe *nom masculin*

/ LITTÉRAIRE. Surface circulaire. SYN. cercle, courbe, halo, onde, ondulation, repli, vague.

orchestrer *verbe*

/ Organiser une action. SYN. arranger, calculer, combiner, concerter, construire, coordonner, élaborer, machiner, manigancer, mettre au point, mettre sur pied, mijoter, mitonner, monter, ordonner, organiser, préparer, régler –FAMILIER: concocter, goupiller –LITTÉRAIRE: ourdir.

ordinaire *adjectif*

/ Conforme à l'usage habituel. SYN. accoutumé, consacré, courant, fréquent, général, habituel, naturel, normal, traditionnel, usuel –LITTÉRAIRE: coutumier. CONTR. *anormal, baroque, bizarre, curieux, drôle, étonnant, étrange, excentrique, extraordinaire, extravagant, inaccoutumé, inhabituel, inouï, insolite, inusité, miraculeux, paradoxal, particulier, spécial, surprenant.*

/ Complètement quelconque. SYN. anonyme, banal, commun, humble, impersonnel, médiocre, moyen, prosaïque, quelconque, simple, vulgaire. CONTR. *brillant, choisi, déconcertant, éminent, exceptionnel, formidable, incomparable, introuvable, mémorable, original, précieux, prestigieux, raffiné, rare, remarquable, singulier, spectaculaire, supérieur* –FAMILIER: *énorme, épatant, fabuleux, fantastique, magistral, monumental* –LITTÉRAIRE: *distingué, relevé.*

ordinaire *nom masculin*

/ Ce qui est courant. SYN. coutume, habitude, moyenne, normale, norme, usage.

/ *D'ordinaire.* SYN. communément, d'habitude, en général, en règle générale, généralement, habituellement, la plupart du temps, normalement, ordinairement, souvent, traditionnellement, usuellement, volontiers, vulgairement. CONTR. *étrangement, exceptionnellement, extraordinairement, jamais, occasionnellement, rarement.*

ordinairement *adverbe*

/ De façon habituelle. SYN. communément, couramment, d'habitude, d'ordinaire, fréquemment, généralement, habituellement, la plupart du temps, normalement, traditionnellement, usuellement, vulgairement. CONTR. *étrangement, exceptionnellement, extraordinairement, jamais, occasionnellement, rarement.*

ordonnance *nom féminin*

/ Action de disposer des éléments. SYN. agencement, aménagement, architecture, arrangement, composition, distribution, économie, harmonie, ordre, organisation, plan, répartition, structure, succession. CONTR. *chaos, désordre* –FAMILIER: *cafouillage, cafouillis, pagaie, pagaille.*

ordonnancement *nom masculin*

/ Agencement méthodique. SYN. agencement, aménagement, arrangement, classement, disposition, distribution, installation, mise en place, organisation, placement, positionnement, rangement, répartition, structure. CONTR. *bouleversement, dérangement, désordre, désorganisation.*

ordonnancer *verbe*

/ Disposer dans un certain ordre. SYN. agencer, aménager, arranger, composer, disposer, distribuer, ordonner, organiser, penser, structurer.

ordonnateur *nom*

/ Personne qui ordonnance. SYN. administrateur, gérant, organisateur, régisseur.

ordonné *adjectif*

/ Qui a de la méthode. SYN. cohérent, méthodique, organisé, réglé, régulier, systématique. CONTR. *bohème, brouillon, confus, décousu, désordonné, fantaisiste.*

/ Où il y a de l'ordre. SYN. harmonieux, net, ordonnancé, rangé, structuré. CONTR. *anarchique, chaotique, déréglé, désordonné, désorganisé, incohérent.*

ordonner *verbe*

/ Mettre en ordre. SYN. agencer, ajuster, aménager, arranger, classer, classifier, combiner, composer, coordonner, disposer, distribuer, harmoniser, inventorier, orchestrer, ordonnancer, organiser, planifier, ranger, régler, répartir, structurer –LITTÉRAIRE: apprêter. CONTR. *bouleverser, déclasser, défaire, déplacer, déranger, dérégler, désorganiser, embrouiller, emmêler, mélanger, mêler, perturber, troubler.*

/ Donner l'ordre de. SYN. commander, dicter, exiger, imposer, intimer, inviter, prescrire, sommer –LITTÉRAIRE: enjoindre. CONTR. *défendre, empêcher, interdire, prohiber, proscrire.*

ordre *nom masculin*

/ Disposition d'éléments. SYN. arrangement, disposition, équilibre, harmonie, ordonnance –LITTÉRAIRE: eurythmie.

/ État de ce qui est rangé. SYN. classement, netteté, ordonnance, organisation, rangement, tenue. CONTR. *anarchie, chaos, confusion, dérangement, désordre, fouillis* –FAMILIER: *cafouillage, cafouillis, méli-mélo, pagaïe, pagaille, tohu-bohu* –VIEUX: *pêle-mêle.*

/ Capacité à être méthodique. SYN. méthode, minutie, rigueur, scrupule, soin –LITTÉRAIRE: méticulosité. CONTR. *fantaisie, laisser-aller, négligence.*

/ Catégorie de classement. SYN. catégorie, classe, domaine, espèce, genre, importance, nature, niveau, place, rang, sorte, sphère, type.

/ Respect des lois. SYN. calme, discipline, paix, tranquillité. CONTR. *agitation, bouleversement, convulsion, indiscipline, perturbation, trouble* –FAMILIER: *chahut* –VIEUX: *désarroi.*

/ Action de commander à quelqu'un. SYN. commandement, consigne, directive, injonction, instruction, mise en demeure, oukase, prescription, sommation, ukase, ultimatum. CONTR. *défense, interdiction, prohibition.*

ordure *nom féminin*

/ Déchet de la vie quotidienne. SYN. balayure, débris, déchet, détritus, immondices.

/ Action, parole grossière. SYN. grivoiserie, grossièreté, incongruité, obscénité, trivialité, vulgarité –FAMILIER: saleté –POPULAIRE: cochonnerie, saloperie –VIEUX: gravelure.

/ Personne vile. SYN. canaille, crapule, malpropre, vaurien, vermine, voyou –POPULAIRE: fumier, pourriture, salaud, saligaud, salopard, salopiau, salopiaud, salopiot.

ordurier *adjectif*

/ Qui exprime des obscénités. SYN. abject, cru, graveleux, grossier, ignoble, immonde, infâme, obscène, sale, trivial, vulgaire –FAMILIER: cochon, gras –LITTÉRAIRE: malsonnant.

organe *nom masculin*

/ Ce qui sert d'intermédiaire. SYN. agent, instrument, interprète, moyen, porte-parole, représentant – LITTÉRAIRE : bras.

organisation *nom féminin*

/ Action d'organiser. SYN. agencement, aménagement, classement, création, élaboration, établissement, formation, instauration, institution, ordonnance, ordonnancement, préparation. CONTR. *anarchie, désordre.*

/ Structure d'un ensemble. SYN. composition, constitution, forme, ordre, structure, système.

/ Groupement de personnes. SYN. association, groupement, organisme, parti, rassemblement – LITTÉRAIRE : ligue, phalange.

organisé *adjectif*

/ Qui a reçu une organisation. SYN. arrangé, concerté, discipliné, hiérarchisé, ordonnancé, ordonné, structuré. CONTR. *impromptu, improvisé, inorganisé, occasionnel.*

/ Qui sait organiser. SYN. déterminé, méthodique, méticuleux, ordonné, systématique. CONTR. *bohème, brouillon, confus, désorganisé.*

organiser *verbe*

/ Préparer quelque chose. SYN. combiner, concerter, construire, élaborer, établir, ménager, orchestrer, planifier, préparer, prévoir, régler – FAMILIER : concocter – LITTÉRAIRE : apprêter, nouer. CONTR. *improviser.*

/ Structurer de telle manière. SYN. agencer, aménager, composer, disposer, former, installer, mettre au point, mettre sur pied, ordonnancer, ordonner, planifier, programmer, structurer. CONTR. *bouleverser, brouiller, démanteler, déranger, désagencer, désorganiser, embrouiller, emmêler, perturber, troubler* – FAMILIER : *chambouler.*

organiser (s') *verbe pronominal*

/ Prendre ses dispositions. SYN. s'accorder, s'arranger, se concerter, s'entendre – FAMILIER : se débrouiller.

/ Prendre forme. SYN. naître, s'agencer, s'établir, s'installer, s'instaurer.

organisme *nom masculin*

/ Ensemble organisé. SYN. association, groupement, organisation, parti, rassemblement, structure – LITTÉRAIRE : ligue.

orgiaque *adjectif*

/ LITTÉRAIRE. Qui tient de l'orgie. SYN. dépravé, déréglé, immoral, licencieux, obscène, paillard, sensuel, voluptueux – LITTÉRAIRE : dissolu, libidineux – VIEUX : luxurieux.

orgie *nom féminin*

/ Partie de débauche. SYN. débauche, dépravation, luxure, paillardise – LITTÉRAIRE : bacchanale, licence, stupre.

/ Abondance excessive. SYN. débauche, déluge, excès, exubérance, flux, luxe, pléthore, profusion, surabondance – LITTÉRAIRE : prodigalité. CONTR. *absence, indigence, manque, pauvreté.*

orgueil *nom masculin*

/ Estime excessive de soi-même. SYN. arrogance, fatuité, gloriole, hauteur, mégalomanie, morgue, présomption, prétention, suffisance, supériorité, vanité – LITTÉRAIRE : fierté, infatuation, outrecuidance, superbe. CONTR. *humilité, modestie, simplicité.*

/ Sentiment de dignité. SYN. amour-propre, contentement, dignité, fierté, satisfaction – LITTÉRAIRE : vanité.

/ Objet de fierté. SYN. gloire, honneur, ornement – LITTÉRAIRE : fleuron. CONTR. *abjection, déshonneur, honte, humiliation, infamie.*

orgueilleux *adjectif*

/ Qui montre de l'orgueil. SYN. arrogant, avantageux, faraud, fier, hautain, infatué, présomptueux, prétentieux, puant, suffisant, vaniteux – FAMILIER : crâneur, fiérot – LITTÉRAIRE : fat, immodeste, outrecuidant, vain, vainqueur. CONTR. *confus, désolé, discret, effacé, honteux, humble, modeste, petit, plat, réservé, simple.*

/ LITTÉRAIRE. Qui a un air majestueux. SYN. fier, grandiose, imposant, majestueux, prestigieux – LITTÉRAIRE : altier.

orgueilleux *nom*

/ Personne qui a de l'orgueil. SYN. faraud, présomptueux, prétentieux – FAMILIER : crâneur, m'as-tu-vu – LITTÉRAIRE : fat.

orient *nom masculin*

/ Côté du lever du soleil. SYN. est, levant. CONTR. *couchant, occident, ouest* – VIEUX : *ponant.*

orientable *adjectif*

/ Que l'on peut orienter. SYN. dirigeable, inclinable, mobile. CONTR. *fixe, immobile.*

orientation *nom féminin*

- Exposition d'un lieu. SYN. exposition, position, situation.
- Direction prise par une action. SYN. cours, direction, évolution, inclination, infléchissement, sens, tournure.
- Tendance politique. SYN. chemin, engagement, ligne, tendance, voie.

orienté *adjectif*

- Qui a telle orientation. SYN. dirigé, exposé, placé, situé, tourné.

orienter *verbe*

- Tourner quelque chose vers. SYN. braquer, diriger, disposer, exposer, pointer, présenter, tourner.
- Engager dans une voie. SYN. aiguiller, axer, canaliser, incliner, infléchir, manipuler, manœuvrer –VIEUX: manier. CONTR. *détourner.*
- Diriger quelqu'un vers. SYN. brancher, conduire, conseiller, destiner, guider, vouer. CONTR. *dérouter, désorienter, égarer.*

orienter (s') *verbe pronominal*

- Trouver son chemin. SYN. se diriger, se reconnaître, se repérer, se retrouver. CONTR. *se fourvoyer, s'égarer.*
- Prendre telle tournure. SYN. s'acheminer, se porter, se rapprocher, se retrouver.
- Se tourner vers telle activité. SYN. bifurquer, choisir, se diriger, se tourner.

orifice *nom masculin*

- Ouverture d'une cavité. SYN. bouche, creux, entrée, ouverture, trou.

originaire *adjectif*

- Qui vient d'un lieu. SYN. aborigène, issu, natif, né, sorti.
- LITTÉRAIRE. Qui existe à l'origine. SYN. congénital, infus, initial, inné, naturel, originel, premier, primitif –LITTÉRAIRE: natif. CONTR. *acquis.*

originairement *adverbe*

- À l'origine. SYN. initialement, originellement, primitivement.

original *adjectif*

- Qui émane de la source. SYN. authentique, initial, neuf, originel, premier, primitif.
- Qui sort de l'ordinaire. SYN. curieux, exceptionnel, extraordinaire, extravagant, inédit, insolite, inusité, neuf, nouveau, particulier, pittoresque, rare, révolutionnaire, spécial. CONTR. *anonyme, banal, classique, commun, habituel, normal, ordinaire, plat, prosaïque, quelconque, rebattu, traditionnel* –FAMILIER: *réchauffé.*
- Qui est unique en son genre. SYN. non conformiste, particulier, personnel. CONTR. *conformiste, conventionnel, impersonnel, moutonnier.*

original *nom*

- Personne excentrique. SYN. excentrique, fantaisiste, farfelu, non-conformiste, phénomène –FAMILIER: numéro, olibrius –POPULAIRE: folingue.

original *nom masculin*

- Première version de. SYN. archétype, modèle, prototype. CONTR. *copie, double, duplicata, imitation, réplique.*

originalité *nom féminin*

- Caractère original. SYN. nouveauté, particularité, unicité –LITTÉRAIRE: rareté, singularité. CONTR. *banalité, cliché, platitude.*
- Capacité d'innovation. SYN. caractère, génie, hardiesse. CONTR. *banalité, impersonnalité.*
- Caractère excentrique. SYN. excentricité, extravagance, fantaisie, individualité, personnalité, singularité. CONTR. *conformisme, traditionalisme.*
- Élément original. SYN. curiosité, particularité, rareté, singularité.

origine *nom féminin*

- Début de l'existence de. SYN. amorce, création, début, formation, genèse, naissance –LITTÉRAIRE: commencement, enfance. CONTR. *aboutissement, fin.*
- Ce qui cause l'apparition de. SYN. agent, cause, facteur, fondement, germe, mère, point de départ, racine, raison, source –LITTÉRAIRE: principe, semence. CONTR. *contrecoup, répercussion.*
- Milieu dont on est issu. SYN. ascendance, famille, filiation, maison, provenance, souche –LITTÉRAIRE: extraction, race, sang –VIEUX: naissance.

originel *adjectif*

- Qui remonte à l'origine de. SYN. initial, premier –LITTÉRAIRE: natif, originaire.
- Propre aux premiers hommes. SYN. original, premier, primitif.

originellement *adverbe*

/ Dès l'origine. SYN. initialement, originairement, primitivement.

oripeaux *nom masculin pluriel*

/ LITTÉRAIRE. Vêtements usés. SYN. guenilles – FAMILIER : nippes – LITTÉRAIRE : hardes – POPULAIRE : frusques.

orné *adjectif*

/ Décoré de quelque chose. SYN. ornementé, ouvragé – LITTÉRAIRE : ouvré. CONTR. *nu, sévère, sobre.*

ornement *nom masculin*

/ Élément qui décore. SYN. accessoire, agrément, colifichet, enjolivement, enjolivure, falbalas, fanfreluche, fantaisie, garniture, ornementation, parement – LITTÉRAIRE : fioriture.

ornementation *nom féminin*

/ Disposition d'ornements. SYN. décor, décoration, embellissement, enjolivement, ornement – LITTÉRAIRE : parure.

orner *verbe*

/ Mettre des ornements. SYN. agrémenter, décorer, égayer, embellir, enjoliver, enrichir, fleurir, garnir – LITTÉRAIRE : émailler, habiller, parer, relever.

orthodoxe *adjectif*

/ Conforme aux usages établis. SYN. classique, conformiste, conventionnel, traditionnel. CONTR. *déviationniste, dissident, hérétique, hétérodoxe.*

orthodoxie *nom féminin*

/ Conformité au dogme. SYN. école, ligne. CONTR. *hérésie* – LITTÉRAIRE : *schisme.*

/ Caractère orthodoxe. SYN. conformisme. CONTR. *déviationnisme, dissidence, hérésie, hétérodoxie.*

os *nom masculin*

/ FAMILIER. Ce qui fait problème. SYN. accroc, difficulté, ennui, obstacle, pierre d'achoppement – FAMILIER : enquiquinement, pépin – POPULAIRE : emmerdement.

oscillant *adjectif*

/ Qui oscille. SYN. branlant, brimbalant, chancelant, flageolant, titubant, tremblant – LITTÉRAIRE : vacillant. CONTR. *assuré, ferme, fixe, sûr.*

oscillation *nom féminin*

/ Mouvement de va-et-vient. SYN. balancement, ballottement, bercement, brimbalement, dandinement, mouvement, roulis, tangage, vibration – LITTÉRAIRE : branle, vacillation.

/ Changement irrégulier. SYN. flottement, fluctuation, hésitation, indécision, instabilité, perplexité, tâtonnement, tergiversation, variation – LITTÉRAIRE : vacillation.

osciller *verbe*

/ Se mouvoir par oscillations. SYN. ballotter, branler, bringuebaler, brinquebaler, chanceler, dodeliner, palpiter, remuer, se dandiner, trembler, trembloter, vaciller – FAMILIER : tanguer – LITTÉRAIRE : baller, onduler, tressauter.

/ Être indécis. SYN. balancer, flotter, fluctuer, hésiter, tâtonner, tergiverser, varier – LITTÉRAIRE : vaciller.

osé *adjectif*

/ Fait avec audace. SYN. audacieux, aventureux, effronté, hardi, hasardé, hasardeux, imprudent, impudent, risqué, téméraire – FAMILIER : culotté – LITTÉRAIRE : scabreux. CONTR. *timide.*

/ Qui choque la bienséance. SYN. coquin, croustillant, cru, épicé, gaillard, gaulois, grivois, hardi, indécent, leste, libre, pimenté, polisson, scabreux, vert – FAMILIER : olé olé, raide, salé – LITTÉRAIRE : déshonnête. CONTR. *bienséant, décent, pudibond, pudique.*

oseille *nom féminin*

/ POPULAIRE. Argent. SYN. espèces, espèces sonnantes et trébuchantes, liquidités, numéraire, sous – ARGOTIQUE : braise, grisbi, pèze, thune, tune – FAMILIER : blé, ferraille, mitraille, ronds – POPULAIRE : flouse, flouze, fraîche, fric, galette, pépettes, picaillons, pognon.

oser *verbe*

/ Avoir la hardiesse de. SYN. avoir l'audace de, avoir le front de, jouer son va-tout, prendre son courage à deux mains, risquer le tout pour le tout, s'armer de courage, s'aventurer, s'aviser de, se hasarder, se permettre, se risquer, s'enhardir –FAMILIER: avoir le culot de, avoir le toupet de. CONTR. *avoir peur, craindre, hésiter* –FAMILIER: *se tâter.*

ossature *nom féminin*

/ Ensemble des os. SYN. charpente, squelette –LITTÉRAIRE: carcasse.

/ Structure d'un ensemble. SYN. armature, cadre, canevas, carcasse, charpente, contexture, squelette, structure –LITTÉRAIRE: texture, trame.

osseux *adjectif*

/ Dont les os sont saillants. SYN. décharné, efflanqué, maigre, squelettique –FAMILIER: maigrichon –LITTÉRAIRE: émacié, étique, ossu.

ostensible *adjectif*

/ Que l'on ne cache pas. SYN. apparent, évident, flagrant, manifeste, marqué, net, notoire, patent, perceptible, visible. CONTR. *caché, discret, furtif, imperceptible, inapparent, insensible, invisible, latent, secret* –LITTÉRAIRE: *subreptice.*

ostensiblement *adverbe*

/ De façon ostensible. SYN. clairement, manifestement, nettement, notoirement, ouvertement, visiblement. CONTR. *discrètement, furtivement, secrètement* –LITTÉRAIRE: *subrepticement.*

ostentation *nom féminin*

/ Étalage indiscret. SYN. affectation, bravade, étalage, fanfaronnade, mise en scène, orgueil –FAMILIER: esbroufe, fla-fla –LITTÉRAIRE: jactance –POPULAIRE: épate. CONTR. *discrétion, humilité, modestie.*

ostentatoire *adjectif*

/ Qui révèle de l'ostentation. SYN. affecté, bravache, fanfaron –LITTÉRAIRE: crâne. CONTR. *discret, humble, modeste, réservé.*

ostraciser *verbe*

/ Frapper d'ostracisme. SYN. exiler, expatrier, expulser, proscrire. CONTR. *rappeler.*

ostracisme *nom masculin*

/ Action de bannir quelqu'un. SYN. bannissement, exclusion, excommunication, exil, expatriation, expulsion, proscription, quarantaine. CONTR. *rappel.*

ostrogoth *nom masculin*

/ Homme qui ignore la politesse. SYN. balourd, butor, cuistre, énergumène, goujat, lourdaud, mal élevé, malappris, malotru, mufle, ours mal léché, paysan du Danube, phénomène, rustre, sauvage –FAMILIER: foutriquet, malpoli, paltoquet, rustaud –LITTÉRAIRE: faquin, soudard –POPULAIRE: jean-foutre, pignouf –VIEUX: bélître, coquin, maraud, maroufle.

ôter *verbe*

/ Enlever quelque chose d'un lieu. SYN. décrocher, déplacer, enlever, pousser, retirer. CONTR. *caser, placer* –FAMILIER: *fourrer.*

/ Enlever ce qu'on porte. SYN. défaire, enlever, quitter, se débarrasser de. CONTR. *chausser, garder, mettre, passer, revêtir.*

/ Déposséder quelqu'un de. SYN. arracher, confisquer, couper, déposséder, dépouiller, extirper, prendre, priver –LITTÉRAIRE: ravir. CONTR. *attribuer, confier, donner, pourvoir.*

/ Faire disparaître un défaut. SYN. bannir, détruire, effacer, gommer, supprimer.

/ Retrancher quelque chose. SYN. barrer, biffer, défalquer, élaguer, émonder, enlever, exclure, radier, rayer, retrancher, soustraire –LITTÉRAIRE: oblitérer. CONTR. *adjoindre, ajouter, joindre.*

ôter (s') *verbe pronominal*

/ FAMILIER. Se retirer de quelque part. SYN. partir, se pousser, s'écarter, s'éloigner, s'en aller –POPULAIRE: se barrer, se tirer.

ouaté *adjectif*

/ LITTÉRAIRE. Qui est assourdi. SYN. cotonneux, faible, feutré, silencieux.

ouater *verbe*

/ Garnir d'ouate. SYN. fourrer, molletonner, ouatiner.

/ LITTÉRAIRE. Atténuer un bruit, etc. SYN. amortir, assourdir, étouffer, modérer, tamiser –LITTÉRAIRE: feutrer, voiler.

oubli *nom masculin*

/ Perte de mémoire. SYN. absence, amnésie, distraction, inadvertance, lacune, trou, trou de mémoire. CONTR. *mémoire, rappel, réminiscence, souvenir* –LITTÉRAIRE: *souvenance.*

/ Fait de manquer à. SYN. inobservance, inobservation, manque, manquement, négligence, omission. CONTR. *observation, respect* –LITTÉRAIRE: *observance.*

/ Fait de pardonner. SYN. abnégation, désintéressement, générosité, pardon. CONTR. *ressentiment, vengeance.*
/ Perte de notoriété. SYN. discrédit. CONTR. *célébrité, gloire, notoriété, renom, renommée.*

oublié *adjectif*
/ Qui n'est plus connu. SYN. ignoré, inconnu, innomé, innommé, méconnu, négligé, obscur, perdu –LITTÉRAIRE: défunt. CONTR. *célèbre, connu, glorieux, illustre, renommé.*

oublier *verbe*
/ Abandonner derrière soi. SYN. laisser, perdre. CONTR. *avoir, prendre.*
/ Ne plus se préoccuper de. SYN. effacer, enterrer. CONTR. *évoquer, exhumer, garder en mémoire, observer, perpétuer, rappeler, revivre, revoir.*
/ Délaisser quelqu'un. SYN. abandonner, méconnaître, se détacher –FAMILIER: lâcher, laisser tomber. CONTR. *aider, assister, entourer, fréquenter, visiter, voir.*
/ Ne pas se souvenir de. SYN. avoir la mémoire courte, ne pas avoir de tête, négliger, omettre, perdre la mémoire, sauter –FAMILIER: ne pas avoir de plomb dans la cervelle, ne pas avoir de plomb dans la tête. CONTR. *apprendre, avoir une mémoire d'éléphant, connaître, enregistrer, penser à, reconnaître, retenir, retrouver, se rappeler, se remémorer, se souvenir, songer à* –LITTÉRAIRE: *se ressouvenir.*
/ Pardonner quelque chose. SYN. effacer, pardonner, passer l'éponge. CONTR. *remâcher, repenser, ruminer* –LITTÉRAIRE: *ressasser.*

oublier (s') *verbe pronominal*
/ Disparaître de la mémoire. SYN. disparaître, se volatiliser, s'effacer, s'estomper, tomber en désuétude –LITTÉRAIRE: s'évaporer.
/ Commettre une incongruité. SYN. se laisser aller, se négliger, se relâcher.

oublieux *adjectif*
/ Qui est sujet à oublier. SYN. ingrat, insouciant, léger, négligent. CONTR. *reconnaissant.*

ouest *adjectif*
/ Situé du côté de l'ouest. SYN. occidental. CONTR. *est, oriental.*

ouest *nom masculin*
/ Côté où le soleil se couche. SYN. couchant, occident –VIEUX: ponant. CONTR. *est, levant, orient.*

oui *adverbe*
/ Exprime une réponse positive. SYN. assurément, bien sûr, certes, d'accord, entendu, évidemment, parfaitement –FAMILIER: dame ! CONTR. *non.*

ouï-dire *nom masculin*
/ Ce qu'on sait par la rumeur. SYN. bruit, écho, on-dit, qu'en-dira-t-on, rumeur –FAMILIER: potin.

ouïr *verbe*
/ VIEUX. Percevoir par l'oreille. SYN. écouter, entendre, percevoir.

oukase *nom masculin*
/ Décision autoritaire. SYN. commandement, injonction, mise en demeure, ordre, prescription, sommation, ultimatum.

ouragan *nom masculin*
/ Tempête très violente. SYN. bourrasque, cyclone, tempête, tornade, tourbillon, typhon –LITTÉRAIRE: tourmente. CONTR. *bonace, calme, embellie.*
/ Explosion de sentiments. SYN. bouillonnement, cataclysme, déchaînement, déferlement, explosion, frénésie, fureur, rafale, rage, tempête –LITTÉRAIRE: bourrasque, tourbillon, tourmente.

ourdir *verbe*
/ LITTÉRAIRE. Machiner quelque chose. SYN. agencer, arranger, combiner, comploter, conspirer, machiner, manigancer, mijoter, mitonner, monter, orchestrer, préméditer, préparer, tisser, tramer –FAMILIER: concocter, goupiller, traficoter, trafiquer –LITTÉRAIRE: conjurer, nouer.

ours *adjectif*
/ Peu sociable. SYN. asocial, insociable, sauvage, taciturne –LITTÉRAIRE: misanthrope. CONTR. *communicatif, liant, sociable* –FAMILIER: *causant.*

ours *nom masculin*
/ FAMILIER. Personne qui fuit le monde. SYN. asocial, sauvage, solitaire –LITTÉRAIRE: misanthrope.

out *adjectif*
/ FAMILIER. Qui n'est plus dans le coup. SYN. anachronique, archaïque, arriéré, démodé, dé-

passé –FAMILIER: ringard. CONTR. *dans le vent, en vogue, moderne* –FAMILIER: *branché, dans le coup, in.*

outil *nom masculin*

/ Objet utilisé pour une opération. SYN. appareil, engin, ustensile.

/ Élément d'une activité. SYN. instrument, machine, moyen –LITTÉRAIRE: mécanique.

outillage *nom masculin*

/ Ensemble des outils. SYN. attirail, équipement, matériel.

outrage *nom masculin*

/ Grave offense. SYN. affront, insulte, offense, vexation –LITTÉRAIRE: avanie, camouflet, injure, soufflet.

/ Acte contraire à une règle. SYN. atteinte, attentat, coup, entorse, manquement, offense, préjudice. CONTR. *bienfait.*

outragé *adjectif*

/ Qui a subi un outrage. SYN. bafoué, humilié, injurié, insulté, offusqué, vexé –LITTÉRAIRE: blessé, offensé.

outrageant *adjectif*

/ Qui constitue un outrage. SYN. blessant, déshonorant, humiliant, injurieux, insultant, mortifiant, offensant, vexant, vexatoire.

outrager *verbe*

/ Faire outrage à quelqu'un. SYN. bafouer, faire affront, injurier, insulter, mortifier, offenser, offusquer –FAMILIER: cracher –LITTÉRAIRE: piquer.

/ LITTÉRAIRE. Porter atteinte à. SYN. bafouer, fouler aux pieds, offenser –LITTÉRAIRE: insulter à. CONTR. *respecter.*

outrageusement *adverbe*

/ D'une manière excessive. SYN. à l'excès, à outrance, abusivement, démesurément, effroyablement, exagérément, excessivement, follement, immodérément, insolemment, outre mesure, plus que de raison, terriblement, trop. CONTR. *modérément, moyennement, raisonnablement, sobrement.*

outrance *nom féminin*

/ Caractère outré. SYN. abus, démesure, exagération, excès, exubérance, hypertrophie. CONTR. *discrétion, mesure, modération, pondération, sagesse* –LITTÉRAIRE: *sobriété.*

outrancier *adjectif*

/ Qui pousse à l'excès. SYN. abusif, démesuré, exagéré, excessif, immodéré, outré –FAMILIER: délirant, dingue –LITTÉRAIRE: intempérant. CONTR. *équilibré, mesuré, nuancé.*

outre *préposition*

/ Indépendamment de. SYN. en plus de, non compris –VIEUX: en sus de. CONTR. *y compris.*

outré *adjectif*

/ Poussé à l'extrême. SYN. abusif, artificiel, caricatural, démesuré, effréné, exagéré, excessif, forcé, immodéré, outrancier –FAMILIER: délirant, dingue –LITTÉRAIRE: intempérant. CONTR. *mesuré, modéré.*

/ Qui est indigné. SYN. choqué, furibond, furieux, indigné, offusqué, révolté, scandalisé, suffoqué, vexé –FAMILIER: furax, furibard –LITTÉRAIRE: courroucé, fulminant, offensé.

outrecuidance *nom féminin*

/ LITTÉRAIRE. Confiance excessive en soi. SYN. fatuité, orgueil, présomption, prétention –LITTÉRAIRE: fierté, infatuation, vanité. CONTR. *humilité, modestie, réserve.*

/ LITTÉRAIRE. Désinvolture impertinente. SYN. affectation, arrogance, condescendance, effronterie, hauteur, impertinence, impudence, insolence, morgue, suffisance, supériorité –LITTÉRAIRE: superbe. CONTR. *bonhomie.*

outrecuidant *adjectif*

/ LITTÉRAIRE. Qui se croit supérieur. SYN. avantageux, doctoral, fier, hautain, important, infatué, orgueilleux, prétentieux, puant, rogue, suffisant, vaniteux –FAMILIER: crâneur –LITTÉRAIRE: fat, vain. CONTR. *humble, modeste.*

/ LITTÉRAIRE. Qui est impertinent. SYN. effronté, impertinent, impudent, présomptueux –LITTÉRAIRE: insolent. CONTR. *bonhomme, familier.*

outrepasser *verbe*

/ Enfreindre ce qui est permis. SYN. déborder, dépasser, dépasser les bornes, dépasser les limites, empiéter sur, enfreindre, mordre sur, passer, passer les bornes, sortir, transgresser, violer.

outrer *verbe*

/ Porter au-delà des limites. SYN. amplifier, caricaturer, charger, dramatiser, en rajouter, exagérer, forcer, grossir –FAMILIER: forcer la dose, forcer la note, pousser –LITTÉRAIRE: enfler. CONTR. *modérer.*

/ Irriter vivement quelqu'un. SYN. choquer, froisser, heurter, indigner, mécontenter, offenser, offusquer, outrager, révolter, scandaliser –LITTÉRAIRE: piquer.

ouvert *adjectif*

/ Qui comprend vite. SYN. aigu, éveillé, intelligent, pénétrant, perspicace, vif –VIEUX: perçant. CONTR. *borné, buté, étroit, lent, lourd* –FAMILIER: *bouché.*

/ Qui est accessible. SYN. abordable, accessible, accueillant, compréhensif, disponible, large, libéral, réceptif, sensible. CONTR. *étranger, impénétrable, imperméable, inaccessible, inapprochable, incompréhensif, indifférent, insensible, rebelle, réfractaire, sourd.*

/ Qui est déclaré. SYN. évident, flagrant, manifeste, notoire, patent, public. CONTR. *caché, clandestin, confidentiel, furtif, latent, occulte, secret, sourd, souterrain.*

/ Qui présente une incision. SYN. coupé, entaillé, fendu, lacéré, sectionné. CONTR. *fermé, obturé, refermé, suturé.*

/ Tourné vers l'extérieur. SYN. communicatif, démonstratif, expansif, extraverti, perméable. CONTR. *énigmatique, introverti, renfermé, replié, réservé, taciturne* –FAMILIER: *cachottier* –LITTÉRAIRE: *secret.*

/ Qui exprime la franchise. SYN. cordial, direct, franc, honnête, sincère. CONTR. *chafouin, dissimulé, équivoque, faux, impénétrable, renfermé, sournois.*

ouvertement *adverbe*

/ De façon ouverte. SYN. à découvert, carrément, clairement, de face, de front, directement, en face, franchement, haut, hautement, librement, manifestement, net, officiellement, ostensiblement, par-devant, publiquement, résolument, simplement, sincèrement. CONTR. *à la dérobée, confidentiellement, discrètement, en cachette, en catimini, en secret, en sous-main, en tapinois, furtivement, in petto, incognito, intérieurement, officieusement, secrètement, sournoisement* –LITTÉRAIRE: *subrepticement.*

ouverture *nom féminin*

/ Ce qui permet le passage. SYN. accès, débouché, issue, passage. CONTR. *clôture, colmatage, fermeture, obturation.*

/ Action de commencer. SYN. amorce, commencement, début, inauguration, instauration, lancement, mise en service. CONTR. *clôture, conclusion.*

/ Espace pratiqué dans. SYN. brèche, fente, orifice, percée, trou, trouée, vide.

ouvertures *nom féminin pluriel*

/ Premières démarches. SYN. approches, avances, offres, propositions.

ouvrage *nom masculin*

/ Action de travailler. SYN. besogne, tâche, travail –LITTÉRAIRE: labeur –POPULAIRE: boulot, turbin.

/ Publication littéraire. SYN. écrit, livre, manuel, œuvre, publication, traité, volume –FAMILIER: bouquin.

ouvragé *adjectif*

/ Qui a de fins ornements. SYN. ajouré, brodé, orné, sculpté, travaillé –LITTÉRAIRE: ouvré.

ouvré *adjectif*

/ LITTÉRAIRE. Travaillé finement. SYN. ajouré, brodé, orné, ouvragé, sculpté, travaillé.

ouvrier *adjectif*

/ Qui a rapport aux ouvriers. SYN. laborieux, populaire, prolétaire.

ouvrier *nom*

/ LITTÉRAIRE. Agent de quelque chose. SYN. âme, artisan, faiseur, moteur, promoteur, responsable.

ouvrir *verbe intransitif*

/ Donner accès à. SYN. communiquer, déboucher sur, donner, tomber dans.

ouvrir *verbe transitif*

/ Défaire ce qui est plié. SYN. déballer, déboutonner, décacheter, défaire, dépaqueter, déplier, déployer. CONTR. *cacheter, coller, emballer, empaqueter, faire, ficeler, lier, plier, replier.*

/ Permettre l'ouverture de. SYN. écarter, entrebâiller, entrouvrir, pousser, tirer. CONTR. *barricader, claquer, condamner, fermer, resserrer, serrer.*

/ Dégager ce qui est fermé. SYN. déboucher, décoiffer. CONTR. *boucher, fermer, rabattre, refermer.*

- Couper quelque chose de solide. SYN. couper, creuser, débrider, entailler, entamer, fendre, fissurer, inciser, percer. CONTR. *boucher, brider, coudre, obstruer, suturer.*
- Faire un passage. SYN. frayer, pratiquer. CONTR. *fermer, interdire, murer.*
- Donner la première impulsion. SYN. créer, inaugurer, lancer, mettre sur pied, promouvoir. CONTR. *fermer.*
- Commencer quelque chose. SYN. amorcer, attaquer, commencer, ébaucher, engager, entamer – FAMILIER: débuter. CONTR. *arrêter, borner, clôturer, finir* – LITTÉRAIRE: *clore.*

ouvrir (s') *verbe pronominal*

- Se développer (fleur). SYN. éclore, fleurir, s'épanouir. CONTR. *faner, se faner, se flétrir* – LITTÉRAIRE: *flétrir.*
- Se présenter au regard. SYN. se déployer, se dérouler, s'étaler, s'étendre, s'offrir.
- Faire des confidences. SYN. communiquer, faire part, se confier, se livrer – FAMILIER: déballer, se déboutonner – LITTÉRAIRE: s'abandonner, s'épancher. CONTR. *se renfermer, se replier.*

ovation *nom féminin*

- Acclamation en l'honneur de. SYN. acclamation, applaudissement, bravo, hourra, hurrah, vivat. CONTR. *huée, sifflet, tollé.*

ovationner *verbe*

- Accueillir par une ovation. SYN. acclamer, applaudir. CONTR. *conspuer, huer, siffler.*

oxygéner (s') *verbe pronominal*

- Respirer de l'air pur. SYN. changer d'air, prendre l'air, respirer, s'aérer.

(forme de la parenthèse

P.-V. *nom masculin*
/ Familier. Contravention. SYN. amende, contravention, procès-verbal –familier: contredanse, papillon –populaire: prune.

pacage *nom masculin*
/ Lieu de patûre. SYN. alpage, herbage, pâturage, prairie, pré.

pacificateur *nom*
/ Personne qui rétablit la paix. SYN. arbitre, conciliateur, médiateur. CONTR. *agitateur, émeutier, frondeur, provocateur, terroriste* –littéraire: *excitateur* –vieux: *boutefeu.*

pacification *nom féminin*
/ Action de pacifier. SYN. apaisement, conciliation, réconciliation. CONTR. *agitation, excitation, opposition, rébellion, révolte* –littéraire: *fronde.*

pacifier *verbe*
/ Calmer l'irritation de. SYN. apaiser, calmer, tranquilliser –littéraire: rasséréner. CONTR. *agiter, ameuter, armer, envenimer, exaspérer, exciter, soulever, troubler.*

pacifique *adjectif*
/ Qui aime la paix. SYN. antimilitariste, doux, pacifiste, paisible, placide, sage, serein, tranquille –littéraire: débonnaire. CONTR. *agité, agressif, batailleur, belliqueux, brutal, combatif, guerrier, insurrectionnel, offensif, troublé, violent* –familier: *bagarreur* –littéraire: *martial.*

pacifisme *nom masculin*
/ Doctrine qui préconise la paix. SYN. non-violence. CONTR. *bellicisme.*

pacifiste *adjectif*
/ Qui prône le pacifisme. SYN. antimilitariste, non belligérant, non violent, pacifique, paisible. CONTR. *batailleur, belliciste, belliqueux, combatif, guerrier* –littéraire: *martial.*

pacotille *nom féminin*
/ Marchandise sans valeur. SYN. –familier: camelote, roupie de sansonnet, toc –populaire: cochonnerie, saloperie.

pacte *nom masculin*
/ Accord entre deux partis. SYN. accord, alliance, arrangement, contrat, convention, entente, marché, traité.

pactiser *verbe*
/ Conclure un pacte avec. SYN. composer, négocier, parlementer, s'arranger, s'entendre, traiter, transiger –littéraire: s'accorder.

paf *adjectif*
/ Populaire. Complètement ivre. SYN. enivré, ivre –familier: pompette, saoul, soûl –populaire: blindé, bourré, chargé, cuit, raide, rond.

pagaïe ou **pagaille** *nom féminin*
/ Familier. Désordre, confusion. SYN. anarchie, bousculade, cohue, débandade, désordre, gabegie, gâchis, imbroglio, perturbation, remue-ménage –familier: cafouillage, em-

brouillamini, micmac –LITTÉRAIRE: cafouillis –POPULAIRE: bordel, foutoir, merdier. CONTR. *discipline, ordonnance, ordre, rangement.*

page *nom féminin*
- Fragment d'une œuvre. SYN. extrait, fragment, morceau, passage.
- Moment historique. SYN. époque, jour, moment, période.

paginer *verbe*
- Numéroter des pages. SYN. chiffrer, folioter, numéroter.

paie *nom féminin*
- Paiement d'un salaire. SYN. appointements, émoluments, gain, honoraires, rétribution, salaire, solde, traitement, vacation –VIEUX: gages.

paiement *nom masculin*
- Action de payer. SYN. acquittement, règlement, versement.
- Ce qu'on donne pour payer. SYN. prix, récompense, rémunération, rétribution.

païen *adjectif*
- Qui n'a aucune croyance religieuse. SYN. agnostique, athée, incroyant, irréligieux. CONTR. *croyant, dévot, pratiquant, religieux.*

païen *nom*
- Personne qui n'a pas la foi. SYN. athée, incroyant, libre penseur, profane –LITTÉRAIRE: mécréant. CONTR. *croyant, fidèle.*

paillard *adjectif*
- Porté sur les plaisirs des sens. SYN. coquin, croustillant, débauché, égrillard, gaulois, grivois, impudique, lascif, leste, libre, lubrique, polisson, salé –FAMILIER: chaud, cochon, olé olé –LITTÉRAIRE: libidineux, orgiaque, salace –VIEUX: luxurieux. CONTR. *chaste, prude, pudique, pur.*

paillardise *nom féminin*
- Comportement paillard. SYN. gauloiserie, grivoiserie, lubricité, luxure, polissonnerie, truculence, verdeur –FAMILIER: gaudriole –LITTÉRAIRE: impudicité, salacité. CONTR. *pruderie, pudeur, pudibonderie, puritanisme* –LITTÉRAIRE: *pudicité.*

paillote *nom féminin*
- Habitation en paille. SYN. cabane, cabanon, case, hutte.

pair *nom masculin*
- Personne semblable. SYN. congénère, égal, homologue, pareil, semblable.

paisible *adjectif*
- D'humeur tranquille. SYN. calme, confiant, doux, égal, pacifique, pacifiste, placide, posé, serein –FAMILIER: pépère –LITTÉRAIRE: olympien, quiet –POPULAIRE: peinard, pénard. CONTR. *agité, agressif, batailleur, belliqueux, combatif, débordant, déchaîné, emporté, fiévreux, hystérique, impétueux, inquiet, querelleur, sombre, soucieux, surexcité, survolté, turbulent, violent* –FAMILIER: *bagarreur* –LITTÉRAIRE: *tempétueux* –VIEUX: *chicaneur, chicanier.*
- Que rien ne trouble. SYN. calme, silencieux, sûr, tranquille. CONTR. *bruyant, dangereux, heurté, houleux, mouvementé, orageux, tourmenté, trépidant, troublé* –LITTÉRAIRE: *tempétueux, tumultueux.*

paisiblement *adverbe*
- De manière paisible. SYN. calmement, doucement, en toute quiétude, mollement, pacifiquement, placidement, posément, sereinement, tranquillement –POPULAIRE: peinardement, pénardement. CONTR. *fébrilement, fiévreusement, impatiemment, précipitamment, violemment* –LITTÉRAIRE: *tumultueusement.*

paître *verbe*
- Manger en broutant. SYN. brouter, pacager, pâturer.

paix *nom féminin*
- Fin de l'état de guerre. SYN. cessez-le-feu, conciliation, détente, non-belligérance, ordre. CONTR. *bataille, combat, conflit, guerre, hostilités, insurrection.*
- État de concorde. SYN. accord, conciliation, concorde, entente, équilibre, réconciliation. CONTR. *bouleversement, dispute, dissension, friction, heurt, zizanie* –FAMILIER: *accrochage* –LITTÉRAIRE: *chicane, discorde.*
- Tranquillité de l'esprit. SYN. apaisement, ataraxie, calme, sagesse, sang-froid, sérénité –LITTÉRAIRE: quiétude, repos. CONTR. *agace-*

ment, angoisse, anxiété, désarroi, inquiétude, préoccupation, souci, tourment, tracas, tracasserie –LITTÉRAIRE: *alarme, orage.*

/ Absence d'agitation. SYN. accalmie, apaisement, calme, douceur, harmonie, repos, silence, tranquillité. CONTR. *activité, affolement, agitation, désordre, ébullition, émeute, fièvre, fracas, tumulte* –FAMILIER: *chahut, tohu-bohu* –LITTÉRAIRE: *alarme, bourrasque, tourmente, turbulence.*

palabre *nom féminin*

/ Discussion oiseuse. SYN. bavardage, discours, discussion, dissertation, jacassement –FAMILIER: discutaillerie, jacasserie, laïus, papotage, parlote, parlotte, tartine.

palabrer *verbe*

/ Discuter longuement. SYN. discourir, disserter, épiloguer, parler, pérorer –FAMILIER: discutailler, discuter le bout de gras, discuter le coup, disputailler, jacasser, laïusser, parlementer, pontifier, tchatcher.

pâle *adjectif*

/ Se dit d'un teint clair. SYN. blafard, blanc, blême, cireux, exsangue, livide, plombé, terreux –FAMILIER: pâlichon, pâlot. CONTR. *basané, bronzé, brun, bruni, coloré, cramoisi, foncé, frais, hâlé, rose, rosé, rouge, rougeaud* –LITTÉRAIRE: *empourpré, enluminé, rubicond, vermeil.*

/ Se dit d'une lumière faible. SYN. doux, tamisé, terne, voilé. CONTR. *ardent, aveuglant, éblouissant, éclatant, lumineux, radieux, violent* –LITTÉRAIRE: *fulgurant.*

/ Se dit d'une couleur atténuée. SYN. clair, décoloré, délavé, éteint, fadasse, fade, fané, passé. CONTR. *foncé, sombre, soutenu, vif.*

/ Qui manque d'éclat. SYN. creux, gris, impersonnel, inodore et sans saveur, insipide, morne, plat, terne –FAMILIER: fadasse –LITTÉRAIRE: incolore. CONTR. *brillant, éblouissant, étincelant, fulgurant, original, pittoresque.*

palette *nom féminin*

/ Ensemble de choses de même nature. SYN. assortiment, batterie, collection, échantillonnage, éventail, gamme, jeu, lot.

pâleur *nom féminin*

/ Couleur pâle. SYN. blancheur –LITTÉRAIRE: lividité. CONTR. *couleur, rougeur* –LITTÉRAIRE: *roseur.*

/ Manque d'éclat. SYN. banalité, fadeur, insipidité, modération, platitude, tiédeur. CONTR. *brillant, éclat, originalité.*

pâlichon *adjectif*

/ FAMILIER. Qui est un peu pâle. SYN. blanc, blême, pâle, plombé –FAMILIER: pâlot. CONTR. *coloré, frais, hâlé, rose, rosé* –LITTÉRAIRE: *empourpré, enluminé, vermeil.*

palier *nom masculin*

/ Phase d'une action. SYN. degré, échelon, étape, gradation, phase, stade, temps.

palinodie *nom féminin*

/ LITTÉRAIRE. Changement d'opinion. SYN. pirouette, retournement, rétractation, revirement, virevolte, volte-face –FAMILIER: cabriole.

pâlir *verbe intransitif*

/ S'affaiblir, pour la lumière. SYN. s'atténuer, se voiler, s'éteindre.

/ Perdre de son éclat. SYN. passer, se décolorer, se faner, se ternir, s'effacer, s'estomper. CONTR. *briller.*

/ Devenir pâle. SYN. blêmir. CONTR. *être rouge comme un coq, être rouge comme une écrevisse, être rouge comme une pivoine, être rouge comme une tomate, rougir.*

pâlir *verbe transitif*

/ Rendre pâle. SYN. décolorer, délaver, déteindre, ternir. CONTR. *colorer, teinter* –LITTÉRAIRE: *teindre.*

palissade *nom féminin*

/ Clôture faite de pieux. SYN. barrière, clôture –VIEUX: palis.

pâlissant *adjectif*

/ Dont la clarté s'affaiblit. SYN. déclinant, faiblissant.

palliatif *nom masculin*

/ Moyen pour éviter quelque chose. SYN. expédient, remède, soulagement.

pallier *verbe*

/ Supprimer un inconvénient. SYN. corriger, éviter, faire face, parer, prévenir, remédier, se prémunir contre, suppléer –LITTÉRAIRE: obvier à.

pâlot *adjectif*

/ FAMILIER. Qui est un peu pâle. SYN. blanc, blême, pâle, plombé –FAMILIER: pâlichon. CONTR. *coloré, frais, hâlé, rose, rosé* –LITTÉRAIRE: *empourpré, enluminé, vermeil.*

palpable *adjectif*

/ Que l'on peut toucher. SYN. concret, matériel, réel, sensible, tangible. CONTR. *fantomatique, hallucinatoire, immatériel, impalpable, imperceptible, inexistant.*

/ Qui peut être contrôlé. SYN. certain, évident, manifeste, notoire, patent, sûr. CONTR. *contestable, douteux, faux, fictif, hypothétique, incertain, problématique.*

palper *verbe*

/ Toucher avec la main. SYN. manier, manipuler, tâter.

/ FAMILIER. Toucher de l'argent. SYN. émarger, empocher, encaisser, gagner, percevoir, ramasser. CONTR. *débourser, décaisser, payer, verser.*

palpitant *adjectif*

/ Qui palpite. SYN. frémissant, haletant, pantelant, tremblant, vibrant –LITTÉRAIRE: bruissant.

/ Qui suscite l'intérêt. SYN. attachant, bouleversant, captivant, émouvant, fascinant, intéressant, passionnant, poignant, prenant, saisissant. CONTR. *ennuyeux, inintéressant, insignifiant, soporifique* –FAMILIER: *rasant, rasoir, soûlant* –POPULAIRE: *chiant, emmerdant.*

palpiter *verbe*

/ Avoir des mouvements brusques. SYN. frémir, osciller, trembler, trembloter, tressaillir, vaciller –LITTÉRAIRE: panteler, trémuler, trépider, vibrer.

paltoquet *nom masculin*

/ FAMILIER. Individu grossier. SYN. balourd, butor, cuistre, goujat, lourdaud, mal élevé, malotru, mufle, ostrogoth, ours mal léché, paysan du Danube, rustre, sauvage –FAMILIER: foutriquet, malpoli, rustaud –LITTÉRAIRE: faquin, soudard –POPULAIRE: jean-foutre, pignouf –VIEUX: bélître, coquin, maraud, maroufle.

pâmer (se) *verbe pronominal*

/ LITTÉRAIRE. Tomber en syncope. SYN. chavirer, perdre connaissance, se trouver mal, s'évanouir, tomber en pâmoison –FAMILIER: tomber dans les pommes, tourner de l'œil –LITTÉRAIRE: défaillir –POPULAIRE: tomber dans les vapes.

/ Être transporté d'un sentiment. SYN. délirer, exulter, se griser, s'émerveiller, s'enthousiasmer, s'exalter, s'extasier.

pâmoison *nom féminin*

/ Fait de s'évanouir. SYN. défaillance, évanouissement, malaise, syncope –LITTÉRAIRE: faiblesse.

pamphlet *nom masculin*

/ Petit écrit polémique. SYN. critique, diatribe, mazarinade, réquisitoire, satire –LITTÉRAIRE: factum, libelle, philippique. CONTR. *apologie, éloge, panégyrique* –LITTÉRAIRE: *dithyrambe.*

pamphlétaire *nom*

/ Auteur de pamphlets. SYN. critique, polémiste, satiriste –VIEUX: libelliste. CONTR. *apologiste* –LITTÉRAIRE: *panégyriste.*

pan *nom masculin*

/ LITTÉRAIRE. Surface. SYN. côté, paroi, pente, versant.

/ LITTÉRAIRE. Partie importante de. SYN. fragment, morceau, partie, portion.

panachage *nom masculin*

/ Action de panacher. SYN. combinaison, dosage, fusion, mélange.

panache *nom masculin*

/ Assemblage de plumes. SYN. aigrette, casoar, houppe, plumet.

/ Ce qui ressemble à un bouquet. SYN. bouquet, fusée, gerbe, houppe, touffe.

/ Caractère distingué. SYN. allure, brio, classe, distinction, éclat.

panaché *adjectif*

/ Aux couleurs variées. SYN. bariolé, bigarré, tacheté. CONTR. *uni, unicolore.*

/ Composé d'éléments différents. SYN. bigarré, combiné, composite, divers, hétéroclite, hétérogène, hybride, mixte –LITTÉRAIRE: mâtiné. CONTR. *homogène.*

panaché *nom masculin*

/ LITTÉRAIRE. Mélange de choses diverses. SYN. assortiment, cocktail, combinaison, combiné, composé, mélange.

panacher *verbe*
/ Composer d'éléments divers. SYN. associer, combiner, marier, mélanger, mêler -LITTÉRAIRE: mitiger.
/ Orner de couleurs variées. SYN. barioler, bigarrer, chamarrer.

pancarte *nom féminin*
/ Panneau portant un avis. SYN. affiche, écriteau, enseigne, panneau, panonceau -VIEUX: placard.

panégyrique *nom masculin*
/ Éloge sans réserve. SYN. apologie, éloge, glorification, louange, plaidoyer -LITTÉRAIRE: dithyrambe. CONTR. *blâme, censure, critique, dénigrement, diatribe, pamphlet, réquisitoire, satire* -FAMILIER: *débinage.*

panégyriste *nom*
/ LITTÉRAIRE. Auteur d'un panégyrique. SYN. apologiste. CONTR. *critique, pamphlétaire.*
/ Personne qui flatte. SYN. -FAMILIER: lèche-bottes -LITTÉRAIRE: flagorneur, laudateur, louangeur, prôneur, thuriféraire. CONTR. *critique* -LITTÉRAIRE: *censeur, contempteur.*

panique *nom féminin*
/ Terreur irraisonnée. SYN. affolement, débandade, effroi, épouvante, frayeur, horreur, peur, terreur.

paniquer *verbe intransitif*
/ Succomber à la panique. SYN. perdre la raison, perdre la tête, perdre son sang-froid, perdre son self-control, s'affoler, s'alarmer, se démonter, s'effrayer -FAMILIER: angoisser, être aux cent coups, perdre la boule, perdre la boussole, perdre le nord, perdre les pédales. CONTR. *garder son sang-froid, garder son self-control, se contrôler, se maîtriser.*

paniquer *verbe transitif*
/ Provoquer une terreur soudaine. SYN. affoler, alarmer, angoisser, apeurer, effrayer, égarer, épouvanter, faire peur, terrifier, terroriser. CONTR. *apaiser, calmer, rassurer, tranquilliser* -LITTÉRAIRE: *rasséréner.*

panneau *nom masculin*
/ Plaque servant de support. SYN. écriteau, enseigne, pancarte, panonceau -VIEUX: placard.

panoplie *nom féminin*
/ Ensemble de possibilités. SYN. arsenal, assortiment, batterie, collection, échantillonnage, éventail, gamme, jeu, lot.

panorama *nom masculin*
/ Vaste étendue de pays. SYN. échappée, horizon, paysage, point de vue, site, vue.

panse *nom féminin*
/ FAMILIER. Gros ventre. SYN. -FAMILIER: bedaine, bedon, brioche -POPULAIRE: bide, bidon.

panser *verbe*
/ LITTÉRAIRE. Apporter une consolation. SYN. adoucir, calmer, réconforter, soulager -LITTÉRAIRE: mettre du baume au cœur. CONTR. *blesser.*

pansu *adjectif*
/ FAMILIER. Qui a un gros ventre. SYN. gras, gros, obèse, ventru -FAMILIER: bedonnant, ventripotent. CONTR. *élancé, fin, mince.*

pantagruélique *adjectif*
/ Très copieux. SYN. copieux, plantureux. CONTR. *frugal, parcimonieux, sobre.*

pantalonnade *nom féminin*
/ Farce pitoyable. SYN. bouffonnerie, facétie, mystification, pitrerie -FAMILIER: blague -LITTÉRAIRE: duperie.
/ Subterfuge grotesque. SYN. dérobade, échappatoire, faux-fuyant, pirouette, prétexte, reculade.
/ LITTÉRAIRE. Hypocrisie d'un sentiment. SYN. comédie, grimace, parade, simagrée -LITTÉRAIRE: momerie.

pantelant *adjectif*
/ Qui palpite convulsivement. SYN. essoufflé, haletant, palpitant, poussif, suffocant.
/ LITTÉRAIRE. En proie à une émotion. SYN. affolé, bouleversé, ébranlé, remué, retourné, secoué, troublé -FAMILIER: révolutionné.

panteler *verbe*
/ LITTÉRAIRE. Respirer difficilement. SYN. haleter, palpiter, s'essoufler, suffoquer.

pantin *nom masculin*
/ Jouet d'enfant. SYN. arlequin, fantoche, marionnette.
/ Personne sans caractère. SYN. caméléon, fantoche, farceur, marionnette, plaisantin -FA-

MILIER: fumiste, girouette, guignol, polichinelle –LITTÉRAIRE: protée –POPULAIRE: charlot, rigolo –VIEUX: arlequin, sauteur.

pantois *adjectif*

/ Qui est très étonné. SYN. abasourdi, ahuri, coi, déconfit, ébahi, éberlué, étonné, interdit, interloqué, médusé, pétrifié, renversé, suffoqué, tombé de la lune, tombé des nues –FAMILIER: baba, comme deux ronds de flan, épaté, époustouflé, estomaqué, scié, sidéré, soufflé –LITTÉRAIRE: ébaubi.

pantouflard *adjectif*

/ FAMILIER. Qui tient à ses habitudes. SYN. bourgeois, casanier –FAMILIER: popote.

pantoufle *nom féminin*

/ Chaussure légère. SYN. babouche, charentaise, chausson, mule, savate.

pape *nom masculin*

/ L'évêque de Rome. SYN. Saint-Père, souverain pontife.

papier *nom masculin*

/ Pièce administrative. SYN. document, dossier, écrit, lettre, manuscrit, note, paperasse, pièce.

papillon *nom masculin*

/ FAMILIER. Contravention. SYN. amende, procès-verbal –FAMILIER: contredanse, P.-V. –POPULAIRE: prune.

papillonnant *adjectif*

/ Qui papillonne. SYN. changeant, inconstant, instable, variable, versatile –LITTÉRAIRE: ondoyant –VIEUX: mobile.

papillonner *verbe*

/ Ne pas s'intéresser longtemps à. SYN. se disperser, s'éparpiller, voltiger –FAMILIER: batifoler –LITTÉRAIRE: folâtrer.

papillotant *adjectif*

/ Qui éblouit par ses reflets. SYN. chatoyant, éblouissant, miroitant, scintillant.

papillotement *nom masculin*

/ Miroitement de la lumière. SYN. chatoiement, miroitement, papillotage, scintillement –LITTÉRAIRE: moire.

papilloter *verbe*

/ En parlant des yeux, bouger. SYN. ciller, cligner, clignoter.

/ Avoir des reflets changeants. SYN. briller, chatoyer, miroiter, scintiller, trembloter, vaciller –LITTÉRAIRE: poudroyer.

papotage *nom masculin*

/ FAMILIER. Action de papoter. SYN. babillage, bavardage, jacassement, palabre –FAMILIER: causette, jacasserie, parlote, parlotte –LITTÉRAIRE: babil.

papoter *verbe*

/ FAMILIER. Bavarder intarissablement. SYN. babiller, bavarder, caqueter, causer, converser, discuter –FAMILIER: bavasser, cancaner, commérer, discutailler, faire la causette, faire un brin de causette, jacasser, tchatcher –POPULAIRE: discuter le bout de gras, discuter le coup –VIEUX: pépier.

paquet *nom masculin*

/ Masse informe. SYN. amas, bloc, masse, pile, tas.

/ Objet emballé. SYN. ballot, colis, envoi –FAMILIER: balluchon.

/ FAMILIER. Grande quantité de choses. SYN. cascade, déluge, foule, infinité, kyrielle, masse, monceau, montagne, multitude –FAMILIER: armada, cargaison, flopée, pelletée, tapée. CONTR. *atome, bribe, brin, doigt, goutte, grain, gramme, larme, lueur, miette, nuage, once, parcelle, peu, poignée, pointe, soupçon, trace* –LITTÉRAIRE: *liard, ombre, trait* –POPULAIRE: *chouia.*

paqueter *verbe*

/ Mettre en paquet. SYN. conditionner, emballer, envelopper. CONTR. *déballer, défaire, dépaqueter, désemballer.*

parabole *nom féminin*

/ Récit allégorique. SYN. allégorie, apologue.

parachèvement *nom masculin*

/ LITTÉRAIRE. Action de parachever. SYN. aboutissement, accomplissement, achèvement, conclusion, couronnement, exécution, finissage, finition, réalisation –LITTÉRAIRE: consommation. CONTR. *sabotage* –FAMILIER: *bâclage, bousillage.*

parachever *verbe*

/ Mener une chose à sa fin. SYN. accomplir, achever, conclure, couronner, donner la touche finale, fignoler, finir, mettre la dernière main à, parfaire, peaufiner, perfectionner, polir –FAMILIER: lécher –LITTÉRAIRE: ciseler –VIEUX: perler. CONTR. *gâcher, saboter* –FAMILIER: *bâcler, expédier, torcher, torchonner.*

parachuter *verbe*

/ FAMILIER. Nommer à un emploi. SYN. affecter, désigner, introniser, nommer –FAMILIER: bombarder.

parade *nom féminin*

/ Étalage pour se valoriser. SYN. déploiement, étalage, exhibition –FAMILIER: esbroufe –POPULAIRE: épate. CONTR. *discrétion, humilité, modestie.*

parader *verbe*

/ Prendre un air avantageux. SYN. bomber la poitrine, bomber le torse, poser, s'afficher, se montrer, se pavaner, se rengorger, s'étaler, s'exhiber –FAMILIER: crâner, frimer, pavoiser, plastronner –POPULAIRE: ramener sa fraise, rouler des mécaniques.

paradeur *nom*

/ LITTÉRAIRE. Personne qui parade. SYN. fanfaron, faraud, poseur, vantard –FAMILIER: crâneur, m'as-tu-vu, plastronneur –LITTÉRAIRE: matamore.

paradis *nom masculin*

/ Séjour des justes après la mort. SYN. ciel. CONTR. *enfer, géhenne, limbes, purgatoire.*

/ Lieu, état délicieux. SYN. eldorado, nirvana, nirvâna, pays de cocagne, une oasis de –LITTÉRAIRE: éden, élysée. CONTR. *enfer, supplice.*

paradisiaque *adjectif*

/ Qui évoque le paradis. SYN. divin, enchanteur, féerique, idyllique, merveilleux, splendide, sublime, superbe –LITTÉRAIRE: céleste.

paradoxal *adjectif*

/ Contraire à la normale. SYN. aberrant, absurde, anormal, bizarre, curieux, extraordinaire, inadmissible, inattendu, incroyable, inhabituel, inimaginable, inouï, invraisemblable, singulier, stupéfiant, surprenant. CONTR. *banal, commun, courant, habituel, normal, ordinaire, usuel.*

paradoxe *nom masculin*

/ Ce qui paraît contradictoire. SYN. absurdité, anomalie, bizarrerie, étrangeté, extravagance, singularité.

parages *nom masculin pluriel*

/ Région environnant un lieu. SYN. abords, alentours, coin, contrée, environs, proximité, voisinage –FAMILIER: secteur –LITTÉRAIRE: approches.

paraître *verbe*

/ Se présenter à la vue. SYN. apparaître, émerger, jaillir, naître, percer, se lever, se profiler, se voir, sortir, surgir, transparaître –LITTÉRAIRE: éclore, poindre, pointer. CONTR. *disparaître.*

/ Manifester sa présence. SYN. aller, déboucher, émerger, se montrer, se présenter –FAMILIER: montrer le bout de son nez, montrer son nez –LITTÉRAIRE: survenir.

/ Se faire remarquer. SYN. briller, parader, poser, s'afficher, se montrer, se pavaner, se rengorger, s'étaler, s'exhiber –FAMILIER: crâner, plastronner.

/ Donner l'impression de. SYN. avoir l'air, faire, passer pour, sembler.

parallèle *adjectif*

/ Qui va dans la même direction. SYN. analogue, comparable, proche, semblable, similaire, voisin. CONTR. *contraire, différent, dissemblable, divergent, opposé.*

/ En marge d'un cadre légal. SYN. caché, clandestin, illégal, marginal, noir, occulte. CONTR. *flagrant, manifeste, notoire, patent.*

parallèle *nom masculin*

/ Fait de comparer deux choses. SYN. assimilation, comparaison, confrontation, rapprochement.

paralysé *adjectif*

/ Frappé de paralysie. SYN. impotent, invalide, perclus. CONTR. *valide.*

/ Empêché d'avancer. SYN. bloqué, figé, fixe, immobile, immobilisé, neutralisé.

paralyser *verbe*

/ Rendre incapable de réagir. SYN. anéantir, assommer, clouer, engourdir, étouffer, glacer, inhiber, intimider, pétrifier –LITTÉRAIRE: annihiler, garrotter. CONTR. *animer.*

/ Arrêter une action. SYN. arrêter, bloquer, empêcher, endiguer, enrayer, entraver, freiner, geler, gêner, immobiliser, juguler, neutraliser, nuire, ralentir, retarder, scléroser, stopper. CONTR. *actionner.*

paralysie *nom féminin*

/ Arrêt complet d'une activité. SYN. asphyxie, blocage, immobilisation, immobilité, léthargie, marasme, piétinement, stagnation –LITTÉRAIRE: assoupissement, étranglement, somnolence. CONTR. *agitation, animation, mouvement.*

parangon *nom masculin*

/ LITTÉRAIRE. Type accompli. SYN. canon, exemple, idéal, modèle, prototype, type.

paraphrase *nom féminin*

/ Explication d'un texte. SYN. commentaire, développement, explication, glose, interprétation.

/ Commentaire verbeux. SYN. bavardage, longueurs, remplissage, verbiage –FAMILIER: délayage –LITTÉRAIRE: prolixité, verbosité.

paraphraser *verbe*

/ Faire un commentaire. SYN. commenter, développer, expliquer, gloser, interpréter.

/ Exprimer de manière diffuse. SYN. bavarder, remplir –FAMILIER: délayer. CONTR. *résumer.*

parapluie *nom masculin*

/ Accessoire qui protège de la pluie. SYN. tom-pouce –FAMILIER: pépin –POPULAIRE: pébroc, pébroque –VIEUX: riflard.

parasite *nom masculin*

/ Personne qui vit aux dépens d'autrui. SYN. exploiteur, profiteur –FAMILIER: pique-assiette –LITTÉRAIRE: sangsue –VIEUX: écornifleur.

parasiter *verbe*

/ Vivre en parasite. SYN. abuser de, exploiter, pressurer, profiter de.

parce que *conjonction*

/ Indique le motif. SYN. attendu que, comme, dans la mesure où, du fait que, étant donné que, pour la raison que, puisque, vu que.

parcellaire *adjectif*

/ Qui ne concerne qu'une partie. SYN. fractionné, fragmentaire, incomplet, morcelé, partiel, tronçonné. CONTR. *complet, entier, exhaustif, global, intégral.*

parcelle *nom féminin*

/ Petite quantité de. SYN. atome, bout, bribe, brin, doigt, filet, goutte, grain, gramme, larme, miette, nuage, once, pointe, portion, soupçon, teinte, trace –LITTÉRAIRE: liard, ombre –POPULAIRE: chouia. CONTR. *armée, avalanche, cascade, déluge, flot, foule, infinité, kyrielle, masse, monceau, montagne, multitude, myriade, nuée, pléiade, pluie, tas, torrent* –FAMILIER: *armada, cargaison, flopée, foultitude, paquet, pelletée, ribambelle, tapée* –LITTÉRAIRE: *averse, océan.*

/ Petite partie de matière. SYN. fraction, fragment, particule –LITTÉRAIRE: molécule. CONTR. *bloc, ensemble.*

parchemin *nom masculin*

/ FAMILIER. Titre universitaire. SYN. diplôme –FAMILIER: peau d'âne.

parcimonie *nom féminin*

/ Épargne rigoureuse. SYN. avarice, économie, mesquinerie –FAMILIER: pingrerie, radinerie, radinisme –LITTÉRAIRE: lésine, lésinerie. CONTR. *générosité, libéralité, profusion* –LITTÉRAIRE: *dissipation, largesse, magnificence, prodigalité.*

parcimonieusement *adverbe*

/ Avec parcimonie. SYN. au compte-gouttes, chichement, mesquinement. CONTR. *à discrétion, à flots, à foison, à la pelle, à profusion, à satiété, à souhait, abondamment, en quantité, énormément, généreusement, grandement, largement* –FAMILIER: *à gogo, à revendre, à tire-larigot, en pagaille.*

parcimonieux *adjectif*

/ Qui fait preuve de parcimonie. SYN. avare, économe, regardant –FAMILIER: chiche, pingre, radin, rapiat, rat –LITTÉRAIRE: avaricieux, lésineur. CONTR. *dépensier, dilapidateur, gaspilleur, généreux, large, prodigue* –LITTÉRAIRE: *dissipateur.*

/ Qui témoigne de parcimonie. SYN. insuffisant, juste, maigre, mesquin, pauvre, serré –FAMILIER: chiche, jeune. CONTR. *abondant, copieux, fastueux, foisonnant, pantagruélique, plantureux.*

parcourir *verbe*

/ Visiter un lieu. SYN. arpenter, explorer, inspecter, prospecter, sillonner.

/ Effectuer un trajet déterminé. SYN. couvrir, faire, franchir.

/ Examiner du regard. SYN. observer, regarder, scruter, suivre.
/ Examiner un texte. SYN. feuilleter, lire, survoler.

parcours *nom masculin*
/ Itinéraire à suivre. SYN. chemin, distance, étape, itinéraire, route, trajectoire, trajet.
/ Fait de parcourir. SYN. cheminement, course, marche, progression –VIEUX: traite.

pardon *nom masculin*
/ Fait de pardonner. SYN. absolution, excuse, oubli, rémission –LITTÉRAIRE: miséricorde. CONTR. *rancœur, rancune, représailles, ressentiment, vengeance.*

pardon ? *interjection*
/ Marque la surprise. SYN. comment ?, plaît-il ?, quoi ? –FAMILIER: hein ?

pardonnable *adjectif*
/ Qui est digne de pardon. SYN. excusable, négligeable –LITTÉRAIRE: rémissible, véniel. CONTR. *blâmable, condamnable, impardonnable, inadmissible, inexcusable, irrémissible, punissable, répréhensible.*

pardonner *verbe*
/ Accorder son pardon à. SYN. absoudre, acquitter, amnistier, faire grâce, gracier. CONTR. *châtier, condamner, punir, réprimer, sanctionner.*
/ Accepter sans dépit. SYN. excuser, oublier, passer l'éponge, passer sur, supporter, tolérer –LITTÉRAIRE: souffrir. CONTR. *blâmer, réprouver, tenir rigueur.*

paré *adjectif*
/ Qui possède quelque chose. SYN. armé, doté, équipé, nanti, pourvu. CONTR. *démuni, dénué, dépourvu, privé.*
/ LITTÉRAIRE. Qui est bien habillé. SYN. endimanché, habillé, pomponné –FAMILIER: bichonné. CONTR. *débraillé, négligé.*

pareil *adjectif*
/ Qui a une ressemblance avec. SYN. analogue, comparable, conforme, égal, équivalent, identique, inchangé, même, ressemblant, semblable, similaire, tel. CONTR. *autre, contraire, différent, disparate, dissemblable, distinct, divers, inégal.*

pareil *nom*
/ Personne de même condition. SYN. congénère, égal, homologue, pair, semblable.

pareillement *adverbe*
/ De façon pareille. SYN. à l'avenant, aussi, de la même façon, de la même manière, de même, également, identiquement, indifféremment, indistinctement –LITTÉRAIRE: semblablement –VIEUX: mêmement. CONTR. *autrement, différemment, inégalement.*

parenté *nom féminin*
/ Ensemble des parents. SYN. consanguinité, famille –LITTÉRAIRE: parentèle, parentelle.
/ Points communs. SYN. analogie, conformité, identité, ressemblance, similarité, similitude. CONTR. *contraste, différence, disparité, dissemblance, dissimilitude, opposition.*

parenthèse *nom féminin*
/ Élément accessoire. SYN. à-côté, digression.

parents *nom masculin pluriel*
/ Le père et la mère. SYN. –LITTÉRAIRE: géniteurs –POPULAIRE: vieux. CONTR. *enfants.*
/ LITTÉRAIRE. Les ancêtres. SYN. ancêtres, ascendants, famille, lignée, maison, souche –LITTÉRAIRE: aïeux, race. CONTR. *descendants, enfants.*

parer *verbe transitif*
/ LITTÉRAIRE. Vêtir avec soin. SYN. pomponner –FAMILIER: bichonner –LITTÉRAIRE: apprêter. CONTR. *négliger.*
/ LITTÉRAIRE. Orner quelque chose. SYN. accommoder, agrémenter, chamarrer, décorer, égayer, embellir, enjoliver, enrichir, fleurir, garnir, ornementer, orner –LITTÉRAIRE: habiller, relever. CONTR. *défigurer, enlaidir.*

parer *verbe transitif indirect*
/ Remédier à quelque chose. SYN. aviser, éviter, faire face, pallier, pourvoir à, prévenir, remédier, se prémunir contre –LITTÉRAIRE: obvier à.

parer (se) *verbe pronominal*
/ LITTÉRAIRE. Revêtir de beaux vêtements. SYN. s'apprêter, se pomponner, se préparer, s'endimancher, s'habiller –FAMILIER: se bichonner. CONTR. *se débrailler, se déshabiller, se négliger.*

▮S'attribuer un titre. SYN. s'approprier, se doter, se pourvoir, s'équiper –LITTÉRAIRE: s'arroger. CONTR. *se démunir, se priver.*

paresse *nom féminin*

▮Goût pour l'oisiveté. SYN. fainéantise, flânerie, indolence, inertie, langueur, négligence, nonchalance, oisiveté, veulerie –FAMILIER: cosse, farniente, flemmardise, flemme –LITTÉRAIRE: inapplication. CONTR. *activité, application, ardeur, assiduité, courage, dynamisme, empressement, énergie, soin, volonté, zèle* –FAMILIER: *cran* –LITTÉRAIRE: *diligence, promptitude.*

▮Manque d'énergie. SYN. apathie, mollasserie, mollesse, négligence, veulerie. CONTR. *ardeur, célérité, empressement, énergie, volonté, zèle* –FAMILIER: *cran* –LITTÉRAIRE: *diligence, promptitude.*

paresser *verbe*

▮Se laisser aller à ne rien faire. SYN. fainéanter, flâner, musarder, ne rien faire de ses dix doigts, se prélasser, se rouler les pouces, se tourner les pouces, traîner –FAMILIER: avoir un poil dans la main, bayer aux corneilles, buller, flemmarder, lézarder, ne pas en fiche une rame, se la couler douce, tirer sa flemme, traînailler, traînasser –LITTÉRAIRE: muser –POPULAIRE: glander, glandouiller, se les rouler, tirer au cul, tirer au flanc. CONTR. *donner un coup de collier, s'activer, s'affairer, s'appliquer, se démener, se dépenser, se fatiguer, se presser, se remuer, s'échiner, s'épuiser, s'escrimer, s'exténuer, s'occuper, travailler* –FAMILIER: *bûcher, en mettre un bon coup, en mettre un coup, en mettre un vieux coup, mettre de l'huile de coude, mettre le paquet, s'agiter, se décarcasser, se défoncer, se mettre en quatre, se tuer, s'éreinter, s'esquinter* –POPULAIRE: *bosser, boulonner.*

paresseusement *adverbe*

▮Avec paresse. SYN. indolemment, lentement, mollement, nonchalamment –LITTÉRAIRE: languissamment. CONTR. *activement, énergiquement* –LITTÉRAIRE: *diligemment.*

paresseux *adjectif*

▮Qui indique la paresse. SYN. apathique, indolent, inerte, languissant, lent, mou, négligent, nonchalant –FAMILIER: lambin. CONTR. *appliqué, dynamique, rapide, vif, zélé* –LITTÉRAIRE: *prompt.*

paresseux *nom*

▮Personne qui n'aime pas le travail. SYN. fainéant, partisan du moindre effort –FAMILIER: cossard, faignant, feignant, flemmard, inspecteur des travaux finis, lambin, tire-au-flanc –POPULAIRE: branleur, cul de plomb, glandeur, glandouilleur, tire-au-cul. CONTR. *courageux, studieux, travailleur* –FAMILIER: *bûcheur* –LITTÉRAIRE: *laborieux* –POPULAIRE: *bosseur.*

parfaire *verbe*

▮Rendre parfait. SYN. accomplir, achever, fignoler, parachever, peaufiner, perfectionner, polir –FAMILIER: lécher –LITTÉRAIRE: ciseler –VIEUX: perler. CONTR. *brouillonner, saboter* –FAMILIER: *bâcler, bousiller, torcher.*

parfait *adjectif*

▮Qui est tel au plus haut degré. SYN. accompli, achevé, complet, consommé, entier, fieffé, idéal, total, vrai –FAMILIER: fameux. CONTR. *approximatif, partiel, relatif, rudimentaire.*

▮Qui a toutes les qualités. SYN. admirable, adorable, angélique, divin, excellent, exemplaire, idyllique, impeccable, inattaquable, incomparable, irréprochable, magnifique, merveilleux, réussi, suprême, unique –LITTÉRAIRE: nonpareil, souverain. CONTR. *abominable, catastrophique, défectueux, désastreux, détestable, exécrable, imparfait, infect, lamentable, manqué, mauvais, médiocre, négligé, piteux, pitoyable, raté* –FAMILIER: *déplorable, loupé.*

parfaitement *adverbe*

▮De façon parfaite. SYN. admirablement, bien, divinement, exceptionnellement, extraordinairement, idéalement, impeccablement, merveilleusement, prodigieusement, splendidement, supérieurement, suprêmement –LITTÉRAIRE: excellemment. CONTR. *imparfaitement, insuffisamment, mal.*

▮D'une manière absolue. SYN. absolument, complètement, entièrement, extrêmement, grandement, incontestablement, intégralement, pleinement, souverainement, totalement, tout à fait, vertigineusement –FAMILIER: bigrement, bougrement, carrément, diablement, fameusement, fichtrement, formidablement, joliment, royalement, rudement –POPULAIRE: salement.

/ Indique une réponse affirmative. SYN. absolument, assurément, bien entendu, bien sûr, certainement, oui. CONTR. *non, peut-être.*

parfois *adverbe*

/ De temps à autre. SYN. de temps en temps, épisodiquement, exceptionnellement, occasionnellement, par moments, quelquefois, une fois n'est pas coutume. CONTR. *constamment, en permanence, fréquemment, sans relâche, souvent, toujours.*

parfum *nom masculin*

/ Odeur agréable. SYN. arôme, bouquet, effluve, émanation, fumet, odeur – LITTÉRAIRE: fragrance, senteur. CONTR. *fétidité, infection, pestilence, puanteur.*

parfumé *adjectif*

/ Qui dégage un parfum. SYN. odorant, odoriférant. CONTR. *infect, inodore, malodorant, méphitique, nauséabond, puant.*

parfumer *verbe*

/ Remplir d'une odeur agréable. SYN. embaumer. CONTR. *empester, empoisonner, empuantir, infecter.*

/ Imprégner d'une saveur. SYN. aromatiser, assaisonner.

pari *nom masculin*

/ Fait de miser sur. SYN. enjeu, mise – LITTÉRAIRE: gageure.

paria *nom masculin*

/ Personne exclue socialement. SYN. banni, déshérité, exclu – LITTÉRAIRE: damné, maudit, réprouvé. CONTR. *privilégié.*

parier *verbe*

/ Mettre en jeu une somme. SYN. coucher, jouer, miser, ponter – VIEUX: caver, gager.

/ Soutenir comme vrai. SYN. affirmer, assurer, certifier, donner sa main à couper, donner sa tête à couper, garantir, jurer, mettre sa main au feu, soutenir – LITTÉRAIRE: gager.

parité *nom féminin*

/ Égalité parfaite. SYN. concordance, conformité, égalité, similitude. CONTR. *contraste, différence, disparité, écart.*

parjure *adjectif*

/ Qui fait un faux serment. SYN. déloyal, traître – LITTÉRAIRE: félon, infidèle. CONTR. *fidèle.*

parjure *nom*

/ Personne qui trahit un serment. SYN. apostat, renégat – LITTÉRAIRE: félon, traître.

parlant *adjectif*

/ Qui est très expressif. SYN. éloquent, expressif, vivant. CONTR. *éteint, inexpressif, morne, terne, vide.*

/ Qui se passe de commentaires. SYN. convaincant, éloquent, persuasif, probant, révélateur, significatif, suggestif. CONTR. *contestable, discutable, douteux, équivoque.*

/ FAMILIER. Qui aime parler. SYN. bavard, communicatif, expansif, loquace, prolixe – FAMILIER: causant – LITTÉRAIRE: disert. CONTR. *ours, replié, réservé, sauvage, silencieux, taciturne.*

parlementaire *nom masculin*

/ Personne qui parlemente. SYN. délégué, émissaire, envoyé, mandataire, plénipotentiaire, représentant.

parlementer *verbe*

/ Rechercher un arrangement. SYN. composer, discuter, négocier, pactiser, plaider, s'arranger, s'entendre, traiter, transiger – LITTÉRAIRE: s'accorder.

/ FAMILIER. S'entretenir avec quelqu'un. SYN. argumenter, discourir, disserter, épiloguer, palabrer – FAMILIER: discutailler, disputailler – LITTÉRAIRE: s'entretenir.

parler *nom masculin*

/ Manière de s'exprimer. SYN. accent, articulation, débit, diction, élocution, langage, langue, parole, prononciation, style.

parler *verbe intransitif*

/ Exprimer sa pensée. SYN. discourir, disserter, intervenir, ouvrir la bouche, pérorer, prendre la parole, se confier, se livrer, s'épancher, s'expliquer, s'exprimer – FAMILIER: en placer une – LITTÉRAIRE: s'abandonner – POPULAIRE: l'ouvrir. CONTR. *avoir avalé sa langue, avoir perdu sa langue, fermer sa bouche, ne dire mot, ne pas desserrer les dents, ne pas dire un mot, ne pas piper, ne souffler mot, se taire* – FAMILIER: *fermer son bec* – POPULAIRE: *fermer sa boîte, fermer sa gueule.*

/ Révéler quelque chose. SYN. avouer, se mettre à table – FAMILIER: accoucher, lâcher le paquet – POPULAIRE: lâcher le morceau, manger le morceau. CONTR. *avoir la langue liée, être muet, garder le silence, rester bouche cousue, se taire* –FAMILIER: *tenir sa langue* –POPULAIRE: *la boucler.*

parler *verbe transitif*

/ Faire usage d'une langue. SYN. –FAMILIER: baragouiner –POPULAIRE: jacter.

parler *verbe transitif indirect*

/ Discuter avec quelqu'un de. SYN. bavarder, causer, communiquer, conférer, converser, débattre, délibérer, dialoguer, discuter, palabrer –FAMILIER: discutailler, discuter le bout de gras, discuter le coup, disputailler, faire la causette, faire un brin de causette, laïusser, papoter, tailler une bavette, tchatcher, tenir le crachoir –LITTÉRAIRE: deviser, s'entretenir –POPULAIRE: dégoiser, jaspiner. CONTR. *se taire.*

/ Avoir pour sujet. SYN. aborder, effleurer, évoquer, exposer, faire allusion à, faire part, mentionner, raconter, relater, retracer, traiter.

/ Frapper l'imagination. SYN. dire, émouvoir, faire image, fasciner, frapper, impressionner, interpeller, toucher.

/ Annoncer telle intention. SYN. compter, envisager, projeter, se proposer de, songer à.

parleur *nom*

/ LITTÉRAIRE. Personne qui aime à parler. SYN. bavard, causeur, discoureur, phraseur –FAMILIER: pie –LITTÉRAIRE: péroreur –POPULAIRE: pipelette.

parlote ou **parlotte** *nom féminin*

/ FAMILIER. Conversation insignifiante. SYN. babillage, bavardage, jacassement, palabre, verbiage –FAMILIER: causette, jacasserie, papotage –LITTÉRAIRE: babil.

parodie *nom féminin*

/ Imitation satirique. SYN. caricature, charge, imitation, pastiche.

parodier *verbe*

/ Imiter satiriquement. SYN. caricaturer, charger, contrefaire, imiter, pasticher, singer.

paroi *nom féminin*

/ Versant rocheux uni. SYN. mur, muraille, versant –LITTÉRAIRE: pan.

parole *nom féminin*

/ Faculté de s'exprimer. SYN. langage, phonation.

/ Capacité à parler. SYN. accent, articulation, débit, diction, élocution, parler, prononciation, ton.

/ Mot prononcé. SYN. dire, expression, mot, propos, terme, vocable.

/ Assurance donnée à. SYN. assurance, engagement, serment –LITTÉRAIRE: foi, promesse.

paroxysme *nom masculin*

/ Le plus haut degré de. SYN. apogée, comble, crise, exacerbation, frénésie, fureur, point culminant, rage, sommet –LITTÉRAIRE: acmé, période.

parquer *verbe*

/ Enfermer des personnes. SYN. emprisonner, enfermer, entasser –FAMILIER: boucler.

/ Mettre en stationnement. SYN. garer, ranger –FAMILIER: stationner.

parrainage *nom masculin*

/ Action de parrainer. SYN. appui, caution, garantie, patronage, protection, recommandation, soutien.

parrainer *verbe*

/ Appuyer un projet. SYN. appuyer, cautionner, lancer, patronner, promouvoir, sponsoriser.

/ Faire admettre dans une société. SYN. appuyer, cautionner, épauler, introduire, protéger, recommander –FAMILIER: pistonner.

parsemer *verbe*

/ Répandre çà et là. SYN. couvrir, disséminer, larder, pointiller, répandre, saupoudrer, tapisser –LITTÉRAIRE: piqueter, semer.

/ LITTÉRAIRE. Être répandu çà et là. SYN. consteller, émailler, hérisser, joncher –LITTÉRAIRE: étoiler.

part *nom féminin*

/ Partie d'un tout divisé. SYN. division, morceau, portion, ration, tranche, tronçon. CONTR. *totalité.*

/ Ce qu'on apporte en partage. SYN. contribution, lot, quote-part, quotité.

partage *nom masculin*

/ Fait de partager avec. SYN. distribution, répartition.

/ Action de diviser en parties. SYN. démembrement, division, fractionnement, fragmentation, morcellement, segmentation – LITTÉRAIRE : dépeçage, dépècement.

partagé *adjectif*

/ Qu'on ne peut imputer à une personne. SYN. général, mutuel, réciproque.

/ Animé de sentiments contraires. SYN. déchiré, divisé, écartelé.

partager *verbe*

/ Avoir en commun avec. SYN. épouser, s'associer à, se solidariser avec, suivre – LITTÉRAIRE : embrasser.

/ Diviser en plusieurs parts. SYN. couper, découper, démembrer, fractionner, morceler, sectionner, segmenter.

/ Marquer la division de quelque chose. SYN. cloisonner, couper, fragmenter, scinder, séparer.

/ Créer la division dans un groupe. SYN. déchirer, désunir, diviser, séparer. CONTR. *réunir, solidariser, unir.*

/ Donner en partage. SYN. attribuer, dispenser, distribuer, lotir, répartir – LITTÉRAIRE : départir, impartir.

partager (se) *verbe pronominal*

/ Se diviser en parties. SYN. se découper, se diviser, se ramifier, se scinder.

partenaire *nom*

/ Personne avec qui on est associé. SYN. allié, associé, coéquipier. CONTR. *adversaire, compétiteur, rival.*

/ Personne avec laquelle on danse. SYN. cavalier, danseur.

parterre *nom masculin*

/ Partie de jardin. SYN. massif, plate-bande.

/ Groupe formant un public. SYN. assemblée, assistance, auditoire, galerie, public.

parti *nom masculin*

/ Association de personnes. SYN. association, camp, faction, formation, groupe, mouvement, organisation, organisme, rassemblement, union.

/ Choix à faire. SYN. choix, décision, détermination, résolution, solution.

parti pris *nom masculin*

/ Opinion préconçue. SYN. a priori, partialité, préjugé, prévention.

partial *adjectif*

/ Qui prend parti. SYN. arbitraire, exclusif, inéquitable, inique, injuste, intolérant, partisan, passionné, prévenu, sectaire, tendancieux. CONTR. *droit, équitable, impartial, intègre, juste, légitime, neutre, objectif.*

partialement *adverbe*

/ De façon partiale. SYN. subjectivement, tendancieusement – LITTÉRAIRE : inéquitablement. CONTR. *impartialement, objectivement.*

partialité *nom féminin*

/ Caractère partial. SYN. aveuglement, chauvinisme, favoritisme, iniquité, injustice, népotisme, prévention, sectarisme, subjectivité. CONTR. *équité, impartialité, intégrité, justice, objectivité, probité.*

participation *nom féminin*

/ Action de participer à. SYN. aide, apport, collaboration, complicité, concours, contribution, coopération. CONTR. *abstention, opposition.*

participer *verbe*

/ Prendre part à une action. SYN. adhérer, aider à, avoir part, collaborer, concourir, contribuer, coopérer, faire partie de, intervenir, jouer un rôle, partager, s'associer, se mêler à. CONTR. *gêner, s'abstenir.*

/ Présenter les caractères de. SYN. procéder, relever, s'apparenter, tenir de – LITTÉRAIRE : ressortir à.

particularisation *nom féminin*

/ Action de particulariser. SYN. caractérisation, différenciation, distinction, individualisation, singularisation, spécification. CONTR. *généralisation.*

particulariser *verbe*

/ Rendre particulier. SYN. caractériser, différencier, distinguer, individualiser, signaler, singulariser, spécifier. CONTR. *généraliser.*

particularisme *nom masculin*

/ Fait de se distinguer. SYN. autonomisme, indépendantisme, séparatisme.

particularité *nom féminin*

/ Caractère particulier. SYN. attribut, caractère, caractéristique, individualité, originalité, propre, propriété – LITTÉRAIRE : singularité.

particule *nom féminin*

/ Très petite partie de. SYN. atome, bribe, corpuscule, grain, parcelle, poussière –LITTÉRAIRE: molécule.

particulier *adjectif*

/ Qui appartient à. SYN. exclusif, propre. CONTR. *collectif, général, universel.*

/ Qui concerne une personne. SYN. distinct, individuel, isolé, personnel, privé, respectif. CONTR. *commun, public.*

/ Qui permet de distinguer. SYN. caractéristique, distinctif, original, spécial, spécifique –LITTÉRAIRE: singulier. CONTR. *banal, courant, habituel, normal, ordinaire, quelconque.*

/ Porté à un degré élevé. SYN. extraordinaire, extrême, marqué, notable, prodigieux, saisissant. CONTR. *faible, inexistant, insignifiant, médiocre, modeste, négligeable, nul.*

particulier *nom masculin*

/ FAMILIER. Individu quelconque. SYN. individu –FAMILIER: bipède, bonhomme, citoyen, type, zèbre –POPULAIRE: zigoto, zigue.

particulièrement *adverbe*

/ D'une manière particulière. SYN. en particulier, expressément, notablement, notamment, par-dessus tout, principalement, singulièrement, spécialement, spécifiquement, surtout. CONTR. *banalement, communément, couramment, normalement.*

/ À un haut degré. SYN. affreusement, beaucoup, bien, considérablement, effroyablement, éminemment, énormément, épouvantablement, exceptionnellement, excessivement, extraordinairement, extrêmement, follement, fort, fortement, hautement, horriblement, immensément, immodérément, incroyablement, infiniment, mortellement, parfaitement, prodigieusement, profondément, puissamment, terriblement, très, trop, vertigineusement –FAMILIER: atrocement, bigrement, bougrement, diablement, drôlement, fameusement, fichtrement, fichûment, formidablement, joliment, méchamment, rudement, tout plein –LITTÉRAIRE: diantrement, furieusement –POPULAIRE: foutrement, salement, vachement –VIEUX: fièrement. CONTR. *faiblement, légèrement, médiocrement, modérément.*

partie *nom féminin*

/ Élément d'un ensemble. SYN. élément, fraction, fragment, morceau, pièce –LITTÉRAIRE: pan. CONTR. *bloc, entier, totalité.*

/ Portion d'un tout. SYN. division, parcelle, part, portion, section, tranche, tronçon.

/ Domaine de compétence. SYN. branche, domaine, fief, matière, métier, spécialité –FAMILIER: rayon –LITTÉRAIRE: département, ressort.

/ Réunion sportive. SYN. combat, compétition, match, rencontre.

partiel *adjectif*

/ Qui constitue une partie. SYN. échelonné, fragmentaire, incomplet, lacunaire –LITTÉRAIRE: lacuneux. CONTR. *complet, définitif, intégral, parfait, plein, total.*

/ Qui est limité. SYN. borné, limité, réduit, relatif. CONTR. *absolu, exhaustif, général, global.*

partiellement *adverbe*

/ En partie seulement. SYN. en partie, fragmentairement, imparfaitement, incomplètement, insuffisamment. CONTR. *complètement, en bloc, en totalité, entièrement, globalement, in extenso, intégralement, pleinement, totalement.*

partir *verbe*

/ Prendre le départ. SYN. démarrer, prendre la route, se mettre en marche, se mettre en route, s'ébranler, s'éloigner, s'en aller –FAMILIER: lever l'ancre, lever le camp, lever le siège. CONTR. *attendre, faire escale, jeter l'ancre, rester, s'arrêter, se calfeutrer, séjourner, s'immobiliser, s'installer, stationner* –FAMILIER: *s'incruster* –LITTÉRAIRE: *demeurer.*

/ Aller ailleurs. SYN. déguerpir, fausser compagnie, fuir, prendre congé, prendre la clef des champs, prendre la fuite, s'absenter, se retirer, se sauver, s'échapper, s'enfuir, s'envoler, s'esquiver, s'évader –FAMILIER: débarrasser le plancher, décamper, détaler, ficher le camp, filer, gagner le large, prendre la poudre d'escampette, prendre le large, prendre ses cliques et ses claques, s'éclipser, s'évaporer, s'ôter –POPULAIRE: déblayer le terrain, décaniller, foutre le camp, jouer la fille de l'air, mettre les bouts, mettre les voiles, se barrer, se calter, se carapater, se casser, se débiner, se faire la malle, se tailler, se tirer. CONTR. *aborder, accoster, affluer, arriver, gagner, regagner, revenir, venir.*

/ Avoir comme point de départ. SYN. commencer, débuter, naître, provenir. CONTR. *aboutir, déboucher, finir, mener à, se terminer, tomber dans.*
/ Se mettre à fonctionner. SYN. démarrer, fonctionner, marcher, tourner. CONTR. *caler, s'arrêter.*
/ S'effacer, pour une chose. SYN. disparaître, se dissiper, se volatiliser, s'effacer, s'enlever.

partisan *adjectif*
/ Qui est favorable à. SYN. acquis, favorable, partial. CONTR. *hostile, impartial, neutre, objectif, opposé.*

partisan *nom masculin*
/ Personne qui défend une cause. SYN. adepte, adhérent, ami, champion, défenseur, disciple, fidèle, inconditionnel, prosélyte, supporter, sympathisant, tenant –LITTÉRAIRE: sectateur, séide, souteneur, suppôt. CONTR. *adversaire, critique, ennemi* –LITTÉRAIRE: *contempteur.*
/ Combattant volontaire. SYN. franc-tireur, guérillero, supplétif.

partout *adverbe*
/ En tous lieux. SYN. à tous les coins de rues, de tous côtés, de toutes parts. CONTR. *nulle part.*

parure *nom féminin*
/ LITTÉRAIRE. Ce qui orne. SYN. embellissement, enjolivure, ornementation.

parution *nom féminin*
/ Fait d'être publié. SYN. lancement, publication, sortie.

parvenir *verbe*
/ Venir à un point précis. SYN. aborder, accéder, accoster, arriver, atteindre, gagner, monter, se rendre, venir –LITTÉRAIRE: toucher.
/ Réussir à faire. SYN. finir par, réussir à, venir à bout de. CONTR. *échouer, manquer* –FAMILIER: *rater.*
/ LITTÉRAIRE. Accéder à une situation. SYN. arriver, faire carrière, faire son chemin, faire son trou, gagner son bâton de maréchal, monter, percer, prendre du galon, réussir, se faire un nom, se faire une place au soleil, se hausser, se hisser, s'élever, s'imposer.

pas *nom masculin*
/ Manière de marcher. SYN. allure, démarche, marche, mouvement, train.
/ Fait de progresser. SYN. bond, boom, cheminement, étape, progrès, saut.
/ Trace de pied sur le sol. SYN. empreinte, foulée, marque, pied.

passable *adjectif*
/ Qui peut être accepté. SYN. acceptable, admissible, convenable, honnête, moyen, satisfaisant, supportable –FAMILIER: buvable, potable. CONTR. *excellent.*
/ Qui est assez important. SYN. appréciable, considérable, important, marqué, notable, réel, substantiel, vrai. CONTR. *dérisoire, infime, mineur, négligeable, petit.*

passablement *adverbe*
/ De façon passable. SYN. à peu près, approximativement, assez bien, médiocrement, moyennement, suffisamment.
/ De façon notable. SYN. assez, beaucoup, bien, fort, fortement, largement, notablement. CONTR. *excessivement, extrêmement, fabuleusement, infiniment, prodigieusement, supérieurement, trop.*

passade *nom féminin*
/ Caprice amoureux. SYN. amour, amourette, aventure, fantaisie, intrigue, liaison –FAMILIER: béguin, flirt –LITTÉRAIRE: bluette.
/ Engouement passager pour. SYN. caprice, coup de tête, emballement, fantaisie, folie, lubie –FAMILIER: tocade, toquade –LITTÉRAIRE: foucade.

passage *nom masculin*
/ Action de franchir une limite. SYN. franchissement, traversée.
/ Fait de séjourner quelque part. SYN. déplacement, séjour –FAMILIER: saut.
/ Grande circulation. SYN. allées et venues, circulation, trafic, va-et-vient.
/ Endroit par où l'on passe. SYN. accès, chemin, chenal, col, couloir, défilé, gorge, goulet, issue, ouverture, passe, trouée, voie –VIEUX: pas.
/ Fragment d'une œuvre. SYN. citation, extrait, morceau, page.

passager *adjectif*
/ Qui est de courte durée. SYN. accidentel, court, éphémère, épisodique, fugace, fugitif, intérimaire, momentané, périssable, précaire, provisoire, temporaire, transitoire. CONTR. *chronique, constant, durable, éternel, im-*

muable, impérissable, interminable, permanent, perpétuel, profond, stable, tenace –LITTÉRAIRE: *pérenne.*

passagèrement *adverbe*

/ Pour peu de temps. SYN. fugitivement, momentanément, provisoirement, temporairement –LITTÉRAIRE: transitoirement. CONTR. *durablement, immuablement, perpétuellement.*

passant *adjectif*

/ Où il passe du monde. SYN. animé, fréquenté, populeux, vivant. CONTR. *désert, écarté, retiré, vide.*

passant *nom*

/ Personne qui se déplace à pied. SYN. badaud, piéton, promeneur.

passe *nom féminin*

/ Nom donné à certains cols. SYN. couloir, défilé, détroit, gorge, passage.

/ Voie maritime étroite. SYN. canal, chenal, goulet.

passé *adjectif*

/ Qui est dans le passé. SYN. accompli, ancien, antécédent, inactuel, révolu –FAMILIER: sonné –LITTÉRAIRE: défunt. CONTR. *actuel, existant, futur, moderne, présent.*

/ Qui a perdu son éclat. SYN. décati, défraîchi, fâné, flétri, pâle. CONTR. *frais, vif.*

passé *nom masculin*

/ Temps écoulé. SYN. la nuit des temps, le bon vieux temps. CONTR. *avenir, futur, lendemain, présent.*

passe-droit *nom masculin*

/ Ce qu'on accorde contre l'usage. SYN. avantage, faveur, injustice, prérogative, privilège.

passéisme *nom masculin*

/ Attitude de repli sur le passé. SYN. conservatisme, traditionalisme. CONTR. *futurisme, modernisme, modernité, progressisme.*

passéiste *adjectif*

/ Tourné vers le passé. SYN. conservateur, réactionnaire, traditionaliste. CONTR. *futuriste, moderniste, novateur, progressiste, révolutionnaire.*

passer *verbe intransitif*

/ Traverser un lieu. SYN. circuler, déambuler, défiler, évoluer, se promener. CONTR. *faire halte, s'arrêter, s'immobiliser, stationner, stopper.*

/ Aller quelque part. SYN. aller, pénétrer, rendre visite, se faufiler, se rendre –FAMILIER: faire un saut, filer.

/ Traverser une matière. SYN. pénétrer, percer, se glisser, s'engouffrer, s'infiltrer –LITTÉRAIRE: poindre, s'insinuer.

/ Être écoulé, en parlant du temps. SYN. couler, courir, filer, fuir, s'écouler, s'en aller, s'envoler –LITTÉRAIRE: s'enfuir. CONTR. *tirer en longueur, traîner.*

/ Disparaître. SYN. cesser, changer, disparaître, finir, s'achever, se dissiper, se terminer, se volatiliser, s'effacer, s'estomper, s'éteindre, s'évanouir, tomber –FAMILIER: s'évaporer. CONTR. *continuer, durer, rester, se prolonger, s'éterniser, subsister, tenir.*

/ Avoir perdu son éclat. SYN. déteindre, pâlir, se décolorer, se faner, se ternir, ternir. CONTR. *se conserver, se garder.*

/ Cesser d'exister. SYN. agoniser, expirer, finir, mourir, périr –LITTÉRAIRE: trépasser.

passer *verbe transitif*

/ Pardonner quelque chose. SYN. accepter, admettre, excuser, pardonner. CONTR. *condamner, corriger, punir, relever, réprouver, sanctionner, sévir contre.*

/ Dépasser une limite. SYN. dépasser, devancer, distancer, doubler, enjamber, escalader, franchir, lâcher, outrepasser, sauter.

/ Mettre une chose à tel endroit. SYN. enfoncer, engager, glisser, introduire, plonger.

/ Mettre un vêtement. SYN. endosser, enfiler, mettre, revêtir –LITTÉRAIRE: vêtir. CONTR. *enlever, ôter, quitter, retirer.*

/ Omettre quelque chose. SYN. négliger, oublier, sauter.

/ Filtrer à travers une passoire. SYN. cribler, filtrer, tamiser.

/ Enduire d'une matière. SYN. appliquer, enduire, étaler, étendre, frotter, imbiber, laver, lotionner, rincer.

/ Tendre quelque chose à. SYN. céder, donner, léguer, prêter, remettre, tendre, transmettre –LITTÉRAIRE: transfuser.

passer (se) *verbe pronominal*

/ Ne pas avoir recours à. SYN. éviter, renoncer à, s'abstenir, sacrifier, se défaire, se dispenser, se priver, tirer une croix sur –FAMILIER: faire ceinture, se serrer la ceinture. CONTR. *conserver, dilapider, garder, gaspiller, ne manquer de rien.*

/ Se produire. SYN. advenir, arriver, avoir lieu, résulter, se dérouler, se produire, surgir, survenir.

passe-temps *nom masculin*

/ Occupation divertissante. SYN. délassement, dérivatif, distraction, divertissement, hobby, loisir, occupation, récréation, violon d'Ingres –FAMILIER: dada.

passif *adjectif*

/ Qui subit les événements. SYN. amorphe, apathique, atone, docile, éteint, fataliste, inactif, inerte, lymphatique, moutonnier. CONTR. *actif, agissant, dynamique, énergique, passionné, remuant, vivant* –LITTÉRAIRE: *tumultueux.*

passif *nom masculin*

/ Ensemble de dettes. SYN. débit, dette, doit, emprunt. CONTR. *actif, avoir, capital.*

passion *nom féminin*

/ LITTÉRAIRE. État affectif intense. SYN. animation, avidité, chaleur, fanatisme, ferveur, fièvre, frénésie, fureur, véhémence. CONTR. *détachement, lucidité, objectivité.*

/ Amour violent. SYN. adoration, amour, culte, désir, feu, rage –LITTÉRAIRE: entichement, flamme, idolâtrie, sentiment. CONTR. *froideur, répulsion.*

/ Penchant pour. SYN. attachement, emballement, engouement, enthousiasme, goût, intérêt, prédisposition, préférence, vocation –LITTÉRAIRE: appétit, religion. CONTR. *détachement, indifférence* –LITTÉRAIRE: *incuriosité.*

/ Objet d'un penchant. SYN. folie, hobby, marotte, violon d'Ingres –FAMILIER: dada, maladie, péché mignon, tocade, toquade.

passionnant *adjectif*

/ Qui présente un vif intérêt. SYN. absorbant, attachant, attirant, captivant, enivrant, enthousiasmant, exaltant, excitant, fascinant, intéressant, palpitant, piquant –FAMILIER: emballant. CONTR. *aride, banal, ennuyeux, inintéressant, insignifiant, insipide, quelconque, terne, vide* –FAMILIER: *barbant, casse-pieds, embêtant, empoisonnant, enquiquinant, rasant, raseur, rasoir, soûlant* –POPULAIRE: *emmerdant, suant.*

passionné *adjectif*

/ Animé par la passion. SYN. ardent, avide, bouillant, brûlant, chaud, débordant, débridé, enflammé, enthousiaste, entiché, éperdu, épris, fervent, fiévreux, fougueux, ivre, lyrique, tout feu tout flammes, véhément –FAMILIER: délirant, emballé –LITTÉRAIRE: effervescent, volcanique. CONTR. *amorphe, apathique, étranger, fermé, flegmatique, froid, impassible, imperméable, indifférent, insensible, lymphatique, passif, placide, posé, réfléchi, tiède.*

passionné *nom*

/ Personne qui a une passion. SYN. amateur, amoureux, enragé, exalté, excité, fanatique, féru, forcené, fou, illuminé –FAMILIER: mordu, toqué –LITTÉRAIRE: idolâtre, zélateur. CONTR. *blasé, désabusé.*

passionnel *adjectif*

/ Inspiré par une passion. SYN. ardent, extrême, fanatique, fervent.

passionnément *adverbe*

/ Avec passion. SYN. amoureusement, ardemment, aveuglément, beaucoup, chaudement, éperdument, follement, fortement, fougueusement, frénétiquement, impétueusement, violemment, vivement.

passionner *verbe*

/ Retenir l'attention de. SYN. captiver, empoigner, enthousiasmer, exalter, fasciner, galvaniser, intéresser, séduire –FAMILIER: emballer. CONTR. *assommer, endormir, ennuyer* –FAMILIER: *barber, empoisonner, enquiquiner, raser* –POPULAIRE: *emmerder.*

passionner (se) *verbe pronominal*

/ Manifester de l'intérêt pour. SYN. raffoler, s'attacher, se toquer, s'engouer, s'enthousiasmer, s'enticher, s'éprendre, s'exalter, s'exciter, s'intéresser –FAMILIER: s'emballer –LITTÉRAIRE: s'embraser, s'infatuer. CONTR. *mépriser, se détacher de, se fermer.*

passivement *adverbe*

/ De façon passive. SYN. aveuglément, docilement, inconditionnellement –LITTÉRAIRE: servilement. CONTR. *activement, énergiquement.*

passivité *nom féminin*

/ Caractère passif. SYN. apathie, atonie, fatalisme, inertie, résignation – LITTÉRAIRE: servilité. CONTR. *activité, dynamisme, initiative, opposition, réaction, rébellion, résistance, révolte.*

pastiche *nom masculin*

/ Imitation du style de. SYN. caricature, imitation, parodie.

pasticher *verbe*

/ Imiter la manière, le style. SYN. caricaturer, contrefaire, copier, démarquer, imiter, parodier. CONTR. *créer, innover, inventer.*

pastis *nom masculin*

/ FAMILIER. Situation confuse. SYN. bourbier, imbroglio – FAMILIER: embrouillamini, micmac, salades.

pastoral *adjectif*

/ LITTÉRAIRE. Relatif à la vie champêtre. SYN. agreste, bucolique, campagnard, idyllique, rural – LITTÉRAIRE: champêtre, rustique.

pastorale *nom féminin*

/ Œuvre évoquant des bergers. SYN. bergerie, bucolique, églogue, idylle, pastourelle.

patate *nom féminin*

/ FAMILIER. Nez épaté. SYN. nez – POPULAIRE: pif, tarin.

/ POPULAIRE. Personne idiote. SYN. âne, idiot, imbécile – FAMILIER: abruti, andouille, ballot, bêta, bûche, buse, crétin, cruche, dinde, empaillé, empoté, noix – POPULAIRE: cloche, cornichon, nouille.

pataud *adjectif*

/ FAMILIER. Dépourvu de finesse. SYN. balourd, empoté, gauche, inhabile, lourdaud, maladroit, malhabile – FAMILIER: ballot, manchot. CONTR. *agile, habile, léger, leste, preste.*

pataud *nom*

/ FAMILIER. Personne dépourvue de finesse. SYN. balourd, lourdaud, maladroit – FAMILIER: ballot, cruche, empoté – POPULAIRE: manche.

patauger *verbe*

/ Marcher avec peine dans. SYN. barboter, piétiner, s'embourber, s'enliser.

/ S'embarrasser dans. SYN. se noyer, se perdre, s'embourber, s'embrouiller, s'empêtrer, s'enferrer, s'engluer, s'enliser – FAMILIER: nager, s'emberlificoter, s'entortiller, vasouiller. CONTR. – FAMILIER: *s'en sortir, s'en tirer.*

pâtée *nom féminin*

/ POPULAIRE. Volée de coups. SYN. correction, tripotée, volée – FAMILIER: pile, raclée, rossée, tabassée – POPULAIRE: dégelée, dérouillée, peignée, rouste, tannée, tournée, trempe – VIEUX: frottée.

patelin *adjectif*

/ LITTÉRAIRE. D'une douceur hypocrite. SYN. bonhomme, doucereux, fourbe, hypocrite, mielleux, perfide, sournois, sucré, visqueux – LITTÉRAIRE: benoît, onctueux. CONTR. *direct, droit, franc, sincère.*

patelin *nom masculin*

/ FAMILIER. Petit village. SYN. bourgade, coin, endroit, localité, pays, village – FAMILIER: bled, trou.

patelinage *nom masculin*

/ LITTÉRAIRE. Manières patelines. SYN. hypocrisie – LITTÉRAIRE: flagornerie.

patelinerie *nom féminin*

/ LITTÉRAIRE. Manières patelines. SYN. hypocrisie – LITTÉRAIRE: flagornerie.

patent *adjectif*

/ Que chacun peut voir. SYN. aveuglant, certain, clair, criant, déclaré, évident, flagrant, incontestable, indéniable, indiscutable, indubitable, manifeste, notoire, ostensible, palpable, public, sûr. CONTR. *caché, douteux, latent, occulte, secret, sourd, sous-jacent, souterrain.*

paterne *adjectif*

/ LITTÉRAIRE. D'une bienveillance doucereuse. SYN. bienveillant, bonasse, doucereux, enjôleur, mielleux – FAMILIER: bon – LITTÉRAIRE: benoît, onctueux. CONTR. *autoritaire, brutal, dur, rude, sec, violent.*

paternel *adjectif*

/ Qui manifeste de l'affection. SYN. accueillant, affectueux, bienveillant, bon, doux, protecteur. CONTR. *dur, malveillant, méchant.*

pâteux *adjectif*

/ Se dit d'un style lourd. SYN. confus, diffus, épais, filandreux, lourd, pesant.

pathétique *adjectif*

/ Qui émeut fortement. SYN. bouleversant, déchirant, dramatique, émouvant, impressionnant, poignant, prenant, saisissant, touchant, tragique, vibrant.

pathologique *adjectif*

/ Qui a trait à la maladie. SYN. anormal, maladif, morbide. CONTR. *normal, sain.*

pathos *nom masculin*

/ LITTÉRAIRE. Style emphatique. SYN. boursouflure, emphase, galimatias –FAMILIER: baragouin, charabia, jargon –LITTÉRAIRE: amphigouri, rhétorique.

patibulaire *adjectif*

/ Se dit d'un air peu avenant. SYN. alarmant, angoissant, inquiétant, louche, menaçant, sinistre, sombre. CONTR. *rassurant, tranquillisant.*

patiemment *adverbe*

/ Avec patience. SYN. calmement, impassiblement, infatigablement, placidement, sereinement, stoïquement, tranquillement. CONTR. *impatiemment, nerveusement.*

patience *nom féminin*

/ Aptitude à ne pas s'énerver. SYN. calme, flegme, impassibilité, imperturbabilité, placidité, résignation, sérénité –LITTÉRAIRE: longanimité, stoïcisme. CONTR. *agacement, exaspération, impatience, indignation, irascibilité, irritabilité, révolte.*

/ Capacité à persévérer. SYN. courage, endurance, persévérance, ténacité –LITTÉRAIRE: constance. CONTR. *inconstance, instabilité, légèreté* –LITTÉRAIRE: *variabilité, versatilité.*

patient *adjectif*

/ Qui fait preuve de calme. SYN. calme, flegmatique, impassible, imperturbable, longanime, placide, résigné, serein, stoïque. CONTR. *bouillant, énervé, exaspéré, fougueux, impatient, impétueux, irritable, irrité, vif, violent* –LITTÉRAIRE: *volcanique.*

/ Qui persévère dans son effort. SYN. acharné, assidu, endurant, infatigable, obstiné, persévérant, tenace. CONTR. *changeant, inconstant, instable, léger, variable, velléitaire, versatile.*

/ Qui est fait avec patience. SYN. attentif, constant, méticuleux, minutieux. CONTR. *hâtif, précipité* –FAMILIER: *bâclé.*

patienter *verbe*

/ Attendre un certain temps. SYN. attendre, faire les cent pas, prendre son mal en patience –FAMILIER: faire le pied de grue, faire le poireau, mariner, mijoter, poireauter. CONTR. *bouillir, être pressé de, perdre patience, piaffer, s'énerver, s'impatienter.*

patiner *verbe*

/ Tourner sur place (roue). SYN. chasser, déraper, glisser.

pâtir *verbe*

/ LITTÉRAIRE. Subir un dommage. SYN. endurer, souffrir, subir. CONTR. *bénéficier, jouir.*

patraque *adjectif*

/ FAMILIER. En mauvaise forme. SYN. fatigué, incommodé, indisposé, malade, mal-en-point, souffrant –FAMILIER: mal fichu –POPULAIRE: mal foutu. CONTR. *dispos, frais et dispos, sain* –FAMILIER: *en forme, en pleine forme, frais comme un gardon, frais comme une rose* –VIEUX: *gaillard.*

patricien *nom*

/ Personne de la noblesse. SYN. aristocrate, noble, puissant. CONTR. *roturier* –LITTÉRAIRE: *plébéien.*

patrie *nom féminin*

/ Pays où l'on est né. SYN. nation, pays natal, terre.

patrimoine *nom masculin*

/ Bien dont on hérite. SYN. bien, capital, fortune, succession.

/ Héritage commun d'un groupe. SYN. apanage, héritage, richesses, trésors.

patriote *adjectif et nom*

/ Qui aime ardemment sa patrie. SYN. chauvin, cocardier –FAMILIER: patriotard.

patriotique *adjectif*

/ Propre au patriotisme. SYN. civique, nationaliste. CONTR. *antipatriotique.*

patriotisme *nom masculin*

/ Attachement à sa patrie. SYN. chauvinisme, civisme, esprit de clocher, nationalisme. CONTR. *antipatriotisme.*

patron *nom*

/ Personne qui dirige une entreprise. SYN. chef, directeur, employeur, responsable –FAMILIER: boss. CONTR. *employé, subalterne, subordonné.*

patronage *nom masculin*

/ Protection d'un saint. SYN. dédicace, invocation, protection.

/ Appui accordé par quelqu'un. SYN. appui, caution, concours, parrainage, recommandation, soutien, tutelle –FAMILIER: piston.

patronner *verbe*

/ Appuyer une action. SYN. appuyer, cautionner, épauler, lancer, parrainer, recommander, soutenir, sponsoriser –FAMILIER: pistonner.

patrouille *nom féminin*

/ Petite formation militaire. SYN. bataillon, commando, détachement, escouade, troupe, unité.

patte *nom féminin*

/ Habileté technique. SYN. brio, chic, coup de main, dextérité, doigté, maestria, maîtrise, savoir-faire, talent, tour de main, virtuosité –LITTÉRAIRE: pinceau. CONTR. *gaucherie, maladresse.*

/ Style propre à un écrivain. SYN. cachet, griffe, manière, marque, plume, style –LITTÉRAIRE: langue, touche.

pâturage *nom masculin*

/ Lieu où pâture le bétail. SYN. alpage, embouche, herbage, pacage, pâquis, pâtis, pâture, prairie, pré.

pâture *nom féminin*

/ Nourriture des animaux. SYN. aliment, becquée, béquée, mangeaille, manger, pâtée –LITTÉRAIRE: pitance.

/ Lieu où paît le bétail. SYN. alpage, embouche, herbage, pacage, pâquis, pâtis, pâturage, prairie, pré.

/ Ce qui alimente. SYN. aliment –LITTÉRAIRE: nourriture.

pause *nom féminin*

/ Interruption de la parole. SYN. césure, interruption, repos, silence, temps.

/ Suspension d'une activité. SYN. accalmie, arrêt, battement, coupure, détente, entracte, halte, intermission, récréation, rémission, répit, trêve –LITTÉRAIRE: relâche. CONTR. *continuation, continuité, poursuite, prolongement, reprise, rétablissement.*

pauvre *adjectif*

/ Qui a peu d'argent. SYN. démuni, gêné, indigent, miséreux, nécessiteux, pouilleux –FAMILIER: désargenté, fauché, fauché comme les blés, gêné aux entournures –LITTÉRAIRE: impécunieux –POPULAIRE: raide comme un passe-lacet –VIEUX: besogneux. CONTR. *aisé, cossu, fortuné, huppé, luxueux, nanti, opulent, riche* –FAMILIER: *argenté.*

/ Qui n'est pas suffisant en quantité. SYN. frugal, juste, léger, maigre. CONTR. *abondant, ample, copieux, dense, foisonnant, fourni, luxuriant, nourri, plantureux, riche, surabondant.*

/ Dont le contenu est médiocre. SYN. banal, dérisoire, insuffisant, juste, maigre, mince, piètre, plat, réduit, ridicule, sec, succinct –FAMILIER: chiche, court, jeune. CONTR. *brillant, coloré, créateur, créatif, débordant, débridé, délirant, exalté, exubérant, foisonnant, inventif.*

/ Se dit d'une terre peu fertile. SYN. aride, improductif, infécond, infertile, ingrat, stérile. CONTR. *fertile, productif, riche* –LITTÉRAIRE: *fécond, généreux, gras, opulent, plantureux.*

/ Qui dénote le manque d'argent. SYN. humble, malheureux, méchant, minable, misérable, piteux –FAMILIER: miteux –LITTÉRAIRE: loqueteux. CONTR. *beau, merveilleux, splendide.*

/ Qui inspire la pitié. SYN. lamentable, pitoyable, triste –LITTÉRAIRE: infortuné. CONTR. *émérite, éminent, remarquable, réputé, supérieur.*

pauvre *nom*

/ Personne dans le besoin. SYN. indigent, malheureux, mendiant, miséreux, pouilleux, vagabond, va-nu-pieds –FAMILIER: clochard, crève-la-faim, sans-le-sou –LITTÉRAIRE: gueux, infortuné –VIEUX: chemineau, trimardeur. CONTR. *capitaliste, nanti, ploutocrate, possédant, riche* –FAMILIER: *gros, richard* –LITTÉRAIRE: *crésus, nabab.*

pauvrement *adverbe*

/ D'une manière pauvre. SYN. chichement, misérablement, petitement. CONTR. *fastueusement, généreusement, grassement, luxueusement, magnifiquement, princièrement, richement, somptueusement, splendidement, superbement.*

pauvreté *nom féminin*

/ Manque de ressources. SYN. besoin, dénuement, détresse, gêne, indigence, misère – FAMILIER : panade – LITTÉRAIRE : disette, impécuniosité – POPULAIRE : débine, dèche, mouise, purée – VIEUX : pouillerie. CONTR. *aisance, bien-être, fortune, luxe, opulence, orgie, pléthore, profusion, prospérité, richesse, surabondance.*

/ État de ce qui est pauvre. SYN. aridité, faiblesse, inconsistance, infécondité, insignifiance, insuffisance, maigreur, médiocrité, minceur, platitude, prosaïsme – LITTÉRAIRE : infertilité, stérilité. CONTR. *abondance, exubérance, fertilité, foisonnement, largeur, profondeur, richesse* – LITTÉRAIRE : *fécondité, luxuriance.*

/ LITTÉRAIRE. Chose insignifiante. SYN. banalité, ineptie, niaiserie, poncif.

pavage *nom masculin*

/ Revêtement fait de pavés. SYN. carrelage, dallage, pavé, pavement.

pavaner (se) *verbe pronominal*

/ Marcher d'une manière fière. SYN. bomber la poitrine, bomber le torse, faire la roue, parader, poser, s'afficher, se rengorger – FAMILIER : crâner, plastronner.

pavé *nom masculin*

/ Revêtement du sol. SYN. dallage, pavage, pavement.

pavement *nom masculin*

/ Revêtement fait de pavés. SYN. carrelage, dallage, pavé.

paver *verbe*

/ Couvrir un sol de pavés. SYN. carreler, daller.

pavillon *nom masculin*

/ Drapeau de marin. SYN. banderole, bannière, couleurs, drapeau.

pavoiser *verbe*

/ FAMILIER. Manifester une grande joie. SYN. boire du petit-lait, exulter, jubiler, parader, se rengorger, triompher.

payant *adjectif*

/ Qui rapporte de l'argent. SYN. bénéficiaire, intéressant, lucratif, profitable, rémunérateur, rentable. CONTR. *déficitaire, ruineux.*

/ Qui produit l'effet recherché. SYN. bénéfique, fructueux, salutaire, utile. CONTR. *inutile, nul.*

paye *nom féminin*

/ Paiement d'un salaire. SYN. appointements, émoluments, gain, honoraires, rétribution, salaire, solde, traitement, vacation – VIEUX : gages.

payement *nom masculin*

/ Action de payer. SYN. acquittement, règlement, versement.

/ Ce qu'on donne pour payer. SYN. prix, récompense, rémunération, rétribution.

payer *verbe*

/ Offrir quelque chose. SYN. inviter, offrir – FAMILIER : régaler, se fendre.

/ S'acquitter de ce qu'on doit. SYN. acquitter, débourser, décaisser, dédommager, dépenser, financer, liquider, régler, rembourser, rémunérer, rétribuer, s'acquitter, solder, verser – FAMILIER : cracher, mettre la main à la poche, régaler, se fendre – POPULAIRE : banquer, casquer, douiller, les aligner, les allonger, les lâcher, les lâcher avec un élastique, raquer. CONTR. *empocher, encaisser, percevoir, ramasser, recevoir, toucher* – FAMILIER : *palper.*

/ Subir les conséquences de. SYN. expier, faire les frais.

/ Corrompre par de l'argent. SYN. acheter, soudoyer – FAMILIER : arroser, graisser la patte – LITTÉRAIRE : corrompre, stipendier.

pays *nom*

/ VIEUX. Personne du même village. SYN. compatriote, concitoyen. CONTR. *étranger.*

pays *nom masculin*

/ Endroit caractérisé par quelque chose. SYN. domaine, sphère, univers – LITTÉRAIRE : royaume.

/ Territoire d'une nation. SYN. état, nation, peuple, puissance, territoire.

/ Région précise. SYN. coin, contrée, province, région, zone.

/ Petit village. SYN. bourgade, localité, village – FAMILIER : bled, patelin, trou.

paysage *nom masculin*

/ Étendue de terre offerte au regard. SYN. échappée, horizon, panorama, perspective, point de vue, site, vue.

paysan *adjectif*

/ Relatif aux paysans. SYN. agreste, agricole, campagnard, rural, terrien –FAMILIER: rustaud –LITTÉRAIRE: champêtre, rustique. CONTR. *citadin, urbain.*

paysan *nom*

/ Personne qui vit à la campagne. SYN. agriculteur, campagnard, cultivateur, exploitant agricole, fermier, rural, villageois –FAMILIER: cul-terreux –VIEUX: croquant. CONTR. *citadin.*

peau *nom féminin*

/ Tissu sur le corps humain. SYN. épiderme –POPULAIRE: couenne, cuir.

peaufiner *verbe*

/ Mettre au point avec soin. SYN. châtier, fignoler, parachever, parfaire –FAMILIER: chiader, lécher –LITTÉRAIRE: ciseler –VIEUX: perler. CONTR. *brouillonner, saboter* –FAMILIER: *bâcler, cochonner, expédier, torcher, torchonner.*

peccadille *nom féminin*

/ LITTÉRAIRE. Faute légère. SYN. broutille, erreur, faute, incartade, manquement.

pêche *nom féminin*

/ FAMILIER. Action de recueillir. SYN. cueillette, découverte, récolte.

/ POPULAIRE. Coup de poing. SYN. –FAMILIER: calotte –LITTÉRAIRE: horion –POPULAIRE: châtaigne, coquard, gnon, jeton, marron, ramponneau.

pécher *verbe*

/ Commettre un péché. SYN. contrevenir à, enfreindre, offenser, transgresser, violer –LITTÉRAIRE: faillir à, forfaire à.

pêcher *verbe*

/ FAMILIER. Trouver quelque chose d'inattendu. SYN. dénicher –FAMILIER: aller chercher, dégoter, dégotter.

pécule *nom masculin*

/ Petit capital. SYN. bas de laine, économies –FAMILIER: magot, matelas –POPULAIRE: éconocroques.

pécuniaire *adjectif*

/ Qui consiste en argent. SYN. financier, matériel.

pédagogique *adjectif*

/ Qui enseigne bien. SYN. didactique, éducateur, éducatif.

pédagogue *nom*

/ Personne qui enseigne. SYN. éducateur, enseignant, instituteur, maître, précepteur, professeur.

pédant *adjectif*

/ Qui étale son savoir. SYN. doctoral, dogmatique, magistral, prétentieux, snob, suffisant –FAMILIER: pontifiant –LITTÉRAIRE: docte, fat, pédantesque. CONTR. *humble, modeste.*

pédant *nom*

/ Personne qui étale son savoir. SYN. arrogant, cuistre, poseur, prétentieux, snob –FAMILIER: m'as-tu-vu, pontife –LITTÉRAIRE: magister.

pédanterie *nom féminin*

/ Caractère pédant. SYN. condescendance, cuistrerie, prétention.

pédantesque *adjectif*

/ LITTÉRAIRE. Fait d'une manière pédante. SYN. doctoral, magistral, pédant, solennel, supérieur –FAMILIER: pontifiant –LITTÉRAIRE: docte.

pédantisme *nom masculin*

/ Caractère pédant. SYN. condescendance, cuistrerie, prétention.

pedzouille *nom*

/ POPULAIRE. Homme peu dégourdi. SYN. rustre, sauvage –FAMILIER: cul-terreux, rustaud –POPULAIRE: bouseux, péquenaud, péquenot –VIEUX: croquant.

pègre *nom féminin*

/ Monde des truands. SYN. racaille –LITTÉRAIRE: vermine –POPULAIRE: raclure –VIEUX: canaille.

peignée *nom féminin*

/ POPULAIRE. Volée de coups. SYN. tripotée, volée –FAMILIER: pile, raclée, rossée, tabassée –POPULAIRE: dégelée, dérouillée, pâtée, rouste, tannée, tournée, trempe –VIEUX: frottée.

peigner *verbe*

/ Coiffer avec un peigne. SYN. coiffer. CONTR. *décoiffer, dépeigner, ébouriffer* –LITTÉRAIRE: *écheveler.*

peignoir *nom masculin*
/ Vêtement d'intérieur. SYN. déshabillé, robe de chambre, sortie-de-bain – LITTÉRAIRE : négligé – VIEUX : saut-de-lit.

peinard *adjectif*
/ POPULAIRE. À l'abri des soucis. SYN. calme, décontracté, paisible, serein, tranquille – FAMILIER : cool, pépère, relax, relaxe – LITTÉRAIRE : quiet.

peinardement *adverbe*
/ POPULAIRE. De façon peinarde. SYN. calmement, lentement, paisiblement, sagement, tranquillement.

peindre *verbe*
/ Recouvrir de peinture. SYN. badigeonner, barbouiller, laquer – FAMILIER : peinturer, peinturlurer.
/ Décrire par des mots. SYN. conter, croquer, décrire, dépeindre, esquisser, exposer, exprimer, figurer, montrer, raconter, représenter, tracer – LITTÉRAIRE : portraiturer.

peindre (se) *verbe pronominal*
/ Être apparent sur le visage. SYN. apparaître, éclater, naître, paraître, se manifester, se montrer, se refléter, se révéler – LITTÉRAIRE : poindre.

peine *nom féminin*
/ Ce qui réprime une infraction. SYN. châtiment, condamnation, correction, punition, sanction.
/ Souffrance morale. SYN. affliction, chagrin, détresse, douleur, malheur, souffrance, tourment, tracas, tristesse – FAMILIER : cafard – LITTÉRAIRE : navrement, plaie. CONTR. *béatitude, bien-être, bonheur, joie, ravissement, réjouissance, satisfaction.*
/ Gêne pour faire quelque chose. SYN. désagrément, difficulté, effort, embarras, mal. CONTR. *aisance, facilité.*

peiné *adjectif*
/ Qui a de la peine. SYN. chagriné, désespéré, malheureux, triste – LITTÉRAIRE : chagrin.

peiner *verbe intransitif*
/ Éprouver de la difficulté. SYN. s'échiner, s'épuiser, s'escrimer, s'exténuer – FAMILIER : s'éreinter, s'esquinter, suer – POPULAIRE : en baver (des ronds de chapeau), marner, se crever.

peiner *verbe transitif*
/ Causer de la peine. SYN. affliger, assombrir, attrister, chagriner, déplaire, désespérer, désobliger, désoler, navrer – LITTÉRAIRE : contrister, rembrunir. CONTR. *consoler, réjouir.*

peinture *nom féminin*
/ Évocation imagée. SYN. description, fresque, panorama, portrait, représentation, tableau.

peinturer *verbe*
/ FAMILIER. Peindre grossièrement. SYN. barbouiller – FAMILIER : peinturlurer.

peinturlurer *verbe*
/ FAMILIER. Peindre sans goût. SYN. barbouiller, barioler, gribouiller – FAMILIER : peinturer.

pelage *nom masculin*
/ Poils d'un animal. SYN. fourrure, robe, toison.

pelé *adjectif*
/ Sans végétation. SYN. dénudé, nu – LITTÉRAIRE : chauve. CONTR. *broussailleux, herbeux, luxuriant, touffu.*
/ Qui a perdu ses poils. SYN. dégarni, nu, ras. CONTR. *dru, épais, fourni.*

pêle-mêle *adverbe*
/ En désordre. SYN. en vrac, sens dessus dessous.

pêle-mêle *nom masculin*
/ VIEUX. Mélange confus. SYN. amalgame, enchevêtrement, fatras, fouillis, mélange, pot-pourri – FAMILIER : brouillamini, méli-mélo, salmigondis. CONTR. *ordre.*

peler *verbe*
/ Enlever la peau. SYN. décortiquer, écaler, écorcer, écosser, éplucher.

pelletée *nom féminin*
/ FAMILIER. Grande quantité. SYN. armée, avalanche, cascade, chapelet, déluge, fatras, flot, flux, foule, grêle, infinité, kyrielle, légion, masse, monceau, montagne, multitude, myriade, nuée, paquet, pléiade, pluie, profusion, prolifération, quantité, ramassis, tas, torrent – FAMILIER : armada, bordée, cargaison, cohorte, flopée, foultitude, régiment, ribambelle, tapée – LITTÉRAIRE : averse, essaim, océan. CONTR. *atome, bribe, brin, doigt, goutte, grain, gramme, larme, lueur,*

miette, nuage, once, parcelle, peu, poignée, pointe, soupçon, trace – LITTÉRAIRE : *liard, ombre, trait* – POPULAIRE : *chouia.*

pelotonner (se) *verbe pronominal*

/ Se mettre en boule. SYN. se blottir, se lover, se ramasser, se recroqueviller, se replier, se serrer.

pénard *adjectif*

/ POPULAIRE. À l'abri des soucis. SYN. calme, décontracté, paisible, serein, tranquille – FAMILIER : cool, pépère, relax, relaxe – LITTÉRAIRE : quiet.

pénardement *adverbe*

/ POPULAIRE. De façon pénarde. SYN. calmement, lentement, paisiblement, sagement, tranquillement.

penaud *adjectif*

/ Honteux à la suite d'une maladresse. SYN. confus, déconfit, embarrassé, honteux, humilié, navré – LITTÉRAIRE : contrit, sot. CONTR. *triomphant.*

penchant *nom masculin*

/ Tendance instinctive vers. SYN. affection, amour, aptitude, attirance, attrait, disposition, faible, faiblesse, goût, inclination, prédisposition, propension, tendance. CONTR. *antipathie, aversion, dégoût, répugnance, répulsion.*

pencher *verbe intransitif*

/ Aller en s'abaissant. SYN. descendre, glisser, se courber, s'incliner.

/ Être porté à choisir. SYN. opter, préférer, se prononcer pour, tendre.

pencher *verbe transitif*

/ Incliner dans telle direction. SYN. courber, fléchir, incliner, infléchir. CONTR. *dresser, ériger, lever, redresser, relever.*

pencher (se) *verbe pronominal*

/ Courber son corps en avant. SYN. se baisser, se courber, s'incliner.

/ Prêter attention à. SYN. se préoccuper, se soucier, s'intéresser à. CONTR. *ignorer, se désintéresser, se détacher, se détourner* – FAMILIER : *se ficher* – POPULAIRE : *se foutre.*

pendant *adjectif*

/ Qui pend. SYN. ballant, tombant.

pendant *nom masculin*

/ Ce qui est semblable à. SYN. double, même, réplique, sosie. CONTR. *contraire, opposé.*

pendant que *conjonction*

/ Marque une opposition. SYN. alors que, tandis que.

pendard *nom*

/ FAMILIER. Personne qui mérite d'être pendue. SYN. chenapan, filou, gibier de potence, gredin, vaurien, vermine, voyou – FAMILIER : sacripant – VIEUX : coquin, fripon.

pendre *verbe intransitif*

/ Retomber mollement. SYN. flotter, traîner – FAMILIER : pendiller, pendouiller – LITTÉRAIRE : baller.

pendre *verbe transitif*

/ Attacher par le haut. SYN. accrocher, suspendre. CONTR. *décrocher, dépendre.*

pendule *nom féminin*

/ Appareil horaire. SYN. carillon, coucou, horloge.

pénétrable *adjectif*

/ Qui peut être pénétré. SYN. perméable. CONTR. *étanche, impénétrable, imperméable.*

/ LITTÉRAIRE. Qui peut être compris. SYN. accessible, compréhensible, explicable, intelligible – LITTÉRAIRE : saisissable. CONTR. *hermétique, impénétrable.*

pénétrant *adjectif*

/ Qui pénètre dans la peau. SYN. âpre, glacial, mordant, perçant, vif.

/ Qui a de la perspicacité. SYN. aigu, alerte, clairvoyant, fin, lucide, lumineux, observateur, ouvert, perspicace, piquant, profond, sagace, subtil – VIEUX : perçant. CONTR. *balourd, borné, obtus, superficiel* – FAMILIER : *ballot, bouché, lourd.*

pénétration *nom féminin*

/ Action de s'introduire dans. SYN. envahissement, incursion, infiltration, introduction, intrusion, invasion, montée.

/ Faculté de saisir les subtilités. SYN. acuité, appréhension, clairvoyance, cognition, compréhension, connaissance, finesse, intelligence, jugement, lucidité, perspicacité, sagacité, subtilité. CONTR. *faiblesse* – LITTÉRAIRE : *cécité.*

pénétré *adjectif*

/ Rempli d'une conviction. SYN. convaincu, imbu, imprégné, persuadé, pétri, plein, rempli.

pénétrer *verbe intransitif*

/ Entrer à l'intérieur. SYN. accéder, entrer, envahir, passer, rentrer, se couler, se faufiler, se glisser, se loger, s'enfoncer, s'engager, s'engouffrer, s'infiltrer, s'introduire –FAMILIER: se fourrer –LITTÉRAIRE: s'insinuer. CONTR. *effleurer, sortir.*

pénétrer *verbe transitif*

/ Passer au travers de. SYN. percer, perforer, transir, transpercer, traverser, trouer –LITTÉRAIRE: baigner.

/ Toucher profondément le cœur. SYN. abreuver, envahir, imprégner, remplir, submerger –LITTÉRAIRE: inonder.

/ Parvenir à comprendre. SYN. apercevoir, appréhender, approfondir, assimiler, comprendre, creuser, déchiffrer, découvrir, démasquer, détecter, deviner, entendre, interpréter, lire, percer, percevoir, saisir –LITTÉRAIRE: déceler, embrasser –POPULAIRE: entraver.

pénétrer (se) *verbe pronominal*

/ S'imprégner profondément de. SYN. se convaincre, se remplir, s'imprégner.

pénible *adjectif*

/ Qui exige un effort difficile. SYN. accablant, ardu, difficile, dur, écrasant, éprouvant, épuisant, esquintant, exténuant, fatigant, harassant, ingrat, laborieux, mortel –FAMILIER: claquant, éreintant, tuant. CONTR. *aisé, facile, reposant, supportable.*

/ Qui est fait de souffrances. SYN. affligeant, amer, cruel, douloureux, intolérable. CONTR. *agréable, attrayant, divertissant, doux, joyeux, plaisant* –LITTÉRAIRE: *riant.*

/ Qui cause du désagrément. SYN. désagréable, difficile, épineux, gênant, grave, malheureux, navrant, regrettable. CONTR. *agréable, heureux.*

/ FAMILIER. Difficile à supporter. SYN. désagréable, épouvantable, infernal, insupportable, mortel, terrible –FAMILIER: enquiquinant, impossible, invivable. CONTR. *aimable, charmant, complaisant, conciliant, délicieux, gentil.*

péniblement *adverbe*

/ Avec difficulté. SYN. à grand-peine, difficilement, durement, laborieusement, malaisément, tant bien que mal, tout juste –FAMILIER: cahin-caha, comme ci comme ça. CONTR. *aisément, facilement, sans difficulté, sans encombre* –FAMILIER: *les doigts dans le nez.*

/ D'une façon douloureuse. SYN. cruellement, douloureusement. CONTR. *gaiement, joyeusement.*

pénitence *nom féminin*

/ Peine infligée. SYN. mortification, punition –LITTÉRAIRE: châtiment.

pensable *adjectif*

/ Qu'on peut envisager. SYN. concevable, croyable, envisageable, imaginable. CONTR. *impensable, inconcevable.*

pensé *adjectif*

/ Mûrement réfléchi. SYN. conçu, élaboré, étudié, mûri, pesé, réfléchi. CONTR. *irréfléchi.*

pensée *nom féminin*

/ Faculté de penser. SYN. entendement, esprit, intelligence, raison –LITTÉRAIRE: conception.

/ Façon de penser. SYN. avis, intention, observation, opinion, perspective, point de vue, position, préoccupation, propos, réflexion, remarque, sentiment, vue –LITTÉRAIRE: spéculation.

/ Ensemble d'idées. SYN. croyance, doctrine, idéologie, philosophie –LITTÉRAIRE: conception.

/ Brève réflexion écrite. SYN. adage, apophtegme, maxime, propos –LITTÉRAIRE: sentence.

penser *verbe intransitif*

/ Former et combiner des idées. SYN. méditer, raisonner, réfléchir –FAMILIER: cogiter –LITTÉRAIRE: songer, spéculer.

penser *verbe transitif*

/ Considérer comme étant tel. SYN. admettre, considérer, croire, estimer, imaginer, juger, présumer.

/ Avoir la conviction de. SYN. conjecturer, croire, espérer, se figurer, supposer.

/ Avoir l'intention de. SYN. avoir dans l'idée, avoir en vue, compter, envisager, projeter, se proposer, songer.

/ Concevoir avec minutie. SYN. élaborer, étudier, examiner, imaginer, mûrir, ordonnancer, régler.

penser *verbe transitif indirect*

/ Avoir présent à l'esprit. SYN. évoquer, imaginer, se soucier, songer.
/ Prévoir quelque chose. SYN. se préoccuper, s'occuper. CONTR. *oublier, se désintéresser.*

penseur *nom*

/ Personne qui réfléchit à. SYN. idéologue, théoricien.

pensif *adjectif*

/ Perdu dans ses pensées. SYN. absorbé, contemplatif, méditatif, préoccupé, recueilli, rêveur, songeur, soucieux –LITTÉRAIRE: contemplateur.

pension *nom féminin*

/ Établissement d'enseignement. SYN. institution, internat, pensionnat.

pensum *nom masculin*

/ Besogne ennuyeuse. SYN. corvée, obligation, punition, tâche.

pente *nom féminin*

/ Tendance naturelle. SYN. faible, inclination, instinct, penchant, prédisposition, propension, tendance, vocation.
/ Surface inclinée vers le bas. SYN. déclivité, descente, inclinaison, talus, versant. CONTR. *côte, montée, raidillon, rampe* –FAMILIER: *grimpette.*

pénurie *nom féminin*

/ Manque du nécessaire. SYN. absence, besoin, carence, défaut, dénuement, indigence, insuffisance, manque, rareté –LITTÉRAIRE: disette. CONTR. *abondance, affluence, approvisionnement, débordement, excès, foisonnement, luxe, pléthore, profusion, surabondance.*

pépettes *nom féminin pluriel*

/ POPULAIRE. Argent. SYN. –FAMILIER: sous –POPULAIRE: blé, fric, oseille, pognon.

pépiement *nom masculin*

/ Chant des oiseaux. SYN. gazouillement, gazouillis, ramage.
/ VIEUX. Action de pépier. SYN. caquetage, caquètement –LITTÉRAIRE: ramage –VIEUX: jacasserie.

pépier *verbe*

/ Crier, en parlant des oiseaux. SYN. chanter, gazouiller.
/ VIEUX. Parler sans arrêt. SYN. babiller, caqueter –FAMILIER: bavasser, cancaner, jacasser, papoter, potiner.

pépin *nom masculin*

/ FAMILIER. Ennui sérieux. SYN. avatar, ennui, incident, malchance –FAMILIER: anicroche, enquiquinement, os, tuile –LITTÉRAIRE: infortune –POPULAIRE: emmerdement. CONTR. *aubaine, chance.*

perçant *adjectif*

/ Qui pénètre l'organisme. SYN. aigre, âpre, cuisant, mordant, pénétrant.
/ Se dit d'un son très aigu. SYN. aigu, criard, retentissant, sonore, strident, suraigu. CONTR. *caverneux, grave, profond* –LITTÉRAIRE: *sépulcral.*
/ Se dit d'un regard très aigu. SYN. aigu, pénétrant, vif.
/ VIEUX. Doué de perspicacité. SYN. fin, incisif, lucide, mordant, perspicace, subtil.

percée *nom féminin*

/ Trou qui permet de passer. SYN. brèche, ouverture, trouée.

perceptible *adjectif*

/ Qui peut être perçu par les sens. SYN. audible, constatable, décelable, distinct, ostensible, sensible, visible. CONTR. *imperceptible, inapparent, inaudible, insensible, invisible.*
/ Qui peut être saisi par l'esprit. SYN. accessible, clair, compréhensible, discernable, intelligible –LITTÉRAIRE: saisissable. CONTR. *inaccessible, incompréhensible, inintelligible, insaisissable.*

perception *nom féminin*

/ Idée plus ou moins nette de. SYN. appréhension, compréhension, connaissance, conscience, impression, sensation, sentiment, vision, vue.

percer *verbe intransitif*

/ Se frayer un passage à travers. SYN. apparaître, paraître, passer, s'infiltrer, surgir –LITTÉRAIRE: poindre, pointer.

/ Se montrer au grand jour. SYN. filtrer, paraître, se manifester, se montrer, transparaître –LITTÉRAIRE: éclore.
/ Acquérir de la réputation. SYN. arriver, émerger, faire carrière, faire son chemin, faire son trou, gagner son bâton de maréchal, monter, réussir, se distinguer, se faire un nom, se faire une place au soleil, s'élever, s'imposer –LITTÉRAIRE: parvenir.

percer *verbe transitif*
/ Faire un trou dans. SYN. creuser, cribler, enfoncer, éventrer, évider, forer, ouvrir, perforer, tarauder, trouer, vriller. CONTR. *boucher* –LITTÉRAIRE: *clore.*
/ Passer au travers de. SYN. s'infiltrer, traverser.
/ Mettre au jour un secret. SYN. déchiffrer, découvrir, dépister, pénétrer, pressentir –LITTÉRAIRE: déceler.

percevoir *verbe*
/ Saisir par les sens. SYN. apercevoir, déceler, discerner, distinguer, entendre, entrevoir, éprouver, flairer, repérer, sentir, voir –VIEUX: ouïr.
/ Parvenir à connaître. SYN. appréhender, concevoir, enregistrer, pénétrer, pressentir, se rendre compte, sentir –LITTÉRAIRE: déceler.
/ Recevoir de l'argent. SYN. encaisser, gagner, recevoir, recouvrer, retirer, toucher –FAMILIER: palper. CONTR. *débourser, décaisser, payer, verser.*

percher *verbe*
/ FAMILIER. Habiter quelque part. SYN. demeurer, habiter, loger, résider –FAMILIER: nicher –POPULAIRE: crécher.

percher (se) *verbe pronominal*
/ Se mettre sur un endroit élevé. SYN. se jucher, se nicher.

perclus *adjectif*
/ Dans l'incapacité de se mouvoir. SYN. éclopé, impotent, infirme, invalide, paralysé. CONTR. *alerte, ingambe, valide* –VIEUX: *gaillard.*

percutant *adjectif*
/ Qui atteint son but. SYN. efficace, frappant, incisif, saisissant.

percuter *verbe*
/ Venir frapper un obstacle. SYN. bousculer, cogner, emboutir, enfoncer, frapper, heurter, rencontrer, tamponner, télescoper.

perdant *nom*
/ Personne qui perd. SYN. vaincu. CONTR. *champion, gagnant, vainqueur.*

perdre *verbe intransitif*
/ Ne pas remporter la victoire. SYN. avoir le dessous, échouer, se faire battre –FAMILIER: louper, rater. CONTR. *gagner, l'emporter, triompher, vaincre.*
/ Voir une qualité diminuer. SYN. baisser, décroître, diminuer, s'amenuiser, s'écrouler, s'effondrer. CONTR. *augmenter, croître, grandir, monter, s'amplifier, se développer.*

perdre *verbe transitif*
/ Cesser d'avoir. SYN. être dépouillé de, être privé de. CONTR. *acquérir, bénéficier, capter, conquérir, conserver, gagner, obtenir, prendre, recouvrer, récupérer, regagner, reprendre, retrouver, s'emparer* –FAMILIER: *ravoir.*
/ Ne plus trouver une chose. SYN. égarer, oublier –POPULAIRE: paumer. CONTR. *retrouver, trouver.*
/ Discréditer quelqu'un. SYN. condamner, confondre, couler, dégrader, dépraver, déshonorer, dévaloriser, discréditer, disqualifier, léser, nuire, ruiner –FAMILIER: démolir –LITTÉRAIRE: corrompre, dévoyer, flétrir. CONTR. *aider, amadouer, épauler, favoriser, maintenir, protéger, recommander, sauver, secourir, soigner, soutenir.*
/ Faire un mauvais emploi de. SYN. gâcher, gaspiller.

perdre (se) *verbe pronominal*
/ Ne plus trouver son chemin. SYN. errer, se fourvoyer, s'égarer –POPULAIRE: se paumer. CONTR. *se diriger, se repérer.*
/ Cesser d'être perceptible. SYN. disparaître, mourir, se fondre, s'estomper, s'évanouir.
/ Devenir inutilisable. SYN. pourrir, s'altérer, s'avarier, se détériorer, se gâter. CONTR. *se conserver.*
/ Ne plus savoir où on en est. SYN. patauger, perdre pied, se noyer, s'embourber, s'empêtrer, s'enferrer –FAMILIER: s'enfoncer.
/ S'absorber dans ses pensées. SYN. se livrer, se plonger, s'enfoncer, s'immerger –LITTÉRAIRE: s'abîmer, s'anéantir.

perdu *adjectif*
/ Situé à l'écart. SYN. détourné, écarté, éloigné, isolé, reculé, retiré –POPULAIRE: paumé.
/ Qu'on ne peut localiser. SYN. égaré, englouti, errant, fourvoyé.

/ Qu'on ne peut sauver. SYN. condamné, incurable, inguérissable –FAMILIER: fichu, fini –POPULAIRE: foutu. CONTR. *curable, guérissable.*

/ Qui n'est plus en usage. SYN. disparu, envolé, éteint, évanoui, oublié –FAMILIER: mort. CONTR. *présent, vivace.*

/ Privé de sa réputation. SYN. déshonoré, discrédité, ruiné –FAMILIER: coulé, cuit, fini, flambé.

/ Qui manque de repères. SYN. déboussolé, dépassé, déphasé, dérouté, désaxé, désorienté –POPULAIRE: paumé.

père *nom masculin*

/ Créateur d'une œuvre. SYN. ancêtre, auteur, créateur, fondateur, instigateur, inventeur, mécène, pionnier, promoteur, protecteur –LITTÉRAIRE: fabricant, instaurateur.

péremptoire *adjectif*

/ Qu'on ne peut contredire. SYN. absolu, autoritaire, cassant, catégorique, concluant, coupant, décisif, despotique, dogmatique, impératif, impérieux, magistral, tranchant. CONTR. *contestable, discutable.*

pérenne *adjectif*

/ LITTÉRAIRE. Qui dure très longtemps. SYN. éternel, immuable, impérissable, imprescriptible, inaltérable, indéfectible, indélébile, indestructible, indissoluble, ineffaçable, perpétuel –LITTÉRAIRE: immortel, infrangible. CONTR. *bref, caduc, fugace, momentané, passager, précaire.*

pérennité *nom féminin*

/ Caractère pérenne. SYN. continuité, durée, éternité, immortalité, imprescriptibilité, invariabilité, stabilité –LITTÉRAIRE: immuabilité, perpétuité. CONTR. *brièveté, caducité, fragilité, instabilité, mobilité.*

perfectible *adjectif*

/ Qui peut se perfectionner. SYN. améliorable. CONTR. *imperfectible.*

perfection *nom féminin*

/ État de ce qui est parfait. SYN. achèvement, excellence, fignolage, fini, transcendance. CONTR. *imperfection, médiocrité, nullité.*

/ Personne, chose parfaite. SYN. ange, merveille, perle, trésor. CONTR. *défaut, défectuosité, difformité, faiblesse, imperfection, vice.*

perfectionné *adjectif*

/ Qui a un haut niveau de qualité. SYN. élaboré. CONTR. *élémentaire, primaire, primitif.*

perfectionnement *nom masculin*

/ Action de perfectionner. SYN. amélioration, amendement, avancement, bonification, progrès, progression.

perfectionner *verbe*

/ Rendre meilleur. SYN. améliorer, bonifier, fignoler, parachever, parfaire, polir –LITTÉRAIRE: amender, ciseler –VIEUX: perler.

perfide *adjectif*

/ Qui est sournois. SYN. cauteleux, chafouin, déloyal, dissimulateur, dissimulé, faux, fourbe, hypocrite, indélicat, insidieux, jésuite, sournois, spécieux, traître, trompeur –FAMILIER: cafard –LITTÉRAIRE: artificieux, fallacieux, félon, patelin, tortu. CONTR. *droit, fair-play, fidèle, franc, loyal, net, sincère, sûr* –LITTÉRAIRE: *probe, véridique, vrai.*

/ LITTÉRAIRE. Qui est funeste. SYN. dangereux, funeste, mauvais, néfaste, traître, trompeur –LITTÉRAIRE: vénéneux, venimeux.

perfidement *adverbe*

/ LITTÉRAIRE. De façon perfide. SYN. obliquement, sournoisement, tortueusement, traîtreusement.

perfidie *nom féminin*

/ LITTÉRAIRE. Caractère perfide. SYN. déloyauté, fausseté, félonie, fourberie, hypocrisie, machiavélisme, mauvaise foi, noirceur, rouerie, trahison, traîtrise –FAMILIER: roublardise –LITTÉRAIRE: infidélité, scélératesse, sournoiserie, venin, vilenie. CONTR. *bonne foi, cordialité, fidélité, loyauté, sincérité.*

/ LITTÉRAIRE. Acte, parole perfide. SYN. déloyauté, forfaiture, rouerie –FAMILIER: crasse, entourloupe, entourloupette, roublardise –LITTÉRAIRE: félonie, fourberie, scélératesse, sournoiserie, traîtrise, vilenie.

perforer *verbe*

/ Faire un ou plusieurs trous. SYN. forer, pénétrer, percer, poinçonner, transpercer, traverser, trouer.

performance *nom féminin*

/ Action remarquable. SYN. action d'éclat, exploit, haut fait, prouesse, record, réussite, succès, tour de force.

péricliter *verbe*

/ Aller vers la ruine. SYN. baisser, décliner, dépérir, faire naufrage, s'étioler, sombrer, tomber –FAMILIER: dégringoler, se ramollir. CONTR. *prospérer, réussir.*

péril *nom masculin*

/ Situation menaçante. SYN. danger, menace, nuage, risque –LITTÉRAIRE: écueil. CONTR. *sécurité, sûreté.*

périlleux *adjectif*

/ Qui constitue un danger. SYN. brûlant, compromettant, critique, dangereux, délicat, grave, hasardé, hasardeux, imprudent, risqué –LITTÉRAIRE: scabreux –POPULAIRE: casse-gueule. CONTR. *sûr, tranquille.*

périmé *adjectif*

/ Qui est passé de mode. SYN. abandonné, anachronique, arriéré, attardé, caduc, démodé, dépassé, désuet, inactuel, obsolète, poussiéreux, retardataire, rétrograde, vétuste, vieilli, vieillot, vieux –FAMILIER: fossile, ringard –LITTÉRAIRE: suranné –VIEUX: rococo. CONTR. *actuel, nouveau, valable.*

périmètre *nom masculin*

/ Contour d'un espace. SYN. borne, circonférence, contour, enceinte, périphérie, pourtour, zone.

période *nom féminin*

/ Intervalle de temps. SYN. âge, cycle, date, durée, époque, ère, étape, étendue, heure, page, phase, temps –LITTÉRAIRE: jours, saison.

période *nom masculin*

/ LITTÉRAIRE. Le plus haut degré. SYN. apogée, comble, maximum, paroxysme, sommet, summum, zénith –LITTÉRAIRE: faîte.

périodicité *nom féminin*

/ Caractère périodique. SYN. alternance, retour, roulement.

périodique *adjectif*

/ Qui revient par intervalles. SYN. alternatif, alterné, cyclique, régulier, rythmé. CONTR. *sporadique.*

périodique *nom masculin*

/ Publication régulière. SYN. bulletin, journal, magazine, revue –FAMILIER: canard –VIEUX: gazette.

périodiquement *adverbe*

/ De façon périodique. SYN. cycliquement, fréquemment, quotidiennement, régulièrement.

péripétie *nom féminin*

/ Changement imprévu. SYN. coup de théâtre, événement, évènement, nœud, rebondissement.

/ Incident sans conséquence. SYN. accident, aventure, épisode, incident, mésaventure, revers.

périphérie *nom féminin*

/ Ce qui fait le tour de. SYN. bord, bordure, circonférence, contour, lisière, périmètre, pourtour, tour.

/ Quartiers excentrés. SYN. banlieue, faubourg. CONTR. *centre.*

périphérique *adjectif*

/ Situé à la périphérie. SYN. excentrique, extérieur. CONTR. *central, intérieur.*

périphrase *nom féminin*

/ Détour de langage. SYN. circonlocution, détour.

périple *nom masculin*

/ Long voyage. SYN. circuit, déplacement, excursion, randonnée, tour, voyage.

périr *verbe*

/ Cesser de vivre. SYN. décéder, disparaître, mourir, passer de vie à trépas, perdre la vie, rendre l'âme, succomber –FAMILIER: passer l'arme à gauche, y rester –LITTÉRAIRE: expirer, trépasser –POPULAIRE: caner, casser sa pipe, claboter, clamecer, clamser, claquer, crever. CONTR. *vivre.*

/ LITTÉRAIRE. Être anéanti. SYN. crouler, disparaître, finir, mourir, passer, s'éteindre, s'évanouir –LITTÉRAIRE: expirer. CONTR. *persister, résister, subsister.*

périssable *adjectif*

/ Susceptible de s'abîmer. SYN. altérable, destructible, fragile, frêle. CONTR. *durable, indestructible, viable.*

/ LITTÉRAIRE. Qui n'est pas éternel. SYN. mortel, passager. CONTR. – LITTÉRAIRE : *éternel, immortel.*

perle *nom féminin*

/ Personne, chose remarquable. SYN. bijou, joyau, merveille, modèle, perfection, phénomène – LITTÉRAIRE : phénix.

/ FAMILIER. Erreur grossière. SYN. bêtise, bévue, erreur, méprise – FAMILIER : boulette, bourde.

perlé *adjectif*

/ VIEUX. Fait d'une façon parfaite. SYN. fignolé, fini, impeccable, minutieux, soigné – FAMILIER : léché – LITTÉRAIRE : ciselé. CONTR. *grossier, inachevé* – FAMILIER : *bâclé, sabré.*

perler *verbe intransitif*

/ Se former peu à peu. SYN. apparaître, naître, paraître, percer – LITTÉRAIRE : poindre, pointer.

perler *verbe transitif*

/ VIEUX. Exécuter avec soin. SYN. achever, fignoler, parachever, parfaire, peaufiner, perfectionner, polir, soigner – FAMILIER : chiader, lécher – LITTÉRAIRE : ciseler, raffiner. CONTR. *gâcher, saborder, saboter* – FAMILIER : *bâcler, bousiller, massacrer, sabrer.*

permanence *nom féminin*

/ Caractère permanent. SYN. constance, continuité, durabilité, durée, immortalité, invariabilité, persistance, stabilité – LITTÉRAIRE : fixité, immuabilité, perpétuation, perpétuité. CONTR. *changement, évolution, fragilité, fugacité, instabilité, métamorphose, mutation, transformation, variabilité* – LITTÉRAIRE : *inconstance.*

permanent *adjectif*

/ Qui ne cesse pas. SYN. chronique, constant, continu, continuel, durable, endémique, éternel, fixe, immuable, incessant, inébranlable, intangible, perpétuel, persévérant, persistant, stable. CONTR. *changeant, discontinu, éphémère, épisodique, fugace, fugitif, instable, intermittent, momentané, passager, précaire, provisoire, temporaire, transitoire.*

perméable *adjectif*

/ Qui se laisse pénétrer. SYN. pénétrable, poreux, spongieux. CONTR. *étanche, hermétique, imperméable.*

/ Qui se laisse atteindre. SYN. accessible, docile, influençable, malléable, maniable, ouvert, sensible. CONTR. *étranger, fermé, imperméable, inaccessible, indifférent, rebelle, réfractaire, sourd.*

permettre *verbe*

/ Donner le pouvoir d'agir. SYN. admettre, autoriser, consentir, tolérer – LITTÉRAIRE : souffrir. CONTR. *brider, défendre, empêcher, entraver, interdire, prohiber, proscrire* – LITTÉRAIRE : *contraindre.*

/ Rendre possible. SYN. concourir à, contribuer à, donner lieu à, donner matière à, favoriser, laisser place à. CONTR. *condamner, empêcher, entraver.*

permettre (se) *verbe pronominal*

/ Avoir l'audace de. SYN. oser, prendre la liberté de, s'accorder, s'autoriser, s'aviser de, s'enhardir.

permis *adjectif*

/ Qui est autorisé. SYN. accrédité, autorisé, légal, légitime, licite, loisible, reconnu, réglementaire, régulier, toléré. CONTR. *clandestin, défendu, délictueux, frauduleux, illégal, illicite, interdit, prohibé, proscrit, sauvage.*

permissif *adjectif*

/ Très tolérant. SYN. laxiste, libéral. CONTR. *oppressif.*

permission *nom féminin*

/ Action de permettre. SYN. acceptation, accord, agrément, approbation, assentiment, autorisation, consentement, droit, faculté, liberté, licence, pouvoir – LITTÉRAIRE : aveu. CONTR. *défense, interdiction.*

permutation *nom féminin*

/ Action de permuter. SYN. changement, échange, inversion, substitution, transposition.

permuter *verbe*

/ Mettre à la place d'un autre. SYN. changer, échanger, intervertir, inverser, transposer.

pernicieux *adjectif*

/ Dangereux pour la santé. SYN. dangereux, délétère, dommageable, fatal, funeste, insalubre, maléfique, malin, malsain, mauvais, mortel, nocif, nuisible, préjudiciable, toxique. CONTR. *bénéfique, bienfaisant, bon, excellent, sain, salubre, salutaire.*

/ LITTÉRAIRE. Moralement nuisible. SYN. immoral, malfaisant, morbide, néfaste, pervers – LITTÉRAIRE: corrupteur, délétère, pervertisseur. CONTR. *édifiant, élevé, exemplaire, moral, noble.*

pérorer *verbe*

/ Parler d'une façon prétentieuse. SYN. discourir, disserter, épiloguer, palabrer, parler, prêcher – FAMILIER: discutailler, disputailler, jacasser, laïusser, pontifier.

péroreur *nom*

/ LITTÉRAIRE. Personne qui pérore. SYN. bavard, beau parleur, discoureur, palabreur, phraseur – FAMILIER: baratineur, laïusseur – LITTÉRAIRE: parleur, rhéteur.

perpétuation *nom féminin*

/ LITTÉRAIRE. Fait de perpétuer. SYN. continuation, maintenance, permanence, persistance – LITTÉRAIRE: perpétuité.

perpétuel *adjectif*

/ Qui dure indéfiniment. SYN. immuable, impérissable, indestructible, infini, permanent, sempiternel – LITTÉRAIRE: éternel, immortel, pérenne. CONTR. *éphémère, momentané, passager, provisoire, temporaire, temporel, transitoire.*

/ Qui a lieu sans interruption. SYN. constant, continu, continuel, incessant, ininterrompu, permanent, réitéré, renouvelé, répété. CONTR. *exceptionnel, rare, unique.*

perpétuellement *adverbe*

/ D'une manière constante. SYN. à longueur de temps, constamment, en permanence, éternellement, immuablement, invariablement, sans arrêt, sans cesse, toujours – LITTÉRAIRE: sempiternellement. CONTR. *exceptionnellement, rarement.*

/ Pour toujours. SYN. à jamais, ad vitam aeternam, éternellement, indéfiniment. CONTR. *momentanément, passagèrement, provisoirement, temporairement* – LITTÉRAIRE: *transitoirement.*

perpétuer *verbe*

/ Faire durer quelque chose. SYN. conserver, continuer, entretenir, garantir, immortaliser, maintenir, préserver, prolonger, transmettre – LITTÉRAIRE: éterniser. CONTR. *arrêter, faire cesser, juguler, oublier.*

perpétuer (se) *verbe pronominal*

/ Durer longtemps. SYN. durer, rester, se maintenir, se poursuivre, se prolonger, s'éterniser.

perpétuité *nom féminin*

/ LITTÉRAIRE. Durée perpétuelle. SYN. continuation, éternité, immortalité, maintien, pérennité, permanence. CONTR. *brièveté, disparition, fragilité, mort, précarité.*

perplexe *adjectif*

/ Qui est dans le doute. SYN. embarrassé, hésitant, incertain, indécis, indéterminé, irrésolu, réticent, soucieux. CONTR. *assuré, convaincu, décidé, déterminé, résolu, sûr.*

perplexité *nom féminin*

/ Fait d'hésiter. SYN. doute, embarras, hésitation, incertitude, indécision, indétermination, irrésolution, oscillation. CONTR. *assurance, certitude, décision, détermination, résolution.*

persécuté *nom*

/ Personne qu'on persécute. SYN. martyr, opprimé. CONTR. *oppresseur, tyran.*

persécuter *verbe*

/ Opprimer cruellement. SYN. martyriser, opprimer, torturer, tyranniser – LITTÉRAIRE: supplicier. CONTR. *protéger.*

/ Importuner sans cesse. SYN. brimer, harceler, poursuivre, presser, s'acharner, tourmenter – FAMILIER: tarabuster.

persévérance *nom féminin*

/ Action de persévérer. SYN. continuation, continuité, fidélité, maintenance, persistance, poursuite. CONTR. *abandon, abjuration, changement, renoncement.*

/ Qualité de celui qui persévère. SYN. acharnement, entêtement, insistance, obstination, patience, persistance, ténacité – LITTÉRAIRE: constance, longanimité, opiniâtreté. CONTR. *inconstance, instabilité, légèreté* – LITTÉRAIRE: *variabilité, versatilité.*

persévérant *adjectif*

/ Qui persévère. SYN. acharné, entêté, fidèle, inlassable, insistant, obstiné, opiniâtre, pa-

tient, tenace, têtu. CONTR. *capricieux, changeant, fantasque, inconstant, instable, lunatique, velléitaire, versatile, volage.*
/ Qui se fait de façon continue. SYN. constant, permanent, persistant. CONTR. *intermittent, irrégulier, momentané, passager, temporaire.*

persévérer *verbe*
/ Montrer de la persévérance. SYN. continuer, insister, persister, poursuivre, s'acharner, se maintenir, s'entêter, s'obstiner, tenir –LITTÉRAIRE: s'opiniâtrer. CONTR. *abandonner, abdiquer, reculer, renoncer* –FAMILIER: *flancher, se dégonfler* –POPULAIRE: *caner, canner.*

persienne *nom féminin*
/ Type de volet. SYN. contrevent, jalousie, volet.

persiflage *nom masculin*
/ Action de persifler. SYN. ironie, lazzi, moquerie, pointe, raillerie, sarcasme –FAMILIER: chinage –LITTÉRAIRE: brocard, épigramme –POPULAIRE: vanne.

persifler *verbe*
/ Tourner en ridicule. SYN. ironiser, railler, ridiculiser, rire de, s'amuser de, se moquer –LITTÉRAIRE: brocarder, satiriser.

persifleur *adjectif*
/ Où pointe la raillerie. SYN. frondeur, ironique, narquois, railleur, sarcastique –FAMILIER: chineur –LITTÉRAIRE: moqueur.

persistance *nom féminin*
/ Fait de durer. SYN. constance, continuité, durabilité, durée, maintenance, maintien, permanence –LITTÉRAIRE: immuabilité, perpétuation. CONTR. *changement, métamorphose.*
/ Action de s'obstiner. SYN. acharnement, entêtement, esprit de suite, insistance, obstination, patience, persévérance, suite dans les idées, ténacité –LITTÉRAIRE: constance, longanimité, opiniâtreté. CONTR. *abandon, capitulation, renoncement.*

persistant *adjectif*
/ Qui dure longtemps. SYN. chronique, continu, durable, endémique, immuable, incessant, ininterrompu, permanent, persévérant, vivace, vivant. CONTR. *éphémère, fugace, fugitif, passager.*

persister *verbe*
/ Demeurer ferme. SYN. continuer, insister, persévérer, poursuivre, s'acharner, s'entêter, s'obstiner, tenir –LITTÉRAIRE: s'opiniâtrer. CONTR. *faiblir, fléchir, mollir, reculer, renoncer* –FAMILIER: *flancher, se dégonfler* –POPULAIRE: *caner, canner.*
/ Continuer d'exister. SYN. continuer, demeurer, durer, rester, se maintenir, subsister, survivre, tenir. CONTR. *cesser, disparaître, mourir, s'éteindre, s'évanouir* –LITTÉRAIRE: *périr.*

personnage *nom masculin*
/ Personne importante. SYN. autorité, célébrité, figure, grand, nom, notabilité, notable, personnalité, sommité.
/ Personne imaginaire. SYN. héros, protagoniste, rôle.

personnalité *nom féminin*
/ Individualité psychologique. SYN. être, moi, soi.
/ Ce qui distingue un individu. SYN. caractère, individualité, nature, naturel, originalité, particularité, tempérament.
/ Personne importante. SYN. autorité, célébrité, figure, grand, nom, notabilité, notable, personnage, sommité.

personne *nom féminin*
/ Être humain. SYN. âme, créature, être, homme, individu, mortel –LITTÉRAIRE: humain.

personnel *adjectif*
/ Qui appartient à quelqu'un. SYN. intime, privé, propre, respectif. CONTR. *commun, public.*
/ Qui concerne la personne. SYN. individuel, particulier. CONTR. *collectif, général, universel.*
/ Qui révèle une personnalité. SYN. caractéristique, excentrique, original, particulier, subjectif, typique –LITTÉRAIRE: singulier. CONTR. *banal, commun, copié, emprunté, impersonnel, pastiché, plagié, quelconque.*
/ Qui ne songe qu'à lui-même. SYN. égocentrique, égoïste, individualiste, individuel.

personnel *nom masculin*
/ Personnes au service d'un particulier. SYN. domestiques, employés de maison, gens de maison –VIEUX: gens, monde.

personnellement *adverbe*

/ D'une manière personnelle. SYN. directement, en personne, individuellement.

personnification *nom féminin*

/ Ce qui représente une idée. SYN. allégorie, emblème, image, incarnation, représentation, symbole.

personnifier *verbe*

/ Être le symbole de. SYN. incarner, représenter, symboliser.

perspective *nom féminin*

/ Vue qu'on a d'un lieu. SYN. coup d'œil, échappée, paysage, point de vue, site, vue.

/ Manière de voir. SYN. angle, aspect, attente, côté, éclairage, face, facette, jour, optique, pensée, point de vue, prévision, vision.

/ Ce qu'on pense possible. SYN. conjecture, débouché, espérance, éventualité, expectative, horizon, idée.

perspicace *adjectif*

/ Qui comprend vite. SYN. avisé, clairvoyant, divinateur, fin, futé, intelligent, judicieux, lucide, malin, pénétrant, pertinent, psychologue, sagace, sensé, subtil –VIEUX: perçant. CONTR. *balourd, bête, borné, fermé, idiot, naïf, niais, obtus, simple, simplet, stupide* –FAMILIER: *ballot, bouché, lourd.*

perspicacité *nom féminin*

/ Caractère perspicace. SYN. acuité, clairvoyance, discernement, finesse, flair, intelligence, jugement, lucidité, nez, pénétration, profondeur, psychologie, sagacité, sagesse, subtilité. CONTR. *aveuglement, crédulité, naïveté, simplicité, stupidité* –LITTÉRAIRE: *cécité.*

persuader *verbe*

/ Emporter l'adhésion de. SYN. catéchiser, convaincre, gagner, influencer, intoxiquer.

/ Pousser quelqu'un à agir. SYN. amener, décider, déterminer, entraîner, exhorter, inciter, incliner, pousser, presser, provoquer. CONTR. *arrêter, dissuader, empêcher, interdire.*

persuasif *adjectif*

/ Qui sait persuader. SYN. concluant, convaincant, éloquent, parlant, probant.

persuasion *nom féminin*

/ Fait d'être persuadé. SYN. certitude, conviction, croyance, foi. CONTR. *doute, incertitude, scepticisme.*

perte *nom féminin*

/ Fait d'être privé de. SYN. aliénation, privation. CONTR. *appropriation, conservation.*

/ Fait d'être détruit. SYN. destruction, disparition, fin.

/ Somme perdue. SYN. déficit. CONTR. *bénéfice, boni, excédent, gain, profit, recette.*

/ Fait de gaspiller. SYN. déperdition, gâchage, gâchis, gaspillage. CONTR. *économie, excédent.*

/ Issue malheureuse. SYN. dommage, malheur, naufrage, ruine, tort. CONTR. *aubaine, chance* –LITTÉRAIRE: *rédemption.*

/ Fait d'être séparé par la mort. SYN. décès, deuil, disparition, mort.

pertinemment *adverbe*

/ De façon pertinente. SYN. à bon escient, convenablement, intelligemment, judicieusement, justement.

pertinence *nom féminin*

/ Caractère opportun. SYN. à-propos, bien-fondé, légitimité, opportunité –LITTÉRAIRE: convenance.

/ Finesse d'analyse. SYN. acuité, compétence, discernement, finesse, intelligence, jugement, justesse, pénétration, profondeur, sagacité, sagesse, subtilité –FAMILIER: jugeote. CONTR. *balourdise, lourdeur.*

pertinent *adjectif*

/ Qui convient parfaitement. SYN. ad hoc, adéquat, approprié, intelligent, judicieux, juste, perspicace, sagace –VIEUX: idoine. CONTR. *boiteux, hors de propos, impropre, inadapté, inadéquat, inapproprié.*

perturbateur *adjectif*

/ Qui cause du désordre. SYN. factieux, frondeur, séditieux, subversif.

perturbateur *nom*

/ Personne qui cause du désordre. SYN. agitateur, émeutier, factieux, mutin, provocateur, séditieux, trublion –LITTÉRAIRE: excitateur, fomentateur.

perturbation *nom féminin*

▮ Fait d'être déréglé. SYN. dérèglement, déséquilibre, désorganisation, détraquement –FAMILIER: cafouillage, cafouillis, pagaïe, pagaille. CONTR. *agencement, ordre.*

▮ Trouble profond. SYN. agitation, bouleversement, chaos, confusion, convulsion, crise, dérangement, désarroi, désordre, ébranlement, secousse, trouble –LITTÉRAIRE: émoi, orage, tourmente. CONTR. *calme, tranquillité.*

perturber *verbe*

▮ Bouleverser quelqu'un. SYN. agiter, bouleverser, déséquilibrer, ébranler, embrouiller, inquiéter, remuer, secouer, toucher, traumatiser, troubler –FAMILIER: chambouler, détraquer, embarbouiller, tournebouler.

▮ Causer du désordre. SYN. brouiller, déranger, dérégler, désorganiser, détraquer, embrouiller. CONTR. *agencer, ordonner, organiser.*

pervers *adjectif*

▮ Qui aime faire le mal. SYN. démoniaque, diabolique, haineux, infernal, malfaisant, malin, malveillant, mauvais, méchant, sadique, satanique. CONTR. *bon.*

▮ Qui a un comportement dépravé. SYN. dénaturé, dévoyé, malsain, morbide, vicieux –FAMILIER: cochon, glauque –LITTÉRAIRE: corrompu, pernicieux, putride. CONTR. *pur, sage, sain.*

pervers *nom*

▮ Personne dépravée. SYN. corrompu, dévoyé, obsédé –FAMILIER: cochon, vicieux.

perversion *nom féminin*

▮ Fait d'être perverti. SYN. corruption, dégradation, dépravation, pourriture –LITTÉRAIRE: impureté, vice.

▮ Altération profonde. SYN. altération, dérèglement, détournement, détraquement, déviation.

perversité *nom féminin*

▮ Tendance à faire le mal. SYN. cruauté, méchanceté, noirceur, perversion, sadisme –LITTÉRAIRE: perfidie, scélératesse, vice.

pervertir *verbe*

▮ Tourner quelqu'un vers le mal. SYN. débaucher, dégrader, dépraver, dévergonder, égarer, pourrir –LITTÉRAIRE: corrompre, dévoyer, flétrir, gangrener. CONTR. *édifier* –LITTÉRAIRE: *amender.*

▮ Détourner de sa fonction. SYN. altérer, déformer, dénaturer, dépraver, dérégler, détraquer, fausser, gâter, troubler –LITTÉRAIRE: vicier.

pervertisseur *adjectif*

▮ LITTÉRAIRE. Qui peut pervertir. SYN. mauvais, pestilentiel –LITTÉRAIRE: corrupteur, pernicieux.

pesamment *adverbe*

▮ Avec un grand poids. SYN. lourdement. CONTR. *agilement, alertement, légèrement, lestement, prestement.*

▮ Avec lourdeur. SYN. gauchement, maladroitement. CONTR. *délicatement, habilement, vivement.*

pesant *adjectif*

▮ Qui manque de finesse. SYN. épais, laborieux, lent, lourd, obtus, stupide. CONTR. *agile, alerte, fin, léger, rapide* –LITTÉRAIRE: *prompt.*

▮ Pénible à supporter. SYN. accablant, assujettissant, écrasant, étouffant, indigeste, laborieux, lourd, oppressant. CONTR. *exquis.*

pesanteur *nom féminin*

▮ Manque d'agilité. SYN. engourdissement, lenteur, lourdeur, massiveté, poids. CONTR. *agilité, légèreté, rapidité* –LITTÉRAIRE: *prestesse, vivacité.*

▮ Manque de finesse. SYN. gaucherie, lourdeur. CONTR. *aisance, délicatesse, esprit, finesse, nervosité, subtilité.*

pesée *nom féminin*

▮ Action d'appuyer sur. SYN. masse, poids, poussée.

peser *verbe transitif*

▮ Examiner attentivement. SYN. apprécier, calculer, chiffrer, considérer, évaluer, juger, mesurer, réfléchir, regarder, soupeser, supputer.

peser *verbe transitif indirect*

▮ Constituer une charge. SYN. accabler, écraser, ennuyer, étouffer, excéder, gêner –FAMILIER: enquiquiner, raser.

/ Exercer une influence sur. SYN. compter, entrer en ligne de compte, importer, infléchir, influencer, influer, se répercuter.
/ Incomber à quelqu'un. SYN. concerner, regarder, retomber, tomber.

pessimisme *nom masculin*
/ Fait d'envisager le pire. SYN. crainte, défaitisme, dépression, inquiétude, mélancolie, neurasthénie –FAMILIER: cafard. CONTR. *optimisme.*

pessimiste *adjectif*
/ Enclin au pessimisme. SYN. alarmiste, anxieux, bilieux, inquiet, mélancolique, noir, sombre, triste. CONTR. *favorable, optimiste, rassurant.*

peste *nom féminin*
/ Personne méchante. SYN. –FAMILIER: chameau, choléra, gale, poison, rosse, teigne –POPULAIRE: charogne, peau de vache, punaise, salaud, saligaud, salopard, vache.

pester *verbe*
/ Manifester son mécontentement. SYN. fulminer, grogner, maugréer, protester, récriminer, se plaindre, se récrier, s'emporter, s'indigner, tempêter, tonner, vitupérer –FAMILIER: bisquer, bougonner, exploser, fumer, rager, râler, rouspéter –POPULAIRE: gueuler, rouscailler.

pestiféré *nom*
/ Personne que l'on évite. SYN. –LITTÉRAIRE: damné, maudit, réprouvé.

pestilence *nom féminin*
/ Odeur infecte. SYN. fétidité, infection, puanteur. CONTR. *arôme, parfum* –LITTÉRAIRE: *fragrance.*

pestilentiel *adjectif*
/ Qui répand une odeur infecte. SYN. fétide, infect, malodorant, méphitique, nauséabond, puant. CONTR. *aromatique, odorant, odoriférant.*
/ Qui peut corrompre. SYN. mauvais –LITTÉRAIRE: corrupteur, pernicieux, pervertisseur.

pétant *adjectif*
/ FAMILIER. Se dit d'une heure juste. SYN. exact, précis, sonnant, tapant.

pétard *nom masculin*
/ FAMILIER. Grand bruit. SYN. charivari, esclandre, scandale, tapage, tintamarre –FAMILIER: boucan, chahut, raffut, tintouin –POPULAIRE: ramdam.

pété *adjectif*
/ POPULAIRE. Qui a trop bu. SYN. enivré, ivre –FAMILIER: pompette, saoul, soûl –POPULAIRE: blindé, bourré, chargé, cuit, pinté, raide, rond.

péter *verbe intransitif*
/ FAMILIER. Éclater bruyamment. SYN. craquer, exploser, sauter, se casser, se rompre.

péter *verbe transitif*
/ POPULAIRE. Abîmer quelque chose. SYN. casser –FAMILIER: amocher, bousiller, déglinguer, esquinter.

pétillant *adjectif*
/ Qui brille avec éclat. SYN. brillant, étincelant, lumineux, rayonnant, resplendissant, rutilant, scintillant –LITTÉRAIRE: flamboyant.
/ Qui a de la vivacité. SYN. bouillant, fougueux, fringant, nerveux, pétulant, piquant, spirituel, vif. CONTR. *atone, plat, terne.*

pétillement *nom masculin*
/ Série de petits bruits. SYN. crépitation, crépitement, grésillement.
/ LITTÉRAIRE. Fait de pétiller. SYN. chatoiement, éclat, scintillement –LITTÉRAIRE: étincellement, flamboiement.

pétiller *verbe*
/ Produire des bruits secs. SYN. craqueter, crépiter, grésiller.
/ Briller d'un vif éclat. SYN. briller, chatoyer, étinceler, rayonner, scintiller –LITTÉRAIRE: flamber, flamboyer, resplendir.

petiot *nom*
/ FAMILIER. Petit enfant. SYN. bambin, gamin, petit –FAMILIER: gosse, marmot, mioche, pitchoun, pitchounet –POPULAIRE: lardon, môme, mouflet, moutard –VIEUX: marmouset.

petit *adjectif*
/ De taille réduite. SYN. court, microscopique, minuscule –FAMILIER: courtaud. CONTR. *élancé, élevé, grand, haut, long.*

/ Qui n'a pas encore mûri. SYN. enfant, jeune. CONTR. *adulte, âgé, vieux.*

/ Qui a peu d'importance. SYN. anodin, banal, bénin, dérisoire, faible, infime, insignifiant, juste, léger, maigre, menu, méprisable, mince, minime, modeste, modique, négligeable, pauvre, quelconque, réduit. CONTR. *appréciable, beau, bon, capital, colossal, conséquent, considérable, décisif, démesuré, énorme, fort, fou, grandiose, grave, gros, important, majeur, marquant, primordial, sérieux, vital* – FAMILIER: *joli.*

/ Qui occupe un rang modeste. SYN. humble, insignifiant, malheureux, médiocre, mineur, modeste, obscur, ordinaire, simple, subalterne. CONTR. *brillant, écrasant, émérite, éminent, fabuleux, génial, magnifique, majestueux, merveilleux, noble, prestigieux, puissant, qualifié, réputé, riche, somptueux, supérieur, talentueux* – LITTÉRAIRE: *pompeux.*

/ Qui montre de la mesquinerie. SYN. bas, borné, étriqué, étroit, limité, mesquin, pauvre. CONTR. *noble, sublime, supérieur.*

/ Aux dimensions réduites. SYN. étroit, exigu, menu, minuscule, réduit, rétréci – FAMILIER: rikiki, riquiqui. CONTR. *ample, colossal, étendu, grand, immense, imposant, large, spacieux, volumineux* – LITTÉRAIRE: *vaste.*

petit *nom*

/ Petit enfant. SYN. bambin, gamin – FAMILIER: gosse, marmot, mioche, môme, petiot, pitchoun, pitchounet – POPULAIRE: moutard – VIEUX: marmouset.

petit *nom masculin*

/ Personne peu influente. SYN. humble, pauvre. CONTR. *grand, puissant* – FAMILIER: *gros, gros bonnet, grosse légume, légume* – POPULAIRE: *huile.*

petitement *adverbe*

/ De façon modeste. SYN. mal, modestement, pauvrement. CONTR. *fastueusement, luxueusement, richement, somptueusement.*

/ De façon exiguë. SYN. à l'étroit, étroitement. CONTR. *amplement, grandement, large, largement, spacieusement.*

/ Avec mesquinerie. SYN. bassement, chichement, égoïstement, mesquinement. CONTR. *généreusement, noblement.*

petitesse *nom féminin*

/ Qualité de ce qui est petit. SYN. étroitesse, exiguïté. CONTR. *ampleur, énormité, grandeur, immensité.*

/ Caractère mesquin. SYN. bassesse, étroitesse, médiocrité, mesquinerie, pauvreté.

pétoche *nom féminin*

/ POPULAIRE. Sensation de peur. SYN. frayeur, peur – FAMILIER: frousse – POPULAIRE: trouille.

pétri *adjectif*

/ Imprégné d'un sentiment. SYN. empreint, gorgé, imbu, pénétré, plein, rempli – LITTÉRAIRE: empli.

pétrifié *adjectif*

/ Paralysé par. SYN. abasourdi, ahuri, coi, effaré, figé, immobile, interdit, pantois, sidéré, stupéfait, tombé de la lune, tombé des nues.

pétrifier *verbe*

/ Frapper de stupeur. SYN. clouer, effrayer, figer, foudroyer, geler, glacer, méduser, paralyser, stupéfier, suffoquer, surprendre – FAMILIER: scier, sidérer – LITTÉRAIRE: statufier.

pétrin *nom masculin*

/ Coffre pour faire le pain. SYN. huche, maie, mée.

/ Situation inextricable. SYN. bourbier, guêpier, impasse, piège.

pétrir *verbe*

/ Travailler une pâte. SYN. brasser, malaxer, manier.

/ LITTÉRAIRE. Former quelqu'un. SYN. dresser, forger, former, modeler, transformer – LITTÉRAIRE: façonner.

pétulance *nom féminin*

/ Vive ardeur. SYN. agitation, ardeur, chaleur, combativité, dynamisme, entrain, exubérance, feu, fougue, frénésie, impatience, impétuosité, véhémence, vie, vitalité – LITTÉRAIRE: flamme, vivacité. CONTR. *apathie, froideur, indolence, inertie, langueur, lenteur, mollesse, nonchalance* – LITTÉRAIRE: *alanguissement.*

pétulant *adjectif*

/ Qui montre de la pétulance. SYN. agité, ardent, bouillant, débordant, débridé, effréné, endiablé, fougueux, impétueux, nerveux, pétillant, turbulent – LITTÉRAIRE: inflammable. CONTR. *anémique, apathique, engourdi, froid, indolent, langoureux, lymphatique, morose, mou, nonchalant, placide.*

peu *adverbe*

/ En faible quantité. SYN. faiblement, guère, insuffisamment, médiocrement, pas beaucoup. CONTR. *à discrétion, à flots, à foison, à la pelle, à profusion, à satiété, à souhait, abondamment, assez, beaucoup, considérablement, effroyablement, en quantité, énormément, éperdument, excessivement, extraordinairement, extrêmement, fortement, horriblement, immensément, infiniment, monstrueusement, prodigieusement, trop, vertigineusement* –FAMILIER: *à gogo, à revendre, à tire-larigot, bigrement, bougrement, diablement, en pagaille, rudement.*

/ *Peu de.* SYN. quelques, un petit nombre. CONTR. *beaucoup, nombre de, quantité de, un tas de* –LITTÉRAIRE: *force, maint.*

/ *Un peu.* SYN. légèrement, vaguement. CONTR. *complètement, entièrement, extrêmement, intégralement, pleinement, profondément.*

/ *Un peu de.* SYN. atome, brin, doigt, filet, goutte, grain, gramme, larme, miette, nuage, once, parcelle, pointe, soupçon, teinte, trace –FAMILIER: poil –LITTÉRAIRE: ombre –POPULAIRE: chouia. CONTR. *armée, avalanche, cascade, déluge, foule, masse, monceau, profusion* –FAMILIER: *armada, cargaison, flopée, foultitude* –LITTÉRAIRE: *averse.*

peuple *nom masculin*

/ Citoyens d'un même pays. SYN. communauté, nation, pays, population, puissance.

/ FAMILIER. Grand nombre de personnes. SYN. foule, masse, monde, multitude, myriade, nombre, quantité, tas –FAMILIER: flopée, foultitude, régiment, tripotée –LITTÉRAIRE: essaim –VIEUX: presse.

/ Les gens de condition modeste. SYN. classe ouvrière, masses laborieuses, masses populaires, petites gens, populace, prolétariat, roture –FAMILIER: vulgum pecus –LITTÉRAIRE: gens du commun, multitude, plèbe –POPULAIRE: populo. CONTR. *aristocratie, noblesse.*

peuplé *adjectif*

/ Où il y a des habitants. SYN. envahi, habité, populeux. CONTR. *abandonné, dépeuplé, désert, inhabité, vide.*

peupler *verbe*

/ Occuper un espace. SYN. envahir, inonder, occuper, remplir. CONTR. *déserter, évacuer.*

peur *nom féminin*

/ Sentiment de frayeur. SYN. affolement, effroi, épouvante, frayeur, horreur, panique, phobie, terreur –FAMILIER: frousse, trac –POPULAIRE: pétoche, suée, trouille. CONTR. *audace, bravoure, courage, hardiesse, héroïsme, intrépidité* –FAMILIER: *cran* –LITTÉRAIRE: *vaillance.*

/ Crainte devant un danger. SYN. angoisse, appréhension, crainte, hantise, inquiétude, préoccupation –LITTÉRAIRE: affres, alarme. CONTR. *désir, envie, résolution, volonté.*

/ *Avoir peur.* SYN. appréhender, avoir des sueurs froides, avoir froid dans le dos, avoir la chair de poule, craindre, s'alarmer, s'effrayer, trembler –FAMILIER: avoir la colique, avoir la frousse, ne plus avoir un poil de sec, serrer les fesses –POPULAIRE: avoir la chiasse, avoir la pétoche, avoir la trouille, avoir le trouillomètre à zéro, avoir les chocottes, avoir les foies, avoir les grelots, avoir les jetons, baliser, faire dans sa culotte, faire dans son froc, fouetter, les avoir à zéro. CONTR. *avoir du courage, être courageux, ne pas craindre de, oser, s'enhardir.*

/ *Faire peur à quelqu'un.* SYN. affoler, alarmer, angoisser, apeurer, donner la chair de poule, effrayer, épouvanter, faire froid dans le dos, figer le sang dans les veines, glacer le sang, inquiéter, terrifier, terroriser –POPULAIRE: fiche les jetons.

peureusement *adverbe*

/ D'une manière peureuse. SYN. craintivement, lâchement, timidement. CONTR. *courageusement, héroïquement, vaillamment* –LITTÉRAIRE: *bravement, hardiment, valeureusement* –VIEUX: *gaillardement.*

peureux *adjectif*

/ Qui s'effraie facilement. SYN. craintif, inquiet, lâche, pleutre, poltron, tremblant –FAMILIER: froussard –LITTÉRAIRE: couard, pusillanime –POPULAIRE: foireux, péteux, pétochard, trouillard. CONTR. *assuré, audacieux, brave, courageux, effronté, hardi, héroïque, intrépide* –LITTÉRAIRE: *impavide, valeureux.*

peureux *nom*

/ Personne sujette à la peur. SYN. lâche, pleutre, poltron –FAMILIER: femmelette, froussard, mauviette, poule mouillée –LITTÉRAIRE: couard –POPULAIRE: couille molle, dégonflé, péteux, pétochard, trouillard –VIEUX: capon. CONTR. *audacieux, brave, courageux, intrépide* –FAMILIER: *casse-cou.*

peut-être *adverbe*

/ Marque la probabilité. SYN. éventuellement, possiblement, probablement, sans doute, vraisemblablement. CONTR. *assurément, certainement, évidemment, parfaitement, sûrement.*

phagocyter *verbe*

/ Détruire progressivement. SYN. abolir, anéantir, annihiler, briser, détruire, miner, ruiner, saborder, saboter, saper.

phalange *nom féminin*

/ LITTÉRAIRE. Groupe de personnes. SYN. bande, clan, faction, légion, organisation –FAMILIER: clique, cohorte –LITTÉRAIRE: camarilla, ligue.

phare *nom masculin*

/ LITTÉRAIRE. Personne, chose qui éclaire. SYN. gloire –LITTÉRAIRE: flambeau, fleuron, lumière.

pharisien *nom*

/ LITTÉRAIRE. Personne dont la piété est feinte. SYN. hypocrite, jésuite –FAMILIER: faux jeton –LITTÉRAIRE: cafard, tartufe, tartuffe –POPULAIRE: faux cul, faux derche.

phase *nom féminin*

/ Chacun des états d'un processus. SYN. degré, échelon, étape, gradation, palier, période, point, stade.

phénix *nom masculin*

/ LITTÉRAIRE. Personne exceptionnelle. SYN. génie, gloire, perle, phénomène, prodige –FAMILIER: aigle, as, champion, crack –LITTÉRAIRE: lumière. CONTR. *nul, nullité* –FAMILIER: *nullard.*

phénoménal *adjectif*

/ Hors du commun. SYN. colossal, écrasant, effarant, exceptionnel, extraordinaire, fabuleux, fantastique, gigantesque, incroyable, inimaginable, inouï, monstrueux, prodigieux, sans pareil, stupéfiant –FAMILIER: énorme, faramineux, homérique, monstre, monumental, sensationnel, unique –LITTÉRAIRE: titanesque –POPULAIRE: bœuf. CONTR. *banal, commun, courant, ordinaire, quelconque.*

phénomène *nom masculin*

/ Fait observé. SYN. événement, fait, manifestation.

/ Personne, chose remarquable. SYN. merveille, perle, prodige –LITTÉRAIRE: phénix.

/ Personne originale. SYN. énergumène, original –FAMILIER: coco, lascar, loustic, numéro, olibrius, ostrogoth, ouistiti, pistolet, zèbre –POPULAIRE: zig, zigoto, zigue, zouave.

philanthrope *adjectif*

/ Qui est tourné vers les autres. SYN. altruiste, bon, charitable, généreux, humain, humanitaire, humanitariste –LITTÉRAIRE: bienfaisant. CONTR. *égocentrique, égoïste, individualiste* –LITTÉRAIRE: *égotiste, misanthrope.*

philanthropie *nom féminin*

/ Amour de l'humanité. SYN. altruisme, bienfaisance, bonté, charité, humanitarisme, humanité, solidarité. CONTR. *misanthropie.*

philanthropique *adjectif*

/ Qui relève de la philanthropie. SYN. altruiste, bon, charitable, humanitariste.

philippique *nom féminin*

/ LITTÉRAIRE. Discours polémique. SYN. diatribe, pamphlet, réquisitoire –LITTÉRAIRE: catilinaire, factum. CONTR. *apologie, éloge.*

philistin *nom*

/ LITTÉRAIRE. Personne d'esprit fermé. SYN. béotien, ignorant, incompétent, profane.

philosophe *adjectif*

/ Qui supporte les épreuves. SYN. fataliste, posé, réfléchi, résigné, sage, serein, stoïque. CONTR. *anxieux, inquiet.*

philosopher *verbe*

/ Discourir sur un sujet. SYN. débattre, discourir, disserter, méditer, raisonner –LITTÉRAIRE: disputer, ratiociner.

philosophie *nom féminin*

/ Doctrine d'un philosophe. SYN. doctrine, école, système, théorie.

/ Manière de voir le monde. SYN. conception, idées, idéologie, pensée, position, thèse.

/ Constance résignée. SYN. ataraxie, détachement, fatalisme, raison, résignation, sagesse, sérénité –LITTÉRAIRE: quiétude. CONTR. *angoisse, anxiété, inquiétude.*

phobie *nom féminin*
/ Aversion très vive pour. SYN. effroi, frayeur, haine, horreur, peur, terreur –LITTÉRAIRE: abomination, exécration.

phosphorescence *nom féminin*
/ Émission de lumière. SYN. éclat, fluorescence, lueur, luminosité.

phosphorescent *adjectif*
/ Qui a un grand éclat. SYN. fluorescent, luminescent, lumineux.

phraséologie *nom féminin*
/ Vocabulaire propre à un groupe. SYN. écriture, jargon, langue, style.

phrases *nom féminin pluriel*
/ Paroles creuses. SYN. boniments, histoires, mots –FAMILIER: baratin, bla-bla, laïus.

phraseur *nom*
/ Personne qui s'écoute parler. SYN. bavard, beau parleur, discoureur, palabreur –FAMILIER: baratineur, laïusseur –LITTÉRAIRE: parleur, péroreur, rhéteur.

physiologie *nom féminin*
/ LITTÉRAIRE. Étude des fonctions d'un système. SYN. air, aspect, physionomie, portrait, typologie.

physiologique *adjectif*
/ Qui se rapporte à l'organisme. SYN. corporel, physique, somatique –LITTÉRAIRE: charnel. CONTR. *intellectuel, mental, psychique, psychologique.*

physionomie *nom féminin*
/ Ensemble des traits du visage. SYN. face, faciès, figure, mine, tête, traits, visage –LITTÉRAIRE: masque.
/ Caractères d'une chose. SYN. aspect, configuration, couleur, tour, tournure –LITTÉRAIRE: physiologie, visage.

physionomiste *adjectif*
/ Qui sait reconnaître quelqu'un. SYN. fin, observateur, pénétrant, psychologue.

physique *adjectif*
/ Qui concerne le corps. SYN. concret, corporel, physiologique, sensible, somatique –LITTÉRAIRE: charnel. CONTR. *cérébral, intellectuel, intérieur, mental, moral, psychique, psychologique, spirituel.*
/ Relatif au corps sur le plan sexuel. SYN. charnel, sensuel, sexuel. CONTR. *chaste, platonique, pur, sentimental* –LITTÉRAIRE: *éthéré.*

physique *nom masculin*
/ Aspect extérieur du corps. SYN. anatomie, extérieur, formes, nature –LITTÉRAIRE: complexion, tournure.

physiquement *adverbe*
/ Sur le plan du corps. SYN. corporellement, organiquement, physiologiquement. CONTR. *intellectuellement, mentalement, moralement, psychiquement, psychologiquement.*
/ D'une manière concrète. SYN. concrètement, effectivement, matériellement, pratiquement, réellement, tangiblement.
/ Sur le plan sexuel. SYN. sexuellement –LITTÉRAIRE: charnellement, sensuellement. CONTR. *platoniquement, sentimentalement* –LITTÉRAIRE: *spirituellement.*

piaffer *verbe*
/ Trépigner d'impatience. SYN. bouillir, être sur des charbons ardents, piétiner, ronger son frein, s'énerver, s'impatienter, trépigner –FAMILIER: être sous pression, être sur le gril. CONTR. *patienter.*

piano *adverbe*
/ FAMILIER. Sans bruit. SYN. doucement, silencieusement.
/ FAMILIER. Sans précipitation. SYN. lentement. CONTR. *expéditivement, hâtivement* –FAMILIER: *dare-dare* –LITTÉRAIRE: *diligemment.*

pic *nom masculin*
/ Sommet montagneux isolé. SYN. aiguille, cime, corne, dent, mont, pointe, sommet.

pichenette *nom féminin*
/ Petite claque. SYN. chiquenaude, tape, tapette.

pichet *nom masculin*
/ Petite cruche à bec. SYN. broc, cruche, pot.

picoler *verbe*
/ POPULAIRE. Boire de l'alcool. SYN. boire, s'enivrer –FAMILIER: biberonner, boire comme un trou, boire comme une éponge, lever le coude, se soûler, s'imbiber –POPULAIRE: éclu-

ser, s'arsouiller, se bitturer, se bourrer, se cuiter, se péter la gueule, se pinter, se piquer le nez –VIEUX: chopiner, licher.

picorer *verbe*

/ Saisir avec le bec. SYN. becqueter, béqueter, picoter, piquer.

/ FAMILIER. Prendre çà et là des aliments. SYN. avoir un appétit d'oiseau, grignoter, manger comme un moineau, manger du bout des dents –FAMILIER: chipoter, mangeotter, pignocher. CONTR. *avoir un bon coup de fourchette, dévorer, engloutir, engouffrer, se bourrer, se gaver* –FAMILIER: *enfourner, s'empiffrer* –POPULAIRE: *bâfrer, se goinfrer, s'en mettre plein la panse.*

picotement *nom masculin*

/ Sensation de légères piqûres. SYN. chatouillement, démangeaison, irritation, prurit –FAMILIER: fourmis.

picoter *verbe*

/ Piquer légèrement avec le bec. SYN. becqueter, béqueter, picorer, piquer.

/ Causer des picotements. SYN. chatouiller, démanger, gratter, irriter, piquer.

picrate *nom masculin*

/ POPULAIRE. Vin de mauvaise qualité. SYN. gros qui tache, piquette –FAMILIER: bibine, vinasse.

pie *nom féminin*

/ FAMILIER. Personne bavarde. SYN. bavard, causeur, discoureur, jaseur –FAMILIER: baratineur, crécelle, jacasseur, jacassier, laïusseur, moulin à paroles –LITTÉRAIRE: parleur –POPULAIRE: jaspineur, pipelette –VIEUX: potinier.

pièce *nom féminin*

/ Morceau d'un objet brisé. SYN. débris, éclat, fragment, partie, quartier, tesson.

/ Écrit donnant une information. SYN. acte, certificat, document, papier.

/ Tonneau de vin. SYN. baril, barrique, fût, futaille, tonneau.

pied *nom masculin*

/ Partie terminale de la jambe. SYN. –ARGOTIQUE: arpion, nougat –FAMILIER: peton –POPULAIRE: panard.

/ Partie inférieure d'une chose. SYN. assise, bas, base, fondement, racine. CONTR. *cime, haut, sommet, tête.*

piège *nom masculin*

/ Engin pour prendre des animaux. SYN. collet, nasse, panneau, ratière, souricière –VIEUX: lacs.

/ Obstacle dressé contre quelqu'un. SYN. embûche, embuscade, guêpier, guet-apens, panneau, souricière, traquenard –LITTÉRAIRE: rets.

/ Difficulté cachée. SYN. attrape-nigaud, chausse-trape, chausse-trappe, embûche, leurre, traquenard –FAMILIER: attrape-gogo, feinte –LITTÉRAIRE: écueil.

piéger *verbe*

/ Faire tomber dans un piège. SYN. abuser, attraper, berner, duper, leurrer, mystifier, tromper –FAMILIER: avoir, empaumer, empiler, flouer, pigeonner, posséder, refaire, rouler –LITTÉRAIRE: gruger –POPULAIRE: baiser, couillonner, entuber.

pierre *nom féminin*

/ Fragment rocheux. SYN. caillou, galet, pierraille, roc, rocher –FAMILIER: caillasse.

/ Substance minérale précieuse. SYN. gemme, pierreries –FAMILIER: caillou.

pierreries *nom féminin pluriel*

/ Pierres précieuses. SYN. gemmes, pierres –FAMILIER: cailloux.

pierreux *adjectif*

/ Qui est rempli de pierres. SYN. caillouteux, graveleux, rocailleux.

piété *nom féminin*

/ LITTÉRAIRE. Affection déférente. SYN. adoration, amour, déférence, égard, respect, vénération –LITTÉRAIRE: dévotion, révérence.

/ Attachement à la religion. SYN. adoration, amour, culte, dévotion, ferveur, foi, religion, spiritualité, vénération. CONTR. *irréligion* –LITTÉRAIRE: *impiété.*

piétinement *nom masculin*

/ Action de piétiner. SYN. piaffement, trépignement.

/ Fait de stagner. SYN. engourdissement, immobilisme, inertie, marasme, paralysie, pause, sclérose, stagnation –LITTÉRAIRE: somnolence. CONTR. *avancement, développement, progrès.*

piétiner *verbe intransitif*

/ Frapper le sol des pieds. SYN. piaffer, trépigner.

/ Ne faire aucun progrès. SYN. languir, marquer le pas, patauger, stagner, végéter. CONTR. *avancer, progresser, prospérer, se développer.*

piétiner *verbe transitif*

/ Fouler aux pieds. SYN. écraser, fouler, marcher sur.

/ S'acharner sur. SYN. contrevenir à, déroger à, enfreindre, fouler aux pieds, manquer à, mépriser, transgresser, violer.

piéton *nom*

/ Personne qui circule à pied. SYN. passant, promeneur.

piètre *adjectif*

/ De peu de valeur. SYN. dérisoire, inexistant, lamentable, maigre, médiocre, minable, mince, misérable, pauvre, piteux, pitoyable, ridicule, triste –FAMILIER: déplorable, miteux. CONTR. *beau, convenable, fin, grand, remarquable* –LITTÉRAIRE: *distingué.*

piètrement *adverbe*

/ LITTÉRAIRE. De piètre façon. SYN. déplorablement, lamentablement, mal, médiocrement, piteusement, pitoyablement –FAMILIER: minablement. CONTR. *bien, merveilleusement, parfaitement.*

pieu *nom masculin*

/ Pièce longue en bois, etc. SYN. échalas, pal, pilot, piquet, poteau.

pieu *nom masculin*

/ POPULAIRE. Meuble pour dormir. SYN. lit –FAMILIER: plumard, plume –LITTÉRAIRE: couche –POPULAIRE: paddock, page, pageot, pucier.

pieusement *adverbe*

/ Avec piété. SYN. mystiquement, religieusement –LITTÉRAIRE: dévotement.

/ Avec respect. SYN. dévotieusement, jalousement, précieusement, religieusement, respectueusement, scrupuleusement, soigneusement.

pieuter (se) *verbe pronominal*

/ POPULAIRE. Aller au lit. SYN. dormir, se coucher –FAMILIER: faire dodo –POPULAIRE: pieuter, se pager. CONTR. *se lever.*

pieux *adjectif*

/ Qui a de la piété. SYN. croyant, dévot, mystique, religieux, saint. CONTR. *agnostique, athée, incroyant, irréligieux* –LITTÉRAIRE: *impie.*

pif *nom masculin*

/ POPULAIRE. Nez. SYN. –ARGOTIQUE: nase –FAMILIER: appendice, patate, truffe –POPULAIRE: blair, blase, blaze, quart de brie, tarin.

pigeon *nom masculin*

/ FAMILIER. Homme facile à duper. SYN. dindon de la farce, dupe, naïf –FAMILIER: cocu, dindon, gobe-mouches, gobeur, gogo, jobard, poire.

pigeonner *verbe*

/ FAMILIER. Tromper quelqu'un. SYN. abuser, attraper, berner, duper, leurrer, mystifier, piéger, tromper –FAMILIER: avoir, empaumer, empiler, flouer, mener en bateau, monter un bateau, posséder, refaire, rouler –LITTÉRAIRE: gruger –POPULAIRE: baiser, couillonner, entuber.

piger *verbe*

/ POPULAIRE. Saisir intellectuellement. SYN. assimiler, comprendre, entendre, saisir –POPULAIRE: biter, bitter, entraver.

pignocher *verbe*

/ FAMILIER. Manger sans appétit. SYN. grignoter –FAMILIER: chipoter, mangeotter, picorer. CONTR. *dévorer, engloutir, engouffrer, ingurgiter, se gaver* –FAMILIER: *s'empiffrer* –POPULAIRE: *se goinfrer.*

pignouf *nom masculin*

/ POPULAIRE. Individu mal élevé. SYN. balourd, butor, cuistre, goujat, lourdaud, mal élevé, malappris, malotru, mufle, ostrogoth, ours mal léché, rustre, sans-gêne –FAMILIER: malpoli, paltoquet –POPULAIRE: jean-foutre –VIEUX: bélître, coquin, maroufle.

pile *adverbe*

/ FAMILIER. De façon précise. SYN. à pic, à point, à point nommé, à propos, à temps, au bon moment, bien, en temps utile, en temps voulu, exactement, juste à temps, opportunément, précisément –FAMILIER: pile-poil. CONTR. *à contretemps, intempestivement, mal, mal à propos* –LITTÉRAIRE: *inopportunément.*

pile *nom féminin*

- FAMILIER. Volée de coups. SYN. tripotée, volée –FAMILIER: raclée, rossée, tabassée –POPULAIRE: dégelée, dérouillée, pâtée, peignée, rouste, tannée, tournée, trempe –VIEUX: frottée.
- FAMILIER. Défaite écrasante. SYN. culbute, débâcle, déconfiture, défaite, déroute, échec, faillite, gifle, insuccès, revers –FAMILIER: claque, fessée, fiasco, piquette, plongeon, raclée, ratage, tannée, veste –LITTÉRAIRE: infortune –POPULAIRE: bide, déculottée, gamelle, plantage, volée. CONTR. *réussite, succès, triomphe, victoire.*
- Amas de choses. SYN. amas, amoncellement, empilement, entassement, monceau, montagne, paquet, tas. CONTR. *éparpillement.*

piler *verbe*

- Réduire en poudre. SYN. broyer, concasser, écraser, égruger, moudre, pulvériser.
- FAMILIER. Infliger une défaite. SYN. battre, écraser, surclasser –FAMILIER: écrabouiller, enfoncer.

pilier *nom masculin*

- Support isolé en maçonnerie. SYN. colonne, contrefort, pilastre.
- Personne, chose essentielle. SYN. champion, défenseur, gardien, pivot, soutien –LITTÉRAIRE: mainteneur.

pillage *nom masculin*

- Action de piller. SYN. brigandage, destruction, dévastation, piraterie, ravage, razzia, saccage –LITTÉRAIRE: rapine, sac.
- Action de plagier. SYN. copie, démarquage, emprunt, imitation, plagiat, vol.

pillard *nom*

- Personne qui pille. SYN. brigand, voleur –LITTÉRAIRE: dévaliseur, ravageur.

piller *verbe*

- Plagier un auteur. SYN. compiler, copier, démarquer, imiter, plagier, s'approprier.
- Dévaster un lieu. SYN. détruire, dévaliser, dévaster, ravager –FAMILIER: écumer –LITTÉRAIRE: infester, mettre à sac, ruiner –VIEUX: saccager.
- Commettre un vol. SYN. détourner, escamoter, extorquer, faire main basse sur, s'emparer de, soustraire, voler –LITTÉRAIRE: distraire.

pilonnage *nom masculin*

- Répétition d'un message. SYN. bruit, campagne, matraquage –FAMILIER: battage, tam-tam.

pilonner *verbe*

- Soumettre à un bombardement. SYN. bombarder, canonner.

pilotage *nom masculin*

- Action de piloter. SYN. administration, commandement, conduite, contrôle, direction, gestion.

pilote *nom masculin*

- LITTÉRAIRE. Personne qui dirige un groupe. SYN. capitaine, chef, leader, meneur, stratège.

piloter *verbe*

- Conduire un véhicule. SYN. conduire, manier, manœuvrer.
- Être aux commandes de. SYN. administrer, commander, conduire, diriger, gérer, gouverner, guider, régir.

pimbêche *nom féminin*

- Fille prétentieuse. SYN. mijaurée, prétentieuse –FAMILIER: bêcheuse, chichiteuse, chipie –LITTÉRAIRE: minaudière –POPULAIRE: chochotte.

piment *nom masculin*

- Ce qui fait le charme de. SYN. piquant, saveur, sel.

pimenté *adjectif*

- Bien épicé. SYN. épicé, fort, relevé. CONTR. *douceâtre, fadasse, fade.*

pimenter *verbe*

- Assaisonner de piment. SYN. assaisonner, épicer, relever.

pimpant *adjectif*

- Qui séduit par sa fraîcheur. SYN. chic, coquet, élégant, fringant, propret, sémillant, soigné.

pinacle *nom masculin*

/ Partie la plus élevée. SYN. comble, sommet, summum, zénith -LITTÉRAIRE: acmé, faîte.

pinaillage *nom masculin*

/ FAMILIER. Contestation futile. SYN. ergotage, subtilité, tracasserie -FAMILIER: chinoiserie, chipotage.

pinailler *verbe*

/ FAMILIER. Critiquer sur des détails. SYN. chercher la petite bête, chercher midi à quatorze heures, chicaner, couper les cheveux en quatre, ergoter -FAMILIER: chinoiser, chipoter -LITTÉRAIRE: vétiller.

pinailleur *nom*

/ FAMILIER. Personne qui pinaille. SYN. coupeur de cheveux en quatre, ergoteur, maniaque, raisonneur -FAMILIER: chipoteur, discutailleur, disputailleur -VIEUX: chicaneur, chicanier.

pincé *adjectif*

/ Qui exprime du dédain. SYN. cérémonieux, compassé, empesé, gourmé, guindé, mordant, raide -FAMILIER: constipé. CONTR. *naturel, simple, spontané.*

pincement *nom masculin*

/ Émotion désagréable. SYN. pinçon, pinçure, serrement.

pincer *verbe*

/ FAMILIER. Prendre sur le fait. SYN. appréhender, arrêter, attraper, prendre, surprendre -FAMILIER: choper, coincer, cueillir, épingler, harponner, piquer, ramasser -POPULAIRE: agrafer, chauffer.

/ Serrer fortement. SYN. coincer, presser, serrer.

pinçon *nom masculin*

/ Marque sur la peau pincée. SYN. pincement, pinçure, serrement.

pingre *adjectif*

/ FAMILIER. D'une avarice sordide. SYN. avare, parcimonieux, regardant, thésauriseur -FAMILIER: chiche, chien, radin, rapiat, rat -LITTÉRAIRE: avaricieux, ladre, lésineur. CONTR. *dépensier, dilapidateur, gaspilleur, généreux, large, prodigue* -LITTÉRAIRE: *dissipateur, libéral.*

pingre *nom*

/ FAMILIER. Personne avare. SYN. avare, thésauriseur -FAMILIER: grigou, grippe-sou, radin, rapiat, rat -LITTÉRAIRE: harpagon, ladre, lésineur. CONTR. *dépensier, dilapidateur, gaspilleur* -FAMILIER: *panier percé* -LITTÉRAIRE: *dissipateur.*

pingrerie *nom féminin*

/ FAMILIER. Avarice sordide. SYN. avarice, mesquinerie, parcimonie -FAMILIER: radinerie, radinisme -LITTÉRAIRE: ladrerie, lésine, lésinerie. CONTR. *générosité, libéralité, prodigalité* -LITTÉRAIRE: *largesse.*

pinté *adjectif*

/ POPULAIRE. Qui a trop bu. SYN. enivré, ivre -FAMILIER: pompette, saoul, soûl -POPULAIRE: blindé, bourré, chargé, cuit, pété, raide, rond.

pinter (se) *verbe pronominal*

/ POPULAIRE. Boire beaucoup. SYN. boire, se griser, s'enivrer -FAMILIER: boire comme un trou, boire comme une éponge, se soûler, s'imbiber -POPULAIRE: picoler, prendre une bitture, prendre une cuite, s'arsouiller, se beurrer, se bitturer, se bourrer, se charger, se cuiter, se noircir, se péter la gueule, se piquer le nez, se poivrer.

piocher *verbe*

/ VIEUX. Étudier une matière. SYN. creuser, étudier, préparer, travailler -FAMILIER: bûcher, potasser -POPULAIRE: bosser, chiader.

piocheur *nom*

/ VIEUX. Personne qui travaille beaucoup. SYN. -FAMILIER: bûcheur -LITTÉRAIRE: laborieux -POPULAIRE: polard.

pioncer *verbe*

/ POPULAIRE. Dormir profondément. SYN. dormir, être dans les bras de Morphée -FAMILIER: faire dodo, faire le tour du cadran, piquer un roupillon -LITTÉRAIRE: reposer -POPULAIRE: en écraser, roupiller.

pionnier *nom*

/ Personne qui ouvre la voie à. SYN. auteur, créateur, fondateur, instigateur, père, promoteur -LITTÉRAIRE: instaurateur.

pioupiou *nom masculin*

/ POPULAIRE. Simple soldat. SYN. conscrit, recrue, soldat – FAMILIER: bleu – POPULAIRE: troufion.

pipelette *nom féminin*

/ POPULAIRE. Personne bavarde. SYN. bavard, commère – FAMILIER: concierge, crécelle, jacasseur, jacassier, moulin à paroles, pie – LITTÉRAIRE: parleur – VIEUX: potinier.

piquant *adjectif*

/ Se dit d'une sauce aigre. SYN. acide, âcre, aigre, âpre, fort. CONTR. *douceâtre, doux, sucré.*

/ Qui cause une sensation de piqûre. SYN. aigre, cuisant, pénétrant, vif.

/ LITTÉRAIRE. Qui pique au vif. SYN. à l'emporte-pièce, acerbe, acéré, acide, âpre, blessant, caustique, glacial, incisif, moqueur, mordant, railleur, satirique – LITTÉRAIRE: âcre, acrimonieux, épigrammatique. CONTR. *aimable, bienveillant.*

/ Qui attire l'attention. SYN. curieux, intéressant, passionnant, pétillant, spirituel. CONTR. *fade, insipide, languissant, morne, plat, terne* – FAMILIER: *fadasse.*

piquant *nom masculin*

/ Agrément dû à l'originalité. SYN. attrait, cocasserie, comique, drôlerie, esprit, piment, pittoresque, saveur, sel. CONTR. *fadeur, platitude.*

pique *nom féminin*

/ Parole blessante. SYN. lazzi, moquerie, pointe, quolibet, raillerie, sarcasme – LITTÉRAIRE: brocard, trait – POPULAIRE: vacherie, vanne.

piqué *adjectif*

/ FAMILIER. Qui est un peu fou. SYN. dérangé, désaxé, déséquilibré, fou – FAMILIER: braque, cinglé, déjanté, détraqué, dingue, fada, fêlé, frappé, loufoque, maboul, malade, marteau, ravagé, tapé, timbré, toc-toc, toqué, zinzin – POPULAIRE: allumé, azimuté, barge, barjo, branque, brindezingue, cinoque, cintré, dingo, folingue, fondu, frapadingue, givré, jeté, louf, louftingue, sinoc, sinoque, siphonné, sonné, tordu.

pique-assiette *nom*

/ FAMILIER. Personne qui se fait inviter. SYN. exploiteur, parasite, profiteur – LITTÉRAIRE: sangsue – VIEUX: écornifleur.

piquer *verbe*

/ Exciter un sentiment. SYN. aiguillonner, aiguiser, attiser, éveiller, exciter, fouetter – LITTÉRAIRE: enflammer.

/ Enfoncer par la pointe. SYN. épingler, ficher, planter.

/ LITTÉRAIRE. Offenser quelqu'un. SYN. atteindre, blesser, choquer, désobliger, froisser, indisposer, offenser, offusquer, outrager, outrer, toucher, vexer.

/ FAMILIER. Voler quelque chose à. SYN. escamoter, extorquer, marauder, soustraire, voler – FAMILIER: barboter, carotter, chaparder, chiper, écornifler, souffler, subtiliser – LITTÉRAIRE: dérober – POPULAIRE: faucher, ratiboiser.

/ FAMILIER. Prendre sur le fait. SYN. appréhender, arrêter, attraper, prendre – FAMILIER: choper, coincer, cueillir, épingler, pincer, ramasser – POPULAIRE: agrafer, chauffer.

/ Produire des picotements. SYN. chatouiller, démanger, gratter, irriter, picoter.

piquer (se) *verbe pronominal*

/ Avoir des prétentions. SYN. affecter, prétendre, se faire fort de, se flatter, se glorifier, se prévaloir, se targuer, se vanter, s'enorgueillir.

/ LITTÉRAIRE. Se montrer susceptible. SYN. se fâcher, se formaliser, se froisser, se scandaliser, se vexer, s'offusquer – LITTÉRAIRE: s'offenser.

piquetage *nom masculin*

/ Action de piqueter. SYN. balisage, jalonnement, marquage, signalisation.

piqueter *verbe*

/ Marquer un alignement. SYN. baliser, jalonner, marquer, signaliser.

/ LITTÉRAIRE. Parsemer de points. SYN. consteller, cribler, moucheter, parsemer, piquer, pointiller, semer, tacheter.

piquette *nom féminin*

/ FAMILIER. Défaite cuisante. SYN. culbute, débâcle, déconfiture, défaite, déroute, échec, faillite, gifle, insuccès, malheur, revers – FAMILIER: claque, fessée, fiasco, pile, plongeon, raclée, ratage, tannée, veste – LITTÉRAIRE: infortune – POPULAIRE: bide, déculottée, gamelle, plantage, volée. CONTR. *réussite, succès, triomphe, victoire.*

piquette *nom féminin*
- Vin médiocre. SYN. –FAMILIER: bibine, vinasse –POPULAIRE: picrate.

pirate *nom masculin*
- Bandit qui pillait les navires. SYN. boucanier, corsaire, flibustier, forban –LITTÉRAIRE: écumeur.
- LITTÉRAIRE. Personne malhonnête. SYN. aigrefin, bandit, brigand, canaille, escroc, filou, voleur –FAMILIER: fripouille –VIEUX: flibustier, fripon, gredin.
- Personne qui plagie. SYN. compilateur, copieur, imitateur, plagiaire.

pirater *verbe*
- Commettre un plagiat. SYN. compiler, démarquer, piller, plagier.

piraterie *nom féminin*
- Activité de pirate. SYN. flibuste, flibusterie.
- Vol effronté. SYN. brigandage, pillage, vol –LITTÉRAIRE: exaction, rapine.

pirouette *nom féminin*
- Tour entier sur soi-même. SYN. cabriole, culbute, virevolte, volte –FAMILIER: galipette.
- Changement brusque d'opinion. SYN. retournement, revirement, virevolte, volte-face –LITTÉRAIRE: palinodie.
- Fait d'éluder une question. SYN. acrobatie, dérobade, échappatoire, faux-fuyant, pantalonnade, subterfuge –FAMILIER: cabriole.

pirouetter *verbe*
- Tourner sur soi-même. SYN. pivoter, tourner, virevolter, volter –LITTÉRAIRE: tournoyer.

pisse-froid *nom masculin*
- FAMILIER. Personne morose. SYN. rabat-joie, trouble-fête –FAMILIER: bonnet de nuit, éteignoir –POPULAIRE: pisse-vinaigre.

pisse-vinaigre *nom masculin*
- POPULAIRE. Esprit chagrin. SYN. rabat-joie, trouble-fête –FAMILIER: bonnet de nuit, éteignoir, pisse-froid.

pissotière *nom féminin*
- FAMILIER. Lieu où l'on peut uriner. SYN. urinoir –POPULAIRE: pissoir –VIEUX: vespasienne.

piste *nom féminin*
- Chemin rudimentaire. SYN. chemin, layon, sentier –LITTÉRAIRE: sente.
- Ce qui mène à. SYN. chemin, voie.

pister *verbe*
- FAMILIER. Guetter quelqu'un. SYN. filer, pourchasser, suivre.

pistolet *nom masculin*
- FAMILIER. Individu bizarre. SYN. bonhomme, énergumène, phénomène –FAMILIER: citoyen, coco, lascar, loustic, numéro, oiseau, type, zèbre –POPULAIRE: zig, zigoto, zigue.

piston *nom masculin*
- FAMILIER. Appui accordé à quelqu'un. SYN. appui, coup de pouce, intervention, patronage, protection, recommandation –LITTÉRAIRE: faveur.

pistonner *verbe*
- FAMILIER. Recommander quelqu'un. SYN. appuyer, donner un coup de pouce, épauler, favoriser, intervenir, parrainer, patronner, pousser, protéger, recommander.

pitance *nom féminin*
- LITTÉRAIRE. Nourriture nécessaire. SYN. aliment, mangeaille, manger, nourriture, pâture, subsistance.

piteusement *adverbe*
- D'une manière piteuse. SYN. déplorablement, lamentablement, pitoyablement –FAMILIER: minablement –LITTÉRAIRE: piètrement. CONTR. *glorieusement, triomphalement* –LITTÉRAIRE: *excellemment.*

piteux *adjectif*
- Propre à exciter la pitié. SYN. catastrophique, lamentable, pauvre, piètre, pitoyable, pouilleux –FAMILIER: déplorable, minable, miteux. CONTR. *admirable, beau, bon, convenable, excellent, incomparable, parfait, remarquable, satisfaisant.*
- Qui est triste et honteux. SYN. confus, craintif, malheureux, triste. CONTR. *glorieux, heureux, satisfait, triomphant.*

pitié *nom féminin*
- Sentiment qui porte à compatir. SYN. apitoiement, attendrissement, charité, commisération, humanité, indulgence, sensibilité, sympathie –LITTÉRAIRE: compassion, mansuétude, miséricorde. CONTR. *cruauté, dureté,*

froideur, indifférence, inhumanité, insensibilité, rigueur, sécheresse, sévérité –LITTÉRAIRE: *implacabilité.*

pitoyable *adjectif*

/ Qui inspire de la pitié. SYN. catastrophique, malheureux, misérable, piteux, triste. CONTR. *enviable.*

/ Qui est sans valeur. SYN. faible, lamentable, mauvais, méchant, minable, navrant, pauvre, piètre –FAMILIER: déplorable. CONTR. *beau, brillant, convenable, fin, parfait, superbe* –FAMILIER: *joli* –LITTÉRAIRE: *distingué.*

pitoyablement *adverbe*

/ De façon pitoyable. SYN. piteusement –LITTÉRAIRE: piètrement. CONTR. *heureusement, triomphalement.*

pitre *nom masculin*

/ Personne qui fait des farces. SYN. bouffon, clown, comique, farceur, saltimbanque –FAMILIER: guignol, polichinelle –LITTÉRAIRE: histrion –POPULAIRE: zouave.

pitrerie *nom féminin*

/ Action de pitre. SYN. bouffonnerie, clownerie, facétie, farce, pantalonnade –FAMILIER: blague, singerie.

pittoresque *adjectif*

/ Qui frappe par son originalité. SYN. coloré, curieux, drôle, expressif, extraordinaire imagé, original, vivant –FAMILIER: cocasse. CONTR. *anonyme, banal, commun, fade, gris, inexpressif, insipide, monotone, morose, ordinaire, plat, prosaïque, quelconque, sec, terne* –FAMILIER: *fadasse.*

pittoresque *nom masculin*

/ Caractère pittoresque. SYN. couleur locale, fantaisie, insolite, piquant, relief. CONTR. *banalité, platitude, sécheresse.*

pivot *nom masculin*

/ Ce sur quoi tout repose. SYN. âme, axe, base, centre, cheville ouvrière, clef de voûte, pilier, soutien.

pivoter *verbe*

/ Tourner autour d'un axe. SYN. obliquer, pirouetter, tourner, virer, virevolter –LITTÉRAIRE: tournoyer.

place *nom féminin*

/ Espace occupé par. SYN. espace, volume.

/ Endroit précis. SYN. coin, emplacement, endroit, lieu, point.

/ Niveau occupé par. SYN. classement, ordre, position, positionnement, rang.

/ Caractère important. SYN. importance, poids, portée, valeur.

/ Emploi rémunéré. SYN. fonction, métier, position, poste, profession, situation, travail –FAMILIER: job –LITTÉRAIRE: office.

placement *nom masculin*

/ Action de mettre selon un ordre. SYN. agencement, classement, disposition, distribution, installation, mise en place, ordonnancement, positionnement, rangement. CONTR. *bouleversement, dérangement, désordre, désorganisation.*

/ Argent placé. SYN. investissement, mise de fonds.

placer *verbe*

/ Mettre selon un ordre. SYN. agencer, caser, disposer, établir, installer, loger, mettre, poser, positionner, poster, ranger –FAMILIER: flanquer. CONTR. *déplacer, déranger.*

/ Mettre de l'argent dans. SYN. déposer, investir, verser.

placer (se) *verbe pronominal*

/ Se mettre quelque part. SYN. se mettre, se positionner, se poster, se tourner –FAMILIER: se fourrer.

/ Prendre place dans. SYN. se ranger, se situer, s'inscrire, s'insérer.

placide *adjectif*

/ Qui garde son calme. SYN. calme, flegmatique, froid, impassible, imperturbable, pacifique, paisible, patient, posé, serein –LITTÉRAIRE: quiet. CONTR. *agité, anxieux, bouillonnant, débordant, déchaîné, effaré, émotif, fougueux, impatient, impétueux, passionné, pétulant, soucieux, troublé, violent* –FAMILIER: *émotionnable* –LITTÉRAIRE: *effervescent, tumultueux, volcanique.*

placidement *adverbe*

/ Avec placidité. SYN. calmement, doucement, impassiblement, imperturbablement, paisiblement, patiemment, posément, sereinement, tranquillement. CONTR. *fébrilement, fiévreusement, impatiemment, impétueusement, précipitamment* –LITTÉRAIRE: *tumultueusement.*

placidité *nom féminin*

/ Caractère placide. SYN. ataraxie, calme, flegme, impassibilité, imperturbabilité, patience, sang-froid, sérénité, tranquillité –LITTÉRAIRE: quiétude. CONTR. *agitation, anxiété, emportement, énervement, excitation, fougue, frénésie, impatience, impétuosité, inquiétude, turbulence.*

placier *nom*

/ Personne qui prospecte la clientèle. SYN. courtier, représentant, V.R.P., voyageur de commerce –VIEUX: commis voyageur.

plafond *nom masculin*

/ Limite supérieure. SYN. maximum. CONTR. *minimum, plancher.*

plage *nom féminin*

/ Partie de rivage. SYN. baignade, bord, côte, rivage, rive –LITTÉRAIRE: grève.

plagiaire *nom*

/ Auteur d'un plagiat. SYN. compilateur, contrefacteur, copieur, démarqueur, imitateur, pirate.

plagiat *nom masculin*

/ Fait de copier un artiste. SYN. calque, compilation, copie, démarquage, emprunt, imitation, pillage, piraterie.

plagier *verbe*

/ Commettre un plagiat. SYN. compiler, copier, démarquer, emprunter, imiter, piller, pirater, s'approprier, voler –POPULAIRE: pomper. CONTR. *créer, inventer.*

/ LITTÉRAIRE. Imiter quelqu'un servilement. SYN. calquer, contrefaire, imiter, mimer, singer, suivre.

plaider *verbe*

/ Défendre une cause. SYN. défendre, intercéder, justifier, parlementer, parler pour.

plaidoirie *nom féminin*

/ Action de plaider. SYN. défense, plaidoyer. CONTR. *accusation, attaque, réquisitoire.*

plaidoyer *nom masculin*

/ Discours en faveur de. SYN. apologie, défense, éloge, panégyrique, plaidoirie –LITTÉRAIRE: dithyrambe. CONTR. *accusation, réquisitoire.*

plaie *nom féminin*

/ LITTÉRAIRE. Blessure morale. SYN. affliction, blessure, déchirement, mal, meurtrissure, peine, tourment –LITTÉRAIRE: déchirure.

/ FAMILIER. Personne, chose désagréable. SYN. fléau –FAMILIER: barbe, calamité, scie.

plaindre *verbe*

/ Éprouver de la peine pour. SYN. compatir, s'apitoyer sur, s'attendrir sur.

plaindre (se) *verbe pronominal*

/ Exprimer sa souffrance. SYN. geindre, gémir, larmoyer, pleurer, se lamenter –FAMILIER: pleurnicher.

/ Exprimer son mécontentement. SYN. geindre, gémir, maugréer, pester, protester, réclamer, récriminer –FAMILIER: pleurer, pleurnicher, râler, ronchonner, rouspéter –POPULAIRE: rouscailler. CONTR. *se contenter, se satisfaire.*

plain-pied (de) *locution adverbiale et adjectivale*

/ À égalité avec quelqu'un. SYN. à armes égales, de niveau, en accord, sur le même pied, sur un pied d'égalité.

/ Sans transition. SYN. directement.

plainte *nom féminin*

/ Parole, cri de douleur. SYN. geignement, gémissement, lamentation –LITTÉRAIRE: pleur.

/ Expression de mécontentement. SYN. doléances, murmure, pleurnichement, pleurnicherie, protestation, réclamation, récrimination, vitupération –FAMILIER: jérémiade.

plaintif *adjectif*

/ Qui traduit une plainte. SYN. gémissant –FAMILIER: geignard, pleurard –LITTÉRAIRE: lamentable.

plaire *verbe*

/ Convenir à quelqu'un. SYN. agréer, arranger, convenir, intéresser, satisfaire, sourire –FAMILIER: aller, chanter, revenir. CONTR. *déplaire, ennuyer, rebuter, répugner* –FAMILIER: *barber, bassiner, enquiquiner, révulser.*

/ Exercer un attrait sur. SYN. attirer, charmer, ravir, séduire –FAMILIER: taper dans l'œil –LITTÉRAIRE: subjuguer. CONTR. *choquer, dégoûter, déplaire, heurter.*

plaire (se) *verbe pronominal*

/ Prendre plaisir à. SYN. aimer, apprécier, goûter, s'amuser, se complaire –LITTÉRAIRE: se délecter à. CONTR. *abominer, détester, exécrer, haïr, renâcler, répugner* –FAMILIER: *rechigner* –LITTÉRAIRE: *abhorrer.*

plaisant *adjectif*

/ Qui est agréable. SYN. adorable, agréable, aimable, attrayant, charmant, doux, engageant, gracieux –FAMILIER: craquant. CONTR. *affreux, antipathique, déplaisant, désagréable, disgracieux, dur, odieux.*

/ Qui divertit. SYN. amusant, badin, comique, divertissant, drôle, facétieux, gai, hilarant, réjouissant, riant, spirituel –FAMILIER: folichon, impayable, rigolo, roulant. CONTR. *attristant, ennuyeux, mélancolique, pénible, rébarbatif, rebutant, répugnant, sérieux, sombre, triste* –FAMILIER: *assommant, barbant, casse-pieds, embêtant, empoisonnant, enquiquinant* –POPULAIRE: *emmerdant.*

plaisanter *verbe intransitif*

/ Ne pas être sérieux. SYN. badiner, rire –FAMILIER: blaguer, galéjer, rigoler –LITTÉRAIRE: se moquer.

plaisanter *verbe transitif*

/ Railler doucement. SYN. ironiser, railler, s'amuser de, se moquer, taquiner –FAMILIER: blaguer –POPULAIRE: charrier.

plaisanter *verbe transitif indirect*

/ Dire des plaisanteries sur. SYN. badiner, rire, taquiner –FAMILIER: blaguer, chambrer, rigoler –POPULAIRE: charrier.

plaisanterie *nom féminin*

/ Parole destinée à faire rire. SYN. badinage, drôlerie, facétie, farce, mystification –FAMILIER: blague, canular, fumisterie, joyeuseté.

/ Propos visant à se moquer. SYN. boutade, jeu de mots, lazzi, moquerie, persiflage, quolibet, raillerie, sarcasme –LITTÉRAIRE: trait.

/ Chose peu sérieuse. SYN. bagatelle, bricole, broutille, fadaise, vétille –FAMILIER: rigolade.

plaisantin *nom masculin*

/ Personne qui aime faire rire. SYN. amuseur, farceur, joyeux luron, railleur –FAMILIER: blagueur, joyeux drille –LITTÉRAIRE: moqueur –POPULAIRE: rigolo –VIEUX: loustic.

/ Personne peu sérieuse. SYN. fantoche, marionnette, pantin –FAMILIER: fumiste, guignol, loustic, polichinelle –LITTÉRAIRE: protée –POPULAIRE: charlot, rigolo –VIEUX: sauteur.

plaisir *nom masculin*

/ État de contentement. SYN. bien-être, bonheur, contentement, gaieté, joie, satisfaction. CONTR. *chagrin, contrariété, déplaisir, douleur, ennui, insatisfaction, regret, souffrance, tourment, tristesse* –LITTÉRAIRE: *misère.*

/ Ce qui plaît. SYN. agrément, amusement, distraction, divertissement, gaietés, loisirs. CONTR. *calamité, corvée, déboire, déplaisir, désagrément* –FAMILIER: *embêtement, enquiquinement.*

plaisirs *nom masculin pluriel*

/ Côtés agréables de l'existence. SYN. jouissances –LITTÉRAIRE: délices.

/ Jouissances sexuelles. SYN. lubricité, luxure, paillardise, sensualité, volupté –LITTÉRAIRE: lasciveté, lascivité.

plan *adjectif*

/ Sans inégalités de niveau. SYN. égal, plat, uni –VIEUX: plain. CONTR. *accidenté, arqué, cambré, protubérant, raboteux.*

plan *nom masculin*

/ Organisation de quelque chose. SYN. cadre, canevas, ébauche, ordonnance, ordonnancement, schéma, squelette, structure –LITTÉRAIRE: trame.

/ Projet élaboré. SYN. arrière-pensée, calcul, combinaison, idée, intention, programme, projet, scénario, stratégie, tactique –FAMILIER: combine.

plancher *nom masculin*

/ Limite inférieure. SYN. minimum. CONTR. *maximum, plafond.*

planches *nom féminin pluriel*

/ FAMILIER. Scène d'un théâtre. SYN. plateau, scène, théâtre.

planer *verbe intransitif*
/ Ne pas prêter attention à la réalité. SYN. être dans la lune, rêvasser, rêver –POPULAIRE: être à côté de ses pompes. CONTR. *avoir les pieds sur terre.*

planer *verbe transitif*
/ Rendre plan. SYN. aplanir, dresser, égaliser, niveler.

planétaire *adjectif*
/ Relatif à la Terre entière. SYN. cosmique, international, mondial, universel.

planétairement *adverbe*
/ À l'échelle de la planète. SYN. mondialement, universellement.

planète *nom féminin*
/ La Terre. SYN. globe, monde, univers.

planification *nom féminin*
/ Action de planifier, pour un État. SYN. dirigisme, étatisme, interventionnisme. CONTR. *anarchie, libéralisme.*

planifier *verbe*
/ Organiser à l'avance. SYN. arrêter, fixer, ordonner, organiser, prévoir, programmer, régler.

planque *nom féminin*
/ POPULAIRE. Lieu où l'on se cache. SYN. abri, cache, cachette, repaire –LITTÉRAIRE: tanière.

planqué *adjectif*
/ POPULAIRE. Qui s'est mis à l'abri. SYN. caché, embusqué –LITTÉRAIRE: tapi.

planquer *verbe*
/ POPULAIRE. Mettre à l'abri. SYN. cacher, camoufler, couvrir, dissimuler, éclipser, escamoter, masquer, mettre en lieu sûr –LITTÉRAIRE: dérober, voiler. CONTR. *dévoiler, montrer.*

planquer (se) *verbe pronominal*
/ POPULAIRE. Se mettre à l'abri. SYN. se cacher, se dérober, se dissimuler, se tapir, se terrer, s'embusquer.

plantage *nom masculin*
/ FAMILIER. Fait d'échouer. SYN. culbute, déconfiture, défaite, échec, faillite, insuccès, revers –FAMILIER: claque, fessée, fiasco, four, loupé, pile, piquette, plongeon, raclée, ratage, veste –POPULAIRE: volée.

planter *verbe*
/ Placer en terre. SYN. enraciner, ensemencer, semer. CONTR. *déplanter, déraciner, extirper.*
/ Garnir un lieu d'arbres. SYN. boiser, peupler. CONTR. *déboiser, dépeupler.*
/ Enfoncer dans. SYN. enfoncer, ficher, fixer, piquer.
/ FAMILIER. Abandonner brusquement. SYN. abandonner, laisser tomber –FAMILIER: lâcher, larguer, plaquer. CONTR. *suivre* –FAMILIER: *s'accrocher aux basques, se pendre aux basques.*
/ Placer debout. SYN. dresser, élever, ériger, monter.

planter (se) *verbe pronominal*
/ FAMILIER. Se tenir debout quelque part. SYN. se camper, se dresser, se figer, se mettre, se poster, s'immobiliser.
/ POPULAIRE. Faire une erreur. SYN. échouer, se méprendre, se tromper –FAMILIER: être à côté de la plaque, se ficher le doigt dans l'œil, se fourrer le doigt dans l'œil, se mettre le doigt dans l'œil, se ramasser –LITTÉRAIRE: se fourvoyer –POPULAIRE: se foutre le doigt dans l'œil, se gourer.

plantureusement *adverbe*
/ LITTÉRAIRE. De façon plantureuse. SYN. à foison, à profusion, abondamment, beaucoup, copieusement, en abondance, grandement, largement, profusément.

plantureux *adjectif*
/ LITTÉRAIRE. Se dit d'un sol riche. SYN. fertile, luxuriant, riche –LITTÉRAIRE: fécond, généreux, gras, opulent. CONTR. *aride, infécond, infertile, sec, stérile.*
/ Qui est abondant. SYN. abondant, copieux, généreux, pantagruélique. CONTR. *frugal, insuffisant, juste, maigre, parcimonieux, pauvre, sobre.*
/ Qui est bien en chair. SYN. charnu, opulent, plein, potelé, replet –FAMILIER: dodu, rondelet. CONTR. *décharné, efflanqué, fluet, frêle, maigre, mince, squelettique* –FAMILIER: *maigrichon* –LITTÉRAIRE: *émacié, étique.*

plaqué *adjectif*
/ Ajouté de manière artificielle. SYN. factice, forcé, formel, superficiel, surajouté.

plaquer *verbe*

/ FAMILIER. Quitter soudainement. SYN. abandonner, délaisser, laisser tomber, quitter, rompre avec – FAMILIER : lâcher, larguer, planter. CONTR. *suivre* – FAMILIER : *s'accrocher aux basques, se pendre aux basques.*
/ Appuyer contre. SYN. appuyer, coller.

plasticité *nom féminin*

/ Caractère plastique. SYN. élasticité, flexibilité, malléabilité, souplesse.

plastique *adjectif*

/ Qui peut être façonné. SYN. élastique, flexible, malléable, souple.

plastronner *verbe*

/ FAMILIER. Faire le fier. SYN. bomber la poitrine, bomber le torse, en mettre plein la vue, faire la roue, faire l'important, parader, paraître, poser, s'afficher, se montrer, se pavaner, se rengorger – FAMILIER : crâner, frimer, se faire mousser – LITTÉRAIRE : fanfaronner – POPULAIRE : la ramener, ramener sa fraise.

plat *adjectif*

/ Dont la surface est plane. SYN. égal, horizontal, plan – VIEUX : plain. CONTR. *à pic, abrupt, accidenté, cahoteux, escarpé, hérissé, inégal, vallonné* – LITTÉRAIRE : *ardu.*
/ Qui n'est pas saillant. SYN. aplati, écrasé. CONTR. *arrondi, bombé, cambré, convexe, creux, protubérant, rebondi, rond.*
/ Dont la surface est unie. SYN. lisse, uni. CONTR. *bouclé, bouffant, boursouflé, frisé, frisottant, granuleux, grenu, grumeleux, ondulé, raboteux, rugueux* – LITTÉRAIRE : *ondoyant.*
/ Dépourvu d'originalité. SYN. banal, creux, douceâtre, fade, froid, gris, grisâtre, impersonnel, inconsistant, inintéressant, insignifiant, insipide, médiocre, monotone, morne, pâle, pauvre, prosaïque, quelconque, terne, uniforme, vide – FAMILIER : fadasse – LITTÉRAIRE : incolore. CONTR. *amusant, brillant, coloré, drôle, étincelant, fin, formidable, original, pétillant, piquant, pittoresque, plaisant, spirituel, vivant.*
/ Qui est lâchement soumis. SYN. écrasé, falot, humble, obséquieux, rampant, servile – LITTÉRAIRE : melliflu, prosterné, serf, vil. CONTR. *arrogant, hardi, hautain, orgueilleux, rogue, superbe* – LITTÉRAIRE : *altier.*

plateau *nom masculin*

/ Scène d'un théâtre. SYN. scène, tréteaux – FAMILIER : planches.

platée *nom féminin*

/ Contenu d'un plat. SYN. assiette, assiettée, plat.

platement *adverbe*

/ De façon banale. SYN. prosaïquement.
/ De façon servile. SYN. – LITTÉRAIRE : servilement.

platitude *nom féminin*

/ Caractère banal. SYN. banalité, fadeur, faiblesse, impersonnalité, inconsistance, insignifiance, médiocrité, monotonie, niaiserie, pâleur, pauvreté, prosaïsme, uniformité. CONTR. *arrogance, brillant, brio, couleur, éclat, fantaisie, finesse, hardiesse, imprévu, intérêt, nouveauté, originalité, piquant, pittoresque, profondeur, saveur* – LITTÉRAIRE : *vivacité.*
/ Parole banale. SYN. banalité, fadaise, niaiserie – FAMILIER : faribole – LITTÉRAIRE : pauvreté.
/ Acte empreint de bassesse. SYN. aplatissement, bassesse, lâcheté, obséquiosité – LITTÉRAIRE : servilité.

platonique *adjectif*

/ Se dit d'un amour idéal. SYN. chaste, idéal, pur – LITTÉRAIRE : éthéré, sublimé. CONTR. *charnel, lascif, physique, sensuel, voluptueux.*
/ Sans effet réel. SYN. formel, théorique. CONTR. *actif, effectif, efficace.*

plausibilité *nom féminin*

/ LITTÉRAIRE. Caractère plausible. SYN. possibilité, potentialité, probabilité.

plausible *adjectif*

/ Qui peut être admis. SYN. acceptable, admissible, crédible, croyable, imaginable, possible, probable, recevable, valable, vraisemblable. CONTR. *impossible, inacceptable, inadmissible, incroyable, insoutenable, invraisemblable.*

plèbe *nom féminin*

/ LITTÉRAIRE. Le bas peuple. SYN. peuple, populace, racaille – FAMILIER : vulgum pecus.

plébéien *adjectif*

/ Sans éducation. SYN. bas, commun, fruste, grossier, populaire, vulgaire – LITTÉRAIRE : roturier. CONTR. *distingué, noble, raffiné, recherché.*

plébéien *nom*
/ LITTÉRAIRE. Personne du peuple. SYN. roturier. CONTR. *aristocrate, gentilhomme, noble, patricien.*

pléiade *nom féminin*
/ Grand nombre de personnes. SYN. armée, bataillon, flot, flux, foule, infinité, kyrielle, masse, multitude, myriade, tas, troupe, troupeau –FAMILIER: armada, flopée, foultitude, pelletée, ribambelle, tripotée –LITTÉRAIRE: essaim. CONTR. *poignée, quarteron.*

plein *adjectif*
/ Se dit d'une voix forte. SYN. ample, éclatant, sonore. CONTR. *cassé, caverneux, fluet, voilé.*
/ Qui ne comporte pas de vide. CONTR. *ajouré, creux, évidé.*
/ Qui est bien en chair. SYN. ample, charnu, gras, plantureux, potelé, rebondi, replet –FAMILIER: dodu, rond. CONTR. *anémique, décharné, efflanqué, flasque, maigre, squelettique* –LITTÉRAIRE: *émacié, étique.*
/ Qui contient en grande quantité. SYN. bondé, comble, débordant, encombré, farci, foisonnant, fourmillant, gorgé, grouillant, inondé, noir de monde, rempli, riche –FAMILIER: bourré, pourri. CONTR. *abandonné, dégagé, dénué, dépourvu, désert, déserté, exempt, inoccupé, libéré, privé, vide, vidé.*
/ Qui est à son plus haut degré. SYN. complet, entier, total. CONTR. *fragmentaire, insignifiant, insuffisant, maigre, partiel, réduit, superficiel.*
/ Rempli d'un sentiment. SYN. dévoré, empreint, imprégné, nourri, obsédé, pénétré, pétri, préoccupé –FAMILIER: pourri. CONTR. *débarrassé, délivré, détaché.*

plein *adverbe*
/ FAMILIER. *Plein de.* SYN. beaucoup de, bon nombre de, nombre de, quantité de, un grand nombre de, un tas de –LITTÉRAIRE: force, maint. CONTR. *guère, pas beaucoup, peu.*

pleinement *adverbe*
/ De façon absolue. SYN. à fond, absolument, amplement, complètement, en toute confiance, énormément, entièrement, foncièrement, grandement, intégralement, largement, les yeux fermés, parfaitement, profondément, sans limite, sans réserve, sans restriction, totalement, tout à fait –FAMILIER: royalement. CONTR. *à demi, à peine, faiblement, guère, imparfaitement, médiocrement, partiellement, pas du tout, pas le moins du monde, peu.*

plénitude *nom féminin*
/ LITTÉRAIRE. Le plus haut degré de. SYN. force, intégralité, intégrité, maturité, totalité –LITTÉRAIRE: été. CONTR. *déclin* –LITTÉRAIRE: *automne.*

pléonasme *nom masculin*
/ Fait de dire deux fois la même chose. SYN. redondance, répétition, tautologie.

pléthore *nom féminin*
/ Quantité excessive de. SYN. abondance, déluge, excès, foison, foisonnement, luxe, multiplicité, orgie, profusion, prolifération, surabondance. CONTR. *absence, carence, défaut, insuffisance, manque, pauvreté, pénurie, rareté* –LITTÉRAIRE: *disette.*

pléthorique *adjectif*
/ Qui est en trop grand nombre. SYN. démesuré, exagéré, excessif, surabondant, surchargé. CONTR. *insuffisant, pauvre, réduit.*

pleurard *adjectif*
/ FAMILIER. Qui cherche la compassion. SYN. dolent, éploré, gémissant, larmoyant, plaintif.

pleurard *adjectif et nom*
/ FAMILIER. Qui pleure. SYN. grincheux –FAMILIER: geignard, pleurnichard, pleurnicheur –POPULAIRE: chialeur.

pleurer *verbe intransitif*
/ En parlant d'un bébé, crier. SYN. –FAMILIER: brailler, braire –POPULAIRE: bramer.
/ Répandre des larmes. SYN. être en larmes, fondre en larmes, larmoyer, sangloter –FAMILIER: pleurnicher –POPULAIRE: chialer. CONTR. *pouffer, rire, s'esclaffer* –FAMILIER: *se tordre* –POPULAIRE: *se bidonner, se gondoler, se marrer, se poiler.*
/ LITTÉRAIRE. Émettre un son plaintif. SYN. geindre –LITTÉRAIRE: gémir.
/ Se lamenter sur. SYN. geindre, larmoyer, récriminer, regretter, s'apitoyer, se lamenter, se plaindre –LITTÉRAIRE: gémir.

pleurer *verbe transitif*
/ Déplorer quelque chose. SYN. plaindre, s'apitoyer sur, se lamenter sur –LITTÉRAIRE: déplorer.

/ LITTÉRAIRE. Laisser couler des larmes. SYN. répandre, verser.

pleurer *verbe transitif indirect*

/ FAMILIER. Réclamer quelque chose. SYN. implorer, mendier, réclamer – FAMILIER: pleurnicher.

pleurnichard *adjectif et nom*

/ FAMILIER. Qui pleurniche pour un rien. SYN. grincheux – FAMILIER: geignard, pleurard – POPULAIRE: chialeur.

pleurnichement *nom masculin*

/ Fait de se lamenter. SYN. geignement, gémissement, lamentation, plainte, récrimination – FAMILIER: jérémiade.

pleurnicher *verbe*

/ FAMILIER. Pleurer sans raison. SYN. larmoyer, pleurer, sangloter – POPULAIRE: chialer.

/ FAMILIER. Se plaindre sur un ton larmoyant. SYN. geindre, réclamer, se lamenter, se plaindre.

pleurnicherie *nom féminin*

/ Fait de se lamenter. SYN. geignement, gémissement, lamentation, plainte, récrimination – FAMILIER: jérémiade.

pleurnicheur *adjectif et nom*

/ FAMILIER. Qui pleurniche pour un rien. SYN. grincheux – FAMILIER: geignard, pleurard – POPULAIRE: chialeur.

pleurs *nom masculin pluriel*

/ LITTÉRAIRE. Larmes. SYN. gémissements, lamentations, larmes, sanglots.

pleutre *adjectif*

/ Qui manque de courage. SYN. capitulard, lâche, peureux, poltron, veule – FAMILIER: froussard – LITTÉRAIRE: couard, pusillanime – POPULAIRE: foireux, trouillard – VIEUX: capon. CONTR. *brave, courageux, héroïque, intrépide, téméraire* – FAMILIER: *casse-cou* – LITTÉRAIRE: *impavide, vaillant, valeureux.*

pleutre *nom masculin*

/ Homme sans courage. SYN. lâche, peureux, poltron – FAMILIER: femmelette, froussard, mauviette, poule mouillée – LITTÉRAIRE: couard – POPULAIRE: dégonflé, foireux, trouillard – VIEUX: capon. CONTR. *brave, courageux, héros* – FAMILIER: *casse-cou.*

pleutrerie *nom féminin*

/ LITTÉRAIRE. Caractère de pleutre. SYN. bassesse, indignité, lâcheté, poltronnerie, veulerie – FAMILIER: frousse – LITTÉRAIRE: couardise, pusillanimité, vilenie. CONTR. *bravoure, courage, héroïsme, intrépidité, témérité* – LITTÉRAIRE: *vaillance, valeur.*

pleuvoir *verbe*

/ Tomber (pluie). SYN. tourner à la pluie – FAMILIER: flotter.

pli *nom masculin*

/ Lettre. SYN. billet, lettre, message, mot – LITTÉRAIRE: missive.

/ Habitude prise. SYN. accoutumance, coutume, habitude, manie. CONTR. *apprentissage, nouveauté.*

pliable *adjectif*

/ Qui peut être plié. SYN. élastique, flexible, malléable, maniable, souple – LITTÉRAIRE: ployable. CONTR. *cassant, dur, raide, rigide.*

plier *verbe intransitif*

/ Prendre une forme courbe. SYN. fléchir, se courber, se tordre, s'incliner – LITTÉRAIRE: ployer. CONTR. *se dresser, se redresser.*

/ Reculer devant. SYN. capituler, céder, chanceler, faiblir, fléchir, mollir, reculer, se soumettre, s'incliner – FAMILIER: flancher – LITTÉRAIRE: ployer, succomber. CONTR. *résister, s'affranchir, se cabrer, se dresser, se libérer, se raidir, se rebeller* – FAMILIER: *se rebiffer* – LITTÉRAIRE: *regimber.*

plier *verbe transitif*

/ Rabattre une partie sur une autre. SYN. replier. CONTR. *déplier, déployer, développer, étaler, étendre, ouvrir.*

/ Courber une chose flexible. SYN. couder, courber, gauchir, incurver, recourber, tordre – LITTÉRAIRE: ployer. CONTR. *défausser, détordre, redresser, relever.*

/ Faire jouer une articulation. SYN. courber, fléchir. CONTR. *allonger, étirer, raidir.*

/ Soumettre à quelque chose. SYN. accoutumer, assujettir, dresser, forger, former, habituer, modeler, soumettre, subordonner – LITTÉRAIRE: astreindre, dompter, façonner, mouler. CONTR. *affranchir, libérer.*

plier (se) *verbe pronominal*

/ Se soumettre à. SYN. accepter, admettre, condescendre, courber le dos, courber le front, courber l'échine, obéir, observer, obtempérer, plier le genou, plier l'échine, s'acquitter, s'adapter, s'astreindre, se conformer, se faire, se soumettre, s'incliner, souscrire à –LITTÉRAIRE: s'accommoder –POPULAIRE: s'écraser. CONTR. *désobéir à, résister, s'affranchir, se cabrer, se dresser, se libérer, se raidir, se rebeller* –FAMILIER: *se rebiffer* –LITTÉRAIRE: *regimber.*

plissé *adjectif*

/ Marqué de petites rides. SYN. fripé, marqué, ratatiné, raviné, ridé. CONTR. *ferme, lisse.*

plisser *verbe*

/ Faire des plis dans. SYN. chiffonner, friper, froisser, froncer. CONTR. *déchiffonner, défriper, défroisser, déplisser, lisser.*

plombé *adjectif*

/ Qui est d'une couleur de plomb. SYN. blafard, blême, bleuâtre, cadavéreux, cadavérique, cendreux, cireux, cyanosé, hâve, livide, olivâtre, pâle, terreux, verdâtre –FAMILIER: pâlichon, pâlot. CONTR. *rose, rosé, rouge, rougeaud* –LITTÉRAIRE: *rubicond.*

plomber *verbe*

/ Peser lourdement sur. SYN. défavoriser, désavantager, desservir, grever, handicaper. CONTR. *avantager, favoriser.*

plongeon *nom masculin*

/ FAMILIER. Salut obséquieux. SYN. révérence –FAMILIER: courbette.

/ FAMILIER. Échec complet. SYN. culbute, débâcle, déconfiture, défaite, déroute, échec, faillite, gifle, insuccès, revers –FAMILIER: claque, fessée, fiasco, loupé, pile, piquette, raclée, ratage, tannée, veste –LITTÉRAIRE: infortune –POPULAIRE: bide, déculottée, gamelle, plantage. CONTR. *réussite, succès, triomphe, victoire.*

plonger *verbe*

/ Faire entrer dans un liquide. SYN. baigner, immerger, tremper.

/ Enfoncer une partie du corps dans. SYN. enfoncer, enfouir, engager, ensevelir, introduire –FAMILIER: fourrer. CONTR. *sortir.*

/ Mettre dans un certain état. SYN. jeter, mettre, précipiter.

plonger (se) *verbe pronominal*

/ Être absorbé dans quelque chose. SYN. s'absorber, se livrer, se perdre, s'enfoncer, s'immerger, sombrer –LITTÉRAIRE: s'abîmer.

ployer *verbe intransitif*

/ LITTÉRAIRE. Se courber. SYN. fléchir, plier, se courber, se tordre, s'incliner.

/ LITTÉRAIRE. Céder devant. SYN. capituler, céder, chanceler, faiblir, fléchir, mollir, obéir, plier, reculer, se soumettre, s'incliner –FAMILIER: flancher –LITTÉRAIRE: se courber, succomber.

ployer *verbe transitif*

/ LITTÉRAIRE. Tordre en courbant. SYN. casser, couder, courber, fléchir, gauchir, incurver, infléchir, plier, recourber, tordre. CONTR. *défausser, détordre, redresser, relever.*

pluie *nom féminin*

/ Précipitation d'eau. SYN. averse, déluge, giboulée, grain, ondée –POPULAIRE: flotte, rincée, saucée.

/ Grande quantité de choses. SYN. armée, avalanche, cascade, débordement, déluge, flot, flux, foule, infinité, marée, masse, monceau, multitude, myriade, profusion –FAMILIER: cargaison, flopée, foultitude, pelletée –LITTÉRAIRE: averse, essaim, fleuve. CONTR. *atome, bribe, brin, doigt, goutte, grain, gramme, larme, lueur, miette, nuage, once, parcelle, peu, poignée, pointe, soupçon, trace* –LITTÉRAIRE: *liard, ombre, trait* –POPULAIRE: *chouia.*

plume *nom féminin*

/ Façon d'écrire. SYN. écriture, griffe, manière, marque, patte, style, ton –LITTÉRAIRE: langue, touche.

plumer *verbe*

/ FAMILIER. Escroquer quelqu'un. SYN. déposséder, dépouiller, escroquer, voler –FAMILIER: délester, empiler, étriller, lessiver, nettoyer, ratisser, tondre –VIEUX: égorger, filouter.

plumitif *nom masculin*

/ Mauvais auteur. SYN. barbouilleur, écrivailleur, écrivaillon, écrivassier –VIEUX: gratte-papier.

plupart (la) *nom féminin*

/ La plus grande partie de. SYN. beaucoup, la majorité, le plus grand nombre, nombre de, presque tous, un tas de –LITTÉRAIRE: force. CONTR. *aucun, peu, quelques.*

pluralité *nom féminin*

/ Fait d'être plusieurs. SYN. diversité, multiplicité, variété.

plusieurs *adjectif*

/ En grand nombre. SYN. différents, divers, multiples, nombreux, quelques –LITTÉRAIRE: maints. CONTR. *un, unique.*

plusieurs *pronom*

/ Quelques personnes ou choses. SYN. certains, quelques-uns –LITTÉRAIRE: d'aucuns.

pluvieux *adjectif*

/ Marqué par la pluie. SYN. humide. CONTR. *aride, asséché, desséché, sec.*

pochade *nom féminin*

/ Peinture exécutée vite. SYN. canevas, ébauche, esquisse, étude –LITTÉRAIRE: crayon.

pochard *nom*

/ FAMILIER. Personne qui boit. SYN. alcoolique, buveur, ivrogne –FAMILIER: soiffard, soûlographe –POPULAIRE: pochetron, poivrot, soûlard, soûlaud, soûlot.

pocher *verbe intransitif*

/ Faire un faux pli, pour un tissu. SYN. godailler, goder, grigner, grimacer.

pocher *verbe transitif*

/ Faire une pochade. SYN. crayonner, croquer, ébaucher, esquisser.

poète *nom masculin*

/ Personne qui vit dans ses rêves. SYN. idéaliste, rêveur, utopiste.

poétique *adjectif*

/ Propre à émouvoir. SYN. lyrique, romanesque, romantique. CONTR. *banal, commun, prosaïque, vulgaire.*

poétiser *verbe*

/ Rendre poétique. SYN. élever, embellir, enjoliver, idéaliser. CONTR. *avilir, dégrader, déprécier, minimiser* –LITTÉRAIRE: *rabaisser.*

pognon *nom masculin*

/ POPULAIRE. Argent. SYN. argent, espèces, espèces sonnantes et trébuchantes, liquidités, numéraire –ARGOTIQUE: braise, grisbi, pèze, thune, tune –FAMILIER: blé, ferraille, mitraille, ronds, sous –POPULAIRE: flouse, flouze, fraîche, fric, galette, oseille, pépettes, picaillons.

poids *nom masculin*

/ Poussée exercée par un corps. SYN. lourdeur, pesanteur, pesée, poussée. CONTR. *légèreté.*

/ Corps ayant une masse. SYN. charge, chargement, fardeau, masse.

/ Importance de quelque chose. SYN. force, gravité, importance, influence, intérêt, place, portée, valeur. CONTR. *banalité, futilité, insignifiance* –LITTÉRAIRE: *superficialité.*

poignant *adjectif*

/ Qui touche profondément. SYN. attendrissant, bouleversant, cuisant, déchirant, dramatique, émouvant, impressionnant, navrant, oppressant, palpitant, pathétique, saisissant, touchant, tragique, vibrant.

poignarder *verbe*

/ Frapper avec un poignard. SYN. égorger –VIEUX: suriner.

poignée *nom féminin*

/ Petit nombre de personnes. SYN. quarteron. CONTR. *armée, bande, bataillon, flot, foule, horde, kyrielle, légion, meute, multitude, pléiade, tas, tripotée, troupe, troupeau* –FAMILIER: *armada, cohorte, flopée, foultitude, peuple, régiment, ribambelle.*

poilant *adjectif*

/ POPULAIRE. Très drôle. SYN. amusant, comique, désopilant, drôle, hilarant, inénarrable –FAMILIER: cocasse, crevant, impayable, marrant, rigolo, roulant, tordant –POPULAIRE: bidonnant, fendant, gondolant. CONTR. *funèbre, lugubre, macabre, morne, mortel, sinistre, tragique, triste* –FAMILIER: *cafardeux, glauque.*

poiler (se) *verbe pronominal*

/ POPULAIRE. Partir d'un grand rire. SYN. rire, rire à gorge déployée, rire aux éclats, rire aux larmes –FAMILIER: rigoler, rire à ventre déboutonné, rire comme un bossu, rire comme une baleine, se tordre –POPULAIRE: se bidonner, se boyauter, se fendre la pipe, se gondoler, se marrer. CONTR. *pleurer, sangloter.*

poilu *adjectif*

/ Couvert de poils. SYN. barbu, peluché, velouté, velu –LITTÉRAIRE: duveteux. CONTR. *glabre, imberbe, nu.*

poindre *verbe intransitif*

/ LITTÉRAIRE. En parlant du jour, naître. SYN. apparaître, naître, paraître, se lever, se montrer –LITTÉRAIRE: pointer.

/ LITTÉRAIRE. Commencer à se manifester. SYN. affleurer, émerger, naître, paraître, percer, se faire jour, se manifester, se peindre, se profiler, surgir, transparaître –LITTÉRAIRE: éclore, pointer, sourdre.

poindre *verbe transitif*

/ LITTÉRAIRE. Faire souffrir quelqu'un. SYN. blesser, étreindre, meurtrir, oppresser, transpercer, ulcérer –LITTÉRAIRE: navrer.

point *nom masculin*

/ Lieu précis. SYN. coin, emplacement, endroit, lieu, place, position.

/ Sujet abordé. SYN. article, chapitre, chef, côté, matière, partie, question, secteur, section, sujet, thème.

/ Degré atteint. SYN. échelon, phase, stade.

point de vue *nom masculin*

/ Lieu d'où l'on peut voir. SYN. coup d'œil, échappée, horizon, panorama, paysage, perspective, site.

/ Angle d'approche. SYN. angle, aspect, côté, éclairage, face, optique, vue.

/ Manière de voir. SYN. avis, conception, façon de penser, idée, impression, jugement, opinion, position, sens, sentiment.

pointe *nom féminin*

/ Extrémité fine de quelque chose. SYN. cap, cime, extrémité, faîte, flèche, haut, pic, saillie, sommet.

/ Très petite quantité de. SYN. atome, bribe, brin, doigt, filet, goutte, grain, gramme, larme, miette, nuage, once, parcelle, soupçon, teinte, trace –LITTÉRAIRE: liard, ombre, trait –POPULAIRE: chouia. CONTR. *armée, avalanche, cascade, déluge, flot, foule, infinité, kyrielle, masse, monceau, montagne, multitude, myriade, nuée, pléiade, pluie, tas, torrent* –FAMILIER: *armada, cargaison, flopée, foultitude, paquet, pelletée, ribambelle, tapée* –LITTÉRAIRE: *averse, océan.*

/ Allusion blessante. SYN. boutade, flèche, moquerie, mot, persiflage, pique, raillerie –LITTÉRAIRE: brocard, saillie, trait.

pointer *verbe intransitif*

/ LITTÉRAIRE. Poindre à l'horizon. SYN. apparaître, naître, paraître, se lever, se montrer –LITTÉRAIRE: poindre.

/ LITTÉRAIRE. Se manifester rapidement. SYN. affleurer, émerger, jaillir, naître, paraître, percer, se manifester, se profiler, surgir, survenir, transparaître –LITTÉRAIRE: sourdre.

pointer *verbe transitif*

/ Marquer d'un point. SYN. cocher, indiquer, marquer.

/ Diriger quelque chose vers. SYN. braquer, diriger, orienter, tourner. CONTR. *détourner.*

pointer (se) *verbe pronominal*

/ POPULAIRE. Arriver quelque part. SYN. apparaître, arriver, parvenir, se diriger, se présenter, se rendre, venir –FAMILIER: montrer le bout de son nez, montrer son nez –POPULAIRE: s'amener.

pointiller *verbe*

/ Marquer de nombreux points. SYN. consteller, cribler, moucheter, parsemer, piquer, ponctuer, tacheter –LITTÉRAIRE: piqueter.

pointilleux *adjectif*

/ Qui est exigeant sur les détails. SYN. exigeant, formaliste, intraitable, maniaque, ombrageux, strict, tatillon –FAMILIER: pinailleur –LITTÉRAIRE: sourcilleux, vétilleux –VIEUX: chicaneur, chicanier. CONTR. *accommodant, coulant.*

pointu *adjectif*

/ Qui se termine en pointe. SYN. acéré, aigu, effilé, en pointe. CONTR. *arrondi, rond.*

/ Très spécialisé. SYN. fort –FAMILIER: calé, costaud, ferré, trapu.

poire *nom féminin*

/ FAMILIER. Personne naïve. SYN. benêt, dupe, naïf, niais –FAMILIER: bêta, gogo, oie, pigeon, serin –LITTÉRAIRE: nicodème –POPULAIRE: nouille.

/ POPULAIRE. Partie antérieure de la tête. SYN. face, figure, visage –POPULAIRE: fraise, gueule, trombine, tronche.

poireauter *verbe*

/ FAMILIER. Attendre longtemps. SYN. attendre, faire les cent pas, patienter –FAMILIER: faire le pied de grue, faire le poireau, mariner, mijoter, moisir.

poison *nom masculin*

/ Substance toxique. SYN. toxine, toxique, venin.

/ FAMILIER. Personne désagréable. SYN. peste –FAMILIER: chameau, choléra, gale, rosse, teigne –POPULAIRE: charogne, peau de vache, punaise, salaud, saligaud, salopard, vache.

poissard *adjectif*

/ VIEUX. Qui imite le peuple. SYN. canaille, faubourien, peuple, polisson, populacier, vulgaire.

poisse *nom féminin*

/ POPULAIRE. Manque de chance. SYN. malchance, mauvais œil, mauvaise étoile –FAMILIER: déveine, guigne –LITTÉRAIRE: adversité, infortune –POPULAIRE: scoumoune –VIEUX: guignon. CONTR. *chance* –FAMILIER: *bol, pot, veine.*

poisseux *adjectif*

/ Qui colle. SYN. collant, gluant, gras, huileux, visqueux.

poitrine *nom féminin*

/ Partie du tronc sous le cou. SYN. buste, thorax, torse –FAMILIER: poitrail.

/ Seins d'une femme. SYN. buste –FAMILIER: tétons –LITTÉRAIRE: giron, gorge, seins –POPULAIRE: doudounes, lolos, nénés, nichons, roberts.

poivrot *nom*

/ POPULAIRE. Personne qui boit. SYN. alcoolique, buveur, ivrogne –FAMILIER: boit-sans-soif, pilier de bar, pilier de cabaret, pochard, sac à vin, soiffard, soûlographe –POPULAIRE: alcoolo, picoleur, pochetron, soûlard, soûlaud, soûlot.

polaire *adjectif*

/ Relatif à un pôle. SYN. antarctique, arctique, glacial.

polémique *adjectif*

/ Qui critique. SYN. agressif, belliqueux, critique, provocateur, querelleur –FAMILIER: discutailleur.

polémique *nom féminin*

/ Débat vif et agressif. SYN. controverse, débat, discussion, dispute, mêlée, prise de bec, querelle.

poli *adjectif*

/ Qui respecte les usages. SYN. affable, bien élevé, bienséant, cérémonieux, civilisé, convenable, correct, courtois, déférent, respectueux –FAMILIER: beau –LITTÉRAIRE: civil, policé, révérencieux, urbain –VIEUX: bien éduqué. CONTR. *abrupt, barbare, discourtois, impoli, inconvenant, incorrect, insolent, mal élevé, malappris, rude, rustre* –FAMILIER: *malpoli* –LITTÉRAIRE: *disgracieux, incivil, irrespectueux, irrévérencieux, malséant* –VIEUX: *mal éduqué.*

/ Dont la surface est lisse. SYN. lisse, luisant, lustré, satiné, soyeux –LITTÉRAIRE: vernissé. CONTR. *raboteux, râpeux, rêche, rude, rugueux.*

poli *nom masculin*

/ Aspect d'une surface polie. SYN. brillant, chatoiement, éclat, luisant, lustre –LITTÉRAIRE: moire, moirure. CONTR. *aspérité.*

policé *adjectif*

/ LITTÉRAIRE. Qui a de l'éducation. SYN. bien élevé, civilisé, cultivé, distingué, évolué, poli, raffiné –LITTÉRAIRE: urbain –VIEUX: bien éduqué. CONTR. *barbare, grossier, mal élevé, primitif, rustre, sauvage* –VIEUX: *mal éduqué.*

policer *verbe*

/ LITTÉRAIRE. Adoucir les mœurs de. SYN. éduquer, humaniser –LITTÉRAIRE: civiliser, raffiner.

polichinelle *nom masculin*

/ FAMILIER. Personne ridicule. SYN. bouffon, clown, comique, farceur, pitre, saltimbanque –FAMILIER: guignol –POPULAIRE: zouave –VIEUX: loustic.

/ FAMILIER. Personne versatile. SYN. caméléon, fantoche, marionnette, pantin, plaisantin –FAMILIER: fumiste, girouette, guignol –LITTÉRAIRE: protée –POPULAIRE: charlot, rigolo –VIEUX: arlequin, sauteur.

policier *nom masculin*

/ Agent de la force publique. SYN. agent, agent de police, gardien de la paix, gendarme, îlotier –ARGOTIQUE: bourre –FAMILIER: hirondelle, keuf, shérif –POPULAIRE: cogne, flic, perdreau, poulet, vache –VIEUX: sergent de ville.

poliment *adverbe*

/ Avec politesse. SYN. convenablement, courtoisement, galamment, respectueusement –LITTÉRAIRE: civilement. CONTR. *cavalièrement, crûment, grossièrement, impoliment, impudemment, insolemment* –LITTÉRAIRE: *irrespectueusement, irrévéremment, irrévérencieusement.*

polir *verbe*

/ Faire briller. SYN. astiquer, briquer, fourbir, frotter, lisser, lustrer –LITTÉRAIRE: vernir.
/ Mettre tous ses soins à. SYN. châtier, dégrossir, fignoler, parachever, parfaire, perfectionner, soigner, travailler –FAMILIER: lécher –LITTÉRAIRE: ciseler, raffiner –VIEUX: perler. CONTR. *saboter* –FAMILIER: *bâcler, bousiller, torcher.*

polisson *adjectif*

/ Qui a un caractère grivois. SYN. coquin, croustillant, cru, débraillé, égrillard, épicé, gaillard, gaulois, graveleux, grivois, hardi, libertin, libre, licencieux, osé, paillard –FAMILIER: cochon, gras, olé olé –LITTÉRAIRE: déshonnête, salace –VIEUX: poissard. CONTR. *chaste, prude, pudibond.*

polisson *nom*

/ Enfant espiègle. SYN. chenapan, coquin, garnement, vaurien, voyou –FAMILIER: brigand, diable, filou, fripon, galopin, lascar –VIEUX: galapiat, mâtin.

polissonnerie *nom féminin*

/ Action, parole polissonne. SYN. gauloiserie, grivoiserie, indécence, indélicatesse, paillardise, truculence –FAMILIER: friponnerie, gaudriole –LITTÉRAIRE: canaillerie, coquinerie, gaillardise, salacité.

politesse *nom féminin*

/ Respect des usages. SYN. bienséance, bonnes manières, correction, courtoisie, déférence, distinction, éducation, formes, galanterie, savoir-vivre, tact –LITTÉRAIRE: civilité, urbanité, usage. CONTR. *barbarie, goujaterie, grossièreté, impolitesse, inconvenance, incorrection, inélégance, insolence, sans-gêne* –LITTÉRAIRE: *discourtoisie, incivilité, irrespect, irrévérence, sans-façon.*
/ Action, propos poli. SYN. amabilité, attention, compliment, faveur, respect –LITTÉRAIRE: gracieuseté. CONTR. *atrocité, grossièreté, impertinence, impolitesse, inconvenance, inélégance, insolence, muflerie, vulgarité* –LITTÉRAIRE: *incivilité.*

politicien *nom*

/ Homme politique. SYN. homme d'État, politique –FAMILIER: politicailleur, politicard.

politique *adjectif*

/ Qui montre de la diplomatie. SYN. adroit, avisé, diplomate, habile, stratégique, tactique.

politique *nom féminin*

/ Manière avisée d'agir. SYN. adresse, calcul, diplomatie, doigté, entregent, habileté, stratégie, tactique.

politique *nom masculin*

/ Homme politique. SYN. homme d'État, politicien –FAMILIER: politicailleur, politicard.

pollué *adjectif*

/ Rendu toxique. SYN. impur, irrespirable, vicié. CONTR. *pur, sain, stérile.*

polluer *verbe*

/ Rendre l'air, un lieu malsain. SYN. empoisonner, salir –LITTÉRAIRE: souiller, vicier. CONTR. *assainir, épurer, stériliser.*

poltron *adjectif*

/ Qui est sujet à la peur. SYN. craintif, lâche, peureux, pleutre –FAMILIER: froussard –LITTÉRAIRE: couard, pusillanime –POPULAIRE: foireux, trouillard. CONTR. *audacieux, brave, courageux, hardi, héroïque, intrépide, téméraire* –LITTÉRAIRE: *impavide, vaillant, valeureux.*

poltron *nom*

/ Personne peureuse. SYN. lâche, peureux, pleutre –FAMILIER: femmelette, mauviette, poule mouillée –LITTÉRAIRE: couard –POPULAIRE: couille molle, dégonflé, trouillard –VIEUX: capon. CONTR. *audacieux, brave, courageux, téméraire* –FAMILIER: *casse-cou.*

poltronnerie *nom féminin*

/ Manque de courage. SYN. crainte, lâcheté –FAMILIER: frousse –LITTÉRAIRE: couardise, pleutrerie, pusillanimité –POPULAIRE: trouille. CONTR. *audace, bravoure, courage, hardiesse, héroïsme, intrépidité, témérité* –LITTÉRAIRE: *impavidité, vaillance, valeur.*

polychrome *adjectif*

/ Qui est de plusieurs couleurs. SYN. bariolé, bigarré, chamarré, multicolore, omnicolore –LITTÉRAIRE: versicolore. CONTR. *monochrome, uni, unicolore.*

polyvalent *adjectif*

/ Qui a plusieurs qualités. SYN. multivalent, plurivalent. CONTR. *monovalent, univalent.*

pommade *nom féminin*

/ VIEUX. Préparation cosmétique. SYN. cold-cream, cosmétique, crème.

/ Médicament de consistance molle. SYN. baume, embrocation, onguent.

/ Paroles qui flattent. SYN. compliment, coup d'encensoir, éloge, flatterie –LITTÉRAIRE: encens, flagornerie.

pompe *nom féminin*

/ LITTÉRAIRE. Cérémonial somptueux. SYN. apparat, décorum, éclat, faste, luxe, magnificence, solennité –FAMILIER: tralala –LITTÉRAIRE: somptuosité, splendeur. CONTR. *dépouillement.*

/ LITTÉRAIRE. Recherche de l'emphase. SYN. affectation, boursouflure, emphase, enflure, grandiloquence –LITTÉRAIRE: bouffissure, rhétorique.

pompe *nom féminin*

/ POPULAIRE. Chaussure. SYN. soulier –FAMILIER: godillot –POPULAIRE: croquenot, écrase-merde, godasse, grole, grolle, tatane.

pompé *adjectif*

/ FAMILIER. Très fatigué. SYN. à bout de forces, à plat, anéanti, brisé, épuisé, exténué, fatigué, fourbu, harassé, K.-O., mort de fatigue, recru, rendu, rompu, surmené, usé –FAMILIER: achevé, au bout du rouleau, claqué, éreinté, esquinté, fini, flagada, flapi, H.S., lessivé, mort, moulu, raplapla, sur les genoux, tué, vanné, vidé –POPULAIRE: crevé, sur les rotules. CONTR. *délassé, dispos, frais, frais et dispos, reposé* –FAMILIER: *en forme, en pleine forme, frais comme un gardon, frais comme une rose, increvable* –VIEUX: *gaillard.*

pomper *verbe*

/ Aspirer comme une pompe. SYN. aspirer, sucer. CONTR. *recracher, refouler.*

/ POPULAIRE. Boire en quantité. SYN. avaler, boire, ingurgiter, prendre, vider –FAMILIER: siffler –POPULAIRE: écluser.

/ Retenir un liquide. SYN. absorber, boire, s'imbiber, s'imprégner.

/ FAMILIER. Fatiguer quelqu'un. SYN. anéantir, épuiser, exténuer, fatiguer, vider –FAMILIER: claquer, crever, éreinter, esquinter, vanner.

/ POPULAIRE. Copier en fraudant. SYN. calquer, copier, démarquer, emprunter, recopier –LITTÉRAIRE: plagier.

/ FAMILIER. Énerver quelqu'un. SYN. assommer, énerver, ennuyer –FAMILIER: barber, bassiner, casser les pieds, courir sur le haricot, courir sur le système, embêter, empoisonner, enquiquiner, faire suer, raser –LITTÉRAIRE: importuner –POPULAIRE: cavaler, emmerder, gonfler.

pompette *adjectif*

/ FAMILIER. Qui est pris de vin. SYN. enivré, gris, ivre –FAMILIER: éméché, imbibé, parti, saoul, schlass, soûl –POPULAIRE: beurré, blindé, bourré, chargé, cuit, noir, paf, pété, pinté, plein comme une barrique, raide, rond, torché –VIEUX: brindezingue. CONTR. *dégrisé, dessoûlé.*

pompeusement *adverbe*

/ LITTÉRAIRE. Avec magnificence. SYN. royalement, solennellement.

/ Avec emphase. SYN. emphatiquement, prétentieusement, sentencieusement. CONTR. *humblement, simplement.*

pompeux *adjectif*

/ LITTÉRAIRE. Qui a de l'éclat. SYN. fastueux, luxueux, magnifique, majestueux, riche, solennel, splendide, théâtral. CONTR. *humble, misérable, pauvre, petit.*

/ Qui se caractérise par l'emphase. SYN. académique, affecté, ampoulé, apprêté, boursouflé, cérémonieux, déclamatoire, emphatique, grandiloquent, hyperbolique, oratoire, ronflant, sentencieux –LITTÉRAIRE: enflé. CONTR. *familier, naturel, simple, spontané.*

pomponner (se) *verbe pronominal*

/ S'habiller coquettement. SYN. s'apprêter –FAMILIER: se bichonner, se mettre sur son trente-et-un –LITTÉRAIRE: se parer.

ponant *nom masculin*

/ VIEUX. Côté ouest. SYN. couchant, occident, ouest. CONTR. *est, levant, orient.*

poncif *nom masculin*

/ Idée sans originalité. SYN. banalité, cliché, lieu commun, procédé, sentiers battus, stéréotype – LITTÉRAIRE : pauvreté.

ponctualité *nom féminin*

/ Caractère ponctuel. SYN. assiduité, exactitude, précision, régularité. CONTR. *inexactitude, irrégularité, retard.*

ponctuel *adjectif*

/ Qui arrive à l'heure fixe. SYN. à l'heure, assidu, exact, précis, régulier, scrupuleux – LITTÉRAIRE : diligent. CONTR. *en retard, inexact, insouciant, négligent* – POPULAIRE : *à la bourre.*

ponctuellement *adverbe*

/ Avec ponctualité. SYN. à l'heure dite, assidûment, en temps et en heure, fidèlement, régulièrement.

ponctuer *verbe*

/ Renforcer sa parole de gestes. SYN. accentuer, marquer, rythmer, scander, souligner.

pondération *nom féminin*

/ Juste équilibre de forces. SYN. balancement, équilibre, harmonie. CONTR. *déséquilibre.*

/ Qualité de quelqu'un de réfléchi. SYN. circonspection, égalité, gravité, mesure, modération, prudence, sagesse. CONTR. *agressivité, bizarrerie, démesure, exaltation, frénésie, frivolité, outrance.*

pondéré *adjectif*

/ Qui sait se contrôler. SYN. calme, égal, équilibré, modéré, posé, raisonnable, raisonné, réfléchi, réservé, sage, serein – LITTÉRAIRE : rassis. CONTR. *agressif, bouillant, coléreux, fou, frivole, impulsif, inconséquent, inconsidéré, irréfléchi, irresponsable, léger, violent* – LITTÉRAIRE : *colérique.*

pondérer *verbe*

/ Équilibrer par quelque chose. SYN. compenser, équilibrer.

pondre *verbe*

/ FAMILIER. Produire un texte. SYN. composer, écrire, élaborer, produire, rédiger – FAMILIER : accoucher – LITTÉRAIRE : enfanter.

ponte *nom masculin*

/ FAMILIER. Personne qui fait autorité. SYN. autorité, baron, magnat, mandarin, notabilité, patron, roi, sommité – FAMILIER : manitou, pontife.

pontifiant *adjectif*

/ FAMILIER. Qui pontifie. SYN. déclamatoire, doctoral, pédant, phraseur, professoral, sentencieux, solennel – FAMILIER : prêcheur – LITTÉRAIRE : pédantesque.

pontifier *verbe*

/ FAMILIER. Parler avec emphase. SYN. discourir, disserter, haranguer, palabrer, pérorer, prêcher – FAMILIER : faire donner les grandes orgues, laïusser.

popote *adjectif*

/ FAMILIER. Qui n'a que des soucis matériels. SYN. matérialiste, petit-bourgeois, prosaïque – FAMILIER : pantouflard, pot-au-feu.

popote *nom féminin*

/ Salle pour le repas. SYN. cantine, mess, réfectoire.

/ FAMILIER. Repas préparé. SYN. cuisine, nourriture, repas – FAMILIER : fricot – POPULAIRE : bouffe, cuistance, frichti, tambouille.

populace *nom féminin*

/ Le bas peuple. SYN. peuple, racaille – FAMILIER : vulgum pecus – LITTÉRAIRE : plèbe – VIEUX : canaille.

populacier *adjectif*

/ Propre à la populace. SYN. canaille, faubourien, peuple, vulgaire – LITTÉRAIRE : crapuleux – VIEUX : poissard.

populaire *adjectif*

/ Qui émane du peuple. SYN. démocratique, public – LITTÉRAIRE : plébéien.

/ Qui a la faveur du nombre. SYN. à succès, célèbre, en vogue, proverbial, renommé, réputé. CONTR. *ignoré, impopulaire, inconnu, méconnu.*

/ Qui manque de distinction. SYN. canaille, commun, faubourien, voyou, vulgaire – LITTÉRAIRE : roturier. CONTR. *choisi, élevé, raffiné, soutenu* – FAMILIER : *sélect.*

populariser *verbe*

/ Rendre populaire. SYN. démocratiser, généraliser, répandre, universaliser, vulgariser.

populartié *nom féminin*

/ Fait d'être populaire. SYN. célébrité, faveur, notoriété, renom, renommée, réputation, sympathie, vogue – FAMILIER : cote – LITTÉRAIRE : crédit. CONTR. *défaveur, impopularité* – LITTÉRAIRE : *obscurité.*

population *nom féminin*

/ Groupe donné de personnes. SYN. foule, peuple.

populeux *adjectif*

/ Où la population est dense. SYN. animé, fréquenté, passant, peuplé, surpeuplé. CONTR. *désert, inhabité, isolé, retiré, sauvage, vide.*

porc *nom masculin*

/ FAMILIER. Homme sale. SYN. dégoûtant – FAMILIER : cochon, goret, sagouin – LITTÉRAIRE : pourceau.

porcelet *nom masculin*

/ Jeune porc. SYN. goret – FAMILIER : cochonnet – LITTÉRAIRE : pourceau.

porcherie *nom féminin*

/ FAMILIER. Lieu très sale. SYN. bouge, taudis – FAMILIER : écurie – LITTÉRAIRE : galetas, tanière.

port *nom masculin*

/ LITTÉRAIRE. Lieu servant d'abri. SYN. abri, asile, oasis, retraite – LITTÉRAIRE : havre, refuge.

port *nom masculin*

/ Manière naturelle de se tenir. SYN. air, allure, attitude, contenance, démarche, maintien, pose, tenue – FAMILIER : dégaine – LITTÉRAIRE : tournure.

portable *adjectif*

/ Qui peut être porté. SYN. déplaçable, transportable. CONTR. *intransportable.*

/ Que l'on peut mettre sur soi. SYN. convenable, mettable. CONTR. *importable, inmettable.*

porte *nom féminin*

/ Ce qui permet le passage. SYN. accès, entrée, ouverture, passage – LITTÉRAIRE : huis – POPULAIRE : lourde.

porté *adjectif*

/ Qui a des prédispositions pour. SYN. disposé, enclin, ouvert, prédisposé, sujet. CONTR. *fermé, imperméable, insensible, rebelle, réfractaire.*

porte-bonheur *nom masculin*

/ Ce qui porte chance. SYN. amulette, fétiche, grigri, gri-gri, mascotte, talisman.

porte-drapeau *nom masculin*

/ Personne qui symbolise une idée. SYN. cerveau, chef, leader, meneur, tête.

portée *nom féminin*

/ Force d'un événement. SYN. ampleur, amplitude, conséquence, dimension, étendue, gravité, importance, place, poids, sens, signification, valeur.

porte-parole *nom masculin*

/ Personne qui parle au nom de. SYN. délégué, intermédiaire, interprète, mandataire, organe, représentant.

porter *verbe transitif*

/ Supporter un poids. SYN. étayer, soutenir, supporter, tenir.

/ Avoir sur soi un vêtement. SYN. arborer, avoir, mettre, revêtir – LITTÉRAIRE : vêtir.

/ Avoir la marque de. SYN. afficher, exhiber, indiquer, montrer, offrir, présenter.

/ Inciter quelqu'un à. SYN. amener, conduire, déterminer, embarquer, encourager, engager, entraîner, exciter, inciter, incliner, inviter, pousser, prédisposer, presser, provoquer – FAMILIER : embringuer.

/ Faire monter. SYN. catapulter, élever, hisser, monter – FAMILIER : propulser.

/ Transporter quelque part. SYN. acheminer, amener, apporter, conduire, déposer, livrer, mener, mettre, transporter – FAMILIER : emmener.

porter *verbe transitif indirect*

/ Avoir comme objet. SYN. aborder, rouler sur, toucher à, traiter de.

/ Venir heurter quelque chose. SYN. achopper, buter, cogner, donner contre, frapper contre.

porter (se) *verbe pronominal*

/ Se laisser aller à. SYN. en venir à, s'abandonner, se faire à, se laisser aller, se livrer, se plonger, sombrer.

/ Aller vers. SYN. aller, s'acheminer, se diriger, se tourner, s'orienter.

porteur *adjectif*
- Riche de possibilités. SYN. encourageant, engageant, prometteur, stimulant.

porteur *nom masculin*
- Personne qui porte des fardeaux. SYN. coltineur, débardeur, docker –VIEUX: portefaix.

portion *nom féminin*
- Partie d'un tout homogène. SYN. bout, bribe, fraction, fragment, lambeau, lot, morceau, parcelle, part, partie, quartier, section, segment, tranche, tronçon –LITTÉRAIRE: pan.
- Quantité donnée de nourriture. SYN. dose, part, ration.

portique *nom masculin*
- Galerie ouverte. SYN. colonnade, galerie, narthex, péristyle, pœcile.

portrait *nom masculin*
- Représentation exacte de. SYN. description, évocation, peinture, réplique, représentation, tableau –LITTÉRAIRE: miroir, physiologie –VIEUX: effigie.
- POPULAIRE. Visage. SYN. face, figure, mine, minois, physionomie, tête, visage –FAMILIER: bille, binette, bouille, frimousse, trogne –LITTÉRAIRE: masque –POPULAIRE: bobine, fiole, gueule, trombine, tronche.

portraiturer *verbe*
- LITTÉRAIRE. Faire un portrait. SYN. brosser, camper, dépeindre, peindre.

pose *nom féminin*
- Action de poser. SYN. installation, mise en place.
- Manière de se tenir. SYN. allure, attitude, maintien, port, position, posture.
- Manque de naturel. SYN. affectation, apprêt, manières, maniérisme, mines, recherche –LITTÉRAIRE: afféterie, affèterie.

posé *adjectif*
- Qui agit avec calme. SYN. calme, circonspect, doux, flegmatique, grave, mature, mesuré, mûr, paisible, placide, pondéré, raisonnable, réfléchi, sage, sérieux –LITTÉRAIRE: quiet, rassis. CONTR. *agité, bouillonnant, capricieux, déchaîné, distrait, écervelé, égaré, étourdi, évaporé, fantasque, farfelu, fou, frivole, hystérique, impatient, inconséquent, inconsidéré, insouciant, irréfléchi, irresponsable, léger, troublé, violent* –LITTÉRAIRE: *folâtre.*

posément *adverbe*
- De façon tranquille. SYN. calmement, lentement, paisiblement, placidement, raisonnablement, sagement, tranquillement. CONTR. *brusquement, fébrilement, hâtivement, impatiemment, inconsidérément, nerveusement, précipitamment, prestement, promptement, rapidement, vite* –LITTÉRAIRE: *vivement.*

poser *verbe intransitif*
- Prendre appui sur. SYN. peser, reposer, s'appuyer.
- Se comporter avec affectation. SYN. faire la roue, faire l'important, jouer à, parader, paraître, s'afficher, se montrer, se pavaner, se rengorger –FAMILIER: crâner, plastronner –LITTÉRAIRE: fanfaronner.

poser *verbe transitif*
- Formuler ce qui demande une réponse. SYN. énoncer, exprimer, formuler, interroger, questionner.
- Mettre sur ou contre. SYN. appuyer, déposer, installer, mettre, placer –FAMILIER: flanquer. CONTR. *ramasser.*
- Prendre comme hypothèse. SYN. conjecturer, établir, postuler, présumer, présupposer, supposer.

poser (se) *verbe pronominal*
- S'attribuer un rôle. SYN. faire, se prendre pour –LITTÉRAIRE: s'ériger.

poseur *adjectif*
- Qui a des attitudes maniérées. SYN. avantageux, pédant, prétentieux, puant, snob, vaniteux –FAMILIER: crâneur –LITTÉRAIRE: minaudier. CONTR. *authentique, modeste, profond, réel* –LITTÉRAIRE: *vrai.*

poseur *nom*
- Personne maniérée. SYN. pédant, prétentieux, snob, vaniteux –FAMILIER: bêcheur, crâneur, m'as-tu-vu –LITTÉRAIRE: fat, paradeur –VIEUX: esbroufeur.

positif *adjectif*
- Qui repose sur une certitude. SYN. affirmatif, assuré, authentique, certain, effectif, évident, formel, inattaquable, incontestable, indéniable, indiscutable, indubitable, irrécusable, irréfutable, réel, sûr. CONTR. *artificiel, conjectural, hypothétique.*

/ Qui tient compte des réalités. SYN. ad hoc, concret, constructif, objectif, pragmatique, pratique, réaliste. CONTR. *abstrait, chimérique, idéaliste, imaginaire.*

position *nom féminin*

/ Place occupée dans l'espace. SYN. disposition, emplacement, localisation, orientation, point, positionnement.

/ Manière dont le corps est placé. SYN. attitude, pose, posture, station.

/ Place dans la société. SYN. charge, emploi, fonction, métier, place, poste, profession, rang, situation – LITTÉRAIRE : état, office.

/ Situation où l'on se trouve. SYN. cas, condition, état, situation, sort.

/ Parti que l'on adopte. SYN. appréciation, attitude, conception, croyance, façon de penser, idées, jugement, opinion, pensée, philosophie, point de vue, sentiment, thèse.

positionnement *nom masculin*

/ Fait d'être positionné. SYN. emplacement, place, point, position.

positionner (se) *verbe pronominal*

/ Se placer en un point précis. SYN. se mettre, se placer, se situer, s'établir, s'implanter, s'installer.

positivement *adverbe*

/ D'une manière positive. SYN. affirmativement, par l'affirmative. CONTR. *négativement.*

/ FAMILIER. Avec certitude. SYN. effectivement, évidemment, incontestablement, indéniablement, indiscutablement, indubitablement, infailliblement, manifestement, réellement, tout à fait, vraiment.

possédant *nom*

/ Personne qui possède des biens. SYN. capitaliste, nanti, riche. CONTR. *nécessiteux, pauvre* – LITTÉRAIRE : *misérable* – POPULAIRE : *fauché.*

posséder *verbe*

/ Avoir à sa disposition. SYN. avoir, bénéficier de, compter, détenir, disposer de.

/ Avoir en soi. SYN. compter, contenir, détenir, englober, jouir, renfermer.

/ Maîtriser une connaissance. SYN. connaître, dominer, entendre, savoir.

/ LITTÉRAIRE. Dominer quelqu'un. SYN. absorber, accaparer, hanter, monopoliser, obnubiler, obséder, ronger, tenailler, tenir, tracasser – FAMILIER : turlupiner – LITTÉRAIRE : habiter.

/ FAMILIER. Tromper quelqu'un. SYN. abuser, attraper, berner, duper, mystifier, piéger – FAMILIER : avoir, blouser, empaumer, empiler, flouer, mener en bateau, monter un bateau, pigeonner, refaire, rouler – LITTÉRAIRE : gruger – POPULAIRE : baiser, couillonner, entuber.

posséder (se) *verbe pronominal*

/ Rester maître de soi. SYN. garder la tête froide, garder son sang-froid, garder son self-control, s'appartenir, se contenir, se contrôler, se dominer, se maîtriser, se retenir. CONTR. *déborder, éclater, perdre la raison, perdre la tête, perdre son sang-froid, perdre son self-control, se mettre en colère, s'emporter, sortir de ses gonds* – FAMILIER : *exploser, perdre la boule, perdre les pédales.*

possesseur *nom masculin*

/ Personne qui possède un bien. SYN. détenteur, propriétaire, titulaire.

possessif *adjectif*

/ Qui a un besoin de possession. SYN. abusif, exclusif, jaloux, soupçonneux.

possession *nom féminin*

/ Fait de posséder une chose. SYN. détention, disposition, jouissance, propriété, usage, utilisation. CONTR. *abandon.*

/ Territoire possédé par un État. SYN. colonie, établissement.

possibilité *nom féminin*

/ Fait d'être possible. SYN. faculté, potentialité, probabilité, virtualité, vraisemblance – LITTÉRAIRE : plausibilité. CONTR. *impossibilité.*

/ Ce qui peut se produire. SYN. cas, chance, débouché, éventualité, hypothèse, occasion – LITTÉRAIRE : possible.

possibilités *nom féminin pluriel*

/ Aptitudes de quelqu'un. SYN. capacités, facultés, forces, performances, potentiel, puissance.

/ Moyens financiers. SYN. limites, moyens, pouvoir, ressources.

possible *adjectif*

/ Qui peut être fait. SYN. exécutable, faisable, praticable, réalisable. CONTR. *impossible, impraticable, inapplicable, inexécutable, infaisable, irréalisable.*

/ Qui peut se produire. SYN. croyable, envisageable, éventuel, imaginable, plausible, probable, virtuel, vraisemblable. CONTR. *impensable, impossible, improbable, invraisemblable.*
/ FAMILIER. Que l'on peut supporter. SYN. acceptable, admissible, convenable, correct, décent, présentable, tolérable, vivable –FAMILIER: buvable, potable, sortable. CONTR. *abominable, détestable, inacceptable, inadmissible, incorrect, indécent, insupportable, intolérable, odieux* –FAMILIER: *imbuvable, impossible, invivable.*

possible *nom masculin*
/ LITTÉRAIRE. Ce qui est possible. SYN. éventualité, possibilité, potentiel, virtualité.

possiblement *adverbe*
/ En toute hypothèse. SYN. éventuellement, peut-être, vraisemblablement.

poste *nom masculin*
/ Emploi professionnel. SYN. charge, emploi, fonction, mandat, métier, mission, place, position, profession, rang, situation, travail –LITTÉRAIRE: état, office.

poster *verbe*
/ Placer à un poste. SYN. disposer, établir, implanter, installer, mettre, ordonner, placer, répartir.

poster (se) *verbe pronominal*
/ Se placer à un endroit pour guetter. SYN. se camper, se placer, se situer, se tenir, s'embusquer, s'établir –FAMILIER: se planter.

postérieur *adjectif*
/ Qui vient après dans le temps. SYN. futur, suivant, ultérieur –LITTÉRAIRE: subséquent. CONTR. *antécédent, antérieur, précédent, préexistant, premier, présent.*

postérieur *nom masculin*
/ FAMILIER. Derrière de quelqu'un. SYN. derrière, fesses, siège –FAMILIER: croupe, croupion, fessier, fondement –LITTÉRAIRE: séant –POPULAIRE: arrière-train, cul, lune, popotin.

postérieurement *adverbe*
/ À une date postérieure. SYN. après, ensuite, par la suite, puis, ultérieurement. CONTR. *antérieurement, auparavant, avant, précédemment.*

postérité *nom féminin*
/ Descendants d'une même souche. SYN. descendance, descendants, enfants, fils, lignée –LITTÉRAIRE: race. CONTR. *ancêtres.*
/ Descendants spirituels. SYN. continuateur, disciple, héritier, successeur.

postiche *adjectif*
/ Ajouté artificiellement. SYN. artificiel, conventionnel, fabriqué, factice, faux, feint, fictif, formel, superficiel, surajouté. CONTR. *authentique, effectif, essentiel, naturel, réel, véritable, vrai.*

postulat *nom masculin*
/ Proposition indémontrable. SYN. axiome, donnée, hypothèse, prémisse, principe.

postuler *verbe*
/ Affirmer comme une vérité. SYN. conjecturer, poser, présumer, présupposer, supposer.

posture *nom féminin*
/ Position du corps dans l'espace. SYN. attitude, contenance, maintien, pose, position, station.

pot *nom masculin*
/ FAMILIER. Sort favorable. SYN. chance –FAMILIER: baraka, bol, veine. CONTR. *malchance* –FAMILIER: *déveine, guigne* –POPULAIRE: *poisse, scoumoune* –VIEUX: *guignon.*

potable *adjectif*
/ Qu'on peut boire. SYN. buvable. CONTR. *imbuvable.*
/ FAMILIER. Dont on peut se contenter. SYN. acceptable, admissible, convenable, correct, honorable, moyen, passable, satisfaisant, supportable –FAMILIER: buvable, possible. CONTR. *impossible* –FAMILIER: *imbuvable.*

potasser *verbe*
/ FAMILIER. Étudier avec ardeur. SYN. apprendre, creuser, étudier, préparer, travailler –FAMILIER: bosser, bûcher –POPULAIRE: chiader –VIEUX: piocher.

pot-au-feu *adjectif*
/ FAMILIER. Attaché à son intérieur. SYN. bourgeois, casanier –FAMILIER: popote.

pot-de-vin *nom masculin*
/ Somme versée secrètement. SYN. commission, dessous-de-table, gratification, pourboire, ristourne –FAMILIER: bakchich –VIEUX: gracieuseté.

pote *nom masculin*
/ POPULAIRE. Ami fidèle. SYN. ami, camarade, compagnon, complice –FAMILIER: copain –POPULAIRE: poteau.

potelé *adjectif*
/ Qui a des formes rondes. SYN. charnu, gras, plantureux, plein, rebondi, replet –FAMILIER: boulot, grassouillet, rond, rondelet, rondouillard. CONTR. *efflanqué, maigre, maigrelet, maigriot, sec, squelettique* –FAMILIER: *maigrichon* –LITTÉRAIRE: *émacié, étique.*

potentialité *nom féminin*
/ Caractère potentiel. SYN. éventualité, possibilité, probabilité, virtualité –LITTÉRAIRE: plausibilité. CONTR. *impossibilité.*

potentiel *adjectif*
/ Qui existe virtuellement. SYN. possible, virtuel. CONTR. *effectif, formel, réel.*

potentiel *nom masculin*
/ Ensemble de ressources. SYN. capacité, force, possibilités, puissance, réserve, ressource.

potentiellement *adverbe*
/ De façon potentielle. SYN. en puissance, virtuellement.

potin *nom masculin*
/ FAMILIER. Propos médisant. SYN. bavardage, commentaire, commérage, médisance, on-dit, qu'en-dira-t-on, rumeur –FAMILIER: cancan, racontar, ragot –LITTÉRAIRE: clabauderie.
/ FAMILIER. Grand bruit. SYN. bruit, charivari, tapage, tintamarre, vacarme –FAMILIER: boucan, chahut, chambard, raffut, tintouin –POPULAIRE: barouf, baroufe, foin, ramdam –VIEUX: sabbat.

potiner *verbe*
/ FAMILIER. Faire des potins. SYN. bavarder, caqueter, jaser, médire –FAMILIER: bavasser, cancaner, causer, commérer –LITTÉRAIRE: clabauder, jaboter –VIEUX: pépier.

potinier *adjectif*
/ VIEUX. Qui fait des potins. SYN. bavard, cancanier, jaseur –FAMILIER: jacasseur, jacassier.

potinier *nom*
/ VIEUX. Personne qui potine. SYN. bavard, cancanier, commère, jaseur –FAMILIER: concierge, jacasseur, jacassier, pie –POPULAIRE: pipelette.

pot-pourri *nom masculin*
/ Mélange de choses. SYN. cocktail, mélange, tissu –VIEUX: pêle-mêle.

poudrer *verbe*
/ LITTÉRAIRE. Couvrir de poudre. SYN. napper, saupoudrer.

poudreux *adjectif*
/ Qui a l'aspect de la poudre. SYN. poussiéreux, pulvérulent.

poudroyer *verbe*
/ LITTÉRAIRE. Briller (poussière). SYN. chatoyer, étinceler, miroiter, papilloter, scintiller –LITTÉRAIRE: flamboyer.

pouffer *verbe*
/ Éclater de rire. SYN. glousser, rire, s'esclaffer –FAMILIER: rigoler. CONTR. *pleurer, sangloter.*

pouillerie *nom féminin*
/ VIEUX. Extrême pauvreté. SYN. besoin, dénuement, détresse, gêne, indigence, misère –FAMILIER: panade –LITTÉRAIRE: impécuniosité –POPULAIRE: débine, dèche, mouise, purée.
/ VIEUX. Grande saleté. SYN. crasse, malpropreté, saleté. CONTR. *netteté, propreté.*

pouilleux *adjectif*
/ Qui dénote la misère. SYN. misérable, pauvre, piteux, sale –FAMILIER: minable, miteux –LITTÉRAIRE: vermineux.

pouilleux *nom*
/ Personne très pauvre. SYN. déguenillé, malheureux, miséreux, pauvre, vagabond, va-nu-pieds –FAMILIER: clochard –LITTÉRAIRE: gueux, misérable.

poulain *nom masculin*
/ Débutant qui promet. SYN. favori, protégé.

poupon *nom masculin*
- Bébé encore au berceau. SYN. bébé, nourrisson, nouveau-né, poupard, tout-petit.

pouponner *verbe*
- Entourer de soins un bébé. SYN. cajoler, câliner, choyer, couver, dorloter.

pour *préposition*
- Indique le moment. SYN. au moment de, aux alentours de, vers.
- Indique le but. SYN. afin de, dans le but de, dans l'intention de, de manière à, en vue de.
- Désigne ce dont on prend la défense. SYN. au bénéfice de, au profit de, dans l'intérêt de, en faveur de. CONTR. *contre.*
- Désigne l'objet d'un sentiment. SYN. à l'égard de, envers, vis-à-vis de.
- Désigne ce dont il est question. SYN. à propos de, au sujet de, concernant, en ce qui concerne, eu égard à, quant à, relativement à.
- Indique la substitution. SYN. à la place de, contre, en échange de, en lieu et place de, moyennant.

pourboire *nom masculin*
- Somme versée en plus. SYN. commission, gratification, récompense –FAMILIER: bakchich, pièce –VIEUX: gracieuseté.

pourchasser *verbe*
- Rechercher avec ardeur. SYN. courir après, poursuivre, traquer –FAMILIER: pister.

pourparlers *nom masculin pluriel*
- Entretien préalable à un traité. SYN. conversation, débats, dialogue, discussions, échanges de vues, négociations, tractations.

pourpre *adjectif*
- De couleur rouge foncé. SYN. bordeaux, cramoisi, écarlate, grenat, ponceau, rouge –LITTÉRAIRE: empourpré.

pourquoi *nom commun*
- Cause de quelque chose. SYN. fin mot, fondement, mobile, motif, raison, raison d'être.

pourri *adjectif*
- Qui se putréfie. SYN. avarié, décomposé, faisandé, gâté, putréfié, véreux –LITTÉRAIRE: corrompu, putride. CONTR. *frais.*
- Qui est perverti. SYN. frelaté, malhonnête, malsain, morbide, perverti, vendu, véreux –FAMILIER: ripou –LITTÉRAIRE: corrompu, faisandé, gangrené. CONTR. *sain.*
- Trop gâté. SYN. choyé, couvé, dorloté, gâté –FAMILIER: chouchouté.
- FAMILIER. Qui est rempli de. SYN. débordant, plein, rempli –FAMILIER: bourré, truffé.

pourrir *verbe intransitif*
- Se gâter par décomposition. SYN. blettir, faisander, moisir, s'avarier, se décomposer, se faisander, se gâter, se putréfier –LITTÉRAIRE: se corrompre –VIEUX: chancir. CONTR. *se conserver.*
- Devenir pire. SYN. empirer, s'aggraver, s'altérer, se dégrader, se détériorer, s'envenimer.
- FAMILIER. Rester longtemps. SYN. croupir, dormir, se morfondre, végéter –FAMILIER: moisir –LITTÉRAIRE: stagner.

pourrir *verbe transitif*
- Altérer par décomposition. SYN. avarier, décomposer, gâter, putréfier –LITTÉRAIRE: corrompre. CONTR. *assainir, purifier.*
- Corrompre moralement. SYN. avilir, contaminer, dégrader, dépraver, infecter, pervertir –FAMILIER: empoisonner –LITTÉRAIRE: corrompre, empester, flétrir, gangrener, vicier.

pourrissement *nom masculin*
- État de ce qui pourrit. SYN. corruption, décomposition, pourriture, putréfaction, putrescence.
- Détérioration d'une situation. SYN. aggravation, dégradation, détérioration. CONTR. *amélioration, épanouissement.*

pourriture *nom féminin*
- État d'un corps en décomposition. SYN. corruption, décomposition, pourrissement, putréfaction, putrescence.
- État de détérioration morale. SYN. avilissement, corruption, dégradation, déliquescence, dépravation, perversion –LITTÉRAIRE: dégénérescence, vice.
- POPULAIRE. Personne vile. SYN. ordure –POPULAIRE: fumier, salaud, saligaud, salopard, salopiau, salopiaud, salopiot.

poursuite *nom féminin*
- Action de rechercher avec ardeur. SYN. chasse, recherche –LITTÉRAIRE: quête.

/ Action de continuer. SYN. continuation, persévérance, prolongation, prolongement, prorogation, reprise. CONTR. *arrêt, cessation, coupure, interruption, levée, pause, suspension.*

poursuivre *verbe*

/ Chercher à rejoindre quelqu'un. SYN. courir après, pourchasser, suivre. CONTR. *précéder.*

/ S'acharner contre quelqu'un. SYN. assiéger, harceler, s'acharner contre, talonner – LITTÉRAIRE : importuner, presser.

/ Obséder quelqu'un. SYN. accabler, assaillir, dévorer, hanter, lanciner, obnubiler, obséder, préoccuper, tenailler, torturer, tourmenter, travailler – FAMILIER : tarabuster – LITTÉRAIRE : habiter.

/ Continuer à. SYN. persévérer dans, persister, pousser, prolonger, s'obstiner – LITTÉRAIRE : s'opiniâtrer. CONTR. *abandonner, arrêter, cesser, couper, interrompre, quitter, suspendre.*

/ Chercher à atteindre un but. SYN. briguer, courir après, rechercher, suivre, viser.

poursuivre (se) *verbe pronominal*

/ Continuer sans interruption. SYN. continuer, durer, se perpétuer, se prolonger. CONTR. *cesser, s'arrêter, se finir, se terminer.*

pourtant *adverbe*

/ Marque une restriction. SYN. cependant, néanmoins, toutefois.

pourtour *nom masculin*

/ Ligne qui fait le tour d'un objet. SYN. bord, bordure, circonférence, contour, enceinte, périmètre, périphérie, tour. CONTR. *centre.*

pourvoir *verbe transitif*

/ Mettre en possession de. SYN. alimenter, approvisionner, donner, doter, équiper, fournir, gratifier, monter, munir, nantir, octroyer, procurer, ravitailler. CONTR. *dégarnir, démunir, déposséder, enlever, ôter, retirer.*

pourvoir *verbe transitif indirect*

/ Donner les moyens de. SYN. assurer, faire face, parer à, satisfaire à, subvenir.

pourvoir (se) *verbe pronominal*

/ Faire en sorte d'avoir une chose. SYN. s'assurer, se doter, se munir, se parer, s'équiper.

pourvu *adjectif*

/ Qui est doté de. SYN. armé, doté, doué, équipé, muni, nanti, paré, riche. CONTR. *dénué, dépourvu, exempt.*

pousse *nom féminin*

/ Premier état d'une plante. SYN. bourgeon, jet, rejet, rejeton, scion, surgeon, talle.

/ Fait de croître. SYN. croissance, développement, venue.

poussé *adjectif*

/ Achevé avec minutie. SYN. précis, profond, rigoureux, sérieux, soigné – LITTÉRAIRE : soigneux. CONTR. *élémentaire, rudimentaire, sommaire, superficiel.*

poussée *nom féminin*

/ Manifestation subite d'un mal. SYN. accès, attaque, bouffée, crise, montée.

/ Progression nette d'une force. SYN. bond, boom, élan, flambée, impulsion, montée en puissance, mouvement.

pousser *verbe intransitif*

/ FAMILIER. Dépasser la mesure. SYN. abuser, aller trop loin, aller un peu loin, dépasser les bornes, dépasser les limites, exagérer, forcer, outrer, y aller fort – POPULAIRE : charrier. CONTR. *se limiter, se modérer.*

/ Se développer. SYN. croître, forcir, grandir, réussir, se développer, se fortifier, venir – FAMILIER : profiter. CONTR. *dépérir, se faner, s'étioler.*

pousser *verbe transitif*

/ Exercer une force sur. SYN. bouger, déplacer, faire glisser, remuer. CONTR. *tirer, traîner.*

/ Faire aller quelqu'un vers. SYN. chasser, diriger, entraîner, mener, refouler, repousser.

/ Inciter à agir. SYN. acculer, aiguillonner, amener, bousculer, contraindre, décider, encourager, engager, entraîner, exhorter, forcer, inciter, incliner, inviter, persuader, porter, prédisposer, presser, provoquer – FAMILIER : embringuer. CONTR. *décourager, dissuader, empêcher, retenir.*

/ Apporter son soutien à. SYN. appuyer, élever, épauler, favoriser, lancer, promouvoir, protéger, recommander – FAMILIER : pistonner.

/ Approfondir une action. SYN. approfondir, développer, faire avancer, poursuivre, prolonger. CONTR. *arrêter, cesser, interrompre.*

/ Faire entendre un cri, etc. SYN. émettre, exhaler, jeter, proférer.

pousser (se) *verbe pronominal*

/ Obtenir une situation élevée. SYN. arriver, monter, percer, réussir, s'imposer – LITTÉRAIRE : parvenir.

poussière *nom féminin*
/ Symbole de la fragilité de la vie. SYN. bagatelle, bricole, broutille, futilité, misère, rien, vétille.
/ Très petite particule de. SYN. atome, bribe, corpuscule, grain, parcelle, particule – LITTÉRAIRE : molécule.

poussiéreux *adjectif*
/ Qui n'a pas évolué. SYN. anachronique, ancien, antique, caduc, démodé, dépassé, déphasé, désuet, inactuel, obsolète, périmé, rétrograde, vétuste, vieilli, vieillot, vieux – FAMILIER : retardé – LITTÉRAIRE : suranné.

poussif *adjectif*
/ Qui s'essouffle vite. SYN. essoufflé, haletant, oppressé, pantelant.

poussin *nom masculin*
/ FAMILIER. Jeune enfant. SYN. bambin, enfant, gamin – FAMILIER : chérubin, gosse, marmot, mioche – POPULAIRE : lardon, loupiot, môme, mouflet – VIEUX : marmouset.

pouvoir *nom masculin*
/ Possibilité de faire quelque chose. SYN. art, capacité, compétence, don, faculté, possibilité, puissance. CONTR. *impuissance.*
/ Qualité particulière de. SYN. efficacité, force, propriété, puissance, vertu.
/ Ascendant sur quelqu'un. SYN. autorité, empire, emprise, influence, mainmise, prestige, prise, souveraineté. CONTR. *impuissance.*
/ Droit pour quelqu'un d'agir. SYN. autorisation, droit, latitude, liberté, licence, permission.
/ Les dirigeants eux-mêmes. SYN. État, gouvernement, régime.

pouvoir *verbe*
/ Avoir les moyens d'agir. SYN. avoir la possibilité de, avoir les moyens de, être à même de, être capable de, être en état de, être en mesure de, être en situation de.
/ Avoir la permission de. SYN. avoir l'autorisation, avoir le droit de, être autorisé à, être en droit de.
/ Se prêter à telle action, etc. SYN. risquer de.

pragmatique *adjectif*
/ Orienté vers l'action pratique. SYN. positif, pratique, réaliste, utilitaire. CONTR. *utopique.*

prairie *nom féminin*
/ Terrain couvert d'herbe. SYN. alpage, embouche, herbage, pacage, pâtis, pâturage, pâture, pré.

praticable *adjectif*
/ Par lequel on peut passer. SYN. accessible, carrossable, empruntable. CONTR. *impraticable, inaccessible, infranchissable, inutilisable.*
/ Qui peut être mis à exécution. SYN. exécutable, faisable, possible, réalisable. CONTR. *impossible, inexécutable, infaisable, irréalisable.*

pratiquant *adjectif et nom*
/ Qui pratique sa religion. SYN. croyant, religieux. CONTR. *athée, incrédule, irréligieux, païen.*

pratique *adjectif*
/ Relatif à l'application d'une discipline. SYN. appliqué, empirique, expérimental, pragmatique. CONTR. *spéculatif, théorique.*
/ Qui a le sens des réalités. SYN. concret, matériel, positif, réaliste, terre à terre, utile, utilitaire. CONTR. *chimérique, fantaisiste, idéaliste, imaginaire, rêveur, romantique, symbolique, utopique.*
/ Adapté à l'usage qu'on en fait. SYN. aisé, commode, facile, maniable, manœuvrable. CONTR. *gênant, incommode, malcommode.*

pratique *nom féminin*
/ Mise en action d'une théorie. SYN. application, exécution, expérimentation, réalisation. CONTR. *théorie.*
/ Connaissance acquise. SYN. connaissance, exercice, expérience, familiarité, savoir-faire – LITTÉRAIRE : faire, fréquentation. CONTR. *apprentissage.*
/ Façon d'agir habituelle. SYN. agissement, conduite, coutume, habitude, mœurs, procédé, rite, rituel, technique, tradition – LITTÉRAIRE : mode.

pratiquement *adverbe*
/ Dans la pratique. SYN. concrètement, en fait, en pratique, matériellement. CONTR. *théoriquement.*
/ À peu de choses près. SYN. pour ainsi dire, presque – FAMILIER : quasiment.

pratiquer *verbe*
/ Mettre en pratique un principe. SYN. appliquer, concrétiser, expérimenter, observer, réaliser.

/ Recourir à quelque chose. SYN. employer, manier, recourir à, user de, utiliser.
/ Se livrer à une activité. SYN. faire, procéder à, s'adonner à, se consacrer à, se livrer à – LITTÉRAIRE : cultiver.
/ Faire une ouverture. SYN. établir, frayer, ménager, ouvrir, percer.

pré *nom masculin*
/ Prairie naturelle. SYN. herbage, pacage, pâturage, pâture, prairie.

préalablement *adverbe*
/ Avant toute chose. SYN. au préalable, auparavant, avant, d'abord, en premier, en premier lieu, premièrement. CONTR. *après, ensuite, par la suite, puis.*

préambule *nom masculin*
/ Entrée en matière. SYN. avant-propos, avertissement, avis, exorde, introduction, préface, prolégomènes, prologue. CONTR. *conclusion, épilogue, fin.*
/ Ce qui précède ou prépare. SYN. avant-goût, commencement, ébauche, préliminaire, prélude, prologue – LITTÉRAIRE : prémices, prodrome.

précaire *adjectif*
/ Qui n'a rien de stable. SYN. boiteux, caduc, capricieux, chancelant, délicat, éphémère, fragile, frêle, fugace, fugitif, incertain, instable, menacé, passager, provisoire, transitoire, vulnérable – LITTÉRAIRE : inconstant. CONTR. *assuré, définitif, durable, éternel, immuable, inaltérable, indéfectible, indestructible, indissoluble, ineffaçable, permanent, solide, stable, sûr, tenace, viable* – LITTÉRAIRE : *immortel, pérenne, robuste.*

précarité *nom féminin*
/ Caractère précaire. SYN. fragilité, incertitude, inconsistance, insécurité, instabilité, variabilité, vulnérabilité – LITTÉRAIRE : inconstance. CONTR. *éternité, sécurité, solidité, stabilité* – LITTÉRAIRE : *immuabilité, perpétuité.*

précaution *nom féminin*
/ Mesure prise par prévoyance. SYN. disposition, garantie, mesure, soin.
/ Fait d'agir prudemment. SYN. attention, circonspection, ménagement, prévoyance, prudence, réflexion, sagesse, vigilance. CONTR. *imprévoyance, imprudence, insouciance, légèreté, négligence.*

précautionner (se) *verbe pronominal*
/ LITTÉRAIRE. Prendre des précautions. SYN. se garantir, se munir, se prémunir.

précautionneusement *adverbe*
/ D'une façon précautionneuse. SYN. attentivement, minutieusement, par mesure de précaution, prudemment, soigneusement. CONTR. *hardiment, imprudemment, inconsidérément.*

précautionneux *adjectif*
/ Qui prend des précautions. SYN. attentif, circonspect, minutieux, prévoyant, prudent, soigneux, vigilant. CONTR. *hardi, imprévoyant, imprudent, insouciant, irréfléchi, négligent* – FAMILIER : *casse-cou* – LITTÉRAIRE : *insoucieux.*

précédemment *adverbe*
/ Dans le temps antérieur. SYN. antérieurement, auparavant, avant. CONTR. *après, ensuite, postérieurement, ultérieurement.*

précédent *adjectif*
/ Qui précède immédiatement. SYN. antécédent, antérieur, dernier, préexistant. CONTR. *futur, postérieur, suivant, ultérieur* – LITTÉRAIRE : *subséquent.*

précédent *nom masculin*
/ Fait servant de référence. SYN. antécédent, exemple.

précéder *verbe*
/ Être situé avant. SYN. annoncer, être un signe avant-coureur, ouvrir la voie, préluder à. CONTR. *poursuivre, succéder à, suivre.*
/ Arriver avant quelqu'un. SYN. devancer. CONTR. *accompagner, emboîter le pas, suivre.*

précellence *nom féminin*
/ LITTÉRAIRE. Supériorité absolue. SYN. domination, prééminence, prépondérance, primauté, priorité, supériorité, suprématie – LITTÉRAIRE : préexcellence.

précepte *nom masculin*
/ Règle propre à un domaine. SYN. adage, aphorisme, apophtegme, commandement, dogme, loi, maxime, prescription, principe, règle – LITTÉRAIRE : sentence.

précepteur *nom*

/ Personne qui instruit à domicile. SYN. éducateur, maître, pédagogue.

prêche *nom masculin*

/ Instruction faite par un prêtre. SYN. homélie, prédication, prône, sermon.

/ VIEUX. Discours moralisateur. SYN. sermon – FAMILIER : laïus, speech – LITTÉRAIRE : homélie.

prêcher *verbe intransitif*

/ Faire des sermons. SYN. discourir, haranguer, palabrer, pérorer – FAMILIER : laïusser, pontifier.

prêcher *verbe transitif*

/ Donner des conseils à. SYN. conseiller, préconiser, prôner, recommander, suggérer, vanter.

prêcheur *adjectif*

/ FAMILIER. Qui donne une leçon de morale. SYN. édifiant, moralisateur, professoral – FAMILIER : pontifiant.

prêcheur *nom*

/ FAMILIER. Personne qui sermonne. SYN. moralisateur, prédicant – LITTÉRAIRE : sermonneur.

précieusement *adverbe*

/ LITTÉRAIRE. Avec une grande perfection. SYN. artistement, délicatement, finement. CONTR. *grossièrement.*

/ Avec grand soin. SYN. consciencieusement, jalousement, minutieusement, pieusement, religieusement, soigneusement.

précieux *adjectif*

/ Qui est d'un grand prix. SYN. cher, inappréciable, inestimable, introuvable. CONTR. *commun, dérisoire, ordinaire, quelconque, vulgaire.*

/ Qui manifeste de l'affectation. SYN. affecté, affété, alambiqué, apprêté, contourné, grandiloquent, guindé, maniéré, mièvre, prétentieux – LITTÉRAIRE : mignard, minaudier. CONTR. *naturel, simple, spontané.*

/ Se dit d'un objet travaillé. SYN. choisi, délicat, fin, raffiné, recherché, travaillé. CONTR. *fruste, rude* – LITTÉRAIRE : *rustique.*

préciosité *nom féminin*

/ Caractère maniéré. SYN. affectation, apprêt, coquetterie, façons, manières, maniérisme, mièvrerie, minauderie, simagrée – FAMILIER : chichis – LITTÉRAIRE : afféterie, affèterie, mignardise, momerie. CONTR. *simplicité, spontanéité.*

/ Caractère délicat. SYN. délicatesse, finesse, raffinement, recherche, sophistication, subtilité. CONTR. *grossièreté* – LITTÉRAIRE : *rudesse.*

précipice *nom masculin*

/ Situation périlleuse. SYN. désastre, ruine – LITTÉRAIRE : abîme, gouffre.

/ Cavité très profonde. SYN. gouffre – LITTÉRAIRE : abîme. CONTR. *hauteur.*

précipitamment *adverbe*

/ De façon précipitée. SYN. à la hâte, à la sauvette, à la va-vite, au plus vite, brusquement, en catastrophe, en coup de vent, en hâte, en toute hâte, en vitesse, expéditivement, hâtivement, promptement, quatre à quatre, rapidement, rondement, sans crier gare, soudainement, vite, vivement – FAMILIER : dare-dare, en quatrième vitesse, en un clin d'œil, en un tour de main – VIEUX : tout à trac. CONTR. *calmement, doucement, lentement, paisiblement, placidement, posément.*

précipitation *nom féminin*

/ Rapidité extrême. SYN. brusquerie, célérité, empressement, hâte, presse, rapidité, soudaineté, vitesse – LITTÉRAIRE : diligence, prestesse, promptitude, vivacité. CONTR. *calme, lenteur.*

précipité *adjectif*

/ Qui a un rythme rapide. SYN. brusque, hâtif, pressé, rapide. CONTR. *calme, lent, tranquille.*

précipiter *verbe*

/ Faire tomber dans. SYN. abattre, enfoncer, enliser, jeter bas, plonger, renverser. CONTR. *sortir.*

/ Faire à la hâte. SYN. accélérer, activer, brusquer, forcer, hâter – LITTÉRAIRE : presser.

/ Faire avant la date. SYN. anticiper, avancer, hâter. CONTR. *ajourner, atermoyer, éloigner, ralentir, retarder, suspendre.*

précipiter (se) *verbe pronominal*

/ Se jeter du haut de. SYN. sauter, se jeter, se lancer, tomber – FAMILIER : se ficher – POPULAIRE : se foutre.

/ S'élancer vivement. SYN. assaillir, bondir, courir, fondre sur, se ruer, s'élancer, voler – FAMILIER : foncer.

/ Faire les choses à la hâte. SYN. se dépêcher, se hâter, se presser, s'empresser –FAMILIER: s'activer –POPULAIRE: se dégrouiller, se grouiller, se magner, se manier. CONTR. *atermoyer, s'attarder.*

précis *adjectif*

/ Qui refuse l'approximation. SYN. logique, mathématique, ponctuel, régulier, rigoureux, strict. CONTR. *approchant, approximatif, bancal, diffus, équivoque, erroné, fantaisiste, faux, imprécis, incertain.*

/ Qui est nettement défini. SYN. circonstancié, défini, détaillé, déterminé, distinct, explicite, exprès, fixe, formel, net, objectif. CONTR. *brumeux, confus, évasif, flottant, flou, incompréhensible, indéfini, indéfinissable, indéterminé, indistinct, obscur, vague, verbeux* –FAMILIER: *vaseux, vasouillard* –LITTÉRAIRE: *amphigourique, nébuleux, opaque, sibyllin, ténébreux.*

/ Se dit d'un geste sûr. SYN. adroit, franc, sûr –LITTÉRAIRE: soigneux. CONTR. *approximatif, gauche, grossier, maladroit.*

/ Qui marque la ponctualité. SYN. exact, juste, sonnant, tapant –FAMILIER: pétant, pile.

précis *nom masculin*

/ Ouvrage qui traite brièvement de. SYN. abrégé, condensé, épitomé, manuel, mémento, résumé –LITTÉRAIRE: compendium, vade-mecum.

précisément *adverbe*

/ Avec exactitude. SYN. à proprement parler, exactement, justement, littéralement, rigoureusement, stricto sensu. CONTR. *à peu près, approximativement, environ, grossièrement.*

/ Avec clarté. SYN. clairement, explicitement, exprès, expressément. CONTR. *confusément, évasivement, indistinctement, vaguement.*

/ Au moment indiqué. SYN. juste –FAMILIER: pile. CONTR. *à contretemps, intempestivement, mal, mal à propos* –LITTÉRAIRE: *inopportunément.*

préciser *verbe*

/ Fixer avec précision. SYN. arrêter, donner, fixer, indiquer, mentionner.

/ Apporter des précisions. SYN. caractériser, définir, déterminer, expliciter, formuler, spécifier.

préciser (se) *verbe pronominal*

/ Devenir plus visible. SYN. prendre forme, prendre tournure, se concrétiser, se dessiner, se matérialiser.

précision *nom féminin*

/ Caractère précis. SYN. clarté, exactitude, fidélité, justesse, netteté, propriété, réalisme, sûreté. CONTR. *ambiguïté, à-peu-près, approximation, confusion, équivoque, flou, imprécision, indétermination, inexactitude, infidélité* –LITTÉRAIRE: *nébulosité, vague.*

/ Qualité de quelqu'un d'adroit. SYN. adresse, dextérité, doigté, habileté. CONTR. *fantaisie, gaucherie, inhabileté, maladresse* –LITTÉRAIRE: *impéritie.*

/ Ce qui sert à préciser. SYN. détail, donnée, information, lumière, renseignement, spécification.

précoce *adjectif*

/ Qui se produit avant le temps. SYN. anticipé, hâtif, prématuré. CONTR. *tardif.*

/ Se dit d'un enfant en avance. SYN. avancé, éveillé –FAMILIER: dégourdi. CONTR. *arriéré, attardé, demeuré* –FAMILIER: *retardé.*

précocement *adverbe*

/ LITTÉRAIRE. De façon précoce. SYN. de bonne heure, en avance, prématurément, tôt. CONTR. *tard, tardivement.*

préconception *nom féminin*

/ Idée préconçue. SYN. a priori, conjecture, préjugé, présomption, prévention, supposition.

préconiser *verbe*

/ Recommander vivement. SYN. conseiller, prêcher, prôner, proposer, recommander, suggérer, vanter. CONTR. *déconseiller.*

précurseur *adjectif*

/ Qui annonce quelque chose. SYN. annonciateur, avant-coureur.

précurseur *nom masculin*

/ Personne qui a ouvert la voie à. SYN. devancier, initiateur, innovateur, introducteur, maître, novateur, prédécesseur, visionnaire –LITTÉRAIRE: prophète.

prédécesseur *nom masculin*

/ Personne qui ouvre la voie. SYN. ancêtre, devancier, précurseur. CONTR. *continuateur, disciple, héritier, successeur.*

prédicant *nom masculin*

/ Personne qui fait la morale. SYN. moralisateur –FAMILIER: prêcheur –LITTÉRAIRE: sermonneur.

prédicateur *nom masculin*
/ Celui qui prêche. SYN. orateur, tribun.

prédication *nom féminin*
/ Ce qui est prêché. SYN. homélie, prêche, prône, sermon.

prédiction *nom féminin*
/ Ce qui est prédit. SYN. augure, divination, présage, prévision, pronostic, prophétie – LITTÉRAIRE: oracle, vaticination.

prédilection *nom féminin*
/ Préférence marquée pour. SYN. complaisance, faible, goût, penchant, préférence, propension. CONTR. *antipathie, aversion, dégoût, horreur, répugnance* – LITTÉRAIRE: *animadversion.*

prédire *verbe*
/ Annoncer ce qui doit arriver. SYN. annoncer, augurer, conjecturer, préparer, prévoir, pronostiquer, prophétiser – LITTÉRAIRE: présager, vaticiner.
/ Rendre probable. SYN. assurer, faire augurer, garantir, laisser deviner, promettre.

prédisposé *adjectif*
/ Porté naturellement à. SYN. enclin, porté. CONTR. *fermé, rebelle, réfractaire.*

prédisposer *verbe*
/ Mettre dans une situation propice. SYN. amener, appeler, conduire, porter, pousser, préparer.

prédisposition *nom féminin*
/ Aptitude naturelle à. SYN. aptitude, disposition, don, goût, inclination, passion, penchant, pente, propension, tendance, vocation.

prédominance *nom féminin*
/ Caractère prédominant. SYN. dominance, prééminence, prépondérance, primauté, règne, suprématie, triomphe – LITTÉRAIRE: précellence.

prédominant *adjectif*
/ Qui prédomine. SYN. capital, dominant, essentiel, majeur, prééminent, premier, prépondérant, primordial, principal, régnant, vital.

prédominer *verbe*
/ Avoir plus d'importance. SYN. commander, dominer, l'emporter, prévaloir, primer, régner, s'imposer, triompher.

prééminence *nom féminin*
/ Supériorité absolue. SYN. domination, prédominance, prépondérance, primauté, règne, supériorité, suprématie – LITTÉRAIRE: précellence, préexcellence. CONTR. *infériorité.*

prééminent *adjectif*
/ Qui occupe le premier rang. SYN. dominant, maître, majeur, prédominant, premier, prépondérant, primordial, principal, supérieur, suprême, vital – LITTÉRAIRE: suréminent.

préexcellence *nom féminin*
/ LITTÉRAIRE. Supériorité absolue. SYN. domination, prééminence, prépondérance, primauté, supériorité, suprématie – LITTÉRAIRE: précellence.

préexistant *adjectif*
/ Qui existe avant. SYN. antécédent, antérieur, précédent. CONTR. *postérieur, ultérieur* – LITTÉRAIRE: *subséquent.*

préfabriqué *adjectif*
/ Fabriqué de toutes pièces. SYN. arrangé, artificiel, concerté, fabriqué, factice, faux, feint – LITTÉRAIRE: emprunté. CONTR. *authentique, naturel, spontané, vrai.*

préface *nom féminin*
/ Texte placé en tête d'un ouvrage. SYN. avant-propos, avertissement, avis, exorde, introduction, notice, préambule, présentation, prolégomènes, prologue. CONTR. *conclusion, épilogue, fin.*
/ Ce qui précède quelque chose. SYN. avant-goût, commencement, ébauche, préalable, préfiguration, préliminaire, prélude, prologue – LITTÉRAIRE: prémices, prodrome.

préféré *adjectif*
/ Que l'on préfère. SYN. chéri, de prédilection, favori. CONTR. *détesté.*

préféré *nom*
/ Personne préférée. SYN. chéri, favori, protégé – FAMILIER: chouchou, coqueluche.

préférence *nom féminin*

/ Fait de préférer. SYN. complaisance, faible, goût, passion, penchant, prédilection. CONTR. *antipathie, aversion, dégoût, horreur, répugnance* – LITTÉRAIRE : *animadversion.*

préférer *verbe*

/ Considérer avec plus de faveur. SYN. adopter, aimer mieux, choisir, opter, pencher pour – LITTÉRAIRE : élire.

préfiguration *nom féminin*

/ Ce qui annonce un événement. SYN. annonce, anticipation, avant-goût, préface, préliminaire, prélude, présage – LITTÉRAIRE : prodrome.

préfigurer *verbe*

/ Présenter à l'avance. SYN. annoncer, figurer, peindre, préluder à.

préjudice *nom masculin*

/ Atteinte morale. SYN. atteinte, coup, dommage, mal, outrage, tort – LITTÉRAIRE : détriment. CONTR. *avantage, bénéfice, bien, bienfait, intérêt, profit.*

préjudiciable *adjectif*

/ Qui porte préjudice à. SYN. attentatoire, compromettant, contraire, dangereux, désavantageux, dommageable, funeste, mauvais, néfaste, nocif, nuisible – LITTÉRAIRE : pernicieux. CONTR. *avantageux, bénéfique, bon, excellent, fructueux, profitable, propice, salutaire, utile.*

préjugé *nom masculin*

/ Jugement formé à l'avance. SYN. a priori, idée préconçue, idée reçue, idée toute faite, parti pris, préconception, présomption, prévention.

préjuger *verbe*

/ LITTÉRAIRE. Juger d'avance. SYN. anticiper, augurer, conjecturer, présumer – LITTÉRAIRE : présager.

prélasser (se) *verbe pronominal*

/ S'abandonner avec nonchalance. SYN. fainéanter, paresser – FAMILIER : buller, flemmarder, lézarder, se goberger, tirer sa flemme – POPULAIRE : glander, ne pas en fiche une rame, tirer au cul, tirer au flanc. CONTR. *ne pas plaindre sa peine, remuer ciel et terre, s'activer, s'affairer, s'agiter, se démener, se dépenser, se fatiguer, se presser, se remuer, s'échiner, s'épuiser, s'escrimer, s'exténuer* – FAMILIER : *en mettre un bon coup, en mettre un coup, en mettre un vieux coup, mettre de l'huile de coude, mettre le paquet, se décarcasser, se défoncer, se mettre en quatre, s'éreinter, s'esquinter* – POPULAIRE : *se casser le cul.*

prélever *verbe*

/ Extraire une partie de. SYN. détacher, extraire, retirer, retrancher – LITTÉRAIRE : distraire. CONTR. *ajouter, compléter.*

préliminaire *adjectif*

/ Qui prépare le fait principal. SYN. initial, préalable, préparatoire. CONTR. *final, terminal, ultime.*

préliminaires *nom masculin pluriel*

/ Ce qui précède quelque chose. SYN. amorce, avant-goût, exorde, préambule, préface, préfiguration, préludes, prologue – LITTÉRAIRE : prémices. CONTR. *conclusion, épilogue, fin.*

prélude *nom masculin*

/ Ce qui prépare quelque chose. SYN. amorce, annonce, avant-goût, commencement, ébauche, préalable, préambule, préface, préfiguration, préliminaires, prologue – LITTÉRAIRE : prémices, prodrome.

préluder *verbe*

/ Précéder un fait. SYN. annoncer, précéder, préfigurer.

prématuré *adjectif*

/ Qui se fait plus tôt que prévu. SYN. anticipé, avancé, hâtif, précoce. CONTR. *tardif.*

prématurément *adverbe*

/ Avant le temps ordinaire. SYN. à l'avance, avant l'heure, avant terme, en avance, plus tôt que prévu, tôt – LITTÉRAIRE : précocement. CONTR. *tard, tardivement.*

prémédité *adjectif*

/ Fait avec préméditation. SYN. calculé, concerté, délibéré, intentionnel, volontaire, voulu. CONTR. *imprévu, impromptu, improvisé, inconscient, involontaire, spontané.*

préméditer *verbe*

/ Préparer à l'avance une action. SYN. calculer, comploter, conspirer, machiner, manigancer, mijoter, mûrir, tramer – FAMILIER : combiner, concocter, goupiller – LITTÉRAIRE : ourdir. CONTR. *improviser.*

prémices *nom féminin pluriel*

/ LITTÉRAIRE. Premières manifestations de. SYN. amorce, avant-goût, commencement, début, ébauche, préambule, préface, préliminaires, prélude, prologue – LITTÉRAIRE : aurore. CONTR. *aboutissement, fin.*

premier *adjectif*

/ Qui précède les autres. SYN. en tête. CONTR. *dernier, extrême, final, suprême, terminal, ultime.*

/ Qui est fondamental. SYN. capital, essentiel, fondamental, maître, majeur, prédominant, prééminent, primordial, principal, vital. CONTR. *accessoire, annexe, auxiliaire, second, secondaire, subalterne.*

/ Qui est à l'origine. SYN. ancien, antérieur, initial, original, originel, primitif, princeps – LITTÉRAIRE : originaire, primordial. CONTR. *actuel, jeune, postérieur, récent.*

premièrement *adverbe*

/ En premier lieu. SYN. au préalable, d'abord, en premier, préalablement, primitivement, primo, tout d'abord. CONTR. *après, ensuite, puis.*

prémisse *nom féminin*

/ Proposition d'où découle autre chose. SYN. hypothèse, postulat, principe.

prémonition *nom féminin*

/ Intuition d'un fait à venir. SYN. divination, flair, instinct, intuition, prescience, pressentiment.

prémunir *verbe*

/ Mettre à l'abri d'un danger. SYN. aguerrir, armer, garantir, garder, immuniser, préserver, protéger, vacciner.

prémunir (se) *verbe pronominal*

/ Se protéger contre une chose. SYN. pallier, parer, prendre garde à, s'armer, se défendre, se garantir, se garer, se préserver, se protéger – LITTÉRAIRE : se garder, se précautionner.

prenant *adjectif*

/ Qui captive. SYN. absorbant, attachant, attirant, attractif, captivant, charmeur, émouvant, fascinant, intéressant, palpitant, séduisant. CONTR. *inintéressant, rébarbatif, rebutant, soporifique, terne* – FAMILIER : *rasant, soûlant.*

prendre *verbe intransitif*

/ Devenir solide. SYN. coaguler, durcir, épaissir, se durcir, se figer, tenir.

/ Atteindre son but. SYN. marcher, prévaloir, réussir, s'implanter. CONTR. *échouer, manquer* – FAMILIER : *louper, rater.*

/ Commencer à brûler. SYN. commencer, débuter, partir, s'amorcer.

/ Choisir son chemin. SYN. aller, se diriger, s'orienter, tourner.

prendre *verbe transitif*

/ Se rendre maître de. SYN. appréhender, arrêter, capturer, s'emparer – FAMILIER : attraper, choper, coincer, cueillir, embarquer, épingler, pincer, piquer, ramasser – POPULAIRE : agrafer. CONTR. *libérer, relâcher, relaxer.*

/ Voler quelque chose. SYN. soustraire, voler – FAMILIER : barboter, chiper, embarquer, piquer, rafler, souffler, subtiliser – LITTÉRAIRE : dérober – POPULAIRE : faucher. CONTR. *donner, rendre, restituer.*

/ Enlever quelqu'un à l'affection de. SYN. arracher, décimer, enlever, faucher, ôter, retirer, tuer – LITTÉRAIRE : ravir.

/ Se manifester soudain. SYN. envahir, étreindre, oppresser, saisir, serrer. CONTR. *abandonner.*

/ Se saisir de. SYN. agripper, attraper, charger, empoigner, emporter, happer, pincer, saisir, tenir, toucher. CONTR. *déposer, lâcher.*

/ Accepter au sein d'un groupe. SYN. accueillir, admettre, engager, héberger, recevoir, recruter. CONTR. *refuser, renvoyer.*

/ S'engager dans une direction. SYN. emprunter, s'engager dans, s'orienter, suivre.

/ Se procurer quelque chose. SYN. acheter, s'approvisionner, se fournir de, se pourvoir de, se procurer.

/ Prélever pour utilisation. SYN. employer, user de, utiliser.

/ Consommer un aliment. SYN. absorber, avaler, boire, consommer, ingérer, ingurgiter, manger.

/ Nécessiter de l'espace, du temps. SYN. accaparer, exiger, occuper, réclamer.

/ Recevoir un coup. SYN. essuyer, récolter – FAMILIER : écoper, encaisser – POPULAIRE : déguster.

/ Interpréter de telle manière. SYN. considérer, envisager, interpréter, regarder.

▮ Choisir quelqu'un pour une fonction. SYN. adopter, choisir, coopter, désigner, élire, nommer, retenir, sélectionner.

prendre (se) *verbe pronominal*

▮ Agir de telle ou telle façon. SYN. agir, commencer à, faire, opérer, procéder.
▮ Se considérer comme. SYN. faire, se croire, se poser en.

preneur *nom*

▮ Personne disposée à acheter. SYN. acheteur, acquéreur. CONTR. *vendeur.*

prénom *nom masculin*

▮ Nom précédant le patronyme. SYN. nom de baptême – FAMILIER: petit nom.

préoccupant *adjectif*

▮ Qui cause de l'inquiétude. SYN. alarmant, angoissant, critique, embarrassant, ennuyeux, grave, inquiétant, menaçant, sérieux, sombre – FAMILIER: enquiquinant – POPULAIRE: emmerdant. CONTR. *apaisant, rassurant, sécurisant, sûr, tranquillisant.*

préoccupation *nom féminin*

▮ Souci vif et constant. SYN. angoisse, anxiété, ennui, inquiétude, obsession, peur, souci, tourment, tracas. CONTR. *indifférence, paix, sécurité, sérénité* – LITTÉRAIRE: *quiétude, repos.*
▮ Pensée prédominante. SYN. idée fixe, manie, marotte, obsession – FAMILIER: dada.

préoccupé *adjectif*

▮ En proie à une vive inquiétude. SYN. absorbé, angoissé, anxieux, ennuyé, inquiet, méditatif, pensif, songeur, soucieux, tourmenté, tracassé, troublé. CONTR. *indifférent, insensible, insouciant, léger* – FAMILIER: *je-m'en-fichiste* – LITTÉRAIRE: *insoucieux* – POPULAIRE: *je-m'en-foutiste.*

préoccuper *verbe*

▮ Causer du souci à. SYN. agiter, alarmer, ennuyer, hanter, harceler, inquiéter, lanciner, poursuivre, tarauder, tourmenter, tracasser, travailler, troubler – FAMILIER: tarabuster, turlupiner – VIEUX: soucier. CONTR. *être égal, indifférer, ne faire ni chaud ni froid.*

préoccuper (se) *verbe pronominal*

▮ Porter son attention sur. SYN. penser, se pencher, se soucier, s'inquiéter, s'intéresser, s'occuper, songer. CONTR. *ne pas se soucier de, ne pas s'occuper de, se désintéresser, se moquer* – FAMILIER: *se ficher* – LITTÉRAIRE: *n'avoir cure de* – POPULAIRE: *se foutre.*

préparation *nom féminin*

▮ Action de préparer. SYN. apprêt, confection, élaboration, maturation, organisation.
▮ Fait de se préparer à. SYN. apprentissage, entraînement, exercice, expérience, formation. CONTR. *impréparation.*

préparé *adjectif*

▮ Fait à l'avance. SYN. calculé, combiné, concerté, mûri. CONTR. *accidentel, fortuit, impromptu, improvisé, inattendu, soudain.*
▮ Dans l'état de faire. SYN. averti, capable, compétent, entraîné, exercé, expérimenté, expert, formé, informé, instruit, mûr, prêt. CONTR. *inexercé, inexpérimenté, novice* – LITTÉRAIRE: *inexpert.*

préparer *verbe*

▮ Mettre en état. SYN. agencer, arranger, faire, organiser, régler.
▮ FAMILIER. Réserver pour l'avenir. SYN. annoncer, augurer, laisser prévoir, prédire, promettre, réserver – LITTÉRAIRE: présager.
▮ Réfléchir à l'avance à. SYN. arranger, calculer, combiner, concerter, échafauder, élaborer, machiner, méditer, ménager, mûrir, orchestrer, organiser, projeter, tramer – FAMILIER: mijoter – LITTÉRAIRE: ourdir. CONTR. *improviser.*
▮ Travailler à quelque chose. SYN. creuser, étudier, travailler – FAMILIER: bosser, bûcher, potasser – POPULAIRE: chiader – VIEUX: piocher.

préparer (se) *verbe pronominal*

▮ Se disposer à une action. SYN. envisager de, s'apprêter, se disposer à, songer à.
▮ Être imminent. SYN. arriver, guetter, menacer.
▮ S'habiller pour sortir. SYN. s'apprêter, s'arranger – LITTÉRAIRE: se parer.

prépondérance *nom féminin*

▮ Caractère prépondérant. SYN. domination, hégémonie, influence, leadership, maîtrise, prédominance, prééminence, primauté, supériorité, suprématie – LITTÉRAIRE: précellence, préexcellence.

prépondérant *adjectif*

/ Qui a une autorité supérieure. SYN. capital, dominant, fondamental, majeur, prédominant, prééminent, primordial, supérieur, vital.

prérogative *nom féminin*

/ Avantage particulier. SYN. apanage, attribut, attributions, avantage, faveur, grâce, monopole, privilège.

près *adverbe*

/ À une petite distance. SYN. à côté, à deux pas, à proximité, à un jet de pierre, aux environs, dans le voisinage. CONTR. *au loin, loin.*

près de *locution prépositive*

/ À peu de distance de. SYN. à côté de, à deux doigts de, à proximité de, au côté de, auprès de, aux alentours de, aux côtés de, aux environs de, du côté de, lès, lez, proche de. CONTR. *loin de.*

/ Indique l'approximation. SYN. à peu près, autour de, bientôt, environ, presque.

/ Sur le point de. SYN. à la veille de, en passe de, sur le point de –LITTÉRAIRE: pour.

présage *nom masculin*

/ Signe qui annonce l'avenir. SYN. augure, auspice, prodige, signe.

/ Signe avant-coureur. SYN. annonce, auspices, avertissement, indice, prédiction, préfiguration, prévision, pronostic, signal, symptôme –LITTÉRAIRE: messager, prodrome.

présager *verbe*

/ LITTÉRAIRE. Être le signe de. SYN. annoncer, augurer, prédire, préparer, prévoir, promettre, pronostiquer, signifier –LITTÉRAIRE: préjuger.

prescience *nom féminin*

/ Connaissance de l'avenir. SYN. divination, flair, instinct, intuition, prémonition, pressentiment.

prescription *nom féminin*

/ Ordre formel. SYN. commandement, disposition, indication, injonction, loi, mot d'ordre, ordre, oukase, précepte, règle, ukase, ultimatum.

prescrire *verbe*

/ Donner comme ordre. SYN. commander, décréter, dicter, exiger, imposer, intimer, ordonner, requérir, sommer –LITTÉRAIRE: édicter, enjoindre. CONTR. *défendre, empêcher, interdire, prohiber.*

présence *nom féminin*

/ Fait de se trouver quelque part. SYN. existence. CONTR. *absence, carence, éclipse, omission.*

présent *adjectif*

/ Qui est actuel. SYN. actuel, contemporain, courant, en vigueur, existant, immédiat, manifeste, moderne, vivace, vivant. CONTR. *ancien, antérieur, futur, lointain, passé, postérieur, précédent, reculé.*

/ Qui assiste à. CONTR. *absent, défaillant, empêché, manquant.*

présent *nom*

/ Personne qui est là. SYN. assistant, participant, spectateur, témoin. CONTR. *absent.*

présent *nom masculin*

/ Temps présent. CONTR. *avenir, futur, passé.*

présent *nom masculin*

/ LITTÉRAIRE. Objet que l'on offre. SYN. bienfait, cadeau, don, offrande.

présentable *adjectif*

/ Qu'on peut montrer. SYN. acceptable, convenable, correct, montrable –FAMILIER: potable.

/ Qui a une tenue correcte. SYN. convenable, décent, soigné –FAMILIER: sortable.

présentation *nom féminin*

/ Action de présenter au public. SYN. exhibition, exposition, représentation.

/ Texte qui présente quelque chose. SYN. préface, prologue. CONTR. *conclusion.*

/ Aspect de quelqu'un. SYN. maintien, tenue.

présentement *adverbe*

/ À présent. SYN. à l'heure actuelle, actuellement, aujourd'hui, maintenant, pour l'heure, pour l'instant. CONTR. *anciennement, antérieurement, plus tard, précédemment, ultérieurement.*

présenter *verbe*

/ Montrer quelque chose. SYN. exhiber, faire voir, montrer, orienter, soumettre, tourner.

/ Tendre quelque chose à. SYN. avancer, donner, offrir, proposer, tendre.

/ Faire connaître au public. SYN. commenter, dévoiler, exposer, montrer, produire, révéler.

/ Avoir de manière manifeste. SYN. afficher, avoir, comporter, compter, constituer, contenir, former, laisser voir, manifester –LITTÉRAIRE: respirer.

présenter (se) *verbe pronominal*

/ Commencer à se manifester. SYN. advenir, apparaître, se manifester, se montrer, se produire, se voir, s'offrir, surgir, survenir – LITTÉRAIRE: poindre.

/ Paraître en un lieu. SYN. arriver, paraître, venir – FAMILIER: montrer le bout de son nez, montrer son nez – LITTÉRAIRE: survenir – POPULAIRE: se pointer.

/ Être candidat à. SYN. poser sa candidature, se porter candidat. CONTR. *se désister, se retirer.*

préservation *nom féminin*

/ Action de préserver. SYN. conservation, défense, garantie, garde, maintien, protection, sauvegarde. CONTR. *anéantissement, destruction.*

préserver *verbe*

/ Mettre à l'abri d'un mal. SYN. abriter, épargner, immuniser, prémunir, protéger, sauvegarder, vacciner – FAMILIER: conserver.

/ Empêcher l'altération de. SYN. assurer, conserver, défendre, entretenir, garantir, garder, maintenir, perpétuer, sauver. CONTR. *abîmer, altérer, avarier, broyer, détériorer, endommager.*

préserver (se) *verbe pronominal*

/ Se mettre à l'abri de. SYN. prendre garde à, s'abriter, se couvrir, se garantir, se garer, se prémunir, se protéger – LITTÉRAIRE: se garder. CONTR. *s'exposer.*

présider *verbe transitif*

/ Diriger quelque chose. SYN. avoir la haute main sur, commander, conduire, diriger, mener.

présider *verbe transitif indirect*

/ Exercer une influence sur. SYN. gouverner, régir, régner sur.

présomption *nom féminin*

/ Jugement fondé sur des apparences. SYN. conjecture, hypothèse, indice, induction, préconception, supposition. CONTR. *fait, preuve.*

/ Opinion trop avantageuse de soi. SYN. amour-propre, arrogance, fatuité, morgue, orgueil, prétention, suffisance, vanité – LITTÉRAIRE: infatuation, outrecuidance. CONTR. *humilité, modestie.*

présomptueux *adjectif*

/ Qui marque la présomption. SYN. arrogant, avantageux, infatué, orgueilleux, prétentieux, puant, suffisant, vaniteux – LITTÉRAIRE: fat, outrecuidant, vain. CONTR. *humble, modeste.*

présomptueux *nom*

/ Personne vaniteuse. SYN. ambitieux, orgueilleux, prétentieux, vaniteux – LITTÉRAIRE: fat. CONTR. *modeste.*

presque *adverbe*

/ Pas tout à fait. SYN. à peu près, pas loin de, sensiblement – FAMILIER: quasiment – LITTÉRAIRE: quasi. CONTR. *complètement, entièrement, intégralement, totalement, tout à fait.*

pressant *adjectif*

/ Qui incite vivement à. SYN. exigeant, insistant.

/ Qui ne permet pas de délai. SYN. impératif, impérieux, pressé, urgent – LITTÉRAIRE: instant.

presse *nom féminin*

/ Nécessité de se hâter. SYN. affairement, agitation, empressement, hâte, précipitation. CONTR. *atermoiements.*

/ VIEUX. Grand nombre de gens. SYN. affluence, attroupement, bousculade, cohue, entassement, foule, monde – FAMILIER: peuple – POPULAIRE: populo.

pressentiment *nom masculin*

/ Sentiment de savoir à l'avance. SYN. divination, idée, impression, instinct, intuition, prémonition, prescience, sentiment.

pressentir *verbe*

/ Prévoir vaguement. SYN. attendre, augurer, conjecturer, deviner, entrevoir, flairer, percer, percevoir, présager, prévoir, s'attendre à, se douter, sentir, soupçonner – FAMILIER: renifler, subodorer.

presser *verbe intransitif*

/ Ne souffrir aucun délai. SYN. être urgent – FAMILIER: urger.

presser *verbe transitif*

/ Assaillir de questions. SYN. accabler, assaillir, harceler, mitrailler – FAMILIER: bombarder.

/ Serrer quelque chose. SYN. comprimer, exprimer, extraire, pressurer, serrer.

▮ LITTÉRAIRE. Serrer quelqu'un de près. SYN. assaillir, assiéger, attaquer, poursuivre, talonner.
▮ LITTÉRAIRE. Hâter une action. SYN. activer, bousculer, brusquer, hâter, précipiter – FAMILIER : expédier. CONTR. *ralentir, retarder.*
▮ Amener quelqu'un à. SYN. acculer, amener, contraindre, décider, encourager, engager, entraîner, exciter, exhorter, forcer, inciter, incliner, inviter, persuader, porter, pousser, prédisposer, prier – FAMILIER : embringuer.

presser *verbe transitif indirect*
▮ Exercer une pression sur. SYN. appuyer, peser. CONTR. *lâcher, relâcher.*

presser (se) *verbe pronominal*
▮ Appuyer son corps sur. SYN. se blottir, se lover, se pelotonner, se serrer.
▮ Aller en nombre quelque part. SYN. affluer, assaillir, assiéger, bouillonner, courir, déferler, se bousculer, se précipiter, s'entasser – FAMILIER : foncer, s'empiler.
▮ Se dépêcher de. SYN. allonger le pas, se dépêcher, se hâter – FAMILIER : s'activer, speeder – LITTÉRAIRE : faire diligence – POPULAIRE : se dégrouiller, se grouiller, se magner, se manier. CONTR. *atermoyer, fainéanter, flâner, paresser, prendre son temps, s'amuser, s'attarder, se prélasser, traîner* – FAMILIER : *buller, flemmarder, lézarder, se baguenauder, traînailler, traînasser* – POPULAIRE : *glander.*

pression *nom féminin*
▮ Action de contraindre. SYN. coercition, contrainte, force. CONTR. *liberté, licence.*

pressurer *verbe*
▮ Comprimer un fruit. SYN. écraser, extraire, presser.
▮ Accabler quelqu'un. SYN. accabler, charger, exploiter, grever, parasiter.

prestance *nom féminin*
▮ Maintien qui en impose. SYN. allure, chic, classe, distinction, élégance, grandeur, noblesse, prestige – LITTÉRAIRE : majesté, tournure.

preste *adjectif*
▮ Qui a des gestes rapides. SYN. adroit, agile, alerte, léger, leste, rapide, vif, vite – LITTÉRAIRE : prompt. CONTR. *alourdi, lent, lourd* – FAMILIER : *pataud.*

prestement *adverbe*
▮ D'une manière preste. SYN. agilement, alertement, lestement, promptement, rapidement, rondement, vivement. CONTR. *lentement, lourdement, pesamment.*

prestesse *nom féminin*
▮ LITTÉRAIRE. Caractère preste. SYN. adresse, agilité, célérité, précipitation, rapidité, vitesse – LITTÉRAIRE : promptitude, vélocité, vivacité. CONTR. *gaucherie, lenteur, lourdeur, maladresse, pesanteur.*

prestige *nom masculin*
▮ Caractère distingué. SYN. allure, chic, classe, distinction, noblesse, prestance – LITTÉRAIRE : majesté, tournure.
▮ Ce qui force l'admiration. SYN. brillant, empire, enchantement, envoûtement, fascination, gloire, importance, magie, pouvoir, rayonnement – LITTÉRAIRE : crédit, splendeur.

prestigieux *adjectif*
▮ Qui jouit d'un grand prestige. SYN. brillant, éblouissant, éclatant, fascinant, glorieux, grand, grandiose, illustre, imposant, marquant, remarquable, renommé, réputé – FAMILIER : fabuleux. CONTR. *ignoré, obscur, ordinaire, petit.*

présumé *adjectif*
▮ Considéré tel par supposition. SYN. censé, dit, prétendu, soi-disant, supposé, tenu pour – LITTÉRAIRE : réputé. CONTR. *attesté, authentifié, authentique, avéré, confirmé, démontré, évident, incontestable, incontesté, indéniable, indubitable, patent, prouvé, sûr, véridique, vérifié, vrai.*

présumer *verbe*
▮ Croire d'après certains indices. SYN. attendre, augurer, conjecturer, croire, penser, poser, postuler, prévoir, s'attendre à, soupçonner, supposer, supputer – LITTÉRAIRE : préjuger.

présupposer *verbe*
▮ Admettre en préalable. SYN. conjecturer, induire, poser, postuler, supposer.

prêt *adjectif*
▮ Dont la préparation est terminée. SYN. au point, disponible, préparé. CONTR. *hors d'état.*

/ Disposé à une action. SYN. décidé, déterminé, en état de, en mesure de, en passe de, en situation de, en voie de, mûr, résolu, sur le point de. CONTR. *hésitant, indécis, irrésolu.*

prêt *nom masculin*

/ Objet ou somme prêtés. SYN. crédit, emprunt.

prétendant *nom*

/ Personne qui revendique un trône. SYN. aspirant, candidat, postulant.

/ Celui qui veut épouser une femme. SYN. amoureux, poursuivant, soupirant –VIEUX: galant.

prétendre *verbe transitif*

/ Donner pour vrai. SYN. affirmer, alléguer, avancer, déclarer, insinuer, raconter, soutenir.

/ Affirmer être capable de. SYN. se piquer de, se prévaloir, se targuer, se vanter.

/ Vouloir quelque chose. SYN. entendre, exiger, se flatter de, tenir à, vouloir.

prétendre *verbe transitif indirect*

/ Aspirer à quelque chose. SYN. ambitionner, aspirer, briguer, désirer, réclamer, revendiquer, souhaiter, tendre à, viser, vouloir –LITTÉRAIRE: soupirer après.

prétendu *adjectif*

/ Qui n'est pas ce qu'il paraît être. SYN. faux, présumé, putatif, soi-disant, supposé. CONTR. *attesté, authentifié, authentique, avéré, confirmé, démontré, évident, incontestable, incontesté, indéniable, indubitable, patent, prouvé, sûr, véridique, vérifié, vrai.*

prétentieusement *adverbe*

/ De façon prétentieuse. SYN. emphatiquement, pompeusement. CONTR. *humblement, simplement.*

prétentieux *adjectif*

/ Qui dénote de la prétention. SYN. affecté, ampoulé, arrogant, avantageux, conquérant, emphatique, gourmé, guindé, imbu de soi-même, important, infatué, maniéré, orgueilleux, précieux, présomptueux, sophistiqué, suffisant, supérieur, vaniteux –FAMILIER: fiérot –LITTÉRAIRE: insolent, minaudier, outrecuidant, vain –VIEUX: affété. CONTR. *humble, modeste, simple.*

prétentieux *nom*

/ Personne qui se vante. SYN. arrogant, cuistre, faiseur, faraud, fier, insolent, orgueilleux, pédant, poseur, présomptueux, vaniteux, vantard –FAMILIER: crâneur, fiérot –LITTÉRAIRE: fat. CONTR. *modeste.*

prétention *nom féminin*

/ Réclamation d'un droit. SYN. ambition, desiderata, exigence, requête, revendication, visée.

/ Attitude prétentieuse. SYN. amour-propre, arrogance, cuistrerie, fatuité, gloriole, orgueil, pédanterie, pédantisme, présomption, suffisance, vanité –LITTÉRAIRE: infatuation, outrecuidance, superbe. CONTR. *humilité, modestie, simplicité.*

prêter *verbe transitif*

/ Céder pour un temps. SYN. céder, confier, passer. CONTR. *rembourser, rendre.*

/ Attribuer quelque chose à quelqu'un. SYN. accorder, attacher, attribuer, imputer, reconnaître, supposer.

/ Participer gracieusement à. SYN. apporter, donner, fournir, ménager, offrir.

prêter *verbe transitif indirect*

/ Donner l'occasion de. SYN. appeler, causer, donner lieu à, donner matière à, engendrer, être sujet à, supposer.

prêter (se) *verbe pronominal*

/ Consentir à quelque chose. SYN. accepter, acquiescer, adhérer, admettre, céder, condescendre, daigner. CONTR. *dédaigner, faire fi de, refuser, repousser, se défendre.*

/ Être propre à une activité. SYN. aller, cadrer avec, convenir, correspondre à, s'adapter –LITTÉRAIRE: seoir.

prêteur *nom*

/ Personne qui consent un prêt. SYN. bailleur de fonds, usurier. CONTR. *débiteur, emprunteur.*

prétexte *nom masculin*

/ Raison fallacieuse. SYN. allégation, argument, couverture, échappatoire, excuse, faux-fuyant, motif, pantalonnade, raison, subterfuge.

/ Occasion d'agir. SYN. matière, objet, sujet.

prétexter *verbe*

/ Donner comme prétexte. SYN. alléguer, arguer de, avancer, feindre, invoquer, objecter, s'autoriser de, simuler.

prêtre *nom masculin*

/ Membre du clergé. SYN. abbé, ecclésiastique –FAMILIER: curé –LITTÉRAIRE: pasteur –VIEUX: ministre.

preuve *nom féminin*

/ Élément qui prouve un fait. SYN. argument, critère, démonstration, document, indice, raisonnement. CONTR. *présomption, supposition.*

/ Témoignage d'une réalité. SYN. assurance, exemple, gage, illustration, indication, marque, signe, témoignage, témoin.

prévaloir *verbe*

/ Avoir l'avantage sur. SYN. dominer, l'emporter, prédominer, primer, régner, s'imposer, triompher.

prévaloir (se) *verbe pronominal*

/ Tirer avantage de. SYN. alléguer, arguer, prétendre, s'autoriser de, se flatter, se glorifier, se piquer, se recommander, se targuer, se vanter, s'enorgueillir.

prévarication *nom féminin*

/ Fait de manquer à ses obligations. SYN. concussion, malversation –LITTÉRAIRE: exaction –VIEUX: forfaiture, péculat.

prévenance *nom féminin*

/ Attitude prévenante. SYN. affabilité, amabilité, attention, complaisance, égards, empressement, gentillesse, ménagement, obligeance, serviabilité, sollicitude –FAMILIER: petits soins –LITTÉRAIRE: délicatesse, gracieuseté. CONTR. *brusquerie, brutalité* –LITTÉRAIRE: *désobligeance.*

prévenant *adjectif*

/ Qui cherche à faire plaisir. SYN. aimable, attentif, attentionné, complaisant, délicat, empressé, gentil, obligeant, serviable. CONTR. *bourru, brusque, déplaisant, désagréable, désobligeant, malveillant, revêche.*

prévenir *verbe*

/ Satisfaire un désir. SYN. aller au-devant, anticiper, devancer.

/ Tenter d'empêcher. SYN. conjurer, éviter, pallier, parer à, remédier à –LITTÉRAIRE: obvier à.

/ Informer par avance. SYN. alerter, avertir, aviser, faire part, informer.

prévention *nom féminin*

/ A priori défavorable. SYN. animosité, antipathie, aversion, idée préconçue, idée reçue, méfiance, parti pris, partialité, préconception, préjugé. CONTR. *amour, sympathie.*

prévenu *adjectif*

/ Qui a un jugement a priori. SYN. partial, subjectif, tendancieux. CONTR. *impartial, objectif.*

prévisible *adjectif*

/ Qui peut être prévu. SYN. attendu, calculable, présumable. CONTR. *déconcertant, déroutant, impondérable, impossible, imprévisible, imprévu, inattendu, inopiné.*

prévision *nom féminin*

/ Ce qu'on prévoit. SYN. anticipation, attente, calcul, conjecture, estimation, hypothèse, perspective, prédiction, présage, pronostic.

prévoir *verbe*

/ Envisager comme possible. SYN. augurer, calculer, compter sur, conjecturer, deviner, entrevoir, envisager, flairer, prédire, pressentir, présumer, pronostiquer, prophétiser, s'attendre à –LITTÉRAIRE: présager.

/ Prendre ses dispositions. SYN. arranger, combiner, organiser, planifier, préparer. CONTR. *improviser.*

prévoyance *nom féminin*

/ Caractère prévoyant. SYN. circonspection, précaution, prudence, vigilance. CONTR. *imprévoyance, imprudence, inconscience, insouciance, négligence.*

prévoyant *adjectif*

/ Qui sait prévoir. SYN. avisé, circonspect, précautionneux, prudent, réfléchi, sage, vigilant. CONTR. *étourdi, hardi, imprévoyant, imprudent, insouciant, irréfléchi, léger, négligent* –LITTÉRAIRE: *insoucieux.*

prévu *adjectif*

/ Auquel on a pensé. SYN. conçu, envisagé, pressenti, programmé. CONTR. *éventuel, fortuit, imprévu, inattendu, inopiné, occasionnel, soudain, surprenant.*

prier *verbe*

/ Demander avec déférence. SYN. adjurer, demander, presser, recommander, sommer, supplier –LITTÉRAIRE: conjurer, enjoindre, implorer, requérir.

prière *nom féminin*

/ Adresse à Dieu. SYN. invocation, oraison, oraison jaculatoire –VIEUX: éjaculation, orémus.

/ Demande instante. SYN. adjuration, demande, instance, invitation, requête, sollicitation, supplique, vœu –LITTÉRAIRE: conjuration, imploration, supplication.

primaire *adjectif*

/ Qui représente le premier degré de. SYN. élémentaire, fruste, primitif, rudimentaire, simple, simpliste. CONTR. *développé, évolué, perfectionné, raffiné, sophistiqué.*

primauté *nom féminin*

/ Premier rang. SYN. avantage, prédominance, prééminence, prépondérance, règne, supériorité, suprématie –LITTÉRAIRE: précellence, préexcellence.

prime *nom féminin*

/ Somme versée en plus du salaire. SYN. boni, commission, gratification, guelte, récompense –VIEUX: gracieuseté.

primer *verbe*

/ Avoir la primauté. SYN. dominer, l'emporter, prédominer, prévaloir, régner, s'imposer, surpasser, triompher de.

primesautier *adjectif*

/ Qui agit selon ses impulsions. SYN. impulsif, instinctif, naturel, spontané. CONTR. *calculateur, recherché, réfléchi.*

primitif *adjectif*

/ Qui est dans l'état d'origine. SYN. brut, initial, original, originel, premier –LITTÉRAIRE: naïf, originaire. CONTR. *actuel, contemporain, moderne, nouveau, récent.*

/ Qui n'a pas évolué. SYN. archaïque, barbare, élémentaire, fruste, grossier, primaire, rudimentaire, sauvage, sommaire. CONTR. *civilisé, évolué, perfectionné, raffiné, sophistiqué* –LITTÉRAIRE: *policé.*

primitivement *adverbe*

/ À l'origine. SYN. au commencement, au début, initialement, originairement, originellement, premièrement, tout d'abord.

primordial *adjectif*

/ Jugé très important. SYN. capital, cardinal, dominant, essentiel, fondamental, important, indispensable, maître, majeur, notable, prédominant, prééminent, premier, prépondérant, principal, substantiel, vital. CONTR. *accessoire, adventice, annexe, auxiliaire, incident, marginal, mineur, second, secondaire, subalterne, subsidiaire.*

prince *nom masculin*

/ Le premier dans un domaine. SYN. autorité, célébrité, gloire, maître, roi, seigneur, sommité.

princier *adjectif*

/ Digne d'un prince. SYN. fastueux, grandiose, luxueux, magnifique, majestueux, royal, somptueux, splendide, superbe –LITTÉRAIRE: pompeux.

princièrement *adverbe*

/ De façon princière. SYN. fastueusement, grandement, luxueusement, magnifiquement, richement, royalement, somptueusement, splendidement, superbement –LITTÉRAIRE: sublimement. CONTR. *modestement, pauvrement.*

principal *adjectif*

/ Qui prime sur d'autres choses. SYN. capital, cardinal, central, décisif, dominant, essentiel, fondamental, maître, majeur, prédominant, prééminent, premier, primordial, vital. CONTR. *accessoire, adventice, annexe, auxiliaire, complémentaire, incident, marginal, second, secondaire, subalterne, subsidiaire.*

principal *nom masculin*

/ Ce qu'il y a de plus important. SYN. essentiel. CONTR. *accessoire, à-côté, détail.*

principalement *adverbe*

/ En premier lieu. SYN. en particulier, essentiellement, notamment, par-dessus tout, particulièrement, singulièrement, spécialement, surtout.

principe *nom masculin*

/ LITTÉRAIRE. Cause première. SYN. agent, cause, germe, mère, origine, point de départ, source. CONTR. *conséquence.*

/ Base d'une organisation. SYN. axe, base, élément, fondement, notion, rudiment.

/ Proposition de départ. SYN. axiome, donnée, hypothèse, maxime, postulat, prémisse.
/ Règle morale. SYN. conviction, loi, norme, précepte, règle.

prioritairement *adverbe*
/ En priorité. SYN. au premier chef, avant tout, avant toute chose, d'abord, en premier lieu. CONTR. *en dernier lieu.*

priorité *nom féminin*
/ Fait de passer avant. SYN. poids, primauté, supériorité, suprématie –LITTÉRAIRE: précellence.

pris *adjectif*
/ Qui a son temps occupé. SYN. absorbé, accaparé, affairé, bousculé, chargé, débordé, occupé, surchargé. CONTR. *désœuvré, disponible, inoccupé, libre.*

prise *nom féminin*
/ Action de s'emparer de. SYN. conquête, enlèvement, occupation.
/ Ce dont on s'est saisi. SYN. butin, capture, proie, trophée.
/ Action d'absorber. SYN. absorption, ingestion.

prisé *adjectif*
/ LITTÉRAIRE. Que l'on apprécie. SYN. apprécié, coté, couru, demandé, en vogue, estimé, recherché.

priser *verbe*
/ LITTÉRAIRE. Faire cas de. SYN. admirer, aimer, apprécier, estimer, goûter, honorer, savourer. CONTR. *condamner, déprécier, mépriser, mésestimer, rabaisser.*

prison *nom féminin*
/ Établissement pénitentiaire. SYN. maison centrale, maison d'arrêt, pénitencier –ARGOTIQUE: ballon –FAMILIER: violon –POPULAIRE: bloc, cabane, taule, tôle.

prisonnier *adjectif*
/ Privé de liberté. SYN. séquestré –LITTÉRAIRE: captif, reclus. CONTR. *affranchi, libéré, libre.*
/ Sous la dépendance de. SYN. asservi, dépendant, esclave, tributaire. CONTR. –FAMILIER: *affranchi.*

prisonnier *nom*
/ Personne qui est en prison. SYN. détenu –LITTÉRAIRE: captif –POPULAIRE: taulard, tôlard.

privation *nom féminin*
/ Fait d'être privé de. SYN. dépossession, disparition, frustration, interdiction, perte, suppression –LITTÉRAIRE: spoliation.
/ Fait de se priver du nécessaire. SYN. carence, jeûne, pénurie, renoncement –LITTÉRAIRE: disette, renonciation. CONTR. *abondance, pléthore, profusion, surabondance.*

privé *adjectif*
/ Qui concerne quelqu'un en particulier. SYN. intime, personnel, propre. CONTR. *professionnel.*
/ Qui se fait sans témoins. SYN. individuel, officieux, particulier. CONTR. *collectif, officiel, public.*

priver *verbe*
/ Ôter la jouissance de. SYN. déposséder, dépouiller, enlever, frustrer, ôter, retirer, sevrer, supprimer –LITTÉRAIRE: spolier. CONTR. *bourrer, combler, donner, fournir, gaver, munir, nantir, nourrir.*

priver (se) *verbe pronominal*
/ S'ôter la jouissance de. SYN. éviter, renoncer, s'abstenir, se départir, se dépouiller, se dessaisir, se passer, se refuser.
/ S'imposer des privations. SYN. faire des sacrifices, se saigner aux quatre veines –FAMILIER: faire ceinture, se serrer d'un cran, se serrer la ceinture. CONTR. *brûler la chandelle par les deux bouts, dépenser sans compter, dilapider, gaspiller, jeter l'argent par les fenêtres, mener grand train, ne manquer de rien, vivre dans l'opulence, vivre sur un grand pied.*

privilège *nom masculin*
/ Avantage exclusif. SYN. apanage, attribut, avantage, bénéfice, exclusivité, faveur, grâce, monopole, passe-droit, prérogative, propre –LITTÉRAIRE: don.

privilégié *adjectif*
/ Qui jouit de privilèges. SYN. cossu, fortuné, huppé, nanti, opulent, riche –FAMILIER: argenté. CONTR. *déshérité, pauvre* –FAMILIER: *désargenté.*
/ Qui est avantageux. SYN. exceptionnel, extraordinaire, idéal, idyllique, parfait.
/ Qui a de la chance. SYN. avantagé, favorisé. CONTR. *défavorisé, désavantagé, handicapé, lésé.*

privilégié *nom*

/ Personne favorisée. SYN. élu, favori, favorisé. CONTR. *déshérité, exclu, paria* –LITTÉRAIRE: *réprouvé.*

privilégier *verbe*

/ Accorder un privilège. SYN. appuyer, avantager, favoriser, protéger. CONTR. *défavoriser, désavantager, déshériter, handicaper, léser.*

prix *nom masculin*

/ Valeur d'échange d'un bien. SYN. cours, coût, tarif, taux, valeur.

/ Ce qu'il en coûte pour réussir. SYN. paiement, payement, rançon, salaire –LITTÉRAIRE: tribut.

probabilité *nom féminin*

/ Caractère probable. SYN. chances, potentialité, virtualité –LITTÉRAIRE: plausibilité. CONTR. *impossibilité, improbabilité.*

/ Événement probable. SYN. conjecture, hypothèse, possibilité, vraisemblance. CONTR. *chimère, illusion, impossibilité, improbabilité, rêve, utopie* –LITTÉRAIRE: *songe.*

probable *adjectif*

/ Que l'on considère comme vrai. SYN. admissible, croyable, plausible, vraisemblable. CONTR. *inadmissible, incroyable, invraisemblable.*

/ Qui a des chances de se produire. SYN. envisageable, possible. CONTR. *impossible, improbable.*

probablement *adverbe*

/ Selon toute probabilité. SYN. apparemment, censément, peut-être, sans doute, selon toute vraisemblance, vraisemblablement. CONTR. *assurément, certainement, sûrement.*

probant *adjectif*

/ Qui prouve. SYN. concluant, convaincant, décisif, démonstratif, éloquent, irrésistible, parlant, persuasif.

probe *adjectif*

/ LITTÉRAIRE. D'une stricte honnêteté. SYN. carré, consciencieux, droit, fair-play, honnête, incorruptible, intègre, irréprochable, juste, loyal, scrupuleux –LITTÉRAIRE: vertueux. CONTR. *déloyal, fourbe, indélicat, malhonnête, retors, vénal, vendu, véreux* –LITTÉRAIRE: *corrompu, improbe.*

probité *nom féminin*

/ Caractère probe. SYN. bonne foi, conscience, droiture, honnêteté, honorabilité, incorruptibilité, intégrité, loyauté, moralité, pureté, rectitude, sincérité. CONTR. *abjection, déloyauté, duplicité, fourberie, indélicatesse, malhonnêteté, mauvaise foi, partialité, vénalité* –LITTÉRAIRE: *improbité, infidélité.*

problématique *adjectif*

/ Dont l'issue est douteuse. SYN. aléatoire, douteux, hasardé, hasardeux, hypothétique, improbable, incertain –LITTÉRAIRE: chanceux. CONTR. *assuré, certain, évident, formel, incontestable, indéniable, indiscutable, indubitable, inévitable, irréfutable, manifeste, palpable, sûr.*

problème *nom masculin*

/ Question à résoudre. SYN. affaire, énigme, histoire, question, sujet.

/ Difficulté rencontrée. SYN. complication, difficulté, embarras, souci –FAMILIER: embêtement, histoire.

procédé *nom masculin*

/ Manière de se comporter. SYN. agissement, comportement, conduite, manière –LITTÉRAIRE: errements.

/ Méthode pratique. SYN. ficelle, mécanisme, méthode, moyen, pratique, processus, recette, secret, système, technique –FAMILIER: truc –LITTÉRAIRE: artifice.

procéder *verbe intransitif*

/ Opérer de telle façon. SYN. agir, aller, avancer, opérer, progresser.

procéder *verbe transitif indirect*

/ Faire quelque chose. SYN. accomplir, effectuer, exécuter, mettre à exécution, opérer, pratiquer, réaliser, se livrer à, se prendre à.

/ Être la conséquence de. SYN. découler, dériver, émaner, participer, provenir, relever, remonter à, résulter, se rattacher, tenir de, venir de –LITTÉRAIRE: ressortir à. CONTR. *causer, provoquer, susciter.*

procédurier *adjectif*

/ Qui aime la procédure. SYN. ergoteur –FAMILIER: discutailleur –LITTÉRAIRE: processif –VIEUX: avocassier, chicaneur, chicanier.

procès *nom masculin*
/ Instance en justice. SYN. action, affaire, cause, chicane. CONTR. *accord, arrangement.*
/ Enchaînement de faits. SYN. cours, déroulement, développement, évolution, marche, processus, progrès.

processif *adjectif*
/ LITTÉRAIRE. Qui aime intenter des procès. SYN. ergoteur, procédurier –VIEUX: avocassier, chicaneur, chicanier.

procession *nom féminin*
/ Longue suite de personnes, etc. SYN. chapelet, cortège, défilé, file, succession –FAMILIER: ribambelle –LITTÉRAIRE: séquelle, théorie.

processus *nom masculin*
/ Enchaînement de faits. SYN. cours, déroulement, développement, évolution, film, marche, montée, procès, progrès.
/ Procédé technique. SYN. ficelle, mécanisme, méthode, moyen, pratique, procédé, recette, secret, système, technique –LITTÉRAIRE: artifice.

procès-verbal *nom masculin*
/ Acte rédigé par un agent. SYN. constat, contravention –FAMILIER: contredanse, P.-V., papillon, prune.
/ Compte-rendu officiel. SYN. compte-rendu, état, rapport.

prochain *adjectif*
/ Qui suit immédiatement. SYN. premier, suivant. CONTR. *dernier, éloigné, lointain.*
/ Qui va arriver. SYN. futur, immédiat, imminent, proche. CONTR. *éloigné, lointain.*

prochain *nom masculin*
/ Toute personne semblable. SYN. autrui, intime, proche, semblable –LITTÉRAIRE: familier. CONTR. *étranger.*

prochainement *adverbe*
/ Dans un avenir proche. SYN. avant peu, bientôt, dans peu de temps, dans un instant, incessamment, sous peu, vite.

proche *adjectif*
/ Qui doit arriver sous peu. SYN. futur, immédiat, imminent, prochain. CONTR. *éloigné, lointain, reculé.*
/ Qui est près, dans l'espace. SYN. à côté, adjacent, attenant, avoisinant, contigu, environnant, rapproché, voisin –LITTÉRAIRE: circonvoisin, jouxtant. CONTR. *distant, écarté, éloigné, lointain, reculé.*
/ Qui a des points communs avec. SYN. analogue, approchant, comparable, parallèle, semblable, similaire. CONTR. *contraire, différent, discordant, dissemblable, opposé.*
/ Qui a des affinités avec. SYN. intime. CONTR. *distant, éloigné, fermé, froid, fuyant, impénétrable, renfermé.*

proches *nom masculin pluriel*
/ Parents, amis intimes. SYN. cercle, entourage, intimes –LITTÉRAIRE: familiers.

proclamation *nom féminin*
/ Action de proclamer. SYN. adresse, annonce, discours, notification, promulgation, publication, révélation.
/ Ce qui est proclamé. SYN. appel, avis, bulletin, communiqué, déclaration, manifestation, manifeste, profession de foi.

proclamer *verbe*
/ Faire connaître publiquement. SYN. affirmer, annoncer, déclarer, notifier, promulguer, publier, révéler. CONTR. *cacher, dissimuler* –LITTÉRAIRE: *celer.*
/ LITTÉRAIRE. Affirmer avec force. SYN. claironner, clamer, colporter, corner, crier, manifester, tambouriner –FAMILIER: carillonner –LITTÉRAIRE: confesser –VIEUX: trompeter.

procréer *verbe*
/ LITTÉRAIRE. Donner la vie à un enfant. SYN. engendrer –LITTÉRAIRE: enfanter.

procurer *verbe*
/ Mettre à la disposition de. SYN. assurer, donner, fournir, gratifier, ménager, nantir, octroyer, offrir, pourvoir.
/ Être la cause de. SYN. amener, apporter, attirer, causer, donner lieu à, donner matière à, entraîner, faire naître, occasionner, produire, provoquer, susciter, valoir. CONTR. *épargner, éviter.*

procurer (se) *verbe pronominal*
/ Faire en sorte d'obtenir. SYN. acquérir, dénicher, obtenir, se ménager, trouver –FAMILIER: décrocher. CONTR. *se débarrasser, se défaire, se séparer de.*

prodigalité *nom féminin*

/ Caractère prodigue. SYN. générosité, libéralité –LITTÉRAIRE: largesse, magnificence, munificence. CONTR. *avarice, cupidité* –FAMILIER: *pingrerie, radinerie, radinisme* –LITTÉRAIRE: *ladrerie, lésine, lésinerie, rapacité.*

/ Acte de générosité. SYN. largesses, libéralités –LITTÉRAIRE: don.

/ LITTÉRAIRE. Présence excessive de. SYN. débauche, déploiement, étalage, foisonnement, luxe, orgie, profusion, surabondance. CONTR. *économie, parcimonie.*

prodige *nom masculin*

/ Événement extraordinaire. SYN. miracle, phénomène, présage, signe.

/ Personne très douée. SYN. cerveau, chef-d'œuvre, génie, merveille, phénomène, surdoué –FAMILIER: aigle, as, champion, crack –LITTÉRAIRE: lumière, phénix. CONTR. *nul, nullité* –FAMILIER: *nullard.*

prodigieusement *adverbe*

/ Au plus haut point. SYN. abominablement, admirablement, affreusement, au dernier point, beaucoup, bien, considérablement, effroyablement, énormément, épouvantablement, exceptionnellement, excessivement, extraordinairement, extrêmement, fabuleusement, follement, hautement, horriblement, immensément, immodérément, incroyablement, infiniment, merveilleusement, monstrueusement, mortellement, parfaitement, particulièrement, profondément, puissamment, remarquablement, supérieurement, suprêmement, terriblement, tout à fait, très, trop, vertigineusement –FAMILIER: atrocement, bigrement, bougrement, diablement, drôlement, fichtrement, fichûment, formidablement, joliment, méchamment, royalement, rudement, sacrément, superlativement, tout plein –LITTÉRAIRE: diantrement, furieusement –POPULAIRE: foutrement, salement, vachement –VIEUX: fièrement. CONTR. *faiblement, légèrement, modérément, moyennement, pas du tout, pas le moins du monde, passablement, peu.*

prodigieux *adjectif*

/ LITTÉRAIRE. Qui tient du prodige. SYN. fantastique, féerique, merveilleux, miraculeux –LITTÉRAIRE: surnaturel.

/ Indique un très haut degré. SYN. colossal, d'exception, effarant, étonnant, étourdissant, exceptionnel, fantastique, formidable, fou, génial, gigantesque, imposant, impressionnant, incalculable, incroyable, inimaginable, inouï, mirifique, monstrueux, phénoménal, sans précédent, spectaculaire, surprenant –FAMILIER: énorme, époustouflant, fabuleux, faramineux, furieux, monstre, monumental, sensationnel, terrible –POPULAIRE: bœuf.

prodigue *adjectif*

/ Qui dépense sans mesure. SYN. dépensier, dilapidateur, gaspilleur –LITTÉRAIRE: dissipateur. CONTR. *économe, parcimonieux, regardant, serré.*

/ Qui donne sans compter. SYN. généreux, large –LITTÉRAIRE: libéral. CONTR. *avare* –FAMILIER: *chiche, chien, pingre, radin, rapiat, rat* –LITTÉRAIRE: *avaricieux, cupide, ladre, lésineur, rapace.*

prodiguer *verbe*

/ Dépenser sans compter. SYN. dépenser, dilapider, engloutir, éparpiller, gaspiller, manger –LITTÉRAIRE: dissiper. CONTR. *accumuler, amasser, économiser, entasser, épargner, lésiner sur, marchander, ménager, plaindre, regretter, thésauriser.*

/ Faire montre de. SYN. affecter, afficher, déployer, dispenser, distribuer, donner, manifester, marquer, porter, témoigner.

prodrome *nom masculin*

/ LITTÉRAIRE. Signe annonciateur. SYN. annonce, indice, préambule, préfiguration, prélude, présage, prologue, signal, signe, symptôme –LITTÉRAIRE: messager.

productif *adjectif*

/ Qui produit quelque chose. SYN. fertile, riche –LITTÉRAIRE: fécond, généreux. CONTR. *aride, improductif, infécond, infertile, ingrat, maigre, pauvre, stérile.*

/ Qui rapporte de l'argent. SYN. avantageux, bénéfique, fructueux, intéressant, lucratif, payant, profitable, rémunérateur, rentable.

production *nom féminin*

/ Action de produire. SYN. création, émission, fabrication, formation, genèse, obtention, réalisation –LITTÉRAIRE: enfantement. CONTR. *anéantissement, destruction.*

/ Ce qui est produit. SYN. œuvre, produit.

productivité *nom féminin*

/ Caractère productif. SYN. efficacité, efficience, fertilité, rendement –LITTÉRAIRE: fécondité. CONTR. *aridité, infécondité, stérilité* –LITTÉRAIRE: *infertilité.*

produire *verbe*

/ Assurer la production de. SYN. fabriquer, faire, fournir, opérer. CONTR. *détruire.*

/ Créer une œuvre. SYN. composer, écrire, élaborer –FAMILIER: pondre –LITTÉRAIRE: élucubrer.

/ Former naturellement. SYN. donner, fournir, porter, rapporter, rendre –LITTÉRAIRE: sécréter.

/ Faire naître un sentiment. SYN. amener, apporter, causer, créer, déclencher, déterminer, engendrer, entraîner, occasionner, procurer, provoquer, soulever, susciter.

/ Faire état de quelque chose. SYN. alléguer, citer, exhiber, exposer, invoquer, montrer, présenter.

produire (se) *verbe pronominal*

/ Avoir lieu. SYN. advenir, arriver, avoir lieu, intervenir, s'accomplir, se déclencher, se dérouler, se faire, se passer, s'opérer, surgir, survenir, venir –LITTÉRAIRE: s'exercer.

produit *nom masculin*

/ Ce que produit l'homme ou la nature. SYN. article, denrée, fourniture, fruits, marchandise, objet, production.

/ Ce qui résulte d'une activité. SYN. effet, fruit, rançon, résultante, résultat.

/ Sommes obtenues. SYN. bénéfices, fonds, gain, profit, rapport, recette.

proéminence *nom féminin*

/ LITTÉRAIRE. Partie proéminente. SYN. bosse, bourrelet, éminence, excroissance, protubérance, saillie.

proéminent *adjectif*

/ Qui est nettement en relief. SYN. bombé, protubérant, renflé, saillant. CONTR. *creux, rentrant.*

profanateur *nom*

/ LITTÉRAIRE. Personne qui profane. SYN. blasphémateur, sacrilège –LITTÉRAIRE: impie, violateur.

profanation *nom féminin*

/ Action de profaner. SYN. sacrilège, violation –LITTÉRAIRE: impiété. CONTR. *respect.*

/ Action d'avilir ce qui est précieux. SYN. altération, avilissement, dégradation, dépravation –LITTÉRAIRE: corruption, flétrissure, prostitution.

profane *adjectif*

/ Étranger aux choses sacrées. SYN. païen. CONTR. *divin, religieux, sacré.*

profane *nom*

/ Personne inexpérimentée. SYN. béotien, ignorant, incompétent, novice –LITTÉRAIRE: philistin. CONTR. *expert, initié* –LITTÉRAIRE: *savant.*

profaner *verbe*

/ Violer le caractère sacré de. SYN. polluer, violer –LITTÉRAIRE: blasphémer. CONTR. *consacrer, purifier.*

/ Faire un mauvais usage de. SYN. avilir, dépraver, discréditer, entacher, galvauder –LITTÉRAIRE: flétrir, prostituer. CONTR. *honorer, observer, respecter, vénérer.*

proférer *verbe*

/ Prononcer à haute voix. SYN. articuler, crier, débiter, dire, émettre, énoncer, exprimer, pousser, prononcer –FAMILIER: cracher, sortir –LITTÉRAIRE: éructer. CONTR. *taire.*

professeur *nom masculin*

/ Personne qui enseigne. SYN. éducateur, enseignant, maître, pédagogue. CONTR. *apprenti, disciple, élève.*

profession *nom féminin*

/ Métier exercé. SYN. charge, emploi, fonction, métier, place, position, poste, situation, travail –LITTÉRAIRE: état, office.

professionnel *nom*

/ Personne qui connaît son métier. SYN. spécialiste, technicien. CONTR. *amateur, dilettante.*

professoral *adjectif*

/ Qui a un caractère pédant. SYN. doctoral, magistral, pédant, sentencieux, solennel –FAMILIER: pontifiant, prêcheur –LITTÉRAIRE: pédantesque.

profiler (se) *verbe pronominal*

/ Se présenter de profil. SYN. se découper, se dessiner, se détacher –LITTÉRAIRE: se silhouetter.

/ Avoir un début de réalité. SYN. apparaître, paraître, se faire jour, s'ébaucher, s'esquisser –LITTÉRAIRE: poindre, pointer.

profit *nom masculin*

- Gain tiré d'une opération. SYN. bénéfice, boni, gain, produit, rapport, recette. CONTR. *déficit, perte.*
- Bénéfice intellectuel. SYN. avantage, bienfait, fruit, intérêt, parti, utilité. CONTR. *désavantage, mal, méfait, préjudice.*

profitable *adjectif*

- Dont on peut tirer profit. SYN. avantageux, bon, formateur, fructueux, instructif, intéressant, lucratif, payant, productif, rémunérateur, rentable, salutaire, utile. CONTR. *désavantageux, dommageable, funeste, infructueux, inutile, mauvais, nocif, nuisible, préjudiciable, regrettable.*

profiter *verbe intransitif*

- FAMILIER. Se développer. SYN. croître, grandir, grossir, pousser –FAMILIER: forcir.

profiter *verbe transitif indirect*

- Tirer un profit de. SYN. bénéficier, exploiter, jouir de, se servir de, tirer avantage, tirer parti, tirer profit, utiliser. CONTR. *dédaigner, faire fi de, gâcher, gaspiller, laisser échapper, mépriser, refuser, renoncer, sacrifier.*
- Procurer un avantage à. SYN. être profitable, être utile, rapporter, réussir, servir.
- Tirer un profit abusif de. SYN. abuser, exploiter, parasiter.

profiteur *nom*

- Personne qui profite d'autrui. SYN. exploiteur, parasite –FAMILIER: pique-assiette –LITTÉRAIRE: sangsue –VIEUX: écornifleur.

profond *adjectif*

- D'une grande profondeur. SYN. creux, encaissé, enfoncé, insondable –FAMILIER: abyssal.
- Se dit d'un son grave. SYN. bas, caverneux –LITTÉRAIRE: sépulcral. CONTR. *aigre, aigu, bref, perçant, petit, strident* –LITTÉRAIRE: *cristallin.*
- Qui est fondamental. SYN. essentiel, éternel, majeur, vital. CONTR. *accidentel, byzantin, frivole, futile, oiseux, passager, vide* –LITTÉRAIRE: *vain.*
- Marque l'intensité. SYN. complet, énorme, extrême, grand, important, infini, intense, majeur, poussé –FAMILIER: crasse. CONTR. *léger, superficiel.*
- Qui montre de la finesse. SYN. clairvoyant, intelligent, lucide, pénétrant, sagace, sérieux. CONTR. *borné, étriqué, obtus, superficiel* –FAMILIER: *bouché.*
- Qui est dense. SYN. dense, épais, obscur, sombre.
- Qui touche à l'intimité. SYN. foncier, intime, secret, vrai. CONTR. *apparent, factice, feint, perceptible, sensible, visible.*

profondément *adverbe*

- D'une manière extrême. SYN. à fond, abominablement, affreusement, ardemment, bien, complètement, effroyablement, entièrement, épouvantablement, exceptionnellement, excessivement, extraordinairement, extrêmement, follement, foncièrement, grandement, hautement, horriblement, immensément, immodérément, incroyablement, infiniment, intensément, mortellement, particulièrement, pleinement, prodigieusement, puissamment, sérieusement, suprêmement, terriblement, totalement, très, vertigineusement, vivement –FAMILIER: atrocement, bigrement, bougrement, diablement, fameusement, fichtrement, formidablement, joliment, méchamment, rudement –LITTÉRAIRE: furieusement –POPULAIRE: salement, vachement. CONTR. *à demi, à moitié, à peine, faiblement, guère, insuffisamment, légèrement, médiocrement, modestement, partiellement, peu, superficiellement, un peu* –FAMILIER: *un tantinet.*

profondeur *nom féminin*

- Distance du fond à la surface. SYN. grandeur, hauteur. CONTR. *surface.*
- Caractère pénétrant. SYN. acuité, finesse, lucidité, perspicacité, pertinence, richesse, sagacité, sagesse, subtilité. CONTR. *banalité, étroitesse, futilité, légèreté, pauvreté, platitude* –LITTÉRAIRE: *superficialité.*

profondeurs *nom féminin pluriel*

- Lieux loin de la surface. SYN. abysse, fond, gouffre –LITTÉRAIRE: abîme.

profusion *nom féminin*

- Abondance de choses. SYN. abondance, affluence, débauche, débordement, déluge, excès, exubérance, flux, foison, luxe, masse, monceau, montagne, multiplicité, orgie, pléthore, pluie, prolifération, pullulement, surabondance –FAMILIER: pelletée –LITTÉ-

RAIRE : prodigalité. CONTR. *absence, carence, indigence, insuffisance, manque, pauvreté, pénurie, privation, rareté* – LITTÉRAIRE : *disette*.

programme *nom masculin*
/ Organisation du temps. SYN. calendrier, emploi du temps, planning.
/ Intentions d'action. SYN. dessein, objectifs, plan, plate-forme, projet.

programmer *verbe*
/ Établir à l'avance. SYN. compter, organiser, planifier.

progrès *nom masculin*
/ Fait d'avancer. SYN. ascension, avancement, cours, marche, mouvement, pas, procès, processus, progression. CONTR. *piétinement, recul*.
/ Évolution favorable. SYN. amélioration, développement, essor, évolution, expansion, extension, gain, perfectionnement. CONTR. *décadence, déchéance, déclin, régression, rétrogradation, sclérose, stagnation* – LITTÉRAIRE : *décrépitude, dégénérescence*.

progresser *verbe*
/ Se déplacer. SYN. avancer, bouger, cheminer, marcher, se mouvoir. CONTR. *piétiner, reculer, s'arrêter, se retirer*.
/ Faire des progrès. SYN. croître, gagner du terrain, prospérer, s'améliorer, se développer, s'étendre. CONTR. *baisser, décliner, dégénérer, régresser, rétrograder, végéter*.

progressif *adjectif*
/ Qui se fait par degrés. SYN. croissant, graduel. CONTR. *brusque, brutal, instantané, subit*.

progression *nom féminin*
/ Action d'avancer. SYN. acheminement, ascension, avance, avancée, cheminement, marche, parcours.
/ Développement régulier. SYN. accroissement, amélioration, avancement, croissance, développement, essor, évolution, expansion, extension, progrès. CONTR. *recul, régression, rétrogradation*.

progressivement *adverbe*
/ De façon progressive. SYN. au fur et à mesure, crescendo, doucement, graduellement, insensiblement, par degrés, par paliers, pas à pas, petit à petit, peu à peu, pied à pied. CONTR. *brusquement, brutalement, d'un coup, soudain, subitement* – FAMILIER : *subito*.

prohibé *adjectif*
/ Interdit par la loi. SYN. clandestin, défendu, illégal, illicite, interdit. CONTR. *autorisé, légal, licite, permis*.

prohiber *verbe*
/ Interdire légalement. SYN. censurer, défendre, empêcher, interdire, mettre à l'index, proscrire. CONTR. *autoriser, légitimer, permettre*.

prohibitif *adjectif*
/ D'un prix exorbitant. SYN. cher, exorbitant, inabordable, onéreux, ruineux – FAMILIER : salé – LITTÉRAIRE : dispendieux. CONTR. *économique, modeste, raisonnable*.

prohibition *nom féminin*
/ Action de prohiber. SYN. censure, défense, interdiction, mise à l'index, proscription. CONTR. *autorisation, droit, liberté, licence*.

proie *nom féminin*
/ Ce que capture un animal. SYN. capture, prise.
/ Personne qu'on tourmente. SYN. bouc émissaire, cible, jouet, souffre-douleur, tête de Turc, victime.

projection *nom féminin*
/ Ce qui jaillit. SYN. crachement, éclaboussure, émission, éruption, giclée, jaillissement, jet.

projet *nom masculin*
/ But à atteindre. SYN. but, dessein, fin, idée, intention, objectif, plan, programme, propos, visée, vues.
/ Première ébauche. SYN. ébauche, esquisse, premier jet, schéma – LITTÉRAIRE : linéaments.

projeter *verbe*
/ Lancer vers le haut. SYN. cracher, éjecter, jeter, lancer, propulser.
/ Avoir l'intention de. SYN. caresser l'espoir, combiner, comploter, compter, envisager, parler, penser, préparer, se proposer de, songer. CONTR. *agir, réaliser*.

prolégomènes *nom masculin pluriel*
/ Longue introduction. SYN. préambule, préface, prologue.

prolétariat *nom masculin*

/ Ensemble des prolétaires. SYN. masses laborieuses, masses populaires, ouvriers, peuple, travailleurs. CONTR. *aristocratie, bourgeoisie, noblesse, patronat.*

prolifération *nom féminin*

/ Multiplication rapide. SYN. déluge, foisonnement, multiplication, multiplicité, pléthore, profusion, pullulement. CONTR. *raréfaction.*

proliférer *verbe*

/ Être très nombreux. SYN. abonder, affluer, foisonner, fourmiller, grouiller, pulluler – FAMILIER : fleurir. CONTR. *diminuer, disparaître, se raréfier.*

/ Se reproduire en grand nombre. SYN. se multiplier, se reproduire.

prolifique *adjectif*

/ Qui se multiplie vite. SYN. fécond, fertile. CONTR. *improductif, infécond, infertile, stérile.*

/ Qui écrit beaucoup. SYN. créateur, créatif, fécond, fertile, imaginatif, ingénieux, inventif. CONTR. *infécond, infertile, pauvre, stérile.*

prolixe *adjectif*

/ Chargé de détails inutiles. SYN. abondant, boursouflé, diffus, filandreux, long, redondant – FAMILIER : délayé, longuet. CONTR. *court, elliptique, lapidaire, ramassé, serré, sobre, succinct, télégraphique.*

/ Qui se perd en détails. SYN. bavard, causeur, diffus, loquace, verbeux, volubile – FAMILIER : jacasseur, jacassier, parlant – LITTÉRAIRE : disert, verveux – VIEUX : babillard. CONTR. *bref, concis, laconique, précis, sobre* – LITTÉRAIRE : *compendieux, succinct.*

prolixité *nom féminin*

/ LITTÉRAIRE. Caractère prolixe. SYN. bavardages, longueurs, redondance, remplissage, verbiage, verve, volubilité – FAMILIER : bagou, bagout, délayage, tchatche – LITTÉRAIRE : babil, faconde, loquacité, verbosité. CONTR. *brièveté, concision, laconisme, sobriété.*

prologue *nom masculin*

/ Début d'un ouvrage. SYN. avant-propos, avertissement, avis, exorde, introduction, notice, préambule, préface, présentation, prolégomènes. CONTR. *conclusion, épilogue, fin.*

/ Ce qui annonce quelque chose. SYN. annonce, avant-goût, ébauche, préalable, préambule, préface, préfiguration, préliminaire, prélude – LITTÉRAIRE : prémices, prodrome.

prolongation *nom féminin*

/ Action de prolonger. SYN. allongement, continuation, poursuite, prolongement, prorogation. CONTR. *arrêt, cessation, levée.*

prolongement *nom masculin*

/ Augmentation de longueur. SYN. allongement, continuation, extension, poursuite, prolongation. CONTR. *interruption, pause.*

/ Suites d'un événement. SYN. aboutissement, conséquence, contrecoup, développement, incidence, rançon, répercussion, retentissement, retombée, ricochet, suite.

prolonger *verbe*

/ Augmenter la longueur. SYN. allonger, continuer, rallonger. CONTR. *couper, diminuer, raccourcir.*

/ Faire durer. SYN. allonger, entretenir, éterniser, perpétuer, poursuivre, proroger. CONTR. *abréger, interrompre.*

prolonger (se) *verbe pronominal*

/ S'allonger dans le temps. SYN. continuer, durer, se maintenir, se perpétuer, se poursuivre, s'éterniser, traîner. CONTR. *passer.*

/ Avoir en prolongement. SYN. s'allonger, se continuer, se dérouler, se développer, s'étaler, s'étirer.

promenade *nom féminin*

/ Action de se promener. SYN. course, excursion, flânerie, marche, randonnée, sortie, tour, tournée – FAMILIER : balade, virée – LITTÉRAIRE : déambulation – POPULAIRE : vadrouille.

/ Lieu où l'on se promène. SYN. allée, cours, mail.

promener *verbe*

/ Conduire quelqu'un. SYN. guider, piloter, sortir, traîner, véhiculer – FAMILIER : balader.

/ Laisser aller çà et là. SYN. laisser errer, porter, transporter.

promener (se) *verbe pronominal*

/ Aller çà et là. SYN. aller, cheminer, déambuler, errer, flâner, marcher, musarder, passer, se déplacer, traîner – FAMILIER : baguenauder, se baguenauder, se balader – LITTÉRAIRE : badauder, muser – POPULAIRE : vadrouiller.

promeneur *nom*

/ Personne qui se promène. SYN. badaud, flâneur, marcheur, passant, piéton –VIEUX: excursionniste.

promesse *nom féminin*

/ Action de promettre. SYN. assurance, engagement, parole, serment –LITTÉRAIRE: foi.

prometteur *adjectif*

/ Plein de promesses. SYN. encourageant, engageant, porteur, stimulant. CONTR. *infécond, infertile.*

promettre *verbe*

/ S'engager à faire. SYN. assurer, certifier, donner sa parole, garantir, jurer.

/ Laisser espérer. SYN. annoncer, destiner, faire augurer, prédire, préparer, pronostiquer –LITTÉRAIRE: présager.

promettre (se) *verbe pronominal*

/ Compter fortement sur. SYN. attendre, compter, escompter, espérer, se flatter de, tabler sur.

promoteur *nom*

/ Personne qui donne l'impulsion à. SYN. agent, âme, animateur, artisan, auteur, créateur, initiateur, innovateur, inspirateur, instigateur, introducteur, moteur, père, pionnier –LITTÉRAIRE: forgeur, instaurateur, ouvrier.

promotion *nom féminin*

/ Action de promouvoir. SYN. accession, arrivée, avancement, avènement, élévation. CONTR. *abaissement, dégradation.*

promouvoir *verbe*

/ Élever à un niveau supérieur. SYN. appeler, catapulter, élever, nommer –FAMILIER: propulser. CONTR. *casser, déposer, limoger* –FAMILIER: *déboulonner, sabrer.*

/ Mettre en avant. SYN. animer, ériger, instaurer, instituer, lancer, parrainer, pousser.

prompt *adjectif*

/ LITTÉRAIRE. Qui agit vite. SYN. actif, agile, ardent, empressé, expéditif, impatient, leste, pressé, preste, vif –LITTÉRAIRE: diligent, véloce. CONTR. *indolent, lent, lourd, mou, négligent, obtus, paresseux, pesant.*

/ LITTÉRAIRE. Qui survient sans délai. SYN. brusque, fulgurant, immédiat, rapide, soudain.

/ LITTÉRAIRE. Qui est de courte durée. SYN. bref, court. CONTR. *durable, interminable, long.*

promptement *adverbe*

/ De façon prompte. SYN. à fond de cale, à fond de train, à fond la caisse, à la hâte, à la sauvette, à la va-vite, à tombeau ouvert, à toute allure, à toute hâte, à toute vitesse, activement, au plus vite, bientôt, en catastrophe, en coup de vent, en toute hâte, en un rien de temps, en vitesse, entre deux portes, expéditivement, hâtivement, immédiatement, instantanément, précipitamment, prestement, rapidement, rondement, sur les chapeaux de roue, tambour battant, toutes affaires cessantes, vite, vivement –FAMILIER: à toute pompe, à toute vapeur, à toutes pompes, dare-dare, en deux temps, trois mouvements, en deux, trois coups de cuiller à pot, en quatrième vitesse, en un clin d'œil, en un temps record, en un tour de main, illico, illico presto, rapido presto, rapidos, subito presto –LITTÉRAIRE: diligemment –POPULAIRE: à tout berzingue, à toute berzingue. CONTR. *doucement, insensiblement, interminablement, lentement, longuement, mollement, nonchalamment, posément.*

promptitude *nom féminin*

/ LITTÉRAIRE. Caractère prompt. SYN. agilité, célérité, empressement, hâte, précipitation, rapidité, soudaineté, vitesse –LITTÉRAIRE: diligence, prestesse, vélocité, vivacité. CONTR. *indolence, lenteur, mollesse, négligence, nonchalance, paresse.*

promulgation *nom féminin*

/ Action de promulguer. SYN. proclamation, publication. CONTR. *abolition, abrogation, annulation, dissolution, infirmation, retrait, suppression.*

promulguer *verbe*

/ Rendre applicable une loi. SYN. décréter, édicter, proclamer, publier. CONTR. *abolir, abroger, annuler, dissoudre, infirmer, retirer, supprimer.*

prône *nom masculin*

/ Instruction que fait un prêtre. SYN. homélie, prêche, prédication, sermon.

prôner *verbe*

/ Recommander vivement. SYN. célébrer, conseiller, encenser, exalter, glorifier, louer, porter aux nues, prêcher, préconiser, promouvoir, proposer, recommander, suggérer, vanter – LITTÉRAIRE : louanger. CONTR. *critiquer, dénigrer, discréditer, réprouver* – LITTÉRAIRE : *censurer, vilipender.*

prôneur *nom*

/ LITTÉRAIRE. Personne qui prône. SYN. apologiste, apôtre, avocat, défenseur, panégyriste – LITTÉRAIRE : louangeur, thuriféraire. CONTR. *censeur, critique* – LITTÉRAIRE : *contempteur.*

prononcé *adjectif*

/ Qui est très perceptible. SYN. accentué, accusé, appuyé, fort, marqué, souligné. CONTR. *délicat, faible, fin, léger, menu.*

prononcer *verbe intransitif*

/ Rendre un arrêt. SYN. décider, prendre parti, statuer, trancher.

prononcer *verbe transitif*

/ Réaliser un son. SYN. articuler, énoncer.
/ Dire une parole. SYN. débiter, déclamer, dire, émettre, exprimer, faire, proférer – FAMILIER : sortir.
/ Faire connaître une décision. SYN. décréter, formuler, infliger, rendre.

prononcer (se) *verbe pronominal*

/ Exprimer une opinion. SYN. juger, parler, se déclarer, statuer, trancher.
/ Choisir tel parti. SYN. choisir, opter pour, pencher, prendre parti, se décider, se déterminer, voter. CONTR. *balancer, hésiter, tergiverser* – FAMILIER : *se tâter.*

prononciation *nom féminin*

/ Manière de prononcer. SYN. accent, articulation, diction, élocution, parler, parole.

pronostic *nom masculin*

/ Prévision de l'avenir. SYN. conjecture, prédiction, présage, prévision, supposition.

pronostiquer *verbe*

/ Faire des pronostics. SYN. annoncer, conjecturer, faire augurer, prédire, prévoir, promettre, prophétiser – LITTÉRAIRE : présager.

propagande *nom féminin*

/ Action d'imposer une doctrine. SYN. endoctrinement, intoxication – FAMILIER : bourrage de crâne, intox, intoxe.

propagation *nom féminin*

/ Fait de propager une idée. SYN. circulation, diffusion, expansion, rayonnement, transmission, vulgarisation.
/ Fait de s'étendre. SYN. contagion, essor, extension, invasion.

propager *verbe*

/ Répandre dans le public. SYN. accréditer, colporter, diffuser, divulguer, étendre, éventer, généraliser, répandre, transmettre, universaliser, vulgariser. CONTR. *arrêter, borner, circonscrire, enrayer, limiter, localiser, restreindre, stopper.*

propager (se) *verbe pronominal*

/ S'étendre de proche en proche. SYN. circuler, courir, faire tache d'huile, fructifier, gagner du terrain, rayonner, se développer, se répandre, se transmettre, s'étendre – LITTÉRAIRE : irradier.

propension *nom féminin*

/ Penchant pour. SYN. amour, aptitude, attirance, disposition, facilité, faible, goût, inclination, instinct, penchant, pente, prédisposition, tendance. CONTR. *aversion, dégoût, haine, répugnance, répulsion.*

prophète *nom masculin*

/ Interprète de la volonté divine. SYN. clairvoyant, devin, oracle, vaticinateur, visionnaire, voyant – FAMILIER : augure.
/ LITTÉRAIRE. Personne qui devance l'avenir. SYN. précurseur – LITTÉRAIRE : messager, visionnaire.

prophétie *nom féminin*

/ Prédiction d'un événement. SYN. anticipation, prédiction, prévision – LITTÉRAIRE : oracle, vaticination.

prophétiser *verbe*

/ Prédire l'avenir. SYN. annoncer, augurer, entrevoir, prédire, prévoir, pronostiquer – LITTÉRAIRE : vaticiner.

propice *adjectif*

/ Bien disposé envers quelqu'un. SYN. amical, bienveillant, bon, cordial, favorable. CONTR. *contraire, ennemi, hostile, inamical, malveillant, opposé.*
/ Qui convient bien. SYN. bienheureux, bienvenu, bon, convenable, excellent, faste, favorable, heureux, indiqué, opportun, pro-

pre. CONTR. *catastrophique, défavorable, déplacé, désavantageux, fâcheux, fatal, funeste, inopportun, malheureux, malvenu, mauvais, néfaste, préjudiciable, redoutable* –LITTÉRAIRE: *importun.*

proportion *nom féminin*

/ Rapport satisfaisant. SYN. équilibre, harmonie. CONTR. *déséquilibre, disproportion, inégalité.*

proportionnellement *adverbe*

/ D'une manière proportionnelle. SYN. auprès de, comparativement à, en comparaison avec, en proportion de, en regard de, par rapport à, relativement à, suivant.

proportionner *verbe*

/ Mettre en exacte proportion. SYN. accorder, adapter, ajuster, approprier, conformer, doser, mesurer.

proportions *nom féminin pluriel*

/ Dimensions de quelque chose. SYN. ampleur, dimensions, encombrement, gabarit, grandeur, grosseur, taille, volume.

/ Étendue d'une action. SYN. ampleur, gravité, importance, intensité, poids.

propos *nom masculin*

/ But que l'on se fixe. SYN. désir, dessein, détermination, idée, intention, objet, parti, pensée, projet, résolution, visée, volonté.

/ Parole prononcée. SYN. affirmation, allégation, assertion, boniment, considération, déclaration, dire, discours, énoncé, mot, observation, on-dit, parole –FAMILIER: cancan, commérage, potin.

/ *À propos de.* SYN. à l'occasion de, au sujet de, concernant, relativement à, sur.

proposer *verbe*

/ Offrir au choix de quelqu'un. SYN. dire, offrir, préconiser, présenter, prôner, souffler, soumettre, suggérer. CONTR. *accepter, recevoir.*

proposer (se) *verbe pronominal*

/ Se donner comme but. SYN. compter, envisager, escompter, penser, projeter, réfléchir à, songer à.

proposition *nom féminin*

/ Action de proposer. SYN. offre, ouverture, suggestion.

propre *adjectif*

/ Qui appartient spécialement à. SYN. caractéristique, distinct, exclusif, individuel, inhérent, intrinsèque, particulier, personnel, privé, spécial, spécifique. CONTR. *collectif, commun, public, universel.*

/ Qui convient pour. SYN. adéquat, approprié, apte, capable, convenable, propice, susceptible, taillé pour –VIEUX: idoine. CONTR. *inadapté, inadéquat, inapproprié, malpropre.*

/ Qui est exactement conforme. SYN. même, textuel. CONTR. *approchant, approximatif, d'autrui, différent, étranger.*

/ Qui convient (mot). SYN. adéquat, approprié, correct, exact, juste, précis. CONTR. *abusif, imprécis, impropre, inexact.*

propre *adjectif*

/ Qui n'est pas taché. SYN. blanc, immaculé, impeccable, net, soigné, tenu. CONTR. *crasseux, dégoûtant, maculé, malpropre, négligé, noir, poussiéreux, sale, sali, sordide, taché* –FAMILIER: *cra-cra* –LITTÉRAIRE: *crotté, souillé* –POPULAIRE: *dégueulasse.*

/ Qui est honnête. SYN. correct, décent, droit, honnête, intègre, moral –LITTÉRAIRE: probe. CONTR. *douteux, immoral, malhonnête, malpropre, véreux* –LITTÉRAIRE: *faisandé, improbe.*

propre *nom masculin*

/ Caractère distinctif. SYN. apanage, attribut, caractère, essence, particularité, privilège, propriété, qualité.

propre-à-rien *nom*

/ FAMILIER. Personne incapable. SYN. bon à rien, incapable, nul –FAMILIER: morveux, nullard –POPULAIRE: jean-foutre.

proprement *adverbe*

/ D'une manière propre. SYN. bien, impeccablement, soigneusement. CONTR. *malproprement, salement.*

/ D'une manière honnête. SYN. bien, correctement, décemment, dignement, honnêtement, intègrement, moralement, vertueusement. CONTR. *mal, malhonnêtement, malproprement* –LITTÉRAIRE: *immoralement.*

/ Au sens strict du mot. SYN. absolument, en fait, littéralement, pratiquement, réellement, stricto sensu, textuellement, véritablement, vraiment.

propret *adjectif*

/ Propre et joli. SYN. chic, coquet, élégant, gracieux, pimpant, soigné. CONTR. *débraillé, négligé, sale.*

propreté *nom féminin*

/ Caractère propre. SYN. netteté. CONTR. *crasse, malpropreté, saleté* –VIEUX: *pouillerie.*

propriétaire *nom*

/ Personne qui possède un bien. SYN. détenteur, possesseur, titulaire.

propriété *nom féminin*

/ Qualité propre d'une chose. SYN. attribut, caractère, caractéristique, essence, faculté, nature, particularité, pouvoir, propre, qualité, trait, vertu.

/ Caractère exact d'un mot. SYN. correction, exactitude, justesse, précision. CONTR. *imprécision, impropriété, inexactitude.*

propulser *verbe*

/ FAMILIER. Installer à un poste élevé. SYN. catapulter, élever, nommer, porter, promouvoir –FAMILIER: bombarder. CONTR. *casser, déposer, limoger* –FAMILIER: *déboulonner.*

/ Projeter au loin. SYN. éjecter, jeter, lancer, projeter.

prorogation *nom féminin*

/ Action de proroger. SYN. ajournement, allongement, continuation, poursuite, prolongation, prolongement, renvoi, sursis.

proroger *verbe*

/ Reporter à plus tard. SYN. ajourner, différer, reculer, remettre, renvoyer, reporter, repousser, surseoir à, suspendre.

/ Allonger la durée de. SYN. continuer, prolonger, rallonger.

prosaïque *adjectif*

/ Marqué par la banalité. SYN. banal, commun, insipide, morne, ordinaire, plat, quelconque, terne. CONTR. *coloré, original, pittoresque, vivant* –FAMILIER: *fabuleux.*

/ Qui manque d'idéal. SYN. bourgeois, matériel, terre à terre, vulgaire –FAMILIER: popote. CONTR. *distingué, élégant, élevé, poétique, sublime* –LITTÉRAIRE: *éthéré.*

prosaïquement *adverbe*

/ De façon commune. SYN. banalement, communément, platement, vulgairement.

prosaïsme *nom masculin*

/ Caractère prosaïque. SYN. banalité, impersonnalité, insipidité, monotonie, pauvreté, platitude, vulgarité. CONTR. *distinction, lyrisme, noblesse, romantisme* –LITTÉRAIRE: *élévation.*

proscription *nom féminin*

/ Action d'interdire. SYN. censure, défense, interdiction, mise à l'index, prohibition. CONTR. *autorisation, droit, liberté, licence.*

/ Fait d'exclure. SYN. bannissement, déportation, exil, expatriation, expulsion, ostracisme, relégation.

proscrire *verbe*

/ Frapper de proscription. SYN. bannir, excommunier, exiler, expatrier, expulser, ostraciser.

/ Interdire quelque chose. SYN. censurer, condamner, défendre, empêcher, exclure, interdire, mettre à l'index, prohiber. CONTR. *autoriser, légitimer, permettre.*

/ LITTÉRAIRE. Chasser quelqu'un. SYN. écarter, éliminer, exclure, expulser, rejeter, repousser.

proscrit *nom*

/ Personne frappée de proscription. SYN. banni, exilé, expatrié, hors-la-loi.

prosélyte *nom*

/ Personne gagnée à une idée. SYN. adepte, convaincu, converti, néophyte, partisan, sympathisant.

prospecter *verbe*

/ Parcourir en recherchant. SYN. chercher, explorer, fouiller, inspecter, parcourir, reconnaître, sonder, visiter.

prospecteur *nom*

/ Personne qui prospecte. SYN. chercheur, enquêteur, fouilleur.

prospection *nom féminin*

/ Fait de prospecter. SYN. enquête, exploration, fouille, investigation, recherche.

prospectus *nom masculin*

/ Imprimé diffusé pour informer. SYN. dépliant, tract –VIEUX: notice, réclame.

prospère *adjectif*

/ Qui est en pleine réussite. SYN. actif, beau, florissant, resplendissant. CONTR. *déliquescent, misérable, sous-développé.*

prospérer *verbe*

/ Être en plein développement. SYN. être florissant, marcher, progresser, réussir, se développer, s'épanouir – LITTÉRAIRE : fleurir. CONTR. *dépérir, échouer, péricliter, piétiner, régresser, stagner, végéter.*

prospérité *nom féminin*

/ État de ce qui est prospère. SYN. développement, épanouissement, essor, expansion, montée. CONTR. *crise, débâcle, décadence, dégradation, déliquescence, dépérissement, ébranlement, langueur, mort* – LITTÉRAIRE : *décrépitude.*

/ Situation favorable. SYN. aisance, bonheur, fortune, opulence, réussite, richesse. CONTR. *besoin, dénuement, détresse, indigence, pauvreté* – LITTÉRAIRE : *adversité, misère.*

prosternation *nom féminin*

/ LITTÉRAIRE. Action de se prosterner. SYN. inclination, révérence, salut, salutation.

prosternement *nom masculin*

/ LITTÉRAIRE. Action de se prosterner. SYN. inclination, révérence, salut, salutation.

prosterner (se) *verbe pronominal*

/ LITTÉRAIRE. Manifester un respect servile. SYN. ramper, s'abaisser, s'avilir, se dégrader, s'humilier, s'incliner – FAMILIER : s'aplatir.

/ S'incliner profondément. SYN. s'agenouiller, saluer, se courber, s'incliner.

prostituée *nom féminin*

/ Femme qui se prostitue. SYN. call-girl, fille, fille de joie, fille publique – LITTÉRAIRE : catin, courtisane, femme galante, fille galante, fille perdue, hétaïre, péripatéticienne, respectueuse – POPULAIRE : belle-de-nuit, grue, morue, poule, putain, pute – VIEUX : cocotte, dame de petite vertu, demi-mondaine, fille des rues, fille soumise, gourgandine.

prostituer *verbe*

/ LITTÉRAIRE. Avilir quelque chose. SYN. abaisser, altérer, avilir, déconsidérer, dégrader, dépraver, déprécier, galvauder, pervertir, profaner, vendre – LITTÉRAIRE : corrompre, flétrir.

prostituer (se) *verbe pronominal*

/ LITTÉRAIRE. Utiliser indignement son talent. SYN. s'abaisser, s'avilir, se dégrader, se dépraver, se vendre.

/ Se livrer à la prostitution. SYN. – ARGOTIQUE : michetonner – POPULAIRE : faire le tapin, faire le trottoir, tapiner.

prostitution *nom féminin*

/ LITTÉRAIRE. Action d'avilir. SYN. altération, avilissement, dégradation, dépravation, dépréciation, dévalorisation, profanation – LITTÉRAIRE : corruption, flétrissure.

/ Activité d'une prostituée. SYN. racolage – POPULAIRE : retape, tapin.

prostration *nom féminin*

/ LITTÉRAIRE. État d'abattement. SYN. abattement, accablement, affaissement, dépression, épuisement, fatigue, langueur, léthargie, torpeur – FAMILIER : éreintement – LITTÉRAIRE : somnolence.

prostré *adjectif*

/ En état de prostration. SYN. abattu, accablé, anéanti, déprimé, effondré, léthargique – LITTÉRAIRE : alangui, torpide.

protagoniste *nom*

/ Instigateur d'un projet. SYN. acteur, âme, animateur, incitateur, inspirateur, instigateur, leader, meneur, promoteur. CONTR. *spectateur, témoin.*

protecteur *adjectif*

/ Qui vise à protéger. SYN. attentif, attentionné, prévenant – LITTÉRAIRE : tutélaire. CONTR. *agresseur, agressif.*

/ Qui marque un désir de protection. SYN. condescendant, dédaigneux, hautain, paternel.

protecteur *nom*

/ Personne qui soutient une activité. SYN. bienfaiteur, mécène, patron, père, providence.

/ Personne qui protège. SYN. ange gardien, défenseur, gardien, sauveur, soutien – LITTÉRAIRE : mainteneur, tuteur. CONTR. *agresseur, attaquant, destructeur.*

protection *nom féminin*

/ Action de protéger. SYN. assistance, conservation, défense, garde, parrainage, patronage, préservation, sauvegarde, tutelle. CONTR. *abandon.*

/ Ce qui protège. SYN. abri, appui, asile, bouclier, caution, garantie, soutien –LITTÉRAIRE: bras, refuge, rempart.

protée *nom masculin*

/ LITTÉRAIRE. Personne changeante. SYN. caméléon, fantoche, marionnette, pantin, plaisantin –FAMILIER: fumiste, girouette, guignol, polichinelle –POPULAIRE: rigolo –VIEUX: arlequin, sauteur.

protégé *nom*

/ Personne que l'on protège. SYN. créature, favori, poulain, préféré –FAMILIER: chouchou. CONTR. *protecteur.*

protéger *verbe*

/ Porter assistance à. SYN. assister, assurer, défendre, flanquer, fortifier, garder, prémunir contre, préserver, sauvegarder, sauver, secourir, soutenir, veiller sur. CONTR. *agresser, assaillir, attaquer, attenter à, blesser, harceler, menacer, opprimer, persécuter, ruiner, saper, tyranniser.*

/ Favoriser une activité. SYN. appuyer, épauler, favoriser, maintenir, parrainer, pousser, privilégier, promouvoir, recommander –FAMILIER: pistonner. CONTR. *couler, défavoriser, démolir, détruire, discréditer, entraver, paralyser, perdre, s'acharner contre.*

/ Mettre à l'abri. SYN. abriter, conserver, couvrir, garantir, immuniser, vacciner. CONTR. *découvrir, dénuder, exposer.*

protéger (se) *verbe pronominal*

/ Se mettre à l'abri de. SYN. éviter, s'abriter, se défendre, se garantir, se prémunir, se préserver. CONTR. *s'exposer.*

protestation *nom féminin*

/ Action de protester. SYN. contestation, doléance, murmure, objection, plainte, rébellion, réclamation, récrimination, revendication, révolte, vitupération. CONTR. *acceptation, accord, acquiescement, approbation, assentiment, résignation.*

/ Affirmation de ses sentiments. SYN. assurance, démonstration, manifestation, marque, preuve, signe, témoignage.

protester *verbe*

/ Exprimer son opposition. SYN. broncher, crier, désapprouver, murmurer, pester, récriminer, se cabrer, se plaindre, se rebeller, se récrier, s'élever, s'indigner, s'insurger, tempêter, tonner –FAMILIER: râler, ronchonner, rouspéter, se rebiffer –LITTÉRAIRE: regimber –POPULAIRE: rouscailler. CONTR. *accepter, acquiescer, approuver, consentir, s'accommoder, s'arranger de, se résigner, supporter.*

protocolaire *adjectif*

/ Conforme au protocole. SYN. cérémonieux, formaliste, formel, officiel, solennel. CONTR. *familier, simple, spontané.*

protocole *nom masculin*

/ Ensemble d'usages. SYN. cérémonial, décorum, étiquette, formes, rite, rituel.

prototype *nom masculin*

/ Premier exemplaire. SYN. étalon, exemple, modèle, original, spécimen.

/ Exemple le plus parfait. SYN. archétype, canon, idéal, type –LITTÉRAIRE: parangon.

protubérance *nom féminin*

/ Bosse proéminente. SYN. bosse, excroissance, renflement, saillie, tubercule –LITTÉRAIRE: proéminence.

protubérant *adjectif*

/ Qui fait saillie. SYN. bombé, proéminent, renflé, saillant. CONTR. *concave, creux, plan, plat.*

proue *nom féminin*

/ Partie antérieure d'un navire. SYN. avant, éperon de marche, nez. CONTR. *arrière, poupe.*

prouesse *nom féminin*

/ Action remarquable. SYN. action d'éclat, exploit, haut fait, performance.

prouvable *adjectif*

/ Qui peut être prouvé. SYN. démontrable, vérifiable. CONTR. *improuvable, incontrôlable, indémontrable, invérifiable.*

prouvé *adjectif*

/ Dont la vérité est établie. SYN. authentique, vérifié. CONTR. *incertain, présumé, prétendu.*

prouver *verbe*

/ Établir la vérité d'une chose. SYN. confirmer, démontrer, établir, justifier.

/ Montrer un sentiment. SYN. afficher, affirmer, déployer, faire montre de, manifester, signifier, témoigner.

/ Servir de preuve. SYN. attester, déceler, dénoter, dévoiler, illustrer, indiquer, marquer, révéler, trahir – LITTÉRAIRE: témoigner.

provenance *nom féminin*

/ Lieu d'où vient une chose. SYN. origine, point de départ, source.

provenir *verbe*

/ Avoir tel lieu pour origine. SYN. arriver de, sortir, venir. CONTR. *aboutir, déboucher.*

/ Être la conséquence de. SYN. découler, dépendre, dériver, émaner, naître, partir, procéder, remonter à, résulter, se rattacher, tenir à, venir.

proverbe *nom masculin*

/ Énoncé exprimant une vérité. SYN. adage, aphorisme, axiome, dicton, maxime, mot, précepte – LITTÉRAIRE: sentence.

proverbial *adjectif*

/ Qui est passé en proverbe. SYN. célèbre, légendaire, populaire, renommé, réputé – LITTÉRAIRE: fameux.

providence *nom féminin*

/ Ce qui sauve une situation. SYN. ange gardien, chance, protecteur, sauveur.

provision *nom féminin*

/ Accumulation de choses. SYN. approvisionnement, denrées, fournitures, réserve, stock.

/ Grande quantité de. SYN. bagage, chargement, foule – FAMILIER: cargaison.

/ Somme remise d'avance. SYN. acompte, arrhes, à-valoir, avance.

provisions *nom féminin pluriel*

/ Produits dont on se pourvoit. SYN. nourriture, ravitaillement, victuailles, vivres.

/ Achats réguliers. SYN. achats, commissions, courses, emplettes.

provisoire *adjectif*

/ Limité dans le temps. SYN. de fortune, éphémère, fugitif, intérimaire, momentané, passager, précaire, temporaire, transitoire. CONTR. *définitif, durable, éternel, immuable, irrévocable, permanent, perpétuel.*

provisoirement *adverbe*

/ À titre provisoire. SYN. en attendant, momentanément, passagèrement, temporairement – LITTÉRAIRE: transitoirement. CONTR. *constamment, continuellement, définitivement, durablement, éternellement, immuablement, irrévocablement, perpétuellement, toujours* – LITTÉRAIRE: *sempiternellement.*

provocant *adjectif*

/ Qui cherche à irriter. SYN. agressif, arrogant, insolent, irritant, polémique, provocateur – VIEUX: incendiaire. CONTR. *apaisant, calmant, froid, impassible, imperturbable, serein.*

/ Qui incite au désir sexuel. SYN. agaçant, aguichant, appétissant, érotique, excitant, hardi, provocateur, suggestif, troublant. CONTR. *prude, pudique, réservé.*

provocateur *adjectif*

/ Qui incite à la violence. SYN. agressif, arrogant, insolent, irritant, polémique, provocant – VIEUX: incendiaire.

/ Qui excite le désir sexuel. SYN. agaçant, aguichant, appétissant, érotique, excitant, hardi, provocant, suggestif, troublant.

provocateur *nom*

/ Personne qui provoque. SYN. agitateur, fauteur de troubles, incitateur, perturbateur, trublion – LITTÉRAIRE: excitateur, fomentateur – VIEUX: boutefeu. CONTR. *conciliateur, pacificateur.*

provocation *nom féminin*

/ Action de provoquer. SYN. appel, excitation, incitation – LITTÉRAIRE: fomentation. CONTR. *apaisement, dissuasion.*

/ Acte polémique. SYN. attaque, bravade, défi.

provoquer *verbe*

/ Irriter quelqu'un. SYN. déchaîner, irriter, menacer, mettre au défi – FAMILIER: se frotter à. CONTR. *amortir, apaiser, calmer, combler, contenter, retenir, satisfaire.*

/ Exciter le désir sexuel. SYN. affoler, agacer, aguicher, aiguillonner, exciter – FAMILIER: allumer, émoustiller – LITTÉRAIRE: enflammer.

/ Être la cause de. SYN. amener, causer, créer, déchaîner, déclencher, déterminer, donner, engendrer, éveiller, faire naître, induire, occasionner, opérer, procurer, produire, soulever, susciter, valoir. CONTR. *découler, dériver, procéder, résulter, s'ensuivre.*

/ Pousser à agir. SYN. acculer, amener, appeler, contraindre, convier, décider, encourager, engager, entraîner, exciter, exhorter, forcer, inciter, inviter, persuader, porter, pousser, presser –FAMILIER: embringuer. CONTR. *décourager, dissuader, empêcher, retenir.*

proxénète *nom*

/ Personne qui tire profit de la prostitution. SYN. souteneur –ARGOTIQUE: mac –POPULAIRE: barbeau, maquereau, maquerelle, marlou, mère maquerelle.

proximité *nom féminin*

/ Voisinage immédiat. SYN. abords, alentours, contiguïté, environs, parages, voisinage. CONTR. *distance, écart, éloignement.*

/ Caractère imminent. SYN. approche, arrivée, imminence, venue –LITTÉRAIRE: voisinage.

prude *adjectif*

/ Qui manifeste de la pudeur. SYN. chaste, collet monté, pudibond, pudique, puritain –FAMILIER: bégueule. CONTR. *coquin, déluré, égrillard, gaulois, grivois, hardi, impudique, indécent, lascif, léger, libertin, libre, licencieux, lubrique, obscène, osé, paillard, polisson, provocant* –FAMILIER: *dessalé, olé olé.*

prudemment *adverbe*

/ De façon prudente. SYN. délicatement, précautionneusement, sagement, sûrement. CONTR. *à la légère, à l'aveuglette, aventureusement, aveuglément, follement, imprudemment, inconsidérément, légèrement* –LITTÉRAIRE: *témérairement.*

prudence *nom féminin*

/ Attitude précautionneuse. SYN. circonspection, ménagement, pondération, précaution, prévoyance, réflexion, sagesse, vigilance. CONTR. *audace, imprévoyance, imprudence, inconscience, insouciance, irréflexion, légèreté, négligence, témérité.*

prudent *adjectif*

/ Qui agit avec prudence. SYN. attentif, averti, avisé, circonspect, précautionneux, prévoyant, réfléchi, responsable, sage, vigilant. CONTR. *aventureux, aveugle, étourdi, hardi, imprévoyant, imprudent, inconséquent, insouciant, irréfléchi, léger, téméraire* –FAMILIER: *casse-cou.*

/ Qui dénote de la prudence. SYN. bon, raisonnable, rationnel, sensé –LITTÉRAIRE: rassis. CONTR. *aventureux, déraisonnable, fou, inconsidéré, insensé.*

pruderie *nom féminin*

/ Caractère prude. SYN. bégueulerie, chasteté, pudeur, pudibonderie, puritanisme –LITTÉRAIRE: pudicité. CONTR. *dévergondage, indécence, libertinage, lubricité, obscénité, paillardise* –LITTÉRAIRE: *impudicité, lasciveté, lascivité, licence.*

prurit *nom masculin*

/ Sensation de picotement. SYN. irritation, picotement, prurigo –FAMILIER: démangeaison.

psychique *adjectif*

/ Qui concerne l'esprit. SYN. cérébral, intellectuel, intérieur, mental. CONTR. *corporel, organique, physiologique, physique, somatique.*

psychiquement *adverbe*

/ En esprit. SYN. mentalement, moralement. CONTR. *physiologiquement, physiquement.*

psychologie *nom féminin*

/ Faculté de comprendre l'autre. SYN. acuité, clairvoyance, discernement, finesse, pénétration, perspicacité, sagacité. CONTR. *aveuglement, lourdeur.*

/ Manière d'être d'un groupe. SYN. caractère, caractéristique, comportement, essence, propre.

puant *adjectif*

/ Qui sent très mauvais. SYN. fétide, infect, malodorant, méphitique, nauséabond, pestilentiel. CONTR. *aromatique, embaumé, odorant, odoriférant, parfumé.*

/ Qui montre de la vanité. SYN. abject, abominable, affecté, arrogant, avantageux, important, infatué, orgueilleux, poseur, présomptueux, prétentieux, snob, suffisant, supérieur, vaniteux –FAMILIER: fiérot –LITTÉRAIRE: fat, insolent, outrecuidant, vain –VIEUX: affété. CONTR. *avenant, délicieux, engageant.*

puanteur *nom féminin*

/ Odeur infecte. SYN. fétidité, infection, pestilence. CONTR. *arôme, parfum* –LITTÉRAIRE: *fragrance, senteur.*

pubère *adjectif*

/ Qui a atteint la puberté. SYN. adolescent, formé, nubile. CONTR. *impubère.*

puberté *nom féminin*

/ Passage à l'adolescence. SYN. formation, nubilité.

public *adjectif*

/ Relatif à une collectivité. SYN. collectif, commun, général, populaire, universel. CONTR. *individuel, intime, particulier, personnel, privé, propre.*

/ Connu de tout le monde. SYN. clair, manifeste, notoire, officiel, ouvert, patent, reconnu, répandu. CONTR. *caché, clandestin, confidentiel, dissimulé, furtif, latent, occulte, privé, secret, sourd, sous-jacent, souterrain, tacite.*

public *nom masculin*

/ Ensemble de la population. SYN. foule, masse, peuple –LITTÉRAIRE: commun, multitude.

/ Ensemble des gens présents. SYN. assemblée, assistance, audience, auditeurs, auditoire, galerie, parterre, salle, spectateurs.

publication *nom féminin*

/ Action de rendre connu. SYN. annonce, dévoilement, divulgation, notification, proclamation, promulgation.

/ Action de publier un texte. SYN. lancement, parution, sortie.

/ Ce qu'on publie. SYN. écrit, livre, ouvrage –FAMILIER: bouquin.

publicité *nom féminin*

/ Caractère notoire. SYN. diffusion, notoriété, propagation, répercussion, retentissement.

/ Ce qui fait connaître un produit. SYN. promotion –FAMILIER: promo –VIEUX: réclame.

publier *verbe*

/ Faire connaître au public. SYN. afficher, annoncer, colporter, déclarer, divulguer, émettre, proclamer, promulguer, répandre, révéler –LITTÉRAIRE: confesser. CONTR. *cacher, dissimuler.*

publiquement *adverbe*

/ Devant de nombreuses personnes. SYN. en public, haut, hautement, net, officiellement, ouvertement. CONTR. *à l'écart, confidentiellement, en cachette, en privé, en secret, en sous-main, furtivement, in petto, intérieurement, officieusement, secrètement* –LITTÉRAIRE: *subrepticement.*

pudeur *nom féminin*

/ Retenue en matière de sexualité. SYN. bégueulerie, chasteté, pruderie, pudibonderie, puritanisme, vertu –LITTÉRAIRE: pudicité. CONTR. *dévergondage, indécence, libertinage, lubricité, obscénité, paillardise* –LITTÉRAIRE: *impudicité, lasciveté, lascivité, licence.*

/ Attitude délicate. SYN. bienséance, décence, dignité, discrétion, humilité, modestie, réserve, retenue. CONTR. *audace, cynisme, effronterie, front, hardiesse, impudence, impudeur, indécence* –LITTÉRAIRE: *immodestie.*

pudibond *adjectif*

/ Qui pousse à l'excès la pudeur. SYN. chaste, collet monté, prude, pudique, puritain –FAMILIER: bégueule. CONTR. *coquin, croustillant, égrillard, gaulois, grivois, hardi, impudique, leste, licencieux, osé, polisson* –FAMILIER: *olé olé.*

pudibonderie *nom féminin*

/ Caractère pudibond. SYN. bégueulerie, chasteté, pruderie, pudeur, puritanisme, vertu –LITTÉRAIRE: pudicité. CONTR. *dévergondage, indécence, libertinage, lubricité, obscénité, paillardise* –LITTÉRAIRE: *impudicité, lasciveté, lascivité, licence.*

pudicité *nom féminin*

/ LITTÉRAIRE. Caractère pudique. SYN. bégueulerie, chasteté, pruderie, pudeur, pudibonderie, puritanisme, vertu. CONTR. *dévergondage, indécence, libertinage, lubricité, obscénité, paillardise* –LITTÉRAIRE: *impudicité, lasciveté, lascivité, licence.*

pudique *adjectif*

/ Qui fait preuve de pudeur. SYN. chaste, prude, pudibond, pur, sage, vertueux. CONTR. *coquin, dévergondé, égrillard, gaillard, gaulois, grivois, impudique, inconvenant, indécent, leste, libertin, libre, licencieux, lubrique, luxurieux, obscène, osé, paillard, provocant* –FAMILIER: *olé olé* –LITTÉRAIRE: *libidineux.*

/ Qui montre de la réserve. SYN. décent, délicat, discret, modeste, réservé, retenu. CONTR. *cynique, effronté, éhonté, hardi, impudent, insolent.*

pudiquement *adverbe*

/ Avec pudeur. SYN. chastement, vertueusement.

/ Avec discrétion. SYN. discrètement, modestement. CONTR. *effrontément.*

puer *verbe*

/ Exhaler une mauvaise odeur. SYN. empester –FAMILIER: empoisonner, ne pas sentir la rose –POPULAIRE: chlinguer, cocoter, cocotter, cogner, dégager, fouetter, schlinguer. CONTR. *embaumer, fleurer, sentir bon.*

puéril *adjectif*

/ Qui rappelle l'enfance. SYN. enfant, enfantin. CONTR. *adulte* –LITTÉRAIRE: *viril.*

/ Qui manque de sérieux. SYN. frivole, futile, gamin, infantile, naïf –FAMILIER: bébête, bêta. CONTR. *grave, mature, mûr, sérieux.*

puérilité *nom féminin*

/ Caractère puéril. SYN. frivolité, infantilisme, naïveté, niaiserie. CONTR. *gravité, sérieux.*

/ Action ou chose puérile. SYN. bagatelle, baliverne, enfantillage, fadaise, frivolité, futilité, gaminerie, niaiserie –FAMILIER: faribole.

pugilat *nom masculin*

/ Échange de coups. SYN. accrochage, bagarre, bataille, échauffourée, rixe –ARGOTIQUE: baston –POPULAIRE: castagne.

pugnace *adjectif*

/ LITTÉRAIRE. Qui aime lutter. SYN. batailleur, belliqueux, combatif, offensif –FAMILIER: bagarreur. CONTR. *amorphe, apathique, flegmatique, mou.*

pugnacité *nom féminin*

/ LITTÉRAIRE. Caractère pugnace. SYN. acharnement, combativité, mordant, ténacité. CONTR. *apathie, flegme, mollesse.*

puîné *nom*

/ VIEUX. Enfant né après. SYN. benjamin, cadet. CONTR. *aîné.*

puis *adverbe*

/ Indique une succession. SYN. après, après coup, après quoi, ensuite, par la suite, plus tard, postérieurement, ultérieurement. CONTR. *au préalable, avant, d'abord, en premier lieu, préalablement, premièrement, primo.*

puisque *conjonction*

/ Indique la cause. SYN. attendu que, comme, dans la mesure où, du moment que, étant donné que, parce que, vu que.

puissamment *adverbe*

/ D'une manière puissante. SYN. énergiquement, fermement, fortement, furieusement, vigoureusement, violemment. CONTR. *doucement, faiblement, insuffisamment, mollement.*

/ Indique un haut degré. SYN. abominablement, admirablement, affreusement, beaucoup, bien, effroyablement, exceptionnellement, excessivement, extraordinairement, extrêmement, follement, fort, fortement, grandement, hautement, horriblement, immensément, immodérément, incroyablement, infiniment, mortellement, parfaitement, particulièrement, prodigieusement, profondément, supérieurement, suprêmement, terriblement, vertigineusement –FAMILIER: atrocement, bigrement, bougrement, diablement, drôlement, fameusement, fichtrement, fichûment, formidablement, joliment, méchamment, rudement –LITTÉRAIRE: diantrement, furieusement –POPULAIRE: foutrement, salement, vachement –VIEUX: fièrement. CONTR. *à peine, médiocrement, pas du tout, pas le moins du monde, peu, un peu* –FAMILIER: *un tantinet.*

puissance *nom féminin*

/ Fait d'être puissant. SYN. efficacité, énergie, entraînement, intensité, muscle, nerf, omnipotence, robustesse, toute-puissance, vigueur, violence. CONTR. *faiblesse, impuissance, inefficacité, minceur.*

/ Force d'une aptitude. SYN. capacité, faculté, force, possibilité, potentiel, pouvoir, réserve –LITTÉRAIRE: sève.

/ Pouvoir dans un domaine. SYN. ascendant, autorité, domination, empire, influence –LITTÉRAIRE: crédit.

/ État souverain. SYN. État, nation, pays, peuple.

puissant *adjectif*

/ Qui a une grande intensité. SYN. agissant, efficace, énergique, intense, solide, terrible, vigoureux, violent. CONTR. *faible, impuissant, inactif, inefficace, infime, léger, maigre, négligeable.*

/ Qui a de la force. SYN. athlétique, fort, infatigable, résistant, robuste. CONTR. *faible, frêle, grêle, svelte.*

/ Qui a du pouvoir. SYN. gros, important, influent, tout-puissant. CONTR. *anodin, humble, impuissant.*

puissant *nom masculin*

/ Personne qui détient le pouvoir. SYN. baron, grand de ce monde, magnat, prince, seigneur – FAMILIER : gros bonnet, légume – POPULAIRE : huile. CONTR. *faible, humble, obscur, petit.*

pull-over ou **pull** *nom masculin*

/ Vêtement en laine. SYN. chandail, lainage, laine, tricot.

pullulement *nom masculin*

/ Multiplication d'êtres vivants. SYN. foisonnement, fourmillement, grouillement, multiplicité, profusion, prolifération, pullulation.

pulluler *verbe*

/ Être en grand nombre. SYN. abonder, foisonner, fourmiller, grouiller, proliférer, prospérer, se multiplier, surabonder – FAMILIER : fleurir.

/ Être plein de. SYN. abonder en, déborder de, fourmiller de, grouiller de, regorger de – VIEUX : surabonder en. CONTR. *manquer de.*

pulvériser *verbe*

/ Réduire en poudre. SYN. broyer, concasser, désagréger, égruger, moudre, piler – LITTÉRAIRE : brésiller.

/ Détruire complètement. SYN. balayer, briser, broyer, écraser, foudroyer, tailler en pièces – FAMILIER : écrabouiller, enfoncer, piler.

punaise *nom féminin*

/ POPULAIRE. Personne méchante. SYN. méchant, peste – FAMILIER : chameau, poison, rosse, teigne – POPULAIRE : charogne, vache.

punir *verbe*

/ Frapper d'une sanction. SYN. condamner, corriger, réprimer, sanctionner, sévir – LITTÉRAIRE : châtier. CONTR. *absoudre, gracier, pardonner, passer l'éponge.*

punissable *adjectif*

/ Qui mérite punition. SYN. blâmable, condamnable, délictuel, délictueux, répréhensible. CONTR. *excusable, irréprochable, pardonnable.*

punition *nom féminin*

/ Action de punir. SYN. condamnation, correction, peine, pénalité, répression, sanction – LITTÉRAIRE : châtiment. CONTR. *absolution, pardon, remise, rémission.*

/ Peine subie. SYN. expiation, pénitence, pensum. CONTR. *récompense.*

pur *adjectif*

/ Qui n'est pas altéré. SYN. blanc, brut, clair, immaculé, impeccable, inaltéré, intact, limpide, naturel, net – LITTÉRAIRE : cristallin, virginal. CONTR. *artificiel, bâtard, dénaturé, frelaté, gâté, hybride, mélangé, pollué, trouble, vicié* – LITTÉRAIRE : *flétri, mâtiné, souillé.*

/ Qui est sans défaut moral. SYN. angélique, archangélique, correct, désintéressé, droit, franc, honnête, immaculé, net – LITTÉRAIRE : éthéré. CONTR. *abject, dépravé, infâme, malhonnête, noir* – LITTÉRAIRE : *dissolu, impur, vil.*

/ Qui est chaste. SYN. candide, chaste, ingénu, innocent, naïf, platonique, pudique, sage, vierge. CONTR. *débauché, impudique, impur, lascif, lubrique, luxurieux, obscène, paillard, pervers, vicieux* – LITTÉRAIRE : *corrompu.*

purement *adverbe*

/ LITTÉRAIRE. Avec pureté. SYN. candidement, chastement, ingénument, innocemment, vertueusement. CONTR. *malignement, méchamment, vicieusement.*

/ D'une manière exclusive. SYN. complètement, entièrement, exclusivement, simplement, strictement, totalement, uniquement.

pureté *nom féminin*

/ Caractère non pollué. SYN. limpidité, netteté, propreté. CONTR. *contamination, impureté, pollution, saleté.*

/ Caractère honnête. SYN. candeur, chasteté, honnêteté, ingénuité, innocence, intégrité, naïveté, probité, vertu – LITTÉRAIRE : honneur. CONTR. *abjection, bassesse, corruption, dépravation, immoralité, libertinage, lubricité, mesquinerie, noirceur, paillardise, vice* – LITTÉRAIRE : *dissolution, impureté, lascivété, lascivité, stupre, vilenie.*

purge *nom féminin*

/ Élimination de personnes. SYN. élimination, épuration, exclusion, liquidation – FAMILIER : coup de balai, lessivage, lessive, nettoyage.

purger *verbe*

/ Débarrasser de ce qui nuit. SYN. assainir, déblayer, épurer, expurger, nettoyer.

purification *nom féminin*

/ Action de purifier. SYN. assainissement, clarification, épuration –LITTÉRAIRE: régénération. CONTR. *corruption.*

purifier *verbe*

/ Rendre plus sain. SYN. assainir, clarifier, épurer, filtrer, nettoyer –VIEUX: dépurer. CONTR. *adultérer, altérer, pourrir, troubler* –LITTÉRAIRE: *corrompre, vicier.*

puritain *adjectif*

/ Marqué par une grande rigueur. SYN. austère, prude, pudibond, rigide, rigoriste, spartiate –FAMILIER: bégueule. CONTR. *bouffon, égrillard, gaulois, grivois, impudique, leste, licencieux, osé, polisson, sensuel* –FAMILIER: *olé olé* –LITTÉRAIRE: *dissolu, libidineux.*

puritain *nom*

/ Personne austère. SYN. prude, pudibond, rigoriste –FAMILIER: bégueule. CONTR. *épicurien, jouisseur, libertin, sensuel* –LITTÉRAIRE: *sybarite.*

puritanisme *nom masculin*

/ Rigorisme moral. SYN. ascétisme, austérité, pruderie, raideur, rigidité, rigorisme, rigueur –LITTÉRAIRE: sévérité. CONTR. *dévergondage, indécence, libertinage, lubricité, obscénité, paillardise, sensualité* –LITTÉRAIRE: *lasciveté, lascivité, licence.*

pusillanime *adjectif*

/ LITTÉRAIRE. Qui manque de courage. SYN. capitulard, craintif, faible, irrésolu, lâche, peureux, pleutre, poltron, timide, timoré –LITTÉRAIRE: couard –POPULAIRE: foireux, trouillard –VIEUX: capon. CONTR. *audacieux, brave, courageux, décidé, entreprenant, ferme, hardi, héroïque, résolu, téméraire, vigoureux* –FAMILIER: *casse-cou* –LITTÉRAIRE: *impavide, vaillant, valeureux.*

pusillanimité *nom féminin*

/ LITTÉRAIRE. Caractère pusillanime. SYN. crainte, irrésolution, lâcheté, peur, poltronnerie, timidité –LITTÉRAIRE: couardise, pleutrerie. CONTR. *audace, bravoure, courage, fermeté, hardiesse, héroïsme, témérité* –LITTÉRAIRE: *vaillance, valeur.*

putain *nom féminin*

/ POPULAIRE. Prostituée. SYN. fille, fille de joie, fille publique –LITTÉRAIRE: catin, femme galante, fille galante, fille perdue, hétaïre, péripatéticienne, respectueuse –POPULAIRE: grue, morue, poule, pute –VIEUX: cocotte, dame de petite vertu, fille des rues, fille soumise, gourgandine.

putatif *adjectif*

/ Qu'on suppose légitime. SYN. présumé, prétendu, soi-disant, supposé.

pute *nom féminin*

/ POPULAIRE. Prostituée. SYN. fille, fille de joie, fille publique –LITTÉRAIRE: catin, femme galante, fille galante, fille perdue, hétaïre, péripatéticienne, respectueuse –POPULAIRE: grue, morue, poule, putain –VIEUX: cocotte, dame de petite vertu, fille des rues, fille soumise, gourgandine.

putréfaction *nom féminin*

/ Décomposition de la matière. SYN. corruption, décomposition, pourrissement, pourriture, putrescence.

putréfier *verbe*

/ Faire pourrir. SYN. abîmer, altérer, avarier, décomposer, gâter, pourrir –LITTÉRAIRE: corrompre. CONTR. *conserver.*

putréfier (se) *verbe pronominal*

/ Être en putréfaction. SYN. croupir, pourrir, s'abîmer, s'altérer, s'avarier, se décomposer, se gâter –LITTÉRAIRE: se corrompre.

putride *adjectif*

/ LITTÉRAIRE. En état de putréfaction. SYN. avarié, décomposé, faisandé, gâté, pourri.

/ LITTÉRAIRE. Capable de corrompre. SYN. déliquescent, frelaté, infect, malsain, morbide, pervers –LITTÉRAIRE: faisandé.

pythonisse *nom féminin*

/ Femme qui pratique la divination. SYN. devineresse, prophétesse, pythie, sibylle.

quai *nom masculin*

- Plate-forme au bord de l'eau. SYN. appontement, débarcadère, embarcadère.

qualification *nom féminin*

- Attribution d'un titre. SYN. appellation, dénomination, désignation, nom, vocable.
- Capacité reconnue. SYN. aptitude, compétence, métier, qualité, savoir, science. CONTR. *incompétence, insuffisance.*

qualifié *adjectif*

- Qui a les compétences pour. SYN. apte, autorisé, averti, capable, compétent, exercé, expérimenté, expert, rompu, versé –FAMILIER: chevronné. CONTR. *commençant, inapte, incapable, incompétent, insuffisant, mauvais, neuf, nouveau, novice.*

qualifier *verbe*

- Attribuer un nom à. SYN. appeler, baptiser, caractériser, dénommer, désigner, étiqueter, nommer.

qualifier (se) *verbe pronominal*

- Participer à une épreuve. SYN. se classer. CONTR. *être disqualifié, être éliminé.*

qualité *nom féminin*

- Aspect d'une chose. SYN. attribut, caractère, caractéristique, essence, nature, particularité, pouvoir, propre, propriété. CONTR. *quantité.*
- Aspect positif. SYN. aptitude, avantage, capacité, compétence, don, mérite, valeur, vertu. CONTR. *défaut, défectuosité, faiblesse, imperfection, inconvénient, tare, travers, vice.*
- Condition sociale. SYN. fonction, qualification, titre –LITTÉRAIRE: état.
- *En qualité de.* SYN. à titre de, comme, en tant que.

quand *conjonction*

- Marque un rapport de temps. SYN. au moment où, chaque fois que, lorsque –LITTÉRAIRE: alors que.

quant à *locution prépositive*

- En ce qui concerne. SYN. envers, pour ce qui est de, relativement à, sur, touchant, vis-à-vis de.

quantité *nom féminin*

- Ce qu'on peut quantifier. SYN. dose, masse, nombre, somme, tas, volume.
- Grand nombre de. SYN. accumulation, amas, armée, avalanche, cascade, chapelet, débordement, déferlement, déluge, fatras, flot, flux, foule, grêle, infinité, kyrielle, légion, masse, monceau, montagne, multitude, myriade, nuée, pléiade, pluie, provision, tas, torrent –FAMILIER: armada, cargaison, cohorte, flopée, foultitude, paquet, pelletée, peuple, régiment, ribambelle, tapée, tripotée –LITTÉRAIRE: averse, essaim. CONTR. *atome, bribe, brin, doigt, goutte, grain, gramme, larme, lueur, miette, nuage, once, parcelle, peu, poignée, pointe, soupçon, trace* –LITTÉRAIRE: *liard, ombre, trait* –POPULAIRE: *chouia.*

§ forme du signe de section

quarantaine *nom féminin*

/ Mesure d'isolement. SYN. interdit, isolement, ostracisme.

quarteron *nom masculin*

/ Petit groupe de personnes. SYN. poignée. CONTR. *bataillon, pléiade* –FAMILIER: *régiment.*

quartier *nom masculin*

/ Portion de quelque chose. SYN. morceau, part, pièce, portion, tranche, tronçon.

quartier *nom masculin*

/ Emplacement d'une garnison. SYN. camp, cantonnement, caserne, casernement.

quasi *adverbe*

/ LITTÉRAIRE. À peu de choses près. SYN. à peu près, pratiquement, presque, sensiblement –FAMILIER: quasiment.

quasiment *adverbe*

/ FAMILIER. À peu de choses près. SYN. à peu près, pratiquement, presque, sensiblement –LITTÉRAIRE: quasi.

quelconque *adjectif*

/ Sans valeur particulière. SYN. anodin, anonyme, banal, commun, courant, fade, impersonnel, inintéressant, inodore, inodore et sans saveur, insignifiant, malheureux, médiocre, moyen, ordinaire, petit, plat, prosaïque, simple, terne, vulgaire –FAMILIER: fadasse. CONTR. *abracadabrant, ahurissant, beau, brillant, caractéristique, choisi, curieux, délicat, distingué, éblouissant, étonnant, excentrique, exceptionnel, extraordinaire, extravagant, fameux, fantastique, formidable, frappant, génial, grand, grave, hors du commun, important, incomparable, inédit, intéressant, marquant, mémorable, notable, original, particulier, passionnant, phénoménal, pittoresque, précieux, rare, remarquable, saillant, spectaculaire, supérieur, unique* –FAMILIER: *décoratif, ébouriffant, épatant, fabuleux, magistral, monumental.*

quelque *adverbe*

/ LITTÉRAIRE. Indique une approximation. SYN. à peu près, approximativement, environ. CONTR. *exactement, précisément, rigoureusement.*

quelquefois *adverbe*

/ En certaines occasions. SYN. de temps à autre, de temps en temps, parfois. CONTR. *constamment, souvent, toujours.*

quelques *adjectif indéfini pluriel*

/ Indique une petite quantité. SYN. différents, divers, peu de. CONTR. *la plupart.*

quémander *verbe*

/ Demander avec humilité. SYN. demander, implorer, mendier, rechercher, réclamer, solliciter –LITTÉRAIRE: quêter. CONTR. *offrir, proposer.*

quémandeur *nom*

/ LITTÉRAIRE. Personne qui quémande. SYN. mendiant, solliciteur.

qu'en-dira-t-on *nom masculin*

/ Opinion d'autrui. SYN. bavardage, commentaire, commérage, on-dit, ouï-dire, rumeur –FAMILIER: cancan, potin, racontar, ragot –LITTÉRAIRE: clabauderie.

querelle *nom féminin*

/ Échange de propos hostiles. SYN. algarade, altercation, conflit, controverse, débat, différend, dispute, dissension, escarmouche, explication, heurt, polémique, prise de bec, scène –FAMILIER: accrochage, attrapade, chamaille, chamaillerie, empoignade –LITTÉRAIRE: discorde –POPULAIRE: engueulade. CONTR. *accord, arrangement, harmonie.*

quereller *verbe*

/ LITTÉRAIRE. Faire des reproches. SYN. chapitrer, gronder, houspiller, morigéner, reprendre, réprimander, sermonner –FAMILIER: disputer, enguirlander –LITTÉRAIRE: admonester, gourmander, semoncer, tancer –POPULAIRE: engueuler.

quereller (se) *verbe pronominal*

/ Avoir un différend avec. SYN. s'accrocher, se disputer, se fâcher, s'expliquer –FAMILIER: se bagarrer, se chamailler –POPULAIRE: se bouffer le nez, s'engueuler. CONTR. *fraterniser, s'arranger, se réconcilier, s'entendre, sympathiser* –LITTÉRAIRE: *s'accorder.*

querelleur *adjectif*

/ Qui aime à se quereller. SYN. agressif, batailleur, grondeur, hargneux, polémique –FAMI-

LIER: bagarreur, chamailleur, discutailleur, teigneux –VIEUX: chicaneur, chicanier. CONTR. *accommodant, affable, aimable, paisible, placide* –LITTÉRAIRE: *amène.*

question *nom féminin*

/ Fait d'interroger quelqu'un. SYN. colle, demande, interrogation. CONTR. *réponse.*

/ Sujet abordé. SYN. affaire, article, chapitre, matière, point, problème, sujet, thème.

questionner *verbe*

/ Poser des questions. SYN. consulter, demander à, interpeller, interroger, interviewer, mettre sur la sellette, sonder –FAMILIER: cuisiner, tirer les vers du nez. CONTR. *répondre.*

quête *nom féminin*

/ Somme recueillie. SYN. butin, collecte, gain, profit, récolte.

/ LITTÉRAIRE. Action de chercher. SYN. chasse, poursuite, recherche.

quêter *verbe*

/ LITTÉRAIRE. Chercher à obtenir. SYN. demander, implorer, mendier, quémander, rechercher, réclamer, recueillir, solliciter.

queue *nom féminin*

/ Dernière partie de. SYN. arrière, bout, extrémité, fin. CONTR. *avant, début, tête.*

qui vive ? *locution interjective*

/ Cri de la sentinelle. SYN. halte-là !, qui va là ?

quidam *nom masculin*

/ Homme parmi d'autres. SYN. homme, individu –FAMILIER: citoyen, type.

quiet *adjectif*

/ LITTÉRAIRE. Qui est paisible. SYN. calme, coi, confiant, égal, paisible, placide, posé, serein, tranquille –FAMILIER: pépère –LITTÉRAIRE: olympien –POPULAIRE: peinard, pénard. CONTR. *angoissé, anxieux, inquiet, soucieux, torturé, tourmenté, tracassé, troublé.*

quiétude *nom féminin*

/ LITTÉRAIRE. Tranquillité d'esprit. SYN. apaisement, ataraxie, bien-être, calme, impassibilité, paix, placidité, sérénité, tranquillité –LITTÉRAIRE: repos. CONTR. *affolement, agitation, angoisse, anxiété, appréhension, bouillonnement, désordre, détresse, ébullition, échauffement, effervescence, effroi, emportement, exaltation, excitation, frayeur, inquiétude, malaise, préoccupation, souci, surexcitation, trouble* –FAMILIER: *raffut* –LITTÉRAIRE: *alarme, bourrasque, transe.*

quintessence *nom féminin*

/ LITTÉRAIRE. Le meilleur dans une chose. SYN. extrait, substance –LITTÉRAIRE: élixir, essence, moelle, substantifique moelle, suc.

quiproquo *nom masculin*

/ Erreur sur une personne, une chose. SYN. bévue, confusion, équivoque, erreur, malentendu, méprise.

quittance *nom féminin*

/ Attestation de paiement. SYN. acquit, décharge, récépissé, reconnaissance, reçu.

quitte *adjectif*

/ Libéré d'un devoir. SYN. acquitté, débarrassé, dégagé, délivré, dispensé, libéré.

quitter *verbe*

/ Partir d'un lieu. SYN. déserter, évacuer, fuir, partir, s'absenter, se retirer, s'échapper, s'éloigner, s'en aller, sortir de. CONTR. *aborder, accoster, aller, approcher, arriver, atteindre, gagner, rallier, toucher* –POPULAIRE: *se radiner.*

/ Laisser une personne. SYN. abandonner, brûler la politesse à, délaisser, fausser compagnie, laisser, laisser tomber, prendre congé, rompre, se détourner, se séparer –FAMILIER: lâcher, larguer, planter là, plaquer. CONTR. *entretenir, s'occuper de* –FAMILIER: *s'accrocher aux basques, se pendre aux basques.*

/ Ôter un vêtement. SYN. enlever, ôter, retirer, se débarrasser. CONTR. *conserver, endosser, enfiler, mettre, passer.*

/ LITTÉRAIRE. Laisser quelqu'un (forces). SYN. abandonner, lâcher, se retirer. CONTR. *hanter, obséder, occuper, poursuivre, prendre, retenir, suivre, tenir.*

/ Cesser une activité. SYN. abandonner, abdiquer, arrêter, claquer la porte, laisser, laisser tomber, renoncer à, se démettre –FAMILIER: plaquer, rendre son tablier –LITTÉRAIRE: immoler, résigner. CONTR. *avoir, conserver, continuer, faire, garder, poursuivre, prolonger, reprendre, s'acharner, s'adonner.*

quoi ? *adverbe*

/ FAMILIER. Marque l'étonnement. SYN. comment ?, pardon ?, plaît-il ? –FAMILIER: hein ?

quoique *conjonction*
/ Indique la concession. SYN. alors que, bien que, encore que, tandis que –LITTÉRAIRE: cependant que.

quolibet *nom masculin*
/ Plaisanterie vulgaire. SYN. lazzi, moquerie, pique, plaisanterie, pointe, raillerie, sarcasme –LITTÉRAIRE: brocard, trait –POPULAIRE: vacherie, vanne.

quote-part *nom féminin*
/ Part que chacun doit payer. SYN. contingent, contribution, cotisation, écot, part, quotité.

quotidien *adjectif*
/ Qui se fait chaque jour. SYN. courant, habituel, journalier, normal. CONTR. *exceptionnel, extraordinaire, inhabituel.*

quotidiennement *adverbe*
/ De façon quotidienne. SYN. fréquemment, journellement, périodiquement. CONTR. *irrégulièrement, occasionnellement, par intermittence, par intervalles, sporadiquement, variablement.*

quotité *nom féminin*
/ Montant d'une quote-part. SYN. contribution, cotisation, écot, part, quote-part.

rab *nom masculin*

/ FAMILIER. Ce qui est en plus. SYN. excédent, supplément, surplus – FAMILIER : rallonge.

rabâchage *nom masculin*

/ Propos de quelqu'un qui rabâche. SYN. radotage, redite, rengaine, répétition, scie – FAMILIER : refrain, ritournelle.

rabâcher *verbe*

/ Répéter sans cesse. SYN. radoter, rebattre les oreilles, répéter, ressasser, revenir sur – FAMILIER : seriner.

rabâcheur *nom et adjectif*

/ Qui ne fait que rabâcher. SYN. radoteur – LITTÉRAIRE : ressasseur.

rabais *nom masculin*

/ Diminution d'un prix. SYN. bonification, diminution, discount, escompte, réduction, remise, ristourne. CONTR. *augmentation, hausse, majoration.*

rabaissant *adjectif*

/ Qui avilit. SYN. abaissant, avilissant, dégradant, dépréciatif, déshonorant, honteux, humiliant, infamant, vexatoire, vilain – LITTÉRAIRE : ignominieux, vil. CONTR. *ennoblissant, flatteur, glorieux, honorable, laudatif, noble.*

rabaissement *nom masculin*

/ LITTÉRAIRE. Action de rabaisser. SYN. avilissement, déchéance, dégradation, dépréciation, dévalorisation, dévaluation. CONTR. *ennoblissement.*

rabaisser *verbe*

/ LITTÉRAIRE. Replacer en bas. SYN. abaisser, baisser, descendre. CONTR. *hausser, monter, remonter.*

/ LITTÉRAIRE. Amener à un rang inférieur. SYN. abaisser, abattre, avilir, dégrader, diminuer, discréditer, humilier, mortifier, ravaler, réduire – FAMILIER : aplatir – LITTÉRAIRE : abâtardir, rabattre. CONTR. *amplifier, augmenter, élever, ennoblir, exalter, grandir, idéaliser, poétiser, rehausser* – LITTÉRAIRE : *sublimer.*

/ Estimer au-dessous de sa valeur. SYN. déconsidérer, dénigrer, déprécier, discréditer, mépriser, mésestimer, rapetisser – LITTÉRAIRE : méjuger, vilipender. CONTR. *apprécier, glorifier, porter aux nues* – LITTÉRAIRE : *enfler, magnifier, priser.*

rabaisser (se) *verbe pronominal*

/ Déprécier son propre mérite. SYN. s'abaisser, s'avilir, se dénigrer, se mésestimer, s'humilier – LITTÉRAIRE : déchoir, déroger. CONTR. *se vanter* – FAMILIER : *ne pas se moucher du coude, ne pas se moucher du pied, se croire* – POPULAIRE : *ne pas se prendre pour de la merde, péter plus haut que son cul, se la jouer.*

rabat-joie *nom*

/ Personne d'humeur chagrine. SYN. trouble-fête – FAMILIER : bonnet de nuit, empêcheur de danser en rond, empêcheur de tourner en rond, éteignoir, pisse-froid – POPULAIRE : pisse-vinaigre. CONTR. *amuseur, boute-en-train, joyeux luron* – FAMILIER : *joyeux drille.*

® forme du *registered*

rabattre *verbe*

/ Ramener sur. SYN. abaisser, baisser, ramener, refermer, replier, retourner. CONTR. *lever, ouvrir, relever, remonter, soulever.*

/ Déduire une somme. SYN. décompter, déduire, défalquer, diminuer, réduire, retrancher. CONTR. *ajouter, augmenter, élever, majorer.*

/ LITTÉRAIRE. Ramener à un degré moindre. SYN. abaisser, abattre, dégrader, modérer, ravaler –FAMILIER: aplatir –LITTÉRAIRE: rabaisser. CONTR. *élever, ennoblir, exalter, grandir, idéaliser, rehausser, stimuler* –LITTÉRAIRE: *enfler, sublimer.*

rabattre (se) *verbe pronominal*

/ Quitter soudain une direction. SYN. obliquer, piquer, plonger, se détourner, tourner, virer.

rabe *nom masculin*

/ FAMILIER. Ce qui est en plus. SYN. excédent, supplément, surplus –FAMILIER: rallonge.

rabelaisien *adjectif*

/ D'une gaité grivoise. SYN. coquin, croustillant, cru, égrillard, gaulois, graveleux, leste, polisson, vert –FAMILIER: gras.

rabibochage *nom masculin*

/ FAMILIER. Fait de se rabibocher. SYN. rapprochement, réconciliation –FAMILIER: raccommodement. CONTR. *bouderie, brouille, désaccord, désunion, dispute, froid, mésentente, rupture* –FAMILIER: *bisbille, fâcherie* –LITTÉRAIRE: *discorde* –VIEUX: *brouillerie.*

rabibocher *verbe*

/ FAMILIER. Réparer sommairement. SYN. arranger, raccommoder, rapiécer, réparer –FAMILIER: rafistoler, rapetasser, retaper. CONTR. *abîmer, casser, détériorer, endommager, gâter* –FAMILIER: *bousiller, esquinter* –LITTÉRAIRE: *ruiner.*

/ FAMILIER. Remettre d'accord. SYN. rapprocher, réconcilier, replâtrer, réunir –FAMILIER: raccommoder. CONTR. *brouiller, fâcher.*

rabibocher (se) *verbe pronominal*

/ FAMILIER. Se réconcilier avec. SYN. renouer, se rapprocher, se réconcilier, se remettre –FAMILIER: se raccommoder –LITTÉRAIRE: s'accorder. CONTR. *rompre, se brouiller, se déchirer, se fâcher, se heurter, s'opposer.*

rabiot *nom masculin*

/ FAMILIER. Ce qui est en plus. SYN. excédent, supplément, surplus –FAMILIER: rallonge.

rabioter *verbe*

/ FAMILIER. Prendre en supplément. SYN. grappiller, grignoter –FAMILIER: gratter.

râblé *adjectif*

/ De forte carrure. SYN. épais, massif, ramassé, solide, trapu –FAMILIER: courtaud –POPULAIRE: baraqué. CONTR. *élancé, filiforme, fluet, longiligne, mince, svelte.*

raboteux *adjectif*

/ Dont la surface est inégale. SYN. cahoteux, calleux, dur, inégal, râpeux, rêche, rocailleux, rugueux –LITTÉRAIRE: ardu. CONTR. *égal, lisse, plan, plat, poli, uni.*

/ LITTÉRAIRE. Se dit d'un style lourd. SYN. abrupt, ardu, laborieux, lourd, pesant, rude. CONTR. *aisé, harmonieux.*

rabougri *adjectif*

/ Qui a sa croissance ralentie. SYN. chétif, maigre, malingre, rachitique, racorni, ratatiné, recroquevillé, souffreteux, tassé.

rabougrir *verbe*

/ Retarder la croissance de. SYN. affaiblir, amoindrir, atrophier, étioler, racornir. CONTR. *développer.*

rabougrir (se) *verbe pronominal*

/ FAMILIER. Devenir plus sec. SYN. se dessécher, se recroqueviller, se tasser –FAMILIER: se ratatiner.

rabougrissement *nom masculin*

/ LITTÉRAIRE. État de ce qui est rabougri. SYN. dégradation, étiolement –LITTÉRAIRE: abâtardissement, dégénérescence.

rabouter *verbe*

/ Assembler bout à bout. SYN. ajointer, raccorder, réunir.

rabrouer *verbe*

/ Accueillir avec rudesse. SYN. brusquer, envoyer dinguer, envoyer sur les roses, houspiller, maltraiter, remettre à sa place, repousser, rudoyer –FAMILIER: envoyer balader, envoyer bouler, envoyer paître, envoyer promener, remballer, rembarrer –LITTÉRAIRE: remiser –POPULAIRE: envoyer chier, envoyer péter, envoyer se faire cuire un œuf, envoyer se faire foutre –VIEUX: envoyer se faire lanlaire.

racaille *nom féminin*

/ Populace méprisable. SYN. bas-fonds, pègre, populace –LITTÉRAIRE: crapule, déjection, écume, lie, plèbe, rebut, tourbe, vermine –POPULAIRE: raclure –VIEUX: canaille.

/ Personne malhonnête. SYN. bandit, canaille, crapule, filou, gredin, scélérat, vaurien, vermine, voyou –FAMILIER: fripouille.

raccommodage *nom masculin*

/ Action de raccommoder. SYN. rafistolage, rapiéçage, rapiècement, réparation, reprisage, reprise –FAMILIER: rapetassage –VIEUX: ravaudage.

raccommodement *nom masculin*

/ FAMILIER. Fait de se réconcilier. SYN. fraternisation, rapprochement, réconciliation –FAMILIER: rabibochage. CONTR. *bouderie, brouille, désaccord, désunion, dispute, froid, mésentente, rupture* –FAMILIER: *bisbille, fâcherie* –VIEUX: *brouillerie.*

raccommoder *verbe*

/ Remettre en état. SYN. arranger, colmater, réparer, restaurer –FAMILIER: rabibocher, rafistoler, retaper. CONTR. *abîmer, briser, casser, détériorer, endommager, gâter* –FAMILIER: *bousiller, esquinter* –LITTÉRAIRE: *ruiner.*

/ Réparer du linge. SYN. faire un point, rapiécer, recoudre, repriser –FAMILIER: rapetasser –VIEUX: ravauder. CONTR. *déchirer.*

/ FAMILIER. Remettre d'accord. SYN. concilier, rapprocher, réconcilier, replâtrer, réunir –FAMILIER: rabibocher. CONTR. *brouiller, fâcher.*

raccommoder (se) *verbe pronominal*

/ FAMILIER. Se remettre d'accord avec. SYN. renouer, se rapprocher, se réconcilier, se remettre –FAMILIER: se rabibocher –LITTÉRAIRE: s'accorder. CONTR. *rompre, se brouiller, se déchirer, se fâcher, se heurter, s'opposer.*

raccompagner *verbe*

/ Accompagner sur le retour. SYN. ramener, reconduire. CONTR. *accompagner, amener.*

raccordement *nom masculin*

/ Fait de se raccorder. SYN. jonction, rapprochement. CONTR. *bifurcation, désunion, écartement.*

raccorder *verbe*

/ Relier deux choses séparées. SYN. assembler, joindre, rabouter, rattacher, relier, réunir, unir. CONTR. *disjoindre, écarter, séparer.*

raccourci *nom masculin*

/ Chemin plus court. SYN. traverse. CONTR. *crochet, détour.*

raccourcir *verbe*

/ Rendre plus court. SYN. abréger, couper, diminuer, écourter, ramasser, rapetisser, réduire, rogner –VIEUX: tronquer. CONTR. *allonger, amplifier, développer, éterniser, étirer, étoffer, grandir, prolonger, rallonger* –FAMILIER: *délayer.*

raccourcir (se) *verbe pronominal*

/ Devenir plus court. SYN. diminuer, raccourcir, rapetisser, rétrécir, se rapetisser. CONTR. *allonger, augmenter, rallonger.*

raccourcissement *nom masculin*

/ Fait de raccourcir. SYN. abrègement, diminution, rapetissement, réduction, rétrécissement. CONTR. *agrandissement, allongement, amplification, rallongement.*

raccrochage *nom masculin*

/ Action d'aborder quelqu'un. SYN. –FAMILIER: racolage –POPULAIRE: retape.

raccrocher *verbe*

/ Arrêter quelqu'un au passage. SYN. accoster, appréhender, racoler –POPULAIRE: alpaguer, faire de la retape.

raccrocher (se) *verbe pronominal*

/ Trouver un soutien. SYN. s'accrocher, s'agripper, se cramponner, se rattraper, se retenir, se tenir –LITTÉRAIRE: s'agriffer. CONTR. *lâcher.*

raccrocheur *adjectif*

/ Qui raccroche. SYN. aguicheur, racoleur –FAMILIER: accrocheur.

race *nom féminin*

/ LITTÉRAIRE. Lignée familiale. SYN. branche, famille, lignage, lignée, maison, origine, souche –LITTÉRAIRE: parents, sang.

/ Personnes formant un groupe. SYN. engeance, espèce, graine –LITTÉRAIRE: gent.

rachat *nom masculin*
/ Action de racheter. SYN. remboursement. CONTR. *revente.*
/ Action de se racheter. SYN. expiation, réparation, salut –LITTÉRAIRE: rédemption.

racheter *verbe*
/ Faire pardonner une faute. SYN. expier, payer.
/ Compenser un défaut. SYN. contrebalancer, corriger, équilibrer, pallier, rattraper, réparer, sauver, suppléer.

rachitique *adjectif*
/ Mal développé. SYN. chétif, débile, fluet, frêle, maladif, malingre, rabougri, souffreteux –LITTÉRAIRE: étique –VIEUX: cacochyme. CONTR. *fort, résistant, robuste, vigoureux* –FAMILIER: *costaud.*

racine *nom féminin*
/ Ce qui est à la base. SYN. assise, bas, base, fondement, naissance, origine, source.

raclée *nom féminin*
/ FAMILIER. Volée de coups. SYN. correction, tripotée –FAMILIER: pile, rossée, tabassée –POPULAIRE: dégelée, dérouillée, pâtée, peignée, rouste, tannée, tournée, trempe –VIEUX: frottée.
/ FAMILIER. Défaite cuisante. SYN. culbute, débâcle, déconfiture, défaite, déroute, échec, faillite, gifle, insuccès –FAMILIER: claque, fessée, fiasco, loupé, pile, piquette, plongeon, ratage, tannée, veste –LITTÉRAIRE: infortune –POPULAIRE: bide, déculottée, dégelée, gamelle, plantage, volée. CONTR. *réussite, succès, triomphe, victoire.*

racler *verbe*
/ Enlever quelque chose. SYN. curer, frotter, gratter, ratisser.

raclure *nom féminin*
/ Partie raclée d'un corps. SYN. débris, déchet, éclat, résidu, rognure.
/ POPULAIRE. Individus méprisables. SYN. pègre, populace, racaille –LITTÉRAIRE: crapule, déjection, écume, lie, plèbe, rebut, tourbe, vermine –VIEUX: canaille.

racolage *nom masculin*
/ Action de racoler. SYN. raccrochage –POPULAIRE: retape.

racoler *verbe*
/ Recruter des gens. SYN. embrigader, enrégimenter, enrôler, mobiliser, recruter.
/ Accoster des passants. SYN. aguicher, raccrocher –POPULAIRE: faire de la retape.

racoleur *adjectif*
/ Qui attire l'attention. SYN. aguicheur, raccrocheur –FAMILIER: accrocheur.

racoleur *nom masculin*
/ Bas-officier chargé de racoler. SYN. enrôleur, recruteur.

racontar *nom masculin*
/ FAMILIER. Propos médisant. SYN. bavardage, bruit, commentaire, commérage, fable, indiscrétion, médisance, on-dit, qu'en-dira-t-on, rumeur –FAMILIER: cancan, potin, ragot.

raconter *verbe*
/ Faire le récit de. SYN. conter, décrire, dépeindre, dire, expliquer, exposer, exprimer, montrer, parler de, peindre, prétendre, rapporter, relater, rendre compte, représenter, retracer, révéler –LITTÉRAIRE: narrer. CONTR. *cacher, dissimuler, taire* –LITTÉRAIRE: *celer.*
/ Tenir des propos légers. SYN. débiter –FAMILIER: chanter, déballer, sortir –POPULAIRE: débagouler.

raconteur *nom*
/ LITTÉRAIRE. Personne qui raconte. SYN. conteur, narrateur.

racorni *adjectif*
/ Devenu tout sec. SYN. coriace, desséché, rabougri, ratatiné. CONTR. *juteux.*

racornir *verbe*
/ Rendre sec et dur. SYN. atrophier, dessécher, durcir, étioler, rabougrir, recroqueviller –FAMILIER: ratatiner.

radiation *nom féminin*
/ Action de rayer d'une liste. SYN. destitution, élimination, exclusion, excommunication, expulsion, renvoi. CONTR. *admission, intégration.*

radical *adjectif*
/ Qui touche à la nature de. SYN. capital, constitutif, essentiel, foncier, fondamental, profond.
/ Qui a un caractère définitif. SYN. absolu, catégorique, complet, intégral, irrévocable, total.
/ Se dit d'une action énergique. SYN. actif, draconien, efficace, infaillible, puissant –LITTÉRAIRE: souverain.

radicalement *adverbe*

/ D'une manière radicale. SYN. absolument, catégoriquement, complètement, diamétralement, entièrement, foncièrement, fondamentalement, pleinement, totalement –FAMILIER: carrément.

radicaliser *verbe*

/ Rendre plus intransigeant. SYN. accentuer, amplifier, durcir, intensifier, renforcer. CONTR. *adoucir, assouplir, atténuer.*

radier *verbe*

/ Rayer d'une liste. SYN. destituer, éliminer, exclure, excommunier, expulser, limoger, rayer, renvoyer, révoquer –FAMILIER: blackbouler, débarquer, déboulonner, dégommer, sabrer. CONTR. *admettre, inscrire, intégrer.*

radieux *adjectif*

/ Éclatant de lumière. SYN. brillant, éblouissant, éclatant, étincelant, irradiant, lumineux, resplendissant –LITTÉRAIRE: flamboyant. CONTR. *obscur, pâle, sombre, terne* –LITTÉRAIRE: *ténébreux.*

/ Se dit d'un temps ensoleillé. SYN. beau, splendide, superbe –LITTÉRAIRE: serein. CONTR. *brouillé, brumeux, couvert, gris, noir, nuageux, voilé* –FAMILIER: *cafardeux.*

/ Qui rayonne de joie. SYN. content, épanoui, florissant, heureux, joyeux, ravi, rayonnant, réjoui, riant, satisfait, triomphant. CONTR. *assombri, cafardeux, déprimé, maussade, mélancolique, rembruni, triste* –LITTÉRAIRE: *chagrin.*

radin *adjectif*

/ FAMILIER. D'une grande avarice. SYN. avare, intéressé, parcimonieux, regardant, thésauriseur –FAMILIER: chiche, chien, pingre, rapiat, rat –LITTÉRAIRE: avaricieux, ladre, lésineur. CONTR. *dépensier, dilapidateur, gaspilleur, généreux, large, prodigue* –LITTÉRAIRE: *dissipateur, libéral.*

radin *nom*

/ FAMILIER. Personne avare. SYN. avare, thésauriseur –FAMILIER: chien, grigou, grippe-sou, pingre, rapiat, rat –LITTÉRAIRE: avaricieux, harpagon, ladre, lésineur. CONTR. *dépensier, dilapidateur, gaspilleur* –FAMILIER: *panier percé* –LITTÉRAIRE: *dissipateur.*

radiner (se) *verbe pronominal*

/ POPULAIRE. Aller dans tel lieu. SYN. arriver, s'approcher, se rendre, venir –POPULAIRE: rappliquer. CONTR. *quitter, s'écarter, s'éloigner.*

radinerie *nom féminin* ou **radinisme** *nom masculin*

/ FAMILIER. Grande avarice. SYN. avarice, mesquinerie, parcimonie –FAMILIER: pingrerie –LITTÉRAIRE: ladrerie, lésine, lésinerie. CONTR. *générosité, libéralité, prodigalité* –LITTÉRAIRE: *largesse.*

radis *nom masculin*

/ POPULAIRE. Petite somme d'argent. SYN. centime, maravédis –FAMILIER: rond, sou –LITTÉRAIRE: liard –POPULAIRE: kopeck, rotin.

radotage *nom masculin*

/ Propos répétitifs. SYN. chanson, conte, divagation, fadaise, rabâchage, redite, sornettes –FAMILIER: boniment, faribole.

radoter *verbe intransitif*

/ Tenir des propos incohérents. SYN. délirer, déraisonner, divaguer –FAMILIER: déménager, dérailler –LITTÉRAIRE: extravaguer –POPULAIRE: débloquer.

radoter *verbe transitif*

/ Répéter les mêmes propos. SYN. rabâcher, rebattre les oreilles, redire, répéter, ressasser, revenir sur –FAMILIER: seriner.

radoteur *adjectif et nom*

/ Qui radote. SYN. rabâcheur –LITTÉRAIRE: ressasseur.

radoucir *verbe*

/ Rendre plus doux. SYN. adoucir, apaiser –LITTÉRAIRE: attiédir, lénifier.

rafale *nom féminin*

/ Coup de vent violent. SYN. bourrasque, grain, ouragan.

/ Coups tirés sans interruption. SYN. bordée, décharge, feu, salve, volée.

raffermir *verbe*

/ Rendre plus résistant. SYN. endurcir, fortifier, tonifier –LITTÉRAIRE: vivifier. CONTR. *abattre, affaiblir, amollir, débiliter, épuiser, ramollir* –FAMILIER: *démolir, liquéfier.*

/ Confirmer dans une position. SYN. affermir, assurer, cimenter, consolider, corroborer, enhardir, fortifier, renforcer, resserrer, soutenir, stabiliser –LITTÉRAIRE: rasséréner. CONTR. *affaiblir, bouleverser, déconcerter, décontenancer, décourager, démolir, démonter, détériorer, ébranler, ébrécher, émouvoir, endommager, remuer, secouer, troubler.*

raffermissement *nom masculin*

/ Fait de se raffermir. SYN. affermissement, consolidation, durcissement, prise, renforcement, stabilisation. CONTR. *affaiblissement, amollissement, déclin, ébranlement, écroulement, effondrement, étiolement, ramollissement, ruine* –LITTÉRAIRE: *fléchissement.*

raffiné *adjectif*

/ Qui montre de l'élégance. SYN. aristocratique, choisi, coquet, courtois, de bon goût, de bon ton, délicat, distingué, élégant, fin, impeccable, précieux, recherché, soigné, stylé –FAMILIER: sélect –LITTÉRAIRE: policé. CONTR. *canaille, commun, débraillé, dépoitraillé, familier, fruste, grossier, lourd, ordinaire, populaire, sommaire, vulgaire* –FAMILIER: *dépenaillé* –LITTÉRAIRE: *plébéien, rustique.*

/ Qui montre un souci du détail. SYN. alambiqué, complexe, compliqué, sophistiqué, subtil. CONTR. *barbare, béotien, bestial, brut, primaire, primitif, rude, sauvage, simple.*

raffinement *nom masculin*

/ Caractère raffiné. SYN. chic, classe, délicatesse, distinction, élégance, recherche. CONTR. *laisser-aller, relâchement, simplicité, vulgarité* –LITTÉRAIRE: *rusticité.*

/ Subtilité de la pensée. SYN. préciosité, subtilité –LITTÉRAIRE: mignardise. CONTR. *barbarie, bestialité, grossièreté* –LITTÉRAIRE: *rudesse.*

raffiner *verbe*

/ LITTÉRAIRE. Rendre plus subtil. SYN. affiner, épurer, fignoler, peaufiner, polir, soigner –LITTÉRAIRE: châtier, ciseler, policer –VIEUX: perler.

raffoler *verbe*

/ Avoir un goût vif pour. SYN. adorer, aimer, être fou de, se complaire, se passionner, s'engouer, s'enthousiasmer, s'enticher –FAMILIER: s'emballer –LITTÉRAIRE: affectionner, se délecter. CONTR. *abominer, détester, exécrer, haïr* –LITTÉRAIRE: *abhorrer.*

raffut *nom masculin*

/ FAMILIER. Bruit violent. SYN. bruit, charivari, fracas, tapage, tintamarre, tumulte, vacarme –FAMILIER: boucan, chahut, chambard, foire, potin –LITTÉRAIRE: hourvari –POPULAIRE: barouf, baroufe, bastringue, ramdam –VIEUX: bousin, sabbat. CONTR. *calme, silence, tranquillité* –LITTÉRAIRE: *quiétude.*

/ FAMILIER. Éclat scandaleux. SYN. bruit, esclandre, scandale, tapage –FAMILIER: grabuge, pétard –POPULAIRE: barouf, baroufe, foin.

rafistolage *nom masculin*

/ Action de rafistoler. SYN. raccommodage, réfection, remise en état, réparation, replâtrage, restauration –FAMILIER: retapage.

rafistoler *verbe*

/ FAMILIER. Réparer grossièrement. SYN. arranger, colmater, raccommoder, rapiécer, réparer –FAMILIER: rabibocher, rapetasser, retaper. CONTR. *abîmer, casser, détériorer, endommager, gâter* –FAMILIER: *bousiller, esquinter* –LITTÉRAIRE: *ruiner.*

rafle *nom féminin*

/ Action de rafler. SYN. larcin, pillage, vol –FAMILIER: chapardage, razzia –LITTÉRAIRE: rapine.

rafler *verbe*

/ Voler quelque chose. SYN. accaparer, enlever, escamoter, extorquer, prendre, s'emparer, voler –FAMILIER: barboter, carotter, chaparder, chiper, piquer, souffler, subtiliser –POPULAIRE: chauffer, faucher, ratiboiser.

rafraîchir *verbe*

/ Rendre frais. SYN. frigorifier, réfrigérer, refroidir. CONTR. *brûler, chauffer, échauffer, réchauffer, tiédir.*

/ Remettre dans l'état initial. SYN. rajeunir, raviver, refaire, rénover, restaurer –FAMILIER: retaper. CONTR. *abîmer, flétrir.*

ragaillardir *verbe*

/ FAMILIER. Redonner de l'entrain. SYN. ranimer, réconforter, regonfler, remonter, ressusciter, rétablir, revigorer, stimuler, tonifier –FAMILIER: ravigoter, requinquer –LITTÉRAIRE: revivifier, vivifier. CONTR. *abattre, accabler, amoindrir, anéantir, atterrer, décourager, démonter, démoraliser* –FAMILIER: *ramollir, tuer.*

rage *nom féminin*

/ État d'irritation. SYN. agacement, âpreté, colère, emportement, énervement, exaspération, férocité, fureur, furie, indignation –LITTÉRAIRE: courroux.

/ Désir irrépressible. SYN. acharnement, fièvre, folie, frénésie, idée fixe, impatience –FAMILIER: maladie –LITTÉRAIRE: impétuosité.

rageant *adjectif*

/ FAMILIER. Qui fait rager. SYN. agaçant, énervant, exaspérant, excédant, irritant –FAMILIER: crispant, enrageant, horripilant, vexant.

rager *verbe*

/ FAMILIER. Être très énervé. SYN. bouillonner, écumer, enrager, fulminer, pester, tempêter, tonner –FAMILIER: bisquer, fumer, maronner, râler –POPULAIRE: rouscailler.

rageur *adjectif*

/ Qui exprime la colère. SYN. coléreux, emporté, hargneux, irascible, irritable –FAMILIER: teigneux –LITTÉRAIRE: colérique, fulminant. CONTR. *calme, impassible, imperturbable, placide, serein.*

ragot *nom masculin*

/ FAMILIER. Propos malveillant. SYN. bavardage, bruit, commentaire, commérage, médisance, on-dit, rumeur –FAMILIER: cancan, potin, racontar –LITTÉRAIRE: clabauderie.

ragoûtant *adjectif*

/ Qui fait envie. SYN. agréable, alléchant, appétissant, bon. CONTR. *dégoûtant, écœurant, nauséabond, rebutant.*

raid *nom masculin*

/ Incursion en territoire ennemi. SYN. assaut, charge, coup de main, descente, expédition, incursion, invasion, irruption, razzia.

raide *adjectif*

/ Qui est sans souplesse. SYN. dur, rigide –FAMILIER: souple comme un verre de lampe. CONTR. *élastique, flexible, mou, pliable, souple.*

/ Qui manque de naturel. SYN. affecté, compassé, droit, guindé, pincé –FAMILIER: coincé. CONTR. *affaissé, avachi, décontracté, détendu, flasque* –FAMILIER: *relax, relaxe.*

/ Qui présente une forte déclivité. SYN. à pic, abrupt, escarpé, montant –LITTÉRAIRE: ardu, montueux. CONTR. *plan, plat.*

/ LITTÉRAIRE. Qui est intransigeant. SYN. austère, autoritaire, brusque, dur, implacable, inflexible, intraitable, intransigeant, rigide, rigoureux, sévère, strict. CONTR. *accommodant, conciliant, coulant, flexible, indulgent, large, libéral, relâché, tolérant* –FAMILIER: *élastique.*

/ FAMILIER. Qu'on a peine à admettre. SYN. abusif, étonnant, exagéré, excessif, incroyable, surprenant –FAMILIER: fort.

/ FAMILIER. Qui choque la bienséance. SYN. croustillant, cru, grivois, hardi, libre, licencieux, osé, salé –FAMILIER: cochon, hard, olé olé.

/ POPULAIRE. Qui est ivre. SYN. enivré, gris, ivre –FAMILIER: éméché, imbibé, parti, pompette, saoul, schlass, soûl, soûl comme un Polonais, soûl comme une grive –POPULAIRE: beurré, beurré comme une tartine, blindé, bourré, chargé, cuit, noir, paf, pété, pinté, plein comme une barrique, rond, rond comme une barrique, rond comme une queue de pelle, torché –VIEUX: brindezingue. CONTR. *à jeun, sobre.*

/ POPULAIRE. Démuni d'argent. SYN. gêné, pauvre –FAMILIER: à sec, désargenté, fauché, sans-le-sou –LITTÉRAIRE: impécunieux. CONTR. *fortuné, riche* –FAMILIER: *argenté.*

raideur *nom féminin*

/ État de ce qui est raide. SYN. dureté, rigidité. CONTR. *élasticité, flexibilité, mollesse, souplesse.*

/ Manque de naturel. SYN. affectation, apprêt –LITTÉRAIRE: afféterie, affèterie, compassement. CONTR. *abandon, laisser-aller, naturel, spontanéité.*

raidillon *nom masculin*

/ Sentier raide. SYN. côte, montée, rampe. CONTR. *pente.*

raidir *verbe*

/ Rendre raide. SYN. contracter, durcir, tendre –LITTÉRAIRE: bander. CONTR. *amollir, décontracter, détendre, plier, relâcher* –LITTÉRAIRE: *déraidir.*

/ LITTÉRAIRE. Rendre intransigeant. SYN. buter, cabrer, durcir, endurcir, figer –FAMILIER: braquer. CONTR. *assouplir, attendrir, humaniser.*

raidir (se) *verbe pronominal*

/ Se montrer plus dur. SYN. se buter, se cabrer, se crisper, s'obstiner –FAMILIER: se braquer –LIT-

TÉRAIRE: s'opiniâtrer. CONTR. *capituler, céder, fondre, mollir, plier, s'attendrir, se détendre, s'humaniser.*

raidissement *nom masculin*

/ Action de raidir. SYN. contraction, durcissement, tension. CONTR. *amollissement, décontraction, détente, ramollissement.*

raie *nom féminin*

/ Ligne tracée sur une surface. SYN. ligne, rayure, trait, zébrure.

railler *verbe*

/ Tourner en dérision. SYN. bafouer, égratigner, ironiser, persifler, ridiculiser, rire, s'amuser, se moquer –FAMILIER: blaguer, chambrer, chiner, se ficher de –LITTÉRAIRE: brocarder, dauber, satiriser, se gausser, se rire –POPULAIRE: charrier, se foutre de. CONTR. *admirer, louer* –LITTÉRAIRE: *louanger.*

raillerie *nom féminin*

/ Action de railler. SYN. dérision, gouaille, humour, ironie, moquerie, persiflage, satire. CONTR. *admiration, flatterie.*

/ Propos railleur. SYN. boutade, gouaillerie, lazzi, moquerie, persiflage, pique, plaisanterie, pointe, quolibet, sarcasme –FAMILIER: chinage –LITTÉRAIRE: brocard, épigramme, trait –POPULAIRE: vanne. CONTR. *compliment, louange.*

railleur *adjectif*

/ Qui exprime la moquerie. SYN. badin, caustique, facétieux, frondeur, goguenard, gouailleur, ironique, malicieux, moqueur, mordant, narquois, persifleur, sarcastique, satirique –FAMILIER: blagueur, chineur –LITTÉRAIRE: piquant. CONTR. *admiratif.*

railleur *nom*

/ Personne qui raille. SYN. farceur, humoriste, ironiste, persifleur, plaisantin –FAMILIER: blagueur –LITTÉRAIRE: moqueur. CONTR. *admirateur.*

rainure *nom féminin*

/ Entaille longue et étroite. SYN. encoche, entaille, fente, fissure, sillon.

raison *nom féminin*

/ Faculté de penser. SYN. entendement, esprit, facultés, intelligence, pensée, raisonnement –FAMILIER: intellect. CONTR. *instinct, intuition.*

/ Capacité de juger sainement. SYN. bon sens, discernement, jugement, lucidité, sagesse, sens, sens commun, tête –FAMILIER: jugeote. CONTR. *absurdité, folie* –FAMILIER: *démence* –LITTÉRAIRE: *déraison.*

/ Ce qui explique un fait. SYN. argument, cause, excuse, explication, facteur, fondement, mobile, moteur, motif, origine, pourquoi, prétexte, source. CONTR. *répercussion, retombée.*

/ *En raison de.* SYN. à cause de, compte tenu de, considérant, du fait de, eu égard à, vu.

raisonnable *adjectif*

/ Qui agit selon la raison. SYN. conséquent, équilibré, intelligent, pondéré, posé, prudent, rationnel, sage. CONTR. *antirationnel, aveugle, égaré, étourdi, inconscient, inconséquent, insensé.*

/ Qui manifeste du bon sens. SYN. fondé, judicieux, juste, légitime, logique, sensé. CONTR. *aberrant, abracadabrant, absurde, biscornu, bizarre, capricieux, débridé, déraisonnable, effréné, extravagant, extrême, farfelu, fou, illégitime, illogique, incohérent, irrationnel, saugrenu* –FAMILIER: *bizarroïde, loufoque* –LITTÉRAIRE: *fantasque.*

/ Qui est modéré. SYN. abordable, convenable, honnête, modéré, modeste, moyen, normal, passable –FAMILIER: potable. CONTR. *démentiel, démesuré, effroyable, élevé, exagéré, excessif, exorbitant, illimité, immodéré, impossible, inabordable, inacceptable, onéreux, prohibitif, ruineux* –FAMILIER: *délirant, dément, dingue.*

raisonnablement *adverbe*

/ D'une manière raisonnable. SYN. bien, convenablement, décemment, honnêtement, logiquement, posément, rationnellement, sagement, sainement –LITTÉRAIRE: sensément. CONTR. *absurdement, déraisonnablement, follement, illogiquement, irrationnellement.*

/ De façon modérée. SYN. modérément, modestement, moyennement. CONTR. *démesurément, exagérément, excessivement, immodérément, outrageusement, outre mesure, trop.*

raisonné *adjectif*

/ Fondé sur un raisonnement. SYN. logique, rationnel, sensé. CONTR. *extravagant, fantaisiste, intuitif, irrationnel.*

/ Qui a été réfléchi. SYN. mesuré, pensé, pesé, pondéré, réfléchi, sage. CONTR. *aberrant, absurde, déraisonnable, illogique, incohérent, irraisonné, obscur, saugrenu.*

raisonnement *nom masculin*

/ Faculté de penser. SYN. entendement, esprit, intelligence, jugement, pensée. CONTR. *instinct, intuition.*

/ Suite d'arguments. SYN. argument, argumentation, déduction, démonstration, logique, preuve, raison.

raisonner *verbe intransitif*

/ Se servir de sa raison. SYN. analyser, étudier, méditer, penser, réfléchir –FAMILIER: cogiter –LITTÉRAIRE: ratiociner.

/ Faire des raisonnements. SYN. argumenter, débattre, palabrer, philosopher –LITTÉRAIRE: disputer.

raisonner *verbe transitif*

/ Rappeler à la raison. SYN. chapitrer, sermonner.

raisonneur *adjectif*

/ Qui discute à propos de tout. SYN. ergoteur –FAMILIER: discutailleur –LITTÉRAIRE: vétilleux –VIEUX: chicaneur, chicanier.

raisonneur *nom*

/ Personne qui raisonne sur tout. SYN. discuteur, ergoteur, polémiste –FAMILIER: discutailleur, pinailleur –LITTÉRAIRE: argumentateur.

rajeunir *verbe*

/ Rendre plus moderne. SYN. moderniser, rafraîchir, ranimer, renouveler, rénover, revigorer. CONTR. *vieillir.*

rajouter *verbe*

/ Mettre en plus. SYN. adjoindre, ajouter, joindre, mettre. CONTR. *enlever, ôter, retirer.*

ralentir *verbe intransitif*

/ Réduire sa vitesse. SYN. décélérer, freiner. CONTR. *accélérer, presser le pas, se précipiter, se presser* –FAMILIER: *foncer, s'activer.*

ralentir *verbe transitif*

/ Rendre moins rapide. SYN. entraver, freiner, gêner, immobiliser, obstruer, paralyser, retarder. CONTR. *accélérer, activer, bousculer, brusquer, hâter, précipiter* –LITTÉRAIRE: *presser.*

/ Diminuer la force de. SYN. atténuer, éteindre, mesurer, modérer, nuire. CONTR. *aiguillonner, éperonner, fouetter, stimuler* –LITTÉRAIRE: *enflammer.*

ralentir (se) *verbe pronominal*

/ Suivre un rythme plus lent. SYN. baisser, décliner, dépérir, faiblir, fléchir, mollir, s'affaiblir, s'atténuer.

ralentissement *nom masculin*

/ Action de ralentir. SYN. décélération, freinage. CONTR. *accélération.*

/ Diminution d'une activité. SYN. amenuisement, baisse, contraction, déclin, décroissance, récession, recul, réduction, régression. CONTR. *accroissement, augmentation, développement.*

râler *verbe*

/ FAMILIER. Montrer son mécontentement. SYN. grogner, gronder, maugréer, murmurer, pester, protester, récriminer, se plaindre, se récrier –FAMILIER: bisquer, bougonner, fumer, maronner, rager, ronchonner, rouspéter –POPULAIRE: gueuler, rouscailler –VIEUX: rogner, rognonner.

râleur *nom et adjectif*

/ FAMILIER. Qui aime râler. SYN. boudeur, bougon, grincheux, grognon –FAMILIER: ronchon, ronchonneur, rouspéteur –POPULAIRE: gueulard.

ralliement *nom masculin*

/ Action de regrouper des personnes. SYN. concentration, groupement, rassemblement, regroupement, réunion. CONTR. *débandade, dispersion, éparpillement.*

/ Fait de se rallier à. SYN. adhésion, conversion. CONTR. *opposition, refus, rejet* –LITTÉRAIRE: *répudiation.*

rallier *verbe*

/ Rassembler des personnes. SYN. concentrer, masser, rassembler, regrouper, réunir. CONTR. *disperser, éparpiller, séparer.*

/ Réunir autour d'un projet. SYN. convertir, endoctriner, liguer, mobiliser, rassembler, réunir. CONTR. *démobiliser, détourner, écarter, éloigner, repousser.*

/ Être l'élément qui rassemble. SYN. conquérir, emporter, gagner, ramasser, remporter.

/ Rejoindre un groupe, un poste. SYN. arriver, atteindre, gagner, regagner, rejoindre, rentrer, retourner. CONTR. *abandonner, déserter, quitter, rompre avec* – FAMILIER : *lâcher.*

rallier (se) *verbe pronominal*

/ Devenir partisan de. SYN. adhérer, adopter, épouser, rejoindre, s'affilier, se mobiliser, se ranger à, souscrire à – LITTÉRAIRE : embrasser. CONTR. *combattre, se dresser contre, s'élever contre, s'opposer.*

rallonge *nom féminin*

/ Supplément de crédits. SYN. complément, supplément, surplus – FAMILIER : rab, rabe, rabiot.

rallonger *verbe*

/ Accroître la longueur de. SYN. allonger, prolonger. CONTR. *abréger, diminuer, écourter, raccourcir.*

rallumer *verbe*

/ Redonner de l'intensité. SYN. attiser, aviver, exciter, ranimer, raviver, réveiller, stimuler – LITTÉRAIRE : ressusciter. CONTR. *affaiblir, atténuer, endormir, éteindre* – LITTÉRAIRE : *attiédir.*

rallumer (se) *verbe pronominal*

/ Se manifester de nouveau. SYN. réapparaître, renaître, reprendre, ressurgir, resurgir, revivre, se rétablir – LITTÉRAIRE : ressusciter.

ramage *nom masculin*

/ Chant des oiseaux. SYN. chanson, chant, gazouillement, gazouillis, mélodie, pépiement.

/ LITTÉRAIRE. Parler inintelligible. SYN. babillage, gazouillement, gazouillis – LITTÉRAIRE : babil – VIEUX : pépiement.

ramassage *nom masculin*

/ Action de ramasser. SYN. collecte, cueillette, enlèvement, glanage, grappillage, récolte.

ramassé *adjectif*

/ Qui est petit et fort. SYN. épais, massif, puissant, râblé, trapu – FAMILIER : boulot, courtaud. CONTR. *allongé, élancé, grêle, menu, svelte.*

/ Se dit d'un style concis. SYN. bref, concentré, concis, court, dense, elliptique, laconique, serré, succinct – LITTÉRAIRE : compendieux. CONTR. *bavard, diffus, étiré, filandreux, prolixe, touffu, verbeux* – FAMILIER : *délayé.*

ramasser *verbe*

/ Mettre en tas. SYN. accumuler, amasser, amonceler, entasser, rassembler, réunir. CONTR. *disperser, disséminer, distribuer, éparpiller, parsemer, partager.*

/ Prendre ce qui est à terre. SYN. cueillir, récolter – LITTÉRAIRE : moissonner. CONTR. *jeter, laisser tomber, poser.*

/ Prendre sous son aile. SYN. abriter, adopter, garer, protéger, recueillir. CONTR. *abandonner, chasser, perdre, repousser.*

/ FAMILIER. Arrêter quelqu'un. SYN. appréhender, arrêter, attraper, prendre – FAMILIER : choper, coincer, cueillir, embarquer, épingler, harponner, pincer – POPULAIRE : agrafer, alpaguer, emballer, piquer. CONTR. *libérer, relâcher, relaxer.*

/ Présenter sous une forme réduite. SYN. abréger, condenser, raccourcir, resserrer, résumer. CONTR. *étaler, étirer* – FAMILIER : *délayer.*

/ FAMILIER. Subir un sort fâcheux. SYN. attraper, contracter – FAMILIER : choper, écoper – POPULAIRE : déguster.

ramasser (se) *verbe pronominal*

/ Se replier sur soi. SYN. se blottir, se lover, se pelotonner, se recroqueviller, se replier. CONTR. *s'allonger, se détendre, s'étirer.*

/ FAMILIER. Faire une chute. SYN. tomber – FAMILIER : chuter, dégringoler, prendre une bûche, ramasser une bûche, ramasser une pelle, se casser la figure, s'étaler – LITTÉRAIRE : choir – POPULAIRE : prendre un gadin, prendre une gamelle, ramasser un gadin, ramasser une gamelle.

/ FAMILIER. Subir un échec. SYN. échouer, se casser les dents – FAMILIER : être collé, être recalé, faire chou blanc, prendre une pelle, prendre une piquette, prendre une veste, ramasser une pelle, ramasser une piquette, ramasser une veste, rater, se casser la figure, se faire étendre – POPULAIRE : merder, prendre un bide, prendre une gamelle, ramasser une gamelle, se casser la gueule, se faire jeter, se planter.

ramassis *nom masculin*

/ Ensemble de choses sans valeur. SYN. accumulation, amas, assemblage, bric-à-brac, entassement, fatras, masse, monceau, montagne – FAMILIER : armada, flopée, méli-mélo, pelletée.

/ Réunion d'individus louches. SYN. bande, bataillon, clan, gang, horde, meute, tas – FAMILIER : clique – LITTÉRAIRE : tourbe.

rambarde *nom féminin*

/ Barrière à hauteur d'appui. SYN. balustrade, bastingage, garde-corps, garde-fou, parapet.

ramdam *nom masculin*

/ POPULAIRE. Vacarme assourdissant. SYN. bruit, charivari, fracas, tapage, tintamarre, tumulte, vacarme –FAMILIER: boucan, chahut, chambard, cirque, foire, raffut, tintouin –LITTÉRAIRE: hourvari –POPULAIRE: barouf, baroufe, bastringue –VIEUX: bousin, sabbat.

rameau *nom masculin*

/ Petite branche. SYN. ramille –LITTÉRAIRE: branchette.

ramée *nom féminin*

/ LITTÉRAIRE. Ensemble de branches. SYN. branchage, branches, feuillage, frondaison, ombrage, ramure –LITTÉRAIRE: couvert, feuillée.

ramener *verbe*

/ Faire revenir. SYN. raccompagner, reconduire, remmener.

/ Amener avec soi. SYN. apporter, prendre, rapporter.

/ Remettre à sa place. SYN. rabattre, remettre, remonter, tirer.

/ Favoriser le retour de. SYN. redonner, restaurer, rétablir –LITTÉRAIRE: ressusciter.

/ Concentrer sa pensée sur. SYN. concentrer, rapporter, rejeter, reporter.

ramer *verbe*

/ POPULAIRE. Avoir des difficultés. SYN. être dans le pétrin, être dans une mauvaise passe, se débattre, se démener –FAMILIER: être dans de beaux draps, être dans la panade, nager, ne pas être sorti de l'auberge, se décarcasser –POPULAIRE: en baver (des ronds de chapeau), être dans la merde, galérer. CONTR. *se dépêtrer, se tirer d'affaire, s'en sortir, s'en tirer* –FAMILIER: *se débrouiller, se dépatouiller* –POPULAIRE: *se démerder.*

ramifier (se) *verbe pronominal*

/ Se répartir en plusieurs rameaux. SYN. se diviser, se partager, se scinder, se subdiviser.

ramolli *adjectif*

/ FAMILIER. Diminué intellectuellement. SYN. décrépit, déliquescent, flasque, gâteux, mou, sénile –FAMILIER: gaga, lourd. CONTR. *dynamique, énergique, résolu.*

ramollir *verbe*

/ Rendre mou. SYN. amollir, attendrir. CONTR. *durcir, endurcir, raffermir.*

/ FAMILIER. Faire perdre le dynamisme. SYN. affaiblir, avachir, débiliter –LITTÉRAIRE: aveulir. CONTR. *galvaniser, régénérer, regonfler, remonter, revigorer, stimuler* –FAMILIER: *ragaillardir, ravigoter, requinquer* –LITTÉRAIRE: *tremper, vivifier.*

ramollir (se) *verbe pronominal*

/ FAMILIER. Diminuer intellectuellement. SYN. baisser, décliner, dégénérer, devenir gâteux, faiblir, péricliter, s'avachir –FAMILIER: devenir gaga.

ramollissement *nom masculin*

/ Fait de se ramollir. SYN. affaiblissement, amollissement, relâchement. CONTR. *affermissement, durcissement, endurcissement, raffermissement, raidissement.*

rampant *adjectif*

/ Qui fait preuve de bassesse. SYN. déférent, obséquieux, plat, servile, soumis –LITTÉRAIRE: révérencieux, serf.

rampe *nom féminin*

/ Route qui monte. SYN. côte, déclivité, montée, pente, raidillon –FAMILIER: grimpette.

ramper *verbe*

/ Se montrer servile. SYN. courber le dos, courber le front, courber l'échine, plier le genou, plier l'échine, se mettre à plat ventre, s'humilier –FAMILIER: s'aplatir –LITTÉRAIRE: se prosterner.

ramponneau *nom masculin*

/ POPULAIRE. Coup violent. SYN. coup –POPULAIRE: châtaigne, jeton, pêche.

ramure *nom féminin*

/ Ensemble de branches. SYN. branchage, branches, feuillage, frondaison, ombrage –LITTÉRAIRE: couvert, feuillée, ramée.

rancœur *nom féminin*

/ Sentiment d'amertume. SYN. aigreur, amertume, dent, dépit, rancune, ressentiment.

rançon *nom féminin*

/ Inconvénient d'un bienfait. SYN. conséquence, fruit, incidence, prix, produit, prolongement, répercussion, résultat, sanction, suite –LITTÉRAIRE: tribut.

rançonner *verbe*

/ Familier. Faire payer trop cher. SYN. étrangler, exploiter, saigner, voler –familier: écorcher, estamper, étriller, matraquer –vieux: égorger.

rancune *nom féminin*

/ Sentiment d'animosité. SYN. animosité, antipathie, haine, hostilité, rancœur, ressentiment. CONTR. *bienveillance, bonté, générosité, grandeur d'âme, magnanimité, pardon.*

rancunier *adjectif*

/ Qui manifeste de la rancune. SYN. haineux, vindicatif. CONTR. *bienveillant, bon, indulgent, magnanime, oublieux.*

randonnée *nom féminin*

/ Promenade assez longue. SYN. circuit, course, excursion, périple, tour –familier: virée.

rang *nom masculin*

/ Suite de personnes, de choses. SYN. chapelet, cordon, enfilade, file, haie, ligne, rangée, succession, suite.

/ Position dans une hiérarchie. SYN. caste, catégorie, classe, condition, milieu, place, position, poste, situation, statut –littéraire: état.

/ Place attribuée à. SYN. étage, grade, niveau, ordre, zone.

rangé *adjectif*

/ Qui a de l'ordre. SYN. ordonné, réglé, sage, sérieux, tenu. CONTR. *débauché, dépravé, dévergondé, dissipé* –littéraire: *dissolu.*

/ Qui est en ordre. SYN. ordonné, tenu. CONTR. *dérangé, désordonné, désorganisé.*

rangée *nom féminin*

/ Suite de choses. SYN. chapelet, cordon, enfilade, file, haie, ligne, rang, succession, suite.

rangement *nom masculin*

/ Action de ranger. SYN. agencement, arrangement, classement, disposition, ordonnancement, ordre, placement. CONTR. *confusion, dérangement, désordre, fatras, fouillis* –familier: *bazar, chantier, pagaïe, pagaille.*

ranger *verbe*

/ Disposer selon un ordre. SYN. aligner, classer, classifier, disposer, distribuer, étiqueter, répartir. CONTR. *déclasser.*

/ Mettre à sa place. SYN. caser, entreposer, placer, remiser –familier: cataloguer –littéraire: serrer. CONTR. *déplacer, déranger, sortir.*

/ Mettre de l'ordre en un lieu. SYN. aménager, arranger, ordonner, organiser, remettre de l'ordre dans, remettre en ordre. CONTR. *bouleverser, brouiller, saccager* –familier: *chambarder, chambouler.*

/ Mettre un véhicule sur le côté. SYN. garer, parquer.

ranger (se) *verbe pronominal*

/ Se mettre en rangs. SYN. s'aligner, se disposer, se former, se grouper, se mettre, se placer.

/ Se mettre sur le côté. SYN. laisser la place, se garer, s'écarter.

/ Avoir sa place à tel endroit. SYN. aller, se mettre, se placer.

/ Revenir à une vie régulière. SYN. s'amender, s'assagir. CONTR. *se dépraver, se dévergonder, se perdre, se pervertir.*

/ Adopter un point de vue. SYN. adhérer, se rallier, souscrire –littéraire: s'accommoder. CONTR. *combattre, s'élever contre.*

ranimer *verbe*

/ Redonner de la vigueur. SYN. fortifier, guérir, rajeunir, restaurer, rétablir, revigorer –familier: ragaillardir, ravigoter, retaper –littéraire: revivifier, vivifier –vieux: réconforter. CONTR. *affaiblir, assommer, débiliter.*

/ Redonner de la force morale. SYN. aiguillonner, attiser, éperonner, réchauffer, réconforter, remonter. CONTR. *abattre, décourager, démoraliser.*

/ Redonner de l'activité. SYN. aiguiser, attiser, aviver, rallumer, raviver, réactiver, réchauffer, réveiller –littéraire: renouveler, ressusciter. CONTR. *alanguir, assoupir, endormir, éteindre, étouffer, refroidir.*

ranimer (se) *verbe pronominal*

/ Retrouver une activité normale. SYN. récupérer, revivre –familier: se ragaillardir.

/ Retrouver son intensité. SYN. renaître, se raviver, se réveiller, s'intensifier –littéraire: ressusciter. CONTR. *s'éteindre* –littéraire: *s'assoupir.*

rapace *adjectif*

/ Littéraire. Avide d'argent. SYN. âpre au gain, avide, insatiable, intéressé –littéraire: cupide. CONTR. *dépensier, dilapidateur, gaspilleur, prodigue* –littéraire: *dissipateur, libéral.*

rapacité *nom féminin*
/ LITTÉRAIRE. Caractère rapace. SYN. avidité, voracité –LITTÉRAIRE: cupidité, vampirisme. CONTR. *générosité, libéralité, prodigalité* –LITTÉRAIRE: *largesse.*

rapetassage *nom masculin*
/ FAMILIER. Action de rapetasser. SYN. raccommodage, rapiéçage, rapiècement, reprisage, reprise, stoppage –VIEUX: ravaudage.

rapetasser *verbe*
/ FAMILIER. Raccommoder un vêtement. SYN. faire un point, raccommoder, rapiécer, rapiéceter, recoudre, repriser –FAMILIER: rafistoler –VIEUX: ravauder.

rapetissement *nom masculin*
/ Fait de rapetisser. SYN. diminution, raccourcissement, réduction. CONTR. *agrandissement, amplification, extension, grandissement, grossissement.*
/ Diminution de valeur. SYN. abaissement, décadence, déchéance, dégradation. CONTR. *croissance, élévation, ennoblissement, rehaussement.*

rapetisser *verbe*
/ Rendre plus petit. SYN. abréger, amenuiser, diminuer, écourter, raccourcir, réduire. CONTR. *agrandir, allonger, amplifier, élargir, grossir.*
/ Réduire l'importance de. SYN. abaisser, amincir, amoindrir, avilir, dégrader, déprécier, ravaler –LITTÉRAIRE: rabaisser. CONTR. *élever, ennoblir, grandir, rehausser* –LITTÉRAIRE: *magnifier.*

rapetisser (se) *verbe pronominal*
/ Devenir plus petit. SYN. diminuer, s'amenuiser, se raccourcir, se réduire. CONTR. *allonger, augmenter, croître, s'allonger.*

râpeux *adjectif*
/ Dont la surface est rude. SYN. calleux, raboteux, rêche, rude, rugueux. CONTR. *doux, lisse, poli, uni.*
/ Qui a une saveur âpre. SYN. âcre, aigre, rêche, vert –FAMILIER: raide. CONTR. *doux, moelleux, onctueux, velouté.*
/ Se dit d'une voix de gorge. SYN. dur, éraillé, guttural, rauque, rocailleux. CONTR. *harmonieux, mélodieux, suave.*

rapiat *adjectif*
/ FAMILIER. Regardant sur la dépense. SYN. avare, intéressé, parcimonieux, regardant, thésauriseur –FAMILIER: chiche, chien, pingre, radin, rat –LITTÉRAIRE: avaricieux, ladre, lésineur. CONTR. *dépensier, dilapidateur, gaspilleur, généreux, large, prodigue* –LITTÉRAIRE: *dissipateur, libéral.*

rapiat *nom masculin*
/ FAMILIER. Personne avare. SYN. avare, thésauriseur –FAMILIER: chien, grigou, grippe-sou, pingre, radin, rat –LITTÉRAIRE: avaricieux, harpagon, ladre, lésineur. CONTR. *dépensier, dilapidateur, gaspilleur* –FAMILIER: *panier percé* –LITTÉRAIRE: *dissipateur.*

rapide *adjectif*
/ Très incliné. SYN. à pic, abrupt, escarpé, raide. CONTR. *doux.*
/ Qui a un rythme soutenu. SYN. actif, nerveux, précipité, pressé, preste, vif –LITTÉRAIRE: diligent, impétueux, véloce. CONTR. *indolent, lent, nonchalant, paresseux, traînant* –FAMILIER: *lambin.*
/ Qui se produit vite. SYN. brusque, brutal, expéditif, fulgurant, hâtif, instantané, soudain, subit –LITTÉRAIRE: prompt.
/ Qui comprend facilement. SYN. agile, alerte –LITTÉRAIRE: prompt. CONTR. *épais, mou, obtus, pesant* –FAMILIER: *lambin, lourd.*
/ Qui dure peu. SYN. bref, court, furtif, sommaire –LITTÉRAIRE: prompt. CONTR. *long.*

rapidement *adverbe*
/ De façon rapide. SYN. à bride abattue, à fond de cale, à fond de train, à fond la caisse, à la hâte, à la sauvette, à la va-vite, à tombeau ouvert, à toute allure, à toute hâte, à toute vitesse, à un train d'enfer, activement, au pas de course, au plus vite, bientôt, bon train, comme une flèche, en catastrophe, en coup de vent, en deux temps, trois mouvements, en flèche, en hâte, en moins de deux, en toute hâte, en un instant, en un rien de temps, en vitesse, entre deux portes, expéditivement, hâtivement, précipitamment, prestement, promptement, rondement, sur les chapeaux de roue, tambour battant, toutes affaires cessantes, ventre à terre, vite, vivement –FAMILIER: à toute pompe, à toute vapeur, à toutes pompes, dare-dare, en cinq sec, en deux, trois coups de cuiller à pot, en quatrième vitesse, en un clin d'œil, en un

temps record, en un tour de main, rapido presto, rapidos, subito presto –LITTÉRAIRE: diligemment –POPULAIRE: à tout berzingue, à toute berzingue. CONTR. *doucement, insensiblement, interminablement, lentement, longuement, mollement, nonchalamment, posément.*

rapidité *nom féminin*

/ Caractère rapide. SYN. agilité, brusquerie, célérité, hâte, impétuosité, précipitation, vitesse –LITTÉRAIRE: diligence, prestesse, promptitude, vélocité, vivacité. CONTR. *indolence, lenteur, longueur, mollesse, nonchalance, pesanteur.*

rapiéçage ou **rapiècement** *nom masculin*

/ Action de rapiécer. SYN. raccommodage, rafistolage, réparation, reprisage, reprise, stoppage –FAMILIER: rapetassage –VIEUX: ravaudage.

rapiécer *verbe*

/ Réparer un vêtement. SYN. faire un point, raccommoder, rapiéceter, recoudre, repriser –FAMILIER: rapetasser –VIEUX: ravauder.

rapine *nom féminin*

/ LITTÉRAIRE. Action de voler. SYN. concussion, filoutage, pillage, piraterie, rafle, razzia, vol –LITTÉRAIRE: exaction, sac –POPULAIRE: fauche –VIEUX: déprédation.

/ LITTÉRAIRE. Ce qui est volé. SYN. butin, larcin –POPULAIRE: fauche.

raplapla *adjectif*

/ FAMILIER. Sans énergie. SYN. à bout de forces, à plat, abattu, accablé, anéanti, brisé, épuisé, exténué, fatigué, fourbu, harassé, K.-O., las, mort de fatigue, recru, rendu, rompu, surmené, usé –FAMILIER: achevé, au bout du rouleau, claqué, éreinté, esquinté, fini, flagada, flapi, H.S., lessivé, mort, moulu, pompé, sur les genoux, tué, vanné, vidé –POPULAIRE: crevé, sur les rotules. CONTR. *délassé, dispos, frais, frais et dispos, reposé* –FAMILIER: *en forme, en pleine forme, frais comme un gardon, frais comme une rose, increvable* –VIEUX: *gaillard.*

rapparier *verbe*

/ Reformer une paire. SYN. rappareiller, réassortir. CONTR. *dépareiller, déparier.*

rappel *nom masculin*

/ Action de faire revenir. SYN. mobilisation. CONTR. *bannissement, éloignement, exil, expatriation, ostracisme, relégation.*

/ Action de faire se souvenir. SYN. allusion, évocation, mention, réminiscence, souvenir –LITTÉRAIRE: ressouvenir. CONTR. *oubli.*

rappeler *verbe*

/ Remettre en mémoire. SYN. rebattre les oreilles, redire, répéter, ressasser.

/ Évoquer le souvenir de. SYN. évoquer, remémorer, réveiller, suggérer.

/ Présenter une ressemblance avec. SYN. faire penser à, faire songer à, figurer, ressembler, s'apparenter, tenir de.

/ Faire revenir. SYN. –LITTÉRAIRE: mander. CONTR. *bannir, exiler, expatrier, expulser, ostraciser, reléguer.*

rappeler (se) *verbe pronominal*

/ Évoquer le souvenir de. SYN. évoquer, revoir, se remémorer, se remettre, se souvenir –LITTÉRAIRE: se ressouvenir. CONTR. *oublier.*

rapport *nom masculin*

/ Profit tiré. SYN. bénéfice, fruit, gain, intérêt, produit, profit, rendement, rente, revenu.

/ Compte-rendu d'une question. SYN. bulletin, communication, exposé, mémoire, narration, procès-verbal, récit, relation, témoignage.

/ Point commun. SYN. analogie, concordance, corrélation, correspondance, ressemblance, similitude. CONTR. *opposition.*

/ Relations entre des personnes. SYN. accointance, affinité, attaches, connexion, contact, fréquentation, lien, rapprochement, relations –LITTÉRAIRE: commerce.

/ Façon de considérer. SYN. angle, aspect, éclairage, point de vue, version.

rapporter *verbe*

/ Reposer à sa place. SYN. remettre, replacer, reporter, reposer.

/ Apporter de nouveau. SYN. ramener, redonner, rendre, repasser.

/ Procurer un gain. SYN. donner, produire, profiter, rendre.

/ Faire le récit de. SYN. citer, consigner, conter, dévoiler, dire, mentionner, montrer, raconter, relater, retracer –LITTÉRAIRE: narrer.

/ Répéter avec malveillance. SYN. –FAMILIER: cafarder, donner, moucharder –POPULAIRE: cafter.

/ Rattacher quelque chose à. SYN. attribuer, imputer, prêter, ramener, rattacher.

rapporter (se) *verbe pronominal*

/ Être relatif à. SYN. appartenir, avoir rapport à, avoir trait à, concerner, correspondre, intéresser, regarder, s'appliquer à, se rattacher, toucher, viser -LITTÉRAIRE: ressortir.

/ Faire confiance à quelqu'un. SYN. en croire, se fier à, se référer à, se reposer sur, s'en remettre à, tabler sur.

rapporteur *nom*

/ Personne qui rapporte. SYN. délateur, dénonciateur -FAMILIER: cafard, cafardeur, mouchard -LITTÉRAIRE: sycophante -POPULAIRE: cafteur, donneur.

rapproché *adjectif*

/ Qui est proche. SYN. proche. CONTR. *distant, écarté, éloigné.*

rapprochement *nom masculin*

/ Action de rapprocher. SYN. assemblage, jonction, raccordement, réunion. CONTR. *écart, écartement, éloignement.*

/ Fait de rétablir des relations. SYN. accommodement, alliance, association, conciliation, réconciliation -FAMILIER: rabibochage, raccommodement. CONTR. *brouille, désaccord, division, froid, rupture -*FAMILIER: *fâcherie.*

/ Fait de comparer. SYN. amalgame, assimilation, comparaison, correspondance, lien, parallèle, rapport.

rapprocher *verbe*

/ Mettre plus près. SYN. approcher, avancer. CONTR. *écarter, éloigner, espacer, isoler, reculer, repousser, retirer, séparer.*

/ Faire paraître plus proche. SYN. agrandir, grossir. CONTR. *diminuer, rapetisser.*

/ Établir de bonnes relations avec. SYN. concilier, lier, réconcilier, remettre, réunir, unir -FAMILIER: rabibocher, raccommoder. CONTR. *brouiller, désunir, dissocier.*

/ Faire une comparaison. SYN. comparer, confronter, juxtaposer, mettre en balance, mettre en face, mettre en parallèle, mettre en regard. CONTR. *différencier.*

rapprocher (se) *verbe pronominal*

/ Rétablir de bonnes relations. SYN. renouer, se lier, se réconcilier, se remettre -FAMILIER: se rabibocher, se raccommoder -LITTÉRAIRE: s'accorder. CONTR. *rompre, se brouiller, se détacher, se fâcher.*

/ Évoluer vers quelque chose. SYN. approcher, converger, gagner, s'acheminer vers, s'orienter -LITTÉRAIRE: toucher. CONTR. *reculer, se séparer, s'écarter, s'éloigner.*

/ Présenter des similitudes avec. SYN. confiner à, s'assimiler, se comparer, se confondre. CONTR. *différer, diverger, se différencier, se distinguer, s'opposer.*

rapt *nom masculin*

/ Enlèvement d'une personne. SYN. enlèvement, kidnapping.

raquer *verbe*

/ POPULAIRE. Verser ce qu'on doit. SYN. débourser, décaisser, payer -FAMILIER: cracher -POPULAIRE: casquer.

rare *adjectif*

/ Qui est très recherché. SYN. curieux, inappréciable, inestimable, introuvable, original, unique. CONTR. *banal, commun, ordinaire, quelconque.*

/ Qui est inhabituel. SYN. à marquer d'une pierre blanche, étonnant, exceptionnel, extraordinaire, sans précédent. CONTR. *continuel, courant, fréquent, habituel, régulier, répandu, usité, usuel.*

/ Qui est peu dense. SYN. clair, clairsemé, pauvre, raréfié. CONTR. *abondant, dense, dru, épais, foisonnant, fourni, luxuriant, serré, touffu.*

raréfaction *nom féminin*

/ Fait de se raréfier. SYN. amenuisement, diminution, réduction. CONTR. *abondance, affluence, augmentation, foisonnement, multiplication, prolifération.*

raréfier (se) *verbe pronominal*

/ Devenir rare. SYN. diminuer, se clairsemer, se faire rare, s'éclaircir. CONTR. *abonder, affluer, foisonner, proliférer.*

rarement *adverbe*

/ Peu souvent. SYN. épisodiquement, exceptionnellement, guère, irrégulièrement, occasionnellement, par intermittence, parfois, peu, quelquefois, sporadiquement. CONTR. *beaucoup, communément, constamment, continuellement, couramment, en permanence, éternellement, fréquemment, gé-*

néralement, habituellement, immuablement, indéfiniment, invariablement, journellement, ordinairement, perpétuellement, sans interruption, souvent, volontiers –LITTÉRAIRE: *continûment.*

rareté *nom féminin*

/ Caractère rare. SYN. carence, insuffisance, manque, pauvreté, pénurie. CONTR. *abondance, foisonnement, pléthore, profusion.*

/ LITTÉRAIRE. Caractère peu commun. SYN. originalité, unicité –LITTÉRAIRE: singularité.

/ Objet précieux. SYN. curiosité, denrée rare, merle blanc, mouton à cinq pattes, pièce de musée.

ras *adjectif*

/ Se dit d'une végétation pauvre. SYN. aride, court, dénudé, nu, pelé, tondu. CONTR. *exubérant, luxuriant, riche, touffu.*

rasant *adjectif*

/ FAMILIER. Qui ennuie profondément. SYN. désagréable, endormant, ennuyeux, fastidieux, fatigant, insipide, lassant, maussade, monotone, mortel, soporifique, terne –FAMILIER: assommant, barbant, bassinant, casse-pieds, embêtant, empoisonnant, enquiquinant, raseur, rasoir, soûlant, tuant –POPULAIRE: canulant, chiant, emmerdant, suant. CONTR. *amusant, captivant, fascinant, intéressant, palpitant, passionnant, prenant* –FAMILIER: *folichon.*

raser *verbe*

/ Abattre complètement. SYN. anéantir, démanteler, démolir, détruire, dévaster. CONTR. *bâtir, construire, édifier, élever, fortifier, relever.*

/ Passer très près de. SYN. caresser, côtoyer, effleurer, friser, frôler.

/ FAMILIER. Ennuyer profondément. SYN. assommer, endormir, ennuyer, fatiguer, lasser, peser –FAMILIER: barber, bassiner, casser les pieds, embêter, empoisonner, enquiquiner, faire suer, pomper, tanner –POPULAIRE: canuler, cavaler, emmerder, faire chier. CONTR. *amuser, captiver, désennuyer, distraire, fasciner, intéresser, passionner.*

raser (se) *verbe pronominal*

/ FAMILIER. Éprouver de l'ennui. SYN. se morfondre, s'ennuyer –FAMILIER: se barber, se faire suer, s'embêter, s'empoisonner, s'enquiquiner –POPULAIRE: s'emmerder. CONTR. *s'amuser, se distraire, se divertir.*

raseur *nom*

/ FAMILIER. Personne ennuyeuse. SYN. gêneur, trouble-fête –FAMILIER: casse-pieds, crampon, empêcheur de danser en rond, empêcheur de tourner en rond, empoisonneur, enquiquineur, pot de colle –LITTÉRAIRE: fâcheux, importun –POPULAIRE: emmerdeur.

rasoir *adjectif*

/ FAMILIER. Qui cause de l'ennui. SYN. désagréable, endormant, ennuyeux, fastidieux, fatigant, insipide, lassant, maussade, monotone, mortel, soporifique, terne –FAMILIER: assommant, barbant, bassinant, casse-pieds, embêtant, empoisonnant, enquiquinant, rasant, soûlant, tuant –POPULAIRE: canulant, chiant, emmerdant, suant. CONTR. *agréable, amusant, captivant, distrayant, divertissant, fascinant, intéressant, palpitant, passionnant, prenant* –FAMILIER: *folichon.*

rassasié *adjectif*

/ Qui a assouvi sa faim. SYN. gavé –FAMILIER: calé –LITTÉRAIRE: repu. CONTR. *affamé, famélique.*

/ Qui a eu à satiété de. SYN. blasé, comblé. CONTR. *insatiable.*

rassasier (se) *verbe pronominal*

/ Assouvir sa faim. SYN. se gaver –LITTÉRAIRE: se repaître. CONTR. *avoir faim, avoir le ventre creux, avoir un creux, avoir une faim de loup, crier famine, mourir de faim, tomber d'inanition* –FAMILIER: *avoir la fringale, avoir les crocs, avoir l'estomac dans les talons, claquer du bec* –POPULAIRE: *avoir la dalle, avoir la dent, crever la dalle* –VIEUX: *crever la faim.*

rassemblement *nom masculin*

/ Action de rassembler. SYN. accumulation, agglutination, concentration, groupement, regroupement, réunion. CONTR. *dispersion, dissémination, éparpillement.*

/ Réunion de personnes. SYN. assemblée, assistance, collection, fédération, formation, front, groupement, organisation, organisme, parti, ralliement, réunion –FAMILIER: société.

/ Réunion sur la voie publique. SYN. attroupement, manifestation, meeting.

rassembler *verbe*

/ Regrouper des personnes. SYN. ameuter, associer, attrouper, coaliser, concentrer, convoquer, grouper, masser, mobiliser, rallier, regrouper, réunir –LITTÉRAIRE: assembler. CONTR. *déchirer, disperser, diviser, éparpiller, isoler, séparer.*

/ Réunir des choses dispersées. SYN. accumuler, amasser, assembler, collecter, grouper, ramasser, recueillir –FAMILIER: collectionner. CONTR. *disperser, disséminer, dissiper, distribuer, éparpiller, fractionner, fragmenter, scinder.*

rassembler (se) *verbe pronominal*

/ Se réunir en un lieu. SYN. s'amasser, s'amonceler, s'assembler, s'attrouper, se coaliser, se grouper, se masser, se regrouper, s'entasser. CONTR. *se débander, se disperser, se disséminer, s'égailler, s'égrener, s'éparpiller* –LITTÉRAIRE: *essaimer.*

rasséréné *adjectif*

/ LITTÉRAIRE. Qui a retrouvé son calme. SYN. apaisé, confiant, rassuré, serein. CONTR. *affolé, apeuré, désemparé, désorienté, ébranlé, inquiet.*

rasséréner *verbe*

/ LITTÉRAIRE. Rendre sa sérénité. SYN. apaiser, calmer, pacifier, raffermir, rassurer, sécuriser, tranquilliser –LITTÉRAIRE: lénifier. CONTR. *affoler, agiter, ahurir, alarmer, angoisser, apeurer, déboussoler, déconcerter, décontenancer, effaroucher, effrayer, énerver, exciter, inquiéter, oppresser, paniquer, terrifier, troubler* –VIEUX: *soucier.*

rassis *adjectif*

/ Qui manque de fraîcheur. SYN. dur. CONTR. *croquant, croustillant, frais.*

/ LITTÉRAIRE. Qui est pondéré. SYN. circonspect, mûr, pondéré, posé, prudent, réfléchi, responsable. CONTR. *étourdi, fou, imprudent, inconséquent, insensé, irréfléchi.*

rassurant *adjectif*

/ Qui rassure. SYN. apaisant, sécurisant, tranquillisant. CONTR. *affolant, alarmant, alarmiste, angoissant, bouleversant, effrayant, grave, inquiétant, menaçant, patibulaire, pessimiste, préoccupant, redoutable, sombre, troublant.*

rassuré *adjectif*

/ Qui a repris confiance. SYN. confiant, réconforté, tranquille, tranquillisé –LITTÉRAIRE: rasséréné. CONTR. *affolé, apeuré, désemparé, désorienté, épouvanté, inquiet, terrifié.*

rassurer *verbe*

/ Rendre confiance à. SYN. apaiser, calmer, consoler, raffermir, sécuriser, tranquilliser –LITTÉRAIRE: rasséréner. CONTR. *affoler, ahurir, alarmer, angoisser, apeurer, atterrer, déboussoler, déconcerter, décontenancer, démonter, effaroucher, effrayer, embarrasser, épouvanter, horrifier, inquiéter, intimider, paniquer, terrifier, terroriser, troubler* –VIEUX: *soucier.*

rat *adjectif*

/ FAMILIER. Qui est très avare. SYN. avare, intéressé, parcimonieux, regardant, thésauriseur –FAMILIER: chiche, chien, pingre, radin, rapiat –LITTÉRAIRE: avaricieux, ladre, lésineur. CONTR. *dépensier, dilapidateur, gaspilleur, généreux, large, prodigue* –LITTÉRAIRE: *dissipateur, libéral.*

rat *nom masculin*

/ FAMILIER. Personne très avare. SYN. avare, thésauriseur –FAMILIER: grigou, grippe-sou, pingre, radin, rapiat –LITTÉRAIRE: avaricieux, harpagon, ladre, lésineur. CONTR. *dépensier, dilapidateur, gaspilleur* –FAMILIER: *panier percé* –LITTÉRAIRE: *dissipateur.*

ratage *nom masculin*

/ FAMILIER. Action de rater. SYN. échec, faillite, insuccès, massacre, revers –FAMILIER: claque, fiasco, four, loupé, plantage, plongeon, veste –POPULAIRE: bide, flop, gamelle, volée.

ratatiné *adjectif*

/ Rapetissé et déformé. SYN. abîmé, flétri, plissé, racorni, ridé, tassé –FAMILIER: rabougri.

ratatiner *verbe*

/ Rapetisser en déformant. SYN. friper, rabougrir, racornir, recroqueviller.

/ POPULAIRE. Tuer quelqu'un. SYN. abattre, égorger, éliminer, envoyer ad patres, exécuter, massacrer, tuer –FAMILIER: faire passer le goût du pain, ôter le goût du pain, trucider –LITTÉRAIRE: occire –POPULAIRE: buter, descendre, faire la peau, flinguer, rectifier, refroidir, zigouiller –VIEUX: suriner.

/ POPULAIRE. Endommager gravement. SYN. abîmer, démolir, détruire –FAMILIER: amocher, esquinter –POPULAIRE: bousiller.

ratatiner (se) *verbe pronominal*

/ Se tasser en se déformant. SYN. se flétrir, se recroqueviller, se rétracter, se tasser – FAMILIER : rabougrir, se rabougrir.

raté *adjectif*

/ Mal exécuté. SYN. défectueux, imparfait, mauvais – POPULAIRE : foireux. CONTR. *parfait, réussi.*

/ Qui n'a pas réussi. SYN. malheureux, manqué, nul – FAMILIER : loupé.

raté *nom*

/ Personne qui n'a pas réussi. SYN. bon à rien, incapable, nul, nullité – FAMILIER : minable, nullard, zéro – POPULAIRE : loser. CONTR. *cerveau, génie* – FAMILIER : *as, champion, crack* – LITTÉRAIRE : *lumière.*

rater *verbe intransitif*

/ FAMILIER. Ne pas réussir. SYN. avorter, capoter, craquer, échouer, faire long feu, manquer, tomber à plat – FAMILIER : louper, tomber à l'eau – POPULAIRE : foirer, merder. CONTR. *aboutir, marcher, réussir, toucher au but.*

rater *verbe transitif*

/ Ne pas mener à bien. SYN. gâcher, manquer – FAMILIER : louper. CONTR. *atteindre, parvenir à, réussir, toucher au but.*

/ Laisser échapper. SYN. perdre – FAMILIER : louper. CONTR. *exploiter, profiter.*

ratiboiser *verbe*

/ POPULAIRE. S'emparer de quelque chose. SYN. enlever, extorquer, prendre, s'emparer, voler – FAMILIER : barboter, carotter, chaparder, chiper, embarquer, piquer, rafler, ratisser, souffler – POPULAIRE : chauffer, faucher.

ratification *nom féminin*

/ Action de ratifier. SYN. adoption, confirmation, homologation, sanction, validation. CONTR. *annulation, dissolution.*

ratifier *verbe*

/ Reconnaître comme valide. SYN. adopter, approuver, confirmer, consacrer, corroborer, entériner, homologuer, sanctionner, sceller, valider. CONTR. *abroger, annuler, dissoudre, infirmer, invalider, rendre caduc.*

ratiociner *verbe*

/ LITTÉRAIRE. Raisonner subtilement. SYN. ergoter, philosopher, raisonner.

ration *nom féminin*

/ Quantité d'un aliment. SYN. mesure, portion, quantité.

/ Ce que l'on subit. SYN. dose, lot, part.

rationaliser *verbe*

/ Rendre plus rationnel. SYN. codifier, normaliser, standardiser.

rationnel *adjectif*

/ Qui repose sur une méthode. SYN. cohérent, judicieux, méthodique, raisonnable, raisonné, sensé, systématique. CONTR. *aberrant, abracadabrant, anarchique, antirationnel, bizarre, empirique, expérimental, extravagant, fantaisiste, farfelu, illogique, irrationnel.*

/ Qui raisonne avec justesse. SYN. cartésien, conséquent, droit, logique, prudent, rigoureux, scientifique – VIEUX : géométrique. CONTR. *absurde, aveugle, confus, déraisonnable, fou, illogique, incohérent, inconséquent, saugrenu* – FAMILIER : *loufoque.*

rationnellement *adverbe*

/ De façon rationnelle. SYN. judicieusement, logiquement, méthodiquement, raisonnablement, rigoureusement, sainement, scientifiquement, systématiquement – LITTÉRAIRE : sensément. CONTR. *absurdement, déraisonnablement, illogiquement, irrationnellement.*

rationner *verbe*

/ Diminuer la ration. SYN. contingenter, réduire, restreindre.

ratisser *verbe*

/ Nettoyer avec un râteau. SYN. racler, râteler.

/ FAMILIER. Ruiner quelqu'un. SYN. escroquer, étrangler, exploiter, filouter, ruiner – FAMILIER : déplumer, estamper, étriller, mettre sur la paille, plumer, tondre – POPULAIRE : ratiboiser – VIEUX : égorger.

rattachement *nom masculin*

/ Action de rattacher. SYN. annexion, incorporation.

rattacher *verbe*

/ Attacher de nouveau. SYN. accrocher, agrafer, attacher, maintenir, renouer, retenir. CONTR. *dénouer, détacher, libérer.*

/ Établir un rapport entre des choses. SYN. annexer, incorporer, lier, raccorder, rapporter, relier.

rattacher (se) *verbe pronominal*

/ Être lié à quelque chose. SYN. découler, dériver, émaner, procéder, provenir, résulter, s'apparenter, se rapporter, venir.

rattraper *verbe*

/ Saisir un objet en mouvement. SYN. agripper, arrêter, attraper, ressaisir, saisir.

/ Se retrouver au niveau de. SYN. atteindre, gagner, parvenir, ratteindre, rejoindre, toucher.

/ Corriger une erreur. SYN. effacer, racheter, réparer, replâtrer.

rattraper (se) *verbe pronominal*

/ Se retenir à quelque chose. SYN. s'accrocher, s'agripper, se cramponner, se raccrocher, se retenir –LITTÉRAIRE: s'agriffer.

/ Combler un déficit. SYN. réagir, s'accrocher, s'acharner, se reprendre, se ressaisir.

/ Trouver une compensation. SYN. compenser, prendre sa revanche, se dédommager.

rature *nom féminin*

/ Trait tracé pour raturer. SYN. biffure, correction, retouche.

raturer *verbe*

/ Tracer un trait sur un écrit. SYN. barrer, biffer, effacer, rayer, retrancher, sabrer.

rauque *adjectif*

/ Se dit d'une voix enrouée. SYN. dur, enroué, éraillé, guttural, râpeux, rocailleux. CONTR. *clair, harmonieux, mélodieux, suave.*

ravage *nom masculin*

/ Dégât matériel important. SYN. dégât, dégradation, déprédation, destruction, détérioration, dévastation, dommage, pillage, saccage, sinistre –LITTÉRAIRE: sac.

/ Effet désastreux. SYN. désastre, méfait. CONTR. *avantage, fruit, profit.*

ravagé *adjectif*

/ LITTÉRAIRE. Marqué par les épreuves. SYN. marqué, raviné, ridé, tourmenté.

/ FAMILIER. Qui est fou. SYN. dérangé, désaxé, déséquilibré, détraqué, fou –FAMILIER: braque, cinglé, dingue, fada, fêlé, frappé, loufoque, maboul, marteau, piqué, tapé, timbré, toc-toc, toqué, zinzin –POPULAIRE: allumé, azimuté, barge, barjo, branque, brindezingue, cinoque, cintré, déjanté, dingo, folingue, fondu, frapadingue, givré, jeté, louf, louftingue, sinoc, sinoque, siphonné, sonné, tordu.

ravager *verbe*

/ Causer des dégâts matériels. SYN. anéantir, dégrader, détruire, dévaster, endommager, mettre à feu et à sang, piller –LITTÉRAIRE: infester, mettre à sac, ruiner –VIEUX: saccager.

/ LITTÉRAIRE. Causer de graves troubles. SYN. dévorer, miner, ronger, ruiner, user –LITTÉRAIRE: consumer, dévaster.

ravageur *adjectif*

/ LITTÉRAIRE. Qui ravage. SYN. déprédateur, destructeur, dévastateur.

ravageur *nom*

/ LITTÉRAIRE. Personne qui ravage. SYN. barbare, déprédateur, destructeur, pillard, vandale –LITTÉRAIRE: saccageur.

ravaler *verbe*

/ Garder pour soi. SYN. contenir, contrôler, dominer, dompter, étouffer, maîtriser, refouler, refréner, réfréner, rentrer, réprimer, retenir –LITTÉRAIRE: rabattre. CONTR. *exprimer, extérioriser, manifester, montrer.*

/ Mettre à un niveau inférieur. SYN. abaisser, avilir, dégrader, déprécier, diminuer, humilier, mépriser, mortifier –FAMILIER: aplatir –LITTÉRAIRE: abâtardir, rabaisser, rabattre. CONTR. *apprécier, célébrer, idéaliser.*

ravaudage *nom masculin*

/ VIEUX. Action de ravauder. SYN. raccommodage, rafistolage, rapiéçage, rapiècement, réparation, reprisage, reprise, stoppage –FAMILIER: rapetassage.

ravauder *verbe*

/ VIEUX. Raccommoder à l'aiguille. SYN. faire un point, raccommoder, rapiécer, rapiéceter, recoudre, repriser –FAMILIER: rapetasser.

ravi *adjectif*

/ Qui est très content. SYN. aux anges, bienheureux, charmé, comblé, content, enchanté, enthousiasmé, extasié, gai, heureux, satisfait, transporté –FAMILIER: emballé. CONTR. *dé-*

senchanté, désolé, insatisfait, malheureux, mécontent, navré, triste –FAMILIER: *embêté* –LITTÉRAIRE: *chagrin.*

/ Qui montre de la joie. SYN. éclatant, épanoui, joyeux, radieux, rayonnant, réjoui, resplendissant.

ravigoter *verbe*

/ FAMILIER. Redonner de la vigueur. SYN. donner un coup de fouet, ranimer, regonfler, remettre, remonter, restaurer, revigorer, stimuler, tonifier –FAMILIER: ragaillardir, requinquer, retaper –LITTÉRAIRE: revivifier, vivifier –VIEUX: réconforter. CONTR. *abattre, accabler, affaiblir, anéantir, atterrer, débiliter, décourager, démonter, démoraliser* –FAMILIER: *ramollir.*

raviné *adjectif*

/ Creusé de rides. SYN. marqué, plissé, ridé –LITTÉRAIRE: ravagé. CONTR. *lisse.*

ravir *verbe*

/ LITTÉRAIRE. Enlever quelqu'un aux siens. SYN. arracher, enlever, kidnapper, ôter, prendre, se saisir, voler –FAMILIER: confisquer –LITTÉRAIRE: dérober.

/ Procurer un plaisir extrême. SYN. amuser, captiver, charmer, donner des ailes, émerveiller, enchanter, enthousiasmer, exalter, fasciner, flatter, plaire à, réjouir, séduire –FAMILIER: emballer –LITTÉRAIRE: subjuguer, transporter. CONTR. *affliger, assombrir, attrister, décevoir, dégoûter, déplaire, mécontenter* –FAMILIER: *embêter* –LITTÉRAIRE: *rembrunir* –POPULAIRE: *emmerder.*

raviser (se) *verbe pronominal*

/ Changer d'avis. SYN. se dédire, se rétracter. CONTR. *maintenir.*

ravissant *adjectif*

/ Qui plaît par sa beauté. SYN. admirable, adorable, beau, charmant, enchanteur, gracieux, joli, magnifique, merveilleux, séduisant, superbe. CONTR. *affreux, désagréable, difforme, disgracieux, horrible, laid, vilain* –FAMILIER: *moche.*

ravissement *nom masculin*

/ État de grande joie. SYN. béatitude, contentement, délice, éblouissement, émerveillement, enchantement, exaltation, extase, fascination, ivresse, joie, volupté –LITTÉRAIRE: délectation, transport. CONTR. *abattement, affliction, désillusion, désolation, détresse, peine, tristesse.*

ravitaillement *nom masculin*

/ Denrées de consommation. SYN. aliments, approvisionnement, courses, fourniture, provisions.

/ Action de ravitailler. SYN. alimentation, approvisionnement, fourniture.

ravitailler *verbe*

/ Fournir des vivres. SYN. alimenter, approvisionner, fournir, nourrir, pourvoir.

raviver *verbe*

/ Rendre un feu plus vif. SYN. attiser, rallumer, ranimer, réactiver. CONTR. *éteindre, étouffer.*

/ Redonner de l'éclat. SYN. aviver, colorer, rafraîchir. CONTR. *atténuer, décolorer, défraîchir, effacer, faner, flétrir.*

/ Faire revivre un sentiment. SYN. exalter, rallumer, ranimer, rappeler, réchauffer, réveiller –FAMILIER: ravigoter –LITTÉRAIRE: renouveler, ressusciter, revivifier. CONTR. *affaiblir, assoupir, circonscrire, estomper, étouffer.*

ravoir *verbe*

/ FAMILIER. Reprendre possession de. SYN. reconquérir, recouvrer, récupérer, regagner, reprendre, retrouver. CONTR. *perdre.*

rayer *verbe*

/ Marquer d'une rayure. SYN. hachurer, strier, zébrer.

/ Marquer d'un trait pour annuler. SYN. barrer, biffer, raturer, sabrer.

/ Supprimer d'une liste. SYN. bannir, effacer, ôter, radier, retrancher.

rayon *nom masculin*

/ Étagère d'une bibliothèque. SYN. compartiment, étagère, planche, rayonnage.

/ FAMILIER. Domaine de prédilection. SYN. branche, compétence, domaine, partie, spécialité –FAMILIER: cordes.

rayonnant *adjectif*

/ Qui est plein d'éclat. SYN. éclatant, épanoui, étincelant, florissant, heureux, irradiant, lumineux, pétillant, radieux, ravi, resplendissant, triomphant. CONTR. *maussade, mélancolique, rembruni, sombre, triste* –LITTÉRAIRE: *chagrin.*

rayonnement *nom masculin*

/ LITTÉRAIRE. Lumière rayonnante. SYN. brillant, chatoiement, éclat, miroitement, scintillement –LITTÉRAIRE: flamboiement, fulgurance, gloire, splendeur.

/ Influence exercée sur. SYN. expansion, influence, prestige, progression, propagation –LITTÉRAIRE: aura.

rayonner *verbe*

/ Apparaître chez quelqu'un (sentiment). SYN. émaner, pétiller, se dégager –LITTÉRAIRE: irradier.

/ Manifester son influence. SYN. marquer, se propager, se répandre, s'étendre.

/ Briller d'un vif éclat. SYN. briller, étinceler, luire, rutiler –LITTÉRAIRE: flamber, flamboyer, resplendir, ruisseler.

rayure *nom féminin*

/ Ligne qui marque une surface. SYN. hachure, moucheture, raie, strie, trait, zébrure.

/ Entaille laissée sur une surface. SYN. égratignure, éraflure, sillon, strie.

raz de marée *nom masculin*

/ Grand bouleversement. SYN. cataclysme, lame de fond, tornade.

razzia *nom féminin*

/ Entrée en territoire ennemi. SYN. attaque, coup de main, descente, envahissement, incursion, invasion, irruption, pillage, rafle, raid, saccage –LITTÉRAIRE: rapine, sac.

réaction *nom féminin*

/ Manière de réagir. SYN. attitude, réflexe, réplique, réponse, riposte.

/ Action qui s'oppose à une autre. SYN. choc, contrecoup, défense, opposition, résistance. CONTR. *fatalisme, passivité, résignation.*

réactionnaire *adjectif*

/ Qui prône un retour en arrière. SYN. conservateur, passéiste, rétrograde. CONTR. *futuriste, moderniste, novateur, progressiste, révolutionnaire.*

réactiver *verbe*

/ Activer de nouveau. SYN. rallumer, ranimer, raviver.

/ Redonner une nouvelle vigueur. SYN. relancer, réveiller –FAMILIER: ravigoter –LITTÉRAIRE: renouveler, ressusciter, revivifier.

réagir *verbe*

/ S'opposer activement à. SYN. lutter, répondre, résister, se cabrer, se dresser, se rebeller, se révolter, s'insurger, s'opposer –FAMILIER: se défendre –LITTÉRAIRE: regimber.

/ Avoir des répercussions sur. SYN. agir sur, infléchir, influencer, influer, marquer, peser.

/ Répondre à un événement. SYN. reprendre le dessus, se reprendre –FAMILIER: remonter la pente, se secouer.

réalisable *adjectif*

/ Qui peut être réalisé. SYN. exécutable, faisable, possible, praticable. CONTR. *chimérique, illusoire, impossible, impraticable, inaccessible, inexécutable, infaisable, irréalisable, utopique.*

réalisation *nom féminin*

/ Action de réaliser une chose. SYN. accomplissement, application, conclusion, exécution, obtention, pratique –LITTÉRAIRE: parachèvement. CONTR. *amorce, commencement, ébauche, esquisse.*

/ Ce qui a été réalisé. SYN. création, œuvre, opération, production.

réalisé *adjectif*

/ Devenu réel. SYN. accompli, effectif. CONTR. *inaccompli* –LITTÉRAIRE: *irréalisé.*

réaliser *verbe*

/ Rendre effectif. SYN. accomplir, appliquer, atteindre, concrétiser, confectionner, créer, donner corps, effectuer, exécuter, faire, matérialiser, mettre à exécution, objectiver, pratiquer, procéder à, remplir. CONTR. *ébaucher, esquisser, projeter.*

/ Prendre conscience de. SYN. comprendre, concevoir, constater, pénétrer, saisir, se rendre compte, se représenter, visualiser, voir –LITTÉRAIRE: éprouver –POPULAIRE: entraver.

réaliser (se) *verbe pronominal*

/ Développer ses qualités. SYN. arriver, réussir, s'accomplir, s'épanouir.

/ Devenir effectif. SYN. avoir lieu, prendre corps, se concrétiser, se faire, se produire, s'opérer.

réalisme *nom masculin*

/ Fait de tenir compte de la réalité. SYN. opportunisme, pragmatisme. CONTR. *idéalisme, irréalisme.*

/ Caractère objectif. SYN. crudité, fidélité, naturalisme, précision, vérisme.

réaliste *adjectif*

/ Qui relève du réalisme. SYN. naturaliste, objectif, vériste. CONTR. *formel, mensonger, subjectif.*

/ Qui a le sens des réalités. SYN. concret, opportuniste, positif, pragmatique, pratique. CONTR. *chimérique, idéaliste, romanesque, utopiste.*

réalité *nom féminin*

/ Caractère réel. SYN. authenticité, évidence, existence, matérialité, vérité. CONTR. *apparence, doute, fausseté, hypothèse, idéal, idéalité.*

/ Ce qui existe en fait. SYN. fait, vrai. CONTR. *aberration, abstraction, chimère, fantôme, fiction, illusion, mirage, mythe, rêve, utopie, vision* – LITTÉRAIRE : *songe.*

réapparaître *verbe*

/ Apparaître de nouveau. SYN. renaître, reparaître, ressurgir, resurgir, revenir, revivre, se rallumer, se renouveler, se reproduire, se réveiller. CONTR. *disparaître.*

rébarbatif *adjectif*

/ Se dit d'une attitude austère. SYN. acariâtre, bourru, dur, hargneux, inhospitalier, maussade, réfrigérant, renfrogné, revêche, sévère – LITTÉRAIRE : disgracieux. CONTR. *accueillant, affable, aimable, avenant, charmeur, convivial, engageant, gentil, sympathique* – LITTÉRAIRE : *amène.*

/ Qui manque d'attrait. SYN. aride, ennuyeux, fastidieux, ingrat, inintéressant, rebutant – POPULAIRE : chiant. CONTR. *amusant, attirant, attractif, attrayant, captivant, distrayant, fascinant, intéressant, plaisant, prenant.*

rebâtir *verbe*

/ Bâtir de nouveau. SYN. reconstituer, reconstruire, refaire, relever – LITTÉRAIRE : réédifier.

rebattu *adjectif*

/ Répété à satiété. SYN. banal, connu, éculé, rabâché, ressassé, usé, vieux comme le monde, vulgaire – FAMILIER : réchauffé – LITTÉRAIRE : trivial. CONTR. *inconnu, inédit, inouï, neuf, nouveau, original.*

rebelle *adjectif*

/ Qui est hostile à quelque chose. SYN. hostile, récalcitrant, rétif, sourd. CONTR. *attentif, obéissant, ouvert, soumis.*

/ Qui n'a pas de dispositions pour. SYN. fermé, imperméable, insensible, réfractaire. CONTR. *doué, enclin, perméable, porté, prédisposé, sensible.*

/ Qui se prête mal à une action. SYN. désobéissant, factieux, frondeur, indisciplinable, indocile, insoumis, insubordonné, séditieux. CONTR. *discipliné, docile, résigné.*

/ Qui est difficile à guérir. SYN. opiniâtre, tenace. CONTR. *anodin, bénin.*

rebelle *nom*

/ Personne en révolte. SYN. agitateur, contestataire, dissident, factieux, guérillero, hors-la-loi, insoumis, insubordonné, insurgé, maquisard, mutin, résistant, révolté, révolutionnaire, séditieux – VIEUX : remueur. CONTR. *fidèle.*

rebeller (se) *verbe pronominal*

/ Refuser une autorité. SYN. désobéir, se mutiner, se révolter, se soulever, s'insurger, s'opposer, tenir tête. CONTR. *obéir, se plier, se soumettre, s'incliner.*

/ Manifester son hostilité. SYN. protester, réagir, récriminer, se cabrer, se récrier – FAMILIER : ruer dans les brancards, se défendre, se rebiffer – LITTÉRAIRE : regimber. CONTR. *accepter, céder, plier, se résigner, supporter.*

rébellion *nom féminin*

/ Action de se rebeller. SYN. dissidence, guérilla, insurrection, mutinerie, résistance, révolte, sédition, soulèvement – LITTÉRAIRE : fronde.

/ Attitude d'opposition. SYN. contestation, désobéissance, indocilité, insoumission, insubordination, opposition, protestation, refus. CONTR. *acceptation, docilité, fidélité, loyauté, obéissance, passivité, soumission.*

rebiffer (se) *verbe pronominal*

/ FAMILIER. Se refuser à quelque chose. SYN. protester, résister, se cabrer, se rebeller, se révolter, se soulever, s'insurger, s'opposer, tenir tête – FAMILIER : ruer dans les brancards, se défendre – LITTÉRAIRE : regimber. CONTR. *céder, obéir, plier, se plier, se résigner, se soumettre.*

reboisement *nom masculin*

/ Plantation d'arbres. SYN. reforestation. CONTR. *déboisement, déforestage, déforestation.*

rebondi *adjectif*

/ Qui est bien charnu. SYN. bien en chair, bombé, charnu, gras, gros, plein, potelé, replet, rond –FAMILIER: dodu, grassouillet, rondelet, rondouillard. CONTR. *creux, efflanqué, maigre, maigrelet, maigriot, squelettique* –FAMILIER: *maigrichon* –LITTÉRAIRE: *émacié, étique.*

rebondir *verbe*

/ Faire des rebonds. SYN. bondir, ricocher, sauter.

/ Avoir un développement nouveau. SYN. repartir, reprendre.

/ Rétablir sa position. SYN. recommencer, renaître.

rebondissement *nom masculin*

/ Développement imprévu. SYN. contrecoup, coup de théâtre, péripétie, ricochet.

rebours (à) *adverbe*

/ Dans le sens contraire. SYN. à contre-courant, à contre-poil, à contresens, à l'envers, à l'inverse, à l'opposé.

rebuffade *nom féminin*

/ Mauvais accueil. SYN. affront, gifle, rabrouement, refus –LITTÉRAIRE: camouflet.

rebut *nom masculin*

/ Ce qu'on laisse de côté. SYN. débris, déchet, résidu, restes, rognure.

/ LITTÉRAIRE. Personnes viles. SYN. bas-fonds, pègre, populace, racaille –LITTÉRAIRE: crapule, déjection, écume, lie, plèbe, tourbe, vermine –POPULAIRE: raclure –VIEUX: canaille. CONTR. *élite, fine fleur* –FAMILIER: *crème, gratin.*

rebutant *adjectif*

/ Qui décourage. SYN. aride, décourageant, fastidieux, ingrat, nauséabond, rébarbatif, répugnant –FAMILIER: dégoûtant, écœurant –LITTÉRAIRE: nauséeux. CONTR. *absorbant, agréable, alléchant, amusant, appétissant, attractif, attrayant, captivant, distrayant, divertissant, encourageant, excitant, intéressant, plaisant, prenant, ragoûtant, tentant* –LITTÉRAIRE: *délectable.*

/ Qui répugne par sa laideur. SYN. antipathique, dégoûtant, déplaisant, désagréable, repoussant, répulsif, revêche. CONTR. *aimable, attirant, avenant, charmant, charmeur, délicieux, gentil, séduisant, sympathique.*

rebuter *verbe*

/ Lasser quelqu'un. SYN. décourager, dégoûter, démoraliser, désespérer, ennuyer, fatiguer, lasser, refroidir –FAMILIER: doucher, écœurer, enquiquiner. CONTR. *attirer, encourager, enhardir, intéresser, tenter.*

/ Ne pas être attirant. SYN. dégoûter, déplaire, écœurer, répugner –FAMILIER: révulser. CONTR. *affrioler, allécher, flatter, plaire.*

récalcitrant *adjectif*

/ Qui résiste avec opiniâtreté. SYN. désobéissant, entêté, indocile, insubordonné, rebelle, rétif, têtu. CONTR. *docile, malléable, maniable, obéissant, soumis, souple.*

recaler *verbe*

/ FAMILIER. Refuser à un examen. SYN. ajourner, éliminer, refuser –FAMILIER: blackbouler, coller. CONTR. *admettre, recevoir.*

récapitulation *nom féminin*

/ Action de récapituler. SYN. inventaire, résumé, revue, synthèse.

récapituler *verbe*

/ Rappeler les points essentiels. SYN. parcourir, passer en revue, reprendre, résumer, synthétiser.

receler *verbe*

/ Contenir en soi. SYN. comprendre, compter, contenir, détenir, renfermer.

récemment *adverbe*

/ Il y a peu de temps. SYN. depuis peu, dernièrement, fraîchement, nouvellement –LITTÉRAIRE: naguère. CONTR. *anciennement, autrefois, dans le passé, jadis, par le passé* –FAMILIER: *il y a belle lurette.*

recensement *nom masculin*

/ Action de recenser. SYN. dénombrement, énumération, inventaire, revue.

recenser *verbe*

/ Faire le compte de. SYN. cataloguer, compter, dénombrer, inventorier, répertorier.

récent *adjectif*

/ Qui existe depuis peu. SYN. jeune, moderne, neuf, nouveau. CONTR. *désuet, usagé, usé, vétuste, vieilli, vieillot, vieux* –LITTÉRAIRE: *suranné.*

/ Qui appartient à un passé proche. SYN. de fraîche date, de la dernière cuvée, dernier, frais. CONTR. *ancestral, ancien, antique, archaïque, caduc, éloigné, lointain, premier, primitif, reculé, séculaire* – LITTÉRAIRE : *immémorial.*

récépissé *nom masculin*

/ Écrit attestant la réception de. SYN. accusé de réception, acquit, décharge, quittance, reçu.

réceptacle *nom masculin*

/ LITTÉRAIRE. Lieu de rassemblement. SYN. abri, asile, rendez-vous – LITTÉRAIRE : refuge.

réceptif *adjectif*

/ Qui se montre ouvert. SYN. accessible, ouvert, sensible. CONTR. *fermé, imperméable, indifférent, insensible, sourd.*

/ Se dit d'un organisme exposé. SYN. fragile, sensible, vulnérable. CONTR. *immunisé, invulnérable, réfractaire, résistant, robuste.*

réception *nom féminin*

/ Action de recevoir quelqu'un. SYN. accueil, admission.

/ Action de recevoir quelque chose. CONTR. *émission, envoi, expédition, renvoi.*

réceptionner *verbe*

/ Prendre livraison de. SYN. accueillir, recevoir, toucher.

réceptivité *nom féminin*

/ Caractère ouvert. SYN. ouverture, sensibilité. CONTR. *indifférence, insensibilité* – LITTÉRAIRE : *imperméabilité.*

/ Aptitude à contracter une maladie. SYN. fragilité, sensibilité, vulnérabilité. CONTR. *immunité, résistance, robustesse, solidité.*

récession *nom féminin*

/ Baisse de l'activité économique. SYN. crise, dépression, ralentissement, régression, stagnation, tassement. CONTR. *bond en avant, boom, développement, relèvement, renouveau.*

recette *nom féminin*

/ Somme reçue. SYN. bénéfice, fruit, gain, produit, profit, rapport. CONTR. *déficit, dépense, frais, perte.*

/ Moyen pour réussir. SYN. ficelle, méthode, procédé, secret, stratagème, système, tactique, technique – FAMILIER : astuce, truc.

recevable *adjectif*

/ Qui peut être admis. SYN. acceptable, admissible, plausible, satisfaisant, valable, vraisemblable. CONTR. *inacceptable, inadmissible, irrecevable.*

recevoir *verbe*

/ Entrer en possession de. SYN. empocher, encaisser, gagner, obtenir, percevoir, prendre, récolter, remporter, toucher. CONTR. *donner, envoyer, expédier, offrir, se défaire.*

/ Subir quelque chose. SYN. éprouver, essuyer – FAMILIER : écoper, encaisser, prendre.

/ Accueillir quelqu'un chez soi. SYN. accueillir, héberger, traiter. CONTR. *chasser, congédier, éconduire, exclure, excommunier, rejeter* – FAMILIER : *ficher à la porte, flanquer à la porte, mettre à la porte.*

/ Accueillir de telle façon. SYN. accepter, accueillir, admettre, agréer, enregistrer. CONTR. *présenter, proposer.*

/ Admettre à un examen. SYN. admettre. CONTR. *ajourner, éliminer, refuser* – FAMILIER : *blackbouler, coller, recaler.*

réchapper *verbe*

/ Échapper à un danger. SYN. être hors d'affaire, être hors de danger, se tirer d'affaire, sortir d'affaire – FAMILIER : s'en sortir, s'en tirer, s'en tirer à bon compte.

réchauffé *adjectif*

/ FAMILIER. Qui est trop connu. SYN. connu, éculé, rabâché, rebattu, ressassé, usé – LITTÉRAIRE : trivial. CONTR. *inconnu, inédit, inouï, neuf, nouveau, original.*

réchauffer *verbe intransitif*

/ Devenir chaud. SYN. chauffer, tiédir. CONTR. *fraîchir, rafraîchir, refroidir, se refroidir.*

réchauffer *verbe transitif*

/ Rendre chaud. SYN. chauffer. CONTR. *glacer, rafraîchir, réfrigérer.*

/ Ranimer un sentiment. SYN. attiser, aviver, exalter, rallumer, ranimer, raviver, réveiller, stimuler – LITTÉRAIRE : enflammer, renouveler, ressusciter, revivifier. CONTR. *affaiblir, assoupir, circonscrire, estomper, éteindre, étouffer, refroidir.*

rêche *adjectif*

/ Désagréable au toucher. SYN. calleux, dur, raboteux, râpeux, rude, rugueux. CONTR. *douillet, doux, duveteux, lisse, moelleux, poli, uni, velouté* – LITTÉRAIRE: *duveté.*

/ LITTÉRAIRE. D'un abord difficile. SYN. acariâtre, âpre, bourru, dur, hargneux, inhospitalier, renfrogné, revêche, rogue, sévère – LITTÉRAIRE: disgracieux.

recherche *nom féminin*

/ Action de rechercher. SYN. chasse, exploration, fouille, investigation, poursuite, prospection – LITTÉRAIRE: quête.

/ Souci de se distinguer. SYN. affectation, apprêt, art, maniérisme, mièvrerie, pose, préciosité, raffinement, sophistication – LITTÉRAIRE: afféterie, affèterie. CONTR. *laisser-aller, naturel, négligence, simplicité, spontanéité.*

recherché *adjectif*

/ Qui est très demandé. SYN. demandé, désiré, réclamé, sollicité – FAMILIER: couru – LITTÉRAIRE: prisé.

/ Qui dénote du raffinement. SYN. affecté, alambiqué, apprêté, composé, contourné, étudié, fouillé, maniéré, mièvre, précieux, raffiné, sophistiqué, travaillé – POPULAIRE: chiadé – VIEUX: affété. CONTR. *banal, naturel, spontané.*

rechercher *verbe*

/ Chercher à connaître. SYN. chercher, étudier, examiner, regarder, s'enquérir, s'informer.

/ Tenter de se procurer. SYN. ambitionner, briguer, courir après, désirer, être en quête de, poursuivre, quémander, solliciter, viser à, vouloir – LITTÉRAIRE: quêter. CONTR. *abominer, éluder, éviter, fuir, mépriser, refuser.*

rechigner *verbe*

/ FAMILIER. Mettre de la mauvaise volonté à. SYN. bouder, faire des difficultés, faire des embarras, faire la sourde oreille, renâcler, se faire prier, se faire tirer l'oreille. CONTR. *accepter, se plaire à.*

rechuter *verbe*

/ Retomber dans. SYN. récidiver, recommencer – FAMILIER: replonger. CONTR. *s'en tirer* – FAMILIER: *s'en sortir.*

récidive *nom féminin*

/ Réapparition de. SYN. recommencement, répétition, reprise.

récidiver *verbe*

/ Faire une nouvelle fois. SYN. rechuter, recommencer, réitérer, répéter, reprendre, revenir.

récif *nom masculin*

/ Rocher à fleur d'eau. SYN. brisant, écueil.

réciprocité *nom féminin*

/ Caractère réciproque. SYN. correspondance, retour. CONTR. *univocité.*

réciproque *adjectif*

/ Qui marque un échange. SYN. bilatéral, mutuel, partagé. CONTR. *unilatéral, univoque.*

réciproquement *adverbe*

/ De façon réciproque. SYN. à charge de revanche, en compensation, en contrepartie, en échange, en remplacement, en retour, inversement, mutuellement, respectivement, vice versa.

récit *nom masculin*

/ Action de raconter. SYN. compte-rendu, description, développement, exposé, exposition, narration, rapport, relation, tableau, version.

réciter *verbe*

/ Dire à haute voix un texte. SYN. débiter, déclamer, dire.

réclamation *nom féminin*

/ Action de réclamer. SYN. demande, desiderata, doléance, exigence, plainte, protestation, récrimination, requête, revendication, souhait – FAMILIER: jérémiade.

réclame *nom féminin*

/ VIEUX. Article de promotion. SYN. dépliant, prospectus, publicité, tract.

réclamer *verbe intransitif*

/ Faire une réclamation. SYN. pleurer, protester, récriminer, se plaindre, s'insurger, tempêter – FAMILIER: pleurnicher.

réclamer *verbe transitif*

/ Demander avec fermeté. SYN. demander à cor et à cri, exiger, prétendre à, quémander, redemander, requérir, revendiquer, solliciter – LITTÉRAIRE: quêter.

/ Avoir besoin de. SYN. appeler, commander, demander, imposer, mériter, nécessiter, vouloir.

réclamer (se) *verbe pronominal*

/ Invoquer la caution de. SYN. invoquer, mettre en avant, se prévaloir, se recommander.

reclure *verbe*

/ LITTÉRAIRE. Isoler totalement. SYN. cadenasser, claquemurer, cloîtrer, confiner, emprisonner, enterrer, isoler –FAMILIER: boucler.

reclus *adjectif*

/ LITTÉRAIRE. Qui vit enfermé. SYN. barricadé, cantonné, claquemuré, cloîtré, confiné, détenu, enfermé, isolé, muré, prisonnier, retiré, séquestré, solitaire –FAMILIER: bouclé.

réclusion *nom féminin*

/ LITTÉRAIRE. Fait de vivre isolé. SYN. claustration, confinement, enfermement, isolement.

/ Fait d'être emprisonné. SYN. captivité, détention, emprisonnement, incarcération, séquestration.

recoin *nom masculin*

/ LITTÉRAIRE. Ce qu'il y a de plus caché. SYN. fond, renfoncement, secret –LITTÉRAIRE: repli, tréfonds.

récolte *nom féminin*

/ Action de récolter. SYN. arrachage, cueillage, cueillette, fenaison, glanage, moisson, ramassage, vendange.

/ Ce qu'on obtient par la recherche. SYN. butin, collecte, gain, profit, quête –FAMILIER: pêche.

récolter *verbe*

/ Recueillir des produits agricoles. SYN. cueillir, moissonner, ramasser. CONTR. *planter, semer.*

/ Obtenir involontairement. SYN. hériter, recevoir, retirer, tirer –FAMILIER: écoper, prendre. CONTR. *distribuer.*

recommandable *adjectif*

/ Digne d'estime. SYN. estimable, honorable, louable, respectable. CONTR. *blâmable, condamnable, critiquable, inacceptable, indésirable, méprisable, répréhensible.*

recommandation *nom féminin*

/ Action de soutenir quelqu'un. SYN. appui, caution, intervention, parrainage, patronage, protection –FAMILIER: piston.

/ Conseil insistant. SYN. avertissement, avis, conseil, consigne, directives, exhortation, indication, instruction, leçon.

recommandé *adjectif*

/ Qui est conseillé. SYN. conseillé, indiqué, opportun, préconisé, prôné.

recommander *verbe*

/ Signaler quelqu'un à l'attention de. SYN. appuyer, épauler, favoriser, intervenir, parrainer, patronner, pousser, protéger, soutenir –FAMILIER: pistonner. CONTR. *décrier, dénigrer, discréditer, nuire, perdre –*FAMILIER: *éreinter, esquinter –*LITTÉRAIRE: *déchirer.*

/ Conseiller vivement. SYN. conseiller, engager, exhorter, inviter, prêcher, préconiser, prescrire, prier, prôner, souffler, suggérer, vanter. CONTR. *condamner, critiquer, déconseiller, défendre, détourner, dissuader, interdire.*

recommander (se) *verbe pronominal*

/ Invoquer l'appui de quelqu'un. SYN. invoquer, mettre en avant, s'autoriser de, se prévaloir, se réclamer de.

/ Se signaler par une qualité. SYN. briller, émerger, se distinguer, se faire remarquer, se signaler.

recommencement *nom masculin*

/ Fait d'être recommencé. SYN. récidive, redoublement, renouveau, renouvellement, répétition, reprise, retour –LITTÉRAIRE: réitération. CONTR. *arrêt, cessation, fin.*

recommencer *verbe intransitif*

/ Se produire de nouveau. SYN. rebondir, rechuter, récidiver, redoubler, renaître, reprendre, revenir, se renouveler, se reproduire. CONTR. *cesser, s'arrêter, s'interrompre.*

recommencer *verbe transitif*

/ Faire de nouveau. SYN. continuer, refaire, réitérer, répéter. CONTR. *arrêter, cesser, interrompre, terminer.*

/ Reprendre une activité. SYN. repartir de zéro, reprendre, se remettre à.

récompense *nom féminin*

/ Ce qui couronne un mérite. SYN. décoration, distinction, honneur. CONTR. *punition, sanction –*LITTÉRAIRE: *châtiment.*

/ Somme versée contre un service. SYN. gratification, paiement, payement, pourboire, prime, rétribution.

/ Sanction résultant d'une action. SYN. fruit, loyer, prix, rançon, salaire, sanction –LITTÉRAIRE: tribut.

récompenser *verbe*

/ Accorder une récompense. SYN. couronner, distinguer, primer. CONTR. *corriger, punir, sanctionner* –FAMILIER: *attraper* –LITTÉRAIRE: *châtier.*

recomposer *verbe*

/ Composer ce qui a été dérangé. SYN. arranger, rajuster, réajuster, reconstituer, refaire, restaurer, rétablir.

/ Refaire en modifiant. SYN. récrire, réécrire, refondre, remanier, retoucher.

réconciliation *nom féminin*

/ Action de se réconcilier. SYN. fraternisation, rapprochement –FAMILIER: rabibochage, raccommodement. CONTR. *bouderie, brouille, désaccord, désunion, dispute, froid, mésentente, rupture* –FAMILIER: *bisbille, fâcherie* –VIEUX: *brouillerie.*

réconcilier *verbe*

/ Rétablir l'entente. SYN. concilier, mettre d'accord, rapprocher, replâtrer, réunir –FAMILIER: rabibocher, raccommoder. CONTR. *brouiller, déchirer, désunir, fâcher, opposer, séparer.*

réconcilier (se) *verbe pronominal*

/ Faire cesser un désaccord. SYN. faire la paix, renouer, se remettre, se revoir –FAMILIER: fumer le calumet de la paix, se rabibocher, se raccommoder –LITTÉRAIRE: s'accorder. CONTR. *rompre, se brouiller, se déchirer, se fâcher, se heurter, se quereller, s'opposer.*

reconduire *verbe*

/ Ramener quelqu'un chez lui. SYN. raccompagner, ramener. CONTR. *amener, conduire.*

/ Mettre dehors. SYN. chasser, congédier –FAMILIER: vider, virer –POPULAIRE: balancer.

/ Accompagner à la frontière. SYN. bannir, chasser, exiler, expulser, refouler, repousser.

réconfort *nom masculin*

/ Ce qui donne de la force. SYN. apaisement, appui, consolation, encouragement, secours, soutien. CONTR. *découragement, désespoir, tourment.*

réconfortant *adjectif*

/ Qui apporte du réconfort. SYN. apaisant, consolant, consolateur, encourageant, exaltant, reconstituant, stimulant, tonique, vivifiant. CONTR. *affligeant, atterrant, attristant, décevant, décourageant, démoralisant, déprimant, désolant, navrant* –LITTÉRAIRE: *dissolvant.*

réconforter *verbe*

/ VIEUX. Rendre des forces. SYN. enhardir, remettre, remonter, ressusciter, rétablir, revigorer –FAMILIER: ravigoter, requinquer, retaper –LITTÉRAIRE: revivifier. CONTR. *affaiblir, débiliter.*

/ Redonner du courage. SYN. assister, conforter, consoler, ranimer, remettre, revigorer, soulager, soutenir, stimuler –FAMILIER: ragaillardir –LITTÉRAIRE: panser, revivifier, vivifier. CONTR. *abattre, accabler, anéantir, atterrer, attrister, avachir, aveulir, briser, consterner, décourager, démoraliser, déprimer, désespérer.*

reconnaissable *adjectif*

/ Que l'on peut reconnaître. SYN. identifiable. CONTR. *méconnaissable.*

reconnaissance *nom féminin*

/ Action d'admettre. SYN. aveu, confession. CONTR. *contestation, dénégation, désaveu, négation.*

/ Fait d'être reconnaissant. SYN. gratitude –LITTÉRAIRE: obligation. CONTR. *ingratitude* –VIEUX: *méconnaissance.*

/ Action d'identifier. SYN. élucidation, identification.

reconnaissant *adjectif*

/ Qui a de la gratitude. SYN. obligé –LITTÉRAIRE: aimant. CONTR. *égoïste, ingrat, négligent, oublieux.*

reconnaître *verbe*

/ Juger comme déjà connu. SYN. remettre, retrouver, se rappeler, se souvenir de. CONTR. *oublier.*

/ Nommer d'après un caractère donné. SYN. deviner, différencier, discerner, distinguer, identifier. CONTR. *confondre.*

/ Visiter un lieu. SYN. examiner, explorer, prospecter, visiter.

/ Admettre comme vrai. SYN. affirmer, constater, convenir de, croire à, légitimer. CONTR. *contester, douter, ignorer, méconnaître, nier* –LITTÉRAIRE: *répudier.*

/ Avouer un méfait. SYN. avouer, confesser. CONTR. *cacher, dissimuler, taire.*
/ Compter à l'actif de quelqu'un. SYN. accorder, attribuer, concéder, prêter. CONTR. *refuser.*

reconnaître (se) *verbe pronominal*
/ Localiser sa position. SYN. se diriger, se retrouver, s'orienter.

reconnu *adjectif*
/ Qui est admis pour vrai. SYN. acquis, avéré, établi, incontestable, incontesté, indiscuté, notoire, officiel, public, renommé. CONTR. *apocryphe, douteux, faux, ignoré, inconnu, méconnu, occulte, officieux.*

reconquérir *verbe*
/ Obtenir de nouveau. SYN. recouvrer, récupérer, regagner, reprendre, retrouver –FAMILIER: ravoir. CONTR. *perdre, reperdre.*

reconsidérer *verbe*
/ Remettre en question. SYN. réétudier, réexaminer, repenser, revenir sur, réviser, revoir.

reconstituant *nom masculin*
/ Ce qui fortifie l'organisme. SYN. cordial, excitant, fortifiant, remontant, stimulant.

reconstituer *verbe*
/ Former de nouveau. SYN. rebâtir, recomposer, reconstruire, refaire, reformer, relever, remonter –LITTÉRAIRE: réédifier. CONTR. *anéantir, briser, détruire, saper.*

reconstruction *nom féminin*
/ Action de reconstruire. SYN. réfection, relèvement, restauration –LITTÉRAIRE: réédification. CONTR. *démantèlement, démolition, destruction, renversement.*

reconstruire *verbe*
/ Construire de nouveau. SYN. rebâtir, reconstituer, refaire, relever, remonter –LITTÉRAIRE: réédifier. CONTR. *anéantir, briser, démanteler, démolir, détruire, renverser, saper.*

recopier *verbe*
/ Mettre par écrit. SYN. consigner, noter, relever, reporter, transcrire.
/ Copier en fraudant. SYN. copier, emprunter –POPULAIRE: pomper.

recoudre *verbe*
/ Coudre ce qui est décousu. SYN. faire un point, raccommoder, rapiécer, repriser –FAMILIER: rapetasser –VIEUX: ravauder. CONTR. *déchirer, découdre.*

recouper *verbe*
/ Coïncider avec. SYN. cadrer, coïncider, concorder, correspondre. CONTR. *diverger.*

recourbé *adjectif*
/ Courbé à son extrémité. SYN. aquilin, arqué, busqué, crochu, tordu. CONTR. *droit.*

recourber *verbe*
/ Courber l'extrémité de. SYN. fléchir, gauchir, incurver, infléchir, plier, tordre –LITTÉRAIRE: ployer. CONTR. *détordre, redresser.*

recourir *verbe*
/ Faire appel à quelqu'un. SYN. avoir recours à, faire appel à, mettre à contribution, s'adresser à, se retourner, se tourner vers, solliciter.
/ Faire usage de quelque chose. SYN. avoir recours à, employer, emprunter, exploiter, manier, mettre à profit, pratiquer, profiter, se servir de, tirer avantage, tirer parti, tirer profit, user, utiliser.

recours *nom masculin*
/ Action de recourir à. SYN. appel, emploi, usage, utilisation.
/ Ce à quoi l'on recourt. SYN. appui, remède, ressource, secours, soutien –LITTÉRAIRE: refuge.

recouvrer *verbe*
/ Rentrer en possession de. SYN. reconquérir, récupérer, regagner, reprendre, retrouver –FAMILIER: ravoir. CONTR. *perdre.*
/ Recevoir un paiement. SYN. encaisser, percevoir, toucher.

recouvrir *verbe*
/ Masquer quelque chose. SYN. abriter, cacher, camoufler, couvrir, dissimuler, escamoter, masquer, occulter –LITTÉRAIRE: déguiser. CONTR. *dévoiler, montrer.*
/ Couvrir entièrement. SYN. couvrir, envahir, joncher, tapisser, terrer. CONTR. *enlever, retirer.*
/ Pourvoir d'un vêtement. SYN. couvrir, habiller –LITTÉRAIRE: revêtir, vêtir. CONTR. *découvrir, déshabiller, dévêtir.*

récréatif *adjectif*

/ Qui divertit. SYN. amusant, délassant, distrayant, divertissant, drôle, plaisant, réjouissant -FAMILIER: folichon. CONTR. *ennuyeux, fastidieux, rébarbatif, rebutant* -FAMILIER: *assommant, embêtant, enquiquinant, rasant, rasoir, tuant* -POPULAIRE: *chiant, suant.*

récréation *nom féminin*

/ Moment qui interrompt le travail. SYN. détente, pause, répit, repos -LITTÉRAIRE: relâche. CONTR. *activité, besogne, occupation, tâche, travail* -LITTÉRAIRE: *labeur.*

/ Activité pour se détendre. SYN. amusement, délassement, distraction, divertissement, jeu, loisir, occupation, passe-temps.

récréer (se) *verbe pronominal*

/ LITTÉRAIRE. Prendre du bon temps. SYN. s'amuser, se distraire, se divertir -LITTÉRAIRE: s'ébaudir, s'égayer, s'esbaudir.

récrier (se) *verbe pronominal*

/ LITTÉRAIRE. Proférer des exclamations. SYN. clamer, crier, s'écrier, s'exclamer.

/ Manifester son désaccord. SYN. pester, protester, récriminer, se plaindre, se rebeller -FAMILIER: fumer, maronner, rager, râler, rouspéter -LITTÉRAIRE: regimber -POPULAIRE: gueuler.

récrimination *nom féminin*

/ Vive protestation. SYN. doléance, grief, lamentation, plainte, pleurnichement, pleurnicherie, protestation, réclamation, revendication, vitupération -FAMILIER: criaillerie, grogne, jérémiade.

récriminer *verbe*

/ Élever des protestations contre. SYN. désapprouver, geindre, pester, protester, réclamer, se cabrer, se lamenter, se plaindre, se rebeller, se récrier, s'élever, s'indigner, s'insurger, tempêter, tonner, trouver à redire -FAMILIER: pleurer, râler, se rebiffer -LITTÉRAIRE: regimber.

recroquevillé *adjectif*

/ Replié sur soi. SYN. blotti, lové, pelotonné, ramassé, tassé. CONTR. *allongé, étalé, étendu, étiré.*

recroqueviller (se) *verbe pronominal*

/ Se tordre à cause du froid, etc. SYN. se racornir, se ratatiner, se rétracter -FAMILIER: se rabougrir.

/ Se replier sur soi. SYN. se blottir, se lover, se pelotonner, se ramasser, se replier, se tasser -LITTÉRAIRE: se recoquiller. CONTR. *s'allonger, s'étaler, s'étendre, s'étirer.*

recru *adjectif*

/ Très fatigué. SYN. à bout de forces, à plat, anéanti, brisé, épuisé, exténué, fatigué, fourbu, harassé, K.-O., mort de fatigue, rendu, rompu, surmené, usé -FAMILIER: achevé, au bout du rouleau, cassé, claqué, éreinté, esquinté, fini, flapi, H.S., lessivé, mort, moulu, pompé, raplapla, sur les genoux, tué, vanné, vidé -POPULAIRE: crevé, sur les rotules. CONTR. *délassé, dispos, frais, frais et dispos, reposé* -FAMILIER: *en forme, en pleine forme, frais comme un gardon, frais comme une rose, increvable* -VIEUX: *gaillard.*

recrudescence *nom féminin*

/ Brusque réapparition. SYN. accélération, accroissement, aggravation, exacerbation, extension, intensification, multiplication, redoublement, regain, renforcement, renouveau, reprise. CONTR. *accalmie, baisse, décroissance, dégression, diminution, rémission, répit, trêve.*

recrue *nom féminin*

/ Jeune militaire. SYN. conscrit, soldat -FAMILIER: bleu -POPULAIRE: pioupiou.

/ Nouveau membre d'un groupe. SYN. adepte, adhérent, membre, militant.

recrutement *nom masculin*

/ Action de recruter. SYN. embauchage, embauche, embrigadement, engagement, enrégimentement, enrôlement. CONTR. *débauchage, renvoi.*

recruter *verbe*

/ Enrôler des troupes. SYN. appeler, enrôler, incorporer, lever, mobiliser. CONTR. *démobiliser.*

/ Faire entrer dans un groupe. SYN. embrigader, enrégimenter, racoler.

/ Engager du personnel. SYN. embaucher, employer, prendre. CONTR. *congédier, débaucher, licencier, renvoyer.*

recruteur *nom*

/ Personne qui recrute. SYN. enrôleur, racoleur.

rectification *nom féminin*

/ Action de rectifier. SYN. correction, modification, rectificatif, remaniement, retouche, révision.

rectifier *verbe*

/ Rendre quelque chose exact. SYN. améliorer, corriger, mettre au point, modifier, redresser, remanier, rétablir, retoucher, réviser –LITTÉRAIRE: amender. CONTR. *altérer, déformer, gauchir.*

/ POPULAIRE. Tuer quelqu'un. SYN. abattre, assassiner, égorger, éliminer, envoyer ad patres, exécuter, massacrer, supprimer, tuer –FAMILIER: faire passer le goût du pain, ôter le goût du pain, trucider –LITTÉRAIRE: occire –POPULAIRE: buter, descendre, faire la peau, ratatiner, refroidir, zigouiller –VIEUX: suriner.

rectiligne *adjectif*

/ Qui est en ligne droite. SYN. direct, droit. CONTR. *courbe, oblique, sinueux, tordu, tors, tortueux* –LITTÉRAIRE: *tortu.*

rectitude *nom féminin*

/ Qualité de quelqu'un de droit. SYN. droiture, fermeté, honnêteté, intégrité, justesse, loyauté, moralité, probité, rigueur. CONTR. *déloyauté, dissimulation, duplicité, fausseté, fourberie, hypocrisie* –LITTÉRAIRE: *tartuferie, tartufferie.*

recto *nom masculin*

/ Première page d'un feuillet. SYN. endroit. CONTR. *envers, revers, verso.*

reçu *adjectif*

/ Admis couramment. SYN. admis, consacré, établi, reconnu.

reçu *nom masculin*

/ Écrit certifiant la réception de. SYN. accusé de réception, acquit, décharge, quittance, récépissé.

recueil *nom masculin*

/ Ouvrage qui réunit des documents. SYN. anthologie, arsenal, catalogue, chrestomathie, collection, florilège, morceaux choisis.

recueillement *nom masculin*

/ Fait de se recueillir. SYN. contemplation, méditation, réflexion. CONTR. *agitation.*

recueilli *adjectif*

/ Qui montre du recueillement. SYN. contemplatif, méditatif, pensif, réfléchi, songeur. CONTR. *agité, dissipé.*

recueillir *verbe*

/ Rassembler des choses. SYN. accumuler, amasser, collecter, ramasser, relever –LITTÉRAIRE: quêter. CONTR. *distribuer, donner.*

/ Obtenir pour soi. SYN. acquérir, avoir, gagner, obtenir, rassembler, remporter, retirer, réunir.

recueillir (se) *verbe pronominal*

/ S'absorber dans ses pensées. SYN. méditer, penser, réfléchir –LITTÉRAIRE: songer.

recul *nom masculin*

/ Mouvement en arrière. SYN. reculade, repli, retrait, retraite, rétrogression. CONTR. *approche, avance, progression.*

/ Mouvement de régression. SYN. ralentissement, reflux, régression, rétrogradation. CONTR. *avancée, avancement, croissance, développement, marche, montée, progrès, progression.*

reculade *nom féminin*

/ Action de reculer. SYN. débandade, dérobade, déroute, fuite, recul, repli, retraite.

reculé *adjectif*

/ Qui est à l'écart. SYN. écarté, éloigné, isolé, lointain, perdu, retiré. CONTR. *adjacent, attenant, avoisinant, limitrophe, mitoyen, proche, voisin* –LITTÉRAIRE: *jouxtant.*

/ Éloigné dans le temps. SYN. ancien, antique, haut, lointain, millénaire, séculaire. CONTR. *actuel, présent, récent.*

reculer *verbe intransitif*

/ Aller en arrière. SYN. aller à reculons, faire machine arrière, faire marche arrière, rétrograder. CONTR. *aller de l'avant, avancer.*

/ Se retirer devant l'ennemi. SYN. battre en retraite, céder du terrain, décrocher, fuir, refluer, se replier, se retirer. CONTR. *approcher, avancer, gagner du terrain, se rapprocher, s'élancer.*

/ Suivre une évolution négative. SYN. décroître, perdre du terrain, régresser. CONTR. *augmenter, avancer, croître, progresser.*

/ Céder devant un obstacle. SYN. atermoyer, lâcher pied, plier, se dérober –FAMILIER: caler, flancher, se dégonfler –LITTÉRAIRE: ployer –POPULAIRE: caner, canner, se déballonner. CONTR. *affronter, braver, résister, se décider, se défendre, se déterminer, tenir.*

reculer *verbe transitif*
/ Placer vers l'arrière. SYN. écarter, éloigner, pousser. CONTR. *approcher, avancer, rapprocher.*
/ Reporter une action. SYN. ajourner, décaler, différer, proroger, remettre, renvoyer, reporter, repousser, retarder, surseoir à, suspendre.

récupérer *verbe intransitif*
/ Reprendre des forces. SYN. revivre, se ranimer, se refaire, se refaire une santé, se remettre, se remonter, se rétablir – FAMILIER : reprendre du poil de la bête, se requinquer, se retaper. CONTR. – LITTÉRAIRE : *faiblir.*

récupérer *verbe transitif*
/ Rentrer en possession de. SYN. reconquérir, recouvrer, regagner, reprendre, retrouver – FAMILIER : ravoir. CONTR. *perdre.*

récurer *verbe*
/ Nettoyer en frottant. SYN. décaper, frotter, nettoyer.

récurrence *nom féminin*
/ Caractère récurrent. SYN. réapparition, répétition, retour – LITTÉRAIRE : réitération.

récurrent *adjectif*
/ Qui revient sans cesse. SYN. fréquent, réitéré, répété. CONTR. *accidentel, exceptionnel, intermittent, rare, sporadique.*

récusable *adjectif*
/ Que l'on peut récuser. SYN. contestable, discutable, douteux, niable, réfutable. CONTR. *certain, inattaquable, incontestable, indéniable, indiscutable, indubitable, irrécusable, irréfutable* – LITTÉRAIRE : *irréfragable.*

récuser *verbe*
/ Ne pas admettre la valeur de. SYN. combattre, contester, dénier, discuter, infirmer, mettre en doute, refuser, rejeter – LITTÉRAIRE : répudier. CONTR. *accepter, agréer, endosser, prendre sur soi, reconnaître, se charger de.*

rédaction *nom féminin*
/ Action de rédiger. SYN. composition, formulation.

reddition *nom féminin*
/ Action de se rendre. SYN. capitulation. CONTR. *résistance.*

redémarrage *nom masculin*
/ Fait de démarrer de nouveau. SYN. redressement, reprise.

rédemption *nom féminin*
/ LITTÉRAIRE. Action de se racheter. SYN. rachat, réhabilitation, salut. CONTR. *damnation, perte.*

rédiger *verbe*
/ Produire un texte. SYN. composer, écrire, formuler, libeller – FAMILIER : pondre.

redire *verbe*
/ Répéter ce qu'on a déjà dit. SYN. rebattre les oreilles, réitérer, reprendre, ressasser, revenir sur – FAMILIER : seriner.
/ Répéter par indiscrétion. SYN. raconter, rapporter, révéler.

redite *nom féminin*
/ Répétition inutile. SYN. rabâchage, radotage, redondance, répétition – FAMILIER : resucée – LITTÉRAIRE : superfétation.

redondance *nom féminin*
/ Caractère prolixe. SYN. bavardage, verbiage – FAMILIER : délayage – LITTÉRAIRE : prolixité, superfétation, superfluité, verbosité. CONTR. *brièveté, concision, laconisme, sobriété.*
/ Terme superflu. SYN. pléonasme, redite, répétition, tautologie.

redondant *adjectif*
/ Qui présente des redondances. SYN. ampoulé, diffus, emphatique, prolixe, verbeux – LITTÉRAIRE : enflé. CONTR. *bref, concis, elliptique, laconique, télégraphique.*

redonner *verbe*
/ Rendre ce qui manquait. SYN. ramener, rapporter, remettre, rendre, restituer, rétablir, rétrocéder. CONTR. *conserver, garder, retenir.*

redoublé *adjectif*
/ Dont l'intensité est augmentée. SYN. accéléré, accentué, accusé, décuplé, intensifié, marqué, redondant.

redoublement *nom masculin*
/ Fait de croître en force. SYN. accélération, accroissement, aggravation, déchaînement, exacerbation, exaspération, intensification, multiplication, recrudescence, renforcement.

redoubler *verbe intransitif*

/ Augmenter en intensité. SYN. augmenter, empirer, monter, s'aggraver, se compliquer, se multiplier, s'intensifier. CONTR. *diminuer, se réduire.*

redoubler *verbe transitif*

/ Augmenter l'intensité de. SYN. aggraver, augmenter, doubler, multiplier. CONTR. *diminuer, réduire, relâcher.*

redoutable *adjectif*

/ Qui est à redouter. SYN. dangereux, dommageable, effrayant, grave, inquiétant, malheureux, mauvais, menaçant, sérieux, sinistre, terrible, terrifiant –POPULAIRE: casse-gueule. CONTR. *anodin, bénin, inoffensif, rassurant, tranquillisant* –LITTÉRAIRE: *débonnaire.*

redouter *verbe*

/ Craindre vivement. SYN. appréhender, avoir peur, craindre, trembler. CONTR. *attendre, espérer.*

redressement *nom masculin*

/ Retour à un état satisfaisant. SYN. assainissement, redémarrage, relèvement, reprise, restauration, rétablissement. CONTR. *chute, démantèlement, écroulement, renversement, ruine* –LITTÉRAIRE: *dégénérescence.*

redresser *verbe*

/ Remettre à la verticale. SYN. dresser, ériger, lever, rehausser, relever, remonter, soulever. CONTR. *aplatir, culbuter, renverser.*

/ Redonner sa forme à un objet. SYN. dégauchir, détordre, rectifier, rétablir. CONTR. *courber, déformer, fausser, plier, recourber* –LITTÉRAIRE: *ployer.*

/ LITTÉRAIRE. Reprendre ce qui semble faux. SYN. corriger, réformer –LITTÉRAIRE: amender. CONTR. *dénaturer, modifier* –LITTÉRAIRE: *vicier.*

redresser (se) *verbe pronominal*

/ Se remettre droit. SYN. se lever, se relever. CONTR. *plier, s'affaisser, s'affaler, s'avachir, se baisser, se pencher.*

/ Revenir à un état normal. SYN. renaître, se relever –LITTÉRAIRE: ressusciter. CONTR. *s'effondrer.*

réduction *nom féminin*

/ Action de réduire. SYN. abaissement, abrègement, allégement, amoindrissement, atténuation, compression, décroissance, diminution, raccourcissement, ralentissement, rapetissement, resserrement, restriction. CONTR. *accentuation, accroissement, agrandissement, allongement, amplification, augmentation, élargissement, élévation, relèvement.*

/ Diminution opérée sur un prix. SYN. abattement, baisse, décharge, décompte, déduction, dégrèvement, discount, escompte, rabais, remise, ristourne. CONTR. *supplément.*

réduire *verbe*

/ Diminuer quelque chose. SYN. abaisser, abréger, alléger, amenuiser, amoindrir, baisser, diminuer, écourter, minimiser, modérer, raccourcir, rationner, rogner –LITTÉRAIRE: rabaisser. CONTR. *accroître, aggraver, amplifier, arrondir, augmenter, élargir, élever, exagérer, grossir, hausser, intensifier, maximiser, monter, multiplier, redoubler.*

/ Reproduire en plus petit. SYN. rapetisser. CONTR. *agrandir, allonger, élargir.*

/ Ramener à une expression simple. SYN. borner, circonscrire, comprimer, limiter, resserrer, restreindre, résumer.

/ Amener quelqu'un à. SYN. acculer, assujettir, condamner, conduire, contraindre, forcer, obliger, soumettre –LITTÉRAIRE: astreindre. CONTR. *délier, libérer, relever.*

/ Vaincre quelque chose. SYN. contenir, contrôler, maîtriser, mater, terrasser, vaincre –LITTÉRAIRE: dompter, subjuguer.

réduire (se) *verbe pronominal*

/ Se limiter volontairement à. SYN. consister, se borner, se cantonner à, se contenter de, se limiter, se restreindre, se résumer, s'en tenir à.

/ Changer d'état. SYN. se résoudre, se transformer, tourner en.

réduit *adjectif*

/ Qui a subi une réduction. SYN. amoindri, dérisoire, étroit, exigu, faible, limité, maigre, mince, minime, modeste, modique, partiel, pauvre, petit, ralenti, restreint, succinct. CONTR. *abondant, complet, étendu, foisonnant, fort, grand, gros, important, imposant, large, pléthorique, spacieux, volumineux* –LITTÉRAIRE: *vaste.*

réduit *nom masculin*

/ Petite pièce retirée. SYN. appentis, débarras, mansarde, soupente –FAMILIER: cagibi.

/ Logement misérable. SYN. bauge, bouge, taudis –FAMILIER: baraque, bicoque –LITTÉRAIRE: galetas –POPULAIRE: gourbi.

réédification *nom féminin*

/ LITTÉRAIRE. Action de réédifier. SYN. reconstruction, réfection, restauration. CONTR. *démantèlement, démolition, destruction, renversement.*

réédifier *verbe*

/ LITTÉRAIRE. Édifier à nouveau. SYN. rebâtir, reconstituer, reconstruire, refaire, relever, remonter, restaurer. CONTR. *anéantir, briser, démanteler, démolir, détruire, renverser, saper.*

rééditer *verbe*

/ Accomplir de nouveau. SYN. recommencer, refaire, réitérer, renouveler, répéter, reproduire.

réel *adjectif*

/ Qui existe ou a existé. SYN. concret, effectif, matériel, objectif, palpable, positif, tangible. CONTR. *abstrait, apparent, arbitraire, fantomatique, fictif, idéal, illusoire, imaginaire, inexistant, irréel, simulé, subjectif, théorique, virtuel.*

/ Qui est tel qu'on le dit. SYN. authentique, historique, indéniable, indubitable, littéral, manifeste, sincère, sûr, véritable, vrai. CONTR. *artificiel, chimérique, discutable, fabriqué, fantasmagorique, fantastique, faux, feint, fictif, forgé, inventé, mensonger, menteur, mythique* –LITTÉRAIRE: *controuvé, emprunté, fabuleux, postiche.*

réellement *adverbe*

/ D'une manière effective. SYN. bien, effectivement, matériellement, objectivement, physiquement –FAMILIER: positivement. CONTR. *apparemment, censément, en apparence, extérieurement.*

/ D'une manière véritable. SYN. à dire vrai, à vrai dire, au fond, dans le fond, décidément, en fait, en réalité, en vérité, franchement, indéniablement, indiscutablement, indubitablement, proprement, sincèrement, véritablement, vraiment.

réétudier *verbe*

/ Étudier à nouveau. SYN. reconsidérer, repenser.

réévaluer *verbe*

/ Évaluer à nouveau. SYN. hausser, revaloriser. CONTR. *baisser, déprécier.*

réexaminer *verbe*

/ Examiner à nouveau. SYN. reconsidérer, repenser, revoir.

réexpédier *verbe*

/ Expédier à nouveau. SYN. renvoyer, retourner.

refaire *verbe*

/ Recommencer une action. SYN. rebâtir, recommencer, recomposer, reconstruire, récrire –LITTÉRAIRE: réédifier.

/ Essayer d'imiter. SYN. rééditer, réitérer, renouveler, répéter.

/ Remettre en état. SYN. arranger, rafraîchir, reconstituer, repeindre, restaurer, rhabiller –LITTÉRAIRE: régénérer.

/ FAMILIER. Escroquer quelqu'un. SYN. attraper, berner, duper, escroquer, mystifier, piéger, tromper, voler –FAMILIER: avoir, écorcher, empiler, estamper, étriller, flouer, pigeonner, posséder, rouler –LITTÉRAIRE: gruger, jouer –POPULAIRE: arnaquer, baiser, entuber –VIEUX: filouter.

refaire (se) *verbe pronominal*

/ Reprendre des forces. SYN. récupérer, ressusciter, se remettre, se remonter –FAMILIER: se remplumer, se requinquer, se retaper.

réfection *nom féminin*

/ Action de refaire. SYN. rafistolage, reconstruction, réparation, restauration –FAMILIER: retapage –LITTÉRAIRE: réédification. CONTR. *dégradation, démantèlement, démolition, destruction, renversement.*

référer (se) *verbe pronominal*

/ Se rapporter à ce qui fait autorité. SYN. alléguer, citer, compter sur, en croire, invoquer, se fier à, se rapporter, se reporter, se reposer sur, s'en remettre à, tabler sur.

réfléchi *adjectif*

/ Qui est fait avec réflexion. SYN. calculé, conscient, délibéré, étudié, intentionnel, mesuré, mûri, pensé, pesé, raisonné, sensé. CONTR. *automatique, aventureux, frivole, incohérent, incompréhensible, inconsidéré, instinctif, involontaire, irréfléchi, machinal, réflexe, spontané.*

/ Qui agit avec pondération. SYN. circonspect, concentré, conscient, équilibré, grave, mature, méditatif, méthodique, mûr, philosophe, pondéré, posé, prévoyant, prudent, recueilli, sage, sérieux, vigilant – LITTÉRAIRE : rassis. CONTR. *déraisonnable, distrait, écervelé, égaré, étourdi, évaporé, fou, imprudent, impulsif, incohérent, inconscient, inconséquent, irresponsable, léger, primesautier, téméraire* – FAMILIER : *dément.*

réfléchir *verbe transitif*

/ Renvoyer l'image de. SYN. refléter, répercuter, réverbérer.

réfléchir *verbe transitif indirect*

/ Concentrer son attention sur. SYN. approfondir, calculer, considérer, creuser, étudier, examiner, méditer, penser, peser, ruminer, se concentrer, se recueillir, se rendre compte, songer – FAMILIER : cogiter, se casser la nénette, se casser la tête, se casser les méninges, se triturer la cervelle – LITTÉRAIRE : spéculer.

reflet *nom masculin*

/ Nuance variant selon l'éclairage. SYN. chatoiement, marbrure, miroitement, scintillement – LITTÉRAIRE : moire.

/ Ce qui reproduit les traits de. SYN. écho, image, réplique, reproduction – LITTÉRAIRE : miroir. CONTR. *modèle.*

refléter *verbe*

/ Renvoyer la lumière. SYN. réfléchir, répercuter, réverbérer.

/ Rendre compte de. SYN. figurer, illustrer, incarner, représenter, reproduire, retracer.

/ Laisser voir un sentiment. SYN. exprimer, indiquer, marquer, montrer, traduire, trahir.

réflexe *adjectif*

/ Qui réagit vite. SYN. automatique, mécanique. CONTR. *réfléchi, volontaire.*

réflexion *nom féminin*

/ Qualité de quelqu'un de réfléchi. SYN. application, attention, circonspection, concentration, méditation, précaution, prévoyance, prudence – LITTÉRAIRE : délibération. CONTR. *distraction, étourderie, imprévoyance, imprudence, inadvertance, inattention.*

/ Ce qui résulte de cette activité. SYN. conclusion, considération, élucubration, idée, méditation, pensée – LITTÉRAIRE : spéculation.

/ Propos visant à critiquer. SYN. commentaire, observation, remarque.

refluer *verbe*

/ Revenir en arrière (liquide). SYN. remonter, se retirer. CONTR. *affluer, gagner, monter.*

/ Être ramené dans une direction. SYN. reculer, rétrograder, se replier – LITTÉRAIRE : régresser.

reflux *nom masculin*

/ Mouvement de recul. SYN. recul, retrait, retraite. CONTR. *afflux.*

refondre *verbe*

/ Refaire entièrement un texte. SYN. modifier, recomposer, récrire, réécrire, remanier, reprendre, retoucher.

réforme *nom féminin*

/ Changement profond. SYN. changement, modification, remaniement, révision.

reformer *verbe*

/ Regrouper des personnes. SYN. masser, rallier, rassembler, recomposer, reconstituer. CONTR. *débander, disloquer, disperser.*

réformer *verbe*

/ Changer en mieux. SYN. amender, changer, corriger, modifier, remanier, renouveler, rénover, révolutionner – LITTÉRAIRE : redresser, régénérer.

refouler *verbe*

/ Rejeter quelqu'un. SYN. bannir, chasser, écarter, exclure, exiler, expatrier, expulser, pousser, refuser, rejeter, repousser – FAMILIER : balayer – POPULAIRE : balancer. CONTR. *adopter.*

/ Contenir un sentiment. SYN. brider, cacher, contenir, dissimuler, étouffer, maîtriser, occulter, ravaler, refréner, réfréner, rentrer, réprimer, retenir – LITTÉRAIRE : contraindre, dompter, renfoncer, taire. CONTR. *assouvir, exprimer, extérioriser, montrer.*

réfractaire *adjectif*

/ Qui refuse d'obéir. SYN. désobéissant, frondeur, indocile, rétif, séditieux. CONTR. *docile, obéissant.*

/ Qui ne peut s'ouvrir à. SYN. étranger, fermé, imperméable, inaccessible, insensible, rebelle, sourd. CONTR. *accessible, doué, enclin, ouvert, perméable, porté, prédisposé, réceptif, sensible.*

refrain *nom masculin*
/ Mélodie vocale. SYN. air, antienne, couplet, ritournelle, romance, scie.
/ FAMILIER. Ce qu'on répète souvent. SYN. chanson, leitmotiv, rabâchage, rengaine, scie –FAMILIER: couplet, disque, ritournelle –LITTÉRAIRE: antienne.

refréner ou **réfréner** *verbe*
/ Mettre un frein à. SYN. brider, comprimer, contenir, endiguer, étouffer, freiner, maîtriser, modérer, ravaler, refouler, réprimer, restreindre, retenir, tenir en bride –LITTÉRAIRE: contraindre, dompter, renfoncer. CONTR. *assouvir, contenter, exciter, satisfaire.*

réfrigérant *adjectif*
/ Qui refroidit. SYN. figé, froid, glacé, glacial. CONTR. *chaleureux, engageant, liant.*

réfrigéré *adjectif*
/ FAMILIER. Qui a très froid. SYN. gelé, glacé –FAMILIER: frigorifié. CONTR. *bouillant, brûlant, chaud* –LITTÉRAIRE: *ardent.*

réfrigérer *verbe*
/ Abaisser la température. SYN. geler, glacer, rafraîchir, refroidir –FAMILIER: frigorifier. CONTR. *chauffer, réchauffer.*

refroidi *adjectif*
/ Qui est découragé. SYN. découragé, démoralisé. CONTR. *enthousiasmé* –FAMILIER: *emballé.*

refroidir *verbe*
/ Rendre froid. SYN. congeler, frigorifier, geler, glacer, rafraîchir, réfrigérer. CONTR. *brûler, chauffer, réchauffer.*
/ Diminuer l'ardeur de. SYN. décourager, dégriser, désillusionner, éteindre, étouffer, freiner, rebuter –FAMILIER: doucher. CONTR. *aiguillonner, allumer, animer, aviver, échauffer, émouvoir, encourager, enhardir, exalter, fouetter, ranimer, rassurer, stimuler* –FAMILIER: *émotionner, émoustiller* –LITTÉRAIRE: *enflammer.*
/ POPULAIRE. Tuer quelqu'un. SYN. abattre, assassiner, égorger, éliminer, envoyer ad patres, exécuter, massacrer, supprimer, tuer –FAMILIER: faire passer le goût du pain, ôter le goût du pain, trucider –LITTÉRAIRE: occire –POPULAIRE: buter, descendre, faire la peau, flinguer, ratatiner, rectifier, zigouiller –VIEUX: suriner.

refuge *nom masculin*
/ Lieu où l'on se réfugie. SYN. abri, asile, retraite, sanctuaire –LITTÉRAIRE: antre.
/ LITTÉRAIRE. Lieu tranquille. SYN. oasis, retraite –LITTÉRAIRE: havre, port, réceptacle.
/ LITTÉRAIRE. Ce qui réconforte. SYN. protection, recours, remède, ressource, secours, soutien.

réfugier (se) *verbe pronominal*
/ Se retirer en un lieu tranquille. SYN. émigrer, s'abriter, se nicher, se retirer, se terrer, s'exiler, s'expatrier.

refus *nom masculin*
/ Action de refuser. SYN. barrage, contestation, fin de non-recevoir, inacceptation, négation, opposition, rébellion, rebuffade, rejet, veto –LITTÉRAIRE: répudiation. CONTR. *acceptation, accord, acquiescement, adhésion, admission, agrément, approbation, assentiment, autorisation, consentement, ralliement* –LITTÉRAIRE: *aveu.*

refusé *adjectif*
/ Qui a échoué à un examen. SYN. ajourné –FAMILIER: collé, recalé. CONTR. *admis, reçu.*

refuser *verbe*
/ Ne pas accepter ce qui est offert. SYN. décliner, dédaigner, rejeter, repousser. CONTR. *accéder à, accepter, accueillir, agréer, recevoir, s'attribuer* –LITTÉRAIRE: *s'arroger.*
/ Ne pas adhérer à. SYN. contester, rejeter –LITTÉRAIRE: répudier. CONTR. *adhérer à, adopter, approuver, assumer, condescendre, endosser, se prêter à.*
/ Ne pas vouloir faire une chose. SYN. se défendre, se rebeller, se révolter –FAMILIER: se rebiffer. CONTR. *demander, désirer, exiger, implorer, rechercher, vouloir.*
/ Ne pas permettre de. SYN. empêcher, interdire. CONTR. *accorder, acquiescer, autoriser, avouer, concéder, consentir, donner, octroyer.*
/ Ne pas reconnaître. SYN. dénier, nier, récuser. CONTR. *attribuer, conférer, reconnaître.*
/ Rejeter un candidat. SYN. ajourner, écarter, éliminer, refouler, renvoyer –FAMILIER: blackbouler, étendre, recaler. CONTR. *admettre, choisir, prendre, retenir, sélectionner.*

refuser (se) *verbe pronominal*
/ Ne pas se permettre. SYN. s'abstenir, se garder, se priver, s'interdire. CONTR. *prendre la liberté de, s'accorder, s'autoriser, se permettre, s'offrir.*

réfutable *adjectif*

/ Qui peut être réfuté. SYN. contestable, discutable, douteux, niable, récusable. CONTR. *certain, inattaquable, incontestable, indéniable, indiscutable, indubitable, irrécusable, irréfutable* –LITTÉRAIRE: *irréfragable.*

réfutation *nom féminin*

/ Action de réfuter. SYN. contradiction, démenti, dénégation, déni, négation, objection. CONTR. *affirmation, assurance, attestation, confirmation.*

réfuter *verbe*

/ Aller à l'encontre d'une idée. SYN. anéantir, combattre, contester, contredire, démentir, démolir, dénier, infirmer, nier, récuser, ruiner. CONTR. *acquiescer, adhérer, admettre, approuver, appuyer, confirmer, croire.*

regagner *verbe*

/ Obtenir de nouveau. SYN. rattraper, reconquérir, recouvrer, récupérer, reprendre, retrouver –FAMILIER: ravoir. CONTR. *perdre.*

/ Revenir dans un lieu. SYN. rallier, réintégrer, rejoindre, rentrer, retourner, revenir. CONTR. *partir, s'en aller.*

regain *nom masculin*

/ Réapparition de quelque chose. SYN. intensification, recrudescence, renforcement, renouveau, reprise, réveil. CONTR. *accalmie, rémission, trêve.*

régal *nom masculin*

/ Vif plaisir. SYN. bonheur, délice, enchantement, fête, joie, jouissance, ravissement, volupté –LITTÉRAIRE: délectation, félicité.

régaler *verbe*

/ FAMILIER. Offrir à boire ou à manger. SYN. inviter, offrir, payer, traiter.

/ Offrir un vif plaisir à. SYN. charmer, délecter, émerveiller, enchanter, enivrer –LITTÉRAIRE: transporter.

régaler (se) *verbe pronominal*

/ Éprouver un vif plaisir. SYN. savourer, se réjouir de –FAMILIER: se gargariser –LITTÉRAIRE: déguster, se délecter.

/ Faire un bon repas. SYN. banqueter, déguster, festoyer, mettre les petits plats dans les grands –FAMILIER: faire bombance, gueuletonner, ripailler –LITTÉRAIRE: faire bonne chère –POPULAIRE: se taper la cloche.

regard *nom masculin*

/ Action de regarder. SYN. coup d'œil, œillade, vue, yeux –FAMILIER: œil.

regardant *adjectif*

/ Qui regarde à la dépense. SYN. avare, économe, mesquin, parcimonieux, thésauriseur –FAMILIER: chiche, chien, pingre, radin, rapiat, rat –LITTÉRAIRE: avaricieux, ladre, lésineur. CONTR. *dépensier, désintéressé, dilapidateur, gaspilleur, généreux, insouciant, large, prodigue* –LITTÉRAIRE: *dissipateur.*

/ Qui apporte de grands soins à. SYN. attentif, méticuleux, minutieux, scrupuleux, serré, soigneux, tatillon, vigilant –LITTÉRAIRE: vétilleux. CONTR. *négligent.*

regarder *verbe transitif*

/ Porter le regard vers. SYN. braquer les yeux sur, caresser des yeux, caresser du regard, contempler, couver des yeux, dévisager, examiner, fixer, inspecter, lorgner, manger des yeux, observer, parcourir, scruter, toiser, voir –FAMILIER: jeter un œil, ne pas avoir les yeux dans sa poche, reluquer, viser –POPULAIRE: zieuter, zyeuter.

/ Examiner avec attention. SYN. analyser, considérer, envisager, étudier, examiner, inventorier, peser, rechercher.

/ Considérer de telle manière. SYN. estimer, juger, prendre, présumer, traiter comme.

/ Être du ressort de quelqu'un. SYN. avoir rapport à, avoir trait à, concerner, intéresser, s'adresser, se rapporter, toucher, viser –LITTÉRAIRE: ressortir.

regarder *verbe transitif indirect*

/ Porter un intérêt majeur à. SYN. penser à, se préoccuper de, se soucier de, s'inquiéter de, tenir compte de.

/ Être parcimonieux. SYN. compter, économiser, lésiner sur –POPULAIRE: mégoter.

régénération *nom féminin*

/ LITTÉRAIRE. Renouvellement moral. SYN. assainissement, purification, reconstitution, renouveau, réparation, restauration, rétablissement –LITTÉRAIRE: renaissance, résurrection. CONTR. *avachissement, dégradation* –LITTÉRAIRE: *aveulissement, dégénérescence.*

régénérer *verbe*

/ LITTÉRAIRE. Redonner de la vigueur. SYN. améliorer, assainir, refaire, réformer, relever, renouveler, rénover, revitaliser –LITTÉRAIRE: amender. CONTR. *avilir, dégrader, détériorer* –FAMILIER: *ramollir* –LITTÉRAIRE: *abâtardir, aveulir.*

régenter *verbe*
/ Diriger avec autorité. SYN. conduire, diriger, dominer, gouverner, mener, régir, régner sur, tyranniser –VIEUX: manier. CONTR. *obéir, suivre.*

regimber *verbe*
/ LITTÉRAIRE. Se montrer récalcitrant. SYN. protester, réagir, récriminer, résister, se cabrer, se dresser contre, se faire tirer l'oreille, se rebeller, se récrier, se révolter, s'insurger, s'opposer, tenir tête –FAMILIER: montrer les dents, ruer dans les brancards, se rebiffer. CONTR. *céder, obéir, plier, se plier, se soumettre.*

régime *nom masculin*
/ Système politique. SYN. constitution, État, gouvernement, institutions, pouvoir, système.

régiment *nom masculin*
/ FAMILIER. Grand nombre de personnes. SYN. armée, bande, bataillon, flot, foule, horde, kyrielle, légion, masse, meute, multitude, myriade, nuée, pléiade, tas, troupe, troupeau –FAMILIER: armada, cohorte, flopée, foultitude, peuple, ribambelle, tapée, tripotée –LITTÉRAIRE: essaim, fourmilière. CONTR. *poignée, quarteron.*

région *nom féminin*
/ Étendue de pays. SYN. coin, contrée, endroit, espace, lieu, pays, terre.
/ LITTÉRAIRE. Secteur propre à une activité. SYN. cercle, champ, domaine, orbite, sphère, zone.

régir *verbe*
/ Gouverner quelque chose. SYN. commander, diriger, dominer, gouverner, piloter, régenter. CONTR. *obéir, se soumettre.*
/ Déterminer l'organisation de. SYN. administrer, conduire, gérer, gouverner, mener, orienter, présider à.

régisseur *nom masculin*
/ Personne qui gère un domaine. SYN. administrateur, gérant, intendant, moteur, ordonnateur, organisateur.

registre *nom masculin*
/ Livre où l'on inscrit des faits. SYN. cahier, catalogue, journal, livre, matricule, répertoire.

règle *nom féminin*
/ Prescription morale. SYN. convention, doctrine, dogme, habitude, ligne, loi, maxime, norme, obligation, précepte, principe, système, usage.

réglé *adjectif*
/ Soumis à une discipline. SYN. discipliné, méthodique, ordonné, rangé, régulier, sage, uniforme. CONTR. *bohème, capricieux, changeant, fantaisiste* –LITTÉRAIRE: *dissolu.*
/ Déterminé à l'avance. SYN. arrêté, déterminé, entendu, fixe, fixé, précisé, résolu, systématique. CONTR. *anarchique, chaotique, désordonné, imprévu, inattendu, inopiné, libre.*
/ Se dit d'un mécanisme en état. SYN. ajusté, exact. CONTR. *déréglé, détraqué* –FAMILIER: *déglingué.*

règlement *nom masculin*
/ Action de régler. SYN. arbitrage, arrangement, conclusion, dénouement, fin, issue, résolution, solution –LITTÉRAIRE: terminaison.
/ Action de décider. SYN. arrêt, arrêté, décision, décret, ordonnance.
/ Ensemble de règles. SYN. discipline, norme, réglementation, règlementation, statuts.
/ Action de payer une dette. SYN. acquittement, paiement, payement, versement.

réglementaire *adjectif*
/ Conforme au règlement. SYN. autorisé, légal, licite, permis, régulier, valide. CONTR. *frauduleux, illégal.*

réglementairement *adverbe*
/ Conformément au règlement. SYN. légalement, licitement, régulièrement. CONTR. *frauduleusement.*

réglementation *nom féminin*
/ Ensemble de mesures. SYN. discipline, norme, règlement, statuts.

réglementer *verbe*
/ Soumettre à un règlement. SYN. codifier, contingenter, fixer, normaliser, systématiser.

régler *verbe*

/ Fixer dans les détails. SYN. aménager, arrêter, concerter, décider, établir, ménager, mettre au point, mettre sur pied, mitonner, orchestrer, ordonner, organiser, planifier, préparer.

/ Trouver une solution. SYN. arbitrer, arranger, conclure, dénouer, juger, résoudre, solutionner, terminer, trancher.

/ LITTÉRAIRE. Maîtriser ses sentiments. SYN. discipliner, dominer, maîtriser, mesurer, modérer –LITTÉRAIRE: commander, dompter, tempérer.

/ Payer ce qu'on doit. SYN. acquitter, décaisser, payer, rémunérer, rétribuer, s'acquitter, verser –POPULAIRE: casquer.

/ Préparer à fonctionner. SYN. ajuster, doser. CONTR. *dérégler, détraquer* –FAMILIER: *déglinguer.*

régler (se) *verbe pronominal*

/ Se conformer à quelque chose. SYN. imiter, prendre pour modèle, s'aligner, se façonner, se modeler, s'inspirer, suivre –LITTÉRAIRE: se mouler.

régnant *adjectif*

/ Qui l'emporte. SYN. dominant, majeur, majoritaire, prédominant, prééminent, prépondérant, primordial, principal.

règne *nom masculin*

/ Fait d'exercer un pouvoir. SYN. ascendant, coupe, empire, emprise, influence, pouvoir, prédominance, prééminence, prépondérance, prestige, primauté, puissance.

régner *verbe*

/ Exercer son pouvoir sur. SYN. diriger, dominer, gouverner, mener, régenter.

/ Être bien établi. SYN. exister, prédominer, prévaloir, primer, triompher.

regonfler *verbe*

/ Redonner courage. SYN. donner du cœur au ventre, réconforter, remettre, remonter, revigorer, stimuler, tonifier –FAMILIER: ragaillardir, ravigoter, requinquer. CONTR. *abattre, accabler, affaiblir, anéantir, atterrer, débiliter, décourager, démonter, démoraliser* –FAMILIER: *ramollir.*

regorger *verbe*

/ Avoir en surabondance. SYN. abonder en, déborder de, être plein de, foisonner de, fourmiller, grouiller de, pulluler –VIEUX: surabonder en. CONTR. *manquer de.*

régresser *verbe*

/ Disparaître peu à peu. SYN. baisser, décroître, diminuer, reculer, refluer. CONTR. *augmenter, avancer, gagner, grandir, monter, progresser, s'avancer, s'intensifier.*

/ Cesser de progresser. SYN. décliner, dégénérer, dépérir, rétrograder, s'atrophier. CONTR. *croître, prospérer, se développer, s'épanouir* –LITTÉRAIRE: *fleurir.*

régression *nom féminin*

/ Évolution négative. SYN. abaissement, baisse, déclin, décroissance, diminution, ralentissement, récession, recul, rétrogradation. CONTR. *amélioration, avance, développement, expansion, extension, marche, progrès, progression.*

regret *nom masculin*

/ Vif remords. SYN. nostalgie, remords, repentir –LITTÉRAIRE: contrition, repentance. CONTR. *consolation.*

/ Fait d'être contrarié. SYN. chagrin, contrariété, déception, déplaisir, mécontentement, peine. CONTR. *contentement, plaisir, satisfaction.*

regrettable *adjectif*

/ Qui mérite d'être regretté. SYN. affligeant, déplorable, détestable, ennuyeux, fâcheux, malencontreux, malheureux, navrant, pénible –FAMILIER: saumâtre. CONTR. *bienfaisant, fructueux, profitable, salutaire.*

regretter *verbe*

/ Ressentir la disparition de. SYN. pleurer sur –LITTÉRAIRE: déplorer.

/ Se reprocher quelque chose. SYN. déplorer, être navré, se reprocher, s'en vouloir –FAMILIER: se mordre les doigts. CONTR. *se féliciter, se louer, se réjouir* –LITTÉRAIRE: *être bien aise de, être fort aise de.*

regroupement *nom masculin*

/ Action de regrouper. SYN. concentration, groupement, ralliement, rassemblement, réunion. CONTR. *débandade, dégroupement, dispersion, dissémination, disséminement, éparpillement.*

regrouper *verbe*

/ Mettre ensemble. SYN. concentrer, grouper, masser, mobiliser, rallier, rassembler, réunir. CONTR. *dégrouper, disséminer, morceler.*

regrouper (se) *verbe pronominal*

/ Se mettre ensemble. SYN. s'attrouper, se fédérer, se rassembler, se réunir, s'unir. CONTR. *se débander, se disperser.*

régularité *nom féminin*

/ Caractère légal. SYN. légalité. CONTR. *anomalie, illégalité, irrégularité.*
/ Caractère harmonieux. SYN. harmonie, homogénéité, symétrie. CONTR. *asymétrie, bizarrerie, dissymétrie.*
/ Caractère régulier. SYN. cadence, continuité, égalité, rythme, uniformité. CONTR. *changement, inégalité, intermittence, irrégularité, variabilité* –LITTÉRAIRE: *discontinuité.*
/ Caractère assidu. SYN. assiduité, constance, exactitude, ponctualité.

régulier *adjectif*

/ Conforme à la légalité. SYN. autorisé, légal, licite, réglementaire. CONTR. *frauduleux, illégal, illégitime, illicite.*
/ FAMILIER. Qui respecte les usages. SYN. correct, de parole, droit, fair-play, honnête, irréprochable, loyal –POPULAIRE: réglo. CONTR. *déloyal, malhonnête.*
/ Qui respecte les conventions. SYN. convenable, moral, normal, ordonné, rangé, réglé. CONTR. *débauché, déréglé, désordonné, dévergondé* –LITTÉRAIRE: *dissolu.*
/ Qui a un rythme égal. SYN. cadencé, constant, continu, égal, fixe, ininterrompu, invariable, mesuré, rythmé, suivi, uniforme. CONTR. *bizarre, capricieux, discontinu, entrecoupé, exceptionnel, fantaisiste, heurté, intermittent, irrégulier, occasionnel, rare, unique, variable* –LITTÉRAIRE: *capricant.*
/ Qui a de l'harmonie. SYN. géométrique, harmonieux, symétrique. CONTR. *asymétrique, biscornu, difforme, dissymétrique.*
/ Qui montre de l'assiduité. SYN. assidu, constant, ponctuel, précis. CONTR. *changeant, inégal, instable.*

régulièrement *adverbe*

/ À des moments fixes. SYN. assidûment, constamment, couramment, exactement, fidèlement, habituellement, immanquablement, périodiquement, ponctuellement, systématiquement. CONTR. *épisodiquement, irrégulièrement, occasionnellement, par intermittence, par intervalles, sporadiquement.*
/ Conformément à la légalité. SYN. dans les formes, dans les règles, légalement, licitement, réglementairement. CONTR. *frauduleusement, illégalement, illégitimement, illicitement, indûment.*
/ D'une manière uniforme. SYN. normalement, uniformément –LITTÉRAIRE: uniment. CONTR. *inégalement, irrégulièrement, variablement.*

réhabiliter *verbe*

/ Faire recouvrer l'estime d'autrui à. SYN. blanchir, décharger, disculper, innocenter, laver, rehausser, relever, revaloriser. CONTR. *accuser, avilir, condamner.*

rehaussement *nom masculin*

/ Action de surélever. SYN. surélévation, surhaussement. CONTR. *abaissement, rapetissement.*

rehausser *verbe*

/ Accroître une hauteur. SYN. élever, hausser, monter, relever, remonter, surélever, surhausser. CONTR. *abaisser, baisser, descendre, surbaisser* –LITTÉRAIRE: *rabaisser.*
/ Donner plus d'importance. SYN. ennoblir, faire ressortir, faire valoir, glorifier, grandir, ranimer, redresser, réhabiliter, revaloriser –LITTÉRAIRE: illustrer. CONTR. *anéantir, déconsidérer, déprécier, détruire, dévaloriser, discréditer, ruiner* –LITTÉRAIRE: *rabaisser, rabattre.*
/ Mettre en relief. SYN. agrémenter, embellir, enrichir –LITTÉRAIRE: relever. CONTR. *affaiblir, atténuer, diminuer, éteindre, ternir.*

reine *nom féminin*

/ Femme qui excelle en. SYN. génie –FAMILIER: as, championne, crack –LITTÉRAIRE: lumière.

réintégrer *verbe*

/ Revenir dans un lieu. SYN. regagner, rejoindre, rentrer, retourner, revenir. CONTR. *ressortir, sortir.*

réitération *nom féminin*

/ LITTÉRAIRE. Action de réitérer. SYN. fréquence, recommencement, redoublement, renouvellement, répétition, reproduction, retour.

réitéré *adjectif*

/ Fait de nouveau. SYN. fréquent, perpétuel, récurrent, répété.

réitérer *verbe*

/ Faire de nouveau. SYN. récidiver, recommencer, rééditer, refaire, renouveler, répéter, reproduire.

/ Dire de nouveau. SYN. redire, répéter.

rejaillir *verbe*

/ Jaillir brusquement sur. SYN. couler, fuser, gicler, jaillir.

/ Atteindre quelqu'un en retour. SYN. rebondir, retomber, ricocher, se répercuter.

rejet *nom masculin*

/ Fait de rejeter. SYN. abandon, élimination, expulsion, négation, opposition, refus, veto –FAMILIER: bannissement –LITTÉRAIRE: répudiation. CONTR. *acceptation, accord, adhésion, admission, adoption, approbation, assentiment, assimilation, ralliement.*

rejeter *verbe*

/ Envoyer à une certaine distance. SYN. éjecter, lancer, relancer, renvoyer.

/ Ne pas admettre quelqu'un. SYN. bannir, chasser, congédier, éliminer, éloigner, évacuer, exclure, expulser, mettre à l'index, mettre au ban, refouler, renvoyer –FAMILIER: balayer, éjecter –LITTÉRAIRE: proscrire –POPULAIRE: balancer. CONTR. *accepter, accueillir, admettre, adopter, agréger, recevoir, sélectionner.*

/ Expulser de l'organisme. SYN. évacuer, expulser, rendre, restituer. CONTR. *absorber, assimiler, boire, digérer, garder.*

/ Repousser une idée. SYN. balayer, contrer, décliner, dédaigner, nier, récuser, refuser, repousser, s'opposer –LITTÉRAIRE: répudier. CONTR. *accéder, accepter, adhérer, admettre, adopter, agréer, approuver, concéder, recevoir.*

/ Attribuer la responsabilité de. SYN. déplacer, ramener, reporter, se décharger de. CONTR. *assumer, endosser, se charger de.*

rejeter (se) *verbe pronominal*

/ LITTÉRAIRE. Reporter son attention sur. SYN. se rabattre sur, se tourner vers.

rejeton *nom masculin*

/ FAMILIER. Garçon ou fille de quelqu'un. SYN. descendant, enfant –FAMILIER: héritier, progéniture.

rejoindre *verbe*

/ Arriver à la hauteur de quelqu'un. SYN. atteindre, rattraper, rencontrer, retrouver. CONTR. *dépasser, distancer, doubler* –FAMILIER: *semer.*

/ Gagner un lieu. SYN. arriver, gagner, rallier, regagner, réintégrer, rentrer, retourner à.

rejoindre (se) *verbe pronominal*

/ Aboutir au même point. SYN. converger, se rencontrer, se retrouver. CONTR. *bifurquer, se séparer* –VIEUX: *fourcher.*

réjoui *adjectif*

/ Qui exprime la joie. SYN. allègre, content, enjoué, épanoui, gai, guilleret, heureux, jovial, joyeux, radieux, ravi, riant, rieur, satisfait. CONTR. *affligé, boudeur, désolé, larmoyant, malheureux, maussade, morne, morose, sombre, soucieux, triste* –LITTÉRAIRE: *chagrin.*

réjouir *verbe*

/ Mettre en joie. SYN. amuser, charmer, dérider, divertir, égayer, enchanter, épanouir, faire plaisir, ravir –LITTÉRAIRE: délecter, récréer. CONTR. *affliger, atterrer, attrister, chagriner, consterner, contrarier, décevoir, déchirer, désoler, mécontenter, navrer, peiner* –FAMILIER: *bassiner* –LITTÉRAIRE: *rembrunir.*

réjouir (se) *verbe pronominal*

/ Éprouver du plaisir. SYN. exulter, jubiler, s'applaudir, se faire une fête de, se féliciter, se frotter les mains –LITTÉRAIRE: être bien aise de, être fort aise de, se délecter. CONTR. *déplorer, maugréer, regretter, s'affliger, s'attrister, se désespérer, se désoler, se lamenter.*

réjouissance *nom féminin*

/ Sentiment de joie. SYN. allégresse, contentement, gaieté, joie, jubilation –LITTÉRAIRE: égaiement, égayement, félicité, liesse. CONTR. *affliction, chagrin, peine, tristesse.*

réjouissances *nom féminin pluriel*

/ Fête qui célèbre un événement. SYN. amusement, attraction, distraction, divertissement, festivités, fête.

réjouissant *adjectif*

/ Qui réjouit. SYN. amusant, divertissant, drôle, égayant, gai, plaisant, récréatif. CONTR. *affligeant, atterrant, attristant, chagrinant, déchirant, déplaisant, désagréable, désolant, navrant* –FAMILIER: *assommant, barbant, cafardeux.*

relâche *nom féminin*

/ Lieu d'une côte où l'on séjourne. SYN. abri, escale, port, retraite –LITTÉRAIRE: havre.

relâche *nom féminin*

/ LITTÉRAIRE. Interruption d'une activité. SYN. accalmie, coupure, détente, intermission, interruption, pause, récréation, rémission, répit, repos, trêve –LITTÉRAIRE: halte.

relâché *adjectif*

/ Qui manque de rigueur. SYN. décontracté, souple. CONTR. *rigide, rigoureux, sévère, strict* –LITTÉRAIRE: *raide.*

/ Qui n'est pas soigné. SYN. négligé. CONTR. *fignolé, soigné* –LITTÉRAIRE: *châtié* –VIEUX: *perlé.*

relâchement *nom masculin*

/ Diminution de tension. SYN. distension, élargissement, ramollissement. CONTR. *compression, contraction, rigidité, tension.*

/ Ralentissement d'activité. SYN. affaiblissement, amollissement. CONTR. *application, ardeur, assiduité, renforcement.*

/ Laisser-aller dans la conduite. SYN. abandon, décadence, incurie, laisser-aller, laxisme, négligence –LITTÉRAIRE: inapplication. CONTR. *austérité, rigidité, rigorisme, rigueur.*

relâcher *verbe*

/ Rendre plus lâche. SYN. décontracter, desserrer, détendre, lâcher. CONTR. *bander, contracter, étreindre, presser, raidir, serrer, tendre.*

/ Rendre moins intense. SYN. affaiblir, assouplir, atténuer, diminuer. CONTR. *accentuer, accroître, augmenter, concentrer, durcir, intensifier, redoubler, renforcer.*

/ Remettre en liberté. SYN. délivrer, élargir, libérer, relaxer. CONTR. *appréhender, arrêter, attraper, cadenasser, capturer, détenir, écrouer, incarcérer, interner, prendre, s'emparer* –FAMILIER: *choper, coffrer, cueillir, épingler, ramasser.*

relâcher (se) *verbe pronominal*

/ Se montrer moins appliqué. SYN. chanceler, faiblir, fléchir, mollir, s'endormir. CONTR. *s'appliquer.*

/ Être moins soigné. SYN. se laisser aller, se négliger, s'oublier.

relancer *verbe*

/ Lancer de nouveau. SYN. rejeter, renvoyer.

/ Solliciter de nouveau quelqu'un. SYN. assaillir, assiéger, harceler, poursuivre, talonner –LITTÉRAIRE: obséder.

relater *verbe*

/ Raconter en détail. SYN. consigner, conter, dévoiler, dire, exposer, mentionner, montrer, raconter, rapporter, remémorer, répéter, retracer, tracer –LITTÉRAIRE: narrer.

relatif *adjectif*

/ Qui est imparfait. SYN. approximatif, borné, insuffisant, limité, partiel, rudimentaire, sommaire. CONTR. *absolu, complet, entier, excellent, idéal, illimité, parfait, total.*

relation *nom féminin*

/ Fait de relater. SYN. communication, compte-rendu, exposé, exposition, histoire, historique, mémoire, narration, rapport, récit, témoignage, version.

/ Lien d'interaction. SYN. accointance, connexion, contact, corrélation, correspondance, dépendance, liaison, lien, rapport –LITTÉRAIRE: connexité.

/ Personne qu'on connaît. SYN. connaissance, contact, fréquentation. CONTR. *inconnu.*

relativement à *locution prépositive*

/ Proportionnellement à quelque chose. SYN. à côté de, à l'instar de, auprès de, comparé à, en comparaison de, en fonction de, en parallèle, en proportion de, en regard de, non loin de, par rapport à, près de, vis-à-vis de.

/ Au sujet de quelque chose. SYN. à l'égard de, à propos de, concernant, pour, quant à, touchant.

relax *adjectif*

/ FAMILIER. Qui est à son aise. SYN. décontracté, détendu, tranquille –FAMILIER: cool –POPULAIRE: peinard, pénard.

relaxation *nom féminin*

/ Fait de se relaxer. SYN. délassement, détente, repos.

relaxe *adjectif*

/ FAMILIER. Qui est à son aise. SYN. décontracté, détendu, tranquille –FAMILIER: cool –POPULAIRE: peinard, pénard.

relaxer *verbe transitif*

/ Juger un prévenu non coupable. SYN. délivrer, élargir, libérer, relâcher. CONTR. *appréhender, arrêter, attraper, cadenasser, capturer, détenir, écrouer, incarcérer, interner, prendre, s'emparer* –FAMILIER: *choper, coffrer, cueillir, épingler, ramasser.*

relaxer *verbe transitif*

/ Détendre quelqu'un. SYN. décontracter, délasser, détendre. CONTR. *contracter, crisper, tendre.*

relaxer (se) *verbe pronominal*

/ Détendre ses muscles. SYN. se décontracter, se délasser, se détendre, se reposer. CONTR. *se contracter, se crisper, se raidir.*

relayer *verbe*

/ Prendre la relève de quelqu'un. SYN. prendre le relais, relever, remplacer, se substituer à, succéder, suppléer.

relayer (se) *verbe pronominal*

/ Se remplacer les uns les autres. SYN. alterner, se succéder.

relégation *nom féminin*

/ Expulsion à l'étranger. SYN. bannissement, déportation, exil, expatriation, expulsion, proscription. CONTR. *rappel.*

reléguer *verbe*

/ Expulser à l'étranger. SYN. bannir, exiler, expatrier, expulser, refouler. CONTR. *rappeler.*

/ Mettre à l'écart. SYN. cantonner, confiner, remiser.

relent *nom masculin*

/ LITTÉRAIRE. Ce qui reste chez quelqu'un. SYN. reste, souvenir – LITTÉRAIRE : goût, trace, vestige.

/ Odeur qui persiste. SYN. miasme, odeur – LITTÉRAIRE : remugle, senteur.

relevé *adjectif*

/ Tourné vers le haut. SYN. dressé, haut, levé, retroussé. CONTR. *aplati, baissé, écrasé, rabattu.*

/ LITTÉRAIRE. Qui se distingue. SYN. distingué, élevé, noble, soutenu, supérieur – LITTÉRAIRE : suréminent. CONTR. *abject, bas, commun, ignoble, insignifiant, méprisable, ordinaire, vulgaire* – LITTÉRAIRE : *vil.*

/ Très assaisonné. SYN. assaisonné, épicé, fort, pimenté. CONTR. *douceâtre, doux, fadasse, fade, insipide.*

relevé *nom masculin*

/ Action de relever par écrit. SYN. compte, enregistrement, état, inventaire, liste, note.

relèvement *nom masculin*

/ Action de remettre debout. SYN. reconstruction, réfection, restauration – LITTÉRAIRE : réédification. CONTR. *démantèlement, démolition, écroulement, effondrement, renversement.*

/ Action de rétablir une situation. SYN. assainissement, redressement, restauration, rétablissement. CONTR. *crise, débâcle, dégradation, déroute, effondrement, marasme, récession, ruine* – LITTÉRAIRE : *dégénérescence.*

/ Action d'augmenter un prix. SYN. augmentation, élévation, hausse, majoration, revalorisation. CONTR. *abaissement, baisse, chute, dépréciation, dévalorisation, dévaluation, diminution, réduction.*

relever *verbe transitif*

/ Remettre quelqu'un debout. SYN. redresser. CONTR. *culbuter, étendre, faucher, renverser, terrasser* – VIEUX : *verser.*

/ Remettre en état. SYN. ériger, rebâtir, reconstruire, remonter, réparer, restaurer – LITTÉRAIRE : réédifier. CONTR. *abattre, démanteler, démolir, raser.*

/ Amener à une meilleure position. SYN. reconstituer, rétablir, revaloriser – LITTÉRAIRE : régénérer. CONTR. *affaiblir, avilir.*

/ Porter plus haut. SYN. dresser, élever, hausser, lever, redresser, rehausser, remonter, retrousser, soulever, surélever, surhausser. CONTR. *abaisser, baisser, courber, descendre, incliner, pencher, plier, rabattre, surbaisser* – LITTÉRAIRE : *ployer.*

/ Accroître la valeur de. SYN. augmenter, hausser, majorer. CONTR. *dévaloriser, dévaluer, diminuer, réduire.*

/ Donner un goût plus fort. SYN. assaisonner, épicer, pimenter. CONTR. *affadir, édulcorer.*

/ LITTÉRAIRE. Mettre en valeur. SYN. agrémenter, exalter, orner, rehausser – LITTÉRAIRE : illustrer, parer.

/ Remarquer quelque chose. SYN. constater, découvrir, mentionner, noter, observer, souligner. CONTR. *laisser passer, négliger, omettre, oublier, passer sous silence.*

/ Mettre par écrit. SYN. consigner, copier, enregistrer, inscrire, marquer, recopier, recueillir.

/ Priver de son poste. SYN. destituer, licencier, limoger, révoquer –FAMILIER: sabrer –POPULAIRE: sacquer, saquer.
/ Libérer d'une tâche. SYN. dégager, délier, exempter, relayer, remplacer. CONTR. *contraindre, forcer, obliger* –LITTÉRAIRE: *astreindre.*

relever *verbe transitif indirect*
/ Être de la compétence de. SYN. appartenir, concerner, être dans les cordes de, être du domaine de, être du ressort de.
/ S'expliquer par. SYN. être le fait de, participer à, procéder de, tenir de –LITTÉRAIRE: ressortir à.
/ Être sous l'autorité de. SYN. appartenir, dépendre de, reposer, revenir.

relever (se) *verbe pronominal*
/ Se remettre debout. SYN. se lever, se redresser. CONTR. *s'affaisser, s'affaler, s'effondrer.*
/ Sortir d'une situation pénible. SYN. renaître, se reprendre, se ressaisir, se rétablir –LITTÉRAIRE: ressusciter. CONTR. *baisser, décliner, décroître, dépérir, s'affaiblir, s'avachir, s'avilir.*

relief *nom masculin*
/ Ce qui est mis en évidence. SYN. caractère, couleur, force, pittoresque.

reliefs *nom masculin pluriel*
/ LITTÉRAIRE. Restes de nourriture. SYN. bribes, restes –FAMILIER: rogatons.

relier *verbe*
/ Lier ensemble. SYN. accoler, assembler, attacher, joindre, lier, raccorder, rattacher, réunir. CONTR. *détacher, disjoindre, isoler, séparer.*
/ Établir un lien entre. SYN. associer, enchaîner, rapporter, rattacher, unir.

religieuse *nom féminin*
/ Femme entrée en religion. SYN. sœur –FAMILIER: bonne sœur –VIEUX: nonne.

religieusement *adverbe*
/ Dans le respect d'une religion. SYN. mystiquement, pieusement –LITTÉRAIRE: dévotement.
/ D'une manière scrupuleuse. SYN. consciencieusement, exactement, fidèlement, minutieusement, rigoureusement, scrupuleusement, soigneusement, strictement.

religieux *adjectif*
/ Qui appartient à un ordre. SYN. claustral, conventuel, ecclésiastique, monacal, monastique. CONTR. *civil, laïc.*
/ Qui fait preuve de piété. SYN. croyant, dévot, mystique, pieux, pratiquant. CONTR. *agnostique, athée, incroyant, irréligieux, païen, profane, sceptique* –LITTÉRAIRE: *impie.*

religion *nom féminin*
/ Ensemble de croyances religieuses. SYN. confession, culte, Église –LITTÉRAIRE: communion.
/ Adhésion à une doctrine religieuse. SYN. dévotion, foi, mysticisme, piété, spiritualité. CONTR. *agnosticisme, athéisme, incrédulité, incroyance, irréligion, scepticisme.*
/ LITTÉRAIRE. Engouement pour une activité. SYN. adoration, culte, passion –LITTÉRAIRE: dévotion, idolâtrie.

reliquat *nom masculin*
/ LITTÉRAIRE. Ce qui reste. SYN. excédent, résidu, restant, reste, surcroît, surplus –LITTÉRAIRE: vestige.

reluire *verbe*
/ Briller en ayant des reflets. SYN. briller, chatoyer, étinceler, luire, scintiller –LITTÉRAIRE: flamber, flamboyer, fulgurer, resplendir.

reluisant *adjectif*
/ Qui reluit. SYN. brillant, chatoyant, éblouissant, éclatant, étincelant, luisant, rutilant, scintillant –LITTÉRAIRE: flamboyant, fulgurant.

reluquer *verbe*
/ FAMILIER. Regarder avec curiosité. SYN. dévisager, fixer, lorgner, observer, regarder, scruter –FAMILIER: guigner –POPULAIRE: zieuter, zyeuter.
/ FAMILIER. Considérer avec envie. SYN. ambitionner, convoiter, désirer, envier, jalouser, lorgner –FAMILIER: guigner, loucher sur. CONTR. *dédaigner, faire fi de, mépriser.*

remâcher *verbe*
/ Revenir sans cesse à une idée. SYN. repasser, repenser, retourner, revenir sur, ruminer –LITTÉRAIRE: ressasser. CONTR. *enterrer, oublier.*

remaniement *nom masculin*

/ Action de remanier. SYN. changement, correction, modification, rectification, retouche, révision, transformation.

remanier *verbe*

/ Apporter des modifications à. SYN. changer, corriger, modifier, recomposer, rectifier, réformer, reprendre, retoucher, revenir sur, réviser, revoir, transformer.

remarquable *adjectif*

/ Susceptible d'attirer l'attention. SYN. étonnant, étourdissant, extraordinaire, important, intéressant, marquant, marqué, mémorable, notable, prestigieux, saillant, saisissant, singulier, surprenant –FAMILIER: magistral. CONTR. *banal, commun, falot, insignifiant, ordinaire, quelconque, vulgaire.*

/ Qui se distingue par ses qualités. SYN. beau, bon, brillant, de premier ordre, d'exception, éblouissant, émérite, éminent, étincelant, excellent, exceptionnel, exemplaire, hors du commun, hors série, incomparable, insigne, magistral, magnifique, prestigieux, sans précédent, transcendant –FAMILIER: décoratif, épatant, reluisant, sensationnel, super –LITTÉRAIRE: distingué, nonpareil, signalé. CONTR. *lamentable, minable, nul, piètre, piteux* –FAMILIER: *déplorable, limité.*

remarquablement *adverbe*

/ De façon remarquable. SYN. admirablement, bien, étonnamment, exceptionnellement, extraordinairement, incomparablement, incroyablement, notablement, prodigieusement, supérieurement –FAMILIER: épatamment –LITTÉRAIRE: excellemment.

remarque *nom féminin*

/ Observation critique. SYN. commentaire, critique, observation, réflexion, remontrance, reproche.

/ Opinion personnelle. SYN. considération, constatation, notation, objection, observation, pensée, réflexion.

/ Note destinée au lecteur. SYN. annotation, commentaire, glose, note, scholie, scolie.

remarquer *verbe*

/ Faire attention à. SYN. apercevoir, aviser, constater, découvrir, discerner, distinguer, noter, observer, prendre acte, prendre conscience, saisir, s'apercevoir, s'aviser, sentir, voir –LITTÉRAIRE: déceler, éprouver.

remballer *verbe*

/ FAMILIER. Mal recevoir quelqu'un. SYN. éconduire, envoyer à tous les diables, envoyer au diable, envoyer aux cinq cents diables, envoyer dinguer, envoyer sur les roses, houspiller, rabrouer –FAMILIER: envoyer au bain, envoyer balader, envoyer bouler, envoyer paître, envoyer promener, rembarrer –LITTÉRAIRE: remiser –POPULAIRE: envoyer aux pelotes, envoyer chier, envoyer péter, envoyer se faire cuire un œuf, envoyer se faire foutre –VIEUX: envoyer se faire lanlaire.

rembarquer *verbe*

/ Embarquer de nouveau. SYN. remmener, remporter.

rembarrer *verbe*

/ FAMILIER. Mal recevoir quelqu'un. SYN. éconduire, envoyer à tous les diables, envoyer au diable, envoyer aux cinq cents diables, envoyer dinguer, envoyer sur les roses, houspiller, rabrouer –FAMILIER: envoyer au bain, envoyer balader, envoyer bouler, envoyer paître, envoyer promener, remballer –LITTÉRAIRE: remiser –POPULAIRE: envoyer aux pelotes, envoyer chier, envoyer péter, envoyer se faire cuire un œuf, envoyer se faire foutre –VIEUX: envoyer se faire lanlaire.

remblai *nom masculin*

/ Élévation de terre. SYN. chaussée, digue, levée, remblayage, talus.

rembourrage *nom masculin*

/ Matière servant à rembourrer. SYN. bourre, capiton, capitonnage, rembourrure.

rembourrer *verbe*

/ Remplir de bourre. SYN. capitonner, garnir, matelasser.

remboursement *nom masculin*

/ Action de rembourser. SYN. acquittement, indemnisation, rachat, restitution. CONTR. *déboursement.*

rembourser *verbe*

/ Rendre l'argent emprunté. SYN. acquitter, dédommager, indemniser, payer, restituer, s'acquitter. CONTR. *avancer, débourser, décaisser, emprunter, prêter.*

rembruni *adjectif*

/ Qui est soucieux. SYN. maussade, morose, sombre, triste. CONTR. *radieux, rayonnant, riant, souriant.*

rembrunir *verbe*

/ LITTÉRAIRE. Causer de la peine. SYN. affecter, affliger, assombrir, attrister, chagriner, consterner, désoler, navrer, peiner. CONTR. *amuser, dérider, distraire, divertir, égayer, enchanter, ravir, réjouir.*

rembrunir (se) *verbe pronominal*

/ LITTÉRAIRE. Devenir sombre. SYN. foncer, noircir, s'assombrir, se charger, se couvrir, se gâter, se noircir, s'obscurcir. CONTR. *se lever, s'éclaircir.*

/ Devenir triste. SYN. s'assombrir, s'attrister, se renfrogner. CONTR. *se dérider, s'épanouir, s'illuminer.*

remède *nom masculin*

/ Ce qui combat une maladie. SYN. drogue, médicament, médication, thérapeutique, traitement -VIEUX: médecine.

/ Moyen propre à diminuer un mal. SYN. antidote, expédient, palliatif, recours, ressource, solution, soulagement -LITTÉRAIRE: refuge.

remédiable *adjectif*

/ À quoi l'on peut remédier. SYN. curable, guérissable, réparable. CONTR. *incurable, inguérissable, irrattrapable, irrécupérable, irrémédiable, irréparable.*

remédier *verbe*

/ Atténuer un mal physique. SYN. apaiser, calmer, guérir, remettre, soulager, traiter.

/ Apporter un remède à. SYN. combattre, conjurer, faire face, pallier, parer, prévenir, réparer, suppléer -LITTÉRAIRE: obvier.

remémorer *verbe*

/ Remettre en mémoire. SYN. évoquer, rappeler, relater, retracer, réveiller.

remémorer (se) *verbe pronominal*

/ Évoquer le souvenir de. SYN. évoquer, revivre, revoir, se rappeler, se remettre, se souvenir -LITTÉRAIRE: se ressouvenir. CONTR. *oublier.*

remercier *verbe*

/ Enlever son emploi à. SYN. chasser, congédier, débaucher, démettre, destituer, donner congé, expulser, licencier, limoger, mettre à la porte, renvoyer, révoquer, se défaire de, se séparer de -FAMILIER: balayer, blackbouler, débarquer, déboulonner, dégommer, ficher à la porte, flanquer à la porte, flanquer dehors, sabrer, vider -POPULAIRE: balancer, foutre à la porte, lourder, virer. CONTR. *embaucher, employer, engager, prendre.*

/ Exprimer sa gratitude. SYN. dire merci, être reconnaissant, payer de retour, rendre grâce, savoir gré.

remettre *verbe*

/ Mettre en place. SYN. replacer, reposer. CONTR. *déboîter, démettre, démonter, désarticuler, disloquer.*

/ Redonner de la vigueur. SYN. guérir, refaire, regonfler, remonter, ressusciter, restaurer, rétablir, revigorer -FAMILIER: ravigoter, requinquer, retaper -VIEUX: réconforter. CONTR. *anéantir, briser, déprimer, épuiser, exténuer, fatiguer* -FAMILIER: *éreinter, tuer.*

/ Mettre en la possession de. SYN. confier, déposer, donner, laisser, léguer, passer, ramener, rapporter, redonner, rendre, restituer. CONTR. *confisquer, garder, retenir.*

/ Renvoyer à plus tard. SYN. ajourner, différer, éloigner, proroger, reculer, reporter, repousser, retarder, surseoir à. CONTR. *hâter* -FAMILIER: *expédier* -LITTÉRAIRE: *dépêcher, presser.*

/ Se rappeler quelqu'un. SYN. identifier, reconnaître, retrouver, se remémorer, se souvenir. CONTR. *oublier.*

remettre (se) *verbe pronominal*

/ Reconnaître quelqu'un. SYN. identifier, retrouver, se rappeler, se remémorer, se souvenir -LITTÉRAIRE: se ressouvenir.

/ Se réconcilier avec. SYN. renouer, revenir, se rapprocher, se réconcilier -FAMILIER: se rabibocher, se raccommoder. CONTR. *rompre, se brouiller, se déchirer, se fâcher, se heurter, s'opposer.*

/ Recouvrer la santé. SYN. guérir, récupérer, revivre, se refaire, se remonter, se rétablir -FAMILIER: se requinquer, se retaper. CONTR. *dépérir, s'affaiblir* -LITTÉRAIRE: *défaillir, faiblir.*

/ Reprendre une action. SYN. recommencer, reprendre, revenir à.

réminiscence *nom féminin*

/ Souvenir vague. SYN. image, mémoire, rappel, souvenir.

remise *nom féminin*
- Action de remettre à quelqu'un. SYN. délivrance, distribution, livraison, restitution.
- Action de différer. SYN. ajournement, atermoiements, délai, renvoi, report, sursis.
- Diminution de prix. SYN. abattement, bonification, déduction, défalcation, dégrèvement, diminution, discount, escompte, exonération, rabais, réduction, ristourne.
- Lieu couvert. SYN. abri, garage, hangar, resserre.

remiser *verbe*
- Mettre à l'écart. SYN. caser, emmagasiner, engranger, entreposer, ranger, reléguer, stocker –LITTÉRAIRE: serrer.
- LITTÉRAIRE. Rappeler aux convenances. SYN. éconduire, houspiller, rabrouer, réprimander –FAMILIER: remballer, rembarrer –LITTÉRAIRE: tancer.

rémissible *adjectif*
- LITTÉRAIRE. Qui peut être pardonné. SYN. pardonnable. CONTR. *impardonnable, inadmissible, inexcusable, irrémissible.*

rémission *nom féminin*
- Action de faire grâce. SYN. absolution, grâce, pardon, remise. CONTR. *punition.*
- Atténuation de symptômes. SYN. accalmie, apaisement, intermission, pause, rémittence, répit, trêve –LITTÉRAIRE: halte, relâche. CONTR. *aggravation, exacerbation, recrudescence, regain.*

remmener *verbe*
- Emmener après avoir amené. SYN. ramener, rapporter, remporter –FAMILIER: rembarquer. CONTR. *amener.*

remontant *nom masculin*
- Boisson qui redonne des forces. SYN. cordial, excitant, fortifiant, reconstituant, stimulant.

remonter *verbe intransitif*
- Atteindre un niveau supérieur. SYN. refluer. CONTR. *baisser, décliner, descendre, redescendre* –FAMILIER: *dégringoler.*
- Trouver son origine dans. SYN. procéder, provenir, résulter, sortir.

remonter *verbe transitif*
- Mettre plus haut. SYN. exhausser, hausser, monter, redresser, rehausser, relever. CONTR. *baisser, rabattre, surbaisser* –LITTÉRAIRE: *rabaisser.*
- Redonner de la vigueur. SYN. consoler, fortifier, ranimer, regonfler, remettre, restaurer, revigorer, soutenir, stimuler, tonifier –FAMILIER: ragaillardir, ravigoter, requinquer, retaper –LITTÉRAIRE: revivifier, vivifier –VIEUX: réconforter. CONTR. *abattre, accabler, affaiblir, anéantir, atterrer, briser, débiliter, décourager, démonter, démoraliser, déprimer* –FAMILIER: *achever, ramollir, tuer.*
- Pourvoir de nouveau de. SYN. réapprovisionner, reconstituer, reconstruire, refaire.

remonter (se) *verbe pronominal*
- Se redonner des forces. SYN. récupérer, se refaire, se remettre, se rétablir –FAMILIER: se requinquer, se retaper –VIEUX: se réconforter. CONTR. *dépérir, s'affaiblir* –LITTÉRAIRE: *faiblir.*

remontrance *nom féminin*
- Action de réprimander. SYN. avertissement, blâme, critique, gronderie, observation, remarque, réprimande, reproche, semonce –FAMILIER: savon –LITTÉRAIRE: admonestation, admonition, objurgation. CONTR. *compliment, félicitation.*

remords *nom masculin*
- Vive douleur morale. SYN. contrition, regret, repentir –LITTÉRAIRE: repentance.

remorquer *verbe*
- Tirer derrière soi. SYN. emmener, tirer, tracter –FAMILIER: traîner.

remous *nom masculin*
- Mouvement en sens divers. SYN. agitation, bouleversement, bousculade, convulsion, désordre, effervescence, fermentation, mouvement, remue-ménage, secousse, trouble –LITTÉRAIRE: tumulte.

rempart *nom masculin*
- LITTÉRAIRE. Ce qui sert de défense. SYN. bastion, bouclier, carapace, citadelle, forteresse, protection, ressource –LITTÉRAIRE: cuirasse.

remplaçable *adjectif*
- Que l'on peut remplacer. SYN. commutable, échangeable, permutable, substituable. CONTR. *inchangeable, irremplaçable.*

remplaçant *nom*
- Personne qui remplace. SYN. intérimaire, substitut, successeur, suppléant. CONTR. *titulaire.*

remplacement *nom masculin*
- Action de substituer. SYN. changement, renouvellement, substitution.
- Fait de remplacer quelqu'un. SYN. intérim, succession, suppléance. CONTR. *titularisation.*

remplacer *verbe*
- Mettre à la place de. SYN. changer, renouveler, substituer, suppléer.
- Prendre la place de. SYN. détrôner, évincer, faire fonction de, relayer, relever, se substituer à, succéder à, supplanter, suppléer, tenir lieu de.

rempli *adjectif*
- Plein de choses, de personnes. SYN. bondé, comble, complet, débordant, encombré, farci, fourmillant, garni, gorgé, plein – FAMILIER: bourré, truffé. CONTR. *vide.*
- Pénétré d'un sentiment. SYN. pénétré, pétri – FAMILIER: pourri. CONTR. *dénué, dépourvu, exempt.*

remplir *verbe*
- Mettre en quantité dans. SYN. bonder, bourrer, farcir, garnir, truffer – LITTÉRAIRE: emplir, gorger. CONTR. *désemplir, vider.*
- Occuper l'espace libre. SYN. envahir, inonder, meubler, occuper, peupler. CONTR. *déserter, évacuer.*
- Pénétrer d'un sentiment. SYN. combler, gonfler, imprégner, pénétrer – LITTÉRAIRE: inonder.
- Accomplir un rôle, etc. SYN. accomplir, exercer, réaliser, respecter, s'acquitter, satisfaire à, tenir. CONTR. *manquer* – LITTÉRAIRE: *faillir à, se dédire.*

remplir (se) *verbe pronominal*
- Recevoir comme contenu. SYN. se gorger, se pénétrer, s'imprégner.

remplissage *nom masculin*
- Développement inutile. SYN. longueurs, paraphrase, verbiage – FAMILIER: délayage – LITTÉRAIRE: prolixité, superfluité, verbosité.

remplumer (se) *verbe pronominal*
- FAMILIER. Rétablir sa situation. SYN. se rétablir – FAMILIER: se refaire.
- FAMILIER. Reprendre du poids. SYN. engraisser, épaissir, forcir, grossir, s'étoffer. CONTR. *amincir, maigrir, mincir* – FAMILIER: *fondre.*

remporter *verbe*
- Reprendre ce qu'on a apporté. SYN. ramener, rapporter, rembarquer, remmener. CONTR. *amener, apporter.*
- Obtenir à la suite d'une lutte. SYN. acquérir, conquérir, enlever, gagner, obtenir, recevoir, recueillir – FAMILIER: décrocher.

remuant *adjectif*
- Toujours en mouvement. SYN. agité, bouillant, impétueux, intenable, mouvant, pétulant, turbulent. CONTR. *calme, éteint, inerte, sage, tranquille.*
- Qui se plaît dans l'activité. SYN. actif, dynamique, énergique. CONTR. *amorphe, endormi, indolent, lymphatique, passif* – FAMILIER: *mort.*

remué *adjectif*
- Profondément ému. SYN. ému, renversé, secoué, touché, troublé – LITTÉRAIRE: pantelant.

remue-ménage *nom masculin*
- Agitation bruyante. SYN. agitation, bousculade, branle-bas, confusion, débandade, remous – FAMILIER: chahut, chambardement, cirque, grabuge, pagaïe, pagaille, tintouin, tohu-bohu.

remuement *nom masculin*
- LITTÉRAIRE. Fait de remuer. SYN. déplacement, mouvement.

remuer *verbe intransitif*
- Faire des mouvements. SYN. ballotter, bouger, branler, flotter, gesticuler, osciller, s'agiter, se déplacer, se mouvoir – FAMILIER: gigoter. CONTR. *être immobile, rester immobile, s'immobiliser.*
- Passer à l'action. SYN. broncher, se mutiner, se rebeller, se révolter, se secouer, se soulever, s'insurger.

remuer *verbe transitif*
- Faire changer de place. SYN. agiter, bouger, déplacer, manipuler, mouvoir, pousser, soulever, tirer. CONTR. *fixer, immobiliser.*
- Émouvoir profondément. SYN. apitoyer, atteindre, attendrir, bouleverser, commotionner, ébranler, émouvoir, empoigner, frapper, impressionner, inquiéter, interpeller, perturber, retourner, secouer, toucher, troubler – FAMILIER: chambouler, émotionner. CONTR. *raffermir, soutenir.*

remuer (se) *verbe pronominal*

/ Se mettre en mouvement. SYN. avancer, bouger, gesticuler, s'agiter, se mouvoir –FAMILIER: gigoter –POPULAIRE: se grouiller, se magner, se manier.

/ Faire des efforts pour. SYN. agir, faire des pieds et des mains, ne pas plaindre sa peine, s'activer, s'affairer, se démener, se dépenser, se donner du mal, se donner un mal de chien, se fatiguer, se multiplier, s'échiner, s'épuiser, s'escrimer, s'exténuer –FAMILIER: en mettre un bon coup, en mettre un coup, en mettre un vieux coup, mettre de l'huile de coude, mettre le paquet, ne pas chômer, s'agiter, se couper en quatre, se décarcasser, se défoncer, se mettre en quatre, se tuer, s'éreinter, s'esquinter –POPULAIRE: se casser le cul. CONTR. *dormir, fainéanter, musarder, paresser, prendre son temps, s'amuser, se prélasser, traîner* –FAMILIER: *buller, flemmarder, lambiner, lanterner, lézarder, tirer sa flemme* –LITTÉRAIRE: *muser* –POPULAIRE: *glander, ne pas en fiche une rame, tirer au cul, tirer au flanc.*

remueur *nom*

/ VIEUX. Personne qui suscite des troubles. SYN. agitateur, factieux, frondeur, rebelle, séditieux.

remugle *nom masculin*

/ LITTÉRAIRE. Odeur de renfermé. SYN. effluve, émanation, miasme, relent –LITTÉRAIRE: senteur.

rémunérateur *adjectif*

/ Qui procure un bénéfice. SYN. bénéficiaire, bon, fructueux, intéressant, lucratif, payant, productif, profitable, rentable –POPULAIRE: juteux. CONTR. *mauvais.*

rémunération *nom féminin*

/ Prix d'un travail fourni. SYN. appointements, cachet, émoluments, paiement, payement, rétribution, salaire –VIEUX: gages.

rémunérer *verbe*

/ Verser une rémunération. SYN. appointer, défrayer, payer, régler, rétribuer.

renâcler *verbe*

/ Mettre de la mauvaise volonté à. SYN. bouder, faire des difficultés, faire des embarras, faire la sourde oreille, se faire prier, se faire tirer l'oreille –FAMILIER: rechigner à. CONTR. *accepter, se plaire à.*

renaissance *nom féminin*

/ LITTÉRAIRE. Nouvelle vie. SYN. –LITTÉRAIRE: régénération, résurrection.

/ Nouvel essor. SYN. renouveau, renouvellement, rénovation, restauration, retour, réveil –LITTÉRAIRE: revivification, reviviscence. CONTR. *décadence, déchéance, déclin.*

renaître *verbe*

/ Croître de nouveau. SYN. repousser, reverdir, se réveiller.

/ Recommencer à exister. SYN. réapparaître, rebondir, recommencer, reparaître, repercer, ressurgir, resurgir, se rallumer.

/ Recouvrer ses forces. SYN. récupérer, revivre, se ranimer, se redresser, se refaire, se relever, se remettre, se rétablir –FAMILIER: se requinquer –LITTÉRAIRE: ressusciter –VIEUX: se réconforter.

renchérir *verbe intransitif*

/ Devenir plus cher. SYN. augmenter, croître, grimper, monter. CONTR. *baisser, décroître, diminuer* –VIEUX: *s'avilir.*

renchérir *verbe transitif*

/ Rendre plus cher. SYN. augmenter, hausser, majorer, relever, revaloriser. CONTR. *baisser, diminuer, réduire.*

rencontre *nom féminin*

/ Entrevue concertée. SYN. conférence, confrontation, entrevue, face-à-face, rendez-vous, réunion, sommet.

/ Réunion sportive. SYN. combat, compétition, match, meeting, partie.

/ Fait d'entrer en contact. SYN. choc, collision, conjonction, heurt, interférence, jonction, tamponnage, tamponnement, télescopage.

/ Petit combat. SYN. accrochage, combat, échauffourée, engagement, escarmouche, mêlée.

rencontrer *verbe*

/ Se trouver en présence de. SYN. apercevoir, connaître, contacter, croiser, joindre, rejoindre, tomber sur, trouver, voir –LITTÉRAIRE: coudoyer.

/ Heurter violemment. SYN. accrocher, achopper, buter, cogner, donner dans, heurter, percuter, toucher.

rencontrer (se) *verbe pronominal*

/ Se réunir au même endroit. SYN. confluer, se joindre, se rejoindre, se retrouver, se réunir.

/ Entrer en collision. SYN. se cogner, se heurter, se tamponner, se télescoper –FAMILIER: s'emplafonner –POPULAIRE: se rentrer dedans.

rendement *nom masculin*

/ Efficacité dans le travail. SYN. efficacité, efficience, productivité, puissance, rapport, rentabilité. CONTR. *incapacité, inefficacité.*

rendez-vous *nom masculin*

/ Rencontre prévue. SYN. entrevue, rencontre, tête-à-tête –POPULAIRE: rancard, rancart, rencard.

rendre *verbe intransitif*

/ Avoir tel rendement. SYN. donner, porter, produire, rapporter.

rendre *verbe transitif*

/ Restituer ce qui appartient. SYN. rapporter, redonner, remettre, renvoyer, restituer, retourner, rétrocéder. CONTR. *confisquer, dépouiller de, emprunter, prendre, priver, retenir, retirer* –FAMILIER: *barboter, carotter* –LITTÉRAIRE: *dérober.*

/ Exprimer quelque chose. SYN. exprimer, rapporter, représenter, reproduire, traduire.

/ Prononcer un jugement. SYN. émettre, énoncer, formuler, prononcer.

/ FAMILIER. Expulser par la bouche. SYN. régurgiter, restituer, vomir –POPULAIRE: dégobiller, dégueuler, gerber. CONTR. *absorber.*

rendre (se) *verbe pronominal*

/ Cesser de résister. SYN. capituler, céder, déposer les armes, hisser le drapeau blanc, mettre bas les armes, s'avouer vaincu, se livrer, se soumettre –LITTÉRAIRE: baisser pavillon, mettre pavillon bas –POPULAIRE: baisser sa culotte, baisser son froc, baisser son pantalon, s'écraser. CONTR. *lutter, résister.*

/ Se laisser persuader. SYN. abandonner, condescendre, se conformer, se résigner, s'incliner –LITTÉRAIRE: déférer.

/ Aller quelque part. SYN. aller, arriver, faire route, gagner, parvenir, passer, s'acheminer, se diriger, se transporter, venir –POPULAIRE: se pointer, se radiner.

rendu *adjectif*

/ Épuisé de fatigue. SYN. à bout de forces, à plat, anéanti, brisé, épuisé, exténué, fatigué, fourbu, harassé, K.-O., las, mort de fatigue, recru, rompu –FAMILIER: achevé, au bout du rouleau, claqué, éreinté, esquinté, fini, flapi, H.S., lessivé, mort, moulu, pompé, raplapla, sur les genoux, tué, vanné, vidé –POPULAIRE: crevé, sur les rotules. CONTR. *délassé, dispos, frais, frais et dispos, reposé* –FAMILIER: *en forme, en pleine forme, frais comme un gardon, frais comme une rose, increvable* –VIEUX: *gaillard.*

rêne *nom féminin*

/ Courroie fixée au mors du cheval. SYN. bride, guide, lanière, licol, licou, longe.

renégat *nom*

/ Personne qui trahit ses opinions. SYN. apostat, déserteur, infidèle, parjure, traître. CONTR. *fidèle.*

renfermé *adjectif*

/ Peu communicatif. SYN. dissimulé, distant, fermé, fuyant, impénétrable, insaisissable, introverti, mystérieux, replié, réservé, taciturne –LITTÉRAIRE: secret. CONTR. *communicatif, démonstratif, expansif, extraverti, exubérant, franc, ouvert* –FAMILIER: *parlant.*

renfermer *verbe*

/ Contenir en soi. SYN. cacher, comporter, comprendre, compter, contenir, impliquer, inclure, posséder, receler –LITTÉRAIRE: embrasser, enfermer.

renfermer (se) *verbe pronominal*

/ Taire ses sentiments. SYN. se fermer, se murer, se recueillir, se refermer, se replier. CONTR. *se confier, se livrer, s'ouvrir* –LITTÉRAIRE: *s'abandonner, s'épancher.*

renflé *adjectif*

/ Plus épais en une partie. SYN. bombé, convexe, gonflé, proéminent, protubérant, saillant. CONTR. *concave, creux, incurvé, rentrant.*

renflement *nom masculin*

/ Partie renflée. SYN. convexité, intumescence, protubérance, tumescence, turgescence. CONTR. *concavité, creux.*

renfoncement *nom masculin*

/ Partie en retrait. SYN. anfractuosité, creux, recoin, retrait, trou –LITTÉRAIRE: enfoncement. CONTR. *avancée, avancement.*

renfoncer *verbe*

/ LITTÉRAIRE. Ne pas laisser se manifester. SYN. cacher, contenir, dissimuler, étouffer, refouler, refréner, réfréner, renfermer, rentrer, réprimer –LITTÉRAIRE: celer, taire.

renforcement *nom masculin*

/ Action de renforcer. SYN. accentuation, affermissement, consolidation, durcissement, élargissement, extension, intensification, raffermissement, redoublement, regain, resserrement. CONTR. *affaiblissement, amollissement, atténuation, chute, émoussement* –LITTÉRAIRE: *fléchissement.*

renforcer *verbe*

/ Rendre plus résistant. SYN. cimenter, consolider, étayer. CONTR. *abattre, démolir, détruire, renverser.*

/ Donner plus d'intensité. SYN. accentuer, accroître, aggraver, augmenter, aviver, exalter, intensifier, radicaliser, souligner. CONTR. *affaiblir, amenuiser, atténuer, diminuer, émousser, estomper, éteindre, étouffer.*

/ Rendre plus évident. SYN. affermir, appuyer, confirmer, corroborer, étayer, fortifier, raffermir. CONTR. *abolir, anéantir, miner, ruiner, saper.*

renforcer (se) *verbe pronominal*

/ Devenir plus fort. SYN. s'accentuer, s'accuser. CONTR. *s'affaiblir, s'effriter.*

renfort *nom masculin*

/ Ce qui vient soutenir. SYN. aide, appui, assistance, concours, main-forte, secours, soutien.

renfrogné *adjectif*

/ Qui montre son mécontentement. SYN. acariâtre, bilieux, boudeur, bourru, grognon, hargneux, maussade, morose, rébarbatif, revêche –LITTÉRAIRE: atrabilaire, chagrin, malgracieux, rêche. CONTR. *aimable, avenant, charmant, engageant, épanoui, gracieux.*

renfrogner (se) *verbe pronominal*

/ Montrer son mécontentement. SYN. bouder, faire la moue, s'assombrir, se rembrunir –FAMILIER: faire la tête –POPULAIRE: faire la gueule, faire la tronche. CONTR. *se dérider, s'épanouir, s'illuminer.*

rengaine *nom féminin*

/ Paroles répétées à satiété. SYN. chanson, leitmotiv, rabâchage, scie –FAMILIER: couplet, disque, refrain, ritournelle –LITTÉRAIRE: antienne.

rengorger (se) *verbe pronominal*

/ Faire l'important. SYN. bomber la poitrine, bomber le torse, faire la roue, parader, paraître, se pavaner –FAMILIER: crâner, pavoiser, plastronner –POPULAIRE: rouler des mécaniques.

reniement *nom masculin*

/ Action de renier. SYN. abandon, abjuration, apostasie, désaveu, désertion, renonciation, rétractation. CONTR. *conversion, engagement.*

renier *verbe*

/ Ne plus reconnaître comme sien. SYN. abjurer, apostasier, désavouer, récuser, renoncer, se dérober à, trahir –LITTÉRAIRE: répudier. CONTR. *accepter, admettre, confesser, ne pas démordre de, reconnaître.*

renifler *verbe*

/ Absorber par le nez. SYN. aspirer, respirer, sentir –LITTÉRAIRE: humer.

/ FAMILIER. Avoir l'intuition de. SYN. deviner, flairer, pressentir, se douter de, sentir, soupçonner –FAMILIER: subodorer.

renom *nom masculin*

/ LITTÉRAIRE. Opinion du public sur. SYN. audience, cote, réputation –LITTÉRAIRE: renommée.

/ Opinion favorable. SYN. célébrité, faveur, gloire, notoriété, popularité, renommée, vogue –FAMILIER: cote –LITTÉRAIRE: crédit. CONTR. *ombre, oubli* –LITTÉRAIRE: *obscurité.*

renommé *adjectif*

/ De grande réputation. SYN. célèbre, connu, de renom, glorieux, historique, illustre, important, marquant, notoire, populaire, prestigieux, proverbial, reconnu, réputé –LITTÉRAIRE: fameux. CONTR. *ignoré, inconnu, méconnu, obscur, oublié.*

renommée *nom féminin*

/ Opinion favorable du public. SYN. célébrité, faveur, gloire, notoriété, popularité, renom, vogue –FAMILIER: cote –LITTÉRAIRE: crédit. CONTR. *ombre, oubli* –LITTÉRAIRE: *obscurité.*

/ LITTÉRAIRE. Opinion publique. SYN. audience, cote, réputation –LITTÉRAIRE: renom.

renoncement *nom masculin*

/ Action de renoncer à. SYN. abandon, abdication, adieu, démission, désertion, enterrement, privation, sacrifice –LITTÉRAIRE: renonciation.

/ Sacrifice complet de soi. SYN. abnégation, désintéressement, détachement, résignation, sacrifice. CONTR. *égocentrisme, égoïsme, individualisme, narcissisme.*

renoncer *verbe intransitif*

/ Ne plus poursuivre. SYN. abandonner, abdiquer, baisser les bras, capituler, céder, déclarer forfait, démissionner, jeter l'éponge, lâcher prise, laisser tomber, passer la main, s'avouer vaincu, se désister, s'écarter – FAMILIER : caler, laisser courir – POPULAIRE : se déballonner. CONTR. *continuer, persévérer, persister, s'accrocher, s'acharner, s'obstiner* – FAMILIER : *se décarcasser* – LITTÉRAIRE : *s'opiniâtrer.*

renoncer *verbe transitif indirect*

/ Se dessaisir de quelque chose. SYN. abandonner, abdiquer, céder, dire adieu à, laisser, quitter, renier, sacrifier, se défaire, se départir, se dépouiller, se dessaisir, se détourner, se passer de, se priver, tirer une croix sur. CONTR. *compter sur, conserver, garder, goûter, jouir, profiter, savourer, se lancer, s'embarquer, s'engager, songer.*

renonciation *nom féminin*

/ LITTÉRAIRE. Fait de renoncer à. SYN. abandon, abdication, abjuration, adieu, démission, désertion, enterrement, privation, renoncement, sacrifice.

renouer *verbe transitif*

/ Reprendre ce qui s'est arrêté. SYN. poursuivre, relier, reprendre, rétablir. CONTR. *interrompre, rompre.*

renouer *verbe transitif indirect*

/ Rétablir des relations avec. SYN. se rapprocher, se réconcilier, se remettre – FAMILIER : se rabibocher, se raccommoder – LITTÉRAIRE : s'accorder. CONTR. *dénouer, rompre, se brouiller, se fâcher.*

renouveau *nom masculin*

/ Retour à un état précédent. SYN. recommencement, recrudescence, regain, renaissance, renouvellement, rénovation, reprise, retour, réveil – LITTÉRAIRE : régénération, résurrection, revivification, reviviscence. CONTR. *baisse, déclin, récession.*

renouvelé *adjectif*

/ Qui se produit à nouveau. SYN. perpétuel, répété.

renouveler *verbe*

/ Rendre nouveau en transformant. SYN. changer, jeter un jour nouveau, métamorphoser, moderniser, rajeunir, réformer, rénover, transformer – LITTÉRAIRE : infuser du sang neuf, régénérer.

/ LITTÉRAIRE. Faire renaître. SYN. ranimer, rappeler, raviver, réactiver, réchauffer, réveiller – LITTÉRAIRE : ressusciter. CONTR. *calmer, éteindre, étouffer.*

/ Recommencer une action. SYN. rééditer, refaire, réitérer, répéter, reproduire.

renouveler (se) *verbe pronominal*

/ Se produire à nouveau. SYN. réapparaître, recommencer, reprendre, revenir, se répéter, se reproduire.

renouvellement *nom masculin*

/ Action de renouveler. SYN. changement, réapprovisionnement, reconduction, remplacement.

/ Action de transformer. SYN. modernisation, renaissance, renouveau, rénovation, transformation.

/ Fait de se reproduire. SYN. recommencement, répétition, reproduction, retour – LITTÉRAIRE : réitération.

rénovation *nom féminin*

/ Action de remettre à neuf. SYN. actualisation, changement, modernisation, modification, restauration, transformation.

/ Changement en mieux. SYN. métamorphose, renaissance, renouveau – LITTÉRAIRE : résurrection.

rénover *verbe*

/ Remettre à neuf. SYN. actualiser, moderniser, rafraîchir, restaurer – FAMILIER : retaper.

/ Transformer en améliorant. SYN. améliorer, changer, modifier, rajeunir, réformer, renouveler, transformer – LITTÉRAIRE : régénérer.

renseignement *nom masculin*

/ Ce qui permet de renseigner. SYN. donnée, éclaircissement, explication, indication, indice, information, lumière, précision – FAMILIER : tuyau.

renseigner *verbe*

/ Donner des informations sur. SYN. éclairer, éclairer la lanterne de, faire part, fixer, informer, instruire – FAMILIER : tuyauter – POPULAIRE : affranchir.

renseigner (se) *verbe pronominal*

/ Prendre des informations. SYN. demander, enquêter, se documenter, s'enquérir, s'informer, s'instruire.

rentable *adjectif*

/ Qui donne un profit. SYN. avantageux, bénéficiaire, bon, fructueux, intéressant, lucratif, productif, profitable, rémunérateur –FAMILIER: payant –POPULAIRE: juteux.

rentré *adjectif*

/ Qui demeure intérieur. SYN. caché, contenu, dissimulé, maîtrisé, modéré, refoulé, refréné, réfréné, réprimé.

rentrer *verbe intransitif*

/ S'avancer à l'intérieur. SYN. arriver, entrer, pénétrer, s'enfoncer, s'engager, s'introduire –LITTÉRAIRE: s'insinuer.

/ Aller de nouveau quelque part. SYN. rallier, regagner, réintégrer, rejoindre, retourner. CONTR. *ressortir, sortir.*

/ Revenir dans une situation. SYN. reconquérir, recouvrer, retrouver, revenir.

rentrer *verbe transitif*

/ Retenir ses sentiments. SYN. contenir, dissimuler, étouffer, ravaler, refouler, refréner, réfréner, réprimer, retenir –LITTÉRAIRE: renfoncer, taire. CONTR. *afficher, étaler, exhiber, exprimer, faire parade de, manifester, montrer.*

renversant *adjectif*

/ FAMILIER. Qui étonne beaucoup. SYN. ahurissant, confondant, effarant, étonnant, extraordinaire, fantastique, fracassant, inouï, sensationnel, stupéfiant, suffocant, surprenant, terrassant –FAMILIER: ébouriffant, énorme, époustouflant, formidable, sciant, sidérant, soufflant.

renversé *adjectif*

/ Très ému. SYN. bouleversé, ému, remué, retourné, secoué, troublé.

/ Très étonné. SYN. abasourdi, ahuri, coi, ébahi, éberlué, étonné, hébété, interdit, médusé, pantois, stupéfait, suffoqué, tombé de la lune, tombé des nues –FAMILIER: baba, comme deux ronds de flan, époustouflé, estomaqué, scié, sidéré, soufflé –LITTÉRAIRE: ébaubi.

renversement *nom masculin*

/ Bouleversement complet. SYN. interversion, inversion, retour en arrière, retournement, revirement, volte-face –FAMILIER: chambard, chambardement. CONTR. *maintien, rétablissement.*

/ Fait d'être renversé. SYN. anéantissement, chute, démantèlement, démolition, destruction, écroulement, effondrement, ruine. CONTR. *construction, établissement, fondation, reconstruction, redressement, réfection, relèvement* –LITTÉRAIRE: *réédification.*

renverser *verbe*

/ Mettre à l'envers. SYN. intervertir, inverser, retourner, transposer. CONTR. *disposer, redresser, rétablir.*

/ Rejeter une partie du corps en arrière. CONTR. *baisser, courber, incliner, lever.*

/ Faire tomber quelqu'un. SYN. abattre, bousculer, culbuter, faucher, précipiter, terrasser –FAMILIER: étendre –VIEUX: verser. CONTR. *relever.*

/ Réduire à néant. SYN. anéantir, briser, démolir, détruire, ruiner, saper –FAMILIER: chambarder. CONTR. *asseoir, assurer, conserver, entretenir, fonder, maintenir.*

/ Provoquer la chute de. SYN. abattre, faire tomber. CONTR. *bâtir, édifier, établir, instaurer, instituer, reconstruire, renforcer* –LITTÉRAIRE: *réédifier.*

/ Plonger dans l'étonnement. SYN. abasourdir, confondre, couper le souffle, ébahir, éberluer, étonner, mettre sens dessus dessous, stupéfier, surprendre –FAMILIER: asseoir, chambouler, couper le sifflet, ébouriffer, épater, estomaquer, révolutionner, scier, sidérer, souffler –POPULAIRE: couper la chique.

renverser (se) *verbe pronominal*

/ Se retourner sens dessus dessous. SYN. basculer, capoter, chavirer, culbuter, se coucher, se retourner, s'écrouler, verser.

renvoi *nom masculin*

/ Action de congédier. SYN. congédiement, débauchage, destitution, exclusion, expulsion, licenciement, limogeage, mise à pied, radiation, révocation –FAMILIER: dégraissage. CONTR. *admission, adoption, embauchage, embauche, engagement, enrôlement, recrutement.*

/ Action de retourner une lettre. SYN. réexpédition, retour. CONTR. *acheminement, envoi, expédition, réception.*

/ Action de différer. SYN. ajournement, atermoiements, délai, prorogation, remise, report, sursis.
/ Rejet bruyant. SYN. éructation –FAMILIER: rot.

renvoyer *verbe*
/ Faire repartir. SYN. réexpédier, rendre, retourner, transmettre.
/ Ne plus admettre quelqu'un. SYN. chasser, éconduire, éloigner, exclure, exiler, expulser, refuser, rejeter. CONTR. *admettre, garder.*
/ Faire quitter son emploi à. SYN. congédier, débaucher, destituer, licencier, limoger, mettre à la porte, mettre à pied, radier, remercier, révoquer, se défaire de, se séparer de –FAMILIER: balayer, blackbouler, débarquer, déboulonner, dégommer, ficher à la porte, flanquer à la porte, flanquer dehors, sabrer, vider –POPULAIRE: balancer, foutre à la porte, lourder, virer. CONTR. *affecter, appeler, embaucher, employer, engager, enrôler, prendre, recruter.*
/ Remettre à plus tard. SYN. ajourner, atermoyer, différer, proroger, reculer, reporter, repousser, retarder, surseoir.

repaire *nom masculin*
/ Refuge des bêtes sauvages. SYN. bouge, cachette, gîte, tanière, terrier –LITTÉRAIRE: antre.

repaître *verbe*
/ LITTÉRAIRE. Fournir un aliment à. SYN. alimenter, assouvir, bourrer, entretenir, gaver, gorger, nourrir, pourvoir.

repaître (se) *verbe pronominal*
/ LITTÉRAIRE. Satisfaire son désir. SYN. savourer, se rassasier, se régaler, s'imprégner –LITTÉRAIRE: se délecter.
/ LITTÉRAIRE. Satisfaire sa faim. SYN. manger, s'alimenter, se gorger, se nourrir, se rassasier –FAMILIER: se sustenter. CONTR. *avoir faim, avoir le ventre creux, avoir un creux, avoir une faim de loup, crier famine, mourir de faim, tomber d'inanition* –FAMILIER: *avoir la fringale, avoir les crocs, avoir l'estomac dans les talons, claquer du bec* –POPULAIRE: *avoir la dalle, avoir la dent, crever la dalle* –VIEUX: *crever la faim.*

répandre *verbe*
/ Verser sur. SYN. déverser, disperser, disséminer, épandre, éparpiller, étaler, étendre, parsemer, semer, verser.
/ Laisser échapper de soi. SYN. dégager, dégorger, déverser, diffuser, donner, exhaler.
/ Rendre public. SYN. accréditer, colporter, divulguer, ébruiter, éventer, généraliser, introduire, lancer, populariser, propager, publier, révéler, vulgariser. CONTR. *accaparer, garder.*

répandre (se) *verbe pronominal*
/ Se faire connaître. SYN. circuler, courir, faire tache d'huile, gagner, rayonner, se propager, se savoir, s'étendre. CONTR. *se cantonner, se limiter.*
/ Envahir un espace. SYN. déferler, envahir, imprégner, se déverser, s'écouler, s'étaler –LITTÉRAIRE: emplir.

répandu *adjectif*
/ Communément admis. SYN. accrédité, banal, commun, connu, courant, fréquent, habituel, ordinaire, public, rebattu, usuel. CONTR. *exceptionnel, isolé, rare, sporadique.*

réparable *adjectif*
/ Qui peut être réparé. SYN. remédiable. CONTR. *irrattrapable, irrécupérable, irrémédiable, irréparable.*

reparaître *verbe*
/ Se montrer de nouveau. SYN. réapparaître, renaître, ressurgir, resurgir, revenir.

réparateur *adjectif*
/ Qui rend les forces. SYN. fortifiant, stimulant, vivifiant –LITTÉRAIRE: roboratif. CONTR. *affaiblissant, amollissant, anémiant, débilitant, épuisant.*

réparation *nom féminin*
/ Action de remettre en état. SYN. dépannage, raccommodage, rafistolage, rapiéçage, rapiècement, réfection, remise en état, restauration –FAMILIER: retapage. CONTR. *dégradation, destruction.*
/ Fait de se rétablir. SYN. reconstitution –LITTÉRAIRE: régénération.
/ Ce qui dédommage. SYN. compensation, dédommagement, dommages-intérêts, indemnisation, indemnité.
/ Action de réparer une faute. SYN. expiation, rachat.

réparer *verbe*
/ Remettre en état. SYN. arranger, colmater, consolider, dépanner, raccommoder, rapié-

cer, relever, repriser, restaurer, réviser –FAMILIER: rabibocher, rafistoler, retaper. CONTR. *abîmer, briser, casser, démanteler, démolir, détériorer, détraquer, détruire, endommager* –FAMILIER: *bousiller, déglinguer, esquinter.*
/ Compenser un préjudice. SYN. corriger, effacer, gommer, racheter, rattraper, remédier à –LITTÉRAIRE: suppléer.
/ Se faire pardonner une faute. SYN. expier, racheter.

repartie *nom féminin*
/ Réponse spirituelle. SYN. réplique, riposte –LITTÉRAIRE: saillie, trait.

repartir *verbe intransitif*
/ Quitter l'endroit où l'on est. SYN. s'en aller, s'en retourner. CONTR. *arriver, venir.*

repartir *verbe transitif*
/ LITTÉRAIRE. Répondre promptement. SYN. répliquer, répondre, rétorquer, riposter.

répartir *verbe*
/ Classer en plusieurs éléments. SYN. classer, classifier, inventorier, trier.
/ Partager quelque chose. SYN. attribuer, contingenter, dispenser, distribuer, diviser, partager.
/ Placer des choses, des gens. SYN. agencer, caser, dispatcher, disperser, disposer, disséminer, éparpiller, installer, ordonner, poster, ranger.
/ Étaler dans le temps. SYN. échelonner, espacer, étaler. CONTR. *concentrer, grouper.*

répartition *nom féminin*
/ Action de répartir. SYN. attribution, dispatching, distribution, division, ordonnance, ordonnancement, partage, ventilation.

repas *nom masculin*
/ Nourriture prise régulièrement. SYN. –ARGOTIQUE: graille –FAMILIER: gueuleton –POPULAIRE: bouffe.

repassage *nom masculin*
/ Action d'aiguiser une lame. SYN. affilage, affilement, affûtage, aiguisage, aiguisement.

repasser *verbe*
/ Passer de nouveau ou en retour. SYN. ramener, rapporter, redonner –POPULAIRE: refiler.
/ Aiguiser une lame. SYN. affiler, affûter, aiguiser –VIEUX: émoudre.
/ Se remettre en mémoire. SYN. rabâcher, remâcher, répéter, ressasser, retourner, réviser, revoir, ruminer.
/ Enlever les plis à l'aide d'un fer. SYN. défriper, défroisser, déplisser. CONTR. *friper, froisser.*

repenser *verbe*
/ Examiner à nouveau. SYN. reconsidérer, réétudier, réexaminer, remâcher, reprendre, revenir sur, revoir, ruminer –LITTÉRAIRE: ressasser.

repentance *nom féminin*
/ LITTÉRAIRE. Regret de ses péchés. SYN. regret, remords, repentir.

repentir *nom masculin*
/ Fait de regretter une faute. SYN. attrition, regret, remords –LITTÉRAIRE: componction, contrition, repentance, résipiscence.

repentir (se) *verbe pronominal*
/ Regretter sincèrement. SYN. demander pardon, faire son mea-culpa, se frapper la poitrine, se reprocher, s'en vouloir –FAMILIER: se mordre les doigts –LITTÉRAIRE: battre sa coulpe. CONTR. *s'applaudir, se féliciter, se louer.*

répercussion *nom féminin*
/ Conséquence indirecte. SYN. conséquence, contrecoup, écho, effet, impact, incidence, influence, prolongement, retentissement, retombée, ricochet, suite. CONTR. *cause, explication, origine, raison, source.*

répercuter *verbe*
/ Transmettre un effet. SYN. prolonger, réfléchir, refléter, reproduire.

répercuter (se) *verbe pronominal*
/ Avoir des répercussions sur. SYN. agir sur, influer, peser sur, rejaillir, retentir, retomber, ricocher.

repérer *verbe*
/ Trouver l'emplacement de. SYN. détecter, localiser, situer.
/ Remarquer quelque chose. SYN. découvrir, dénicher, dépister, flairer, trouver.
/ Voir quelqu'un. SYN. apercevoir, discerner, entrevoir, percevoir, sentir.

repérer (se) *verbe pronominal*

/ Déterminer sa position. SYN. se diriger, se reconnaître, se retrouver, se situer, s'orienter. CONTR. *se fourvoyer, se perdre, s'égarer.*

répertoire *nom masculin*

/ Recueil contenant des données. SYN. carnet, catalogue, liste, registre.

répertorier *verbe*

/ Dénombrer des choses. SYN. classifier, inventorier, lister, recenser, sérier, trier.

/ Inscrire dans une liste. SYN. enregistrer, inscrire, mentionner, noter, relever.

répété *adjectif*

/ Qui se renouvelle. SYN. fréquent, perpétuel, récurrent, réitéré, renouvelé. CONTR. *espacé, exceptionnel, intermittent, isolé, rare, sporadique.*

répéter *verbe*

/ Dire par indiscrétion. SYN. dévoiler, raconter, rapporter.

/ Être la reproduction de. SYN. copier, imiter, rappeler, reprendre.

/ Faire une nouvelle fois. SYN. récidiver, recommencer, rééditer, refaire, réitérer, renouveler, repasser, reproduire, revoir.

/ Dire une nouvelle fois. SYN. rabâcher, radoter, rappeler, rebattre les oreilles, ressasser –FAMILIER: seriner.

répéter (se) *verbe pronominal*

/ Redire les mêmes choses. SYN. rabâcher, radoter.

/ Revenir de la même façon. SYN. se renouveler, se reproduire.

répétition *nom féminin*

/ Retour d'une idée, d'un mot. SYN. pléonasme, rabâchage, redite, redondance, tautologie –LITTÉRAIRE: superfétation.

/ Fait de répéter une action. SYN. fréquence, récidive, recommencement, récurrence, renouvellement, reprise, reproduction, retour –FAMILIER: resucée –LITTÉRAIRE: réitération.

repeuplement *nom masculin*

/ Action de repeupler. SYN. repopulation. CONTR. *dépeuplement, dépopulation.*

répit *nom masculin*

/ Arrêt momentané. SYN. accalmie, coupure, délai, entracte, intermission, interruption, pause, récréation, rémission, repos, sursis, trêve –LITTÉRAIRE: halte, relâche. CONTR. *aggravation, recrudescence, redoublement.*

replacer *verbe*

/ Remettre à sa place. SYN. rapporter, remettre, reposer. CONTR. *déplacer.*

/ Remettre dans son contexte. SYN. resituer, rétablir.

replâtrage *nom masculin*

/ Remaniement sommaire. SYN. raccommodage, rafistolage, réfection, remise en état, réparation, restauration –FAMILIER: retapage.

replâtrer *verbe*

/ Tenter de réconcilier. SYN. rapprocher, réconcilier, réunir –FAMILIER: rabibocher, raccommoder. CONTR. *brouiller, fâcher.*

replet *adjectif*

/ Qui a de l'embonpoint. SYN. charnu, empâté, gras, gros, plantureux, plein, potelé, rebondi –FAMILIER: dodu, grassouillet, rond, rondelet, rondouillard. CONTR. *décharné, efflanqué, maigre, maigrelet, maigriot, menu, mince, sec, squelettique, svelte* –FAMILIER: *maigrichon* –LITTÉRAIRE: *étique.*

repli *nom masculin*

/ LITTÉRAIRE. Partie secrète de. SYN. dédale, détour, fin fond, méandre, secret –LITTÉRAIRE: recoin, tréfonds.

/ Fait de se retirer. SYN. dérobade, évacuation, recul, reculade, retrait, retraite. CONTR. *approche, avance, avancée.*

replié *adjectif*

/ Qui est plié sur soi. SYN. pelotonné, ramassé, recroquevillé. CONTR. *allongé, déplié, déployé, étendu, étiré.*

/ Qui s'isole des autres. SYN. fermé, impénétrable, insaisissable, introverti, mystérieux, renfermé, réservé, taciturne –LITTÉRAIRE: secret. CONTR. *communicatif, démonstratif, épanoui, expansif, extraverti, exubérant, ouvert* –FAMILIER: *parlant.*

replier *verbe*

/ Plier ce qui est déplié. SYN. plier, rabattre. CONTR. *déplier, déployer, développer, étaler, étendre, ouvrir, tendre.*

replier (se) *verbe pronominal*
/ Ramasser son corps. SYN. se pelotonner, se ramasser, se recroqueviller. CONTR. *s'allonger, se déplier, se déployer, s'étendre, s'étirer.*
/ S'isoler du monde extérieur. SYN. se barricader, se concentrer, se recueillir, se renfermer, se retrancher, s'enfermer. CONTR. *se détendre, s'épanouir, s'ouvrir* –LITTÉRAIRE: *s'épancher.*
/ Opérer une retraite. SYN. évacuer, faire marche arrière, reculer, refluer, rétrograder, se retirer. CONTR. *assiéger, attaquer, avancer, s'avancer.*

réplique *nom féminin*
/ Réponse péremptoire. SYN. réaction, repartie, réponse, riposte.
/ Fait de contester. SYN. critique, objection, rétorsion.
/ Personne qui ressemble à une autre. SYN. double, image, pendant, portrait, reflet, sosie.
/ Copie d'une œuvre. SYN. copie, imitation, répétition, reproduction. CONTR. *modèle, original.*

répliquer *verbe*
/ Répondre avec vivacité. SYN. objecter, répondre, répondre du tac au tac, rétorquer, riposter –LITTÉRAIRE: repartir.

répondre *verbe transitif*
/ Dire en retour. SYN. objecter, opposer, répliquer, rétorquer, riposter –LITTÉRAIRE: repartir. CONTR. *demander, interroger, questionner.*

répondre *verbe transitif indirect*
/ Se porter garant de. SYN. assurer, cautionner, être garant, garantir, se porter garant. CONTR. *désavouer.*
/ Faire des objections. SYN. protester, récriminer, répliquer, riposter.
/ Agir de telle façon en retour. SYN. payer de retour, réagir, rendre, riposter.
/ Être conforme à une attente. SYN. aller avec, cadrer, coïncider, concorder, convenir, correspondre, obéir, s'accorder, satisfaire.

réponse *nom féminin*
/ Action de répondre à. SYN. objection, réaction, réfutation, réplique, riposte. CONTR. *demande, question.*

repopulation *nom féminin*
/ Accroissement d'une population. SYN. repeuplement. CONTR. *dépeuplement, dépopulation.*

report *nom masculin*
/ Remise à un autre moment. SYN. ajournement, remise, renvoi, sursis.

reporter *verbe*
/ Remettre un objet à sa place. SYN. ramener, rapporter, rejeter, remettre, transporter.
/ Remettre à plus tard. SYN. ajourner, décaler, différer, proroger, reculer, remettre, renvoyer, repousser, retarder, surseoir à.
/ Orienter un sentiment vers. SYN. appliquer, porter, retourner, tourner.
/ Réécrire ailleurs. SYN. recopier, réinscrire, retranscrire, transcrire.

reporter (se) *verbe pronominal*
/ Aller voir un document. SYN. consulter, se référer.

repos *nom masculin*
/ Absence de mouvement. SYN. arrêt, immobilité, inaction, inactivité –LITTÉRAIRE: halte. CONTR. *agitation, mouvement.*
/ Fait de cesser une activité. SYN. accalmie, cesse, congé, délassement, détente, loisir, pause, récréation, relaxation, répit, trêve –FAMILIER: farniente –LITTÉRAIRE: relâche. CONTR. *activité, besogne, exercice, fatigue, occupation, peine, tâche, travail* –LITTÉRAIRE: *labeur.*
/ LITTÉRAIRE. État de tranquillité. SYN. apaisement, ataraxie, calme, paix, sérénité, silence –LITTÉRAIRE: quiétude. CONTR. *agacement, angoisse, anxiété, inquiétude, préoccupation, souci, tourment* –LITTÉRAIRE: *transes.*

reposant *adjectif*
/ Qui repose. SYN. apaisant, calmant, délassant, détendant, doux, tranquille. CONTR. *agaçant, énervant, éprouvant, épuisant, esquintant, exaspérant, excédant, exténuant, fatigant, harassant, pénible, rude* –FAMILIER: *cassant, claquant, crevant, éreintant, tuant, usant.*

reposé *adjectif*
/ Qui a pris du repos. SYN. délassé, détendu, dispos, frais et dispos –FAMILIER: en forme, frais comme un gardon, frais comme une rose. CONTR. *brisé, défait, épuisé, exténué, fatigué, harassé, las, mort, recru* –FAMILIER: *achevé, claqué, éreinté, esquinté, lessivé, pompé, raplapla, vanné, vidé* –POPULAIRE: *crevé.*

reposer *verbe transitif*
/ Poser de nouveau. SYN. appuyer, poser, remettre, replacer.

reposer *verbe transitif*
/ Procurer du repos à. SYN. délasser, détendre, relaxer, remettre, rétablir. CONTR. *énerver, épuiser, excéder, exténuer, fatiguer, harasser, lasser, surmener* – FAMILIER: *claquer, éreinter, esquinter.*

reposer *verbe transitif indirect*
/ Être fondé sur. SYN. dépendre de, relever de, résider, s'appuyer, se baser, se fonder, siéger – LITTÉRAIRE: ressortir à.

reposer (se) *verbe pronominal*
/ Faire confiance à quelqu'un. SYN. compter sur, s'appuyer, se fier à, se référer, s'en rapporter à, s'en remettre à, tabler sur. CONTR. *se garder de, se méfier* – LITTÉRAIRE: *se défier.*
/ S'arrêter pour éliminer la fatigue. SYN. se décontracter, se délasser, se détendre, se relaxer, souffler – FAMILIER: se mettre au vert. CONTR. *s'agiter, s'épuiser, s'exténuer, s'occuper* – FAMILIER: *s'éreinter, s'esquinter* – POPULAIRE: *boulonner.*

repoussant *adjectif*
/ Qui inspire du dégoût. SYN. affreux, dégoûtant, écœurant, hideux, ignoble, nauséabond, rebutant, répugnant, répulsif, sordide – LITTÉRAIRE: nauséeux – POPULAIRE: dégueulasse. CONTR. *affriolant, agréable, aguichant, aimable, alléchant, appétissant, attirant, attractif, attrayant, captivant, délicieux, enchanteur, engageant, fascinant, séduisant, tentant* – LITTÉRAIRE: *délectable.*

repousser *verbe*
/ Pousser en arrière. SYN. écarter, éloigner, pousser, rabattre, refouler – LITTÉRAIRE: dissiper. CONTR. *approcher, rapprocher.*
/ S'opposer à quelqu'un. SYN. balayer, chasser, éliminer, expulser – FAMILIER: blackbouler, débarquer, déboulonner. CONTR. *sélectionner, vouloir.*
/ Faire mauvais accueil. SYN. bannir, éconduire, exclure, excommunier, rabrouer – FAMILIER: remballer, rembarrer – LITTÉRAIRE: proscrire. CONTR. *accueillir, garder, recevoir.*
/ Ne pas admettre. SYN. contrer, décliner, dédaigner, refuser, rejeter, s'opposer – LITTÉRAIRE: répudier. CONTR. *accéder, accepter, accorder, adhérer, admettre, adopter, agréer, approuver, assumer, se prêter à, souscrire à, suivre.*
/ Inspirer de l'aversion. SYN. dégoûter, déplaire, écœurer, rebuter, répugner. CONTR. *aguicher, allécher, appâter, charmer, ensorceler, fasciner, plaire, séduire, tenter.*
/ Remettre à plus tard. SYN. ajourner, décaler, différer, proroger, reculer, remettre, renvoyer, reporter, retarder, surseoir à, suspendre. CONTR. *anticiper, avancer, hâter.*

répréhensible *adjectif*
/ Qui mérite d'être blâmé. SYN. accusable, blâmable, condamnable, critiquable, délictuel, délictueux, déplorable, punissable – LITTÉRAIRE: incriminable – VIEUX: damnable. CONTR. *excusable, inattaquable, irréprochable, louable, pardonnable, recommandable* – LITTÉRAIRE: *irrépréhensible.*

reprendre *verbe*
/ Rentrer en possession de. SYN. reconquérir, recouvrer, récupérer, retirer, retrouver – FAMILIER: ravoir. CONTR. *perdre.*
/ Affecter quelqu'un de nouveau. SYN. regagner, ressaisir, revenir, se rallumer.
/ S'adonner de nouveau à. SYN. recommencer, renouer, se remettre à. CONTR. *arrêter, cesser, couper, interrompre.*
/ Apporter des corrections. SYN. changer, corriger, modifier, redire, refondre, remanier, repenser, retoucher, revoir.
/ Réprimander quelqu'un. SYN. blâmer, chapitrer, condamner, corriger, critiquer, gronder, houspiller, morigéner, réprimander, sermonner – FAMILIER: attraper, disputer, enguirlander – LITTÉRAIRE: admonester, châtier, fustiger, gourmander, quereller, tancer – POPULAIRE: engueuler. CONTR. *aduler.*

reprendre (se) *verbe pronominal*
/ Retrouver la maîtrise de soi. SYN. réagir, se contrôler, se dominer, se maîtriser, se ressaisir, se retrouver. CONTR. *s'affoler, se démonter, se troubler.*
/ Rectifier son propos. SYN. se corriger, se rattraper, se rétracter.

représailles *nom féminin pluriel*
/ Actes pour se venger. SYN. rétorsion, riposte, vengeance. CONTR. *pardon.*

représentant *nom*
/ Ce qui sert de type. SYN. échantillon, exemplaire, spécimen.
/ Personne qui représente quelqu'un. SYN. agent, ambassadeur, délégué, envoyé, interprète, mandataire, organe, parlementaire, porte-parole, responsable, substitut.

/ Intermédiaire du commerce. SYN. courtier, placier, V.R.P., voyageur de commerce –VIEUX: commis voyageur.

représentatif *adjectif*

/ Considéré comme le modèle. SYN. caractéristique, propre, révélateur, significatif, spécifique, typique.

représentation *nom féminin*

/ Ce qui reproduit quelque chose. SYN. description, illustration, image, incarnation, peinture, portrait, reproduction, symbole –LITTÉRAIRE: traduction.

/ Ce que l'on imagine. SYN. conception, évocation, figuration, vision.

/ Action de donner un spectacle. SYN. exhibition, numéro, présentation, séance, spectacle.

représenter *verbe*

/ Être le type de. SYN. désigner, équivaloir, évoquer, exprimer, figurer, former, incarner, personnifier, refléter, rendre, symboliser, traduire.

/ Figurer par l'art. SYN. illustrer, imiter, présenter, reproduire, sembler –LITTÉRAIRE: simuler.

/ Décrire par le langage. SYN. brosser, décrire, dépeindre, dessiner, évoquer, peindre, retracer.

/ Jouer un spectacle. SYN. interpréter, jouer –FAMILIER: donner.

représenter (se) *verbe pronominal*

/ Voir en imagination. SYN. concevoir, imaginer, juger de, se figurer, s'imaginer, visualiser.

répression *nom féminin*

/ Action de réprimer. SYN. écrasement, étouffement, punition, sanction –LITTÉRAIRE: châtiment, étranglement.

réprimande *nom féminin*

/ Action de réprimander. SYN. avertissement, blâme, correction, critique, gronderie, observation, remarque, remontrance, reproche, semonce –FAMILIER: savon –LITTÉRAIRE: admonestation, admonition, mercuriale, objurgation –POPULAIRE: engueulade. CONTR. *compliment, félicitations, flatterie.*

réprimander *verbe*

/ Adresser des reproches à. SYN. chapitrer, corriger, gronder, houspiller, morigéner, reprendre, sermonner, tirer les oreilles –FAMILIER: attraper, disputer, enguirlander, passer un savon, sonner les cloches –LITTÉRAIRE: admonester, fustiger, gourmander, quereller, remiser, semoncer, tancer –POPULAIRE: engueuler, remonter les bretelles. CONTR. *complimenter, féliciter, louer* –LITTÉRAIRE: *congratuler.*

réprimer *verbe*

/ Retenir un geste, un sentiment. SYN. brider, contenir, étouffer, maîtriser, museler, ravaler, refouler, refréner, réfréner, rentrer, retenir –LITTÉRAIRE: contraindre.

/ Écraser un mouvement. SYN. étouffer, étrangler, maîtriser, mater, noyer dans le sang, punir, sanctionner, sévir contre, stopper –LITTÉRAIRE: châtier. CONTR. *tolérer.*

reprisage *nom masculin*

/ Action de repriser. SYN. raccommodage, rafistolage, rapiéçage, rapiècement, réparation, reprise, stoppage –FAMILIER: rapetassage –VIEUX: ravaudage.

reprise *nom féminin*

/ Continuation après une pause. SYN. continuation, poursuite, redémarrage, redressement. CONTR. *arrêt, cessation, coupure, fin, interruption, pause, suspension.*

/ Fait de réapparaître. SYN. rebondissement, récidive, recommencement, recrudescence, regain, renouveau, répétition, retour.

/ Réparation d'une étoffe. SYN. raccommodage, rafistolage, rapiéçage, rapiècement, réparation, reprisage, stoppage –FAMILIER: rapetassage –VIEUX: ravaudage.

repriser *verbe*

/ Raccommoder un vêtement. SYN. faire un point, raccommoder, rapiécer, rapiéceter, recoudre, réparer, stopper –FAMILIER: rapetasser –VIEUX: ravauder.

réprobateur *adjectif*

/ Qui exprime la réprobation. SYN. accusateur, critique, désapprobateur –LITTÉRAIRE: improbateur. CONTR. *approbateur, approbatif, élogieux, flatteur, laudatif* –LITTÉRAIRE: *flagorneur, louangeur.*

réprobation *nom féminin*

/ Fait de blâmer quelqu'un. SYN. anathème, blâme, condamnation, critique, désapprobation, reproche –LITTÉRAIRE: improbation. CONTR. *agrément, approbation.*

reproche *nom masculin*

/ Remarque critique. SYN. accusation, critique, désapprobation, grief, gronderie, observation, remarque, remontrance, réprimande, réprobation –LITTÉRAIRE: objurgation. CONTR. *compliment, félicitation, flatterie* –LITTÉRAIRE: *adulation.*

reprocher *verbe*

/ Adresser des reproches à. SYN. accuser, blâmer, condamner, critiquer, en vouloir à, faire grief de, imputer, réprouver, tenir rigueur.

reprocher (se) *verbe pronominal*

/ Se faire des reproches pour. SYN. regretter, se repentir, s'en vouloir –FAMILIER: se mordre les doigts. CONTR. *s'applaudir, se féliciter, se louer.*

reproduction *nom féminin*

/ Fait de se répéter. SYN. fréquence, recommencement, renouvellement, répétition, retour –LITTÉRAIRE: réitération.

/ Action de reproduire. SYN. calque, double, image, imitation, reflet, réplique, représentation.

/ Imitation d'un original. SYN. copie, fac-similé, simulacre.

reproduire *verbe*

/ Produire de nouveau. SYN. recommencer, reconstituer, rééditer, refaire, réitérer, renouveler, répéter.

/ Restituer fidèlement. SYN. copier, figurer, imiter, incarner, refléter, rendre, représenter, restituer, retracer.

reproduire (se) *verbe pronominal*

/ Se produire de nouveau. SYN. réapparaître, recommencer, reprendre, revenir, se renouveler, se répéter.

/ Engendrer d'autres êtres. SYN. procréer, proliférer, se multiplier.

réprouvé *nom*

/ LITTÉRAIRE. Personne exclue de la société. SYN. exclu, hors-la-loi, paria, pestiféré –LITTÉRAIRE: damné, maudit. CONTR. *privilégié.*

/ Pécheur exclu du salut. SYN. anathème, damné, maudit.

réprouver *verbe*

/ Rejeter en condamnant. SYN. anathématiser, blâmer, condamner, critiquer, dénoncer, désapprouver, désavouer, maudire, reprocher, stigmatiser –LITTÉRAIRE: censurer, flétrir, vitupérer. CONTR. *accepter, admettre, applaudir, approuver, louer, prôner, souscrire à, tolérer* –LITTÉRAIRE: *louanger.*

repu *adjectif*

/ LITTÉRAIRE. Qui a satisfait sa faim. SYN. gavé, nourri, rassasié –FAMILIER: calé, gonflé comme une outre, plein comme un œuf, plein comme une outre. CONTR. *affamé, famélique.*

/ LITTÉRAIRE. Qui a nourri son esprit de. SYN. assouvi, saoul, satisfait, soûl. CONTR. *assoiffé, avide.*

répudiation *nom féminin*

/ LITTÉRAIRE. Action de répudier. SYN. abandon, négation, opposition, refus, rejet. CONTR. *acceptation, adhésion, admission, adoption, approbation, assentiment, assimilation, ralliement.*

répudier *verbe*

/ LITTÉRAIRE. Rejeter une opinion, etc. SYN. combattre, contester, dénier, discuter, infirmer, récuser, refuser, rejeter, renier, repousser. CONTR. *accepter, admettre, adopter, endosser, favoriser, reconnaître, vouloir.*

répugnance *nom féminin*

/ Vif sentiment d'aversion. SYN. antipathie, aversion, dégoût, écœurement, exécration, haine, horreur, répulsion, révolte –LITTÉRAIRE: haut-le-cœur. CONTR. *attirance, désir, envie, faible, goût, inclination, penchant, plaisir, prédilection, préférence, propension, sympathie* –LITTÉRAIRE: *appétit.*

répugnant *adjectif*

/ Qui inspire le dégoût. SYN. affreux, crasseux, dégoûtant, écœurant, infect, nauséabond, rebutant, repoussant –FAMILIER: cra-cra –POPULAIRE: dégueulasse. CONTR. *affriolant, alléchant, attirant, charmant, séduisant.*

/ Qui inspire du mépris. SYN. abject, abominable, dégoûtant, écœurant, exécrable, hideux, ignoble, immonde, infâme, malpropre, nauséabond, rebutant, répulsif, sordide –LITTÉRAIRE: ignominieux, nauséeux, turpide. CONTR. *adorable, édifiant, exemplaire, noble, plaisant.*

répugner *verbe*

/ Inspirer du dégoût. SYN. dégoûter, déplaire, donner envie de vomir, écœurer, faire horreur, lever le cœur, rebuter, révolter, scandaliser, soulever le cœur –FAMILIER: révulser, sortir par les trous de nez –POPULAIRE: débecqueter, débecter. CONTR. *allécher, attirer, charmer, fasciner, plaire, séduire, tenter.*

/ Ne pas avoir envie d'agir. SYN. abominer, avoir horreur de, détester, exécrer –LITTÉRAIRE: abhorrer. CONTR. *adorer, aimer, brûler de, convoiter, désirer, rêver de, se plaire à, souhaiter, vouloir.*

répulsif *adjectif*

/ Qui exerce une répulsion. SYN. abject, dégoûtant, écœurant, ignoble, immonde, infâme, nauséabond, rebutant, repoussant, répugnant, sordide –LITTÉRAIRE: ignominieux, nauséeux. CONTR. *appétissant, attirant, charmant, fascinant, séduisant, tentant.*

répulsion *nom féminin*

/ Vive répugnance pour. SYN. antipathie, aversion, dégoût, désintérêt, écœurement, haine, horreur, hostilité, nausée, répugnance –LITTÉRAIRE: abomination, exécration, haut-le-cœur. CONTR. *adoration, attachement, attirance, attrait, convoitise, désir, faiblesse, goût, inclination, passion, penchant, propension, sympathie* –LITTÉRAIRE: *allèchement, appétit.*

réputation *nom féminin*

/ Opinion du public sur. SYN. audience, cote –LITTÉRAIRE: crédit.

/ Fait d'être connu. SYN. autorité, célébrité, gloire, notoriété, popularité –LITTÉRAIRE: renom, renommée. CONTR. *anonymat* –LITTÉRAIRE: *obscurité.*

réputé *adjectif*

/ LITTÉRAIRE. Qui est considéré comme. SYN. dit, jugé, présumé, supposé, tenu pour.

/ Qui a un grand renom. SYN. célèbre, connu, émérite, éminent, glorieux, grand, illustre, insigne, légendaire, marquant, notoire, populaire, prestigieux, proverbial, renommé –LITTÉRAIRE: fameux. CONTR. *ignoré, inconnu, obscur, petit.*

requérir *verbe*

/ Faire appel à quelqu'un. SYN. appeler, prier, réclamer, solliciter –LITTÉRAIRE: enjoindre.

/ Avoir absolument besoin de. SYN. commander, demander, exiger, imposer, nécessiter, réclamer, revendiquer, vouloir.

requête *nom féminin*

/ Demande instante. SYN. instance, prière, réclamation, revendication, sollicitation, souhait, supplique, vœu –LITTÉRAIRE: objurgation.

requin *nom masculin*

/ Homme d'affaires impitoyable. SYN. aigrefin, bandit, forban, gangster, prédateur, vautour –FAMILIER: margoulin.

requinquer *verbe*

/ FAMILIER. Redonner des forces. SYN. donner un coup de fouet, refaire, regonfler, remettre, remonter, ressusciter, restaurer, rétablir, revigorer –FAMILIER: ragaillardir, ravigoter, retaper –VIEUX: réconforter. CONTR. *abattre, accabler, affaiblir, anéantir, atterrer, briser, débiliter, décourager, démonter, démoraliser, déprimer, épuiser, exténuer, fatiguer, ramollir* –FAMILIER: *éreinter, tuer.*

requinquer (se) *verbe pronominal*

/ FAMILIER. Reprendre des forces. SYN. récupérer, renaître, revivre, se refaire, se refaire une santé, se remettre, se remonter, se rétablir –FAMILIER: reprendre du poil de la bête, se retaper –VIEUX: se réconforter. CONTR. *dépérir, s'affaiblir* –LITTÉRAIRE: *faiblir.*

requis *adjectif*

/ Qui est nécessaire à. SYN. exigé, imposé, indispensable, nécessaire, obligatoire, prescrit, réclamé, voulu.

réquisitoire *nom masculin*

/ Discours accusateur. SYN. accusation, attaque, diatribe, pamphlet, satire –LITTÉRAIRE: catilinaire, philippique. CONTR. *apologie, apothéose, défense, éloge, panégyrique, plaidoirie, plaidoyer* –LITTÉRAIRE: *dithyrambe.*

rescapé *adjectif*

/ Qui est sorti vivant d'un accident. SYN. entier, indemne, intact, miraculé, sauvé, survivant.

rescapé *nom*

/ Personne sauvée d'un danger. SYN. miraculé, survivant.

rescinder *verbe*

/ Annuler un acte. SYN. annuler, casser, dénoncer, dissoudre.

rescrit *nom masculin*

/ Décision du pape. SYN. bref, bulle, constitution, décrétale, encyclique, monitoire.

réseau *nom masculin*

/ Ensemble d'éléments reliés. SYN. enchevêtrement, enlacement, entrecroisement, entrelacement, labyrinthe, lacis –LITTÉRAIRE: entremêlement.

réserve *nom féminin*

/ Restriction apportée. SYN. critique, observation, remarque, restriction, réticence.

/ Choses mises de côté. SYN. approvisionnement, fourniture, provision, stock.

/ Local de stockage. SYN. dépôt, entrepôt, magasin, resserre.

/ Ensemble de ressources. SYN. disponibilité, potentiel, puissance, ressource.

/ Comportement réservé. SYN. circonspection, décence, discrétion, méfiance, mesure, modération, modestie, pudeur, quant-à-soi, retenue –LITTÉRAIRE: effacement. CONTR. *aplomb, audace, bravade, crudité, effronterie, excès, fanfaronnade, front, hardiesse, indiscrétion, pétulance* –FAMILIER: *culot, toupet* –LITTÉRAIRE: *outrecuidance.*

réservé *adjectif*

/ Qui montre de la retenue. SYN. circonspect, discret, dissimulé, distant, froid, impénétrable, introverti, mesuré, modéré, pondéré, renfermé, replié, silencieux, sobre –FAMILIER: frais –LITTÉRAIRE: secret. CONTR. *audacieux, effronté, éhonté, excentrique, expansif, extraverti, exubérant, familier, franc, hardi, impudent, ouvert* –FAMILIER: *bêcheur, parlant.*

réserver *verbe*

/ Garder pour un usage précis. SYN. affecter, attribuer, consacrer, conserver, destiner, économiser, épargner, garder, laisser, mettre de côté.

/ Préparer à l'insu de quelqu'un. SYN. assurer, laisser prévoir, ménager –FAMILIER: préparer.

réserver (se) *verbe pronominal*

/ S'accorder quelque chose. SYN. s'assurer, se garder, se ménager.

réserves *nom féminin pluriel*

/ Éléments disponibles. SYN. disponibilités, ressources.

résidence *nom féminin*

/ Lieu où l'on habite. SYN. domicile, foyer, habitation, logement, maison, toit –LITTÉRAIRE: demeure, logis.

résider *verbe*

/ Habiter quelque part. SYN. demeurer, descendre, habiter, loger, occuper, se fixer, s'établir, vivre –FAMILIER: nicher, percher, rester –POPULAIRE: crécher.

/ Avoir son origine dans. SYN. reposer, se trouver, siéger.

résidu *nom masculin*

/ Restes d'un traitement. SYN. débris, déchet, détritus, lie, rebut, restant, reste –LITTÉRAIRE: reliquat.

résignation *nom féminin*

/ Fait de se résigner. SYN. acceptation, fatalisme, passivité, philosophie, renoncement, soumission. CONTR. *contestation, lutte, protestation, réaction, révolte.*

résigné *adjectif*

/ Qui montre de la résignation. SYN. consentant, fataliste, impassible, philosophe, soumis. CONTR. *contestataire, impatient, insurgé, rebelle, révolté.*

résigner *verbe*

/ LITTÉRAIRE. Renoncer à une charge. SYN. abandonner, abdiquer, délaisser, démissionner, lâcher, quitter, se démettre.

résigner (se) *verbe pronominal*

/ Accepter sans protester. SYN. accepter, céder, en prendre son parti, faire contre mauvaise fortune bon cœur, s'accommoder de, s'arranger de, se faire une raison, se rendre, se résoudre, se soumettre, s'incliner, subir, supporter –FAMILIER: faire son deuil de –LITTÉRAIRE: faire de nécessité vertu. CONTR. *contester, lutter, protester, se rebeller, se révolter, s'insurger, s'opposer* –FAMILIER: *se rebiffer.*

résiliation *nom féminin*

/ Action de résilier. SYN. abolition, annulation, résolution, révocation, rupture.

résilier *verbe*

/ Mettre fin à un contrat. SYN. abolir, abroger, annuler, casser, dissoudre, invalider, révoquer, rompre.

résistance *nom féminin*

/ Action de résister. SYN. combativité, défense, lutte, réaction. CONTR. *abandon, abdication, capitulation, docilité, fuite, obéissance, reddition.*

/ Action de s'opposer à. SYN. contestation, désobéissance, mutinerie, obstacle, opposition, rébellion, sédition. CONTR. *acquiescement, adhésion, assentiment, coopération, docilité, passivité, réceptivité, soumission.*

/ Capacité à endurer. SYN. endurance, endurcissement, fermeté, force, robustesse. CONTR. *déficience, faiblesse, rachitisme.*

/ Caractère solide de. SYN. dureté, solidité. CONTR. *délicatesse, fragilité, vulnérabilité.*

résistant *adjectif*

/ Qui supporte les épreuves. SYN. bâti à chaux et à sable, coriace, endurant, fort, inébranlable, infatigable, puissant, robuste, tenace, vivace –FAMILIER: increvable –LITTÉRAIRE: infrangible. CONTR. *chétif, débile, défaillant, déficient, étiolé, faible, frêle, maladif, rachitique, souffreteux.*

/ Qui est solide. SYN. de fer, dur, ferme, incassable, inusable, robuste, solide. CONTR. *cassant, délicat, fragile, tendre.*

résister *verbe*

/ S'opposer par la force à. SYN. faire face, faire front, lutter, réagir, se débattre, se défendre, tenir bon. CONTR. *capituler, fuir, lâcher pied, obéir, reculer, se rendre, suivre.*

/ S'opposer à quelqu'un. SYN. contrarier, désobéir, se cabrer, se dresser, se révolter, s'insurger, s'opposer, tenir tête –FAMILIER: se rebiffer –LITTÉRAIRE: regimber. CONTR. *acquiescer, consentir, se plier, se soumettre, s'incliner.*

/ Lutter contre ce qui attire. SYN. défier, repousser, réprimer. CONTR. *céder, plier, s'abandonner, succomber* –FAMILIER: *caler, flancher* –POPULAIRE: *caner, canner.*

/ Supporter des épreuves. SYN. affronter, combattre, endurer, lutter, se mesurer à, soutenir, supporter –FAMILIER: tenir le choc, tenir le coup. CONTR. *crouler, dépérir, mollir, mourir, périr, s'écrouler, s'effondrer.*

résolu *adjectif*

/ Ferme dans ses projets. SYN. assuré, audacieux, décidé, déterminé, énergique, ferme, hardi, obstiné, opiniâtre, tenace, têtu, volontaire –LITTÉRAIRE: robuste. CONTR. *amorphe, avachi, capitulard, craintif, embarrassé, flottant, fluctuant, hésitant, incertain, indécis, irrésolu, lymphatique, mou, perplexe, timide* –LITTÉRAIRE: *pusillanime.*

résolument *adverbe*

/ D'une manière décidée. SYN. carrément, catégoriquement, de face, délibérément, directement, énergiquement, fermement, fortement, franchement, opiniâtrement, ouvertement –LITTÉRAIRE: tenacement.

/ Avec courage. SYN. courageusement, intrépidement, vaillamment –FAMILIER: bravement –LITTÉRAIRE: crânement, hardiment, valeureusement.

résolution *nom féminin*

/ Fait de décider de. SYN. décision, dessein, détermination, disposition, intention, option, parti, propos.

/ Caractère déterminé. SYN. caractère, courage, détermination, énergie, fermeté, hardiesse, insistance, ressort, volonté –FAMILIER: cran –LITTÉRAIRE: opiniâtreté. CONTR. *doute, embarras, hésitation, incertitude, indécision, indétermination, irrésolution, perplexité, peur.*

/ Action de régler un problème. SYN. règlement, résiliation, solution.

résonance *nom féminin*

/ Effet produit dans l'esprit. SYN. écho, retour –LITTÉRAIRE: retentissement.

résonner *verbe*

/ Renvoyer un son. SYN. vibrer –LITTÉRAIRE: retentir.

/ Produire un son. SYN. retentir, sonner, tinter –LITTÉRAIRE: tintinnabuler.

résorber *verbe*

/ Faire disparaître peu à peu. SYN. absorber, anéantir, assimiler, éliminer, faire cesser, mettre fin à, supprimer.

résoudre *verbe*

/ Trouver une solution. SYN. débrouiller, déchiffrer, démêler, dénouer, deviner, régler, solutionner, trancher, trouver.
/ Inciter quelqu'un à. SYN. amener, conduire, décider, entraîner, inciter, porter, pousser.
/ Prendre la décision de. SYN. arrêter, convenir, décider, se déterminer à.

résoudre (se) *verbe pronominal*

/ Consentir finalement à. SYN. accepter, consentir, en prendre son parti, en venir à, faire contre mauvaise fortune bon cœur, se décider, se déterminer, se faire une raison, se résigner.

respect *nom masculin*

/ Considération envers quelqu'un. SYN. considération, déférence, égard, estime, politesse, vénération –LITTÉRAIRE: piété, révérence. CONTR. *audace, dérision, désinvolture, impertinence, insolence* –LITTÉRAIRE: *irrespect, irrévérence.*
/ Fait de respecter une chose. SYN. culte, égard, observation –LITTÉRAIRE: observance. CONTR. *dédain, inobservation, manquement, mépris, oubli, profanation, transgression, violation* –LITTÉRAIRE: *déconsidération, viol.*

respectabilité *nom féminin*

/ Caractère respectable. SYN. dignité, honorabilité, intégrité, probité.

respectable *adjectif*

/ Qui mérite du respect. SYN. digne, estimable, honorable, méritoire, recommandable, vénérable –FAMILIER: sacro-saint. CONTR. *abject, bas, indigne, infâme, interlope, méprisable, vilain* –LITTÉRAIRE: *vil.*
/ Qui est d'une importance certaine. SYN. conséquent, considérable, important –FAMILIER: coquet, joli, rondelet. CONTR. *dérisoire, insignifiant, maigre, mince, modique, négligeable, pauvre.*

respectablement *adverbe*

/ De façon respectable. SYN. dignement. CONTR. *bassement, indignement* –LITTÉRAIRE: *vilainement, vilement.*

respecter *verbe*

/ Traiter quelqu'un avec respect. SYN. considérer, craindre, écouter, estimer, honorer, ménager, vénérer –LITTÉRAIRE: révérer. CONTR. *bafouer, blasphémer, bousculer, dédaigner, humilier, narguer, offenser, s'amuser* –LITTÉRAIRE: *blesser.*
/ Se conformer à quelque chose. SYN. obéir, observer, satisfaire, se conformer, suivre, tenir parole, tenir sa parole. CONTR. *bafouer, braver, contrevenir, déroger, désobéir, enfreindre, estropier, fouler aux pieds, ignorer, manquer à, s'éloigner, trahir, transgresser, violer* –LITTÉRAIRE: *outrager.*

respectif *adjectif*

/ Qui concerne chaque élément. SYN. particulier, personnel, propre.

respects *nom masculin pluriel*

/ Marques de civilité. SYN. hommages, salutations –LITTÉRAIRE: civilités.

respectueusement *adverbe*

/ Avec respect. SYN. humblement, pieusement, poliment –LITTÉRAIRE: révérencieusement. CONTR. *audacieusement, cavalièrement, impoliment, insolemment* –LITTÉRAIRE: *irrespectueusement, irrévérencieusement* –VIEUX: *irrévéremment.*

respectueux *adjectif*

/ Qui éprouve du respect. SYN. déférent, docile, fidèle, humble, poli, soumis –LITTÉRAIRE: révérencieux, urbain. CONTR. *arrogant, audacieux, cavalier, dédaigneux, désinvolte, effronté, familier, impertinent, insolent, méprisant* –FAMILIER: *culotté, sans gêne* –LITTÉRAIRE: *irrespectueux, irrévérencieux.*

respiration *nom féminin*

/ Fait de respirer. SYN. expiration, haleine, souffle.

respirer *verbe intransitif*

/ Récupérer son souffle. SYN. reprendre haleine, souffler. CONTR. *avoir le souffle court, étouffer, être à bout de souffle, être hors d'haleine, haleter, suffoquer* –FAMILIER: *souffler comme un bœuf, souffler comme un phoque.*

respirer *verbe transitif*

/ Absorber de l'air, etc. SYN. aspirer, humer, inspirer.
/ Percevoir par l'odorat. SYN. flairer, inhaler, renifler, sentir –LITTÉRAIRE: humer.

/ LITTÉRAIRE. Donner une impression de. SYN. afficher, exhaler, exprimer, manifester, montrer, offrir, présenter, révéler –LITTÉRAIRE: suer.

resplendir *verbe*

/ LITTÉRAIRE. Briller d'un vif éclat. SYN. briller, étinceler, miroiter, reluire, rutiler, scintiller –LITTÉRAIRE: flamber, flamboyer, fulgurer, ruisseler.

/ LITTÉRAIRE. Être éclatant sous l'effet de. SYN. pétiller, rayonner, s'épanouir, s'illuminer.

resplendissant *adjectif*

/ Qui brille. SYN. brillant, éclatant, étincelant –LITTÉRAIRE: flamboyant.

/ Qui rayonne de. SYN. florissant, pétillant, prospère, radieux, ravi, rayonnant, splendide.

responsabilité *nom féminin*

/ Fait d'assumer une charge. SYN. charge, devoir, soin.

responsable *adjectif*

/ Qui doit répondre d'un acte. SYN. comptable, garant. CONTR. *irresponsable.*

/ Qui est à l'origine d'un mal. SYN. coupable, fautif. CONTR. *innocent.*

/ Qui est réfléchi. SYN. adulte, mature, mûr, pondéré, posé, prudent, sage, sérieux –LITTÉRAIRE: rassis.

responsable *nom*

/ Personne qui a la charge de. SYN. artisan, auteur, chef, dirigeant, leader, patron, représentant –LITTÉRAIRE: ouvrier.

resquiller *verbe*

/ FAMILIER. Se procurer frauduleusement. SYN. escroquer, frauder –FAMILIER: truander –VIEUX: filouter.

ressaisir (se) *verbe pronominal*

/ Retrouver ses facultés. SYN. prendre sur soi, se rattraper, se reprendre.

ressassé *adjectif*

/ Répété sans cesse. SYN. éculé, rebattu, usé –FAMILIER: réchauffé.

ressasser *verbe*

/ Répéter sans cesse. SYN. rabâcher, radoter, redire, repasser, répéter, revenir sur –FAMILIER: seriner.

/ LITTÉRAIRE. Retourner la même idée. SYN. rappeler, remâcher, repenser, ruminer.

ressaut *nom masculin*

/ Partie saillante d'un mur. SYN. encorbellement, redan, redent, saillie.

ressemblance *nom féminin*

/ Fait de ressembler à. SYN. analogie, communauté, concordance, conformité, exactitude, identité, parenté, rapport, similarité, similitude. CONTR. *contraste, différence, dissemblance, dissimilitude.*

ressemblant *adjectif*

/ Qui ressemble à. SYN. analogue, approchant, comparable, pareil, semblable, similaire, voisin. CONTR. *différent, distinct.*

ressembler *verbe*

/ Avoir des traits communs avec. SYN. approcher de, correspondre, imiter, rappeler, s'apparenter, tenir de. CONTR. *différer.*

ressembler (se) *verbe pronominal*

/ Présenter une similitude. SYN. être le portrait craché de, être tout le portrait de, se confondre –FAMILIER: être du même acabit, être du même tonneau. CONTR. *différer, se différencier, se distinguer, s'opposer.*

ressentiment *nom masculin*

/ Désir de se venger de. SYN. aigreur, animosité, aversion, dépit, haine, hostilité, inimitié, rancœur, rancune –LITTÉRAIRE: fiel. CONTR. *excuse, indulgence, oubli, pardon.*

ressentir *verbe*

/ Éprouver un sentiment. SYN. avoir, connaître, endurer, sentir, subir.

resserre *nom féminin*

/ Lieu de stockage. SYN. abri, dépôt, entrepôt, magasin, remise, réserve.

resserré *adjectif*

/ Contenu dans d'étroites limites. SYN. compact, encaissé, étranglé, étriqué, étroit, restreint, rétréci. CONTR. *aéré, grand, large, spacieux* –LITTÉRAIRE: *vaste.*

resserrement *nom masculin*

/ Fait d'être resserré. SYN. constriction, contraction, étranglement, rétrécissement. CONTR. *élargissement.*

/ Action de limiter. SYN. compression, limitation, réduction, restriction. CONTR. *expansion.*
/ Action de renforcer un lien. SYN. affermissement, consolidation, durcissement, raffermissement, renforcement.

resserrer *verbe*
/ Rendre plus étroit. SYN. borner, cerner, circonscrire, délimiter, encercler, enserrer, envelopper. CONTR. *agrandir, dilater, élargir, ouvrir, repousser.*
/ Réduire la taille de. SYN. abréger, compresser, comprimer, condenser, diminuer, ramasser, réduire, restreindre, résumer, rétrécir. CONTR. *amplifier, développer, étaler* – FAMILIER: *délayer.*
/ Raffermir des relations. SYN. cimenter, consolider, raffermir, renforcer. CONTR. *distendre, ébranler, saper.*

resserrer (se) *verbe pronominal*
/ Devenir plus étroit. SYN. se rétrécir, s'étrangler. CONTR. *se dilater, s'élargir.*

ressort *nom masculin*
/ LITTÉRAIRE. Force qui fait agir. SYN. cause, mobile, moteur, nerf, raison.
/ Force morale. SYN. caractère, énergie, mordant, résolution, ressource, tonus – FAMILIER: cran, punch – LITTÉRAIRE: sève. CONTR. *langueur.*

ressort *nom masculin*
/ LITTÉRAIRE. Domaine d'activité. SYN. branche, compétence, domaine, partie, secteur, spécialité – LITTÉRAIRE: département.

ressortir *verbe intransitif*
/ Paraître par contraste. SYN. contraster, se découper, se dessiner, se détacher, trancher, transparaître – LITTÉRAIRE: se silhouetter. CONTR. *se fondre.*

ressortir *verbe transitif indirect*
/ LITTÉRAIRE. Se rapporter à tel domaine. SYN. appartenir, avoir rapport à, concerner, découler de, dépendre, dériver, intéresser, participer de, procéder de, regarder, relever, reposer, résulter, s'apparenter à, se rapporter, tenir. CONTR. *causer.*

ressource *nom féminin*
/ Ce qui tire d'embarras. SYN. arme, issue, recours, remède, secours – LITTÉRAIRE: refuge, rempart.
/ Moyens que l'on a en soi. SYN. caractère, courage, énergie, réserve, ressort, volonté – FAMILIER: cran.

ressources *nom féminin pluriel*
/ Moyens financiers. SYN. argent, avoir, finances, fonds, fortune, gain, richesse, trésorerie.
/ Possibilités d'action. SYN. expédient, ingéniosité, moyens, possibilités, potentiel, réserves – FAMILIER: astuce, débrouillardise.

ressouvenir (se) *verbe pronominal*
/ LITTÉRAIRE. Se souvenir de nouveau. SYN. retrouver, revoir, se rappeler, se remémorer, se remettre. CONTR. *oublier.*

ressurgir *verbe*
/ Revenir à la conscience. SYN. réapparaître, renaître, reparaître, revenir, revivre, se rallumer.

ressusciter *verbe intransitif*
/ Retrouver des forces. SYN. guérir, récupérer, renaître, revivre, se refaire, se rétablir – FAMILIER: se requinquer, se retaper.
/ LITTÉRAIRE. Manifester une vie nouvelle. SYN. réapparaître, revivre, se rallumer, se ranimer, se raviver, se relever, se réveiller.

ressusciter *verbe transitif*
/ Redonner des forces. SYN. guérir, ranimer, regonfler, remettre, remonter, restaurer, rétablir, revigorer – FAMILIER: ragaillardir, requinquer, retaper – LITTÉRAIRE: revivifier – VIEUX: réconforter.
/ LITTÉRAIRE. Tirer de l'oubli. SYN. déterrer, exhumer, rallumer, ramener, raviver, réactiver, réchauffer, ressortir, réveiller, revitaliser – LITTÉRAIRE: renouveler. CONTR. *cacher, enfouir.*

restant *nom masculin*
/ Ce qui reste d'un tout. SYN. résidu, reste, surplus – LITTÉRAIRE: reliquat.

restauration *nom féminin*
/ Nouvelle vigueur donnée à. SYN. renaissance, rénovation, rétablissement – LITTÉRAIRE: régénération. CONTR. *altération, ruine.*
/ Remise en état. SYN. rafistolage, reconstruction, réfection, réparation, replâtrage – FAMILIER: retapage – LITTÉRAIRE: réédification. CONTR. *destruction.*

restaurer *verbe transitif*

/ Remettre en bon état. SYN. arranger, raccommoder, rafraîchir, refaire, rénover, réparer –FAMILIER: retaper –LITTÉRAIRE: réédifier. CONTR. *altérer, démanteler, détériorer, détruire.*

/ Remettre en vigueur. SYN. ramener, relever, rétablir. CONTR. *anéantir.*

/ Redonner des forces. SYN. fortifier, ranimer, remettre, remonter, ressusciter, revigorer –FAMILIER: ravigoter, requinquer. CONTR. –FAMILIER: *claquer.*

restaurer (se) *verbe pronominal*

/ Se remonter en mangeant. SYN. manger, s'alimenter, se nourrir –FAMILIER: se sustenter –POPULAIRE: becqueter, becter. CONTR. *jeûner.*

reste *nom masculin*

/ Ce qui vient en plus. SYN. complément, excédent, restant, suite, surplus –FAMILIER: rab, rabe, rabiot.

/ Ce qui subsiste. SYN. miette, reliefs, résidu –FAMILIER: rogaton –LITTÉRAIRE: relent, reliquat, trace, vestige.

rester *verbe*

/ Continuer à séjourner en un lieu. SYN. s'arrêter, s'attarder, séjourner, s'éterniser –LITTÉRAIRE: demeurer. CONTR. *abandonner, déserter, partir, quitter, s'absenter, se retirer, s'écarter, s'éloigner, s'en aller, s'enfuir, sortir* –FAMILIER: *décamper, s'éclipser* –POPULAIRE: *décaniller, se barrer.*

/ Ne pas disparaître. SYN. persister, subsister –LITTÉRAIRE: demeurer. CONTR. *disparaître, se dissiper, s'effacer, s'estomper.*

/ Ne pas tomber dans l'oubli. SYN. continuer, durer, persister, se maintenir, se perpétuer, subsister, survivre. CONTR. *disparaître, passer.*

restes *nom masculin pluriel*

/ Ce qui reste d'un être humain. SYN. cadavre, cendres, reliques –LITTÉRAIRE: dépouille, dépouille mortelle, ossements.

/ Ruines de quelque chose. SYN. ruines –LITTÉRAIRE: décombres, traces, vestiges.

restituer *verbe*

/ Donner une représentation de. SYN. rendre, reproduire. CONTR. *métamorphoser, modifier, transformer.*

/ Rétablir dans son état d'origine. SYN. reconstituer, rétablir. CONTR. *altérer, détruire, effacer, estomper.*

/ Rendre ce qui a été pris. SYN. redonner, rembourser, rétrocéder. CONTR. *confisquer, détourner, emprunter, prendre, retirer, soustraire, voler* –FAMILIER: *barboter, carotter* –LITTÉRAIRE: *dérober.*

restitution *nom féminin*

/ Action de restituer. SYN. remboursement, remise. CONTR. *confiscation, saisie.*

restreindre *verbe*

/ Diminuer l'étendue de. SYN. amoindrir, borner, circonscrire, comprimer, délimiter, diminuer, limiter, minimiser, modérer, rationner, réduire, resserrer –LITTÉRAIRE: rétrécir. CONTR. *accentuer, accroître, agrandir, amplifier, élargir, étendre, généraliser, grossir, maximiser, propager.*

restreindre (se) *verbe pronominal*

/ Se limiter à. SYN. se borner, se confiner, se limiter, se réduire. CONTR. *s'élargir, s'étendre.*

/ Réduire ses dépenses. SYN. se limiter, se modérer, se rationner –FAMILIER: se mettre un cran à la ceinture, se serrer d'un cran, se serrer la ceinture. CONTR. *dilapider, gaspiller.*

restreint *adjectif*

/ Qui est limité. SYN. borné, confidentiel, étroit, exigu, limité, réduit, resserré –FAMILIER: court. CONTR. *ample, étendu, illimité, large, spacieux* –LITTÉRAIRE: *vaste.*

restriction *nom féminin*

/ Action de restreindre. SYN. amoindrissement, compression, diminution, limitation, réduction, resserrement.

resucée *nom féminin*

/ FAMILIER. Chose déjà faite ou vue. SYN. rabâchage, redite, redondance, répétition, reprise.

résultat *nom masculin*

/ Ce qui résulte d'un fait. SYN. aboutissement, conclusion, conséquence, dénouement, effet, fruit, issue, produit, rançon, résultante, solution, suite. CONTR. *agent, cause, facteur.*

résulter *verbe*

/ Être la conséquence de. SYN. advenir, découler, dépendre, dériver, descendre, émaner, être consécutif à, naître, procéder, provenir, remonter à, se rattacher, s'ensuivre, venir –LITTÉRAIRE: ressortir, suivre. CONTR. *causer, provoquer, susciter.*

résumé *nom masculin*

/ Ouvrage qui résume une question. SYN. abrégé, aide-mémoire, digest, épitomé, mémento, précis –LITTÉRAIRE: vade-mecum.
/ Exposé succinct. SYN. analyse, récapitulation. CONTR. *amplification, commentaire, développement, exégèse, paraphrase.*
/ Forme abrégée d'un texte. SYN. abrégé, aperçu, esquisse, raccourci, synthèse.

résumer *verbe*

/ Exprimer l'essentiel de. SYN. abréger, condenser, ramasser, récapituler, réduire, resserrer, schématiser, synthétiser. CONTR. *amplifier, développer, étoffer, paraphraser.*

résumer (se) *verbe pronominal*

/ Avoir pour caractère principal. SYN. consister en, résider en, se réduire à, tenir à.

resurgir *verbe*

/ Revenir à la conscience. SYN. réapparaître, renaître, reparaître, revenir, revivre, se rallumer.

résurrection *nom féminin*

/ LITTÉRAIRE. Nouvel essor. SYN. renouveau, rénovation, réveil –LITTÉRAIRE: régénération, renaissance, revivification, reviviscence.

rétablir *verbe*

/ Remettre en état. SYN. rajuster, réajuster, recomposer, rectifier, redresser, relever, restaurer, restituer, revitaliser. CONTR. *altérer, anéantir, détruire, renverser.*
/ Ramener à la santé. SYN. guérir, ranimer, regonfler, remettre, reposer, ressusciter, restaurer, revigorer –FAMILIER: ragaillardir, requinquer –LITTÉRAIRE: revivifier –VIEUX: réconforter. CONTR. *affaiblir, amoindrir, diminuer.*

rétablir (se) *verbe pronominal*

/ Recouvrer la santé. SYN. guérir, récupérer, ressusciter, revivre, se refaire une santé, se relever, se remettre, se remonter –FAMILIER: reprendre du poil de la bête, se remplumer, se requinquer, se retaper. CONTR. *baisser, décliner, faiblir, s'affaiblir.*

rétablissement *nom masculin*

/ Fait de recouvrer la santé. SYN. convalescence, guérison. CONTR. *affaiblissement, amoindrissement.*
/ Action de rétablir quelque chose. SYN. redressement, relèvement, rénovation, restauration –LITTÉRAIRE: régénération, renaissance. CONTR. *interruption, pause, renversement.*

retapage *nom masculin*

/ FAMILIER. Action de retaper. SYN. raccommodage, rafistolage, réfection, remise en état, réparation, replâtrage, restauration.

retaper *verbe*

/ FAMILIER. Remettre en état. SYN. arranger, colmater, raccommoder, rafraîchir, rénover, réparer, restaurer –FAMILIER: rabibocher, rafistoler. CONTR. *abîmer, casser, détériorer* –FAMILIER: *bousiller, esquinter* –LITTÉRAIRE: *ruiner.*
/ FAMILIER. Remettre en forme. SYN. fortifier, ranimer, remettre, remonter, ressusciter, restaurer, revigorer –FAMILIER: ravigoter, requinquer –LITTÉRAIRE: revivifier –VIEUX: réconforter.

retaper (se) *verbe pronominal*

/ FAMILIER. Reprendre des forces. SYN. guérir, récupérer, ressusciter, revivre, se refaire une santé, se relever, se remettre, se remonter, se rétablir –FAMILIER: reprendre du poil de la bête, se remplumer, se requinquer. CONTR. *baisser, décliner, faiblir, s'affaiblir.*

retard *nom masculin*

/ Fait d'arriver trop tard. SYN. inexactitude. CONTR. *avance, hâte, ponctualité.*

retardataire *adjectif*

/ Qui ne suit pas le progrès. SYN. ancien, antique, archaïque, arriéré, démodé, dépassé, désuet, obsolète, périmé, rétrograde, vieux –LITTÉRAIRE: suranné.

retardataire *nom*

/ Personne qui arrive en retard. SYN. lanterne rouge, traînard –FAMILIER: escargot.

retardé *adjectif*

/ FAMILIER. Intellectuellement en retard. SYN. arriéré, attardé. CONTR. *avancé, précoce.*

retarder *verbe*

/ Faire arriver tard. SYN. attarder, entraver, freiner, gêner, paralyser, ralentir. CONTR. *accélérer, activer, bousculer, brusquer, hâter, précipiter.*

/ Remettre à plus tard. SYN. ajourner, décaler, différer, éloigner, reculer, remettre, renvoyer, reporter, repousser, surseoir. CONTR. *anticiper, avancer, devancer, rapprocher* –LITTÉRAIRE: *presser.*

retenir *verbe*

/ Empêcher d'agir. SYN. accaparer, arrêter, bloquer, garder, immobiliser, maintenir, maîtriser, tenir. CONTR. *agiter, animer, déchaîner, engager, entraîner, exciter, inviter, pousser, provoquer.*

/ Garder ce qui est à autrui. SYN. accaparer, capter, conserver, consigner, détenir, garder. CONTR. *redonner, remettre, rendre, restituer.*

/ Dissimuler une réaction. SYN. avaler, brider, comprimer, contenir, endiguer, étouffer, maîtriser, modérer, ravaler, refouler, refréner, réfréner, rentrer, réprimer. CONTR. *exprimer, extérioriser, laisser échapper, manifester.*

/ Fixer dans sa mémoire. SYN. apprendre, enregistrer, fixer, mémoriser, noter, se rappeler, se souvenir. CONTR. *oublier.*

/ Trouver une idée intéressante. SYN. choisir, opter pour, prendre bonne note. CONTR. *écarter, éliminer, exclure, refuser, rejeter.*

/ S'assurer la présence de. SYN. convier, engager, inviter –VIEUX: prier.

/ Prélever une somme. SYN. décompter, déduire, défalquer, prendre, retrancher, soustraire.

retenir (se) *verbe pronominal*

/ Se rattraper à quelque chose. SYN. s'accrocher, s'agripper, s'arrêter, se cramponner, se raccrocher, se rattraper –LITTÉRAIRE: s'agriffer.

/ Résister à une envie. SYN. s'abstenir, se contenir, se contrôler, se dominer, se maîtriser, se modérer, se posséder. CONTR. *donner libre cours à, laisser libre cours à, ne pas pouvoir s'empêcher de, se défouler.*

retentir *verbe*

/ LITTÉRAIRE. Renvoyer un son puissant. SYN. éclater, fuser, résonner, s'élever, sonner, tonitruer, tonner.

/ Avoir des effets sur. SYN. agir sur, influer sur, peser sur, se répercuter.

retentissant *adjectif*

/ Qui produit un son puissant. SYN. assourdissant, bruyant, claironnant, criard, perçant, résonnant, sonnant, sonore, tonitruant, vibrant –LITTÉRAIRE: tonnant. CONTR. *assourdi, calme, doux, étouffé, insonore, silencieux, sourd, voilé.*

/ Qui attire l'attention. SYN. abrutissant, éclatant, fracassant, glorieux. CONTR. *banal, insignifiant.*

retentissement *nom masculin*

/ Effet propagé dans le public. SYN. ampleur, audience, conséquence, contrecoup, développement, effet, impact, incidence, prolongement, répercussion, retombée, ricochet.

retenu *adjectif*

/ Qui manifeste de la retenue. SYN. discret, modeste, pudique. CONTR. *débridé, effréné, fou* –LITTÉRAIRE: *intempérant.*

retenue *nom féminin*

/ Fait de punir un élève. SYN. consigne, punition –FAMILIER: colle. CONTR. *gratification, récompense.*

/ Caractère discret. SYN. circonspection, discrétion, honte, mesure, modération, modestie, pudeur, réserve, tempérance –LITTÉRAIRE: sobriété. CONTR. *aplomb, audace, bravade, cynisme, désinvolture, effronterie, épanchement, exaltation, excès, exubérance, fanfaronnade, frénésie, front, hardiesse, impudeur, indiscrétion, laisser-aller, légèreté, pétulance* –FAMILIER: *culot, toupet* –LITTÉRAIRE: *débridement, expansion, immodestie.*

réticence *nom féminin*

/ Omission volontaire. SYN. arrière-pensée, mystère, silence, sous-entendu. CONTR. *franchise.*

/ Attitude hésitante. SYN. embarras, hésitation, réserve. CONTR. *empressement.*

réticent *adjectif*

/ LITTÉRAIRE. Qui dissimule sa pensée. SYN. discret, dissimulé, silencieux –FAMILIER: cachottier –LITTÉRAIRE: secret. CONTR. *franc, ouvert, sincère.*

/ Qui montre de la réticence. SYN. circonspect, désapprobateur, hésitant, indécis, irrésolu, perplexe, réservé.

rétif *adjectif*

/ Qui s'oppose à toute discipline. SYN. désobéissant, indiscipliné, indocile, insoumis, insubordonné, rebelle, récalcitrant, réfractaire, têtu. CONTR. *appliqué, discipliné, docile, obéissant, sage, soumis, souple.*

/ LITTÉRAIRE. Se dit d'un esprit indiscipliné. SYN. paresseux –LITTÉRAIRE: infidèle, vagabond. CONTR. *exact, fidèle.*

retiré *adjectif*

/ Situé à l'écart. SYN. détourné, écarté, éloigné, isolé, lointain, perdu, reculé. CONTR. *fréquenté, passant, populeux.*

/ Qui s'est enfermé. SYN. barricadé, cantonné, claquemuré, cloîtré, confiné, muré –FAMILIER: bouclé –LITTÉRAIRE: reclus.

retirer *verbe*

/ Tirer hors de. SYN. dégager, extirper, extraire, sortir, tirer. CONTR. *approcher, enfoncer, engager, insérer, introduire, mettre, rapprocher* –FAMILIER: *fourrer.*

/ Enlever ce qu'on a sur soi. SYN. enlever, ôter, quitter. CONTR. *endosser, passer, recouvrir, revêtir* –FAMILIER: *enfiler* –LITTÉRAIRE: *vêtir.*

/ Enlever la possession de. SYN. arracher, confisquer, couper, démettre, déposséder, prélever, prendre, priver, reprendre, soustraire, supprimer. CONTR. *accorder, adjoindre, affecter, ajouter, allouer, appeler, apporter, attribuer, concéder, confier, donner, joindre, octroyer, rendre, restituer.*

/ Tirer un profit de. SYN. obtenir, percevoir, recevoir, récolter, recueillir, toucher.

/ Revenir sur une opinion. SYN. annuler, désavouer, lever, nier –LITTÉRAIRE: rétracter. CONTR. *avancer, formuler, maintenir, poursuivre, soutenir.*

retirer (se) *verbe pronominal*

/ Quitter le lieu où l'on est. SYN. déguerpir, évacuer, partir, quitter, reculer, refluer, s'absenter, se disperser, se replier, s'écarter, s'en aller, s'enfuir, s'esquiver –FAMILIER: décamper, détaler, se sauver, s'éclipser –POPULAIRE: décaniller, se tirer. CONTR. *affluer, aller vers, arriver, assiéger, avancer, progresser, rester.*

/ Trouver refuge en un lieu. SYN. se cacher, se cloîtrer, se confiner, se réfugier, se terrer, s'enterrer, s'isoler –POPULAIRE: se planquer.

/ Cesser de participer à. SYN. démissionner, se désister, s'effacer, s'exclure, s'extraire. CONTR. *s'affronter, se présenter.*

retombée *nom féminin*

/ Conséquence de quelque chose. SYN. conséquence, contrecoup, écho, effet, impact, incidence, prolongement, répercussion, retentissement, ricochet, suite.

retomber *verbe*

/ Atteindre par contrecoup. SYN. incomber, rejaillir, se répercuter.

/ Diminuer après une élévation. SYN. baisser, décroître, faiblir, tomber. CONTR. *croître.*

rétorquer *verbe*

/ Répondre vivement. SYN. objecter, répliquer, répondre –LITTÉRAIRE: repartir.

retors *adjectif*

/ Qui agit avec ruse. SYN. finaud, futé, habile, machiavélique, roué, rusé, tortueux –FAMILIER: combinard, ficelle, roublard –LITTÉRAIRE: artificieux, cauteleux, madré, matois, tortu –VIEUX: finasseur, finassier. CONTR. *direct, droit, fair-play, franc, sincère* –FAMILIER: *carré* –LITTÉRAIRE: *probe* –VIEUX: *rond.*

rétorsion *nom féminin*

/ Action de riposter. SYN. réplique, représailles, revanche, riposte, vengeance.

retouche *nom féminin*

/ Action de retoucher. SYN. amendement, correction, rectification, remaniement, révision.

retoucher *verbe*

/ Apporter des changements à. SYN. corriger, recomposer, rectifier, refondre, remanier, reprendre, revenir sur, réviser, revoir.

retour *nom masculin*

/ Fait d'être réexpédié. SYN. réexpédition, renvoi. CONTR. *envoi, expédition.*

/ Fait de se reproduire. SYN. réapparition, recommencement, récurrence, renaissance, renouveau, renouvellement, répétition, reprise, reproduction, réveil –LITTÉRAIRE: réitération.

/ Changement complet. SYN. fluctuation, renversement, retournement, revirement, vicissitude.

retourné *adjectif*

/ Profondément troublé. SYN. ému, malade, renversé, secoué, touché, troublé –LITTÉRAIRE: pantelant.

retournement *nom masculin*
/ Bouleversement complet. SYN. pirouette, renversement, retour, revirement, virevolte, volte-face –FAMILIER: cabriole –LITTÉRAIRE: palinodie.

retourner *verbe intransitif*
/ Revenir en un lieu. SYN. rallier, rebrousser chemin, regagner, réintégrer, rejoindre, rentrer, repasser, revenir, revenir sur ses pas.
/ Revenir à un état antérieur. SYN. redescendre, retomber.

retourner *verbe transitif*
/ Mettre à l'envers. SYN. inverser, rabattre, renverser, tourner, transposer.
/ Renvoyer à l'expéditeur. SYN. réexpédier, rendre, renvoyer.
/ Troubler profondément. SYN. agiter, bouleverser, chavirer, commotionner, émouvoir, empoigner, frapper, impressionner, inquiéter, remuer, renverser, saisir, secouer, troubler –FAMILIER: chambarder, chambouler, émotionner, révolutionner, tourneboulér.

retourner (se) *verbe pronominal*
/ Tomber à la renverse. SYN. chavirer, culbuter, se renverser, verser.
/ Avoir recours à. SYN. recourir à, se rabattre, se tourner.
/ *S'en retourner (quelque part).* SYN. rallier, regagner, réintégrer, rejoindre, rentrer, repartir, revenir.

retracer *verbe*
/ Rappeler à la mémoire. SYN. décrire, dépeindre, évoquer, exposer, figurer, montrer, parler, raconter, rapporter, relater, remémorer, tracer –LITTÉRAIRE: narrer.

rétractation *nom féminin*
/ Action de se rétracter. SYN. abjuration, autocritique, désaveu, reniement –LITTÉRAIRE: palinodie. CONTR. *affirmation, aveu, confirmation.*

rétracter *verbe transitif*
/ Tirer un organe en arrière. SYN. contracter, rentrer, retirer.

rétracter *verbe transitif*
/ LITTÉRAIRE. Revenir sur une déclaration. SYN. annuler, désavouer, lever, nier, retirer. CONTR. *confirmer, maintenir.*

rétracter (se) *verbe pronominal*
/ Nier ce qu'on avait dit. SYN. abjurer, faire machine arrière, se dédire, se raviser, se renier, se reprendre. CONTR. *assumer.*

rétracter (se) *verbe pronominal*
/ Subir une rétractation. SYN. se contracter, se crisper, se ratatiner, se recroqueviller.

retrait *nom masculin*
/ Action de se retirer. SYN. abandon, effacement, évacuation, recul, reflux, repli, repliement, retraite.
/ Action d'ôter la possession de. SYN. annulation, confiscation, suppression. CONTR. *attribution, dépôt.*

retraite *nom féminin*
/ Lieu où l'on se retire. SYN. abri, asile, nid, oasis, réduit, refuge –LITTÉRAIRE: gîte, havre, port, tanière.
/ Marche en arrière d'une armée. SYN. débâcle, débandade, décrochage, évacuation, fuite, recul, reculade, reflux, repli, retrait. CONTR. *avance, progression.*

retranchement *nom masculin*
/ Action de retrancher. SYN. coupure, défalcation, suppression. CONTR. *addition, adjonction, ajout.*

retrancher *verbe*
/ Enlever une partie d'une quantité. SYN. décompter, déduire, défalquer, enlever, ôter, prélever, rabattre, retenir, soustraire –LITTÉRAIRE: distraire. CONTR. *additionner, ajouter, arrondir, compléter.*
/ Éliminer des éléments. SYN. amputer, barrer, biffer, couper, expurger, gommer, gratter, raturer, rayer. CONTR. *adjoindre, incorporer, insérer, introduire, joindre.*

retrancher (se) *verbe pronominal*
/ Se mettre à l'abri derrière. SYN. se barricader, se cacher, se murer, se replier, s'enfermer.

rétréci *adjectif*
/ Devenu étroit. SYN. contracté, étranglé, étriqué, étroit, exigu, petit, resserré. CONTR. *ample, élargi, flottant, large, spacieux, vague* –LITTÉRAIRE: *vaste.*

rétrécir *verbe*
/ Diminuer un tissu. SYN. ajuster, diminuer, raccourcir, reprendre, resserrer. CONTR. *élargir, étirer, évaser.*

/ LITTÉRAIRE. Diminuer la portée de. SYN. amenuiser, borner, limiter, restreindre. CONTR. *amplifier, dilater, épanouir, intensifier.*

rétrécissement *nom masculin*

/ Action de rétrécir. SYN. diminution, raccourcissement, resserrement. CONTR. *élargissement, évasement.*

retremper *verbe*

/ LITTÉRAIRE. Donner une nouvelle vigueur. SYN. aguerrir, cuirasser, durcir, endurcir, fortifier –FAMILIER: blinder –LITTÉRAIRE: tremper.

rétribuer *verbe*

/ Donner un salaire. SYN. appointer, défrayer, payer, régler, rémunérer.

rétribution *nom féminin*

/ Argent versé contre un travail. SYN. appointements, cachet, commission, émoluments, honoraires, paie, paiement, paye, payement, rémunération, salaire, vacation –VIEUX: gages.

rétrocéder *verbe*

/ Rendre quelque chose. SYN. recéder, redonner, rendre, restituer, revendre.

rétrogradation *nom féminin*

/ Action de rétrograder. SYN. recul, régression. CONTR. *avance, développement, progrès, progression.*

rétrograde *adjectif*

/ Opposé au progrès. SYN. arriéré, conservateur, immobiliste, inactuel, obscurantiste, périmé, poussiéreux, réactionnaire, retardataire –FAMILIER: fossile –LITTÉRAIRE: suranné. CONTR. *novateur, progressiste, ultramoderne.*

rétrograder *verbe*

/ Revenir en arrière. SYN. faire marche arrière, reculer, refluer, se replier, se retirer. CONTR. *avancer.*

/ Revenir à un niveau inférieur. SYN. baisser, descendre, régresser, se déclasser –FAMILIER: dégringoler –LITTÉRAIRE: déchoir. CONTR. *progresser, s'améliorer, s'élever.*

retrousser *verbe*

/ Replier vers le haut. SYN. relever, remonter –VIEUX: trousser. CONTR. *baisser, rabattre.*

retrouver *verbe*

/ Découvrir quelqu'un en fuite. SYN. rattraper, rejoindre, reprendre. CONTR. *perdre.*

/ Recouvrer un état. SYN. reconquérir, recouvrer, récupérer, regagner –FAMILIER: ravoir.

/ Trouver ce qui avait disparu. SYN. récupérer. CONTR. *égarer, perdre.*

retrouver (se) *verbe pronominal*

/ Trouver ses repères. SYN. se diriger, se reconnaître, se repérer, s'orienter.

/ Être à nouveau avec quelqu'un. SYN. se rejoindre, se rencontrer, se réunir, se revoir. CONTR. *se manquer.*

réunion *nom féminin*

/ Action de réunir des éléments. SYN. accumulation, amalgame, assemblage, combinaison, concentration, groupement, montage, rassemblement, regroupement, union –LITTÉRAIRE: conjugaison. CONTR. *dispersion.*

/ Action de rattacher un territoire. SYN. adjonction, annexion, incorporation, jonction, ralliement, rapprochement. CONTR. *disjonction, division, séparation.*

/ Fait de se rassembler. SYN. assemblée, colloque, conférence, congrès, contact, débat, entrevue, manifestation, meeting, rencontre, séance, séminaire, symposium.

réunir *verbe*

/ Mettre des choses en contact. SYN. aboucher, abouter, agglutiner, connecter, épisser, joindre, juxtaposer, lier, rabouter, raccorder, relier, solidariser, souder. CONTR. *couper, désunir, détacher, disjoindre, diviser, écarter, isoler, séparer.*

/ Rassembler des éléments. SYN. accumuler, agréger, collecter, concentrer, fusionner, grouper, incorporer, ramasser, rapprocher, rassembler, recueillir, regrouper, unir –LITTÉRAIRE: confondre. CONTR. *dépecer, dissocier, distribuer, éparpiller, fractionner, fragmenter, partager, scinder.*

/ LITTÉRAIRE. Rassembler en soi. SYN. allier, associer, combiner, conjuguer, cumuler, mêler –LITTÉRAIRE: marier.

/ Rassembler des personnes. SYN. assembler, canaliser, coaliser, convoquer, masser, rallier, rassembler. CONTR. *discriminer, disperser, disséminer, dissoudre.*

/ Unir à nouveau des personnes. SYN. rapprocher, réconcilier, replâtrer, solidariser, souder, unir –FAMILIER: rabibocher, raccommoder. CONTR. *brouiller, désunir, diviser, fâcher, séparer.*

réunir (se) *verbe pronominal*

/ Tendre vers le même point. SYN. confluer, converger, se joindre. CONTR. *bifurquer* –VIEUX: *fourcher.*

/ Former une assemblée. SYN. s'assembler, se grouper, se masser, se regrouper, se rencontrer, se retrouver. CONTR. *se débander, se disperser, s'égailler, s'égrener* –LITTÉRAIRE: *essaimer.*

réussi *adjectif*

/ Réalisé avec succès. SYN. excellent, heureux, parfait, remarquable. CONTR. *malheureux, manqué, mauvais, raté* –FAMILIER: *loupé.*

réussir *verbe intransitif*

/ Avoir un résultat heureux. SYN. aboutir, marcher, se réaliser –POPULAIRE: cartonner, casser la baraque, faire un malheur, faire un tabac. CONTR. *avorter, capoter, échouer, manquer, péricliter* –FAMILIER: *rater* –POPULAIRE: *foirer.*

/ Croître favorablement. SYN. pousser, prendre, prospérer, s'épanouir, venir. CONTR. *dépérir.*

/ Réaliser ses ambitions. SYN. arriver, briller, faire carrière, faire son chemin, faire son trou, gagner son bâton de maréchal, parvenir à ses fins, percer, se faire un nom, se faire une place au soleil, se pousser, s'élever, s'imposer –LITTÉRAIRE: parvenir. CONTR. *échouer, sombrer, tomber* –LITTÉRAIRE: *déchoir.*

réussir *verbe transitif indirect*

/ Parvenir à faire une chose. SYN. arriver, atteindre, finir par, parvenir. CONTR. *manquer, rater* –FAMILIER: *louper.*

réussite *nom féminin*

/ Résultat favorable. SYN. réalisation, succès, triomphe, victoire. CONTR. *ajournement, banqueroute, chute, débâcle, déboire, échec, faillite, insuccès, revers* –FAMILIER: *claque, fessée, four, pile, piquette, plongeon* –POPULAIRE: *bide.*

revaloir *verbe*

/ Faire subir la même chose. SYN. faire payer, garder un chien de sa chienne, payer de retour, rendre la monnaie de sa pièce, rendre la pareille, se venger –FAMILIER: attendre au tournant, rattraper au tournant, renvoyer l'ascenseur.

revalorisation *nom féminin*

/ Fait de réévaluer une monnaie. SYN. élévation, majoration, relèvement. CONTR. *dépréciation* –VIEUX: *avilissement.*

revaloriser *verbe*

/ Augmenter les salaires. SYN. hausser, majorer, monter, réévaluer, relever, renchérir, valoriser. CONTR. *baisser.*

/ Redonner du prestige à. SYN. réhabiliter, rehausser. CONTR. *avilir, dévaloriser.*

revanche *nom féminin*

/ Fait de rendre la pareille. SYN. rétorsion, vengeance.

rêvasser *verbe*

/ Se laisser aller à la rêverie. SYN. avoir la tête ailleurs, être absent, être ailleurs, être dans la lune, n'écouter que d'une oreille, planer, rêver, s'évader –LITTÉRAIRE: songer. CONTR. *avoir les pieds sur terre.*

rêvasserie *nom féminin*

/ LITTÉRAIRE. Fait de rêvasser. SYN. rêve, rêverie, songerie.

rêve *nom masculin*

/ Production de l'esprit pendant le sommeil. SYN. rêverie, songerie –LITTÉRAIRE: rêvasserie, songe.

/ Représentation idéale d'un désir. SYN. aspiration, chimère, fantasme, fiction, idéal, illusion, mirage, mythe, souhait, utopie. CONTR. *probabilité, réalité, vérité.*

rêvé *adjectif*

/ Qui convient parfaitement. SYN. accompli, idéal, idyllique, parfait.

revêche *adjectif*

/ D'un abord déplaisant. SYN. abrupt, acariâtre, ardu, bilieux, boudeur, bougon, bourru, désagréable, difficile, grincheux, hargneux, ingrat, inhospitalier, rébarbatif, rebutant, renfrogné, rude –FAMILIER: impossible, ronchon, ronchonneur, rouspéteur –LITTÉRAIRE: atrabilaire, chagrin, disgracieux, malgracieux, rêche. CONTR. *accueil-*

lant, affable, agréable, aimable, avenant, complaisant, enjôleur, exquis, prévenant –LITTÉRAIRE: *amène.*

réveil *nom masculin*

/ Retour à l'activité. SYN. regain, renaissance, renouveau, retour –LITTÉRAIRE: résurrection, revivification, reviviscence. CONTR. *sommeil* –LITTÉRAIRE: *assoupissement.*

réveiller *verbe*

/ Ramener à l'état de veille. SYN. tirer du sommeil –LITTÉRAIRE: éveiller. CONTR. *assoupir, endormir.*

/ Ramener à l'activité. SYN. attiser, aviver, dégeler, exciter, rallumer, ranimer, rappeler, raviver, réactiver, réchauffer, remémorer, revitaliser, soutenir, stimuler, vivifier –FAMILIER: secouer –LITTÉRAIRE: exalter, renouveler, ressusciter, revivifier. CONTR. *abrutir, amortir, anesthésier, apaiser, atténuer, calmer, engourdir, estomper, éteindre, étouffer, freiner, insensibiliser.*

réveiller (se) *verbe pronominal*

/ Sortir du sommeil. SYN. s'éveiller –FAMILIER: émerger. CONTR. *s'assoupir, s'endormir.*

/ Reprendre de l'activité. SYN. réapparaître, renaître, revenir, revivre, se ranimer, se raviver –LITTÉRAIRE: ressusciter. CONTR. *se calmer.*

/ Sortir de sa torpeur. SYN. s'activer, se remuer –FAMILIER: se secouer. CONTR. *somnoler.*

révélateur *adjectif*

/ Qui est le signe de. SYN. caractéristique, éloquent, évocateur, parlant, représentatif, significatif, symptomatique, typique.

révélateur *nom masculin*

/ Ce qui révèle. SYN. indice, marque, signe, symptôme.

révélation *nom féminin*

/ Action de révéler. SYN. aveu, confession, confidence, déclaration, dévoilement, divulgation, proclamation. CONTR. *dissimulation.*

révéler *verbe*

/ Faire connaître. SYN. annoncer, apprendre, communiquer, confier, déclarer, découvrir, démasquer, dénuder, dévoiler, dire, divulguer, éventer, expliquer, exposer, exprimer, faire savoir, livrer, présenter, proclamer, publier, raconter, signaler, témoigner –LITTÉRAIRE: déceler. CONTR. *cacher, dissimuler, occulter, taire* –LITTÉRAIRE: *celer.*

/ Être l'indice de. SYN. accuser, afficher, attester, déceler, démontrer, dénoter, déployer, indiquer, manifester, marquer, montrer, présenter, prouver, signifier, traduire, trahir –FAMILIER: épingler –LITTÉRAIRE: respirer, témoigner. CONTR. *cacher, camoufler, déguiser, masquer* –LITTÉRAIRE: *voiler.*

révéler (se) *verbe pronominal*

/ Se faire connaître. SYN. apparaître, se découvrir, se manifester.

/ Apparaître sous tel aspect. SYN. s'avérer, se dévoiler, se montrer, transparaître.

revenant *nom*

/ Apparition d'un mort. SYN. apparition, double, esprit, fantôme, ombre, spectre.

revendication *nom féminin*

/ Fait de revendiquer. SYN. demande, desiderata, doléance, exigence, prétention, réclamation, récrimination, requête, souhait, vœu.

revendiquer *verbe*

/ Réclamer un dû. SYN. demander, exiger, prétendre, réclamer, requérir, vouloir –LITTÉRAIRE: s'arroger.

/ Accepter une charge. SYN. assumer, endosser, prendre sur soi, se charger de.

revendre *verbe*

/ Vendre ce qu'on a acheté. SYN. céder, rétrocéder.

revenir *verbe intransitif*

/ Regagner un lieu. SYN. regagner, réintégrer, rentrer, retourner, s'en retourner. CONTR. *partir, s'en aller.*

/ Se présenter de nouveau. SYN. réapparaître, reparaître, ressurgir, resurgir, se renouveler, se reproduire, se réveiller.

/ S'adonner de nouveau à. SYN. récidiver, recommencer, reprendre, retourner à, se livrer, se remettre à.

/ FAMILIER. Inspirer confiance. SYN. agréer, convenir, plaire, satisfaire.

/ Coûter de l'argent. SYN. coûter, se monter à, s'élever à, valoir.

/ Reparler d'un sujet. SYN. rabâcher, radoter, redire, remâcher, repenser, ressasser, ruminer –FAMILIER: seriner.

/ Changer d'avis. SYN. reconsidérer, remanier, retoucher, réviser, revoir.

/ *N'en pas revenir.* SYN. ne pas en croire ses oreilles, ne pas en croire ses yeux, tomber de haut, tomber de la lune, tomber des nues –FAMILIER: en rester comme deux ronds de flan, tomber sur le derrière –POPULAIRE: en rester sur le cul.

revenir *verbe transitif indirect*

/ Être imposé à quelqu'un. SYN. afférer, appartenir, dépendre de, échoir, incomber, relever de –LITTÉRAIRE: ressortir.

revenu *nom masculin*

/ Somme perçue. SYN. bénéfice, fruit, gain, rapport, rente.

rêver *verbe*

/ Laisser aller sa pensée. SYN. avoir la tête ailleurs, être absent, être ailleurs, être dans la lune, méditer, n'écouter que d'une oreille, planer, rêvasser, s'évader –LITTÉRAIRE: songer.

/ Avoir des idées utopiques. SYN. bâtir des châteaux en Espagne, délirer, déraisonner, divaguer, planer, s'égarer, tirer des plans sur la comète –FAMILIER: déménager, dérailler, fantasmer –LITTÉRAIRE: extravaguer –POPULAIRE: débloquer.

/ Désirer vivement. SYN. aspirer, souhaiter, viser, vouloir –LITTÉRAIRE: soupirer après. CONTR. *répugner.*

réverbérer *verbe*

/ Renvoyer la lumière, etc. SYN. réfléchir, refléter, renvoyer.

reverdir *verbe*

/ Redevenir vert. SYN. renaître, repousser, ressusciter, se réveiller. CONTR. *dépérir, se faner, se flétrir, s'étioler.*

révéré *adjectif*

/ LITTÉRAIRE. Traité avec respect. SYN. sacré, saint –FAMILIER: sacro-saint.

révérence *nom féminin*

/ LITTÉRAIRE. Respect profond. SYN. culte, déférence, égard, obséquiosité, respect, vénération –LITTÉRAIRE: piété. CONTR. *désinvolture, impertinence, insolence* –LITTÉRAIRE: *irrespect, irrévérence.*

/ Mouvement de salutation. SYN. salut –FAMILIER: courbette, plongeon –LITTÉRAIRE: prosternation, prosternement.

révérencieux *adjectif*

/ LITTÉRAIRE. Qui montre du respect. SYN. déférent, humble, obséquieux, poli, rampant, respectueux, stylé –LITTÉRAIRE: urbain. CONTR. *arrogant, audacieux, cavalier, dédaigneux, désinvolte, effronté, familier, grossier, impertinent, insolent, méprisant* –FAMILIER: *culotté, sans gêne* –LITTÉRAIRE: *irrespectueux, irrévérencieux.*

révérer *verbe*

/ LITTÉRAIRE. Traiter avec respect. SYN. adorer, aimer, considérer, craindre, estimer, honorer, idolâtrer, respecter, vénérer –LITTÉRAIRE: magnifier. CONTR. *braver, défier, humilier, narguer, offenser.*

rêverie *nom féminin*

/ Pensée vague. SYN. évasion, rêve, songerie –LITTÉRAIRE: rêvasserie.

/ LITTÉRAIRE. Idée chimérique. SYN. billevesée, chimère, divagation, élucubration, impossibilité, irréalité, mirage, utopie –LITTÉRAIRE: songe.

revers *nom masculin*

/ Côté opposé. SYN. dos, envers, pile, verso. CONTR. *avers, endroit, face, recto.*

/ Défaite complète. SYN. accident, avatar, catastrophe, culbute, débâcle, déconfiture, défaite, déroute, échec, gifle, insuccès, malheur –FAMILIER: claque, fessée, fiasco, loupé, pile, piquette, plongeon, raclée, ratage, tannée, veste –LITTÉRAIRE: infortune –POPULAIRE: bide, déculottée, gamelle, plantage, volée. CONTR. *réussite, succès, triomphe, victoire.*

revêtir *verbe*

/ Mettre un vêtement. SYN. endosser, enfiler, mettre, passer, porter, se couvrir, se mettre –LITTÉRAIRE: vêtir. CONTR. *enlever, ôter, quitter, retirer.*

/ Recouvrir de. SYN. couvrir, enduire, garnir, habiller, orner, pourvoir, tapisser.

/ LITTÉRAIRE. Être disposé sur. SYN. couvrir, envelopper, gainer, orner, recouvrir, tapisser.

rêveur *adjectif*

/ Perdu dans ses pensées. SYN. contemplatif, méditatif, pensif, romanesque, songeur –LITTÉRAIRE: contemplateur.

/ Qui est déraisonnable. SYN. chimérique, extravagant, idéaliste, utopique –LITTÉRAIRE: lunaire. CONTR. *pratique.*

rêveur *nom*

/ Personne distraite. SYN. distrait, étourdi –FAMILIER: étourneau –LITTÉRAIRE: songeur.
/ Individu extravagant. SYN. idéaliste, illuminé, imaginatif, poète, romantique, utopiste –LITTÉRAIRE: songe-creux.

revigorer *verbe*

/ Donner une nouvelle vigueur. SYN. donner un coup de fouet, fortifier, ranimer, regonfler, remettre, remonter, ressusciter, restaurer, rétablir, stimuler –FAMILIER: ragaillardir, ravigoter, requinquer, retaper –LITTÉRAIRE: revivifier, vivifier –VIEUX: réconforter. CONTR. *affaiblir, alanguir, amoindrir, anéantir, anémier, assommer, avachir, débiliter, déprimer, épuiser* –FAMILIER: *achever, claquer, ramollir* –LITTÉRAIRE: *aveulir.*

revirement *nom masculin*

/ Changement brusque. SYN. changement, pirouette, renversement, retour, retournement, virevolte, volte-face –LITTÉRAIRE: palinodie.

réviser *verbe*

/ Examiner pour modifier. SYN. corriger, reconsidérer, rectifier, remanier, retoucher, revenir sur, revoir.
/ Revoir ce qu'on a étudié. SYN. repasser, répéter, reprendre, revoir.
/ Remettre en état de marche. SYN. réparer, vérifier. CONTR. *abîmer* –FAMILIER: *bousiller, esquinter.*

révision *nom féminin*

/ Action de modifier. SYN. amendement, correction, modification, rectification, réforme, remaniement, retouche.

revitaliser *verbe*

/ Donner une vitalité nouvelle. SYN. ranimer, raviver, réactiver, réchauffer, rétablir, réveiller, revigorer, stimuler, tonifier, vivifier –FAMILIER: secouer –LITTÉRAIRE: régénérer, ressusciter, revivifier.

revivification *nom féminin*

/ LITTÉRAIRE. Action de revivifier. SYN. renaissance, renouveau, retour, réveil –LITTÉRAIRE: résurrection, reviviscence.

revivifier *verbe*

/ LITTÉRAIRE. Redonner des forces. SYN. ranimer, raviver, réactiver, réchauffer, remonter, rétablir, réveiller, revigorer, revitaliser, tonifier –FAMILIER: ragaillardir, ravigoter, retaper –LITTÉRAIRE: ressusciter, vivifier –VIEUX: réconforter.

reviviscence *nom féminin*

/ LITTÉRAIRE. Réapparition de. SYN. renaissance, renouveau, retour, réveil –LITTÉRAIRE: résurrection, revivification.

revivre *verbe*

/ Revenir à la santé. SYN. guérir, récupérer, renaître, ressusciter, se ranimer, se redresser, se refaire, se relever, se remettre, se rétablir –FAMILIER: se requinquer, se retaper.
/ Être à nouveau en vigueur. SYN. réapparaître, ressurgir, resurgir, se rallumer, se rétablir, se réveiller –LITTÉRAIRE: ressusciter.

révocation *nom féminin*

/ Fait d'annuler un acte. SYN. abolition, abrogation, annulation, dissolution, invalidation, résiliation, rupture, suppression.
/ Fait d'ôter ses pouvoirs à. SYN. dégradation, déposition, destitution, exclusion, limogeage, renvoi.

revoir *verbe*

/ Vivre à nouveau un fait. SYN. revivre, se rappeler, se remémorer, se souvenir –LITTÉRAIRE: se ressouvenir. CONTR. *oublier.*
/ Examiner pour corriger. SYN. corriger, reconsidérer, réexaminer, remanier, repenser, reprendre, retoucher, revenir sur, réviser, vérifier.
/ Étudier de nouveau. SYN. repasser, répéter, reprendre, réviser.

révoltant *adjectif*

/ Qui révolte. SYN. abject, abominable, affreux, atroce, choquant, dégoûtant, écœurant, épouvantable, honteux, horrible, ignoble, indigne, infâme, laid, odieux, scandaleux, vilain –LITTÉRAIRE: vil –POPULAIRE: dégueulasse.

révolte *nom féminin*

/ Soulèvement contre l'autorité. SYN. désordre, dissidence, émeute, insurrection, jacquerie, mutinerie, révolution, sédition.
/ Refus d'obéissance. SYN. contestation, désobéissance, indiscipline, insoumission, insu-

bordination, lutte, opposition, rébellion. CONTR. *acceptation, obéissance, passivité, résignation, soumission.*
/ Sentiment d'indignation. SYN. dégoût, indignation, protestation, réprobation, répugnance, répulsion –LITTÉRAIRE: haut-le-cœur.

révolté *adjectif*
/ En état de révolte. SYN. contestataire, factieux, indigné, insoumis, insurgé, outré. CONTR. *docile, fidèle, obéissant, résigné, soumis.*

révolté *nom*
/ Personne en rébellion. SYN. contestataire, dissident, émeutier, factieux, insoumis, insurgé, mutin, rebelle, révolutionnaire. CONTR. *conformiste.*

révolter *verbe*
/ Inspirer de l'indignation. SYN. blesser, cabrer, dégoûter, écœurer, fâcher, heurter, indigner, offenser, outrer, répugner, scandaliser –FAMILIER: révulser.

révolter (se) *verbe pronominal*
/ Aller contre l'autorité. SYN. désobéir, réagir, remuer, résister, se cabrer, se mutiner, se rebeller, se soulever, tenir tête –FAMILIER: se rebiffer –LITTÉRAIRE: regimber. CONTR. *céder, écouter, obéir, se soumettre, servir, suivre.*
/ Manifester sa réprobation. SYN. contester, refuser, se dresser, se fâcher, s'élever, s'indigner, s'insurger, s'opposer. CONTR. *accepter, admettre, se résigner, souscrire à.*

révolu *adjectif*
/ Complètement écoulé. SYN. accompli, passé –FAMILIER: sonné –LITTÉRAIRE: défunt.

révolution *nom féminin*
/ Changement brusque. SYN. bouleversement, innovation, mutation, nouveauté, tour –FAMILIER: chambard, chambardement, chamboulement.
/ Agitation soudaine. SYN. agitation, désordre, ébullition, émeute, insurrection, mutinerie, révolte, sédition. CONTR. *calme, soumission.*

révolutionnaire *adjectif*
/ Qui incite à la révolte. SYN. contestataire, factieux, insurgé, insurrectionnel, rebelle, séditieux, subversif –VIEUX: incendiaire.
/ Qui apporte des changements. SYN. inédit, moderne, nouveau, novateur, original. CONTR. *conservateur, passéiste, réactionnaire, routinier, traditionnel* –LITTÉRAIRE: *suranné.*

révolutionner *verbe*
/ Apporter des innovations. SYN. bouleverser, changer, métamorphoser, modifier, réformer, renverser –FAMILIER: chambarder, chambouler.
/ FAMILIER. Troubler violemment. SYN. agiter, bouleverser, bousculer, chavirer, ébranler, émouvoir, frapper, impressionner, retourner, saisir, secouer, traumatiser, troubler –FAMILIER: émotionner.

revolver *nom masculin*
/ Arme à feu. SYN. pistolet –POPULAIRE: feu, flingue, pétard.

révoquer *verbe*
/ Déclarer nul. SYN. abolir, abroger, annuler, dissoudre, invalider, rapporter, résilier.
/ Ôter à quelqu'un ses fonctions. SYN. bannir, casser, chasser, congédier, démettre, destituer, éliminer, évincer, licencier, limoger, mettre à la porte, radier, remercier, renvoyer –FAMILIER: balayer, blackbouler, débarquer, déboulonner, dégommer, ficher à la porte, flanquer à la porte, flanquer dehors, sabrer, vider –POPULAIRE: balancer, foutre à la porte, lourder, sacquer, saquer, virer. CONTR. *affecter, nommer.*

revue *nom féminin*
/ Action d'examiner. SYN. bilan, compte, dénombrement, inventaire, récapitulation, recensement.
/ Cérémonie militaire. SYN. défilé, parade.

revue *nom féminin*
/ Publication périodique. SYN. bulletin, cahiers, gazette, magazine, périodique.

révulser *verbe*
/ FAMILIER. Inspirer du dégoût. SYN. donner envie de vomir, écœurer, faire horreur, lever le cœur, rebuter, répugner, révolter, scandaliser, soulever le cœur –POPULAIRE: débecqueter, débecter. CONTR. *allécher, attirer, charmer, fasciner, plaire, séduire, tenter.*

rewriter *verbe*
/ Réécrire un texte. SYN. récrire, réécrire, reprendre.

rewriting *nom masculin*

/ Action de réécrire. SYN. récriture, réécriture.

rhabiller *verbe*

/ Remettre un objet en état. SYN. arranger, refaire, réparer, restaurer, réviser.

rhéteur *nom masculin*

/ LITTÉRAIRE. Personne qui parle avec emphase. SYN. déclamateur, discoureur, phraseur –LITTÉRAIRE: parleur, péroreur.

rhétorique *nom féminin*

/ LITTÉRAIRE. Style emphatique. SYN. emphase, grandiloquence –LITTÉRAIRE: faconde, pathos, pompe.

riant *adjectif*

/ Qui annonce la gaieté. SYN. épanoui, gai, joyeux, radieux, réjoui, rieur, souriant. CONTR. *bourru, funèbre, larmoyant, mélancolique, morne, morose, rembruni, sombre, soucieux, triste* –LITTÉRAIRE: *chagrin.*

/ Se dit d'un cadre agréable. SYN. beau, charmant, joli, plaisant, ravissant. CONTR. *affreux, aride, austère, déprimant, lugubre, sévère.*

/ LITTÉRAIRE. Qui reflète le bonheur. SYN. amusant, enjoué, hilare, insouciant. CONTR. *chagrinant, douloureux, dur, macabre, pénible, sinistre.*

ribambelle *nom féminin*

/ FAMILIER. Grande quantité de. SYN. armée, avalanche, bataillon, cascade, chapelet, collection, cortège, défilé, déluge, file, flot, flux, foule, infinité, kyrielle, légion, masse, monceau, multitude, myriade, pléiade, quantité, série, succession, suite, tas –FAMILIER: armada, cargaison, flopée, foultitude, pelletée, régiment, tapée –LITTÉRAIRE: averse, essaim. CONTR. *atome, bribe, brin, doigt, goutte, grain, gramme, miette, nuage, once, parcelle, poignée, pointe, soupçon, teinte, trace* –LITTÉRAIRE: *liard, ombre.*

riboulding ue *nom féminin*

/ FAMILIER. Partie de plaisir. SYN. fête –FAMILIER: bombe, bringue, fiesta, java, noce, nouba –POPULAIRE: bamboula, foire.

richard *nom masculin*

/ FAMILIER. Personne très riche. SYN. nanti –LITTÉRAIRE: crésus, nabab. CONTR. *malheureux, pauvre* –FAMILIER: *sans-le-sou.*

riche *adjectif*

/ Qui a de la fortune. SYN. aisé, cossu, cousu d'or, fortuné, huppé, nanti, privilégié –FAMILIER: argenté, plein aux as –POPULAIRE: friqué, rupin. CONTR. *gêné, indigent, malheureux, miséreux, nécessiteux, pauvre* –FAMILIER: *désargenté* –LITTÉRAIRE: *impécunieux* –POPULAIRE: *raide* –VIEUX: *besogneux, disetteux.*

/ Qui est d'une grande valeur. SYN. brillant, éclatant, fastueux, luxueux, magnifique, onéreux, ruineux, somptueux, splendide, superbe –LITTÉRAIRE: dispendieux, pompeux –POPULAIRE: rupin. CONTR. *austère, dépouillé, humble, misérable, modeste, simple, sobre.*

/ Se dit d'une terre fertile. SYN. fécond, fertile, gras, productif –LITTÉRAIRE: généreux, opulent, plantureux. CONTR. *aride, infertile, ingrat, maigre, ras, stérile.*

/ Qui a beaucoup de. SYN. abondant, bourré, débordant, foisonnant, nourri, pétri, plein, pourvu. CONTR. *démuni, dénué, dépourvu, exempt* –FAMILIER: *chiche.*

riche *nom*

/ Personne riche. SYN. capitaliste, parvenu, ploutocrate, possédant, privilégié –FAMILIER: gros, nanti –LITTÉRAIRE: crésus, nabab –POPULAIRE: rupin. CONTR. *déshérité, indigent, malheureux, mendiant, miséreux, nécessiteux, pauvre* –FAMILIER: *sans-le-sou* –LITTÉRAIRE: *gueux, misérable* –VIEUX: *besogneux.*

richement *adverbe*

/ D'une manière abondante. SYN. abondamment, amplement, considérablement, copieusement, énormément, grassement, largement. CONTR. *faiblement, guère, petitement, peu.*

/ D'une manière coûteuse. SYN. coûteusement, fastueusement, luxueusement, princièrement, royalement, somptueusement. CONTR. *chichement, modestement, pauvrement, sobrement.*

richesse *nom féminin*

/ Abondance de biens. SYN. aisance, avoir, biens, capital, fortune, opulence, prospérité, trésor. CONTR. *besoin, dénuement, détresse, gêne, indigence, misère, pauvreté* –POPULAIRE: *débine.*

/ Caractère luxueux. SYN. faste, luxe, magnificence –LITTÉRAIRE: somptuosité. CONTR. *austérité, dépouillement, simplicité, sobriété.*

▪ Caractère fertile. SYN. fertilité, ressources – LITTÉRAIRE : fécondité. CONTR. *aridité, infécondité, maigreur, stérilité* – LITTÉRAIRE : *infertilité.*
▪ Caractère varié. SYN. ampleur, foisonnement, profondeur – LITTÉRAIRE : fécondité, luxuriance. CONTR. *carence, inconsistance, insuffisance, médiocrité, pauvreté.*

richissime *adjectif*
▪ FAMILIER. Très riche. SYN. cousu d'or, riche à millions, riche comme Crésus – FAMILIER : plein aux as.

ricocher *verbe*
▪ Rebondir sur. SYN. rebondir, rejaillir, se répercuter.

ricochet *nom masculin*
▪ Ce qui se répercute sur. SYN. contrecoup, éclaboussure, incidence, prolongement, rebondissement, répercussion, retentissement, retombée, suite.

ridé *adjectif*
▪ Couvert de rides. SYN. flétri, fripé, marqué, parcheminé, plissé, ratatiné, raviné – LITTÉRAIRE : ravagé. CONTR. *lisse.*

ridicule *adjectif*
▪ Dont on est porté à rire. SYN. comique, drôle, inénarrable, risible – FAMILIER : cocasse.
▪ Qui est déraisonnable. SYN. absurde, burlesque, caricatural, grotesque, sot. CONTR. *logique, sensé.*
▪ Qui est insignifiant. SYN. dérisoire, infime, maigre, mince, minime – FAMILIER : rikiki, riquiqui. CONTR. *convenable, correct.*

ridiculement *adverbe*
▪ De façon grotesque. SYN. burlesquement, cocassement, grotesquement.
▪ De façon dérisoire. SYN. honteusement – LITTÉRAIRE : dérisoirement.

ridiculiser *verbe*
▪ Rendre ridicule. SYN. bafouer, caricaturer, railler, rire de, se moquer de, tourner en ridicule – LITTÉRAIRE : se gausser de.

rien *nom masculin*
▪ Ce qui a peu d'importance. SYN. bagatelle, baliverne, bricole, broutille, enfantillage, futilité, misère, niaiserie, poussière, vétille – POPULAIRE : foutaise.

rieur *adjectif*
▪ Qui exprime la gaieté. SYN. enjoué, épanoui, gai, hilare, jovial, radieux, réjoui, riant, souriant. CONTR. *grave, sombre, triste* – LITTÉRAIRE : *chagrin.*

rigide *adjectif*
▪ Qui résiste à la torsion. SYN. dur, raide, solide. CONTR. *élastique, flexible, mou, pliable, souple.*
▪ Qui est intransigeant. SYN. cassant, entier, implacable, inflexible, intraitable, intransigeant, rigoriste, rigoureux, sévère, strict – LITTÉRAIRE : raide. CONTR. *accommodant, coulant, indulgent, latitudinaire, laxiste.*
▪ Qui manque de souplesse. SYN. austère, compassé, guindé, puritain, spartiate. CONTR. *relâché* – FAMILIER : *élastique* – LITTÉRAIRE : *dissolu.*

rigidité *nom féminin*
▪ Caractère rigide. SYN. dureté. CONTR. *élasticité, flexibilité, mollesse, souplesse.*
▪ Caractère intransigeant. SYN. austérité, inflexibilité, intransigeance, puritanisme, raideur, rigorisme, rigueur, sévérité – LITTÉRAIRE : implacabilité. CONTR. *abandon, bienveillance, indulgence, laisser-aller, laxisme, relâchement, souplesse* – LITTÉRAIRE : *flexibilité, mansuétude.*

rigolade *nom féminin*
▪ FAMILIER. Action de rire. SYN. hilarité, rire.
▪ FAMILIER. Chose peu sérieuse. SYN. bagatelle, baliverne, bricole, broutille, facétie, fadaise, plaisanterie, vétille – FAMILIER : blague – POPULAIRE : foutaise.

rigoler *verbe*
▪ FAMILIER. Rire beaucoup. SYN. éclater de rire, pouffer, rire, rire aux éclats, rire aux larmes, s'esclaffer – FAMILIER : rire à ventre déboutonné, rire comme un bossu, rire comme une baleine, se dilater la rate, se payer une pinte de bon sang, se taper le derrière par terre, se tenir les côtes, se tordre, se tordre de rire, s'offrir une pinte de bon sang – POPULAIRE : se bidonner, se boyauter, se fendre la gueule, se fendre la pêche, se fendre la pipe, se fendre la poire, se gondoler, se marrer, se poiler. CONTR. *bouder, pleurer, sangloter* – FAMILIER : *faire la tête.*
▪ FAMILIER. Ne pas être sérieux. SYN. badiner, plaisanter, rire, s'amuser – FAMILIER : blaguer.

rigolo *adjectif*
/ FAMILIER. Qui divertit. SYN. amusant, comique, désopilant, drôle, gai, plaisant – FAMILIER: cocasse, crevant, folichon, marrant, poilant, roulant, tordant – POPULAIRE: bidonnant. CONTR. *ennuyeux, funèbre, lugubre, macabre, morne, mortel, navrant, sinistre, tragique, triste* – FAMILIER: *cafardeux, glauque.*
/ FAMILIER. Qui est curieux. SYN. bizarre, étonnant, étrange.

rigolo *nom*
/ POPULAIRE. Personne peu sérieuse. SYN. comique, fantoche, farceur, marionnette, pantin, plaisantin – FAMILIER: fumiste, guignol, loustic, polichinelle – POPULAIRE: charlot – VIEUX: sauteur.

rigorisme *nom masculin*
/ Attitude rigide. SYN. austérité, puritanisme, raideur, rigidité, rigueur – LITTÉRAIRE: sévérité. CONTR. *laisser-aller, laxisme, relâchement.*

rigoriste *adjectif*
/ Qui fait preuve de rigorisme. SYN. austère, compassé, dur, guindé, intransigeant, puritain, rigide, rigoureux, sévère, spartiate. CONTR. *latitudinaire, laxiste, tolérant.*

rigoureusement *adverbe*
/ VIEUX. Avec sévérité. SYN. durement, sévèrement.
/ En toute rigueur. SYN. étroitement, exactement, fidèlement, méthodiquement, minutieusement, précisément, religieusement, scrupuleusement, sérieusement, strictement.
/ D'une manière incontestable. SYN. absolument, entièrement, formellement, incontestablement, parfaitement, totalement.

rigoureux *adjectif*
/ Qui fait preuve de sévérité. SYN. dur, impitoyable, implacable, inexorable, inflexible, intraitable, rigide, rigoriste, sévère, spartiate, strict – LITTÉRAIRE: raide. CONTR. *complaisant, coulant, indulgent, relâché* – FAMILIER: *élastique* – LITTÉRAIRE: *débonnaire.*
/ Difficile à supporter. SYN. âpre, austère, de fer, draconien, drastique, rude – LITTÉRAIRE: implacable, inclément. CONTR. *clément, doux, léger, modéré, tempéré.*
/ Fait avec logique. SYN. étroit, exact, juste, mathématique, minutieux, parfait, précis, rationnel, serré, strict – LITTÉRAIRE: soigneux. CONTR. *approximatif, fantaisiste, flou.*

rigueur *nom féminin*
/ Caractère inflexible. SYN. cruauté, fermeté, inflexibilité, inhumanité, intolérance, intransigeance, rigidité, rigorisme – LITTÉRAIRE: implacabilité, inexorabilité, sévérité. CONTR. *bienveillance, bonté, indulgence, relâchement* – LITTÉRAIRE: *mansuétude.*
/ Caractère difficile. SYN. âpreté, austérité, dureté, rudesse – LITTÉRAIRE: cruauté, inclémence. CONTR. *douceur, facilité* – LITTÉRAIRE: *clémence.*
/ Caractère exact. SYN. exactitude, justesse, rationalité, rectitude. CONTR. *fausseté.*

rikiki *adjectif*
/ FAMILIER. Qui est tout petit. SYN. étriqué, étroit, maigre, minuscule, petit, ridicule – FAMILIER: ratatiné. CONTR. *ample, grand, large* – LITTÉRAIRE: *vaste.*

ringard *adjectif*
/ FAMILIER. Qui est dépassé. SYN. anachronique, archaïque, arriéré, démodé, périmé, vieux jeu – FAMILIER: out – LITTÉRAIRE: suranné. CONTR. *à la mode, à la page, dans le vent, ultramoderne* – FAMILIER: *branché, dans le coup, in.*

ripaille *nom féminin*
/ FAMILIER. Excès de table. SYN. festin, orgie – FAMILIER: bombance, gueuleton. CONTR. *abstinence.*

ripailler *verbe*
/ FAMILIER. Manger énormément. SYN. banqueter, faire bonne chère – FAMILIER: faire bombance, faire ripaille, manger comme quatre, manger comme un ogre, se goinfrer, s'empiffrer, s'en mettre plein la panse – POPULAIRE: bâfrer, bouffer, faire un gueuleton, festoyer, gueuletonner, manger à s'en faire péter la sous-ventrière, manger comme un chancre, morfaler, se faire une ventrée, s'en mettre plein la gueule, s'en mettre plein la lampe.

riposte *nom féminin*
/ Réponse à une attaque verbale. SYN. repartie, réplique, réponse.

/ Réponse à une agression. SYN. défense, réaction, représailles, rétorsion. CONTR. *assaut, attaque.*

riposter *verbe*

/ Répondre vivement. SYN. jeter, objecter, payer de retour, rendre la monnaie de sa pièce, rendre la pareille, répliquer, répondre –LITTÉRAIRE: repartir. CONTR. *assaillir, attaquer.*

ripou *nom*

/ FAMILIER. Policier corrompu. SYN. brigand, canaille, crapule, filou, pourri, vendu.

riquiqui *adjectif*

/ FAMILIER. Qui est tout petit. SYN. étriqué, étroit, maigre, minuscule, petit, ridicule –FAMILIER: ratatiné. CONTR. *ample, grand, large* –LITTÉRAIRE: *vaste.*

rire *nom masculin*

/ Action de rire. SYN. hilarité –FAMILIER: rigolade. CONTR. *sanglot* –LITTÉRAIRE: *pleur.*

rire *verbe intransitif*

/ Manifester une gaieté soudaine. SYN. glousser, pouffer, s'esclaffer –FAMILIER: rigoler, se dilater la rate, se payer une pinte de bon sang, se taper le derrière par terre, se tenir les côtes, se tordre, se tordre de rire, s'offrir une pinte de bon sang –POPULAIRE: se bidonner, se boyauter, se fendre la gueule, se fendre la pêche, se fendre la pipe, se fendre la poire, se gondoler, se marrer, se poiler. CONTR. *être en larmes, pleurer, sangloter.*

/ Agir sans sérieux. SYN. badiner, plaisanter, s'amuser, se moquer –FAMILIER: blaguer, rigoler.

rire *verbe transitif indirect*

/ Tourner en ridicule. SYN. ironiser, persifler, railler, s'amuser de, se moquer –FAMILIER: prendre à la rigolade, se ficher de, se payer la tête de –LITTÉRAIRE: brocarder, se gausser de –POPULAIRE: se foutre de, se payer la gueule de.

/ Considérer avec mépris. SYN. dédaigner, faire fi de, ignorer, mépriser, se jouer de –FAMILIER: se ficher de –POPULAIRE: se foutre de.

rire (se) *verbe pronominal*

/ Ne pas faire cas de. SYN. dédaigner, faire fi de, ignorer, mépriser, narguer, railler, se jouer de, se moquer de –FAMILIER: se ficher de –LITTÉRAIRE: se gausser de –POPULAIRE: se foutre de.

risée *nom féminin*

/ Moquerie collective. SYN. dérision, moquerie, raillerie, sarcasme.

risible *adjectif*

/ Dont on peut se moquer. SYN. amusant, burlesque, caricatural, comique, drôle, inénarrable, plaisant, ridicule –FAMILIER: cocasse, impayable. CONTR. *attristant, dramatique, grave, sérieux, sévère, tragique, triste.*

risque *nom masculin*

/ Ce à quoi l'on s'expose. SYN. danger, inconvénient, menace, nuage, péril –LITTÉRAIRE: écueil.

risqué *adjectif*

/ Qui présente des risques. SYN. aléatoire, aventuré, aventureux, dangereux, délicat, épineux, hardi, hasardé, hasardeux, imprudent, périlleux, téméraire –LITTÉRAIRE: chanceux, difficultueux, scabreux –POPULAIRE: casse-gueule. CONTR. *sûr.*

/ Qui a un caractère osé. SYN. brûlant, choquant, compromettant, osé, scabreux. CONTR. *convenable, correct, digne.*

risquer *verbe*

/ Exposer à un risque. SYN. aventurer, compromettre, engager, exposer, hasarder, jouer le tout pour le tout, jouer son va-tout, mettre en jeu. CONTR. *assurer, garantir.*

/ Avoir une chance de. SYN. faillir, manquer de, pouvoir.

/ S'exposer à un danger. SYN. encourir, s'exposer.

risquer (se) *verbe pronominal*

/ S'engager dans une voie incertaine. SYN. oser, s'aventurer, s'aviser de, se hasarder, se lancer, s'engager, s'enhardir, s'essayer à.

risque-tout *nom*

/ FAMILIER. Personne imprudente. SYN. audacieux, imprudent –FAMILIER: casse-cou. CONTR. *capitulard, lâche, timide* –FAMILIER: *froussard* –VIEUX: *capon.*

rissoler *verbe*

/ Faire rôtir un aliment. SYN. dorer, faire revenir, gratiner, griller, sauter.

ristourne *nom féminin*
/ Déduction faite sur un tarif. SYN. abattement, bonification, diminution, discount, escompte, rabais, réduction, remise.
/ Commission versée. SYN. dessous-de-table, gratification, pièce, pot-de-vin, pourboire –FAMILIER: bakchich.

rite *nom masculin*
/ Manière d'agir codifiée. SYN. cérémonial, cérémonie, coutume, habitude, pratique, protocole, rituel, routine, tradition, usage. CONTR. *innovation, nouveauté.*

ritournelle *nom féminin*
/ Air répétitif. SYN. chanson, refrain, rengaine.
/ FAMILIER. Idée ressassée. SYN. chanson, leitmotiv, rabâchage, rengaine, scie –FAMILIER: couplet, disque, refrain –LITTÉRAIRE: antienne.

rituel *adjectif*
/ Réglé par une coutume. SYN. accoutumé, classique, consacré, habituel, protocolaire, routinier, traditionnel –LITTÉRAIRE: coutumier.

rituel *nom masculin*
/ Ensemble de règles. SYN. cérémonial, cérémonie, coutume, pratique, protocole, rite, routine, tradition.

rivage *nom masculin*
/ Bande de terre qui borde la mer. SYN. berge, côte, littoral, plage, rive –LITTÉRAIRE: grève.

rival *nom*
/ Personne en rivalité. SYN. adversaire, antagoniste, compétiteur, concurrent. CONTR. *allié, ami, associé, camarade, égal, partenaire.*

rivaliser *verbe*
/ Chercher à surpasser quelqu'un. SYN. faire assaut de, lutter, se mesurer –LITTÉRAIRE: jouter. CONTR. *s'allier, s'associer, se coaliser, se liguer.*

rivalité *nom féminin*
/ Concurrence de personnes. SYN. antagonisme, compétition, duel, émulation, lutte, opposition –LITTÉRAIRE: joute. CONTR. *camaraderie, coopération.*

rive *nom féminin*
/ Bord de l'eau. SYN. berge, bord, côte, plage, rivage –LITTÉRAIRE: grève.

rivé *adjectif*
/ Qui est immobilisé. SYN. figé, fixe, immobile.

river *verbe*
/ Assembler avec des rivets. SYN. assembler, joindre, riveter. CONTR. *détacher, disjoindre.*
/ LITTÉRAIRE. Attacher étroitement à. SYN. ancrer, attacher, clouer –FAMILIER: coller, ficher –LITTÉRAIRE: enchaîner.

rivière *nom féminin*
/ LITTÉRAIRE. Coulée qui rappelle de l'eau. SYN. flot, flux, torrent –LITTÉRAIRE: fleuve, ruisseau.

rixe *nom féminin*
/ Querelle violente. SYN. altercation, bagarre, bataille, combat, dispute, échauffourée, escarmouche, mêlée, pugilat –FAMILIER: accrochage.

robe *nom féminin*
/ Pelage d'un mammifère. SYN. fourrure, pelage, poil, toison.

roboratif *adjectif*
/ LITTÉRAIRE. Qui fortifie. SYN. fortifiant, réparateur, tonifiant, tonique.

robot *nom masculin*
/ Personne déshumanisée. SYN. automate, machine, marionnette –FAMILIER: pantin.

robuste *adjectif*
/ Capable de résister. SYN. bâti à chaux et à sable, fort, infatigable, puissant, résistant, vigoureux –FAMILIER: costaud, increvable, vaillant –POPULAIRE: balaise, balèze, baraqué. CONTR. *chétif, croulant, débile, décrépit, défaillant, déficient, étiolé, faible, fluet, frêle, maladif, malingre, rachitique, souffreteux* –VIEUX: *cacochyme.*
/ Solidement construit. SYN. incassable, indestructible, inusable, résistant, solide –LITTÉRAIRE: infrangible. CONTR. *délicat, fragile.*
/ LITTÉRAIRE. Qui ne se laisse pas ébranler. SYN. déterminé, énergique, ferme, irréductible, opiniâtre, résolu, tenace. CONTR. *éphémère, instable, précaire.*

robustesse *nom féminin*
/ Caractère robuste. SYN. fermeté, force, puissance, résistance, solidité, vigueur. CONTR. *affaissement, débilité, décrépitude, déficience, délicatesse, faiblesse, fragilité.*

roc *nom masculin*

- Masse de pierre dure. SYN. pierre, roche, rocher.

rocaille *nom féminin*

- Amas de pierres sur le sol. SYN. pierraille –FAMILIER: caillasse.

rocailleux *adjectif*

- Couvert de pierres. SYN. caillouteux, pierreux.
- Se dit d'un style sans grâce. SYN. abrupt, dur, heurté, laborieux, rude –LITTÉRAIRE: raboteux. CONTR. *aisé, coulant, fluide, harmonieux.*
- Se dit d'une voix rauque. SYN. dur, enroué, éraillé, guttural, râpeux, rauque. CONTR. *mélodieux, suave.*

rocambolesque *adjectif*

- Plein de péripéties. SYN. abracadabrant, extravagant, fantastique, farfelu, incroyable –LITTÉRAIRE: funambulesque.

roche *nom féminin*

- Matière formée de minéraux. SYN. pierre, roc, rocher.

rocher *nom masculin*

- Masse de pierre dure. SYN. pierre, roc, roche.

rococo *adjectif*

- VIEUX. Passé de mode. SYN. antique, démodé, dépassé, désuet, périmé, rétrograde, vieillot, vieux. CONTR. *à la mode, à la page, en vogue, moderne, moderniste, neuf, nouveau, ultra-moderne* –FAMILIER: *in* –VIEUX: *up to date.*

rôdailler *verbe*

- FAMILIER. Rôder çà et là. SYN. déambuler, errer, flâner, rôder, traîner, vagabonder –FAMILIER: traînailler, traînasser –LITTÉRAIRE: divaguer, vaguer.

rôder *verbe*

- Errer çà et là. SYN. errer, flâner, traîner, vagabonder –FAMILIER: rôdailler, traînailler, traînasser –LITTÉRAIRE: divaguer, vaguer.

rodomont *nom masculin*

- LITTÉRAIRE. Personne qui se vante. SYN. bravache, faiseur, fanfaron, faraud, hâbleur, vantard –FAMILIER: frimeur, olibrius –LITTÉRAIRE: capitan, fier-à-bras, matamore, pourfendeur.

rodomontade *nom féminin*

- LITTÉRAIRE. Action de vantard. SYN. bluff, bravade, cabotinage, fanfaronnade, ostentation, vantardise –LITTÉRAIRE: crânerie, forfanterie, gasconnade, hâblerie –VIEUX: fanfaronnerie.

rogaton *nom masculin*

- FAMILIER. Objet de rebut. SYN. babiole, bibelot, bric-à-brac, bricole, vieillerie.
- FAMILIER. Bribe d'aliment. SYN. bribe, miette, relief, reste.

rogne *nom féminin*

- FAMILIER. Mauvaise humeur. SYN. acrimonie, bouderie, colère, hargne, humeur de chien, humeur de dogue, indignation, insatisfaction, irritation, mauvaise humeur, mécontentement –FAMILIER: grogne, humeur massacrante. CONTR. *bonne humeur.*

rogner *verbe intransitif*

- VIEUX. Être en rogne. SYN. grogner, grommeler, gronder, maugréer –FAMILIER: bougonner, grognasser, grognonner, maronner, râler, ronchonner, rouspéter –POPULAIRE: rouscailler –VIEUX: rognonner.

rogner *verbe transitif*

- Couper sur le pourtour. SYN. arrondir, couper, désépaissir, diminuer, écourter, élaguer, émonder, mutiler, raccourcir, rafraîchir, réduire –VIEUX: tronquer.

rogner *verbe transitif indirect*

- Faire des économies. SYN. économiser, lésiner, regarder –FAMILIER: gratter –POPULAIRE: mégoter.

rognonner *verbe*

- VIEUX. Montrer sa mauvaise humeur. SYN. grogner, grommeler, gronder, maugréer –FAMILIER: bougonner, grognasser, grognonner, maronner, râler, ronchonner, rouspéter –POPULAIRE: rouscailler –VIEUX: rogner.

rognure *nom féminin*

- Ce qui reste de quelque chose. SYN. chute, débris, déchet, raclure, rebut, restes.

rogue *adjectif*

- Qui montre de l'arrogance. SYN. arrogant, cavalier, condescendant, dédaigneux, fier, hautain, méprisant, sec, suffisant –FAMILIER: teigneux –LITTÉRAIRE: disgracieux, outrecuidant, rêche. CONTR. *affable, aimable, avenant, caressant, chaleureux, cordial, courtois, déférent, exquis, familier, humble, modeste, obséquieux, simple.*

roi *nom masculin*

/ Celui qui dirige un royaume. SYN. empereur, monarque, potentat, prince, souverain.

/ Homme qui excelle en. SYN. baron, cerveau, magnat, seigneur –FAMILIER: champion, crack, ponte –LITTÉRAIRE: lumière.

rôle *nom masculin*

/ Jeu d'un acteur. SYN. emploi, personnage.

/ Fonction exercée. SYN. attribution, devoir, fonction, mandat, métier, mission, tâche, travail, vocation.

roman *nom masculin*

/ Œuvre d'imagination. SYN. fiction, intrigue.

/ Histoire invraisemblable. SYN. affabulation, fabulation, histoire, invention –FAMILIER: salade.

romance *nom féminin*

/ Mélodie accompagnée. SYN. antienne, chant, refrain, rengaine, scie.

romanesque *adjectif*

/ Qui a les traits du roman. SYN. extraordinaire, extravagant, fantastique, incroyable, merveilleux –FAMILIER: fabuleux. CONTR. *historique, prosaïque, réaliste.*

/ Qui vit comme dans un roman. SYN. chimérique, exalté, rêveur, romantique, sentimental –LITTÉRAIRE: lunaire.

romanichel *nom*

/ Personne nomade. SYN. bohémien, gitan, manouche, tsigane, tzigane.

romantique *adjectif*

/ Qui cède à la sensibilité. SYN. exalté, imaginatif, mélancolique, mystérieux, passionné, poétique, rêveur, romanesque, sentimental. CONTR. *pratique, prosaïque, raisonnable.*

rompre *verbe intransitif*

/ LITTÉRAIRE. Céder brusquement. SYN. casser, céder, craquer, lâcher, se briser, se casser.

rompre *verbe transitif*

/ LITTÉRAIRE. Mettre en morceaux. SYN. briser, casser, fracturer.

/ Faire céder quelque chose. SYN. arracher, crever, emporter, enfoncer, fracasser.

/ Mettre fin à. SYN. anéantir, annuler, défaire, dénoncer, déranger, détruire, dissoudre, interrompre, résilier, ruiner, se dégager, suspendre –LITTÉRAIRE: trancher.

/ LITTÉRAIRE. Exercer quelqu'un à. SYN. accoutumer, aguerrir, dresser, expérimenter, familiariser, habituer –LITTÉRAIRE: façonner.

rompre *verbe transitif indirect*

/ Cesser ses relations avec. SYN. abandonner, en finir, laisser tomber, quitter, se brouiller, se fâcher –FAMILIER: plaquer –POPULAIRE: lâcher. CONTR. *rallier, renouer, s'allier, se rapprocher, se réconcilier* –FAMILIER: *se rabibocher, se raccommoder.*

/ Être très différent de. SYN. s'affranchir, se dégager, se libérer, trahir, trancher avec.

rompre (se) *verbe pronominal*

/ Se casser brusquement. SYN. céder, craquer, éclater, lâcher, se briser, se casser, se fracturer –FAMILIER: claquer, péter.

rompu *adjectif*

/ Très fatigué. SYN. à bout de forces, à plat, anéanti, brisé, broyé, épuisé, exténué, fatigué, fourbu, harassé, K.-O., las, mort de fatigue, recru, rendu, usé –FAMILIER: achevé, au bout du rouleau, claqué, éreinté, esquinté, flagada, flapi, H.S., lessivé, mort, moulu, pompé, raplapla, sur les genoux, tué, vanné, vidé –POPULAIRE: crevé, sur les rotules. CONTR. *délassé, dispos, frais, frais et dispos, reposé* –FAMILIER: *en forme, en pleine forme, frais comme un gardon, frais comme une rose, increvable* –VIEUX: *gaillard.*

/ Qui a de l'expérience. SYN. entraîné, exercé, expérimenté, expert, habitué, qualifié, versé –LITTÉRAIRE: façonné. CONTR. *inexpérimenté* –LITTÉRAIRE: *inexpert.*

ronchon *adjectif*

/ FAMILIER. Qui a l'habitude de râler. SYN. acariâtre, boudeur, bougon, de mauvaise humeur, grincheux, grognon, grondeur, revêche –FAMILIER: mal luné, râleur, ronchonneur, rouspéteur.

ronchon *nom*

/ FAMILIER. Personne qui râle. SYN. boudeur, bougon, grincheux, grognon –FAMILIER: râleur, ronchonneur, rouspéteur.

ronchonner *verbe*

/ FAMILIER. Montrer son mécontentement. SYN. grogner, grommeler, gronder, marmonner, maugréer, murmurer –FAMILIER: bougonner, grognasser, grognonner, maronner, râler, rouspéter –POPULAIRE: rouscailler –VIEUX: rogner, rognonner.

ronchonneur *adjectif*

/ FAMILIER. Qui ronchonne. SYN. acariâtre, boudeur, bougon, grincheux, grognon, grondeur, revêche –FAMILIER: râleur, ronchon, rouspéteur.

ronchonneur *nom*

/ FAMILIER. Personne qui râle. SYN. boudeur, bougon, grincheux, grognon –FAMILIER: râleur, ronchon, rouspéteur.

rond *adjectif*

/ Qui a la forme d'un cercle. SYN. circulaire, cylindrique, sphérique –LITTÉRAIRE: orbiculaire. CONTR. *allongé, aplati, carré, long, ovale, plat, pointu, rectangulaire, triangulaire.*

/ Bien en chair. SYN. charnu, plein, potelé, rebondi –FAMILIER: dodu. CONTR. *creux, décharné, hâve, maigre, maigrelet, maigriot, plat* –FAMILIER: *maigrichon.*

/ FAMILIER. Petit et corpulent. SYN. gras, gros, replet –FAMILIER: boulot, grassouillet, rondelet, rondouillard. CONTR. *efflanqué, filiforme, fluet, grêle, menu, mince, svelte.*

/ VIEUX. Qui va droit au but. SYN. carré, direct, franc, loyal. CONTR. *déloyal, machiavélique, retors, rusé, sournois* –FAMILIER: *roublard* –LITTÉRAIRE: *madré.*

/ POPULAIRE. Qui est ivre. SYN. enivré, gris, ivre –FAMILIER: éméché, imbibé, parti, pompette, saoul, schlass, soûl, soûl comme un Polonais, soûl comme une grive –POPULAIRE: beurré, beurré comme une tartine, blindé, bourré, chargé, cuit, noir, paf, pété, pinté, plein comme une barrique, raide, rond comme une barrique, rond comme une queue de pelle, torché –VIEUX: brindezingue. CONTR. *à jeun, sobre.*

rond *nom masculin*

/ Figure circulaire. SYN. cercle, disque.

/ FAMILIER. Argent. SYN. centime, obole –FAMILIER: sou –LITTÉRAIRE: liard –POPULAIRE: radis.

rond-de-cuir *nom masculin*

/ FAMILIER. Employé de bureau. SYN. bureaucrate –FAMILIER: gratte-papier, scribe, scribouillard.

rondelet *adjectif*

/ FAMILIER. Qui a de l'embonpoint. SYN. charnu, gras, gros, potelé, rebondi, replet –FAMILIER: dodu, grassouillet, rond, rondouillard. CONTR. *efflanqué, filiforme, fluet, maigre, maigrelet, maigriot, menu, mince, sec, squelettique* –FAMILIER: *maigrichon.*

/ FAMILIER. Se dit d'une forte somme. SYN. appréciable, considérable, gentil, important, notable, respectable, substantiel –FAMILIER: coquet, joli. CONTR. *dérisoire, modique.*

rondement *adverbe*

/ Avec rapidité. SYN. expéditivement, hâtivement, lestement, précipitamment, prestement, promptement, rapidement, tambour battant, vite, vivement –FAMILIER: dare-dare. CONTR. *lentement.*

/ VIEUX. Avec franchise. SYN. carrément, directement, franchement, nettement, sans détour –LITTÉRAIRE: sans ambages.

rondeur *nom féminin*

/ Caractère charnu. SYN. adiposité, embonpoint, engraissement, grosseur –FAMILIER: rotondité –LITTÉRAIRE: opulence. CONTR. *minceur, sveltesse.*

/ Attitude naturelle. SYN. bonhomie, cordialité, franchise, franc-parler, jovialité, loyauté, naturel, netteté, simplicité –LITTÉRAIRE: sans-façon. CONTR. –FAMILIER: *chichi* –LITTÉRAIRE: *compassement.*

rondouillard *adjectif*

/ FAMILIER. Qui a de l'embonpoint. SYN. adipeux, charnu, gras, gros, potelé, rebondi, replet –FAMILIER: boulot, dodu, grassouillet, rond, rondelet. CONTR. *décharné, efflanqué, filiforme, fluet, maigre, maigrelet, maigriot, menu, mince, sec, squelettique, svelte* –FAMILIER: *maigrichon* –LITTÉRAIRE: *émacié.*

rond-point *nom masculin*

/ Carrefour circulaire. SYN. carrefour, croisement, étoile.

ronflant *adjectif*

/ Plein d'emphase. SYN. ampoulé, boursouflé, déclamatoire, emphatique, grandiloquent, oratoire, pompeux, théâtral –LITTÉRAIRE: enflé. CONTR. *modeste, sobre.*

/ Qui fait un bruit sourd. SYN. bruyant, sonore, vrombissant. CONTR. *silencieux.*

ronflement *nom masculin*

/ Bruit sourd. SYN. bourdonnement, grondement, roulement, vrombissement –FAMILIER: ronron.

ronfler *verbe*

/ Produire un bruit sourd. SYN. bourdonner, corner, vrombir.

ronger *verbe*

/ Entamer à coups de dents. SYN. grignoter, manger, mordiller, mordre.
/ User quelque chose. SYN. altérer, attaquer, brûler, corroder, éroder, fouir, miner, mordre, ravager, saper –LITTÉRAIRE: caver.
/ Miner quelqu'un. SYN. assaillir, bourreler, dévorer, épuiser, hanter, inquiéter, lanciner, obnubiler, tenailler, tourmenter, tracasser, travailler, user –FAMILIER: turlupiner –LITTÉRAIRE: consumer, dévaster, gangrener, posséder, ravager.

ronron *nom masculin*

/ FAMILIER. Bruit sourd et continu. SYN. bourdonnement, grondement, ronflement, vrombissement –LITTÉRAIRE: mugissement, rumeur.

rosé *adjectif*

/ Faiblement teinté de rose. SYN. frais. CONTR. *blafard, blême, cadavéreux, cadavérique, hâve, pâle, plombé, verdâtre* –FAMILIER: *pâlichon, pâlot.*

rosse *adjectif*

/ FAMILIER. Qui est méchant. SYN. caustique, mauvais, méchant, mordant, sarcastique, satirique. CONTR. *attentionné, bon.*
/ FAMILIER. D'une grande sévérité. SYN. dur, exigeant, intransigeant, sévère –FAMILIER: chameau, vache.

rosse *nom féminin*

/ FAMILIER. Mauvais cheval. SYN. –LITTÉRAIRE: rossinante –POPULAIRE: canasson, tocard, toquard –VIEUX: carcan, carne, haridelle.
/ FAMILIER. Personne dure. SYN. peste –FAMILIER: chameau, gale, poison, teigne –POPULAIRE: charogne, peau de vache, punaise, vache.

rossée *nom féminin*

/ FAMILIER. Volée de coups. SYN. correction, tripotée –FAMILIER: pile, raclée, tabassée –POPULAIRE: dégelée, dérouillée, pâtée, peignée, rouste, tannée, tournée, trempe –VIEUX: frottée.

rosser *verbe*

/ FAMILIER. Frapper violemment. SYN. battre, frapper, maltraiter, matraquer, rouer de coups, taper –FAMILIER: passer à tabac, tabasser –POPULAIRE: cogner.

rosserie *nom féminin*

/ FAMILIER. Parole, action blessante. SYN. méchanceté –FAMILIER: crasse, entourloupe, entourloupette, saleté, tour de cochon –LITTÉRAIRE: vilenie –POPULAIRE: saloperie, vacherie. CONTR. *attention.*

rossinante *nom féminin*

/ LITTÉRAIRE. Cheval maigre. SYN. –FAMILIER: rosse –POPULAIRE: canasson, tocard, toquard –VIEUX: carcan, carne, haridelle.

rot *nom masculin*

/ FAMILIER. Émission bruyante. SYN. éructation, renvoi.

rotation *nom féminin*

/ Action de tourner. SYN. conversion, demi-tour, giration, roulement, tour, virevolte.

rôtir *verbe*

/ Brûler quelque chose. SYN. brûler, cuire, griller. CONTR. *glacer, refroidir.*

rotondité *nom féminin*

/ FAMILIER. Formes rondes. SYN. adiposité, embonpoint, engraissement, grosseur, obésité, rondeur –LITTÉRAIRE: opulence. CONTR. *dessèchement, maigreur, minceur* –LITTÉRAIRE: *sveltesse.*

roture *nom féminin*

/ Ensemble des roturiers. SYN. masse, peuple –LITTÉRAIRE: commun. CONTR. *aristocratie, noblesse.*

roturier *adjectif*

/ LITTÉRAIRE. Qui manque de distinction. SYN. bas, commun, grossier, populaire, prosaïque, vulgaire. CONTR. *distingué, élégant, noble.*

roturier *nom*

/ Personne non noble. SYN. prolétaire –LITTÉRAIRE: plébéien. CONTR. *aristocrate, gentilhomme, noble, patricien.*

roublard *adjectif*

/ FAMILIER. Capable de sournoiserie. SYN. finaud, futé, habile, machiavélique, malin, retors, roué, rusé –FAMILIER: combinard, ficelle –LITTÉRAIRE: madré, matois, tortu –VIEUX: finasseur, finassier. CONTR. *carré, franc* –VIEUX: *rond.*

roublard *nom*

/ FAMILIER. Personne sournoise. SYN. finaud, malin, renard, rusé –FAMILIER: combinard, rossard –LITTÉRAIRE: madré, matois.

roublardise *nom féminin*

/ FAMILIER. Caractère roublard. SYN. dissimulation, fourberie, machiavélisme, rouerie –LITTÉRAIRE: cautèle, perfidie, scélératesse, sournoiserie, vilenie –VIEUX: finauderie. CONTR. *ingénuité, innocence, simplicité.*

/ FAMILIER. Acte de roublard. SYN. artifice, finasserie, rouerie, ruse, stratagème –FAMILIER: astuce, combine, truc –LITTÉRAIRE: fourberie, scélératesse, sournoiserie, vilenie –VIEUX: finauderie.

roucouler *verbe*

/ Être très amoureux. SYN. filer le parfait amour, n'avoir d'yeux que pour.

roué *adjectif*

/ Sans scrupules. SYN. astucieux, finaud, futé, habile, machiavélique, malin, retors, rusé –FAMILIER: combinard, ficelle, roublard –LITTÉRAIRE: cauteleux, madré, matois, tortu –VIEUX: finasseur, finassier. CONTR. *ingénu, innocent, naïf.*

rouerie *nom féminin*

/ Action rusée. SYN. artifice, ficelle, finasserie, ruse, stratagème –FAMILIER: astuce, combine, roublardise, truc –LITTÉRAIRE: fourberie, sournoiserie –VIEUX: finauderie.

/ Caractère sournois. SYN. dissimulation, fourberie, machiavélisme –FAMILIER: roublardise –LITTÉRAIRE: cautèle, matoiserie, perfidie, scélératesse, sournoiserie, vilenie –VIEUX: finauderie. CONTR. *ingénuité, innocence, simplicité.*

rouge *adjectif*

/ Dont la peau se colore. SYN. congestionné, cramoisi, écarlate, enflammé, pourpre, rougeaud, sanguin –LITTÉRAIRE: empourpré, rubicond, rubigineux. CONTR. *blafard, blême, cireux, exsangue, livide, olivâtre, pâle, plombé, terreux.*

rougeaud *adjectif*

/ Qui a le visage rouge. SYN. congestionné, cramoisi, écarlate, enflammé, pourpre, rouge, sanguin –LITTÉRAIRE: empourpré, rubicond. CONTR. *blafard, blême, cireux, exsangue, livide, olivâtre, pâle, plombé, terreux.*

rougir *verbe*

/ Devenir rouge. SYN. devenir cramoisi, devenir écarlate, être rouge comme un coq, être rouge comme une écrevisse, être rouge comme une pivoine, être rouge comme une tomate, passer par toutes les couleurs –FAMILIER: piquer un fard, piquer un soleil. CONTR. *blêmir, pâlir.*

rouiller *verbe*

/ Ôter à quelqu'un sa souplesse. SYN. ankyloser, émousser, paralyser.

rouiller (se) *verbe pronominal*

/ Perdre de sa vivacité. SYN. s'ankyloser, s'atrophier, se ramollir, s'émousser, s'encroûter, s'endormir, s'engourdir, s'étioler.

roulant *adjectif*

/ FAMILIER. Qui est très comique. SYN. à mourir de rire, amusant, comique, désopilant, drôle, gai, hilarant, inénarrable, plaisant –FAMILIER: cocasse, crevant, folichon, impayable, marrant, rigolo, tordant –POPULAIRE: à pisser de rire, bidonnant, fendant, gondolant, poilant. CONTR. *funèbre, lugubre, macabre, morne, mortel, sinistre, tragique, triste* –FAMILIER: *cafardeux, glauque.*

roulement *nom masculin*

/ Bruit sourd et continu. SYN. fracas, grondement, ronflement –LITTÉRAIRE: rumeur.

/ Fait de se succéder. SYN. alternance, circulation, périodicité, rotation, succession.

rouler *verbe intransitif*

/ Tomber soudainement. SYN. basculer –FAMILIER: chuter, dégringoler.

/ Faire entendre des roulements. SYN. gronder, résonner, retentir, tonner.

/ Se déplacer (véhicule). SYN. avancer, circuler, fonctionner, marcher.
/ Avoir pour sujet. SYN. porter, toucher à, traiter de.

rouler *verbe transitif*
/ Emporter dans ses eaux. SYN. charrier, emporter, entraîner.
/ Envelopper dans quelque chose. SYN. empaqueter, enrouler, entortiller. CONTR. *dérouler, développer, étaler, étendre.*
/ FAMILIER. Tromper quelqu'un. SYN. attraper, berner, duper, escroquer, exploiter, leurrer, mystifier, piéger, se moquer, tromper –FAMILIER: avoir, empaumer, empiler, flouer, mener en bateau, monter un bateau, pigeonner, posséder, refaire –LITTÉRAIRE: gruger, jouer –POPULAIRE: baiser, entuber.

roupiller *verbe*
/ FAMILIER. Être plongé dans le sommeil. SYN. dormir, être dans les bras de Morphée –FAMILIER: faire dodo, faire le tour du cadran, piquer un roupillon –LITTÉRAIRE: reposer –POPULAIRE: en écraser, pioncer. CONTR. *veiller.*

rouquin *adjectif*
/ FAMILIER. Qui a les cheveux roux. SYN. auburn, fauve, roussâtre, roux.

rouscailler *verbe*
/ POPULAIRE. Formuler des protestations. SYN. grogner, gronder, maugréer, murmurer, pester, protester, se plaindre –FAMILIER: bougonner, grognasser, grognonner, rager, râler, ronchonner, rouspéter –POPULAIRE: gueuler –VIEUX: rogner, rognonner.

rouspéter *verbe*
/ FAMILIER. Manifester son mécontentement. SYN. fulminer, grogner, gronder, maugréer, murmurer, pester, protester, se plaindre –FAMILIER: bougonner, grognasser, grognonner, râler, ronchonner –POPULAIRE: gueuler, rouscailler –VIEUX: rogner, rognonner.

rouspéteur *adjectif*
/ FAMILIER. Qui rouspète. SYN. acariâtre, boudeur, bougon, grincheux, grognon, grondeur, revêche –FAMILIER: râleur, rogneux, ronchon, ronchonneur –POPULAIRE: gueulard.

rouspéteur *nom*
/ FAMILIER. Personne qui rouspète. SYN. boudeur, bougon, grincheux, grognon –FAMILIER: râleur, ronchon, ronchonneur –POPULAIRE: gueulard.

roussâtre *adjectif*
/ Qui tire sur le roux. SYN. roux –FAMILIER: rouquin –LITTÉRAIRE: rubigineux.

rouste *nom féminin*
/ POPULAIRE. Volée de coups. SYN. correction, tripotée, volée –FAMILIER: pile, raclée, rossée, tabassée –POPULAIRE: dégelée, dérouillée, pâtée, peignée, tannée, tournée, trempe –VIEUX: frottée.

route *nom féminin*
/ Voie de communication. SYN. artère, autoroute, chemin, passage, voie –LITTÉRAIRE: sente.
/ Espace à parcourir. SYN. chemin, itinéraire, parcours, trajet.
/ Direction de vie. SYN. chemin, ligne, voie –LITTÉRAIRE: sentier.

routine *nom féminin*
/ Habitude mécanique. SYN. habitude, manie, poncif, rite, rituel, tradition.
/ Ensemble d'habitudes. SYN. accoutumance, sentiers battus –FAMILIER: ronron, train-train. CONTR. *apprentissage, innovation, nouveauté.*

routinier *adjectif*
/ Caractérisé par la routine. SYN. classique, conservateur, conventionnel, encroûté, habituel, monotone, protocolaire, rituel, traditionaliste, traditionnel –LITTÉRAIRE: coutumier. CONTR. *innovateur, novateur, révolutionnaire.*

rouvrir *verbe*
/ Ouvrir à nouveau. SYN. débloquer, décoincer. CONTR. *fermer.*

roux *adjectif*
/ D'une couleur orangée. SYN. auburn, fauve, rouge, roussâtre, rutilant –FAMILIER: rouquin –LITTÉRAIRE: rubigineux.

royal *adjectif*
/ Qui est digne d'un roi. SYN. fastueux, grandiose, imposant, magnifique, majestueux, princier, somptueux, splendide, sublime, superbe –LITTÉRAIRE: pompeux.

royalement *adverbe*
/ D'une manière royale. SYN. fastueusement, luxueusement, magnifiquement, majestueusement, princièrement, richement, somptueusement, splendidement –LITTÉRAIRE: pompeusement, sublimement.

/ FAMILIER. Au plus haut point. SYN. absolument, complètement, entièrement, extrêmement, intégralement, parfaitement, pleinement, prodigieusement, radicalement, souverainement, totalement – FAMILIER : superlativement.

royaume *nom masculin*

/ LITTÉRAIRE. Domaine privilégié de. SYN. domaine, fief, pays, sphère, univers.

ruban *nom masculin*

/ Ornement de tissu. SYN. cordon, cordonnet, faveur, galon, ganse.

rubicond *adjectif*

/ LITTÉRAIRE. Se dit d'un visage rouge. SYN. congestionné, cramoisi, écarlate, enflammé, pourpre, rouge, rougeaud, sanguin – LITTÉRAIRE : empourpré. CONTR. *blafard, blême, cireux, exsangue, livide, olivâtre, pâle, plombé, terreux.*

rubigineux *adjectif*

/ LITTÉRAIRE. Qui a la couleur de la rouille. SYN. fauve, rouge, roussâtre, roux, rutilant.

rude *adjectif*

/ Qui est dur au toucher. SYN. granuleux, grenu, raboteux, râpeux, rêche, rugueux. CONTR. *glacé, lisse, moelleux, poli, satiné, soyeux, velouté.*

/ Qui montre de la sévérité. SYN. abrupt, austère, brutal, revêche, rigoureux, sec, sévère – FAMILIER : vache. CONTR. *accueillant, agréable, aimable, attentif, avenant, bienveillant, cajoleur, câlin, caressant, doucereux, doux, engageant, gracieux, sensible* – LITTÉRAIRE : *paterne.*

/ Se dit d'un son dur. SYN. âpre, dur, enroué, éraillé, guttural, râpeux, rauque, rocailleux. CONTR. *harmonieux, mélodieux, suave.*

/ Qui manque de délicatesse. SYN. bourru, brut, fruste, grossier, simple – LITTÉRAIRE : malgracieux, raboteux, rustique. CONTR. *délicat, distingué, précieux, raffiné, sophistiqué.*

/ Qui est pénible à supporter. SYN. accablant, âpre, cruel, difficile, dur, éprouvant, épuisant, esquintant, exténuant, fatigant, harassant, pénible, rigoureux – FAMILIER : claquant, éreintant, tuant, usant. CONTR. *agréable, clément, doux, plaisant, reposant.*

/ Qui est difficile à vaincre. SYN. ardu, chaud, difficile, dur, farouche, redoutable, résistant. CONTR. *aisé, facile.*

rudement *adverbe*

/ De façon brutale. SYN. abominablement, brusquement, brutalement, cruellement, crûment, épouvantablement, inhumainement, méchamment, violemment. CONTR. *doucement, mollement.*

/ FAMILIER. À un très haut degré. SYN. abominablement, affreusement, au dernier point, beaucoup, bien, effroyablement, énormément, épouvantablement, exceptionnellement, excessivement, extraordinairement, extrêmement, follement, fort, fortement, grandement, hautement, horriblement, immensément, immodérément, incroyablement, infiniment, mortellement, parfaitement, particulièrement, prodigieusement, profondément, puissamment, suprêmement, terriblement, tout à fait, très, trop, vertigineusement – FAMILIER : atrocement, bigrement, bougrement, diablement, drôlement, fameusement, fichtrement, fichûment, formidablement, joliment, méchamment – LITTÉRAIRE : diantrement, furieusement – POPULAIRE : foutrement, salement, vachement – VIEUX : fièrement. CONTR. *faiblement, légèrement, peu.*

/ Sans ménagement. SYN. abruptement, âprement, durement, sèchement, sévèrement, vertement – FAMILIER : à la baguette. CONTR. *aimablement, gentiment, tendrement.*

rudesse *nom féminin*

/ LITTÉRAIRE. Caractère rugueux. SYN. dureté, rugosité. CONTR. *douceur, moelleux, velouté* – LITTÉRAIRE : *suavité.*

/ Caractère pénible. SYN. âpreté, dureté, rigueur – LITTÉRAIRE : cruauté, inclémence. CONTR. *tiédeur* – LITTÉRAIRE : *clémence.*

/ LITTÉRAIRE. Manque de délicatesse. SYN. barbarie, crudité, grossièreté – LITTÉRAIRE : rusticité. CONTR. *délicatesse, préciosité, raffinement, subtilité.*

/ Comportement brutal. SYN. brusquerie, brutalité, cruauté, dureté, sauvagerie, sécheresse. CONTR. *amabilité, attention, bonté, complaisance, douceur, gentillesse, tendresse* – LITTÉRAIRE : *aménité, mansuétude.*

rudimentaire *adjectif*

/ Limité aux rudiments. SYN. béotien, élémentaire, embryonnaire, fruste, imparfait, indigent, insuffisant, primaire, primitif, relatif, schématique, simpliste, sommaire. CONTR. *achevé, approfondi, complet, développé, exhaustif, parfait, poussé, subtil* – LITTÉRAIRE : *soigneux.*

rudiments *nom masculin pluriel*
/ Notions élémentaires. SYN. abc, b.a-ba, base, fondement, premiers éléments.

rudoyer *verbe*
/ Traiter sans ménagement. SYN. bousculer, brusquer, brutaliser, houspiller, malmener, maltraiter, matraquer, molester, rabrouer – FAMILIER: secouer, tarabuster – LITTÉRAIRE: gourmander, violenter. CONTR. *cajoler, câliner, caresser, choyer, couver, dorloter, gâter* – FAMILIER: *chouchouter, mignoter.*

rue *nom féminin*
/ Voie de circulation. SYN. chaussée, voie.

ruée *nom féminin*
/ Action de se ruer vers. SYN. afflux, rush.

ruer (se) *verbe pronominal*
/ Se précipiter avec violence sur. SYN. attaquer, charger, foncer sur, fondre sur, piquer vers, sauter sur, se jeter, se précipiter, tomber sur.
/ Aller rapidement vers. SYN. bondir, déferler, se jeter, se précipiter, s'élancer, voler.

rugir *verbe*
/ Pousser des cris terribles. SYN. crier, hurler, vociférer – FAMILIER: beugler, brailler, braire – POPULAIRE: bramer.
/ LITTÉRAIRE. Produire un son grave. SYN. gronder, hurler, vrombir – LITTÉRAIRE: mugir.

rugissement *nom masculin*
/ Fait de rugir. SYN. braillement, clameur, cri, hurlement, vocifération – FAMILIER: beuglement.
/ Bruit violent et prolongé. SYN. grondement, vrombissement – LITTÉRAIRE: hurlement, mugissement.

rugueux *adjectif*
/ Qui présente des aspérités. SYN. âpre, calleux, granuleux, grenu, inégal, raboteux, râpeux, rêche, rude. CONTR. *doux, glacé, lisse, poli, satiné, soyeux, uni, velouté* – LITTÉRAIRE: *duveté, duveteux.*

ruine *nom féminin*
/ État d'un bâtiment qui s'écroule. SYN. délabrement, démantèlement, démolition, destruction, dévastation, effondrement. CONTR. *relèvement, restauration.*
/ Destruction progressive de. SYN. anéantissement, annihilation, bouleversement, chute, culbute, décadence, déclin, déliquescence, écroulement, fin, renversement. CONTR. *affermissement, établissement, raffermissement, redressement, relèvement.*
/ Fait d'être ruiné. SYN. banqueroute, débâcle, déconfiture, déroute, désastre, faillite, naufrage, perte, précipice.
/ FAMILIER. Personne usée. SYN. épave, larve, loque – POPULAIRE: débris.

ruiné *adjectif*
/ Qui a subi des dommages. SYN. anéanti, décrépit, délabré, démantelé, démoli, détruit, écroulé, effondré.
/ Qui a perdu sa fortune. SYN. – FAMILIER: fauché, nettoyé, ratissé, sur la paille. CONTR. *à l'abri du besoin, cousu d'or, fortuné, nanti, riche comme Crésus* – FAMILIER: *plein aux as.*

ruiner *verbe*
/ LITTÉRAIRE. Faire subir des dégâts. SYN. abîmer, détruire, dévaster, endommager, entamer, piller, ravager – VIEUX: saccager. CONTR. *bâtir, créer, édifier, fonder, raccommoder* – FAMILIER: *rabibocher, rafistoler, retaper.*
/ Altérer la santé. SYN. altérer, miner, ronger, user – LITTÉRAIRE: consumer, dévaster, ravager.
/ Causer la perte de. SYN. anéantir, annihiler, balayer, briser, démolir, désintégrer, fissurer, gâcher, nuire, perdre, phagocyter, renverser, saborder, saboter, saper, torpiller, tuer – FAMILIER: nettoyer. CONTR. *affermir, asseoir, enrichir, entretenir, renforcer.*

ruines *nom féminin pluriel*
/ Ce qui reste d'un édifice. SYN. déblais, décombres, gravats, restes, vestiges.

ruineux *adjectif*
/ Qui entraîne des dépenses. SYN. cher, coûteux, exorbitant, hors de prix, inabordable, onéreux, prohibitif – FAMILIER: salé – LITTÉRAIRE: dispendieux. CONTR. *économique, modeste, modique, raisonnable.*

ruisseau *nom masculin*
/ LITTÉRAIRE. Ce qui coule abondamment. SYN. flot, flux, torrent – LITTÉRAIRE: fleuve, rivière.

ruisselant *adjectif*
/ Qui ruisselle. SYN. dégouttant, mouillé, suintant, trempé – FAMILIER: dégoulinant.

ruisseler *verbe*

/ Être inondé d'un liquide. SYN. couler, dégoutter, suinter –FAMILIER: dégouliner.

/ LITTÉRAIRE. Être baigné de lumière. SYN. étinceler, rayonner –LITTÉRAIRE: resplendir.

rumeur *nom féminin*

/ Ensemble confus de voix. SYN. bourdonnement, murmure, tumulte –FAMILIER: brouhaha.

/ LITTÉRAIRE. Grand bruit indistinct. SYN. fracas, grondement, roulement –FAMILIER: ronron.

/ Nouvelle qui se répand. SYN. bruit, écho, ondit, ouï-dire, qu'en-dira-t-on –FAMILIER: bobard, canard, potin, racontar, ragot.

ruminer *verbe*

/ Tourner en tous sens une idée. SYN. machiner, manigancer, méditer, réfléchir, remâcher, repasser, repenser, retourner, revenir sur –FAMILIER: goupiller –LITTÉRAIRE: ressasser.

rupin *adjectif*

/ POPULAIRE. Très riche. SYN. cossu, riche –FAMILIER: argenté –POPULAIRE: friqué.

rupture *nom féminin*

/ Action d'annuler un acte. SYN. abolition, abrogation, annulation, changement, dénonciation, résiliation, révocation. CONTR. *continuité.*

/ Fait de se brouiller. SYN. antagonisme, brouille, désaccord, divorce, froid, séparation –FAMILIER: fâcherie –VIEUX: brouillerie. CONTR. *accord, alliance, association, coalition, rapprochement, réconciliation* –FAMILIER: *raccommodement.*

rural *adjectif*

/ Qui concerne la campagne. SYN. agreste, agricole, bucolique, campagnard, paysan –LITTÉRAIRE: champêtre, pastoral, rustique. CONTR. *citadin, urbain.*

ruse *nom féminin*

/ Procédé habile. SYN. artifice, biais, ficelle, finasserie, manège, manœuvre, stratagème, subterfuge –FAMILIER: astuce, feinte, truc –LITTÉRAIRE: duperie.

/ Adresse de quelqu'un à agir. SYN. adresse, astuce, finesse, fourberie, habileté, machiavélisme, rouerie, subtilité –FAMILIER: roublardise –LITTÉRAIRE: sournoiserie.

rusé *adjectif*

/ Qui agit avec ruse. SYN. adroit, astucieux, espiègle, futé, habile, malin, malin comme un singe, retors, roué –FAMILIER: ficelle –LITTÉRAIRE: artificieux, cauteleux, madré, matois –VIEUX: finasseur, finassier. CONTR. *candide, droit, innocent, maladroit, naïf, nigaud* –FAMILIER: *bébête, bêta* –POPULAIRE: *nouille.*

/ Qui dénote la ruse. SYN. chafouin, espiègle, futé, malicieux, narquois –FAMILIER: roublard. CONTR. *ingénu, innocent, simplet.*

rusé *nom*

/ Personne rusée. SYN. futé, malin –FAMILIER: combinard, roublard –VIEUX: finasseur, finassier. CONTR. *naïf, niais, nigaud* –FAMILIER: *bûche, buse, nouille* –LITTÉRAIRE: *nicodème* –POPULAIRE: *cornichon.*

ruser *verbe*

/ Employer la ruse. SYN. biaiser, finasser, intriguer, louvoyer, manœuvrer.

rustaud *adjectif*

/ FAMILIER. Qui ignore les usages. SYN. balourd, fruste, grossier, lourdaud, rustre –FAMILIER: ballot, lourd –LITTÉRAIRE: rustique.

rustaud *nom*

/ FAMILIER. Homme grossier. SYN. butor, cuistre, goujat, imbécile, lourdaud, malappris, malotru, mufle, ostrogoth, rustre –FAMILIER: buse, malpoli, paltoquet –POPULAIRE: pedzouille, petzouille.

rusticité *nom féminin*

/ LITTÉRAIRE. Manières frustes. SYN. barbarie, grossièreté, muflerie, simplicité, verdeur, vulgarité –LITTÉRAIRE: rudesse. CONTR. *raffinement* –LITTÉRAIRE: *urbanité.*

rustique *adjectif*

/ LITTÉRAIRE. Qui se rapporte à la campagne. SYN. agreste, agricole, bucolique, campagnard, paysan, rural –LITTÉRAIRE: champêtre, pastoral. CONTR. *citadin, urbain.*

/ LITTÉRAIRE. Qui est fruste. SYN. balourd, fruste, grossier, inculte, lourdaud, rude, rustre, simple –FAMILIER: rustaud. CONTR. *affecté, compliqué, délicat, élégant, étudié, maniéré, précieux, raffiné, sophistiqué* –LITTÉRAIRE: *urbain.*

rustre *adjectif*

/ Qui manque d'éducation. SYN. balourd, barbare, béotien, brut, discourtois, fruste, grossier, indélicat, lourdaud –FAMILIER: ballot, rustaud –LITTÉRAIRE: incivil, malgracieux, rustique. CONTR. *civilisé, courtois, galant, poli, raffiné* –LITTÉRAIRE: *civil, policé, urbain.*

rustre *nom*

/ Personne indélicate. SYN. béotien, butor, cuistre, goujat, imbécile, lourdaud, mal élevé, malappris, malotru, mufle, ostrogoth, ours mal léché, paysan du Danube, sans-gêne, sauvage –FAMILIER: buse, malpoli, paltoquet, rustaud –LITTÉRAIRE: soudard –POPULAIRE: jean-foutre, pedzouille, petzouille, pignouf –VIEUX: bélître. CONTR. *gentleman* –LITTÉRAIRE: *gentilhomme.*

rutilant *adjectif*

/ Qui est d'un rouge vif. SYN. écarlate, pourpre, rouge, roux –LITTÉRAIRE: rubigineux.

/ Qui brille d'un vif éclat. SYN. brillant, éblouissant, éclatant, étincelant, pétillant, reluisant –LITTÉRAIRE: flamboyant, fulgurant.

rutiler *verbe*

/ Briller d'un vif éclat. SYN. briller, étinceler, scintiller –LITTÉRAIRE: flamber, flamboyer, fulgurer, rayonner, resplendir.

rythme *nom masculin*

/ Succession régulière de sons. SYN. allure, cadence, mesure, mouvement, tempo, vitesse.

rythmé *adjectif*

/ Qui suit un rythme. SYN. cadencé, eurythmique, périodique, régulier.

rythmer *verbe*

/ Donner du rythme. SYN. accentuer, marteler, ponctuer, scander –LITTÉRAIRE: cadencer.

sabbat *nom masculin*

/ VIEUX. Vacarme frénétique. SYN. bruit, charivari, fracas, tapage, tintamarre, tumulte –FAMILIER : boucan, chahut, chambard, foire, potin, raffut, sarabande, tintouin –LITTÉRAIRE : hourvari –POPULAIRE : barouf, baroufe, bastringue, ramdam –VIEUX : bousin.

sabir *nom masculin*

/ Langue difficile à comprendre. SYN. galimatias, phraséologie –FAMILIER : baragouin, charabia, jargon –LITTÉRAIRE : amphigouri.

saborder *verbe*

/ Couler volontairement un navire. SYN. couler, torpiller.

/ Faire échouer. SYN. couler, démolir, détruire, gâcher, nuire, perdre, phagocyter, renverser, ruiner, saboter, saper, torpiller.

sabotage *nom masculin*

/ Action de saboter. SYN. dégradation, gâchis, malveillance –FAMILIER : bâclage, massacre. CONTR. –LITTÉRAIRE : *parachèvement.*

saboter *verbe*

/ Mal exécuter un travail. SYN. –FAMILIER : bâcler, cochonner, expédier, massacrer, sabrer, saccager, torcher, torchonner –POPULAIRE : saloper. CONTR. *fignoler, parachever, parfaire, peaufiner, polir, soigner* –FAMILIER : *chiader, lécher* –LITTÉRAIRE : *ciseler* –VIEUX : *perler.*

/ Détériorer quelque chose. SYN. abîmer, dégrader, détériorer, endommager –FAMILIER : bousiller, esquinter.

/ Provoquer l'échec d'une action. SYN. couler, démolir, détruire, gâcher, perdre, phagocyter, ruiner, saborder, saper, torpiller.

sabrer *verbe*

/ Marquer de hachures. SYN. barrer, biffer, raturer, raviner, rayer.

/ Réduire un texte. SYN. caviarder, couper, écourter, épurer, raturer, tronquer.

/ FAMILIER. Éliminer quelqu'un. SYN. bannir, casser, chasser, congédier, démettre, déposer, destituer, éliminer, licencier, limoger, mettre à la porte, mettre à pied, radier, relever, remercier, renvoyer, révoquer –FAMILIER : balayer, blackbouler, débarquer, déboulonner, dégommer, démissionner, ficher à la porte, flanquer à la porte, flanquer dehors, vider –POPULAIRE : balancer, foutre à la porte, lourder, sacquer, saquer, virer. CONTR. *engager, garder, nommer, promouvoir.*

/ FAMILIER. Faire mal un travail. SYN. gâcher, saboter –FAMILIER : bâcler, bousiller, cochonner, expédier, massacrer, saccager, torcher, torchonner –POPULAIRE : saloper. CONTR. *fignoler, peaufiner, polir, soigner* –FAMILIER : *chiader* –LITTÉRAIRE : *ciseler* –VIEUX : *perler.*

sac *nom masculin*

/ LITTÉRAIRE. Pillage d'une ville. SYN. dévastation, pillage, ravage, saccage –FAMILIER : razzia –LITTÉRAIRE : rapine –VIEUX : déprédation.

saccade *nom féminin*

/ Mouvement brusque. SYN. à-coup, cahot, secousse, soubresaut.

¶ forme du paragraphe

saccadé *adjectif*
/ Qui se fait par saccades. SYN. convulsif, coupé, discontinu, entrecoupé, haché, haletant, heurté, inégal, irrégulier, sautillant, trépidant –LITTÉRAIRE: capricant. CONTR. *cadencé, harmonieux, régulier, tranquille.*

saccage *nom masculin*
/ Action de saccager. SYN. bouleversement, dégât, dévastation, pillage, ravage –FAMILIER: massacre, razzia –LITTÉRAIRE: sac –VIEUX: déprédation.

saccager *verbe*
/ FAMILIER. Faire très mal un travail. SYN. gâcher, saboter –FAMILIER: bâcler, bousiller, cochonner, expédier, massacrer, sabrer, torcher, torchonner –POPULAIRE: saloper. CONTR. *soigner.*
/ VIEUX. Piller un pays, une ville. SYN. détruire, dévaster, écumer, mettre à feu et à sang, piller, ravager –LITTÉRAIRE: infester, mettre à sac, ruiner.
/ Mettre un lieu en désordre. SYN. déranger –FAMILIER: chambarder, chambouler. CONTR. *ordonner, ranger.*

sacquer *verbe*
/ POPULAIRE. Congédier quelqu'un. SYN. bannir, casser, chasser, congédier, démettre, déposer, destituer, éliminer, licencier, limoger, mettre à la porte, mettre à pied, radier, relever, remercier, renvoyer, révoquer –FAMILIER: balayer, blackbouler, débarquer, déboulonner, dégommer, démissionner, ficher à la porte, flanquer à la porte, flanquer dehors, sabrer, vider –POPULAIRE: balancer, foutre à la porte, lourder, virer.

sacraliser *verbe*
/ Considérer comme sacré. SYN. diviniser –LITTÉRAIRE: sanctifier.

sacre *nom masculin*
/ Consécration solennelle. SYN. consécration, couronnement, intronisation.

sacré *adjectif*
/ Qui appartient au religieux. SYN. hiératique, intangible, inviolable, liturgique, saint, tabou. CONTR. *profane.*
/ À qui l'on doit le respect. SYN. intouchable, respectable, vénérable –FAMILIER: sacro-saint, tabou –LITTÉRAIRE: auguste, révéré.
/ FAMILIER. Indique un très haut degré. SYN. beau, damné, fieffé, fini, grand, incroyable, maudit, un(e) drôle de –FAMILIER: fameux, fichu, sale, satané –LITTÉRAIRE: signalé.

sacrément *adverbe*
/ FAMILIER. À un très haut degré. SYN. admirablement, affreusement, énormément, excessivement, extraordinairement, extrêmement, fabuleusement, follement, fortement, grandement, incroyablement, infiniment, mortellement, particulièrement, prodigieusement, singulièrement, vertigineusement, vraiment –FAMILIER: bigrement, bougrement, diablement, drôlement, fameusement, fichtrement, fichûment, formidablement, joliment, méchamment, rudement –LITTÉRAIRE: diantrement, furieusement –POPULAIRE: foutrement, salement, vachement –VIEUX: fièrement.

sacrer *verbe*
/ Conférer un caractère sacré. SYN. bénir, consacrer, oindre.
/ Attribuer un titre à quelqu'un. SYN. couronner, instituer, introniser, investir, nommer –FAMILIER: bombarder.

sacrifice *nom masculin*
/ Offrande à une divinité. SYN. holocauste, immolation.
/ Renoncement volontaire à. SYN. abandon, abnégation, dévouement, renoncement –LITTÉRAIRE: renonciation. CONTR. *égocentrisme, égoïsme.*

sacrifier *verbe*
/ Renoncer de son plein gré à. SYN. abandonner, abdiquer, céder, dire adieu à, donner, laisser, livrer, offrir, renier, renoncer, se défaire, se départir, se dépouiller, se dessaisir, se passer de, se priver, tirer une croix sur –LITTÉRAIRE: immoler. CONTR. *conserver, garder, goûter, jouir, profiter, savourer.*
/ FAMILIER. Vendre à bas prix. SYN. brader, casser les prix, liquider, solder.

sacrifier (se) *verbe pronominal*
/ Faire le sacrifice de. SYN. faire don de sa personne, se dévouer, se vouer.

sacrilège *adjectif*
/ Qui commet un sacrilège. SYN. blasphémateur, blasphématoire –LITTÉRAIRE: impie, profanateur.

sacrilège *nom masculin*

▮ Acte impie. SYN. blasphème, profanation, violation –LITTÉRAIRE: impiété.

▮ Fait de manquer de respect à. SYN. atteinte, crime, hérésie, manquement, outrage.

sacripant *nom masculin*

▮ FAMILIER. Mauvais sujet. SYN. canaille, chenapan, coquin, garnement, vaurien, voyou –FAMILIER: brigand, diable, filou, fripon, galopin, pendard –VIEUX: galapiat, gredin.

sacro-saint *adjectif*

▮ FAMILIER. À quoi on ne peut toucher. SYN. intangible, intouchable, inviolable, respectable, sacré –FAMILIER: tabou –LITTÉRAIRE: révéré. CONTR. *touchable.*

sadique *adjectif*

▮ Qui montre un esprit cruel. SYN. cruel, diabolique, féroce, malfaisant, mauvais, méchant, odieux, pervers, sauvage, vicieux.

sadisme *nom masculin*

▮ Plaisir pris à faire souffrir. SYN. cruauté, férocité, méchanceté, perversité, sauvagerie –LITTÉRAIRE: diabolisme.

sagace *adjectif*

▮ Qui a de la sagacité. SYN. avisé, clairvoyant, divinateur, fin, intelligent, lucide, pénétrant, perspicace, pertinent, profond, sage, sensé, subtil, talentueux. CONTR. *balourd, bête, borné, fermé, idiot, naïf, niais, obtus, simple, simplet, stupide* –FAMILIER: *ballot, bouché, lourd.*

sagacité *nom féminin*

▮ Pénétration d'esprit. SYN. clairvoyance, discernement, finesse, intelligence, lucidité, nez, pénétration, perspicacité, pertinence, profondeur, sagesse, subtilité –FAMILIER: jugeote. CONTR. *aveuglement, lourdeur, stupidité* –LITTÉRAIRE: *cécité.*

sage *adjectif*

▮ Qui fait preuve de clairvoyance. SYN. averti, avisé, circonspect, éclairé, équilibré, grave, modéré, philosophe, posé, prévoyant, prudent, raisonnable, réfléchi, responsable, sagace, sensé, sérieux. CONTR. *aventureux, écervelé, étourdi, imprévoyant, imprudent, inconscient, inconséquent, irréfléchi, léger, malavisé* –FAMILIER: *casse-cou.*

▮ Qui est conforme au bon sens. SYN. judicieux, logique, pondéré, raisonné, réglé, sûr. CONTR. *absurde, bizarre, délirant, démentiel, déraisonnable, effréné, excessif, extravagant, farfelu, fou, hardi, hasardé, hasardeux, insensé, stupide* –FAMILIER: *dément, loufoque.*

▮ Qui montre de la réserve. SYN. chaste, décent, honnête, pudique, pur, rangé –LITTÉRAIRE: vertueux. CONTR. *débauché, pervers, vicieux* –LITTÉRAIRE: *dissolu, impur.*

▮ Qui se comporte avec docilité. SYN. calme, discipliné, docile, gentil, obéissant, pacifique, tranquille. CONTR. *agité, capricieux, désobéissant, diable, dur, endiablé, indiscipliné, indocile, insupportable, odieux, remuant, rétif, tapageur, terrible, turbulent* –LITTÉRAIRE: *tumultueux.*

sagement *adverbe*

▮ Avec discernement. SYN. judicieusement, prudemment, raisonnablement, sainement –LITTÉRAIRE: sensément. CONTR. *à la légère, aventureusement, follement, imprudemment, légèrement* –LITTÉRAIRE: *témérairement.*

▮ Avec tranquillité. SYN. à tête reposée, calmement, docilement, doucement, gentiment, modérément, mollement, paisiblement, placidement, posément, sereinement, tranquillement –POPULAIRE: peinardement, pénardement. CONTR. *fiévreusement, fougueusement, immodérément, impatiemment, nerveusement, précipitamment* –FAMILIER: *dare-dare.*

sagesse *nom féminin*

▮ Caractère avisé. SYN. bon sens, circonspection, clairvoyance, discernement, finesse, gravité, intelligence, lucidité, maturité, mesure, modération, pénétration, perspicacité, pertinence, philosophie, pondération, précaution, profondeur, prudence, raison, sagacité, sens commun, subtilité –FAMILIER: jugeote –LITTÉRAIRE: sobriété. CONTR. *absurdité, aveuglement, bizarrerie, démesure, égarement, extravagance, folie, frénésie, imprudence, inconscience, inconséquence, légèreté, outrance, témérité* –LITTÉRAIRE: *déraison.*

▮ Comportement docile. SYN. discipline, docilité, obéissance, soumission. CONTR. *désobéissance, dissipation, indocilité, turbulence.*

sagouin *nom masculin*

▮ FAMILIER. Personne malpropre. SYN. dégoûtant –FAMILIER: cochon, porc –LITTÉRAIRE: soudard.

saignant *adjectif*
/ Qui dégoutte de sang. SYN. ensanglanté, sanglant, sanguinolent.
/ Se dit d'une viande peu cuite. SYN. bleu. CONTR. *à point, cuit.*
/ FAMILIER. Qui est cruel. SYN. acerbe, acéré, blessant, caustique, désobligeant, dur, incisif, mordant, offensant, outrageant – LITTÉRAIRE: épigrammatique.

saigner *verbe*
/ Vider de son sang. SYN. égorger.
/ Soutirer de l'argent. SYN. grever – FAMILIER: estamper, rançonner – VIEUX: égorger.

saillant *adjectif*
/ Qui dépasse. SYN. bombé, proéminent, protubérant, renflé. CONTR. *creux, rentrant.*
/ Qui attire l'attention. SYN. frappant, important, marquant, notable, remarquable, saisissant, significatif. CONTR. *anodin, banal, commun, insignifiant, quelconque.*

saillie *nom féminin*
/ Partie qui dépasse. SYN. aspérité, avancée, avancement, bosse, excroissance, pointe, protubérance – LITTÉRAIRE: proéminence. CONTR. *cavité, concavité, creux.*
/ LITTÉRAIRE. Trait d'esprit brillant. SYN. boutade, flèche, mot, pointe, repartie – LITTÉRAIRE: trait.
/ Partie saillante sur une façade. SYN. encorbellement, redan, redent, ressaut.

saillir *verbe intransitif*
/ Faire saillie. SYN. avancer, déborder, dépasser, empiéter, sortir, surplomber.

saillir *verbe transitif*
/ S'accoupler à une femelle. SYN. couvrir, servir.

sain *adjectif*
/ Qui est en bonne santé. SYN. bien portant, dispos, valide – FAMILIER: vaillant. CONTR. *malade, maladif, mal-en-point, souffrant* – FAMILIER: *patraque* – VIEUX: *cacochyme.*
/ Qui demeure intact. CONTR. *avarié, faisandé, gâté, pourri, véreux.*
/ Favorable à la santé. SYN. bon, hygiénique, salubre, salutaire, stimulant, tonifiant, tonique, vivifiant. CONTR. *délétère, insalubre, malsain, mauvais, nocif, nuisible, pernicieux.*
/ Qui a un bon équilibre psychique. SYN. équilibré, normal, sensé, solide. CONTR. *désaxé, déséquilibré, fou, insensé, névrosé, perturbé, traumatisé* – FAMILIER: *détraqué, fada, frappé.*
/ Conforme à ce qu'on trouve normal. SYN. droit. CONTR. *frelaté, malsain, morbide, pervers, vicieux* – FAMILIER: *glauque* – LITTÉRAIRE: *délétère, faisandé, pernicieux.*

sainement *adverbe*
/ De façon judicieuse. SYN. à bon escient, avec à-propos, judicieusement, prudemment, raisonnablement, rationnellement, sagement – LITTÉRAIRE: sensément. CONTR. *déraisonnablement, illogiquement.*

saint *adjectif*
/ Qui a un caractère sacré. SYN. intangible, sacré, vénérable – FAMILIER: sacro-saint, tabou – LITTÉRAIRE: auguste, révéré.

saint-frusquin *nom masculin*
/ VIEUX. Affaires sans valeur. SYN. attirail – FAMILIER: barda, bataclan, bazar, fourbi, fourniment – POPULAIRE: bastringue.

saisi *adjectif*
/ Paralysé par la surprise. SYN. ému, étonné, secoué, stupéfait, touché, troublé – FAMILIER: sidéré, soufflé.

saisie *nom féminin*
/ Prise de possession. SYN. confiscation, embargo, mainmise, mise sous séquestre. CONTR. *restitution.*

saisir *verbe*
/ Prendre avec la main. SYN. accrocher, agripper, attraper, colleter, empoigner, happer, intercepter, prendre, rattraper, tenir – FAMILIER: choper, harponner.
/ Percevoir par les sens. SYN. déceler, deviner, discerner, distinguer, remarquer.
/ Comprendre quelque chose. SYN. appréhender, assimiler, comprendre, concevoir, découvrir, entendre, pénétrer, réaliser, s'apercevoir, voir – POPULAIRE: entraver, piger.
/ S'emparer de quelqu'un (sensation). SYN. étourdir, étreindre, frapper, pénétrer – LITTÉRAIRE: transir.
/ Impressionner fortement. SYN. abasourdir, bouleverser, ébranler, empoigner, étonner, frapper, retourner, secouer, suffoquer, surprendre, toucher – FAMILIER: révolutionner.

saisir (se) *verbe pronominal*

▮ Prendre vivement. SYN. agripper, attraper, capturer, empoigner, prendre, s'emparer.

▮ S'emparer d'un bien. SYN. confisquer, faire main basse sur, intercepter, mettre la main sur, s'approprier, s'emparer.

saisissable *adjectif*

▮ LITTÉRAIRE. Qui peut être compris. SYN. perceptible, sensible –LITTÉRAIRE: pénétrable.

saisissant *adjectif*

▮ Qui frappe vivement. SYN. bouleversant, criant, émouvant, étonnant, extraordinaire, fracassant, frappant, hallucinant, impressionnant, palpitant, percutant, poignant, remarquable, saillant, sensationnel, stupéfiant, surprenant, troublant –FAMILIER: sciant, sidérant, soufflant.

saisissement *nom masculin*

▮ Émotion soudaine. SYN. abasourdissement, ahurissement, bouleversement, choc, commotion, coup, ébranlement, émotion, étonnement, frisson, secousse, stupéfaction, stupeur, surprise –FAMILIER: épatement.

saison *nom féminin*

▮ LITTÉRAIRE. Période particulière. SYN. âge, époque, moment, période, temps.

salace *adjectif*

▮ LITTÉRAIRE. Qui a un caractère grivois. SYN. coquin, croustillant, cru, égrillard, gaillard, gaulois, graveleux, grivois, lascif, leste, libre, licencieux, lubrique, luxurieux, obscène, paillard, polisson, salé, vicieux –FAMILIER: cochon, olé olé –LITTÉRAIRE: libidineux.

salacité *nom féminin*

▮ LITTÉRAIRE. Caractère salace. SYN. grivoiserie, lubricité, luxure, obscénité, paillardise, polissonnerie, truculence –LITTÉRAIRE: gaillardise, lasciveté, lascivité.

salade *nom féminin*

▮ FAMILIER. Discours confus. SYN. fable, histoire, roman, sornettes.

salades *nom féminin pluriel*

▮ FAMILIER. Propos mensongers. SYN. balivernes –FAMILIER: baratin, boniment.

▮ FAMILIER. Affaire confuse. SYN. comédie, histoire –FAMILIER: embrouillamini, micmac, pastis, sac de nœuds, sac d'embrouilles –POPULAIRE: bin's, binz.

salaire *nom masculin*

▮ Argent versé pour un travail. SYN. appointements, émoluments, mensualité, paie, paye, prix, rémunération, rétribution, solde, traitement –VIEUX: gages.

▮ Ce qui récompense une action. SYN. fruit, prix, récompense, sanction –LITTÉRAIRE: loyer.

salaud *adjectif masculin*

▮ POPULAIRE. Moralement répugnant. SYN. abject, ignoble, immonde, indigne, infâme, méprisable, odieux –LITTÉRAIRE: vil.

salaud *nom masculin*

▮ POPULAIRE. Homme méprisable. SYN. canaille, crapule, malpropre, méchant, ordure –FAMILIER: chameau, poison, sale bête –POPULAIRE: charogne, fumier, peau de vache, pourriture, saligaud, salopard, salopiau, salopiaud, salopiot.

sale *adjectif*

▮ Qui est mal entretenu. SYN. crasseux, dégoûtant, douteux, encrassé, maculé, malpropre, négligé, pollué, pouilleux, sordide, taché –FAMILIER: cra-cra –LITTÉRAIRE: crotté, souillé –POPULAIRE: crade, cradingue, crado, cradot, dégueulasse. CONTR. *coquet, éclatant, immaculé, impeccable, limpide, net, nettoyé, pimpant, propre, propret, raffiné, soigné, soigneux.*

▮ Qui offense la pudeur. SYN. dégoûtant, obscène, ordurier –FAMILIER: cochon. CONTR. *convenable, décent, édifiant, moralisateur.*

▮ FAMILIER. Qui est très désagréable. SYN. affreux, damné, désagréable, ignoble, infâme, joli, maudit, mauvais, méchant, méprisable, vilain –FAMILIER: sacré, satané, sinistre. CONTR. *agréable, beau, bon, louable, merveilleux, splendide* –FAMILIER: *excellent.*

salé *adjectif*

▮ Qui a un caractère osé. SYN. coquin, croustillant, cru, égrillard, épicé, gaillard, gaulois, graveleux, grivois, lascif, leste, libre, licencieux, lubrique, luxurieux, obscène, paillard, pimenté, poivré –FAMILIER: cochon, gras, olé olé, raide –LITTÉRAIRE: libidineux, salace.

/ FAMILIER. Qui dépasse la mesure. SYN. exorbitant, prohibitif, ruineux, sévère –FAMILIER: soigné.

salement *adverbe*

/ D'une manière sale. SYN. mal, malproprement –FAMILIER: comme un cochon. CONTR. *bien, proprement.*

/ D'une manière malhonnête. SYN. abominablement, indélicatement, mal, malhonnêtement. CONTR. *bien, honnêtement.*

/ POPULAIRE. Indique l'intensité. SYN. affreusement, beaucoup, bien, effroyablement, énormément, épouvantablement, exceptionnellement, excessivement, extraordinairement, extrêmement, follement, fort, fortement, grandement, hautement, horriblement, immensément, immodérément, incroyablement, infiniment, mortellement, particulièrement, prodigieusement, profondément, puissamment, terriblement, tout à fait, très, trop, vertigineusement –FAMILIER: atrocement, bigrement, bougrement, diablement, drôlement, fameusement, fichtrement, fichûment, formidablement, joliment, méchamment, rudement, sacrément –LITTÉRAIRE: diantrement, furieusement –POPULAIRE: foutrement, vachement –VIEUX: fièrement.

saleté *nom féminin*

/ État de ce qui est sale. SYN. crasse, malpropreté –VIEUX: pouillerie. CONTR. *netteté, propreté, pureté.*

/ Matière ou chose sale. SYN. immondices, impureté, ordure –LITTÉRAIRE: souillure –POPULAIRE: saloperie.

/ FAMILIER. Procédé peu délicat. SYN. malpropreté, méchanceté –FAMILIER: crasse, entourloupe, entourloupette, rosserie, tour de cochon –LITTÉRAIRE: vilenie –POPULAIRE: saloperie, vacherie.

/ FAMILIER. Propos obscène. SYN. grossièreté, obscénité, ordure –POPULAIRE: cochonnerie, saloperie –VIEUX: gravelure.

sali *adjectif*

/ Devenu sale. SYN. maculé, noir, taché, terni –LITTÉRAIRE: souillé. CONTR. *immaculé, net, propre.*

saligaud *nom masculin*

/ POPULAIRE. Homme méprisable. SYN. canaille, crapule, malpropre, ordure –FAMILIER: chameau, poison, sale bête –POPULAIRE: charogne, fumier, peau de vache, pourriture, salaud, salopard, salopiau, salopiaud, salopiot.

salir *verbe*

/ Rendre sale. SYN. barbouiller, encrasser, graisser, maculer, polluer, tacher –FAMILIER: cochonner –LITTÉRAIRE: crotter, souiller –POPULAIRE: dégueulasser, saloper. CONTR. *astiquer, blanchir, décrasser, détacher, laver, nettoyer.*

/ Porter atteinte à quelqu'un. SYN. avilir, baver sur, calomnier, contaminer, dénigrer, déshonorer, diffamer, éclabousser, entacher, galvauder, ternir, traîner dans la boue –LITTÉRAIRE: flétrir, souiller, tacher, vilipender.

salissure *nom féminin*

/ Ce qui salit. SYN. éclaboussure, moucheture, tache –LITTÉRAIRE: souillure.

saliver *verbe*

/ Avoir très envie de. SYN. avoir l'eau à la bouche –FAMILIER: baver, baver d'envie.

salle *nom féminin*

/ Ensemble des gens présents. SYN. assistance, auditoire, galerie, public, spectateurs.

salmigondis *nom masculin*

/ FAMILIER. Mélange confus. SYN. chaos, désordre, fatras, imbroglio, magma, mélange –FAMILIER: brouillamini, embrouillamini, méli-mélo, tohu-bohu –VIEUX: pêle-mêle.

salopard *nom masculin*

/ POPULAIRE. Individu sans scrupule. SYN. canaille, crapule, malpropre, ordure –FAMILIER: chameau, poison, sale bête –POPULAIRE: charogne, fumier, peau de vache, pourriture, salaud, saligaud, salopiau, salopiaud, salopiot.

salope *adjectif féminin*

/ POPULAIRE. Qui est déloyale. SYN. abjecte, ignoble, immonde, indigne, infâme, méprisable, odieuse –LITTÉRAIRE: vile.

salope *nom féminin*

/ POPULAIRE. Femme méprisable. SYN. peste –FAMILIER: chameau, poison, rosse, teigne –POPULAIRE: charogne, garce, peau de vache, punaise, vache.

saloper *verbe*
- POPULAIRE. Faire très mal un travail. SYN. gâcher, saboter – FAMILIER : bâcler, bousiller, cochonner, expédier, massacrer, sabrer, saccager, torcher, torchonner.
- POPULAIRE. Couvrir de taches. SYN. maculer, salir, tacher – FAMILIER : cochonner – LITTÉRAIRE : crotter, souiller – POPULAIRE : dégueulasser.

saloperie *nom féminin*
- POPULAIRE. Matière sale. SYN. impureté, saleté – LITTÉRAIRE : souillure.
- POPULAIRE. Chose sans valeur. SYN. pacotille – FAMILIER : camelote – POPULAIRE : cochonnerie, merde.
- POPULAIRE. Action vile. SYN. indélicatesse, malpropreté, méchanceté – FAMILIER : crasse, entourloupe, entourloupette, rosserie, saleté – LITTÉRAIRE : vilenie – POPULAIRE : vacherie.
- POPULAIRE. Propos obscène. SYN. grossièreté, obscénité, ordure – FAMILIER : saleté – POPULAIRE : cochonnerie – VIEUX : gravelure.

salopette *nom féminin*
- Vêtement à bretelles. SYN. bleu, combinaison, cotte.

salopiaud ou **salopiau** ou **salopiot** *nom masculin*
- POPULAIRE. Homme méprisable. SYN. canaille, crapule, malpropre, méchant, ordure – FAMILIER : chameau, poison, sale bête – POPULAIRE : charogne, fumier, peau de vache, pourriture, salaud, saligaud, salopard.

saltimbanque *nom*
- Acrobate de plein air. SYN. baladin, banquiste, bateleur, forain.

salubre *adjectif*
- Favorable à la santé. SYN. bon, hygiénique, sain, salutaire, stimulant, tonifiant, tonique, vivifiant. CONTR. *délétère, insalubre, malsain, mauvais, morbide, nocif, nuisible, pernicieux.*
- Qui favorise l'harmonie. SYN. bienfaisant, bon, fructueux, profitable, salutaire. CONTR. *dangereux, déplorable, fâcheux, fatal, funeste, malencontreux, regrettable* – LITTÉRAIRE : *délétère, pernicieux.*

saluer *verbe*
- Donner une marque de respect. SYN. présenter ses compliments, présenter ses devoirs, présenter ses hommages, présenter ses respects – LITTÉRAIRE : présenter ses civilités.
- Rendre hommage à. SYN. donner un coup de chapeau, tirer son chapeau.

salut *nom masculin*
- Fait d'être sauvé du péché. SYN. rachat – LITTÉRAIRE : rédemption. CONTR. *damnation.*
- Marque extérieure de politesse. SYN. inclination, révérence, salutation – FAMILIER : courbette – LITTÉRAIRE : prosternation, prosternement.

salut ! *interjection*
- FAMILIER. Formule de salutation. SYN. adieu !, au revoir !, bonjour !, bonsoir ! – FAMILIER : bye bye !, tchao !

salutaire *adjectif*
- Propre à rétablir la santé. SYN. bon, hygiénique, sain, salubre, stimulant, tonique. CONTR. *dangereux, délétère, fatal, funeste, insalubre, malsain, mauvais, morbide, nocif, nuisible, pernicieux.*
- Qui a un effet positif. SYN. bienfaisant, bon, fructueux, payant, profitable, salubre. CONTR. *déplorable, dommageable, fâcheux, infructueux, inutile, malencontreux, préjudiciable, regrettable.*

salutation *nom féminin*
- Action de saluer. SYN. salut – LITTÉRAIRE : prosternation, prosternement.

salutations *nom féminin pluriel*
- Marques de civilité. SYN. compliments, devoirs, hommages, respects – LITTÉRAIRE : civilités.

salve *nom féminin*
- Tir simultané d'armes à feu. SYN. bordée, canonnade, décharge, feu, rafale, volée.

sanctifier *verbe*
- Célébrer selon la loi religieuse. SYN. célébrer, consacrer.
- LITTÉRAIRE. Attribuer un caractère sacré à. SYN. diviniser, fêter, sacraliser, solenniser.

sanction *nom féminin*
- Action d'entériner. SYN. adoption, confirmation, consécration, ratification.
- Conséquence d'un acte. SYN. conséquence, prix, rançon, récompense, salaire – LITTÉRAIRE : tribut.
- Mesure répressive. SYN. condamnation, peine, punition, répression – LITTÉRAIRE : châtiment.

sanctionner *verbe*

/ Apporter une confirmation à. SYN. confirmer, consacrer, entériner, homologuer, ratifier, valider.

/ Prendre une sanction. SYN. condamner, corriger, punir, réprimer, sévir contre –LITTÉRAIRE: châtier. CONTR. *pardonner, passer, tolérer.*

sanctuaire *nom masculin*

/ Lieu protégé. SYN. abri, asile, bastion, refuge, temple.

/ LITTÉRAIRE. Partie la plus secrète. SYN. fin fond –LITTÉRAIRE: tréfonds.

sang *nom masculin*

/ LITTÉRAIRE. Ensemble de la lignée. SYN. famille, lignage, lignée, origine, souche –LITTÉRAIRE: extraction, race.

sang-froid *nom masculin*

/ Maîtrise de soi. SYN. aplomb, assurance, calme, flegme, impassibilité, imperturbabilité, maîtrise, paix, placidité, sérénité –FAMILIER: cran –LITTÉRAIRE: quiétude, stoïcisme. CONTR. *anxiété, effarement, effarouchement, effroi, emportement, frayeur, inquiétude* –LITTÉRAIRE: *alarme.*

sanglant *adjectif*

/ Maculé de sang. SYN. ensanglanté, saignant, sanguinolent.

/ Qui répand le sang. SYN. cruel, meurtrier, sauvage –LITTÉRAIRE: farouche, sanguinaire.

/ Qui blesse profondément. SYN. acerbe, acéré, blessant, cinglant, cuisant, mordant, navrant, poignant –FAMILIER: saignant.

sanglé *adjectif*

/ Serré à la taille. SYN. comprimé, étriqué, serré.

sangler *verbe*

/ Serrer fortement à la taille. SYN. brider, comprimer, corseter, engoncer, gainer, gêner, mouler, serrer.

sangloter *verbe*

/ Éclater en sanglots. SYN. être en larmes, fondre en larmes, pleurer, pleurer à chaudes larmes, pleurer toutes les larmes de son corps –FAMILIER: pleurer comme une Madeleine, pleurnicher –POPULAIRE: chialer. CONTR. *pouffer, rire, s'esclaffer* –FAMILIER: *se tordre* –POPULAIRE: *se bidonner, se gondoler, se marrer, se poiler.*

sanglots *nom masculin pluriel*

/ Larmes versées. SYN. gémissements, lamentations, larmes –LITTÉRAIRE: pleurs.

sangsue *nom féminin*

/ LITTÉRAIRE. Personne avide. SYN. exploiteur, parasite, profiteur –FAMILIER: pique-assiette –VIEUX: écornifleur.

sanguin *adjectif*

/ Qui est impulsif. SYN. coléreux –LITTÉRAIRE: colérique.

/ De la couleur du sang. SYN. rouge, rougeaud –LITTÉRAIRE: rubicond.

sanguinaire *adjectif*

/ Qui répand le sang. SYN. barbare, brutal, cruel, impitoyable, inhumain –LITTÉRAIRE: farouche.

/ LITTÉRAIRE. Marqué par des effusions de sang. SYN. farouche, féroce, meurtrier, sanglant, sauvage.

sanguinolent *adjectif*

/ Qui est teinté de sang. SYN. ensanglanté, saignant, sanglant.

sans-abri *nom*

/ Personne sans logement. SYN. clochard, S.D.F., sans-logis, vagabond.

sans-cœur *adjectif*

/ FAMILIER. Qui est sans pitié. SYN. dur, endurci, impitoyable, indifférent, inflexible, inhumain, insensible, sec. CONTR. *affectueux, doux, hypersensible, sensible, sentimental, tendre.*

sans-façon *nom masculin*

/ LITTÉRAIRE. Mépris de la politesse. SYN. aplomb, désinvolture, effronterie, familiarités, goujaterie, impertinence, impolitesse, impudence, inconvenance, incorrection, inélégance, liberté, muflerie, sans-gêne. CONTR. *bienséance, convenances, courtoisie, discrétion, élégance, politesse* –LITTÉRAIRE: *cérémonie, civilité, urbanité.*

sans-gêne *nom*

/ Personne désinvolte. SYN. butor, cuistre, goujat, impertinent, impoli, impudent, insolent, malappris, malotru, mufle, rustre – FAMILIER : malpoli – POPULAIRE : malembouché, pignouf.

sans-gêne *nom masculin*

/ Comportement discourtois. SYN. aplomb, désinvolture, effronterie, familiarités, goujaterie, impertinence, impolitesse, impudence, inconvenance, incorrection, inélégance, liberté, muflerie – LITTÉRAIRE : sans-façon. CONTR. *bienséance, convenances, courtoisie, discrétion, élégance, politesse* – LITTÉRAIRE : *cérémonie, civilité, urbanité.*

sans-le-sou *nom*

/ FAMILIER. Personne pauvre. SYN. indigent, malheureux, miséreux, nécessiteux, pauvre – FAMILIER : crève-la-faim – LITTÉRAIRE : gueux – VIEUX : besogneux. CONTR. *nanti, riche* – FAMILIER : *richard.*

sans-logis *nom*

/ Personne sans domicile. SYN. clochard, S.D.F., sans-abri, vagabond.

sans-souci *nom*

/ Personne insouciante. SYN. insouciant – FAMILIER : je-m'en-fichiste – POPULAIRE : je-m'en-foutiste.

santé *nom féminin*

/ État de l'organisme. SYN. constitution, nature, tempérament – VIEUX : complexion.

saoul *adjectif*

/ FAMILIER. Qui a bu avec excès. SYN. enivré, gris, ivre – FAMILIER : éméché, imbibé, parti, pompette, schlass, soûl comme un Polonais, soûl comme une grive – POPULAIRE : beurré, beurré comme une tartine, blindé, bourré, chargé, cuit, noir, paf, pété, pinté, plein comme une barrique, raide, rond, rond comme une barrique, rond comme une queue de pelle, torché – VIEUX : brindezingue. CONTR. *à jeun, sobre.*

/ Qui ressent comme une griserie. SYN. enivré, étourdi, grisé, ivre.

sapé *adjectif*

/ POPULAIRE. Bien habillé. SYN. chic, élégant, habillé – POPULAIRE : fringué. CONTR. *débraillé, décontracté.*

saper *verbe*

/ Chercher à détruire. SYN. affaiblir, anéantir, corroder, ébranler, éroder, fissurer, miner, phagocyter, renverser, ronger, ruiner, saborder, saboter, torpiller – LITTÉRAIRE : consumer. CONTR. *affermir, armer, cimenter, édifier, fonder, fortifier, instaurer, instituer, monter, reconstituer, reconstruire, renforcer, resserrer* – LITTÉRAIRE : *réédifier.*

saper (se) *verbe pronominal*

/ POPULAIRE. Mettre des vêtements. SYN. se vêtir, s'habiller – POPULAIRE : se fringuer.

sapes *nom féminin pluriel*

/ POPULAIRE. Vêtements. SYN. effets, habillement, habits, mise, tenue – FAMILIER : nippes – POPULAIRE : fringues, frusques.

sapide *adjectif*

/ Qui a de la saveur. SYN. goûteux, relevé, savoureux. CONTR. *douceâtre, fadasse, fade, insipide.*

sapidité *nom féminin*

/ Caractère sapide. SYN. goût, saveur. CONTR. *fadeur, insipidité.*

saquer *verbe*

/ POPULAIRE. Congédier quelqu'un. SYN. bannir, casser, chasser, congédier, démettre, déposer, destituer, éliminer, licencier, limoger, mettre à la porte, mettre à pied, radier, relever, remercier, renvoyer, révoquer – FAMILIER : balayer, blackbouler, débarquer, déboulonner, dégommer, démissionner, ficher à la porte, flanquer à la porte, flanquer dehors, sabrer, vider, virer – POPULAIRE : balancer, foutre à la porte, lourder.

sarcasme *nom masculin*

/ Paroles railleuses. SYN. flèche, gouaille, gouaillerie, impertinence, lazzi, moquerie, persiflage, pique, plaisanterie, quolibet, raillerie – LITTÉRAIRE : brocard, épigramme, trait – POPULAIRE : vanne. CONTR. *compliment, flatterie.*

sarcastique *adjectif*

/ D'une ironie méchante. SYN. acerbe, goguenard, ironique, narquois, persifleur, railleur, sardonique, satirique – FAMILIER : rosse.

sarcastiquement *adverbe*

/ LITTÉRAIRE. D'une manière sarcastique. SYN. ironiquement – LITTÉRAIRE : narquoisement.

sardonique *adjectif*

/ Qui se veut méchant. SYN. démoniaque, diabolique, infernal, sarcastique, satanique.

sasser *verbe*

/ Passer au crible. SYN. bluter, cribler, tamiser, trier.

satané *adjectif*

/ FAMILIER. Qui est mauvais. SYN. abominable, affreux, atroce, damné, détestable, épouvantable, fâcheux, horrible, infernal, mauvais, odieux.

/ FAMILIER. Indique un haut degré. SYN. beau, damné, fieffé, fini, grand, maudit, un(e) drôle de – FAMILIER : fameux, sacré, sale, sinistre.

satanique *adjectif*

/ Propre à Satan. SYN. démoniaque, luciférien – LITTÉRAIRE : infernal.

/ Qui fait penser à Satan. SYN. démoniaque, diabolique, infernal, pervers, sardonique – LITTÉRAIRE : luciférien, méphistophélique. CONTR. *angélique, archangélique* – LITTÉRAIRE : *séraphique.*

satiété *nom féminin*

/ Fait d'être rassasié. SYN. assouvissement, satisfaction – VIEUX : réplétion. CONTR. *appétit, besoin, faim, insatisfaction* – LITTÉRAIRE : *insatiabilité.*

satiné *adjectif*

/ Doux comme du satin. SYN. doux, lisse, lustré, poli, soyeux, velouté, velouteux – LITTÉRAIRE : duveté, vernissé. CONTR. *calleux, rude, rugueux.*

satire *nom féminin*

/ Violente critique. SYN. charge, critique, diatribe, pamphlet, raillerie, réquisitoire – FAMILIER : chinage – LITTÉRAIRE : catilinaire, épigramme, factum. CONTR. *apologie, éloge, panégyrique* – LITTÉRAIRE : *dithyrambe.*

satirique *adjectif*

/ Qui montre de la causticité. SYN. caustique, incisif, moqueur, mordant, railleur, sarcastique – FAMILIER : rosse – LITTÉRAIRE : épigrammatique, piquant. CONTR. *dithyrambique, élogieux, flatteur, laudatif, louangeur.*

satiriser *verbe*

/ LITTÉRAIRE. Exercer sa satire sur. SYN. caricaturer, critiquer, persifler, railler, se moquer, stigmatiser – FAMILIER : abîmer, chiner – LITTÉRAIRE : brocarder.

satisfaction *nom féminin*

/ Action de satisfaire un besoin. SYN. assouvissement, satiété – VIEUX : réplétion. CONTR. *appétit, besoin, faim, insatisfaction* – LITTÉRAIRE : *inassouvissement, insatiabilité.*

/ Fait d'être satisfait. SYN. bonheur, complaisance, contentement, euphorie, joie, jouissance, plaisir – LITTÉRAIRE : aise. CONTR. *affliction, amertume, chagrin, contrariété, déboire, déception, déconvenue, dépit, déplaisir, désappointement, désespoir, embarras, ennui, insatisfaction, mécontentement, peine, regret, tristesse* – FAMILIER : *enquiquinement.*

satisfaire *verbe transitif*

/ Donner satisfaction à. SYN. agréer, arranger, contenter, convenir, plaire, suffire – FAMILIER : revenir. CONTR. *chagriner, décevoir, désappointer, désoler, ennuyer, mécontenter* – FAMILIER : *défriser, enquiquiner.*

/ Contenter un désir. SYN. accomplir, apaiser, étancher, exaucer. CONTR. *contrarier, manquer à.*

satisfaire *verbe transitif indirect*

/ Remplir une obligation. SYN. obéir, observer, pourvoir, remplir, répondre à, respecter, s'acquitter de, se soumettre à.

satisfaire (se) *verbe pronominal*

/ Considérer comme suffisant. SYN. accepter, s'accommoder, s'arranger, se contenter. CONTR. *pester, récriminer, se plaindre.*

satisfaisant *adjectif*

/ Qui satisfait. SYN. acceptable, admissible, bon, convenable, correct, honnête, honorable, recevable, valable – FAMILIER : buvable, potable. CONTR. *catastrophique, déplorable, détestable, insuffisant, mauvais, médiocre, piteux.*

satisfait *adjectif*

/ Qui a reçu satisfaction. SYN. comblé, content, enchanté, heureux, radieux, ravi, réjoui. CONTR. *blessé, déçu, dégoûté, dépité, désenchanté, désolé, ennuyé, insatisfait, malheureux, mécontent, piteux* – LITTÉRAIRE : *chagrin.*

/ Se dit d'un désir comblé. SYN. assouvi, comblé, exaucé. CONTR. *insatiable, insatisfait* – LITTÉRAIRE : *inapaisé, inassouvi.*

saturé *adjectif*

/ Rempli à l'excès. SYN. engorgé, gorgé, imprégné, inondé.
/ Très encombré. SYN. envahi, noyé, submergé, surchargé.
/ Qui ressent de l'écœurement. SYN. blasé, dégoûté – FAMILIER : écœuré, sursaturé. CONTR. *avide.*

saturer *verbe*

/ Fournir trop de. SYN. abreuver, gaver, inonder, rassasier – LITTÉRAIRE : gorger, soûler.

saucer *verbe*

/ FAMILIER. Mouiller quelqu'un. SYN. arroser, asperger, doucher, mouiller.

sauf *adjectif*

/ Qui a échappé à. SYN. entier, indemne, intact.

sauf *préposition*

/ Marque l'exception. SYN. à l'exception de, à l'exclusion de, à part, abstraction faite de, compte non tenu de, en dehors de, excepté, exception faite de, hormis, non compris, nonobstant, si ce n'est – LITTÉRAIRE : fors, hors. CONTR. *compris, inclus.*

saugrenu *adjectif*

/ Qui a un caractère étrange. SYN. aberrant, abracadabrant, absurde, baroque, biscornu, bizarre, burlesque, déraisonnable, étrange, excentrique, extravagant, farfelu, fou, inattendu, incongru, insolite, sans queue ni tête, singulier, sot, stupide, ubuesque – FAMILIER : dément, loufoque, tordu. CONTR. *judicieux, raisonnable, raisonné, rationnel, sensé.*

saumâtre *adjectif*

/ FAMILIER. Qui est désagréable. SYN. amer, contrariant, déplaisant, désagréable, ennuyeux, fâcheux, regrettable – FAMILIER : enquiquinant.

saupoudrer *verbe*

/ Couvrir de poudre. SYN. napper, parsemer, tapisser – LITTÉRAIRE : poudrer.
/ LITTÉRAIRE. Mettre en divers endroits. SYN. agrémenter, émailler, fleurir, orner, parsemer.

saut *nom masculin*

/ Fait de sauter. SYN. bond, cahot, soubresaut – LITTÉRAIRE : bondissement, tressautement.

saut-de-lit *nom masculin*

/ VIEUX. Vêtement léger. SYN. peignoir, robe de chambre – LITTÉRAIRE : négligé.

sauter *verbe intransitif*

/ Faire un bond. SYN. bondir, se jeter, se lancer, se précipiter, s'élancer.
/ Être agité de secousses. SYN. cahoter, rebondir, tressaillir – FAMILIER : bringuebaler – LITTÉRAIRE : tressauter.
/ Voler en éclats. SYN. détoner, éclater, exploser – FAMILIER : péter.

sauter *verbe transitif*

/ Omettre quelque chose. SYN. éluder, escamoter, négliger, omettre, oublier, passer.
/ Se précipiter sur. SYN. agresser, assaillir, attaquer, se jeter, se ruer.

sauteur *nom*

/ VIEUX. Personne peu fiable. SYN. caméléon, fantoche, marionnette, pantin, plaisantin – FAMILIER : fumiste, girouette, guignol, polichinelle – LITTÉRAIRE : protée – POPULAIRE : charlot, rigolo – VIEUX : arlequin.

sautiller *verbe*

/ Avancer par petits sauts. SYN. gambader – LITTÉRAIRE : tressauter.

sauvage *adjectif*

/ Qui n'est pas apprivoisé. SYN. farouche, indompté. CONTR. *apprivoisé, domestique, domestiqué, dressé, familier.*
/ Se dit d'un lieu désert. SYN. désert, désolé, inhabité, inhospitalier – LITTÉRAIRE : farouche. CONTR. *habité, populeux, urbanisé.*
/ Qui s'organise en dehors des lois. SYN. illégal, illicite, irrégulier. CONTR. *autorisé, codifié, permis, réglementé, régulier.*
/ Se dit d'une action violente. SYN. âpre, atroce, barbare, bestial, cruel, farouche, féroce, méchant, sadique, sanglant – LITTÉRAIRE : sanguinaire. CONTR. *délicat, doux, humain.*
/ Qui n'est pas civilisé. SYN. barbare, brut, primitif. CONTR. *civilisé, évolué, raffiné, sophistiqué* – LITTÉRAIRE : *policé.*
/ Qui fuit les contacts. SYN. insociable, ours, solitaire – LITTÉRAIRE : misanthrope. CONTR. *liant, mondain, sociable.*

sauvage *nom*

/ Personne mal élevée. SYN. béotien, butor, cuistre, goujat, lourdaud, malappris, malotru, mufle, ostrogoth, rustre – FAMILIER : malpoli, paltoquet – LITTÉRAIRE : soudard – POPULAIRE : pedzouille, petzouille.

sauvagement *adverbe*

/ De façon sauvage. SYN. atrocement, brutalement, cruellement, férocement, impitoyablement, implacablement, inhumainement, méchamment, rudement. CONTR. *délicatement, doucement, humainement.*

sauvagerie *nom féminin*

/ LITTÉRAIRE. Caractère solitaire. SYN. insociabilité, misanthropie. CONTR. *affabilité, amabilité, sociabilité* – LITTÉRAIRE : *liant.*

/ Caractère violent. SYN. atrocité, barbarie, bestialité, brutalité, cruauté, férocité, inhumanité, rudesse, sadisme, violence. CONTR. *affabilité, amabilité, douceur, gentillesse, humanité* – LITTÉRAIRE : *aménité.*

sauvegarde *nom féminin*

/ Ce qui protège. SYN. appui, auspice, patronage, protection, soutien, tutelle.

/ Fait de préserver. SYN. défense, garantie, maintien, préservation, protection. CONTR. *anéantissement, destruction.*

sauvegarder *verbe*

/ Mettre à l'abri. SYN. assurer, conserver, défendre, maintenir, préserver, protéger, sauver.

sauver *verbe*

/ Préserver d'un danger. SYN. arracher à, défendre, préserver, soustraire, tirer.

/ Garder intact. SYN. conserver, préserver, protéger, sauvegarder. CONTR. *perdre.*

sauver (se) *verbe pronominal*

/ Prendre la fuite. SYN. déguerpir, disparaître, fausser compagnie, fuir, prendre le large, s'enfuir – FAMILIER : décamper, détaler, lever le pied, prendre la poudre d'escampette, se casser – POPULAIRE : cavaler, décaniller, se barrer, se calter, se carapater, se cavaler, se débiner, se tailler, se tirer.

/ FAMILIER. S'en aller brusquement. SYN. déloger, lever le camp, lever le siège, partir, prendre congé, s'absenter – FAMILIER : filer, s'éclipser.

/ Fuir d'une prison. SYN. prendre la clef des champs, s'échapper, s'évader, sortir – POPULAIRE : jouer la fille de l'air, se faire la belle, se faire la malle, se faire la paire.

sauveur *nom masculin*

/ Personne qui protège quelqu'un. SYN. ange gardien, défenseur, protecteur, providence, soutien.

/ *Le Sauveur.* SYN. messie, rédempteur.

savamment *adverbe*

/ De façon savante. SYN. spirituellement – LITTÉRAIRE : doctement.

/ Avec habileté. SYN. adroitement, astucieusement, habilement, ingénieusement, intelligemment, subtilement.

savant *adjectif*

/ Qui a de grandes connaissances. SYN. cultivé, éclairé, érudit, fort, instruit, lettré – FAMILIER : calé, ferré, fortiche, trapu – LITTÉRAIRE : docte, omniscient. CONTR. *barbare, faible, ignare, ignorant, inculte, nul, profane* – VIEUX : *illettré.*

/ Qui montre des connaissances. SYN. approfondi, astucieux, érudit, ingénieux – LITTÉRAIRE : docte. CONTR. *élémentaire, rudimentaire, sommaire, superficiel.*

savant *nom masculin*

/ Personne savante. SYN. chercheur, érudit, lettré, scientifique – LITTÉRAIRE : clerc. CONTR. *âne, profane* – VIEUX : *illettré.*

saveur *nom féminin*

/ Qualité d'un mets. SYN. bouquet, délicatesse, fumet, goût, sapidité – LITTÉRAIRE : succulence. CONTR. *fadeur.*

/ Ce qui constitue l'agrément de. SYN. esprit, piment, piquant, sel. CONTR. *banalité, fadeur, insignifiance, insipidité, platitude.*

savoir *nom masculin*

/ Ensemble de connaissances. SYN. acquis, bagage, compétence, connaissances, culture, érudition, instruction, lumières, qualification, science. CONTR. *ignorance, inculture.*

savoir *verbe*

/ Avoir appris quelque chose. SYN. connaître, posséder. CONTR. *ignorer.*

/ Être informé de. SYN. avoir la science infuse, être au courant de, être au fait de. CONTR. *ignorer.*

/ Avoir la capacité de. SYN. être capable de, être en mesure de, s'y connaître, s'y entendre –FAMILIER: en connaître un rayon, être calé.

savoir (se) *verbe pronominal*

/ Être connu. SYN. se propager, se répandre, s'ébruiter.

savoir-faire *nom masculin*

/ Compétence acquise. SYN. adresse, art, chic, compétence, dextérité, doigté, entregent, expérience, habileté, ingéniosité, maestria, maîtrise, métier, patte, pratique, talent, technique, tour de main, virtuosité. CONTR. *ignorance, incompétence, inexpérience* –LITTÉRAIRE: *impéritie.*

savoir-vivre *nom masculin*

/ Connaissance des usages. SYN. bienséance, convenances, correction, décence, éducation, manières, politesse, tact –LITTÉRAIRE: civilité, urbanité, usage. CONTR. *goujaterie, grossièreté, impolitesse, incorrection, muflerie, sans-gêne.*

savourer *verbe*

/ Goûter un aliment. SYN. apprécier, déguster, se régaler de.

/ Prendre plaisir à. SYN. apprécier, goûter, jouir, se régaler, s'en lécher les babines –LITTÉRAIRE: déguster, priser, se délecter, se repaître de.

savoureux *adjectif*

/ Qui a une saveur agréable. SYN. agréable, bon, délicat, délicieux, excellent, exquis, fameux, sapide, succulent –LITTÉRAIRE: délectable. CONTR. *dégoûtant, écœurant, fadasse, fade, infect, insipide* –POPULAIRE: *dégueulasse.*

scabreux *adjectif*

/ LITTÉRAIRE. Qui présente des risques. SYN. brûlant, dangereux, délicat, difficile, épineux, hasardeux, périlleux, risqué –LITTÉRAIRE: difficultueux.

/ Qui choque la décence. SYN. choquant, cru, embarrassant, gaillard, inconvenant, indécent, leste, libre, licencieux, obscène, osé –FAMILIER: cochon, olé olé. CONTR. *convenable, correct, décent.*

scandale *nom masculin*

/ Querelle bruyante. SYN. éclat, esclandre, scène, tapage –FAMILIER: chambard, grabuge, pétard, raffut –POPULAIRE: barouf, foin.

/ Fait qui heurte la morale. SYN. honte, infamie –LITTÉRAIRE: vilenie.

scandaleux *adjectif*

/ Qui choque par son excès. SYN. choquant, dégradant, déplorable, déshonorant, éhonté, épouvantable, honteux, indécent, infâme, injurieux, intolérable, outrageant, révoltant.

scandaliser *verbe*

/ Susciter l'indignation. SYN. blesser, cabrer, choquer, dégoûter, écœurer, fâcher, heurter, horrifier, indigner, offenser, offusquer, outrer, répugner, révolter –FAMILIER: révulser. CONTR. *édifier.*

scandaliser (se) *verbe pronominal*

/ Éprouver de l'indignation. SYN. se choquer, se formaliser, se froisser, se hérisser, se vexer, s'indigner, s'offusquer –LITTÉRAIRE: se blesser, se piquer, s'offenser.

scander *verbe*

/ Dire quelque chose en rythme. SYN. accentuer, marteler, ponctuer, rythmer.

scarification *nom féminin*

/ Incision de la peau. SYN. coupure, entaille, incision.

sceau *nom masculin*

/ LITTÉRAIRE. Caractère distinctif. SYN. cachet, empreinte, estampille, griffe, marque, signature, signe.

scélérat *adjectif*

/ LITTÉRAIRE. Empreint de perfidie. SYN. démoniaque, diabolique, machiavélique, mauvais, noir, retors, tortueux –FAMILIER: roublard.

scélérat *nom*

/ Personne malhonnête. SYN. bandit, canaille, crapule, filou, gredin, racaille, truand, vaurien, vermine, voyou –FAMILIER: fripouille –VIEUX: misérable.

scélératesse *nom féminin*

/ LITTÉRAIRE. Action scélérate. SYN. crapulerie, déloyauté, forfaiture, ignominie, méchanceté, noirceur, rouerie –FAMILIER: crasse, entourloupe, entourloupette, roublardise –LITTÉRAIRE: canaillerie, félonie, fourberie, perfidie, sournoiserie, traîtrise, vilenie.

sceller *verbe*
/ Confirmer solennellement. SYN. cimenter, consacrer, consolider, entériner, ratifier, sanctionner.
/ Marquer d'un sceau. SYN. cacheter, fermer. CONTR. *décacheter, desceller, ouvrir.*

scénario *nom masculin*
/ Canevas d'une pièce, d'un roman. SYN. action, intrigue, plan, résumé, synopsis.

scène *nom féminin*
/ Lieu où jouent les acteurs. SYN. plateau, tréteaux – FAMILIER : planches.
/ Discussion vive. SYN. algarade, altercation, différend, dispute, esclandre, explication, heurt, prise de bec, querelle – POPULAIRE : engueulade.
/ Emportement violent. SYN. sortie – FAMILIER : cinéma, comédie – POPULAIRE : cirque.

scénique *adjectif*
/ Propre au théâtre. SYN. dramatique, théâtral.

scepticisme *nom masculin*
/ Fait de douter sur le plan religieux. SYN. incrédulité, incroyance, irréligion. CONTR. *certitude, conviction, crédulité, croyance, foi.*
/ Attitude de réserve. SYN. défiance, doute, incertitude, incrédulité, méfiance. CONTR. *emballement, enthousiasme.*

sceptique *adjectif*
/ Qui met en doute une croyance. SYN. blasé, incrédule, incroyant, indifférent, irréligieux. CONTR. *convaincu, crédule, croyant, fanatique, mystique.*
/ Qui doute de quelque chose. SYN. défiant, dubitatif, méfiant. CONTR. *convaincu, enthousiasmé, enthousiaste, sûr* – FAMILIER : *emballé.*

sceptre *nom masculin*
/ Symbole de l'autorité. SYN. maîtrise, royauté, suprématie.

schéma *nom masculin*
/ Dessin sommaire. SYN. croquis, diagramme, ébauche.
/ Points principaux. SYN. brouillon, cadre, canevas, carcasse, ébauche, esquisse, plan, projet – LITTÉRAIRE : crayon, linéaments.

schématique *adjectif*
/ Qui est simplifié. SYN. bref, concis, condensé, court, dense, ramassé, résumé, simplifié, succinct. CONTR. *circonstancié, complet, détaillé.*
/ Qui simplifie à l'excès. SYN. laconique, lapidaire, rudimentaire, sommaire – LITTÉRAIRE : succinct. CONTR. *fouillé, nuancé.*

schématiser *verbe*
/ Représenter succinctement. SYN. abréger, condenser, ramasser, récapituler, résumer, simplifier, synthétiser. CONTR. *broder, détailler, développer* – FAMILIER : *délayer.*

schisme *nom masculin*
/ LITTÉRAIRE. Fait de se séparer. SYN. dissidence, division, scission, sécession, séparation.

schlinguer *verbe*
/ POPULAIRE. Sentir mauvais. SYN. empester, puer – FAMILIER : ne pas sentir la rose – POPULAIRE : cocoter, cocotter. CONTR. *embaumer, fleurer, sentir bon.*

sciant *adjectif*
/ FAMILIER. Qui surprend. SYN. abracadabrant, ahurissant, bizarre, curieux, déconcertant, drôle, effarant, étonnant, étrange, frappant, inattendu, inconcevable, incroyable, insolite, saisissant, singulier, stupéfiant, surprenant – FAMILIER : époustouflant, renversant, sidérant, soufflant.

scie *nom féminin*
/ FAMILIER. Personne, chose ennuyeuse. SYN. ennui, fléau – FAMILIER : barbe, calamité, plaie.
/ Répétition fastidieuse. SYN. chanson, leitmotiv, rabâchage, rengaine – FAMILIER : couplet, disque, refrain, ritournelle – LITTÉRAIRE : antienne.

scié *adjectif*
/ FAMILIER. Qui est stupéfait. SYN. abasourdi, ahuri, coi, ébahi, éberlué, étonné, interdit, interloqué, médusé, pantois, renversé, suffoqué, tombé de la lune, tombé des nues – FAMILIER : baba, comme deux ronds de flan, épaté, époustouflé, estomaqué, sidéré, soufflé – LITTÉRAIRE : ébaubi.

sciemment *adverbe*
/ En connaissance de cause. SYN. consciemment, de propos délibéré, délibérément, exprès, intentionnellement, volontaire-

ment. CONTR. *à l'aveuglette, à tâtons, aveuglément, inconsciemment, innocemment, instinctivement, involontairement, machinalement, mécaniquement.*

science *nom féminin*

/ Ensemble de connaissances. SYN. bagage, connaissances, culture, instruction, savoir. CONTR. *ignorance.*

scientifique *adjectif*

/ Qui fait preuve de méthode. SYN. logique, méthodique, objectif, rationnel, savant, systématique. CONTR. *illogique, incohérent, irrationnel.*

scientifiquement *adverbe*

/ D'une manière scientifique. SYN. logiquement, méthodiquement, objectivement, rationnellement, systématiquement. CONTR. *subjectivement, tendancieusement.*

scier *verbe*

/ FAMILIER. Remplir d'étonnement. SYN. abasourdir, ahurir, couper le souffle, ébahir, éberluer, effarer, méduser, pétrifier, renverser, stupéfier, suffoquer, surprendre –FAMILIER: asseoir, couper le sifflet, en boucher un coin, épater, époustoufler, estomaquer, sidérer, souffler –POPULAIRE: couper la chique.

scinder *verbe*

/ Opérer une scission. SYN. couper, décomposer, dégrouper, désunir, disjoindre, diviser, fractionner, fragmenter, morceler, partager, ramifier, sectionner, segmenter, séparer, subdiviser. CONTR. *grouper, rassembler, réunir, unir.*

scintillant *adjectif*

/ Qui scintille. SYN. brillant, clignotant, étincelant, luisant, papillotant, pétillant, reluisant –LITTÉRAIRE: flamboyant.

scintillement *nom masculin*

/ Fait de scintiller. SYN. brillant, chatoiement, éclat, feu, miroitement, papillotement, reflet –LITTÉRAIRE: pétillement, rayonnement.

scintiller *verbe*

/ Briller par intermittence. SYN. briller, chatoyer, clignoter, étinceler, luire, miroiter, papilloter, reluire, rutiler –LITTÉRAIRE: brasiller, cligner, flamber, flamboyer, poudroyer, resplendir.

scion *nom masculin*

/ Jeune branche à greffer. SYN. jet, pousse, rejet, surgeon, tendron.

scission *nom féminin*

/ Fait de se diviser. SYN. dichotomie, dissidence, division, sécession, séparation –LITTÉRAIRE: schisme. CONTR. *alliance, association, coalition, groupement.*

scissionniste *adjectif et nom*

/ Qui provoque une scission. SYN. déviationniste, dissident, hérétique, hétérodoxe, schismatique, sécessionniste.

sclérose *nom féminin*

/ Incapacité à évoluer. SYN. asphyxie, engourdissement, immobilisme, inertie, piétinement, stagnation. CONTR. *développement, essor, progrès.*

sclérosé *adjectif*

/ Qui n'évolue plus. SYN. archaïque, dépassé, engourdi, figé, vieilli, vieux. CONTR. *actif, dynamique, innovateur, vivant.*

scléroser *verbe*

/ Provoquer la sclérose de. SYN. engourdir, paralyser –FAMILIER: fossiliser.

scléroser (se) *verbe pronominal*

/ Perdre tout dynamisme. SYN. s'ankyloser, se figer, se fossiliser, se momifier, s'encroûter, s'engourdir.

scoop *nom masculin*

/ Information sensationnelle. SYN. exclusivité, information, nouvelle.

scoumoune *nom féminin*

/ POPULAIRE. Manque de chance. SYN. malchance, mauvais œil –FAMILIER: déveine, guigne –POPULAIRE: poisse. CONTR. *chance* –FAMILIER: *pot, veine.*

scribe *nom masculin*

/ FAMILIER. Employé aux écritures. SYN. bureaucrate, écrivailleur, écrivaillon, écrivassier –FAMILIER: gratte-papier, rond-de-cuir, scribouillard.

scribouillard *nom masculin*

/ Familier. Employé aux écritures. SYN. bureaucrate, écrivailleur, écrivaillon, écrivassier –familier: gratte-papier, rond-de-cuir, scribe.

scrupule *nom masculin*

/ Forte exigence morale. SYN. conscience, devoir, exactitude, minutie, sérieux, soin –littéraire: méticulosité. CONTR. *négligence.*

scrupuleusement *adverbe*

/ De façon scrupuleuse. SYN. à la lettre, étroitement, exactement, fidèlement, mathématiquement, méticuleusement, minutieusement, pieusement, religieusement, rigoureusement, sérieusement, soigneusement, strictement. CONTR. *approximativement.*

scrupuleux *adjectif*

/ Qui se montre exigeant. SYN. consciencieux, honnête –littéraire: probe, véridique. CONTR. *approximatif, hâtif, inexact.*

/ Qui montre un grand soin. SYN. assidu, exact, formaliste, méticuleux, minutieux, ponctuel, sérieux, soigneux, vigilant –littéraire: sourcilleux. CONTR. *frivole, insouciant, léger.*

scruter *verbe*

/ Examiner quelqu'un. SYN. dévisager, examiner, fixer, inspecter, observer, regarder –familier: reluquer –populaire: zieuter, zyeuter.

/ Regarder quelque chose. SYN. fouiller, inspecter, interroger, observer, parcourir, pénétrer, regarder, sonder.

sculpter *verbe*

/ Donner une forme à une matière. SYN. ciseler, découper, façonner, modeler, tailler.

séance *nom féminin*

/ Réunion d'une assemblée. SYN. audience, débats, réunion, session.

/ Projection d'un film. SYN. représentation, spectacle.

séant *adjectif*

/ Littéraire. Qui convient à telle situation. SYN. bienséant, bienvenu, convenable, correct, digne, opportun. CONTR. *déplacé, incongru, inopportun, malvenu* –littéraire: *malséant.*

séant *nom masculin*

/ Littéraire. Partie du corps où l'on s'assoit. SYN. derrière, fesses, siège –familier: croupe, croupion, fessier, postérieur –populaire: arrière-train, cul, popotin.

sec *adjectif*

/ Qui a perdu son eau. SYN. aride, asséché, désertique, desséché, stérile. CONTR. *détrempé, humide, mouillé, pluvieux, trempé, vert.*

/ Dépourvu de sensibilité. SYN. blessant, bourru, bref, brusque, brutal, cassant, cru, déplaisant, désagréable, dur, endurci, froid, glacial, indifférent, insensible, revêche, rogue, rude, sévère, vert –familier: sans-cœur. CONTR. *affable, agréable, aimable, attendrissant, avenant, cajoleur, câlin, caressant, compatissant, cordial, doucereux, engageant, expansif, gentil, ouvert, sensible, tendre* –littéraire: *aimant, amène, onctueux, paterne.*

/ Qui est maigre. SYN. décharné, efflanqué, maigre, maigrelet, maigriot, squelettique –familier: maigrichon –littéraire: émacié, étique. CONTR. *adipeux, charnu, corpulent, gras, plantureux, potelé, replet* –familier: *dodu, grassouillet, rondelet, rondouillard.*

/ Qui manque d'ornements. SYN. austère, sévère. CONTR. *agréable, attrayant, coloré, foisonnant, pittoresque.*

/ Qui est desséché (aliment). SYN. desséché. CONTR. *gras, juteux, moelleux, onctueux, suintant.*

sécable *adjectif*

/ Qui peut être divisé. SYN. divisible. CONTR. *indissociable, indivisible, insécable.*

sécession *nom féminin*

/ Action de se séparer d'un groupe. SYN. dissidence, division, scission, sédition, séparation –littéraire: schisme.

sécessionniste *adjectif et nom*

/ Qui fait sécession. SYN. autonomiste, dissident, indépendantiste, scissionniste, séparatiste.

sèchement *adverbe*

/ D'une façon brusque. SYN. brièvement, brusquement, rapidement. CONTR. *doucement, insensiblement, lentement.*

/ D'une façon brutale. SYN. abruptement, brutalement, crûment, durement, froidement, rudement, vertement, violemment –litté-

RAIRE: vivement. CONTR. *affectueusement, agréablement, aimablement, amoureusement, cordialement, gentiment, tendrement.*

sécher *verbe*

- Rendre sec. SYN. assécher, dessécher, faner, flétrir. CONTR. *arroser, asperger, baigner, détremper, humecter, humidifier, imbiber, inonder, mouiller.*
- FAMILIER. Ne pas aller en cours. SYN. manquer, rater – FAMILIER: louper.

sécheresse *nom féminin*

- État de ce qui est sec. SYN. aridité, dessèchement, siccité. CONTR. *fertilité, humidité.*
- Absence de sensibilité. SYN. brusquerie, brutalité, dureté, froideur, indifférence, insensibilité, morgue, rudesse. CONTR. *affabilité, amitié, apitoiement, ardeur, attendrissement, chaleur, commisération, complaisance, cordialité, douceur, ferveur, gentillesse, pitié, sensibilité* – LITTÉRAIRE: *aménité, compassion, onction.*

second *adjectif*

- De moindre importance. SYN. accessoire, adventice, annexe, épisodique, inférieur, mineur, secondaire, subalterne, subsidiaire. CONTR. *capital, cardinal, central, dominant, essentiel, fondamental, important, maître, premier, primordial, principal, supérieur, vital.*
- Qui remplace. SYN. autre, nouveau.

second *nom masculin*

- Personne qui seconde quelqu'un. SYN. adjoint, assistant, auxiliaire, bras droit, collaborateur, lieutenant.

secondaire *adjectif*

- De second ordre. SYN. accessoire, adventice, épisodique, incident, marginal, mineur, second, subsidiaire. CONTR. *capital, cardinal, central, dominant, essentiel, fondamental, important, maître, premier, primordial, principal, supérieur, vital.*

seconde *nom féminin*

- Temps très court. SYN. instant, minute, moment.

secondement *adverbe*

- LITTÉRAIRE. En second lieu. SYN. deuxièmement, secundo – FAMILIER: deusio, deuzio.

seconder *verbe*

- Assister quelqu'un. SYN. aider, appuyer, assister, épauler, soutenir. CONTR. *abandonner, contrecarrer, délaisser, laisser tomber* – FAMILIER: *lâcher.*
- Appuyer une action. SYN. aider, collaborer, concourir à, favoriser, servir. CONTR. *contrarier, contrecarrer, déjouer, desservir, empêcher, gêner, léser, paralyser, se dresser contre, s'opposer à.*

secoué *adjectif*

- En proie à une vive émotion. SYN. bouleversé, ébranlé, ému, frappé, remué, renversé, retourné, saisi, touché, troublé – FAMILIER: révolutionné – LITTÉRAIRE: pantelant.

secouer *verbe*

- Agiter vivement. SYN. agiter, balancer, ballotter, branler, brimbaler, hocher.
- Causer un choc. SYN. bouleverser, chavirer, choquer, commotionner, ébranler, émouvoir, empoigner, frapper, impressionner, inquiéter, perturber, remuer, retourner, saisir, traumatiser, troubler – FAMILIER: chambouler, émotionner, révolutionner.
- FAMILIER. Mener quelqu'un rudement. SYN. bousculer, harceler, morigéner, réveiller, talonner – FAMILIER: attraper, enguirlander – LITTÉRAIRE: gourmander – POPULAIRE: engueuler.

secouer (se) *verbe pronominal*

- Se remuer énergiquement. SYN. bouger, remuer, s'agiter, se remuer, s'ébrouer.
- FAMILIER. Réagir contre l'inertie. SYN. réagir, se prendre par la main, se réveiller – FAMILIER: s'agiter, se bouger.

secourable *adjectif*

- LITTÉRAIRE. Qui porte secours. SYN. attentif, bienveillant, bon, brave, charitable, empressé, humain, obligeant, prévenant, serviable.

secourir *verbe*

- Porter secours à. SYN. aider, assister, défendre, épauler, porter assistance, prêter main-forte, protéger, soutenir, venir à la rescousse, venir en aide – FAMILIER: dépanner. CONTR. *abandonner, délaisser, desservir, nuire, perdre.*

secours *nom masculin*

- Action de secourir quelqu'un. SYN. aide, assistance, soutien. CONTR. *abandon, trahison* – FAMILIER: *lâchage* – LITTÉRAIRE: *délaissement.*

/ Aide matérielle. SYN. aumône, charité, don, libéralité, obole, offrande, subside, subvention.

/ Ce qui aide. SYN. appoint, appui, assistance, réconfort, recours, renfort, ressource, soutien –LITTÉRAIRE: refuge. CONTR. *gêne.*

secousse *nom féminin*

/ Mouvement brusque. SYN. à-coup, cahot, frisson, saccade, soubresaut, sursaut.

/ Choc psychologique. SYN. bouleversement, choc, commotion, coup, ébranlement, émotion, saisissement, traumatisme, trouble.

/ Perturbation sociale. SYN. agitation, convulsion, fermentation, perturbation, remous, trouble –LITTÉRAIRE: commotion, orage, tourmente. CONTR. *calme.*

secret *adjectif*

/ Peu connu. SYN. caché, clandestin, confidentiel, dérobé, inconnu, occulte, sourd, sournois, souterrain, voilé –LITTÉRAIRE: subreptice. CONTR. *avoué, flagrant, notoire, ostensible, patent, public.*

/ Qui demeure intime. SYN. caché, furtif, intérieur, intime, larvé, latent, profond, sous-jacent –LITTÉRAIRE: dormant. CONTR. *apparent, évident, manifeste, palpable, perceptible, sensible, tangible, visible.*

/ LITTÉRAIRE. Qui ne fait pas de confidences. SYN. discret, dissimulé, fuyant, impénétrable, insaisissable, mystérieux, renfermé, replié, réservé, silencieux, taciturne –FAMILIER: cachottier –LITTÉRAIRE: réticent. CONTR. *bavard, communicatif, démonstratif, expansif, exubérant, indiscret, ouvert, tapageur, volubile.*

secret *nom masculin*

/ Moyen d'obtenir une chose. SYN. clé, clef, ficelle, finesse, procédé, processus, recette, science, technique –FAMILIER: astuce, combine, truc.

/ Ce qu'il y a de plus intime. SYN. intimité, profondeur –LITTÉRAIRE: recoin, repli, tréfonds.

/ Silence qui entoure quelque chose. SYN. coulisses, dessous, énigme, ficelles, mystère, ombre –FAMILIER: cachotterie –LITTÉRAIRE: arcanes.

secrètement *adverbe*

/ De façon cachée. SYN. à la dérobée, clandestinement, confidentiellement, discrètement, en cachette, en catimini, en secret, en sourdine, en sous-main, en tapinois, furtivement, in petto, incognito, obscurément, officieusement, sous le manteau –FAMILIER: en douce, sans tambour ni trompette –LITTÉRAIRE: sourdement, subrepticement. CONTR. *à découvert, manifestement, officiellement, ostensiblement, ouvertement, publiquement.*

/ Sans rien manifester. SYN. à part soi, dans son for intérieur, en soi-même, intérieurement, intimement –FAMILIER: doucement. CONTR. *extérieurement, ostensiblement, ouvertement.*

sécréter *verbe*

/ LITTÉRAIRE. Produire quelque chose. SYN. donner, fabriquer, fournir, produire –LITTÉRAIRE: distiller.

sectaire *adjectif*

/ Qui montre de l'intolérance. SYN. autoritaire, doctrinaire, exclusif, fanatique, intolérant, intransigeant, partial. CONTR. *complaisant, éclectique, indulgent, large, libéral, tolérant.*

sectaire *nom*

/ Personne intolérante. SYN. doctrinaire, fanatique, intolérant, intransigeant. CONTR. *libéral, tolérant.*

sectarisme *nom masculin*

/ Attitude intransigeante. SYN. fanatisme, intolérance, intransigeance, partialité. CONTR. *complaisance, éclectisme, indulgence, libéralisme, tolérance.*

sectateur *nom*

/ LITTÉRAIRE. Partisan d'une doctrine. SYN. adepte, adhérent, disciple, fidèle, partisan –VIEUX: sectaire.

secte *nom féminin*

/ Groupe uni de personnes. SYN. cercle, chapelle, clan, coterie, faction, parti –FAMILIER: clique –LITTÉRAIRE: camarilla, ligue.

secteur *nom masculin*

/ FAMILIER. Endroit quelconque. SYN. coin, lieu, parages, territoire.

/ Domaine de compétence. SYN. domaine, matière, partie, point –LITTÉRAIRE: département, ressort.

section *nom féminin*

/ Division d'un écrit. SYN. branche, chapitre, coupure, division, paragraphe, partie, point.

/ Ce qui a été divisé. SYN. bout, fragment, morceau, portion, tronçon.

sectionné *adjectif*

/ Qui a été coupé. SYN. coupé, entaillé, fendu, lacéré, ouvert. CONTR. *fermé, obturé, refermé, suturé.*

sectionner *verbe*

/ Couper net. SYN. couper, faucher, tailler, trancher, tronçonner.

/ Diviser en sections. SYN. découper, diviser, fractionner, fragmenter, morceler, partager, scinder, segmenter, séparer.

séculaire *adjectif*

/ Qui existe depuis longtemps. SYN. ancestral, ancien, antique, archaïque, centenaire, millénaire, reculé, vieux – LITTÉRAIRE : immémorial. CONTR. *moderne, nouveau, récent.*

secundo *adverbe*

/ En deuxième lieu. SYN. deuxièmement – FAMILIER : deusio, deuzio – LITTÉRAIRE : secondement.

sécurisant *adjectif*

/ Qui sécurise. SYN. apaisant, calmant, rassurant, tranquillisant. CONTR. *affolant, alarmant, angoissant, effrayant, inquiétant, préoccupant, terrifiant, terrorisant, troublant.*

sécuriser *verbe*

/ Donner un sentiment de sécurité. SYN. apaiser, calmer, rassurer, tranquilliser – LITTÉRAIRE : rasséréner. CONTR. *affoler, alarmer, angoisser, effrayer, inquiéter, terrifier, terroriser, troubler.*

sécurité *nom féminin*

/ Situation qui rassure. SYN. calme, paix, tranquillité – LITTÉRAIRE : sûreté. CONTR. *danger, insécurité, instabilité, péril, précarité.*

/ État de celui qui est rassuré. SYN. apaisement, ataraxie, calme, confiance, sérénité – LITTÉRAIRE : quiétude. CONTR. *angoisse, anxiété, appréhension, crainte, défiance, inquiétude, peur, préoccupation* – LITTÉRAIRE : *alarme.*

sédentaire *adjectif*

/ Qui reste au même endroit. SYN. casanier. CONTR. *ambulant, errant, itinérant, mobile, nomade* – LITTÉRAIRE : *voyageur.*

sédentarisation *nom féminin*

/ Fait de se sédentariser. SYN. enracinement, établissement, implantation, installation. CONTR. *départ, déracinement.*

sédentariser *verbe*

/ Rendre sédentaire. SYN. concentrer, enraciner, établir, fixer, implanter, installer. CONTR. *déraciner.*

séditieux *adjectif*

/ Qui participe à une sédition. SYN. contestataire, factieux, insoumis, insurgé, rebelle, réfractaire, révolutionnaire.

/ Qui porte à la sédition. SYN. contestataire, factieux, frondeur, insurrectionnel, révolutionnaire, subversif – VIEUX : incendiaire.

séditieux *nom*

/ Personne en révolte. SYN. agitateur, contestataire, émeutier, factieux, insurgé, mutin, perturbateur, rebelle, révolutionnaire, trublion – LITTÉRAIRE : fomentateur – VIEUX : remueur.

sédition *nom féminin*

/ Soulèvement contre l'autorité. SYN. agitation, dissidence, émeute, insurrection, mouvement, mutinerie, rébellion, révolte, révolution, sécession, troubles – LITTÉRAIRE : incendie.

séducteur *adjectif*

/ Qui séduit. SYN. captivant, charmeur, enjôleur, ensorcelant, ensorceleur, envoûtant, fascinant, séduisant.

séducteur *nom masculin*

/ Homme qui séduit les femmes. SYN. bourreau des cœurs, charmeur, coureur, don Juan, enjôleur, homme à femmes – FAMILIER : dragueur, tombeur.

séduction *nom féminin*

/ Capacité de séduire. SYN. agrément, appât, attirance, attraction, attrait, charme, ensorcellement, envoûtement, fascination, prestige – LITTÉRAIRE : allèchement.

séductrice *nom féminin*

/ Femme qui use de son charme. SYN. aguicheuse, charmeuse, enjôleuse – FAMILIER : allumeuse.

séduire *verbe*
/ Attirer fortement. SYN. allécher, amadouer, appâter, attirer, capter, captiver, charmer, conquérir, enchanter, enjôler, ensorceler, envoûter, fasciner, gagner, passionner, plaire, ravir –FAMILIER: embobeliner, entortiller, taper dans l'œil –LITTÉRAIRE: subjuguer. CONTR. *blesser, choquer, dégoûter, déplaire, écœurer, repousser, répugner* –FAMILIER: *barber, embêter, révulser* –POPULAIRE: *emmerder.*

séduisant *adjectif*
/ Qui séduit par son charme. SYN. affriolant, aguichant, aimable, appétissant, attachant, attirant, beau, charmant, charmeur, désirable, enchanteur, ensorcelant, envoûtant, fascinant, irrésistible, joli, ravissant, séducteur, seyant –FAMILIER: craquant, sexy. CONTR. *antipathique, désagréable, repoussant, répugnant.*
/ Susceptible de tenter. SYN. agréable, alléchant, attirant, attractif, attrayant, captivant, engageant, prenant, tentant. CONTR. *abominable, décourageant, rebutant, répulsif* –FAMILIER: *barbant.*

segment *nom masculin*
/ Partie d'un ensemble. SYN. bout, fraction, fragment, morceau, parcelle, portion, tronçon.

segmentation *nom féminin*
/ Division en segments. SYN. division, fractionnement, fragmentation, morcellement, partage, séparation.

segmenter *verbe*
/ Partager en segments. SYN. couper, découper, diviser, fractionner, fragmenter, morceler, partager, scinder, sectionner, séparer, subdiviser, tronçonner.

ségrégation *nom féminin*
/ Action de rejeter quelqu'un. SYN. discrimination, rejet. CONTR. *assimilation, incorporation, intégration.*

séide *nom masculin*
/ LITTÉRAIRE. Homme dévoué à. SYN. adepte, fanatique, fidèle, partisan –LITTÉRAIRE: suppôt –POPULAIRE: nervi.

seigneur *nom masculin*
/ Personne qui tient le premier rang. SYN. baron, cerveau, magnat, maître, prince, puissant, roi –FAMILIER: champion, crack, ponte.

sein *nom masculin*
/ LITTÉRAIRE. Siège de la conception. SYN. flanc, ventre –LITTÉRAIRE: entrailles.
/ LITTÉRAIRE. Partie interne d'une chose. SYN. cœur, fond, giron –LITTÉRAIRE: tréfonds.

seins *nom masculin pluriel*
/ Poitrine de la femme. SYN. buste, poitrine –FAMILIER: tétons –LITTÉRAIRE: gorge –POPULAIRE: doudounes, lolos, nénés, nichons, roberts.

séisme *nom masculin*
/ Mouvement de l'écorce terrestre. SYN. cataclysme, secousse tellurique, tremblement de terre.

séjour *nom masculin*
/ Fait de séjourner quelque part. SYN. déplacement, passage –FAMILIER: saut.

séjourner *verbe*
/ Passer du temps en un lieu. SYN. descendre, habiter, loger, occuper, s'arrêter, s'attarder, se tenir, vivre –FAMILIER: rester –LITTÉRAIRE: demeurer. CONTR. *partir.*

sel *nom masculin*
/ Ce qui stimule l'intérêt. SYN. esprit, humour, piment, piquant, saveur. CONTR. *banalité, fadeur, insignifiance, insipidité, platitude.*

sélect *adjectif*
/ FAMILIER. De premier choix. SYN. chic, choisi, distingué, élégant, noble, précieux, raffiné. CONTR. *banal, commun, ordinaire, populaire, vulgaire.*

sélection *nom féminin*
/ Action de choisir. SYN. choix, tri, triage.
/ Éléments choisis. SYN. assortiment, choix, florilège.

sélectionner *verbe*
/ Pratiquer une sélection. SYN. adopter, choisir, écrémer, prendre, trier, trier sur le volet. CONTR. *refuser, rejeter, repousser.*

self-control *nom masculin*
/ Maîtrise de soi. SYN. assurance, calme, contrôle de soi, flegme, impassibilité, imperturbabilité, placidité, sérénité – FAMILIER: cran.

selles *nom féminin pluriel*
/ Matière fécale de l'homme. SYN. crotte, déjection, étron, excrément, fèces – FAMILIER: caca – POPULAIRE: colombin, merde.

selon *préposition*
/ Indique une proportion. SYN. à proportion de, d'après, en proportion de, eu égard à.
/ Indique une conformité à. SYN. conformément à, suivant.
/ Suivant l'opinion de. SYN. au dire de, d'après, d'après les dires de.

semailles *nom féminin pluriel*
/ Action de semer. SYN. ensemencement, semis.

semblable *adjectif*
/ Qui ressemble à. SYN. analogue, comparable, conforme, équivalent, identique, parallèle, pareil, ressemblant, similaire, tel, uniforme. CONTR. *autre, contraire, différent, disparate, disproportionné, dissemblable, distinct, divergent, divers, hétérogène, incomparable, inégal, opposé, varié.*

semblable *nom masculin*
/ Personne semblable. SYN. alter ego, congénère, homologue, pair, pareil, prochain, proche.

semblablement *adverbe*
/ LITTÉRAIRE. De façon semblable. SYN. à l'avenant, de la même façon, de la même manière, de même, également, identiquement, pareillement – VIEUX: mêmement. CONTR. *autrement, différemment, diversement.*

semblant *nom masculin*
/ Une apparence de. SYN. apparence, dehors, façade, faux-semblant, simulacre, surface, teinte, vernis – LITTÉRAIRE: masque.

sembler *verbe*
/ Prendre l'apparence de. SYN. avoir l'air, donner l'impression de, paraître, passer pour, représenter – LITTÉRAIRE: simuler.
/ *Il (me, te, etc.) semble.* SYN. apparaître, paraître, s'avérer, se montrer.

semé *adjectif*
/ Qui est parsemé de. SYN. constellé, émaillé, jonché, parsemé.

semence *nom féminin*
/ LITTÉRAIRE. Ce qui fait naître une chose. SYN. germe, graine, origine, source – LITTÉRAIRE: ferment, levain.

semer *verbe*
/ Mettre une graine en terre. SYN. ensemencer, planter. CONTR. *cueillir, ramasser, récolter.*
/ Jeter çà et là. SYN. consteller, couvrir, disperser, disséminer, éparpiller, joncher, larder, parsemer, répandre – LITTÉRAIRE: étoiler, piqueter.
/ FAMILIER. Distancer quelqu'un. SYN. dépasser, dépister, devancer, distancer – FAMILIER: gratter. CONTR. *rattraper, rejoindre.*

sémillant *adjectif*
/ D'une vivacité gaie. SYN. actif, alerte, bouillant, fringant, gai, guilleret, leste, pétulant, vif – LITTÉRAIRE: allant. CONTR. *nonchalant.*

séminaire *nom masculin*
/ Fait de se réunir. SYN. colloque, conférence, congrès, cours, réunion, symposium.

semis *nom masculin*
/ Mise en place des semences. SYN. ensemencement, semailles.

semonce *nom féminin*
/ Avertissement mêlé de reproches. SYN. blâme, critique, observation, remontrance, réprimande, reproche, sermon – FAMILIER: savon – LITTÉRAIRE: admonestation, mercuriale, objurgation. CONTR. *compliment, flatterie.*

semoncer *verbe*
/ LITTÉRAIRE. Faire une semonce. SYN. blâmer, chapitrer, corriger, gronder, houspiller, morigéner, réprimander, sermonner – FAMILIER: attraper, disputer, enguirlander – LITTÉRAIRE: admonester, fustiger, gourmander, moraliser, quereller, tancer – POPULAIRE: engueuler.

sempiternel *adjectif*
/ Répété indéfiniment. SYN. continu, continuel, éternel, impérissable, incessant, infini, interminable, perpétuel – LITTÉRAIRE: immortel.

sempiternellement *adverbe*
/ LITTÉRAIRE. Sans arrêt. SYN. constamment, continuellement, éternellement, immuablement, indéfiniment, interminablement, invariablement, perpétuellement –LITTÉRAIRE: continûment. CONTR. *momentanément, provisoirement, temporairement* –LITTÉRAIRE: *transitoirement.*

sénile *adjectif*
/ Dû à la vieillesse. SYN. décrépit, déliquescent, diminué, gâteux –FAMILIER: gaga, ramolli. CONTR. *jeune, juvénile* –VIEUX: *gaillard.*

sénilité *nom féminin*
/ Fait de devenir sénile. SYN. décrépitude, déliquescence, gâtisme. CONTR. *jeunesse, verdeur.*

sens *nom masculin*
/ Connaissance intuitive de. SYN. conscience, don, esprit, instinct, notion, sentiment.
/ Ce que quelque chose signifie. SYN. acception, interprétation, portée, signification, signifié, valeur.
/ Ce que pense quelqu'un. SYN. appréciation, avis, opinion, point de vue, sentiment, vue.
/ Direction prise. SYN. côté, direction, orientation.

sens *nom masculin pluriel*
/ Instinct sexuel. SYN. chair, corps, sensualité, volupté.

sensation *nom féminin*
/ Fait de ressentir quelque chose. SYN. effet, impression, perception, sentiment.

sensationnel *adjectif*
/ Qui provoque la surprise. SYN. étonnant, extraordinaire, impressionnant, saisissant, sans précédent, stupéfiant, suffocant, surprenant –FAMILIER: époustouflant, renversant.
/ FAMILIER. D'une valeur exceptionnelle. SYN. à marquer d'une pierre blanche, d'exception, étourdissant, exceptionnel, extraordinaire, fantastique, génial, idéal, inouï, merveilleux, miraculeux, phénoménal, prodigieux, remarquable, spectaculaire –FAMILIER: épatant, fabuleux, formidable, magistral, mirobolant, super, terrible.

sensé *adjectif*
/ Qui a du bon sens. SYN. avisé, éclairé, lucide, perspicace, prudent, raisonnable, réfléchi, sagace, sage. CONTR. *déraisonnable, dérangé, désaxé, égaré, fou, inconséquent, insensé* –FAMILIER: *braque, cinglé, détraqué, dingue, fada* –POPULAIRE: *barge, barjo, branque, dingo.*
/ Conforme au bon sens. SYN. droit, judicieux, juste, logique, raisonnable, raisonné, rationnel, sain. CONTR. *aberrant, abracadabrant, absurde, biscornu, bizarre, démentiel, extravagant, farfelu, faux, illogique, inadmissible, incohérent, insensé, saugrenu, stupide* –FAMILIER: *bizarroïde, dément, ridicule.*

sensément *adverbe*
/ LITTÉRAIRE. D'une manière sensée. SYN. judicieusement, raisonnablement, rationnellement, sagement, sainement.

sensibiliser *verbe*
/ Rendre sensible à. SYN. atteindre, conscientiser, faire jouer la corde sensible, toucher.

sensibilité *nom féminin*
/ Aptitude à s'émouvoir. SYN. affectivité, cœur, émotivité, humanité, réceptivité, sentiment, susceptibilité. CONTR. *apathie, détachement, dureté, froideur, impassibilité, indifférence, inhumanité, insensibilité, sécheresse.*

sensible *adjectif*
/ Qui est perçu par les sens. SYN. concret, matériel, physique.
/ Physiquement fragile. SYN. délicat, douillet, fragile, vulnérable. CONTR. *endurant, invulnérable, solide.*
/ Facilement touché par. SYN. accessible à, compatissant, émotif, humain, impressionnable, intimidable, ouvert, perméable, réceptif, sentimental –FAMILIER: émotionnable. CONTR. *blindé, cruel, desséché, dur, endurci, étranger, fermé, froid, impitoyable, inaccessible, indifférent, inhumain, insensible, rebelle, réfractaire, rude, sec, sourd, stoïque* –FAMILIER: *sans-cœur.*
/ Qu'on remarque facilement. SYN. apparent, appréciable, évident, important, manifeste, marqué, net, notable, palpable, perceptible, tangible, visible –LITTÉRAIRE: saisissable. CONTR. *inapparent, inappréciable, infime, insaisissable, insignifiant, invisible, minime, négligeable, secret.*

sensiblement *adverbe*
/ D'une manière très perceptible. SYN. beaucoup, considérablement, énormément, notablement, remarquablement, sérieusement, visiblement.

/ À peu de chose près. SYN. à peu près, approximativement, environ, presque –FAMILIER: quasiment –LITTÉRAIRE: quasi.

sensitif *adjectif*

/ D'une grande sensibilité. SYN. émotif, hypersensible, impressionnable, intimidable, susceptible –FAMILIER: émotionnable.

sensualité *nom féminin*

/ Caractère sensuel. SYN. lubricité, plaisir, volupté –LITTÉRAIRE: lasciveté, lascivité. CONTR. *ascétisme, austérité, chasteté, puritanisme.*

sensuel *adjectif*

/ Porté vers les plaisirs des sens. SYN. épicurien, jouisseur, lascif, lubrique, luxurieux, voluptueux –FAMILIER: chaud –LITTÉRAIRE: libidineux. CONTR. *ascétique, austère, cérébral, chaste, froid, intellectuel, platonique, puritain, sentimental, spirituel.*

/ Qui évoque les plaisirs des sens. SYN. aguichant, charnel, érotique, lascif, lubrique, sexuel –FAMILIER: sexy –LITTÉRAIRE: orgiaque.

sensuellement *adverbe*

/ LITTÉRAIRE. Avec sensualité. SYN. lascivement, physiquement, voluptueusement –LITTÉRAIRE: charnellement.

sente *nom féminin*

/ LITTÉRAIRE. Petit sentier. SYN. chemin, laie, layon, piste, route, sentier.

sentence *nom féminin*

/ LITTÉRAIRE. Phrase à portée générale. SYN. adage, aphorisme, apophtegme, axiome, dicton, maxime, mot, parole, pensée, précepte, proverbe.

/ Énoncé à caractère décisif. SYN. arrêt, décision, jugement, verdict.

sentencieusement *adverbe*

/ D'une manière sentencieuse. SYN. dignement, gravement, pompeusement, sérieusement, solennellement.

sentencieux *adjectif*

/ Qui s'exprime avec gravité. SYN. déclamatoire, doctoral, doctrinaire, dogmatique, emphatique, grandiloquent, grave, pompeux, professoral, solennel –FAMILIER: pontifiant.

senteur *nom féminin*

/ LITTÉRAIRE. Odeur agréable. SYN. arôme, bouquet, effluves, exhalaison, fumet, odeur, parfum –LITTÉRAIRE: fragrance, remugle. CONTR. *infection, puanteur.*

sentier *nom masculin*

/ Chemin étroit. SYN. chemin, laie, layon, piste, route, voie –LITTÉRAIRE: sente.

sentiment *nom masculin*

/ Connaissance immédiate. SYN. conscience, impression, inspiration, instinct, intuition, perception, pressentiment, sensation.

/ Manière de penser. SYN. avis, croyance, idée, jugement, opinion, pensée, point de vue, position, sens, vue.

/ État affectif complexe. SYN. esprit, instinct, notion, sens.

/ Disposition à être ému. SYN. affectivité, émotivité, sensibilité. CONTR. *froideur, indifférence, insensibilité.*

/ LITTÉRAIRE. Inclination pour quelqu'un. SYN. affection, amour, attachement, passion, tendresse. CONTR. *aversion, haine, inimitié.*

sentimental *adjectif*

/ Qui concerne l'amour. SYN. amoureux, galant.

/ Qui relève du sentiment. SYN. affectif, émotif, émotionnel. CONTR. *cérébral, intellectuel, réaliste.*

/ Qui montre de la sensibilité. SYN. fleur bleue, rêveur, romanesque, romantique, sensible, tendre. CONTR. –FAMILIER: *sans-cœur.*

sentine *nom féminin*

/ LITTÉRAIRE. Lieu sale et humide. SYN. bourbier, cloaque –LITTÉRAIRE: égout.

sentinelle *nom féminin*

/ Militaire en faction. SYN. factionnaire, garde, guetteur, planton.

sentir *verbe*

/ Percevoir par l'odorat. SYN. flairer, percevoir, renifler, respirer –LITTÉRAIRE: humer.

/ Percevoir une impression. SYN. éprouver, ressentir.

/ Avoir conscience de. SYN. découvrir, deviner, discerner, entendre, flairer, pressentir, remarquer, repérer, se rendre compte, soupçonner –FAMILIER: renifler.

sentir (se) *verbe pronominal*

/ Éprouver telle sensation. SYN. se juger, se trouver, s'estimer.

seoir *verbe*

/ LITTÉRAIRE. Aller bien à quelqu'un. SYN. aller, avantager, convenir, habiller, se prêter, s'harmoniser.

séparable *adjectif*

/ Qui peut se séparer. SYN. dissociable, isolable. CONTR. *indissociable, inséparable.*

séparation *nom féminin*

/ Action de séparer. SYN. dispersion, fractionnement, fragmentation, scission, segmentation –LITTÉRAIRE: schisme. CONTR. *agglomérat, agglomération, agglutination, assemblage, concentration, jonction, réunion.*

/ Fait de distinguer. SYN. dichotomie, différenciation, disjonction, dissociation, distinction, division. CONTR. *fusion, union.*

/ Fait de se quitter. SYN. brouille, divorce, éloignement, rupture. CONTR. *accointance, alliance, association, groupement.*

/ Objet, espace qui sépare. SYN. abîme, barrière, borne, cloison, démarcation, écran, fossé, frontière, limite.

séparatisme *nom masculin*

/ Mouvement de séparation politique. SYN. autonomisme, indépendantisme, particularisme.

séparatiste *nom et adjectif*

/ Partisan du séparatisme. SYN. autonomiste, dissident, indépendantiste, sécessionniste.

séparé *adjectif*

/ Isolé d'un ensemble. SYN. à part, dissocié, distant, distinct, indépendant. CONTR. *accolé, concomitant, conjoint, contigu, simultané, synchrone, synchronique.*

séparément *adverbe*

/ À part l'un de l'autre. SYN. à part, distinctement, indépendamment, individuellement, isolément. CONTR. *concurremment, conjointement, ensemble.*

séparer *verbe*

/ Éloigner des choses. SYN. démembrer, fragmenter, morceler, partager, scinder, sectionner, segmenter, trier. CONTR. *accoler, agglutiner, agréger, assembler, concentrer, englober, fondre, fusionner, grouper, imbriquer, lier, mélanger, mêler, rallier, rassembler, remembrer, réunir, unir* –LITTÉRAIRE: *confondre.*

/ Considérer à part. SYN. abstraire, détacher, disjoindre, dissocier, distinguer, extraire, isoler –LITTÉRAIRE: discerner. CONTR. *adjoindre, amalgamer, combiner, joindre, juxtaposer, raccorder, relier.*

/ Éloigner des personnes. SYN. brouiller, déchirer, discriminer, diviser, écarter, éloigner, fâcher, isoler. CONTR. *allier, associer, rapprocher, réconcilier, souder* –LITTÉRAIRE: *assembler.*

séparer (se) *verbe pronominal*

/ Se passer des services de. SYN. chasser, congédier, dégommer, démettre, destituer, exclure, remercier, renvoyer, se défaire de –FAMILIER: blackbouler, débarquer, déboulonner, démissionner, vider –POPULAIRE: balancer. CONTR. *engager, prendre, s'adjoindre, s'attacher.*

/ Ne plus conserver. SYN. quitter, se débarrasser, se démunir, se dépouiller, se dessaisir.

/ Partir en sens inverse. SYN. se disjoindre, se disperser, se dissocier, se quitter, s'éparpiller. CONTR. *s'acoquiner, s'assembler, s'associer, se coaliser, se grouper, se rapprocher* –LITTÉRAIRE: *s'accointer.*

/ Se détacher d'un tout. SYN. bifurquer, diverger, se dédoubler, se distinguer, se diviser.

septentrional *adjectif*

/ Situé au nord. SYN. arctique, boréal, nord, nordique. CONTR. *austral, sud.*

sépulcral *adjectif*

/ LITTÉRAIRE. Qui se rapporte à un sépulcre. SYN. funéraire, tombal.

/ LITTÉRAIRE. Qui évoque les sépulcres. SYN. funèbre, lugubre, macabre, sinistre, sombre, triste.

/ LITTÉRAIRE. Se dit d'une voix sourde. SYN. bas, caverneux, profond, sourd. CONTR. *aigu, haut, perçant.*

sépulcre *nom masculin*

/ LITTÉRAIRE. Monument funéraire. SYN. caveau, mausolée, sépulture, tombe, tombeau.

sépulture *nom féminin*

/ LITTÉRAIRE. Action d'inhumer un mort. SYN. enterrement, funérailles, inhumation, obsèques –LITTÉRAIRE: ensevelissement.

/ Lieu où l'on inhume un corps. SYN. caveau, mausolée, nécropole, tombe, tombeau –LITTÉRAIRE: sépulcre.

séquelle *nom féminin*

/ LITTÉRAIRE. Suite de personnes. SYN. cascade, chapelet, défilé, file, foule, kyrielle, procession, suite –FAMILIER: ribambelle –LITTÉRAIRE: théorie.

/ Conséquence d'un événement. SYN. choc en retour, conséquence, contrecoup, effet, retombée, suite.

séquestration *nom féminin*

/ Fait d'être séquestré. SYN. emprisonnement, enfermement, isolement –LITTÉRAIRE: réclusion.

séquestré *adjectif*

/ Qui est enfermé. SYN. barricadé, claquemuré, cloîtré, détenu, enfermé, isolé, prisonnier, solitaire –FAMILIER: bouclé –LITTÉRAIRE: reclus.

séquestrer *verbe*

/ Garder quelqu'un enfermé. SYN. cadenasser, claustrer, emprisonner, enfermer, interner, isoler –FAMILIER: boucler –VIEUX: chambrer.

séraphique *adjectif*

/ LITTÉRAIRE. Qui évoque les séraphins. SYN. angélique, harmonieux, mélodieux, suave –LITTÉRAIRE: céleste, éthéré. CONTR. *démoniaque, diabolique, satanique* –LITTÉRAIRE: *infernal, méphistophélique.*

serein *adjectif*

/ LITTÉRAIRE. Se dit d'un ciel pur. SYN. beau, pur, radieux. CONTR. *couvert, gris, nébuleux, nuageux, sombre.*

/ Qui montre du calme. SYN. calme, confiant, flegmatique, imperturbable, pacifique, paisible, patient, philosophe, placide, tranquille –FAMILIER: cool –LITTÉRAIRE: limpide, olympien, quiet, rasséréné –POPULAIRE: peinard, pénard. CONTR. *affolé, agacé, agité, ahuri, anxieux, apeuré, aventureux, déchaîné, effaré, emporté, énervé, exaspéré, fiévreux, fou, fougueux, houleux, impétueux, inquiet, irrité, rageur, survolté, tracassé, troublé, violent* –LITTÉRAIRE: *effervescent, tempétueux, tumultueux, volcanique.*

sereinement *adverbe*

/ Avec sérénité. SYN. calmement, en toute quiétude, en toute sérénité, paisiblement, patiemment, placidement, posément, sagement, tranquillement. CONTR. *fébrilement, fiévreusement, fougueusement, impétueusement, violemment* –LITTÉRAIRE: *tumultueusement.*

sérénité *nom féminin*

/ Caractère serein. SYN. apaisement, ataraxie, calme, imperturbabilité, paix, placidité, sang-froid, self-control, tranquillité –LITTÉRAIRE: quiétude, repos. CONTR. *affolement, agitation, angoisse, anxiété, appréhension, bouillonnement, déchaînement, ébullition, effarement, effervescence, égarement, emportement, énervement, exaspération, excitation, impatience, indignation, inquiétude, irascibilité, préoccupation* –FAMILIER: *horripilation* –LITTÉRAIRE: *alarme, hérissement, transe.*

serf *adjectif*

/ Relatif à l'état de serf. SYN. esclave, servile. CONTR. *aristocratique, noble.*

/ LITTÉRAIRE. Qui fait preuve de soumission. SYN. obséquieux, plat, rampant, servile, soumis –LITTÉRAIRE: esclave.

série *nom féminin*

/ Succession de choses. SYN. cascade, chapelet, collection, file, kyrielle, multitude, myriade, suite –FAMILIER: ribambelle.

/ Ce qui permet de classer. SYN. catégorie, classe, cours, division, groupe.

sérier *verbe*

/ Classer par séries. SYN. classer, différencier, distinguer, diviser, inventorier, répertorier, trier.

sérieusement *adverbe*

/ Sans plaisanter. SYN. sentencieusement, solennellement.

/ Avec application. SYN. consciencieusement, rigoureusement, scrupuleusement, soigneusement –FAMILIER: dur. CONTR. *à la légère, négligemment.*

/ D'une manière grave. SYN. grandement, gravement, grièvement, notablement. CONTR. *burlesquement, comiquement.*

/ D'une manière décidée. SYN. activement, profondément, réellement, sensiblement, véritablement, vraiment –FAMILIER: tout de bon.

sérieux *adjectif*

/ Qui montre de la réflexion. SYN. appliqué, assidu, consciencieux, minutieux, posé, réfléchi, responsable, scrupuleux, studieux –LITTÉRAIRE: diligent. CONTR. *aventureux, badin, désinvolte, distrait, étourdi, facétieux, fantai-*

siste, frivole, inappliqué, inattentif, inconséquent, irréfléchi, puéril, superficiel –FAMILIER: *blagueur.*

/ Qui est fait avec soin. SYN. approfondi, poussé, précis, rigoureux, soigné –LITTÉRAIRE: soigneux. CONTR. *sommaire* –FAMILIER: *bâclé.*

/ Sur quoi on peut se fonder. SYN. fiable, grave, important, profond, solide, sûr, valable. CONTR. *douteux, faible, illusoire, infondé, superficiel* –LITTÉRAIRE: *vain.*

/ Qui se conduit bien. SYN. honnête, rangé, sage –LITTÉRAIRE: vertueux. CONTR. *débauché, dépravé, dévergondé, leste.*

/ Qui fait appel à la réflexion. SYN. grave, sévère. CONTR. *amusant, burlesque, comique, distrayant, fantaisiste, frivole, futile, léger, plaisant.*

/ Qui a un caractère de gravité. SYN. alarmant, critique, dangereux, dramatique, grave, inquiétant, préoccupant, redoutable, sévère, sombre, tragique. CONTR. *anodin, bénin, superficiel* –LITTÉRAIRE: *véniel.*

/ Qui est de taille. SYN. bon, gros, important, notable, poussé –FAMILIER: solide. CONTR. *dérisoire, faible, infime, méprisable, mineur, minime, négligeable, petit, risible.*

sérieux *nom masculin*

/ Qualité de quelqu'un de posé. SYN. application, ardeur, conscience, scrupule, soin, zèle –LITTÉRAIRE: diligence, méticulosité. CONTR. *badinage, étourderie, frivolité, futilité, légèreté, puérilité* –LITTÉRAIRE: *dissipation.*

/ Caractère grave de. SYN. gravité –LITTÉRAIRE: solennité. CONTR. *bouffonnerie, dérision, humour, légèreté* –FAMILIER: *blague* –LITTÉRAIRE: *superficialité.*

serin *nom masculin*

/ FAMILIER. Personne niaise. SYN. benêt, naïf, niais, nigaud, sot –FAMILIER: abruti, ballot, bêta, bûche, buse, cloche, cruche, dadais, gogo, jobard, nunuche, oie, poire –LITTÉRAIRE: nicodème –POPULAIRE: manche, nouille.

seriner *verbe*

/ FAMILIER. Répéter inlassablement. SYN. rabâcher, radoter, redire, répéter, ressasser, revenir sur.

serment *nom masculin*

/ Affirmation solennelle. SYN. assurance, engagement, parole, promesse –LITTÉRAIRE: foi –VIEUX: jurement.

sermon *nom masculin*

/ Prédication faite à la messe. SYN. homélie, prêche, prédication, prône.

/ Discours moralisateur. SYN. semonce –LITTÉRAIRE: admonestation, harangue, homélie, mercuriale –VIEUX: prêche.

sermonner *verbe*

/ Faire un sermon à quelqu'un. SYN. blâmer, chapitrer, corriger, gronder, haranguer, houspiller, morigéner, reprendre, réprimander –FAMILIER: disputer, enguirlander –LITTÉRAIRE: admonester, fustiger, gourmander, moraliser, quereller, semoncer, tancer –POPULAIRE: engueuler.

sermonneur *nom*

/ LITTÉRAIRE. Personne qui sermonne. SYN. moralisateur, prédicant –FAMILIER: prêcheur –LITTÉRAIRE: houspilleur –VIEUX: harangueur.

serpentement *nom masculin*

/ LITTÉRAIRE. État de ce qui serpente. SYN. onde, ondulation, sinuosité, zigzag –LITTÉRAIRE: flexuosité, inflexion.

serpenter *verbe*

/ Décrire des sinuosités. SYN. tourner, zigzaguer –LITTÉRAIRE: onduler, tournoyer.

serpentin *adjectif*

/ LITTÉRAIRE. Qui serpente. SYN. sinueux, tortueux, tournant, zigzagant –LITTÉRAIRE: flexueux, ondé, ondoyant, onduleux.

serré *adjectif*

/ Qui colle au corps. SYN. ajusté, collant, étroit, juste, moulant. CONTR. *ample, bouffant, flottant, flou, large, vague.*

/ Constitué d'éléments rapprochés. SYN. compact, dense, dru, épais, fourni, impénétrable, nourri, touffu. CONTR. *clairsemé, dispersé, disséminé, éparpillé, épars, rare.*

/ Qui comporte de la rigueur. SYN. méthodique, précis, rigoureux, suivi. CONTR. *flou, lâche.*

/ À l'étroit dans un vêtement. SYN. bridé, gainé, moulé, sanglé, tenu –FAMILIER: boudiné.

serrer *verbe*

/ Exercer une pression sur. SYN. bloquer, coincer, comprimer, empoigner, presser. CONTR. *desserrer, lâcher, relâcher.*

/ Tenir contre soi. SYN. enlacer, enserrer, étreindre, presser –LITTÉRAIRE: embrasser.

/ Être trop près du corps. SYN. brider, compresser, écraser, étrangler, gainer, gêner, mouler, sangler.
/ Maintenir des éléments en contact. SYN. contracter, crisper, pincer. CONTR. *disjoindre, écarter, ouvrir.*
/ Diminuer la distance entre. SYN. entasser, rapprocher, tasser. CONTR. *disperser, disséminer, éparpiller, espacer, étaler.*
/ Approcher au plus près. SYN. effleurer, frôler, raser. CONTR. *s'écarter, s'éloigner.*
/ LITTÉRAIRE. Mettre à l'abri. SYN. enfermer, ranger, remiser, stocker.

serrer (se) *verbe pronominal*
/ Se mettre très près de. SYN. se blottir, se coller, se pelotonner, se presser, se rapprocher, se tasser. CONTR. *s'écarter, s'éloigner.*

sertir *verbe*
/ Mettre un bijou dans une monture. SYN. enchâsser, enchatonner, monter.

servage *nom masculin*
/ LITTÉRAIRE. État de dépendance. SYN. esclavage, hilotisme, ilotisme – LITTÉRAIRE : servitude, vassalité.

servante *nom féminin*
/ Femme aux ordres de quelqu'un. SYN. bonne, bonne à tout faire, domestique, employée de maison, femme de chambre – LITTÉRAIRE : camériste, chambrière, soubrette.

serviabilité *nom féminin*
/ Caractère serviable. SYN. complaisance, empressement, gentillesse, obligeance, prévenance – LITTÉRAIRE : diligence.

serviable *adjectif*
/ Qui rend volontiers service. SYN. affable, attentif, attentionné, bon, brave, complaisant, empressé, gentil, obligeant, prévenant – LITTÉRAIRE : secourable.

service *nom masculin*
/ Activité professionnelle. SYN. charge, emploi, fonction, poste, travail – LITTÉRAIRE : office.
/ Organe d'une entreprise. SYN. bureau, département, office.
/ Ce que l'on fait pour être utile. SYN. aide, appui, bienfait, cadeau, coopération – LITTÉRAIRE : faveur. CONTR. *dommage, mal, tort.*

serviette *nom féminin*
/ Sac à compartiments. SYN. cartable, porte-documents, sacoche.

servile *adjectif*
/ Qui est trop soumis. SYN. obséquieux, plat, rampant, soumis – LITTÉRAIRE : esclave, serf.

servilement *adverbe*
/ LITTÉRAIRE. De manière servile. SYN. bassement, platement – LITTÉRAIRE : obséquieusement, vilement.

servilité *nom féminin*
/ LITTÉRAIRE. Esprit de soumission. SYN. bassesse, complaisance, obéissance, obséquiosité, platitude – LITTÉRAIRE : vassalité.

servir *verbe transitif*
/ Apporter son aide à. SYN. aider, appuyer, se dévouer, seconder, s'inféoder. CONTR. *commander, se révolter.*
/ Être utile à quelqu'un. SYN. bénéficier à, favoriser, profiter à, sourire. CONTR. *desservir, léser, nuire.*

servir *verbe transitif indirect*
/ Être utilisé en tant que. SYN. faire fonction de, tenir lieu de.

servir (se) *verbe pronominal*
/ Faire usage de. SYN. avoir recours à, employer, manipuler, recourir à, user de, utiliser.
/ Utiliser à son profit. SYN. disposer, exploiter, profiter de, tirer argument de, tirer avantage, tirer parti, tirer profit.

serviteur *nom masculin*
/ VIEUX. Personnel de maison. SYN. domestique, employé de maison, gens de maison.
/ LITTÉRAIRE. Personne au service de. SYN. appui, pilier, soutien – LITTÉRAIRE : suppôt.

servitude *nom féminin*
/ LITTÉRAIRE. État de dépendance complète. SYN. esclavage, servage, subordination – LITTÉRAIRE : vassalité. CONTR. *émancipation* – LITTÉRAIRE : *délivrance.*
/ LITTÉRAIRE. État d'un pays privé de liberté. SYN. asservissement, dépendance – LITTÉRAIRE : sujétion. CONTR. *affranchissement, indépendance, liberté.*

/ Forte obligation. SYN. contrainte, corvée, sujétion –LITTÉRAIRE: astreinte, chaînes, joug, tyrannie.

session *nom féminin*

/ Moment où siège une assemblée. SYN. assises, audience, séance, tenue.

seuil *nom masculin*

/ Accès à un lieu. SYN. bord, entrée, lisière –LITTÉRAIRE: orée. CONTR. *fond, sortie.*

/ Point de commencement. SYN. aube, commencement, début, naissance –LITTÉRAIRE: aurore, entrée. CONTR. *expiration, fin.*

seul *adjectif*

/ Qui est sans compagnie. SYN. abandonné, délaissé, esseulé, isolé, solitaire.

/ À l'exclusion de. SYN. simple, unique.

seulement *adverbe*

/ À l'exclusion d'autre chose. SYN. exclusivement, purement, simplement, uniquement.

/ Marque la restriction. SYN. cependant, du moins, mais, néanmoins, pourtant, toutefois.

sève *nom féminin*

/ LITTÉRAIRE. Ce qui donne des forces. SYN. ardeur, dynamisme, énergie, force, puissance, ressort, vie, vigueur, vitalité.

sévère *adjectif*

/ Dépourvu d'indulgence. SYN. brutal, dur, exigeant, ferme, froid, impitoyable, implacable, inexorable, inflexible, intransigeant, strict –FAMILIER: rosse, vache –LITTÉRAIRE: inclément, raide, rêche. CONTR. *affectueux, bienveillant, bon, bonasse, bonhomme, clément, complaisant, compréhensif, coulant, doux, favorable, gentil, indulgent, tolérant* –LITTÉRAIRE: *débonnaire.*

/ Se dit d'un système strict. SYN. aride, austère, draconien, drastique, rébarbatif, rigide, rigoriste, rigoureux, rude, spartiate, strict. CONTR. *badin, large, libre, relâché* –LITTÉRAIRE: *dissolu.*

/ Qui manque d'ornements. SYN. dépouillé, monacal, sec, simple, sobre. CONTR. *chargé, orné, surchargé* –FAMILIER: *tarabiscoté.*

/ D'une grande ampleur. SYN. âpre, cinglant, cruel, grave, gros, intense, sérieux, terrible –FAMILIER: salé. CONTR. *bénin, faible, infime, insignifiant, léger, modéré, négligeable, risible.*

sévèrement *adverbe*

/ D'une manière dure. SYN. brutalement, cruellement, durement, froidement, implacablement, inexorablement, inhumainement, rudement –FAMILIER: à la baguette –VIEUX: rigoureusement. CONTR. *affectueusement, gentiment, tendrement.*

/ D'une manière grave. SYN. gravement, grièvement. CONTR. *légèrement, superficiellement.*

sévérité *nom féminin*

/ Comportement sévère. SYN. âpreté, dureté, exigence, inflexibilité, inhumanité, intransigeance –LITTÉRAIRE: inclémence, inexorabilité. CONTR. *compréhension, indulgence, magnanimité, pitié* –LITTÉRAIRE: *clémence, mansuétude.*

/ LITTÉRAIRE. Caractère sérieux. SYN. austérité, fermeté, froideur, puritanisme, rigidité, rigorisme, rigueur. CONTR. *bienveillance, bonhomie, douceur, gentillesse, tendresse.*

/ Caractère sobre. SYN. austérité, dépouillement, nudité, simplicité, sobriété. CONTR. *fantaisie.*

/ Caractère grave. SYN. ampleur, étendue, gravité, poids, portée.

sévices *nom masculin pluriel*

/ Mauvais traitements. SYN. brutalités, coups, excès, violences. CONTR. *cajolerie, câlin, câlinerie.*

sévir *verbe*

/ Agir avec rigueur. SYN. punir, réprimer, sanctionner –LITTÉRAIRE: châtier. CONTR. *pardonner, passer.*

sevrer *verbe*

/ Désaccoutumer de quelque chose. SYN. frustrer, priver. CONTR. *gaver, nourrir* –LITTÉRAIRE: *gorger.*

sexe *nom masculin*

/ La sexualité. SYN. –FAMILIER: la bagatelle, la chose, la gaudriole –POPULAIRE: histoires de fesses, le cul.

/ Organe sexuel masculin. SYN. membre, membre viril, pénis, phallus, pine, verge –ARGOTIQUE: braquemart –FAMILIER: zizi –POPULAIRE: biroute, bistouquette, bite, bitte, engin, quéquette, queue, zigounette, zob.

/ Organe sexuel féminin. SYN. vagin, vulve –POPULAIRE: chatte, con, foufoune, foufounette, turlu, zézette.

sexuel *adjectif*

/ Relatif à la sexualité. SYN. charnel, érotique, physique, sensuel.

sexy *adjectif*

/ FAMILIER. Qui attire. SYN. affriolant, aguichant, aguicheur, alléchant, appétissant, désirable, érotique, excitant, séduisant, sensuel, tentant –FAMILIER: émoustillant –LITTÉRAIRE: affriandant.

seyant *adjectif*

/ Qui va bien à quelqu'un. SYN. élégant, séduisant.

si *adverbe*

/ Marque l'intensité. SYN. tant, tellement.

si *conjonction*

/ Exprime la condition. SYN. au cas où, dans le cas où, en admettant que, en supposant que –LITTÉRAIRE: supposé que.

/ Exprime la répétition. SYN. à chaque fois que, quand, toutes les fois que.

/ *Si ce n'est.* SYN. à l'exception de, à l'exclusion de, à part, abstraction faite de, compte non tenu de, excepté, hormis, sauf.

/ *Si ce n'est que.* SYN. excepté que, sauf que, sinon que.

sibylle *nom féminin*

/ Femme inspirée. SYN. devineresse, pythie, pythonisse.

sibyllin *adjectif*

/ LITTÉRAIRE. Dont le sens est obscur. SYN. abscons, ambigu, cabalistique, confus, difficile, énigmatique, équivoque, ésotérique, fumeux, hermétique, impénétrable, inaccessible, incompréhensible, indéchiffrable, indistinct, inexplicable, inintelligible, insaisissable, insondable, irraisonné, mystérieux, nuageux, obscur, voilé –LITTÉRAIRE: abstrus, amphigourique, fuligineux, nébuleux, opaque, ténébreux. CONTR. *accessible, clair, compréhensible, distinct, explicite, facile, intelligible, limpide, lumineux, manifeste, net, précis, simple, transparent.*

sicaire *nom masculin*

/ LITTÉRAIRE. Tueur à gages. SYN. assassin, criminel, égorgeur, massacreur, meurtrier, tueur –LITTÉRAIRE: bravo, homicide, spadassin –VIEUX: coupe-jarret.

siccité *nom féminin*

/ Qualité de ce qui est sec. SYN. aridité, dessèchement, sécheresse. CONTR. *humidité.*

sidérant *adjectif*

/ FAMILIER. Qui étonne beaucoup. SYN. ahurissant, confondant, déconcertant, effarant, étonnant, frappant, marquant, saisissant, stupéfiant, surprenant –FAMILIER: renversant, sciant, soufflant.

sidéré *adjectif*

/ FAMILIER. Saisi d'étonnement. SYN. abasourdi, ahuri, coi, ébahi, éberlué, étonné, hébété, interdit, interloqué, médusé, pantois, renversé, saisi, stupéfait, suffoqué, surpris, tombé de la lune, tombé des nues –FAMILIER: baba, comme deux ronds de flan, épaté, époustouflé, estomaqué, scié, soufflé –LITTÉRAIRE: ébaubi.

sidérer *verbe*

/ FAMILIER. Frapper d'étonnement. SYN. abasourdir, ahurir, couper le souffle, ébahir, éberluer, effarer, méduser, pétrifier, renverser, stupéfier, suffoquer, surprendre –FAMILIER: asseoir, couper le sifflet, en boucher un coin, épater, époustoufler, estomaquer, scier, souffler –POPULAIRE: couper la chique.

siècle *nom masculin*

/ Période marquante. SYN. âge, époque, ère, temps.

siège *nom masculin*

/ Partie arrière du corps humain. SYN. derrière, fesses –FAMILIER: croupe, croupion, fessier, postérieur –LITTÉRAIRE: séant –POPULAIRE: arrière-train, cul, popotin.

siéger *verbe*

/ Avoir son origine dans. SYN. reposer, résider, se trouver.

siffler *verbe*

/ Accueillir par des sifflements. SYN. conspuer, huer –FAMILIER: chahuter. CONTR. *acclamer, applaudir, bisser, ovationner, rappeler.*

/ FAMILIER. Boire rapidement. SYN. avaler, boire, ingurgiter, vider –FAMILIER: lamper, se taper, s'enfiler –POPULAIRE: écluser, pomper, s'envoyer.

sifflets *nom masculin pluriel*

/ Cris de désapprobation. SYN. huées, tollé – FAMILIER : chahut. CONTR. *acclamation, applaudissement, bravo, hourra, hurrah, ovation, vivat.*

sigisbée *nom masculin*

/ LITTÉRAIRE. Celui qui courtise une femme. SYN. amoureux, chevalier servant, prétendant, soupirant – VIEUX : galant.

signal *nom masculin*

/ Ce qui annonce une chose. SYN. alerte, annonce, indice, présage, signe, symptôme – LITTÉRAIRE : prodrome.

signalé *adjectif*

/ LITTÉRAIRE. Qui attire l'attention. SYN. éclatant, important, insigne, marquant, notable, remarquable – FAMILIER : fameux, sacré.

signaler *verbe*

/ Être le signe de. SYN. annoncer, caractériser, déceler, dénoter, indiquer, marquer, montrer, particulariser.

/ Faire remarquer quelque chose. SYN. avertir, communiquer, dire, faire part, faire remarquer, informer, instruire, mentionner, notifier, souligner.

/ Faire reconnaître quelqu'un. SYN. accuser, dénoncer, désigner, révéler, trahir.

signaler (se) *verbe pronominal*

/ Se faire remarquer. SYN. briller, émerger, exceller, se distinguer, se recommander, s'illustrer. CONTR. *ne rien valoir* – FAMILIER : *ne pas valoir tripette, ne pas valoir un clou, ne rien casser* – POPULAIRE : *ne pas casser des briques.*

signaliser *verbe*

/ Indiquer par des signaux. SYN. baliser, jalonner, piqueter.

signature *nom féminin*

/ Ce qui permet d'identifier. SYN. empreinte, estampille, griffe, marque – LITTÉRAIRE : sceau.

signe *nom masculin*

/ Ce qui permet de prévoir. SYN. alerte, appel, augure, avertissement, présage, signal, symptôme – LITTÉRAIRE : prodrome.

/ Phénomène extraordinaire. SYN. miracle, prodige.

/ Ce qui permet de reconnaître. SYN. attestation, démonstration, indication, indice, manifestation, marque, preuve, révélateur, témoignage – LITTÉRAIRE : sceau, stigmate.

significatif *adjectif*

/ Qui représente bien une chose. SYN. caractéristique, clair, expressif, marquant, représentatif, saillant, symptomatique, typique.

/ Qui est lourd de sens. SYN. éloquent, évocateur, parlant, révélateur, suggestif.

signification *nom féminin*

/ Ce que veut dire un mot, etc. SYN. contenu, interprétation, portée, sens, signifié, valeur.

signifié *nom masculin*

/ Ce que signifie un mot. SYN. acception, contenu, sens, signification.

signifier *verbe*

/ Avoir tel sens. SYN. exprimer, traduire, vouloir dire.

/ Impliquer quelque chose. SYN. dénoter, désigner, équivaloir, figurer, impliquer, indiquer, manifester, marquer, prouver, révéler, vouloir dire – LITTÉRAIRE : présager, témoigner. CONTR. *n'avoir aucun sens, n'avoir ni queue ni tête, n'avoir ni rime ni raison, ne rimer à rien.*

/ LITTÉRAIRE. Faire savoir officiellement. SYN. faire part, informer, intimer, notifier, sommer.

silence *nom masculin*

/ Absence de bruit. SYN. calme, paix, tranquillité. CONTR. *agitation, bruit, charivari, clameur, cri, fracas, tapage, tintamarre, tumulte, vacarme* – FAMILIER : *boucan, chahut, raffut, tintouin* – LITTÉRAIRE : *turbulence* – POPULAIRE : *bastringue, bousin.*

/ Fait de se taire. SYN. pause, repos, temps d'arrêt.

/ Fait de ne pas mentionner. SYN. black-out, discrétion, mutisme, omission, réticence. CONTR. *bavardage, fuite, indiscrétion* – FAMILIER : *battage.*

silence ! *interjection*

/ Invitation à se taire. SYN. chut !, la paix ! – FAMILIER : motus ! – POPULAIRE : camembert !, la ferme !, ta gueule !, vos gueules !

silencieusement *adverbe*

/ Sans bruit. SYN. doucement, en sourdine, sans mot dire –FAMILIER: piano, sans tambour ni trompette. CONTR. *à cor et à cri, bruyamment, fort, fortement.*

silencieux *adjectif*

/ Qui se tait. SYN. muet. CONTR. *criard, hurleur, tapageur* –FAMILIER: *braillard, brailleur.*

/ Qui est peu communicatif. SYN. discret, introverti, renfermé, réservé, taciturne, taiseux –LITTÉRAIRE: réticent, secret. CONTR. *bavard, causeur, loquace, prolixe, volubile* –FAMILIER: *causant, jacasseur, jacassier* –VIEUX: *babillard.*

/ Qui fait peu de bruit. SYN. insonore. CONTR. *assourdissant, fracassant, retentissant, ronflant, sonore, vrombissant.*

/ Où l'on n'entend aucun bruit. SYN. assourdi, calme, étouffé, feutré, paisible, tranquille –LITTÉRAIRE: ouaté. CONTR. *animé, bruyant.*

silhouette *nom féminin*

/ Aspect général du corps. SYN. contour, formes, galbe, ligne, profil –FAMILIER: gabarit.

silhouetter (se) *verbe pronominal*

/ LITTÉRAIRE. Apparaître en silhouette. SYN. ressortir, se découper, se dessiner, se détacher, se profiler.

sillon *nom masculin*

/ Trace longitudinale. SYN. entaille, ligne, raie, rainure, rayure, strie, zébrure.

sillonner *verbe*

/ Traverser un lieu en tous sens. SYN. arpenter, explorer, faire, parcourir, visiter.

simagrée *nom féminin*

/ Manière affectée. SYN. affectation, coquetterie, façons, grâces, manières, maniérisme, minauderie, mines, singerie –FAMILIER: chichi, chiqué, cinéma, comédie –LITTÉRAIRE: afféterie. CONTR. *naturel.*

similaire *adjectif*

/ Se dit de choses semblables. SYN. analogue, approchant, assimilable, assimilé, comparable, équivalent, pareil, proche, ressemblant, semblable, voisin. CONTR. *autre, différent, disparate, dissemblable, distinct, divers, incomparable, opposé, varié.*

similarité *nom féminin*

/ Qualité des choses similaires. SYN. analogie, équivalence, parenté, ressemblance, similitude. CONTR. *contraste, différence, dissemblance, distinction, écart, opposition.*

simili *nom masculin*

/ FAMILIER. Ce qui imite une matière. SYN. facsimilé, faux, imitation –FAMILIER: toc.

similitude *nom féminin*

/ Caractère similaire. SYN. analogie, assimilation, concordance, conformité, parenté, rapport, ressemblance, similarité. CONTR. *contraste, différence, disparité, dissemblance, dissimilitude, distinction, écart, opposition* –LITTÉRAIRE: *disparate.*

simple *adjectif*

/ Formé d'atomes d'un seul élément. SYN. élémentaire, indécomposable, indivisible. CONTR. *combiné, composé, composite.*

/ Qui n'est fait que d'une action. SYN. seul, unique. CONTR. *double, multiple, quadruple, triple.*

/ Qui est facile à comprendre. SYN. accessible, aisé, clair, commode, compréhensible, courant, élémentaire, enfantin, facile, intelligible, limpide, lumineux, naturel, sommaire –FAMILIER: pas sorcier. CONTR. *alambiqué, ardu, complexe, compliqué, confus, dédaléen, délicat, difficile, dur, embarrassant, embrouillé, épineux, hermétique, inaccessible, incommode, incompréhensible, inextricable, insondable, laborieux, malaisé, nuageux, obscur* –FAMILIER: *calé, tarabiscoté, trapu* –LITTÉRAIRE: *difficultueux, labyrinthique, nébuleux, opaque, sibyllin, ténébreux.*

/ Sans apprêt. SYN. dépouillé, frugal, fruste, nu, rude, sévère, sobre, sommaire, strict, uni –LITTÉRAIRE: rustique. CONTR. *affecté, ampoulé, apprêté, boursouflé, cérémoniel, déclamatoire, doctoral, empesé, emphatique, fastueux, grandiloquent, luxueux, magnifique, noble, oratoire, pompeux, protocolaire, raffiné, riche, solennel, somptueux, théâtral* –VIEUX: *affété.*

/ Qui agit sans prétention. SYN. bonhomme, familier, humble, modeste, ordinaire, quelconque, sans manières. CONTR. *arrogant, cérémonieux, compassé, contraint, étudié, fanfaron, fier, formaliste, gourmé, guindé, hautain, maniéré, orgueilleux, précieux, pré-*

tentieux, rogue, sophistiqué, suffisant, vaniteux –FAMILIER: *constipé* –LITTÉRAIRE: *altier, vain.*

/ Qui est un peu trop naïf. SYN. bonasse, candide, crédule, ingénu, innocent, naïf, niais, primaire, simplet –POPULAIRE: nouille. CONTR. *ambitieux, astucieux, fin, futé, lucide, malin, perspicace, sagace, subtil* –FAMILIER: *débrouillard, dégourdi.*

simple *nom*

/ Personne naïve. SYN. benêt, ingénu, innocent, naïf, nigaud, primaire –FAMILIER: gobe-mouches, gobeur, gogo, poire –POPULAIRE: nouille. CONTR. *ambitieux, futé, malin, rusé* –FAMILIER: *dégourdi.*

simple *nom masculin*

/ Ce qui est simple. SYN. facilité, simplicité. CONTR. *complexité, complication, difficulté, subtilité.*

simplement *adverbe*

/ Sans affectation. SYN. à la fortune du pot, discrètement, modestement, naturellement, sans cérémonie, sans façons, sobrement –FAMILIER: à la bonne franquette, sans chichis. CONTR. *fièrement, pompeusement, prétentieusement.*

/ Sans détour. SYN. clairement, directement, franchement, ouvertement, spontanément, vrai –FAMILIER: carrément –LITTÉRAIRE: nuement, nûment, sans ambages, tout uniment.

/ À l'exclusion d'autre chose. SYN. seulement, tout bonnement, uniquement.

/ De manière naïve. SYN. candidement, ingénument, innocemment, naïvement, sincèrement –FAMILIER: bravement –LITTÉRAIRE: niaisement.

simplet *adjectif*

/ Qui se laisse abuser. SYN. benêt, candide, crédule, ingénu, innocent, naïf, niais, nigaud, primaire, simple –FAMILIER: jobard, nunuche –POPULAIRE: nouille. CONTR. *fin, futé, lucide, malin, perspicace, rusé, sagace, subtil* –FAMILIER: *dégourdi.*

simplicité *nom féminin*

/ Caractère peu compliqué. SYN. clarté, facilité, limpidité, netteté. CONTR. *complexité, complication, difficulté, hermétisme, obscurité.*

/ Caractère dépouillé. SYN. austérité, dépouillement, frugalité, nudité, sévérité, sobriété –LITTÉRAIRE: rusticité. CONTR. *apparat, apprêt, boursouflure, emphase, enflure, faste, grandiloquence, luxe, magnificence, préciosité, raffinement, recherche* –LITTÉRAIRE: *bouffissure, somptuosité.*

/ Absence d'affectation. SYN. bonhomie, humilité, modestie, naturel, rondeur, spontanéité. CONTR. *affectation, arrogance, cabotinage, dissimulation, duplicité, fatuité, hauteur, hypocrisie, morgue, orgueil, prétention, rouerie, suffisance, vanité* –FAMILIER: *chichi, esbroufe* –LITTÉRAIRE: *afféterie, affèterie, cérémonie, compassement, fierté, infatuation, superbe* –POPULAIRE: *épate* –VIEUX: *cérémonial.*

/ Caractère naïf. SYN. candeur, crédulité, ingénuité, innocence, naïveté –FAMILIER: jobarderie, jobardise. CONTR. *astuce, finesse, lucidité, malice, perspicacité, sagacité.*

simplifier *verbe*

/ Rendre plus facile. SYN. aplanir, arranger, faciliter. CONTR. *compliquer, entraver, gêner.*

/ Rendre simple. SYN. clarifier, éclaircir, éclairer, schématiser, styliser. CONTR. *complexifier, compliquer, embrouiller, obscurcir.*

simpliste *adjectif*

/ Qui simplifie abusivement. SYN. élémentaire, fruste, primaire, rudimentaire, sommaire, superficiel. CONTR. *approfondi, fouillé, poussé.*

simulacre *nom masculin*

/ Ce qui n'est qu'une apparence. SYN. apparence, caricature, copie, faux-semblant, imitation, représentation, reproduction, semblant, vernis.

simulé *adjectif*

/ Qui n'est pas réel. SYN. affecté, artificiel, de commande, factice, faux, feint. CONTR. *authentique, réel, sincère, véritable, vrai.*

simuler *verbe*

/ Imiter un état. SYN. affecter, contrefaire, faire semblant, feindre, jouer, prétexter.

/ LITTÉRAIRE. Offrir l'apparence de. SYN. faire penser à, imiter, représenter, ressembler, sembler.

simultané *adjectif*

/ Qui se produit en même temps. SYN. coexistant, concomitant, synchrone, synchronique. CONTR. *alternatif, séparé, successif.*

simultanéité *nom féminin*

/ Caractère simultané. SYN. coexistence, coïncidence, concomitance, synchronisme. CONTR. *alternance, succession.*

simultanément *adverbe*

/ D'une façon simultanée. SYN. à la fois, à l'unisson, au même instant, au même moment, conjointement, de concert, de front, en même temps, ensemble – LITTÉRAIRE: de conserve. CONTR. *alternativement, isolément, successivement, tour à tour.*

sincère *adjectif*

/ Qui montre de la franchise. SYN. carré, cordial, de bonne foi, franc, loyal, ouvert – LITTÉRAIRE: véridique, vrai. CONTR. *captieux, déloyal, dissimulateur, dissimulé, fanfaron, fourbe, hypocrite, menteur, perfide, retors, traître* – FAMILIER: *cachottier, ficelle* – LITTÉRAIRE: *artificieux, benoît, cauteleux, fallacieux, patelin, réticent, tortu.*

/ Qui a une authenticité. SYN. authentique, digne de foi, fidèle, réel, spontané, sûr, véridique, véritable, vrai. CONTR. *affecté, apocryphe, artificiel, conventionnel, de commande, factice, falsifié, faux, feint, forcé, inauthentique, mensonger, simulé, truqué* – LITTÉRAIRE: *de parade.*

sincèrement *adverbe*

/ D'une manière sincère. SYN. à découvert, candidement, en toute bonne foi, en toute franchise, franchement, loyalement, ouvertement, réellement, vrai, vraiment – FAMILIER: carrément – LITTÉRAIRE: nuement, nûment. CONTR. *faussement, hypocritement, mensongèrement* – LITTÉRAIRE: *artificieusement, fallacieusement.*

sincérité *nom féminin*

/ Attitude franche. SYN. bonne foi, droiture, franchise, honnêteté, impartialité, loyauté, probité – LITTÉRAIRE: véracité. CONTR. *affectation, bluff, cabotinage, comédie, déloyauté, dissimulation, duplicité, fausseté, fourberie, hypocrisie, mauvaise foi, mensonge, tromperie* – FAMILIER: *cachotterie, chichi* – LITTÉRAIRE: *flagornerie, insincérité, perfidie.*

/ Absence de trucage. SYN. authenticité, vérité – LITTÉRAIRE: véridicité. CONTR. *falsification, inauthenticité, maquillage, trucage, truquage* – LITTÉRAIRE: *imposture.*

sinécure *nom féminin*

/ Emploi très bien payé. SYN. – FAMILIER: filon, fromage – POPULAIRE: planque.

singer *verbe*

/ Imiter de façon grotesque. SYN. calquer, contrefaire, copier, faire, imiter, mimer, parodier – LITTÉRAIRE: plagier.

singerie *nom féminin*

/ Tour comique. SYN. clownerie, facétie, farce, pitrerie.

/ Manières affectées. SYN. façons, jonglerie, manières, minauderie, mines, simagrée – FAMILIER: chichi, comédie – LITTÉRAIRE: afféterie.

singulariser *verbe*

/ Distinguer des autres. SYN. caractériser, différencier, distinguer, individualiser, particulariser.

singulariser (se) *verbe pronominal*

/ Attirer l'attention sur soi. SYN. se démarquer, se différencier, se distinguer, se faire remarquer, se particulariser, sortir du lot.

singularité *nom féminin*

/ LITTÉRAIRE. Caractère unique. SYN. individualité, originalité, particularité, unicité – LITTÉRAIRE: rareté.

/ Caractère insolite. SYN. anomalie, bizarrerie, curiosité, étrangeté, excentricité, extravagance, fantaisie, paradoxe.

/ Acte insolite. SYN. curiosité, excentricités, exception, extravagance – LITTÉRAIRE: étrangeté.

singulier *adjectif*

/ LITTÉRAIRE. Qui est unique. SYN. à part, différent, distinct, individuel, particulier, personnel.

/ Qui provoque l'étonnement. SYN. abracadabrant, baroque, bizarre, curieux, étonnant, étrange, excentrique, extravagant, inhabituel, insolite, paradoxal, saugrenu, spécial, stupéfiant, surprenant – FAMILIER: bizarroïde, drôle, sciant, unique. CONTR. *banal, classique, commun, habituel, naturel, ordinaire.*

/ Qui atteint un degré élevé. SYN. exceptionnel, extraordinaire, inhabituel, insigne, parfait, remarquable.

singulièrement *adverbe*

/ LITTÉRAIRE. D'une manière bizarre. SYN. bizarrement, curieusement, drôlement, étrangement.

/ À un très haut degré. SYN. beaucoup, considérablement, énormément, excessivement, extrêmement, fortement, grandement, incroyablement, monstrueusement, prodigieusement, vertigineusement, vraiment –FAMILIER: bigrement, bougrement, diablement, drôlement, fameusement, fichtrement, formidablement, joliment, rudement, sacrément –LITTÉRAIRE: diantrement, furieusement –POPULAIRE: vachement –VIEUX: fièrement.

/ En particulier. SYN. notamment, par-dessus tout, particulièrement, principalement, spécialement, surtout.

sinistre *adjectif*

/ Qui annonce un malheur. SYN. alarmant, de mauvais augure, funeste, inquiétant.

/ Qui inspire de la crainte. SYN. affreux, angoissant, dangereux, effrayant, effroyable, épouvantable, horrible, inquiétant, patibulaire, redoutable, terrible, terrifiant –LITTÉRAIRE: ténébreux.

/ Qui est triste et ennuyeux. SYN. funèbre, lugubre, macabre, morne, mortel, noir, triste –FAMILIER: cafardeux, glauque –LITTÉRAIRE: sépulcral. CONTR. *amusant, comique, désopilant, égayant, gai* –FAMILIER: *crevant, marrant, rigolo, roulant, tordant* –LITTÉRAIRE: *riant* –POPULAIRE: *poilant.*

/ FAMILIER. Renforce une injure. SYN. damné, fieffé, fini, maudit, sombre –FAMILIER: fameux, sale, satané.

sinistre *nom masculin*

/ Événement catastrophique. SYN. avarie, catastrophe, dégât, dégradation, déprédation, destruction, détérioration, dévastation, dommage, ravage.

sinoc *adjectif*

/ POPULAIRE. Qui est fou. SYN. dérangé, désaxé, déséquilibré –FAMILIER: braque, cinglé, détraqué, dingue, fada, fêlé, frappé, loufoque, maboul, marteau, piqué, ravagé, tapé, timbré, toc-toc, toqué, zinzin –POPULAIRE: allumé, azimuté, barge, barjo, branque, brindezingue, cinoque, cintré, déjanté, dingo, folingue, fondu, frapadingue, givré, jeté, louf, louftingue, siphonné, tordu.

sinon *conjonction*

/ Exprime une hypothèse négative. SYN. autrement, dans le cas contraire, sans quoi.

/ Exprime une concession. SYN. à l'exclusion de, à part, excepté, hormis, hors, sauf.

/ *Sinon que.* SYN. excepté que, sauf que, si ce n'est que.

sinoque *adjectif*

/ POPULAIRE. Qui est fou. SYN. dérangé, désaxé, déséquilibré –FAMILIER: braque, cinglé, détraqué, dingue, fada, fêlé, frappé, loufoque, maboul, marteau, piqué, ravagé, tapé, timbré, toc-toc, toqué, zinzin –POPULAIRE: allumé, azimuté, barge, barjo, branque, brindezingue, cinoque, cintré, déjanté, dingo, folingue, fondu, frapadingue, givré, jeté, louf, louftingue, siphonné, tordu.

sinueux *adjectif*

/ Qui dessine des courbes. SYN. tortueux, tournant, zigzagant –LITTÉRAIRE: flexueux, ondé, ondoyant, onduleux, serpentin. CONTR. *droit, rectiligne.*

/ Qui ne va pas droit au but. SYN. oblique, retors, tortueux. CONTR. *direct, franc.*

sinuosité *nom féminin*

/ Ligne sinueuse. SYN. contour, méandre, ondulation, tortuosité, tournant, zigzag –LITTÉRAIRE: flexuosité, inflexion, serpentement.

/ LITTÉRAIRE. Moyen détourné. SYN. biais, détour, faux-fuyant, subterfuge.

siphonné *adjectif*

/ POPULAIRE. Qui n'a plus toute sa raison. SYN. dérangé, désaxé, déséquilibré, fou –FAMILIER: braque, cinglé, détraqué, dingue, fada, fêlé, frappé, loufoque, maboul, marteau, piqué, ravagé, tapé, timbré, toc-toc, toqué, zinzin –POPULAIRE: allumé, azimuté, barge, barjo, branque, brindezingue, cinoque, cintré, déjanté, dingo, folingue, fondu, frapadingue, givré, jeté, louf, louftingue, sinoc, sinoque, tordu.

sirène *nom féminin*

/ Signal d'un danger imminent. SYN. alarme, alerte, avertisseur, tocsin.

siroter *verbe*

/ FAMILIER. Boire lentement. SYN. boire, déguster, savourer, se régaler.

sirupeux *adjectif*
- De la nature du sirop. SYN. collant, gluant, poisseux, visqueux.
- Qui est sans vigueur. SYN. douceâtre, doucereux, mièvre –FAMILIER: gnangnan, gniangnian.

site *nom masculin*
- Lieu pittoresque. SYN. horizon, panorama, paysage, perspective, point de vue.

sitôt *adverbe*
- *De sitôt.* SYN. avant longtemps, de longtemps, d'ici longtemps.

situation *nom féminin*
- Manière dont une chose est placée. SYN. coin, emplacement, exposition, localisation, orientation, position, site.
- Emploi stable. SYN. emploi, fonction, place, poste, profession, travail –FAMILIER: job.
- Ensemble de circonstances. SYN. conjoncture, contexte, état de choses, état de fait, événements.
- Fonction dans un domaine. SYN. cas, condition, état, place, rang, sort, statut.

situé *adjectif*
- Qui se situe à tel endroit. SYN. dirigé, exposé, orienté, placé, tourné.

situer *verbe*
- Déterminer la place de. SYN. localiser, positionner, repérer.

situer (se) *verbe pronominal*
- Se définir par rapport à. SYN. avoir lieu, se placer, s'inscrire dans.
- Se placer en un lieu. SYN. se positionner, se poster, se repérer, se trouver.

sketch *nom masculin*
- Petit spectacle. SYN. exhibition, numéro, saynète.

snob *adjectif*
- Empreint de snobisme. SYN. pédant, poseur, prétentieux, puant, vaniteux –FAMILIER: crâneur –LITTÉRAIRE: minaudier.

snob *nom*
- Personne maniérée. SYN. cabotin, pédant, poseur, prétentieux, vaniteux –FAMILIER: bêcheur, crâneur, m'as-tu-vu –LITTÉRAIRE: fat, paradeur –VIEUX: esbroufeur.

sobre *adjectif*
- Qui mange modérément. SYN. –LITTÉRAIRE: frugal, tempérant. CONTR. *glouton, goulu, gourmand, intempérant, vorace* –FAMILIER: *goinfre.*
- Qui boit peu d'alcool. SYN. abstinent. CONTR. *alcoolique, intempérant, ivre.*
- Qui est peu copieux. SYN. frugal, léger. CONTR. *copieux, nourrissant, nutritif, pantagruélique, riche.*
- Qui montre de la réserve. SYN. avare, circonspect, discret, mesuré, modeste, réservé. CONTR. *agressif, enthousiaste, exalté, frénétique, prodigue, prolixe* –FAMILIER: *délirant.*
- Sans ornements. SYN. classique, concis, dépouillé, nu, sévère, simple, strict. CONTR. *ampoulé, chamarré, compliqué, emphatique, fastueux, grandiloquent, orné, pantagruélique, plantureux, riche, somptueux, sophistiqué, surchargé, tourmenté* –FAMILIER: *tarabiscoté.*

sobrement *adverbe*
- D'une manière sobre. SYN. frugalement, légèrement, modérément, peu. CONTR. *beaucoup, copieusement, énormément, excessivement, goulûment, immodérément, outre mesure, richement, somptueusement, voracement.*
- Avec retenue. SYN. discrètement, modestement, sagement, simplement.

sobriété *nom féminin*
- Fait de manger peu. SYN. frugalité, tempérance. CONTR. *gloutonnerie, goinfrerie, gourmandise, intempérance, voracité.*
- LITTÉRAIRE. Attitude réservée. SYN. discrétion, ménagement, mesure, modération, modestie, retenue, sagesse, tact, timidité. CONTR. *délire, démesure, enthousiasme, exaltation, frénésie, outrance, violence.*
- Absence de fioritures. SYN. austérité, concision, dépouillement, laconisme, nudité, sévérité, simplicité. CONTR. *emphase, enflure, faste, grandiloquence, luxe, redondance, richesse* –LITTÉRAIRE: *prolixité, somptuosité.*
- Fait de boire peu d'alcool. SYN. tempérance. CONTR. *alcoolisme, ébriété, éthylisme, intempérance, ivresse, ivrognerie* –VIEUX: *enivrement.*

sociabilité *nom féminin*
- Qualité d'une personne sociable. SYN. affabilité, flexibilité, malléabilité, souplesse –LITTÉRAIRE: aménité, liant. CONTR. *insociabilité, misanthropie* –LITTÉRAIRE: *sauvagerie.*

sociable *adjectif*

/ Qui vit en société. SYN. social. CONTR. *asocial, solitaire.*

/ Qui se lie facilement. SYN. accueillant, affable, agréable, aimable, avenant, engageant, familier, liant, mondain –LITTÉRAIRE: amène. CONTR. *acariâtre, bourru, farouche, insociable, ours, sauvage, solitaire* –FAMILIER: *impossible, invivable* –LITTÉRAIRE: *misanthrope.*

société *nom féminin*

/ Milieu humain où l'on vit. SYN. collectivité, communauté.

/ Groupe social. SYN. cercle, clan, club, colonie, groupe –LITTÉRAIRE: ligue.

/ FAMILIER. Personnes présentes. SYN. assemblée, assistance, galerie, rassemblement, réunion.

/ Fait d'avoir des relations avec. SYN. compagnie, entourage, fréquentation, milieu –LITTÉRAIRE: commerce.

/ Affaire commerciale. SYN. entreprise, firme, maison –FAMILIER: boîte.

/ *La haute société.* SYN. beau monde, gotha, hautes sphères, jet-set, jet-society –FAMILIER: beau linge, la haute.

socle *nom masculin*

/ Base d'un objet. SYN. assise, base, piédestal, support, trépied.

soi-disant *adjectif*

/ Qui prétend être tel. SYN. présumé, prétendu, putatif, supposé.

soif *nom féminin*

/ Fait de désirer ardemment. SYN. avidité, besoin, désir, envie, fièvre, souhait –FAMILIER: fringale –LITTÉRAIRE: appétit, faim.

soiffard *nom*

/ FAMILIER. Personne qui boit trop. SYN. alcoolique, buveur, ivrogne –FAMILIER: boit-sans-soif, pochard, soûlographe –POPULAIRE: poivrot, soûlard, soûlaud, soûlot.

soigné *adjectif*

/ Dont la tenue est irréprochable. SYN. élégant, impeccable, net, pimpant, présentable, propre, propret, raffiné, tiré à quatre épingles –FAMILIER: clean. CONTR. *malpropre, négligé, relâché, sale.*

/ Exécuté avec soin. SYN. appliqué, consciencieux, fouillé, minutieux, sérieux, travaillé –VIEUX: perlé. CONTR. *brut, grossier, hâtif* –FAMILIER: *bâclé, ni fait ni à faire, sabré.*

/ FAMILIER. D'un degré élevé. SYN. achevé, de tous les diables, d'enfer, du diable, élevé, grand, poussé –FAMILIER: carabiné, fameux, furieux, pas piqué des hannetons, pas piqué des vers –POPULAIRE: gratiné.

soigner *verbe*

/ Avoir soin de quelqu'un. SYN. choyer, couver, cultiver, dorloter, entourer, entretenir, gâter –FAMILIER: chouchouter, être aux petits soins.

/ Apporter de l'application à. SYN. fignoler, peaufiner, polir, travailler –FAMILIER: lécher –LITTÉRAIRE: châtier, ciseler, raffiner –VIEUX: perler. CONTR. *gâcher, perdre, saboter, saper* –FAMILIER: *bâcler, bousiller, sabrer, saccager, torcher.*

/ Essayer d'enrayer une maladie. SYN. guérir, porter remède à, traiter.

soigneusement *adverbe*

/ Avec soin. SYN. attentivement, consciencieusement, délicatement, habilement, impeccablement, méticuleusement, minutieusement, pieusement, précautionneusement, précieusement, proprement, religieusement, scrupuleusement, sérieusement. CONTR. *à la va-vite, négligemment* –FAMILIER: *à la va-comme-je-te-pousse.*

soigneux *adjectif*

/ Qui prend soin des objets. SYN. appliqué, attentif, consciencieux, méticuleux, minutieux, précautionneux, scrupuleux. CONTR. *désordonné, inappliqué, insouciant, négligent, sale.*

/ Qui veille à préserver une chose. SYN. préoccupé, regardant, soucieux. CONTR. *indifférent, nonchalant.*

/ LITTÉRAIRE. Fait sérieusement. SYN. approfondi, fouillé, poussé, précis, rigoureux, sérieux. CONTR. *élémentaire, imparfait, rapide, rudimentaire, sommaire.*

soin *nom masculin*

/ Application portée à une chose. SYN. attention, exactitude, minutie, ordre, précaution, scrupule, sérieux –LITTÉRAIRE: méticulosité. CONTR. *incurie, indolence, insouciance, irréflexion, laisser-aller, négligence, nonchalance, paresse* –LITTÉRAIRE: *inapplication.*

/ Fait de s'occuper de. SYN. charge, mission, responsabilité.

soins *nom masculin pluriel*

/ Actes empreints d'attention. SYN. attention, égards, ménagement, prévenance, sollicitude, vigilance. CONTR. *indifférence.*

soir *nom masculin*

/ Moment de la fin du jour. SYN. crépuscule, soirée –LITTÉRAIRE: déclin du jour. CONTR. *aube, aurore, jour, matin.*

soirée *nom féminin*

/ Moment qui précède le coucher. SYN. soir –VIEUX: veillée. CONTR. *matin, matinée.*

/ Fête qui a lieu le soir. SYN. surprise-partie –FAMILIER: boum –VIEUX: surboum.

soit *adverbe et conjonction*

/ Marque l'approbation. SYN. assurément, bien, bon, certainement, d'accord, entendu.

/ Expose un problème. SYN. à savoir, étant donné, supposons.

soldat *nom masculin*

/ Homme de profession militaire. SYN. combattant, conscrit, homme du rang, militaire, recrue, troupier –POPULAIRE: bidasse, pioupiou, troufion.

solde *nom masculin*

/ Ce qu'il reste à payer. SYN. complément, reliquat, restant, reste.

solder *verbe*

/ Vendre au rabais. SYN. brader, casser les prix, discounter, écouler, laisser, liquider –FAMILIER: bazarder, sacrifier.

solennel *adjectif*

/ Qui est célébré avec éclat. SYN. cérémoniel, grandiose, hiératique, imposant, majestueux –LITTÉRAIRE: auguste, pompeux. CONTR. *familier, simple.*

/ Qui a un air de gravité. SYN. digne, grave, guindé, officiel, protocolaire –LITTÉRAIRE: prudhommesque.

/ Qui prend des airs d'importance. SYN. cérémonieux, compassé, doctoral, emphatique, pédant, professoral, sentencieux –FAMILIER: pontifiant –LITTÉRAIRE: pédantesque.

solennellement *adverbe*

/ De façon solennelle. SYN. dignement, gravement, pompeusement, sentencieusement, sérieusement.

solenniser *verbe*

/ Donner un caractère solennel. SYN. célébrer, exalter, fêter, glorifier –LITTÉRAIRE: magnifier, sanctifier.

solennité *nom féminin*

/ LITTÉRAIRE. Gravité majestueuse. SYN. componction, emphase, grandiloquence, gravité, sérieux –LITTÉRAIRE: cérémonie, pompe –VIEUX: cérémonial.

/ Fête solennelle. SYN. cérémonie, fête.

solidaire *adjectif*

/ Qui dépend de. SYN. connexe, dépendant, interdépendant, lié, relié, soudé. CONTR. *désuni, distinct.*

solidariser *verbe*

/ Rendre solidaire. SYN. relier, réunir, unir. CONTR. *déchirer, désolidariser, désunir, partager.*

solidariser (se) *verbe pronominal*

/ Se déclarer solidaire. SYN. partager, s'associer, se fédérer, se grouper, se lier, se serrer les coudes, se soutenir, se tenir les coudes –LITTÉRAIRE: s'accorder. CONTR. *se désolidariser, se désunir* –FAMILIER: *ruer dans les brancards.*

solidarité *nom féminin*

/ Fait de s'entraider. SYN. altruisme, camaraderie, charité, entraide, philanthropie, unité.

solide *adjectif*

/ Qui a une consistance ferme. SYN. consistant, dur, ferme, rigide. CONTR. *coulant, fluide, gazeux, liquide, mou.*

/ Qui résiste bien à l'usure. SYN. coriace, de fer, fort, incassable, inusable, résistant, robuste. CONTR. *cassant, délicat, fragile, friable.*

/ Établi sur des bases sûres. SYN. assis, assuré, durable, immuable, impérissable, indéfectible, indestructible, indissoluble, inébranlable, stable, sûr, tenace –LITTÉRAIRE: infrangible. CONTR. *boiteux, branlant, chancelant, déficient, destructible, flottant, fluctuant, incertain, instable, maigre, pauvre, précaire.*

/ Qui a de la résistance. SYN. bâti à chaux et à sable, endurant, énergique, fort, puissant, râblé, résistant, robuste, vigoureux –FAMI-

LIER : costaud, increvable, vaillant –VIEUX : gaillard. CONTR. *chétif, croulant, débile, décrépit, défaillant, faible, flageolant, frêle, las, maigre, maladif, malingre, sensible, souffreteux* –LITTÉRAIRE : *gracile.*

/ FAMILIER. Qui a de l'ampleur. SYN. bon, gros, important, sérieux, substantiel. CONTR. *dérisoire, faible, minable.*

solidement *adverbe*

/ D'une manière solide. SYN. ferme, fermement, fortement. CONTR. *mollement.*

solidifier (se) *verbe pronominal*

/ Passer à l'état solide. SYN. geler, prendre, se durcir, se figer. CONTR. *fondre, se liquéfier.*

solidité *nom féminin*

/ Qualité de ce qui est robuste. SYN. consistance, dureté, endurance, force, résistance, rigidité, robustesse, vigueur. CONTR. *fragilité, invalidité, vulnérabilité.*

/ Caractère bien établi. SYN. fermeté, stabilité, sûreté –LITTÉRAIRE : immuabilité. CONTR. *faiblesse, fragilité, instabilité, précarité* –LITTÉRAIRE : *inconstance, versatilité.*

soliloque *nom masculin*

/ Fait de parler tout seul. SYN. monologue. CONTR. *dialogue, discussion.*

soliloquer *verbe*

/ Se parler à soi-même. SYN. monologuer. CONTR. *converser, dialoguer, discuter.*

solitaire *adjectif*

/ Qui est sans compagnie. SYN. esseulé, isolé, séquestré, seul –LITTÉRAIRE : reclus.

/ Qui fuit les hommes. SYN. farouche, insociable, ours, sauvage –LITTÉRAIRE : misanthrope. CONTR. *liant, mondain, sociable.*

/ Situé à l'écart. SYN. abandonné, désert, écarté, inhabité, sauvage. CONTR. *fréquenté, passant.*

solitaire *nom masculin*

/ Personne qui vit à l'écart. SYN. sauvage –FAMILIER : ours –LITTÉRAIRE : ermite.

solitude *nom féminin*

/ État d'une personne seule. SYN. isolement, retraite.

sollicitation *nom féminin*

/ Action de solliciter. SYN. adjuration, appel, demande, exhortation, instance, invite, prière, requête, supplique –LITTÉRAIRE : imploration.

/ Ce qui sollicite quelqu'un. SYN. excitation, incitation, invitation.

sollicité *adjectif*

/ Que l'on sollicite. SYN. demandé, désiré, recherché, réclamé –FAMILIER : couru –LITTÉRAIRE : prisé.

solliciter *verbe*

/ Demander avec insistance. SYN. briguer, demander, implorer, quémander, rechercher, réclamer, requérir –LITTÉRAIRE : quêter. CONTR. *offrir.*

/ Faire appel à quelqu'un. SYN. appeler, avoir recours à, convier, inviter, recourir à, vouloir.

solliciteur *nom*

/ Personne qui sollicite. SYN. mendiant –LITTÉRAIRE : quémandeur.

sollicitude *nom féminin*

/ Attitude attentionnée. SYN. attention, délicatesse, empressement, obligeance, prévenance, vigilance –LITTÉRAIRE : diligence. CONTR. *indifférence, négligence.*

soluble *adjectif*

/ Qui peut être résolu. SYN. résoluble. CONTR. *impossible, inextricable, insoluble.*

solution *nom féminin*

/ Réponse à un problème. SYN. clé, clef, exutoire, parti, remède, résolution, résultat.

/ Fait de se terminer. SYN. conclusion, dénouement, fin, issue, règlement –LITTÉRAIRE : terminaison.

solutionner *verbe*

/ Donner une solution à. SYN. arranger, démêler, dénouer, régler, résoudre, trancher.

somatique *adjectif*

/ Qui se rapporte au corps. SYN. organique, physiologique, physique. CONTR. *cérébral, mental, psychique.*

sombre *adjectif*

/ Qui est peu éclairé. SYN. noir, obscur, opaque –LITTÉRAIRE: ténébreux. CONTR. *clair, éclairé, éclatant, illuminé, lumineux* –LITTÉRAIRE: *flamboyant.*

/ Se dit d'une couleur foncée. SYN. foncé, profond. CONTR. *blanchâtre, clair, décoloré, délavé, pâle, soutenu, vif* –LITTÉRAIRE: *diapré.*

/ Qui montre de l'inquiétude. SYN. abattu, bilieux, cafardeux, déprimé, funèbre, inquiet, lugubre, macabre, mélancolique, morne, morose, nostalgique, pessimiste, rembruni, sérieux, sinistre, soucieux, triste –LITTÉRAIRE: chagrin, sépulcral. CONTR. *badin, content, enjoué, épanoui, gai, jovial, joyeux, optimiste, plaisant, radieux, rayonnant, réjoui, riant, rieur, souriant* –LITTÉRAIRE: *folâtre.*

/ Chargé de menaces. SYN. angoissant, dramatique, grave, inquiétant, menaçant, nuageux, préoccupant, terrible, tragique –FAMILIER: cafardeux –LITTÉRAIRE: nébuleux, ténébreux. CONTR. *paisible, plaisant, rassurant, serein, tranquille.*

sombrer *verbe*

/ Être englouti dans l'eau. SYN. chavirer, couler, faire naufrage, s'abîmer, s'engloutir. CONTR. *émerger, flotter, surnager.*

/ Cesser d'exister. SYN. faire naufrage, péricliter, s'anéantir, s'effondrer. CONTR. *marcher, réussir, surnager* –FAMILIER: *émerger.*

/ Se laisser envahir par. SYN. s'absorber, se noyer, se perdre, se plonger, s'enfoncer, s'engluer, s'enliser, verser –LITTÉRAIRE: s'abîmer, s'anéantir.

sommaire *adjectif*

/ Exposé en peu de mots. SYN. abrégé, bref, concis, court, expéditif, rapide, résumé, schématique, succinct, superficiel. CONTR. *amplifié, approfondi, détaillé, exhaustif, fouillé, minutieux, poussé, touffu* –FAMILIER: *délayé* –LITTÉRAIRE: *soigneux.*

/ Qui est réduit au minimum. SYN. élémentaire, fruste, grossier, imparfait, rudimentaire, simple, simpliste –FAMILIER: court. CONTR. *complet, raffiné, savant, sérieux, sophistiqué.*

sommairement *adverbe*

/ D'une façon sommaire. SYN. à demi, à moitié, approximativement, brièvement, en abrégé, en gros, en résumé, en substance, fragmentairement, grossièrement, imparfaitement, incomplètement, insuffisamment, mal, rudimentairement, succinctement, superficiellement, vaguement. CONTR. *à fond, bien, complètement, entièrement, intégralement, pleinement.*

sommation *nom féminin*

/ Invitation impérative. SYN. commandement, injonction, mise en demeure, ordre, oukase, ukase, ultimatum.

somme *nom féminin*

/ Quantité d'argent. SYN. chiffre, montant, total.

sommeil *nom masculin*

/ État de quelqu'un qui dort. SYN. assoupissement, somme, somnolence –FAMILIER: dodo, roupillon. CONTR. *réveil, veille* –LITTÉRAIRE: *éveil.*

sommeiller *verbe*

/ Dormir un petit moment. SYN. dormir, s'assoupir, s'endormir, somnoler. CONTR. *veiller.*

sommer *verbe transitif*

/ Effectuer une sommation. SYN. assigner, citer, interpeller, mettre en demeure.

/ Demander impérativement. SYN. acculer, adjurer, commander, dire, exiger, intimer, inviter, ordonner, prescrire, prier –LITTÉRAIRE: enjoindre, signifier. CONTR. *défendre.*

sommer *verbe transitif*

/ Faire la somme de. SYN. additionner, totaliser. CONTR. *déduire, retrancher, soustraire.*

sommer *verbe transitif*

/ Orner le sommet. SYN. coiffer, dominer, surmonter, surplomber –LITTÉRAIRE: couronner.

sommet *nom masculin*

/ Point culminant d'un relief. SYN. mont, montagne, pic, point culminant, puy.

/ Partie la plus haute. SYN. cime, crête, extrémité, faîte, front, haut, pointe, tête. CONTR. *bas, base, pied.*

/ Degré suprême de. SYN. apogée, comble, maximum, paroxysme, point culminant, summum, zénith –LITTÉRAIRE: acmé, extrémité, faîte, période –VIEUX: pinacle.

sommité *nom féminin*

/ Personne éminente. SYN. baron, célébrité, figure, magnat, notabilité, personnage, personnalité, prince –FAMILIER: ponte, ténor –LITTÉRAIRE: lumière.

somnifère *nom masculin*

/ Substance qui endort. SYN. calmant, hypnotique, narcotique –VIEUX: soporifique. CONTR. *excitant, stimulant.*

somnolence *nom féminin*

/ LITTÉRAIRE. Manque de dynamisme. SYN. apathie, langueur, léthargie, marasme, paralysie, piétinement, sommeil, stagnation, torpeur –LITTÉRAIRE: assoupissement, prostration.

somnolent *adjectif*

/ LITTÉRAIRE. Qui manque d'activité. SYN. assoupi, endormi, figé, mort –LITTÉRAIRE: dormant.

/ Dont l'esprit fonctionne au ralenti. SYN. épais, lourd –FAMILIER: ramolli –LITTÉRAIRE: ensommeillé, torpide.

somnoler *verbe*

/ Être en état de demi-sommeil. SYN. dormir, s'assoupir, s'endormir, sommeiller. CONTR. *dormir à poings fermés, dormir comme un loir, dormir comme une marmotte* –POPULAIRE: *en écraser.*

somptueusement *adverbe*

/ De façon somptueuse. SYN. fastueusement, luxueusement, magnifiquement, princièrement, richement, royalement, splendidement, superbement –LITTÉRAIRE: sublimement. CONTR. *modestement, pauvrement, petitement, sobrement.*

somptueux *adjectif*

/ Qui a nécessité des dépenses. SYN. cossu, fastueux, luxueux, princier, royal. CONTR. *humble, maigre, modeste, pauvre, petit.*

/ Qui est superbe. SYN. éblouissant, fabuleux, féerique, magnifique, riche, splendide, superbe, triomphal. CONTR. *simple, sobre.*

somptuosité *nom féminin*

/ LITTÉRAIRE. Caractère somptueux. SYN. beauté, décorum, éclat, faste, luxe, magnificence, richesse –LITTÉRAIRE: pompe, splendeur. CONTR. *dépouillement, modestie, simplicité, sobriété.*

sondage *nom masculin*

/ Enquête statistique. SYN. consultation, enquête d'opinion.

sonder *verbe*

/ Explorer quelque chose. SYN. examiner, explorer, fouiller, inspecter, prospecter, scruter, visiter.

/ Soumettre à un sondage. SYN. consulter, enquêter.

/ Interroger pour en savoir plus. SYN. approfondir, interroger, questionner, tâter le terrain –FAMILIER: confesser.

songe *nom masculin*

/ LITTÉRAIRE. Vues de l'esprit. SYN. billevesée, chimère, fantôme, fiction, illusion, irréalité, mirage, rêve, songerie, utopie –LITTÉRAIRE: rêverie. CONTR. *probabilité, réalité.*

songe-creux *nom masculin*

/ LITTÉRAIRE. Homme qui nourrit des chimères. SYN. idéaliste, idéologue, illuminé, rêveur, utopiste.

songer *verbe intransitif*

/ LITTÉRAIRE. Laisser errer sa pensée. SYN. méditer, penser, rêvasser, rêver, se recueillir.

songer *verbe transitif indirect*

/ Avoir à l'esprit. SYN. réfléchir, se préoccuper de, se soucier de, s'inquiéter de, s'intéresser, s'occuper de, veiller à. CONTR. *oublier.*

/ Avoir l'intention de. SYN. compter, envisager, méditer, penser, projeter, se disposer, se mettre en tête de, se préparer à, se proposer de. CONTR. *renoncer.*

songerie *nom féminin*

/ Pensée vague. SYN. chimère, divagation, imagination, rêve, rêverie –LITTÉRAIRE: rêvasserie, songe.

songeur *adjectif*

/ Perdu dans une rêverie. SYN. absorbé, contemplatif, méditatif, pensif, préoccupé, recueilli, rêveur –LITTÉRAIRE: contemplateur.

sonnailler *verbe*

/ Faire entendre un bruit de cloche. SYN. carillonner, sonner, tinter –LITTÉRAIRE: tintinnabuler.

sonnant *adjectif*

/ Se dit d'une heure juste. SYN. juste, précis, tapant –FAMILIER: pétant.

sonné *adjectif*

/ FAMILIER. Qui est accompli. SYN. accompli, passé, révolu.

/ FAMILIER. Qui a reçu un coup. SYN. abasourdi, assommé, étourdi, hébété –FAMILIER: groggy, K.-O.

/ POPULAIRE. Qui a l'esprit dérangé. SYN. dérangé, désaxé, déséquilibré –FAMILIER: braque, cinglé, détraqué, dingue, fada, fêlé, frappé, loufoque, maboul, malade, piqué, ravagé, tapé, timbré, toc-toc, toqué, zinzin –POPULAIRE: barge, barjo, branque, brindezingue, cinoque, cintré, déjanté, dingo, folingue, fondu, frapadingue, givré, louf, louftingue, sinoc, sinoque, siphonné.

sonner *verbe*

/ Produire des sons. SYN. carillonner, résonner, sonnailler, tinter –LITTÉRAIRE: retentir, tintinnabuler.

sonore *adjectif*

/ Qui sonne fort. SYN. bruyant, claironnant, éclatant, fort, perçant, résonnant, retentissant, ronflant, strident, tonitruant, vibrant –LITTÉRAIRE: tonnant. CONTR. *assourdi, caverneux, doux, étouffé, insonore, mat, muet, silencieux, sourd, voilé.*

sonorité *nom féminin*

/ Qualité sonore d'un lieu, etc. SYN. acoustique, résonance.

/ Caractère d'un son. SYN. consonance, timbre.

sophistication *nom féminin*

/ Raffinement excessif. SYN. affectation, apprêt, maniérisme, préciosité, recherche, subtilité –FAMILIER: chichi –LITTÉRAIRE: afféterie.

sophistiqué *adjectif*

/ Qui montre du raffinement. SYN. affecté, artificiel, délicat, distingué, étudié, maniéré, raffiné, recherché, travaillé. CONTR. *authentique, naturel, primaire, primitif, rude, vulgaire* –LITTÉRAIRE: *rustique.*

/ D'une grande complication. SYN. alambiqué, complexe, compliqué, recherché, subtil, tourmenté. CONTR. *simple, sobre, sommaire.*

soporifique *adjectif*

/ Qui donne envie de dormir. SYN. assoupissant, endormant, ennuyeux, mortel –FAMILIER: barbant, dormitif, enquiquinant, léthargique, rasant, rasoir, soûlant, tuant –POPULAIRE: suant. CONTR. *amusant, captivant, excitant, fascinant, intéressant, palpitant, passionnant, prenant, stimulant* –FAMILIER: *folichon.*

soporifique *nom masculin*

/ VIEUX. Substance qui fait dormir. SYN. calmant, hypnotique, narcotique, somnifère. CONTR. *excitant, stimulant.*

sorcellerie *nom féminin*

/ Pratique magique. SYN. diablerie, divination, envoûtement, magie, maléfice, satanisme, sortilège.

sorcier *nom*

/ Celui qui pratique la sorcellerie. SYN. chaman, devin, enchanteur, ensorceleur, magicien.

sorcière *nom féminin*

/ Femme méchante. SYN. furie, harpie, mégère, vipère –FAMILIER: chameau, harengère, poison, rosse –LITTÉRAIRE: gorgone, tigresse.

sordide *adjectif*

/ D'une saleté sans nom. SYN. crasseux, dégoûtant, écœurant, galeux, infect, malpropre, repoussant, sale. CONTR. *propre.*

/ Qui fait preuve de bassesse. SYN. abject, atroce, crapuleux, hideux, ignoble, immonde, immoral, infâme, infect, innommable, inqualifiable, répugnant, répulsif, vilain –FAMILIER: glauque –LITTÉRAIRE: ignominieux, nauséeux, turpide, vil. CONTR. *noble.*

sordidement *adverbe*

/ De façon sordide. SYN. abjectement, bassement, hideusement, honteusement, ignoblement, petitement –LITTÉRAIRE: ignominieusement, vilainement, vilement. CONTR. *dignement, fièrement, grandement, majestueusement, noblement.*

sornette *nom féminin*

/ Propos frivole. SYN. absurdité, baliverne, billevesée, calembredaine, chanson, fadaise, histoire, sottise –FAMILIER: baratin, boniment, faribole, fichaise, salade.

sort *nom masculin*

/ Puissance surnaturelle. SYN. destin, destinée, fatalité, hasard – LITTÉRAIRE : fortune.

/ Conditions de vie. SYN. existence, position, situation.

/ Avenir réservé à. SYN. avenir, dénouement, destin, destinée, fin – LITTÉRAIRE : étoile, lot.

/ Influence maléfique. SYN. charme, ensorcellement, maléfice, sortilège – LITTÉRAIRE : enchantement.

sortable *adjectif*

/ FAMILIER. Que l'on peut montrer en public. SYN. convenable, correct, décent, montrable, présentable – FAMILIER : possible.

sorte *nom féminin*

/ Catégorie d'êtres ou de choses. SYN. catégorie, espèce, genre, nature, type, variété.

/ *Une sorte de.* SYN. une espèce de, une façon de, une manière de.

sortie *nom féminin*

/ Somme dépensée. SYN. débit, dépense.

/ Endroit par où l'on sort. SYN. issue, porte. CONTR. *accès, entrée, seuil.*

/ Fin d'une période. SYN. fin, issue. CONTR. *apparition, commencement, début, entrée, rentrée.*

/ Fait de se promener. SYN. promenade, tour – FAMILIER : balade, virée.

/ Fait de lancer un produit. SYN. lancement, parution, publication.

/ Brusque emportement. SYN. esclandre, invective, querelle, scène – FAMILIER : comédie.

sortilège *nom masculin*

/ Force d'origine magique. SYN. charme, diablerie, ensorcellement, envoûtement, fascination, magie, sort – FAMILIER : sorcellerie – LITTÉRAIRE : enchantement.

sortir *verbe intransitif*

/ Quitter le lieu où l'on est. SYN. partir, prendre la porte, quitter, s'absenter, se retirer, se sauver, s'en aller, s'esquiver – FAMILIER : s'éclipser. CONTR. *accéder, arriver, demeurer, entrer, pénétrer, rentrer, rester, se rendre, s'introduire.*

/ Aller dehors pour se divertir. SYN. être de sortie, paraître, se faire une sortie, se montrer. CONTR. *se barricader, se calfeutrer, se cloîtrer, s'enfermer.*

/ Se répandre au dehors. SYN. couler, déborder, émaner, jaillir, s'échapper, s'exhaler – LITTÉRAIRE : sourdre.

/ Franchir les limites de. SYN. dévier, enfreindre, outrepasser, se détacher, s'écarter, s'éloigner, transgresser. CONTR. *conserver, garder, suivre, tenir.*

/ Être issu de tel milieu. SYN. descendre, être né de, naître, provenir, remonter à.

/ Faire saillie. SYN. affleurer, apparaître, déborder, émerger, passer, percer, saillir.

/ Avoir comme résultat. SYN. découler, dériver, résulter, se dégager, s'ensuivre.

sortir *verbe transitif*

/ Mettre à l'extérieur. SYN. dégager, exhiber, extirper, extraire, retirer, tirer. CONTR. *enfouir, engager, glisser, introduire, ranger, réintégrer, rentrer.*

/ Tirer quelqu'un d'embarras. SYN. débarrasser, dépêtrer, libérer, retirer. CONTR. *enfoncer, mettre, plonger, précipiter* – FAMILIER : *fourrer.*

/ FAMILIER. Mettre quelqu'un dehors. SYN. chasser, déloger, évacuer, expulser – FAMILIER : vider. CONTR. *cadenasser, enfermer* – FAMILIER : *boucler.*

/ Mettre en vente un produit. SYN. commercialiser, éditer, faire paraître, promouvoir, publier.

/ FAMILIER. Tenir des propos étonnants. SYN. débiter, lâcher, proférer, prononcer, raconter.

sortir (se) *verbe pronominal*

/ Se tirer d'une situation délicate. SYN. réchapper, se dégager, se dépêtrer, se libérer, se tirer d'affaire, s'en tirer, tirer son épingle du jeu – FAMILIER : se débrouiller, se dépatouiller – POPULAIRE : se démerder. CONTR. *être dans le pétrin, être dans une mauvaise passe, patauger, s'embourber, s'embrouiller, s'empêtrer, s'enchevêtrer, s'enferrer, s'enliser* – FAMILIER : *être dans de beaux draps, être dans la panade, ne pas être sorti de l'auberge, s'enfoncer* – POPULAIRE : *être dans la merde.*

/ FAMILIER. Recouvrer la santé. SYN. guérir, réchapper, reprendre le dessus, se rétablir, s'en tirer. CONTR. *rechuter* – FAMILIER : *replonger.*

sosie *nom masculin*

/ Personne qui ressemble à une autre. SYN. double, pendant, portrait, réplique.

sot *adjectif*

/ LITTÉRAIRE. Qui manifeste de l'embarras. SYN. déconcerté, embarrassé, gêné, honteux, penaud – LITTÉRAIRE : contrit.

/ Qui manque d'intelligence. SYN. balourd, benêt, bête, idiot, inintelligent, niais, nigaud, stupide –FAMILIER: ballot, bêta, cruche, godiche, tarte –POPULAIRE: cloche, nouille. CONTR. *brillant, intelligent, malin, spirituel.*

/ Qui est regrettable. SYN. aberrant, absurde, déraisonnable, inepte, insensé, ridicule, saugrenu.

sot *nom masculin*

/ Homme peu dégourdi. SYN. âne, balourd, benêt, idiot, imbécile, niais, nigaud –FAMILIER: abruti, andouille, ballot, bêta, bûche, buse, crétin, cruche, noix, serin –POPULAIRE: con, cornichon, couillon, nouille.

sotte *nom féminin*

/ Femme peu dégourdie. SYN. idiote, imbécile –FAMILIER: abrutie, andouille, bécasse, bécassine, bêtasse, bûche, crétine, cruche, dinde, empotée, godiche, gourde, noix, oie –POPULAIRE: nouille.

sottement *adverbe*

/ D'une manière sotte. SYN. bêtement, idiotement, inintelligemment, stupidement –LITTÉRAIRE: imbécilement, niaisement. CONTR. *brillamment, intelligemment, spirituellement.*

sottise *nom féminin*

/ Manque de jugement. SYN. bêtise, idiotie, imbécillité, ineptie, inintelligence, insanité, naïveté, niaiserie, nullité, stupidité –FAMILIER: crétinerie, crétinisme, débilité –LITTÉRAIRE: nigauderie. CONTR. *finesse, intelligence.*

/ Propos ou acte stupide. SYN. absurdité, ânerie, balourdise, bavure, bêtise, bévue, billevesée, calembredaine, fadaise, imbécillité, impair, ineptie, insanité, niaiserie, sornette, stupidité –FAMILIER: blague, bourde, crétinerie, faribole, gaffe, idiotie.

sou *nom masculin*

/ FAMILIER. Petite somme. SYN. centime, denier, obole, penny –FAMILIER: rond –LITTÉRAIRE: liard –POPULAIRE: kopeck, radis, rotin.

soubassement *nom masculin*

/ Partie inférieure d'une construction. SYN. assiette, assise, base, fondation, fondement.

soubresaut *nom masculin*

/ Mouvement brusque. SYN. à-coup, haut-le-corps, saccade, saut, secousse, sursaut, tressaillement –LITTÉRAIRE: tressautement.

/ Trouble violent. SYN. bouleversement, cahot, convulsion, secousse.

souche *nom féminin*

/ Origine de quelqu'un. SYN. ascendance, essence, famille, lignage, lignée, origine, racine –LITTÉRAIRE: extraction, parents, race, sang.

souci *nom masculin*

/ Fait d'être inquiet. SYN. angoisse, anxiété, inquiétude, préoccupation, tracas –FAMILIER: bile –LITTÉRAIRE: alarme. CONTR. *paix, sérénité* –LITTÉRAIRE: *quiétude, repos.*

/ Ce qui préoccupe. SYN. affaire, contrariété, désagrément, ennui, problème, tracas –FAMILIER: embêtement, empoisonnement, enquiquinement, ombre au tableau –POPULAIRE: emmerdement.

soucier *verbe*

/ VIEUX. Causer du souci. SYN. agiter, angoisser, effrayer, faire peur, inquiéter, préoccuper, tourmenter, tracasser –FAMILIER: causer du tintouin, turlupiner. CONTR. *calmer, rassurer, tranquilliser* –LITTÉRAIRE: *rasséréner.*

soucier (se) *verbe pronominal*

/ Faire cas de. SYN. penser à, regarder, se pencher sur, se préoccuper, s'embarrasser, s'en faire, s'inquiéter, s'intéresser, s'occuper, songer. CONTR. *faire peu de cas de, ignorer, ne pas s'occuper de, négliger, prendre à la légère, se désintéresser* –FAMILIER: *se ficher* –LITTÉRAIRE: *n'avoir cure de* –POPULAIRE: *se foutre.*

soucieux *adjectif*

/ Qui se fait du souci. SYN. angoissé, anxieux, assombri, ennuyé, inquiet, pensif, perplexe, sombre, tourmenté, tracassé –FAMILIER: bileux –LITTÉRAIRE: chagrin. CONTR. *insouciant, paisible, placide, réjoui, riant* –LITTÉRAIRE: *insoucieux, quiet.*

/ Qui a grand soin de. SYN. attentif, jaloux, obnubilé, obsédé, préoccupé, soigneux.

soudain *adjectif*

/ Qui se produit tout à coup. SYN. brusque, foudroyant, fulgurant, immédiat, imprévu, inattendu, inopiné, instantané, rapide, subit –LITTÉRAIRE: prompt. CONTR. *attendu, graduel, insensible, lent, long, préparé, prévu.*

soudain *adverbe*

/ Dans l'instant même. SYN. à brûle-pourpoint, à l'improviste, au dépourvu, brusquement, brutalement, de but en blanc, ex abrupto, immédiatement, inopinément, instantanément, précipitamment, sans crier gare, soudainement, subitement, tout à coup –FAMILIER: subito, tout de go –LITTÉRAIRE: au débotté –VIEUX: impromptu, tout à trac. CONTR. *graduellement, lentement, par degrés, pas à pas, petit à petit, peu à peu, progressivement.*

soudainement *adverbe*

/ De façon soudaine. SYN. à brûle-pourpoint, à l'improviste, au dépourvu, brusquement, brutalement, de but en blanc, ex abrupto, immédiatement, inopinément, instantanément, précipitamment, sans crier gare, soudain, subitement, tout à coup –FAMILIER: subito, tout de go –LITTÉRAIRE: au débotté –VIEUX: impromptu, tout à trac. CONTR. *graduellement, lentement, par degrés, pas à pas, petit à petit, peu à peu, progressivement.*

soudaineté *nom féminin*

/ Qualité de ce qui est soudain. SYN. brusquerie, brutalité, instantanéité, précipitation, rapidité –LITTÉRAIRE: immédiateté, promptitude, vivacité. CONTR. *lenteur.*

soudard *nom masculin*

/ LITTÉRAIRE. Individu grossier. SYN. butor, cuistre, goujat, mal élevé, malappris, malotru, mufle, ostrogoth, rustre, sauvage –FAMILIER: malpoli, paltoquet, sagouin –LITTÉRAIRE: faquin –VIEUX: maraud, maroufle.

souder *verbe*

/ Joindre une chose à une autre. SYN. accoler, agglutiner, assembler, attacher, coller, conglomérer, joindre, lier, réunir, unir. CONTR. *disjoindre, dissocier, séparer.*

soudoyer *verbe*

/ Payer le soutien de quelqu'un. SYN. acheter, payer, suborner –FAMILIER: arroser, graisser la patte –LITTÉRAIRE: corrompre, stipendier.

soudure *nom féminin*

/ Action de souder. SYN. assemblage, jonction. CONTR. *cassure, fracture.*

soufflant *adjectif*

/ FAMILIER. Qui stupéfie. SYN. abracadabrant, ahurissant, déconcertant, effarant, étonnant, frappant, inattendu, inconcevable, incroyable, insolite, saisissant, stupéfiant, surprenant –FAMILIER: époustouflant, renversant, sciant, sidérant.

souffle *nom masculin*

/ Air exhalé en respirant. SYN. expiration, haleine, respiration.

/ Courant d'air léger. SYN. air, bise, bouffée, brise, courant d'air, vent –LITTÉRAIRE: frisson, zéphyr.

/ LITTÉRAIRE. Faculté d'imagination. SYN. créativité, enthousiasme, exaltation, inspiration, lyrisme, veine –LITTÉRAIRE: verve.

soufflé *adjectif*

/ FAMILIER. Très étonné. SYN. abasourdi, ahuri, coi, ébahi, éberlué, étonné, hébété, interdit, interloqué, médusé, pantois, renversé, saisi, stupéfait, suffoqué, surpris, tombé de la lune, tombé des nues –FAMILIER: baba, comme deux ronds de flan, épaté, époustouflé, estomaqué, scié, sidéré –LITTÉRAIRE: ébaubi.

/ Anormalement gonflé. SYN. bouffi, boursouflé, enflé, gonflé, gros.

souffler *verbe intransitif*

/ Respirer avec difficulté. SYN. haleter, s'essouffler, suffoquer.

/ En parlant de l'air, se déplacer. SYN. déferler, se déchaîner, s'épandre.

/ Chasser de l'air. SYN. expirer. CONTR. *aspirer, inspirer.*

/ Retrouver son souffle. SYN. reprendre haleine, respirer, se reposer.

souffler *verbe transitif*

/ Dire discrètement. SYN. chuchoter, glisser, murmurer, susurrer.

/ Faire une suggestion à. SYN. conseiller, dicter, exhorter, inciter, insinuer, inspirer, inviter, proposer, recommander, suggérer.

/ FAMILIER. Prendre par ruse. SYN. extorquer, prendre, s'emparer –FAMILIER: barboter, carotter, chiper, piquer, rafler –LITTÉRAIRE: dérober –POPULAIRE: ratiboiser.

/ FAMILIER. Causer un vif étonnement. SYN. abasourdir, ahurir, couper le souffle, ébahir, éberluer, effarer, étonner, méduser, renverser, stupéfier, suffoquer, surprendre –FAMILIER: asseoir, couper le sifflet, ébouriffer, en boucher un coin, épater, époustoufler, estomaquer, scier, sidérer –POPULAIRE: couper la chique.

soufflet *nom masculin*

/ LITTÉRAIRE. Coup donné sur la joue. SYN. claque, gifle –ARGOTIQUE: mornifle –FAMILIER: calotte, taloche –POPULAIRE: baffe, beigne, mandale, tarte, torgnole.

/ LITTÉRAIRE. Acte offensant. SYN. affront, brimade, humiliation, mortification, offense, outrage –LITTÉRAIRE: avanie, camouflet.

souffleter *verbe*

/ LITTÉRAIRE. Donner un soufflet. SYN. claquer, gifler –FAMILIER: calotter –VIEUX: talocher.

souffrance *nom féminin*

/ Fait de souffrir. SYN. détresse, douleur, épreuve, peine, supplice, tourment, tracas. CONTR. *bien-être, plaisir.*

souffrant *adjectif*

/ Qui n'est pas en bonne santé. SYN. fatigué, incommodé, indisposé, malade, mal-en-point –FAMILIER: mal fichu, patraque –LITTÉRAIRE: dolent –POPULAIRE: mal foutu. CONTR. *sain, valide* –VIEUX: *gaillard.*

souffre-douleur *nom*

/ Personne qu'on maltraite. SYN. bouc émissaire, cible, jouet, proie –FAMILIER: tête de Turc.

souffreteux *adjectif*

/ De santé délicate. SYN. chétif, débile, déficient, faible, fragile, maladif, malingre, rabougri, rachitique –LITTÉRAIRE: dolent –VIEUX: cacochyme. CONTR. *fort, résistant, robuste, solide, vigoureux* –VIEUX: *gaillard.*

souffrir *verbe intransitif*

/ Être endommagé. SYN. s'abîmer, s'altérer, se détériorer, s'étioler –LITTÉRAIRE: pâtir.

/ Ressentir une souffrance. SYN. avoir mal, hurler de douleur.

souffrir *verbe transitif*

/ LITTÉRAIRE. Endurer un mal. SYN. endurer, éprouver, essuyer, subir, supporter, tolérer –FAMILIER: digérer, encaisser. CONTR. *bénéficier, jouir.*

/ Admettre une modification. SYN. admettre, permettre, supporter, tolérer. CONTR. *exclure, refuser.*

souhait *nom masculin*

/ Fait d'avoir envie de. SYN. ambition, aspiration, attente, desiderata, désir, envie, requête, rêve, revendication, soif, vœu, volonté –LITTÉRAIRE: faim.

souhaitable *adjectif*

/ Que l'on peut souhaiter. SYN. désirable, enviable. CONTR. *indésirable.*

souhaiter *verbe*

/ Former le souhait de. SYN. ambitionner, appeler, aspirer à, attendre, avoir envie de, brûler de, convoiter, demander, désirer, espérer, rêver de, viser, vouloir –FAMILIER: guigner –LITTÉRAIRE: soupirer après. CONTR. *craindre, répugner.*

souillé *adjectif*

/ LITTÉRAIRE. Qui n'est plus intact. SYN. gâté, impur, sale, sali, taché, vicié. CONTR. *intact, net, propre, pur, stérile, vierge.*

souiller *verbe*

/ LITTÉRAIRE. Couvrir de taches. SYN. barbouiller, maculer, salir, tacher –FAMILIER: cochonner –LITTÉRAIRE: crotter –POPULAIRE: saloper. CONTR. *blanchir, décrasser, désencrasser, laver.*

/ LITTÉRAIRE. Altérer ce qui était pur. SYN. avilir, contaminer, dégrader, déshonorer, éclabousser, entacher, gâter, ternir –LITTÉRAIRE: flétrir, tacher, vicier. CONTR. *assainir.*

souillure *nom féminin*

/ LITTÉRAIRE. Ce qui tache. SYN. impureté, saleté, salissure, tache –POPULAIRE: saloperie.

/ LITTÉRAIRE. Tache morale. SYN. corruption, dégradation, ignominie –FAMILIER: saleté –LITTÉRAIRE: flétrissure, impureté, stigmate, tare.

souk *nom masculin*

/ FAMILIER. Grand désordre. SYN. capharnaüm, chantier, désordre, fatras, fouillis –FAMILIER: bazar –POPULAIRE: bordel, foutoir.

soûl *adjectif*

/ FAMILIER. Qui a bu avec excès. SYN. enivré, gris, ivre –FAMILIER: éméché, imbibé, parti, pompette, schlass, soûl comme un Polonais, soûl comme une grive –POPULAIRE: beurré, beurré comme une tartine, blindé, bourré, chargé, cuit, noir, paf, pété, pinté, plein comme une barrique, raide, rond, rond comme une barrique, rond comme une queue de pelle, torché –VIEUX: brindezingue. CONTR. *à jeun, sobre.*

/ Qui ressent comme une griserie. SYN. enivré, étourdi, grisé.

soulagement *nom masculin*

/ Diminution d'une charge. SYN. adoucissement, allégement, apaisement, consolation, décharge. CONTR. *aggravation, charge* –LITTÉRAIRE: *atterrement.*

/ Ce qui soulage. SYN. antidote, bien, délivrance, détente, palliatif, remède.

soulager *verbe*

/ Débarrasser d'un poids. SYN. alléger, délester. CONTR. *alourdir, charger, surcharger.*

/ Décharger d'une obligation. SYN. débarrasser, décharger, délivrer. CONTR. *accabler, écraser, grever.*

/ Délivrer d'une souffrance. SYN. adoucir, aider, apaiser, atténuer, calmer, consoler, détendre, endormir, guérir, réconforter, remédier –LITTÉRAIRE: panser. CONTR. *accentuer, accroître, affliger, aggraver, aviver, intensifier.*

soûlant *adjectif*

/ FAMILIER. Qui ennuie. SYN. endormant, ennuyeux, fatigant, lassant, monotone, mortel, soporifique, terne –FAMILIER: assommant, barbant, bassinant, casse-pieds, embêtant, empoisonnant, enquiquinant, rasant, raseur, rasoir, tannant, tuant –POPULAIRE: chiant, emmerdant, suant. CONTR. *amusant, captivant, fascinant, intéressant, palpitant, passionnant, prenant* –FAMILIER: *folichon.*

soûlard *nom*

/ POPULAIRE. Personne qui boit trop. SYN. alcoolique, buveur, ivrogne –FAMILIER: pochard, soiffard, soûlographe –POPULAIRE: poivrot, soûlaud, soulôt.

soûlaud *nom*

/ POPULAIRE. Personne qui boit. SYN. alcoolique, buveur, ivrogne –FAMILIER: pochard, soiffard, soûlographe –POPULAIRE: poivrot, soûlard.

soûler *verbe*

/ FAMILIER. Faire boire jusqu'à l'ivresse. SYN. enivrer. CONTR. *dégriser, désenivrer, dessoûler.*

/ Causer une sorte de griserie. SYN. enivrer, entêter, étourdir, griser, monter à la tête, tourner la tête, transporter.

/ LITTÉRAIRE. Fatiguer quelqu'un. SYN. énerver, ennuyer, exaspérer, gaver, saturer –FAMILIER: enquiquiner –POPULAIRE: gonfler.

soûler (se) *verbe pronominal*

/ FAMILIER. Boire jusqu'à l'ivresse. SYN. boire, se griser, s'enivrer –FAMILIER: boire comme un trou, boire comme une éponge, se pocharder, s'imbiber –POPULAIRE: picoler, prendre une bitture, prendre une cuite, s'arsouiller, se beurrer, se bitturer, se bourrer, se charger, se cuiter, se noircir, se péter la gueule, se pinter, se piquer le nez, se poivrer.

soûlerie *nom féminin*

/ FAMILIER. État d'ivresse. SYN. beuverie, ivresse.

soulèvement *nom masculin*

/ Action de se soulever. SYN. agitation, désordre, émeute, insurrection, mutinerie, rébellion, révolte, sédition, troubles.

soulever *verbe*

/ Porter vers le haut. SYN. élever, enlever, haler, hausser, hisser, lever, monter, redresser, relever. CONTR. *abaisser, rabattre.*

/ Susciter une réaction. SYN. amener, causer, déclencher, déterminer, engendrer, éveiller, faire naître, provoquer, réveiller –LITTÉRAIRE: allumer.

/ Pousser à la révolte. SYN. agiter, ameuter, déchaîner, dresser, exciter, remuer. CONTR. *apaiser, calmer, pacifier.*

soulever (se) *verbe pronominal*

/ Entrer en rébellion. SYN. contester, remuer, se cabrer, se dresser, se mutiner, se rebeller, se révolter, s'élever contre, s'insurger, s'opposer –FAMILIER: se rebiffer.

soulier *nom masculin*

/ Chaussure basse. SYN. chaussure –FAMILIER: godillot –POPULAIRE: godasse, grole, grolle, pompe, tatane.

souligné *adjectif*

/ Qui ressort. SYN. accentué, accusé, marqué, prononcé.

souligner *verbe*

/ Border d'un trait. SYN. accuser, border, dessiner, liserer, lisérer, marquer –LITTÉRAIRE: ourler.

/ Mettre en valeur. SYN. accentuer, accuser, appuyer, dessiner, faire ressortir, faire valoir, intensifier, mettre en avant, mettre en évidence, mettre en relief, mettre en valeur, mettre l'accent sur, ponctuer, relever, renforcer, signaler, valoriser.

soûlot *nom*

/ POPULAIRE. Personne qui boit. SYN. alcoolique, buveur, ivrogne – FAMILIER: pochard, soiffard, soûlographe – POPULAIRE: poivrot, soûlard.

soumettre *verbe*

/ Mettre sous sa domination. SYN. asservir, conquérir, dominer, inféoder, opprimer, réduire, subordonner, tyranniser – LITTÉRAIRE: assujettir, domestiquer. CONTR. *affranchir, délivrer, émanciper.*

/ Faire suivre une règle. SYN. assujettir, contraindre, plier – LITTÉRAIRE: astreindre. CONTR. *décharger, dispenser, exempter.*

/ Proposer au jugement de. SYN. exposer, présenter, proposer, suggérer.

soumettre (se) *verbe pronominal*

/ Cesser de résister. SYN. abandonner, capituler, céder, courber le dos, courber le front, courber l'échine, fléchir, mettre les pouces, obtempérer, plier, plier le genou, plier l'échine, s'aligner, se livrer, se rendre, s'incliner, s'inféoder – FAMILIER: caler, s'aplatir – LITTÉRAIRE: baisser pavillon, mettre pavillon bas, ployer, se courber – POPULAIRE: baisser sa culotte, baisser son froc, baisser son pantalon, s'écraser. CONTR. *résister, se cabrer, se dresser, se rebeller, se révolter, s'insurger, s'opposer, tenir tête* – FAMILIER: *se rebiffer* – LITTÉRAIRE: *regimber.*

/ Se conformer à quelque chose. SYN. accepter, admettre, consentir, obéir, s'astreindre, se conformer, se plier, se résigner, subir, suivre. CONTR. *braver, contrevenir, désobéir, échapper, enfreindre, manquer, se soustraire, transgresser.*

soumis *adjectif*

/ Qui montre de la soumission. SYN. discipliné, docile, malléable, maniable, obéissant, rampant, résigné, respectueux, servile, souple – LITTÉRAIRE: serf. CONTR. *désobéissant, dissident, frondeur, indépendant, indiscipliné, indocile, insoumis, insubordonné, rebelle, récalcitrant, rétif, révolté.*

soumission *nom féminin*

/ Fait de s'en remettre à une autorité. SYN. allégeance, assujettissement, dépendance, esclavage, inféodation – LITTÉRAIRE: sujétion. CONTR. *autonomie, contestation, indépendance, insurrection, liberté, mutinerie, opposition, rébellion, résistance, révolte, révolution, transgression, violation* – LITTÉRAIRE: *viol.*

/ État de quelqu'un de docile. SYN. acceptation, asservissement, docilité, maniabilité, obéissance, résignation, souplesse, subordination. CONTR. *affranchissement, désobéissance, impatience, indiscipline, indocilité, insoumission, insubordination* – LITTÉRAIRE: *fronde.*

soupçon *nom masculin*

/ Opinion défavorable. SYN. défiance, doute, méfiance, suspicion. CONTR. *confiance.*

/ Idée vague. SYN. conjecture, hypothèse. CONTR. *assurance, certitude.*

/ Très faible quantité de. SYN. atome, bribe, brin, doigt, filet, goutte, grain, gramme, larme, lueur, miette, nuage, once, parcelle, pointe, teinte, trace – LITTÉRAIRE: liard, ombre, trait – POPULAIRE: chouia. CONTR. *armée, avalanche, cascade, déluge, flot, foule, infinité, kyrielle, masse, monceau, montagne, multitude, myriade, nuée, pléiade, pluie, tas, torrent* – FAMILIER: *armada, cargaison, flopée, foultitude, paquet, pelletée, ribambelle, tapée* – LITTÉRAIRE: *averse, océan.*

soupçonner *verbe*

/ Avoir des soupçons sur. SYN. douter de, mettre en doute, se méfier, suspecter – LITTÉRAIRE: se défier.

/ Avoir la présomption de. SYN. conjecturer, deviner, entrevoir, flairer, imaginer, pressentir, présumer, se douter, sentir – FAMILIER: renifler, subodorer.

soupçonneux *adjectif*

/ Enclin à soupçonner. SYN. défiant, jaloux, méfiant, suspicieux. CONTR. *confiant, crédule, naïf, niais.*

soupente *nom féminin*

/ Pièce en hauteur. SYN. combles, réduit – FAMILIER: cagibi.

soupeser *verbe*

/ Estimer la valeur de. SYN. apprécier, estimer, évaluer, jauger, peser.

soupirant *nom masculin*

/ Personne qui fait la cour. SYN. amoureux, prétendant – FAMILIER: flirt – LITTÉRAIRE: sigisbée – VIEUX: galant.

soupirer *verbe*

/ LITTÉRAIRE. Désirer vivement. SYN. aspirer à, convoiter, désirer, envier, lorgner, rêver, souhaiter –FAMILIER: languir.

souple *adjectif*

/ Qui se plie aisément. SYN. flexible, plastique, pliable, pliant. CONTR. *cassant, dur, rigide.*

/ Qui se meut facilement. SYN. adroit, agile, élastique, léger –LITTÉRAIRE: délié. CONTR. *ankylosé, engourdi, gourd, raide, raidi* –FAMILIER: *raide comme un piquet.*

/ Susceptible d'être modifié. SYN. flexible, relâché –FAMILIER: élastique.

/ Capable de s'adapter. SYN. accommodant, conciliant, coulant, diplomate, docile, flexible, malléable, maniable, manœuvrable, obéissant, soumis, vivable –LITTÉRAIRE: traitable. CONTR. *buté, entêté, entier, étroit, ferme, indocile, inflexible, intraitable, intransigeant, obstiné, récalcitrant, rétif, rigide, têtu, volontaire* –FAMILIER: *cabochard.*

souplement *adverbe*

/ En souplesse. SYN. agilement, lestement.

souplesse *nom féminin*

/ Agilité corporelle. SYN. adresse, agilité, doigté, élasticité, flexibilité, mobilité. CONTR. *ankylose, engourdissement, raideur.*

/ Facilité à s'adapter. SYN. adaptabilité, aisance, diplomatie, docilité, facilité, habileté, maniabilité, plasticité, sociabilité –FAMILIER: élasticité –LITTÉRAIRE: flexibilité. CONTR. *entêtement, fermeté, indocilité, intransigeance, obstination, raideur, rigidité.*

source *nom féminin*

/ Origine de quelque chose. SYN. cause, fondement, foyer, germe, naissance, origine, racine –LITTÉRAIRE: commencement, levain, principe, semence. CONTR. *fin, répercussion, suite.*

sourciller *verbe*

/ Manifester sa perplexité. SYN. broncher –FAMILIER: tiquer. CONTR. *ne pas broncher, ne pas ciller.*

sourcilleux *adjectif*

/ LITTÉRAIRE. Qui montre de la minutie. SYN. consciencieux, exigeant, maniaque, méticuleux, minutieux, pointilleux, scrupuleux –LITTÉRAIRE: vétilleux.

sourd *adjectif*

/ Qui ne se laisse pas fléchir. SYN. fermé, imperméable, inaccessible, indifférent, inexorable, insensible, rebelle, réfractaire. CONTR. *accessible, accueillant, disponible, ouvert, perméable, réceptif, sensible.*

/ Se dit d'un son étouffé. SYN. amorti, assourdi, caverneux, cotonneux, étouffé, mat, voilé –LITTÉRAIRE: sépulcral. CONTR. *clair, éclatant, retentissant, sonore, tonitruant, vibrant* –LITTÉRAIRE: *cristallin, tonnant.*

/ Se dit d'une sensation diffuse. SYN. diffus, fuyant, indistinct, insaisissable, latent, mystérieux, sournois, vague. CONTR. *aigu, net, vif, violent.*

/ Qui se fait dans le secret (action). SYN. caché, clandestin, larvé, occulte, secret, souterrain. CONTR. *déclaré, manifeste, notoire, patent, public.*

sourdement *adverbe*

/ LITTÉRAIRE. En secret. SYN. à la dérobée, clandestinement, confidentiellement, discrètement, en cachette, en catimini, en sourdine, en sous-main, en tapinois, secrètement –FAMILIER: sans tambour ni trompette.

sourdre *verbe*

/ LITTÉRAIRE. Jaillir, en parlant d'un liquide. SYN. couler, fuir, fuser, gicler, jaillir, sortir –LITTÉRAIRE: surgir.

/ LITTÉRAIRE. Se manifester peu à peu. SYN. apparaître, émaner, émerger, naître, percer, ressortir, se dégager, survenir –LITTÉRAIRE: éclore, poindre, pointer. CONTR. *disparaître.*

souriant *adjectif*

/ Qui montre de la bonne humeur. SYN. épanoui, gai, réjoui, riant, rieur. CONTR. *bourru, funèbre, mélancolique, morne, morose, rembruni, sombre, soucieux, triste* –LITTÉRAIRE: *chagrin.*

souricière *nom féminin*

/ Piège tendu par la police. SYN. chausse-trape, chausse-trappe, embuscade, guêpier, guet-apens, piège, traquenard.

sourire *verbe*

/ Être agréable à quelqu'un. SYN. agréer, convenir, plaire –FAMILIER: aller, chanter. CONTR. *assommer, ennuyer* –FAMILIER: *barber, embêter, raser.*

/ Considérer avec ironie. SYN. ironiser, plaisanter, rire de, se moquer –LITTÉRAIRE: se gausser.

sournois *adjectif*

/ Qui dénote de l'hypocrisie. SYN. chafouin, dissimulateur, dissimulé, doucereux, faux, fourbe, fuyant, hypocrite, traître –LITTÉRAIRE: benoît, cauteleux, insinuant, patelin, subreptice. CONTR. *candide, cordial, direct, droit, fair-play, franc, innocent, loyal, ouvert* –LITTÉRAIRE: *vrai* –VIEUX: *rond.*

/ Qui se manifeste peu à peu. SYN. indistinct, insidieux, latent, sourd. CONTR. *aigu, manifeste, net, vif, violent.*

sournoisement *adverbe*

/ D'une manière sournoise. SYN. en cachette, en dessous, hypocritement, insidieusement, obliquement, par en dessous, tortueusement, traîtreusement –LITTÉRAIRE: perfidement. CONTR. *candidement, directement, franchement, nettement, ouvertement.*

sournoiserie *nom féminin*

/ LITTÉRAIRE. Caractère sournois. SYN. déloyauté, dissimulation, fourberie, hypocrisie, machiavélisme, rouerie –FAMILIER: roublardise –LITTÉRAIRE: cautèle, matoiserie, perfidie, vilenie –VIEUX: finauderie. CONTR. *candeur, droiture, franchise, loyauté* –LITTÉRAIRE: *véracité.*

/ LITTÉRAIRE. Action sournoise. SYN. comédie, déloyauté, ficelle, ruse –FAMILIER: combine, feinte, roublardise –LITTÉRAIRE: fourberie, perfidie, scélératesse.

sous *nom masculin pluriel*

/ FAMILIER. Argent. SYN. argent, espèces, espèces sonnantes et trébuchantes, liquidités, numéraire –ARGOTIQUE: braise, grisbi, pèze, thune, tune –FAMILIER: blé, ferraille, mitraille, ronds –POPULAIRE: flouse, flouze, fraîche, fric, galette, oseille, pépettes, picaillons, pognon.

sous *préposition*

/ Désigne une période. SYN. durant, pendant.

/ Indique une position inférieure. SYN. au-dessous de, dessous. CONTR. *dedans, dessus, sur.*

souscrire *verbe*

/ Donner son adhésion. SYN. accéder à, accepter, acquiescer, adhérer, admettre, agréer, approuver, consentir, épouser le parti de, se plier, se rallier à, se ranger à. CONTR. *combattre, repousser, réprouver, se révolter, s'opposer.*

sous-entendre *verbe*

/ Faire comprendre indirectement. SYN. faire allusion à, faire entendre, insinuer, laisser deviner, laisser entendre, laisser supposer, suggérer, vouloir dire.

sous-entendu *adjectif*

/ Qui n'est pas exprimé. SYN. allusif, caché, implicite, inexprimé, informulé, tacite. CONTR. *énoncé, explicite, exprès, exprimé, formel, formulé.*

sous-entendu *nom masculin*

/ Ce qu'on fait comprendre. SYN. allusion, arrière-pensée, insinuation, réticence.

sous-estimer *verbe*

/ Juger au-dessous de sa valeur. SYN. déprécier, méconnaître, mésestimer, minimiser, sous-évaluer –LITTÉRAIRE: dépriser, méjuger. CONTR. *surcoter, surestimer, surévaluer* –LITTÉRAIRE: *surfaire.*

sous-évaluer *verbe*

/ Mal juger la valeur d'une chose. SYN. déprécier, méconnaître, mésestimer, minimiser, sous-estimer –LITTÉRAIRE: dépriser, méjuger. CONTR. *surcoter, surestimer, surévaluer* –LITTÉRAIRE: *surfaire.*

sous-fifre *nom masculin*

/ FAMILIER. Personne subalterne. SYN. inférieur, sous-ordre, subalterne, subordonné –FAMILIER: sous-verge. CONTR. *chef, patron, supérieur.*

sous-jacent *adjectif*

/ Qui ne se manifeste pas clairement. SYN. caché, larvé, latent, occulte, officieux, secret, souterrain. CONTR. *clair, évident, manifeste, notoire, officiel, patent, public.*

sous-ordre *nom masculin*

/ Personne qui est sous les ordres de. SYN. inférieur, subalterne, subordonné –FAMILIER: sous-fifre, sous-verge. CONTR. *chef, patron, supérieur.*

soustraction *nom féminin*

/ Action de soustraire. SYN. abattement, décompte, déduction, défalcation, réduction, remise. CONTR. *addition, adjonction, ajout.*

soustraire *verbe*

/ Retrancher une quantité. SYN. déduire, défalquer, ôter, retenir, retirer, retrancher – LITTÉRAIRE : distraire. CONTR. *additionner, ajouter, sommer.*

/ Dérober quelque chose. SYN. arracher, confisquer, détourner, escamoter, escroquer, extorquer, prendre, voler – FAMILIER : barboter, chaparder, chiper, choper, écornifler, kidnapper, piquer, subtiliser – LITTÉRAIRE : dérober, distraire. CONTR. *donner, rendre, restituer.*

/ Faire échapper à quelque chose. SYN. dispenser, épargner, éviter, exempter, libérer, préserver, protéger de.

soustraire (se) *verbe pronominal*

/ Échapper à quelque chose. SYN. échapper à, éluder, escamoter, esquiver, éviter, fuir, s'affranchir, se dérober à, se libérer – FAMILIER : couper à. CONTR. *affronter, obéir à, s'accommoder de, se conformer à, se forcer, se résigner à, se soumettre à.*

sous-verge *nom masculin*

/ FAMILIER. Subordonné immédiat. SYN. aide, inférieur, sous-ordre, subalterne, subordonné – FAMILIER : sous-fifre. CONTR. *chef, patron, supérieur.*

soutenable *adjectif*

/ Qui peut être soutenu. SYN. défendable, explicable, justifiable. CONTR. *indéfendable, injustifiable, insoutenable.*

/ Qui peut être enduré. SYN. endurable, supportable, tolérable, vivable. CONTR. *insoutenable, insupportable, intenable, intolérable.*

souteneur *nom masculin*

/ LITTÉRAIRE. Personne qui défend une idée. SYN. apôtre, avocat, champion, défenseur, partisan, soutien, tenant – LITTÉRAIRE : mainteneur.

/ Individu qui vit de la prostitution. SYN. proxénète – ARGOTIQUE : mac – POPULAIRE : barbeau, maquereau, marlou.

soutenir *verbe*

/ Maintenir en place. SYN. étayer, maintenir, porter, supporter, tenir.

/ Procurer un réconfort. SYN. appuyer, conforter, encourager, épauler, fortifier, raffermir, réconforter, remonter, stimuler. CONTR. *abattre, agresser, assaillir, attaquer.*

/ Empêcher de s'effondrer. SYN. aider, aiguillonner, allumer, appuyer, attiser, exciter, financer, ranimer, réchauffer, réveiller, stimuler. CONTR. *boycotter, délaisser.*

/ Apporter son appui à. SYN. approuver, appuyer, assister, défendre, favoriser, prêter main-forte, seconder. CONTR. *contrecarrer, contredire, desservir, trahir* – FAMILIER : *bêcher* – LITTÉRAIRE : *censurer.*

/ LITTÉRAIRE. Supporter sans faiblir. SYN. faire face, résister, subir, supporter.

/ Affirmer une opinion. SYN. affirmer, assurer, attester, avancer, certifier, dire, parier, prétendre, professer. CONTR. *contester, s'élever contre.*

soutenir (se) *verbe pronominal*

/ Se prêter assistance. SYN. se défendre, se donner un coup de main, se prêter main-forte, se solidariser, s'entraider.

soutenu *adjectif*

/ Qui ne se relâche pas. SYN. assidu, constant, continu, ferme, incessant, ininterrompu, régulier, suivi. CONTR. *désordonné, fantaisiste, intermittent, irrégulier.*

/ Se dit d'une couleur intense. SYN. vif. CONTR. *délavé, déteint, foncé, pâle, sombre.*

souterrain *adjectif*

/ Qui se trame secrètement. SYN. caché, clandestin, larvé, latent, occulte, secret, sourd, sous-jacent – LITTÉRAIRE : dormant, subreptice. CONTR. *clair, évident, manifeste, notoire, officiel, patent, public.*

soutien *nom masculin*

/ Action d'aider quelqu'un. SYN. appui, assistance, coopération, défense, encouragement, intervention, parrainage, patronage, protection, réconfort, recours, renfort, sauvegarde, secours – LITTÉRAIRE : refuge. CONTR. *gêne* – FAMILIER : *lâchage* – LITTÉRAIRE : *délaissement.*

/ Action de soutenir quelque chose. SYN. aide, allocation, secours, subside, subvention.

/ Personne qui apporte son appui. SYN. auxiliaire, champion, défenseur, partisan, pilier, pivot, protecteur, tenant – LITTÉRAIRE : mainteneur, souteneur, tuteur. CONTR. *adversaire, opposant.*

soutirer *verbe*

/ Obtenir par ruse. SYN. arracher, capter, escroquer, extorquer.

souvenir *nom masculin*
/ Ce qui reste dans la mémoire. SYN. évocation, pensée, rappel, réminiscence –LITTÉRAIRE: relent, souvenance.
/ Objet qui rappelle quelque chose. SYN. image, témoin –LITTÉRAIRE: relique, trace, vestige. CONTR. *avant-goût.*

souvenir (se) *verbe pronominal*
/ Garder le souvenir de. SYN. enregistrer, mémoriser, retenir, revoir, se rappeler, se remémorer, se remettre. CONTR. *oublier.*

souvent *adverbe*
/ Un grand nombre de fois. SYN. beaucoup, fréquemment, maintes fois, volontiers –VIEUX: souventes fois. CONTR. *exceptionnellement, jamais, parfois, quelquefois, rarement.*
/ Dans de nombreux cas. SYN. communément, couramment, d'ordinaire, généralement, habituellement, la plupart du temps, usuellement.

souverain *adjectif*
/ LITTÉRAIRE. Qui atteint le plus haut degré. SYN. absolu, extrême, idéal, idyllique, infaillible, merveilleux, parfait, radical, royal, supérieur, total –FAMILIER: magistral.
/ Qui détient le pouvoir. SYN. absolu, maître, suprême, tout-puissant.

souverainement *adverbe*
/ Au plus haut point. SYN. au dernier point, exceptionnellement, excessivement, extrêmement, immensément, incroyablement, parfaitement, prodigieusement, puissamment, supérieurement, suprêmement –FAMILIER: bigrement, formidablement, royalement, rudement, superlativement –LITTÉRAIRE: diantrement, furieusement –VIEUX: fièrement.

souveraineté *nom féminin*
/ Pouvoir supérieur. SYN. autorité, domination, empire, maîtrise, omnipotence, pouvoir, supériorité, suprématie, toute-puissance.

soyeux *adjectif*
/ Qui a les caractères de la soie. SYN. doux, lustré, poli, satiné, velouté –LITTÉRAIRE: duveté, vernissé. CONTR. *calleux, rude, rugueux.*

spacieusement *adverbe*
/ De façon spacieuse. SYN. amplement, grandement, largement –LITTÉRAIRE: vastement. CONTR. *étroitement, petitement.*

spacieux *adjectif*
/ Où l'on dispose d'espace. SYN. ample, étendu, grand, immense, large –LITTÉRAIRE: vaste. CONTR. *étriqué, exigu, petit, réduit, resserré, restreint, rétréci.*

spadassin *nom masculin*
/ LITTÉRAIRE. Tueur à gages. SYN. –LITTÉRAIRE: bravo, sicaire –VIEUX: coupe-jarret.
/ VIEUX. Amateur de duels. SYN. bretteur, ferrailleur.

spartiate *adjectif*
/ Qui montre de la rigueur. SYN. ascétique, austère, rigide, rigoriste, rigoureux, sévère, stoïque, strict –LITTÉRAIRE: frugal.

spasme *nom masculin*
/ Contraction des muscles. SYN. contracture, convulsion, crispation.

spasmodique *adjectif*
/ Relatif au spasme. SYN. convulsif, nerveux, saccadé.

spécial *adjectif*
/ Approprié à une certaine fin. SYN. exclusif, extraordinaire, original, particulier, propre –LITTÉRAIRE: singulier. CONTR. *commun, courant, général, ordinaire.*
/ Qui s'écarte de la norme. SYN. à part, bizarre, curieux, drôle, étrange, extravagant, farfelu, singulier –LITTÉRAIRE: fantasque. CONTR. *normal.*

spécialement *adverbe*
/ Dans une intention spéciale. SYN. exprès, expressément, spécifiquement.
/ En particulier. SYN. notamment, par-dessus tout, particulièrement, principalement, singulièrement, surtout.

spécialiste *nom*
/ Personne compétente. SYN. expert, professionnel, technicien. CONTR. *amateur, dilettante.*

spécialité *nom féminin*
/ Activité favorite. SYN. compétence, domaine, fief, partie –FAMILIER: cordes, rayon –LITTÉRAIRE: ressort.
/ Domaine de la connaissance. SYN. branche, discipline.

spécieux *adjectif*

/ Susceptible de tromper. SYN. artificiel, captieux, faux, illusoire, insidieux, trompeur – FAMILIER : tordu – LITTÉRAIRE : artificieux, fallacieux, perfide.

spécification *nom féminin*

/ Action de spécifier. SYN. caractérisation, détermination, indication, particularisation, précision.

spécifier *verbe*

/ Donner des précisions sur. SYN. caractériser, définir, déterminer, fixer, indiquer, mentionner, particulariser, préciser.

spécifique *adjectif*

/ Qui appartient en propre à. SYN. caractéristique, distinctif, exclusif, particulier, propre, représentatif, typique. CONTR. *commun, général.*

spécifiquement *adverbe*

/ De façon spécifique. SYN. à proprement parler, en particulier, exclusivement, particulièrement, typiquement, uniquement.

spécimen *nom masculin*

/ Être, objet représentatif. SYN. archétype, échantillon, exemplaire, exemple, idéal, image, modèle, prototype, représentant, type.

spectacle *nom masculin*

/ Ce qui se présente au regard. SYN. représentation, scène, tableau, vision, vue.

spectaculaire *adjectif*

/ Qui frappe la vue. SYN. exceptionnel, extraordinaire, impressionnant, incroyable, inimaginable, prodigieux, remarquable, stupéfiant, surprenant – FAMILIER : fabuleux, sensationnel. CONTR. *banal, commun, ordinaire, quelconque.*

spectateur *nom*

/ Personne qui assiste à un spectacle. SYN. assistant, auditeur, auditoire, public.

/ Personne qui observe. SYN. curieux, observateur, témoin. CONTR. *acteur, protagoniste.*

spectral *adjectif*

/ LITTÉRAIRE. Qui tient du fantôme. SYN. fantastique, fantomatique, irréel, mythique – LITTÉRAIRE : fantomal.

spectre *nom masculin*

/ Apparition d'un mort. SYN. apparition, esprit, fantôme, ombre, revenant – LITTÉRAIRE : mort.

spéculatif *adjectif*

/ Qui relève de la réflexion. SYN. abstrait, fondamental, théorique. CONTR. *appliqué, concret, empirique, expérimental, pratique.*

spéculation *nom féminin*

/ LITTÉRAIRE. Pensée abstraite. SYN. abstraction, contemplation, méditation, pensée, réflexion, théorie.

/ Commentaire invérifiable. SYN. calcul, fabulation, hypothèse, invention, supposition, supputation.

spéculer *verbe*

/ LITTÉRAIRE. Réfléchir sur une question. SYN. considérer, étudier, méditer, penser, réfléchir, rêver, se concentrer.

/ Faire des opérations financières. SYN. boursicoter – VIEUX : agioter.

/ Compter sur quelque chose. SYN. jouer sur, miser sur, parier sur, tabler sur.

speech *nom masculin*

/ FAMILIER. Bref discours solennel. SYN. allocution, discours – FAMILIER : baratin, harangue, laïus, topo – LITTÉRAIRE : homélie.

speedé *adjectif*

/ FAMILIER. Qui est pressé. SYN. excité, impatient, nerveux, pressé.

speeder *verbe*

/ FAMILIER. Faire très vite. SYN. courir, galoper, passer la surmultipliée, passer la vitesse supérieure, se dépêcher, se hâter, se presser – ARGOTIQUE : tracer – FAMILIER : filer, foncer, gazer – POPULAIRE : avoir le feu aux fesses, bomber, bourrer, cavaler. CONTR. *avoir le temps, prendre son temps, traîner* – FAMILIER : *traînailler, traînasser.*

sphère *nom féminin*

/ Surface circulaire. SYN. boule, globe.

/ Étendue d'action. SYN. cadre, cercle, champ, domaine, fief, orbite, univers – LITTÉRAIRE : région, royaume.

sphérique *adjectif*

/ Qui a la forme d'une sphère. SYN. arrondi, circulaire, rond – LITTÉRAIRE : orbiculaire.

spicilège *nom masculin*
/ Morceaux choisis. SYN. anthologie, choix, chrestomathie, extraits, florilège, sélection.

spiritualiser *verbe*
/ LITTÉRAIRE. Donner de l'élévation. SYN. exalter, glorifier, idéaliser, rehausser –LITTÉRAIRE: magnifier, sublimer, transcender.

spiritualité *nom féminin*
/ Ce qui concerne la vie spirituelle. SYN. dévotion, foi, mysticisme, piété, religion.

spirituel *adjectif*
/ Qui est de la nature de l'esprit. SYN. immatériel –LITTÉRAIRE: incorporel. CONTR. *charnel, corporel, matériel, sensuel, temporel* –LITTÉRAIRE: *terrestre.*
/ Qui relève de la pensée. SYN. abstrait, intellectuel, mental. CONTR. *concret, physique.*
/ Relatif à la religion. SYN. moral, mystique, religieux.
/ Qui a de l'esprit. SYN. brillant, fin, intelligent, intéressant, pétillant. CONTR. *balourd, béotien, bête, fruste, lourdaud, niais, nigaud, sot, stupide* –FAMILIER: *ballot, bébête, lourd.*
/ Qui est amusant. SYN. amusant, badin, humoristique, piquant, plaisant. CONTR. *plat.*

spirituellement *adverbe*
/ Avec esprit. SYN. astucieusement, finement, ingénieusement, intelligemment. CONTR. *bêtement, idiotement, pesamment, sottement, stupidement* –LITTÉRAIRE: *imbécilement, niaisement.*
/ LITTÉRAIRE. Par la pensée. SYN. intellectuellement, moralement, savamment. CONTR. *matériellement, physiquement.*

spleen *nom masculin*
/ LITTÉRAIRE. État dépressif. SYN. dépression, ennui, mélancolie, neurasthénie, vague à l'âme –FAMILIER: cafard, déprime –POPULAIRE: bourdon.

splendeur *nom féminin*
/ LITTÉRAIRE. Grand éclat de lumière. SYN. clarté, éclat, lumière, luminosité –LITTÉRAIRE: fulguration, rayonnement.
/ LITTÉRAIRE. Très grande beauté. SYN. beauté, féerie, magnificence –LITTÉRAIRE: somptuosité.
/ LITTÉRAIRE. Grand éclat de gloire. SYN. apparat, brillant, faste, prestige, rayonnement –LITTÉRAIRE: gloire, lustre, pompe.

splendide *adjectif*
/ D'un éclat lumineux. SYN. beau, magnifique, merveilleux, paradisiaque, radieux, superbe –FAMILIER: fabuleux.
/ Qui provoque l'admiration. SYN. admirable, brillant, éblouissant, fastueux, magnifique, merveilleux, princier, resplendissant, royal, somptueux, sublime, superbe –LITTÉRAIRE: pompeux. CONTR. *affreux, hideux, laid, modeste, pauvre.*

splendidement *adverbe*
/ D'une manière splendide. SYN. admirablement, divinement, merveilleusement, parfaitement, princièrement, royalement, somptueusement, superbement –LITTÉRAIRE: sublimement. CONTR. *modestement, pauvrement.*

spoliation *nom féminin*
/ LITTÉRAIRE. Action de spolier. SYN. dépossession, frustration, privation –LITTÉRAIRE: dépouillement.

spolier *verbe*
/ LITTÉRAIRE. Priver quelqu'un de. SYN. déposséder, dépouiller, dessaisir, frustrer, léser, priver.

sponsor *nom masculin*
/ Celui qui sponsorise. SYN. commanditaire, parrain, parraineur.

sponsoriser *verbe*
/ Financer une manifestation, etc. SYN. commanditer, parrainer, patronner, soutenir.

spontané *adjectif*
/ Qui se produit de soi-même. SYN. automatique, impromptu, improvisé, impulsif, inconscient, instinctif, irréfléchi, libre, naturel. CONTR. *calculé, composé, concerté, conscient, contraint, délibéré, dicté, étudié, exigé, factice, feint, forcé, formel, imposé, préfabriqué, prémédité, protocolaire, provoqué, recherché, réfléchi, théâtral, volontaire, voulu.*
/ Qui agit ou s'exprime sans détour. SYN. authentique, direct, familier, franc, impulsif, primesautier, sincère –LITTÉRAIRE: vrai. CONTR. *affecté, affété, alambiqué, ampoulé, apprêté, artificiel, calculateur, cérémonieux, compassé, conventionnel, de commande, embar-*

rassé, empesé, emphatique, formaliste, gourmé, maniéré, pincé, pompeux, précieux –LITTÉRAIRE: *artificieux, fallacieux.*

spontanéité *nom féminin*

/ Caractère spontané. SYN. aisance, facilité, franchise, naturel, simplicité, vérité –LITTÉRAIRE: fraîcheur. CONTR. *affectation, apprêt, cabotinage, calcul, préciosité, raideur, recherche* –FAMILIER: *chichi, esbroufe* –LITTÉRAIRE: *cérémonie, compassement* –POPULAIRE: *épate.*

spontanément *adverbe*

/ Sans réfléchir. SYN. impulsivement, inconsciemment, instinctivement, machinalement, mécaniquement, naturellement.

/ D'une manière directe. SYN. directement, franchement, sans façons, simplement.

sporadique *adjectif*

/ Qui existe de temps en temps. SYN. épars, irrégulier, isolé. CONTR. *continu, continuel, endémique, fréquent, ininterrompu, permanent, récurrent, répandu, répété.*

sporadiquement *adverbe*

/ D'une manière sporadique. SYN. alternativement, de temps à autre, de temps en temps, épisodiquement, inégalement, irrégulièrement, occasionnellement, par accès, par à-coups, par instants, par intermittence, par intervalles, par moments, rarement, variablement. CONTR. *à longueur de temps, à tout instant, à tout propos, constamment, continuellement, en permanence, éternellement, fréquemment, immuablement, indéfiniment, invariablement, quotidiennement, régulièrement, sans arrêt, sans cesse, sans discontinuer, sans interruption, sans relâche, sans répit, sans souffler, sans trêve, toujours* –LITTÉRAIRE: *continûment.*

sport *adjectif*

/ Qui agit avec loyauté. SYN. carré, droit, équitable, fair-play, honnête, juste, loyal –FAMILIER: chic –LITTÉRAIRE: probe.

sportivement *adverbe*

/ Avec loyauté. SYN. équitablement, franchement, honnêtement, loyalement, sincèrement, vrai.

sportivité *nom féminin*

/ Caractère loyal. SYN. droiture, fair-play, honnêteté, probité, sincérité.

spray *nom masculin*

/ Appareil qui vaporise un liquide. SYN. atomiseur, bombe, pulvérisateur, vaporisateur.

squelette *nom masculin*

/ Ensemble des os. SYN. charpente, ossature –LITTÉRAIRE: carcasse.

/ Structure d'une œuvre. SYN. architecture, armature, canevas, charpente, esquisse, ossature, plan, structure –LITTÉRAIRE: texture, trame.

squelettique *adjectif*

/ D'une excessive maigreur. SYN. décharné, efflanqué, maigre, maigrelet, maigriot, osseux, sec –FAMILIER: maigrichon –LITTÉRAIRE: diaphane, émacié, étique. CONTR. *adipeux, bouffi, boursouflé, charnu, corpulent, empâté, énorme, fort, gras, gros, obèse, plantureux, potelé, rebondi, replet, rond, ventru* –FAMILIER: *bedonnant, dodu, grassouillet, rondelet, rondouillard, ventripotent.*

stabilisation *nom féminin*

/ Action de stabiliser. SYN. affermissement, consolidation, raffermissement, renforcement. CONTR. *affaiblissement.*

stabiliser *verbe*

/ Rendre stable. SYN. consolider, équilibrer, fixer, raffermir. CONTR. *affaiblir, ébranler.*

/ Empêcher de varier. SYN. bloquer, figer, geler, immobiliser.

stabilité *nom féminin*

/ Qualité de ce qui est stable. SYN. aplomb, assiette, équilibre, solidité. CONTR. *déséquilibre, instabilité, vacillement.*

/ Caractère continu. SYN. continuité, durabilité, invariabilité, pérennité, permanence –LITTÉRAIRE: fixité, immuabilité. CONTR. *changement, évolution, fluctuation, fragilité, fugacité, instabilité, précarité, variabilité* –LITTÉRAIRE: *inconstance, vacillation, versatilité.*

stable *adjectif*

/ Qui est fixé solidement. SYN. assis, d'aplomb, équilibré, solide. CONTR. *boiteux, branlant, brimbalant, chancelant, déséquilibré, flageolant, fragile, instable, mouvant* –LITTÉRAIRE: *vacillant.*

/ Qui reste dans le même état. SYN. durable, ferme, fixe, immuable, inchangeable, invariable, permanent. CONTR. *éphémère, fluc-*

tuant, fragile, fugace, fugitif, passager, précaire, temporaire, transitoire, variable – LITTÉRAIRE : *ondoyant.*

/ Qui manifeste de la constance. SYN. constant, inaltérable – LITTÉRAIRE : invariable. CONTR. *changeant, flottant, hésitant, incertain, volage.*

stade *nom masculin*

/ Degré d'un développement. SYN. échelon, étape, niveau, palier, partie, phase, point, temps.

stagnant *adjectif*

/ Qui ne s'écoule pas. SYN. dormant, figé, fixe, immobile. CONTR. *courant.*

/ Qui ne progresse pas. SYN. stationnaire, statique.

stagnation *nom féminin*

/ Absence de progrès. SYN. ankylose, asphyxie, engourdissement, immobilisme, immobilité, inertie, langueur, léthargie, marasme, paralysie, piétinement, récession, sclérose – LITTÉRAIRE : somnolence. CONTR. *avancement, changement, développement, évolution, progrès, progression.*

stagner *verbe*

/ En parlant d'un fluide, être stagnant. SYN. séjourner. CONTR. *couler, s'écouler.*

/ Ne faire aucun progrès. SYN. piétiner, végéter, vivoter – LITTÉRAIRE : somnoler. CONTR. *avancer, fructifier, prospérer, se développer.*

/ LITTÉRAIRE. Se complaire dans un état abject. SYN. croupir, moisir, s'encroûter, s'engluer, s'enliser – FAMILIER : pourrir.

standardisation *nom féminin*

/ Action de standardiser. SYN. normalisation, rationalisation, uniformisation.

standardiser *verbe*

/ Ramener à une norme. SYN. niveler, normaliser, rationaliser, unifier, uniformiser.

standing *nom masculin*

/ Position sociale. SYN. catégorie, classe, condition.

star *nom féminin*

/ Personne célèbre. SYN. célébrité, étoile, gloire, vedette.

station *nom féminin*

/ Façon de se tenir. SYN. attitude, pose, position, posture.

/ Fait de s'arrêter. SYN. arrêt, halte, pause, repos.

stationnaire *adjectif*

/ Se dit d'un temps qui ne change pas. SYN. étale, fixe, immobile. CONTR. *mobile.*

/ Qui reste dans le même état. SYN. figé, stagnant, statique. CONTR. *changeant, évolutif.*

stationner *verbe*

/ Demeurer au même endroit. SYN. s'arrêter, se garer, se parquer. CONTR. *circuler, partir, passer.*

statique *adjectif*

/ Qui n'évolue pas. SYN. figé, immobile, stagnant, stationnaire. CONTR. *changeant, évolutif.*

statuer *verbe*

/ Prendre une décision. SYN. décider, juger, prononcer, se prononcer, trancher.

statufier *verbe*

/ LITTÉRAIRE. Rendre immobile. SYN. clouer, figer, foudroyer, glacer, méduser, paralyser, pétrifier, suffoquer – FAMILIER : sidérer.

stature *nom féminin*

/ Caractère de quelqu'un. SYN. carrure, classe, envergure, niveau, poids, valeur.

/ Hauteur d'une personne. SYN. corpulence, taille – FAMILIER : gabarit.

statut *nom masculin*

/ Situation de fait. SYN. condition, position, rang, situation – LITTÉRAIRE : état.

stéréotype *nom masculin*

/ Formule banale. SYN. banalité, cliché, lieu commun, poncif, truisme.

stéréotypé *adjectif*

/ Qui obéit à une convention. SYN. artificiel, automatique, conventionnel, de circonstance, de commande, figé, formel.

stérile *adjectif*

/ Inapte à la reproduction. SYN. infécond, infertile. CONTR. *fécond, fertile, prolifique.*

/ Qui ne produit pas. SYN. aride, désertique, déshérité, desséché, improductif, infertile,

ingrat, maigre, pauvre, sec. CONTR. *abondant, exubérant, fertile, foisonnant, productif, riche* –LITTÉRAIRE: *fécond, généreux, gras, plantureux.*
/ Qui manque d'inventivité. SYN. infécond, infertile –LITTÉRAIRE: impuissant. CONTR. *créateur, créatif, fécond, fertile, inventif, prolifique, puissant.*
/ Qui ne sert à rien. SYN. byzantin, futile, inefficace, infructueux, inopérant, inutile, négatif, oiseux, vide –LITTÉRAIRE: vain. CONTR. *constructif, efficace, efficient, fructueux, utile.*
/ Qui est exempt de germe. SYN. aseptique, désinfecté. CONTR. *contaminé, infecté, pollué, septique* –LITTÉRAIRE: *souillé.*

stérilement *adverbe*
/ LITTÉRAIRE. D'une manière vaine. SYN. en pure perte, en vain, inutilement, pour rien, vainement –LITTÉRAIRE: infructueusement. CONTR. *efficacement, fructueusement, utilement.*

stérilisation *nom féminin*
/ Action de détruire les microbes. SYN. aseptisation, désinfection.

stériliser *verbe*
/ Rendre un sol stérile. CONTR. *amender, fertiliser* –LITTÉRAIRE: *féconder.*
/ Rendre un être stérile. SYN. castrer, châtrer, couper, émasculer. CONTR. –LITTÉRAIRE: *féconder.*
/ Détruire les microbes. SYN. aseptiser, désinfecter, pasteuriser. CONTR. *contaminer, infecter, polluer* –LITTÉRAIRE: *souiller.*
/ Inhiber l'imagination. SYN. appauvrir, dessécher, épuiser, tarir, tuer.

stérilité *nom féminin*
/ État de ce qui est stérile. SYN. aridité, improductivité, pauvreté –LITTÉRAIRE: infertilité. CONTR. *fertilité, richesse* –LITTÉRAIRE: *fécondité.*
/ Impossibilité de se reproduire. SYN. infécondité, infertilité. CONTR. *fécondité, fertilité.*
/ Manque d'imagination. SYN. improductivité, indigence, pauvreté –LITTÉRAIRE: infertilité. CONTR. *abondance, créativité, exubérance, fertilité, foisonnement, productivité, richesse* –LITTÉRAIRE: *fécondité.*
/ LITTÉRAIRE. Caractère inutile. SYN. inanité, inefficacité, inutilité, pauvreté, vide –LITTÉRAIRE: vanité. CONTR. *action, efficacité.*

stigmate *nom masculin*
/ LITTÉRAIRE. Marque durable de. SYN. cicatrice, empreinte, marque, signe, souvenir, symptôme, témoignage, témoin, vestige.

stigmatiser *verbe*
/ Critiquer publiquement. SYN. anathématiser, blâmer, condamner, dénoncer, maltraiter, réprouver –LITTÉRAIRE: flageller, flétrir, fustiger, satiriser, vitupérer. CONTR. *complimenter, féliciter, glorifier* –LITTÉRAIRE: *congratuler.*

stimulant *adjectif*
/ Qui tonifie l'esprit, le corps. SYN. excitant, fortifiant, reconstituant, réparateur, sain, salubre, salutaire, tonifiant, tonique, vivifiant. CONTR. *amollissant, assoupissant, calmant, débilitant, hypnotique, soporifique.*
/ Qui donne du courage. SYN. encourageant, entraînant, exaltant, porteur, prometteur, réconfortant. CONTR. *atterrant, décevant, déprimant, triste* –FAMILIER: *écœurant* –LITTÉRAIRE: *dissolvant.*

stimulant *nom masculin*
/ Substance qui stimule l'organisme. SYN. cordial, excitant, fortifiant, reconstituant, remontant. CONTR. *hypnotique, somnifère* –VIEUX: *soporifique.*
/ Ce qui redonne du courage. SYN. coup de fouet, encouragement, éperon –LITTÉRAIRE: adjuvant, aiguillon.

stimulation *nom féminin*
/ Action de stimuler. SYN. encouragement, exhortation, incitation, invitation.

stimuler *verbe*
/ Donner du tonus. SYN. aiguillonner, aiguiser, animer, doper, encourager, enhardir, éperonner, éveiller, exalter, exciter, faciliter, fortifier, fouetter, rallumer, réchauffer, regonfler, remonter, revigorer, revitaliser, soutenir, tonifier –FAMILIER: booster, ragaillardir, ravigoter –LITTÉRAIRE: vivifier –VIEUX: réconforter. CONTR. *anéantir, assoupir, briser, calmer, décourager, diminuer, empêcher, engourdir, étouffer, modérer, ralentir, refroidir* –FAMILIER: *achever, ramollir* –LITTÉRAIRE: *rabattre.*
/ Inciter à poursuivre. SYN. animer, encourager, enhardir, exalter, fouetter, inciter, réchauffer, regonfler. CONTR. *décourager, empêcher.*

stipendier *verbe*

▮ LITTÉRAIRE. Acheter la complicité de. SYN. acheter, payer, soudoyer, suborner –FAMILIER: arroser, graisser la patte –LITTÉRAIRE: corrompre.

stipulation *nom féminin*

▮ Mention dans un contrat. SYN. clause, condition, convention, disposition, formule, modalité.

stock *nom masculin*

▮ Grande quantité de choses. SYN. lot, provision, réserve.

stocker *verbe*

▮ Mettre en stock. SYN. emmagasiner, engranger, entasser, entreposer, ranger, remiser –LITTÉRAIRE: serrer. CONTR. *débiter, écouler.*

stoïcisme *nom masculin*

▮ LITTÉRAIRE. Caractère stoïque. SYN. austérité, courage, fermeté, impassibilité, imperturbabilité, indifférence, patience, sang-froid –FAMILIER: cran.

stoïque *adjectif*

▮ Qui se montre impassible. SYN. dur, ferme, impassible, indifférent, inébranlable, insensible, patient, philosophe, rigide, spartiate –LITTÉRAIRE: impavide. CONTR. *douillet, sensible.*

stoïquement *adverbe*

▮ D'une manière stoïque. SYN. fermement, impassiblement, inébranlablement, patiemment.

stoppage *nom masculin*

▮ Action de réparer une déchirure. SYN. raccommodage, rafistolage, rapiéçage, rapiècement, réparation, reprisage, reprise –FAMILIER: rapetassage –VIEUX: ravaudage.

stopper *verbe intransitif*

▮ Cesser d'avancer. SYN. s'arrêter, s'immobiliser, s'interrompre. CONTR. *démarrer, se mettre en branle, se mettre en mouvement, s'ébranler.*

stopper *verbe transitif*

▮ Arrêter définitivement. SYN. arrêter, asphyxier, barrer la route, barrer le chemin, cesser, circonscrire, contenir, endiguer, enrayer, étouffer, immobiliser, juguler, maîtriser, mater, mettre un frein à, obstruer, paralyser, réprimer, suspendre. CONTR. *déclencher, hâter.*

stratagème *nom masculin*

▮ Combinaison habile. SYN. acrobatie, artifice, ficelle, manège, ruse, subterfuge, tour, tour de passe-passe –FAMILIER: astuce, combine, roublardise, truc –LITTÉRAIRE: habileté.

stratégie *nom féminin*

▮ Art de diriger une action. SYN. méthode, plan, tactique.

stratégique *adjectif*

▮ Qui relève d'une stratégie. SYN. diplomatique, politique, tactique.

stressant *adjectif*

▮ Qui cause du stress. SYN. angoissant, inquiétant –FAMILIER: crispant. CONTR. *apaisant, calmant.*

stressé *adjectif*

▮ Qui éprouve du stress. SYN. agité, angoissé, contracté, crispé, nerveux, tendu. CONTR. *calme, détendu, paisible.*

strict *adjectif*

▮ Se dit d'une règle rigoureuse. SYN. assujettissant, astreignant, austère, draconien, drastique, étroit, précis, rigoureux. CONTR. *approximatif, capricieux, fantaisiste, lâche, relâché* –FAMILIER: *élastique.*

▮ Qui constitue un minimum. SYN. juste, suffisant. CONTR. *large, spacieux* –LITTÉRAIRE: *vaste.*

▮ Qui est sans ornement. SYN. austère, classique, dépouillé, simple, sobre. CONTR. *excentrique, indécent, osé, provocant.*

▮ Qui n'admet aucun écart. SYN. dur, exigeant, impitoyable, inflexible, intraitable, maniaque, pointilleux, rigide, rigoureux, sévère, spartiate –LITTÉRAIRE: implacable, raide. CONTR. *accommodant, complaisant, coulant, large.*

strictement *adverbe*

▮ D'une manière stricte. SYN. étroitement, exactement, parfaitement, religieusement, rigoureusement, scrupuleusement. CONTR. *approximativement.*

▮ D'une manière totale. SYN. absolument, complètement, entièrement, formellement, purement, totalement, uniquement.

stricto sensu *locution adverbiale*

/ Au sens propre du mot. SYN. à la lettre, à proprement parler, au sens strict, littéralement, précisément, proprement, textuellement. CONTR. *au sens large, lato sensu.*

strident *adjectif*

/ Se dit d'un son perçant. SYN. aigu, criard, éclatant, perçant, sonore, suraigu. CONTR. *caverneux, mat, profond.*

strie *nom féminin*

/ Entaille laissée sur une surface. SYN. rayure, sillon, zébrure.

strier *verbe*

/ Marquer de stries. SYN. hachurer, rayer, vermiculer, zébrer.

structure *nom féminin*

/ Agencement des parties d'un tout. SYN. architecture, armature, canevas, charpente, composition, contexture, disposition, ossature, plan, squelette – LITTÉRAIRE: linéaments, texture, trame.

/ Forme extérieure d'un ensemble. SYN. configuration, constitution, économie, forme, ordonnance, ordonnancement, organisation, système.

structuré *adjectif*

/ Qui présente une structure. SYN. composé, ordonnancé, ordonné, organisé, réglé.

structurer *verbe*

/ Donner une structure. SYN. agencer, charpenter, composer, ordonnancer, ordonner, organiser.

studieux *adjectif*

/ Qui étudie avec application. SYN. appliqué, sérieux, travailleur – FAMILIER: bûcheur – LITTÉRAIRE: laborieux – POPULAIRE: polard. CONTR. *fainéant, inappliqué, oisif, paresseux* – FAMILIER: *cossard, flemmard.*

stupéfaction *nom féminin*

/ État de quelqu'un qui est stupéfait. SYN. abasourdissement, ahurissement, ébahissement, effarement, étonnement, saisissement, stupeur, surprise – FAMILIER: épatement.

stupéfait *adjectif*

/ Frappé d'étonnement. SYN. abasourdi, ahuri, coi, ébahi, éberlué, effaré, étonné, hébété, interdit, interloqué, médusé, pétrifié, renversé, saisi, suffoqué, surpris, tombé de la lune, tombé des nues – FAMILIER: baba, comme deux ronds de flan, épaté, époustouflé, estomaqué, scié, sidéré, soufflé – LITTÉRAIRE: ébaubi.

stupéfiant *adjectif*

/ Qui provoque la stupéfaction. SYN. abracadabrant, ahurissant, bizarre, confondant, curieux, déconcertant, drôle, effarant, effrayant, étonnant, étrange, extraordinaire, fantastique, formidable, fracassant, frappant, inattendu, inconcevable, incroyable, inouï, insolite, saisissant, sensationnel, singulier, spectaculaire, suffocant, surprenant – FAMILIER: énorme, époustouflant, faramineux, invraisemblable, renversant, sciant, sidérant, soufflant, terrible, unique.

stupéfier *verbe*

/ Remplir de stupéfaction. SYN. abasourdir, ahurir, confondre, couper le souffle, ébahir, éberluer, effarer, étonner, interloquer, méduser, pétrifier, renverser, suffoquer, surprendre – FAMILIER: asseoir, couper le sifflet, ébouriffer, en boucher un coin, épater, époustoufler, estomaquer, scier, sidérer, souffler – POPULAIRE: couper la chique.

stupeur *nom féminin*

/ État d'immobilité. SYN. abrutissement, hébétement, hébètement, torpeur – LITTÉRAIRE: assoupissement, hébétude.

/ Extrême étonnement. SYN. abasourdissement, ahurissement, ébahissement, effarement, étonnement, saisissement, stupéfaction, surprise – FAMILIER: épatement.

stupide *adjectif*

/ Qui manque d'intelligence. SYN. abruti, balourd, bête, borné, idiot, inintelligent, lourdaud, obtus, rustre, sot – FAMILIER: bouché, cruche, gaffeur, godiche, rustaud – POPULAIRE: nouille. CONTR. *astucieux, brillant, doué, éveillé, finaud, futé, génial, intelligent, lucide, malin, perspicace, sagace.*

/ Qui dénote la sottise. SYN. crétin, idiot, imbécile, inintelligent, niais, pesant, plat – FAMILIER: tarte. CONTR. *fin, judicieux, malicieux, spirituel, subtil.*

/ Qui n'a aucun sens. SYN. aberrant, absurde, déraisonnable, illogique, incohérent, inepte, saugrenu. CONTR. *judicieux, raisonnable, sage, sensé.*

stupidement *adverbe*

/ De façon stupide. SYN. bêtement, inintelligemment, sottement –LITTÉRAIRE: niaisement. CONTR. *astucieusement, finement, intelligemment, spirituellement, subtilement.*

stupidité *nom féminin*

/ Caractère stupide. SYN. bêtise, idiotie, imbécillité, ineptie, inintelligence, niaiserie, nullité, sottise –FAMILIER: crétinerie, crétinisme, jobarderie, jobardise. CONTR. *finesse, intelligence, perspicacité, sagacité* –VIEUX: *finauderie.*

/ Parole, action stupide. SYN. aberration, balourdise, bêtise, imbécillité, ineptie, niaiserie, sottise –FAMILIER: ânerie, bourde, crétinerie, idiotie.

stupre *nom masculin*

/ LITTÉRAIRE. Débauche honteuse. SYN. corruption, débauche, dépravation, dérèglement, dévergondage, inconduite, libertinage, luxure, orgie, vice –LITTÉRAIRE: dissipation, dissolution, impureté, licence. CONTR. *chasteté, continence, pureté, vertu.*

style *nom masculin*

/ Façon particulière de s'exprimer. SYN. écriture, forme, genre, langage, langue, parler, plume, ton, tournure.

/ Forme de langage fonctionnel. SYN. jargon, langue, parler, phraséologie, vocabulaire.

/ Qualités esthétiques. SYN. allure, art, cachet, caractère, chic, classe, esthétique.

/ Manière propre à un artiste. SYN. griffe, manière, marque, patte, trempe –LITTÉRAIRE: facture, faire, langue, touche.

stylé *adjectif*

/ Qui a des manières élégantes. SYN. courtois, délicat, distingué, élégant, raffiné –LITTÉRAIRE: policé.

suant *adjectif*

/ POPULAIRE. Qui ennuie profondément. SYN. désagréable, endormant, ennuyeux, lassant, monotone, mortel, soporifique –FAMILIER: assommant, barbant, bassinant, embêtant, enquiquinant, rasant, rasoir, soûlant, tuant –POPULAIRE: canulant, chiant, emmerdant. CONTR. *agréable, amusant, charmant, distrayant, divertissant, drôle, intéressant, passionnant, plaisant, récréatif* –FAMILIER: *folichon.*

suave *adjectif*

/ D'une grande douceur. SYN. agréable, caressant, délicieux, doux, enchanteur, exquis, harmonieux, mélodieux, moelleux, tendre –LITTÉRAIRE: amène, délectable, séraphique. CONTR. *âcre, aigre, amer, âpre, râpeux, rauque, rocailleux, rude, rugueux.*

suavité *nom féminin*

/ LITTÉRAIRE. Caractère suave. SYN. charme, délicatesse, douceur, grâce, harmonie –LITTÉRAIRE: joliesse. CONTR. *âcreté, aigreur, amertume, âpreté, rugosité* –LITTÉRAIRE: *rudesse.*

subalterne *adjectif*

/ Qui dépend d'un autre. SYN. inférieur, second, subordonné. CONTR. *premier, supérieur.*

/ Qui a peu d'importance. SYN. accessoire, annexe, humble, mineur, modeste, obscur, petit. CONTR. *capital, essentiel, fondamental, important, primordial, principal, vital.*

subalterne *nom*

/ Personne qui dépend d'une autre. SYN. inférieur, sous-ordre, subordonné –FAMILIER: sous-fifre, sous-verge. CONTR. *chef, directeur, patron, supérieur.*

subdiviser *verbe*

/ Diviser une nouvelle fois. SYN. dégrouper, diviser, fractionner, morceler, ramifier, scinder, segmenter.

subir *verbe*

/ Supporter une chose pénible. SYN. endurer, éprouver, essuyer, payer, supporter –FAMILIER: digérer –LITTÉRAIRE: pâtir, souffrir –POPULAIRE: déguster. CONTR. *échapper, éviter.*

/ Avoir une attitude passive. SYN. obéir, se résigner, se soumettre, tolérer –LITTÉRAIRE: soutenir. CONTR. *gouverner* –LITTÉRAIRE: *commander.*

/ Être l'objet de. SYN. accuser, connaître, voir.

subit *adjectif*

/ Qui se produit inopinément. SYN. brusque, brutal, foudroyant, fulgurant, immédiat, inopiné, instantané, rapide, soudain. CONTR. *graduel, lent, progressif.*

subitement *adverbe*

/ D'une façon subite. SYN. à brûle-pourpoint, à l'improviste, au dépourvu, brusquement, brutalement, de but en blanc, ex abrupto, fortuitement, immédiatement, inopinément, instantanément, sans crier gare, soudain, soudainement, tout à coup –FAMILIER: subito, tout de go –LITTÉRAIRE: au débotté –VIEUX: impromptu, tout à trac. CONTR. *graduellement, lentement, par degrés, pas à pas, petit à petit, peu à peu, progressivement.*

subito *adverbe*

/ FAMILIER. Sans prévenir. SYN. à brûle-pourpoint, à l'improviste, au dépourvu, brusquement, brutalement, de but en blanc, ex abrupto, fortuitement, immédiatement, inopinément, instantanément, sans crier gare, soudain, soudainement, subitement, tout à coup –FAMILIER: tout de go –LITTÉRAIRE: au débotté –VIEUX: impromptu, tout à trac. CONTR. *graduellement, lentement, par degrés, pas à pas, petit à petit, peu à peu, progressivement.*

subjectif *adjectif*

/ Qui est le fait d'un individu. SYN. individuel, particulier, personnel, propre. CONTR. *réel, vrai.*

/ Qui montre de la partialité. SYN. arbitraire, exclusif, partial, partisan, prévenu, tendancieux. CONTR. *équitable, impartial, intègre, juste, neutre, objectif, réaliste.*

subjectivement *adverbe*

/ De façon subjective. SYN. arbitrairement, aveuglément, partialement, tendancieusement –LITTÉRAIRE: inéquitablement. CONTR. *équitablement, froidement, impartialement, objectivement, scientifiquement, scrupuleusement.*

subjectivité *nom féminin*

/ Caractère subjectif. SYN. aveuglement, partialité. CONTR. *équité, impartialité, justice, objectivité, probité.*

subjuguer *verbe*

/ LITTÉRAIRE. Forcer l'admiration. SYN. captiver, charmer, conquérir, dominer, en imposer, ensorceler, envoûter, fasciner, impressionner, ravir, séduire –LITTÉRAIRE: enchanter.

sublimation *nom féminin*

/ LITTÉRAIRE. Fait de sublimer un sentiment. SYN. élévation, ennoblissement, exaltation, glorification, idéalisation.

sublime *adjectif*

/ D'une haute valeur morale. SYN. beau, divin, élevé, noble, pur, supérieur, suprême, transcendant –LITTÉRAIRE: éthéré, sublimé, suréminent. CONTR. *bas, commun, petit, prosaïque, vulgaire* –LITTÉRAIRE: *vil.*

/ Parfait en son genre. SYN. admirable, extraordinaire, génial, grandiose, héroïque, idéal, idyllique, inouï, magnifique, merveilleux, monumental, royal, splendide, superbe.

sublimé *adjectif*

/ LITTÉRAIRE. Porté à un très haut degré. SYN. divin, élevé, pur, sublime, supérieur, transcendant –LITTÉRAIRE: éthéré, suréminent.

sublimement *adverbe*

/ LITTÉRAIRE. D'une façon sublime. SYN. admirablement, divinement, magnifiquement, merveilleusement, princièrement, royalement, somptueusement, splendidement, superbement –LITTÉRAIRE: excellemment. CONTR. *abjectement, abominablement, affreusement, atrocement, épouvantablement, hideusement, horriblement, ignoblement, monstrueusement, odieusement.*

sublimer *verbe*

/ LITTÉRAIRE. Porter à un haut degré. SYN. exalter, idéaliser, purifier –LITTÉRAIRE: magnifier, spiritualiser, transcender. CONTR. –LITTÉRAIRE: *rabaisser, rabattre.*

sublimité *nom féminin*

/ LITTÉRAIRE. Caractère sublime. SYN. grandeur, magnanimité, noblesse –LITTÉRAIRE: élévation. CONTR. *bassesse* –LITTÉRAIRE: *vilenie.*

submerger *verbe*

/ Recouvrir entièrement d'eau. SYN. engloutir, ensevelir, inonder, noyer.

/ Envahir, en parlant d'un sentiment. SYN. dévorer, envahir, hanter, miner, obséder, pénétrer, ronger.

/ Accabler quelqu'un. SYN. accabler, déborder, écraser, surcharger. CONTR. *débarrasser, décharger.*

subodorer *verbe*

/ FAMILIER. Avoir l'intuition de. SYN. deviner, entrevoir, flairer, pressentir, se douter, soupçonner –FAMILIER: renifler.

subordination *nom féminin*

/ Situation de dépendance. SYN. aliénation, allégeance, asservissement, assujettissement, inféodation, obédience, obéissance, soumission –LITTÉRAIRE: servitude, sujétion. CONTR. *désobéissance, émancipation, indépendance, insubordination, liberté* –LITTÉRAIRE: *fronde.*

subordonné *adjectif*

/ Qui dépend de quelque chose. SYN. dépendant, soumis, suspendu, tributaire. CONTR. *dissocié, distinct, indépendant.*

subordonné *nom*

/ Personne aux ordres d'une autre. SYN. inférieur, sous-ordre, subalterne –FAMILIER: sous-fifre, sous-verge. CONTR. *chef, directeur, patron, supérieur.*

subordonner *verbe*

/ Mettre sous l'autorité de. SYN. assujettir, attacher, inféoder, soumettre.

suborner *verbe*

/ Inciter à un faux témoignage. SYN. acheter, soudoyer –FAMILIER: arroser –LITTÉRAIRE: corrompre, stipendier.

subreptice *adjectif*

/ LITTÉRAIRE. Qui se fait en catimini. SYN. caché, clandestin, furtif, secret, sournois, souterrain. CONTR. *légal, licite, loyal, ostensible.*

subrepticement *adverbe*

/ LITTÉRAIRE. D'une façon subreptice. SYN. à la dérobée, clandestinement, en cachette, en catimini, en secret, en sous-main, en tapinois, furtivement, in petto, incognito, insidieusement, officieusement, secrètement, sous le manteau –FAMILIER: en douce. CONTR. *à découvert, manifestement, officiellement, ostensiblement, ouvertement, publiquement.*

subséquent *adjectif*

/ LITTÉRAIRE. Qui vient à la suite de. SYN. postérieur, suivant, ultérieur. CONTR. *antécédent, antérieur, précédent, préexistant.*

subside *nom masculin*

/ Soutien financier. SYN. aide, allocation, don, indemnité, secours, soutien, subvention.

subsidiaire *adjectif*

/ Donné accessoirement. SYN. accessoire, annexe, complémentaire, contingent, mineur, second, secondaire. CONTR. *capital, cardinal, élémentaire, essentiel, fondamental, primordial, principal, vital.*

subsistance *nom féminin*

/ Nourriture et entretien. SYN. le vivre et le couvert –LITTÉRAIRE: pitance.

subsister *verbe*

/ Continuer d'exister. SYN. demeurer, durer, persister, rester, se conserver, se maintenir, surnager, tenir –LITTÉRAIRE: perdurer. CONTR. *changer, disparaître, passer.*

/ Rester en vie. SYN. survivre, végéter, vivoter, vivre. CONTR. *mourir* –LITTÉRAIRE: *périr.*

substance *nom féminin*

/ Essentiel du contenu. SYN. contenu, essentiel, fond, matière, objet, substrat, sujet –LITTÉRAIRE: essence, moelle, quintessence, substantifique moelle, suc. CONTR. *apparence, forme.*

substantiel *adjectif*

/ Se dit d'un aliment riche. SYN. consistant, copieux, nourrissant, nutritif, riche.

/ Dont le contenu est riche. SYN. abondant, concret, matériel. CONTR. *pauvre.*

/ Qui est important. SYN. appréciable, consistant, foncier, fondamental, majeur, nourri, primordial, vital –FAMILIER: rondelet, solide.

substituable *adjectif*

/ Qui peut être substitué. SYN. commutable, remplaçable. CONTR. *irremplaçable.*

substituer *verbe*

/ Mettre à la place de. SYN. changer, remplacer, renouveler –LITTÉRAIRE: suppléer.

substituer (se) *verbe pronominal*

/ Prendre la place de. SYN. détrôner, évincer, faire fonction de, relayer, relever, remplacer, succéder à, supplanter, suppléer, tenir lieu de.

substitut *nom masculin*

/ Personne qui remplace. SYN. remplaçant, représentant, successeur.

substitution *nom féminin*

/ Action de substituer. SYN. changement, permutation, remplacement.

subterfuge *nom masculin*

/ Moyen rusé de se tirer d'ennui. SYN. biais, dérobade, échappatoire, faux-fuyant, manège, pirouette, prétexte, ruse, stratagème –FAMILIER: truc –LITTÉRAIRE: artifice, habileté.

subtil *adjectif*

/ Qui a de la finesse. SYN. adroit, aigu, astucieux, clairvoyant, fin, futé, habile, ingénieux, lucide, malin, pénétrant, perspicace, raffiné, sagace, sophistiqué –LITTÉRAIRE: délié –VIEUX: perçant. CONTR. *balourd, béotien, bête, borné, épais, simplet, stupide* –FAMILIER: *ballot, bouché, lourd.*

/ Difficile à comprendre. SYN. abstrait, alambiqué, délicat, difficile, impénétrable, impondérable, insaisissable, mystérieux. CONTR. *clair, compréhensible, élémentaire, évident, fruste, grossier, limpide, net, rudimentaire, simple.*

subtilement *adverbe*

/ D'une manière subtile. SYN. astucieusement, finement, habilement, ingénieusement, intelligemment, savamment. CONTR. *bêtement, gauchement, grossièrement, stupidement.*

subtiliser *verbe*

/ FAMILIER. Dérober adroitement. SYN. escamoter, extorquer, prendre, rafler, soustraire, voler –FAMILIER: barboter, carotter, chaparder, chiper, choper, écornifler, kidnapper, piquer –LITTÉRAIRE: dérober, ravir –POPULAIRE: chauffer, faucher.

subtilité *nom féminin*

/ Caractère subtil. SYN. délicatesse, finesse, lucidité, pénétration, perspicacité, pertinence, profondeur, raffinement, sagacité, sagesse. CONTR. *balourdise, bêtise, épaisseur, grossièreté, lourdeur, pesanteur* –LITTÉRAIRE: *rudesse.*

/ Raffinement excessif. SYN. argutie, complication, ergotage, finasserie, maniérisme, pointillerie, préciosité, ruse, sophistication –FAMILIER: chinoiserie, pinaillage –VIEUX: finauderie.

subvenir *verbe*

/ Donner ce qui est nécessaire. SYN. assurer, pourvoir, procurer.

subvention *nom féminin*

/ Aide financière. SYN. aide, allocation, don, indemnité, secours, soutien, subside.

subventionner *verbe*

/ Fournir une subvention. SYN. aider, financer, secourir, soutenir.

subversif *adjectif*

/ Qui critique l'ordre établi. SYN. destructeur, factieux, immoral, perturbateur, révolutionnaire, séditieux –LITTÉRAIRE: dissolvant –VIEUX: incendiaire.

suc *nom masculin*

/ LITTÉRAIRE. Le meilleur de quelque chose. SYN. substance –LITTÉRAIRE: élixir, moelle, quintessence, substantifique moelle.

succédané *nom masculin*

/ Produit qui en remplace un autre. SYN. ersatz, produit de remplacement, produit de substitution, substitut.

succéder *verbe*

/ Prendre une fonction après quelqu'un. SYN. prendre le relais, relayer, relever, remplacer, reprendre le flambeau, se substituer, supplanter, suppléer. CONTR. *devancer, précéder.*

/ Venir après quelque chose. SYN. alterner avec, suivre. CONTR. *précéder.*

succéder (se) *verbe pronominal*

/ Venir l'un après l'autre. SYN. alterner, se relayer, se suivre, s'enchaîner.

succès *nom masculin*

/ Résultat heureux. SYN. exploit, performance, réussite, triomphe, victoire, vogue. CONTR. *banqueroute, chute, culbute, débâcle, déboire, déconfiture, défaite, échec, faillite, insuccès, revers* –FAMILIER: *claque, fessée, fiasco, four, pile, piquette, plongeon, raclée* –POPULAIRE: *bide.*

/ Ce qui plaît au public. SYN. best-seller –FAMILIER: tube.

successeur *nom masculin*

/ Personne qui prend la suite. SYN. continuateur, dauphin, héritier, remplaçant, substitut, suivant, suppléant. CONTR. *devancier, prédécesseur.*

successif *adjectif*

/ Qui se succèdent. SYN. alternatif, périodique. CONTR. *concomitant, continu, simultané, synchrone, synchronique.*

succession *nom féminin*

/ Personnes, choses qui se succèdent. SYN. alternance, cascade, chapelet, cours, déroulement, enchaînement, enfilade, kyrielle, ordonnance, procession, rangée, roulement, suite – FAMILIER : ribambelle – LITTÉRAIRE : théorie. CONTR. *simultanéité.*

/ Fait de succéder à quelqu'un. SYN. remplacement, suite, suppléance.

/ Transmission de biens. SYN. filiation, héritage.

successivement *adverbe*

/ L'un après l'autre. SYN. à tour de rôle, alternativement, au coup par coup, chacun à son tour, coup sur coup, d'affilée, de suite, en alternance, en cascade, en série, tour à tour. CONTR. *ensemble, simultanément.*

/ L'un à la suite de l'autre. SYN. à la queue leu leu, en file, en file indienne – FAMILIER : en rang d'oignons. CONTR. *à la débandade, en ordre dispersé.*

succinct *adjectif*

/ Énoncé en peu de mots. SYN. bref, concis, condensé, court, elliptique, lapidaire, ramassé, resserré, résumé.

/ LITTÉRAIRE. Qui s'exprime avec brièveté. SYN. bref, concis, laconique – LITTÉRAIRE : compendieux. CONTR. *prolixe.*

/ Qui est peu fourni. SYN. léger, maigre, modeste, pauvre, réduit, schématique, sommaire – FAMILIER : court. CONTR. *approfondi, touffu* – LITTÉRAIRE : *vaste.*

succinctement *adverbe*

/ D'une manière succincte. SYN. brièvement, en abrégé, en bref, en raccourci, en résumé, laconiquement, sommairement. CONTR. *longuement.*

succomber *verbe*

/ Mourir des suites de blessures. SYN. décéder, disparaître, expirer, mourir, perdre la vie, périr – FAMILIER : y rester – LITTÉRAIRE : trépasser. CONTR. *résister, survivre, tenir.*

/ Cesser de résister à. SYN. céder, s'abandonner à, se livrer. CONTR. *résister.*

/ LITTÉRAIRE. Être accablé sous un fardeau. SYN. capituler, fléchir, plier, s'effondrer, s'incliner – LITTÉRAIRE : ployer.

succulence *nom féminin*

/ LITTÉRAIRE. Caractère succulent. SYN. délicatesse, finesse, saveur.

succulent *adjectif*

/ Qui a une saveur délicieuse. SYN. agréable, délicat, délicieux, excellent, exquis, fameux, savoureux – LITTÉRAIRE : délectable. CONTR. *abominable, exécrable, horrible, immangeable, mauvais.*

succursale *nom féminin*

/ Établissement dépendant d'un autre. SYN. agence, annexe, comptoir, filiale.

sucer *verbe*

/ Aspirer une substance. SYN. pomper, téter – FAMILIER : suçoter.

sucré *adjectif*

/ Qui contient du sucre. SYN. doux, sirupeux. CONTR. *acide, aigre, amer, âpre, piquant.*

/ D'une amabilité affectée. SYN. douceâtre, doucereux, mielleux, sirupeux – LITTÉRAIRE : onctueux, patelin.

sucrerie *nom féminin*

/ Gourmandise à base de sucre. SYN. confiserie, douceur, friandise, gâterie.

sud *adjectif*

/ Situé au sud. SYN. austral, méridional. CONTR. *arctique, boréal, nord, septentrional.*

suer *verbe intransitif*

/ FAMILIER. Fournir un gros effort. SYN. peiner, s'épuiser, s'escrimer, s'exténuer – FAMILIER : s'échiner, s'éreinter.

/ Se couvrir de gouttes d'humidité. SYN. dégoutter, exsuder, ruisseler, suinter – FAMILIER : dégouliner.

/ Éliminer de la sueur. SYN. être en eau, être en nage, ne plus avoir un poil de sec, transpirer – FAMILIER : attraper une suée.

suer *verbe transitif*

/ LITTÉRAIRE. Produire telle impression. SYN. exhaler, sentir – LITTÉRAIRE : respirer.

suffire *verbe*

/ Répondre au désir de quelqu'un. **SYN.** agréer, arranger, contenter, convenir, faire l'affaire, plaire, satisfaire –FAMILIER: revenir.

suffisamment *adverbe*

/ En quantité suffisante. **SYN.** assez, passablement. **CONTR.** *insuffisamment, peu.*

suffisance *nom féminin*

/ Sentiment de supériorité. **SYN.** arrogance, condescendance, cuistrerie, fatuité, gloriole, insolence, morgue, orgueil, présomption, prétention, supériorité –LITTÉRAIRE: fierté, infatuation, outrecuidance, vanité. **CONTR.** *humilité, modestie, simplicité.*

suffisant *adjectif*

/ Qui correspond au nécessaire. **SYN.** acceptable, convenable, correct, honnête. **CONTR.** *exagéré, excessif.*

/ De nature à produire un résultat. **SYN.** actif, efficace, efficient. **CONTR.** *déficient, insuffisant, juste* –FAMILIER: *jeune.*

/ Qui montre de la suffisance. **SYN.** arrogant, avantageux, fier, infatué, orgueilleux, pédant, présomptueux, prétentieux, puant, rogue, satisfait, supérieur, vaniteux –FAMILIER: crâneur, fiérot –LITTÉRAIRE: fat, outrecuidant, vain. **CONTR.** *bonhomme, modeste, simple.*

suffit ! *interjection*

/ FAMILIER. Exprime l'agacement. **SYN.** –FAMILIER: assez, ça suffit ! –POPULAIRE: basta !

suffocant *adjectif*

/ Qui gêne la respiration. **SYN.** asphyxiant, étouffant, oppressant, pantelant.

/ Qui stupéfie. **SYN.** accablant, ahurissant, bouleversant, effarant, étonnant, extraordinaire, frappant, impressionnant, inimaginable, inouï, remarquable, sensationnel, stupéfiant, surprenant –FAMILIER: renversant.

suffocation *nom féminin*

/ Fait de suffoquer. **SYN.** dyspnée, essoufflement, étouffement, étranglement, oppression.

suffoqué *adjectif*

/ Frappé d'étonnement. **SYN.** abasourdi, ahuri, coi, consterné, ébahi, éberlué, effaré, étonné, hébété, interdit, interloqué, médusé, pantois, renversé, stupéfait, surpris, tombé de la lune, tombé des nues –FAMILIER: assis, baba, époustouflé, estomaqué, groggy, scié, sidéré, soufflé –LITTÉRAIRE: ébaubi.

suffoquer *verbe intransitif*

/ Avoir du mal à respirer. **SYN.** étouffer, haleter, s'essouffler, s'étrangler –LITTÉRAIRE: panteler. **CONTR.** *respirer.*

suffoquer *verbe transitif*

/ Gêner la respiration. **SYN.** asphyxier, étouffer, étrangler, oppresser.

/ Causer une vive surprise. **SYN.** abasourdir, ahurir, couper le souffle, étonner, méduser, pétrifier, saisir, stupéfier, surprendre –FAMILIER: asseoir, couper le sifflet, en boucher un coin, époustoufler, estomaquer, scier, sidérer, souffler –LITTÉRAIRE: statufier –POPULAIRE: couper la chique.

suffrage *nom masculin*

/ Avis exprimé lors d'une élection. **SYN.** opinion, voix, vote.

/ LITTÉRAIRE. Action d'approuver. **SYN.** accord, acquiescement, adhésion, agrément, approbation, assentiment, consentement.

suggérer *verbe*

/ Inspirer une action à quelqu'un. **SYN.** conseiller, dicter, prêcher, préconiser, prôner, proposer, recommander, souffler, soumettre.

/ Faire naître une pensée. **SYN.** évoquer, faire allusion à, faire penser à, figurer, insinuer, rappeler, sous-entendre, symboliser.

suggestif *adjectif*

/ Qui produit une suggestion. **SYN.** éloquent, évocateur, expressif, parlant, significatif.

/ Qui inspire des idées érotiques. **SYN.** agaçant, aguichant, excitant, provocant, provocateur –FAMILIER: émoustillant.

suggestion *nom féminin*

/ Action de suggérer. **SYN.** allusion, évocation, insinuation, inspiration.

/ Ce qui est suggéré. **SYN.** avertissement, avis, conseil, incitation, indication, invitation, offre, proposition.

suggestionner *verbe*

/ Faire agir par suggestion. **SYN.** agir sur, influencer, influer, manipuler, manœuvrer, mener, peser sur –VIEUX: manier.

suicider (se) *verbe pronominal*

/ Se donner la mort. SYN. se détruire, se supprimer, se tuer.

suintant *adjectif*

/ Qui suinte. SYN. dégouttant, humide, moite, mouillé, ruisselant –FAMILIER: dégoulinant. CONTR. *sec.*

suintement *nom masculin*

/ Fait de suinter. SYN. écoulement, exsudation, extravasion, suage.

suinter *verbe*

/ En parlant d'un liquide, s'écouler. SYN. dégoutter, exsuder, ruisseler, suer, transsuder –FAMILIER: dégouliner.

/ Laisser s'écouler un liquide. SYN. couler, fuir, perdre, suer.

suite *nom féminin*

/ Ce qui vient après. SYN. cours, déroulement, enchaînement, reste. CONTR. *début.*

/ Personnes, choses qui se suivent. SYN. alternance, chaîne, collection, enfilade, file, kyrielle, rangée, série, succession –FAMILIER: ribambelle –LITTÉRAIRE: séquelle.

/ Personnes qui escortent. SYN. cortège, cour, escorte –LITTÉRAIRE: équipage.

/ Ce qui résulte de quelque chose. SYN. aboutissement, conséquence, continuation, contrecoup, développement, effet, fruit, impact, incidence, prolongement, rançon, répercussion, résultat, retombée, ricochet, séquelle. CONTR. *cause, origine, source.*

/ Liaison logique. SYN. cohérence, fil, liaison, lien. CONTR. *incohérence.*

suivant *adjectif*

/ Qui vient après. SYN. futur, postérieur, prochain, successeur, ultérieur –LITTÉRAIRE: subséquent. CONTR. *antérieur, précédent.*

suivant *préposition*

/ Indique une direction. SYN. conformément à, selon.

/ Indique une proportion. SYN. d'après, en fonction de, en proportion de, eu égard à, proportionnellement à, selon.

suivi *adjectif*

/ Qui a lieu de manière continue. SYN. assidu, constant, continu, ininterrompu, régulier, soutenu. CONTR. *discontinu, entrecoupé, intermittent, interrompu, irrégulier, variable.*

/ Qui s'enchaîne logiquement. SYN. cohérent, logique, méthodique, serré. CONTR. *absurde, décousu, illogique, incohérent.*

suivre *verbe*

/ Rester derrière. SYN. accompagner, emboîter le pas, escorter, filer, marcher sur les pas, poursuivre, talonner –FAMILIER: pister, s'accrocher aux basques, se pendre aux basques. CONTR. *dépasser, devancer, diriger, mener, précéder, s'échapper.*

/ Aller dans telle direction. SYN. côtoyer, emprunter, longer, parcourir, prendre.

/ Prendre comme modèle. SYN. copier, imiter, se conformer, se régler, s'inféoder, s'inspirer –LITTÉRAIRE: plagier. CONTR. *écarter, ignorer, mépriser, négliger, rejeter, repousser.*

/ Comprendre quelque chose. SYN. comprendre, saisir –POPULAIRE: entraver, piger.

/ Se livrer à une activité. SYN. s'abandonner, s'adonner, se consacrer, se donner, s'intéresser –LITTÉRAIRE: embrasser. CONTR. *abandonner, changer, renoncer, se désintéresser.*

/ LITTÉRAIRE. Avoir pour résultat. SYN. découler de, dériver, résulter de.

/ Obéir à un conseil. SYN. adhérer, adopter, écouter, épouser, obéir, observer, respecter, se conformer, se soumettre. CONTR. *contrevenir, déroger, désobéir, discuter, enfreindre, résister, se révolter, s'opposer à, transgresser, violer.*

suivre (se) *verbe pronominal*

/ Venir les uns après les autres. SYN. se succéder, s'enchaîner. CONTR. *s'échelonner, s'espacer, s'étaler.*

sujet *nom masculin*

/ Ce qui fournit matière à. SYN. cause, fondement, matière, motif, objet, occasion, point, prétexte, problème, question, terrain.

/ Ce sur quoi on parle, écrit, etc. SYN. cœur, fond, objet, propos, substance, thème.

sujétion *nom féminin*

/ LITTÉRAIRE. Fait d'être soumis à. SYN. allégeance, asservissement, assujettissement, carcan, dépendance, esclavage, inféodation, soumission, subordination –LITTÉRAIRE: joug, servitude, vassalité. CONTR. *autorité, domination, libération.*

/ Fait d'obéir à une nécessité. SYN. aliénation, contrainte, gêne, servitude –LITTÉRAIRE: assujettissement, astreinte, chaînes, incommodité.

summum *nom masculin*

/ Le plus haut degré. SYN. apogée, apothéose, comble, maximum, pinacle, point culminant, sommet, zénith –LITTÉRAIRE: acmé, cime, faîte, période.

super *adjectif*

/ FAMILIER. Qui suscite l'enthousiasme. SYN. extraordinaire, fantastique, génial, remarquable –FAMILIER: chic, chouette, extra, fabuleux, formidable, magistral, sensationnel.

superbe *adjectif*

/ D'une beauté éclatante. SYN. admirable, beau, grandiose, imposant, magnifique, majestueux, merveilleux, princier, ravissant, royal, somptueux, splendide. CONTR. *hideux, horrible, ingrat, laid, vilain* –FAMILIER: *moche.*

/ Se dit d'un temps agréable. SYN. lumineux, paradisiaque, radieux, splendide. CONTR. *affreux, lamentable, mauvais.*

/ Parfait en son genre. SYN. admirable, magnifique, remarquable, sublime. CONTR. *lamentable, pitoyable, plat* –FAMILIER: *minable.*

superbe *nom féminin*

/ LITTÉRAIRE. Assurance orgueilleuse. SYN. arrogance, condescendance, cuistrerie, fatuité, hauteur, insolence, orgueil, présomption, prétention –LITTÉRAIRE: fierté, infatuation, outrecuidance, vanité. CONTR. *humilité, modestie, simplicité.*

superbement *adverbe*

/ De façon superbe. SYN. admirablement, magnifiquement, merveilleusement, princièrement, royalement, somptueusement, splendidement –LITTÉRAIRE: sublimement. CONTR. *modestement, pauvrement.*

supercherie *nom féminin*

/ Ce qui constitue une tromperie. SYN. facétie, mystification, pot aux roses, tour, tromperie –FAMILIER: canular, fumisterie –LITTÉRAIRE: imposture.

superfétation *nom féminin*

/ LITTÉRAIRE. Répétition inutile. SYN. redite, redondance, répétition –LITTÉRAIRE: superfluité.

superfétatoire *adjectif*

/ LITTÉRAIRE. Qui s'ajoute inutilement. SYN. accessoire, futile, inutile, oiseux, superflu, vain. CONTR. *capital, essentiel, nécessaire, utile.*

superficialité *nom féminin*

/ LITTÉRAIRE. Caractère superficiel. SYN. futilité, légèreté, vide –LITTÉRAIRE: inanité, vanité. CONTR. *force, gravité, importance, intérêt, poids, profondeur, sérieux.*

superficie *nom féminin*

/ Mesure de surface d'un corps. SYN. aire, espace, étendue, grandeur, surface.

/ LITTÉRAIRE. Aspect extérieur. SYN. apparence, dehors, écorce, extérieur, façade, vernis –LITTÉRAIRE: enveloppe.

superficiel *adjectif*

/ Qui reste à la surface. SYN. apparent, léger. CONTR. *pénétrant, profond.*

/ Qui ne va pas au fond des choses. SYN. formel, frivole, futile, illusoire, incomplet, plaqué, simpliste, sommaire, spécieux, trompeur, vide –LITTÉRAIRE: vain. CONTR. *approfondi, complet, foncier, fouillé, intime, poussé, profond, savant, sérieux, véritable.*

superficiellement *adverbe*

/ Sans approfondir. SYN. à la légère, légèrement, sommairement. CONTR. *à fond, foncièrement, profondément.*

superfin *adjectif*

/ Qui est de très bonne qualité. SYN. excellent, extra, fameux, fin, magnifique, supérieur. CONTR. *médiocre, nul.*

superflu *adjectif*

/ Qui est en trop. SYN. en excédent, en surnombre, en trop, excessif, pléthorique, surabondant. CONTR. *indispensable, nécessaire, vital.*

/ Qui n'apporte rien d'important. SYN. accessoire, futile, inutile, oiseux –LITTÉRAIRE: superfétatoire, vain. CONTR. *capital, essentiel, intéressant, utile.*

superflu *nom masculin*

/ Ce qui est en trop. SYN. excédent, excès, surplus, trop-plein. CONTR. *indispensable, nécessaire.*

superfluité *nom féminin*

/ LITTÉRAIRE. Caractère superflu. SYN. frivolité, futilité, inutilité, redondance, remplissage –LITTÉRAIRE: inanité, superfétation, vanité.

/ LITTÉRAIRE. Chose superflue. SYN. bagatelle, baliverne, fadaise, frivolité, futilité –FAMILIER: faribole, fichaise –POPULAIRE: foutaise.

supérieur *adjectif*

/ Qui surpasse les autres. SYN. beau, brillant, de premier ordre, d'exception, dominant, élevé, émérite, éminent, excellent, exceptionnel, extra, extraordinaire, fin, grand, haut, incomparable, inégalé, magistral, meilleur, noble, prééminent, prépondérant, sublime, suprême, transcendant, unique –LITTÉRAIRE: distingué, relevé, souverain, suréminent. CONTR. *banal, commun, infect, inférieur, mauvais, médiocre, mineur, ordinaire, pauvre, petit, quelconque, secondaire, subalterne* –FAMILIER: *minable.*

/ Qui montre de l'arrogance. SYN. arrogant, condescendant, dédaigneux, doctoral, fier, grand, hautain, méprisant, prétentieux, puant, suffisant –LITTÉRAIRE: outrecuidant, pédantesque. CONTR. *déférent, effacé, falot, humble, modeste, respectueux.*

supérieur *nom*

/ Personne dont d'autres dépendent. SYN. chef, patron. CONTR. *sous-ordre, subalterne, subordonné* –FAMILIER: *sous-fifre, sous-verge.*

supérieurement *adverbe*

/ À un très haut degré. SYN. abominablement, affreusement, bien, effroyablement, éminemment, épouvantablement, exceptionnellement, excessivement, extraordinairement, extrêmement, follement, fort, fortement, grandement, hautement, horriblement, immensément, immodérément, incroyablement, infiniment, mortellement, parfaitement, particulièrement, prodigieusement, profondément, puissamment, souverainement, terriblement, tout à fait, très, trop, vertigineusement –FAMILIER: atrocement, bigrement, bougrement, diablement, drôlement, fichtrement, fichûment, formidablement, joliment, méchamment, rudement, superlativement –LITTÉRAIRE: diantrement, furieusement –POPULAIRE: foutrement, salement, vachement –VIEUX: fièrement. CONTR. *légèrement, médiocrement, moyennement.*

/ D'une manière excellente. SYN. admirablement, divinement, incomparablement, merveilleusement, parfaitement, prodigieusement, remarquablement, suprêmement. CONTR. *imparfaitement, mal, passablement.*

supériorité *nom féminin*

/ Caractère supérieur. SYN. excellence, finesse, prééminence, prépondérance, primauté, priorité, souveraineté –LITTÉRAIRE: précellence, préexcellence. CONTR. *dessous, infériorité, insuffisance.*

/ Situation avantageuse. SYN. avantage, domination, grandeur, hégémonie, suprématie. CONTR. *désavantage, faiblesse, handicap.*

/ Attitude arrogante. SYN. arrogance, condescendance, cuistrerie, fatuité, hauteur, insolence, morgue, orgueil, présomption, prétention, suffisance –LITTÉRAIRE: fierté, infatuation, outrecuidance, vanité. CONTR. *humilité, modestie* –LITTÉRAIRE: *effacement.*

superlativement *adverbe*

/ FAMILIER. Au plus haut point. SYN. au dernier point, exceptionnellement, extrêmement, follement, immodérément, infiniment, parfaitement, prodigieusement, souverainement, supérieurement, suprêmement, terriblement, tout à fait, très. CONTR. *aucunement, guère, pas du tout, pas le moins du monde.*

superposer *verbe*

/ Poser l'un au-dessus de l'autre. SYN. accumuler, ajouter, amasser, amonceler, empiler, entasser, étager.

superposition *nom féminin*

/ Action de superposer. SYN. accumulation, amas, amoncellement, empilement, entassement, étagement, stratification.

superviser *verbe*

/ Exercer un contrôle sur. SYN. coiffer, contrôler, diriger –FAMILIER: chapeauter.

superviseur *nom masculin*

/ Personne qui supervise. SYN. contrôleur, surveillant, vérificateur.

supervision *nom féminin*

/ Action de superviser. SYN. contrôle, surveillance.

supplanter *verbe*

/ Écarter quelqu'un d'un poste. SYN. déposséder, détrôner, évincer, remplacer, se substituer à.

/ Remplacer quelque chose. SYN. éclipser, remplacer, succéder.

suppléance *nom féminin*

/ Fait de suppléer quelqu'un. SYN. remplacement, succession.

suppléant *nom*

/ Personne qui remplace. SYN. intérimaire, remplaçant, successeur. CONTR. *titulaire.*

suppléer *verbe transitif*

/ LITTÉRAIRE. Apporter ce qui manque. SYN. adjoindre, ajouter, compléter.

/ LITTÉRAIRE. Remplacer ce qui fait défaut. SYN. compenser, contrebalancer, corriger, pallier, racheter, remédier à, réparer, substituer.

/ Remplacer quelqu'un. SYN. faire fonction de, relayer, relever, remplacer, se substituer à, succéder à.

suppléer *verbe transitif indirect*

/ Remédier à l'absence de. SYN. compenser, contrebalancer, corriger, pallier, racheter, remédier à, réparer.

supplément *nom masculin*

/ Ce qu'on ajoute. SYN. addition, adjonction, ajout, appoint, complément, extra, surcroît, surplus – FAMILIER: rab, rabe, rabiot, rallonge. CONTR. *réduction.*

/ Ce qu'on ajoute à un livre. SYN. addenda, appendice, complément.

supplémentaire *adjectif*

/ Qui constitue un supplément. SYN. accessoire, additionnel, adventice, complémentaire.

supplication *nom féminin*

/ LITTÉRAIRE. Prière insistante. SYN. adjuration, invocation, prière – LITTÉRAIRE: conjuration, imploration, objurgation.

supplice *nom masculin*

/ Châtiment corporel. SYN. peine, question, torture.

/ Violente douleur physique. SYN. martyre, souffrance, torture.

/ Chose moralement pénible. SYN. calvaire, enfer, martyre, souffrance, torture, tourment – LITTÉRAIRE: croix, géhenne. CONTR. *paradis.*

supplicier *verbe*

/ LITTÉRAIRE. Faire souffrir moralement. SYN. bourreler, martyriser, mortifier, persécuter, ronger, tenailler, torturer – LITTÉRAIRE: crucifier.

supplier *verbe*

/ Demander avec insistance. SYN. adjurer, prier – FAMILIER: pleurer après – LITTÉRAIRE: conjurer, implorer.

supplique *nom féminin*

/ Demande faite à une autorité. SYN. instance, prière, requête, sollicitation, vœu.

supportable *adjectif*

/ Que l'on peut endurer. SYN. endurable, tenable, tolérable, vivable. CONTR. *atroce, épouvantable, insoutenable, insupportable, intenable, intolérable, invivable, pénible.*

/ Que l'on peut admettre. SYN. acceptable, admissible, passable, soutenable – FAMILIER: potable. CONTR. *inacceptable, inadmissible, inexcusable, insupportable, intolérable* – FAMILIER: *imbuvable, impossible.*

supporter *verbe*

/ Servir de support. SYN. étançonner, étayer, maintenir, porter, soutenir.

/ Subir en faisant face. SYN. accepter, endosser, endurer, essuyer, résister, se résigner, subir, vivre – FAMILIER: encaisser – LITTÉRAIRE: souffrir, soutenir – POPULAIRE: déguster. CONTR. *échapper.*

/ Accepter quelque chose. SYN. accepter, admettre, s'accommoder de, tolérer – FAMILIER: digérer – LITTÉRAIRE: souffrir. CONTR. *en avoir par-dessus la tête, protester, se rebeller* – FAMILIER: *en avoir assez, en avoir jusque-là, en avoir marre, en avoir plein le dos, en avoir ras le bol, en avoir soupé* – POPULAIRE: *en avoir plein le cul.*

/ Apprécier quelqu'un. SYN. subir, tolérer. CONTR. *détester, ne pas pouvoir souffrir* – FAMILIER: *ne pas pouvoir sentir, ne pas pouvoir voir, ne pas pouvoir voir en peinture* – POPULAIRE: *ne pas pouvoir blairer, ne pas pouvoir encadrer, ne pas pouvoir piffer, ne pas pouvoir saquer.*

supposé *adjectif*

/ Qui est présumé tel. SYN. censé, présumé, prétendu, putatif, soi-disant – LITTÉRAIRE: réputé. CONTR. *authentique, avéré, certain.*

supposer *verbe*

/ Admettre comme hypothèse. SYN. admettre, conjecturer, imaginer, poser, postuler.

/ Juger probable que. SYN. augurer, concevoir, croire, penser, présumer.

/ Avoir pour corollaire. SYN. impliquer, imposer, induire, présupposer, prêter à.

supposition *nom féminin*

/ Action d'admettre par hypothèse. SYN. conjecture, hypothèse, induction, préconception, présomption, pronostic, spéculation, supputation. CONTR. *preuve.*

suppôt *nom masculin*

/ LITTÉRAIRE. Complice de quelqu'un. SYN. agent, fidèle, partisan –LITTÉRAIRE: satellite, séide, serviteur.

suppression *nom féminin*

/ Action de supprimer. SYN. abolition, abrogation, annulation, extirpation, privation, résiliation, révocation. CONTR. *promulgation.*

/ Ce qui est supprimé. SYN. coupure, déduction, retrait –LITTÉRAIRE: retranchement. CONTR. *addition, adjonction, ajout.*

/ Cessation d'un état. SYN. cessation, destruction, disparition, enlèvement, extinction. CONTR. *accroissement, intensification.*

/ Action de tuer quelqu'un. SYN. assassinat, crime, homicide, meurtre.

supprimer *verbe*

/ Faire disparaître. SYN. aplanir, biffer, couper, élaguer, émonder, enlever, extirper, ôter, priver, résorber, retirer. CONTR. *accentuer, accroître, augmenter.*

/ Faire cesser. SYN. abandonner, abattre, abolir, abroger, anéantir, annihiler, annuler, bannir, casser, détruire, dissoudre, résilier, révoquer. CONTR. *créer, fonder, instaurer, instituer, promulguer.*

/ Se débarrasser de quelqu'un. SYN. assassiner, éliminer, exécuter, exterminer, tuer –FAMILIER: descendre, liquider –POPULAIRE: buter, faire la peau, rectifier, refroidir, zigouiller.

supprimer (se) *verbe pronominal*

/ Se donner la mort. SYN. se détruire, se suicider, se tuer.

supputation *nom féminin*

/ Action de supputer. SYN. appréciation, calcul, estimation, évaluation, hypothèse, induction, spéculation, supposition.

supputer *verbe*

/ Évaluer une quantité. SYN. calculer, chiffrer, estimer, évaluer –LITTÉRAIRE: nombrer.

/ Prévoir une évolution. SYN. apprécier, calculer, déterminer, escompter, espérer, examiner, jauger, mesurer, peser, présumer.

suprématie *nom féminin*

/ Situation dominante. SYN. avantage, domination, force, hégémonie, maîtrise, omnipotence, prédominance, prééminence, prépondérance, primauté, priorité, sceptre, souveraineté, supériorité, toute-puissance –LITTÉRAIRE: précellence, préexcellence.

suprême *adjectif*

/ Qui est au-dessus de tout. SYN. absolu, omnipotent, prééminent, souverain, supérieur, tout-puissant –LITTÉRAIRE: suréminent. CONTR. *inférieur.*

/ Qui ne saurait être dépassé. SYN. achevé, consommé, divin, extraordinaire, génial, idéal, infini, magistral, parfait, prodigieux, sublime, total –FAMILIER: fabuleux –LITTÉRAIRE: souverain. CONTR. *dérisoire, infime, mineur.*

/ Qui vient après tout le reste. SYN. dernier, désespéré, extrême, final, terminal, ultime. CONTR. *initial, premier.*

suprêmement *adverbe*

/ Au plus haut degré. SYN. au dernier point, beaucoup, divinement, effroyablement, énormément, exceptionnellement, excessivement, extraordinairement, fabuleusement, fortement, hautement, horriblement, immensément, immodérément, incroyablement, infiniment, merveilleusement, mortellement, parfaitement, particulièrement, prodigieusement, profondément, puissamment, supérieurement, terriblement, tout à fait, très, trop, vertigineusement –FAMILIER: diablement, drôlement, formidablement, joliment, rudement, superlativement –LITTÉRAIRE: diantrement, furieusement –POPULAIRE: foutrement, salement, vachement. CONTR. *aucunement, guère, pas du tout, pas le moins du monde.*

sur *adjectif*

/ Qui a une saveur acidulée. SYN. acide, âcre, aigre, aigre-doux, aigrelet, suret.

sur *préposition*

/ Indique la position supérieure. SYN. au-dessus de. CONTR. *au-dessous de, sous.*

/ Indique la direction. SYN. du côté de, en direction de, vers.

/ Indique l'élément de référence. SYN. conformément à, d'après, selon, suivant.

/ Indique le point considéré. SYN. à propos de, au sujet de, concernant, quant à, relativement à, touchant.

/ Indique la proximité dans le temps. SYN. autour de, aux environs de, vers.

sûr *adjectif*

/ Qui n'offre aucun danger. SYN. à toute épreuve, inattaquable, paisible, tranquille. CONTR. *aventuré, aventureux, dangereux, périlleux, risqué.*

/ Qui remplit bien son office. SYN. de père de famille, éprouvé, fiable, infaillible, sérieux, solide. CONTR. *aléatoire, boiteux, faillible, fantaisiste, insensé, précaire* –POPULAIRE: *casse-gueule.*

/ Sur qui on peut compter. SYN. bon, de confiance, dévoué, fiable, fidèle, loyal, sincère, véritable. CONTR. *déloyal, faux, hypocrite, mauvais, perfide.*

/ Qui ne tremble pas. SYN. exercé, expert, ferme, habile, précis. CONTR. *flottant, hésitant, maladroit, oscillant, tremblant* –LITTÉRAIRE: *vacillant.*

/ Qui ne peut être mis en doute. SYN. authentique, avéré, crédible, établi, évident, incontestable, indéfectible, indubitable, irrécusable, palpable, patent, positif, réel, vrai. CONTR. *contestable, douteux, erroné, inauthentique, inexact, présumé, prétendu, suspect.*

/ Qui ne peut manquer d'arriver. SYN. assuré, certain, fatal, immanquable, inéluctable, inévitable, obligatoire. CONTR. *aléatoire, casuel, contingent, éventuel, hasardé, hasardeux, hypothétique, illusoire, impossible, improbable, incertain* –LITTÉRAIRE: *chanceux.*

/ Qui sait avec certitude. SYN. assuré, certain. CONTR. *défiant, dubitatif, embarrassé, hésitant, méfiant, perplexe, sceptique.*

surabondance *nom féminin*

/ Grande abondance. SYN. abondance, débauche, débordement, excès, exubérance, foisonnement, luxe, orgie, pléthore, profusion, surcharge –LITTÉRAIRE: luxuriance, prodigalité. CONTR. *absence, carence, manque, pauvreté, pénurie, privation* –LITTÉRAIRE: *disette.*

surabondant *adjectif*

/ En trop grande quantité. SYN. débordant, envahissant, excessif, extraordinaire, exubérant, luxuriant, pléthorique, superflu, surchargé. CONTR. *dérisoire, insuffisant, maigre, pauvre.*

surabonder *verbe*

/ Exister en quantité. SYN. abonder, déborder, foisonner, fourmiller, grouiller, pulluler, regorger. CONTR. *manquer.*

suraigu *adjectif*

/ Se dit d'un son très aigu. SYN. aigu, criard, perçant, strident.

suranné *adjectif*

/ LITTÉRAIRE. Passé de mode. SYN. anachronique, ancien, antédiluvien, antique, archaïque, arriéré, caduc, démodé, désuet, obsolète, vétuste, vieillot, vieux –FAMILIER: ringard. CONTR. *à la mode, à la page, d'avant-garde, en vogue, nouveau, récent* –FAMILIER: *in, ultramoderne.*

/ LITTÉRAIRE. Qui s'accroche au passé. SYN. dépassé, inactuel, périmé, poussiéreux, retardataire, rétrograde –FAMILIER: fossile. CONTR. *actuel, contemporain, inédit, moderne, moderniste, révolutionnaire.*

surbaisser *verbe*

/ Réduire la hauteur de. SYN. abaisser, baisser, rabattre, rapetisser, réduire. CONTR. *dresser, élever, hausser, hisser, lever, monter, rehausser, relever, remonter, surélever, surhausser.*

surcharge *nom féminin*

/ Excès de charge. SYN. excédent, supplément, surabondance, surcroît, surplus. CONTR. *allégement, décharge, diminution.*

/ Mot écrit sur un autre. SYN. correction, rajout.

surchargé *adjectif*

/ Qui a trop de travail. SYN. accablé, affairé, débordé, occupé, pris. CONTR. *désœuvré, inoccupé, oisif.*

/ Se dit d'un mot recouvert. SYN. barré, biffé, corrigé, raturé.

/ Qui est trop rempli. SYN. bondé, bourré, comble, plein, saturé, surabondant –FAMILIER: truffé. CONTR. *vide.*

surcharger *verbe*

/ Imposer un poids trop lourd. SYN. alourdir, charger, embouteiller, encombrer. CONTR. *décharger, soulager.*

/ Fixer une tâche trop dure. SYN. abrutir, accabler, déborder, écraser, grever, submerger. CONTR. *débarrasser, dégrever, délivrer.*

surchauffé *adjectif*

/ Qui est trop chaud. SYN. accablant, brûlant, caniculaire, étouffant, suffocant, torride.

/ En proie à l'exaltation. SYN. bouillonnant, déchaîné, exalté, fébrile, fougueux, frénétique, surexcité, survolté, véhément –LITTÉRAIRE: enflammé.

surclasser *verbe*

/ Se montrer supérieur aux autres. SYN. battre, dépasser, devancer, dominer, éclipser, écraser, surpasser, triompher, vaincre – FAMILIER : enfoncer, piler.

surcoter *verbe*

/ Donner une cote trop élevée. SYN. surestimer, surévaluer – LITTÉRAIRE : surfaire. CONTR. *mésestimer, sous-estimer, sous-évaluer.*

surcroît *nom masculin*

/ Ce qui s'ajoute à ce que l'on a. SYN. adjonction, augmentation, complément, excédent, excès, supplément, surcharge, surplus – LITTÉRAIRE : reliquat.

/ *Par surcroît, de surcroît.* SYN. d'autre part, de plus, en outre, en plus, et puis, par ailleurs.

surélévation *nom féminin*

/ Action de surélever. SYN. exhaussement, rehaussement, surhaussement. CONTR. *abaissement, surbaissement.*

surélever *verbe*

/ Accroître la hauteur de. SYN. exhausser, hausser, rehausser, relever, surhausser. CONTR. *abaisser, baisser, descendre, surbaisser.*

sûrement *adverbe*

/ D'une manière certaine. SYN. à coup sûr, à tous les coups, assurément, certainement, évidemment, fatalement, forcément, immanquablement, indubitablement, inéluctablement, inévitablement, inexorablement, infailliblement, nécessairement, obligatoirement. CONTR. *éventuellement, peut-être, probablement.*

suréminent *adjectif*

/ LITTÉRAIRE. Qui est très éminent. SYN. dominant, élevé, éminent, excellent, extraordinaire, incomparable, prééminent, sublime, supérieur, suprême, transcendant – LITTÉRAIRE : relevé.

surestimation *nom féminin*

/ Fait d'être surestimé. SYN. majoration, surévaluation. CONTR. *sous-estimation, sous-évaluation.*

surestimer *verbe*

/ Attribuer une trop grande valeur. SYN. enfler, exagérer, gonfler, majorer, surcoter, surévaluer – LITTÉRAIRE : surfaire. CONTR. *mésestimer, sous-estimer, sous-évaluer* – LITTÉRAIRE : *dépriser, méjuger.*

suret *adjectif*

/ Qui est un peu acide. SYN. acide, acidulé, âcre, aigre, aigre-doux, aigrelet, sur.

sûreté *nom féminin*

/ LITTÉRAIRE. Fait de n'avoir rien à craindre. SYN. sécurité. CONTR. *danger, insécurité, péril.*

/ Caractère précis. SYN. acuité, clairvoyance, fidélité, infaillibilité, justesse, lucidité, précision, solidité. CONTR. *hésitation* – LITTÉRAIRE : *vacillation.*

surévaluation *nom féminin*

/ Fait d'être surévalué. SYN. surestimation. CONTR. *sous-estimation, sous-évaluation.*

surévaluer *verbe*

/ Accorder trop d'importance à. SYN. enfler, exagérer, gonfler, majorer, surcoter, surestimer – LITTÉRAIRE : surfaire. CONTR. *dépriser, mésestimer, sous-estimer, sous-évaluer* – LITTÉRAIRE : *méjuger.*

surexcitation *nom féminin*

/ Très vive excitation. SYN. agitation, bouillonnement, ébullition, effervescence, énervement, exaltation, excitation, fermentation, fièvre, frénésie, nervosité – LITTÉRAIRE : flamme. CONTR. *apaisement, assouvissement, ataraxie, calme* – LITTÉRAIRE : *quiétude.*

surexcité *adjectif*

/ En proie à la surexcitation. SYN. agité, délirant, énervé, enragé, exalté, excité, fiévreux, frénétique, impatient, surchauffé, survolté, véhément – FAMILIER : speedé – LITTÉRAIRE : effervescent. CONTR. *calme, impassible, inerte, paisible, tranquille.*

surexciter *verbe*

/ Mettre dans un état d'excitation. SYN. déchaîner, énerver, enfiévrer, enthousiasmer, exalter – LITTÉRAIRE : transporter. CONTR. *apaiser, calmer.*

/ Stimuler un sentiment. SYN. aiguillonner, aiguiser, aviver, éperonner, exaspérer, fouetter, piquer, stimuler, survolter – LITTÉRAIRE : enflammer.

surface *nom féminin*

/ Étendue plane. SYN. aire, espace, étendue, superficie.

/ Apparence des choses. SYN. dehors, écorce, extérieur, façade, semblant, vernis – LITTÉRAIRE : enveloppe. CONTR. *fond, intérieur, profondeur.*

surfaire *verbe*

/ LITTÉRAIRE. Accorder une valeur imméritée. SYN. exagérer, gonfler, grandir, surcoter, surestimer, surévaluer. CONTR. *minorer, sous-estimer, sous-évaluer.*

surfait *adjectif*

/ Qui n'a pas les qualités qu'on lui prête. SYN. artificiel, exagéré, excessif, surestimé, surévalué.

surgeon *nom masculin*

/ Jeune pousse d'un arbre. SYN. drageon, pousse, rejeton, scion, talle.

surgir *verbe*

/ LITTÉRAIRE. S'élever d'un lieu. SYN. émerger, jaillir, naître, s'échapper, s'élever – LITTÉRAIRE : sourdre.

/ Venir dans le champ visuel. SYN. accourir, apparaître, déboucher, débouler, faire irruption, paraître, se montrer, sortir, tomber – LITTÉRAIRE : survenir. CONTR. *disparaître.*

/ Se manifester subitement. SYN. apparaître, germer, naître, percer, se manifester, se présenter, se produire, s'offrir, survenir, venir – LITTÉRAIRE : poindre, pointer, sourdre.

surhaussement *nom masculin*

/ Action de surhausser. SYN. exhaussement, rehaussement, surélévation. CONTR. *abaissement, surbaissement.*

surhausser *verbe*

/ Augmenter la hauteur de. SYN. élever, exhausser, hausser, rehausser, relever, surélever. CONTR. *abaisser, baisser, descendre, surbaisser.*

surhomme *nom masculin*

/ Être exceptionnel. SYN. hercule, héros – LITTÉRAIRE : géant, titan.

surhumain *adjectif*

/ Qui dépasse les moyens humains. SYN. extraordinaire, fantastique, inouï, merveilleux, phénoménal, prodigieux – FAMILIER : fabuleux – LITTÉRAIRE : surnaturel.

suriner *verbe*

/ VIEUX. Tuer avec un couteau. SYN. assassiner, égorger, exécuter, poignarder, tuer – LITTÉRAIRE : occire – POPULAIRE : buter, descendre, ratatiner, rectifier, refroidir.

sur-le-champ *locution adverbiale*

/ Sans délai. SYN. à l'instant, aussitôt, brusquement, d'emblée, immédiatement, incessamment, instantanément, promptement, sans attendre, sans retard, sans tarder, séance tenante, soudain, soudainement, subitement, sur l'heure, tout de suite – FAMILIER : illico, illico presto, subito, subito presto – LITTÉRAIRE : incontinent. CONTR. *par la suite, plus tard, ultérieurement.*

surmenage *nom masculin*

/ Fait d'être surmené. SYN. abattement, accablement, épuisement, fatigue – FAMILIER : éreintement – LITTÉRAIRE : exténuation, harassement.

surmené *adjectif*

/ Extrêmement fatigué. SYN. brisé, épuisé, exténué, fatigué, fourbu, harassé, mort, recru – FAMILIER : achevé, claqué, éreinté, esquinté, lessivé, pompé, raplapla, tué, vidé – POPULAIRE : crevé.

surmener *verbe*

/ Imposer un effort excessif. SYN. anéantir, briser, écraser, épuiser, exténuer, fatiguer – FAMILIER : claquer, crever, éreinter, esquinter, lessiver, tuer, vanner. CONTR. *délasser, détendre, remettre d'aplomb, remettre sur pied, reposer.*

surmontable *adjectif*

/ Qu'on peut surmonter. SYN. contrôlable, domptable, maîtrisable. CONTR. *infranchissable, insurmontable.*

surmonter *verbe*

/ Être placé au-dessus de. SYN. coiffer, dominer, sommer, surplomber – LITTÉRAIRE : couronner.

/ Vaincre un obstacle. SYN. contenir, contrôler, dominer, maîtriser, triompher de, vaincre – LITTÉRAIRE : dompter.

surnager *verbe*

/ Rester à la surface d'un liquide. SYN. flotter, nager. CONTR. *couler, sombrer.*

/ Ne pas tomber dans l'oubli. SYN. demeurer, se maintenir, subsister, survivre, vivre.

surnaturel *adjectif*

/ LITTÉRAIRE. Qui est hors du commun. SYN. divin, extraordinaire, fantastique, féerique, idéal, idyllique, magique, merveilleux, miraculeux, surhumain –FAMILIER: fabuleux –LITTÉRAIRE: prodigieux.

surnom *nom masculin*

/ Nom donné à quelqu'un. SYN. petit nom, pseudonyme, sobriquet.

surnommer *verbe*

/ Donner un surnom. SYN. appeler, baptiser, nommer.

surpasser *verbe*

/ Faire mieux que quelqu'un. SYN. dépasser, devancer, distancer, écraser, passer, primer, surclasser, triompher, vaincre –FAMILIER: enfoncer. CONTR. *égaler.*

surpeuplé *adjectif*

/ Trop peuplé. SYN. populeux. CONTR. *abandonné, dépeuplé, désert, inhabité, sous-peuplé, vide.*

surplombant *adjectif*

/ Qui surplombe. SYN. culminant, dominant, supérieur.

surplomber *verbe*

/ Faire saillie au-dessus de. SYN. avancer, coiffer, déborder, dépasser, dominer, saillir, sommer, surmonter –LITTÉRAIRE: couronner.

surplus *nom masculin*

/ Ce qui est en plus. SYN. complément, excédent, excès, rallonge, restant, reste, supplément, surcharge, surcroît –FAMILIER: rab, rabe, rabiot –LITTÉRAIRE: reliquat.

surprenant *adjectif*

/ Qui cause de la surprise. SYN. ahurissant, anormal, bizarre, confondant, curieux, déconcertant, drôle, étonnant, étrange, imprévu, inattendu, paradoxal, saisissant, singulier, stupéfiant, suffocant –FAMILIER: raide, renversant, sciant, sidérant, soufflant. CONTR. *attendu, conventionnel, prévu.*

/ Qui est remarquable. SYN. d'exception, exceptionnel, extraordinaire, fantastique, incroyable, inouï, prodigieux, remarquable, sensationnel, spectaculaire –FAMILIER: fabuleux. CONTR. *banal, ordinaire.*

surprendre *verbe*

/ Prendre sur le fait. SYN. attraper, capter, prendre –FAMILIER: choper, coincer, pincer, piquer.

/ Découvrir ce qui n'aurait pas dû l'être. SYN. arracher, capter, dépister, extorquer, intercepter, obtenir, s'apercevoir, soutirer.

/ Causer une vive surprise. SYN. abasourdir, ahurir, confondre, déconcerter, ébahir, éberluer, effarer, étonner, faire sensation, frapper, interloquer, intriguer, méduser, pétrifier, prendre au dépourvu, prendre de court, renverser, saisir, stupéfier, suffoquer –FAMILIER: asseoir, ébouriffer, en boucher un coin, épater, époustoufler, estomaquer, faire l'effet d'une bombe, scier, sidérer, souffler.

surpris *adjectif*

/ Étonné de quelque chose. SYN. déconcerté, ébahi, éberlué, étonné, médusé, stupéfait, suffoqué –FAMILIER: comme deux ronds de flan, épaté, époustouflé, estomaqué, scié, sidéré, soufflé –LITTÉRAIRE: ébaubi –POPULAIRE: sur le cul.

surprise *nom féminin*

/ État de quelqu'un qui est surpris. SYN. abasourdissement, ahurissement, ébahissement, effarement, étonnement, saisissement, stupéfaction, stupeur –FAMILIER: épatement.

surprise-partie *nom féminin*

/ Réunion où l'on danse. SYN. bal, soirée –FAMILIER: boum –VIEUX: surboum.

sursaut *nom masculin*

/ Mouvement brusque. SYN. convulsion, frisson, haut-le-corps, secousse, soubresaut, tressaillement –LITTÉRAIRE: tressautement.

sursauter *verbe*

/ Avoir un sursaut. SYN. bondir, sauter, tressaillir –LITTÉRAIRE: tressauter.

surseoir *verbe*

/ Différer une action. SYN. ajourner, atermoyer, décaler, différer, éloigner, proroger, reculer, remettre, renvoyer, reporter, repousser, retarder, suspendre.

sursis *nom masculin*

/ Fait de remettre à plus tard. SYN. ajournement, délai, prorogation, remise, renvoi, répit, report.

surtout *adverbe*

/ Privilégie un élément. SYN. en particulier, essentiellement, notamment, particulièrement, principalement, spécialement.

surveillance *nom féminin*

/ Action de surveiller. SYN. contrôle, garde, observation, œil, supervision, vigilance.

surveillant *nom*

/ Personne qui surveille. SYN. contrôleur, garde, gardien, superviseur, veilleur.

surveiller *verbe*

/ Prendre soin de. SYN. chaperonner, garder, veiller.
/ Être attentif à. SYN. contrôler, vérifier.
/ Observer pour contrôler. SYN. avoir à l'œil, avoir l'œil sur, épier, espionner, filer, guetter, inspecter – FAMILIER : ouvrir l'œil, pister – POPULAIRE : fliquer.

surveiller (se) *verbe pronominal*

/ Être attentif à ce qu'on fait. SYN. garder ses distances, rester sur son quant-à-soi, se dominer, s'observer.

survenir *verbe*

/ LITTÉRAIRE. Arriver à l'improviste. SYN. apparaître, arriver, déboucher, débouler, faire irruption, paraître, surgir, venir.
/ Se produire brusquement. SYN. advenir, apparaître, éclater au grand jour, intervenir, percer, se déclarer, se déclencher, se faire jour, se manifester, se passer, se présenter, se produire – LITTÉRAIRE : poindre, pointer, sourdre.

survie *nom féminin*

/ Prolongement de la vie. SYN. immortalité – LITTÉRAIRE : survivance.

survivance *nom féminin*

/ LITTÉRAIRE. Fait de continuer à vivre. SYN. immortalité, survie.

survivant *nom*

/ Personne qui a survécu. SYN. miraculé, rescapé.

survivre *verbe*

/ Continuer à exister. SYN. durer, persister, rester, s'éterniser, subsister, surnager. CONTR. *succomber* – FAMILIER : *y rester.*

survoler *verbe*

/ Examiner rapidement. SYN. effleurer, glisser sur, parcourir. CONTR. *analyser, approfondir, disséquer, éplucher, étudier, s'arrêter.*

survolté *adjectif*

/ En proie à une vive excitation. SYN. bouillonnant, déchaîné, électrisé, enthousiasmé, exalté, fébrile, fougueux, frénétique, galvanisé, surchauffé, surexcité, véhément – LITTÉRAIRE : enflammé, tumultueux. CONTR. *calme, impassible, inerte, languissant, mou, paisible, serein, tranquille* – FAMILIER : *cool* – LITTÉRAIRE : *olympien.*

survolter *verbe*

/ Mettre dans un état d'excitation. SYN. chauffer, déchaîner, électriser, enfiévrer, enthousiasmer, exalter, exciter, galvaniser, surexciter – LITTÉRAIRE : enflammer.

susceptibilité *nom féminin*

/ Disposition à se vexer. SYN. hypersensibilité, irritabilité, sensibilité.

susceptible *adjectif*

/ Qui se vexe facilement. SYN. chatouilleux, excitable, hypersensible, irritable, ombrageux, pointilleux, sensitif.
/ Qui est en mesure de. SYN. à même de, apte à, capable de, de force à, de taille à, en état de, en mesure de, fait pour, propre à, sujet à.

susciter *verbe*

/ Être la cause directe de. SYN. amener, apporter, attirer, causer, coûter, créer, déchaîner, déclencher, déterminer, donner, engendrer, entraîner, éveiller, faire naître, fomenter, impliquer, induire, occasionner, procurer, produire, provoquer, valoir. CONTR. *découler, procéder, résulter, s'ensuivre.*

suspect *adjectif*

/ Qui éveille des soupçons. SYN. douteux, équivoque, inquiétant, interlope, louche, marron, trouble. CONTR. *certain, évident, fiable, net, sûr, visible.*

suspecter *verbe*

/ Mettre en cause. SYN. accuser, incriminer, soupçonner. CONTR. *se fier, s'en remettre à.*

suspendre *verbe*

/ Laisser pendre quelque chose. SYN. accrocher, attacher, fixer, pendre. CONTR. *décrocher, dépendre.*

/ Mettre un terme à. SYN. abandonner, arrêter, cesser, fermer, figer, immobiliser, interrompre, rompre, stopper. CONTR. *continuer, poursuivre, reprendre.*

/ Remettre à plus tard. SYN. ajourner, décaler, différer, proroger, reculer, remettre, renvoyer, reporter, repousser, retarder, surseoir à. CONTR. *anticiper, avancer, précipiter, rapprocher.*

/ Retirer ses fonctions à quelqu'un. SYN. dégrader, démettre, destituer, mettre en disponibilité, radier, relever. CONTR. *maintenir, réintégrer.*

suspendu *adjectif*

/ Maintenu par le haut. SYN. accroché, pendu.

/ Qui dépend de. SYN. dépendant, soumis, subordonné, tributaire. CONTR. *dissocié, distinct, indépendant.*

suspension *nom féminin*

/ Action d'interrompre. SYN. abolition, accalmie, arrêt, cessation, fermeture, fin, interruption, trêve. CONTR. *continuation, continuité, poursuite, reprise.*

suspicieux *adjectif*

/ Qui manifeste de la suspicion. SYN. défiant, méfiant, soupçonneux. CONTR. *confiant, crédule, naïf, niais.*

suspicion *nom féminin*

/ Fait de tenir pour suspect. SYN. défiance, doute, méfiance, soupçon. CONTR. *confiance.*

sustenter *verbe*

/ VIEUX. Donner à manger à. SYN. alimenter, nourrir – LITTÉRAIRE : restaurer. CONTR. *affaiblir, affamer.*

sustenter (se) *verbe pronominal*

/ FAMILIER. Prendre de la nourriture. SYN. manger, s'alimenter, se nourrir, se restaurer – LITTÉRAIRE : se repaître – POPULAIRE : becqueter, becter. CONTR. *jeûner.*

susurrement *nom masculin*

/ LITTÉRAIRE. Fait de susurrer. SYN. chuchotement, marmonnement, marmottage, marmottement, murmure – LITTÉRAIRE : chuchotis. CONTR. *cri, hurlement, vocifération.*

susurrer *verbe*

/ Dire à voix basse. SYN. chuchoter, marmonner, marmotter, murmurer, souffler – LITTÉRAIRE : gazouiller. CONTR. *crier, hurler* – FAMILIER : *beugler, brailler* – POPULAIRE : *bramer, gueuler.*

svelte *adjectif*

/ Qui est élancé. SYN. élancé, fin, fluet, fuselé, grêle, menu, mince – LITTÉRAIRE : délié, gracile. CONTR. *corpulent, épais, gras, gros, lourd, massif, puissant, râblé, replet, trapu* – FAMILIER : *bedonnant, boulot, mastoc, rond, rondouillard.*

sveltesse *nom féminin*

/ LITTÉRAIRE. Caractère svelte. SYN. élégance, finesse, minceur – LITTÉRAIRE : gracilité. CONTR. *corpulence, embonpoint, épaisseur, rondeur* – FAMILIER : *rotondité.*

sybarite *nom*

/ LITTÉRAIRE. Personne qui jouit de la vie. SYN. bon vivant, épicurien, jouisseur – VIEUX : viveur. CONTR. *ascète, puritain.*

sycophante *nom*

/ LITTÉRAIRE. Personne qui dénonce. SYN. calomniateur, délateur, dénonciateur, indicateur, rapporteur – FAMILIER : cafard, mouchard – POPULAIRE : donneur.

symbole *nom masculin*

/ Ce qui représente un concept. SYN. allégorie, attribut, emblème, figure, image, incarnation, insigne, personnification, représentation.

symbolique *adjectif*

/ Qui a le caractère d'un symbole. SYN. allégorique, emblématique, évocateur, figuratif, métaphorique, suggestif.

symboliquement *adverbe*

/ De façon symbolique. SYN. allégoriquement, figurativement, métaphoriquement.

symboliser *verbe*

/ Être le symbole de. SYN. désigner, évoquer, figurer, illustrer, incarner, personnifier, rendre, représenter, suggérer.

symétrie *nom féminin*

/ Aspect équilibré. SYN. équilibre, harmonie, régularité. CONTR. *asymétrie, dissymétrie, irrégularité.*

symétrique *adjectif*
- Caractérisé par la symétrie. CONTR. *asymétrique, dissymétrique.*
- Qui a de l'équilibre. SYN. équilibré, harmonieux, régulier. CONTR. *boiteux, déséquilibré, difforme, irrégulier.*

sympathie *nom féminin*
- Penchant naturel vers quelqu'un. SYN. affection, affinité, amitié, attachement, attirance, cordialité –LITTÉRAIRE: inclination. CONTR. *animosité, antipathie, aversion, dégoût, écœurement, haine, hostilité, inimitié, répugnance, répulsion* –LITTÉRAIRE: *animadversion.*
- Participation à la peine d'autrui. SYN. compréhension, pitié –LITTÉRAIRE: compassion. CONTR. *dureté, froideur, impassibilité, indifférence, insensibilité.*
- Disposition favorable. SYN. bienveillance, complaisance, faveur, intérêt. CONTR. *défaveur, désintérêt, prévention.*

sympathique *adjectif*
- Qui inspire de la sympathie. SYN. accueillant, affable, aimable, attirant, avenant, chaleureux, charmant, engageant, gentil –LITTÉRAIRE: amène. CONTR. *abominable, agaçant, antipathique, bilieux, déplaisant, désagréable, désobligeant, exécrable, haïssable, odieux* –FAMILIER: *impossible.*
- Qui dénote de la sympathie. SYN. amical, cordial, exquis, favorable, fraternel. CONTR. *détestable, hostile, inamical, malveillant, mauvais, rébarbatif, rebutant.*

sympathisant *nom*
- Personne qui soutient une idée. SYN. adepte, militant, partisan, prosélyte, tenant –LITTÉRAIRE: séide. CONTR. *adversaire, détracteur, ennemi, opposant.*

sympathiser *verbe*
- Éprouver de la sympathie pour. SYN. fraterniser, s'entendre. CONTR. *se battre, se brouiller, se déchirer, se quereller.*

symphonie *nom féminin*
- LITTÉRAIRE. Ensemble harmonieux. SYN. harmonie, unité. CONTR. *cacophonie, discordance* –LITTÉRAIRE: *dissonance.*

symposium *nom masculin*
- Réunion de spécialistes. SYN. colloque, conférence, congrès, débat, réunion, séminaire.

symptomatique *adjectif*
- Qui révèle un état de choses. SYN. caractéristique, éloquent, parlant, révélateur, significatif, typique.

symptôme *nom masculin*
- Ce qui présage de. SYN. alerte, annonce, indice, manifestation, marque, présage, révélateur, signal, signe –LITTÉRAIRE: prodrome, stigmate.

synchrone *adjectif*
- Qui se produit en même temps. SYN. concomitant, simultané, synchronique. CONTR. *alternatif, indépendant, séparé, successif.*

synchronique *adjectif*
- Qui se passe en même temps. SYN. concomitant, simultané, synchrone. CONTR. *alternatif, indépendant, séparé, successif.*

synchronisme *nom masculin*
- État de ce qui est synchrone. SYN. coïncidence, concomitance, concordance, simultanéité.

syncope *nom féminin*
- Perte de connaissance. SYN. défaillance, évanouissement, malaise, pâmoison –LITTÉRAIRE: faiblesse.

synonyme *adjectif*
- Se dit de termes interchangeables. SYN. équivalent, similaire, voisin. CONTR. *antonyme, différent.*

synonyme *nom masculin*
- Mot, expression synonyme. SYN. équivalent, substitut. CONTR. *antonyme, contraire.*

synopsis *nom masculin*
- Résumé d'un film. SYN. canevas, plan, scénario.

synthèse *nom féminin*
- Exposé qui résume un point. SYN. récapitulation, reprise, résumé.

synthétiser *verbe*
- Faire une synthèse. SYN. abréger, récapituler, reprendre, résumer, schématiser.

systématique *adjectif*
- Qui est fait avec méthode. SYN. logique, méthodique, ordonné, organisé, rationnel, réglé, scientifique. CONTR. *empirique.*
- Qui se fait invariablement. SYN. automatique, machinal, mécanique.

systématiquement *adverbe*

- D'une manière réglée. SYN. logiquement, méthodiquement, rationnellement, régulièrement, scientifiquement.
- D'une manière constante. SYN. automatiquement, immanquablement, par principe.

systématiser *verbe*

- Organiser en système. SYN. codifier, généraliser, normaliser, réglementer, règlementer.

système *nom masculin*

- Ensemble ordonné d'idées. SYN. doctrine, école, philosophie, théorie, thèse.
- Ensemble de pratiques organisées. SYN. méthode, organisation, structure.
- Ce qui sert à obtenir un résultat. SYN. formule, moyen, plan, procédé, processus, recette, stratégie, tactique, technique.
- Mode d'organisation politique. SYN. gouvernement, institution, régime.

tabassée *nom féminin*

- FAMILIER. Volée de coups. SYN. tripotée, volée –FAMILIER: pile, raclée, rossée –POPULAIRE: dégelée, dérouillée, pâtée, peignée, rouste, tannée, tournée, trempe –VIEUX: frottée.

tabasser *verbe*

- FAMILIER. Frapper quelqu'un. SYN. battre, brutaliser, frapper, maltraiter, rouer de coups, taper –FAMILIER: passer à tabac, rosser, talocher –LITTÉRAIRE: fouailler –POPULAIRE: cogner, dérouiller.

tableau *nom masculin*

- Description d'une situation. SYN. description, peinture, portrait, récit.
- Ce qui s'offre à la vue. SYN. scène, spectacle, vision.

tabler *verbe*

- Fonder ses calculs sur. SYN. attendre, compter sur, escompter, espérer, s'appuyer, se fier à, se promettre, se rapporter, se référer, se reposer sur, s'en remettre à, s'imaginer, spéculer.

tabou *adjectif*

- Frappé d'une interdiction. SYN. défendu, interdit, intouchable, inviolable, sacré, saint –FAMILIER: sacro-saint.

tache *nom féminin*

- Marque laissée par ce qui salit. SYN. éclaboussure, marque, moucheture, salissure, trace, traînée –LITTÉRAIRE: souillure.
- Ce qui atteint l'honneur. SYN. défaut –LITTÉRAIRE: flétrissure, souillure, tare.

tâche *nom féminin*

- Travail fixé. SYN. activité, besogne, fonction, occupation, œuvre, ouvrage, travail –LITTÉRAIRE: labeur, office –POPULAIRE: boulot. CONTR. *récréation, repos.*
- Ce qu'on doit faire. SYN. corvée, devoir, mission, obligation, pensum, rôle.

taché *adjectif*

- Marqué de taches. SYN. maculé, noir, pollué, sale, sali –LITTÉRAIRE: souillé. CONTR. *blanc, immaculé, net, propre.*

tacher *verbe*

- Faire des taches. SYN. barbouiller, marquer, salir –FAMILIER: cochonner –LITTÉRAIRE: crotter, souiller –POPULAIRE: saloper. CONTR. *blanchir, décrasser, détacher, laver, nettoyer.*
- LITTÉRAIRE. Marquer d'une tache morale. SYN. éclabousser, entacher, salir, ternir, traîner dans la boue –LITTÉRAIRE: flétrir, souiller.

tâcher *verbe*

- Faire des efforts pour. SYN. chercher à, essayer, œuvrer pour, prendre garde de, s'appliquer à, se forcer, s'efforcer de, s'employer à, s'escrimer à, s'essayer, s'évertuer à, s'ingénier à, tenter de, travailler à.

tacheté *adjectif*

- Qui présente un semis de taches. SYN. bariolé, bigarré, chamarré, moucheté, ocellé, panaché, tavelé, truité –LITTÉRAIRE: diapré, marqueté, piqueté.

– forme du tiret court

tacheter *verbe*
/ Marquer de petites taches. SYN. bigarrer, moucheter, pointiller –LITTÉRAIRE: diaprer, marqueter, piqueter.

tacite *adjectif*
/ Implicitement admis. SYN. implicite, inexprimé, informulé, sous-entendu. CONTR. *énoncé, explicite, exprès, exprimé, formel, formulé, manifeste, public.*

tacitement *adverbe*
/ De façon tacite. SYN. implicitement. CONTR. *explicitement, expressément.*

taciturne *adjectif*
/ Qui garde le silence. SYN. impénétrable, introverti, morne, morose, muet, ours, renfermé, replié, silencieux –LITTÉRAIRE: chagrin, secret. CONTR. *bavard, causeur, communicatif, démonstratif, discoureur, expansif, extraverti, exubérant, loquace, ouvert, volubile* –FAMILIER: *causant* –VIEUX: *babillard.*

taciturnité *nom féminin*
/ LITTÉRAIRE. Caractère taciturne. SYN. morosité. CONTR. *bavardage, volubilité* –FAMILIER: *bagou* –LITTÉRAIRE: *loquacité, prolixité, verbosité.*

tacot *nom masculin*
/ FAMILIER. Vieille voiture. SYN. –FAMILIER: guimbarde, tape-cul, veau –POPULAIRE: chignole, poubelle, tas de boue.

tact *nom masculin*
/ Sentiment des convenances. SYN. adresse, délicatesse, diplomatie, discrétion, doigté, formes, manières, politesse, savoir-vivre –LITTÉRAIRE: civilité, sobriété, usage. CONTR. *désinvolture, goujaterie, grossièreté, impertinence, incorrection, indélicatesse, muflerie* –LITTÉRAIRE: *irrespect, irrévérence.*

tactique *adjectif*
/ Relatif à la tactique. SYN. adroit, astucieux, diplomatique, politique, stratégique.

tactique *nom féminin*
/ Stratégie utilisée. SYN. marche, méthode, plan, politique, recette, stratégie, système.

taillade *nom féminin*
/ Entaille dans les chairs. SYN. balafre, blessure, coupure, entaille, estafilade, incision.

taillader *verbe*
/ Faire des entailles dans. SYN. balafrer, blesser, buriner, couper, déchiqueter, déchirer, entailler, entamer, inciser, labourer, lacérer, raviner.

taille *nom féminin*
/ Hauteur du corps humain. SYN. grandeur, hauteur, stature –FAMILIER: gabarit.
/ Dimension de quelque chose. SYN. calibre, dimension, envergure, format, gabarit, grandeur, grosseur, hauteur, importance, mesure, proportions.
/ Action de tailler. SYN. coupe, élagage, émondage.

taillé *adjectif*
/ Qui a telle carrure. SYN. bâti, charpenté, découplé, proportionné –LITTÉRAIRE: membré.
/ Qui a les aptitudes pour. SYN. apte à, capable de, de force à, fait pour, propre à.

tailler *verbe*
/ Couper pour donner une forme. SYN. cisailler, couper, ébrancher, élaguer, émonder, étêter, sectionner, trancher.

tailler (se) *verbe pronominal*
/ POPULAIRE. Prendre la fuite. SYN. déguerpir, fuir, partir, prendre le large, se sauver, s'enfuir –FAMILIER: décamper, détaler, ficher le camp, filer –POPULAIRE: cavaler, décaniller, se barrer, se calter, se carapater, se casser, se cavaler, se débiner, se tirer.

taillis *nom masculin*
/ Ensemble d'arbustes. SYN. broussaille, buisson, fourré, hallier.

taire *verbe*
/ Ne pas dire quelque chose. SYN. cacher, dissimuler, occulter, omettre, passer sous silence –LITTÉRAIRE: celer. CONTR. *affirmer, apprendre, aviser, communiquer, confesser, confier, débiter, déclarer, dévoiler, dire, divulguer, ébruiter, éventer, faire part de, faire savoir, informer, proférer, raconter, révéler* –FAMILIER: *déballer.*
/ LITTÉRAIRE. Cacher un sentiment. SYN. contenir, garder, refouler, rentrer –LITTÉRAIRE: renfoncer. CONTR. *afficher, étaler, exhiber, exprimer, extérioriser, montrer.*

taire (se) *verbe pronominal*
/ Garder le silence. SYN. avoir la langue liée, avoir perdu sa langue, fermer sa bouche, ne dire mot, ne pas desserrer les dents, ne pas dire un mot, ne pas piper, ne souffler mot, rester bouche cousue –FAMILIER: fermer son bec, tenir sa langue –POPULAIRE: fermer sa boîte, fermer sa gueule, la boucler, s'écraser. CONTR. *bavarder, causer, conférer, converser, crier, discourir, intervenir, ouvrir la bouche, parler, prendre la parole, retrouver sa langue, s'exprimer* –FAMILIER: *avoir la langue bien pendue, bavasser, en placer une, ne pas avoir sa langue dans sa poche* –LITTÉRAIRE: *s'épancher* –POPULAIRE: *l'ouvrir.*

talent *nom masculin*
/ Aptitude particulière. SYN. adresse, aptitude, art, capacité, chic, dextérité, disposition, don, faculté, génie, habileté, ingéniosité, instinct, maestria, patte, savoir-faire. CONTR. *faiblesse, inhabileté.*

talentueusement *adverbe*
/ Avec talent. SYN. brillamment, de main de maître, magistralement –LITTÉRAIRE: expertement.

talentueux *adjectif*
/ Qui a du talent. SYN. brillant, doué, génial, habile, ingénieux. CONTR. *nul.*

talisman *nom masculin*
/ Objet ayant une action protectrice. SYN. amulette, fétiche, grigri, gri-gri, mascotte, porte-bonheur.

talle *nom féminin*
/ Nouvelle pousse. SYN. drageon, pousse, rejeton, scion, surgeon.

taloche *nom féminin*
/ FAMILIER. Coup donné sur la figure. SYN. claque, gifle, tape –ARGOTIQUE: mornifle –FAMILIER: calotte –LITTÉRAIRE: soufflet –POPULAIRE: baffe, beigne, mandale, tarte.

talocher *verbe*
/ VIEUX. Donner une gifle. SYN. claquer, gifler –FAMILIER: calotter –LITTÉRAIRE: souffleter.

talonner *verbe*
/ Tourmenter quelqu'un. SYN. assaillir, assiéger, hanter, harceler, poursuivre, relancer –FAMILIER: secouer –LITTÉRAIRE: importuner, obséder, presser.

talus *nom masculin*
/ Terrain en pente. SYN. chaussée, pente, remblai.

tambouille *nom féminin*
/ POPULAIRE. Cuisine médiocre. SYN. cuisine, mangeaille –FAMILIER: fricot –POPULAIRE: bouffe, frichti.

tambourinage ou **tambourinement** *nom masculin*
/ Action de tambouriner. SYN. battement, frappement, martèlement, tapotage, tapotement.

tambouriner *verbe transitif*
/ Annoncer bruyamment. SYN. claironner, clamer, corner –FAMILIER: carillonner –LITTÉRAIRE: proclamer –VIEUX: trompeter.

tambouriner *verbe transitif indirect*
/ Donner des coups répétés sur. SYN. cogner, frapper, marteler, taper, tapoter.

tamis *nom masculin*
/ Ustensile servant à tamiser. SYN. blutoir, crible, sas, van.

tamisé *adjectif*
/ Se dit d'une lumière douce. SYN. diffus, pâle, voilé. CONTR. *cru, éblouissant, éclatant, vif, violent.*

tamiser *verbe*
/ Passer à travers un crible. SYN. bluter, cribler, filtrer, passer, sasser, trier.
/ Diminuer l'intensité de la lumière. SYN. estomper, filtrer, modérer –LITTÉRAIRE: ouater, tempérer, voiler. CONTR. *accentuer, aviver.*

tamponnage *nom masculin*
/ Action de tamponner. SYN. accrochage, choc, collision, heurt, rencontre, tamponnement, télescopage.

tamponnement *nom masculin*
/ Rencontre brutale de véhicules. SYN. accrochage, choc, collision, heurt, rencontre, tamponnage, télescopage.

tamponner *verbe*
/ Heurter violemment. SYN. accrocher, cogner, emboutir, percuter, télescoper –POPULAIRE: emplafonner.

tamponner (se) *verbe pronominal*
/ Entrer en collision. SYN. se heurter, se rencontrer, se télescoper.

tam-tam *nom masculin*
/ FAMILIER. Publicité tapageuse. SYN. bruit, campagne, matraquage, pilonnage –FAMILIER: battage.

tancer *verbe*
/ LITTÉRAIRE. Réprimander sévèrement. SYN. chapitrer, corriger, gronder, houspiller, morigéner, reprendre, réprimander, sermonner –FAMILIER: attraper, disputer, enguirlander –LITTÉRAIRE: admonester, flageller, fustiger, gourmander, quereller, remiser, semoncer –POPULAIRE: engueuler.

tandis que *locution conjonctive*
/ Marque la simultanéité. SYN. comme, pendant que.
/ Marque l'opposition. SYN. alors que, bien que, pendant que, quoique –LITTÉRAIRE: cependant que.

tangage *nom masculin*
/ Balancement d'un navire. SYN. ballottement, brimbalement, oscillation.

tangible *adjectif*
/ Qu'on peut toucher. SYN. matériel, palpable, réel, sensible. CONTR. *impalpable, inexistant, irréel.*
/ Qu'on ne peut mettre en doute. SYN. certain, concret, effectif, évident, incontestable, indubitable, irrécusable, manifeste. CONTR. *contestable, discutable, douteux, incertain.*

tangiblement *adverbe*
/ De manière tangible. SYN. concrètement, effectivement, matériellement, physiquement, réellement.

tanguer *verbe*
/ Être soumis au tangage. SYN. bringuebaler, brinquebaler, cahoter, osciller, se balancer.
/ FAMILIER. Osciller dans sa marche. SYN. chanceler, flageoler, tituber, trébucher, vaciller, zigzaguer.
/ FAMILIER. Bouger en tous sens. SYN. ballotter, branler, dodeliner –LITTÉRAIRE: baller.

tanière *nom féminin*
/ Abri naturel pour les animaux. SYN. bauge, caverne, terrier –LITTÉRAIRE: antre.
/ LITTÉRAIRE. Habitation misérable. SYN. bauge, bouge, cahute, masure, nid à rats, taudis –FAMILIER: baraque, écurie, porcherie –LITTÉRAIRE: chenil, galetas –POPULAIRE: gourbi.
/ LITTÉRAIRE. Lieu où quelqu'un vit retiré. SYN. cache, cachette, repaire, retraite –LITTÉRAIRE: antre –POPULAIRE: planque.

tannant *adjectif*
/ FAMILIER. Qui importune. SYN. ennuyeux, fatigant –FAMILIER: assommant, barbant, casse-pieds, embêtant, enquiquinant, soûlant, tuant –POPULAIRE: canulant, chiant, emmerdant, suant.

tanné *adjectif*
/ Qui a la peau brunie. SYN. basané, bistre, bronzé, bruni, doré, hâlé –LITTÉRAIRE: boucané.

tannée *nom féminin*
/ POPULAIRE. Volée de coups. SYN. tripotée, volée –FAMILIER: pile, raclée, rossée, tabassée –POPULAIRE: dégelée, dérouillée, pâtée, peignée, rouste, tournée, trempe –VIEUX: frottée.

tanner *verbe*
/ Donner un aspect hâlé. SYN. bronzer, brunir, dorer, hâler.
/ FAMILIER. Harceler quelqu'un. SYN. assommer, ennuyer, fatiguer –FAMILIER: barber, bassiner, casser les pieds, embêter, empoisonner, enquiquiner, faire suer, raser –POPULAIRE: cavaler, emmerder, faire chier.

tant *adverbe*
/ Indique une grande quantité. SYN. autant, tellement –FAMILIER: comme ce n'est pas permis.
/ *En tant que.* SYN. à titre de, comme, en qualité de.

tapage *nom masculin*
/ Bruit confus. SYN. brouhaha, charivari, tintamarre, tumulte, vacarme –FAMILIER: boucan, chahut, chambard, pétard, potin, raffut, tintouin, tohu-bohu –LITTÉRAIRE: hourvari –POPULAIRE: barouf, baroufe, bastringue, ramdam –VIEUX: sabbat. CONTR. *calme, silence.*

tapageur *adjectif*
/ Qui fait du tapage. SYN. bruyant, criard, turbulent. CONTR. *muet, sage, silencieux, tranquille.*

/ Qui cherche à attirer l'attention. SYN. fracassant, voyant – FAMILIER : tape-à-l'œil – LITTÉRAIRE : tumultueux. CONTR. *discret* – LITTÉRAIRE : *secret.*

tapant *adjectif*

/ Se dit d'une heure pile. SYN. juste, précis, sonnant – FAMILIER : pétant.

tape *nom féminin*

/ Coup donné avec la main. SYN. chiquenaude, claque, gifle, pichenette – FAMILIER : calotte, taloche – POPULAIRE : baffe, tarte.

tapé *adjectif*

/ FAMILIER. Qui a l'esprit dérangé. SYN. dérangé, désaxé, déséquilibré, fou – FAMILIER : braque, cinglé, détraqué, dingue, fada, fêlé, frappé, loufoque, maboul, malade, marteau, piqué, ravagé, timbré, toc-toc, toqué, zinzin – POPULAIRE : allumé, barge, barjo, branque, brindezingue, cinoque, cintré, déjanté, dingo, folingue, fondu, frapadingue, givré, jeté, louf, louftingue, sinoc, sinoque, siphonné, sonné, tordu.

tape-à-l'œil *adjectif*

/ FAMILIER. Destiné à éblouir. SYN. clinquant, criard, tapageur, voyant. CONTR. *discret, modeste.*

tapée *nom féminin*

/ FAMILIER. Grande quantité. SYN. armée, avalanche, bataillon, déluge, flot, foule, infinité, masse, monceau, montagne, multitude, myriade, quantité, tas – FAMILIER : cargaison, flopée, foultitude, paquet, pelletée, régiment, ribambelle, tripotée – LITTÉRAIRE : essaim. CONTR. *atome, bribe, brin, doigt, goutte, grain, gramme, miette, nuage, once, parcelle, poignée, pointe, soupçon, teinte, trace* – LITTÉRAIRE : *liard, ombre.*

taper *verbe*

/ Frapper à la porte, etc. SYN. frapper, tambouriner, tapoter.
/ Venir heurter quelque chose. SYN. battre, choquer, claquer, cogner, heurter.
/ Donner des coups à quelqu'un. SYN. battre, brutaliser, claquer, corriger, frapper, maltraiter, rouer de coups – FAMILIER : rosser, tabasser, talocher – LITTÉRAIRE : fouailler – POPULAIRE : cogner, dérouiller.

taper (se) *verbe pronominal*

/ POPULAIRE. Prendre en charge. SYN. se charger – FAMILIER : s'appuyer, se coltiner, s'enfiler – POPULAIRE : se farcir, s'envoyer.
/ FAMILIER. S'offrir une chose agréable. SYN. – FAMILIER : s'enfiler, siffler – POPULAIRE : s'envoyer.

tapette *nom féminin*

/ Petite tape. SYN. chiquenaude, pichenette.

tapi *adjectif*

/ LITTÉRAIRE. Qui est comme caché. SYN. blotti, caché, camouflé, réfugié – POPULAIRE : planqué.

tapiner *verbe*

/ POPULAIRE. Se livrer à la prostitution. SYN. se prostituer – ARGOTIQUE : michetonner – POPULAIRE : faire le tapin, faire le trottoir.

tapinois (en) *locution adverbiale*

/ En se cachant. SYN. à la dérobée, discrètement, en cachette, en catimini, en secret, furtivement, secrètement, sournoisement, sous le manteau – FAMILIER : en douce – LITTÉRAIRE : sourdement, subrepticement. CONTR. *à découvert, franchement, officiellement, ouvertement.*

tapir (se) *verbe pronominal*

/ Se mettre à l'abri. SYN. se blottir, se cacher, se camoufler, se dérober, se dissimuler – POPULAIRE : se planquer.

tapis *nom masculin*

/ LITTÉRAIRE. Ce qui couvre une surface. SYN. couche, lit, litière – LITTÉRAIRE : linceul.

tapisser *verbe*

/ Couvrir une surface. SYN. joncher, parsemer, recouvrir, revêtir, saupoudrer.

tapotement ou **tapotage** *nom masculin*

/ Action de tapoter. SYN. battement, frappement, martèlement, tambourinage, tambourinement.

tapoter *verbe*

/ Donner de petits coups sur. SYN. cogner, frapper, marteler, tambouriner, taper.

taquin *adjectif*
/ Qui aime taquiner. SYN. coquin, espiègle, facétieux, gouailleur, malicieux, railleur –FAMILIER: blagueur, chineur –LITTÉRAIRE: moqueur.

taquiner *verbe*
/ S'amuser à contrarier quelqu'un. SYN. faire marcher, mettre en boîte, plaisanter, se moquer de –FAMILIER: asticoter, blaguer, chambrer, chatouiller, chiner, titiller –POPULAIRE: charrier.

tarabiscoté *adjectif*
/ FAMILIER. Exagérément recherché. SYN. alambiqué, compliqué, contourné, farfelu, maniéré, tourmenté. CONTR. *simple, sobre.*

tarabuster *verbe*
/ FAMILIER. Tourmenter en paroles. SYN. harceler, houspiller, persécuter, rudoyer –FAMILIER: asticoter, chicaner –LITTÉRAIRE: importuner –POPULAIRE: canuler.
/ FAMILIER. Être un sujet de préoccupation. SYN. hanter, inquiéter, miner, obnubiler, obséder, poursuivre, préoccuper, tracasser, travailler –FAMILIER: chiffonner, turlupiner.

tarauder *verbe*
/ Creuser un trou dans. SYN. forer, percer, perforer.
/ Causer du tourment à. SYN. hanter, inquiéter, miner, obnubiler, obséder, préoccuper, tenailler, tracasser, travailler –FAMILIER: turlupiner.

tard *adverbe*
/ Longtemps après le temps normal. SYN. tardivement. CONTR. *prématurément, tôt* –LITTÉRAIRE: *précocement.*

tarder *verbe*
/ Être lent à agir. SYN. musarder, traîner –FAMILIER: lambiner, lanterner, traînailler, traînasser –LITTÉRAIRE: muser. CONTR. *accourir, se dépêcher, se hâter* –FAMILIER: *s'activer* –POPULAIRE: *se dégrouiller, se grouiller, se magner, se manier.*

tardif *adjectif*
/ Qui arrive tard. SYN. tard venu. CONTR. *anticipé, hâtif, précoce, prématuré.*

tardivement *adverbe*
/ De manière tardive. SYN. à une heure avancée, tard –FAMILIER: à pas d'heure. CONTR. *avant l'heure, bientôt, prématurément, tôt* –LITTÉRAIRE: *précocement.*

tare *nom féminin*
/ Défaut physique ou psychique. SYN. défaut, déficience, faiblesse, imperfection, maladie, malformation. CONTR. *qualité.*
/ LITTÉRAIRE. Ce qui nuit à un groupe. SYN. tache, vice –LITTÉRAIRE: flétrissure, souillure.

taré *adjectif*
/ POPULAIRE. Dépourvu d'intelligence. SYN. bête, bête à manger du foin, bête à pleurer, borné, débile, dégénéré, demeuré, idiot, imbécile, nul, sot, stupide –FAMILIER: bête comme ses pieds, bouché –POPULAIRE: con.
/ Gâté par un défaut. SYN. avarié, pourri.

targuer (se) *verbe pronominal*
/ Tirer vanité de. SYN. prétendre, se faire fort de, se faire gloire, se flatter, se glorifier, se piquer, se prévaloir, se vanter, s'enorgueillir, s'honorer.

tarif *nom masculin*
/ Ce que coûte quelque chose. SYN. coût, montant, prix, taux.

tarin *nom masculin*
/ POPULAIRE. Nez. SYN. –ARGOTIQUE: nase –FAMILIER: appendice, patate, truffe –POPULAIRE: blair, blase, blaze, pif, quart de brie.

tarir *verbe intransitif*
/ S'épuiser progressivement. SYN. cesser, disparaître, prendre fin, s'arrêter.

tarir *verbe transitif*
/ Mettre à sec. SYN. assécher, dessécher, épuiser.
/ Épuiser la source de quelque chose. SYN. anéantir, consumer, engloutir, éteindre, ruiner, stériliser –LITTÉRAIRE: dissiper.

tarissement *nom masculin*
/ Fait de se tarir. SYN. assèchement, épuisement.

tarte *adjectif*
/ FAMILIER. Qui est un peu ridicule. SYN. idiot, sot, stupide –FAMILIER: bébête –POPULAIRE: cucul, cucul la praline, lourdingue, nouille, tartignole.

tarte *nom féminin*
/ POPULAIRE. Coup sur la joue. SYN. claque, gifle, tape –FAMILIER: calotte, taloche –LITTÉRAIRE: soufflet –POPULAIRE: baffe, beigne, torgnole.

tartine *nom féminin*

/ FAMILIER. Long développement. SYN. développement, discours, dissertation – FAMILIER: harangue, laïus.

tartufe ou **tartuffe** *nom masculin*

/ LITTÉRAIRE. Faux dévot. SYN. bigot – FAMILIER: bondieusard, calotin, grenouille de bénitier, punaise de sacristie, rat d'église – LITTÉRAIRE: cafard, cagot, pharisien.

/ Personne fourbe. SYN. comédien, fourbe, hypocrite, imposteur, jésuite, traître – FAMILIER: faux jeton – POPULAIRE: faux cul, faux derche.

tartuferie ou **tartufferie** *nom féminin*

/ LITTÉRAIRE. Comportement fourbe. SYN. dissimulation, duplicité, fausseté, fourberie, hypocrisie – LITTÉRAIRE: insincérité, pharisaïsme – VIEUX: jésuitisme.

/ LITTÉRAIRE. Dévotion excessive. SYN. – FAMILIER: bigoterie, bigotisme, bondieuserie – LITTÉRAIRE: cagoterie.

tas *nom masculin*

/ Accumulation de choses. SYN. agglomération, amas, amoncellement, empilement, entassement, masse, monceau, montagne, pile.

/ Grande quantité de. SYN. armée, avalanche, bataillon, cascade, collection, déluge, flot, flux, foule, infinité, kyrielle, multitude, myriade, nuée, paquet, pléiade, quantité, ramassis – FAMILIER: armada, cargaison, flopée, foultitude, pelletée, régiment, ribambelle, tapée, tripotée – LITTÉRAIRE: averse, essaim. CONTR. *atome, bribe, brin, doigt, goutte, grain, gramme, miette, nuage, once, parcelle, poignée, pointe, soupçon, teinte, trace* – LITTÉRAIRE: *liard, ombre.*

tassé *adjectif*

/ Resserré dans un petit espace. SYN. compact, dense, dru, pressé. CONTR. *épars.*

/ Courbé par l'âge. SYN. cassé, rabougri, ramassé, ratatiné, recroquevillé, voûté.

tassement *nom masculin*

/ Cessation d'une évolution. SYN. affaissement, baisse, engourdissement, récession, sclérose. CONTR. *croissance, hausse.*

tasser *verbe*

/ Resserrer dans un petit espace. SYN. compresser, comprimer, empiler, entasser, serrer. CONTR. *espacer.*

tasser (se) *verbe pronominal*

/ Être recroquevillé. SYN. se rabougrir, se recroqueviller, se voûter – FAMILIER: se ratatiner.

/ Se serrer dans un espace réduit. SYN. se presser, se serrer, s'entasser – FAMILIER: s'empiler. CONTR. *se débander, se disperser, s'éparpiller* – LITTÉRAIRE: *essaimer.*

/ FAMILIER. Revenir à la normale. SYN. s'arranger, se calmer. CONTR. *aller de mal en pis, dégénérer, empirer, s'aggraver, se compliquer.*

tâter *verbe transitif*

/ Toucher avec la main. SYN. manier, manipuler, palper.

tâter *verbe transitif indirect*

/ FAMILIER. Faire l'expérience de. SYN. éprouver, essayer, expérimenter, goûter, s'essayer, tester.

tâter (se) *verbe pronominal*

/ FAMILIER. Être indécis. SYN. atermoyer, balancer, flotter, ne pas savoir sur quel pied danser, peser le pour et le contre, s'interroger, tergiverser, y regarder à deux fois – VIEUX: barguigner, être entre le zist et le zest. CONTR. *agir, choisir, décider, opter, oser, se décider, se déterminer, se lancer, se prononcer, trancher.*

tatillon *adjectif*

/ Attaché aux petits détails. SYN. maniaque, méticuleux, minutieux, pointilleux, regardant – LITTÉRAIRE: vétilleux.

tâtonnement *nom masculin*

/ Fait de tâtonner. SYN. hésitation, oscillation.

tâtonner *verbe*

/ Procéder par essais successifs. SYN. avancer sur la pointe des pieds, hésiter, osciller, tergiverser.

taudis *nom masculin*

/ Logement misérable. SYN. bauge, bouge, cahute, masure, nid à rats – FAMILIER: baraque, écurie, porcherie – LITTÉRAIRE: chenil, galetas, tanière – POPULAIRE: gourbi.

tautologie *nom féminin*

/ Répétition d'une même idée. SYN. lapalissade, pléonasme, redite, redondance, répétition, truisme, vérité de la Palice.

taux *nom masculin*

/ Prix fixé par une convention. SYN. barème, montant, prix, tarif.

tavelé *adjectif*

/ Marqué de petites taches. SYN. moucheté, tacheté, tigré.

taverne *nom féminin*

/ VIEUX. Lieu où l'on sert à boire. SYN. bar, estaminet, gargote –FAMILIER: bistro, bistrot, boui-boui, troquet –POPULAIRE: bistroquet, bousin, mastroquet –VIEUX: cabaret.

taxer *verbe*

/ Soumettre à un impôt. SYN. charger, grever, imposer. CONTR. *dégrever, détaxer, exempter, exonérer.*

/ Qualifier quelqu'un de. SYN. accuser, imputer, traiter de.

taxidermie *nom féminin*

/ Art d'empailler les animaux. SYN. empaillage, naturalisation.

taxidermiste *nom*

/ Personne qui empaille les animaux. SYN. empailleur, naturaliste.

tchao ! *interjection*

/ FAMILIER. Formule de salutation. SYN. adieu !, au revoir !, bonsoir ! –FAMILIER: bye bye !, salut !

tchatche *nom féminin*

/ FAMILIER. Facilité de parole. SYN. verbiage, verve, volubilité –FAMILIER: bagou, bagout –LITTÉRAIRE: faconde, loquacité, prolixité, verbosité.

tchatcher *verbe*

/ FAMILIER. Parler beaucoup. SYN. babiller, bavarder, caqueter, palabrer, parler –FAMILIER: bavasser, discutailler, disputailler, faire la causette, faire un brin de causette, jacasser, papoter –POPULAIRE: discuter le bout de gras, discuter le coup.

technicien *nom*

/ Personne qualifiée. SYN. expert, professionnel, spécialiste. CONTR. *amateur, dilettante.*

technique *nom féminin*

/ Ensemble de procédés. SYN. art, métier, pratique –LITTÉRAIRE: faire.

/ Caractère habile. SYN. brio, habileté, maestria, maîtrise, savoir-faire, tour de main, virtuosité.

/ Façon de procéder. SYN. mécanisme, méthode, procédé, recette, secret, système –FAMILIER: combine, truc.

teigne *nom féminin*

/ FAMILIER. Personne méchante. SYN. peste –FAMILIER: chameau, poison, rosse –POPULAIRE: charogne, peau de vache, punaise, vache.

teigneux *adjectif*

/ FAMILIER. Qui montre de la hargne. SYN. agressif, bilieux, hargneux, méchant, mordant, querelleur, rageur, rogue –LITTÉRAIRE: acrimonieux.

teindre *verbe*

/ LITTÉRAIRE. Donner une couleur à. SYN. colorer, teinter. CONTR. *blanchir, décolorer, pâlir.*

teint *nom masculin*

/ Coloration du visage. SYN. carnation, couleur.

teinte *nom féminin*

/ Couleur nuancée. SYN. coloration, coloris, couleur, nuance, ton.

/ Petite dose de. SYN. atome, bribe, brin, doigt, goutte, grain, gramme, nuage, once, parcelle, pointe, soupçon, touche, trace –LITTÉRAIRE: ombre, trait –POPULAIRE: chouia. CONTR. *infinité, masse, monceau, tas, torrent.*

teinter *verbe*

/ Donner une teinte. SYN. colorer, colorier, peindre –LITTÉRAIRE: teindre. CONTR. *blanchir, décolorer, pâlir.*

/ LITTÉRAIRE. Donner tel caractère à. SYN. accompagner, imprégner, nuancer –LITTÉRAIRE: colorer.

teinture *nom féminin*

/ Préparation servant à teindre. SYN. colorant, couleur.

/ Connaissance superficielle. SYN. notion, vernis.

tel *adjectif*

/ De cette nature. SYN. pareil, semblable.

télégraphique *adjectif*

/ Se dit d'un style très concis. SYN. elliptique, laconique, lapidaire. CONTR. *bavard, diffus, prolixe, redondant, verbeux.*

téléphoner *verbe*

/ Communiquer par le téléphone. SYN. appeler, passer un coup de fil – FAMILIER : bigophoner.

télescopage *nom masculin*

/ Action de se télescoper. SYN. accrochage, choc, collision, heurt, rencontre, tamponnage, tamponnement.

télescoper *verbe*

/ Heurter violemment un véhicule. SYN. accrocher, emboutir, percuter, tamponner – POPULAIRE : emplafonner.

télescoper (se) *verbe pronominal*

/ Entrer en collision. SYN. se caramboler, se rencontrer, se tamponner – POPULAIRE : se rentrer dedans, s'emplafonner.

/ LITTÉRAIRE. Empiéter l'un sur l'autre. SYN. se rencontrer, s'interpénétrer.

télévision *nom féminin*

/ Poste récepteur d'images et de sons. SYN. petit écran, poste, T.V. – FAMILIER : étrange lucarne, télé – POPULAIRE : téloche.

tellement *adverbe*

/ Marque l'intensité. SYN. si, tant – FAMILIER : comme ce n'est pas permis.

téméraire *adjectif*

/ Qui montre de la témérité. SYN. audacieux, brave, hardi, intrépide – FAMILIER : casse-cou. CONTR. *capitulard, circonspect, craintif, pleutre, poltron, timoré* – FAMILIER : *froussard* – LITTÉRAIRE : *couard, pusillanime* – VIEUX : *capon.*

/ Inspiré par une audace extrême. SYN. aventuré, aventureux, hasardeux, imprudent, osé, périlleux, risqué. CONTR. *prudent, raisonnable, réfléchi.*

témérairement *adverbe*

/ LITTÉRAIRE. De façon téméraire. SYN. imprudemment, intrépidement – LITTÉRAIRE : crânement, hardiment. CONTR. *prudemment, sagement.*

témérité *nom féminin*

/ Hardiesse inconsidérée. SYN. audace, hardiesse, imprudence, intrépidité – FAMILIER : cran. CONTR. *circonspection, crainte, lâcheté, poltronnerie, prudence, sagesse* – LITTÉRAIRE : *couardise, pleutrerie, pusillanimité.*

témoignage *nom masculin*

/ Action de relater un fait. SYN. déposition, rapport, récit, relation.

/ Acte qui témoigne d'un sentiment. SYN. démonstration, gage, manifestation, marque, preuve, protestation, signe.

/ Ce qui témoigne de. SYN. attestation, document, indice, témoin – LITTÉRAIRE : stigmate.

témoigner *verbe transitif*

/ Faire connaître ses sentiments. SYN. afficher, faire montre de, manifester, marquer, porter, prodiguer.

/ LITTÉRAIRE. Être la preuve de. SYN. accuser, attester, démontrer, dénoter, indiquer, prouver, révéler, signifier, trahir.

témoigner *verbe transitif indirect*

/ Servir de preuve à. SYN. accuser, assurer, attester, démontrer, faire foi, garantir, indiquer, manifester, marquer, montrer, prouver, révéler, signifier, trahir.

témoin *nom masculin*

/ Personne qui assiste à. SYN. assistant, auditeur, spectateur. CONTR. *acteur, protagoniste.*

/ Ce qui rappelle quelque chose. SYN. preuve, souvenir, témoignage – LITTÉRAIRE : stigmate, vestige.

tempérament *nom masculin*

/ Façon d'être. SYN. caractère, constitution, esprit, humeur, nature, naturel, personnalité, trempe – VIEUX : complexion.

tempérance *nom féminin*

/ Fait de maîtriser ses désirs. SYN. chasteté, mesure, retenue. CONTR. *débauche, dépravation, dévergondage, excès* – LITTÉRAIRE : *dissolution, licence.*

/ Caractère tempérant. SYN. ascétisme, frugalité, sobriété. CONTR. *gloutonnerie, goinfrerie, gourmandise, intempérance, ivresse.*

tempérant *adjectif*

/ LITTÉRAIRE. Qui montre de la sobriété. SYN. ascétique, sobre, spartiate – LITTÉRAIRE : frugal. CONTR. *glouton, goulu, intempérant* – FAMILIER : *goinfre.*

tempérer *verbe*

/ LITTÉRAIRE. Affaiblir l'intensité de. SYN. adoucir, atténuer, calmer, corriger, émousser, freiner, limiter, modérer, nuancer, tamiser – LITTÉRAIRE : attiédir, régler. CONTR. *aiguillonner, déchaîner, exaspérer, exciter, intensifier.*

tempête *nom féminin*

/ Perturbation atmosphérique. SYN. bourrasque, cyclone, ouragan, tornade, typhon – FAMILIER : coup de tabac – LITTÉRAIRE : tourmente.

/ Violente agitation. SYN. bouillonnement, cataclysme, débordement, déchaînement, déferlement, explosion, frénésie, tumulte – LITTÉRAIRE : bourrasque, commotion, tourbillon, tourmente, turbulence. CONTR. *calme, tranquillité.*

tempêter *verbe*

/ Manifester sa colère. SYN. crier, fulminer, hurler, maudire, pester, protester, récriminer, se déchaîner, se fâcher, tonitruer, tonner, vitupérer – FAMILIER : déblatérer, exploser, fumer, rager – POPULAIRE : gueuler, pousser un coup de gueule, pousser une gueulante.

tempétueux *adjectif*

/ LITTÉRAIRE. Caractérisé par de l'agitation. SYN. agité, houleux, mouvementé, orageux, tourmenté, troublé – LITTÉRAIRE : tourbillonnant, tumultueux. CONTR. *paisible, serein, tranquille.*

/ LITTÉRAIRE. Sujet à des colères. SYN. coléreux, emporté, irascible, irritable, rageur, soupe au lait – LITTÉRAIRE : atrabilaire, colérique.

tempo *nom masculin*

/ Vitesse d'exécution d'une œuvre. SYN. cadence, mesure, mouvement, rythme.

temporaire *adjectif*

/ Qui ne dure qu'un temps. SYN. discontinu, éphémère, fugace, intérimaire, momentané, passager, provisoire, transitoire. CONTR. *constant, définitif, durable, éternel, permanent, perpétuel, persévérant, stable.*

temporairement *adverbe*

/ De façon temporaire. SYN. fugitivement, momentanément, passagèrement, provisoirement – LITTÉRAIRE : transitoirement. CONTR. *constamment, définitivement, durablement, en permanence, perpétuellement, toujours* – LITTÉRAIRE : *sempiternellement.*

temporel *adjectif*

/ Qui a une durée limitée. SYN. éphémère, fini, mortel, passager. CONTR. *infini, perpétuel, sempiternel* – LITTÉRAIRE : *éternel.*

/ Qui concerne la matière. SYN. concret, matériel – LITTÉRAIRE : terrestre. CONTR. *spirituel* – LITTÉRAIRE : *immatériel.*

temporiser *verbe*

/ Gagner du temps. SYN. atermoyer, attendre, balancer, tergiverser. CONTR. *agir, se dépêcher, se hâter* – FAMILIER : *s'activer* – POPULAIRE : *se grouiller.*

temps *nom masculin*

/ Durée mesurable. SYN. délai, durée, marge, répit, sursis.

/ Phase d'une action. SYN. échelon, étape, palier, point, stade.

/ Époque particulière. SYN. date, époque, instant, jour, moment.

/ Moment favorable à. SYN. heure, moment, occasion, période – LITTÉRAIRE : saison.

temps *nom masculin pluriel*

/ Période historique. SYN. âges, époque, ère, siècles – LITTÉRAIRE : jours.

tenable *adjectif*

/ Que l'on peut supporter. SYN. acceptable, supportable, tolérable, vivable. CONTR. *impossible, insupportable, intenable, intolérable, pénible* – FAMILIER : *invivable.*

/ Qu'on peut faire tenir en place. SYN. disciplinable, obéissant, sage. CONTR. *indiscipliné, intenable* – FAMILIER : *impossible.*

tenace *adjectif*

/ Qui est difficile à enlever. SYN. adhérent, indélébile, ineffaçable, rebelle.

/ Qui se maintient. SYN. chronique, dur, durable, indéracinable, inébranlable, inextirpable, résistant, solide, vivace – LITTÉRAIRE : robuste. CONTR. *délicat, éphémère, extirpable, fragile, fugace, fugitif, momentané, passager, précaire.*

/ Très attaché à ses idées. SYN. acharné, buté, coriace, entêté, farouche, ferme, inlassable, obstiné, opiniâtre, patient, persévérant, résolu, têtu, volontaire. CONTR. *capricieux, changeant, frêle, velléitaire, volage* – LITTÉRAIRE : *ondoyant.*

tenacement *adverbe*

/ LITTÉRAIRE. De façon tenace. SYN. farouchement, fermement, inébranlablement, obstinément, opiniâtrement, résolument. CONTR. *à la légère, légèrement, superficiellement.*

ténacité *nom féminin*

/ Caractère tenace de quelqu'un. SYN. acharnement, détermination, entêtement, fermeté, obstination, patience, persévérance, persistance, volonté – LITTÉRAIRE: opiniâtreté, pugnacité. CONTR. *abandon, capitulation, découragement, renoncement, renonciation* – LITTÉRAIRE: *versatilité.*

tenailler *verbe*

/ Faire subir une vive souffrance. SYN. bourreler, étreindre, hanter, harceler, lanciner, miner, obnubiler, obséder, poursuivre, ronger, tarauder, torturer, tourmenter – LITTÉRAIRE: posséder, supplicier.

tenant *nom masculin*

/ Personne qui soutient une idée. SYN. adepte, apôtre, avocat, champion, défenseur, partisan, soutien, sympathisant – LITTÉRAIRE: souteneur.

tendance *nom féminin*

/ Disposition qui pousse à agir. SYN. disposition, facilité, inclination, instinct, penchant, pente, prédisposition, propension.

/ Orientation particulière. SYN. orientation, tournure.

tendancieusement *adverbe*

/ De façon tendancieuse. SYN. arbitrairement, aveuglément, partialement, subjectivement – LITTÉRAIRE: inéquitablement. CONTR. *équitablement, impartialement, objectivement, scientifiquement, scrupuleusement.*

tendancieux *adjectif*

/ Qui manque d'objectivité. SYN. de parti pris, partial, partisan, prévenu, subjectif. CONTR. *équitable, impartial, neutre, objectif* – LITTÉRAIRE: *véridique.*

tendre *adjectif*

/ Qu'on entame facilement. SYN. délicat, moelleux, mou. CONTR. *coriace, dur, ferme, résistant.*

/ LITTÉRAIRE. Se dit d'un végétal nouveau. SYN. frais, jeune. CONTR. *desséché, fané, flétri.*

/ Qui manifeste de l'affection. SYN. affectueux, cajoleur, câlin, caressant, doux, enjôleur, humain, sentimental, suave – LITTÉRAIRE: aimant. CONTR. *cruel, dur, féroce, froid, indifférent, insensible, méchant, sec* – FAMILIER: *sans-cœur.*

/ Se dit d'une couleur peu marquée. SYN. pâle, pastel. CONTR. *cru, éclatant, vif.*

tendre *verbe transitif*

/ Soumettre à une traction. SYN. contracter, raidir, tirer. CONTR. *décontracter, détendre, relâcher.*

/ Revêtir un mur de tissu. SYN. habiller, poser, tapisser.

/ Allonger une partie du corps. SYN. allonger, déplier, étendre, étirer. CONTR. *contracter, plier, replier.*

/ Présenter un objet à quelqu'un. SYN. approcher, avancer, passer, présenter.

tendre *verbe transitif indirect*

/ Essayer d'atteindre un but. SYN. aspirer à, chercher à, contribuer, pencher vers, prétendre à, s'acheminer, s'efforcer, viser à.

/ Évoluer vers. SYN. avoir tendance à, être enclin à, être porté à, incliner, se diriger.

tendrement *adverbe*

/ D'une façon tendre. SYN. affectueusement, amoureusement. CONTR. *durement, froidement, rudement, sèchement, sévèrement.*

tendresse *nom féminin*

/ Sentiment tendre. SYN. affection, amour, attachement, douceur, passion – LITTÉRAIRE: sentiment. CONTR. *cruauté, dureté, froideur, indifférence, rudesse, sévérité* – LITTÉRAIRE: *endurcissement.*

tendu *adjectif*

/ Qui montre de la tension. SYN. angoissé, contracté, crispé, gêné, stressé. CONTR. *décontracté, dégagé, détendu.*

ténèbres *nom féminin pluriel*

/ LITTÉRAIRE. Obscurité profonde. SYN. noir, nuit, obscurcissement, obscurité, ombre – LITTÉRAIRE: noirceur, opacité. CONTR. *clarté, jour, lumière.*

/ LITTÉRAIRE. Ce qui est difficile à comprendre. SYN. brouillard, mystère – LITTÉRAIRE: nuit, opacité.

ténébreux *adjectif*

/ LITTÉRAIRE. Plongé dans les ténèbres. SYN. nébuleux, noir, obscur, opaque, sombre – LITTÉRAIRE: crépusculaire. CONTR. *clair, éclairé, lumineux, radieux.*

/ LITTÉRAIRE. Dont l'intention est malveillante. SYN. funèbre, lugubre, noir, sinistre, sombre.

/ LITTÉRAIRE. Qui reste obscur. SYN. abscons, cabalistique, embrouillé, fumeux, hermétique, impénétrable, inaccessible, incompréhensible, inintelligible, insondable, mystérieux – LITTÉRAIRE: fuligineux, nébuleux, opaque, sibyllin. CONTR. *accessible, clair, compréhensible, distinct, explicite, facile, intelligible, limpide, lumineux, manifeste, net, précis, raisonné, réfléchi, simple, transparent.*

teneur *nom féminin*

/ Ce que contient un propos. SYN. composition, contenu.

tenir *verbe intransitif*

/ Se maintenir dans une position. SYN. durer, persister, se maintenir, subsister – FAMILIER: tenir le choc, tenir le coup. CONTR. *céder, crouler.*

/ Se maintenir dans un état. SYN. continuer, durer, persévérer, résister, s'obstiner, tenir bon – FAMILIER: tenir le coup. CONTR. *reculer, succomber* – FAMILIER: *caler* – LITTÉRAIRE: *s'enfuir.*

tenir *verbe transitif*

/ Avoir quelque chose à la main. SYN. maintenir, saisir, serrer. CONTR. *lâcher.*

/ Maintenir en place. SYN. attacher, fixer, immobiliser, lier, retenir.

/ Garder occupé. SYN. absorber, accaparer, occuper, prendre – LITTÉRAIRE: posséder.

/ Avoir en sa possession. SYN. conserver, détenir, garder, posséder.

tenir *verbe transitif indirect*

/ Être le résultat de. SYN. découler, dépendre, émaner, procéder, provenir, relever, résulter, se résumer à – LITTÉRAIRE: ressortir à.

/ Avoir la ferme volonté de. SYN. désirer, exiger, prétendre, souhaiter, vouloir.

/ Avoir de l'attachement pour. SYN. aimer, chérir, s'attacher – LITTÉRAIRE: affectionner.

/ Avoir des points communs avec. SYN. évoquer, participer, procéder, rappeler, relever, ressembler, s'apparenter.

tenir (se) *verbe pronominal*

/ Saisir avec les mains. SYN. s'accrocher, s'agripper, se cramponner, se raccrocher – LITTÉRAIRE: s'agriffer.

/ Avoir une conduite décente. SYN. se comporter, se conduire, se contrôler, se dominer, se maîtriser.

/ Se considérer comme. SYN. se croire, s'estimer.

ténor *nom masculin*

/ FAMILIER. Personne éminente. SYN. célébrité, gloire, maître, sommité.

tension *nom féminin*

/ Situation conflictuelle. SYN. crise, désaccord, dissension, division, friction, malaise, tiraillement, trouble – LITTÉRAIRE: discorde. CONTR. *détente, distraction, relâchement.*

tentant *adjectif*

/ Qui suscite le désir. SYN. affriolant, alléchant, attirant, attractif, attrayant, captivant, engageant, enviable, séduisant. CONTR. *décourageant, rebutant, repoussant, répulsif* – FAMILIER: *barbant.*

tentation *nom féminin*

/ Ce qui tente quelqu'un. SYN. appât, attrait, charme, désir, envie, séduction – LITTÉRAIRE: allèchement, blandices. CONTR. *aversion, répulsion.*

tentative *nom féminin*

/ Action de tenter de. SYN. démarche, effort, essai, expérience, test.

tenter *verbe*

/ Entreprendre une action. SYN. chercher, essayer, hasarder, risquer, risquer le tout pour le tout, s'aviser, s'efforcer, s'évertuer, s'ingénier, tâcher de, travailler.

/ Exciter le désir de quelqu'un. SYN. allécher, appâter, attirer, engager, séduire. CONTR. *dégoûter, déplaire, écœurer, rebuter, repousser, répugner* – FAMILIER: *barber, révulser.*

tenu *adjectif*

/ Maintenu dans un état de propreté. SYN. entretenu, impeccable, propre, rangé, soigné.

/ Soumis à une discipline stricte. SYN. serré – FAMILIER: vissé.

/ Dans l'obligation de. SYN. censé, obligé.

ténu *adjectif*

/ Qui est très mince. SYN. filiforme, fin, fluet, frêle, grêle, menu, mince – LITTÉRAIRE : arachnéen. CONTR. *compact, épais, fort, gros* – LITTÉRAIRE : *trapu.*

/ À peine perceptible. SYN. délicat, faible, infime, insensible, insignifiant, léger, mince, négligeable, petit. CONTR. *fort, violent.*

tenue *nom féminin*

/ Fait de se réunir. SYN. audience, séance, session.

/ Action de diriger une maison, etc. SYN. administration, conduite, direction, entretien, gérance, gestion.

/ Manière dont quelqu'un se tient. SYN. allure, attitude, comportement, conduite, contenance, maintien, port, présentation – FAMILIER : touche.

/ Manière dont quelqu'un est habillé. SYN. costume, extérieur, habillement, habit, mise, toilette, vêtement – POPULAIRE : sapes.

ténuité *nom féminin*

/ LITTÉRAIRE. Qualité de ce qui est ténu. SYN. exiguïté, finesse, minceur.

tergiversation *nom féminin*

/ Action de tergiverser. SYN. atermoiements, dérobade, détour, échappatoire, finasserie, fuite, hésitation, oscillation. CONTR. *choix, décision.*

tergiverser *verbe*

/ User de faux-fuyants. SYN. atermoyer, balancer, biaiser, finasser, hésiter, louvoyer, osciller, temporiser, tourner autour du pot – FAMILIER : se tâter – VIEUX : barguigner. CONTR. *décider, opter, se décider, se déterminer, se prononcer, trancher.*

terme *nom masculin*

/ Point d'aboutissement. SYN. aboutissement, achèvement, borne, bout, conclusion, dénouement, expiration, fin. CONTR. *commencement, début, naissance* – LITTÉRAIRE : *aurore.*

/ Limite fixée dans le temps. SYN. date, délai, échéance, limite.

/ Mot précis. SYN. énoncé, expression, mot, parole, vocable.

terminaison *nom féminin*

/ LITTÉRAIRE. Action de se terminer. SYN. aboutissement, achèvement, bout, conclusion, dénouement, fin, issue, règlement, solution. CONTR. *commencement, début.*

terminal *adjectif*

/ Qui constitue le dernier élément. SYN. dernier, extrême, final, suprême, ultime. CONTR. *initial, préliminaire, premier.*

terminé *adjectif*

/ Qui a pris fin. SYN. accompli, achevé, consommé, fait, fini. CONTR. *inachevé.*

terminer *verbe*

/ Mener à sa fin. SYN. accomplir, achever, compléter, conclure, en finir, finir, mener à bien, mener à bonne fin, mener à son terme, mettre la dernière main à, mettre un point final à, mettre un terme à, régler, tirer le rideau, tourner la page. CONTR. *amorcer, attaquer, commencer, ébaucher, engager, entamer, entreprendre, esquisser* – FAMILIER : *débuter.*

/ Constituer la fin de. SYN. borner, clôturer, couronner, limiter, sonner le glas de – LITTÉRAIRE : clore. CONTR. *continuer, recommencer.*

terminer (se) *verbe pronominal*

/ Prendre fin de telle façon. SYN. aboutir, cesser, expirer, finir, prendre fin, s'achever, s'arrêter, se conclure. CONTR. *commencer, débuter, démarrer, s'amorcer.*

terminologie *nom féminin*

/ Ensemble de termes. SYN. jargon, langage, langue, nomenclature, vocabulaire.

terne *adjectif*

/ Sans luminosité. SYN. fadasse, fade, grisâtre, pâle. CONTR. *aveuglant, brillant, coloré, éblouissant, éclatant, étincelant, lumineux, radieux* – LITTÉRAIRE : *fulgurant.*

/ Qui manque de relief. SYN. anodin, banal, effacé, ennuyeux, falot, fastidieux, impersonnel, inconsistant, inintéressant, inodore et sans saveur, insignifiant, insipide, maussade, monotone, neutre, plat, prosaïque, quelconque, triste – FAMILIER : fadasse, rasant, rasoir – LITTÉRAIRE : incolore. CONTR. *attachant, brillant, captivant, caractérisé, excitant, intéressant, passionnant, piquant, pittoresque, prenant.*

/ Se dit d'un regard vide. SYN. atone, éteint, fade, froid, inexpressif, morne, vide. CONTR. *aigu, ardent, luisant, parlant, pétillant, vif, vivant* – LITTÉRAIRE : *flamboyant.*

terni *adjectif*

/ Devenu terne. SYN. décoloré, défraîchi, délavé, fané, pâle. CONTR. *brillant, éclatant, étincelant, luisant.*

ternir *verbe*
/ Rendre terne. SYN. affadir, décolorer, délaver, faner, pâlir. CONTR. *agrémenter, aviver, colorer, éclaircir, illuminer, rehausser* – LITTÉRAIRE: *brillanter, éclairer.*
/ Déprécier quelque chose. SYN. altérer, compromettre, déparer, galvauder, gâter, noircir, salir – LITTÉRAIRE: flétrir, souiller, tacher. CONTR. – LITTÉRAIRE: *laver.*

ternir (se) *verbe pronominal*
/ Perdre son brillant. SYN. pâlir, passer, se décolorer, se délaver, se faner, se flétrir.

terrain *nom masculin*
/ Espace de terre. SYN. sol, terre, territoire.
/ Endroit réservé à une activité. SYN. emplacement, fonds, lotissement, parcelle.
/ Objet d'étude. SYN. chapitre, domaine, matière, sujet, thème.

terrassant *adjectif*
/ Qui terrasse. SYN. accablant, écrasant, foudroyant, oppressant – FAMILIER: renversant.

terrasser *verbe*
/ Faire tomber violemment. SYN. culbuter, écraser, maîtriser, renverser – FAMILIER: étendre. CONTR. *redresser, relever.*
/ Priver quelqu'un de ses forces. SYN. abattre, accabler, anéantir, briser, faucher, foudroyer.

terre *nom féminin*
/ Surface terrestre. SYN. globe, machine ronde, monde, planète.
/ Étendue de terrain. SYN. bien, domaine, fonds, parcelle, propriété, sol, terrain.

terre à terre *adjectif*
/ En contact avec la réalité. SYN. matérialiste, pratique, prosaïque, réaliste. CONTR. *idéaliste.*

terrer *verbe*
/ Couvrir de terre. SYN. enfouir, enterrer, recouvrir.

terrer (se) *verbe pronominal*
/ Se mettre à l'abri d'un danger. SYN. se calfeutrer, se claquemurer, se réfugier, se retirer, s'isoler – POPULAIRE: se planquer.

terrestre *adjectif*
/ Qui vit sur la terre. CONTR. *aquatique, marin.*
/ Qui est sur le sol. CONTR. *aérien, fluvial, maritime.*
/ Qui concerne la vie sur terre. SYN. concret, matériel, temporel. CONTR. *spirituel.*

terreur *nom féminin*
/ Peur violente. SYN. affolement, effroi, épouvante, frayeur, horreur, panique, peur bleue, peur panique, phobie.

terreux *adjectif*
/ Se dit d'une couleur terne. SYN. blafard, blanc, blême, cadavéreux, cadavérique, cendreux, cireux, hâve, livide, olivâtre, pâle, plombé, verdâtre, vert. CONTR. *rouge, rougeaud* – LITTÉRAIRE: *rubicond.*

terrible *adjectif*
/ Qui inspire de la terreur. SYN. affolant, catastrophique, dantesque, dramatique, effrayant, effroyable, épouvantable, horrible, horrifiant, redoutable, sinistre, sombre, terrifiant, tragique – FAMILIER: cauchemardesque – LITTÉRAIRE: horrifique.
/ Qui est d'une grande violence. SYN. acharné, âpre, déchaîné, fou, intense, monstrueux, puissant, violent – FAMILIER: furieux.
/ Qui est très désagréable. SYN. affreux, atroce, cruel, dur, féroce, implacable, infernal, insupportable, intenable, odieux – FAMILIER: pénible. CONTR. *gentil, sage.*
/ Indique une grande quantité. SYN. extraordinaire, incomparable, inouï, prodigieux, stupéfiant – FAMILIER: faramineux, sensationnel.
/ FAMILIER. Qui suscite l'étonnement. SYN. admirable, étonnant, étourdissant, fantastique, formidable, merveilleux, prodigieux – FAMILIER: épatant.

terriblement *adverbe*
/ Indique une grande intensité. SYN. abominablement, affreusement, au dernier point, bien, effroyablement, énormément, épouvantablement, exceptionnellement, excessivement, extraordinairement, extrêmement, fabuleusement, follement, fort, fortement, grandement, gravement, hautement, horriblement, immensément, immodérément, incroyablement, infiniment, monstrueusement, mortellement, outrageusement, parfaitement, particulièrement, prodigieusement, profondément, puissamment, supérieurement, suprêmement, tout à fait, très, trop, vertigineuse-

ment –FAMILIER: atrocement, bigrement, bougrement, diablement, drôlement, fameusement, fichtrement, fichûment, formidablement, joliment, méchamment, rudement, superlativement, tout plein –LITTÉRAIRE: diantrement, furieusement –POPULAIRE: foutrement, salement, vachement –VIEUX: fièrement. CONTR. *à peine, faiblement, légèrement, médiocrement, moyennement, peu.*

terrier *nom masculin*

/ Abri creusé par les animaux. SYN. bauge, caverne, repaire, tanière –LITTÉRAIRE: antre.

terrifiant *adjectif*

/ Qui terrifie. SYN. affolant, apocalyptique, dantesque, dramatique, effarant, effrayant, effroyable, épouvantable, horrible, horrifiant, menaçant, monstrueux, redoutable, sinistre, terrible –FAMILIER: cauchemardesque –LITTÉRAIRE: horrifique. CONTR. *sécurisant.*

terrifié *adjectif*

/ Frappé de terreur. SYN. affolé, apeuré, effaré, épouvanté, terrorisé, tremblant –LITTÉRAIRE: épeuré, pantelant. CONTR. *rassuré, serein.*

terrifier *verbe*

/ Frapper de terreur. SYN. affoler, apeurer, atterrer, effarer, effrayer, épouvanter, faire peur, horrifier, intimider, paniquer, terroriser. CONTR. *apaiser, calmer, rassurer, sécuriser, tranquilliser* –LITTÉRAIRE: *rasséréner.*

territoire *nom masculin*

/ Étendue de pays. SYN. circonscription, nation, pays.

/ Espace que quelqu'un s'attribue. SYN. fief, terrain –FAMILIER: secteur.

terrorisé *adjectif*

/ Frappé d'épouvante. SYN. affolé, apeuré, bouleversé, épouvanté, mort de peur, terrifié, tremblant –LITTÉRAIRE: épeuré, pantelant –POPULAIRE: mort de trouille.

terroriser *verbe*

/ Frapper d'épouvante. SYN. affoler, apeurer, atterrer, effarer, effrayer, épouvanter, faire peur, horrifier, intimider, paniquer, terrifier. CONTR. *apaiser, calmer, rassurer, sécuriser, tranquilliser* –LITTÉRAIRE: *rasséréner.*

tertre *nom masculin*

/ Petite élévation de terre. SYN. butte, colline, éminence, hauteur, monticule.

tesson *nom masculin*

/ Morceau cassé d'un objet. SYN. débris, éclat, fragment, morceau, pièce.

test *nom masculin*

/ Ce qui permet d'expérimenter. SYN. essai, examen, expérience, expérimentation, tentative.

tester *verbe*

/ Soumettre à un test. SYN. éprouver, essayer, expérimenter, vérifier –FAMILIER: tâter –LITTÉRAIRE: exercer.

testicule *nom masculin*

/ Glande génitale mâle. SYN. –FAMILIER: partie –POPULAIRE: burette, burne, coucougnette, couille, joyeuse, roubignolle, roupette, valseuse.

tête *nom féminin*

/ Visage expressif. SYN. face, faciès, figure, mine, physionomie, visage –FAMILIER: bille, binette, bouille, pomme, tirelire, trogne –POPULAIRE: bobine, fiole, gueule, portrait, trombine, tronche.

/ Facultés intellectuelles. SYN. bon sens, cervelle, esprit, intelligence, jugement, perspicacité, raison –FAMILIER: caboche, intellect –POPULAIRE: boule, bourrichon, ciboulot, coloquinte.

/ Personne qui dirige. SYN. cerveau, chef, leader, meneur, porte-drapeau –FAMILIER: aigle.

/ Partie supérieure d'une chose. SYN. cime, faîte, haut, sommet. CONTR. *bas, pied.*

/ Partie antérieure. SYN. avant, début, devant. CONTR. *arrière, fin, queue.*

/ Boîte crânienne. SYN. crâne –FAMILIER: caillou –POPULAIRE: cafetière, calebasse, carafe, carafon, cassis, citron, citrouille –VIEUX: cabèche.

tête-à-tête *nom masculin*

/ Entretien entre deux personnes. SYN. aparté, conversation, dialogue, entrevue, face-à-face.

téter *verbe*

/ Sucer un objet. SYN. sucer –FAMILIER: suçoter.

têtu *adjectif*

/ Très attaché à ses idées. SYN. acharné, buté, entêté, obstiné, opiniâtre, persévérant, résolu, tenace, volontaire –FAMILIER: cabochard. CONTR. *accommodant, arrangeant, conciliant, coulant, malléable, mou, souple, versatile, volage.*

/ Se dit d'un animal rétif. SYN. indocile, rebelle, récalcitrant, réfractaire, rétif. CONTR. *docile, obéissant.*

têtu *nom*

/ Personne attachée à ses idées. SYN. –FAMILIER: cabochard, tête de cochon, tête de mule, tête de pioche –POPULAIRE: tête de lard.

teuf *nom féminin*

/ FAMILIER. Réjouissance collective. SYN. fête –FAMILIER: bombe, bringue, fiesta, java, noce, nouba –POPULAIRE: bamboula, foire.

texte *nom masculin*

/ Ce qui constitue un écrit. SYN. contenu, énoncé, libellé, teneur.

textuel *adjectif*

/ Conforme à un texte. SYN. authentique, exact, littéral, propre. CONTR. *approximatif.*

textuellement *adverbe*

/ De façon textuelle. SYN. à proprement parler, au sens strict, littéralement, mot pour mot, précisément, proprement, stricto sensu. CONTR. *au sens large, lato sensu.*

texture *nom féminin*

/ LITTÉRAIRE. Disposition des parties d'un tout. SYN. architecture, armature, canevas, charpente, composition, contexture, disposition, ossature, plan, squelette, structure –LITTÉRAIRE: linéaments, trame.

théâtral *adjectif*

/ Relatif au théâtre. SYN. dramatique, scénique.

/ Qui est très outré. SYN. affecté, ampoulé, boursouflé, déclamatoire, emphatique, enflé, grandiloquent, pompeux, ronflant. CONTR. *humble, naturel, simple, spontané.*

théâtre *nom masculin*

/ L'art dramatique. SYN. scène –FAMILIER: planches –VIEUX: tréteaux.

thème *nom masculin*

/ Ce sur quoi porte une réflexion. SYN. chapitre, fond, idée, matière, motif, objet, question, sujet, terrain.

théoricien *nom*

/ Auteur d'une théorie. SYN. idéologue, penseur –VIEUX: doctrinaire.

théorie *nom féminin*

/ LITTÉRAIRE. Long défilé. SYN. chapelet, cortège, défilé, file, kyrielle, procession, succession –FAMILIER: ribambelle –LITTÉRAIRE: séquelle.

théorie *nom féminin*

/ Ensemble organisé d'idées. SYN. conception, doctrine, dogme, hypothèse, idéologie, opinion, philosophie, système, thèse.

/ Connaissance spéculative. SYN. abstraction, idée –LITTÉRAIRE: spéculation. CONTR. *application, expérience, expérimentation, fait, pratique.*

théorique *adjectif*

/ Relatif à la théorie. SYN. abstrait, fictif, imaginaire, spéculatif. CONTR. *appliqué, empirique, expérimental, pratique.*

/ Conçu de manière abstraite. SYN. formel, idéal, virtuel. CONTR. *concret, matériel, réel, tangible, vrai.*

théoriquement *adverbe*

/ Selon une hypothèse. SYN. censément, en principe, en théorie, sur le papier, virtuellement. CONTR. *en pratique, pratiquement.*

thérapeutique *nom féminin*

/ Manière de traiter une maladie. SYN. médication, remède, thérapie, traitement.

thérapie *nom féminin*

/ Traitement médical. SYN. médication, remède, thérapeutique, traitement.

thésauriser *verbe*

/ Amasser de l'argent. SYN. accumuler, amasser, capitaliser, économiser, entasser, épargner, mettre de côté –FAMILIER: collectionner. CONTR. *dépenser, dilapider, gaspiller, prodiguer.*

thésauriseur *adjectif*

/ Qui thésaurise. SYN. avare, regardant –FAMILIER: chiche, chien, pingre, radin, rapiat, rat

–LITTÉRAIRE: avaricieux, ladre, lésineur. CONTR. *dépensier, dilapidateur, gaspilleur, prodigue* –LITTÉRAIRE: *dissipateur.*

thésauriseur *nom*

/ Personne qui thésaurise. SYN. avare –FAMILIER: chien, grigou, grippe-sou, pingre, radin, rapiat, rat –LITTÉRAIRE: avaricieux, harpagon, ladre, lésineur. CONTR. *dépensier, dilapidateur, gaspilleur, prodigue* –FAMILIER: *panier percé* –LITTÉRAIRE: *dissipateur.*

thèse *nom féminin*

/ Proposition théorique. SYN. allégation, croyance, doctrine, idée, opinion, philosophie, position, système, théorie.

thune *nom féminin*

/ FAMILIER. Argent. SYN. –FAMILIER: sous –POPULAIRE: blé, fric, galette, oseille, pognon.

thuriféraire *nom masculin*

/ LITTÉRAIRE. Personne qui fait l'apologie de. SYN. adorateur, bénisseur, flatteur, panégyriste –LITTÉRAIRE: adulateur, encenseur, flagorneur, laudateur, louangeur, prôneur.

ticket *nom masculin*

/ Ce qui permet l'admission à. SYN. billet, bulletin, contremarque, coupon, titre.

tiède *adjectif*

/ Qui est à une température moyenne. SYN. doux. CONTR. *bouillant, brûlant, caniculaire, chaud, frais, froid, glacial* –LITTÉRAIRE: *ardent.*

/ Qui manque d'enthousiasme. SYN. apathique, endormi, flegmatique, indifférent, mou, nonchalant, velléitaire. CONTR. *acharné, âpre, ardent, chaleureux, enragé, enthousiaste, fanatique, fervent, passionné, violent.*

tiède *nom*

/ Personne qui manque d'ardeur. SYN. indifférent, modéré –FAMILIER: chiffe molle, emplâtre, mou –POPULAIRE: lavette. CONTR. *acharné, enragé, fanatique, fervent, passionné* –FAMILIER: *mordu.*

tièdement *adverbe*

/ LITTÉRAIRE. Sans entrain. SYN. mollement. CONTR. *activement, ardemment, courageusement, d'arrache-pied, durement, énergiquement, farouchement, fermement, fortement, rudement, violemment* –VIEUX: *gaillardement.*

/ LITTÉRAIRE. Sans ferveur. SYN. fraîchement, froidement. CONTR. *chaleureusement, chaudement.*

tiédeur *nom féminin*

/ Manque d'ardeur. SYN. apathie, atonie, inertie, mollesse, nonchalance, torpeur. CONTR. *âpreté, ardeur, chaleur, dynamisme, énergie, enthousiasme, entrain, ferveur, fraîcheur, rudesse, vie, violence, vitalité.*

tiédir *verbe*

/ Rendre tiède. SYN. attiédir, chauffer, réchauffer. CONTR. *glacer, rafraîchir.*

tignasse *nom féminin*

/ FAMILIER. Chevelure abondante. SYN. –FAMILIER: crinière, toison.

tigré *adjectif*

/ Marqué de taches. SYN. bariolé, bigarré, moucheté, ocellé, tavelé –LITTÉRAIRE: diapré, marqueté.

tigresse *nom féminin*

/ LITTÉRAIRE. Femme agressive. SYN. furie, harpie, mégère, sorcière.

timbre *nom masculin*

/ Marque d'une administration. SYN. cachet, estampille, sceau, tampon.

/ Qualité d'un son. SYN. accent, bruit, voix.

timbré *adjectif*

/ FAMILIER. Un peu fou. SYN. dérangé, désaxé, déséquilibré –FAMILIER: braque, cinglé, détraqué, dingue, fada, fêlé, frappé, loufoque, maboul, marteau, piqué, ravagé, tapé, toc-toc, toqué, zinzin –POPULAIRE: allumé, azimuté, barge, barjo, branque, brindezingue, cinoque, cintré, déjanté, dingo, folingue, fondu, frapadingue, givré, jeté, louf, louftingue, sinoc, sinoque, siphonné, sonné, tordu.

timbrer *verbe*

/ Apposer un timbre sur. SYN. estampiller, tamponner.

timide *adjectif*

/ Qui se fait sans grand éclat. SYN. discret, imperceptible, indiscernable, insensible, subtil. CONTR. *audacieux, éclatant, important, osé, voyant.*

/ Qui manque d'assurance. SYN. circonspect, craintif, effarouché, farouche, gêné, hésitant, intimidé, mal à l'aise, modeste, timoré –LITTÉRAIRE: pusillanime. CONTR. *assuré, audacieux, cynique, décidé, désinvolte, dynamique, effronté, entreprenant, fanfaron, fier, hardi, impertinent, impudent, insolent, intrépide, résolu* –FAMILIER: *crâneur.*

timidement *adverbe*

/ De façon timide. SYN. craintivement, peureusement. CONTR. *audacieusement, carrément, courageusement, effrontément, intrépidement* –LITTÉRAIRE: *bravement, crânement, hardiment* –VIEUX: *gaillardement.*

timidité *nom féminin*

/ Manque d'assurance. SYN. embarras, gaucherie, gêne –LITTÉRAIRE: pusillanimité. CONTR. *aplomb, assurance, confiance, cynisme, désinvolture, front, hardiesse, impudence, insolence* –FAMILIER: *culot* –LITTÉRAIRE: *crânerie, intrépidité.*

/ Manque d'audace dans une action. SYN. circonspection, prudence –LITTÉRAIRE: sobriété. CONTR. *audace, hardiesse, intrépidité.*

timoré *adjectif*

/ D'une prudence excessive. SYN. circonspect, craintif, prudent, timide –LITTÉRAIRE: couard, pusillanime –POPULAIRE: trouillard. CONTR. *audacieux, brave, courageux, hardi, imprudent, intrépide, téméraire* –FAMILIER: *casse-cou.*

tintamarre *nom masculin*

/ Bruit assourdissant. SYN. cacophonie, charivari, remue-ménage, tapage, tumulte, vacarme –FAMILIER: boucan, chahut, chambard, foire, pétard, raffut, tintouin –LITTÉRAIRE: hourvari –POPULAIRE: bastringue, ramdam –VIEUX: sabbat. CONTR. *calme, silence.*

tinter *verbe*

/ Produire un son aigu. SYN. carillonner, résonner, sonnailler, sonner –LITTÉRAIRE: tintinnabuler.

tintinnabuler *verbe*

/ LITTÉRAIRE. Produire un son léger. SYN. carillonner, résonner, sonnailler, sonner, tinter.

tintouin *nom masculin*

/ FAMILIER. Vacarme assourdissant. SYN. bruit, charivari, remue-ménage, tapage, tintamarre, tumulte, vacarme –FAMILIER: boucan, chahut, chambard, foire, pétard, raffut –LITTÉRAIRE: hourvari –POPULAIRE: bastringue, ramdam –VIEUX: sabbat. CONTR. *calme, silence.*

tiquer *verbe*

/ FAMILIER. Se montrer étonné. SYN. hausser les sourcils, sourciller, sursauter. CONTR. *ne pas broncher, ne pas ciller, rester de marbre.*

tir *nom masculin*

/ Manière de lancer. SYN. jet, lancement, lancer.

/ Décharge d'une arme. SYN. bordée, canonnade, feu, rafale, salve, volée.

tirade *nom féminin*

/ Suite continue de paroles. SYN. cascade, chapelet, développement, kyrielle, série –FAMILIER: litanie.

tiraillement *nom masculin*

/ Tension née d'un désaccord. SYN. conflit, désaccord, désunion, différend, difficulté, friction, heurt, tension –FAMILIER: anicroche, attrapade, tirage.

tirailler *verbe*

/ Solliciter de divers côtés. SYN. ballotter, déchirer, écarteler, tirer.

tire-au-cul *nom masculin*

/ POPULAIRE. Celui qui échappe aux corvées. SYN. fainéant, paresseux –FAMILIER: cossard, faignant, feignant, flemmard, tire-au-flanc –POPULAIRE: glandeur.

tire-au-flanc *nom masculin*

/ FAMILIER. Celui qui échappe aux corvées. SYN. fainéant, paresseux –FAMILIER: cossard, faignant, feignant, flemmard –POPULAIRE: glandeur, tire-au-cul.

tirer *verbe transitif*

/ Exercer une force sur. SYN. distendre, étirer, tendre, tirailler.

/ Ramener vers soi. SYN. entraîner, haler, ramener, remorquer, tracter, traîner. CONTR. *pousser, repousser.*

/ Retirer de quelque part. SYN. arracher, dégager, extirper, extraire, retirer, sortir.

tirer *verbe transitif indirect*

/ Lancer un projectile sur. SYN. faire feu, mitrailler, ouvrir le feu –FAMILIER: canarder.

tirer (se) *verbe pronominal*
/ Se sortir d'une situation. SYN. en réchapper, se dépêtrer, se libérer, se sortir, se tirer d'affaire, sortir d'affaire, tirer son épingle du jeu –FAMILIER: se dépatouiller –POPULAIRE: se démerder. CONTR. *aller de mal en pis, rechuter* –FAMILIER: *replonger.*
/ POPULAIRE. S'en aller. SYN. déguerpir, fausser compagnie, fuir, partir, prendre la clef des champs, prendre la fuite, se retirer, se sauver, s'échapper, s'enfuir, s'envoler, s'évader –FAMILIER: débarrasser le plancher, décamper, détaler, ficher le camp, filer, gagner le large, prendre la poudre d'escampette, prendre le large, prendre ses cliques et ses claques, s'éclipser, s'évaporer –POPULAIRE: cavaler, déblayer le terrain, décaniller, foutre le camp, jouer la fille de l'air, mettre les bouts, mettre les voiles, se barrer, se calter, se carapater, se casser, se débiner, se faire la malle, se tailler.

tison *nom masculin*
/ Morceau de bois brûlé. SYN. braise, braisette, brandon.

tisser *verbe*
/ Agencer habilement. SYN. arranger, combiner, machiner, manigancer, mijoter, mitonner, monter, orchestrer, préparer, tramer –FAMILIER: concocter, goupiller –LITTÉRAIRE: nouer, ourdir.

tissu *nom masculin*
/ Assemblage de fils. SYN. texture, tissure.
/ Enchevêtrement de choses. SYN. cocktail, composé, magma, mélange, pot-pourri, ramassis –FAMILIER: salmigondis –VIEUX: pêle-mêle.

titan *nom masculin*
/ LITTÉRAIRE. Personne surhumaine. SYN. colosse, géant, hercule, surhomme.

titanesque *adjectif*
/ LITTÉRAIRE. Extrêmement grand. SYN. colossal, démesuré, éléphantesque, énorme, géant, gigantesque, herculéen, immense, monstrueux, monumental, phénoménal –LITTÉRAIRE: cyclopéen.

titiller *verbe*
/ Exciter agréablement. SYN. allécher, chatouiller la curiosité, intriguer.
/ FAMILIER. Taquiner quelqu'un. SYN. taquiner –FAMILIER: asticoter, chatouiller.

titre *nom masculin*
/ Appellation particulière. SYN. nom, qualité.

titubant *adjectif*
/ Qui titube. SYN. branlant, chancelant, flageolant, trébuchant, tremblant, tremblotant –LITTÉRAIRE: vacillant. CONTR. *d'aplomb, en équilibre, stable.*

tituber *verbe*
/ Ne pas tenir sur ses jambes. SYN. branler, chanceler, flageoler, trébucher, vaciller –FAMILIER: tanguer. CONTR. *tenir debout, tenir sur ses jambes.*

titulaire *nom*
/ Personne qui occupe une charge. SYN. détenteur, possesseur, propriétaire. CONTR. *intérimaire, remplaçant, suppléant.*

titularisation *nom féminin*
/ Fait d'être titularisé. SYN. accession. CONTR. *intérim, remplacement, suppléance.*

toc *nom masculin*
/ FAMILIER. Imitation sans valeur. SYN. faux, imitation, pacotille –FAMILIER: camelote, simili.

tocade *nom féminin*
/ FAMILIER. Engouement soudain pour. SYN. amour, caprice, engouement, fantaisie, folie, idylle, lubie, marotte, passade, passion –LITTÉRAIRE: bluette, entichement, foucade.

tocard *nom masculin*
/ POPULAIRE. Piètre cheval. SYN. –FAMILIER: rosse –LITTÉRAIRE: rossinante –POPULAIRE: canasson –VIEUX: carcan, carne, haridelle.

tocsin *nom masculin*
/ Signal avertisseur. SYN. alarme, alerte, sirène.

tohu-bohu *nom masculin*
/ FAMILIER. Agitation bruyante. SYN. branle-bas, cacophonie, charivari, concert, magma, remue-ménage, tapage, tumulte –FAMILIER: chahut, chambard, salmigondis –LITTÉRAIRE: hourvari –POPULAIRE: bastringue, bousin, foire. CONTR. *ordre, paix, tranquillité.*

toilette *nom féminin*
/ Ce qu'on utilise pour s'habiller. SYN. costume, habillement, habits, mise, robe, tenue, vêtement.

toilettes *nom féminin pluriel*

/ Lieu réservé aux besoins naturels. SYN. cabinets, lavabos, petits coins, W.-C., water-closets, waters –FAMILIER: pipi-room, tinette, vécés –POPULAIRE: chiottes, goguenots, gogues –VIEUX: commodités, lieux d'aisances.

toiser *verbe*

/ Regarder avec dédain. SYN. dévisager, examiner, jauger, regarder de haut.

toison *nom féminin*

/ Laine des moutons. SYN. fourrure, pelage, robe, soie.

/ FAMILIER. Chevelure épaisse. SYN. –FAMILIER: crinière, tignasse.

toit *nom masculin*

/ Ce qui isole un bâtiment par le haut. SYN. couverture, toiture.

/ Lieu où on habite. SYN. abri, asile, foyer, habitation, home, logement, maison, nid, résidence –LITTÉRAIRE: logis.

tolérable *adjectif*

/ Qu'on peut tolérer. SYN. acceptable, admissible, endurable, excusable, soutenable, supportable, tenable –FAMILIER: possible. CONTR. *dangereux, inacceptable, inadmissible, inexcusable, insoutenable, insupportable, intolérable, nocif.*

tolérance *nom féminin*

/ Attitude compréhensive. SYN. compréhension, largeur d'esprit, libéralisme. CONTR. *fanatisme, intolérance, sectarisme.*

/ Attitude bienveillante. SYN. bienveillance, bonté, facilité, indulgence –LITTÉRAIRE: mansuétude.

tolérant *adjectif*

/ Qui fait preuve de libéralisme. SYN. laxiste, libéral. CONTR. *absolu, doctrinaire, exclusif, fanatique, intolérant, sectaire.*

/ Qui fait preuve de bienveillance. SYN. accommodant, complaisant, compréhensif, coulant, facile, indulgent. CONTR. *austère, autoritaire, incompréhensif, rigoriste, sévère* –LITTÉRAIRE: *raide.*

toléré *adjectif*

/ Que l'on autorise. SYN. autorisé, loisible, permis. CONTR. *défendu, interdit.*

tolérer *verbe*

/ Permettre quelque chose. SYN. autoriser, permettre –LITTÉRAIRE: souffrir. CONTR. *défendre, empêcher, interdire, réprimer, sanctionner* –LITTÉRAIRE: *contraindre.*

/ Considérer avec indulgence. SYN. accepter, admettre, excuser, pardonner, supporter. CONTR. *blâmer, condamner, désapprouver, réprouver.*

/ Supporter avec patience. SYN. endurer, subir, supporter. CONTR. *en avoir par-dessus la tête* –FAMILIER: *en avoir assez, en avoir jusque-là, en avoir marre, en avoir plein le dos, en avoir ras le bol, en avoir soupé* –POPULAIRE: *en avoir plein le cul.*

tollé *nom masculin*

/ Cri d'indignation. SYN. clameur, cri, huée, protestation, sifflet. CONTR. *acclamation, applaudissement, bravo, hourra, hurrah, ovation, vivat.*

tombe *nom féminin*

/ Lieu où on enterre un mort. SYN. caveau, fosse, mausolée, sépulture, tombeau, tumulus –LITTÉRAIRE: sépulcre.

tombeau *nom masculin*

/ Monument funéraire. SYN. caveau, mausolée, monument, sépulture, tombe, tumulus –LITTÉRAIRE: sépulcre.

tomber *verbe intransitif*

/ Faire une chute. SYN. glisser, s'abattre, s'affaisser, s'affaler, s'aplatir, s'écrouler, verser –FAMILIER: chuter, dégringoler, prendre un gadin, prendre une bûche, prendre une gamelle, prendre une pelle, ramasser une bûche, ramasser une gamelle, ramasser une pelle, se casser la figure, se ramasser, s'étaler –POPULAIRE: ramasser un gadin, se casser la gueule –VIEUX: choir.

/ Être écarté. SYN. disparaître, se dissiper, s'envoler, s'évanouir.

/ Perdre de sa force. SYN. baisser, décliner, décroître, faiblir, mollir, péricliter, s'affaiblir, s'apaiser, s'atténuer, se calmer, se modérer, s'éteindre –FAMILIER: s'enfoncer. CONTR. *croître, monter, s'envoler.*

/ Coïncider avec tel jour, etc. SYN. se trouver, survenir.

/ Arriver à l'improviste. SYN. arriver, surgir, survenir, venir.

/ Se précipiter sur quelqu'un. SYN. attaquer, fondre, frapper, se jeter, se ruer.

/ Atteindre par hasard. SYN. croiser, dénicher, rencontrer, trouver.

tomber *verbe transitif*

/ Vaincre quelqu'un à la lutte. SYN. écraser, maîtriser, renverser, terrasser –FAMILIER: étendre.

tombeur *nom masculin*

/ FAMILIER. Type de séducteur. SYN. bourreau des cœurs, charmeur, coureur, don Juan, enjôleur, homme à femmes, séducteur –FAMILIER: dragueur.

ton *nom masculin*

/ Manière de parler particulière. SYN. accent, expression, inflexion, intonation, tonalité, voix.

/ Façon particulière d'écrire. SYN. écriture, manière, plume, style –LITTÉRAIRE: facture.

/ Qualité d'un coloris. SYN. couleur, nuance, teinte, tonalité.

tonalité *nom féminin*

/ Couleur dominante. SYN. caractère, coloration, coloris, couleur, nuance, ton.

tondre *verbe*

/ FAMILIER. Prendre de l'argent à. SYN. déposséder, dépouiller, détrousser, escroquer, filouter, voler –FAMILIER: délester, étriller, lessiver, nettoyer, plumer, ratisser –VIEUX: égorger.

tondu *adjectif*

/ Se dit d'une végétation rase. SYN. nu, pelé, ras. CONTR. *dense, dru, fourni, luxuriant, touffu.*

tonifiant *adjectif*

/ Qui tonifie. SYN. fortifiant, stimulant, tonique, vivifiant –LITTÉRAIRE: roboratif. CONTR. *accablant, affaiblissant, amollissant, anémiant, débilitant.*

tonifier *verbe*

/ Donner de la vigueur. SYN. fortifier, raffermir, regonfler, remonter, revitaliser, stimuler –FAMILIER: ragaillardir, ravigoter –LITTÉRAIRE: revivifier, vivifier. CONTR. *affaiblir, anémier, débiliter, étioler.*

tonique *adjectif*

/ Qui donne de l'énergie. SYN. excitant, fortifiant, réconfortant, reconstituant, stimulant, tonifiant, vivifiant –LITTÉRAIRE: roboratif. CONTR. *amollissant, anémiant, débilitant, déprimant, lénifiant* –LITTÉRAIRE: *dissolvant, lénitif.*

tonitruant *adjectif*

/ Qui retentit comme le tonnerre. SYN. abrutissant, assourdissant, bruyant, claironnant, fracassant, retentissant, sonore, vibrant –LITTÉRAIRE: tonnant. CONTR. *bas, sourd.*

tonitruer *verbe*

/ S'exprimer d'une voix puissante. SYN. crier, hurler, s'égosiller, s'époumoner, tempêter, tonner –FAMILIER: aboyer –LITTÉRAIRE: retentir –POPULAIRE: gueuler. CONTR. *frémir, murmurer, susurrer* –LITTÉRAIRE: *bruire.*

tonnant *adjectif*

/ LITTÉRAIRE. Se dit d'une voix forte. SYN. abrutissant, assourdissant, bruyant, claironnant, éclatant, fracassant, retentissant, sonore, tonitruant. CONTR. *faible, sourd.*

tonner *verbe intransitif*

/ Produire un grondement sourd. SYN. gronder, rouler –LITTÉRAIRE: retentir.

tonner *verbe transitif indirect*

/ S'emporter violemment contre. SYN. clamer, exploser, fulminer, hurler, invectiver, pester, protester, récriminer, se déchaîner, s'indigner, tempêter, tonitruer, vitupérer –FAMILIER: fumer, rager –POPULAIRE: gueuler.

tonnerre *nom masculin*

/ Bruit important et soudain. SYN. fracas, grondement, roulement, vrombissement –LITTÉRAIRE: mugissement.

tonus *nom masculin*

/ État de dynamisme. SYN. dynamisme, énergie, nerf, ressort, vigueur, vitalité. CONTR. *abattement, faiblesse.*

topique *adjectif*

/ Qui se rapporte au sujet. SYN. adapté, adéquat, pertinent –FAMILIER: idoine –LITTÉRAIRE: congruent.

topo *nom masculin*

/ FAMILIER. Petit développement. SYN. allocution, discours, exposé, exposition –FAMILIER: baratin, laïus, speech.

toquade *nom féminin*
/ FAMILIER. Engouement soudain pour. SYN. amour, caprice, engouement, fantaisie, folie, idylle, lubie, marotte, passade, passion –LITTÉRAIRE: bluette, entichement, foucade.

toquard *nom masculin*
/ POPULAIRE. Piètre cheval. SYN. –FAMILIER: rosse –LITTÉRAIRE: rossinante –POPULAIRE: canasson –VIEUX: carcan, carne, haridelle.

toqué *adjectif*
/ FAMILIER. Qui est un peu fou. SYN. dérangé, désaxé, déséquilibré –FAMILIER: braque, cinglé, détraqué, dingue, fada, fêlé, frappé, loufoque, maboul, marteau, piqué, ravagé, tapé, timbré, toc-toc, zinzin –POPULAIRE: allumé, azimuté, barge, barjo, branque, brindezingue, cinoque, cintré, déjanté, dingo, folingue, fondu, frapadingue, givré, jeté, louf, louftingue, sinoc, sinoque, siphonné, sonné, tordu.
/ Qui se passionne pour. SYN. amoureux, féru, fou, passionné –FAMILIER: mordu.

toquer (se) *verbe pronominal*
/ Avoir un vif engouement pour. SYN. s'amouracher, s'attacher, se passionner, s'engouer, s'enticher, s'éprendre –FAMILIER: se coiffer de, s'emballer.

torché *adjectif*
/ POPULAIRE. Qui a trop bu. SYN. enivré, ivre –FAMILIER: pompette, saoul, soûl –POPULAIRE: blindé, bourré, chargé, cuit, raide, rond.

torcher *verbe*
/ FAMILIER. Exécuter à la hâte. SYN. gâcher, saboter –FAMILIER: bâcler, expédier, massacrer, sabrer, saccager, torchonner –POPULAIRE: saloper. CONTR. *fignoler, parachever, parfaire, peaufiner, polir, soigner* –FAMILIER: *chiader* –LITTÉRAIRE: *ciseler* –VIEUX: *perler.*

torchère *nom féminin*
/ Grand candélabre. SYN. chandelier, flambeau, torche.

torchonner *verbe*
/ FAMILIER. Exécuter sans soin. SYN. gâcher, saboter –FAMILIER: bâcler, cochonner, expédier, massacrer, sabrer, saccager, torcher –POPULAIRE: saloper. CONTR. *fignoler, parachever, peaufiner.*

tordant *adjectif*
/ FAMILIER. Très amusant. SYN. à mourir de rire, comique, désopilant, drôle, hilarant, inénarrable –FAMILIER: crevant, impayable, marrant, rigolo, roulant –POPULAIRE: à pisser de rire, bidonnant, fendant, gondolant, poilant. CONTR. *funèbre, lugubre, macabre, morne, mortel, sinistre, tragique, triste* –FAMILIER: *cafardeux, glauque.*

tord-boyaux *nom masculin*
/ FAMILIER. Alcool fort. SYN. alcool, eau-de-vie –FAMILIER: goutte.

tordre *verbe*
/ Déformer quelque chose. SYN. courber, déformer, gauchir, plier, recourber –LITTÉRAIRE: ployer. CONTR. *défausser, détordre, redresser.*

tordre (se) *verbe pronominal*
/ FAMILIER. Rire très fort. SYN. éclater de rire, mourir de rire, rire à gorge déployée, rire aux éclats, rire aux larmes –FAMILIER: rire à ventre déboutonné, rire comme un bossu, rire comme une baleine –POPULAIRE: se bidonner, se gondoler, se marrer, se poiler. CONTR. *pleurer, sangloter.*

tordu *adjectif*
/ Qu'on tord en tous sens. SYN. bosselé, cabossé, courbé, gauche, plié, recourbé –LITTÉRAIRE: flexueux.
/ Qui est déformé. SYN. cagneux, difforme, disproportionné, tors –LITTÉRAIRE: tortu. CONTR. *droit, rectiligne.*
/ FAMILIER. Qui ne semble pas logique. SYN. abracadabrant, bizarre, étrange, farfelu, saugrenu, spécieux, tortueux, vicieux –FAMILIER: biscornu.
/ POPULAIRE. Qui est fou. SYN. dérangé, désaxé, déséquilibré –FAMILIER: braque, cinglé, détraqué, dingue, fada, fêlé, frappé, loufoque, maboul, marteau, piqué, ravagé, tapé, timbré, toc-toc, toqué, zinzin –POPULAIRE: allumé, azimuté, barge, barjo, branque, brindezingue, cinoque, cintré, déjanté, dingo, folingue, fondu, frapadingue, givré, jeté, louf, louftingue, sinoc, sinoque, siphonné.

torgnole *nom féminin*
/ POPULAIRE. Gifle violente. SYN. claque, gifle –FAMILIER: calotte –LITTÉRAIRE: soufflet –POPULAIRE: baffe, beigne, châtaigne, dégelée, tarte.

tornade *nom féminin*

/ Phénomène orageux violent. SYN. bourrasque, cataclysme, cyclone, ouragan, raz de marée, tempête, trombe, typhon –LITTÉRAIRE: tourmente.

torpeur *nom féminin*

/ État d'abattement. SYN. abrutissement, accablement, apathie, atonie, engourdissement, hébétement, hébètement, langueur, léthargie, stupeur –LITTÉRAIRE: alanguissement, assoupissement, hébétude, prostration, somnolence. CONTR. *agitation, animation, ardeur, chaleur, excitation.*

torpide *adjectif*

/ LITTÉRAIRE. Qui est comme hébété. SYN. abruti, amorphe, anéanti, hébété, languissant, lymphatique, prostré –LITTÉRAIRE: alangui, languide, somnolent. CONTR. *agité, excité.*

torpiller *verbe*

/ Faire échouer quelque chose. SYN. anéantir, couler, démolir, ruiner, saborder, saboter, saper.

torrent *nom masculin*

/ Écoulement abondant. SYN. avalanche, cascade, débordement, déluge, flot, flux, masse, monceau –LITTÉRAIRE: averse, fleuve, rivière, ruisseau. CONTR. *atome, doigt, filet, goutte, grain, larme, nuage, pointe, soupçon, teinte* –LITTÉRAIRE: *ombre.*

torride *adjectif*

/ Extrêmement chaud. SYN. accablant, brûlant, caniculaire, chaud, écrasant, étouffant, surchauffé –LITTÉRAIRE: ardent. CONTR. *clément, doux, frais, froid, glacé, glacial.*

tors *adjectif*

/ Qui est tordu. SYN. arqué, cagneux, contourné, courbé, difforme, tordu –LITTÉRAIRE: tortu. CONTR. *droit, rectiligne.*

torse *nom masculin*

/ Partie du corps entre la taille et le cou. SYN. buste, poitrine, thorax, tronc.

torsion *nom féminin*

/ Action de tordre quelque chose. SYN. déformation, déviation, gauchissement.

tort *nom masculin*

/ Responsabilité d'un acte. SYN. défaut, faute, travers. CONTR. *droit, raison.*

/ Action blâmable. SYN. atteinte, coup, dommage, mal, perte, préjudice –LITTÉRAIRE: détriment. CONTR. *aide, bien, bienfait, service.*

tortillement *nom masculin*

/ Fait de se tortiller. SYN. balancement, dandinement, déhanchement, trémoussement.

tortiller (se) *verbe pronominal*

/ S'agiter en tous sens. SYN. frétiller, se balancer, se dandiner, se trémousser –FAMILIER: gigoter.

tortu *adjectif*

/ LITTÉRAIRE. Qui n'est pas droit. SYN. arqué, bancal, difforme, tordu, tors –VIEUX: bancroche. CONTR. *droit, rectiligne.*

/ LITTÉRAIRE. Qui manque de franchise. SYN. faux, fourbe, hypocrite, perfide, retors, roué, tortueux –FAMILIER: ficelle, roublard –LITTÉRAIRE: cauteleux, madré, matois. CONTR. *authentique, carré, droit, fair-play, franc, honnête, loyal, sincère.*

tortueusement *adverbe*

/ De façon tortueuse. SYN. en coin, hypocritement, obliquement, sournoisement –LITTÉRAIRE: perfidement. CONTR. *directement, franchement, loyalement, ouvertement.*

tortueux *adjectif*

/ Qui tourne. SYN. contourné, sinueux, tordu, tors, tournant, zigzagant –LITTÉRAIRE: flexueux, onduleux, serpentin, tortu. CONTR. *droit, rectiligne.*

/ Qui manque de loyauté. SYN. contourné, fourbe, hypocrite, oblique, retors, sinueux –FAMILIER: tordu –LITTÉRAIRE: scélérat, tortu –VIEUX: finasseur, finassier. CONTR. *direct, franc, loyal.*

torture *nom féminin*

/ Souffrance extrême. SYN. calvaire, enfer, épreuve, mal, martyre, supplice, tourment –LITTÉRAIRE: croix, géhenne.

torturer *verbe*

/ Soumettre à la torture. SYN. martyriser, persécuter –LITTÉRAIRE: supplicier.

/ Causer une souffrance morale. SYN. affliger, bourreler, déchirer, obnubiler, obséder,

poursuivre, tenailler, tourmenter, tracasser, travailler –FAMILIER: turlupiner –LITTÉRAIRE: crucifier, supplicier.
/ Altérer profondément un texte. SYN. défigurer, déformer, dénaturer, fausser.

torve *adjectif*
/ Se dit d'un regard en biais. SYN. en coin, en dessous, oblique. CONTR. *droit, franc.*

tôt *adverbe*
/ De bonne heure. SYN. à la première heure, au chant du coq, avec les poules –FAMILIER: aux aurores, dès potron-minet. CONTR. *tard, tardivement.*
/ Avant le moment prévu. SYN. avant l'heure, prématurément –LITTÉRAIRE: précocement. CONTR. *tard, tardivement.*

total *adjectif*
/ Qui est absolument tel. SYN. absolu, entier, illimité, parfait, plein, suprême –LITTÉRAIRE: souverain. CONTR. *relatif.*
/ Qui affecte la totalité de. SYN. complet, général, global, intégral, radical. CONTR. *fragmentaire, partiel.*

total *nom masculin*
/ Réunion de toutes les parties. SYN. bloc, ensemble, somme, totalité, tout. CONTR. *bribe, morceau, partie.*

totalement *adverbe*
/ De manière absolue. SYN. absolument, complètement, diamétralement, entièrement, éperdument, foncièrement, franchement, parfaitement, pleinement, profondément, purement, radicalement, rigoureusement, strictement, tout à fait –FAMILIER: fin, royalement. CONTR. *en partie, presque.*
/ Dans sa totalité. SYN. à fond, complètement, de A à Z, de A jusqu'à Z, de fond en comble, en bloc, en entier, en totalité, in extenso, intégralement, jusqu'au bout. CONTR. *incomplètement, partiellement.*

totaliser *verbe*
/ Faire le total de. SYN. additionner, sommer. CONTR. *déduire, retrancher, soustraire.*

totalitaire *adjectif*
/ Qui applique le totalitarisme. SYN. absolu, arbitraire, autoritaire, despotique, dictatorial, omnipotent, tyrannique. CONTR. *démocratique, libéral.*

totalitarisme *nom masculin*
/ Système politique dictatorial. SYN. autoritarisme, caporalisme, césarisme, despotisme, dictature, tyrannie.

totalité *nom féminin*
/ Ensemble de toutes les parties. SYN. bloc, ensemble, globalité, intégralité, masse, total, tout, unanimité –LITTÉRAIRE: plénitude. CONTR. *bout, bribes, brin, fraction, fragment, morceau, part, partie.*

touchant *adjectif*
/ Qui touche le cœur. SYN. attendrissant, bouleversant, désarmant, émouvant, empoignant, pathétique, poignant, prenant, vibrant.

touchant *préposition*
/ En ce qui concerne. SYN. à propos de, au sujet de, concernant, quant à, relativement à, sur.

touche *nom féminin*
/ LITTÉRAIRE. Manière propre à un artiste. SYN. cachet, griffe, manière, marque, patte, plume, style –LITTÉRAIRE: facture.
/ Détail caractéristique. SYN. note, nuance, pointe, teinte, trace.
/ FAMILIER. Aspect extérieur. SYN. air, allure, apparence, aspect, contenance, genre, style, tenue –FAMILIER: dégaine –LITTÉRAIRE: tournure.

touché *adjectif*
/ Qui ressent de l'émotion. SYN. bouleversé, ému, frappé, impressionné, remué, retourné, saisi, secoué, troublé.

toucher *verbe transitif*
/ Mettre sa main au contact de. SYN. caresser, effleurer, frôler, manipuler.
/ Arriver en un lieu. SYN. aborder, accoster, arriver, atteindre, gagner.
/ Concerner quelqu'un. SYN. affecter, atteindre, concerner, intéresser, interpeller, regarder, viser.
/ Émouvoir quelqu'un. SYN. apitoyer, attendrir, bouleverser, chavirer, désarmer, ébranler, émouvoir, empoigner, frapper, impressionner, marquer, perturber, remuer, sensibiliser, troubler –FAMILIER: chambouler, émotionner. CONTR. *indifférer, laisser froid.*

/ Recevoir une somme. SYN. empocher, encaisser, percevoir, prendre, recevoir, recouvrer, se faire. CONTR. *débourser, décaisser, payer, verser.*

toucher *verbe transitif indirect*

/ Mettre la main sur. SYN. prendre, saisir – FAMILIER : tripoter.

/ Être relatif à. SYN. avoir rapport à, avoir trait à, concerner, porter sur, regarder, relever de, rouler sur, se rapporter à, traiter de.

/ Examiner une question. SYN. aborder, parler, traiter de.

/ LITTÉRAIRE. Arriver en un lieu. SYN. arriver, gagner, parvenir.

/ LITTÉRAIRE. Être proche de quelque chose. SYN. avoisiner, confiner à, friser, frôler, se rapprocher, tenir de.

touffeur *nom féminin*

/ LITTÉRAIRE. Atmosphère chaude. SYN. chaleur, lourdeur, moiteur. CONTR. *fraîcheur.*

touffu *adjectif*

/ Formé de nombreux végétaux. SYN. boisé, branchu, broussailleux, buissonneux, compact, dense, dru, épais, feuillu, impénétrable, luxuriant. CONTR. *clair, clairsemé, nu, pelé, rare, tondu* – LITTÉRAIRE : *chauve.*

/ Chargé de détails. SYN. abondant, compliqué, filandreux, foisonnant, fourni, indigeste, inextricable, serré. CONTR. *bref, concis, court, dépouillé, laconique, maigre, ramassé, sommaire, succinct.*

toujours *adverbe*

/ Indique la permanence. SYN. de tout temps, éternellement, immuablement, indéfiniment, perpétuellement. CONTR. *jamais, provisoirement, temporairement.*

/ Marque la répétition. SYN. constamment, continuellement, continûment, en permanence, habituellement, invariablement, sans arrêt, sans cesse, sans répit, tout le temps. CONTR. *exceptionnellement, irrégulièrement, par intermittence, par intervalles, parfois, quelquefois.*

/ S'emploie comme intensif. SYN. cependant, de toute façon.

toupet *nom masculin*

/ Touffe de cheveux. SYN. houppe, houppette.

/ FAMILIER. Attitude effrontée. SYN. aplomb, assurance, audace, effronterie, front, hardiesse, impertinence, impudence – FAMILIER : culot. CONTR. *discrétion, réserve, retenue.*

tour *nom masculin*

/ Action de tourner sur soi-même. SYN. révolution, rotation.

/ Déplacement rapide. SYN. circuit, excursion, marche, promenade, randonnée, ronde, sortie, voyage – FAMILIER : balade, virée.

/ Action destinée à tromper. SYN. attrape, facétie, farce, stratagème, supercherie – FAMILIER : blague, entourloupe, entourloupette, fumisterie, niche.

/ Évolution de quelque chose. SYN. allure, configuration, couleur, façon, forme, physionomie, tournure.

/ Bord de quelque chose. SYN. circonférence, contour, périphérie, pourtour.

tourbe *nom féminin*

/ LITTÉRAIRE. Foule méprisable. SYN. populace, racaille, ramassis – LITTÉRAIRE : lie, plèbe, rebut, vermine – POPULAIRE : raclure.

tourbillon *nom masculin*

/ LITTÉRAIRE. Ce qui emporte. SYN. agitation, bouillonnement, tempête, tumulte, vertige – LITTÉRAIRE : enivrement, turbulence.

/ Masse d'air en déplacement. SYN. bourrasque, cyclone, ouragan, tempête, tornade, typhon – LITTÉRAIRE : tourmente.

tourbillonnant *adjectif*

/ LITTÉRAIRE. Qui entraîne vivement. SYN. agité, houleux, mouvementé, trépidant – LITTÉRAIRE : tempétueux, tumultueux.

tourbillonnement *nom masculin*

/ Mouvement de ce qui tourbillonne. SYN. agitation, tourbillon, trépidation – LITTÉRAIRE : tournoiement.

tourbillonner *verbe*

/ Être animé d'un mouvement rapide. SYN. tourner, virevolter – LITTÉRAIRE : tournoyer, voleter.

tourment *nom masculin*

/ Vive souffrance morale. SYN. agitation, cauchemar, contrariété, douleur, ennui, martyre, souffrance, supplice, torture – FAMILIER :

enquiquinement –LITTÉRAIRE: affres, croix, plaie. CONTR. *béatitude, bien-être, paix, plaisir* –LITTÉRAIRE: *repos.*

tourmente *nom féminin*

/ LITTÉRAIRE. Tempête violente. SYN. bourrasque, cyclone, ouragan, tempête, tornade, tourbillon, typhon.

/ LITTÉRAIRE. Troubles sociaux. SYN. perturbation, secousse, tempête, tourbillon, tumulte, vertige –LITTÉRAIRE: bourrasque, commotion, orage. CONTR. *calme, paix, tranquillité.*

tourmenté *adjectif*

/ Prédisposé à l'inquiétude. SYN. affligé, angoissé, anxieux, inquiet, préoccupé, soucieux, torturé, tracassé –FAMILIER: bileux –LITTÉRAIRE: ravagé. CONTR. *serein* –LITTÉRAIRE: *quiet.*

/ Marqué par des perturbations. SYN. agité, houleux, mouvementé, orageux, troublé –LITTÉRAIRE: tempétueux, tumultueux. CONTR. *paisible, tranquille.*

/ Qui manque de simplicité. SYN. alambiqué, compliqué, contourné, sophistiqué –FAMILIER: tarabiscoté. CONTR. *simple, sobre.*

tourmenter *verbe*

/ Causer une souffrance. SYN. affliger, agiter, alarmer, chagriner, déchirer, désespérer, désoler, hanter, harceler, inquiéter, lanciner, miner, obnubiler, obséder, persécuter, poursuivre, préoccuper, ronger, tenailler, torturer, tracasser, travailler –FAMILIER: chicaner, chiffonner, embêter, turlupiner –POPULAIRE: emmerder –VIEUX: soucier. CONTR. *consoler, tranquilliser* –LITTÉRAIRE: *lénifier.*

tourmenter (se) *verbe pronominal*

/ Se faire du souci. SYN. s'alarmer, se faire du mauvais sang, se faire du tracas, se faire un sang d'encre, se miner, se préoccuper, se ronger les sangs, se tracasser, s'inquiéter –FAMILIER: être aux cent coups, s'arracher les cheveux, se biler, se faire de la bile, se faire des cheveux blancs, se frapper, s'en faire –POPULAIRE: se faire de la mousse, se faire du mouron.

tournailler *verbe*

/ FAMILIER. Tourner sans but. SYN. tourner –FAMILIER: tournicoter, tourniquer.

tournant *adjectif*

/ Qui suit une direction courbe. SYN. sinueux, tortueux –LITTÉRAIRE: flexueux, serpentin.

tournant *nom masculin*

/ Endroit où une voie tourne. SYN. angle, coude, courbe, lacet, méandre, sinuosité, virage, zigzag.

tournebouler *verbe*

/ FAMILIER. Troubler fortement quelqu'un. SYN. bouleverser, ébranler, perturber, retourner, troubler –FAMILIER: chambouler, détraquer.

tournée *nom féminin*

/ POPULAIRE. Volée de coups. SYN. tripotée, volée –FAMILIER: pile, raclée, rossée, tabassée –POPULAIRE: dégelée, dérouillée, pâtée, peignée, rouste, tannée, trempe –VIEUX: frottée.

tourner *verbe intransitif*

/ Se déplacer autour de. SYN. graviter, tourbillonner –LITTÉRAIRE: tournoyer.

/ Aller et venir dans un espace. SYN. –FAMILIER: tournailler, tournicoter, tourniquer.

/ Changer de direction. SYN. braquer, obliquer, partir, pirouetter, virer, virevolter.

/ Évoluer vers tel état. SYN. incliner à, tendre à.

tourner *verbe transitif*

/ Déplacer quelque chose. SYN. braquer, diriger, exposer, incliner, obliquer, orienter, présenter.

/ Éviter un obstacle. SYN. contourner, doubler, éluder, escamoter, esquiver, se dérober à.

tourner (se) *verbe pronominal*

/ Changer d'orientation. SYN. se braquer, se diriger, se placer, se porter, s'orienter.

/ Faire appel à quelqu'un. SYN. recourir à, s'adresser.

tournicoter *verbe*

/ FAMILIER. Tourner dans tous les sens. SYN. tourner –FAMILIER: tournailler, tourniquer.

tourniquer *verbe*

/ FAMILIER. Aller dans tous les sens. SYN. tourner –FAMILIER: tournailler, tournicoter.

tournoi *nom masculin*

/ LITTÉRAIRE. Lutte où l'on rivalise. SYN. compétition, duel, lutte –LITTÉRAIRE: joute.

tournoyer *verbe*

/ LITTÉRAIRE. Tourner plusieurs fois. SYN. pirouetter, pivoter, serpenter, tourbillonner, tourner, virevolter –LITTÉRAIRE: onduler, voleter.

tournure *nom féminin*

/ LITTÉRAIRE. Aspect général de quelqu'un. SYN. air, allure, apparence, aspect, contenance, extérieur, maintien, mine, physionomie, physique, port, prestance –FAMILIER: touche.

/ Évolution d'une situation. SYN. allure, côté, couleur, cours, direction, évolution, orientation, tendance, tour.

/ Manière d'exprimer une idée. SYN. construction, expression, formule, locution, style, tour.

tout *nom masculin*

/ Ensemble pris dans son entier. SYN. bloc, ensemble, globalité, intégralité, total, totalité. CONTR. *brin, fraction, morceau.*

tout à coup *adverbe*

/ De façon soudaine. SYN. à brûle-pourpoint, à l'improviste, au dépourvu, brusquement, inopinément, soudain, soudainement, subitement –FAMILIER: subito –VIEUX: tout à trac.

tout à fait *adverbe*

/ Indique un degré extrême. SYN. abominablement, absolument, affreusement, complètement, diamétralement, effroyablement, entièrement, épouvantablement, exceptionnellement, excessivement, extraordinairement, extrêmement, follement, foncièrement, fortement, grandement, hautement, horriblement, immensément, immodérément, incroyablement, infiniment, mortellement, parfaitement, particulièrement, pleinement, prodigieusement, puissamment, supérieurement, suprêmement, terriblement, totalement, très –FAMILIER: atrocement, bigrement, bougrement, diablement, drôlement, fichtrement, formidablement, joliment, méchamment, positivement, rudement, superlativement, tout plein –LITTÉRAIRE: furieusement –POPULAIRE: salement, vachement. CONTR. *faiblement, guère, nullement, peu.*

tout à trac *adverbe*

/ VIEUX. Sans réfléchir. SYN. brusquement, précipitamment, soudain, soudainement, subitement, tout à coup –FAMILIER: subito.

tout de go *adverbe*

/ FAMILIER. Sans préambule. SYN. brusquement, directement, inopinément, soudain, soudainement, subitement –FAMILIER: subito.

tout de suite *adverbe*

/ Sans délai. SYN. à l'instant, aussitôt, d'emblée, immédiatement, incessamment, instantanément, promptement, sans attendre, sans retard, sans tarder, séance tenante, soudain, soudainement, subitement, sur l'heure, sur-le-champ –FAMILIER: illico, illico presto, subito, subito presto –LITTÉRAIRE: incontinent. CONTR. *après, par la suite, plus tard, ultérieurement.*

toutefois *adverbe*

/ Marque une réserve. SYN. cependant, du moins, mais, néanmoins, pourtant, seulement.

toute-puissance *nom féminin singulier*

/ Pouvoir sans bornes. SYN. despotisme, hégémonie, omnipotence, puissance, souveraineté, suprématie.

tout-petit *nom masculin*

/ Très jeune enfant. SYN. bébé, enfant, gamin –FAMILIER: marmot, mioche –POPULAIRE: môme, mouflet –VIEUX: marmouset.

tout-puissant *adjectif*

/ Qui a un pouvoir sans bornes. SYN. dominateur, impérialiste, impérieux, influent, omnipotent, puissant, souverain, totalitaire, tyrannique.

toxicité *nom féminin*

/ Caractère toxique. SYN. nocivité, nocuité. CONTR. *innocuité.*

toxique *adjectif*

/ Qui nuit à la santé. SYN. dangereux, délétère, mauvais, nocif, pernicieux. CONTR. *bénéfique, bienfaisant, bon.*

trac *nom masculin*

/ FAMILIER. Peur irraisonnée. SYN. angoisse, crainte, inquiétude, peur –FAMILIER: frousse.

tracas *nom masculin*

/ Ce qui donne du souci. SYN. désagrément, difficulté, ennui, inquiétude, préoccupation, souci –FAMILIER: embêtement, empoisonnement, enquiquinement –LITTÉRAIRE: aria.

tracassant *adjectif*

/ Qui donne du tracas. SYN. ennuyeux, fâcheux, harcelant, lancinant, obsédant –FAMILIER: embêtant, empoisonnant, enquiquinant –LITTÉRAIRE: importun –POPULAIRE: emmerdant.

tracassé *adjectif*

/ Qui se fait du souci. SYN. affligé, angoissé, anxieux, inquiet, préoccupé, soucieux, torturé, tourmenté –FAMILIER: bileux –LITTÉRAIRE: ravagé. CONTR. *serein* –LITTÉRAIRE: *quiet.*

tracasser *verbe*

/ Causer du souci à quelqu'un. SYN. agiter, alarmer, chagriner, ennuyer, harceler, inquiéter, lanciner, miner, obnubiler, obséder, préoccuper, ronger, tarauder, torturer, tourmenter, travailler –FAMILIER: chicaner, chiffonner, embêter, tarabuster, turlupiner –POPULAIRE: emmerder –VIEUX: soucier.

tracasser (se) *verbe pronominal*

/ Se faire du tracas. SYN. s'alarmer, se faire du mauvais sang, se faire du souci, se faire du tracas, se faire un sang d'encre, se miner, se préoccuper, se ronger les sangs, se tourmenter, s'inquiéter –FAMILIER: se biler, se faire de la bile, se faire des cheveux blancs, se frapper, s'en faire –POPULAIRE: se faire de la mousse, se faire du mouron. CONTR. *ne pas se soucier de* –LITTÉRAIRE: *n'avoir cure de.*

tracasserie *nom féminin*

/ Cause de contrariété. SYN. désagrément, difficulté, ennui, ergotage, vexation –FAMILIER: chinoiserie, embêtement, empoisonnement, enquiquinement, pinaillage –LITTÉRAIRE: aria, chicane –VIEUX: ergoterie.

trace *nom féminin*

/ Marque laissée au sol. SYN. empreinte, foulée, traînée.

/ LITTÉRAIRE. Ce qui subsiste du passé. SYN. écho, marque, reste, souvenir –LITTÉRAIRE: relent, vestige.

/ Petite quantité de. SYN. atome, bribe, brin, doigt, filet, goutte, grain, gramme, larme, miette, nuage, once, parcelle, pointe, soupçon, teinte, touche, trace –LITTÉRAIRE: liard, ombre –POPULAIRE: chouia. CONTR. *armée, avalanche, cascade, déluge, flot, foule, infinité, kyrielle, masse, monceau, montagne, multitude, myriade, nuée, pléiade, pluie, tas, torrent* –FAMILIER: *armada, cargaison, flopée, foultitude, paquet, pelletée, ribambelle, tapée* –LITTÉRAIRE: *averse, océan.*

tracé *nom masculin*

/ Ligne formant un contour. SYN. contour, dessin, forme, ligne.

tracer *verbe*

/ Faire la description de. SYN. décrire, dépeindre, dresser, faire, figurer, peindre, rapporter, relater, représenter, retracer.

tractation *nom féminin*

/ Discussion difficile. SYN. agissements, combinaison, machination, manœuvre, menées, négociation, pourparlers.

tracter *verbe*

/ Tirer au moyen d'un véhicule. SYN. entraîner, haler, remorquer, tirer, traîner.

tradition *nom féminin*

/ Ce que transmet une génération. SYN. coutume, habitude, héritage, pratique, rite, rituel, routine, usage –LITTÉRAIRE: mode.

traditionalisme *nom masculin*

/ Attachement aux traditions. SYN. conformisme, conservatisme, passéisme. CONTR. *anticonformisme, modernisme, modernité, originalité.*

traditionaliste *adjectif et nom*

/ Partisan du traditionalisme. SYN. conformiste, conservateur, passéiste. CONTR. *anticonformiste, contestataire, moderniste, non conformiste, non-conformiste.*

traditionnel *adjectif*

/ Fondé sur la tradition. SYN. classique, conventionnel, coutumier, ordinaire, orthodoxe, rituel. CONTR. *moderne, nouveau, novateur, original, révolutionnaire.*

/ Passé dans les habitudes. SYN. consacré, habituel, routinier, usuel –LITTÉRAIRE: coutumier. CONTR. *inaccoutumé, inédit, inhabituel, insolite.*

traditionnellement *adverbe*

/ D'une manière habituelle. SYN. communément, couramment, d'habitude, d'ordinaire, en règle générale, fréquemment, généralement, habituellement, invariablement, normalement, ordinairement, rituellement, usuellement.

traduction *nom féminin*

/ LITTÉRAIRE. Fait d'exprimer une chose. SYN. expression, figuration, représentation, transcription.

traduire *verbe*

/ Exprimer un sentiment, etc. SYN. désigner, exprimer, figurer, manifester, montrer, refléter, rendre, représenter, révéler, signifier, trahir.

/ Appeler à comparaître. SYN. assigner, citer, convoquer.

traduire (se) *verbe pronominal*

/ Avoir pour résultat. SYN. équivaloir à, se manifester.

traduisible *adjectif*

/ Qui peut être traduit. SYN. communicable, exprimable. CONTR. *incommunicable, indicible, inexprimable, intraduisible* – LITTÉRAIRE: *ineffable.*

trafic *nom masculin*

/ FAMILIER. Activité mystérieuse. SYN. complot, cuisine, intrigue, manigance – FAMILIER: combine, fricotage, grenouillage, traficotage, tripotage – POPULAIRE: magouillage, magouille.

/ Mouvement de véhicules. SYN. circulation, mouvement, passage, va-et-vient.

traficoter *verbe*

/ FAMILIER. Manigancer quelque chose. SYN. combiner, comploter, machiner, manigancer, mijoter, mitonner, tramer – FAMILIER: concocter, fabriquer, fricoter, goupiller, trafiquer – LITTÉRAIRE: ourdir – POPULAIRE: magouiller.

trafiquant *nom*

/ Commerçant malhonnête. SYN. maquignon, mercanti – FAMILIER: margoulin.

trafiquer *verbe*

/ FAMILIER. Dénaturer un produit. SYN. falsifier, frelater, maquiller, tripatouiller, truquer.

/ FAMILIER. Manigancer quelque chose. SYN. combiner, comploter, machiner, manigancer, mijoter, mitonner, tramer – FAMILIER: concocter, fabriquer, ficher, fricoter, goupiller, traficoter – LITTÉRAIRE: ourdir – POPULAIRE: foutre, magouiller.

tragédie *nom féminin*

/ Événement funeste. SYN. accident, calamité, catastrophe, coup du sort, drame, malheur.

tragique *adjectif*

/ Qui provoque la pitié. SYN. bouleversant, déchirant, difficile, dramatique, pathétique, poignant, terrible.

/ Qui exprime l'angoisse. SYN. alarmant, grave, inquiétant, mauvais, menaçant, sérieux, sombre. CONTR. *burlesque, comique, désopilant, drôle, gai, hilarant, inénarrable, risible* – FAMILIER: *cocasse, marrant, rigolo, roulant, tordant.*

tragiquement *adverbe*

/ De façon tragique. SYN. dramatiquement. CONTR. *burlesquement, comiquement.*

trahir *verbe*

/ Cesser d'être fidèle à quelqu'un. SYN. décevoir, renier, tromper – FAMILIER: cocufier, lâcher. CONTR. *soutenir.*

/ Donner une idée fausse de. SYN. altérer, déformer, dénaturer, fausser.

/ Laisser voir quelque chose. SYN. accuser, déceler, démasquer, démontrer, dénoncer, dénoter, dévoiler, dire, divulguer, indiquer, livrer, manifester, marquer, montrer, prouver, révéler, signaler, traduire – LITTÉRAIRE: témoigner. CONTR. *cacher, dissimuler, étouffer, masquer, taire* – LITTÉRAIRE: *celer.*

/ Ne pas respecter un engagement. SYN. changer son fusil d'épaule, manquer à, rompre, tourner casaque, violer – FAMILIER: donner un coup de canif dans le contrat, retourner sa veste – LITTÉRAIRE: faillir. CONTR. *observer, respecter.*

/ Faire défaut brusquement. SYN. abandonner, lâcher.

/ S'allier à l'ennemi. SYN. changer de camp, passer à l'ennemi.

trahir (se) *verbe pronominal*

/ Laisser voir ce qu'on voulait cacher. SYN. apparaître sous son vrai jour, se dévoiler, se montrer, se révéler.

trahison *nom féminin*

/ Action de trahir une cause, etc. SYN. déloyauté, forfaiture, traîtrise, violation – LITTÉRAIRE: félonie, fourberie, infidélité, perfidie, viol.

/ Manquement à un engagement. SYN. abandon, défection, démission, désertion –FAMILIER: lâchage –LITTÉRAIRE: délaissement. CONTR. *constance, dévouement, fidélité.*

train *nom masculin*

/ Rythme de progression. SYN. allure, marche, mouvement, pas, vitesse.

/ Enchaînement de faits. SYN. courant, cours, déroulement, développement, mouvement.

traînailler *verbe*

/ FAMILIER. Ne pas se dépêcher. SYN. paresser, prendre son temps, tarder, traîner –FAMILIER: lambiner, lanterner, traînasser. CONTR. *galoper, se dépêcher, se hâter, se presser, s'empresser* –FAMILIER: *s'activer, speeder* –POPULAIRE: *se grouiller, se magner, se manier.*

/ FAMILIER. Se promener à l'aventure. SYN. errer, flâner, musarder, rôder, traîner, vagabonder –FAMILIER: rôdailler, se baguenauder, traînasser –LITTÉRAIRE: vaguer –POPULAIRE: vadrouiller.

traînant *adjectif*

/ Se dit d'une élocution lente. SYN. languissant, lent, monotone, nonchalant, terne. CONTR. *énergique, rapide, vif.*

traînard *nom*

/ Personne qui agit avec lenteur. SYN. lanterne rouge, retardataire –FAMILIER: escargot, lambin.

traînasser *verbe*

/ FAMILIER. Errer longuement. SYN. errer, flâner, musarder, prendre son temps, rôder, traîner, vagabonder –FAMILIER: rôdailler, se baguenauder, traînailler –LITTÉRAIRE: vaguer –POPULAIRE: vadrouiller.

/ FAMILIER. Être à la traîne. SYN. paresser, tarder, traîner –FAMILIER: lambiner, lanterner, traînailler. CONTR. *galoper, se dépêcher, se hâter, se presser, s'empresser* –FAMILIER: *s'activer, speeder* –POPULAIRE: *se grouiller, se magner, se manier.*

traînée *nom féminin*

/ Trace laissée sur une surface. SYN. bavure, marque, trace, zébrure –FAMILIER: dégoulinade.

traîner *verbe intransitif*

/ Pendre sans ordre. SYN. pendre, retomber, tomber.

/ Aller sans but. SYN. errer, flâner, musarder, rôder, se promener, vagabonder –FAMILIER: rôdailler, se baguenauder, traînailler, traînasser –LITTÉRAIRE: vaguer –POPULAIRE: vadrouiller.

/ S'attarder inutilement. SYN. dormir, fainéanter, paresser, prendre son temps, s'attarder, tarder –FAMILIER: buller, lambiner, lanterner, traînailler, traînasser. CONTR. *galoper, se dépêcher, se hâter, se presser, s'empresser* –FAMILIER: *s'activer* –POPULAIRE: *se grouiller, se magner, se manier.*

/ Se prolonger inutilement. SYN. continuer, durer, se prolonger, s'éterniser.

traîner *verbe transitif*

/ Déplacer quelque chose. SYN. entraîner, remorquer, tirer, tracter. CONTR. *pousser.*

traîne-savates *nom*

/ FAMILIER. Personne démunie. SYN. malheureux, miséreux –LITTÉRAIRE: misérable.

train-train *nom masculin*

/ FAMILIER. Habitudes mécaniques. SYN. accoutumance, chemin battu, routine –FAMILIER: ronron.

trait *nom masculin*

/ Ligne tracée sur une surface. SYN. barre, droite, ligne, raie, rayure.

/ Marque distinctive. SYN. attribut, caractère, caractéristique, disposition, particularité, propriété, qualité.

/ Signe d'une qualité. SYN. éclair, étincelle, manifestation, marque.

/ LITTÉRAIRE. Propos mordant. SYN. flèche, lazzi, moquerie, mot, pique, plaisanterie, pointe, quolibet, raillerie, sarcasme –LITTÉRAIRE: brocard, épigramme, saillie –POPULAIRE: vanne.

/ LITTÉRAIRE. Petite quantité de liquide. SYN. doigt, filet, goutte, larme, nuage, once, pointe, soupçon, teinte –LITTÉRAIRE: ombre. CONTR. *cascade, déluge, flot, foule, pluie, torrent* –FAMILIER: *flopée, foultitude* –LITTÉRAIRE: *averse, océan, rivière, ruisseau.*

/ Gorgée d'une boisson. SYN. gorgée –FAMILIER: lampée –VIEUX: goulée.

traitable *adjectif*

/ LITTÉRAIRE. Qu'on peut influencer. SYN. accommodant, arrangeant, complaisant, conciliant, coulant, facile, malléable, manœuvrable, souple, vivable. CONTR. *ferme, inflexible, intraitable, intransigeant.*

traite *nom féminin*
/ VIEUX. Étendue de chemin. SYN. course, étape, parcours, trajet.

traité *nom masculin*
/ Ouvrage didactique. SYN. cours, discours, essai, étude, manuel, ouvrage, précis.

traité *nom masculin*
/ Accord écrit. SYN. accord, arrangement, contrat, convention, entente, marché, pacte.

traitement *nom masculin*
/ Rémunération d'un fonctionnaire. SYN. appointements, émoluments, paie, paye, salaire.
/ Ce qui traite une maladie. SYN. médicament, médication, remède, thérapeutique, thérapie.

traiter *verbe transitif*
/ Soigner un malade, un mal. SYN. remédier à, s'occuper de, soigner.

traiter *verbe transitif indirect*
/ Passer un accord avec. SYN. composer, conclure, discuter, négocier, pactiser, parlementer, transiger.
/ Prendre pour objet d'étude. SYN. aborder, agiter, délibérer de, discourir de, disserter sur, étudier, examiner, parler de.
/ Avoir pour sujet. SYN. porter, rouler, toucher.
/ Appeler quelqu'un de telle manière. SYN. qualifier, taxer.
/ Accueillir chez soi. SYN. accueillir, recevoir, s'occuper de.

traître *adjectif*
/ Qui trahit quelqu'un, une cause. SYN. déloyal, parjure –LITTÉRAIRE: félon, infidèle. CONTR. *fair-play, fidèle, loyal, sincère.*
/ Qui trompe. SYN. dangereux, fourbe, insidieux, sournois, trompeur –LITTÉRAIRE: perfide.

traître *nom*
/ Personne qui commet une trahison. SYN. délateur, espion, imposteur, Judas, parjure, renégat –LITTÉRAIRE: félon.
/ LITTÉRAIRE. Personne perfide. SYN. comédien, fourbe, hypocrite, imposteur, jésuite, tartufe, tartuffe –FAMILIER: faux jeton –POPULAIRE: faux cul, faux derche.

traîtreusement *adverbe*
/ En traître. SYN. dans le dos, derrière le dos, par-derrière, sournoisement –LITTÉRAIRE: déloyalement, perfidement. CONTR. *loyalement, ouvertement.*

traîtrise *nom féminin*
/ Comportement perfide. SYN. déloyauté, forfaiture, fourberie, mauvaise foi, trahison –LITTÉRAIRE: félonie, perfidie, scélératesse, vilenie. CONTR. *fidélité, franchise, loyauté.*

traits *nom masculin pluriel*
/ Lignes caractéristiques du visage. SYN. faciès, figure, mine, tête, visage.

trajectoire *nom féminin*
/ Trajet d'un corps en mouvement. SYN. chemin, circuit, course, itinéraire, mouvement, parcours, route.

trajet *nom masculin*
/ Fait de parcourir un espace. SYN. course, étape, parcours, route –VIEUX: traite.
/ Espace entre deux points. SYN. chemin, distance, itinéraire, route, voie.

tralala *nom masculin*
/ FAMILIER. Luxe voyant. SYN. apparat, cérémonie, faste, luxe, magnificence –LITTÉRAIRE: pompe.

trame *nom féminin*
/ LITTÉRAIRE. Ce qui constitue le fond de. SYN. architecture, armature, cadre, canevas, carcasse, charpente, contexture, ossature, plan, squelette, structure –LITTÉRAIRE: linéaments, texture.

tramer *verbe*
/ Préparer une mauvaise action. SYN. combiner, comploter, conspirer, machiner, manigancer, mijoter, mitonner, préméditer, préparer –FAMILIER: concocter, fabriquer, fricoter, goupiller, traficoter, trafiquer –LITTÉRAIRE: conjurer, nouer, ourdir –POPULAIRE: magouiller.

tranchant *adjectif*
- Qui coupe net. SYN. acéré, affilé, affûté, aigu, aiguisé, coupant, effilé. CONTR. *émoussé.*
- Qui dénote de l'autorité. SYN. absolu, autoritaire, cassant, catégorique, décidé, dur, impératif, impérieux, incisif, péremptoire. CONTR. *accommodant.*

tranché *adjectif*
- Qui a un caractère marqué. SYN. distinct, net, séparé. CONTR. *composite, confus, indistinct, vague.*
- Affirmé catégoriquement. SYN. absolu, catégorique, franc, impératif, péremptoire. CONTR. *diplomatique, habile, prudent.*

trancher *verbe transitif*
- Séparer en deux. SYN. cisailler, couper, découper, faucher, fendre, sectionner, tailler, tronçonner –LITTÉRAIRE: rompre.
- Régler une difficulté. SYN. arbitrer, décider, juger, prendre parti, régler, résoudre, se prononcer, statuer –FAMILIER: solutionner. CONTR. *atermoyer, hésiter, tergiverser.*

trancher *verbe transitif indirect*
- Former un contraste avec. SYN. contraster, détonner, jurer, ressortir, se détacher, s'opposer. CONTR. *aller avec, s'accorder, s'appareiller, s'apparenter, s'harmoniser.*

tranquille *adjectif*
- Que rien ne vient troubler. SYN. calme, doux, paisible, reposant –LITTÉRAIRE: limpide. CONTR. *agité, aventureux, brutal, bruyant, dangereux, déchaîné, endiablé, hasardeux, houleux, mouvementé, orageux, périlleux, trépidant* –LITTÉRAIRE: *impétueux, tempétueux, tumultueux.*
- Qui respecte le repos des autres. SYN. pacifique, paisible, sage, silencieux. CONTR. *délirant, énervé, exalté, excité, fou, impétueux, infernal, insupportable, irascible, remuant, surexcité, survolté, tapageur, turbulent, violent* –LITTÉRAIRE: *effervescent.*
- Qui se sent en sécurité. SYN. confiant, flegmatique, rassuré, serein, sûr –FAMILIER: relax, relaxe –LITTÉRAIRE: quiet –POPULAIRE: peinard, pénard. CONTR. *affolé, angoissé, anxieux, apeuré, contrarié, inquiet, tourmenté, troublé.*

tranquillement *adverbe*
- D'une manière réfléchie. SYN. calmement, froidement, gentiment, paisiblement, posément, sagement –POPULAIRE: peinardement, pénardement. CONTR. *fébrilement, fiévreusement, nerveusement.*
- Sans se presser. SYN. lentement, mollement, patiemment, placidement, sereinement. CONTR. *impatiemment, vite* –FAMILIER: *à toutes pompes, dare-dare* –LITTÉRAIRE: *diligemment.*

tranquillisant *adjectif*
- Qui tranquillise. SYN. apaisant, calmant, délassant, rassurant, sécurisant. CONTR. *affolant, alarmant, angoissant, bouleversant, effrayant, grave, inquiétant, menaçant, patibulaire, préoccupant, redoutable, sombre, troublant.*

tranquilliser *verbe*
- Délivrer d'une inquiétude. SYN. apaiser, calmer, rassurer, sécuriser –LITTÉRAIRE: rasséréner. CONTR. *affoler, agiter, alarmer, angoisser, déconcerter, décontenancer, effrayer, horrifier, inquiéter, obséder, paniquer, terrifier, terroriser, tourmenter, troubler* –VIEUX: *soucier.*

tranquilliser (se) *verbe pronominal*
- Cesser de s'inquiéter. SYN. dormir sur ses deux oreilles, se rassurer –LITTÉRAIRE: se rasséréner. CONTR. *s'alarmer, s'inquiéter.*

tranquillité *nom féminin*
- État de ce qui est calme. SYN. accalmie, calme, équilibre, ordre, sécurité, silence. CONTR. *activité, agitation, bouillonnement, déchaînement, désordre, effervescence, perturbation, tempête, trouble* –LITTÉRAIRE: *bourrasque, orage, tourmente, turbulence.*
- Absence d'inquiétude. SYN. apaisement, paix, placidité, sérénité –LITTÉRAIRE: quiétude. CONTR. *affolement, angoisse, anxiété, appréhension, crainte, désarroi, effroi, énervement, inquiétude.*

transaction *nom féminin*
- Contrat qui termine un conflit. SYN. accommodement, arrangement, compromis, conciliation.

transalpin *adjectif*
- Au-delà des Alpes. SYN. –LITTÉRAIRE: ultramontain. CONTR. *cisalpin.*

transcendance *nom féminin*
- Caractère supérieur. SYN. achèvement, excellence, perfection, prééminence. CONTR. *imperfection, médiocrité, nullité.*

transcendant *adjectif*

/ Qui excelle. SYN. d'exception, élevé, exceptionnel, extraordinaire, incomparable, remarquable, sublime, supérieur – LITTÉRAIRE : suréminent.

transcender *verbe*

/ LITTÉRAIRE. Dépasser quelque chose. SYN. exalter, idéaliser, purifier – LITTÉRAIRE : magnifier, spiritualiser, sublimer.

transcrire *verbe*

/ Mettre par écrit. SYN. copier, écrire, enregistrer, inscrire, marquer, noter, recopier, reporter.

transe *nom féminin*

/ LITTÉRAIRE. État d'exaltation. SYN. exaltation, ravissement – LITTÉRAIRE : extase, transport.

/ LITTÉRAIRE. Vive inquiétude. SYN. angoisse, anxiété, tourment, tracas – LITTÉRAIRE : affres. CONTR. *paix, sérénité* – LITTÉRAIRE : *quiétude, repos.*

transférable *adjectif*

/ Qui peut être transféré. SYN. cessible, transmissible. CONTR. *incessible, incommunicable, intransmissible.*

transférer *verbe*

/ Faire passer d'un lieu en un autre. SYN. acheminer, amener, déplacer, transplanter, transporter.

/ Donner un bien à quelqu'un. SYN. céder, confier, déléguer, léguer, passer, transmettre.

transfert *nom masculin*

/ Action de transférer. SYN. acheminement, déplacement, transmission, transport – LITTÉRAIRE : translation.

transformable *adjectif*

/ Qui peut être transformé. SYN. changeable, modifiable. CONTR. *immuable, inchangeable.*

transformation *nom féminin*

/ Action de transformer. SYN. reconversion, transmutation – VIEUX : conversion.

/ Passage d'une forme à une autre. SYN. devenir, métamorphose, mutation – LITTÉRAIRE : transmutation. CONTR. *invariabilité, permanence* – LITTÉRAIRE : *fixité.*

/ Action de modifier. SYN. avatar, changement, évolution, innovation, modification, remaniement, renouvellement, rénovation.

transformé *adjectif*

/ Qui n'est plus le même. SYN. altéré, changé, différent, méconnaissable, métamorphosé, modifié. CONTR. *identique, inaltéré, inchangé, intact.*

transformer *verbe*

/ Rendre une chose différente. SYN. arranger, changer, remanier, renouveler, rénover, transmuer, transmuter – LITTÉRAIRE : convertir.

/ LITTÉRAIRE. Faire changer quelqu'un. SYN. changer, métamorphoser, modifier – LITTÉRAIRE : pétrir.

transformer (se) *verbe pronominal*

/ Changer d'aspect. SYN. changer, évoluer, se métamorphoser, se modifier, varier. CONTR. *se conserver, se fixer, se maintenir.*

/ Passer à un nouvel état. SYN. devenir, se changer.

transformisme *nom masculin*

/ Théorie de l'évolution. SYN. darwinisme, évolutionnisme, lamarckisme, mutationnisme. CONTR. *fixisme.*

transfuser *verbe*

/ LITTÉRAIRE. Communiquer un sentiment. SYN. inspirer, insuffler, passer, souffler, transmettre – LITTÉRAIRE : infuser, inoculer, instiller.

transgresser *verbe*

/ Ne pas respecter une loi. SYN. contrevenir, déroger, désobéir, enfreindre, franchir, mépriser, outrepasser, piétiner, tourner, violer – LITTÉRAIRE : pécher contre. CONTR. *observer, respecter, se conformer, se plier, se soumettre, suivre.*

transgression *nom féminin*

/ Action de violer une loi. SYN. désobéissance, entorse, inobservation, manquement, violation – LITTÉRAIRE : viol. CONTR. *observation, respect, soumission* – LITTÉRAIRE : *observance.*

transi *adjectif*

/ Saisi par le froid. SYN. frissonnant, gelé, glacé, grelottant.

/ Paralysé par un sentiment. SYN. cloué, figé, médusé, paralysé, pétrifié.

transiger *verbe*

/ Conclure un arrangement. SYN. amener à composition, composer, discuter, négocier, pactiser, parlementer, s'arranger, traiter.

transir *verbe*

/ LITTÉRAIRE. Engourdir, en parlant du froid. SYN. geler, glacer, paralyser, pénétrer, saisir, transpercer.

transition *nom féminin*

/ Passage à une autre idée. SYN. enchaînement, liaison, lien.

transitoire *adjectif*

/ Qui ne dure pas. SYN. caduc, éphémère, momentané, passager, précaire. CONTR. *chronique, durable, éternel, immuable, interminable, perpétuel.*

/ Qui sert de transition. SYN. intérimaire, intermédiaire, provisoire, temporaire. CONTR. *définitif, irrévocable, permanent, stable.*

transitoirement *adverbe*

/ LITTÉRAIRE. De façon transitoire. SYN. momentanément, passagèrement, provisoirement, temporairement. CONTR. *constamment, définitivement, durablement, en permanence, perpétuellement* –LITTÉRAIRE: *sempiternellement.*

translation *nom féminin*

/ LITTÉRAIRE. Action de déplacer une chose. SYN. acheminement, déplacement, transfert, transport.

translucide *adjectif*

/ Qui laisse passer la lumière. SYN. diaphane, transparent –LITTÉRAIRE: cristallin. CONTR. *opaque, trouble.*

translucidité *nom féminin*

/ Caractère translucide. SYN. transparence –LITTÉRAIRE: diaphanéité. CONTR. *opacité.*

transmettre *verbe*

/ Faire passer à quelqu'un. SYN. aliéner, céder, déléguer, laisser, léguer, passer, perpétuer, transférer. CONTR. *acquérir, hériter.*

/ Faire parvenir. SYN. adresser, communiquer, renvoyer, transférer.

/ Faire passer d'un organisme à un autre. SYN. communiquer, contaminer, propager, transfuser, véhiculer. CONTR. *immuniser.*

transmettre (se) *verbe pronominal*

/ Passer de l'un à l'autre. SYN. se propager, se répandre.

transmigration *nom féminin*

/ LITTÉRAIRE. Action de transmigrer. SYN. émigration, exil, exode, migration, transplantation.

transmigrer *verbe*

/ LITTÉRAIRE. Aller vivre dans un autre pays. SYN. émigrer, s'exiler, s'expatrier. CONTR. *immigrer.*

transmissible *adjectif*

/ Qui peut être transmis. SYN. cessible, transférable. CONTR. *incessible, incommunicable, intransmissible.*

/ Qui se transmet par contagion. SYN. contagieux –LITTÉRAIRE: épidémique.

transmission *nom féminin*

/ Action de transmettre. SYN. cession, circulation, communication, diffusion, passation, propagation, transfert, translation.

transmuer *verbe*

/ Transformer totalement. SYN. changer, convertir, métamorphoser, transformer.

transmutation *nom féminin*

/ LITTÉRAIRE. Fait de changer une chose. SYN. changement, métamorphose, modification, mutation, transformation –VIEUX: conversion.

transmuter *verbe*

/ Transformer totalement. SYN. changer, convertir, métamorphoser, transformer.

transparaître *verbe*

/ Devenir visible. SYN. apparaître, paraître, percer, se montrer –LITTÉRAIRE: poindre, pointer.

/ Devenir perceptible. SYN. ressortir, se manifester, se révéler, se voir –LITTÉRAIRE: pointer.

transparence *nom féminin*

/ Caractère translucide. SYN. translucidité –LITTÉRAIRE: diaphanéité. CONTR. *opacité.*

/ Accessibilité d'une information. SYN. clarté, évidence, intelligibilité, limpidité, netteté. CONTR. *hermétisme, impénétrabilité, obscurité* –LITTÉRAIRE: *opacité.*

transparent *adjectif*

/ Qui laisse passer la lumière. SYN. diaphane, limpide, translucide –LITTÉRAIRE: cristallin. CONTR. *opaque, trouble.*

/ Dont le sens se laisse deviner. SYN. clair, évident, limpide, manifeste. CONTR. *brumeux, caché, hermétique, inaccessible, incompréhensible, insaisissable, insondable, obscur* –LITTÉRAIRE: *nébuleux, opaque, sibyllin, ténébreux.*

transpercer *verbe*

/ Passer au travers de. SYN. cribler, perforer, traverser, trouer.

/ Atteindre profondément (sensation). SYN. frapper, glacer, mouiller, pénétrer –LITTÉRAIRE: transir.

transplantation *nom féminin*

/ Action de s'établir ailleurs. SYN. émigration, exil, migration –LITTÉRAIRE: transmigration.

transplanter *verbe*

/ Changer un végétal de place. SYN. rempoter, repiquer.

/ Établir quelqu'un ailleurs. SYN. déplacer, déporter, transférer.

transport *nom masculin*

/ Action de transporter. SYN. acheminement, déplacement, expédition, transfert –LITTÉRAIRE: translation.

/ LITTÉRAIRE. Émotion vive. SYN. chaleur, effusion, élan, emballement, exaltation, griserie, ivresse, ravissement –LITTÉRAIRE: enivrement, transe. CONTR. *désenchantement, désillusion.*

transportable *adjectif*

/ Qui peut être transporté. SYN. déplaçable, portable. CONTR. *intransportable.*

transporté *adjectif*

/ Sous le coup d'une émotion. SYN. au septième ciel, fou, ivre, ravi.

transporter *verbe*

/ Faire passer d'un lieu à un autre. SYN. acheminer, amener, bouger, camionner, charrier, conduire, déménager, emporter, entraîner, porter, transférer, véhiculer –VIEUX: voiturer.

/ Placer dans un autre contexte. SYN. adapter, replacer, transposer.

/ LITTÉRAIRE. Provoquer un sentiment vif. SYN. charmer, électriser, enivrer, enthousiasmer, galvaniser, ravir, régaler, surexciter –FAMILIER: emballer –LITTÉRAIRE: enflammer. CONTR. *décevoir.*

transporter (se) *verbe pronominal*

/ Se déplacer quelque part. SYN. aller, faire route vers, se rendre.

transposer *verbe*

/ Changer l'ordre de. SYN. intervertir, inverser, permuter, renverser, retourner.

/ Situer dans un autre milieu. SYN. adapter, replacer, transporter.

transposition *nom féminin*

/ Action de transposer. SYN. déplacement, interversion, inversion, permutation.

trapu *adjectif*

/ Qui est court et large. SYN. épais, massif, râblé, ramassé –FAMILIER: boulot, courtaud. CONTR. *allongé, délicat, élancé, filiforme, fin, fluet, grêle, longiligne, svelte, ténu* –LITTÉRAIRE: *délié.*

/ FAMILIER. Qui a des connaissances. SYN. fort, instruit, savant –FAMILIER: calé, ferré, fortiche. CONTR. *ignare, ignorant, inculte, nul* –VIEUX: *illettré.*

/ FAMILIER. Se dit d'un problème ardu. SYN. coton, délicat, difficile, dur, pointu –FAMILIER: calé, vache. CONTR. *facile, simple.*

traquenard *nom masculin*

/ Machination contre quelqu'un. SYN. chausse-trape, chausse-trappe, embûche, embuscade, guêpier, guet-apens, piège, souricière –LITTÉRAIRE: écueil.

traquer *verbe*

/ Poursuivre sans relâche. SYN. harceler, pourchasser, presser.

traumatiser *verbe*

/ Provoquer un choc. SYN. choquer, commotionner, ébranler, perturber, secouer, troubler –FAMILIER: révolutionner.

traumatisme *nom masculin*

/ Émotion violente. SYN. choc, commotion, coup, ébranlement, secousse.

travail *nom masculin*

/ Activité professionnelle. SYN. emploi, fonction, métier, occupation, place, poste, profession, situation –FAMILIER: job –POPULAIRE: boulot, turbin. CONTR. *chômage, liberté, loisir, repos.*

/ Effort visant à produire. SYN. besogne, œuvre, opération, tâche –FAMILIER: ouvrage –LITTÉRAIRE: labeur. CONTR. *désœuvrement, inaction, inactivité, inoccupation, oisiveté.*

/ Manière de travailler un objet. SYN. confection, exécution, façon, technique –LITTÉRAIRE: facture.

travaillé *adjectif*

/ Élaboré avec soin. SYN. affecté, apprêté, étudié, façonné, fignolé, fini, ouvragé, précieux, recherché, soigné, sophistiqué –FAMILIER: léché –LITTÉRAIRE: ciselé, ouvré –VIEUX: perlé. CONTR. *brut, grossier, sobre* –FAMILIER: *ni fait ni à faire.*

travailler *verbe intransitif*

/ Effectuer un travail. SYN. abattre de la besogne –FAMILIER: bûcher, cravacher, en mettre un coup, mettre de l'huile de coude, trimer –POPULAIRE: bosser, boulonner, marner, turbiner. CONTR. *chômer, dormir, fainéanter, musarder, paresser, se prélasser, se reposer, se rouler les pouces, se tourner les pouces* –FAMILIER: *buller, flemmarder, se la couler douce, tirer sa flemme* –LITTÉRAIRE: *muser* –POPULAIRE: *glander, ne pas en fiche une rame, se les rouler, tirer au cul, tirer au flanc.*

/ Avoir une profession. SYN. gagner sa vie –FAMILIER: gagner sa croûte, gagner son bifteck –POPULAIRE: bosser. CONTR. *être au chômage* –FAMILIER: *être sur le sable.*

/ Ne plus être droit. SYN. gauchir, gondoler, jouer, se déformer.

travailler *verbe transitif*

/ Chercher à perfectionner. SYN. façonner, fignoler, fouiller, polir, soigner –FAMILIER: lécher –LITTÉRAIRE: châtier.

/ Approfondir la connaissance de. SYN. étudier –FAMILIER: bosser, bûcher, potasser –LITTÉRAIRE: cultiver –VIEUX: piocher.

/ Exercer une influence sur. SYN. agir sur, agiter, exciter, influencer, peser sur.

/ Faire souffrir quelqu'un. SYN. hanter, inquiéter, lanciner, obnubiler, obséder, occuper, poursuivre, préoccuper, ronger, tarauder, torturer, tourmenter, tracasser, troubler –FAMILIER: tarabuster –LITTÉRAIRE: habiter.

travailler *verbe transitif indirect*

/ Faire tous ses efforts pour. SYN. œuvrer, préparer, s'appliquer à, s'attacher à, s'efforcer de, s'employer à, s'escrimer à, s'évertuer à, s'ingénier à, s'occuper, tâcher de, tenter de.

travailleur *adjectif*

/ Qui aime travailler. SYN. appliqué, consciencieux, courageux, studieux –FAMILIER: bûcheur –LITTÉRAIRE: laborieux –POPULAIRE: bosseur, chiadeur, polard. CONTR. *fainéant, paresseux* –FAMILIER: *cossard, faignant, feignant, flemmard.*

travers *nom masculin*

/ Imperfection morale. SYN. défaut, tort, vice. CONTR. *qualité, vertu.*

traverse *nom féminin*

/ LITTÉRAIRE. Ce qui fait obstacle. SYN. danger, difficulté, entrave, épreuve, obstacle, pierre d'achoppement –LITTÉRAIRE: écueil.

traversée *nom féminin*

/ Action de traverser. SYN. franchissement, passage.

traverser *verbe*

/ Aller d'un bord à l'autre. SYN. couper, croiser, franchir.

/ Pénétrer de part en part. SYN. pénétrer, percer, perforer, transpercer, trouer.

travestir *verbe*

/ Revêtir d'un déguisement. SYN. affubler, costumer, déguiser.

/ Fausser quelque chose. SYN. contrefaire, défigurer, déformer, falsifier, fausser, maquiller, masquer –LITTÉRAIRE: déguiser, farder, habiller. CONTR. *démasquer, montrer.*

travestissement *nom masculin*

/ Manière de se déguiser. SYN. accoutrement, déguisement, travesti.

/ Action de fausser quelque chose. SYN. altération, camouflage, déformation, dénaturation, falsification, maquillage –LITTÉRAIRE: masque.

trébuchant *adjectif*
/ Qui perd l'équilibre. SYN. chancelant, flageolant, incertain, titubant, tremblant, tremblotant, zigzagant – LITTÉRAIRE: vacillant.

trébucher *verbe intransitif*
/ Perdre l'équilibre. SYN. chanceler, flageoler, tituber, vaciller – FAMILIER: tanguer.

trébucher *verbe transitif indirect*
/ Être arrêté par une difficulté. SYN. achopper sur, buter sur, hésiter, se heurter à – LITTÉRAIRE: chopper contre.

tréfonds *nom masculin*
/ LITTÉRAIRE. Ce qu'il y a de plus intime. SYN. fin fond, secret – LITTÉRAIRE: recoin, repli, sanctuaire, sein.

tremblant *adjectif*
/ Qui tremble d'émotion. SYN. affolé, apeuré, chevrotant, craintif, effrayé, épouvanté, frémissant, palpitant, terrifié, terrorisé.
/ Agité d'un tremblement. SYN. défaillant, flageolant, oscillant, titubant, trébuchant, tremblotant – LITTÉRAIRE: trémulant, vacillant. CONTR. *ferme, sûr.*

tremblement *nom masculin*
/ Agitation de ce qui tremble. SYN. frémissement, frisson, trépidation, vibration – LITTÉRAIRE: branle, frissonnement, vacillation.

trembler *verbe*
/ Avoir le corps agité de frissons. SYN. frémir, frissonner, grelotter, trembloter – LITTÉRAIRE: tressauter, vibrer.
/ Être agité de mouvements. SYN. chanceler, osciller, palpiter, vaciller, vibrer – LITTÉRAIRE: trémuler, trépider, tressauter.
/ Éprouver une grande peur. SYN. avoir des sueurs froides, avoir froid dans le dos, avoir la chair de poule, craindre, redouter, s'affoler, s'alarmer, s'effrayer – FAMILIER: avoir la colique, avoir la frousse, ne plus avoir un poil de sec, serrer les fesses – POPULAIRE: avoir la chiasse, avoir la pétoche, avoir la trouille, avoir le trouillomètre à zéro, avoir les chocottes, avoir les foies, avoir les grelots, avoir les jetons, baliser, faire dans sa culotte, faire dans son froc, fouetter, les avoir à zéro.

tremblotant *adjectif*
/ Qui tremblote. SYN. chevrotant, flageolant, frissonnant, trébuchant, tremblant – LITTÉRAIRE: trémulant, vacillant.

trembloter *verbe*
/ Trembler légèrement. SYN. chanceler, osciller, trembler, vaciller – LITTÉRAIRE: trémuler, vibrer.

trémoussement *nom masculin*
/ Action de se trémousser. SYN. dandinement, frétillement, gigotement, tortillement.

trémousser (se) *verbe pronominal*
/ Bouger en tous sens. SYN. bouger, frétiller, gesticuler, s'agiter, se dandiner, se tortiller – FAMILIER: gigoter.

trempe *nom féminin*
/ Caractère propre à quelqu'un. SYN. envergure, nature, style, tempérament, type, valeur.
/ POPULAIRE. Vigoureuse correction. SYN. tripotée, volée – FAMILIER: pile, raclée, rossée, tabassée – POPULAIRE: dégelée, pâtée, peignée, rouste, tannée, tournée – VIEUX: frottée.

trempé *adjectif*
/ Imbibé d'eau. SYN. dégouttant, humide, mouillé, ruisselant – FAMILIER: dégoulinant. CONTR. *sec.*
/ Qui a du caractère. SYN. cuirassé, endurci, fort – FAMILIER: blindé.

tremper *verbe*
/ LITTÉRAIRE. Donner de la force à. SYN. aguerrir, cuirasser, durcir, endurcir, fortifier – FAMILIER: blinder – LITTÉRAIRE: retremper. CONTR. *amollir, ramollir.*
/ Plonger dans un liquide. SYN. arroser, asperger, baigner, doucher, humidifier, imbiber, imprégner, inonder, mouiller, noyer, plonger. CONTR. *assécher, dessécher, essuyer.*
/ Participer à une affaire louche. SYN. se compromettre – FAMILIER: se mouiller.

trémulant *adjectif*
/ LITTÉRAIRE. Agité de tremblements. SYN. flageolant, frémissant, frissonnant, tremblant, tremblotant – LITTÉRAIRE: vacillant.

trémuler *verbe*
/ LITTÉRAIRE. Être agité d'un tremblement. SYN. frémir, frissonner, grelotter, palpiter, trembler, trembloter – LITTÉRAIRE: vibrer.

trépas *nom masculin*
/ LITTÉRAIRE. Fin de la vie. SYN. décès, disparition, fin, mort – LITTÉRAIRE : dernier sommeil, repos éternel, sommeil éternel. CONTR. *naissance, vie.*

trépassé *nom*
/ LITTÉRAIRE. Personne morte. SYN. décédé, défunt, disparu, mort. CONTR. *vivant.*

trépasser *verbe*
/ LITTÉRAIRE. Cesser de vivre. SYN. décéder, disparaître, expirer, faire le grand voyage, finir, mourir, partir, passer de vie à trépas, périr, rendre l'âme, s'en aller, s'endormir, s'éteindre, succomber – FAMILIER : passer l'arme à gauche, y rester – LITTÉRAIRE : exhaler le dernier soupir – VIEUX : passer. CONTR. *être en vie, vivre.*

trépidant *adjectif*
/ Soumis à des trépidations. SYN. agité, animé, mouvementé, orageux – LITTÉRAIRE : effervescent, tourbillonnant, tumultueux. CONTR. *doux, paisible, tranquille.*

trépidation *nom féminin*
/ Vive agitation. SYN. animation, bouillonnement, mouvement, perturbation, tourbillonnement – LITTÉRAIRE : turbulence.
/ Fait de trembler. SYN. frémissement, frisson, tremblement, vibration – LITTÉRAIRE : frissonnement.

trépider *verbe*
/ LITTÉRAIRE. Être agité de secousses. SYN. frémir, palpiter, trembler – LITTÉRAIRE : vibrer.

trépignement *nom masculin*
/ Action de trépigner. SYN. piaffement, piétinement.

trépigner *verbe*
/ Frapper nerveusement le sol. SYN. bouillir, piaffer, piétiner.

très *adverbe*
/ Indique l'intensité absolue. SYN. abominablement, admirablement, affreusement, au dernier point, bien, effroyablement, énormément, épouvantablement, exceptionnellement, excessivement, extraordinairement, extrêmement, follement, fort, fortement, grandement, hautement, horriblement, immensément, immodérément, incroyablement, infiniment, monstrueusement, mortellement, parfaitement, particulièrement, prodigieusement, profondément, puissamment, supérieurement, suprêmement, terriblement, tout à fait, trop, vraiment – FAMILIER : atrocement, bigrement, bougrement, diablement, drôlement, fameusement, fichtrement, fichûment, formidablement, joliment, méchamment, rudement, superlativement, tout plein – LITTÉRAIRE : diantrement, furieusement – POPULAIRE : foutrement, salement, vachement – VIEUX : fièrement. CONTR. *faiblement, guère, légèrement, pas, peu.*

trésor *nom masculin*
/ Chose précieuse. SYN. chef-d'œuvre, merveille, richesse.

tressaillement *nom masculin*
/ Fait de tressaillir. SYN. frisson, haut-le-corps, mouvement, soubresaut, sursaut – LITTÉRAIRE : tressautement.

tressaillir *verbe*
/ Avoir un brusque sursaut. SYN. bondir, frissonner, sauter, sursauter – LITTÉRAIRE : tressauter.

tressautement *nom masculin*
/ LITTÉRAIRE. Fait de tressauter. SYN. frisson, haut-le-corps, mouvement, saut, soubresaut, sursaut, tressaillement.

tressauter *verbe*
/ LITTÉRAIRE. Avoir un sursaut. SYN. bondir, frissonner, sauter, sursauter, tressaillir.
/ LITTÉRAIRE. Être agité de secousses. SYN. osciller, sautiller, trembler, trembloter, vaciller – LITTÉRAIRE : vibrer.

tresser *verbe*
/ Entrelacer des brins. SYN. croiser, enchevêtrer, entrecroiser, entrelacer, natter, nouer.

trêve *nom féminin*
/ Cessation des hostilités. SYN. accalmie, armistice, cessez-le-feu, suspension d'armes. CONTR. *guerre, hostilités.*
/ Temps d'arrêt. SYN. coupure, intermission, pause, rémission, répit, repos, suspension – LITTÉRAIRE : halte, relâche. CONTR. *recrudescence, regain.*

tri *nom masculin*
/ Action de trier. SYN. choix, classement, sélection, triage.

triage *nom masculin*
/ Action de classer. SYN. choix, classement, sélection, tri.

tribu *nom féminin*
/ Groupement de familles. SYN. clan, ethnie, peuplade.

tribulations *nom féminin pluriel*
/ Suite de déboires. SYN. aléas, aventure, difficulté, épreuve, hasards, mésaventure, vicissitudes –LITTÉRAIRE: misère.

tribun *nom masculin*
/ Personne qui parle en public. SYN. conférencier, orateur, prédicateur.

tribut *nom masculin*
/ LITTÉRAIRE. Conséquence regrettable. SYN. prix, rançon, récompense, sanction.

tributaire *adjectif*
/ Qui dépend de. SYN. asservi, dépendant, prisonnier, soumis, subordonné, suspendu.

tricher *verbe*
/ Enfreindre des règles. SYN. frauder –FAMILIER: resquiller, truander.

tricherie *nom féminin*
/ Fait de tricher. SYN. escroquerie, fraude, tromperie, trucage, truquage.

tricheur *nom*
/ Personne qui triche. SYN. escroc, fraudeur, imposteur, mystificateur, truqueur –FAMILIER: resquilleur –POPULAIRE: maquilleur.

tricot *nom masculin*
/ Vêtement qui couvre le buste. SYN. chandail, gilet, lainage, laine, pull, pull-over.

trier *verbe*
/ Répartir selon des critères. SYN. classer, classifier, inventorier, répartir, répertorier, séparer, sérier. CONTR. *mélanger, mêler.*
/ Retenir une chose parmi d'autres. SYN. adopter, choisir, écrémer, filtrer, sélectionner.

trifouiller *verbe*
/ FAMILIER. Fouiller sans méthode. SYN. fouiller, fureter, tripatouiller –FAMILIER: farfouiller, fouiner, fourgonner, fourrager, tripoter.

trimer *verbe*
/ FAMILIER. Travailler dur. SYN. abattre de la besogne –FAMILIER: bûcher, cravacher, en mettre un coup, mettre de l'huile de coude –POPULAIRE: bosser, boulonner, marner, turbiner. CONTR. *chômer, fainéanter, musarder, paresser, se prélasser, se reposer, se rouler les pouces, se tourner les pouces* –FAMILIER: *buller, flemmarder, se la couler douce, tirer sa flemme* –LITTÉRAIRE: *muser* –POPULAIRE: *glander, ne pas en fiche une rame, se les rouler, tirer au cul, tirer au flanc.*

trinquer *verbe*
/ FAMILIER. Subir un désagrément. SYN. –FAMILIER: écoper, encaisser, prendre –POPULAIRE: déguster, morfler.

triomphal *adjectif*
/ Qui constitue un triomphe. SYN. éclatant, fastueux, glorieux, magnifique, somptueux, splendide.
/ Qui se fait avec chaleur. SYN. chaleureux, déchaîné, délirant, enthousiaste, fervent, frénétique.

triomphalement *adverbe*
/ D'un air triomphant. SYN. victorieusement. CONTR. *lamentablement, piteusement, pitoyablement* –FAMILIER: *minablement* –LITTÉRAIRE: *piètrement.*

triomphant *adjectif*
/ Qui a remporté le succès. SYN. gagnant, vainqueur, victorieux –LITTÉRAIRE: triomphateur. CONTR. *perdant.*
/ Qui marque l'exultation. SYN. conquérant, content, heureux, radieux, rayonnant –LITTÉRAIRE: triomphateur, vainqueur. CONTR. *penaud, piteux, pitoyable* –FAMILIER: *minable.*

triomphateur *adjectif*
/ LITTÉRAIRE. Qui triomphe. SYN. gagnant, triomphant, vainqueur, victorieux. CONTR. *perdant.*
/ LITTÉRAIRE. Qui montre de la fierté. SYN. avantageux, conquérant, prétentieux, triomphant, vaniteux –LITTÉRAIRE: vainqueur.

triomphe *nom masculin*

/ Succès décisif. SYN. apothéose, consécration, réussite, succès, victoire. CONTR. *banqueroute, chute, culbute, débâcle, déconfiture, défaite, échec, faillite, insuccès, revers* – FAMILIER : *fiasco, four, pile, piquette, plongeon, raclée.*

triompher *verbe intransitif*

/ Remporter une victoire. SYN. dominer, gagner, l'emporter, prédominer, prévaloir, primer, vaincre. CONTR. *capituler, perdre, s'incliner.*

/ Être au-dessus des autres. SYN. briller, émerger, exceller, se distinguer, s'illustrer.

/ Manifester de la fierté. SYN. exulter, jubiler, se réjouir – FAMILIER : pavoiser.

triompher *verbe transitif indirect*

/ Remporter un succès sur. SYN. anéantir, battre, défaire, dominer, écraser, franchir, l'emporter, primer, régner sur, surclasser, surmonter, surpasser, terrasser, vaincre – FAMILIER : avoir – LITTÉRAIRE : dompter.

tripaille *nom féminin*

/ Amas de tripes. SYN. boyaux, entrailles, intestins.

tripatouiller *verbe transitif*

/ FAMILIER. Manipuler en tous sens. SYN. manier, manipuler, triturer – FAMILIER : tripoter.

tripatouiller *verbe transitif indirect*

/ Modifier frauduleusement. SYN. falsifier, maquiller – FAMILIER : trafiquer, trifouiller.

tripes *nom féminin pluriel*

/ FAMILIER. Intestin. SYN. boyaux, entrailles, viscères.

tripotage *nom masculin*

/ FAMILIER. Opération malhonnête. SYN. agissements, manigances, maquignonnage – FAMILIER : fricotage, grenouillage, trafic – POPULAIRE : combine, magouillage, magouille.

tripotée *nom féminin*

/ FAMILIER. Grande quantité de. SYN. armée, bande, bataillon, flot, foule, horde, kyrielle, légion, masse, meute, multitude, myriade, nuée, pléiade, tas, troupe, troupeau – FAMILIER : armada, cohorte, flopée, foultitude, peuple, régiment, ribambelle, tapée – LITTÉRAIRE : essaim, fourmilière. CONTR. *poignée.*

/ Volée de coups. SYN. volée – FAMILIER : pile, raclée, rossée, tabassée – POPULAIRE : dégelée, dérouillée, pâtée, peignée, rouste, tannée, tournée, trempe – VIEUX : frottée.

tripoter *verbe intransitif*

/ FAMILIER. Fouiller sans soin. SYN. fouiller, fureter – FAMILIER : farfouiller, fouiner, fourgonner, fourrager, trifouiller, tripatouiller.

/ FAMILIER. Agir malhonnêtement. SYN. comploter, manigancer, mijoter, trafiquer – FAMILIER : fabriquer, fricoter – POPULAIRE : magouiller.

tripoter *verbe transitif*

/ FAMILIER. Toucher sans délicatesse. SYN. manier, manipuler, toucher, triturer – FAMILIER : tripatouiller.

trique *nom féminin*

/ Gros bâton. SYN. gourdin, massue, matraque.

triste *adjectif*

/ Qui éprouve du chagrin. SYN. abattu, accablé, cafardeux, maussade, mélancolique, morose, nostalgique, peiné, piteux, rembruni, sombre – LITTÉRAIRE : chagrin. CONTR. *allègre, badin, content, enjoué, euphorique, gai, heureux, hilare, jovial, joyeux, radieux, ravi, réjoui, riant, rieur, souriant* – LITTÉRAIRE : *folâtre.*

/ Qui fait naître la peine. SYN. affligeant, angoissant, attristant, déplorable, déprimant, désolant, dramatique, funeste, lamentable, malheureux, navrant, pitoyable – FAMILIER : cafardeux. CONTR. *agréable, amusant, comique, désopilant, divertissant, drôle, hilarant, inénarrable, optimiste, plaisant, risible, stimulant, tonique* – FAMILIER : *cocasse, crevant, marrant, rigolo, roulant, tordant.*

/ Qui est sans éclat. SYN. funèbre, gris, lugubre, macabre, morne, noir, sinistre, sombre, terne – FAMILIER : tristounet – LITTÉRAIRE : sépulcral. CONTR. *animé, brillant, coloré, enchanteur, rayonnant.*

tristement *adverbe*

/ Avec tristesse. SYN. mélancoliquement. CONTR. *allègrement, gaiement, jovialement, joyeusement.*

/ De façon terne. SYN. lugubrement – LITTÉRAIRE : sinistrement. CONTR. *burlesquement.*

/ Pour des raisons fâcheuses. SYN. déplorablement, désagréablement, fâcheusement. CONTR. *avantageusement.*

tristesse *nom féminin*

/ État de quelqu'un qui a du chagrin. SYN. abattement, affliction, chagrin, déchirement, mélancolie, neurasthénie, peine –FAMILIER: cafard –LITTÉRAIRE: navrement. CONTR. *allégresse, contentement, enjouement, entrain, euphorie, gaieté, hilarité, joie, jubilation, ravissement, réjouissance, satisfaction* –LITTÉRAIRE: *exultation.*

/ Caractère d'une chose triste. SYN. grisaille, monotonie, morosité.

triturer *verbe*

/ Réduire en poudre. SYN. broyer, malaxer, moudre, pulvériser.

/ Tordre en tous sens. SYN. manipuler –FAMILIER: tripatouiller, tripoter.

trivial *adjectif*

/ D'une crudité choquante. SYN. choquant, cru, graveleux, grossier, obscène, ordurier, vulgaire. CONTR. *élevé, haut, noble.*

/ LITTÉRAIRE. Qui relève du bon sens. SYN. banal, commun, évident, rebattu, usé –FAMILIER: réchauffé.

trivialement *adverbe*

/ De façon triviale. SYN. crûment, effrontément, grossièrement, vulgairement.

trivialité *nom féminin*

/ Caractère grossier. SYN. grossièreté, incorrection, obscénité, verdeur, vulgarité. CONTR. *grandeur, noblesse* –LITTÉRAIRE: *élévation.*

trogne *nom féminin*

/ FAMILIER. Visage. SYN. figure, tête –FAMILIER: bille, binette, bouille –POPULAIRE: bobine, gueule, trombine, tronche.

trombine *nom féminin*

/ POPULAIRE. Visage. SYN. figure, tête –FAMILIER: bille, binette, bouille, trogne –POPULAIRE: bobine, gueule, tronche.

trompe-l'œil *nom masculin*

/ Apparence trompeuse. SYN. dehors, façade, faux-semblant.

tromper *verbe*

/ Abuser de la confiance de. SYN. abuser, bercer de paroles, berner, duper, feinter, induire en erreur, leurrer, mystifier, piéger –FAMILIER: avoir, blouser, bluffer, ficher dedans, flouer, mener en bateau, mettre dedans, monter un bateau, pigeonner, refaire, rouler –LITTÉRAIRE: amuser, en faire accroire, se jouer de –POPULAIRE: arnaquer, bourrer le mou, couillonner, entuber, faire un enfant dans le dos, foutre dedans. CONTR. *détromper* –LITTÉRAIRE: *désabuser.*

/ Échapper à l'attention de. SYN. déjouer, donner le change, endormir –FAMILIER: feinter.

/ Ne pas répondre à un espoir. SYN. décevoir, frustrer, trahir.

tromper (se) *verbe pronominal*

/ Faire une erreur. SYN. faire fausse route, s'abuser, se leurrer, se méprendre, s'égarer, s'illusionner –FAMILIER: être à côté de la plaque, se ficher dedans, se ficher le doigt dans l'œil, se fourrer le doigt dans l'œil –LITTÉRAIRE: se fourvoyer –POPULAIRE: se foutre dedans, se foutre le doigt dans l'œil, se gourer, se planter. CONTR. *avoir raison, être dans le vrai.*

tromperie *nom féminin*

/ Ce qui vise à tromper. SYN. bluff, fraude, hypocrisie, leurre, mystification, supercherie, tour de passe-passe, tricherie –FAMILIER: feinte, fumisterie –LITTÉRAIRE: duperie, fourberie, imposture.

trompeter *verbe*

/ VIEUX. Annoncer à grand bruit. SYN. claironner, clamer, corner, crier, tambouriner –FAMILIER: carillonner –LITTÉRAIRE: proclamer.

trompeur *adjectif*

/ Qui induit en erreur. SYN. captieux, fourbe, hypocrite, illusoire, insidieux, mensonger, menteur, perfide, spécieux, traître –LITTÉRAIRE: artificieux, fallacieux. CONTR. *droit, franc, vrai* –LITTÉRAIRE: *véridique.*

tronc *nom masculin*

/ Partie supérieure du corps. SYN. buste, torse.

tronche *nom féminin*

/ POPULAIRE. Expression du visage. SYN. figure, tête, visage –FAMILIER: bille, binette, bouille, trogne –POPULAIRE: bobine, gueule, poire, portrait, trombine.

tronçon *nom masculin*
- Morceau d'un objet. SYN. bout, division, fraction, partie, portion, section, segment. CONTR. *bloc, tout.*

tronçonner *verbe*
- Couper en tronçons. SYN. couper, débiter, découper, diviser, fragmenter, sectionner, segmenter, trancher.

tronquer *verbe*
- VIEUX. Retrancher l'extrémité de. SYN. amputer, couper, raccourcir, rogner.
- Altérer un texte, etc. SYN. abréger, dénaturer, écourter, estropier, mutiler, sabrer.

trop *adverbe*
- À un haut degré. SYN. abominablement, affreusement, énormément, exceptionnellement, extraordinairement, extrêmement, follement, fort, fortement, grandement, hautement, immensément, incroyablement, infiniment, mortellement, particulièrement, prodigieusement, puissamment, très –FAMILIER: bigrement, bougrement, diablement, drôlement, fameusement, fichtrement, formidablement, joliment, méchamment, rudement –LITTÉRAIRE: furieusement –POPULAIRE: salement, vachement. CONTR. *légèrement, moyennement, passablement, peu.*
- Avec excès. SYN. abusivement, démesurément, énormément, exagérément, excessivement, immodérément, monstrueusement, outrageusement, terriblement. CONTR. *assez, insuffisamment, légèrement, modérément, peu, raisonnablement.*

trophée *nom masculin*
- Ce qui témoigne d'une victoire. SYN. butin, capture, prise –LITTÉRAIRE: dépouilles.

troquer *verbe*
- Donner un bien en échange. SYN. changer, échanger. CONTR. *conserver, garder.*

troquet *nom masculin*
- FAMILIER. Petit café. SYN. bar, café, estaminet –FAMILIER: bistro, bistrot, zinc –POPULAIRE: bistroquet, caboulot, mastroquet –VIEUX: cabaret, taverne.

trotter *verbe*
- FAMILIER. Marcher vite. SYN. courir, galoper, voler –FAMILIER: filer, foncer –POPULAIRE: cavaler.

trou *nom masculin*
- Creux dans une surface. SYN. anfractuosité, brèche, cavité, creux, crevasse, enfoncement, excavation, faille, fosse, interstice, niche, orifice, ouverture, renfoncement, trouée.
- Endroit usé d'une étoffe. SYN. accroc, déchirure.
- Ce qui manque. SYN. défaillance, faille, hiatus, lacune, manque, omission, vide.
- FAMILIER. Localité isolée. SYN. pays –FAMILIER: patelin –POPULAIRE: bled.
- POPULAIRE. Cellule d'une prison. SYN. cachot –ARGOTIQUE: ballon, gnouf –POPULAIRE: bloc, cabane, mitard, placard, taule, tôle.

troublant *adjectif*
- Qui rend perplexe. SYN. bouleversant, déconcertant, déroutant, embarrassant, frappant, inquiétant, saisissant. CONTR. *calmant, rassurant, sécurisant, tranquillisant.*
- Qui provoque le désir sexuel. SYN. affolant, affriolant, aguichant, ensorcelant, excitant, provocant, provocateur.

trouble *adjectif*
- Qui n'est pas limpide. CONTR. *clair, limpide, pur, transparent* –LITTÉRAIRE: *cristallin.*
- Qui manque de netteté. SYN. flou, voilé. CONTR. *net, translucide.*
- Qui ne s'explique pas nettement. SYN. brumeux, confus, douteux, indécis, indéfini, indistinct, inquiétant, louche, obscur, suspect, vague. CONTR. *clair, limpide, net.*

trouble *nom masculin*
- État d'inquiétude. SYN. affolement, bouleversement, confusion, désarroi, ébranlement, effarouchement, embarras, gêne, indisposition, malaise –LITTÉRAIRE: alarme, émoi. CONTR. *ataraxie, béatitude, calme, tranquillité* –LITTÉRAIRE: *quiétude.*
- Anomalie de fonctionnement. SYN. affection, altération, dérangement, dérèglement, détraquement, perturbation.
- Altération des relations. SYN. désaccord, désordre, dissension, ébullition, fermentation, tension, zizanie –LITTÉRAIRE: discorde, dissentiment.

troublé *adjectif*
- Qui éprouve un trouble. SYN. affolé, bouleversé, confus, démonté, ébranlé, égaré, ému, gêné, inquiet, préoccupé, remué, retourné, saisi, secoué, touché –LITTÉRAIRE:

pantelant. CONTR. *équilibré, impassible, imperturbable, indifférent, lucide, placide, posé, serein* –LITTÉRAIRE: *quiet.*

/ Qui traverse des troubles. SYN. agité, houleux, mouvementé, orageux, tourmenté –LITTÉRAIRE: tempétueux, tumultueux. CONTR. *calme, pacifique, paisible, tranquille.*

trouble-fête *nom*

/ Personne importune. SYN. gêneur, rabat-joie –FAMILIER: casse-pieds, éteignoir, pisse-froid, raseur –LITTÉRAIRE: importun –POPULAIRE: pisse-vinaigre. CONTR. *boute-en-train, joyeux luron* –FAMILIER: *joyeux drille.*

troubler *verbe*

/ Altérer la limpidité de. SYN. altérer, brouiller, obscurcir, pervertir –LITTÉRAIRE: corrompre. CONTR. *clarifier, filtrer, purifier.*

/ Causer du désordre. SYN. déranger, désagencer, désorganiser, perturber –LITTÉRAIRE: accidenter. CONTR. *arranger, discipliner, ordonner, organiser, pacifier, tenir.*

/ Susciter l'inquiétude. SYN. affecter, affoler, agiter, ébranler, effaroucher, embarrasser, émouvoir, frapper, préoccuper, remuer, retourner, secouer, toucher, traumatiser, travailler –FAMILIER: émotionner, révolutionner, tournebouler. CONTR. *raffermir, rassurer, sécuriser, tranquilliser* –LITTÉRAIRE: *rasséréner.*

/ Faire perdre le fil de ses idées. SYN. déconcerter, démonter, dérouter, désarçonner, désorienter, gêner, impressionner, intimider, intriguer –FAMILIER: chambouler.

/ Éveiller la sensualité. SYN. aguicher, ensorceler, envoûter, exciter, fasciner. CONTR. *indifférer, laisser froid.*

troubler (se) *verbe pronominal*

/ Perdre contenance. SYN. se démonter, s'émouvoir. CONTR. *se calmer, se maîtriser, se reprendre.*

troubles *nom masculin pluriel*

/ Agitation sociale grave. SYN. agitation, convulsions, effervescence, émeute, remous, secousse, sédition, soulèvement –FAMILIER: grabuge –LITTÉRAIRE: fomentation. CONTR. *ordre, paix.*

trouée *nom féminin*

/ Large ouverture. SYN. brèche, ouverture, passage, percée, trou.

trouer *verbe*

/ Faire un trou dans. SYN. déchirer, percer, perforer, transpercer, traverser.

trouillard *adjectif*

/ POPULAIRE. Qui a la trouille. SYN. craintif, inquiet, lâche, pleutre, poltron, timoré, tremblant –FAMILIER: froussard –LITTÉRAIRE: couard, pusillanime –POPULAIRE: foireux, péteux, pétochard. CONTR. *assuré, audacieux, brave, courageux, effronté, hardi, héroïque, intrépide* –LITTÉRAIRE: *impavide, valeureux.*

trouillard *nom*

/ POPULAIRE. Personne qui a la trouille. SYN. lâche, peureux, pleutre, poltron –FAMILIER: femmelette, froussard, mauviette, poule mouillée –LITTÉRAIRE: couard –POPULAIRE: couille molle, dégonflé, foireux, pétochard –VIEUX: capon. CONTR. *audacieux, brave, courageux* –FAMILIER: *casse-cou.*

trouille *nom féminin*

/ POPULAIRE. Peur intense. SYN. peur –FAMILIER: frousse –POPULAIRE: pétoche. CONTR. *bravoure, courage, intrépidité.*

troupe *nom féminin*

/ Réunion de militaires. SYN. bataillon, détachement, escouade, forces, formation, patrouille, régiment, unité.

/ Groupe de personnes. SYN. armée, bande, bataillon, cortège, foule, groupe, pléiade, troupeau –FAMILIER: armada, cohorte, régiment, tripotée –LITTÉRAIRE: essaim. CONTR. *poignée.*

troupeau *nom masculin*

/ Grand nombre de personnes. SYN. armée, bande, bataillon, colonie, foule, horde, multitude, myriade, pléiade, troupe –FAMILIER: armada, cohorte, foultitude, régiment, tripotée –LITTÉRAIRE: essaim. CONTR. *poignée.*

trouvaille *nom féminin*

/ Chose heureusement trouvée. SYN. découverte, idée, innovation, invention.

trouver *verbe*

/ Découvrir par hasard. SYN. découvrir, dénicher, mettre la main sur, mettre le doigt sur, rencontrer, tomber sur –FAMILIER: dégoter, dégotter. CONTR. *chercher, égarer, perdre.*

/ Repérer quelque chose. SYN. déceler, découvrir, dépister, détecter, distinguer, remarquer, repérer, voir.
/ Être le créateur de. SYN. concevoir, créer, imaginer, inventer.
/ Être d'avis que. SYN. considérer, estimer, juger, penser.

trouver (se) *verbe pronominal*
/ Estimer qu'on est tel. SYN. se croire, se juger, se sentir, s'estimer.
/ Être à tel endroit. SYN. résider, se situer, siéger.

truand *nom masculin*
/ Personne malhonnête. SYN. bandit, brigand, canaille, crapule, gangster, malfaiteur, scélérat, vaurien, voyou –POPULAIRE: malfrat.

truander *verbe*
/ FAMILIER. Ne pas respecter les règles. SYN. frauder, tricher –FAMILIER: resquiller.

trublion *nom masculin*
/ Individu qui sème le trouble. SYN. agitateur, émeutier, factieux, mutin, perturbateur, provocateur, séditieux –LITTÉRAIRE: excitateur, fomentateur.

truc *nom masculin*
/ FAMILIER. Procédé ingénieux. SYN. artifice, combinaison, ficelle, moyen, procédé, recette, ruse, secret, stratagème, subterfuge, technique –FAMILIER: astuce, combine, roublardise –LITTÉRAIRE: habileté.
/ FAMILIER. Ce dont on ignore le nom. SYN. chose –FAMILIER: bidule, engin, machin, trucmuche.

trucage *nom masculin*
/ Fait de truquer quelque chose. SYN. falsification, fraude, tricherie.

truchement *nom masculin*
/ Fait de servir d'intermédiaire. SYN. biais, intermédiaire, voie –LITTÉRAIRE: entremise.

trucider *verbe*
/ FAMILIER. Faire périr violemment. SYN. abattre, assassiner, éliminer, envoyer ad patres, exécuter, massacrer, tuer –LITTÉRAIRE: occire –POPULAIRE: buter, descendre, faire la peau, flinguer, ratatiner, rectifier, refroidir, zigouiller.

truculence *nom féminin*
/ Caractère truculent. SYN. crudité, gauloiserie, paillardise, polissonnerie, réalisme, verdeur –LITTÉRAIRE: gaillardise, impudicité, salacité.

truffe *nom féminin*
/ POPULAIRE. Personne stupide. SYN. âne, idiot, imbécile –FAMILIER: abruti, andouille, ballot, bêta, bûche, buse, crétin, cruche, empaillé, noix –POPULAIRE: cloche, cornichon, nouille.
/ FAMILIER. Gros nez. SYN. nez –POPULAIRE: pif, tarin.

truffé *adjectif*
/ FAMILIER. Qui est plein de. SYN. bondé, comble, débordant, encombré, farci, foisonnant, fourmillant, grouillant, rempli, surchargé –FAMILIER: bourré, pourri. CONTR. *exempt, vide.*

truffer *verbe*
/ Remplir à l'excès. SYN. bonder, bourrer, farcir, larder, remplir.

truisme *nom masculin*
/ Vérité évidente. SYN. banalité, cliché, évidence, lapalissade, stéréotype, tautologie, vérité de la Palice.

truquage *nom masculin*
/ Fait de truquer quelque chose. SYN. falsification, fraude, tricherie.

truqué *adjectif*
/ Modifié habilement. SYN. bidon, contrefait, factice, falsifié, faux, simulé. CONTR. *conforme, sincère, vrai.*

truquer *verbe*
/ Modifier frauduleusement. SYN. altérer, contrefaire, falsifier, fausser, maquiller, piper les dés –FAMILIER: trafiquer.

trust *nom masculin*
/ Groupement d'entreprises. SYN. association, cartel, consortium, entente.

tsigane *nom*
/ Personne du peuple de ce nom. SYN. bohémien, gitan, romanichel.

tuant *adjectif*
/ FAMILIER. Qui fatigue à l'excès. SYN. accablant, affaiblissant, éprouvant, épuisant, esquin-

tant, exténuant, fatigant, harassant, rude –FAMILIER: cassant, claquant, crevant, éreintant, usant. CONTR. *délassant, reposant.*

/ FAMILIER. Qui ennuie profondément. SYN. ennuyeux, mortel, pénible –FAMILIER: assommant, barbant, casse-pieds, embêtant, empoisonnant, enquiquinant, rasant, rasoir, soûlant, tannant –POPULAIRE: canulant, chiant, emmerdant, suant. CONTR. *agréable, amusant, charmant, distrayant, divertissant, drôle, intéressant, passionnant, plaisant, récréatif* –FAMILIER: *folichon.*

tué *adjectif*

/ FAMILIER. Extrêmement fatigué. SYN. à bout de forces, à plat, abattu, accablé, anéanti, brisé, exténué, fatigué, fourbu, harassé, K.-O., mort de fatigue, recru, rendu, rompu, surmené –FAMILIER: achevé, au bout du rouleau, cassé, claqué, éreinté, esquinté, fini, flapi, H.S., lessivé, mort, moulu, pompé, raplapla, sur les genoux, vanné, vidé –POPULAIRE: crevé, sur les rotules. CONTR. *dispos, frais, frais et dispos, reposé* –FAMILIER: *en forme, en pleine forme, frais comme un gardon, frais comme une rose, increvable* –VIEUX: *gaillard.*

tuer *verbe*

/ Causer la mort de. SYN. abattre, achever, assassiner, éliminer, envoyer ad patres, exécuter, massacrer –FAMILIER: bousiller, estourbir, faire passer le goût du pain, liquider, ôter le goût du pain, trucider –LITTÉRAIRE: immoler, occire –POPULAIRE: buter, descendre, faire la peau, flinguer, ratatiner, rectifier, refroidir, zigouiller –VIEUX: suriner.

/ FAMILIER. Épuiser quelqu'un. SYN. anéantir, épuiser, exténuer, fatiguer, harasser, miner, user –FAMILIER: achever, claquer, crever, éreinter, esquinter, lessiver, vanner. CONTR. *remettre, remonter* –FAMILIER: *ragaillardir, ravigoter, requinquer.*

/ Faire cesser quelque chose. SYN. anéantir, détruire, éradiquer, ruiner, saper, supprimer. CONTR. *épargner, sauver.*

/ Être la cause de la mort de. SYN. emporter, faucher, foudroyer, prendre, renverser.

tuer (se) *verbe pronominal*

/ Se donner la mort. SYN. mettre fin à ses jours, se détruire, se suicider, se supprimer –FAMILIER: se brûler la cervelle, se faire hara-kiri, se faire sauter la cervelle.

/ FAMILIER. Se donner du mal. SYN. faire des pieds et des mains, s'acharner, se battre, se démener, se dépenser, se donner un mal de chien, se multiplier, se remuer, s'échiner, s'épuiser, s'escrimer, s'évertuer à, s'exténuer, s'user –FAMILIER: mettre le paquet, se bagarrer, se couper en quatre, se décarcasser, se mettre en quatre, s'éreinter, s'esquinter –POPULAIRE: se casser le cul. CONTR. *fainéanter, musarder, paresser, se prélasser* –FAMILIER: *buller, flemmarder, lambiner, lanterner, lézarder, tirer sa flemme* –LITTÉRAIRE: *muser* –POPULAIRE: *glander, ne pas en fiche une rame, tirer au cul, tirer au flanc.*

tuerie *nom féminin*

/ Extermination massive. SYN. boucherie, carnage, extermination, hécatombe, massacre.

tueur *nom masculin*

/ Personne qui commet un meurtre. SYN. assassin, criminel, massacreur, meurtrier –LITTÉRAIRE: homicide, sicaire.

tuile *nom féminin*

/ FAMILIER. Événement fâcheux. SYN. accident, avatar, catastrophe, déboire, ennui, incident, malchance, malheur, mésaventure –FAMILIER: enquiquinement, pépin –LITTÉRAIRE: infortune –POPULAIRE: emmerdement.

tuméfaction *nom féminin*

/ Gonflement d'une partie du corps. SYN. bosse, bouffissure, boursouflure, enflure, gonflement, intumescence, œdème.

tuméfier *verbe*

/ Causer une tuméfaction. SYN. ballonner, bouffir, boursoufler, enfler, gonfler. CONTR. *désenfler.*

tumescence *nom féminin*

/ Gonflement d'un organe. SYN. bouffissure, boursouflure, enflure, intumescence, renflement, turgescence.

tumescent *adjectif*

/ En état de tumescence. SYN. bouffi, boursouflé, enflé, gonflé, intumescent, turgescent.

tumulte *nom masculin*

/ Grand désordre bruyant. SYN. brouhaha, charivari, clameur, tapage, tintamarre, va-

carme –FAMILIER: boucan, chahut, raffut, tintouin, tohu-bohu –POPULAIRE: bousin, ramdam –VIEUX: sabbat. CONTR. *silence.*
/ Grande agitation. SYN. agitation, bouillonnement, chaos, effervescence, fièvre, remous, tempête –LITTÉRAIRE: bourrasque, orage, tourbillon, tourmente, turbulence. CONTR. *calme, paix.*

tumultueusement *adverbe*
/ LITTÉRAIRE. Dans une grande agitation. SYN. bruyamment, fébrilement, fiévreusement. CONTR. *calmement, paisiblement, placidement, posément, sereinement.*

tumultueux *adjectif*
/ LITTÉRAIRE. Marqué par l'agitation. SYN. bruyant, fracassant, houleux, impétueux, tapageur. CONTR. *calme, passif.*
/ LITTÉRAIRE. Se dit d'une eau agitée. SYN. bouillonnant, démonté –LITTÉRAIRE: impétueux. CONTR. *apaisé, calmé, dormant, immobile.*
/ LITTÉRAIRE. Marqué par les passions. SYN. agité, fiévreux, frénétique, mouvementé, orageux, tourmenté, trépidant, troublé –LITTÉRAIRE: tempétueux, tourbillonnant. CONTR. *discret, doux, impassible, muet, paisible, placide, réservé, sage, serein, tranquille.*

tune *nom féminin*
/ FAMILIER. Argent. SYN. –FAMILIER: sous –POPULAIRE: blé, fric, galette, oseille, pognon.

turbin *nom masculin*
/ POPULAIRE. Travail rémunéré. SYN. travail –POPULAIRE: boulot, turf.

turbiner *verbe*
/ POPULAIRE. Travailler dur. SYN. –FAMILIER: trimer –POPULAIRE: bosser, boulonner, marner.

turbulence *nom féminin*
/ Caractère turbulent. SYN. dispersion, dissipation, fougue, impétuosité, pétulance, véhémence –LITTÉRAIRE: vivacité. CONTR. *apathie, indolence, nonchalance, passivité, placidité, sagesse, tranquillité.*
/ LITTÉRAIRE. Agitation bruyante. SYN. agitation, bouillonnement, ébullition, effervescence, frénésie, tempête, trépidation, tumulte –LITTÉRAIRE: bourrasque, orage, tourbillon, tourmente. CONTR. *calme, paix, silence.*

turbulent *adjectif*
/ Qui ne tient pas en place. SYN. agité, diable, dissipé, intenable, remuant, tapageur. CONTR. *calme, discipliné, docile, paisible, sage, tranquille.*

turgescence *nom féminin*
/ Gonflement d'un organe. SYN. bouffissure, boursouflure, congestion, enflure, intumescence, renflement, tumescence.

turgescent *adjectif*
/ En état de turgescence. SYN. bouffi, boursouflé, enflé, gonflé, intumescent, tumescent.

turlupiner *verbe*
/ FAMILIER. Tracasser quelqu'un. SYN. agiter, alarmer, chagriner, ennuyer, inquiéter, lanciner, miner, obnubiler, obséder, préoccuper, ronger, tarauder, torturer, tourmenter, travailler –FAMILIER: chicaner, chiffonner, embêter, tarabuster –POPULAIRE: emmerder –VIEUX: soucier.

turpide *adjectif*
/ LITTÉRAIRE. Qui fait preuve de laideur morale. SYN. abject, atroce, ignoble, immonde, immoral, infâme, répugnant, sordide, vilain –LITTÉRAIRE: ignominieux, nauséeux, vil.

turpitude *nom féminin*
/ LITTÉRAIRE. Laideur morale. SYN. abjection, avilissement, bassesse, dégradation, déshonneur, honte, ignominie, indignité, infamie, laideur –LITTÉRAIRE: opprobre, vilenie. CONTR. *honneur.*

tutélaire *adjectif*
/ LITTÉRAIRE. Qui prend sous sa protection. SYN. attentif, attentionné, bon, protecteur, soucieux de.

tuteur *nom*
/ LITTÉRAIRE. Ce qui sert de protection. SYN. appui, défenseur, gardien, protecteur, soutien –LITTÉRAIRE: mainteneur.

tuyau *nom masculin*
/ FAMILIER. Information confidentielle. SYN. avis, conseil, indication, information, nouvelle, renseignement.

tuyauter *verbe*

/ FAMILIER. Renseigner secrètement. SYN. éclairer, éclairer la lanterne de, fixer, informer, instruire, renseigner –POPULAIRE: affranchir.

type *nom masculin*

/ Modèle générique. SYN. archétype, canon, échantillon, exemplaire, exemple, idéal, modèle, prototype, spécimen –LITTÉRAIRE: parangon.

/ Catégorie de choses, d'individus. SYN. classe, espèce, genre, ordre, sorte.

/ FAMILIER. Individu quelconque. SYN. bonhomme, bougre, homme, individu, personnage, quidam –FAMILIER: citoyen, gaillard, gars, oiseau, particulier, pistolet, zèbre –POPULAIRE: gus, gusse, mec, zig, zigue.

typé *adjectif*

/ Qui correspond à un type. SYN. accusé, caractéristique, marqué.

typhon *nom masculin*

/ Cyclone tropical. SYN. cyclone, ouragan, tempête, tornade –LITTÉRAIRE: tourmente.

typique *adjectif*

/ Qui caractérise quelque chose. SYN. caractérisé, caractéristique, distinctif, représentatif, révélateur, significatif, spécifique, symptomatique.

typiquement *adverbe*

/ De façon typique. SYN. particulièrement, spécifiquement, symptomatiquement.

tyran *nom masculin*

/ Souverain despotique. SYN. autocrate, despote, dictateur, oppresseur –LITTÉRAIRE: dominateur. CONTR. *faible, opprimé, persécuté.*

tyrannie *nom féminin*

/ Pouvoir exercé par un tyran. SYN. absolutisme, autocratie, césarisme, despotisme, dictature, totalitarisme.

/ LITTÉRAIRE. Autorité oppressive. SYN. arbitraire, autoritarisme, caporalisme, despotisme, dictature, domination, oppression. CONTR. *faiblesse.*

/ LITTÉRAIRE. Contrainte violente. SYN. asservissement, carcan, esclavage, servitude –LITTÉRAIRE: assujettissement, chaînes, joug. CONTR. *affranchissement.*

tyrannique *adjectif*

/ Qui tient de la tyrannie. SYN. absolu, autocratique, despotique, omnipotent, oppressif, totalitaire, tout-puissant. CONTR. *démocratique, libéral.*

/ Qui agit en tyran. SYN. arbitraire, autoritaire, despotique, dictatorial, dominateur, exigeant, impérieux. CONTR. *bon, juste.*

/ Qui a une influence contraignante. SYN. asservissant, assujettissant, astreignant, coercitif, contraignant, oppressif.

tyranniser *verbe*

/ Exercer son autorité sur. SYN. dominer, mener, opprimer, persécuter, régenter, soumettre –LITTÉRAIRE: assujettir.

/ Soumettre à une contrainte. SYN. asservir, assujettir, astreindre, contraindre, hanter, obséder –LITTÉRAIRE: enchaîner, subjuguer. CONTR. *affranchir.*

tzigane *nom*

/ Personne du peuple de ce nom. SYN. bohémien, gitan, romanichel.

ubac *nom masculin*

/ Versant le moins ensoleillé. SYN. envers, ombrée. CONTR. *adret.*

ubuesque *adjectif*

/ D'une bizarrerie grotesque. SYN. aberrant, abracadabrant, absurde, extravagant, farfelu, fou, insensé, saugrenu –FAMILIER: délirant.

ukase *nom masculin*

/ Décision autoritaire. SYN. commandement, injonction, mise en demeure, ordre, prescription, sommation, ultimatum.

ulcérer *verbe*

/ Irriter la sensibilité de. SYN. aigrir, blesser, énerver, impatienter, indisposer, irriter –LITTÉRAIRE: poindre. CONTR. *adoucir, calmer.*

ultérieur *adjectif*

/ Qui intervient après. SYN. futur, postérieur, suivant –LITTÉRAIRE: subséquent. CONTR. *antécédent, antérieur, passé, précédent, préexistant.*

ultérieurement *adverbe*

/ Plus tard. SYN. à l'avenir, après, ensuite, par la suite, postérieurement. CONTR. *antérieurement, auparavant, avant, précédemment.*

ultimatum *nom masculin*

/ Injonction pressante. SYN. commandement, injonction, mise en demeure, ordre, oukase, prescription, sommation, ukase.

ultime *adjectif*

/ Qui vient en dernier lieu. SYN. définitif, dernier, extrême, final, suprême, terminal. CONTR. *initial, préalable, préliminaire, premier.*

ultramoderne *adjectif*

/ Extrêmement moderne. SYN. à la mode, à la page, d'avant-garde, dernier cri, en vogue –VIEUX: up to date. CONTR. *anachronique, ancien, antédiluvien, archaïque, démodé, désuet, rétrograde, vieillot* –FAMILIER: *ringard* –LITTÉRAIRE: *suranné* –VIEUX: *rococo.*

unanime *adjectif*

/ Qui exprime un avis commun. SYN. collectif, commun, général. CONTR. *discordant, divisé, partagé.*

unanimement *adverbe*

/ De façon unanime. SYN. à l'unanimité, collectivement, de concert, d'un commun accord, en chœur, ensemble –LITTÉRAIRE: de conserve.

unanimité *nom féminin*

/ Accord complet des opinions. SYN. ensemble, totalité. CONTR. *minorité, partie.*

uni *adjectif*

/ Sans aspérités. SYN. égal, homogène, lisse, plan, plat. CONTR. *accidenté, cahoteux, inégal, raboteux, râpeux, rêche, rugueux.*

/ D'une seule couleur. SYN. monochrome, unicolore. CONTR. *bariolé, bigarré, chamarré, moucheté, multicolore, panaché, polychrome* –LITTÉRAIRE: *diapré, versicolore.*

forme du tiret bas ou *underscore*

/ LITTÉRAIRE. Qui s'écoule sans à-coups. SYN. monotone, morne, simple, uniforme. CONTR. *divers, mouvementé, pittoresque, trépidant, varié.*

/ Qui vit dans la concorde. SYN. allié, indissociable, lié, soudé. CONTR. *brouillé, désuni, séparé.*

/ Qui se mêle à. SYN. conjoint, conjugué, lié, mêlé. CONTR. *disjoint, dissocié.*

unicité *nom féminin*

/ Caractère unique. SYN. originalité, particularité – LITTÉRAIRE : rareté, singularité. CONTR. *banalité, platitude.*

unicolore *adjectif*

/ D'une seule couleur. SYN. monochrome, uni. CONTR. *bariolé, bigarré, chamarré, moucheté, multicolore, panaché, polychrome* – LITTÉRAIRE : *diapré, versicolore.*

unification *nom féminin*

/ Action d'unifier. SYN. fusion, intégration. CONTR. *démembrement* – LITTÉRAIRE : *dépeçage, dépècement.*

unifier *verbe*

/ Réunir des éléments. SYN. fusionner, réunir, unir. CONTR. *démembrer, désagréger, désunir, fractionner, fragmenter, opposer, séparer.*

/ Rendre uniforme. SYN. égaliser, normaliser, standardiser, uniformiser. CONTR. *bigarrer, différencier, diversifier, varier.*

uniforme *adjectif*

/ Qui ne change pas de forme. SYN. égal, homogène, plat, réglé, régulier – LITTÉRAIRE : uni. CONTR. *accidenté, animé, capricieux, changeant, fantaisiste, hétéroclite, hétérogène, hybride, irrégulier, mouvementé, multiforme, varié.*

/ Qui reste identique. SYN. analogue, identique, même, pareil, semblable. CONTR. *différent, disparate, dissemblable, divers.*

uniformément *adverbe*

/ De façon uniforme. SYN. constamment, régulièrement – LITTÉRAIRE : uniment.

uniformisation *nom féminin*

/ Action d'uniformiser. SYN. nivellement, normalisation, standardisation.

uniformiser *verbe*

/ Rendre uniforme. SYN. niveler, normaliser, standardiser, unifier. CONTR. *barioler, bigarrer, différencier, diversifier, varier.*

uniformité *nom féminin*

/ Caractère homogène. SYN. égalité, homogénéité, identité, régularité – LITTÉRAIRE : immuabilité. CONTR. *contraste, dissemblance, diversité, hétérogénéité, inégalité.*

/ Caractère monotone. SYN. monotonie, platitude. CONTR. *caprice, fantaisie, variété.*

uniment *adverbe*

/ LITTÉRAIRE. De façon égale. SYN. régulièrement, uniformément.

union *nom féminin*

/ Lien entre des choses, des personnes. SYN. alliance, association, combinaison, conjonction, connexion, réunion – LITTÉRAIRE : conjugaison.

/ Conformité de vues. SYN. communion, concorde, entente, fraternité, harmonie, unité – LITTÉRAIRE : concert. CONTR. *antagonisme, désaccord, désunion, dissension, divorce, mésentente, opposition, zizanie* – LITTÉRAIRE : *discorde, dissentiment, dissonance, mésintelligence.*

/ Action de réunir des éléments. SYN. amalgame, fusion, fusionnement. CONTR. *désagrégation, disjonction, dislocation, division, séparation.*

/ Groupement de personnes. SYN. fédération, formation, groupement, parti, rassemblement – LITTÉRAIRE : ligue.

unique *adjectif*

/ Seul en son genre. SYN. isolé, seul, simple. CONTR. *double, multiple, nombreux, plusieurs.*

/ Qui est le même pour tous. SYN. exclusif, identique. CONTR. *différent, divers, varié.*

/ Qui se distingue des autres. SYN. à marquer d'une pierre blanche, d'exception, exceptionnel, extraordinaire, idéal, incomparable, inégalable, inoubliable, mémorable, parfait, rare, sans égal, sans précédent, supérieur – LITTÉRAIRE : nonpareil. CONTR. *banal, classique, fréquent, habituel, médiocre, minable, quelconque.*

/ FAMILIER. Qui étonne. SYN. extravagant, incroyable, inouï, phénoménal, singulier, stupéfiant.

uniquement *adverbe*

/ De façon unique. SYN. exclusivement, purement, seulement, simplement, spécifiquement, strictement.

unir *verbe*

/ Mettre des choses ensemble. SYN. accoler, adapter, adjoindre, agglutiner, agréger, ajouter, combiner, conjuguer, coordonner, fondre, fusionner, grouper, joindre, mélanger, raccorder, relier, réunir, unifier. CONTR. *désagréger, désolidariser, désunir, détacher, discriminer, disjoindre, disloquer, dissocier, diviser, isoler, scinder, séparer.*

/ Lier des personnes. SYN. allier, associer, lier, liguer, marier, rapprocher, souder –LITTÉRAIRE: confondre. CONTR. *brouiller, déchirer, désunir, diviser, fâcher, séparer.*

unir (s') *verbe pronominal*

/ Faire cause commune avec. SYN. s'allier, se coaliser, se grouper, se lier, se regrouper –LITTÉRAIRE: s'accorder. CONTR. *diverger.*

/ Se combiner avec. SYN. s'allier, s'associer, se combiner, se conjuguer, se joindre.

unisson *nom masculin*

/ *À l'unisson.* SYN. de concert, en accord, en chœur, en harmonie, en même temps, ensemble, simultanément –LITTÉRAIRE: de conserve. CONTR. *alternativement, successivement.*

unité *nom féminin*

/ Accord entre des personnes. SYN. communauté, communion, fraternité, solidarité, union. CONTR. *antagonisme, désaccord, désunion, dissension, divorce, mésentente, opposition* –LITTÉRAIRE: *discorde, dissentiment, dissonance, mésintelligence.*

/ Caractère homogène. SYN. cohérence, cohésion, harmonie, homogénéité –LITTÉRAIRE: symphonie. CONTR. *diversité, variété.*

univers *nom masculin*

/ LITTÉRAIRE. La terre habitée. SYN. cosmos, création, monde, nature, planète.

/ Milieu propre à quelqu'un. SYN. domaine, fief, monde, sphère –LITTÉRAIRE: royaume.

universaliser *verbe*

/ Rendre universel. SYN. généraliser, populariser, propager, véhiculer, vulgariser.

universel *adjectif*

/ Qui concerne tous les hommes. SYN. commun, général, international, mondial, planétaire, public. CONTR. *individuel, particulier, personnel, propre.*

universellement *adverbe*

/ De façon universelle. SYN. internationalement, mondialement, planétairement. CONTR. *localement.*

univoque *adjectif*

/ Qui garde le même sens. CONTR. *ambigu, ambivalent, amphibologique, double, équivoque.*

urbain *adjectif*

/ LITTÉRAIRE. Qui fait preuve d'urbanité. SYN. affable, bien élevé, courtois, déférent, poli, respectueux –LITTÉRAIRE: civil, policé, révérencieux –VIEUX: bien éduqué. CONTR. *discourtois, impoli, inconvenant, incorrect, mal élevé, malappris, rustre* –FAMILIER: *malpoli* –LITTÉRAIRE: *incivil, irrespectueux, irrévérencieux, malséant, rustique* –VIEUX: *mal éduqué.*

/ Relatif à la ville. SYN. citadin. CONTR. *agreste, campagnard, paysan, rural* –LITTÉRAIRE: *champêtre, rustique.*

urbanité *nom féminin*

/ LITTÉRAIRE. Grande courtoisie. SYN. affabilité, bienséance, bonnes manières, correction, courtoisie, déférence, éducation, politesse, savoir-vivre –LITTÉRAIRE: civilité, usage. CONTR. *grossièreté, impolitesse, inconvenance, incorrection, muflerie, sans-gêne, vulgarité* –LITTÉRAIRE: *discourtoisie, incivilité, irrespect, irrévérence, rusticité, sans-façon.*

urgemment *adverbe*

/ D'une manière urgente. SYN. de toute urgence, d'extrême urgence, d'urgence, immédiatement, impérativement, impérieusement, instamment.

urgent *adjectif*

/ Dont on doit s'occuper vite. SYN. impératif, impérieux, pressant, pressé –LITTÉRAIRE: instant.

usage *nom masculin*

/ Fait de se servir de. SYN. emploi, expérience, jouissance, maniement, manœuvre, possession, recours, utilisation.

/ Fonction de quelque chose. SYN. affectation, destination, emploi, rôle, service.

/ Pratique commune à un groupe. SYN. convention, coutume, habitude, ordinaire, règle, rite, tradition.

/ LITTÉRAIRE. Attitude courtoise. SYN. bienséance, correction, courtoisie, déférence, éducation, politesse, savoir-vivre, tact –LITTÉRAIRE: civilité, urbanité.

usagé *adjectif*

/ Qui a beaucoup servi. SYN. défraîchi, éculé, usé, vétuste, vieux –FAMILIER: fatigué. CONTR. *neuf, nouveau, récent.*

usages *nom masculin pluriel*

/ Comportements d'un groupe. SYN. convenances, formes, mœurs, us et coutumes –LITTÉRAIRE: mode.

usant *adjectif*

/ FAMILIER. Qui use la santé. SYN. éprouvant, épuisant, esquintant, exténuant, fatigant, harassant, rude –FAMILIER: claquant, crevant, éreintant, tuant. CONTR. *délassant, reposant.*

usé *adjectif*

/ Qu'on a trop répété. SYN. banal, éculé, rebattu, ressassé –FAMILIER: réchauffé. CONTR. *dernier, inconnu, inédit, moderne, nouveau, original, récent.*

/ Très abîmé. SYN. décrépit, défraîchi, élimé, râpé, usagé, vétuste, vieillot, vieux –FAMILIER: fatigué, mangé aux mites. CONTR. *neuf.*

/ Très affaibli. SYN. à bout de forces, abattu, brisé, épuisé, exténué, fatigué, harassé, K.-O., mort de fatigue, recru, rendu, rompu –FAMILIER: au bout du rouleau, claqué, éreinté, esquinté, fini, H.S., lessivé, pompé, raplapla, sur les genoux, tué, vidé –POPULAIRE: crevé, sur les rotules. CONTR. *dispos, frais, frais et dispos, reposé* –FAMILIER: *en forme, en pleine forme, frais comme un gardon, frais comme une rose, increvable, vaillant* –VIEUX: *gaillard.*

user *verbe transitif*

/ Affaiblir quelqu'un. SYN. miner, ronger, ruiner –FAMILIER: claquer, crever, tuer, vanner –LITTÉRAIRE: consumer, ravager.

user *verbe transitif indirect*

/ Se servir de quelque chose. SYN. bénéficier, disposer, employer, manier, pratiquer, prendre, recourir à, se servir, utiliser. CONTR. *s'abstenir.*

user (s') *verbe pronominal*

/ Perdre ses forces. SYN. dépérir, se fatiguer, s'épuiser –FAMILIER: se tuer –LITTÉRAIRE: se consumer.

/ Se détériorer par l'usage. SYN. s'abîmer, se détériorer.

usité *adjectif*

/ Se dit d'un mot en usage. SYN. courant, répandu, usuel, utilisé. CONTR. *abandonné, désuet, inusité, rare.*

ustensile *nom masculin*

/ Objet qui sert dans la vie courante. SYN. appareil, article, engin, instrument, outil.

usuel *adjectif*

/ Qui est d'un usage courant. SYN. banal, classique, commun, courant, habituel, ordinaire, répandu, traditionnel, usité, utilisé –LITTÉRAIRE: coutumier. CONTR. *abandonné, archaïque, déconcertant, désuet, exceptionnel, inaccoutumé, inédit, inhabituel, paradoxal, rare.*

usuellement *adverbe*

/ De façon usuelle. SYN. communément, couramment, d'habitude, d'ordinaire, en règle générale, fréquemment, généralement, habituellement, ordinairement, souvent, traditionnellement.

usure *nom féminin*

/ Détérioration progressive. SYN. décrépitude, dégradation, délabrement, érosion.

usurpatoire *adjectif*

/ Qui constitue un délit. SYN. abusif, délictuel, délictueux, frauduleux, illégal, illégitime, illicite, irrégulier.

usurper *verbe*

/ S'attribuer une chose indûment. SYN. s'adjuger, s'approprier, s'attribuer, voler –LITTÉRAIRE: s'arroger.

utile *adjectif*

/ Qui peut servir à quelqu'un. SYN. commode, pratique, précieux, profitable. CONTR. *inutile, stérile, superflu, vain* –LITTÉRAIRE: *superfétatoire.*

/ Qui a un rôle efficace. SYN. bénéfique, bon, fructueux, indispensable, nécessaire, payant, salutaire. CONTR. *infructueux, nuisible, préjudiciable.*

utilement *adverbe*

- De façon utile. SYN. avantageusement, avec profit, efficacement, valablement. CONTR. *en pure perte, en vain, inutilement, pour rien, vainement* – FAMILIER: *pour des prunes* – LITTÉRAIRE: *infructueusement, stérilement.*

utilisable *adjectif*

- Qui peut être utilisé. SYN. employable, exploitable. CONTR. *inemployable, inexploitable, inutilisable.*

utilisation *nom féminin*

- Ce à quoi une chose est utilisée. SYN. application, destination, emploi, recours, usage.
- Action d'utiliser. SYN. exercice, maniement, manœuvre, possession.

utilisé *adjectif*

- Qu'on utilise facilement. SYN. banal, commun, courant, habituel, ordinaire, répandu, usité, usuel. CONTR. *inemployé, inusité, inutilisé, rare.*

utiliser *verbe*

- Avoir recours à. SYN. adopter, appliquer, consacrer, disposer de, employer, emprunter, manier, manipuler, pratiquer, prendre, recourir à, se servir de, user de.
- Tirer avantage de. SYN. bénéficier, exploiter, mettre à profit, profiter, recourir à, tirer parti, tirer profit.

utilitaire *adjectif*

- Dont le but est l'utilité. SYN. concret, pragmatique, pratique.

utilité *nom féminin*

- Fait de servir à quelque chose. SYN. avantage, bienfait, intérêt, nécessité, profit. CONTR. *inanité, inutilité* – LITTÉRAIRE: *superfluité, vanité.*

utopie *nom féminin*

- Projet irréalisable. SYN. chimère, idéal, illusion, impossibilité, mirage, rêve – LITTÉRAIRE: rêverie, songe. CONTR. *certitude, réalité.*

utopique *adjectif*

- Qui a le caractère d'une utopie. SYN. chimérique, illusoire, imaginaire, irréalisable, irréel, mythique. CONTR. *concret, faisable, pragmatique, pratique, réalisable.*

utopiste *nom*

- Personne attachée à une utopie. SYN. idéaliste, idéologue, illuminé, rêveur – LITTÉRAIRE: songe-creux.

vacant *adjectif*

/ Se dit d'une place libre. SYN. disponible, inoccupé, libre, vide. CONTR. *occupé, pris, retenu.*

vacarme *nom masculin*

/ Bruit assourdissant. SYN. bruit, cacophonie, charivari, tapage, tintamarre, tumulte – FAMILIER : boucan, chahut, raffut, tintouin – LITTÉRAIRE : hourvari – POPULAIRE : ramdam. CONTR. *calme, murmure, silence.*

vacciner *verbe*

/ Mettre à l'abri d'une peine. SYN. aguerrir, guérir, immuniser, prémunir, préserver, protéger.

vache *adjectif*

/ FAMILIER. Qui est très pénible. SYN. désagréable, difficile, dur, mauvais, rude, sévère – FAMILIER : moche, rosse. CONTR. – FAMILIER : *chic, chouette, extra, super.*

/ FAMILIER. Qui est très sévère. SYN. mauvais, méchant, sévère – FAMILIER : rosse. CONTR. *commode* – FAMILIER : *chic.*

/ FAMILIER. Très difficile. SYN. ardu, complexe, compliqué, difficile, dur, subtil – FAMILIER : calé, coton, trapu – POPULAIRE : duraille.

vache *nom féminin*

/ POPULAIRE. Personne sans pitié. SYN. méchant, peste, vipère – FAMILIER : chameau, poison, rosse, teigne – POPULAIRE : charogne, peau de vache, punaise.

vachement *adverbe*

/ POPULAIRE. Indique un très haut degré. SYN. au dernier point, bien, énormément, épouvantablement, exceptionnellement, excessivement, extraordinairement, extrêmement, follement, fort, fortement, grandement, hautement, horriblement, immensément, immodérément, incroyablement, infiniment, monstrueusement, mortellement, parfaitement, particulièrement, prodigieusement, profondément, puissamment, singulièrement, supérieurement, suprêmement, terriblement, tout à fait, très, trop, vertigineusement, vraiment – FAMILIER : bigrement, bougrement, diablement, drôlement, fameusement, fichtrement, fichûment, formidablement, joliment, méchamment, rudement, sacrément, superlativement, tout plein – LITTÉRAIRE : diantrement, furieusement – POPULAIRE : foutrement, salement – VIEUX : fièrement. CONTR. *aucunement, faiblement, guère, légèrement, nullement.*

vacherie *nom féminin*

/ POPULAIRE. Parole, action méchante. SYN. méchanceté – FAMILIER : crasse, entourloupe, entourloupette, rosserie, saleté – POPULAIRE : cochonnerie, saloperie.

vacillant *adjectif*

/ LITTÉRAIRE. Qui n'est pas stable. SYN. branlant, chancelant, flageolant, titubant, trébuchant, tremblant, tremblotant – LITTÉRAIRE : trémulant. CONTR. *ferme, stable.*

/ LITTÉRAIRE. Qui est incertain. SYN. changeant, flottant, hésitant, incertain, instable, oscillant. CONTR. *certain, sûr.*

/ LITTÉRAIRE. Qui faiblit. SYN. déclinant, faiblissant.

; forme du point virgule

vacillation *nom féminin*

/ LITTÉRAIRE. Mouvement de ce qui vacille. SYN. balancement, oscillation, tremblement, va-et-vient. CONTR. *fixité, immobilité, stabilité.*

/ LITTÉRAIRE. Fait d'hésiter. SYN. flottement, fluctuation, hésitation, indécision, irrésolution, oscillation. CONTR. *assurance, constance, fermeté, invariabilité, stabilité, sûreté* –LITTÉRAIRE: *immuabilité.*

vacillement *nom masculin*

/ État de ce qui vacille. SYN. balancement, oscillation, tremblement. CONTR. *fixité, immobilité, stabilité.*

/ Fait d'hésiter. SYN. flottement, fluctuation, hésitation, incertitude, indécision, irrésolution, oscillation. CONTR. *assurance, constance, fermeté, invariabilité, stabilité, sûreté* –LITTÉRAIRE: *fixité, immuabilité.*

vaciller *verbe*

/ Manquer de stabilité. SYN. branler, chanceler, chavirer, flageoler, tituber, trébucher, trembler, trembloter –FAMILIER: tanguer –LITTÉRAIRE: tressauter.

/ LITTÉRAIRE. Manquer d'assurance. SYN. balancer, flotter, fluctuer, hésiter, osciller.

vade-mecum *nom masculin*

/ LITTÉRAIRE. Manuel que l'on a avec soi. SYN. aide-mémoire, guide, mémento, précis, résumé.

vadrouille *nom féminin*

/ POPULAIRE. Fait de se promener sans but. SYN. flânerie, promenade –FAMILIER: balade –LITTÉRAIRE: errance.

vadrouiller *verbe*

/ POPULAIRE. Partir en vadrouille. SYN. déambuler, errer, flâner, musarder, se promener, traîner, vagabonder –FAMILIER: traînailler, traînasser –LITTÉRAIRE: vaguer.

va-et-vient *nom masculin*

/ Déplacement d'un point à un autre. SYN. allées et venues, course, navette, voyage.

/ Mouvement confus. SYN. circulation, passage, trafic.

vagabond *nom*

/ Personne sans domicile. SYN. clochard, mendiant, pouilleux, S.D.F., sans-abri, sans-logis –LITTÉRAIRE: gueux –VIEUX: chemineau.

vagabonder *verbe*

/ Errer sans but précis. SYN. déambuler, errer, rôder, traîner, voyager –FAMILIER: rôdailler, traînailler, traînasser –LITTÉRAIRE: divaguer, vaguer –POPULAIRE: vadrouiller.

/ LITTÉRAIRE. Passer d'une chose à une autre. SYN. divaguer –LITTÉRAIRE: vaguer.

vague *adjectif*

/ Qu'on identifie mal. SYN. brouillé, brumeux, flou, indéfinissable, indéterminable, indiscernable, indistinct, sourd, trouble, voilé. CONTR. *arrêté, distinct, évident, ferme, marqué, net, tranché, vigoureux.*

/ Qui manque de précision. SYN. ambigu, approximatif, confus, douteux, évasif, général, hésitant, imprécis, incertain, indécis, nuageux –FAMILIER: vaseux, vasouillard –LITTÉRAIRE: nébuleux. CONTR. *circonstancié, clair, défini, détaillé, déterminé, exact, explicite, formel, précis.*

/ Se dit d'un vêtement ample. SYN. flottant, lâche, large. CONTR. *ajusté, collant, juste, moulant, serré.*

vague *nom féminin*

/ Phénomène de grande ampleur. SYN. épidémie, mouvement.

/ Masse de personnes. SYN. afflux, déferlement, flot, flux, marée, ruée, rush.

vague *nom masculin*

/ LITTÉRAIRE. Caractère imprécis. SYN. brouillard, flou, imprécision, incertitude, indétermination, obscurité. CONTR. *précision.*

vaguement *adverbe*

/ De façon confuse. SYN. confusément, évasivement, imparfaitement, indistinctement, mal, obscurément. CONTR. *bien, clairement, distinctement, formellement, nettement, précisément.*

/ De façon peu marquée. SYN. à peine, faiblement, légèrement, peu, sommairement. CONTR. *carrément, expressément, fortement, franchement, intensément, véritablement, violemment, visiblement, vivement.*

vaguer *verbe*

/ LITTÉRAIRE. Errer à l'aventure. SYN. déambuler, errer, flâner, rôder, traîner, vagabonder –FAMILIER: rôdailler, traînailler, traînasser –LITTÉRAIRE: divaguer –POPULAIRE: vadrouiller.

/ LITTÉRAIRE. Flotter d'un objet à l'autre. SYN. divaguer –LITTÉRAIRE: vagabonder.

vaillamment *adverbe*

/ De façon vaillante. SYN. chèrement, courageusement, héroïquement, intrépidement –LITTÉRAIRE: bravement, crânement, hardiment, valeureusement –VIEUX: gaillardement. CONTR. *craintivement, lâchement, peureusement.*

vaillance *nom féminin*

/ LITTÉRAIRE. Qualité d'une personne brave. SYN. audace, bravoure, cœur, courage, héroïsme, intrépidité –FAMILIER: cran –LITTÉRAIRE: valeur. CONTR. *lâcheté, peur, poltronnerie* –LITTÉRAIRE: *couardise, pleutrerie, pusillanimité.*

vaillant *adjectif*

/ LITTÉRAIRE. Qui montre du courage. SYN. audacieux, brave, courageux, héroïque, intrépide –LITTÉRAIRE: valeureux. CONTR. *lâche, poltron, timoré* –LITTÉRAIRE: *couard, pusillanime* –VIEUX: *capon.*

/ LITTÉRAIRE. Qui travaille avec énergie. SYN. actif, dynamique, travailleur, zélé –LITTÉRAIRE: laborieux. CONTR. *mou.*

/ FAMILIER. Qui a une santé robuste. SYN. fort, inusable, robuste, sain, solide, vert, vigoureux –VIEUX: gaillard. CONTR. *croulant, déclinant, faiblissant, indisposé, malade, mal-en-point, usé.*

vain *adjectif*

/ Qui est sans effet. SYN. byzantin, inefficace, infécond, infertile, infructueux, inopérant, inutile, oiseux, stérile, superflu –LITTÉRAIRE: superfétatoire. CONTR. *agissant, bon, efficace, efficient, fructueux, utile.*

/ Qui est sans fondement. SYN. chimérique, faux, illusoire. CONTR. *fondé, justifié, légitime, motivé.*

/ LITTÉRAIRE. Qui est sans valeur. SYN. creux, dérisoire, frivole, futile, insignifiant, superficiel, vide. CONTR. *authentique, profond, sérieux* –LITTÉRAIRE: *vrai.*

/ LITTÉRAIRE. Qui est plein de suffisance. SYN. fier, infatué, orgueilleux, présomptueux, prétentieux, puant, suffisant, vaniteux –LITTÉRAIRE: fat, outrecuidant. CONTR. *humble, modeste, simple.*

vaincre *verbe*

/ Soumettre un ennemi. SYN. anéantir, battre à plate couture, défaire, écraser –FAMILIER: réduire en bouillie.

/ L'emporter sur quelqu'un. SYN. battre, éclipser, surclasser, surpasser, triompher de –FAMILIER: enfoncer. CONTR. *perdre.*

/ Venir à bout de. SYN. brider, contrôler, dominer, maîtriser, surmonter, triompher de –LITTÉRAIRE: dompter. CONTR. *céder.*

vaincu *nom*

/ Personne qui a subi une défaite. SYN. perdant. CONTR. *gagnant, triomphateur, vainqueur.*

vainement *adverbe*

/ En pure perte. SYN. en vain, inutilement, pour rien –FAMILIER: pour des prunes –LITTÉRAIRE: infructueusement, stérilement. CONTR. *efficacement, utilement.*

vainqueur *adjectif*

/ LITTÉRAIRE. Qui marque la victoire. SYN. conquérant, glorieux, orgueilleux, triomphant, victorieux –LITTÉRAIRE: triomphateur.

/ Qui remporte une victoire. SYN. conquérant, gagnant, triomphant, victorieux –LITTÉRAIRE: triomphateur. CONTR. *vaincu.*

vainqueur *nom*

/ Personne qui l'emporte. SYN. champion, gagnant, triomphateur. CONTR. *perdant, vaincu.*

valable *adjectif*

/ Qui garde sa valeur. SYN. bon, effectif, valide. CONTR. *périmé.*

/ Qu'on ne conteste pas. SYN. acceptable, admissible, plausible, recevable, satisfaisant. CONTR. *contestable, inacceptable, inadmissible, irrecevable.*

/ Qui a un certain mérite. SYN. bon, capable, compétent, efficient, notable, qualifié, sérieux.

valeur *nom féminin*

/ Ce que vaut un objet. SYN. cote, cours, prix.

/ Ce qui rend quelqu'un estimable. SYN. capacités, carrure, classe, envergure, mérite, niveau, qualité, stature, trempe.

/ Caractère valable d'un acte. SYN. authenticité, validité. CONTR. *invalidité, nullité.*

/ Prix attaché à quelque chose. SYN. force, grandeur, importance, intérêt, poids, portée, sens.

/ LITTÉRAIRE. Caractère courageux. SYN. audace, bravoure, cœur, courage, héroïsme, intrépidité –FAMILIER: cran –LITTÉRAIRE: vaillance.

CONTR. *faiblesse, lâcheté, peur, poltronnerie* –LITTÉRAIRE: *couardise, pleutrerie, pusillanimité.*

valeureusement *adverbe*

/ LITTÉRAIRE. Avec vaillance. SYN. courageusement, héroïquement, intrépidement, vaillamment –LITTÉRAIRE: bravement, crânement, hardiment –VIEUX: gaillardement. CONTR. *lâchement, peureusement.*

valeureux *adjectif*

/ LITTÉRAIRE. Qui a du courage. SYN. audacieux, brave, courageux, héroïque, intrépide –LITTÉRAIRE: vaillant. CONTR. *lâche, peureux, poltron, timoré* –LITTÉRAIRE: *couard, pusillanime* –POPULAIRE: *trouillard.*

validation *nom féminin*

/ Action de valider. SYN. confirmation, consécration, entérinement, homologation, ratification. CONTR. *annulation, invalidation.*

valide *adjectif*

/ Qui est en bonne santé. SYN. bien portant, dispos, ingambe, sain –FAMILIER: en forme –VIEUX: gaillard. CONTR. *éclopé, impotent, infirme, invalide, malade, mal-en-point, paralysé, perclus, souffrant* –VIEUX: *cacochyme.*

/ Qui a une validité juridique. SYN. effectif, réglementaire, règlementaire, valable.

valider *verbe*

/ Déclarer valide. SYN. accréditer, approuver, attester, confirmer, consacrer, entériner, homologuer, ratifier, sanctionner, vérifier. CONTR. *anéantir, annihiler, annuler, casser, dissoudre, invalider.*

validité *nom féminin*

/ Caractère valable. SYN. authenticité, valeur. CONTR. *invalidité, nullité.*

vallonné *adjectif*

/ Dont la surface est ondulée. SYN. accidenté –LITTÉRAIRE: onduleux. CONTR. *plat.*

valoir *verbe intransitif*

/ Avoir telle valeur vénale. SYN. coûter, revenir à, se monter à, s'élever à.

/ Être applicable à. SYN. concerner, intéresser, regarder, se rapporter à, toucher, viser.

valoir *verbe transitif*

/ Être la cause de. SYN. assurer, attirer, causer, coûter, entraîner, occasionner, procurer, provoquer, susciter.

valorisation *nom féminin*

/ Augmentation de la valeur de. SYN. élévation, hausse, montée. CONTR. *baisse, dépréciation, dévalorisation, dévaluation.*

/ Fait d'être valorisé. SYN. mise en valeur. CONTR. *dépréciation, dévalorisation* –LITTÉRAIRE: *déconsidération.*

valoriser *verbe*

/ Donner de la valeur à. SYN. appuyer, donner du poids à, faire ressortir, faire valoir, intensifier, mettre en avant, mettre en évidence, mettre en relief, mettre en valeur, mettre l'accent sur, renforcer, revaloriser, souligner. CONTR. *déconsidérer, déprécier, dévaloriser, galvauder.*

vandale *nom*

/ Personne qui se livre au vandalisme. SYN. barbare, déprédateur, destructeur, dévastateur –LITTÉRAIRE: ravageur, saccageur.

vandalisme *nom masculin*

/ Comportement destructeur. SYN. barbarie, destruction, dévastation, ravage, sauvagerie.

vanité *nom féminin*

/ Sentiment d'autosatisfaction. SYN. fatuité, gloriole, morgue, orgueil, présomption, prétention, suffisance, supériorité –LITTÉRAIRE: fierté, infatuation, outrecuidance, superbe. CONTR. *humilité, modestie, simplicité.*

/ LITTÉRAIRE. Caractère futile. SYN. fragilité, frivolité, futilité, inconsistance, inutilité, vide –LITTÉRAIRE: inanité, stérilité, superficialité, superfluité. CONTR. *efficacité, utilité.*

vaniteux *adjectif*

/ Qui s'admire soi-même. SYN. faraud, fier, imbu de soi-même, infatué, orgueilleux, poseur, présomptueux, prétentieux, puant, snob, suffisant –FAMILIER: crâneur, fiérot, m'as-tu-vu –LITTÉRAIRE: fat, outrecuidant, triomphateur, vain. CONTR. *humble, modeste, simple.*

vaniteux *nom*

/ Personne pleine de vanité. SYN. cuistre, poseur, présomptueux, prétentieux, snob –LITTÉRAIRE: fat.

vanne *nom féminin*

/ POPULAIRE. Plaisanterie méchante. SYN. lazzi, moquerie, persiflage, pique, quolibet, raillerie, sarcasme –LITTÉRAIRE: brocard, trait.

vanné *adjectif*

/ FAMILIER. Extrêmement fatigué. SYN. à plat, brisé, épuisé, exténué, fatigué, fourbu, harassé, K.-O., mort de fatigue, recru, rendu, rompu, usé –FAMILIER: achevé, claqué, éreinté, esquinté, fini, lessivé, mort, moulu, pompé, raplapla, sur les genoux, tué, vidé –POPULAIRE: crevé, sur les rotules. CONTR. *dispos, frais, frais et dispos, reposé* –FAMILIER: *en forme, en pleine forme, frais comme un gardon, frais comme une rose, increvable* –VIEUX: *gaillard.*

vanner *verbe*

/ FAMILIER. Fatiguer à l'extrême. SYN. anéantir, briser, épuiser, exténuer, fatiguer, harasser, surmener, user, vider –FAMILIER: achever, claquer, crever, éreinter, esquinter, lessiver, pomper, tuer.

vantard *nom*

/ Personne qui se vante. SYN. bluffeur, fabulateur, faiseur, fanfaron, faraud, hâbleur, menteur, mythomane, prétentieux –FAMILIER: bêcheur, crâneur, frimeur –LITTÉRAIRE: matamore, paradeur, rodomont –VIEUX: esbroufeur.

vantardise *nom féminin*

/ Action de se vanter. SYN. bluff, bravade, cabotinage, cuistrerie, fanfaronnade, fanfaronnerie –LITTÉRAIRE: forfanterie, gasconnade, hâblerie, rodomontade.

vanter *verbe*

/ Faire l'éloge de. SYN. célébrer, exalter, glorifier, louer, porter au pinacle, porter aux nues, préconiser, prôner, recommander –LITTÉRAIRE: encenser, magnifier. CONTR. *anathématiser, blâmer, critiquer, décrier, dénigrer, discréditer, médire* –FAMILIER: *éreinter, esquinter* –LITTÉRAIRE: *censurer, dauber, déchirer, noircir, vilipender, vitupérer.*

vanter (se) *verbe pronominal*

/ Étaler son propre mérite. SYN. bluffer, broder, exagérer, ne douter de rien, se faire valoir –FAMILIER: ne pas se moucher du coude, ne pas se moucher du pied, se croire, se faire mousser –POPULAIRE: ne pas se prendre pour de la merde, péter plus haut que son cul, se la jouer. CONTR. *se rabaisser, s'humilier* –FAMILIER: *s'aplatir.*

/ Se déclarer capable de. SYN. prétendre, se flatter de, se glorifier, se piquer, se prévaloir, se targuer, s'enorgueillir.

va-nu-pieds *nom masculin*

/ Personne qui vit misérablement. SYN. clochard, déguenillé, malheureux, miséreux, pouilleux –FAMILIER: crève-la-faim –LITTÉRAIRE: gueux, misérable.

vapeur *nom féminin*

/ Gaz issu de la vaporisation. SYN. émanation, exhalaison, fumée, nébulosité.

vaporeux *adjectif*

/ Rempli de brume. SYN. brumeux, nébuleux, nuageux, voilé –LITTÉRAIRE: fumeux.

/ D'une grande légèreté. SYN. immatériel, léger –LITTÉRAIRE: aérien, éthéré.

vaquer *verbe*

/ Consacrer du temps à. SYN. s'adonner à, s'appliquer à, se consacrer à, se livrer à, s'occuper de.

variabilité *nom féminin*

/ Caractère variable. SYN. fluctuation, incertitude, instabilité, mobilité, précarité –LITTÉRAIRE: inconstance. CONTR. *constance, invariabilité, permanence, régularité, stabilité* –LITTÉRAIRE: *immuabilité.*

/ LITTÉRAIRE. Disposition à changer d'avis. SYN. frivolité, inconstance, légèreté –LITTÉRAIRE: versatilité. CONTR. *constance, fidélité, persévérance.*

variable *adjectif*

/ Qui peut varier. SYN. capricieux, changeant, flottant, fluctuant, incertain, instable, irrégulier, mobile –LITTÉRAIRE: inconstant, ondoyant. CONTR. *continu, fixe, immuable, inaltérable, inébranlable, régulier, stable.*

/ Qui est différent selon les cas. SYN. différent, discontinu, divers, inégal. CONTR. *constant, égal, identique, invariable, suivi.*

variablement *adverbe*

/ De façon variable. SYN. alternativement, de temps à autre, de temps en temps, épisodiquement, inégalement, irrégulièrement, occasionnellement, par accès, par à-coups, par instants, par intermittence, par intervalles, par moments, rarement, sporadiquement. CONTR. *à longueur de temps, à tout instant, constamment, continuellement, en permanence, fréquemment, immuablement, indéfiniment, invariablement, quotidiennement, régulièrement, sans arrêt, sans cesse, sans discontinuer, sans interruption, sans relâche, sans répit, sans souffler, sans trêve, toujours* –LITTÉRAIRE: *continûment.*

variation *nom féminin*

/ État de ce qui varie. SYN. alternance, changement, différence, écart, fluctuation, inégalité, modification, oscillation.

varié *adjectif*

/ Composé d'éléments différents. SYN. composite, disparate, éclectique, hétéroclite, hétérogène, hybride, mélangé, multiforme, multiple. CONTR. *homogène, monocorde, monotone, uniforme* –LITTÉRAIRE: *uni.*

/ Se dit de choses différentes. SYN. différent, dissemblable, divers. CONTR. *identique, semblable, similaire, unique.*

varier *verbe intransitif*

/ Présenter des aspects divers. SYN. changer, évoluer, se métamorphoser, se modifier, se transformer.

/ Changer d'avis. SYN. changer son fusil d'épaule, flotter, fluctuer, osciller –FAMILIER: retourner sa veste.

varier *verbe transitif*

/ Apporter de la variété dans. SYN. changer, diversifier, modifier, multiplier, nuancer, transformer. CONTR. *unifier, uniformiser.*

variété *nom féminin*

/ Caractère varié. SYN. bigarrure, disparité, dissemblance, diversité, hétérogénéité, multiplicité, pluralité. CONTR. *unité.*

/ Espèce d'un même ensemble. SYN. espèce, forme, genre, sorte.

/ Diversité dans quelque chose. SYN. changement, différence, fantaisie. CONTR. *monotonie, uniformité.*

vaseux *adjectif*

/ Qui contient de la vase. SYN. boueux, bourbeux, envasé, limoneux –LITTÉRAIRE: fangeux.

/ FAMILIER. Qui est confus. SYN. brumeux, confus, fumeux, obscur, vague –FAMILIER: vasouillard –LITTÉRAIRE: fuligineux, nébuleux. CONTR. *clair, défini, détaillé, déterminé, exact, explicite, formel, précis.*

vasouillard *adjectif*

/ FAMILIER. Qui manque de netteté. SYN. brumeux, confus, fumeux, obscur, vague –FAMILIER: vaseux –LITTÉRAIRE: fuligineux, nébuleux. CONTR. *clair, défini, détaillé, déterminé, exact, explicite, formel, précis.*

vassaliser *verbe*

/ Réduire à la condition de sujet. SYN. asservir, bâillonner, inféoder, museler –LITTÉRAIRE: assujettir, enchaîner, garrotter. CONTR. *délivrer, libérer.*

vassalité *nom féminin*

/ LITTÉRAIRE. État de dépendance. SYN. allégeance, asservissement, assujettissement –LITTÉRAIRE: servilité, servitude, sujétion. CONTR. *indépendance, liberté.*

vaste *adjectif*

/ LITTÉRAIRE. Qui a une grande étendue. SYN. démesuré, énorme, gigantesque, grand, immense, large, spacieux. CONTR. *borné, étriqué, étroit, exigu, menu, minuscule, petit* –FAMILIER: *rikiki, riquiqui.*

/ LITTÉRAIRE. De grande ampleur. SYN. ample, considérable, étendu, gros, important, imposant. CONTR. *limité, réduit, resserré, restreint, strict, succinct.*

vastitude *nom féminin*

/ LITTÉRAIRE. Caractère vaste. SYN. énormité, taille –LITTÉRAIRE: immensité.

vaticinateur *nom*

/ Personne qui prédit l'avenir. SYN. devin, oracle, prophète, visionnaire, voyant –FAMILIER: augure.

vaticination *nom féminin*

/ LITTÉRAIRE. Prophétie pompeuse. SYN. prédiction, prophétie –LITTÉRAIRE: oracle.

vaticiner *verbe*

/ LITTÉRAIRE. Annoncer la volonté divine. SYN. prédire, prophétiser.

vaurien *nom*

/ Personne malhonnête. SYN. bandit, brigand, canaille, crapule, filou, ordure, racaille, scélérat, vermine, voyou –FAMILIER: fripouille, pendard –POPULAIRE: arsouille, frappe –VIEUX: coquin, fripon, gredin.

/ Enfant malicieux. SYN. chenapan, coquin, drôle, garnement, polisson, voyou –FAMILIER: bandit, brigand, filou, fripon, fripouille, galopin, lascar, sacripant –VIEUX: galapiat, mâtin.

vautrer (se) *verbe pronominal*

/ S'étendre avec laisser-aller. SYN. s'étaler, s'étendre.

vécés *nom masculin pluriel*

/ FAMILIER. Cabinets d'aisances. SYN. cabinets, latrines, lavabos, petits coins, toilettes, W.-C., water-closets, waters –FAMILIER: pipi-room, tinette –POPULAIRE: chiottes, goguenots, gogues –VIEUX: commodités, lieux d'aisances.

vedette *nom féminin*

/ Artiste célèbre. SYN. célébrité, étoile, gloire, star.

végéter *verbe*

/ Rester à un niveau médiocre. SYN. croupir, dépérir, dormir, piétiner, s'encroûter, s'étioler, stagner, vivoter –FAMILIER: moisir, pourrir –LITTÉRAIRE: languir. CONTR. *être florissant, fructifier, progresser, prospérer, se développer, s'épanouir.*

véhémence *nom féminin*

/ Caractère véhément. SYN. ardeur, chaleur, élan, enthousiasme, exaltation, fougue, frénésie, impétuosité, pétulance, turbulence, vigueur, violence, virulence –LITTÉRAIRE: furie, passion, vivacité. CONTR. *calme, flegme, froideur, impassibilité, indifférence.*

véhément *adjectif*

/ Qui s'exprime avec fougue. SYN. ardent, bouillant, emporté, énergique, enflammé, farouche, fougueux, frénétique, impétueux, intense, passionné, surchauffé, surexcité, survolté, vif, violent –LITTÉRAIRE: volcanique. CONTR. *endormi, flegmatique.*

véhiculer *verbe*

/ Permettre la diffusion de. SYN. colporter, diffuser, divulguer, propager, répandre, transmettre, universaliser, vulgariser.

veiller *verbe intransitif*

/ Être en état d'éveil. SYN. être sur le qui-vive, ne dormir que d'un œil. CONTR. *dormir, sommeiller, somnoler* –FAMILIER: *roupiller.*

veiller *verbe transitif indirect*

/ Faire attention à. SYN. contrôler, prendre garde à, prendre soin de, s'assurer, se soucier, s'occuper, songer, surveiller, vérifier –FAMILIER: ouvrir l'œil.

/ Exercer une surveillance. SYN. avoir à l'œil, avoir l'œil sur, garder, protéger, s'occuper, surveiller.

veinard *adjectif*

/ FAMILIER. Qui a de la chance. SYN. aimé des dieux, heureux, né sous une bonne étoile –FAMILIER: chanceux, verni –LITTÉRAIRE: fortuné –POPULAIRE: chançard. CONTR. *malchanceux, malheureux* –FAMILIER: *guignard* –LITTÉRAIRE: *infortuné.*

veine *nom féminin*

/ Ressources de l'esprit. SYN. inspiration –LITTÉRAIRE: souffle, verve.

/ FAMILIER. Heureux hasard. SYN. bonheur, chance –FAMILIER: baraka, bol, pot. CONTR. *malchance* –FAMILIER: *déveine, guigne* –POPULAIRE: *poisse, scoumoune* –VIEUX: *guignon.*

veiné *adjectif*

/ Parcouru de veines. SYN. madré, marbré.

veiner *verbe*

/ LITTÉRAIRE. Dessiner des lignes sur. SYN. jasper, marbrer, marquer.

velléitaire *adjectif*

/ Qui n'arrive pas à agir. SYN. faible, flottant, fluctuant, hésitant, inconsistant, inconstant, indécis, instable, versatile –LITTÉRAIRE: ondoyant. CONTR. *décidé, ferme, fort, obstiné, opiniâtre, persévérant, tenace.*

velléitaire *nom*

/ Personne qui change d'avis. SYN. indécis, instable, Jean qui rit et Jean qui pleure –FAMILIER: girouette.

velléité *nom féminin*

/ Volonté de principe. SYN. aspiration, désir, envie, intention. CONTR. *acharnement, détermination, obstination, persévérance, résolution, ténacité* –LITTÉRAIRE: *opiniâtreté.*

vélo *nom masculin*

/ FAMILIER. Véhicule à deux roues. SYN. bicyclette, cycle, deux-roues, V.T.T., vélocipède –FAMILIER: bécane, clou, petite reine.

véloce *adjectif*

/ LITTÉRAIRE. Qui se déplace très vite. SYN. agile, rapide, vif, vite –LITTÉRAIRE: prompt. CONTR. *lent.*

vélocité *nom féminin*

/ LITTÉRAIRE. Caractère véloce. SYN. agilité, célérité, hâte, rapidité, vitesse –LITTÉRAIRE: prestesse, promptitude, vivacité. CONTR. *indolence, lenteur, nonchalance.*

velouté *adjectif*

/ Agréable au toucher. SYN. cotonneux, doux, duveteux, moelleux, satiné, soyeux, velouteux –LITTÉRAIRE: duveté. CONTR. *râpeux, rêche, rude, rugueux.*

velouteux *adjectif*

/ Qui a le toucher du velours. SYN. cotonneux, doux, duveteux, moelleux, satiné, soyeux, velouté –LITTÉRAIRE: duveté.

velu *adjectif*

/ Couvert de poils. SYN. poilu. CONTR. *glabre, imberbe, lisse, nu.*

vénal *adjectif*

/ Qui est prêt à se vendre. SYN. corruptible, mercantile, véreux. CONTR. *droit, honnête, incorruptible, intègre* –LITTÉRAIRE: *probe.*

vénalité *nom féminin*

/ Caractère vénal. SYN. bassesse, corruptibilité –LITTÉRAIRE: mercantilisme. CONTR. *droiture, honnêteté, incorruptibilité, intégrité, probité.*

vendable *adjectif*

/ Qui peut être vendu. SYN. cessible. CONTR. *incessible, invendable.*

vendeur *nom*

/ Personne qui procède à une vente. SYN. cédant. CONTR. *acheteur, acquéreur, cessionnaire, client, preneur.*

vendre *verbe*

/ Échanger contre de l'argent. SYN. céder, laisser, liquider. CONTR. *acheter, acquérir, s'offrir.*

/ Faire le commerce de. SYN. débiter, écouler. CONTR. *garder, stocker.*

/ FAMILIER. Trahir quelqu'un. SYN. dénoncer, livrer, nommer –FAMILIER: donner.

vendu *adjectif*

/ Qui s'est laissé corrompre. SYN. pourri –FAMILIER: ripou –LITTÉRAIRE: corrompu. CONTR. *honnête, incorruptible, intègre* –LITTÉRAIRE: *probe.*

vendu *nom*

/ Personne qui se laisse acheter. SYN. pourri –FAMILIER: ripou –LITTÉRAIRE: corrompu. CONTR. *incorruptible.*

vénéneux *adjectif*

/ LITTÉRAIRE. Empreint de méchanceté. SYN. acerbe, calomnieux, empoisonné, haineux, malintentionné, malveillant, mauvais, méchant, médisant, mordant, perfide, virulent –LITTÉRAIRE: acrimonieux, fielleux, venimeux.

vénérable *adjectif*

/ Digne d'être respecté. SYN. antique, estimable, honorable, respectable, sacré, saint –LITTÉRAIRE: auguste. CONTR. *bas, indigne, méprisable* –LITTÉRAIRE: *vil.*

vénération *nom féminin*

/ Respect pour quelqu'un. SYN. considération, culte, déférence, déification, égard, estime, fétichisme, respect –LITTÉRAIRE: dévotion, idolâtrie, piété, révérence. CONTR. *dédain, désinvolture, mépris* –LITTÉRAIRE: *déconsidération, irrespect, irrévérence, mésestime.*

/ Sentiment de piété. SYN. adoration, culte, dévotion, idolâtrie, piété.

vénérer *verbe*

/ Rendre un culte à Dieu, à un saint. SYN. adorer –LITTÉRAIRE: révérer. CONTR. *profaner* –LITTÉRAIRE: *blasphémer.*

/ Éprouver du respect pour. SYN. admirer, chérir, estimer, honorer, idolâtrer, respecter –LITTÉRAIRE: révérer. CONTR. *dédaigner, mésestimer* –LITTÉRAIRE: *honnir.*

vengeance *nom féminin*

/ Action de se venger. SYN. représailles, rétorsion, revanche. CONTR. *oubli, pardon.*

venger *verbe*

/ Réparer une offense. SYN. faire payer, laver un affront, punir un affront, réparer. CONTR. *absoudre, pardonner, remettre.*

venger (se) *verbe pronominal*

/ Punir d'une offense. SYN. faire payer, garder un chien de sa chienne, laver un affront, payer de retour, rendre la monnaie de sa pièce, rendre la pareille, revaloir –FAMILIER: attendre au tournant, rattraper au tournant, renvoyer l'ascenseur. CONTR. *pardonner.*

véniel *adjectif*

/ LITTÉRAIRE. Qui a peu de gravité. SYN. anodin, bénin, excusable, insignifiant, léger, minime, négligeable, pardonnable. CONTR. *grave, gros, important, sérieux.*

venimeux *adjectif*

/ LITTÉRAIRE. Qui est malveillant. SYN. acerbe, calomnieux, empoisonné, haineux, malintentionné, malveillant, mauvais, méchant, médisant, mordant, perfide, virulent –LITTÉRAIRE: acrimonieux, fielleux, vénéneux. CONTR. *bienveillant, bon, gentil, indulgent, obligeant.*

venin *nom masculin*

/ LITTÉRAIRE. Attitude malveillante. SYN. haine, hostilité, malveillance, méchanceté, noirceur –LITTÉRAIRE: fiel, perfidie.

venir *verbe*

/ Se déplacer en direction de. SYN. aborder, approcher, s'approcher, se rendre –FAMILIER: montrer le bout de son nez, montrer son nez –LITTÉRAIRE: survenir –POPULAIRE: rappliquer, se pointer, se radiner. CONTR. *partir, s'éloigner, s'en aller.*

/ Avoir lieu. SYN. apparaître, arriver, intervenir, naître, se présenter, se produire, surgir, survenir, tomber.

/ Croître, en parlant de végétaux. SYN. croître, grandir, pousser, se développer.

/ Avoir pour origine. SYN. être issu, se rattacher, sortir.

/ Découler de quelque chose. SYN. dépendre, dériver, émaner, procéder, provenir, résulter, s'ensuivre. CONTR. *causer, provoquer.*

vent *nom masculin*

/ Mouvement de l'air. SYN. air, bise, brise, souffle –LITTÉRAIRE: zéphyr.

vente *nom féminin*

/ Action de vendre. SYN. cession. CONTR. *achat, acquisition.*

venté *adjectif*

/ Où le vent n'est pas freiné. SYN. éventé, venteux. CONTR. *abrité, couvert.*

venteux *adjectif*

/ Où il fait du vent. SYN. éventé, venté. CONTR. *abrité, couvert.*

ventre *nom masculin*

/ Siège de la gestation. SYN. flanc –LITTÉRAIRE: entrailles, sein.

/ Partie inférieure du tronc. SYN. –FAMILIER: bedaine, bedon, brioche, panse –POPULAIRE: bide, bidon, buffet.

ventripotent *adjectif*

/ FAMILIER. Qui a un gros ventre. SYN. gras, gros, obèse, ventru –FAMILIER: bedonnant, pansu. CONTR. *effilé, élancé, fin, grêle, maigre, menu, mince, squelettique.*

ventru *adjectif*

/ Qui a un gros ventre. SYN. gras, gros, obèse –FAMILIER: bedonnant, pansu, ventripotent. CONTR. *effilé, élancé, fin, grêle, maigre, menu, mince, squelettique.*

venue *nom féminin*

/ Action d'arriver en un lieu. SYN. arrivée, introduction. CONTR. *départ.*

/ Fait de survenir. SYN. apparition, approche, avènement, imminence, proximité –LITTÉRAIRE: survenance.

vénus *nom féminin*

/ LITTÉRAIRE. Très belle femme. SYN. beauté, déesse. CONTR. *laideron* –FAMILIER: *guenon* –POPULAIRE: *mocheté.*

véracité *nom féminin*

/ LITTÉRAIRE. Habitude de dire le vrai. SYN. droiture, franchise, franc-parler, loyauté, rondeur, sincérité, spontanéité. CONTR. *déloyauté, dissimulation, duplicité, fausseté, fourberie, hypocrisie, mensonge, traîtrise* –LITTÉRAIRE: *insincérité, sournoiserie.*

/ Qualité de ce qui est vrai. SYN. authenticité, exactitude, fidélité, objectivité, sincérité, vérité –LITTÉRAIRE: véridicité. CONTR. *fausseté, inauthenticité, inexactitude* –LITTÉRAIRE: *imposture.*

verbal *adjectif*

/ Qui se fait de vive voix. SYN. oral, parlé. CONTR. *écrit.*

verbalement *adverbe*

/ De vive voix. SYN. oralement. CONTR. *par écrit.*

verbeux *adjectif*

/ Qui use de paroles superflues. SYN. bavard, diffus, discoureur, filandreux, loquace, prolixe, volubile –FAMILIER: jacasseur, jacassier –VIEUX: babillard. CONTR. *bref, concis, condensé, elliptique, laconique, lapidaire, ramassé, télégraphique* –LITTÉRAIRE: *compendieux.*

verbiage *nom masculin*

/ Flot de paroles superflues. SYN. bavardage, remplissage, verbalisme –FAMILIER: baratin, bla-bla, caquet, délayage, parlote, parlotte, tchatche –LITTÉRAIRE: prolixité, verbosité. CONTR. *brièveté, concision, laconisme.*

verbosité *nom féminin*

/ LITTÉRAIRE. Caractère verbeux. SYN. bavardage, remplissage, verbalisme, verbiage, volubilité –FAMILIER: baratin, bla-bla, caquet, délayage, parlote, parlotte, tchatche. CONTR. *brièveté, concision, laconisme.*

verdâtre *adjectif*

/ Qui tire sur le vert. SYN. blafard, blême, cireux, livide, olivâtre, pâle, plombé, terreux, vert. CONTR. *coloré, frais, rosé* –LITTÉRAIRE: *vermeil.*

verdeur *nom féminin*

/ Ardeur propre à la jeunesse. SYN. énergie, force, jeunesse, robustesse, solidité, vigueur –LITTÉRAIRE: juvénilité. CONTR. *décrépitude, gâtisme, sénilité.*

/ Caractère osé. SYN. âpreté, crudité, gauloiserie, grivoiserie, grossièreté, paillardise, trivialité, truculence –LITTÉRAIRE: gaillardise, rusticité.

verdict *nom masculin*

/ Décision sans appel. SYN. arrêt, arrêté, jugement, sentence –LITTÉRAIRE: décret.

véreux *adjectif*

/ Qui est malhonnête. SYN. douteux, indélicat, louche, malhonnête, pourri, suspect, vénal –LITTÉRAIRE: corrompu. CONTR. *honnête, incorruptible, intègre, net, propre, sain* –LITTÉRAIRE: *probe.*

véridicité *nom féminin*

/ LITTÉRAIRE. Caractère véridique. SYN. authenticité, exactitude, fidélité, objectivité, sincérité, véracité, vérité. CONTR. *fausseté, inauthenticité, inexactitude* –LITTÉRAIRE: *imposture.*

véridique *adjectif*

/ LITTÉRAIRE. Qui dit la vérité. SYN. consciencieux, scrupuleux, sincère –LITTÉRAIRE: vrai. CONTR. *faux, menteur, perfide, tendancieux, trompeur.*

/ Conforme à la vérité. SYN. authentique, avéré, établi, exact, fidèle, historique, indubitable, véritable, vrai. CONTR. *captieux, faux, inexact, mensonger, présumé, prétendu* –LITTÉRAIRE: *fallacieux.*

vérifiable *adjectif*

/ Qui peut être vérifié. SYN. constatable, prouvable. CONTR. *improuvable, incontrôlable, indémontrable, invérifiable.*

vérification *nom féminin*

/ Action de vérifier. SYN. contrôle, essai, examen, expertise, inspection.

vérifié *adjectif*

/ Qui est confirmé. SYN. attesté, authentique, certifié, confirmé, démontré, établi, prouvé, validé. CONTR. *présumé, prétendu.*

vérifier *verbe*

/ Soumettre à un examen. SYN. contrôler, essayer, expérimenter, réviser, surveiller, tester.

/ S'assurer que. SYN. constater, contrôler, s'assurer, veiller à.

/ Être la preuve de la véracité de. SYN. appuyer, confirmer, corroborer, démontrer, justifier, prouver, valider.

véritable *adjectif*

/ Conforme à la réalité. SYN. authentique, avéré, établi, exact, historique, indubitable, réel, vrai. CONTR. *factice, faux, forgé, illusoire, imaginaire, inventé, postiche* –LITTÉRAIRE: *controuvé.*

/ Conforme à sa nature. SYN. authentique, fidèle, réel. CONTR. *affecté, apparent, artificiel, simulé, superficiel.*

véritablement *adverbe*

/ D'une manière véritable. SYN. absolument, effectivement, franchement, indubitablement, proprement, réellement, sérieusement, vraiment. CONTR. *faussement, obscurément, vaguement.*

vérité *nom féminin*

/ Idée partagée par tous. SYN. axiome, certitude, conviction, dogme, loi, principe. CONTR. *bluff, contrevérité.*

/ Faits réels. SYN. fait, réalité, vrai. CONTR. *conte, fiction, histoire, mensonge* –FAMILIER: *blague, bobard, boniment, canard.*

/ Expression fidèle de la nature. SYN. authenticité, exactitude, fidélité, justesse, naturel, vraisemblance. CONTR. *apparence, fiction, illusion, inexactitude, infidélité, invraisemblance, mirage, rêve.*

/ Bonne foi. SYN. franchise, sincérité, spontanéité –LITTÉRAIRE: véracité, véridicité. CONTR. *dissimulation, duplicité, fausseté* –LITTÉRAIRE: *insincérité.*

vermeil *adjectif*

/ LITTÉRAIRE. D'un rouge vif. SYN. carmin, grenat, incarnat, vermillon. CONTR. *blafard, blanchâtre, blême, cadavéreux, cadavérique, hâve, pâle, verdâtre* –FAMILIER: *pâlichon, pâlot.*

vermine *nom féminin*

/ LITTÉRAIRE. Ramassis d'individus vils. SYN. pègre, racaille –LITTÉRAIRE: crapule, rebut, tourbe –POPULAIRE: raclure –VIEUX: canaille.

/ Personne malhonnête. SYN. bandit, brigand, canaille, crapule, filou, gredin, ordure, racaille, scélérat, vaurien –FAMILIER: fripouille, pendard –POPULAIRE: arsouille, frappe –VIEUX: coquin, fripon, misérable.

verni *adjectif*

/ FAMILIER. Qui a de la chance. SYN. heureux, né sous une bonne étoile –FAMILIER: chanceux, veinard –LITTÉRAIRE: fortuné –POPULAIRE: chançard. CONTR. *malchanceux, malheureux* –FAMILIER: *guignard* –LITTÉRAIRE: *infortuné.*

vernir *verbe*

/ Étaler du vernis sur. SYN. badigeonner, vernisser, vitrifier.

/ LITTÉRAIRE. Rendre brillant. SYN. briquer, glacer, lustrer, polir, satiner.

vernis *nom masculin*

/ Apparence trompeuse. SYN. brillant, clinquant, façade, faux-semblant, semblant, simulacre, surface, teinte, teinture –LITTÉRAIRE: masque, superficie.

vernissé *adjectif*

/ LITTÉRAIRE. Qui brille comme du vernis. SYN. brillant, glacé, luisant, lustré, poli, satiné, soyeux, verni.

vernisser *verbe*

/ Recouvrir de vernis. SYN. glacer, lustrer, satiner, vernir, vitrifier.

verrerie *nom féminin*

/ Objets en verre. SYN. cristallerie, verroterie.

verrouiller *verbe*

/ Bloquer l'accès d'un lieu. SYN. boucler, cadenasser, fermer. CONTR. *déverrouiller, ouvrir.*

vers *préposition*

/ Indique la direction. SYN. aux alentours de, aux environs de, du côté de, en direction de, sur.

versant *nom masculin*

/ Face latérale d'un relief. SYN. côté, paroi, pente –LITTÉRAIRE: pan.

versatile *adjectif*

/ Qui change facilement d'avis. SYN. capricieux, changeant, divers, fantasque, flottant, fluctuant, inconstant, inégal, léger, lunatique, papillonnant, velléitaire –LITTÉRAIRE: ondoyant –VIEUX: mobile. CONTR. *buté, conséquent, constant, entêté, ferme, obstiné, opiniâtre, persévérant, têtu* –LITTÉRAIRE: *invariable.*

versatilité *nom féminin*

/ LITTÉRAIRE. Caractère versatile. SYN. fluctuation, inconsistance, inconstance, instabilité, légèreté, mobilité –LITTÉRAIRE: variabilité. CONTR. *constance, entêtement, fermeté, fidélité, obstination, persévérance, stabilité, ténacité* –LITTÉRAIRE: *opiniâtreté.*

versé *adjectif*

/ Qui a la connaissance de. SYN. compétent, expérimenté, expert, maître, qualifié, rompu. CONTR. *ignorant, incompétent.*

versement *nom masculin*

/ Somme versée. SYN. acquittement, dépôt, paiement, payement, règlement. CONTR. *retrait.*

verser *verbe intransitif*

/ Tomber sur le côté. SYN. basculer, chavirer, culbuter, se renverser, se retourner.

/ Évoluer dans un sens fâcheux. SYN. s'enliser, sombrer, tomber –FAMILIER: s'enfoncer.

verser *verbe transitif*

- VIEUX. Faire tomber sur le côté. SYN. jeter, projeter, renverser. CONTR. *redresser, relever.*
- Faire couler un liquide. SYN. déverser, épandre, répandre.
- Affecter quelqu'un à. SYN. déplacer, muter, nommer.
- Remettre de l'argent à. SYN. débourser, décaisser, déposer, payer, régler. CONTR. *encaisser, percevoir, toucher* – FAMILIER : *palper.*
- Apporter quelque chose en plus. SYN. adjoindre, ajouter, déposer, incorporer, placer.

versicolore *adjectif*

- LITTÉRAIRE. Qui a plusieurs couleurs. SYN. bariolé, bigarré, chamarré, multicolore, polychrome – LITTÉRAIRE : diapré. CONTR. *monochrome, uni, unicolore.*

version *nom féminin*

- Chacun des états d'un texte. SYN. leçon, variante.
- Manière de raconter un fait. SYN. compte rendu, interprétation, rapport, récit, relation.

verso *nom masculin*

- Seconde page d'une feuille. SYN. dos, envers. CONTR. *endroit, recto.*

vert *adjectif*

- Qui n'a pas atteint la maturité. SYN. frais, jeune. CONTR. *mûr, vieux.*
- Se dit de propos cinglants. SYN. acerbe, acide, blessant, brutal, cruel, dur, mordant, sec, vif, violent.
- D'une couleur pâle. SYN. blafard, blême, cireux, livide, olivâtre, pâle, plombé, terreux, verdâtre.
- Qui est resté en forme. SYN. alerte, dispos, ingambe – FAMILIER : vaillant – VIEUX : gaillard. CONTR. *croulant, déclinant, décrépit, déliquescent, faiblissant.*

vertement *adverbe*

- D'une manière rude. SYN. abruptement, brusquement, brutalement, durement, méchamment, rudement, sèchement, violemment – LITTÉRAIRE : vivement.

vertige *nom masculin*

- Intense exaltation. SYN. étourdissement, exaltation, griserie, ivresse – LITTÉRAIRE : enivrement, fumées, tourbillon, tourmente.

vertigineusement *adverbe*

- Indique un degré extrême. SYN. abominablement, affreusement, au dernier point, beaucoup, bien, démesurément, effroyablement, énormément, épouvantablement, exagérément, exceptionnellement, excessivement, extraordinairement, extrêmement, fabuleusement, follement, grandement, horriblement, immensément, immodérément, incroyablement, infiniment, monstrueusement, mortellement, parfaitement, particulièrement, prodigieusement, profondément, puissamment, singulièrement, supérieurement, suprêmement, terriblement, tout à fait, très, trop – FAMILIER : atrocement, bigrement, bougrement, diablement, drôlement, fichtrement, fichûment, formidablement, joliment, méchamment, rudement, sacrément, superlativement, tout plein – LITTÉRAIRE : diantrement, furieusement – POPULAIRE : foutrement, salement, vachement. CONTR. *faiblement, guère, légèrement, modérément, moyennement, peu.*

vertigineux *adjectif*

- Qui donne le vertige. SYN. démesuré, effréné, exagéré, excessif, fabuleux, fou, immodéré – FAMILIER : délirant.

vertu *nom féminin*

- Disposition à faire le bien. SYN. intégrité, mérite, morale, moralité, sagesse. CONTR. *débauche* – LITTÉRAIRE : *vice.*
- Chasteté féminine. SYN. chasteté, continence, pureté – LITTÉRAIRE : honneur, pudicité. CONTR. *débauche, dévergondage, inconduite, libertinage* – LITTÉRAIRE : *licence, stupre.*
- Caractéristique propre à. SYN. capacité, effet, efficacité, faculté, pouvoir, propriété, qualité. CONTR. *défaut, travers.*

vertueusement *adverbe*

- De façon vertueuse. SYN. honnêtement, intègrement, moralement, proprement, pudiquement – LITTÉRAIRE : purement.

vertueux *adjectif*

- LITTÉRAIRE. Qui manifeste de la vertu. SYN. décent, droit, honnête, intègre, irréprochable, méritant, moral, sage, sérieux – LITTÉRAIRE : probe. CONTR. *douteux, louche, mauvais.*
- Qui est chaste. SYN. chaste, continent, pudique. CONTR. *débauché, dépravé, dévergondé, libertin, vicieux* – LITTÉRAIRE : *dissolu.*

verve *nom féminin*

/ Éloquence brillante. SYN. éloquence, esprit, volubilité –FAMILIER: bagou, bagout, tchatche –LITTÉRAIRE: faconde, loquacité, prolixité.

verveux *adjectif*

/ LITTÉRAIRE. Plein de verve. SYN. brillant, éloquent, loquace, prolixe, volubile.

veste *nom féminin*

/ FAMILIER. Échec cuisant. SYN. avatar, catastrophe, culbute, déconfiture, défaite, échec, gifle, insuccès, revers –FAMILIER: claque, fessée, fiasco, loupé, pile, piquette, plongeon, raclée, ratage, tannée –LITTÉRAIRE: infortune –POPULAIRE: bide, déculottée, dégelée, gamelle, plantage, volée.

vestibule *nom masculin*

/ Pièce par laquelle on entre. SYN. antichambre, entrée, galerie, hall.

vestige *nom masculin*

/ Trace laissée par quelque chose. SYN. décombre, reste, ruine, souvenir –LITTÉRAIRE: stigmate.

/ LITTÉRAIRE. Ce qui reste du passé. SYN. impression –LITTÉRAIRE: relent, reliquat, trace.

vêtement *nom masculin*

/ Pièce de l'habillement. SYN. costume, effets, habit, mise, tenue, toilette –FAMILIER: nippe –POPULAIRE: fringue, frusques.

/ LITTÉRAIRE. Ce qui recouvre quelque chose. SYN. parure –LITTÉRAIRE: manteau, masque, voile.

vétéran *nom masculin*

/ LITTÉRAIRE. Personne experte. SYN. aîné, ancien, vieux –FAMILIER: vieux de la vieille. CONTR. *commençant, débutant, nouveau, novice* –FAMILIER: *bizut, bizuth, bleu.*

vétille *nom féminin*

/ Chose insignifiante. SYN. bagatelle, baliverne, bricole, broutille, enfantillage, misère, rien –FAMILIER: faribole, rigolade –POPULAIRE: foutaise.

vétiller *verbe*

/ LITTÉRAIRE. Critiquer sur des riens. SYN. chicaner, discuter, ergoter –FAMILIER: chinoiser, chipoter, pinailler.

vétilleux *adjectif*

/ LITTÉRAIRE. Qui s'attache à des vétilles. SYN. formaliste, maniaque, méticuleux, minutieux, pointilleux, regardant, tatillon –FAMILIER: pinailleur –LITTÉRAIRE: sourcilleux –VIEUX: chicaneur, chicanier.

vêtir *verbe*

/ LITTÉRAIRE. Habiller quelqu'un de. SYN. accoutrer, affubler, costumer, couvrir, habiller –FAMILIER: attifer, fagoter, ficeler –LITTÉRAIRE: revêtir –POPULAIRE: fringuer. CONTR. *déshabiller, dévêtir, retirer.*

/ LITTÉRAIRE. Mettre sur soi. SYN. endosser, enfiler, mettre, passer, porter, revêtir, se mettre.

vêtir (se) *verbe pronominal*

/ S'habiller d'une certaine façon. SYN. s'accoutrer, s'affubler, se couvrir, s'endimancher, s'habiller –FAMILIER: s'attifer, se mettre sur son trente-et-un –POPULAIRE: se fringuer, se saper. CONTR. *se découvrir, se dénuder, se déshabiller, se dévêtir.*

veto *nom masculin*

/ Fait de s'opposer à. SYN. barrage, désapprobation, opposition, refus, rejet, résistance. CONTR. *acceptation, accord, agrément, approbation, assentiment, autorisation, consentement* –LITTÉRAIRE: *aveu.*

vêtu *adjectif*

/ Habillé d'une certaine façon. SYN. accoutré, arrangé, habillé –FAMILIER: attifé, fagoté, ficelé.

vétuste *adjectif*

/ Détérioré par le temps. SYN. ancien, archaïque, branlant, croulant, décrépit, délabré, désuet, obsolète, périmé, usagé, usé, vieillot, vieux –FAMILIER: fossile –LITTÉRAIRE: suranné. CONTR. *actuel, moderne, neuf, nouveau, récent.*

vétusté *nom féminin*

/ État de détérioration. SYN. ancienneté, antiquité, délabrement –LITTÉRAIRE: vieillesse. CONTR. *actualité, nouveauté.*

veule *adjectif*

/ Qui manque d'énergie. SYN. amorphe, apathique, faible, indolent, languissant, lymphatique, mou, pleutre. CONTR. *décidé, déterminé, énergique, ferme, volontaire.*

veulerie *nom féminin*
/ Caractère veule. SYN. apathie, avachissement, faiblesse, inconsistance, mollesse, nonchalance, paresse –LITTÉRAIRE: pleutrerie. CONTR. *courage, dynamisme, énergie, fermeté, hardiesse, volonté* –FAMILIER: *cran.*

vexant *adjectif*
/ Qui vexe. SYN. blessant, cinglant, désagréable, désobligeant, dur, humiliant, mortifiant, offensant, outrageant, vexatoire.
/ FAMILIER. Qui contrecarre une action. SYN. agaçant, énervant, exaspérant, insupportable, irritant –FAMILIER: horripilant, rageant.

vexation *nom féminin*
/ Action, parole qui vexe. SYN. brimade, froissement, gifle, humiliation, mortification, offense, outrage, sarcasme, tracasserie –LITTÉRAIRE: avanie, brocard, camouflet. CONTR. *flatterie.*

vexatoire *adjectif*
/ Qui a le caractère de la vexation. SYN. abaissant, accablant, avilissant, blessant, dégradant, déshonorant, humiliant, infamant, mortifiant, offensant, outrageant, rabaissant, vexant.

vexé *adjectif*
/ Offensé dans son amour-propre. SYN. froissé, humilié, indigné, mortifié, outragé, outré, scandalisé –LITTÉRAIRE: blessé, offensé.

vexer *verbe*
/ Blesser l'amour-propre. SYN. blesser, contrarier, désobliger, froisser, heurter, humilier, indisposer, mortifier, offenser, outrager –LITTÉRAIRE: piquer. CONTR. *consoler, flatter, réconforter.*

vexer (se) *verbe pronominal*
/ Être contrarié. SYN. se formaliser, se froisser, se scandaliser –LITTÉRAIRE: se piquer, s'offenser.

viable *adjectif*
/ Susceptible de durer. SYN. durable, fort, impérissable, solide, stable. CONTR. *délicat, fragile, menacé, périssable, précaire.*

vibrant *adjectif*
/ Qui émet des vibrations. SYN. éclatant, perçant, retentissant, sonore, tonitruant –LITTÉRAIRE: tonnant. CONTR. *étouffé, sourd.*
/ Qui manifeste de l'émotion. SYN. ardent, émouvant, frémissant, palpitant, pathétique, poignant, prenant, saisissant, touchant.

vibration *nom féminin*
/ Modulation d'un son. SYN. tremblement, vibrato.
/ Fait de vibrer. SYN. frémissement, frisson, tremblement, trépidation –LITTÉRAIRE: frissonnement.

vibrer *verbe*
/ LITTÉRAIRE. Être ému. SYN. frémir, palpiter, trembler, trembloter, tressaillir –LITTÉRAIRE: trémuler, trépider, tressauter.

vice *nom masculin*
/ LITTÉRAIRE. Disposition à faire le mal. SYN. amoralité, immoralité, lubricité, perversité –LITTÉRAIRE: impureté, scélératesse. CONTR. *intégrité, morale, moralité, vertu.*
/ Penchant pour quelque chose. SYN. faible, inclination, penchant, pente –FAMILIER: péché mignon.
/ État de débauche. SYN. corruption, débauche, dépravation, dévergondage, inconduite, libertinage, perversion, pourriture –LITTÉRAIRE: licence, stupre. CONTR. *candeur, chasteté, ingénuité, innocence, pureté.*
/ Ce qui rend une chose inutilisable. SYN. défaut, défectuosité, imperfection, malfaçon, travers –LITTÉRAIRE: tare. CONTR. *perfection, qualité.*

vice versa *locution adverbiale*
/ D'une manière inverse. SYN. inversement, mutuellement, réciproquement.

viciation *nom féminin*
/ LITTÉRAIRE. Action de vicier. SYN. altération, dégradation, dénaturation, pollution –LITTÉRAIRE: corruption.

vicié *adjectif*
/ Qui est pollué. SYN. impur, pollué –LITTÉRAIRE: corrompu, souillé. CONTR. *pur, sain.*

vicier *verbe*
/ LITTÉRAIRE. Rendre l'air impur. SYN. empoisonner, polluer –LITTÉRAIRE: souiller. CONTR. *assainir, épurer, filtrer, purifier* –VIEUX: *dépurer.*
/ LITTÉRAIRE. Pervertir quelque chose. SYN. altérer, dégrader, dénaturer, dépraver, perver-

tir, pourrir –LITTÉRAIRE: corrompre, dévoyer, empester, gangrener. CONTR. *corriger, élever* –LITTÉRAIRE: *amender, redresser.*

vicieux *adjectif*

/ Inspiré par le vice. SYN. amoral, dévergondé, immoral, impudique, lubrique, pervers, sadique –FAMILIER: cochon –LITTÉRAIRE: libidineux, salace –VIEUX: luxurieux. CONTR. *candide, chaste, ingénu, innocent, pur, sain, vertueux.*

/ Qui contient un défaut. SYN. fautif, impropre, incorrect, inexact –FAMILIER: tordu. CONTR. *châtié, correct, normal.*

vicieux *nom*

/ Personne perverse. SYN. débauché, obsédé, pervers –FAMILIER: vicelard.

vicissitude *nom féminin*

/ Événement heureux ou malheureux. SYN. aléa, caprice, fluctuation, hasard, tribulations.

victime *nom féminin*

/ Personne blessée ou tuée. SYN. martyr, supplicié. CONTR. *agresseur, bourreau, offenseur, tortionnaire.*

/ Personne qui a subi une chose. SYN. cible, dupe, jouet, proie.

victoire *nom féminin*

/ Issue favorable d'une bataille. CONTR. *capitulation, débâcle, débandade, déconfiture, défaite, déroute.*

/ Succès remporté dans une lutte. SYN. réussite, succès, triomphe. CONTR. *banqueroute, culbute, échec, faillite, insuccès, revers* –FAMILIER: *claque, fessée, fiasco, pile, piquette, plongeon, raclée, veste* –POPULAIRE: *bide.*

victorieusement *adverbe*

/ De façon victorieuse. SYN. heureusement, triomphalement.

victorieux *adjectif*

/ Qui remporte la victoire. SYN. conquérant, gagnant, triomphant, vainqueur –LITTÉRAIRE: triomphateur. CONTR. *vaincu.*

/ Qui manifeste de l'orgueil. SYN. conquérant, glorieux, orgueilleux, triomphant –LITTÉRAIRE: triomphateur, vainqueur.

victuailles *nom féminin pluriel*

/ Denrées alimentaires. SYN. aliments, nourriture, provisions, vivres.

vidanger *verbe*

/ Opérer une vidange. SYN. évacuer, vider.

vide *adjectif*

/ Qui ne contient rien. SYN. à sec, démuni, dénué, dépourvu, exempt, pauvre, privé. CONTR. *débordant, farci, fourmillant, garni, gorgé, plein, rempli, surchargé* –FAMILIER: *bourré, truffé.*

/ Où il n'y a pas d'occupant. SYN. dépeuplé, désert, déserté, inhabité, inoccupé, libre, vacant. CONTR. *bondé, comble, complet, encombré, occupé, passant, peuplé, populeux, pris, surpeuplé.*

/ Qui est sans intérêt. SYN. creux, frivole, futile, inconsistant, inintéressant, insignifiant, inutile, médiocre, morne, mort, plat, stérile, superficiel, terne –LITTÉRAIRE: vain. CONTR. *agité, animé, éminent, exaltant, intelligent, intéressant, mouvementé, passionnant, profond.*

vide *nom masculin*

/ Espace inoccupé. SYN. cavité, creux, excavation, ouverture.

/ Absence d'idées. SYN. lacune, manque, omission, trou.

/ Caractère insignifiant. SYN. futilité, inconsistance, insignifiance, inutilité, légèreté, néant –LITTÉRAIRE: inanité, stérilité, superficialité, superfluité, vacuité, vanité. CONTR. –LITTÉRAIRE: *plénitude.*

vidé *adjectif*

/ FAMILIER. Sans force. SYN. à plat, anéanti, brisé, épuisé, exténué, fatigué, fourbu, harassé, K.-O., mort de fatigue, recru, rendu, rompu –FAMILIER: achevé, claqué, éreinté, esquinté, flagada, flapi, lessivé, mort, moulu, pompé, raplapla, sur les genoux, tué, vanné –POPULAIRE: crevé, sur les rotules. CONTR. *dispos, frais, frais et dispos, reposé* –FAMILIER: *en forme, en pleine forme, frais comme un gardon, frais comme une rose, increvable* –VIEUX: *gaillard.*

vider *verbe*

/ Retirer un contenu. SYN. débarrasser, évacuer. CONTR. *bourrer, combler, remplir* –LITTÉRAIRE: *emplir, gorger.*

/ Avaler rapidement. SYN. boire, ingurgiter –FAMILIER: s'enfiler, siffler –POPULAIRE: pomper, s'envoyer.

/ Surmener quelqu'un. SYN. anéantir, épuiser, exténuer, fatiguer, harasser –FAMILIER: claquer, éreinter, esquinter, lessiver, pomper, vanner –POPULAIRE: crever.
/ FAMILIER. Chasser d'un groupe. SYN. chasser, congédier, débaucher, destituer, éconduire, exclure, excommunier, expulser, licencier, limoger, mettre à la porte, mettre à pied, radier, reconduire, remercier, renvoyer, révoquer, se défaire de, se séparer de –FAMILIER: balayer, blackbouler, débarquer, déboulonner, dégommer, ficher à la porte, flanquer à la porte, flanquer dehors, sabrer, sortir –POPULAIRE: balancer, foutre à la porte, lourder, virer.

vider (se) *verbe pronominal*
/ Couler d'un lieu dans un autre. SYN. se déverser, se jeter, se répandre, s'échapper, s'écouler.

vie *nom féminin*
/ Fait d'exister. SYN. destin, destinée, existence. CONTR. *mort* –LITTÉRAIRE: *trépas.*
/ Caractère dynamique. SYN. activité, allant, ardeur, élan, énergie, entrain, mouvement, pétulance, santé, vigueur, vitalité –LITTÉRAIRE: sève. CONTR. *tiédeur.*

vieillerie *nom féminin*
/ Objet ancien. SYN. –FAMILIER: antiquaille, antiquité.

vieillesse *nom féminin*
/ Ensemble des personnes âgées. SYN. anciens, vieux. CONTR. *jeunes, jeunes gens, jeunesse.*
/ LITTÉRAIRE. Grand âge d'une chose. SYN. ancienneté, antiquité, vétusté. CONTR. *actualité, nouveauté.*

vieilli *adjectif*
/ Qui n'est plus en usage. SYN. archaïque, démodé, dépassé, désuet, obsolète, périmé, poussiéreux, sclérosé, vieillot, vieux –LITTÉRAIRE: suranné. CONTR. *actuel, moderne, nouveau, récent.*

vieillir *verbe*
/ Devenir plus vieux. SYN. avancer en âge, prendre de l'âge, se faire vieux –FAMILIER: ne plus être de la première fraîcheur, prendre un coup de vieux. CONTR. *rajeunir.*

vieillot *adjectif*
/ Passé de mode. SYN. ancien, antique, archaïque, arriéré, attardé, démodé, dépassé, désuet, périmé, poussiéreux, usé, vétuste, vieilli, vieux –LITTÉRAIRE: suranné –VIEUX: rococo. CONTR. *actuel, inédit, moderne, nouveau, récent, ultramoderne.*

vierge *adjectif*
/ Qui n'a jamais eu de relation sexuelle. SYN. chaste, innocent, pur –FAMILIER: puceau, pucelle.
/ Qui n'a pas encore servi. SYN. blanc, brut, immaculé, intact, net, pur. CONTR. –LITTÉRAIRE: *corrompu, impur, souillé.*
/ Qui n'a pas été exploré. SYN. inexploré, intact.

vieux *adjectif*
/ Très avancé en âge. SYN. âgé, d'un âge avancé, d'un certain âge. CONTR. *dans la fleur de l'âge, jeune, juvénile.*
/ Qui existe depuis longtemps. SYN. ancestral, antique, millénaire, poussiéreux, séculaire –LITTÉRAIRE: immémorial. CONTR. *moderne, nouveau, récent.*
/ Qui est tel depuis longtemps. SYN. endurci, impénitent, invétéré. CONTR. *nouveau, novice.*
/ Qui a beaucoup servi. SYN. défraîchi, délabré, élimé, usagé, usé, vétuste, vieillot. CONTR. *frais, neuf, nouveau, vert.*
/ Qui n'est plus en usage. SYN. ancien, archaïque, démodé, dépassé, désuet, obsolète, périmé, vieilli –LITTÉRAIRE: suranné –VIEUX: rococo. CONTR. *actuel, contemporain, moderne.*

vieux *nom*
/ Personne d'un grand âge. SYN. ancien, géronte, vieillard –ARGOTIQUE: vioque –LITTÉRAIRE: barbon, patriarche, vétéran –POPULAIRE: croulant. CONTR. *jeune* –FAMILIER: *jeunesse.*

vif *adjectif*
/ Prompt à s'emporter. SYN. bouillant, brusque, emporté, expéditif, explosif, impulsif –LITTÉRAIRE: prompt, volcanique. CONTR. *bienveillant, conciliant, délicat, doux, patient, tendre.*
/ D'une grande intensité. SYN. chaleureux, chaud, intense, profond. CONTR. *atténué, douceâtre, froid, morne.*
/ Qui saisit. SYN. aigu, cuisant, glacial, mordant, pénétrant, perçant, piquant. CONTR. *sourd, sournois.*

/ Qui est plein de vie. SYN. actif, agile, allègre, énergique, leste, nerveux, pétillant, preste, rapide, sémillant, vivant –LITTÉRAIRE: allant, véloce. CONTR. *abruti, alangui, amorphe, apathique, atone, déclinant, endormi, faiblissant, indolent, inerte, laborieux, lymphatique, mou, nonchalant, paresseux, traînant* –FAMILIER: *lambin* –LITTÉRAIRE: *ensommeillé.*

/ Exprimé avec mordant. SYN. acerbe, acéré, brusque, caustique, dur, incisif, véhément –LITTÉRAIRE: épigrammatique, piquant.

/ Qui est éclatant. SYN. soutenu, violent, voyant. CONTR. *blafard, blanchâtre, blême, diffus, fadasse, fade, faible, pâle, passé, sombre, tamisé, terne.*

vigilance *nom féminin*

/ Caractère vigilant. SYN. application, attention, circonspection, œil, précaution, prévoyance, prudence, soins, sollicitude, surveillance. CONTR. *distraction, étourderie, imprudence, inattention, négligence* –LITTÉRAIRE: *inapplication.*

vigilant *adjectif*

/ Qui montre de l'attention. SYN. attentif, circonspect, dévoué, précautionneux, prévoyant, prudent, réfléchi, scrupuleux. CONTR. *distrait, étourdi, inappliqué, inattentif, négligent.*

vigoureusement *adverbe*

/ Avec vigueur. SYN. énergiquement, ferme, fermement, fort, fortement, nettement, puissamment, violemment –LITTÉRAIRE: vivement. CONTR. *doucement, faiblement, légèrement.*

vigoureux *adjectif*

/ Plein d'énergie. SYN. athlétique, fort, infatigable, robuste –FAMILIER: costaud, vaillant –POPULAIRE: balaise, balèze, baraqué –VIEUX: gaillard. CONTR. *anémique, asthénique, chétif, débile, déclinant, décrépit, défaillant, délicat, faible, fluet, impotent, invalide, maladif, malingre, rachitique, souffreteux* –VIEUX: *cacochyme.*

/ Fait avec vigueur. SYN. énergique, mâle, puissant, solide. CONTR. *déficient, faible, faiblissant, fragile, frêle, léger, mou.*

/ Qui manifeste de la fermeté. SYN. de fer, ferme, inébranlable, net. CONTR. *flou, hésitant, pleutre, timide, timoré, trouble, vague* –LITTÉRAIRE: *pusillanime.*

vigueur *nom féminin*

/ Énergie physique ou morale. SYN. ardeur, dynamisme, énergie, mordant, nerf, pétulance, puissance, robustesse, solidité, tonus, véhémence, verdeur, vie, vitalité –LITTÉRAIRE: sève, vivacité. CONTR. *abattement, affaissement, asthénie, atonie, décrépitude, faiblesse, fragilité, inconsistance, langueur.*

/ Aptitude des plantes à croître. SYN. exubérance, foisonnement –LITTÉRAIRE: luxuriance. CONTR. *étiolement.*

vil *adjectif*

/ LITTÉRAIRE. Qui suscite le mépris. SYN. abaissant, abject, affreux, bas, honteux, ignoble, immonde, indigne, infâme, innommable, laid, méprisable, nauséabond, rabaissant, révoltant, sordide, vilain –LITTÉRAIRE: ignominieux, impur, nauséeux, turpide. CONTR. *beau, digne, édifiant, élevé, estimable, exemplaire, haut, honorable, noble, pur, respectable, sublime, vénérable* –LITTÉRAIRE: *relevé.*

vilain *adjectif*

/ Désagréable à voir. SYN. affreux, difforme, disgracieux, hideux, horrible, ingrat, laid –FAMILIER: laid comme un pou, moche. CONTR. *beau, charmant, gracieux, joli, ravissant, superbe.*

/ Moralement laid. SYN. abaissant, abject, affreux, bas, honteux, ignoble, immonde, indigne, infâme, innommable, laid, malsain, méchant, méprisable, nauséabond, rabaissant, révoltant, sordide –LITTÉRAIRE: corrompu, ignominieux, impur, nauséeux, turpide, vil. CONTR. *beau, digne, édifiant, élevé, estimable, exemplaire, haut, honorable, noble, pur, respectable, sublime, vénérable* –LITTÉRAIRE: *relevé.*

/ Qui est désagréable (temps). SYN. affreux, désagréable, fâcheux, horrible, mauvais –FAMILIER: sale. CONTR. *beau, magnifique, superbe.*

vilainement *adverbe*

/ LITTÉRAIRE. D'une façon vilaine. SYN. abjectement, affreusement, bassement, désagréablement, hideusement, honteusement, horriblement, indignement, laidement, mal, sordidement –LITTÉRAIRE: ignominieusement, vilement. CONTR. *bien, honorablement, noblement, respectablement* –LITTÉRAIRE: *vénérablement.*

vilement *adverbe*

/ LITTÉRAIRE. De façon vile. SYN. abjectement, affreusement, bassement, désagréablement, hideusement, honteusement, horriblement, indignement, lâchement, laidement, mal, sordidement – LITTÉRAIRE : ignominieusement, servilement, vilainement. CONTR. *bien, honorablement, noblement, respectablement* – LITTÉRAIRE : *vénérablement.*

vilenie *nom féminin*

/ LITTÉRAIRE. Caractère vil. SYN. abjection, avilissement, bassesse, dégradation, déshonneur, honte, ignominie, indignité, infamie, lâcheté, laideur – LITTÉRAIRE : opprobre, turpitude. CONTR. *beauté, noblesse, pureté* – LITTÉRAIRE : *sublimité.*

/ LITTÉRAIRE. Action, parole vile. SYN. crapulerie, déloyauté, forfaiture, ignominie, méchanceté, rouerie – FAMILIER : crasse, rosserie, roublardise, saleté – LITTÉRAIRE : félonie, fourberie, perfidie, scélératesse, sournoiserie, traîtrise – POPULAIRE : saloperie.

vilipender *verbe*

/ LITTÉRAIRE. Traiter avec mépris. SYN. attaquer, bafouer, décrier, dénigrer, déprécier, diffamer, discréditer, fouler aux pieds, malmener, maltraiter, matraquer, mépriser, rabaisser, salir, traîner dans la boue – FAMILIER : baver, vomir – LITTÉRAIRE : honnir, noircir. CONTR. *célébrer, exalter, louer, prôner, vanter* – LITTÉRAIRE : *encenser, flagorner.*

village *nom masculin*

/ Groupement d'habitations. SYN. agglomération, bourg, bourgade, hameau, localité, pays – FAMILIER : patelin.

vin *nom masculin*

/ Boisson tirée du raisin. SYN. – LITTÉRAIRE : jus de la treille – POPULAIRE : jaja, pinard.

vinasse *nom féminin*

/ FAMILIER. Mauvais vin. SYN. piquette – FAMILIER : bibine – POPULAIRE : picrate.

vindicatif *adjectif*

/ Qui est porté à se venger. SYN. haineux, malveillant, méchant, rancunier – LITTÉRAIRE : fielleux. CONTR. *conciliant, coulant, indulgent, oublieux.*

viol *nom masculin*

/ LITTÉRAIRE. Action de transgresser. SYN. entorse, infraction, inobservation, manquement, trahison, transgression, violation. CONTR. *observation, respect, soumission* – LITTÉRAIRE : *observance.*

violateur *nom*

/ LITTÉRAIRE. Personne qui transgresse. SYN. contrevenant, sacrilège – LITTÉRAIRE : transgresseur.

violation *nom féminin*

/ Action d'enfreindre une loi. SYN. contrevenance, désobéissance, entorse, infraction, inobservation, manquement, trahison, transgression – LITTÉRAIRE : viol. CONTR. *observation, respect, soumission* – LITTÉRAIRE : *observance.*

/ Action de profaner un lieu sacré. SYN. profanation, sacrilège – LITTÉRAIRE : impiété.

violemment *adverbe*

/ Avec de la violence. SYN. à bras raccourcis, à tour de bras, brutalement, crûment, durement, furieusement, manu militari, puissamment, rudement, sèchement, vertement – FAMILIER : dur. CONTR. *doucement, mollement, paisiblement, sereinement.*

/ Avec une grande vigueur. SYN. énergiquement, farouchement, fort, fortement, fougueusement, intensément, passionnément, vigoureusement – LITTÉRAIRE : furieusement, vivement. CONTR. *délicatement, faiblement, légèrement, vaguement* – LITTÉRAIRE : *tièdement.*

violence *nom féminin*

/ Caractère puissant. SYN. déchaînement, déferlement, férocité, rage – LITTÉRAIRE : fureur, furie, impétuosité.

/ Caractère extrême de. SYN. âpreté, ardeur, chaleur, déchaînement, démesure, fougue, frénésie, fureur, intensité, outrance, puissance, véhémence, virulence – LITTÉRAIRE : vivacité. CONTR. *mesure, modération, mollesse, tiédeur* – LITTÉRAIRE : *sobriété.*

/ Comportement violent. SYN. brutalité, férocité, force, sauvagerie, véhémence. CONTR. *bienveillance, cajolerie, câlinerie, calme, douceur, gentillesse.*

violences *nom féminin pluriel*

/ Actes violents. SYN. brutalité, excès, sévices.

violent *adjectif*

/ Qui a de la puissance. SYN. effrayant, effroyable, énergique, extrême, fort, frénétique, furieux, grand, gros, puissant, terrible –LITTÉRAIRE: impétueux. CONTR. *anodin, bénin, faible, léger, petit.*

/ Qui a une grande intensité. SYN. aigre, criard, cru, éclatant, intense, outré, vif. CONTR. *atténué, diffus, pâle, sourd, sournois, tamisé, ténu.*

/ Qui montre de la brutalité. SYN. agressif, belliqueux, brusque, brutal, coléreux, emporté, féroce, impétueux, impulsif, irascible, véhément –LITTÉRAIRE: martial. CONTR. *calme, doucereux, doux, impassible, imperturbable, lymphatique, modéré, mou, pacifique, paisible, patient, placide, pondéré, posé, serein, tiède, tranquille* –LITTÉRAIRE: *paterne.*

violenter *verbe*

/ LITTÉRAIRE. Faire violence à quelqu'un. SYN. battre, brutaliser, frapper, malmener, maltraiter, matraquer, mettre à mal, molester, rudoyer.

violer *verbe*

/ Transgresser une règle. SYN. contrevenir, déroger, désobéir, enfreindre, fouler aux pieds, manquer à, mépriser, outrepasser, piétiner, trahir, transgresser –LITTÉRAIRE: blesser, pécher contre. CONTR. *obéir, observer, respecter, suivre.*

violet *adjectif*

/ De la couleur de la violette. SYN. aubergine, lie-de-vin, lilas, mauve, parme, prune, violacé, violine.

vipère *nom féminin*

/ Personne médisante. SYN. peste –FAMILIER: chameau, choléra, gale, poison, rosse –POPULAIRE: charogne, vache.

virage *nom masculin*

/ Partie courbe d'une route. SYN. angle, coude, courbe, tournant, zigzag.

virée *nom féminin*

/ FAMILIER. Petit voyage. SYN. circuit, excursion, marche, promenade, randonnée, sortie, tour –FAMILIER: balade.

virer *verbe intransitif*

/ Changer de direction. SYN. braquer, obliquer, pirouetter, pivoter, tourner.

virer *verbe transitif*

/ FAMILIER. Expulser quelqu'un. SYN. chasser, congédier, démettre, déposer, destituer, éconduire, évincer, exclure, expulser, licencier, limoger, remercier, renvoyer, révoquer –FAMILIER: blackbouler, débarquer, déboulonner, dégommer, démissionner, sabrer, sortir, vider –POPULAIRE: balancer, lourder, sacquer, saquer.

virevolte *nom féminin*

/ Changement d'opinion. SYN. pirouette, retournement, revirement, volte-face –FAMILIER: cabriole –LITTÉRAIRE: palinodie.

virevolter *verbe*

/ Tourner sur soi-même. SYN. pirouetter, pivoter, tourbillonner, tourner –LITTÉRAIRE: tournoyer, voleter.

virginal *adjectif*

/ LITTÉRAIRE. D'une grande pureté. SYN. blanc comme neige, candide, immaculé, ingénu, pur –LITTÉRAIRE: lilial.

viril *adjectif*

/ Qui concerne le sexe masculin. SYN. mâle, masculin. CONTR. *féminin.*

/ LITTÉRAIRE. Relatif à l'homme adulte. SYN. adulte, mûr. CONTR. *enfantin, puéril.*

viriliser *verbe*

/ Donner à quelqu'un un air viril. SYN. masculiniser. CONTR. *déviriliser, féminiser* –LITTÉRAIRE: *efféminer.*

virtualité *nom féminin*

/ Caractère virtuel. SYN. éventualité, possibilité, potentialité, probabilité –LITTÉRAIRE: possible.

virtuel *adjectif*

/ Qui existe en puissance. SYN. latent, possible, potentiel, théorique. CONTR. *actuel, effectif, formel, réel.*

virtuellement *adverbe*

/ De façon virtuelle. SYN. par supposition, potentiellement, théoriquement.

virtuose *nom*

/ Personne très habile. SYN. cerveau, génie, prodige, roi –FAMILIER: aigle, as, champion, crack –LITTÉRAIRE: lumière, phénix. CONTR. *nul, nullité* –FAMILIER: *nullard.*

virtuosité *nom féminin*

- Grande habileté. SYN. adresse, brio, dextérité, doigté, habileté, maestria, maîtrise, métier, patte, savoir-faire, technique. CONTR. *gaucherie, inhabileté, maladresse.*

virulence *nom féminin*

- Caractère virulent. SYN. acharnement, animosité, âpreté, causticité, dureté, impétuosité, véhémence, violence –LITTÉRAIRE: fureur, furie, vivacité.

virulent *adjectif*

- Qui altère gravement la santé. SYN. dangereux, fatal, funeste, grave, mauvais, nocif, nuisible, pernicieux.
- Qui a un caractère mordant. SYN. âpre, caustique, dur, empoisonné, haineux, malveillant, méchant, médisant, perfide –LITTÉRAIRE: âcre, acrimonieux, corrosif, épigrammatique, fielleux, vénéneux, venimeux –VIEUX: incendiaire.

visage *nom masculin*

- Partie antérieure de la tête. SYN. face, faciès, figure, minois –FAMILIER: frimousse, museau –POPULAIRE: fraise, margoulette, poire, portrait –VIEUX: hure.
- Expression de quelqu'un. SYN. mine, physionomie, tête, traits –FAMILIER: bille, binette, bouille, frimousse, trogne –LITTÉRAIRE: masque –POPULAIRE: trombine, tronche.
- LITTÉRAIRE. Aspect de quelque chose. SYN. caractère, couleur, face, facette, image, physionomie.

vis-à-vis de *préposition*

- En ce qui concerne. SYN. à l'égard de, avec, en regard de, envers, par rapport à, pour, quant à, relativement à.

visée *nom féminin*

- But assigné à une action. SYN. ambition, aspiration, dessein, fin, intention, objectif, objet, prétention, projet, propos, vues.

viser *verbe transitif*

- Avoir un objectif en vue. SYN. ambitionner, briguer, chercher, convoiter, désirer, lorgner, poursuivre, rechercher, rêver de, souhaiter, vouloir –FAMILIER: guigner.
- Concerner de près. SYN. avoir rapport à, avoir trait à, concerner, intéresser, regarder, s'appliquer à, se rapporter à, toucher, valoir pour.
- FAMILIER. Porter le regard sur. SYN. aviser, regarder.

viser *verbe transitif indirect*

- Poursuivre tel résultat. SYN. aspirer, prétendre, rechercher, tendre à. CONTR. *négliger, renoncer.*

visible *adjectif*

- Que l'on voit à l'œil nu. SYN. apparent, discernable, distinct, net, observable, perceptible. CONTR. *caché, imperceptible, indécelable, indiscernable, inobservable, invisible.*
- Que l'on peut constater. SYN. apparent, clair, constatable, évident, flagrant, manifeste, net, ostensible, perceptible, sensible. CONTR. *douteux, équivoque, faux, hypothétique, improbable, inapparent, occulte, secret, suspect.*

visiblement *adverbe*

- D'une façon évidente. SYN. apparemment, clairement, distinctement, évidemment, indéniablement, manifestement, nettement, ostensiblement, sensiblement. CONTR. *confusément, imperceptiblement, obscurément, vaguement.*

vision *nom féminin*

- Fait de voir quelque chose. SYN. scène, spectacle, tableau, vue.
- Manière de penser. SYN. appréhension, compréhension, conception, impression, optique, perception, perspective, représentation.
- Perception imaginaire. SYN. apparition, fantasme, illusion, mirage, phantasme –FAMILIER: hallucination.

visionnaire *nom*

- Personne qui prédit l'avenir. SYN. devin, mage, oracle, prophète, vaticinateur, voyant.
- Personne qui anticipe. SYN. précurseur –LITTÉRAIRE: prophète.

visite *nom féminin*

- Action d'examiner. SYN. contrôle, inspection.

visiter *verbe*

- Parcourir un lieu. SYN. explorer, prospecter, reconnaître, sillonner.
- Regarder attentivement. SYN. explorer, fouiller, inspecter, sonder.

visqueux *adjectif*

/ Couvert d'un enduit gluant. SYN. collant, glaireux, gluant, gras, huileux, poisseux, sirupeux.

/ Qui n'inspire pas confiance. SYN. doucereux, fourbe, mielleux –LITTÉRAIRE: onctueux, papelard, patelin.

visualiser *verbe*

/ Se représenter mentalement. SYN. entrevoir, imaginer, réaliser, se figurer, se représenter, voir.

vital *adjectif*

/ Indispensable à quelqu'un. SYN. capital, cardinal, crucial, décisif, dominant, essentiel, fondamental, important, indispensable, maître, majeur, prédominant, prééminent, premier, prépondérant, primordial, principal, profond, substantiel. CONTR. *accessoire, adventice, annexe, auxiliaire, incident, marginal, mineur, petit, second, secondaire, subalterne, subsidiaire, superflu.*

vitalité *nom féminin*

/ Caractère dynamique. SYN. allant, ardeur, dynamisme, énergie, entrain, pétulance, tonus, vie, vigueur –LITTÉRAIRE: sève, vivacité. CONTR. *atonie, étiolement, faiblesse, fragilité, langueur, lassitude, léthargie, mollesse, morosité, tiédeur.*

vite *adjectif*

/ Qui est très rapide. SYN. actif, preste, rapide, vif –LITTÉRAIRE: diligent, véloce. CONTR. *lent, paresseux, traînant* –FAMILIER: *lambin.*

vite *adverbe*

/ À une grande vitesse. SYN. à bride abattue, à fond de cale, à fond de train, à fond la caisse, à tombeau ouvert, à toute allure, à toute hâte, à toute vitesse, à toutes jambes, à un train d'enfer, au pas de course, bon train, comme une flèche, en moins de deux, en toute hâte, en un clin d'œil, en un rien de temps, en vitesse, entre deux portes, promptement, quatre à quatre, rapidement, sur les chapeaux de roue, tambour battant, toutes affaires cessantes, ventre à terre –FAMILIER: à toute pompe, à toute vapeur, dare-dare, en cinq sec, en deux temps, trois mouvements, en deux, trois coups de cuiller à pot, en quatrième vitesse, en un temps record, en un tour de main, rapido presto, rapidos, subito presto –LITTÉRAIRE: diligemment –POPULAIRE: à tout berzingue, à toute berzingue, à toutes pompes. CONTR. *lentement, tranquillement.*

/ D'ici peu de temps. SYN. bientôt, incessamment, prochainement, sous peu. CONTR. *normalement.*

/ En se dépêchant. SYN. à la sauvette, à la va-vite, en catastrophe, en coup de vent, en hâte, expéditivement, hâtivement, précipitamment, promptement, rondement, vivement. CONTR. *doucement, mollement, nonchalamment, posément.*

vitesse *nom féminin*

/ Rythme d'exécution. SYN. allure, cadence, élan, rythme, train.

/ Fait d'aller vite. SYN. célérité, hâte, précipitation, rapidité –LITTÉRAIRE: diligence, prestesse, promptitude, vélocité. CONTR. *indolence, lenteur, mollesse, nonchalance.*

vitre *nom féminin*

/ Plaque de verre. SYN. carreau, glace, vitrage.

vitrine *nom féminin*

/ Partie exposée d'un magasin. SYN. devanture, étalage, éventaire.

vitupération *nom féminin*

/ Fait de récriminer. SYN. grief, injure, insulte, invective, plainte, protestation, réclamation, récrimination, revendication –FAMILIER: criaillerie.

vitupérer *verbe transitif*

/ LITTÉRAIRE. Attaquer par des injures. SYN. anathématiser, blâmer, condamner, critiquer, invectiver, réprouver, stigmatiser –LITTÉRAIRE: admonester, flétrir, fustiger. CONTR. *louer* –LITTÉRAIRE: *chanter, louanger.*

vitupérer *verbe transitif indirect*

/ Proférer des injures contre. SYN. fulminer, invectiver, pester, s'indigner, tempêter, tonner –FAMILIER: aboyer, déblatérer. CONTR. *approuver, défendre, encourager, excuser, féliciter, justifier, vanter* –LITTÉRAIRE: *applaudir à.*

vivable *adjectif*

/ Où l'on peut vivre. SYN. agréable, commode, confortable, habitable. CONTR. *incommode, inconfortable, inhabitable, invivable.*

/ Qui a bon caractère. SYN. accommodant, arrangeant, complaisant, conciliant, coulant,

doux, facile, malléable, manœuvrable, souple –FAMILIER: possible –LITTÉRAIRE: traitable. CONTR. *ferme, inflexible, intraitable, intransigeant* –FAMILIER: *invivable.*
/ Qu'on peut supporter. SYN. acceptable, soutenable, supportable, tenable. CONTR. *impossible, insoutenable, insupportable, intenable, intolérable, pénible* –FAMILIER: *invivable.*

vivace *adjectif*
/ Qui subsiste longtemps. SYN. coriace, durable, enraciné, impérissable, indestructible, persistant, présent, résistant, tenace, vivant.

vivacité *nom féminin*
/ LITTÉRAIRE. Rapidité à agir. SYN. agilité, allant, célérité, dynamisme, hâte, précipitation, rapidité, vitalité –LITTÉRAIRE: prestesse, promptitude, vélocité. CONTR. *apathie, atonie, calme, faiblesse, flegme, indolence, inertie, langueur, mollesse, nonchalance* –LITTÉRAIRE: *alanguissement.*
/ LITTÉRAIRE. Caractère brusque d'une action. SYN. âpreté, ardeur, brusquerie, brutalité, entrain, exubérance, fougue, impétuosité, pétulance, soudaineté, turbulence, véhémence, vigueur, violence, virulence. CONTR. *lenteur, lourdeur, pesanteur.*
/ LITTÉRAIRE. Caractère intense. SYN. acuité, animation, éclat, intensité. CONTR. *fadeur, monotonie, platitude.*

vivant *adjectif*
/ Qui est en vie. SYN. –VIEUX: vif. CONTR. *décédé, inanimé, inerte, mort* –LITTÉRAIRE: *trépassé.*
/ Qui persiste. SYN. ancré, durable, enraciné, persistant, présent, résistant, tenace, vivace. CONTR. *ancien, archaïque, vieilli, vieux.*
/ Qui est plein de vie. SYN. actif, dynamique, énergique, gai, vif. CONTR. *amorphe, apathique, atone, endormi, engourdi, indolent, inerte, lymphatique, mou, nonchalant, passif.*
/ Se dit d'un lieu animé. SYN. animé, fréquenté, passant. CONTR. *mort, sclérosé.*
/ Qui exprime la vie. SYN. expressif, parlant, pittoresque. CONTR. *éteint, fade, figé, froid, inexpressif, morne, plat, terne* –FAMILIER: *fadasse.*

vivat *nom masculin*
/ Fait d'acclamer quelqu'un. SYN. acclamation, applaudissement, bravo, hourra, hurrah, ovation. CONTR. *huée, sifflet, tollé.*

vivement *adverbe*
/ Avec rapidité. SYN. activement, expéditivement, fougueusement, hâtivement, impétueusement, lestement, précipitamment, prestement, promptement, rapidement, rondement, vite –LITTÉRAIRE: diligemment. CONTR. *lentement, lourdement, pesamment.*
/ LITTÉRAIRE. D'une manière brusque. SYN. abruptement, amèrement, brutalement, crûment, durement, énergiquement, sèchement, vertement, vigoureusement, violemment. CONTR. *doucement, posément.*
/ Avec intensité. SYN. ardemment, beaucoup, bien, fortement, infiniment, intensément, passionnément, profondément. CONTR. *faiblement, légèrement, moyennement, vaguement.*

viveur *nom masculin*
/ VIEUX. Personne qui jouit de la vie. SYN. épicurien, jouisseur, libertin –FAMILIER: bambochard, bambocheur, fêtard, noceur –LITTÉRAIRE: sybarite.

vivifiant *adjectif*
/ Qui vivifie. SYN. fortifiant, réparateur, salubre, stimulant, tonifiant, tonique. CONTR. *accablant, amollissant, anémiant, débilitant, déprimant, épuisant, étouffant, mauvais* –LITTÉRAIRE: *dissolvant.*

vivifier *verbe*
/ LITTÉRAIRE. Donner des forces à quelqu'un. SYN. fortifier, remonter, revigorer, stimuler, tonifier –FAMILIER: ragaillardir, ravigoter, retaper –LITTÉRAIRE: revivifier –VIEUX: réconforter. CONTR. *abattre, anéantir, assommer, avachir, débiliter, étioler* –FAMILIER: *ramollir* –LITTÉRAIRE: *aveulir.*
/ Donner du tonus à un secteur. SYN. raffermir, ranimer, réveiller, revitaliser. CONTR. *appauvrir, dégrader, détruire, ramollir.*

vivoter *verbe*
/ Vivre avec peine. SYN. subsister, survivre.
/ Fonctionner au ralenti. SYN. croupir, languir, stagner, végéter –FAMILIER: moisir –LITTÉRAIRE: somnoler.

vivre *verbe intransitif*
/ Être en vie. SYN. exister, respirer. CONTR. *décéder, expirer, faire le grand voyage, mourir, partir, passer de vie à trépas, périr, rendre l'âme, s'en aller, s'éteindre* –FAMILIER: *monter*

au ciel, passer l'arme à gauche, y rester – LITTÉRAIRE : *trépasser* – POPULAIRE : *casser sa pipe, clamecer, clamser, claquer, crever.*

/ Habiter quelque part. SYN. demeurer, habiter, résider, se fixer, séjourner – FAMILIER : nicher.

/ Tirer sa subsistance de. SYN. se nourrir – LITTÉRAIRE : se repaître.

vivre *verbe transitif*

/ Subir des événements. SYN. endurer, essuyer, subir, supporter, traverser – LITTÉRAIRE : soutenir.

vivres *nom masculin pluriel*

/ Ce qui assure la subsistance. SYN. alimentation, denrée, nourriture, provisions, victuailles.

vocable *nom masculin*

/ Mot d'une langue. SYN. appellation, énoncé, expression, mot, parole, terme.

vocabulaire *nom masculin*

/ Ensemble des mots d'une langue. SYN. glossaire, langue, lexique.

/ Termes propres à une science, etc. SYN. argot, jargon, langage, langue, nomenclature, style, terminologie.

vocation *nom féminin*

/ Destination naturelle de. SYN. but, destination, destinée, mission, objectif, rôle.

/ Penchant pour. SYN. disposition, goût, inclination, passion, pente, prédisposition, propension.

vocifération *nom féminin*

/ Parole dite en criant. SYN. braillement, clameur, cri, hurlement, rugissement – FAMILIER : beuglement. CONTR. *murmure* – LITTÉRAIRE : *susurrement.*

vociférer *verbe intransitif*

/ Parler en criant. SYN. hurler, rugir, s'égosiller, s'époumoner – FAMILIER : beugler, brailler – POPULAIRE : bramer, gueuler.

vociférer *verbe transitif*

/ Dire quelque chose en criant. SYN. clamer, crier, hurler, rugir – FAMILIER : beugler, brailler – LITTÉRAIRE : éructer – POPULAIRE : gueuler.

vœu *nom masculin*

/ Désir ardent. SYN. ambition, aspiration, attente, désir, envie, souhait, visée, volonté.

/ Fait de demander. SYN. demande, desiderata, prière, requête, revendication, sollicitation, supplique.

vogue *nom féminin*

/ Succès déterminé par la mode. SYN. célébrité, cote, faveur, notoriété, popularité, renom, renommée, succès – LITTÉRAIRE : crédit. CONTR. *déconsidération, défaveur, discrédit* – LITTÉRAIRE : *disgrâce.*

voguer *verbe*

/ LITTÉRAIRE. Avancer sur l'eau. SYN. cingler, faire voile, naviguer.

voie *nom féminin*

/ Ce qui permet de circuler. SYN. artère, chaussée, chemin, itinéraire, passage, piste, route, rue, sentier.

/ Ce qui conduit d'un état à un autre. SYN. chemin, direction, ligne, marche à suivre, orientation, trajet – LITTÉRAIRE : sentier.

/ Ce qui permet d'arriver à une fin. SYN. biais, canal, instrument, intermédiaire, moyen, truchement – LITTÉRAIRE : entremise.

voile *nom masculin*

/ LITTÉRAIRE. Tout ce qui cache. SYN. parure – LITTÉRAIRE : manteau, masque, vêtement.

voilé *adjectif*

/ Qui manque de clarté. SYN. allusif, discret, dissimulé, énigmatique, flou, indirect, mystérieux, obscur, secret, vague – LITTÉRAIRE : nébuleux, sibyllin. CONTR. *catégorique, clair, compréhensible, direct, évident, explicite, franc, limpide, lumineux, précis.*

/ Couvert de nuages. SYN. brumeux, couvert, embrumé, nébuleux, nuageux, trouble, vaporeux. CONTR. *ensoleillé, lumineux, radieux.*

/ Qui manque de netteté. SYN. pâle, sourd, tamisé, trouble. CONTR. *claironnant, éblouissant, éclatant, retentissant, sonore.*

voiler *verbe transitif*

/ LITTÉRAIRE. Cacher quelque chose. SYN. cacher, camoufler, couvrir, dissimuler, éclipser, envelopper, masquer – LITTÉRAIRE : dérober, farder – POPULAIRE : planquer. CONTR. *afficher, démasquer, dévoiler, montrer, révéler.*

/ LITTÉRAIRE. Atténuer l'éclat de. SYN. amortir, atténuer, estomper, filtrer, noyer, tamiser – LITTÉRAIRE : ouater.

voiler *verbe transitif*
- Déformer une roue, etc. SYN. déformer, fausser, gauchir, gondoler, tordre.

voiler (se) *verbe pronominal*
- Devenir moins net. SYN. se brouiller, se couvrir, s'obscurcir.

voir *verbe*
- Percevoir par les yeux. SYN. apercevoir, découvrir, discerner, distinguer, entrevoir, examiner, observer, percevoir, regarder.
- Être en relation avec. SYN. contacter, croiser, fréquenter, rencontrer –LITTÉRAIRE: frayer avec.
- Se représenter mentalement. SYN. apercevoir, entrevoir, imaginer, réaliser, se figurer, visualiser.
- Être le témoin de. SYN. connaître, subir, supporter.
- Percevoir par l'esprit. SYN. concevoir, constater, découvrir, envisager, estimer, juger, percevoir, remarquer, s'apercevoir, se rendre compte, trouver –LITTÉRAIRE: embrasser.
- Saisir les données d'un problème. SYN. comprendre, embrasser, pénétrer, saisir –POPULAIRE: entraver.

voir (se) *verbe pronominal*
- Percevoir sa propre image. SYN. se contempler, se regarder, s'observer.
- Avoir conscience de son état. SYN. se considérer, se juger, se remarquer, se représenter, se sentir, se trouver, s'estimer.
- Avoir des relations suivies. SYN. se fréquenter, se rencontrer –LITTÉRAIRE: frayer, voisiner.
- Se produire. SYN. advenir, arriver, avoir lieu, exister, se passer, se présenter, se rencontrer, survenir.
- Être apparent. SYN. apparaître, paraître, transparaître.

voisin *adjectif*
- Situé à côté de. SYN. adjacent, attenant, avoisinant, contigu, environnant, limitrophe, mitoyen, proche –LITTÉRAIRE: circonvoisin, jouxtant. CONTR. *distant, écarté, éloigné, lointain, reculé.*
- Qui présente une analogie avec. SYN. analogue, apparenté, approchant, comparable, connexe, parallèle, ressemblant, semblable, similaire. CONTR. *autre, différent, dissemblable, opposé.*

voisinage *nom masculin*
- LITTÉRAIRE. Proximité dans le temps. SYN. approche, arrivée, imminence, proximité. CONTR. *éloignement.*
- Lieux environnants. SYN. abords, alentours, environnement, environs, parages –LITTÉRAIRE: approches.

voisiner *verbe*
- LITTÉRAIRE. Entretenir des relations avec. SYN. se fréquenter, se rencontrer, se voir –LITTÉRAIRE: cousiner, frayer.

voiture *nom féminin*
- Véhicule de transport. SYN. auto, automobile –FAMILIER: bagnole, clou, guimbarde, pot de yaourt, tacot, tape-cul, teuf-teuf, trottinette, veau –POPULAIRE: bahut, caisse, chignole, chiotte, poubelle, tas de boue, tire.

voix *nom féminin*
- Suite de sons émis par l'homme. SYN. accent, inflexion, intonation, timbre, ton.
- Expression d'une opinion. SYN. avis, jugement, opinion, pensée, point de vue, sentiment.

vol *nom masculin*
- Déplacement dans l'air. SYN. envol, envolée, essor –LITTÉRAIRE: volée.

vol *nom masculin*
- Action de soustraire frauduleusement. SYN. cambriolage, détournement, escroquerie, filoutage, grivèlerie, hold-up, larcin, maraudage, maraude, pillage, rafle –FAMILIER: carottage, chapardage, gratte –LITTÉRAIRE: rapine –POPULAIRE: arnaque, barbotage, fauche –VIEUX: filouterie.

volage *adjectif*
- Peu fidèle en amour. SYN. capricieux, changeant, fantasque, frivole, inconstant, infidèle, instable, léger. CONTR. *constant, fidèle, opiniâtre, persévérant, sérieux, stable, tenace, têtu.*

volatilisation *nom féminin*
- Fait de se volatiliser. SYN. disparition, évasion, fugue, fuite.

volatiliser (se) *verbe pronominal*
- Se transformer en vapeur. SYN. se sublimer, se vaporiser, s'évaporer.

/ Disparaître brusquement. SYN. disparaître, partir, passer, se dissiper, s'échapper, s'enfuir, s'évanouir –FAMILIER: s'éclipser, s'évaporer.

volcanique *adjectif*

/ LITTÉRAIRE. Plein de fougue. SYN. ardent, bouillant, chaud, explosif, fougueux, frénétique, impétueux, impulsif, passionné, tout feu tout flammes, véhément, vif –LITTÉRAIRE: inflammable. CONTR. *apathique, calme, flegmatique, indolent, lymphatique, mou, nonchalant, patient, placide, serein.*

volée *nom féminin*

/ LITTÉRAIRE. Action de voler. SYN. élan, envol, envolée, essor, vol.

/ Tir simultané. SYN. bordée, canonnade, décharge, feu, rafale, salve.

/ Série de gifles. SYN. tripotée –FAMILIER: pile, raclée, rossée, tabassée –POPULAIRE: dégelée, dérouillée, pâtée, peignée, rouste, tannée, tournée, trempe –VIEUX: frottée.

/ POPULAIRE. Défaite cuisante. SYN. culbute, débâcle, déconfiture, défaite, déroute, échec, faillite, gifle, insuccès, malheur, revers –FAMILIER: claque, fessée, fiasco, loupé, pile, piquette, plongeon, raclée, ratage, tannée, veste –LITTÉRAIRE: infortune –POPULAIRE: bide, déculottée, dégelée, gamelle, plantage.

voler *verbe intransitif*

/ Se déplacer dans l'air. SYN. flotter, s'envoler, voltiger –LITTÉRAIRE: ondoyer.

/ Se déplacer rapidement. SYN. bondir, courir, se précipiter, se ruer, s'élancer –FAMILIER: filer, foncer.

voler *verbe transitif*

/ Prendre par un vol. SYN. confisquer, détourner, dévaliser, escamoter, extorquer, faire main basse sur, piller, prendre, s'emparer, soustraire –FAMILIER: barboter, carotter, chaparder, chiper, choper, délester, embarquer, gratter, piquer, rafler, subtiliser –LITTÉRAIRE: dérober, détrousser, ravir –POPULAIRE: chouraver, chourer, faucher –VIEUX: filouter. CONTR. *rendre, restituer.*

/ S'approprier indûment. SYN. copier, détourner, emprunter, piller, plagier, s'approprier, s'emparer, usurper.

/ Léser sciemment quelqu'un. SYN. dépouiller, escroquer, exploiter, filouter –FAMILIER: écorcher, estamper, étriller, matraquer, plumer, rançonner, refaire, tondre, truander –LITTÉRAIRE: gruger –POPULAIRE: arnaquer, ratiboiser –VIEUX: égorger.

volet *nom masculin*

/ Panneau qu'on rabat sur une fenêtre. SYN. contrevent, persienne –VIEUX: jalousie.

voleter *verbe*

/ LITTÉRAIRE. Être animé de petits mouvements. SYN. virevolter –LITTÉRAIRE: tourbillonner, tournoyer.

voleur *nom*

/ Personne qui vit du vol. SYN. aigrefin, bandit, brigand, cambrioleur, escroc, filou, forban, fraudeur, malfaiteur, maraudeur, pickpocket, pillard –FAMILIER: chapardeur, empileur, estampeur, faisan, fripouille, margoulin, rat d'hôtel –LITTÉRAIRE: dévaliseur, pirate, tire-laine –POPULAIRE: arnaqueur –VIEUX: fripon, monte-en-l'air, vide-gousset.

volontaire *adjectif*

/ Qui résulte d'un choix. SYN. bénévole, consentant, consenti, délibéré, intentionnel, libre, prémédité, voulu. CONTR. *contraint, forcé, imposé, obligatoire.*

/ Qui procède de la volonté. CONTR. *automatique, instinctif, involontaire, irréfléchi, réflexe, spontané.*

/ Qui marque de la fermeté. SYN. décidé, énergique, entêté, ferme, obstiné, opiniâtre, résolu, tenace, têtu. CONTR. *entraînable, faible, falot, inconsistant, mou, veule.*

volontairement *adverbe*

/ De façon intentionnelle. SYN. à dessein, consciemment, de plein gré, de propos délibéré, délibérément, exprès, intentionnellement, sciemment. CONTR. *accidentellement, automatiquement, incidemment, inconsciemment, instinctivement, involontairement, machinalement, mécaniquement, par erreur, par hasard, par inadvertance, par mégarde.*

/ Avec énergie. SYN. autoritairement, énergiquement, fermement. CONTR. *faiblement, mollement.*

volonté *nom féminin*

/ Faculté de se déterminer à. SYN. acharnement, caractère, courage, détermination, énergie,

fermeté, force, résolution, ténacité –LITTÉRAIRE: opiniâtreté. CONTR. *faiblesse, paresse, peur, veulerie.*
/ Ce que veut quelqu'un. SYN. choix, décision, désir, dessein, exigence, intention, propos, souhait, vœu.

volontiers *adverbe*
/ Avec plaisir. SYN. de bon cœur, de bon gré, de bonne grâce, de gaieté de cœur, de plein gré. CONTR. *à contrecœur, à regret, de mauvaise grâce, du bout des dents, du bout des lèvres.*
/ Par habitude. SYN. couramment, d'habitude, facilement, fréquemment, généralement, habituellement, souvent. CONTR. *jamais, rarement.*

volte-face *nom féminin*
/ Mouvement de rotation. SYN. cabriole, demi-tour, pirouette.
/ Brusque changement d'opinion. SYN. caprice, changement, conversion, pirouette, renversement, retournement, revirement, virevolte –FAMILIER: cabriole –LITTÉRAIRE: palinodie.

voltiger *verbe*
/ Être emporté au gré du vent. SYN. flotter, papillonner, s'envoler, voler –LITTÉRAIRE: ondoyer.

volubile *adjectif*
/ Qui parle avec aisance. SYN. bavard, causeur, loquace, prolixe –FAMILIER: causant, jacasseur, jacassier –LITTÉRAIRE: disert, verveux –VIEUX: babillard. CONTR. *discret, silencieux, taciturne* –LITTÉRAIRE: *secret.*

volubilité *nom féminin*
/ Aisance de la parole. SYN. éloquence, verve –FAMILIER: bagou, bagout, tchatche –LITTÉRAIRE: faconde, loquacité, prolixité. CONTR. *discrétion, silence* –LITTÉRAIRE: *taciturnité.*

volume *nom masculin*
/ Livre broché ou relié. SYN. livre, ouvrage, tome –FAMILIER: bouquin.
/ Espace occupé par un corps. SYN. calibre, encombrement, épaisseur, grosseur, place, proportions.
/ Intensité d'un son. SYN. ampleur, force, puissance.
/ Masse de quelque chose. SYN. capacité, contenance, débit, quantité.

volumineux *adjectif*
/ Qui occupe de la place. SYN. embarrassant, encombrant, épais, gros. CONTR. *petit.*
/ Fait de nombreux éléments. SYN. abondant, ample, fort, fourni, important, large, massif, riche. CONTR. *mince, modeste, réduit, restreint.*

volupté *nom féminin*
/ Plaisir intense. SYN. bien-être, bonheur, délice, enchantement, ivresse, joie, jouissance, plaisir, ravissement, régal –LITTÉRAIRE: délectation.
/ Caractère sensuel. SYN. lubricité, sensualité –LITTÉRAIRE: lasciveté, lascivité.

voluptueux *adjectif*
/ Qui inspire le plaisir. SYN. aguichant, charnel, érotique, excitant, lascif, lubrique –FAMILIER: sexy.
/ Qui recherche le plaisir. SYN. épicurien, jouisseur, lascif, lubrique, luxurieux, sensuel –FAMILIER: chaud –LITTÉRAIRE: libidineux, orgiaque. CONTR. *ascétique, austère, chaste, froid, platonique, puritain.*

vomi *nom masculin*
/ FAMILIER. Ce qui est vomi. SYN. vomissure –POPULAIRE: dégueulis.

vomir *verbe*
/ Expulser des aliments. SYN. régurgiter, restituer –FAMILIER: rendre –POPULAIRE: dégobiller, dégueuler, gerber. CONTR. *absorber, avaler.*
/ FAMILIER. Avoir du dégoût pour. SYN. abominer, détester, exécrer, haïr –FAMILIER: cracher sur –LITTÉRAIRE: abhorrer, honnir, vilipender. CONTR. *adorer, aimer.*

vomissure *nom féminin*
/ Matières rejetées de l'estomac. SYN. –FAMILIER: vomi –POPULAIRE: dégueulis.

vorace *adjectif*
/ Qui mange avec appétit. SYN. boulimique, glouton, goulu, gourmand, intempérant –FAMILIER: goinfre –POPULAIRE: gueulard. CONTR. *sobre, spartiate* –LITTÉRAIRE: *frugal.*
/ Qui montre de l'avidité. SYN. insatiable, insatisfait –LITTÉRAIRE: dévorant, inapaisé, inassouvi. CONTR. *assouvi, exaucé, satisfait.*

voracement *adverbe*

/ D'une manière vorace. SYN. avidement, gloutonnement, goulûment, insatiablement. CONTR. *frugalement, sobrement.*

voracité *nom féminin*

/ Caractère vorace. SYN. avidité, boulimie, gloutonnerie, goinfrerie. CONTR. *appétit d'oiseau, frugalité, sobriété* – FAMILIER : *chipotage.*

vote *nom masculin*

/ Fait de consulter un groupe. SYN. consultation, élection, scrutin.

/ Avis exprimé lors d'une réunion. SYN. opinion, suffrage, voix.

voter *verbe*

/ Exprimer son opinion sur. SYN. se déclarer, se prononcer, trancher.

voué *adjectif*

/ Fatalement destiné à. SYN. condamné, prédestiné, promis.

vouer *verbe*

/ Employer son temps à. SYN. consacrer, dédier, donner, offrir.

/ Désigner quelqu'un pour. SYN. appeler, condamner, destiner, orienter, prédestiner, promettre.

vouer (se) *verbe pronominal*

/ S'appliquer de façon assidue à. SYN. s'adonner, se consacrer, se dévouer, se donner, se livrer, se sacrifier, s'employer.

vouloir *verbe*

/ Appliquer sa volonté à. SYN. avoir l'intention de, désirer, entendre, prétendre, souhaiter, tenir à. CONTR. *refuser.*

/ Avoir pour ambition. SYN. ambitionner, aspirer à, briguer, brûler de, espérer, prétendre, rechercher, rêver de, tendre vers, viser. CONTR. *chasser, rejeter* – LITTÉRAIRE : *répudier.*

/ Demander avec autorité. SYN. demander, exiger, réclamer, revendiquer, solliciter.

/ Rendre nécessaire une action. SYN. exiger, impliquer, nécessiter, requérir.

/ Dire quelque chose. SYN. affirmer, alléguer, prétendre. CONTR. *contester, nier.*

/ Accepter quelque chose. SYN. accepter, condescendre, consentir, daigner, être d'accord. CONTR. *décliner, dédaigner, repousser.*

vouloir (s'en) *verbe pronominal*

/ Manifester ses regrets. SYN. regretter, se repentir, se reprocher. CONTR. *s'applaudir, se féliciter, se louer, se réjouir.*

voulu *adjectif*

/ Fait avec intention. SYN. délibéré, intentionnel, prémédité, volontaire. CONTR. *instinctif, involontaire, irréfléchi, spontané.*

/ Imposé par les circonstances. SYN. convenable, exigé, fixé, nécessaire, prescrit, requis.

voûté *adjectif*

/ Dont le dos se courbe. SYN. arqué, cassé, courbé, tassé – FAMILIER : déjeté. CONTR. *droit.*

voyage *nom masculin*

/ Fait de se rendre en un autre lieu. SYN. circuit, croisière, déplacement, excursion, navette, pérégrination, périple, tour, tournée.

voyager *verbe*

/ Faire un voyage. SYN. circuler, courir le monde, être par monts et par vaux, parcourir le monde, se déplacer, vagabonder, voir du pays – FAMILIER : bourlinguer, changer d'air, rouler sa bosse. CONTR. *fuir le monde, rester dans son coin* – FAMILIER : *rester dans sa coquille.*

voyageur *adjectif*

/ LITTÉRAIRE. Qui se déplace. SYN. ambulant, errant, itinérant, mobile, nomade – LITTÉRAIRE : vagabond. CONTR. *casanier, fixe, immobile, sédentaire.*

voyance *nom féminin*

/ Don de prédire l'avenir. SYN. clairvoyance, cryptesthésie, divination, extralucidité.

voyant *adjectif*

/ Qui attire l'œil. SYN. criard, éclatant, tapageur, vif – FAMILIER : tape-à-l'œil. CONTR. *discret, modeste, timide.*

voyant *nom*

/ Personne qui a le don de voyance. SYN. clairvoyant, devin, prophète, vaticinateur, visionnaire.

voyou *adjectif*

/ Propre aux voyous. SYN. canaille, cavalier, coquin, dévergondé, effronté, indélicat, populaire, sans vergogne. CONTR. *comme il faut, de bonne compagnie.*

voyou *nom masculin*

/ Individu de mœurs crapuleuses. SYN. bandit, brigand, canaille, crapule, filou, ordure, racaille, scélérat, truand, vaurien –FAMILIER: fripouille, pendard –POPULAIRE: arsouille, frappe, gouape, malfrat –VIEUX: coquin, fripon, gredin.

/ Enfant terrible. SYN. chenapan, coquin, garnement, polisson, vaurien –FAMILIER: bandit, brigand, filou, fripon, fripouille, galopin, lascar, sacripant –VIEUX: galapiat.

vrai *adjectif*

/ Conforme à la vérité. SYN. authentique, avéré, établi, exact, fidèle, fondé, incontestable, indéniable, indubitable, irrécusable, irréfutable, juste, sûr, véridique. CONTR. *apocryphe, captieux, contestable, douteux, erroné, fantaisiste, fantasmagorique, faux, inexact, mensonger, présumé, prétendu* –LITTÉRAIRE: *fallacieux.*

/ Qui appartient à la réalité. SYN. concret, consistant, existant, matériel, réel, véritable. CONTR. *apparent, arbitraire, chimérique, forcé, illusoire, imaginaire, irréel, mythique, subjectif, théorique* –LITTÉRAIRE: *fabuleux.*

/ Conforme à son apparence. SYN. authentique, conforme, naturel. CONTR. *affecté, artificiel, contrefait, de commande, d'emprunt, fabriqué, factice, feint, fictif, forgé, inventé, préfabriqué, simulé, truqué* –LITTÉRAIRE: *controuvé, de parade, emprunté, postiche.*

/ Qui convient le mieux à. SYN. adapté, adéquat, approprié, bon, convenable, parfait –FAMILIER: idoine. CONTR. *impropre, inadéquat, incongru, mauvais.*

/ LITTÉRAIRE. Qui agit avec franchise. SYN. authentique, chaleureux, cordial, droit, franc, loyal, profond, sincère, spontané –LITTÉRAIRE: véridique. CONTR. *dissimulé, faux, fourbe, hypocrite, menteur, perfide, poseur, sournois, trompeur* –LITTÉRAIRE: *vain.*

vrai *adverbe*

/ De façon franche. SYN. directement, franchement, loyalement, ouvertement, sans détour, simplement, sincèrement –LITTÉRAIRE: nuement, nûment. CONTR. *faussement, hypocritement, mensongèrement* –LITTÉRAIRE: *artificieusement, fallacieusement.*

vrai *nom masculin*

/ Ce qui est vrai. SYN. vérité. CONTR. *erreur, faux* –LITTÉRAIRE: *mensonge.*

/ Ce qui existe effectivement. SYN. réalité, réel. CONTR. *clinquant, illusion, invention, mirage.*

vraiment *adverbe*

/ D'une manière réelle. SYN. effectivement, exactement, indubitablement, réellement, sérieusement, sincèrement, véritablement. CONTR. *faussement, mensongèrement, nullement.*

/ Marque l'intensité. SYN. absolument, admirablement, assurément, décemment, franchement, proprement, singulièrement, tout à fait, très –FAMILIER: positivement, sacrément, tout plein –POPULAIRE: vachement.

vraisemblable *adjectif*

/ Qui a les apparences du vrai. SYN. acceptable, admissible, crédible, croyable, plausible, recevable. CONTR. *inacceptable, inadmissible, incroyable, invraisemblable.*

/ Qui a des chances d'arriver. SYN. envisageable, plausible, possible, probable. CONTR. *aléatoire, douteux, impossible, improbable.*

vraisemblablement *adverbe*

/ Selon toute vraisemblance. SYN. apparemment, censément, certainement, peut-être, probablement, sans doute.

vraisemblance *nom féminin*

/ Caractère crédible. SYN. cohérence, crédibilité, fiabilité, validité. CONTR. *incohérence, invraisemblance.*

/ Caractère probable. SYN. possibilité, présomption, probabilité.

vrombir *verbe*

/ Produire un son vibrant. SYN. bourdonner, gronder, ronfler –LITTÉRAIRE: mugir, rugir.

vrombissant *adjectif*

/ Qui vrombit. SYN. assourdissant, bruyant, grondant, ronflant –LITTÉRAIRE: mugissant, rugissant. CONTR. *silencieux.*

vrombissement *nom masculin*

/ Bruit de ce qui vrombit. SYN. bourdonnement, grondement, ronflement, rugissement, tonnerre –FAMILIER: ronron –LITTÉRAIRE: mugissement.

vu *préposition*

- Étant donné. SYN. à cause de, compte tenu de, considérant, du fait de, en fonction de, en présence de, en raison de, en tenant compte de, eu égard à, face à.
- *Vu que.* SYN. parce que, puisque.

vue *nom féminin*

- Faculté de voir. SYN. œil, regard, vision, yeux.
- Ce qui se présente au regard. SYN. échappée, horizon, panorama, paysage, perspective, point de vue, spectacle, vision.
- Manière de penser. SYN. appréciation, avis, conception, idée, impression, jugement, opinion, optique, pensée, perception, point de vue, sentiment.

vues *nom féminin pluriel*

- Ce qu'on veut atteindre. SYN. ambition, but, dessein, intention, objectif, projet, visée.

vulgaire *adjectif*

- Qui manque d'élévation. SYN. bas, commun, courant, ordinaire, prosaïque, terre à terre. CONTR. *digne, élevé, idéal, noble, poétique, sublime* –LITTÉRAIRE: *auguste, fier, relevé.*
- Qui fait preuve de grossièreté. SYN. canaille, choquant, cru, grossier, ignoble, ordurier, populacier, trivial –LITTÉRAIRE: plébéien, roturier –VIEUX: poissard. CONTR. *aristocratique, chic, délicat, distingué, élégant, précieux, raffiné, sophistiqué* –FAMILIER: *sélect.*
- Qui est quelconque. SYN. banal, modeste, ordinaire, quelconque, simple. CONTR. *brillant, choisi, éminent, haut, remarquable* –FAMILIER: *fabuleux.*
- Qui appartient à la langue courante. SYN. commun, populaire. CONTR. *scientifique.*

vulgairement *adverbe*

- De façon courante. SYN. banalement, communément, couramment, d'habitude, d'ordinaire, fréquemment, généralement, habituellement, normalement, ordinairement. CONTR. *exceptionnellement, rarement.*
- De façon grossière. SYN. bassement, crûment, effrontément, grossièrement, prosaïquement, trivialement. CONTR. *élégamment.*

vulgarisation *nom féminin*

- Action de vulgariser. SYN. démocratisation, diffusion, popularisation, propagation, universalisation.

vulgariser *verbe*

- Faire connaître au grand public. SYN. démocratiser, diffuser, généraliser, populariser, propager, répandre, universaliser, véhiculer.

vulgarité *nom féminin*

- Parole, action grossière. SYN. gauloiserie, grivoiserie, grossièreté, inconvenance, incorrection, muflerie, obscénité, ordure, trivialité –FAMILIER: saleté –LITTÉRAIRE: canaillerie, gaillardise –POPULAIRE: cochonnerie.
- Caractère vulgaire. SYN. goujaterie, impolitesse, inconvenance, incorrection, indécence, indélicatesse, insolence, lourdeur, muflerie, rusticité. CONTR. *bienséance, correction, délicatesse, distinction, éducation, élégance, finesse, grâce, noblesse, politesse, raffinement, subtilité* –LITTÉRAIRE: *civilité, urbanité.*

vulgum pecus *nom masculin*

- FAMILIER. Le commun des mortels. SYN. foule, masse, peuple, populace, profanes, troupeau –LITTÉRAIRE: multitude, plèbe –POPULAIRE: populo.

vulnérabilité *nom féminin*

- Caractère vulnérable. SYN. faiblesse, fragilité, précarité. CONTR. *fermeté, invulnérabilité, résistance, solidité, stabilité.*

vulnérable *adjectif*

- Susceptible d'être blessé. SYN. chancelant, délicat, faible, fragile, précaire, réceptif, sensible. CONTR. *cuirassé, endurci, fort, inaccessible, insensible, invulnérable* –FAMILIER: *blindé.*
- Qui donne prise à une attaque. SYN. attaquable, imparfait, insuffisant. CONTR. *imbattable, inattaquable, invincible, parfait.*

@ forme de l'arobase ou *at*

W.-C. *nom masculin pluriel*

/ Lieu réservé aux besoins naturels. SYN. cabinets, latrines, lavabos, petits coins, water-closets, waters –FAMILIER: pipi-room, tinette, vécés –POPULAIRE: chiottes, goguenots, gogues –VIEUX: commodités, lieux d'aisances.

yeux *nom masculin pluriel*

/ Organe pair de la vue. SYN. regard, vue –FAMILIER: boules de loto –POPULAIRE: mirettes.

zèbre *nom masculin*

/ FAMILIER. Individu bizarre. SYN. énergumène, phénomène –FAMILIER: citoyen, coco, gaillard, lascar, loustic, numéro, oiseau, pistolet –POPULAIRE: zigoto.

zébrer *verbe*

/ Marquer une surface de raies. SYN. hachurer, marquer, rayer, strier.

zébrure *nom féminin*

/ Marque de forme allongée. SYN. marque, raie, rayure, sillon, strie, traînée.

zélateur *nom*

/ LITTÉRAIRE. Personne trop zélée. SYN. enragé, exalté, fanatique, illuminé, mystique, passionné –FAMILIER: mordu.

zèle *nom masculin*

/ Ardeur au service de. SYN. application, ardeur, assiduité, dévouement, empressement, ferveur, sérieux –LITTÉRAIRE: diligence. CONTR. *fainéantise, indolence, laisser-aller, nonchalance, paresse* –FAMILIER: *flemme* –LITTÉRAIRE: *inapplication.*

zélé *adjectif*

/ Qui montre du zèle. SYN. actif, agissant, appliqué, ardent, attentif, consciencieux, dévoué, fervent, sérieux –LITTÉRAIRE: diligent, vaillant. CONTR. *distrait, fainéant, inappliqué, indolent, nonchalant, paresseux* –FAMILIER: *faignant, feignant, flemmard.*

zénith *nom masculin*

/ Le plus haut point de. SYN. apogée, comble, pinacle, point culminant, sommet, summum –LITTÉRAIRE: acmé, cime, faîte, période.

zéphyr *nom masculin*

/ LITTÉRAIRE. Vent doux. SYN. brise, courant d'air, souffle, vent.

zéro *nom masculin*

/ FAMILIER. Personne incompétente. SYN. bon à rien, fruit sec, incapable, nul, nullité, raté –FAMILIER: fumiste, ganache, nullard –POPULAIRE: rigolo. CONTR. *cerveau, génie* –FAMILIER: *aigle, as, champion, crack* –LITTÉRAIRE: *lumière.*

zieuter *verbe*

/ POPULAIRE. Regarder avec insistance. SYN. admirer, contempler, dévisager, fixer, lorgner, observer, regarder, scruter –FAMILIER: loucher sur, reluquer –POPULAIRE: se rincer l'œil.

zig *nom masculin*

/ POPULAIRE. Individu quelconque. SYN. bonhomme, homme –FAMILIER: particulier, pistolet, type.

zigoto *nom masculin*

/ POPULAIRE. Individu bizarre. SYN. énergumène, phénomène –FAMILIER: citoyen, coco, gaillard, lascar, loustic, numéro, oiseau, pistolet, zèbre.

zigouiller *verbe*

/ POPULAIRE. Tuer quelqu'un. SYN. abattre, assassiner, égorger, éliminer, exécuter, supprimer, tuer –FAMILIER: descendre, liquider, trucider –LITTÉRAIRE: occire –POPULAIRE: buter, faire la peau, ratatiner, rectifier, refroidir.

zigue *nom masculin*

/ POPULAIRE. Individu quelconque. SYN. bonhomme, homme –FAMILIER: particulier, pistolet, type.

zigzag *nom masculin*

/ Ligne formant des angles. SYN. courbe, lacet, méandre, sinuosité, tournant, virage –LITTÉRAIRE: inflexion, serpentement.

/ Évolution sinueuse de quelqu'un. SYN. retournement, revirement, virevolte, volte-face –LITTÉRAIRE: sinuosité.

zigzagant *adjectif*

/ Qui fait des zigzags. SYN. sinueux, tortueux –LITTÉRAIRE: flexueux, ondoyant, onduleux, serpentin.

zigzaguer *verbe*

/ Former des zigzags. SYN. serpenter, tourner –FAMILIER: tournailler, tournicoter, tourniquer –LITTÉRAIRE: onduler.

zinc *nom masculin*

/ FAMILIER. Petit bar. SYN. bar, buvette, café, estaminet –FAMILIER: bistro, bistrot, troquet –POPULAIRE: bistroquet, caboulot, mastroquet –VIEUX: cabaret.

zinzin *adjectif*

/ FAMILIER. Un peu fou. SYN. dérangé, désaxé, déséquilibré, fou –FAMILIER: braque, cinglé, détraqué, dingue, fada, fêlé, frappé, loufoque, maboul, malade, marteau, piqué, ravagé, tapé, timbré, toc-toc, toqué –POPULAIRE: allumé, azimuté, barge, barjo, branque, brindezingue, cinoque, cintré, déjanté, dingo, folingue, fondu, frapadingue, givré, jeté, louf, louftingue, sinoc, sinoque, siphonné, sonné, tordu.

zizanie *nom féminin*

/ Mauvaise entente. SYN. antagonisme, brouille, conflit, désaccord, désunion, dissension, division, heurt, mésentente –LITTÉRAIRE: discorde, mésintelligence –VIEUX: brouillerie. CONTR. *concorde, entente, harmonie, paix, union.*

zizi *nom masculin*

/ FAMILIER. Sexe masculin. SYN. membre, membre viril, pénis, phallus, pine, verge –ARGOTIQUE: braquemart –POPULAIRE: biroute, bistouquette, bite, bitte, engin, quéquette, queue, zigounette, zob.

zone *nom féminin*

/ Étendue de terrain. SYN. espace, étendue, périmètre, région, terre.

zouave *nom masculin*

/ POPULAIRE. Individu qui fait le pitre. SYN. bouffon, clown, farceur, pitre –FAMILIER: guignol, polichinelle.

zyeuter *verbe*

/ POPULAIRE. Regarder avec insistance. SYN. admirer, contempler, dévisager, fixer, lorgner, observer, regarder, scruter –FAMILIER: loucher sur, reluquer –POPULAIRE: se rincer l'œil.

A

à armes égales SYN plain-pied (de)
à aucun prix CONTR. *absolument*
à bon droit SYN justement, légitimement CONTR. *abusivement, illégalement, illégitimement, illicitement, indûment*
à bon escient SYN intentionnellement, pertinemment, sainement
à bouche que veux-tu SYN goulûment
à bout de forces SYN anéanti, brisé, claqué, crevé, épuisé, éreinté, esquinté, fini, flapi, fourbu, harassé, lessivé, moulu, pompé, raplapla, recru, rendu, rompu, tué, usé
à bout de nerfs SYN énervé, exaspéré
à bras raccourcis SYN violemment
à bride abattue SYN diligemment, expéditivement, hâtivement, rapidement, vite
à brûle-pourpoint SYN brusquement, brutalement, ex abrupto, impromptu, inopinément, soudain, soudainement, subitement, subito, tout à coup
à cause de SYN grâce, raison, vu
à ce moment-là SYN alors
à ce sujet SYN égard
à cent pour cent SYN complètement, entièrement, intégralement
à cette époque SYN alors
à chaque fois que SYN si
à chaque instant CONTR. *jamais*
à charge de revanche SYN inversement, réciproquement
à cœur joie SYN gaiement
à compter de SYN depuis
a contrario SYN inversement
à contrecœur CONTR. *volontiers*
à contre-courant SYN rebours (à)
à contre-poil SYN rebours (à)
à contresens SYN envers, rebours (à)
à contretemps SYN inopportunément, intempestivement CONTR. *opportunément, pile, précisément*
à cor et à cri SYN bruyamment CONTR. *silencieusement*
à corps perdu SYN follement
à côté SYN contigu, près, proche CONTR. *loin*
à côté de SYN auprès de, près de, relativement à
à côté de la plaque SYN inapproprié, incongru
à coup sûr SYN assurément, certainement, fatalement, forcément, immanquablement, inéluctablement, inévitablement, inexorablement, infailliblement, mathématiquement, nécessairement, sûrement
à cran SYN énervé
à crédit CONTR. *cash*
à dater de SYN depuis
à découvert SYN carrément, franchement, ouvertement, sincèrement CONTR. *confidentiellement, discrètement, furtivement, hypocritement, incognito, officieusement, secrètement, subrepticement, tapinois (en)*
à demi SYN imparfaitement, insuffisamment, sommairement CONTR. *complètement, entièrement, fin, intégralement, pleinement, profondément*
à des années-lumière SYN loin
à dessein SYN consciemment, exprès, intentionnellement, volontairement
à deux doigts de SYN près de
à deux pas SYN près
à dire vrai SYN réellement
à discrétion SYN abondamment, amplement, beaucoup, considérablement, copieusement, énormément, généreusement, grandement, largement CONTR. *chichement, modérément, parcimonieusement, peu*
à distance SYN loin
à flots SYN abondamment, amplement, beaucoup, considérablement, copieusement, énormément, généreusement, grandement, largement CONTR. *chichement, modérément, parcimonieusement, peu*
à foison SYN abondamment, amplement, beaucoup, considérablement, copieusement, énormément, généreusement, grandement, largement, massivement, plantureusement CONTR. *chichement, modérément, parcimonieusement, peu*
à fond SYN complètement, diligemment, entièrement, expéditivement, foncièrement, hâtivement, pleinement, profondément, promptement, rapidement, totalement, vite CONTR. *incidemment, sommairement, superficiellement*
à fond de cale SYN diligemment, expéditivement, hâtivement, promptement, rapidement, vite
à fond de train SYN diligemment, expéditivement, hâtivement, promptement, rapidement, vite
à fond la caisse SYN diligemment, expéditivement, hâtivement, promptement, rapidement, vite
à genoux CONTR. *debout*

à gogo SYN abondamment, amplement, beaucoup, considérablement, copieusement, énormément, généreusement, grandement, largement CONTR. *chichement, modérément, parcimonieusement, peu*
à grand-peine SYN péniblement
à grands frais SYN chèrement, coûteusement CONTR. *gracieusement, gratis*
à jamais SYN perpétuellement
à jeun CONTR. *blindé, bourré, chargé, cuit, éméché, enivré, gai, ivre, raide, rond, saoul, soûl*
à juste titre SYN justement, légitimement CONTR. *abusivement, indûment, injustement*
à la baguette SYN rudement, sévèrement
à la bonne franquette SYN simplement
à la bourre CONTR. *lent, ponctuel*
à la débandade CONTR. *successivement*
à la dernière mode SYN moderne
à la dérobée SYN discrètement, furtivement, secrètement, sourdement, subrepticement, tapinois (en) CONTR. *franchement, ouvertement*
à la différence de SYN contrairement à
à la faveur de SYN grâce CONTR. *malgré*
à la fin SYN enfin CONTR. *d'abord*
à la fois SYN ensemble, simultanément
à la fortune du pot SYN simplement
à la gomme SYN mauvais, nul
à la hâte SYN diligemment, expéditivement, hâtivement, précipitamment, promptement, rapidement
à la légère SYN étourdiment, follement, imprudemment, inconsidérément, légèrement, superficiellement CONTR. *opiniâtrement, prudemment, sagement, sérieusement, tenacement*
à la lettre SYN formellement, scrupuleusement, stricto sensu CONTR. *lato sensu*
à la manque SYN mauvais, nul
à la mode SYN moderne, ultramoderne CONTR. *antédiluvien, antique, archaïque, arriéré, attardé, démodé, ringard, rococo, suranné*
à la noix SYN mauvais, nul
à la noix de coco SYN mauvais, nul
à la page SYN moderne, ultramoderne CONTR. *antédiluvien, antique, archaïque, arriéré, attardé, démodé, ringard, rococo, suranné*
à la pelle SYN abondamment, amplement, beaucoup, considérablement, copieusement, énormément, généreusement, grandement, largement CONTR. *chichement, modérément, parcimonieusement, peu*
à la place de SYN pour
à la première heure SYN tôt
à la queue leu leu SYN successivement
à la réserve de SYN excepté
à la sauvette SYN diligemment, expéditivement, hâtivement, précipitamment, promptement, rapidement, vite
à la suite CONTR. *avant*
à la suite de SYN derrière
à la va-comme-je-te-pousse SYN hâtivement CONTR. *soigneusement*
à la va-vite SYN diligemment, expéditivement, grossièrement, hâtivement, précipitamment, promptement, rapidement, vite CONTR. *soigneusement*
à la veille de SYN près de
à la verticale SYN debout CONTR. *obliquement*
à l'abri du besoin CONTR. *gêné, ruiné*
à l'aide de SYN grâce
à l'aise SYN aisément, grassement
à l'avance SYN prématurément
à l'avenant SYN aussi, également, pareillement, semblablement
à l'avenir SYN désormais, dorénavant, ultérieurement CONTR. *actuellement*
à l'aveuglette SYN aveuglément CONTR. *lucidement, objectivement, prudemment, sciemment*
à l'écart CONTR. *publiquement*
à l'égard de SYN avec, envers, pour, relativement à, vis-à-vis de
à l'emporte-pièce SYN acerbe, acéré, caustique, épigrammatique, incisif, mordant, piquant
à l'endroit CONTR. *envers*
à l'envers SYN rebours (à)
à l'envi SYN abondamment, beaucoup, considérablement, copieusement, énormément, généreusement, largement
à l'époque actuelle SYN aujourd'hui
à l'étroit SYN étroitement, petitement
à l'évidence SYN certainement, évidemment, incontestablement, indiscutablement, indubitablement, inéluctablement, inévitablement, inexorablement, infailliblement, manifestement
à l'exception de SYN hors, nonobstant, sauf, si
à l'excès SYN exagérément, outrageusement
à l'exclusion de SYN excepté, hormis, nonobstant, sauf, si, sinon
à l'extérieur CONTR. *intérieurement*

à l'heure SYN. ponctuel CONTR. *inexact*
à l'heure actuelle SYN. actuellement, aujourd'hui, présentement
à l'heure de SYN. coup
à l'heure dite SYN. ponctuellement
à l'heure qu'il est SYN. actuellement, aujourd'hui
à l'horizontale CONTR. *debout*
à l'image de SYN. comme
à l'improviste SYN. brusquement, ex abrupto, fortuitement, impromptu, inopinément, soudain, soudainement, subitement, subito, tout à coup
à l'instant SYN. illico, immédiatement, incontinent, instantanément, sur-le-champ, tout de suite
à l'instant de SYN. coup
à l'instar de SYN. comme, relativement à
à l'intérieur SYN. intérieurement
à l'inverse SYN. contraire, inversement, rebours (à)
à l'inverse de SYN. contrairement à
à l'occasion SYN. incidemment
à l'occasion de SYN. coup, propos
à l'œil SYN. gratis, gratuitement
à longueur de temps SYN. constamment, continuellement, continûment, éternellement, perpétuellement CONTR. *alternativement, irrégulièrement, occasionnellement, sporadiquement, variablement*
à l'opposé SYN. rebours (à)
à l'opposé de SYN. contrairement à
à l'origine SYN. initialement
à l'unanimité SYN. unanimement
à l'unisson SYN. ensemble, simultanément CONTR. *alternativement*
à marquer d'une pierre blanche SYN. exceptionnel, mémorable, rare, sensationnel, unique
à même de SYN. capable, susceptible
à moindre frais CONTR. *chèrement, coûteusement*
à moitié SYN. imparfaitement, insuffisamment, sommairement CONTR. *complètement, entièrement, fin, profondément*
à mourir de rire SYN. crevant, désopilant, drôle, hilarant, impayable, inénarrable, roulant, tordant
à notre époque SYN. aujourd'hui
à option SYN. facultatif
à outrance SYN. outrageusement
à part SYN. différent, excepté, fors, hormis, hors, indépendamment, sauf, séparé, séparément, si, singulier, sinon, spécial
à part soi SYN. in petto, intérieurement, secrètement
à partir de SYN. depuis
à partir de maintenant SYN. désormais
à pas d'heure SYN. tardivement
à peine SYN. faiblement, médiocrement, vaguement CONTR. *beaucoup, carrément, complètement, effroyablement, entièrement, exceptionnellement, fameusement, grandement, grièvement, intégralement, largement, pleinement, profondément, puissamment, terriblement*
à perpète SYN. loin
à perpette SYN. loin
à peu de frais CONTR. *chèrement, coûteusement*
à peu près SYN. approximativement, autour de, couci-couça, passablement, près de, presque, quasi, quasiment, quelque, sensiblement CONTR. *mathématiquement, précisément*
à pic SYN. abrupt, debout, escarpé, opportunément, pile, raide, rapide CONTR. *inopportunément, intempestivement, plat*
à pisser de rire SYN. crevant, désopilant, drôle, hilarant, roulant, tordant
à plat SYN. achevé, claqué, crevé, épuisé, éreinté, esquinté, exténué, fatigué, fini, flagada, flapi, fourbu, harassé, K.-O., lessivé, mort, pompé, raplapla, recru, rendu, rompu, tué, vanné, vidé
à plat ventre CONTR. *debout*
à plomb SYN. debout
à poil SYN. dénudé, dévêtu, nu
à point SYN. opportunément, pile CONTR. *bleu, inopportunément, intempestivement, saignant*
à point nommé SYN. opportunément, pile CONTR. *inopportunément, intempestivement*
à première vue SYN. abord
à présent SYN. actuellement, aujourd'hui, maintenant CONTR. *anciennement, autrefois*
a priori SYN. parti pris, préconception, préjugé
à prix d'or SYN. cher
à profusion SYN. abondamment, amplement, beaucoup, considérablement, copieusement, énormément, généreusement, grandement, largement, plantureusement CONTR. *chichement, modérément, parcimonieusement, peu*
à proportion de SYN. selon

à propos SYN bienvenu, opportun, opportunément, pile CONTR. *inopportun, inopportunément, intempestif, intempestivement, malencontreux, malvenu*
à propos de SYN concernant, pour, relativement à, sur, touchant
à proprement parler SYN exactement, littéralement, précisément, spécifiquement, stricto sensu, textuellement CONTR. *lato sensu*
à proximité SYN près
à proximité de SYN alentours, autour de, côté, environs, près de
à rebours SYN envers
à regret CONTR. *volontiers*
à revendre SYN abondamment, amplement, beaucoup, considérablement, copieusement, énormément, grandement, largement CONTR. *chichement, modérément, parcimonieusement, peu*
à sa guise SYN loisir
à satiété SYN abondamment, amplement, beaucoup, considérablement, copieusement, énormément, généreusement, grandement, largement CONTR. *chichement, modérément, parcimonieusement, peu*
à savoir SYN soit
à sec SYN désargenté, fauché, raide, vide
à son aise SYN loisir
à souhait SYN abondamment, amplement, considérablement, copieusement, énormément, généreusement, grandement, largement CONTR. *chichement, modérément, parcimonieusement, peu*
à succès SYN célèbre, populaire
à tâtons CONTR. *lucidement, sciemment*
à temps SYN pile
à tête reposée SYN calmement, loisir, sagement
à tire-larigot SYN abondamment, amplement, beaucoup, considérablement, copieusement, énormément, généreusement, grandement, largement CONTR. *chichement, modérément, parcimonieusement, peu*
à titre de SYN comme, qualité, tant
à titre gracieux SYN gratis, gratuitement
à titre gratuit SYN franco
à tombeau ouvert SYN diligemment, expéditivement, hâtivement, promptement, rapidement, vite
à torrents SYN beaucoup
à tort SYN faussement, inconsidérément, indûment, inopportunément, intempestivement
à tort et à travers SYN inconsidérément, inopportunément, intempestivement
à tour de bras SYN violemment
à tour de rôle SYN successivement
à tous les coins de rues SYN partout
à tous les coups SYN fatalement, forcément, immanquablement, inévitablement, infailliblement, sûrement
à tout berzingue SYN diligemment, expéditivement, hâtivement, promptement, rapidement, vite
à tout bout de champ SYN constamment, continuellement, continûment, fréquemment
à tout instant SYN constamment, continuellement, continûment CONTR. *irrégulièrement, occasionnellement, sporadiquement, variablement*
à tout moment SYN fréquemment
à tout prix SYN absolument, nécessairement
à tout propos SYN constamment, continuellement, continûment, invariablement CONTR. *épisodiquement, irrégulièrement, occasionnellement, sporadiquement*
à toute allure SYN diligemment, expéditivement, hâtivement, promptement, rapidement, vite
à toute berzingue SYN diligemment, expéditivement, hâtivement, promptement, rapidement, vite
à toute épreuve SYN sûr
à toute force SYN absolument, intensément, nécessairement
à toute hâte SYN diligemment, expéditivement, hâtivement, promptement, rapidement, vite
à toute pompe SYN diligemment, expéditivement, hâtivement, promptement, rapidement, vite
à toute vapeur SYN diligemment, expéditivement, hâtivement, promptement, rapidement, vite
à toute vitesse SYN diligemment, expéditivement, hâtivement, promptement, rapidement, vite
à toutes jambes SYN vite
à toutes pompes SYN diligemment, expéditivement, hâtivement, promptement, rapidement, vite CONTR. *tranquillement*
à un jet de pierre SYN près
à une heure avancée SYN tardivement
à volonté SYN abondamment, beaucoup, considérablement, copieusement, énormément, généreusement, largement

à vrai dire SYN réellement
à vue de nez SYN approximativement
abattre de la besogne SYN bosser, boulonner, cravacher, travailler, trimer CONTR. *chômer*
abstraction faite de SYN excepté, hormis, hors, sauf, si
accorder ses violons SYN entendre (s')
accusé de réception SYN récépissé, reçu
action d'éclat SYN geste, performance, prouesse CONTR. *bassesse*
activité physique SYN exercice
ad libitum SYN facultatif
ad vitam aeternam SYN perpétuellement
affreux jojo SYN brigand, chenapan, diable, filou, fripon, galapiat, galopin, garnement, lascar
afin de SYN pour
âge mûr SYN maturité
agent de police SYN policier
agent de renseignements SYN espion
agent double SYN espion
agent secret SYN espion
agir à sa guise CONTR. *aligner (s')*
agité du bocal SYN fou
agonir de sottises SYN invectiver
agonir d'injures SYN invectiver
aimé des dieux SYN veinard
aimer mieux SYN préférer
allées et venues SYN navette, passage, va-et-vient
aller à la selle SYN crotter
aller à reculons SYN reculer
aller au-devant SYN devancer, prévenir
aller aux nouvelles SYN enquérir (s')
aller aux toilettes SYN crotter
aller çà et là SYN errer
aller chercher SYN pêcher
aller de l'avant CONTR. *reculer*
aller de mal en pis SYN aggraver (s'), dégénérer, empirer CONTR. *arranger (s'), tasser (se), tirer (se)*
aller de pair avec SYN accompagner
aller de soi SYN imposer (s')
aller droit au but CONTR. *biaiser*
aller et retour SYN navette
aller mieux SYN guérir
aller par monts et par vaux SYN bourlinguer
aller sans dire SYN imposer (s')
aller trop loin SYN exagérer, pousser
aller un peu loin SYN exagérer, pousser
allonger le pas SYN presser (se)
amener à composition SYN arranger (s'), transiger
âne bâté SYN abruti, andouille, âne, ballot, bêta, bûche, buse, cloche, cornichon, crétin, cruche, idiot, imbécile, niais, nigaud, noix, nouille
ange gardien SYN protecteur, providence, sauveur
apparaître sous son vrai jour SYN dévoiler (se), trahir (se)
appuyer sur le champignon SYN accélérer
âpre au gain SYN rapace
après coup SYN ensuite, puis
après quoi SYN ensuite, puis
argent comptant SYN liquide, liquidités, numéraire
armoire à glace SYN hercule
arriéré mental SYN idiot
assez bien SYN passablement
attendre au tournant SYN revaloir, venger (se)
attendre un heureux événement SYN enceinte
attendu que SYN parce que, puisque, vu
au bénéfice de SYN pour
au bon moment SYN opportunément, pile
au bout du compte SYN décidément, finalement
au bout du monde SYN loin
au bout du rouleau SYN anéanti, brisé, claqué, crevé, épuisé, éreinté, esquinté, fini, flapi, fourbu, harassé, lessivé, moulu, pompé, raplapla, recru, rendu, rompu, tué, usé
au cas où SYN si
au chant du coq SYN tôt
au commencement SYN primitivement
au compte-gouttes SYN parcimonieusement
au contraire de SYN contrairement à
au côté de SYN près de
au coup par coup SYN successivement
au courant SYN averti
au débotté SYN brusquement, brutalement, impromptu, inopinément, soudain, soudainement, subitement, subito
au début SYN initialement, primitivement
au dépourvu SYN fortuitement, impromptu, inopinément, soudain, soudainement, subitement, subito, tout à coup
au dernier point SYN extraordinairement, extrêmement, follement, immodérément, infiniment, mortellement, prodigieusement, rudement, souverainement,

superlativement, suprêmement, terriblement, très, vachement, vertigineusement CONTR. *nullement*
au diable SYN. loin
au diable vauvert SYN. loin
au diable vert SYN. loin
au dire de SYN. selon
au dos SYN. derrière
au fait de SYN. informé, instruit
au fond SYN. réellement
au fur et à mesure SYN. graduellement, progressivement
au jour d'aujourd'hui SYN. actuellement, aujourd'hui
au loin SYN. loin CONTR. *près*
au même instant SYN. simultanément
au même moment SYN. simultanément
au même titre SYN. également
au mépris de SYN. malgré
au mieux CONTR. *mal*
au milieu SYN. intermédiaire
au moment de SYN. coup, pour
au moment où SYN. comme, quand
au moment voulu SYN. opportunément CONTR. *inopportunément, intempestivement*
au moyen de SYN. grâce
au pas de course SYN. diligemment, expéditivement, hâtivement, rapidement, vite
au passage SYN. incidemment
au pied levé SYN. brusquement, brutalement, impromptu
au pifomètre SYN. approximativement
au plus vite SYN. diligemment, expéditivement, hâtivement, précipitamment, promptement, rapidement
au point SYN. prêt
au préalable SYN. auparavant, avant, d'abord, préalablement, premièrement CONTR. *après, ensuite, puis*
au premier chef SYN. essentiellement, prioritairement
au prix de SYN. moyennant
au prix fort SYN. cher
au profit de SYN. pour
au reste SYN. d'ailleurs
au revoir ! SYN. adieu !, bonsoir !, bye bye !, salut !, tchao ! CONTR. *bonjour !*
au sens large CONTR. *littéralement, stricto sensu, textuellement*
au sens strict SYN. littéralement, stricto sensu, textuellement CONTR. *lato sensu*
au septième ciel SYN. transporté
au sujet de SYN. pour, propos, sur, touchant
au temps jadis SYN. anciennement, autrefois
au total SYN. finalement
au vu et au su de CONTR. *incognito*
au-delà de SYN. derrière
au-dessous de SYN. sous CONTR. *avant, sur*
au-dessus de SYN. avant, sur
autant qu'il faut SYN. assez
aux alentours de SYN. auprès de, autour de, côté, environs, pour, près de, vers
aux anges SYN. comblé, ravi
aux antipodes SYN. loin
aux aurores SYN. tôt
aux cent coups SYN. inquiet
aux côtés de SYN. près de
aux environs SYN. près
aux environs de SYN. alentours, auprès de, autour de, côté, près de, sur, vers
aux prises avec SYN. confronté
avaler des couleuvres SYN. gober, marcher
avaler son bulletin de naissance SYN. mourir
avancer sur la pointe des pieds SYN. tâtonner
avant l'heure SYN. prématurément, tôt CONTR. *tardivement*
avant longtemps SYN. sitôt
avant peu SYN. bientôt, prochainement
avant terme SYN. prématurément
avant tout SYN. d'abord, essentiellement, prioritairement
avant toute chose SYN. prioritairement
avec à-propos SYN. sainement
avec l'appui de SYN. égide, grâce
avec le concours de SYN. grâce
avec le secours de SYN. égide
avec le soutien de SYN. égide
avec les poules SYN. tôt
avec profit SYN. utilement
avis au lecteur SYN. introduction
avoir à cœur de SYN. aspirer
avoir à l'œil SYN. guetter, surveiller, veiller
avoir avalé sa langue CONTR. *parler*
avoir besoin de SYN. dépenser
avoir confiance CONTR. *méfier (se)*
avoir cours SYN. exister
avoir dans le nez SYN. haïr
avoir dans l'idée SYN. penser
avoir de la branche SYN. distinguer (se)
avoir de la classe SYN. distinguer (se)
avoir de la gueule SYN. distinguer (se)
avoir de l'allure SYN. distinguer (se)
avoir des sueurs froides SYN. alarmer (s'), baliser, effrayer (s'), peur, trembler
avoir du chien SYN. distinguer (se)
avoir du courage CONTR. *peur*
avoir du vent dans les voiles SYN. cuver

avoir en abomination SYN détester, exécrer, haïr
avoir en horreur SYN abhorrer
avoir en vue SYN penser
avoir envie de SYN aspirer, désirer, griller, souhaiter
avoir faim CONTR. *rassasier (se), repaître (se)*
avoir foi en SYN fier (se)
avoir froid dans le dos SYN alarmer (s'), baliser, effrayer (s'), peur, trembler
avoir hâte de SYN brûler, griller
avoir horreur SYN détester, haïr, répugner
avoir la bougeotte SYN bouger, frétiller, gesticuler, gigoter
avoir la chair de poule SYN alarmer (s'), baliser, effrayer (s'), froid, grelotter, peur, trembler
avoir la chiasse SYN alarmer (s'), baliser, effrayer (s'), peur, trembler
avoir la colique SYN alarmer (s'), baliser, effrayer (s'), peur, trembler
avoir la dalle SYN faim CONTR. *rassasier (se), repaître (se)*
avoir la dent SYN faim CONTR. *rassasier (se), repaître (se)*
avoir la fringale CONTR. *rassasier (se), repaître (se)*
avoir la frousse SYN alarmer (s'), baliser, effrayer (s'), peur, trembler
avoir la haute main sur SYN contrôler, présider
avoir la langue bien pendue CONTR. *taire (se)*
avoir la mémoire courte SYN oublier
avoir la pétoche SYN alarmer (s'), baliser, effrayer (s'), peur, trembler
avoir la possibilité de SYN pouvoir
avoir la science infuse SYN savoir
avoir la tête ailleurs SYN rêvasser, rêver CONTR. *écouter*
avoir la trouille SYN alarmer (s'), baliser, effrayer (s'), peur, trembler
avoir l'air SYN apparaître, paraître, sembler
avoir l'audace de SYN enhardir (s'), oser
avoir l'autorisation SYN pouvoir
avoir l'avantage SYN dominer, gagner
avoir le béguin SYN aimer
avoir le culot de SYN enhardir (s'), oser
avoir le dessous SYN perdre
avoir le dessus SYN emporter, gagner
avoir le droit de SYN pouvoir
avoir le feu aux fesses SYN cavaler, courir, speeder
avoir le front de SYN enhardir (s'), oser
avoir le gîte et le couvert SYN loger
avoir le moral à zéro SYN déprimer
avoir le souffle court SYN étouffer, haleter CONTR. *respirer*
avoir le temps CONTR. *speeder*
avoir le toupet de SYN enhardir (s'), oser
avoir le trouillomètre à zéro SYN alarmer (s'), baliser, effrayer (s'), peur, trembler
avoir le ventre creux SYN faim CONTR. *rassasier (se), repaître (se)*
avoir l'eau à la bouche SYN saliver
avoir les chocottes SYN alarmer (s'), baliser, effrayer (s'), peur, trembler
avoir les côtes en long CONTR. *fouler (se)*
avoir les crocs SYN faim CONTR. *rassasier (se), repaître (se)*
avoir les foies SYN alarmer (s'), baliser, effrayer (s'), peur, trembler
avoir les grelots SYN alarmer (s'), baliser, effrayer (s'), peur, trembler
avoir les jetons SYN alarmer (s'), baliser, effrayer (s'), peur, trembler
avoir les moyens de SYN pouvoir
avoir les pieds nickelés CONTR. *fouler (se)*
avoir les pieds sur terre CONTR. *planer, rêvasser*
avoir l'estomac dans les talons SYN faim CONTR. *rassasier (se), repaître (se)*
avoir lieu SYN advenir, opérer (s'), passer (se), produire (se), réaliser (se), situer (se), voir (se)
avoir l'intention de SYN vouloir
avoir l'œil sur SYN guetter, surveiller, veiller
avoir mal SYN souffrir
avoir mal au cœur SYN vomir
avoir part SYN contribuer, participer
avoir perdu sa langue SYN taire (se) CONTR. *parler*
avoir peur SYN alarmer (s'), appréhender, craindre, effrayer (s'), inquiéter (s'), redouter
avoir prise sur CONTR. *dépendre*
avoir raison CONTR. *tromper (se)*
avoir recours à SYN adresser (s'), exploiter, recourir, servir (se), solliciter
avoir ses vapeurs SYN défaillir, évanouir (s')
avoir soin de SYN garde
avoir un appétit d'oiseau SYN chipoter, grignoter, picorer CONTR. *dévorer, empiffrer (s'), enfourner, engloutir, gaver (se), goinfrer (se), ingurgiter*

avoir un bon coup de fourchette SYN dévorer, empiffrer (s'), enfourner, engloutir, ingurgiter CONTR. *chipoter, grignoter, picorer*
avoir un coup dans l'aile SYN cuver
avoir un coup dans le nez SYN cuver
avoir un creux SYN faim CONTR. *rassasier (se), repaître (se)*
avoir un faible pour SYN craquer
avoir un œil à Paris et l'autre à Pontoise SYN loucher
avoir un œil qui dit merde à l'autre SYN loucher
avoir un poil dans la main SYN paresser CONTR. *fouler (se)*
avoir un polichinelle dans le tiroir SYN enceinte
avoir une coquetterie dans l'œil SYN loucher
avoir une faim de loup CONTR. *rassasier (se), repaître (se)*
avoir une mémoire d'éléphant CONTR. *oublier*

B

baguette de tambour SYN cheveu
bailleur de fonds SYN prêteur
baisser les bras SYN abandonner, capituler, flancher, fléchir, renoncer CONTR. *accrocher (s')*
baisser pavillon SYN aplatir (s'), capituler, céder, incliner (s'), rendre (se), soumettre (se)
baisser sa culotte SYN aplatir (s'), incliner (s'), rendre (se), soumettre (se)
baisser son froc SYN aplatir (s'), incliner (s'), rendre (se), soumettre (se)
baisser son pantalon SYN aplatir (s'), incliner (s'), rendre (se), soumettre (se)
bal musette SYN guinguette
barreau de chaise SYN cigare
barrer la route SYN empêcher, stopper
barrer le chemin SYN empêcher, stopper
bas de laine SYN économies, magot, pécule
bâti à chaux et à sable SYN résistant, robuste, solide
bâtir des châteaux en Espagne SYN rêver
battre à plate couture SYN vaincre
battre en retraite SYN reculer CONTR. *assiéger, gagner*
battre sa coulpe SYN repentir (se)
baver d'envie SYN jalouser, saliver
bayer aux corneilles SYN buller, fainéanter, flemmarder, glander, lézarder, paresser
beau linge SYN fleur, gotha, gratin, haute, jet-set ou jet-society, société
beau monde SYN fleur, gotha, gratin, haute, jet-set ou jet-society, société
beau parleur SYN baratineur, déclamateur, hâbleur, péroreur, phraseur
beaucoup de SYN plein
beaucoup plus SYN autrement
bercer de paroles SYN enjôler, flatter, leurrer, tromper
bête à concours SYN bûcheur
bête à manger du foin SYN idiot, taré
bête à pleurer SYN idiot, taré
bête comme ses pieds SYN idiot, taré
beurré comme une tartine SYN blindé, bourré, chargé, cuit, enivré, ivre, raide, rond, saoul, soûl
bien balancé CONTR. *contrefait, difforme, disgracieux, disproportionné*
bien bâti CONTR. *contrefait, difforme, disgracieux, disproportionné*
bien découplé CONTR. *contrefait, difforme, disgracieux, disproportionné*
bien des SYN beaucoup
bien éduqué SYN civilisé, poli, policé, urbain CONTR. *grossier, impoli, malappris, malpoli, mufle*
bien élevé SYN civilisé, poli, policé, urbain CONTR. *grossier, impoli, malappris, malpoli, mufle*
bien en chair SYN gras, rebondi
bien entendu SYN assurément, certainement, parfaitement
bien luné SYN enjoué
bien plus SYN autrement
bien portant SYN sain, valide CONTR. *impotent, malade, mal-en-point*
bien proportionné CONTR. *contrefait, difforme, disgracieux, disproportionné*
bien que SYN alors que, quoique, tandis que
bien sûr SYN assurément, certainement, comment, dame !, oui, parfaitement
blanc comme neige SYN innocent, virginal CONTR. *coupable, infâme*
boire comme un trou SYN enivrer (s'), picoler, pinter (se), soûler (se)
boire comme une éponge SYN enivrer (s'), picoler, pinter (se), soûler (se)

boire du petit-lait SYN jubiler, pavoiser
boire les paroles de SYN écouter
boîte crânienne SYN crâne
boîte de nuit SYN cabaret, night-club
bomber la poitrine SYN crâner, parader, pavaner (se), plastronner, rengorger (se)
bomber le torse SYN crâner, parader, pavaner (se), plastronner, rengorger (se)
bon à rien SYN ganache, incapable, minable, nul, nullard, nullité, propre-à-rien, raté, zéro
bon ami SYN ami
bon droit SYN bien-fondé, légitimité
bon marché SYN abordable, avantageux, économique CONTR. *cher, onéreux*
bon mot SYN astuce
bon nombre de SYN beaucoup, plein
bon sens SYN discernement, entendement, jugement, jugeote, justesse, lucidité, raison, sagesse, tête CONTR. *aberration, absurdité, égarement, folie, illogisme*
bon train SYN diligemment, expéditivement, hâtivement, rapidement, vite
bon vivant SYN épicurien, jouisseur, sybarite
bond en avant CONTR. *récession*
bonne à tout faire SYN domestique, servante
bonne amie SYN ami, belle
bonne d'enfant SYN gouvernante
bonne étoile SYN chance
bonne femme SYN femme
bonne foi SYN droiture, honnêteté, loyauté, probité, sincérité CONTR. *déloyauté, duplicité, fausseté, fourberie, hypocrisie, malhonnêteté, perfidie*
bonne fortune SYN bonheur, chance CONTR. *infortune, malchance*
bonne humeur SYN enjouement, entrain CONTR. *bouderie, rogne*
bonne intelligence CONTR. *désaccord*
bonne sœur SYN religieuse
bonnes manières SYN civilité, convenances, formes, politesse, urbanité CONTR. *goujaterie, grossièreté, impolitesse, muflerie*
bonnes mœurs SYN morale
bonnet de nuit SYN pisse-froid, pisse-vinaigre, rabat-joie CONTR. *amuseur, boute-en-train*
bons offices SYN aide, arbitrage, intercession, intervention, médiation
bons procédés SYN convenances
bord de mer SYN littoral
bouffer comme un chancre SYN bâfrer, bourrer (se), dévorer, gaver (se), goinfrer (se), ingurgiter
bouffi d'orgueil SYN infatué
boules de loto SYN yeux
bourrage de crâne SYN endoctrinement, intoxication, matraquage, propagande
bourreau des cœurs SYN séducteur, tombeur
bourrer le crâne SYN baratiner, influencer, intoxiquer, mystifier
bourrer le mou SYN influencer, intoxiquer, mystifier, tromper
bout de chou SYN bambin, enfant, gamin, gosse, lardon, marmot, mioche, môme, mouflet
bout de zan SYN bambin, enfant, gamin, gosse, lardon, marmot, mioche, môme, mouflet
braquer les yeux sur SYN regarder
bras droit SYN adjoint, aide, alter ego, lieutenant, second
broyer du noir SYN déprimer
brûler la chandelle par les deux bouts SYN gaspiller CONTR. *priver (se)*
brûler la politesse à SYN abandonner, quitter

C

ça suffit ! SYN assez, basta !, suffit !
camembert ! SYN chut !, motus !, silence !
caresser dans le sens du poil SYN courtiser, encenser
caresser des yeux SYN guigner, regarder
caresser du regard SYN guigner, regarder
caresser l'espoir SYN projeter
cartes sur table SYN loyalement
casser du sucre sur SYN abîmer, assaisonner, bavasser, baver, clabauder, cracher, critiquer, débiner, déblatérer, démolir, éreinter, esquinter, étriller, médire
casser la baraque SYN réussir
casser la croûte SYN alimenter (s'), becqueter ou becter, bouffer, manger, nourrir (se)
casser la graine SYN alimenter (s'), becqueter ou becter, bouffer, manger, nourrir (se)

casser les oreilles SYN abasourdir, assourdir
casser les pieds SYN agacer, barber, bassiner, ennuyer, enquiquiner, fatiguer, gonfler, importuner, pomper, raser, tanner
casser les prix SYN sacrifier, solder
casser sa pipe SYN décéder, mourir, périr CONTR. *vivre*
causer du tintouin SYN soucier
ce jour SYN aujourd'hui
céder du terrain SYN reculer
cependant que SYN alors que, quoique, tandis que
cervelle de moineau SYN écervelé, étourdi, étourneau
cervelle d'oiseau SYN écervelé, étourdi, étourneau
chacun à son tour SYN successivement
changer d'air SYN aérer (s'), oxygéner (s'), voyager
changer de camp SYN trahir
changer les idées SYN délasser
chanter les louanges SYN louer
chanter sur tous les tons SYN crier
chapeau haut de forme SYN haut-de-forme
chaque fois que SYN quand
château fort SYN château
château la pompe SYN eau
chatouiller l'amour-propre SYN flagorner, flatter CONTR. *blesser, heurter*
chemin battu SYN train-train
chercher des noises à SYN chicaner
chercher la petite bête SYN chicaner, chinoiser, pinailler
chercher midi à quatorze heures SYN chicaner, chinoiser, pinailler
chercher noise à SYN chicaner
chevalier d'industrie SYN aigrefin, faisan, intrigant
chevalier servant SYN amoureux, cavalier, galant, sigisbée
cheville ouvrière SYN agent, âme, centre, pivot
chien-chien SYN chien
chiffe molle SYN loque, mou, moule, tiède
choc en retour SYN contrecoup, séquelle
cirer les bottes SYN courtiser, encenser, flagorner
cirer les pompes SYN courtiser, encenser, flagorner
claquer des dents SYN grelotter
claquer du bec SYN faim CONTR. *rassasier (se), repaître (se)*
claquer la porte SYN quitter
classe ouvrière SYN peuple
classer X SYN censurer
clef de voûte SYN centre, pivot
coexistence pacifique SYN détente
coller au mur SYN fusiller
collet monté SYN affecté, coincé, guindé, prude, pudibond CONTR. *coquin, croustillant, gaulois*
comme ce n'est pas permis SYN beaucoup, tant, tellement
comme cela SYN ainsi
comme ci comme ça SYN clopin-clopant, péniblement
comme dans du beurre SYN facilement
comme de bien entendu SYN comment, évidemment, naturellement
comme deux ronds de flan SYN abasourdi, ahuri, assis, baba, coi, consterné, ébahi, ébaubi, éberlué, épaté, époustouflé, estomaqué, étonné, interdit, interloqué, médusé, pantois, renversé, scié, sidéré, soufflé, stupéfait, surpris
comme il faut SYN civil, convenablement CONTR. *voyou*
comme par enchantement SYN facilement
comme quatre SYN beaucoup
comme sur des roulettes SYN facilement
comme un cochon SYN malproprement, salement
comme une bête SYN beaucoup
comme une flèche SYN diligemment, expéditivement, hâtivement, rapidement, vite
commis voyageur SYN placier, représentant
commun des mortels SYN masse
comparé à SYN relativement à
compte non tenu de SYN hormis, sauf, si
compte rendu SYN version
compte tenu de SYN raison, vu
conduire à son terme SYN achever
conter fleurette SYN courtiser
contrôle de soi SYN self-control
convoler en justes noces SYN marier (se)
corps gras SYN graisse
couille molle SYN femmelette, foireux, froussard, lâche, peureux, poltron, trouillard
couler à flots SYN abonder CONTR. *manquer*
couler de source SYN imposer (s')
couleur locale SYN pittoresque
coup bas SYN injure
coup de balai SYN épuration, lessivage, lessive, nettoyage, purge

coup de chance CONTR. *infortune*
coup de dés SYN. hasard
coup de filet SYN. capture
coup de fouet SYN. stimulant
coup de main SYN. accrochage, action, aide, combat, engagement, escarmouche, expédition, incursion, patte, raid, razzia
coup de pot CONTR. *infortune*
coup de pouce SYN. aide, piston
coup de semonce SYN. admonestation, admonition
coup de tabac SYN. tempête
coup de tête SYN. caprice, lubie, passade
coup de théâtre SYN. péripétie, rebondissement
coup de veine CONTR. *infortune*
coup d'encensoir SYN. courtisanerie, flagornerie, lèche, pommade
coup d'œil SYN. aperçu, perspective, point de vue, regard
coup du sort SYN. malheur, tragédie
coup dur SYN. avatar, catastrophe, infortune, malheur
coup sur coup SYN. d'affilée, successivement
couper court SYN. interrompre
couper la chique SYN. abasourdir, ahurir, ébahir, éberluer, ébouriffer, épater, époustoufler, estomaquer, étonner, renverser, scier, sidérer, souffler, stupéfier, suffoquer
couper la poire en deux SYN. composer
couper le sifflet SYN. abasourdir, ahurir, ébahir, éberluer, ébouriffer, épater, époustoufler, estomaquer, étonner, renverser, scier, sidérer, souffler, stupéfier, suffoquer
couper le souffle SYN. abasourdir, ahurir, ébahir, éberluer, ébouriffer, épater, époustoufler, estomaquer, étonner, renverser, scier, sidérer, souffler, stupéfier, suffoquer
couper les cheveux en quatre SYN. chipoter, pinailler
couper les ponts SYN. brouiller (se)
coupeur de cheveux en quatre SYN. pinailleur
courant d'air SYN. souffle, zéphyr
courber le dos SYN. abaisser (s'), aplatir (s'), fléchir, incliner (s'), obéir, plier (se), ramper, soumettre (se)
courber le front SYN. abaisser (s'), aplatir (s'), fléchir, incliner (s'), obéir, plier (se), ramper, soumettre (se)
courber l'échine SYN. abaisser (s'), aplatir (s'), fléchir, incliner (s'), obéir, plier (se), ramper, soumettre (se)
courir la galipote SYN. draguer
courir la gueuse SYN. draguer
courir la prétantaine SYN. draguer
courir le cotillon SYN. draguer
courir le guilledou SYN. draguer
courir le monde SYN. voyager
courir les filles SYN. draguer
courir sur le haricot SYN. agacer, énerver, ennuyer, enquiquiner, irriter, pomper
courir sur le système SYN. agacer, énerver, ennuyer, enquiquiner, irriter, pomper
couru d'avance SYN. certain
cousu d'or SYN. argenté, fortuné, friqué, riche, richissime CONTR. *désargenté, ruiné*
coûte que coûte SYN. absolument
couver des yeux SYN. regarder
cracher le morceau SYN. avouer
crédit municipal SYN. mont-de-piété
crever de chaud CONTR. *cailler*
crever d'envie de SYN. brûler, griller
crever la dalle SYN. faim CONTR. *rassasier (se), repaître (se)*
crever la faim CONTR. *rassasier (se), repaître (se)*
crever la paillasse SYN. étriper
crever la peau SYN. étriper
crier famine SYN. faim CONTR. *rassasier (se), repaître (se)*
crier haro sur SYN. huer
cucul la praline SYN. tarte
cul de plomb SYN. faignant, fainéant, feignant, flemmard, glandeur, paresseux
culte du moi SYN. narcissisme

D

dame de petite vertu SYN. prostituée, putain, pute
dans ces conditions SYN. alors
dans la foulée SYN. ensuite
dans la gêne SYN. misérablement
dans la lune SYN. absent, distrait, écervelé, étourdi
dans la même mesure SYN. aussi
dans la mesure où SYN. parce que, puisque
dans l'avenir CONTR. *autrefois*
dans le but de SYN. pour

dans le cas contraire SYN sinon
dans le coup SYN branché, in, moderne CONTR. *arriéré, démodé, dépassé, out, ringard*
dans le dos SYN traîtreusement
dans le fond SYN réellement
dans le futur SYN demain
dans le moment même SYN d'emblée
dans le passé SYN anciennement, autrefois, jadis CONTR. *aujourd'hui, demain, récemment*
dans le plus simple appareil SYN dévêtu, nu
dans le temps SYN anciennement, autrefois, jadis
dans le vent SYN branché, in, moderne CONTR. *arriéré, démodé, dépassé, out, ringard*
dans le voisinage SYN alentours, autour de, côté, environs, près
dans l'ensemble SYN globalement
dans les formes SYN régulièrement
dans les grandes lignes SYN globalement
dans les nuages SYN absent, distrait
dans les règles SYN régulièrement
dans les temps CONTR. *inexact*
dans l'immédiat SYN actuellement, aujourd'hui
dans l'intention de SYN pour
dans l'intérêt de SYN pour
dans peu de temps SYN prochainement
dans un fauteuil SYN facilement
dans un instant SYN prochainement
danser devant le buffet SYN faim, jeûner
danseur de corde SYN acrobate, équilibriste, funambule
d'après les dires de SYN selon
d'arrache-pied CONTR. *mollement, négligemment, tièdement*
d'arrière-garde SYN arriéré
d'autre part SYN surcroît
d'avant-garde CONTR. *antédiluvien, suranné*
de A à Z SYN complètement, entièrement, intégralement, totalement
de A jusqu'à Z SYN complètement, entièrement, intégralement, totalement
de biais SYN obliquement
de bon cœur SYN délibérément, généreusement, volontiers
de bon goût SYN chic, distingué, élégant, raffiné
de bon gré SYN délibérément, librement, volontiers
de bon poil SYN enjoué
de bon ton SYN choisi, civil, distingué, élégant, raffiné
de bonne compagnie CONTR. *voyou*
de bonne composition SYN accommodant
de bonne foi SYN sincère
de bonne grâce SYN délibérément, volontiers
de bonne heure SYN précocement
de bout en bout SYN complètement, entièrement, intégralement
de bric et de broc SYN dépareillé, hétéroclite, hétérogène
de but en blanc SYN brusquement, impromptu, inopinément, soudain, soudainement, subitement, subito
de ce point de vue SYN égard
de cette façon SYN ainsi
de cette manière SYN ainsi
de circonstance SYN adapté, adéquat, approprié, opportun, stéréotypé
de commande SYN artificiel, factice, faux, feint, simulé, stéréotypé CONTR. *authentique, sincère, spontané, vrai*
de compagnie SYN ensemble
de concert SYN concurremment, conjointement, ensemble, simultanément, unanimement, unisson
de confiance SYN fiable, sûr
de conserve SYN concurremment, conjointement, ensemble, simultanément, unanimement, unisson
de côté SYN obliquement
de face SYN directement, ouvertement, résolument
de fait SYN effectivement
de fantaisie SYN artificiel, imaginaire, inventé
de fer SYN ferme, fort, inébranlable, inflexible, résistant, rigoureux, solide, vigoureux CONTR. *faible, mou*
de fond en comble SYN complètement, entièrement, intégralement, totalement
de force à SYN capable, susceptible, taillé CONTR. *infichu, infoutu*
de fortune SYN provisoire
de front SYN conjointement, directement, ensemble, ouvertement, simultanément
de gaieté de cœur SYN délibérément, volontiers
de glace SYN froid, glacé, glacial
de guingois SYN obliquement
de haut en bas SYN complètement, entièrement, intégralement
de jais SYN noir

de la cave au grenier SYN complètement, entièrement, intégralement
de la dernière cuvée SYN jeune, récent
de la même façon SYN identiquement, pareillement, semblablement
de la même façon que SYN ainsi que, comme
de la même manière SYN identiquement, pareillement, semblablement
de la même manière que SYN ainsi que, comme
de la sorte SYN ainsi
de longtemps SYN sitôt
de main de maître SYN magistralement, talentueusement
de manière à SYN pour
de marbre SYN froid, glacé, glacial
de mauvais augure SYN sinistre
de mauvais goût SYN indécent
de mauvais poil CONTR. *enjoué*
de mauvaise humeur SYN ronchon
de même SYN aussi, également, identiquement, pareillement, semblablement
de même que SYN ainsi que, comme
de niveau SYN plain-pied (de)
de nos jours SYN actuellement, aujourd'hui, maintenant CONTR. *hier*
de parade SYN faux CONTR. *sincère, vrai*
de parole SYN régulier
de parti pris SYN tendancieux
de père de famille SYN sûr
de plein gré SYN délibérément, librement, volontairement, volontiers
de plomb SYN ardent
de plus SYN aussi, d'ailleurs, surcroît
de prédilection SYN bien-aimé, chéri, favori, préféré CONTR. *abhorré, détesté*
de premier ordre SYN excellent, extra, remarquable, supérieur
de prime abord SYN abord
de propos délibéré SYN délibérément, intentionnellement, sciemment, volontairement
de quelle façon SYN comment
de quelle manière SYN comment
de renom SYN renommé
de rigueur SYN incontournable, indispensable, obligatoire
de saison SYN adapté, adéquat, approprié, opportun
de suite SYN d'affilée, successivement
de surcroît SYN aussi
de taille à SYN capable, susceptible
de temps à autre SYN alternativement, épisodiquement, irrégulièrement, occasionnellement, quelquefois, sporadiquement, variablement CONTR. *constamment, continuellement, continûment, éternellement, immuablement, indéfiniment, invariablement*
de temps en temps SYN alternativement, épisodiquement, irrégulièrement, occasionnellement, parfois, quelquefois, sporadiquement, variablement CONTR. *constamment, continuellement, continûment, éternellement, immuablement, indéfiniment, invariablement*
de toujours SYN héréditaire
de tous côtés SYN partout
de tous les diables SYN fameux, soigné
de tout temps SYN toujours
de toute évidence SYN certainement, évidemment, incontestablement, indiscutablement, indubitablement, inéluctablement, inévitablement, inexorablement, infailliblement, manifestement
de toute façon SYN toujours
de toute urgence SYN instamment, urgemment
de toutes parts SYN partout
de travers SYN envers, obliquement
de traviole SYN obliquement
débarrasser le plancher SYN déguerpir, fuir, partir, tirer (se)
débile mental SYN idiot
débit de boissons SYN café
déblayer le terrain SYN partir, tirer (se)
décharger sa bile SYN emporter (s'), irriter (s')
déclarer forfait SYN abandonner, capituler, renoncer CONTR. *accrocher (s')*
déclarer nul et non avenu SYN abolir, abroger
déficience mentale SYN idiotie, imbécillité
degré d'hygrométrie SYN humidité
déjeuner de soleil SYN caprice
demander à cor et à cri SYN réclamer
demander conseil SYN consulter
demander pardon SYN repentir (se)
demandeur d'emploi SYN chômeur
denrée rare SYN curiosité, rareté
d'entrée de jeu SYN d'abord, d'emblée
dépasser les bornes SYN abuser, exagérer, outrepasser, pousser
dépasser les limites SYN abuser, exagérer, outrepasser, pousser
dépenser sans compter CONTR. *priver (se)*
déposer les armes SYN capituler, rendre (se)

dépouille mortelle SYN cadavre, corps, restes
depuis peu SYN fraîchement, récemment
dernier asile SYN cimetière
dernier cri SYN branché, moderne, ultramoderne CONTR. *antédiluvien, antique, démodé, désuet*
dernier sommeil SYN mort, trépas
dernière demeure SYN cimetière
dernière mode SYN branché
derrière le dos SYN traîtreusement
des heures SYN longtemps
dès l'abord SYN d'emblée
des pieds à la tête SYN complètement, entièrement, intégralement
dès potron-minet SYN tôt
descendre en flammes SYN abîmer, assaisonner, cracher, critiquer, débiner, démolir, éreinter, esquinter, étriller, matraquer
dessiller les yeux à SYN détromper
dessus du panier SYN aristocratie, crème, élite, fleur, gotha CONTR. *bas-fonds*
devenir cramoisi SYN rougir
devenir gaga SYN ramollir (se)
devenir gâteux SYN ramollir (se)
d'exception SYN éminent, épatant, exceptionnel, inappréciable, prodigieux, remarquable, sensationnel, supérieur, surprenant, transcendant, unique
d'ici longtemps SYN sitôt
d'ici peu SYN incessamment
Dieu merci SYN heureusement
Dieu soit loué SYN heureusement
digne de foi SYN fiable, sincère
dindon de la farce SYN cocu, dupe, pigeon
dire à mi-voix CONTR. *crier*
dire entre ses dents CONTR. *crier*
dire merci SYN remercier
dire pis que pendre SYN assaisonner, baver, cracher, critiquer, démolir, éreinter, esquinter, étriller, médire
disciple d'Esculape SYN médecin
discuter le bout de gras SYN bavarder, causer, converser, dialoguer, discutailler, disputailler, entretenir, entretenir (s'), palabrer, papoter, parler, tchatcher
discuter le coup SYN bavarder, causer, converser, dialoguer, discutailler, disputailler, entretenir, entretenir (s'), palabrer, papoter, parler, tchatcher
d'occasion CONTR. *neuf*
don Juan SYN coureur, dragueur, séducteur, tombeur
donner asile SYN abriter
donner avis SYN aviser
donner congé SYN congédier, remercier
donner corps SYN concrétiser, exécuter, réaliser
donner des ailes SYN ravir
donner des noms d'oiseau SYN injurier
donner du cœur au ventre SYN regonfler
donner envie de vomir SYN dégoûter, écœurer, répugner, révulser
donner la chair de poule SYN peur
donner la touche finale SYN parachever
donner l'assaut SYN attaquer
donner le change SYN abuser, mentir, tromper
donner le coup de grâce SYN achever
donner le coup d'envoi SYN commencer
donner le frisson SYN glacer
donner le jour SYN accoucher, engendrer, générer
donner lieu à SYN causer, induire, occasionner, permettre, prêter, procurer
donner l'impression de SYN sembler
donner matière à SYN causer, occasionner, permettre, prêter, procurer
donner naissance SYN engendrer
donner raison SYN approuver
donner sa main à couper SYN affirmer, parier
donner sa parole SYN jurer, promettre
donner sa tête à couper SYN affirmer, parier
donner suite à SYN continuer
donner un coup de canif dans le contrat SYN trahir
donner un coup de chapeau SYN saluer
donner un coup de collier CONTR. *buller, fainéanter, flemmarder, glander, lézarder, paresser*
donner un coup de fouet SYN ravigoter, requinquer, revigorer
donner un coup de main SYN aider
donner un coup de peigne SYN coiffer
donner un coup de pouce SYN pistonner
donner une leçon SYN corriger
dormir à poings fermés CONTR. *somnoler*
dormir comme un loir CONTR. *somnoler*
dormir comme une marmotte CONTR. *somnoler*
dormir sur ses deux oreilles SYN tranquilliser (se)
double jeu SYN imposture
double sens SYN ambiguïté, amphibologie
dresser l'oreille SYN écouter
drôle de SYN joli
du bout des dents CONTR. *volontiers*

du bout des lèvres CONTR. *volontiers*
du côté de SYN alentours, près de, sur, vers
du début à la fin CONTR. *incomplètement*
du diable SYN fameux, soigné
du fait de SYN grâce, raison, vu
du fait que SYN comme, parce que
du jour SYN frais
du moins SYN enfin, néanmoins, seulement, toutefois
du moment que SYN puisque
du reste SYN d'ailleurs
du tac au tac SYN brusquement
du tout au tout SYN complètement, entièrement
d'un bout à l'autre SYN complètement
d'un commun accord SYN conjointement, ensemble, unanimement
d'un coup CONTR. *graduellement, progressivement*
d'un instant à l'autre SYN bientôt
d'un moment à l'autre SYN bientôt
d'une traite SYN non-stop
d'urgence SYN instamment, urgemment

E

écart de langage SYN grossièreté, incorrection
échauffer la bile SYN irriter
échauffer le sang SYN irriter
échauffer les oreilles SYN irriter
éclater de rire SYN bidonner (se), esclaffer (s'), rigoler, tordre (se)
égalité d'humeur CONTR. *irascibilité*
élever la voix SYN fâcher (se)
élire domicile SYN loger
emboîter le pas SYN suivre CONTR. *précéder*
empêcheur de danser en rond SYN casse-pieds, gêneur, rabat-joie, raseur
empêcheur de tourner en rond SYN casse-pieds, gêneur, rabat-joie, raseur
emploi du temps SYN programme
employé de maison SYN serviteur
en abondance SYN amplement, beaucoup, grandement, plantureusement
en abrégé SYN brièvement, sommairement, succinctement CONTR. *in extenso*
en accord SYN approprié, plain-pied (de), unisson
en admettant que SYN si
en alternance SYN successivement
en apparence SYN apparemment, extérieurement CONTR. *effectivement, intimement, réellement*
en application SYN existant
en arrière SYN derrière
en attendant SYN provisoirement
en aucun cas SYN jamais CONTR. *absolument*
en aucune façon SYN jamais CONTR. *absolument*
en avance SYN précocement, prématurément
en aveugle SYN aveuglément
en avoir assez SYN énerver (s'), impatienter (s') CONTR. *supporter, tolérer*
en avoir jusque-là SYN énerver (s'), impatienter (s') CONTR. *supporter, tolérer*
en avoir marre SYN énerver (s'), impatienter (s') CONTR. *supporter, tolérer*
en avoir par-dessus la tête SYN énerver (s'), impatienter (s')
en avoir plein le cul SYN énerver (s'), impatienter (s') CONTR. *supporter, tolérer*
en avoir plein le dos SYN énerver (s'), impatienter (s') CONTR. *supporter, tolérer*
en avoir ras le bol SYN énerver (s'), impatienter (s') CONTR. *supporter, tolérer*
en avoir soupé SYN énerver (s'), impatienter (s') CONTR. *supporter, tolérer*
en baver SYN peiner, ramer
en biais SYN oblique, obliquement
en bisbille SYN brouillé
en bloc SYN globalement, totalement CONTR. *individuellement, isolément, partiellement*
en bonne et due forme SYN dûment
en boucher un coin SYN ahurir, ébahir, éberluer, ébouriffer, épater, époustoufler, estomaquer, scier, sidérer, souffler, stupéfier, suffoquer, surprendre
en bouillie SYN écrasé
en bref SYN brièvement, succinctement
en butte à SYN confronté
en cachette SYN clandestinement, discrètement, furtivement, incognito, officieusement, secrètement, sourdement, sournoisement, subrepticement, tapinois (en) CONTR. *franchement, officiellement, ouvertement, publiquement*
en capilotade SYN écrasé
en cascade SYN successivement
en catastrophe SYN diligemment, expéditivement, hâtivement, précipitamment, promptement, rapidement, vite
en catimini CONTR. *franchement, ouvertement*

en ce cas SYN alors
en ce moment SYN actuellement, aujourd'hui
en ce qui concerne SYN pour
en chœur SYN ensemble, unanimement, unisson CONTR. *individuellement*
en cinq sec SYN diligemment, expéditivement, hâtivement, rapidement, vite
en coin SYN oblique, obliquement, tortueusement, torve
en colère SYN fulminant, furax, furibard, furibond, furieux
en commun SYN ensemble
en compagnie de SYN avec
en comparaison avec SYN comparativement, proportionnellement
en comparaison de SYN relativement à
en compensation SYN réciproquement
en compote SYN écrasé
en confidence SYN confidentiellement
en connaître un rayon SYN savoir
en contrepartie SYN inversement, réciproquement
en contrepartie de SYN moyennant
en costume d'Adam SYN dévêtu, nu
en costume d'Ève SYN dévêtu, nu
en coup de vent SYN diligemment, expéditivement, hâtivement, précipitamment, promptement, rapidement, vite
en cours SYN actuel, courant CONTR. *démodé*
en croire SYN rapporter (se), référer (se)
en découdre SYN affronter (s'), bagarrer (se), batailler, battre (se), lutter
en définitive SYN décidément, enfin, finalement
en dehors de SYN excepté, hormis, hors, sauf
en dépit de SYN malgré, nonobstant
en dernier lieu CONTR. *prioritairement*
en dernier ressort SYN finalement
en dernière analyse SYN décidément, finalement
en dessous SYN hypocritement, oblique, sournoisement, torve
en deux temps, trois mouvements SYN diligemment, expéditivement, hâtivement, promptement, rapidement, vite
en deux, trois coups de cuiller à pot SYN diligemment, expéditivement, hâtivement, promptement, rapidement, vite
en diagonale SYN oblique, obliquement
en direction de SYN sur, vers
en douce SYN discrètement, facilement, hypocritement, insidieusement, secrètement, subrepticement, tapinois (en)
en douceur SYN facilement
en échange de SYN contre, moyennant, pour
en écraser SYN dormir, pioncer, roupiller CONTR. *somnoler*
en effet SYN assurément, effectivement
en entier SYN complètement, intégralement, totalement
en équilibre SYN d'aplomb CONTR. *déséquilibré, titubant*
en état de SYN capable, prêt, susceptible CONTR. *incapable, infichu, infoutu*
en excédent SYN superflu
en excluant SYN excepté
en face SYN directement, ouvertement
en faire accroire SYN abuser, mentir, tromper
en fait SYN concrètement, effectivement, pratiquement, proprement, réellement
en faveur de SYN pour CONTR. *contre*
en file SYN successivement
en file indienne SYN successivement
en fin de compte SYN décidément, enfin, finalement
en fin de course SYN déclinant, faiblissant
en finir SYN conclure, rompre, terminer
en flèche SYN diligemment, expéditivement, hâtivement, rapidement
en fonction de SYN relativement à, suivant, vu
en forme SYN reposé, valide CONTR. *achevé, anéanti, brisé, claqué, crevé, diminué, épuisé, éreinté, esquinté, exténué, fatigué, fini, flagada, flapi, fourbu, harassé, K.-O., lessivé, malade, mal-en-point, mort, moulu, patraque, pompé, raplapla, recru, rendu, rompu, tué, usé, vanné, vidé*
en foule SYN massivement
en friche SYN inculte
en général SYN généralement, habitude, ordinaire
en gros SYN approximativement, globalement, grossièrement, grosso modo, sommairement
en harmonie SYN unisson
en hâte SYN précipitamment, rapidement, vite
en humeur de SYN disposé
en imposer SYN éblouir, épater, impressionner, intimider, subjuguer
en jachère SYN inculte
en lieu et place de SYN pour
en lutte contre SYN confronté
en marmelade SYN écrasé
en masse SYN massivement

en même temps SYN ensemble, simultanément, unisson CONTR. *isolément*
en mesure de SYN prêt, susceptible
en mettre plein la vue SYN crâner, épater, fanfaronner, plastronner
en mettre un bon coup SYN activer (s'), décarcasser (se), démener (se), remuer (se) CONTR. *buller, fainéanter, flemmarder, glander, lézarder, paresser, prélasser (se)*
en mettre un coup SYN activer (s'), agiter (s'), bosser, boulonner, décarcasser (se), démener (se), remuer (se), travailler, trimer CONTR. *buller, fainéanter, flemmarder, glander, lézarder, paresser, prélasser (se)*
en mettre un vieux coup SYN activer (s'), décarcasser (se), démener (se), remuer (se) CONTR. *buller, fainéanter, flemmarder, glander, lézarder, paresser, prélasser (se)*
en moins de deux SYN diligemment, expéditivement, hâtivement, rapidement, vite
en morceaux SYN écrasé
en outre SYN aussi, surcroît
en pagaille SYN abondamment, amplement, beaucoup, considérablement, copieusement, énormément, généreusement, grandement, largement CONTR. *chichement, modérément, parcimonieusement, peu*
en parallèle SYN relativement à
en particulier SYN notablement, notamment, particulièrement, principalement, spécifiquement, surtout CONTR. *collectivement*
en partie SYN partiellement CONTR. *entièrement, fin, in extenso, totalement*
en passant SYN incidemment
en passe de SYN près de, prêt
en permanence SYN constamment, continuellement, continûment, indéfiniment, invariablement, perpétuellement, toujours CONTR. *alternativement, irrégulièrement, momentanément, occasionnellement, parfois, rarement, sporadiquement, temporairement, transitoirement, variablement*
en personne SYN personnellement
en pétard SYN fulminant, furax, furibard, furibond, furieux
en pièces SYN écrasé
en pincer pour SYN aimer
en placer une SYN exprimer (s'), parler CONTR. *taire (se)*
en plein air CONTR. *couvert*
en pleine forme CONTR. *achevé, anéanti, brisé, claqué, crevé, diminué, épuisé, éreinté, esquinté, exténué, fatigué, fini, flagada, flapi, fourbu, harassé, K.-O., lessivé, malade, mort, moulu, patraque, pompé, raplapla, recru, rendu, rompu, tué, usé, vanné, vidé*
en plus SYN aussi, surcroît
en plus de SYN outre
en pointe SYN pointu
en pratique SYN pratiquement CONTR. *théoriquement*
en premier SYN d'abord, préalablement, premièrement, prioritairement
en premier lieu SYN d'abord, préalablement, prioritairement CONTR. *puis*
en prendre à son aise CONTR. *contraindre (se), forcer (se), obliger (s')*
en prendre de la graine SYN imiter
en prendre son parti SYN accommoder (s'), accoutumer (s'), résigner (se), résoudre (se)
en principe SYN normalement, théoriquement
en privé SYN confidentiellement, officieusement CONTR. *officiellement, publiquement*
en proportion de SYN comparativement, proportionnellement, relativement à, selon, suivant
en public SYN officiellement, publiquement CONTR. *confidentiellement, officieusement*
en puissance SYN potentiellement
en pure perte SYN inutilement, stérilement CONTR. *utilement*
en quantité SYN abondamment, amplement, considérablement, copieusement, énormément, généreusement, grandement, largement, massivement
en quatrième vitesse SYN diligemment, expéditivement, hâtivement, précipitamment, promptement, rapidement, vite
en rabattre SYN déchanter
en raccourci SYN brièvement, succinctement
en raison de SYN vu
en rajouter SYN amplifier, exagérer, outrer
en rang d'oignons SYN successivement
en réalité SYN effectivement, réellement CONTR. *apparemment, extérieurement*
en regard de SYN comparativement, proportionnellement, relativement à, vis-à-vis de
en règle générale SYN généralement, habitude, habituellement, ordinaire, usuellement, traditionnellement

en remplacement SYN réciproquement
en rester comme deux ronds de flan SYN étonner (s'), revenir
en rester sur le cul SYN étonner (s'), revenir
en résumé SYN bref, brièvement, finalement, sommairement, succinctement
en retard SYN inexact CONTR. *ponctuel*
en retour SYN inversement, réciproquement
en revanche SYN inversement
en rien CONTR. *absolument*
en ruine SYN délabré
en secret SYN confidentiellement, furtivement, in petto, secrètement, subrepticement, tapinois (en) CONTR. *ouvertement, publiquement*
en série SYN successivement
en situation de SYN prêt
en somme SYN bref, enfin, finalement
en son for intérieur SYN au-dedans, doucement, intérieurement
en souplesse SYN facilement
en sourdine SYN discrètement, secrètement, silencieusement, sourdement CONTR. *bruyamment*
en sous-main SYN irrégulièrement, secrètement, sourdement, subrepticement CONTR. *ouvertement, publiquement*
en substance SYN brièvement, sommairement
en suffisance CONTR. *insuffisamment*
en suivant CONTR. *alternativement*
en supposant que SYN si
en surnombre SYN superflu
en sus de SYN outre
en tant que SYN comme, qualité
en temps et en heure SYN ponctuellement
en temps opportun CONTR. *inopportunément, intempestivement*
en temps utile SYN opportunément, pile CONTR. *inopportunément, intempestivement*
en temps voulu SYN opportunément, pile CONTR. *inopportunément, intempestivement*
en tenant compte de SYN vu
en tête SYN premier
en titre SYN attitré
en totalité SYN complètement, intégralement, totalement CONTR. *partiellement*
en toute bonne foi SYN franchement, sincèrement
en toute confiance SYN complètement, entièrement, pleinement
en toute connaissance de cause SYN consciemment
en toute franchise SYN sincèrement
en toute hâte SYN diligemment, expéditivement, hâtivement, précipitamment, promptement, rapidement, vite
en toute logique SYN naturellement
en toute quiétude SYN paisiblement, sereinement
en trompe-l'œil SYN artificiel
en trop SYN superflu
en un clin d'œil SYN diligemment, expéditivement, hâtivement, précipitamment, promptement, rapidement, vite
en un instant SYN rapidement
en un mot SYN bref, brièvement, finalement
en un mot comme en cent SYN bref, finalement
en un mot comme en mille SYN bref, finalement
en un rien de temps SYN diligemment, expéditivement, hâtivement, promptement, rapidement, vite
en un temps record SYN diligemment, expéditivement, hâtivement, promptement, rapidement, vite
en un tour de main SYN aisément, diligemment, expéditivement, hâtivement, précipitamment, promptement, rapidement, vite CONTR. *lentement*
en vain SYN inutilement, stérilement, vainement CONTR. *utilement*
en venir aux mains SYN bagarrer (se), battre (se), colleter (se), lutter
en vérité SYN réellement
en veux-tu en voilà SYN abondamment, beaucoup, considérablement, copieusement, énormément, largement
en vigueur SYN actuel, existant, présent
en vitesse SYN diligemment, expéditivement, hâtivement, précipitamment, promptement, rapidement, vite
en vogue SYN branché, célèbre, in, populaire, prisé, ultramoderne CONTR. *abandonné, démodé, désuet, out, rococo, suranné*
en voie de SYN prêt
en vrac SYN pêle-mêle
encore moins CONTR. *davantage*
encore plus SYN davantage
encore que SYN quoique
en-deçà de SYN avant
enfant de chœur SYN naïf
entre autres SYN notamment

entre deux portes SYN diligemment, expéditivement, hâtivement, promptement, rapidement, vite
entre les deux SYN intermédiaire
entre parenthèses SYN incidemment
entre quatre murs SYN enfermé
entrée en matière SYN début, introduction
entrer en jeu SYN intervenir, jouer
entrer en ligne de compte SYN intervenir, peser
envoyer à tous les diables SYN éconduire, remballer, rembarrer
envoyer ad patres SYN assassiner, buter, descendre, éliminer, exécuter, faucher, flinguer, occire, ratatiner, rectifier, refroidir, trucider, tuer
envoyer au bain SYN éconduire, remballer, rembarrer
envoyer au diable SYN éconduire, remballer, rembarrer
envoyer au poteau SYN fusiller
envoyer aux cinq cents diables SYN éconduire, remballer, rembarrer
envoyer aux pelotes SYN éconduire, remballer, rembarrer
envoyer balader SYN blackbouler, chasser, débarquer, déboulonner, dégommer, démettre, déposer, éconduire, exclure, rabrouer, remballer, rembarrer
envoyer bouler SYN blackbouler, chasser, débarquer, déboulonner, dégommer, démettre, déposer, éconduire, exclure, rabrouer, remballer, rembarrer
envoyer chier SYN éconduire, rabrouer, remballer, rembarrer
envoyer dinguer SYN éconduire, rabrouer, remballer, rembarrer
envoyer paître SYN blackbouler, chasser, débarquer, déboulonner, dégommer, démettre, déposer, éconduire, exclure, rabrouer, remballer, rembarrer
envoyer péter SYN éconduire, rabrouer, remballer, rembarrer
envoyer promener SYN éconduire, rabrouer, remballer, rembarrer
envoyer se faire cuire un œuf SYN éconduire, rabrouer, remballer, rembarrer
envoyer se faire foutre SYN éconduire, rabrouer, remballer, rembarrer
envoyer se faire lanlaire SYN blackbouler, débarquer, déboulonner, dégommer, démettre, déposer, éconduire, exclure, rabrouer, remballer, rembarrer
envoyer sur les roses SYN éconduire, rabrouer, remballer, rembarrer
envoyer valser SYN expulser
espèces sonnantes et trébuchantes SYN argent, blé, fric, liquide, liquidités, numéraire, oseille, pognon, sous
esprit de clocher SYN patriotisme
esprit de finesse SYN jugement
esprit de subordination SYN obéissance
esprit de suite SYN obstination, persistance
esprit follet SYN farfadet, kobold
esprit fort SYN athée, impie, incrédule
et aussi SYN comme
et comment SYN évidemment
et puis SYN d'ailleurs, surcroît
étaler au grand jour SYN livrer
étancher sa soif SYN désaltérer (se)
étant donné SYN soit
étant donné que SYN parce que, puisque
état de choses SYN cas, conjoncture, situation
état de fait SYN situation
état hygrométrique SYN humidité
étrange lucarne SYN télévision
être à bout de souffle SYN haleter CONTR. *respirer*
être à côté de la plaque SYN abuser (s'), fourvoyer (se), leurrer (se), planter (se), tromper (se)
être à côté de ses pompes SYN planer
être à court d'argent CONTR. *enrichir (s')*
être à court de SYN manquer
être à fond de cale CONTR. *enrichir (s')*
être à la dernière extrémité SYN agoniser
être à la diète SYN jeûner
être à l'affût SYN guetter, guigner
être à l'article de la mort SYN agoniser
être à même de SYN pouvoir
être à part SYN démarquer (se), différer
être à plat ventre SYN aplatir (s'), humilier (s')
être à sec SYN manquer CONTR. *enrichir (s')*
être absent SYN rêvasser, rêver
être ailleurs SYN rêvasser, rêver CONTR. *écouter*
être amateur de SYN adonner (s')
être au chômage CONTR. *travailler*
être au courant de SYN savoir
être au fait de SYN savoir
être au nombre de SYN figurer
être aux aguets SYN épier
être aux anges SYN jubiler
être aux cent coups SYN affoler (s'), inquiéter (s'), paniquer, tourmenter (se)

être aux petits soins SYN ménager, soigner

être aux portes de la mort SYN agoniser

être aux prises avec SYN bagarrer (se), lutter

être bien aise de SYN délecter (se), féliciter (se), réjouir (se) CONTR. *déplorer, regretter*

être comme cul et chemise SYN entendre (s')

être d'accord SYN approuver, vouloir

être dans de beaux draps SYN embourber (s'), ramer CONTR. *débrouiller (se), démerder (se), dépatouiller (se), dépêtrer (se), sortir (se)*

être dans la lune SYN planer, rêvasser, rêver CONTR. *écouter*

être dans la merde SYN embourber (s'), ramer CONTR. *débrouiller (se), démerder (se), dépatouiller (se), dépêtrer (se), sortir (se)*

être dans la panade SYN embourber (s'), ramer CONTR. *débrouiller (se), démerder (se), dépatouiller (se), dépêtrer (se), sortir (se)*

être dans le besoin CONTR. *enrichir (s')*

être dans le pétrin SYN embourber (s'), ramer CONTR. *débrouiller (se), démerder (se), dépatouiller (se), dépêtrer (se), sortir (se)*

être dans le vrai CONTR. *tromper (se)*

être dans les bras de Morphée SYN dormir, pioncer, roupiller

être dans les cordes de SYN aller, relever

être dans les vignes du Seigneur SYN cuver

être dans l'obligation de SYN avoir, devoir

être dans un état intéressant SYN enceinte

être dans une mauvaise passe SYN embourber (s'), ramer CONTR. *débrouiller (se), démerder (se), dépatouiller (se), dépêtrer (se), sortir (se)*

être dans une situation intéressante SYN enceinte

être de mèche avec SYN associer (s'), coaliser (se)

être de sortie SYN sortir

être du domaine de SYN relever

être du même acabit SYN ressembler (se)

être du même tonneau SYN ressembler (se)

être du ressort de SYN aller, relever

être égal SYN indifférer CONTR. *préoccuper*

être en boule SYN éclater, exploser

être en cloque SYN enceinte

être en colère SYN éclater, exploser

être en droit de SYN pouvoir

être en eau SYN suer

être en état de SYN pouvoir

être en larmes SYN pleurer, sangloter CONTR. *rire*

être en mesure de SYN pouvoir, savoir

être en nage SYN suer

être en pleine forme CONTR. *déprimer*

être en quête de SYN rechercher

être en rogne SYN éclater, exploser

être en situation de SYN pouvoir

être en vie CONTR. *trépasser*

être en voie de guérison SYN guérir

être enclin à SYN tendre

être entre le zist et le zest SYN hésiter, tâter (se)

être fauché comme les blés CONTR. *enrichir (s')*

être fort aise de SYN délecter (se), féliciter (se), réjouir (se) CONTR. *déplorer, regretter*

être fou de SYN adorer, raffoler

être garant SYN répondre

être grosse SYN enceinte

être hors d'affaire SYN réchapper

être hors de danger SYN guérir, réchapper

être hors d'haleine SYN haleter CONTR. *respirer*

être la proie des flammes SYN flamber

être le fait de SYN relever

être le portrait craché de SYN ressembler (se)

être loin de CONTR. *confiner*

être par monts et par vaux SYN voyager

être plein de SYN regorger

être raide comme un passe-lacet CONTR. *enrichir (s')*

être rouge comme un coq SYN rougir CONTR. *pâlir*

être rouge comme une écrevisse SYN rougir CONTR. *pâlir*

être rouge comme une pivoine SYN rougir CONTR. *pâlir*

être rouge comme une tomate SYN rougir CONTR. *pâlir*

être sans le sou CONTR. *enrichir (s')*

être sous la coupe de SYN dépendre

être sous pression SYN bouillir, impatienter (s'), piaffer

être sur des charbons ardents SYN bouillir, impatienter (s'), piaffer

être sur la paille CONTR. *enrichir (s')*

être sur la réserve SYN méfier (se)

être sur le gril SYN bouillir, impatienter (s'), piaffer

être sur le qui-vive SYN méfier (se), veiller

être sur le sable CONTR *travailler*
être sur pied SYN guérir
être sur ses gardes SYN méfier (se) CONTR *abandonner (s')*
être tenu de SYN avoir, devoir
être tout le portrait de SYN ressembler (se)
être tout ouïe SYN écouter
être un signe avant-coureur SYN précéder
eu égard à SYN pour, raison, selon, suivant, vu
excepté que SYN si, sinon
exception faite de SYN excepté, sauf
exécuteur des hautes œuvres SYN bourreau
exhaler le dernier soupir SYN expirer, mourir, trépasser
exploitant agricole SYN agriculteur, cultivateur, paysan

F

facile comme bonjour SYN enfantin
façon de penser SYN avis, opinion, optique, point de vue, position
faire abstraction SYN écarter, éliminer, exclure, négliger, omettre
faire admettre SYN inculquer
faire affront SYN offenser, offusquer, outrager
faire allusion à SYN évoquer, insinuer, parler, sous-entendre, suggérer
faire appel à SYN adresser (s'), recourir
faire assaut de SYN rivaliser
faire attention SYN garde, méfier (se)
faire augurer SYN prédire, promettre, pronostiquer
faire avancer SYN pousser
faire bombance SYN bâfrer, bambocher, banqueter, festoyer, gaver (se), goinfrer (se), gueuletonner, régaler (se), ripailler
faire bon ménage SYN accorder (s'), entendre (s')
faire bonne chère SYN goberger (se), gueuletonner, régaler (se), ripailler
faire briller SYN fourbir
faire caca SYN crotter
faire cadeau SYN offrir
faire carrière SYN arriver, monter, parvenir, percer, réussir
faire cause commune SYN entraider (s')
faire cavalier seul SYN isoler (s') CONTR *joindre (se)*
faire ceinture SYN passer (se), priver (se)
faire cesser SYN endiguer, résorber CONTR *perpétuer*
faire chanter SYN menacer
faire chier SYN ennuyer, enquiquiner, fatiguer, raser, tanner
faire chou blanc SYN échouer, ramasser (se)
faire confiance SYN compter
faire connaître SYN informer, instruire
faire contre mauvaise fortune bon cœur SYN accommoder (s'), résigner (se), résoudre (se)
faire dans sa culotte SYN alarmer (s'), baliser, effrayer (s'), peur, trembler
faire dans son froc SYN alarmer (s'), baliser, effrayer (s'), peur, trembler
faire date SYN dater, importer, marquer
faire de la lèche SYN courtiser, encenser, flagorner
faire de la retape SYN raccrocher, racoler
faire de l'effet SYN agir, opérer
faire de l'épate SYN afficher (s')
faire de l'esbroufe SYN afficher (s')
faire de nécessité vertu SYN résigner (se)
faire défaut SYN manquer
faire des avances SYN aborder
faire des embarras SYN rechigner, renâcler CONTR *accepter*
faire des gorges chaudes SYN moquer (se)
faire des mines SYN minauder
faire des pieds et des mains SYN décarcasser (se), défoncer (se), démener (se), dépenser (se), échiner (s'), épuiser (s'), éreinter (s'), escrimer (s'), esquinter (s'), exténuer (s'), fatiguer (se), multiplier (se), remuer (se), tuer (se)
faire des ronds de jambe SYN courtiser, encenser, flagorner
faire des sacrifices SYN priver (se)
faire diligence SYN dépêcher (se), hâter (se), presser (se) CONTR *atermoyer*
faire dodo SYN coucher (se), dormir, pieuter (se), pioncer, roupiller
faire don de sa personne SYN sacrifier (se)
faire donner les grandes orgues SYN pontifier
faire du charme SYN courtiser

faire du mal SYN nuire
faire du plat SYN courtiser, encenser, flagorner
faire du tort SYN nuire
faire durer SYN éterniser
faire écran SYN obstruer
faire entendre SYN sous-entendre
faire entendre deux sons de cloche SYN contredire (se)
faire entrer SYN intégrer
faire erreur SYN illusionner (s')
faire escale SYN arrêter (s') CONTR. *partir*
faire étape SYN arrêter (s')
faire état de SYN alléguer, arguer, citer, évoquer, mentionner
faire face SYN affronter, combattre, obvier, pallier, parer, pourvoir, remédier, résister, soutenir
faire fausse route SYN égarer (s'), fourvoyer (se), gourer (se), méprendre (se), tromper (se)
faire feu SYN tirer
faire fi de SYN braver, dédaigner, ignorer, méconnaître, mépriser, rire, rire (se) CONTR. *ambitionner, aspirer, brûler, prêter (se), profiter, reluquer*
faire flamber SYN brûler
faire foi SYN attester, montrer, témoigner
faire fonction de SYN remplacer, servir, substituer (se), suppléer
faire fonctionner SYN actionner
faire froid dans le dos SYN glacer, peur
faire front SYN affronter, combattre, contrer, opposer (s'), résister
faire gaffe SYN méfier (se)
faire glisser SYN pousser
faire grâce SYN pardonner
faire grand cas de SYN apprécier, estimer, honorer CONTR. *ficher (se), foutre (se)*
faire grief SYN accuser, blâmer, reprocher
faire grise mine SYN déchanter
faire grossir CONTR. *amaigrir*
faire halte SYN arrêter (s') CONTR. *passer*
faire honneur SYN illustrer
faire horreur SYN dégoûter, écœurer, répugner, révulser
faire image SYN parler
faire irruption SYN arriver, débouler, surgir, survenir
faire jeûner CONTR. *nourrir*
faire jouer la corde sensible SYN sensibiliser
faire joujou SYN jouer
faire la bamboula SYN amuser (s'), bambocher, éclater (s')
faire la bête à deux dos SYN baiser
faire la bombe SYN amuser (s'), bambocher, festoyer
faire la bouffe SYN cuisiner
faire la bringue SYN amuser (s'), bambocher, éclater (s')
faire la causette SYN bavarder, causer, converser, deviser, dialoguer, discuter, entretenir (s'), papoter, parler, tchatcher
faire la cuisine SYN cuisiner
faire la cuistance SYN cuisiner
faire la fête SYN amuser (s'), éclater (s'), marrer (se)
faire la fiesta SYN amuser (s'), bambocher
faire la foire SYN amuser (s'), bambocher, éclater (s')
faire la grosse commission SYN crotter
faire la gueule SYN bouder, renfrogner (se)
faire la java SYN amuser (s'), bambocher, éclater (s')
faire la moue SYN renfrogner (se)
faire la noce SYN amuser (s'), bambocher, éclater (s')
faire la nouba SYN amuser (s'), bambocher, éclater (s')
faire la paix SYN réconcilier (se)
faire la peau SYN assassiner, buter, descendre, éliminer, étriper, exécuter, occire, ratatiner, rectifier, refroidir, supprimer, trucider, tuer, zigouiller
faire la popote SYN cuisiner
faire la roue SYN crâner, pavaner (se), plastronner, poser, rengorger (se)
faire la sourde oreille SYN rechigner, renâcler
faire la tambouille SYN cuisiner
faire la tête SYN bouder, renfrogner (se) CONTR. *bidonner (se), rigoler*
faire la teuf SYN amuser (s')
faire la tronche SYN bouder, renfrogner (se)
faire l'affaire SYN suffire
faire l'amour SYN baiser
faire le compte de SYN compter
faire le fou SYN batifoler, folâtrer
faire le fricot SYN cuisiner
faire le grand voyage SYN décéder, mourir, trépasser CONTR. *vivre*
faire le mur SYN évader (s')
faire le pied de grue SYN patienter, poireauter
faire le poireau SYN patienter, poireauter

faire le tapin SYN prostituer (se), tapiner
faire le tour SYN contourner
faire le tour de CONTR. *approcher*
faire le tour du cadran SYN dormir, pioncer, roupiller
faire le trottoir SYN prostituer (se), tapiner
faire l'effet d'une bombe SYN surprendre
faire les cent pas SYN arpenter, patienter, poireauter
faire les frais SYN payer
faire l'important SYN bêcher, crâner, fanfaronner, frimer, plastronner, poser
faire litière de SYN mépriser
faire long feu SYN échouer, louper, manquer, rater
faire machine arrière SYN reculer, rétracter (se)
faire maigre SYN jeûner
faire main basse sur SYN piller, saisir (se), voler
faire marche arrière SYN reculer, replier (se), rétrograder
faire marcher SYN attraper, avoir, berner, blaguer, charrier, chiner, ficher (se), leurrer, moquer (se), mystifier, taquiner
faire mine de SYN affecter
faire monter SYN embarquer
faire montre de SYN affecter, afficher, étaler, exhiber, manifester, prouver, témoigner
faire naître SYN amener, appeler, apporter, causer, créer, engendrer, entraîner, éveiller, générer, inspirer, instiller, insuffler, procurer, provoquer, soulever, susciter
faire naufrage SYN péricliter, sombrer
faire ovation SYN acclamer
faire parade de SYN affecter, étaler, exhiber CONTR. *rentrer*
faire paraître SYN sortir
faire part SYN annoncer, aviser, communiquer, confier, informer, instruire, notifier, ouvrir (s'), parler, prévenir, renseigner, signaler, signifier
faire part de CONTR. *dissimuler, taire*
faire partie de SYN appartenir, entrer, participer
faire passer SYN infuser
faire passer le goût du pain SYN assassiner, buter, descendre, éliminer, exécuter, ratatiner, rectifier, refroidir, tuer
faire payer SYN revaloir, venger, venger (se)
faire penser à SYN rappeler, simuler, suggérer
faire peu de cas de SYN ficher (se), foutre (se) CONTR. *soucier (se)*
faire peur SYN affoler, alarmer, angoisser, effrayer, épouvanter, inquiéter, paniquer, soucier, terrifier, terroriser
faire plaisir SYN réjouir CONTR. *mécontenter*
faire popo SYN crotter
faire rage CONTR. *apaiser (s')*
faire reluire SYN astiquer, brillanter
faire remarquer SYN signaler
faire ressortir SYN appuyer, intensifier, rehausser, souligner, valoriser CONTR. *effacer, gommer*
faire revenir SYN griller, rissoler
faire ripaille SYN bambocher, banqueter, festoyer, gueuletonner, ripailler
faire route SYN aller, rendre (se), transporter (se) CONTR. *arrêter (s')*
faire sa toilette SYN laver (se)
faire savoir SYN apprendre, avertir, aviser, indiquer, informer, instruire, révéler CONTR. *cacher, taire*
faire semblant SYN affecter, feindre, simuler
faire sensation SYN surprendre
faire ses ablutions SYN baigner (se), laver (se)
faire ses besoins SYN crotter
faire son beurre SYN enrichir (s')
faire son chemin SYN arriver, cheminer, monter, parvenir, percer, réussir
faire son deuil de SYN résigner (se)
faire son mea-culpa SYN repentir (se)
faire son trou SYN arriver, monter, parvenir, percer, réussir
faire suer SYN barber, bassiner, cavaler, embêter, emmerder, empoisonner, ennuyer, enquiquiner, fatiguer, impatienter, importuner, pomper, raser, tanner
faire tache d'huile SYN propager (se), répandre (se)
faire taire SYN bâillonner
faire tomber SYN renverser
faire tort SYN blesser
faire tout un plat SYN amplifier, exagérer
faire trempette SYN baigner (se)
faire un bisou SYN embrasser
faire un brin de causette SYN bavarder, causer, converser, deviser, dialoguer, discuter, entretenir (s'), papoter, parler, tchatcher
faire un enfant dans le dos SYN tromper
faire un gueuleton SYN festoyer, ripailler
faire un malheur SYN réussir

faire un point SYN raccommoder, rapetasser, rapiécer, ravauder, recoudre, repriser
faire un saut SYN passer
faire un tabac SYN réussir
faire une fin SYN marier (se)
faire une pause SYN arrêter (s')
faire valoir SYN alléguer, illustrer, rehausser, souligner, valoriser CONTR. *abaisser, galvauder*
faire venir SYN amener
faire voile SYN cingler, naviguer, voguer
faire voir SYN exhiber, présenter
fair-play SYN sport, sportivité
fait d'armes SYN exploit, geste
fait pour SYN capable, mûr, susceptible, taillé
fauché comme les blés SYN pauvre
fausse note SYN couac
fausser compagnie SYN abandonner, éclipser (s'), partir, quitter, sauver (se), tirer (se)
fauteur de troubles SYN excitateur, incitateur, provocateur
faux cul SYN hypocrite, imposteur, jésuite, pharisien, tartufe ou tartuffe, traître
faux derche SYN hypocrite, imposteur, jésuite, pharisien, tartufe ou tartuffe, traître
faux jeton SYN chafouin, fourbe, hypocrite, jésuite, pharisien, tartufe ou tartuffe, traître
faux pas SYN bavure, bévue, maladresse
femme de chambre SYN servante
femme de lettres SYN auteur
femme galante SYN prostituée, putain, pute
fermer la porte au nez SYN congédier
fermer sa boîte SYN taire (se) CONTR. *parler*
fermer sa bouche SYN taire (se) CONTR. *parler*
fermer sa gueule SYN taire (se) CONTR. *parler*
fermer son bec SYN taire (se) CONTR. *parler*
feu de paille SYN caprice
feu vert SYN accord
feuille de chou SYN canard, journal
fiche les jetons SYN peur
ficher à la porte SYN balancer, blackbouler, chasser, congédier, débarquer, déboulonner, dégommer, démettre, démissionner, déposer, exclure, expulser, limoger, remercier, renvoyer, révoquer, sabrer, sacquer, saquer, vider CONTR. *loger, recevoir*
ficher dedans SYN tromper
ficher le camp SYN barrer (se), casser (se), décamper, décaniller, déguerpir, détaler, enfuir (s'), fuir, partir, tailler (se), tirer (se)
fichu comme l'as de pique CONTR. *élégant*
figer le sang dans les veines SYN peur
filer à l'anglaise SYN esquiver (s')
filer doux SYN obéir
filer le parfait amour SYN roucouler
fille de joie SYN prostituée, putain, pute
fille des rues SYN prostituée, putain, pute
fille galante SYN prostituée, putain, pute
fille perdue SYN prostituée, putain, pute
fille publique SYN prostituée, putain, pute
fille soumise SYN prostituée, putain, pute
fin de non-recevoir SYN refus
fin du fin SYN fleur
fin fond SYN confins, repli, sanctuaire, tréfonds
fin mot SYN pourquoi
fine bouche SYN gourmet
fine fleur SYN aristocratie, crème, élite, fleur, gratin CONTR. *bas-fonds, écume, lie, masse, rebut*
fine gueule SYN gourmet
flanquer à la porte SYN balancer, blackbouler, chasser, congédier, débarquer, déboulonner, dégommer, démettre, démissionner, déposer, exclure, expulser, limoger, remercier, renvoyer, révoquer, sabrer, sacquer, saquer, vider CONTR. *loger, recevoir*
flanquer dehors SYN balancer, blackbouler, chasser, congédier, débarquer, déboulonner, dégommer, démettre, démissionner, déposer, exclure, limoger, remercier, renvoyer, révoquer, sabrer, sacquer, saquer, vider
fleur bleue SYN sentimental
fonction publique SYN administration
fondé de pouvoir SYN gérant, mandataire
fondre en larmes SYN pleurer, sangloter
fonds de commerce SYN commerce, magasin
for intérieur SYN âme, cœur
force de la nature SYN colosse, géant
force de l'âge SYN maturité
forcer la dose SYN amplifier, exagérer, outrer

forcer la note SYN amplifier, exagérer, outrer
forcer l'admiration SYN imposer
forcer le respect SYN imposer
forgé de toutes pièces SYN imaginaire
fort aise SYN comblé
fort en thème SYN cacique, crack
fou furieux SYN furieux
fouler aux pieds SYN dédaigner, humilier, mépriser, outrager, piétiner, vilipender, violer CONTR. *respecter*
fournir l'occasion de SYN causer
fourrer son nez dans SYN immiscer (s'), ingérer (s'), mêler (se)
foutre à la porte SYN balancer, blackbouler, chasser, congédier, débarquer, déboulonner, dégommer, démettre, démissionner, déposer, exclure, expulser, limoger, remercier, renvoyer, révoquer, sabrer, sacquer, saquer, vider
foutre dedans SYN tromper
foutre le camp SYN barrer (se), carapater (se), casser (se), décamper, décaniller, déguerpir, fuir, partir, tirer (se)
foyer d'incendie SYN feu
frais comme un gardon SYN délassé, reposé CONTR. *achevé, anéanti, brisé, claqué, crevé, épuisé, éreinté, esquinté, exténué, fatigué, fini, flagada, flapi, fourbu, harassé, K.-O., lessivé, malade, mal-en-point, mort, moulu, patraque, pompé, raplapla, recru, rendu, rompu, tué, usé, vanné, vidé*
frais comme une rose SYN délassé, reposé CONTR. *achevé, anéanti, brisé, claqué, crevé, épuisé, éreinté, esquinté, exténué, fatigué, fini, flagada, flapi, fourbu, harassé, K.-O., lessivé, malade, mal-en-point, mort, moulu, patraque, pompé, raplapla, recru, rendu, rompu, tué, usé, vanné, vidé*
frais émoulu SYN nouveau
frais et dispos SYN délassé, reposé CONTR. *achevé, anéanti, brisé, claqué, crevé, épuisé, éreinté, esquinté, exténué, fatigué, fini, flagada, flapi, fourbu, harassé, K.-O., lessivé, malade, mal-en-point, mort, moulu, patraque, pompé, raplapla, recru, rendu, rompu, tué, usé, vanné, vidé*
franc de SYN exempt
franc de port SYN franco
fruit sec SYN zéro
fuir le monde CONTR. *voyager*
fumer le calumet de la paix SYN réconcilier (se)

G

gagner des mille et des cents SYN enrichir (s')
gagner du terrain SYN avancer, progresser, propager (se) CONTR. *reculer*
gagner le large SYN appareiller, décamper, partir, tirer (se)
gagner sa croûte SYN travailler
gagner sa vie SYN travailler
gagner son bâton de maréchal SYN parvenir, percer, réussir
gagner son bifteck SYN travailler
gai comme un pinson SYN joyeux
galant homme SYN gentilhomme, gentleman
garder la tête froide SYN contrôler (se), posséder (se)
garder le silence CONTR. *parler*
garder ses distances SYN méfier (se), surveiller (se)
garder son sang-froid SYN contrôler (se), dominer (se), maîtriser (se), posséder (se) CONTR. *affoler (s'), paniquer*
garder son self-control SYN contrôler (se), dominer (se), maîtriser (se), posséder (se) CONTR. *affoler (s'), paniquer*
garder un chien de sa chienne SYN revaloir, venger (se)
gardien de la paix SYN agent, flic, policier
gêné aux entournures SYN pauvre
gens de maison SYN personnel, serviteur
gens du commun SYN peuple
gibier de potence SYN pendard
giroflée à cinq feuilles SYN claque, gifle
glacer le sang SYN peur
glisser à l'oreille CONTR. *crier*
gonflé comme une outre SYN repu
grâce à Dieu SYN heureusement
graisser la patte SYN acheter, arroser, payer, soudoyer, stipendier
grand de ce monde SYN puissant
grand manitou SYN caïd
grand public SYN masse
grand seigneur SYN gentilhomme, gentleman
grande gueule SYN gueulard
grande personne SYN adulte
grandeur d'âme SYN magnanimité CONTR. *rancune*
grenouille de bénitier SYN bigot, bondieusard, croyant, dévot, tartufe ou tartuffe CONTR. *athée, incrédule, incroyant*

grimper au cocotier SYN emporter (s'), irriter (s')
gros bonnet SYN caïd, gros, huile, légume, notable, puissant CONTR. *petit*
gros cul SYN camion
gros lard SYN éléphant
gros mot SYN invective, obscénité
gros patapouf SYN éléphant
gros plein de soupe SYN éléphant
gros qui tache SYN bibine, picrate
grosse dondon SYN éléphant
grosse légume SYN caïd, gros, huile, légume, notable CONTR. *petit*
grosse tête SYN cerveau

H

halte-là ! SYN qui vive ?
hausser le ton SYN crier, fâcher (se)
hausser les sourcils SYN tiquer
haut fait SYN exploit, geste, performance, prouesse CONTR. *bassesse*
haute société SYN gotha, haute, jet-set ou jet-society
hautes sphères SYN gotha, haute, jet-set ou jet-society, société
heureux hasard SYN chance
hisser le drapeau blanc SYN capituler, rendre (se)
histoires de fesses SYN sexe
homme à femmes SYN séducteur, tombeur
homme à tout faire SYN factotum
homme de l'art SYN médecin
homme de lettres SYN auteur, écrivain
homme de mer SYN marin, matelot
homme d'état SYN politicien, politique
homme du monde SYN gentilhomme, gentleman
homme du rang SYN soldat
hors d'âge SYN archaïque, obsolète
hors de pair SYN incomparable, inégalé, nonpareil
hors de prix SYN cher, inabordable, onéreux, ruineux
hors de propos SYN déplacé, inapproprié, incongru, indu, inopportun, intempestif, malvenu CONTR. *adapté, approprié, bienvenu, judicieux, opportun, pertinent*
hors d'haleine SYN essoufflé
hors du commun SYN exceptionnel, remarquable CONTR. *quelconque*
hors pair SYN incomparable, inégalé, nonpareil
huile essentielle SYN essence
huile volatile SYN essence
humeur de chien SYN rogne CONTR. *enjouement*
humeur de dogue SYN rogne CONTR. *enjouement*
humeur massacrante SYN rogne CONTR. *enjouement*
hurler de douleur SYN souffrir

I

idée derrière la tête SYN arrière-pensée
idée fixe SYN hantise, maladie, manie, marotte, obsession, préoccupation, rage
idée préconçue SYN préjugé, prévention
idée reçue SYN préjugé, prévention
idée toute faite SYN cliché, préjugé
il appartient de SYN convenir
il convient de SYN falloir
il est souhaitable SYN convenir
il faut SYN convenir
il sied de SYN convenir, falloir
il y a belle lurette SYN autrefois CONTR. *dernièrement, naguère, nouvellement, récemment*
il y a lieu de SYN convenir, falloir
illico presto SYN aussitôt, d'emblée, immédiatement, incontinent, instantanément, promptement, sur-le-champ, tout de suite
illusion d'optique SYN hallucination
induire en erreur SYN abuser, tromper
infiniment plus SYN autrement
infuser du sang neuf SYN renouveler
inodore et sans saveur SYN impersonnel, inintéressant, insipide, pâle, quelconque, terne
inspecteur des travaux finis SYN faignant, fainéant, feignant, flemmard, glandeur, paresseux

J

Jean qui rit et Jean qui pleure SYN velléitaire
jeter au rebut SYN débarrasser (se), dédaigner
jeter bas SYN abattre, précipiter

jeter de la poudre aux yeux SYN bluffer, imposer, leurrer

jeter la pierre SYN blâmer

jeter l'ancre SYN ancrer CONTR *appareiller, partir*

jeter l'argent par les fenêtres SYN gaspiller CONTR *compter, priver (se)*

jeter l'éponge SYN abandonner, renoncer CONTR *accrocher (s')*

jeter les bases de SYN édifier

jeter son dévolu sur SYN choisir, opter

jeter un jour nouveau SYN renouveler

jeter un œil SYN regarder

jeu de mots SYN plaisanterie

jeune fille SYN adolescent

jeune homme SYN adolescent

jeune loup SYN ambitieux, arriviste, opportuniste

jeunes gens SYN jeunesse CONTR *vieillesse*

joie de vivre SYN gaieté

jouer avec le feu SYN aventurer (s'), hasarder (se)

jouer la fille de l'air SYN décamper, décaniller, déguerpir, détaler, enfuir (s'), esquiver (s'), fuir, partir, sauver (se), tirer (se)

jouer le tout pour le tout SYN risquer

jouer son va-tout SYN oser, risquer

jouer un rôle SYN intervenir, participer

joyeux drille SYN blagueur, boute-en-train, loustic, plaisantin CONTR *éteignoir, rabat-joie, trouble-fête*

joyeux luron SYN blagueur, boute-en-train, loustic, plaisantin CONTR *éteignoir, rabat-joie, trouble-fête*

jurer ses grands dieux SYN affirmer

jus de la treille SYN vin

jusqu'à plus soif SYN abondamment, considérablement, copieusement, énormément, généreusement, grandement, largement

jusqu'au bout SYN complètement, entièrement, totalement

juste à temps SYN pile

L

la bagatelle SYN sexe

la boucler SYN taire (se) CONTR *parler*

la Camarde SYN mort

la Carrière SYN diplomatie

la chose SYN sexe

la Faucheuse SYN mort

la ferme ! SYN chut !, silence !

la fine fleur SYN gotha, gratin, jet-set ou jet-society

la gaudriole SYN sexe

la haute SYN gotha, jet-set ou jet-society, société

la nuit des temps SYN passé

la paix ! SYN motus !, silence !

la plupart du temps SYN fréquemment, généralement, habitude, habituellement, ordinaire, ordinairement, souvent

la ramener SYN bêcher, crâner, fanfaronner, frimer, plastronner

la sauter SYN faim

lâcher le morceau SYN avouer, parler

lâcher le paquet SYN avouer, parler

lâcher pied SYN reculer

laid comme un pou SYN vilain

laisser couler CONTR *intervenir*

laisser courir SYN abandonner, renoncer

laisser de côté SYN omettre

laisser deviner SYN annoncer, prédire, sous-entendre

laisser échapper SYN lâcher CONTR *profiter, retenir*

laisser en friche CONTR *défricher*

laisser en plan SYN larguer

laisser entendre SYN insinuer, sous-entendre

laisser errer SYN promener

laisser faire CONTR *intervenir*

laisser filer SYN lâcher

laisser froid CONTR *toucher, troubler*

laisser la place SYN ranger (se)

laisser pantois SYN déconcerter

laisser paraître SYN afficher, déployer, étaler, manifester, montrer

laisser passer CONTR *relever*

laisser prévoir SYN préparer, réserver

laisser supposer SYN insinuer, sous-entendre

laisser sur le carreau SYN faucher

laisser terminer CONTR *interrompre*

laisser tomber SYN abandonner, dégonfler (se), lâcher, larguer, omettre, oublier, planter, plaquer, quitter, renoncer, rompre CONTR *accrocher (s'), appuyer, assumer, débattre (se), décarcasser (se), occuper (s'), ramasser, seconder*

laisser voir SYN présenter

lame de fond SYN raz de marée

langue verte SYN argot, jargon

lanterne rouge SYN retardataire, traînard CONTR *champion, gagnant*

l'Architecte du monde SYN dieu

largeur d'esprit SYN tolérance
laver un affront SYN venger, venger (se)
le bon vieux temps SYN passé
le commun SYN généralité
le Créateur SYN dieu
le cul SYN sexe
le dessus du panier SYN gotha, gratin, jet-set ou jet-society
Le Grand Architecte SYN dieu
le Malin SYN diable
le Maudit SYN diable
le Père céleste SYN dieu
le plus grand nombre SYN plupart (la)
le Tout-Paris SYN gotha, jet-set ou jet-society
le Tout-Puissant SYN dieu
le Très-Haut SYN dieu
le vivre et le couvert SYN subsistance
lécher le cul SYN courtiser, encenser, flagorner
lécher les bottes SYN courtiser, encenser, flagorner
les aligner SYN casquer, cracher, payer
les allonger SYN casquer, cracher, payer
les avoir à zéro SYN alarmer (s'), baliser, effrayer (s'), peur, trembler
les doigts dans le nez SYN aisément, commodément, facilement CONTR. *difficilement, laborieusement, péniblement*
les lâcher SYN casquer, cracher, payer
les lâcher avec un élastique SYN casquer, payer
les nerfs à cran SYN énervé, exaspéré
les nerfs à fleur de peau SYN énervé, exaspéré
les nerfs en boule SYN énervé, exaspéré
les nerfs en pelote SYN énervé, exaspéré
l'Éternel SYN dieu
lettre grise SYN lettrine
lettre montante SYN lettrine
lever l'ancre SYN appareiller, partir CONTR. *aborder, accoster, ancrer, arriver*
lever le camp SYN partir, sauver (se)
lever le cœur SYN dégoûter, écœurer, répugner, révulser
lever le coude SYN boire, picoler
lever le pied SYN absenter (s'), sauver (se)
lever le siège SYN partir, sauver (se) CONTR. *assiéger*
libre penseur SYN athée, incrédule, incroyant, non-croyant, païen CONTR. *croyant*
lieu commun SYN banalité, cliché, généralité, poncif, stéréotype
lieux d'aisances SYN cabinets, lavabos, toilettes, vécés, W.-C.
ligne de conduite SYN direction
ligne de démarcation SYN frontière
linge de corps SYN dessous
livrer bataille SYN combattre
livrer les clefs de la ville SYN capituler
loin de CONTR. *auprès de, près de*
long comme un jour sans pain SYN ennuyeux, interminable
loup de mer SYN marin
l'ouvrir SYN exprimer (s'), parler CONTR. *taire (se)*
l'un après l'autre SYN alternativement

M

ma tante SYN mont-de-piété
machine ronde SYN terre
magie noire SYN maléfice
maintes fois SYN fréquemment, souvent
maison centrale SYN prison
maître de maison SYN hôte
maître d'école SYN instituteur
maître d'œuvre SYN meneur
maître queux SYN cuisinier
maîtresse de maison SYN hôte
maîtrise de soi SYN fermeté
mal à l'aise SYN gêné, timide
mal à propos SYN inconsidérément, inopportunément, intempestivement CONTR. *opportunément, pile, précisément*
mal éduqué SYN grossier, impoli, malembouché, malpoli, mufle CONTR. *civilisé, poli, policé, urbain*
mal élevé SYN butor, cavalier, cuistre, goujat, impoli, incivil, inconvenant, incorrect, indélicat, malappris, malembouché, malotru, malpoli, mufle, ostrogoth, paltoquet, pignouf, rustre, soudard CONTR. *civilisé, poli, policé, urbain*
mal fichu SYN incommodé, indisposé, malade, mal-en-point, patraque, souffrant
mal foutu SYN incommodé, indisposé, malade, mal-en-point, patraque, souffrant
mal luné SYN ronchon CONTR. *enjoué*
malin comme un singe SYN rusé
mangé aux mites SYN usé
manger à s'en faire péter la sous-ventrière SYN bâfrer, bourrer (se), dévorer, gaver (se), goinfrer (se), ingurgiter, ripailler

manger comme quatre SYN bâfrer, bourrer (se), dévorer, gaver (se), goinfrer (se), ingurgiter, ripailler
manger comme un chancre SYN bâfrer, bourrer (se), dévorer, gaver (se), goinfrer (se), ingurgiter, ripailler
manger comme un moineau SYN chipoter, grignoter, picorer CONTR. *dévorer, gaver (se), goinfrer (se), ingurgiter*
manger comme un ogre SYN bâfrer, bourrer (se), dévorer, gaver (se), goinfrer (se), ingurgiter, ripailler
manger des yeux SYN regarder
manger du bout des dents SYN chipoter, grignoter, picorer CONTR. *dévorer, gaver (se), goinfrer (se), ingurgiter*
manger le morceau SYN avouer, parler
manger les pissenlits par la racine SYN mourir
manier l'encensoir SYN courtiser, encenser, flagorner, flatter
manière de voir SYN optique
manquer à sa promesse CONTR. *jurer*
manu militari SYN brutalement, violemment
marche à suivre SYN voie
marché aux puces SYN brocante
marcher à la baguette SYN obéir
marcher au doigt et à l'œil SYN obéir
marcher la main dans la main SYN entendre (s')
marcher sur les pas SYN suivre
marcher sur les plate-bandes SYN empiéter
marquer le pas SYN piétiner
masses laborieuses SYN peuple, prolétariat
masses populaires SYN peuple, prolétariat
m'as-tu-vu SYN vaniteux
matière grasse SYN graisse
matière grise SYN cerveau, cervelle, intelligence
mauvais œil SYN fatalité, guigne, malchance, malédiction, poisse, scoumoune CONTR. *chance*
mauvais pas SYN bourbier, guêpier, impasse
mauvais sujet SYN brigand, chenapan, fripon, galapiat, galopin, garnement
mauvaise étoile SYN malchance, poisse
mauvaise foi SYN déloyauté, duplicité, fausseté, fourberie, hypocrisie, malhonnêteté, perfidie, traîtrise CONTR. *droiture, honnêteté, loyauté, probité, sincérité*
mauvaise grâce CONTR. *gentillesse*
mauvaise humeur SYN rogne CONTR. *enjouement*
membre viril SYN sexe, zizi
mener à bien SYN accomplir, achever, acquitter (s'), finir, terminer
mener à bonne fin SYN accomplir, achever, acquitter (s'), finir, terminer
mener à son terme SYN accomplir, finir, terminer
mener en bateau SYN attraper, berner, leurrer, mystifier, pigeonner, posséder, rouler, tromper
mener grand train CONTR. *lésiner, priver (se)*
mener la danse SYN commander, conduire, diriger
menu fretin CONTR. *élite*
mère maquerelle SYN proxénète
mériter considération SYN compter, importer
merle blanc SYN curiosité, rareté
messe basse SYN aparté, conciliabule
mettre à contribution SYN recourir
mettre à couvert SYN garantir
mettre à exécution SYN agir, appliquer, exécuter, procéder, réaliser
mettre à feu et à sang SYN ravager, saccager
mettre à jour SYN actualiser, moderniser
mettre à la porte SYN balancer, blackbouler, chasser, congédier, débarquer, débaucher, déboulonner, dégommer, démettre, démissionner, déposer, exclure, expulser, licencier, limoger, remercier, renvoyer, révoquer, sabrer, sacquer, saquer, vider CONTR. *loger, recevoir*
mettre à la rue CONTR. *loger*
mettre à l'écart SYN boycotter
mettre à l'index SYN boycotter, censurer, condamner, défendre, interdire, prohiber, proscrire, rejeter
mettre à l'ombre SYN boucler, coffrer, écrouer, emprisonner, incarcérer
mettre à mal SYN malmener, matraquer, violenter
mettre à pied SYN limoger, renvoyer, sabrer, sacquer, saquer, vider
mettre à profit SYN exploiter, recourir, utiliser
mettre à sac SYN piller, ravager, saccager
mettre au ban SYN maudire, rejeter
mettre au banc d'essai SYN essayer
mettre au courant SYN avertir, fixer, informer
mettre au défi SYN provoquer

mettre au fait SYN avertir, fixer, informer
mettre au frais SYN écrouer, emprisonner, incarcérer
mettre au même niveau SYN aligner
mettre au monde SYN accoucher
mettre au pied du mur SYN coincer
mettre au point SYN arranger, combiner, concerter, concocter, échafauder, élaborer, goupiller, mijoter, mitonner, orchestrer, organiser, rectifier, régler
mettre au rancart SYN débarrasser (se), dédaigner, écarter, jeter
mettre au rebut SYN débarrasser (se), dédaigner, jeter
mettre au secret SYN écrouer, emprisonner, incarcérer
mettre au trou SYN écrouer, emprisonner, incarcérer
mettre bas les armes SYN capituler, rendre (se)
mettre d'accord SYN réconcilier
mettre dans le même sac SYN confondre
mettre de côté SYN réserver, thésauriser CONTR. *boulotter*
mettre de l'eau dans son vin SYN modérer (se)
mettre de l'huile de coude SYN activer (s'), agiter (s'), bosser, boulonner, décarcasser (se), démener (se), dépenser (se), fatiguer (se), remuer (se), travailler, trimer CONTR. *buller, fainéanter, flemmarder, glander, lézarder, paresser, prélasser (se)*
mettre dedans SYN tromper
mettre dehors SYN expulser CONTR. *loger*
mettre des bâtons dans les roues SYN empêcher, gêner
mettre du baume au cœur SYN consoler, panser
mettre en accord SYN adapter
mettre en avant SYN accentuer, invoquer, opposer, réclamer (se), recommander (se), souligner, valoriser
mettre en balance SYN comparer, confronter, opposer, rapprocher
mettre en boîte SYN ficher (se), foutre (se), moquer (se), taquiner
mettre en branle SYN commencer
mettre en cabane SYN coffrer
mettre en chantier SYN commencer
mettre en cloque SYN féconder
mettre en demeure SYN interpeller, sommer
mettre en doute SYN récuser, soupçonner CONTR. *croire*
mettre en évidence SYN accentuer, souligner, valoriser
mettre en face SYN comparer, confronter, opposer, rapprocher
mettre en forme SYN composer
mettre en garde SYN avertir
mettre en jeu SYN risquer
mettre en lieu sûr SYN planquer
mettre en marche SYN actionner CONTR. *arrêter*
mettre en parallèle SYN comparer, confronter, opposer, rapprocher
mettre en pièces SYN déchirer, hacher
mettre en place SYN agencer, arranger, établir
mettre en pratique SYN agir
mettre en quarantaine SYN boycotter, isoler
mettre en regard SYN comparer, confronter, opposer, rapprocher
mettre en relief SYN accentuer, souligner, valoriser
mettre en route SYN commencer
mettre en train SYN amorcer CONTR. *achever, boucler*
mettre en valeur SYN accentuer, illustrer, souligner, valoriser CONTR. *galvauder*
mettre fin à ses jours SYN tuer (se)
mettre la bague au doigt SYN marier (se)
mettre la clé sous la porte SYN déménager
mettre la corde au cou SYN marier (se)
mettre la dernière main à SYN achever, finir, parachever, terminer
mettre la gomme SYN accélérer
mettre la main à la poche SYN payer
mettre la main sur SYN saisir (se), trouver
mettre la zizanie SYN diviser
mettre l'accent sur SYN accentuer, insister, souligner, valoriser
mettre le cap sur SYN cingler
mettre le doigt sur SYN trouver
mettre le paquet SYN agiter (s'), décarcasser (se), démener (se), dépenser (se), exténuer (s'), fatiguer (se), remuer (se), tuer (se) CONTR. *buller, fainéanter, flemmarder, glander, lézarder, paresser, prélasser (se)*
mettre le pied au plancher SYN accélérer
mettre les bouchées doubles SYN cravacher
mettre les bouts SYN barrer (se), casser (se), décamper, décaniller, déguerpir, détaler, enfuir (s'), fuir, partir, tirer (se)
mettre les gaz SYN accélérer

mettre les petits plats dans les grands SYN régaler (se)
mettre les pouces SYN aplatir (s'), incliner (s'), soumettre (se)
mettre les voiles SYN barrer (se), casser (se), déguerpir, fuir, partir, tirer (se)
mettre mal à l'aise SYN gêner
mettre pavillon bas SYN aplatir (s'), capituler, céder, incliner (s'), rendre (se), soumettre (se)
mettre sa main au feu SYN affirmer, parier
mettre sens dessus dessous SYN bouleverser, chambarder, chambouler, renverser
mettre son nez dans SYN immiscer (s'), ingérer (s'), mêler (se)
mettre sous les verrous SYN coffrer, écrouer, emprisonner, incarcérer
mettre sur la paille SYN ratisser
mettre sur la sellette SYN questionner
mettre sur la voie SYN guider
mettre sur le même plan SYN aligner
mettre sur pied SYN arranger, combiner, concerter, concocter, échafauder, élaborer, goupiller, mijoter, mitonner, orchestrer, organiser, ouvrir, régler
mettre un bémol SYN modérer (se)
mettre un frein SYN arrêter, cesser, enrayer, interrompre, modérer, stopper
mettre un point final à SYN achever, arrêter, cesser, conclure, finir, terminer CONTR. *attaquer (s')*
mettre un terme à SYN achever, arrêter, cesser, conclure, finir, terminer
mettre une sourdine à SYN modérer
mine de rien SYN hypocritement
miroir aux alouettes SYN leurre
mise à jour SYN actualisation
mise à l'index SYN censure, interdit, prohibition, proscription
mise à pied SYN dégraissage, licenciement, renvoi
mise de fonds SYN placement
mise en demeure SYN injonction, interpellation, ordre, oukase, sommation, ukase, ultimatum
mise en garde SYN alerte, avertissement, conseil
mise en place SYN agencement, aménagement, ordonnancement, placement, pose
mise en plis SYN ondulation
mise en route SYN démarrage
mise en scène SYN ostentation
mise en service SYN ouverture
mise en valeur SYN valorisation
mise sous séquestre SYN saisie
mode d'emploi SYN instructions, notice
montée en puissance SYN poussée
monter à la tête SYN griser, soûler
monter au ciel SYN décéder, mourir CONTR. *vivre*
monter en ligne SYN attaquer
monter la tête SYN influencer, intoxiquer
monter le bourrichon SYN influencer, intoxiquer
monter sur ses grands chevaux SYN emporter (s'), irriter (s')
monter un bateau SYN berner, leurrer, mystifier, pigeonner, posséder, rouler, tromper
montrer le bout de son nez SYN paraître, pointer (se), présenter (se), venir
montrer les dents SYN regimber
montrer son nez SYN paraître, pointer (se), présenter (se), venir
morceaux choisis SYN anthologie, florilège, recueil
mordre à l'appât SYN gober, marcher
mordre à l'hameçon SYN gober, marcher
mort de fatigue SYN achevé, anéanti, brisé, claqué, crevé, épuisé, éreinté, esquinté, exténué, fini, flapi, fourbu, harassé, K.-O., las, lessivé, moulu, pompé, raplapla, recru, rendu, rompu, tué, usé, vanné, vidé
mort de peur SYN effrayé, terrorisé
mort de trouille SYN effrayé, terrorisé
mot d'ordre SYN consigne, directive, instructions, prescription
mot pour mot SYN littéralement, textuellement
moulin à paroles SYN bavard, pie, pipelette
mourir de faim CONTR. *rassasier (se), repaître (se)*
mourir de rire SYN tordre (se)
mourir d'envie de SYN aspirer, brûler, griller
mouton à cinq pattes SYN curiosité, rareté

N

n'avoir aucun sens CONTR. *signifier*
n'avoir cure de SYN ficher (se) CONTR. *préoccuper (se), soucier (se), tracasser (se)*
n'avoir d'yeux que pour SYN roucouler

n'avoir ni rime ni raison CONTR. *signifier*
n'avoir ni sou ni maille CONTR. *enrichir (s')*
n'avoir pas sucé que des glaçons SYN cuver
n'avoir pas un radis CONTR. *enrichir (s')*
n'avoir pas un rotin CONTR. *enrichir (s')*
n'avoir pas un sou vaillant CONTR. *enrichir (s')*
n'avoir rien à cirer de SYN moquer (se)
n'avoir rien à faire de SYN moquer (se)
n'avoir rien à foutre de SYN moquer (se)
ne consulter que SYN écouter
ne dire mot SYN taire (se) CONTR. *parler*
ne dormir que d'un œil SYN méfier (se), veiller
ne douter de rien SYN croire (se), vanter (se)
ne faire aucun doute SYN imposer (s')
ne faire ni chaud ni froid SYN indifférer CONTR. *impressionner, préoccuper*
ne manquer de rien CONTR. *passer (se), priver (se)*
ne pas avoir de plomb dans la cervelle SYN oublier
ne pas avoir de plomb dans la tête SYN oublier
ne pas avoir de tête SYN oublier
ne pas avoir les yeux dans sa poche SYN regarder
ne pas avoir sa langue dans sa poche CONTR. *taire (se)*
ne pas broncher CONTR. *broncher, sourciller, tiquer*
ne pas casser des briques CONTR. *briller, distinguer (se), exceller, signaler (se)*
ne pas chômer SYN remuer (se)
ne pas ciller CONTR. *broncher, sourciller, tiquer*
ne pas craindre de CONTR. *peur*
ne pas démordre de SYN entêter (s'), obstiner (s')
ne pas desserrer les dents SYN taire (se) CONTR. *parler*
ne pas dire un mot SYN taire (se) CONTR. *parler*
ne pas en croire ses oreilles SYN étonner (s'), revenir
ne pas en croire ses yeux SYN étonner (s'), revenir
ne pas en fiche une rame SYN buller, fainéanter, flemmarder, glander, lézarder, paresser, prélasser (se) CONTR. *activer (s'), affairer (s'), agiter (s'), bosser, boulonner, décarcasser (se), défoncer (se), démener (se), dépenser (se), échiner (s'), épuiser (s'), éreinter (s'), escrimer (s'), esquinter (s'), exténuer (s'), fatiguer (se), remuer (se), tuer (se)*
ne pas être sorti de l'auberge SYN embourber (s'), ramer CONTR. *débrouiller (se), démerder (se), dépatouiller (se), dépêtrer (se), sortir (se)*
ne pas piper SYN taire (se) CONTR. *parler*
ne pas plaindre sa peine SYN activer (s'), affairer (s'), agiter (s'), décarcasser (se), démener (se), dépenser (se), fatiguer (se), remuer (se) CONTR. *lézarder, prélasser (se)*
ne pas pouvoir blairer SYN détester, exécrer, haïr CONTR. *supporter*
ne pas pouvoir encadrer SYN détester, exécrer, haïr CONTR. *supporter*
ne pas pouvoir encaisser SYN détester, exécrer, haïr
ne pas pouvoir piffer SYN détester, exécrer, haïr CONTR. *supporter*
ne pas pouvoir sacquer SYN détester, exécrer, haïr
ne pas pouvoir saquer SYN détester, exécrer, haïr CONTR. *supporter*
ne pas pouvoir sentir SYN détester, exécrer, haïr CONTR. *supporter*
ne pas pouvoir souffrir SYN abhorrer, détester, exécrer, haïr CONTR. *supporter*
ne pas pouvoir voir CONTR. *supporter*
ne pas pouvoir voir en peinture SYN détester, exécrer, haïr CONTR. *supporter*
ne pas savoir sur quel pied danser SYN hésiter, tâter (se)
ne pas se casser CONTR. *faire (s'en), fouler (se)*
ne pas se casser le bol CONTR. *faire (s'en), fouler (se)*
ne pas se casser le cul CONTR. *faire (s'en), fouler (se)*
ne pas se casser le tronc CONTR. *faire (s'en), fouler (se)*
ne pas se gêner CONTR. *contraindre (se), forcer (se), obliger (s')*
ne pas se laisser abattre SYN manger
ne pas se moucher du coude SYN croire (se), vanter (se) CONTR. *rabaisser (se)*
ne pas se moucher du pied SYN croire (se), vanter (se) CONTR. *rabaisser (se)*
ne pas se prendre pour de la merde SYN croire (se), vanter (se) CONTR. *rabaisser (se)*
ne pas se soucier de CONTR. *préoccuper (se), tracasser (se)*
ne pas sentir la rose SYN puer, schlinguer CONTR. *embaumer*

ne pas s'occuper de SYN désintéresser (se), détourner (se) CONTR. *préoccuper (se), soucier (se)*

ne pas tenir en place SYN agiter (s'), gigoter

ne pas valoir tripette CONTR. *briller, distinguer (se), exceller, signaler (se)*

ne pas valoir un clou CONTR. *briller, distinguer (se), exceller, signaler (se)*

ne plus avoir un poil de sec SYN alarmer (s'), baliser, effrayer (s'), peur, suer, trembler

ne plus être de la première fraîcheur SYN vieillir

ne rien casser CONTR. *briller, distinguer (se), exceller, signaler (se)*

ne rien faire de ses dix doigts SYN fainéanter, flemmarder, glander, paresser

ne rien valoir CONTR. *briller, distinguer (se), exceller, signaler (se)*

ne rimer à rien CONTR. *signifier*

ne souffler mot SYN taire (se) CONTR. *parler*

né sous une bonne étoile SYN chanceux, veinard, verni

né sous une mauvaise étoile SYN malchanceux

n'écouter que d'une oreille SYN rêvasser, rêver

n'en avoir rien à faire SYN ficher (se)

n'en avoir rien à foutre SYN ficher (se)

n'en déplaise à SYN malgré

n'en faire qu'à sa tête CONTR. *aligner (s'), contraindre (se), forcer (se), obliger (s')*

n'en pas revenir SYN étonner (s') CONTR. *attendre (s')*

n'est-ce pas ? SYN hein ?, non ?

ni fait ni à faire SYN bâclé CONTR. *consciencieux, fignolé, fini, minutieux, soigné, travaillé*

nid à rats SYN baraque, bauge, bouge, tanière, taudis

noir de monde SYN bondé, bourré, comble, plein

nom de baptême SYN prénom

nom d'oiseau SYN injure

nombre de SYN beaucoup, force, maint, plein, plupart (la) CONTR. *peu*

non compris SYN excepté, exclusivement, outre, sauf CONTR. *inclusivement*

non croyant SYN athée CONTR. *croyant*

non fondé SYN immérité, injuste

non loin de SYN relativement à

non moins que SYN comme

non violent SYN pacifiste CONTR. *belliciste, belliqueux, martial*

nota bene SYN apostille, note

noyer dans le sang SYN réprimer

nu comme un ver SYN dévêtu

nulle part CONTR. *partout*

n'y voir que du feu SYN gober, marcher

O

obtenir satisfaction CONTR. *manquer*

officier de santé SYN médecin

oie blanche SYN bécassine

oiseau de nuit SYN couche-tard

oiseau rare SYN curiosité

ombre au tableau SYN souci

on doit SYN falloir

oraison jaculatoire SYN prière

ôter le goût du pain SYN assassiner, buter, descendre, éliminer, exécuter, ratatiner, rectifier, refroidir, tuer

ou plutôt SYN enfin

oubli de soi SYN abnégation

ours mal léché SYN butor, cuistre, goujat, malappris, malotru, malpoli, mufle, ostrogoth, paltoquet, pignouf, rustre

outre mesure SYN démesurément, exagérément, excessivement, outrageusement CONTR. *modérément, raisonnablement, sobrement*

ouvrir la bouche SYN exprimer (s'), parler CONTR. *taire (se)*

ouvrir la lumière SYN allumer

ouvrir la voie SYN lancer, précéder

ouvrir le feu SYN tirer

ouvrir les yeux CONTR. *circonvenir*

ouvrir l'œil SYN garde, guetter, surveiller, veiller

P

panier percé SYN dilapidateur, dissipateur, gaspilleur CONTR. *avare, grigou, grippe-sou, harpagon, ladre, lésineur, pingre, radin, rapiat, rat, thésauriseur*

papillons noirs SYN cafard, mélancolie

par accès SYN alternativement, épisodiquement, irrégulièrement, occasionnellement, sporadiquement, variablement CONTR. *constamment, continuellement*

par à-coups SYN. alternativement, épisodiquement, irrégulièrement, occasionnellement, sporadiquement, variablement

par ailleurs SYN. surcroît

par bonheur SYN. heureusement

par contre SYN. inversement

par degrés SYN. graduellement, insensiblement, progressivement CONTR. *brusquement, brutalement, soudain, soudainement, subitement, subito*

par en dessous SYN. sournoisement

par erreur SYN. faussement CONTR. *délibérément, exprès, intentionnellement, volontairement*

par hasard SYN. fortuitement, incidemment CONTR. *délibérément, exprès, intentionnellement, volontairement*

par inadvertance SYN. involontairement CONTR. *délibérément, exprès, intentionnellement, volontairement*

par instants SYN. alternativement, épisodiquement, irrégulièrement, occasionnellement, sporadiquement, variablement CONTR. *constamment, continuellement, continûment, éternellement, immuablement, indéfiniment, invariablement*

par intermittence SYN. alternativement, épisodiquement, irrégulièrement, occasionnellement, rarement, sporadiquement, variablement CONTR. *assidûment, constamment, continuellement, éternellement, fréquemment, immuablement, indéfiniment, invariablement, quotidiennement, régulièrement, toujours*

par intervalles SYN. alternativement, épisodiquement, irrégulièrement, occasionnellement, sporadiquement, variablement CONTR. *assidûment, constamment, continuellement, éternellement, fréquemment, immuablement, indéfiniment, invariablement, quotidiennement, régulièrement, toujours*

par la bande SYN. indirectement, irrégulièrement

par la force des choses SYN. immanquablement

par la suite SYN. ensuite, postérieurement, puis, ultérieurement CONTR. *illico, immédiatement, instantanément, préalablement, sur-le-champ, tout de suite*

par l'affirmative SYN. positivement

par mégarde SYN. involontairement CONTR. *délibérément, exprès, intentionnellement, volontairement*

par moments SYN. alternativement, épisodiquement, irrégulièrement, occasionnellement, parfois, sporadiquement, variablement

par paliers SYN. progressivement

par principe SYN. automatiquement, systématiquement

par quel moyen SYN. comment

par rapport à SYN. comparativement, proportionnellement, relativement à, vis-à-vis de

par ricochet SYN. indirectement

par suite de SYN. grâce

par supposition SYN. virtuellement

par surprise SYN. impromptu

par touches SYN. insensiblement

par un heureux hasard SYN. heureusement

parcourir le monde SYN. voyager

par-dessus le marché SYN. aussi

par-dessus tout SYN. particulièrement, principalement, singulièrement, spécialement

par-devant SYN. directement, ouvertement

par-devers soi SYN. in petto, intérieurement

parler à voix basse CONTR. *crier*

partir en fumée SYN. disparaître, dissiper (se), évanouir (s')

partisan du moindre effort SYN. faignant, fainéant, feignant, flemmard, glandeur, paresseux

parvenir à ses fins SYN. réussir

pas à pas SYN. crescendo, doucement, graduellement, insensiblement, progressivement CONTR. *brusquement, brutalement, soudain, soudainement, subitement, subito*

pas beaucoup SYN. guère, peu CONTR. *plein*

pas d'accord CONTR. *d'accord*

pas du tout SYN. nullement CONTR. *absolument, complètement, énormément, entièrement, extrêmement, grandement, hautement, infiniment, intégralement, pleinement, prodigieusement, puissamment, superlativement, suprêmement*

pas le moins du monde SYN. nullement CONTR. *absolument, complètement, énormément, entièrement, extrêmement, grandement, hautement, infiniment, inté-*

gralement, pleinement, prodigieusement, puissamment, superlativement, suprêmement
pas loin de SYN presque
pas mal SYN assez, bien
pas mal de SYN beaucoup
pas piqué des hannetons SYN fameux, soigné
pas piqué des vers SYN fameux, soigné
pas sorcier SYN aisé, facile, simple CONTR. *complexe, compliqué, difficile*
pas souvent SYN guère
pas très SYN guère
pas très catholique SYN douteux
passe d'armes SYN discussion
passer à l'acte SYN agir
passer à l'ennemi SYN trahir
passer à tabac SYN battre, cogner, frapper, matraquer, rosser, tabasser
passer au peigne fin SYN fouiller
passer autour SYN contourner
passer aux aveux CONTR. *nier*
passer de la pommade SYN complimenter, courtiser, encenser, flagorner, flatter
passer de vie à trépas SYN décéder, mourir, périr, trépasser CONTR. *vivre*
passer devant Monsieur le maire SYN marier (se)
passer en revue SYN récapituler
passer la brosse à reluire SYN courtiser, encenser, flagorner, flatter
passer la main SYN abandonner, renoncer
passer la main dans le dos SYN courtiser, encenser, flagorner, flatter
passer la surmultipliée SYN foncer, speeder
passer la vitesse supérieure SYN foncer, speeder
passer l'arme à gauche SYN décéder, mourir, périr, trépasser CONTR. *vivre*
passer le temps SYN divertir (se)
passer l'éponge SYN oublier, pardonner CONTR. *punir*
passer les bornes SYN exagérer, outrepasser
passer outre CONTR. *aligner (s')*
passer par les armes SYN fusiller
passer par toutes les couleurs SYN rougir
passer pour SYN avérer (s'), paraître, sembler
passer sous silence SYN cacher, celer, occulter, omettre, taire CONTR. *apprendre, dire, relever*
passer un coup de fil SYN appeler, téléphoner
passer un savon SYN attraper, engueuler, enguirlander, gronder, réprimander
pattes de mouche SYN barbouillis, gribouillage, griffonnage
pauvre diable SYN épave, malheureux
pauvre hère SYN épave, malheureux
pauvre type SYN jacques
payer de retour SYN remercier, répondre, revaloir, riposter, venger (se)
pays de cocagne SYN éden, paradis
pays natal SYN patrie
paysan du Danube SYN butor, cuistre, goujat, malappris, malotru, malpoli, mufle, ostrogoth, paltoquet, rustre
peau de vache SYN chameau, charogne, garce, méchant, peste, poison, rosse, salaud, saligaud, salopard, salope, salopiaud ou salopiau ou salopiot, teigne, vache
péché mignon SYN passion, vice
peler de froid SYN cailler
pendre au nez SYN guetter, menacer
perdre connaissance SYN évanouir (s'), pâmer (se)
perdre du terrain SYN reculer
perdre espoir SYN déchanter
perdre la boule SYN affoler (s'), débloquer, délirer, déménager, dérailler, déraisonner, divaguer, égarer (s'), paniquer CONTR. *contrôler (se), dominer (se), maîtriser (se), posséder (se)*
perdre la boussole SYN affoler (s'), débloquer, délirer, déménager, dérailler, déraisonner, divaguer, égarer (s'), paniquer
perdre la raison SYN affoler (s'), débloquer, délirer, déménager, dérailler, déraisonner, divaguer, égarer (s'), paniquer CONTR. *contrôler (se), dominer (se), maîtriser (se), posséder (se)*
perdre la tête SYN affoler (s'), débloquer, délirer, déménager, dérailler, déraisonner, divaguer, égarer (s'), paniquer CONTR. *contrôler (se), dominer (se), maîtriser (se), posséder (se)*
perdre la tramontane SYN débloquer, délirer, déménager, dérailler, déraisonner, divaguer
perdre la vie SYN décéder, mourir, périr, succomber
perdre le nord SYN affoler (s'), débloquer, délirer, déménager, dérailler, déraisonner, divaguer, égarer (s'), paniquer

perdre les pédales SYN affoler (s'), débloquer, délirer, déménager, dérailler, déraisonner, divaguer, égarer (s'), paniquer CONTR. *contrôler (se), dominer (se), maîtriser (se), posséder (se)*
perdre patience SYN impatienter (s') CONTR. *patienter*
perdre pied SYN nager, noyer (se), perdre (se)
perdre son sang-froid SYN affoler (s'), paniquer CONTR. *contrôler (se), dominer (se), maîtriser (se), posséder (se)*
perdre son self-control SYN affoler (s'), paniquer CONTR. *contrôler (se), dominer (se), maîtriser (se), posséder (se)*
perte de connaissance SYN évanouissement
peser le pour et le contre SYN hésiter, tâter (se)
péter le feu CONTR. *déprimer*
péter plus haut que son cul SYN croire (se), vanter (se) CONTR. *rabaisser (se)*
petit à petit SYN crescendo, doucement, graduellement, insensiblement, lentement, progressivement CONTR. *brusquement, brutalement, soudain, soudainement, subitement, subito*
petit ami SYN amant, ami, compagnon, copain, flirt
petit copain SYN flirt
petit jour SYN aube
petit noir SYN café
petit nom SYN prénom, surnom
petit rat SYN danseur
petite amie SYN ami, compagne, copine, flirt
petite peste SYN lascar
petite reine SYN bicyclette, vélo
petites gens SYN peuple
petits coins SYN cabinets, latrines, lavabos, toilettes, vécés, W.-C.
petits soins SYN prévenance
peu à peu SYN crescendo, doucement, graduellement, insensiblement, lentement, progressivement CONTR. *brusquement, brutalement, diligemment, expéditivement, hâtivement, soudain, soudainement, subitement, subito*
peu de SYN quelques CONTR. *force*
peur bleue SYN effroi, terreur
peur panique SYN effroi, terreur
phrase toute faite SYN cliché
pièce de musée SYN rareté
pied à pied SYN graduellement, progressivement
pierre angulaire SYN centre
pierre d'achoppement SYN difficulté, écueil, entrave, obstacle, os, traverse
pilier de bar SYN alcoolique, buveur, ivrogne, poivrot
pilier de cabaret SYN alcoolique, buveur, ivrogne, poivrot
piquer un fard SYN rougir
piquer un roupillon SYN dormir, pioncer, roupiller
piquer un soleil SYN rougir
piquer une crise SYN éclater, emporter (s'), exploser, fâcher (se), irriter (s')
place forte SYN forteresse
placer un mot SYN exprimer (s')
plaît-il ? SYN comment, hein ?, pardon ?, quoi ?
planter là SYN quitter
plein aux as SYN argenté, fortuné, friqué, riche, richissime CONTR. *désargenté, ruiné*
plein comme un œuf SYN repu
plein comme une barrique SYN blindé, bourré, chargé, cuit, enivré, ivre, pompette, raide, rond, saoul, soûl
plein comme une outre SYN repu
plein de SYN beaucoup, fertile, force
pleurer à chaudes larmes SYN sangloter
pleurer comme une Madeleine SYN sangloter
pleurer toutes les larmes de son corps SYN sangloter
plier le genou SYN abaisser (s'), aplatir (s'), fléchir, incliner (s'), obéir, plier (se), ramper, soumettre (se)
plier l'échine SYN abaisser (s'), aplatir (s'), fléchir, incliner (s'), obéir, plier (se), ramper, soumettre (se)
plonger dans l'oubli CONTR. *exhumer*
plus loin SYN après, ensuite
plus longtemps SYN davantage
plus près que SYN avant
plus que de raison SYN outrageusement
plus tard SYN après, puis CONTR. *illico, immédiatement, incessamment, instantanément, maintenant, présentement, sur-le-champ, tout de suite*
plus tôt SYN auparavant, avant, prématurément
plus tôt que SYN avant
plus tôt que prévu SYN prématurément
poids lourd SYN camion
point culminant SYN acmé, apogée, cime, faîte, haut, paroxysme, sommet, summum, zénith

point de départ SYN mère, origine, principe, provenance CONTR. *but*
point de jonction SYN confluent, croisée, interférence
point de mire SYN but, cible
point du jour SYN aube, aurore, matin
point faible SYN faiblesse, lacune
point névralgique SYN cœur, nœud
point sensible SYN cœur, nœud
pointe du jour SYN aube, aurore, matin
porte de sortie SYN échappatoire, faux-fuyant
porter à la connaissance de SYN informer
porter assistance SYN secourir
porter atteinte à SYN léser, nuire
porter au pinacle SYN estimer, louer, vanter
porter aux nues SYN applaudir, estimer, louer, prôner, vanter CONTR. *rabaisser*
porter beau SYN distinguer (se)
porter envie SYN jalouser
porter préjudice à SYN léser, nuire
porter remède à SYN soigner
porter secours SYN aider
porter ses fruits SYN aboutir
porter sur les nerfs SYN agacer, énerver, irriter
porter un coup SYN frapper
poser la première pierre SYN commencer, inaugurer
poser sa candidature SYN présenter (se)
pot aux roses SYN supercherie
pot de colle SYN casse-pieds, crampon, importun, raseur
pot de yaourt SYN automobile, voiture
poudre aux yeux SYN leurre
poudre de perlimpinpin SYN leurre
poule mouillée SYN femmelette, foireux, froussard, lâche, mauviette, peureux, pleutre, poltron, trouillard
pour ainsi dire SYN pratiquement
pour ce qui est de SYN quant à
pour commencer CONTR. *enfin*
pour conclure SYN enfin
pour couronner le tout SYN enfin
pour de vrai CONTR. *mensongèrement*
pour des prunes SYN inutilement, vainement CONTR. *utilement*
pour finir SYN enfin CONTR. *d'abord*
pour la raison que SYN parce que
pour le mieux CONTR. *mal*
pour le moment SYN actuellement
pour l'heure SYN actuellement, aujourd'hui, présentement
pour l'instant SYN actuellement, aujourd'hui, présentement
pour pas un rond SYN gratis, gratuitement
pour rien SYN gratis, gratuitement, inutilement, stérilement, vainement CONTR. *absolument, utilement*
pour rien au monde CONTR. *absolument*
pour tout dire SYN bref, décidément, finalement
pour tout l'or du monde CONTR. *absolument*
pousser à bout SYN énerver
pousser dans ses derniers retranchements SYN coincer
pousser la chansonnette SYN chanter
pousser trop loin le bouchon SYN abuser, exagérer
pousser un coup de gueule SYN crier, emporter (s'), exploser, gueuler, tempêter
pousser une gueulante SYN crier, emporter (s'), exploser, fâcher (se), gueuler, irriter (s'), tempêter
pré carré SYN domaine
premier jet SYN brouillon, ébauche, esquisse, projet
premier plan CONTR. *lointain*
premiers pas SYN commencement
prendre à la gorge SYN oppresser
prendre à la légère CONTR. *soucier (se)*
prendre à la rigolade SYN rire
prendre à partie SYN agresser, attaquer, attaquer (s'), atteindre
prendre acte SYN constater, remarquer
prendre au sérieux CONTR. *badiner*
prendre bonne note SYN enregistrer, noter, retenir
prendre congé SYN abandonner, absenter (s'), éclipser (s'), partir, quitter, sauver (se)
prendre conscience SYN remarquer
prendre conseil SYN consulter
prendre corps SYN réaliser (se)
prendre de court SYN surprendre
prendre de l'ampleur SYN amplifier (s')
prendre des gants SYN ménager CONTR. *brusquer, froisser*
prendre du bon temps SYN distraire (se), divertir (se), égayer (s')
prendre du galon SYN arriver, hausser (se), parvenir
prendre du poids SYN alourdir (s'), épaissir
prendre en compte SYN considérer, envisager CONTR. *dédaigner, négliger*
prendre en grippe SYN haïr CONTR. *chérir*

prendre fin SYN achever (s'), arrêter (s'), cesser, finir, tarir, terminer (se) CONTR. *amorcer (s'), commencer, continuer*
prendre forme SYN aboutir, concrétiser (se), dessiner (se), matérialiser (se), préciser (se)
prendre garde de SYN tâcher
prendre la clef des champs SYN déguerpir, fuir, partir, sauver (se), tirer (se)
prendre la fuite SYN décamper, décaniller, déguerpir, détaler, enfuir (s'), fuir, partir, tirer (se)
prendre la liberté de SYN autoriser (s'), permettre (se) CONTR. *interdire (s'), refuser (se)*
prendre la mer SYN appareiller
prendre la mouche SYN emporter (s'), irriter (s')
prendre la parole SYN exprimer (s'), parler CONTR. *taire (se)*
prendre la porte SYN sortir
prendre la poudre d'escampette SYN décamper, décaniller, déguerpir, détaler, enfuir (s'), fuir, partir, sauver (se), tirer (se)
prendre la route SYN partir
prendre la tangente SYN esquiver (s')
prendre la tête SYN énerver, gonfler
prendre l'air SYN oxygéner (s')
prendre l'avantage SYN emporter
prendre le large SYN appareiller, décamper, décaniller, déguerpir, détaler, enfuir (s'), fuir, partir, sauver (se), tailler (se), tirer (se)
prendre le mors aux dents SYN emporter (s'), irriter (s')
prendre le relais SYN relayer, succéder
prendre part à SYN associer (s'), contribuer, joindre (se), mêler (se) CONTR. *abstenir (s')*
prendre parti SYN arbitrer, mouiller (se), prononcer, prononcer (se), trancher
prendre patience CONTR. *impatienter (s')*
prendre peur SYN effrayer (s'), inquiéter (s')
prendre pied SYN implanter (s')
prendre plaisir à SYN aimer, mordre
prendre pour argent comptant SYN gober, marcher
prendre pour modèle SYN imiter, régler (se)
prendre racine SYN implanter (s')
prendre sa revanche SYN rattraper (se)
prendre ses cliques et ses claques SYN décamper, décaniller, déguerpir, détaler, enfuir (s'), fuir, partir, tirer (se)
prendre soin de SYN occuper (s'), veiller CONTR. *immoler*
prendre son courage à deux mains SYN enhardir (s'), oser
prendre son envol SYN envoler (s')
prendre son mal en patience SYN patienter
prendre son parti de SYN faire (se)
prendre son temps SYN traînailler, traînasser, traîner CONTR. *activer (s'), affairer (s'), agiter (s'), décarcasser (se), défoncer (se), démener (se), dépenser (se), épuiser (s'), éreinter (s'), escrimer (s'), esquinter (s'), exténuer (s'), fatiguer (se), presser (se), remuer (se), speeder*
prendre sur soi SYN endosser, ressaisir (se), revendiquer CONTR. *récuser*
prendre tournure SYN concrétiser (se), dessiner (se), matérialiser (se), préciser (se)
prendre un bain SYN baigner (se)
prendre un bide SYN échouer, ramasser (se)
prendre un coup de vieux SYN vieillir
prendre un gadin SYN chuter, dégringoler, ramasser (se), tomber
prendre une bitture SYN boire, enivrer (s'), pinter (se), soûler (se)
prendre une bûche SYN chuter, dégringoler, ramasser (se), tomber
prendre une cuite SYN boire, enivrer (s'), pinter (se), soûler (se)
prendre une gamelle SYN chuter, dégringoler, échouer, ramasser (se), tomber
prendre une mauvaise tournure SYN envenimer (s'), gâter (se)
prendre une pelle SYN chuter, dégringoler, échouer, ramasser (se), tomber
prendre une piquette SYN échouer, ramasser (se)
prendre une veste SYN échouer, ramasser (se)
présence d'esprit SYN à-propos
presque tous SYN plupart (la)
presser le pas SYN accélérer, dépêcher (se), hâter (se) CONTR. *atermoyer, ralentir*
prêter le flanc à SYN exposer (s')
prêter main-forte SYN aider, appuyer, dépanner, épauler, secourir, soutenir
prêter serment SYN jurer
prêter une oreille attentive SYN écouter
prince des démons SYN diable

prince des ténèbres SYN diable
prise de bec SYN algarade, altercation, attrapade, bagarre, dispute, empoignade, engueulade, explication, polémique, querelle, scène
prise de poids CONTR *amaigrissement*
prise de possession SYN occupation
produit de remplacement SYN succédané
produit de substitution SYN succédané
produit pharmaceutique SYN médicament
profession de foi SYN manifeste, proclamation
promettre ses grands dieux SYN affirmer
punaise de sacristie SYN bigot, bondieusard, croyant, dévot, tartufe ou tartuffe CONTR *athée, incrédule, incroyant*
punir un affront SYN venger

Q

quantité de SYN beaucoup, force, plein CONTR *peu*
quart de brie SYN nez, pif, tarin
quatre à quatre SYN précipitamment, vite
quatre heures SYN goûter
qui plus est SYN aussi, d'ailleurs
qui va là ? SYN qui vive ?
quoi qu'il en coûte SYN absolument

R

raconter des bobards SYN mentir
raconter des craques SYN mentir
raconter des histoires SYN mentir
raide comme un passe-lacet SYN pauvre
raide comme un piquet CONTR *souple*
raison d'être SYN pourquoi
ramasser un gadin SYN chuter, dégringoler, ramasser (se), tomber
ramasser une bûche SYN chuter, dégringoler, ramasser (se), tomber
ramasser une gamelle SYN chuter, dégringoler, échouer, ramasser (se), tomber
ramasser une pelle SYN chuter, dégringoler, échouer, ramasser (se), tomber
ramasser une piquette SYN échouer, ramasser (se)
ramasser une veste SYN échouer, ramasser (se)
ramener sa fraise SYN bêcher, crâner, fanfaronner, frimer, parader, plastronner
rapido presto SYN diligemment, expéditivement, hâtivement, promptement, rapidement, vite
rappel à l'ordre SYN admonestation, admonition
rat d'église SYN bigot, bondieusard, croyant, dévot, tartufe ou tartuffe CONTR *athée, incrédule, incroyant*
rattraper au tournant SYN revaloir, venger (se)
rebattre les oreilles SYN rabâcher, radoter, rappeler, redire, répéter
rebrousser chemin SYN retourner
réduire à néant SYN annihiler
réduire au silence SYN maîtriser, mater
réduire en bouillie SYN écraser, vaincre
regarder à la dépense SYN compter CONTR *gaspiller*
regarder de haut SYN toiser
régulariser la situation SYN marier (se)
relations épistolaires SYN correspondance
remettre à sa place SYN rabrouer
remettre d'aplomb CONTR *fatiguer, surmener*
remettre de l'ordre dans SYN ranger
remettre en ordre SYN ranger
remettre sur pied SYN guérir CONTR *fatiguer, surmener*
remise en état SYN rafistolage, réparation, replâtrage, retapage
remonter au vent SYN louvoyer
remonter la pente SYN réagir
remonter les bretelles SYN engueuler, enguirlander, réprimander
remplir son office SYN exécuter
remuer ciel et terre SYN décarcasser (se), démener (se) CONTR *prélasser (se)*
rendre caduc SYN abroger CONTR *ratifier*
rendre compte SYN commenter, raconter
rendre grâce SYN louer, remercier
rendre la monnaie de sa pièce SYN revaloir, riposter, venger (se)
rendre la pareille SYN revaloir, riposter, venger (se)
rendre l'âme SYN agoniser, décéder, mourir, périr, trépasser CONTR *vivre*
rendre le dernier soupir SYN expirer
rendre les armes SYN capituler
rendre son tablier SYN démissionner, quitter
rendre visite SYN passer

renvoyer l'ascenseur SYN revaloir, venger (se)
repos éternel SYN mort, trépas
reprendre du poil de la bête SYN récupérer, requinquer (se), rétablir (se), retaper (se)
reprendre haleine SYN respirer, souffler CONTR. *étouffer, haleter*
reprendre le dessus SYN guérir, réagir, sortir (se)
reprendre le flambeau SYN succéder
rester bouche cousue SYN taire (se) CONTR. *parler*
rester dans sa coquille SYN isoler (s') CONTR. *voyager*
rester dans son coin SYN isoler (s') CONTR. *joindre (se), voyager*
rester de marbre CONTR. *tiquer*
rester immobile CONTR. *remuer*
rester sur son quant-à-soi SYN méfier (se), surveiller (se)
retombé en enfance SYN gâteux
retour en arrière SYN renversement
retourner sa veste SYN trahir, varier
retrouver sa langue CONTR. *taire (se)*
revenir à soi CONTR. *défaillir, évanouir (s')*
revenir sur ses pas SYN retourner
revers de la médaille SYN désavantage, inconvénient CONTR. *avantage*
rhabiller pour l'hiver SYN abîmer, assaisonner, baver, clabauder, cracher, débiner, déblatérer, démolir, éreinter, esquinter, étriller, médire
riche à millions SYN richissime
rire à gorge déployée SYN bidonner (se), gondoler (se), poiler (se), rigoler, tordre (se)
rire à ventre déboutonné SYN bidonner (se), gondoler (se), poiler (se), rigoler, tordre (se)
rire aux larmes SYN bidonner (se), gondoler (se), poiler (se), rigoler, tordre (se)
rire comme un bossu SYN bidonner (se), gondoler (se), poiler (se), rigoler, tordre (se)
rire comme une baleine SYN bidonner (se), gondoler (se), poiler (se), rigoler, tordre (se)
risquer le tout pour le tout SYN oser, tenter
robe de chambre SYN peignoir, saut-de-lit
rompre des lances SYN jouter
rond comme une barrique SYN blindé, bourré, chargé, cuit, enivré, ivre, raide, rond, saoul, soûl
rond comme une queue de pelle SYN blindé, bourré, chargé, cuit, enivré, ivre, raide, rond, saoul, soûl
ronds de jambe SYN courbette, manières
ronger son frein SYN impatienter (s'), piaffer
rouer de coups SYN battre, cogner, frapper, matraquer, rosser, tabasser, taper
rouler des mécaniques SYN parader, rengorger (se)
rouler sa bosse SYN bourlinguer, naviguer, voyager
rouler un patin SYN embrasser
rouler une pelle SYN embrasser
roupie de sansonnet SYN pacotille
royaume des cieux SYN ciel
rubis sur l'ongle SYN cash
ruer dans les brancards SYN insurger (s'), rebeller (se), rebiffer (se), regimber CONTR. *solidariser (se)*

S

sac à vin SYN alcoolique, ivrogne, poivrot
sac de nœuds SYN bourbier, embrouillamini, guêpier, imbroglio, micmac, salades
sac d'embrouilles SYN bourbier, embrouillamini, guêpier, imbroglio, micmac, salades
s'accrocher aux basques SYN accompagner, coller, suivre CONTR. *abandonner, planter, plaquer, quitter*
sain et sauf SYN indemne, intact
sale bête SYN salaud, saligaud, salopard, salopiaud ou salopiau ou salopiot
sale tour SYN méchanceté
salle d'attente SYN antichambre
salle obscure SYN cinéma
sans ambages SYN franchement, franco, haut, nettement, rondement, simplement
sans appel SYN définitif, irrémédiable, irrévocable
sans arrêt SYN constamment, continuellement, continûment, directement, éternellement, invariablement, perpétuellement, toujours CONTR. *alternativement, épisodiquement, irrégulièrement, occasionnellement, sporadiquement, variablement*
sans attendre SYN immédiatement, instantanément, sur-le-champ, tout de suite
sans aucun doute SYN assurément, évidemment, incontestablement, indéniablement, indiscutablement, indu-

bitablement, inéluctablement, inévitablement, inexorablement, infailliblement, manifestement, mathématiquement, nécessairement
sans bourse délier SYN gratis, gratuitement
sans cesse SYN constamment, continuellement, continûment, éternellement, invariablement, perpétuellement, toujours CONTR. *alternativement, épisodiquement, irrégulièrement, occasionnellement, sporadiquement, variablement*
sans chichis SYN simplement
sans conteste SYN certainement, évidemment, incontestablement, indéniablement, indiscutablement, indubitablement, inéluctablement, inévitablement, inexorablement, infailliblement, manifestement, nettement
sans contredit SYN certainement, évidemment, incontestablement, indéniablement, indiscutablement, indubitablement, inéluctablement, inévitablement, inexorablement, infailliblement, manifestement, nettement
sans crier gare SYN brusquement, brutalement, impromptu, inopinément, précipitamment, soudain, soudainement, subitement, subito
sans défense SYN impuissant
sans délai SYN illico, immédiatement, incessamment, instantanément
sans détour SYN franchement, franco, haut, nettement, rondement, vrai
sans difficulté SYN aisément, commodément, couramment, facilement
sans discontinuer SYN constamment, continuellement, continûment, d'affilée, éternellement, invariablement CONTR. *alternativement, épisodiquement, irrégulièrement, occasionnellement, sporadiquement, variablement*
sans distinction SYN indifféremment, indistinctement
sans doute SYN apparemment, assurément, censément, peut-être, probablement, vraisemblablement
sans éducation SYN indélicat
sans effort SYN commodément, facilement
sans égal SYN incomparable, unique
sans en avoir l'air SYN hypocritement
sans encombre SYN aisément, commodément, facilement CONTR. *difficilement, laborieusement, péniblement*
sans façons SYN familier, naturellement, simplement, spontanément CONTR. *affété, formaliste, maniéré*
sans faute SYN impérativement
sans fin SYN complètement, entièrement, éternellement, intégralement
sans fondement SYN gratuitement, injustement
sans gêne SYN cavalier, culotté, désinvolte, discourtois, effronté, familier, gênant, impertinent, impoli, impudent, incorrect, indélicat, insolent, irrévérencieux, libre, malpoli CONTR. *discret, respectueux, révérencieux*
sans hâte SYN loisir
sans intérêt SYN inconsistant
sans intermission SYN constamment, continuellement
sans interruption SYN constamment, continuellement, éternellement, invariablement, journellement CONTR. *alternativement, épisodiquement, irrégulièrement, occasionnellement, rarement, sporadiquement, variablement*
sans limite SYN complètement, entièrement, pleinement
sans manières SYN simple
sans manquer SYN forcément, immanquablement, impérativement
sans mot dire SYN silencieusement
sans pareil SYN incomparable, inégalable, inégalé, nonpareil, phénoménal CONTR. *égalable*
sans peine SYN aisément, commodément, facilement
sans précédent SYN exceptionnel, extraordinaire, mémorable, prodigieux, rare, remarquable, sensationnel, unique
sans prévenir SYN insidieusement
sans queue ni tête SYN aberrant, absurde, insensé, saugrenu
sans quoi SYN autrement, sinon
sans raison SYN gratuitement, injustement
sans recours SYN irrémédiable, irrévocable
sans relâche SYN activement, constamment, continuellement, continûment, éternellement, invariablement CONTR. *alternativement, épisodiquement, irrégulièrement, occasionnellement, parfois, sporadiquement, variablement*
sans répit SYN constamment, continuellement, toujours
sans ressort SYN abattu, accablé, anéanti
sans restriction SYN pleinement

sans retard SYN illico, immédiatement, incessamment, instantanément, sur-le-champ, tout de suite
sans rime ni raison SYN gratuitement
sans se lasser SYN infatigablement
sans souffler SYN constamment, continuellement, éternellement CONTR. *épisodiquement, irrégulièrement, occasionnellement, sporadiquement, variablement*
sans tambour ni trompette SYN secrètement, silencieusement, sourdement CONTR. *bruyamment*
sans tarder SYN bientôt, illico, immédiatement, incessamment, instantanément, sur-le-champ, tout de suite
sans trêve SYN constamment, continuellement, éternellement CONTR. *épisodiquement, irrégulièrement, occasionnellement, sporadiquement, variablement*
sans vergogne SYN voyou
s'armer de courage SYN enhardir (s'), oser
s'arracher les cheveux SYN tourmenter (se)
sauf que SYN si, sinon
saute d'humeur SYN caprice, instabilité
s'avouer vaincu SYN rendre (se), renoncer
se bouffer le nez SYN quereller (se)
se bourrer la gueule SYN enivrer (s')
se brûler la cervelle SYN tuer (se)
se casser la figure SYN chuter, dégringoler, échouer, ramasser (se), tomber
se casser la gueule SYN chuter, dégringoler, échouer, ramasser (se), tomber
se casser la tête SYN réfléchir
se casser le cul SYN décarcasser (se), démener (se), dépenser (se), échiner (s'), exténuer (s'), fatiguer (se), remuer (se), tuer (se) CONTR. *lézarder, prélasser (se)*
se casser les dents SYN échouer, ramasser (se)
se changer les idées SYN aérer (s')
se constituer prisonnier SYN livrer (se)
se couper en quatre SYN activer (s'), affairer (s'), agiter (s'), décarcasser (se), défoncer (se), démener (se), dépenser (se), échiner (s'), éreinter (s'), escrimer (s'), esquinter (s'), exténuer (s'), fatiguer (se), remuer (se), tuer (se)
se croiser les bras SYN chômer
se dilater la rate SYN bidonner (se), rigoler, rire
se donner du mal SYN activer (s'), affairer (s'), agiter (s'), décarcasser (se), défoncer (se), démener (se), dépenser (se), échiner (s'), éreinter (s'), escrimer (s'), esquinter (s'), exténuer (s'), fatiguer (se), remuer (se)
se donner un coup de main SYN soutenir (se)
se donner un mal de chien SYN activer (s'), affairer (s'), agiter (s'), décarcasser (se), défoncer (se), démener (se), dépenser (se), échiner (s'), éreinter (s'), escrimer (s'), esquinter (s'), exténuer (s'), fatiguer (se), remuer (se), tuer (se)
se fâcher tout rouge SYN éclater, emporter (s'), exploser, fâcher (se), irriter (s')
se faire battre SYN perdre
se faire chier SYN emmerder (s'), empoisonner (s'), ennuyer (s')
se faire connaître SYN manifester (se)
se faire de la bile SYN biler (se), faire (s'en), frapper (se), inquiéter (s'), miner (se), tourmenter (se), tracasser (se)
se faire de la mousse SYN biler (se), faire (s'en), inquiéter (s'), miner (se), tourmenter (se), tracasser (se)
se faire des cheveux blancs SYN biler (se), faire (s'en), inquiéter (s'), miner (se), tourmenter (se), tracasser (se)
se faire des idées SYN imaginer (s')
se faire du mauvais sang SYN biler (se), faire (s'en), inquiéter (s'), miner (se), tourmenter (se), tracasser (se)
se faire du mouron SYN biler (se), faire (s'en), inquiéter (s'), miner (se), tourmenter (se), tracasser (se)
se faire du souci SYN inquiéter (s'), miner (se), tracasser (se)
se faire du tracas SYN biler (se), faire (s'en), inquiéter (s'), miner (se), tourmenter (se), tracasser (se)
se faire étendre SYN échouer, ramasser (se)
se faire fort de SYN flatter (se), piquer (se), targuer (se)
se faire gloire SYN targuer (se)
se faire hara-kiri SYN tuer (se)
se faire jeter SYN ramasser (se)
se faire jour SYN apparaître, former (se), poindre, profiler (se), survenir
se faire la belle SYN évader (s'), sauver (se)
se faire la malle SYN barrer (se), casser (se), décamper, décaniller, déguerpir, détaler, enfuir (s'), évader (s'), fuir, partir, sauver (se), tirer (se)
se faire la paire SYN évader (s'), sauver (se)

se faire mousser SYN. crâner, fanfaronner, plastronner, vanter (se) CONTR. *aplatir (s'), humilier (s')*
se faire prier SYN. rechigner, renâcler
se faire rare SYN. raréfier (se)
se faire remarquer SYN. distinguer (se), recommander (se), singulariser (se)
se faire sauter la cervelle SYN. tuer (se)
se faire suer SYN. barber (se), embêter (s'), emmerder (s'), empoisonner (s'), ennuyer (s'), morfondre (se), raser (se)
se faire tirer l'oreille SYN. rechigner, regimber, renâcler
se faire un nom SYN. monter, parvenir, percer, réussir
se faire un sang d'encre SYN. biler (se), inquiéter (s'), miner (se), tourmenter (se), tracasser (se)
se faire une fête de SYN. réjouir (se)
se faire une place au soleil SYN. arriver, monter, parvenir, percer, réussir
se faire une raison SYN. accommoder (s'), résigner (se), résoudre (se)
se faire une sortie SYN. sortir
se faire valoir SYN. vanter (se) CONTR. *aplatir (s'), humilier (s')*
se faire vieux SYN. vieillir
se faire voir SYN. afficher (s')
se fendre la gueule SYN. bidonner (se), rigoler, rire
se fendre la pipe SYN. bidonner (se), gondoler (se), marrer (se), poiler (se), rigoler, rire
se fendre la poire SYN. bidonner (se), rigoler, rire
se ficher dedans SYN. tromper (se)
se ficher le doigt dans l'œil SYN. leurrer (se), planter (se), tromper (se)
se fourrer le doigt dans l'œil SYN. leurrer (se), planter (se), tromper (se)
se foutre dedans SYN. tromper (se)
se foutre le doigt dans l'œil SYN. leurrer (se), planter (se), tromper (se)
se frapper la poitrine SYN. repentir (se)
se frotter les mains SYN. réjouir (se)
se la couler douce SYN. buller, fainéanter, flemmarder, glander, lézarder, paresser CONTR. *bosser, boulonner, bûcher, travailler, trimer*
se la jouer SYN. croire (se), vanter (se) CONTR. *rabaisser (se)*
se laisser aller SYN. négliger (se), oublier (s'), porter (se), relâcher (se) CONTR. *apprêter (s')*
se laver les mains de SYN. désintéresser (se), détourner (se)
se les geler SYN. cailler
se les rouler SYN. buller, fainéanter, flemmarder, glander, lézarder, paresser CONTR. *bosser, boulonner, bûcher, fouler (se), travailler, trimer*
se mettre à couvert SYN. garantir (se)
se mettre à dos SYN. aliéner (s'), indisposer
se mettre à plat ventre SYN. ramper
se mettre à table SYN. avouer, manger, parler
se mettre au courant SYN. instruire (s')
se mettre au diapason SYN. adapter (s')
se mettre au vert SYN. reposer (se)
se mettre en accord SYN. accommoder (s')
se mettre en avant CONTR. *effacer (s')*
se mettre en boule SYN. éclater, emporter (s'), énerver (s'), fâcher (se), irriter (s')
se mettre en branle CONTR. *stopper*
se mettre en colère SYN. éclater, emporter (s'), énerver (s'), fâcher (se), irriter (s') CONTR. *posséder (se)*
se mettre en marche SYN. partir
se mettre en mouvement CONTR. *stopper*
se mettre en pétard SYN. éclater, emporter (s'), énerver (s'), fâcher (se), irriter (s')
se mettre en quatre SYN. activer (s'), affairer (s'), agiter (s'), battre (se), décarcasser (se), défoncer (se), démener (se), dépenser (se), échiner (s'), épuiser (s'), éreinter (s'), escrimer (s'), esquinter (s'), exténuer (s'), fatiguer (se), multiplier (se), remuer (se), tuer (se) CONTR. *buller, fainéanter, flemmarder, glander, lézarder, paresser, prélasser (se)*
se mettre en quête de SYN. chercher
se mettre en rang SYN. aligner (s')
se mettre en rogne SYN. éclater, emporter (s'), énerver (s'), fâcher (se), irriter (s')
se mettre en route SYN. partir
se mettre en tête de SYN. songer
se mettre le doigt dans l'œil SYN. abuser (s'), illusionner (s'), leurrer (se), planter (se)
se mettre martel en tête SYN. faire (s'en)
se mettre sur son trente-et-un SYN. apprêter (s'), endimancher (s'), habiller (s'), pomponner (se), vêtir (se)
se mettre un cran à la ceinture SYN. modérer (se), restreindre (se)
se monter la tête SYN. exalter (s'), exciter (s')
se monter le bourrichon SYN. exalter (s'), exciter (s')

se mordre les doigts SYN regretter, repentir (se), reprocher (se) CONTR. *féliciter (se), louer (se)*
se payer la gueule de SYN jouer (se), moquer (se), rire
se payer la tête de SYN jouer (se), moquer (se), rire
se payer une pinte de bon sang SYN bidonner (se), rigoler, rire
se pendre aux basques SYN accompagner, coller, suivre CONTR. *abandonner, planter, plaquer, quitter*
se perdre dans les détails SYN étendre (s')
se péter la gueule SYN boire, bourrer (se), enivrer (s'), picoler, pinter (se), soûler (se)
se piquer le nez SYN boire, bourrer (se), enivrer (s'), picoler, pinter (se), soûler (se)
se porter candidat SYN présenter (se)
se porter garant SYN répondre
se prendre les pieds dans le tapis SYN embrouiller (s')
se prendre par la main SYN secouer (se)
se réduire en fumée SYN flamber
se refaire une santé SYN récupérer, requinquer (se), rétablir (se), retaper (se)
se rendre compte SYN apercevoir, apercevoir (s'), aviser (s'), constater, éprouver, percevoir, réaliser, réfléchir, sentir, voir
se retirer dans son cocon SYN isoler (s')
se rincer la dalle SYN boire
se rincer le gosier SYN boire
se rincer l'œil SYN zieuter, zyeuter
se ronger les sangs SYN inquiéter (s'), miner (se), tourmenter (se), tracasser (se)
se rouler les pouces SYN buller, fainéanter, flemmarder, glander, lézarder, paresser CONTR. *bosser, boulonner, bûcher, fouler (se), travailler, trimer*
se saigner aux quatre veines SYN priver (se)
se serrer d'un cran SYN modérer (se), priver (se), restreindre (se)
se serrer la ceinture SYN jeûner, passer (se), priver (se), restreindre (se)
se serrer les coudes SYN entraider (s'), solidariser (se)
se taper la cloche SYN festoyer, gueuletonner, régaler (se)
se taper le derrière par terre SYN bidonner (se), rigoler, rire
se tenir à carreau SYN méfier (se)
se tenir à l'écart CONTR. *frotter (se), joindre (se)*
se tenir les côtes SYN bidonner (se), rigoler, rire
se tenir les coudes SYN entraider (s'), solidariser (se)
se tenir sur ses gardes SYN méfier (se) CONTR. *abandonner (s')*
se tenir sur son quant-à-soi SYN méfier (se)
se tirer d'affaire SYN débrouiller (se), démerder (se), dépatouiller (se), dépêtrer (se), réchapper, sortir (se), tirer (se) CONTR. *embourber (s'), embrouiller (s'), empêtrer (s'), enferrer (s'), ramer*
se tordre de rire SYN bidonner (se), rigoler, rire
se tourner les pouces SYN buller, chômer, fainéanter, flemmarder, glander, lézarder, paresser CONTR. *bosser, boulonner, bûcher, fouler (se), travailler, trimer*
se triturer la cervelle SYN réfléchir
se trouver mal SYN défaillir, évanouir (s'), pâmer (se)
séance tenante SYN illico, immédiatement, instantanément, sur-le-champ, tout de suite
secousse tellurique SYN séisme
selon toute vraisemblance SYN probablement
semer la discorde SYN diviser
s'en balancer SYN ficher (se), foutre (se), moquer (se)
s'en battre l'œil SYN ficher (se), foutre (se), moquer (se)
s'en donner à cœur joie SYN amuser (s'), dépenser (se), marrer (se)
s'en jeter un derrière la cravate SYN boire
s'en lécher les babines SYN savourer
s'en mettre plein la gueule SYN bâfrer, bourrer (se), dévorer, empiffrer (s'), engouffrer, gaver (se), goinfrer (se), gueuletonner, ingurgiter, ripailler
s'en mettre plein la lampe SYN bâfrer, bouffer, boulotter, bourrer (se), dévorer, empiffrer (s'), engouffrer, gaver (se), goinfrer (se), gueuletonner, ingurgiter, ripailler
s'en mettre plein la panse SYN bâfrer, bouffer, boulotter, bourrer (se), dévorer, empiffrer (s'), engouffrer, gaver (se), goinfrer (se), ingurgiter, ripailler CONTR. *chipoter, grignoter, picorer*
s'en mettre plein les poches SYN enrichir (s')

s'en moquer comme de colin-tampon SYN ficher (se), moquer (se)
s'en moquer comme de l'an quarante SYN ficher (se), moquer (se)
s'en payer une tranche SYN amuser (s')
s'en prendre à SYN attaquer, attaquer (s'), critiquer, élever (s'), frotter (se)
s'en remettre à SYN appeler, compter, fier (se), rapporter (se), référer (se), reposer (se), tabler
s'en retourner SYN repartir, revenir
s'en sortir CONTR. *embourber (s'), embrouiller (s'), empêtrer (s'), enchevêtrer (s'), enferrer (s'), enfoncer (s'), patauger, ramer, rechuter*
s'en soucier comme de l'an quarante SYN ficher (se), foutre (se), moquer (se)
s'en soucier comme de sa première chemise SYN ficher (se), foutre (se), moquer (se)
s'en soucier comme d'une guigne SYN ficher (se), foutre (se), moquer (se)
s'en tamponner le coquillard SYN ficher (se), foutre (se), moquer (se)
s'en taper SYN ficher (se), foutre (se), moquer (se)
s'en tenir à SYN borner (se), cantonner (se), contenter (se), limiter (se), observer, réduire (se)
s'en tirer CONTR. *embourber (s'), embrouiller (s'), empêtrer (s'), enchevêtrer (s'), enferrer (s'), enfoncer (s'), patauger, ramer, rechuter*
s'en tirer à bon compte SYN réchapper
s'enfermer dans son cocon SYN isoler (s')
s'engager sur un terrain glissant SYN aventurer (s'), hasarder (se)
sens commun SYN discernement, jugement, jugeote, raison, sagesse
sens dessus dessous SYN envers, pêle-mêle
sens moral SYN conscience
sentiers battus SYN cliché, poncif, routine
sentir bon SYN embaumer, fleurer CONTR. *empester, puer, schlinguer*
sergent de ville SYN agent, flic, policier
serrement de cœur SYN navrement
serrer les fesses SYN baliser, peur, trembler
sex appeal SYN attraits
signe avant-coureur SYN messager
simple d'esprit SYN idiot
s'inscrire en faux SYN combattre, contester, nier
sixième sens SYN intuition
s'offrir une pinte de bon sang SYN bidonner (se), rigoler, rire
somme toute SYN bref, enfin, finalement
sommeil éternel SYN mort, trépas
sonner le glas de SYN finir, terminer
sonner les cloches SYN engueuler, enguirlander, gronder, réprimander
sortir d'affaire SYN dépanner, dépêtrer, guérir, réchapper, tirer (se)
sortir de ses gonds SYN éclater, emporter (s'), exploser, fâcher (se), irriter (s') CONTR. *posséder (se)*
sortir du lot SYN illustrer (s'), singulariser (se)
sortir par les trous de nez SYN répugner
souffler comme un bœuf SYN haleter CONTR. *respirer*
souffler comme un phoque SYN haleter CONTR. *respirer*
soûl comme un Polonais SYN blindé, bourré, chargé, cuit, enivré, ivre, raide, rond, saoul, soûl
soûl comme une grive SYN blindé, bourré, chargé, cuit, enivré, ivre, raide, rond, saoul, soûl
soulever le cœur SYN dégoûter, écœurer, répugner, révulser
soupape de sûreté SYN exutoire
soupe au lait SYN coléreux, colérique, emporté, excitable, irascible, tempétueux
souple comme un gant SYN accommodant
souple comme un verre de lampe SYN raide
sous ce rapport SYN égard
sous la protection de SYN égide
sous le manteau SYN clandestinement, secrètement, subrepticement, tapinois (en)
sous les auspices de SYN égide
sous peu SYN bientôt, incessamment, prochainement, vite
souventes fois SYN souvent
souverain pontife SYN pape
subito presto SYN diligemment, expéditivement, hâtivement, illico, immédiatement, instantanément, promptement, rapidement, sur-le-champ, tout de suite, vite
substantifique moelle SYN quintessence, substance, suc
succomber à la tentation SYN faillir
sucer la pomme SYN embrasser
suite dans les idées SYN obstination, persistance

suivre son cours SYN cheminer CONTR. *arrêter (s')*

sujet à caution SYN contestable CONTR. *incontestable*

supposé que SYN si

suppôt de Satan SYN méchant

sur ce SYN ensuite

sur ces entrefaites SYN ensuite

sûr de soi SYN affirmé, confiant

sur la paille SYN ruiné CONTR. *fortuné*

sur la pointe des pieds SYN discrètement

sur le coup SYN abord, net

sur le cul SYN surpris

sur le même pied SYN plain-pied (de)

sur le moment SYN abord

sur le papier SYN théoriquement

sur le point de SYN près de, prêt

sur les chapeaux de roue SYN diligemment, expéditivement, hâtivement, promptement, rapidement, vite

sur les genoux SYN achevé, anéanti, brisé, claqué, crevé, épuisé, éreinté, esquinté, exténué, fatigué, flagada, flapi, fourbu, harassé, K.-O., lessivé, mort, moulu, pompé, raplapla, recru, rendu, rompu, tué, usé, vanné, vidé

sur les nerfs SYN énervé, exaspéré

sur les rotules SYN achevé, anéanti, brisé, claqué, crevé, épuisé, éreinté, esquinté, exténué, fatigué, flagada, flapi, fourbu, harassé, K.-O., lessivé, mort, moulu, pompé, raplapla, recru, rendu, rompu, tué, usé, vanné, vidé

sur l'heure SYN illico, immédiatement, instantanément, sur-le-champ, tout de suite

sur pied SYN debout

sur un pied d'égalité SYN plain-pied (de)

suspension d'armes SYN armistice, cessez-le-feu, trêve

s'y connaître SYN savoir

s'y entendre SYN savoir

s'y prendre SYN agir, opérer

T

ta gueule ! SYN chut !, motus !, silence !

tailler en pièces SYN battre, pulvériser

tailler un costard SYN abîmer, assaisonner, baver, clabauder, cracher, critiquer, débiner, déblatérer, démolir, éreinter, esquinter, étriller, médire

tailler une bavette SYN bavarder, causer, discuter, entretenir (s'), parler

tailler une veste SYN abîmer, assaisonner, baver, clabauder, cracher, critiquer, débiner, déblatérer, démolir, éreinter, esquinter, étriller, médire

talon d'Achille SYN faiblesse

tambour battant SYN diligemment, expéditivement, hâtivement, promptement, rapidement, rondement, vite

tant bien que mal SYN péniblement

tant s'en faut SYN contraire

taper dans l'œil SYN plaire, séduire

taper sur le système SYN agacer, énerver, irriter

taper sur les nerfs SYN agacer, énerver, irriter

tard venu SYN tardif

tas de boue SYN automobile, chignole, guimbarde, tacot, voiture

tâter le terrain SYN sonder

tendre la main SYN mendier

tendre l'oreille SYN écouter

tenir à l'écart SYN boycotter

tenir au courant SYN instruire

tenir bon SYN entêter (s'), résister, tenir CONTR. *céder, effondrer (s'), fuir*

tenir compte de SYN regarder CONTR. *mépriser*

tenir debout CONTR. *tituber*

tenir en bride SYN refréner ou réfréner

tenir en estime SYN estimer

tenir la jambe SYN entretenir

tenir le choc SYN résister, tenir

tenir le coup SYN résister, tenir CONTR. *céder, effondrer (s')*

tenir le crachoir SYN entretenir, parler

tenir le haut du pavé SYN dominer

tenir lieu de SYN remplacer, servir, substituer (se)

tenir parole SYN respecter

tenir pour certain SYN affirmer

tenir rigueur SYN reprocher CONTR. *pardonner*

tenir sa langue SYN taire (se) CONTR. *parler*

tenir sa parole SYN respecter

tenir sa promesse CONTR. *dédire (se)*

tenir sous sa coupe CONTR. *dépendre*

tenir sur ses jambes CONTR. *tituber*

tenir tête SYN rebeller (se), rebiffer (se), regimber, résister, révolter (se) CONTR. *soumettre (se)*

tenir un double langage SYN contredire (se)

tension d'esprit SYN attention

tête blonde SYN enfant, gamin, gosse, lardon, marmot, mioche, môme, mouflet

tête de cochon SYN entêté, têtu
tête de lard SYN entêté, têtu
tête de linotte SYN écervelé, étourdi, étourneau
tête de moineau SYN écervelé, étourdi, étourneau
tête de mule SYN entêté, têtu
tête de pioche SYN entêté, têtu
tête de Turc SYN proie, souffre-douleur
tête en l'air SYN absent, distrait, étourdi, irréfléchi
tête pensante SYN cerveau
tête sans cervelle SYN écervelé, étourdi, étourneau
têtu comme un âne SYN entêté
têtu comme une mule SYN entêté
tiré à quatre épingles SYN élégant, soigné
tirer à boulets rouges sur SYN démolir, éreinter, esquinter, étriller, matraquer
tirer à conséquence SYN compter
tirer argument de SYN servir (se)
tirer au cul SYN buller, flemmarder, glander, lambiner, lézarder, paresser, prélasser (se) CONTR. *activer (s'), affairer (s'), agiter (s'), bosser, boulonner, décarcasser (se), défoncer (se), démener (se), dépenser (se), échiner (s'), épuiser (s'), éreinter (s'), escrimer (s'), esquinter (s'), exténuer (s'), fatiguer (se), remuer (se), tuer (se)*
tirer au flanc SYN buller, flemmarder, glander, lambiner, lézarder, paresser, prélasser (se) CONTR. *activer (s'), affairer (s'), agiter (s'), bosser, boulonner, décarcasser (se), défoncer (se), démener (se), dépenser (se), échiner (s'), épuiser (s'), éreinter (s'), escrimer (s'), esquinter (s'), exténuer (s'), fatiguer (se), remuer (se), tuer (se)*
tirer avantage SYN exploiter, profiter, recourir, servir (se)
tirer des plans sur la comète SYN rêver
tirer du sommeil SYN réveiller
tirer en longueur CONTR. *passer*
tirer la sonnette SYN alerter
tirer le diable par la queue CONTR. *enrichir (s')*
tirer le rideau SYN conclure, finir, terminer
tirer le signal d'alarme SYN alerter
tirer les oreilles SYN engueuler, enguirlander, réprimander
tirer les vers du nez SYN questionner
tirer parti SYN bénéficier, profiter, recourir, servir (se), utiliser
tirer profit SYN exploiter, profiter, recourir, servir (se), utiliser
tirer sa flemme SYN buller, fainéanter, flemmarder, glander, lambiner, lézarder, paresser, prélasser (se) CONTR. *activer (s'), affairer (s'), bosser, boulonner, décarcasser (se), défoncer (se), démener (se), dépenser (se), échiner (s'), épuiser (s'), éreinter (s'), escrimer (s'), esquinter (s'), exténuer (s'), fatiguer (se), remuer (se), tuer (se)*
tirer son chapeau SYN saluer
tirer une croix sur SYN passer (se), renoncer, sacrifier
tombé de la lune SYN abasourdi, ahuri, assis, baba, coi, consterné, ébahi, ébaubi, éberlué, épaté, époustouflé, estomaqué, étonné, interdit, interloqué, médusé, pantois, pétrifié, renversé, scié, sidéré, soufflé, stupéfait, suffoqué
tombé des nues SYN abasourdi, ahuri, assis, baba, coi, consterné, ébahi, ébaubi, éberlué, épaté, époustouflé, estomaqué, étonné, interdit, interloqué, médusé, pantois, pétrifié, renversé, scié, sidéré, soufflé, stupéfait, suffoqué
tomber à l'eau SYN échouer, louper, manquer, rater
tomber à plat SYN louper, manquer, rater
tomber dans le lac SYN échouer
tomber dans le panneau SYN marcher
tomber dans les pommes SYN défaillir, évanouir (s'), pâmer (se)
tomber dans les vapes SYN défaillir, évanouir (s'), pâmer (se)
tomber de haut SYN déchanter, étonner (s'), revenir
tomber de la lune SYN étonner (s'), revenir
tomber des nues SYN étonner (s'), revenir
tomber d'inanition CONTR. *rassasier (se), repaître (se)*
tomber en désuétude SYN oublier (s')
tomber en pâmoison SYN défaillir, évanouir (s'), pâmer (se)
tomber la veste SYN dévêtir (se)
tomber malade CONTR. *guérir*
tomber sur le derrière SYN étonner (s'), revenir
top secret SYN confidentiel
toucher à sa fin SYN achever (s'), arrêter (s')
toucher au but CONTR. *louper, rater*
toucher du doigt SYN comprendre, entraver
toucher le fond SYN déprimer CONTR. *émerger*

tour à tour SYN alternativement, successivement CONTR. *simultanément*
tour de cochon SYN crasse, méchanceté, rosserie, saleté
tour de force SYN exploit, performance
tour de main SYN adresse, patte, savoir-faire, technique
tour de passe-passe SYN acrobatie, astuce, stratagème, tromperie
tourner à la pluie SYN pleuvoir
tourner au vinaigre SYN envenimer (s'), gâter (se)
tourner autour du pot SYN biaiser, louvoyer, tergiverser
tourner casaque SYN trahir
tourner de l'œil SYN défaillir, évanouir (s'), pâmer (se)
tourner en ridicule SYN ridiculiser
tourner la page SYN conclure, finir, terminer
tourner la tête SYN griser, soûler
tous les jours SYN journellement
tout bonnement SYN franchement, franco, simplement
tout compte fait SYN bref, enfin, finalement
tout cru SYN franchement, franco
tout d'abord SYN premièrement, primitivement
tout de bon SYN sérieusement
tout d'un coup SYN brusquement, brutalement
tout entier SYN complètement, entièrement, intégralement
tout feu tout flammes SYN ardent, bouillant, chaud, fougueux, passionné, volcanique
tout haut SYN franchement
tout juste SYN péniblement
tout le temps SYN constamment, continuellement, toujours
tout net SYN franchement, franco, nettement
tout plein SYN abominablement, affreusement, atrocement, bougrement, diablement, diantrement, drôlement, effroyablement, épouvantablement, exceptionnellement, excessivement, extraordinairement, extrêmement, fameusement, fichtrement, fichûment, follement, formidablement, fort, fortement, foutrement, furieusement, horriblement, immensément, immodérément, incroyablement, infiniment, joliment, méchamment, mortellement, particulièrement, prodigieusement, terriblement, tout à fait, très, vachement, vertigineusement, vraiment CONTR. *guère*
tout uniment SYN simplement
toutes affaires cessantes SYN diligemment, expéditivement, hâtivement, promptement, rapidement, vite
toutes les fois que SYN si
traîner dans la boue SYN abaisser, baver, calomnier, décrier, dénigrer, diffamer, discréditer, éclabousser, médire, noircir, offenser, salir, tacher, vilipender
trait d'union SYN coupure
traiter de tous les noms SYN injurier, insulter
travailler du chapeau SYN déménager, dérailler, déraisonner
travailler sans filet SYN aventurer (s'), hasarder (se)
tremblement de terre SYN séisme
très peu CONTR. *exceptionnellement*
trier sur le volet SYN sélectionner
trou de balle SYN anus, cul, derrière
trou de mémoire SYN absence, amnésie, oubli
trou du cul SYN anus
trouver à redire SYN récriminer
trouver asile SYN loger (se)
trouver le gîte et le couvert SYN loger (se)
trouver un terrain d'entente SYN céder, composer
tueur à gages SYN bravo

U

un à un SYN individuellement, isolément
un grand nombre de SYN plein
un jour CONTR. *autrefois*
un petit nombre SYN peu
un peu CONTR. *foncièrement, profondément, puissamment*
un tantinet CONTR. *foncièrement, profondément, puissamment*
un tas de SYN beaucoup, maint, plein, plupart (la) CONTR. *peu*
une espèce de SYN sorte
une façon de SYN sorte
une fois n'est pas coutume SYN parfois
une manière de SYN sorte
une masse de SYN beaucoup
une oasis de SYN paradis

up to date SYN. moderne, ultramoderne CONTR. *rococo*
us et coutumes SYN. mode, mœurs, usages
usé jusqu'à la corde SYN. élimé

V

vague à l'âme SYN. cafard, ennui, mélancolie, neurasthénie, nostalgie, spleen
valoir la peine SYN. compter, importer
valoir la peine de SYN. gagner, mériter
venir à bout de SYN. parvenir
venir à la rescousse SYN. dépanner, secourir
venir au monde SYN. naître
venir en aide SYN. dépanner, secourir
vente à domicile SYN. démarchage
ventre à terre SYN. diligemment, expéditivement, hâtivement, rapidement, vite
venue au monde SYN. naissance
vérité de La Palice SYN. lapalissade, tautologie, truisme
vider son sac SYN. déballer
vieille fille SYN. célibataire
vieille toupie SYN. chipie
vieux comme Hérode SYN. antique
vieux comme le monde SYN. antique, rebattu
vieux comme Mathusalem SYN. antique
vieux de la vieille SYN. vétéran CONTR. *nouveau, novice*
vieux débris SYN. épave
vieux garçon SYN. célibataire
vieux jeu SYN. démodé, dépassé, ringard CONTR. *branché, in, moderne*
vif du sujet SYN. centre, cœur, nœud
violon d'Ingres SYN. dada, hobby, marotte, passe-temps, passion
vivre dans l'opulence CONTR. *lésiner, priver (se)*
vivre en bonne intelligence SYN. entendre (s')
vivre sur un grand pied CONTR. *lésiner, priver (se)*
voir du pays SYN. voyager
voir le bout SYN. émerger
voir le bout du tunnel SYN. émerger
voir le jour SYN. commencer, émerger, former (se), naître
voir rouge SYN. éclater, emporter (s'), exploser, fâcher (se), irriter (s')
voir tout en noir SYN. déprimer
vos gueules ! SYN. chut !, motus !, silence !
vouloir bien SYN. accepter, daigner
vouloir dire SYN. signifier, sous-entendre
voûte azurée SYN. ciel, nue
voûte céleste SYN. ciel, nue
voûte éthérée SYN. ciel, nue
voûte étoilée SYN. ciel
voyageur de commerce SYN. placier, représentant
vu que SYN. parce que, puisque

Y

y aller fort SYN. exagérer, pousser
y compris SYN. inclusivement CONTR. *exclusivement, hormis, outre*
y regarder à deux fois SYN. hésiter, tâter (se)
y rester SYN. décéder, disparaître, éteindre (s'), expirer, mourir, périr, succomber, trépasser CONTR. *survivre, vivre*

N° de projet : 10096116

Imprimerie

LTV

LA TIPOGRAFICA VARESE
Società per Azioni
Varese

Dépôt légal : Mai 2004
Imprimé en Italie (Printed in Italy)
532083 - Mai 2004